T0265568

ÉDITORIAL

Chère lectrice, cher lecteur,

Nous sommes ravis de vous présenter l'édition 2024 du Guide MICHELIN France. Comme à son habitude, cet ouvrage référence les meilleures tables du pays, dénichées et testées pour vous, en toute indépendance, par les inspectrices et inspecteurs anonymes du Guide MICHELIN.

Une sélection de restaurants, complétée d'une liste d'hébergements tout aussi remarquables, dont nous espérons qu'elle soit autant une incitation à se régaler qu'une invitation à s'évader.

Malgré un contexte économique contrarié, marqué par la hausse du coût des denrées alimentaires et de l'énergie, ou encore par un regrettable déficit de personnels, notre sélection 2024 fait état d'un paysage gastronomique des plus florissants.

Aux quatre coins de France, dans les villes comme dans les campagnes, en régions comme dans la capitale, nos inspectrices et inspecteurs ont été bluffés par de jeunes talents et des cuisiniers aguerris, qui mettent leur force, leur énergie et leurs convictions au service d'aventures entrepreneuriales qui leur ressemblent. Singulières, osées, engagées, ces adresses proposent des concepts d'hospitalité sans demi-mesure et portent la signature culinaire d'une relève très prometteuse.

En célébrant des terroirs parfois méconnus ou oubliés – grâce à de belles collaborations avec des agriculteurs, maraîchers, producteurs, éleveurs, pêcheurs, artisans ou vignerons de proximité – ou en réinterprétant des traditions séculaires, nombreux sont également les établissements à défendre une vision renouvelée de l'art de vivre : celle d'un art de vivre authentique et enraciné, aux antipodes d'une forme de standardisation, qui ne se laisse découvrir que si l'on se donne la peine de venir à sa rencontre.

Amie lectrice, ami lecteur, ce Guide a été conçu pour vous. Compagnon de route, d'escapades ou de voyages, il ne tient qu'à vous de le faire vôtre. N'hésitez pas à nous faire part de vos retours, de vos découvertes ou de vos déconvenues. Dynamique et réactif grâce à ses interfaces numériques qui complètent cet ouvrage, le Guide MICHELIN est à votre écoute ■

L'équipe du Guide MICHELIN

SÉLECTION MICHELIN **2024**

LES FAITS MARQUANTS

Contre toute attente, notamment en raison d'une hausse historique de l'inflation, le paysage gastronomique français millésime 2024 se révèle florissant. En ville comme à la campagne, nombreux sont les chefs qui ont déployé leur talent pour ouvrir des tables singulières et audacieuses... qui leur ressemblent. État des lieux et tendances...

L'hymne de nos campagnes (sic)

Si l'Histoire place la naissance du restaurant à Paris, jamais la ruralité n'a compté autant de tables gastronomiques, de bistrots soignés et d'auberges tendance qui lui (re)donnent de bien belles lettres de noblesse. Loin des centres urbains ou des capitales régionales, mais plutôt au cœur de vallées verdoyantes, au sommet des montagnes ou sur les rivages marins, nombreux sont les établissements de campagne à rejoindre la sélection ou à glaner une ou plusieurs Etoiles.

Comme nos équipes, il vous faudra souvent parcourir du pays pour vous y rendre, arpenter des itinéraires secondaires pour goûter à leur cuisine. Mais quel plaisir que de s'attabler à l'une de ces ambassades territoriales du bon, voire du très bon goût ! À L'**Auberge de la Forge**, sur la place de l'église de Lavalette (Haute-Garonne), le couple Théo Fernandez et Claire Cames décroche une première Etoile, tout comme Jérôme Busset pour son **AinTimiste** lové au cœur du village médiéval de Poncin (Ain), **Le Petit Léon** à Saint-Léon-sur-Vézère (Dordogne) emmené par Nick et Sina Honeyman,

ou encore **Ar Men Du**, à la pointe du Cap Raguénez, à Névez (Finistère), fraîchement repris par Jérôme Gourmelen, jusqu'à présent pâtissier de la maison.

Côté Bib Gourmand, on retiendra également le **JK Restaurant** à Chassy, bourgade de 300 âmes en Saône-et-Loire, orchestré par Jeanne-Louise Jondot et Kévin Pontoglio ou encore **La Chartreuse** dans la commune du Reposoir (Haute-Savoie) où officient Alix Martinez et Sylvestre Polus.

Du courage et du panache à revendre !

Ils sont souvent jeunes, voire très jeunes. Ils ont été formés chez les plus grands. Ils ont décidé de se lancer pour voler de leurs propres ailes et réaliser ce que certains n'hésitent pas à présenter comme « un projet de vie ». Le palmarès 2024 célèbre cette audace entrepreneuriale, souvent l'œuvre d'un couple ou d'un duo, qui fait souffler un vent nouveau sur la scène gastronomique française. Au Puy-en-Velay (Haute-Loire), Yoan

Delorme et Cellia Baudelier, à peine plus de 25 ans chacun, accrochent une Etoile au **Chamarlenc** qu'ils viennent tout juste de reprendre. À **ONICE**, à Nice (Alpes-Maritimes), c'est la cuisine à 4 mains du tandem argentino-italien Florencia Montes et Lorenzo Ragni qui est distinguée, tout comme celle d'Aurora Storari et Flavio Lucarini chez **Hémicycle**, à Paris. Coup de projecteur également à Cabourg (Calvados) où le chef Charles-Antoine Jouxtel et la sommelière Charlotte Schwab ont ouvert en octobre 2023 le restaurant **Symbiose** qui rejoint notre sélection.

Train de gourmandise

Il fut délaissé pendant des années au profit des seuls desserts dressés à l'assiette. Pourtant, plusieurs adresses de la sélection remettent en majesté un oublié des salles de restaurant : le chariot de

desserts ! Invitation ultime à la gourmandise, son abondance et son esthétisme offrent une forme de liberté retrouvée — en plus du plaisir de se régaler de pâtisseries d'inspiration plus classique.

Parmi les plus beaux exemples, citons l'impressionnant travail du nouveau restaurant doublement étoilé **Les Ambassadeurs by Christophe Cussac**, à Monaco ; les petits formats de **L'Orangerie**, à Eugénie-les-Bains (Landes), signés Sébastien Perbost ; ou bien celles, plus saisonnières, de Mizuka Brosseau proposées au déjeuner du **Château Fage - La Maison des Vignes** à Arveyres (Gironde). À **La Fourchette des Ducs**, à Obernai (Bas-Rhin), les mignardises, dont beaucoup s'inspirent de la tradition alsacienne, composent un tableau sucré des plus réjouissants : kougelhopf, tarte au fromage blanc, beignets à la confiture de framboise jouent des coudes avec les madeleines au miel de lavande, les financiers à la griotte et bien d'autres douceurs.

Le végétal, roi des assiettes

On aurait tort de penser que la gastronomie française continue à faire du végétal le parent pauvre de ses assiettes. Aujourd'hui, des cuisinières et des cuisiniers de talent se (ré)intéressent aux racines, tubercules, fruits, fleurs et légumes en tout genre pour en faire, non plus l'accompagnement parfois négligé d'une belle pièce de viande, mais l'épicentre culinaire de leurs créations.

Il en va ainsi chez les nouveaux étoilés **Racines** à Nice, avec Bruno Cirino en cuisine, chez Datil, à Paris, avec Manon Fleury, ou encore à l'**Auberge de Lucinges** (Haute-Savoie) avec Benjamin Breton. Une tendance heureuse, délicieuse et vertueuse, observée également dans des maisons bien installées, qui encourage, en cuisine, l'avènement de tours de main et d'associations de saveurs inédites … et dans l'assiette, de nouvelles émotions ! ∎

TheFork

Découvrez et réservez les meilleurs restaurants autour de vous

Réservez sur TheFork des milliers de tables du **Guide MICHELIN**

Téléchargez l'appli ou rendez-vous sur thefork.fr

Pour valoriser les savoir-faire et les talents qui, au-delà de la qualité culinaire, contribuent à faire d'une sortie au restaurant un moment inoubliable, le Guide MICHELIN s'engage en attribuant une série de Prix Spéciaux.
Une manière positive de mettre en lumière des filières d'excellence... et d'orienter les gourmets vers des maisons qui s'illustrent sur tous les fronts !

LES PRIX SPÉCIAUX

DU GUIDE MICHELIN

 **Prix MICHELIN du Service**

 **Prix MICHELIN de la Sommellerie**

 **Prix MICHELIN du Jeune Chef**

Prix MICHELIN
du Service

Attribué à une directrice ou un directeur de salle et son équipe, le Prix MICHELIN du Service célèbre des professionnels qui se démarquent par le soin et le souci qu'ils mettent à accueillir et accompagner les clients et à faire de leur repas une expérience mémorable. De grande tradition ou plus décontracté, théâtral ou discret, l'art du service reflète l'identité d'une maison. Il est également un pont essentiel entre les équipes de cuisine et les convives qui dégusteront leurs créations ■

Prix MICHELIN
de la Sommellerie

Qu'il s'agisse d'imaginer des accords qui souligneront les saveurs d'un plat, d'orienter les convives vers des boissons qui correspondront à leurs goûts et leurs envies, ou de faire découvrir des nectars parfois insolites ou méconnus, l'art de la sommellerie nécessite un haut niveau de connaissance... ainsi qu'une bonne dose d'intuition ! Le Prix MICHELIN de la Sommellerie distingue une ou un professionnel(le) qui, par ses recommandations, rehausse encore le raffinement et l'excellence de la cuisine d'une maison ■

Prix MICHELIN
du Jeune Chef

Le Prix MICHELIN du Jeune Chef vise à mettre en lumière un jeune cuisinier dont le talent prometteur et la signature culinaire, déjà bien affirmés, ont impressionné nos inspectrices et inspecteurs.

Dans le même esprit, le **Prix MICHELIN du Chef Mentor** récompense un professionnel de renom, particulièrement engagé dans la transmission de son savoir, et dans l'accompagnement et la formation de la future génération ∎

Passion Dessert

Amoureuses, amoureux de pâtisserie,
le Guide MICHELIN signale, dans sa Promotion
Passion Dessert, les établissements qui placent
les arts sucrés au plus haut niveau !

Réalisée par les inspectrices et inspecteurs du
Guide MICHELIN, la Promotion Passion Dessert
est mise à jour chaque année... et contient donc,
elle aussi, son lot de nouveautés.

Le tout à découvrir sur notre site internet.
Alors, à vos cuillères ! ◾

uzhursky/iStock/Getty Images Plus

*L'expérience
au service de la qualité !*

LES ENGAGEMENTS DU GUIDE MICHELIN

Qu'il soit au Japon, aux Etats-Unis, en Chine ou en Europe, l'inspecteur du Guide MICHELIN respecte exactement les mêmes critères pour évaluer la qualité d'une table. Car si le guide peut se prévaloir d'une notoriété mondiale, c'est notamment grâce à la constance de son engagement vis-à-vis de ses lecteurs. Un engagement dont nous voulons réaffirmer ici les principes :

Première règle d'or, les inspecteurs testent les tables **de façon anonyme et régulière**, afin d'apprécier pleinement le niveau des prestations offertes à tout client, et ils s'acquittent toujours de leurs additions. Les avis de nos lecteurs nous fournissent, par ailleurs, de précieux témoignages, autant d'informations qui sont prises en compte lors de l'élaboration de nos itinéraires gastronomiques.

Pour garder un point de vue parfaitement objectif – dans le seul intérêt du lecteur –, la sélection des restaurants s'effectue **en toute indépendance**, et leur inscription dans le Guide est totalement gratuite. Les décisions sont discutées collégialement par les inspecteurs et le rédacteur en chef, et les plus hautes distinctions font l'objet d'un débat au niveau européen.

Loin de l'annuaire d'adresses, le Guide se concentre sur une **sélection** des meilleurs établissements, dans toutes les catégories de standing et de prix. Un choix qui résulte de l'application rigoureuse d'une **même méthode** par tous les inspecteurs.

Si les distinctions sont revues chaque année par nos équipes, les informations pratiques sont quant à elles **mises à jour** en temps réel sur nos plateformes numériques afin d'offrir l'information la plus fiable à nos lecteurs.

Les critères de classification sont identiques pour tous les pays couverts par le Guide MICHELIN. À chaque culture sa cuisine, mais la **qualité** se doit de rester un **principe universel...**

De Tokyo à San Francisco, de Paris à Copenhague,
la vocation du Guide MICHELIN est toujours la même :
dénicher les meilleures tables du monde.

Diversité des cuisines et des savoir-faire, créativité
débridée ou grande tradition, quel que soit le lieu ou
le style, les inspectrices et inspecteurs du Guide n'ont
qu'une quête : le goût et la qualité.

… Et l'émotion. Car un repas dans l'un de ces restaurants
est d'abord un moment de plaisir : c'est l'art des plus
grands chefs que de métamorphoser une bouchée
éphémère en souvenir inoubliable.

Aussi, parmi toutes les tables sélectionnées dans le Guide,
les plus remarquables se voient décerner une distinction
: ce sont les étoiles – jusqu'à trois pour les tables qui
vous transportent au sommet de la gastronomie.
C'est également le Bib Gourmand, qui conjugue
astucieusement prix et qualité.

Enfin, une autre étoile, non pas rouge mais verte, met
en lumière les établissements qui s'engagent pour une
cuisine respectueuse de l'environnement.

Autant d'expériences gustatives à vivre et tenter :
la sélection du Guide MICHELIN, c'est tout cela –
et plus encore !

LA SÉLECTION DU GUIDE MICHELIN

LES DISTINCTIONS DE QUALITÉ DE CUISINE

LES ÉTOILES

Les restaurants sont classés par qualité de cuisine. Nos étoiles – une ❀, deux ❀❀ ou trois ❀❀❀ – distinguent les cuisines les plus remarquables, quel que soit leur style. Le choix des produits, la maîtrise des techniques culinaires et des cuissons, l'harmonie et l'équilibre des saveurs, la personnalité de la cuisine et la constance de la prestation.

❀❀❀	Une cuisine unique. Vaut le voyage !
❀❀	Une cuisine d'exception. Vaut le détour !
❀	Une cuisine d'une grande finesse. Vaut l'étape !

BIB GOURMAND

De bons produits bien mis en valeur, une addition mesurée : une cuisine d'un excellent rapport qualité-prix.

L'ÉTOILE VERTE

GASTRONOMIE & DURABILITÉ

Repérez l'Étoile Verte MICHELIN dans notre sélection de restaurants : elle identifie les établissements particulièrement engagés pour une gastronomie durable. Une courte citation explique la démarche de ces établissements modèles.

LES SYMBOLES
RESTAURANTS

ⓝ	Nouvel établissement dans le guide
N	Établissement recevant une nouvelle distinction cette année

Équipements & services

🍇	Carte des vins particulièrement intéressante
≼	Belle vue
🌳	Parc ou jardin
♿	Accès pour personnes à mobilité réduite
A/C	Air conditionné
🏠	Repas servi au jardin ou en terrasse
⏥	Salons pour repas privés
🧤	Service de voiturier
🅿 🚗	Parking - Garage
🚫💳	Cartes de paiement non acceptées

Gamme de prix

€	moins de 35 €
€€	de 35 à 60 €
€€€	de 60 à 100 €
€€€€	plus de 100 €

Mots-clés

Deux mots-clés pour identifier en un coup d'œil le type de cuisine et le style de décor de l'établissement.

CUISINE CRÉATIVE • DESIGN

LES SYMBOLES
HÉBERGEMENTS

Établissement engagé dans une démarche durable

Plus Avantages «Programme Plus»

Équipements & services

    Accès pour personnes à mobilité réduite

    Air conditionné

    Belle vue

    Parc ou jardin

    Plage privée

    Animaux autorisés/ non autorisés

    Piscine découverte/couverte

    Spa

    Sauna, hammam, bain turc

    Activités thermales

    Fitness

    Location ou prêt de bicyclettes

    Rooftop

    Salle de conférences

    Service de restauration dans l'hôtel

    Voiturier

    Borne de recharge pour véhicule électrique

    Parking

Mots-clés

Deux mots-clés pour identifier en un coup d'œil le style de décor de l'établissement et son atmosphère :

CLASSIQUE • CHALEUREUX

Prix

Consultez le prix de chaque chambre et suite de notre sélection d'hébergements sur notre site Internet :
www.guide.michelin.com/fr/fr/hotels

LÉGENDE DES PLANS

• Restaurants

Curiosités

🏛 Bâtiment intéressant
⚱🏛🏛☐🕌 Édifice religieux intéressant

Voirie

═══ Autoroute • Double chaussée de type autoroutier
❶ ❶ Echangeurs numérotés: complet, partiels
▬▬ Grande voie de circulation
── Rue piétonne
🅿 Parking
⊏⊐ Tunnel
🚂 Gare et voie ferrée
+++++ Funiculaire
•–•–• Téléphérique

Signes divers

🛈 Office de tourisme
⚱🏛🏛☐🕌 Édifice religieux
⊙ ⁝ 🌾 Tour • Ruines • Moulin à vent
▦ t†t Jardin, parc, bois • Cimetière
◯ ⚑ 🏇 Stade • Golf • Hippodrome
🏊 🏊 Piscine de plein air, couverte
◄ 🎇 Vue • Panorama
■ ◦ Monument • Fontaine
⚓ Port de plaisance
🗼 Phare
✈ Aéroport
Ⓜ Station de métro
🚌 Gare routière
○ Tramway
⛴ ⛴ Transport par bateau :
passagers et voitures, passagers seulement
✉ Bureau principal de poste restante
🏛 Hôtel de ville

25

VALRHONA

Imaginons le meilleur du chocolat®

POUR LA DEUXIÈME FOIS

nous sommes B Corp

PREUVE N°1 : 100 % DE NOTRE CACAO PROVIENT D'UN CONTRAT DE PARTENARIAT LONGUE DURÉE DE PLUS DE 8 ANS ET DEMI EN MOYENNE. Pourquoi cela change tout ? Parce que ces engagements de long terme, définis au cas par cas avec chacun de nos partenaires, sécurisent les producteurs de cacao en déterminant des prix rémunérateurs, des quantités d'achat minimum ou encore des préfinancements à taux 0. Des conditions qui leur permettent de se projeter plus sereinement dans l'avenir et de participer à l'amélioration de leurs revenus, ce qui n'est pas monnaie courante dans notre filière.

Entreprise

Certifiée

POUR EN SAVOIR PLUS SUR NOS ENGAGEMENTS
RENDEZ-VOUS SUR VALRHONA.COM

PASSION DESSERT, POUR FAIRE BRILLER LA GASTRONOMIE SUCRÉE

Partenaire des artisans du goût depuis 1922, pionnier et référent dans le monde du chocolat, chez Valrhona notre mission, « Ensemble, faisons du bien avec du bon », exprime la force de notre engagement. Avec les producteurs de cacao, les artisans et tous les passionnés de gastronomie, nous imaginons chaque jour le meilleur du chocolat pour créer une filière cacao juste et durable et inspirer une gastronomie créative et responsable. La construction de relations directes et de long terme avec les producteurs, la recherche de la prochaine innovation chocolat et le partage des savoir-faire sont les combats qui nous animent au quotidien. Aux côtés des chefs, Valrhona soutient l'artisanat et c'est en repoussant sans cesse les limites de la créativité qu'elle les accompagne dans leur quête de singularité.

En créant et soutenant Passion Dessert avec le Guide MICHELIN pour la sixième année consécutive, nous sommes fiers de mettre à l'honneur la gastronomie sucrée et de faire briller les métiers de la pâtisserie.

VALRHONA
Imaginons le meilleur du chocolat®

EDITORIAL

Dear Reader,

We are delighted to present the 2024 edition of the MICHELIN Guide France.

As ever, the Guide features the best restaurants in the country, anonymously and independently selected and tested for you by the MICHELIN Guide's inspectors. The restaurant selection is complemented by a list of equally outstanding accommodation options, which we hope will inspire you to turn a meal out into a delightful break.

Despite a tough economic climate characterised by rising food prices and energy costs and an unfortunate shortage of staff, our 2024 selection reveals a thriving gastronomic scene.

In the four corners of France, in cities and rural areas, in the regions and the capital, our inspectors were extremely impressed by the young talent and experienced chefs they encountered. Showing the courage of their convictions, they could be witnessed ploughing their strength and energy into entrepreneurial adventures that they care about deeply. These are establishments that certainly do not do things by half when it comes to their hospitality concepts; unique, bold and committed, they are the standard-bearers of a promising new generation.

By celebrating regions that are sometimes little-known or forgotten – by virtue of excellent collaborations with local farmers, market-gardeners, producers, livestock breeders, fishermen, craftsmen or wine makers – or by reinterpreting age-old traditions, many establishments are also championing a rekindled vision of the art of good living. They are tapping into that authentic, deep-rooted art de vivre that flies in the face of any form of standardisation, and can only be discovered if you take the trouble to come and meet it.

This Guide has been designed for you, our readers, as a travelling companion for you to make your own on your trips and journeys. Feel free to share your feedback, new finds or disappointments with us: thanks to the digital interfaces that exist alongside this book, the MICHELIN Guide is dynamic, responsive and always happy to hear from you ▨

The MICHELIN Guide Team

MICHELIN SELECTION **2024**
HIGHLIGHTS

Against all the odds, not least a historic rise in inflation, the 2024 French restaurant scene is going from strength to strength. In both urban and rural contexts, many chefs have harnessed their talent and opened extraordinary and audacious restaurants... in their own image. We take stock of the situation and home in on the latest trends.

An ode to the French countryside

History may pinpoint Paris as the birthplace of the restaurant, but rural France has never had so many fine dining restaurants, dapper bistros and trendy inns, marking out the countryside as a culinary force to be reckoned with. Far from urban centres or regional capitals, located rather in verdant valleys, in the mountains or by the sea, many country establishments have joined the MICHELIN Guide selection, or even clinched one – or more – Michelin stars.

As our teams did, you'll often have to travel a certain distance to get there or take to secondary roads to sample their cuisine. But what a pleasure it is to dine at one of these ambassadors of good, or even excellent, regional food! At **Auberge de la Forge**, on the church square in Lavalette (Haute-Garonne), Théo Fernandez and Claire Cames garnered their first star; Jérôme Busset followed suit for **AinTimiste**, his restaurant nestling in the medieval village of Poncin (Ain), as did Nick and Sina Honeyman at **Le Petit Léon** in Saint-Léon-sur-Vézère (Dordogne); Jérôme Gourmelen, until recently the pastry chef at **Ar Men Du**, perched on Cap Raguénez in Névez (Finistère), has also been awarded a star after taking over the establishment.

valentinrussanov/Getty Images Plus (gauche) - AJ_Watt/Getty Images Plus (droite)

Jeanne-Louise Jondot and Kévin Pontoglio are among the new recipients of a Bib Gourmand for their **JK Restaurant** in Chassy (a village of 300 inhabitants in Saône-et-Loire), along with **La Chartreuse** in Le Reposoir (Haute-Savoie), run by Alix Martinez and Sylvestre Polus.

Spirit and style to spare!

They are often young, sometimes very young. They have trained with some of the best. And now they have decided to take the plunge, to go it alone and build their own project from the ground up. The 2024 accolades celebrate this entrepreneurial daring – often the preserve of a couple or a partnership – that is breathing new life into the French gastronomy scene. In Puy-en-Velay (Haute-Loire), Yoan Delorme and Cellia Baudelier, both just over 25, have received a star at **Le Chamarlenc**, which they have recently taken over. At **ONICE**, in Nice (Alpes-Maritimes), the cuisine of Argentinian-Italian duo Florencia Montes and Lorenzo Ragni has been singled out, as has that of Aurora Storari and Flavio Lucarini at **Hémicycle**, in Paris. Also in the spotlight is Cabourg (Calvados), where chef Charles-Antoine Jouxtel and sommelier Charlotte Schwab opened **Symbiose** in October 2023, and promptly joined our selection.

A feast for the eyes

For years, it was neglected in favour of pre-plated desserts, but several of the restaurants in our selection are bringing back a forgotten feature of restaurant dining in all its majesty: the dessert trolley! The ultimate invitation to indulge, its abundance and aesthetic appeal offer a new-found sense of freedom – as well as the pleasure of getting (re)acquainted with more classically inspired pastries.

Some of the finest examples include the impressive offering at the new Michelin two-star restaurant **Les Ambassadeurs by Christophe Cussac** in Monaco; Sébastien Perbost's small-format delights at **L'Orangerie**, in Eugénie-les-Bains (Landes); and the more seasonal pastries by Mizuka Brosseau served at lunchtime at **Château Fage – La Maison des Vignes** in Arveyres (Gironde). At **La Fourchette des Ducs**, in Obernai (Bas-Rhin), the petits fours, many of which are inspired by Alsatian tradition, make up a wonderful array of sweet treats: kougelhopf, fromage blanc cheesecake and raspberry jam fritters go head to head with madeleines with lavender honey and financiers with morello cherry, to name but a few.

Plants taking centre stage

It would be wrong to think that French gastronomy continues to relegate vegetables to the status of "poor relation" in its recipes. Today, talented cooks are turning their attention (back) to roots, tubers, fruits, flowers and vegetables of all kinds, making plants the central element of their creations, rather than little more than an afterthought to accompany a fine piece of meat.

The newly Michelin-starred **Racines** in Nice is a case in point, with Bruno Cirino in the kitchen; **Datil** in Paris, with chef Manon Fleury, is another, along with **L'Auberge de Lucinges** (Haute-Savoie) with Benjamin Breton. This welcome, delicious and wholesome trend, also observed in well-established restaurants, is an invitation to innovate with techniques and novel combinations of flavours... and conducive to new emotional highs at the dining table! ∎

THE MICHELIN GUIDE'S COMMITMENTS

~~~~~~

Whether they are in Japan, the USA, China or Europe, our inspectors apply the same criteria to judge the quality of each and every restaurant that they visit. The MICHELIN Guide commands a **worldwide reputation** thanks to the commitments we make to our readers – and we reiterate these below:

Our inspectors make regular and **anonymous visits** to restaurants to gauge the quality of products and services offered to an ordinary customer. They settle their own bill and may then introduce themselves and ask for more information about the establishment.

To remain totally objective for our readers, the selection is made with complete **independence**. Entry into the guide is free. All decisions are discussed with the Editor and our highest awards are considered at an international level.

The guide offers a **selection** of the best restaurants in every category of comfort and price. This is only possible because all the inspectors rigorously apply the same methods.

All the practical information, classifications and awards are revised and updated every year to give the most **reliable information** possible.

In order to guarantee the **consistency** of our selection, our classification criteria are the same in every country covered by the MICHELIN Guide. Each culture may have its own unique cuisine but **quality** remains the **universal principle** behind our selection.

Experienced in quality!

THE MICHELIN GUIDE'S SELECTION

CUISINE QUALITY AWARDS

STARS

Our famous One ❀, Two ❀❀ and Three ❀❀❀ Stars identify establishments serving the highest quality cuisine – taking into account the quality of ingredients, the mastery of techniques and flavours, the levels of creativity and, of course, consistency.

❀❀❀   Exceptional cuisine, worth a special journey!

❀❀   Excellent cuisine, worth a detour!

❀   High quality cooking, worth a stop!

BIB GOURMAND

Good quality, good value cooking. 'Bibs' are awarded for simple yet skilful cooking.

THE MICHELIN GREEN STAR

GASTRONOMY AND SUSTAINABILITY

The MICHELIN Green Star highlights role-model establishments actively committed to sustainable gastronomy. A short quote outlines the vision of these trail-blazing establishments. Look out for the MICHELIN Green Star in our restaurant selection!

From Tokyo to San Francisco, Paris to Copenhagen, the mission of the MICHELIN Guide has always been the same: to uncover the best restaurants in the world.

Cuisine of every type; prepared using grand traditions or unbridled creativity; whatever the place, whatever the style, the MICHELIN Guide Inspectors have a quest to discover great quality, know-how and flavours.

And let's not forget emotion... because a meal in one of these restaurants is, first and foremost, a moment of pleasure: it is experiencing the artistry of great chefs, who can transform a fleeting bite into an unforgettable memory.

From all of the restaurants selected for the Guide, the most remarkable are awarded a distinction: first there are the Stars, with up to Three awarded for those which transport you to the top of the gastronomic world. Then there is the Bib Gourmand, which cleverly combines quality with price.

And finally, another Star, not red but green, which shines the spotlight on establishments that are committed to producing sustainable cuisine.

There are so many culinary experiences to enjoy: the MICHELIN Guide brings you all these and more!

SYMBOLS
RESTAURANTS

N (circled)	New establishment in the guide
N	Establishment getting a new distinction this year

Facilities & services

🍷	Particularly interesting wine list
≼	Great view
🌳	Park or garden
♿	Wheelchair access
AC	Air conditioning
🏠	Outside dining available
🍽	Private dining room
🚗	Valet parking
P 🚗	Car park - Garage
🚫	Credit cards not accepted

Price range

€	under 35 €
€ €	35 - 60 €
€ € €	60 - 100 €
€ € € €	over 100 €

Key words

Two keywords help you make your choice more quickly: orange for the type of cuisine, gold for the atmosphere.

CUISINE CRÉATIVE • DESIGN

SYMBOLS
ACCOMMODATION

Plus

Establishment committed to a sustainable approach
"Programme Plus" advantages

Facilities & services

    Wheelchair access
    Air conditioning
    Great view
    Garden or park
    Private beach
    Pet friendly - Not pet friendly
    Outdoor pool - Indoor pool
    Spa
    Sauna, hammam, Turkish bath
    Hydrotherapy
    Fitness
    Rent or loan bicycles
    Rooftop - Conference rooms
    Catering service in the hotel
    Valet parking
    Electric vehicle charging station
    Car park

Key words

Two keywords help you choose more quickly the decorative style
and atmosphere of the accommodation:

CLASSICAL • COSY

Prices

Please consult the price of each room and suite in our selection of
hotels on our website: www.guide.michelin.com/fr/fr/hotels

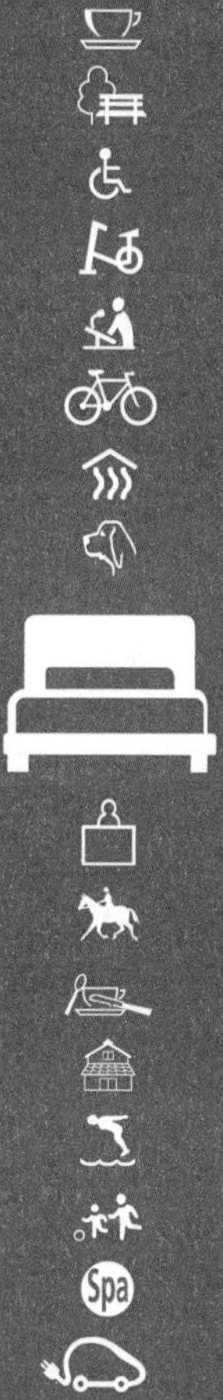

TOWN PLAN KEY

• Restaurants

Sights

Place of interest

Interesting place of worship

Road

Motorway, dual carriageway

Junction: complete, limited

Main traffic artery

Pedestrian street

Car park

Tunnel

Station and railway

Funicular

Cable car, cable way

Various signs

Tourist Information Centre

Place of worship

Tower or mast • Ruins • Windmill

Garden, park, wood • Cemetery

Stadium • Golf course • Racecourse

Outdoor or indoor swimming pool

View • Panorama

Monument • Fountain

Pleasure boat harbour

Lighthouse

Airport

Underground station

Coach station

Tramway

Ferry services:
passengers and cars, passengers only

Main post office with poste restante

Town Hall

LE PALMARÈS
2024
LES 3 ÉTOILES

N : une étoile de plus cette année !

Annecy (74)	Le Clos des Sens
Les Baux-de-Provence (13)	L'Oustau de Baumanière
Cassis (13)	La Villa Madie
Le Castellet (83)	La Table du Castellet **N**
Chagny (71)	Maison Lameloise
Courchevel (73)	Le 1947 à Cheval Blanc
Eugénie-les-Bains (40)	Les Prés d'Eugénie - Michel Guérard
Fontjoncouse (11)	Auberge du Vieux Puits
Île de Noirmoutier / L'Herbaudière (85)	La Marine
Marseille (13)	AM par Alexandre Mazzia
Marseille (13)	Le Petit Nice
Megève (74)	Flocons de Sel

2024 : DEUX NOUVELLES TABLES AU FIRMAMENT

La Table du Castellet

Fabien Ferré, au Castellet (83)

Les murs qui entourent la Table et l'Hôtel & Spa du Castellet défendent une certaine définition de la félicité à la provençale et d'un art de vivre méditerranéen que le monde nous envie : un parc dominant l'arrière-pays varois, la Méditerranée à l'horizon, des bassins, des parterres de lavande... et la cuisine du chef Fabien Ferré. Originaire de Bourgogne, fils de chocolatiers-pâtissiers et petit-fils d'agriculteurs, ce chef commence sa carrière aux Remparts et aux Terrasses (Tournus), à l'Auberge des Gourmets (Le Villars) et au Moulin de Martorey à Saint-Remy (devenu l'Amaryllis). Il passe ensuite trois années fructueuses chez les Troisgros. Enfin, il travaille pendant dix ans comme second auprès du chef Christophe Bacquié, non pas dans l'ombre de son mentor, mais bien sous sa férule bienveillante et émancipatrice.

Aujourd'hui, seul en scène, mais toujours solidement entouré de ses fidèles, il confirme tous les espoirs placés en lui. Sa sensibilité aux produits méditerranéens, poissons, fruits et légumes, qu'il aime à choisir en personne sur les marchés – est celle d'un esthète. Elle rappelle celle d'un Matisse qui aurait succombé à la lumière de la Provence. Artiste sensible, il est aussi un technicien très expérimenté : ses cuissons chirurgicales, comme ses sauces, jus et autres émulsions extrêmement concentrés, montrent qu'il a retenu le meilleur de son compagnonnage avec Christophe Bacquié. La crevette carabineros et sa sauce au corail de têtes de crevettes – la mer en bouche, tout simplement – réveillée par la pulpe de citron confit est un bonbon iodé que les papilles gardent longtemps sur le bout de la langue. L'encornet à la provençale, lentement rôti, fondant en bouche, est arrosé d'un jus à la provençale parfumé à l'ail, au persil et à la marjolaine, qui vient révéler la chair du céphalopode. Citons également la vinaigrette parfumée à l'aloe vera sur le maquereau aux haricots verts et géranium. Autant d'assiettes épurées et totalement maîtrisées qui montrent le talent de Fabien Ferré pour sublimer le goût naturel des produits ∎

Le Gabriel - La Réserve Paris

Jérôme Banctel, Paris 8ᵉ (75)

Désormais auréolé de trois étoiles, le Gabriel, emmené par le discret Jérôme Banctel, n'est pas seulement un restaurant d'hôtel, mais bien une table incontournable. Breton taiseux, son chef, qui sort rarement de sa Réserve (avec une majuscule ou pas !), appartient à cette dynastie de cuisiniers qui a mûri paisiblement à l'ombre des géants. Après plusieurs expériences un peu partout en France (notamment auprès d'André Daguin à Auch et de Christian Constant au Crillon), il passe une décennie décisive aux côtés de Bernard Pacaud à l'Ambroisie, puis peaufine sa technique auprès d'Alain Senderens, au Lucas Carton, où il aura même l'honneur de revisiter le mythique canard Apicius, et de co-écrire un livre avec son mentor. C'est aussi à cette époque que Jérôme Banctel s'éprend du Japon, de ses produits et de ses techniques culinaires – vinaigre de Sakura, miso, sauce soja, cuisine au binchotan…

Il affirme désormais sa personnalité culinaire singulière à travers deux menus : Virée, qui rend hommage à sa Bretagne natale, et Périple, qui invite à voyager autour de la planète, au pays du Soleil-Levant, bien sûr, mais aussi en Turquie où le chef a découvert la cuisson à l'eau de chaux, qui confère aux légumes une texture incomparable ; sans oublier un menu consacré à la chasse en saison.

Ces partitions gourmandes de haute volée lui permettent de convoquer une vaste gamme de sensations et de saveurs – acidulé, sucré-salé, épices et iode – qui se succèdent et s'harmonisent grâce à son talent d'alchimiste cosmopolite. Les sauces profondes et concentrées permettent d'appréhender au mieux cette cuisine hautement technique mais qui n'en laisse rien paraître, tout entière dédiée à l'émotion. Les plats végétaux (et signatures) comme la carotte des sables au gingembre acidulé, le cœur d'artichaut et vinaigre à la fleur de cerisier, ou bien le homard bleu au binchotan, butternut et graines de courge sont déjà des classiques ■

Les Tables étoilées 2024

Wimereux
Boeschepe
Cassel
St-Omer
Busnes
Le Touquet-Paris-Plage
La Madelaine-sous-Montreuil
Dieppe
Offranville
Cherbourg-en-Cotentin
Caudebec-en-Caux
Valmont
Le Havre
Étretat
Rouen
Lyons-la-Forêt
Étouy
Trébeurden
Carantec
Roscoff
St-Pol-de-Léon
Lannion
Blainville-sur-Mer
St-Lô
Caen
Deauville
Plouider
St-Malo
Dinard
Cancale
Argentan
Giverny
Guainville
Paris
Binic
Plérin
St-Brieuc
St-Méloir-des-Ondes
La Ferrière-aux-Étangs
A
Brest
Plougonvelin
Plomodiern
Mûr-de-Bretagne
Saint-Grégoire
Noyal-sur-Vilaine
Bagnoles-de-l'Orne
Chartres
Quimper
Combrit
Pont-Aven
Rennes
Mayenne
Le Mans
Blois
Boismorand
Orléans
Névez
Lorient
Baden
St-Avé
Guer
Piré-Chancé
Ardon
Montlivault
Gien
Port-Louis
Carnac
Vannes
Le Champs-sur-Layon
Angers
Amboise
Fondettes
Cellettes
Cheverny
Boullere
St-Joachim
Azay-le-Rideau
Saché
Onzain
Montbazon
Romorantin-Lanthenay
La Plaine-sur-Mer
Nantes
Les Sorinières
Fontevraud-l'Abbaye
Loches
St-Valentin
L'Herbaudière
Montaigu
Montréverd
Chambretaud
Le-Petit-Pressigny
Brétignolles-sur-Mer
La Roche-sur-Yon
Brem-sur-Mer
Les Sables-d'Olonne
Mareuil-sur-Lay
Montluçon
La Rochelle
La Jarrie
Bourg-Charente
Nieul
Breuillet
Cognac
Angoulême
Montbron
La Roche-l'Abeille
Puymoyen
St-Émilion
Brantôme
St-Léon-sur-Vézère
Brive-la-Gaillarde
Lormont
Périgueux
Les Eyzies-de-Tayac
Altillac
Laguiole
Bouliac
Bordeaux
St-Céré
Marcolès
Arès
Monbazillac
Trémolat
Lacave
Conques-en-Rouergue
Arcachon
Monestier
St-Médard
Mercuès
Bozou
Pyla-sur-Mer
Martillac
Langon
Puymirol
Belcastel
Rode
Bommes
Moirax
St-Vincent-de-Tyrosse
Mont-de-Marsan
Eugénie-les-Bains
Rouffiac-Tolosan
Montrabé
Lavalette
Seignosse
Magescq
Pujaudran
Quint-Fonsegrives
Biarritz
Bidart
Arcangues
Hasparren
Pau
Toulouse
Payrin-Augmontel
Lastours
Ciboure
St-Jean-de-Luz
Espelette
Aureville
Guéthary
Carcassonne
St-Pée-sur-Nivelle
Ainhoa
Fontjoncouse
Bélesta

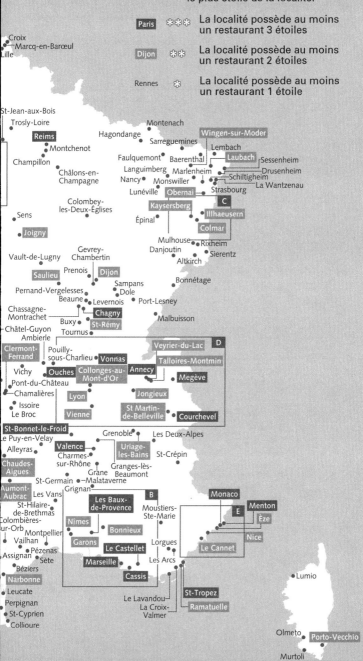

La couleur correspond à l'établissement le plus étoilé de la localité.

Paris ✿✿✿ La localité possède au moins un restaurant 3 étoiles

Dijon ✿✿ La localité possède au moins un restaurant 2 étoiles

Rennes ✿ La localité possède au moins un restaurant 1 étoile

Croix
Marcq-en-Barœul
Lille

St-Jean-aux-Bois
Trosly-Loire
Montenach
Hagondange
Reims
Montchenot
Sarreguemines
Wingen-sur-Moder
Lembach
Champillon
Faulquemont
Baerenthal
Laubach
Sessenheim
Châlons-en-Champagne
Languimberg
Marlenheim
Schiltigheim
Drusenheim
Nancy
Monswiller
La Wantzenau
Lunéville
Strasbourg
Colombey-les-Deux-Églises
Obernai
Sens
Kaysersberg
C
Joigny
Épinal
Illhaeusern
Colmar
Mulhouse
Rixheim
Vault-de-Lugny
Gevrey-Chambertin
Danjoutin
Sierentz
Altkirch
Saulieu
Prenois
Dijon
Bonnétage
Pernand-Vergelesses
Sampans
Dole
Beaune
Levernois
Port-Lesney
Chassagne-Montrachet
Chagny
Châtel-Guyon
Buxy
St-Rémy
Malbuisson
Ambierle
Tournus
Veryrier-du-Lac
D
Clermont-Ferrand
Pouilly-sous-Charlieu
Vonnas
Talloires-Montmin
Vichy
Ouches
Collonges-au-Mont-d'Or
Annecy
Megève
Pont-du-Château
Lyon
Jongieux
Chamalières
Vienne
St Martin-de-Belleville
Issoire
Courchevel
Le Broc
St-Bonnet-le-Froid
Grenoble
Les Deux-Alpes
Le Puy-en-Velay
Valence
Uriage-les-Bains
Alleyras
Charmes-sur-Rhône
St-Crépin
Chaudes-Aigues
Grâne
Granges-lès-Beaumont
St-Germain
Malataverne
Aumont-Aubrac
Les Vans
Grignan
St-Hilaire-de-Brethmas
B
Colombières-sur-Orb
Nîmes
Les Baux-de-Provence
Monaco
Menton
Montpellier
Moustiers-Ste-Marie
Vailhan
Bonnieux
Éze
Assignan
Pézenas
Sète
Garons
Le Castellet
Lorgues
Nice
Béziers
Marseille
Les Arcs
Le Cannet
Narbonne
Cassis
Leucate
Perpignan
St-Tropez
St-Cyprien
Le Lavandou
La Croix-Valmer
Ramatuelle
Collioure
E

Lumio

Olmeto
Porto-Vecchio
Murtoli

Les Tables étoilées 2024

La couleur correspond à l'établissement
le plus étoilé de la localité.

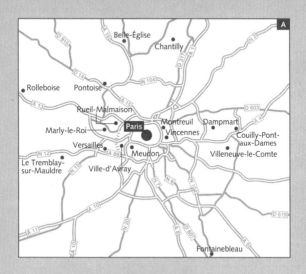

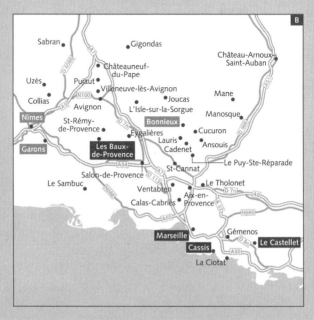

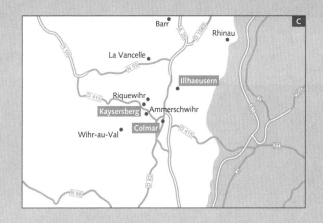

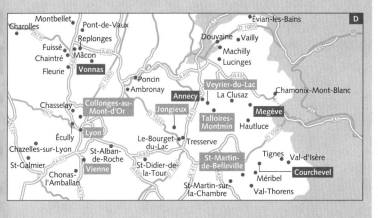

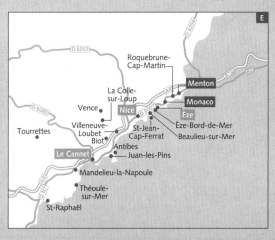

INDEX DES RESTAURANTS ÉTOILÉS

STARRED RESTAURANTS

N Nouvelle distinction cette année !
New awarded distinction this year!

✿✿✿

AUVERGNE-RHÔNE-ALPES

LES ÉTOILES

BRETAGNE

CENTRE VAL-DE-LOIRE

CORSE

GRAND EST
ALSACE - CHAMPAGNE-ARDENNE - LORRAINE

ÎLE-DE-FRANCE

Paris (8ᵉ)	Le George ✿	827
Paris (11ᵉ)	Géosmine **N**	852
Paris (16ᵉ)	La Grande Cascade	873
Paris (1ᵉʳ)	Granite	778
Paris (8ᵉ)	Helen	828
Paris (7ᵉ)	Hémicycle **N**	814
Paris (8ᵉ)	Il Carpaccio	828
Paris (17ᵉ)	Jacques Faussat	878
Paris (8ᵉ)	Jean Imbert au Plaza Athénée	828
Paris (8ᵉ)	Lasserre	828
Paris (9ᵉ)	Louis	840
Paris (8ᵉ)	Lucas Carton	829
Paris (8ᵉ)	Maison Dubois **N**	829
Paris (17ᵉ)	Mallory Gabsi	879
Paris (5ᵉ)	Mavrommatis	799
Paris (14ᵉ)	MoSuke	864
Paris (7ᵉ)	Nakatani	814
Paris (15ᵉ)	Neige d'Été	867
Paris (9ᵉ)	NESO	840
Paris (1ᵉʳ)	Nhome **N**	778
Paris (16ᵉ)	Nomicos	873
Paris (17ᵉ)	OKA	879
Paris (1ᵉʳ)	Omar Dhiab	778
Paris (8ᵉ)	Onor **N**	829
Paris (16ᵉ)	Õrtensia	873
Paris (17ᵉ)	Oxte	879
Paris (16ᵉ)	Pages	873
Paris (2ᵉ)	Pantagruel	786
Paris (8ᵉ)	Pavyllon	829
Paris (7ᵉ)	Pertinence	815
Paris (2ᵉ)	Pur' - Jean-François Rouquette	787
Paris (6ᵉ)	Quinsou	804
Paris (11ᵉ)	Qui Plume la Lune	852
Paris (6ᵉ)	Relais Louis XIII	805
Paris (4ᵉ)	Restaurant H	796
Paris (17ᵉ)	La Scène Thélème	879
Paris (11ᵉ)	Septime ✿	852
Paris (4ᵉ)	Le Sergent Recruteur	796
Paris (2ᵉ)	Shabour	787
Paris (16ᵉ)	Shang Palace	874
Paris (5ᵉ)	Sola	800
Paris (5ᵉ)	Solstice	800
Paris (16ᵉ)	Substance	874
Paris (2ᵉ)	Sushi B	787
Paris (2ᵉ)	Sushi Yoshinaga **N**	787
Paris (7ᵉ)	Tomy & Co	815
Paris (5ᵉ)	Tour d'Argent	800
Paris (1ᵉʳ)	Le Tout-Paris **N**	778
Paris (8ᵉ)	Trente-Trois	830

Paris (7ᵉ)	Le Violon d'Ingres	815
Paris (12ᵉ)	Virtus	859
Paris (1ᵉʳ)	Yam'Tcha	779
Paris (6ᵉ)	Yoshinori	805
Paris (6ᵉ)	Ze Kitchen Galerie	805
Rolleboise (78)	Le Panoramique - Domaine de la Corniche	981
Rueil-Malmaison (92)	Ochre	989
Le Tremblay-sur-Mauldre (78)	Numéro 3	1116
Versailles (78)	Gordon Ramsay au Trianon	1145
Versailles (78)	Le Grand Contrôle	1145
Versailles (78)	La Table du 11	1145
Ville-d'Avray (92)	Le Corot	1154
Villeneuve-le-Comte (77)	La Vieille Auberge **N**	1158
Vincennes (94)	L'Ours	1160

NORMANDIE

Localité (Dépt)	Restaurant	Page
Argentan (61)	La Renaissance	195
Bagnoles-de-l'Orne (61)	Le Manoir du Lys	219
Blainville-sur-Mer (50)	Le Mascaret	264
Caen (14)	Ivan Vautier	306
Caudebec-en-Caux (76)	G.a. au Manoir de Rétival ⚘	334
Cherbourg-en-Cotentin (50)	Le Pily	390
Deauville (14)	L'Essentiel	452
Deauville (14)	Maximin Hellio	452
Dieppe (76)	Les Voiles d'Or	455
Étretat (76)	Le Donjon - Domaine Saint-Clair	498
La Ferrière-aux-Étangs (61)	Auberge de la Mine	506
Giverny (27)	Le Jardin des Plumes	527
Le Havre (76)	Jean-Luc Tartarin	546
Lyons-la-Forêt (27)	La Licorne Royale	636
Offranville (76)	Le Colombier	747
Rouen (76)	L'Odas	985
Saint-Lô (50)	Intuition	1023
Valmont (76)	Maison Caillet ⚘	1134

NOUVELLE-AQUITAINE
AQUITAINE - LIMOUSIN - POITOU-CHARENTES

Localité (Dépt)	Restaurant	Page
Ainhoa (64)	Ithurria	159
Altillac (19)	Cueillette **N**	170
Angoulême (16)	Les Sources de Fontbelle	178
Arcachon (33)	Le Patio	227
Arcangues (64)	Moulin d'Alotz	193
Arès (33)	Nacre **N**	228
Biarritz (64)	L'Impertinent	255

OCCITANIE

LES ÉTOILES

PAYS-DE-LA-LOIRE

PROVENCE-ALPES-CÔTE D'AZUR

INDEX DES BIB GOURMAND

INDEX OF BIB GOURMAND

N **Nouvelle distinction cette année !**
New awarded distinction this year!

AUVERGNE - RHÔNE-ALPES

Localité (Dépt)	Restaurant	Page
L'Albenc (38)	Bistrot Louise	165
Alby-sur-Chéran (74)	Le Bourgeon **N**	167
Annecy (74)	Cozna	182
Annecy (74)	Le Denti	182
Annecy (74)	La Guinguette du 1er Mets	182
Annecy (74)	Minami	182
Annecy (74)	Racines	182
Anse (69)	Au Colombier	186
Aubenas (07)	L'Aubépine	201
Aubenas (07)	Les Coloquintes	202
Aurillac (15)	Les Quatre Saisons	208
Bâgé-le-Châtel (01)	La Table Bâgésienne	218
Belleville-en-Beaujolais (69)	Le Beaujolais	248
Billy (03)	Auberge du Pont	262
Boudes (63)	Le Boudes La Vigne	283
Bourg-en-Bresse (01)	Mets et Vins	287
Bourg-en-Bresse (01)	Racines **N**	287
Chamonix-Mont-Blanc (74)	Akashon	372
Charlieu (42)	Relais de l'Abbaye	379
Chaudes-Aigues (15)	Sodade	387
Chonas-l'Amballan (38)	Le Cottage	394
Clermont-Ferrand (63)	Le Chardonnay	400
Clermont-Ferrand (63)	L'Écureuil	401
Clermont-Ferrand (63)	Le Saint-Eutrope	401
Clermont-Ferrand (63)	Le 62	402
Coligny (01)	Au Petit Relais	407
Le Coteau (42)	L'Atelier Locavore	433
Espaly-Saint-Marcel (43)	L'Ermitage	496
Évian-les-Bains (74)	Le Muratore	500
Grenoble (38)	Jeanette	534
Grenoble (38)	Tohu Bohu **N**	534
Lyon (6e)	Agastache	628
Lyon (7e)	Bergamote	629
Lyon (1er)	Le Cochon qui Boit **N**	621

Lyon (6ᵉ)	Le Jean Moulin	629
Lyon (7ᵉ)	Le Kitchen	629
Lyon (6ᵉ)	M Restaurant	629
Lyon (6ᵉ)	PY Restaurant	629
Lyon (9ᵉ)	Racine	636
Lyon (7ᵉ)	Saku Restaurant	630
Lyon (6ᵉ)	Sauf Imprévu	630
Lyon (7ᵉ)	Siprès **N**	630
Lyon (9ᵉ)	Le Tiroir	636
Lyon (7ᵉ)	Veronatuti	630
Lyon (6ᵉ)	Le Zeste Gourmand	631
Malataverne (26)	Le Bistrot 270	640
Marcolès (15)	Oxalis **N**	644
Menthon-Saint-Bernard (74)	Le Confidentiel	666
Mirmande (26)	La Capitelle	676
Montanges (01)	L'Auberge du Pont des Pierres	687
Montmarault (03)	Restaurant Anne & Matthieu Omont - Hôtel de France	696
Moulins (03)	Le Bistrot de Guillaume	709
Nernier (74)	La Table de Nernier	728
Notre-Dame-de-Bellecombe (73)	La Ferme de Victorine	745
Orcines (63)	Auberge de la Baraque	749
Pailherols (15)	L'Auberge des Montagnes	755
Polliat (01)	Téjérina - Hôtel de la Place	913
Le Pont-de-Claix (38)	Le Rousseau	915
Le Puy-en-Velay (43)	L'Émotion	926
Le Reposoir (74)	La Chartreuse **N**	946
Saint-Bonnet-le-Froid (43)	L'Acte 2 **N**	998
Saint-Bonnet-le-Froid (43)	Bistrot la Coulemelle	998
Saint-Julien-Chapteuil (43)	Vidal	1020
Saint-Julien-en-Vercors (26)	Café Brochier	1020
Saint-Martin-de-Belleville (73)	Simple et Meilleur	1029
Saint-Saturnin (15)	Le Moulin de la Santoire **N**	1044
Solignac-sous-Roche (43)	Lou Pinatou	1073
Tournemire (15)	La Petite Grange	1107
Tournon-sur-Rhône (07)	Le Cerisier	1107
Uriage-les-Bains (38)	Café A	1122
Val-Revermont (01)	Voyages des Sens	1129
Valence (26)	Le Bac à Traille	1132
Vallon-Pont-d'Arc (07)	Arkadia	1134
Vaudevant (07)	La Récré	1140
Vézeronce-Curtin (38)	L'Esprit Bistrot	1150
Villefranche-sur-Saône (69)	La Ferme du Poulet	1156

BOURGOGNE - FRANCHE-COMTÉ

Localité (Dépt)	Restaurant	Page
Arbois (39)	Le Bistronôme	192
Beaune (21)	La Table du Square **N**	239
Chablis (89)	Les Trois Bourgeons	339
Chassy (71)	JK Restaurant **N**	382

Localité (Dépt)	Restaurant	Page
Cluny (71)	Hostellerie d'Héloïse	404
Combeaufontaine (70)	Le Balcon	415
Dijon (21)	DZ'envies	482
Dijon (21)	L'Évidence	482
Dijon (21)	So	483
Dijon (21)	Spica	483
Dole (39)	Grain de Sel	488
Dole (39)	Iida-Ya	488
Gevrey-Chambertin (21)	Bistrot Lucien	526
Meursault (21)	Château de Cîteaux - Bistrot La Cueillette **N**	674
Montcenis (71)	Le Montcenis	691
Roye (70)	Le Saisonnier	988
Saint-Martin-du-Tertre (89)	Le Martin Bel Air **N**	1030
Sainte-Cécile (71)	L'Embellie	1052
Tournus (71)	Le Bouchon Bourguignon	1108
Valloux (89)	Auberge des Chenets	1134
Le Villars (71)	L'Auberge des Gourmets **N**	1154

BRETAGNE

Localité (Dépt)	Restaurant	Page
Audierne (29)	Orizhon	203
Auray (56)	La Chebaudière **N**	206
Auray (56)	Le P'tit Goustan	207
Baden (56)	La Chaumière de Pomper	218
Binic (22)	Brasserie d'Asten	262
Brest (29)	Peck & Co	294
Carhaix-Plouguer (29)	Erasmo	326
Concarneau (29)	Le Flaveur	417
Lannion (22)	Le Brélévenez	578
Lorient (56)	Gare aux Goûts	601
Lorient (56)	Le Tire Bouchon	603
Morlaix (29)	Le 21ème Commis **N**	707
Pléneuf-Val-André (22)	Le Biniou	907
Ploubalay (22)	La Gare	909
Plougasnou (29)	La Maison de Kerdiès	910
Plouharnel (56)	Granit **N**	911
Plouider (29)	Le Comptoir de La Butte	912
Plourhan (22)	Rolland **N**	912
Pontivy (56)	Hyacinthe & Robert	917
Quimper (29)	Éclosion **N**	931
Quimper (29)	Ti-Coz	931
Rennes (35)	Imayoko **N**	943
Rennes (35)	La Petite Ourse	943
La Roche-Bernard (56)	Auberge des Deux Magots	953
Rochefort-en-Terre (56)	Maison Cachée **N**	954
Saint-Malo (35)	Comptoir Breizh Café	1024
Saint-Malo (35)	Doma **N**	1025
Saint-Malo (35)	Fidelis	1025
Saint-Malo (35)	La Fourchette à Droite	1025

Sarzaeu (56)	Le Manoir de Kerbot	1061
Trébeurden (22)	Vivace **N**	1115
Vannes (56)	Le Sous-sol	1137
Vitré (35)	Entre Nous **N**	1161

CENTRE VAL-DE-LOIRE

Localité (Dépt)	Restaurant	Page
Amboise (37)	Les Arpents	172
Azay-le-Rideau (37)	L'Épine	217
La Borne (18)	L'Épicerie	283
Bourges (18)	Le Beauvoir	288
Bracieux (41)	Le Rendez-vous des Gourmets	292
Châteauroux (36)	Jeux 2 Goûts	385
L'Île-Bouchard (37)	Auberge de l'Île	558
Langeais (37)	Au Coin des Halles	577
Orléans (45)	L'Hibiscus	750
Oucques (41)	Ô en Couleur	754
Saint-Aignan-sur-Cher (41)	La Salamandre **N**	993
Saint-Benoît-sur-Loire (45)	Le Grand Saint-Benoît	996
Saint-Georges-sur-Cher (41)	Fleur de Sel	1008
Vendôme (41)	Le Malu	1143
Veuil (36)	Auberge Saint Fiacre	1148
Veuves (41)	La Croix Blanche	1149

CORSE

Localité (Dépt)	Restaurant	Page
Cuttoli (2A)	U Licettu	425
Pigna (2B)	A Mandria di Pigna	429
Santa-Reparata-di-Balagna (2B)	L'Aghjalle **N**	433

GRAND EST
ALSACE - CHAMPAGNE-ARDENNE - LORRAINE

Localité (Dépt)	Restaurant	Page
Berrwiller (68)	L'Arbre Vert	250
Blienschwiller (67)	Le Pressoir de Bacchus	264
Écouviez (55)	Les Épices Curiens	493
Fouday (67)	Julien	514
Gundershoffen (67)	Le Cygne	543
Ingersheim (68)	La Taverne Alsacienne	563
Kaysersberg (68)	La Vieille Forge	572
Kaysersberg (68)	Winstub du Chambard	573
Labaroche (68)	La Rochette	574
Montcy-Notre-Dame (08)	L'Auberge du Laminak	691
Muhlbach-sur-Munster (68)	Perle des Vosges	711
Munster (68)	Les Grands Arbres - Verte Vallée	712
Munster (68)	L'Olivier	712

Natzwiller (67)	Auberge Metzger	727
Pont-Sainte-Marie (10)	Bistrot DuPont	916
Reims (51)	Le Jardin Les Crayères	937
Ribeauvillé (68)	Au Relais des Ménétriers	947
Richardménil (54)	Au Bon Accueil	948
Rimbach-près-Guebwiller (68)	L'AO - L'Aigle d'Or	949
Rosenau (68)	Au Lion d'Or - Chez Théo	984
Sierentz (68)	Winstub À Côté	1073
Strasbourg (67)	Au Pont du Corbeau	1079
Strasbourg (67)	Le Bistrot d'Antoine	1082
Strasbourg (67)	Chez Yvonne - S'Burjerstuewel	1082
Weyersheim (67)	Auberge du Pont de la Zorn	1165
Wœlfling-lès-Sarreguemines (57)	Restaurant Dimofski	1167

HAUTS-DE-FRANCE
NORD-PAS-DE-CALAIS - PICARDIE

Localité (Dépt)	Restaurant	Page
Apremont (60)	Auberge La Grange aux Loups	191
Armentières (59)	Bistrot RG	198
Audresselles (62)	La Plage **N**	203
Bermicourt (62)	La Cour de Rémi ❀	249
Brebières (62)	Air Accueil	293
Caëstre (59)	L'Auberge	309
Calais (62)	Histoire Ancienne	311
Étaples (62)	Racines	497
Favières (80)	La Clé des Champs	505
Marcq-en-Barœul (59)	Rêpu **N**	644
Mers-les-Bains (80)	L'Itinérance **N**	670
Wambrechies (59)	Balsamique	1164

ÎLE-DE-FRANCE

Localité (Dépt)	Restaurant	Page
Boulogne-Billancourt (92)	Baca'v - Boulogne **N**	284
Clichy (92)	Rosette **N**	403
La Garenne-Colombes (92)	Le Saint Joseph	519
Nanterre (92)	Cabane	718
Paris (9ᵉ)	Abri Soba	840
Paris (15ᵉ)	L'Antre Amis	868
Paris (11ᵉ)	Auberge Pyrénées Cévennes	853
Paris (7ᵉ)	Au Bon Accueil	815
Paris (9ᵉ)	Aux 2 K **N**	840
Paris (14ᵉ)	Aux Plumes	865
Paris (5ᵉ)	Baca'v	800
Paris (10ᵉ)	Brigade du Tigre	847
Paris (9ᵉ)	Caillebotte	841
Paris (20ᵉ)	Les Canailles Ménilmontant	887
Paris (9ᵉ)	Les Canailles Pigalle	841
Paris (15ᵉ)	Le CasseNoix	868
Paris (7ᵉ)	Chez les Anges	816

BIB GOURMAND

75

Paris (10e)	52 Faubourg St-Denis	848
Paris (11e)	Clamato	853
Paris (11e)	Double Dragon	853
Paris (13e)	Impérial Choisy	862
Paris (12e)	Jouvence	859
Paris (8e)	Kisin	830
Paris (14e)	Kwon	865
Paris (1er)	Lai'Tcha	779
Paris (8e)	Mandoobar	830
Paris (6e)	La Méditerranée	805
Paris (17e)	Mova	880
Paris (18e)	Ose	884
Paris (9e)	Le Pantruche	841
Paris (14e)	Les Petits Parisiens	865
Paris (13e)	Pho Tai	862
Paris (15e)	Le Radis Beurre	868
Paris (7e)	Rosemarie **N**	816
Paris (2e)	Spoon	788
Paris (6e)	La Table de Mee	806
Paris (7e)	20 Eiffel	816
Suresnes (92)	Les Petits Princes	1086
Versailles (78)	Le Bistrot du 11 **N**	1147
Yerres (91)	Bird	1167

NORMANDIE

Localité (Dépt)	Restaurant	Page
Alençon (61)	Au Petit Vatel	167
Auzouville-sur-Saâne (76)	Auberge de La Mère Duval	210
Bayeux (14)	L'Alcôve	233
Bayeux (14)	L'Angle Saint-Laurent	233
Bayeux (14)	La Rapière	233
Bernay (27)	Le Moulin Fouret	249
Coutances (50)	Kalamansi	443
Dieppe (76)	Bistrot du Pollet	455
Évreux (27)	La Gazette	500
Hambye (50)	Auberge de l'Abbaye	544
Le Havre (76)	Le Bouche à Oreille	546
Le Havre (76)	Le Margote	546
Heugueville-sur-Sienne (50)	The Presbytere	548
Honfleur (14)	La Fleur de Sel	550
Honfleur (14)	SaQuaNa	550
Houlgate (14)	L'Éden	554
Juvigny-sous-Andaine (61)	Au Bon Accueil	571
Ouistreham (14)	La Table d'Hôtes	755
Le Pin-la-Garenne (61)	La Croix d'Or	905
Rouen (76)	Paul-Arthur **N**	985
Saint-Étienne-du-Vauvray (27)	La Ferme de la Haute Crémonville	1007
Saint-Pair-sur-Mer (50)	Sème **N**	1034
Vire (14)	Manoir de la Pommeraie	1161

NOUVELLE-AQUITAINE
AQUITAINE - LIMOUSIN - POITOU-CHARENTES

OCCITANIE

PROVENCE-ALPES-CÔTE D'AZUR

INDEX DES ÉTOILES VERTES

INDEX OF GREEN STARS

S

Localité (Dépt)	Restaurant	Page
Saint-Bonnet-le-Froid (43)	Restaurant Marcon ✿✿✿	997
Saint-Émilion (33)	Les Belles Perdrix	
	de Troplong Mondot ✿	1004
Saint-Hilaire-de-Brethmas (30)	Le Saint Hilaire ✿	1013
Saint-Méloir-des-Ondes (35)	Le Coquillage ✿✿✿	1031
Saint-Vrain (91)	Le Doyenné	1051
Le Sambuc (13)	La Chassagnette ✿	1057
Servon (50)	Auberge Sauvage	1070
Strasbourg (67)	de:ja ✿	1077

T

Localité (Dépt)	Restaurant	Page
Talloires-Montmin (74)	L'Auberge de Montmin ✿✿	1087
Talloires-Montmin (74)	Jean Sulpice ✿✿	1088
Tignes (73)	Ursus ✿	1092
Tournus (71)	Aux Terrasses ✿	1107

U - V

Localité (Dépt)	Restaurant	Page
Uriage-les-Bains (38)	Maison Aribert ✿✿	1122
Vailhan (34)	Äponem - Auberge du Presbytère ✿	1126
Vailly (74)	Frédéric Molina au Moulin de Léré ✿	1126
Valmont (76)	Maison Caillet ✿	1134
La Vancelle (67)	Auberge Frankenbourg ✿	1135
Vannes (56)	Empreinte	1139
Veyras (07)	La Bòria	1149
Veyrier-du-Lac (74)	La Table de Yoann Conte ✿✿	1150

Les Cartes
par départements

Pour situer toutes les localités citées dans le guide.

Localité possédant au moins...
- un restaurant
- un Bib Gourmand
- une table étoilée
- un restaurant distingué pour sa gastronomie durable

LA FRANCE PAR DÉPARTEMENTS

CARTES

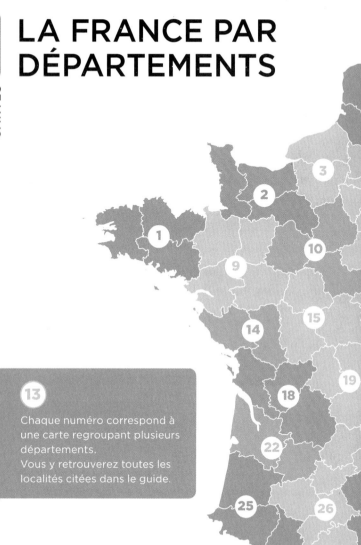

13

Chaque numéro correspond à une carte regroupant plusieurs départements.
Vous y retrouverez toutes les localités citées dans le guide.

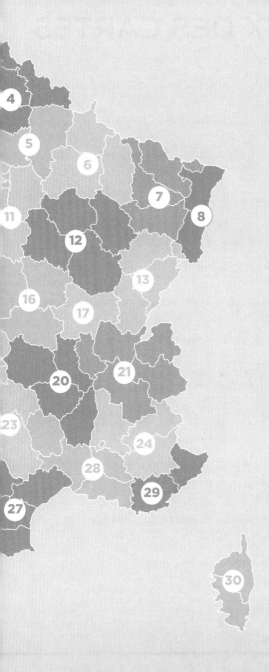

INDEX DES CARTES

16 Allier (03) – Cher (18) – Nièvre (58)

17 Saône-et-Loire (71)

18 Charente (16) – Charente-Maritime (17) – Dordogne (24)

19 Corrèze (19) – Creuse (23) – Haute-Vienne (87)

20 Ardèche (07) – Haute-Loire (43) – Loire (42) –
Puy-de-Dôme (63)

21 Ain (01) – Haute-Savoie (74) – Isère (38) –
Rhône (69) – Savoie (73)

22 Gironde (33) – Lot-et-Garonne (47)

23 Aveyron (12) – Cantal (15) – Lot (46)

24 Alpes-de-Haute-Provence (04) – Drôme (26) –
Hautes-Alpes (05)

25 Hautes-Pyrénées (65) – Landes (40) –
Pyrénées-Atlantiques (64)

26 Ariège (09) – Gers (32) – Haute-Garonne (31) –
Tarn-et-Garonne (82)

27 Aude (11) – Hérault (34) – Pyrénées-Orientales (66) –
Tarn (81)

28 Bouches-du-Rhône (13) – Gard (30) – Lozère (48) –
Vaucluse (84)

29 Alpes-Maritimes (06) – Var (83)

30 Corse-du-Sud (2A) – Haute-Corse (2B)

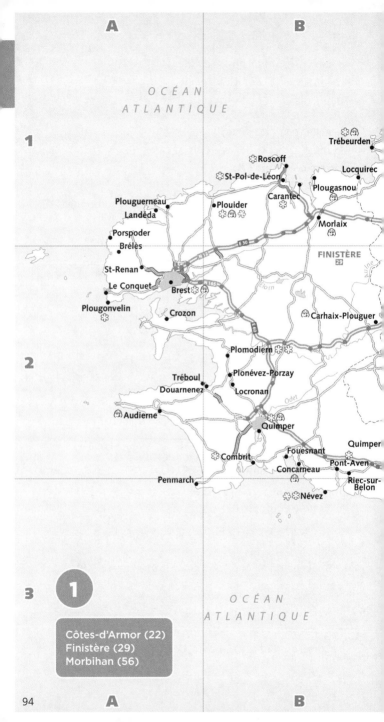

OCÉAN ATLANTIQUE

A | **B**

1

Trébeurden
Roscoff
St-Pol-de-Léon
Locquirec
Plougasnou
Plouguerneau
Carantec
Landéda
Plouider
Porspoder
Morlaix
Brélès
FINISTÈRE
29
St-Renan
Le Conquet
Brest
Plougonvelin
Carhaix-Plouguer
Crozon

2

Plomodiern
Plonévez-Porzay
Tréboul
Douarnenez
Locronan
Audierne
Odet
Quimper
Quimper
Fouesnant
Pont-Aven
Combrit
Concarneau
Riec-sur-Belon
Penmarch
Névez

3

OCÉAN ATLANTIQUE

1

Côtes-d'Armor (22)
Finistère (29)
Morbihan (56)

A | **B**

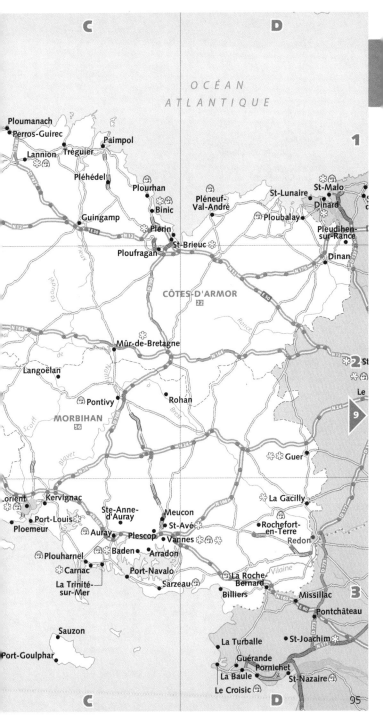

C

D

OCÉAN
ATLANTIQUE

1

Ploumanach
Perros-Guirec
Lannion
Tréguier
Paimpol
Pléhédel
Plourhan
Binic
Pléneuf-Val-André
St-Lunaire
St-Malo
Dinard
Ploubalay
Pleudihen-sur-Rance
Guingamp
Plérin
St-Brieuc
Ploufragan
Dinan

CÔTES-D'ARMOR
22

Mûr-de-Bretagne

Langoëlan

Pontivy
Rohan

MORBIHAN
56

2 St

Le

9

Guer

La Gacilly

orient
Kervignac
Ste-Anne-d'Auray
Meucon
Port-Louis
St-Avé
Rochefort-en-Terre
Ploemeur
Auray
Plescop
Vannes
Redon
Plouharnel
Baden
Arradon
Carnac
Port-Navalo
La Trinité-sur-Mer
Sarzeau
La Roche-Bernard
Billiers
Missillac

3

Pontchâteau

Sauzon

La Turballe
St-Joachim

Guérande
Pornichet
Port-Goulphar
La Baule
St-Nazaire
Le Croisic

C

D

95

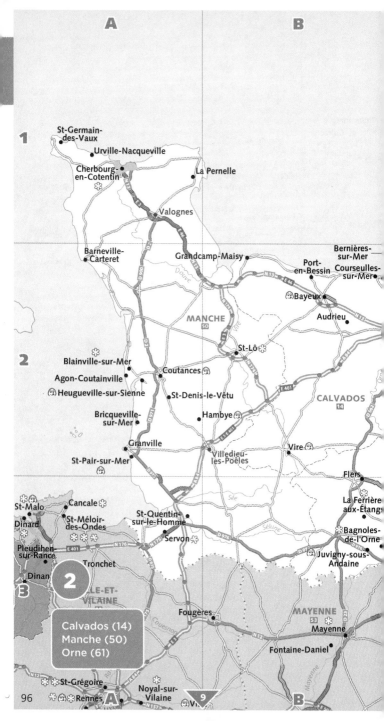

A

B

1

St-Germain-des-Vaux

Urville-Nacqueville

Cherbourg-en-Cotentin

La Pernelle

Valognes

Barneville-Carteret

Grandcamp-Maisy

Bernières-sur-Mer

Port-en-Bessin

Courseulles-sur-Mer

Bayeux

Audrieu

MANCHE
50

St-Lô

CALVADOS
14

2

Blainville-sur-Mer

Coutances

Agon-Coutainville

Heugueville-sur-Sienne

St-Denis-le-Vêtu

Bricqueville-sur-Mer

Hambye

Granville

Villedieu-les-Poêles

Vire

St-Pair-sur-Mer

Flers

St-Malo

Cancale

St-Quentin-sur-le-Homme

La Ferrière aux-Étang

Dinard

St-Méloir-des-Ondes

Servon

Bagnoles-de-l'Orne

Pleudihen-sur-Rance

Tronchet

Juvigny-sous-Andaine

Dinan

ILE-ET-VILAINE

Fougères

MAYENNE
53

2

Mayenne

Calvados (14)
Manche (50)
Orne (61)

Fontaine-Daniel

St-Grégoire

Noyal-sur-Vilaine

96

Rennes

9

A

B

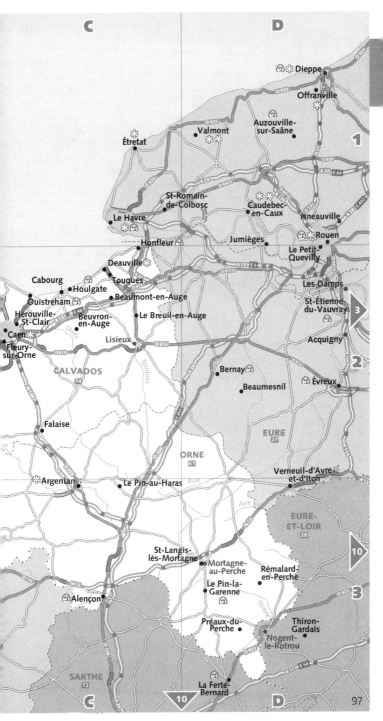

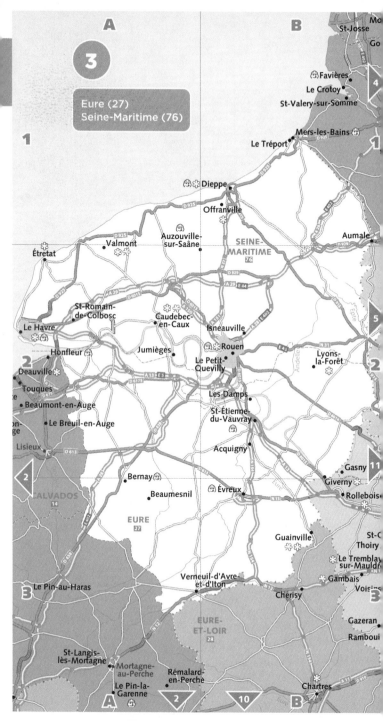

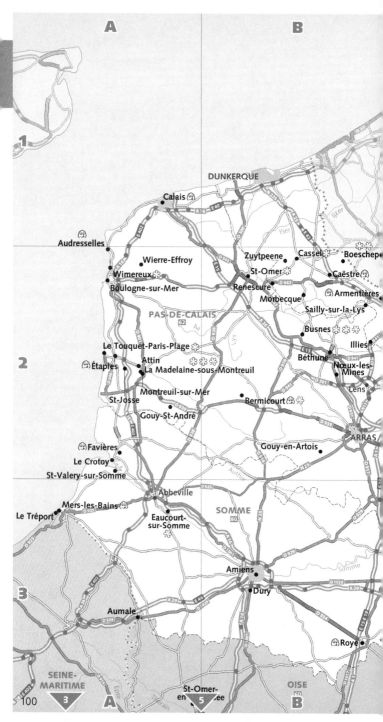

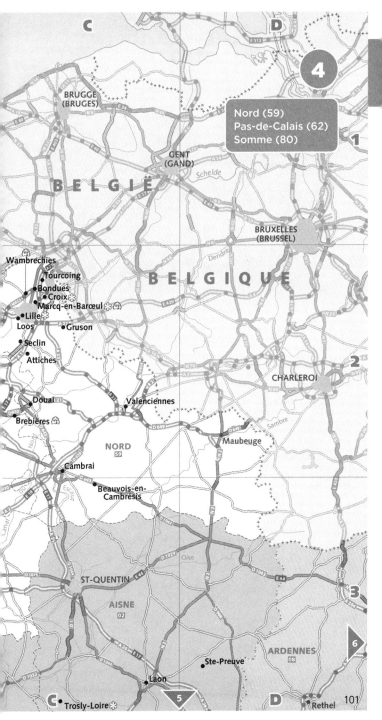

C
D

4

Nord (59)
Pas-de-Calais (62)
Somme (80)

BRUGGE
(BRUGES)

GENT
(GAND)

Schelde

1

B E L G I Ë

BRUXELLES
(BRUSSEL)

Wambrechies

Tourcoing

Bondues
Croix

Marcq-en-Barœul

Lille

Loos

Gruson

B E L G I Q U E

Dendre

Seclin

Attiches

CHARLEROI

2

Douai

Valenciennes

Brebières

Sambre

Maubeuge

NORD
59

Cambrai

Beauvois-en-
Cambrésis

ST-QUENTIN

Oise

AISNE
02

3

6

ARDENNES
08

Ste-Preuve

Laon

5

C
Trosly-Loire

D
Rethel

101

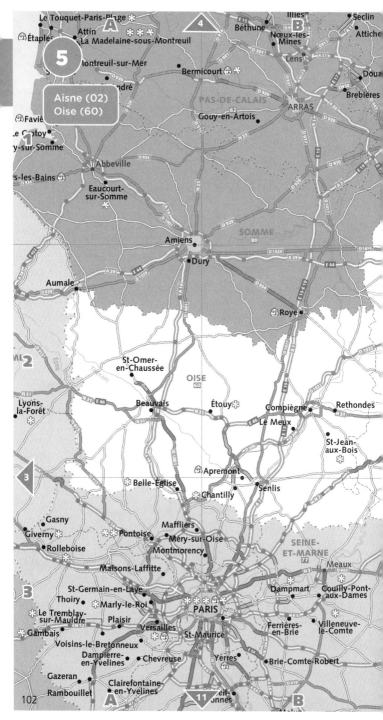

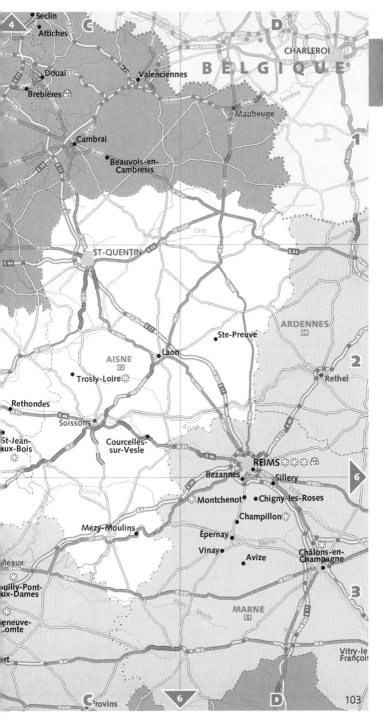

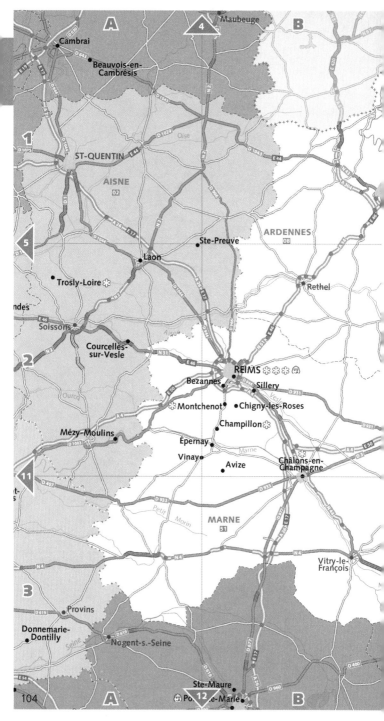

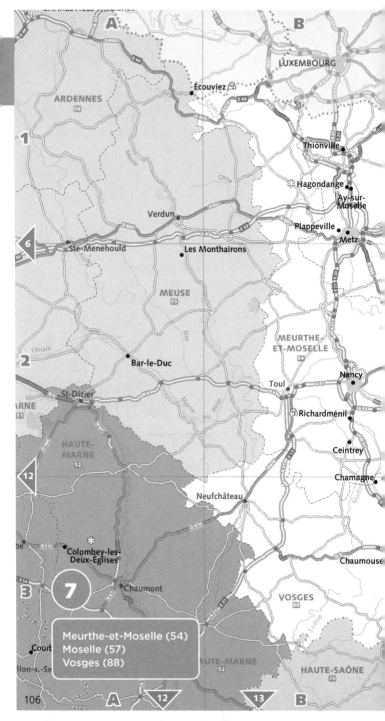

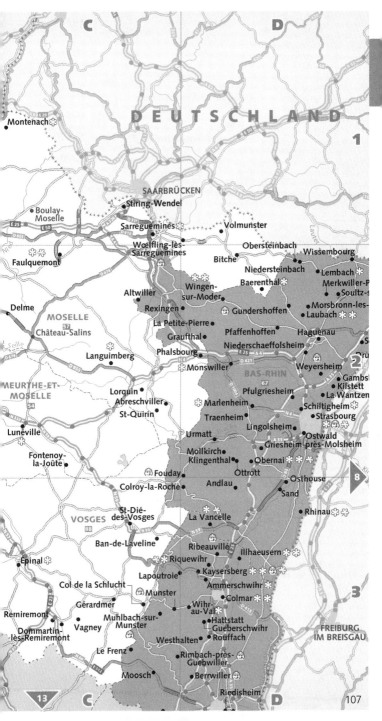

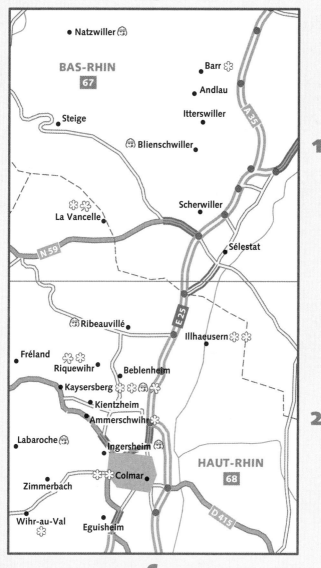

C

● Natzwiller 🏵️

BAS-RHIN
67

● Barr 🌼

● Andlau

Itterswiller
●

● Steige

🏵️ Blienschwiller ●

1

Scherwiller
●

La Vancelle 🌼 🌼
●

Sélestat
●

N 59

A 35

E 25

🏵️ Ribeauvillé ●

● Illhaeusern 🌼 🌼

● Fréland
🌼 🌼
Riquewihr ●

● Beblenheim

● Kaysersberg 🌼 🌼 🏵️ 🌼

● Kientzheim

2

● Ammerschwihr 🌼

Labaroche 🏵️

Ingersheim 🏵️

🌼 🌼 Colmar ●

HAUT-RHIN
68

D 415

● Zimmerbach

● Wihr-au-Val
🌼

Eguisheim
●

C

109

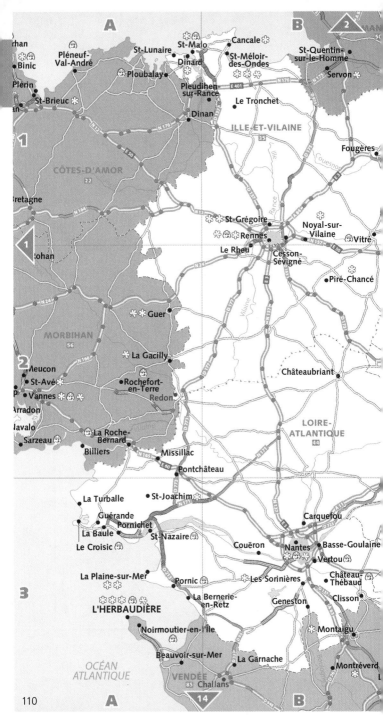

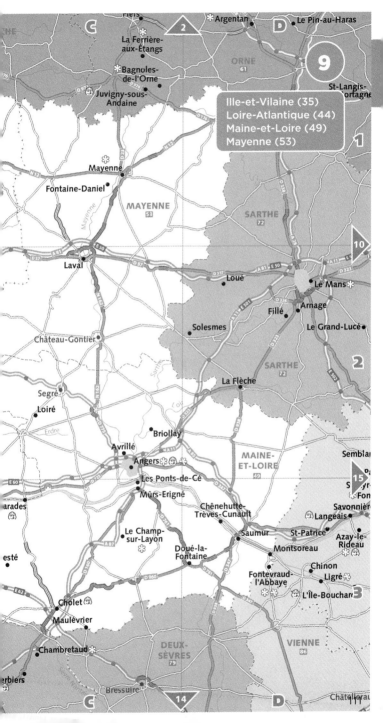

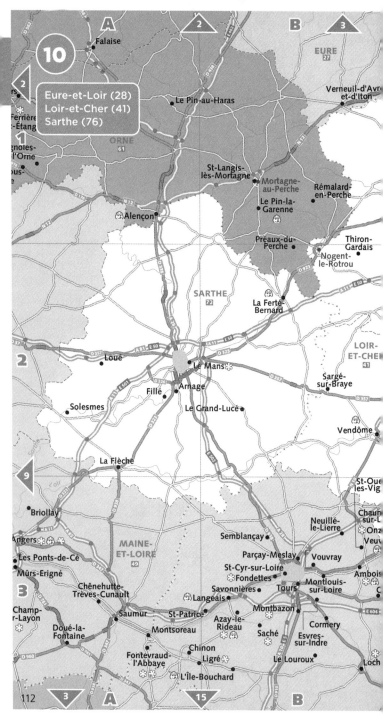

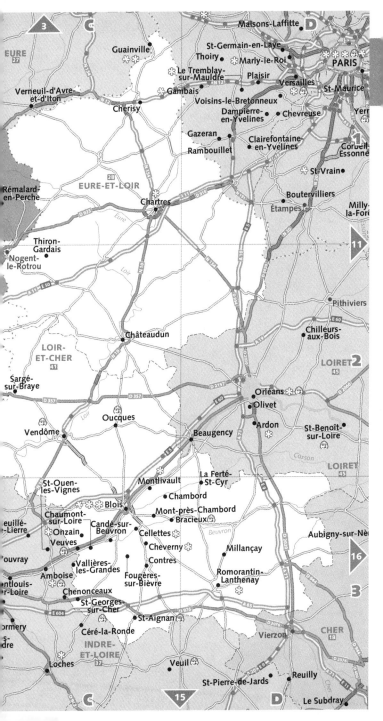

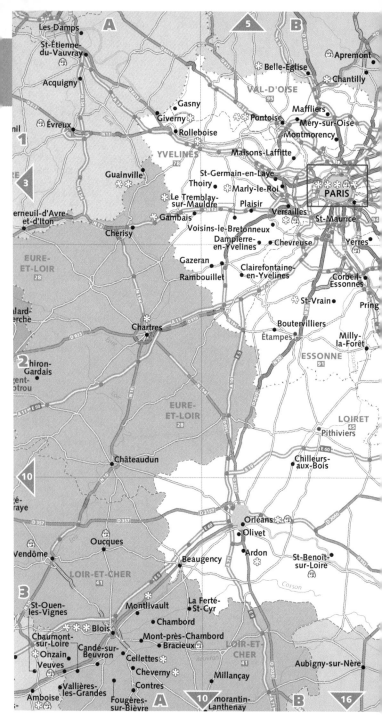

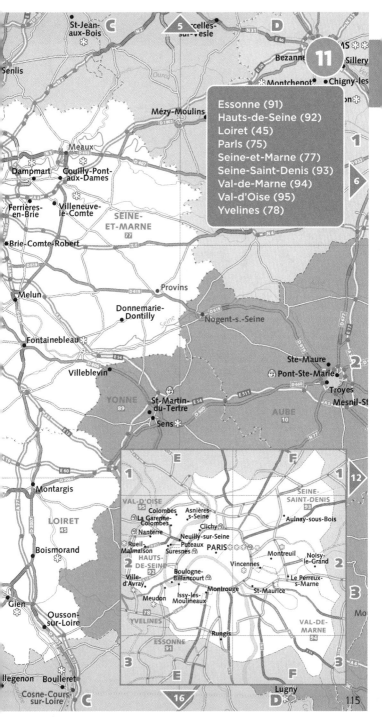

Essonne (91)
Hauts-de-Seine (92)
Loiret (45)
Paris (75)
Seine-et-Marne (77)
Seine-Saint-Denis (93)
Val-de-Marne (94)
Val-d'Oise (95)
Yvelines (78)

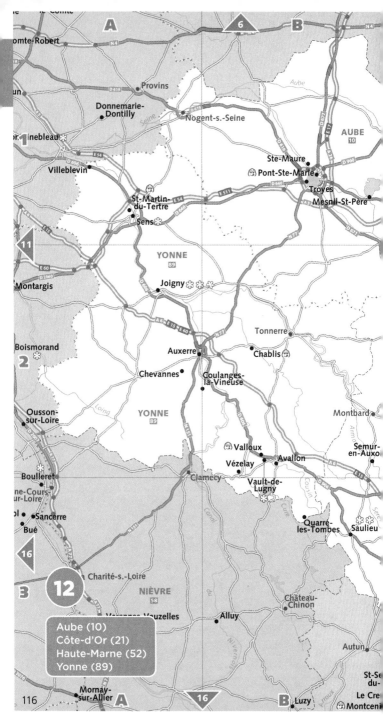

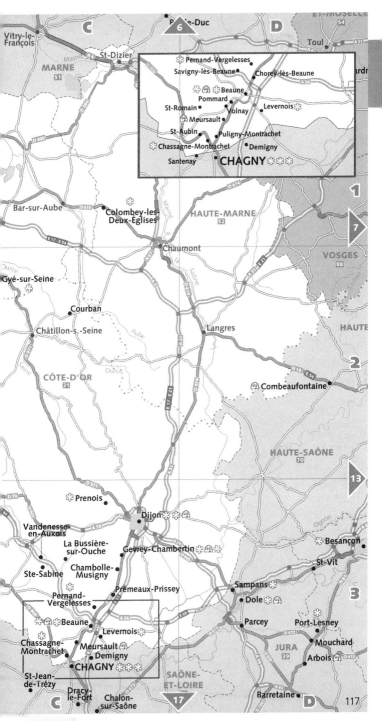

Ligne-Duc

Toul

Vitry-le-François

St-Dizier

MARNE
51

Pernand-Vergelesses
Savigny-lès-Beaune
Chorey-lès-Beaune

Beaune
Pommard
St-Romain
Volnay
Levernois
Meursault
St-Aubin
Puligny-Montrachet
Chassagne-Montrachet
Demigny
Santenay
CHAGNY

Bar-sur-Aube
Colombey-les-Deux-Églises
HAUTE-MARNE
52

Chaumont

Gyé-sur-Seine

Courban
Langres
VOSGES
88

Châtillon-s.-Seine

CÔTE-D'OR
21

HAUTE

Combeaufontaine

HAUTE-SAÔNE
70

Prenois

Dijon

Vandenesse-en-Auxois
Besançon

La Bussière-sur-Ouche
Gevrey-Chambertin
St-Vit

Chambolle-Musigny
Ste-Sabine

Premeaux-Prissey
Sampans

Pernand-Vergelesses
Dole

Beaune
Levernois
Parcey
Port-Lesney

Chassagne-Montrachet
Meursault
Mouchard

Demigny
JURA
39
Arbois

St-Jean-de-Trézy
CHAGNY

Dracy-le-Fort
SAÔNE-ET-LOIRE

Chalon-sur-Saône
Barretaine

117

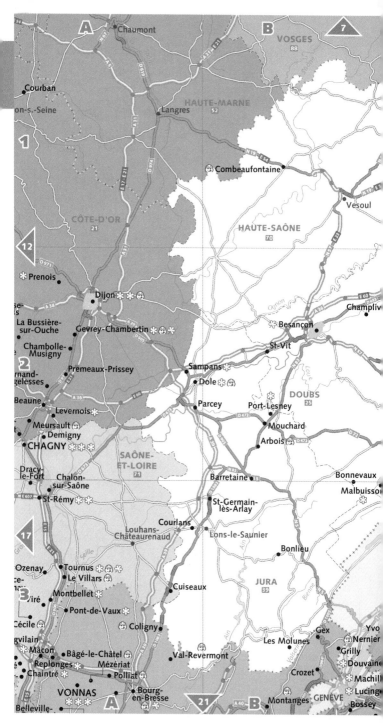

Lapoutroie
Kaysersberg
Schlucht C 7 a Schlucht
8 D erschwihr
Munster
Colmar
Gérardmer
Wihr-au-Val
Remiremont
Muhlbach-sur-Munster
Hattstatt
Gueberschwihr
Dommartin-lès-Remiremont
Vagney
Westhalten
Rouffach
Le Frenz
Rimbach-près-Guebwiller
Moosch
Berrwiller
Riedisheim

1

Guewenheim
Mulhouse
Rixheim
TERR. DE BELFORT
Hochstatt
HAUT RHIN
Kembs
Lure
Roye
Belfort
Carspach
Sierentz
Danjoutin
Altkirch
Rosenau
Vesoul
Feldbach
Huningue
Hésingue
St-Louis
BASEL

Montbéliard
Étupes

Chamesol

DOUBS
Doubs

Champlive
Mancenans-Lizerne
Goumois

Bonnétage

Les Fins
Villers-le-Lac

Ville-du-Pont

2

Verrières-de-Joux

BERN

nnevaux
Malbuisson

S U I S S E
S C H W E I Z
S V I Z Z E R A

LAUSANNE

13
3

Évian-les-Bains
Maxilly-sur-Léman
Yvoire
Nernier
Anthy-sur-Léman
illy
Douvaine
Vailly
La Chapelle
Machilly
Châtel
Lucinges
Bossey
Bonne
C
21
D
Viuz-en-Sallaz

Doubs (25)
Haute-Saône (70)
Jura (39)
Territoire de Belfort (90)

119

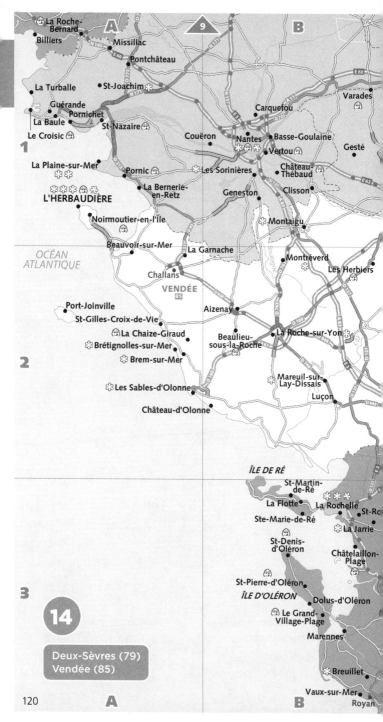

OCÉAN
ATLANTIQUE

La Roche-Bernard
Billiers
Missillac
Pontchâteau
La Turballe
St-Joachim
Guérande
Pornichet
La Baule
St-Nazaire
Le Croisic
Couëron
Carquefou
Varades
Nantes
Basse-Goulaine
Vertou
Gesté
La Plaine-sur-Mer
Pornic
Les Sorinières
Château-Thébaud
L'HERBAUDIÈRE
La Bernerie-en-Retz
Geneston
Clisson
Noirmoutier-en-l'Île
Montaigu
Beauvoir-sur-Mer
La Garnache
Montréverd
Les Herbiers
Challans
VENDÉE
85
Port-Joinville
Aizenay
St-Gilles-Croix-de-Vie
La Chaize-Giraud
Beaulieu-sous-la-Roche
La Roche-sur-Yon
Brétignolles-sur-Mer
Brem-sur-Mer
Mareuil-sur-Lay-Dissais
Luçon
Les Sables-d'Olonne
Château-d'Olonne

ÎLE DE RÉ
St-Martin-de-Ré
La Flotte
La Rochelle
St-Ro
Ste-Marie-de-Ré
La Jarrie
St-Denis-d'Oléron
Châtelaillon-Plage
St-Pierre-d'Oléron
ÎLE D'OLÉRON
Dolus-d'Oléron
Le Grand-Village-Plage
Marennes
Breuillet
Vaux-sur-Mer
Royan

14

Deux-Sèvres (79)
Vendée (85)

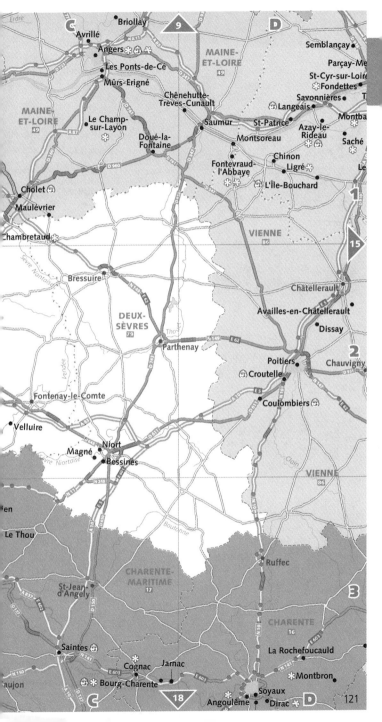

Erdre

Briollay
Avrillé

Angers ✿ ⊕ ✿

Les Ponts-de-Cé

Mûrs-Erigné

MAINE-
ET-LOIRE
49

Chênehutte-
Trèves-Cunault

MAINE-
ET-LOIRE
49

Le Champ-
sur-Layon

Doué-la-
Fontaine

Saumur

St-Patrice

Montsoreau

Fontevraud-
l'Abbaye ✿

Cholet ⊕

Maulèvrier

Chambretaud ✿

L'Île-Bouchard

Chinon

Ligré ✿

Le

Semblançay

Parçay-Me

St-Cyr-sur-Loire

Fondettes

Savonnières   T

Langeais

Montba

Azay-le-
Rideau ⊕✿   Saché

VIENNE
86

Sèvre Nantaise

Bressuire

DEUX-
SÈVRES
79

Thou

Parthenay

Vendée

Fontenay-le-Comte

Velluire

Magné

Niort

Bessines

Sèvre Niortaise

en

Le Thou

Châtellerault

Availles-en-Chatellerault

Dissay

Poitiers   Chauvigny

Croutelle

Coulombiers ⊕

Clain

VIENNE
86

D

1

15

2

Boutonne

CHARENTE-
MARITIME
17

St-Jean-
d'Angely

Saintes ⊕

aujon

Ruffec

CHARENTE
16

La Rochefoucauld

✿Montbron

Cognac ✿

Jarnac

Bourg-Charente ✿ ⊕

Soyaux

Angoulême   Dirac ✿

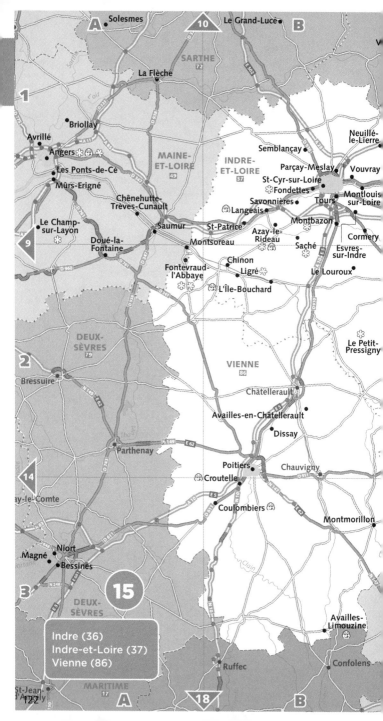

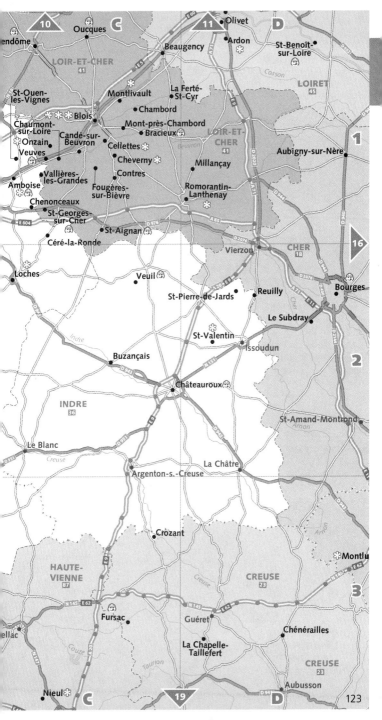

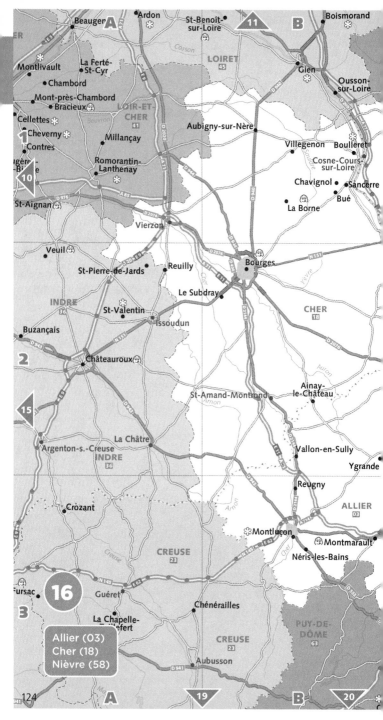

A

Beaugen
Ardon
St-Benoît-sur-Loire
11
B
Boismorand

ER
LOIRET
45
Gien
Montlivault
La Ferté-St-Cyr
Ousson-sur-Loire
Chambord
Mont-près-Chambord
Bracieux
LOIR-ET-CHER
41
Cellettes
Cheverny
Aubigny-sur-Nère
Villegenon
Boulleret
Cosne-Cours-sur-Loire
1
Contres
Millançay
Romorantin-Lanthenay
Chavignol
Sancerre
Bué
10
La Borne
St-Aignan
Vierzon
Bourges
N 151
Veuil
St-Pierre-de-Jards
Reuilly
Le Subdray
CHER
18
INDRE
St-Valentin
Issoudun
Buzançais
2
Châteauroux
Ainay-le-Château
St-Amand-Montrond
15
La Châtre
Argenton-s.-Creuse
Vallon-en-Sully
Ygrande
INDRE
36
Reugny
Crozant
ALLIER
03
Montluçon
Montmarault
CREUSE
23
Néris-les-Bains
16
Fursac
Guéret
3
Chénérailles
La Chapelle-
Allier (03)
Cher (18)
Nièvre (58)
CREUSE
23
Aubusson
PUY-DE-DÔME
63

124
A
19
B
20

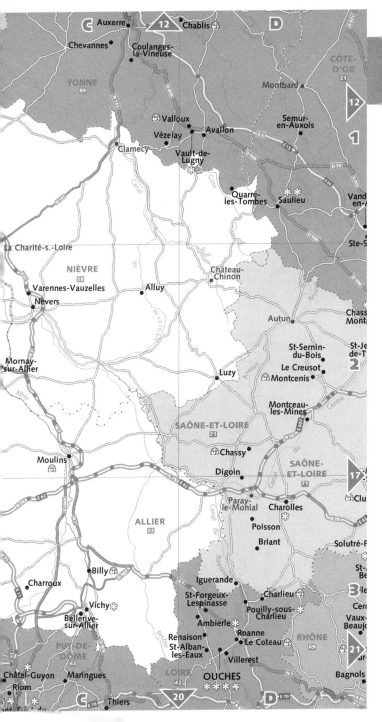

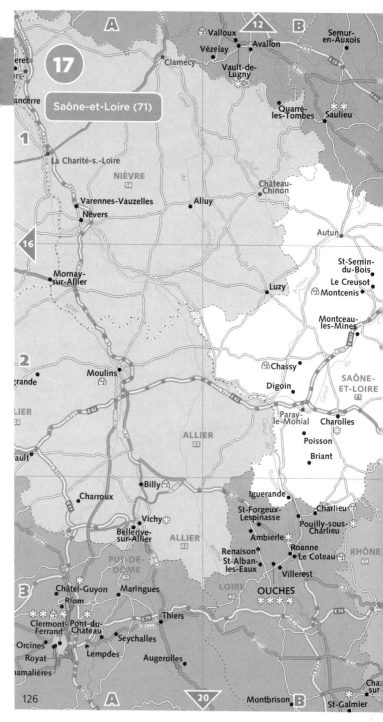

A

B

12

Valloux

Semur-
en-Auxois

Vézelay

Avallon

Clamecy

Vault-de-
Lugny

1

La Charité-s.-Loire

Quarré-
les-Tombes

Saulieu

NIÈVRE
58

Château-
Chinon

Varennes-Vauzelles

Alluy

Nevers

Autun

16

St-Sernin-
du-Bois

Mornay-
sur-Allier

Le Creusot

Montcenis

Luzy

Montceau-
les-Mines

2

Moulins

SAÔNE-
ET-LOIRE
71

grande

Chassy

LIER
03

Digoin

ault

ALLIER
03

Paray-
le-Monial

Charolles

Poisson

Briant

Charroux

Billy

Iguerande

Vichy

St-Forgeux-
Lespinasse

Charlieu

Bellerive-
sur-Allier

ALLIER
03

Ambierle

Pouilly-sous-
Charlieu

Renaison

Roanne

RHÔNE
69

3

Châtel-Guyon

Maringues

St-Alban-
les-Eaux

Le Coteau

Riom

Villerest

OUCHES

Clermont-
Ferrand

Pont-du-
Château

Thiers

Orcines

Seychalles

LOIRE
42

Royat

Lempdes

Augerolles

Cha
sur

amalières

A

20

Montbrison

B

St-Galmier

PUY-DE-
DOME
63

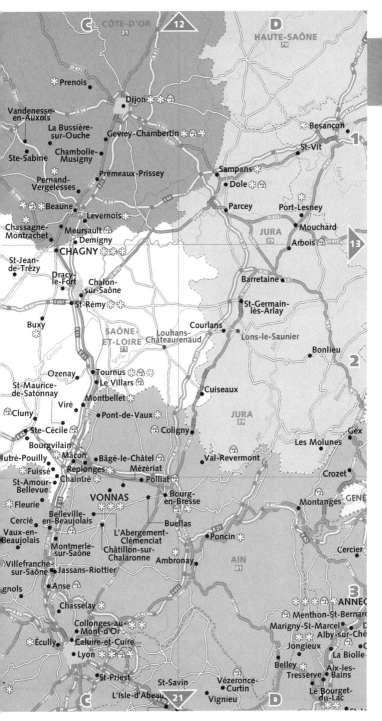

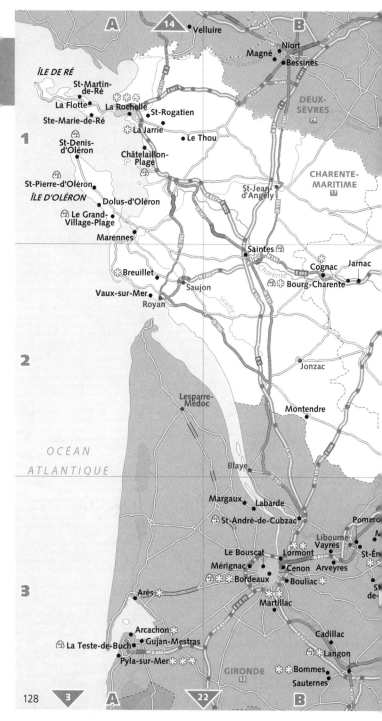

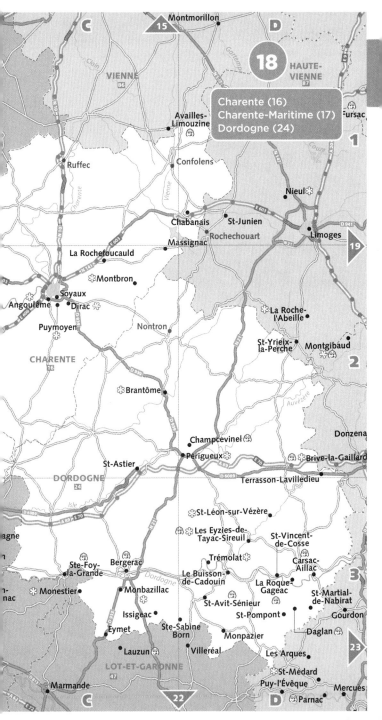

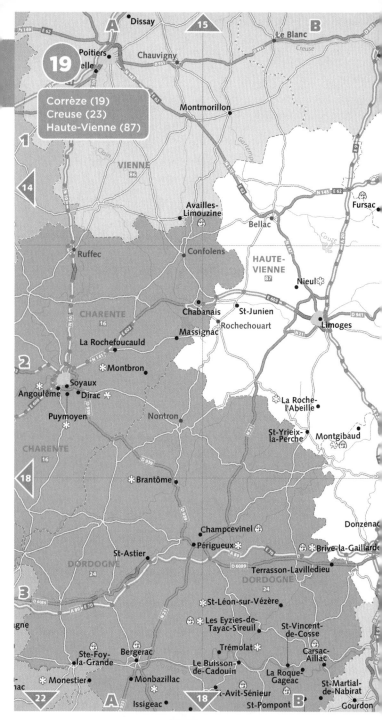

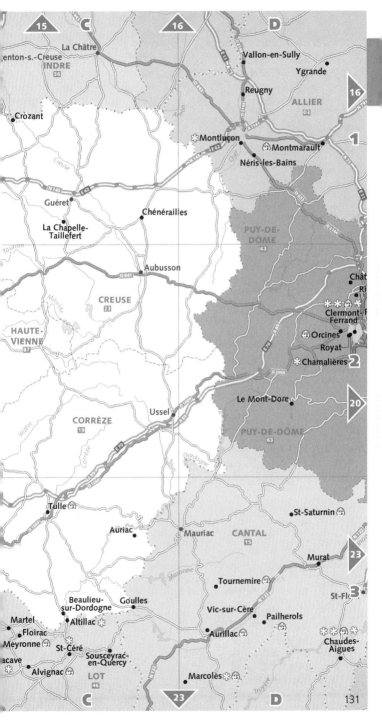

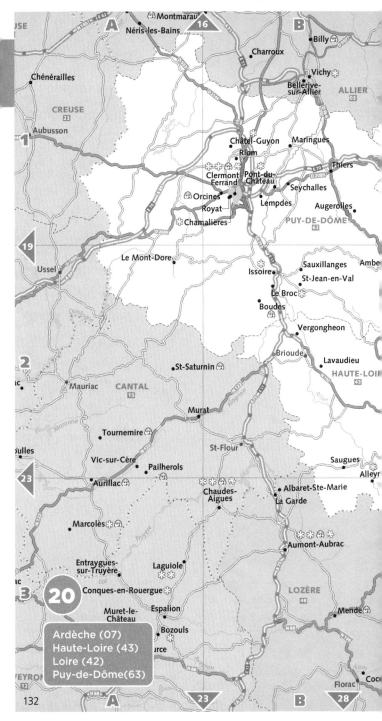

Montmarau

Néris-les-Bains

Charroux

Billy

Chénérailles

Vichy

Bellerive-sur-Allier

ALLIER
03

CREUSE
23

Aubusson

Châtel-Guyon

Maringues

Riom

Thiers

Clermont-Ferrand

Pont-du-Château

Seychalles

Orcines

Lempdes

Augerolles

Royat

Chamalières

PUY-DE-DÔME
63

Le Mont-Dore

Sauxillanges

Issoire

St-Jean-en-Val

Ussel

Le Broc

Boudes

Ambe

Vergongheon

Brioude

Lavaudieu

St-Saturnin

HAUTE-LOI
43

Mauriac

CANTAL
15

Murat

Alagnon

Tournemire

St-Flour

Sauges

Vic-sur-Cère

Pailherols

Alley

Aurillac

Chaudes-Aigues

Albaret-Ste-Marie

La Garde

Marcolès

Aumont-Aubrac

Entraygues-sur-Truyère

Laguiole

LOZÈRE
48

Conques-en-Rouergue

Mende

20

Muret-le-Château

Espalion

Bozouls

urce

Ardèche (07)
Haute-Loire (43)
Loire (42)
Puy-de-Dôme(63)

EYRO

Florac

Coc

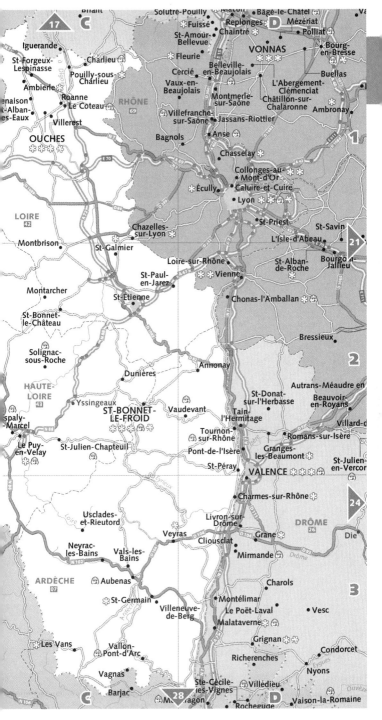

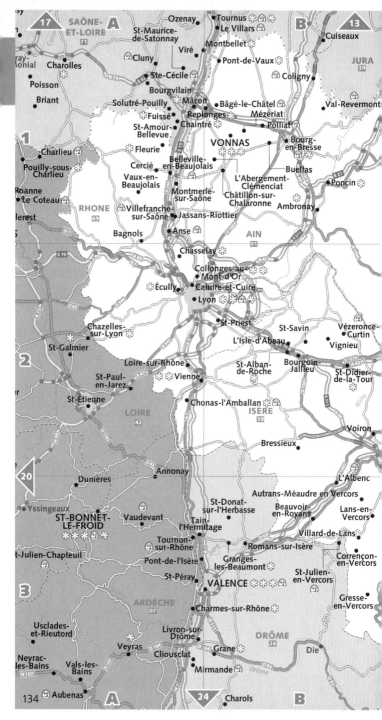

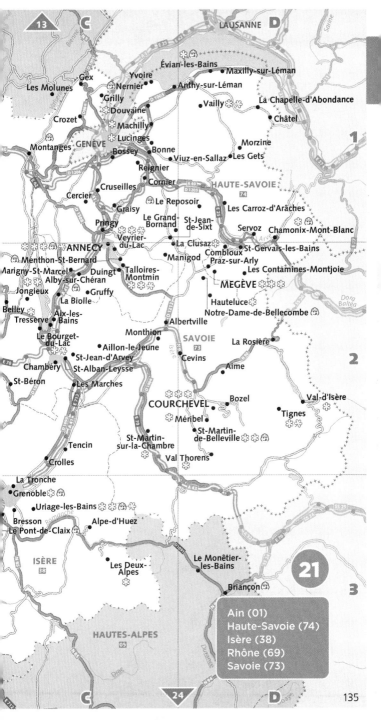

LAUSANNE D

Évian-les-Bains
Maxilly-sur-Léman
Gex
Yvoire
Les Molunes
Nernier
Anthy-sur-Léman
Grilly
Vailly
La Chapelle-d'Abondance
Douvaine
Châtel
Crozet
Machilly
Lucinges
Montanges
GENÈVE
Bossey
Bonne
Morzine
Viuz-en-Sallaz
Les Gets
Reignier
Cornier
HAUTE-SAVOIE
74
Cruseilles
Le Reposoir
Les Carroz-d'Arâches
Cercier
Graisy
Le Grand-
Bornand
Servoz
Chamonix-Mont-Blanc
Pringy
St-Jean-
de-Sixt
Veyrier-
du-Lac
La Clusaz
St-Gervais-les-Bains
ANNECY
Manigod
Combloux
Praz-sur-Arly
Menthon-St-Bernard
Les Contamines-Montjoie
Marigny-St-Marcel
Duingt
Talloires-
Montmin
MEGÈVE
Alby-sur-Chéran
Jongieux
Gruffy
Hauteluce
La Biolle
Notre-Dame-de-Bellecombe
Belley
Aix-les-
Tresserve
Bains
Albertville
La Rosière
Le Bourget-
du-Lac
Monthion
SAVOIE
73
Aillon-le-Jeune
Chambéry
St-Jean-d'Arvey
Cevins
Aime
St-Alban-Leysse
St-Béron
Les Marches
Bozel
Val-d'Isère
COURCHEVEL
Tignes
Méribel
Tencin
St-Martin-
sur-la-Chambre
St-Martin-
de-Belleville
Crolles
Val Thorens
La Tronche
Grenoble
Uriage-les-Bains
Bresson
Alpe-d'Huez
Le Pont-de-Claix
ISÈRE
38
Le Monêtier-
les-Bains
Les Deux-
Alpes
21
Briançon
3
HAUTES-ALPES
05

Ain (01)
Haute-Savoie (74)
Isère (38)
Rhône (69)
Savoie (73)

C
24
D

135

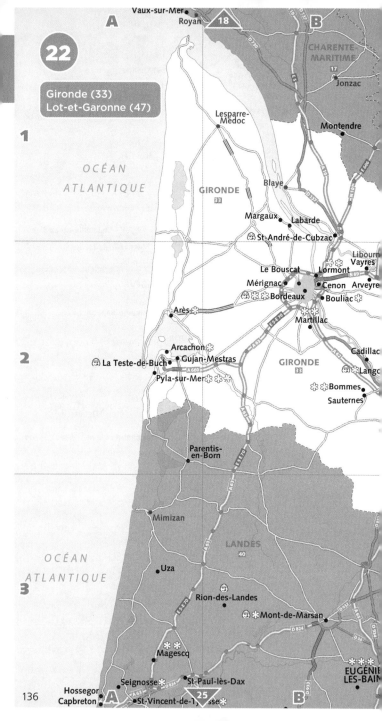

Gironde (33)
Lot-et-Garonne (47)

OCÉAN
ATLANTIQUE

OCÉAN
ATLANTIQUE

Vaux-sur-Mer
Royan
18

CHARENTE-
MARITIME

Jonzac

Lesparre-
Médoc

Montendre

GIRONDE
33

Blaye

Margaux
Labarde
St-André-de-Cubzac

Libourn
Vayres
Le Bouscat
Lormont
Mérignac
Cenon
Arveyre
Bordeaux
Bouliac

Martillac

Arès

Cadillac
Arcachon
GIRONDE
33
Langc
La Teste-de-Buch
Gujan-Mestras
Pyla-sur-Mer
Bommes
Sauternes

Parentis-
en-Born

Mimizan

LANDES
40

Uza

Rion-des-Landes

Mont-de-Marsan

Magescq

EUGÉNIE
LES-BAIN

Seignosse
St-Paul-lès-Dax
25

Hossegor
Capbreton
St-Vincent-de-T...sse

A   B

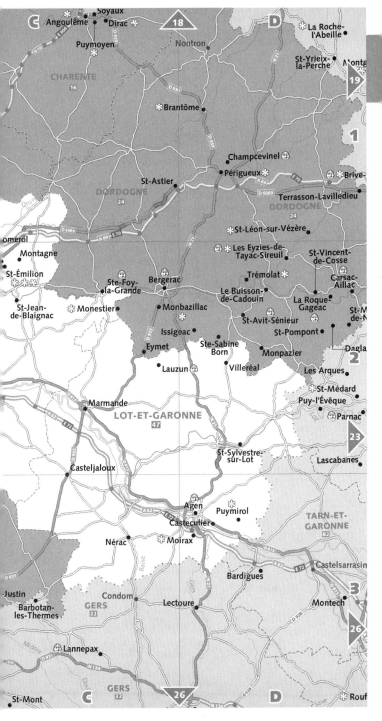

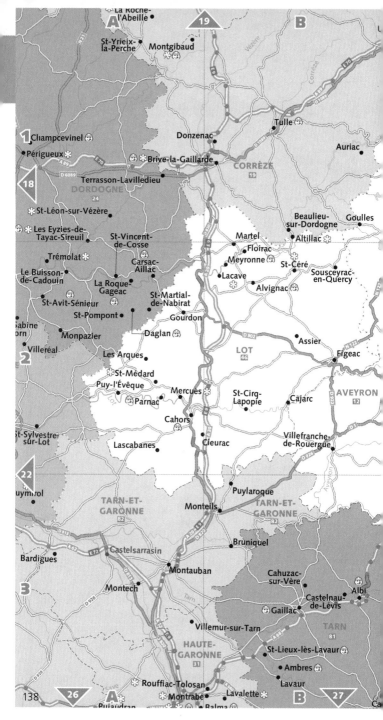

La Roche-l'Abeille
St-Yrieix-la-Perche
Montgibaud
A 19 B
St-Léon-sur-Vézère
Tulle
Donzenac
1 Champcevinel
Périgueux
Brive-la-Gaillarde CORRÈZE 19
Terrasson-Lavilledieu
18 DORDOGNE 24
St-Léon-sur-Vézère
Les Eyzies-de-Tayac-Sireuil
Trémolat
Le Buisson-de-Cadouin
St-Vincent-de-Cosse
Carsac-Aillac
La Roque Gageac
St-Avit-Sénieur
Monpazier
St-Pompont
Daglan
Villeréal
Les Arques
2
St-Médard
Puy-l'Évêque
Mercuès
St-Sylvestre-sur-Lot
Parnac
Cahors
Lascabanes
Cieurac
22
uymirol
TARN-ET-GARONNE 82
Monteils
TARN-ET-GARONNE 82
Bardigues
Castelsarrasin
3
Montech
Montauban
26 A
Puiaudran
Montrabé
Balma
Rouffiac-Tolosan
Auriac
Beaulieu-sur-Dordogne
Goulles
Martel
Floirac
Altillac
Meyronne
St-Céré
Lacave
Souceyrac-en-Quercy
Alvignac
St-Martial-de-Nabirat
Gourdon
Assier
LOT 46
Figeac
AVEYRON 12
St-Cirq-Lapopie
Cajarc
Villefranche-de-Rouergue
Puylaroque
Bruniquel
Cahuzac-sur-Vère
Albi
Castelnau-de-Lévis
Gaillac
TARN 81
Villemur-sur-Tarn
St-Lieux-lès-Lavaur
Ambres
Lavaur
HAUTE-GARONNE 31
Lavalette
27 B

138

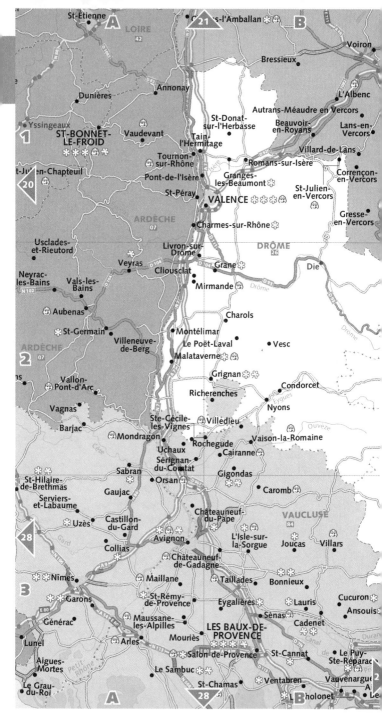

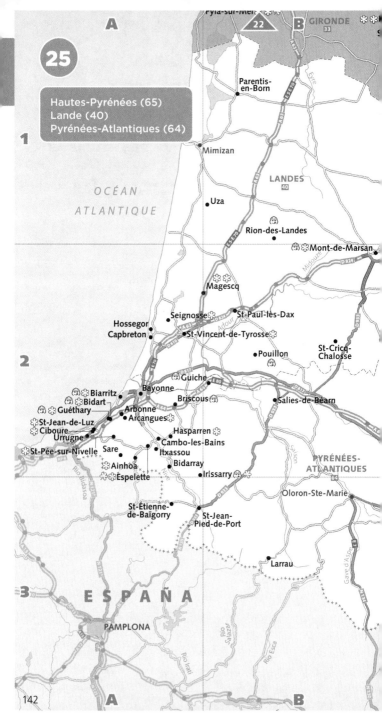

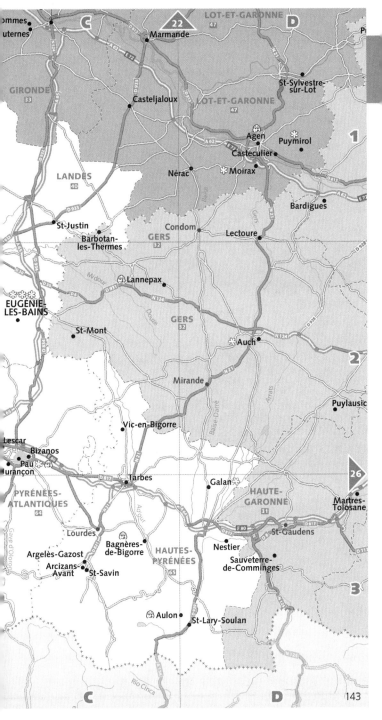

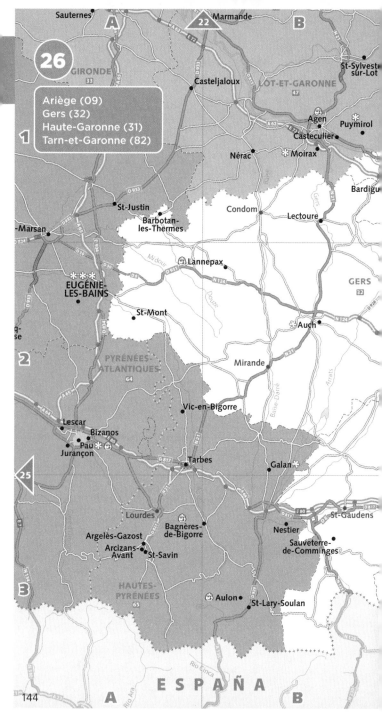

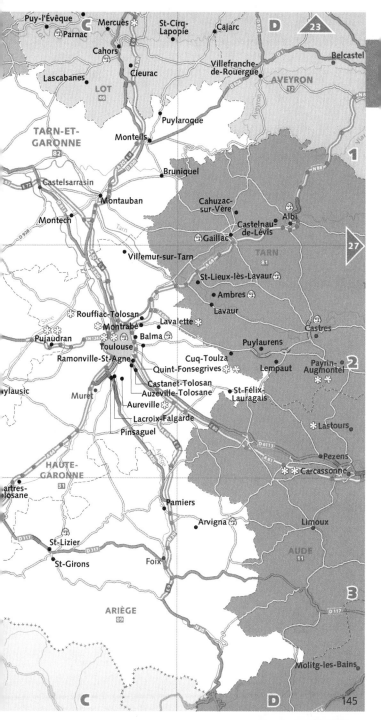

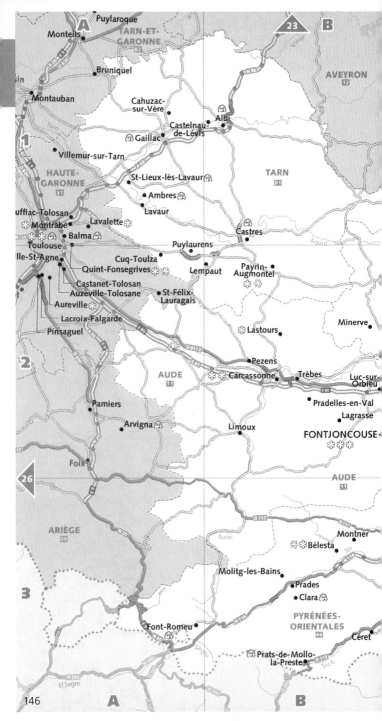

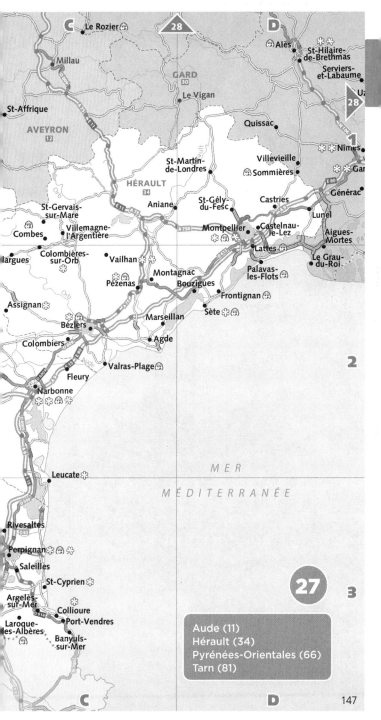

C Le Rozier

28

D Alès St-Hilaire-de-Brethmas
Serviers-et-Labaume

Millau

GARD
30

Uz

28

Le Vigan

St-Affrique

1

AVEYRON
12

Quissac

Nîmes

St-Martin-de-Londres

Villevieille

Gar

HÉRAULT
34

Sommières

St-Gély-du-Fesc

Castries

Générac

St-Gervais-sur-Mare

Aniane

Lunel

Villemagne-l'Argentière

Montpellier

Castelnau-le-Lez

Combes

Aigues-Mortes

Colombières-sur-Orb

Vailhan

Lattes

largues

Montagnac

Palavas-les-Flots

Le Grau-du-Roi

Pézenas

Bouzigues

Assignan

Frontignan

Béziers

Marseillan

Sète

Colombiers

Agde

Valras-Plage

2

Fleury

Narbonne

MER

Leucate

MÉDITERRANÉE

Rivesaltes

Perpignan

Saleilles

27

3

St-Cyprien

Argelès-sur-Mer

Collioure
Port-Vendres

Aude (11)
Hérault (34)
Pyrénées-Orientales (66)
Tarn (81)

Laroque-les-Albères

Banyuls-sur-Mer

C

D

147

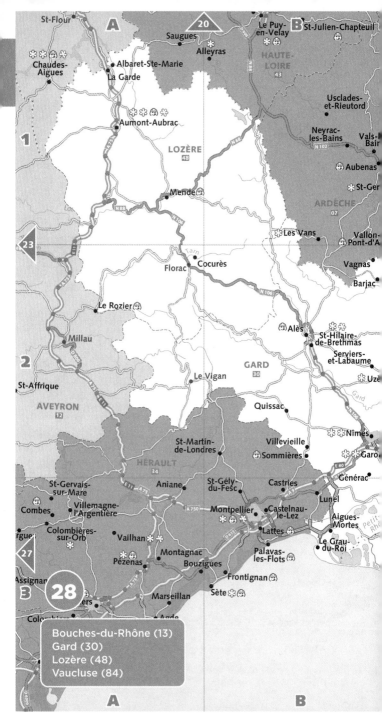

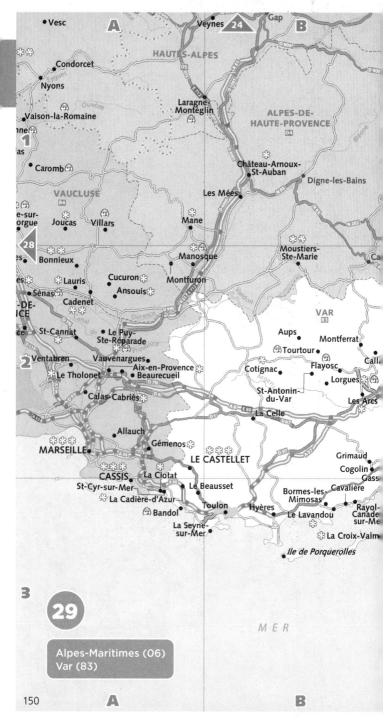

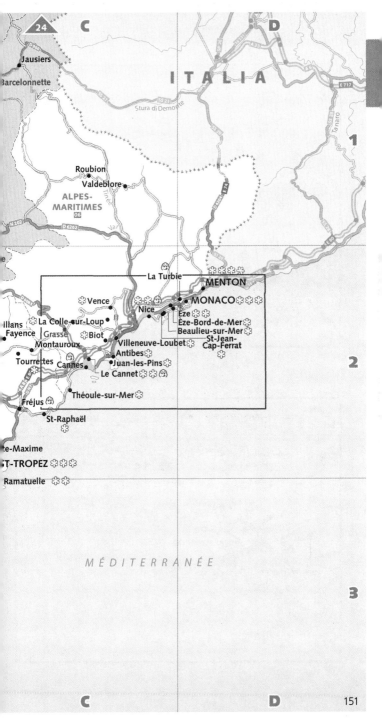

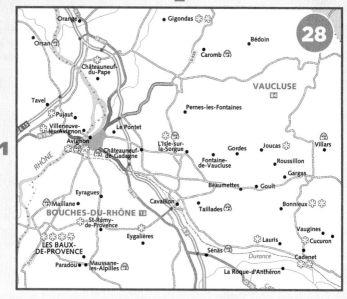

E

28

Orange
Orsan
Châteauneuf-du-Pape
Tavel
Pujaut
Villeneuve-les-Avignon
Avignon
Le Pontet
Châteauneuf-de-Gadagne
RHÔNE
Eyragues
Maillane
BOUCHES-DU-RHÔNE 13
St-Rémy-de-Provence
Eygalières
LES BAUX-DE-PROVENCE
Paradou
Maussane-les-Alpilles

Gigondas
Bédoin
Caromb
VAUCLUSE 84
Pernes-les-Fontaines
L'Isle-sur-la-Sorgue
Gordes
Joucas
Villars
Fontaine-de-Vaucluse
Roussillon
Gargas
Beaumettes
Goult
Bonnieux
Cavaillon
Taillades
Vaugines
Lauris
Cucuron
Sénas
Durance
Cadenet
La Roque-d'Anthéron

1

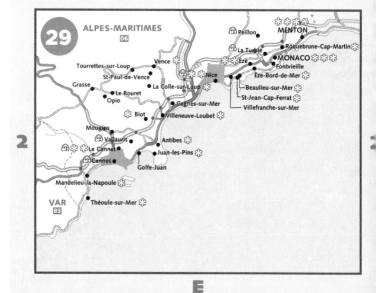

29 ALPES-MARITIMES 06
Peillon
MENTON
La Turbie
Roquebrune-Cap-Martin
Tourrettes-sur-Loup
Vence
Èze
MONACO
Fontvieille
St-Paul-de-Vence
Nice
Èze-Bord-de-Mer
Grasse
La Colle-sur-Loup
Beaulieu-sur-Mer
Le Rouret
St-Jean-Cap-Ferrat
Opio
Cagnes-sur-Mer
Villefranche-sur-Mer
Biot
Villeneuve-Loubet
Mougins
Vallauris
Antibes
Le Cannet
Cannes
Juan-les-Pins
Golfe-Juan
Mandelieu-la-Napoule
VAR 83
Théoule-sur-Mer

2

E

152

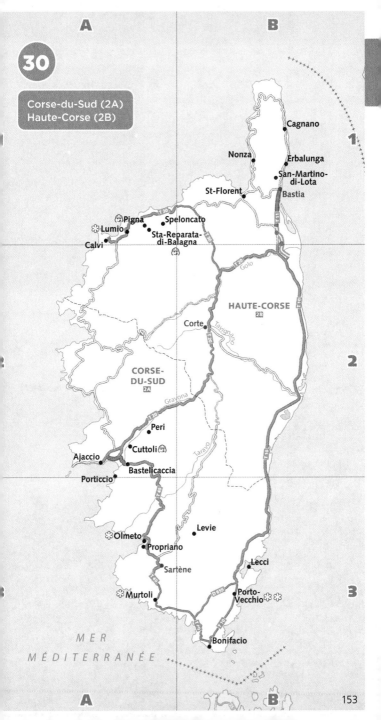

Corse-du-Sud (2A)
Haute-Corse (2B)

Cagnano

Nonza

Erbalunga

San-Martino-di-Lota

St-Florent

Bastia

Pigna · Speloncato

Lumio

Sta-Reparata-di-Balagna

Calvi

HAUTE-CORSE
2B

Golo

Corte

Tavignano

CORSE-DU-SUD
2A

Gravona

Peri

Taravo

Cuttoli

Ajaccio

Bastelicaccia

Porticcio

Levie

Olmeto

Propriano

Lecci

Sartène

Murtoli

Porto-Vecchio

Bonifacio

MER
MÉDITERRANÉE

La sélection 2024

Les restaurants et les hôtels sont classés par localité de A à Z. Retrouvez-les également en fin de guide, page 1172, grâce à l'index par département.

LE MAGAZINE DU GUIDE MICHELIN

L'ABERGEMENT-CLÉMENCIAT

✉ 01400 – Ain – Carte régionale n° **21**–B1

LE SAINT LAZARE

CUISINE MODERNE • ÉLÉGANT Dans la traversée de ce village des Dombes, une maison engageante, dans la famille depuis 1899 ! Aujourd'hui, père et fils cuisinent à quatre mains : ils déclinent un menu "carte blanche" inventif pour des assiettes très travaillées, à base de bons produits frais du marché. Une cuisine à déguster dans la salle à manger sobre et élégante ou sur la terrasse d'été.

&. 🏡 ⛲ – Prix : €€€

19 route de la Fontaine – 𝄐 04 74 24 00 23 – www.lesaintlazare.fr – Fermé du lundi au jeudi et dimanche soir

ABLON

✉ 14600 – Calvados

🛏 **LE DOMAINE D'ABLON** *Plus*

TRADITIONNEL • CHARME Tout près de Honfleur et de l'embouchure de la Seine, le Domaine d'Ablon répartit ses hébergements aux prestations haut de gamme dans des bâtiments au charme rural : 2 suites occupent une ancienne grange, une autre est installée dans un colombier rond du 17ᵉ s., et la chaumière indépendante du 14ᵉ s. dispose d'une terrasse et d'un jardin privatifs ainsi que d'une cuisine équipée.

🐾 🅿 ◁ 🛋 🚲 ⑪〇 - 5 chambres

2504 route de Genneville – 𝄐 07 89 08 58 14 – www.domainedablon.com

ABRESCHVILLER

✉ 57560 – Moselle – Carte régionale n° **7**–C2

AUBERGE DE LA FORÊT

CUISINE MODERNE • ÉLÉGANT Cette imposante auberge, nichée au cœur de la vallée d'Abreschviller, propose classicisme et modernité, du décor, cossu, à l'assiette, au goût du jour. Profitez de la belle terrasse couverte, face au jardin verdoyant.

📶 &. 🆔 🏡 🅿 – Prix : €€

276 rue des Verriers, à Lettenbach – 𝄐 03 87 03 71 78 – www.aubergedelaforet57. com/fr – Fermé lundi, et mardi, jeudi et dimanche soir

ACQUIGNY

✉ 27400 – Eure – Carte régionale n° **3**–B2

L'HOSTELLERIE D'ACQUIGNY

CUISINE MODERNE • CONTEMPORAIN Le bel exemple d'une auberge de village qui a su prendre le train de la modernité, sans oublier les fondamentaux : tons et aménagements contemporains d'un côté, recettes dans l'air du temps de l'autre, réunis par le savoir-faire d'un chef amoureux des beaux produits. Cinq chambres plaisantes, dont une avec double jacuzzi privé.

&. 🆔 🏡 🅿 – Prix : €€

1 rue d'Évreux – 𝄐 02 32 50 20 05 – www.hostellerie-acquigny.fr – Fermé lundi et dimanche

AGDE

✉ 34300 – Hérault – Carte régionale n° **27**–C2

LE BISTRO D'HERVÉ

CUISINE MODERNE • BISTRO Voilà un sympathique bistrot ! Dans un décor contemporain, on déguste une appétissante cuisine d'aujourd'hui : salade de haricots verts croquants aux écrevisses et huile de truffe ; épaule d'agneau de Sisteron cuite 7h, aubergines confites et tomates séchées... Le bar à tapas se prête aux grignotages. Aux beaux jours, profitez de la terrasse ombragée.

⅁ 〽 🍴 – Prix : €€

47 rue Brescou – ℰ 04 67 62 30 69 – www.lebistrodherve.com – Fermé lundi et dimanche

AGEN

✉ 47000 – Lot-et-Garonne – Carte régionale n° **22**–D3

😊 LA TABLE DE MICHEL DUSSAU

CUISINE MODERNE • DESIGN En retrait du centre ville, non loin du stade de rugby, le chef Michel Dussau propose une cuisine gourmande dans un cadre moderne de brasserie contemporaine. Il valorise les produits du terroir au gré des saisons, avec une prédilection pour l'agriculture biologique. Et aussi : cave à vins vitrée, armoire de maturation des viandes.

⅁ 〽 🅿 – Prix : €€

1350 avenue du Midi – ℰ 05 53 96 15 15 – www.la-table-agen.com – Fermé lundi et dimanche

L'AFFRANCHI

CUISINE MODERNE • CONTEMPORAIN Dans l'une des plus anciennes rues de la ville, sous les Cornières, une table créative qui revendique une "gastronomie décomplexée" : l'équipe aux commandes régale grâce à une cuisine fraîche et bonne, et des produits uniquement issus de circuits courts. Service décontracté dans une ambiance chaleureuse : pierre apparente, parquet en chêne et street art...

⅁ 〽 🍴 – Prix : €€

33 rue des Cornières – ℰ 07 50 72 35 30 – www.restaurant-laffranchi.fr – Fermé lundi, jeudi, et mardi, mercredi et vendredi midi

AGON-COUTAINVILLE

✉ 50230 – Manche – Carte régionale n° **2**–A2

SALICORNE

CUISINE TRADITIONNELLE • TENDANCE Voilà donc un jeune chef, qui, après un bac S se proposait de devenir... professeur de golf, avant de "tomber" par hasard sur la cuisine ! Après un solide parcours, il a aménagé un ancien garage automobile, dont il a conservé l'esprit (matériaux bruts, chaises vintage). Il y propose une carte courte et de saison, pleine de gourmandise. Mission accomplie.

⅁ 〽 🔄 – Prix : €

38 rue Amiral-Tourville – ℰ 09 73 21 29 29 – www.restaurant-salicorne.fr – Fermé lundi et mardi, et dimanche soir

AIGUES-MORTES

✉ 30220 – Gard – Carte régionale n° **27**–D2

L'ATELIER DE NICOLAS

CUISINE MODERNE • TENDANCE Dans ce restaurant au style de loft industriel, avec porte vitrée en fer forgé, le chef Nicolas concocte une cuisine au goût du jour, qu'il agrémente de quelques touches asiatiques, glanées lors de ses séjours en Thaïlande. Le chef travaille volontiers les produits bio de la région ainsi qu'une petite sélection de vins nature.

🕭 AC – Prix : €€

28 rue Alsace-Lorraine – ☎ 04 34 28 04 84 – www.restaurant-latelierdenicolas. fr – Fermé mercredi et jeudi, et dimanche soir

LES REMPARTS

MODERNE • ÉLÉGANT Nichée entre la porte de la Gardette et la tour de Constance, cette ancienne caserne militaire du 18e s. bénéficie d'un magnifique emplacement dans la cité close. A l'intérieur, le vaste lobby ouvre sur un salon haut de gamme très joliment décoré qui met en avant les pierres anciennes associées à des éléments contemporains. Chambres élégantes et matériaux haut-de-gamme. Petit espace détente. Charmant.

🕭 P 🕭 🖭 🚲 ⛱ ⛲ AC - 14 chambres

6 place Anatole France – ☎ 04 66 53 82 77 – www.remparts-aiguesmortes.fr

LA VILLA MAZARIN

TRADITIONNEL • CHARME Au cœur du village médiéval, une demeure du 15e s. tout en pierre blonde. Escalier à balustres, mobilier ancien, piscine intérieure, jardinet, mais aussi salle de sport et un étonnant spa doré... On apprécie l'élégance et la discrétion des lieux.

P 🕭 🍽 - 23 chambres

35 boulevard Gambetta – ☎ 04 66 73 90 48 – www.villamazarin.com

AILLON-LE-JEUNE

✉ 73340 – Savoie – Carte régionale n° **21**–C2

AUBERGE D'AILLON ET D'AILLEURS

CUISINE MODERNE • COSY Dans le massif des Bauges, havre de nature préservé, cet hôtel contemporain offre une jolie table emmenée par un jeune chef qui a de la technique et des idées. Il met du cœur à l'ouvrage pour tirer le meilleur du terroir du Val d'Aillon : potager, fromage de coopérative, agneau fermier, herbes sauvages... Le menu change régulièrement.

🕭 AC P – Prix : €€€

795 route de la Correrie – ☎ 04 58 39 01 30 – www.aillon-ailleurs.com – Fermé lundi et mardi, et dimanche soir

AIME

✉ 73210 – Savoie – Carte régionale n° **21**–D2

UNION

CUISINE MODERNE • BISTRO Union, c'est celle du britannique Phil Howard (chef de The Square, puis Elystan Street, à Londres) avec Martin Cuchet, un ami français fondu de montagne. De décembre à avril, ils régalent dans une veine simple et généreuse, en plein dans les saisons : soufflé au Beaufort "double cuisson", émulsion de truffe, poireau et champignons ; carré d'agneau à l'ail rôti et gratin dauphinois ; tarte Tatin et sa crème chantilly... Réjouissant.

Prix : €€

Vieux village de Montalbert – ☎ 04 79 55 51 07 – www.unionmontalbert.com/ fr – Fermé lundi et dimanche

AINAY-LE-CHÂTEAU

✉ 03360 – Allier – Carte régionale n° **16**–B2

DORANGEVILLE

CUISINE MODERNE • CONTEMPORAIN Au cœur d'un charmant village médié-val, dans une jolie bâtisse du 14ᵉ s., une table au cadre contemporain et élégant, avec terrasse ouverte sur le jardin. Quentin Dorangeville, chef originaire de la Sarthe, propose une cuisine rythmée par les saisons, aussi soignée qu'ambitieuse, à base de jolis produits et aux associations qui font mouche. En témoigne cet œuf de poule confit, fragola sarda, girolles et chorizo. Une adresse gourmande avec un service tout sourire.

🖨 ♿ 🅿 – Prix : €€€

3 rue du Vieux-Château – 𝒞 04 70 64 18 48 – www.dorangeville.fr – Fermé lundi et mardi, et dimanche soir

AINHOA

✉ 64250 – Pyrénées-Atlantiques – Carte régionale n° **25**–A2

❀ ITHURRIA

Chef : Xavier Isabal

CUISINE MODERNE • AUBERGE Place du Fronton à Ainhoa, face au terrain de trinquet : plus basque, tu meurs ! Cette belle maison traditionnelle et ô combien familiale a conservé ses tomettes au sol, ses poutres au plafond, ses cuivres ruti-lants et ses assiettes anciennes. Secondé par son frère Stéphane en salle, Xavier Isabal tient les fourneaux avec le renfort de ses neveux Martin en cuisine et Louis en pâtisserie. Pour composer son alléchante carte, le chef se fournit exclusivement auprès des producteurs locaux et de son propre potager. Le terroir est mis en valeur avec gourmandise : asperge des Landes, sauce mousseline au poivre et croustillant de jaune d'œuf ; merlu de ligne façon Koskera ; carré d'agneau de lait rôti et sa caillette d'épaule confite.

🐾 ⇆ 🖨 ♿ Ⓜ 🅿 – Prix : €€€

Place du Fronton – 𝒞 05 59 29 92 11 – www.ithurria.com – Fermé mercredi, et mardi et jeudi à midi

ARGI EDER

CUISINE BASQUE • TRADITIONNEL Œuf piperade revisité ; veau Axuria, gnocchi et girolles ; tarte Argi Eder au caramel, vanille et citron jaune... Au menu de ce res-taurant à la fois rustique et coquet, une fine cuisine aux accents du terroir basque, signée par un chef passionné par les produits locaux. Tenu par la même famille depuis des générations et entouré de verdure, l'hôtel qui l'héberge est un véritable havre de paix.

⇆ 🖨 ♿ Ⓜ 🍴 🅿 – Prix : €€

Route de la Chapelle - quartier Boxate – 𝒞 05 59 93 72 00 – www.argi-eder.fr – Fermé lundi, mardi et mercredi midi

🛏 HÔTEL ITHURRIA

TRADITIONNEL • FAMILIAL Propriété familiale depuis les années 60, ce petit hôtel aménagé dans une ancienne ferme propose des chambres associant le charme de l'ancien aux couleurs contemporaines. Les plus petites sont intimes et confortables, tandis que les plus grandes peuvent accueillir jusqu'à cinq personnes. Belle vue sur les collines du Pays basque depuis la piscine.

♿ 🅿 🛋 🐾 🖨 ⟦ 🎣 🍴 Ⓜ - 26 chambres

Place du Fronton – 𝒞 05 59 29 92 11 – www.ithurria.com

❀ **Ithurria** - Voir la sélection des restaurants

AIX-EN-PROVENCE

✉ 13290 – Bouches-du-Rhône –
Carte régionale n° **28**-D3

Le concert des saveurs du sud

Chaque ville possède une figure, un regard, une voix... À Aix, on écoute le murmure des fontaines, le chant des vieilles pierres célébrant les fastes du passé et, bien sûr, la symphonie des marchés. Dans l'assiette et sur les étals, la trilogie tomate, huile d'olive et ail impose sa couleur et ses parfums. Fruits et légumes sont d'une grande variété – la vallée du Rhône et de la Durance sont les plus grands vergers et potagers de France ! Les poissons de la Méditerranée sont ici comme chez eux. En ville, de belles boutiques historiques continuent de défendre le calisson, le fruit confit ou le chocolat. Aux portes de la ville, des vignobles, riches de cinq AOP, produisent blancs, rosés et rouges, tour à tour suaves, sensuels ou puissants.

ॐ **LE ART**

CUISINE MODERNE • ÉLÉGANT Aux fourneaux de cette magnifique bastide du 18ᵉ s., le chef Matthieu Dupuis-Baumal propose des assiettes audacieuses, où les notes provençales se parent de subtiles influences japonaises. Les saveurs sont franches, toujours contrôlées, et chaque recette porte le sceau d'une personnalité culinaire affirmée. Un lieu magique et une terrasse magnifique, somptueux écrin pour un feu d'artifice de saveurs, associées à une splendide carte des vins (dont ceux du château, évidemment).

🐟 ⇦ 🛏 ♿ 🅰 🛋 ✿ 🅿 – Prix : €€€€

Hors plan – *Château de la Gaude, 3959 route des Pinchinats – 𝒞 04 84 93 09 30 – www.chateaudelagaude.com/fr – Fermé lundi, mardi, mercredi midi et dimanche soir*

ॐ **PIERRE REBOUL**

Chef : Pierre Reboul

CUISINE CRÉATIVE • ÉLÉGANT Pierre Reboul a roulé sa bosse par monts et par vaux. Apprenti chez Michel Chabran à Pont-de-l'Isère, membre de la brigade de l'immense Jacques Pic (le père d'Anne-Sophie) à Valence, cuisinier à Paris chez Taillevent et Rostang, le chef a ensuite ouvert sous son propre nom à Saint-Rémy-de-Provence, Tain-l'Hermitage puis Aix-en-Provence. Sa cuisine ludique et créative, un brin moléculaire, s'épanouit dans le cadre élégant d'un château du 16ᵉ s. Texture, inventivité, respect des saisons (légumes en permaculture et pêche raisonnée) : les fondamentaux sont respectés.

🐟 🛏 🛋 ✿ 🅿 – Prix : €€€€

Hors plan – *Château de la Pioline, 260 rue Guillaume-du-Vair – 𝒞 04 42 52 27 27 – www.chateaudelapioline.com/fr – Fermé lundi, mercredi et dimanche*

ÂMA TERRA

CUISINE MODERNE • ÉLÉGANT Choix cornélien dans le restaurant de cet hôtel magnifique dont Pierre Gagnaire a conçu la carte ! Vous allez hésiter entre la salle et sa verrière Second Empire, ses lustres de cristal à pampilles, son immense vaisselier ou... cette terrasse irrésistible, bercée par le doux murmure des bassins et des fontaines, embaumée par les effluves typiquement méditerranéens. Dans l'assiette, le chef signe une cuisine d'esprit gastronomique aux accents provençaux - sur fond d'associations originales et percutantes inspirées par son mentor...

⌂♨ & 🅰🄺 🀫 ⇄ 🅟 – Prix : €€€€

Hors plan – *7 traverse Saint-Pierre* – ℰ *04 42 95 10 10* – *www.villasaintange. com* – *Fermé lundi, mardi et dimanche midi*

CÔTÉ COUR

CUISINE TRADITIONNELLE • TENDANCE Sur le cours Mirabeau, décor épuré aux matières naturelles, toit ouvrant, ambiance glamour et musique lounge : Ronan Kernen, ancien candidat de Top Chef, a su créer ici une atmosphère tout à fait particulière. On vient ici pour voir et être vu... mais surtout pour bien manger : la cuisine du chef ne manque pas de personnalité, et ne manque pas de rendre hommage aux recettes de la tradition et aux plats de sa grand-mère, tel ce risotto crémeux aux champignons.

🅰🄺 🀫 – Prix : €€

Plan : B2-2 – *19 cours Mirabeau* – ℰ *04 42 93 12 51* – *www.restaurantcotecour. fr* – *Fermé lundi et dimanche*

LES INSÉPARABLES

CUISINE MODERNE • CONTEMPORAIN Les Inséparables, c'est la rencontre de Christophe Bonanno (chef passé par le Crillon, Astrance, Laurent) et de Mathieu Jégo, manager dans l'âme et féru de gastronomie. Dans un intérieur vintage, très années 1970, ils proposent une partition culinaire assez tendance, et qui fait mouche. Grande et belle terrasse sous deux vieux platanes.

🅰🄺 🀫 – Prix : €€€

Hors plan – *4 avenue de la Reine-Astrid* – ℰ *04 42 27 90 32* – *www. lesinseparables-aix.fr* – *Fermé dimanche soir*

KAISEKI

CUISINE JAPONAISE • ÉLÉGANT Dans le cadre magique de cette bastide du 18e s., ce Kaiseki s'inspire du repas gastronomique à la japonaise composé de plusieurs services, avec son menu dégustation "Omakase - Le grand voyage". Les chefs Matthieu Dupuis Baumal et Kazunari Noda unissent leurs talents pour offrir un goûteux dépaysement entre France et Japon. Accolée au restaurant, la partie brasserie, le "K", propose une offre variée et plus abordable.

⌂♨ & 🅟 – Prix : €€€

Hors plan – *Château de la Gaude, 3959 route des Pinchinats* – ℰ *04 84 93 09 30* – *www.chateaudelagaude.com/kaiseki* – *Fermé lundi, dimanche et du mardi au samedi à midi*

LICANDRO - LE BISTRO

CUISINE TRADITIONNELLE • COLORÉ Une petite affaire familiale tenue par Felipe Licandro, chef passé par de belles maisons partout en France, accompagné de son épouse Julie en salle. L'ardoise du midi propose une cuisine du marché bien faite ; le soir, on profite d'un choix plus étoffé, mais l'esprit bistronomie et tradition reste de mise.

🅰🄺 ⇄ – Prix : €€

Plan : A2-4 – *18 rue de la Couronne* – ℰ *06 27 20 03 99* – *www.licandrolebistro. com* – *Fermé mardi, mercredi et jeudi midi*

LA PETITE FERME

CUISINE TRADITIONNELLE • COSY Cette nouvelle brasserie contemporaine chic tenue par Ronan Kernen, le chef-propriétaire de Côté Cour, mélange les plats issus des cuisines du monde et un large choix de viandes cuites à la braise, à la broche et au feu de bois. Le résultat est plaisant, on se régale.

& ⏣ ⏣ – Prix : €€

Plan : A2-3 – *7 avenue Victor-Hugo* – 𝒞 *04 42 26 68 84* – *www.lapetiteferme-aix.com* – *Fermé lundi et dimanche*

SAUVAGE ⓝ

CUISINE MODERNE • SIMPLE Sauvage à l'image de ce chef original et iconoclaste, Loïc Pétri, qui a fait ses classes dans les belles maisons parisiennes (Jean-François Piège, Joël Robuchon) avant de revenir dans son bercail sudiste. Dans son restaurant branché d'une rue piétonne d'Aix, il lâche la bride à son inspiration cinq soirs par semaine. Au gré d'accords audacieux et d'un usage pertinent des huiles, des épices et des piments, sa cuisine libre enchaîne les idées qui marchent à l'image de ce sushi d'huîtres de Camargue ; de ce maigre, aubergine et miso blanc, jus au café ; de cet agneau, poivron confit et semoule croustillante ; de ces cerises et lait d'amande givré... Salle moderne avec sol en béton ciré, tables en bois verni, musique d'ambiance, public conquis.

⏣ – Prix : €€€

Plan : A1-1 – *24 rue de l'Aumône-Vieille* – 𝒞 *04 42 91 37 56* – *www.sauvage-aix. fr* – *Fermé samedi, dimanche et le midi*

VILLA GALLICI

CUISINE TRADITIONNELLE • COSY Luxe et tradition, sans ostentation. Au menu : une belle cuisine française gorgée de soleil, à déguster sur les tables basses des superbes salons, ou près des platanes sur la jolie terrasse... On a même aménagé un élégant caveau pour vous faire découvrir quelques grands crus. L'esprit du Sud !

⏣ ⏣ ⏣ ⏣ ⏣ **P** – Prix : €€€€

Plan : B1-8 – *18 bis avenue de la Violette* – 𝒞 *04 42 23 29 23* – *www.villagallici.com* – *Fermé lundi et mercredi midi*

LE VINTRÉPIDE

CUISINE TRADITIONNELLE • ÉLÉGANT On tombe de suite sous le charme de ce décor contemporain et cosy (mobilier design, bois blond et murs de couleur vert-bleu) : une agréable petite adresse tenue par deux associés qui ont le souci de bien faire. L'un, en cuisine, prépare de délicieux plats de saison au gré de son inspiration. L'autre, sommelier, a toujours le bon conseil pour le choix des vins. Un duo gagnant.

⏣ ⏣ – Prix : €€

Plan : B1-7 – *48 rue du Puits-Neuf* – 𝒞 *09 83 88 96 59* – *www.vintrepide.com* – *Fermé lundi et dimanche*

🛏 CÉZANNE

MODERNE • CONVIVIAL De belles chambres design pour cet hôtel situé entre la gare et le centre-ville, à deux pas du cours Mirabeau. Business center, open bar, garage payant sur réservation, terrasse avec fontaine et petit-déjeuner maison. Accueil et service aux petits soins. Sélection de boissons en self-service.

& **P** ⏣ ⏣ ⏣ ⏣ - 55 chambres

40 avenue Victor Hugo – 𝒞 *04 42 91 11 11* – *www.hotelaix.com/cezanne*

🛏 CHÂTEAU DE LA GAUDE   *Plus*

CLASSIQUE • CHARME Entouré d'un domaine viticole biologique (à visiter) et de jardins paysagers, le Château de la Gaude n'est pas nouveau, mais ses chambres et suites, réparties entre les différents bâtiments ont connu une cure de jouvence. Les intérieurs ont conservé leurs détails d'époque : les chambres de la Bastide, classée

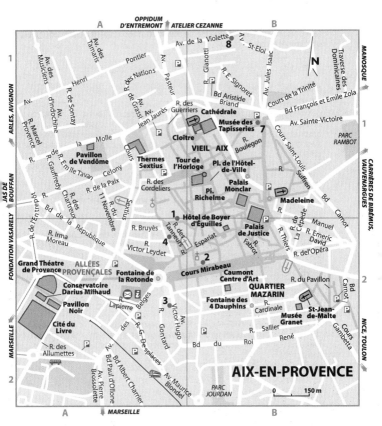

OPPIDUM D'ENTREMONT · ATELIER CEZANNE

A · B

MANOSQUE

Traverse des Dominicaines

Av. des Musiciens
Av. des Tamaris
Pontier
Av. de la Violette · **8** · Av. St-Eloi
Av. Jules Isaac
Cours de la Trinité

ARLES, AVIGNON

R. de Sontay
Henri
R. d'Indochine
Av.
R. Marcel Provence
R. des Nations
Pasteur
Av. de Grassi
R. E. Signoret
Bd Aristide Briand
Bd François et Emile Zola

PARC RAMBOT

Jean Jaurès
R. des Guerriers
Cathédrale
Musée des Tapisseries · **7**
Av. Sainte-Victoire

la Molle
de R.-Emile Tavan
Cours
Pavillon de Vendôme
Cloître
VIEIL AIX
R. Boulegon
Cours Saint-Louis

CARRIÈRES DE BIBÉMUS, VAUVENARGUES

Celony
Thermes Sextius
Tour de l'Horloge
Pl. de l'Hôtel-de-Ville
R. Suffren

R. Gauffredy
R. de la Paix
R. des Cordeliers
Pl. Monclar
Palais Monclar
Madeleine
Bd Carnot

R. des Chartreux
R. du 11 Novembre
Sextius
1 · **Hôtel de Boyer d'Éguilles**
R. des Tanneurs
R. de la Cépède
Manuel

R. Irma Moreau
Bd de la République
R. Bruyès
4
R. Victor Leydet
Espariat
Palais de Justice
R. Fabrot
R. Thiers
R. Emeric David
R. del'Opéra

FONDATION VASARELY

Grand Théâtre de Provence
ALLÉES PROVENÇALES
Fontaine de la Rotonde
2
Cours Mirabeau
Caumont Centre d'Art
R. du Pavillon
Bd Carnot

Conservatoire Darius Milhaud
Lapierre
des · Belges
3
Av. Victor Hugo
Fontaine des 4 Dauphins
Cardinale
QUARTIER MAZARIN
Musée Granet
St-Jean-de-Malte
Cours Gambetta

NICE, TOULON

MARSEILLE

Pavillon Noir
Cité du Livre
R. des Allumettes
Av. G.-De-places
Gontard
R. · Sallier
René
Bd · du · Roi

Bd Albert Charrier
Bd Paul d'Ollone
R. Pierre Brossolette
Av. Maurice Blondel

PARC JOURDAN

AIX-EN-PROVENCE

0 ———— 150 m

A · B

MARSEILLE

monument historique, dévoilent des moulures ornées et des cheminées en pierre sculptée. Ce qui est nouveau en revanche, l'est vraiment : mobilier contemporain haut de gamme, équipements modernes et éléments de confort high-tech font de cet ensemble un hôtel ultramoderne au charme historique.

🛁🅿️🌀🍴🍸🏊♨️🧖🛗🍽️🆒 - 17 chambres

3913 route des Pinchinats – ☎ 04 84 93 09 30 – www.chateaudelagaude.com

❄️ **Le Art · Kaiseki** - Voir la sélection des restaurants

🛏️
GRAND HÔTEL ROI RENÉ

CONTEMPORAIN · CHALEUREUX À cent mètres du Parc Jourdan, le Grand Hôtel Roi René, revisité sur un mode contemporain, s'enroule autour d'un patio fleuri avec piscine. À l'intérieur, le moderne rencontre l'ancien sans heurts. Les chambres réchauffent leur décoration très actuelle d'une légère touche "zen provençal" : lignes claires, dégradés terriens, chaleur et soleil du sud en filigrane. Sans oublier la qualité de la literie et la baignoire grand luxe.

🛁🅿️🌀🍴🚲🏊♨️🧖🍽️🆒 - 134 chambres

24 boulevard du Roi René – ☎ 04 42 37 61 00 – www.grandhotelroirene-aixenprovence.com

🛏️
LES LODGES SAINTE-VICTOIRE

BOURGEOIS · CHALEUREUX Sur la route de la montagne Ste-Victoire chère à Cézanne, ce domaine inauguré en 2013 cultive une quiétude toute provençale... Dans la belle bastide du 18e s. comme dans les superbes lodges indépendants (avec piscine privée) règne la même alliance de modernité et d'esprit bourgeois : un sommet du confort !

♿ ♨ 🅿 🛏 🅐🅒 - 35 chambres

2250 route Cézanne – ℰ 04 42 24 80 40 – www.leslodgessaintevictoire.com

🛏 MAISON JALON

CONTEMPORAIN • CHALEUREUX La Maison Jalon, c'est cet élégant rectangle de vitres et de béton posé dans un jardin luxuriant des environs d'Aix-en-Provence. Une architecture ultra contemporaine qui détonne avec le paysage provençal. Si les propriétaires occupent le rez-de-chaussée, l'étage est réservé aux quatre chambres avec balcon, dont la décoration brute est égayée de cadres colorés et d'objets amassés par des passionnés de déco. La piscine tout en longueur et le jardin piqué de cactus et de hamacs colorés revêtent un petit air de Marrakech, où les propriétaires avaient ouvert leur première maison d'hôtes.

🅿 🛏 🛏 🅐🅒 - 4 chambres

2575 route de Puyricard – ℰ 06 21 35 57 60 – www.maisonjalon.com

🛏 LE PIGONNET   *Plus*

CLASSIQUE • CHAMPÊTRE En périphérie d'Aix, dans un beau parc verdoyant, une imposante bastide dont les chambres cultivent le romantisme et l'élégance ; celles situées dans la partie "Résidence" adoptent un style moderne et chaleureux. Cézanne lui-même s'imprégna ici des parfums et couleurs de la Provence !

♨ 🅿 🛏 🍴 🚲 🛏 🈵 🛁 🍽 🅐🅒 - 45 chambres

5 avenue du Pigonnet – ℰ 04 42 59 02 90 – www.hotelpigonnet.com

🛏 VILLA GALLICI

CLASSIQUE • RAFFINÉ Cyprès, fontaine, jasmin et rosiers : voici quelques-uns des charmes du ravissant jardin provençal de cette discrète villa juchée sur les hauteurs d'Aix. Les chambres, au charme baroque, sont uniques et raffinées. Un lieu à part !

♨ 🅿 🛏 🍴 🛏 🈵 🈯 🛁 🍽 🅐🅒 - 22 chambres

18 avenue de la Violette – ℰ 04 42 23 29 23 – www.villagallici.com

Villa Gallici - Voir la sélection des restaurants

🛏 VILLA SAINT-ANGE

BOURGEOIS • RAFFINÉ Séjour aux anges garanti dans cette ancienne bastide du 18e s. réhabilitée en hôtel d'exception qui se mire dans une piscine chauffée toute l'année... Luxueuses chambres ravissantes, décorées dans l'esprit d'une maison bourgeoise avec tableaux et mobilier chinés, beaux papiers peints artisanaux. Espace détente et mille autres petits raffinements divins.

♿ ♨ 🅿 🛏 🍴 🛏 🈵 🛁 🍽 🅐🅒 - 34 chambres

5 traverse Saint-Pierre – ℰ 04 42 95 10 10 – www.villasaintange.com

Âma Terra - Voir la sélection des restaurants

AIX-LES-BAINS

✉ 73100 – Savoie – Carte régionale n° **21**-C2

LE 59 RESTAURANT

CUISINE MODERNE • TENDANCE Dans la famille Campanella, je demande... le frère ! Cédric a succédé à Boris aux fourneaux de cette ancienne épicerie transformée en restaurant. Dans l'assiette, on retrouve le goût de la précision, et une cuisine actuelle, volontiers inventive. Une adresse incontournable de la ville.

🅐🅒 🍴 – Prix : €€€

59 rue du Casino – ℰ 04 56 57 11 96 – www.restaurant-le59.fr – Fermé du lundi au mercredi

L'ESTRADE

CUISINE MODERNE • **CONVIVIAL** Au centre de la station thermale, ce restaurant propose une cuisine oscillant avec gourmandise entre tradition et modernisme, sans s'interdire aucun détour créatif. Le chef utilise des produits locaux et de saison : asperges blanches, condiment mimosa et sauce mousseline aux épices douces ; quasi de veau aux morilles et confit d'échalotes grillées... Service souriant.
♿ AC ⇄ – Prix : €€

1 avenue de Marlioz – ☎ 04 79 88 40 28 – www.restaurant-aix-les-bains.com – Fermé lundi et dimanche, et jeudi soir

LE SENS UNIQUE 🆕

CUISINE MODERNE • **COSY** Sur les hauteurs du centre-ville, ce petit hôtel, dont la façade évoque encore l'époque faste des cures thermales, cache une sympathique table bistronomique emmenée tambour battant par un chef-patron très présent en salle. En plus d'un bar à vin, une table pimpante, qui a gardé son cachet d'époque, sert une cuisine bistrotière et canaille, réalisée avec des produits de saison et parfois plus nobles (bœuf Angus, maigre corse...). Service aux petits soins et charmante terrasse close et arborée sur l'arrière.
♿ 🍴 ⇄ – Prix : €€

Hôtel Gallia, 24 boulevard-Berthollet – ☎ 04 79 61 21 09 – www.galliahotel.fr

AIZENAY

✉ 85190 – Vendée – Carte régionale n° **14**–B2

LA SITTELLE

CUISINE MODERNE • **ÉLÉGANT** Cette jolie villa de la fin des années 1940 connaît une nouvelle jeunesse grâce à deux associés, anciens du château de Locguénolé. Le chef met en avant les produits de la région dans des recettes plutôt originales, avec de nombreux accords terre-mer. Accueil agréable et attentionné.
♿ ⇄ 🅿 – Prix : €€

33 rue du Maréchal-Leclerc – ☎ 02 51 34 79 90 – www.restaurantlasittellecom. wordpress.com – Fermé mardi et mercredi

AJACCIO – Corse-du-Sud (20) ➜ Voir Corse

ALBARET-SAINTE-MARIE

✉ 48200 – Lozère – Carte régionale n° **28**–A1

LE THÉOPHILE - CHÂTEAU D'ORFEUILLETTE

CUISINE MODERNE • **ROMANTIQUE** Atmosphère châtelaine, feutrée et romantique pour une table associant élégance des vieilles pierres et esprit très contemporain. Avec de bons produits locaux, le chef concocte une cuisine d'aujourd'hui, fine et plaisante. Côté chambre, ce hôtel du 19ᵉ s. au milieu de son parc, joue résolument la carte du contemporain et du glamour... entre Aubrac et Margeride.
🏨 🍴♿ 🅿 – Prix : €€

La Garde – ☎ 04 66 42 65 65 – www.hotels-brunel.com/fr/modern-art-et-services.php – Fermé lundi et du mardi au samedi à midi

L'ALBENC

✉ 38470 – Isère – Carte régionale n° **21**–B3

🐸 BISTROT LOUISE

CUISINE MODERNE • **SIMPLE** La petite terrasse face à l'église ressemble à un séchoir à noix traditionnel... Bienvenue dans ce village de nuciculteurs où Yann

Tanneau, formé chez Ducasse, a planté ses couteaux. Fou de bons produits, il mitonne une cuisine savoureuse à travers des menus qui changent toutes les semaines. Excellent rapport qualité-prix au déjeuner et ambiance décontractée : un bon plan assuré !

🅰🅲 🕸 – Prix : €€

80 place Jean-Vinay – ☏ 06 34 20 16 91 – Fermé lundi, dimanche et du mardi au samedi à midi

ALBERTVILLE

✉ 73200 – Savoie – Carte régionale n° **21**-C2

MILLION

CUISINE CLASSIQUE • TRADITIONNEL Une hostellerie familiale qui cultive la tradition, aussi bien à sa table, autour de recettes classiques, que dans ses chambres au cadre gentiment suranné.

🏨 ♿ 🅰🅲 🕸 🅿 – Prix : €€

8 place de la Liberté – ☏ 04 79 32 25 15 – www.hotelmillion.fr – Fermé lundi, et mardi, mercredi et dimanche soir

ALBI

✉ 81000 – Tarn – Carte régionale n° **27**-B1

😊 ### L'ÉPICURIEN

CUISINE MODERNE • BRANCHÉ Ce n'est pas un hasard si cette adresse, face à la fontaine Jean Jaurès, en plein cœur d'Albi, est devenue le rendez-vous local… des Épicuriens ! Un mot d'abord sur la déco, au design épuré, qui témoigne d'un bel esprit nordique : le chef est d'origine suédoise, ceci explique probablement cela. En cuisine, il revisite les classiques avec une maîtrise incontestable ; il en résulte de jolies assiettes dans l'air du temps, gourmandes, copieuses et bien ficelées. Notons aussi la judicieuse carte des vins et l'excellente prestation de l'équipe en salle, aussi professionnelle que conviviale.

🏨 ♿ 🅰🅲 🕸 🍽 – Prix : €€

42 place Jean-Jaurès – ☏ 05 63 53 10 70 – www.restaurantlepicurien.com – Fermé lundi et dimanche soir

ALCHIMY

CUISINE TRADITIONNELLE • ÉLÉGANT Au cœur de la vieille ville, cette belle bâtisse Art déco abrite une brasserie de style contemporain, sous une jolie verrière : impossible de manquer l'imposant lustre Murano ! Un cadre sympathique et une carte où tout fait envie. Dans l'assiette, le chef met en avant les produits locaux en revisitant joliment les classiques : pied de porc en viennoise, sauce ravigote ; parmentier de canard, magret en ceviche ; baba au combawa.

♿ 🅰🅲 🕸 🍽 – Prix : €€

12 place du Palais – ☏ 05 63 76 18 18 – www.alchimyalbi.fr

AMAPOLA KITCHEN

CUISINE MODERNE • BRANCHÉ L'emplacement vaut le détour : au pied du Pont Vieux, ce bistrot de poche, savamment looké, offre une vue imprenable sur la vieille ville et sa sublime cathédrale. Ex-historienne de l'art, la cheffe envoie une cuisine colorée et healthy, en plein dans le mille, sous forme de petits plats à partager. DJ gourmande et décomplexée, elle mixe les influences de la cuisine japonaise à la cuisine mexicaine en passant par le Moyen-Orient : harissa de fanes de carotte, aguachile de betterave ou encore makis de poireau. Belle sélection de vins bios et nature.

🕸 – Prix : €€

100 rue Porta – ☏ 05 63 77 63 04 – Fermé mardi, mercredi, et jeudi et vendredi à midi

LA TABLE DU SOMMELIER

CUISINE MODERNE • BISTRO Père et fils, sommeliers de formation, travaillent en duo dans ce sympathique bistrot contemporain. Le résultat ? Une cuisine savoureuse, qui revisite habilement le terroir, un imposant choix de vins (500 références), et, l'été, deux terrasses au choix : sous la pergola ou à ciel ouvert… Une adresse hautement recommandable.

🦞 ⟡ 🎦 💬 – Prix : €

20 rue Porta – 𝒞 *05 63 46 20 10 – www.latabledusommelier.com – Fermé lundi et dimanche*

🛏 ALCHIMY

CLASSIQUE • ÉLÉGANT Pour concilier le plaisir de la table et le confort d'un séjour à Albi, on optera pour cet hôtel, dont les chambres sont peut-être les plus jolies de la ville ! L'élégance est le maître-mot des lieux : meubles signés, marbre blanc dans les salles de bains, dans une veine Art déco qui distille le charme des années folles… L'alchimie fonctionne pleinement.

⟡ 🅿 💬 🚲 ⫯🍽 🎦 - 10 chambres

10-12 place du Palais, rue du Docteur Devoisin – 𝒞 *05 63 76 18 18 – www.alchimyalbi.fr*
Alchimy - Voir la sélection des restaurants

ALBY-SUR-CHÉRAN

✉ 74540 – Haute-Savoie – Carte régionale n° **21**–C2

😊 LE BOURGEON 🆕

CUISINE MODERNE • CONVIVIAL Un joli bourg médiéval, jadis renommé pour ses tanneurs et ses cordonniers, avec ses maisons colorées : voilà le décor où ce délicieux bourgeon a éclos ! Les deux jardiniers - le chef Enzo Duchesne et le sommelier Adrien Lavorel – cultivent de concert un jardin gourmand et moderne où les produits sont sourcés avec la plus grande rigueur. L'assiette accorde une place prépondérante au végétal (viandes et poissons ne sont pas négligés pour autant) et va droit au but à grand renfort de parfums et de saveurs à l'image de cette entrée qui associe courgette (crue et en purée), fromage de chèvre, gremolata et jaune d'œuf confit. Menu-carte à tous les services, complété d'un menu mystère le soir et le samedi midi.

🎦 – Prix : €€

8 place du Trophée – 𝒞 *04 50 33 01 52 – www.restaurantlebourgeon.cm – Fermé lundi, dimanche et mardi midi*

ALENÇON

✉ 61000 – Orne – Carte régionale n° **2**–C3

😊 AU PETIT VATEL

CUISINE MODERNE • CONTEMPORAIN On vient ici les yeux fermés pour se délecter d'une cuisine moderne et de saison concoctée à base de bons produits locaux : pâté en croûte, farce de veau, pintade, figue et gribiche ; veau confit et farci, sauce grand veneur, purée de céleri et éclats de noisette - sans oublier l'incontournable chariot de desserts. C'est simple, ici, tout fait envie. Les intitulés sont alléchants, et le goût est là. Les prix sont doux, et la générosité, digne de cette belle région de l'Orne.

⟡ 💬 – Prix : €€

72 place du Commandant-Desmeulles – 𝒞 *02 33 28 47 67 – www.aupetitvatel.fr – Fermé mardi et mercredi, et dimanche soir*

LA SUITE

CUISINE MODERNE • CHIC Dans une rue un peu excentrée du centre historique, une cuisine traditionnelle de saison et 100% maison, remise au goût du jour, avec comme seule priorité, la gourmandise – en témoigne cette presa de cochon ibérique laquée au miel de soja, coulis de courgette. Belle maîtrise, saveurs franches, jeux sucrés/salés : une partition qui s'accorde avec le cadre agréable, moderne et chic.

♿ Ⓜ ↔ – Prix : €

19 place Auguste-Poulet-Malassis – ☎ 02 33 29 70 85 – www.lasuite.cover.page/fr – Fermé samedi et dimanche

ALÈS

✉ 30100 – Gard – Carte régionale n° **28**–B2

😊 ÉPICES ET TOUT

CUISINE MODERNE • CONVIVIAL Ce petit restaurant à la devanture discrète secoue les papilles. Cuisine soignée, produits frais, et des épices utilisées avec justesse. De jolis plats comme ce tartare de saumon fumé au deux lentilles, cette selle d'agneau et mousseline de champignons, ou cette poire pochée aux épices douces. Un menu appétissant à déguster en été sur la petite terrasse.

♿ Ⓜ 🍽 – Prix : €€

15 avenue Carnot – ☎ 04 66 52 43 79 – www.epicesettout.fr – Fermé dimanche, samedi midi et mercredi soir

ALLAUCH

✉ 13190 – Bouches-du-Rhône – Carte régionale n° **28**–D3

IOD'IN

CUISINE MÉDITERRANÉENNE • CONTEMPORAIN À la périphérie du joli village d'Allauch, cette brasserie marine moderne et spacieuse mérite le détour. Le jeune chef Anthony de Filippo (passé à l'Alcyone de Lionel Levy et chez Dominique Frérard aux Trois Forts à Marseille) embarque son équipage de gourmets au fil d'une délicieuse cuisine iodée et décomplexée où le poisson et les crustacés sont rois. Bouillabaisse à la carte (sans réservation préalable).

♿ Ⓜ 🍽 ↔ 🅿 – Prix : €€

602 avenue du 7e-Régiment-de-Tirailleurs-Algériens – ☎ 04 91 07 67 80 – www.restaurantiodin.fr – Fermé lundi et dimanche

ALLEYRAS

✉ 43580 – Haute-Loire – Carte régionale n° **20**–B3

✿ LE HAUT-ALLIER

Chefs : Clément et Philippe Brun

CUISINE MODERNE • CONTEMPORAIN Au cœur des gorges de l'Allier, cet hôtel-restaurant familial regarde le pont et la rivière depuis ses fenêtres. Bien ancrée dans son terroir, la famille Brun – Philippe et Michelle, les parents, épaulés par leur fils et sa compagne – magnifie ces rudes contrées. Ils célèbrent ainsi les nombreux produits qu'ils trouvent dans ce coin de nature : champignons, viandes et fromages auvergnats, omble d'élevage, mais aussi plantes et fleurs sauvages. On se régale d'un filet mignon de veau, navets glacés au porto, gnocchis d'épinards et condiment de moutarde, ou d'une surprenante "alliance" d'agrumes, carotte et lait d'amande, sorbet mojito.

🛁 ⇐ 🅰 – Prix : €€€
Le Pont d'Alleyras – 📞 04 71 57 57 63 – www.hotel-lehautallier.com/fr –
Fermé mardi et mercredi

ALLUY
✉ 58110 – Nièvre – Carte régionale n° **16**–C2

LA GRANGÉE

CUISINE MODERNE • AUBERGE Originaire et amoureux de la région, Jean-Baptiste Girard a transformé cette auberge communale avec son épouse japonaise Maiko. Il y met en avant la production locale (charolais du Bourbonnais, légumes bio de Rouy, pintades de Vandenesse) et la cueillette. Mention spéciale pour la brioche à l'ail des ours, qui est un vrai délice. Service aux petits soins, et jolies céramiques d'un artisan local. Un coup de cœur.
🍽 – Prix : €€
Le Bourg – 📞 03 86 76 11 56 – www.restaurantlagrangee.com – Fermé du lundi au mercredi

ALPE-D'HUEZ
✉ 38750 – Isère – Carte régionale n° **21**–C3

L'AMÉTHYSTE

CUISINE ITALIENNE • COSY Le Daria-I Nor, bel hôtel posé au bord des pistes, propose une carte bistronomique d'inspiration italienne pleine de saveurs : vitello tonnato, osso-bucco aux agrumes... À déguster dans une petite salle cosy à l'ambiance intimiste.
♿ – Prix : €€€
Hôtel Daria-I Nor, 80 rue du 93ème-R.A.M., L'Éclose – 📞 04 79 31 18 65 – www.hotel-dariainor.com/fr – Fermé lundi et du mardi au dimanche à midi

AU CHAMOIS D'OR

CUISINE MODERNE • COSY Cette jolie table n'est pas le moindre atout de l'hôtel Chamois d'Or : dans le décor chaleureux et feutré d'une salle tout en bois, on apprécie une cuisine actuelle bien tournée. Agréable terrasse au déjeuner, et l'atmosphère de l'endroit se fait même romantique le soir venu...
⇐ 🍽 🅿 – Prix : €€€
169 rue Fontbelle – 📞 04 76 80 31 32 – www.chamoisdor-alpedhuez.com

🛏 LES GRANDES ROUSSES

MODERNE • ÉLÉGANT Cet établissement est le fruit d'une histoire familiale, démarrée à Huez au début du 20ᵉ s. Le cuivre et le rouge sont le fil conducteur de cet intérieur montagnard d'une grande élégance. Les chambres, confortables, se parent de parquet de pierre. Et pour les amateurs, un beau spa.
♿ 🐾 🅿 ⟳ 🏊 🔥 💆 ♨ 🍽 – 105 chambres
Route du Signal – 📞 04 76 80 33 11 – www.hotelgrandesrousses.com

🛏 LE PIC BLANC

MODERNE • ÉLÉGANT Grande construction moderne d'esprit chalet campée dans le quartier des Bergers, sur les hauteurs de la station. Les chambres spacieuses, de style anglais, sont dotées d'un balcon ; la salle à manger fait face aux montagnes... Solarium, piscine, sauna.
🐾 🅿 ⟳ 🏊 💆 ♨ 🍽 – 92 chambres
Quartier des Bergers – 📞 04 76 11 42 42 – www.hotel-picblanc-alpes.com

ALTILLAC

✉ 19120 – Corrèze – Carte régionale n° **19**–C3

ⵣ **CUEILLETTE**

Chef : Oscar Garcia

CUISINE MODERNE • DESIGN Entre Lot et Corrèze, ce charmant manoir du 19ᵉ s. entièrement rénové abrite une belle salle lumineuse et design. Les pommes en céramique suspendues au plafond évoquent le verger (mais aussi le potager) que le restaurant cultive tout près de là. Passé chez Franck Putelat et à La Table d'Uzès, le jeune chef Oscar Garcia s'attelle avec talent à une cuisine de saison plutôt créative, avec des produits dénichés dans un rayon de 100 km : truite aux haricots verts, myrtilles et cacahuètes ; veau de Corrèze en deux façons, anguille fumée, framboises et crème Dubarry... Dans les étages, 5 confortables chambres. Formule plus simple au déjeuner.

🛋 ⛶ ఉ 🅿 – Prix : €€€

3 La Raufie – ✆ 05 19 90 00 19 – www.restaurant-cueillette.fr – Fermé lundi et dimanche

🛏 **CUEILLETTE**

MODERNE • CHALEUREUX Son nom fleure bon la nature et la gourmandise - une image idéale pour un hôtel axé sur la gastronomie et le vin dans la vallée de la Dordogne. Ses cinq chambres ont été réaménagées dans un style moderne et coloré, en conservant le caractère architectural d'origine, et équipées selon les normes d'un établissement de luxe.

🅿 ⛶ ⛶ 🍽 🅰🅲 – 5 chambres

3 La Raufie – ✆ 05 19 90 00 19 – www.restaurant-cueillette.fr

ⵣ **Cueillette** - Voir la sélection des restaurants

ALTKIRCH

✉ 68130 – Haut-Rhin – Carte régionale n° **8**–A3

ⵣ **L'ORCHIDÉE**

Chef : Chatchai Klanklong

CUISINE THAÏLANDAISE • CONTEMPORAIN Cette orchidée nous invite à un très agréable voyage gastronomique. Dans l'assiette, une cuisine thaïlandaise moderne et soignée, élégante et parfumée, à l'instar de ce tom yam de homard bleu, lait de coco, galanga ou du pigeonneau des Vosges, maïs, girolles, polenta, curry rouge. On se régale du début à la fin. Une réussite étincelante.

🥢 🅰🅲 – Prix : €€€

33 rue Gilardoni – ✆ 03 89 88 50 39 – www.orchidee-altkirch.com – Fermé lundi et dimanche

ALTWILLER

✉ 67260 – Bas-Rhin – Carte régionale n° **8**–A1

RESTAURANT DE L'ÉCLUSE 16

CUISINE MODERNE • CONTEMPORAIN Cet ancien relais de chevaux de halage borde le canal des houillères de la Sarre. Le chef, originaire du Morbihan, offre une partition soignée et gourmande, comme en témoignent ce risotto safrané au chorizo accompagnant une volaille label rouge aux crevettes sauvages, ou le souvenir ému d'une tatin revisitée avec pertinence. Il utilise à l'occasion les produits du terroir local, agrémentés de condiments ou d'huiles aromatisées maison.

⛶ ఉ 🅰🅲 🔄 🅿 – Prix : €€

Lieu-dit Bonnefontaine – ✆ 03 88 00 90 42 – www.ecluse16.com – Fermé lundi et mardi, et dimanche soir

ALVIGNAC

✉ 46500 – Lot – Carte régionale n° **23**–B2

LE VOYAGE D'ERNESTINE

CUISINE MODERNE • BISTRO Une affaire familiale et gourmande ! Trois associés (un frère et une sœur jumeaux, et le compagnon de cette dernière) embarquent leurs convives pour un voyage où les produits locaux (agneau et volaille de la ferme du Bouscarel, légumes de Mayrac et de Baladou, truites de la pisciculture du Blagour…) sont traités avec doigté. Boucher-charcutier de formation, le frangin connaît les bons morceaux sur le bout de la fourchette. Tandis que le couple, qui a bien baroudé, ponctue ses assiettes de clins d'œil voyageurs (labné, citron noir, jus d'agneau émulsionné au tahini…). Une table bien dans son époque où l'on passe un excellent moment.

🛋 – Prix : €€

182 Grand-Rue – ℰ 05 65 11 76 20 – www.le-voyage-ernestine.fr – Fermé du lundi au mercredi et du jeudi au samedi à midi

AMBERT

✉ 63600 – Puy-de-Dôme – Carte régionale n° **20**–B2

LE M

CUISINE MODERNE • CONVIVIAL On « M » ce bistrot contemporain branché, pour son accueil charmant comme pour sa cuisine actuelle et savoureuse, à l'image de cet épais dos de cabillaud, fregola sarda et son jus de volaille. Le menu-carte restreint assure fraîcheur et qualité des produits de saison, et offre un très bon rapport qualité-prix le midi ! Ne passez pas à côté de l'excellent cannelé, clin d'œil aux origines bordelaises du couple. Belle sélection de vins à l'ardoise.

♿ ᴀᴄ – Prix : €€

1 place du Livradois – ℰ 04 73 82 28 91 – Fermé du lundi au mercredi et dimanche soir

AMBIERLE

✉ 42820 – Loire – Carte régionale n° **20**–C1

LE PRIEURÉ

Chef : Thierry Fernandes

CUISINE MODERNE • CONTEMPORAIN Au centre de ce village de vignerons de la Côte roannaise, ce restaurant jouxte un magnifique prieuré bénédictin du 15ᵉ s. à la toiture de tuiles polychromes vernissées de style bourguignon. Une partie contemporaine en bois est venue moderniser la belle bâtisse traditionnelle en granit qui accueille le restaurant. Enfant du pays comme son épouse qui l'épaule en salle, le chef Thierry Fernandes cisèle une jolie cuisine de bases classiques, où la technique et les saveurs sont au rendez-vous dans chaque assiette.

♿ ᴀᴄ – Prix : €€€

11 rue de la Mairie – ℰ 04 77 65 63 24 – www.leprieureambierle.fr – Fermé mardi et mercredi, et dimanche soir

AMBOISE

✉ 37530 – Indre-et-Loire – Carte régionale n° **15**–C1

CHÂTEAU DE PRAY

CUISINE MODERNE • ÉLÉGANT En amont d'Amboise, sur la rive sud de la Loire, ce château médiéval remanié à la Renaissance attire l'œil avec ses deux tours massives. L'édifice trône paisiblement au milieu d'un vaste parc à la française, où l'art de vivre ligérien perdure. On aime l'élégance de cette orangerie en partie troglodyte, taillée dans la roche du coteau, et l'on apprécie aux beaux jours la plaisante terrasse tournée vers les jardins. La cuisine du chef Arnaud Philippon flirte joliment avec notre époque : asperges blanches toastées, capucine et sauce aux jaunes d'œufs ; homard bleu rôti au sautoir, pois chiches du pays lochois et sarrasin ; soufflé chaud au cassis de Touraine. Finesse d'exécution, équilibre des saveurs, approvisionnement auprès de producteurs locaux : la vie de château a du bon !

🛏️ 🍴 🎐 🌀 **P** – Prix : €€€

Rue du Cèdre, à Chargé – 𝒞 02 47 57 23 67 – www.chateaudepray.fr – Fermé lundi, mardi, mercredi midi et dimanche soir

😋 LES ARPENTS

CUISINE MODERNE • CONTEMPORAIN Pas très loin du château, derrière une façade couleur bordeaux, ce bistrot nous a tapé dans l'œil avec ses murs recouverts de lames de bois crème et son mobilier contemporain. Deux anciens copains, qui se sont rencontrés sur les bancs de l'école hôtelière de Tours, assurent une partition gourmande sans faute. Ils puisent généreusement dans les produits locaux, asperges et fraises de Touraine en saison, porc roi rose et fromages de chèvre. Dans l'assiette, on se régale d'un biscuit de carpe dans l'idée d'une matelote, topinambour et quelques champignons, accompagné de sa béarnaise ; ou encore d'une tarte au citron saupoudrée de citron noir séché, détail diabolique qui ne fait qu'augmenter notre plaisir.

🅰️🄲 🍴 – Prix : €€

5 rue d'Orange – 𝒞 02 36 20 92 44 – www.restaurant-lesarpents.fr – Fermé lundi et dimanche

L'ÉCLUSE

CUISINE MODERNE • CONVIVIAL Tout près du château royal d'Amboise et du Clos Lucé, la cheffe Mélanie Popineau propose une cuisine bistronomique réjouissante, pleine de saveurs, sous la forme de courts menus de saisons. De son côté, son compagnon assure un accueil simple mais charmant. Aux beaux jours, courez vous régaler sur la terrasse.

♿ 🍴 – Prix : €€

Rue Racine – 𝒞 02 47 79 94 91 – www.ecluse-amboise.fr – Fermé lundi et dimanche

🛏️ AU CHARME RABELAISIEN

BOURGEOIS • CHARME Cette demeure bourgeoise qui abrita une banque, une école et une étude notariale est devenue un hôtel de charme. Les chambres sont confortables (celles du dernier étage offrent une vue sur le château), et l'accueil familial. Petit jardin avec piscine et agréable espace bien-être.

♿ **P** 🚗 🛏️ 🅰️🄲 – 10 chambres

25 rue Rabelais – 𝒞 02 47 57 53 84 – www.au-charme-rabelaisien.com

AMBRES

✉️ 81500 – Tarn – Carte régionale n° **27**–A1

😋 CHEZ JOHN

CUISINE MODERNE • CONTEMPORAIN Un chef anglais réinterprétant avec brio le terroir local ? Bienvenue Chez John. On s'installe à l'intérieur ou sur la terrasse à l'abri des regards pour se délecter d'une cuisine colorée et attentive aux saisons. Passé par de bonnes maisons, le chef maîtrise sa partition. La finesse de sa cuisine, comme son rapport qualité-prix assez imbattable, attire une clientèle d'habitués. Chez John, ou l'anti-Brexit.

♿ 🅰️🄲 🍴 **P** – Prix : €€

465 route de Gaillac – 𝒞 05 63 57 64 85 – Fermé lundi et dimanche

AMBRONAY

✉ 01500 – Ain – Carte régionale n° **21**–B1

✿ AUBERGE DE L'ABBAYE

Chef : Ivan Lavaux

CUISINE MODERNE • CONTEMPORAIN Au pied de l'abbaye bénédictine d'Am-
bronay, cette auberge contemporaine a été pensée dans les moindres détails par
le maître des lieux, Ivan Lavaux. Attentif au choix des matériaux et des couleurs
(jusqu'à une toile de Jouy créée spécialement !), cet aubergiste moderne évolue entre salle et cuisine, mettant à l'honneur les nombreux crus sélectionnés qui
composent sa cave, comme les produits nobles qu'il affectionne (asperges, bar,
homard…). Laissez-vous porter par ses menus sans choix, au déjeuner comme
au dîner.

🐾 ❖ 🅰🅲 – Prix : €€€

47 place des Anciens-Combattants – ℰ 04 74 46 42 54 –
www.aubergedelabbaye-ambronay.com/fr – Fermé lundi et mardi, et dimanche soir

---

🛏 LA MAISON D'AMBRONAY

MODERNE • CONVIVIAL Retour en enfance : cette ancienne école s'était choisi
pour cadre une bâtisse de 1870, pleine d'élégance, agrémentée d'un patio, de
colonnes, d'arches en briques et d'escaliers en pierre et fer forgé. Métamorphosée
en maison d'hôtes, elle a converti les quatre classes en chambres débordantes de
vie, lumineuses et chamarrées, pleines de références enfantines. Les parties de
baby-foot, de ping-pong et de flippers remplacent les interrogations surprises et
un brunch convivial les goûters de la récré.

🅿 🛏 - 4 chambres

46 Grande Rue – ℰ 07 82 32 90 79 – www.lamaisondambronay.fr

AMIENS

✉ 80000 – Somme – Carte régionale n° **4**–B3

AIL DES OURS

CUISINE MODERNE • CONTEMPORAIN Proche de la cathédrale, cette table
sympathique et tendance est menée par le jeune chef Stéphane Bruyer. Dans une
salle rénovée, aux tons naturels (et émaillée de nombreuses plantes), il sert une
cuisine simple, de saison, valorisant les produits du marché, menu unique (choix
entre poisson ou viande) : le restaurant est plébiscité à Amiens… et l'on comprend
pourquoi.

❖ 🅰🅲 – Prix : €€

11 rue Sire-Firmin-Leroux – ℰ 03 22 48 35 40 – www.aildesours-restaurant.fr –
Fermé lundi, dimanche et mardi midi

HYACINTHE

CUISINE MODERNE • SIMPLE Un ancien travailleur dans l'humanitaire a trouvé
un second souffle dans la cuisine auprès de mentors comme Cyril Lignac et Hélène
Darroze, qui l'ont formé. Fidèle à ses engagements d'antan, il pratique dans son restaurant vintage une cuisine respectueuse de la nature et des hommes, en se four-
nissant en légumes dans les hortillonnages d'Amiens, en agneau pré-salé de la baie
de Somme, en poissons de ligne de la Côte d'Opale… Tourte de filet mignon, pickles
de légumes ou encore lotte, tomate, aubergine et herbes marines : ses assiettes
un brin créatives jonglent avec les préparations, les bons produits et les goûts.

🍽 – Prix : €€

11 rue Dusevel – ℰ 07 69 60 85 61 – www.restaurant-hyacinthe.fr – Fermé lundi,
dimanche et mardi midi

LES ORFÈVRES

CUISINE MODERNE • CONTEMPORAIN En plein centre, un restaurant au décor d'atelier, épuré et moderne. Au menu : une cuisine qui connaît ses classiques, avec quelques touches plus modernes par-ci par-là... et une ambiance conviviale. Le chef aime travailler le poisson à l'image de ce savoureux dos de cabillaud gold, cuit à basse température, lait ribot au miel, poireaux et céleri.

🕸 – Prix : €€€

14 rue des Orfèvres – 𝒞 03 22 92 36 01 – www.lesorfevres.com/fr – Fermé lundi et dimanche soir

MAROTTE

CLASSIQUE • CHALEUREUX Ce bel établissement, au cœur de la ville, prend ses aises dans une bâtisse de brique rouge du 19ᵉ s. (avec une extension contemporaine), dont il conserve le cachet – boiseries, moulures, etc. – et même l'esprit de demeure privée. Élégance, atmosphère feutrée et accueil charmant...

👤🛁🅿🚗 🚲 🛎 💆🅰🅒 - 33 chambres

3 rue Marotte – 𝒞 03 60 12 50 00 – www.hotel-marotte.com

AMMERSCHWIHR

✉ 68770 – Haut-Rhin – Carte régionale n° **8**–C2

❀ ### RESTAURANT JULIEN BINZ

Chef : Julien Binz

CUISINE MODERNE • ÉLÉGANT Sur la route des vins, au sud de Colmar, le charmant village viticole d'Ammerschwihr est niché dans la vallée du Kaysersberg, surnommée la vallée aux étoiles... Michelin, bien sûr ! Rompu aux ficelles du métier, ancien de la brigade de l'Auberge de l'Ill, Julien Binz maîtrise toutes les cordes de l'arc culinaire. Il compose une cuisine classique et saisonnière : tartelette croustillante aux escargots, fenouil confit et émulsion au persil ; poitrine de pigeonneau rôtie, cannelloni de patate douce au foie gras, jus à la fève tonka et poivre long administrent une tranquille leçon de gourmandise.

🕸 ♿🅐🅒🍴 – Prix : €€€€

7 rue des Cigognes – 𝒞 03 89 22 98 23 – www.restaurantjulienbinz.com – Fermé lundi et mardi, et mercredi soir

ANDLAU

✉ 67140 – Bas-Rhin – Carte régionale n° **8**–C1

PARTAGE ⓝ

CUISINE MODERNE • CONTEMPORAIN Julie et Hugo, qui se sont rencontrés chez Lameloise, se sont installés entre les murs de la maison natale du peintre Alexis Kreyder (1839-1912), réputé pour ses natures mortes de fleurs et de fruits. Auberge traditionnelle couleur framboise à l'extérieur mais déco contemporaine à l'intérieur, le lieu séduit les gourmets. Dans les assiettes, ce chef talentueux cisèle de jolis plats parfumés et équilibrés aussi bons que beaux pour l'œil comme cette daurade marinée et subtilement fumée, crème façon bibalakas aux herbes, betteraves en copeaux. Une adresse à... partager !

🍴 – Prix : €€

19 rue du Docteur-Stoltz – 𝒞 03 88 08 93 23 – www.restaurant-partage.com – Fermé lundi et dimanche

ANGERS

✉ 49000 – Maine-et-Loire – Carte
régionale n° **9**–C2

Les saveurs et les douceurs d'un terroir

La capitale de l'Anjou se distingue autant par la richesse de son patrimoine que par celle de sa gastronomie. Cité florissante de la Renaissance, elle abrite les murailles de la forteresse médiévale du roi René et la tenture de l'Apocalypse. Elle est aussi la ville de naissance du "prince des gastronomes", l'écrivain et journaliste Curnonsky, qui mit son appétit d'Angevin au service de la défense du terroir. Et ce ne sont pas les spécialités qui manquent ici : sandre au beurre blanc, pâté aux prunes... En ville, c'est la Maison Jouis qui incarne depuis 1954 la référence en matière de rillettes ou de rillauds – ces morceaux de poitrine de porc maigre cuits dans la graisse où ils sont confits. Quant au quernon, un chocolat bleu, croquant et fondant, il évoque le bloc de schiste brut fendu par l'ardoisier angevin. Enfin, les vins de Loire et d'Anjou offrent une diversité fascinante.

🏵 **LAIT THYM SEL**

Chef : Gaëtan Morvan

CUISINE CRÉATIVE • CONTEMPORAIN On vous recommande chaudement cette pépite tenue par un couple talentueux qui vient de prendre ses nouveaux quartiers de l'autre côté de la Maine. Côté cuisine, Gaëtan Morvan, jeune chef passé par de grandes tables étoilées, propose une expérience culinaire atypique en quinze séquences très originales qui valorisent les produits de la région. Inventivité, associations inattendues, on se laisse embarquer dans son univers gourmand. Côté salle, Fanny Morvan assure un service efficace et suggère de jolis vins respectueux de l'environnement.

Prix : €€€€

Plan : A1-2 – *17 rue Boisnet* – ☎ *07 89 65 89 07* – *www.laitthymsel.com* – *Fermé lundi, samedi et dimanche et mardi et mercredi à midi*

🏵 L'engagement du chef : Notre maraîcher est installé à 50 km du restaurant. Nous travaillons les poissons de Loire en saison, les poissons de mer de Loire-Atlantique, de Bretagne ou de Normandie, la viande des Pays de la Loire. Pain de notre artisan et possibilité d'emporter le pain non consommé pour lutter contre le gaspillage alimentaire. Carte des vins orientée nature et bio. Nous sommes en train d'éliminer les caisses en polystyrène.

😊 **L'ARDOISE**

CUISINE MÉDITERRANÉENNE • COSY On a beau être sur la rive gauche de la Maine, dans un décor réussi de brasserie contemporaine, les recettes prennent volontiers ici une chaude couleur méditerranéenne, notamment avec une sélection

d'antipastis à partager ou pas (houmous, panisse...), suivie de plats appétissants (pasta aux coquillages...), sans oublier les desserts (tiramisu, entremets à la pistache et fleur d'oranger) – quelques préparations plus traditionnelles (terrine maison, pâté en croûte, profiteroles...) répondent également présents. Le tout à prix sage.
 ⅏ 🅰️🄲 🍴 – Prix : €€

Plan : A1-6 – *7 place Molière* – ☎ *02 72 73 11 91* – *www.lardoise-angers.fr* – *Fermé lundi et dimanche*

GRIBICHE

CUISINE TRADITIONNELLE • CONTEMPORAIN Ô le joli bistrot coup de cœur ! Quand ce chef sort son ardoise de plats traditionnels dépoussiérés et généreux, les papilles défaillent : pâté en croûte, tête de veau sauce gribiche, souris d'agneau, dessert gourmand comme ce kouign amann, caramel au beurre salé, glace vanille. Beau choix de vins à prix sages.
🄰🄲 🍴 – Prix : €€

Plan : A2-1 – *9 rue Max-Richard* – ☎ *02 41 19 14 48* – *Fermé samedi et dimanche, et mercredi soir*

AUTOUR D'UN CEP

CUISINE TRADITIONNELLE • BISTRO Changement de chef et de ton dans cette petite maison dont le millésime se perd entre le 15ᵉ et le 16ᵉ s., à mi-chemin entre la cathédrale et la Maine. Le chef Thony Pohu signe désormais une cuisine plus ancrée dans l'air du temps et la saison, privilégiant uniquement le végétal en entrée. Et toujours une jolie sélection de vins au verre de propriétaires locaux.
🕸 – Prix : €€

Plan : A1-3 – *9 rue Baudrière* – ☎ *02 41 42 61 00* – *Fermé lundi, samedi et dimanche et du mardi au vendredi à midi*

ENVOL

CUISINE MODERNE • CONTEMPORAIN Dans cette ville historique d'une grande richesse patrimoniale, le chef Philippe Coco a joué une carte résolument contemporaine pour la décoration de son restaurant, pourtant situé au premier étage d'un hôtel particulier : salle à manger très haute de plafond, immense miroir, fresque colorée, mobilier tendance, surprenante sculpture orange, luminaires en forme de nuage, et une cuisine ouverte en forme de cube. Le chef, un ancien pâtissier qui a conservé tout son bagage technique, propose une belle cuisine, sagement créative, sans renier ses classiques. Produits frais, essentiellement régionaux, émaillent ses assiettes à l'image de cette savoureuse sole comme une lasagne, céleri et champignons, accompagné d'un plaisant sabayon au citron.
🍴 – Prix : €€€

Plan : B2-9 – *21 boulevard du Maréchal-Foch* – ☎ *02 41 36 12 12* – *www.restaurant-envol.fr* – *Fermé lundi, dimanche et du mardi au samedi à midi*

KAZUMI

TEPPANYAKI • CONTEMPORAIN Derrière la façade anonyme de ce restaurant japonais se cache Kazumi Hatakenaka, un chef japonais arrivé en France à l'origine pour travailler dans une auberge traditionnelle du Beaujolais. Chez lui, sa cuisine raconte cette double culture culinaire franco-japonaise. Son menu dégustation alterne plats classiques français et ingrédients préparés sur le teppanyaki, avec la finesse et les touches nipponnes qui conviennent. Fraîcheur des produits (poissons, viandes et légumes), plats qui font saliver comme ces noix de Saint-Jacques, pack choï et shiitake, cuissons et assaisonnements réussis : un joli parcours gourmand – qui exige au dîner trois heures à table.
Prix : €€

Plan : A2-8 – *3 rue d'Anjou* – ☎ *02 53 57 21 42* – *www.restaurant-kazumi.com* – *Fermé lundi, dimanche, et mercredi et samedi à midi*

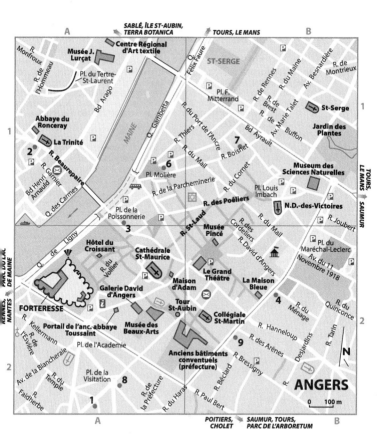

ODORICO

CUISINE MODERNE • CHIC Isidore Odorico est le nom du mosaïste italien à qui l'on doit la décoration en 1928 de la salle de ce restaurant. Bleu et or, cette fresque de style art déco déploie majestueusement ses céramiques sur les murs, les arches, les colonnes... Le chef Kevin Bougard, au joli parcours international, propose une cuisine moderne aux influences italiennes, manière de rendre hommage au décorateur. Le tout est mis en musique grâce à des produits angevins de belle facture (bœuf et beurre fermiers, asperges du Maine-et-Loire, etc.). Quelques exemples ? Goûteuses pappardelles (maison) au ragoût d'agneau ; crudo de langoustine aux saveurs de vermouth fruité...

Prix : €€

Plan : B2-4 – 1 boulevard du Maréchal-Foch – ℰ 02 41 21 05 14 – www.odorico-restaurant-angers.com – Fermé lundi et dimanche

SENS

CUISINE CRÉATIVE • ÉPURÉ « Sens » a emménagé dans un lieu plein de cachet, sous des voûtes datant du 12e s. ... de quoi en prendre plein la vue ! La cuisine du chef Nicolas Adamopulos est moderne, sophistiquée, et ne manque pas de personnalité. Les produits, principalement locaux, sont souvent travaillés dans leur entièreté (miel d'arrêtes de lieu jaune ; fond de tarte en peau de tomates...). Les cuissons sont précises et les préparations maitrisées. Menus changés régulièrement au fil des saisons et des marchés.

Prix : €€€

Plan : B1-7 – *17 rue Beaurepaire – ☎ 02 41 05 12 28 – www.restaurant-sens.com – Fermé lundi, mardi et dimanche et du mercredi au samedi à midi*

21 FOCH

MODERNE • CHALEUREUX Situé face au passage du tramway, cet ancien hôtel particulier (1850) est le pied-à-terre idéal pour visiter le château et le centre-ville. Contemporain, décoré avec goût dans des tonalités très claires, l'atmosphère y est des plus sympathiques.

P ⫞○ ⏁ - 12 chambres

21 boulevard du Maréchal Foch – ☎ 02 30 31 41 00 – www.21foch.fr

Envol - Voir la sélection des restaurants

ANGOULÊME

✉ 16000 – Charente – Carte régionale n° **18**–C2

LES SOURCES DE FONTBELLE

Chef : Guillaume Veyssière

CUISINE CRÉATIVE • DESIGN À 5 minutes du centre-ville, préparez-vous à un choc visuel, celui d'un bâtiment design tout en métal, béton et verre face... à la forêt ! Aux manettes de ce vaisseau, le chef Guillaume Veyssière signe une cuisine créative à la technique impeccable. Cette architecture qui lui sert d'atelier d'artiste lui va comme un gant : ce cuisinier est doté d'un sens indéniable de la mise en scène, des amuse-bouches aux desserts (jolie composition sucrée aux cèpes et persil). Il s'impose aussi de louables contraintes locavores qui dopent sa réussite, à l'image de ces crevettes impériales du marais charentais à l'huile d'aneth fumée et ail noir. Au déjeuner, plaisant menu de saison au bistrot Forêt des Sources.

🐝 ⇦ ⇦ 🅰🅲 🅿 – Prix : €€€€

1 bis rue des Meules-à-Grains – ☏ 05 45 23 51 75 – www.sourcesdefontbelle. com – Fermé lundi et dimanche soir

🛏 LE SAINT-GELAIS

CLASSIQUE • ÉLÉGANT Cet ancien prieuré réhabilité est l'un des plus agréables hôtels d'Angoulême. Les chambres, entre design et vintage, sont spacieuses et confortables : la garantie d'un séjour agréable. Terrasse arborée avec piscine, salle de séminaire.

⇦ 🅿 ⇦ ⇦ ⇦ ⇦ 🅰🅲 – 13 chambres

12 rue du Père Deval – ☏ 05 45 90 02 64 – www.hotel-saint-gelais-angouleme.com

ANIANE

✉ 34150 – Hérault – Carte régionale n° **27**–C1

SOUKA

CUISINE MODERNE • CONTEMPORAIN Dans ce petit village au cœur du vignoble des Terrasses du Larzac, Souka (« la souche », en occitan) met en valeur le marché et les producteurs du coin. Le chef est joueur et vous réserve bien des surprises : un menu mystère, midi et soir, dont il faut tenter de découvrir les ingrédients ! Bons vins de la région, en vente sur place dans la partie caviste.

⇦ 🍴 – Prix : €€

36 boulevard Saint-Jean – ☏ 04 67 57 44 83 – www.soukarestaurant.com – Fermé lundi, mardi et dimanche

ANNECY

✉ 74000 – Haute-Savoie –
Carte régionale n° **21**–C2

Un haut-lieu des plaisirs de la table

En quelques années, Annecy et son lac sont devenus un foyer gastronomique incontournable. Serti dans un grandiose décor de montagnes, le lac est un joyau naturel dont les eaux pures recèlent bien des délices, tandis que la vieille ville mérite bien son surnom de "Venise savoyarde". Tout ici met les sens en émoi, des produits traditionnels jusqu'aux délicats poissons du lac, tels la féra ou l'omble chevalier. Des pêcheurs artisanaux veillent sur cette manne et font la joie des grandes tables étoilées... Les boutiques et les marchés de la vieille ville regorgent de produits des alpages ô combien emblématiques, tels le beaufort, le reblochon, la tomme de Savoie ou la tome des Bauges. De nombreux petits producteurs et maraîchers proposent aussi leurs herbes, leurs morilles et autres charcuteries artisanales.

✿✿✿ LE CLOS DES SENS

Chef : Franck Derouet

CUISINE CRÉATIVE • CONTEMPORAIN Dans cette belle demeure des hauts d'Annecy, le chef Franck Derouet et son associé Thomas Lorival cultivent un univers culinaire tourné vers le végétal et le lacustre, avec une philosophie locavore évidente : tous les ingrédients proviennent du potager ou de producteurs situés à moins de 100 km. Fruits, légumes, fleurs et aromates de saison ponctuent chaque assiette, qui emprunte autant à la poésie qu'à l'art moderne. Impressionnant travail sur les poissons de lac, avec une réflexion poussée sur les textures et les modes de cuisson, qui permet par exemple d'expérimenter une féra crue mise en valeur par un puissant garum de plusieurs semaines, ou de déguster un brochet maturé cuit à la façon d'une viande grillée. Pour être encore plus proche des saisons, le chef introduit parfois quelques touches carnées dans ses assiettes, notamment pendant la période de fermeture de la pêche. En complément d'une carte des vins entièrement dédiée aux vignerons de l'arc alpin, les accords « mets et jus » (bouillons de légumes, infusions...) explorent de nouveaux champs de découvertes gustatives et célèbrent une complicité manifeste entre la salle et la cuisine. Dans ce clos, les sens sont bien à la fête.

🛏 ⇄ ♿ AC 🏡 ⌂ – Prix : €€€€

Hors plan – *13 rue Jean-Mermoz - à Annecy-le-Vieux* – ℰ *04 50 23 07 90* – *www.closdessens.com – Fermé lundi, dimanche, mardi midi et jeudi midi*

✿ L'engagement du chef : Notre cuisine lacustre et végétale met en saveurs les produits de nos 1500 m2 de jardins potagers, aromatiques et fruitiers tous gérés selon la philosophie de la permaculture ainsi que les richesses des producteurs de saveurs locaux et engagés avec lesquels nous travaillons. Qu'il s'agisse de la mise en place d'un recyclage intelligent des déchets ou de la collecte et réutilisation de l'eau de pluie, nous nous efforçons d'amener du bons sens dans toute la vie du restaurant.

philipimage/Getty Images Plus

MAISON BENOÎT VIDAL

Chef : Benoît Vidal

CUISINE CRÉATIVE • CONTEMPORAIN Descendu de Val-d'Isère, Benoît Vidal a pris ses nouveaux quartiers dans cette maison de l'agglomération annécienne au sobre décor contemporain. Le chef catalan originaire de Perpignan, passé chez Trama et Guérard, signe ici une cuisine légère et poétique enracinée dans la Savoie, son pays d'adoption. Il travaille avec justesse et personnalité des produits rigoureusement sourcés, mis en valeur par une technique sûre et des dressages très élaborés. Le point fort du chef se trouve peut-être dans ses préparations épurées d'une apparente simplicité, comme cette entrée d'écrevisses qui associe judicieusement un sabayon au café et bourgeon de sapin, teinté d'une légère amertume, à un jus de réduction des têtes puissant et concentré... ou encore ce pigeon mi-fumé et son condiment aux agrumes et noisette, une assiette à la fois sobre et élégante. Beau menu végétarien "Sentier à fleur d'eau", et menu déjeuner au prix attractif. En complément et seulement le midi, offre bistronomique au "Côté Bistrot".

❀ ♿ Ⓚ ⓟ – Prix : €€€€

Hors plan – *Sur-les-Bois, 79 route de Thônes* – ℰ *04 50 88 73 18* – *www.maison-benoit-vidal.com* – *Fermé lundi, dimanche et mardi midi*

L'ESQUISSE

Chef : Stéphane Dattrino

CUISINE MODERNE • INTIME Ancien second de Laurent Petit au Clos des Sens, à Annecy-le-Vieux, Stéphane Dattrino s'est dessiné pour lui tout seul une jolie pochade de restaurant. Derrière une façade discrète, les tables pour deux dominent et le service, volontairement décontracté, ne prend pas la pose. Le coup de crayon du chef se révèle très sûr. Riche en goûts et en couleurs, sa palette de saison marie des produits de belle qualité, comme les plantes et les aromates locaux (ail des ours, asperges sauvages). Tarte fine à la duxelle de champignons et croûte de cèpes ; cœur de ris de veau croustillant et déclinaison de courge... Ses préparations pleines de goût et de finesse méritent les honneurs du Salon.

Ⓚ – Prix : €€€

Plan : A2-1 – *21 rue Royale* – ℰ *04 50 44 80 59* – *www.esquisse-annecy.fr* – *Fermé lundi et dimanche*

LA ROTONDE DES TRÉSOMS

CUISINE MODERNE • CONTEMPORAIN La grande verrière de cette Rotonde est un véritable belvédère surplombant le lac d'Annecy : avant même le début du repas, nous voilà déjà en lévitation. Originaire d'Arcachon, le chef Eric Prowalski saupoudre de Sud-Ouest ses assiettes, qui mettent en avant des produits locaux issus de l'agriculture raisonnée. Excellent technicien, il déroule une partition légère et flatteuse, où la créativité n'empiète jamais sur le plaisir, savoureux "dialogue" entre sa terre d'adoption et sa région d'origine. Tout cela dans une salle rénovée, épurée au maximum, mariage subtil de matériaux chaleureux comme le cuir et le chêne.

❀ ⬟ ♿ Ⓚ ✿ ⓟ – Prix : €€€

Hors plan – *Les Trésoms, 15 boulevard de la Corniche* – ℰ *04 50 51 43 84* – *www.lestresoms.com* – *Fermé lundi, dimanche et samedi midi*

VINCENT FAVRE FÉLIX

Chef : Vincent Favre-Félix

CUISINE CRÉATIVE • CONTEMPORAIN Vincent Favre-Félix reçoit dans cet élégant pavillon contemporain adossé à un bâtiment historique d'Annecy-le-Vieux. Le chef, carrure de rugbyman et beau CV régional (le Père Bise à Talloires, l'Auberge de l'Eridan et l'Auberge du Lac à Veyrier-du-Lac), ne manque ni de finesse ni de subtilité. Toujours guidée par le terroir savoyard, sa cuisine créative et affirmée s'exprime avec talent au gré de menus carte blanche bien conçus, qui permettent de découvrir un de ses plats signatures, l'omble chevalier fumé au foin. À l'été, on profite de la ravissante terrasse sur jardin fleuri : tout est réuni pour passer un moment savoureux.

&. 🅰🅲 🍴 🅿 – Prix : €€€€

Hors plan – *15 chemin de l'Abbaye – à Annecy-le-Vieux – 𝒞 04 50 01 08 88 – www.restaurant-vff.com – Fermé lundi et mardi, et dimanche soir*

COZNA

CUISINE MODERNE • CONTEMPORAIN Après un parcours dans plusieurs belles tables en France et aux États-Unis, Sandra et Léo ont posé leurs valises dans une rue piétonne du vieil Annecy. La tradition est leur credo ("cozna" signifie "cuisine" en patois savoyard) et on ne va pas s'en plaindre : dans l'assiette, c'est délicieux, et le service est tout sourire. Un super bon plan.

🍴 – Prix : €€

Plan : A2-2 – *22 faubourg Sainte-Claire – 𝒞 04 50 65 00 25 – www.restaurantcozna.com – Fermé samedi et dimanche*

LE DENTI

CUISINE MODERNE • TRADITIONNEL Ce petit restaurant éloigné de l'agitation touristique de la ville est tenu par un couple d'amateurs de denti (poisson méditerranéen), deux fins cuisiniers tout-terrain. Ils proposent une savoureuse cuisine du marché qui valorise notamment le poisson et suit le rythme des saisons. Le nombre de places est limité, pensez à réserver à l'avance !

&. 🅰🅲 – Prix : €€

Hors plan – *25 bis avenue de Loverchy – 𝒞 04 50 64 21 17 – Fermé mardi, mercredi et dimanche*

LA GUINGUETTE DU 1ᴱᴿ METS

CUISINE MODERNE • CONVIVIAL Révolution après 20 ans de bons et loyaux services ! Le chef Nicolas Mouroux et son épouse ont osé l'esprit guinguette : banquettes colorées, tourets de câble en guise de tables et guirlande lumineuse. La carte propose une vingtaine de tapas drôlement bien ficelés à des prix plus que raisonnables. On passe commande soi-même, au fil du repas, d'assiettes où la qualité rivalise avec le soin apporté aux préparations, dont les saveurs sont bien présentes. Se partagent notamment l'ardoise : un pied de porc pané, sauce gribiche, semoule de chou-fleur violet ; un saumon gravlax, aneth, agrumes ; un kebab d'agneau dans un pain brioché moelleux. Une adresse sympathique tant au niveau du cadre que du service tout sourire.

Prix : €€

Plan : A2-4 – *2 place Saint-Maurice – 𝒞 04 57 09 10 54 – www.restaurant-1ermets.fr – Fermé lundi, dimanche et mercredi midi*

MINAMI

CUISINE JAPONAISE • ÉPURÉ Ce petit restaurant japonais fait le bonheur des habitués ! Le cadre, restreint et épuré, trouve un écho dans l'assiette, parfaitement maîtrisée. Les spécialités japonaises s'autorisent quelques incartades françaises, toujours avec bonheur : sushi de foie gras, anguille caramélisée ou encore crème brûlée au thé jasmin... Quelques tables en terrasse aux beaux jours.

🍴 – Prix : €

Plan : A2-3 – *19 faubourg Sainte-Claire – 𝒞 04 50 45 75 42 – Fermé lundi et dimanche, et mercredi soir*

RACINES

CUISINE MODERNE • SIMPLE Les racines de ce bistrot-là plongent dans l'histoire familiale du jeune couple propriétaire, avec d'un côté, une boucherie spécialisée dans la viande de choix (notamment le veau de lait du Limousin), et, de l'autre, des poules et des vergers. Le bon produit, ça les connaît comme en témoignent

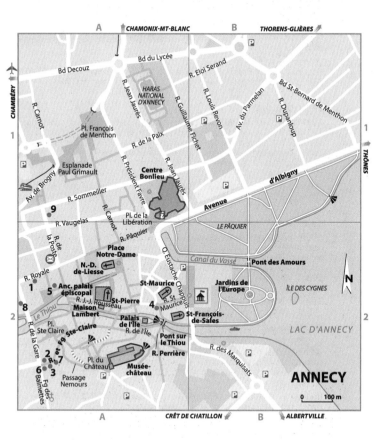

les assiettes du chef, ancien second de l'Esquisse : œuf parfait, crozets, brézain ; onglet de veau, polenta, poireau grillé, condiment ail...

🍴 – Prix : €€

Plan : A2-5 – *8 passage des Bains –* 𝒞 *04 50 09 12 43 – www.racines-annecy. fr – Fermé lundi, et mardi, mercredi et dimanche soir*

LE BINÔME

CUISINE MODERNE • **BISTRO** Mathilde et Rémi forment un binôme bien rôdé, en cuisine comme en salle : lui au salé, elle au sucré, tous les deux assurant le service avec le sourire. On se régale d'assiettes de retour du marché, simples et bien exécutées, avec même... un petit kouign amann en accompagnement du café, clin d'œil aux origines bretonnes de Mathilde.

🆎 🍴 – Prix : €€

Hors plan – *32A avenue des Carrés - à Annecy-le-Vieux –* 𝒞 *06 50 75 83 54 – www.le-binome-restaurant.fr – Fermé mercredi, dimanche, samedi midi et mardi soir*

BLACK BASS

CUISINE MODERNE • **TENDANCE** Ambiance chic, décor tendance, vue imprenable sur le lac... et cuisine bistronomique parsemée de touches créatives et exotiques : ceviche de maigre à la coriandre et jalapenos ; bar bio grillé au barbecue, harissa de framboise et salade de haricots verts ; spaghettis de pain grillé au citron et basilic...

⬗ 🛏 🔥 ☕ 🅿 – Prix : €€

Hors plan – *Black Bass Hotel, 921 route d'Albertville, à Sevrier* – ☏ *04 50 52 40 36* – *www.blackbasshotel-annecy.com* – *Fermé mardi et mercredi à midi*

LE BOUILLON

CUISINE MODERNE • BISTRO Dans ce bistrot au cadre moderne, dont le nom est un clin d'œil aux premiers restaurants créés au 18ᵉ s. à Paris, le chef réalise une sympathique cuisine du marché qui ne dédaigne pas quelques touches asiatiques, comme ce bouillon dashi aux pleurotes et shitakés ou encore ce médaillon de lotte aux algues nori. Carte courte et produits frais.

🅰🅲 – Prix : €€

Plan : A2-8 – *9 rue de la Gare* – ☏ *04 50 77 31 02* – *www.lebouillon-annecy.fr* – *Fermé lundi et dimanche*

BRASSERIE BRUNET

CUISINE TRADITIONNELLE • COSY Pâté en croûte "Brunet", tête de cochon caramélisée, épaule d'agneau confite... Avalanche de bonnes recettes dans une ambiance décontractée, à deux pas de la gare SNCF. Points importants : l'ouverture tardive et l'agréable terrasse pour les beaux jours.

🅰🅲 🔥 – Prix : €€

Plan : A1-9 – *10 rue de la Poste* – ☏ *04 50 51 22 10* – *www.brasseriebrunet.com* – *Fermé lundi et dimanche*

CAFÉ BRUNET

CUISINE TRADITIONNELLE • BISTRO Un vrai havre de paix que ce café de 1875 qui a su conserver son âme de bistrot authentique et convivial. Sur la terrasse ombragée, on laisse le temps filer en savourant une sympathique cuisine canaille et de bons petits plats mijotés servis en cocotte... Bonne sélection de vins au verre.

🐾 🔥 – Prix : €€

Hors plan – *18 place Gabriel-Fauré - à Annecy-le-Vieux* – ☏ *04 50 27 65 65* – *www.cafebrunet.com* – *Fermé lundi et dimanche*

CHORAL 🆕

CUISINE MODERNE • ÉPURÉ À dix minutes à pied du centre, dans le quartier des Romains, on s'attable ici dans une salle tout longueur d'esprit scandinave ouverte par un chef qui a fréquenté le Clos des Sens de Laurent Petit avant de bourlinguer autour de la planète. Son cabillaud de ligne, tétragone, citron et câpres, travaillé dans l'esprit d'une grenobloise, nous a ravi les papilles. Le reste de sa partition gourmande et instinctive (qui exclut le beurre, la crème et le lait sauf pour les desserts) s'inspire largement de la fraîcheur des produits du marché (comme ces abricots au four, miel et sorbet rhubarbe), twisté par la technique sûre de ce pro. Menu mystère le soir en plusieurs séquences.

🅰🅲 – Prix : €€

Hors plan – *33 avenue des Romains* – ☏ *04 79 19 71 05* – *www.choralrestaurant. com* – *Fermé lundi, mardi et dimanche*

MAZETTE !

CUISINE MODERNE • BISTRO Mazette, c'est tout bon ! Quand Laura la pâtissière et Maximilien le chef ouvrent un bistrot de poche et de tradition, de brique et de bois, on prend notre rond de serviette parmi la clientèle déjà fidèle. Au menu : classiques du genre (pâté croûte, tourte au comté et jambon truffé, poitrine de cochon grillée), clins d'œil à leurs racines alsaciennes (spaetzle, vol-au-vent de volaille et morilles, tarte aux pommes, compotée de rhubarbe) et petite ardoise de plats à partager. Prix : €€

Plan : A2-7 – *15 faubourg Sainte-Claire – ℰ 04 50 45 50 26 – www.mazette-restaurant.com – Fermé lundi et dimanche*

SABA

CUISINE FUSION • CONVIVIAL On connaissait nombre de chefs japonais passionnés par la gastronomie française, voici un chef français passionné par la cuisine nippone ! Et qui la met en œuvre de belle manière dans son restaurant de poche du vieil Annecy, avec des assiettes fraîches et vives, non sans caractère : gyozas d'anguille fumée et saba (maquereau en japonais) ; lotte, aubergine et gochujang... Tout cela dans une démarche en faveur d'une agriculture et d'une pêche raisonnées. Service souriant et sympathique par Laure, qui saura vous conseiller un vin bio ou nature adapté à votre plat.

🍴 – Prix : €€

Plan : A2-6 – *21 faubourg Sainte-Claire – ℰ 09 87 39 45 25 – www.restaurant-saba.com – Fermé lundi, dimanche et lundi midi*

LA VOILE

CUISINE MODERNE • ÉLÉGANT Un cadre feutré et cossu (18 tables dont une en salon privé) et une cuisine d'aujourd'hui, rythmée par les saisons et dressée avec soin – Adrien Tupin Bron, le chef, est pâtissier de formation, ceci expliquant sûrement cela. Le tout à déguster en profitant de la jolie vue sur le lac...

⛵♿🅰🍴🛎🅿 – Prix : €€€

Hors plan – *Impérial Palace, Allée de l'Impérial – ℰ 04 50 09 36 54 – www.hotel-imperial-palace.com/restaurants-la-voile-1196 – Fermé lundi, mardi, mercredi et jeudi à midi, et dimanche soir*

🛏 BLACK BASS

MODERNE • ÉLÉGANT Tout, dans cet hôtel, évoque le lac voisin : chambres bleutées, têtes de lits et placards en forme d'écaille de poisson... L'ensemble est élégant et confortable, et l'on profite aussi de beaux équipements : piscine, spa, fitness, service voiturier, etc.

♿🅿🍷🛎🏊🌀♨🍽🅰 - 25 chambres

921 route d'Albertville – ℰ 04 50 52 40 36 – www.blackbasshotel-annecy.com
Black Bass - Voir la sélection des restaurants

🛏 LE CLOS DES SENS

MODERNE • CONVIVIAL Beaux matériaux, équipements dernier cri, vue sur le lac ou la ville d'Annecy : on se sent comme chez soi dans les chambres de ce Clos des Sens. Le petit coin salon, avec sa cheminée et ses fauteuils clubs, ravira les lecteurs ; quant au beau couloir de nage, il fera la joie de tous !

🅿🛎🏊🍽🅰 - 10 chambres

13 rue Jean Mermoz – ℰ 04 50 23 07 90 – www.closdessens.com
❀❀❀ **Le Clos des Sens** - Voir la sélection des restaurants

🛏 HÉBÉ HÔTEL

MODERNE • RAFFINÉ Cet hôtel haut de gamme offre ce qu'il faut de contraste avec son cadre, sans jamais paraître déplacé. Dans les chambres, les planchers de bois sont un écho subtil au style "chalet alpin", tandis que l'ambiance dominante est celle d'une sophistication contemporaine aux lignes épurées : mobilier moderne, art contemporain et équipements de luxe. Certaines disposent de petites terrasses. Les produits bio d'origine locale s'invitent au petit-déjeuner, alors que le bar poursuit le service de restauration légère jusque tard dans la nuit.

♿🚲🅰 - 28 chambres

5 avenue d'Alery – ℰ 04 50 32 73 01 – www.hebehotel.com

LES TRÉSOMS

MODERNE • CHAMPÊTRE Au-dessus du lac, dans un environnement boisé, cette demeure des années 1930 se modernise sans rien perdre de son charme Art déco ! Spa et piscines sont propices à la détente. Capteurs solaires ou places pour recharger sa voiture électrique : ici, la responsabilité écologique n'est pas un vain mot.

  🛇 🅿 ⬡ ⬡ ⬡ 🚲 ⬡ ⬡ ⬡ ⬡ 🍴 🅰🅲 - 56 chambres

15 boulevard de la Corniche – ☏ 04 50 51 43 84 – www.lestresoms.com

🌸 **La Rotonde des Trésoms** - Voir la sélection des restaurants

ANNONAY

✉ 07100 – Ardèche – Carte régionale n° **20**–D2

RADICELLES

CUISINE MODERNE • CONVIVIAL Au cœur de la ville, ce bistrot au goût du jour, avec sa cuisine ouverte, fait son maximum pour s'approvisionner auprès des producteurs et agriculteurs ardéchois, très souvent bio, toujours respectueux de l'environnement. Les deux menus proposés dépendent tout entier des arrivages et de la cueillette du moment. Une bonne pousse que ces radicelles !

  ♿ – Prix : €€

21 rue Montgolfier – ☏ 09 54 78 12 41 – www.radicelles.fr – Fermé lundi, mardi et dimanche, et mercredi soir

ANSE

✉ 69480 – Rhône – Carte régionale n° **21**–A1

AU COLOMBIER

CUISINE MODERNE • CONVIVIAL En bord de Saône, une belle bâtisse du 18ᵉ s., entre guinguette branchée et maison de pays. La cuisine est résolument dans l'air du temps mais n'oublie pas les grands classiques, telles ces belles cuisses de grenouille poêlées. Du goût et du caractère, à déguster sur une terrasse paisible et cosy...

  ⬡ ♿ 🍴 ⬡ 🅿 – Prix : €€

126 allée Colombier – ☏ 04 74 67 04 68 – www.aucolombier.com – Fermé lundi et mardi, et dimanche soir

ANSOUIS

✉ 84240 – Vaucluse – Carte régionale n° **29**–D2

LA CLOSERIE

Chef : Olivier Alemany

CUISINE TRADITIONNELLE • ÉLÉGANT Dans le Luberon, cette Closerie-là est une ancienne poste, où l'on déguste une véritable ode à la Provence dans la salle à manger élégante et moderne, ou sur la petite terrasse panoramique. Après avoir fait la tournée de ses producteurs, le chef marseillais Olivier Alemany (formé notamment par Jacques Chibois) enchante une cuisine traditionnelle magnifiée par les superbes produits de Provence, gorgés de soleil et d'une fraîcheur incomparable. En salle, son épouse Delphine distille un service aux petits soins. Le charmant village d'Ansouis offre enfin aux mangeurs repus l'occasion d'une digestion apaisée, au gré de ses ruelles, jusqu'à l'église et le château.

  ♿ 🅰🅲 🍴 ⬡ – Prix : €€€

Boulevard des Platanes – ☏ 04 90 09 90 54 – www.laclosereieansouis.com – Fermé mercredi et jeudi, et dimanche soir

ANTHY-SUR-LÉMAN

✉ 74200 – Haute-Savoie – Carte régionale n° **21**–C1

L'AUBERGE D'ANTHY

CUISINE TRADITIONNELLE • AUBERGE Ce petit hôtel-restaurant-café traditionnel mise tout sur des joies simples ! L'adresse est idéale pour apprécier le
poisson du lac Léman (féra et omble), fourni par des pêcheurs locaux. Et le chef
aime aussi mettre en valeur les charcuteries et fromages du terroir chablaisien.

⌂🛏&🎪 – Prix : €€

2 rue des Écoles – ℰ *04 50 70 35 00 – www.auberge-anthy.com – Fermé lundi et
dimanche soir*

ANTIBES

✉ 06600 – Alpes-Maritimes –
Carte régionale n° **29**–E2

Les noces de la Provence et de la mer

Antibes ? C'est peut-être Picasso qui en parle le mieux avec sa Joie de Vivre, exposée dans son musée : le tableau partage une certaine vision de la Méditerranée éternelle. La ville est construite entre deux anses : St-Roch, où vous déambulerez sur le port de plaisance, et la Salis, où vous lézarderez sur la plage. Après une flânerie dans les ruelles de la vieille ville, vous ne résisterez pas longtemps aux saveurs du Sud. Le marché provençal du cours Masséna est un passage obligé pour qui veut se fournir en produits locaux, notamment en fruits et légumes, mais aussi en spécialités corses, en confitures, épices, olives (cassées, farcies, piquantes ou en tapenade) et fromages de chèvre... Enfin, le Marché des Pêcheurs accueille les derniers petits pêcheurs professionnels de la côte antiboise : fraîcheur garantie.

❀ **LE FIGUIER DE SAINT-ESPRIT**

Chef : Christian Morisset

CUISINE PROVENÇALE • ÉLÉGANT À cheval sur les remparts de la vieille ville, entre musée Picasso et marché provençal, cette maison de pays et de famille embaume la Provence ! Le figuier qui orne le patio ne dira pas le contraire. Voici le fief familial de Christian Morisset, dont la moustache frisée appartient presque au patrimoine antibois. Épaulé par sa femme en salle, entouré en cuisine par son fils, le patriarche aime la cuisine de beaux et bons produits qu'il choisit chaque semaine sur le marché du vieil Antibes et le marché Forville de Cannes. Ses cannellonis de supions à l'encre de seiche, jus de coquillages aux feuilles de basilic frais et sa selle d'agneau cuite en terre d'argile de Vallauris sont devenus de véritables plats signature.

🏧 🍽 🛇 – Prix : €€€€

Plan : D1-3 – *14 rue Saint-Esprit* – ✆ *04 93 34 50 12* – *www.restaurant-figuier-saint-esprit.fr – Fermé mardi et mercredi*

❀ **LOUROC - HÔTEL DU CAP-EDEN-ROC**

CUISINE MODERNE • ÉLÉGANT La table de ce palace mythique a mis toutes les chances de son côté. On y conjugue un service attentionné, l'art de la table réalisé en grande partie par des artisans provençaux, une vue époustouflante sur la Méditerranée, et le talent du chef Sébastien Broda. Dans le garde-manger, uniquement des légumes du potager de l'hôtel et des maraîchers locaux, des poissons de petite pêche et des viandes sur mesure. Cette cuisine méditerranéenne est illustrée par des plats d'une parfaite lisibilité : calamarettis farcis, amandes fraîches et velouté de morue à l'ail doux ; chapon de roche confit en fleur de courgette, fenouil

genekrebs/Getty Images Plus

braisé et jus d'une bouillabaisse ; selle d'agneau des Alpilles à la braise, courgettes violon aux capucines et jus à l'huile mentholée...

இ ⇔ ⇐ ⟟ ⛛ 〽 🈺 ⊕ 🅿 – Prix : €€€€

Plan : B2-1 – *Boulevard J.-F.-Kennedy, au Cap d'Antibes* – ☏ *04 93 61 39 01* – *www.oetkercollection.com/hotels/hotel-du-cap-eden-roc* – *Fermé lundi et du mardi au dimanche à midi*

⌬ ## LES PÊCHEURS

CUISINE MÉDITERRANÉENNE • DESIGN Ces Pêcheurs sont superbement ancrés au bord des flots, en léger surplomb, offrant ainsi une vue somptueuse sur les îles de Lérins et les contreforts de l'Estérel. Formé ici-même, le niçois Nicolas Rondelli a ensuite navigué derrière les fourneaux d'Alain Llorca, de Michel Del Burgo, du Negresco et de Jacques Chibois. Honorant les saveurs du Sud, sa cuisine actuelle, pleinement de saison, met à l'honneur les poissons de la Méditerranée : rouget, saint-pierre, chapon et loup. Côté terre, quelques belles viandes : pigeon, agneau de Sisteron, veau fermier. Dans les deux cas, il favorise les producteurs locaux à l'image de son pêcheur Tony du port du Croûton, situé à... 50 mètres du restaurant.

இ ⇔ ⇐ ⟟ ⛛ 〽 – Prix : €€€€

Plan : B2-2 – *10 boulevard du Maréchal-Juin, au Cap d'Antibes* – ☏ *04 92 93 13 30* – *www.ca-beachhotel.com* – *Fermé lundi et du mardi au dimanche à midi*

L'ARAZUR

CUISINE MODERNE • COSY À la barre de ce restaurant de poche niché dans une ruelle du vieil Antibes, le chef-patron célèbre les saisons avec une cuisine fraîche et colorée, en toute simplicité. Les légumes y sont particulièrement bichonnés, et le goût est au rendez-vous : la garantie d'un super moment.

⛛ 〽 ⇄ – Prix : €€€

Plan : D1-8 – *8 rue des Palmiers* – ☏ *04 93 34 75 60* – *www.larazur.fr* – *Fermé mardi et mercredi, et dimanche soir*

CHEZ JULES LE DON JUAN

CUISINE PROVENÇALE • MÉDITERRANÉEN L'atout majeur de ce Don Juan : un chef-patron passionné, infatigable "sourceur" de produits (légumes issus de sa famille, veau d'une ferme aveyronnaise, etc.). Sa cuisine fleure bon la Provence et la cuisine Nissarde : pissaladière, petits farcis niçois, gnocchis à la daube et l'aïoli sont les spécialités de la maison. Le restaurant s'intègre dans un véritable petit "empire" de convivialité, avec le café, l'épicerie et le bistrot : ambiance garantie.

⛛ 〽 – Prix : €€

Plan : D1-10 – *17 rue Thuret* – ☏ *04 93 34 58 63* – *www.chezjulesantibes.com* – *Fermé mardi et mercredi*

MAISON DE BACON

CUISINE CLASSIQUE • MÉDITERRANÉEN Le Bâcon, institution antiboise depuis 1948, renaît sous le nom Maison de Bacon. En cuisine, Nicolas Davouze, ancien de Bocuse et du Bristol, célèbre les incontournables de la maison (soupe de poissons de roche, bouillabaisse, millefeuille), avec une belle offre de poissons grillés au feu de bois. Vue splendide sur la grande bleue.

⇐ ⟟ 〽 🅿 – Prix : €€€€

Plan : B1-5 – *664 boulevard de Bacon* – ☏ *04 93 61 50 02* – *www.maisondebacon.fr* – *Fermé lundi et mardi*

NANANÈRE ⓝ

CUISINE MODERNE • CONTEMPORAIN Il est bon parfois de retomber en enfance ! Dans ce restaurant tenu par les anciens du P'tit cageot, la déco est la sauce Comics avec ses figurines de héros comme Spiderman ou Buzz l'éclair. Dans l'assiette, en revanche, que du sérieux et du goûteux ! Soit une carte étoffée

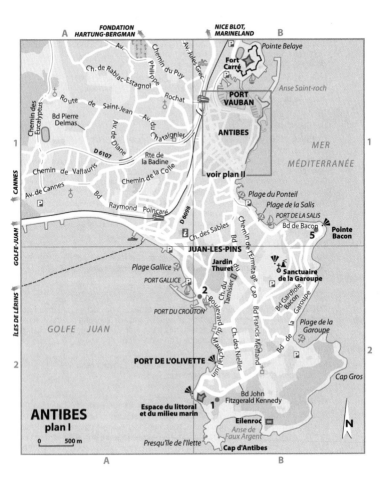

ANTIBES
plan I

0 _____ 500 m

avec des classiques français (poireaux vinaigrette, saucisson brioché, poire belle Hélène...) et des plats plus "ado" comme les Mac & cheese et les burgers, ou encore des pâtes fraîches maison. Le tout préparé avec des produits de qualité et avec professionnalisme. Grande terrasse. Pas de réservation à moins de 6 couverts.

&. 🍽 – Prix : €€

Plan : C2-6 – *13 rue Championnet* – ℰ 04 93 34 73 51 – www.resto-nananere. com – *Fermé dimanche soir*

LE VAUBAN

CUISINE MODERNE • BOURGEOIS Dans une rue animée du vieil Antibes, ce Vauban nous sert une bonne cuisine française dans l'air du temps, réalisée avec technique et évoluant au gré des saisons, une attention particulière étant portée sur le choix des produits. Carpaccio de seriole aux agrumes et caviar ; ballottine de pintade à basse température, conchiglioni farcis à la ricotta et jus de persil, etc. Réservation préférable.

&. 🅰🅲 – Prix : €€

Plan : D1-7 – *7 bis rue Thuret* – ℰ 04 93 34 33 05 – www.levauban.fr – *Fermé lundi et mardi*

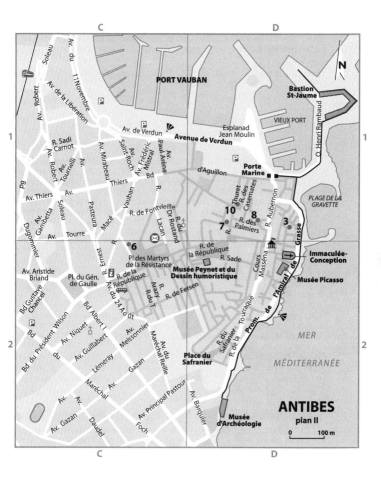

ANTIBES
plan II

0   100 m

🛏 **IMPERIAL GAROUPE**

CLASSIQUE • CHAMPÊTRE Au bout du cap, la Garoupe et cette belle demeure
méditerranéenne au cœur d'une végétation luxuriante (cactus et plantes grasses).
Balcon, terrasse ou jardinet privé dans les chambres ; plage privée avec son restaurant et sa vue sur les flots...

& ⃞ 🅿 ⃝ ⃝ ⃝ ⃝ ⃞ ⃞ ⃞ ⃞ 🅰🅒 - 35 chambres

770 chemin de la Garoupe – ℰ *04 92 93 31 61 – www.imperial-garoupe.com*

APREMONT

✉ 60300 – Oise – Carte régionale n° **5**–B2

😊 **AUBERGE LA GRANGE AUX LOUPS**

CUISINE MODERNE • AUBERGE Voici une auberge villageoise pleine de cachet,
rénovée dans une veine contemporaine par un couple de passionnés. On y déguste
des plats alléchants et soignés (pastilla de cochon, ail des ours, condiments aux

fèves ; gambas rôties, riz de Camargue, chorizo et fenouil ; riz au lait aux agrumes, sorbet orange) servis avec le sourire, et on profite de l'agréable terrasse aux beaux jours.
🍷🍴 – Prix : €€

8 rue du 11-Novembre – 𝒞 03 44 25 33 79 – www.lagrangeauxloups.com – Fermé lundi et dimanche, et samedi soir

ARBOIS
✉ 39600 – Jura – Carte régionale n° **13**–B2

😊 LE BISTRONÔME

CUISINE MODERNE • BISTRO Petite maison, grandes qualités ! Dans un cadre charmant au bord de la Cuisance, Lisa et Jérôme relèvent le défi et affirment leur restaurant comme un incontournable d'Arbois. La cuisine de saison du chef, préparée avec technique et un talent certain, saura vous séduire par sa finesse : truite des Planches farcie aux morilles et pleurotes, sauce au vin jaune (le plat phare) ; côte de cochon fermier du Jura, polenta crémeuse et jus à la bière infusé aux baies roses ; pigeonneau au poivre rouge de Kampot... Le menu "Au fil du jour" est imbattable, et l'accueil des plus sympathiques : pensez à réserver !
♿🍴🔄 – Prix : €€

62 rue de Faramand – 𝒞 03 84 53 08 51 – www.le-bistronome-arbois.com – Fermé lundi et dimanche, et jeudi soir

CARMEL 1643

CUISINE RÉGIONALE • COSY L'ancienne Maison Jeunet est devenue "Carmel 1643", en mémoire du couvent de carmélites qui était installé autrefois en ces murs. La fameuse salle où ont officié plusieurs générations de chefs a été relookée dans un esprit à la fois monacal et tendance. Le chef nous fait plaisir en remettant au goût du jour des classiques régionaux parfois rustiques, comme la croûte aux champignons, la truite au bleu ou le coq au vin jaune.
♿🅰🍴 – Prix : €€

9 rue de l'Hôtel-de-Ville – 𝒞 03 84 66 05 67 – www.carmel1643.com/restaurant – Fermé du lundi au mercredi

LES CAUDALIES

CUISINE MODERNE • ÉLÉGANT A la tête de cette maison bourgeoise œuvre un savant sommelier, Meilleur Ouvrier de France : Philippe Troussard. Son talent et la richesse de sa carte (plus de 1000 références) lui permettent de trouver les accords parfaits avec les assiettes soignées concoctées par la cheffe. De l'agréable terrasse qui domine le parc et la Cuisance, on aperçoit le célèbre vignoble d'Arbois.
🌿🍷♿🅰🍴🔄🅿 – Prix : €€€

20 avenue Pasteur – 𝒞 03 84 73 06 54 – www.lescaudalies.fr/fr – Fermé lundi et dimanche

🛏 CLOSERIE LES CAPUCINES

ÉPURÉ • CHARME Ce couvent du 17ᵉ s. se niche dans une ruelle calme du centre-ville. Charme authentique, épure contemporaine dans les trois chambres et deux suites, patio, jardin exquis, piscine et sauna... Une parenthèse bienvenue.
🅿🔊🍷🚲🏊🌿 - 5 chambres

7 rue de Bourgogne – 𝒞 03 84 66 17 38 – www.closerielescapucines.fr

ARBONNE
✉ 64210 – Pyrénées-Atlantiques – Carte régionale n° **25**–A2

LURRAK

CUISINE MODERNE • ÉPURÉ Au centre du village, sur la place du fronton, cette jolie maison basque des années 1900 fraîchement rénovée cache bien son jeu... à l'intérieur : un délicieux esprit nordique y souffle. Cette réussite est l'œuvre de deux copains qui se sont rencontrés dans le restaurant de David Toutain, l'un en cuisine et l'autre en salle. Le chef Romain Goyeneche réalise une cuisine fraîche et plutôt sophistiquée, tournée vers le végétal et ancrée dans le territoire : salsifis/fino/chou rouge ; lieu jaune/topinambours/cacahuète. Passé à Copenhague, le chef recourt aussi à certaines méthodes de conservation scandinaves. Côté salle, Paul Chauvet assure un service très pro et prodigue de bons conseils sur le vin.

&. ♧ – Prix : €€€

8 route du Bourg – ℰ 09 88 37 70 09 – www.lurrak.fr – Fermé mardi et mercredi

ARCACHON - Gironde (33) ➜ Voir Bassin d'Arcachon

ARCANGUES

✉ 64200 – Pyrénées-Atlantiques – Carte régionale n° **25**–A2

✿ MOULIN D'ALOTZ

Chef : Fabrice Idiart

CUISINE CRÉATIVE • COSY Dans ce moulin basque du 17ᵉ niché au fond d'un vallon bucolique, une nouvelle verrière permet désormais de profiter de la nature et du grand jardin verdoyant toute l'année. À la belle saison, les narines hument les fragrances d'herbes coupées en guise de premier amuse-bouche. Tout l'univers écologique, humaniste et gastronomique du chef Fabrice Idiart est là. Prenez son menu de référence nommé "Ital", modèle d'équilibre entre végétal et animal, où les légumes omniprésents sont ponctués de sauces végétales et d'épices, accouchant d'un métissage singulier et original. Le chef, toujours aussi fan de reggae, séduit avec une déclinaison autour de la patate douce et des berberechos, charme avec un délicat merlu cuit à la plancha et rehaussé d'une sauce pil-pil aux herbes aromatiques du jardin, ravit avec un bœuf wagyu élevé en Navarre, merveille de viande persillée, sublimé par une variation de choux romanesco et brocoli.

⇛ 🄼 🏠 🄿 – Prix : €€€

Chemin Alotz-Errota – ℰ 05 59 43 04 54 – www.moulindalotz.com –
Fermé lundi, mardi et dimanche

GAZTELUR

CUISINE MODERNE • MAISON DE CAMPAGNE Cette magnifique demeure datant de 1401– meubles anciens, délicieux patio entouré de verdure – ne doit pas faire oublier l'essentiel : une cuisine de première fraîcheur, composée au gré du marché et des meilleurs produits basques et espagnols par le chef étoilé Fabrice Idiart qui a écrit une partition de "cuisine des familles" (foie gras de canard, œuf mollet mimosa, cochon kintoa). Avec pour écrin, un lieu sublime.

⇚ ⇛ &. ♧ 🄿 – Prix : €€

Chemin de Gastelhur – ℰ 05 59 23 04 06 – www.gaztelur-restaurant-arcangues.
com – Fermé lundi et dimanche soir

ARCIZANS-AVANT

✉ 65400 – Hautes-Pyrénées – Carte régionale n° **25**–C3

AUBERGE LE CABALIROS

CUISINE TRADITIONNELLE • AUBERGE Cette sympathique auberge villageoise, à mi-chemin entre les célèbres cols d'Aubisque et du Tourmalet, tutoie les sommets pyrénéens. Dans l'assiette, de bonnes recettes de tradition – pavé de porc noir de Bigorre, ris de veau braisé –, goûteuses et joliment présentées. Et de petites chambres coquettes pour l'étape !

⇚ ⇛ 🏠 🄿 – Prix : €€

16 rue de l'Église – ℰ 05 62 97 04 31 – www.auberge-cabaliros.com –
Fermé lundi, mardi et mercredi midi

LES ARCS

✉ 83460 – Var – Carte régionale n° **24**–B2

🌼 **LE RELAIS DES MOINES**

Chef : Sébastien Sanjou

CUISINE MODERNE • **AUBERGE** Noyée dans la végétation, cette belle bastide du 16 e s. contemple le massif des Maures et le village pittoresque d'Arc-sur-Argens. Fils de restaurateurs du Sud-Ouest, Sébastien Sanjou est venu s'installer dans le Var où il a été soutenu à ses débuts par Jacques Maximin et Alain Ducasse. Ce Tarbais a su s'approprier avec brio le terroir méditerranéen. Il cultive notamment une relation d'exception avec son maraîcher Philippe Auda. De superbes tomates mûres et juteuses à souhait, accompagnées d'un sorbet au basilic, de burrata et assaisonnées à l'huile d'olive et au baume de Bouteville, font une entrée ensoleillée de choix. Toute la cuisine du chef est à l'avenant : colorée et imaginative, avec au cœur de chaque assiette, un beau produit, travaillé avec soin dans le respect du goût.

🕸 ⌂ 🅼 🍴 🅿 – Prix : €€€

Route de Sainte-Roseline – ☎ 04 94 47 40 93 – www.lerelaisdesmoines.com/fr – Fermé lundi et mardi

LES ARCS

✉ 73700 – Savoie

🛏 **L'AIGUILLE GRIVE**

MODERNE • **ÉLÉGANT** Directement sur les pistes et à quelques minutes de la station d'Arc 1800, ce vaisseau de bois et de verre offre des vues spectaculaires sur le mont Blanc. Beaux tissus, mobilier chic, terrasse ensoleillée : tout n'est qu'ordre et sportivité, luxe, calme et sommets enneigés.

🅿 🛁 ⌂ 🛋 🍴 - 18 chambres

Charmettoger – ☎ 04 79 40 20 30 – www.hotelaiguillegrive.com

ARDON

✉ 45160 – Loiret – Carte régionale n° **11**–B3

🌼 **LA TABLE D'À CÔTÉ**

CUISINE MODERNE • **CONTEMPORAIN** Face au golf de Limère, voici la deuxième adresse de Christophe Hay, avec sa salle contemporaine évoquant la nature et les forêts – les sources majeures d'inspiration du chef avec… les légumes de son jardin. C'est le chef Loïs Bée qui tient les fourneaux. Dans les assiettes, on trouve une cuisine fine, travaillée, bien de saison, qui privilégie les circuits courts et le gibier en saison. On se régale par exemple d'un carré d'esturgeon et caviar de Sologne ; d'une carpe de Loire au garum et vinaigre de sarriette, ou d'une pintade perle noire contisée à l'hysope.

♿ 🅼 🍴 🛋 – Prix : €€€€

200 allée des Quatre-Vents – ☎ 02 38 61 48 07 – www.latabledacote.fr – Fermé lundi et dimanche

ARÈS – Gironde (33) ➜ Voir Bassin d'Arcachon

ARGELÈS-GAZOST

✉ 65400 – Hautes-Pyrénées – Carte régionale n° **25**–C3

DES PETITS POIS SONT ROUGES

CUISINE MODERNE • **CONVIVIAL** Pas besoin d'être résident de l'hôtel Miramont pour apprécier la cuisine de son chef. Ce dernier rend hommage au terroir pyrénéen, bien sûr, mais propose également de nombreux poissons à la carte. Côté déco, on baigne dans une ambiance résolument contemporaine : table centrale rehaussée, mobilier design...

⛢ ᴭ 🅟 – Prix : €

44 avenue des Pyrénées – ℰ 05 62 97 01 26 – www.hotel-argeles-gazost.com/fr/la-table – Fermé mercredi et jeudi midi

ARGELÈS-SUR-MER

✉ 66700 – Pyrénées-Orientales – Carte régionale n° **27**–C3

LA BARTAVELLE

CUISINE CRÉATIVE • COSY C'est une adresse que les amoureux de la bonne chère s'échangent avec gourmandise – et pour cause : le chef, Thibaut Lesage, et son épouse Stéphanie, pâtissière, ravissent les papilles et revisitent les classiques avec une inspiration constante. Un régal ! Attention : réservation indispensable.

ᴭ – Prix : €€

24 rue de la République – ℰ 06 19 25 70 13 – www.restaurant-labartavelle.fr – Fermé lundi, dimanche, et mardi, jeudi et vendredi midi

LE BISTROT À LA MER

CUISINE MODERNE • CONTEMPORAIN Dans cet hôtel dominant la route de la Corniche en allant vers Collioure, on se régale de bons produits locaux (anchois de Collioure, agneau catalan) au fil d'un menu d'inspiration méditerranéenne. La jolie terrasse, avec vue sur la mer, est à la hauteur de la cuisine.

⟨ ⛢ ᴭ 🅟 – Prix : €€

Route de Collioure – ℰ 04 68 81 14 73 – www.grandhoteldugolfe.com – Fermé lundi et du mardi au dimanche à midi

ARGENTAN

✉ 61200 – Orne – Carte régionale n° **2**–C3

⌘ LA RENAISSANCE

Chef : Arnaud Viel

CUISINE MODERNE • ÉLÉGANT Dans la petite bourgade d'Argentan, la façade de La Renaissance tranche par sa modernité – un grand parallélépipède contemporain de couleur tabac. Enfant du pays, Arnaud Viel est ici chez lui, tout comme son voisin, le philosophe Michel Onfray, qui a préfacé les menus de son restaurant. La Normandie est bien là, avec ses produits de la mer au top de leur fraîcheur, du homard de Carteret aux huîtres de Veules-les-Roses, en passant par la lotte de Port-en-Bessin, mais aussi ses carottes des sables de Créances et son foie gras du pays d'Auge. Ne manquez pas l'agréable chariot de mignardises (ça se fait plutôt rare !), et le dessert signature du chef : la sphère en variation de textures...

🕸 ⬡ ⛢ 🅟 – Prix : €€€

20 avenue de la 2ème-Division-Blindée – ℰ 02 33 36 14 20 – www.arnaudviel.com – Fermé lundi et dimanche

HÔTEL DE LA RENAISSANCE

CONTEMPORAIN • COSY Non loin du centre de la cité, cette imposante demeure d'après-guerre cache un hôtel confortable et feutré. Toutes les chambres ont été récemment rénovées dans un style contemporain et non moins cosy – préférez celles au calme, côté piscine. Une étape plaisante !

🅟 ◁ ⛢ 🍷 🔟 🛉 🍴 – 18 chambres

20 avenue de la 2e Division-Blindée – ℰ 02 33 36 14 20 – www.arnaudviel.com

⌘ **La Renaissance** - Voir la sélection des restaurants

ARLES

✉ 13200 – Bouches-du-Rhône – Carte régionale n° **29**–C3

 LE GIBOLIN

CUISINE DU MARCHÉ • BISTRO Arnaud Jourdan (passé notamment par les cuisines de la Chassagnette et des Maisons Rabanel) a habilement repris les rênes de ce bistrot qui propose toujours une cuisine du marché tout en gourmandise alliant simplicité et générosité, comme ce croustillant de pieds et oreilles de cochon ou ces gnudi (boulettes) ricotta-épinards, champignons, pecorino romano. En salle, une ambiance de copains, avec ou sans gibolin... Dans le verre, des vins nature et biodynamiques à prix sages. Vous boirez bien un p'tit coup ? Pour nous, c'est un coup de cœur !

🅰🅲 ⛱ – Prix : €€

Plan : A2-6 – *13 rue des Porcelets – 𝒞 04 88 65 43 14 – Fermé lundi et dimanche*

L'ARLATAN

CUISINE MÉDITERRANÉENNE • DESIGN On flashe d'abord sur le décor flamboyant et photogénique réalisés par l'artiste cubain Jorge Pardo. On zoome ensuite sur l'album de recettes saisonnières et méditerranéennes. Des plats savoureux bien composés qui développent des saveurs franches et plaisantes à base de produits locaux : huîtres de Camargue, du bœuf mariné à la provençale, riz rouge de Camargue, millefeuille pistache à partager...

♿ 🅰🅲 ⛱ – Prix : €€

Plan : A1-1 – *26 rue du Sauvage – 𝒞 04 65 88 20 20 – www.arlatan.com/fr*

CHARDON

CUISINE MODERNE • BISTRO Julia Mitton, Laura Vidal et Harry Cummins, instigateurs du concept nomade "Paris Pop Up", accueillent au Chardon des cuisiniers en résidence temporaire, avec une constante : l'utilisation de produits des environs. C'est frais, c'est bon, et ça se déguste dans un cadre de bistrot très chouette. Dans le mille !

Prix : €€

Plan : A2-4 – *37 rue des Arènes – 𝒞 09 72 86 72 04 – www.hellochardon.com – Fermé mardi, mercredi, et jeudi et vendredi à midi*

DRUM CAFÉ

CUISINE DU MARCHÉ • CONTEMPORAIN La silhouette de la tour Luma conçue par l'architecte Frank Gehry comme un phare et un hommage à la région du pays d'Arles n'est pas qu'une promesse d'art - c'est aussi un fanal gourmand. Ce lieu, forcément branché, affiche des volumes impressionnants avec son immense bar en inox au centre. L'ensemble du mobilier et des matériaux a été conçu à partir de matériaux recyclés et de ressources naturelles, comme la laine de mérinos d'Arles. Dans l'assiette, le passionné d'art contemporain profite de beaux produits frais du coin (agneau des Alpilles, riz et huîtres de Camargue, etc...) apprêtés avec liberté et gourmandise par des cheffes et chefs en résidence : patate douce rôtie, crème double, harissa maison à l'amande, grenade fraîche et pickles de carotte ; vol au vent, moules, topinambour, poutargue et bisque d'écrevisses... La carte des vins, surtout bio, se concentre sur les petits producteurs.

♿ 🅰🅲 – Prix : €€

Plan : B2-3 – *35 avenue Victor-Hugo – 𝒞 06 14 59 57 93 – www.luma.org/ arles/nous-rendre-visite/se-restaurer-au-parc-des-ateliers/drum-cafe.html – Fermé lundi et mardi, et le soir*

INARI

CUISINE FUSION • HISTORIQUE Passée par certaines tables parisiennes emblématiques (Ze Kitchen Galerie, Saturne, Septime), la cheffe Céline Pham, habituée des tables nomades, a posé ses couteaux au cœur d'Arles dans une ancienne

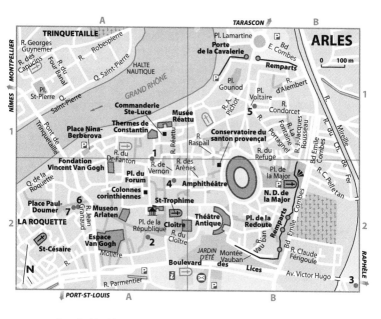

chapelle à la déco vintage. On retrouve avec un vif plaisir les marqueurs de sa cuisine fusion franco-vietnamienne, précise et gourmande, où le végétal, on s'en doute, s'impose souvent. Un exemple ? Cabillaud de ligne, aji verde, riz soufflé, shizo rouge, cébettes et matcha. Petite carte de vins nature.

🍴 – Prix : €€

Plan : B1-5 – *16 place Voltaire* – ℰ *09 82 27 28 33* – *www.inari-arles.com* – *Fermé lundi, mardi et mercredi midi*

LES MAISONS RABANEL

CUISINE CRÉATIVE • CONTEMPORAIN Le truculent Jean-Luc Rabanel est un trublion gourmand à l'accent chantant qui se réinvente perpétuellement sous le signe du végétal. Les Maisons Rabanel, un seul lieu, mais deux cuisines : d'un côté, le Greeniotage qui lorgne du côté du bistrot, de l'autre, le Greenstronome qui fait dans le gastro. Toujours sur la corde raide, ce chef attachant remet tout en cause à chaque service. Une personnalité à part.

🅰🅒 🍴 ▱ – Prix : €€€€

Plan : A2-2 – *7 rue des Carmes* – ℰ *04 90 91 07 69* – *www.rabanel.com* – *Fermé lundi et mardi*

LE SEIZE 🅝

CUISINE MODERNE • BISTRO Un petit bistrot provençal comme on les aime, aux tons brique et crème, avec ses tables en fer forgé, niché dans le vieux Arles. Sarah et Julien Richard ont trouvé d'emblée la bonne formule : on se régale d'une tomate confite à l'huile de vanille et citron vert et son velouté de courgette au basilic ; de fines tranches de lotte au beurre d'algues, riz de Camargue au fenouil, jus de soupe de poisson... Le chef utilise les herbes aromatiques et les fleurs de son potager pour agrémenter ses assiettes. Excellent rapport qualité/prix du menu déjeuner ; menu dégustation plus onéreux le jeudi et le vendredi soir ; brunch le dimanche. Petit choix de vins régionaux.

🅰🅒 🍴 – Prix : €€€

Plan : A2-7 – *15 rue des Porcelets* – ℰ *09 82 50 65 69* – *Fermé samedi et dimanche, et mardi et mercredi soir*

🛏 **HÔTEL JULES CÉSAR** 🌐

MEDITERRANEEN • LUXE Christian Lacroix, l'enfant du pays, a fait souffler un vent de fraîcheur sur le vénérable Jules César. Avalanche de couleurs vives (52 teintes en tout), jeux avec les formes et le style du mobilier, des escaliers et des luminaires... tout en respectant l'esprit des lieux. D'une fantaisie impériale !

♿ 🅿 🍸 🛋 🛁 🌐 🧖 🍽 🆎 - 52 chambres

9 boulevard des Lices – ☎ *04 90 52 52 52 – www.hotel-julescesar.fr*

🛏 **L'HÔTEL PARTICULIER**

CLASSIQUE • ROMANTIQUE Dans un quartier animé du centre historique, l'Hôtel Particulier affirme son caractère confidentiel. Retiré sur une cour verdoyante, il s'isole de l'agitation extérieure pour offrir à ses hôtes un havre de calme. La maison du 19e s. a été redécorée dans un style contemporain qui préserve tout son romantisme. Les chambres sont spacieuses et luxueuses, et un petit spa occupe le sous-sol. Petit-déjeuner somptueux.

🅿 🍸 🛋 🛁 🆎 - 8 chambres

4 rue de La Monnaie – ☎ *04 90 52 51 40 – www.hotel-particulier.com*

🛏 **MAISON VOLVER**

MODERNE • CHALEUREUX En lieu et place du Bar Américain qui a animé la vie locale pendant près de cinquante ans, se trouve aujourd'hui un petit hôtel cosy. L'établissement a conservé une atmosphère conviviale tout en apportant un peu de jeunesse et de fraîcheur à travers des teintes lumineuses, des matières naturelles, un mobilier vintage et la célébration des produits de la région. Des détails d'origine ont également été préservés (sols en pierre des années 50), mais associés à des pièces contemporaines comme des penderies métalliques. La Maison Volver possède aussi un mas pittoresque débordant de charme (murs en pierre, tomettes, poutres apparentes...) au cœur de la Camargue.

🅿 🍸 🍽 🆎 - 12 chambres

8 rue de la Cavalerie – ☎ *04 90 96 05 88 – www.maisonvolver.com*

ARMENTIÈRES

✉ 59280 – Nord – Carte régionale n° **4**–C2

😀 **BISTROT RG**

CUISINE TRADITIONNELLE • CONVIVIAL La piété filiale dans l'assiette ! Nicolas et Mathieu Gautier rendent hommage à la cuisine de leur père Roger Gautier (RG) à travers une petite carte à prix doux affichant des plats gourmands et canailles, comme le pâté en croûte "Antoine" ou la saucisse de veau grillée "entre 15 et 20 cm de bonheur" ! La convivialité est au rendez-vous.

♿ – Prix : €

3 place du Général-de-Gaulle – ☎ *03 20 68 24 48 – www.bistrot-rg.com/fr – Fermé lundi et dimanche*

NATURE

CUISINE MODERNE • ÉPURÉ Face à l'église, cette belle table d'Armentières met en avant de jolis produits régionaux de saison : poissons de Boulogne et Dunkerque, pigeonneau des Flandres, bœuf Black Angus de Picardie... Le tout sous forme de menus surprise composés en plusieurs temps, à déguster dans un agréable décor végétalisé.

🌳 – Prix : €€€

20 place de Saint-Vaast – ☎ *03 20 87 93 05 – www.restaurant-nature.com/fr – Fermé lundi et dimanche*

ARNAGE

✉ 72230 – Sarthe – Carte régionale n° **10**–A2

AUBERGE DES MATFEUX

CUISINE MODERNE • **ÉLÉGANT** Des motifs abstraits aux murs, une vaisselle signée par un artiste local : l'élégance du restaurant annonce celle de l'assiette. Avec une solide maîtrise technique, le chef compose de savoureux plats dans l'air du temps, qui gardent toujours un œil sur la tradition. Ne manquez pas les ravioles de langoustines cuites dans leur jus.

🐝 ⛓ & 🅰🅲 ⇧ 🅿 – Prix : €€€

289 avenue Nationale – 𝒞 02 43 21 10 71 – www.aubergedesmatfeux.fr – Fermé lundi et dimanche

LES ARQUES

✉ 46250 – Lot – Carte régionale n° **23**–A2

LA RÉCRÉATION

CUISINE MODERNE • **CONTEMPORAIN** L'école est finie ! Dans cette sympathique maison, l'ancienne salle de classe est devenue celle du restaurant, et le préau, une jolie terrasse. Mais ici point de nostalgie : le décor tout comme la cuisine sont bien dans l'air du temps.

🌤 – Prix : €€

Le Bourg – 𝒞 05 65 22 88 08 – www.la-recreation-restaurant.com/fr – Fermé mercredi

ARRADON

✉ 56610 – Morbihan – Carte régionale n° **1**–C3

VIVANT

CUISINE MODERNE • **ÉPURÉ** Dans une belle salle claire et lumineuse comme une matinée de printemps, les anciens du Moulin du Ponceau (Chartres) ont souhaité se rapprocher du "vivant " et de leurs producteurs - un locavorisme qui va de soi pour eux. Dans l'assiette, le chef trousse une cuisine actuelle, axée sur la mer et le végétal (à l'image de ce merlu côtier, chou sous toutes ses formes), qui recourt souvent aux fermentations.

& ⇧ – Prix : €€€

4 rue François-Jarlégan – 𝒞 06 38 44 60 06 – www.restaurant-vivant.fr – Fermé lundi et mardi, et dimanche soir

ARVEYRES

✉ 33500 – Gironde – Carte régionale n° **22**–B2

CHÂTEAU FAGE - LA MAISON DES VIGNES ⓝ

CUISINE MODERNE • **CONTEMPORAIN** Tout en pierres blanches typiques de la région, ce château bordelais du 19e s. devenu un hôtel-restaurant trône fièrement en plein cœur des vignes. Le chef Clément Costes (un ancien du Skiff Club) séduit avec sa bistronomie directe et franche. Tous les produits sont choisis avec attention et travaillés avec justesse, à l'image de ce filet de dorade rose, sauce coquillages et vierge de moules et salicornes, ou de l'appétissant chariot de pâtisseries. Vins au verre dès 3€, et formule plus élaborée le soir.

& 🅰🅲 🌤 ⇧ 🅿 – Prix : €€€

Fage – 𝒞 05 56 68 56 16 – www.chateaufage.com – Fermé samedi midi, et lundi et dimanche soir

ARVIGNA

✉ 09100 – Ariège – Carte régionale n° **26**–D3

 LE CLOS SAINT MARTIN - LA MÉTAIRIE

CUISINE MODERNE • **CONTEMPORAIN** Mélanie Zervos et son compagnon Mickaël Cappella vous accueillent dans ce petit village entre Mirepoix et Pamiers. Cette cheffe de caractère revisite le terroir local tout faisant la part belle aux produits du coin : salade de pieds de porc et hareng comme un oignon farci sur une émulsion de pomme de terre pour un détonnant plat terre/mer ; médaillon de veau cuit rosé à cœur, vert de basilic et légumes de maraîchers alentours ; un millefeuille déstructuré tenant toutes ses promesses en terme de textures... On se régale !

🛏 ♿ 🏡 **P** – Prix : €€

Lieu-dit Languit – 𝒞 05 61 60 45 70 – www.restaurantlametairie.fr/index.php – Fermé mercredi et jeudi, et mardi et dimanche soir

ASNIÈRES-SUR-SEINE

✉ 92600 – Hauts-de-Seine – Carte régionale n° **11**–E2

RHAPSODY

CUISINE MODERNE • **TENDANCE** Au menu de ce bon bistrot de banlieue, découvrez des produits de qualité et des recettes bistronomiques savoureuses et élaborées. Des exemples de notre déjeuner ? Un bon pressé d'agneau accompagné d'aubergine marinée et d'une sauce yaourt au sumac, du lieu jaune avec carottes rôties, émulsion carotte et salicornes, et en dessert, l'incontournable Mont-Blanc marron et clémentine corse. La terrasse située à l'arrière offre une vue privilégiée sur les cuisines.

♿ 🅰🄺 🏡 – Prix : €€

118 rue de Colombes – 𝒞 01 47 93 33 94 – www.restaurant-rhapsody.fr – Fermé samedi et dimanche

ASSIER

✉ 46320 – Lot – Carte régionale n° **23**–B2

L'ASSIEROIS

CUISINE MODERNE • **CONTEMPORAIN** Au centre du village, face à l'église et dotée d'une agréable terrasse ombragée, cette ancienne auberge offre désormais un cadre contemporain épuré où la femme du chef dispense une chaleur humaine plus qu'agréable. En cuisine, son mari propose une cuisine traditionnelle gourmande et généreuse, rythmée par les saisons, privilégiant toujours les produits locaux.

🏡 – Prix : €€

Place de l'Église – 𝒞 05 65 40 56 27 – www.lassierois.com – Fermé lundi et mardi, et mercredi et dimanche soir

ASSIGNAN

✉ 34360 – Hérault – Carte régionale n° **27**–C2

 LA TABLE DE CASTIGNO

CUISINE MODERNE • **ÉLÉGANT** Une table à ne pas manquer dans ce village idyllique d'Occitanie. Au cœur du vignoble de Saint-Chinian, Assignan est devenu une halte zen et épicurienne à grand renfort de chambres d'hôtes de luxe, de galeries et d'adresses gourmandes comme cette table gastronomique, tenue par le couple de chefs Stéphan Paroche et Justine Viano. Une cuisine à quatre mains (vertes), méditerranéenne et colorée, accompagnée (cela va de soi) d'une jolie sélection de vins de la région – mais pas que. Des saveurs, de vieilles pierres, de beaux produits, du charme... Ce couple inspiré veille également sur les cartes de deux autres établissements du village, le bistrot La Petite Table et le bien nommé Thaï.

⟵ ⌂ ⌂ **P** – Prix : €€€

33 carriera de la Teuliera – ℰ 04 67 24 34 95 – www.villagecastigno.com – Fermé lundi, mardi et mercredi midi

---

CHÂTEAU & VILLAGE CASTIGNO

TRADITIONNEL • CHARME Si Château Castigno est un producteur de vins bio, le Château & Village Castigno est aussi un hôtel "extra-ordinaire". Ses chambres occupent des maisons réparties dans tout le village, dont les rues sont ses espaces communs. De la luxueuse Villa Rouge (deux chambres, une cuisine complète et un jardin avec piscine privée) aux plus modestes chambres Vendangeur, les tailles et détails varient considérablement, mais toutes partagent le même style : un mélange vivant et coloré de contemporain et de traditionnel. A noter également le spa.

& **P** ⌂ ⌂ 🚲 ⛱ 🌐 🏛 ♨ ⼐ ◎ Ⓜ - 24 chambres

9 avenue de Saint-Chinian – ℰ 06 58 27 97 85 – www.villagecastigno.com

❀ **La Table de Castigno** - Voir la sélection des restaurants

ATTICHES

✉ 59551 – Nord – Carte régionale n° **4**-C2

L'ESSENTIEL

CUISINE MODERNE • CONTEMPORAIN Une belle bâtisse en brique rouge au croisement de deux rues, dans le hameau du Petit Attiches, tenue par un jeune couple impliqué. Salle contemporaine, jolie terrasse, accueil aux petits soins : il y fait bon vivre. Dans l'assiette, des plats actuels et gourmands, à accompagner d'une jolie sélection de vins.

🐝 & ⌂ ♡ – Prix : €€€

19 rue de Neuville – ℰ 03 20 90 06 97 – www.essentiel-restaurant.fr – Fermé lundi et dimanche

ATTIN

✉ 62170 – Pas-de-Calais – Carte régionale n° **4**-A2

AU BON ACCUEIL

CUISINE TRADITIONNELLE • BISTRO Entre Montreuil et le Touquet, cette chaleureuse adresse décorée façon bistrot contemporain propose une bonne cuisine faite maison, qui célèbre les produits du marché, mais pas seulement. Ce jour-là, maquereau farci à l'olivade et tartare de courgettes ; filet de bar, hollandaise au beurre noisette, semoule de chou-fleur aux herbes. Le tout à prix doux : que demander de plus ?

& ⌂ – Prix : €€

52 route Nationale 39 – ℰ 03 21 06 93 55 – Fermé lundi et dimanche soir

AUBENAS

✉ 07200 – Ardèche – Carte régionale n° **20**-C3

😋 L'AUBÉPINE

CUISINE MODERNE • TRADITIONNEL L'Aubépine s'épanouit grâce à un jeune chercheur reconverti dans les saveurs... Pour Manuel, le chef, les choses sont claires : le circuit court est la règle, tout est fait maison, le jeu consistant à respecter à la fois les textures mais aussi les qualités nutritives des produits. Carte renouvelée toutes les semaines au gré du marché.

♿ 🅰🄲 – Prix : €€

13 boulevard Jean-Mathon – ☎ 04 75 35 01 28 – www.restaurant-aubepine.fr –
Fermé lundi et dimanche, et du mardi au jeudi soir

LES COLOQUINTES

CUISINE MODERNE • CLASSIQUE Ce restaurant, installé dans un ancien mou-
linage, et géré par un jeune couple – lui en cuisine, elle en salle – propose une cuisine respectueuse des saisons, des circuits courts et des produits locaux, truite,
châtaignes, fruits, etc., à déguster dans une salle contemporaine mais aménagée
sous le plafond voûté d'un ancien moulin. À l'été, profitez des tables à l'ombre des
tilleuls, pour un dîner empreint de sérénité.

🍴🌿 – Prix : €

18 quai de l'Ardèche – ☎ 04 75 93 58 33 – www.les-coloquintes.com –
Fermé mercredi, samedi midi et mardi soir

NOTES DE SAVEURS

CUISINE MODERNE • TRADITIONNEL Assis dans la salle voûtée en pierre, face
aux ruines de l'ancien couvent bénédictin, on savoure une cuisine où les produits
de qualité ont la part belle : dans l'assiette, c'est généreux, gourmand, parfumé et
original. Une adresse conviviale et agréable, qui mérite amplement son succès !

♿🌿 – Prix : €€

16 rue Nationale – ☎ 04 75 93 94 46 – Fermé lundi et dimanche, et mardi et
mercredi soir

LA VILLA TARTARY

CUISINE MODERNE • BRANCHÉ De belles voûtes en pierres de taille, un mobilier
design, une terrasse délicieuse... Cet ancien moulin à eau – qui intervenait dans la
fabrication de la soie – ne manque pas de charme ! Belles saveurs à la carte.

♿🌿🅿 – Prix : €€

64 rue de Tartary – ☎ 04 75 35 23 11 – www.restaurant-ardeche.com –
Fermé lundi et dimanche

AUBIGNY-SUR-NÈRE

✉ 18700 – Cher – Carte régionale n° **16**–B1

LA CHAUMIÈRE

CUISINE TRADITIONNELLE • FAMILIAL Ancien relais de poste du 19ᵉ s, cette
auberge familiale est tenue depuis 1992 par Philippe Arnault, épaulé par son
épouse, sa fille et son gendre Sébastien Provendier. On se délecte d'une truite
gravlax à la betterave ou d'une poule faisane aux châtaignes dans une agréable
salle à manger solognote ouverte sur la cour intérieure. Aux beaux jours, terrasse
ombragée.

♿ 🅰🄲 🌿 ⟳ 🅿 – Prix : €€

2 rue Paul-Lasnier – ☎ 02 48 58 04 01 – www.hotel-restaurant-la-chaumiere.
com – Fermé lundi

AUCH

✉ 32000 – Gers – Carte régionale n° **26**–B2

DOMAINE DE BAULIEU

Chef : Maxime Deschamps

CUISINE MODERNE • CONTEMPORAIN Dans une salle élégante et moderne,
avec ses grandes baies vitrées donnant sur la terrasse et la nature, on profite de
la cuisine du chef Maxime Deschamps. Les assiettes sont bien ficelées et tirent le
meilleur de la production locale. On passe un super moment.

🛏 & 🍴 **P** – Prix : €€

822 chemin de Lussan – 𝒞 05 62 59 97 38 – www.ledomainedebaulieu.com – Fermé dimanche, et lundi et samedi midi

🌿**L'engagement du chef :** Nous utilisons essentiellement des produits locaux et de saison. Nos déchets verts sont donnés aux ânes qui entretiennent nos terres (éco-pâturage), ou compostés pour le potager, qui nous approvisionne en plantes comestibles et aromates. Nous récupérons l'eau de pluie et retraitons les eaux usées.

LA GRANDE SALLE

CUISINE MODERNE • CLASSIQUE Entièrement rénovée, cette institution du centre-ville continue sa belle histoire sous l'égide d'une jeune équipe familiale - trois frères, l'un en salle (Meilleur Ouvrier de France), l'autre en cuisine et le dernier en pâtisserie ! La cuisine joue une partition contemporaine soignée qui met en valeur le patrimoine gastronomique gersois. Cuisine du marché plus simple à la brasserie le 9e.

🐾 🍽 – Prix : €€

Place de la Libération – 𝒞 05 62 61 71 71 – www.hoteldefrance-auch.com – Fermé lundi et mardi, et dimanche soir

JEFF ENVOIE DU BOIS !!!

CUISINE DU MARCHÉ • ÉLÉGANT Bons produits frais du marché où le chef Thomas Lloret se rend deux fois par semaine, grande terrasse sur la place de la Libération, devanture sombre et élégante, intérieur design noir et blanc et surtout une bonne cuisine du marché actuelle. Pas de doute, ce bistrot cantine, justement plébiscité, envoie du bois...qu'on arrose avec des crus locaux bien choisis.

& 🅰🅲 🍴 – Prix : €€

12 place de la Libération – 𝒞 05 62 61 24 00 – Fermé lundi et dimanche, et mardi et mercredi soir

AUDIERNE

✉ 29770 – Finistère – Carte régionale n° **1**–A2

🐸 ORIZHON

POISSONS ET FRUITS DE MER • CONTEMPORAIN Installés sur le port d'Audierne, ce Finistérien et cette Brésilienne font assurément voguer nos papilles vers de nouveaux horizons...Lui en salle, elle en cuisine, offrent le temps d'une escale une cuisine gourmande et parfumée. La cheffe puise évidemment dans le garde-manger local, majoritairement iodé, qu'elle mâtine de judicieuses touches de modernité et d'exotisme. Galettes de sarrasin façon tacos, porc confit, livèche ; tarte fine de thon, chutney de tomate aux épices ; poulpe grillé, betterave, chèvre frais, vinaigrette au vin rouge... Agréable salle contemporaine et colorée, terrasse avec vue sur le port.

🍴 – Prix : €€

2 quai Jacques-de-Thézac – 𝒞 02 98 70 10 95 – www.orizhon-restaurant.fr – Fermé lundi et dimanche, et du mardi au jeudi soir

AUDRESSELLES

✉ 62164 – Pas-de-Calais – Carte régionale n° **4**–A2

🐸 LA PLAGE ⓝ

CUISINE MODERNE • CONTEMPORAIN Ce petit hôtel-restaurant d'un village côtier de la Côte d'Opale entre le cap Gris-Nez et le cap Blanc-Nez, est une aubaine. La jeune cheffe Solène Elliott, aidée de son compagnon en salle qui assure un service sympathique, a concocté une carte alléchante tournée vers la mer (daurade, maquereau, lieu jaune) mais pas uniquement. Des plats gourmands et joliment

présentés : œuf mayo fermier ciboulette, ravigote, salsifis, chutney cornichon ; effiloché de cuisse de volaille, crémeux de panais, rémoulade à la menthe...
&🍷 – Prix : €€

21 rue Gustave-Danquin – 𝒞 07 57 67 96 18 – www.hoteldelaplage-audresselles. com – Fermé lundi et mardi, et dimanche soir

AUDRIEU
✉ 14250 – Calvados – Carte régionale n° **2**–B2

LE SÉRAN - CHÂTEAU D'AUDRIEU 🆕

CUISINE MODERNE • ÉLÉGANT Le restaurant du Château d'Audrieu a réouvert sous la houlette du jeune chef Samuel Gaspar, passé par notamment par le Taillevent aux côtés de Giuliano Sperandio et le Baudelaire. Il propose une cuisine élégante en accord avec cette gentilhommière du siècle des Lumières. Des créations franches, faites de beaux produits locaux et de saison, qui vont droit à l'essentiel. Belle carte des vins. Quant au décor magnifique, il incarne la quintessence de la vie de château...
🕸 🛋&🍷🔧🅿 – Prix : €€€

Château d'Audrieu – 𝒞 02 31 80 21 52 – www.chateaudaudrieu.com – Fermé mardi et mercredi

🛏 CHÂTEAU D'AUDRIEU   *Plus*

TRADITIONNEL • CHAMPÊTRE C'est un parfait exemple d'hôtel-château français que le Château d'Audrieu : un monument du 18ᵉ s. situé sur un domaine de 24 ha. entre Caen et Bayeux, dont les chambres et suites allient opulence rétro et confort moderne. Son spa est accompagné d'une belle piscine extérieure. De son côté, le bar 1715 (année de construction du château) propose toute la journée collations et boissons.
&🛋🅿🍵🔧🛋🚲🎿🏊⛷🍴🅰 - 30 chambres

Château d'Audrieu – 𝒞 02 31 80 21 52 – www.chateaudaudrieu.com
Le Séran - Château d'Audrieu - Voir la sélection des restaurants

AUGEROLLES
✉ 63930 – Puy-de-Dôme – Carte régionale n° **20**–B1

LES CHÊNES

CUISINE TRADITIONNELLE • RUSTIQUE Restaurant de campagne en bordure de route, entouré par des forêts et les monts du Forez. Ouvert le midi pour une cuisine traditionnelle, généreuse et sans prétention qui fait la part belle aux produits de la région (viandes, champignons, fromages...). Toutes les bourses seront rassasiées grâce aux deux offres proposées (menu du jour ou menu gourmand). Une affaire de famille depuis 1975, qui a su prendre racine !
&🍷🔧🅿 – Prix : €€

Route de Courpière – 𝒞 04 73 53 50 34 – www.restaurant-les-chenes.com – Fermé du mardi au dimanche soir

AULNAY-SOUS-BOIS
✉ 93600 – Seine-Saint-Denis – Carte régionale n° **11**–F2

AUBERGE DES SAINTS PÈRES

CUISINE CRÉATIVE • ÉLÉGANT Dans un cadre épuré et élégant, on déguste une cuisine de bons produits élaborée par un chef à l'expérience incontestable, Jean-Claude Cahagnet, qui affirme son goût pour les herbes et épices. Les habitués retrouveront avec plaisir les belles viandes de race maturées, présentées dans une alléchante vitrine. La maîtresse de maison assure un accueil et un service irréprochables.

Ⓐ – Prix : €€€

212 avenue Nonneville – ✆ 01 48 66 62 11 – www.auberge-des-saints-peres.fr –
Fermé lundi et dimanche, et mercredi soir

AULON

✉ 65240 – Hautes-Pyrénées – Carte régionale n° **25**–D3

AUBERGE DES ARYELETS

CUISINE TRADITIONNELLE • AUBERGE Il faudra grimper un peu pour rejoindre ce village haut perché des Pyrénées qui défend avec une fierté justifiée un patrimoine naturel exceptionnel. Sur la place centrale, un jeune couple fait vivre cette maison avec allant, mettant à l'honneur la tradition et les produits de la région : cochon de lait basse température et jus corsé ; agneau confit de mon enfance, jus d'ail noir...

🖼 – Prix : €€

Place du Village – ✆ 05 62 39 95 59 – www.aubergedesaryelets.com –
Fermé lundi et mardi

AULT

✉ 80460 – Somme

🛏 LE CISE

MODERNE • CHAMPÊTRE Cet hôtel a failli disparaître, et cela aurait été bien dommage pour les citadins friands d'escapades déconnectées. A seulement deux heures de Paris, il jouit d'une situation royale : perché sur une falaise du bois de Cise, site naturel protégé, il surplombe la Manche et profite d'un calme monacal. Cinq villas réparties sur le domaine entre mer et bois ont pour mission le bien-être et la relaxation. Selon les envies : jacuzzi et spa finlandais tournés vers la mer, balades à vélo le long des falaises ou promenade sur la plage de galets.

🖕 🄿 🍃 🍸 🚪 🕸 🍴 - 21 chambres

Route de la Plage – ✆ 03 22 26 46 46 – www.lecise.fr

AUMALE

✉ 76390 – Seine-Maritime – Carte régionale n° **3**–B1

VILLA DES HOUX

CUISINE TRADITIONNELLE • TRADITIONNEL Quel cachet ! L'architecture tout en colombages (19e s.), l'enceinte de verdure, le calme... Au menu, une cuisine généreuse et savoureuse, amie du terroir : terrine de ris de veau, caille désossée en croûte de sel... Côté décor, on joue la carte du classicisme, que ce soit dans la salle à manger ou en terrasse.

🚪🖕🖼💠🄿 – Prix : €€

6 avenue du Général-de-Gaulle – ✆ 02 35 93 93 30 – www.villa-des-houx.com –
Fermé lundi et dimanche soir

AUMONT-AUBRAC

✉ 48130 – Lozère – Carte régionale n° **28**–A1

🟤🟤 CYRIL ATTRAZIC

Chef : Cyril Attrazic

CUISINE CRÉATIVE • CONTEMPORAIN Cyril Attrazic nous l'a confié : "Avant même la passion de la cuisine, j'ai eu celle de la Maison". Explication de texte : la Maison, c'est l'hôtel-restaurant familial, fondé par sa grand-mère au cœur de l'Aubrac, ce haut-plateau d'altitude aux faux airs de steppe mongol. Tradition paysanne et rude climat obligent, le restaurant ne badine pas avec l'hospitalité... version contemporaine. En cuisine, le chef applique le précieux conseil du maître

Michel Bras : il faut "cuisiner son territoire, utiliser des produits identitaires". Il s'y emploie donc, en travaillant par exemple un cèpe géant d'un sous-bois voisin, ou en magnifiant la célèbre viande Aubrac, produit aux mille saveurs florales, qu'il sert "dans son écosystème...". Difficile de mieux goûter et humer la Lozère.

🕸 ⇆ & 🅰 🅿 – Prix : €€€€

10 route du Languedoc – 𝒞 04 66 42 86 14 – www.cyrilattrazic.fr – Fermé du lundi au mercredi

🍀 **L'engagement du chef :** Tous nos produits sont issus au jour le jour d'une agriculture raisonnée, respectueuse des saisons, des hommes et des femmes. Dans un monde où la cuisine se végétalise, l'Aubrac reste une terre d'élevage, de micro-exploitations. C'est à travers nos menus et cette sélection de produits que nous partageons avec nos clients cette passion pour notre territoire.

😊 **LA GABALE**

CUISINE TRADITIONNELLE • CONTEMPORAIN Cyril Attrazic tient avec cette brasserie le complément idéal à sa table gastronomique. Le décor moderne, paré de photos panoramiques des paysages d'Aubrac, est un bel écrin pour déguster des assiettes franches et bien réalisées ; on se régale le plus simplement du monde, à l'intérieur ou sur la jolie terrasse. Quelques exemples ? Pâté en croûte de volaille et foie gras, pickles de légumes ; filet de merlu snacké, riz rouge de Camargue et pistou d'herbes ; fraises, sorbet lactique à la fleur de sureau et gaufrettes.

🕸 🅰 🍴 🅿 – Prix : €€

10 route du Languedoc – 𝒞 04 66 42 86 14 – www.cyrilattrazic.fr – Fermé jeudi

🛏 **CHEZ CAMILLOU**

MODERNE • CONVIVIAL En léger retrait de la nationale, un hôtel récent avec des chambres agréables, d'esprit contemporain et frais. Les plus qui font la différence : un petit-déjeuner copieux (charcuteries et fromages locaux), et un accueil à la fois gentil et pro !

🅿 ⇆ ❄ 🚪 🚲 ♨ 🕸 🍴 - 37 chambres

10 route du Languedoc – 𝒞 04 66 42 80 22 – www.camillou.com

❀❀ **Cyril Attrazic** • 🍴 **La Gabale** - Voir la sélection des restaurants

AUPS

✉ 83630 – Var – Carte régionale n° **24**–B2

LE SAINT MARC

CUISINE PROVENÇALE • CONVIVIAL Au sud des gorges du Verdon, le petit village de Aups offre une jolie étape bistronomique. Le chef Alexandre Dimitch et sa petite équipe assurent une partition locale et bistronomique, généreuse et pleine de saveurs, avec truffe en été... Enfin, avis aux amateurs : la cave attenante se mue en bar à vins le soir venu.

🍴 – Prix : €

7 rue Jean-Pierre-Aloisi – 𝒞 04 94 70 06 08 – www.lesaintmarc.com – Fermé mardi

AURAY

✉ 56400 – Morbihan – Carte régionale n° **1**–C3

😊 **LA CHEBAUDIÈRE** ⓝ

CUISINE MODERNE • COSY Un écrin cosy tout nouveau tout beau - parquet blond, murs vert ou blanc, caisses en bois accrochées au mur, tables modernes, chaises en cuir marron - pour déployer les talents du chef-patron. Pour régaler à prix doux avec sa cuisine du marché qui titille les papilles, il jongle avec des ingrédients de fraîcheur irréprochable, des cuissons et des saveurs précises : maquereau juste grillé, aubergine et olives vertes ; retour de pêche, crème de moule et artichauts saté...

⟷ – Prix : €€

6 rue Abbé-Joseph-Martin – ℰ 02 97 24 09 84 – Fermé dimanche, et mardi, mercredi et samedi soir

LE P'TIT GOUSTAN

CUISINE MODERNE • COSY Aux fourneaux de ce P'tit Goustan, le chef aime cuisiner local, depuis les poissons de la pêche jusqu'aux viandes en passant par les fruits et les légumes : tartare de thon, pesto d'estragon, concombre au chèvre frais, chips de manioc, sorbet concombre et son gaspacho ; lieu jaune rôti au curcuma et safran, panisse, moules en deux façons ; tartare de fraises.... Le meilleur de la Bretagne lui inspire des recettes originales et maîtrisées, à déguster dans l'une des deux salles contemporaines et cosy. Une adresse charmante, avec terrasse et vue sur le petit port.

🛋 ⟷ – Prix : €€

9 place Saint-Sauveur – ℰ 02 97 56 37 30 – www.restaurantleptitgoustan.com – Fermé lundi, et mercredi et dimanche soir

AUREVILLE

✉ 31320 – Haute-Garonne – Carte régionale n° **26**–C2

EN MARGE

Chef : Frank Renimel

CUISINE MODERNE • ÉLÉGANT Dans un ancien corps de ferme, Frank Renimel et son épouse ont imaginé un loft gourmand de bois et de pierre, dont les larges baies vitrées embrassent les vallonnements d'une campagne bucolique. Calé sur les saisons, le chef change sa carte tous les mois, et marie les produits rustiques et terriens à des perles nobles comme le caviar, la truffe ou le cèpe. On est souvent bluffé par le travail dans l'assiette, où les émotions gustatives sont légion – ainsi son cassoulet revisité, un classique de la carte. Pour prolonger la douceur du séjour, cinq très belles chambres décorées avec goût sont idéales pour l'étape gastronomique. En Marge est au cœur du goût.

🛏 ⟸ ♿ 🅰 🛋 ⟷ 🅿 – Prix : €€€€

Lieu dit Le Birol, 1204 route de Lacroix - Falgarde, – ℰ 05 61 53 07 24 – www.restaurantenmarge.com/fr – Fermé lundi et dimanche soir

AURIAC

✉ 19220 – Corrèze – Carte régionale n° **19**–C3

LES JARDINS SOTHYS

CUISINE MODERNE • RUSTIQUE Carrés d'herbes aromatiques, clos japonais, roseraie, etc. Ces jardins (entrée payante), dus à la célèbre marque de cosmétiques, mêlent poésie et culte des vertus de la nature. Au restaurant, le chef magnifie le terroir corrézien à grand renfort d'épices – il a longtemps travaillé en Asie et aux Antilles –, pour un résultat parfumé et maîtrisé.

⟸ 🛋 ♿ 🅰 🅿 – Prix : €€

Route de Darazac – ℰ 05 55 91 96 91 – www.lesjardinssothys.fr – Fermé lundi et mardi, et mercredi, jeudi et dimanche soir

AURILLAC

✉ 15000 – Cantal – Carte régionale n° **23**–C2

😋 **LES QUATRE SAISONS**

CUISINE MODERNE • **CONTEMPORAIN** Sincère et bien tournée : telle est la cuisine de Didier Guibert, installé dans une petite rue calme du centre-ville, qui ne travaille qu'avec des produits triés sur le volet : viande fournie par ses deux frères bouchers, légumes du potager des beaux-parents, poisson livré tous les matins... Il réalise ses recettes à la minute, pour un résultat parfaitement maîtrisé, goûteux et coloré. Tout est soigné et malin. Comment mieux célébrer les quatre saisons ?

🅰️🅲️ – Prix : €€

10 rue Jean-Baptiste-Champeil – 𝒞 04 71 64 85 38 – www.quatresaisons.onlc.fr – Fermé lundi et mardi, et dimanche soir

LE CROMESQUIS

CUISINE MODERNE • **CONVIVIAL** Après un joli parcours dans des tables étoilées en Suisse, le chef est revenu aux sources : son épouse est originaire de la région. Dans ce lieu atypique – une ancienne forge réaménagée à grand renfort de bois, béton et baies vitrées –, il propose des recettes modernes et goûteuses... avec, bien entendu, un cromesquis proposé chaque jour parmi les entrées !

🍴 – Prix : €€

1 rue du Salut – 𝒞 04 71 62 34 80 – www.restaurant-cromesquis.fr – Fermé lundi et dimanche, et du mardi au jeudi soir

🛏️ **HÔTEL DES CARMES**

MODERNE • **CHALEUREUX** Dans le centre-ville, cet hôtel propose des chambres contemporaines et personnalisées, ainsi que de nombreux services de qualité : piscine couverte avec sauna, bar, salle de réunion... Un ensemble confortable et chaleureux. Cuisine bistrot au restaurant.

🅿️ 🏊 🛎️ 🍴 - 23 chambres

20 rue des Carmes – 𝒞 04 71 48 01 69 – www.hoteldescarmes.fr

AUTRANS-MÉAUDRE EN VERCORS

✉ 38880 – Isère – Carte régionale n° **21**–B3

PALÉGRIÉ CHEZ L'HENRI 🆕

CUISINE MODERNE • **MAISON DE CAMPAGNE** Dans cette grange de famille pensée dans l'esprit d'une table d'hôtes, la flamme de Guillaume Monjuré (que l'on connut à Lyon et à Corrençon-en-Vercors) est intacte : affectionnant les cuissons à la braise, il a placé son four à bois et son barbecue à la vue des convives (à peine une vingtaine de couverts). Sa cuisine très nature met en valeur les légumes, les herbes et la pisciculture locale, sans s'interdire quelques détours du côté de la Méditerranée pour renouveler l'inspiration. Les menus peuvent changer tous les jours. Intéressante sélection de vins bio et nature.

Prix : €€€

66 rue de la Tour – 𝒞 04 76 46 07 83 – www.palegrie.fr – Fermé mardi, mercredi, jeudi midi et dimanche soir

LES TILLEULS

CUISINE TRADITIONNELLE • **AUBERGE** Une pimpante auberge familiale tenue aujourd'hui par la cinquième génération. Le chef signe une cuisine traditionnelle en utilisant les bons produits du terroir : champignons, noix de Grenoble, caillette, truite et omble du Vercors, Chartreuse verte... On apprécie ces plats savoureux dans une salle où l'esprit montagnard se fait contemporain et lumineux.

♿🍴🅿️ – Prix : €€

111 rue de Puilboreau – 𝒞 04 76 95 32 34 – www.hotel-tilleuls.com/accueil.htm

AUXERRE

✉ 89000 - Yonne - Carte régionale n° **12**-A2

L'ASPÉRULE

CUISINE MODERNE • SIMPLE Dans une vieille maison de ville, voici une salle à la déco épurée, avec son sol en béton ciré et ses murs beige. Le chef japonais signe une cuisine qui associe les produits d'ici et la précision technique de là-bas, comme dans ce filet de canette servi parfaitement rosé, duxelle de champignons shiitaké, sauce balsamique. Menu du marché à prix doux le midi, menu dégustation plus ambitieux le soir.

A/C - Prix : €€

34 rue du Pont - ✆ 03 86 33 24 32 - www.restaurant-asperule.fr - Fermé lundi et dimanche

LE JARDIN GOURMAND

CUISINE MODERNE • COSY Cette élégante maison bourgeoise est le fief du chef Pierre Boussereau et de son complice Olivier Laplaine, qui reçoivent désormais moins de dix couverts, dans un esprit convivial entre table d'hôtes et bistrot chic. Les préparations culinaires, soignées, inspirées par les produits du jardin et les voyages du chef, sont déclinées dans un plantureux menu dégustation.

- Prix : €€€€

56 boulevard Vauban - ✆ 03 86 51 53 52 - www.lejardingourmand.com - Fermé lundi, mardi, du mercredi au vendredi à midi, et dimanche soir

LE NOYO

CUISINE MODERNE • CONTEMPORAIN Un vent de nouveauté souffle à Auxerre ! À quelques pas du marché couvert, cette petite adresse joliment rénovée est l'œuvre de François Liebaert, chef icaunais bien connu. Il propose un menu-carte de saison bien pensé et attractif, avec un fil conducteur sur chaque assiette ainsi que quelques touches créatives, à l'image de ce merlu de ligne aux saveurs espagnoles. Les assaisonnements sont justes et équilibrés, le visuel est soigné également. Service dynamique et attentionné par Estelle.

A/C - Prix : €€

26 rue du 24-Août - ✆ 09 87 13 26 75 - www.le-noyo-auxerre.eatbu.com - Fermé mardi, mercredi et samedi midi

AUZEVILLE-TOLOSANE

✉ 31320 - Haute-Garonne - Carte régionale n° **26**-C2

LA TABLE D'AUZEVILLE

CUISINE TRADITIONNELLE • CONVIVIAL Dans cette maison blanche au cœur d'un village de la banlieue de Toulouse, le chef propose une cuisine traditionnelle généreuse, comme avec ce filet de cannette et son jus réduit aux épices ou ce tournedos de bœuf aux morilles. En dessert, une tartelette aux fraises craquante accompagnée d'une glace pistache artisanale. À déguster sur la terrasse ombragée aux beaux jours.

A/C - Prix : €€

35 chemin de l'Église - ✆ 05 61 13 42 30 - www.latabledauzeville.fr - Fermé lundi et mardi, et dimanche soir

AUZOUVILLE-SUR-SAÂNE

✉ 76730 – Seine-Maritime – Carte régionale n° **3**–A2

😊 AUBERGE DE LA MÈRE DUVAL

CUISINE MODERNE • COSY Alexandre et Mélanie Baranzelli s'épanouissent dans ce domaine où coule une jolie rivière, enjambée par deux ponts et veillée par un moulin : bucolique à souhait ! Le chef, passé par de belles maisons, aime les recettes traditionnelles de son terroir normand, mais sa cuisine se révèle de plus en plus personnelle avec le temps.

🏕 🖨 ᷢ ⇔ 🅿 – Prix : €€

Impasse de la Linerie – ☏ 02 35 04 18 26 – www.lamereduval.fr – Fermé mardi et mercredi

AVAILLES-EN-CHÂTELLERAULT

✉ 86530 – Vienne – Carte régionale n° **15**–B2

L'OUVRIÈRE

CUISINE MODERNE • ÉPURÉ L'Ouvrière se conçoit comme une communauté sur le modèle de la ruche. Ludovic et Kelly Dumont espèrent ici créer une osmose entre les clients, les producteurs, les éleveurs et les artisans... Un pari joliment tenu avec une cuisine simple et bien réalisée (volaille à l'estragon, tarte aux fruits de saison) à partir de beaux produits. Situé sur la petite place du village, ce restaurant intimiste est une bonne nouvelle pour la ville.

⇔ – Prix : €

6 place René-Descartes – ☏ 09 77 37 61 38 – www.louvriererestaurant.com – Fermé du lundi au mercredi et dimanche soir

AVAILLES-LIMOUZINE

✉ 86460 – Vienne – Carte régionale n° **15**–B3

😊 LA CHATELLENIE

CUISINE TRADITIONNELLE • CONTEMPORAIN Emilie et Thomas Fournier ont investi leur enthousiasme et leur talent dans cette auberge de charme nichée au fin fond de la Vienne, qui met à l'honneur les producteurs locaux. Des réalisations gourmandes au dressage soigné et à un bon rapport qualité-prix, comme cette tête de veau grillée fondante en bouche et ses carottes fanes. Une adresse qui vaut bien le détour.

ᷢ ᴀᴄ 🍴 – Prix : €€

1 rue du Commerce – ☏ 05 49 84 31 31 – www.lachatellenie.fr – Fermé lundi et dimanche

AVALLON

✉ 89200 – Yonne – Carte régionale n° **12**–B2

LES CORDOIS AUTREMENT

CUISINE TRADITIONNELLE • CONTEMPORAIN Tenue par la même famille depuis 1910, cette maison est désormais adossée à une église du 12e s. ; on s'installe au choix à l'intérieur, lumineux et coloré, ou sur la terrasse ombragée, pour se régaler d'une cuisine régionale remise au goût du jour : escargots de Bourgogne, œufs en meurette, rognon de veau à la graine de moutarde...

ᷢ ᴀᴄ 🍴 – Prix : €€

15 rue Bocquillot – ☏ 03 86 33 11 79 – www.lescordois.fr – Fermé mardi et mercredi

AVIGNON

✉ 84000 – Vaucluse –
Carte régionale n° **28**–E1

Des papilles et des papes

Quand son festival est clos, la Cité des papes se dévoile : palais, jardins, remparts, clochers, hôtels particuliers et toits de tuiles s'offrent au regard du promeneur. De tout temps, la ville fut un foyer de la gastronomie provençale. Les aromates règnent sans partage et parfument des plats gorgés de soleil : thym dans la ratatouille, romarin et sarriette sur les fromages, mais aussi ail, oignon et basilic sur la daube avignonnaise. L'huile d'olive est également incontournable, et l'on est agréablement surpris par le nombre de moulins encore en activité aux alentours d'Avignon, dans les Alpilles et la vallée des Baux, notamment. On trouve sur les marchés et dans les boutiques les tapenades, pistous et autres délices fabriqués tout près, à L'Isle-sur-la-Sorgue. Quant au marché des producteurs, il propose notamment les fruits et légumes cultivés sur l'île de la Barthelasse, la plus grande île fluviale d'Europe...

❀ **LA MIRANDE**

Chef : Florent Pietravalle

CUISINE MODERNE • HISTORIQUE L'œuvre du soleil, le chatoiement des couleurs, la générosité : les assiettes, fines et savoureuses de Florent Pietravalle, respirent le Sud, ses produits et ses traditions (langoustine, saint-pierre etc.). Ici, tout est maîtrisé : des saveurs, marquées et marquantes, au service, professionnel, distingué et souriant. A noter, le menu surprise à base de remarquables produits de saison de la région parfaitement sourcés (à la fin du repas, une carte est remise avec les noms et localisations des producteurs). Ses recettes, à la fois techniquement maîtrisées et spontanées, révèlent l'héritage de ses expériences chez Jean-Luc Rabanel et surtout Pierre Gagnaire. Le décor aussi est délicieux : superbe salle 18ᵉ s. ou ravissant jardin, entre les murs historiques de la Mirande, l'hôtel particulier qui touche le Palais des Papes. Le goût et l'élégance, réunis en un seul lieu.

🐾 🖙 🖨 🅰🅲 🛋 💠 – Prix : €€€€

Plan : A2-1 – *4 place de l'Amirande* – ☎ *04 90 14 20 20* – *www.la-mirande.fr* – *Fermé du lundi au mercredi*

❀**L'engagement du chef :** On s'approvisionne chez les producteurs locaux qui intègrent nos besoins dans leurs plans de culture. Utilisation des produits bio ; cave pour la culture des champignons dans le cadre d'un projet agricole urbain pour privilégier les circuits courts, comme pour les herbes cultivées sur le toit de la cuisine. Menu végétarien pour soutenir l'alternative d'une alimentation moins carnée. Tri sélectif pour isoler les déchets compostables, récupérés par une association.

POLLEN

Chef : Mathieu Desmarest

CUISINE CRÉATIVE • COSY Au détour de vos butinages dans les ruelles d'Avignon, découvrez cette jolie salle à manger avec sa grande cuisine ouverte où les les cuisiniers assurent le service en salle tandis qu'on profite des judicieux conseils bachiques d'un sommelier motivé (et bon connaisseur des vins en biodynamie). À travers son menu surprise, le chef Mathieu Desmarest propose une cuisine lisible, épurée et équilibrée qui évolue au fil des saisons en suivant les producteurs locaux. Il fait son miel de produits d'une qualité irréprochable (poulpe, thon rouge, pigeon...). Les subtiles préparations créatives et les mariages de saveurs francs séduisent sans effort.

Ⓐ🍴 – Prix : €€€€

Plan : A2-3 – 18 rue Joseph-Vernet – ☏ 04 86 34 93 74 – www.pollen-restaurant.fr – Fermé mercredi, samedi et dimanche

LA VIEILLE FONTAINE

CUISINE MODERNE • CLASSIQUE Boiseries, moulures, tapisseries et cheminée composent l'élégance provençale de cette maison historique. Parfaitement à son aise, le chef Pascal Auger décline aux fourneaux une cuisine délicieusement méridionale, aussi précise que bien ficelée, véritable défilé de couleurs et de saveurs. Un exemple ? Cette queue de lotte aux petits pois, framboise et moule de Méditerranée ou la douceur acidulée au citron caviar et fraises de pays et aneth... Un repas tout simplement exquis. Aux beaux jours – ils sont nombreux en Avignon –, on profite de ces douceurs sous le platane centenaire de la jolie terrasse face à la vieille fontaine...

🕸 🍸 Ⓐ🍴 ✤ – Prix : €€€€

Plan : A2-2 – Hôtel d'Europe, 12 place Crillon – ☏ 04 90 14 76 76 – www.heurope.com/fr – Fermé lundi et dimanche

L'AGAPE

CUISINE MODERNE • CONTEMPORAIN Après un beau parcours étoilé, Julien Gleize a établi ses quartiers au cœur de la cité des papes. Courgette, rouget, olive, huile d'olive, artichaut, poivron : la Provence est mise à l'honneur dans de jolies compositions, rehaussées de discrètes touches actuelles (sésame, citronnelle, curcuma). A déguster dans un décor de style industriel ou sur la terrasse ombragée, au bord de la fontaine.

& Ⓐ🍴 – Prix : €€

Plan : A3-4 – 21 place des Corps-Saints – ☏ 04 90 85 04 06 – www.restaurant-agape-avignon.com/fr – Fermé lundi et dimanche

AVENIO

CUISINE MODERNE • CONVIVIAL Au cœur d'Avignon, ce restaurant contemporain ouvert par un jeune couple passé par de belles maisons connaît un succès mérité : produits choisis et accueil chaleureux autour d'une cuisine qui sait humer l'air du temps. On se régale d'un œuf mollet fermier, épinards et champignons, du cabillaud en croûte d'herbes, fondue de poireaux, beurre de coquillages au safran ou de la pavlova aux agrumes et fruits de la passion... Attention il est prudent de réserver !

Ⓐ – Prix : €€

Plan : A2-11 – 19 rue des Trois-Faucons – ☏ 04 90 03 14 41 – www.restaurant-avenio.fr – Fermé lundi et dimanche

BIBENDUM Ⓝ

CUISINE MODERNE • TENDANCE Au cœur de cette belle bâtisse historique bourrée de cachet (un ancien cloître), on découvre un restaurant, un bar à vins et un bar à cocktails, ainsi qu'une terrasse dans la cour intérieure, promesse de délicieuses soirées d'été. Le chef du restaurant étoilé Pollen, Mathieu Desmarest, conçoit la carte, tandis que son épouse Émilie met en musique ce projet festif et

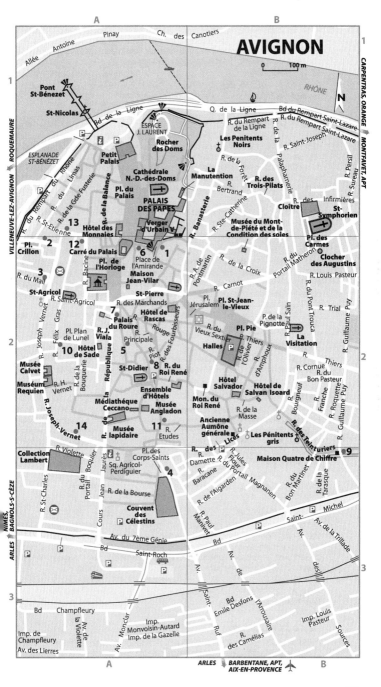

AVIGNON

0   100 m

CARPENTRAS, ORANGE, MONTFAVET, APT

RHÔNE

N

Pinay   Ch. des   Canotiers

Allée   Antoine

Pont
St-Bénezet

St-Nicolas

Bd de la Ligne

Q. de la Ligne

Bd du Rempart Saint-Lazare

R. du Rempart
de la Ligne

R. du Rempart Saint-Lazare

R. Saint-Joseph

ESPACE
J. LAURENT

Rocher
des Doms

Les Penitents
Noirs

R. de la Palaphanerie

R. Persil

R. Sureau

ESPLANADE
ST-BÉNÉZET

Petit
Palais

Rempart du Rhône

Bd de la Gde Fusterie

R. du Rempart du Limas

Cathédrale
N.-D.-des-Doms

Pl. du
Palais

R. de la Balance

La
Manutention

R. de la Forêt

R. Bertrand

R. des
Trois-Pilats

Infirmières

ROQUEMAURE

VILLENEUVE-LEZ-AVIGNON

R. St-Etienne

13

Hôtel des
Monnaies

PALAIS
DES PAPES

Verger
d'Urbain V

R. Ste-Catherine

R. Banasterie

Musée du Mont-
de-Piété et de la
Condition des soies

Cloître

R. des

St-
Symphorien

Pl. des
Carmes

2

Pl.
Crillon

12

Carré du Palais

Pl. de
l'Horloge

Racine

Place de
l'Amirande

6

1

Maison
Jean-Vilar

R. A. de
Pontmartin

R. de la Croix

R. Carnot

R. du
Portail Matheron

Clocher
des Augustins

R. Louis Pasteur

R. du Pont Trouca

R. Guillaume Puy

3

R. du Mail

St-Agricol

R. Saint-Agricol

St-Pierre

R. des Marchands

Pl.
Jérusalem

R. du
Vieux Sextier

Pl. St-Jean-
le-Vieux

P. de la
Pignotte

R. Trial

R. du Roure

R. Joseph Vernet

Félix Gras

Pl. Plan
de Lunel

7

Hôtel de
Rascas

R. J.
Viala

Palais
du Roure

R.
Rouge

R. des Fourbisseurs

Pl. Pie

R. Thiers

R. de
l'Olivier

La
Visitation

10

Hôtel
de Sade

5

R. de la
Bouquerie

République

R.
Piot

Principale

St-Didier

Halles

P

R. Thiers

R. Cornue

R. du
Bon Pasteur

R. de la
Franche

R. Roquette

R. Guillaume Puy

Musée
Calvet

Muséum
Requien

R. H.
Vernet

8

R. du
Roi René

Hôtel
Salvador

Hôtel de
Salvan Isoard

Bourgneuf

R. Joseph-Vernet

R. des Teinturiers

Ensemble
d'Hôtels

Musée
Anglandon

11

R.
Etudes

Mon. du
Roi René

R. de la
Masse

14

Médiathèque
Ceccano

Musée
lapidaire

Ancienne
Aumône
générale

Les Pénitents
gris

Collection
Lambert

R. Violette

R. du Portail Boquier

Pl. des
Corps-Saints

Sq. Agricol-
Perdiguier

R.
Jaurès

R. des
Lices

R.
Damette

R. Jules
Flour

R. du Portail Magnanen

Maison Quatre de Chiffre

9

R. St-Charles

R. Jean

Cours

4

R. de la Bourse

Couvent
des
Célestins

R. Baracane

R. de l'Algarden

R. du
Bon Martinet

R. de la
Tarasque

NÎMES,
BAGNOLS-S-CÈZE

ARLES

Av. du 7ème Génie

Bd
Saint-Roch

R. Paul
Manivet

Bd

Av. de

Saint-

Michel

Av. de la Trillade

Bd   Champfleury

Imp. de
Champfleury

Av. des Lierres

Av. de
la Violette

Av. Monclar

Imp.
Monvoisin-Autard

Imp. de la Gazelle

Bd
Emile Desfons

R.
Ruf

R. de l'Arousaire

R.
des Camélias

Imp. Louis
Pasteur

Sources

ARLES   BARBANTANE, APT,
AIX-EN-PROVENCE

A

B

convivial. Dans l'assiette, une cuisine à la page, réalisée minute avec des produits frais et de saison, aux discrets accents du Sud : asperges blanches rôties, mousse légère de comté, cumin torréfié et pancetta ; cabillaud nacré, mousseline de patate douce et beurre blanc ; financier abricot et amande...

🛖 🍽 – Prix : €€

Plan : A2-14 – *83 rue Joseph-Vernet* – ☏ *04 90 91 78 39* –
www.bibendumavignon.fr – *Fermé lundi et dimanche*

ITALIE LÀ-BAS

CUISINE ITALIENNE • COSY Ce couple d'Italiens passionnés fait vibrer en nous l'âme italienne : pendant que monsieur s'occupe avec attention du service en salle, madame concocte de bons plats transalpins, parfois créatifs, à travers des menus dégustation et un menu végétal. Bresaola de cerf ; vitello tonnato au café, yuzu et noisettes ; riso al salto au safran, champignons sauvages et taleggio... ça chante dans l'assiette ! On en sort ravi, avec l'accent italien.

🛖 🍽 – Prix : €€

Plan : A2-5 – *23 rue de la Bancasse* – ☏ *04 86 81 62 27* – *www.italielabas.fr* –
Fermé lundi, mardi du mercredi au dimanche à midi

ACTE 2

CUISINE MODERNE • CONTEMPORAIN Dans la ville du célèbre festival, le théâtre s'insinue jusque dans les assiettes. Premier acte : un jeune couple du métier, installé au centre historique. Deuxième acte : des assiettes qui respirent les bons produits frais locaux et de saison. Troisième acte : un excellent rapport qualité prix. Le décor est planté ! On se régale de l'œuf élevé en plein air, cuit à 64°C, servi sur une tarte fine aux petits pois frais, du cabillaud en pavé, servi moelleux, et ses légumes du moment, condiment herbacé, émulsion citron vert et du dessert "La vie en rose" qui fait tourner la tête...

♿ 🅰🅲 🛖 – Prix : €€

Plan : A2-10 – *3 rue de la Petite-Calade* – ☏ *09 53 99 36 88* –
www.restaurantacte2.com – *Fermé lundi, mardi, vendredi midi et dimanche soir*

ALICE ET SES MERVEILLES ⓝ

CUISINE MODERNE • BISTRO Lewis Caroll ne désavouerait pas ce bistrot tout simple du centre ancien de la cité des Papes, mené par un chef tout feu tout flamme. Sa gourmandise est contagieuse, à l'image de cette volaille fermière aux carottes et sa sauce demi-glace. Côté salle, la propriétaire prodigue gentillesse et bons conseils pour choisir les petits vins locaux.

🛖 – Prix : €€

Plan : A2-8 – *29 rue de la Saraillerie* – ☏ *04 90 85 21 83* –
www.aliceetsesmerveilles.fr – *Fermé mardi, mercredi et jeudi midi*

LA FOURCHETTE

CUISINE TRADITIONNELLE • BISTRO Collection de fourchettes et de guides MICHELIN, vieilles photos, affiches du festival : un bistrot au décor original et à l'ambiance chaleureuse. Au menu, une cuisine traditionnelle aux savoureux accents du Sud, avec, en dessert, l'une des spécialités de la maison : la meringue glacée au pralin... Cette accueillante adresse familiale affiche souvent complet !

🅰🅲 – Prix : €€

Plan : A2-12 – *17 rue Racine* – ☏ *04 90 85 20 93* – *www.la-fourchette.net* –
Fermé samedi et dimanche

LE GOÛT DU JOUR

CUISINE MODERNE • CONTEMPORAIN De bonnes idées, du savoir-faire... Julien Chazal, jeune chef originaire d'Avignon, fait ici une jolie démonstration ! Sa cuisine, ancrée dans les saisons, se révèle en plus soignée visuellement, avec des dressages qui ne doivent rien au hasard. Et n'oublions pas le service souriant.

& AC – Prix : €€

Plan : A1-13 – 20 rue Saint-Étienne – ☎ 04 32 76 32 16 – www.legoutdujour84.com – Fermé mardi et mercredi

HIÉLY-LUCULLUS

CUISINE MODERNE • VINTAGE "Pérouvence" : c'est ainsi que le chef Gérald Azoulay, natif d'Avignon, nomme sa cuisine, étonnante union culinaire entre le Pérou (où est née Patricia, son épouse) et la Provence. Dans l'assiette, quand la pêche du jour rencontre les artichauts poivrade et la sauce parihuela ou que l'agneau de Provence se marie avec la sauce chimichurri, le métissage est savoureux. À déguster dans une salle à manger décorée façon Belle Époque. Jolie carte de vins de la vallée du Rhône.

AC – Prix : €€€

Plan : A2-7 – 5 rue de la République – ☎ 04 90 86 17 07 – www.hiely-lucullus.com – Fermé mardi et mercredi

NUMÉRO 75

CUISINE TRADITIONNELLE • CONVIVIAL Une demeure bourgeoise du 19e s. noyée sous la végétation (glycine, vigne vierge et clématite) : joli décor pour un repas sur la plaisante terrasse arborée... Cette adresse connaît un franc succès dans la ville : la faute à son cadre chaleureux et à une cuisine du marché sincère, aux notes provençales. Service convivial et efficace.

🍽 🍷 – Prix : €€

Plan : B3-9 – 75 rue Guillaume-Puy – ☎ 04 90 27 16 00 – www.numero-75.com – Fermé samedi et dimanche

SEVIN

CUISINE MODERNE • ÉLÉGANT Dans cette demeure médiévale chargée d'histoire, installée en bordure immédiate du Palais des papes, le chef Guilhem Sevin compose une partition moderne, et profite du soutien d'une équipe jeune et motivée. Si possible, profitez de la terrasse surplombant la place. Belle carte des vins.

🍸 AC 🍽 🍷 – Prix : €€€

Plan : A2-6 – 10 rue de Mons – ☎ 04 90 86 16 50 – www.restaurantsevin.fr – Fermé mercredi et jeudi

🛏 LA DIVINE COMÉDIE

CLASSIQUE • CONVIVIAL Cet hôtel particulier peut se targuer de posséder le plus grand jardin privé d'Avignon, un havre de paix verdoyant en plein cœur de la ville médiévale. S'y niche un petit hôtel de cinq suites, taille idéale pour un service personnalisé, des espaces communs magnifiquement tranquilles et une atmosphère conviviale de maison de campagne, dont le salon regorgerait d'œuvres d'art. Les suites sont luxueuses, éclectiques, toutes différentes et toutes extraordinaires. L'orangerie abrite la salle à manger, et la verdure dissimule un tout petit spa, un jacuzzi et une piscine.

🅿 🛜 🚲 🏊 🛎 🐾 AC - 5 chambres

16 impasse Jean-Pierre Gras – ☎ 06 77 06 85 40 – www.la-divine-comedie.com

🛏 MAS DE CAPELOU

CLASSIQUE • ÉLÉGANT L'architecture de l'ancienne ferme a été méticuleusement préservée et restaurée, tandis que la décoration de ses cinq chambres révèle un œil moderne : simplicité des intérieurs, caractère plus contemporain des quatre appartements, sans perdre de vue leur identité provençale. Ce plaisir esthétique ne fait pas ombrage aux autres atouts du lieu, comme la petite piscine idéale pour prendre le soleil, ou le terrain et ses ambiances bucoliques.

🅿 🚲 🏊 🛎 🍴 AC - 9 chambres

1336 chemin des Poiriers – ☎ 07 66 76 21 58 – www.masdecapelou.com

LA MIRANDE

TRADITIONNEL • RAFFINÉ Cet hôtel particulier du 17e s. est absolument superbe : pierres ouvragées, déluge d'objets d'art et de tentures dans l'esprit provençal du 18e s. et un délicieux jardin clos, qui s'épanouit à l'ombre du palais des Papes. Raffinement exquis !

🐕 🅿 🗣 📶 📶 🛎 🍽 🆊 - 26 chambres

4 place de l'Amirande – 📞 *04 90 14 20 20 – www.la-mirande.fr*

✿ **La Mirande** - Voir la sélection des restaurants

AVIZE
✉ 51190 – Marne – Carte régionale n° **6**–B2

LES AVISÉS

CUISINE MODERNE • COSY Les avisés marqueront un arrêt au domaine Selosse. Stéphane Rossillon en cuisine, et sa femme au service, deux anciens de chez Anne-Sophie Pic, composent un menu unique, à base de produits sélectionnés, servis dans une charmante atmosphère "maison d'hôtes". Aux beaux jours, on profite de la grande terrasse... Carte des vins superbe.

🕸 ♿ 🍽 🅿 – Prix : €€€

59 rue de Cramant – 📞 *03 26 57 70 06 – www.selosse-lesavises.com –*
Fermé mardi et mercredi

AVORIAZ
✉ 74110 – Haute-Savoie

 LES DROMONTS

MODERNE • FAMILIAL Cet hôtel mythique d'Avoriaz a réhabilité avec brio le style des années 1960 : son architecture singulière épouse harmonieusement le décor environnant. Cette station skis aux pieds et sans voiture ne tolère que les traîneaux, à la plus grande joie des amoureux de la nature. Les petites chambres tout confort et astucieusement aménagées dévoilent de superbes vues sur les monts enneigés. Petit spa.

🅿 🗣 🕸 🐾 🍽 - 35 chambres

40 place des Dromonts – 📞 *04 56 44 57 00 – www.hoteldesdromonts.com*

 MIL8

AVANT-GARDE • CHALEUREUX Le luxe de Courchevel, mais avec l'atmosphère d'Avoriaz. Hissé à 1800 m d'altitude, le MIL8 sort le grand jeu : sous son enveloppe alpine ultra contemporaine, un spa entièrement vitré avec piscine à débordement, sauna, salle de sport et cabines de massage, bar à cocktails conçu comme une bulle conviviale. Taillées comme des cabines réchauffées de fines lattes de bois, chambres et suites luxueuses et sophistiquées regardent à travers leurs hublots et baies vitrées les sommets alentour.

♿ 🗣 🕸 🐾 🍽 - 42 chambres

241 rue des Traîneaux – 📞 *04 58 57 18 00 – www.hotelmil8.com*

AVRILLÉ
✉ 49240 – Maine-et-Loire – Carte régionale n° **9**–C2

PATACHÉE

CUISINE DU MARCHÉ • BISTRO Au centre-ville, cette petite maison traditionnelle à la façade rénovée la joue esprit bistrot, entre notes rustiques rappelant l'âge de la maison et d'autres contemporaines avec le mobilier et les luminaires. Le chef, expérimenté, cuisine en fonction de l'arrivage de ses producteurs, dans une veine bistronomique gourmande juste ce qu'il faut : terrine de canard maison, aile de raie, moelleux au chocolat. Ardoise du jour au déjeuner.

Prix : €€

116 avenue Pierre-Mendès-France – ℰ 02 41 88 11 70 – www.patachee.com – Fermé samedi et dimanche, et mardi et mercredi soir

AY-SUR-MOSELLE
✉ 57300 – Moselle – Carte régionale n° **7**–B1

LE MARTIN PÊCHEUR

CUISINE CLASSIQUE • MAISON DE CAMPAGNE Entre le canal Camifémo et la Moselle, une ancienne maison de pêcheurs (1928), où règne un bel esprit d'auberge de campagne, agrémentée d'un adorable jardin estival. Ici, la tradition se mêle aux tendances actuelles, et la cave est bien fournie !

⛐ ⬡⌂ ✿ **P** – Prix : €€€

1 route d'Hagondange – ℰ 03 87 71 42 31 – www.lemartinpecheur-restaurant.fr – Fermé lundi, samedi midi, et mardi, mercredi, jeudi et dimanche soir

AZAY-LE-RIDEAU
✉ 37190 – Indre-et-Loire – Carte régionale n° **15**–B1

✿ AUBERGE POM'POIRE
Chef : Bastien Gillet

CUISINE MODERNE • CONTEMPORAIN Au beau milieu des poiriers et des pommiers se cache parfois une belle table... Tel est le cas de cette auberge contemporaine, dont la salle lumineuse et chaleureuse s'ouvre sur les vergers et la nature. Un joli fruit coloré et acidulé : voilà exactement ce qui pourrait symboliser la cuisine de Bastien Gillet. Du peps, de la justesse, de la subtilité (sur les arômes comme sur les textures) : ses assiettes, composées avec de beaux produits fermiers de la région, débordent de saveurs ! Bref, c'est malin autant que gourmand : nul doute, Pom'Poire est une adresse à croquer.

⬡ ⬡⬡ ⌂ ✿ **P** – Prix : €€€

21 route de Vallères – ℰ 02 47 45 83 00 – www.aubergepompoire.fr – Fermé lundi et jeudi midi

☺ L'ÉPINE

CUISINE MODERNE • CONTEMPORAIN Pas d'épine dans votre assiette mais un hommage au prunelier, un arbuste épineux qui peuple les haies sauvages des campagnes et dont les pousses servent à faire un vin. Dans cette ancienne école de 1866, le bon goût règne : un plafond aux poutres apparentes, de grandes ouvertures lumineuses qui donnent sur une terrasse arborée, des luminaires design, des œuvres d'art. Le chef signe une carte bistronomique de saison à prix doux qui célèbre les produits et les artisans locaux.

⬡ ⬡⬡ – Prix : €€

19 place de la République – ℰ 02 47 45 39 84 – www.restaurant-lepine.fr – Fermé samedi et dimanche

L'AIGLE D'OR

CUISINE MODERNE • TRADITIONNEL À quelques centaines de mètres du château, voilà une adresse en or ! Dans cette maison de pays, on s'installe au coin de la cheminée ou sur la terrasse ombragée pour déguster une belle cuisine qui revisite la tradition. Au piano, le chef joue une savoureuse mélodie !

⛐ ⬡⬡⬡ ✿ – Prix : €€€

10 avenue Adélaïde-Riche – ℰ 02 47 45 24 58 – www.laigle-dor.com – Fermé lundi, mardi, mercredi midi et dimanche soir

BADEN

✉ 56870 – Morbihan – Carte régionale n° **1**–C3

❀ **LE GAVRINIS**

CUISINE MODERNE • TRADITIONNEL L'enseigne de cette maison de pays rend hommage à l'île de Gavrinis toute proche. Il faut dire que le chef, formé par Pierre Gagnaire, cultive l'âme bretonne et la fierté d'un terroir riche et vivant. En témoignent ce florilège de champignons produits localement (pleurote, shiitaké...) rôtis, en raviole, en consommé ou ce merlu vapeur au beurre, mémorable, accompagné de son excellente sauce crème au vin blanc, aux algues et au poivre de Timut. Une authentique étape gourmande, mise en valeur par une salle à manger "éco-design" où règnent le bois flotté et les teintes douces (écru, gris et beige). Une ravissante terrasse, très fleurie en été, met des points de suspension à votre bonheur.

🍲 🖐️ & ☂ 🅿 – Prix : €€€

1 rue de l'Île-Gavrinis – ☏ 02 97 57 00 82 – www.gavrinis.fr – Fermé lundi, mardi et dimanche

😊 **LA CHAUMIÈRE DE POMPER**

CUISINE BRETONNE • CONTEMPORAIN Réputée dans la région, cette crêperie propose des galettes avec une farine de blé noir bio mélangée avec 10% de farine de froment, ainsi qu'une finesse de pâte et une cuisson les rendant davantage croustillantes que la moyenne... en breton, cela se nomme kraz ! Un conseil : optez pour les classiques, ce sont les meilleures... Belle carte de cidres.

🖐️ & ☂ 🅿 – Prix : €

Le Moulin de Pomper, 14 hameau de Kerhervé – ☏ 02 97 58 59 66 – www.lachaumieredepomper.fr – Fermé lundi et dimanche

BAERENTHAL

✉ 57230 – Moselle – Carte régionale n° **7**–D2

❀ **L'ARNSBOURG**

Chef : Fabien Mengus

CUISINE MODERNE • CONTEMPORAIN Laure et Fabien Mengus tiennent les rênes de cette maison emblématique. Fabien avait fait connaître son talent au Cygne, une table voisine, et il se montre parfaitement à l'aise entre les murs de cette ancienne institution, multipliant les ponts entre tradition et modernité, aussi bien pour la décoration que pour l'assiette. Que ce soit côté salon ou près des baies vitrées donnant sur la forêt, on déguste une cuisine tout en variations, qui met à l'honneur de beaux produits ; ainsi la poêlée d'escargots de la ferme d'Ettendorf, œuf à la cuisson parfaite et jus aux herbes à la Chartreuse verte, ou cette poitrine de pigeon grillée au barbecue, avec cannelloni de blettes et émietté des cuisses aromatisé au cacao.

🕸️ 🍲 🖐️ & 🅰🅲 🅿 – Prix : €€€€

18 Untermuhlthal – ☏ 03 87 06 50 85 – www.arnsbourg.com/fr – Fermé lundi, mardi et mercredi midi

BÂGÉ-LE-CHÂTEL

✉ 01380 – Ain – Carte régionale n° **21**–B1

😊 **LA TABLE BÂGÉSIENNE**

CUISINE MODERNE • COSY Derrière la façade de cet ancien relais de poste se cache une déco contemporaine – cave à vin vitrée – et une généreuse cuisine bressane à faire saliver les papilles... Pomme Anna de grenouilles sautées comme en Dombes à la crème de beurre d'ail, volaille de Bresse à la crème et au vin jaune, ou encore le traditionnel nougat glacé.... Agréable terrasse au calme à l'arrière.

&. 🍴 – Prix : €€
19 Grande-Rue – ☏ 03 85 30 54 22 – www.latablebagesienne.com – Fermé du lundi au mercredi et dimanche soir

BAGNÈRES-DE-BIGORRE

✉ 65200 – Hautes-Pyrénées – Carte régionale n° **25**–C3

O2C

CUISINE DU MARCHÉ • COSY Le ciel mène à tout : ancien pilote d'hélicoptère et grand passionné de cuisine, Christophe Belegaud tient les fourneaux de ce restaurant aux tons crème et chocolat, à la déco sagement moderne. Basée sur des produits locaux, cette cuisine du marché 100% maison et bien de son temps va droit au but. Quant à Chantal, le second "c" de ce charmant O2C, elle assure un service attentionné.

🍴 – Prix : €€
20 place de Strasbourg – ☏ 09 52 71 92 58 – www.o2c-restaurant.fr – Fermé lundi, mardi et dimanche

LE JARDIN DES BROUCHES

CUISINE MODERNE • CONTEMPORAIN La jolie maison blanche est installée juste en face de l'imposant casino de Bagnères-de-Bigorre. L'intérieur, lumineux, se pare de couleurs contemporaines ; dans l'assiette, on trouve de bons produits frais et pleins de saveurs, préparés avec amour par un chef épris d'herbes et d'épices. Séduisant.

&. 🅰🄲 🍴 – Prix : €€
1 boulevard de l'Hypéron – ☏ 05 62 91 07 95 – www.lejardindesbrouches.fr – Fermé lundi, mardi, mercredi et dimanche et du jeudi au samedi à midi

BAGNOLES-DE-L'ORNE

✉ 61140 – Orne – Carte régionale n° **2**–B3

LE MANOIR DU LYS

Chef : Franck Quinton
CUISINE MODERNE • COSY Que serait cette table aux boiseries claires et à l'agréable terrasse sans l'immense forêt d'Andaine qui l'entoure ? Aux confins du Maine, de la Normandie et de la Bretagne, ce poumon vert nourrit la cuisine forestière du chef Franck Quinton. À chaque saison, il prépare les champignons comme personne : cèpes rôtis au thym et au laurier, girolles sautées au romarin, abricots et noisettes, ou encore choux craquelin aux champignons... Ce cuistot passionné est aussi un locavore qui s'ignore : il achète ses pigeons, ses légumes et sa viande à quelques dizaines de kilomètres du restaurant. Une cuisine fine et goûteuse dans une atmosphère élégante et apaisante. Stages de cuisine et de cueillette.

🛏 🍴 &. 🍴 🛎 🅿 – Prix : €€€€
Route de Juvigny-sous-Andaine – ☏ 02 33 37 80 69 – www.manoir-du-lys.fr – Fermé lundi, du mardi au vendredi à midi, et dimanche soir

Ô GAYOT

CUISINE TRADITIONNELLE • BISTRO Une jolie maison en pierre et son bistrot, pile dans l'air du temps. Dans l'assiette, on trouve de bonnes recettes... bistrotières, comme il se doit ! Pavé de cabillaud à la plancha, fricassée de cocos ; tartare de bœuf coupé au couteau ; sablé au beurre et sa glace au caramel...

&. 🍴 – Prix : €€
2 avenue de la Ferté-Macé – ☏ 02 33 38 44 01 – www.ogayot.net – Fermé lundi, mardi midi et dimanche soir

LE MANOIR DU LYS

CLASSIQUE • CHAMPÊTRE Au milieu des bois et dans un superbe parc, cette belle demeure normande est empreinte de quiétude... Les chambres du manoir affichent un raffinement classique ou plus contemporain, toujours chaleureux ; dans le pavillon, des suites spacieuses.

🅿 🛎 ♿ 🚲 ⛲ ⏻⃝ - 30 chambres

Route de Juvigny - sous-Andaine – 🕾 *02 33 37 80 69 – www.manoir-du-lys.fr*

❀ **Le Manoir du Lys** - Voir la sélection des restaurants

BAGNOLS

✉ 69620 – Rhône – Carte régionale n° **21**-A1

1217

CUISINE MODERNE • CLASSIQUE Un cadre d'exception que ce superbe château médiéval, qui semble cultiver des fastes immémoriaux... Sous le patronage d'une immense cheminée gothique délicatement sculptée, on s'attable pour un repas d'une belle finesse. En dessert, on craque pour la fraise rhubarbe : croustillant à la fraise - panna cotta à la sarriette - compotée de fraises fraîches rafraîchie de son sorbet... un délice.

⇚ 🛎 ⛩ ⛲ 🅿 – Prix : €€€

Le Bourg – 🕾 *04 74 71 40 00 – www.chateaudebagnols.com/fr*

 CHÂTEAU DE BAGNOLS

TRADITIONNEL • CHAMPÊTRE Les mots manqueraient presque pour décrire la magnificence de ce château du 13ᵉ s. dominant le vignoble beaujolais. L'accès par le pont-levis au-dessus des douves, les décors historiques (mobilier d'art, cheminées monumentales...), le superbe parc et son verger : tout est unique... jusqu'au spa, agencé à la manière d'une cuverie.

♿ ☕ 🅿 🛎 🚲 ⛲ 🏊 ⛳ ⏻⃝ - 19 chambres

Le Bourg – 🕾 *04 74 71 40 00 – www.chateaudebagnols.com*

1217 - Voir la sélection des restaurants

BALMA

✉ 31130 – Haute-Garonne – Carte régionale n° **26**–C2

 L'ÉQUILIBRE

CUISINE MODERNE • CONTEMPORAIN Formidable succès pour ce restaurant tenu par un couple trentenaire, qui fait dans le bon et le simple. Le chef agrémente les produits frais du marché avec bonheur, comme en témoigne cet œuf coulant parfaitement cuit, avec crème de poireau au gingembre, haddock et pickles de carottes... Rapport qualité-prix exceptionnel. Un sans-faute.

♿ 🆎 ⛩ – Prix : €€

10 place de la Libération – 🕾 *05 61 45 70 43 – www.restaurant-lequilibre.fr –*
Fermé lundi, samedi et dimanche

BAN-DE-LAVELINE

✉ 88520 – Vosges – Carte régionale n° **7**–C3

MAISON DE LAVELINE

CUISINE TRADITIONNELLE • AUBERGE Cette auberge du pays vosgien, tenue par un jeune couple, propose une cuisine traditionnelle, mais aussi, au cours de l'année, des dîners thématiques autour d'un produit de saison. Des plats généreux, comme cette entrecôte de veau bien tendre et son risotto aux asperges, qu'on déguste dans l'agréable salle à manger récemment rénovée, ou sur la terrasse aux beaux jours.

🛒 – Prix : €€

5 rue du 8-Mai – ℘ 03 29 51 78 17 – www.maison-de-laveline.fr – Fermé lundi et dimanche soir

BANDOL

✉ 83150 – Var – Carte régionale n° **29**–A3

AU CLAIR DE LA VIGNE

CUISINE MODERNE • CONVIVIAL Animé avec chaleur par un passionné de vins, ce bistrot gourmand profite aussi des talents d'un ancien cuisinier de Christophe Bacquié. Il envoie une vraie cuisine, généreuse et gourmande. Sur l'ardoise renouvelée régulièrement, les plats bistrotiers figurent en bonne en place, remis au goût du jour avec des touches méridionales : gaspacho de courgette à la menthe et fleur de courgette à la brousse de vache ; pagre de Méditerranée rôti, céleri rave comme un risotto ; financier à la pistache et soupe de fraises... Cerise sur le gâteau, l'adresse est située dans une rue semi-piétonne, juste derrière le front de mer, mais à l'écart de l'agitation touristique.

🍽 – Prix : €€

25 rue du Docteur-Louis-Marçon – ℘ 04 94 32 28 58 – www.au-clair-de-la-vigne-restaurant-bandol.fr – Fermé mardi et mercredi midi

L'ESPÉRANCE

CUISINE MODERNE • COSY Si vous avez la chance de vous rendre à Bandol, éloignez-vous un peu du port ; vous y découvrirez un lieu plein de fraîcheur, où Maria et Gilles Pradines exercent leur passion avec talent et gourmandise. De ses origines basques, le chef a conservé l'amour des produits du Grand Sud, ne dédaignant ni le piquillo farci, ni la cerise noire ou le pata negra. Il porte une attention particulière au choix de ses ingrédients et les mitonne avec grand soin : bar sauvage mariné aux graines de fenouil, huître spéciale n°2 grillée, abricot de Provence, huile d'olive et citron...La présentation des plats n'est pas en reste, et le service est charmant !

🆑 – Prix : €€€

21 rue du Docteur-Louis-Marçon – ℘ 04 94 05 85 29 – www.lesperance-bandol.com – Fermé lundi et mardi

LES OLIVIERS

CUISINE MODERNE • ÉLÉGANT Dans la baie de Renécros, on découvre avec bonheur cet intérieur lumineux et contemporain, d'une élégance rare, qui offre une vue imprenable sur la Grande Bleue. Le soir (et uniquement le soir !), on apprécie une cuisine méditerranéenne et provençale, colorée et parfumée. Au déjeuner, cuisine bistronomique au Bistrot Lumière.

🍽 – Prix : €€€€

Hôtel Île Rousse, 25 boulevard Louis-Lumière – ℘ 04 94 29 33 12 – www.thalazur.fr/bandol/hotel/restaurant – Fermé le midi

LE SHARDANA

CUISINE MODERNE • CONTEMPORAIN Au cœur de la station balnéaire, une adresse bienvenue, moderne et pimpante, cultive les charmes de la Sardaigne, et surtout ceux d'une cuisine de saison, renouvelée mensuellement qui butine son goûteux ordinaire dans les produits locaux et les ingrédients sardes. Des exemples ? Filet de maigre de la pêche locale à la vapeur douce, sauce armoricaine, légumes croquants et ail noir ou encore panettone façon pain perdu, pommes rôties, caramel au beurre salé et quenelle de straciatella. En salle, le sourire de la compagne du chef est un atout décisif ! Petite carte des vins, essentiellement italiens et locaux.

🆑 – Prix : €€

16 rue de la République – ℘ 04 94 32 17 79 – Fermé mercredi et le midi en semaine

ÎLE ROUSSE - THALAZUR

CONTEMPORAIN • MARITIME Une situation idéale pour cet hôtel chic les pieds dans l'eau ! Tout séduit : le décor contemporain, le superbe centre de thalasso, le hall d'accueil ouvert sur la piscine d'eau de mer... sans oublier les deux plages où l'on prend le soleil en toute tranquillité.

&📶🄿🌙🛋️🌐🌀🛗🕍🍽️🄰🄲 - 67 chambres

25 boulevard Louis Lumière – ☎ 04 94 29 33 00 – www.thalazur.fr/bandol/hotel
Les Oliviers - Voir la sélection des restaurants

BANYULS-SUR-MER
✉ 66650 – Pyrénées-Orientales – Carte régionale n° **27**–C3

LE FANAL

CUISINE MODERNE • COSY Face au port de plaisance de Banyuls, laissez-vous guider par les lumières de ce Fanal. Pascal Borrell, Catalan pure souche, a choisi d'y jeter ses filets après avoir navigué jusqu'aux grandes maisons parisiennes, et mené le Chapon Fin à Perpignan. Ici, le poisson frais est à l'honneur : merlu, lotte, sole, turbot, morue... ou encore ces pickles d'anchois doucement marinés au vinaigre de Banyuls.

≶🄰🄲🌳 – Prix : €€€

18 avenue Pierre-Fabre – ☎ 04 68 98 65 88 – www.pascal-borrell.com/fr

BAR-LE-DUC
✉ 55000 – Meuse – Carte régionale n° **6**–C3

BISTRO SAINT-JEAN

CUISINE MODERNE • CONTEMPORAIN Cette ancienne épicerie est devenue un bistrot contemporain plein de saveurs et de couleurs, pile dans la tendance. Le patron, fils de pâtissier, réalise une cuisine du marché soignée, et dans l'air du temps, renouve-lée au quotidien, comme avec cette poitrine de cochon confite et son jus de braisage aux petits oignons. Et toujours : le respect des produits. Service efficace et discret.

🄰🄲 – Prix : €€

132 boulevard de la Rochelle – ☎ 03 29 45 40 40 – www.bistrostjean.fr –
Fermé lundi, samedi midi, et jeudi et dimanche soir

BARBOTAN-LES-THERMES
✉ 32150 – Gers – Carte régionale n° **26**–A1

LA BASTIDE

CUISINE MODERNE • ÉLÉGANT Un lieu élégant, qui a une âme, et deux concepts culinaires : d'une part une cuisine santé destinée aux curistes (carte renouvelée tous les jours) ; de l'autre des mets "d'appétit" mêlant avec raffinement terroir et air du temps.

🍴&🄰🄲🌳🄿 – Prix : €€€

Avenue des Thermes – ☎ 05 62 08 31 00 – www.bastide-gasconne.com – Fermé lundi

🛏️ **LA BASTIDE EN GASCOGNE**

CLASSIQUE • CHARME Omniprésence de l'eau (avec de superbes fontaines dans les jardins à l'andalouse, une galerie menant aux thermes et au centre de balnéo) ; décor raffiné mêlant brique, bois, marbre et pierre ; chambres douillettes : cette bastide a un charme fou !

🌙🄿🔲🍴🛋️🌐🌀🍽️🄰🄲 - 25 chambres

Avenue des Thermes – ☎ 05 62 08 31 00 – www.bastide-gasconne.com
La Bastide - Voir la sélection des restaurants

BARCELONNETTE

✉ 04400 – Alpes-de-Haute-Provence

🛏 ### AZTECA

CONTEMPORAIN • RAFFINÉ Cette ancienne villa "mexicaine" de 1888 abrite aujourd'hui des chambres confortables, dont chacune est personnalisée dans un style contemporain. Dans les salons de l'hôtel, une galerie accueille le travail de nombreux artistes.

 ♿ 🅿 🐾 🛗 🔞 🛎 - 27 chambres

3 rue François Arnaud – ℘ 04 92 81 46 36 – www.azteca-hotel.fr

BARDIGUES

✉ 82340 – Tarn-et-Garonne – Carte régionale n° **26**–B1

IRIS CAFÉ

CUISINE MODERNE • BRANCHÉ Reconversion réussie pour cette bâtisse contemporaine située au coeur du village, qui propose désormais une cuisine plus simple mais tout aussi savoureuse. En cuisine, Cyril, toujours fou de légumes, de fruits et de poissons, porte une attention particulière au locavorisme. De bons produits pour des plats harmonieux, comme ce filet de truite de la Ferme de Ciron, pulpe de céleri rave, émulsion livèche. Grande terrasse ouverte sur la campagne.

 ♿ 🆎 🍴 – Prix : €

Le Bourg – ℘ 05 63 39 05 58 – www.iriscafe.fr – Fermé lundi et mardi, et mercredi et dimanche soir

BARJAC

✉ 30430 – Gard – Carte régionale n° **28**–B2

LE CARRÉ DES SAVEURS

CUISINE TRADITIONNELLE • TENDANCE Un intérieur résolument contemporain, une agréable terrasse dans une jolie cour intérieure : cadre charmant que celui de cette ancienne magnanerie cernée par les vignes. La cuisine cultive l'esprit du terroir et de la tradition, tout à l'honneur des produits locaux. Petit plus, on peut goûter les vins et l'huile d'olive produits directement sur le domaine.

 🐾 🍴 ♻ 🅿 – Prix : €€

1770 chemin du Mas-du-Terme – ℘ 04 66 24 56 31 – www.le-carre-des-saveurs.com

BARNEVILLE-CARTERET

✉ 50270 – Manche – Carte régionale n° **2**–A2

LA MARINE

CUISINE MODERNE • CONTEMPORAIN Avec sa vue panoramique sur les flots et le port, cette institution de la presqu'île du Cotentin fait face aux îles de Jersey et Guernesey. Dans une agréable salle contemporaine, vous pourrez déguster des plats modernes et élégants mettant en avant le terroir normand, avec une prédominance des produits de la mer issus de la pêche locale, à l'image de ce lieu, fenouil confit et rôti, beurre monté au zeste de citron.

 ❄ ♿ 🆎 🅿 – Prix : €€€

11 rue de Paris – ℘ 02 33 53 83 31 – www.hotelmarine.com – Fermé lundi et du mardi au samedi à midi

BARNEVILLE-LA-BERTRAN

✉ 14600 – Calvados

🛏 **AUBERGE DE LA SOURCE**

TRADITIONNEL • CHAMPÊTRE À l'entrée du village, cette jolie maison en brique rouge et sa longère à colombages semblent incarner l'idéal champêtre : un jardin et ses beaux arbres fruitiers, des bassins où fraient truites et esturgeons, des chambres d'esprit nature et cosy... Charmant !

⅋ 🅿 🍽 🛏 🍴 - 15 chambres

Chemin du Moulin – 𝒞 02 31 89 25 02 – www.auberge-de-la-source.fr

BARON

✉ 30700 – Gard

🛏 **LA MAISON D'ULYSSE**

BOURGEOIS • CHAMPÊTRE Cette ancienne magnanerie du 16ᵉ s. a délaissé l'élevage des vers à soie pour proposer un lieu dont l'élégance champêtre invite à se sentir du côté de chez soi. Jardin provençal, belle piscine, élégants volumes des chambres, mobilier design ou Art déco : tout ici évoque le luxe tranquille, et sans affèterie. Mais aussi : terrain de boule, hammam...

🅿 🛏 🚲 🛁 🌀 🍽 🍴 🅰🅲 - 9 chambres

20 place Ulysse Dumas – 𝒞 04 66 81 38 41 – www.lamaisondulysse.com

BARR

✉ 67140 – Bas-Rhin – Carte régionale n° **8**–C1

🏵 **ENFIN**

CUISINE MODERNE • CONVIVIAL Salle à manger épurée à la scandinave, beau plafond avec poutres en bois foncé, mariage heureux du rustique et du contemporain, immenses cuisines ouvertes avec comptoir où s'affaire la jeune brigade pleine d'entrain, feutre gris aux murs : qui pourrait deviner l'ancienne menuiserie transformée en restaurant ? Ici, du décor à l'assiette en passant par la tenue de l'équipe et évidemment les produits, on respecte à la lettre le local et la saison. Les menus à thème aux noms poétiques ("Iode et Soleil Levant", "Vignes, Forêts et Montagnes", "Légumes racines et agrumes français"...) dévoilent une cuisine principalement végétale. Les assiettes déploient tout un imaginaire gourmand qui joue avec créativité sur les nuances douce-amères, les épices et les agrumes. Dans cet univers où les protéines animales se réduisent comme peau de chagrin, on peut aussi rencontrer par exemple un beau terre-mer de Saint-Jacques et ris de veau. Un lieu avec du cachet, une cuisine avec de la personnalité.

⅋ 🅰🅲 🅿 – Prix : €€€€

2 chemin du Château-d'Andlau – 𝒞 03 69 61 37 30 – www.enfin-barr.com – Fermé dimanche, lundi et mardi

LA TABLE DU 5 🆕

CUISINE MODERNE • CONTEMPORAIN Ce restaurant contemporain, situé au sein de l'hôtel 5 Terres, regarde le magnifique hôtel de ville (1640) de style Renaissance. Dans cette salle lumineuse aux matériaux nobles (chêne, cuir, velours), on déguste une cuisine actuelle qui font la part belle aux produits locaux soigneusement sourcés. La carte des vins fait forte impression, avec des centaines de références bio et biodynamique.

🐾 ⅋ 🅰🅲 ⛱ – Prix : €€

11 place de l'Hôtel-de-Ville – 𝒞 03 88 08 28 44 – www.5terres-hotel.fr – Fermé dimanche, lundi et samedi midi

BARRETAINE

✉ 39800 – Jura – Carte régionale n° **13**–B2

MAISON ZUGNO 🅽

CUISINE MODERNE • MAISON DE CAMPAGNE Cet ancien relais de poste de la fin du 18ᵉ s. est devenu une halte de charme (avec ses 9 chambres, sa piscine et son spa) et un restaurant distribué en 3 petites salles à manger (parquet, tables en noyer, murs en brique, tapisserie florale, mur végétal selon la pièce). Le chef Quentin Defert signe une cuisine moderne exclusivement sans gluten à base de produits de saison souvent locaux (mais pas seulement). En entrée, la brunoise de poire épouse le Bleu de la fruitière de La Marre, la crème de maïs se marie aux noisettes et la poitrine de porc Ibérique fondante et son chou romanesco sont relevés d'une savoureuse émulsion thaï.

🍽&🛋🅿 – Prix : €€€

Les Monts de Vaux – ☏ 03 84 53 10 31 – www.maison-zugno.com – Fermé lundi, du mardi au vendredi à midi, et dimanche soir

🛏 MAISON ZUGNO

BOURGEOIS • CHAMPÊTRE Cette maison du 17ᵉ s. au cachet bourgeois abrite des chambres confortables et personnalisées. Une adresse de renom réveillée par l'enthousiasme d'un jeune couple, qui a redonné vie à cette bâtisse perdue dans la nature.

🅿🛋🍽♨🍴🆑 - 8 chambres

Sur le vallon de Vaux – ☏ 03 84 53 10 31 – www.maison-zugno.com

Maison Zugno - Voir la sélection des restaurants

BASSE-GOULAINE

✉ 44115 – Loire-Atlantique – Carte régionale n° **9**–B3

RESTAURANT DU PONT

CUISINE TRADITIONNELLE • ÉPURÉ Face au petit canal de Goulaine, cette maison blanche fut jadis une buvette et une auberge de bord de rivière. Le chef Mathieu Corbineau nous met tout de suite à l'aise dans un cadre contemporain sobre. Lui qui a roulé sa bosse à l'étranger navigue entre recettes plutôt traditionnelles et influences plus actuelles : aujourd'hui, mi-cuit de thon, épices cajun, poireaux, sabayon nantais ; ballotine de volaille, pressé de pommes de terre, ail noir, jus réduit ; choux-craquelin de chocolat, orange sanguine. Menu déjeuner à prix doux. Le vignoble du muscadet est bien représenté sur la carte des vins, grâce à un sommelier passionné et pédagogue.

🛋🗨 – Prix : €€

147 rue du Grignon – ☏ 02 40 03 58 62 – www.restaurant-du-pont.fr – Fermé lundi et dimanche, et mercredi soir

VILLA MON RÊVE

CUISINE TRADITIONNELLE • COSY Dans un grand jardin protégé par une levée de la Loire, une jolie maison bourgeoise de la fin du 19es., au cadre élégant et feutré. La carte perpétue la tradition de la cuisine des bords de Loire : cuisses de grenouille au beurre persillé ou gros plant et sa sauce aux herbes ; poissons de la région (brochet, sandre et bar) au beurre blanc. Terrasse plaisante aux beaux jours.

🍽🗨🅿 – Prix : €€

2 levée de la Divatte – ☏ 02 40 03 55 50 – www.villa-mon-reve.com – Fermé lundi et mardi, et dimanche soir

BASSIN D'ARCACHON

✉ 33120 Gironde –
Carta regionale n° **22**-A2

Derrière l'huître, tout un panier de délices

Le bassin d'Arcachon est une échancrure dans la longue Côte d'Argent, une lagune sertie par la forêt, autrefois domaine des résiniers. Devenu le sixième parc naturel marin français, cet univers, en partie protégé, est animé par le vol des oiseaux. Dans ce paysage sauvage, les pinasses colorées, les cabanes sur pilotis et les ducs-d'Albe témoignent de l'activité des hommes. Côté gourmandise, on commence par aller se régaler dans l'une des cabanes des ports ostréicoles (à la Teste-de-Buch, par exemple), en accompagnant ses huîtres d'un petit verre de blanc : si ce n'est pas le bonheur, ça y ressemble ! On ira aussi se régaler de sole ou de seiche dans l'un des nombreux restaurants du bassin, avant de passer au marché d'Arcachon : sa halle Baltard recèle bien des trésors, caviar d'Aquitaine, bars, soles et turbots de la criée, bœuf de Bazas et fromages des Pyrénées...

ARCACHON

✉ 33120 – Gironde – Carte régionale n° **22**-A2

❀ LE PATIO

Chef : Thierry Renou

CUISINE MODERNE • ÉLÉGANT Dans le quartier du port, ce restaurant s'est fait un devoir de mettre en valeur les meilleurs produits aquitains : asperge des Landes, agneau de Pauillac, huîtres du bassin, pigeon, foie gras... Le chef Thierry Renou voue aussi une passion à la Thaïlande où il séjourne régulièrement : il y a des pointes de métissage dans son foie gras poché au lait de coco, dans son poulpe au yaourt yuzu, caviar et gingembre confit, ou encore son ossau-iraty, sablé au saté et confiture de cerises, dans ses huîtres et ses sushis parfumés à l'aloe vera. Sa cuisine se veut contemporaine et porte une attention toute particulière à l'esthétisme des assiettes. Quant au fameux "patio", c'est aussi un régal : une verrière qui permet de déjeuner à l'air libre ou de dîner sous la voûte étoilée...

🍽 – Prix : €€€

10 boulevard de la Plage – ☎ 05 56 83 02 72 – www.lepatio-thierryrenou.com –
Fermé lundi et dimanche, et mercredi soir

ACACIA

CUISINE MODERNE • CONTEMPORAIN Repérez vite au cœur d'Arcachon, à deux pas de la plage, cette petite devanture noire et blanche qui cache une salle à la déco actuelle griffée d'une touche rétro. Le chef connaît son affaire, entre bistronomie et tradition revue avec intelligence : très bonne terrine porc noir de

Bigorre/volaille, twistée par une compotée d'oignon rouge et poire ; quasi de veau en croûte d'herbes, gnocchis à la patate douce.

🅰🅲 🍴 – Prix : €€

230 boulevard de la Plage – 📞 05 57 15 92 21 – www.acacia-restaurant.fr – Fermé lundi et dimanche

KO-SOMETSUKE 2K

CUISINE ASIATIQUE • SIMPLE Originaire du Cambodge, la famille Khong a posé ses valises à Arcachon, et désormais, c'est elle qui invite au voyage : de la Chine au Japon, et au sud-est asiatique, en utilisant des produits régionaux. Ne manquez pas les dim sum, les vraies stars de la maison, dont la pâte est d'une finesse rare...

🅰🅲 🍴 – Prix : €€

156 boulevard de la Plage – 📞 05 56 83 67 69 – Fermé lundi et mardi, et mercredi midi

🛏 VICTORIA BOUTIQUE HÔTEL

MODERNE • CHARME Derrière cette façade discrète, toute proche du centre ville, se cache un hôtel qui allie le charme décontracté du bord de mer au design contemporain. Ses 24 chambres sont chatoyantes et pleines de caractère, certaines disposant d'une terrasse privée. La plage et la promenade ne sont qu'à quelques pas, et le toit, lieu des petits-déjeuners et des cocktails du soir, offre une vue séduisante sur la ville et la baie.

🔔 🚲 ♨ 🅰🅲 - 19 chambres

24 avenue du Général-de-Gaulle – 📞 05 33 09 28 40 – www.victoria-arcachon.com

🛏 VILLE D'HIVER

MODERNE • CONVIVIAL Dans un quartier plein de cachet, cet ancien bâtiment de la Compagnie Générale des Eaux est devenu un charmant hôtel, ceinturé d'un beau jardin. À l'image de la station, il cultive un style balnéaire à la fois chic et décontracté. Les chambres sont douillettes, et l'espace détente invite à des moments des plus agréables.

🅿 🚗 ♨ 🍴 🅰🅲 - 12 chambres

20 avenue Victor Hugo – 📞 05 56 66 10 36 – www.hotelvilledhiver.com

🛏 VILLA LAMARTINE

BOURGEOIS • COSY Cet établissement, situé dans une rue calme du centre-ville, offre tous les agréments d'une demeure bourgeoise familiale : petit salon cosy, plaisante salle des petits-déjeuners, et bien entendu, chambres confortables. Sans oublier un joli petit spa qui vous tend les bras...

♿ 🅿 ♨ 📶 🅰🅲 - 24 chambres

28 avenue Lamartine – 📞 05 56 83 95 77 – www.hotelvillalamartine.com

ARÈS

✉ 33740 – Gironde – Carte régionale n° **22**–A2

🕸 NACRE Ⓝ

Chefs : Adeline Lesage et Marc-Antoine Lepage

CUISINE MODERNE • ÉPURÉ Dans un décor épuré où le bois et le blanc dominent, Marc-Antoine Lepage (ex-restaurant Les Foudres à Cognac, mais aussi Mirazur à Menton) et Adeline Lesage (passée également par les Foudres) unissent leurs talents pour délivrer une cuisine moderne pleine de douceur, dans un format de menu carte blanche. Tout en nuance et subtils contrastes, la crème d'artichaut et son berlingot au basilic et artichaut violet en barigoule ravit les papilles, tout comme ce homard à l'huile de crustacés, girolles, miel et estragon. Un univers qui met la terre et la mer à l'honneur, avec une prédilection pour les jeux de textures. Accueil souriant.

♿ 🅰🅲 – Prix : €€€

3 bis rue Sophie-et-Paul-Wallerstein – 📞 05 57 05 48 99 – www.restaurant-nacre.com – Fermé lundi et mardi, le midi du mercredi au vendredi et dimanche soir

GUJAN-MESTRAS

✉ 33470 – Gironde – Carte régionale n° **22**–A2

BISTRO' 50

CUISINE MODERNE • BRANCHÉ À 100 m de la plage et du port de la Hume, le chef propose une cuisine moderne et goûteuse, qui s'appuie sur une technique solide (cuissons, bouillons). Avec, comme on l'imagine, un certain penchant pour les produits marins – homard bleu, tomates fumées aux sarments, artichauts, ketchup de crustacés, chips riz soufflé et noisettes. Aux beaux jours, on profite de la vaste et agréable terrasse ombragée.

&. 斎 – Prix : €€

50 avenue de la Plage – 𝒞 05 57 16 35 43 – www.bistro50.fr – Fermé mardi et mercredi, et dimanche soir

LANTON

✉ 33138 – Gironde

🛏 **VILLA LA TOSCA**

CONTEMPORAIN • RAFFINÉ Considérée comme l'un des plus fins exemples d'architecture arcachonnaise, cette adresse marie avec brio la villa à l'italienne avec ce style "villégiature" typique du Sud-Ouest. Les intérieurs sont contemporains, lumineux, décorés d'antiquités asiatiques et d'objets d'art. Un moment de calme et sérénité sur le bassin d'Arcachon, à distance raisonnable des vignobles du Bordelais.

🅿 🦽 🚲 🏊 - 9 chambres

10 allée du Bassin – 𝒞 05 56 60 29 86 – www.villalatosca.com

LÈGE-CAP-FERRET

✉ 33970 – Gironde

🛏 **HÔTEL DES DUNES**

MODERNE • MARITIME Le nom de cet hôtel le situe parfaitement, à deux pas de la plage éponyme. Il affiche un style simple, inspiré des cabanes à huîtres de la région, mais à l'intérieur, on découvre l'influence de la culture surf californienne et une élégance décontractée. Les 11 chambres de l'hôtel sont confortables et un brin minimalistes, équipées de la climatisation mais sans télévision, pour une tranquillité sans faille. Certaines ouvrent sur de lumineux balcons ou terrasses orientés sud, à l'instar des trois suites qui s'étendent sur plus de 30 m². Mais l'important est ailleurs : salle de yoga et sauna, douche extérieure pour le retour de plage, vélos et planches de surf à louer...

🅿 🛟 🍸 🦽 🚲 🐾 🅰🅲 - 14 chambres

119 avenue de Bordeaux – 𝒞 05 56 60 61 81 – www.hoteldesdunes.com

PYLA-SUR-MER

✉ 33115 – Gironde – Carte régionale n° **22**–A2

🏵🏵 **LE SKIFF CLUB**

Chef : Stéphane Carrade

CUISINE MODERNE • ÉLÉGANT Au sein de cet hôtel basque des années 1930 lové au cœur d'une pinède et relooké par le designer Philippe Starck, le restaurant le Skiff Club est un cocon, installé dans une coquette petite salle à manger décorée façon yacht club. Stéphane Carrade est un capitaine émérite et talentueux : il décline une réjouissante cuisine de "terroir progressif", célébrant l'Aquitaine de belle manière. Le chef allie générosité et finesse, à l'image de cette fleur de courgette farcie de duxelles et araignée de mer, soupe de crabes verts au pain d'épice ou encore homard bleu grillé au bois de barrique de Bordeaux, aubergine aux girolles et moelle, sauce Ha(a)ïtza. Le dessert enfin, signé Alexandre Blay, confirme les promesses de cette table : son travail autour du chocolat, avec un confit de pruneaux au barbecue et ail noir de Biscarrosse au porto, ganache chaude et glace aux notes de réglisse, allie finesse et originalité.

🐒 ⇆ & 🅰️ 🍽️🅿️ – Prix : €€€€

1 avenue Louis-Gaume – ☎ 05 56 22 06 06 – www.haaitza.com – Fermé du lundi au vendredi midi et dimanche soir

🕸️**L'engagement du chef :** Fidèle à notre ligne de conduite qui prône le terroir progressif, nous travaillons au maximum avec les petits producteurs de notre région - pêche locale, légumes, herbes, bête entière, tout en privilégiant les plus beaux produits. Beau, bon et le plus naturel possible. Le chef roule en voiture 100% électrique et va chercher lui-même certains produits comme les légumes cultivés à Biscarrosse.

LA CO(O)RNICHE

MODERNE • CHAMPÊTRE Sur les hauteurs – entre sable et pinède – cette villa néobasque des années 1930 a été entièrement rénovée par Philippe Starck. Chambres d'une blancheur immaculée, échappées superbes sur le bassin ou les dunes, augmentées de seize autres, nichées dans la partie Village des Cabanes, contre la célèbre Dune du Pilat. Un endroit très en vue !

🅿️ 🍷 🛏️ 🚴 🏊 🍽️🅰️ - 12 chambres

46 avenue Louis-Gaume – ☎ 05 56 22 72 11 – www.lacoorniche-pyla.com

HA(A)ÏTZA

MODERNE • CHALEUREUX Tout près de la Dune du Pilat et de l'océan, cette villa des années 1930 en impose ! Intérieur design chaleureux et ultramoderne (signé Philippe Starck), jolies chambres lumineuses décorées avec raffinement, piscine sous verrière et spa... Un lieu d'exception.

🍽️🅿️⇆🍷🛏️🚴♨️🧖🍽️🅰️ - 38 chambres

1 avenue Louis-Gaume – ☎ 05 56 22 06 06 – www.haaitza.com

🕸️🕸️ **Le Skiff Club** - Voir la sélection des restaurants

LA TESTE-DE-BUCH

✉️ 33260 – Gironde – Carte régionale n° **22**–A2

🙂 L'AILLET

CUISINE MODERNE • BISTRO Se réclamant d'une approche paysanne, la cuisine du chef s'inscrit pourtant dans l'esprit des bistrots d'aujourd'hui grâce à une esthétique résolument contemporaine. En entrée, chou-fleur, hareng, estragon et cacahuètes : un dressage épuré et des saveurs bien équilibrées. Le chef est aussi adepte des cuissons traditionnelles et des pièces rôties entières – vive le goût ! Une adresse bienvenue autour du bassin d'Arcachon.

& 🅰️🍽️ – Prix : €€

16 place Gambetta – ☎ 05 40 70 23 98 – Fermé lundi, samedi et dimanche

BASTELICACCIA – Corse-du-Sud (20) ➜ Voir Corse

LA BAULE

✉️ 44500 – Loire-Atlantique – Carte régionale n° **9**–A3

LE CASTEL MARIE-LOUISE

CUISINE MODERNE • BOURGEOIS Témoin du style balnéaire baulois, ce manoir édifié au début du 20ᵉ siècle abrite un hôtel et une salle à manger bourgeoise aux grandes baies tournées vers le parc et la charmante terrasse. Le chef Jérémy Coirier, originaire de la région, s'inspire des produits du terroir local (poissons et coquillages, algue du Croisic, safran de Guérande, pigeon de Mesquer...) pour composer un menu évoluant au gré des saisons.

≤ 🚗 🎴 **P** – Prix : €€€€

1 avenue Andrieu – ☎ 02 40 11 48 38 – www.hotelsbarriere.com/fr/la-baule/
le-castel-marie-louise.html – Fermé lundi, mardi et du mercredi au samedi à midi

FOUQUET'S

CUISINE TRADITIONNELLE • CHIC Une table située au sein de l'hôtel Royal, typique des grands hôtels balnéaires du début du 20e s. Le décor cosy des boiseries et les photos d'acteurs signées du studio Harcourt évoquent l'ambiance du Fouquet's parisien. Carte d'inspiration brasserie (fruits de mer, sole meunière, filet de bœuf sauce béarnaise, andouillette, profiteroles), mais aussi des plats light - thalasso oblige !

🚗 ᵹ 🎴 ᵔ – Prix : €€

6 avenue Pierre-Loti – ☎ 02 40 11 48 48 – www.groupebarriere.com/fr.html –
Fermé lundi et du mardi au dimanche à midi

14 AVENUE

POISSONS ET FRUITS DE MER • CONVIVIAL Voilà une adresse dont les amateurs de poisson vont faire leur cantine ! D'emblée, on vous présente la pêche du jour, d'une fraîcheur sans faille : langoustes de gros calibre, soles, sardines de la Turballe... On se régale de ces beaux produits cuisinés dans le respect des saveurs.

🎴 – Prix : €€€

14 avenue Pavie – ☎ 02 40 60 09 21 – www.14avenue-labaule.com – Fermé lundi
et mardi, et dimanche soir

SAINT-CHRISTOPHE

CUISINE MODERNE • COLORÉ Confortablement installé à l'abri d'une jolie villa d'architecture balnéaire, ce restaurant à l'atmosphère feutrée, colorée et dandy (banquettes en velours, moquette tigrée, portraits et tableaux) a subi une cure de rajeunissement. Il propose toujours une séduisante cuisine traditionnelle, ponctuée de quelques touches actuelles.

🚗 🎴 **P** – Prix : €€

1 avenue des Alcyons – ☎ 02 40 62 40 00 – www.st-christophe.com –
Fermé lundi et dimanche

🛏 ## L'HERMITAGE BARRIÈRE

TRADITIONNEL • CHARME Malgré les modes et l'usure du temps, le charme reste intact dans cet hôtel de luxe des années 1920, dont la façade anglo-normande se dresse face à la plage, au milieu des pins. Des vastes chambres pleines de charme à la piscine chauffée et au hammam, tout ici conspire à votre bonheur...

P ⫣ 🚗 ⴵ 🌐 ☈ ⵏ⃝ 🅐🅒 - 200 chambres

5 esplanade Lucien Barrière – ☎ 02 40 11 46 46 – www.hotelsbarriere.com/fr/
la-baule/l-hermitage.html

🛏 ## LE ROYAL LA BAULE

BELLE ÉPOQUE • ÉLÉGANT Bien-être et confort sont les maîtres-mots de cet hôtel monumental né en 1896 face à la plage. Chambres contemporaines et lumineuses, imposante "suite royale". Sans oublier le bar à l'ambiance chic et feutrée, et le centre de thalasso : l'héritage de la Belle Époque reste bien vivace.

ᵹ **P** ⫣ 🚗 ⴵ 🌐 ☈ Ⳅ ⵏ⃝ 🅐🅒 - 87 chambres

6 avenue Pierre Loti – ☎ 02 40 11 48 48 – www.hotelsbarriere.com/fr/la-baule/
le-royal.html

Fouquet's - Voir la sélection des restaurants

LES BAUX-DE-PROVENCE

✉ 13520 – Bouches-du-Rhône – Carte régionale n° **28**–E1

✿✿✿✿ L'OUSTAU DE BAUMANIÈRE

Chef : Glenn Viel

CUISINE CRÉATIVE • **ÉLÉGANT** Formidable ambassadeur de l'art de vivre méditerranéen, le domaine provençal de Baumanière offre un mélange unique de repos, de rusticité et d'élégance – un lieu qui séduit les artistes et les personnalités depuis des décennies. Entre ces murs séculaires, le chef Glenn Viel s'épanouit avec une liberté qui va grandissante. Il puise son inspiration dans la riche production locale (huile d'olive de la vallée des Baux, légumes bio du jardin de Baumanière, poules et cochons) mais aussi dans sa culture bretonne. Souvent servies dans une vaisselle créée sur place, ses compositions réhabilitent toutes les techniques traditionnelles de cuisson au feu, poussant très loin la réflexion sur l'inertie thermique – cette « cuisson après la cuisson ». Par leurs textures incomparables, les couteaux « les pieds dans l'eau » ou le pigeonneau des Costières cuit en croûte de foin et romarin, illustrent avec éclat la réussite de cette approche. Grand saucier, Glenn Viel sublime ses plats de jus puissants et de réductions prononcées, à l'image de ce jus de viande à la lavande. Le pâtissier Brandon Dehan inscrit ses originales créations gourmandes dans le même esprit de recherche de goûts authentiques, en toute complicité avec le chef. Service remarquable, carte des vins de 3000 références.

🏵 ⇦ ⇤ 🛏🅿♿🅐🅒🏠 🏊🅿 – Prix : €€€€

Mas de Baumanière – ℰ 04 90 54 33 07 – www.baumaniere.com –
Fermé mercredi et jeudi

✿ **L'engagement du chef :** Les légumes de nos potagers biologiques et les produits des producteurs locaux occupent une place de choix dans notre cuisine afin de valoriser le terroir provençal dans nos menus. Notre engagement s'inscrit dans une réflexion globale qui va de la lutte contre le gaspillage alimentaire à la gestion des déchets et du plastique en passant par un partenariat avec les artisans de la région.

✿ L'AUPIHO - DOMAINE DE MANVILLE

CUISINE MODERNE • **ÉLÉGANT** Au sein d'un hôtel luxueux avec golf, spa et piscine, une table soignée, rendant un vibrant hommage à la tradition régionale – comment pourrait-il en être autrement sur ces terres privilégiées, au pied des Alpilles et des Baux ? Paradoxe : cette passion du terroir provençal, on la doit à un jeune chef belge, Lieven Van Aken, qui a commencé sa carrière à Bruxelles puis chez Michel Guérard. Les recettes sont précises, ce qui n'exclut ni l'audace, ni l'intensité : bouillabaisse végétale et rouille au safran ; ris de veau fumé et grillé, tartare d'algues et langoustines de Méditerranée. La terrasse, sous des platanes centenaires, n'est pas moins délicieuse...

⇦♿🅐🅒🏠 🏊🅿 – Prix : €€€€

Route de la Terre-des-Baux – ℰ 04 90 54 40 20 – www.domainedemanville.fr –
Fermé mardi et mercredi

LA CABRO D'OR

CUISINE PROVENÇALE • **MÉDITERRANÉEN** Un site superbe, avec une terrasse à l'ombre de mûriers-platanes et une jolie vue sur ces éperons rocheux qui ont fait la célébrité de la cité et de ses environs... Une adresse enchanteresse.

⇤ 🛏♿🅿 – Prix : €€€€

Mas de Baumanière – ℰ 04 90 54 33 07 – www.baumaniere.com/gastronomie/
la-cabro-dor – Fermé lundi et mardi

🛏 BAUMANIÈRE   *Plus*

CLASSIQUE • **CHALEUREUX** L'Oustau, la Guigou, le Manoir, la Flora et la Carita : cinq demeures provençales composent ce domaine exceptionnel, situé aux pieds des rochers qui conduisent au Val d'Enfer. Les chambres y sont confortables et raffinées. On profite aussi d'un beau jardin avec piscine et spa.

🅿 🍴 🚲 🖧 ⚒ 🌐 🏊 ♨ 🏪 🎇 - 54 chambres

Mas de Baumanière 27 – 𝒞 04 90 54 33 07 – www.oustaudebaumaniere.com

✿✿✿ **L'Oustau de Baumanière • La Cabro d'Or** - Voir la sélection des restaurants

🛏 BENVENGUDO

TRADITIONNEL • CHAMPÊTRE Le "bienvenue" provençal qui sert ici d'enseigne tient sa promesse : l'hospitalité est une vertu majeure dans cette bâtisse traditionnelle dressée sur 3 ha verdoyants, à l'ombre du Château des Baux-de-Provence. Le cadre est typique avec un horizon composé de champs de lavande, d'oliviers et au loin les sommets du massif des Alpilles. Les chambres et suites affichent un style traditionnel tout en jouant sur la légèreté et l'élégance, sans rien perdre de leur confort.

🅿 🍃 🍴 🖧 🚲 ⚒ ♨ 🏪 🎇 - 28 chambres

Vallon de l'Arcoule (D78F) – 𝒞 04 90 54 32 54 – www.benvengudo.com

🛏 DOMAINE DE MANVILLE

CLASSIQUE • CHAMPÊTRE Dans un ravissant vallon situé entre les Baux-de-Provence et Maussane-les-Alpilles, cet ancien domaine agricole a été magnifiquement reconverti : golf 18 trous, vastes chambres luxueuses, piscine, cinéma privé et spa... L'alliance du luxe, des vieilles pierres et de la nature provençale. Réparties dans plusieurs bâtiments, les chambres associent des meubles anciens soigneusement sélectionnés à des choix de décoration contemporaine tranchés.

🏌 🅿 🍃 🍴 🖧 🚲 ⚒ 🌐 🏊 ⟁ ♨ 🏪 🎇 - 30 chambres

Route de la Terre-des-Baux – 𝒞 04 90 54 40 20 – www.domainedemanville.fr

✿ **L'Aupiho - Domaine de Manville** - Voir la sélection des restaurants

BAYEUX

✉ 14400 – Calvados – Carte régionale n° **2**–B2

😊 L'ALCÔVE

CUISINE MODERNE • CONVIVIAL Juste derrière la cathédrale, cette adresse propose une cuisine du marché fraîche et bien tournée, aussi savoureuse que sérieuse, qui tient ses promesses. Des exemples ? Araignée de mer, légumes croquants, sorbet vinaigre ; risotto de blé aux asperges, artichaut confit, émulsion ail des ours. Le succès est toujours au rendez-vous, d'autant que les tarifs sont doux.

🍽 – Prix : €€

31 rue Larcher – 𝒞 02 31 92 30 08 – www.sites.google.com/view/lalcovebayeux/ accueil – Fermé lundi et dimanche, et mardi soir

😊 L'ANGLE SAINT-LAURENT

CUISINE MODERNE • COSY Un cadre plein de fraîcheur, à l'angle des rues St-Laurent et des Bouchers : pierres apparentes, poutres peintes, éclairage tamisé. Les produits de la région ont la part belle à la carte (cochon de Bayeux, huîtres normandes, gruyère de Carrouges...), à travers des recettes savoureuses, originales et joliment ficelées. Voilà un Angle au carré !

Prix : €€

2 rue des Bouchers – 𝒞 02 31 92 03 01 – www.langlesaintlaurent.com – Fermé lundi, dimanche et samedi midi

😊 LA RAPIÈRE

CUISINE MODERNE • COSY Cette maison du 15ᵉ s., nichée dans une ruelle pittoresque, propose sous l'égide de son sympathique chef Simon Boudet une cuisine de saison savoureuse, qui ne saurait renier de solides bases traditionnelles. L'ensemble fleure bon le terroir, et s'enrichit même de touches actuelles : samoussa de bœuf, mousseline de carottes ; filet mignon de porc, crème au Pont l'Évêque, purée de pommes de terre ; chou à la crème citron mangue, chocolat blanc. En garde !

&. – Prix : €€

53 rue Saint-Jean – ☏ 02 31 21 05 45 – www.larapiere.net – Fermé lundi, dimanche et du mardi au samedi à midi

CHÂTEAU DE SULLY

CUISINE MODERNE • ÉLÉGANT Ce château du 18ᵉ s. étire sa longue façade classique au milieu d'un parc à l'anglaise, peuplé de cèdres bleus du Liban, de tilleuls et de séquoias. Dans les salons cossus ou dans la lumineuse véranda, vous dégusterez les assiettes du chef, qui font la part belle au terroir normand : légumes, fromages, foie gras, et bien sûr poissons de ligne.

🛏 & ➪ 🅿 – Prix : €€€

Route de Port-en-Bessin – ☏ 02 31 22 29 48 – www.chateau-de-sully.com – Fermé lundi et du mardi au samedi à midi

LA TABLE DU LION

CUISINE MODERNE • CONTEMPORAIN Au Lion d'Or, le chef travaille les produits du terroir normand de belle manière, agrémentés de touches asiatiques. Une rencontre inédite inspirée par ses périples en Asie, notamment au Japon et en Thaïlande. Ajoutons à cela une bonne maîtrise des cuissons et des assaisonnements : un rugissement de plaisir !

& ᖇ ➪ – Prix : €€

71 rue Saint-Jean – ☏ 02 31 92 06 90 – www.liondor-bayeux.fr/fr – Fermé lundi, dimanche et samedi midi

🛏 ## CHÂTEAU DE SULLY

CLASSIQUE • CHAMPÊTRE De lourdes grilles, une grande allée : une très belle entrée en matière pour ce château du 18ᵉ s. plein de charme. Les chambres cultivent un luxe discret l'on aime à flâner sous les frondaisons du parc. Piscine et jacuzzi associent la détente à l'histoire...

🏊 🅿 🐾 🛏 ⌧ 🍷 ♨ 🧖 🍽 - 25 chambres

Route de Port-en-Bessin – ☏ 02 31 22 29 48 – www.chateau-de-sully.com

Château de Sully - Voir la sélection des restaurants

BAYONNE

✉ 64100 – Pyrénées-Atlantiques – Carte régionale n° **25**–A2

AUBERGE DU CHEVAL BLANC

CUISINE CLASSIQUE • ÉLÉGANT Cet ancien relais de poste du 18ᵉ s. siècle est tenu par la même famille depuis 1959. La cuisine du chef Jean-Claude Tellechea revisite le répertoire régional : merlu croustillant, boudin noir, jambon Ibaïama, chocolat de Bayonne... à déguster dans une salle aux couleurs du Pays basque. Une offre variée de menus, qui saura satisfaire toutes les bourses.

AK ➪ – Prix : €€

68 rue Bourgneuf – ☏ 05 59 59 01 33 – www.cheval-blanc-bayonne.com – Fermé lundi, samedi midi et dimanche soir

GOXOKI

CUISINE TRADITIONNELLE • CLASSIQUE Le goxoki, en basque, c'est « l'endroit chaleureux ». Un nom tout indiqué pour ce restaurant du petit Bayonne où officie la famille Hourcastagnou, dans un cadre élégant et intemporel. Une cuisine qui fait la part belle aux produits locaux de saison, avec une alléchante carte de gibier. Avis aux gourmands : de généreuses saucières sont laissées à disposition. Le meilleur de la tradition française.

&. 🆎 – Prix : €€€

24 rue Marengo – ☏ 05 59 59 49 89 – www.restaurant-goxoki.fr – Fermé lundi midi et mercredi, et dimanche soir

LA GRANGE

CUISINE TRADITIONNELLE • CONTEMPORAIN Dans cette maison en plein cœur de la ville, les vieilles pierres se marient harmonieusement avec une déco plutôt contemporaine. Dans l'assiette, place à une cuisine du marché et quelques spécialités de bistrot à l'accent basque. Et l'été, profitez de la terrasse sous les arcades, au bord de la Nive...

&. 🖼 – Prix : €€

26 quai Galuperie – ☏ 05 59 46 17 84 – www.lagrange-bayonne.fr – Fermé lundi et dimanche

RELIEF

CUISINE MODERNE • VINTAGE Au cœur du quartier Saint-Esprit, Thibault Deverre est aux commandes de ce bistro resté dans son jus - mobilier rustique et sièges paillés. Crémeux de patate douce au citron vert, tempura de brocoli et sorbet persil ; onglet de bœuf, sauce barbecue, crémeux au pois chiche et chips de potimarron ; carotte cake et glace potimarron à l'orange : des plats frais et spontanés, travaillés avec finesse et originalité, qui font un carton plein, notamment auprès de la jeunesse bayonnaise et gourmande !

🆎 – Prix : €€

11 rue Sainte-Catherine – ☏ 05 59 93 42 38 – www.reliefrestaurant.fr – Fermé lundi et dimanche

LA TABLE - SÉBASTIEN GRAVÉ

CUISINE DU SUD-OUEST • BRANCHÉ Après le succès de son Pottoka parisien, le chef revient à ses racines bayonnaises. Il compose des plats de bistrot inspirés du meilleur de la production du Sud-Ouest, parmi lesquels le merlu de Saint-Jean-de-Luz au naturel, le maquereau mariné et brûlé ou encore l'échine de cochon Ibaïma. Une adresse conviviale et chaleureuse.

&. 🆎 🖼 – Prix : €€

21 quai Amiral-Dubourdieu – ☏ 05 59 46 14 94 – www.latable-sebastiengrave.fr – Fermé lundi et dimanche, et mercredi soir

BEAUGENCY

✉ 45190 – Loiret – Carte régionale n° **11**–A3

LE P'TIT BATEAU

CUISINE MODERNE • INTIME C'est au cœur de la cité médiévale que ce P'tit Bateau a mis le cap sur la gourmandise, et les produits frais, avec du poisson en arrivage direct des criées de Bretagne, mais aussi du gibier de Sologne en saison. Tout est généreux, précis, présenté avec soin et savoureux. À noter : le sympathique patio pour un repas à l'air libre. Une maison qui respire l'envie de bien faire !

🖼 – Prix : €€€

54 rue du Pont – ☏ 02 38 44 56 38 – www.restaurant-lepetitbateau.fr – Fermé du lundi au jeudi et vendredi midi

BEAULIEU-SOUS-LA-ROCHE

✉ 85190 – Vendée – Carte régionale n° **14**–B2

😊 LE CAFÉ DES ARTS

CUISINE MODERNE • COLORÉ Dans cette paisible bourgade, une sympathique maison menée par Virginie et Antoine Préteux, jeune couple aux solides parcours.

Antoine mijote une savoureuse cuisine dans l'air du temps, inspirée par le marché et valorisant les produits régionaux souvent issus de l'agriculture biologique. On se régale dans un cadre coloré.

&. – Prix : €€

2 rue de la Poste – ☏ 02 51 98 24 80 – www.lecafedesarts-beaulieu.com –
Fermé lundi et mercredi, et mardi et dimanche soir

BEAULIEU-SUR-DORDOGNE

✉ 19120 – Corrèze – Carte régionale n° **19**–C3

LE TURENNE

CUISINE MODERNE • CONTEMPORAIN Cuisine actuelle (gaspacho de tomates et fraises avec sa glace au basilic, ou rouget en filets à la tapenade et mousseline de carottes) dans ce restaurant qui mêle des vieilles pierres à un cadre contemporain. La terrasse, aux beaux jours, offre un prolongement rêvé à la gourmandise.

&. 🅰🅲 🛋 – Prix : €€

Boulevard Saint-Rodolphe-de-Turenne – ☏ 05 55 28 63 60 – www.leturenne.com –
Fermé lundi et mardi, et dimanche soir

BEAULIEU-SUR-MER

✉ 06310 – Alpes-Maritimes – Carte régionale n° **29**–E2

✿ LE RESTAURANT DES ROIS - LA RÉSERVE DE BEAULIEU

CUISINE MODERNE • LUXE C'est l'un des palaces les plus chics de la Côte d'Azur. Construit en 1880, puis agrandi dans le style de la Renaissance florentine, il accueille à partir des années 1900 têtes couronnées et stars hollywoodiennes, de Rita Hayworth à Sinatra. Les dîners sur la terrasse face aux flots bleus sont magiques. La cuisine est mise en œuvre par le chef Julien Roucheteau, arrivé de Paris (Table du Lancaster, Scène Thélème). Tout en restant fidèle à l'histoire de cette maison, il s'affirme grâce au graphisme de ses assiettes et à la finesse de leur l'exécution, avec une thématique précise pour chaque plat : fraîcheur, vivifiant, voluptueux, onctueux...

🛏 ⇐ &. 🛋 🎋 🍽 – Prix : €€€€

5 boulevard du Maréchal-Leclerc – ☏ 04 93 01 00 01 – www.reservebeaulieu.com –
Fermé lundi et du mardi au dimanche à midi

SO'METS

CUISINE TRADITIONNELLE • CONTEMPORAIN La cheffe Anne-Sophie Sabini, passée par de belles maisons (notamment la Vague d'or), vole de ses propres ailes dans ce lieu moderne et colorée, dotée d'une jolie terrasse. Elle a conçu une carte courte qui change tous les mois où elle revisite des classiques avec une touche de féminité et de modernité : terrine de campagne maison juste tiède, sur un croque crème de truffe ; poêlée de cuisses de grenouilles au lard fumé ; filet de loup, artichauts poivrade rôtis, palourdes, émulsion coquillages ; île flottante So'mets, crème à la vanille, pistache ou praliné... Service dynamique, accueil charmant. Un bon plan (gourmand).

&. 🅰🅲 🛋 – Prix : €€

5 rue du Lieutenant-Colonelli – ☏ 09 88 33 82 45 – www.somets-restaurant.fr –
Fermé lundi et mardi

LA TABLE DE LA RÉSERVE

CUISINE MÉDITERRANÉENNE • COLORÉ Supervisée par le chef Julien Roucheteau, cette Table vient compléter avec gourmandise l'offre de restauration de ce superbe établissement. La carte méditerranéenne et contemporaine revisite le terroir à l'image de cette pissaladière en textures, anchois mariné maison, siphon d'oignon doux, ou de cette tartelette aux figues de l'arrière-pays Varois, cœur fondant aux baies de ronces. C'est l'occasion aussi de déguster une bouillabaisse (les vendredis et samedis), des plats de poulpes traditionnels méridionaux ou une soupe de poissons de roche. On s'attable dans une ambiance de bistrot, conviviale et décontractée.

🆎 🍽 – Prix : €€

5 boulevard du Maréchal-Leclerc – 𝒞 04 93 01 00 01 – www.reservebeaulieu.com

🛏 LA RÉSERVE DE BEAULIEU

GRAND STYLE • ROMANTIQUE Entre Nice et Monaco, cette architecture digne d'un palais florentin (1880) se détache magnifiquement sur les falaises tombant dans la Méditerranée... Avec ses décors fastueux (mobilier ancien, tapisseries, boiseries, etc.), sa superbe piscine en balcon sur la Grande Bleue, son ponton privé, etc., voilà bien l'une des plus belles adresses de la Riviera !

🛁 🅿 🛏 🕭 🍸 🌂 💆 ⚋ 🍴 🆎 - 39 chambres

5 boulevard du Maréchal Leclerc – 𝒞 04 93 01 00 01 – www.reservebeaulieu.com

❀ **Le Restaurant des Rois - La Réserve de Beaulieu • La Table de la Réserve** - Voir la sélection des restaurants

BEAUMESNIL
✉ 27410 – Eure – Carte régionale n° **3**–A3

L'ÉTAPE LOUIS 13

CUISINE TRADITIONNELLE • CLASSIQUE Près du château de Beaumesnil, au superbe style Louis XIII, ce presbytère du 17e s. distille une ambiance intemporelle... Sous l'égide de ses propriétaires, il est idéal pour se mettre au parfum de la tradition normande : huîtres chaudes au camembert, soufflé léger au calvados, etc. Fraîcheur et saveurs sont au rendez-vous.

🍽 🐾 🅿 – Prix : €€

2 route de la Barre-en-Ouche – 𝒞 02 32 45 17 27 – www.etapelouis13.fr – Fermé lundi et mardi, et mercredi, jeudi et dimanche soir

BEAUMETTES
✉ 84220 – Vaucluse – Carte régionale n° **28**–E1

DOMITIA - MAISON DE CUISINIER

CUISINE DU MARCHÉ • ÉLÉGANT Asperges vertes de Goult, citron vert, mayo crémeuse à la spiruline, œufs de truite, anguille fumée, poutargue : aucun doute, le chef (ancien étoilé au Domaine de Fontenille) connaît sa grammaire gourmande sur le bout de la fourchette. Une subtile cuisine basée sur une impressionnante sélection de produits locaux, vins y compris.

♿ 🍽 🐾 – Prix : €€

440 rue des Micocouliers – 𝒞 04 90 72 23 05 – Fermé mercredi et jeudi, et mardi soir

BEAUMONT-EN-AUGE
✉ 14950 – Calvados – Carte régionale n° **2**–C2

AUBERGE DE L'ABBAYE

CUISINE TRADITIONNELLE • AUBERGE Cette auberge tient toutes ses promesses. Des produits du terroir bien travaillés, des dressages soignés, de la générosité et un goût pour les herbes fraîches, le tout évoluant au fil des saisons... sans oublier l'intérieur rustique, qui ne manque pas de cachet. Un vrai plaisir.

Prix : €€

2 rue de la Libération – 𝒞 02 31 64 82 31 – www.auberge-abbaye-beaumont.fr – Fermé mardi et mercredi

BEAUNE

✉ 21200 – Côte-d'Or –
Carte régionale n° **12**–D1

De l'or dans les caves, des trésors au dehors

Difficile de trouver une ville dont le destin dépende à ce point du vin. Et quelle beauté ! Au cœur du vignoble bourguignon, Beaune est à la fois la capitale viticole de la Bourgogne et une incomparable ville d'art. L'Hôtel-Dieu, la basilique-collégiale Notre-Dame, les remparts, dont les bastions abritent des caves fameuses, constituent l'un des plus beaux ensembles de la région. Les Hospices de Beaune possèdent notamment un extraordinaire vignoble situé sur la côte de Nuits et la côte de Beaune. Chaque année, sous la halle médiévale, a lieu une célébrissime vente aux enchères de ces vins. Dans les ruelles, restées très pittoresques, on trouve bars à vins, restos tendance et boutiques de bouche où les produits du terroir – pain d'épice ou moutarde – et les recettes emblématiques – escargots de Bourgogne ou jambon persillé – figurent en bonne place.

❀ LE CARMIN

Chef : Christophe Quéant

CUISINE MODERNE • CONTEMPORAIN Sur la place Carnot, tout proche de l'Hôtel-Dieu, ce restaurant à la façade moderne occupe le rez-de-chaussée d'une vieille maison charmante. Passé dans les établissements de Robuchon et Ducasse, le chef Christophe Quéant y propose une cuisine au goût du jour et de saison, s'appuyant sur de solides bases traditionnelles. Ses produits de belle qualité sont servis par des cuissons au cordeau et des préparations lisibles et sans chichis ! Attablé dans une salle contemporaine dans les tons beiges, avec pierres apparentes, on se régale alors d'un suprême et cuisses de caille caramélisées, asperge blanche et carotte nouvelle ou bien encore d'un soufflé chaud au Grand Marnier...
❀ ⬧ 🄰🄺 – Prix : €€€€
Plan : A2-2 – *4B place Carnot* – 📞 *03 80 24 22 42* – *www.restaurant-lecarmin.com* – *Fermé lundi, dimanche et mardi midi*

❀ CLOS DU CÈDRE

CUISINE MODERNE • ÉLÉGANT Une élégante maison de maître vigneron, cossue et pleine de cachet, dans un jardin verdoyant où l'on installe quelques tables l'été venu... Un cadre parfait pour déguster la cuisine de Jordan Billan, une gastronomie qui se montre très attachée au terroir bourguignon (ses fournisseurs sont présents sur le menu). Son goût pour la tradition - filet de bœuf maturé, os à moelle, girolle, jus réduit au pinot noir - ne l'empêche pas de signer des préparations plus créatives à l'image de cette délicieuse truite ikejimé Morteau, tofu (de Volnay !) et saké de

A. Pistoiesi/hemis.fr

Bourgogne - un savoureux échange culturel. On apprécie aussi le charme intemporel des chambres classiques et élégantes.

🦢 ⇦ 🛏 🅐🅒 🍽 ⇄ – Prix : €€€€

Plan : A1-3 – *12 boulevard du Maréchal-Foch* – ℰ *03 80 24 01 01* – *www.cedrebeaune.com – Fermé lundi, mardi et du mercredi au vendredi à midi*

LA TABLE DU SQUARE 🆕

CUISINE DU MARCHÉ • CONVIVIAL Ce bistrot planté sur le boulevard circulaire arbore une belle déco contemporaine avec parquet, murs rayés noir et blanc et surtout des photos sur lesquelles de Funès, Gabin, et Fernandel célèbrent la bonne chère. Le chef Romain Escoffier, au nom prédestiné, connaît son affaire sur le bout de la fourchette : il choisit des produits locaux (comme le succulent agneau de ce midi, élevé à la ferme de Clavisy) et mitonne une cuisine du marché, renouvelée toutes les deux semaines avec une carte et un menu sans choix issu de la carte. Nous sommes à Beaune : la carte des vins aux 800 références donne furieusement envie de lever le coude.

🦢 🅐🅒 🍽 – Prix : €€

Plan : A1-12 – *26 boulevard du Maréchal-Foch* – ℰ *03 80 24 03 32* – *www.tabledusquare.com – Fermé lundi et dimanche*

L'ALENTOUR 🆕

CUISINE MODERNE • CONVIVIAL Difficile de faire plus cosmopolite que cette table du centre-ville de Beaune : Tatenda Mhende, le responsable de salle, est originaire du Zimbabwe ; Natasha Watson, cheffe, vient de Calgary (Canada) ; Marc Marchetti, chef également, est né dans le Beaujolais. De cette alchimie amicale naît une formule gourmande particulièrement alléchante, soit une carte restreinte de plats généreux et bourrés de peps, à partager (ou pas, d'ailleurs !) : tomate cœur de bœuf au barbecue, eau de tomate fumée et mozzarella ; croquetas croustillantes aux champignons bruns à la moelle, gel de vinaigre de chardonnay ; poitrine de cochon, pâtisson et courgette.

♿ ⇄ – Prix : €€

Plan : B2-15 – *10 rue d'Alsace* – ℰ *03 80 24 04 56 – www.lalentour.fr* – *Fermé lundi, mardi, mercredi midi et samedi soir*

LE BÉNATON

CUISINE MODERNE • CONTEMPORAIN Au cœur de la Bourgogne, Beaune est fameuse pour ses ventes aux enchères annuelles de vins, qui se tiennent entre les murs de ses Hospices aux toits de tuiles vernissées. C'est dire si le chef japonais Keishi Sugimura, passionné par la gastronomie et le vin français, est à sa place dans cette ville gourmande. Formé au Japon, ce cuisinier voue une passion au pâté en croûte, qui lui valut le titre de vice-champion du monde en 2013. Il réalise une savoureuse cuisine de saison avec une pointe de créativité.

🍽 – Prix : €€€€

Plan : A2-1 – *25 rue du Faubourg-Bretonnière* – ℰ *03 80 22 00 26* – *www.lebenaton.com – Fermé mercredi, et mardi, jeudi, vendredi et samedi midi*

BISTRO DE L'HÔTEL

CUISINE TRADITIONNELLE • CHIC Une élégante salle de style bistrot chic, au service d'une cuisine qui honore la tradition et les très beaux produits. La spécialité de la maison ? La volaille de Bresse rôtie ! Quant à la carte des vins, elle est tout simplement impressionnante...

🦢 ♿ 🍽 ⇄ – Prix : €€€

Plan : B2-6 – *5 rue Samuel-Legay* – ℰ *03 80 25 94 10* – *www.lhoteldebeaune.com – Fermé lundi et du mardi au samedi à midi*

CAVES MADELEINE

Chef : Martial Blanchon

CUISINE MODERNE • BISTRO À deux pas du centre-ville, cette cave à manger est un petit bijou. Martial, le chef, s'est acoquiné avec les meilleurs producteurs du coin – y compris les meilleurs vignerons ! – et compose une cuisine saine, savoureuse et pleine de peps à l'image de ces pommes de terre tièdes, haddock, sabayon à l'estragon. Service décontracté et sans chichi : la vérité est dans le verre et dans l'assiette. Aux beaux jours, profitez de l'agréable terrasse à l'ombre d'un figuier.

🐝 🍸 – Prix : €€

Plan : B2-8 – *8 rue du Faubourg-Madeleine* – 📞 *03 80 22 93 30* – *www.cavesmadeleine.com* – *Fermé mercredi et dimanche, et mardi soir*

🌿L'engagement du chef : La proximité est le mot d'ordre de notre établissement. La cuisine que nous proposons se veut proche des producteurs responsables et locaux avec lesquels nous travaillons, proche des produits biologiques que nous sublimons, proche des artisans bourguignons engagés avec lesquels nous coopérons.

L'ÉCUSSON

CUISINE MODERNE • CONTEMPORAIN Un Écusson aux couleurs de la gourmandise ! Le chef, passé par des maisons de renom (La Côte Saint-Jacques, Lameloise et La Pyramide), concocte une cuisine fraîche et inspirée où les agrumes viennent souvent réveiller les papilles. Quelques exemples de ces assiettes colorées : langoustines et tourteau, poireau, gaufre au sarrasin et coulis de cresson ; noix de Saint-Jacques, endive, salsifis et clémentine, jus des bardes à l'Angostura... à apprécier dans une salle lumineuse et contemporaine.

♿ 🅰🅒 🍸 – Prix : €€€

Plan : B2-5 – *2 rue du Lieutenant-Dupuis* – 📞 *03 80 24 03 82* – *www.ecusson.fr* – *Fermé lundi et dimanche*

L'EXPRESSION

CUISINE MODERNE • CONTEMPORAIN Cette adresse du centre-ville propose des produits nobles et de belles pièces à partager (poisson du marché entier, côte de bœuf de Galice, poularde de Bresse Miéral en crapaudine) dans une des deux salles à manger au cadre contemporain (cuisines ouvertes, cave vitrée, tables hautes). Ici, les cuissons se font au four à charbon de bois et dans une ambiance conviviale. Vins triés sur le volet.

🐝 ♿ 🅰🅒 – Prix : €€€

Plan : A2-9 – *11 rue Maufoux* – 📞 *03 80 80 05 89* – *www.lexpressionbeaune.fr* – *Fermé mardi, mercredi, et jeudi et samedi à midi*

GARUM

CUISINE MODERNE • CHIC Christophe Bocquillon a transformé son Jardin des Remparts en « table vivante », un bistrot chic et tendance où l'on déguste de bons produits à partager entre amis à l'apéritif (huîtres Gillardeau, charcuteries maison...). Menu-carte de saison gourmand et bien tourné. Quant au garum, c'est une sauce fermentée très prisée des Romains, que le chef affectionne et interprète notamment dans ses tartares.

🍸 – Prix : €€

Plan : A2-7 – *10 rue de l'Hôtel-Dieu* – 📞 *03 80 24 79 41* – *www.garum-beaune.fr* – *Fermé lundi et dimanche*

8 CLOS

CUISINE TRADITIONNELLE • BISTRO Dans une salle tout en longueur, associant banquettes en skaï noir et pierres apparentes, le chef Stéphane Léger, ancien étoilé, nous fait plaisir avec sa cuisine bourguignonne et ses plats traditionnels à l'accent

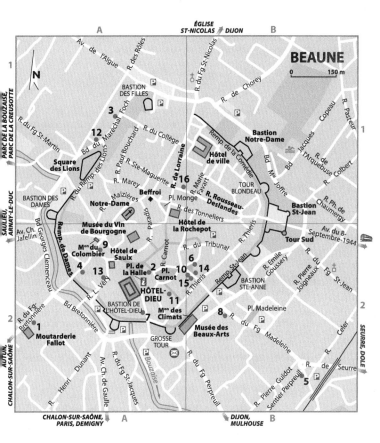

méditerranéen. Au menu : œuf en meurette, joue de bœuf braisée, jambon persillé, escargots mais aussi queues de langoustines rôties, grenailles et girolles.

🅰🅲 ⛲ ♨ – Prix : €€

Plan : B2-10 – *8 rue d'Alsace* – ☏ *03 80 21 04 19* – *Fermé mardi*

LOISEAU DES VIGNES

CUISINE TRADITIONNELLE • CONVIVIAL Une cuisine griffée Loiseau dans une ambiance de bistrot chic (pierres, bois, banquettes en velours). On trouve à la carte des classiques tels que les œufs en meurette, le pâté en croûte, la joue de bœuf charolais ou le biscuit de silure de Saône... sans oublier ce tartare de veau de Bourgogne d'une grande fraîcheur et son anguille fumée. Côté vignes, une jolie carte des vins d'environ 50 références.

♿ 🅰🅲 – Prix : €€€

Plan : A2-4 – *31 rue Maufoux* – ☏ *03 80 24 12 06* – *www.bernard-loiseau.com* – *Fermé lundi et dimanche*

MA CUISINE

CUISINE TRADITIONNELLE • BISTRO Un bistrot convivial, où tout tourne autour du vin, avec un choix hors pair de quelque 800 crus (le patron est fin connaisseur de breuvages). Le chef régale sa clientèle d'une cuisine traditionnelle sans fioriture, qui va droit au but - escargots, foie gras, côte de veau, crème caramel - dans une ambiance qui est l'antithèse du bling-bling. Revigorant.

🦿 🅰️🅲 – Prix : €€

Plan : A2-11 – *Passage Sainte-Hélène* – ☞ *03 80 22 30 22* – *www.macuisinebeaune.com* – *Fermé mercredi, samedi et dimanche*

LE RELAIS DE SAULX

CUISINE MODERNE • CONVIVIAL Cette maison de caractère (1673) du centre de Beaune, non loin des Hospices, est entre les main du chef Charles Danet qui tenait le Timbre à Paris. Le moins qu'on puisse dire, c'est qu'il a réussi rapidement son acclimatation à la Bourgogne ! Le tour de main est indéniable dans cette cuisine du marché saine et goûteuse, qui se définit comme "de saison et artisanale".

🦽 🅰️🅲 – Prix : €€

Plan : A2-13 – *6 rue Louis-Véry* – ☞ *03 80 22 01 35* – *Fermé lundi, dimanche, et mardi, mercredi et samedi midi*

SOUL KITCHEN ⓝ

CUISINE TRADITIONNELLE • CONVIVIAL " Let me sleep all night in your soul kitchen " chantait Jim Morrison dans le premier album des Doors : on peut toujours demander au chef et patron Mathieu Guennal s'il est d'accord, lui qui officie seul dans son petit resto (une douzaine de couverts) du centre-ville de Beaune. Il travaille avec les fournisseurs locaux (présentés sur ardoise) pour servir avec le sourire une cuisine de l'âme, aussi simple que bonne (comme cette poitrine de cochon confite, jus au gingembre, gratin d'hélianthis) à travers deux menus attractifs à 30€ (dont l'un change chaque semaine). Le convive passe un excellent moment dans cette petite salle à manger avec parquet plafond orné de poutres en compagnie d'un chef généreux.

🅰️🅲 – Prix : €

Plan : A1-16 – *1 rue Rousseau-Deslandes* – ☞ *03 80 24 15 32* – *www.soulkitchen-beaune.fr* – *Fermé samedi et dimanche*

LA SUPERB

CUISINE TRADITIONNELLE • CONVIVIAL Situé au cœur de la vieille ville, ce "bar à manger" contemporain propose une cuisine du marché rythmée par les saisons. Installez-vous au comptoir face au chef qui cuit ses belles viandes maturées ou son thon Rossini à la plancha, ou dans la petite salle à manger avec murs en pierre et cave à vin vitrée, pour déguster une cuisine goûteuse et sans superflu. Menu déjeuner à prix doux !

🦽 🅰️🅲 – Prix : €€€

Plan : B2-14 – *15 rue d'Alsace* – ☞ *03 80 22 68 53* – *Fermé lundi et dimanche*

🛏️ ## CHEZ LES FATIEN

CLASSIQUE • ROMANTIQUE Discrète, voire secrète, la maison se cache depuis le 14ᵉ s. en lisière du centre historique. Elle abrite une cour autour de laquelle se distribuent quatre chambres, qui sont autant de voyages dans le temps et les styles (colonial, Art Déco, bourguignon...). Deux d'entre elles, en duplex, sont plus grandes que bien des appartements... Petit-déjeuner composé de produits locaux de haute qualité.

🦽 🅿️ 🅰️🅲 - 4 chambres

17 rue Sainte-Marguerite – ☞ *03 80 22 82 84* – *www.maison-fatien.com*

🛏️ ## L'IMPRIMERIE

MODERNE • COSY Une ancienne imprimerie, oui, mais d'étiquettes destinées aux plus grandes vins de la région. Le petit hôtel de cinq chambres qui a succédé aux machines a conservé cette fibre industrielle, comme en attestent les lampes de chevet, les tonalités encre, les notes métalliques, les briques apparentes et les fenêtres d'atelier qui donnent sur la verrière. Un caractère adouci par des matières naturelles et une déclinaison de bois pour une ambiance de loft douillet. Une cuisine, une salle à manger, un salon et une terrasse en font une petite maison de famille.

🅿 🍴 🅰🅒 - 5 chambres

12 rue Colbert – ☎ 06 52 41 03 21 – www.limprimeriebeaune.fr

BEAURECUEIL
✉ 13100 – Bouches-du-Rhône – Carte régionale n° **28**–D3

LA TABLE DE BEAURECUEIL

CUISINE TRADITIONNELLE • COLORÉ Dans une ancienne bergerie au décor résolument contemporain, on apprécie une cuisine traditionnelle aux bons parfums de Provence. Jolie sélection de vin au verre.

🅰 🅰🅒 🕭 🔄 🅿 – Prix : €€€

66 allée des Mûriers – ☎ 04 42 66 94 98 – www.latabledebeaurecueil.com –
Fermé du lundi au mercredi et dimanche soir

LE BEAUSSET
✉ 83330 – Var – Carte régionale n° **29**–A3

AUBERGE LA CAUQUIÈRE

CUISINE MODERNE • AUBERGE Le chef-propriétaire de cette ancienne auberge mitonne une cuisine au goût du jour, soignée et parfumée : crémeux de pois chiche façon houmous, artichauts et olives tomatées ; filet de bar cuit sur la peau, minestrone de petits légumes au pistou et jus de bouillabaisse... à déguster dans une jolie salle en pierre apparente, ou en terrasse devant le jardin. De quoi repartir du bon pied !

🕭 🅰🅒 – Prix : €€

7 rue du Chanoine-Bœuf – ☎ 04 94 74 98 15 – www.lacauquiere.fr – Fermé lundi et mardi, et dimanche soir

LA FERME AUBERGE - DOMAINE DE LA FONT DES PÈRES

CUISINE MODERNE • RUSTIQUE Au milieu des restanques, en plein cœur de la Provence, cette Ferme Auberge offre depuis sa terrasse une vue saisissante sur la vallée et le massif de la Sainte-Baume. Les produits du domaine sont les stars en cuisine (poulailler dans la pinède, fruitiers, oliviers, herbiers et potager), travaillés par le chef dans une veine saine et créative, avec de bons vins du domaine pour arroser le tout. Jolies chambres ou villas pour l'étape.

🐾 ≼ 🕭 🅰🅒 🅰🅒 🅿 – Prix : €€

1306 chemin de Pontillaou – ☎ 04 94 15 21 21 – www.lafontdesperes.com

BEAUVAIS
✉ 60000 – Oise – Carte régionale n° **5**–A2

AUTREMENT

CUISINE MODERNE • TENDANCE Un peu à l'écart du centre, cette petite table tranquille saura vous surprendre. Le chef maîtrise parfaitement cuissons et assaisonnements et travaille de bons produits. Sa cuisine, originale et colorée, est aussi soignée que savoureuse : carpaccio de veau mi-cuit, betterave, carottes et agrumes ; épaule d'agneau confite au paprika fumé et légumes racines... Ne manquez pas son dessert signature, le paris-brest.

🅰 🅰🅒 🅿 – Prix : €€

128 rue de Paris – ☎ 03 44 02 61 60 – www.autrement-restaurant.fr –
Fermé lundi, dimanche et samedi midi

LE SENSO

CUISINE MODERNE • ÉPURÉ Sur la place du marché, dans un décor contemporain de belle facture, Allan Castellote propose une cuisine de saison en toute simplicité, faisant la part belle aux produits locaux et dressée avec soin. En salle, son frère Tristan s'occupe de la sommellerie. Ne manquez pas la spécialité de la maison : le kouign amann.

♿ AC – Prix : €€

25 rue d'Agincourt – ✆ 03 64 19 69 06 – www.lesensorestaurant.free.fr – Fermé lundi et dimanche

BEAUVOIR-EN-ROYANS

✉ 38160 – Isère – Carte régionale n° **21**-B3

AU ROMAN DU VERCORS

CUISINE MODERNE • CONTEMPORAIN C'est à flanc de Vercors, sur le site médiéval classé de l'ancien couvent des Carmes (avec son musée, son jardin et son verger conservatoire de variétés fruitières du Sud Grésivaudan), que l'on est reçu par le chef et son épouse. Au programme, une cuisine du marché qui met en valeur les produits de saison et régionaux, à déguster dans une salle habillée de claies qui rappellent les séchoirs à noix, ou sur l'agréable terrasse ombragée.

♿ P – Prix : €€

1 ancienne route de Presles – ✆ 04 76 64 75 95 – www.restaurant-roman-du-vercors.com – Fermé lundi et mardi, et mercredi et dimanche soir

BEAUVOIR-SUR-MER

✉ 85230 – Vendée – Carte régionale n° **14**-A2

RESTAURANT CÔTÉ MARAIS (N)

CUISINE MODERNE • CONTEMPORAIN En entrée, un ceviche de mulet blanc (un poisson rarement présent sur nos tables) relevé d'une pointe acidulée de rhubarbe ; en plat salé/sucré, un lieu jaune de petit bateau, petits pois français croquants et quelques pointes de condiment sucré à la cerise. Le jeune chef travaille les produits locaux avec une patte gourmande bien à lui pendant que sa compagne officie en salle dans leur maison perdue au milieu des marais (et dotée d'une belle terrasse).

P – Prix : €€

Le Grand Pont – ✆ 02 53 65 95 93 – www.restaurant-cotemarais.fr – Fermé mardi et mercredi

BEAUVOIS-EN-CAMBRÉSIS

✉ 59157 – Nord – Carte régionale n° **4**-C3

LE CONTEMPORAIN

CUISINE MODERNE • CONTEMPORAIN Un couple expérimenté tient les rênes de cette maison de famille datant du 19e s., devenue un restaurant en 2008. Lui assure le service et l'accueil, en plus de l'entretien du potager ; elle, aux fourneaux, met en valeur cette production maison dans des assiettes savoureuses. Véranda moderne et lumineuse.

♿ – Prix : €€€

4 rue Jean-Jaurès – ✆ 03 27 76 03 17 – www.restaurant-lecontemporain.fr – Fermé du lundi au mercredi, samedi midi et dimanche soir

BEBLENHEIM

✉ 68980 – Haut-Rhin – Carte régionale n° **8**–C2

AUBERGE LE BOUC BLEU

CUISINE MODERNE • FAMILIAL Deux amis passés par de grandes tables en France et à l'étranger, le cuisinier Romain Hertrich et le sommelier Romain Lambert, œuvrent dans cette jolie auberge à pans de bois. Au programme : le choix entre deux menus à l'aveugle et quelques suggestions de saison (poêlée de girolles, chou pak-choï, graines de courge et pignons de pin, ou paleron de bœuf snacké, pickles d'oignons et betteraves rouges...). Produits bio ou en agriculture raisonnée et accords mets et vins pointus.

🏦 🎄 – Prix : €€

2 rue du 5-Décembre – 𝒫 03 89 47 88 21 – www.aubergeleboucbleu.com – Fermé mardi soir, mercredi, jeudi et vendredi midi

BÉDOIN

✉ 84410 – Vaucluse – Carte régionale n° **28**–E1

LA COLOMBE

CUISINE MODERNE • TRADITIONNEL Au pied du Mont Ventoux et au milieu des vignes, cette douce colombe roucoule une bien jolie mélodie gourmande. Le chef Christophe Schuffenecker (qui était auparavant aux fourneaux étoilés du Château de Mazan) y propose une cuisine moderne, précise et lisible, sans fioriture, à l'image de son pigeon de Sarrians et purée de carotte au géranium. Pour s'attabler ? Choisissez aux beaux jours la terrasse à l'ombre des auvents qui regarde les vignes ou la salle à manger traditionnelle avec poutres apparentes et grande cheminée toute provençale...

🚻 🎄 🅿 – Prix : €€

3890 route du Mont-Ventoux – 𝒫 04 90 65 61 20 – www.la-colombe.fr – Fermé lundi et du mardi au vendredi à midi ; ouvert le weekend

BELCASTEL

✉ 12390 – Aveyron – Carte régionale n° **23**–C2

   ### VIEUX PONT

Chefs : Nicole Fagegaltier et Bruno Rouquier

CUISINE MODERNE • COSY Niché dans la verdure et dominé par son château, le paisible bourg de Belcastel grimpe en étages sur la rive droite de l'Aveyron. Rien de mieux, pour s'ouvrir l'appétit, que ses rues couvertes de pavés ou de galets ainsi que ses calades escarpées ! Régaler les hôtes de passage, c'est une tradition dans cette maison familiale ouverte par les grands-parents des deux sœurs Nicole et Michèle Fagegaltier, désormais aux commandes. La carte, alléchante comme il se doit, met en avant l'agneau et le veau de l'Aveyron et du Ségala, le bœuf d'Aubrac, le porc noir de Bigorre, l'oignon doux des Cévennes mais aussi des poissons et des fromages fermiers. Bouillon d'oignons doux caramélisés, chou braisé au Laguiole, ou encore ris d'agneau de la maison Greffeuille, mayonnaise à l'oseille et poireau grillé : qu'il est bon ce Vieux Pont !

🏦 🍽 🎄 🅰🅲 🅿 – Prix : €€€

Le Bourg – 𝒫 05 65 64 52 29 – www.restaurant-belcastel.com – Fermé lundi et mardi, et dimanche soir

BÉLESTA

✉ 66720 – Pyrénées-Orientales – Carte régionale n° **27**–B3

❀ **LA COOPÉRATIVE - DOMAINE RIBERACH**

Chef : Julien Montassié

CUISINE CRÉATIVE • CONTEMPORAIN Cet ancien chai a conservé sa charpente métallique : l'endroit, très spacieux et confortable, a un charme fou ! Julien Montassié, jeune chef de talent formé chez Troisgros et Goujon, suit de très près les saisons et s'appuie sur les petits producteurs des environs pour élaborer son menu surprise : langoustine, châtaigne et courge Hokkaido ; saint-pierre, huîtres snackées, pied de porc et sucrine ; variation de citron aux algues kombu... Ces préparations inventives s'arrosent bien entendu des vins du domaine, produits sans intrants en agro-écologie. Agréables chambres pour l'étape.

🐾 ⇔ ≼ 🖵 ♿ 🏡 🅿 – Prix : €€€

2 route de Caladroy – 🞰 04 68 50 30 10 – www.riberach.com/fr – Fermé lundi, mardi, mercredi midi et dimanche soir

❀**L'engagement du chef :** Le Domaine s'inscrit dans une démarche écologique depuis sa création. Nos vins sont produits en agro-écologie (sans pesticides, ni herbicides, ni produits de synthèse) ; nous chauffons les bâtiments par géothermie ; et notre piscine est filtrée par des plantes. Au restaurant nous avons une philosophie du km zéro pour l'approvisionnement.

BELFORT

✉ 90000 – Territoire de Belfort – Carte régionale n° **13**–C1

LE LIEN

CUISINE MODERNE • BISTRO Le lien, ici, est celui qui unit ce jeune couple de restaurateurs (elle en salle et lui aux fourneaux) aux vignerons et aux producteurs dont le travail finit dans les assiettes et les verres de ce bistrot chaleureux. Cette cuisine moderne, twistée d'une pointe de créativité, mise tout sur des produits de qualité et de saison, traités avec le respect qui leur est dû. Deux menus au déjeuner, et une carte plus travaillée le soir. Un bon plan.

🅰🄲 – Prix : €€

32 faubourg de Montbéliard – 🞰 03 84 58 05 59 – www.restaurant-lelien.com – Fermé lundi et dimanche

BELLE-ÉGLISE

✉ 60540 – Oise – Carte régionale n° 5–A3

❀ **LA GRANGE DE BELLE-ÉGLISE**

Chef : Marc Duval

CUISINE CLASSIQUE • ÉLÉGANT Une telle enseigne promet de déguster de belles recettes traditionnelles, réalisées avec amour à partir de bons produits issus des campagnes environnantes. Gagné ! Dans cette ancienne grange à charbon reconvertie en un havre paisible et cossu, la bonne chère revêt ses plus beaux atours. Le chef Marc Duval fait assaut de classicisme, non sans s'autoriser des écarts modernes. Agréable souvenir de ce dos de cabillaud en habit vert, sabayon de charlotte à la mie d'ancêtre au levain torréfié et jus de volaille, dégusté dans une salle à manger qui s'ouvre aux beaux jours sur un jardin pimpant.

🐾 🖵 ♿ 🅰🄲 🅿 – Prix : €€€

28 boulevard René-Aimé-Lagabrielle – 🞰 03 44 08 49 00 – www.lagrangedebelleeglise.fr – Fermé lundi, dimanche et mardi midi

BELLE-ÎLE

✉ – Morbihan – Carte régionale n° undefined–undefined

Port-Goulphar
✉ 56360 – Morbihan – Carte régionale n° **1**-C3

LE 180°

CUISINE CRÉATIVE • ÉLÉGANT À la barre de ce bateau, avec vue imprenable sur l'anse de Goulphar, le chef concocte des recettes créatives, avec les meilleurs produits de l'île, comme ce beau menu homard. Une traversée vivifiante, pleine d'embruns, de talent et de fraîcheur.

⅏ ⩻ ⇆ 🖐 🍴 ↻ **P** – Prix : €€€

Castel Clara – ☏ 02 97 31 84 21 – www.castel-clara.com – Fermé lundi, dimanche et du mardi au samedi à midi

CASTEL CLARA

CLASSIQUE • RAFFINÉ L'hôtel occupe un emplacement idyllique sur la côte sauvage, avec un panorama unique sur la mer. Centre "thalasso & spa", chambres et suites raffinées : le luxe discret... au bout du monde. Ou comment respirer l'air du large en profitant du meilleur confort !

⅃ 🛁 **P** ⩻ 🛏 🚲 ⌕ 🌐 🐾 ⌁ ⚶ 🍴 - 63 chambres

Port-Goulphar – ☏ 02 97 31 84 21 – www.castel-clara.com

Le 180° - Voir la sélection des restaurants

Sauzon
✉ 56360 – Morbihan – Carte régionale n° **1**-C3

HÔTEL DU PHARE

CUISINE MODERNE • CONTEMPORAIN Symbole de Belle-Île-en-Mer, l'Hôtel du Phare (1880) et sa table ont été revus et embellis par un célèbre architecte. Dans un décor original jouant avec les couleurs vives et le noir et blanc du drapeau breton, le restaurant propose une carte aux saveurs marines : araignée de mer en coque, bisque, ravioles végétales de rave à l'araignée ; viennoise de bar cuit sur galet, fricassée d'artichauts aux palourdes et ail noir. Le chef utilise autant qu'il peut des produits de qualité souvent nés sur l'île (comme de l'agneau élevé à Bangor, du miel, des légumes bio et du poisson d'un ligneur bellilois). Très belle terrasse surplombant le port, ainsi qu'une offre bistrot.

⩻ 🍴 – Prix : €€€

Quai Guerveur – ☏ 02 97 31 60 36 – www.hotelduphare-belle-ile.fr

BELLERIVE-SUR-ALLIER

✉ 03700 – Allier – Carte régionale n° **16**-C3

CHÂTEAU DU BOST

CUISINE MODERNE • CONTEMPORAIN À quelques minutes de Vichy, dans un parc très paisible, ce château avec tours et douves en eau (15e-19ᵉ s.) décline un décor contemporain et cosy, complété d'une belle terrasse, et de quelques chambres confortables. Le restaurant au cadre épuré sert une goûteuse cuisine de saison allant à l'essentiel.

⩻ 🖐 🍴 ↻ **P** – Prix : €€€

27 rue de Beauséjour – ☏ 04 70 59 59 59 – www.chateau-du-bost.com – Fermé lundi et dimanche soir

BELLEVILLE-EN-BEAUJOLAIS

✉ 69220 – Rhône – Carte régionale n° **21**–A1

😊 LE BEAUJOLAIS

CUISINE TRADITIONNELLE • CONVIVIAL Ce Beaujolais se devait de faire honneur à cette région riche en saveurs et en bons vins ! Le sympathique couple à la tête de la maison relève le défi avec panache, en nous gratifiant d'une appétissante cuisine du marché puisant dans la tradition. Les assiettes se révèlent aussi savoureuses que généreuses : on passe un excellent moment gourmand.

🅰🅲 🅿 – Prix : €€

40 rue du Maréchal-Foch – 𝒞 04 74 66 05 31 – www.restaurant-le-beaujolais. com – Fermé lundi, et mardi, mercredi, jeudi et dimanche soir

BELLEY

✉ 01300 – Ain – Carte régionale n° **21**–C2

LA FINE FOURCHETTE

CUISINE MODERNE • ÉLÉGANT Superbe vue sur le canal du Rhône et décor élégant pour cette adresse bugiste bien connue. Les assiettes font la part belle aux produits de l'Ain, servis avec générosité dans un style actuel bien maîtrisé par le chef, lequel propose des associations de saveurs harmonieuses et des présentations soignées. Mention spéciale pour le dessert autour de la fraise, qui saura ravir les fines bouches...

🍃 ♿ 🍽 🅿 – Prix : €€

2500 avenue du Bugey, à Virignin – 𝒞 04 79 81 59 33 – www.restaurantlafinefourchette.fr – Fermé mardi et mercredi

BERGERAC

✉ 24100 – Dordogne – Carte régionale n° **18**–C3

😊 LE BISTRO D'EN FACE

CUISINE MODERNE • CONTEMPORAIN Le chef-patron Hugo Brégeon, épaulé par son épouse Aurore en salle, s'est installé dans une petite maison, dont la terrasse délivre un panorama imprenable sur la vieille ville, la Dordogne et ses gabarres. L'assiette, goûteuse et travaillée, est à la hauteur de la vue : une cuisine bistronomique pleine de fougue, qui revisite avec brio quelques classiques. Le tout pour un rapport plaisir/prix imbattable, et un joli choix de vins au verre.

🍃 ♿ 🅰🅲 🍽 – Prix : €€

1 rue Fénelon – 𝒞 05 53 61 34 06 – Fermé lundi et dimanche, et mardi et mercredi soir

L'IMPARFAIT

CUISINE TRADITIONNELLE • RUSTIQUE Dans cette bâtisse médiévale du vieux Bergerac, on sert une goûteuse cuisine inspirée du terroir périgourdin, sur la terrasse en été, ou dans la salle à manger pleine de cachet, près de la cheminée monumentale. Des plats élégants et bien préparés, comme le pavé de cerf bien ferme et saignant à cœur ou les langoustines en kadaïf : un sans-faute pour L'Imparfait !

♿ 🅰🅲 🍽 🛐 – Prix : €€

8 rue des Fontaines – 𝒞 05 53 57 47 92 – www.imparfait.com

LA TABLE DU MARCHÉ COUVERT

CUISINE MODERNE • COSY Impossible de ne pas remarquer cette maison d'angle à la façade rouge, face aux halles ! Dans ce bistrot chic à l'élégance toute contemporaine – un cadre soigné –, les recettes s'inspirent du marché... évidemment.

AC 🛋 – Prix : €€

21 place Louis-de-la-Bardonnie – 𝒞 05 53 22 49 46 – www.table-du-marche.com
– Fermé lundi et dimanche

BERMICOURT

✉ 62130 – Pas-de-Calais – Carte régionale n° **4**–B2

😊 **LA COUR DE RÉMI**

Chef : Sébastien De La Borde

CUISINE TRADITIONNELLE • CONVIVIAL Après une carrière professionnelle à l'étranger, le chef est revenu à sa première passion dans cet ancien relais de chasse familial. Un lieu convivial pour une cuisine traditionnelle, généreuse et parfaitement maîtrisée, de la cuisson à l'assaisonnement ! On raffole de la terrine avec le pain au levain maison et les cornichons du domaine au vinaigre. Le petit plus : une cabane perchée pour l'étape !

🍴 ♿ 🛋 🅿 – Prix : €€

1 rue Baillet – 𝒞 03 21 03 33 33 – www.lacourderemi.com – Fermé lundi, samedi midi et dimanche soir

🌱**L'engagement du chef :** À La Cour de Rémi, une maison de famille restaurée, on propose une généreuse cuisine locavore et de saison. Les produits sont soigneusement sélectionnés, soit dans le potager et les vergers du domaine, soit auprès d'un réseau de petits producteurs triés sur le volet. Tout est fait maison, du pain au levain réalisé avec des variétés anciennes de blé, à la brioche du petit-déjeuner. La carte des vins est composée de vins pour la plupart biologiques ou biodynamiques.

BERNAY

✉ 27300 – Eure – Carte régionale n° **3**–A3

😊 **LE MOULIN FOURET**

CUISINE MODERNE • COSY Dans un charmant coin de campagne en retrait de Bernay, on tombe en admiration devant cette belle et grande maison couverte de vigne vierge, avec sa terrasse sous les bouleaux au calme d'un cours d'eau... et son moulin historique, ayant conservé ses rouages. L'endroit est délicieux (notamment en hiver au coin du feu), et la cuisine du chef Cédric Auger en est le parfait corollaire : produits frais et de qualité, préparations soignées, cuissons au cordeau, le tout proposé sous la forme de menus qui évoluent au rythme des saisons... On se régale, et l'on profite même de chambres confortables pour l'étape.

🍴 �ᵐ 🛋 🅿 – Prix : €€

2 route du Moulin-Fouret, à Saint-Aubin-le-Vertueux – 𝒞 02 32 43 19 95 – www.lemoulinfouret.fr

LA BERNERIE-EN-RETZ

✉ 44760 – Loire-Atlantique – Carte régionale n° **9**–A3

AU G'RETZ DES SAISONS

CUISINE MODERNE • CONVIVIAL Tout est dans le nom : le jeune Samuel Duchêne, chef voyageur, cuisine au gré des saisons. Sa courte carte, qui change tous les mois, met principalement en avant les producteurs et artisans du Pays de Retz – poissons, œufs fermiers, sel de mer. Betterave marinée au cidre, jaune d'œuf confit, coulis de cresson ou filet de bar, carotte, émulsion de coco, curcuma : du travail, de l'audace et du goût – sans oublier un très bon pain maison. Petite capacité, pensez à réserver.

Prix : €€

17 rue Jean-Duplessis – 𝒞 02 51 74 61 60 – www.augretzdessaisons.fr – Fermé du lundi au mercredi et dimanche soir

BERNIÈRES-SUR-MER

⊠ 14990 – Calvados – Carte régionale n° **2**–C2

L'AS DE TRÈFLE

CUISINE MODERNE • CONTEMPORAIN Légèrement en retrait des plages du Débarquement, nous voilà dans le repaire d'Anthony Vallette, un chef normand plein d'entrain. Au fil des saisons, il pioche dans le terroir local – poissons de la Manche, andouille de Vire, cochon de Bayeux – et compose des plats bien maîtrisés, avec juste ce qu'il faut d'audace !

&. 🛋 ⇔ **P** – Prix : €€

420 rue Léopold-Hettier – ☏ 02 31 97 22 60 – www.restaurantasdetrefle.com

BERRWILLER

⊠ 68500 – Haut-Rhin – Carte régionale n° **8**–A3

🕸 **L'ARBRE VERT**

CUISINE MODERNE • CLASSIQUE Cinquième génération et toujours très Vert ! Cet Arbre pourrait bien être généalogique, tant son histoire se confond avec celle de la famille Koenig… Au menu : toute la fraîcheur du terroir alsacien, avec de beaux vins du cru.

🏖 &. ⓀⒸ ⇔ **P** – Prix : €€

96 rue Principale – ☏ 03 89 76 73 19 – www.restaurant-koenig.com – Fermé lundi et mardi, et dimanche soir

BESANÇON

⊠ 25000 – Doubs – Carte régionale n° **13**–B2

ÉPICÉA ⓝ

CUISINE MODERNE • CONTEMPORAIN Dans une ruelle proche du Doubs, ce couple formé dans les belles maisons travaille main dans la main en cuisine (ouverte, qui plus est) et assure en partie le service. Élaboré autour de produits de saison rigoureusement tracés, renforcés par des cueillettes sauvages, leur menu unique déroule une jolie leçon d'histoire naturelle : carotte / marjolaine / plantain / pimprenelle / laurier ; cochon noir / courge / jus de volaille / huile de cébette ; betterave / framboise / coriandre / nougat glacé.

Ⓐ – Prix : €€

11 rue Claude-Pouillet – ☏ 06 44 10 98 61 – www.restaurant-epicea.fr – Fermé lundi, dimanche, et mardi et mercredi à midi

LOISEAU DU TEMPS ⓝ

CUISINE MODERNE • CONTEMPORAIN Même si bon sang ne saurait mentir, Blanche Loiseau, cheffe et cadette de la famille, ne s'est pas contentée de sa brillante hérédité. Elle a non seulement passé quelques années à Saulieu dans la maison mère, mais aussi au sein de la famille Sammut et au Japon. À la carte, sa cuisine fait la part belle aux produits et recettes de la Bourgogne et de la Franche-Comté : truite du Jura en gravlax, escargots et coulis de persil, bœuf bourguignon… Mon tout est cuisiné avec gourmandise et présenté avec soin. Joli petit chariot de desserts. Bonne sélection de vins, notamment au verre. Salle sous ogives, agrémentées de quelques touches contemporaines, dans un ancien grenier à blé du 18e s.

&. – Prix : €€

27 rue des Boucheries – ☏ 03 81 48 64 05 – www.bernard-loiseau.com – Fermé lundi et dimanche

LE MANÈGE

CUISINE MODERNE • TENDANCE Au pied de la citadelle, cet ancien manège militaire propose une cuisine délicate et savoureuse aux accents régionaux (comme la croûte aux champignons parfumée au vin jaune ou l'étonnant boudin noir en tranches), signée par un chef autodidacte et amoureux du travail bien fait. Une valeur sûre.

🅰🄖 ⛁ – Prix : €€

2 faubourg Rivotte – ☏ 03 81 48 01 48 – www.restaurantlemanege.com –
Fermé lundi, dimanche et mardi midi

LE PARC

CUISINE MODERNE • CONTEMPORAIN Au cœur du parc Micaud, sur les rives du Doubs, ce pavillon en verre, béton et acier est l'œuvre moderniste de l'architecte bisontin Michel Demenge. L'intérieur contemporain chic et feutré, avec ses cuisines ouvertes, offre aussi une vue sur la rivière. Côté assiette, le chef du Château de Germigney, la maison-mère, signe une partition actuelle.

♿ 🅰🄖 – Prix : €€€

Place de la 1ère-Armée-Française – ☏ 03 70 88 60 60 –
www.leparcbesancon.com/fr – Fermé lundi et mardi

LE SAINT CERF

Chef : Xavier Choulet

CUISINE MODERNE • CONTEMPORAIN Ce bistrot contemporain au cadre agréable propose une cuisine mâtinée d'influences diverses, dont des touches asiatiques, maîtrisée de bout en bout, sans ostentation, et goûteuse. Ajoutez à cela une tendance affichée au "nature" (saisonnalité, produits), saupoudrez de plats végétariens et vous obtenez une valeur sûre du renouveau bisontin.

🅰🄖 – Prix : €€

1 rue Megevand – ☏ 03 81 50 10 20 – Fermé lundi midi, mardi midi, samedi et
dimanche

🌿L'engagement du chef : Nous travaillons uniquement des produits de saison issus de partenaires régionaux. Légumes bio et herbes sauvages, pêche française, viandes de qualité - bœuf Black Angus et Hereford principalement. Notre compost est récupéré chaque semaine par un jeune créateur d'entreprise de maraîchage bio. Nous servons une eau micro-filtrée à chaque table.

LE SAINT-PIERRE

CUISINE TRADITIONNELLE • ÉLÉGANT Une cuisine gastronomique mettant le poisson et les bons produits à l'honneur ; beaucoup de finesse relevée d'une pointe d'originalité ; un cadre élégant et cosy (pierres apparentes) : ce Saint-Pierre est un petit paradis des saveurs !

🅰🄖 ⛁ – Prix : €€€

104 rue Battant – ☏ 03 81 81 20 99 – www.restaurant-saintpierre.com –
Fermé dimanche et samedi midi

LE SAUVAGE ⓝ

CUISINE MODERNE • ROMANTIQUE Au pied de la citadelle Vauban, cet hôtel chic occupe l'ancien monastère des Clarisses. Son restaurant offre un cadre cosy entre parquet ancien et tables nappées, et un atout majeur, sa terrasse qui surplombe le parc ! Le chef Hugo Mathieu (formé dans les bonnes tables lyonnaises) n'a rien du sauvage si l'on en juge par ses assiettes bien léchées : velouté de petits pois glacé, dos de cabillaud cuit à 50°, tartelette croustillante à la pistache...

🝖♿🄖 🅿 – Prix : €€

6 rue du Chapitre – ☏ 03 81 82 00 21 – www.lesauvage-besancon.fr/
le-restaurant – Fermé lundi, dimanche et samedi midi

LE SAUVAGE

TRADITIONNEL • ÉLÉGANT Dans la vieille ville, le bâtiment est chargé d'histoire : couvent des minimes depuis le Moyen-Âge, saisi à la Révolution, il a été investi par les sœurs clarisses à partir de 1854... Salons intimes, belles boiseries et mobilier chiné, vues sur le Doubs et les remparts : les lieux ne sont qu'élégance et quiétude.

♿ 🅿 ♲ 🛏 - 24 chambres

6 rue du Chapître – ☎ 03 81 82 00 21 – www.lesauvage-besancon.fr

 Le Sauvage - Voir la sélection des restaurants

BESSINES

✉ 79000 – Deux-Sèvres – Carte régionale n° **14**–C2

L'ADRESS...

CUISINE MODERNE • CONTEMPORAIN Un parallélépipède de verre prolongé par une terrasse face à la verdure : voilà pour le cadre, moderne et élégant ! David Seguin y propose une cuisine inventive, constituée de bons produits. Les cuissons sont maîtrisées, les présentations soignées, et les saveurs bien équilibrées, comme pour ces ravioles végétales au crabe, avocat, bouillon de crustacés acidulé, sarrasin. Joli plateau de fromages.

🛏 ♿ 🅼 🍽 🅿 – Prix : €€

1 rue des Iris – ☎ 05 49 79 41 06 – www.restaurant-ladress.fr – Fermé lundi et dimanche

BÉTHUNE

✉ 62400 – Pas-de-Calais – Carte régionale n° **4**–B2

MAISON RENARD Ⓝ

CUISINE MODERNE • CONTEMPORAIN Ancien demi-finaliste de Top Chef, le chef Sébastien Renard a investi l'ancien fief de son mentor, le grand cuisinier Marc Meurin. Cette maison de maître en briques rouges ne manque pas de superbe, et son bar et sa verrière lui donnent un cachet indéniable. Le chef, qui fait ici ses débuts en solo, déroule une cuisine dans l'esprit d'un menu carte blanche inspiré de ses échanges avec les producteurs. Le plat de bonite, betterave, sésame et groseille ou la lotte, courgette, reine-des-prés montrent tout le savoir-faire de ce chef au bon parcours.

♿ 🍽 – Prix : €€€

15 place de la République – ☎ 03 21 26 42 76 – www.maisonrenard-bethune.fr – Fermé lundi et mardi, et dimanche soir

BEUVRON-EN-AUGE

✉ 14430 – Calvados – Carte régionale n° **2**–C2

LE PAVÉ D'AUGE

CUISINE CLASSIQUE • ÉLÉGANT Au cœur du Pays d'Auge, entre Caen et Lisieux, Beuvron-en-Auge ressemble à une Normandie de carte postale, avec ses maisons à colombages des 17e et 18e s., ses manoirs et ses jardinières débordant de fleurs à la belle saison. Le restaurant occupe les anciennes halles du village, tout en conservant le meilleur des matériaux d'origine. Le chef Adrien Haye, ancien second ici même, travaille au fil des saisons les huîtres de Saint-Vaast, le homard de Carteret, le saint-pierre, mais aussi le foie gras et les ris de veau, sans oublier l'andouille et les tripes aux pommes – Normandie oblige.

ࢯࢯ ♿ 🍽 – Prix : €€€

Le Bourg – ☎ 02 31 79 26 71 – www.pavedauge.com – Fermé lundi et mardi

BEZANNES

✉ 51430 – Marne – Carte régionale n° **6**–B2

BOUCHE B

CUISINE MODERNE • CONTEMPORAIN On retrouve ici le chef Thibault Laplaige
(ex-étoilé à Reims), situé sur la "Place Gourmande" de cette localité proche de
Reims. Il concocte une cuisine moderne bien ficelée à base de jolis produits, à
l'image de ce tartare de Saint-Jacques et fenouil, vinaigrette au soja ou du paleron
Black Angus, jus au pommeau et embeurré de chou vert. Bouche B comme Bon !
&. 🅰🅲 🈂 🅿 – Prix : €€

9 rue Jean-Dausset – ℰ 03 26 35 19 37 – www.restaurant-bouche-b.fr –
Fermé dimanche, samedi midi et mercredi soir

BÉZIERS

✉ 34500 – Hérault – Carte régionale n° **27**–C2

⁣🕸 L'ALTER-NATIVE

CUISINE MODERNE • ÉLÉGANT L'Alter-Native, ou l'autre naissance, voire la
renaissance : voilà ce que représente ce projet biterrois pour Gilles Goujon. Dans la
ville où il a grandi et étudié, le chef 3 étoiles de L'Auberge du Vieux Puits, qu'on ne
présente plus, développe un concept de cuisine marine et végétale éco-responsable, avec la volonté de tracer un nouveau sillon. Avec des légumes du potager
en aquaponie, et d'autres trésors bien du Sud, son chef exécutif Quentin Pellestor-
Veyrier réalise des assiettes pleines de générosité, franches et appétissantes :
tomate farcie, fromage de chèvre de la ferme Carrus et basilic en pistou ; petite
galette d'estofinado, œufs de truite et caviar "césarienne"... avec, en soutien, le
talent naissant des deux fils Goujon, Enzo et Axel ! Agréable terrasse-patio pour
les beaux jours.
&. 🅰🅲 🈂 ⌂ – Prix : €€€€

12 rue Boieldieu – ℰ 04 67 49 90 00 – www.lalternativegoujon.fr – Fermé lundi
et mardi, et dimanche soir

⁣🕸 CALICE Ⓝ

Chef : Fabien Lefebvre
CUISINE MODERNE • CONTEMPORAIN Le chef MOF Fabien Lefebvre est bien
connu à Béziers (ex-Octopus, et également présent au Pica Pica). Ce calice-là est
une maison Art déco des années 1920 mariée à une extension moderne : une métamorphose réussie, toute en courbes florales, avec une salle en manger en rotonde
vêtue de matières douces et végétales aux formes organiques. Fabien Lefebvre,
c'est une cuisine méditerranéenne dont la modernité, très respectueuse des beaux
produits, accouche dans l'assiette de savers précises. Le turbot cuit meunière avec
son jus d'arêtes grillées et son millefeuille de céleri en est une belle illustration.
Service remarquable de compétence et d'empathie. Menu décliné en plusieurs
séquences, en constante évolution au gré des arrivages et du marché. Carte des
vins de 700 références.
🍸 &. 🅰🅲 🈂 – Prix : €€€

30 boulevard Bertrand-Duguesclin – ℰ 04 67 28 29 40 – www.restaurantcalice.fr –
Fermé lundi, mardi et dimanche

🙂 PICA PICA

CUISINE MÉDITERRANÉENNE • CONTEMPORAIN Fabien Lefebvre, MOF 2004
que l'on connaît également dans sa nouvelle adresse Calice, joue dans sa brasserie
une partition gourmande et conviviale. On y sert une cuisine méditerranéenne

décomplexée et joliment métissée, à travers une sélection de tapas et picas (brochettes) : houmous de pois chiches au cumin et pain pita ; croquetas de jamón ; agneau comme un kebab au zaatar et sumac… mais aussi des plats soignés comme ce cabillaud demi-sel, cresson et gnocchi, émulsion citron et caviar. Un concept sans chichi, imaginé dans un esprit de partage. Le menu déjeuner est une aubaine. Une réussite.

 Ⅿ Ⓜ ☾ – Prix : €€

20 boulevard Jean-Jaurès – ℰ *04 48 11 03 40 –* www.pica-pica.fr

L'AMBASSADE

CUISINE MODERNE • ÉLÉGANT Fraîcheur des produits, équilibre des assiettes : Patrick Olry, chef bien connu dans la région, fait ici la démonstration de son savoir-faire et de sa constance. Surtout, ne manquez pas les menus-dégustation sur la truffe, la Saint-Jacques ou le homard, qui ne sont pas pour rien dans la réputation de la maison.

 ⵛ Ⓜ ☾ – Prix : €€€

22 boulevard de Verdun – ℰ *04 67 76 06 24 –* www.restaurant-lambassade.com *– Fermé lundi et dimanche*

LA MAISON DE PETIT PIERRE

CUISINE MODERNE • AUBERGE Dans son restaurant situé non loin des arènes, à la déco chaleureuse (genre paillote branchée) qui lui ressemble, Pierre Augé arbore un sourire contagieux : ce chef passionné, qui vient saluer chacun de ses clients, est là pour faire plaisir, avec une cuisine goûteuse et créative ! Loin de se reposer sur ses lauriers médiatiques, on sent chez lui une envie continuelle d'explorer de nouvelles pistes gourmandes. C'est réjouissant, à l'image de son île flottante à la châtaigne, et de sa volaille à la truffe, pomme Anna soufflée à l'oignon. L'ambiance et la convivialité font le reste : on recommande !

 Ⅿ Ⓜ ☾ – Prix : €€

22 avenue Pierre-Verdier – ℰ *04 67 30 91 85 –* www.lamaisondepetitpierre.fr *– Fermé mercredi et dimanche, et mardi et jeudi soir*

🛏 L'HÔTEL PARTICULIER

MODERNE • CHARME Cette belle maison bourgeoise de 1892 a su préserver le charme de l'ancien (parquet, mosaïques de marbre) sans renoncer à la modernité (moulures rétroéclairées, baignoires balnéo, bluetooth). Possibilité de massages en chambre. Petit-déjeuner jusqu'à midi. Le bonheur !

 Ⓟ ⇔ ⚒ Ⓜ - 9 chambres

65bis avenue du 22 août 1944 – ℰ *04 67 49 04 47 –* www.hotelparticulierbeziers.com

🛏 LA VILLA GUY

CONTEMPORAIN • ROMANTIQUE Ce splendide édifice à l'esthétique andalouse, classé monument historique, trône au milieu d'un parc d'inspiration mauresque, en plein centre-ville. Les chambres et suites mélangent toutes l'audace contemporaine avec le romantisme classique ; il n'y a pas un centimètre carré qui soit sans intérêt. Ajoutez deux salons, un bar, une salle de billard, une bibliothèque, une piscine, une rotonde avec une vue imprenable sur le parc, un spa somptueux. Le détail séduisant : le petit-déjeuner est servi dans l'un des charmants salons.

 Ⓟ ⇔ 🚲 ⚒ ♨ 🦢 ⛛ 🛆 Ⓜ - 6 chambres

2 rue Giuseppe Verdi – ℰ *04 67 35 26 49 –* www.lavillaguy.com

BIARRITZ

✉ 64200 – Pyrénées
Atlantiques –
Carte régionale n° **25**–A21

Une cuisine aussi typique que la langue basque

Pourquoi ne pas commencer la journée par un café aux halles, le cœur battant de la ville, fréquentées par les épicuriens et les chefs ? Deux édifices, l'un de brique et de métal, l'autre de style basque et orné d'une belle charpente en bois, permettent de faire connaissance avec l'identité culinaire basque et ses délices. Et ils sont nombreux, à l'image de la préparation dite "à la basquaise", qui mêle tomate, poivron, ail et oignon – avec ou sans le fameux jambon de Bayonne. Impossible de passer également à côté de la piperade, manière de ratatouille relevée au piment avec œufs brouillés, jambon, voire poulet ou thon. Au Pays basque, le piment d'Espelette est mis à toutes les sauces, cru, cuit, en poudre, notamment pour la conservation du jambon. Pour compléter votre panier, ne manquez pas de flâner dans les rayons de la Maison Arostéguy, une épicerie fine historique qui propose de beaux produits locaux salés et sucrés.

🌺 **L'IMPERTINENT**

Chef : Fabian Feldmann
CUISINE CRÉATIVE • CONTEMPORAIN Impertinent : insolent, effronté et même irrévérencieux, selon le dictionnaire ! Il y a aussi un côté rock'n'roll chez l'Allemand Fabian Feldmann, un chef créatif qui aime casser les codes. Pourtant, les codes, il les connaît sur le bout de sa fourchette : notre rebelle a suivi le parcours classique des grandes maisons, comme L'Oasis à La Napoule et Pierre Gagnaire à Paris. Dans son repaire biarrot, il laisse libre cours à une imagination parfois débridée, mais toujours juste. De belles matières premières, notamment les poissons de la criée de Ciboure, sont cuisinées et assaisonnées avec originalité. Maquereau mi-cuit et fumé, asperges blanches en deux services, grillées et crues ; agneau rôti, céleri rave, jus aux herbes lié et moutarde acidulée ; pomelo corse, glace à l'estragon, crémeux amande et meringue anisée. L'impertinence a du bon.
🕯 ♿ 🅰🅲 ⛱ – Prix : €€€€
Plan : A1-2 – *5 rue d'Alsace* – ℰ *05 59 51 03 67* – *www.l-impertinent.fr* – *Fermé lundi, dimanche et du mardi au vendredi à midi*

🌺 **LES ROSIERS**

Chefs : Andrée et Stéphane Rosier
CUISINE MODERNE • CONVIVIAL Avec un tel patronyme, les Rosier auraient pu exercer le métier de pépiniériste. Au lieu de quoi, la première meilleure ouvrière de France (en 2007), aidée par son époux, concocte une séduisante cuisine-vérité à quatre mains. Si leur adresse a conservé extérieurement ses atours basques,

J.-F. Mallet/hemis.fr

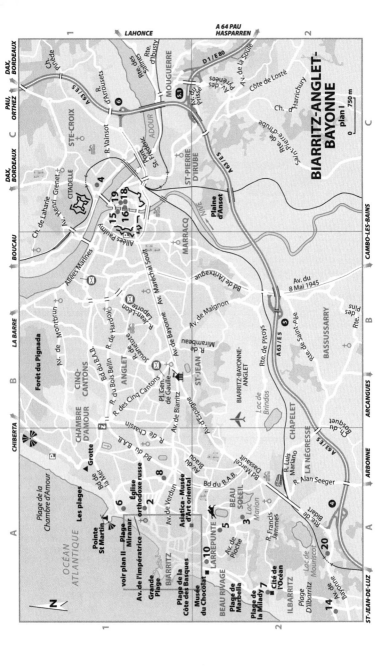

BIARRITZ-ANGLET-BAYONNE

plan I

0   750 m

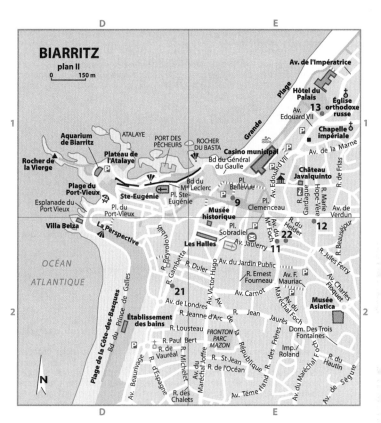

BIARRITZ
plan II

0 ───── 150 m

l'intérieur a basculé dans la modernité, avec ses murs dépouillés, son parquet de bois et ses tables rondes design. Notre virtuose ne met jamais sa technique en avant : elle préfère le goût et les saveurs qu'elle extrait de beaux produits locaux, poissons et crevettes sauvages, pigeonneau et volaille fermière, notamment. De la citronnelle et de l'algue nori par ici, du gingembre et du citron confit par-là, Andrée Rosier aime aussi booster ses plats avec quelques touches exotiques. Le Japon, où les Rosier ont ouvert deux tables, s'inviterait-il désormais à Biarritz ?

&. ᴀᴋ – Prix : €€€

Plan : A2-3 – *32 avenue Beau-Soleil* – ℰ *05 59 23 13 68* – *www.restaurant-lesrosiers.fr/fr* – *Fermé lundi et mardi*

AHPÊ

CUISINE MODERNE • BISTRO Excentré, ce bistrot hyper animé et coloré, avec ses murs couleur caramel et son joyeux mobilier dépareillé, fête chaque saison (comme les initiales de son nom l'indique) dans la bonne humeur. Adepte de la fermentation mais aussi des cuissons à la flamme et à la plancha, le chef Idir Fseil mitonne une bonne petite cuisine du marché : thon blanc, eau de concombre et orange en saumure ; poitrine de cochon au piment vert, crème crue et betteraves ; tartare de bœuf, radis noir fermenté, poutargue et grenailles. Réservation indispensable.

&. ᴀᴋ – Prix : €€

Plan : A2-5 – *34 avenue du Président-John-Fitzgerald-Kennedy* – ℰ *06 48 81 49 75* – *www.ahpe-restaurant.fr* – *Fermé lundi et dimanche*

LE CAFÉ BASQUE

CUISINE MODERNE • BRASSERIE Au cœur de la ville et juste au-dessus de la grande plage, voici la table, entièrement rénovée avec panache, d'un hôtel mythique, le Café de Paris. Le chef étoilé Cédric Béchade (l'Auberge basque) a conçu une partition de brasserie, habilement réinterprétée, inspirée par le terroir local et émaillée de clins d'œil ibériques.

⇐ AC 🌿 – Prix : €€

Plan : E1-9 – *5 place Bellevue* – 𝒞 *05 59 24 19 53 – www.hotel-cafedeparis-biarritz.com*

CARØE

CUISINE CRÉATIVE • CONVIVIAL Dans cette cantine biarotte d'esprit scandinave, l'ambiance respire le cool et la décontraction. Le chef, marié à une Danoise, source chacun de ses produits, poissons de petite pêche, produits bios et locaux. Renouvelée régulièrement, sa carte propose une quinzaine de plats en format tapas. Les produits basques sont gentiment métissés d'influences asiatiques. Prenons le maquereau, exalté par un bouillon dashi et servi avec un riz vinaigré relevé de pointes acidulées de citron : percutant et savoureux ! Le reste est à l'avenant. Quant à la sélection pointue de vins nature, c'est un modèle.

🌿 – Prix : €€

Plan : D2-21 – *51 rue Gambetta* – 𝒞 *09 83 34 54 60 – www.caroe.fr – Fermé lundi et samedi midi*

CHERI BIBI

CUISINE MODERNE • BISTRO Dans ce Cheri Bibi là, pas d'erreur judiciaire (ni gastronomique) comme le roman éponyme de Gaston Leroux ! Au centre-ville de la cité du surf, en retrait du front de mer, voici l'un des spots tendance et cool de la scène culinaire biarrote. Aux fourneaux, Adrien Witte, un ancien financier breton reconverti par passion, se donne du mal pour nous faire du bien : beaucoup d'assiettes à partager (œufs Mimosa, aubergine confite, sashimi de thon, saucisse Lincolnshire et polenta), des plats (déjà) classiques comme le tartare de bœuf verveine, anchois citron brûlé ou le thon blanc, pêche et jus de kimchi. Les meilleurs produits locaux sont interprétés de libre et goûteuse manière, avec des clins d'œil au parcours international du chef. Sa compagne accueille avec sourire et efficacité. On peut soi-même choisir sa bouteille dans l'espace caviste. Décor de bistrot convivial avec bar et cuisine ouverte.

🌿 – Prix : €€

Plan : A2-10 – *50 rue d'Espagne* – 𝒞 *05 40 07 11 50 – www.cheribibibiarritz.com – Fermé du lundi au mercredi et du jeudi au dimanche à midi*

L'ENTRE DEUX

CUISINE MODERNE • BRANCHÉ Le jeune chef Rémy Escale est aux manettes de ce bistrot branché, chaleureux et décoré avec goût. Objectif affiché en cuisine : rester au plus près du produit et du goût ! Il associe les saveurs avec brio et fait preuve d'une maîtrise technique sans faille : on passe un super moment.

♿ AC – Prix : €€

Plan : E2-11 – *5 avenue du Maréchal-Foch* – 𝒞 *05 59 22 51 50 – www.lentredeuxbiarritz.com – Fermé lundi, dimanche et du mardi au jeudi à midi*

FRENCHIE BIARRITZ ⓝ

CUISINE MODERNE • COSY Située au cœur d'un hôtel qui domine la baie, cette table a été confiée à Grégory Marchand (Frenchie). Passé le vaste atrium qui fait office de bar (où l'on goûte déjà tous les détails du décor ravissant inspiré des années 20), on découvre une belle salle et une terrasse bercée par la musique des vagues. Le chef a signé une carte inspirée du terroir basque avec quelques touches créatives dans un style brasserie chic : aubergine fumée, condiment yuzu ; pamplemousse et ail noir ; maigre façon meunière, artichaut barigoule, hollandaise à l'estragon, bisque de crustacés vanillée... Carte des vins étoffée (une quinzaine de vins au verre).

🍴 🕭 🎬 ⛲ – Prix : €€€

Plan : A1-6 – *Hôtel Regina Experimental, 52 avenue de l'Impératrice – 𝒞 05 59 41 33 20 – www.frenchie-biarritz.com – Fermé le midi*

LÉONIE

CUISINE MODERNE • BISTRO Le nom de ce restaurant rend hommage à la fondatrice de ce petit restaurant ouvert à la fin des années quarante. Il s'est mué en plaisant bistro gourmand contemporain sous l'impulsion d'un jeune couple. Originaire de Poitou-Charentes, le chef est tombé amoureux du Pays basque et de ses produits ; il a fait du gibier sa spécialité, en saison. Mais aujourd'hui, on s'est régalé d'un poireau vinaigrette, œuf mimosa, puis d'un paleron de bœuf, purée de pomme de terre et enfin d'une mousse à l'orange et meringue.

🎬 – Prix : €€

Plan : A1-8 – *7 avenue de Larochefoucault – 𝒞 05 59 41 01 26 – www.restaurant-biarritz-leonie.com – Fermé mardi et mercredi*

LE PIM'PI BISTROT

CUISINE MODERNE • BISTRO Une bonne cuisine de bistrot, moderne et bien pensée, gourmande sans jamais peser sur l'estomac : voilà ce que propose le chef du Pim'Pi, que l'on avait déjà croisé lorsqu'il officiait chez Léonie, à Biarritz également. Si l'on ajoute à cela une ambiance très conviviale, difficile de résister à l'envie de s'attabler ici...

Prix : €€

Plan : E2-12 – *14 avenue de Verdun – 𝒞 05 59 24 12 62 – Fermé lundi et dimanche*

SILLON

CUISINE MODERNE • CONTEMPORAIN Dans une petite rue calme du centre-ville, le chef Mathieu Rostaing-Tayard, qui est passé par les cuisines de Pierre Gagnaire, Michel Portos, Massimo Bottura et même celles de Virgilio Martinez au Pérou, accueille dans un lieu épuré et chic. Deux ambiances, deux propositions gastronomiques : le comptoir à l'entrée et ses assiettes à partager façon tapas ; la salle, plus feutrée, et son menu dégustation axé sur les beaux produits basques (merlu de ligne, turbot, cochon kintoa...). Dans les deux cas, sa cuisine créative vise dans le mille grâce à des présentations élégantes et à la franchise des goûts.

Prix : €€€

Plan : E2-22 – *4 rue Jean-Bart – 𝒞 05 59 24 76 08 – www.sillon-biarritz.fr – Fermé lundi, dimanche, et mardi et samedi à midi*

LE SIN

CUISINE MODERNE • DESIGN Au sein de la Cité de l'Océan, immanquable avec son architecture en forme de vague, le Sin offre une vue magnifique sur la mer et le château d'Ilbarritz. Le chef, artisan habile, sélectionne des produits de belle facture et propose une cuisine élaborée, qu'il fait évoluer régulièrement. Un exemple : le pigeon fermier, jus tranché à l'ail et écrasé de pomme de terre.

🕭 🎬 ⛲ 🅿 – Prix : €€€

Plan : A2-7 – *1 avenue de la Plage – 𝒞 05 59 47 82 89 – Fermé lundi et mardi, et dimanche soir*

🛏 BEAUMANOIR

CLASSIQUE • CHALEUREUX Mobilier baroque et design dans les huit chambres et suites, salle à manger d'esprit orangeraie, bar à champagne : un charme luxueux règne dans ce manoir du 19ᵉ s., à deux pas du centre et des plages.

🕭 🐾 🅿 🕭 🛁 🚲 🛝 🛋 🍴 🎬 - 8 chambres

10 avenue de Tamamès – 𝒞 05 59 24 89 29 – www.lebeaumanoir.com

HÔTEL DE SILHOUETTE

MODERNE • CONVIVIAL Une architecture noble et des décors originaux (notes colorées, papiers peints d'inspiration surréaliste, etc.) : cette demeure du 17ᵉ s. – ancienne propriété de la famille de Silhouette – a accompli sa mue. Déco tendance et détente, surtout dans les chambres avec vue sur la mer...

   - 20 chambres

30 rue Gambetta – ℰ 05 59 24 93 82 – www.hotelsilhouette.com

HÔTEL DU PALAIS

GRAND STYLE • MARITIME Un véritable palais de bord de mer... Résidence d'été construite par Napoléon III pour son épouse Eugénie, il fut ensuite l'un des hauts lieux de la Belle Époque, puis devint hôtel en 1893. Grand escalier magistral, antiquités, confort dans les moindres détails... Luxe intemporel !

   - 154 chambres

1 avenue de l'Impératrice – ℰ 05 59 41 64 00 – www.hotel-du-palais.com/fenetres.htm

PALMITO

MODERNE • CHARME Dans une rue piétonne du quartier du Port Vieux, ce petit hôtel de charme affiche une ambiance intime et informelle. Les intérieurs sont décorés avec goût sur un thème hawaïen, en référence au surf qui fait les beaux jours de la ville, et malgré le cadre urbain, la plage la plus proche est accessible à pied. Les chambres sont aussi confortables qu'attrayantes, et la Palmito Suite, un appartement de deux chambres avec terrasse, est de grand style.

   - 20 chambres

7 rue du Port Vieux – ℰ 05 59 24 16 56 – www.palmito-biarritz.com

BIDARRAY

✉ 64780 – Pyrénées-Atlantiques – Carte régionale n° **25**–A2

LORE TTIPIA - AUBERGE OSTAPE

CUISINE MODERNE • AUBERGE Au sein d'un superbe domaine bucolique sur les hauteurs de Bidarray et d'Itxassou, entre de nobles murs du 17ᵉ s., cette table élégante revisite avec bonheur la gastronomie navarraise. Avec une prédilection pour les cuissons à la braise, le chef prépare des recettes qui sont autant de variations autour des bons produits locaux... À l'unisson de cette grandiose nature basque, que l'on admire depuis la magnifique terrasse panoramique.

   – Prix : €€€

Domaine de Chahatoenia – ℰ 05 59 37 91 91 – www.ostape.com/fr

BIDART

✉ 64210 – Pyrénées-Atlantiques – Carte régionale n° **25**–A2

LA TABLE DES FRÈRES IBARBOURE

Chefs : Patrice et Xabi Ibarboure

CUISINE MODERNE • ÉLÉGANT La troisième génération d'Ibarboure préside en douceur aux destinées de cette belle maison de famille. En cuisine, on retrouve les frères Xabi, le chef, et Patrice, MOF pâtisserie 2019, qui déroule son CV sucré construit entre Paris et New-York. On croise au fil des saisons des produits basques qui plantent le décor : saumon de l'Adour, porc noir de Kintoa, fruits rouges de Mendionde, pain d'épices d'Ainhoa, piment d'Espelette, agneau des Pyrénées, fromage d'Ossau-Iraty. Mais leur propre potager leur permet aussi de concocter des fleurs de courgette farcies aux langoustines, ou bien ces "légumes et jardin d'herbes, émulsion de roquette et eau de tomate", une belle recette printanière.

🦀 🔄 🛎️ ♿ 🎦 💺 🅿️ – Prix : €€€€

Chemin Ttalienea – ☎ 05 59 47 58 30 – www.freresibarboure.com – Fermé mardi et mercredi

😋 AHIZPAK LE RESTAURANT DES SŒURS

CUISINE MODERNE • CONTEMPORAIN C'est ici le repaire d'ahizpak ("sœurs", en basque) absolument charmantes ! Cette fine équipe travaille de superbes produits du terroir basque au bon vouloir des arrivages et des saisons ; ses plats, en plus d'être fins et goûteux, témoignent d'une générosité sans faille. Brunch le dimanche.

♿ 🎦 🎦 💺 🅿️ – Prix : €

Avenue de Biarritz – ☎ 05 59 22 58 81 – www.restaurant-ahizpak.fr – Fermé mardi, mercredi midi et dimanche soir

ETIKA 🆕

CUISINE MODERNE • CONVIVIAL Etika : le nom de ce restaurant situé en bord de route vers le centre de Bidart résume bien le projet du chef Alexandre Willaume (passé par Aho Fina). Une cuisine éthique et bistronomique qui est un véritable engagement en faveur d'un produit local sourcé avec soin. Ce dernier joue la star dans ses assiettes franches du collier à dominante végétale et iodée : ventrèche de thon, anchois, tomate ; palourdes et cédrat ; abricot et granola. Réalisées à 80% au charbon de bois, les cuissons sont parfaitement au point. Au déjeuner, petites portions façon tapas pour composer son menu ; le soir, choix à la carte en plusieurs séquences.

♿ 🎦 – Prix : €€

1247 avenue de Bayonne – ☎ 09 86 38 08 51 – www.etikarestaurant.fr – Fermé lundi et samedi midi

EZKIA

CUISINE MODERNE • COSY Sous les tilleuls (« ezkia » en basque) de la terrasse ou dans la petite salle cosy et intimiste avec pierres apparentes, plancher, fauteuils en velours safran et banquettes, c'est la même maison basque traditionnelle, située au cœur du délicieux village de Bidart – une ambiance tranquille et raffinée. Un couple, transfuge de la table de Michel Guérard, s'active en douceur pour servir de jolies assiettes de saison, pleines de bons produits locaux basques, mitonnés avec précision : cochon fermier, thon de ligne, cerise noire, fromages fermiers affinés...

🎦 – Prix : €€

6 avenue de la Grande-Plage – ☎ 05 59 47 78 92 – www.ezkia-restaurant.fr – Fermé lundi, mercredi et jeudi et mardi, vendredi et samedi midi

🛏️ LES FRÈRES IBARBOURE

MODERNE • CALME Beaucoup de fraîcheur et de calme dans les chambres de cette grande demeure basque, qui est aussi une étape gastronomique reconnue dans la région. Bel atout : l'écrin de verdure du parc. Petit-déjeuner gourmand servi, l'été, au bord de la piscine.

🅿️ 🔄 🛎️ 🏊 🍽️ 🎦 - 12 chambres

Chemin Ttalienea – ☎ 05 59 47 58 30 – www.freresibarboure.com
❀ **La Table des Frères Ibarboure** - Voir la sélection des restaurants

BILLIERS
✉ 56190 – Morbihan – Carte régionale n° **1**-D3

DOMAINE DE ROCHEVILAINE

CUISINE MODERNE • ÉLÉGANT Face à l'océan, dans un charmant jardin, domaine composé d'anciennes maisons bretonnes, de longères et de manoirs, certains séculaires. La mer se retrouve dans la cuisine iodée du chef Maxime Nouail, lui-même pêcheur. Agréables salons, bar et salles à manger décorés avec soin. Très belle carte des vins. Luxueuses chambres et spa pour un séjour marin.

🦮 ⮜ 🛏 🅰 ⮜ 🅿 – Prix : €€€

à la Pointe de Pen-Lan – 📞 02 97 41 61 61 – www.domainerochevilaine.com

BILLY

✉ 03260 – Allier – Carte régionale n° **16**–C3

☺ AUBERGE DU PONT

CUISINE MODERNE • AUBERGE Une cuisine soignée, gourmande et parfumée, avec des sauces à tomber... On se régale d'une épaule d'agneau croustillante, oignon rouge et olive Taggiasche, on se laisse surprendre par des préparations plus originales comme ce bœuf gravlax glacé au vinaigre de riz, et aux beaux jours, on profite de la terrasse ombragée qui surplombe l'Allier. Menu unique du marché le midi, et menu-carte le soir. À ne pas manquer !

🍽 ⮜ 🅿 – Prix : €€

1 route de Marcenat – 📞 04 70 43 50 09 – www.auberge-du-pont-billy.fr – Fermé lundi et dimanche

BINIC

✉ 22520 – Côtes-d'Armor – Carte régionale n° **1**–C1

✿ LA TABLE D'ASTEN

Chef : Samuel Selosse

CUISINE MODERNE • CONTEMPORAIN Il s'en passe de bien bonnes choses au premier étage de cette maison qui domine le port ! Après un parcours remarquable (Le Coquillage à Cancale, La Pyramide - Patrick Henriroux à Vienne, ou encore Le K2 à Courchevel), le chef Samuel Selosse a lâché la bride à son inspiration. Enracinée dans l'air du temps, l'assiette, toujours superbement présentée, ne travaille que le meilleur (aussi bien les poissons que les légumes) et accouche de délices comme ce chou-fleur aux agrumes et seiche cuite à la flamme, cette barbue de petit bateau, asperge et hollandaise aux algues, et même ce millefeuille comme une écorce à la crème de pin. En salle, son épouse sommelière fait preuve de la même ambition.

⮜ – Prix : €€€

8 boulevard Clemenceau – 📞 02 56 44 28 42 – www.asten-restaurant.fr – Fermé lundi et dimanche soir

☺ BRASSERIE D'ASTEN

CUISINE ACTUELLE • CONTEMPORAIN Sur le port de Binic, cette brasserie contemporaine regarde le large à travers ses grandes baies vitrées. Samuel Selosse, le chef au brillant parcours, se fait plaisir en signant une cuisine bistronomique alléchante, autour de menus d'un très bon rapport qualité-prix.

⮜ – Prix : €€

8 boulevard Clemenceau – 📞 02 56 44 28 42 – www.Asten-restaurant.fr – Fermé lundi et mardi, et dimanche soir

LA BIOLLE

✉ 73410 – Savoie – Carte régionale n° **21**–C2

LA TABLE DES BAUGES

CUISINE DU MARCHÉ • CONTEMPORAIN Le chef Clément Girod, passé chez Emmanuel Renaut, s'épanouit sur ses terres natales entre les deux lacs. Et il a tout bon : produits locaux, pain et glaces maison, carte des vins bio – avec en point d'orgue une cuisine du marché soignée, à l'image de cette truite rose servie avec une jolie déclinaison de carottes et un jus de carotte au gingembre.

&♿ 🍴 🅿 – Prix : €€

1821 route d'Annecy – ☎ 04 79 34 65 93 – www.restaurantlatabledesbauges.fr –
Fermé lundi et dimanche, et mardi et mercredi soir

BIOT

✉ 06410 – Alpes-Maritimes – Carte régionale n° **29**–E2

LES TERRAILLERS

Chef : Michaël Fulci

CUISINE CRÉATIVE • ÉLÉGANT Entre Antibes et Cagnes-sur-Mer, ce village doit
sa renommée à ses verreries d'art et sa poterie tirée d'un terroir riche en argile.
D'ailleurs, les parents du chef Michaël Fulci ont créé leur restaurant dans un ancien
atelier de potier, dont même le four a été transformé en petit salon cosy ! Aux beaux
jours, la belle terrasse ombragée d'une treille attire les convives comme le pollen les
abeilles... Michaël Fulci a reçu une véritable formation de cuisinier méditerranéen,
passant d'Alain Ducasse au légendaire Roger Vergé. On retrouve ainsi à la carte
tous les fruits et légumes des marchés locaux, des fleurs de courgette au citron de
Menton en passant par la figue. La truffe est également bien présente, qu'elle soit
noire et vauclusienne ou bien blanche et d'Alba. Une cuisine aux accents du sud,
raffinée et goûteuse.

🅰️🍴 ♻ 🅿 – Prix : €€€€

11 chemin Neuf – ☎ 04 93 65 01 59 – www.lesterraillers.fr – Fermé lundi et mardi,
et dimanche soir

BITCHE

✉ 57230 – Moselle – Carte régionale n° **7**–D2

LE STRASBOURG

CUISINE MODERNE • ÉLÉGANT Originaire de l'ex-RDA, ancien mécanicien
agricole, Lutz Janisch a été formé par le chef Jean Albrecht (le Vieux Couvent à
Rhinau). Il nous régale d'une cuisine actuelle et généreuse aux inspirations variées
(italiennes avec strozzapreti maison pour accompagner un calamar frit farci de
gambas et courgettes, japonaises avec une tempura de cuisses de caille et sa brochette de filet rôtie... et françaises pour les crêpes Suzette, glace Grand Marnier),
souvent à base de produits locaux (truite d'Eguelshardt, légumes de Sturzelbronn,
etc). Chambres pour l'étape.

🛏 – Prix : €€€

24 rue du Colonel-Teyssier – ☎ 03 87 96 00 44 – www.le-strasbourg.fr/fr –
Fermé lundi, mardi midi et dimanche soir

BIZANOS

✉ 64320 – Pyrénées-Atlantiques – Carte régionale n° **25**–C2

L'ESBERIT

CUISINE MODERNE • ÉLÉGANT Cette belle maison en pierre classée du 19e,
située en bordure de route à quelques minutes du centre-ville de Pau, dévoile tout
son charme à l'arrière, grâce à sa terrasse jardin baignée de calme et ombragée
d'un majestueux chêne centenaire. À l'intérieur, c'est la salle à manger ornée d'un
parquet à chevrons et d'une belle hauteur sous plafond qui séduit. Pas étonnant
que le chef Nicolas Lormeau s'y épanouisse ! Sa cuisine inventive multiplie les jeux
de textures et les saveurs harmonieuses ou toniques (comme sur le gravelax de
maigre, pomme verte, huîtres et yaourt liquide). Du miel au piment en passant par
le maïs, les produits béarnais sont aussi à l'honneur... Réservez (très) en amont !

&♿ 🅰️🍴 ♻ – Prix : €€

34 boulevard du Commandant-René-Mouchotte – ☎ 09 83 97 58 58 – www.
restaurant-lesberit.fr/fr – Fermé lundi, dimanche et mardi midi

BLAINVILLE-SUR-MER

✉ 50560 – Manche – Carte régionale n° **2**-A2

✿ LE MASCARET

Chef : Philippe Hardy

CUISINE MODERNE • CONTEMPORAIN Amoureux de sa Manche natale, l'aventureux Philippe Hardy a officié dans de grandes maisons étoilées, et aux fourneaux de l'ambassadeur de France à Sofia. C'est là qu'il a rencontré sa femme, Nadia, ex-danseuse étoile. Grâce à leurs efforts, cette ancienne pension de jeunes filles a été métamorphosée en petit hôtel-restaurant chic et doux. Tout autour s'épanouissent le jardin et le potager, qui fournissent légumes et herbes aromatiques à partir de semences paysannes. L'autre grande affaire du Mascaret, c'est la mer : le chef ne rate pas une occasion d'apprêter le poisson sauvage et les crustacés. Un régal, y compris grâce au rapport qualité-prix tout doux.

🖙 ♿ 🏡 ♻ **P** – Prix : €€€

1 rue de Bas – ☎ 02 33 45 86 09 – www.lemascaret.fr – Fermé lundi et dimanche soir

L'ATHOME

CUISINE MODERNE • CONVIVIAL Dans ce sympathique bistrot de village doté d'un espace caviste, le chef Lionel Cotentin (ça ne s'invente pas !) s'appuie sur une solide expérience et de bons produits locaux – maraîchage bio, pêche artisanale – pour décliner de délicieux menus d'un très bon rapport qualité-prix. Edwige, en salle, se révèle aussi souriante qu'efficace.

♿ 🆔 🏡 **P** – Prix : €€

1 route du Hutrel – ☎ 02 33 47 19 61 – www.lathome-restaurant.fr – Fermé du lundi au mercredi, et jeudi et dimanche soir

BLIENSCHWILLER

✉ 67650 – Bas-Rhin – Carte régionale n° **8**-C1

🐣 LE PRESSOIR DE BACCHUS

CUISINE MODERNE • COSY On se presse dans cette petite maison située dans un charmant village de la route des vins : la cuisine à quatre mains des Grucker, mère et fils, justifie amplement ce succès ! Traditionnelle et inventive, elle met en avant les produits du terroir : soupe de choucroute, lard virtuel ; parmentier de canard, champignons, sauce au 12 épices... aux côtés des spécialités immuables comme les escargots selon papy, les ravioles de carpe, sauce fumée et crémée et le vacherin glacé de Sylvie. Quant à la carte des vins, elle met à l'honneur les nombreux vignerons de la commune (une trentaine !).

🕸 ♿ 🆔 – Prix : €€

50 route des Vins – ☎ 03 88 92 43 01 – Fermé lundi, mardi et mercredi midi

BLOIS

✉ 41000 – Loir-et-Cher – Carte régionale n° **10**-C3

✿✿ CHRISTOPHE HAY - FLEUR DE LOIRE

Chef : Christophe Hay

CUISINE MODERNE • ÉLÉGANT Le chef Christophe Hay est, au sens propre, à fleur de Loire, dans cet établissement, un ancien hospice du 17ᵉ s. Les pierres séculaires regardent le fleuve d'où le chef tire toute son inspiration. Sa décoratrice Caroline Tissier a su recréer son univers au sein d'un bel hôtel qui comporte également une brasserie, une pâtisserie et un spa. Dans une salle moderne où l'on retrouve de belles matières, le chef a tout loisir de montrer son répertoire gastronomique créatif et ses classiques remarquables de légèreté, mais aussi de goût et de textures. Il met toujours un point d'honneur à mettre en avant les meilleurs produits du Val de Loire : poissons (exclusivement) de Loire de son pêcheur attitré, légumes de son propre potager et ceux des maraîchers locaux, viande de son élevage de Wagyu, caviar osciètre de Sologne, anguille grillée, barbeau, carpe...

꙰ ⇦ 🗗 ㊒ 🎛 ⇕ 🗁 🅿 – Prix : €€€€

26 quai Villebois-Mareuil – ✆ 02 46 68 01 20 – www.fleurdeloire.com – Fermé lundi et dimanche

🍀L'engagement du chef : Le respect de l'environnement, mais aussi celui de nos convives et de nos équipes est au cœur de notre approche. Qu'il s'agisse d'une pêche dans le plus grand respect des espèces sur la Loire, de la culture de nos propres légumes en permaculture, de notre élevage de bœuf Wagyu et de porc gascon, ou encore de la gestion des déchets et de l'énergie du restaurant, c'est un travail à 360° qui s'inscrit dans le développement d'une économie locale que nous nous attachons à mener quotidiennement.

✿ ASSA

Chefs : Anthony et Fumiko Maubert

CUISINE CRÉATIVE • ÉPURÉ C'est en plein cœur de Blois, au 26 av. du Maréchal Maunoury, qu'Anthony et Fumiko Maubert ont décidé de s'installer provisoirement, en attendant la rénovation de leur adresse des bords de Loire prévue pour les mois à venir. Anthony a longtemps travaillé aux côtés d'Arnaud Donckele (La Vague d'Or), tandis que Fumiko cumule les talents de nutritionniste et de pâtissière – de fait, ses créations frappent par leur légèreté et leur faible teneur en sucre ajouté. Chaque matin (traduction du japonais "asa"), ils réécrivent à quatre mains le menu du jour en s'appuyant sur des produits impeccables et sur de nombreux condiments et ingrédients japonais. Baies de Sanshō, yuzu sauvage, bouillon aux algues nori, thé matcha et pâte de haricot rouge azuki se marient harmonieusement au travail des petits producteurs ligériens.

꙰ ⇐ 🗗 🎛 – Prix : €€€€

189 quai Ulysse-Besnard – ✆ 02 54 78 09 01 – www.assarestaurant.com – Fermé lundi et mardi, mercredi et jeudi à midi et dimanche soir

🍀L'engagement du chef : Nos producteurs, tous situés dans un rayon de 20 mn autour du restaurant, partagent le même respect de leur terre et de leurs animaux. Nous mettons en valeur tous les morceaux de nos bêtes, achetées entières, et nous faisons comprendre à nos clients que nous ne sacrifions pas un animal seulement pour les meilleurs morceaux. Chaque cagette est redonnée à nos producteurs : nous ne jetons aucun emballage. Les rares déchets alimentaires du restaurant sont consommés par nos poules.

AMOUR BLANC

CUISINE MODERNE • CONTEMPORAIN Amour Blanc ? C'est le nom d'une espèce de carpe et aussi celui de la seconde table de Christophe Hay. Elle est installée au premier étage d'une extension moderne en léger retrait de l'édifice historique. On aime de suite cette ambiance boisée, lumineuse et chaleureuse où de larges baies-vitrées plongent dans la Loire. Le chef de Fleur de Loire laisse libre cours à sa passion des produits ligériens (fromages locaux, géline de Touraine, friture et mulet de Loire, agneau et caviar de Sologne), mais aussi le bœuf wagyu issu de son propre élevage. Bref, que des beaux produits traités avec soin dans une veine plutôt classique.

⇐ 🗗 ㊒ 🎛 🍽 🅿 – Prix : €€€

Hôtel Fleur de Loire, 24 quai Villebois-Mareuil – ✆ 02 46 68 01 61 – www.fleurdeloire.com

BRO'S

CUISINE MODERNE • BISTRO Deux cuisiniers passionnés, mais surtout très bons amis, ont ouvert cette table vite prise d'assaut au cœur de la vieille ville et toute proche des bords de Loire. Partition bistronomique à l'étage dans un cadre mêlant avec goût le cachet rustique des lieux à des touches plus contemporaines, pour une goûteuse cuisine de saison privilégiant les circuits courts, et qui s'accompagne d'un beau flacon de vin de Loire. Des tapas inspirées des spécialités du Sud-Ouest et de l'Espagne sont également proposées (uniquement le soir et sans réservation) dans la salle du rez-de-chaussée.

🍴 – Prix : €€

36 rue de la Foulerie – 𝒞 02 54 70 43 18 – www.brosrestaurant.fr – Fermé mardi et mercredi

BRUT MAISON DE CUISINE

CUISINE MODERNE • CONTEMPORAIN Blois rime désormais avec "brut" : soit un bon bistrot d'esprit contemporain, avec cuisine ouverte, étagères remplies de bocaux de légumes fermentés et de livres, et quelques tables seulement qui obligent à réserver. Aussi sa carte courte qui change régulièrement, le chef au solide parcours travaille selon trois axes : saison, produits locaux (comme cette volaille de Racan) et cuisine moderne, souvent audacieuse, à l'image de ce dessert qui associe un crémeux de topinambour naturellement sucré et une glace café au goût puissant. Petite carte de vins naturels et bio.

🆎 – Prix : €€

14 quai Villebois-Mareuil – 𝒞 02 54 56 81 58 – www.brutmaisondecuisine.com – Fermé lundi et dimanche

LE MÉDICIS

CUISINE MODERNE • CLASSIQUE Dans un cadre élégant, le chef Damien Garanger montre chaque jour son attachement au terroir et aux saisons, sans oublier quelques notes asiatiques et exotiques en souvenir de ses voyages. Parmi les classiques de sa carte : le foie gras mariné au vouvray ou le ris de veau rôti, jus forestier. Service chaleureux.

🆎 🍴 – Prix : €€€

2 allée François-1er – 𝒞 02 54 43 94 04 – www.le-medicis.com – Fermé lundi et dimanche soir

FLEUR DE LOIRE

CLASSIQUE • RAFFINÉ Bordé par la Loire, cet ancien palais royal du cœur historique de Blois arbore un nouveau visage grâce à l'architecte Caroline Tissier. Digne des rois du 21e s., l'établissement comprend 33 chambres et 11 suites de style actuel, avec un confort de pointe et un remarquable souci du détail. Comme le spa, très confortable.

🛁 🅿 🗇 🖴 🏊 🌐 🛎 🍴 🆎 - 44 chambres

26 quai Villebois-Mareuil – 𝒞 02 46 68 01 20 – www.fleurdeloire.com

❀❀ **Christophe Hay - Fleur de Loire • Amour Blanc** - Voir la sélection des restaurants

BOESCHEPE
✉ 59299 – Nord – Carte régionale n° **4**–B2

🍃 AUBERGE DU VERT MONT

Chef : Florent Ladeyn

CUISINE CRÉATIVE • CONTEMPORAIN Dans son auberge champêtre, installée en pleine nature, le chef Florent Ladeyn, écolo-responsable depuis toujours, fait figure de porte-étendard d'une cuisine solidement ancrée dans le terroir flamand, à la fois créative et instinctive, gourmande et attachante. Dans une salle avec charpente apparente et qui ouvre sur les Monts de Flandre, il s'est pris de passion pour la cuisine à la braise, exécutée devant les clients. Locavore, il émaille ses plats des fleurs et des plantes de sa région. Tout le monde, ou presque, a entendu parler de ses frites au Maroilles, recouvertes d'une fine couche d'oignon caramélisé. Mais son menu unique à l'aveugle, servi à l'ensemble des convives, réserve bien d'autres surprises !

↩ ⌂ & ⌖ ⇦ 🅿 – Prix : €€

1318 rue du Mont-Noir – ☏ 03 28 49 41 26 – www.vertmont.fr – Fermé lundi et dimanche

❄ **L'engagement du chef :** La localité est le cœur de notre cuisine, qui est le reflet du terroir des Flandres. Nous ne travaillons qu'avec des produits de saison issus de producteurs locaux dans un cercle économique de proximité et vertueux. Une approche 100% locale dictée par la nature.

LE BOIS-PLAGE-EN-RÉ – Charente-Maritime (17) ➜ Voir Île de Ré

BOISMORAND
✉ 45290 – Loiret – Carte régionale n° **11**–C3

❀ **AUBERGE DES TEMPLIERS**

CUISINE MODERNE • ÉLÉGANT Certaines beautés ne se démodent jamais… Les plus vieilles pierres de cet ancien relais de poste remontent au 17e s. C'est la demeure solognote dans toute sa splendeur, avec sa façade à colombages et ses briques roses, une véritable "maison d'hôtes" familiale où séjournèrent Mistinguett ou Maurice Chevalier. Dans ce décor immuable, de poutres en chêne massif, de faïences de Gien et de cristal, la salle ouvre sur un magnifique parc aux essences centenaires. La partition culinaire met en avant les fruits du travail des producteurs environnants en les valorisant dans leur intégralité. Fastueuse, la cave à vin, qui recèle quelques crus d'exceptions, étonnera les plus blasés.

❀ ↩ ⌂ & 🅰🅲 ⌖ ⇦ 🅿 – Prix : €€€€

20 route Départementale 2007 – ☏ 02 38 31 80 01 – www.lestempliers.com/fr – Fermé mardi et mercredi

BOMMES
✉ 33210 – Gironde – Carte régionale n° **22**–B2

❀❀ **LALIQUE**

CUISINE MODERNE • LUXE Le château Lafaurie-Peyraguey est l'écrin idéal pour un repas de haute volée : une luxueuse salle à manger parée d'un lustre en feuilles de cristal Lalique (l'évidence même !), et dont la verrière est ouverte sur les vignes. Chef au parcours immaculé (Guy Lassausaie, Joël Robuchon, Thierry Marx… et MOF 2023), Jérôme Schilling construit ses menus autour du terroir sauternais et de la richesse aromatique du grand cru classé. La Saint-Jacques est ainsi associée aux sarments de vigne, le pigeon fermier à la lie de vin, la pomme et le caramel au millésime 2003… Ses plats sont servis dans de magnifiques pièces de la cristallerie Lalique et autres créations en fine porcelaine, qui offrent un décor de table éblouissant. Un lieu hors du temps, une cuisine habile et précise au service de l'identité gustative du sauternes, qui figure bien sûr en place d'honneur dans la riche carte des vins.

❀ ↩ ⇐ ⌂ & 🅰🅲 ⇦ 🅿 – Prix : €€€€

Lieu-dit Peyraguey – ☏ 05 24 22 80 11 – www.lafauriepeyragueylalique.com/art-de-la-table/le-restaurant – Fermé mardi, mercredi et samedi midi

🛏 **CHÂTEAU LAFAURIE PEYRAGUEY** *Plus*

BOURGEOIS • ÉLÉGANT Au cœur du vignoble de Sauternes, ce château du 17e s. a été joliment rénové par son propriétaire. Chambres sobres aux tons apaisants, avec une décoration largement signée Lalique, vue sur les vignes et grand calme : posez vos valises et profitez, tout simplement !

& 🖼 🅿 ↩ ⌀ ⌂ 🚲 🍴 🅰🅲 - 13 chambres

Lieu-dit Peyraguey – ☏ 05 24 22 80 11 – www.chateau-lafaurie-peyraguey.com

❀❀ **Lalique** - Voir la sélection des restaurants

BONDUES

✉ 59910 – Nord – Carte régionale n° **4**–C2

LE VAL D'AUGE

CUISINE MODERNE • CONTEMPORAIN Cette maison est typique du Nord ! Briques blanches avec auvents, fenêtres à petits carreaux et encadrements de couleur noire... mais elle cache une ambiance contemporaine et feutrée. En bon artisan, le chef Christophe Hagnerelle réalise une cuisine de saison sans esbroufe. On retrouve de beaux poissons et coquillages de la mer du Nord, mais aussi de la grouse et du lièvre à la royale en saison, des ris de veau et du pigeon... des Flandres, évidemment.

&& 🅰🅺 ✿ 🅿 – Prix : €€€

805 avenue du Général-de-Gaulle – ☎ 03 20 46 26 87 – www.valdauge.com – Fermé lundi, dimanche, samedi midi et mercredi soir

---

BONIFACIO – Corse-du-Sud (20) ➜ Voir Corse

BONLIEU

✉ 39130 – Jura – Carte régionale n° **13**–B3

AUBERGE DE LA POUTRE

CUISINE MODERNE • RUSTIQUE Au cœur de ce joli village de la région des lacs du Jura, cette auberge familiale de 1740 cultive son charme rustique. Le chef François Moureaux travaille de beaux produits et délivre une cuisine d'aujourd'hui délicate et savoureuse, sans oublier de revisiter les spécialités locales. Côté décor, la salle a donné son nom à l'établissement : la poutre qui soutient le plafond mesure 17 m et provient d'une grume de sapin de 3 m3 !

&. 🎐 ✿ 🅿 – Prix : €€

25 Grande-Rue – ☎ 03 84 25 57 77 – www.aubergedelapoutre.com – Fermé lundi et mardi

---

BONNE

✉ 74380 – Haute-Savoie – Carte régionale n° **21**–C1

BAUD Ⓝ

CUISINE CRÉATIVE • CONTEMPORAIN Le chef Michel Verdu aime les herbes (qu'il herborise souvent lui-même), les plantes et les légumes (qu'il cueille en partie dans le potager de l'établissement). Et sa cuisine nature et créative à dominante végétale tient à le faire savoir à l'image d'une entrée comme son gaspacho au concombre et tomate mozzarella (au lait cru de Savoie !), ou d'une préparation comme sa mayonnaise parfumée aux herbes sauvages qui vient charmer l'omble chevalier. Le décor joue, lui, la carte du contemporain (moquette zébrée, murs et plafond dans rouge carmin), sans oublier une terrasse sous pergola au bord de la rivière. Menu mystère en plusieurs services. Agréables chambres contemporaines pour l'étape.

🛏 &. 🎐 ✿ 🅿 – Prix : €€€

181 avenue du Léman – ☎ 04 50 39 20 15 – www.hotel-baud.com – Fermé lundi et dimanche

---

BONNÉTAGE

✉ 25210 – Doubs – Carte régionale n° **13**–C2

❁ L'ÉTANG DU MOULIN

Chef : Jacques Barnachon

CUISINE MODERNE • FAMILIAL En été, on atterrit ici après une longue marche par les belles forêts jurassiennes, l'appétit en bandoulière. Et en hiver, c'est raquettes au pied qu'on s'installe dans ce décor de conte de Noël... Ce chalet contemporain, situé au pied des montagnes et au bord d'un étang, séduit avec un registre plutôt traditionnel. La cuisine de Jacques Barnachon fait la part belle au terroir, aux gibiers d'automne mais aussi aux produits nobles (turbot, langoustine, bœuf Simmental). Le chef est également un spécialiste de la morille, célébrée à travers un fameux ragoût. Côté décor, la salle du restaurant gastronomique, où le bois domine, a réduit sa capacité pour le confort des convives qui aperçoivent désormais les cuisines. Carte des vins pleine de bonnes surprises.

🕸️ ⟨ 🍴 ⅃ 🅿 – Prix : €€€€

5 chemin de l'Étang-du-Moulin – ✆ 03 81 68 92 78 – www.etang-du-moulin. com – Fermé du lundi au mercredi, jeudi midi et dimanche soir

🕸️ **L'engagement du chef :** Notre carte témoigne de notre engagement à proposer des produits durables et saisonniers, dont les ressources ne sont pas menacées. Nous nous attelons également à gérer nos déchets de la manière la plus réfléchie possible.

LE BISTROT

CUISINE TRADITIONNELLE • BISTRO Croûte forestière, entrecôte de veau, filet de truite, saucisse de Morteau : les produits et recettes de tradition sont au menu de cet agréable Bistrot, qui complète idéalement l'offre de restauration de l'Étang du Moulin. Une cuisine simple et bien réalisée : on en redemande !

🕸️ ⅃ 🍴 – Prix : €€

5 chemin de l'Étang-du-Moulin – ✆ 03 81 68 92 78 – www.etang-du-moulin. com – Fermé du lundi au mercredi, jeudi midi et dimanche soir

BONNEVAUX
✉ 25560 – Doubs – Carte régionale n° **13**–C3

AUBERGE DE LA HAUTE-JOUX

CUISINE MODERNE • AUBERGE Une ancienne philosophe (modèle de gentillesse et de pertinence pour les conseils en vins) et un globe-cooker biberonné aux étoilés ont repris cette auberge familiale qui tombe à point au milieu de ce village rural. Dans leur décor rustique, ces deux-là proposent un beau moment avec une cuisine qui évolue tranquillement entre recettes régionales d'un côté et recettes plus actuelles de l'autre, ponctuées de références aux multiples voyages du chef. Bref, à cette table, il y a aussi bien du vin jaune et du safran comtois qu'une vinaigrette de cacahuètes, une émulsion aux algues ou des moules de bouchot parfumées à la thaï.

⅃ 🍴 – Prix : €€

2 rue du Jura – ✆ 03 81 89 70 99 – www.aubergedelahautejoux.com – Fermé lundi et mardi, et dimanche soir

BONNIEUX
✉ 84480 – Vaucluse – Carte régionale n° **28**–E1

🕸️🕸️ LE MAS LES EYDINS Ⓝ

Chef : Christophe Bacquié

CUISINE MODERNE • RÉGIONAL C'est dans un joli mas du Luberon que Christophe Bacquié écrit une nouvelle page culinaire, enfin chez lui dans cet environnement paisible et bucolique, au milieu des vignes, des oliviers et des champs de lavande. Entouré de son épouse Alexandra et d'une petite équipe charmante et investie, réunie autour de sa passion pour le Sud, ses produits et ses vins, il propose un menu unique à l'identité méditerranéenne affirmée. Avec le goût comme maître-mot, il travaille de très beaux produits sans fioritures ; on retrouve aussi avec plaisir certains de ses plats signatures comme son aïoli moderne ou sa vision du calisson glacé. Le lieu idéal pour passer un très agréable moment de sincérité et de partage.

🕸️ ⟨ 🍴 ❄ 🅿 – Prix : €€€€

2420 chemin du Four – ✆ 06 33 63 81 24 – www.leseydins.com – Fermé lundi, mardi et du mercredi au dimanche à midi

LA BASTIDE

CUISINE PROVENÇALE • ÉLÉGANT Cette maison emblématique du Luberon est aux mains d'une équipe talentueuse, à la tête de laquelle on retrouve le chef Noël Bérard (ancien second ici même). Les produits du Luberon et la cuisine provençale actuelle du chef s'expriment avec bonheur dans l'assiette au travers de deux menus dégustation. Des produits de belle qualité (bœuf du Luberon, truite de la Sorgue, cochon de Monteux...), des jus et des sauces percutantes et un style propre qui s'affirme tranquillement. Terrasse magnifique pour admirer le coucher de soleil... À noter également dans ce cadre enchanteur en pleine nature provençale, la présence d'un bistrot et des chambres de l'hôtel.

↩ ⇐ ⇔ 🅜 🍴 ☺ 🅿 – Prix : €€€€

550 chemin des Cabanes – 𝒞 04 90 75 89 78 – www.beaumier.com/fr/ proprietes/hotel-capelongue/gastronomie – Fermé lundi, dimanche et du mardi au samedi à midi

L'ARÔME

CUISINE PROVENÇALE • COSY Au pied du village, cette adresse respire l'intimité avec le terroir. De la salle voûtée du 14ᵉ s. à la terrasse, le décor frais et champêtre est des plus charmants. La cuisine elle-même cultive l'authenticité sans en faire trop : en témoignent ces recettes provençales teintées de notes modernes. Petite terrasse sur la rue de cette charmante bourgade.

🍴 – Prix : €€

2 rue Lucien-Blanc – 𝒞 04 90 75 88 62 – www.laromerestaurant.com/fr – Fermé mercredi et jeudi

BORDEAUX

✉ 33000 – Gironde –
Carte régionale n° **22**–B2

Des vins de renom... une cuisine aussi

C'est peu dire que la capitale de l'Aquitaine a le vent en poupe, et le tandem Cité du vin et LGV (ligne grande vitesse, qui relie Paris en 2h05) renforce encore son pouvoir d'attraction. La ville poursuit sa métamorphose entamée avec la réhabilitation des quais et l'inscription de son somptueux centre historique au Patrimoine mondial de l'Unesco en 2007. Mais Bordeaux, qui doit sa prospérité à la vigne et au commerce avec l'outre-mer, a aussi des arguments culinaires à revendre. Sa gastronomie s'appuie sur un terroir d'une richesse incomparable : agneau de Pauillac (généralement servi avec ses haricots), lamproie mijotée dans sa sauce – aux vins bordelais, bien sûr ! –, ou encore cannelés dévoilant leur irrésistible croûte caramélisée...

😋😋 **LE PRESSOIR D'ARGENT - GORDON RAMSAY**

CUISINE MODERNE • ÉLÉGANT Le chef britannique Gordon Ramsay (né en Écosse), véritable star et triplement étoilé en Angleterre, signe la carte du Pressoir d'Argent, et insuffle un vent de modernité à la cuisine classique. L'art de vivre à la française est valorisé par le décor opulent et raffiné, le service ultra compétent, la célébration des plus beaux produits du riche terroir bordelais et aquitain (foie gras, truffes, caviar, poissons), le superbe chariot de fromage... jusqu'à la presse à homard Christofle en argent massif qui circule de table en table. Sans oublier la remarquable compétence des trois sommeliers, au service d'une sélection de 1000 bouteilles aux 2/3 bordelaises, évidemment ! Gordon Ramsay ? So delicious !
🐕 ⬅️ ♿ 🅰️ – Prix : €€€€

Plan : C2-11 – *InterContinental Bordeaux - Le Grand Hôtel, 2-5 place de la Comédie* – ✆ *05 57 30 44 44 – www.bordeaux.intercontinental.com/le-pressoir-dargent-gordon-ramsay – Fermé lundi, mardi et dimanche et du mercredi au samedi à midi*

😋 **MAISON NOUVELLE**

Chef : Philippe Etchebest

CUISINE MODERNE • ÉLÉGANT Sur la place du Marché des Chartrons, Philippe Etchebest vous reçoit comme chez lui dans cette jolie maison en pierre, et l'on se sent bien ! Dans ce lieu feutré et cosy, on reconnaît bien son goût des bonnes choses et son exigence à ne travailler que de beaux produits locaux, qu'il sait faire partager à la talentueuse équipe qui l'entoure. Son menu dégustation rythmé par les saisons n'oublie pas quelques-uns de ses plats signatures, comme la raviole de

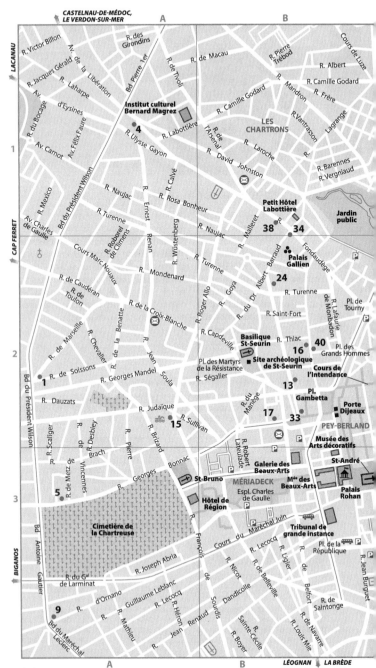

LACANAU

R. Victor Billon
R. des Girondins
Av. de la Libération
Bd Pierre 1er
R. de Tivoli
R. de Macau
R. Pierre Trébod
Cours de Luze
R. Albert
R. Camille Godard
R. Jacques Gérald
R. Laharpe
d'Eysines
R. du Bocage
Av. Félix Faure
R. Camille Godard
R. Mandron
R. Frère
R. Vantrasson
Lagrange

Av. Carnot
Av. Charles de Gaulle
Institut culturel
Bernard Magrez
R. Ulysse Gayon
4
R. Labottière
R. de l'Arsenal
R. David Johnston
R. Laroche
LES
CHARTRONS
R. Barennes
R. Vergniaud

CAP FERRET

Av. Mexico
Bd du Président Wilson
R. Naujac
R. Ernest
R. Calvé
R. Rosa Bonheur
R. Malleret
R. Naujac
Petit Hôtel
Labottière
38 **34**
Jardin
public

R. Turenne
R. Roborel de Climens
Cours Marc Nouaux
R. Renan
R. Wüstenberg
R. Albert Barraud
Fondaudège
Palais
Gallien

R. de Cauderan
R. de Toulon
R. Mondenard
R. Turenne
R. Goya
R. du Dr Albert
24
R. Turenne

R. de la Croix-Blanche
R. Roger Allo
R. Saint-Fort
R. Lafaurie de Monbadon
Pl. de Tourny

R. de Marseille
R. de la Benatte
R. Chevalier
R. Jean Soula
R. Capdeville
R. Thiac
Basilique
St-Seurin
40
Pl. des
Grands Hommes

R. de Soissons
R. Georges Mandel
1
Pl. des Martyrs
de la Résistance
Site archéologique
de St-Seurin
16
Cours de
l'Intendance

R. Dauzats
R. Judaïque
R. Ségalier
R. du Manège
13
Pl.
Gambetta

R. Scaliger
R. Deshley
R. Brach
R. Pierre
R. Brizard
R. Sullivan
15
17
33
Porte
Dijeaux
PEY-BERLAND

R. de Metz
R. de Vincennes
R. Georges Bonnac
R. Robert Lateulade
Galerie des
Beaux-Arts
Musée des
Arts décoratifs
St-André

Bd du Président Wilson
5
St-Bruno
MÉRIADECK
Mⁿᵉ des
Beaux-Arts
Palais
Rohan

Bd Antoine Gautier
Hôtel de
Région
Espl. Charles
de Gaulle
Tribunal de
grande instance

Cimetière de
la Chartreuse
R. François
Cours du Maréchal Juin
R. Lecocq
R. Nicot
R. Ligier
R. de
Pl. de la
République
R. Jean Burguet

R. du Gal
de Larminat
R. Joseph Abria
d'Ornano
Guillaume Leblanc
R. Lecocq
R. Héron
R. Jean Renaud
R. Dandicolle
R. de Belleville
R. Belfort
R. de Saintonge

BIGANOS

Bd du Maréchal Leclerc
9
R. Mathieu
Sainte-Cécile
R. Boyer
R. Louis Mie
R. de Navarre

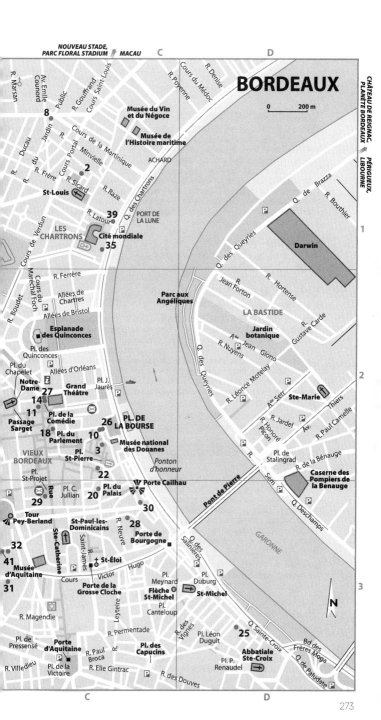

BORDEAUX

NOUVEAU STADE,
PARC FLORAL STADIUM ⚓ MACAU C   D

CHÂTEAU DE REIGNAC,
PLANÈTE BORDEAUX

PÉRIGUEUX,
LIBOURNE

0 ⎯⎯ 200 m

R. Marsan
Av. Émile Counord
R. Gouffrand
Cours Saint-Louis
Jardin Public
Ducau
R.
du
R. Frère
R.
Cours Portail
R. Sicard
Cours de la Martinique
Minvielle
R. Raze
R. Latour
Cours de Verdun
LES CHARTRONS

8
2
St-Louis
39
Cité mondiale
35

Musée du Vin et du Négoce
Musée de l'Histoire maritime
ACHARD
R. des Chartrons
PORT DE LA LUNE

R. Denise
Cours du Médoc
R. Poyenne

Q. de Brazza
R. Bouthier
Q. des Queyries

Darwin

R. Ferrère
Cours du Maréchal Foch
R. Bonnet
Allées de Chartres
Allées de Bristol

Esplanade des Quinconces
Pl. des Quinconces
Pl. du Chapelet
Allées d'Orléans
Notre-Dame
Grand Théâtre
Pl. J. Jaurès
Pl. de la Comédie
Passage Sarget
Pl. du Parlement
VIEUX BORDEAUX
Pl. St-Pierre
Pl. St-Projet
Pl. C. Jullian
Rue
Tour Pey-Berland
Ste-Catherine
Musée d'Aquitaine
R. Magendie
Pl. de Pressensé
Porte d'Aquitaine
Pl. de la Victoire
R. Villedieu

27
14
11
18
26
10
3
22
20
30
28
32
41
31
29

Pl. DE LA BOURSE
Musée national des Douanes
Ponton d'honneur
Porte Cailhau
Pl. du Palais
St-Paul-les-Dominicains
R. Neuve
Porte de Bourgogne
Saint-James
St-Éloi
Cours Victor Hugo
Porte de la Grosse Cloche
R. Leyteire
R. Paul Broca
R. Elie Gintrac
Pl. des Capucins
R. des Douves

Parc aux Angéliques

R. Jean Forton
R. Hortense

LA BASTIDE

Jardin botanique
Av. Jean Giono
R. Nuyens
Q. des Queyries
R. Léonce Motelay
Av. Setr
Ste-Marie
R. Gustave Carde
Thiers
R. Jardel
R. Honoré Picon
Av. R. Paul Camelle
R. de la Bénauge
Pl. de Stalingrad
R.
Sem
Caserne des Pompiers de la Benauge
Q. Deschamps

Pont de Pierre
GARONNE

Q. des Salinières
Pl. Meynard
Pl. Duburg
Flèche St-Michel
St-Michel
Pl. Canteloup
R. des Vignes
Pl. Léon Duguit
Pl. P. Renaudel
Pl. Sainte-Croix
Abbatiale Ste-Croix
Q. Sainte-Croix
Bd des Frères Moga
Q. de Paludate

25

N

273

champignons et foie gras poêlé, ainsi que de jolies assiettes végétales. Bienvenue chez "Etxe Beste" ("maison nouvelle" en basque) !

🐾 ♿ 🅰🅲 ➪ – Prix : €€€€

Plan : C1-2 – *11 rue Rode* – ☏ *05 33 09 46 90* – *www.maison-nouvelle.fr* – *Fermé lundi, dimanche et du mardi au jeudi à midi*

🕸 L'OBSERVATOIRE DU GABRIEL

CUISINE MODERNE • ÉLÉGANT Installé dans le pavillon central de la célèbre place de la Bourse, face au miroir d'eau, cet établissement est dirigé par les propriétaires du Château Angelus et du Logis de la Cadène. Les délicieux salons 18e s. sont réunis en un unique espace au confort cossu – parquet en chêne et moquette épaisse, boiseries et moulures. Le jeune chef Bertrand Noeureuil, venu de chez Arnaud Donckele, régale avec une belle cuisine inspirée par la mer et les saisons : goujonettes de sardines "Chambrelent", tronçon de sole "Bacalan" braisée et coquillages en marinière d'artichauts... Il sait aussi travailler les viandes dans un esprit plus classique, à l'image de ce remarquable feuilleton de veau "Valencienne" à la truffe noire et son jus au vin de noix. Superbe carte des vins de plus de 1000 références.

🐾 ⇇♿ 🅰🅲 ➪ – Prix : €€€€

Plan : C2-10 – *10 place de la Bourse* – ☏ *05 56 30 00 80* – *www.le-gabriel-bordeaux.fr* - *Fermé samedi, dimanche et le midi*

🕸 L'OISEAU BLEU

Chef : François Sauvêtre

CUISINE MODERNE • CONTEMPORAIN Cette maison classique en pierre bordelaise est une institution de la rive droite, où les bonnes tables ne courent pas les rues ! Passionné à la fois par le produit et par le goût, le chef François Sauvêtre réalise une cuisine épurée et lisible, à l'opposé de la démonstration technique. Le menu surprise qui se décline en plusieurs séquences permet de découvrir l'étendue de son savoir-faire, inspiré par les saisons et la récolte des petits producteurs. Côté décor, une salle contemporaine et lumineuse, qui s'ouvre dès les beaux jours sur la terrasse plein sud, au grand calme, donnant sur le jardin.

🐾 🅰🅲 🍴 ➪ – Prix : €€€

Hors plan – *127 avenue Thiers* – ☏ *05 56 81 09 39* – *www.loiseaubleu.fr* – *Fermé lundi et dimanche, et jeudi soir*

🕸 LE PAVILLON DES BOULEVARDS

Chef : Thomas Morel

CUISINE MODERNE • ÉLÉGANT Institution de la gastronomie bordelaise depuis plusieurs décennies, cette échoppe traditionnelle invite à entrer. Aux commandes, le chef Thomas Morel, épaulé de son épouse Célia au service, laisse libre cours à son inspiration. Sur de solides bases classiques, ses assiettes se permettent des touches plus actuelles, à l'image de cette superbe sauce hollandaise agrémentée de raifort, accompagnant un lieu jaune cuit avec grande justesse. Le menu du déjeuner se révèle particulièrement attrayant.

🅰🅲 🍴 ➪ – Prix : €€€€

Plan : A1-4 – *120 rue de la Croix-de-Seguey* – ☏ *05 56 81 51 02* – *www.lepavillondesboulevards.fr* – *Fermé lundi et dimanche, et mercredi soir*

🕸 RESSOURCES

Chef : Tanguy Laviale

CUISINE MODERNE • COSY Dans sa nouvelle adresse, le chef Tanguy Laviale (ex-Garopapilles) s'émancipe tranquillement des codes traditionnels de la gastronomie, à l'aide du son associé le sommelier Maxime Courvoisier dont l'ouverture d'esprit fait sourire d'aise Bacchus. Pensez donc : une carte courte composée de huit plats, à associer en toute liberté (4 à 5 de ces petites assiettes font un repas). La patte technique de ce chef talentueux fait toujours mouche, de la pertinence des associations à la mise en valeur du beau produit sans esbroufe, en passant par les garnitures et les assaisonnements pointus. Quelques exemples : rouget pané, chou kale et crème acidulée ; merlu de ligne, ravigote d'huîtres à la menthe. Enfin, toute la place est faite ici au vin : plus de 700 références prêtes à boire (et bien plus en cave), allant des grandes étiquettes aux petits vignerons – à tous les prix ! Sommeliers avant tout, les chefs de rang se font un devoir de mettre en avant les jeunes vignerons.

🕸 ♿ 🆎 – Prix : €€€

Plan : B1-38 – *126 rue Fondaudège –* ℰ *09 70 66 72 32 –* www.restaurantressources.com *– Fermé samedi et dimanche, et du lundi au vendredi à midi*

✿ **SOLÉNA**

Chef : Victor Ostronzec

CUISINE MODERNE • ÉPURÉ Légèrement à l'écart de l'hyper-centre bordelais, la façade discrète ouvre sur un intérieur confortable. Installé ici depuis 2016, le chef Victor Ostronzec fait preuve d'un talent incontestable. Il se distingue par une cuisine technique et créative, avec des dressages souvent inspirés, et trouve toujours le petit plus qui fait la différence. Sa volonté d'étonner se manifeste par le choix de ne proposer que des menus surprises, en plusieurs temps au dîner. Pour parfaire ces bonnes nouvelles, son travail est bien mis en valeur par un service aux petits soins.

♿ 🆎 – Prix : €€€€

Plan : A2-15 – *5 rue Chauffour –* ℰ *05 57 53 28 06 – www.solena-restaurant. com – Fermé lundi, dimanche, et mardi et mercredi à midi*

✿ **LA TABLE D'HÔTES - LE QUATRIÈME MUR**

Chef : Philippe Etchebest

CUISINE CRÉATIVE • CONVIVIAL Au Grand Théâtre de Bordeaux, magnifique exemple d'architecture néoclassique, même la gourmandise se donne en spectacle. Les 12 convives de "Chef Etchebest" partagent la même grande table dans une cave voûtée, et sont plongés dans les coulisses d'un restaurant, au milieu des annonces de plats et du va-et-vient des serveurs. Tout, ici, est surprise : du menu aux accords mets et vins, jusqu'aux couverts que l'on choisit soi-même. Même esprit dans les recettes du chef, franchement originales, qui témoignent d'une recherche poussée dans l'harmonie des saveurs. La technique est impeccable (ah, le foie gras des landes frit et fumé dans son jus de canard à l'orange !), on se régale tout en faisant connaissance avec ses voisins de table. Et même quand Philippe Etchebest est absent, il est un peu là : en visioconférence avec les convives, avant le début du repas ! Une expérience, on vous dit...

🕸 – Prix : €€€€

Plan : C2-14 – *2 place de la Comédie –* ℰ *05 57 22 41 10 – www.quatrieme-mur. com – Fermé lundi, dimanche, et mardi et mercredi à midi*

✿ **TENTAZIONI**

Chef : Giovanni Pireddu

CUISINE ITALIENNE • CONTEMPORAIN Elle est bretonne, il est sarde, ils se sont rencontrés en Corse... et ils tiennent à Bordeaux une table petite par la taille, mais grande par le plaisir. Les assiettes du chef sont précises et toujours inspirées, surtout lorsqu'elles mettent en valeur des produits de haute volée : langoustine, araignée, thon rouge ou pigeon. Une cuisine très contemporaine, éclatante de saveurs et parcourue de fréquents clins d'œil à l'Italie, sans jamais verser dans la nostalgie ou la démonstration "identitaire". Les menus dégustation changent chaque semaine au gré de l'inspiration du chef. Un vrai plaisir du début à la fin, de l'intéressante sélection de vins italiens à l'excellent rapport qualité-prix du menu déjeuner.

🕸 🆎 – Prix : €€€

Plan : B2-16 – *59 rue du Palais-Gallien –* ℰ *05 56 52 62 12 – www.tentazioni-bordeaux.fr – Fermé lundi, dimanche, et mardi, mercredi et samedi midi*

RACINES BY DANIEL GALLACHER

CUISINE CRÉATIVE • BISTRO Un chef autodidacte, aux racines écossaises, signe ici une cuisine inventive et pétillante, loin des conventions, et fait évoluer son menu chaque semaine au gré du marché. Des assiettes fraîches et soignées, à l'image de cette daurade marinée au vert, infusion herbacée... Ces Racines-là sont aussi solides que goûteuses : le restaurant, aux allures de bistrot moderne, ne désemplit pas.

🆔 – Prix : €€

Plan : B2-17 – 59 rue Georges-Bonnac – ☏ 05 56 98 43 08 – www.racines-bordeaux.com – Fermé lundi, dimanche et mardi midi

ARCADA

CUISINE MODERNE • BRANCHÉ Une bonne adresse discrète entre la place Camille-Jullian et Saint-Michel. Déco contemporaine dans une salle voûtée et cuisine bistronomique axée sur le produit, d'ailleurs environ 90% des fruits et légumes sont issus de petits producteurs locaux. On se régale le midi d'un tataki de pastèque marinée au soja et agrumes ou bien encore d'un dos de merlu confit à l'huile d'olive, le tout à prix doux. Au dîner, partition plus ambitieuse avec des produits nobles et une carte renouvelée régulièrement. A noter, un accueil et un service d'une grande gentillesse.

⅚ 🆔 – Prix : €€

Plan : C3-28 – 13 rue de la Rousselle – ☏ 05 56 23 08 61 – www.arcada-restaurant.fr – Fermé lundi et dimanche

BO-TANNIQUE

CUISINE MODERNE • BRANCHÉ Située sur une agréable place piétonne pavée, cette jolie adresse (déco dans l'air du temps, pierre bordelaise apparente) propose une cuisine tout en fraîcheur et en contrastes aux inspirations voyageuses, à l'image de la sardine grillée au miso brûlé et taboulé de tomate à la libanaise. Jolie carte des vins majoritairement bio et nature, et service tonique. Une réussite !

🕸 ⅚🍴 – Prix : €€

Plan : C3-29 – 2 rue Tustal – ☏ 05 56 81 34 92 – www.bo-tannique.com – Fermé lundi et dimanche

C'YUSHA

CUISINE MODERNE • CONVIVIAL Au cœur du vieux Bordeaux, un lieu cosy et intimiste où le chef travaille seul, sous le regard des gourmands. Il signe une cuisine actuelle relevée d'épices, de plantes et d'herbes, en travaillant les légumes de son potager. Une adresse charmante qui sied aux amoureux.

🆔 – Prix : €€

Plan : C3-30 – 12 rue Ausone – ☏ 05 56 69 89 70 – www.cyusha.com – Fermé lundi, dimanche et du mardi au samedi à midi

CENT33

CUISINE CRÉATIVE • CONTEMPORAIN Ambiance bistrot chic et cosy dans le restaurant du chef Fabien Beaufour, originaire de Grenoble, passé par de belles tables étoilées en France (Anne-Sophie Pic à Valence, Patrick Henriroux à Vienne...) mais aussi à New York et à Londres. Pas étonnant donc qu'il propose une cuisine originale, voyageuse et écoresponsable. Les saveurs sont intenses, contrastées, les cuissons parfaites et les assaisonnements percutants. Parmi les incontournables : le délicieux charbonnier laqué au miso puis cuit lentement au robatayaki, le poulpe en salade tiède, la noisette du Piémont au caramel au beurre salé...

🕸 ⅚ 🆔 – Prix : €€€

Plan : C1-8 – 133 rue du Jardin-Public – ☏ 05 56 15 90 40 – www.cent33.com – Fermé lundi et dimanche

LE CHICOULA, BISTROT D'ART

CUISINE MODERNE • VINTAGE Dans ce chaleureux bistrot de poche, le chef maîtrise très bien son sujet, comme en témoigne son menu unique tout en saveurs originales et en dressages harmonieux , qui change tous les mois. La déco n'est pas en reste, qui se pare d'œuvres d'artistes locaux, avec vernissages occasionnels – le chef lui-même peintre à ses heures...

&. ⯐ – Prix : €€€

Plan : C3-31 – *22 rue de Cursol – ☏ 06 52 40 64 54 – www.lechicoula.fr – Fermé lundi, mardi et du mercredi au vendredi à midi*

LE CLOS D'AUGUSTA

CUISINE MODERNE • COSY Avec son avenante façade vert bouteille et son agréable terrasse dans le jardin sur l'arrière, voilà une adresse menée avec vaillance par un couple dont la sincérité inspire confiance. Dans l'assiette, créative et maîtrisée, les produits de la région sont privilégiés. Un exemple d'entrée fraîche, savoureuse et de saison : le généreux carpaccio de tomates Zebra, scarmorza fumée, petits pois frais, poireaux, basilic, sorbet de pommes vertes. Accueil des plus charmants. Au déjeuner, le menu du jour est une affaire.

🛏 ⯐ 🍸 – Prix : €€€

Plan : A3-5 – *339 rue Georges-Bonnac – ☏ 05 56 96 32 51 – www.leclosdaugusta.fr – Fermé lundi, dimanche et samedi midi*

EPICENTRE 🅝

CUISINE MODERNE • CONTEMPORAIN Sympathique adresse située dans une rue parallèle à la rue Sainte-Catherine. Depuis sa micro-cuisine située au fond de la salle (et d'où il parle avec ses clients), le chef Benjamin Wavrant balance un menu déjeuner bistronomique à prix plancher où les classiques font mouche à l'image de ce potage parmentier en entrée ou de ce pavé de lieu noir saisi au beurre parfumé aux zestes d'agrumes et accompagné d'un bon jus de viande. Le soir, les produits se haussent du col (foie gras, coquilles Saint-Jacques, pigeon) présentés au sein d'un menu plus gastronomique.

Prix : €€

Plan : C2-18 – *15 rue des Piliers-de-Tutelle – ☏ 09 82 57 12 06 – www.epicentrebordeaux.eatbu.com – Fermé lundi et dimanche, et mardi et mercredi soir*

LA FINE BOUCHE

CUISINE MODERNE • ÉLÉGANT Connaissez-vous le capucin ? C'est avec cet entonnoir en fonte muni d'une longue tige, dans lequel on vient faire fondre des tranches de lard, que le chef réalise le flambage de ses Saint-Jacques, au léger goût de grillé et de fumé. Cette cuisine ne néglige ni les traditions régionales ni une certaine créativité. La salle entièrement rénovée avec goût - parquet, moulures, pierres apparentes - dégage le soir venu un capiteux parfum d'intimité.

🍸 – Prix : €€€

Plan : C3-41 – *30 rue du Hâ – ☏ 05 56 38 75 23 – www.lafinebouche33.com – Fermé lundi, dimanche et samedi midi*

INFLUENCES

CUISINE MODERNE • TENDANCE Dans une rue calme à deux pas de la place Gambetta, cette façade engageante réserve une jolie surprise. Un couple franco-américain – Ronnie sous la toque (qui a travaillé dans de solides établissements californiens) et Aliénor en pâtisserie – propose des assiettes parfumées et savoureuses dans une ambiance conviviale. Dressages soignés, comme pour ce pavé de merlu accompagné de concombres et de radis daikon, le tout déposé sur un condiment crémeux de pistache... Frais et délicat !

AC – Prix : €€€

Plan : B2-33 – *36 rue Saint-Sernin* – ℰ *05 56 81 01 05* – *www.restaurant-influences.com* – *Fermé du mardi au jeudi, et lundi, vendredi et samedi midi*

INIMA

CUISINE CRÉATIVE • **ÉPURÉ** Dans son petit restaurant à la déco dépouillée (ex-Cromagnon), la jeune cheffe d'origine moldave Oxana Cretu (arrivée à Bordeaux comme jeune fille au pair), laisse libre cours à son imaginaire culinaire au travers d'un menu surprise. Perfectionniste et passionnée, la cheffe déroule des assiettes aux influences japonisantes : pomme dauphine au sarrasin, ail noir et soja ; truite maturée, purée de noix de macadamia… Au dessert, une réussite que cette meringue aux fraises du Lot, crème Namelaka, marmelade de citron et sorbet au jasmin.

& – Prix : €€€

Plan : B2-40 – *48 rue du Palais-Gallien* – ℰ *05 56 81 17 52* – *www.inimarestaurant.com* – *Fermé lundi, dimanche et du mardi au vendredi à midi*

ISHIKAWA

CUISINE JAPONAISE • **ÉPURÉ** Le chef Yugo Ishikawa est désormais chez lui dans ce restaurant épuré tout en longueur situé dans une rue piétonne animée du centre. Avec passion et minutie, il travaille la cuisine traditionnelle japonaise qu'il affectionne. Sur l'ardoise du jour : échine de porc tonkatsu panée, tataki de thon oroshi ponzu, légumes marinés tsukémono, au déjeuner, un choix de petits plats savoureux. On se croirait presque dans un vrai izakaya tokyoïte. Une réussite.

🏠 – Prix : €€

Plan : C3-32 – *22 rue du Hâ* – ℰ *06 51 28 70 99* – *www.restaurant-ishikawa.com* – *Fermé lundi, mardi, mercredi et dimanche et samedi midi*

JOKI 🆕

CUISINE MODERNE • **COSY** Velouté de châtaigne et toast de champignons ; magret de canard, patate douce et sabayon à l'orange : au déjeuner, ce bistrot propose des plats bien fagotés, plutôt traditionnels et gourmands et changés chaque semaine. Au dîner, le concept tourne autour d'accords mets et cocktails qui accompagnent un menu carte en plusieurs temps. Les produits plus nobles sortent du garde-manger (pigeon, huîtres, Saint-Jacques…). Au rez-de-chaussée d'une bâtisse bordelaise, adresse située au cœur du vieux Bordeaux, décoration soignée, ambiance cosy et décontractée.

Prix : €€

Plan : C3-20 – *33 rue des Bahutiers* – ℰ *05 57 83 23 94* – *www.jokirestaurant.fr* – *Fermé mardi, dimanche et samedi midi*

LIL'HOME

CUISINE MODERNE • **TENDANCE** Boosté par son passage à Top-Chef, Lilian Douchet a ouvert deux adresses : l'une parisienne, et l'autre bordelaise, sur le quai des Chartrons. Le lieu est séduisant (salon d'accueil avec son parquet en caisses de vins, fauteuils en velours, suspensions en osier et végétaux), dans le genre bistrot chic. Le chef expérimenté (ancien second au George V) propose une cuisine moderne et créative. Un menu du jour et des menus à l'aveugle (on choisit seulement le nombre de séquences).

& AC 🏠 – Prix : €€€

Plan : C1-39 – *29 quai des Chartrons* – ℰ *05 57 59 92 82* – *www.lilhome-restaurant.fr* – *Fermé lundi, dimanche et mardi midi*

LOCO BY JEM'S

CUISINE MODERNE • **BRANCHÉ** Prisée des locaux, cette table jeune et dynamique accueille un chef, Jérémy, surnommé Jem's par ses amis qui le trouvent un peu fou (loco en espagnol) et qui puise son inspiration dans les produits… locaux, évidemment ! Il compose une cuisine aux saveurs bien marquées et contrastées. Du comptoir, on peut admirer la brigade à l'œuvre. Menu du jour au déjeuner (un très bon plan) et menu dégustation le soir avec suggestions d'accords mets et vins, menu végétarien sur demande.

&. ᴀᴄ – Prix : €€€

Plan : A3-9 – *293 rue d'Ornano – 𝒞 05 56 55 99 37 – www.locobyjems.com – Fermé samedi et dimanche*

LUME

CUISINE ITALIENNE • ROMANTIQUE Un restaurant de 14 places à l'ambiance intimiste, éclairé en partie à la lumière de la bougie (Lume en italien). Le chef vénitien Riccardo Suppa enchante ses hôtes avec un joli menu unique qui privilégie les produits de la mer et les légumes bio. Tout est fait maison, des pâtes au pain à la farine de blé ancien. Alice, la compagne du chef, est une hôtesse accomplie qui sait conseiller de bons vins italiens choisis avec soin. Au menu : cicchetti comme à Venise, crudo de Saint-Jacques, paccheri aux girolles, pannacotta vanille...

ꝃ – Prix : €€€

Plan : C2-3 – *3 rue des Faussets – 𝒞 05 47 79 47 56 – www.ristorantelume.fr – Fermé du lundi au mercredi et du jeudi au dimanche à midi*

METS MOTS

CUISINE TRADITIONNELLE • BISTRO La recette gagnante de Mets Mots ? Un endroit riche de son histoire (une ancienne imprimerie), un trio de toques ayant travaillé chez Pierre Gagnaire, et une cuisine du marché bien troussée. Jour après jour, les habitués s'y pressent, ce qui est toujours bon signe... Saveurs et convivialité autour de plats maîtrisés à la perfection, comme ce cabillaud, chou rouge, pistache, beurre citron et estragon. Menus plus ambitieux en soirée.

ᴀᴄ – Prix : €€

Plan : B1-34 – *98 rue Fondaudège – 𝒞 05 57 83 38 24 – www.metsmots.fr – Fermé samedi, dimanche et lundi soir*

LE 1544

CUISINE DU MARCHÉ • BISTRO Au sein du pavillon central de la célèbre place de la Bourse, ce bistrot chic (fauteuils rétro, parquet à bâtons rompus, plafonds à la française) offre de belles échappées sur les architectures et le fameux "miroir d'eau". Au menu : une goûteuse cuisine de bistrot moderne, qui musarde entre tradition et modernité. Brunch tous les derniers samedis du mois.

&. ᴀᴄ – Prix : €€

Plan : C2-26 – *10 place de la Bourse – 𝒞 05 56 30 00 80 – www.le-gabriel-bordeaux.fr/fr – Fermé lundi et dimanche*

LE QUATRIÈME MUR

CUISINE MODERNE • BRASSERIE Au théâtre, le quatrième mur est celui, invisible, qui sépare le public de la scène. Un nom tout choisi pour cette table installée dans les ors du Grand théâtre ! Un produit de qualité, une cuisson précise, une garniture et un jus : Philippe Etchebest va à l'essentiel et nous régale en toute simplicité. Installée sur une galerie latérale du grand théâtre, la terrasse est très agréable. Réservation impérative avec deux services à déjeuner et à dîner. Les menus changent chaque semaine.

ꝃ &. ᾰ – Prix : €€

Plan : C2-27 – *2 place de la Comédie – 𝒞 05 56 02 49 70 – www.quatrieme-mur.com – Fermé lundi et dimanche*

SENS

CUISINE MODERNE • CONTEMPORAIN En retrait du Bordeaux touristique et animé, un bistrot moderne et cosy, tenu par le chef Alexandre Bru épaulé de son épouse Loren en pâtisserie. La cuisine, précise et bien tournée, propose une offre bistronomique qui fait mouche au déjeuner avec un excellent rapport qualité/prix ; au dîner, le menu unique qui change tous les mois se veut plus ambitieux.

&. AC – Prix : €€€

Plan : A2-1 – *93 rue de Soissons* – $\mathcal{C}$ *09 83 45 52 29* – *www.sens-restaurant-bordeaux.com* – *Fermé lundi, dimanche, et mardi et samedi à midi*

LE 7 RESTAURANT PANORAMIQUE

CUISINE MODERNE • DESIGN La Cité du vin peut s'enorgueillir d'une bonne table : la carte est courte et les produits du sud-ouest sont à l'honneur : foie gras de canard de Chalosse, caviar d'Aquitaine, porc prince noir de Biscay, etc. Avec, en sus, un panorama imprenable sur la Garonne et le centre-ville de Bordeaux. Sélection de 500 vins du monde et 32 vins au verre.

&& ⇔& AC – Prix : €€€

Hors plan – *4 esplanade de Pontac* – $\mathcal{C}$ *05 64 31 05 40* – *www.le7restaurant.com* – *Fermé lundi, mardi, mercredi et dimanche soir*

SYMBIOSE

CUISINE MODERNE • BISTRO Tenue par quatre jeunes associés, cette Symbiose porte bien son nom ! Tout, ici, est marqué du sceau de l'évidence : les assiettes franches et rondement menées, le service convivial et décontracté, la clientèle majoritairement jeune et plutôt branchée, sans oublier la petite salle genre bistrot... et un bar à cocktail façon speakeasy, partie intégrante du concept ! Rapport qualité-prix imbattable à midi.

⌂ – Prix : €€

Plan : C1-35 – *4 quai des Chartrons* – $\mathcal{C}$ *05 56 23 67 15* – *www.symbiose-bordeaux.com* – *Fermé lundi et dimanche*

LA TABLE DE MONTAIGNE

CUISINE MODERNE • ÉLÉGANT Le restaurant du Palais Gallien, sis dans un hôtel particulier bâti en 1895, propose une belle cuisine d'inspiration classique, aux touches contemporaines. On en profite dans la salle à manger, fort plaisante, notamment, le soir, où il est possible de s'attabler devant un menu dégustation raffiné qui change très régulièrement.

&. AC – Prix : €€€

Plan : B2-24 – *144 rue de l'Abbé-de-l'Épée* – $\mathcal{C}$ *05 57 08 01 27* – *www.hotel-palais-gallien-bordeaux.com* – *Fermé lundi, dimanche et mardi midi*

TLALI ⓝ

CUISINE MEXICAINE • COSY Bonne surprise que cette table fusion franco-mexicaine tenue par un authentique enfant de Guadalajara, le chef Kristian de Anda, qui a tenu à Paris les fourneaux de Biondi. Ouverte seulement au dîner, sa table veut démontrer que la cuisine mexicaine ne se résume pas aux tacos et aux enchilladas ! D'ailleurs, la partition n'est pas seulement mexicaine, elle est plutôt fusion, ponctuant la gastronomie française de sages touches mexicaines – bref, pas de piment extra-fort. En plus du menu-carte, on propose une assiette de 5 tacos inspirés des différentes régions mexicaines - idéal à partager à l'apéritif.

AC – Prix : €€

Plan : C2-22 – *6 rue du Cancera* – $\mathcal{C}$ *05 57 59 40 79* – *www.tlali.fr* – *Fermé lundi, dimanche et du mardi au samedi à midi*

LA TUPINA

CUISINE TRADITIONNELLE • RUSTIQUE Véritable institution, cette auberge champêtre a tout le goût d'autrefois... Sanguette, macaronade, frites à la graisse de canard : le terroir est défendu avec conviction, et l'on se régale de copieux plats du Sud-Ouest, mais aussi de légumes de saison et de viandes rôties... dans la cheminée visible à l'entrée ! De beaux produits exposés sur le comptoir et qui mettent en appétit. Incontournable !

ⵎ ⵎ – Prix : €€

Plan : D3-25 – *6 rue Porte-de-la-Monnaie* – ℰ *05 56 91 56 37* – *www.latupina. com* – *Fermé lundi*

ZÉPHIRINE

CUISINE MODERNE • COSY Zéphirine : beau prénom désuet pour cette auberge urbaine au joli décor de bistrot, précédée d'un comptoir d'épicerie fine. Une histoire de famille aussi qui réunit trois professionnels qui ont roulé leur bosse. Et, de fait, dans l'assiette, le chef montre tout de suite une patte très sûre (mention spéciale pour les garnitures, à partager, comme les entrées). Il envoie une bonne cuisine traditionnelle dans le fond, mais moderne dans la forme et hausse le niveau le soir.
ⵎⵎ ⵎ – Prix : €€

Plan : B2-13 – *62 rue de l'Abbé-de-l'Épée* – ℰ *09 72 45 55 36* – *www.zephirine.fr* – *Fermé lundi, dimanche et mardi midi*

LE BOUTIQUE HÔTEL

DESIGN • CHALEUREUX Pour allier luxe et design dans un hôtel particulier du 18e s., Le Boutique a dû composer avec le cadre. Résultat, des espaces publics riches d'un mélange d'architecture classique, d'antiquités bien patinées, de moulures d'origine et de mobilier milieu de siècle. Et dans les chambres, un minimalisme tout confort, très équipé, mêlant habilement pièces design et touches déco à l'ancienne. Ajoutez à cela un bar à vin, Bordeaux oblige…
ⵎ ⵎ ⵎ ⵎ ⵎ ⵎ - 27 chambres
3 rue Lafaurie de Monbadon – ℰ *05 56 48 80 40* – *www.hotelbordeauxcentre.com*

HÔTEL CARDINAL

MODERNE • CHARME Situé à deux pas de la place Pey-Berland, ce très bel hôtel particulier du 18e s. a été transformé en hôtel de charme. Matériaux nobles (velours, laiton, marbre), mobilier contemporain et beaux parquets en chêne, dans un style inspiré des années 30. Atmosphère feutrée et cosy. Idéal pour une villégiature en terre bordelaise.
ⵎ ⵎ ⵎ - 10 chambres
4 rue Élisée Reclus – ℰ *05 56 01 62 32* – *www.hotelcardinalbordeaux.fr*

L'HÔTEL PARTICULIER

CLASSIQUE • COSY Comme son nom l'indique, voici un majestueux hôtel particulier du 19e s., superbement conservé dans le centre historique de Bordeaux. L'intérieur conserve ses vastes salons ornés de moulures, avec parquets, cheminées en marbre et hautes fenêtres, qui ont été transformés en appartements et chambres sophistiqués. Toutes uniques, celles-ci sont à la fois modernes, cosy et bourgeoises, ponctuées de couleurs chaudes et de pièces design, tandis que les appartements, donnant sur la cour, optent pour un look plus décontracté et urbain. Petit-déjeuner servi dans la salle à manger d'époque et service de conciergerie.
ⵎ ⵎ - 12 chambres
44 rue Vital Carles – ℰ *05 57 88 28 80* – *www.lhotel-particulier.com*

INTERCONTINENTAL GRAND HÔTEL BORDEAUX

CLASSIQUE • COSY Sa façade néoclassique (1776), en parfaite harmonie avec celle du Grand Théâtre, est un petit joyau. Dans les chambres règne une atmosphère cossue, chatoyante et feutrée ; quant au spa de 1 000 m², il dispose d'une terrasse sur le toit offrant une vue imprenable sur Bordeaux. Un établissement de prestige, au cœur de la capitale du vin.
ⵎ ⵎ ⵎ ⵎ ⵎ ⵎ ⵎ ⵎ ⵎ ⵎ ⵎ ⵎ ⵎ ⵎ - 130 chambres
2-5 place de la Comédie – ℰ *05 57 30 44 44* – *www.theregentbordeaux.com*
❀❀ **Le Pressoir d'Argent - Gordon Ramsay** - Voir la sélection des restaurants

🛏 MAMA SHELTER

AVANT-GARDE • CHALEUREUX Mama Shelter, c'est un véritable concept : après Paris, Lyon et Marseille, il se décline en plein cœur de la métropole bordelaise. On retrouve avec plaisir cette déco très urbaine (béton brut, détails insolites et colorés, etc.) et cette ambiance éclectique qui en font toute la saveur !

🅿 🗘 🛁 ⅈ○ ⏣ - 97 chambres

19 rue Poquelin Molière – ℰ 05 57 30 45 45 – www.mamashelter.com/en/ bordeaux

🛏 LE PALAIS GALLIEN

CLASSIQUE • RAFFINÉ Près du Palais Gallien – un amphithéâtre romain, l'un des plus anciens vestiges de la ville –, cette maison de maître de la fin du 19ᵉ s. a été réhabilitée avec soin : chambres à l'identité affirmée (parquets anciens, moulures), jolies salles de bains, piscine dans la cour de l'hôtel...

♿ 🗘 🛏 ⏢ ⅈ○ ⏣ - 26 chambres

144 rue Abbé de l'Epée – ℰ 05 57 08 01 27 – www.hotel-palais-gallien-bordeaux.com
   La Table de Montaigne - Voir la sélection des restaurants

🛏 SEEKO'O

AVANT-GARDE • CHALEUREUX Seeko'o ? Un "iceberg" en inuit. L'extérieur explique d'emblée cette analogie avec son parallélépipède blanc aux angles faussés. L'intérieur joue cette carte nordique avec une alliance de bleu, blanc et de bois clairs ; les chambres, confortables, ont été rénovées avec beaucoup d'élégance.

🅿 🗘 🛁 🛁 ⏣ - 45 chambres

54 quai de Bacalan – ℰ 05 56 39 07 07 – www.seekoo-hotel.com

🛏 VILLAS FOCH

MODERNE • ROMANTIQUE À deux pas de la place du même nom, une demeure édifiée en 1834 dans le plus pur style bordelais. Grande verrière ouverte sur une courette avec jardin, chambres spacieuses – sept modernes et épurées, superbement rénovées, et deux davantage dans l'esprit des lieux... Un indéniable caractère.

♿ 🗘 🅿 🗘 ⏢ ⊕ 🗘 🛁 ⏣ - 20 chambres

25 cours du Maréchal Foch – ℰ 05 64 31 22 50 – www.villasfoch.fr

🛏 YNDO

DESIGN • CALME Vu de l'extérieur, c'est un bel hôtel particulier du 18ᵉ s. Fort heureusement, l'intérieur n'est pas en reste : design et délicatement feutré, il est propice au repos... Les chambres sont confortables et ont chacune leur propre personnalité.

♿ 🗘 🅿 🗘 🗘 🛁 ⅈ○ ⏣ - 12 chambres

108 rue Abbé de l'Épée – ℰ 05 56 23 88 88 – www.yndohotelbordeaux.fr

BORMES-LES-MIMOSAS

✉ 83230 – Var – Carte régionale n° **29**-B3

LE JARDIN

CUISINE TRADITIONNELLE • ROMANTIQUE Dans le village, tout près de l'église St-Trophyme, ce petit restaurant séduit d'abord par son cadre rustique et sa délicieuse terrasse, avec fontaine et pergola, noyée sous la verdure et les fleurs ... Aux fourneaux, un couple franco-anglais célèbre la tradition avec de beaux accents méridionaux. Tout est fait maison : on passe un super moment.

🛖 – Prix : €€

1 ruelle du Moulin – ℰ 04 94 71 14 86 – www.lejardinrestaurant-bormes.com – Fermé lundi, mardi, mercredi et jeudi à midi, et dimanche soir

MIMOSA

CUISINE PROVENÇALE • TENDANCE Cet établissement proche du port de plaisance propose une cuisine moderne aux influences provençales. Fagottini de gambas sauvages, émulsion bisque; filet de daurade, citron confit et fenouil braisé, cheesecake aux fruits : les dressages sont soignés, les saveurs percutantes et les cuissons maîtrisées. Bref, on se régale, à toutes les étapes ! Menus truffe selon les saisons, et avenante terrasse pour les jours estivaux.

&. 🄰🄲 🍴 – Prix : €€€

284 boulevard du Front-de-Mer – ℰ 09 87 36 49 46 – www.mimosa.eatbu.com – Fermé lundi, mardi, mercredi, jeudi, vendredi et dimanche et samedi midi

LA BORNE

✉ 18250 – Cher – Carte régionale n° **16**–B1

😊 L'ÉPICERIE

CUISINE MODERNE • COSY Un restaurant-épicerie ? Une épicerie-restaurant ? Peu importe, il y a les deux et l'on passe ici un super moment, et c'est tout ce qui compte. Cuisine de saison déclinée par Mathieu (salé) et Clémentine (sucré), produits locaux de rigueur : cette petite adresse a la cote localement, et on comprend pourquoi... Capitale locale de la poterie oblige, toute la vaisselle et l'art de la table présents sur votre table sortent des fours de céramistes locaux. Attention, vingt couverts seulement : réservez. Une charmante adresse hors du temps qui suit son petit bonhomme de chemin.

&. – Prix : €€

Chemin des Usages – ℰ 02 48 59 57 50 – Fermé lundi et mardi, et mercredi et dimanche soir

BOSSEY

✉ 74160 – Haute-Savoie – Carte régionale n° **21**–C1

LA FERME DE L'HOSPITAL

CUISINE CLASSIQUE • ÉLÉGANT Les années passent... mais la tradition perdure dans cette maison réputée située à la frontière franco-suisse : salle élégante et chaleureuse, argenterie, service attentionné. Sur des bases classiques, le chef concocte des assiettes soignées et pleines de saveurs : ravioli de canard et foie gras, noisette de cerf au lard et sauce poivrade... Un très bon moment.

🄰🄲 🍴 ⇔ 🅿 – Prix : €€€

272 rue de la Mollard – ℰ 04 50 43 61 43 – www.ferme-hospital.fr – Fermé lundi, mardi et dimanche

BOUDES

✉ 63340 – Puy-de-Dôme – Carte régionale n° **20**–B2

😊 LE BOUDES LA VIGNE

CUISINE TRADITIONNELLE • AUBERGE Cette sympathique auberge, bâtie sur d'anciennes fortifications, se trouve au cœur de ce village de vignerons où l'on produit... le boudes, l'un des cinq crus des côtes d'Auvergne. Derrière les fourneaux, Christian Coutarel, chef jovial qui réalise une cuisine traditionnelle généreuse et parfumée sans s'interdire des préparations plus modernes.

&. 🄰🄲 🍴 ⇔ – Prix : €€

Place de la Mairie – ℰ 04 73 96 55 66 – www.le-boudes-la-vigne.com – Fermé lundi et mardi, et mercredi et dimanche soir

BOULIAC

✉ 33270 – Gironde – Carte régionale n° **22**–B2

❀ **LE SAINT-JAMES**

CUISINE MODERNE • CONTEMPORAIN (Fermé provisoirement pour travaux, réouverture prévue en juin) Adresse mythique s'il en est, le Saint-James fut longtemps le fief de Jean-Marie Amat. Cet avant-gardiste avait fait appel à l'architecte Jean Nouvel pour rénover son hôtellerie, devenue une référence du design – un lieu qui va subir une rénovation en profondeur. La table rend hommage aux producteurs de Nouvelle-Aquitaine, dont on magnifie les produits, du caviar de Gironde au bœuf de Bazas. Tout en fraîcheur à l'image de ce thon de Saint-Jean-de-Luz remarquable et parfaitement cuit, la cuisine d'auteur du chef Mathieu Martin déborde de charme(s), entre raffinement et délicatesse. Le chef affirme souvent un goût évident pour le végétal comme sur ces tomates, nature et au piment, et leur soupe claire. La légende du Saint-James est intacte.

🐌 ⇆ ⇇ 🖨 🅰🅲 🍴 – Prix : €€€€

3 place Camille-Hosteins – 𝒞 05 57 97 06 00 – www.saintjames-bouliac.com – Fermé lundi, dimanche et mardi midi

---

🛏 **LE SAINT-JAMES**   *Plus*

AVANT-GARDE • CHAMPÊTRE Fermé provisoirement pour travaux, réouverture prévue en juin. Conçue par Jean Nouvel, cette maison surplombant la ville et les vignes – classées premières-côtes-de-bordeaux – s'inspire des séchoirs à tabac typiques de la région. L'épure, la lumière et le design dominent avec élégance et harmonie… Le Bordelais est à vous.

♿ ♨ 🅿 🛋 🕯 🖨 🚲 🍷 🎦 🛎 ♨ 🍴 🅰🅲 - 18 chambres

3 place Camille-Hosteins – 𝒞 05 57 97 06 00 – www.saintjames-bouliac.com

❀❀ **Le Saint-James** - Voir la sélection des restaurants

BOULLERET

✉ 18240 – Cher – Carte régionale n° **16**–B1

❀ **MAISON MEDARD**

Chef : Julien Medard

CUISINE MODERNE • COSY Saveurs franches, jus, émulsions et sauces qui fusent en bouche à l'image de ce filet de bœuf charolais mariné au soja, sauce choron et cromesquis d'échalotes. On peut parler également de ces œufs mimosa de la ferme "les Volailles du Moulin", plat signature de la maison qui se décline à l'envie, cette fois agrémentés de curry, moules de bouchot en pickles et spiruline. Une réussite que cette cuisine actuelle et astucieuse, qui s'empare des produits locaux pour offrir des assiettes subtiles et colorées ! Le chef Julien Medard et son épouse Delphine (en salle) accueillent les chanceux – pardon, les clients – dans une salle cosy et feutrée qui unit avec goût rustique et contemporain.

🐌 ♿ 🍴 – Prix : €€€

19 place des Tilleuls – 𝒞 02 48 72 39 62 – www.maisonmedard.com – Fermé lundi et mardi, et dimanche soir

BOULOGNE-BILLANCOURT

✉ 92100 – Hauts-de-Seine – Carte régionale n° **11**–E2

😋 **BACA'V - BOULOGNE** ⓝ

CUISINE TRADITIONNELLE • BISTRO Le chef Émile Cotte a donné un petit frère à son adresse parisienne. Dans un décor de bistrot moderne éclairé par de grandes baies vitrées (et divisé en plusieurs espaces avec notamment une table d'hôte), le chef fait ce qu'il aime : des classiques bistrotiers généreux revus au goût du jour, avec une simplicité terriblement gourmande comme cette gridouille (andouille de Vire avec un morceau de poitrine de porc maigre) et sa purée ultra-beurrée.

Le Limousin, berceau du chef, est souvent à l'honneur dans l'assiette. Alléchante carte avec pâté en croûte, vol-au-vent, ris de veau, millefeuille, soufflé chocolat.
&. AC ⇔ ⌷ – Prix : €€
33 avenue du Général-Leclerc – ℰ 01 55 60 79 95 – www.bacav.fr –
Fermé dimanche et samedi midi

BONNOTTE

CUISINE MODERNE • CONVIVIAL À dix minutes à pied du Musée Albert Kahn, le restaurant d'Antoine Guichard (l'ancien second de David Bizet) et de Manon Negretti rend hommage à l'Île de Noirmoutier dont la bonnotte est une variété de pomme de terre locale. Dans un décor de bistrot sobre et contemporain, l'assiette joue la carte d'une cuisine bistronomique dans l'air du temps, concoctée à base de bons produits frais. Menu au déjeuner, et carte le soir.

Prix : €€

1 rue de Billancourt – ℰ 09 83 44 29 35 – www.bonnotte-restaurant.fr –
Fermé samedi et dimanche

LA MACHINE À COUDES

CUISINE MODERNE • BISTRO Accueillante et pétillante, la propriétaire Marlène sait toujours s'entourer d'une équipe motivée, qui travaille volontiers les produits de saison – coquilles Saint-Jacques et courge – autour d'un menu unique au déjeuner, plus créatif et ambitieux au dîner. Jolis accords mets-vins. Un bon moment de bistronomie.
AC – Prix : €€€
57 rue Yves-Kermen – ℰ 06 75 42 45 37 – www.lamachineacoudes.fr –
Fermé dimanche et samedi midi

MANO ⓝ

CUISINE MODERNE • BISTRO Une rue discrète dans un quartier résidentiel, une façade sobre de bistrot contemporain, une petite salle conviviale où les tables se coudoient : voilà l'antre gourmand d'un ancien de la Plantxa, Maximilien Kuzniar. Carottes cumin et agrumes ; poisson, quinoa, sauce au curry ; pomme rôtie, espuma menthe : autant de propositions à l'ardoise pour une cuisine de saison simple et savoureuse. Très bon rapport qualité-prix des formules déjeuner, dîner plus ambitieux.

Prix : €€

46 rue de l'Ancienne-Mairie – ℰ 07 88 62 81 49 – www.manoboulogne.com –
Fermé samedi et dimanche

PLANTXA

CUISINE MODERNE • CONVIVIAL Sous la houlette du célèbre Juan Arbelaez, le jeune chef Andres Bolivar signe une cuisine originale pleine de saveurs : maquereau cuit à la flamme, beurre de maïs et fenouil croquant ; thon rouge, asperges vertes, framboises et sarrasin grillé… On se régale en toute décontraction, "comme à la maison", avec ses assiettes soignées. Vivifiant et bienvenu !

Prix : €€

58 rue Gallieni – ℰ 01 46 20 50 93 – www.plantxa.com – Fermé lundi et
dimanche

LA TABLE DE CYBÈLE

CUISINE MODERNE • CONTEMPORAIN À la tête de ce néobistrot œuvre un couple franco-américain, et c'est Cybèle, née à San Francisco, qui officie en cuisine, signant des recettes originales, axées sur de beaux produits, à l'instar de œuf parfait, velouté de lentille, fondue de poireaux et fenouil, magret séché, espuma de lait fumé… La Table de Cybèle est si jolie…
⅋ &. ⍭ – Prix : €€
38 rue de Meudon – ℰ 01 46 21 75 90 – www.latabledecybele.com – Fermé lundi,
dimanche et samedi midi

BOULOGNE-SUR-MER

✉ 62200 – Pas-de-Calais – Carte régionale n° **4**-A2

L'ÎLOT VERT

CUISINE MODERNE • CONTEMPORAIN Un véritable coup de cœur que ce
restaurant aux airs de bistrot chic, où œuvre Tony Regnier, formé dans de belles
maisons. Il signe une cuisine bien d'aujourd'hui – avec une pointe de créativité –,
joliment tournée et savoureuse : terrine de pintade à la pistache comme un pâté
croûte et son chutney de pomme ; mosaïque de skrei au curry noir et radis long
glacé ; mousse soufflée au chocolat, pop-corn et écume de lait... À déguster dans
une salle décorée avec goût, ou sur la jolie terrasse fleurie.

& 🌱 🍽️ – Prix : €€

36 rue de Lille – ✆ 03 21 92 01 62 – www.lilotvert.fr – Fermé lundi et dimanche

LA MATELOTE

CUISINE MODERNE • CONTEMPORAIN Une table familiale qui rend hommage
aux femmes, c'est forcément de bon aloi ! La matelote est en effet la femme du...
matelot, réputée experte en cuisson de poissons - tout comme cette table tout
entière dédiée aux produits de la mer (mais pas seulement). Les poissons et les
crustacés sont ici travaillés dans les règles de l'art et dans le respect d'une pêche
durable. Côté dessert, on fait allégeance à la grande tradition de la pâtisserie française, à l'image du soufflé, un incontournable de la maison.

& 🅰🅲 🌱 🍽️ – Prix : €€€

*80 boulevard Sainte-Beuve – ✆ 03 21 30 17 97 – www.la-matelote.com –
Fermé jeudi midi*

RESTAURANT DE LA PLAGE

POISSONS ET FRUITS DE MER • CONVIVIAL Après une petite baignade, rien de
mieux qu'un bon repas pour reprendre des forces ! Face à la plage, cette adresse
fait honneur aux produits de la mer. Une cuisson parfaite et un dressage soigné
pour ce turbot à la betterave et au chorizo, sans oublier les noix de Saint-Jacques
en saison... Et, au dessert, des crêpes Suzette flambées en salle devant le client.
Délicieux !

🦮 🌱 – Prix : €€

*124 boulevard Sainte-Beuve – ✆ 03 21 99 90 90 – www.restaurantdelaplage.fr –
Fermé lundi et mardi, et dimanche soir*

BOURG-CHARENTE

✉ 16200 – Charente – Carte régionale n° **18**-B2

 ### LA RIBAUDIÈRE

Chefs : Thierry et Julien Verrat

CUISINE MODERNE • CONTEMPORAIN Une grande villa, un jardin qui descend en pente douce vers la Charente coulant paisiblement en contrebas... De
l'autre côté du fleuve, la silhouette altière du château de Bourg-Charente domine
les vignes. Dans la salle aux murs gris ardoise, les grandes baies vitrées offrent une
vue sur la délicieuse terrasse et les berges du fleuve. Dans le même ton, les chefs
Thierry et Julien Verrat, père et fils, signent une belle cuisine où l'invention cultive
le naturel. Propriétaires d'une vigne et d'une truffière, ils vouent une passion au
terroir charentais, un véritable pays de cocagne. Du cognac au pineau, en passant
par le poisson de la côte et les escargots sauvages, ce duo gagnant exprime le
meilleur de produits de haute qualité : chacun des plats met le goût en avant avec
une force tranquille.

🕸 ⩻ ♿ 🅰🄲 🎍 ⇧ 🅿 – Prix : €€€

2 place du Port – 𝒞 05 45 81 30 54 – www.laribaudiere.com – Fermé lundi et mardi, et dimanche soir

LA TABLE DU FLEUVE

CUISINE DU MARCHÉ • DESIGN Signée Thierry et Julien Verrat, voilà une cuisine charentaise à la sauce bistronomique du plus bel aloi. Ici, le menu évolue au gré du marché. Ce jour-là, foie gras de canard mi-cuit aux truffes ; tartare de truite aux aromates et son caviar ou encore framboises fraîches, gel de Pineau des Charentes, meringue vapeur. Aux beaux jours, on sert aussi sur quelques tables en terrasse. Un petit cocon chaleureux et plaisant, où la gourmandise se sent chez elle.

♿ 🄰🄲 🎍 🅿 – Prix : €

2 place du Port – 𝒞 05 45 81 30 54 – www.latabledufleuve.com/index.php – Fermé lundi et mardi, et dimanche soir

BOURG-EN-BRESSE

✉ 01000 – Ain – Carte régionale n° **21**–B1

METS ET VINS

CUISINE MODERNE • CONTEMPORAIN Ici œuvre Stéphane Prévalet, un chef adepte des produits du terroir local et du "fait maison", habile à s'extraire des sentiers battus de la tradition. On déguste ainsi une Tatin d'endives au Bresse bleu ou une canette de la Dombes au cassis du Bugey... le tout dans une salle épurée, décorée de troncs de bouleaux. Une adresse dans l'air du temps.

♿ 🄰🄲 – Prix : €€

11 rue de la République – 𝒞 04 74 45 20 78 – www.restaurant-metsetvins.com – Fermé lundi et mardi, et dimanche soir

RACINES

CUISINE MODERNE • COSY Dans la maison familiale, dotée aujourd'hui d'un cadre contemporain ouvert sur un parc reposant, le chef David Lachavannes poursuit son chemin en délivrant une cuisine goûteuse et lisible, attachée aux producteurs locaux. La semaine, le menu du marché est une aubaine, tandis que les menus du week-end se veulent plus ambitieux. Un coup de cœur.

🍴 ♿ 🎍 🅿 – Prix : €€

1981 avenue de Trévoux, à Saint-Denis-lès-Bourg – 𝒞 04 74 52 40 63 – www.domainedulac-racines.fr – Fermé du mardi au jeudi et dimanche soir

L'AUBERGE BRESSANE

CUISINE CLASSIQUE • TRADITIONNEL Cette véritable institution fait la part belle aux spécialités régionales : cuisses de grenouilles fraîches, volaille de Bresse à la broche ou à la crème, et bien sûr l'incontournable quenelle de brochet, un modèle du genre. Terrasse avec vue sur l'église du monastère royal de Brou.

🕸 ⩻ 🄰🄲 🎍 – Prix : €€€

166 boulevard de Brou – 𝒞 04 74 22 22 68 – www.aubergebressane.fr – Fermé lundi et mardi

PLACE BERNARD

CUISINE TRADITIONNELLE • BRASSERIE Sous la houlette de Georges Blanc, cette imposante maison 1900 abrite une jolie brasserie ornée d'une fresque à la gloire de la dynastie familiale. Dans l'assiette, on retrouve avec plaisir le répertoire régional : volaille de Bresse à la crème, cuisses de grenouilles en persillade, quenelle de Brochet "comme à Nantua"... Agréable terrasse-véranda.

♿ 🎍 – Prix : €€

19 place Bernard – 𝒞 04 74 45 29 11 – www.lespritblanc.com/fr

SCRATCH RESTAURANT

Chef : Andréas Baehr

CUISINE MODERNE • CONVIVIAL Adhérents au mouvement Slowfood, Estelle et Andréas Baehr sont des passionnés qui mettent en avant de beaux produits frais, bio et locaux, dans l'assiette comme lors du service, grâce à la pédagogie mise en œuvre par la maîtresse de maison. Parfaitement équilibrés et ficelés, les menus uniques, au déjeuner comme au dîner, administrent une véritable leçon gourmande où rien ne manque, à l'image de ce plat d'asperges blanches et vertes cuites à la flamme, accompagnées d'un jaune d'œuf, d'ail noir confit et d'une crème fraîche d'Etrez bousculée par quelques pointes d'agrumes. Bons conseils sur les vins, d'obédience naturelle.

&. 🆔 – Prix : €€

2 rue des Fontanettes – ℰ 04 27 53 49 86 – www.scratchrestaurant.fr –
Fermé lundi et dimanche, et mardi, mercredi et samedi soir

🌸**L'engagement du chef :** Nous avons une volonté de travailler dans une philosophie globale et durable et nous informons la clientèle de ces démarches. Nous proposons des menus uniques pour optimiser chaque produit en limitant les pertes. Nos produits locaux sont issus directement de petits producteurs dans leur quasi-totalité. Ces partenaires-artisans et nous-mêmes partageons un bon sens paysan, avec ou sans label. Les produits de la mer sont issus de la pêche durable française.

BOURGES

✉ 18000 – Cher – Carte régionale n° **16**–B2

😊 LE BEAUVOIR

CUISINE MODERNE • CONTEMPORAIN Annie et Mickaël Landaud tiennent cette adresse familiale, élégante et accueillante, bien connue des berruyers. Avec ses tons bleutés et ses esquisses d'inspiration végétale, la déco se veut une évocation des marais voisins... Le chef y concocte une appétissante cuisine actuelle, qui revisite avec malice les classiques de la gastronomie française. Agréable terrasse sur la cour à l'arrière.

🕸 &. 🆔 🍴 – Prix : €€

1 avenue Marx-Dormoy – ℰ 02 48 65 42 44 – www.restaurant-lebeauvoir.com –
Fermé mercredi, et mardi et dimanche soir

LA SUITE

CUISINE MODERNE • TENDANCE Ce bistrot contemporain a du style, avec son intérieur moderne et convivial, mais ce n'est pas son seul atout. La carte renouvelée régulièrement au fils des saisons met l'eau à la bouche... d'autant que les saveurs sont au rendez-vous ! N'oublions pas la jolie terrasse sur le patio, et la carte des vins qui ne doit rien au hasard – et pour cause, le patron est sommelier de formation pendant que son frère est aux fourneaux.

🕸 🆔 🍴 – Prix : €€

50 rue Bourbonnoux – ℰ 02 48 65 96 26 – www.lasuite-bourges.com –
Fermé samedi et dimanche

🛏 HÔTEL DE BOURBON

MODERNE • ÉLÉGANT Une référence tant hôtelière qu'historique : l'ancienne abbaye, adjacente au charmant jardin des Prés Fichaux, abrite des chambres contemporaines.

&. 🅿 🍷 📶 🛎 💪 🍴 🆔 - 58 chambres

Boulevard de la République – ℰ 02 48 70 70 00 – www.hotel-bourbon.fr

VILLA C

MODERNE • RAFFINÉ Situé dans un quartier calme du nord de Bourges, non loin de la gare, ce manoir du 19ᵉ s. offre calme et discrétion. L'intérieur a gardé quantité de touches originelles, des vitraux à l'escalier de chêne, tandis que les vingt chambres (et une suite) sont de style contemporain. Le bar et le salon de l'hôtel servent des boissons et un menu léger toute la journée.

 🔟 🅿 🔄 🌀 🔟 - 21 chambres

20 avenue Henri Laudier – 𝒸 02 18 15 04 00 – www.logishotels.com/fr/hotel/logis-villa-c-hotel-342596

LE BOURGET-DU-LAC

✉ 73370 – Savoie – Carte régionale n° **21**–C2

🕸 **ATMOSPHÈRES**

Chef : Alain Perrillat-Mercerot

CUISINE CRÉATIVE • CONTEMPORAIN De Lamartine à Stendhal en passant par Maupassant, les écrivains sont nombreux à avoir célébré l'atmosphère du lac du Bourget et la vue sur le Revard. Le chef Alain Perrillat-Mercerot en a fait, lui, un splendide écrin pour sa cuisine créative et délicate, qui défend avec ferveur le terroir savoyard. Fort de solides bases classiques, il travaille avec une précision redoutable les poissons d'eau douce, les fromages locaux ou les myrtilles sauvages. À savourer au gré de deux menus uniques à la construction étudiée. Belle carte des vins, célébrant (entre autres) les cépages locaux.

🕸 🔄 🖥 🔟 🏠 🅿 – Prix : €€€€

618 route des Tournelles – 𝒸 04 79 25 01 29 – www.atmospheres-hotel.com/fr – Fermé lundi, mardi et dimanche

🌿 **L'engagement du chef :** Le chef a toujours travaillé les produits locaux de saison - coopérative de fruits et légumes à La Motte-Servolex, maraîchers à Aix-les-Bains et Vimines, volailles de Bresse... Un jardin de simples permet à la cuisine de prélever des pousses d'herbes fraîches. Nous limitons nos emballages et nos déchets organiques sont valorisés en lien avec une plateforme agricole. Le linge est lavé sur place avec des lessives à faible impact environnemental.

🕸 **LAMARTINE**

Chefs : Pierre et Valentin Marin

CUISINE MODERNE • CONTEMPORAIN Face au lac cher à Lamartine, cette table est depuis 1964 une valeur sûre de la région. Pierre et Valentin Marin, père et fils, ancrent leur cuisine dans ce terroir montagnard et lacustre, avec notamment un travail de précision sur les poissons de lac : omble chevalier au céleri et beurre blanc aux œufs de brochet ; agneau de Savoie à la fleur d'artichaut ; croustillant de fraise "de mon enfance" à l'estragon... Enfin, l'élégant cadre contemporain et le service attentionné sont l'assurance d'une halte romantique réussie.

🔄 🖥 🔟 🏠 🅿 – Prix : €€€

3132 route du Tunnel-du-Chat, Bourdeau – 𝒸 04 79 25 01 03 – www.lamartine-marin.com/fr – Fermé lundi et mardi, et dimanche soir

BOURGOIN-JALLIEU

✉ 38300 – Isère – Carte régionale n° **21**–B2

MONSIEUR B

CUISINE MODERNE • BISTRO Une bonne cuisine bistronomique sans esbroufe, fraîche et savoureuse signée par un jeune chef. Le menu du midi change chaque semaine, celui du soir, chaque mois en suivant le marché et les saisons. Un exemple ? Une entrée simplissime et goûteuse à l'image de ces petits pois, thon rouge et kiwi. Adresse de bistrot convivial situé en plein centre-ville piéton.

🔟 – Prix : €€

80 rue de la Liberté – 𝒸 09 70 66 15 11 – www.monsieurb-restaurant.com – Fermé lundi, mardi midi et dimanche soir

BOURGVILAIN

✉ 71520 – Saône-et-Loire – Carte régionale n° **17**–C2

AUBERGE LAROCHETTE

CUISINE TRADITIONNELLE • AUBERGE Cette sympathique auberge de village dévoile une cuisine traditionnelle généreuse, à l'image de cette belle entrecôte charolaise et son gratin dauphinois, ou des ris de veau croustillants. En dessert, un soufflé chaud bien maîtrisé au praliné, noix et poire. On s'installe près de la cheminée qui crépite en hiver, ou sur la terrasse ombragée l'été. Accueil attentionné.

🅰🖦 – Prix : €€

110 route des Enceints – ☎ *03 85 50 81 73 – www.aubergelarochette. com – Fermé lundi*

LE BOUSCAT

✉ 33110 – Gironde – Carte régionale n° **22**–B2

MAISON PAVLOV ⓝ

CUISINE MODERNE • COSY Une ancienne chartreuse du 17ᵉ s. abrite désormais un petit boutique hôtel et sa table, dont la terrasse regarde la piscine ; on peut lui préférer aussi l'ambiance cosy de la salle, qui évoque un élégant boudoir (banquettes en velours, sièges en cannage et objets chinés). En symbiose avec cet écrin, la cheffe ose une cuisine plutôt personnelle, et réconfortante avec ses saveurs empreintes de douceur : cèpes, praliné noisette et espuma au vin doux ; paëlla à la seiche et au chorizo fermier...

🛏🖦🅰🖦 – Prix : €€€

199 avenue de la Libération-Charles-de-Gaulle – ☎ *05 56 01 05 00 – www.maisonpavlov.com – Fermé lundi et dimanche*

RO'CHA ⓝ

CUISINE MODERNE • CONVIVIAL Un cuisinier averti en vaut deux, surtout quand il arbore un col de MOF depuis 2007 : telle est la philosophie gourmande du chef Jean-Luc Rocha (qui a tenu les rênes de nombreux fourneaux étoilés). À chaque assiette, on goûte la patte d'un cuisinier sage et expérimenté qui maîtrise sans ostentation toutes les ficelles de son art, à l'image de ce croque juste croustillant à la farce fine de volaille et aux herbes – une réalisation tout en finesse. De bout en bout, les cuissons et les assaisonnements sont exécutés avec doigté, comme pour cette jolie selle de veau rosée accompagnée d'une jardinière de légumes de saison glacés au beurre et jus de viande. Service pro dans le cadre sobre d'une maison de ville.

🖦🖦🖦 – Prix : €€

165 avenue d'Eysines – ☎ *05 57 65 15 29 – www.rocha-restaurant.fr – Fermé samedi et dimanche, et mercredi soir*

BOUTERVILLIERS

✉ 91150 – Essonne – Carte régionale n° **11**–B2

LA MAISON DES BLÉS - LE BOUCHE À OREILLE

CUISINE MODERNE • ÉLÉGANT Un lieu contemporain, un intérieur moderne, dont les murs portent de beaux épis de blé en hommage à la campagne beauceronne et deux lieux pour se faire plaisir, la brasserie Louis (souris d'agneau, légumes du moment...) et la table gastronomique, le Bouche à oreille... À chaque fois, du professionnalisme et des assiettes, qui mettent en valeur de beaux produits. Chambres modernes et confortables.

🛏🖦🅰🖦🖦🅿 – Prix : €€€

19 rue du Périgord – ☎ *01 64 95 69 50 – www.lamaisondesbles.fr – Fermé lundi et mardi, et dimanche soir*

BOUZIGUES

✉ 34140 – Hérault – Carte régionale n° **27**–D2

LA CÔTE BLEUE

POISSONS ET FRUITS DE MER • CLASSIQUE L'étang de Thau, haut-lieu de la conchyliculture languedocienne (les moules et les fameuses huîtres de Bouzigues), est aussi fameux pour sa biodiversité (des hippocampes aux oiseaux). Quelle chance donc de s'attabler à cette terrasse (ou dans la véranda) qui surplombe les eaux de la lagune. On vient évidemment déguster ici des produits de la mer d'excellente fraîcheur, dont les huîtres, mais aussi, en saison, des cigales de mer, plus rares...

🍴🏠✿🅿 – Prix : €€

Avenue Louis-Tudesq – ℰ 04 67 78 30 87 – www.la-cote-bleue.fr – Fermé mardi et mercredi

BOZEL

✉ 73350 – Savoie – Carte régionale n° **21**–D2

ACHILLÉE

CUISINE RÉGIONALE • MONTAGNARD Pieter Riedijk, l'ancien chef du Montgomerie (K2 Altitude), est descendu de Courchevel pour ouvrir ce bistrot de "cuisine de partage" au décor rustique chaleureux, centré sur de bons produits cuisinés simplement, dans un esprit "terroir et convivialité" : marmelade de cèpes et aubergine ; pièce de cochon rôti, pommes paille et béarnaise minute ; meringue à la rhubarbe... Souhaitant profiter davantage des richesses offertes par la région au printemps et à l'été, il sélectionne des produits fermiers des environs et pratique la cueillette. L'adresse qui manquait dans la vallée !

Prix : €€

87 rue Jean-Jaurès – ℰ 04 57 37 28 55 – www.restaurant-achillee.com – Fermé mardi, mercredi, jeudi midi et vendredi midi

BOZOULS

✉ 12340 – Aveyron – Carte régionale n° **23**–C2

❀ LE BELVÉDÈRE

Chef : Guillaume Viala

CUISINE MODERNE • COSY Guillaume Viala, qui se destinait à une carrière scientifique, a troqué éprouvettes et cornues contre couteau et planche à découper. Cet Aveyronnais a bifurqué vers la cuisine, passant notamment trois ans chez Michel Bras. Puis, avec son épouse sommelière, il a jeté son dévolu sur cette auberge rustique et chic, qui offre une vue imprenable sur le fameux "trou" de Bozouls, un cirque naturel creusé dans le causse. Tous deux nourrissent une passion contagieuse pour l'agriculture paysanne traditionnelle et les vins d'auteurs. Leur poulpe du golfe du Lion cuit en cocotte, jus épicé, charlotte fumée et pois chiche, pissenlit et roquette, est un exemple à suivre : simplicité enfantine, produits communs bien mis en valeur, exécution parfaite. Une réussite.

⛄ ⇦✿ – Prix : €€€

11 route du Maquis-Jean-Pierre – ℰ 05 65 44 92 66 – www.belvedere-bozouls.com – Fermé lundi, mardi, mercredi midi et dimanche soir

LA ROUTE D'ARGENT

CUISINE TRADITIONNELLE • ÉLÉGANT Au rez-de-chaussée de l'hôtel, un restaurant à la décoration moderne et lumineuse, repris avec énergie par l'ancien second et sa compagne. On y déguste des plats traditionnels généreux et gourmands. Feuilleté aux asperges, foie gras, ris d'agneau, etc. : la carte varie au gré du marché et les cuissons sont toujours justes... Médaille d'argent !

&. 🎛 ⇧ 🅿 – Prix : €€

1 route de Gabriac – ☏ 05 65 44 92 27 – www.laroutedargent.com – Fermé lundi, mardi midi et dimanche soir

BRACIEUX

✉ 41250 – Loir-et-Cher – Carte régionale n° **10**-C3

LE RENDEZ-VOUS DES GOURMETS

CUISINE TRADITIONNELLE • AUBERGE Depuis la création de cette chaleureuse table de campagne, Didier Doreau a su l'imposer comme un véritable rendez-vous de gourmets. Terrine de brochet à la chambord, petit pâté de gibier servi chaud et jus réduit, tête de veau à l'ancienne, gratin d'agrumes parfumé au Grand Marnier... Voilà le portrait-type d'un repas empreint de tradition et de fraîcheur, dans lequel on devine tout le soin apporté à la sélection des produits et à la construction gustative des plats. Autre signe distinctif du chef : son remarquable travail du gibier en saison (lièvre, chevreuil, cerf, sanglier et on en passe...) qui assure à sa table une solide réputation dans les parages !

&. 🍴 ⇧ 🅿 – Prix : €€

20 rue Roger-Brun – ☏ 02 54 46 03 87 – Fermé mercredi, samedi midi et dimanche soir

BRANDO – Haute-Corse (20) → Voir Corse

BRANTÔME

✉ 24310 – Dordogne – Carte régionale n° **18**-C2

✿ LE MOULIN DE L'ABBAYE

CUISINE MODERNE • ÉLÉGANT Dans un village pittoresque où l'on voyage de la Préhistoire jusqu'à la Renaissance, ce restaurant occupe un environnement exceptionnel. Adossée à la falaise, cette dépendance de l'abbaye bénédictine de Brantôme déroule une magnifique terrasse au bord de la Dronne, face à un pont coudé du 16ᵉ s. La cuisine du chef, appuyée sur de bons produits, est fine et pourvue de jolies saveurs. Les cuissons sont justes et les dressages soignés. Charme contemporain et intemporel pour cette maison vénérable.

⟵ ← 🛏 🍴 – Prix : €€€€

1 route de Bourdeilles – ☏ 05 53 05 80 22 – www.moulinabbaye.com – Fermé lundi, mardi et du mercredi au vendredi à midi ; ouvert le weekend

CHARBONNEL Ⓝ

CUISINE CRÉATIVE • CONTEMPORAIN Nouveau départ pour cette emblématique hostellerie située en plein cœur du charmant village de Brantôme, avec l'arrivée en cuisine du jeune chef fougueux Sébastien Riou. On apprécie sa cuisine créative, qui se décline le long d'un menu surprise proposé en plusieurs séquences, à déguster dans une salle à manger contemporaine s'ouvrant sur une plaisante terrasse surplombant la Dronne.

🍴 – Prix : €€€

57 rue Gambetta – ☏ 05 53 05 70 15 – www.hotelrestaurantcharbonnel.com – Fermé lundi, mardi midi et dimanche soir

🛏 LE MOULIN DE L'ABBAYE

TRADITIONNEL • CHAMPÊTRE Un ravissant moulin et sa maison de meunier : voilà un cadre bucolique qui laisse rêver ! Les chambres, empreintes de douceur romantique, sont bercées par le murmure d'une cascade. Quiétude, quand tu nous tiens...

🛁 🅿 🍽 🛏 🚲 🍴 🎛 - 20 chambres

1 route de Bourdeilles – ☏ 05 53 05 80 22 – www.moulinabbaye.com

✿ **Le Moulin de l'Abbaye** - Voir la sélection des restaurants

BREBIÈRES

✉ 62117 – Pas-de-Calais – Carte régionale n° **4**–C2

 AIR ACCUEIL

CUISINE MODERNE • CONVIVIAL Près de l'aérodrome de Vitry-en-Artois, cette vaste auberge est tout sauf une simple cantine ! C'est le monde de Franck Gilabert, grand passionné de jazz (la décoration et le fond sonore en attestent), qui régale sa clientèle d'une délicieuse cuisine où transparaît toute son expérience. Les saveurs décollent !

🐾 🏠 ⇕ 🅿 – Prix : €€

50 rue Nationale – ☏ 03 21 50 01 02 – www.air-accueil-restaurant.com – Fermé lundi et mercredi, et dimanche soir

BREITENBACH

✉ 67220 – Bas-Rhin

 48° NORD

MODERNE • CHALEUREUX L'architecte paysagiste franco-danois Emil Leroy-Jönsson et l'architecte norvégien Reiulf Ramstad ont conçu ces cabines hautes, étroites et minimalistes, en bois nu. Dépassant des arbres d'un site protégé, elles offrent une vue imprenable sur la campagne. Certaines sont équipées de jacuzzis ou de saunas, et le style moderne nordique apporte sa note à la fois naturelle et chaleureuse aux intérieurs. Le lodge central sert le petit-déjeuner et le dîner, là encore avec vue sur les collines.

14 chambres

1048 route du Mont Saint-Odile – ☏ 03 67 50 00 05 – www.hotel48nord.com

BRÉLÈS

✉ 29810 – Finistère – Carte régionale n° **1**–A2

AUBERGE DE BEL AIR

CUISINE TRADITIONNELLE • AUBERGE Une charmante ferme en granit, posée au bord de l'Aber Ildut, avec un grand jardin et un étang. Dans l'assiette, une cuisine de la mer typique de la Bretagne, à l'image de ce filet de lieu jaune à la crème de homard. Quant au cadre, rustique, il prête à la tranquillité...

🍽 🏠 🅿 – Prix : €€

1 Moulin de Bel-Air – ☏ 02 98 04 36 01 – www.restaubergedebelair.com – Fermé lundi, mardi midi et dimanche soir

BREM-SUR-MER

✉ 85470 – Vendée – Carte régionale n° **14**–A2

 LES GENÊTS

Chef : Nicolas Coutand

CUISINE CRÉATIVE • CONTEMPORAIN À quelques kilomètres des Sables-d'Olonne, une maison de maître, rénovée avec originalité, accueille le couple talentueux formé par Nicolas et Amélie Coutand. Le chef a notamment travaillé chez les Troisgros à Roanne et à L'Amphitryon à Lorient. Adepte de la fraîcheur et la saisonnalité, il propose une cuisine créative, enlevée et savoureuse, et met un point d'honneur à cuisiner des produits de la région ou réputés moins nobles – comme la sardine, le maquereau et le merlu. Un grand potager de 1400 mètres carrés apporte une touche végétale à des assiettes légères, d'une grande finesse, et proposées à des prix raisonnables.

🍽 ♿ 🏠 ⇕ – Prix : €€€

21 bis rue de l'Océan – ☏ 02 51 96 81 59 – www.restaurant-les-genets.fr – Fermé lundi et mardi, et dimanche soir

BRESSIEUX

✉ 38870 – Isère – Carte régionale n° **21**–B2

AUBERGE DU CHÂTEAU

CUISINE MODERNE • CONVIVIAL Christèle et Xavier Vanheule, passionnés de cuisine et de bons vins, donnent le meilleur d'eux-mêmes pour faire de leur auberge une belle maison. Les produits viennent des fermes environnantes et débordent de fraîcheur. Tout en contemplant les monts du Lyonnais, on se régale de plats aux saveurs bien marquées, comme ce filet de canette de la Dombes, purée de pois cassés, poitrine de cochon grillée.

&% ⇐🛒**P** – Prix : €€€

67 montée du Château – ℰ 04 74 20 91 01 – www.aubergedebressieux.fr – Fermé mardi et mercredi, et dimanche soir

BRESSON

✉ 38320 – Isère – Carte régionale n° **21**–C3

CHAVANT

CUISINE CLASSIQUE • ÉLÉGANT Qu'il est doux de venir profiter des beaux jours, dans cette auberge tenue par la famille Chavant depuis 1852 ! La cuisine donne le sourire ; pour le reste, les atouts ne manquent pas – cave à vins, piscine, chambres spacieuses...

&% 📶🛗🛒⟲**P** – Prix : €€€

2 rue Émile-Chavant – ℰ 04 76 25 25 38 – www.chavanthotel.com – Fermé lundi, samedi midi et dimanche soir

BREST

✉ 29200 – Finistère – Carte régionale n° **1**–A2

✿ L'EMBRUN

Chef : Guillaume Pape

CUISINE MODERNE • CONTEMPORAIN Les embruns médiatiques passés, retour aux racines ! Guillaume Pape (Top Chef), s'est installé sur ses terres natales après avoir travaillé notamment chez le chef Olivier Bellin (Auberge des Glazicks). Il s'est installé dans un lieu moderne, avec cuisine ouverte, pour proposer une cuisine de saison et de terroir, bien réalisée, soucieuse de la qualité de ses produits, à l'instar de son bar, brunoise de betteraves, ravioles de chèvre frais, jus de betterave au lait ribot ou encore le dessert emblématique du chef, la douceur de lait (mousse de riz au lait, confiture de lait, crème glacée à la vanille et opaline au lait). Son sens du visuel (renforcé par son passage à la télé ?) fait le reste...

&. – Prix : €€€

Plan : A1-1 – *48 rue de Lyon – ℰ 02 98 43 08 52 – www.lembrunrestaurant.fr – Fermé lundi et dimanche*

🐨 PECK & CO

CUISINE DU MARCHÉ • CONTEMPORAIN Le chef et sa compagne ont transformé leur ancienne table gastronomique en un lieu plus convivial et davantage dans l'air du temps, avec décor contemporain et cuisine ouverte. Romain, le chef, n'a rien perdu de son talent. Il compose un menu au gré du marché avec de savoureuses recettes bien parfumées et soignées, comme cette pluma de cochon ibérique, crème d'haricot coco, blette et sauce crémée au chorizo

Prix : €

Plan : A1-2 – *23 rue Fautras – ℰ 02 98 43 30 13 – www.peckandco.fr – Fermé lundi et dimanche*

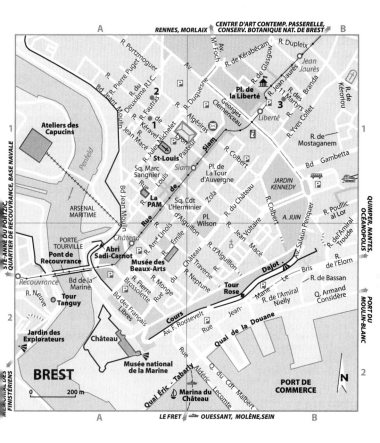

HINOKI

CUISINE JAPONAISE • ÉPURÉ Un vrai restaurant japonais sur Brest ? Hinoki est tenu par un chef breton, qui voue une passion aussi dévorante que iodée à la cuisine de l'archipel. Les poissons de pêche locale sont sélectionnés avec une minutie extrême. Un conseil : attablez-vous au comptoir (dix couverts) pour vivre une expérience qui dépasse la gastronomie. Le chef réalise sous vos yeux ses sushis et makis. Sensation de privilège assurée.

Prix : €€€€

Plan : B1-3 – 6 rue des 11-Martyrs – ✆ 06 64 21 68 46 – www.hinoki-sushi.com – Fermé lundi, mardi et dimanche et du mercredi au samedi à midi

LE M

CUISINE MODERNE • CONTEMPORAIN Conception des plats et associations de saveurs sont originales dans cette maison bourgeoise typiquement bretonne, au décor actuel. On y déguste une cuisine d'aujourd'hui, qui met à contribution les producteurs locaux (poisson, volaille, légumes...). L'été, on met le cap sur l'agréable terrasse.

🕸 ⌂ & 🕱 ⟷ 🅿 – Prix : €€€

Hors plan – 22 rue du Commandant-Drogou – ✆ 02 98 47 90 00 – www. restaurant-lem.fr – Fermé lundi et dimanche

BRÉTIGNOLLES-SUR-MER

✉ 85470 – Vendée – Carte régionale n° **14**–A2

✿ JEAN-MARC PÉROCHON

Chef : Jean-Marc Pérochon

CUISINE MODERNE • CONTEMPORAIN Attablé derrière les grandes baies vitrées du restaurant, on admire les reflets du soleil sur l'Atlantique... Un sacré loup de mer y a posé l'ancre : Jean-Marc Pérochon a pris la mer à l'âge de 17 ans, quand il a traversé la Manche direction l'Écosse, avant de parcourir l'Europe et le monde jusqu'aux Antilles. Mais c'est dans son hôtel-restaurant vendéen que sa cuisine a atteint l'épure : tout en saveurs exotiques, en extractions, en jus et émulsions, elle se révèle très percutante. Il faut dire aussi qu'elle s'appuie sur des produits impeccables : notamment les poissons et les crustacés de la criée de Saint-Gilles-Croix-de-Vie (qui dominent la carte), mais aussi la volaille de Challans et les légumes des maraîchers locaux.

🛏 ⇔ ⫷ ⫹ 🅰🅒 🅿 – Prix : €€€

63 avenue de la Grande-Roche – ℰ 02 51 33 65 53 – www.lesbrisants.com – Fermé lundi et mardi

LE BREUIL-EN-AUGE

✉ 14130 – Calvados – Carte régionale n° **2**–C2

LE DAUPHIN

CUISINE MODERNE • CLASSIQUE Avec ses colombages et sa charmante atmosphère, cet ancien relais de poste incarne la Normandie rêvée... Le jeune chef travaille de beaux produits avec passion (homards et ormeaux de la côte, par exemple) et maîtrise bien son sujet. On passe un moment agréable.

Prix : €€

2 rue de L'Église – ℰ 02 31 65 08 11 – www.ledauphin-restaurant.com – Fermé lundi, et mercredi et dimanche soir

BREUILLET

✉ 17920 – Charente-Maritime – Carte régionale n° **18**–A2

✿ L'AQUARELLE

Chef : Xavier Taffart

CUISINE CRÉATIVE • CONTEMPORAIN Ce grand pavillon cubique contemporain offre une étape gourmande au cœur de la campagne royannaise. Le chef de l'Aquarelle, Xavier Taffart, est fils d'ostréiculteur : autant dire qu'il en connaît un rayon sur les huîtres charentaises. Dans l'assiette, il se montre créatif et inspiré, ne travaillant que les beaux produits locaux. Adepte des associations terre-mer, il ne rechigne pas aux accords osés : escargots en ravioles, thé de légumes safrané, fenouil ; cabillaud skreï confit à 44°, céleri, pomme verte et boudin blanc, jus marin au curcuma... Côté décor, le design prévaut dans la grande salle panoramique, y compris sur la table, où trônent la porcelaine contemporaine d'un artisan poitevin et les couteaux siglés d'un coutelier rochelais. Un sens du détail qui cadre parfaitement avec les assiettes esthétiques et graphiques du chef.

🛏 ⇔ ⫷ ⫹ 🅰🅒 ⟠ 🅿 – Prix : €€€

71A route du Montil – ℰ 05 46 22 11 38 – www.laquarelle.net – Fermé lundi, mardi midi et dimanche soir

BRIANÇON

✉ 05100 – Hautes-Alpes – Carte régionale n° **24**–D1

AU PLAISIR AMBRÉ

CUISINE MODERNE • CONVIVIAL Au cœur de la célèbre Cité Vauban, cette ancienne boucherie reste vouée aux bons produits. Fraîcheur : tel est le maître mot du chef, habile cuisinier qui sait révéler les meilleures saveurs. Un exemple ? Ce gâteau de foie de volaille "recette à Mamie" ou cette poitrine de porc de montagne confite 8h, shiitakés et pommes dauphine... Vous avez dit plaisir ?
Prix : €€

26 Grande Rue – ℰ 04 92 52 63 46 – www.auplaisirambre.com – Fermé mercredi et jeudi

LE PÊCHÉ GOURMAND

CUISINE MODERNE • CONTEMPORAIN Un restaurant au bord de la Guisane, tenu par un jeune couple franco-australien passionné de gastronomie. Sharon concocte une agréable cuisine de saison, tandis que Jimmy veille sur la salle et le vin. Service aimable et professionnel.
🅿 – Prix : €€

2 route de Gap – ℰ 04 92 21 33 21 – www.peche-gourmand.com – Fermé lundi, dimanche et samedi midi

BRIANT

✉ 71110 – Saône-et-Loire – Carte régionale n° **17**–B2

AUBERGE DE BRIANT

CUISINE TRADITIONNELLE • CONTEMPORAIN La salle à manger, contemporaine et lumineuse, surplombe la campagne environnante. On profite des bons plats du chef, Filipe, mettant notamment en avant le bœuf de race charolaise... et des bons desserts d'Angélique, son épouse, qui assure aussi un accueil charmant !
🅕 🍽 🅿 – Prix : €€

au bourg – ℰ 03 85 25 98 69 – www.aubergedebriant.com – Fermé lundi, mercredi, et mardi, jeudi, vendredi, samedi et dimanche midi

BRICQUEVILLE-SUR-MER

✉ 50290 – Manche – Carte régionale n° **2**–A2

LA PASSERELLE

CUISINE MODERNE • CONTEMPORAIN Situé en bordure du Havre de la Vanlée, ce restaurant offre un paysage propice aux promenades parmi les moutons de pré salé. Le chef réalise une cuisine du moment et du marché, fraîche et goûteuse, où figurent en bonne place la pêche locale (bar, Saint-Pierre, lotte, homard...) et l'agneau du pays. Une jolie adresse.
🅕 🅿 – Prix : €€

113 route du Havre-de-la-Vanlée – ℰ 02 33 61 65 51 – www.restaurant-la-passerelle.fr – Fermé mardi et mercredi, et dimanche soir

BRIE-COMTE-ROBERT

✉ 77170 – Seine-et-Marne – Carte régionale n° **11**–C1

LA FABRIQUE

CUISINE MODERNE • INDUSTRIEL Au cœur d'une ancienne tuilerie, ce loft d'esprit industriel est bien caché au bout d'une petite allée, et il fait bon s'y régaler dans une atmosphère jeune et décontractée... Une adresse d'aujourd'hui, une cuisine basée sur des produits exclusivement sélectionnés à Rungis, moderne et volontiers créative, avec quelques fulgurances !

点 🏠 🅿 – Prix : €€€

1 bis rue du Coq-Gaulois – ☎ 01 60 02 10 10 – www.restaurantlafabrique.fr – Fermé lundi, dimanche, samedi midi, et mardi et mercredi soir

BRIGNOGAN-PLAGE

✉ 29890 – Finistère

HÔTEL DE LA MER

MODERNE • CHALEUREUX L'Hôtel de la Mer, surplombant les récifs et la plage de la Côte des Légendes, est un lieu délicieux : chambres spacieuses avec vue sur le littoral, espace bien-être avec sauna, hammam et jacuzzi... Ici, on cuisine éco-responsable, à base de produits du terroir, et zéro déchet.

点 🅿 🛎 🚗 ♨ ‖ - 26 chambres

Plage des Chardons Bleus – ☎ 02 98 43 18 47 – www.hoteldelamer.bzh

BRIOLLAY

✉ 49125 – Maine-et-Loire – Carte régionale n° **9**-C2

L'ATTILIO - CHÂTEAU DE NOIRIEUX

CUISINE MODERNE • CLASSIQUE Beau petit château du 17ᵉ s. et charmant manoir du 15ᵉ s. dans un parc bordant le Loir. L'élégante salle à manger et l'agréable terrasse dominant la vallée servent d'écrin à une cuisine modernisée par le nouveau chef. Ce dernier choisit des produits de qualité et livre des plats bien maîtrisés techniquement, qu'on peut accompagner de bons vins (carte principalement dédiée aux appellations de la région).

≼ 🚗 🏠 ♻ 🅿 – Prix : €€€€

Château de Noirieux, 26 route du Moulin – ☎ 02 41 42 50 05 – www.chateaudenoirieux.com/fr – Fermé lundi et mardi, et mercredi et dimanche soir

BRISCOUS

✉ 64240 – Pyrénées-Atlantiques – Carte régionale n° **25**-A2

MAISON JOANTO

CUISINE TRADITIONNELLE • CONTEMPORAIN Joanto, c'est "Petit Jean" en basque... et pourtant, voilà bien une demeure qui ne mérite aucun diminutif ! Sa belle architecture traditionnelle, son ambiance chaleureuse, tout séduit, et plus encore la cuisine généreuse de son chef, passé par de belles maisons. Cuisine goûteuse et soignée, où le terroir basque fait le plein de saveurs : pâté en croûte, agneau de lait des Pyrénées confit au jus, baba du sud-ouest. Le rapport qualité-prix a tout... d'un grand.

🕸 点 🅰🅲 🏠 – Prix : €€

9 chemin du Village – ☎ 05 59 20 27 70 – www.maisonjoanto-restaurant.com – Fermé lundi et mardi, et mercredi et dimanche soir

BRIVE-LA-GAILLARDE

✉ 19100 – Corrèze – Carte régionale n° **19**-B3

LA TABLE D'OLIVIER

Chef : Pierre Neveu

CUISINE MODERNE • COSY À la Table d'Olivier, Pierre est en cuisine tandis que sa compagne Fanny, ex-pâtissière, caracole en salle. Lui, Normand d'origine, œuvre avec passion dans sa Corrèze d'adoption. Au cœur de la ville, il a bichonné cette maison de pierre apparente, au mobilier contemporain et aux luminaires design.

Pour un rapport qualité-prix tout simplement renversant, sa cuisine au goût du jour se révèle très gourmande, aussi fine que colorée : poitrine de cochon fermier confite à la moutarde, tatin de pied de cochon, ail noir ; lieu jaune de ligne, raviole de homard aux agrumes, carottes confites et combawa ; crémeux de chocolat infusé au café, poire pochée, sorbet sudachi... À table !

&. 🅰🅺 – Prix : €€€

3 rue Saint-Ambroise – 𝒞 05 55 18 95 95 – Fermé lundi, dimanche et mardi midi

EN CUISINE

CUISINE MODERNE • **CONVIVIAL** On s'installe dans un décor aux accents scandinaves dans ce restaurant raffiné ayant fait peau neuve suite à un incendie. En cuisine, c'est un concentré de finesse et de saveurs gourmandes, à l'image de cette aile de raie à la chair moelleuse accompagnée de délicieux gnocchis faits maison parfumés au citron et persil plat, relevés par une bonne sauce aigre-douce. Tout est maîtrisé, on applaudit !

&. 🅰🅺 🍹 – Prix : €€

39 avenue Édouard-Herriot – 𝒞 05 55 74 97 53 – www.encuisine.net –
Fermé lundi et dimanche

INSPYRATION 🆕

CUISINE MODERNE • **COSY** Le voyageur remarque forcément cette maison corrézienne en pierre du cru et toit d'ardoise sur la grand route qui mène à Brive-la-Gaillarde. À l'intérieur, on se sent bien d'emblée grâce à un décor apaisant (parquet, tables en chêne, fauteuils en cuir et tissu) et au sourire accueillant d'un chef décontracté. Il cuisine à l'instinct au travers de menus à l'aveugle en travaillant en vrai locavore. Ses assiettes gourmandes, comme cette joue de bœuf confite au bouillon, navets fumés, chou rouge, ne manquent jamais de couleur et de précision.

&. 🅰🅺 🅿 – Prix : €€

142 avenue du Président-Henri-Queuille – 𝒞 09 81 02 36 76 – Fermé lundi et
dimanche, et du mardi au jeudi soir

CHEZ FRANCIS

CUISINE TRADITIONNELLE • **BISTRO** Publicités rétro, objets en tout genre et dédicaces laissées par les clients : la parfaite ambiance d'un bistrot familial. On est tout à son aise pour déguster de bons produits et jolies recettes, avec en particulier de belles viandes limousines longuement maturées – un luxe !

🕸 🅰🅺 – Prix : €€

61 avenue de Paris – 𝒞 05 55 74 41 72 – www.chezfrancis.fr – Fermé lundi et
dimanche

LE BROC

✉ 63500 – Puy-de-Dôme – Carte régionale n° **20**–B2

ORIGINES

Chef : Adrien Descouls

CUISINE CRÉATIVE • **DESIGN** Est-ce l'Auvergne, sa région natale, qui inspire à Adrien Descouls cette cuisine pleine de fraîcheur ? Tout près d'Issoire, dans ce bâtiment moderne perché juste à côté du château du 14ᵉ s, il affirme ses qualités sans jamais en rajouter : choix du produit, capacité à mettre en valeur le terroir local, et cette jeunesse, qui permet parfois de déplacer des volcans. Pour l'étape, de belles chambres confortables avec jolie vue sur les environs.

🕸 ⇔ ≼ &. 🅰🅺 🅿 – Prix : €€€€

Rue du Clos-de-la-Chaux – 𝒞 04 73 71 71 71 – www.restaurant-origines.fr –
Fermé lundi, dimanche et du mardi au jeudi à midi

ORIGINES

MODERNE • CHALEUREUX Un établissement résolument moderne, aux chambres et suites décorées dans des tons neutres, chaleureux et apaisants. Le mobilier fait la part belle au chêne brut et aux matériaux naturels comme la pierre volcanique locale. Toutes regorgent de détails raffinés et originaux, quoique toujours dans l'épure, et la suite la plus luxueuse dispose d'un bain à remous au pied du lit. Petit-déjeuner composé des meilleurs ingrédients locaux.

P ⌂ 🛏 ○ AC - 12 chambres

Rue du Clos-de-la-Chaux – ℰ 04 73 71 71 71 – www.restaurant-origines.fr

✿ **Origines** - Voir la sélection des restaurants

BRUNIQUEL

✉ 82800 – Tarn-et-Garonne – Carte régionale n° **26**–C1

LE DÉLICE DES PAPILLES

CUISINE TRADITIONNELLE • CONTEMPORAIN Ici, on se délecte d'une bonne cuisine traditionnelle, à l'instar de ce ballotin de pigeon, farci au foie gras et truffe d'été, ou du carpaccio de langoustines. Six chambres à l'étage, et grande terrasse. Pour l'anecdote, on tourna ici quelques scènes du Vieux Fusil, avec Romy Schneider.

& AC 🍴 P – Prix : €€

442 route des Gorges-de-l'Aveyron – ℰ 05 63 20 30 26 – www.ledelicedespapilles.fr – Fermé lundi et mardi, et dimanche soir

BUÉ

✉ 18300 – Cher – Carte régionale n° **16**–B1

MOMENTO

CUISINE MODERNE • CONTEMPORAIN La garantie d'un "momento" délicieux, avec vue sur les vignes… À la manœuvre, on trouve un couple de trentenaires très pro : Thomas Jacquet, un enfant du pays (service, sommellerie), et son épouse Mariana Mateos, cheffe mexicaine, qui assure aux fourneaux une partition saisonnière tout en finesse et en générosité. Un vrai régal.

⅛ ⌂ 🍴 – Prix : €€€

5 rue de la Cure – ℰ 02 48 78 07 99 – www.momentosancerre.com – Fermé lundi, mardi, mercredi et jeudi à midi, et dimanche soir

BUELLAS

✉ 01310 – Ain – Carte régionale n° **21**–B1

L'INTIMISTE - AUBERGE DE BUELLAS

CUISINE MODERNE • INTIME Au centre du village de Buellas, on déguste dans cette salle à manger cosy et intime une cuisine soignée et élaborée, avec un menu unique mettant en avant un produit différent selon la saison : homard, volaille de Bresse, céleri, etc. Menu plus traditionnel au bistrot de l'Auberge.

& AC P – Prix : €€€

10 route de Buesle – ℰ 04 74 24 20 20 – www.auberge-buellas.com – Fermé du lundi au mercredi, jeudi midi et dimanche soir

LE BUISSON-DE-CADOUIN

✉ 24480 – Dordogne – Carte régionale n° **18**–D3

AUBERGE DE L'ESPÉRANCE

CUISINE TRADITIONNELLE • AUBERGE Âmes désespérées, courez dans cette adresse qui saura vous redonner foi en la vie ! L'accueil de la patronne n'est que sourire et chaleur, et la cuisine est pleine de jolies attentions, alliant fraîcheur et franche gourmandise. Voilà qui rappelle que les plaisirs simples sont parfois les plus marquants...

& 斎 – Prix : €€

3 avenue des Sycomores – ℰ 05 53 74 23 66 – www.lesperance.eatbu.com – Fermé du lundi au mercredi

BUSNES

✉ 62350 – Pas-de-Calais – Carte régionale n° **4**–B2

✿✿ CHÂTEAU DE BEAULIEU - CHRISTOPHE DUFOSSÉ

Chef : Christophe Dufossé

CUISINE MODERNE • ÉLÉGANT Depuis son retour aux sources dans sa région natale, Christophe Dufossé s'épanouit pleinement. Dans cette belle demeure sise au milieu d'un parc, agrandie d'une lumineuse verrière contemporaine, il défend une cuisine terre/mer organique, autonome et durable, axée sur le végétal et les produits du Nord – et pas seulement les poissons. Chaque plat est travaillé avec une délicatesse qui n'exclut pas la générosité, relevé de sauces profondes de facture classique. Une réussite emblématique ? Les noix de Saint-Jacques de Boulogne aux endives du Nord et à la truffe noire, composition d'une harmonie remarquable. Soulignons enfin le travail sur le pain et les douceurs, dont l'inénarrable et pantagruélique chariot de mignardises.

❀ ⇔ ⇦ & 🅰🅲 ⇧ 🅿 – Prix : €€€€

1098 route de Lillers – ℰ 03 21 68 88 88 – www.lechateaudebeaulieu.com – Fermé dimanche soir, lundi et mardi

✿L'engagement du chef : Le restaurant s'appuie sur un réseau de plus de 30 producteurs locaux (bœuf Angus et échalote de Busnes, safran, pêche de la Côte d'Opale...) pour favoriser les circuits courts et réduire l'empreinte carbone. Le potager (irrigué par les sources du domaine et les douves) et le verger assurent une grande partie des besoins du restaurant. Le parc abrite également un conservatoire d'agrumes, une fermette qui se visite, un jardin aromatique en permaculture, des ruches et des nichoirs.

CÔTÉ JARDIN

CUISINE MODERNE • TENDANCE Le restaurant bistronomique du château de Beaulieu propose une cuisine entre tradition et modernité, imaginée par le chef Christophe Dufossé. Le lieu est superbe et les assiettes sont soignées et de belle qualité : vol-au-vent de sot-l'y-laisse aux champignons sauvages et émulsion champagne ; noix de Saint-Jacques en croûte de chicorée ; choux "signature by CD" au chocolat noir, vanille Bourbon et café Arabica... Barbecue en été sur la grande terrasse, plats mijotés en hiver.

⇦ & 🅰🅲 斎 🅿 – Prix : €€

1098 route de Lillers – ℰ 03 21 68 88 88 – www.lechateaudebeaulieu.fr - Fermé dimanche soir, lundi et mardi d'octobre à avril

🛏 LE CHÂTEAU DE BEAULIEU

CLASSIQUE • CHARME Promesse d'un week-end de charme dans cette vénérable demeure en brique de 1680, sise dans un grand parc (jardin aromatique, vignes). Élégantes et feutrées, les chambres sont très confortables et d'une quiétude incomparable. Grand espace séminaires.

& 🅿 ⇩ ⇦ ⏸○ 🅰🅲 - 20 chambres

1098 rue de Lillers – ℰ 03 21 68 88 88 – www.lechateaudebeaulieu.fr

✿✿ **Château de Beaulieu - Christophe Dufossé • Côté Jardin** - Voir la sélection des restaurants

LA BUSSIÈRE-SUR-OUCHE

✉ 21360 – Côte-d'Or – Carte régionale n° **12**–C3

LE 1131 - ABBAYE DE LA BUSSIÈRE

CUISINE MODERNE • **HISTORIQUE** Pouvait-on rêver lieu plus inspirant qu'une abbaye cistercienne du 12ᵉ s. ? Sous ces impressionnantes voûtes en croisées d'ogives, le terroir bourguignon est mis à l'honneur de belle manière : escargots, grenouilles, poissons de lac et de rivière, cassis et miel des fleurs du parc… Prolongez votre méditation dans le parc de 7 hectares ou dans l'une des luxueuses chambres. Au déjeuner, cuisine plus simple au Bistrot des Moines.

🍴 ♿ 🅿 – Prix : €€€€

Route départementale 33 – ☎ 03 80 49 02 29 – www.abbayedelabussiere.fr/fr/restaurant-1131.html – Fermé lundi, mardi et le midi

ABBAYE DE LA BUSSIÈRE

CLASSIQUE • **CALME** A une trentaine de kilomètres de Dijon et des premiers Grands Crus de Bourgogne, l'Abbaye de la Bussière a troqué ses moines pour une clientèle plus hédoniste. Entourée de plusieurs hectares de parcs et de vignobles, cette abbaye cistercienne du 12ᵉ s., transformée en 2005, a intégré avec bonheur ses rosaces, arcades et colimaçons dans le contexte hôtelier. Toutes différentes, les douze chambres sobrement décorées ont su jouer avec les charpentes pour proposer de belles salles d'eau (bains à remous, porte-serviettes chauffants…).

🅿 🛎 🍴 🍴 🅰️ - 12 chambres

Route départementale 33 – ☎ 03 80 49 02 29 – www.abbaye-dela-bussiere.com
Le 1131 - Abbaye de la Bussière - Voir la sélection des restaurants

BUXY

✉ 71390 – Saône-et-Loire – Carte régionale n° **17**–C2

❀ L'EMPREINTE

Chef : Maxime Kowalczyk

CUISINE MODERNE • **ÉLÉGANT** Ce jeune couple sympathique, passé par de belles maisons de la région, propose des assiettes qui fleurent bon l'air du temps, avec comme fil conducteur l'alliance de l'Auvergne et de la Bourgogne (régions respectives d'origine de Tiffany et Maxime). Les menus offrent un bon rapport qualité-prix et le chariot de fromages est riche d'une cinquantaine de variétés. Une agréable expérience.

🅰️ – Prix : €€€

2 Grande-Rue – ☎ 03 85 92 15 76 – www.lempreinte-restaurant.fr – Fermé lundi et mardi, et dimanche soir

BUZANÇAIS

✉ 36500 – Indre – Carte régionale n° **15**–C2

PÉRÉGRINATIONS

CUISINE MODERNE • **CONTEMPORAIN** À l'âge où certains raccrochent le tablier, le chef Franck Gatefin ne lâche rien dans son établissement situé à quelques kilomètres de Châteauroux. Très attentif au choix de ses produits, il s'approvisionne en poissons d'eau douce vivants qu'il prépare lui-même selon la méthode ikejime, en légumes bio auprès de son jardinier attitré, tandis que lui-même, passionné de botanique, cultive plus de 150 herbes aromatiques sur sa cour-terrasse. Ses belles assiettes, qui privilégient évidemment le poisson et le végétal, attestent de son engagement : œuf soufflé et pesto végétal au persil ; volaille, endives caramélisées à l'orange. Accueil aimable et attentionné dans un intérieur contemporain.

♿ – Prix : €€€

1 rue Victor-Hugo – ☎ 06 31 30 71 86 – www.restaurant-peregrinations.fr – Fermé lundi, mardi, mercredi midi et dimanche soir

CABOURG

✉ 14390 – Calvados – Carte régionale n° **2**–C2

LE BALBEC – GRAND HÔTEL DE CABOURG

CUISINE MODERNE • ÉLÉGANT Rendez-vous dans la galerie qui surplombe le front de mer... y retrouverez-vous le temps perdu ? Le Grand Hôtel de Cabourg, que fréquenta régulièrement Marcel Proust, est l'un des ensembles balnéaires les mieux conservés de la belle époque, fleuron de l'architecture Art déco. Son restaurant met toujours un point d'honneur à proposer des assiettes précises et raffinées, qui regorgent de belles saveurs.

⪽ 🕭 ♻ 🍽 – Prix : €€€€

Grand Hôtel de Cabourg, Les Jardins du Casino – ℰ 02 31 91 01 79 – www.grand-hotel-cabourg.com – Fermé lundi, mardi et du mercredi au vendredi à midi ; ouvert le weekend

LE BALIGAN

POISSONS ET FRUITS DE MER • BISTRO Cannes à pêche, lithographies, fresques, etc. Dans ce bistrot au décor marin, on vous propose les poissons du jour venus (à pied, pourrait-on dire) de la criée locale et de superbes plateaux de fruits de mer (huîtres et coquilles Saint-Jacques), tout en fraîcheur. Les poissons du jour, comme aujourd'hui ces soles et ces turbots, sont vendus au poids. C'est tout l'intérêt de cette table.

🕭 🆊 – Prix : €€€

8 avenue Alfred-Piat – ℰ 02 31 24 10 92 – www.lebaligan.fr – Fermé mercredi

SYMBIOSE 🆕

CUISINE MODERNE • CONTEMPORAIN Symbiose comme l'union de deux âmes, celle du chef et de sa compagne sommelière, celle de la cuisine et du vin, leurs passions respectives, symbiose enfin de deux formules de restauration servies dans deux salles. La première se présente comme un "bar à dégustation" de plats à partager aux influences plus ou moins lointaines (tataki de bœuf au sésame mariné, légumes à la thaï). La seconde se dédie à la gastronomie. Tout en jouant avec les plats traditionnels normands (comme cette poule à la crème imaginée par le chef ou encore ce dessert autour de la pomme et du Calvados), le chef signe une cuisine moderne, un brin créative, où ses années passées dans les grandes maisons ne passent pas inaperçues...

🕭 🆊 – Prix : €€€

7 avenue Jean-Mermoz – ℰ 06 75 95 14 85 – www.symbiose-cabourg.com – Fermé lundi et mardi

CADENET

✉ 84160 – Vaucluse – Carte régionale n° **28**–E1

✿ LE GOÛT DU BONHEUR - LA FENIÈRE

Cheffe : Nadia Sammut

CUISINE CRÉATIVE • ÉLÉGANT S'engager pour un monde au goût meilleur : tel est le credo passionnant de Nadia Sammut. Ici, gluten, sucre blanc raffiné et lait ont été bannis au profit d'un travail impressionnant sur les farines (de pois chiches, de pois cassés et de riz notamment) et les sucres de fruit. En témoigne aussi un menu dégustation original et impétueux, tourné vers le végétal notamment, qui se nourrit de l'histoire de la région et de la famille de Nadia. Elle s'appuie aussi sur le potager maison pour nourrir cette gastronomie du Sud, saine et nature, ouverte sur l'avenir et le Grand Luberon.

🌳 ⪽ ⪽ 🕭 🆊 🍽 ♻ 🅿 – Prix : €€€€

1680 route de Lourmarin – ℰ 04 90 68 11 79 – www.aubergelafeniere.com – Fermé lundi, mardi et dimanche midi

✿ **L'engagement du chef :** Nous nous engageons pour une alimentation bonne, propre et juste. Nous avons à cœur de cuisinier la récolte de notre jardin cultivé en permaculture ainsi que des produits de variétés anciennes, issus de l'agriculture locale et biologique, des élevages respectueux de l'environnement et de la pêche durable. Les farines sans gluten que nous utilisons sont moulues par nos soins et nous nous engageons à réduire au maximum notre production de déchets.

UNE TABLE À LA CAMPAGNE - LA FENIÈRE

CUISINE PROVENÇALE • RUSTIQUE Nadia Sammut concocte une savoureuse cuisine provençale de saison, sans gluten, au fort ancrage régional (partenariats avec les producteurs du coin, farines maison, légumes du potager...). Aux beaux jours, on se prélasse sur la terrasse, installée sous les canisses. Une adresse tonique et vertueuse.

🛋 🅿 – Prix : €€

1680 route de Lourmarin – 𝒞 04 90 68 11 79 – www.aubergelafeniere.com – Fermé lundi, mardi, mercredi et dimanche

🛏 ## AUBERGE LA FENIÈRE

CLASSIQUE • CHAMPÊTRE Dans ce petit hôtel, on a fait le choix d'un confort à la fois chic et minimaliste, où prédominent les matériaux naturels. La plupart des chambres donnent sur les jardins, les oliveraies et la piscine. Plus qu'une simple étape, l'établissement se veut un lieu de vie où bien-être, environnement, éducation et épanouissement sont les maîtres-mots, pour se reposer comme pour se restaurer.

🅿 🗗 🚪 🚴 🏊 🍴 - 16 chambres

1680 route de Lourmarin – 𝒞 04 90 68 11 79 – www.aubergelafeniere.com

✿ **Le Goût du Bonheur - La Fenière • Une Table à la Campagne - La Fenière** - Voir la sélection des restaurants

LA CADIÈRE-D'AZUR

✉ 83740 – Var – Carte régionale n° **29**–A3

RENÉ' SENS

CUISINE TRADITIONNELLE • CLASSIQUE Une hostellerie traditionnelle et familiale ouverte en 1969 dans un village fortifié perché sur une colline face au Castellet. La vue, délicieuse, embrasse un paysage de pins, de palmiers et de vignes. La carte et les menus aux notes provençales mettent en avant les poissons de Méditerranée, l'agneau des Alpilles, la figue de Solliès... Chambres de charme réparties dans plusieurs maisons au cœur du village.

🕸 ⛲ 🆎 🅿 – Prix : €€€

6 rue Gabriel-Péri – 𝒞 04 94 90 11 43 – www.hotel-berard.com – Fermé lundi et mardi

✿ **L'engagement du chef :** Nous travaillons en grande majorité avec les artisans locaux (fromages de La Cadière, pêche de Sanary, huîtres de Tamaris). Les fruits, légumes et herbes aromatiques de nos potagers constituent le cœur de nos assiettes. Cette cuisine légumière, que nous étendons encore davantage dans un menu 100% végétal qui complète d'autres plus classiques, nous encourage alors à composer avec les saisons et à respecter notre environnement.

CADILLAC

✉ 33410 – Gironde – Carte régionale n° **22**–B2

AGA ⓝ

CUISINE MODERNE • TRADITIONNEL Alexandre Goniak et Gerie Jenner se sont rencontrés en Australie mais c'est dans une bastide des bords de la Garonne qu'ils ont ouvert leur petit restaurant, à deux pas d'une belle porte médiévale. Le chef se passe de carte, ne travaillant que les produits frais en fonction de l'arrivage. Cette cuisine bistrotière contemporaine montre à l'œuvre un chef à la technique sûre et efficace. Il compose judicieusement ses assiettes à l'image de son filet mignon aux haricots coco de Paimpol, crème de lard, mousse de pommes de terre et chou-fleur rôti. Accueil aimable et service pédagogique, notamment pour les vins.

🅰🅲 – Prix : €€

7 rue Porte-de-la-Mer – 𝒞 05 56 27 47 63 – www.restaurant-aga.fr –
Fermé mercredi et dimanche, et lundi et mardi soir

CAEN

✉ 14000 – Calvados –
Carte régionale n° **2**-C2

Terre et mer, sucré et salé, une palette de saveurs !

Figure de proue d'une région réputée pour sa gastronomie, Caen en est le creuset gourmand. Le meilleur de la Normandie s'est donné rendez-vous dans ses murs : fromages (du célébrissime camembert au livarot, en passant par le pont-l'évêque), pommes, calvados, cidre et pommeau, crème fraîche, mais aussi douceurs marines comme les huîtres et les Saint-Jacques. La ville possède même une recette à son nom, les tripes à la mode de Caen, dont raffolaient Guillaume le Conquérant et son épouse Mathilde ! Autre motif de délectation : le patrimoine architectural et culturel de la ville, pourtant largement éprouvée par les bombardements de la seconde guerre mondiale. Le Mémorial, l'Abbaye-aux-Hommes, le musée des Beaux-Arts, sans compter la vue depuis les remparts... Aucun doute, Caen vaut le coup.

🏵 **IVAN VAUTIER**

Chef : Ivan Vautier

CUISINE MODERNE • CONTEMPORAIN Ivan Vautier, normand pur beurre et ancien second de Michel Bruneau à La Bourride, qui s'est aussi illustré aux Crayères à Reims et chez Le Divellec, temple parisien de la cuisine iodée, est installé dans cette maison excentrée du cœur de ville, devenue un lieu sobrement contemporain. Fier de son terroir, le cuisinier cherche à mettre en valeur les produits du terroir normand à travers chacune de ses recettes : saumon de Cherbourg ; asperges normandes ; cochon normand aux céréales... Les chambres permettent de prolonger l'étape, tout en profitant de l'espace bien-être.

🛏 ⇔ & 🅰🅒 🏠 ➰ 🅿 – Prix : €€€

Hors plan – *3 avenue Henry-Chéron* – ☏ *02 31 73 32 71* – *www.ivanvautier.com* – *Fermé lundi et dimanche soir*

L'ACCOLADE

CUISINE MODERNE • COSY Le chef Pierre Lefebvre a installé son restaurant en plein cœur du quartier historique et pittoresque du Vaugueux, à deux pas du château. Il décline sa cuisine dans l'air du temps, goûteuse et généreuse, au gré des saisons et des trouvailles du marché. Les produits locaux sont rigoureusement sélectionnés, les accords mets et vins judicieux. Agréable patio, terrasse aux beaux jours.

& 🏠 ➰ – Prix : €€€

Plan : B1-4 – *18 rue Porte-au-Berger* – ☏ *02 31 80 30 44* – *www.laccolade.fr* – *Fermé lundi, dimanche, et mercredi et samedi à midi*

LE BOUCHON DU VAUGUEUX

CUISINE TRADITIONNELLE • BISTRO Au cœur du quartier historique du Vaugueux, ce petit bistrot convivial d'esprit bouchon mérite la pause gourmande. Le chef patron y propose à l'ardoise une généreuse cuisine de tradition, émaillée de discrètes touches modernes. On se régale en toute simplicité d'un faux filet maturé par le chef lui-même, accompagné d'une sauce béarnaise et au dessert, d'une crêpe normande aux pommes et caramel beurre salé. Jolie sélection de vins de producteurs.

Prix : €€

Plan : B1-5 – *12 rue Graindorge* – ℰ *02 31 44 26 26* – *www.bouchonduvaugueux.com* – *Fermé lundi, dimanche et mardi midi*

LE DAUPHIN

CUISINE MODERNE • ÉLÉGANT En plein centre ville, non loin du château, un bel édifice d'époque héberge cette table au cadre élégant et confortable. Le chef patron fait la part belle au terroir normand. Au menu, huître de la baie d'Isigny, andouille et, évidemment tripes de Caen.

🛏 – Prix : €€

Plan : A1-2 – *29 rue Gémare* – ℰ *02 31 86 22 26* – *www.le-dauphin-normandie.fr*

MAGMA

CUISINE MODERNE • CONTEMPORAIN C'est une maison de ville sur 2 étages, à l'écart du centre-ville de Caen et à deux pas de l'Abbaye-aux-Hommes. Olivier Barbarin, un chef expérimenté familier des belles tables, a voulu un lieu et une cuisine à son image, décomplexée et gourmande, non sans un clin d'œil à son Auvergne natale - les murs violets évoquent d'ailleurs une roche volcanique comme la pouzzolane. Raviole de veau Marengo, merlu, pommes Anna, crème de potimarron : une formule au prix très attractif le midi et le soir menu dégustation renouvelé en fonction du marché et de ses inspirations.

Prix : €€

Hors plan – *24 rue Saint-Manvieu* – ℰ *02 50 53 69 86* – *www.magma-restaurant.fr* – *Fermé lundi et dimanche*

SÉQUENCE

CUISINE MODERNE • CONTEMPORAIN Une courte carte de "recettes" abolissant la différence entre les entrées et les plats, des échanges d'idées avec les clients : le chef Antoine Triquet a choisi la différence, à l'image d'un parcours qui l'a mené des assurances à l'assiette. En cuisine, les fondamentaux sont bel et bien là, avec des portions gourmandes et généreuses, le respect de la nature et des saisons, des cuissons justes (volaille moelleuse et croustillante, polenta crémeuse et ketchup). Le tout dans un nouveau décor contemporain.

🛏 – Prix : €€

Hors plan – *6 rue du 11-Novembre* – ℰ *02 31 99 33 42* – *www.sequence-restaurant.fr* – *Fermé lundi, dimanche, samedi midi, et mardi et mercredi soir*

STÉPHANE CARBONE

CUISINE CRÉATIVE • CONTEMPORAIN À deux pas du port de plaisance, au cœur de la vie caennaise, le chef Stéphane Carbone explore les terroirs, du Lyonnais à la Bresse (où il a grandi et appris la cuisine), jusqu'à la Calabre natale de ses parents et grands-parents, en passant par la Normandie. Produits de belle fraîcheur, menu tout homard et cours de cuisine chaque samedi matin.

🛏 AK – Prix : €€€

Plan : B1-3 – *14 rue de Courtonne* – ℰ *02 31 28 36 60* – *www.stephanecarbone.fr* – *Fermé lundi, dimanche et samedi midi*

CAEN

0   100 m

LA VRAIE VIE

CUISINE MODERNE • COSY La vraie vie, contrairement à ce que disait le poète, n'est pas toujours absente : la preuve avec la table du chef Matthieu Evrard (Taillevent, Akrame, Apicius...) qui souffle une brise gourmande bienvenue. Les moules de Normandie batifolent sur un céleri rémoulade pepsé d'une mayonnaise coriandre et citron vert, tandis que le bœuf normand est japonisé en tataki sur une salade de chou rouge. Côté desserts, la gourmandise est de rigueur (chou praliné à la vanille de Tahiti, millefeuille à la verveine à partager). Décor de bistrot cosy.

Prix : €€

Hors plan – *102 rue Saint-Martin –* $\mathscr{C}$ *02 14 40 51 54 – www.restaurant-lavraievie.fr – Fermé lundi, dimanche et mardi midi*

CHEZ LAURENCE DU TILLY

MODERNE • CHARME Cette maison d'hôtes s'est choisie pour cadre un superbe hôtel particulier du centre-ville. Dans lequel trois appartements affichent chacun leur personnalité : le classique, un intérieur très haussmannien, frais et urbain ; le contemporain, aussi sophistiqué qu'un Parisien ; et l'atypique, au ton rétro pop. Ces atmosphères sont l'œuvre de la propriétaire, styliste de son état, qui a mis le design et l'art de vivre au cœur de son projet. Une maisonnette de campagne à 10 min de Caen complète la proposition.

🅿   🚲 - 3 chambres

9 rue Pemagnie – $\mathscr{C}$ *07 86 23 28 28 – www.laurencedutilly.fr*

CAËSTRE

✉ 59190 – Nord – Carte régionale n° **4**–B2

😊 L'AUBERGE

CUISINE MODERNE • CONVIVIAL Non loin d'Hazebrouck, autrefois tannerie puis estaminet dans la plus pure tradition ch'ti, ce restaurant convivial met à l'honneur les produits de saison et le terroir flamand (incontournables welsh et carbonade revisités). Laissez-vous surprendre aussi par des associations telles que les escargots au haddock et épinards... Un pari réussi pour le chef Antonin, également passionné de bons vins, qui saura vous conseiller lui-même.

🌳🅿 – Prix : €€

2590 route de Bailleul – ℰ 03 28 40 25 25 – www.laubergecaestre.com – Fermé lundi et mardi, et dimanche soir

CAGNANO - Haute-Corse (20) ➜ Voir Corse

CAGNES-SUR-MER

✉ 06800 – Alpes-Maritimes – Carte régionale n° **29**–E2

CHÂTEAU LE CAGNARD

CUISINE MODERNE • ROMANTIQUE La belle terrasse avec vue jusqu'au cap d'Antibes, la cuisine actuelle bien réalisée (ravioles aux champignons, roquette et copeaux de parmesan ; quasi de veau cuit à basse température, asperges vertes et blanches gratinées, sauce à l'estragon et poivre noir) : voici les atouts du lieu. Détail qui séduit : l'élégante salle à manger dispose d'un toit coulissant pour laisser entrer la lumière.

≼🅿 – Prix : €€€

54 rue Sous-Barri, le Haut-de-Cagnes – ℰ 04 93 20 73 22 – www.lecagnard.fr – Fermé lundi et du mardi au dimanche à midi

FLEUR DE SEL

CUISINE TRADITIONNELLE • BISTRO Dans ce charmant restaurant d'esprit très Sud, on savoure une cuisine méditerranéenne fraîche, colorée et généreuse. Légumes du jardin en soupe à l'ancienne, langoustines en risotto crémeux... Les créations d'un chef expérimenté, qui ne manque pas d'inspiration.

🄰🄲 – Prix : €€

85 montée de la Bourgade – ℰ 04 93 20 33 33 – www.restaurant-fleurdesel. com/fr/bienvenue – Fermé lundi, mercredi, et mardi, jeudi, vendredi, samedi et dimanche midi

LA TABLE DE KAMIYA

CUISINE MODERNE • CONTEMPORAIN Le chef japonais Takayuki Kamiya et Claire, sa femme franco-nippone et cheffe pâtissière, se sont installés sur le front de mer de Cagnes-sur-Mer. Ils proposent une cuisine qui marie leur terre d'adoption (la Provence) à leurs cultures familiales. Les menus déclinent des plats d'inspirations française et provençale assorties de discrètes touches japonaises (wakame, sauce oloshi, yuzu). Mention spéciale pour le délicieux dessert au citron et le baba au rhum, un classique de la maison. Menu changé tous les mois.

♿🄰🄲🌳 – Prix : €€

52 promenade de la Plage – ℰ 04 93 89 71 54 – www.la-table-de-kamiya.fr – Fermé lundi, dimanche et mardi midi

🛏 CHÂTEAU LE CAGNARD

CLASSIQUE • ÉLÉGANT Perchée sur les remparts de ce bourg médiéval, cette belle bâtisse du 13ᵉ s. domine les environs. Chambres et parties communes sont empreintes de caractère et d'élégance, avec des touches provençales. Beauvoir, Saint-Exupéry, Pagnol : ils sont nombreux à s'être laissés séduire...

🐎 🅿 🐕 🦢 🚲 ⌨ ♨ 🛎 10 🅰🅲 - 28 chambres

54 rue Sous-Barri, le Haut-de-Cagnes – 𝒞 04 93 20 73 22 – www.lecagnard.com

Château Le Cagnard - Voir la sélection des restaurants

CAHORS
✉ 46000 – Lot – Carte régionale n° **23**–A2

😋 L'Ô À LA BOUCHE

CUISINE MODERNE • CONTEMPORAIN Oh, que cette table met l'eau à la bouche ! À la tête de ce sympathique restaurant, un couple de passionnés qui a sillonné les contrées et mers lointaines avant de jeter l'ancre à Cahors. La cuisine de Jean-François Dive puise dans les bons produits du marché, mais aussi dans les épices et condiments ramenés de ses différents voyages. En salle, Florence accueille ses hôtes en toute simplicité et propose une judicieuse sélection de vins nature et bio. On est conquis

& 🅰🅲 🍴 – Prix : €€

56 allées Fénelon – 𝒞 05 65 35 65 69 – www.loalabouche-restaurant.com – Fermé lundi et dimanche, et mercredi soir

LE BISTRO 1911

CUISINE MODERNE • VINTAGE Vitraux, belle hauteur sous plafond, moulures... Le cadre de ce restaurant, propriété familiale depuis plus de 100 ans, vaut le détour. Aux fourneaux, Alexandre, le fils de la famille, propose une cuisine en phase avec son époque, tout en gardant certains "grands classiques" de la maison.

🍽 🅰🅲 🍴 – Prix : €€

5 avenue Charles-de-Freycinet – 𝒞 05 65 53 32 00 – www.terminus-1911.fr – Fermé lundi et dimanche

CAHUZAC-SUR-VÈRE
✉ 81140 – Tarn – Carte régionale n° **27**–A1

CHÂTEAU DE SALETTES

CUISINE MODERNE • ÉLÉGANT Ce restaurant est installé dans un château des 13e et 15es., en plein cœur d'un domaine viticole du gaillacois... Un emplacement de choix ! La cuisine, bien dans l'air du temps, est basée sur de beaux produits ; la jolie carte des vins propose les crus du Château de Salettes. Aux beaux jours, la terrasse ne manque pas de charme - tout comme les chambres et les suites installées dans les tours et le mur d'enceinte.

🍃 🛏 & 🅰🅲 🍴 ⇄ 🅿 – Prix : €€€

Château de Salettes – 𝒞 05 63 33 60 60 – www.chateaudesalettes.com – Fermé lundi et mardi, et mercredi soir

CAIRANNE
✉ 84290 – Vaucluse – Carte régionale n° **28**–C2

😋 COTEAUX ET FOURCHETTES

CUISINE MODERNE • CONTEMPORAIN À Cairanne, les vignobles s'étendent à perte de vue : c'est là qu'est installé le chef Cyril Glémot. D'un ancien caveau de dégustation, il a imaginé un restaurant au cadre original avec ses murs en douelles de tonneaux. On y déguste des recettes parfumées, inspirées par le terroir. Caveau de dégustation et vente en emporter... à prix de vigneron.

🕸 ⟨&🛆🕹🅿 – Prix : €€

3340 route de Carpentras – ℰ 04 90 66 35 99 – www.coteauxetfourchettes.
com – Fermé dimanche soir

CAJARC
✉ 46160 – Lot – Carte régionale n° **23**–B2

JEU DE QUILLES

CUISINE MODERNE · BISTRO Velouté glacé de courgettes, menthe et burrata,
ou pièce de bœuf Aubrac grillée au poivre fumé : le chef de ce bistrot de poche
propose une cuisine du marché simple et appétissante, déclinée à l'ardoise et à
des prix très raisonnables. Ne manquez pas l'agréable terrasse sous la tonnelle.
&🕏 – Prix : €

7 boulevard du Tour-de-Ville – ℰ 05 65 33 71 40 – Fermé lundi et dimanche

LA MAISON DU SAFRAN À L'ALLÉE DES VIGNES 🔘

CUISINE MODERNE · CONTEMPORAIN Le chef franco-mexicain Claude-
Emmanuel Robin et son épouse russe Evgenia ont eu un coup de cœur pour l'ancien
presbytère de Cajarc (petit bijou de village du Quercy). Ils en ont fait un lieu élégant
et charmant, avec restaurant et boutique autour du safran. Dans une veine bistronomique, la carte propose une cuisine créative et savoureuse, à déguster sur la jolie
terrasse aux beaux jours.
&🅰🕏 – Prix : €€

32 boulevard du Tour-de-Ville – ℰ 06 16 29 00 35 – www.alleedesvignes.com –
Fermé du lundi au mercredi et du jeudi au dimanche soir

CALAIS
✉ 62100 – Pas-de-Calais – Carte régionale n° **4**–A1

😊 HISTOIRE ANCIENNE

CUISINE TRADITIONNELLE · BISTRO Si ce bistrot a gardé un esprit vintage
et authentique (banquettes, miroirs, affiches style Art déco), c'est loin d'être de
l'histoire ancienne ! Les plats traditionnels et gourmands de Patrick Comte y sont
toujours d'actualité : persillade d'escargots, royale de maïs et jus à la bourguignonne ; côte de veau fondante, crème de moutarde à l'estragon ; profiteroles
sauce chocolat... une histoire de générosité !
🅰 – Prix : €€

20 rue Royale – ℰ 03 21 34 11 20 – www.histoire-ancienne.com – Fermé lundi et
dimanche

AQUAR'AILE

POISSONS ET FRUITS DE MER · TRADITIONNEL Situé au dernier étage d'un
immeuble, cet agréable restaurant jouit d'un panorama unique sur la mer du Nord
et les côtes anglaises... un vrai paysage d'aquarelle ! La cuisine met notamment en
valeur la pêche locale : cocotte de homard, bar en croûte de sel, sole meunière... À
déguster avec un bon vin issu de la carte, composée avec soin par le propriétaire
des lieux.
🕸 ⟨&🅰 – Prix : €€

255 rue Jean-Moulin – ℰ 03 21 34 00 00 – www.aquaraile.fr – Fermé mercredi, et
jeudi et dimanche soir

LE CHANNEL

POISSONS ET FRUITS DE MER · CONTEMPORAIN À Calais, ce restaurant est
une institution. Décor élégant, cuisine classique empreinte de modernité, produits

de la mer issus de la pêche locale, et très belle carte des vins (cave ouverte sur la salle)... Voilà une plaisante escale avant la traversée du "channel" !

🕸 ⚫ 🅰 – Prix : €€

3 boulevard de la Résistance – ☎ 03 21 34 42 30 – www.restaurant-lechannel.com – Fermé mardi et dimanche soir

LE GRAND BLEU

CUISINE MODERNE • CONTEMPORAIN Le chef, Matthieu Colin, met à profit son expérience acquise dans des maisons étoilées. Dans un joli intérieur contemporain, il continue de rendre un joli hommage à la pêche locale, mais aussi aux produits du terroir, à travers des recettes créatives qui aiment cultiver la différence : bar en viennoise de chorizo, risotto paëlla, coulis de cresson. Service aimable et efficace.

⚫ 🅰 ☂ ⏱ – Prix : €€

8 rue Jean-Pierre-Avron – ☎ 03 21 97 97 98 – www.legrandbleu-calais.com – Fermé mercredi, et mardi et dimanche soir

CALAS-CABRIÈS

✉ 13480 – Bouches-du-Rhône – Carte régionale n° **28**–D3

✿ ### LA BASTIDE BOURRELY - MATHIAS DANDINE Ⓝ

Chef : Mathias Dandine

CUISINE PROVENÇALE • CONTEMPORAIN Le chef Mathias Dandine (une étoile à la Magdeleine) a eu le coup de cœur pour cette ancienne bastide provençale située au centre d'un petit bourg. Sur la terrasse ombragée de platanes ou dans l'élégante salle à manger contemporaine d'esprit méditerranéen, on sert ici la cuisine provençale inspirée du livre fameux du chef cuisinier Jean-Baptiste Reboul (1897). Produits locaux frais de saison de belle facture, cuissons aux petits oignons, sauces goûteuses, assaisonnements précis : le chef Guillaume Lemelle est l'interprète qu'il fallait pour se régaler, par exemple, d'une sériole grillée, artichaut frit au citron confit, agnolotti d'artichaut, et jus de barigoule à l'huile d'olive. Chambres pour l'étape.

🔄 ⚫ 🅰 ☂ 🅿 – Prix : €€€€

Place Albert-Florens – ☎ 04 42 69 13 13 – www.labastidebourrelly.com/fr – Fermé lundi et dimanche

CALLAS

✉ 83830 – Var – Carte régionale n° **24**–B2

HOSTELLERIE LES GORGES DE PENNAFORT

CUISINE TRADITIONNELLE • CONTEMPORAIN Ce restaurant, à l'élégant décor contemporain, occupe les murs d'une ancienne bastide du 19e s. adossée au calcaire des gorges de Pennafort, et sa terrasse sous les tilleuls est très prisée en été... Le cadre est séduisant. Dans l'assiette, la cuisine marie tradition et générosité.

🕸 ≤ 🛏 ⚫ 🅰 ☂ 🅿 – Prix : €€€€

8660 route Départementale 25 – ☎ 04 94 76 66 51 – www.hostellerie-pennafort. com/fr – Fermé lundi et mardi

🛏 ## HOSTELLERIE LES GORGES DE PENNAFORT

MODERNE • CALME Le calme est envoûtant dans ce site naturel qui ravit l'œil : les gorges de Pennafort, escarpées, rouges et noyées sous la végétation... Un véritable cocon de verdure ! Confort aux couleurs de la Provence ; belle piscine et espace bien-être de l'autre côté de la route.

🅿 🚗 ☂ 🛏 🏊 🍽 🅰 - 15 chambres

8660 route départementale 25 – ☎ 04 94 76 66 51 – www.hostellerie-pennafort.com
Hostellerie Les Gorges de Pennafort - Voir la sélection des restaurants

CALUIRE-ET-CUIRE

⊠ 69300 – Rhône – Carte régionale n° **21**–A2

RESTAURANT FOND ROSE

CUISINE TRADITIONNELLE • BRASSERIE Une maison bourgeoise des années 1920 transformée en brasserie chic par le groupe Bocuse, avec sa terrasse entourée d'arbres centenaires : une certaine idée de la quiétude. La cuisine se révèle généreuse et savoureuse, dans la tradition des bords de Saône : grenouilles, quenelles, etc.

⇱ & ⒶⒸ ⇪ ⇄ 🅿 – Prix : €€

23 chemin de Fond-Rose – ☏ *04 78 29 34 61 – www.brasseries-bocuse.com*

CALVI - Haute-Corse (2B) → Voir Corse

CAMBO-LES-BAINS

⊠ 64250 – Pyrénées-Atlantiques – Carte régionale n° **25**–A2

LE BELLEVUE

CUISINE MODERNE • TENDANCE La salle est claire, et la carte courte. Deux raisons de s'attarder dans ce restaurant décoré avec goût. La cuisine traditionnelle y est revisitée avec entrain et un sens aigu de la gourmandise, à l'image de cette terrine de pieds de porcs désossés, ou en dessert, ce soufflé chaud à l'eau de vie de poire.

⇲ ⇱ & ⒶⒸ ⇪ 🅿 – Prix : €€

Rue des Terrasses – ☏ *05 59 93 75 75 – www.hotel-bellevue64.fr – Fermé lundi et mardi*

TERRAE ⓝ

CUISINE MODERNE • COSY Une charmante petite adresse - une ancienne poissonnerie transformée en un cosy bistrot de poche par Grégory Ménard et Lucile Voisine (Choko-Ona et Grand Hôtel de Saint-Jean-de-Luz). Rien n'a été laissé au hasard : murs couleur terra cotta, banquette couleur lin, tables en bois blond, et surtout un bel art de la table : argenterie, coutellerie et céramique basques artisanales. L'assiette se nourrit exclusivement de l'inspiration du chef et des arrivages de produits frais et locaux. Pintade fermière, déclinaison de butternut, œuf (vraiment !) parfait, tagliatelles et bouillon de seiche : du travail, du goût, des couleurs et une pointe de créativité.

Prix : €€

7 avenue de la Mairie – ☏ *05 59 64 63 77 – www.restaurant-terrae.fr – Fermé mercredi et dimanche*

CAMBRAI

⊠ 59400 – Nord – Carte régionale n° **4**–C2

MAISON DEMARCQ

CUISINE MODERNE • ÉLÉGANT Cette demeure bourgeoise a été marquée par l'histoire de la ville : Napoléon y a séjourné – tout près de l'endroit où aurait été signée la fameuse Paix des Dames (1529). Le décor cultive un élégant classicisme, et la cuisine se révèle actuelle et soignée. Une belle adresse dans la capitale des "bêtises". La cuisine plus simple et traditionnelle de la brasserie l'Éphémère offre une alternative.

& ⇪ ⇄ 🅿 – Prix : €€€

2 rue Saint-Pol – ☏ *03 27 37 77 78 – www.maisondemarcq.com – Fermé lundi, samedi midi, et mercredi et dimanche soir*

CANCALE

✉ 35260 – Ille-et-Vilaine – Carte régionale n° **9**–B1

╮ LA TABLE BREIZH CAFÉ

CUISINE MODERNE • ÉPURÉ Au premier étage d'une crêperie, un restaurant gastronomique franco-japonais : bienvenue dans l'univers de Bertrand Larcher ! Passionné par le sarrasin et la culture bretonne, l'homme a commencé par créer des crêperies au Japon... puis en France avec le même bonheur. Ici, dans cette salle qui contemple la baie du Mont-St-Michel, le chef Fumio Kudaka marie les produits bretons avec les techniques et les condiments japonais. Le homard est accompagné d'algues, la cuisse de poulet est marinée et frite façon karaage, la brioche est garnie à la crème de yuzu-miso et accompagnée d'une glace aux pétales de cerisier japonais. Produits au top, cuissons millimétrées, précisions des assaisonnements, légèreté des mets : les noces sont réussies. Menu plus simple au déjeuner en semaine.

⟿ 🀆 AC 🛗 – Prix : €€€€

7 quai Thomas – 𝄞 02 99 89 56 46 – www.breizhcafe.com – Fermé dimanche soir

LE BISTROT DE CANCALE

POISSONS ET FRUITS DE MER • ÉLÉGANT Mené par Hugo Roellinger, ce restaurant est situé face à la plage de Port-Mer et aux petits bateaux au mouillage, avec, à l'horizon, le Mont-Saint-Michel. Côté assiette, voilà ce qui vous attend : huîtres, coquillages, langoustines, sole au jus pincé, turbot cuit sur l'arête, homard sur la braise – autant de produits d'excellence à la fraîcheur remarquable et souvent assaisonnés avec les fameux mélanges d'épices concoctés par Olivier Roellinger. Côté décor : une belle terrasse vue mer et à l'intérieur, un bistrot marin chic et modernisé, décoré de bibelots évoquant la Bretagne et la pêche, et illuminé par une fresque marine des années 1930 représentant une scène de vie sur le port de Saint-Malo.

🀆 🏠 – Prix : €€€

à Port-Mer, 5 rue Eugène-et-Auguste-Feyen – 𝄞 02 99 89 64 76 – www.maisons-de-bricourt.com

LE BOUT DU QUAI

CUISINE MODERNE • CONTEMPORAIN Au bout du quai (en effet !), la belle façade vitrée de ce restaurant ouvre sur la baie du Mont-Saint-Michel et ses embruns... Le chef Romain Roland, arrivé de Corse après avoir tenu les fourneaux d'une table étoilée, élabore une cuisine créative et ambitieuse, ponctuée de subtiles touches méditerranéennes.

🀆 ⛬ 🏠 – Prix : €€€

Route de la Corniche – 𝄞 02 23 15 13 62 – www.leboutduquai.fr – Fermé lundi et mardi, et dimanche soir

BREIZH CAFÉ

CUISINE BRETONNE • BISTRO Sur le port de Cancale, ce Breizh Café n'a qu'une devise : "La crêpe autrement." Et pour cause : il est né... au Japon ! Son patron, Bertrand Larcher, a le premier exporté la galette bretonne à Tokyo, et après plusieurs enseignes nippones, a récidivé au sein de la mère patrie. La qualité est au rendez-vous.

AC – Prix : €

7 quai Thomas – 𝄞 02 99 89 61 76 – www.breizhcafe.com – Fermé dimanche soir

CÔTÉ MER

CUISINE TRADITIONNELLE • ÉLÉGANT Un charmant petit port, des maisons de pêcheurs, l'air iodé du large... À Cancale, impossible de ne pas regarder Côté Mer ! Dans ce restaurant, face à la baie, on goûte une cuisine qui met en avant tous les produits de la côte, sans exclusive : coquilles Saint-Jacques, huîtres, agneau de prés salés, homards, ormeaux.

⪕ 🅰🅲 🍴 – Prix : €€€

4 rue Ernest-Lamort – ☎ 02 99 89 66 08 – www.restaurant-cotemer.fr – Fermé lundi et dimanche

L'ORMEAU

POISSONS ET FRUITS DE MER • TRADITIONNEL Ce restaurant au cadre élégant (une salle récemment rénovée, avec vue sur la flottille de pêche) comblera les amateurs de poisson et de fruits de mer. En effet, comment refuser un plateau d'huîtres de Cancale, un filet de saint-pierre ou... des ormeaux ?

⪕ ♿ 🍴 – Prix : €€

4 quai Thomas – ☎ 02 99 89 60 16 – www.hotel-cancale.com – Fermé mercredi et dimanche

CANDÉ-SUR-BEUVRON

✉ 41120 – Loir-et-Cher – Carte régionale n° **10**-C3

LE BISTROT DE LA CAILLÈRE Ⓝ

CUISINE MODERNE • CONTEMPORAIN À côté de sa table gastronomique, dans un cadre de bistrot contemporain aux teintes douces et apaisantes, le chef Éric Rialland propose 7 jours sur 7 une cuisine du marché rythmée par les saisons, à tarifs sages. Le menu oscille entre modernité et tradition, à l'image de ce saumon mariné aux légumes craquants façon poke hawaïen en entrée, contrastant avec un traditionnel riz au lait au caramel au beurre salé en dessert. Agréable terrasse aux beaux jours.

🛏 ♿ 🅰🅲 🍴 🅿 – Prix : €

36 route des Montils – ☎ 02 54 44 03 08 – www.auberge-de-la-caillere.com – Fermé mardi, mercredi, et jeudi et vendredi à midi

LA TABLE DE LA CAILLÈRE Ⓝ

CUISINE MODERNE • CONTEMPORAIN Idéalement situé pour visiter les châteaux de la Loire, cette auberge bien ancrée dans son époque est aux mains d'un couple entreprenant qui travaille et vibre à l'unisson de ce cadre bucolique de forêts et de prairies. La ferme d'origine du 18ᵉ s. a fait place à un bâtiment moderne, à l'image de la cuisine du chef, qui fait la part belle aux produits locaux (girolles, légumes de la région, production de miel, pigeon de Racan, cochon de Touraine...). Dans l'assiette, toujours claire, saveurs et dressages sont à l'honneur, à l'image de ces médaillons de veau aux petits pois, rhubarbe, girolles et jus de veau : de la mâche, des parfums, du goût.

🛏 ♿ 🍴 ❄ 🅿 – Prix : €€€

36 route des Montils – ☎ 02 54 44 03 08 – www.auberge-de-la-caillere.com – Fermé du lundi au mercredi, et jeudi et vendredi à midi

CANISY

 50750 – Manche

CHÂTEAU DE CANISY

TRADITIONNEL · FAMILIAL Sur un terrain de 300 ha., cette propriété familiale, poussée au pays de Tocqueville et de Barbey d'Aurévilly, cernée de tours médiévales, de mâchicoulis et de douves, ne compte que dix-sept suites et chambres d'hôtes. Mais chacune est unique et porteuse d'histoire : réplique de la baignoire de Marat et de la salle de bains de Joséphine de Beauharnais, escalier de 1588, meubles et tableaux d'époque...Entre le Château et son parc, les activités abondent : balade à cheval, ball-trap, croquet, pétanque ou pêche parmi les cygnes. Dans la somptueuse salle à manger, entre tableaux d'ancêtres et originaux flamands, sont servis les produits du potager ou des fermes voisines. Et pour la soirée, après le salon de musique, le théâtre et le bar à l'anglaise, rendez-vous dans la cave discothèque.

P ⇔ ‖○ - 17 chambres

6-8 rue de Kergorlay – ☏ *02 33 56 61 06 – www.chateaudecanisy.com*

CANNES

✉ 06400 – Alpes-Maritimes –
Carte régionale n° **29**–E2

Légumes locaux et pêche artisanale en haut de l'affiche

On adore Cannes, sa Croisette, son Festival mythique né en 1939, ses stars... et dans l'assiette, ses produits et ses recettes typiquement provençales, qui tiennent le haut de l'affiche ! Huile d'olive, légumes ensoleillés, herbes, pistou, beignets de fleur de courgette, farcis niçois ou encore estouffade sont les blockbusters qui ne quittent jamais les cartes des restaurants, les vitrines des boutiques et les étals des marchés.

Dans le Suquet, le plus vieux quartier de Cannes juché sur un rocher, le marché Forville est une aubaine. Accroché au plafond de l'immense halle couverte, le panneau "pêche locale" mène à une dizaine d'étals en faïence bleue qui ne proposent que la pêche des petits bateaux cannois. Outre ces trésors de la mer, de nombreux agriculteurs viennent vendre au marché leurs fruits et légumes.

AUX BONS ENFANTS

CUISINE PROVENÇALE • BISTRO Le téléphone est (enfin) arrivé dans cette institution familiale née en 1935 où l'on paye néanmoins toujours en liquide. La quatrième génération continue de concocter une authentique cuisine provençale, ainsi que des plats canailles bien gourmands. Tous les produits, fruits, légumes et poissons de petite pêche, viennent directement du marché Forville situé à 50m. On s'est régalé avec les petits farcis niçois, la daube de joues de bœuf à la niçoise, gnocchis maison et le fameux baba au rhum, crème à la vanille...

🅰🅲 🍴 – Prix : €€

Plan : A1-3 – *80 rue Meynadier* – ☏ *06 18 81 37 47* – *www.aux-bons-enfants-cannes.com* – *Fermé lundi et dimanche*

L'AFFABLE

CUISINE TRADITIONNELLE • CONTEMPORAIN Dans le centre de Cannes, ce bistrot contemporain toujours animé dévoile de beaux atouts... au premier rang desquels sa carte bien tournée : beignets de fleurs de courgettes, aïoli de morue, carré d'agneau rôti au thym... et l'incontournable soufflé au Grand Marnier, la spécialité de la maison.

♿ 🅰🅲 – Prix : €€

Plan : B1-2 – *5 rue La Fontaine* – ☏ *04 93 68 02 09* – *www.restaurant-laffable.fr* – *Fermé lundi et dimanche*

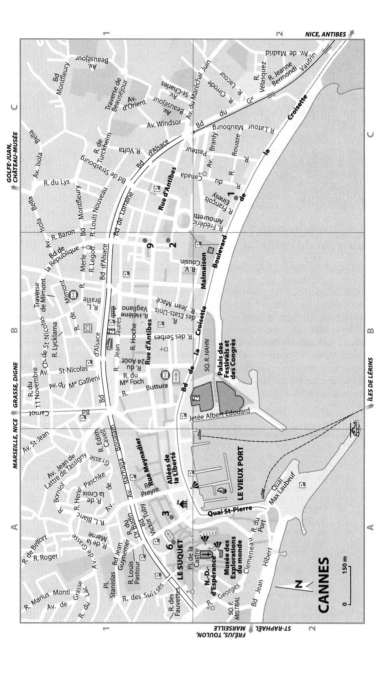

CANNES

RIVIERA Ⓝ

CUISINE MÉDITERRANÉENNE • HISTORIQUE Le palace mythique de la Croisette, qui a fêté ses 110 ans en 2023, a désormais son restaurant tout de marbre vêtu, précédé d'une superbe terrasse qui donne sur la célèbre esplanade. Dans une salle cossue où le blanc joue avec le noir, où la porcelaine de Gien et les arts de la table à la française brillent de mille feux, on repère aussi la grande table d'hôtes du chef face à la cuisine ouverte. Le reste est à l'avenant : cuisine méditerranéenne, produits de belle qualité, locaux et de saison, service digne d'un palace, avec découpe de pièces de viandes et poissons au guéridon. On se régale d'un excellent carré d'agneau des Alpilles aux légumes et son jus, ou d'un étonnant saint-honoré au caramel vanillé et éclats de noix.

⪅ & 🅐🅒 🍴 🥂 – Prix : €€€€

Plan : C2-1 – *Carlton Cannes, 58 boulevard de la Croisette – ℰ 04 93 06 46 00 – www.carltoncannes.com/eat-drink/riviera-restaurant*

LA TABLE DU CHEF

CUISINE TRADITIONNELLE • BISTRO Ouvert le soir uniquement, ce petit bistrot à deux pas de la rue d'Antibes est une valeur sûre. Dans sa cuisine ouverte, le jeune chef travaille les produits du coin au rythme des saisons pour réaliser des plats subtils et goûteux, comme ce délicieux velouté de carotte infusé à la badiane et sa crevette snackée. Menu "surprise" selon le marché à l'excellent rapport qualité-prix... Pensez à réserver !

🅐🅒 🍴 – Prix : €€

Plan : B1-9 – *5 rue Jean-Daumas – ℰ 04 93 68 27 40 – www.latableduchefcannes.com – Fermé lundi, dimanche et le midi*

TABLE 22 PAR NOËL MANTEL

CUISINE TRADITIONNELLE • CONTEMPORAIN Dans ce quartier très touristique, à deux pas du marché Forville, une équipe sérieuse et passionnée met en avant de bons produits et de jolies saveurs provençales - maquereau à la flamme, tomate cœur de bœuf et moutarde citron vert-gingembre ; saint-pierre, légumes vert et sauce bourride... Gourmandise au menu, de l'entrée au dessert.

🕸 🅐🅒 🍴 😀 – Prix : €€€

Plan : A1-6 – *22 rue Saint-Antoine – ℰ 04 93 39 13 10 – www.restaurantmantel. com/index.php/fr – Fermé lundi, mardi, mercredi et dimanche et du jeudi au samedi à midi*

🛏 ## BELLE PLAGE

AVANT-GARDE • RAFFINÉ Ce classique des années 30 a connu une rénovation ambitieuse qui le projette à l'avant-garde, grâce au designer Raphaël Navot et aux architectes FAAR. Les chambres et suites révèlent des lignes accrocheuses, adoucies par des matériaux naturels et des couleurs typiques du sud. Le bar sur le toit sert tout, de l'apéritif au dernier verre, avec une vue spectaculaire sur les montagnes, la mer et la cime des arbres de la place Mistral. Le plus ? Le somptueux spa, qui dispose de son propre restaurant !

55 chambres

2 rue Brougham - Square Mistral – ℰ 04 93 06 25 50 – www.hotelbelleplage.fr

🛏 ## FIVE SEAS *Plus*

MODERNE • RAFFINÉ À deux pas de la Croisette, cet hôtel, imaginé dans l'ancien bâtiment de la Poste, cultive un charme indéniable : décor soigné, chambres personnalisées sur le thème du voyage, spa, piscine inox sur le toit... Une très agréable villégiature !

🛁 🅿 🐾 ☆ 🚲 🧵 🛎 🛖 🧖 🛁 🍴 🅐🅒 - 45 chambres

1 rue Notre-Dame – ℰ 04 63 36 05 05 – www.five-hotel.com

🛏 **GRAY D'ALBION**

CLASSIQUE • RAFFINÉ Entre la Croisette et la rue d'Antibes, cet hôtel est une valeur sûre pour tous ceux - voyageurs d'affaires ou touristes - qui sont en quête d'un haut niveau de confort et de prestations contemporaines.

🚻♿🅿️ 🚲 💶 💆 🚰 🍽 🅰️ - 199 chambres

38 rue des Serbes – ℰ 04 92 99 79 79 – www.hotelsbarriere.com/fr/cannes/le-gray-d-albion.html

🛏 **LE MAJESTIC**

CLASSIQUE • RAFFINÉ Le Majestic est une vedette incontournable du Festival de Cannes, mais diffuse toute l'année la même atmosphère glamour. Les chambres illustrent à merveille le classicisme français, tissus opulents et meubles d'époque compris, et offrent une vue dégagée sur la baie et beaucoup de lumière naturelle. Les services sont à la hauteur de cette réputation, notamment le club de plage privé et le casino.

💶🚰🚲🏊💶🚰💆🚰🍽 - 349 chambres

10 boulevard de la Croisette – ℰ 04 92 98 77 00 – www.hotelsbarriere.com/fr/cannes/le-majestic

🛏 **MARTINEZ**

CLASSIQUE • RAFFINÉ Un véritable monument ! Majestueusement dressée face à la Méditerranée, sa façade Art déco immaculée (1929) porte en elle l'histoire de la villégiature version Côte d'Azur. Des magnifiques chambres et suites azuréennes jusqu'au spa, au dernier étage, confort exquis et prestations haut de gamme cultivent le mythe de la Croisette.

🚰🅿️🔀💶🚰🚲💶💆💆🚰🍽🅰️ - 403 chambres

73 boulevard de la Croisette – ℰ 04 93 90 12 34 – www.hyatt.com/en-US/hotel/france/hotel-martinez

LE CANNET

✉ 06110 – Alpes-Maritimes – Carte régionale n° **29**-E2

❀❀ **LA VILLA ARCHANGE**

Chef : Bruno Oger

CUISINE MODERNE • ÉLÉGANT Installez-vous dans la petite salle à manger cosy, avec vieux parquet et gros fauteuils, pour déguster la cuisine du chef Bruno Oger : ce Breton d'origine, Méditerranéen d'adoption, déploie ses inspirations iodées entre Bretagne et Côte d'Azur... De beaux ormeaux de l'île de Groix poêlés aux artichauts côtoient un homard breton, avant qu'un citron aux écailles d'agrumes, sorbet à l'orange sanguine et huile d'olive ne ponctuent la symphonie gourmande. À l'intérieur des cuisines, une table d'hôte permet de profiter au plus près de la cérémonie culinaire. Parce qu'il est le chef attitré du Festival de Cannes, Bruno Oger aura vu défiler à sa table les plus grands acteurs : Uma Thurman, Robert De Niro ou Audrey Tautou... De quoi justifier des vocations.

♿🅰️🎏🔀🅿️ – Prix : €€€€

Rue de l'Ouest – ℰ 04 92 18 18 28 – www.bruno-oger.com – Fermé lundi, dimanche et du mardi au jeudi à midi

😊 **BISTROT DES ANGES**

CUISINE TRADITIONNELLE • CONTEMPORAIN Dans cette brasserie tenue par l'équipe de la Villa Archange, la déco est moderne, l'ambiance conviviale et les formules ensoleillées ! On se régale d'artichauts mimosa, crème florentine et basilic, d'un beau rognon de veau aux champignons ou encore d'un délicieux dessert qu'on choisit sur le chariot des douceurs... Un ange passe !

&. 🅰🄲 🏠 ⇌ 🅿 – Prix : €€

Rue de l'Ouest – ☎ 04 92 18 18 28 – www.bruno-oger.com/fr – Fermé lundi et dimanche

KASHIWA

CUISINE JAPONAISE • ORIENTAL Ce petit restaurant nippon (kashiwa signifie feuille de chêne), installé dans un ancien atelier de tapissier, offre une jolie palette de gastronomie japonaise (sushi, sashimi, soba etc.), mais aussi des plats plus travaillés, à l'image de ce thon rouge mi-cuit fondant. Le chef se fournit au marché Forville et auprès de petits pêcheurs, à Cannes. Petite terrasse, et position privilégiée, proche du musée Pierre Bonnard.

🄰🄲 🏠 ⇌ – Prix : €€€€

12 boulevard Gambetta – ☎ 07 49 45 58 88 – www.restaurantkashiwa.wixsite. com/kashiwa – Fermé lundi, mardi et du mercredi au dimanche à midi

CAPBRETON

✉ 40130 – Landes – Carte régionale n° **25**–A2

LA CUISINE

CUISINE MODERNE • CONVIVIAL Au centre du bourg, la cuisine est bel et bien à l'honneur : le chef, Johann Dubernet – secondé en salle par sa compagne Isabelle – signe des assiettes colorées, parfumées et visuelles : carpaccio de langoustine, guacamole coriandre, sésame et pousses de bambou ; saint-pierre, pâté de kumquat, sauce pomzo, tagliatelles au beurre d'algues... Subtilité et gourmandise !

Prix : €€

26 rue du Général-de-Gaulle – ☎ 06 41 75 22 61 – www.restaurantlacuisine.fr – Fermé lundi, et mardi et samedi à midi

GOUSTUT

CUISINE MODERNE • CONTEMPORAIN Goustut et bien fichue que cette petite adresse au look industriel, pop et décontractée, dédiée aux produits de la mer ! La cuisine brute et locavore du chef Patrice Lubet (formé chez Rostand et Trama, entre autres) se nourrit notamment des poissons des pêcheurs de Cap Breton et des légumes de la famille Bastelica. Les menus mezze - une multitude de petits plats locaux à partager - sont la grande spécialité de la maison. Une bonne table de copains, bien goûtue !

≼ &. 🄰🄲 🏠 – Prix : €€

Quai de la Pêcherie – ☎ 05 58 42 18 38 – www.goustut.fr – Fermé lundi, mardi et dimanche et mercredi et jeudi à midi

LA PETITE TABLE

CUISINE MODERNE • CONVIVIAL Des recettes goûteuses et colorées, relevées d'agrumes et d'épices, qui vont à l'essentiel : voici ce que vous réserve le chef, fort d'une longue expérience – avec, en prime, quelques jolis clins d'œil aux traditions culinaires du Moyen-Orient, où il a travaillé dans le passé.

🏠 – Prix : €€

7 quai de la Pêcherie – ☎ 05 58 72 36 72 – www.lapetitetablecapbreton.fr – Fermé lundi, mardi, du mercredi au vendredi à midi, et dimanche soir

CARANTEC

✿ NICOLAS CARRO - HÔTEL DE CARANTEC

Chef : Nicolas Carro

CUISINE MODERNE • CONTEMPORAIN (Fermé provisoirement pour travaux, réouverture prévue au printemps) Après une expérience réussie à La Table d'Olivier Nasti, à Kaysersberg, Nicolas Carro s'est installé dans sa région natale – il est originaire de Loudéac. Le voilà aux fourneaux de cette maison iconique du Finistère, rendue fameuse par le chef Patrick Jeffroy, et qui offre une vue magnifique sur la baie de Morlaix. Comme son prédécesseur, il célèbre les produits locaux, marins (crustacés et poissons de petite pêche) ou terrestres (légumes et viandes comme la pintade et l'agneau des Monts d'Arrée). Finesse et délicatesse, jeux de textures agréables, cuissons et assaisonnements rigoureux... Sa cuisine emporte la mise sans difficulté.

⇌ ≼ 🛏 🅿 – Prix : €€€€

20 rue du Kelenn – ✆ 02 98 67 00 47 – www.hotel-carantec.fr – Fermé lundi et mardi

CARCASSONNE

✉ 11000 – Aude –
Carte régionale n° **27**–B2

Au confluent de trois pays gourmands, la Cité régale

Avec sa double enceinte fortifiée surplombant la plaine viticole et, plus loin, les contreforts des Corbières, la cité de Carcassonne suscite un émerveillement sans égal. Tous ceux qui ont arpenté ses ruelles s'en souviennent encore. Tant pis pour les détracteurs de Viollet-le-Duc, qui pensent qu'il n'a pas été fidèle à l'histoire lorsqu'il en a supervisé la restauration ! Autour d'elle prospère un pays de Cocagne à cheval des mondes : sous un soleil généreux, les fruits et légumes de l'Aude profonde côtoient les poissons de la Méditerranée, les fromages et les gibiers de la Montagne Noire s'encanaillent avec ceux des Pyrénées... Quant aux œnophiles, en herbe ou aguerris, ils trouvent ici leur bonheur grâce aux vignobles des Corbières, du Minervois ou de Limoux.

✿✿ LA TABLE DE FRANCK PUTELAT

Chef : Franck Putelat

CUISINE MODERNE • CONTEMPORAIN La Cité médiévale fait partie du patrimoine immémorial de Carcassonne et sa région... et l'on pourrait presque en dire autant de Franck Putelat. Installé au pied des remparts de ladite cité, ce natif du Jura, Audois d'adoption, cuisine les produits de son grand potager (un hectare) selon le concept de classique-fiction qu'il a lui-même théorisé. Traduction dans l'assiette : un détournement astucieux des anciens tubes gastronomiques, que le chef emmène ailleurs au gré de son inspiration du jour. Trois exemples, devenus des incontournables : parmentier au biju de Méditerranée, cassoulet au suprême de pigeonneau et saucisse de cuisse, ou encore bouillabaisse au foie gras de canard. Des visuels appétissants, du goût et de la finesse : on se délecte dans une ambiance animée, parmi une clientèle très diverse. Au dessert, le pâtissier Alexis Pocinho cisèle une partition sucrée particulièrement équilibrée. 7 chambres sont disponibles pour l'étape.

🐾 ⇔ 👤 🅐🅒 🏠 🅿 – Prix : €€€€

Hors plan – *80 chemin des Anglais, au Sud de la Cité* – 📞 *04 68 71 80 80* – *www.franckputelat.com – Fermé lundi et dimanche*

LA BARBACANE

CUISINE CLASSIQUE • HISTORIQUE Au sein de la Cité de Carcassonne, l'Hôtel de la Cité est un superbe exemple d'édifice néogothique, bâti en 1909 sur le site de l'ancien palais épiscopal, avec de merveilleux jardins qui regardent les remparts. À l'intérieur, les vitraux, les armoiries et autres boiseries délivrent une ambiance digne de Viollet-le-Duc ! Basée sur des produits de qualité, notamment les poissons et

CARCASSONNE
La Cité

Map labels:

N113 · R. Trivalle · R. Gustave Nadaud · R. Trivalle · CASTRES

VILLE BASSE, MONTOLIEU

R. de la Gaffe · R. du Lavoir

TOUR DE LA GLACIÈRE · TOUR DE MOURETIS · BARBACANE NOTRE-DAME

TOUR DE LA PORTE-ROUGE · R. du Moulin d'Avar · Lices basses · TOUR DE BÉNAZET

Montée G. Combeleran

Musée de l'Inquisition · Pl. St-Jean · R. St-Jean · R. N-Dame

Château comtal · Pl. du Grand Puits · TOUR DU TRESAU · TOUR DE BÉRARD · R. Camille St-Saëns

ST-GIMER · Pl. St-Gimer · R. Viollet le Duc · ℹ · Porte narbonnaise · R. G. Nadaud

R. Cros-Mayrevieille · Pl. du Château · TOURS NARBONNAISES

BARBACANE

Tour de la Justice · 4 · Pl. Marcou · Pl. du Prado

Porte d'Aude · R. Raymond Roger Trencavel · R. du Plo · 5

Tour de l'Inquisition · R. St-Louis · R. Dame Carcas · TOUR DE LA PEYRE

Tour carrée de l'Évêque · Pl. Auguste Pierre Pont · 3 · R. du Petit Puits · Ch. des Anglais

THÉÂTRE JEAN-DESCHAMPS · Musée de l'École · R. du Plo · TOUR DE LA VADE

Basilique St-Nazaire · Pl. St-Nazaire · Lices hautes

Tour Mi Padre · Tour St-Nazaire · TOUR POULETO

TOUR DU GRAND BRULAS · TOUR D'OURLIAC · TOUR CRÉMADE · TOUR CAUTIÈRES

0   100 m

N

A   B

---

crustacés de la Méditerranée toute proche, ainsi que les gibiers et les champignons automnaux, la cuisine met le terroir régional à l'honneur, dans un style classique revisité.

🛎 AC P – Prix : €€€

Plan : A2-3 – *Place Auguste-Pierre-Pont* – ℰ *04 68 71 98 71* – *www.cite-hotels. com/fr/etablissements/restaurant-la-barbacane.html*

BRASSERIE À 4 TEMPS

CUISINE TRADITIONNELLE • BRASSERIE Une brasserie moderne, complétée d'une terrasse ombragée, où l'on profite de classiques revisités par l'ancien second de Franck Putelat. Œuf mimosa et poireau vinaigrette, tartare de bœuf, ou encore le cassoulet… à la gourmandise avérée. Pensez à réserver, c'est souvent complet.

♿ AC ⛱ – Prix : €€

Hors plan – *2 boulevard Barbès* – ℰ *04 68 11 44 44* – *www.brasserie4temps.com*

COMTE ROGER

CUISINE TRADITIONNELLE • CONTEMPORAIN Un décor tout en épure contemporaine pour cette table située en plein cœur de la cité médiévale, dotée d'un joli patio-terrasse empreint de fraîcheur... ce Comte Roger sait recevoir ! Le cassoulet (la spécialité maison) est bien entendu mis à l'honneur, tout comme les produits de saison et régionaux (asperge et agneau de pays, lentilles du Lauragais, volaille de Belpech...) travaillés avec justesse.

🍴 – Prix : €€

Plan : A2-4 – *14 rue Saint-Louis* – ℰ *04 68 11 93 40* – *www.comteroger.com* – *Fermé lundi et dimanche*

DOMAINE D'AURIAC

CUISINE CLASSIQUE • CLASSIQUE Sur les hauteurs de Carcassonne, cette maison bourgeoise du 19ᵉ s. pétrie d'histoire offre un cadre éminemment bourgeois : un décor qui sert à merveille une assiette tout en classicisme, relevée d'une pointe de modernité. Quand le temps le permet, on s'installe sur la terrasse ouvrant sur le parc. Plaisirs intemporels...

🐎 🖚 🗚 🍴 ⇔ 🄿 – Prix : €€€

Hors plan – *2535 route de Saint-Hilaire* – ℰ *04 68 25 72 22* – *www.domaine-d-auriac.fr* – *Fermé lundi, mardi midi et dimanche soir*

LA TABLE D'ALAÏS

CUISINE MODERNE • CONTEMPORAIN Au cœur de la cité, votre meilleur allié contre les pièges à touristes. On découvre à l'étage de sobres salles à manger s'ouvrant sur un patio-terrasse où l'on s'attable aux beaux jours. Tradition et modernité se côtoient à la carte : œuf cuit à 64°, truffe et champignons de Paris ; cassoulet aux haricots de Castelnaudary et confit de canard ; pavlova aux fruits de saison et crème mascarpone vanillée...

🗚 🍴 – Prix : €€

Plan : B2-5 – *32 rue du Plô* – ℰ *04 68 71 60 63* – *www.latabledalais.fr/fr/accueil-restaurant* – *Fermé mercredi et jeudi*

🛏 ## DOMAINE D'AURIAC

BOURGEOIS • FAMILIAL Un grand parc arboré, un golf 18 trous et cette très belle maison de maître du 19ᵉ s. en pierre blonde. Toutes différentes et confortables, les chambres jouent la carte du classicisme bourgeois ou de la simplicité méridionale... Certaines, très spacieuses, sont idéales pour les familles.

🏊 🄿 ⌣ ⇆ 🖚 ⅂ 🍴 🗚 - 21 chambres

Route de Saint-Hilaire – ℰ *04 68 25 72 22* – *www.domaine-d-auriac.fr*

Domaine d'Auriac - Voir la sélection des restaurants

🛏 ## HÔTEL DE LA CITÉ

TRADITIONNEL • ROMANTIQUE Luxe, douceur et quiétude au cœur de la cité. Les chambres dégagent une atmosphère chaleureuse – certaines dans un style médiéval, mais donnant sur des terrasses ! – et, côté remparts, on profite du jardin et de la piscine, sans oublier le plaisant spa avec massages. Une belle manière de vivre Carcassonne...

⌣ ⅂ 🆂 🍴 🗚 🗚 - 61 chambres

Place Auguste-Pierre Pont – ℰ *04 68 71 98 71* – *www.hoteldelacite.com*

La Barbacane - Voir la sélection des restaurants

🛏 ## HÔTEL DU CHÂTEAU

MODERNE • RAFFINÉ Ce nom très discret cache un petit hôtel de prestige à l'atmosphère princière, situé littéralement dans l'ombre de la cité fortifiée de Carcassonne. Il s'agit d'un établissement familial de 17 chambres seulement, mais toutes sont aussi spectaculaires que luxueuses, et le spa est inoubliable. Le bar propose des repas légers sur la terrasse face à la Citadelle.

 - 17 chambres

2 rue Camille Saint-Saëns – ℰ 04 68 11 38 38 – www.hotelduchateau.net/en/ hotel-carcassonne

CARHAIX-PLOUGUER

✉ 29270 – Finistère – Carte régionale n° **1**–B2

ERASMO

CUISINE MODERNE • CONTEMPORAIN Le chef vénitien Matteo Vianello (passé chez Alain Ducasse et Jean-François Piège, puis chez Mensae et Sellae en tant que chef) s'est rapproché de la mer en plantant ses couteaux dans le Finistère. Dans son petit bistrot contemporain dédié à l'île de San Erasmo (où pousse le fameux artichaut violet), il n'a rien perdu de sa faconde gourmande : sa cuisine alléchante mélange avec efficacité les répertoires breton et transalpin, revisitant les classiques, à l'image de sa soupe à l'oignon ou de son tiramisu.

🔥 𝄞 – Prix : €€

4 rue du Général-Lambert – ℰ 09 73 89 46 47 – www.restaurant-erasmo.fr – Fermé lundi et dimanche

CARNAC

✉ 56340 – Morbihan – Carte régionale n° **1**–C3

CÔTÉ CUISINE

Chefs : Stéphane et Laetitia Cosnier

CUISINE MODERNE • CONTEMPORAIN Entre bourg et plage, cet hôtel restaurant est emmené avec un panache gastronomique certain par des professionnels passionnés. Côté déco, la grande salle contemporaine joue l'épure avec son sol en béton ciré, ses cuisines à moitié ouvertes et ses étagères remplies de livres de cuisine. Formés notamment au Bristol et chez Taillevent, nos deux complices réalisent une partition subtile et savoureuse, qui met en valeur des produits régionaux impeccables de la plus belle des manières - à un tarif très attractif. On s'en régale au coin de la cheminée, en hiver, ou sur l'agréable terrasse aux beaux jours.

🔥 – Prix : €€€

36 avenue Zacharie-Le-Rouzic – ℰ 02 97 57 50 35 – www.lannroz.fr/fr/hotel-restaurant-carnac-morbihan – Fermé mardi et mercredi

LE CAIRN - HÔTEL LE CELTIQUE

CUISINE ACTUELLE • ÉLÉGANT Au cœur de Carnac-Plage et à quelques encablures du sable fin et de la mer trône l'Hôtel Le Celtique, magnifié par une décoration très réussie dans un esprit Art déco. La carte marie avec bonheur tendances actuelles et bases traditionnelles, mâtinées de quelques épices exotiques comme sur ce homard à l'ajo blanco, courge et baies de goji...

🔥 – Prix : €€

82 avenue des Druides – ℰ 02 97 52 14 15 – www.restaurant-lecairn.com – Fermé lundi, mardi et du mercredi au samedi à midi

LA CALYPSO

POISSONS ET FRUITS DE MER • CONVIVIAL Les habitués ne s'y trompent pas : dans ce charmant bistrot marin, poissons, coquillages et crustacés sont d'une grande fraîcheur. Dans l'une des salles, dont le décor est à l'unisson, on fait même griller les mets dans la cheminée. Face au parc à huîtres, une adresse authentique à souhait !

&. – Prix : €€€

158 rue du Pô – ☏ 02 97 52 06 14 – www.calypso-carnac.com – Fermé du lundi au samedi et dimanche soir

ITSASOA

CUISINE DU MARCHÉ • CONTEMPORAIN Bienvenue au Pays basque, pardon, à Carnac en Bretagne ! Breton élevé dans les Pyrénées-Atlantiques, Erwann Le Pogam, ancien chef machiniste dans le cinéma, s'est reconverti dans la cuisine. Grand bien lui en a pris ! En toute liberté, sans œillères, il n'a qu'un objectif : faire bon, frais et sincère – en respectant le produit, le producteur et le client ! Quelques exemples piochés dans les menus du moment (qui changent fréquemment au gré des arrivages) : queue de lotte, fleur de courgette en tempura, émulsion pimenton ; porc fermier, mousseline de petit pois et sauce xipister.

Prix : €€

3 rue Colary – ☏ 02 97 52 17 72 – www.itsasoa-restaurant.fr – Fermé mercredi

🛏 LE CELTIQUE

MODERNE • RAFFINÉ Le style architectural du bâtiment Art déco se reflète à l'intérieur, où se mêlent, dans une belle harmonie, atmosphère balnéaire d'antan, influences déco et luxe contemporain. Le spa et le centre de bien-être, où l'on n'utilise que des produits bretons, sont des plus agréables.

🅿 ⬩ ⬩ ☻ ☺ ⬩ ⬩ 🅰️🅺 - 53 chambres

82 avenue des Druides – ☏ 02 97 52 14 15 – www.hotel-celtique.com
Le Cairn - Hôtel le Celtique - Voir la sélection des restaurants

CAROMB

✉ 84330 – Vaucluse – Carte régionale n° **28**–E1

LE 6 À TABLE

CUISINE MODERNE • CONTEMPORAIN Dans ce village paisible, une placette qui coule des jours heureux dans l'ombre de l'église : digne d'une carte postale de jadis ! Le chef travaille un maximum de produits de saison, locaux pour la plupart (figues, fromages, légumes), et fait preuve de soin et de finesse dans la préparation de ses assiettes. Le tout dans un intérieur moderne, d'esprit atelier, ou sur la terrasse.

&🅰️🅺🍽☺ – Prix : €€

6 place Nationale – ☏ 04 90 62 37 91 – www.pascal-poulain.com/fr – Fermé lundi et dimanche

CARQUEFOU

✉ 44470 – Loire-Atlantique – Carte régionale n° **9**–B3

AUBERGE DU VIEUX GACHET

CUISINE MODERNE • CONVIVIAL Cette ancienne ferme évoque la campagne d'antan, à deux pas de la ville : au bord de l'Erdre, face aux flots, la vue se révèle très nature. De la belle cuisine, visible à l'entrée, s'échappent les fumets harmonieux d'une cuisine traditionnelle et généreuse. La carte des vins flirte avec 350 références, l'atout charme !

🏖 ⬩&🅰️🅺🍽☺🅿 – Prix : €€

Le Vieux Gachet, au bord de l'Erdre – ☏ 02 40 25 10 92 – www.aubergeduvieuxgachet.com – Fermé lundi et dimanche

LA TABLE DU MARQUIS AU CHÂTEAU DE MAUBREUIL

CUISINE ACTUELLE • ÉLÉGANT Les superlatifs manquent pour décrire la longue histoire de ce château romantique édifié au 19ᵉ s. Entouré d'un parc émaillé d'œuvres d'art, il dévoile un intérieur somptueux (miroirs immenses, cheminée sculptée, parquet ancien, mobilier d'esprit Napoléon III). Ne reste plus qu'à profiter d'une cuisine dans l'air du temps, plutôt bien réalisée.

⪦ 🛆 ⅊ 🅰🅺 🏠 🖒 🅿 – Prix : €€€

Allée de Maubreuil – ☎ 02 21 70 03 70 – www.chateaudemaubreuil.com –
Fermé lundi et du mardi au dimanche à midi

🛏 CHÂTEAU DE MAUBREUIL

CLASSIQUE • ÉLÉGANT Il est difficile d'imaginer un hôtel de campagne français plus parfait que celui-ci, à la périphérie de Nantes. Le château du 19ᵉ s. et son parc semblent perdus dans le temps, mais les somptueuses chambres et suites sont élégantes, d'un éclectisme de bon ton, toutes différentes et rendant hommage à des lieux éloignés, de Venise au Rajasthan. L'hôtel dispose d'un spa ainsi que du trio Pilates-sophrologie-sylvothérapie.

🅿 🛆 ⅊ ⊛ ⋔ 🍽 - 14 chambres

Allée de Maubreuil – ☎ 02 21 70 03 70 – www.chateaudemaubreuil.com
La Table du Marquis au Château de Maubreuil - Voir la sélection des restaurants

LES CARROZ-D'ARÂCHES

✉ 74300 – Haute-Savoie – Carte régionale n° **21**–D1

LES SERVAGES

CUISINE MODERNE • ÉLÉGANT Ce beau chalet sur les hauteurs de la station abrite un restaurant d'esprit montagnard chic. Le chef réalise une cuisine actuelle, soignée et généreuse, avec des produits de belle qualité : poissons frais, crustacés, bœuf Angus, cochon de l'Aveyron... La carte évolue régulièrement ; agréable terrasse.

⪦ 🛆 🏠 🅿 – Prix : €€€

841 route des Servages – ☎ 04 50 90 01 62 – www.servages.com – Fermé lundi

🛏 HÔTEL LES SERVAGES D'ARMELLE

TRADITIONNEL • CHARME Sur les hauteurs de la station, ce superbe chalet ancien a été transformé en un hôtel de grand charme. Une dizaine de chambres et de suites spacieuses, toutes en matériaux de prestige : vieux planchers, poutres, meubles polis par les ans... et vraies cheminées !

🅿 🖒 🛆 🍽 - 10 chambres

841 route des Servages – ☎ 04 50 90 01 62 – www.servages.com
Les Servages - Voir la sélection des restaurants

CARSAC-AILLAC

✉ 24200 – Dordogne – Carte régionale n° **18**–D3

😋 Ô MOULIN

CUISINE MODERNE • CONTEMPORAIN Un jeune couple a transformé ce charmant moulin périgourdin en paisible restaurant campagnard, ouvert toute l'année. Le chef réalise une cuisine fraîche et savoureuse, bien dans son époque. Belle terrasse ombragée et service prévenant. Le premier menu est à prix doux. Une adresse sympathique.

🅿 🏠 🅿 – Prix : €€

1 place Martin-Dolt – ☎ 05 53 30 13 55 – www.latabledumoulin.com –
Fermé mardi et mercredi, et dimanche soir

CARSPACH

✉ 68130 – Haut-Rhin – Carte régionale n° **8**–A3

AUBERGE SUNDGOVIENNE

CUISINE MODERNE • ÉLÉGANT Ce restaurant d'hôtel est très sympathique : tout y est avenant, contemporain et cosy, et l'on y apprécie une bonne cuisine d'aujourd'hui, concoctée par un chef soucieux de bien faire (salade au saumon fumé, foie gras de canard et magret fumé, filet de bœuf Angus, sauce aux morilles). Chambres bien tenues pour l'étape.

⅏ ⇐ & 🅐🅒 🛱 ♻ 🅿 – Prix : €€

1 route de Belfort – ☎ 03 89 40 97 18 – www.auberge-sundgovienne.fr –
Fermé lundi, mardi midi et dimanche soir

CASSEL

✉ 59670 – Nord – Carte régionale n° **4**–B2

  HAUT BONHEUR DE LA TABLE

Chef : Eugène Hobraiche

CUISINE MODERNE • INTIME Au cœur des Flandres, entre Steenvoorde et Saint-Omer, Cassel est un pimpant village de briques. À petit village, petit restaurant : celui-ci offre une vingtaine de couverts dans une belle demeure du 18ᵉ s. Mais ses propriétaires affichent une grande passion pour la belle gastronomie. Artisan soigneux, Eugène Hobraiche concocte une cuisine bien dans l'air du temps, en osmose avec les saisons et nourrie des fruits et des légumes locaux ainsi que des poissons de la criée de Dunkerque : turbot sauvage grillé, artichaut salicorne, jus de coriandre ; thon grillé, eau de tomate, sorbet tomate verte... Pour prolonger le séjour, 5 chambres d'hôtes sont à deux pas, aussi soignées et accueillantes.

⇐🛱 – Prix : €€

18 Grand'Place – ☎ 03 28 40 51 03 – www.hautbonheurdelatable.com –
Fermé mardi et mercredi, et dimanche soir

FENÊTRE SUR COUR

CUISINE MODERNE • COSY Saint-Jacques snackées, butternut et écume de lard ; filet de bœuf légèrement fumé, panais et échalotes confites ; filets de sole, shime-jis blanc et beurre fumé... Aux fourneaux, Jean-Luc Paulhan réalise une partition bien rodée, pour une cuisine soignée et gourmande, pleine de saveurs au goût du jour. La salle en mezzanine sur l'arrière (et sa fenêtre sur cour) sert de terrasse à la belle saison.

& 🛱 – Prix : €€

5 rue du Maréchal-Foch – ☎ 03 28 42 03 19 – www.restaurant-fenetresurcour.
com – Fermé mercredi, et mardi, jeudi et dimanche soir

CASSIS

✉ 13260 – Bouches-du-Rhône – Carte régionale n° **28**–D3

❀❀❀ **LA VILLA MADIE**

Chef : Dimitri Droisneau

CUISINE CRÉATIVE • CONTEMPORAIN Lovée dans l'anse Corton, une crique naturelle et sauvage face au Cap Canaille, La Villa Madie, belle bâtisse contemporaine, occupe avec sa terrasse un site de rêve au-dessus des flots bleus de la Méditerranée. Normand devenu amoureux transi de la Provence, le chef Dimitri Droisneau, à l'impeccable curriculum vitae (La Tour d'Argent, le Lucas Carton, l'Ambroisie...), en tire toute son inspiration. De plat en plat, celle-ci court, légère, subtile, savoureuse, fraîche et aromatique, percutante quand il le faut, toujours surprenante et renouvelée. Toute la magie du Sud – ses produits marins aussi bien que terrestres, ses poissons comme ses herbes, sauvages ou non – est apprivoisée au sommet dans cette cuisine. Ainsi en est-il d'un très grand plat comme la crevette carabineros, tartelette aux fruits rouges où l'association iodée et saline du crustacé avec les fruits relève de l'harmonie céleste. Côté vin, un sommelier charismatique rivalise de propositions intelligentes tandis que l'épouse du chef illustre avec dextérité l'art de la découpe en salle.

🕸 ⪝ 🖐⎚🍴 ⟳ 🅿 – Prix : €€€€

Avenue de Revestel – ☎ 04 96 18 00 00 – www.lavillamadie.com – Fermé du lundi au mercredi

LES BELLES CANAILLES Ⓝ

CUISINE MÉDITERRANÉENNE • ÉLÉGANT La vue depuis la terrasse de ce restaurant d'hôtel luxueux (volontiers fréquenté par les people), qui fait face au Cap Canaille, est tout simplement sublime. Le chef cannois Nicolas Sintes propose à ses hôtes une cuisine d'inspiration méditerranéenne dominée par le poisson, mais où l'on retrouve aussi de l'agneau et des légumes de saison locaux. Mais aujourd'hui on s'est encanaillé de la spécialité du chef, sa bouillabaisse borgne, puis d'un loup sauvage et de son bouillon d'une soupe au pistou. On accompagne le tout d'un vin de Cassis ou de Bandol, évidemment. Service 7 jours sur 7, midi et soir.

⪝ ⎚🍴 – Prix : €€€€

Les Roches Blanches, 9 avenue des Calanques – ☎ 04 42 01 01 05 – www.roches-blanches-cassis.com/les-restaurants

LA BRASSERIE DU CORTON

CUISINE MODERNE • ÉPURÉ L'espace brasserie de la Villa Madie joue toujours la carte de la simplicité, avec des produits du marché et de séduisantes associations terre et mer. Les menus sont différents midi et soir, renouvelés chaque semaine, à moindre prix que celui de la maison mère mais pas moins savoureux pour autant (tartare de bœuf aux huîtres de Tamaris, véritable "sôcisse" de Marseille au fenouil, tarte au citron Madie...). Aux beaux jours, on profite de la terrasse offrant un point de vue splendide face à la jolie crique.

🕸 ⪝ 🖐⎚🍴 🅿 – Prix : €€€

Avenue du Revestel – ☎ 04 96 18 00 00 – www.lavillamadie.com – Fermé lundi, mardi et mercredi

🛏 LES ROCHES BLANCHES

CLASSIQUE • ÉLÉGANT Cette magnifique bâtisse de 1878 devenue hôtel en 1920 et accrochée aux rochers de Cassis, se mire et s'admire dans la mer. Chambres spacieuses, matériaux nobles : l'âme des années 1930 et l'horizon comme unique infini. Sans doute le plus bel hôtel de front de mer des environs.

⎚🅿 ⟳ ⎚🍴 ⛱ 👶 ⚕ ⚲⎚ - 45 chambres

9 avenue des Calanques – ☎ 06 58 03 03 14 – www.roches-blanches-cassis.com

Les Belles Canailles - Voir la sélection des restaurants

CASTANET-TOLOSAN

✉ 31320 – Haute-Garonne – Carte régionale n° **26**–C2

LA TABLE DES MERVILLE

CUISINE MODERNE • ÉLÉGANT Une extension tout en verre sur une jolie place avec terrasse, des cuisines ouvertes sur la salle donnant l'impression que le chef travaille parmi les clients : Claudie et Thierry Merville ont su créer un lieu original pour déguster des assiettes soignées et contemporaines.

⎚🍴⟳ – Prix : €€€

3 place Pierre-Richard – ☎ 05 62 71 24 25 – www.table-des-merville.com/fr – Fermé lundi et dimanche

CASTECULIER

✉ 47240 – Lot-et-Garonne – Carte régionale n° **22**-D3

LE ROUERGAT

CUISINE MODERNE • CONVIVIAL Dans ce bistrot contemporain, c'est bistronomie le midi et gastronomie le soir ! Le chef aveyronnais au métier solide et à la passion contagieuse travaille les produits locaux de saison – ponctués de quelques souvenirs de voyages. Ce midi : terrine de foie gras de canard, chutney d'ananas et gingembre puis pintade rôtie, crème de petit pois, samoussa aux pleurotes. Ambiance conviviale.

& 🅰🄲 ☂ 🅿 – Prix : €€

4 place de la Mairie – 𝒞 05 53 87 80 45 – www.lerouergat.fr – Fermé samedi et dimanche, et mardi soir

CASTELJALOUX

✉ 47700 – Lot-et-Garonne – Carte régionale n° **22**-C2

LA VIEILLE AUBERGE

CUISINE CLASSIQUE • CONTEMPORAIN Belle hauteur sous plafond, charpente cathédrale, grandes baies vitrées façon orangeraie donnant sur un agréable jardin : voici le superbe écrin de cette maison bien connue dans les parages. Côté cuisine, recettes classiques dans les règles de l'art, revisitées juste ce qu'il faut, déclinées principalement dans deux menus au bon rapport qualité-prix.

& 🅰🄲 ☂ 🅿 – Prix : €€

13 avenue du 8-Mai-1945 – 𝒞 05 53 93 01 36 – www.clos-castel.fr – Fermé dimanche soir

LE CASTELLET

✉ 83330 – Var – Carte régionale n° **29**-A2

🏵🏵🏵 LA TABLE DU CASTELLET Ⓝ

CUISINE CRÉATIVE • LUXE Les murs de ce resort de luxe bien connu cachent une certaine définition de la félicité à la provençale. Un parc dominant l'arrière-pays varois, la Méditerranée à l'horizon, des bassins, des parterres de lavande... et une superbe cuisine méridionale. Ancien second de Christophe Bacquié, Fabien Ferré réalise un coup de maître. Sa sensibilité aux produits méditerranéens est celle d'un artiste, et rappelle un Matisse qui aurait succombé à la lumière de la Provence. Il réalise une partition végétale et marine de haut vol, à l'image de cette crevette carabineros au citron Meyer et velours coraillé, ou de cet encornet à la marjolaine. Ses assiettes épurées et totalement maîtrisées subliment le goût naturel des produits, à grand renfort de sauces d'une profondeur mémorable, comme cette vinaigrette parfumée à l'aloe vera qui accompagne le filet de maquereau. Côté sucré, le chef pâtissier François Luciano assure une partition tout en fraîcheur où la légèreté le dispute à la saisonnalité, à l'exemple de ce pamplemousse à la reine-des-prés et brousse du Rove. La cave à fromages vaut presque le voyage à elle seule. Très belle sélection de vins, superbe terrasse pour l'apéritif et le café.

🏵 ⇆ 🝢 & 🅰🄲 🍽 🅿 – Prix : €€€€

3001 route des Hauts-du-Camp, au Circuit Paul Ricard – 𝒞 04 94 98 37 77 – www.hotelducastellet.net/fr/restaurants/restaurant-gastronomique – Fermé lundi, mardi et du mercredi au vendredi à midi

LE SAN FELICE

CUISINE MODERNE • BISTRO La San Felice n'est pas qu'un roman de Dumas, c'est aussi – au sein de l'hôtel du Castellet – un bistrot chic et inventif ! La carte est volontairement courte, bien de saison, avec un concept sympa de viandes maturées et poissons cuits à la braise. Quant à la terrasse, le long de la piscine, elle offre une vue imprenable sur le golf et la verdure... Laissez-vous tenter par le menu gourmand du midi servi du lundi au samedi, un régal.

≤ 🛏 ㋹ 🆎 ㋚ ㋡ **P** – Prix : €€€

3001 route des Hauts-du-Camp, au Circuit Paul Ricard – ℰ 04 94 98 29 58 –
www.hotelducastellet.net/fr

🛏 **HÔTEL DU CASTELLET** 🌀 *Plus*

CLASSIQUE • ROMANTIQUE Douze hectares de pinède dominant l'arrière-pays
varois, avec la Méditerranée à l'horizon. Si tous les paradis sont perdus, l'hôtel du
Castellet en a conservé le goût : coursives, bassins, parterres de lavande… et un
spa de 700m². Les chambres et suites marient les styles classique et contemporain
ponctués de couleurs provençales traditionnelles. Même les plus modestes sont
spacieuses et luxueuses ! Félicité à la provençale…

㋹ ㋚ **P** 🛏 ㋹ ㋷ ㋛ 🥂 ㋟ 🛁 🏊 ⓘⓄ 🆎 - 42 chambres

3001 route des Hauts-du-Camp , au Circuit Paul Ricard – ℰ 04 94 98 37 77 –
www.hotelducastellet.net

❀❀❀ **La Table du Castellet • Le San Felice** - Voir la sélection des restaurants

CASTELNAU-DE-LÉVIS

✉ 81150 – Tarn – Carte régionale n° **27**–B1

LA TAVERNE BESSON

CUISINE TRADITIONNELLE • BRANCHÉ Amis gourmets, ne vous attendez pas
à trouver ici une taverne comme dans les contes de Grimm mais plutôt une généreuse cuisine de tradition bien tournée (et un sympathique chariot de desserts),
servie dans un cadre lumineux, ou sur la terrasse ouverte sur la campagne. On peut
également réserver l'une des chambres.

㋹ 🆎 ㋡ – Prix : €€

Rue Aubijoux – ℰ 05 63 60 90 16 – www.tavernebesson.com – Fermé lundi,
mardi midi et dimanche soir

CASTELNAU-LE-LEZ

✉ 34170 – Hérault – Carte régionale n° **27**–D1

MARCELLE - DOMAINE DE VERCHANT

CUISINE MODERNE • ÉLÉGANT Aux portes de Montpellier, la surprise est totale.
Entouré de champs et de vignes, ce superbe domaine hôtelier et viticole offre un
cadre enchanteur que l'on aperçoit justement par les baies vitrées de la salle à manger. Privilégiant les produits d'Occitanie et de saison, le chef compose des assiettes
élégantes et appliquées, sans tomber dans l'excès de fioritures pour autant. Les
préparations ont du goût et du caractère, à l'image de cette selle d'agneau de
Lozère rôtie, artichaut et anchois de Collioure, que l'on peut apprécier notamment
avec l'un des vins du domaine.

❀❀ 🛏 ㋹ 🆎 ㋡ **P** – Prix : €€€

1 boulevard Philippe-Lamour – ℰ 04 67 07 26 00 – www.domainedeverchant.com –
Fermé lundi, mardi et mercredi midi

DOMAINE DE VERCHANT

MODERNE • CHAMPÊTRE Trônant au cœur de 17 ha. de vignoble, le splendide hôtel de Verchant réussit avec brio le grand écart entre la pierre séculaire et le mobilier ultra-moderne. Ce grand manoir d'un blanc reposant propose vingt-deux chambres et suites décorées avec délicatesse, pour la plupart dans un esprit loft. Un moment d'évasion total où tout est agréable : la nature, le climat, la piscine en forme de lagon, le spa magnifique, ses soins aux huiles essentielles et aux oligo-éléments.
🅰🅰🅰🅰🅰🅰🅰🅰🅰🅰🅰🅰🅰🅰 - 22 chambres

1 boulevard Philippe Lamour – 𝒞 04 67 07 26 00 – www.verchant.com
Marcelle - Domaine de Verchant - Voir la sélection des restaurants

CASTILLON-DU-GARD

✉ 30210 – Gard – Carte régionale n° **28**-C2

L'AMPHITRYON

CUISINE MODERNE • COSY Voûtes, pierre brute et touches modernes composent le cadre de cette demeure ancienne. Joli patio pour l'été. Cuisine régionale actualisée, ambiance à la fois chic et conviviale.
🅰🅰 – Prix : €€€

Place du 8-Mai-1945 – 𝒞 04 66 37 05 04 – www.restaurant-lamphitryon.ovh – Fermé mardi et mercredi, et dimanche soir

LE VIEUX CASTILLON

CUISINE MODERNE • CLASSIQUE Tout autour ce ne sont que ruelles médiévales et champs de lavande... Dans ce coin de Provence inondé de lumière, cette table élégante – aux couleurs du Sud – vit au rythme des saisons et des produits gorgés de soleil. Plats simples et légers au déjeuner, tandis que le soir l'offre est gastronomique.
🅰🅰🅰🅰 – Prix : €€€

10 rue Turion-Sabatier – 𝒞 04 66 37 61 61 – www.vieuxcastillon.fr – Fermé lundi et mardi

 LE VIEUX CASTILLON

TRADITIONNEL • ÉLÉGANT Au cœur de ce beau village médiéval, surplombant la région, un havre au luxe discret : vieilles pierres, patios, terrasses, décor provençal, grand confort... Le charme intemporel du sud, à quelques encablures du pont du Gard.
🅰🅰🅰🅰🅰🅰🅰🅰🅰🅰🅰 - 31 chambres

10 rue Turion Sabatier – 𝒞 04 66 37 61 61 – www.vieuxcastillon.com
Le Vieux Castillon - Voir la sélection des restaurants

CASTRES

(☺) BISTROT SAVEURS

CUISINE MODERNE • **COSY** Le chef britannique Simon Scott a roulé sa bosse de
Londres à la Provence, avant de s'installer dans le Tarn. Derrière une façade rouge
éclatante se cache un décor (très) pop, coloré et cosy. Ce cuisinier éclectique aime
assurément le bel ouvrage et ne travaille que les produits (locaux) de qualité pour
servir à ses clients des assiettes précises, colorées et goûteuses : cannelloni de
gambas en robe de courgette de pays, asperges, mimosa d' œuf truffé et crème
glacée à l'encre ; pavé de veau à la plancha, mousseline de carotte et nigelle, carotte
à la crème au cumin et carotte fane...

& 🅰️🅲️ – Prix : €€

*5 rue Sainte-Foy – ☏ 05 63 50 11 45 – www.bistrot-saveurs-81.fr – Fermé samedi
et dimanche*

(☺) LES METS D'ADÉLAÏDE

CUISINE MODERNE • **ÉLÉGANT** Nulle envie de retourner à l'école ? Parions que
vous allez changer d'avis ! Ces Mets d'Adélaïde prennent leurs aises dans l'ancienne école du village, avec un préau qui fait office de terrasse l'été. Mais point
de nostalgie : le décor est épuré et le chef délivre une jolie leçon de gastronomie
d'aujourd'hui. L'accueil mérite aussi une bonne appréciation !

& 🅰️🅲️🍽 – Prix : €€

*36 avenue Georges-Alquier-Les Salvages – ☏ 05 63 35 78 42 – www.
lesmetsdadelaide.fr – Fermé lundi et mardi, et dimanche soir*

(☺) LA PART DES ANGES

CUISINE MODERNE • **BRANCHÉ** Une cuisine du marché en plein dans les saisons, généreuse et créative juste ce qu'il faut, voilà ce que mitonne le chef. Les
petits producteurs des environs sont mis à l'honneur et les saveurs au rendez-vous.
Service attentionné.

🅰️🅲️🍸 – Prix : €€

*5 boulevard Raymond-Vittoz – ☏ 05 63 51 65 25 – www.lapartdesangescastres.fr –
Fermé lundi et dimanche, et mardi soir*

CASTRIES

DISINI

CUISINE MODERNE • **CONVIVIAL** Au cœur d'un hôtel de standing entouré de
chênes, ce restaurant gastronomique bénéficie d'une salle lumineuse et d'une
agréable terrasse à l'abri des frondaisons. Le nouveau Chef y propose de belles
assiettes d'inspiration traditionnelle à la forme modernisée, où les goûts sont francs.
Coup de cœur pour le crousti-fondant et les arômes du dessert au Limoncello et sa
glace riz soufflé et citron.

🛏️&🅰️🍽🅿️ – Prix : €€

1 rue des Carrières – ☏ 04 67 41 97 86 – www.disini-hotel.com – Fermé dimanche

CAUDEBEC-EN-CAUX

✿ G.A. AU MANOIR DE RÉTIVAL

Chef : David Goerne

CUISINE MODERNE • **COSY** Dans ce manoir perché au-dessus de la Seine, officie David Goerne, un chef allemand fou de gastronomie française. Adepte de la

simplicité, il reçoit à sa "table d'hôte" dans sa cuisine vintage. Aux murs, les cuivres rutilent. Aux beaux jours, on pourra aussi s'attabler dehors sur la terrasse panoramique, surplombant la Seine et dominant le pont de Brotonne. Le chef aime improviser devant ses convives : subtil et créatif, notamment dans l'usage des herbes, des poivres et autres assaisonnements, il va droit à l'essentiel. Rehaussée par une brassée d'herbes et de fleurs et d'une émulsion au citron, sa divine poêlée de légumes frais du jardin sur un jaune d'œuf mariné à la sauce soja fleure bon le miracle printanier. S'il est fou de végétal, David Goerne n'est pas moins à l'aise avec le homard, le foie gras ou encore le pigeonneau, au gré d'une inspiration sans cesse renouvelée.

🖙 🗮 🖼 🎠 💠 ▣ – Prix : €€€€

2 rue Saint-Clair – 𝒞 06 50 23 43 63 – www.restaurant-ga.fr – Fermé du lundi au mercredi et dimanche soir

🍃 **L'engagement du chef :** Nous sommes convaincus que chacun à son rôle à jouer dans la préservation de la Nature et de ses ressources et que chaque action compte. Nous avons ainsi banni le plastique de notre cuisine, compostons nos déchets et les menus que nous élaborons au quotidien mettent en saveurs les produits des champs situés à proximité du restaurant.

CAVAILLON

✉ 84300 – Vaucluse – Carte régionale n° **28**–E1

L'ENVOL

CUISINE DU MARCHÉ • CONTEMPORAIN Dans une petite rue du centre-ville, une adresse aussi charmante que discrète. Aux pianos, Laurent Renoult célèbre les légumes de Vert'Tige, à Cabannes, l'agneau de Sisteron ou encore le pigeon des Costières. C'est franc, goûteux, et l'accueil de Sarah Hotten est simple et charmant. Courez-y !

ᴬᶜ 🗮 – Prix : €€

35 rue Gustave-Flaubert – 𝒞 04 90 78 15 27 – www.lenvolcavaillon.fr – Fermé lundi, dimanche, et le midi

CAVALIÈRE

✉ 83980 – Var – Carte régionale n° **29**–B3

LA VIEILLE FONTAINE - LE CLUB DE CAVALIÈRE & SPA

CUISINE MODERNE • ÉLÉGANT Rougets en filets, pistou d'herbes et fenouil confit ; loup de pleine mer rôti sur la peau ; soufflé chaud aux fruits de la passion... De beaux produits de la mer (et quelques viandes), cuisinés avec finesse. À apprécier face aux flots !

🕸 🗮 🖼 🎠 🛋 ▣ – Prix : €€€

30 avenue du Cap-Nègre – 𝒞 04 98 04 34 34 – www.clubdecaviere.com/fr

CEINTREY

✉ 54134 – Meurthe-et-Moselle – Carte régionale n° **7**–B2

LA COUR DES SENS 🆕

CUISINE MODERNE • ÉLÉGANT Dans une maison de village, une salle intimiste à la décoration qui marie parquet et pierres apparentes. Le chef-patron Benjamin Royer signe des assiettes qui démontrent un savoir-faire évident comme ces Saint-Jacques cuites sur galet, flambées au gin safrané, caviar d'aubergine fumé et beurre blanc ou encore ce turbot rôti au sautoir, navet marteau poché au parmesan et sauce truffée.

🛋 – Prix : €€€

9 rue de Benney – 𝒞 03 83 47 09 95 – www.lacourdessens.fr – Fermé lundi, mardi, mercredi et samedi midi et dimanche soir

LA CELLE

✉ 83170 – Var – Carte régionale n° **24**–B2

HOSTELLERIE DE L'ABBAYE DE LA CELLE

CUISINE PROVENÇALE • HISTORIQUE Non loin de l'abbaye de la Celle, cette thébaïde gourmande occupe les murs d'une belle bâtisse classique du 18ᵉ s. Cette adresse de la galaxie Ducasse offre tous les agréments d'un hôtel de luxe, dont une cuisine méridionale pleine de sagesse et riche en légumes, à l'image de ces farcis de Provence au pistou d'herbes. La tradition sans ostentation.

🏨 & 🛋 🅿 – Prix : €€€€

10 place du Général-de-Gaulle – ℰ 04 98 05 14 14 – www.abbaye-celle.com – Fermé mardi et mercredi

🛏 HOSTELLERIE DE L'ABBAYE DE LA CELLE

TRADITIONNEL • CHAMPÊTRE Cette ancienne hostellerie d'abbaye distille un bel esprit d'antan avec ses murs du 18ᵉ s. et son décor provençal bourgeois. Le matin, le soleil filtre à travers les grands arbres, et l'on découvre avec bonheur le jardin environnant, avec son potager et son conservatoire des vignes – 88 cépages différents !

🛁 🅿 🛋 🕻 🛋 🌐 🛗 ⫶⊙ 🅰🅒 – 10 chambres

10 place du Général-de-Gaulle – ℰ 04 98 05 14 14 – www.abbaye-celle.com
Hostellerie de l'Abbaye de la Celle - Voir la sélection des restaurants

CELLETTES

✉ 41120 – Loir-et-Cher – Carte régionale n° **10**–C3

❀ LA VIEILLE TOUR

Chef : Alexis Letellier

CUISINE MODERNE • INTIME La vieille tour de cette maison du quinzième siècle, visible de loin, vous guidera vers cette halte gourmande. Ici, on ne triche pas. Le jeune chef Alexis Letellier régale ses convives d'une cuisine actuelle bien troussée, réalisée avec de bons produits, teintée de notes asiatiques, et régulièrement réinventée au fil des saisons. Ce jour-là, fondant foie-gras, anguille fumée, granny smith, sorbet coriandre ; turbot, cannelloni épinards, safran, chorizo. Accueil dynamique et tout sourire de la compagne du chef Alice, de bon conseil pour le choix du vin. Finesse gustative, personnalité, dressages soignés : une adresse comme on les aime.

Prix : €€€

7 rue Nationale – ℰ 02 54 74 67 15 – www.restaurant-la-vieille-tour-blois.com – Fermé lundi et mercredi, et dimanche soir

CENON

✉ 33150 – Gironde – Carte régionale n° **22**–B2

PARADOXE

CUISINE MODERNE • CONTEMPORAIN Le chef Christophe Girardot propose une cuisine au goût du jour, concoctée à base de produits de qualité. Les menus surprise servis le soir sont composés au fil des arrivages et des envies du chef. Terrasse d'été prisée aux beaux jours.

& 🅰🅒 🛋 – Prix : €€€

9 allée de la Morlette – ℰ 05 57 80 24 25 – www.restaurant-paradoxe.com – Fermé lundi et dimanche

CERCIÉ

⊠ 69220 – Rhône – Carte régionale n° **21**–A1

L'ÉCUME GOURMANDE

CUISINE MODERNE • CONTEMPORAIN Cette adresse est emmenée par un jeune chef passé par de belles maisons. Il mitonne une cuisine aux bases classiques, sagement inventive, à l'instar de cet œuf bio cuit "parfait", petits pois à la française et émulsion de poitrine fumée, ou ce pavé d'esturgeon, champignons shimeji et sauce basilic. Cave vitrée abritant des jolies références à prix raisonnables.

🕸 🎟 – Prix : €€

35 Grande-Rue – ℰ 04 37 55 23 06 – www.ecume-gourmande.fr – Fermé lundi et mardi, et dimanche soir

CERCIER

⊠ 74350 – Haute-Savoie – Carte régionale n° **21**–C1

L'ARBORESCENCE 🆕

CUISINE MODERNE • CONTEMPORAIN Quelque part dans la campagne au nord d'Annecy, ce restaurant regarde au loin les montagnes du Jura. Un couple formé à l'école des grands chefs (Lionel Giraud, Christian Constant, Laurent Petit...) mitonne produits frais et souvent locaux à travers une courte carte : truite fario basse température, vert de poireau et noix ; filet mignon de veau rôti, pomme de terre paille et ses condiments ; moelleux de citron au romarin du jardin, crème montée et zestes confits. Salle à manger contemporaine, coin salon à l'entrée avec bibliothèque de livres de cuisine et photos des chefs mentor. Accueil et service charmants par l'épouse du chef.

⪜ よ 🎟 🏠 – Prix : €€

22 route d'Allonzier – ℰ 09 84 41 71 64 – www.arborescence-restaurant.fr – Fermé du lundi au mercredi et dimanche soir

CÉRÉ-LA-RONDE

⊠ 37460 – Indre-et-Loire – Carte régionale n° **15**–C1

AUBERGE DE MONTPOUPON

CUISINE MODERNE • AUBERGE Une bien sympathique auberge, installée au pied du château de Montpoupon. L'intérieur marie joliment le rustique (pierre apparente, poutres) et le plus contemporain, tandis que la cuisine nous emmène faire un tour du Val de Loire, dans un genre gourmand et goûteux. Prix sages, terrasse avec vue sur le château.

よ 🏠 🛠 🅿 – Prix : €

Le Moulin Bailly – ℰ 09 70 37 22 55 – www.auberge-montpoupon.fr – Fermé lundi et mardi, et dimanche soir

CÉRET

⊠ 66400 – Pyrénées-Orientales – Carte régionale n° **27**–B3

L'ATELIER DE FRED

CUISINE RÉGIONALE • COSY C'est une adresse où les habitués se pressent. Le sens de l'accueil de Fred, la cuisine méditerranéenne goûteuse et gorgée de soleil de David, son associé, et ce je-ne-sais-quoi qui fait la différence. La majorité des légumes et herbes aromatiques servis au restaurant sont issus du potager de mille mètres carrés du chef. Le menu du déjeuner est d'un excellent rapport qualité/prix, la cuisine très soignée. On se régale.

🛒 🎟 🏠 – Prix : €€

12 rue Saint-Férreol – ℰ 04 68 95 47 41 – Fermé lundi et dimanche

CESSON-SÉVIGNÉ

✉ 35510 – Ille-et-Vilaine – Carte régionale n° **9**–B1

CUEILLETTE

CUISINE DU MARCHÉ • CONTEMPORAIN Une petite maison perdue dans la banlieue rennaise, une façade avenante, un intérieur contemporain, une terrasse couverte donnant sur les champs, et un accueil charmant. Et dans l'assiette, le chef a tout compris : des recettes efficaces, épurées et tout en finesse, des accords judicieux, des assaisonnements au cordeau. Une jolie cueillette urbaine.

&♿🍴🅿 – Prix : €€

54 route de Fougères – ☎ 02 99 62 00 13 – www.cueilletterestaurant.fr – Fermé lundi et dimanche, et mardi soir

ZEST

CUISINE MODERNE • SIMPLE Le succès de ce Zest ? Une cuisine du marché, des recettes originales mâtinées de touches exotiques, de condiments et d'épices, une ambiance conviviale, et, à la belle saison, une terrasse au bord de la Vilaine. Service efficace.

🍴 – Prix : €€

32 cours de la Vilaine – ☎ 02 99 83 82 06 – www.restaurant-zest.fr – Fermé lundi et dimanche, et du mardi au jeudi soir

CEVINS

✉ 73730 – Savoie – Carte régionale n° **21**–D2

LA FLEUR DE SEL

CUISINE MODERNE • CONVIVIAL Sur la route des stations, cette maison pimpante abrite une affaire familiale ou l'on est reçu avec gentillesse. Le chef réalise une cuisine soignée déclinée en plusieurs menus, ainsi qu'une carte de saison. Côté décor, la salle contemporaine et cosy est centrée autour de la belle cheminée. En saison, agréable terrasse.

🍴🔄🅿 – Prix : €€

15 route du Portelin – ☎ 04 79 37 49 98 – www.restaurant-fleurdesel.fr – Fermé lundi, et mardi et dimanche soir

CHABANAIS

✉ 16150 – Charente – Carte régionale n° **18**–D1

LE VIEUX MOULIN

CUISINE DU MARCHÉ • TRADITIONNEL Ce restaurant, aménagé dans un vieux moulin et tenu par un couple chaleureux doté d'un vrai sens de l'accueil, vous accueille dans une salle lumineuse, avec sa belle cheminée pour les flambées hivernales. L'été, la terrasse bordant la rivière voisine permet de profiter d'une jolie cuisine du marché fraîche et colorée, autour de recettes originales et maîtrisées, privilégiant les circuits courts.

&♿🍴🅿 – Prix : €€

Étang du Bouchaud – ☎ 05 45 84 24 97 – www.levieuxmoulin-chabanais.com – Fermé mardi et mercredi

CHABLIS

✉ 89800 – Yonne – Carte régionale n° **12**–B2

 LES TROIS BOURGEONS

CUISINE MODERNE • SIMPLE Ce bistrot contemporain, au décor tout simple, a fleuri entre les murs d'une ancienne cave du Domaine Laroche, fameux producteur de chablis. Un chef japonais, formé à Tokyo et dans de belles maisons françaises, y soigne ses clients avec une fine cuisine, inspirée du répertoire régional, et revisitée avec goût et imagination. Très bon rapport qualité/prix.

♿ Ⓐ – Prix : €

10 rue Auxerroise – ℰ *03 86 46 63 23 – www.restaurant-chablis.fr – Fermé lundi et dimanche*

AU FIL DU ZINC

CUISINE MODERNE • CONTEMPORAIN Dans ce joli restaurant à cheval sur le Serein, le chef Mathieu Sagardoytho élabore des menus créatifs à la gloire de produits bien choisis (daurade grise de la baie de Quiberon en ceviche aux fraises, lapin de Bourgogne cuisiné aux moules de Groix, mirabelles de l'Yonne...), en harmonie avec une belle sélection de chablis et autres crus bourguignons.

🍸 ♿ Ⓐ – Prix : €€

18 rue des Moulins – ℰ *03 86 33 96 39 – www.aufilduzinc.fr – Fermé mardi, mercredi et dimanche*

CHAGNY

✉ 71150 – Saône-et-Loire – Carte régionale n° **17**–C2

 MAISON LAMELOISE

Chef : Éric Pras

CUISINE MODERNE • ÉLÉGANT Ah, Lameloise ! Le simple énoncé de ce nom fait déjà frémir d'aise les fins palais de Bourgogne et d'ailleurs. Impossible de résumer en quelques lignes l'histoire de cette institution qui entama son parcours étoilé, tenez-vous bien, en... 1926. Mais qu'on se rassure : en dépit de son grand âge, Lameloise n'a pas l'âme nostalgique. Eric Pras, devenu chef de la maison en 2009, le résume en une phrase, presque un mantra : "La tradition, c'est l'avenir." Autant dire qu'il n'a pas l'intention de se reposer sur ses lauriers. Fidèle à l'esprit des lieux, aussi inspiré que pointilleux, il assène avec sérénité de véritables coups de massue gustatifs, rendant hommage au terroir (escargots, volaille de Bresse, bœuf charolais, cazette du Morvan) tout en restant en phase avec l'époque. Très belle sélection de vins, au verre notamment. Du grand art.

🍸 ⇆ Ⓐ ✦ – Prix : €€€€

36 place d'Armes – ℰ *03 85 87 65 65 – www.lameloise.fr – Fermé mardi et mercredi*

CHAINTRÉ

✉ 71570 – Saône-et-Loire – Carte régionale n° **17**–C2

 LA TABLE DE CHAINTRÉ

Chef : Sébastien Grospellier

CUISINE MODERNE • CONTEMPORAIN La maison régionale dans toute sa splendeur ! Dans ce village typique niché au milieu du vignoble de Pouilly-Fuissé, on trouve un jeune couple sympathique et travailleur. Lui, en cuisine, pioche de beaux produits au marché et les magnifie avec des assiettes bien troussées. À titre d'exemple, citons ces asperges vertes et sardines bretonnes, ce homard normand au beurre mousseux, ou encore cette tranche de veau fermier avec radis multicolores et brocolis violets... Le tout accompagné de beaux nectars de Bourgogne et du Beaujolais. Envie d'y retourner ? Aucun souci, le menu unique est renouvelé chaque semaine. On aurait tort de se priver.

🍃 ⅏ 🆔 – Prix : €€€

72 place du Luminaire – ℰ 03 85 32 90 95 – www.latabledechaintre.com/fr –
Fermé lundi et mardi, et dimanche soir

LA CHAIZE-GIRAUD

✉ 85220 – Vendée – Carte régionale n° **14**–A2

🅜 LA CHAIZE GOURMANDE

CUISINE DU MARCHÉ • BISTRO Dans un sympathique bistrot contemporain, Cédric Merlaud propose une cuisine du marché "sagement voyageuse". De discrètes touches d'originalité viennent taquiner de beaux ingrédients principalement régionaux comme la pêche des ports vendéens et les légumes de petits producteurs. Recettes soignées, parfumées et plaisantes. Un séduisant rapport plaisir-prix !

⅏ 🆔 🏡 ⅏ – Prix : €

2 place du Marché – ℰ 02 51 22 75 33 – www.lachaizegourmande.com –
Fermé mardi et mercredi, et dimanche soir

CHÂLONS-EN-CHAMPAGNE

✉ 51000 – Marne – Carte régionale n° **6**–B2

⅏ JÉRÔME FECK

Chef : Jérôme Feck

CUISINE MODERNE • ÉLÉGANT On vient dans cette ville pour sa cathédrale Saint-Étienne, sa collégiale Notre-Dame-en-Vaux, son charme indéniable et ses nombreux lieux de mémoire, témoins d'un riche passé. Dans son hôtel d'Angleterre, le chef Jérôme Feck œuvre en faveur de la tradition gastronomique champenoise et perpétue l'héritage de cette table emblématique de la ville. Également pâtissier, il a roulé sa bosse de Langres à Reims en passant par Épernay : c'est dire s'il connaît son terroir de Champagne. Ses points forts ? Les sauces et les jus qui se révèlent intenses, concentrés et équilibrés – mention spéciale à la "mayonnaise" au safran de la région et son huile verte aux simples qui flattent le filet de saint-pierre. Les produits sont rehaussés de saveurs étudiées, tantôt jouant sur l'acidité, tantôt sur le fumé... Délicieux. Cuisine plus traditionnelle au bistrot Les Temps Changent, mitoyen de la table gastronomique.

🔗 ⅏ 🆔 ⅏ – Prix : €€€

19 place Monseigneur-Tissier – ℰ 03 26 68 21 51 – www.hotel-dangleterre.fr/fr/
accueil – Fermé lundi, dimanche et samedi midi

AU CARILLON GOURMAND

CUISINE MODERNE • CONTEMPORAIN Dans cette adresse chic et élégante, volontiers design, le carillon sonne l'heure d'une cuisine moderne (carpaccio de daurade royale et déclinaison de carottes) que l'on découvre au travers d'un menu-carte... Accueil agréable, service efficace et vaisselle de belle facture.

⅏ 🆔 ⅏ – Prix : €€

15 bis place Monseigneur-Tissier – ℰ 03 26 64 45 07 – www.carillongourmand.
com – Fermé lundi et mercredi, et dimanche soir

CHALON-SUR-SAÔNE

✉ 71100 – Saône-et-Loire – Carte régionale n° **17**–C2

AROMATIQUE

CUISINE MODERNE • ÉPURÉ Ici, c'est en couple que l'on Aromatise ! Fabien, en cuisine, compose une cuisine au goût du jour avec une pointe de créativité et inspirée à base de bons produits frais... et une petite touche d'épices ; Émilie, en salle, accueille chaleureusement la clientèle. Aucun risque de déjà-vu : le menu proposé au dîner est renouvelé très régulièrement et celui présenté au déjeuner est une aubaine. Un coup de cœur.

🅰🅲 🍴 – Prix : €€

14 rue de Strasbourg – 𝒞 03 58 09 62 25 – www.aromatique-restaurant.com – Fermé lundi et dimanche, et mardi et jeudi soir

LE BISTROT

CUISINE MODERNE • CONTEMPORAIN Sur l'île St-Laurent, un bistrot au cadre contemporain où le chef propose un menu à prix tendre le midi bien ficelé à l'image de cette mousse tiède aux champignon parfumé au vin jaune et son émulsion au Mont d'Or et une partition plus élaborée le soir (foie gras, turbot, homard). À noter que légumes et fruits proviennent en partie du potager ; fraîcheur garantie.

♿ 🅰🅲 🍴 🍽 – Prix : €€

31 rue de Strasbourg – 𝒞 03 85 93 22 01 – www.restaurant-le-bistrot.fr – Fermé lundi et dimanche

LES GOURMANDS DISENT

CUISINE MODERNE • COSY Dans la "rue des restaurants" de l'île St-Laurent, un duo de passionnés (Laurent au salé, Nadine au sucré) fait battre le cœur de cette petite adresse sympathique. Dans un cadre bourguignon avec pierres apparentes et plafond à la française, on déguste des plats maîtrisés et on en prend plein la vue avec des desserts en trompe-l'œil, comme ce Montecristo au chocolat. Les gourmands habitués vous le diront : mieux vaut réserver !

🍴 – Prix : €€

59 rue de Strasbourg – 𝒞 03 85 48 75 21 – www.les-gourmands-disent-restaurant.fr – Fermé lundi, mardi, du mercredi au vendredi à midi, et dimanche soir

CHAMAGNE

✉ 88130 – Vosges – Carte régionale n° **7**–B3

LE CHAMAGNON

CUISINE MODERNE • CONTEMPORAIN Dans le village de Claude Gellée dit Le Lorrain, ce bistrot chaleureux propose une cuisine traditionnelle généreuse (filet de bœuf Hereford tendre à souhait et sa béarnaise maison, ris de veau aux morilles, crème brûlée aussi lisse que croustillante) parsemée de notes plus modernes (thon rouge et ses condiments). Des produits de qualité et une jolie carte des vins !

🅰🅲 – Prix : €€

236 rue Claude-Gellée – 𝒞 03 29 38 14 74 – www.restaurantlechamagnon.fr – Fermé lundi et mardi, et mercredi et dimanche soir

CHAMALIÈRES

✉ 63400 – Puy-de-Dôme – Carte régionale n° **20**–B1

 ### RADIO

CUISINE MODERNE • ÉLÉGANT Depuis les hauteurs de la ville, ce bel hôtel des années 1930 diffuse non-stop un hommage vibrant aux ondes hertziennes et à la lampe triode qui permit l'invention du cinéma parlant et de la TSF. Branché Art déco, son décor sonne comme au premier jour, avec ses mosaïques au sol, ses ferronneries d'art et son alliance du verre et du miroir. En studio, le chef Wilfrid Chaplain mixe les fréquences de sa région natale, la Normandie, et celles de son terroir d'adoption, l'Auvergne, dont il chante les douces harmonies méconnues. Technicien solide, il compose une cuisine ambitieuse, fine et délicate, qui charme le palais : foie gras de canard d'Auvergne, mûres et fruits du mendiant ; bar des côtes normandes, marinière de moules du Mont-St-Michel. Quant au plateau de fromages d'Auvergne, il fait le buzz à lui tout seul.

🕸 🖨 ♿ Ⓜ 🅿 – Prix : €€€€

43 avenue Pierre-et-Marie-Curie – 𝒞 04 73 30 87 83 – www.hotel-radio.fr

 ### RADIO

CLASSIQUE • ÉLÉGANT Héritage des années 1930, cet hôtel des hauteurs de Chamalières offre un beau témoignage du style Art déco – celui des années radio ! À l'exception des chambres, spacieuses, décorées de manière contemporaine.

♿ 🅿 🧺 ⅼⓄ - 24 chambres

43 avenue Pierre-et-Marie Curie – 𝒞 04 73 30 87 83 – www.hotel-radio.fr

🕸 **Radio** - Voir la sélection des restaurants

CHAMBÉRY

✉ 73000 – Savoie – Carte régionale n° **21**–C2

LE BISTROT

CUISINE TRADITIONNELLE • BISTRO Au menu de ce bistrot rétro tout proche du théâtre et de la cathédrale, on trouve une goûteuse cuisine du marché, basée sur de jolis produits rendus dans toute leur vérité par un chef savoyard ayant travaillé longtemps dans la galaxie Ducasse. Le tout, aux beaux jours, se déguste sur une terrasse ombragée.

🍽 – Prix : €€

*6 rue du Théâtre – 𝒞 09 82 32 10 78 – www.restaurant-lebistrot.com –
Fermé lundi et dimanche*

CARRÉ DES SENS

CUISINE MODERNE • BISTRO Joliment située sur l'une des places centrales de la ville, cette maison est le fief d'un chef qui revisite les classiques de la tradition française avec passion et précision : œuf mollet, fricassée de girolles et persillade en émulsion ; paleron de bœuf cuit à basse température, galette de pomme de terre et jus truffé ; soufflé chaud au Grand Marnier - de bons produits et des recettes gourmandes soigneusement exécutées.

♿ 🍽 – Prix : €€

*32 place Monge – 𝒞 04 79 65 98 07 – www.carre-des-sens.eatbu.com/?lang=fr –
Fermé lundi et dimanche, et samedi soir*

FOLIE CUISINE D'ÉMOTIONS

CUISINE MODERNE • ÉLÉGANT Dans un immeuble historique situé au cœur du vieux Chambéry et pas très loin du château des Ducs de Savoie, faites une folie à cette table qui occupe l'ancienne cour de ce qui est maintenant un hôtel de luxe. Dans une ambiance intimiste et feutrée, le chef propose des menus "carte blanche" inspirés par les saisons et les voyages.

&.🅰🍴 – Prix : €€€

23 rue Bonivard – ☎ 04 85 86 03 65 – www.restaurant-folie.com/fr – Fermé lundi et dimanche

PINSON

CUISINE MODERNE • COSY Cette jolie adresse de centre-ville bénéficie de l'enthousiasme communicatif de ses jeunes propriétaires, qui comme le pinson, aiment voyager... et nous convier avec eux. Lui en cuisine, passé par de belles maisons (Londres, Paris), propose une cuisine soignée aux influences métissées ; madame en salle apporte son savoir-faire du milieu du luxe. L'accueil est charmant, le cadre chaleureux.

🍴 ⛲ – Prix : €€

22 place Monge – ☎ 04 79 70 96 40 – www.restaurant-pinson.fr – Fermé lundi et dimanche, et du mardi au jeudi soir

🛏

PETIT HÔTEL CONFIDENTIEL

MODERNE • CHALEUREUX Installé dans un bel immeuble ancien (15ᵉ s.), en plein cœur du centre historique, cet hôtel cache un intérieur au design ultra-moderne. Le verre y rencontre le parquet massif dans un esprit loft, pour diffuser une atmosphère feutrée que seuls les siècles savent patiner. C'est à la fois chaleureux et plein de caractère : les habitués espèrent qu'il restera confidentiel...

🛝 🅿 🌳 ⛲ 🚲 ⛄ 🌀 🍸 🛁 🛎 🅰 - 15 chambres

10 rue de la Trésorerie – ☎ 04 79 26 24 17 – www.petithotelconfidentiel.com

Folie Cuisine d'Émotions - *Voir la sélection des restaurants*

CHAMBOLLE-MUSIGNY

✉ 21220 – Côte-d'Or – Carte régionale n° **12**–C3

LE MILLÉSIME

CUISINE MODERNE • CONTEMPORAIN Au cœur des belles vignes de ce village vigneron, cette bâtisse toute pimpante abrite un restaurant contemporain. Un chef y joue habilement de plusieurs registres gourmands, non sans une certaine audace (à l'image de son tartare de bulots bichonné par une émulsion au foie gras). Le déjeuner est une aubaine, comme on l'a constaté avec le gâteau de foie blond de volaille, sauce crustacés ou ce faux-filet Black Angus, jus pinot noir et condiments d'automne. La carte navigue entre recettes traditionnelles et préparations plus élaborées, les œufs en meurette côtoient le homard breton en croûte de chorizo, nage de girolle, vin jaune. Mitoyen de l'établissement, le caveau des Musigny (qui appartient au propriétaire) propose des dégustations avant d'acheter du vin.

🍽 🅰 ⛲ – Prix : €€

1 rue Traversière – ☎ 03 80 62 80 37 – www.restaurant-le-millesime.com/fr – Fermé lundi et dimanche

CHAMBORD

✉ 41250 – Loir-et-Cher – Carte régionale n° **10**–C3

LE GRAND SAINT-MICHEL

CUISINE MODERNE • CHIC Dans les agréables salles au cadre élégant, ou depuis la terrasse avec vue inoubliable sur le mythique château de Chambord, on déguste une cuisine bistronomique soignée, qui réserve une place de choix à la saison et aux produits de la région : aubergine du potager de Chambord rôtie ; poitrine de veau confite, salade de haricots verts aux fruits rouges et cresson ; tarte abricot au miel et sorbet au yaourt.

🛏 &. 🅰 🍴 🅿 – Prix : €€

Place Saint-Louis – ☎ 02 54 81 01 01 – www.relaisdechambord.com – Fermé du vendredi au dimanche soir

RELAIS DE CHAMBORD

MODERNE • ÉLÉGANT Au cœur du domaine de Chambord (dont le château a soufflé 500 bougies en 2019), cet hôtel a été rénové avec le concours du cabinet d'architecte de Jean-Michel Wilmotte. Relais de campagne chic, chambres élégantes (pas forcément très spacieuses) avec de nombreux clins d'œil au château, petit espace bien-être, table gastronomique et restauration plus légère au bar, sans oublier l'accès au domaine, encore plus exclusif le soir après le départ des touristes… Un séjour de choix.

🕭 🗏 🅿 🕭 🕭 🕭 🕭 🕭 🕭 - 55 chambres

Place Saint-Louis – 𝄞 *02 54 81 01 01 – www.relaisdechambord.com*

Le Grand Saint-Michel - Voir la sélection des restaurants

CHAMBRETAUD

✉ 85500 – Vendée – Carte régionale n° **14**–C1

 LA TABLE DU BOISNIARD

CUISINE CRÉATIVE • ÉLÉGANT Dans un vaste parc, face au château dont les origines remontent au 15ème siècle, un restaurant mené par Valentin Morice, un chef, pâtissier de formation. Il propose une cuisine créative, élaborée à partir de produits d'excellence souvent de la région, avec une vraie passion pour les jus et les bouillons. Cette partition résolument contemporaine et respectueuse des saisons se savoure dans une élégante salle à manger ou en terrasse, aux beaux jours. Belles chambres au château et ravissants chalets dans les bois. Une adresse hautement recommandable.

🕭 🕭 🕭 🅰 🕭 🕭 🅿 – Prix : €€€

Rue du Boisniard – 𝄞 *02 51 67 50 01 – www.chateau-boisniard.com – Fermé lundi et mardi, et dimanche soir*

CHAMESOL

✉ 25190 – Doubs – Carte régionale n° **13**–C2

MON PLAISIR

CUISINE MODERNE • COSY Dans cette accueillante maison de pays, le chef Christian Pilloud travaille chacune de ses assiettes avec sérieux. En chef classique ouvert à la modernité, il recherche les bons produits du terroir bourguignon et franc-comtois pour réaliser des plats généreux : champignons d'automne et escargots fermiers ; croustillant de souris et ris de veau aux morilles, jus au vin jaune ; pigeon royal en croûte de feuilletage…

🕭 🅰 🅿 – Prix : €€€

22 lieu-dit Journal – 𝄞 *03 81 92 56 17 – www.restaurant-mon-plaisir.fr – Fermé lundi et mardi, et jeudi et dimanche soir*

AUTOUR DU CHEF,
TOUTE UNE ÉQUIPE

LA BRIGADE EN CUISINE, HISTOIRE D'UN BOULEVERSEMENT

Dans le monde de la gastronomie, il est des légendes tenaces. Comme celle d'attribuer au chef Auguste Escoffier l'invention de la brigade en cuisine. Il est en réalité plus judicieux de préciser qu'il s'est inspiré du taylorisme pour rationaliser les tâches et organiser son personnel sur un modèle militaire.

Commis rôtisseur puis saucier au restaurant Petit Moulin Rouge à Paris, Auguste Escoffier (1846-1935) devient chef de cuisine au quartier général de l'armée du Rhin à Metz pendant la guerre de 1870. Et cette expérience va avoir son importance quelques années plus tard : en 1890, Auguste Escoffier se voit confier les cuisines du Savoy Hôtel à Londres, un établissement prestigieux où l'aristocratie vient dîner. Les équipes de cuisine et de salle pouvaient servir jusqu'à 500 couverts par service. Comme le souligne l'historien et conférencier Yves Rouèche, le fonctionnement qui prédominait dans une brigade était que chaque cuisinier réalisait le plat complet pour un convive. Il a donc fallu revoir ce fonctionnement pour pouvoir servir autant de couverts dans un délai très court, à bonne température et de qualité constante.

Auguste Escoffier s'inspire alors de l'organisation militaire et du taylorisme, une méthode scientifique du travail industriel visant à améliorer la productivité, notamment en supprimant les gestes inutiles. Il définit alors des postes : le chef de cuisine - l'équivalent du général - le second (le commandant) puis des chefs

de partie. À cette époque, il existait l'entremétier en charge des légumes et des féculents, le responsable du garde-manger pour les plats froids, le rôtisseur, le saucier pour les potages et les sauces, et le pâtissier. Les différents chefs de partie, aidés de leurs commis et de leurs apprentis, n'étaient alors plus en charge de la réalisation d'un plat pour un convive, mais d'une séquence d'un plat et toutes étaient ensuite assemblées au "passe".

Un modèle toujours d'actualité

Depuis plus de 130 ans, le fonctionnement d'une brigade pensé par Auguste Escoffier n'a guère évolué et le modèle a fait ses preuves. Seules les dénominations ont changé. Le chef de cuisine reste le général. À ce sujet, il faut noter que le cuisinier Antonin Carême (1783-1833) écrivait déjà en 1822 : « le chef de cuisine doit être trempé pour le commandement

■ Du commis au chef de cuisine, une hiérarchie au service de l'efficacité et l'excellence

et doit fonctionner comme un général ». Aujourd'hui, selon la taille des restaurants et le type de restauration, le chef peut être accompagné d'un sous-chef ou second de cuisine lui-même assisté de chefs de partie. C'est essentiellement leurs dénominations qui ont changé par rapport à l'époque d'Auguste Escoffier. Ainsi, les rôtisseurs, les entremétiers et les sauciers ont globalement disparu, sauf dans les très grands établissements, pour laisser place à un modèle composé d'un chef de partie garde-manger, d'un chef de partie viande et d'un chef de partie poisson, auxquels s'ajoute parfois le "tournant", qui remplace un chef de partie absent. Tourner, c'est aussi le maître mot d'un chef de partie qui ne peut rester à ce poste pendant les premières années de sa carrière. Pour progresser, il va devoir évoluer sur les différents postes. Sous ses ordres, et toujours selon la taille de la brigade, des demi-chefs de partie, des commis (premier, second...), des apprentis et des stagiaires qui assistent leurs supérieurs hiérarchiques. Parallèlement, la pâtisserie est organisée de la même façon avec un chef pâtissier assisté d'un chef de partie. Mais une brigade ne serait pas totalement fonctionnelle sans les professionnels de l'ombre que sont les plongeurs, les aides de cuisine et le communard en charge de la réalisation des repas de l'ensemble du personnel, salle et cuisine.

Selon l'espace en cuisine, la taille du restaurant, le nombre de convives, le type de cuisine, chaque brigade est différente mais il n'est pas rare qu'elle ne soit composée que de deux ou trois personnes. Ces hommes et ces femmes de talent font alors preuve de polyvalence et d'ingéniosité pour accomplir l'exploit de servir tout un choix de plats et de desserts dans un laps de temps parfois très court, comme le souhaitait Auguste Escoffier. ■

CLAIRE SONNET
PRIX ACCUEIL ET SERVICE

Restaurant Le Louis XV à Monaco

Elle aurait pu être psychologue, mais un job d'étudiante dans la restauration va changer la vie de Claire Sonnet, conforté par un stage au Plaza Athénée. Chef de rang, chargée de clientèle, maître d'hôtel, elle a occupé tous les postes d'une brigade de salle avant de se voir confier la direction de la salle du Louis XV.

Comment définir votre métier de directrice de salle ?

Mon travail consiste à offrir du bonheur, de l'attention à des convives venus vivre un moment exceptionnel. Cela peut paraître surprenant mais je n'ai pas l'impression de faire un métier, plutôt de donner de mon temps à chacune et à chacun pour qu'ils soient dans les meilleures conditions. C'est vrai pour les convives mais aussi pour mes collaborateurs.

■ Claire Sonnet avec son trophée, et, page de droite, entourée de la brigade de salle

Plus concrètement, comment cela se traduit-il ?

Dans un service, il y a deux moments clés. Le premier débute 3 ou 4 heures avant l'arrivée des premiers convives, c'est la préparation de la salle, en fonction des réservations, des tables de 2, de 4 ou plus. Ensuite, le dressage de chaque table où rien n'est laissé au hasard. Tout doit être irréprochable. La seconde partie, c'est le service en lui-même, beaucoup moins codifié. Chaque service est unique parce que chaque table l'est et que celles et ceux qui la composent ne viennent pas chercher la même chose que leurs voisins. À nous, la vingtaine de personnes en salle, de comprendre l'humeur de chacun pour anticiper immédiatement les besoins, les attentes.

Une directrice de salle doit-elle aussi être compétente en sommellerie, en découpe, en flambage ?

Sur le papier, il faut savoir pallier le moindre imprévu mais mon métier est d'abord celui d'un chef d'orchestre, avant, pendant et après le service. Mais évidemment, j'ai des connaissances en sommellerie et je veille à les enrichir régulièrement. Même chose pour les fromages ou pour

les produits que le chef de cuisine va préparer. À tout moment, un convive peut poser une question sur tel ou tel point. Je veille toujours à valoriser la personne la plus compétente de la brigade pour apporter la réponse, mais si dans l'instant, ce n'est pas possible, je dois pouvoir être en mesure de le faire. Mais mon rôle est aussi de recevoir des fournisseurs, cela peut être un coutelier, un céramiste, un verrier, de façon à réfléchir à ce que pourrait être la salle demain à travers des arts de la table en perpétuelle évolution.

Avez-vous le sentiment que le service a évolué au cours de la dernière décennie ?

Tout dépend de l'établissement mais dans un certain nombre de restaurants, même étoilés, le service est aujourd'hui plus détendu, dans les tenues, la relation avec le convive. Je suis convaincue que c'est une attente des clients qui se sentent moins oppressés. Dans un établissement comme le Louis XV, c'est différent mais ce qui est certain c'est que le service a beaucoup évolué. Il reste toujours classique mais mes collaborateurs sont plus naturels, moins robotisés. Il faut aussi prendre en compte la personnalité de chacun qui doit s'exprimer avec ses propres mots, ses propres gestes. En revanche, il reste des codes qui ne changeront pas comme le port de la veste, l'absence de piercing ou de tatouages apparents. Nous devons être à la hauteur du lieu et des convives qui vont y prendre place.

Quels conseils donner à des jeunes qui aimeraient travailler en salle ?

Apprendre et maitriser deux langues. Je parle anglais et espagnol et j'ai des collaborateurs qui s'expriment en italien ou en russe. Comprendre que notre métier est désormais visible. Grâce à la médiatisation des chefs de cuisine puis celle des pâtissiers, nous sommes aussi mis en avant car la réussite d'un service c'est un alignement de planètes entre la cuisine, la pâtisserie, la sommellerie et la direction de salle. Admettre que le luxe c'est le monde de la rigueur mais ponctué de bienveillance, celle que l'on doit avoir pour nos clients et pour nos collaborateurs. Le service, c'est aussi avoir le sens de la fraternité, être toujours là pour l'autre avant, pendant et après le service. Il y a évidemment des contraintes mais il faut savoir s'en libérer pour évoluer naturellement dans ce métier. ∎

PETIT LEXIQUE SAUCIER,
OU LA BOTTE SECRÈTE DES CHEFS

« L'Angleterre a deux sauces et trois cents religions ; la France, au contraire, a deux religions mais plus de trois cents sauces ». Cette boutade attribuée au diplomate Charles Maurice de Talleyrand-Périgord (1754–1838), souligne la richesse de notre patrimoine et le plaisir de saucer qui en découle.

Fonds, fumets, bouillons, jus réduit, roux, demi-glace, consommé, court-bouillon... le lexique du saucier nécessite certains éclaircissements utiles pour la lecture d'une carte des mets au restaurant.

Les fonds

Préparations liquides et claires, plus ou moins concentrées, les fonds permettent de réaliser la plupart des sauces chaudes, mouillements, réductions et jus courts. Ils se classifient en deux catégories, les fonds bruns et les fonds blancs. Lorsque les éléments qui le composent sont rissolés ou colorés au four, il s'agit d'un fond brun (veau, agneau, volaille, gibier) alors que le fond est dit blanc (veau, volaille, légumes, poisson) lorsque les éléments sont mis à cuire dans le liquide après avoir été éventuellement blanchis.

Le fumet

Base essentielle de la cuisine classique, le fumet est utilisé pour les cuissons mais aussi pour la réalisation de sauces pour poisson. On distingue deux types de poissons, les blancs dont on conserve les parures et les arêtes et les poissons de roche ou gras pour obtenir un fumet dit rouge. Réduit et concentré, le fumet prend le nom de glace de poisson.

Le roux

Il sert à lier les sauces, les jus ou les bouillons et est obtenu par la cuisson à parts égales de farine tamisée et de beurre fondu mousseux. Après 10 minutes de cuisson, on obtient un roux blanc. Au-delà, la couleur du roux va évoluer pour blondir, il sera alors considéré comme un roux brun et sera adapté aux sauces de couleur foncée.

Le jus de viande

Si le fond est un ingrédient de base d'une sauce, le jus est une sauce réalisée à partir des jus ou des sucs de cuisson d'une viande. Il peut soit être préparé exclusivement pour une recette soit être réalisé à l'issue de la cuisson d'une viande. Ainsi, après la cuisson d'un poulet au four avec des échalotes et des oignons blancs, et une fois le poulet rôti retiré, le saucier déglace le plat au vin blanc, laisse réduire puis verse un peu d'eau chaude pour décoller les sucs de cuisson avant de répéter l'opération.

Le jus corsé ou réduit

Qu'il soit de veau, de bœuf, d'agneau, de volaille, de gibier ou de porc, le jus corsé ou réduit est un jus de viande fortement concentré en saveurs. Réalisé au restaurant, il nécessite près de 2 heures de cuisson et est, de nos jours, utilisé en remplacement des sauces traditionnelles.

Le court-bouillon

Préparation liquide parfumée (carottes, oignons, thym, laurier, persil, eau, vinaigre, sel et poivre), le court-bouillon est utilisé ensuite pour pocher des poissons et certains crustacés.

Le bouillon

Il se prépare en faisant cuire longuement et à frémissement des os de viande ou de volaille, des légumes et une garniture aromatique. Il sert ensuite de base à la réalisation de soupes, de risotto, de sauces.

Le consommé

Il est appelé consommé simple lorsqu'il s'agit d'un bouillon de bœuf, de veau, de légumes ou de volaille. Plus ou moins clair à l'issue de la cuisson, il est alors clarifié notamment avec du blanc d'œuf, des protéines maigres et une nouvelle garniture aromatique et prendra le nom de consommé double.

Le dashi

De plus en plus cité sur les cartes des restaurants, le dashi est un bouillon essentiel de la cuisine japonaise que les chefs de cuisine français s'approprient désormais. Il est obtenu par infusion d'ingrédients séchés dans une eau de source et l'on en distingue 5 en particulier : le kombu dashi (infusion d'algue kombu séchée), le katsuo dashi (flocons de bonite séchée), awase dashi (algues et bonite), iriko dashi (alevins de sardines ou d'anchois séchés) et shiitake dashi (champignons shiitake séchés). Ils sont à la base de recettes de soupes, de plats mijotés mais aussi de sauces. ◼

LE SERVICE À LA FRANÇAISE, UNE HISTOIRE... INTERNATIONALE !

L'expression "service à la française" est quelque peu trompeuse car elle englobe à la fois un contexte historique et une notion de service propre à la profession des métiers de la salle.

Les historiens estiment que c'est à partir du Moyen-Âge que l'on va commencer, en France, à déterminer une façon de manger calquée sur Rome, où l'on servait plusieurs plats par service, déposés sur des tables garnies. Le service dit "à la française", pour les soupers d'apparat de la noblesse et les banquets officiels, sera codifié à partir du 17e s. selon un ordonnancement en 4 ou 5 services. Pour commencer, hors d'œuvre, potages et entrées, déposés sur la table avant l'arrivée des convives. Ensuite sont servis les viandes et poissons en sauce, puis les grands mets salés, les rots et les légumes. Suivent les tourtes, les entremets chauds et les salades et enfin, les desserts composés de fruits, de compotes et de confitures.

Service royal... mais froid !

Ce service, outre son ordonnancement et le premier service présenté à table, avait la particularité d'être disposé dans la salle de réception. Chaque convive appelait un valet qui composait selon les goûts et l'appétit de chacun avant de servir à l'assiette. Seul bémol, les plats arrivés chauds étaient généralement proposés tièdes ou froids. Si ce service à la française perdura après la Révolution, il fut très vite concurrencé par le service à la russe introduit en France par l'ambassadeur à Paris du tsar Alexandre 1er. Ce service consiste à élaborer un menu unique pour tous les convives et à découper les mets en salle sur un guéridon avant de les disposer sur un plat présenté sur la gauche du convive. Si ce type de service permet un gain de temps, il n'en reste pas moins que les convives mangeaient tiède car il leur fallait attendre que tout le monde soit servi avant de déguster. Au même moment, un autre service se développe, le service à l'anglaise. Assez proche de la manière russe, il a permis d'accélérer le service en sautant l'étape du guéridon. Les mets découpés en cuisine sont disposés sur un plat présenté aux invités, qui se servent eux-mêmes. Le service tel qu'il est assuré aujourd'hui, dans une très large majorité des restaurants du monde entier, est le service à l'américaine : les serveurs arrivent directement de la cuisine avec l'assiette déjà composée qu'ils posent devant vous. Il nécessite moins de personnel qualifié et permet aux chefs d'exprimer leur créativité dans le dressage de l'assiette.

Du service d'hier au Grand Service d'aujourd'hui

Si l'on se réfère à ces différentes pratiques, force est de constater que le service à la française a disparu ainsi que le service à la russe, alors que le service à l'anglaise, s'il n'est plus d'actualité dans les restaurants, est encore très présent dans les foyers. Il existe en revanche un autre service à la française. Pas celui qui a été codifié au 17e s. mais celui défendu par les représentants hexagonaux des professionnels du service à table, directeurs de salle, maîtres d'hôtels, chefs de rangs, employés de service, enseignants en établissement de formation hôtelière... En juin 2017, ils se sont réunis afin de redéfinir la notion de service, afin qu'il corresponde au mieux aux attentes des clients. De cette studieuse rencontre est née la Charte du service "à la française". Son article premier définit le service à la française comme l'acte d'accueillir un client avec courtoisie, attention, bienveillance et générosité, puis répertorie un certain nombre d'actions à mener, au rang desquelles la mise en valeur des spécialités régionales, des producteurs, du restaurant, du chef, de sa cuisine, de sa brigade,

des arts de la table... Le texte demande d'inscrire dans leur temps l'histoire des techniques de la profession (découpes, flambages...) effectuées devant le client, avec une recherche de symbiose entre cuisine et salle. Dans l'article 2, il est question du Grand Service à la Française, qui met à l'honneur l'esthétisme de la table. Sont évoqués l'art du pliage des serviettes, le placement des couverts avec la pointe des fourchettes contre la nappe, mais aussi celui de l'assiette à pain, des verres ainsi que la note déposée à la droite du convive.

Cette charte, très détaillée, démontre que la notion de "service à la française", loin d'être désuète, n'est plus attachée à l'ordonnancement des plats, mais à la qualité du service en tant que tel. Et force est de constater que la France reste un des pays les plus appliqués en la matière. ∎

■ À la table d'une dame de qualité, miniature française du 15e siècle

GABY BENICIO
PRIX DE LA SOMMELLERIE

Restaurant Äponem à Vailhan

Ce qu'aime Gaby Benicio, c'est que ses clients - qu'ils soient fins connaisseurs, avertis, en phase d'apprentissage ou complexés par leur méconnaissance - se laissent porter par une rencontre, une histoire qu'elle va leur raconter.

Quel a été votre point de départ pour construire votre carte des vins en arrivant à Vailhan en 2018 ?

Je suis arrivée avec une partie des vins de mon restaurant parisien dont la plupart étaient des vins vivants, naturels, mais pas seulement. Je ne me voyais pas changer ce positionnement si ce n'est que j'avais envie de développer la partie des vins étrangers.

Pour quelle raison ?

Parce que j'ai beaucoup voyagé, fait énormément de rencontres et que je conserve des souvenirs liés à ces instants de dégustation. Je travaille beaucoup sur l'histoire, la mienne, mes souvenirs. À la carte, il y a donc des vins hongrois, slovènes, italiens, roumains. C'est un point d'accroche avec les clients. Je peux partir d'un vin, quel qu'il soit, et commencer à raconter une histoire parce que je peux avoir un lien particulier avec cette bouteille, ce millésime ou l'homme et la femme qui l'ont produit.

Vous dites être tombée des nues à l'annonce de votre prix de la sommellerie. Pourquoi avez-vous été aussi surprise ?

Parce que je ne pensais pas avoir le profil. Je suis étrangère *[NDLR : brésilienne]*, je suis une femme, je n'ai pas de diplôme de sommelière, je prône les vins vivants, je travaille dans un village de 150 habitants. Pour moi, j'étais loin de penser que mon parcours et ma vision du monde du vin pouvaient être aussi séduisants. Mais sans flagornerie aucune, je trouve le choix du Guide MICHELIN très audacieux, très encourageant pour les parcours atypiques et pour la féminisation du métier.

Combien de références avez-vous au total ?

Environ 1 400 références en vins naturels, bio et biodynamie mais il faut que j'arrête. Mon problème, c'est que je ne sais pas dire non si j'ai un coup de cœur. Et puis, je suis dans un département, une région où il y a de plus en plus de pépites. Le foncier reste abordable et cela permet à de formidables jeunes vignerons de venir s'installer. Je n'ai pas une région de prédilection à valoriser plus qu'une autre mais je suis dans une région d'une telle richesse qu'il m'est impossible de ne pas référencer les nouveaux entrants s'ils sont à la hauteur de mes attentes.

Votre carte des vins est particulière car classée par millésime. Pourquoi ce parti-pris ?

Parce que nos vies sont marquées par des événements liés aux années. Je voulais composer cette carte pour que les clients se souviennent ou s'émeuvent d'un moment. Et je constate qu'il n'y a plus d'a priori sur les appellations. Eux comme moi, avons forcément un souvenir historique sur une année et cela permet, si un client s'arrête, par exemple, sur 2017, de débuter la conversation sur cette année en particulier. Cela crée l'échange.

Combien d'années en arrière pouvons-nous remonter ?

Les 20 dernières années sont parfaitement représentées. Après, on peut remonter plus loin mais cela signifie que ce sont des souvenirs plus lointains pour les clients et pour moi, avec le risque que certains vins aient un peu perdu de leur superbe. Et puis 20 ans sur plusieurs appellations et plusieurs pays, c'est déjà un large choix.

Vous développez aussi une carte de boissons qui ne sont pas des vins. Quels coups de cœur avez-vous pu avoir récemment ?

Je me souviens d'un saké nature servi avec des langoustines. C'était totalement magique ! Mais le plus emblématique, c'est une eau-de-vie de mandarine produite à Saint-Jean-de-Minervois, goûtée sur un poisson avec une réduction d'orange. Une révélation. ▪

CYRIL KOCHER
PRIX DE LA SOMMELLERIE
Restaurant Thierry Schwartz à Obernai

Cyril Kocher n'aime pas le mot sommelier, il lui préfère l'expression "touriste du vin" parce que son objectif est de faire voyager ses clients en sillonnant les différents vignobles. Une clientèle qu'il voit progresser au fil des années et avec qui la notion de partage revêt toute son importance.

Vous êtes cuisinier de formation mais c'est le monde du vin qui vous happé. Comment est-ce arrivé ?

J'ai effectivement commencé par la cuisine en Alsace dans le cadre d'un CAP et d'un brevet professionnel. À l'issue de ces premières expériences, avec ma compagne, nous nous sommes demandé si nous ne devions pas partir à l'étranger pour parfaire notre formation et maîtriser les langues étrangères. Et il y a eu cette rencontre avec le chef Thierry Schwartz pour apprendre les métiers de la salle puis petit à petit la sommellerie. J'ai passé une mention complémentaire et depuis, je n'ai plus quitté Obernai. Cela fait plus de 17 ans que cette aventure a débuté.

Vous n'avez donc connu qu'un restaurant et un seul chef ?

Si l'on excepte les restaurants pendant mon apprentissage, effectivement. Ca ne s'explique pas, Thierry Schwartz et moi, ça a *matché* dès le premier jour. Une sorte d'alchimie. Il a sans doute décelé mon potentiel à l'époque et a misé sur moi jusqu'à me confier les clés de la cave.

La cave du restaurant est réputée pour son positionnement autour des vins bio, en biodynamie et naturels. Aviez-vous des notions sur ce sujet ?

En réalité, au tout début, je n'avais guère de notions. J'ai appris au contact de Thierry et toutes ces visites chez les vignerons alsaciens. Thierry est passionné par les vins. Il avait un temps d'avance sur moi mais il a eu à cœur de me faire

progresser rapidement. Chacun, à notre façon, à notre niveau, à notre rythme, nous avions envie d'apprendre.

Combien de références proposez-vous aujourd'hui ?

Selon les années, entre 1 500 et 1 700 références soit environ 15 000 bouteilles dont 15 à 20 % sont des cuvées d'Alsace et du Jura. Cette offre, je la conçois toujours avec Thierry. Il me fait entièrement confiance mais il reste très impliqué dans les dégustations comme les équipes le sont aussi, de salle et de cuisine, quand elles m'accompagnent chez les vignerons pour déguster et apprendre.

Quels doivent être les qualités d'un sommelier en 2024 ?

Simplicité, proximité, bienveillance, écoute et partage. Pendant longtemps, le sommelier intimidait trop les clients. Aujourd'hui, nous avons plus d'amateurs éclairés, plus détendus. Je le constate chez les moins de 40 ans. Beaucoup connaissent les vins naturels ou en biodynamie et cette ouverture d'esprit crée un dialogue plus ouvert entre eux et le sommelier. À l'inverse, les néo-retraités sont plus novices mais ont soif de comprendre cet univers et ne sont pas du tout fermés à la découverte.

À propos de découverte, quels sont les vins ou les vignerons qui vous fascinent ?

C'est un piège, cette question, car j'ai envie de tous les citer sinon, ils ne seraient pas sur ma carte.

Disons plutôt qu'il y a des hommes qui m'ont marqué comme au domaine Patrick Meyer qui était une de mes premières sorties avec Thierry Schwartz. Nous venions pour y passer deux heures, nous sommes restés huit heures au total. Il y a aussi les vins de Jean-François Ganevat dans le Jura ou ceux de Claude Courtois en Sologne.

Et si demain, vous deviez convaincre votre clientèle de goûter quelque chose de spécifique, vers quelle région iriez-vous ?

Chez nos voisins allemands qui n'ont pas toujours bonne presse. Je trouve que le riesling allemand est tout bonnement exceptionnel. Nous sommes en Alsace, fiers de défendre notre sublime vignoble qui regorge de pépites mais notre métier est aussi de faire voyager les clients et ce petit détour en Allemagne est une agréable destination. ▪

DES DESSERTS À L'UNISSON DU REPAS

Une tendance se dessine dans l'univers des pâtissiers de restaurants : la volonté de s'inscrire dans la continuité des créations salées pour qu'une logique de texture, de saveurs et de goûts s'impose naturellement dans l'esprit des convives.

L'ÉQUIPE AUTOUR DU CHEF

■ Création de Marius Dufay pour le Mirazur

La symbiose autour d'un lieu

Lorsque le chef pâtissier Marius Dufay prend son poste en mars 2022 au restaurant Mirazur à Menton (06), il sait, pour en avoir parlé avec le chef de cuisine Mauro Colagreco, qu'il va devoir composer ses desserts en fonction des jardins, des vergers et des potagers qui entourent le restaurant. Ce que recherche le chef, ce sont des desserts construits autour du positionnement du restaurant. C'est-à-dire qui ne s'orchestrent pas en fonction des saisons mais des quatre univers du calendrier biodynamique : la terre, les feuilles, les fleurs et les fruits. Il n'est donc pas question pour Marius Dufay, à de rares exceptions près, de présenter un dessert chocolaté ou autour du caramel. Il cherche davantage à créer avec ce que le végétatif lui offre comme fruits, légumes ou herbes. Ainsi, ce dessert à base d'oseille et de tomates, cet autre qui mêle l'amande verte à un croustillant de feuilles de lait d'amandes ou encore la pêche travaillée en marmelade avec

Savourer une crème au chocolat, crème glacée à la cardamome et confiture de lait après une assiette de langoustines rôties à la truffe, crème de parmesan et risotto crémeux n'a rien de choquant et c'est le choix d'un client au restaurant qui ne recherche pas forcément à ce qu'il y ait une logique entre les plats salés et les desserts. Contrairement aux accords mets et vins qui sont pensés - avec une touche de subjectivité - dans l'idée de marier aux mieux les saveurs d'un plat avec les arômes d'un vin, la pâtisserie n'a jusqu'à présent pas cherché à épouser les plats qui la précèdent. Pourtant, l'idée de créer une harmonie entre les saveurs et les parfums de l'amuse-bouche aux mignardises fait petit à petit son chemin, portée par une complicité naturelle entre le chef de cuisine et le chef pâtissier.

un biscuit amaretti à l'amande amère, une glace à la verveine, un siphon au lait d'amandes et un thé noir impérial. Il en résulte, pour les convives, le cheminement logique d'une balade locale parmi les trésors du jardin ou de producteurs voisins du restaurant.

La cohérence de la construction

Pour Romain Puybareau, chef pâtissier du restaurant Troisgros à Ouches (42) depuis 2021, après avoir occupé le poste de sous-chef pendant 3 ans, la cohérence entre les plats de César Troisgros et ses desserts s'est faite avec le temps. Le point de départ est sans doute la cuisine partagée : « on vit ensemble, il n'y a pas de séparation comme ça peut être le cas dans d'autres maison, je vois les produits entrer, la brigade du chef Troisgros évoluer. Cela crée une émulation, des questions, des réponses et des envies. » La deuxième chose

qui intéresse le duo, c'est qu'il y ait une continuité de construction des assiettes, dans le dressage, dans l'esthétisme et dans les goûts qui doivent être francs. Enfin, il y a cette volonté de proposer un premier dessert qui soit celui de la transition. Moins sucré, il doit presque être un dessert sans être un plat ou un plat sans être un dessert à l'instar de ce travail autour des champignons, auxquels la poire apporte la seule touche de sucre naturel.

La recherche de la légèreté

D'autres témoignages de chefs pâtissiers tendent à montrer que la réflexion autour des desserts se fait aussi autour de la "digestibilité", en fonction du nombre de plats. Lors d'un menu en trois actes, la question ne se pose pas forcément mais pour un grand menu en 5 ou 7 plats, les chefs pâtissiers réfléchissent différemment. Ils évitent soigneusement le chocolat, contrôlent l'apport en gluten, dosent le rapport gras et sucre, de façon à ce que la légèreté prime et qu'elle soit dans la droite ligne des plats précédents.

Si la perception de cette harmonie par les convives peut paraître encore très intellectuelle, elle est néanmoins naissante et semble répondre à des attentes légitimes comme celles de privilégier le local, de proposer de la légèreté et un esthétisme évident de l'entrée au dessert. ∎

■ Le Chocolat d'Onaure, de Romain Puybareau au Restaurant Troisgros

LES PÂTISSIERS PRENNENT LE LARGE !

Galettes des rois, créations pour la St-Valentin, œufs de Pâques, calendriers de l'Avent, bûches de Noël, corners éphémères ou permanents : les pâtissiers des palaces et des restaurants ne se contentent plus d'entrer en scène en fin de repas, ils occupent désormais l'espace gourmand tout au long de l'année.

L'ÉQUIPE AUTOUR DU CHEF

Maxime Frédéric, chef pâtissier du Cheval Blanc à Paris, pense à la bûche de Noël... dès que les fêtes de fin d'année sont passées. En janvier, il réunit ses sous-chefs et chacun expose ses envies, ses idées. Cela peut prendre un certain temps car Maxime Frédéric souhaite que l'idée finale soit adoptée à l'unanimité. Pour la bûche *Chocomotive* proposée en décembre 2023, ils ont réalisé au printemps une série de moules pour s'assurer de la possibilité de produire à grande échelle, puis déterminé comment les garnir. À cette étape, les équipes travaillent sur le goût et c'est autour du mois de mai qu'elles finalisent tous les éléments, avant de présenter à la presse en septembre un modèle abouti. La production démarre fin novembre au gré des commandes, soit 250 exemplaires maximum. Pour Maxime Frédéric et ses équipes, il en est ainsi toute l'année. Outre les desserts préparés et servis dans les différents restaurants de l'hôtel du Cheval Blanc et au LV Dream (lieu d'exposition Louis Vuitton), le chef pâtissier, comme nombre de ses confrères à Paris et en province, multiplie les occasions d'aller à la rencontre des amateurs de douceurs.

Un phénomène qui s'amplifie

Éphémères ou pérennes, les comptoirs et les pâtisseries des hôtels et des palaces ont commencé à s'imposer il y a une dizaine d'années. Les pâtissiers n'avaient jusqu'alors que les repas servis au restaurant pour dévoiler leur savoir-faire. En parallèle, des titres de presse grand public entièrement axés sur la pâtisserie voient le jour et trouvent très vite leur public. Mais le travail d'une partie de ces chefs, présenté au gré des pages, n'était accessible que dans les établissements où ils évoluaient. Il ne manquait qu'un lieu de rencontre, une pâtisserie

■ Le millefeuille de Matthieu Carlin, Butterfly Pâtisserie

La Chocomotive de Maxime Frédéric et son équipe, LV Dream

ouverte à tous pour déguster quelques gâteaux sur place ou chez soi. L'un des premiers établissements à tenter ce pari fut le Mandarin Oriental à Paris avec une pâtisserie située à l'entrée du restaurant Le Camélia. Quelques années plus tard, c'est l'Hôtel de Crillon qui ouvre Le Boudoir pour présenter les créations du chef pâtissier d'alors, Pablo Gicquel. Son successeur, Matthieu Carlin, attendra avril 2023 pour inaugurer un nouvel espace – Butterfly Pâtisserie -, après un essai concluant, fin 2022, d'un chalet éphémère installé devant l'Hôtel de Crillon. Il y présentait ses créations de fêtes de fin d'année et touchait une clientèle qui, peut-être, n'aurait pas osé pousser la prestigieuse porte. De son côté, l'Hôtel Brach a fait appel au Meilleur Ouvrier de France, Yann Brys, et à Alexis Beaufils, Champion du monde des arts sucrés 2022, pour orchestrer la pâtisserie de l'établissement. Le Ritz fait rayonner le travail de son chef pâtissier, François Perret, à quelques encablures de la place Vendôme, dans Le Comptoir où les amateurs peuvent acheter un pain au chocolat, une part de cake marbré ou une bûche de Noël.

La province fait la tendance

Au restaurant Les Frères Ibarboure à Bidart (64), l'idée de vendre des pâtisseries à emporter est née pendant le confinement. Pour ne pas rester inactif, Xavi Ibarboure, le chef de cuisine, décide de proposer des menus à emporter, de l'entrée au dessert. Son frère, Patrice, Meilleur Ouvrier de France et pâtissier du restaurant, se prête à l'exercice. Face à l'engouement, il poursuit dans cette voie en proposant les vendredis, samedis, dimanches et lundis, des tartes, des gâteaux, des chocolats et selon les événements festifs, des couronnes ou des galettes des rois. À Saint-Émilion, Adrien Salavert, le chef pâtissier du restaurant Les Belles Perdrix au Château Troplong Mondot a proposé en 2023 à la boutique du domaine, une bûche et un calendrier de l'avent. Même démarche à Blois, à l'hôtel Fleur de Loire du chef Christophe Hay, dont la pâtissière, Florence Lesage, Championne du monde des arts sucrés 2022 (en binôme avec Alexis Beaufils), a la lourde tâche de créer les desserts pour les deux restaurants de l'hôtel et pour le Kiosque à Pâtisserie, où chaque bec sucré peut acheter une religieuse au café, un Paris-Brest aux noisettes du Piémont, un flan à la vanille de Madagascar ou une bûche de Noël.

Depuis quelques années, il est devenu possible d'apprécier le talent de chefs pâtissiers autrefois "réservés" aux clients des grands restaurants. Accessibles à tous, leurs créations éphémères élargissent la palette des gourmandises et font naître des vocations en donnant davantage de visibilité aux maîtres de la pâtisserie. ■

L'ÉQUIPE AUTOUR DU CHEF

GERMAIN DECRETON
PRIX PASSION DESSERT
Restaurant Le Jules Verne à Paris

En grimpant au 2ᵉ étage de la Tour Eiffel, Germain Decreton a pris non seulement de la hauteur, mais aussi de l'envergure, dans un restaurant ouvert 364 jours par an qui accueille 75 convives par service.

Depuis votre arrivée au Jules Verne en avril 2019, vous êtes sous les feux des projecteurs. Qu'avez-vous fait auparavant ?

Un cursus classique au lycée hôtelier du Touquet puis des stages et un premier poste de chef pâtissier à l'Abbaye des vaux de Cernay dans les Yvelines mais je me sentais encore un peu jeune pour ce poste. J'avais le sentiment qu'il fallait que je redescende dans la hiérarchie. Un jour, j'ai pris un paquet de CV sous le bras et je suis allé taper aux portes des restaurants. Le premier, c'était Le Pré Catelan à Paris. Le chef Frédéric Anton et la pâtissière Christelle Brua cherchaient quelqu'un. Je n'ai pas eu besoin de déposer d'autres CV.

Combien de temps êtes-vous resté ?

Un peu plus de 4 ans. J'ai commencé demi-chef de partie puis je suis passé sous-chef. En 2019, quand le chef Frédéric Anton a pris les commandes du Jules Verne, j'ai eu le choix entre remplacer ma cheffe pâtissière Christelle Brua qui partait à l'Elysée ou un poste de chef pâtissier au Jules Verne.

Pourquoi avoir choisi le Jules Verne ?

Je pouvais gagner en maturité en participant à l'ouverture d'un restaurant. Je trouvais ça enrichissant de créer ma brigade, d'endosser la partie management de ma fonction. Avec 100 couverts par service et 364 jours d'ouverture par an, c'était un investissement important mais je ne regrette pas ce choix de carrière.

■ Le Chocolat, selon Germain Decreton

C'est assez fou d'imaginer que l'on puisse dresser 100 desserts par service. Comment êtes-vous organisé ?

Je m'appuie sur une équipe d'une quinzaine de pâtissiers. Ce sont effectivement des services intenses mais c'est aussi tout l'intérêt d'une maison comme Le Jules Verne, de prouver que l'on peut présenter une offre de qualité avec deux desserts au déjeuner comme au dîner. C'était un pari, nous l'avons relevé et ce prix Passion Dessert le prouve.

Avez-vous un produit de prédilection ?

La vanille. Aucune ne ressemble à une autre et le choix de la provenance est important dans la confection d'un dessert car vous n'obtenez pas les mêmes notes selon qu'elle a été produite à Tahiti, en Papouasie, à Madagascar ou à La Réunion. J'ai un petit faible pour cette dernière parce que j'ai eu la chance d'aller sur place. Je l'aime assez grasse, pas trop boisée, pas trop épicée et pour me convaincre qu'elle correspond à mes attentes, je lui fais passer le test du riz au lait. En réalité, j'aime tous les produits mais ce que j'apprécie surtout, c'est de comprendre la notion de terroir entre une fraise de Plougastel et une fraise de Carpentras. Un terroir différent, une variété différente et vous n'obtenez pas le même dessert, ni en goût, ni en texture. Ça peut paraître évident et ça l'est mais je trouve cela fascinant, captivant. La diversité de nos terroirs est une richesse pour notre métier et je suis loin d'avoir tout découvert.

Aller sur place, pour reprendre vos propos, c'est important ?

Notre temps est compté dans notre métier mais dès que j'en ai l'occasion, je vais à la rencontre de mes producteurs. C'est important de ressentir leur quotidien, de comprendre leurs problématiques. Mais ce que j'aime aussi, c'est les recevoir et leur faire goûter les desserts pour qu'ils comprennent comment leur produit est travaillé. Et si la rencontre ne se fait pas, je veille toujours à leur faire un retour sur leurs productions. Même quand il n'y a rien à redire sur la qualité, il faut le faire savoir. Respect et bienveillance sont ancrés en moi. ▪

SÉBASTIEN DELÉGLISE
PRIX PASSION DESSERT

Restaurant Les Explorateurs à Val Thorens

**Du petit-déjeuner au dîner en passant par le goûter et le room-service, Sébastien Deléglise intervient sur tous les moments sucrés des clients de l'hôtel Pashmina de Val Thorens.
Et à 2 300 m d'altitude, les processus de cuisson et de production ne s'appréhendent pas de la même façon !**

Il n'était pas écrit que vous embrassiez une carrière de pâtissier si l'on suit votre parcours scolaire. Qui vous a révélé ?

J'ai effectivement suivi les cours de cuisine au lycée hôtelier de Grenoble selon un cursus classique, CAP, BEP, bac techno et une mention complémentaire traiteur. Un de mes professeurs, Jean-Claude Lachal a décelé que j'avais des capacités à m'exprimer dans le sucré et m'a poussé à suivre cette voie.

■ Pomme de Savoie en tarte fine, sorbet granny et verveine du Dauphiné

Quels sont les établissements qui vous ont aidé à conforter ce choix d'orientation ?

Le Hameau Albert 1er à Chamonix pendant 3 ans puis des saisons à Courchevel et à Saint-Tropez mais l'expérience qui m'a marquée, ce sont les 5 années passées à Uriage-les-Bains au Grand Hôtel avec le chef Christophe Aribert. Je n'étais que chef de partie mais j'ai beaucoup apprécié la vision du chef autour des produits locaux. J'ai rejoint ensuite le Chalet Mounier aux Deux-Alpes, c'était ma première expérience de chef pâtissier et enfin l'hôtel Pashmina en 2015 pour son ouverture.

L'hôtel est situé à 2 300 m d'altitude. Est-il vrai que les techniques apprises dans la vallée sont revues et corrigées ?

Plus vous montez en altitude, plus la pression atmosphérique et la température diminuent et les processus de cuisson sont modifiés. Les crèmes ou les mousses sèchent plus vite, les macarons croûtent plus rapidement, le point d'ébullition n'est pas le même. Il faut effectivement revoir toutes les bases pâtissières et réécrire toutes les fiches techniques. Je me souviens de ma première pâte à choux, elle était complètement ratée. Cette pâte est devenue une sorte de bizutage pour les nouveaux entrants qui tous, connaissent la même mésaventure que moi. Il faut un petit temps d'adaptation.

Comment gérez-vous vos approvisionnements sachant que localement, aucun produit ne pousse ?

En réalité la vraie difficulté, c'est que les produits qui poussent ne sont disponibles que quand la saison est terminée c'est-à-dire début mai. Mais un peu plus bas, je trouve des produits comme les pommes et les poires de Savoie, les noix de Grenoble sans oublier des farines locales, du beurre, de sublimes cafés dont un vert pour réaliser une glace, des agrumes que je fais venir des Bouches-du-Rhône et les premières fraises du printemps qui me permettent en avril et jusqu'à la fermeture de proposer un dessert avec un fruit de saison. Et même si l'établissement est saisonnier, j'y

suis à l'année. L'été, je fais le plein de fruits rouges et noirs que je conditionne pour les utiliser en hiver mais uniquement pour le Base Camp, la brasserie de l'hôtel. J'en profite aussi pour produire les confitures pour le petit-déjeuner.

Ne pas avoir tous les produits à disposition, ne travailler les desserts que sur une courte période, n'est-ce pas frustrant ?

Absolument pas. C'est un vrai challenge. Je compose avec ce que j'ai, avec ce que l'on peut me livrer. Cette situation me convient car je ne suis pas du genre à figer ma pâtisserie pour toute la saison pour le restaurant gastronomique. Il y a une base de 3 desserts que je fais évoluer généralement au bout d'une semaine, soit dans leur composition, soit visuellement. Je suis un chef qui peut se lasser très vite. De cette façon et avec cette philosophie, je me renouvelle et je maintiens ma passion intacte. ■

MARIUS DUFAY
PRIX PASSION DESSERT

Restaurant Le Mirazur à Menton

Au Mirazur, ce ne sont pas les saisons qui rythment la création mais le calendrier lunaire. Une démarche que Marius Dufay souhaitait rejoindre. Depuis deux ans, il est en harmonie avec le chef, Mauro Colagreco, le lieu et les jardins.

L'ÉQUIPE AUTOUR DU CHEF

■ Les jardins du Mirazur dominent le port de Menton

Est-ce votre démarche écologique qui a convaincu Mauro Colagreco de vous faire entrer dans sa brigade en mars 2022 ?

Je crois savoir qu'il cherchait un chef pâtissier avec des convictions environnementales fortes. Il a toujours eu des pâtissiers talentueux mais son souhait était de prendre un professionnel avec des connaissances en permaculture et en biodynamie. J'ai eu la chance de les acquérir notamment pendant la période du Covid. J'étais en poste au restaurant Duende de Pierre Gagnaire, à Nîmes, et dans une démarche de rendre mon métier plus responsable, plus écologique. Je me suis rapproché d'un maraîcher, Pascal Flaman dans le Gard, qui travaillait en permaculture. J'ai passé du temps avec lui et j'ai ainsi acquis des connaissances qui ont séduit Mauro Colagreco.

Vous dîtes qu'en pâtisserie, vous ne suivez pas les quatre saisons mais la vie du jardin. Comment cela se matérialise ?

Prenons l'exemple d'une fraise. Chez nous, que ce soit au jardin ou chez nos producteurs dans l'arrière-pays, les premières fraises apparaissent fin mai, début juin. Je compose un dessert en fonction de leur couleur, de leur goût puis je les abandonne très vite pour laisser le temps à la plante de se régénérer pour m'offrir, plus tard, une nouvelle salve de récolte. Les fraises ne seront pas identiques à la première récolte et donneront naissance à un dessert différent. Mon message, c'est de ne pas épuiser la ressource. Il faut savoir l'oublier, travailler sur un autre produit et y revenir plus tard. C'est pareil pour l'amande. Au début de la saison, elle est un peu gélatineuse. Quelques semaines plus tard, c'est toujours une amande mais elle aura tellement évolué qu'elle ne s'intégrera plus dans le dessert du début de saison.

Combien de desserts créez-vous chaque année ?

Environ 150 car nos créations sont connectées aux différents jardins du Mirazur et à la production des paysans qui nous entourent mais pas seulement. Il faut aussi tenir compte des microclimats, des micro-terroirs qui offrent des goûts et des textures différents à un même produit. Les jardins, ce sont des univers en perpétuel mouvement. Du jour au lendemain, de nouvelles variétés arrivent et bouleversent forcément votre création car certaines ne peuvent pas attendre quand d'autres vous laissent le temps de souffler et de réfléchir. Pour comprendre tout cela, il faut être en connexion permanente avec ces jardins. C'est pour cette raison que je m'y rends au moins deux fois par semaine.

Est-ce que la richesse de ces jardins vous oblige à écarter des produits comme le chocolat, le café, la vanille ?

Je ne me les interdis pas mais il faut rester logique. Si vraiment j'ai besoin de cacao, je vais me renseigner sur les conditions de travail des employés, la bonne rémunération de chacun et si tous les critères sont remplis, je peux en commander. Mais j'ai la chance d'avoir des caroubiers, dont le fruit possède une saveur proche du cacao. Pourquoi aller chercher à l'autre bout du monde un goût que l'on peut retrouver à deux pas de sa cuisine ? Même démarche pour la vanille, le mélilot est une excellente alternative.

Votre engagement écologique se traduit aussi en cuisine. De quelle façon ?

Ça n'est pas seulement le mien, c'est celui du Mirazur dans sa globalité. Outre le fait d'être "plastic free", nous avons longtemps privilégié les sacs en amidon de maïs à placer dans les bacs de tri jusqu'à ce que l'on prenne conscience que ces sacs généraient un emballage et une livraison. Pourquoi ne pas tout simplement les enlever et nettoyer nous-mêmes les bacs de tri ? Ça peut paraître un détail mais c'est la somme de tous ces détails qui fait que nous évoluons dans un monde dans lequel, à titre personnel, je me sens épanoui. ▪

ROMAIN PUYBAREAU
PRIX PASSION DESSERT

Restaurant Troisgros à Ouches

Par un simple email de candidature envoyé il y a six ans, Romain Puybareau a intégré la maison Troisgros puis gravi les échelons pour en devenir le chef pâtissier. Sa vision d'une pâtisserie en cohérence avec le salé est d'une délicieuse clairvoyance.

Quel a été votre parcours avant l'email envoyé à la maison Troisgros ?

Je suis originaire de Dordogne, j'ai intégré l'école hôtelière de Souillac dans le Lot d'abord en cuisine pour le BEP et le bac pro et j'ai poursuivi par une mention complémentaire en dessert de restaurant. J'ai débuté à Baumanière aux Baux-de-Provence en alternance avec le Strato à Courchevel au gré des saisons puis au K2, toujours à Courchevel, où j'étais chef de partie avant d'envoyer un email à la maison Troisgros. Dans un premier temps, j'ai travaillé dans l'un des établissements, La Colline du Colombier à Iguerande jusqu'à ce que César Troisgros me propose d'intégrer le restaurant 3 étoiles.

■ Opus incertum

Vous semblez très en phase avec la cuisine de César Troisgros. Est-ce sa volonté ou la vôtre ?

Un menu aujourd'hui se doit d'être cohérent. Fut un temps, les pâtissiers rongeaient leur frein en attendant de présenter leur travail. Ils avaient besoin d'exister et proposaient des choses incroyables mais sans fil conducteur ressenti par le client. Aujourd'hui, la pâtisserie de restaurant tend à s'accorder avec les plats qui précèdent. Avec César Troisgros, nous n'avons pas eu besoin d'en débattre. Cela me semblait logique de suivre le sillon tracé, à l'instar du dessert Narcisse qui mariait le chocolat à une glace aux câpres.

Avez-vous un exemple pour expliquer cette cohérence ?

Je me souviens d'une année riche en champignons. La cuisine en recevait des kilos tous les jours. Je me suis demandé si je ne pouvais pas en intégrer dans l'un des desserts. On a travaillé sur des gavottes réalisées avec l'eau de blanchiment des champignons que l'on a fait réduire. Le tout associé à de la poire et du poivre du jardin.

Dans le cadre d'un menu à 7 plats, le dessert était tout en légèreté, sans sucre ajouté et ne créait pas de rupture avec ce que les clients avaient pu apprécier auparavant.

Vous parlez de légèreté dans vos desserts, est-ce la nouvelle tendance ?

Ce n'est pas seulement la légèreté qui compte mais la *digestibilité*. Cela ne s'applique pas forcément sur un menu, entrée-plat et dessert mais quand un client a déjà goûté 5 ou 7 plats, et parfois plus, lui proposer un dessert avec du gras, du sucre et du gluten n'est pas forcément très approprié. En dehors des mignardises pour lesquelles j'utilise encore de la farine de blé, les autres créations sont préparées désormais avec de l'amidon, de la farine de sarrasin, de la farine de riz ou de châtaigne. C'est plus digeste.

Cela vous restreint forcément dans le choix de vos matières premières...

Évidemment mais là encore, par conviction et par cohérence, ça me paraît plus logique de travailler autant que possible les produits locaux. J'adore les abricots et les figues mais chez nous, il n'y en a pas, nous ne sommes pas proches d'une zone de production or moi j'ai besoin d'avoir un œil sur les produits. Plutôt que d'être déçu à la réception d'un produit, je préfère ne pas le travailler.
Je fais exception pour la rhubarbe qui vient de Saint-Riquier dans la Somme, d'une part parce que je connais le duo qui produit et d'autre part parce que c'est un produit qui voyage très bien. ■

L'ÉQUIPE AUTOUR DU CHEF

LA BRIGADE DE SALLE

Encadrants ou exécutants, les membres d'une brigade de salle ont à cœur de réussir chaque service et que les convives soient comblés, de leur arrivée à leur départ du restaurant. Retour sur ces métiers peu médiatisés mais qui contribuent à porter haut les couleurs du service à la française.

Selon leur taille, tous les restaurants ne possèdent pas une brigade de salle au grand complet. Cependant, certains postes clés sont communs, qu'ils soient encadrants ou exécutants.

Le directeur de restaurant

Il dirige l'ensemble du personnel de salle mais n'est pas forcément présent à chaque service. Quand c'est le cas, il participe à l'accueil de la clientèle et reste à son écoute. En dehors des services, il s'occupe du recrutement, de la gestion, des relations commerciales et travaille en étroite collaboration avec le chef sommelier et le chef de cuisine.

Le 1er maître d'hôtel

Bras droit du directeur de restaurant qu'il peut remplacer, il dirige et forme le personnel de salle. Il a sous ses ordres un maître d'hôtel, dans le cas d'une brigade de salle conséquente, ou un chef de rang et des commis. Il accueille et place les clients ou délègue au maître d'hôtel s'il est disponible.

Le maître d'hôtel

Il s'assure de la bonne mise en place avant le service et encadre la brigade. Comme le 1er maître d'hôtel, il peut assurer l'accueil et le placement mais son rôle principal est de renseigner, aiguiller, prendre les commandes, servir et effectuer certains gestes en salle comme les découpes ou les flambages.

Le chef de rang

Si le 1er maître d'hôtel et le maître d'hôtel sont considérés comme des encadrants, le chef de rang est un exécutant qui dépend d'eux. Avant le service, il participe à l'entretien de la salle, au dressage des tables et à la mise en place, puis a la responsabilité du service dans la partie du restaurant (le rang) qui lui est confiée.

Les commis

Si le terme n'est plus très usité, le commis débarrasseur est généralement le plus jeune équipier de la salle, qui apprend son métier. Il participe à la mise en place de la salle avant le service, mais son rôle, au cours de ses premières années, est de débarrasser les tables et dresser les couverts pour les plats suivants. Le commis de rang, hiérarchiquement au-dessus, assiste le chef de rang pour le service des plats.

■ Un travail d'équipe très spécialisé... où la polyvalence reste un atout

Le chef sommelier

Doté d'un budget propre, il est en charge des achats des vins et de la verrerie, et de l'élaboration de la carte des vins. Pendant le service, il conseille, guide, prend les commandes et sert les vins. En dehors du service, il forme l'équipe de sommellerie (et les autres membres de la brigade désirant améliorer leurs connaissances), et partage ses découvertes avec le chef de cuisine dans le cadre d'un menu "accords mets et vins". Il est aussi présent pour accueillir les vignerons venant faire découvrir leurs cuvées, se rend sur les salons grand public et professionnels et dans le vignoble, souvent avec son équipe, pour découvrir des domaines et le travail des vignerons.

Le sommelier

Outre la gestion de la cave (réception des livraisons, rangement...), il assiste le chef sommelier pendant le service en assurant les conseils auprès de la clientèle, la prise de commande et le service des vins. Si la brigade est conséquente et compte des commis, il les dirige et les forme.

Le commis sommelier

Outre le rangement de la cave, il veille au bon entretien du matériel de sommellerie et à sa mise à disposition. Pendant le service, il récupère les commandes du sommelier et se charge d'aller chercher les bouteilles à la cave. Dans ses premières années, il ne sert pas le vin mais selon la taille de la brigade et la confiance de ses supérieurs, il est voué à le faire.

Dans certains établissements viennent s'ajouter à ces postes traditionnels d'autres métiers intégrés à la brigade de salle : chef barman, responsable du vestiaire ou portier. Quant au trancheur et commis trancheur, ils se font très rares. Ils existaient autrefois dans les restaurants dotés de buffets. Ils avaient alors en charge l'organisation, la présentation et le service de cette restauration spécifique.

Tous ces métiers, ici décrits au masculin, sont bien évidemment de plus en plus mixtes. Cette diversité participe à la qualité du service, qui contribue si fortement au bien-être des convives et à la réputation des tables françaises. ■

CHAMONIX-MONT-BLANC

✉ 74400 – Haute-Savoie –
Carte régionale n° **21**–D1

Au royaume des fromages... et d'autres sujets rois.

Situé au pied du mythique massif du Mont-Blanc, Chamonix jouit d'un statut unique dans les Alpes du Nord. Si sa vocation touristique est née avec les débuts de l'alpinisme, elle a su préserver et cultiver un esprit de village et une gastronomie de terroir, sur laquelle le reblochon règne en maître (on en fait même des sucettes !) – mais pas seulement. Ce serait oublier le persillé des Aravis, la tome de Savoie, le beaufort et l'abondance, le chevrotin, la tome des Bauges... Et nous ne parlons ici que de fromages ! Citons, au hasard de nos souvenirs gourmands, la longeole, cette variété locale de saucisson à cuire avec de petits morceaux de couenne, du fenouil et du vin rouge et l'inévitable tartiflette (une création récente puisque le plat date des années 1980 seulement), fille naturelle de Sa Majesté le reblochon. Arrosez le tout de Roussette de Savoie, ou d'un verre de genépi, et les sommets sont à vous.

❁ **ALBERT 1ᴱᴿ**

CUISINE MODERNE • ÉLÉGANT Pierre, Marcel, Joseph, Clothilde... depuis sa fondation en 1903, quatre générations ont porté cette maison, désormais entre les mains de Perrine Carrier. La cuisine du chef Damien Leveau, aux influences savoyardes et piémontaises, enchante les produits de la région (omble chevalier et féra du Léman, escargots du pays du Mont-Blanc, cochons et agneaux des fermes alentour...), rehaussés par tout ce qui pousse dans le jardin aromatique : oxalis, ache des montagnes, thym citronné, sarriette, mélisse ou sauge. À savourer dans un décor sobre et élégant.

🕸 ⇦ 🖨🎔 **P** – Prix : €€€€

Plan : B1-1 – *Hameau Albert-1ᵉʳ, 38 route du Bouchet* – ☎ *04 50 53 05 09 – www. hameaualbert.fr/fr – Fermé mercredi et jeudi*

😋 **AKASHON**

CUISINE MODERNE • ÉPURÉ Au sein du complexe hôtelier L'Heliopic, on dîne d'une cuisine fine et savoureuse, oscillant entre clins d'œil à la gastronomie locale et partition plus actuelle, le tout dans un cadre épuré aux matériaux bruts - métal et granit.

🕭🎔 – Prix : €€

Plan : A2-5 – *L'Héliopic, 50 place de l'Aiguille-du-Midi* – ☎ *04 50 54 55 56 – www.restaurant-akashon.com – Fermé lundi et du mardi au dimanche à midi*

ATMOSPHÈRE

CUISINE TRADITIONNELLE • CONVIVIAL Il faut emprunter un bel escalier en granit, abondamment fleuri, pour rejoindre la discrète entrée de ce restaurant "d'atmosphère". Le décor montagnard, épuré et cosy, mise sur la simplicité et la convivialité. Si l'opportunité se présente, demandez une table côté véranda : elle surplombe le cours de l'Arve et offre une échappée sur les aiguilles de Chamonix ! En cuisine, honneur à la tradition, aux spécialités régionales et au gibier en saison : un véritable festival de saveurs. Jolie carte des vins.

⅏ 🅰🅲 – Prix : €€€

Plan : A1-3 – *123 place Balmat* – ℰ *04 50 55 97 97* – *www.restaurant-atmosphere.com*

AUBERGE DU BOIS PRIN

CUISINE TRADITIONNELLE • COSY Dans un cadre chic et contemporain face au Mont-Blanc, l'équipe d'Emmanuel Renaut élabore une carte dédiée au terroir alpin, qui s'appuie notamment sur le potager maison et la cueillette. Joli résultat dans l'assiette, avec des plats modernes, généreux et gourmands : tarte aux champignons sauvages et jus d'oignon grillé, carré de cochon au sapin et aubergine fumée, baba aux noisettes du Piémont, miel et serpolet... En prime, la vue est époustouflante, en particulier depuis la terrasse.

⪕🗫🅿 – Prix : €€€

Hors plan – *69 chemin de l'Hermine* – ℰ *04 50 53 33 51* – *www.boisprin.com/fr* – *Fermé lundi, mardi, et mercredi et jeudi à midi*

LE COMPTOIR DES ALPES

CUISINE MODERNE • CONTEMPORAIN Niché dans un hôtel moderne, ce restaurant cultive l'esprit franco-italien du chef Daniele Raimondi qui mâtine ses assiettes d'influences savoyardes. Des saveurs franches pour une cuisine moderne qui refuse toute concession sur la qualité des ingrédients. Le menu-carte « Ascension » offre un bon rapport qualité-prix. Une terrasse côté rue et une autre plus calme sur une placette. La bonne affaire de la station !

⅁🅰🅲🗫🗩 – Prix : €€

Plan : A2-8 – *151 avenue de l'Aiguille-du-Midi* – ℰ *04 50 53 57 64* – *www.comptoir-des-alpes.com/fr*

LA MAISON CARRIER

CUISINE RÉGIONALE • RUSTIQUE Au sein du luxueux Hameau Albert 1er, voici une ferme typique et conviviale où l'on propose un menu de saison bien tourné. Vous pourrez déguster les charcuteries fumées et séchées sur place, et profiter de l'inamovible "vré de toutes les tartes de la Grand-Mère", un planureux buffet de desserts où trônent en bonne place le biscuit de Savoie et la tarte aux myrtilles. Agréable terrasse.

⅏ ⅁🗫🅿 – Prix : €€

Plan : B1-2 – *44 route du Bouchet* – ℰ *04 50 53 00 03* – *www.hameaualbert.fr/fr* – *Fermé lundi et mardi*

LE MATAFAN

CUISINE MODERNE • ÉLÉGANT Au sein du mythique hôtel Mont-Blanc, dans un cadre contemporain élégant avec cheminée centrale, on propose une cuisine qui évolue entre recettes traditionnelles (saucisson lyonnais à la truffe ; paleron de bœuf cuit au barbecue) et préparations plus modernes (pigeon, endives, bouillon gingembre) sans oublier le menu bien-être. Terrasse donnant sur la grande piscine pour les beaux jours.

⅁🗫🅿 – Prix : €€€

Plan : A1-7 – *62 allée du Majestic* – ℰ *04 50 55 35 46* – *www.lematafan.com*

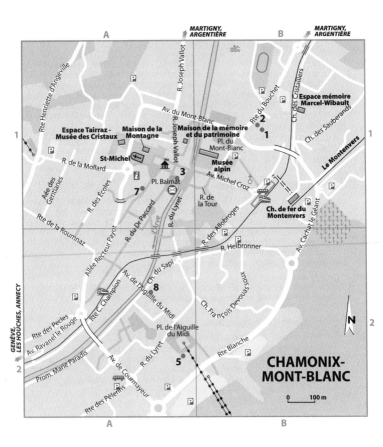

🛏 **LE FAUCIGNY**

MODERNE · COSY Petit hôtel de charme de la vallée de Chamonix, Le Faucigny joue la carte de l'élégance discrète et contemporaine. Bien que niché au pied du Mont-Blanc, il n'a rien du chalet rustique. Flambant neuves, ses chambres s'habillent d'une palette grise et blanche, de textures douillettes et d'un mobilier moderne aux délicates touches rustiques. Un style nordique cosy que l'on retrouve dans les espaces communs composés d'un salon, d'un coin bibliothèque avec cheminée, et d'un spa avec jacuzzi et sauna. Service de conciergerie efficace.

  ♿ 🅿 ♨ - 28 chambres

118 place de l'Église – ☎ 04 50 53 01 17 – www.hameaufaucigny-chamonix.com

🛏 **LA FOLIE DOUCE**

AVANT-GARDE · FAMILIAL A Chamonix, La Folie Douce et les Hôtels Particuliers ont réussi le pari de tout offrir sous un même toit enneigé. 250 chambres, dont des chambres doubles, familiales et suites grand luxe, des dortoirs, mais aussi un bar à cocktails, un spa, un centre de remise en forme avec piscine extérieure chauffée, cours de fitness et yoga Yuj, un club pour enfants, une boutique de ski et une navette gratuite. Cet ancien hôtel The Savoy hérité des années 1900 a conservé son standing et adapté son caractère luxueux.

  ♿ 🅿 🚐 🛏 🏊 ♨ ♨ ♨ - 250 chambres

823 allée du Recteur Payot – ☎ 04 50 55 10 00 – www.lafoliedoucehotels.com

LE HAMEAU ALBERT 1ER

MONTAGNARD • RAFFINÉ Ce véritable hameau associant plusieurs chalets constitue un délicieux havre montagnard, sous un beau tapis de neige l'hiver, tout en vert tendre aux beaux jours... Noblesse des matériaux (dont des boiseries de vieux chalets d'alpage) et chic contemporain, confort extrême et spa d'exception : un sommet de luxe !

⌂ ‖○ - 27 chambres

38 route du Bouchet – ☏ 04 50 53 05 09 – www.hameaualbert.fr

❀ **Albert 1er** • **La Maison Carrier** - Voir la sélection des restaurants

L'HÉLIOPIC

CONTEMPORAIN • CHALEUREUX Au départ du téléphérique de l'aiguille du Midi, ces deux grands chalets de pierre et de bois nous plongent dans un décor contemporain, parsemé de clins d'œil à l'alpinisme des années 1950. Plaids, coussins et rideaux donnent aux chambres une délicieuse touche vintage ; on passe de longs moments dans le superbe spa...

🅿 ⌂ ⅏ ⌂ 🕭 ⚶ ‖○ - 102 chambres

50 place de l'Aiguille du Midi – ☏ 04 50 54 55 56 – www.heliopic.com

❀ **Akashon** - Voir la sélection des restaurants

MONT-BLANC

CLASSIQUE • ÉLÉGANT Une belle renaissance pour cet hôtel historique, grâce à une rénovation réussie, de pied en cap : la décoratrice Sybille de Margerie a su mettre en valeur tous les charmes du lieu, révélant la beauté des moulures anciennes et du grand escalier, et jouant partout la carte d'un chic à la fois contemporain et intemporel... À redécouvrir !

♨ 🅿 ⌂ ⚶ ⅏ 🕭 🛁 ‖○ - 41 chambres

62 allée du Majestic – ☏ 04 50 53 05 64 – www.hotelmontblancchamonix.com

Le Matafan - Voir la sélection des restaurants

LE MORGANE

MODERNE • CHALEUREUX La nature est ici pleinement respectée : engagement environnemental (zéro carbone), cadre épuré et beaux matériaux (bois brut, pierre, coton bio)... L'hôtel de montagne du 21e s. en quelque sorte ! En sous-sol, on trouve spa, hammam, sauna, et bassin de relaxation.

♨ 🅿 ⌂ ⚶ ⅏ 🕭 ‖○ - 56 chambres

145 avenue de l'Aiguille du Midi – ☏ 04 50 53 57 15 – www.morgane-hotel-chamonix.com

Le Comptoir des Alpes - Voir la sélection des restaurants

LE REFUGE DES AIGLONS

MODERNE • RAFFINÉ Un hôtel de luxe alpin résolument moderne. Mais de luxe écologique : isolation optimisée, gaz naturel local, chauffage de la piscine aux copeaux de bois... Cette approche environnementale s'étend au spa et à la piscine extérieure. La décoration intérieure mixe des meubles et objets aux lignes épurées et des murs d'un rouge audacieux. Mais le décor insurpassable reste le mont Blanc lui-même - qui sert également de panorama au restaurant.

107 chambres

270 avenue de Courmayeur – ☏ 04 50 55 90 93 – www.aiglons.com

REFUGE DU MONTENVERS

MONTAGNARD • ÉLÉGANT Cette bâtisse en granite, perchée à 1913 m et édifiée en 1880 pour héberger les premiers alpinistes, est devenue un hôtel au calme, rénové avec goût dans l'esprit refuge. Le restaurant panoramique dévoile une vue splendide sur la Mer de glace. Accessible uniquement par train, ou à pied pour les plus courageux ! Authentique.

⚶ ‖○ - 20 chambres

Montenvers – ☏ 04 50 53 87 70 – www.refugedumontenvers.com

LE CHAMP-SUR-LAYON

✉ 49380 – Maine-et-Loire – Carte régionale n° **9**–C3

✿ LA TABLE DE LA BERGERIE

Chef : David Guitton

CUISINE MODERNE • CONTEMPORAIN Près d'Angers, en plein vignoble des coteaux-du-Layon, ce restaurant mérite toute votre attention. Il abrite le talentueux David Guitton, originaire de Loire-Atlantique, formé auprès des plus grands aux quatre coins du monde : États-Unis, Londres, Monaco... Pas de carte ici, mais un menu volontairement court pour mieux coller aux saisons. Le chef se fournit chez les petits producteurs locaux et compose de belles recettes au style plutôt épuré pour en apprécier toutes les saveurs. La séduisante carte des vins valorise la région dont la production (bio) du domaine.

&. 🆎 ❖ 🅿 – Prix : €€€

La Bergerie – ☎ 02 41 78 30 62 – www.latable-bergerie.fr – Fermé lundi, mardi et dimanche et du mercredi au samedi à midi

CHAMPCEVINEL

✉ 24750 – Dordogne – Carte régionale n° **18**–D2

🙂 LE BEL'ART

CUISINE TRADITIONNELLE • CLASSIQUE Sandrine et Vincent Cardoso (ex-Vieille Forge à Milhac-d'Auberoche), tiennent désormais table dans une bâtisse moderne et une salle fonctionnelle. Dans l'assiette, changement complet de décor : tout est mitonné aux petits oignons, cuisiné avec sincérité et, disons-le, amour, à grand renfort de produits locaux de qualité (veau sous la mère, noix, myrtilles), et accompagné de légumes (le céleri et les pommes de terre avec la volaille farcie), de jus et de sauces (le caramel laitier à la verveine au dessert), tous objets d'un soin gourmand remarquable. Une aubaine avec un menu déjeuner très attractif.

&. 🍴 – Prix : €

2 allée Jean-Boiteux – ☎ 05 53 07 85 51 – www.le-bel-art-restaurant.fr – Fermé lundi et dimanche, et du mardi au jeudi soir

🙂 LA TABLE DU POUYAUD

CUISINE MODERNE • CONTEMPORAIN Sur les hauteurs de Périgueux, le chef (et enfant du pays) Gilles Gourvat, vous reçoit dans cette ferme joliment rénovée. La cuisine, actuelle, revisite la tradition périgourdine, et privilégie les produits locaux (truffe en saison). Ainsi ce magret de canard entier rôti aux cèpes ; brouillade aux truffes ; foie gras de canard mi-cuit fumé au foin... Goûteux.

🍴 ❖ 🅿 – Prix : €€

57 route de Paris – ☎ 05 53 09 53 32 – www.table-pouyaud.com – Fermé lundi et mardi, et dimanche soir

CHAMPILLON

✉ 51160 – Marne – Carte régionale n° **6**–B2

✿ LE ROYAL

CUISINE CRÉATIVE • LUXE Cet hôtel de luxe, sorte d'amphithéâtre contemporain de pierres claires, épouse les coteaux du vignoble champenois. Dédiée à ce nectar, avec son plafond patiné doré et son lustre monumental composé de 36 bulles ambrées en verre soufflé, la salle évoque aussi Napoléon, qui fit halte dans cet ancien relais de poste. Le chef Paolo Boscaro a pris les cuisines en main avec autorité. Les gnocchis au pecorino, safran et crème parfumée à la sauge et agrumes confits, atteignent quasiment la perfection ; quant au turbot meunière au céleri, rhubarbe et févettes, magnifié par sa sauce champagne à la livèche, il témoigne aussi d'un grand talent. Desserts tout en fraîcheur, légèreté et modernité, à l'instar de ces framboises fraîches avec leur crème glacée aux asperges et un condiment framboise et huile d'olive.

🕸 ⇔ ⴺ 📖 ⇗ 🅿 – Prix : €€€€

Hameau de Bellevue, 9 rue de la République – ☎ 03 26 52 87 11 – www.royalchampagne.com – Fermé lundi, dimanche et du mardi au samedi à midi

🛏 LE ROYAL CHAMPAGNE

CONTEMPORAIN • RAFFINÉ Après une longue rénovation, le Royal Champagne propose à nouveau ses chambres sans vis-à-vis avec balcon ou terrasse, une décoration contemporaine avec des notes de bois rappelant la nature environnante, un spa de 1500 m² et des piscines intérieure et extérieure... Du grand standing.

⇗ 🅿 ⇔ ⇗ ⌇ 🎞 🕯 ⍟ 📖 - 25 chambres

Hameau de Bellevue, 9 rue de la République – ☎ 03 26 52 87 11 – www.royalchampagne.com

✿ **Le Royal** - Voir la sélection des restaurants

CHAMPLIVE

✉ 25360 – Doubs – Carte régionale n° **13**–C2

AUBERGE DU CHÂTEAU DE VAITE

CUISINE RÉGIONALE • CONTEMPORAIN Désormais géré par la jeune génération de la famille, cette auberge moderne décline une cuisine traditionnelle mettant en avant le terroir franc-comtois. Les morilles sont à l'honneur avec le sandre ou encore le poulet au vin jaune, sans oublier les grenouilles fraîches de l'étang du restaurant en saison. Étonnant : ce distributeur de plats faits maison mis en place à côté du restaurant !

⇔ 🏠 🅿 – Prix : €€

17 Grande Rue – ☎ 03 81 55 20 66 – www.auberge-chateau-vaite.com/fr

CHANTILLY

✉ 60500 – Oise – Carte régionale n° **5**–B3

⸙ LE VERBOIS

Chef : Guillaume Guibet

CUISINE MODERNE • CONTEMPORAIN Dans la famille Guibet, je demande le fils ! Dans la droite ligne de son père, Guillaume a repris les fourneaux de l'ancien relais de chasse (1886). Portée par les saisons, sa cuisine est créative et astucieuse, avec parfois des touches asiatiques (et pour cause, il a fait ses classes chez Kei, à Paris), toujours convaincante. Les beaux produits, traités avec malice et finesse, se succèdent comme cette ventrèche de thon et daïkon en feuilles à feuilles, ou ces morilles, jus de volaille, risotto ail des ours, sabayon au lard. Même dynamisme du côté du décor, entre bois, cuir et métal, d'une grande élégance.

🕸 ⇔ ⴺ 📖 🏠 ⟲ 🅿 – Prix : €€€€

6 rue la Grande-Folie, à Saint-Maximin – ☎ 03 44 24 06 22 – www.leverbois.fr – Fermé lundi et mardi, et dimanche soir

LA TABLE DU CONNÉTABLE - AUBERGE DU JEU DE PAUME

CUISINE MODERNE • ÉLÉGANT Après une visite au château royal de Chantilly, on s'attable dans cette luxueuse auberge contiguë aux jardins. Dans ce cadre opulent, entre tableaux, lustres et tentures, la cuisine se fait volontiers créative et donne toute leur place au végétal et aux produits de la mer : veau et anguille comme un gyoza, labneh à l'estragon ; turbot sauvage aux salsifis, zaatar et jus de viande au café ; chocolat en textures, tourbé et torréfié... Au bistrot le Jardin d'Hiver, plats traditionnels et de saison sont servis dans la galerie ou l'agréable terrasse-patio.

&. 🄐🄒 ⇔ 🍽 – Prix : €€€€

4 rue du Connétable – ☎ *03 44 65 50 00 – www.aubergedujeudepaumechantilly. fr – Fermé lundi, mardi, mercredi et dimanche et du jeudi au samedi à midi*

AUBERGE DU JEU DE PAUME

TRADITIONNEL • RAFFINÉ Beaucoup de raffinement dans ce luxueux établissement en bordure du Domaine de Chantilly, entre les Grandes Écuries et le château. Les chambres spacieuses et à l'élégance classique (avec vue sur la ville ou le parc), le spa de 600 m²... tout est princier.

🛁 🄿 ⌲ 🛏 🚲 ⚒ 🕙 🛎 🍽 🄐🄒 - 92 chambres

4 rue du Connétable – ☎ *03 44 65 50 00 – www. aubergedujeudepaumechantilly.fr*

La Table du Connétable - Auberge du Jeu de Paume - Voir la sélection des restaurants

LA CHAPELLE-D'ABONDANCE

✉ 74360 – Haute-Savoie – Carte régionale n° **21**–D1

LES CORNETTES

CUISINE TRADITIONNELLE • RÉGIONAL Ce restaurant, cité au guide Michelin depuis 1933, est une véritable institution dans tout le Chablais. Au menu : tourte au gibier, filet de féra à l'ail des ours et morilles, pintade rôtie sur l'os. Les charcuteries sont affinées et fumées sur place dans une atmosphère typiquement montagnarde. C'est simple, bon, et rustique à souhait.

🌦 🄿 – Prix : €€

43 route des Frasses – ☎ *04 50 73 50 24 – www.lescornettes.com/fr*

LES GENTIANETTES

CUISINE TRADITIONNELLE • CONVIVIAL La neige, la montagne, l'envie de paresser près de la cheminée autour de jolis plats... Ici, pas d'esbroufe, mais une cuisine traditionnelle pleine de finesse. Et côté carnotzet, honneur aux spécialités savoyardes (pierrade, raclette, fondue, etc.).

&. 🄐🄒 🌦 🄿 – Prix : €€€

73 route de Chevenne – ☎ *04 50 73 56 46 – www.gentianettes.fr – Fermé lundi et du mardi au jeudi à midi ; ouvert le weekend*

LA CHAPELLE-TAILLEFERT

✉ 23000 – Creuse – Carte régionale n° **19**–C1

INFLUENCE

CUISINE MODERNE • ÉPURÉ Le patron de cette petite maison de village a la passion des beaux produits, volaille fermière, distillerie Philippe Marais, bœuf limousin de Courtille, légumes bio de maraîchers locaux ; fort de sa longue expérience, il les met en valeur dans des assiettes canailles et gourmandes, à l'image de ce croque de ris de veau et purée au citron confit.

🌦 – Prix : €€

1 rue des Remparts – ☎ *05 55 81 98 32 – www.restaurant-influence.com – Fermé lundi et dimanche, et mardi et mercredi soir*

CHARLIEU

✉ 42190 – Loire – Carte régionale n° **20**–C1

 RELAIS DE L'ABBAYE

CUISINE MODERNE • CONTEMPORAIN Ce Relais de facture moderne, ouvert sur les prés environnants, est bien ancré dans son terroir. Aux fourneaux, on trouve un chef passionné de beaux produits, qui célèbre la production régionale (andouille de Charlieu, viande charolaise, fromage, etc.) dans des assiettes généreuses et soignées.

🍴 & 🅐🅒 ✿ 🅿 – Prix : €€

415 route du Beaujolais – 𝒞 04 77 60 00 88 – www.relais-abbaye.fr

CHARMES-SUR-RHÔNE

✉ 07800 – Ardèche – Carte régionale n° **20**–D3

 LE CARRÉ D'ALETHIUS

Chef : Olivier Samin

CUISINE MODERNE • TENDANCE Entre Drôme et Ardèche, il souffle comme un parfum de Provence dans cette "maison romaine" dédiée au sénateur Aléthius. La villa est organisée autour de sa cour carrée, délicieux patio verdoyant où l'on s'attable aux beaux jours. Jeune légionnaire chez Jean-Michel Lorain à la Côte Saint-Jacques, Olivier Samin est devenu centurion chez Anne-Sophie Pic, l'emblématique chef trois étoiles de Valence où il a longtemps exercé le poste de second. Il compose une cuisine fraîche et sensible, au gré du marché (fruits et légumes régionaux, escargots de l'Eyrieux, fromages locaux) et des saisons (un menu est dédié à la truffe l'hiver, un autre au homard l'été), avec un sacré sens de l'équilibre : cuissons précises, veloutés et crèmes d'une légèreté aérienne. Carrément délicieux.

🅐🅒 🅿 – Prix : €€€€

4 rue Paul-Bertois – 𝒞 04 75 78 30 52 – www.lecarredalethius.com/fr –
Fermé lundi, dimanche et mardi midi

CHAROLLES

✉ 71120 – Saône-et-Loire – Carte régionale n° **17**–B2

 FRÉDÉRIC DOUCET

Chef : Frédéric Doucet

CUISINE MODERNE • ÉLÉGANT La table de Frédéric Doucet, c'est une certaine idée du terroir et de la tradition, réinventés avec passion et créativité. Fils de bistrotiers, cet enfant de la balle a roulé sa bosse chez les plus grands, de Pierre Orsi à Paul Bocuse en passant par l'illustre maison Troisgros. Blotti au cœur d'un village aux tours pointues et aux toits patinés, le chef administre une solide leçon de choses : rien que de beaux produits de Saône-et-Loire, bœuf, fromage de chèvre ou escargots, servis par une technique classique rigoureuse qui n'exclut jamais l'inspiration. Cuisses de grenouilles laquées à l'ail des ours aux couleurs des prairies charolaises ; pièce d'exception de charolaise maturée et imprégnée de whisky de Bourgogne : difficile de résister aux douceurs de Frédéric Doucet, qui sait aussi retenir avec son spa et des chambres fort agréables.

🍴 & 🅐🅒 ✿ – Prix : €€€€

2 avenue de la Libération – 𝒞 03 85 24 11 32 – www.maison-doucet.com/fr –
Fermé lundi et mardi, et du vendredi au dimanche soir

LE BISTROT DU QUAI

CUISINE BOURGUIGNONNE • BISTRO Dans la deuxième adresse de la maison Doucet, le chef propose une cuisine traditionnelle et des viandes cuites à la broche.

Menu du jour rythmé par les saisons, et menu charolais, mettant en avant les produits du terroir bourguignon. Terrasse surplombant le cours d'eau.

&. 🅰️🍸 – Prix : €€

1 avenue de la Libération – 𝒞 03 85 25 51 75 – www.maison-doucet.com/fr – Fermé lundi et mardi midi

CHAROLS

✉ 26450 – Drôme – Carte régionale n° **24**–B2

CHÂTEAU LES OLIVIERS DE SALETTES

CUISINE MODERNE • HISTORIQUE Ce paisible château, restauré dans les règles de l'art, est une idée du bonheur en Drôme provençale... Sur la terrasse face au parc et aux collines, ou bien au chaud dans la salle à manger voûtée en galets roulés devant l'âtre qui crépite, attablez-vous pour déguster une savoureuse cuisine inspirée par le terroir régional.

🛏&🍸🅿️ – Prix : €€€

1205 route du Château – 𝒞 04 75 00 19 30 – www.chateau-lesoliviers.com/fr – Fermé lundi, mardi, du mercredi au samedi à midi, et dimanche soir

🛏 ## CHÂTEAU LES OLIVIERS DE SALETTES

CLASSIQUE • ÉLÉGANT Situé en pleine campagne, ce beau château du 16ᵉ s. entouré d'un agréable parc arboré, est le lieu idéal pour se ressourcer. Chambres élégantes, accueil charmant et superbe piscine à débordement. Difficile d'en partir...

&. 🅿️🛋🛏🏊🦢♨️💆🍽🅰️ - 32 chambres

1205 route du Château – 𝒞 04 75 00 19 30 – www.chateaulesoliviersdesalettes.com
Château Les Oliviers de Salettes - Voir la sélection des restaurants

CHARROUX

✉ 03140 – Allier – Carte régionale n° **16**–C3

LA FERME SAINT-SÉBASTIEN

CUISINE MODERNE • AUBERGE Dans cette authentique ferme bourbonnaise du milieu du 19ᵉ s. jouxtant la cité fortifiée de Charroux, il fait bon s'attabler autour des petits plats concoctés par la maîtresse des lieux, notamment aux beaux jours sur la terrasse... On y apprécie une cuisine d'aujourd'hui fleurant bon le terroir, à l'instar de ces beignets de courgette et sauce ciboulette. Une bonne adresse.

&.🍸🕊🅿️ – Prix : €€

Chemin de Bourion – 𝒞 04 70 56 88 83 – www.fermesaintsebastien.fr – Fermé lundi et mardi, et dimanche soir

CHARTRES

✉ 28000 – Eure-et-Loir – Carte régionale n° **10**–C1

🕸 ## LE GEORGES

CUISINE MODERNE • COSY Le Grand Monarque, qui abrite le Georges, traverse les siècles avec constance – l'hôtel était déjà cité dans le Guide Michelin 1900. Cette maison au décor élégant occupe une place idéale entre Paris et la Loire, au carrefour des régions de l'Ouest. Le chef Thomas Parnaud continue son travail de fond avec constance : mise en avant ses producteurs locaux respectueux de l'environnement et utilisation les produits dans leur intégralité. On se régale de gambas des pays de la Loire, caviar de Sologne ou d'un pithiviers de colvert et foie gras du Perche.On ne manquera pas non plus son soufflé au Grand Marnier, classique d'entre les classiques parfaitement exécuté. Enfin, la magnifique carte des vins soigneusement sélectionnés comporte 3000 références où le Val de Loire est à l'honneur. Cuisine plus simple et de saison servie dans l'agréable patio. Chambres charmantes.

❀ ⬡ ⟵ ♿ 🅰🅲 – Prix : €€€€

22 place des Épars – 𝒞 07 65 26 73 37 – www.grand-monarque.com – Fermé lundi, dimanche et mardi midi

BISTROT RACINES ⓝ

CUISINE TRADITIONNELLE • BISTRO Eugène Viollet-le-Duc pensait que la cathédrale gothique de Chartres était la plus belle de toutes. Le propriétaire du Grand Monarque a eu la riche idée d'ouvrir ce bistrot et bar à vins convivial dont la terrasse fait face au monument. Chartrains, pèlerins et touristes y profitent d'une cuisine traditionnelle qui met en valeur les éleveurs et les maraîchers locaux : pâté en croûte ; poitrine de veau, jus au café et pommes dauphines ; île flottante servie à la louche, régressive à souhait. Sélection futée de petits vignerons.

🅰🅲 🍴 – Prix : €€

49 rue des Changes – 𝒞 02 34 40 04 00 – www.bistrotracines.fr – Fermé lundi et dimanche

LE MOULIN DE PONCEAU

CUISINE MODERNE • CONTEMPORAIN Belle surprise avec ce restaurant bien connu des Chartrains et Chartraines repris par des professionnels de l'hôtellerie. Dans une jolie maison du 16ᵉ s., située dans le cœur historique de la ville et au bord de l'Eure, le chef réalise une cuisine de saison, maîtrisée, colorée dans une démarche responsable. Service attentionné, terrasse au cadre bucolique.

♿ 🍴 �️ – Prix : €€

21 rue de la Tannerie – 𝒞 02 37 26 28 00 – www.restaurant-moulin-ponceau.fr – Fermé mardi et mercredi

TERRA

CUISINE ITALIENNE • CONVIVIAL À deux pas du centre-ville, dans les faubourgs de Chartres, Terra est une invitation au voyage : le chef est italien et son épouse, la cheffe pâtissière, sud-africaine. Tout droit venue d'Italie, la cuisine est excellente et se déguste dans une ambiance conviviale. Laissez-vous tenter par les cannellonis façon fiorentina farcis au veau et aux épinards et leur sauce au parmesan... un délice !

🍴 🅿 – Prix : €€

65 avenue du Maréchal-Maunoury – 𝒞 02 37 84 81 47 – www.terrachartres.com – Fermé lundi et dimanche

🛏 LE GRAND MONARQUE

CLASSIQUE • ÉLÉGANT L'hôtel de tradition par excellence, déjà recommandé par le guide Michelin 1900 ! On s'y repose dans des chambres spacieuses et élégantes. Un tour au magnifique spa s'impose avant d'aller dîner au restaurant des lieux.

🕭 🅿 ⬡ ❄ 🔞 🔉 ♨ ⫚◎ 🅰🅲 - 58 chambres

22 place des Épars – 𝒞 02 37 18 15 15 – www.grand-monarque.com

✿ **Le Georges** - Voir la sélection des restaurants

CHASSAGNE-MONTRACHET

✉ 21190 – Côte-d'Or – Carte régionale n° **12**–D1

⸽ ED.EM

Chef : Édouard Mignot

CUISINE MODERNE • CLASSIQUE Ed.Em ? La contraction d'Édouard et Émilie, qui se sont rencontrés chez Régis Marcon : un jeune chef au solide parcours, commencé au Quai d'Orsay, poursuivi chez Philippe Rochat et Lameloise, et une pâtissière talentueuse qui parachève délicieusement le menu unique en plusieurs services. Avant, on aura goûté à la cuisine du chef, à la fois personnelle et subtile, à base de bons produits. Qu'on en juge : bœuf charolais en tataki associé à l'omble chevalier mi-cuit (une entrée terre/mer originale), sans oublier ce dos de sandre à la cuisson délicate accompagné d'un travail soigné autour de la carotte... Une belle étape sur la route des vins.

🆎 ⇄ – Prix : €€€€

4 impasse Chenevottes – ☏ 03 80 21 94 94 – www.restaurant-edem.com/fr – Fermé mardi et mercredi

CHASSELAY

✉ 69380 – Rhône – Carte régionale n° **21**–A2

🕸 GUY LASSAUSAIE

Chef : Guy Lassausaie

CUISINE MODERNE • ÉLÉGANT C'est en 1984 que Guy Lassausaie a pris place aux fourneaux de cette maison familiale, fondée quatre générations plus tôt – en 1906 – dans cette périphérie lyonnaise aujourd'hui constellée d'étoiles (le Pont de Collonges du regretté Paul Bocuse n'est qu'à une poignée de kilomètres). Là, le Meilleur Ouvrier de France trace un sillon rudement efficace : il célèbre la tradition locale (et, plus généralement, française) avec enthousiasme et de jolies inspirations. Citons par exemple ce merlu de ligne croustillant, purée de céleri à l'huile de sapin, jus de viande au lard fumé, ou encore ce carré d'agneau rôti sur l'os, épaule confite comme une caillette... Une cuisine étonnante et souvent attachante.

🐾 ⇔ & 🆎 ⇄ 🅿 – Prix : €€€

3 rue de Belle-Sise – ☏ 04 78 47 62 59 – www.guy-lassausaie.com – Fermé mardi et mercredi

CHASSY

✉ 71130 – Saône-et-Loire – Carte régionale n° **17**–B2

😊 JK RESTAURANT 🆕

CUISINE MODERNE • CONVIVIAL Jeanne-Louise et Kevin (J+K !) se sont rencontrés chez leur mentor Frédéric Doucet dont le restaurant étoilé est tout proche de leur première affaire, située au cœur d'un petit village du bocage charolais. Ils signent à quatre mains une cuisine bien dans son époque avec parfois quelques clins d'œil à l'Italie (patrie du chef) où le travail autour des légumes est un fil conducteur. Les produits sont rigoureusement sélectionnés comme pour ce dos de lieu jaune, légumes printaniers ou ce tartare de kiwi, fraise et cassis. Tous les soirs et week-end, les chefs proposent exclusivement un menu unique en plusieurs services.

& 🆎 🆑 🅿 – Prix : €€

350 route du Château – ☏ 07 87 33 03 62 – www.jk-restaurant-chassy.fr – Fermé mercredi et mardi soir

CHÂTEAU-ARNOUX-SAINT-AUBAN

✉ 04160 – Alpes-de-Haute-Provence – Carte régionale n° **24**–C3

🕸 LA BONNE ÉTAPE

Chef : Jany Gleize

CUISINE PROVENÇALE • ÉLÉGANT Sur la table, du pain, une fougasse, des olives et de l'huile d'olive, des tomates multicolores gorgées de soleil. Dans la salle de ce mas rénové, belle interprétation bourgeoise du répertoire local, il flotte comme des fragrances de thym, de sarriette et de lavande... on dirait bien le Sud ! Depuis près d'un demi-siècle, le chef Jany Gleize incarne la cuisine provençale classique, goûteuse et gourmande. Cèpes en raviolis ou en flan, foie gras de canard et tourte de colvert, lièvre à la royale et agneau de Sisteron : Giono lui-même aurait apprécié ces saveurs bien marquées, ces parfums capiteux d'une cuisine riche.

On vient de très loin pour déguster ces pieds et paquets d'anthologie, nappés d'une excellente sauce tomate bien relevée qui donne toute sa mesure à la recette. Quelques chambres spacieuses au mobilier d'époque : comme une envie de prolonger l'étape...

🕸 🍽 🛏 🅰🅒 ❄ 🅿 – Prix : €€€€

Chemin du Lac – 𝒞 04 92 64 00 09 – www.bonneetape.com – Fermé lundi, du mardi au vendredi à midi, et dimanche soir

BISTRO GABY

CUISINE PROVENÇALE • VINTAGE Gaby ? c'est le prénom de la grand-mère du chef à qui il rend honneur en réalisant une goûteuse cuisine du terroir. Dans l'assiette, les produits du marché et du jardin défilent au gré des saisons. Cadre tout en simplicité, aux couleurs de la Provence.

🅰🅒 ❄ – Prix : €€

14 avenue du Général-de-Gaulle – 𝒞 04 92 64 48 48 – www.bonneetape.com/fr/bistrot.html – Fermé mercredi et jeudi

🛏 LA BONNE ÉTAPE

CLASSIQUE • ÉLÉGANT Un petit hôtel provençal fièrement classique, logé dans un ancien relais de poste du 18ᵉ s., qui accueille des hôtes à la recherche d'un rythme tranquille. Les chambres et suites sont traditionnelles mais osent intégrer dans leur décor quelques éléments contemporains ainsi que tout le confort moderne. Les meilleures suites junior disposent d'un balcon ou d'une terrasse donnant sur les magnifiques jardins de l'hôtel... Le restaurant éponyme, géré par le chef étoilé local Jany Gleize, est complété par un second restaurant, Bistro Gaby, qui sert des assiettes de bistrot aux produits frais du marché.

🅿 🍃 ⌕ 🛏 🏊 🍽 🅰🅒 - 18 chambres

Chemin du Lac – 𝒞 04 92 64 00 09 – www.bonneetape.com

✿ **La Bonne Étape** - Voir la sélection des restaurants

CHÂTEAUBRIANT

✉ 44110 – Loire-Atlantique – Carte régionale n° **9**–B2

LA CITADELLE 🆕

CUISINE MODERNE • CONTEMPORAIN Le restaurant occupe une place de choix au cœur de cette cité médiévale, riche en vieilles pierres et maisons à colombages. Le chef Maxime, originaire du coin, et son épouse Patricia, originaire, elle, de Lima, ont concocté un décor réussi pour goûter à leur hospitalité. Dans l'assiette, de bons produits frais traités avec respect pour en révéler les saveurs et les goûts francs, le tout parfois pimenté de quelques touches sud-américaines (ceviche au tigre de leche, lait de coco...) et des plats à partager (assiettes de charcuteries ou de fromages), en hommage aux origines péruviennes de Patricia.

Prix : €€

9 place de la Motte – 𝒞 02 40 28 97 40 – www.lacitadelle-restaurant.fr – Fermé lundi et mardi, et dimanche soir

CHÂTEAU-D'OLONNE

✉ 85180 – Vendée – Carte régionale n° **14**–B2

CAYOLA

CUISINE MODERNE • ROMANTIQUE Dans la salle ou sur la terrasse, la vue sur l'Atlantique est superbe et l'on se prend à rêver de croisières au long cours. Mais l'évasion est déjà dans l'assiette : les produits de la mer sont rois en ce royaume...

⋖ 🛏 ♿ ❄ 🅿 – Prix : €€€

76 promenade de Cayola, anse de Cayola – 𝒞 02 51 22 01 01 – www.le-cayola.com – Fermé lundi, et mardi, mercredi, jeudi et dimanche soir

CHÂTEAU-THÉBAUD

✉ 44690 – Loire-Atlantique – Carte régionale n° **9**–B3

😊 AUBERGE LA GAILLOTIÈRE

CUISINE TRADITIONNELLE • RUSTIQUE Les vignes viennent presque caresser les murs et la terrasse de cet ancien chai au plaisant décor rustique. La cuisine jongle avec gourmandise entre bases traditionnelles et influences actuelles. Pour mieux suivre la saison, le chef change son menu deux fois par mois. Belle carte des vins mettant à l'honneur le terroir (Muscadet, Val de Loire, Fief vendéen) à prix sage. Service tout sourire.

🕸 ⚙ 🍽 🅿 – Prix : €

Lieu-dit La Gaillotière – ☎ 02 28 21 31 16 – www.auberge-la-gaillotiere.fr – Fermé lundi et dimanche, et samedi soir

CHÂTEAUDUN

✉ 28200 – Eure-et-Loir – Carte régionale n° **10**–C2

AUX TROIS PASTOUREAUX

CUISINE TRADITIONNELLE • CLASSIQUE Si Jean-François Lucchese est un ancien pâtissier, il se définit surtout comme un "artisan du goût", soucieux des associations d'ingrédients, des cuissons et des assaisonnements. En plein centre de Châteaudun, on s'installe dans cette maison ancienne et on remonte le temps avec le "menu médiéval", qui plonge droit dans la tradition ! Délicieux pain maison.

🍽 – Prix : €€

31 rue André-Gillet – ☎ 02 37 45 74 40 – www.aux-trois-pastoureaux.fr – Fermé lundi, dimanche, et mardi et jeudi à midi

CHÂTEAUNEUF-DE-GADAGNE

✉ 84470 – Vaucluse – Carte régionale n° **28**–E1

😊 LA MAISON DE CELOU

CUISINE MODERNE • COSY Cette jolie maison, perchée sur les remparts du vieux village, incarne à merveille les douceurs provençales. Le chef y compose des assiettes enlevées et volontiers originales comme ce croque Saint-Jacques aux épinards et tomates confites. Mention spéciale pour les desserts, gourmands et addictifs. La terrasse offre une vue imprenable sur le mont Ventoux et le massif du Luberon.

🏵 ⚙ 🍽 – Prix : €€

5 rue Saint-Jouin – ☎ 04 90 16 08 61 – www.lamaisondecelou84.com – Fermé lundi et dimanche, et mercredi soir

CHÂTEAUNEUF-DU-PAPE

✉ 84230 – Vaucluse – Carte régionale n° **28**–E1

✿ LA MÈRE GERMAINE

CUISINE MODERNE • ÉLÉGANT De Mistinguett à Gabin ou Fernandel, le tout Paris en partance pour le midi descendait autrefois dans ce village cher aux amateurs de vin. Le restaurant a d'ailleurs conservé le nom de sa fondatrice, Germaine Vion (en 1922). La maison séduit avec sa salle à manger décorée d'immenses fresques murales évoquant le Paris « Belle Époque » façon Toulouse-Lautrec, et grâce à sa terrasse, à la jolie vue. Aux fourneaux, le chef belge Christophe Hardiquest (Menssa à Bruxelles) soigne les produits et les légumes de Provence à travers sa cuisine moderne et méditerranéenne, pleine de saveurs (notamment dans son menu végétarien). Très belle carte des vins et solide sélection de châteauneuf-du-pape.

𝄢 ⇦ ⇤ ⏛ – Prix : €€€

3 rue du Commandant-Lemaître – ℰ 04 90 22 78 34 – www.lameregermaine.com – Fermé du lundi au mercredi

LE COMPTOIR DE LA MÈRE GERMAINE

CUISINE TRADITIONNELLE • CONTEMPORAIN Dans l'annexe de la table étoilée, on n'a pas fait les choses à moitié : cadre contemporain où domine le bois, grand comptoir et cuisine ouverte dotée d'une rôtissoire rutilante, et terrasse ombragée. Les viandes cuites à la rôtissoire - coquelet du Lubéron, cochon du Mont Ventoux - se succèdent, arrosés d'un bon choix de vins de... Châteauneuf-du-pape.

&. 𝔸 ⏛ – Prix : €€

7 place Jean-Moulin – ℰ 04 28 69 00 60 – www.lameregermaine-chateauneufdupape.fr – Fermé mardi et dimanche soir

CHÂTEAUROUX

✉ 36000 – Indre – Carte régionale n° **15**–C2

JEUX 2 GOÛTS

CUISINE MODERNE • ÉLÉGANT Bien implanté dans sa région natale après plusieurs années passées dans de belles maisons parisiennes, Christophe Marchais agite les papilles de Châteauroux. Il prépare des assiettes goûteuses et créatives, stimulé par un lieu chargé d'histoire. La meilleure table de la ville.

&. 𝔸 ⏛ – Prix : €€

40 rue Grande – ℰ 02 54 27 66 28 – www.jeux2gouts.fr – Fermé lundi et dimanche

L'ÉCRIN DES SAVEURS 🅝

CUISINE MODERNE • CONTEMPORAIN Père et fils tiennent ce beau restaurant au cadre de brasserie chic et léchée, un tantinet scandinave. Le premier, solide professionnel qui cuisine depuis ses 15 ans (passé au Lion d'Or à Romorantin ou aux Dryades), le second qui assure un accueil tout feu tout flamme. L'assiette ne badine pas avec le plaisir : on cuisine ici des produits fermiers et des poissons de Bretagne. La main sûre du chef fait le reste du job. Poêlée d'escargots et poulpe, légumes racines et jus à l'ail noir ; palet au sésame et citron Loumi, crumble à l'huile de sésame grillé.

&. 𝔸 – Prix : €€

133 avenue Marcel-Lemoine – ℰ 02 54 22 08 20 – www.lecrindessaveurs.com – Fermé lundi et dimanche

CHÂTEL

✉ 74390 – Haute-Savoie – Carte régionale n° **21**–D1

FLEUR DE NEIGE

CUISINE MODERNE • COSY Pâté croûte au canard, veau, cochon et foie gras ; filet de féra du lac Léman ; souris d'agneau confite à l'ail et au thym : cette cuisine soignée et généreuse se déguste dans une agréable salle ouverte sur la belle terrasse panoramique, face aux massifs du Chablais. Service attentionné.

⇤ &. ⏛ – Prix : €€

564 route de Vonnes – ℰ 04 50 73 20 10 – www.hotel-fleurdeneige.fr – Fermé , mardi et mercredi à midi

LA POYA

CUISINE TRADITIONNELLE • MONTAGNARD Dans un cadre montagnard, le chef s'applique à proposer une cuisine traditionnelle de bonne facture, à base de viande notamment... mais ne s'interdit pas quelques notes asiatiques (saumon gravelax façon tataki mariné à la betterave, sorbet moutarde). Les assiettes sont dressées avec soin et l'accueil est souriant. Une bonne adresse pour reprendre des forces après quelques descentes !

🍴 – Prix : €€

196 route de Vonnes – ℰ 04 50 81 19 34 – www.lapoya-restaurant.fr – Fermé mercredi et jeudi à midi

LE VIEUX FOUR

CUISINE TRADITIONNELLE • RUSTIQUE Rustique et chaleureuse, cette vieille ferme (1852) joue la carte de l'authenticité et ravit ses hôtes. On admire les figurines nichées dans les mangeoires de l'étable, tout en se régalant de petits plats savoyards ou d'une cuisine plus actuelle.

🍴 🖒 – Prix : €€

55 route du Boude – ℰ 04 50 73 30 56 – Fermé lundi et mardi

CHÂTEL-GUYON

✉ 63140 – Puy-de-Dôme – Carte régionale n° **20**–B1

❀ L'IMPULSIF

Chef : Rémi Laroque

CUISINE CRÉATIVE • CONTEMPORAIN Installé dans un immeuble de style Belle Époque, le chef Rémi Laroque propose une cuisine actuelle et très voyageuse. Cet enfant du Puy-de-Dôme avec des origines vietnamiennes ponctue en effet sa cuisine de touches asiatiques, et en particulier japonisantes. Il y a beaucoup d'engagement gourmand dans ses plats, comme en témoignent ses assiettes satellites ou ses déclinaisons autour d'un produit (homard, omble chevalier...) – avec une jolie pertinence des accords, à l'image de ce médaillon de lotte et déclinaison de fenouil, huile à la livèche et crème de coco. Service attentionné.

Prix : €€€

19 avenue Baraduc – ℰ 04 73 86 48 89 – www.limpulsif-restaurant.com – Fermé du lundi au mercredi

CHÂTELAILLON-PLAGE

✉ 17340 – Charente-Maritime – Carte régionale n° **18**–A1

☺ MARLA 🅝

CUISINE MODERNE • CONTEMPORAIN Une carte différente chaque semaine, des produits locaux triés sur le volet (légumes bio, viande et poisson uniquement de la région), une saine démarche écoresponsable et antigaspi (dans la brioche de chou-fleur, on utilise par exemple le légume tout entier). Mulet au chou vert et salicorne ; terre-mer de cochon, rutabaga et seiche : des assiettes nettes aux goûts francs. Cuisine plus simple le midi et brunch le dimanche.

🖒 🍴 – Prix : €€

Esplanade du Casino – ℰ 05 46 50 04 21 – www.marla-chatelaillonplage.eatbu. com – Fermé lundi et mardi, et dimanche soir

LES FLOTS

CUISINE MODERNE • CONTEMPORAIN Sur le boulevard qui longe l'immense plage, partez à l'abordage de cette jolie maison bleu et blanc du 19e s. On s'installe dans une salle contemporaine offrant une très belle vue sur les flots pour déguster poissons et crustacés du jour, vedettes d'assiettes soigneusement dressées. Voici une table qui devrait ravir les amateurs de sensations iodées !

≼ 🖒 🅰🅒 🍴 🖒 – Prix : €€

52 boulevard de la Mer – ℰ 05 46 56 23 42 – www.les-flots.fr – Fermé lundi et mardi

GAYA - CUISINE DE BORDS DE MER

CUISINE MODERNE • ÉLÉGANT Au sein de l'hôtel La Grande Terrasse, non loin des Boucholeurs, ce restaurant dont la carte est signée Pierre Gagnaire met l'iode à l'honneur. Les plats sont généreux, les jus, sauces et crèmes travaillés avec finesse, et la carte des vins compte environ 700 références. Le tout se déguste dans un cadre cosy avec une vue splendide sur l'océan.

⇐ & 𝔸𝕮 ⇧ ↻ 𝐏 – Prix : €€€€

Avenue de la Falaise – ℰ 05 46 56 54 30 – www.la-grande-terrasse.com

CHÂTILLON-SUR-CHALARONNE

✉ 01400 – Ain – Carte régionale n° **21**–B1

LA TOUR

CUISINE TRADITIONNELLE • CONTEMPORAIN Au cœur de cette agréable petite bourgade, derrière une belle façade à colombages, on s'installe au milieu de bibelots, dans un décor à mi-chemin entre le rustique et le baroque qui ne manque pas de charme. Dans l'assiette, inspirée par la tradition dombiste, les plaisirs défilent : fondant crémeux de brochet écrevisse, volaille de la Dombes à la crème, etc. Sympathiques chambres pour l'étape.

& 𝔸𝕮 ⇧ – Prix : €€

Place de la République – ℰ 04 74 55 05 12 – www.hotel-latour.com – Fermé lundi et dimanche soir

CHAUDES-AIGUES

✉ 15110 – Cantal – Carte régionale n° **23**–C2

🌼🌼 SERGE VIEIRA

CUISINE CRÉATIVE • DESIGN Un vaisseau contemporain de pierre, de fer et de verre avec une vue à 360° sur les alentours, niché dans une forteresse médiévale dont ils étaient tombés amoureux. Marie-Aude et Serge Vieira n'ont pas tardé à faire de ce lieu insolite une table réputée bien au-delà des frontières de l'Auvergne. La gentillesse et le talent du chef étaient appréciés de tous. L'impressionnant héritage culinaire qu'il laisse est désormais aux mains de Marie-Aude et de ses équipes, qui ont à cœur de perpétuer sa cuisine pleine de passion et de sensibilité, et de continuer à sublimer les plus beaux produits du terroir auvergnat.

🕸 ⇦ ⇐ & 𝔸𝕮 𝐏 – Prix : €€€€

Le Couffour – ℰ 04 71 20 73 85 – www.sergevieira.com – Fermé lundi, mardi, mercredi midi et dimanche soir

🌼 L'engagement du chef : Les produits qui figurent sur notre carte sont pour l'extrême majorité le reflet de notre terroir auvergnat et issus de circuits courts, du maraîchage ainsi que de l'élevage biologique. Notre logique se poursuit au-delà de l'assiette puisque nous n'employons que des produits d'entretien écologiques et que nous sensibilisons nos équipes au tri et au compostage.

😊 SODADE

CUISINE MODERNE • CONTEMPORAIN Sodade, c'est une chanson de Cesária Évora, et un clin d'œil aux origines portugaises du regretté Serge Vieira. Dans la grande salle à manger design ou sur la terrasse qui donne sur le ruisseau, on déguste une cuisine gourmande simple et savoureuse. Chambres plaisantes pour prolonger le séjour.

& 𝔸𝕮 ⇧ – Prix : €€

21 avenue du Président-Georges-Pompidou – ℰ 04 71 60 10 23 – www.sergevieira.com – Fermé lundi, mardi, mercredi midi et dimanche soir

CHAUMONT-SUR-LOIRE

✉ 41150 – Loir-et-Cher – Carte régionale n° **10**–C3

LE GRAND CHAUME

CUISINE MODERNE • CONTEMPORAIN Les architectes Patrick Bouchain et Loïc Julienne ont signé l'architecture de ce lieu incomparable où un toit de chaume traditionnel abrite un restaurant logé sous une charpente circassienne qui évoque un ciel étoilé la nuit. La salle "brute" est entièrement ouverte vers l'extérieur avec de grandes baies vitrées, et une partie donnant sur une petite terrasse et son étang : une réussite ! Dans l'assiette, le chef Guillaume Foucault (ex-Pertica) signe une cuisine créative sans concession, axée sur la naturalité des produits du Centre-Val de Loire.

⇔ & **P** – Prix : €€€

Route de Queneau – ℰ 02 36 65 84 00 – www.leboisdeschambres.fr –
Fermé lundi et du mardi au dimanche à midi

🛏 ### LE BOIS DES CHAMBRES

CONTEMPORAIN • CHALEUREUX Est-ce une ferme futuriste ou un objet hôtelier non conformiste ? Les bâtiments d'origine en pierre ont été complétés par deux pavillons contemporains dont les formes respectent la silhouette traditionnelle, mais avec des matériaux résolument modernes. Les chambres d'hôtes y réinterprètent l'architecture de la vallée de la Loire avec des couleurs pastel.

P ⇔ ⑪○ - 31 chambres

Route de Queneau – ℰ 02 36 65 84 00 – www.leboisdeschambres.fr
Le Grand Chaume - Voir la sélection des restaurants

CHAUMOUSEY

✉ 88390 – Vosges – Carte régionale n° **7**–B3

MAISON GRANDCLAUDE

CUISINE MODERNE • CONTEMPORAIN A dix minutes d'Epinal, Nicolas Grandclaude s'est fignolé avec son épouse une bien jolie table entre les murs de cette ancienne maison de maître dont la décoration contemporaine (très réussie) joue la carte des matériaux bruts (comme le bois de chêne). Le menu-carte déroule une cuisine moderne et gourmande, où le visuel léché à souhait rivalise avec les saveurs, à l'image de ces crevettes sauvages juste snackées, lait de coco, gingembre et citronnelle, ou ces filets de merlan dorés au beurre demi-sel, courgettes, amandes et basilic. On se régale.

& 🍴 – Prix : €€

37 rue d'Épinal – ℰ 03 29 66 80 77 – www.maison-grandclaude.com –
Fermé mardi et mercredi, et dimanche soir

CHAVIGNOL

✉ 18300 – Cher – Carte régionale n° **16**–B1

LA CÔTE DES MONTS DAMNÉS

CUISINE TRADITIONNELLE • FAMILIAL Toujours en synergie avec les vins du domaine de la famille vigneronne Bourgeois, l'offre bistronomique se complète des grands classiques de la maison : tagliatelles au crottin de Chavignol, soufflé chaud... Gourmand à se damner. Chambres confortables pour prolonger l'étape.

🏨 & 🅰️ 🍴 – Prix : €€

Place de l'Orme – ℰ 02 48 54 01 72 – www.hotel-restaurant-chavignol.fr/fr/
famille-bourgeois-sancerre-france – Fermé lundi, mardi midi et dimanche soir

CHAZELLES-SUR-LYON

✉ 42140 – Loire – Carte régionale n° **20**–C1

 CHÂTEAU BLANCHARD

Chef : Sylvain Roux

CUISINE MODERNE • ÉLÉGANT Séduisante au milieu de son parc, cette grande maison des années 1920 s'inspire de la Renaissance italienne : peintures mytho-logiques en façade, marbre, mosaïques... Puis, dans l'élégante salle à manger à colonnes, la décoration fleure bon le contemporain avec son éclairage encastré, ses fauteuils profonds et son art de la table raffiné. Deux frères veillent sur cette affaire de famille : le sommelier Frédéric Roux, aux choix judicieux, et le chef Sylvain Roux dont les réjouissantes assiettes mettent en valeur de beaux produits : omble chevalier confit aux algues ; filet de veau de la région avec viennoise de morilles ; fine tartelette fraise-rhubarbe-eau de rose. Frédéric, le frère du chef, distille de judicieux conseils de vins, tirés d'une magnifique carte.

🛁 ⟵🛏️♿🅰️♻️🅿️ – Prix : €€€

36 route de Saint-Galmier – ℰ 04 77 54 28 88 – www.hotel-chateau-blanchard.com

CHÊNEHUTTE-TRÈVES-CUNAULT

✉ 49350 – Maine-et-Loire – Carte régionale n° **9**–D3

LE CASTELLANE - CHÂTEAU LE PRIEURÉ

CUISINE MODERNE • ÉLÉGANT Le Castellane, restaurant du Château du Prieuré, propose une cuisine actuelle, qui fait la part belle aux produits de saison, au maxi-mum locaux. On en profite dans une salle à manger au décor Empire ou sur la terrasse, qui offrent un beau panorama sur la Loire. Tout comme les chambres à la décoration unique et qui fleurent bon la vallée des rois...

⟵🛏️♿🅰️🍴♻️🅿️ – Prix : €€€

Route du Comte-de-Castellane – ℰ 02 41 67 90 14 – www.prieure.com – Fermé lundi, mardi et dimanche

CHÉNÉRAILLES

✉ 23130 – Creuse – Carte régionale n° **19**–C1

LE COQ D'OR

CUISINE MODERNE • FAMILIAL Une déco très... coquette, et pour cause : on trouve ici moults coqs rapportés des quatre coins du monde par les clients. Dans l'assiette ? Une cuisine fine et maîtrisée, alliant saveurs du terroir et créativité.

♿♻️ – Prix : €€

7 place du Champ-de-Foire – ℰ 05 55 62 30 83 – www.restaurant-coqdor-23.com – Fermé lundi et mardi, et dimanche soir

CHENONCEAUX

✉ 37150 – Indre-et-Loire – Carte régionale n° **15**–C1

AUBERGE DU BON LABOUREUR

CUISINE MODERNE • ÉLÉGANT Cette table creuse un sillon fertile : celui du produit et des saisons. Le chef Antoine Jeudi connaît ses gammes sur le bout des doigts, et ses savoureuses créations s'accompagnent d'un joli choix de vins. Un repas agréable, dans un cadre qui l'est tout autant.

🛁 ⟵♿🅰️🍴♻️🅿️ – Prix : €€€

6 rue du Docteur-Bretonneau – ℰ 02 47 23 90 02 – www.bonlaboureur.com/fr/hotel-chenonceaux – Fermé mardi midi

AUBERGE DU BON LABOUREUR

CLASSIQUE • CHARME Près du "château des Dames", un véritable hameau de jolies maisonnettes couvertes de vigne vierge : chaque chambre y distille un charme particulier, comme si tout un pittoresque village se faisait demeure de famille... avec, pour couronner le tout, une belle piscine chauffée et un espace bien-être. Un établissement qui conjugue le charme et l'authenticité d'autrefois au confort contemporain.
🛁 🅿️ 🏊 †⊙ 🆊 - 28 chambres

6 rue Bretonneau – ℰ 02 47 23 90 02 – www.bonlaboureur.com
Auberge du Bon Laboureur - Voir la sélection des restaurants

CHERBOURG-EN-COTENTIN
✉ 50100 – Manche – Carte régionale n° **2**–A1

 LE PILY

Chef : Pierre Marion

CUISINE CRÉATIVE • CONTEMPORAIN Pierre et Lydie règnent désormais sur le pont tournant, dans une élégante bâtisse contemporaine tout en verre dotée d'une vue imprenable sur le port. Quel plus bel endroit pour célébrer les poissons de petit bateau, homards et crustacés du Cotentin que le chef affectionne ? Pas de viande ici mais des produits de la mer travaillés avec finesse et précision, non sans quelques touches créatives, et des influences japonaises ou exotiques revendiquées : rouget barbet "salsa criolla" ; lieu jaune au yuzu et kéfir de lait ; filet de bar aux coques et légumes verts, nage "ginger beer"...
⇐ ♿ 🆊 – Prix : €€€

1 rue du Pont-Tournant – ℰ 02 33 10 19 29 – www.restaurant-le-pily.com – Fermé lundi et dimanche

LE PATIO

CUISINE DU MARCHÉ • BISTRO En plein cœur de la ville, on découvre le travail d'un jeune chef amoureux du bon produit. Il nous régale de jolies recettes traditionnelles réalisées dans les règles de l'art, avec un choix à l'ardoise renouvelé régulièrement. Ajoutez à cela un bon rapport qualité-prix, vous obtenez une table tout à fait recommandable. Par beau temps, on s'installe dans le petit patio.
🍽 – Prix : €€

5 rue Christine – ℰ 02 33 52 49 10 – www.restaurant-lepatio-cherbourg.fr – Fermé lundi, dimanche et mardi midi

CHERISY
✉ 28500 – Eure-et-Loir – Carte régionale n° **10**–C1

LE VALLON DE CHÉRISY

CUISINE TRADITIONNELLE • AUBERGE L'enseigne ? Un clin d'œil à une ode de Victor Hugo composée dans cette même auberge en 1821. Ici, la cuisine, copieuse et volontiers rustique, s'inspire des saisons et met en avant les produits locaux, en particulier les légumes et les herbes aromatiques... Côté dessert, ne manquez pas le soufflé chaud à la vanille et caramel au beurre salé... un délice !
🍽 🅿️ – Prix : €€

12 route de Paris – ℰ 02 37 43 70 08 – www.le-vallon-de-cherisy.fr – Fermé mercredi, et mardi et dimanche soir

CHEVANNES

✉ 89240 – Yonne – Carte régionale n° **12**–A2

LA TABLE - MAISON LOBIES ⊕

CUISINE TRADITIONNELLE • TRADITIONNEL Au cœur d'un village, entre église et prairie, cette belle maison de maître du 18ᵉ s., précédée d'une cour, ouvre sur un décor traditionnel et raffiné. Elle fait à la fois office de foyer et d'outil de travail pour un couple passionné et tout sourire qui a tourné au sein de grands restaurants. Sun Young, pâtissière d'origine sud-coréenne, et le chef Jérémie fignolent à quatre mains une jolie mélodie gourmande, plutôt traditionnelle : volaille hyper moelleuse à la peau croustillante avec son excellente et généreuse fricassée de girolles, et sa purée riche en beurre ; effiloché de paleron de bœuf confit dans sa gelée agrémentée d'éclats de noisette et boosté par une vraie sauce moutardée aux échalotes ! Quant aux desserts (île flottante, crème anglaise à la vanille de Tahiti ou cheesecake aux framboises), c'est simple : ils font tous envie.

Prix : €€

2 rue Porte-d'en-Haut – ☎ *09 85 07 05 27 – www.latable-lobies.fr – Fermé lundi, dimanche et du mardi au samedi à midi*

CHEVERNY

✉ 41700 – Loir-et-Cher – Carte régionale n° **10**–C3

🕸 ## LE FAVORI - LES SOURCES DE CHEVERNY

CUISINE MODERNE • CONTEMPORAIN Ce lieu élégant et raffiné offre une profonde harmonie avec la cuisine du chef Frédéric Calmels (ancien de la Réserve à Paris), qui propose un menu dégustation sans choix à base de superbes produits de saison. Dressages au cordeau, recettes millimétrées, beau visuel et excellentes sauces révèlent l'essence du produit principal : fenouil de Touraine confit à la verveine ; caviar de Sologne, pomme verte et concombre ; courge butternut confite au whisky ; sucs d'oranges et homard bleu juste saisi. Garnitures et satellites, réfléchis avec minutie, procurent de belles émotions gustatives, que prolonge la salle du restaurant entièrement ouverte sur la nature. Précis, explosif, envoûtant.

🐾 🛏 ⚙ 🎛 ❖ 🅿 – Prix : €€€€

23 route de Fougères – ☎ *02 54 44 20 20 – www.sources-cheverny.com/ restaurant-cheverny/le-favori – Fermé lundi, mardi et du mercredi au vendredi à midi ; ouvert le weekend*

L'AUBERGE - LES SOURCES DE CHEVERNY

CUISINE TRADITIONNELLE • BISTRO Au cœur d'un vaste domaine boisé, le bistrot chic de l'hôtel Les Sources de Cheverny propose une cuisine de saison fine et soignée, véritable tour d'horizon du Val de Loire, en même temps qu'ode aux circuits courts : légumes d'un maraîcher de Mont-Près-Chambord, fraises de Sologne, échine de porc roi rose de Touraine rôti à la cheminée... Cette dernière trône dans la salle à manger : ici, la cuisson au feu de bois, c'est une spécialité !

🛏 ⚙ 🎛 🅿 – Prix : €€

23 route de Fougère – ☎ *02 54 44 20 20 – www.sources-cheverny.com/ restaurant-cheverny/auberge-restaurant-cheverny*

🛏 ## LES SOURCES DE CHEVERNY

MODERNE • CHAMPÊTRE Entouré par les forêts et les vignobles de la vallée de la Loire, un classique de la région viticole : un château et un domaine spectaculaire transformé en un petit hôtel luxueux. Dans ses chambres et suites, les éléments architecturaux d'époque se mêlent harmonieusement au mobilier moderne et au design contemporain. Une piscine et un spa sont à disposition, ainsi que des vélos électriques pour explorer la campagne, et un bar à vin.

🍽 - 49 chambres

23 route de Fougères – ℰ 02 54 44 20 20 – www.sources-cheverny.com

🌸 **Le Favori - Les Sources de Cheverny • L'Auberge - Les Sources de Cheverny -** Voir la sélection des restaurants

CHEVREUSE

✉ 78460 – Yvelines – Carte régionale n° **11**–B1

LE CLOS DE CHEVREUSE

CUISINE MODERNE • TRADITIONNEL Aucun doute : le chef Laurent Gasnier, dont le parcours est évocateur (il a passé du temps au Bristol, au George V, chez les Troisgros), sait choisir de bons produits à maturité, légumes comme poissons. Il les transforme en belles assiettes généreuses aux cuissons et assaisonnements irréprochables comme cette courgette boule, fromage de Brousse bio, pistou de basilic ou encore le bar, coco, févettes, sauce beurre. L'été, on court s'installer sur la coquette terrasse fleurie, au calme de la cour. Une adresse située, on le rappelle, dans le joli village de Chevreuse - raison de plus de faire le voyage.

🍽 – Prix : €€€

33 rue de Rambouillet – ℰ 01 30 52 17 41 – www.leclosdechevreuse.fr – Fermé lundi et mardi, et dimanche soir

CHIGNY-LES-ROSES

✉ 51500 – Marne – Carte régionale n° **6**–B2

COUVERT DE VIGNES

CUISINE MODERNE • CONTEMPORAIN Au cœur de la montagne de Reims, dans le village de Chigny-les-Roses, ce restaurant - une ancienne salle de classe - est effectivement tout entier entouré de vignes. Derrière l'insert vitré qui donne sur les cuisines, on aperçoit le chef Benjamin Gilles. Après diverses expériences, il vole de ses propres ailes en signant cette cuisine moderne, pleine de fraîcheur, rehaussée d'une pointe de créativité. Les légumes et les fruits sont fortement mis à contribution, à travers diverses préparations (crus, cuits, en pickles...). Menu unique, midi et soir.

🐌 ⅖ 🅰️🍽 🅿️ – Prix : €€€

4 place Pommery – ℰ 03 26 05 86 31 – www.benjamingillescuisine.fr – Fermé lundi et dimanche, et mardi et mercredi soir

CHILLEURS-AUX-BOIS

✉ 45170 – Loiret – Carte régionale n° **11**–B2

LE LANCELOT

CUISINE MODERNE • COSY Au centre du village, cette accueillante maison fleurie avec jardin et terrasse est un véritable havre de tranquillité ! Cadre cosy et cuisine naviguant entre tradition et modernité (notamment le pithiviers fondant, crème à la gousse de vanille), sans oublier le gibier de Sologne en saison.

🚗 ⅖ 🅰️🍽 ♻ – Prix : €€

12 rue des Déportés – ℰ 02 38 32 91 15 – www.restaurantlelancelot.com – Fermé lundi et mardi, et mercredi et dimanche soir

CHINON

✉ 37500 – Indre-et-Loire – Carte régionale n° **15**–B2

LES ANNÉES 30

CUISINE MODERNE • ROMANTIQUE Ne vous fiez pas au nom de cet établissement ! Ici, point d'esprit années 1930 mais un décor chaleureux : tuffeau, poutres et même une cheminée... Les gourmands y apprécient une appétissante cuisine centrée sur les produits frais. Terrasse pour les beaux jours.

🏡 – Prix : €€

78 rue Haute-Saint-Maurice – 𝒞 02 47 93 37 18 – Fermé mardi et mercredi

L'OCÉANIC

POISSONS ET FRUITS DE MER • CONTEMPORAIN Le vent de l'Océan souffle jusqu'à Chinon ! Comme l'enseigne l'indique, les produits de la mer sont ici à l'honneur. En cuisine, le chef prépare des poissons très frais, y ajoutant un zeste d'originalité. En saison, les menus homard, et Saint-Jacques, sont les spécialités maison.

& 🅰🅒 🏡 – Prix : €€

13 rue Rabelais – 𝒞 02 47 93 44 55 – www.loceanic-chinon.com – Fermé lundi et dimanche

CHOLET

✉ 49300 – Maine-et-Loire – Carte régionale n° **9**–C3

😊 L'OURDISSOIR

CUISINE MODERNE • COSY En léger retrait du centre, cette petite maison abrite un chaleureux décor servant d'écrin à une cuisine actuelle qui suit les saisons avec gourmandise. Joliment mise en scène, la partition est originale avec parfois des associations de saveurs inédites.

🅰🅒 ➕ – Prix : €€

40 rue Saint-Bonaventure – 𝒞 02 41 58 55 18 – www.lourdissoir.com – Fermé lundi et dimanche

LA GRANGE

CUISINE MODERNE • AUBERGE Côté pile, l'image d'Épinal, les poutres apparentes qui rappellent l'ancienne ferme du pays. Côté face, des touches de couleur, de l'épure et du design, bref : la modernité ! À cheval sur tout cela, bien en équilibre : la savoureuse cuisine du chef, inspirée et respectueuse des saisons.

🍴& 🅰🅒 🏡 ➕ 🅿 – Prix : €€

64 rue de Saint-Antoine – 𝒞 02 41 62 09 83 – www.lagrangecholet.fr – Fermé lundi et dimanche soir

LE PATTE NOIRE

CUISINE MODERNE • ÉLÉGANT Pas besoin de montrer "patte blanche" pour goûter à cette table chaleureuse et colorée, installée dans une charmante maison bourgeoise au cœur d'un parc ! Adrien Roux, le chef, qui connaît ses classiques, y propose une bonne cuisine en phase avec l'époque, comme cette barbue, lard de Colonnata, champignons.

🍴& ➕ 🅿 – Prix : €€€

17 avenue de Nantes – 𝒞 02 41 28 91 80 – www.maisonpattenoire.fr – Fermé lundi et mercredi, et dimanche soir

LA P'TITE PATTE

CUISINE MODERNE • CONTEMPORAIN Au sein d'une belle maison bourgeoise, voici, à côté de la table gastronomique (le Patte Noire), le bistrot ! Deux petites salles au décor d'inspiration rétro, quelques touches de modernité, ambiance paisible sur la terrasse. Côté assiette, éclectisme de rigueur : ceviche, carpaccio, pluma ibérique, pièce de bœuf sauce béarnaise, savarin, tarte au chocolat.

🍴 🏡 ➕ 🅿 – Prix : €€

17 avenue de Nantes – 𝒞 02 41 28 91 80 – www.maisonpattenoire.fr – Fermé lundi et mercredi, et dimanche soir

CHONAS-L'AMBALLAN

⊠ 38121 – Isère – Carte régionale n° **21**–A2

❀ ### LA TABLE DE PHILIPPE GIRARDON

Chef : Philippe Girardon

CUISINE MODERNE • ÉLÉGANT La quatrième génération est aux manettes de cette maison familiale, une belle demeure 18ᵉ nichée dans son parc, ancienne villégiature pour les évêques de Lyon. Et pourtant, nulle trace de routine ni d'ennui dans les assiettes réalisées par ce chef MOF 1997 et étoilé depuis 1993. Le terroir gonfle le torse, les produits sont impeccables, les assiettes finement travaillées dans une veine classique, sans pour autant tourner le dos à la modernité. C'est dans ce cadre chaleureux que l'on déguste, par exemple, une soupière de grenouilles aux mousserons ail des ourses, un omble chevalier à la grenobloise, confit au naturel, risotto de blé tendre et beurre noisette.

🕸 ⇦ 🖢 🎰 🛋 🅿 – Prix : €€€€

Domaine de Clairefontaine, 105 chemin des Fontanettes – 𝒞 04 74 58 81 52 – www.domaine-de-clairefontaine.fr – Fermé lundi, mardi et mercredi midi

😊 ### LE COTTAGE

CUISINE TRADITIONNELLE • CONTEMPORAIN Le restaurant du Cottage est emmené par Philippe Girardon, chef dont la passion et l'expérience sont incontestables ; il réalise ici une cuisine bistrotière à base de beaux produits frais, que l'on dévore dans la grande salle à manger ou en terrasse, à l'ombre des platanes...

🖢 ᕰ 🎰 🛋 🅿 – Prix : €€

616 chemin du Marais – 𝒞 04 74 58 83 28 – www.domaine-de-clairefontaine.fr – Fermé lundi, mardi, du mercredi au samedi à midi, et dimanche soir

CHOREY-LÈS-BEAUNE

⊠ 21200 – Côte-d'Or – Carte régionale n° **12**–D1

ERMITAGE DE CORTON

CUISINE MODERNE • COSY Dans cette maison entourée de vignes et face à la "montagne" de Corton, le chef ne manque pas de mettre en avant ses producteurs locaux et propose une cuisine moderne et soignée sur des bases classiques, sans toutefois délaisser les escargots ou les traditionnels œufs en meurette réalisés dans les règles de l'art. Décor élégant, terrasse agréable et chambres spacieuses pour l'étape.

🕸 🖢 🎰 🛋 🅿 – Prix : €€€

D 974 – 𝒞 03 80 22 05 28 – www.ermitagecorton.com – Fermé mercredi

CIBOURE

⊠ 64500 – Pyrénées-Atlantiques – Carte régionale n° **25**–A2

❀ ### EKAITZA

Chef : Guillaume Roget

CUISINE MODERNE • CONTEMPORAIN Sur les pittoresques quais de Ciboure, au-dessus du port, voici un lieu bien choisi pour un restaurant nommé "tempête" (Ekaitza en basque). Pas d'orage et de grisaille dans la déco, mais un lieu clair et vivant avec de jolies tables d'ébéniste, d'où l'on peut jeter un coup d'œil sur la cuisine en fond de salle. Guillaume Roget sublime le meilleur du terroir basque – en particulier les poissons de la criée de Saint-Jean-de-Luz, située juste en face –, parfois avec des associations hardies, et toujours des sauces concentrées et profondes. Une table qui s'affirme de plus en plus comme une référence de la côte basque.

&. ⓐ – Prix : €€€

15 quai Maurice-Ravel – ☏ 05 59 51 29 51 – www.restaurant-ekaitza.fr –
Fermé lundi, dimanche et mardi midi

CHEZ MATTIN

CUISINE BASQUE • RUSTIQUE Ambiance très familiale dans cette maison de pays rustique à souhait, avec ses tables en bois massif et ses poutres apparentes. Spécialités basques et suggestions au gré du marché lancées à la cantonade, pour une cuisine spontanée, qui étonne et détonne : txangurro (spécialités à base de chair d'araignée de mer), ttoro (soupe de poisson), chipirons... Le poisson est à l'honneur et c'est un vrai bonheur !

ⓐ – Prix : €€

63 rue Evariste-Baignol – ☏ 05 59 47 19 52 – www.chezmattin.fr – Fermé lundi
et dimanche

CIEURAC

✉ 46230 – Lot – Carte régionale n° **23**–A2

LA TABLE DE HAUTE-SERRE

CUISINE MODERNE • CONTEMPORAIN Dans l'ancien chai d'un des meilleurs châteaux de Cahors, au cœur des vignes, ce restaurant dégage le parfum très particulier des lieux authentiques. Rack à charcuterie, billot, machine à jambon et caisses de vins annoncent un beau moment de gourmandise, auquel on associe les vins du domaine. Menu rôtissoire chaque dimanche midi. On se régale.

🖨&ⓐ🍴✿🅿 – Prix : €€

Château de Haute-Serre – ☏ 05 65 20 80 20 – www.hauteserre.fr – Fermé lundi
et mardi

LA CIOTAT

✉ 13600 – Bouches-du-Rhône – Carte régionale n° **28**–D3

✿ COULEURS DE SHIMATANI

Chefs : Yuichiro et Mika Shimatani

CUISINE FUSION • ÉPURÉ Entre la Méditerranée et le Japon, le couple expérimenté formé par Yuichiro (le chef) et Mika Shimatani (la pâtissière) n'a pas choisi. Tant mieux : ils invitent dans leur restaurant de poche situé au cœur d'une rue piétonne à une délicieuse croisière gourmande entre ici et là-bas, au pays du Soleil Levant. Les produits de la mer mais aussi les légumes, tous d'une grande fraîcheur, bénéficient de cuissons, de présentations et d'assaisonnements japonisants d'une belle finesse. Une délicatesse qui est également au cœur du service assurée avec une extrême gentillesse par Mika. Table ouverte uniquement au déjeuner (vente à emporter le soir).

ⓐ – Prix : €€€€

35 rue Edgar-Quinet – ☏ 04 86 18 92 16 – www.shimatani.fr – Fermé mardi et
mercredi, et le soir

✿ LA TABLE DE NANS

Chef : Nans Gaillard

CUISINE MÉDITERRANÉENNE • ÉPURÉ Nans Gaillard, enfant du pays et chef exigeant, avait un rêve de gamin : ouvrir son restaurant à La Ciotat, sa ville natale. Après une enfance bretonne et ses premiers pas en cuisine, de vrais postes à Paris, notamment chez Joël Robuchon, il trouve son bonheur : une auberge datant de l'entre-deux-guerres, construite en corniche face à la grande bleue avec sa terrasse magique et ses grands pins. Dans ce cadre de rêve, Nans rend hommage aux produits régionaux avec une cuisine classique revisitée avec finesse : tartelette feuilletée à la truffe noire, fine brandade de lieu, soubise et émulsion de lard ; pigeonneau rôti, cromesquis des cuisses, mousseline de butternut et sauce dolce ; pomme croustillante, parfait glacé caramel et beurre salé, crème diplomate…

⤚ 🅐🅒 🈁 🅿 – Prix : €€€

126 corniche du Liouquet – ℰ 04 42 83 11 06 – www.latabledenans.com –
Fermé lundi, dimanche et mardi midi

ROCHE BELLE

CUISINE PROVENÇALE • RUSTIQUE Dans un chaleureux cadre provençal, une maisonnette couverte de vigne vierge et sa terrasse plantée d'oliviers. La cuisine est goûteuse, ensoleillée, et fleure bon le Midi. On se laissera facilement tenter par le menu du déjeuner facturé à prix doux, tout aussi généreux et alléchant que le reste de la carte. Aujourd'hui : terrine de gibier aux pistaches et genièvre, légumes en pickles ; pavé de venaison rôti aux griottes, sauce grand veneur ; mousse tiède au chocolat, amandes et sorbet poire.

🅐🅒 🈁 ⟷ – Prix : €€

455 corniche du Liouquet – ℰ 04 42 71 47 60 – www.roche-belle.fr –
Fermé lundi, mardi et dimanche

CLAIREFONTAINE-EN-YVELINES

✉ 78120 – Yvelines – Carte régionale n° **11**–B2

LES TERRASSES DE CLAIREFONTAINE

CUISINE MODERNE • CONTEMPORAIN Situé au cœur de la Vallée de Chevreuse et de la forêt de Rambouillet, ce restaurant en bordure de l'étang de Clairefontaine propose une chaleureuse cuisine au goût du jour, avec une prédisposition (en saison) pour les truffes et le gibier, et une jolie vue sur l'étang (en toutes saisons…).

♿ 🅐🅒 🈁 ⟷ – Prix : €€€

1 rue de Rambouillet – ℰ 01 30 59 19 19 – www.lesterrassesdeclairefontaine.com –
Fermé lundi et mardi, et dimanche soir

CLARA

✉ 66500 – Pyrénées-Orientales – Carte régionale n° **27**–B3

😊 LES LOGES DU JARDIN D'AYMERIC

CUISINE TRADITIONNELLE • AUBERGE Une adresse campagnarde comme on les aime, où l'on travaille avec une passion intacte ! Mordu de bons produits, le chef travaille les légumes de son potager, les agrumes des environs, et réalise lui-même son pain à base de farines anciennes. Pour le reste, service simple et familial, tarifs raisonnables : on passe un super moment.

🛏 🅿 – Prix : €€

7 rue du Canigou – ℰ 04 68 96 08 72 – Fermé lundi et dimanche soir

CLERMONT-FERRAND

✉ 63000 – Puy-de-Dôme –
Carte régionale n° **20**–B1

L'épicentre d'un pays de gastronomie

Juchée sur les restes d'un ancien volcan, la capitale historique de l'Auvergne règne sur la plus grande prairie de France. Qui dit pâture dit élevage, viande et fromage ! Pas étonnant que cette ville soit l'un des ventres gourmands de la France – d'ailleurs, son sous-sol de tuf est un véritable gruyère où l'on fit longtemps mûrir vin et fromage. Arpentez les rues commerçantes de la vieille ville, comme la rue de la Boucherie, qui convergent vers la place Saint-Pierre et ses halles. Des artisans bouchers-charcutiers y vantent le porc fermier d'Auvergne, le bœuf du Mézenc, l'agneau du Puy-de-Dôme et le veau de Corrèze. Des sorciers de l'affinage subliment les cantals, les salers, les saint-nectaires et autres bleus d'Auvergne descendus des montagnes alentours. Les amateurs de poisson chercheront la truite et l'omble chevalier, qui se plaisent encore dans les rivières. D'ailleurs, à côté des crus auvergnats dont la cote ne cesse de grimper, les eaux de table auvergnates étincèlent de pureté...

✿✿ LE PRÉ - XAVIER BEAUDIMENT

Chef : Xavier Beaudiment

CUISINE CRÉATIVE • ÉLÉGANT "L'Auvergne que je veux vous présenter est celle que nous allons cueillir chaque matin sur nos montagnes, dans nos prés et nos forêts". Ce qui est plaisant chez Xavier Beaudiment, originaire de la région, c'est que ses professions de foi ne sont pas boniments. Le Pré, à Clermont-Ferrand, c'est la quintessence de la simplicité – on y dîne de cochon, d'œuf ou de petits pois. Pas forcément des produits qui en mettent plein la bouche ! Mais ils sont sculptés avec une technicité époustouflante : oubliez carte et saisons, et laissez-vous bercer par une cuisine de l'instinct, au gré de menus poétiques – "Parfums des prés", "Printemps dans nos montagnes". Sans oublier la complicité, mesdames et messieurs, des 200 plantes ou herbes sauvages qui grandissent à l'abri des volcans, et d'escargots des murailles, servis dans un jus au tilleul de cueillette. Xavier Beaudiment ? Une raison suffisante pour visiter Clermont-Ferrand.

⚗ ⇔占 🄰🄲 ✿ 🅿 – Prix : €€€€

Plan : A1-2 – *Route de la Baraque* – ✆ *04 73 19 25 00* – *www.restaurant-lepre.com* – *Fermé du lundi au mercredi*

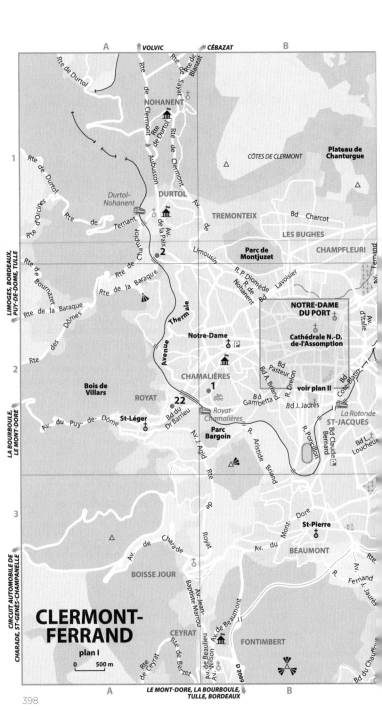

CLERMONT-FERRAND

plan I

0   500 m

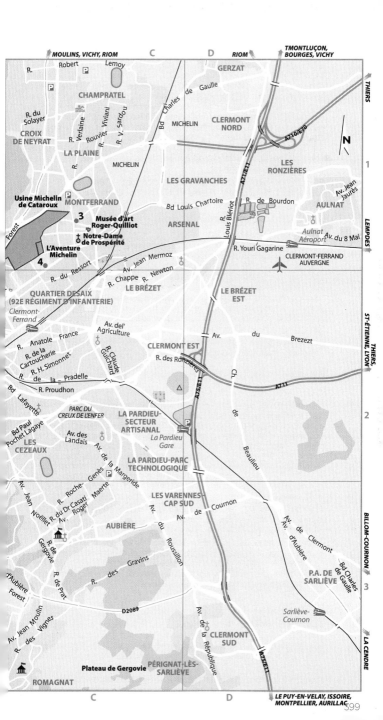

THIERS

R.   Robert   Lemoy

P

P

CHAMPRATEL

R. du Solayer

CROIX DE NEYRAT

R. Verlaine   R. Rouvier   R. Viviani   R. V. Sardou

GERZAT

Bd   Charles   de   Gaulle

MICHELIN

CLERMONT NORD

A710/E70

LA PLAINE

R.

Forest

Usine Michelin de Cataroux

3

Musée d'art Roger-Quilliot

MONTFERRAND

† Notre-Dame de Prospérité

L'Aventure Michelin

4

P

MICHELIN

LES GRAVANCHES

A71/E11

Bd Louis Chartoire

ARSENAL

R. de Bourdon

R. Louis Blériot

LES RONZIÈRES

Av. Jean Jaurès

AULNAT

LEMPDES

Aulnat Aéroport

Av. du 8 Mai

R. Youri Gagarine

CLERMONT-FERRAND AUVERGNE

N

1

Av. Jean Mermoz

R. du Ressort

R. Chappe   R. Newton

LE BRÉZET

LE BRÉZET EST

QUARTIER DESAIX (92E RÉGIMENT D'INFANTERIE)

Clermont-Ferrand

Av. del' Agriculture

CLERMONT EST

R. des Ronzières

Av.   du   Brezezt

THIERS, ST-ÉTIENNE, LYON

R. Anatole France

R. de la Cartoucherie

R. H. Simonnet

R. de la Pradelle

R. Claude Guichard

A75/E11

Ch.   de

A711

R. Proudhon

Bd Lafayette

PARC DU CREUX DE L'ENFER

LA PARDIEU-SECTEUR ARTISANAL

P

Bd Paul Pochet Lagaye

Av. des Landais

La Pardieu Gare

2

LES CEZEAUX

Av. de la Margeride

LA PARDIEU-PARC TECHNOLOGIQUE

Beaulieu

Av. Jean Noëllet

R. Roche- Genès

R. du Dr Casati

Av. Roger Maerte

LES VARENNES-CAP SUD

Av. de Cournon

BILLOM-COURNON

AUBIÈRE

Av. du Roussillon

Av. de Clermont

Av. d'Aubière

R. de Gergovie

R. des Gravins

R. de Prat

P.A. DE SARLIÈVE

Bd Charles de Gaulle

D2089

Av. Jean Moulin

R. des Vignes

Av. de la République

Sarliève-Cournon

CLERMONT SUD

LA CENDRE

3

Plateau de Gergovie

PÉRIGNAT-LÈS-SARLIÈVE

ROMAGNAT

A75/E11

APICIUS

Chef : Arkadiusz Zuchmanski

CUISINE MODERNE • **ÉPURÉ** Au cœur de la ville, à l'étage du marché Saint-Pierre, ce restaurant chic a choisi de prendre de la hauteur. Le lieu offre une succession de salles à manger à la décoration contemporaine très réussie, et les arts de la table y sont bien mis en valeur. Le chef Arkadiusz Zuchmanski, d'origine polonaise, s'est rapproché de la France pour fortifier une vocation née dans les cuisines de ses aïeux. Il voue une passion gourmande aux produits nobles et à l'Auvergne, qui lui rappelle les paysages de sa ville natale de Drzewica. Dans l'assiette, les produits sont toujours rendus dans leur vérité, à l'image de ce foie gras au poivre sauvage Voatsiperifery, ou ce ris de veau doré au sautoir, panais à la truffe.

&& & Ⓜ 🏠 ✏ – Prix : €€€€

Plan : E1-5 – *Place du Marché-Saint-Pierre (à l'étage)* – ℰ *04 73 91 13 61* – *www.apicius-clermont.com* – *Fermé lundi, dimanche, et mardi et jeudi à midi*

JEAN-CLAUDE LECLERC

Chef : Jean-Claude Leclerc

CUISINE MODERNE • **ÉLÉGANT** Dans cet établissement proche du palais de justice, point de convocation à une audience, mais une invitation à l'épicurisme ! Voilà plus de vingt ans que Jean-Claude Leclerc tient cette table clermontoise appréciée. Le chef y pratique une cuisine classique revisitée et de saison, à partir des produits fermiers venus aussi bien d'Auvergne que de Provence, voire de Bretagne lorsqu'il s'agit du turbot et de la sole. Tout en équilibre et maîtrisées, les assiettes ne manquent pas de saveurs, comme cette dorade cuite sur peau, risotto au vin rouge, oignon snacké et blanc de seiche, ou cet agneau, artichauts poivrade, pomme de terre et truffe.

&& Ⓜ 🏠 ✏ – Prix : €€€

Plan : E1-6 – *12 rue Saint-Adjutor* – ℰ *04 73 36 46 30* – *www.restaurant-jcl.com* – *Fermé lundi et dimanche, et mercredi soir*

L'OSTAL

Chef : Emmanuel Hébrard

CUISINE MODERNE • **CONTEMPORAIN** Le chef clermontois Emmanuel Hébrard, qui a été formé par des pointures (Anne-Sophie Pic et Stéphane Raimbault, entre autres), ne jure que par son terroir natal (l'ostal signifie d'ailleurs « maison » en occitan auvergnat). Il régale donc avec une cuisine profondément "locale", autour d'un menu unique qui met en valeur les produits de la région - viandes du boucher du coin, légumes bios des maraîchers locaux, fromages et œufs fermiers. Le respect de la nature et des producteurs n'est pas un vain mot ici. Il s'est concocté une salle intimiste d'une vingtaine de couverts à la déco chic et contemporaine, à base de matériaux naturels (bois, pierre), bien en phase avec l'identité de la cuisine.

& Ⓜ – Prix : €€€€

Plan : F1-7 – *16 rue Claussmann* – ℰ *04 73 27 77 86* – *www.lostal-restaurant.fr* – *Fermé lundi, dimanche et samedi midi*

🍃 L'engagement du chef : Nous travaillons exclusivement avec des producteurs locaux, le plus souvent en bio - maraîchage, poissons de rivière, légumineuses d'Auvergne, viande de race et d'élevage local… Depuis l'ouverture, nous avons procédé à une réduction drastique de nos déchets plastiques. Les déchets organiques sont réintroduits dans le cycle naturel grâce à notre parcelle gérée en permaculture.

LE CHARDONNAY

CUISINE MODERNE • **BISTRO** Hugues Maisonneuve est aux commandes de ce bistrot vintage. Derrière les fourneaux, un jeune chef propose une courte carte de saison et un menu du marché particulièrement alléchant. Tout ici est savoureux et plaisant visuellement. Cadre patiné, lumières tamisées et agréable terrasse.

Ⓜ 🏠 – Prix : €€

Plan : F1-8 – *1 place Philippe-Marcombes* – ℰ *04 73 26 79 95* – *www.lechardonnay.fr* – *Fermé lundi, dimanche et mardi midi*

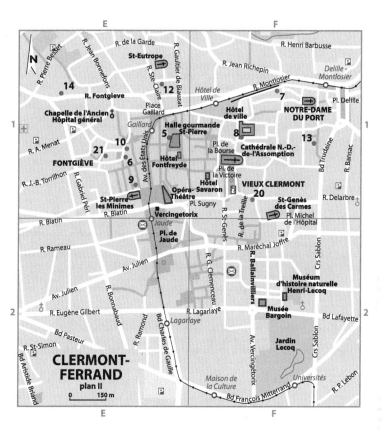

L'ÉCUREUIL

CUISINE MODERNE • CONVIVIAL Le chef voulait renouer avec ses origines en s'installant en Auvergne. Il a donc imaginé cet Écureuil chaleureux et gourmand. Au menu : une bien jolie cuisine du marché ! Attention, formule simplifiée au déjeuner. A déguster dans une salle au décor campagne chic.

&. [AC] – Prix : €€

Plan : E1-10 – *18 rue Saint-Adjutor* – *𝒞 04 73 37 83 86* – *www.ecureuil-restaurant.com* – *Fermé mercredi et dimanche*

LE SAINT-EUTROPE

CUISINE MODERNE • BISTRO Ancien second ici-même, le chef néo-zélandais Michael Hazlewood et sa compagne remplacent le chef britannique historique de cette adresse de confiance. Décor légèrement rafraîchi, menu unique du déjeuner remplacé par une courte ardoise à 2 choix... Les nouveaux tauliers ont eu la sagesse de conserver une formule déjà couronnée de succès : ambiance vintage et conviviale, prix doux, carte des vins passionnée de crus nature. Dans l'assiette, le visuel brut dissimule une cuisine affûtée. Pas de dressage à la pince ici, mais une réjouissante popote familiale et branchée (oui, c'est possible !).

※ – Prix : €

Plan : E1-12 – *4 rue Saint-Eutrope* – *𝒞 04 73 34 30 41* – *www.sainteutrope.com* – *Fermé lundi, samedi et dimanche, et mardi et mercredi soir*

LE 62

CUISINE MODERNE • CONVIVIAL Ce restaurant sait tenir nos papilles en alerte, notamment grâce à l'équilibre des assaisonnements et l'harmonie des saveurs, véritables points forts du jeune chef d'origine vietnamienne, formé à Chamalières puis à la Belle Meunière de Royat. Cette cuisine bistronomique (française) ne manque ni d'élégance ni de finesse ; ainsi cette côte de cochon fermier d'Auvergne, sauce grand veneur, risotto, petits légumes. Du très bon aussi en dessert, avec la pêche jaune et crème diplomate vanille. Et le rapport qualité/prix, tout comme la petite terrasse, achèvent de rendre le lieu parfaitement séduisant.

🍴 – Prix : €€

Plan : E1-14 – *62 rue Fontgiève* – ☎ *04 73 36 18 49* –
www.restaurantle62clermont.fr – *Fermé lundi, dimanche et du mardi au jeudi à midi*

LE BISTROT D'À CÔTÉ

CUISINE MODERNE • CONVIVIAL Dans son restaurant situé dans une rue piétonne jouxtant la place de Jaude et l'église St-Pierre-les-Minimes, le chef propose une cuisine actuelle et généreuse, faite de bons produits de saisons. On se régale d'une poule au pot en gelée de lentilles et moutarde de Charroux, ou d'un filet de skrei, écrasé de potimarron et vinaigrette à la mangue et au dessert d'un cheesecake menthe-yuzu... Belle carte de cocktails et d'alcools.

🅰🍴♿ – Prix : €€

Plan : E1-9 – *16 rue des Minimes* – ☎ *04 73 29 16 16* – *www.restaurant-bistrotdacote.fr* – *Fermé dimanche*

LE DUGUESCLIN

CUISINE MODERNE • INTIME Face aux vestiges de la maison d'octroi, ce restaurant au cadre intime avec sa salle voûtée propose une cuisine de saison bien travaillée. La courte carte est déclinable sous forme de menus "tout terre" ou "tout mer" au très bon rapport qualité-prix. En semaine, le menu du midi est adapté à la clientèle d'affaire pressée ; au dîner, la carte se veut plus ambitieuse. Terrasse d'été sur l'arrière pour les beaux jours.

🍴♿ – Prix : €€

Plan : C1-3 – *3 place des Cordeliers* – ☎ *04 73 25 76 69* – *www.le-duguesclin.fr* – *Fermé lundi et mardi, et mercredi et dimanche soir*

L'EN-BUT

CUISINE MODERNE • CONVIVIAL Ce restaurant, situé dans l'enceinte du stade Marcel-Michelin, décline bien naturellement les valeurs du rugby, au travers des menus "En Avant", "Grand Chelem" ou "Chistera", autour d'une cuisine actuelle, les produits du Massif central qui jouent le rôle pivot. Imaginée dans l'esprit d'une brasserie contemporaine, la salle à manger offre une vue imprenable sur le stade et, depuis la terrasse, sur la chaine des Puys.

⛰♿🅰🍴🅿 – Prix : €€

Plan : C1-4 – *107 avenue de la République* – ☎ *04 73 90 68 15* – *www.lenbut.com* – *Fermé samedi et dimanche*

L'INSTANTANÉ

CUISINE MODERNE • BISTRO Ce bistrot contemporain situé dans le quartier des galeristes propose quelques instantanés de pure gourmandise, imaginés par un chef au beau parcours (Ritz, Lasserre, Plaza). Pâté en croûte de veau, volaille et cochon, bœuf braisé 12 heures en cocotte, dos de merlu rôti au beurre noisette, crème brûlée... Un régal jusqu'au dessert !

Prix : €

Plan : F1-20 – *2 rue de l'Abbé-Girard* – ☎ *04 73 91 97 19* – *www.linstantane-restaurant.fr* – *Fermé samedi et dimanche*

POLYPODE

CUISINE MODERNE • CONTEMPORAIN Le bouche-à-oreille bat son plein à Clermont au sujet de ce Polypode, qui n'a rien de commun. Autour d'un menu-carte renouvelé tous les mois, le chef régale avec une cuisine fine et lisible, où le végétal fait de discrètes (et fructueuses !) apparitions. Accueil chaleureux.

&. 🅐🅒 🕭 – Prix : €€

Plan : E1-21 – *6 place du Champgil – 🕽 04 73 19 37 82 –*
www.restaurantpolypode.fr – Fermé lundi et dimanche, et mardi et mercredi soir

SMØRREBRØD

CUISINE MODERNE • ÉPURÉ Modernité, voici le maître mot, de la déco scandinave à la cuisine fine et lisible ; le maître mot, de la déco scandinave à l'assiette. On met en avant de bons produits de saison (beignet de lapin braisé à la moutarde et livèche ; filet de flétan rôti sur peau, beurre blanc à la mandarine…) et s'accompagne d'une belle sélection de vins. Petite terrasse dans la rue.

🕸 &. 🅐🅒 🕭 – Prix : €€

Plan : F1-13 – *10-12 rue des Archers – 🕽 04 73 90 44 02 – www.smorrebrod.fr –*
Fermé lundi et dimanche, et mardi et mercredi soir

CLICHY

✉ 92110 – Hauts-de-Seine – Carte régionale n° **11**–E2

 ### ROSETTE 🅝

CUISINE TRADITIONNELLE • BISTRO Pâté en croûte, ris de veau, gâteau au chocolat : voilà les plats alléchants qui font déjà la renommée de ce bistrot coup de cœur, ouvert par un jeune couple passé par les belles maisons. Baptisé en hommage à leurs racines lyonnaises, Rosette cultive le bon et le beau, notamment les légumes bio d'un producteur de l'Essonne. Au déjeuner, menu du jour et menu en 5 plats sans choix (disponible aussi le soir) renouvelé selon la saison. Chouette décor dans l'esprit d'un bouchon contemporain qui associe touches modernes et antiquités bien choisies. Petite capacité, cuisine ouverte et quelques places au comptoir. Belle carte des vins et même des pots lyonnais !

🕸 🅐🅒 – Prix : €€

77 rue de Paris – 🕽 01 47 72 67 51 – Fermé samedi et dimanche

CLIOUSCLAT

✉ 26270 – Drôme – Carte régionale n° **24**–A2

LA FONTAINE

CUISINE TRADITIONNELLE • BISTRO Un bistrot de village sympathique. On aperçoit depuis la salle le chef s'activer en cuisine autour de produits du cru… Ici, on concocte une bonne cuisine régionale. Jolie terrasse sur la rue.

🕭 – Prix : €

Le village – 🕽 04 75 63 07 38 – www.lafontaine-cliousclat.fr – Fermé mercredi, et mardi, jeudi et dimanche soir

CLISSON

✉ 44190 – Loire-Atlantique – Carte régionale n° **9**–B3

VILLA SAINT-ANTOINE

CUISINE MODERNE • BRASSERIE Le point fort de l'ancienne filature des bords de Sèvre nantaise ? La belle terrasse au bord de l'eau, qui dévoile une vue superbe sur le château de Clisson. La partition du chef, goûteuse et particulièrement soignée, se révèle en parfaite harmonie avec la géographie des lieux.

⤾ & 🅰🏠 🅿 – Prix : €€

8 rue Saint-Antoine – ℰ 02 40 85 46 46 – www.hotel-villa-saint-antoine.com

CLUNY

✉ 71250 – Saône-et-Loire – Carte régionale n° **17**–C2

😊 HOSTELLERIE D'HÉLOÏSE

CUISINE TRADITIONNELLE • COSY Une carte ancrée dans le terroir (escargots de Bourgogne, bœuf charolais et réduction au vin rouge du Mâconnais) et de savoureuses recettes traditionnelles (turbot rôti, purée de chou-fleur et jus de veau) font la réputation de cette table, qui propose aussi quelques plats plus actuels et une jolie sélection de vins au verre. Véranda lumineuse avec vue sur la Grosne et chambres pour l'étape.

& – Prix : €€

7 route de Mâcon – ℰ 03 85 59 05 65 – www.hostelleriedheloise.com – Fermé mercredi, jeudi midi et dimanche soir

🛏 MAISON TANDEM

MODERNE • COSY En plein cœur de la cité, non loin de l'abbaye, cette maison fut élevée en 1904 par le cuisinier du dernier empereur d'Autriche. C'est aujourd'hui une maison d'hôtes élégante et cosy. Aux beaux jours, on prend son petit-déjeuner sur la terrasse, au-dessus du jardin et de la piscine.

🐾 🅿 🛏 🛎 - 4 chambres

21 rue d'Avril – ℰ 06 67 27 82 46 – www.maison-tandem.com

LA CLUSAZ

✉ 74220 – Haute-Savoie – Carte régionale n° **21**–C2

🏵 LE CIN5 - AU CŒUR DU VILLAGE

CUISINE CRÉATIVE • ÉLÉGANT Amoureux de l'Île Maurice, Vincent Deforce en rapporte idées, produits et épices, qu'il marie avec talent au terroir savoyard, dans des assiettes créatives et esthétiques. Une cuisine colorée, où le safran de Savoie côtoie les piments des îles, le marlin et l'ourite voisinent avec le crozet au sarrasin et le sandre du Léman… sans oublier la succulente tartiflette des îles, qui associe la patate douce au cochon confit ! Un voyage inattendu et plein de saveurs, porté par un service de qualité.

⤾ & 🅰🏠 – Prix : €€€

26 montée du Château – ℰ 04 50 01 50 01 – www.hotel-aucoeurduvillage.fr – Fermé lundi et mardi

🛏 AU CŒUR DU VILLAGE

TRADITIONNEL • CHALEUREUX Une harmonieuse variation sur les matières – bois, métal, grès – et les styles – design, alpestre : voici la principale réussite de cet hôtel, peut-être le meilleur de la station. Chambres chaleureuses, grand spa avec piscine couverte, hammam, et sauna… une étape de choix.

🐾 🅿 🛏 🛎 🍴 - 60 chambres

26 montée du Château – ℰ 04 50 01 50 01 – www.hotel-aucoeurduvillage.fr

🏵 **Le Cin5 - Au Cœur du Village** - Voir la sélection des restaurants

🛏 SAINT-ALBAN

CLASSIQUE • CHALEUREUX La station tient son charme d'avoir pré-existé au développement du ski, tout comme le Saint-Alban : l'hôtel rend hommage à l'hospitalité alpine traditionnelle tout en y apportant sa propre touche. Comme cette montagne… de livres qui habille son bar Art déco aux airs de club anglais. Les chambres piochent aussi bien dans le style montagnard classique — bois blond et couvertures en laine — que dans le minimalisme des hôtels design. Une association élégante qui ne sacrifie rien au confort. Son spa l'élève définitivement au rang d'hôtel de luxe et sa boutique de ski vous permet de vous équiper entièrement sur place. Petit-déjeuner copieux et room-service en plus des collations servies au bar.

&♨️🅿️🚲🛋️🌐🛎️ - 48 chambres

195 route de la Piscine – ℰ 04 58 10 10 18 – www.hotel-st-alban.com

COCURÈS

✉️ 48400 – Lozère – Carte régionale n° **28**–A2

LA LOZERETTE

CUISINE MODERNE • CLASSIQUE Au cœur des Cévennes, une auberge charmante, dont le chef propose des assiettes bien ficelées en utilisant la production régionale. Côté vins, même satisfaction : Pierrette, sommelière émérite, vous aide à choisir parmi les 300 références de la carte. N'oublions pas, enfin, le superbe plateau de fromages...

🐝 🍴🅿️ – Prix : €€

La Lozerette – ℰ 04 66 45 06 04 – www.lalozerette.com – Fermé lundi, et mardi et mercredi à midi

COGNAC

✉️ 16100 – Charente – Carte régionale n° **18**–B2

❀ LES FOUDRES

CUISINE MODERNE • ÉLÉGANT Le restaurant des Chais Monnet s'ouvre dans l'ancienne salle des foudres, ces vastes barriques centenaires utilisées pour le vieillissement du cognac ! Dans les salles à manger intimes à l'atmosphère feutrée, aucun détail n'a été négligé, de la superbe argenterie contemporaine à la verrerie fine. On y déguste une cuisine finement technique qui met en avant les produits du terroir charentais : volaille fermière, pêche de la criée, pommes de terre de l'Île de Ré... Le chef accorde une importance particulière aux dressages, élégants, ainsi qu'aux sauces, concentrées, à l'image de ce jus de céleri caramélisé qui se substitue aisément à un jus de viande.

🍽️&🅼❀🅿️ – Prix : €€€

Chais Monnet, 50 avenue Paul-Firino-Martell – ℰ 05 17 22 32 23 – www.chaismonnethotel.com/les-foudres – Fermé lundi, mardi et du mercredi au dimanche à midi

LA MAISON

CUISINE MODERNE • CONTEMPORAIN En cœur de ville, cette jolie maison en pierre blanche à l'ambiance décontractée propose une cuisine éclectique aux influences multiples (Asie, Méditerranée, Amérique du Sud) : poêlée d'encornets à l'ail et piment rouge ; épaule d'agneau confite au cumin, tchoutchouka de poivron ; filet de bœuf, panko aux herbes et sauce chimichurri... Ne ratez pas les cocktails maison à base de cognac.

&🅼🍴❀ – Prix : €€

1 rue du 14-Juillet – ℰ 05 45 35 21 77 – www.restaurant-lamaison-cognac.fr – Fermé dimanche

NOTES ®

CUISINE MODERNE • ÉLÉGANT Un peu à l'écart du centre-ville, cette belle demeure bourgeoise du 19e, devenue un hôtel de luxe, a fait l'objet d'une restauration exemplaire dont a bénéficié, notamment, la belle salle de restaurant située dans un petit salon. La partition est jouée par le chef Anthony Carballo au gré de deux menus surprise en plusieurs séquences dont l'inspiration s'enracine en partie dans le potager du domaine. Tomate, basilic, burrata ; lieu jaune, courgette, fumet de poisson : une bien jolie symphonie gourmande !

🐝 ⌂ & 🅰🅲 🅿 – Prix : €€€

Hôtel La Nauve, 12 rue de la Nauve – ☎ 05 48 17 03 70 – www.almae-collection.com/lanauve/restaurants – Fermé lundi, mardi et du mercredi au vendredi à midi

POULPETTE

CUISINE MODERNE • CONTEMPORAIN Voilà une table qui a tout compris. Le menu, volontairement restreint, propose une savoureuse cuisine du marché, à l'âme voyageuse, concoctée à base de beaux produits mitonnés avec soin et originalité. Amandine, ancienne professeur de danse, désormais responsable de salle et associée, et Antoine, ancien de Sciences Po mais passionné de cuisine, passé par Lucas Carton et Jadis ont uni leurs talents pour nous proposer une très agréable valse de saveurs.

& 🅰🅲 – Prix : €€

46 avenue du Maréchal-de-Lattre-de-Tassigny – ☎ 05 45 82 22 08 – www.poulpette.squarespace.com – Fermé lundi, samedi et dimanche, et mardi soir

🛏 CHAIS MONNET 🏨 *Plus*

CLASSIQUE • CONVIVIAL La plus ancienne maison de négoce de Cognac (1838) a été entièrement transformée : on y trouve des appartements, un spa avec piscine intérieure et extérieure, un salon de thé… sans oublier le superbe bar à cognacs, riche de plus de 350 références. Un lieu rêvé, entre vignobles et détente.

🅿 🚗 ⌂ 🛎 🅰🅲 - 92 chambres

50 avenue Paul Firino Martell – ☎ 05 17 22 32 23 – www.chaismonnethotel.com

❀ **Les Foudres** - Voir la sélection des restaurants

COGOLIN
✉ 83310 – Var – Carte régionale n° **24**–B2

LA GRANGE DES AGAPES

CUISINE MODERNE • ÉLÉGANT Comme tout véritable passionné, Thierry Barot est au four et au moulin. Non content de proposer une cuisine savoureuse et d'appétissants menus thématiques (tout légumes, provençal, asperges, truffe…), il donne aussi des cours de cuisine… Quelles agapes !

🅰🅲 🍽 – Prix : €€

7 rue du 11-Novembre – ☎ 04 94 54 60 97 – www.grangeagapes.com – Fermé lundi, dimanche et samedi midi

COL DE LA SCHLUCHT
✉ 88400 – Vosges – Carte régionale n° **7**–C3

LE COLLET

CUISINE MODERNE • MONTAGNARD Une cuisine du terroir, "instinctive et mitonnée minute", concoctée par un chef d'expérience, qui a formé de nombreux cuisiniers de la région, le tout servi dans un joli décor montagnard. Les produits des environs sont joliment mis en valeur.

🅿 – Prix : €€

9937 route de Colmar – ☎ 03 29 60 09 57 – www.chalethotel-lecollet.com/fr – Fermé du lundi au samedi à midi

COLIGNY

✉ 01270 – Ain – Carte régionale n° **21**–B1

😊 AU PETIT RELAIS

CUISINE TRADITIONNELLE • COSY Entre Bresse et Jura, ce Petit Relais propose une cuisine particulièrement goûteuse et soignée, où se côtoient homard, poissons nobles, spécialités de la Bresse et vins choisis. Accueil sympathique.

🕸 🅰🅲 🅿 – Prix : €€

445 Grande-Rue – ℰ 04 74 30 10 07 – www.aupetitrelais.fr – Fermé mercredi, jeudi et dimanche soir

LA COLLE-SUR-LOUP

✉ 06480 – Alpes-Maritimes – Carte régionale n° **29**-E2

❀ ALAIN LLORCA

Chef : Alain Llorca

CUISINE PROVENÇALE • AUBERGE Alain Llorca est une figure emblématique de la cuisine de la Côte d'Azur. Il a notamment œuvré au mythique palace Negresco, et a insufflé un temps toute son énergie au Moulin de Mougins, entre autres projets gourmands. Dans sa bastide de la Colle-sur-Loup, dont la terrasse offre une vue imprenable sur Saint-Paul-de-Vence, il laisse libre cours à sa sensibilité méditerranéenne. Cela prend souvent la forme d'une ode à l'iode, empreinte de finesse et sensibilité : loup en croûte d'aubergine, légumes du jardin ; poupeton de fleur de courgette à la truffe noire. Mais la cuisine de ce chef inspiré chante aussi le pigeon, le foie gras et le filet de bœuf.

🍃 🌿 🅰🅲 🍴 ⇔ 🐚 🅿 – Prix : €€€€

350 route de Saint-Paul – ℰ 04 93 32 02 93 – www.alainllorca.com

L'ATELIER DES SAVEURS BY STÉPHANE GARCIA

CUISINE MODERNE • CONTEMPORAIN Des fruits et légumes des producteurs locaux, des poissons issus de la pêche locale, des viandes du Sud-Ouest, une belle sélection de fromages basques : l'Atelier des saveurs porte bien son nom ! En témoigne la ballotine de volaille du Gers farcie à la truffe et noisette aux asperges vertes de Saint-Paul-de-Vence... Un menu basque est disponible sur commande, en hommage aux origines du jeune chef.

🅰🅲 🍴 – Prix : €€€

51 rue Georges-Clemenceau – ℰ 04 93 59 75 71 – www.restaurant-latelierdessaveurs-sg.com – Fermé lundi, du mardi au samedi à midi, et dimanche soir

COLLIAS

✉ 30210 – Gard – Carte régionale n° **28**-C2

❀ CHÂTEAU DE COLLIAS

CUISINE MODERNE • ÉLÉGANT Ce château en pierres blondes abrite une table gastronomique emmenée par le chef Julien Martin. Ses assiettes, qui font la part belle aux produits du Sud, frappent immédiatement par leur épure formelle, le recours à des jus concentrés et aux condiments, notamment les poivres subtilement utilisés (comme sur le miso d'oignon au piment fumé et poivre Sarawak, qui relève le pigeon avec fougue). Sans oublier de belles notes de fraîcheur, notamment sur les plats présentés en trilogie, comme la crevette sauvage de Méditerranée déclinée au naturel avec son jus de carapace bien relevé, en tartare dopé au citron caviar, en sorbet onctueux. Au déjeuner, formule bistronomique. Accueil chaleureux par le couple de propriétaires.

⇔ 🌿 🅰 🍴 🅿 – Prix : €€€€

8 place du Château – ℰ 04 48 27 09 50 – www.chateaudecollias.fr – Fermé mardi et mercredi

COLLIOURE

✿ LA BALETTE

CUISINE CRÉATIVE • CONTEMPORAIN Laurent Lemal donne toute la mesure de son talent dans ce lieu idyllique qui regarde la rade et la belle Collioure les pieds dans l'eau. Sa cuisine originale autour des produits de proximité immédiate exalte toute la richesse du pays catalan, avec une prédilection pour les associations terre et mer originales et finement travaillées (baudroie de petite pêche, jus aux épices Vadouvan et granola de riz soufflé et pistache...). Sa femme Julie signe quant à elle de délicats desserts. Pour personnaliser l'expérience, le menu se construit sur mesure avec le directeur de salle, qui passe voir chaque convive en début de repas. La carte des vins fait la part belle aux meilleurs vignerons du Roussillon.

🐝 ⇔ ⇐ 🅰🅲 🍴 – Prix : €€€€

Route de Port-Vendres – 𝄞 04 68 82 05 07 – www.relaisdestroismas.com – Fermé lundi et mardi

LE 5ÈME PÉCHÉ

CUISINE MODERNE • TRADITIONNEL Un chef tokyoïte passionné de mets français et de vins... et sa petite table du vieux Collioure : quand le Japon rencontre la Catalogne ! Alors bien sûr, on déguste ici une cuisine fusion, où le poisson ultrafrais est roi. En témoigne cette soupe de poisson de roche au lait de coco, joue de bœuf braisée au banyuls et gambas. Pour s'offrir ce petit péché mignon, penser à réserver bien à l'avance !

🅰🅲 – Prix : €€

16 rue de la Fraternité – 𝄞 04 68 98 09 76 – Fermé lundi, dimanche et samedi midi

MAMMA - LES ROCHES BRUNES

CUISINE MODERNE • COSY Perchées sur le rocher, les Roches Brunes en mettent plein les yeux : l'hôtel surplombe la mer et offre une vue imprenable sur le Château royal de Collioure, juste en face. Au restaurant, le chef Antoine Cormoretto signe une carte chantante, qui réunit avec brio l'Italie et la production locale. Ambiance bohème chic sur fond de musique jazzy. Un vrai moment de détente !

⇐ 🅰🅲 🍴 – Prix : €€

15 route de Port-Vendres – 𝄞 04 11 30 07 55 – www.hotel-lesrochesbrunes.com – Fermé du mardi au vendredi à midi ; ouvert le weekend

🛏 LES ROCHES BRUNES

MODERNE • CHALEUREUX Surplombant la baie de Collioure, un petit hôtel spectaculaire se cache à la vue de tous, accroché à la colline rocheuse. Ses 15 chambres et ses trois suites ont été entièrement habillées de couleurs neutres et apaisantes, dans un style à la fois minimaliste et chaleureux. Les terrasses descendent jusqu'aux rochers bruns qui ont donné leur nom à l'hôtel, jusqu'à une petite plage accessible par un escalier.

🅿 🖙 🍴◯ 🅰🅲 - 18 chambres

Route de Port-Vendres – 𝄞 04 11 30 07 55 – www.hotel-lesrochesbrunes.com

Mamma - Les Roches Brunes - Voir la sélection des restaurants

COLLONGES

 01550 – Ain

🛏 LA COLONIE

TRADITIONNEL • CHALEUREUX Près de l'entrée du village s'est installée La Colonie, une réinterprétation de l'Hôtel parisien des années 1900. Ses chambres reflètent la tradition campagnarde française, rustique mais chic et chaleureuse. Deux lofts occupent le dernier étage, avec un plafond voûté généreux en volume. Possibilité de massage thaïlandais et spa thermal.

🅿 🛎 - 5 chambres

210 rue du Fort – ☏ 05 65 51 64 79 – www.lacolonie.fr

COLLONGES-AU-MONT-D'OR

 69660 – Rhône – Carte régionale n° **21**–A2

✿✿ PAUL BOCUSE

CUISINE CLASSIQUE • ÉLÉGANT Tous les surnoms – primat des gueules, pape de la gastronomie – ne suffisent pas à résumer Paul Bocuse, chef hors pair, aussi fort aux fourneaux qu'en affaires, qui fut et reste encore un modèle pour beaucoup de grands noms de la gastronomie française. Il est celui par qui les brigades et leurs chefs sont passés de l'obscurité à la lumière : il est, en quelque sorte, le premier des modernes. Depuis sa disparition, la brigade d'élite de la maison (deux chefs MOF, un pâtissier champion du monde de desserts glacés) perpétue l'héritage du grand chef : gratin de queues d'écrevisses ; soupe aux truffes VGE, loup en croute feuilletée, volaille de Bresse en vessie... avec un magnifique chariot de desserts. L'histoire continue à Collonges-au-Mont-d'Or.

🐝 ♿ Ⓜ ⇵ 🕯🅿 – Prix : €€€€

40 quai de la Plage – ☏ 04 72 42 90 90 – www.bocuse.fr – Fermé lundi et mardi

COLMAR

✉ 68000 – Haut-Rhin –
Carte régionale n° **8**-C2

Des recettes et des lieux 100% Alsace !

Tout ici dit l'appartenance à l'Alsace : les canaux de la "Petite Venise", les fontaines, les maisons à colombages, les géraniums aux balcons, mais aussi la gastronomie ! Les spécialités alsaciennes brillent à chaque coin de rue : choucroute, baeckeoffe, presskopf et autres spaetzle. On retrouve ces produits au marché couvert, une ancienne halle marchande rénovée qui abrite une vingtaine de commerçants et quelques tables où l'on s'arrête volontiers prendre un kougelhopf ou un jus bio. Côté douceur, la Maison alsacienne de biscuiterie propose 40 variétés de bredele, le berawecka à base de fruits, les bretzels et autres pains d'épices. Colmar est aussi l'une des rares villes à posséder des vignobles intramuros, comme le domaine Karcher, qui occupe une ancienne ferme (1602).

✿✿ JY'S

Chef : Jean-Yves Schillinger

CUISINE CRÉATIVE • DESIGN Schillinger : en Alsace, ce nom résonne avec une force particulière. On connaissait bien Jean, le père, on connaît aussi Jean-Yves, son fils qui, après s'être exilé du côté de New York (Destinée, Olica), est revenu en 2002 dans sa ville natale. On le retrouve en lisière du parc du Champ-de-Mars, bouillonnant d'idées. Bondissant d'une tradition à l'autre, sa cuisine salue tour à tour l'Alsace, les États-Unis, la Bretagne et le Japon avec une facilité déconcertante. Confiant en ses forces, il régale tous azimuts. En témoignent ce homard breton cuit dans une cafetière Cona sur des pâtes au basilic et nem de homard, ou encore ce soufflé au citron avec sa glace à l'estragon et huile d'olive… sans oublier le très beau chariot de mignardises. Une expérience unique et des goûts d'exception.

🍴 ⇆ ⅏ ⅏ ⅏ – Prix : €€€€

Plan : A2-1 - *3 allée du Champ-de-Mars* – ☏ *03 89 21 53 60* – *www.jean-yves-schillinger.com* – *Fermé lundi, dimanche et mardi midi*

✿ L'ATELIER DU PEINTRE

Chef : Loïc Lefebvre

CUISINE CRÉATIVE • CONTEMPORAIN Martin Schongauer, l'un des plus grands graveurs et peintres rhénans de la fin du 15e s., avait son atelier juste en face de cette maison dont les murs eux-mêmes datent de la Renaissance. À l'intérieur, quelle rupture de ton ! Chic et cosy, le cadre est délibérément contemporain. Dans l'assiette, Loïc Lefebvre fait preuve d'une évidente personnalité culinaire. Ce Lorrain, formé au plus près des étoiles, signe une cuisine créative et haute en couleurs, qui évolue évidemment au gré des saisons. Fraîcheur et subtilité, précision et finesse marquent son omble chevalier grillé, spaghetti de chou-rave à la crème de tarama, sabayon au vinaigre de sureau ou bien ce pavé de bar en écailles de Saint-Jacques.

🅰🅲 🍽 – Prix : €€€

Plan : B1-3 – *1 rue Schongauer* – ✆ *03 89 29 51 57* – *www.atelier-peintre.fr* – *Fermé lundi, dimanche, et mardi et samedi à midi*

❀ ## **RESTAURANT GIRARDIN**

Chef : Eric Girardin

CUISINE CRÉATIVE • ÉPURÉ La Maison des Têtes, demeure Renaissance classée, richement décorée de visages grimaçants, est à l'image de Colmar : superbe. Au Restaurant, aidés par leurs architectes, Éric Girardin et son épouse ont joué à fond la carte du minimalisme... jusque dans le menu dégustation proposé faisant la part belle au terroir alsacien. Dans l'assiette, rien que du beau, du bon et des parfums d'une belle finesse : on se laisse séduire par la truite façon gravlax, avec navet en aigre-doux, ou le carré de veau, fumé au foin, cerfeuil tubéreux et son jus intense. Le lieu abrite également une brasserie et des chambres à l'élégance intemporelle.

🐝 ⇆ ♿ 🅰🅲 – Prix : €€€€

Plan : A1-2 – *19 rue des Têtes* – ✆ *03 89 24 43 43* – *www.maisondestetes.com/ fr/restaurant-girardin.html* – *Fermé lundi, dimanche et du mardi au samedi à midi*

À L'ÉCHEVIN

CUISINE MODERNE • CLASSIQUE Au cœur de la "Petite Venise" et au sein de l'hôtel Le Maréchal, cette bâtisse à colombages impeccable abrite une bonne table à la déco très classique. Essayez de réserver en priorité la salle bleue sous charpente qui offre une vue sur la Lauch. Rien de classique en revanche dans l'assiette où le chef envoie une cuisine moderne bien ficelée, revisitant les classiques du terroir et de la gastronomie à coup de petites touches créatives. Très bons desserts à l'image de ce duo de figues et riz au lait dans une tuile croustillante à la cannelle.

♿ 🍽 – Prix : €€€

Plan : A2-8 – *4 place des Six-Montagnes-Noires* – ✆ *03 89 41 60 32* – *www.le-marechal.com* – *Fermé mardi et mercredi*

BORD'EAU

CUISINE MODERNE • COSY La seconde adresse du double étoilé Jean-Yves Schillinger est située le long de la Lauch au cœur de la Petite Venise. Le menu-carte laisse exprimer la créativité du chef entre recettes qui louchent vers l'Asie et le terroir alsacien. Carottes rôties au foin, beignets d'escargots aux herbes et kumquats au sel, ou lieu jaune, coulis de potimarron, maki de légumes et gel de yuzu, à déguster dans un cadre contemporain.

🅰🅲 🍽 – Prix : €€

Plan : B2-5 – *17 rue de la Poissonnerie* – ✆ *03 89 21 53 65* – *www.jean-yves-schillinger.com* – *Fermé lundi, dimanche et mardi midi*

LUCAS ET CHRIS ℕ

CUISINE TRADITIONNELLE • BISTRO À quelques minutes de marche de la vieille ville, ce bistrot contemporain, qui mise sur la convivialité, est ambiancé par un couple de vrais Colmariens, Lucas Gaertner en cuisine et Chris Roldan, DJ à ses heures perdues. Au déjeuner, le chef propose un menu trois plats (choix de poisson ou de viande) ; au dîner, la carte – renouvelée tous les mois – se révèle plus étoffée. On profite ici d'une cuisine plutôt traditionnelle bien réalisée – à l'image du gravlax de saumon, crème de raifort et moutarde au miel ou de ce rognon de veau et knepfles au butternut – grâce à l'expérience d'un chef passé chez Robuchon et au Maximilien à Zellenberg.

Prix : €€

Hors plan – *4 rue Saint-Guidon* – ✆ *03 89 73 92 86* – *Fermé lundi et dimanche*

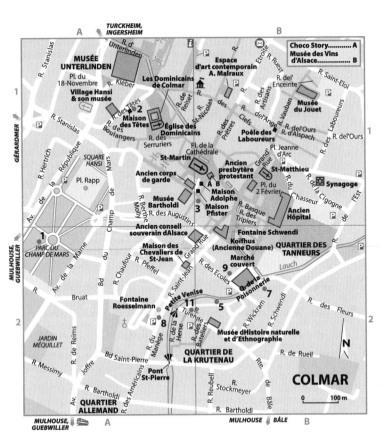

Plan : B2-9 – 9 rue des Écoles

LA MAISON ROUGE

CUISINE TRADITIONNELLE • RUSTIQUE Le chef Jean Kuentz (dit Petit Jean), formé dans de belles adresses parisiennes, est à la tête de cette maison historique du vieux Colmar, à quelques encablures de la Petite Venise. Dans cette bâtisse du 11e s., il propose une cuisine gourmande, naviguant entre préparations régionales et assiettes plus actuelles, accompagnée d'une jolie sélection de vins.

⿻ 🍴 – Prix : €€

Plan : B2-9 – 9 rue des Écoles – ☎ 03 89 23 53 22 – www.restaurant-maisonrouge.com – Fermé lundi

LE QUAI 21

CUISINE MODERNE • COSY Embarquez sur les quais de la "Petite Venise" pour une balade ponctuée de gourmandise, grâce à cette cuisine soignée, fleurant l'air de l'époque - on se délecte ainsi d'un tartare de thon rouge, mayonnaise au wasabi, quinoa soufflé et baies roses, ou d'un carré de porcelet rôti au satay, crème de potimarron, pâte de citron et...salicornes. Joli cadre contemporain.

🍴 🍴 – Prix : €€

Plan : B2-7 – 15 quai de la Poissonnerie – ☎ 03 89 58 58 58 – www.restaurant-quai21.fr – Fermé lundi

WISTUB BRENNER

CUISINE ALSACIENNE • WINSTUB Au cœur de la "Petite Venise", dans cette authentique winstub, la cuisine est forcément régionale : salade au comté et cervelas, tarte à l'oignon de Papi Lucien, choucroute et jarret de porc braisé, sauce au pinot noir. Production locale, ambiance conviviale et sympathique terrasse.

�️ – Prix : €€

Plan : A2-11 – *1 rue de Turenne –* ☎ *03 89 41 42 33 – www.wistub-brenner.fr*

L'ESQUISSE

CONTEMPORAIN • ÉLÉGANT Bien qu'il soit situé dans le cœur historique de Colmar, à deux pas des ruelles sinueuses, cet hôtel est aussi contemporain que possible. Il côtoie le verdoyant parc du Champ de Mars, et ses 62 chambres et suites sont un écrin à l'esthétique moderne du 20ᵉ s. Le spa est complété d'une piscine intérieure chauffée, un jacuzzi, un sauna et un hammam. Restaurant réputé.

🅿️⛄🛝🏔️🌀🏊🔲 - 62 chambres

2 avenue de la Marne – ☎ *03 67 68 20 00 – www.lesquisse-colmar.com*

✿✿ JY'S - Voir la sélection des restaurants

HÔTEL QUATORZE

MODERNE • CHARME Ancienne pharmacie du 19ᵉ s., ce petit hôtel a trouvé la formule parfaite pour prendre soin de vous. Une bonne dose de charme dû à la proximité de la cathédrale et la Petite Venise. Une grande mesure de design porté par des lignes épurées, une dualité blanc/noir et des équipements de pointe. Et un service luxueux pour compléter le soin : spa avec sauna à luminothérapie, massages ayurvédiques et japonais, voiturier et pâtisseries locales.

♿🏔️🅿️🚗🌀🏊🔲 - 17 chambres

14 rue des Augustins – ☎ *03 89 20 45 20 – www.quatorze.colmar-hotels.com*

LA MAISON DES TÊTES

MODERNE • ÉLÉGANT Le couple Girardin a rénové avec goût cette superbe demeure, bâtie au 17ᵉ s. sur les vestiges du mur d'enceinte de Colmar. On apprécie l'élégance intemporelle des chambres, mêlant subtilement touches historiques des lieux à des notes plus actuelles. Un cocon charmant, à cheval sur les siècles.

♿🅿️🏔️🍽️🔲 - 21 chambres

19 rue des Têtes – ☎ *03 89 24 43 43 – www.maisondestetes.com*

✿ **Restaurant Girardin** - Voir la sélection des restaurants

LE MARÉCHAL

CONTEMPORAIN • COSY Idéalement situé à l'entrée de la Petite Venise, cet hôtel offre des chambres de caractère réparties dans plusieurs maisons du 16ᵉ s. On a su préserver l'âme et le cachet historique des lieux, tout en adoptant un esprit contemporain pour une atmosphère cosy et feutrée.

🅿️🌀🚲🏊🍽️🔲 - 30 chambres

5 place des Six-Montagnes-Noires – ☎ *03 89 41 60 32 – www.hotel-le-marechal.com*

À l'Échevin - Voir la sélection des restaurants

COLOMBES

✉ 92700 – Hauts-de-Seine – Carte régionale n° **11**–E2

BISTROT PAS PARISIEN

CUISINE TRADITIONNELLE • BRASSERIE Au cœur de Colombes, à proximité de l'imposante église conçue par Jean Hébrard, cette ancienne brasserie datant de 1907, avec son comptoir en zinc, ses miroirs, ses moulures et son lustre à boule, attire l'œil. Dans ce cadre chic, on propose une cuisine traditionnelle réalisée

avec sérieux, mettant en avant des produits de qualité. Le menu-carte comprend quelques plats signatures, tels que la côte de veau ou la noix d'entrecôte à partager.
&️ 🔲 ⛓ 🀫 – Prix : €€

3 place du Général-Leclerc – 𝒞 01 47 84 84 06 – www.bistrotpasparisien.fr

COLOMBEY-LES-DEUX-ÉGLISES
✉ 52330 – Haute-Marne – Carte régionale n° **12**–C1

🕸 HOSTELLERIE LA MONTAGNE
Chef : Jean-Baptiste Natali

CUISINE MODERNE • **ÉLÉGANT** Dans ce paisible village de Haute-Marne cher au général de Gaulle, cette belle demeure en pierres du 17e s. est tout entière ceinte par un beau parc qui se prolonge vers la campagne. Mais à l'intérieur, point de nostalgie ! Ni dans le décor contemporain, ni dans l'assiette – ni même dans ce menu intitulé... "Je vous ai compris !". Le chef Jean-Baptiste Natali a beaucoup voyagé, de Marrakech à Londres en passant par New York. Il signe une gastronomie française à l'heure contemporaine (non sans clins d'œil à ses nombreux voyages) en travaillant de beaux produits comme la langoustine, le rouget, le homard, le bœuf Angus, le ris de veau. Ses brocolis et oursin de Galice, sa langoustine et foie gras, son cœur de ris de veau au beurre de cédrat et risotto d'huître attestent d'un métier solide. Chambres cosy et confortables pour l'étape.
⇐ 🁢 &️ 🎍 🔲 – Prix : €€€

10 rue Pisseloup – 𝒞 03 25 01 51 69 – www.hostellerielamontagne.com –
Fermé lundi et mardi

COLOMBIÈRES-SUR-ORB
✉ 34390 – Hérault – Carte régionale n° **27**–C2

🕸 GRANIT - LA MÉCANIQUE DES FRÈRES BONANO
Chef : Clément Bonano

CUISINE MODERNE • **AUBERGE** Cette belle mécanique bien huilée, où travaillent deux frères, l'un en sommellerie, l'autre aux fourneaux, n'est autre qu'une ancienne filature de draps des bords de l'Orb. À l'intérieur, un décor tout de granit et de bois, avec au centre une grande cave vitrée : le raisin est ici chez lui ! En attestent la sélection très pointue, riche en références du Languedoc-Roussillon (mais pas seulement), et les judicieux accords mets et vins proposés. Dans l'assiette, le chef Clément équilibre les saveurs avec finesse, jouant souvent avec l'aigre-doux (à l'instar de sa canette fermière, aubergine, mûres et jus "Pékin duck"), voire les notes amères, sans jamais dénaturer le produit principal (local et de qualité, évidemment) – chapeau l'artiste ! Ambiance conviviale grâce au service professionnel et souriant de Benjamin. Formules tapas au bistrot le Trou du kru.
🎇 ⇐ ≤ 🁢 &️ 🔲 🎍 🄿 – Prix : €€€

Lieu-dit La Mécanique – 𝒞 04 67 97 30 52 –
www.lamecaniquedesfreresbonano.fr – Fermé du lundi au mercredi

COLOMBIERS
✉ 34440 – Hérault – Carte régionale n° **27**–C2

AU LAVOIR
CUISINE MÉDITERRANÉENNE • **ÉLÉGANT** Voisine du canal du Midi, cette belle maison jaune semble rayonner, particulièrement quand le soleil baigne son jardin verdoyant (avec terrasse). Pleinement inspirée de la Méditerranée, la cuisine fait la part belle au produit et embaume les parfums du Sud. N'hésitez pas à réserver l'une des élégantes chambres de l'étage.
🔲 🎍 🄿 – Prix : €€

Rue du Lavoir – 𝒞 04 67 26 16 15 – www.au-lavoir-restaurant-colombiers.com

COLROY-LA-ROCHE

✉ 67420 – Bas-Rhin – Carte régionale n° **8**–A2

HOSTELLERIE LA CHENEAUDIÈRE

CUISINE MODERNE • ÉLÉGANT Dans cet établissement élégant, les salles à manger affichent un esprit nature, et montagnard chic. La carte, courte et raffinée, fait d'alléchantes propositions. Au point que de nombreux plats sont devenus des classiques comme la truite rose d'Alsace, légumes fermentés, crème au cumin ou bien encore ce homard entier cuit au charbon de bois et sa homardine crémeuse - proposés depuis 1982.

🕸 ⪜ 🛋 🛆 🅰️🅒 🅿️ – Prix : €€€

3 rue Vieux-Moulin – 𝒞 03 88 97 61 64 – www.cheneaudiere.com – Fermé le midi

COMBEAUFONTAINE

✉ 70120 – Haute-Saône – Carte régionale n° **13**–B1

😊 LE BALCON

CUISINE TRADITIONNELLE • AUBERGE Jean-Philippe Gauthier perpétue la tradition de cet ancien relais de diligence, restaurant familial depuis 1951. Les incontournables : terrine de caille aux pruneaux et à l'armagnac et splendide chariot de fromages affinés, que l'on savoure dans une salle alliant caractère et authenticité. Quant à l'accueil, il est tout aussi délicieux. Chambres pour l'étape.

🛆 – Prix : €€

2 Grande-Rue – 𝒞 03 84 92 11 13 – www.le-balcon-70.fr – Fermé lundi, mardi midi et dimanche soir

COMBES

✉ 34240 – Hérault – Carte régionale n° **27**–C1

😊 AUBERGE DE COMBES

CUISINE TRADITIONNELLE • AUBERGE C'est une auberge de pays perchée sur les hauteurs de la vallée de l'Orb. Ici, le terroir s'exprime avec puissance : dans l'assiette comme dans le paysage, une suavité brute domine. Foie gras mi-cuit sur une braise de sarments de vigne, salmis de palombe, tarte aux châtaignes et poires... Les assiettes se dégustent entre les murs séculaires en pierre ou sur la terrasse, qui dévoile une vue magnifique sur la vallée. Le tout accompagné d'un verre de Faugères, bien entendu !

⪜ 🅰️🅒 🍽️ – Prix : €€

Le Bourg – 𝒞 04 67 95 66 55 – Fermé lundi et mardi, et dimanche soir

COMBLOUX

✉ 74920 – Haute-Savoie – Carte régionale n° **21**–D2

SIGNATURE 🆕

CUISINE TRADITIONNELLE • MONTAGNARD Du seuil de cette ferme classée du 19e s., le Mont-Blanc apparaît à l'horizon. Déco montagnarde (lambris, murs en chaux, parquet), mobilier chiné et une cuisine traditionnelle réalisée par Florent Meyer, qui a travaillé avec Emmanuel Renaut : on signe tout de suite, notamment grâce à cette sauce au vin jaune qui enveloppe un beau suprême de volaille fermière, ou cette gourmande tartiflette revisitée, clin d'œil malicieux au terroir local – une entrée signature. À noter : un accueil chaleureux !

Prix : €€

62 chemin de la Promenade – 𝒞 04 50 93 11 81 – www.signature-combloux. eatbu.com – Fermé du lundi au mercredi et du jeudi au dimanche à midi

COMBRIT

 29120 – Finistère – Carte régionale n° **1**–B2

❀ LES TROIS ROCHERS

CUISINE MODERNE • ÉLÉGANT Dans l'estuaire de l'Odet, face au port de Bénodet, on a les flots d'un côté et un parc de pins et de chênes de l'autre... Vous avouerez qu'il y a pire ! Le chef, diplômé à Quimper, a roulé sa bosse en Bretagne et en Suisse, et c'est avant tout les artisans et producteurs bretons (bio, pour la plupart) qu'il met en avant dans sa cuisine. Il marie les trésors de la région avec des épices venues d'ailleurs et des herbes fraîches, dans l'objectif d'en sublimer le goût. À titre d'exemple, ses ravioles de langoustines et bouillon de crustacés sont un vrai délice...

⇦ ⇐ 🛏 ♿ 🌳 – Prix : €€€

16 rue du Phare, à Sainte-Marine – ℰ 02 98 51 94 94 – www.trimen.fr –
Fermé lundi, dimanche et du mardi au vendredi à midi

BISTROT DU BAC

POISSONS ET FRUITS DE MER • BISTRO Une maison bretonne, petite sœur de la Villa Tri Men et de sa table étoilée située juste au-dessus, posée sur les quais du petit port de Ste-Marine, face à Bénodet – auquel il est relié par un bac en saison. La terrasse avec sa vue pittoresque sur l'estuaire de l'Odet, la salle en bleu et blanc (comme les chambres) et surtout une cuisine iodée qui honore la mer avec fraîcheur et simplicité (mention spéciale pour la sole) : l'escale est fort sympathique !

⇐ 🌳 – Prix : €€

19 rue du Bac, à Sainte-Marine – ℰ 02 98 56 34 79 – www.hoteldubac.fr

HÔTEL DU BAC

MODERNE • MARITIME Campé face à l'Odet qui se jette un peu plus loin dans l'océan, l'Hôtel du Bac admire paisiblement les bateaux amarrés autour du port de Sainte-Marine. Ses chambres célèbrent la vie maritime avec simplicité et élégance : du bleu et du blanc évidemment, des motifs marins et quelques touches boisées.

🍴🅿 - 11 chambres

19 rue du Bac – ℰ 02 98 51 33 33 – www.hoteldubac.fr
Bistrot du Bac - Voir la sélection des restaurants

COMPIÈGNE

 60200 – Oise – Carte régionale n° **5**–B2

RHIZOME

CUISINE MODERNE • CONTEMPORAIN Le rhizome, c'est la tige souterraine de certaines plantes, une réserve d'énergie apparentée à la racine. Choix judicieux pour ce jeune couple de Soissons, revenu en Picardie après des passages dans de belles maisons (Mère Brazier, Saturne à Paris, Auberge du Vert Mont). Énergie que l'on retrouve dans la cuisine du marché, vivante, instinctive et régulièrement renouvelée. Enracinement comme en témoigne la démarche locavore, assortie de vins bio et naturels. Le bon plan gourmandise de la ville, avec un menu (unique) au déjeuner. Une bien jolie adresse, où il est prudent de réserver.

Prix : €€

6 rue des Pâtissiers – ℰ 09 83 77 42 22 – www.restaurant-rhizome.fr –
Fermé lundi et dimanche, et mercredi soir

CONCARNEAU

✉ 29900 – Finistère – Carte régionale n° **1**–B2

😀 LE FLAVEUR

CUISINE MODERNE • CONTEMPORAIN Ce restaurant se niche dans une petite rue en retrait du port de plaisance et de la ville close. En cuisine, un couple complice réalise à quatre mains de véritables bouquets de fraîcheur. Ils se régalent, ils nous régalent... en jouant avec les produits du terroir : sarrasin, pêche quotidienne issue de petits bateaux, cochon breton, volailles de la Bruyère Blanche, œufs fermiers - et mention spéciale pour l'excellent pain maison.

& – Prix : €€

4 rue Duquesne – ☎ 02 98 60 43 47 – Fermé lundi et dimanche, et mercredi soir

L'ATELIER DU NORD ⓝ

CUISINE MODERNE • CONTEMPORAIN Res nostra mare (la mer est notre loi) indique en exergue sur son site le chef Romain Paillet : sa cuisine moderne d'inspiration japonaise s'appuie donc uniquement sur les retours de la marée et de la pêche. Les produits iodés, à l'instar de cette ventrèche de thon à peine snackée, sont d'une fraîcheur irréprochable. Grâce à des condiments et des préparations bien dosées, chaque assiette a du peps à revendre, à l'image de ce chef passionné qui passe beaucoup de temps en salle parmi ses clients. Le cadre d'inspiration nippone aux murs bleu est en adéquation avec la partition du chef. La cuisine, située littéralement au centre, est le cœur battant du restaurant.

& 🍴 – Prix : €€€

2 quai Carnot – ☎ 09 54 38 31 75 – www.atelierdunord.cc – Fermé lundi et dimanche

CONDORCET

✉ 26110 – Drôme – Carte régionale n° **24**–B2

LA CHARRETTE BLEUE

CUISINE TRADITIONNELLE • RUSTIQUE Impossible de manquer ce relais de poste du 18ᵉ s. avec sa charrette bleue sur le toit ! Joli hommage à René Barjavel, dont l'œuvre du même nom racontait son enfance au pays. L'esprit de la région habite le décor (terrasse sous les canisses) comme cette cuisine généreuse à l'instar de ce pressé de légumes d'été grillés en gelée de tomate, à la provençale, à l'huile d'olive et herbes du jardin.

AC 🍴 🅿 – Prix : €€

5 chemin Barjavel – ☎ 04 75 27 72 33 – www.lacharrettebleue.net – Fermé mardi et mercredi

CONFOLENS

✉ 16500 – Charente

🛏 DOMAINE DE LA PARTOUCIE

MODERNE • CHAMPÊTRE Logis féodal remanié au 18ᵉ s., cette demeure a su marier ses meubles anciens à un design contemporain, pour un confort moderne luxueux. Avec seulement cinq chambres, elle conserve l'atmosphère d'une résidence privée, avec une piscine d'eau salée, un court de tennis et la possibilité de pêcher carpes et brochets dans les douves. Petit déjeuner frais de la ferme.

🅿 🍴 ⊼ 🛁 - 5 chambres

La Partoucie – ☎ 06 15 66 06 77 – www.domainedelapartoucie.fr

CONQUES-EN-ROUERGUE

✉ 12320 – Aveyron – Carte régionale n° **23**–C2

🍃 **ÉMILIE & THOMAS - MOULIN DE CAMBELONG** Ⓝ

Chefs : Thomas et Émilie Roussey

CUISINE MODERNE • MAISON DE CAMPAGNE Belle bâtisse en pierre de pays et lauze, ce moulin se dresse en bordure de rivière dans une nature bucolique. La salle à manger sous charpente en profite grâce à de larges baies vitrées. Frottés aux restaurants de Pierre Gagnaire, Michel Bras et Alain Ducasse, Émilie et Thomas Roussey, tous les deux chefs, ont échangé leur établissement avec celui d'Hervé Busset, désormais installé au cœur de Rodez. Réalisée à quatre mains, cette cuisine nature fait la part belle aux légumes et aux fruits de saison livrés par de petits producteurs locaux triés sur le volet. Tomate et basilic ; aubergine, agastache et sarrasin ; pleurotes et fleur de courgette : les noms des plats se réduisent à leurs produits, toujours ultra-frais...

🛏 ⟷ 🄰🄲 🄿 – Prix : €€€

61 lieu-dit Cambelong – 𝒞 05 65 72 84 77 – www.moulindecambelong.com – Fermé du lundi au mercredi

LE CONQUET

✉ 29217 – Finistère – Carte régionale n° **1**–A2

LA CORNICHE - SAINTE-BARBE

CUISINE MODERNE • CONTEMPORAIN Au sein de l'hôtel Sainte-Barbe, choisissez votre vue : côté mer, côté port du Conquet... ou encore côté salle au plaisant décor contemporain. Cuisine bien tournée autour de recettes à l'esprit bistronomie faisant la part belle aux produits d'ici, notamment aux poissons et fruits de mer.

⟜ 🄰🄲 🄿 – Prix : €€

Pointe Sainte-Barbe – 𝒞 02 98 48 46 13 – www.hotelsaintebarbe.com

LES CONTAMINES-MONTJOIE

✉ 74170 – Haute-Savoie – Carte régionale n° **21**–D2

L'Ô À LA BOUCHE

CUISINE MODERNE • CONTEMPORAIN Un lieu, deux atmosphères, mais toujours l'eau à la bouche... Au rez-de-chaussée, cadre contemporain autour d'une cuisine gastronomique fraîche et goûteuse, concoctée par un chef qui affectionne les produits frais et le poisson ; au sous-sol (et seulement l'hiver), raclettes, fondues, grillades. Ne manquez pas non plus l'excellente charcuterie maison. Suggestions orales suivant le retour du marché. Une convivialité toute montagnarde.

🄲 🏡 – Prix : €€

510 route Notre-Dame-de-la-Gorge – 𝒞 04 50 47 81 67 – www.lo-contamines.com – Fermé lundi

CONTRES

✉ 41700 – Loir-et-Cher – Carte régionale n° **10**–C3

LA BOTTE D'ASPERGES

CUISINE MODERNE • CONTEMPORAIN Avec son joli nom à vous donner des envies de printemps, ce restaurant joue la carte d'une cuisine savoureuse. Derrière cette bonne nouvelle pour nos papilles, un couple du métier et un chef au parcours solide. Côté cadre, c'est confortable, dans un esprit bistrot contemporain. Une adresse agréable.

🅰🅲 – Prix : €€

52 rue Pierre-Henri-Mauger – ☏ 02 54 79 50 49 – www.labottedasperges.com – Fermé lundi et mardi

CORBEIL-ESSONNES

✉ 91100 – Essonne – Carte régionale n° **11**–B2

AUX ARMES DE FRANCE

CUISINE MODERNE • COSY Rien ne trouble cet ancien relais de poste, tenu par Yohann Giraud, chef passé par plusieurs maisons étoilées. Au menu : des recettes généreuses en saveurs, à l'image du plat signature, les macaronis farcis de foie gras, céleri rave et tartufata gratinés au parmesan, crème légère et jus de veau, ou du dessert plein de gourmandise, ce millefeuille et sa sauce au caramel. Enfin, pour parachever le tableau : ambiance feutrée, accueil charmant.

♿ ♻ 🅿 – Prix : €€€

1 boulevard Jean-Jaurès – ☏ 01 60 89 27 10 – www.aux-armes-de-france.fr – Fermé lundi et dimanche, et mercredi soir

CORMERY

✉ 37320 – Indre-et-Loire – Carte régionale n° **15**–B1

LES ROSEAUX PENSANTS

CUISINE MODERNE • CONTEMPORAIN Dans ce village charmant riche en vieilles pierres, un couple autodidacte a ouvert cette table qui se fournit exclusivement en produits locaux après avoir rencontré les producteurs en personne. Le chef, ex-avocat converti à la gastronomie par passion, mitonne juste et bon comme ce suprême de pintade cuit au barbecue, courgettes et aubergines rôties, aïoli gourmand et condiment pêche-piment qui fouette le tout. Délicieuse terrasse sous les tilleuls aux beaux jours.

♿ 🍴 ♻ – Prix : €€

2 place du Mail – ☏ 02 47 43 40 32 – www.lesroseauxpensants.fr – Fermé du lundi au mercredi et dimanche soir

CORNIER

✉ 74800 – Haute-Savoie – Carte régionale n° **21**–C1

CHEZ MOSSE 🆕

CUISINE MODERNE • BISTRO Ici, le boss, c'est (Mattéo) Mosse : un jeune chef originaire de Haute-Savoie qui a choisi de s'installer dans ce village afin d'être au plus proche de la nature et des petits producteurs. Poissons et viandes issus de l'agriculture raisonnée, circuits courts et plats végétariens définissent l'identité de cette « éco-table ». La cuisine moderne du chef travaille donc essentiellement ce que la nature lui apporte en saison et notamment de nombreux légumes bio. Cadre simple de bistrot dans une maison de village colorée bénéficiant d'une terrasse ombragée.

♿ 🍴 – Prix : €€

58 place du Tilleul – ☏ 04 50 03 98 13 – www.chezmosse.com – Fermé lundi, mardi et dimanche

CORRENÇON-EN-VERCORS

✉ 38250 – Isère – Carte régionale n° **21**–B3

ASTERALES ⓝ

CUISINE MODERNE • **COSY** Une jolie table dans un cadre montagnard chic que ces Asterales, du nom poétique d'un ordre végétal. Le chef réalise une cuisine soignée et précise qui sait mettre en valeur les beaux produits qu'il affectionne : langoustines au barbecue, chou-fleur, salicorne et bisque safranée ; turbot cuit sur l'arête, asperges blanches et morilles, crème de coques... Service souriant et chambres agréables pour profiter du Vercors.

🛏 ᴋ ✿ 🅿 – Prix : €€€

Hôtel du Golf, Les Ritons, 784 route du Clos-de-la-Balme – ☏ 04 76 95 84 84 – www.hotel-du-golf-vercors.fr/le-restaurant-correncon – Fermé lundi et du mardi au vendredi à midi ; ouvert le weekend

CORSE
Carte régionale n° **30**

Un produit traditionnel par virage... et ils sont innombrables !

Parcs naturels, parcours de randonnées mythiques, villes côtières chics, forêts chevelues et montagnes escarpées, telle demeure la Corse éternelle, cette île de beauté jamais mieux chantée qu'à la tombée du jour par les cigales elles-mêmes. Au-delà de ces images iconiques sur fond bleu translucide, pénétrons l'intimité de la terre natale de Napoléon et de Colomba, l'héroïne tragique de Prosper Mérimée. Et quel meilleur guide que le petit cochon noir semi-sauvage, rôti, grillé, fumé, salé, consommé à toutes les sauces, celuilà - même qu'Obélix confondait avec un chef de clan corse. "Quand tu croques dans un morceau de jambon, tu sais que tu es en Corse", témoigne un inspecteur.

AJACCIO
✉ 20000 – Corse-du-Sud – Carte régionale n° **30**–A2

A NEPITA
CUISINE DU MARCHÉ • CONVIVIAL Dans ce petit établissement où il est désormais chez lui à deux pas du palais de justice, Simon Andrews, un chef anglais d'expérience (ancien étoilé) concocte chaque jour au gré du marché et de ses envies une excellente cuisine toute de fraîcheur et de saveur.
🅰️ ⛲ – Prix : €€
4 rue San-Lazaro – 𝒞 04 95 26 75 68 – www.anepita.fr – Fermé lundi, dimanche, samedi midi et mardi soir

L'ÉCRIN
CUISINE MODERNE • CONVIVIAL Ce sympathique petit restaurant, légèrement à l'écart de l'agitation de la vieille ville, propose une cuisine méditerranéenne de saison, fraîche et bien troussée, comme ce turbot confit à l'huile d'olive, ratatouille, sauce safran. L'été, on s'installe sur la petite terrasse (s'il reste de la place!), où l'accueil est des plus charmants. Un petit bijou !
⛲ – Prix : €€€
16 cours du Général-Leclerc – 𝒞 04 95 24 94 32 – www.lecrinrestaurant.fr – Fermé lundi, dimanche et du mardi au samedi à midi

LE PETIT RESTAURANT
CUISINE MODERNE • COSY Au cœur de la vieille ville d'Ajaccio, le petit Restaurant a tout d'un grand. Le chef Vincent Boucher est loin de se limiter à un

certain répertoire méditerranéen. Solide cuisinier, il a surtout pour ambition de travailler les produits du moment à travers une cuisine moderne un brin créative (avec parfois quelques clins d'œil exotiques) à l'image de son tartare de thon rouge, melon mariné au soja. On s'est aussi régalé avec son plat de porc noir ibérique, sa généreuse quenelle de polenta et lomo. Côté salle, Kristel Paries distille un service souriant, aux petits soins avec ses clients, qui sont assurés de passer un bon moment.

🅰🅲 🍴 – Prix : €€

3 rue Pozzo-di-Borgo – 𝒞 04 20 01 88 81 – www.lepetitrestaurant.fr – Fermé dimanche, et mercredi et samedi à midi

🛏 ### HÔTEL LES MOUETTES   🏵 *Plus*

CLASSIQUE • ROMANTIQUE Cette grande demeure rose de 1880 offre une vue superbe sur la piscine et la plage privée. Chambres sobres et spacieuses, la plupart avec loggia, pour rêver en regardant les mouettes. Et le soir venu, les pieds dans la mer, compter les étoiles.

🅿 🍷 🛎 🧺 🌐 🛁 ⛷ 🍽 🅰🅲 - 27 chambres

9 cours Lucien Bonaparte – 𝒞 04 95 50 40 40 – www.hotellesmouettes.fr

BASTELICACCIA

✉ 20129 – Corse-du-Sud – Carte régionale n° **30**–A2

AUBERGE DU PRUNELLI

CUISINE DU TERROIR • AUBERGE Ambiance conviviale et authentique dans cette auberge née en 1870, perdue dans les environs d'Ajaccio. Charcuterie, fromages et miel de la vallée, légumes du potager, petits plats mijotés des heures sur le coin du fourneau, tartes concoctées avec les fruits du verger, belle sélection de vins corses... Intemporel !

🐾 🍴 – Prix : €€

Pont de Pisciatello – 𝒞 04 95 20 02 75 – www.auberge-du-prunelli.fr – Fermé mardi

BONIFACIO

✉ 20169 – Corse-du-Sud – Carte régionale n° **30**–B3

L'A CHEDA

CUISINE MODERNE • MÉDITERRANÉEN Dans un décor romantique à souhait, on s'installe sur la charmante terrasse face à la piscine. Le chef privilégie les circuits courts et choisit ses fournisseurs avec grand soin : on se régale de poissons sauvages, viande bio corse, légumes frais du potager en permaculture... Service prévenant et carte des vins riches en jolies surprises.

🛎 🍴 🅿 – Prix : €€€€

Route de Cavallo-Morto – 𝒞 04 95 73 03 82 – www.acheda-hotel.com/restaurant-gastronomique-bonifacio – Fermé lundi, dimanche et du mardi au samedi à midi

L'AN FAIM

CUISINE MODERNE • CONVIVIAL Installé au bout de la marina, au pied des escaliers grimpant à la citadelle, ce petit restaurant prolongé d'une terrasse est un repaire d'habitués : au programme, une cuisine du marché haute en couleurs et en saveurs, veau corse et gambas, pastilla d'agneau de lait de Bonifacio ou encore denti et ses légumes façon blanquette se partagent, entre autres, la carte. Le midi, menu plus simple.

🅰🅲 🍴 – Prix : €€

7 montée Rastello – 𝒞 04 95 73 09 10 – Fermé dimanche

DA PASSANO

CUISINE CORSE • DESIGN Face au port, ce restaurant et bar à vins revisite la tradition corse et ses produits (veau, noisettes de Cervione) dans un cadre moderne et design. On se régale au chant des guitares les soirs d'été, sur la terrasse ombragée... Les plats en petites portions invitent naturellement au partage.

🅰🄲 🍴 – Prix : €€

53 quai Comparetti – ☎ 04 95 28 10 90 – www.da-passano.com

FINESTRA BY ITALO BASSI 🆕

CUISINE ITALIENNE • CHIC Au milieu des enseignes traditionnelles, cette élégante façade détonne sur le port de Bonifacio. Deux établissements s'y lovent : au rez-de-chaussée, un bistrot cosy ; à l'étage, une superbe salle design en forme de coque inversée, au décor subtilement marin, et une grande fenêtre (finestra en italien) ouverte sur le port. La cuisine du chef Italo Bassi célèbre dans ses assiettes les épousailles gourmandes de l'Italie et de la Corse. Les produits, essentiellement corses (comme ces poissons de petite pêche) sont triés sur le volet dans ces préparations maîtrisées, à l'instar de ce risotto de soupe de roche à la saveur marquée.

🅰🄲 – Prix : €€€€

51 quai Jérôme-Comparetti – ☎ 04 95 10 20 34 – www.finestra-d-amore.fr – Fermé lundi et du mardi au dimanche à midi

LE VOILIER

CUISINE MODERNE • CONVIVIAL Cap sur ce voilier situé le long de la marina, avec sa terrasse élégante. À bord, on déguste une cuisine méditerranéenne (soupe et carpaccio de poisson, ceviche, fleurs de courgette), où le poisson de pêche locale (entier ou en portion) est mis à l'honneur. Les amateurs de viande ne sont pas laissés pour compte et pourront se régaler d'une côte de veau épaisse ou d'une selle d'agneau farcie.

🍴 – Prix : €€€

81 quai Comparetti – ☎ 04 95 73 07 06 – www.levoilier-bonifacio.com – Fermé dimanche soir

🛏 **VERSION MAQUIS CITADELLE**

MODERNE • CHAMPÊTRE Sept bungalows fondus dans la nature, pour cet hôtel perché sur les hauteurs de Bonifacio. La superbe piscine à débordement offre une vue imprenable sur la citadelle. Chambres d'exception, contemporaines et design, toutes avec terrasses, matériaux haut de gamme, et le maquis, partout autour. Un lieu d'exception qui invite à la contemplation.

🌳🅿️🛋🕭🍽🚲🔺🆑🛁🎿🍴🅰🄲 - 14 chambres

Quartier Padurella – ☎ 04 20 40 70 40 – www.citadelle.versionmaquis.com

CAGNANO

✉ 20228 – Haute-Corse – Carte régionale n° **30**–B1

TRA DI NOÏ

CUISINE MODERNE • ÉLÉGANT Le chef de Tra Di Noï ("entre nous", en corse) met à l'honneur les produits de l'île de façon originale, dans un esprit bistronomique revendiqué (épaule d'agneau confite, falafel de fèves, aubergine et sauce yaourt). Tout a du goût (de nombreux produits viennent du potager en permaculture), la technique et la créativité sont au rendez-vous, y compris au dessert : on passe un bon moment dans ce restaurant logé dans un hôtel discret du Cap Corse.

🦽🍴👿🅿️ – Prix : €€€

Lieu-dit Misincu – ☎ 04 95 35 21 21 – www.hotel-misincu.fr/fr

🛏 **MISINCU**

MODERNE • ÉLÉGANT Dans cette partie de la Corse encore sauvage et préservée, un superbe hôtel d'une blancheur éclatante, tout en arcades et en patios... La

Méditerranée, en somme ! Matériaux de qualité, chambres spacieuses et épurées, belle piscine : un véritable coup de cœur.

🐕 🅿 ⌂ ⑪ 🆎 - 30 chambres

Lieu-dit Misincu – ☎ 04 95 35 21 21 – www.hotel-misincu.fr

Tra Di Noï - Voir la sélection des restaurants

CALVI

✉ 20260 – Haute-Corse – Carte régionale n° **30**–A1

LA SIGNORIA

CUISINE MODERNE • **MÉDITERRANÉEN** À quelques minutes de Calvi se niche cet ancien domaine seigneurial génois, entouré de pinèdes et de vignobles, tandis que se découpent au loin les montagnes du cirque de Bonato... On dîne sur la terrasse donnant sur le jardin méridional planté d'essences qui fleurent bon, du rosier à l'eucalyptus. Voilà un cadre approprié à cette cuisine méditerranéenne élaborée avec des produits corses ! Pour prolonger l'expérience, de jolies villas et suites avec Spa vous attendent, ainsi que des tapas le midi, au Bistrot dans l'herbe.

🐌 ⌂ 🆎 🏮 ♻ 🅿 – Prix : €€€€

Route de la Forêt-de-Bonifato – ☎ 04 95 65 93 00 – www.hotel-la-signoria.com- Fermé le midi

LA TABLE BY LA VILLA

CUISINE MODERNE • **ÉLÉGANT** Au sein de la Villa, dont le luxueux décor s'efface devant la majesté du panorama – la baie, la citadelle, les montagnes... –, cette Table met en avant les produits régionaux de qualité, à déguster sur la superbe terrasse panoramique. Cuisine plus simple (mais gourmande) le midi.

🐌 ⌂ 🆎 🏮 🅿 – Prix : €€€

Chemin Notre-Dame-de-la-Serra – ☎ 04 95 65 83 60 – www.lavilla.fr

🛏 LA SIGNORIA

TRADITIONNEL • **FAMILIAL** Nichée dans une pinède, cette demeure du 18ᵉ s. incarne à elle seule la Méditerranée : de l'ocre, du bleu, un mobilier corse d'époque, un beau jardin paysager et... des senteurs infinies, dans la plus grande quiétude ! Joli spa. Plusieurs villas et suites, idéales pour les familles.

♿ 🅿 ⌂ 🛎 ⑱ ⑪ 🔥 ⑪ 🆎 - 24 chambres

Route de la Forêt de Bonifato – ☎ 04 95 65 93 00 – www.hotel-la-signoria.com

La Signoria - Voir la sélection des restaurants

🛏 LA VILLA CALVI   *Plus*

ÉPURÉ • **RAFFINÉ** La vieille ville et toute la baie semblent envier cette Villa juchée sur les hauteurs ! Ce complexe hôtelier à l'élégance épurée, digne d'un couvent, distille l'essence de l'Île de Beauté... Joli spa, centre de soins, salon de coiffure, fitness, trois piscines extérieures, une intérieure : un ensemble haut de gamme, pour un séjour reposant.

♿ 🐕 🅿 ⌂ 🛎 ⑱ ⑱ ⑱ 🤸 ⑪ 🆎 - 49 chambres

Chemin Notre-Dame de la Serra – ☎ 04 95 65 10 10 – www.hotel-lavilla.com

La Table by La Villa - Voir la sélection des restaurants

CORTE

✉ 20250 – Haute-Corse

🛏 DOMINIQUE COLONNA

CLASSIQUE • **CHAMPÊTRE** À l'entrée des gorges, dans l'arrière-pays de Corte, cet hôtel paisible, entre rochers et pins, ravira les amoureux de la nature. Confort idéal, jolies chambres et splendide terrasse qui surplombe les flots tumultueux de la rivière, où les moins frileux iront piquer une tête !

♿ 🅿 🛏 🛎 🅰🅲 - 29 chambres

Lieu-dit Restonica – ☎ 04 95 45 25 65 – www.dominique-colonna.com

CUTTOLI

✉ 20167 – Corse-du-Sud – Carte régionale n° **30**–A2

 U LICETTU

CUISINE TRADITIONNELLE • **RUSTIQUE** Et si on avait trouvé la vérité de la cuisine corse dans cette villa crépie de rose noyée sous les fleurs et qui domine le golfe ? Difficile à dire mais toujours est-il qu'ici la table est authentique et généreuse, que les produits sont tous de grande qualité, que le cochon est cuisiné des oreilles à la queue, que la cuisson douce au feu de bois est maîtrisée comme rarement, que la patronne veille à ce que chaque assiette soit finie. Boisson comprise dans le menu. Hautement recommandable !

≼ 🛎 🌂 🅿 – Prix : €€

Plaine de Cuttoli – ☎ 04 95 25 61 57 – www.u-licettu.com – Fermé lundi et dimanche soir

ERBALUNGA

✉ 20222 – Haute-Corse – Carte régionale n° **30**–B1

LE PIRATE

CUISINE MODERNE • **MÉDITERRANÉEN** Une table réputée du Cap Corse, située sur le petit port pittoresque d'Erbalunga. Soupe de poisson, veau tigré, cochon de lait, poissons cuits au barbecue, toute la Corse est dans votre assiette... avec parfois une touche d'originalité, à l'image de ce vitello Tonnato revisité. Le cadre est idyllique, avec quelques tables sur un petit balcon et une grande terrasse au niveau de l'eau.

🏵 ≼ 🅰🅲 🌂 – Prix : €€€

au port – ☎ 04 95 33 24 20 – www.restaurantlepirate.com – Fermé lundi et mardi

 CASTEL BRANDO   🕸 *Plus*

CLASSIQUE • **CHARME** Cette demeure aristocratique du 19ᵉ s. habite un vieux village de pêcheurs, Erbalunga, niché sur le cap Corse. Et plutôt que de vous éblouir avec son opulence, elle vous séduira par son charme tranquille. Les chambres se partagent la vieille maison, l'orangerie et une poignée de villas annexes. Toutes sont élégantes, décorées d'un mobilier classique, mais arrangées de façon contemporaine, et déploient leur luxe sans ostentation. S'y trouvent également une piscine chauffée, un jacuzzi, un petit spa et suffisamment d'espace pour se détendre, du patio aux jardins en passant par le lounge de la demeure principale.

♿ 🅿 🌂 🍷 🛏 🚲 🌂 🕸 🛀 💆 🧖 ⛱ 🍴 🅰🅲 - 40 chambres

Lieu-dit Erbalunga – ☎ 04 95 30 10 30 – www.castelbrando.com

LECCI

✉ 20137 – Corse-du-Sud – Carte régionale n° **30**–B3

EMPORIUM

CUISINE MODERNE • **TENDANCE** On doit cette belle surprise à un chef originaire de Grenoble, né de parents italiens, et passé par des tables de renom : Guy Savoy, George V... En lien direct avec le terroir (pêche locale, maraîcher de Bonifacio, veau corse), il compose une cuisine contemporaine de très bonne facture, à prix sages.

                                     – Prix : €€

32 boulevard Napoléon, à San Cipirianu – ☏ 04 95 73 55 86 – Fermé lundi et du mardi au jeudi à midi ; ouvert le weekend

LEVIE

✉ 20170 – Corse-du-Sud – Carte régionale n° **30**–B3

A PIGNATA

CUISINE CORSE • RUSTIQUE Dans cette ferme-auberge au charme bucolique, la cuisine familiale a le bon goût de la tradition et de la simplicité, avec ce menu unique composé de produits sont d'une qualité exceptionnelle. Mention spéciale pour la charcuterie corse fabriquée à partir des cochons de l'exploitation familiale... Installez-vous sous la tonnelle et profitez de la vue magnifique sur les montagnes et le potager !

              – Prix : €€

Route de Pianu – ☏ 04 95 78 41 90 – www.apignata.com

LUMIO

✉ 20260 – Haute-Corse – Carte régionale n° **30**–A1

⊰ A CASA DI MÀ

CUISINE MODERNE • CONTEMPORAIN Lumio, village de Haute-Corse baigné de lumière et de saveurs... Le chef réalise ici une partition fine et gourmande, relevée d'une petite note créative, et toujours respectueuse du beau produit – dont l'île n'est pas avare. On se délecte par exemple d'une déclinaison de thon rouge au caviar italien ou d'un cœur de côte de veau rôti puis fumé à la myrte, chlorophylle d'herbes du maquis et jus corsé. Le tout dans une salle au décor contemporain, ouverte sur une jolie terrasse : cadre idéal pour découvrir cette cuisine épurée, qui respire la Méditerranée et le terroir corse. Service affable et attentif. Un bel endroit, dont la magie se prolonge pour ceux qui passent la nuit à l'hôtel, face à la baie de Calvi.

                        – Prix : €€€€

Route de Calvi – ☏ 04 95 60 61 71 – www.acasadima.com – Fermé lundi, mercredi, et mardi, jeudi et vendredi midi

MONTICELLO

✉ 20220 – Haute-Corse

MINERA

MODERNE • CHARME Détente et bien-être sont au programme de cet hôtel, qui surplombe la route du littoral et offre une vue somptueuse sur la mer. Chambres séduisantes, beau jardin paysager, piscine et terrasse pour prendre le petit-déjeuner : on y passerait bien ses vacances...

               - 8 chambres

Lieu-dit Minera – ☏ 04 95 60 00 45 – www.hotel-minera.com/hotel-corse

MURTOLI

✉ 20100 – Corse-du-Sud – Carte régionale n° **30**–A3

⊰ LA TABLE DE LA FERME

CUISINE MODERNE • CHAMPÊTRE Murtoli échappe aux définitions habituelles du tourisme. Un domaine gigantesque entre mer et colline, où l'on dort dans des bergeries ou villas avec piscine privative : le luxe campagnard associant modernité et charme de l'architecture traditionnelle corse. Supervisé par Mathieu Pacaud, le menu unique met en valeur les meilleurs produits corses, dont ceux du domaine : légumes, fromages, miel, veau, agneau et huile d'olive... Une cuisine personnelle où les fruits sont à l'honneur, la fraise mariée au rouget, l'abricot acidulant la langoustine, en apportant de la fraîcheur et des notes sucrées/salées bien équilibrées. On se régale sur la terrasse, à l'abri des oliviers.

🦽 ⛲ ⇜ 🏡 🍴 🅿 – Prix : €€€€

Vallée de l'Ortolo, domaine de Murtoli – ☎ 04 95 71 69 24 – www.murtoli.com

LA GROTTE

CUISINE CORSE • CHAMPÊTRE Au-dessus du golf du domaine de Murtoli, en plein maquis, ce restaurant offre un cadre unique que son nom laisse présager. On dîne d'un menu corse en 5 plats, à la bougie, sur des bancs de bois, installés au cœur de la roche, ou sur l'une des superbes petites terrasses à la vue splendide. Difficile de rêver plus romantique. Réservation indispensable.

⇜ 🏡 🍴 🅿 – Prix : €€€

Vallée de l'Ortolo – ☎ 04 95 71 69 24 – www.murtoli.com – Fermé lundi, mardi et dimanche et du mercredi au samedi à midi

LA TABLE DE LA PLAGE

CUISINE MÉDITERRANÉENNE • ROMANTIQUE Au bord de la plus jolie plage du domaine de Murtoli, ce restaurant au cadre exceptionnel se mérite, le cadre est idyllique et les pieds touchent presque l'eau... Poissons de pêche locale, langouste grillée, veau, bœuf ou agneau élevés sur le domaine : on se régale. Réservation indispensable pour pouvoir accéder à cette propriété très exclusive. Un charme qui laisse sans voix.

⇜ 🍴 🅿 – Prix : €€€€

Vallée de l'Ortolo – ☎ 04 95 71 69 24 – www.murtoli.com

NONZA

✉ 20217 – Haute-Corse – Carte régionale n° **30**–B1

BOCCAFINE

CUISINE MODERNE • CONVIVIAL Dans ce petit village classé, sur la route du Cap Corse, ne passez pas à côté de ce restaurant discret à l'ombre d'une vigne vierge et d'imposants platanes. Le chef travaille avec savoir-faire des produits locaux et de saison, sélectionnés avec soin, comme ce maigre d'une fraîcheur absolue, panzetta et jus de cochon, une association terre/mer qui fonctionne à merveille. Un coup de cœur.

🍴 – Prix : €€€

Au village – ☎ 06 80 95 85 07 – www.boccafine.fr – Fermé mercredi et jeudi

LA SASSA

CUISINE MÉDITERRANÉENNE • CONVIVIAL Ce restaurant atypique, sans salle intérieure, se niche au pied de la tour paoline (18ᵉ s.), véritable nid d'aigle, perché à 160 m de hauteur, offrant une vue exceptionnelle sur la côte du Cap Corse et le golfe de Saint-Florent. Cuisine basée sur les bons produits du potager maison (2000 m² !) et agréables terrasses aux multiples recoins... Réservation fortement recommandée.

⇜ 🍴 – Prix : €€

à la tour de Nonza – ☎ 04 95 38 55 26 – www.lasassa.com

OLETTA

✉ 20232 – Haute-Corse

🛏 ### AETHOS CORSICA   *Plus*

ÉPURÉ • RAFFINÉ Installé dans une élégante maison nobiliaire du 17e s., cet hôtel de luxe abrite une impressionnante collection d'œuvres d'art contemporain : Anish Kapoor, Daniel Arsham, Paul de Pignol... Aethos Corsica s'apparente davantage à un domaine privé qu'à un hôtel, avec seulement neuf suites paisibles et raffinées. Toutes arborent un décor épuré, avec un mobilier chic et fonctionnel. Les plus petites affichent au minimum 32 m², le double pour les catégories supérieures. Quant aux activités, on pourra profiter de la piscine accrochée à flanc de colline, ou opter pour des excursions plus aventureuses, à pied, à cheval ou dans l'eau, vers le Cap Corse, Saint-Florent, ou les plus beaux villages de montagne.

 - 9 chambres

Lieu-dit Paganacce – 𝒞 *04 95 38 39 39 – www.upalazzuserenu.com*

🛏 ### LA DIMORA   ⊕

BOURGEOIS • ÉLÉGANT Matériaux nobles, authenticité et luxe contemporain discret... Dans l'arrière-pays, cette villa du 18e s. vous reçoit en ami ; la piscine, l'espace bien-être et le jardin invitent délicatement au farniente.

 - 17 chambres

Route de Saint-Florent – 𝒞 *04 95 35 22 51 – www.ladimora.fr*

OLMETO

✉ 20113 – Corse-du-Sud – Carte régionale n° **30**–A3

🌿 ### LA VERRIÈRE

CUISINE MODERNE • ÉLÉGANT Le chef Romain Masset signe ici une cuisine de haute précision qui met l'île de Beauté à l'honneur, sans s'interdire une pointe de créativité ni un passage obligé vers les champignons, qu'il vénère depuis ses années chez Jacques et Régis Marcon. À travers des menus aux intitulés prometteurs, il nous fait vivre une vraie promenade gustative entre huile d'olive, langoustines, coquillages, rouget ou agneau de lait, autant de produits sélectionnés avec soin et travaillés avec finesse et intelligence. Quant au cadre, il est idyllique : la terrasse offre une vue inoubliable sur le golfe de Valinco et Propriano.

➥ ⛱ 🍽 🅿 – Prix : €€€€

Hôtel Marinca, lieu-dit Vitricella – 𝒞 *04 95 70 09 00 – www.hotel-marinca.com – Fermé lundi, dimanche et du mardi au samedi à midi*

PERI

✉ 20167 – Corse-du-Sud – Carte régionale n° **30**–A2

CHEZ SÉRAPHIN

CUISINE TRADITIONNELLE • FAMILIAL Une maison corse typique dans un charmant village à flanc de montagne. La patronne y travaille de bons produits du terroir avec simplicité ; elle les agrémente des fruits, légumes et herbes du jardin. Inusable Séraphin !

🍽 🅿 – Prix : €€€

au village – 𝒞 *04 95 25 68 94 – Fermé lundi et du mardi au jeudi à midi ; ouvert le weekend*

PIGNA

✉ 20220 – Haute-Corse – Carte régionale n° **30**–A1

A MANDRIA DI PIGNA

CUISINE CORSE • AUBERGE Cette ancienne bergerie, affaire familiale depuis 15 ans, est à l'image du village qui l'accueille : attachante ! Ici, terroir et élevage local sont à l'honneur. Sur la terrasse ombragée, on savoure une cuisine généreuse réalisée dans les règles de l'art : légumes et herbes du potager, agneau et cochon de lait, en grillades ou à la broche... la cuisson au feu de bois étant la spécialité de la maison !

🏠 **P** – Prix : €€

Village – ☏ 04 95 32 71 24 – www.restaurantpigna.com

PORTICCIO

✉ 20166 – Corse-du-Sud – Carte régionale n° **30**–A2

L'ARBOUSIER

CUISINE CLASSIQUE • CHIC Un moment hors du temps dans cet établissement à l'ambiance légèrement surannée, où l'on vous sert une cuisine méditerranéenne aux accents corses sur la très agréable terrasse, face à la mer. Homard, poissons de petits pêcheurs locaux, sans oublier la fricassée de langouste avec embeurrée de capellini, spécialité de la maison. Service du vin au verre assuré au magnum, très appréciable ! Carte plus restreinte le midi.

⇐ 🏠 🏠 **P** – Prix : €€€€

D55 - Boulevard Marie-Jeanne Bozzi – ☏ 04 95 25 05 55 – www.lemaquis.com/fr

SOFITEL AJACCIO

CLASSIQUE • MARITIME Thalassa, déesse grecque de la mer, est bien la figure tutélaire de ce complexe hôtelier : situation isolée à la pointe du cap de Porticcio, institut de thalassothérapie, piscine à débordement, sports nautiques, chambres tournées vers la Méditerranée.

⬧ 🏊 **P** 🕳 🍴 ☷ 🕙 🎰 ⚄ 🏋 🔱 🍽 🅰 - 98 chambres

Domaine de la Pointe – ☏ 04 95 29 40 40 – www.sofitel-golfe-d-ajaccio-thalassa-sea-spa.com

PORTO-VECCHIO

✉ 20137 – Corse-du-Sud – Carte régionale n° **30**–B3

✿✿ CASADELMAR

CUISINE MODERNE • CONTEMPORAIN Ici, la mer est au centre de toutes choses. L'ancienne cité génoise a résisté à toutes les invasions barbares et porte haut la fierté corse. Autre motif de fierté, le restaurant Casadelmar : une table au (grand) cœur iodé. Ne vous laissez pas distraire par la vue ensorcelante sur la baie, ni le cadre de ce superbe hôtel, le plus étonnant se passe dans l'assiette ! Le chef Fabio Bragagnolo navigue avec gourmandise entre Corse et Italie à l'image de cette entrée sobrement intitulée « poissons, crustacés et caviar », soit un visuel époustouflant en forme de damier de tranches de poissons crus sur un lit de pickles de chou-fleur et de fèves, lié d'une moutarde de Crémone et surmonté d'un petit dôme de caviar beluga : le tout offre une fraîcheur insensée aux papilles en apnée. Un travail d'orfèvre, qui se poursuit jusqu'aux desserts, légers en sucre et d'une grande finesse.

🐟 ⇐ ⇐ 🏠 ⬧ 🅰 🏠 🏊 **P** – Prix : €€€€

Route de Palombaggia – ☏ 04 95 72 34 34 – www.casadelmar.fr – Fermé lundi, dimanche et du mardi au samedi à midi

CORSE

LE BELVÉDÈRE

CUISINE MODERNE • ROMANTIQUE La mer vient flirter avec les tables, les monts se découpent sur le ciel lointain... la terrasse est idyllique ! Au cœur du golfe de Porto-Vecchio, cette enclave discrète joue la carte des beaux produits et de la gastronomie d'aujourd'hui.

🕸 ⬗🍴⬗🏠⬗🅿 – Prix : €€€

Route de Palombaggia – ☏ 04 95 70 54 13 – www.hbcorsica.com

DON CESAR

CUISINE MODERNE • ÉLÉGANT Avec son décor luxueux et raffiné, et ses larges baies vitrées ouvertes sur la terrasse, le restaurant de l'hôtel Don Cesar ne manque pas de charme ! On y sert une cuisine entre France et Italie, soignée et pleine de saveurs, qui fait la part belle aux produits de la mer, mais propose aussi un large choix de plats à base de pâtes confectionnées sur place !

⬗🍴⬗🅰🏠⬗🅿 – Prix : €€€

Rue du Commandant-Quilici – ☏ 04 95 76 09 09 – www.hoteldoncesar.com

LA PINÈDE

CUISINE MODERNE • MÉDITERRANÉEN La Pinède vous accueille pour un déjeuner en bord de plage ou un dîner sous la tonnelle, dans un cadre intimiste et romantique... Un service décontracté pour une cuisine méditerranéenne qui fait la fête aux produits locaux (herbes et légumes du potager sont de la partie). Sans oublier la cave d'affinage pour les fromages et la belle carte de vins.

🕸 ⬗🍴⬗🅰🏠 – Prix : €€€

Route de Cala-Rossa – ☏ 04 95 71 61 51 – www.hotel-calarossa.com/fr

LA TABLE DE MINA

CUISINE MODERNE • MÉDITERRANÉEN Installé confortablement au bord de la piscine, sous un toit de tuiles, on profite de la jolie vue sur la mer... Dans l'assiette, la préférence est donnée à une cuisine moderne et méditerranéenne, matinées de touches ibériques et italiennes. La carte courte joue la saison en choisissant des produits de belle qualité.

⬗🏠🅿 – Prix : €€€

Route de Palombaggia – ☏ 04 95 70 03 23 – www.hotel-palombaggia.com – Fermé lundi et du mardi au dimanche à midi

U SANTA MARINA

CUISINE MODERNE • ROMANTIQUE La vue sur le golfe de Santa Giulia y est superbe, et le soir venu, on pourrait croquer le soleil couchant... Dans l'assiette, une cuisine goûteuse, personnelle, inspirée. Un moment romantique.

🕸 ⬗🍴🏠 – Prix : €€€€

Marina di Santa-Giulia – ☏ 04 95 70 45 00 – www.usantamarina.com – Fermé du mardi au dimanche soir

🛏 LES BERGERIES DE PALOMBAGGIA

CLASSIQUE • RAFFINÉ Parmi les oliviers et les cyprès, plusieurs maisonnettes construites dans l'esprit des anciennes bergeries, mais très confortables... luxueuses même ! Matériaux bruts, vue sur la mer (en étage) : pour une belle et discrète villégiature à deux pas de la célèbre plage de Palombaggia.

🏖🅿🍴🏊🍽🅰 - 21 chambres

Route de Palombaggia – ☏ 04 95 70 03 23 – www.hotel-palombaggia.com
La Table de Mina - Voir la sélection des restaurants

🛏 CASADELMAR

AVANT-GARDE • MARITIME Une structure ultra moderne en cèdre rouge et en verre, une piscine de 25 m, un mobilier dans la lignée du Corbusier ou de Bertoia, des chambres et des suites d'un blanc minimaliste teinté d'orange ou le violet : le design de Jean-François Bodin est aux antipodes du style "rustique". Chaque chambre possède une terrasse privée qui domine la baie, et les espaces communs répondent à la même exigence de modernité et de caractère, comme le spa et le centre de fitness. Plage privée.

🅿️🛏️♿🚲🏊♨️🧖💆🛎️🅰️🅲 - 20 chambres

Route de Palombaggia – ☎ 04 95 72 34 34 – www.casadelmar.fr

❀❀ **Casadelmar** - Voir la sélection des restaurants

🛏️ **GRAND HOTEL DE CALA ROSSA**

TRADITIONNEL · MARITIME À demeure d'exception, écrin splendide : un jardin luxuriant, un ponton privé sur la plage et un spa de grand standing où l'on utilise des produits à base de plantes du maquis corse...

🏖️🅿️♿🚪🏊♨️🧖💆🛎️🅰️🅲 - 32 chambres

Route de Cala Rossa – ☎ 04 95 71 61 51 – www.hotel-calarossa.com

La Pinède - Voir la sélection des restaurants

PROPRIANO

✉ 20110 – Corse-du-Sud – Carte régionale n° **30**–A3

CHEZ PARENTI

POISSONS ET FRUITS DE MER · CLASSIQUE Envie de poisson frais ou de homard ? Ce restaurant, tenu depuis 1935 par la famille Parenti, est exactement ce qu'il vous faut. Raviole d'araignée de mer, langouste grillée aux épices des îles, quelques viandes aussi, souvent corses (veau tigre...) : de bons produits pleins de fraîcheur, à déguster confortablement installé sur la terrasse, face au port de plaisance.

≤🏠 – Prix : €€€

10 avenue Napoléon-III – ☎ 04 95 76 12 14 – www.chezparenti.fr

TEMPI FÀ

CUISINE DU TERROIR · BISTRO Bienvenue « au temps d'avant » (tempi fà), dans cette épicerie-bistrot tenue par un passionné qui sélectionne les plus beaux produits de l'île ! On entre par la boutique, reproduction d'un véritable marché local (charcuteries, fromages, vin de myrte...). À table, on se régale avec une côte de veau Abbatucci tendre et savoureuse, arrosée de son jus parfumé aux herbes du maquis... et d'un bon vin de l'île !

🐄 🅰️🏠 – Prix : €€

7 avenue Napoléon-III – ☎ 04 95 76 06 52 – www.tempifa.com – Fermé du mardi au dimanche soir

TERRA COTTA

POISSONS ET FRUITS DE MER · COSY Ce charmant petit restaurant offre aussi une magnifique terrasse qui prend ses aises le long des quais du port. Le chef Thomas Duval travaille chaque jour les poissons de son frère pêcheur, qu'il associe avec brio aux nourritures terrestres à travers une belle cuisine aux saveurs contrastées.

🅰️🏠 – Prix : €€€

29 avenue Napoléon-III – ☎ 04 95 74 23 80 – Fermé dimanche

SAINT-FLORENT

✉ 20217 – Haute-Corse – Carte régionale n° **30**–B1

L'AUBERGE DU PÊCHEUR

POISSONS ET FRUITS DE MER · MÉDITERRANÉEN Damien Muller, marin pêcheur et propriétaire de la poissonnerie Saint-Christophe, tient dans la cour jardin de la maison de son enfance un restaurant… en plein air. Dans l'assiette, une cuisine de la mer (langouste en saison) avec un travail des poissons selon la méthode ikejime.

🛖 – Prix : €€€

Route de Bastia – ℰ 06 24 36 30 42 – www.aubergedupecheur.net –
Fermé lundi, jeudi, et mardi, mercredi, vendredi, samedi et dimanche midi

LA GAFFE

CUISINE MODERNE • CONTEMPORAIN Le chef Yann Le Scavarec, natif du Morbihan, est aux commandes de ce restaurant idéalement situé sur les quais de Saint-Florent. Sa cuisine, actuelle et soignée, met en valeur la production des environs : agneau et veau d'Oletta, poissons en direct d'un pêcheur local, langouste au barbecue… Souvenir de ce mérou, fleur de courgette à l'araignée de mer, épices Vadouvan. Le cadre, moderne, prolonge la philosophie de l'assiette.

&. 🅰🛖 – Prix : €€€

Promenade des Quais – ℰ 04 95 37 00 12 – www.restaurant-lagaffe.com –
Fermé mardi et mercredi

MATHY'S

CUISINE MODERNE • BISTRO Façade rouge pour ce restaurant de Saint-Florent, devancé par une jolie terrasse ombragée par un mûrier-platane. Dans un esprit « restaurant de village», on sert ici une cuisine méditerranéenne et corse (langoustines en carpaccio, huile d'olive et fleur de caviar, tartare de thon rouge mais également poulpe grillé au chorizo) avec quelques clins d'œil à l'Asie (gyoza au yuzu ou bien encore gambas croustillantes, nori et wasabi). Formule plus simple au déjeuner. Jolie carte des vins complètent l'agréable tableau.

🛖 – Prix : €€€

Place Furnellu – ℰ 04 95 37 20 73 – Fermé lundi et dimanche, et du mardi au
jeudi soir

 ### LA ROYA

CLASSIQUE • CALME Sur la plage de sable fin de la Roya (accès direct) et dans un jardin ravissant embaumant les senteurs méditerranéennes, cet hôtel récent est un havre de paix. Les lits sont si douillets qu'on pourrait ne plus quitter la chambre, mais la Corse est si belle… D'ailleurs, ici, on prête des vélos.

🅿 🔾 🛏 🗻 🅰 - 28 chambres

Plage de La Roya – ℰ 04 95 37 00 40 – www.hoteldelaroya.com/hotel-
restaurant-corsica-19-en.html

SAINTE-LUCIE-DE-PORTO-VECCHIO

✉ 20144 – Corse-du-Sud

LE PINARELLO

CONTEMPORAIN • MARITIME Bel ensemble au luxe discret dans un cadre de rêve. Chambres et suites contemporaines, magnifique vue sur le golfe, centre de soins… et belle piscine sur le toit ! Déjeuner en terrasse face à la plage.

🏊 🅿 🚲 🗻 🎧 ҈ ⅑🍽 🅰 - 33 chambres

Baie de Pinarello – ℰ 04 95 71 44 39 – www.lepinarello.com

SAN-MARTINO-DI-LOTA

✉ 20200 – Haute-Corse – Carte régionale n° **30**–B1

LA CORNICHE

CUISINE CORSE • AUBERGE Une maison familiale perchée sur la montagne et sa belle terrasse sous les platanes avec vue sur mer… Dans l'assiette soigneusement dressée, des saveurs harmonieuses avec des notes de safran corse ou de cédrat confit de l'île, un travail en deux services sur le veau hyper gourmand et cette fameuse vanille de Madagascar qui accompagne le vacherin, le tout arrosé de vieux millésimes de l'île.

🍸 ⇆ 🏡 🅿 – Prix : €€

1 chemin di u Fornu (Hameau de Castagneto) – 𝒞 04 95 31 40 98 – www.hotel-lacorniche.com – Fermé lundi, mardi midi et dimanche soir

SANTA-REPARATA-DI-BALAGNA

✉ 20220 – Haute-Corse – Carte régionale n° **30**–A1

😊 L'AGHJALLE 🆕

CUISINE CORSE • RUSTIQUE Dans cette grande ferme un peu perdue dans un vallon nourricier de Balagne au charme sauvage, on exploite une oliveraie, on cultive des légumes, on élève des veaux... La propriétaire, une femme de caractère qui n'en oublie pas pour autant le sens de l'accueil, met à profit ces ressources dans un restaurant tout simple et rustique, aux allures de bergerie transformée en guinguette. On y sert une cuisine traditionnelle corse des plus goûteuses et généreuses (conchiglioni farcies à la courgette et au prizuttu ; cuggiole et crème de moka façon tiramisu), à travers un menu-carte au bon rapport qualité-prix. On comprend aisément pourquoi l'adresse, qui fait la joie des locaux, ne désemplit pas. Service attentionné et efficace.

🍴 🏡 🅿 – Prix : €€

Toro Soprano – 𝒞 04 95 60 31 77 – www.laghjalle.com – Fermé lundi et du mardi au dimanche à midi

SPELONCATO

✉ 20226 – Haute-Corse – Carte régionale n° **30**–A1

I SALTI

CUISINE MODERNE • CHAMPÊTRE Dans la vallée du Reginu, à côté du golf, un ancien moulin converti en jolie petite maison, avec son cadre bucolique et son jardin d'esprit guinguette. Les beaux produits de Balagne (pêche locale, légumes bio) composent une carte savoureuse des plus gourmandes. Souvenir de ces arancini de gambas, bisque froide et pois gourmands. Accueil chaleureux et lieu plein de charme, loin de l'agitation : un coup de cœur.

🏡 🥗 – Prix : €€€

au golf du Reginu - Moulin de Salti – 𝒞 04 95 34 35 59 – Fermé lundi, mardi, du mercredi au vendredi à midi, et dimanche soir

---

CORTE - Haute-Corse (20) ➜ Voir Corse

LE COTEAU

✉ 42120 – Loire – Carte régionale n° **20**–C1

😊 L'ATELIER LOCAVORE

CUISINE MODERNE • CONTEMPORAIN En bordure de Loire, une adresse menée par un jeune chef originaire du coin qui propose une cuisine du marché goûteuse, avec un menu déjeuner à petit prix et un menu du mois plus élaboré. Des produits sourcés pour la plupart dans un rayon de 200 kilomètres, même si la carte peut afficher du poisson d'eau de mer (la lotte bretonne piquée à la langoustine saura aussi ravir les locavores).

🏡 – Prix : €€

2 avenue de la Libération – 𝒞 04 77 68 12 71 – www.atelier-locavore.fr – Fermé lundi et dimanche, et mercredi soir

COTIGNAC

83570 – Var – Carte régionale n° **24**–B2

JARDIN SECRET

Chef : Benoît Witz

CUISINE PROVENÇALE • MAISON DE CAMPAGNE Redescendu du rocher monégasque, Benoît Witz s'est installé dans un joli domaine de 3 hectares, au cœur d'un charmant village provençal. À l'abri des oliviers, libéré des codes gastronomiques, il envoie des assiettes 100% authentiques, dans un esprit "cuisine de grand-mère" bien assumé. Tartare de tomates cœur-de-bœuf du jardin, retour de pêche et légumes d'été, fondant au chocolat... C'est gourmand et généreux : on se régale.

🛁 ♿ 🍽 – Prix : €€

13 rue de l'Araignée – ☎ 04 94 78 30 51 – www.loucalen.com – Fermé mercredi et jeudi

🌱 **L'engagement du chef :** Le menu change tous les jours, et même souvent entre le midi et le soir. Les fruits et les légumes sont cultivés dans le potager bio et les achats sont effectués en circuit court, notamment sur les marchés de la Provence verte. Le chef pratique une cuisine zéro déchet en utilisant les produits dans leur intégralité ; le peu de restes est donné aux animaux ou transformé en compost. Les bâtiments, sans climatisation, ont été construits en tenant compte de la nature existante.

COUCY-LE-CHÂTEAU

02380 – Aisne

🛏 CHEZ RIC ET FER

MODERNE • CHALEUREUX Quand un photographe crée une maison d'hôtes à son image, le résultat est inspiré, coloré, un brin décalé. Ric(hard) et Fer(nanda) ont concentré leur créativité dans deux chambres et une suite aux accents fifties : mobilier design, pièces vintage, motifs géométriques. De quoi satisfaire les amateurs de design tout en faisant vivre l'une des plus anciennes maison de ce village fortifié, reconstruite avec les pierres du château après la Première Guerre mondiale.

🅿 🍽 - 2 chambres

1 place du Marché – ☎ 03 23 52 38 07 – www.chezricetfer.com

COUËRON

44220 – Loire-Atlantique – Carte régionale n° **9**–B3

LE FRANÇOIS II

CUISINE TRADITIONNELLE • CONVIVIAL L'enseigne, au décor moderne, rend hommage au duc de Bretagne, père d'Anne, mort à Couëron. Ici, la tradition est reine, et le couple de propriétaires – d'origine bretonne – sait la faire vivre ! Le chef aime s'approvisionner dans la région et travaille en véritable artisan. Une adresse attachante.

♿ 🍽 💬 – Prix : €€

5 place Aristide-Briand – ☎ 02 40 38 32 32 – www.francois2.com – Fermé lundi et mardi, et mercredi, jeudi et dimanche soir

COUILLY-PONT-AUX-DAMES

77860 – Seine-et-Marne – Carte régionale n° **11**–C1

🏵 AUBERGE DE LA BRIE

Chef : Alain Pavard

CUISINE MODERNE • ÉLÉGANT Cette institution locale porte fièrement son étoile depuis plus de trente ans. Plébiscitée par ses nombreux fidèles, la coquette maison a effectivement plus d'une corde à son arc : son cadre classique et lumineux (la salle donne sur le jardin), sa cuisine actuelle personnalisée et d'une régularité à toute épreuve, et l'accueil tout sourire de Céline, l'épouse du chef Alain Pavard. Ce dernier séduit avec de beaux produits et des saveurs précises : tartare de daurade royale, avocat et mangue ; filet de turbot, velouté de crustacés et piment fumé ; canon d'agneau rôti, houmous, patate douce et jus aux épices.

🐕 ⊖🛋 AC P – Prix : €€€

14 avenue Alphonse-Boulingre – 𝒞 01 64 63 51 80 – www.aubergedelabrie.net – Fermé lundi, dimanche et mardi midi

COULANGES-LA-VINEUSE
✉ 89580 – Yonne – Carte régionale n° **12**-B2

J'MCA

CUISINE MODERNE • TRADITIONNEL Une cuisine du marché, actuelle et soignée, goûteuse et bien ficelée, qui laisse s'épanouir de bons produits et un accueil souriant : voilà ce qui vous attend dans cette maison en pierre, installée à deux pas de l'église et de la place du village. Quant au décor, avec tableaux contemporains et plantes vertes, il ne manque pas non plus de charme et de confort.

⅊ AC – Prix : €€

12 rue André-Vildieu – 𝒞 03 86 34 33 41 – www.jmca-restaurant.fr – Fermé mercredi, et mardi, jeudi et dimanche soir

COULOMBIERS
✉ 86600 – Vienne – Carte régionale n° **15**–B3

😊 ## AUBERGE LE CENTRE POITOU

CUISINE TRADITIONNELLE • RUSTIQUE Depuis 1870, la même famille tient cette auberge qui fut autrefois un relais de poste et y cultive le sens de l'accueil. Mathias, en cuisine, apporte son énergie et concocte une cuisine savoureuse, à base de beaux produits. La maîtrise rejoint le talent pour le plaisir des gourmands. Une expérience à déguster dans une salle qui a conservé son charme rustique d'antan, mêlé de touches de modernités. Service attentionné en salle par Martial, le frère du chef. Formule plus simple au bistrot le midi. Quelques chambres pour l'étape.

⊖🛋⅊🍽 – Prix : €€

39 rue Nationale – 𝒞 05 49 60 90 15 – www.centre-poitou.com – Fermé lundi

COURBAN
✉ 21520 – Côte-d'Or – Carte régionale n° **12**–C2

CHÂTEAU DE COURBAN

CUISINE MODERNE • ÉLÉGANT Ce château est une maison de maître du 19e s. à la façade ocre rose, au milieu de son parc. Le restaurant occupe l'ancienne grange, anoblie par un plafond bourguignon, des lustres et des miroirs : tel est le cadre de cette belle table. La cuisine est souvent alimentée par le potager et le poulailler attenants, mais aussi par un solide réseau de producteurs locaux. La carte voit défiler de beaux produits (foie gras, Saint-Jacques, veau...). Une gastronomie moderne ponctuée de quelques notes plus classiques (comme ce beurre blanc au champagne qui accompagne le sandre).

🐕 ⊖🛋⅊🛁 P – Prix : €€€€

7 rue du Lavoir – 𝒞 03 80 93 78 69 – www.chateaudecourban.com – Fermé le midi sauf dimanche

CHÂTEAU DE COURBAN

CLASSIQUE • CHAMPÊTRE Charmante, champêtre, authentique et confortable : telle est cette belle gentilhommière de 1837. Les jardins, la piscine à débordement et le spa ajoutent encore au cachet du lieu. Et l'on est reçu comme dans une maison de famille... Sympathique !

🐾 🅿 🔁 🍸 🦽 🏊 🏍 🛎 🍽 🎿 - 24 chambres

7 rue du Lavoir – 📞 *03 80 93 78 69 – www.chateaudecourban.com*

Château de Courban - Voir la sélection des restaurants

COURCELLES-SUR-VESLE

✉ 02220 – Aisne – Carte régionale n° **5**–C2

CHÂTEAU DE COURCELLES

CUISINE MODERNE • CLASSIQUE Noble demeure que ce château hérité du Grand Siècle, avec son beau jardin d'hiver d'inspiration Second Empire. Les recettes sont inspirées des tendances et accompagnées d'un impressionnant choix de vins. Rissole de foie gras ; pintade de la ferme de "L'Ourcq" en deux cuissons poireaux confits aux morilles, sauce au Champagne ; rhubarbe confite et chocolat ivoire Kayambe. Une adresse très agréable.

🐌 🦽 🍴 🅿 – Prix : €€€€

8 rue du Château – 📞 *03 23 74 13 53 – www.chateau-de-courcelles.fr*

 CHÂTEAU DE COURCELLES *Plus*

GRAND STYLE • RAFFINÉ De longues enfilades de fenêtres, des toits à la Mansart, des allées de buis taillé... la parfaite image d'un château français du 17e s., fréquenté en leur temps par Crébillon, Rousseau ou encore Cocteau. Grand style dans les chambres et belles prestations.

🅿 🔁 🍸 🦽 🚲 🎿 🛎 🍽 - 20 chambres

8 rue du Château – 📞 *03 23 74 13 53 – www.chateau-de-courcelles.fr*

Château de Courcelles - Voir la sélection des restaurants

COURCHEVEL

✉ 73120 – Savoie –
Carte régionale n° **21**–D2

Clientèle internationale, mais spécialités bien locales

À proximité du Parc national de la Vanoise, Courchevel est l'une des stations de sports d'hiver les plus prestigieuses au monde. Sa vocation originelle, dédiée au tourisme social, a été oubliée, au profit de l'image jet-set véhiculée par Courchevel 1850, la plus huppée des quatre stations. Un conseil avant de vous lancer vers la vallée, où aiguilles et masses glacées du mont Blanc affichent leur splendeur : prenez des forces ! Fromages, fruits croquants, vin de Savoie, jus de fruits, charcuteries, miel, bières, crozets : Courchevel n'est pas qu'une station de villégiature huppée, c'est un lieu de gourmandise, ouvert à tous les appétits. Et comme ceux-ci sont plutôt ouverts, c'est la traditionnelle tartiflette qui rencontre le plus grand succès ; ce plat conçu comme un gratin et cuisiné avec des tranches de pommes de terre, des lardons fumés et du reblochon fermier, le tout copieusement arrosé d'un vin blanc de Savoie.

✿✿✿ LE 1947 À CHEVAL BLANC

CUISINE CRÉATIVE • CONTEMPORAIN Remarquable parcours que celui de Yannick Alléno ! Au fil de sa progression régulière au sein des plus grands restaurants, le chef francilien a toujours su mettre sa passion au service de son ambition. Au cœur de l'Hôtel Cheval Blanc, il délivre pour une poignée de chanceux (cinq tables à peine) une saisissante partition de cuisine contemporaine, où la créativité et l'audace sont tout entières guidées par la recherche des saveurs. La Savoie est magnifiée à travers des produits superbes : chacun de ces trésors est travaillé avec le plus grand soin. Véritable marotte du chef, les sauces sont inoubliables – résultat d'un travail de longue haleine sur l'extraction et la fermentation –, et la maîtrise technique est totale : une leçon de haute cuisine.
🐾 ⇆ ≤ & 🐖 – Prix : €€€€

Plan : B3-1 – *Le Jardin Alpin, Courchevel 1850 –* 📞 *04 79 00 50 50 –*
www.chevalblanc.com/fr/maison/courchevel – Fermé lundi, mardi et du mercredi au dimanche à midi

✿✿ LE CHABICHOU BY STÉPHANE BURON

CUISINE MODERNE • ÉLÉGANT Stéphane Buron, MOF 2004, perpétue fidèlement l'héritage de cette célèbre maison : produits nobles travaillés dans les règles de l'art, partition tout en finesse, générosité... de la belle ouvrage ! Le menu unique déclinable en 5 à 9 plats met en valeur le terroir alpin, jusqu'au chariot de fromages d'alpage. Le chef n'en oublie pas pour autant son attachement aux beaux produits de la mer. Côté décor, on trouve un intérieur d'une élégance toute feutrée : moquette,

J.-C. Amiel/hémis.fr

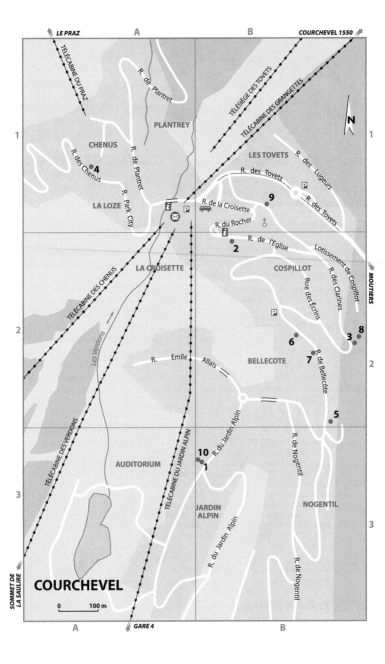

plafond à caissons, fauteuils design et confortables d'un blanc neigeux, tables modernes avec plateau en verre fumé, service charmant et belle carte des vins.
ቈ ⇔ ⋞ & ☕ – Prix : €€€€

Plan : A1-4 – *90 rue des Chenus, Courchevel 1850 –* ℰ *04 79 08 00 55 – www.chabichou-courchevel.com – Fermé lundi, mardi et du mercredi au dimanche à midi*

❀❀ LE SARKARA

CUISINE CRÉATIVE • COSY Sébastien Vauxion, chef pâtissier de grand talent, vous emmène dans un périple sucré d'un nouveau genre. Du jamais vu, ou presque ! Ses créations autour des fruits et légumes (associés aussi aux laitages, au chocolat ou au café) se révèlent ébouriffantes, marquées par des jeux de saveurs complexes. Citons par exemple la pomme de terre alliée à la main de bouddha et au persil, ou encore le céleri rave à la truffe noire et à un condiment d'agrumes aux épices douces. Et si la tonalité d'ensemble est sucrée, que l'on se rassure : la progression cohérente des menus n'abolit pas les repères gustatifs, et le palais ne sature pas. On sort de table épaté par tant d'audace et de créativité.
⇔ ⋞ & ☕ – Prix : €€€€

Plan : B2-3 – *Le K2 Palace, 238 rue des Clarines, Courchevel 1850 –* ℰ *04 79 40 08 80 – www.lek2palace.com/fr/deguster/le-sarkara.html – Fermé lundi et du mardi au dimanche à midi*

❀❀ SYLVESTRE WAHID - LES GRANDES ALPES

CUISINE CRÉATIVE • ÉLÉGANT Dans un écrin intimiste de seulement quatre tables, Sylvestre Wahid, depuis sa cuisine ouverte où il est épaulé par ses fidèles, régale une quinzaine de convives. Cette expérience gastronomique sur mesure s'appuie volontiers sur les plats signatures du chef, revisités au gré de son inspiration, comme le tourteau de Roscoff ou le dessert citron et algues. Avec une belle audace, il marie avec brio le homard ou le tourteau à des ingrédients typés de la cuisine pakistanaise : épices, achards de piments et de citron, dahl de lentilles... Produits magnifiques, ingrédients de luxe, sauces délicates, assaisonnements pointus, technique irréprochable, et surtout émotion, illuminent un généreux menu dégustation.
⇔ – Prix : €€€€

Plan : B2-2 – *28 rue de l'Église, Courchevel 1850 –* ℰ *04 79 00 00 00 – www.restaurantsylvestre.com – Fermé lundi, dimanche et samedi midi*

❀ ALPAGE ⓝ

CUISINE MODERNE • ÉLÉGANT Monté du K2 Palace où il tenait les fourneaux du restaurant doublement étoilé Kintessence, le chef Jean-Rémi Caillon, originaire de Roanne, a pris possession de ceux de l'hôtel Annapurna. Il y dévoile une démarche très personnelle entre végétal et terroir : légumes et herbes tiennent la dragée haute aux protéines animales, mais il réserve aussi une place de choix aux produits et recettes du terroir savoyard (crozet, polenta, Chartreuse...). Son art n'exclut pas la malice, à l'image des bonnets de bœuf en consommé avec crozets au carvi et carottes en déclinaison, où la finesse d'exécution le dispute à une rusticité peaufinée.
⇔ ⋞ & 🅿 – Prix : €€€€

Hors plan – *Annapurna, 734 route de l'Altiport, Courchevel 1850 –* ℰ *04 79 08 04 60 – www.annapurna-courchevel.com/fr/restaurant-alpage.html – Fermé lundi, mardi et du mercredi au dimanche à midi*

❀ BAUMANIÈRE 1850

CUISINE MODERNE • ÉLÉGANT Nous voici à Courchevel, synonyme depuis 1947 de luxe alpin, station huppée où rien n'est trop beau ni trop bon. Dans ce chalet cossu et élégant, le talentueux chef Thomas Prod'homme, formé à l'Oustau de Baumanière aux Baux-de-Provence, slalome avec précision et élégance entre produits locaux, influences hivernales et inspirations provençales : troncs de pleurotes cuits en cocotte et café des sous-bois ; endive, poire et noix, beurre de racine fumé à la sciure de poirier et foie gras ; pigeon, épeautre, abats et jus au vin chaud... Grâce à la créativité du chef, son ambition, ses prises de risque, le plaisir est bel et bien au rendez-vous.

🕸 ⇆ ⬱ ⬱ ⬱ 🅿 – Prix : €€€€

Plan : B2-5 – *Le Strato, Route de Bellecôte, Courchevel 1850* – 𝒞 *04 79 41 51 80* – *www.hotelstrato.com* – *Fermé dimanche*

⭐ **LE FARÇON**

Chef : Julien Machet

CUISINE MODERNE • COSY Nichée au cœur d'une forêt d'épicéas, la station de La Tania, toute proche de Courchevel, en est pourtant si différente ! Une superbe surprise vous y attend : le restaurant de Julien Machet régale ses convives de préparations minutieuses et soignées. Le chef compose une balade gustative qui plonge dans l'histoire du Duché de Savoie : les meilleurs produits de la Savoie, du Val d'Aoste, du Valais, du Piémont et jusqu'aux bords de la Méditerranée (sans oublier les légumes de saison, réminiscences du potager de sa grand-mère Mado) sont convoqués pour écrire une histoire délicieuse, juchée à 1400 mètres d'altitude. On se régale, la tête dans les nuages.

🕸 ⬱ ⛱ – Prix : €€€

Hors plan – *Immeuble Kalinka, La Tania* – 𝒞 *04 79 08 80 34* – *www.lefarcon.fr* – *Fermé lundi et dimanche*

AÏNATA

CUISINE LIBANAISE • CHIC Zaatar, freekeh, sumac, grenade, bourghol, houmous, tahine, mograbieh : pour monter à Courchevel, le chef franco-libanais Alan Geaam a pris soin de mettre dans son sac à dos tous les produits et épices du pays du Cèdre. Desserts tout en légèreté, à l'image de ce baklava, ou de ce ghazel banat et sa glace atcha au lait et à la fleur d'oranger. Cadre boisé et chaleureux, service aux petits soins.

🖦 ⬱ ⬱ – Prix : €€€€

Hors plan – *Le K2 Altitude, 356 route de l'Altiport, Courchevel 1850* – 𝒞 *04 79 01 46 46* – *www.lek2altitude.com/fr/deguster/ainata.html* – *Fermé du mardi au dimanche soir*

L'ALTIPLANO AU K2 PALACE

CUISINE PÉRUVIENNE • ÉLÉGANT Ceviche classico de poisson blanc mariné au lait de tigre ; gambas grillées à la braise, cébette, piment rouge et citron vert ; postre estilo pisco... Voici quelques (délicieux) exemples de la cuisine péruvienne, modernisée et savoureuse, colorée et épicée avec doigté, que l'on déguste dans cette table d'altitude au cadre feutré.

⬱ ⬱ – Prix : €€€€

Plan : B2-8 – *Le K2 Palace, 238 rue des Clarines, Courchevel 1850* – 𝒞 *04 79 41 33 42* – *www.lek2palace.com* – *Fermé lundi et du mardi au dimanche à midi*

AZIMUT

CUISINE MODERNE • TRADITIONNEL Assise sur des bases traditionnelles, voici une cuisine qui ne cherche pas à surfer sur la mode du jour. Les produits sont choisis avec soin et mis en valeur avec simplicité, grâce à des cuissons justes et de bonnes sauces. On accompagne le repas de vins de Bourgogne ou du Jura – région où l'établissement prend ses quartiers d'été à Bonlieu. Les prix mesurés (pour Courchevel), ainsi que l'accueil aimable, ajoutent au plaisir du moment.

🕸 💮 – Prix : €€€

Hors plan – *273 rue de la Madelon, immeuble l'Or Blanc, centre station 1300, Le Praz* – 𝒞 *04 79 06 25 90* – *www.restaurantazimut.com* – *Fermé lundi et mercredi midi*

BFIRE BY MAURO COLAGRECO

CUISINE MODERNE • TENDANCE Sur les hauteurs de la station, c'est ici le rendez-vous des saveurs italo-argentines et des cuissons au feu de bois : Black Angus grillé, gratin de queues d'écrevisses, belles pièces à partager (épaule d'agneau, côte de bœuf, truite...). Le tout pensé par Mauro Colagreco (le Mirazur, à Menton) : autant dire que vous êtes entre de bonnes mains ! C'est goûteux et généreux, et les saveurs sont au rendez-vous. Service prévenant.

&. 🅿 – Prix : €€€€

Plan : B2-6 – *Les Neiges, 422 rue de Bellecôte –* 📞 *04 57 55 22 00 –* *www.hotelsbarriere.com/fr.html – Fermé du lundi au mercredi et du jeudi au dimanche à midi*

LE BISTROT DU PRAZ

CUISINE MODERNE • MONTAGNARD Cette maison sympathique est située légèrement en retrait de la route dans la station de Courchevel. Dans un cadre agréable esprit bistrot de montagne, on déguste une cuisine gourmande et soignée dans l'air du temps, que le chef patron réalise avec soi : carpaccio de Saint-Jacques, huile de livèche et agrume ; raviole ouverte de veau et œuf poché. Conseils pour les accords mets et vins et terrasse en face du lac pour les beaux jours.

🍽 – Prix : €€€

Hors plan – *Rue de la Chapelle, Le Praz –* 📞 *04 79 08 41 33 –* *www.bistrotdupraz.fr – Fermé lundi*

LE GRILL ALPIN

CUISINE MODERNE • ÉLÉGANT Sous la houlette de Yannick Alléno, la brasserie alpine chic du luxueux hôtel Cheval Blanc réinvente avec brio la restauration d'altitude, avec une offre gastronomique contemporaine et décomplexée. Les papilles ne savent plus où donner de la tête ! Très belle carte des vins haut de gamme.

🕸 &.🍴🗱🍷 – Prix : €€€€

Plan : B3-10 – *Cheval Blanc, Le Jardin Alpin, Courchevel 1850 –* 📞 *04 79 00 50 50 – www.chevalblanc.com/courchevel*

LE LYS 🆚

CUISINE MODERNE • CHIC Au sein de ce nouvel hôtel, ce restaurant à la baie vitrée monumentale affiche une déco d'esprit... Art Déco : luminaires vintage, verrière au plafond et une superbe collection de vases Lalique. Dans cette petite salle chic et intimiste, on déguste la cuisine de Mickaël Furnion, passé notamment par le Château de Massillan et la Villa à Calvi. Il propose une courte carte de propositions actuelles où les beaux produits sont traités avec soin : truffe noire en brioche, bœuf Wagyu Wellington, et une "bouillabaisse de nos lacs", spécialité du chef. Carte des vins très attractive.

&.🍷 – Prix : €€€€

Plan : B2-7 – *Lys Martagon, 464 route de Bellecôte, Courchevel 1850 –* 📞 *04 79 00 12 50 – www.lys-martagon.com – Fermé lundi, dimanche et du mardi au samedi à midi*

LA SAULIRE

CUISINE TRADITIONNELLE • MONTAGNARD Un décor tout de bois blond, rehaussé de vieux objets montagnards... C'est dans ce cadre authentique et chaleureux que le chef Benoît Redondo propose une cuisine soignée, où la fameuse fondue savoyarde côtoie sans rougir la truffe du Périgord. À noter : le restaurant est fermé le midi par beau temps, pour laisser les skieurs profiter des pistes enneigées de la station.

🕸 – Prix : €€€€

Plan : B1-9 – *16 place du Rocher, Courchevel 1850 –* 📞 *04 79 08 07 52 –* *www.lasaulire.com/fr*

🛏 **AMAN LE MÉLÉZIN** 　　　　　　　　　　　　　　　　　🌐 *Plus*

CLASSIQUE • CHALEUREUX Au pied des pistes, cet hôtel se révèle très intime et propice à la détente : spa complet, grandes chambres lumineuses et zen, certaines avec un espace de repos en journée... Le tout décoré avec un goût très sûr. À noter aussi, le service de conciergerie performant.

🏔 🅿 ☁ ⛷ 🕸 🛋 🍽 - 31 chambres

310 rue de Bellecôte – ☎ 04 79 08 01 33 – www.aman.com/fr-fr/resorts/ aman-le-melezin

🛏 **ANNAPURNA**

MONTAGNARD • RAFFINÉ Cet Annapurna-là n'a presque rien à envier à celui de l'Himalaya ! L'hôtel – le plus haut de la station – tutoie les cimes, dans un environnement immaculé. Décor d'esprit montagnard dans les chambres, qui dominent les pistes côté sud. Depuis la terrasse, on admire la Saulire tout en reprenant des forces.

🏔 🅿 ⛷ 🕸 🛋 🍽 🅰 - 71 chambres

734 route de l'Altiport – ☎ 04 79 08 04 60 – www.annapurna-courchevel.com

❄ **Alpage** - Voir la sélection des restaurants

🛏 **CHEVAL BLANC COURCHEVEL** 　　　　　　　　　　　　　🌐

CONTEMPORAIN • CHALEUREUX Du nom du célèbre château bordelais, un hôtel très "grand cru" ! Au sortir des pistes, on se réfugie avec plaisir dans ce chalet aménagé dans un superbe esprit contemporain, qui réinvente tout l'imaginaire de l'hiver... Luxe et confort dans les moindres détails, avec un spa délicieux.

🅿 🍽 - 36 chambres

Le Jardin Alpin – ☎ 04 79 00 50 50 – www.chevalblanc.com

❄❄❄ **Le 1947 à Cheval Blanc • Le Grill Alpin** - Voir la sélection des restaurants

🛏 **HOTEL DES TROIS VALLÉES**

MONTAGNARD • FAMILIAL Témoin historique des innovations de Charlotte Perriand, Jean Prouvé et Pierre Paulin, ce chalet alpin traditionnel a su conserver le charme rétro de son intérieur au fil des rénovations. Murs de pierre et meubles design cohabitent en toute harmonie. Certaines chambres ressemblent à de petits chalets individuels, d'autres sont plus modernes. Après une journée passée sur les pistes, le jacuzzi (de la taille d'une petite piscine !), le bar restaurant et la petite épicerie de l'hôtel apportent tout le réconfort mérité.

🅿 ⛷ 🕸 🍽 - 31 chambres

Rue Park City – ☎ 04 79 08 00 12 – www.hoteldestroisvallees.com

🛏 **LE K2 ALTITUDE**

MONTAGNARD • CHALEUREUX Bois vieillis, tissus chauds, cheminées... Tout le charme des Alpes est ici rendu avec un grand raffinement : ainsi culmine ce K2 Altitude, véritable hameau de montagne constitué d'un ensemble de chalets au confort absolu.

🅿 ⛷ 🕸 🍽 - 32 chambres

356 rue de l'Altiport – ☎ 04 79 01 46 46 – www.lek2altitude.com

Aïnata - Voir la sélection des restaurants

🛏 **LE K2 DJOLA**

CLASSIQUE • ÉLÉGANT Tout le charme et l'élégance des établissements K2 sont déclinés ici en version "city hotel". Le résultat se révèle bluffant : chambres spacieuses décorées avec goût, service aux petits soins, espace bien-être au sous-sol... On est conquis.

🕸 🅰 - 24 chambres

79 rue de Plantret – ☎ 04 79 22 11 99 – www.lek2djola.com

🛏 **LE K2 PALACE**

CLASSIQUE • RAFFINÉ C'est l'un des joyaux de la station ! Personnel d'un grand professionnalisme et prestations d'excellence attendent les clients de ce vaste établissement, qui s'enorgueillit d'un superbe spa, d'une salle de cinéma, et de belles chambres au luxe sans ostentation. Un vrai paradis montagnard...

🅿 🛋 🏊 ❄ ⍭ - 35 chambres

238 route des Clarines – ℰ 04 79 40 08 80 – www.hotellek2.com

❀❀ **Le Sarkara • L'Altiplano au K2 Palace** - Voir la sélection des restaurants

 LES NEIGES

MONTAGNARD • CONVIVIAL Derrière un extérieur alpin classique se cache un hôtel qui combine des vues spectaculaires sur les forêts et les sommets avec un confort ultra luxueux. Avec la piste de ski de Bellecôte juste à côté, les Trois Vallées sont à vos pieds, tandis qu'au retour le spa vous attend... tout comme le feu de bois et l'agréable bar.

⍭ - 42 chambres

422 rue de Bellecôte – ℰ 04 57 55 22 00 – www.hotelsbarriere.com/fr/ courchevel/les-neiges.html

BFire by Mauro Colagreco - Voir la sélection des restaurants

COURLANS

✉ 39570 – Jura – Carte régionale n° **13**–A3

MICHEL BÉJEANNIN - AUBERGE DE CHAVANNES

CUISINE MODERNE • ÉLÉGANT Une auberge contemporaine et chaleureuse ! L'assiette est joliment créative ; le chef se révèle aussi à l'aise avec la bouillabaisse (il a vécu à Marseille pendant 25 ans) qu'avec un poulet au vin jaune et morilles, clin d'œil à ses origines jurassiennes. Chambres spacieuses pour l'étape.

& 🄼 🍴 🅿 – Prix : €€€

1890 avenue de Châlon – ℰ 03 84 43 24 34 – www.auberge-de-chavannes.com – Fermé lundi et du mardi au vendredi à midi ; ouvert le weekend

COURSEULLES-SUR-MER

✉ 14470 – Calvados – Carte régionale n° **2**–B2

DÉGUSTATION DE L'ÎLE

POISSONS ET FRUITS DE MER • CONTEMPORAIN On doit à une famille d'ostréiculteurs l'ouverture de ce restaurant contemporain et bien pensé, qui met à l'honneur pêche côtière, fruits de mer, et bien entendu les huîtres affinées juste à côté, sans oublier d'autres bons produits normands. Le chef attache un soin particulier au dressage des assiettes, qui se révèlent aussi jolies que savoureuses.

& 🍴 🅿 – Prix : €

Route de Ver-sur-Mer – ℰ 02 31 77 35 16 – www.restaurant-degustationdelile.fr – Fermé lundi et mardi

COUTANCES

✉ 50200 – Manche – Carte régionale n° **2**–A2

 KALAMANSI

CUISINE MODERNE • CONTEMPORAIN Le chef Frédéric Michel a ouvert avec son épouse Manuella cette table réjouissante dans sa ville d'origine. Il décline des assiettes fraîches et franches, aux cuissons précises et aux saveurs bien marquées, en s'appuyant au maximum sur les circuits courts (pêche et maraîchage locaux, bœuf normand).

& – Prix : €€

10 place du Général-de-Gaulle – ℰ 02 33 17 41 45 – www.kalamansi.fr – Fermé mardi et mercredi

CREISSELS

✉ 12100 – Aveyron

 CHÂTEAU DE CREISSELS

CLASSIQUE • CHARME Un château du 12ᵉ s. sur un piton rocheux à l'écart de Millau, auquel on accède par une petite route. Les chambres mêlent avec élégance meubles anciens et style contemporain, avec du cachet dans la bâtisse principale, un esprit plus actuel dans son extension. Un charme auquel on succombe avec plaisir.

⅄ 🅿 🚗 ⊲ 🛏 ⌁ ⅋◎🅰 - 26 chambres

Place du Prieur – ℰ 05 65 60 16 59 – www.chateau-de-creissels.com

LE CREUSOT

✉ 71200 – Saône-et-Loire – Carte régionale n° **17**–B2

LA FLEUR DE SEL ⓝ

CUISINE MODERNE • CONTEMPORAIN Heureuse initiative que l'ouverture de cette table par deux creusotins, le chef Willy Lardry et le responsable de salle Edwin Smietanski, qui se sont rencontrés lorsqu'ils travaillaient chez Yoann Chapuis à Tournus. Dans un décor en partie inspiré de la nature (avec notamment ce papier peint représentant une forêt dans la brume), le chef, seul en cuisine, fait preuve d'une maturité incontestable. La délicatesse et la finesse sont au rendez-vous avec la belle fleur de courgette à la farce de cabillaud et ce sabayon à l'huile d'olive qui accompagnent ce tournedos de cabillaud, ou avec le maquereau et sa raviole de concombre mariné.

⅄ – Prix : €€

2 rue Albert-1ᵉʳ – ℰ 03 85 78 43 16 – www.lafleurdesel-restaurant.fr – Fermé mardi et mercredi

CRILLON-LE-BRAVE

✉ 84410 – Vaucluse – Carte régionale n° **28**–E1

 CRILLON LE BRAVE

TRADITIONNEL • CONVIVIAL Un village perché, le mont Ventoux pour horizon et ces belles bastides en pierre... Les chambres sont tout imprégnées de Provence et le jardin à l'italienne descend jusqu'à la piscine... Une élégance rare !

⅄ 🏊 🅿 🚗 ⊲ 🚲 ⚱ ◎ ⌁ ⅋◎🅰 - 33 chambres

Place de l'Église – ℰ 04 90 65 61 61 – www.crillonlebrave.com

LE CROISIC

✉ 44490 – Loire-Atlantique – Carte régionale n° **9**–A3

 L'ESTACADE

CUISINE MODERNE • COSY Sur les quais, en face de la criée, cette adresse agréable propose une cuisine généreuse et soignée qui fait la part belle aux produits de la région (poissons, coquillages et algues bien sûr, mais aussi viandes). Accueil tout sourire et service attentionné.

⅄ 🍴 – Prix : €€

4 quai du Lénigo – ℰ 02 40 23 03 77 – www.lestacade.fr – Fermé mardi et mercredi

LE LÉNIGO

POISSONS ET FRUITS DE MER • RÉGIONAL Face à la criée, embarquez dans ce restaurant tenu par toute une famille très sympathique. Atmosphère marine (bois vernis, hublots) et cuisine de la mer fraîche et soignée.

🍴 – Prix : €€
11 quai du Lénigo – ℰ 02 40 23 00 31 – Fermé lundi et mardi

L'OCÉAN

POISSONS ET FRUITS DE MER • CONTEMPORAIN Quelle vue ! La verrière – de 30 m de long – face au large offre un panorama à couper le souffle. Ici, on savoure les produits de la mer "tout frais pêchés". Mention spéciale pour le bar en croûte de sel et la sole meunière. Et le soir, on dîne tout en regardant le soleil se coucher sur les flots...
🌸 ⇐ & 🆖 – Prix : €€€
Port-Lin – ℰ 02 40 62 90 03 – www.restaurantlocean.com

L'OCÉAN

MODERNE • ÉLÉGANT Une situation unique pour cet hôtel (affaire familiale depuis trois générations), à même les rochers de la côte sauvage, magnifiquement illuminés le soir venu. Il abrite des chambres spacieuses, élégantes et confortables ; toutes disposent d'un grand balcon donnant sur les flots. Produits artisanaux au petit-déjeuner. Une séduisante adresse.
🅿 ⇗ 🚲 🍴 🆖 - 10 chambres
Port-Lin – ℰ 02 40 62 90 03 – www.hotelrestaurant-locean.com
L'Océan - Voir la sélection des restaurants

CROIX

✉ 59170 – Nord – Carte régionale n° **4**–C2

ℰℰ ARBORESCENCE

Chef : Félix Robert
CUISINE CRÉATIVE • ÉPURÉ Au sein d'une friche industrielle entièrement réhabilitée (un ancien château textile du début du 20e s.), dans un décor épuré et élégant, le chef Félix Robert et son épouse Nidta exercent leur talent en toute liberté, après avoir officié chez Alexandre Gauthier, à Tokyo puis chez Troisgros. Le chef déroule une partition créative et personnelle où l'iode et le végétal dominent, ponctuée de clins d'œil au Japon ou à l'Asie – tempuras, bao, coriandre vietnamienne ou encore curry thaï se dévoilent au fil de menus uniques. Citons ce très graphique cocon de langoustine en citrouille rafraîchie au vinaigre, agrumes et piment thaï, d'une redoutable efficacité. Une jeune table dont le succès fulgurant est amplement mérité.
& 🆖 – Prix : €€€
76 rue de la Gare – ℰ 03 20 00 01 82 – www.r-arborescence.com – Fermé lundi, mardi et mercredi midi

LA CROIX-VALMER

✉ 83420 – Var – Carte régionale n° **29**–B3

ℰℰ LA PALMERAIE - CHÂTEAU DE VALMER

CUISINE MODERNE • MÉDITERRANÉEN Entre vignes, mer et verger, cet hôtel-restaurant du début du 20e s. se cache dans un jardin luxuriant de palmiers centenaires et de magnolias. Un superbe atout, comme ce potager méditerranéen qui permet à Alexandre Fabris, pourtant originaire de Givry en Saône-et-Loire, de concocter trois menus aux accents provençaux, dont un végétarien. Sa cuisine se révèle très habile, tout en jeux de textures et en jolies associations de saveurs. Le restaurant accueille uniquement le soir de mi-juin à mi-septembre, dans le jardin ou sous la pergola de la terrasse.

🥢 🛋 ♿ 🏠 **P** – Prix : €€€€

81 boulevard de Gigaro – ☏ 04 94 55 15 17 – www.chateauvalmer.com/fr/hotel-luxe-cote-d-azur-var-saint-tropez – Fermé lundi et mardi

VISTA

CUISINE MÉDITERRANÉENNE • TENDANCE Juché sur une colline sauvage face à la mer, l'hôtel est sublime ; le restaurant ultra-chic et bohème ne déçoit pas non plus. Au bord de la piscine, baigné dans un sentiment d'exclusivité rare, on déguste les plats du chef Vincent Maillard, à l'image de cette épaule d'agneau de Sisteron braisée à la sarriette et de cet éclair au chocolat et noisettes du Piémont. Service voiturier.

🥢 ♿ 🆎 🏠 🍽 **P** – Prix : €€€€

Colline Saint-Michel, quartier de Gigaro – ☏ 04 22 73 22 09 – www.lilyofthevalley. com/fr/restaurant-vista

🛏 CHÂTEAU DE VALMER

CLASSIQUE • CHAMPÊTRE À l'extrémité de la baie de Saint-Tropez se cache le Château de Valmer, qui associe charme provençal, luxe contemporain et situation géographique exceptionnelle. Les chambres marient l'esprit campagne et les éléments plus actuels. Son restaurant gastronomique étoilé est complété par un bistro décontracté, un bar-restaurant, un spa avec piscine intérieure, et la plage à 500m.

🍽 **P** 🛋 🚲 🏊 👶 🐾 🧖 🍸 🆎 - 45 chambres

81 boulevard de Gigaro – ☏ 04 94 55 15 15 – www.chateauvalmer.com

❀ **La Palmeraie - Château de Valmer** - Voir la sélection des restaurants

🛏 LA PINÈDE-PLAGE

CLASSIQUE • MARITIME Cet hôtel-restaurant porte bien son nom : ombragé de pins parasols et directement sur la plage, face aux îles d'Or ! Un établissement avec beaucoup de charme et de belles chambres ouvertes sur le large… Impression d'être loin de tout : parfait pour les vacances.

🍽 **P** 🛋 🍸 🚿 🍴 🆎 - 32 chambres

382 boulevard de Gigaro – ☏ 04 94 55 16 16 – www.pinedeplage.com

CROLLES

✉ 38920 – Isère – Carte régionale n° **21**-C2

LA MAISON HAUTE

CUISINE MODERNE • CONVIVIAL Thomas Chegaray (en basque, "maison haute" se dit "etchegaray"), chef au beau parcours, concocte une cuisine actuelle à base de produits de saison, au gré d'une carte courte bien tournée (menu plus simple au déjeuner). Les plats, frais et colorés, jouent sur les textures et les goûts. Terrasse aux beaux jours et service très sympathique.

♿ 🆎 🏠 – Prix : €€

Place de l'Église – ☏ 04 76 08 07 68 – www.la-maison-haute.eatbu.com – Fermé samedi et dimanche

LE CROTOY

✉ 80550 – Somme – Carte régionale n° **4**-A2

AUBERGE DE LA MARINE

CUISINE MODERNE • BISTRO Une petite maison régionale proche des quais, où un jeune couple met joliment en avant les produits locaux. Dans l'assiette : pressé de bar aux carottes des sables, sorbet cerfeuil ; filet de merlu, beurre blanc à l'Aster maritime, écrasé de pomme de terre des sables ; baba au sirop d'agrumes, crème légère à la mélisse... Une cuisine savoureuse et toujours maîtrisée !

♿ - Prix : €€

1 rue Florentin-Lefils - ✆ 03 22 27 92 44 - www.aubergedelamarine.com - Fermé mardi et mercredi

CROUTELLE

✉ 86240 - Vienne - Carte régionale n° **15**-B3

LA CHÊNAIE

CUISINE TRADITIONNELLE • ÉLÉGANT Ici, on régale à l'ancienne, avec générosité et sans chichis. Cette belle cuisine d'inspiration traditionnelle, rehaussée de quelques touches plus actuelles, s'apprécie dans les élégantes salles à manger, et notamment sous la véranda tournée vers le parc et ses chênes centenaires. Pour vous donner une idée, pot-au-feu au foie gras, caille farcie au foie gras, pomme façon tatin et sa glace au safran... Bon rapport qualité-prix et service avenant. Une invitation à la gourmandise.

A/C P - Prix : €€

Rue du Lejat - lieu-dit La Berlanderie - ✆ 05 49 57 11 52 - www.restaurant-la-chenaie.com - Fermé lundi, et mercredi et dimanche soir

CROZANT

✉ 23160 - Creuse - Carte régionale n° **15**-C3

AUBERGE DE LA VALLÉE

CUISINE TRADITIONNELLE • CONVIVIAL Une sympathique auberge de campagne, perdue aux confins de la Creuse. Viandes d'éleveurs locaux (agneau, veau, bœuf), fromages de la région (chèvre, surtout !) et légumes de son grand potager... Le chef aime les produits du terroir, et cela se sent : il en tire une cuisine délicieuse, à apprécier dans un joli décor de maison bourgeoise.

A/C - Prix : €€

48 rue Armand-Guillaumin - ✆ 05 55 89 80 03 - www.laubergedelavallee.fr - Fermé lundi et mardi, et mercredi et dimanche soir

CROZET

✉ 01170 - Ain - Carte régionale n° **21**-C1

JIVA

CUISINE MODERNE • COSY En sanskrit, "jiva" signifie la vie : un nom engageant, et même apaisant, pour ce resort au luxe discret. Au restaurant, on sert une cuisine française bien calibrée, fraîche et bonne, qui suit les saisons ; la clientèle profite dès que possible de la terrasse panoramique avec sa vue imprenable sur le massif du Mont-Blanc.

♿ A/C P - Prix : €€€

Jiva Hill Resort, Route d'Harée - ✆ 04 50 28 48 47 - www.jivahill.com - Fermé lundi, mardi midi et dimanche soir

JIVA HILL RESORT

MODERNE • COSY Les lignes épurées et modernes sont ici tempérées par des couleurs et des matières généreuses, au service du confort. Les chambres deluxe portent bien leur nom, avec tous les incontournables high-tech et des salles de bains parfaitement contemporaines. Idem dans les six junior suites, qui comptent en plus une terrasse, un jardin et un jacuzzi privé. Le spa est étonnamment vaste vue la taille de l'hôtel.

🛁 🅿 🛋 🍷 🛎 🌊 🌐 🛶 ✡ 🏋 ⑪ 🄺 - 34 chambres

Route d'Harée – ☎ 04 50 28 48 48 – www.jivahill.com

Jiva - Voir la sélection des restaurants

CROZON

✉ 29160 – Finistère – Carte régionale n° **1**–A2

HOSTELLERIE DE LA MER

CUISINE MODERNE • CONTEMPORAIN Le chef propose une cuisine bien en phase avec l'époque, mariant à merveille le poisson de la pêche locale et le terroir breton, à l'image de ce saumon fumé maison, crème acidulée aux herbes et blinis au blé noir ou encore de cette blanquette de lotte et saucisse de Molène, légumes et pommes de terre vapeur ... Les cuissons sont précises et magnifient des produits bien choisis !

🍃🚹 – Prix : €€

11 quai du Fret – ☎ 02 98 27 61 90 – www.hostelleriedelamer.com – Fermé lundi, samedi midi et dimanche soir

CRUSEILLES

✉ 74350 – Haute-Savoie – Carte régionale n° **21**–C1

LE M DES AVENIÈRES

CUISINE TRADITIONNELLE • CONTEMPORAIN Très joli cadre que celui de ce restaurant d'esprit 1920, avec boiseries, lampes d'époque et banquettes en velours... On s'y régale au fil d'une carte courte et de saison, qui utilise au mieux les produits locaux (dont la production du château). Même philosophie avec la carte des vins, volontiers nature ou bio.

🍃🚹🎍💠🅿 – Prix : €€€

Les Avenières, lieu-dit Chenaz – ☎ 04 50 44 02 23 – www.chateau-des-avenieres. com – Fermé lundi, mardi, et mercredi et jeudi à midi

CUCURON

✉ 84160 – Vaucluse – Carte régionale n° **28**–E1

✿ LA PETITE MAISON DE CUCURON

Chef : Eric Sapet

CUISINE CLASSIQUE • RUSTIQUE Il était une fois une petite maison jaune, véritable bonbonnière bourgeoise provençale bourrée de charme... Un excellent cordon bleu, Éric Sapet, y magnifiait les produits du marché : champignons, dont la truffe à laquelle il dédiait un menu tout l'hiver, petits légumes des maraîchers locaux, fromages de Provence, gibiers comme le lièvre, "royalement" cuisiné. Gourmand, passionné de vins et d'œnologie, ce chef possédait un solide métier longtemps exercé à Paris, à la Tour d'Argent et chez Jacques Cagna notamment. À sa table, on accourait pour se régaler d'une blanquette de noix de Saint-Jacques ou d'une caille farcie au riz à la truffe et au foie gras. Certains clients revenaient même le samedi pour suivre les cours du chef. Gare à ceux qui oubliaient de réserver : l'adresse affichait souvent complet.

🕸 🎍💠 – Prix : €€€

Place de l'Étang – ☎ 04 90 68 21 99 – www.lapetitemaisondecucuron.com – Fermé lundi et mardi

MATCHA

CUISINE MODERNE • SIMPLE Tout est frais et fait maison ici, des légumes des petits producteurs des environs aux viandes et volailles, élevées en plein air, à l'image de cette caille rôtie, farcie aux olives, et aubergine. Une cuisine au goût du jour, appétissante en diable !

🅰🅺 🍴 – Prix : €€

Montée du Château-Vieux – 𝒞 04 86 78 55 96 – www.matcha-restaurant.fr – Fermé lundi, dimanche, samedi midi, et mardi et mercredi soir

CUISEAUX

✉ 71480 – Saône-et-Loire – Carte régionale n° **17**–D2

LE BISTROT GOURMAND

CUISINE RÉGIONALE • BISTRO "Plaisir et tradition", telle est la devise de cette ancienne boucherie où Camille Maître, ayant repris l'affaire familiale, œuvre désormais seule en cuisine. Dans l'assiette, des produits des terroirs bressan et jurassien et des saveurs marquées comme avec cette quenelle de brochet, bisque de homard crémée. Et une jolie petite carte des vins en prime... Un bistrot gourmand, et souriant !

♿ 🍴 – Prix : €€

8 place Puvis-de-Chavannes – 𝒞 03 85 72 71 57 – www.lebistrotgourmand-cuiseaux.fr – Fermé lundi et dimanche, et du mardi au jeudi soir

CUQ-TOULZA

✉ 81470 – Tarn – Carte régionale n° **27**–A2

CUQ EN TERRASSES

CUISINE MODERNE • COSY Sur les hauteurs du village, cette charmante maison du 18ᵉ s. est un havre de paix : insolite jardin en terrasses, accueil familial... Le chef, originaire des Cyclades, y met en valeur les produits du potager et la cuisine méditerranéenne. La véranda et la terrasse dévoilent une vue imprenable sur la plaine du Lauragais et la chaîne des Pyrénées, par beau temps. Cerise (musicale) sur le gâteau : le chef joue un morceau de piano mécanique à la fin du repas.

🍃 🏠 🍴 – Prix : €€

8 chemin du Château – 𝒞 05 63 82 54 00 – www.cuqenterrasses.com/fr – Fermé du lundi au mercredi et du jeudi au dimanche à midi

CUTTOLI - Corse-du-Sud (20) ➜ Voir Corse

CUZANCE

✉ 46600 – Lot

🛏 **MANOIR DE MALAGORSE**

CLASSIQUE • COSY Ce domaine de 5 ha situé en pleine campagne vous promet un séjour mémorable : chambres personnalisées et salon-bibliothèque cosy logés dans une bâtisse régionale en pierre (19ᵉ s.).

🅿 🏠 🏊 🍴 - 5 chambres

Manoir de Malagorse – 𝒞 06 89 33 54 45 – www.manoir-de-malagorse.fr

DAGLAN

✉ 24250 – Dordogne – Carte régionale n° **18**-D3

 LE PETIT PARIS

CUISINE MODERNE • RUSTIQUE Au cœur d'un charmant village périgourdin, cette table sympathique bénéficie d'une grande terrasse tournée vers la place du village, et de deux salles joliment rustiques. Enfant du pays, le chef met un point d'honneur à valoriser les produits de sa région : carpaccio de foie gras et vichyssoise au porto ; paleron de bœuf fondant et sauce au pécharmant ; traditionnel soufflé au Grand Marnier...

🍴 – Prix : €€

18 rue de la République – ℰ 05 53 28 41 10 – www.le-petit-paris.fr – Fermé lundi, mardi, mercredi midi et dimanche soir

DAMPIERRE-EN-YVELINES

✉ 78720 – Yvelines – Carte régionale n° **11**-B1

LA TABLE DU CHÂTEAU ℕ

CUISINE MODERNE • AUBERGE Le châtelain de Dampierre, désormais propriétaire de cette belle auberge du 17ᵉ s., en a confié les fourneaux à la cheffe Élisabeth Passédat qui a longtemps travaillé à l'étranger. Elle n'a pas pour autant oublié ses classiques – foie gras chaud poêlé, pâté en croûte à la volaille de Houdan, ris de veau, tournedos de bœuf charolais façon Rossini – qu'elle modernise et métisse avec des produits de saison. Son inspiration puise aussi dans les terroirs de France, à l'image de cette lotte aux spaetzle et velouté de cidre normand, ou de ces ravioles de champignons au porbier et émulsion au vin jaune.

♿ Ⓐ🄲 ⇕ – Prix : €€€

1 Grande-Rue – ℰ 01 30 47 56 56 – www.latableduchateau.fr – Fermé lundi et mardi, et dimanche soir

DAMPMART

✉ 77400 – Seine-et-Marne – Carte régionale n° **11**-C1

 LE QUINCANGROGNE

CUISINE MODERNE • CONTEMPORAIN En bord de Marne, cette maison qui a traversé les époques (tour à tour moulin, guinguette et même maison de retraite !) a été transformée en hôtel-restaurant. En cuisine, on trouve Franck Charpentier, chef au parcours solide – plusieurs tables étoilées au sein d'hôtels de luxe, notamment. En bon amoureux des goûts authentiques, il propose une carte simple, axée sur des produits régionaux de grande qualité. Finesse et précision des agencements de saveurs, visuels précis et bien travaillés : on se régale d'un bout à l'autre du repas. En saison, on profite même de la belle terrasse avec sa vue sur la rivière toute proche...

🛏♿ Ⓐ🍴 ⇕🄿 – Prix : €€€

7 rue de l'Abreuvoir – ℰ 01 64 44 44 80 – www.hotel-restaurant-lequincangrogne.fr – Fermé lundi, mardi et dimanche soir

LES DAMPS

✉ 27340 – Eure – Carte régionale n° **3**-B2

L'AUBERGE DE LA POMME

CUISINE MODERNE • CONTEMPORAIN Un nom hautement normand, une façade à colombages typique de la région... mais l'image d'Épinal s'arrête là ! La maison cache un décor très contemporain, et des assiettes qui mettent bien en valeur les producteurs locaux : coquilles Saint-Jacques normandes juste poêlées, ris de veau fermier croustillant, tartelette au chocolat.

🛏️🍽️♻️🅿️ – Prix : €€€

44 route de l'Eure – ℰ 02 35 23 00 46 – www.laubergedelapomme.com – Fermé lundi et dimanche soir

DANJOUTIN

✉ 90400 – Territoire de Belfort – Carte régionale n° **13**–C1

❀ **LE POT D'ÉTAIN**

Chef : Philippe Zeiger

CUISINE MODERNE • CONTEMPORAIN À quelques minutes du Lion de Belfort, ce Pot d'Étain brille de gourmandise grâce à un argentier de talent, le chef Philippe Zeiger qui a fait de son restaurant un temple incontournable de la bonne chère. Le chef met à l'honneur une cuisine française aussi généreuse que goûteuse, appuyée sur de superbes produits de saison (Saint-Jacques, lièvre à la royale, truffes). Voyez ces noix de Saint-Jacques en habit noir, voile de lard Colonnata, sauce au vin jaune ou encore ce dos de chevreuil, sauce civet, racines d'hiver. Une gourmandise qui file droit à l'essentiel ! À noter aussi, le service du vin au verre au magnum (aussi rare que bon).

🐧♿🆒♻️🅿️ – Prix : €€€

4 avenue de la République – ℰ 03 84 28 31 95 – www.restaurant-potdetain.fr – Fermé lundi et dimanche

DEAUVILLE

✉ 14800 – Calvados –
Carte régionale n° **2**-C2

Entre plaisirs raffinés et solides produits normands

Toujours entre deux séances de cinéma, une partie de golf ou de tennis, une course de polo ou une régate, Deauville soigne sa réputation de raffinement. Ses plages et ses somptueuses villas 1900, dont les plus belles s'alignent sur le boulevard longeant le front de mer, lui valent une réputation méritée. Quant à son air marin, il aiguise les appétits les plus blasés ! Direction le marché, établi sous de jolies halles à colombages près de la place Morny. Il est animé par des producteurs venus du pays d'Auge et de toute la Normandie. Vous trouverez votre bonheur entre les poissons et les coquillages, notamment les coques de Cabourg, les nombreux fromages (livarot et camembert au lait cru si possible), les pommes et autre gelée de cidre...

🌼 **L'ESSENTIEL**

Chefs : Charles et Mi-Ra Thuillant
CUISINE MODERNE • CONTEMPORAIN Ce bistrot contemporain est le repaire du Français Charles Thuillant et la Coréenne Mi-Ra : ces deux oiseaux migrateurs, qui se sont rencontrés à Ze Kitchen Gallery, temple de la cuisine franco-asiatique, ont aussi été aperçus chez Robuchon, à l'Épi Dupin ou encore au Chateaubriand. Mais c'est à Deauville, où Charles enfant passait ses vacances, qu'ils ont ouvert cette adresse ensemble. À quatre mains, ils signent une cuisine vive et enjouée, en mouvement, où les produits du terroir normand sont associés à des influences asiatiques bien dosées : poisson mariné, lime, émulsion curry thaï ; poulpe, coco de Paimpol, vinaigre de mangue ; pâtes nodi marini, huître, wakame, légumes croquants ; bœuf Simmental, légumes de saison rôtis, jus samsang...
🪑 AC 🌿 – Prix : €€€
Plan : B2-1 – *29 rue Mirabeau* – 📞 *02 31 87 22 11 – www.lessentieldeauville.com – Fermé mardi et mercredi*

🌼 **MAXIMIN HELLIO**

Chef : Maximin Hellio
CUISINE MODERNE • CONTEMPORAIN Situé en plein cœur de la station deauvillaise, ce restaurant à la devanture sobre et moderne a eu la bonne idée de laisser une partie vitrée en façade, qui permet d'observer les cuisiniers à l'œuvre depuis la rue. A l'intérieur, sous la toque, Maximin Hellio, chef de métier, passé chez Frédéric

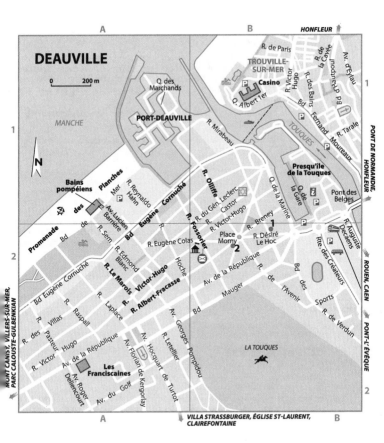

Anton, puis étoilé dans la maison familiale de la Voile d'Or à Sables-D'or-les-Pins en Bretagne. Il met à l'honneur les produits de la mer et normands, autour de préparations soignées et créatives aux saveurs franches et précises. Intéressants accords mets et vins proposés sur tablette. Un établissement très prisé par la clientèle locale.

🕸 ᇰ 🄰🄺 ⊡ – Prix : €€€€

Plan : B2-2 – *64 rue Gambetta* – ℰ *07 71 93 79 97* – *www.maximinhellio.fr* – *Fermé lundi et mardi*

🛏 LES MANOIRS DE TOURGÉVILLE

CLASSIQUE • RAFFINÉ En plein bocage du pays d'Auge, ce manoir est vraiment séduisant : chambres raffinées, apaisantes et spacieuses (nombreux duplex et triplex). Pour se détendre, il y a l'embarras du choix : piscine, vélo, massage, tennis, cinéma. Se lasser d'un tel endroit ? Impossible !

🅿 🛋 ⌚ 🛎 🛖 🎬 🎿 🛁 ↿O - 57 chambres

668 chemin de l'Orgueil – ℰ *02 31 14 48 68* – *www.lesmanoirstourgeville.com*

NORMANDY BARRIÈRE

TRADITIONNEL • COSY Ce fier manoir anglo-normand, édifié en 1912, est devenu l'emblème de la station. L'établissement a été entièrement rénové mais l'esprit des chambres, cosy et raffinées, demeure : toile de Jouy, boiseries... Pour se détendre, on peut profiter du magnifique spa. Un hôtel mythique avec sa brasserie chic.

🛝 🅿 🛏 🍳 🛎 ⚒ 🌐 🕍 �ℎ 🛁 🍽 🆎 - 290 chambres

38 rue Jean Mermoz – ☏ *09 70 82 13 14 – www.hotelsbarriere.com/fr/deauville/ le-normandy*

DELME

✉ 57590 – Moselle – Carte régionale n° **7**–C2

À LA 12

CUISINE MODERNE • CONTEMPORAIN Voici le petit royaume de la famille François, qui en tient les rênes depuis 1954. Avec Thomas et Laura, la troisième génération, la maison est entre de bonnes mains. La cuisine de Thomas n'est simple qu'en apparence et se révèle vite subtile et délicate, avec un joli penchant pour les herbes et les épices : réjouissant.

🛏 ♿ 🆎 🍴 ⌬ – Prix : €€€

6 place de la République – ☏ *03 87 01 30 18 – www.ala12.fr – Fermé lundi et mardi, et dimanche soir*

DEMIGNY

✉ 71150 – Saône-et-Loire – Carte régionale n° **17**–C2

CAVE ET CUISINE

CUISINE TRADITIONNELLE • BISTRO Une maison de ville aux volets bleus au pied de l'église, une cave de plus de 1000 références, une cheffe, véritable enfant de la balle et un tour de main indéniable en cuisine pour aligner classiques (œufs en meurette, jambon persillé...), des plats au goût du jour (gravlax de saumon), et des spécialités comme le pigeon rôti et les ris de veau. Mon tout se déguste dans un décor de bistrot de bonne facture où le sourire est de mise et les conseils sur les vins judicieux.

🕮 ♿ 🍴 – Prix : €€

1 cours du Wauxhall – ☏ *06 81 51 95 71 – www.cave-et-cuisine.eatbu. com/?lang=fr – Fermé lundi, mardi, mercredi midi et dimanche soir*

LES DEUX-ALPES

✉ 38860 – Isère – Carte régionale n° **21**–C3

✿ LE P'TIT POLYTE

CUISINE MODERNE • INTIME Le Chalet Mounier, c'est une histoire de famille : celle de Marie et Hippolyte Mounier, qui ouvrent cet hôtel en 1933, le premier de la station. Vient ensuite le fils Robert, dès 1971, puis aujourd'hui Alban et sa compagne Angélique, qui perpétuent l'héritage. Dans une petite salle cosy propice aux confidences, on se régale de menus dégustation pensés avec intelligence, avec une large place accordée au végétal. Le chef réalise un beau travail sur le choix des produits la présentation des plats. Belle carte des vins, assortie des suggestions pertinentes du sommelier. Décidément, ce P'tit Polyte a tout d'un grand.

🕮 ⤺ 🛏 – Prix : €€€€

2 rue de la Chapelle – ☏ *04 76 80 56 90 – www.chalet-mounier.com – Fermé lundi, dimanche et du mardi au samedi à midi*

DIEPPE

✉ 76200 – Seine-Maritime – Carte régionale n° **3**–A2

❀ **LES VOILES D'OR**

Chef : Tristan Arhan

CUISINE MODERNE • CONTEMPORAIN Fort de son expérience, Tristan Arhan tient sur la falaise du Pollet (en surplomb de Dieppe) une table sans malentendu : ici, c'est la pêche du jour qui fait la loi pour ce chef passionné par les produits de la mer. La fraîcheur est au rendez-vous, le produit est mis en avant avec sobriété et délicatesse : on passe un excellent moment. Quant au décor, sobre et épuré, il est en phase avec le travail du chef. Service courtois assuré par la femme du chef. Nos voisins britanniques fréquentent beaucoup cette table qui a fait l'objet d'un reportage télévisé outre-manche. À noter : quelques chambres originales, et une petite terrasse quand le soleil s'invite à table.

க்.ன் – Prix : €€€

2 chemin de la Falaise, à Neuville-lès-Dieppe – 𝒞 *02 35 84 16 84 –*
www.lesvoilesdor.fr – Fermé lundi et mardi, et dimanche soir

☺ **BISTROT DU POLLET**

POISSONS ET FRUITS DE MER • BISTRO Qu'on se le dise : dans ce bistrot, c'est la mer qui décide, et les plats dépendent directement des arrivages de la pêche locale. La qualité et la fraîcheur sont au rendez-vous, et quelle générosité dans les préparations !

Prix : €€

23 rue Tête-de-Bœuf – 𝒞 *02 35 84 68 57 – Fermé lundi et dimanche*

COMPTOIR À HUÎTRES

POISSONS ET FRUITS DE MER • BRASSERIE Loin de l'agitation du front de mer, le long des quais, ce comptoir a des allures de brasserie parisienne bien dans son jus. Après que l'on vous a présenté la pêche du jour, sans chichi, vient l'heure du choix. Quel poisson ? Entier, coupé ? À la plancha ? À moins que vous ne préfériez la carte des huîtres... Que de fraîcheur !

Prix : €€

12 cours de Dakar – 𝒞 *02 35 84 19 37 – Fermé lundi et dimanche*

DIGOIN

✉ 71160 – Saône-et-Loire – Carte régionale n° **17**–B2

AUBERGE DE VIGNY

CUISINE MODERNE • CHAMPÊTRE Dans cette ancienne salle de classe décorée avec soin, on sert une cuisine qui joue habilement de la tradition et du passage des saisons. La carte est changée régulièrement ; la jolie terrasse donne sur le jardin et le potager... pour une douce étape champêtre.

கடி க்.ன் ☐ – Prix : €€

Lieu-dit Vigny – 𝒞 *03 85 81 10 13 – www.aubergedevigny.fr/www/site.php –*
Fermé lundi et mardi, et dimanche soir

TRIER, RECYCLER, VALORISER

Depuis quelques années, de nombreuses sociétés détonnent par leur capacité à redonner une seconde vie à des produits que l'on pensait impossibles à recycler. Petit tour d'horizon de ces initiatives positives pour l'environnement.

UNE CUISINE ENGAGÉE

La réduction des déchets alimentaires est un véritable enjeu et chacun s'y emploie chez soi ou en restauration par la mise en place d'actions concrètes bien connues : tri, recyclage ou compost. Mais il est des produits, alimentaires (ou non), pour lesquels le réflexe naturel de chacun est de les jeter à la poubelle. Or, certains de ces déchets font l'objet d'un recyclage particulier qui permet de donner naissance à un nouveau matériau, dont personne ne pourrait soupçonner qu'il a été fabriqué à partir des poubelles d'un restaurant.

Les coquilles d'huîtres

Concasser les coquilles d'huîtres et les déposer dans le potager pour leur apport en minéraux et pour faire fuir les limaces est une réutilisation déjà classique. Les mettre dans les pots des plantes en lieu et place des billes d'argile est une autre solution, mais d'autres innovations ont vu le jour. L'une d'elles consiste à les confier à une société de collecte spécialisée en nutrition animale. Broyées, réduites en poudre, les coquilles d'huîtres sont ajoutées notamment dans l'alimentation des poules pour leur apport en calcium. Plus étonnant encore, elles servent à fabriquer la mousse des combinaisons des véliplanchistes et surfeurs. Enfin, mélangées à des coquilles de saint-jacques et de moules, elles entrent dans la composition des matériaux pour la production de montures de lunettes, en lieu et place du plastique.

Les coquilles de moules

Chaque année, les médias qui couvrent la célèbre Braderie de Lille montrent des tas de coquilles de moules consommées par les visiteurs. Depuis 2018, la ville a souhaité recycler ces coquilles et une société locale, Wasterial, a trouvé une solution. Nettoyées, broyées puis liées à du calcaire, les 4 tonnes de coquilles ont donné naissance à 400 m² de carrelage. Mais ce n'est pas la seule innovation. Des sociétés ont ainsi mis au point un matériau permettant de développer une

■ Isolant efficace, un destin inattendu pour le mégot de cigarette

gamme de vaisselle, quand d'autres s'en servent pour la production de cosmétiques.

■ La coquille d'huitre protège désormais les surfeurs via des combinaisons innovantes

L'huile de cuisson

La collecte des huiles usagées alimentaires est encadrée par la loi et les restaurateurs ont à leur disposition une filière de collecte parfaitement rôdée. Récupérées dans des fûts ou des dans des cuves plastiques, ces huiles et les matières graisseuses sont traitées afin d'enlever les impuretés et l'eau avant d'être valorisées en biocarburant.

Le marc de café

Riche en éléments nutritifs, le marc de café peut être dispersé dans un jardin où il participera à rendre la terre plus fertile. Mais selon les volumes, il peut aussi être collecté, en vrac ou en capsules pour devenir tout ou partie de granulés de chauffage, de biocarburant, d'engrais et de fertilisant écologiques. Les professionnels les plus demandeurs de marc de café sont les producteurs de pleurotes, dont les cultures s'en nourrissent avantageusement.

Les bouchons de liège

Le public est incité à rapporter ses bouchons de liège - ils ne sont pas compostables - chez le caviste, qui généralement possède un bac de récupération. Il en est de même pour les restaurateurs mais il reste beaucoup à faire. On estimait en 2020 que 60 millions de bouchons de liège avaient été recyclés soit seulement 2 % du nombre de bouteilles ouvertes. Or le liège est réutilisable pour la fabrication d'isolants ou de semelles de chaussures. Il entre également dans la composition de certains meubles et d'accessoires de décoration.

Les mégots de cigarettes

Jeté au sol devant le restaurant ou déposé dans les cendriers, le mégot est un déchet extrêmement dangereux pour l'écosystème - il peut mettre 12 ans pour se décomposer -, compte-tenu de ses composés toxiques. Or le mégot se recycle à 100 % et de nombreuses sociétés interviennent sur ce marché pour les récupérer. Une fois collectés, les mégots sont dépollués sans eau ni produit chimique puis recyclés en isolant pour le bâtiment ou le textile, en combustible pour produire de l'énergie ou en mobilier urbain.

Recycler, c'est adopter de nouveaux gestes au quotidien, mais c'est aussi découvrir avec satisfaction que son "petit geste" a été suivi d'effet en donnant une seconde vie à une ressource. ■

CHRISTOPHE DUFOSSÉ
ÉTOILE VERTE 🍀

Château de Beaulieu à Busnes

Mieux vaut tard que jamais. Tel pourrait être l'adage de Christophe Dufossé, qui a profité de son installation à Busnes en 2021 pour mettre en application ses pensées et convictions écologiques.

UNE CUISINE ENGAGÉE

■ Couteau Côte d'Opale, émulsion à la bière des Hauts-de-France, girolles en pickles, échalotes de Busnes confites

Pourquoi avoir attendu si longtemps avant de dévoiler votre engagement écoresponsable ?

Jusque-là, j'avais le contenu mais pas le contenant. Au cours de mes expériences passées, je n'étais pas forcément libre de mes mouvements ou les lieux ne s'y prêtaient pas. J'ai cependant été marqué par mon passage au domaine du Ronceray en Bourgogne. Il y avait autour du restaurant des champs et une quinzaine d'hectares de vergers. Je pouvais m'en servir pour réaliser des confitures maison. Ces moments - j'étais beaucoup plus jeune - m'ont marqué et je m'étais dit qu'un jour, je trouverai un écrin qui puisse me permettre de faire du 100 % maison. Aujourd'hui, c'est chose faite sur ma terre natale.

Avec Delphine, votre épouse, vous avez rédigé le *Livre blanc pour un avenir durable* disponible sur votre site. Était-ce la première pierre de l'édifice ?

Totalement, nous ne voulions pas nous installer à Busnes et créer cet écosystème au fil des semaines et des mois. Évidemment, tout n'était pas prêt le jour de l'ouverture parce qu'il faut laisser le temps à la nature de faire son œuvre mais la première année, nous y avons travaillé tous les jours. La seconde année, cela représentait 50 % de notre temps libre mais nous avons su déléguer et aujourd'hui ce sont 4 personnes qui travaillent sur les 4 ha de terres agricoles qui entourent l'hôtel et le restaurant.

L'objectif est-il d'être autonome en production ?

Il n'y a pas un mais des objectifs. Le premier, c'est de rattraper à titre personnel le temps perdu. J'avais des convictions, je les ai enfouies. Je souhaite être un acteur majeur de le restauration durable, que mon engagement donne envie à des confrères de venir voir, passer du temps avec eux pour leur expliquer. J'ai connu des périodes où je faisais venir des produits de l'autre bout du monde pour créer des recettes qui étaient dans leur époque.
Aujourd'hui, ce n'est plus envisageable. On doit tous remettre l'église au milieu du village, redevenir raisonnable en s'appuyant sur ce que l'on a autour de chez soi. Ma carte tend vers 100 % de produits des Hauts-de-France, à commencer par ce qui est produit sur le domaine mais aussi dans la région, comme l'agneau du Boulonnais, le black angus de Busnes, la poularde de Licques et la criée de Boulogne. Il reste encore quelques produits qui ne sont pas locaux mais ils sont désormais en minorité.

Est-ce que votre recrutement privilégie des hommes et des femmes proches de vos convictions ?

Nous nous sommes posés la question. Devons-vous recruter sur la base d'un beau parcours mais passer du temps à expliquer notre livre blanc ou devons-nous embaucher des personnes déjà engagées sur le plan écologique ? C'est la seconde solution que nous avons privilégiée car ils s'impliquent plus vite dans le projet. Leur sensibilité permet un gain de temps et puis ils s'enrichissent culturellement entre eux et au contact des 4 personnes qui cultivent sur le domaine. Ce sont des professionnels à qui il n'est pas nécessaire d'expliquer, le tri, la gestion des déchets, le compost. Ils savent tout cela.

Vos plats transpirent ces Hauts-de-France mais est-ce que la clientèle y est sensible, et comprend-elle votre engagement ?

Comme moi, une partie de mes clients a connu cette époque d'une cuisine mondialiste. Comme moi, ils s'en sont lassés. Quand je passe en salle, ils me disent que j'ai eu raison de revenir à l'essentiel. C'est le plus beau compliment. ■

UNE CUISINE ENGAGÉE

DAVID DEGOURSY ET JEANNE SATORI
ÉTOILE VERTE ❀

Restaurant De:ja à Strasbourg

Depuis leur rencontre au cours de leurs études, Jeanne et David ne se sont jamais quittés jusqu'à décider de changer de vie pour s'investir dans la restauration à condition qu'elle soit durable, responsable et respectueuse.

UNE CUISINE ENGAGÉE

Au point de vouloir en faire votre métier ?

Exactement. Mais ce changement, ce sont aussi des hasards, des rencontres qui vous font vous poser beaucoup de questions. Nous avons travaillé ensemble à l'Auberge au Bœuf à Sessenheim dans laquelle nous avons évolué sur tous les postes. Le chef, Yannick Germain, fait partie de ceux qui nous ont aidé à prendre conscience que nous voulions évoluer dans ce milieu.

Vous avez suivi des études supérieures, l'un en écologie et l'autre en lettres modernes. À quel moment et pourquoi avez-vous pensé à la restauration ?

Quand vous êtes étudiants, généralement vous ne roulez pas sur l'or et la cuisine du quotidien n'est pas votre priorité. Pour nous, c'était un peu différent. Nous avions un regard sur l'agriculture, la production, sur ce que nous mangions. On a eu des coups de cœur pour des producteurs et pour leurs valeurs humaines. On cuisinait leurs produits et puis comme tout bon étudiant, on cherchait aussi des petits boulots et c'est comme ça que l'on s'est retrouvé à travailler dans des restaurants. On y a pris goût en passant de la plonge à la cuisine.

Quand vous ouvrez De:ja en octobre 2021 alors que vous n'avez pas 25 ans, votre positionnement sur une cuisine écologique est immédiat ?

Au-delà de la cuisine, notre comportement au quotidien était déjà représentatif de ce que nous sommes, à savoir un couple soucieux de l'environnement, très proche de la nature.

Comment cela se traduit-il au restaurant aujourd'hui ?

Il n'y a pas de plastique en cuisine, pas de film alimentaire, on ne fait pas sous-vide, on ne congèle rien. La carte des vins est axée sur les vins naturels. On refuse d'acheter des boissons industrielles donc on produit nos propres sirops, nos infusions, nos kombucha, On ne travaille pas avec les grossistes mais en direct avec les producteurs pour une meilleure rémunération de leur travail. Nous sommes aussi des adeptes de la cueillette sauvage. Ça peut paraître jusqu'au-boutiste mais ce n'est en aucun cas un doux rêve de néo-urbains que nous ne sommes d'ailleurs pas. Nous sommes des enfants de cette terre alsacienne et nous avons à cœur de la préserver et de proposer une cuisine du vivant comme elle est aujourd'hui décrite.

Quelle a été votre réaction lorsque vous avez obtenu cette Étoile verte ?

On a pensé à ces chefs qui nous inspirent pour et par leur engagement comme Bruno Verjus à Paris, Loïc Villemin à Faulquemont, Jérôme Jaegle à Kaysersberg et bien d'autres. Mais nous avons aussi beaucoup pensé à nos producteurs. Ils sont une vingtaine et cette Étoile verte, c'est un peu la leur parce que sans eux, sans leur mode de production responsable, sans leurs convictions, sans leur écoute, nous ne pourrions pas cuisiner.

Vous ne servez que seize couverts, quel est le type de clients qui pousse la porte de votre restaurant ?

En deux ans, nous avons croisé tous les profils. Il y a ceux qui connaissent nos engagements et ceux qui n'en savent rien. Nous pensons qu'ils viennent pour un tout, le cadre, la médiatisation faite autour de notre histoire et pas forcément systématiquement pour nos engagements écologiques et notre attachement aux valeurs humaines. Il y a des clients qui ont notre âge et qui viennent d'Allemagne et puis il y a des voisins de plus de 65 ans. Qu'ils viennent une première fois, c'est du plaisir, mais qu'ils reviennent, c'est une vraie récompense. ■

BENOIT WITZ
ÉTOILE VERTE ❀

Restaurant Jardin Secret à Cotignac

Du haut de ses 56 printemps, Benoit Witz a beaucoup de choses à transmettre sur la cuisine durable et responsable à sa brigade plus jeune que lui. Il n'est cependant pas inquiet car cette nouvelle génération est informée et consciente des problèmes notamment de ressources.

À quel moment dans votre carrière, avez-vous pris conscience de la fragilité de nos ressources ?

La première phase est celle de mon enfance et de mon adolescence. Je suis originaire d'un petit village en Alsace. Nous vivions dans une ferme où tout était précieux. Il n'y avait pas de gaspillage et tout ce que nous produisions, nous le mangions, à commencer par les légumes du potager, les fruits du verger et le raisin de la vigne pour produire notre propre vin. On faisait aussi notre pain dans un four à bois, nous fumions notre charcuterie. Nous vivions un peu en autarcie mais quelques décennies plus tard, je me rends compte que cette éducation reste ancrée. Ensuite, dans le cadre de ma vie professionnelle, je dois reconnaître que nous avons tous été un peu dans l'excès mais c'est aussi parce que nous n'étions pas sensibilisés à ce qui allait se produire. D'ailleurs, personne n'en savait rien. Et depuis mon arrivée dans le sud, il y a une vingtaine d'années, dans les différents établissements d'Alain Ducasse, il y avait cette forte propension à adopter de nouvelles façons de travailler.

Quelles sont les actions concrètes que vous avez mises en place depuis votre arrivée à Cotignac ?

Nous poursuivons nos efforts pour développer nos cultures. Nous avons pour le moment un champ d'oliviers et un potager, essentiellement pour les plantes aromatiques, quelques légumes de saison et des variétés de tomates anciennes. Mais à moyen terme, nous devrions pouvoir nous appuyer sur deux nouveaux terrains à cultiver. Nous sommes cependant contraints par une vraie problématique qui est le manque d'eau. Les restrictions sur

GASTRONOMIE DURABLE

■ Le homard selon Benoît Witz

la commune sont importantes et légitimes. Il faut donc des cultures pas trop gourmandes en eau.

Comment gérez-vous cette problématique de l'eau ?

Ça peut paraître dérisoire mais avant, la vaisselle était faite dans un évier et l'eau s'écoulait dans les canalisations. Aujourd'hui, c'est dans un bac que nous lavons. Ainsi l'eau est récupérée et elle sert à arroser les arbres, les arbustes et les plantes de la propriété.

L'eau n'est pas votre seul cheval de bataille, vous militez aussi pour les circuits courts ?

En arrivant, je me suis rapproché de l'association Agribiovar qui regroupe 220 producteurs. J'ai fait du sourcing auprès de tous ses agriculteurs puis j'ai choisi les produits qui correspondaient à ma cuisine. Le point fort c'est que je n'ai pas autant de livraisons que de fournisseurs. Il y a un système de tournée de ramassage qui est mis en place et il n'y a donc qu'un seul véhicule sur la route et dans un périmètre assez restreint autour du restaurant.

Vous êtes aussi un "restaurateur engagé", qu'est-ce que cela signifie ?

Je milite pour limiter le plastique en optant pour des caisses lavables et réutilisables pour les livraisons. Je forme mes équipes à tendre vers le zéro déchet en veillant toujours à ce que chacun utilise un produit de A à Z. Je fais en sorte de bien quantifier les assiettes de façon à éviter des déchets et quand c'est possible, je promeus le doggy bag. Et quand ce n'est pas possible, tout est récupéré pour nourrir nos animaux.

Il semble que le doggy bag ne soit pas encore ancré dans les habitudes des Français.

C'est vrai mais ça progresse. Parmi nos clients, nous avons 30 % d'étrangers qui vivent à Cotignac et aux alentours. Ils sont majoritairement Irlandais ou Anglais. Leur mentalité n'est pas la même et ils n'hésitent pas à demander à emporter chez eux un plat ou un dessert qu'ils n'ont pas fini. Les Français sont plus timides sur ce sujet mais quand je discute avec eux, ils finissent par accepter le principe. ■

463

LIMITER LE GASPILLAGE ALIMENTAIRE

Le gaspillage alimentaire est l'affaire de tous : le grand public, la restauration collective, la restauration commerciale et les artisans des métiers de bouche. Si la prise de conscience est réelle à tous les niveaux et toutes générations confondues, il reste encore beaucoup à faire.

Les chiffres sont éloquents : selon le Ministère de la transition écologique, les pertes et gaspillages alimentaires représentent en France 10 millions de tonnes de produits par an. Une gabegie qui représente un prélèvement inutile de ressources naturelles telles que les terres cultivables et l'eau, qui occasionne des émissions évitables de gaz à effet de serre et un traitement coûteux des déchets.

Le gaspillage alimentaire n'est pas uniquement celui du consommateur final. Toutes les étapes de la chaîne alimentaire sont concernées. Ainsi, l'Ademe (Agence de la transition écologique) indique que les pertes se répartissent pour 32 % du volume en phase de production, 21 % lors de la transformation, 14 % en circuit de distribution et 33 % à la consommation. Pour cette dernière phase, cela représente 30 kg par personne et par an dont 7 de déchets alimentaires non consommés et encore emballés.

Les chefs donnent l'exemple

Romain Meder, chef de cuisine au Domaine de Primard (Étoile verte Michelin) sensibilise énormément ses équipes au gaspillage alimentaire, notamment en jetant un œil aux poubelles de ses collaborateurs : « En regardant ce qu'il y a dedans, je vois avec la personne s'il n'y a pas des denrées

■ Dès la cuisine, la lutte contre le gaspillage est une culture à adopter

qui auraient pu ne pas être jetées et s'il n'y avait pas quelque chose à imaginer avec ce qui est considéré à ses yeux comme un déchet alors que pour moi, c'est un élément vivant qui pouvait encore être utilisé. » Cette sensibilisation porte ses fruits comme le souligne le chef : « Vous pouvez être certain qu'au service suivant, cette même personne va réfléchir avant de trier et jeter ses déchets. »

Certains de ses confrères ont opté pour la nomination au sein de la brigade d'un référent qui part d'une base annuelle de déchets alimentaires jetés et sensibilise tout au long de l'année le reste des équipes pour que le chiffre de l'année suivante soit inférieur. Une émulation qui porte ses fruits.

Une loi et des applications

Pour certains professionnels, réduire le tonnage de déchets est difficile. En revanche, ne plus jeter est possible grâce à certaines applications qui mettent en relation les restaurateurs avec le public, pour que ce dernier récupère des aliments bruts encore frais et consommables, mais pas suffisamment présentables pour

De multiples applications organisent la récupération alimentaire

être dressés dans une assiette. Sans passer par une application, les restaurateurs peuvent aussi se rapprocher d'associations locales qui récupèrent des aliments avant de les redistribuer à des personnes dans le besoin.

Enfin, si tous les plats ne s'y prêtent pas, une loi mise en place depuis le 1er juillet 2021 oblige les restaurateurs à proposer

Emporter ce que l'on n'a pas consommé, un réflexe encouragé par la loi

des contenants réutilisables ou recyclables pour que les clients puissent emporter chez eux les restes de leur repas. Si la pratique, pour des raisons culturelles, n'est pas encore inscrite dans les habitudes des Français – elle l'est davantage pour la bouteille de vin entamée –, elle doit évoluer au regard des kilos de déchets jetés chaque année.

Des gestes et habitudes du quotidien à réorienter

Réduire le gaspillage alimentaire passe aussi par de nouvelles pratiques, pour certaines déjà bien ancrées chez les chefs de cuisine, comme l'installation d'un compost qui fertilisera le potager du restaurant ou les jardins des maraîchers et des voisins.
Les lacto-fermentations sont aussi en vogue. Le principe consiste, pour des légumes, des fruits ou des herbes flétris ou abîmés, et même certains produits laitiers ou charcuteries, de les faire fermenter pour les conserver plus longtemps en bocaux, en jarre ou en sachet sous vide. Enfin, parce que la cuisine se végétalise de plus en plus, les fanes, les épluchures, les tiges des fruits ou des légumes, si elles ne partent pas au compost, peuvent avoir une seconde vie à travers la réalisation d'un bouillon, de chips, de soupes, d'huiles parfumées ou de condiments.

Chacun peut, à son propre niveau, contribuer à faire baisser la quantité totale de déchets en les donnant ou en les réutilisant. L'essentiel étant que le chiffre baisse d'une année sur l'autre et participe à une diminution générale. ■

FLORIAN DESCOURS
ÉTOILE VERTE 🍀

Restaurant La Boria à Veyras

Enfant du pays avec des racines paysannes revendiquées, Florian Descours a misé, par conviction, sur une cuisine locavore mais qui ne s'inscrit pas forcément dans le registre ardéchois.

UNE CUISINE ENGAGÉE

Quelle a été votre réaction à l'obtention de l'Étoile verte ?

En réalité, c'est une double récompense pour notre établissement qui a ouvert à Veyras en février 2022 car nous faisons notre entrée dans le guide 2023 et en plus avec une Étoile verte. Je suis ravi de cette distinction car elle est l'aboutissement d'un projet naturellement pensé pour défendre notre territoire, notre terroir et les producteurs qui y travaillent.

En quoi votre projet s'inscrivait dans une démarche écoresponsable ?

Après nos premières années passées à Privas, nous avons acheté une petite ferme de 80 m² au sol que nous avons retapée puis nous avons construit autour de cette ossature, une grange en bois de châtaignier local sur le modèle des anciennes fermes ardéchoises. À cette architecture, nous avons apporté de la modernité avec des panneaux solaires, qui fournissent 80 % de nos besoins, et un système de récupération de l'eau de pluie, car elle se fait rare chez nous, surtout l'été.

Et autour, la création et la mise en place d'un jardin ?

L'objectif n'est pas d'être autonome en fruits et légumes car nous avons dans le département d'excellents maraîchers avec qui je veux continuer à travailler. Mais il y avait autour de la ferme des terrains abandonnés que nous avons souhaité remettre en culture. Nous en sommes aujourd'hui à 600 m². Les brebis font un premier désherbage et notre jardinier qui est aussi paysagiste s'occupe de la mise en beauté du site. Nous avons essentiellement planté des aromatiques, quelques agrumes et des courgettes, surtout pour les fleurs que nous récoltons et farcissons aussitôt parce que c'est extrêmement fragile. De cette

■ Truite de Labatie d'Andaure et béarnaise d'aspérule odorante

façon, nous offrons une garantie de fraîcheur à nos convives.

Le jardin est enrichi avec du compost ?

Nous avons atteint notre objectif zéro déchet. Pour cela, nous avons des poules que nous nourrissons avec les restes et une partie part au compost, mais le jardinier assure un dernier tri car il y a encore des réflexes que nous n'avons pas et nous faisons remonter l'information à l'ensemble des collaborateurs pour parfaire le tout.

Est-il compliqué dans un département comme l'Ardèche de proposer une cuisine 100 % locavore ?

Ca nécessite des sacrifices et de la pédagogie auprès des clients. À titre d'exemple, il n'y a aucun produit de la mer. Pendant les premiers mois, il a fallu expliquer pourquoi mais aujourd'hui, tout le monde a intégré que nous préférions nous appuyer sur des poissons du département comme l'omble, la truite ou la carpe. Même

chose pour le foie gras. Nous en avions mais notre producteur stoppe sa production. Pour des raisons d'empreinte carbone, nous n'allons pas faire venir du foie gras d'un autre département, ça n'a aucun sens. Au final, notre cuisine est pensée en fonction des produits qui nous sont proposés à un temps T. C'est une gymnastique mais pour les équipes de salle comme pour la brigade, c'est très enrichissant et galvanisant.

Sentez-vous qu'une partie de vos clients vient pour vos engagements ?

Nous avons deux types de clients, les locaux qui apprécient notre démarche et le cadre qui leur est offert et des personnes en quête d'une cuisine engagée, qui a du sens et qui viennent de plus loin. Notre cuisine permet surtout de valoriser les producteurs du département, de démontrer que l'Ardèche ce n'est pas seulement la châtaigne mais une richesse insoupçonnée de productions animales et végétales. ∎

JAMES HENRY ET SHAUN KELLY
ÉTOILE VERTE ❀

Restaurant Le Doyenné à Saint-Vrain

Ils n'avaient pas la main verte et pourtant, ces Australiens ont fait du Doyenné – le nom d'une variété de poire -, et de son potager, un lieu abouti. Ils ne présentent dans l'assiette que ce qu'ils ont toujours rêvé de cuisiner quand ils étaient à Paris : des fruits et légumes de grande qualité cultivés sur un sol vivant.

UNE CUISINE ENGAGÉE

Vous aviez un certain succès quand vous étiez au restaurant Bones à Paris. Pourquoi avoir changé de vie, de lieu, d'envies ?

À l'époque, c'est-à-dire autour de 2015, je cherchais déjà dans Paris un autre lieu. Je voulais quelque chose de plus grand ; éventuellement un ancien bâtiment industriel à retaper, avec une terrasse... Mais il y avait finalement peu de choses et quand cela se présentait, c'était souvent hors de prix. Sophie, une amie, m'a fait visiter ce lieu. C'était en ruines. Rien n'avait bougé depuis plus de 50 ans.

Par quoi avez-vous commencé ?

Shaun et moi étions toujours dans cette quête de trouver d'excellents produits. Cet immense potager était une bénédiction mais il fallait tout reprendre à zéro. J'ai donc commencé par le potager fin 2017. J'y venais quand j'avais du temps en semaine ou le week-end mais je n'avais aucune connaissance en agriculture. Les premières récoltes de légumes remontent au début 2019. Je les vendais à des chefs à Paris, respectueux des saisons, désireux de travailler des produits locaux, bio, produits sur un sol vivant. En parallèle, pour

■ Shaun au potager, James en cuisine

la partie restaurant, les travaux commençaient dans les anciennes écuries du domaine, avec certaines contraintes car le site est classé. Et ce n'est qu'en juillet 2022 que nous avons inauguré l'ensemble.

Combien de variétés avez-vous planté, et êtes-vous autosuffisant ?

Entre le potager et le verger, c'est très compliqué mais sur les 3 ha, il y a déjà 120 arbres fruitiers auxquels il faut ajouter tous les petits fruits rouges. Pour la partie légumes, il y a sans doute 300 variétés différentes. Pour l'autosuffisance, cela dépend de la saison. De mai à octobre, nous avons tout ce qu'il nous faut et le surplus est vendu à la boutique. L'hiver, c'est un peu plus difficile mais tout ce qu'il y a dans l'assiette provient du potager. Il y a juste moins de diversité.

En plus du potager, vous avez désormais un élevage de cochons.

Nous en avons une trentaine. Ils sont tous élevés en plein air dans les bois voisins où ils se nourrissent de châtaignes, de noisettes mais surtout, ils profitent des quelques déchets du restaurant. Nous avons des *kunekune*, c'est une race de Nouvelle-Zélande, des noirs de Bigorre et une race anglaise que nous avons trouvée à Bordeaux. Cela nous permet de produire notre propre charcuterie et notre viande.

Comment vous êtes-vous répartis les rôles ?

Je suis en cuisine et Shaun est dans le potager. Il est chef de cuisine comme moi, nous avons travaillé ensemble au restaurant Au Passage à Paris mais il a eu envie de changer. J'ai globalement fait tous les premiers travaux d'agriculture, mais une fois le restaurant ouvert, il a souhaité se rapprocher de la terre. C'est lui gère le sol et les cultures avec, selon les périodes, entre 2 et 4 saisonniers.

On imagine aisément que le lieu, la cuisine, attirent des équipes engagées...

Tous ceux qui travaillent en salle ou en cuisine sont effectivement très engagés au plan environnemental et sur la volonté de cuisiner des produits du potager, mais aussi des produits de très grande qualité comme l'agneau, les saint-jacques, les rougets, les huîtres que nous sourçons scrupuleusement puisque 95 % des produits viennent de France. Il n'y a que le café et le chocolat qui ne sont pas de l'Hexagone. Et comme leur engagement est fort, je n'ai pas besoin de passer trop de temps à leur expliquer comment gérer les déchets ou le compost. ■

ROMAIN MEDER
ÉTOILE VERTE ✿

Domaine de Primard à Guainville

« le bonheur, c'est quand vos actes sont en accord avec vos paroles ». Si Romain Meder cite Gandhi, c'est pour affirmer que le cap fixé quand il officiait au Plaza Athénée, autour de la naturalité voulue par Alain Ducasse, est toujours d'actualité : valoriser des produits soigneusement sélectionnés, dans une cuisine essentiellement végétale.

Vous aviez déjà obtenu une Étoile verte au Plaza Athénée. Celle octroyée au Domaine de Primard a-t-elle une saveur particulière ?

Je ne crois pas. Elle souligne mes convictions, mes engagements qui n'ont pas bougé. Je reste un fidèle défenseur de mes producteurs, je continue à être à leurs côtés. Celles et ceux qui m'accompagnaient au Plaza Athénée sont toujours là aujourd'hui et d'autres sont venus se greffer. La seule différence c'est que j'ai en plus à ma disposition, un potager, un verger et cette nature environnante qui décuple votre envie de la valoriser.

Est-il difficile de développer un réseau local d'artisans et de producteurs ?

Il faut un peu de temps mais Guainville est à la croisée de trois départements, l'Eure-et-Loir, les Yvelines et l'Eure, et au carrefour de trois régions, l'Ile-de-France, la Normandie et le Centre. La richesse de ces patrimoines agricoles m'a permis de rapidement dénicher de nouveaux producteurs, en plus de ceux que j'ai conservés du Plaza. J'ai trouvé des farines, des œufs, des graines de courge, des volailles et des légumes de qualité.

Le lien est-il toujours compliqué à créer ?

Oui parce que les producteurs ont la tête dans le guidon et n'osent pas aller à la rencontre des chefs. Quand je les croise sur les marchés, ils ne sont pas timides avec leurs clients, mais dès qu'il s'agit d'un chef, ils ont le sentiment que leur produit ne sera pas à la hauteur !

Comment faire en sorte que ces liens soient plus naturels entre chefs et producteurs ?

Le premier point est d'être fidèle à un producteur. Le référencer pour ne travailler que six mois avec lui, puis choisir un concurrent pour quelques euros d'économies n'a aucun sens. Un producteur a besoin d'être rassuré, d'être écouté surtout dans un contexte économique compliqué où trop d'exploitations ferment. Un producteur en confiance va parler de vous à ses confrères et vous donner l'opportunité de rencontrer de nouvelles personnes qui ont des trésors à vous proposer. Et puis les chefs doivent se parler entre eux, s'échanger les bonnes adresses. C'est vital sur le plan économique.

Gland, pleurotte et livèche

plus en plus inquiets de ce qu'ils mangent. Ils sont évidemment curieux de la provenance mais surtout attachés à comprendre le mode de production et son respect environnemental. Et en cela, l'Étoile verte, dont la notoriété est grandissante, est importante à leurs yeux. Nous la valorisons au cœur de l'établissement car on ressent qu'elle rassure et valide notre démarche.

Est-ce que le bio est un sujet sur lequel ils vous interpellent ?

J'ai le sentiment qu'ils se demandent s'il n'y a pas un bio à deux vitesses : le bio de l'agroalimentaire qui pullule dans les rayons des grandes surfaces et ce même label octroyé à un producteur avec qui je travaille. Au final, ce n'est pas tant le label qui compte, ce sont les méthodes de production. Tous mes producteurs ne sont pas bio au sens label du terme parce qu'ils ne le demandent pas mais ils sont plus bio que le bio. L'expliquer aux clients est important.

Si les clients sont sensibles à votre démarche, qu'en est-il de vos équipes ?

J'ai l'obsession de transmettre aux collaborateurs cette responsabilité que nous avons de travailler des produits sains, d'éviter le gaspillage alimentaire, d'apprendre à gérer les déchets. Ceux qui postulent viennent pour ce positionnement et pour mes convictions mais ils sont déjà engagés sur un modèle écologique fort qui est que la cuisine doit faire du bien pour la santé de chacun et pour l'environnement. ∎

Votre clientèle est-elle sensible à ce "sourcing" ?

Ce n'est pas forcément le sourcing qu'ils recherchent mais la qualité et le sens écologique donné à la cuisine. Je constate au fil des années que les clients sont de

PLUS DE BIO DANS LES RESTAURANTS, ET PLUS DE RESTAURANTS BIO

Le constat est implacable : en France, les restaurants ne proposent que 1 % de bio à leur carte. Or les agriculteurs engagés dans cette production vertueuse ont besoin de toutes les bonnes volontés pour leur garantir des débouchés, dans un contexte de fragilisation de la filière.

Si les Français mangent du bio chez eux (6 % de leurs courses alimentaires) et à la cantine, avec la loi EGalim qui fixe un objectif à 20 % de bio, la restauration commerciale se doit de soutenir une filière et de promouvoir des bonnes pratiques agricoles en répondant aux attentes des convives.

Le bio malmené

En 2022, l'agriculture biologique représentait 10,7 % des surfaces agricoles contre 10,44 % en 2021 et 70 % du bio consommé dans l'Hexagone est produit en France avec des filières comme le lait, les œufs, le vin, la viande, les légumes et la boulangerie-pâtisserie qui sont autosuffisants à 80 %. Malgré ces chiffres encourageants, la part du bio dans les courses des Français baisse, passant de 6,4 % en 2021 à 6 % en 2022. Si l'inflation peut expliquer ce léger fléchissement, elle n'est pas la seule responsable. Là où le bât blesse aujourd'hui, c'est dans la visibilité du bio. L'offre est présente mais la demande manque dans un pays où des dizaines de milliers de points de vente potentiels peuvent et doivent ouvrir leurs portes pour soutenir la filière. Les 170 000 restaurants français ont un rôle à jouer d'autant que le baromètre 2023 des produits biologiques indique que 68 % des Français souhaitent des produits bio au restaurant.

Une campagne de sensibilisation

De 2023 à 2025, une campagne de communication intitulée *Cuisinons Plus Bio*, cofinancée par l'Europe, visera à convaincre les professionnels de la restauration de l'opportunité du marché bio, de les inciter à s'engager dans ce mouvement de fond pour la transition alimentaire et à les accompagner tout au long de leur démarche. Cette campagne s'inscrit dans une action plus large, qui vise trois objectifs : sensibiliser les professionnels aux spécificités et aux valeurs de l'agriculture biologique européenne ; agir sur la formation des professionnels notamment auprès des élèves et futurs cuisiniers ; mieux informer les consommateurs des initiatives menées par les professionnels.

Des restaurants certifiés bio

L'information est assez méconnue mais depuis le 1er janvier 2020, les restaurants à caractère commercial peuvent être certifiés "bio" sur la base des quantités de produits achetées. Cette certification se décline en trois catégories selon le pourcentage de produits bio achetés en valeur : de 50 à 75 %, de 75 à 95 % et au-delà de 95 %. Cette certification existait en réalité depuis 2012 mais le cahier des charges encadrait les établissements qui utilisaient une ou plusieurs denrées alimentaires ou ingrédients bio et certifiait un plat ou un menu bio. Depuis 2020, dès lors qu'un restaurant consacre 50 % du montant de ses achats à des ingrédients biologiques, il peut demander à être certifié, au même titre qu'un producteur ou un transformateur, et apposer le logo AB sur sa devanture, sa carte, son site internet, etc. Cela signifie aussi qu'il peut être inspecté par un organisme de contrôle afin de vérifier son respect du cahier des charges.

Les trois labels délivrés par l'INAO

Des conditions assouplies, une communication ciblée : gageons que ces actions pour valoriser le bio dans la restauration porteront leurs fruits. Le travail sera sans doute long, mais l'espoir est de mise au regard de ce que le secteur a déjà réussi, notamment sur les cartes des vins. En effet, les sommeliers sont déjà nombreux qui apposent le logo AB ou la dénomination bio en face des cuvées proposées. Côté liquide, l'étape de la sensibilisation est passée, il est temps désormais de d'en faire autant pour le solide ! ■

CYBÈLE IDELOT
ÉTOILE VERTE ❀

Restaurant Ruche à Gambais

Connue à Boulogne-Billancourt pour son restaurant La Table de Cybèle, la cheffe s'est retrouvée un peu par hasard à Gambais où elle séduit une clientèle en quête de nature et de sens.

UNE CUISINE ENGAGÉE

Vous aviez déjà un restaurant, comment vous êtes-vous retrouvée à en diriger un second ?

Quand j'ai ouvert en 2013 à Boulogne-Billancourt, j'avais déjà envie d'avoir un jardin pour cultiver mes propres légumes et plantes aromatiques. J'ai même demandé à la copropriété si je ne pouvais pas utiliser le toit de l'immeuble. Comme ça n'avançait pas, je me suis mise en quête d'un lopin de terre pas trop loin de Boulogne. Puis avec Franck, mon mari, on s'est dit que c'était mieux de chercher un vrai terrain. À Gambais, en août 2018, on déniche une taverne des années 1850 avec de la surface autour. Et voilà comment le projet s'est mué en potager, restaurant et chambres d'hôtes que nous avons ouvert en octobre 2019.

Pour autant, vous ne délaissez pas Boulogne ?

J'y suis le mardi et le mercredi. Le jeudi matin, je prends la direction de Gambais pour les services du jeudi soir au dimanche midi.

■ Betterave à la braise, émulsion de miso de noisettes fraîches, escabèche de betteraves, golden, huile de sapin

■ Patate douce grillée, dashi végétal, girolles, gremolata de salicornes et citron confit, graines de tournesol

Votre cuisine à Gambais s'articule autour de ce que le potager vous offre ?

Je pense mes plats effectivement en fonction de ce qu'il y a dans le potager. Je suis donc totalement autonome et tout ce qu'il y a en trop part au restaurant de Boulogne. Cela nécessite un peu d'anticipation mais je peux compter sur mon jardinier pour me faire la liste de ce qui est bon à cuisiner dans les prochains jours et ce quelle que soit la saison.

Quelle est la taille du potager et sur combien de variétés pouvez-vous compter ?

En octobre 2018, nous avions 1000 m². Aujourd'hui, c'est le double et tout en permaculture. Nous avons également planté des arbres fruitiers. Au total, nous faisons pousser environ une trentaine de légumes, en

■ Asperges blanches, gravlax de mulet à la flamme, crème d'épluchures d'asperge blanche lacto-fermentée

plusieurs variétés : une dizaine pour les courges, quatre pour les betteraves, des choux, des pommes de terre, des patates douces, des navets. Et puis nous faisons des essais mais tout ne fonctionne pas car le lieu-dit s'appelle Les Pideaux ce qui se traduit par "pieds dans l'eau". Il y a donc des variétés qui n'apprécient pas le terrain un peu lourd comme les cacahuètes ou le pois chiche qui, pour le moment, est loin du rendement escompté.

C'est ce que l'on appelle un sol vivant ?

Toute notre production est en bio sur un sol que nous enrichissons uniquement avec le fumier des centres équestres voisins. Parallèlement, on élague les arbres et on produit notre propre BRF (bois réal fragmenté) qui participe à la régénération des sols.

Les clients sont-ils conscients de votre engagement écoresponsable ?

Ils savent que nous sommes connectés à la nature. Ce projet, ce n'était pas une lubie. J'ai toujours eu cette fibre écoresponsable en moi. Ma mère avait un potager, j'y ai passé du temps, je voulais revivre ces moments. On récolte le matin, on cuisine le midi, c'est un aboutissement culinaire. C'est aussi beaucoup de travail, de réflexion mais ça donne de l'énergie et je crois que ça se ressent dans mes assiettes aux goûts inédits. En tous cas, c'est ce que me disent nos clients. Ils nous parlent d'émotion et je crois que c'est ce qui me fait le plus plaisir. ■

THOMAS ET ANNE CABROL
ÉTOILE VERTE ❁

Restaurant La Villa Pinewood à Payrin-Augmontel

Ni Thomas Cabrol ni son épouse Anne ne sont issus de la restauration. Formateur en œnologie et infirmière, ils ont changé de vie à deux reprises pour être totalement en accord avec leurs convictions et la nature.

UNE CUISINE ENGAGÉE

Avant de vous poser dans le Tarn, vous avez connu un certain succès avec un bar à vins à Toulouse. Pourquoi ce virage à 180° ?

Je réalisais des audits et je dispensais des formations dans le monde du vin après des études dans ce domaine en Bourgogne. Anne était infirmière. Nos métiers étaient très chronophages. À titre personnel, je faisais beaucoup de déplacements professionnels. Nous avons eu envie de nous poser et notre passion pour le vin nous a amené à ouvrir un bar à Toulouse.

Un lieu qui a reçu plusieurs fois le prix du meilleur bar à vins du monde. Et malgré le succès, vous avez préféré quitter Toulouse ?

Effectivement, nous avons reçu cette distinction en 2017, 2018 et 2019 mais nous avions à cœur de faire grandir nos enfants ailleurs que dans une grande ville et nous voulions retrouver notre Montagne Noire dans le Tarn, nos racines. Nous rêvions d'un endroit un peu isolé, au cœur de la nature pour recevoir quelques convives par service. C'est ainsi qu'est née l'idée de La Villa Pinewood.

Vous n'êtes ni l'un ni l'autre issus de la restauration et de la sommellerie. Comment avez-vous fait vos gammes ?

Anne a toujours été passionnée par les vins et les accords. Elle a appris et développé ce savoir qui devait être enfoui en elle. De mon côté, au bar à vins, je me suis très vite lancé dans la cuisine

■ Tomate rose de Berne infusée à l'huile de caprifiguier, pastèque à l'eau de tomate, coulis de framboise au melilot blanc

en autodidacte. Évidemment au départ, on fait des erreurs, on est rapidement sous l'eau mais on apprend à être rigoureux, à faire des mises en place parfaites pour ne plus se laisser déborder.

Soucieux de votre environnement, vous ne recevez que 12 personnes par service pour un menu unique et privilégiez les ressources locales.

C'était le cœur de notre projet. Recevoir façon table d'hôtes et valoriser notre terroir. Tous nos fournisseurs sont autour du restaurant. Le plus éloigné doit être situé à 30 km. En parallèle, je pratique la cueillette sauvage. C'est quelque chose que je connais depuis que je suis petit, les fruits, les baies, les champignons et les herbes. Pendant les travaux de la maison, j'ai tout de même suivi une formation en botanique pendant 6 mois de façon à compléter ce que je savais. Nous avons également un jardin où il n'y a pas de logique de plantation. C'est totalement anarchique. On jette les graines

dans le champ et on laisse pousser. Ça permet d'obtenir des profils aromatiques différents car les fleurs ou les herbes captent ce qui les entoure.

Quelles sont les autres actions que vous menez pour vous inscrire dans une démarche écoresponsable ?

Il y a la gestion des déchets mais au final, nous en avons assez peu car notre cuisine est végétale à 95 % mais le peu que nous générons est recyclé au poulailler et dans le compost comme pouvaient le faire nos aînés. Nous n'avons rien inventé, c'est du bon sens. Nous avons aussi demandé à nos fournisseurs de réduire les emballages. Pour ce faire, nous ne travaillons qu'avec des caissettes réutilisables. Ça aussi, ça se faisait autrefois. On livrait, on reprenait les caisses de la fois précédente et ainsi de suite. Aujourd'hui la restauration génère beaucoup trop de cartons, de plastique. Chacun peut véritablement réduire cela et les fournisseurs le comprennent bien car souvent, notamment à la campagne, c'est ancré en eux.

Comment avez-vous reçu cette Étoile verte ?

Elle a beaucoup de sens car elle s'inscrit dans notre projet de vie, dans notre vision d'une restauration vertueuse. Elle récompense nos engagements mais aussi ceux de nos producteurs et fournisseurs qui ont la même vision que nous. Cette Étoile verte, c'est aussi la leur. ■

DANS LA JUNGLE DES LABELS

Les labels ou certifications pour consommer durable s'affichent parfois sur la carte des vins ou au détour d'un intitulé de plat. Ont-ils une vraie valeur ? Peut-on faire confiance à leur cahier des charges ? Les produits labellisés sont-ils meilleurs pour la santé ou l'environnement ? Apprenons à démêler le vrai du faux.

Pour les vins, liquides et spiritueux, le label le plus connu de tous est celui du bio caractérisé par les lettres AB ou la variante en forme de feuille du drapeau européen aux 12 étoiles blanches sur fond vert. À leurs côtés, s'affichent parfois les logos Demeter (existe aussi pour des produits alimentaires et pour des cosmétiques), Biodyvin, Nature et Progrès, Vins

respectueux d'un cahier des charges complet et exigeant, qui limite notamment les techniques et les intrants, à la vigne comme à la cave. Ainsi, en intervenant le moins possible dans l'élaboration du vin, les vignerons restituent le reflet de leur terroir et de leur millésime. Les adhérents de Biodyvin – ils sont aujourd'hui plus de 200 répartis en France, en Grèce, en Allemagne,

S.A.I.N.S (sans aucun intrant ni sulfite), AVN (association des vins naturels) ou HVE pour Haute Valeur Environnementale. Pour les produits solides, outre l'AOC ou AOP, signes officiels de qualité, ou le Label rouge, apparaissent de temps à autre, la dénomination Bleu Blanc Cœur, le MSC Pêche Durable, Rainforest Alliance ou encore Fairtrade, pour ne citer qu'eux.

Les vins, liquides et spiritueux

Les amateurs de vin en biodynamie connaissent les labels Demeter et Biodyvin. Le premier regroupe un peu plus de 400 vignerons engagés en biodynamie,

en Italie, au Portugal –, cultivent également la totalité de leur domaine en biodynamie. Nature et Progrès est une association fondée en 1964 qui regroupe des producteurs et pas seulement des vignerons, mais aussi des transformateurs et des consommateurs engagés dans le bio et l'agroécologie. Ses membres prônent le respect des équilibres des écosystèmes vivants, la santé des hommes et de la terre, l'agriculture paysanne à taille humaine, l'échange et le lien social. HVE (pour Haute Valeur Environnementale) n'est pas à proprement parler un label mais une certification environnementale accordée à 36 225 exploitations agricoles dont 70 % de vignerons.

Vilipendée depuis plusieurs mois, cette certification est considérée comme trompeuse pour le consommateur, et le Conseil d'État a été saisi en début d'année 2023 concernant le décret du 18 novembre 2022, qui définissait pourtant les nouvelles exigences de la démarche portée par l'État.

Les produits alimentaires

Créée en 2000, l'association Bleu Blanc Cœur fédère 7 000 éleveurs conscient que pour bien nourrir l'Homme, il faut commencer par prendre soin des sols, des cultures, de la qualité de l'alimentation et de la santé des animaux. Sans être officiellement un label, le logo Bleu

Les denrées exotiques

Bananes, ananas, noix de coco, poivre, café, cacao, thé abordent pour certains la petite grenouille verte indiquant qu'ils sont certifiés Rainforest Alliance. Ce qui signifie que l'ingrédient a été produit en utilisant les méthodes qui soutiennent les 3 piliers de la durabilité : social, économique et environnemental. Dans les faits, cela souligne que des actions sont menées pour améliorer le niveau de vie des producteurs et de leurs familles, empêcher la déforestation, protéger la biodiversité et le droit des travailleurs et des enfants. Enfin, Fairtrade, connu aussi sous le

Blanc Cœur est présent sur des produits laitiers, de la charcuterie, des œufs et de la viande et c'est pour cette dernière catégorie qu'il est parfois affiché sur la carte des restaurants. MSC Pêche Durable garantit que le poisson a été pêché d'une manière responsable en laissant suffisamment de poisson dans l'océan, en respectant l'environnement marin et en permettent aux pêcheurs de continuer à exercer leur métier. Rassurant sur le papier, ce label est régulièrement attaqué, depuis une étude scientifique de 2020 affirmant qu'il certifierait à 80 % des pêcheries industrielles irrespectueuses des océans et des écosystèmes. Dont acte.

nom de Fairtrade/Max Havelaar, est un label qui garantit que le produit provient du commerce équitable, ce qui sous-entend que le producteur reçoit un prix minimum garanti, signe des contrats justes et dans la durée et s'engage à ne pas utiliser d'OGM.

Si certains labels ou certifications alimentaires offrent une potentielle garantie de qualité, ils semblent aujourd'hui beaucoup trop nombreux, et pour certains ne sont que de la poudre aux yeux. Leur utilisation abusive des codes graphiques de l'écologie – le vert domine – et des termes comme "durable", "environnemental" ou "équitable", ont vidé ces anciens repères de leur sens. ∎

DIJON

✉ 21000 – Côte-d'Or –
Carte régionale n° **12**–C3

Où les parfums des assiettes montent au nez

La capitale de la Bourgogne réussit le tour de force d'être une grande cité culturelle doublée d'une destination culinaire et viticole légendaire – n'est-elle pas pour maire le chanoine Kir, ambassadeur d'un apéritif fameux ? Son centre-ville élégant et son musée des Beaux-Arts côtoient restaurants, bistrots, cavistes, vendeurs de moutarde et de pains d'épice. Au bout de la rue Musette, vous trouverez des halles métalliques (1875) qui abritent un marché animé. C'est une parfaite introduction aux produits de la gastronomie dijonnaise et bourguignonne. Les spécialités sont toutes un régal, notamment le jambon persillé (les morceaux maigres sont pris dans une gelée très persillée) ou, côté fromage, le soumaintrain et l'époisses. En ville, faites le plein de pain d'épice chez Mulot et Petitjean et de chocolats chez Fabrice Gillotte.

 WILLIAM FRACHOT

Chef : William Frachot

CUISINE CRÉATIVE • CONTEMPORAIN Le terroir de Bourgogne a trouvé ici, dans cet ancien relais de poste du 19ᵉ s. situé en plein cœur du centre historique de Dijon, l'un de ses interprètes les plus talentueux. Fils de restaurateurs bourguignons et baroudeur émérite (Angleterre, Québec), William Frachot concocte des assiettes épurées à son image : sérieuses et appliquées, jonglant entre les saveurs d'ailleurs, les recettes et les produits locaux, avec ce qu'il faut d'inventivité et d'énergie. Il revisite les œufs en meurette et n'utilise que des poissons d'eau douce (perche, black bass, brochet, sandre...), à l'image de son omble de fontaine, sandre et soupe de poissons de rivière. Le tout à déguster dans un décor de caractère aux boiseries claires avec motifs de vignes et chaises "shark" pivotantes jaune moutarde – autant de clins d'œil au patrimoine régional. Une cuisine inspirée et aboutie, à la fois ancrée localement et voyageuse.

❀ ⇦ ⅏ 🅼 ⬚ 🍽 – Prix : €€€€

Plan : A1-1 – *Hostellerie du Chapeau Rouge, 5 rue Michelet* – ☏ *03 80 50 88 88* – *www.chapeau-rouge.fr/fr/restaurant-gastronomique-dijon* – *Fermé lundi, mardi et dimanche*

 L'ASPÉRULE

Chef : Keigo Kimura

CUISINE MODERNE • CONTEMPORAIN Le chef Keigo Kimura élabore dans son adresse dijonnaise au décor sobre cette cuisine française mâtinée de Japon dont il a le secret. Il cisèle midi et soir des menus uniques (et même "mystère" au dîner).

Inattaquable sur la précision et l'équilibre (dressage, cuissons, saveurs), il parsème aussi ses assiettes de clins d'œil appréciables à la région : sauces au pinot noir ou au vin jaune, pousses de moutarde... On garde en mémoire ce gyoza au gibier parfumé au gingembre et sa sauce au vin rouge et surtout cette épaule d'agneau cuite lentement puis grillée au binchotan, accompagnée de sa crêpe japonaise - une petite merveille. Dernier atout : sous le restaurant, la luxuriante cave à vins renferme des trésors.

⅋ ⅏ Ⓚ – Prix : €€€

Plan : B1-3 – *43 rue Jean-Jacques-Rousseau* – ☏ *03 80 19 12 84* – *www.restaurant-asperule.fr* – *Fermé lundi et dimanche*

⅏ CIBO

Chef : Angelo Ferrigno

CUISINE MODERNE • CONTEMPORAIN La salle contemporaine minimaliste, dotée d'une verrière, crée un contraste saisissant avec cette demeure en pierre de Bourgogne du 17ᵉ s. Le chef Angelo Ferrigno y propose une cuisine moderne judicieusement créative – ce qui ne l'empêche pas, tant s'en faut, de travailler des produits exclusivement locaux sélectionnés dans un rayon de 200 km. Il compose une cuisine naturelle et tendance, d'inspiration nordique, aux accents bruts, mais aux dressages d'une élégance rare. Le filet de truite bio, délicatement nacré et fondant, le sarrasin soufflé, les œufs de truite et les fines lamelles de radis, ou encore la caille parfaitement cuite au barbecue avec un condiment à l'ail noir, des asperges vertes, enluminée d'un jus de viande réduit et parfumé aux graines de coriandre, sont des modèles de gourmandise. Service attentif et conseils avisés du sommelier parachèvent ce moment. Réservation vivement recommandée.

⅏ Ⓚ – Prix : €€€€

Plan : B1-4 – *24 rue Jeannin* – ☏ *03 80 28 80 76* – *www.cibo.restaurant* – *Fermé lundi, samedi et dimanche*

⅏ LOISEAU DES DUCS

CUISINE MODERNE • COSY Près du palais ducal, cette table du groupe Bernard Loiseau s'abrite dans l'hôtel de Talmay, du 16ᵉ s., classé monument historique. Le chef Jean-Bruno Gosse, passé chez Yannick Franques et à l'Hostellerie de Levernois, continue de faire vivre la Bourgogne gourmande et les classiques de Bernard Loiseau, dans une veine moderniste, à l'image de cet œuf en meurette revisité, au jaune confit fumé au foin.

⅏ Ⓚ ⌂ ⅏ – Prix : €€€€

Plan : B2-2 – *3 rue Vauban* – ☏ *03 80 30 28 09* – *www.bernard-loiseau.com* – *Fermé lundi et dimanche*

⅏ ORIGINE

Chef : Tomofumi Uchimura

CUISINE MODERNE • CONTEMPORAIN Ancien second de la Maison Lameloise à Chagny, le chef japonais Tomofumi Uchimura impressionne par sa maîtrise de la cuisine française - qu'il ponctue de discrètes touches japonisantes. Cet amoureux de la Bourgogne magnifie avec élégance les produits du terroir - escargots de Vernot (accompagnés d'une émulsion de vieux comté et vin jaune, aérienne et délicieuse), bœuf charolais (et son élégante déclinaison de carottes)... Il ne s'interdit rien pourvu que la qualité soit au rendez-vous, et notamment de travailler les poissons de mer selon l'arrivage (délicieux filet de barbue, risotto d'asperge verte et verveine). En salle, son épouse Seiko accueille dans un décor fraîchement rénové et élégant (dont de très belles tables avec pied en chêne de Bourgogne et plateau en céramique).

⅋ Ⓚ ⌂ – Prix : €€€

Plan : B2-9 – *10 place du Président-Wilson* – ☏ *03 80 67 74 64* – *www.restaurantorigine.fr* – *Fermé lundi, dimanche et mardi midi*

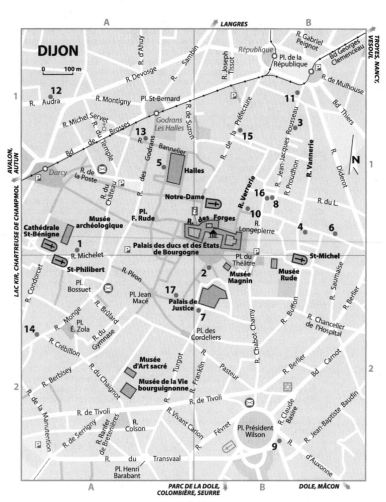

DIJON

0 ___ 100 m

LANGRES

TROYES, NANCY, VESOUL

AVALON, AUTUN

LAC KIR, CHARTREUSE DE CHAMPMOL

R. d'Ahuy
R. Devosge
Sambin
R. Joseph Tissot
R. Gabriel Peignot
Bd Georges Clemenceau
R. de Mulhouse
République
Pl. de la République
12
R. Audra
R. Montigny
Pl. St-Bernard
R. Michel Servet
de Brosses
Godrans
Les Halles
R. de Suzon
R. de la Préfecture
R. Jean-Jacques Rousseau
Bd Thiers
11
3
Bd du Temple
13
des Godrans
Bannelier
15
R. Proudhon
R. Vannerie
R. Dideror
N
Darcy
R. de la Poste
R. du Château
5
Halles
Notre-Dame
R. Verrerie
16
8
R. du L.
Musée archéologique
Pl. F. Rude
R. des Forges
10
R. Longepierre
4
6
Cathédrale St-Bénigne
R. Condorcet
1
R. Michelet
Palais des ducs et des États de Bourgogne
Pl. du Théâtre
St-Michel
R. Saumaise
St-Philibert
Pl. Bossuet
R. Piron
2
Musée Magnin
Musée Rude
R. Berlier
Pl. Jean Macé
17
Palais de Justice
R. Buffon
R. Monge
R. Brûlard
R. É. Zola
R. du Gymnase
7
Pl. des Cordeliers
R. Chabot-Charny
R. Chancelier de l'Hospital
14
R. Crébillon
R. du Chaignot
Turgot
R. Franklin
Pasteur
Bd Carnot
R. Berbisey
Musée d'Art sacré
Musée de la Vie bourguignonne
R. de Tivoli
R. Claude Basire
R. de la Manutention
R. de Tivoli
R. de Serrigny
R. Banfer de Bretenières
R. Colson
R. Vivant Carion
Fevret
Pl. Président Wilson
R. Jean-Baptiste Baudin
R. du Transvaal
Pl. Henri Barabant
9
d'Auxonne

PARC DE LA DOLE, COLOMBIÈRE, SEURRE

DOLE, MÂCON

😋 DZ'ENVIES

CUISINE MODERNE · BRANCHÉ Faites confiance aux envies du chef ! Dans son restaurant aux airs de cantine branchée (murs blancs, mobilier en bois clair et plafond noir) face aux halles centrales, David Zuddas laisse s'exprimer son amour du métier et des beaux produits. Une carte qui égrène les plats traditionnels et bourguignons accompagnée de quelques alléchantes suggestions de saison, un menu qui défie toute concurrence le midi, et la formule en 3, 4 ou 5 envies le soir.
&. 🅰🅒 🍴 – Prix : €€

Plan : A1-5 – *12 rue Odebert* – ✆ *03 80 50 09 26* – *www.dzenvies.com* – *Fermé dimanche*

😋 L'ÉVIDENCE

CUISINE MODERNE · CONTEMPORAIN Passé par de grandes maisons, le chef Julien Burdin connaît un succès mérité : dressages soignés, produits de belle qualité, saveurs franches à l'image de ce jambon persillé, crème fouettée à la moutarde à l'ancienne, pickles d'oignon. En dehors du menu, il propose des suggestions de produits nobles, comme par exemple ce homard bleu, risotto aux légumes, sauce américaine. Accueil prévenant.

🅰🅲 ⇄ – Prix : €€

Plan : B1-6 – *53 rue Jeannin* – *☏ 03 80 67 69 37* – *www.restaurant-levidence-dijon.com* – *Fermé samedi et dimanche*

SO

CUISINE DU MARCHÉ • CONVIVIAL Épaulé en salle par Rie, sa compagne, le chef japonais, So Takahashi, seul aux fourneaux après avoir œuvré dans de belles maisons, travaille les produits qu'il achète directement au marché. Le résultat : une cuisine française traversée d'inspirations nippones, finement exécutée, légère et parfumée... So good !

🥬 ♿ – Prix : €

Plan : B2-7 – *15 rue Amiral-Roussin* – *☏ 03 80 30 03 85* – *Fermé lundi, dimanche, et mardi et mercredi à midi*

SPICA

CUISINE MODERNE • BISTRO L'ancien Café de la Préfecture est emmené par un jeune chef japonais passé notamment par la Maison des Cariatides. Au programme : mobilier de récup', fond jazzy, menu unique avec une cuisine du marché soignée et vins de Bourgogne à petits prix. On retient le pâté en croûte réalisé dans les règles de l'art, ainsi que ce faux-filet, sauce au vin rouge et espuma à la cardamome : une association osée mais qui fait mouche !

♿ 🅰🅲 – Prix : €€

Plan : B1-15 – *48 rue de la Préfecture* – *☏ 06 26 85 87 17* – *www.restaurantspica.com* – *Fermé lundi, dimanche et mercredi midi*

L'ARÔME

CUISINE MODERNE • SIMPLE Venez goûter au bonheur dans ce petit havre de gourmandise. Le chef Kadoguchi réalise des assiettes soignées et travaillées, alternant recettes japonaises (gyozas) et franco-françaises (lieu jaune, sauce provençale) ou mixant les deux, avec cette excellente picanha et sa sauce asiatique. Textures et saveurs harmonieuses, cuissons au cordeau, belle sélection de vins et accueil parfait : un coup de cœur !

🅰🅲 – Prix : €€

Plan : B1-11 – *2 rue Jean-Jacques-Rousseau* – *☏ 03 80 31 12 46* – *www.restaurant-aromedijon.com* – *Fermé lundi et dimanche*

BETTERAVE

CUISINE VÉGÉTARIENNE • COSY Il y a du Woodstock dans cette adresse du centre ville, située derrière le Grand Théâtre, un air bienvenu de Californie hippie sixties avec ses tables en bois blond au vernis qui colle (un peu), les chaises imitation Tolix en acier avec leurs coussins à motif floral, les abats-jour en rotin, le comptoir de service en carrelage émaillé, les étagères de livres de cuisine, et surtout les bocaux de conserves maison ! Produits locaux, zéro gâchis alimentaire, petits producteurs à l'honneur dessinent une cuisine végétarienne réussie et plutôt inventive. Déjeuner à prix doux. Le soir, place au menu dégustation en plusieurs séquences. Carte des vins nature.

Prix : €€

Plan : B1-16 – *17 rue Lamonnoye* – *☏ 09 51 13 30 48* – *www.betteraverestaurant.com* – *Fermé lundi et dimanche, et du mardi au jeudi soir*

L'ESSENTIEL

CUISINE MODERNE • COLORÉ Le chef-patron aux commandes de ce restaurant prisé situé en léger retrait du centre touristique de la ville, concocte un menu carte rythmé par les saisons, aux saveurs marquées et harmonieuses sans oublier des dressages réalisés avec soin. Les pressés préféreront le menu déjeuner attractif. Le tout, à déguster dans le patio, fort prisé aux beaux jours.

&. 🄰🄲 🅕 – Prix : €€

Plan : A1-12 – *12 rue Audra* – ☏ *03 80 30 14 52* – *www.restaurant-lessentiel-dijon.fr* – *Fermé lundi et dimanche*

LA MAISON DES CARIATIDES

CUISINE DU MARCHÉ • CONVIVIAL Dans cette belle maison du quartier des antiquaires (1603), dont la salle évoque un loft contemporain, le chef propose une cuisine du marché saine et souvent à base de produits locaux : poulet de la ferme de Clavisy en deux façons, topinambours et émulsion au café ; Saint-Jacques et poitrine de porc, mousseline de courge et châtaigne... Agréable terrasse sur l'arrière et menu déjeuner à prix doux.

🐝 &. 🄰🄲 🅕 – Prix : €€

Plan : B1-8 – *28 rue Chaudronnerie* – ☏ *03 80 45 59 25* – *Fermé lundi et mardi, et dimanche soir*

MONIQUE, BOIRE ET MANGER

CUISINE MODERNE • CONVIVIAL Qu'aurait pensé Monique, la grand-mère de la cheffe Clara Reydet (ex-Cariatides), de ce charmant bistrot où le légume de saison, cuisiné de la tête aux pieds, joue la vedette ? Que du bien évidemment ! Clara cuisine en toute liberté, se joue d'influences diverses et nous séduit, nous les chics types, avec des keftas d'agneau, chou rouge crémeux et cru ou des carottes rôties au garam masala, toum (l'aïoli oriental), jus de carottes réduit. Cette cuisine métissée à tendance végétarienne se déguste dans un cadre simple et pimpant de bois clair. Petite terrasse sur rue piétonne.

🅕 – Prix : €€

Plan : A2-17 – *33 rue de l'Amiral-Roussin* – ☏ *03 80 49 99 36* – *www.moniqueboireetmanger.fr* – *Fermé lundi et dimanche, et mercredi et samedi soir*

PARAPLUIE

CUISINE MODERNE • SIMPLE Ce restaurant de poche propose une cuisine actuelle et voyageuse réhaussée parfois d'épices, à base de produits de saison, locaux pour la plupart. On la décline sous forme d'un menu unique mystère en plusieurs services le soir, et d'un menu avec choix au déjeuner à prix doux. Jolie petite sélection de vins, bières et autres alcools (whiskys, eaux-de-vie, etc).

🅕 – Prix : €€

Plan : A2-14 – *74 rue Monge* – ☏ *03 80 28 79 94* – *www.parapluie-dijon.com* – *Fermé samedi et dimanche*

SUBLIME 🄽

CUISINE MODERNE • CONTEMPORAIN À deux pas des halles, la cuisine moderne du chef sicilien Giovanni Spataro navigue entre plats français soigneusement exécutés – à l'image de ce turbot aux asperges, aïoli et émulsion citronnelle – et spécialités transalpines emblématiques, comme ce vitello tonnato revisité. Il s'approvisionne avec d'excellents produits qu'il prépare et dresse avec un goût très sûr : bœuf charolais, riz acquerello, gambas de Sicile...

🄰🄲 🅕 – Prix : €€

Plan : A1-13 – *24 rue Bannelier* – ☏ *03 45 83 10 85* – *www.sublimerestaurant.net* – *Fermé lundi et dimanche*

LA TABLE DES CLIMATS 🄽

CUISINE MODERNE • ÉLÉGANT Au sein de la Cité Internationale de la Gastronomie et du Vin de Dijon, ce restaurant est situé à l'extrémité de l'aile gauche du village gastronomique, à quelques mètres de la Chapelle des Climats et des terroirs. Dans un décor qui évoque, on s'en doute, la vigne et le vin, la carte signée Éric Pras (Lameloise) propose une cuisine à la page qui associe produits de saison et icônes locales (cassis, cidre de Beaune, bière de Bourgogne, cazette) à l'image de cette pintade fermière marinée aux épices, palets de navets glacés au romarin, civet de cuisse, cassis givrés.

&. 🅰️ 🍽️ 🛋️ – Prix : €€€

Hors plan – *12 parvis de l'Unesco – ☏ 03 80 41 74 98 – www.latabledesclimats.fr – Fermé lundi et mardi, et dimanche soir*

L'UN DES SENS

CUISINE MODERNE • ÉPURÉ Proche du quartier des Antiquaires, ce restaurant propose une goûteuse cuisine, aux dressages soignés et aux saveurs marquées – ainsi ce carré de veau du Ségala, ravioles de petits pois au pecorino, cébette. Légumes et fruits proviennent souvent du potager du chef. Le soir, menu surprise en plusieurs services, le chef propose également une prestation soignée à prix doux le midi. Agréable terrasse dans la cour.

&. 🅰️ 🛋️ – Prix : €€€

Plan : B1-10 – *3 rue Jeannin – ☏ 03 80 65 75 58 – www.lundessens-dijon.fr – Fermé lundi et dimanche*

GRAND HÔTEL LA CLOCHE

CONTEMPORAIN • ÉLÉGANT Il fait bon vivre dans cette bâtisse Belle Époque (1884), entièrement rénovée. Les chambres, aménagées dans un style contemporain chic, sont spacieuses et confortables. Le brunch du dimanche est très couru !

&. 🐾 🅿️ 🍸 🛎️ 📶 🐾 🏋️ 🍴 🅰️ – 93 chambres

14 place Darcy – ☏ 03 80 30 12 32 – www.hotel-lacloche.fr

HOSTELLERIE DU CHAPEAU ROUGE

MODERNE • RAFFINÉ Une élégante "hostellerie" créée en 1863, mais toujours pleine de fraîcheur avec ses chambres au décor soigné, certaines très contemporaines. Le must : profiter de l'espace bien-être – massage, sauna, hammam – avant un bon dîner.

🐾 🅿️ 📶 🐾 🏋️ 🍴 🅰️ – 28 chambres

5 rue Michelet – ☏ 03 80 50 88 88 – www.chapeau-rouge.fr

⊛⊛ **William Frachot** – Voir la sélection des restaurants

DINAN

✉️ 22100 – Côtes-d'Armor – Carte régionale n° **1**-D2

COLIBRI

CUISINE MODERNE • TENDANCE Dans le vieux Dinan, un bistrot contemporain : bois blond, parquet en chêne, cheminée et cuisine ouverte sur la petite salle. Dans l'assiette, le cuistot originaire de Bali, qui connaît toute la planète ou presque, a gardé le goût du...voyage : chorba, pois chiche, raviole d'agneau... Ses recettes s'inspirent du monde entier ou presque : mangez déconfinés !

🛋️ – Prix : €€

14 rue de la Mittrie – ☏ 02 96 83 97 89 – www.colibri-dinan.com – Fermé lundi et dimanche

LA MAISON PAVIE

TRADITIONNEL • CHARME Situé dans un bâtiment du 15e s. méticuleusement restauré, ce bed and breakfast de charme présente des détails architecturaux à l'intérieur et à l'extérieur, tels que des murs en torchis, des poutres massives et une cheminée «pattes de lion». La décoration de chaque chambre est inspirée d'une ville visitée par le célèbre explorateur français Auguste Pavie, né dans la maison en

1847, mais possède aussi tout le confort moderne. Copieux petit-déjeuner dans la salle à manger ou dans le romantique jardin clos.

 - 5 chambres

10 place Saint-Sauveur – ℰ 02 96 84 45 37 – www.lamaisonpavie.com

DINARD

✉ 35800 – Ille-et-Vilaine – Carte régionale n° **9**-A1

❀ LE POURQUOI PAS

CUISINE MODERNE • ÉLÉGANT Le restaurant de l'hôtel Castelbrac porte le nom du bateau du commandant Charcot, célèbre explorateur des zones polaires. Né à Dinan, le chef Julien Hennote a lui aussi exploré d'autres horizons (culinaires), comme ceux de la Côte d'Azur et même de la Polynésie. En cuisine, il privilégie les produits du terroir et la pêche côtière durable (coquilles Saint-Jacques et ormeaux de plongée, homard, algues) dans le respect des ressources. Ses recettes, ambitieuses, s'avèrent élégantes et savoureuses. Mention spéciale pour les délicieux desserts. Salle cosy et terrasse panoramique face à la mer, avec en ligne de mire, la cité corsaire.

↩ ⇐ & 🅰🅲 🛋 – Prix : €€€

Hôtel Castelbrac, 17 avenue George-V – ℰ 02 99 80 30 00 – www.castelbrac.com – Fermé lundi et mardi

DIDIER MÉRIL

CUISINE MODERNE • CONTEMPORAIN Si vous aimez les beaux paysages, installez-vous dans la salle panoramique de ce restaurant : la vue sur la baie du Prieuré y est superbe ! Les yeux rivés sur le large, les gourmands apprécient la cuisine plutôt créative du chef, à l'écoute des saisons. Chambres cosy à l'étage.

🏨 ⇐ 🅰🅲 🛋 ⟳ – Prix : €€€

1 place du Général-de-Gaulle – ℰ 02 99 46 95 74 – www.restaurant-didier-meril.com

OMBELLE

CUISINE MODERNE • CONTEMPORAIN Après avoir enchaîné les saisons dans les grandes maisons, le chef Alexandre Frin et sa compagne en salle Ludivine la Rosa ont jeté l'ancre dans cette belle maison du début de 20ᵉ s. en briques rouges et aux grandes baies blanches à petits carreaux. Le chef compose une carte moderne 100% saisonnière, sans œillères et sans extravagances, avec de beaux produits qui privilégient les circuits courts mais aussi les herbes et les fleurs aromatiques du potager du grand-père. Cuisson nacrée du lieu fondant, subtil parfum à la sauge et à l'ananas de la pana cotta : un délicieux voyage.

& – Prix : €€

7 boulevard du Président-Wilson – ℰ 09 88 03 35 35 – www.restaurant-ombelle.fr – Fermé lundi, dimanche et mardi midi

LA VALLÉE

CUISINE MODERNE • CONTEMPORAIN Si la salle est agréable avec ses grandes baies vitrées, on ne résiste pas à la terrasse, orientée plein sud juste au-dessus de la pittoresque cale du Bec de la Vallée. Idéal pour déguster de beaux produits de la mer, cuisinés avec tout le respect qui leur est dû.

⇐ & 🛋 – Prix : €€€

6 avenue George-V – ℰ 02 99 46 94 00 – www.hoteldelavallee.com – Fermé lundi et mardi, et dimanche soir

🛏 CASTELBRAC   *Plus*

MODERNE • CHALEUREUX Cette demeure du 19ᵉ s., qui accueillait autrefois un muséum d'histoire naturelle, est installée juste au-dessus des flots : une situation exceptionnelle ! Les chambres, modernes et chaleureuses, offrent toutes une vue splendide sur la baie du Prieuré et St-Malo.

🛁 🅿 🕭 🚲 ⛵ 🚅 ♨ 🕮 🛎 🅰🅲 - 25 chambres

17 avenue George V – ✆ 02 99 80 30 00 – www.castelbrac.com

❀ **Le Pourquoi Pas** - Voir la sélection des restaurants

🛏 **EMERIA DINARD**

MODERNE • MARITIME Sur la pointe de St-Énogat, l'ex-Novotel Thalassa a changé de mains, mais dispose toujours d'un beau centre de thalassothérapie avec piscines d'eau de mer couvertes et chauffées, un bar et des salons de réception. Reposez-vous dans des chambres contemporaines, face à la mer.

🅿 🕭 🚅 ♨ 🕮 🛁 🛎 - 106 chambres

1 avenue du Château Hébert – ✆ 02 99 16 78 10 – www.emeriadinard.com

🛏 **GRAND HÔTEL DINARD**

CLASSIQUE • ÉLÉGANT Ce "grand hôtel" du 19ᵉ s., qui domine la promenade maritime du Clair-de-Lune, accueille les stars de cinéma lors du Festival du film britannique. Les chambres sont aménagées avec sobriété et classicisme.

♿ 🛁 🅿 🕭 🚅 ♨ 🕮 🛁 🛎 🅰🅲 - 89 chambres

46 avenue George V – ✆ 02 99 88 26 26 – www.hotelsbarriere.com/fr/dinard/le-grand-hotel.html

🛏 **ROYAL EMERAUDE**

CLASSIQUE • CHALEUREUX Agatha Christie aurait aimé ce bel hôtel en pierre et brique rouge de 1876, dont l'intérieur est réchauffé de boiseries sombres et de fauteuils clubs. Quatre thèmes président à la décoration des chambres : paquebot, aviation, Orient Express et Indes britanniques.

🅿 🕭 🕮 🛁 🅰🅲 - 47 chambres

1 boulevard Albert 1ᵉʳ – ✆ 02 99 46 19 19 – www.royalemeraudedinard.com

DIRAC

✉ 16410 – Charente – Carte régionale n° **18**–C2

DOMAINE DU CHÂTELARD

Chef : Ivan Gotfredsen

CUISINE MODERNE • MAISON DE CAMPAGNE Dans cette belle "maison de campagne", le chef choisit bien ses produits et réalise une cuisine dans l'air du temps, fraîche et fine, que l'on déguste l'hiver dans la plaisante salle à manger dotée d'une cheminée et l'été, sur la ravissante terrasse offrant une vue sur le lac.

🍴 🕭 🍽 🅿 - Prix : €€

1079 route du Châtelard – ✆ 05 45 70 76 76 – www.domaineduchatelard.com – Fermé lundi et mardi, et dimanche soir

❀ **L'engagement du chef** : Le Domaine est situé dans une zone protégée Natura 2000 et la démarche a toujours été de respecter au maximum l'environnement. En partenariat avec l'association Charente Nature, une plage pour tortues menacées a été créée, ainsi que des « crapauducs » pour les nombreuses grenouilles du parc. En cuisine, les produits locaux et de saison sont à l'honneur ; tout ce qui est cultivé sur le domaine (safran, noix, fruits, légumes) est certifié bio.

DISSAY

✉ 86130 – Vienne – Carte régionale n° **15**–B2

Ô DISSAY

CUISINE MODERNE • BOURGEOIS Le Château de Dissay propose une cuisine moderne et très visuelle, réalisée à quatre mains par deux jeunes chefs, Henri

Dupont et Stanislas Simonet, à déguster dans une demeure du 15ᵉ s. au cadre élégant et bourgeois. Agréable terrasse dans la cour du château.

🛅 ♿ 🍴 ❄ 🅿 – Prix : €€€

111 place Pierre-d'Amboise – ℰ 05 49 11 11 11 – www.chateaudedissay.com/fr – Fermé lundi et du mardi au vendredi à midi

DOLE

✉ 39100 – Jura – Carte régionale nº **13**–A2

✿ LA CHAUMIÈRE

Chef : Joël Cesari

CUISINE CRÉATIVE • ÉLÉGANT Dans cette auberge moderne située aux portes de Dole, le chef Joël Césari poursuit son sillon en amoureux de la nature, en trouvant son inspiration dans les produits locaux : légumes, fruits, herbes, champignons et poissons de rivière. Sa cuisine inventive se renouvelle au gré du marché et de la pêche : omble chevalier du lac mi-cuit, homard de casier et espuma passion-estragon, poularde de Bresse en deux services dont une étonnante version orientale. À noter : le restaurant gastronomique n'est ouvert que du vendredi soir au samedi soir ; en semaine, le bistrot Bagatelle prend le relais avec une offre bistronomique au bon rapport qualité-prix.

🐌 ⬅ 🛅 🍴 ❄ 🅿 – Prix : €€€€

346 avenue du Maréchal-Juin – ℰ 03 84 70 72 40 – www.lachaumiere-dole.fr – Fermé lundi et dimanche

🙂 GRAIN DE SEL

CUISINE MODERNE • CONTEMPORAIN Le Grain de Sel déménage, dans tous les sens du terme : nouvelle adresse, dans un vaste pavillon du 19ᵉ s. entièrement rénové, cuisine ouverte sur la salle, et carte exprimant une passion pour le local, l'artisanal et les produits frais de saison. Le restaurant est lumineux, proposant plusieurs salles contemporaines aux tons clairs, ainsi qu'une terrasse. Le chef Aurélien Moutarlier, qui fut second de Fassenet au Château du Mont Joly, réalise des créations toujours soignées, colorées, aux cuissons parfaites, comme cette canette orange-coriandre, butternut, polenta. Les assaisonnements sont tout aussi réussis.

♿ 🆔 🍴 🅿 – Prix : €€

79 route Nationale – ℰ 03 84 71 97 36 – www.restaurant-graindesel.fr – Fermé mardi et mercredi

🙂 IIDA-YA

CUISINE JAPONAISE • CONTEMPORAIN Confit de poitrine de porc sauce gingembre, sushis, makis ou tempura... Dans son restaurant zen et chic – et sous vos yeux –, le chef nippon concocte des mets raffinés, autour desquels se rencontrent (et s'apprécient) les cuisines française et japonaise. Belle carte de sakés. Adulé à Dole !

🐌 ♿ 🆔 🍴 – Prix : €€

18 rue Arney – ℰ 03 84 70 98 73 – www.iida-ya.fr/fr – Fermé lundi et dimanche

DOLUS-D'OLÉRON – Charente-Maritime (17) ➜ Voir Île d'Oléron

DOMMARTIN-LÈS-REMIREMONT

✉ 88200 – Vosges – Carte régionale nº **7**–C3

LE KARELIAN

CUISINE MODERNE • CONTEMPORAIN Une salle feutrée, épurée, écrin idéal pour ce chef qui propose une cuisine moderne et créative, à l'image de cet omble chevalier à la cuisson impeccable accompagné de sarrasin grillé et de baby poireaux croquants saveur saté. En salle, on apprécie l'accueil et le professionnalisme de son épouse. Le séduisant chariot de desserts ravira les amateurs de douceurs.

&. 🅿 – Prix : €€

36 rue du Cuchot – ℰ 03 29 62 44 05 – www.lekarelian.com – Fermé lundi et dimanche soir

DONNEMARIE-DONTILLY

✉ 77520 – Seine-et-Marne – Carte régionale n° **11**-C2

LA CROIX BLANCHE

CUISINE TRADITIONNELLE • CONTEMPORAIN Aucun doute, vous allez marquer votre passage dans ce restaurant d'une croix blanche ! Derrière les fourneaux, le chef – originaire du coin – met un point d'honneur à n'utiliser que de beaux produits de saison. Dans l'assiette, le goût est au rendez-vous : une bonne adresse.

&. – Prix : €€

2 place du Marché – ℰ 01 64 60 67 86 – www.restaurant-croixblanche.fr – Fermé mercredi, et mardi et dimanche soir

DONZENAC

✉ 19270 – Corrèze – Carte régionale n° **19**-B3

LE PÉRIGORD

CUISINE TRADITIONNELLE • RUSTIQUE À l'entrée du bourg, venez vous asseoir dans cet intérieur paré de bois massif, près de l'imposante cheminée. On vous fera goûter la spécialité de la maison : la tête de veau sauce gribiche, indémodable et toujours aussi bonne ! Du rustique comme on l'aime.

&. – Prix : €

9 avenue de Paris – ℰ 05 55 85 72 34 – Fermé mercredi, et mardi et dimanche soir

DOUAI

✉ 59500 – Nord – Carte régionale n° **4**-C2

LA TABLE DES ÉCHEVINS 🅝

CUISINE MODERNE • CONTEMPORAIN Au cœur de Douai, sa ville natale, le chef Jérôme Prévost (ancien second du Cerisier à Laventie) a investi avec brio cette ancienne maison d'antiquaires. Les traces élégantes du passé, telles qu'une imposante cheminée en marbre, se marient à merveille à une décoration contemporaine voire design. Le chef fait son beurre des poissons de la Côte d'Opale, des légumes des producteurs locaux et du homard auquel il consacre d'ailleurs en saison un menu dédié. Au sein de la même maison, le bistrot Boterzing offre une cuisine plus simple.

&. 🄰🄲 🍽 ❄ – Prix : €€€

Maison Prévost, 10 rue de la Massue – ℰ 03 27 86 59 97 – www.maisonprevost.fr/la-table-des-echevins/accueil – Fermé lundi, samedi midi et dimanche soir

DOUARNENEZ

✉ 29100 – Finistère – Carte régionale n° **1**-B2

L'INSOLITE

CUISINE MODERNE • TENDANCE Cette maison est dirigée par un chef au beau parcours, Gaël Ruscart, dont la cuisine inventive fait une belle place aux produits marins. Gambas grillées en émulsion de béarnaise, salade de chou chinois aux cacahuètes et légumes croquants ; homard bleu de nos côtes à la nage crémeuse de corail et épices douces... Une valeur sûre de la ville.

🍽 – Prix : €€€

4 rue Jean-Jaurès – 𝒞 02 98 92 00 02 – www.lafrance-dz.com – Fermé lundi et dimanche

DOUÉ-LA-FONTAINE

✉ 49700 – Maine-et-Loire – Carte régionale n° **9**–D3

AUBERGE BIENVENUE

CUISINE TRADITIONNELLE • ÉLÉGANT Cette maison a fêté ses 30 ans d'existence, mais ne montre aucun signe de lassitude. Confortablement installé sous les poutres et les arcades de la grande salle, on constate que la tradition a toujours du bon, surtout en cuisine.

🍴♿🅰🍽↔🅿 – Prix : €€

104 rue de Cholet – 𝒞 02 41 59 22 44 – www.aubergebienvenue.com – Fermé lundi et dimanche soir

DOUVAINE

✉ 74140 – Haute-Savoie – Carte régionale n° **21**–C1

❀ ## Ô FLAVEURS

Chef : Jérôme Mamet

CUISINE MODERNE • ROMANTIQUE Ô saisons, ô châteaux, ô saveurs... comme dit le gourmet ! Avec ses pierres apparentes, ses poutres, son plancher et sa cheminée pour les rudes soirées d'hiver, cet authentique petit château du 15ᵉ s. ravira les âmes romantiques. Sur la terrasse, une clientèle majoritairement suisse se délecte de la cuisine pleine de saveurs et de fraîcheur de Jérôme Mamet, très soucieux de l'esthétisme de ses assiettes. Ce chef inventif et talentueux ne travaille que des produits de qualité, souvent bio, sélectionnés avec soin : féra, brochet, perche et écrevisse du lac Léman, poissons de mer sauvages pêchés à la ligne...

🍽🅿 – Prix : €€€€

Château de Chilly – 𝒞 04 50 35 46 55 – www.oflaveurs.com – Fermé mardi et mercredi, et dimanche soir

DRACY-LE-FORT

✉ 71640 – Saône-et-Loire – Carte régionale n° **17**–C2

LA GARENNE

CUISINE MODERNE • CONTEMPORAIN Une bien jolie Garenne où l'on se régale par exemple d'un crémeux carotte, espuma de pomme de terre et son saumon gravelax fondant en bouche, et en dessert, d'un chou craquelin, mousse citron yuzu, agrumes du moment. Un décor sobre, avec quelques jolies reproductions des œuvres d'Alain Thomas, et une véranda donnant sur la terrasse et le parc. Côté hôtel, chambres plaisantes, piscine et spa.

🍴♿🅰🍽↔🅿 – Prix : €€

Le Dracy, 4 rue du Pressoir – 𝒞 03 85 87 81 81 – www.ledracy.com – Fermé dimanche

DRUDAS

✉ 31480 – Haute-Garonne

 CHÂTEAU DE DRUDAS

CLASSIQUE • ÉLÉGANT Dans un joli coin de campagne au nord-ouest de Toulouse, ce château du 18ᵉ s. découvre un intérieur d'une grande élégance, et des chambres de caractère. Petit espace de remise en forme avec jacuzzi et sauna.

🦽 🅿 🍷 🛎 🧺 📶 ⚱ 🍽 🄺 - 23 chambres

Le Village – ☎ 05 34 57 88 88 – www.chateaudedrudas.com

DRUSENHEIM

✉ 67410 – Bas-Rhin – Carte régionale n° **8**–B1

 AU GOURMET

Chef : Ludovic Kientz

CUISINE MODERNE • CONTEMPORAIN Ludovic Kientz (ex-Crocodile, sous le règne d'Émile Jung) et sa compagne Sandie Ling, sommelière (formée notamment chez Michel Bras), insufflent du goût à cette auberge de campagne, entourée d'un grand jardin. Le chef prend un plaisir évident à travailler les produits de la mer et les sauces, sans oublier les légumes de son propre potager, autour d'une cuisine bourgeoise, empreinte de modernité. Ce jour-là : carpaccio de Saint-Jacques, truffe noire, poireau vinaigrette, gel de citron vert ; suprême de caille royale, ses cuisses en ravioles, fricassée de légumes, son jus à saucer.

🚗 🛎 💠 🅿 – Prix : €€€

4 route de Herrlisheim – ☎ 03 88 53 30 60 – www.au-gourmet.fr – Fermé lundi, mardi, mercredi midi et dimanche soir

DUINGT

✉ 74410 – Haute-Savoie – Carte régionale n° **21**–C2

COMPTOIR DU LAC

CUISINE MODERNE • DESIGN Un restaurant aux airs de grande verrière indus' et contemporaine, cerné par la verdure, la montagne et le lac… Un endroit vraiment sympathique, pour une cuisine actuelle qui l'est aussi !

🍃 🛎 🎐 🅿 – Prix : €€

410 allée de la Plage – ☎ 04 50 68 14 10 – www.closmarcel.fr – Fermé du lundi au mercredi

 LE CLOS MARCEL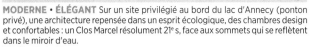

MODERNE • ÉLÉGANT Sur un site privilégié au bord du lac d'Annecy (ponton privé), une architecture repensée dans un esprit écologique, des chambres design et confortables : un Clos Marcel résolument 21ᵉ s, face aux sommets qui se reflètent dans le miroir d'eau.

🅿 🔾 📶 📶 🍽 - 15 chambres

410 allée de la Plage – ☎ 04 50 68 67 47 – www.closmarcel.fr

Comptoir du Lac - Voir la sélection des restaurants

DUNIÈRES

✉ 43220 – Haute-Loire – Carte régionale n° **20**–C2

LA TOUR

CUISINE DU TERROIR • FAMILIAL Les produits locaux (lentilles vertes du Puy, escargots de Grazac, pintade fermière, etc.) se transforment en mets alléchants sous l'impulsion du chef. C'est bon, soigné, généreux, avec en prime, un beau chariot de fromages auvergnats. Tout est sympathique, y compris les chambres, bien pratiques.

&. 🛐 ❖ 🅿 – Prix : €€

7 ter route du Fraisse – ☎ 04 71 66 86 66 – www.hotelrestaurantlatour.com – Fermé lundi et dimanche

DURY
✉ 80480 – Somme – Carte régionale n° **4**–B3

L'AUBERGADE

CUISINE MODERNE • CONTEMPORAIN Une cuisine d'inspiration classique, respectueuse des saisons : voici le credo et la promesse du chef Éric Boutté, fin connaisseur du terroir picard et voyageur à ses heures. La déco, épurée, évoque la région (pans de mur en bleu "waide", plaques de béton brut mélangé à la chaux). Bon rapport qualité-prix.

&. ❖ – Prix : €€€

78 route Nationale – ☎ 03 22 89 51 41 – www.aubergade-dury.com – Fermé lundi et dimanche

LA BONNE AUBERGE

CUISINE MODERNE • CONTEMPORAIN Dans cette pimpante auberge, on choisit combien de plats on souhaite déguster et on se laisse guider. Le jeune chef se montre assez audacieux dans sa cuisine, osant quelques accords de saveurs originaux (qui ne font pas de mal, dans cette région où la tradition règne en maître...). Service aimable et efficace, bon rapport qualité-prix. À noter, la création d'une boutique mitoyenne au restaurant, avec plats à emporter de l'entrée au dessert, concoctés par le chef.

&. – Prix : €€

63 route Nationale – ☎ 03 22 95 03 33 – www.labonneauberge80.com – Fermé lundi, mardi et dimanche, et mercredi et jeudi soir

EAUCOURT-SUR-SOMME
✉ 80580 – Somme – Carte régionale n° **4**–A3

LE SALTIMBANQUE - AUBERGE DU MOULIN

Chef : Sébastien Porquet

CUISINE MODERNE • CONTEMPORAIN Une adresse attachante surplombant la vallée de la Somme, tenue par un chef picard amoureux de son terroir. Le menu surprise, qui se décline en plusieurs séquences, met en avant des produits de l'agriculture raisonnée et des poissons de petite pêche. Les assiettes séduisent, on passe un agréable moment.

🕸 ⫷ 🖴 &. 🄰 🛐 ❖ 🅿 – Prix : €€

1500 lieu-dit du Moulin – ☎ 03 22 27 08 94 – www.lesaltimbanque.fr – Fermé lundi et mardi, et dimanche soir

🕸 **L'engagement du chef :** Notre cuisine est un reflet authentique du terroir de la Picardie maritime. Les produits qui dictent au quotidien notre carte sont ceux d'artisans et de producteurs locaux et vertueux qui rendent respectueusement hommage à notre terre. Dans une optique de mutualisation, nous gérons la logistique avec un transporteur qui retire la marchandise à la ferme, et nous traitons les biodéchets par méthanisation.

ÉCHIROLLES

✉ 38130 – Isère

 POMO

MODERNE · ÉLÉGANT Le sud de l'agglomération grenobloise offre un environnement semi-urbain à quelques minutes des pistes de ski... et un hôtel inoubliable ! Le PoMo doit son nom, suppose-t-on, au style post-moderne de son architecture et de sa décoration, un mélange de couleurs contemporaines, de graphismes et de typographies audacieuses, ainsi que de beaux meubles d'inspiration moderniste. Les chambres sont polyvalentes, combinant élégance et fonctionnalité pour servir occasionnellement de bureau. Le bar mérite également la visite, ouvert sur une terrasse.

🅿🛎❄🛏⚒🌐🏊🛁♨🍽🆎 - 67 chambres

16 avenue de Kimberley – ☎ 04 76 33 60 60 – www.pomo.fr

ÉCOUVIEZ

✉ 55600 – Meuse – Carte régionale n° **6**–D2

 LES ÉPICES CURIENS

CUISINE MODERNE · CONVIVIAL En se baladant dans les parages, on passe facilement en Belgique sans s'en rendre compte... mais l'ancienne gare de ce village frontalier, transformée en un sympathique restaurant, saura vous retenir en France. On y déguste une cuisine inspirée et bien tournée, accompagnée de bons petits vins. Beaucoup de goût !

♿🏡💠🅿 – Prix : €€

3b place de la Gare – ☎ 03 29 86 84 58 – www.lesepicescuriens.com –
Fermé mardi et mercredi

ÉCULLY

✉ 69130 – Rhône – Carte régionale n° **21**–A2

 SAISONS

CUISINE MODERNE · BOURGEOIS Ce château du 19ᵉ s., qui abrite l'école hôtelière internationale "Institut Lyfe" (ex Institut Paul Bocuse), propose une partition culinaire de haute volée. Elle est signée Florian Pansin, entouré d'une belle équipe tant en cuisine qu'en salle. On apprécie la finesse, les dressages millimétrées, et les accords de saveurs parfaitement équilibrés : turbot confit dans l'huile d'olive, dashi, millefeuille de navet pomme ; canon d'agneau en viennoise au gingembre, piment oiseau, fenouil fondant à la verveine... Les cuissons sont justes, il y a ce qu'il faut de créativité dans l'assiette. En somme : une vraie et goûteuse cuisine de saison !

🏡♿🏡💠🅿 – Prix : €€€€

1A chemin de Calabert – ☎ 04 26 20 97 57 – www.saisons-restaurant.fr –
Fermé samedi et dimanche

 MAISON D'ANTHOUARD

MODERNE · ÉLÉGANT Pratique par sa proximité de l'autoroute, cette belle maison nichée dans un parc aurait appartenu au général d'Anthouard, de l'armée napoléonienne. Cela explique peut-être les dimensions "impériales" de l'escalier, qui distribue fièrement des chambres élégantes et feutrées.

🅿🛎❄🏡🍽🆎 - 16 chambres

2 route de Champagne – ☎ 04 78 36 56 89 – www.anthouard.fr

EGUISHEIM

✉ 68420 – Haut-Rhin – Carte régionale n° **8**–C2

AU VIEUX PORCHE

CUISINE TRADITIONNELLE • **AUBERGE** Cette demeure typique (1707) est installée sur le domaine viticole de la famille de la gérante. Son mari concocte de bons plats classiques et régionaux, mais il est également vigneron... Autant dire qu'on se délecte de bons vins locaux.

க் 斎 ➶ – Prix : €€

16 rue des Trois-Châteaux – 𝒞 03 89 24 01 90 – www.auvieuxporche.fr – Fermé lundi et mardi, et dimanche soir

LE PAVILLON GOURMAND

CUISINE MODERNE • **CONTEMPORAIN** Cette maison de village (1683) offre un cadre lumineux mariant avec goût le cachet historique de la bâtisse à des notes plus contemporaines. On se régale d'une cuisine voguant entre recettes alsaciennes (tarte à l'oignon, choucroute, civet de sanglier) et préparations plus actuelles. Les vins du vignoble d'Eguisheim sont bien représentés, et la petite terrasse, fort appréciée l'été.

க் 🆑 斎 – Prix : €€

101 rue du Rempart-Sud – 𝒞 03 89 24 36 88 – Fermé mardi et mercredi

ENTRAYGUES-SUR-TRUYÈRE

✉ 12140 – Aveyron – Carte régionale n° **23**–C2

LE CHOU ROUGE - LE PETIT CHOU

CUISINE MODERNE • **BISTRO** Sur la place centrale de la ville, au rez-de-chaussée d'une bâtisse traditionnelle, ce petit bistrot "à la parisienne" – déco personnalisée, mobilier et objets chinés – propose une belle cuisine du marché, volontiers locavore. Tout, ou presque, est fait maison ! En prime, quatre jolies chambres pour l'étape.

斎 – Prix : €€

3 place de la République – 𝒞 05 65 48 58 03 – www.familleteil.fr – Fermé lundi et dimanche soir

ÉPERNAY

✉ 51200 – Marne – Carte régionale n° **6**–B2

COOK'IN

CUISINE THAÏLANDAISE • **CONVIVIAL** Ce restaurant est le lieu de rencontre entre les univers français (lui, en cuisine) et thaïlandais (elle, en salle). Le résultat est une cuisine fusion (Saint-Jacques poêlées, salade de lentillons au gingembre, bisque de crustacés au curry rouge) avec quelques "incontournables" (soupe "tom yum talay", wok de gambas au curry panang...). Prix raisonnables.

க் – Prix : €€

18 rue Porte-Lucas – 𝒞 03 26 54 89 80 – www.restaurant-cookin.fr – Fermé lundi, dimanche et samedi midi

LA GRILLADE GOURMANDE

SPÉCIALITÉS DE GRILLADES • **TRADITIONNEL** Les spécialités de ce restaurant ? Pigeonneau désossé au foie gras en feuilleté, ris de veau à la bourgeoise et grillades sur la braise, le tout préparé par un sympathique chef, Lyonnais d'origine. Côté cadre : la chaleur et la convivialité priment. Aux beaux jours, on profite du jardin d'été.

🐾 斎 – Prix : €€

16 rue de Reims – 𝒞 03 26 55 44 22 – www.lagrilladegourmande.com – Fermé lundi et dimanche

SYMBIOSE

CUISINE MODERNE • CONTEMPORAIN Une cuisine moderne aux équilibres maîtrisés, avec des touches créatives et un goût pour les épices, sans oublier des présentations soignées : voici ce que vous réserve Symbiose ! Le couple aux commandes sait où il va, et le plaisir est là.

&⚘ – Prix : €€

5 rue de Reims – ☏ 03 26 54 75 20 – www.symbiose-restaurant.com –
Fermé mardi et mercredi, et dimanche soir

ÉPINAL

✉ 88000 – Vosges – Carte régionale n° **7**–C3

  ### LES DUCS DE LORRAINE

Chefs : Stéphane Ringer et Rémi Gornet

CUISINE MODERNE • ÉLÉGANT Au cœur de la capitale des Vosges, Stéphane Ringer et Rémi Gornet règnent dans ce beau manoir de style néo-Tudor où hauts plafonds, vitraux, bois nobles et stucs chatoient de concert pour offrir un moment d'exception. Quatre mains exécutent une cuisine actuelle basée sur de beaux produits – homard, langoustines, turbot, caviar, ris de veau – et des cuissons impeccables. Final en beauté avec des chariots de fromages et de desserts bien achalandés. Cave riche notamment en vins de Bordeaux, terrasse/véranda avec toit escamotable.

⚐ &⚘ – Prix : €€€€

5 avenue de Provence – ☏ 03 29 29 56 00 – www.restaurant-ducsdelorraine.com –
Fermé lundi et dimanche, et mercredi soir

ERBALUNGA – Haute-Corse (20) ➜ Voir Corse

ESPALION

✉ 12500 – Aveyron – Carte régionale n° **23**–C2

MAISON BURGARELLA

CUISINE CRÉATIVE • ÉLÉGANT Entre Causses et Aubrac, la famille Burgarella vous accueille dans cette belle maison rénovée : au rez-de-chaussée, la brasserie la Table de Romane met à l'honneur les plats du terroir (tête de veau, tripoux de l'Aveyron...), tandis qu'à l'étage la table gastronomique la Tour permet au chef, depuis sa cuisine ouverte, de donner libre cours à sa créativité, sans jamais oublier ses racines aveyronnaises. Une belle pause gourmande sur les rives du Lot, sous l'égide du Château de Calmont.

🅰🅲 – Prix : €€

3 place Saint-Georges – ☏ 05 65 44 03 30 – www.maison-burgarella.fr –
Fermé lundi et dimanche soir

LE MÉJANE

CUISINE MODERNE • CONVIVIAL Le Méjane, c'est d'abord une institution, et ensuite un endroit agréable, d'une sobre élégance contemporaine. Deux pros qui se sont connus chez Michel Bras viennent de reprendre ce lieu. Leur cuisine soignée et savoureuse puise dans le terroir aveyronnais, riche en saveurs – filet de truite, ris de veau, sans oublier les délicieux fromages locaux comme le roquefort.

🅰🅲 – Prix : €€

8 rue Méjane – ☏ 05 65 48 22 37 – www.restaurant-mejane.fr – Fermé mardi et
mercredi, et dimanche soir

ESPALY-SAINT-MARCEL

✉ 43000 – Haute-Loire – Carte régionale n° **20**–C2

L'ERMITAGE

CUISINE TRADITIONNELLE • COSY Cette ancienne grange a conservé son charme rustique et le côté naturel de ses origines. On y apprécie une cuisine de tradition fine et bien réalisée, avec notamment la découpe en salle de certains poissons et pièces de bœuf. N'oublions pas la cheminée, en hiver, et la sympathique terrasse aux beaux jours. Un vrai plaisir.

🌿 🅿 – Prix : €€

73 avenue de l'Ermitage – ℰ 04 71 04 08 99 – www.restaurantermitage.fr – Fermé lundi, et mercredi et dimanche soir

ESPELETTE

✉ 64250 – Pyrénées-Atlantiques – Carte régionale n° **25**–A2

CHOKO ONA

Chef : Clément Guillemot

CUISINE MODERNE • CONTEMPORAIN Clément et Flora insufflent à cette maison un perpétuel air de jouvence, à l'image de ce potager d'herbes et de fleurs aromatiques qui s'invite entre les tables et dont les récoltes parsèment les assiettes. Sans oublier le piment d'ici et les épices d'ailleurs. Avec tout ça, le chef concocte une cuisine contemporaine, fine et subtile, aux produits sourcés au plus près d'Espelette : l'asperge blanche doucement grillée au barbecue à la tomme de brebis ; la belle langoustine snackée dans un bouillon safrané ; le pigeon cuit sur coffre dans son jus aux épices ras-el-hanout. Deux menus sont déclinés en fonction de votre appétit. Une table délicieuse à tous points de vue.

♿ 🅰🅒 🌿 🅿 – Prix : €€€

155 rue Xerrendako-Bidea – ℰ 05 59 15 71 65 – www.choko-ona.fr – Fermé lundi et dimanche

🌿 **L'engagement du chef** : Nos produits sont sourcés au plus près en agriculture bio et raisonnée, avec nos 600 m2 de potager qui fournissent de nombreux légumes et herbes. Les vins sont bio et biodynamique. Pour agir en faveur d'une gastronomie durable, nous avons réduit les plastiques à usage unique et les déchets ménagers et nous avons mis en place des récipients consignés avec nos producteurs. Tous les papiers du restaurant sont recyclés.

BRENTI ⓝ

CUISINE MODERNE • AUBERGE Le chef Matteo Giua (né en Allemagne, grandi en Sardaigne) et sa compagne Aurore Martinat ont ouvert dans cette maison de ville typiquement basque - et à la déco rustique juste-ce-qu'il-faut ! En choisissant avec circonspection de bons produits locaux et/ou bios, Matteo mélange au creuset de ses assiettes toutes ses expériences professionnelles, le terroir basque et ses racines italo-sardes pour nous sortir une aubergine à la sichuanaise et salade tiède de lentilles du Puy, ou une cane Kriaxera, girolles, prunes datils et skyr. Carte lapidaire qui change au fil des saisons. Carte des vins minimaliste de 20 références italiennes et locales en bio et biodynamie.

♿ 🅰🅒 – Prix : €€

65 Plazako Karrika – ℰ 05 59 15 70 67 – www.brenti.fr – Fermé lundi et mardi, et dimanche soir

ESVRES-SUR-INDRE

✉ 37320 – Indre-et-Loire – Carte régionale n° **15**–B1

ARDENT

CUISINE MODERNE • CONTEMPORAIN Au sein d'une vaste forêt privée où lodges sur pilotis, arbres et art contemporain marient leurs charmes respectifs, on repère un ancien corps de ferme restauré, au cœur duquel se niche ce restaurant à la décoration tout entière sylvestre et arty, évidemment. Une sérénité se dégage immédiatement de cette table qui ne sert que des produits de qualité, cuisinés avec soin en fonction des saisons et autour d'un menu unique en plusieurs choix de déclinaisons.

🚗♿🅰️🍽️🅿️ – Prix : €€€

Loire Valley Lodges, 1 allée de la Duporterie – ☎ 02 47 38 85 88 – www.loirevalleylodges.com

🛏️ ### LOIRE VALLEY LODGES

MODERNE • CHAMPÊTRE Si ces lodges se sont installés au cœur de la nature, c'est pour s'en inspirer : vous logerez, perché sur des pilotis, parmi les chênes, les châtaigniers et les pins de cette forêt de 300 ha. Ici, pas de wifi ni de télé : c'est un havre de paix d'esprit nordique moderne, noyé parmi les arbres mais avec tout le confort haut-de-gamme, dont un jacuzzi sur chaque terrasse.

🅿️�►🚗⛵♿🍽️ - 18 chambres

1 allée de la Duporterie – ☎ 02 47 38 85 88 – www.loirevalleylodges.com

Ardent - Voir la sélection des restaurants

ÉTAPLES

✉ 62630 – Pas-de-Calais – Carte régionale n° **4**–A2

😊 ### RACINES

CUISINE MODERNE • CONVIVIAL Implanté à proximité immédiate du port d'Etaples, à seulement cinq kilomètres du Touquet, cette nouvelle table propose une cuisine gourmande, pleine de saveurs, mitonnée à base de produits locaux. Les recettes du chef Pierre Chavatte font mouche et la gourmandise ne se dément pas. On se régale dans un cadre contemporain avec cuisine semi-ouverte, éclairages en suspensions entourées de racines. Indéniablement, la bonne affaire du coin !

♿🅰️ – Prix : €€

46 boulevard de l'Impératrice – ☎ 03 21 94 07 26 – www.restaurant-racines.fr – Fermé mardi et mercredi

ÉTOUY

✉ 60600 – Oise – Carte régionale n° **5**–B2

🌸 ### L'ORÉE DE LA FORÊT

Chef : Nicolas Leclercq

CUISINE MODERNE • ÉLÉGANT En lisière de la forêt de Hez, cette belle demeure de la fin du 19ᵉ s. accueille sereinement les clients dans son parc arboré. L'idéal pour se mettre au vert, l'appétit en bandoulière. Si la terrasse invite à la contemplation, l'intérieur, feutré et élégant, séduit grâce aux talents du chef Nicolas Leclercq et de son épouse Yolaine. La grand-mère de Nicolas avait ouvert le restaurant en... 1956 et faisait elle-même son beurre avec le lait de sa vache ! Le grand potager (flânerie obligatoire après le repas) approvisionne la table en légumes frais et herbes aromatiques – cueillette effectuée par le père du chef. Aujourd'hui, le cuisinier, qui fabrique lui-même son pain au levain, propose une cuisine directe, colorée et attentive aux saisons.

🚗🍽️🅿️ – Prix : €€€€

255 rue de la Forêt – ☎ 03 44 51 65 18 – www.loreedelaforet.fr – Fermé du lundi au mercredi et dimanche soir

ÉTRETAT

✉ 76790 – Seine-Maritime – Carte régionale n° **3**–A2

✿ LE DONJON - DOMAINE SAINT-CLAIR

CUISINE MODERNE • ÉLÉGANT Une partition réjouissante, rythmée par l'iode et les embruns : voilà ce qui vous attend dans cet élégant manoir normand, emmené par un chef à l'implication sans faille. C'est à la criée de Fécamp que ce chef imagine la carte, entre coques, homard, oursins et Saint-Jacques. Il en tire des assiettes techniques et pleines de saveurs, avec jus et sauces percutants, et même une pointe de malice qui n'est pas pour nous déplaire : on se souviendra de cette magnifique lotte cuite à basse température accompagnée d'un labneh légèrement fumé et sa vinaigrette de coque, une composition intense et addictive comme on aimerait en croiser plus souvent. On s'en délecte dans une salle à manger un brin déjantée, décorée d'une fresque par Jean-Charles de Castelbajac, avec Étretat et ses falaises en point d'horizon : comme cadre, on fait pire... Chambres personnalisées pour prolonger l'expérience ainsi qu'un bistrot avec sa terrasse donnant sur la piscine pour des dîners plus décontractés. Brunch le week-end en période estivale.

❀ ⇆ ⇐ 🛏 ⇧ **P** – Prix : €€€

Chemin de Saint-Clair – ☎ 02 35 27 08 23 – www.hoteletretat.com/fr –
Fermé lundi, mardi, et mercredi et jeudi à midi

LE BEL AMI

CUISINE MODERNE • CONVIVIAL À quelques centaines de mètres du front de mer, au milieu des crêperies et autres tavernes, attablez-vous sans hésiter dans ce lieu charmant et coloré, cornaqué par le maître du Donjon - Domaine Saint-Clair, table étoilée des hauteurs d'Etretat. Ici, on se régale sans façon d'une cuisine d'inspiration méditerranéenne, en commençant par partager des mezze (houmous/ tataki de bœuf, poutargue/kefta, aubergine ou bien encore ceviche aux agrumes et fenouil) avant d'attaquer un superbe pavé de maigre, tian de légume et hollandaise au romarin. C'est aussi une (petite) cave de vins à déguster sur place ou emporter.

🛦 – Prix : €€

25 rue Alphonse-Karr – ☎ 02 27 43 56 25 – www.lebelami.com – Fermé lundi et
mardi

🛏 LE DONJON - DOMAINE ST-CLAIR

CLASSIQUE • ROMANTIQUE Sur les hauteurs, à l'issue d'un chemin tortueux, un lieu à part, où l'on renoue avec les plaisirs de la Belle Époque... Le domaine réunit un castel et une villa : autant d'espaces intimes et charmants, décorés dans un esprit baroque, canaille ou moderne ! Les échappées sur la côte invitent, elles, à la contemplation...

P ⇆ ⇕ 🛏 🚲 ⌇ 🕤 ⌂ ⚑ ⅰ○ - 25 chambres

Chemin Saint-Clair – ☎ 02 35 27 08 23 – www.hoteletretat.com

✿ **Le Donjon - Domaine Saint-Clair** - Voir la sélection des restaurants

🛏 LES TILLEULS

CLASSIQUE • ÉLÉGANT Le jardin de tilleuls dissimule une grande bâtisse cossue bordée d'une cour en briques, un ancien hôtel particulier de 1738, dans le centre d'Étretat. La façade révèle des intérieurs tout aussi élégants qui ont conservé leur caractère 18e s. : un superbe escalier en bois souligné d'une dentelle en fer forgé, des sols en damier, un piano et un haut plafond mouluré. Dans les chambres et suites, le ton est aux tapisseries florales, au mobilier "royal" et aux cadres anciens. Un raffinement chargé d'histoire et des retraites bien-être (yoga, pilates, cuisine, detox...) pour se ressourcer. À l'origine de la recette, une jeune Belge qui a grandi dans les cuisines d'un restaurant étoilé. Tout s'explique !

P 🛏 - 5 chambres

45 rue Isabey – ☎ 02 35 27 76 76 – www.lestilleulsetretat.com

ÉTUPES

✉ 25460 – Doubs – Carte régionale n° **13**–C1

AU FIL DES SAISONS

CUISINE MODERNE • CONTEMPORAIN Dans la jolie maison de Stéphane et Fabienne Robinne se cache un intérieur savamment repensé, avec tables en bois brut et chaises en velours... Une simplicité qui n'ôte rien à la qualité de la table car en cuisine, la patte du chef est bien là, le tout dans le respect de la tradition.

🔥 🛱 🖢 – Prix : €€

3 rue de la Libération – 🕿 03 81 94 17 12 – www.aufildessaisons.eu/fr –
Fermé lundi, dimanche et samedi midi

EUGÉNIE-LES-BAINS

✉ 40320 – Landes – Carte régionale n° **25**–C2

🌼🌼🌼 LES PRÉS D'EUGÉNIE - MICHEL GUÉRARD

Chef : Michel Guérard

CUISINE CLASSIQUE • ÉLÉGANT Certains chefs doivent autant leur réputation à leur travail en cuisine qu'à leurs qualités humaines : Michel Guérard est de ceux-là. Considéré comme l'un des précurseurs de la Nouvelle Cuisine, admiré par ses pairs dans le monde entier, il continue de travailler avec la même passion et le même dévouement. Aux Prés d'Eugénie, l'expérience est totale : cadre enchanteur – une magnifique demeure au cœur d'un parc verdoyant –, service attentif au moindre détail... et surtout, cuisine en tous points exceptionnelle. On retrouve dans l'assiette tout l'héritage du chef Guérard : la veine naturaliste, bien sûr, une légèreté jamais prise en défaut, et cette capacité à marier les saveurs les plus diverses avec justesse, à la façon des instruments de l'orchestre. Le restaurant se situe dans les salons boisés de l'Impératrice, pétris de l'histoire de la maison.

🕷 ⇆ 🖛 🅰🅲 🛱 🅿 – Prix : €€€€

Place de l'Impératrice – 🕿 05 58 05 06 07 – www.lespresdeugenie.com –
Fermé lundi, mardi et du mercredi au vendredi à midi

LA FERME AUX GRIVES

CUISINE TRADITIONNELLE • AUBERGE Cette vieille auberge de village a retrouvé ses couleurs d'antan. Jardin potager, vieilles poutres et tomettes... Un cadre idéal pour savourer une cuisine du terroir joliment ressuscitée. Suites exquises, pour des nuits paisibles.

🖛 🛱 🅿 – Prix : €€

Place de l'Impératrice – 🕿 05 58 05 05 06 – www.lespresdeugenie.com –
Fermé mercredi, jeudi midi et dimanche soir

L'ORANGERIE ⓝ

CUISINE CLASSIQUE • BOURGEOIS Cette Orangerie, confortablement installée dans les anciennes salles à manger du restaurant gastronomique, fait rougir de plaisir... Cette table joue avec gourmandise sur plusieurs tableaux. D'une part, on y propose les plats et les recettes les plus emblématiques du père de la nouvelle cuisine, Michel Guérard. D'autre part, on se régale aussi de belles viandes grillées à la cheminée, des viandes landaises bien élevées (bœuf de race Blonde d'Aquitaine et Bazadaise, volailles locales...). Enfin, à côté de ces viandes, on retrouve des entrées qui marient classiques et plats de brasserie (saumon fumé maison, crème de raifort et toasts ; avocat "cocktail" et grosses crevettes de Palamos...). Une adresse entre nostalgie et réconfort à l'image de cet oreiller moelleux de mousserons et champignons sauvages (millésime 1978) ou du chariot de desserts.

🕷 🖛 🅰🅲 🛱 🅿 – Prix : €€€€

Place de l'Impératrice – 🕿 05 58 05 06 07 – www.lespresdeugenie.com - Fermé
lundi, mardi et le midi du mercredi au vendredi

ÉVIAN-LES-BAINS

✉ 74500 – Haute-Savoie – Carte régionale n° **21**–D1

❀ **LES FRESQUES - HÔTEL ROYAL**

CUISINE MODERNE • **LUXE** Installez-vous dans la majestueuse salle à manger de ce luxueux palace pour profiter des fresques Art Nouveau de Gustave Jaulmes. Le spectacle se déroule aussi dans l'assiette. Ici se déguste le meilleur du terroir rhônalpin, travaillé avec finesse et précision : pêche du Léman selon arrivage (omble chevalier, perches, écrevisses...), filet de bœuf d'Abondance fumé au foin d'alpage, poularde de Bresse au foie gras et vin jaune... Humble et passionné, le chef Patrice Vander ne propose que des produits nobles, et puise largement dans le potager du domaine. L'atmosphère exclusive et raffinée, tout comme la vue époustouflante et le service attentif, contribuent à ancrer cette expérience dans les mémoires.

🏸 ⇆ ⇇ 🛏 ♿ 🎑 ♨ 🅿 – Prix : €€€€

13 avenue des Mateirons – ☎ 04 50 26 85 00 – www.hotel-royal-evian.com – Fermé lundi, dimanche et du mardi au samedi à midi

😊 **LE MURATORE**

CUISINE TRADITIONNELLE • **BRASSERIE** M. Muratore, liquoriste et confiseur, a donné son nom à cette maison située au cœur de la rue piétonne d'Évian, sur une ravissante placette pavée où trône une fontaine. Aux fourneaux, Marc Serres réalise une cuisine soignée et savoureuse, ancrée dans la région. Menu au bon rapport qualité-prix, et produits plus nobles à la carte, dont les poissons du lac selon arrivage. Aux beaux jours, profitez de la terrasse sous le tilleul.

♿ 🎑 – Prix : €€

8 place du Docteur-Jean-Bernex – ☎ 04 50 92 82 49 – www.muratore-restaurant-evian.com – Fermé lundi et dimanche soir

AU JARDIN D'EDEN

CUISINE TRADITIONNELLE • **BISTRO** À l'entrée de la ville, cette table réunit bien des qualités : un chef-patron au beau parcours – dont 15 ans passés au Grand Véfour –, un retour aux sources à Évian (sans jeu de mots), une cuisine généreuse et attentive aux saisons. Fricassée de ris de veau aux champignons, cuisse de lapin farcie et gnocchis aux olives, filets de perche frais...

🎑 – Prix : €€

1 avenue Général-Dupas – ☎ 04 50 38 62 26 – www.jardin-eden-evian.com – Fermé lundi et mardi, et dimanche soir

🛏 **HÔTEL ROYAL**

CLASSIQUE • **RAFFINÉ** Ce luxueux palace né en 1909, véritable mythe, a fait peau neuve pour retrouver l'esprit villégiature français des années 1930, entre fresques et coupole. Son splendide parc, sa vue imprenable sur le lac et les montagnes livrent un goût d'éternité !

🏔 🏊 🐾 🏐 🛏 ⛳ 💆 ♨ 🧖 🚴 🍴 🅰🅲 - 150 chambres

13 avenue des Mateirons – ☎ 04 50 26 85 00 – www.hotel-royal.evianresort.com

❀ **Les Fresques - Hôtel Royal** - Voir la sélection des restaurants

ÉVREUX

✉ 27000 – Eure – Carte régionale n° **3**–B3

😊 **LA GAZETTE**

CUISINE MODERNE • **CONTEMPORAIN** Une valeur sûre que ce restaurant dont le décor mêle harmonieusement le contemporain et l'ancien, entre teintes claires et poutres centenaires... Aux fourneaux, Xavier Buzieux s'attache à mettre en valeur les petits producteurs locaux et à suivre les saisons. De quoi faire parler les gazettes !

&. 🅰️ – Prix : €€

7 rue Saint-Sauveur – ☏ 02 32 33 43 40 – www.restaurant-lazette.fr – Fermé lundi, dimanche et samedi midi

EYGALIÈRES

✉ 13810 – Bouches-du-Rhône – Carte régionale n° **28**–E1

 MAISON HACHE

Chef : Christopher Hache

CUISINE PROVENÇALE • ÉLÉGANT Christopher Hache est enfin chez lui. Sa cuisine n'a rien de celle d'un palace et c'est bien comme ça. Loin du Crillon et des grandes tables parisiennes qu'il connaît sur le bout de la toque, le chef compose un hommage savoureux à la Provence et aux Alpilles. En témoignent, dans le désordre, une sélection rigoureuse de fruits et légumes, l'agneau et les vins du terroir : on privilégie ici la proximité, les produits et producteurs du cru. Quant aux assiettes, elles sont simples dans la forme, brutes, à l'image des saveurs qui s'en dégagent, franches et pures (dont le superbe jus d'agneau), sans détours ni chichis. Ajoutons à ce tableau un cadre chic, une carte des vins inspirée, ainsi que des chambres de grand confort à l'étage. En somme : une excellente adresse.

🐾 ⇐ 🅰️ ⌂ ⌂ – Prix : €€€€

30 rue de la République – ☏ 04 90 95 00 04 – www.maisonhache.com – Fermé lundi et dimanche

LE BISTROT DU BRAU ⓝ

CUISINE TRADITIONNELLE • MÉDITERRANÉEN Une belle bastide isolée dans une chênaie provençale, le chant des cigales, la douceur de l'ombre, le clapotis de la piscine, des viandes de qualité maturées (bœuf Black Angus et Wagyu d'Australie et du Japon), une carte de cuisine traditionnelle supervisée par le chef Christopher Hache (dont la Maison Hache étoilée est voisine) et des produits frais : un programme délectable à déguster sur les tables en fer forgé de la terrasse ou dans la salle toute blanche au mobilier noir.

⇐ &. ⌂ 🅿️ – Prix : €€

765 chemin de Pestelade – ☏ 04 90 95 90 06 – www.hotellabastide.com/ le-bistrot-du-brau – Fermé lundi et dimanche

 DOMAINE LA PIERRE BLANCHE *Plus*

CONTEMPORAIN • CALME Au pied des Alpilles, l'un des hôtels de charme les plus tranquilles de toute la France. Les chambres et suites sont d'un style contemporain sobre qui complète l'architecture du lieu. Elles sont toutes confortables et certaines disposent d'un jacuzzi extérieur. Le contraste de la pierre brute et du bois patiné avec le mobilier moderne forme un style intemporel, léger et aéré. Les services ne sont pas en reste avec un petit spa, une piscine extérieure chauffée accompagnée d'un bar, des courts de tennis et de pétanque, des étendues infinies d'oliviers et de lavande.

&. 🅿️ ⌂ ⌂ ⌂ ⌂ ⚙️ ⌂ 🅰️ - 15 chambres

2950 route d'Orgon – ☏ 06 47 40 17 00 – www.domainelapierreblanche.com

EYMET

✉ 24500 – Dordogne – Carte régionale n° **18**–C3

LA COUR D'EYMET

CUISINE CLASSIQUE • BOURGEOIS Sur la rue principale du bourg, une maison de style régional, flanquée d'une petite cour où l'on dresse quelques tables aux beaux jours. Les gourmands s'y régalent d'une cuisine soignée à base d'excellents produits. Enfin, le tout est accompagné de bons petits vins du pays.

க் 斎 – Prix : €€

*32 boulevard National – ℰ 05 53 22 72 83 – www.lacourdeymet.com –
Fermé lundi et mercredi, et dimanche soir*

EYRAGUES
✉ 13630 – Bouches-du-Rhône – Carte régionale n° **28**–E1

LE PRÉ GOURMAND
CUISINE MODERNE • ÉLÉGANT Cette sympathique adresse, située à la sortie du village, propose une cuisine méditerranéenne en harmonie avec les saisons : courgettes, aubergines, huile d'olive et citron accompagnent les poissons de la grande bleue ou l'agneau de La Crau. La belle terrasse située plein sud s'ouvre sur un jardin charmant. Et au bout du pré recouvert de fleurs, quelques jolies chambres vous attendent...

🛏க்𝔸�ℂ斎🅿 – Prix : €€€

*175 avenue Max-Dormoy – ℰ 04 90 94 52 63 – www.lepre-gourmand.com/fr –
Fermé lundi, samedi midi et dimanche soir*

LES EYZIES-DE-TAYAC-SIREUIL
✉ 24620 – Dordogne – Carte régionale n° **18**–D3

☼ LE 1862 - LES GLYCINES
Chef : Pascal Lombard
CUISINE MODERNE • CONTEMPORAIN Des assiettes colorées et originales, aux cuissons impeccables et réalisées avec des produits de grande qualité, dont les légumes du potager : voici l'alléchant programme qui n'attend que votre coup de fourchette au 1862, la table principale de l'hôtel Les Glycines. Cet ancien relais de poste, situé entre la gare et la Vézère, propose une cuisine du marché aux harmonies de saveurs subtiles, ainsi que des sauces très abouties. Le chef magnifie les plus beaux produits du coin : pigeon, foie gras, tomme de Sarlat et autres légumes ! On déguste tout cela dans une élégante salle contemporaine ouverte sur la terrasse-loggia donnant sur le parc. Service impeccable et bons conseils sur les vins.

🕶 🕸 ⟨ 🛏க்𝔸�ℂ斎🅿 – Prix : €€€€

*4 avenue de Laugerie – ℰ 05 53 06 97 07 – www.les-glycines-dordogne.com/fr/
hotel-les-eyzies – Fermé lundi et du mardi au dimanche à midi*

😊 LE BISTRO DES GLYCINES
CUISINE MODERNE • CONTEMPORAIN L'un des atouts indéniables de cet hôtel : son excellent bistrot ! Dans la salle en véranda joliment décorée (tables en bois brut, chaises de style "shaker"...), on se régale le midi de plats dans l'air du temps, à bon rapport qualité-prix, comme cette longe de thon mi-cuit, légumes sautés au gingembre, ou ce chou du potager farci au confit de canard. Une carte créative et alléchante, qui rencontre un succès bien mérité !

க்𝔸�ℂ斎🅿 – Prix : €€

*4 avenue de Laugerie – ℰ 05 53 06 97 07 – www.les-glycines-dordogne.com/fr/
hotel-les-eyzies – Fermé lundi et du mardi au dimanche soir*

LA TABLE DU CENTENAIRE
CUISINE MODERNE • CLASSIQUE Cet établissement historique des Eyzies a retrouvé un coup de jeune depuis sa reprise par le chef Mathieu Métifet. Cet ancien ostréiculteur, qui s'inspire du terroir périgourdin et apprécie les touches marines, réalise une cuisine généreuse et personnelle, à l'instar de son plat signature, "les incontournables couteaux du Centenaire à la crème de morilles et magret fumé maison". Petits producteurs locaux triés sur le volet.

&. 𝔸𝔸 ⌂ 𝐏 – Prix : €€€
2 avenue du Cingle – ℰ 05 53 06 68 68 – www.hotelducentenaire.fr –
Fermé mardi et mercredi soir

🛏 LES GLYCINES

CLASSIQUE • CHAMPÊTRE Cet ancien relais de poste au bord de la Vézère respire la nature avec son parc, sa tonnelle de glycine et son potager. Les chambres se révèlent charmantes et confortables, en particulier les junior suites et les "éco-lodges". Espace bien-être et salle de soins.

&. 𝐏 ⌂ 🏊 🐾 𝕃𝕫 ♨ ⏀ 𝔸𝔸 - 25 chambres
4 avenue de Laugerie • ℰ 05 53 06 97 07 – www.les-glycines-dordogne.com
⚙ **Le 1862 - Les Glycines** • ⚙ **Le Bistro des Glycines** - Voir la sélection des restaurants

ÈZE

✉ 06360 – Alpes-Maritimes – Carte régionale n° **29**–E2

✿✿ LA CHÈVRE D'OR

CUISINE CRÉATIVE • ÉLÉGANT Ce qui frappe en arrivant au Château de la Chèvre d'Or, c'est sa situation d'exception : niché sur les hauteurs d'un village médiéval à flanc de rocher, l'établissement offre une vue renversante sur l'arrière-pays azuréen et sur les reflets enchanteurs de la Méditerranée. Une fois remis de cette "claque" visuelle, place à table : là encore, l'enthousiasme est de mise. Avec les trésors dénichés alentour (poissons de la pêche, viandes et légumes, huile d'olive, herbes...) et tout le talent qu'on lui connaît, Arnaud Faye se fend d'assiettes harmonieuses et précises, souvent irrésistibles.

🐾 ⇔ ≼ ⌂ 𝔸𝔸 ⌂ 🐾 𝐏 – Prix : €€€€
Rue du Barri – ℰ 04 92 10 66 61 – www.chevredor.com

✿ CHÂTEAU EZA

CUISINE MODERNE • ROMANTIQUE Attention, lieu magique. Il y a le panorama éblouissant, ces variations du paysage en contrebas, le massif qui plonge dans la Méditerranée. Mais il y a aussi la cuisine du chef Justin Schmitt ! Ce familier des belles maisons réalise dans ce cadre merveilleux une cuisine moderne et maîtrisée, non sans personnalité, à l'image de ce poulpe rôti au satay, crémeux de maïs et whisky fumé, ou de ce saint-pierre aux fleurs de courgettes, crevettes et verveine. Les desserts ne sont pas en reste et la vue depuis la terrasse est à couper le souffle !

⇔ ≼ 𝔸𝔸 ⌂ ⌂ 🐾 𝐏 – Prix : €€€€
Rue de la Pise – ℰ 04 93 41 12 24 – www.chateaueza.com

LES REMPARTS

CUISINE PROVENÇALE • ROMANTIQUE Pour découvrir la patte du chef Arnaud Faye, cette table nichée au sein de la Chèvre d'Or s'avère une option fort séduisante : terrasse au-dessus de la falaise (effet wahou garanti), vue magique sur la Grande Bleue, St-Jean-Cap-Ferrat et la baie des Anges, cuisine méridionale chic et gourmande, chariot de glaces et savoureuses pâtisseries. Un bonheur.

≼ ⌂ ⌂ 🐾 𝐏 – Prix : €€€
Rue du Barri – ℰ 04 92 10 66 61 – www.chevredor.fr/restaurants-bars/restaurant-les-remparts – Fermé le soir

🛏 CHÂTEAU DE LA CHÈVRE D'OR

CLASSIQUE • MARITIME Un îlot céleste, agrippé aux rochers en surplomb de la Méditerranée. La plupart des chambres, disséminées dans le village, jouissent d'une vue splendide. Un petit paradis au-dessus de la mer.

🐾 𝐏 ⌂ 🏊 ⌂ 🏊 🐾 𝕃𝕫 ⏀ 𝔸𝔸 - 45 chambres
Rue du Barri – ℰ 04 92 10 66 66 – www.chevredor.com
⚙⚙ **La Chèvre d'Or** • **Les Remparts** - Voir la sélection des restaurants

CHÂTEAU EZA

CONTEMPORAIN • CHALEUREUX Dans cette demeure du 14e s. perchée entre ciel et mer, la vue sur la côte est littéralement... époustouflante ! Quant à la décoration des chambres, elle mêle charme des pierres anciennes et raffinement contemporain : c'est élégant et subtil.

🛳 **P** 🌊 **🛁 t⊙ 🅰️** - 14 chambres

Rue de la Pise – 𝒞 *04 93 41 12 24 – www.chateaueza.com*

❀ **Château Eza** - Voir la sélection des restaurants

ÈZE-BORD-DE-MER

✉ 06360 – Alpes-Maritimes – Carte régionale n° **29**–E2

 LA TABLE DE PATRICK RAINGEARD

CUISINE MODERNE • LUXE Dans le cadre luxueux de l'hôtel Cap Estel, on franchit un lobby de marbre avant de descendre quelques marches pour arriver sur une terrasse avec la mer en toile de fond. L'art du chef Patrick Raingeard s'y épanouit au gré d'un bel hommage à la Méditerranée... Formé par Alain Passard et Jacques Maximin notamment, ce cuisinier voue un profond respect à la qualité des produits, et défend une pêche soucieuse de la préservation des ressources halieutiques. Une pointe d'inventivité rehausse toujours des menus volontiers voyageurs, dont un végétarien. Tout ici est idyllique et confidentiel à l'image de ce grand portail à l'enseigne discrète qui ouvre sur un chemin dérobé...

🍸 ≼ 🖙 🅰️ 🛋 🛳 **P** – Prix : €€€€

1312 avenue Raymond-Poincaré – 𝒞 *04 93 76 29 29 – www.capestel.com/fr*

 CAP ESTEL

CLASSIQUE • RAFFINÉ Sur une presqu'île privée, cette villa enchanteresse, construite par un prince russe à la fin du 19e s, cultive l'art du luxe discret. Ses salons magnifiques, ses chambres et suites somptueuses, son spa, son parc et sa piscine à débordement au-dessus de la mer... tout invite à un séjour de rêve, à l'abri des regards.

🛥 🛳 **P** 🌀 🌊 🛠 🌐 🏊 🌿 🛁 t⊙ 🅰️ - 18 chambres

1312 avenue Raymond-Poincaré – 𝒞 *04 93 76 29 29 – www.capestel.com*

❀ **La Table de Patrick Raingeard** - Voir la sélection des restaurants

FALAISE

✉ 14700 – Calvados – Carte régionale n° **2**–C2

Ô SAVEURS

CUISINE MODERNE • CONTEMPORAIN Cette adresse entièrement rénovée - une salle à manger contemporaine et lumineuse - fait le bonheur des habitués, et pour cause : le chef-patron signe une cuisine au goût du jour, délicate et colorée, respectant le produit et utilisant au maximum les herbes de la région... Pour un résultat goûteux et maîtrisé : asperges, œuf mollet à la morille, croustillant au sarrasin ; volaille à la truffe, pulpe de navet, petit pois...

🏠 – Prix : €€

38 rue Georges-Clemenceau – 𝒞 *02 31 90 13 14 – www.hotelrestaurantosaveurs. com – Fermé lundi, samedi midi et dimanche soir*

FAUGÈRES

✉ 07230 – Ardèche

 DOMAINE DE CHALVÊCHES

CLASSIQUE • CHAMPÊTRE Ceux qui recherchent le silence et la nature adoreront cet hôtel moderne dont les chambres, disséminées dans le jardin, allient luxe et personnalisation. L'un des atouts de l'établissement est son exceptionnelle piscine, avec une superbe vue sur les bois et les collines alentours...

AK - 10 chambres
Lieu-dit Chalvêches – ✆ 04 75 35 76 16 – www.domaine-chalveches.fr

FAULQUEMONT

✉ 57380 – Moselle – Carte régionale n° **7**–C2

✿ **TOYA**

Chef : Loïc Villemin

CUISINE CRÉATIVE • ÉPURÉ Tōya ? Un célèbre lac volcanique au nord du Japon, au cœur du parc national de Shikotsu-Tōya. Aux yeux du jeune chef globe-trotter Loïc Villemin, cette région est en quelque sorte l'Éden de la gastronomie. Poissons, plantes et herbes sauvages y abondent, tandis qu'on y pratique l'élevage extensif et un maraîchage de qualité. De quoi inspirer cette table zen (ouverte sur la verdure d'un golf) et branchée "nature" ! Notre aspirant moine bouddhiste a fait retraite dans les meilleurs monastères gourmands, ceux de Jean-Georges Klein, Nicolas Le Bec, Bernard Loiseau et Arnaud Lallement. Il aime travailler les beaux produits au travers d'un menu mystère qui change chaque semaine. Technique pointue et créativité s'expriment avec force et saveur dans cette truite d'Abreschviller ikejime, diverses textures autour de la carotte, gingembre et carvi. Immanquable.

🕸 ⇔ ≼ ₺ AK 🏠 🅿 – Prix : €€€€

Avenue Jean-Monnet – ✆ 03 87 89 34 22 – www.toya-restaurant.fr –
Fermé lundi, mardi et dimanche

✿ **L'engagement du chef :** Depuis mon enfance j'ai été sensibilisé à l'écologie. Au Toya, je travaille pour que mon établissement réduise son impact sur tous les plans. Nous pratiquons une démarche zéro déchet, zéro plastique et sans poissons de mer, victimes de surpêche. Pour la viande, nous valorisons des pièces entières, le lait et la crème proviennent de nos vaches jersiaises. Nos légumes sont cultivés en collaboration avec un maraîcher dans un jardin dédié au restaurant.

FAVIÈRES

✉ 80120 – Somme – Carte régionale n° **4**–A2

⊛ **LA CLÉ DES CHAMPS**

CUISINE MODERNE • CONTEMPORAIN Dans cette maison tenue par un jeune couple de professionnels, on ne ménage pas sa peine pour faire plaisir au client. Vous y dégusterez une cuisine moderne et appliquée mettant les produits du terroir à l'honneur : boudin de haddock aux champignons de Picardie ; pintade fermière farcie à la pomme et à l'oignon, jus à la chicorée ; mont-blanc au cassis et marron...

₺ 🗘 – Prix : €€

Place des Frères-Caudron – ✆ 03 22 27 88 00 – www.restaurant-lacledeschamps.com – Fermé lundi et dimanche

FAYENCE

✉ 83440 – Var – Carte régionale n° **29**–C2

LE CASTELLARAS

CUISINE PROVENÇALE • CONVIVIAL Une affaire de famille tenue dans une maison au cadre rénové, avec sa cuisine ouverte prolongée de la terrasse jouissant d'un magnifique panorama sur la vallée et la cité de Fayence. On y déguste une cuisine aux couleurs de la Provence, inspirée par le marché et les saisons, à l'image de ce râble de lapin rôti aux herbes et légumes du moment, à la cuisson juteuse bien maîtrisée. Quelques chambres pour l'étape.

≼ 🏠 🏠 🅿 – Prix : €€€

461 chemin de Peymeyan – ✆ 04 94 76 13 80 – www.restaurant-castellaras.com – Fermé du lundi au jeudi

FELDBACH

✉ 68640 – Haut-Rhin – Carte régionale n° **8**–A3

CHEVAL BLANC

CUISINE TRADITIONNELLE • ÉLÉGANT Dans cette maison typique du Sundgau, la cuisine est une passion qui se transmet de génération en génération. À la suite de son père, le jeune chef est désormais seul aux fourneaux. Il y réalise de belles recettes traditionnelles teintées de modernité, avec un penchant particulier pour le gibier... Très beau choix de vins.

⅏ & 🅐🅒 🛱 ⇄ – Prix : €€

1 rue de Bisel – ℰ 03 89 25 81 86 – www.cheval-blanc-feldbach.fr – Fermé du lundi au mercredi

LA FERRIÈRE-AUX-ÉTANGS

✉ 61450 – Orne – Carte régionale n° **2**–B3

☸ AUBERGE DE LA MINE

Chef : Hubert Nobis

CUISINE MODERNE • ÉLÉGANT Autrefois cantine de la mine de fer locale (fermée en avril 1970), cette auberge accueille le même chef depuis plus de trente ans. Formé à l'ancienne école, son maître-mot est la simplicité. Pas de chichis ou d'excès : franchise et sincérité sont au programme. Ce qui n'empêche pas une technique solide et de belles inspirations : on pense notamment à cette barbue, petits pois et beurre citronné, un vrai moment de plaisir ! Une jolie partition de saison, à déguster dans deux petites salles à manger ultra-chic et élégantes, pas guindées pour un sou. On n'aura jamais eu autant de plaisir à aller à la Mine...

⇄ 🅿 – Prix : €€€

8 rue de Champsecret – ℰ 02 33 66 91 10 – www.aubergedelamine.com – Fermé lundi et mardi, et dimanche soir

FERRIÈRES-EN-BRIE

✉ 77164 – Seine-et-Marne – Carte régionale n° **11**–C1

LE BARON

CUISINE MODERNE • HISTORIQUE Le Baron est le restaurant gastronomique du Château de Ferrières, situé au sein même de l'ancienne demeure des Rothschild, devenu une école hôtelière de prestige. On goûte ici à une cuisine appliquée sur des bases classiques affirmées dans un cadre somptueux et unique.

🖙 ⇄ 🅿 – Prix : €€€€

Rue du Château – ℰ 01 81 16 27 78 – www.lebaron-restaurant.fr – Fermé lundi et mardi, et dimanche soir

LA FERTÉ-BERNARD

✉ 72400 – Sarthe – Carte régionale n° **10**–B2

🐸 RESTAURANT DU DAUPHIN

CUISINE MODERNE • TENDANCE Dans la vieille ville, au pied de la porte St-Julien, cette jolie demeure du 16ᵉ s. au cadre chaleureux – bonne idée, par exemple, d'avoir conservé la cheminée ! – propose une cuisine maison et dans l'air du temps, un brin exotique parfois, mais qui conserve toujours quelques classiques de derrière les fagots. En témoigne ce tournedos de lotte, maki de légumes, asperges vertes, condiment sésame et salicornes. En dessert, quel plaisir de retrouver un vacherin, un baba, ou un moelleux, qui assume sa gourmandise et fonctionne à tous les coups. Ajoutez à cela une belle sélection de vins au verre. Une adresse très recommandable !

&. 斎 – Prix : €€

3 rue d'Huisne – 𝒞 02 43 93 00 39 – www.restaurant-du-dauphin.com – Fermé lundi et dimanche

AU BISTRONOME

CUISINE TRADITIONNELLE • BISTRO L'intérieur, lumineux et haut de plafond, est décoré à la façon d'un bistrot contemporain. Même philosophie dans l'assiette, qui met en avant la tradition avec notamment de bonnes grillades au charbon de bois – côte de bœuf, entrecôte, andouillette, thon, sole... – préparées directement dans la salle. Simple et généreux !

&. – Prix : €€

11 rue Bourgneuf – 𝒞 02 43 93 21 58 – www.aubistronome.fr – Fermé lundi et dimanche, et mardi et mercredi soir

LA FERTÉ-SAINT-CYR

✉ 41220 – Loir-et-Cher – Carte régionale n° **10**–D3

LA DILIGENCE

CUISINE MODERNE • AUBERGE Cet ancien relais de poste joliment restauré propose de goûteuses préparations, mettant en valeur le terroir local, et dispose de chambres confortables et d'une piscine d'été appréciée. L'accueil est particulièrement charmant. Une adresse aussi sympathique que coquette.

&. 斎 – Prix : €€

13 rue du Bourg – 𝒞 02 54 87 90 14 – www.hotel-la-diligence.com – Fermé lundi, mardi et mercredi à midi, et dimanche soir

FIGEAC

✉ 46100 – Lot – Carte régionale n° **23**–B2

LA CUISINE DU MARCHÉ

CUISINE TRADITIONNELLE • AUBERGE La vieille ville est un bel écrin pour ce restaurant agréable, dont le nom est déjà un manifeste ! On utilise de bons produits du marché pour réaliser une cuisine simple et goûteuse, mâtinée de quelques touches espagnoles – origines du chef obligent.

🆔 – Prix : €€

15 rue de Clermont – 𝒞 05 65 50 18 55 – www.lacuisinedumarchefigeac.com – Fermé lundi et dimanche

LA DÎNÉE DU VIGUIER

CUISINE MODERNE • HISTORIQUE Dans cette adresse historique du centre-ville, le chef Grégory Tavan propose une cuisine de saison avec une touche de créativité. Côté cadre, c'est l'élégante salle des gardes du château, revue à la mode contemporaine.

🆔 斎 ✿ – Prix : €€€

4 rue Boutaric – 𝒞 05 65 50 08 08 – www.cite-hotels.com – Fermé lundi et dimanche

LA RACINE ET LA MOELLE

CUISINE MODERNE • BAR À VIN La cheffe Julie et son compagnon irlandais ont déjà conquis les Figeacois avec des assiettes modernes et savoureuses. Dressages sans chichis et cuissons impeccables se dégustent dans une ambiance conviviale et aussi nature que la jolie sélection de vins (le lieu fait aussi caviste). Carton plein !

斎 – Prix : €€

6 rue du Consulat – 𝒞 09 83 53 81 58 – Fermé lundi et dimanche, et mercredi soir

MERCURE FIGEAC VIGUIER DU ROY

TRADITIONNEL • CHARME De la charmante cour pavée aux tentures, en passant par le bistrot classique, cet hôtel de charme - autrefois une luxueuse résidence privée - est ancré dans l'histoire et la tradition locales. Les chambres sont simples et élégantes, avec des détails en pierre et en bois. L'esthétique s'articule autour de thèmes littéraires : bureaux anciens, calligraphies murales et lampes étudiées pour la lecture. Par temps chaud, l'hôtel dispose d'une piscine et d'une terrasse. Sinon, l'hôtel prête des vélos pour explorer les rues pavées de la ville et les petits cafés pittoresques.

&️ 🅿️ 🕭 🖼 🏊 🛁 🕯️💿 🆎 - 21 chambres

52 rue Émile Zola – ℰ 05 65 50 05 05 – www.all.accor.com/ssr/app/mercure/hotels/46100-figeac-france

La Dînée du Viguier - Voir la sélection des restaurants

FILLÉ

✉ 72210 – Sarthe – Carte régionale n° **10**–A2

MAISON NIPA

CUISINE MODERNE • CONTEMPORAIN Divine surprise que cette table ouverte par un couple de pros franco-philippin (lui au salé, elle au sucré) qui a décidé de nous régaler avec cette cuisine française bercée par les effluves de l'archipel aux 7107 îles, dit-on... Dans l'assiette, le voyage gustatif entre Sarthe et Philippine est garanti : Saint-Jacques, agrumes, choux et espuma d'orange sanguine et kalamansi ou encore cette poularde, patate douce, avocat banane. Si la maison n'arbore pas de toit en feuilles de palmier (c'est le sens de nippa), on aime cette salle moderne qui mélange avec habilité les matériaux et les codes (notes de bois, de nacre, de coco et de métal).

&️ ♿ 🅿️ - Prix : €€€

13 rue des Gesleries – ℰ 02 43 87 40 40 – www.maisonnipa.fr – Fermé mardi, mercredi, samedi midi et dimanche soir

LES FINS

✉ 25500 – Doubs – Carte régionale n° **13**–C2

CROQUE SAISON

CUISINE DU MARCHÉ • CONTEMPORAIN Originaire du Mans, le chef a créé de toutes pièces cette maison en bois et verre, dont la terrasse offre une vue imprenable sur le val de Morteau. Les assiettes sont soignées, mettant en valeur des produits de superbe qualité (poissons, notamment), et le service est efficace. Venez croquer les saisons, vous ne le regretterez pas.

≼&️ 🛋 🅿️ - Prix : €€

sous Les Sangles – ℰ 03 81 64 32 20 – www.croquesaison.fr – Fermé mercredi, et mardi et dimanche soir

FLAYOSC

✉ 83780 – Var – Carte régionale n° **24**–B2

 LE NID

CUISINE MODERNE • CONVIVIAL Une adresse tenue par des gens charmants : Emilie est aux petits soins avec ses clients, et le chef réalise une cuisine de saison, pleine de fraîcheur et de goût. Il privilégie les circuits courts, et les producteurs locaux. Une adresse qui fait le plein tous les jours. Un nid de gourmandise, à l'excellent rapport qualité/plaisir/prix...

&️ 🆎 - Prix : €€

37 boulevard Jean-Moulin – ℰ 04 98 09 57 62 – www.restaurantlenid-flayosc.fr – Fermé lundi, mardi et dimanche

LE CIGALON

CUISINE MODERNE • SIMPLE Une agréable maison, située en retrait du village de Flayosc. Elle en salle, lui en cuisine offrent à ce lieu une chaleur qui va au-delà de la gourmandise. Barigoule de fenouil aux olives, focaccia et encornet ; daurade de Méditerranée, cocos, courgettes et moules ; poire rôtie à l'anis étoilé, glace noisette... On dirait le Sud.

&. 🅰🖼🏠 – Prix : €€

5 boulevard du Grand-Chemin – ℰ 04 94 68 69 65 – www.lecigalonflayosc.
wixsite.com/site – Fermé mercredi et jeudi

LA FLÈCHE

✉ 72200 – Sarthe – Carte régionale n° **10**-A2

LE MOULIN DES QUATRE SAISONS

CUISINE MODERNE • CONTEMPORAIN Au centre de la ville, Cupidon semble veiller sur ce beau moulin du 17ᵉ s. posé sur les eaux du Loir ! Un cadre enchanteur... pour une cuisine actuelle, rythmée par les saisons et accompagnée de beaux vins, certains d'Autriche – pays d'origine de la propriétaire.

🕸 🛖&🖼🏠↔🅿 – Prix : €€€

14 rue Gallieni – ℰ 02 43 45 12 12 – www.moulindes4saisons.fr – Fermé lundi, et
mercredi et dimanche soir

FLERS

✉ 61100 – Orne – Carte régionale n° **2**-B3

AUBERGE DES VIEILLES PIERRES

CUISINE MODERNE • CONTEMPORAIN Sous l'égide d'un couple de professionnels attentionnés, cette auberge rénovée en 2020 a su conquérir le coeur des gourmands de la région. Des recettes dans l'air du temps et bien réalisées, à déguster dans un cadre moderne. Mention spéciale pour le chef pâtissier qui réalise des desserts particulièrement savoureux, comme ce délice à la vanille, abricot poché au basilic, crémeux basilic.

&.🖼🏠↔🅿 – Prix : €€

169 Le Buisson Corblin – ℰ 02 33 65 06 96 – www.aubergedesvieillespierres.fr –
Fermé lundi et mardi, et dimanche soir

FLEURIE

✉ 69820 – Rhône – Carte régionale n° **21**-A1

AUBERGE DU CEP

Chef : Aurélien Merot

CUISINE MODERNE • CHIC Inutile de présenter cette maison emblématique du Beaujolais, devenue fameuse grâce au talent de la cheffe Chantal Chagny – 44 ans aux fourneaux, tout de même ! Son successeur, Aurélien Merot, s'inscrit dans une veine similaire, alliance de finesse et de générosité. Il fait chanter le terroir régional (poulet fermier de l'Ain cuisiné au vin de Fleurie, suprême farci au foie gras, la cuisse comme un coq au vin en pâte) avec un travail particulier sur les jus et les sauces. Le rapport qualité-prix se révèle excellent (le menu de midi est une affaire !) et l'on arrose le repas d'une belle sélection de vins de la région.

🕸 – Prix : €€€

11 rue des Quatre-Vents – ℰ 04 74 04 10 77 – www.aubergeducep.com –
Fermé lundi et dimanche

FLEURY

✉ 11560 – Aude – Carte régionale n° **27**–C2

LA TULIPE NOIRE

CUISINE MODERNE • AUBERGE Dans ce chai transformé avec goût, le chef et sa femme suivent les saisons au plus près, notamment grâce à leur propre potager qui fournit l'essentiel des légumes que vous dégusterez ici. Derrière les intitulés de plats volontairement simples se cache une cuisine finement technique qui revisite volontiers les classiques (pistou, soupe à l'oignon, tarte tatin).

⌂ – Prix : €€

1 rue du Ramonétage – ☏ 04 68 46 59 80 – www.restaurant-tulipenoire.fr – Fermé mardi et mercredi

FLEURY-SUR-ORNE

✉ 14123 – Calvados – Carte régionale n° **2**–C2

AUBERGE DE L'ÎLE ENCHANTÉE

CUISINE MODERNE • COSY L'ancien Chef de La Glycine (Bénouville) s'est installé dans cet ancien bar de pêcheurs situé en bordure de l'Orne. Fidèle à l'esprit de la maison, il propose une cuisine traditionnelle revisitée, qu'il fait évoluer au gré des saisons. Du sérieux.

⪕ ⑤ ⌂ – Prix : €€

1 rue Saint-André – ☏ 02 31 52 15 52 – www.ileenchantee.fr – Fermé lundi et mardi, et dimanche soir

FLOIRAC

✉ 46600 – Lot – Carte régionale n° **23**–B2

LA MANGEOIRE Ⓝ

CUISINE MODERNE • VINTAGE Dans ce charmant village du Lot, le voyageur repère immédiatement cette jolie bâtisse en pierre calcaire et toit d'ardoises, avec sa terrasse et sa véranda de style Belle Époque, aujourd'hui toutes fenêtres ouvertes. Le chef, qui a exercé un peu partout dans le monde, en a rapporté le goût des mélanges exotiques : aubergines onctueuses « comme un houmous », pain de seigle brûlé, artichaut Camus frit, filet de porc séché à la cheminée ; secreto ibérique juste saisi, à la cacahuète et au gingembre, fenouil rôti et nouilles de blé. Une cuisine voyageuse d'esprit bistronomique, ponctuée de touches asiatiques ou d'épices du Maghreb.

⑤ ⒶⓀ ⌂ – Prix : €€

Le Bourg – ☏ 05 65 41 72 38 – www.la-mangeoire-restaurant-floirac.eatbu.com – Fermé du mardi au jeudi

LA FLOTTE – Charente-Maritime (17) ➜ Voir Île de Ré

FONDETTES

✉ 37230 – Indre-et-Loire – Carte régionale n° **15**–B1

⛉ L'OPIDOM

Chef : Jérôme Roy

CUISINE CRÉATIVE • CONTEMPORAIN De l'ambition, le chef Jérôme Roy n'en a jamais manqué comme l'atteste son beau parcours (Gagnaire et Troisgros notamment et une étoile gagnée au Couvent des Minimes à Mane-en-Provence par le passé). Né à Loches, il est de retour sur ses terres d'origine, épaulé en salle par son épouse. Dans un cadre contemporain, on découvre avec plaisir sa cuisine actuelle et créative, rythmée par les saisons, et qui s'appuie sur une sélection rigoureuse de très beaux produits : foie gras des Landes croustillant, gingembre confit, marinière de coquillages à la chlorella ; selle d'agneau rôtie aux épices douces, jus au citron vert, fondue de poivrons rouges, pulpe de mangue, gnocchi de Charlotte aux herbes fraîches ; gourmandise à la vanille, chocolat noir de Saint-Domingue, praliné à la pistache, parfums de rhum ambré.

&. AC ↩ 🅿 – Prix : €€€

4 quai de la Guignière – ☎ 02 47 35 81 63 – www.lopidom.fr – Fermé lundi et dimanche

AUBERGE DE PORT VALLIÈRES

CUISINE TRADITIONNELLE • CONTEMPORAIN L'agréable restaurant de Marie-Hélène et Bruno Leroux accueille les gourmands dans une jolie salle contemporaine. Une savoureuse cuisine d'inspiration tourangelle vous attend dans ce restaurant élégant et chaleureux, dont le chef affectionne les beaux produits : boudin blanc maison truffé, sauce poulette ; épaule d'agneau français de sept heures, jus au thym... Service attentionné et belle carte des vins. Quant à la cave, elle regorge de vins régionaux ! Une maison bien plaisante en somme, où l'on est toujours reçu avec un grand sourire.

⅋ AC 🍽 ↩ – Prix : €€

195 quai des Bateliers – ☎ 02 47 42 24 04 – www.auberge-de-port-vallieres.fr – Fermé lundi et mardi, et dimanche soir

FONT-ROMEU

✉ 66120 – Pyrénées-Orientales – Carte régionale n° **27**–A3

    ### LA CHAUMIÈRE

CUISINE CATALANE • AUBERGE Rangez les skis ! À l'entrée de la station, on ne résiste pas à cette sympathique chaumière où le bois domine. Au menu : une belle sélection de mets catalans et de vins régionaux. Le patron est un amoureux des bonnes choses (viandes de choix, légumes locaux) et a même créé... une cave à jambons !

🍽 ↩ – Prix : €€

96 avenue Emmanuel-Brousse – ☎ 04 68 30 04 40 – www.restaurantlachaumiere.fr – Fermé lundi et mardi

FONTAINEBLEAU

✉ 77300 – Seine-et-Marne – Carte régionale n° **11**–C2

❀ ### L'AXEL

Chef : Kunihisa Goto

CUISINE MODERNE • ÉLÉGANT Au cœur de Fontainebleau se cache ce restaurant sobre et chic, où le chef japonais revisite la gastronomie française au plus près des saisons. Kunihisa Goto voue un culte sincère à la cuisine hexagonale, à ses vins et à ses produits emblématiques, du foie gras aux escargots. Formé à bonne école, il réinvente les classiques français avec un aplomb certain, à grand renfort de produits japonais – daïkon, racines de lotus, algue nori, feuilles de shiso, bœuf wagyu... Sa variation sur l'œuf parfait est devenue un incontournable. Vous retrouverez dans chaque plat ce souci graphique, cet équilibre et cette gourmandise. Service réactif et courtois.

⅋ AC – Prix : €€€€

43 rue de France – ☎ 01 64 22 01 57 – www.laxel-restaurant.com/fr – Fermé lundi, mardi et mercredi midi

FUUMI

CUISINE JAPONAISE • CONTEMPORAIN Ce restaurant japonais, situé dans le centre-ville de Fontainebleau n'est autre que l'annexe de l'Axel, le restaurant étoilé du chef patron Kunihisa Goto, et de son épouse Vanessa. En ce lieu convivial se déguster plats traditionnels japonais, parfumés et généreux, mais aussi gyozas et ramen. Réservation (très) fortement conseillée.

&. 🅰🅲 ⬦ – Prix : €€

39 rue de France – ☏ 01 60 72 10 32 – www.restaurant-fuumi.com – Fermé lundi et dimanche

🛏 **L'AIGLE NOIR HÔTEL FONTAINEBLEAU - MGALLERY**

MODERNE • RAFFINÉ Dans un écrin néoclassique, l'Aigle Noir accueille un ensemble harmonieux de chambres et suites aux tons de bijoux profonds, aux motifs répétitifs vibrants ou aux graphismes audacieux. Luxe, confort et grande qualité des services, y compris dans les nombreux espaces de réunion et le bar à cocktails.

🛏 🅰🅲 - 53 chambres

27 place Napoléon Bonaparte – ☏ 01 60 74 60 00 – www.aiglenoirhotel.com

FONTAINE-DANIEL

✉ 53100 – Mayenne – Carte régionale n° **9**–C1

LA FORGE

CUISINE MODERNE • TRADITIONNEL Nous voilà à Fontaine Daniel, très joli village chargé d'histoire, berceau des fameuses toiles de Mayenne. Face à un étang et à la forêt, ce restaurant est lui-même abrité dans l'ancienne dépendance d'une abbaye cistercienne, devenue au 19ᵉ s. le cœur de cette entreprise de textiles. Le chef William Blondel, qui est allé jusqu'en Nouvelle-Zélande, travaille les produits de saison avec justesse.

🏠 ⬦ – Prix : €€

8 place de l'Ondine – ☏ 02 43 00 34 85 – www.laforge.restaurant – Fermé lundi et mardi, et dimanche soir

FONTAINE-DE-VAUCLUSE

✉ 84800 – Vaucluse – Carte régionale n° **28**–E1

PHILIP

CUISINE TRADITIONNELLE • SIMPLE L'emplacement de ce restaurant est formidable. Au pied de la célèbre fontaine d'où jaillit la Sorgue, cette adresse sait jouer de ses charmes bucoliques. Père et fille (la maison est dans la famille depuis 1926) proposent une cuisine qui joue efficacement la carte de la tradition. Service souriant et efficace. Réservation obligatoire en saison.

⬕ 🏠 – Prix : €€

Chemin de la Fontaine – ☏ 09 75 59 28 63 – Fermé du mardi au dimanche soir

FONTENOY-LA-JOÛTE

✉ 54122 – Meurthe-et-Moselle – Carte régionale n° **7**–C2

L'IMPRIMERIE

CUISINE MODERNE • CONVIVIAL Il était une fois un petit village connu pour sa passion du livre... Quoi de plus naturel que l'ancienne imprimerie se transforme en haut lieu de culture des sens ? Ici, on propose une cuisine moderne sous forme de menus surprises qui font la part belle aux produits locaux (les poissons arrivent en direct du Grau-du-Roi). Menu déjeuner au prix imbattable.

🐾 &. 🏠 🅿 – Prix : €€

39 rue de la Division-Leclerc – ☏ 03 83 89 57 15 – www.restaurantlimprimerie.com – Fermé mardi et mercredi

FONTEVRAUD-L'ABBAYE

✉ 49590 – Maine-et-Loire – Carte régionale n° **9**–D3

❀ FONTEVRAUD LE RESTAURANT

Chef : Thibaut Ruggeri

CUISINE CRÉATIVE • CONTEMPORAIN Au cœur de l'abbaye de Fontevraud, l'une des plus grandes cités monastiques d'Europe, se trouve le prieuré Saint-Lazare. Dans son cloître, devenu restaurant, le designer Patrick Jouin et l'architecte Sanjit Manku ont organisé la rencontre de l'épure monacale et des matériaux bruts, pour mieux laisser vibrer les plats du chef Thibaut Ruggeri. Ce dernier, Haut-Savoyard originaire de Megève, vainqueur du Bocuse d'Or 2013, a forgé sa foi chez les grands, de Michel Guérard à Georges Blanc. Apôtre du "beau et du bon" et de la biodynamie, il mise sur les produits du terroir local (volaille de Racan, pigeon d'Anjou...) et synchronise sa production potagère sur le calendrier lunaire. Délicieux programme !

🛋 🖐 ♿ ☂ ❄ **P** – Prix : €€€

38 rue Saint-Jean-de-l'Habit – ℰ 02 46 46 10 10 – www.fontevraud.fr –
Fermé lundi, mardi et du mercredi au vendredi à midi

❀**L'engagement du chef :** Inscrit au cœur du projet Fontevraud - cité durable, le restaurant met tout en œuvre pour relever les défis du développement durable. Les produits que nous travaillons sont tous issus du terroir local ou du potager et des ruches de l'Abbaye Royale. Notre menu change à chaque lune, tous les 29 jours et demi, pour respecter au mieux le rythme des produits.

🛏 FONTEVRAUD L'HÔTEL

CONTEMPORAIN • ÉLÉGANT Cet hôtel, installé au sein même de la célèbre abbaye de Fontevraud, accueille les voyageurs dans un cadre unique, habilement mis en valeur à travers un style contemporain affirmé, dont la sobriété respecte parfaitement l'esprit monacal des lieux. Élégant et apaisant.

♿ **P** 🖐 🚲 ⚒ ⅰ○ - 54 chambres

38 rue Saint-Jean-de-l'Habit – ℰ 02 46 46 10 10 – www.hotel-fontevraud.com
❀ **Fontevraud Le Restaurant** - Voir la sélection des restaurants

---

FONTJONCOUSE

✉ 11360 – Aude – Carte régionale n° **27**–B2

❀❀❀ AUBERGE DU VIEUX PUITS

Chef : Gilles Goujon

CUISINE CRÉATIVE • DESIGN L'aubergiste des Corbières : ainsi surnomme-t-on parfois Gilles Goujon, à qui l'on doit d'avoir placé le minuscule village de Fontjoncouse, dans l'Aude, sur la carte de la haute gastronomie française. Ses marques de fabrique ? La sincérité et le savoir-faire. Les habitués le savent, chacune de ses assiettes est faite avec le cœur. Goujon n'a pas son pareil pour s'effacer derrière le produit et le laisser s'exprimer dans toute sa simplicité : la marque des grands. On se contentera de citer son incontournable œuf "pourri" de truffes melanosporum avec purée de champignons, émulsion mousseuse à la truffe, briochine tiède et velouté : le plat superstar de la maison, à juste titre ! Le reste du repas est du même tonneau, précis et affirmé, soigné et généreux, jamais dans l'esbroufe : l'excellence, tout simplement.

🕸 🛋 ♿ 🄰🄲 ☂ **P** – Prix : €€€€

5 avenue Saint-Victor – ℰ 04 68 44 07 37 – www.aubergeduvieuxpuits.fr/fr –
Fermé lundi, mardi, mercredi midi et dimanche soir

FONTVIEILLE

✉ 13990 – Bouches-du-Rhône – Carte régionale n° **29**–E2

BELVÉDÈRE

CUISINE MÉDITERRANÉENNE • CONTEMPORAIN Une bien jolie cuisine que celle du chef japonais Kohei Ohata, qui parvient à retranscrire avec justesse et saveurs les influences méditerranéennes des marchés environnants. Sa femme assure la partie dessert avec un vrai talent. C'est frais, parfumé et facturé au juste prix. Voilà une excellente adresse, un peu cachée dans l'hôtel Belesso - réservée aux gourmets, donc, et c'est très bien comme ça.

🅰🆑🅿 – Prix : €€

34 avenue des Baux – 𝒞 04 90 18 31 40 – www.hotelbelesso.fr – Fermé lundi, mardi, du mercredi au samedi à midi, et dimanche soir

RELAIS DU CASTELET

CUISINE PROVENÇALE • AUBERGE Véritable havre de paix, cet ancien relais de chasse cultive un esprit provençal et locavore : une cuisine copieuse et soignée essentiellement composée de légumes et d'herbes du potager, complétés par les producteurs du coin. Pari réussi pour Jean-Baptiste Bert qui a remis au goût du jour ce mas familial qui l'a vu naître, et où il fait bon se gorger de soleil, entre les oliviers et les collines.

♿🅰🆑🅿 – Prix : €€

Mas le Castelet, quartier Montmajour – 𝒞 09 80 40 74 81 – www.lerelaisducastelet.fr – Fermé lundi, mardi et dimanche et mercredi midi

🛏 ### VILLA REGALIDO

TRADITIONNEL • CHAMPÊTRE Ce vieux moulin à huile, blotti au cœur d'un jardin fleuri, rappelle les photos sépia de notre enfance. La plupart des chambres, sobres et élégantes, sont prolongées par un balcon… et l'on prend son petit-déjeuner sur une belle terrasse verdoyante.

🎨🅿⛲❄🅰🚲♨🛗🏕🍴🆑 - 18 chambres

118 avenue Frédéric Mistral – 𝒞 04 90 54 60 22 – www.laregalido.com

FOUDAY

✉ 67130 – Bas-Rhin – Carte régionale n° **8**–A2

😊 ### JULIEN

CUISINE TRADITIONNELLE • ÉLÉGANT Personnel en costume traditionnel, décor typique des Vosges (tout en bois) : on célèbre ici le folklore local dans ce qu'il a de meilleur. Dans une ambiance animée mais raffinée, on dévore de goûteuses – et copieuses – préparations régionales : choucroute, rognons et ris de veau, bouchées à la reine… Réjouissant, tout comme les chambres, le parc et le beau spa de l'hôtel.

♿🅰🆑🅿 – Prix : €€

Route de Strasbourg – 𝒞 03 88 97 30 09 – www.hoteljulien.fr/fr – Fermé lundi et du mardi au jeudi à midi

FOUESNANT

✉ 29170 – Finistère – Carte régionale n° **1**–B2

LA POINTE DU CAP COZ

CUISINE MODERNE • CONTEMPORAIN Une petite maison blanche qui semble posée sur l'océan… C'est là, presque au bout du monde, qu'on apprécie la cuisine de ce chef. Elle valorise les produits de la pêche et du terroir, avec des présentations soignées, à l'image de ces joues de porc confites au vinaigre de cidre, choux cuisinés et pommes confites au beurre demi-sel.

≤ & ⇧ – Prix : €€

153 avenue de la Pointe, au Cap Coz – ℰ 02 98 56 01 63 – www.hotel-capcoz.com – Fermé lundi, mardi midi et dimanche soir

FOUGÈRES

✉ 35300 – Ille-et-Vilaine – Carte régionale n° **9**–B1

L'ESSENCIEL

CUISINE MODERNE • CONTEMPORAIN Le chef Jean-Marie Baudic (ex-Youpala bistrot à Saint-Brieuc) a choisi ce restaurant contemporain pour proposer avec son second Julien Rault une partition bistronomique concoctée avec de bons produits de saison et des préparations bien ficelées : dorade et légumes croquants tout en fraîcheur ; une goûteuse aile de raie, brunoise croquante et jus de cuisson ; épaule d'agneau et arrancini... Formules différentes le midi, le soir et le weekend

& – Prix : €€

37 boulevard Jean-Jaurès – ℰ 02 99 94 23 39 – www.lessenciel-restaurant.fr – Fermé lundi et dimanche, et mardi et mercredi soir

FOUGÈRES-SUR-BIÈVRE

✉ 41120 – Loir-et-Cher – Carte régionale n° **10**–C3

AVARUM

CUISINE MODERNE • CONTEMPORAIN Point besoin de parler latin pour s'installer dans la salle flambant neuve de ce restaurant qui fait face au château médiéval. Mais on a le droit d'être gourmand (avarum en latin) pour fêter les produits locaux (comme le porc roi rose de Touraine) apprêtés avec soin par un jeune chef totalement investi dans son art ! Équipe en salle dynamique et sympathique.

& 𝔸𝒸 ⌂ – Prix : €€

31 rue de l'Église – ℰ 09 51 98 54 65 – www.avarumrestaurant.fr – Fermé lundi et mardi, et dimanche soir

FRÉJUS

✉ 83600 – Var – Carte régionale n° **29**–C2

😊 L'AMANDIER

CUISINE MODERNE • COSY Tartare d'avocat et crevettes, relevé au xérès ; épaule d'agneau confite, jus tomaté au romarin ; riz au lait à la vanille... Les jolies recettes proposées par ce couple charmant ont l'accent méridional. Une excellente adresse à prix sages !

𝔸𝒸 – Prix : €€

19 rue Marc-Antoine-Désaugiers – ℰ 04 94 53 48 77 – www.restaurant-lamandier-frejus.com – Fermé lundi, dimanche, et mercredi et vendredi à midi

FRÉLAND

✉ 68240 – Haut-Rhin – Carte régionale n° **8**–C2

RESTAURANT DU MUSÉE

CUISINE MODERNE • RUSTIQUE Dans cet ancien moulin posé au bord de l'Ure, jouxtant le petit musée du pays welche, Alain Schmitt propose une cuisine aux inspirations variées, entre clins d'œil au terroir (fleischschnaka de truite du val d'Orbey) et touches plus exotiques (vieille rouge de ligne dans un bouillon dashi comme un yosenabe).

&. 🛋 – Prix : €€

2 rue de la Rochette – ☎ 03 89 47 24 18 – www.restaurantmusee.fr – Fermé lundi, et mercredi et dimanche soir

LE FRENZ

✉ 68820 – Haut-Rhin – Carte régionale n° **8**–A2

LES QUATRE SAISONS

CUISINE MODERNE • **COSY** À 760 m d'altitude, entouré par la forêt, un chalet douillet en face de la remontée mécanique. Dans un cadre chaleureux, Christelle propose une cuisine personnalisée (éclair salé à la mousse de cèpes, girolles au vinaigre et jambon cru, ou pot au feu de canard, légumes d'automne cuits au bouillon), Frédéric choisissant avec soin de jolis crus... Chambres pour l'étape et bon petit-déjeuner. Pas de fausse note pour Les Quatre Saisons !

🕸 ⛷ 🛌🅿 – Prix : €€

3 route du Frenz – ☎ 03 89 82 28 61 – www.hotel4saisons.com – Fermé du lundi au mercredi et jeudi midi

FRONTIGNAN

✉ 34110 – Hérault – Carte régionale n° **27**–D2

😊 IN-FINE

CUISINE MODERNE • **CONTEMPORAIN** Voilà un chef qui n'hésite pas à payer de sa personne : dans son restaurant du centre-ville de Frontignan, le chef Grégory Doucey a choisi de privilégier un approvisionnement régional (notamment avec des poissons issus de la pêche locale) et multiplie les allers-retours entre sa cuisine ouverte et ses clients, faisant assaut de pédagogie à chaque plat. Sa cuisine savoureuse évolue entre terroir et modernité, avec le goût comme fil conducteur.

&. 🅰️🅺 – Prix : €€

2 rue de l'Hôtel-de-Ville – ☎ 07 77 95 02 11 – www.infinerestaurant.fr – Fermé lundi et dimanche

FUISSÉ

✉ 71960 – Saône-et-Loire – Carte régionale n° **17**–C2

❀ L'O DES VIGNES

Chef : Sébastien Chambru

CUISINE MODERNE • **CONTEMPORAIN** Cette bâtisse en pierre du Mâconnais embrasse un paysage de vignes, qui court jusqu'à la Roche de Solutré. Elle accueille un Bourguignon du cru, Sébastien Chambru, qui a fait un passage remarqué au Moulin de Mougins, avant de s'envoler pour le Japon : à Tokyo, il est subjugué par le respect que les chefs nippons témoignent au produit. Auteur de plusieurs livres de cuisine, il cisèle aujourd'hui à Fuissé une cuisine légèrement créative, tout en finesse et en précision et dont l'inspiration change en fonction de l'arrivage, à l'image de ce sandre en viennoise au satay, carotte et vierge de câpres. Dans le petit bar à vins adjacent, plats canailles et crus canons sont à l'ardoise.

🕸 &. – Prix : €€€

129 rue du Bourg – ☎ 03 85 38 33 40 – www.lodesvignes.fr/fr – Fermé mardi et mercredi, et dimanche soir

FURSAC

✉ 23290 – Creuse – Carte régionale n° **19**–B1

😊 NOUGIER

CUISINE TRADITIONNELLE • CLASSIQUE Depuis trois générations, cette réjouissante auberge cultive l'art du bon accueil et du bien manger. Le chef concocte des plats soignés, entre tradition et modernité, comme autant d'hommages aux saisons. Alors, attablez-vous et commandez en confiance.

🛏🏡♻🅿 – Prix : €€

2 place de l'Église – ✆ 05 55 63 60 56 – www.hotelnougier.fr – Fermé lundi et mardi midi

LA GACILLY

✉ 56200 – Morbihan – Carte régionale n° **1**–D3

LES JARDINS SAUVAGES - LA GRÉE DES LANDES

Chef : Fabien Manzoni

CUISINE MODERNE • CONTEMPORAIN Au restaurant de l'hôtel du groupe Yves Rocher, très axé sur le végétal, le chef Fabien Manzoni réalise une cuisine moderne, maîtrisée et goûteuse faite à partir de produits majoritairement bios, du jardin et de producteurs locaux. Les végétariens seront ravis, notamment avec ce pithiviers de céleri-rave, betterave Chioggia et pousses d'épinard citronnées au râpé de truffe, sauce à la truffe.

≼ 🛏 ♿🏡 ♻🅿 – Prix : €€

Cournon – ✆ 02 99 08 50 50 – www.lagreedeslandes.com

🌿**L'engagement du chef :** Entièrement éco-conçu avec des matériaux naturels, notre restaurant est certifié bio à 100% depuis 2013. Notre politique d'achats est locavore (dans un rayon de 70 km autour du restaurant) et nous gérons un potager bio. L'ensemble de nos déchets est traité et recyclé et nous avons un système de chauffage biomasse.

🛏 LA GRÉE DES LANDES

MODERNE • CHALEUREUX Dans ce haut lieu de la cosmétique nature, voici un hôtel écologique tourné vers le bien-être. A l'orée du ravissant village, un paysage sauvage et paisible composé de landes, de bois et de fleurs des champs constitue le cadre parfait. Cette ode à l'environnement se retrouve dans l'architecture moderne drapée de bois et 100% verte de l'hôtel (collecte de l'eau de pluie, panneaux solaires, chauffage au bois...). Mais aussi au spa, qui utilise exclusivement des produits à base de plantes. Vous pourrez réserver une suite botanique au milieu des fleurs ou une cabane dans les arbres.

🅿 🛁 🛏 🆘 🛎 ♨ ⅋○ - 29 chambres

Cournon – ✆ 02 99 08 50 50 – www.lagreedeslandes.com

Les Jardins Sauvages - La Grée des Landes - Voir la sélection des restaurants

GAILLAC

✉ 81600 – Tarn – Carte régionale n° **27**–A1

😊 VIGNE EN FOULE

CUISINE MODERNE • CONVIVIAL Un sympathique bar-restaurant qui propose une belle cuisine de bistrot revisitée, et quelques plats de viande à partager (cochon de lait, côte de veau...). Des assiettes modernes et gourmandes (notons l'excellente raviole ouverte de bœuf) qu'on déguste sur l'agréable terrasse dès le printemps. Quant à la cave, elle vous fera fait tourner la tête : près de 300 choix de vin !

🍷 ♿🆎🏡♻ – Prix : €€

80 place de la Libération – ✆ 05 63 41 79 08 – www.vigneenfoule.fr
  Fermé dimanche

GALAN

✉ 65330 – Hautes-Pyrénées – Carte régionale n° **25**-D3

SANDIKALA

Chef : Luke MacLeod

CUISINE MODERNE • MAISON DE CAMPAGNE L'Australien Luke MacLeod et son épouse tarbaise ont jeté leur dévolu sur cette ancienne ferme qu'ils ont rénové avec goût dans une veine champêtre et raffinée. Le chef concocte une délicieuse cuisine de saison qui marie les produits du terroir aux saveurs d'ailleurs.

🕸 🖑🕭 🗘 🅿 – Prix : €€

9 rue de la Barsogue – ℰ 05 62 49 27 25 – www.sandikala.com – Fermé du lundi au mercredi, jeudi midi et dimanche soir

🏵 **L'engagement du chef** : Nous travaillons main dans la main avec un groupe de producteurs de fruits et légumes bio dans un rayon de 30 km autour du restaurant. La volaille, le bœuf, l'agneau et le porc viennent de petites exploitations des Hautes Pyrénées, tout comme les truites. Nous proposons un seul menu, ce qui aide à lutter contre le gaspillage. Nous avons un grand jardin aromatique et un petit potager, les deux irrigués par notre puits et nourris par le compostage des restes de légumes.

GAMBAIS

✉ 78950 – Yvelines – Carte régionale n° **11**-A1

RUCHE

Cheffe : Cybèle Idelot

CUISINE CRÉATIVE • AUBERGE En lisière de la forêt de Rambouillet, la cheffe Cybèle, qui œuvre déjà à sa table boulonnaise éponyme, a craqué pour ce domaine de 1850 où elle peut désormais cultiver en permaculture tout ce qu'elle souhaite cuisiner... L'assiette privilégie donc la fraîcheur et le végétal, les fermentations et les circuits courts pour le reste. Pain, beurre et yaourt sont réalisés maison ! La déco, quant à elle, tire du côté scandinave. Carte des vins orientée biodynamie et nature. Cinq jolies chambres, parfaites pour un weekend de silence et de bien-être.

🕸 🅰🄲 🅿 – Prix : €€€

Domaine les Bruyères, 251 avenue de Neuville – ℰ 01 34 83 19 66 – www.domainelesbruyeres.com/ruche-le-restaurant – Fermé du lundi au mercredi, jeudi midi et dimanche soir

🏵 **L'engagement du chef** : Le restaurant Ruche est au cœur d'un domaine d'un hectare de parc arboré. Le potager en permaculture avec ses buttes, son mandala, sa serre et sa forêt fruitière alimente la table de la cheffe Cybèle Idelot. Les viandes viennent des fermes voisines et les poissons de ligne de l'Île d'Yeu. La philosophie zéro déchet implique l'utilisation du produit entier (fanes, feuilles...) et des techniques de conservation (fermentation). Les vins sont en biodynamie ou «nature».

GAMBSHEIM

✉ 67760 – Bas-Rhin – Carte régionale n° **8**-B1

FLEUR DE SUREAU

CUISINE MODERNE • CONTEMPORAIN Cette Fleur de Sureau a poussé face à la gare ! À ceci près que son jardinier est un chef qui a fait ses classes auprès de Jean-Georges Klein, à l'Arnsbourg, et qu'il y réalise une cuisine actuelle à base de beaux produits de saison. Le soir, carte plus sophistiquée.

🕭 🗇 🗘 – Prix : €€

22 rue du Chemin-de-Fer – ℰ 03 88 21 85 22 – www.fleurdesureau.fr – Fermé mardi, mercredi et samedi midi

LA GARDE

✉ 48200 – Lozère – Carte régionale n° **28**–A1

LE ROCHER BLANC

CUISINE MODERNE • **TENDANCE** Une auberge campagnarde et... branchée ! Le chef, fan de déco, aime bousculer les habitudes, dans le décor – aux styles mêlés – comme dans l'assiette. À la carte : goût du terroir et zeste d'audace (raviole d'escargots aux herbes et crème de pélardon, matelote de sandre au vin rouge et carottes confites, baba exotique...). Une réussite !

🕸 🗫 🅰🅒 🎍 🅿 – Prix : €

Route du Gévaudan – ☏ 04 66 31 90 09 – www.lerocherblanc.com – Fermé lundi et du mardi au samedi à midi

LA GARENNE-COLOMBES

✉ 92250 – Hauts-de-Seine – Carte régionale n° **11**–E2

😳 ### LE SAINT JOSEPH

CUISINE MODERNE • **BISTRO** Dans ce bistrot de quartier, mijote une goûteuse cuisine au goût du jour, déclinée sous forme d'un menu-carte, imaginé par le chef Benoît Bordier, passé par les Régalade de Bruno Doucet étoilé à Jean (Paris 9). On se régale dans une ambiance familiale, jusqu'à la petite carte des vins, mettant en avant des femmes vigneronnes. Un coup de cœur.

🅰🅒 🎍 – Prix : €€

100 boulevard de la République – ☏ 01 42 42 64 49 – www.lesaintjoseph-restaurant.fr – Fermé lundi, dimanche et samedi midi

GARGAS

✉ 84400 – Vaucluse – Carte régionale n° **28**–E1

AVELAN 🆕

CUISINE MODERNE • **LUXE** Au sein d'un luxueux resort perché en pleine garrigue du Luberon, ce restaurant arbore une salle d'esprit provençal, doublée d'une terrasse sous pergola qui offre une vue sur les collines alentour. Le chef Pierre Marty réalise une cuisine puissante en goût (piment, gingembre...) et aux influences méditerranéennes manifestes, à l'image de ce superbe thon rouge de Méditerranée à peine grillé au binchotan et nappé d'un jus intense à l'encre de seiche. Pour autant, son plat signature est un classique pithiviers de volaille et foie gras, fort réussi. Menu végétarien, chariot de pains maison, beau chariot de fromages, et belle carte des vins où figurent bien sûr les crus du domaine.

🕸 🗫 🗫 🅰🅒 🎍 🅿 – Prix : €€€€

Hôtel Coquillade Provence, Hameau Le Perrotet – ☏ 04 90 74 71 71 – www.coquillade.fr – Fermé lundi, dimanche et du mardi au samedi à midi

LES VIGNES ET SON JARDIN

CUISINE TRADITIONNELLE • **ÉLÉGANT** Dans le bistrot chic ou dans le jardin au milieu du vignoble l'été... Un fil très rouge, donc, pour cette adresse gourmande : le travail des saisons et le sens du terroir – au sein d'un hôtel qui vaut le coup d'œil !

🗫 🗫 🅰🅒 🎍 🅿 – Prix : €€€

Hôtel Coquillade Provence, Hameau Le Perrotet – ☏ 04 90 74 71 71 – www.coquillade.fr

🛏 ### COQUILLADE - PROVENCE VILLAGE

TRADITIONNEL • **ÉLÉGANT** Un hameau provençal dont les origines remontent au 11ᵉ s. : tel est le cadre de ce luxueux domaine hôtelier. Les chambres, réparties au sein de petits mas provençaux, expriment la quintessence des lieux (vieilles pierres, charpentes). On profite même d'un superbe spa... Vendange de plaisirs !

 - 63 chambres

Hameau Le Perotet – ℰ 04 90 74 71 71 – www.coquillade.fr

Les Vignes et son Jardin - Voir la sélection des restaurants

LA GARNACHE

✉ 85710 – Vendée – Carte régionale n° **14**–A2

LE PETIT SAINT THOMAS

CUISINE MODERNE • TRADITIONNEL Ce sympathique restaurant familial accueille de nombreux habitués. Côté papilles, le chef, aux fourneaux depuis plus de vingt ans, mitonne des recettes plutôt traditionnelles parfois revisitées avec des petites touches exotiques (curry, soubressade, nori, mafé, coco).

&. AC ㅠ – Prix : €€

25 rue de Lattre-de-Tassigny – ℰ 02 51 49 05 99 – www.restaurant-petit-st-thomas.com – Fermé lundi et mardi, et dimanche soir

GARONS

✉ 30128 – Gard – Carte régionale n° **28**–B2

⌘⌘ MICHEL KAYSER - RESTAURANT ALEXANDRE

Chef : Michel Kayser

CUISINE MODERNE • ÉLÉGANT Son site Internet annonce la couleur : "les mets peuvent évoluer selon l'arrivage de produits frais et l'inspiration du chef". Tout est dit ! Entre Nîmes et Arles, au sein d'un parc peuplé de cèdres centenaires, Michel Kayser fait ce qu'il sait faire de mieux : cuisiner avec le cœur, magnifier les produits, utiliser sa palette technique à bon escient pour susciter l'émotion des voyageurs de passage...C'est bien simple : dans le département, aucun chef ne célèbre le Sud avec autant de précision, avec autant d'aplomb. Huîtres Tarbouriech et coquillages en gelée de cardamome, ou encore tielle de Sète aux coudes de homards et crabes, encornets de Méditerranée et gambero rosso... Un cortège de produits méditerranéens, terre et mer confondues, et un authentique régal pour nos papilles ouvertes aux quatre vents. Avec la patte d'un chef pareil, cet Alexandre est assurément grand.

ⴤ 🖶 &. AC ㅠ ⊖ 🅿 – Prix : €€€€

2 rue Xavier-Tronc – ℰ 04 66 70 08 99 – www.michelkayser.com/fr – Fermé lundi et mardi, et mercredi et dimanche soir

GASNY

✉ 27620 – Eure – Carte régionale n° **11**–A1

AUBERGE DU PRIEURÉ NORMAND

CUISINE MODERNE • AUBERGE Proche de Giverny, sur la place centrale de Gasny, cette belle bâtisse à colombages aux allures normandes abrite une auberge familiale. Le chef favorise les produits en circuit court pour une cuisine de qualité, aux sauces sapides et aux saveurs franches. Son plat signature : le risotto de langoustines. Un espace bar et cave, deux salles contemporaines et une terrasse pour les beaux jours.

ㅠ ⊖ – Prix : €€

1 place de la République – ℰ 02 32 52 10 01 – www.aubergeduprieurenormand.fr – Fermé mardi et mercredi

GASSIN

✉ 83580 – Var – Carte régionale n° **24**–B2

BELLO VISTO

CUISINE TRADITIONNELLE • AUBERGE Gassin – dont le nom provient de l'expression Guardia Sinus, le gardien du golfe – est un ancien village sarrasin, occupé par les Maures jusqu'au 10e s. Après avoir trouvé la maison, sur la place des "Barri", installez-vous sur la superbe terrasse et profitez de la vue sur le golfe de Saint-Tropez et sur les sommets alpins... On vient ici se régaler des spécialités maison (mitonnée de petits poulpes de roche, gnocchis à la truffe, soufflé au Grand Marnier) réalisées par un chef expérimenté et passionné, originaire de la région : sa grand-mère a vécu dans ce village ! Une très bonne table, avec quelques chambres pour l'étape.

🕸 🅰🏠 – Prix : €€€

Place des Barrys – ☎ 04 94 56 17 30 – www.bellovisto.eu

CLUB L'INDOCHINE BY THE DUC NGO

CUISINE FUSION • LUXE Nouveau concept de cuisine fusion asiatique par le chef Jimmy Coutel en collaboration avec le célèbre chef berlinois The Duc Ngo. Les assiettes sont généreuses, les recettes maîtrisées et ajustées avec soin au palais européen, à partir de bons produits locaux. En témoigne le carré d'agneau de Sisteron recouvert d'une fine chapelure de flocons de panko croustillants... La vue imprenable sur le golfe de Saint-Tropez, elle, n'a pas changé!

🕸 ⊰🅰🏠🅿 – Prix : €€€€

Boulevard des Crêtes – ☎ 04 94 55 97 88 – www.althoffcollection.com/fr/althoff-villa-belrose/club-lindochine – Fermé lundi et du mardi au dimanche à midi

LA TABLE DU MAS

CUISINE MODERNE • ÉLÉGANT À l'abri du tumulte tropézien, cette belle bastide du 17e s. propose grâce à son chef Fabien Dondaine (ancien second du Chabichou à Courchevel) une cuisine méditerranéenne élégante et d'une grande maîtrise technique, à l'image de cette poitrine de cochon confite 36 heures et en filet rôti, millefeuille de pomme de terre ; une partition à l'image de l'esprit de la maison, entre luxe et authenticité. La terrasse sous la tonnelle face à la piscine est superbe.

🍴🏠🅿 – Prix : €€€

2 chemin du Chastelas, quartier Bertaud – ☎ 04 94 56 71 71 – www.chastelas.com – Fermé lundi et du mardi au dimanche à midi

LA VERDOYANTE

CUISINE TRADITIONNELLE • CONTEMPORAIN Posée au cœur des vignes, cette ancienne ferme rustique jouit d'un très beau panorama... Mais la Verdoyante ne serait rien sans la passion du couple qui en tient les rênes ! Dans un décor coquet ou sur la charmante terrasse, on se régale d'une délicieuse cuisine provençale aux parfums de garrigue.

⊰🕭🏠🅿 – Prix : €€

866 chemin vicinal Coste-Brigade – ☎ 04 94 56 16 23 – www.la-verdoyante.fr – Fermé lundi, mercredi, vendredi et dimanche et mardi, jeudi et samedi midi

🛏 MAS DE CHASTELAS

CLASSIQUE • CHARME Par sa situation privilégiée dans les collines de Gassin, cette demeure aristocratique du 18e s. représente la quintessence de l'atmosphère de Saint-Tropez. Les chambres et les suites sont réparties entre la bastide d'origine et deux villas plus récentes. Les chambres de la bastide ont préservé l'ambiance d'origine, tandis que les chambres des villas sont plus contemporaines ; toutes sont luxueuses et pleines de caractère. Grand parc, courts de tennis, pitching green, piscine extérieure chauffée, service de navette vers les plages ou la ville, bar à champagne et à cocktails.

🐾 🅿 🛗 🍴 🚗 🍽 🅰🅲 - 23 chambres

2 chemin du Chastelas – ☎ 04 94 56 71 71 – www.chastelas.com

La Table du Mas - Voir la sélection des restaurants

VILLA BELROSE

CONTEMPORAIN • MARITIME Ce "resort" ressemble plus à une résidence qu'à un hôtel : vaste, décoré d'une façon extravagante, avec tout le luxe rêvé. Les chambres sont de style contemporain, avec air et lumière à profusion pour une atmosphère de bord de mer. Chaque chambre possède sa propre terrasse. spacieuse, certaines avec vue sur la baie de St-Tropez, d'autres côté jardin. Salles de conférence, salle de fitness et piscine chauffée en extérieur. Une immense villa colorée et lumineuse qui semble tutoyer le soleil...

♿ 🐾 🅿 🛗 🚲 🍴 🧖 🍽 🅰🅲 - 40 chambres

Boulevard des Crêtes – ☎ 04 94 55 97 97 – www.villabelrose.com

Club L'Indochine by The Duc Ngo - Voir la sélection des restaurants

GAUJAC

✉ 30330 – Gard – Carte régionale n° **28**–C2

LA MAISON

CUISINE MODERNE • BISTRO On se sent bien, un peu comme à La Maison, dans cette ancienne demeure de vignerons ! Dans les salles, magnifiques écrins de pierre, on savoure une goûteuse cuisine du marché, réalisée par madame. Monsieur, lui, s'occupe de la belle sélection de vins qui comprend notamment des crus du village. Le tout à petits prix.

🕸 ♿ 🛋 – Prix : €€

1 rue du Presbytère – ☎ 04 66 39 33 08 – www.lamaison.gaujac.com –
Fermé samedi et dimanche

GAZERAN

✉ 78125 – Yvelines – Carte régionale n° **11**–B2

VILLA MARINETTE

CUISINE MODERNE • ÉLÉGANT Cette ancienne auberge cache un intérieur moderne, entièrement remanié dans des tons noir et jaune, avec parquet clair et motifs végétaux... et toujours une agréable terrasse dressée dans le joli jardin clos. On y déguste une cuisine au goût du jour rythmée par les saisons, signée par un chef respectueux du produit.

🍴 ♿ 🛋 💠 – Prix : €€€

20 avenue du Général-de-Gaulle – ☎ 01 34 83 19 01 – www.villamarinette.fr –
Fermé lundi et mardi, et dimanche soir

GÉMENOS

✉ 13420 – Bouches-du-Rhône – Carte régionale n° **28**–D3

🏵 LA MAGDELEINE - MATHIAS DANDINE

Chef : Mathias Dandine

CUISINE MÉDITERRANÉENNE • ÉLÉGANT Mathias Dandine a réalisé son rêve de gamin en devenant le chef de cette superbe maison de maître du 18e s., située au cœur d'un domaine aux arbres centenaires, loin des bruissements urbains. Le chef se révèle en parfaite harmonie avec l'âme des lieux, et célèbre la Provence avec un talent époustouflant. Sa cuisine méditerranéenne épurée, sans chichi ni tralalas, se moque bien d'épater les foodistas. Derrière l'apparente simplicité, ses recettes révèlent une grande maîtrise des cuissons, textures et équilibres des saveurs.

Quand viennent les beaux jours, profitez de la terrasse ombragée aux essences méditerranéennes.

⅏ ⇦ 🍴 🍹 💺 🅿 – Prix : €€€€

2 rond-point des Charrons – ℰ 04 42 32 20 16 – www.relais-magdeleine.com – Fermé lundi et mardi, et dimanche soir

LES ARÔMES

CUISINE DU MARCHÉ • MÉDITERRANÉEN Dans cette maison des années 1930 cernée par les arômes de la Provence officient Françoise Besset, indéfectible hôtesse, et son époux Yannick. Celui-ci creuse avec réussite le même sillon : une âme d'aubergiste, un alliage de fraîcheur et d'inventivité. Une cuisine régionale à déguster dans l'une des charmantes petites salles à manger ou sur la véranda terrasse aux beaux jours, face à un jardin planté d'oliviers. Une table exemplaire.

🆔 🍹 💺 – Prix : €€

230 avenue du 2ème-Cuirassier – ℰ 09 80 73 06 60 – www.lesaromesgemenos.fr – Fermé lundi et dimanche, et mardi et mercredi soir

LE GRAND CAFÉ ⓝ

CUISINE TRADITIONNELLE • ÉLÉGANT Sous les platanes centenaires de la terrasse ou le haut plafond à la française de cette belle maison de maître du 18e siècle, le chef Mathias Dandine propose une cuisine à la fois traditionnelle et canaille, assortie à son décor bistrot. Composée de bons produits frais, préparés avec soin, cette carte courte et appétissante rend les choix cornéliens ! Pâté en croûte et condiment échalotes ; côte de carré de cochon ibérique et risotto de fregola sarda ; tarte fine aux pommes, glace vanille. Un parcours gourmand sans faute, et un véritable régal, au bras d'un service détendu mais professionnel.

🍴 🍹 💺 🅿 – Prix : €€€

2 rond-point des Charrons – ℰ 04 42 32 20 16 – www.relais-magdeleine.com/fr/le-grand-cafe-restaurant

🛏 **LA MAGDELEINE – MATHIAS DANDINE**

TRADITIONNEL • CHARME Tout enchante, dans cette demeure provençale datant du 18e s. : cheminées anciennes, mobilier de style, tomette vernissée au sol, jusqu'au parc alentour avec ses platanes séculaires... Une plongée dans l'histoire et un séjour délicieux.

🅿 🛁 🍴 ⅃ 🍴◯🆔 - 28 chambres

40 Avenue du 2e Cuirassier – ℰ 04 42 32 20 16 – www.relais-magdeleine.com

❀ **La Magdeleine - Mathias Dandine • Le Grand Café** - Voir la sélection des restaurants

GÉNÉRAC

✉ 30510 – Gard – Carte régionale n° **28**–B2

L'INSTANT DU SUD

CUISINE MODERNE • COSY Une jolie maison en pierre au cœur de ce village proche du Parc naturel régional de Camargue. Une terrasse sous les canisses, une petite salle à l'atmosphère intime : l'endroit est accueillant et les assiettes du chef achèvent de nous séduire. Bien tournées et actuelles, elles révèlent un excellent rapport qualité-prix !

♿ 🆔 🍹 – Prix : €

39 Grand-Rue – ℰ 04 66 02 03 93 – www.instantdusud.fr – Fermé lundi et mardi, et mercredi, jeudi et dimanche soir

GENESTON

✉ 44140 – Loire-Atlantique – Carte régionale n° **9**–B3

LE PÉLICAN

CUISINE MODERNE • CONVIVIAL Olivier Guenoun, chef de cette affaire familiale depuis 2010, prépare une cuisine dans l'air du temps autour d'un menu-carte ponctué de suggestions du jour, au gré du marché. À l'image des locaux habitués du Pélican, ouvrez grand le bec pour découvrir un grand classique régional : le gâteau nantais, ici revisité avec ananas rôti et sorbet mojito !

&. 🅰🅲 – Prix : €€

*13 place Georges-Gaudet – 𝒞 02 40 04 77 88 – www.restaurantlepelican.fr –
Fermé lundi et dimanche*

GÉRARDMER

✉ 88400 – Vosges – Carte régionale n° **7**–C3

LES BAS-RUPTS

CUISINE CLASSIQUE • ÉLÉGANT Sur les hauteurs de Gérardmer, un imposant chalet qui abrite une hostellerie tenue par la même famille depuis 5 générations. On y déguste une cuisine classique revisitée, à connotation régionale, avec par exemple cette potée lorraine servie comme un pâté en croute ou ce mignon de sanglier et ses tofailles de patate douce. Superbe carte des vins.

🕉 ≼ 🖴 &. 🅰🅲 🛅 🅿 – Prix : €€€

*181 route de la Bresse, les Bas-Rupts – 𝒞 03 29 63 09 25 – www.bas-rupts.com –
Fermé lundi midi, mardi midi et mercredi midi*

LA P'TITE SOPHIE

CUISINE MODERNE • COSY Avec son cadre boisé et contemporain, ce restaurant met en valeur une cuisine saisonnière du marché. Outre l'accueil particulièrement sympathique, on aime la généreuse panna cotta de butternut et sa crème fouettée au persil ; quant à la crème brûlée aux bonbons des Vosges de La P'tite Sophie, réalisée dans les règles de l'art, elle a tout d'une grande !

&. 🅰🅲 – Prix : €€

*40 rue Charles-de-Gaulle – 𝒞 03 29 41 76 96 – www.la-paix-hotel.fr/fr –
Fermé lundi, et mercredi et dimanche soir*

LA TABLE DU ROUAN

CUISINE MODERNE • BRASSERIE Julien Jeanselme, chef concerné et accueillant, réalise une cuisine franche et fraîche, dont l'ancrage régional n'interdit pas les clins d'œil, notamment à la Provence (il affectionne la soupe de poissons), ou les hommages - ici à l'arrière-grand-père, étoilé... en 1936! - avec la terrine de montagne "Ernest Jeanselme". Une valeur sûre.

&. – Prix : €€

*2 boulevard de la Jamagne – 𝒞 03 29 63 36 86 – www.jamagne.com –
Fermé lundi et mardi midi*

GESTÉ

✉ 49600 – Maine-et-Loire – Carte régionale n° **9**–C3

LE 1825 - LA TABLE

CUISINE MODERNE • ÉLÉGANT Perdu dans la campagne, ce petit château du 19ᵉ ouvre le soir une table élégante. Aménagée dans l'ancienne orangerie, l'immense salle à manger cumule hauteur sous plafond, pierres apparentes, mobilier tendance et baies vitrées donnant sur la cour. On déguste une cuisine actuelle et de saison qui

GESTÉ

se révèle fine et soignée, autour de produits de qualité : langoustines, pigeonneau, quasi de veau... Au déjeuner, offre bistronomique à prix sage.

🛋 ♿ 🅰🅲 🅿 – Prix : €€€

Château de la Brûlaire - 404 La Brûlaire – ℰ 02 44 84 87 78 –
www.domainedelabrulaire.fr – Fermé lundi et mardi, et dimanche soir

LES GETS

✉ 74260 – Haute-Savoie – Carte régionale n° **21**–D1

LA R'MIZE ⓝ

CUISINE TRADITIONNELLE • MONTAGNARD Dans le vieux village et proche de l'église, cette table propose une appétissante cuisine traditionnelle. Un chef expérimenté régale à coup de recettes bien ficelées : velouté de potimarron aux copeaux d'Abondance et crème fouettée légèrement parfumée aux fruits de la passion ; carpaccio de Saint-Jacques et jus de carcasse de homard. Sa palette gourmande inclut aussi d'inoxydables spécialités savoyardes, à l'instar de cette gratinée gourmande ou cette fondue savoyarde au champagne !

♿ – Prix : €€

160 rue du Vieux-Village – ℰ 04 50 79 75 57 – www.larmize.fr – Fermé lundi et mercredi, et dimanche soir

ALPINA

CLASSIQUE • CONVIVIAL Non loin du téléphérique, ce beau chalet à l'ambiance familiale domine le bourg... Les chambres, au style alpin épuré, proposent de jolies vues sur la vallée. Le restaurant, réservé aux résidents, se révèle sympathique : cadre cosy et bonne cuisine aux accents du pays.

🅿 🐾 🛋 ⌁ 🏔 🍽 - 39 chambres

55 impasse de la Grange Neuve – ℰ 04 50 75 80 22 – www.hotelalpina.fr

CRYCHAR

MONTAGNARD • CHALEUREUX Un petit chalet au pied des pistes, chaleureux et confortable. Le feu crépite dans le salon ; les chambres, tout en bois clair, sont pimpantes et jouissent d'un balcon, et le beau spa se révèle idéal pour la relaxation. Un concentré de Savoie !

🅿 🐾 ⌁ 🆂 🏔 🍽 - 20 chambres

136 impasse de la Grange Neuve – ℰ 04 50 75 80 50 – www.crychar.com

GEVREY-CHAMBERTIN

✉ 21220 – Côte-d'Or – Carte régionale n° **12**–C3

✿ LA TABLE D'HÔTES - LA RÔTISSERIE DU CHAMBERTIN

Chef : Thomas Collomb

CUISINE MODERNE • RUSTIQUE À Gevrey-Chambertin, Thomas Collomb tient une remarquable Table d'Hôtes ! Il faut dire qu'il met toutes les chances de son côté : produits irréprochables, bio pour la plupart et issus de fournisseurs triés sur le volet, assiettes lisibles et soignées déclinées au fil d'un menu dégustation plein de surprises, cadre rustique-chic du plus bel effet... Mais ce n'est pas tout : la carte des vins vaut aussi son pesant de raisin (la région s'y prête, il faut dire !) et le service se révèle pro et prévenant, sans être envahissant. Une réussite sur toute la ligne.

🕸 ⇆ ♿ 🅿 – Prix : €€€€

6 rue du Chambertin – ℰ 03 80 34 33 20 – www.rotisserie-chambertin.com/la-table-dhote – Fermé lundi, mardi, mercredi et dimanche

🌿 **L'engagement du chef :** Notre cuisine est dictée par les saisons et la localité des produits que nous utilisons. Nous mettons ainsi un point d'honneur à privilégier les circuits courts et à sublimer des produits à première vue modestes. Nous luttons contre le gaspillage en achetant des bêtes entières, détaillées avec soin par la suite sur place.

BISTROT LUCIEN

CUISINE TRADITIONNELLE • BISTRO Avec ses pierres apparentes, ses banquettes et son superbe bar en bois, ce bistrot est le complément idéal de l'hôtel
qui l'accueille. Au programme, une belle cuisine bourguignonne à base de produits
de premier choix : jambon persillé maison, œuf en meurette, volaille de Bresse,
profiteroles... Superbe carte des vins.

⅋ 氐栢⇧₽ – Prix : €

La Rôtisserie du Chambertin, 6 rue du Chambertin – ✆ 03 80 34 33 20 –
www.rotisserie-chambertin.com/bistrot-lucien – Fermé lundi et dimanche soir

GEX

✉ 01170 – Ain – Carte régionale n° **21**–C1

LA TABLE DE LA MAINAZ

CUISINE MODERNE • CONTEMPORAIN Au col de la Faucille, entre bassin gene-
vois et Haut-Jura, cette institution régionale offre une bien jolie vue sur le Mont-
Blanc et le lac Léman depuis sa salle à manger contemporaine. On y déguste une
agréable cuisine dans l'air du temps, autour de menus surprise élaborés avec de
beaux produits : omble chevalier, turbot, ris de veau... Carte plus abordable au
Panorama, l'autre table de la maison.

≤氐栢₽ – Prix : €€€€

Route du Col de la Faucille, lieu-dit La Mainaz – ✆ 04 50 41 31 10
– www.la-mainaz.com - Fermé lundi et mardi

 LA MAINAZ

MODERNE • RAFFINÉ Atout incontestable de ce grand chalet en bois : la vue
exceptionnelle sur le Léman et les Alpes ! L'hôtel a été rénové de la tête aux pieds :
le style montagnard a cédé la place à un esprit alpin chic, jusque dans les chambres,
très bien équipées. Au petit-déjeuner, priorité aux fromages de la région.

氐₽⌂⇧🛏⅋🍽 - 23 chambres

D1005 - Route du Col de la Faucille – ✆ 04 50 41 31 10 – www.la-mainaz.com
La Table de la Mainaz - Voir la sélection des restaurants

GIEN

✉ 45500 – Loiret – Carte régionale n° **11**–C3

 CÔTÉ JARDIN

Chef : Arnaud Billard

CUISINE CRÉATIVE • CONTEMPORAIN Sur la rive gauche de la Loire et sur la
route de Bourges, la brise vient autant du grand fleuve que des bons produits sélectionnés avec soin ! La carte du chef Arnaud Billard est orientée poisson, ce natif de
Maubeuge signant une savoureuse cuisine du marché, tout en subtiles associations
d'ingrédients. En témoigne ce filet de saint-pierre parfaitement cuit, enveloppé
d'une sauce vanille soyeuse et posé sur une étuvée de poireaux. Côté... jardin, un
maraîcher local fournit plus de 300 variétés de légumes, fruits et aromates.

ᴀc – Prix : €€€

14 avenue de Bourges – ✆ 02 38 38 24 67 – www.cotejardin45.fr – Fermé lundi,
dimanche et mardi midi

LE P'TIT BOUCHON

CUISINE TRADITIONNELLE • CONVIVIAL Un vrai repaire bistronomique que
cette petite adresse située entre le cœur de ville et la faïencerie de Gien ! La tradition est quelque peu revisitée autour d'un court menu rythmé par les saisons, mais

le croustillant de canard confit avec sa sauce au coteaux-du-layon et le moelleux au chocolat font partie des incontournables. On ne boude pas son plaisir.

Prix : €€

66 rue Bernard-Palissy – ℰ 02 38 67 84 40 – Fermé lundi et dimanche

GIGONDAS
✉ 84190 – Vaucluse – Carte régionale n° **28**–E1

L'OUSTALET

Chef : Thomas Boirel

CUISINE MODERNE • ÉLÉGANT Dans ce village de vignerons, une jolie maison dont la terrasse borde une placette ombrée de vieux platanes : on est déjà séduit ! En cuisine, le jeune chef Thomas Boirel connaît son Oustalet sur le bout des doigts (il en était le second récemment) : produits de superbe fraîcheur, recettes raffinées et goûteuses, associations de saveurs pertinentes... autour d'un menu unique à plusieurs séquences qui honore les produits provençaux. On passe un délicieux moment, d'autant que le service est efficace, fluide, et que la carte des vins réserve de magnifiques surprises, même au verre.

🕸 🥢 ⇐ 🆔 🏠 – Prix : €€€

5 place Gabrielle-Andéol – ℰ 04 90 65 85 30 – www.loustalet-gigondas.com – Fermé lundi, mardi et dimanche

🌿 **L'engagement du chef** : Si les circuits courts nous garantissent de travailler les meilleurs produits locaux et saisonniers, notre ambition durable se retrouve dans tous les aspects de notre cuisine. Les méthodes d'élevage et de pêche sont des critères essentiels dans la sélection de nos viandes et poissons, mais aussi nous diminuons la place des protéines dans la conception de notre carte. Le recyclage est poussé au maximum, le conditionnement exclut le plastique et les déchets alimentaires sont donnés aux animaux.

BISTROT DE L'OUSTALET

CUISINE PROVENÇALE • ÉLÉGANT Précédé par une belle terrasse très disputée aux beaux jours, ce bistrot occupe l'emplacement de l'ancien fournil du village, avec un beau four à bois en pierre - un signe de bon augure ! Le chef cisèle des plats qui sentent bon le Sud autour d'une carte courte dans l'esprit d'une cuisine « retour du marché ». Belle sélection de vins au verre, Gigondas oblige.

🆔 🏠 – Prix : €€

5 place du Rouvis – ℰ 04 90 37 66 64 – www.loustalet-gigondas.com – Fermé lundi, mardi et dimanche

GIVERNY
✉ 27620 – Eure – Carte régionale n° **3**–B2

LE JARDIN DES PLUMES

Chef : David Gallienne

CUISINE CRÉATIVE • ÉLÉGANT À quelques minutes à pied de la maison de Claude Monet, cette belle demeure anglo-normande à colombages de 1912 invite à la détente et à la gourmandise. Splendide nid douillet néo-Art Déco (carrelage d'origine blanc cassé mâtiné de bleu, murs bleu paon, fauteuils d'esprit 1960 en cuir blanc et tables en verre et palissandre...) et plaisante terrasse entourée d'un ravissant jardin arboré. Le chef normand David Gallienne formé au Manoir du Lys a conservé certains de ses anciens producteurs de l'Orne, ses pêcheurs dieppois et en a trouvé de nouveaux. Les plats inventifs jouent avec les mariages de saveurs insolites et les textures. Le chef a également ouvert une maison d'hôtes à proximité pour l'étape, et une épicerie fine à Vernon.

⇔ 🍴 ♿ 🌳 **P** – Prix : €€€€

1 rue du Milieu – 𝒞 02 32 54 26 35 – www.jardindesplumes.fr – Fermé lundi et mardi

LA MUSARDIÈRE

CUISINE MODERNE • **BISTRO** Situé au cœur de bourg de Giverny, proche de la maison de Claude Monet du musée des Impressionnistes, cette table sert une cuisine actuelle de bon aloi dans un cadre de bistrot contemporain et convivial, complété d'une plaisante terrasse ensoleillée aux beaux jours. Quelques chambres pour prolonger le séjour.

♿ 🌳 **P** – Prix : €€

123 rue Claude-Monet – 𝒞 02 32 21 03 18 – www.lamusardiere.fr – Fermé du mercredi au samedi à midi

GOLFE-JUAN
✉ 06220 – Alpes-Maritimes – Carte régionale n° **29**–E2

LE BISTROT DU PORT

POISSONS ET FRUITS DE MER • **CONTEMPORAIN** Face au vieux port, le chef laisse libre cours à sa créativité débordante, inspirée notamment par ses voyages en Asie, et à sa passion des produits de la mer : le menu « Plongée en plusieurs paliers » est une véritable ode à l'iode... comme en témoignent par exemple ces oursins au pamplemousse et spiruline. Les produits sont d'une fraîcheur remarquable, les cuissons maîtrisées et la prise de risque constante : une adresse qui sort du lot.

⥼ ♿ 🆎 🌳 – Prix : €€€

53 avenue des Frères-Roustan – 𝒞 04 93 63 70 64 – www.bistrotduport.com – Fermé mardi et mercredi

GORDES
✉ 84220 – Vaucluse – Carte régionale n° **28**–E1

LES BORIES

CUISINE MODERNE • **ÉLÉGANT** Dans le Luberon, les "bories" sont les cabanes en pierres sèches des anciens bergers. Un modèle pour l'architecture de cette bastide située sur la route de l'abbaye de Sénanque. Dans ce cadre idyllique ouvert sur la garrigue, avec son parc, ses jardins aromatiques, on sert une alléchante cuisine d'esprit provençal qui met à l'honneur les produits régionaux, de l'agneau de Sisteron aux poissons de la Méditerranée, en passant par les fruits et les légumes du Luberon.

⊗ 🍴 ♿ 🆎 🌳 **P** – Prix : €€€

Route de l'Abbaye-de-Sénanque – 𝒞 04 90 72 00 51 – www.hotellesbories.com/fr/hotel-luxe-gordes-provence

LE MAS - ALEXIS OSMONT

CUISINE DU MARCHÉ • **MAISON DE CAMPAGNE** Une adresse reprise par Alexis Osmont, un jeune chef ayant travaillé ici avant de monter ses propres restaurants. Autant le vieux mas semble hors du temps, autant sa cuisine inspirée par le retour du marché joue la spontanéité ; ainsi cette fricassée d'escargots et crème de patate est un régal pour les papilles. Laissez-vous emporter "à l'aveugle" dans son univers. Créatif et savoureux.

🍴 🌳 **P** – Prix : €€

Chemin de Saint-Blaise (Les Imberts) – 𝒞 04 90 04 03 57 – Fermé du lundi au mercredi, et jeudi et vendredi à midi

L'ORANGERIE

CUISINE MODERNE • CHIC Dans l'un des villages les plus courtisés du Luberon, cette ancienne demeure seigneuriale qui domine le vallon abrite un palace... et cette Orangerie qui jouit d'une délicieuse terrasse avec vue, ombragée par des marronniers – l'un de ses atouts majeurs. À la manière d'une brasserie de luxe, la carte revisite sur un air provençal quelques classiques du genre : gambero rosso au pamplemousse, sole meunière et pommes dauphine au citron, filet d'agneau aux asperges blanches... Le soir, on propose un menu dégustation.

⪡ ⪡ 🅰🄲 ⌖ 🍴 – Prix : €€€€

La Bastide de Gordes, 61 rue de la Combe – ℰ *04 90 72 12 12 – www.airelles.com/fr/destination/gordes-hotel/restaurants/l-orangerie-bistrot*

🛏 LA BASTIDE DE GORDES   *Plus*

CLASSIQUE • CHALEUREUX Cette bastide, dressée à flanc de rocher face aux Alpilles, a rouvert ses portes après d'importants travaux. Plus qu'une simple rénovation, c'est une métamorphose : intérieur somptueux, évoquant avec goût l'esprit des châteaux de famille du 18ᵉ s. – tableaux, mobilier chiné –, piscines invitant à la détente...

♿ 🛁 🅿 🛋 🌿 🍴 ☂ 🚲 ⚒ 💆 🐾 🛎 🍽 🅰🄲 - 41 chambres

61 rue de la Combe – ℰ *04 90 72 12 12 – www.airelles.com/fr/destination/gordes-hotel*

L'Orangerie - Voir la sélection des restaurants

GOULLES

✉ 19430 – Corrèze – Carte régionale n° **23**–B1

RELAIS DU TEULET

CUISINE TRADITIONNELLE • MAISON DE CAMPAGNE Agréable surprise que cet ancien relais de diligence, tenu par la même famille depuis... cinq générations ! Le chef propose une cuisine actuelle simple et lisible, déclinée au gré d'une courte carte qui valorise les bons produits de la région – viandes de Corrèze, fruits et légumes d'Aurillac...

♿ ⌖ 🅿 – Prix : €

Lieu-dit Le Teulet – ℰ *05 55 28 71 09 – www.relais-du-teulet.fr – Fermé samedi, et vendredi et dimanche soir*

GOULT

✉ 84220 – Vaucluse – Carte régionale n° **28**–E1

LA BARTAVELLE

CUISINE PROVENÇALE • RUSTIQUE Une petite mais charmante affaire familiale, située dans un pittoresque village du Luberon tenue par un couple expérimenté. Le chef propose un menu au choix volontairement limité pour assurer une meilleure qualité de cuisine. Et le résultat est probant : recettes soignées et parfumées, inspirées par la Provence et les beaux ingrédients du moment. Une valeur sûre de la région fréquentée par des habitués, ce qui est toujours bon signe. Il est prudent de réserver.

🍴 – Prix : €€

29 rue du Cheval-Blanc – ℰ *04 90 72 33 72 – www.labartavellegoult.com – Fermé lundi, dimanche et du mardi au samedi à midi*

LE CARILLON

CUISINE MODERNE • ÉLÉGANT Face au carillon de la grande place de Goult, ce restaurant propose une bonne cuisine d'inspiration provençale mâtinée de notes contemporaines. On s'installe dans la petite salle au cadre actuel ou sur la terrasse, aux airs de petit village. L'accueil est charmant, la carte des vins joliment pensée, avec une attention particulière dédiée aux productions bio. Une jolie adresse.

&. 斎 – Prix : €€

10 avenue du Luberon (place de la Libération) – ☎ 04 90 72 15 09 – www. restaurant-goult.com – Fermé mardi et mercredi

GOUMOIS

✉ 25470 – Doubs – Carte régionale n° **13**–D2

TAILLARD

CUISINE CLASSIQUE • VINTAGE La vue sur la vallée est très agréable et la cuisine du terroir concoctée par le chef – savoureuse et raffinée – n'a rien à lui envier ! Une maison de tradition où la fricassée de morilles en croûte de feuilletage est à l'honneur.

≪ 龠 斎 🅿 – Prix : €€€

3 route de la Corniche – ☎ 03 81 44 20 75 – www.hotel-taillard.fr – Fermé lundi, mercredi et mardi midi

GOURDON

✉ 46300 – Lot – Carte régionale n° **23**–A2

DELICATESSENS ①

CUISINE MODERNE • CONTEMPORAIN Sur la terrasse ou à travers les grandes baies vitrées de la salle, le paysage s'invite ici entre les tables : on profite en effet d'une belle vue panoramique sur le parc et les toits de la vieille ville de Gourdon au loin. L'assiette fait la part belle aux produits de la région à travers une cuisine traditionnelle revisitée, ponctuée de quelques touches créatives : gnocchi de pommes de terre à l'ail doux, consommé de champignons et espuma de salsifis ; filet de truite, risotto crémeux aux orties sauvages, et asperges vertes...

≪ 龠 &. 🆊 斎 ⇩ 🅿 – Prix : €€

Domaine du Berthiol, 725 route de Saint-Chamarand – ☎ 05 65 32 70 56 – www. delicatessens.fr – Fermé lundi et dimanche, et du mardi au jeudi soir

GOUY-EN-ARTOIS

✉ 62123 – Pas-de-Calais – Carte régionale n° **4**–B2

ORIGINE ①

CUISINE CRÉATIVE • CONTEMPORAIN Au programme dans cette belle ferme rénovée (ancien café du village) en briques rouges de l'Artois : des produits... d'origine certifiée, et Maëllie Poynard, une cheffe pleine d'originalité ! Qu'on en juge : sauce chocolat sur le bœuf accompagné de pêche et de blette, cornichon sur le dessert à la rhubarbe, carotte sur la pavlova... Et ses accords gourmands, parfois audacieux, tombent juste. Quant à la déco, elle est 100% contemporaine, et l'on découvre aussi sur place la brasserie artisanale tenue par le compagnon de la cheffe (qui officie en salle).

&. 🆊 斎 – Prix : €€

16 rue de Monchiet – ☎ 03 21 22 35 40 – www.originerestaurant.fr – Fermé lundi et mardi, et mercredi et dimanche soir

GOUY-SAINT-ANDRÉ

✉ 62870 – Pas-de-Calais – Carte régionale n° **4**–A2

LE CLOS DE LA PRAIRIE

CUISINE MODERNE • COSY En pleine campagne, ce charmant restaurant dégage une douceur bucolique. Derrière les fourneaux, le chef concocte, avec maîtrise, des plats au goût du jour qui suivent le rythme des saisons. L'été, profitez de la terrasse qui donne sur... la prairie, au calme. Accessible uniquement sur réservation.

⚐ & ㎢ **P** – Prix : €€

17 rue de Saint-Rémy – ℰ 03 21 90 39 58 – www.leclosdelaprairie.com –
Fermé lundi, mercredi, et mardi, jeudi, vendredi, samedi et dimanche midi

LE GRAND-BORNAND

✉ 74450 – Haute-Savoie – Carte régionale n° **21**–C1

CONFINS DES SENS

CUISINE MODERNE • **INTIME** La spécialité de la maison ? La délicieuse soupe de foie gras au muscat, avec une compotée d'oignons rouges et ses cromesquis. Un bel hommage au terroir, avec la touche de créativité qui fait la différence ; le tout est mis en scène par deux chefs en cuisine. Terrasse orientée plein Sud.

㎢ **P** – Prix : €€

Le Villavit – ℰ 04 50 69 94 25 – www.restaurant-grand-bornand.com –
Fermé mardi et mercredi, et dimanche soir

LE GRAND-LUCÉ

✉ 72150 – Sarthe – Carte régionale n° **10**–B2

LE LUCÉ

CUISINE MODERNE • **ÉLÉGANT** La vie de château dans toute sa splendeur : des jardins à la française, un palais du 18ᵉ s., et pour étancher sa soif et restaurer sa faim, une table dans son décor classique de miroirs et de lustres. Bref, le cadre est enchanteur. Pour ce qui est de l'assiette, on a l'intelligence de servir une cuisine gourmande qui s'appuie sur les produits de la région et ceux du potager : chou-fleur à la grenobloise ; mignon de porc en croûte de noix, sauce au jasnières.

⚐ & ㎢ ✿ **P** – Prix : €€€

Château du Grand-Lucé, 7 place du Château – ℰ 06 49 75 69 42 – www.leluce.
com/fr – Fermé lundi et mardi, et dimanche soir

🛏 ### CHÂTEAU DU GRAND-LUCÉ

TRADITIONNEL • **RAFFINÉ** Diderot, Voltaire et Rousseau, mais aussi Mozart et Grimm ont séjourné dans ce splendide château néoclassique situé à quelques lieues des rives de la Loire. Il a d'abord été entièrement rénové par un architecte d'intérieur américain à grand renfort de meubles authentiques avant de devenir cet hôtel de luxe. Parterres et jardins à la française.

P ⊕ ⚐ ⚒ ⊛ 𝄯 ⑪ ⃝ ㏍ - 17 chambres

9 place de la République – ℰ 02 55 48 40 40 – www.chateaugrandluce.com
Le Lucé - Voir la sélection des restaurants

GRANDCAMP-MAISY

✉ 14450 – Calvados – Carte régionale n° **2**–B2

LA TRINQUETTE

POISSONS ET FRUITS DE MER • **CONTEMPORAIN** Le chef passionné de cette table familiale à l'atmosphère contemporaine et chaleureuse, vous propose de déguster une cuisine d'une incomparable fraîcheur, avec l'impression de goûter moules, Saint-Jacques, sole ou turbot, au sortir de la barque du pêcheur ! Agréable véranda-salon d'un côté de la maison, et terrasse de l'autre.

& ㎢ – Prix : €€

7 rue du Joncal – ℰ 02 31 22 64 90 – www.restaurant-la-trinquette.com –
Fermé lundi et mardi

LE GRAND-VILLAGE-PLAGE – Charente-Maritime (17) ➜ Voir Île d'Oléron

GRANE
✉ 26400 – Drôme – Carte régionale n° **24**–B2

🕸 LE KLÉBER - LA MAISON BONNET

Chef : Sébastien Bonnet

CUISINE MODERNE • CONTEMPORAIN Julie et Sébastien Bonnet sont désormais installés dans un charmant village à quelques kilomètres de Crest, où se trouvait leur précédente adresse. Dans cet écrin cher à son cœur (il s'agit de l'ancienne Demeure de Grane, une institution locale où il a fait son apprentissage), Sébastien montre qu'il n'a rien perdu de sa verve et de son talent : sa cuisine de saison, axée autant sur la mer que la terre, est toujours aussi séduisante. Les assiettes sont précises, raffinées, voire même ludiques par instants. On se régale aussi des pains et brioches qui sortent du four de leur boulangerie. Et, pour ne rien gâcher, jolie carte des vins - notamment de la vallée du Rhône.

🕸 ⇦ ♿ 🅺 – Prix : €€€

2 place du Champ-de-Mars – 📞 04 75 62 60 64 – www.lamaisonbonnet.fr – Fermé lundi et mardi, et dimanche soir

LEN'K - LA MAISON BONNET

CUISINE ACTUELLE • BISTRO Len'K, c'est la partie bistronomique de la nouvelle maison du couple Bonnet. Installé sur la terrasse à l'ombre des platanes, on passe un super moment en compagnie d'un pâté en croûte volaille et foie gras, ou d'un effeuillé de cabillaud à la purée de pois chiche et citron confit... Service décontracté.

♿ 🅺 🍴 – Prix : €€

2 place du Champ-de-Mars – 📞 04 75 62 60 64 – www.lamaisonbonnet.fr/lmb/lmb – Fermé du lundi au mercredi

GRANGES-LES-BEAUMONT
✉ 26600 – Drôme – Carte régionale n° **24**–B1

🕸 LES CÈDRES

Chef : Jacques Bertrand

CUISINE CLASSIQUE • ÉLÉGANT Il est des tables discrètes, qui vivent à l'abri du tumulte médiatique : les Cèdres font partie de cette catégorie-là. Entre Romans et Tain-l'Hermitage, dans la Drôme, on pénètre dans cette maison toute de vert vêtue, installée à l'ombre des... cèdres, donc, pour y découvrir le travail des frères Bertrand : Jacques en cuisine et Jean-Paul en salle. Depuis 1988, ils ont développé leur restaurant à force de travail, d'humilité et de talent. Le résultat ? Une cuisine volontiers classique qui cultive le goût plutôt que la technique. Cerise sur le gâteau, l'accueil n'est pas en reste, chaleureux et efficace d'un bout à l'autre du repas.

🕸 🍴 🅺 🍴 ✥ 🅿 – Prix : €€€€

25 rue Henri-Machon – 📞 04 75 71 50 67 – www.restaurantlescedres.fr/fr – Fermé du lundi au mercredi

GRANVILLE
✉ 50400 – Manche – Carte régionale n° **2**–A2

L'EDULIS - JONATHAN DATIN

CUISINE MODERNE • DESIGN Le décor tendance du restaurant profite à l'assiette, imaginée par un chef enthousiaste et talentueux, petit-fils de boulanger. Cuisine soignée, beaux produits régionaux, gourmandise : tout simplement, l'adresse incontournable de Granville.

&. – Prix : €€
8 rue de l'Abreuvoir – & 02 14 13 45 88 – www.restaurantledulis.com –
Fermé lundi et mardi, et dimanche soir

GRASSE

✉ 06130 – Alpes-Maritimes – Carte régionale n° **29**–E2

LA BASTIDE SAINT-ANTOINE

CUISINE PROVENÇALE • ÉLÉGANT Cette bastide du 17e s., dont la terrasse donne sur l'arrière-pays, et une majestueuse oliveraie est la propriété de Jacques Chibois – l'un des chefs de file de la "cuisine du soleil". On y déguste des assiettes qui célèbrent pêle-mêle agrumes, herbes, huile d'olive, et autres spécialités régionales.

⪡ 📶 &. 🅰🄲 🕭 ⟡ 🎿 🅿 – Prix : €€€€
48 avenue Henri-Dunant – & 04 93 70 94 94 – www.jacques-chibois.com

LA BASTIDE SAINT-ANTOINE

CLASSIQUE • CALME Cette imposante bastide du 18e s. trône dans un parc magnifique, doublé d'une immense oliveraie aménagée en restanques. L'image même de la Provence éternelle ! Luxueux mais sans ostentation, l'établissement cultive l'élégance aussi bien que la discrétion : la promesse d'un séjour enchanteur...

&. 🎿 🅿 🛜 🕭 📶 🚲 ⚓ ⛵ 🅃○ 🅰🄲 – 16 chambres
48 avenue Henri Dunant – & 04 93 70 94 94 – www.jacques-chibois.com
La Bastide Saint-Antoine - Voir la sélection des restaurants

LE GRAU-DU-ROI

✉ 30240 – Gard – Carte régionale n° **27**–D2

LE SPINAKER

CUISINE MÉDITERRANÉENNE • CONTEMPORAIN Une cuisine méditerranéenne dans l'air du temps (ceviche de dorade et pickles d'oignons rouges, par exemple), à savourer dans une salle moderne ou sur la jolie terrasse ouverte sur la marina et ses bateaux de plaisance. Chambres plaisantes dans une ambiance vacances.

📶 🅰🄲 🕭 🅿 – Prix : €€€
Voie de la Pointe-du-Môle – & 04 66 53 36 37 – www.spinaker.com – Fermé lundi et mardi

GRAUFTHAL

✉ 67320 – Bas-Rhin – Carte régionale n° **8**–A1

AU VIEUX MOULIN

CUISINE MODERNE • ÉLÉGANT Installez-vous dans cette maison familiale, nichée au fond de la vallée de Graufthal, pour déguster la cuisine pleine de peps de Guillaume Kassel. Œuf de poule de la ferme du Moulin et escargots du Steiberg, poitrine de canette, girolles sautées et cerises, etc. Et une carte des vins de plus de 450 références. Chambres avec vue sur l'étang.

🐾 📶 &. 🕭 ⟡ 🅿 – Prix : €€€
7 rue du Vieux-Moulin – & 03 88 70 17 28 – www.auvieuxmoulin.eu – Fermé lundi et mardi midi

GRENOBLE

✉ 38000 – Isère – Carte régionale n° **21**–C3

❀ **LE FANTIN LATOUR - STÉPHANE FROIDEVAUX**

Chef : Stéphane Froidevaux

CUISINE CRÉATIVE • TENDANCE D'année en année, Stéphane Froidevaux étoffe sa palette de chef et affine son style, armé d'une sincérité à toute épreuve. Avec le temps il a trouvé un bel équilibre, et ses assiettes en témoignent. Un travail soigné, goûteux, créatif sans être débridé, et qui porte toujours la marque de la proximité avec la nature – à l'image de ces herbes et fleurs qu'il ramène lui-même de la cueillette, et lui permettent de composer notamment sa "ratatouille" qu'il varie au gré des saisons. La Brasserie du Fantin sert au déjeuner un menu d'un bon rapport qualité-prix, très prisé des habitués qui occupent très vite la terrasse aux beaux jours !

🛏 & 🅰 🕼 ✿ – Prix : €€€€

Plan : B2-1 – *1 rue Général-de-Beylie* – ☎ *04 76 24 38 18* – *www.fantin-latour.fr – Fermé lundi et dimanche*

😊 **JEANETTE**

CUISINE MODERNE • DE QUARTIER Vins de terroir vinifiés naturellement, fruits et légumes bio issus des vallées autour de Grenoble, huiles aromatisées maison, tri des déchets et autres gestes respectueux de l'environnement : nos deux Jeannette(s) signent dans leur sympathique bistrot une cuisine originale et authentique (d'un très bon rapport qualité-prix, surtout au déjeuner).

Prix : €€

Plan : A2-6 – *3 rue Génissieu* – ☎ *09 54 61 61 54* – *www.jeanette-restaurant.fr – Fermé lundi, samedi et dimanche et mardi et mercredi à midi*

😊 **TOHU BOHU** Ⓝ

CUISINE MODERNE • CONVIVIAL Une cuisine vivante et affûtée, décomplexée (mais pas trop !) et tout en saveurs. Elle est impeccablement déroulée au fil d'un menu hyper attractif et varié : salade d'asperge tout en fraîcheur, bonne béarnaise, œufs de truite ; superbes tranches de porc noir de Bigorre rôties et rosées, carotte glacée fondante, quenelle de mousseline de courgette une autre de pesto à l'ail des ours, jus réduit. Le maître d'œuvre de ce petit prodige ? Le chef Guillaume Dubœuf, passé chez Christophe Aribert, où il aura puisé la passion du produit frais au pic de la saison. Décor charmant de bistrot mi-vintage mi-contemporain au cœur d'une rue piétonne animée.

Prix : €

Plan : B1-5 – *16 rue Chenoise* – ☎ *06 69 04 85 51* – *www.tohubohu-grenoblerestaurant.com – Fermé lundi et dimanche, et samedi soir*

L'AMÉLYSS

CUISINE MODERNE • ÉPURÉ Un jeune couple a fait de cette adresse un restaurant attachant, qui bouleverse un peu les codes. Les plats modernes de la cheffe Héloïse Pelletier sont pleins de fraîcheur et d'envie, les produits ultra-frais, les assaisonnements sont millimétrés et les associations de saveurs subtiles. Belle carte des vins bien ficelée par monsieur qui assure le service. Au top !

🍴 🅰 – Prix : €€

Plan : A2-4 – *3 boulevard Gambetta* – ☎ *04 76 42 35 84* – *www.sites.google. com/view/restaurant-l-amelyss – Fermé samedi et dimanche*

BRASSERIE CHAVANT

CUISINE TRADITIONNELLE • BRASSERIE En plein centre-ville, cette adresse en impose avec son décor chic et baroque ! L'été, on profite de la terrasse face au lycée Champollion pour déguster les incontournables de la maison : ravioles de langoustines, truffes et foie gras ; poêlée de calamars au piment d'Espelette, sauce

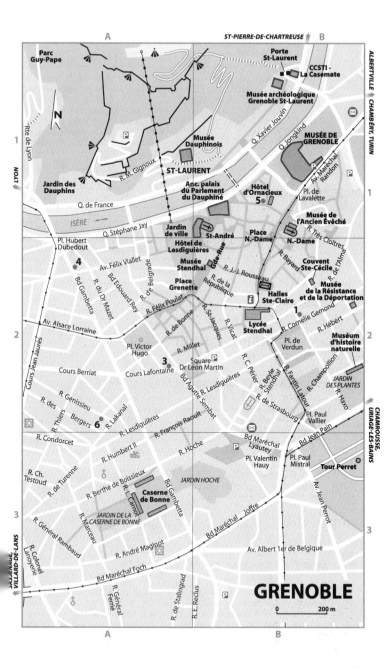

LYON
Rte de Lyon

Parc
Guy-Pape

N

P

Porte
St-Laurent

CCSTI -
La Casemate

Musée archéologique
Grenoble St-Laurent

Q. Xavier Jouvin

Q. Jongkind

MUSÉE DE
GRENOBLE

Av. Maréchal
Randon

P

Musée
Dauphinois

ST-LAURENT

R. M. Gignoux

Jardin des
Dauphins

Q. de France

ISÈRE

Q. Stéphane Jay

Anc. palais
du Parlement
du Dauphiné

Hôtel
d'Ornacieux
5

Pl. de
Lavalette

1

Pl. Hubert
Dubedout

4

Jardin
de ville

St-André

Hôtel de
Lesdiguières

Musée
Stendhal

Av. Félix Viallet

Bd Gambetta

R. du Dr Mazet

Bd Edouard Rey

R. de Belgrade

R. Félix Poulat

Place
Grenette

Place
N.-Dame

Gde-Rue

R. J.-J. Rousseau

R. de la
République

N.-Dame

R. Bayard

Musée de
l'Ancien Évêché

R. Très Cloîtres

R. de l'Alma

Couvent
Ste-Cécile

Musée
de la Résistance
et de la Déportation

Halles
Ste-Claire

i

1

R. Cornélie Gemond

R. Hébert

Av. Alsace Lorraine

Lycée
Stendhal

R. de Bonne

R. St-Jacques

R. Vicat

Pl. de
Verdun

Muséum
d'histoire
naturelle

2

Cours Jean Jaurès

Pl. Victor
Hugo

R. Millet

Square
Dr Léon Martin

P

R. C. Périer

R. Beyle
Stendhal

R. Fantin Latour

R. Champollion

JARDIN
DES PLANTES

R. Haxo

Cours Berriat

3

Cours Lafontaine

Bd Agutte Sembat

R. Lesdiguières

R. de Strasbourg

R. Génissieu

R. des
Bergers

R. Thiers

6

R. Lakanal

R. Lesdiguières

R. François Raoult

Pl. Paul
Vallier

Bd Jean Pain

CHAMROUSSE,
URIAGE-LES-BAINS

R. Condorcet

R. Humbert II

R. Hoche

Bd Maréchal
Lyautey

Pl. Valentin
Hauy

P

Pl. Paul
Mistral

R. Ch.
Testoud

R. de Turenne

R. Berthe de Boissieux

R. L. Carnot

Bd Gambetta

JARDIN HOCHE

Tour Perret

3

R. Général Rambaud

R. Marceau

Caserne
de Bonne

JARDIN DE LA
CASERNE DE BONNE

Av. Jean Perrot

SASSENAGE,
VILLARD-DE-LANS

R. Colonel
Lanoyerie

R. André Maginot

R. de Stalingrad

R. E. Reclus

Bd Maréchal Foch

R. Général
Ferrié

Av. Albert 1er de Belgique

Bd Maréchal Joffre

P

GRENOBLE

0   200 m

A   B

basquaise. Pour l'anecdote : Chavant était le nom des ancêtres du maître des lieux, restaurateurs depuis 1852.

&. 🅰🅲 🍽 – Prix : €€

Plan : A2-3 – *2 cours Lafontaine* – *℘ 04 76 87 61 83* – *www.brasserie-chavant.fr*

🛏 PARK HOTEL GRENOBLE

CLASSIQUE • ÉLÉGANT À l'image de la ville, cet hôtel cache bien son jeu, et ne révèle qu'aux curieux son mélange de luxe urbain et de charme campagnard : ses intérieurs sont plus colorés et plus contemporains que ne le laisserait croire sa façade relativement modeste. Les chambres sont d'un monochrome subtil, agrémenté de touches de couleur. Les suites, naturellement, sont assez vastes pour une réunion d'affaires au milieu d'œuvres d'art. Un buffet de petit-déjeuner, un bar-salon, un beau centre de bien-être, et même une navette vers les stations de ski.

&. 🏊 🅿 🌀 🕙 🎿 📶 🅰🅲 - 39 chambres

10 place Paul Mistral – *℘ 04 76 85 81 23* – *www.park-hotel-grenoble.fr*

GRESSE-EN-VERCORS

✉ 38650 – Isère – Carte régionale n° **21**–B3

LE CHALET

CUISINE TRADITIONNELLE • RUSTIQUE Maison forte durant le Moyen Âge, couvent jusqu'en 1905, ce "chalet" est devenu un hôtel-restaurant sous l'impulsion de la famille Prayer, autour de deux valeurs primordiales : tradition et générosité. En témoignent les assiettes goûteuses, tels ce saumon fumé maison, ce gigot d'agneau cuit sept heures ou ce soufflé glacé à la Chartreuse.

&. 🍽 🅿 – Prix : €€

Le village – *℘ 04 76 34 32 08* – *www.hotellechalet.fr* – *Fermé mercredi et jeudi*

GRIESHEIM-PRÈS-MOLSHEIM

✉ 67870 – Bas-Rhin – Carte régionale n° **8**–A2

AUBERGE DE LA CHÈVRERIE

CUISINE MODERNE • CONVIVIAL Avec son décor soigné et contemporain, cette auberge perchée en pleine nature est un repaire de gourmands. Le menu-carte proposé y redessine le terroir alsacien grâce à de jolis produits de saison rigoureusement sélectionnés. Le fromage provient par exemple de la chèvrerie voisine, tenue par le frère du chef. On se régale d'un œuf parfait dans son nid croustillant et sa mousseline de céleri et truffe noire ou encore d'un banana split, régressif et addictif !

&. 🅰🅲 🍽 🅿 – Prix : €€

1 rue des Puits – *℘ 03 88 38 83 59* – *www.chevrerie.com* – *Fermé lundi, dimanche et mardi midi*

GRIGNAN

✉ 26230 – Drôme – Carte régionale n° **24**–B2

LE CLAIR DE LA PLUME

Chef : Benjamin Reilhes

CUISINE MODERNE • ÉLÉGANT Niché au pied du château de Madame de Sévigné, le Clair de la Plume incarne à merveille l'hospitalité et la gourmandise provençales : huile d'olive de Nyons, pintades et petits légumes de la Drôme... sont judicieusement mis en valeur par le chef Benjamin Reilhes sous forme de trois menus dégustation en plusieurs étapes, dont un menu entièrement tourné vers le végétal. Une table qui célèbre les beaux produits méditerranéens ainsi que les vins de la vallée du Rhône. De son côté, le pâtissier Cédric Perret compose une partition sucrée en osmose avec la saison, et apporte souvent une touche originale et percutante à ses desserts.

⌘ ⇔ & 🄰🄲 ⌺ 🅿 – Prix : €€€€

2 place du Mail – ☎ 04 75 91 81 30 – www.clairplume.com/fr – Fermé lundi, dimanche et du mardi au jeudi à midi

🌿**L'engagement du chef :** 95 % des produits que nous cuisinons sont issus d'exploitations situées à moins de 70 km. Les poissons sont pêchés durablement en Méditerranée, l'agneau et les volailles proviennent de fermes de proximité, et les fruits et légumes bio sont cultivés dans la Drôme.

LE BISTRO CHAPOUTON

CUISINE MODERNE • RÉGIONAL La deuxième adresse du Clair de la Plume, située non loin de la maison-mère, est une charmante bâtisse du 18e entourée d'un jardin fleuri. La carte bistrotière est élaborée à partir de produits frais et de saison : asperges blanches croquantes et sauce hollandaise, épaule d'agneau confite et gratin dauphinois, choix de pâtisseries maison... Depuis la vaste terrasse couverte, on profite d'une vue imprenable sur le château de Grignan.

& 🄰🄲 ⌺ 🅿 – Prix : €€

200 route de Montélimar – ☎ 04 75 00 01 01 – www.chapouton.com

LE POÈME DE GRIGNAN

CUISINE MODERNE • INTIME Tout un poème, cette maison de village avec ses porcelaines anciennes et ses fleurs ! Ici, tout est soigné, goûteux, fait sur place... et sent bon la Provence. Une invitation aux plaisirs de la région.

🄰🄲 ⌺ – Prix : €€

Rue Saint-Louis – ☎ 04 75 91 10 90 – www.poemedegrignan.com – Fermé mardi et mercredi

LA TABLE DES DÉLICES

CUISINE PROVENÇALE • ÉLÉGANT La maison, des années 1980, est sur la route de la grotte où Mme de Sévigné aimait se retirer. Le chef concocte une goûteuse cuisine régionale, à l'image de ce délicieux marbré de lapereau aux noix et petits oignons confits en habit de lard fumé. Belle carte des vins.

⌘ 🍴 ⌺ 🅿 – Prix : €€

Chemin de Bessas – ☎ 04 75 46 57 22 – www.latabledesdelices.com – Fermé lundi, et mardi, mercredi, jeudi et dimanche soir

🛏 LE CLAIR DE LA PLUME

CLASSIQUE • CHARME Le nom de cet hôtel aurait plu à Mme de Sévigné, qui résida à Grignan ! Cette demeure provençale du 18e s. propose des chambres ravissantes avec leur mobilier chiné – et plus encore lorsqu'elles donnent sur le joli jardin de curé. Chambres et suites supplémentaires sont proposées dans d'autres bâtisses voisines, ainsi qu'une piscine naturelle charmante.

🅿 🛁 🍴 🎴 🎴 🍴 🄰🄲 - 16 chambres

2 place du Mail – ☎ 04 75 91 81 30 – www.clairplume.com
✿ Le Clair de la Plume - Voir la sélection des restaurants

🛏 LA FERME CHAPOUTON

CLASSIQUE • RAFFINÉ Une ferme de 1760 s'est transformée en un splendide petit hôtel avec neuf chambres exquises, des espaces extérieurs bucoliques, un bistrot Perte du Bib et une vue dégagée sur le pittoresque Château de Grignan et le Mont Ventoux. Les chambres allient les murs des bâtiments campagnards à une décoration contemporaine sobre. Salle à manger au coin du feu, terrasse avec vue.

🅿 🛁 🍴 🚲 🎴 🍴 🄰🄲 - 29 chambres

200 route de Montélimar – ☎ 04 75 00 01 01 – www.chapouton.com
Le Bistro Chapouton - Voir la sélection des restaurants

GRILLY

✉ 01220 – Ain – Carte régionale n° **21**–C1

AUBERGE DE GRILLY

CUISINE MODERNE • AUBERGE Entre Gex et Divonne, dans un charmant village, cette auberge est installée tout près de l'église : ô saints de la gourmandise, priez pour nous ! Si le décor est plutôt rustique, la cuisine, elle, fait dans le moderne et le beau produit, autour d'un unique menu dégustation bien pensé et généreux. Service souriant et plaisante terrasse.

& ☆ – Prix : €€

34 ruelle de l'Église – ℰ 04 50 20 25 14 – www.aubergedegrilly.com –
Fermé lundi, mardi et dimanche et du mercredi au vendredi à midi

GRIMAUD

✉ 83310 – Var – Carte régionale n° **24**–B2

PETIT JACQUES Ⓝ

CUISINE MODERNE • CONTEMPORAIN Le charme opère dès qu'on se met en marche vers les hauteurs de Grimaud pour découvrir dans une petite rue pavée cette terrasse aux murs recouverts de lierre. Répartie sur deux étages, cette maison procure immédiatement de l'agrément (parquet clair, poutres au plafond, murs à l'effet chaux, banquettes patinées et lumière douce). Le chef québécois et sa compagne en salle régalent avec une cuisine du marché gourmande à souhait et des plats traditionnels comme la soupe à l'oignon ou la brioche perdue (et sa délicieuse glace à la vanille de Madagascar). Tout est fait maison, même le (bon) pain !

& ᴬᶜ ☆ – Prix : €€€

Place des Pénitents – ℰ 06 48 68 60 31 – www.restaurantpetitjacques.com –
Fermé du lundi au mercredi et du jeudi au dimanche à midi

LES SANTONS

CUISINE CLASSIQUE • RUSTIQUE Une belle auberge provençale pleine de caractère, avec ses poutres apparentes, ses compositions florales et sa collection de santons. L'assiette, jamais ennuyeuse, alterne entre cuisine classique et plats actuels joliment travaillés, à l'image de ce carré d'agneau et son croustillant d'ail nouveau, garni d'un millefeuille de poivron et blette confits. Mention spéciale au traditionnel baba au rhum vieux et sa chantilly vanillée.

ᴬᶜ ☆ – Prix : €€€

743 route Nationale – ℰ 04 94 43 21 02 – www.restaurant-les-santons.fr –
Fermé lundi, mardi et mercredi midi

GROISY

✉ 74570 – Haute-Savoie – Carte régionale n° **21**–C1

AUBERGE DE GROISY

CUISINE CLASSIQUE • COSY Une jolie ferme du 19e s. revue à la mode d'aujourd'hui : pierres apparentes et poutres pour le cachet. Un endroit charmant pour déguster une cuisine bien dans son temps, gourmande à souhait, qui valorise les produits de la région. Enfin, un vrai artisan cuisinier ! Coup de cœur assuré.

☆ ꒰꒱ – Prix : €€

34 route du Chef-Lieu – ℰ 04 50 68 09 54 – www.auberge-groisy.fr –
Fermé lundi et mardi, et dimanche soir

GRUFFY

✉ 74540 – Haute-Savoie – Carte régionale n° **21**–C2

ABÎME - L'AUBERGE DU PONT ⓝ

CUISINE MODERNE • **AUBERGE** Cette ancienne auberge se tient évidemment près du pont qui surplombe l'abîme où coule la rivière Le Chéran quelque... centaines de mètres plus bas. Le chef est un enfant du pays qui aime à travailler la provende que les producteurs locaux lui apportent. Même les mycologues amateurs sont les bienvenus pour proposer leur cueillette de champignons du jour. Ce risotto lié à la courge, fricassée de pleurotes, shiitakés et polypores illustre bien son style gourmand, tourné vers le végétal et le jeu des textures. Menu découverte en plusieurs séquences le soir et le week-end. Menu déjeuner attractif.

&. 🎋 🅿 – Prix : €€

991 route du Pont-de-l'Abîme – ☎ 09 77 97 57 93 – www.auberge-abime.com – Fermé lundi, mardi, mercredi midi et dimanche soir

GRUSON

✉ 59152 – Nord – Carte régionale n° **4**–C2

L'ARBRE

CUISINE MODERNE • **AUBERGE** Cette maison, tout de rouge vêtue, est installée sur un passage mythique de la course Paris-Roubaix. On profite ici d'une cuisine gourmande et lisible réalisée par un jeune chef impliqué, qui propose notamment un menu surprise mettant en avant les produits de saison et de la région. Des recettes bien ficelées, comme ce bar de ligne, déclinaison de brocoli et son fumet de poisson crémé, sapide et efficace ! Agréable terrasse aux beaux jours.

&. 🎋 ⇔ – Prix : €€€

1 pavé Jean-Marie-Leblanc – ☎ 03 20 79 55 33 – www.larbre.com/fr – Fermé lundi et mardi, et dimanche soir

GUAINVILLE

✉ 28260 – Eure-et-Loir – Carte régionale n° **10**–C1

✿ LES CHEMINS - DOMAINE DE PRIMARD

Chef : Romain Meder

CUISINE MODERNE • **CONTEMPORAIN** Au cœur de la vallée de l'Eure, dans la Maison du Verger (l'ancienne demeure de Catherine Deneuve), le chef Romain Meder développe désormais sa propre cuisine, après la brillante carrière qu'il a effectuée aux côtés d'Alain Ducasse au Plaza Athénée. Ce tournant champêtre lui va comme un gant. Il fait feu de tout bois, en cuisinant les produits du potager, du jardin, de la forêt environnante, des petits producteurs alentour (escargots, beurre, pain...) mais aussi ceux de la mer. Ce grand technicien recourt à toutes les méthodes pour sublimer notamment des légumes éclatants de fraîcheur, dans une cuisine contemporaine et voyageuse où le goût de la nature n'est pas un vain mot.

🏨 ⇆ 🛏 &. 🅰 🎋 🅿 – Prix : €€€€

D16 – ☎ 02 36 58 10 07 – www.lesdomainesdefontenille.com/fr/ domainedeprimard.html – Fermé du lundi au mercredi, jeudi midi et dimanche soir

✿ **L'engagement du chef** : Aux Chemins, la cuisine respecte les saisons et privilégie les meilleurs produits locaux. Les fruits et légumes proviennent en partie du jardin biologique cultivé selon les principes de la permaculture, et les plats à dominante végétale sont inspirés du dialogue quotidien avec le jardinier. Dans le vaste parc avec roseraie et collection d'arbres et d'arbustes rares, vaches Highland, moutons d'Ouessant, chevreuils et oiseaux aquatiques vivent paisiblement.

OCTAVE - DOMAINE DE PRIMARD

CUISINE TRADITIONNELLE • CHAMPÊTRE Supervisée par le chef Romain Meder, la partie bistrot de ce superbe hôtel propose une cuisine de goût et de tradition, et très végétale en même temps, qui se fournit en grande partie dans le potager du domaine. On peut aussi piocher parmi quelques propositions carnassières de viandes à la broche et à la braise. Quelques plats du moment : betterave cuite à la cendre, pesto de fanes, œufs de truite ; thon rouge de ligne, cocos aux épices, roquette. Pour les beaux jours, paisible terrasse sur l'herbe, entre les arbres du verger du château.

🍽 ♿ 🅰 ⌨ 🅿 – Prix : €€

D16 – ☎ 02 36 58 10 07 – www.lesdomainesdefontenille.com/fr/
domainedeprimard.html – Fermé du lundi au mercredi et dimanche soir

🛏 ## DOMAINE DE PRIMARD

CLASSIQUE • ROMANTIQUE Dans l'atmosphère romantique d'une magnifique propriété du 18ᵉ s., le Château de Primard a repensé son décor Directoire pour offrir 40 chambres. Une esthétique classique et un accueil haut de gamme assurent une véritable relaxation. Reste à choisir entre la détente au spa, à la piscine extérieure chauffée, les nombreux chemins de randonnée, l'équitation ou le golf.

🅿 🛋 ♿ 🍽 🚲 ⚒ 🌐 ♨ 🛁 🧖 🍴 🅰 - 39 chambres

Route départementale 16 – ☎ 02 36 58 10 08 – www.domainedeprimard.com
❀ **Les Chemins - Domaine de Primard • Octave - Domaine de Primard** - Voir la sélection des restaurants

GUEBERSCHWIHR

✉ 68420 – Haut-Rhin – Carte régionale n° **8**–A2

UTOPIE 🅽

CUISINE MODERNE • CONTEMPORAIN Au centre d'un petit village vigneron, cette Utopie a fait son nid, couvée par un couple qu'on a connu à Strasbourg. Dans cette belle maison ancienne émaillée d'un intérieur contemporain, le chef, au solide parcours (Georges V, Pierre Gagnaire, Jean Imbert...), travaille un menu unique en plusieurs séquences où le végétal trône en bonne place : petits pois, oseille, huile de chanvre ; cœur de romaine, estragon, ail noir et jus de viande. Accords mets et vins judicieux.

♿ – Prix : €€€

10 rue Haute – ☎ 09 70 66 97 62 – www.utopiealsace.fr – Fermé lundi, mardi et du mercredi au vendredi à midi

GUER

✉ 56380 – Morbihan – Carte régionale n° **1**–D2

❀ ## MAISON TIEGEZH

Chef : Baptiste Denieul

CUISINE MODERNE • ÉLÉGANT Tiegezh, c'est "famille" en breton, tout est dit ! Ses grands-parents ont fondé la première fabrique de galettes fraîches de Bretagne : Baptiste Denieul, jeune chef talentueux (passé notamment par le Bristol d'Eric Frechon) vous accueille dans un intérieur élégant et raffiné, en totale adéquation avec sa cuisine. Il travaille poissons, légumes du potager et produits fermiers avec maîtrise et délicatesse. En salle, son épouse Marion s'occupe de mettre en musique la symphonie. La Maison Tiegezh intègre le restaurant gastronomique, le bistrot et un bel hôtel avec six chambres contemporaines et cosy qui permettent de prolonger l'expérience en douceur. Une halte bénéfique en terre de Brocéliande...

🛋 ♿ 🅰 ⌨ 🅿 – Prix : €€€

7 place de la Gare – ☎ 02 97 22 00 26 – www.maisontiegezh.fr/fr – Fermé lundi, mardi, mercredi midi et dimanche soir

❀ **L'engagement du chef** : Nous souhaitons que le client, au-delà de bien manger, s'engage pour une économie locale et responsable où l'humain est au cœur. Nous produisons nos propres légumes et fruits dans notre potager, nous travaillons avec des producteurs respectueux dans un rayon de 200km, et nous pratiquons une gestion éco-responsable des déchets. L'eau est micro-filtrée, le mobilier et le matériel sont fabriqués en France.

GUÉRANDE

✉ 44350 – Loire-Atlantique – Carte régionale n° **9**–A3

L'AGAPÉ BISTROT

CUISINE MODERNE • BISTRO À deux pas des célèbres remparts de Guérande, ce bistrot familial au sobre décor contemporain sert une appétissante cuisine qui marie au gré de l'envie ingrédients régionaux (pêche du jour, algues, cochon, lait ribot, sarrasin) et pointes plus exotiques (épices, gingembre, citronnelle, coco, etc). C'est généreux, soigné, équilibré : célébrons sans attendre nos agapes à l'Agapé !
Prix : €

*11 faubourg Saint-Michel – ☎ 02 40 11 78 78 – www.lagapebistrot.com –
Fermé lundi et dimanche, et du mardi au jeudi soir*

BRUT.

CUISINE MODERNE • COSY Une jolie maison blanche abrite ce restaurant char-mant aux salles à manger cosy et feutrées, en plein cœur des marais salants et d'un petit village de paludiers. Doté d'un bon parcours, le chef japonais Takashi Aoki propose une cuisine française sagement créative, rythmée par les saisons. Carte des vins bien construite, dont la majeure partie est proposée au verre.
♿ ❄ – Prix : €€€

*16 rue des Prés-Garniers, à Saillé – ☎ 02 40 42 33 10 – www.restaurantsbrut.
com – Fermé lundi, mardi et mercredi midi*

GUÉTHARY

✉ 64210 – Pyrénées-Atlantiques – Carte régionale n° **25**–A2

ॐ **BRIKETENIA**

Chefs : David et Martin Ibarboure
CUISINE MODERNE • ÉLÉGANT Le petit village basque de Guéthary est le fief d'une partie de la famille Ibarboure, l'autre étant à Bidart aux commandes... des Frères Ibarboure. Dans cette demeure basque des années 1930, un ancien hôtel, Martin le père et David le fils sont en cuisine. Marie-Claude, la mère, accueille ses hôtes avec une hospitalité toute basque tandis que Camille, la fille, manie l'art bachique comme personne. Esprit de famille, quand tu nous tiens ! Notons tout de même que le fils s'est échappé jusqu'à Hong-Kong chez Pierre Gagnaire. Avec son père, il signe une cuisine de grande qualité : assaisonnements subtils, effets de transparence ou de contraste, produits choisis à leur parfaite maturité... Ces produits, très souvent basques évidem-ment, sont sublimés au naturel, et mis en valeur par un service charmant.
👜 ♿ Ⓜ ❄ ❄ 🅿 – Prix : €€€

142 rue de l'Église – ☎ 05 59 26 51 34 – www.briketenia.com/fr – Fermé lundi et mardi

😊 **BRIKET' BISTROT**

CUISINE MODERNE • CONTEMPORAIN L'hôtel de la famille Ibarboure accueille ce sympathique bistrot, indépendant du restaurant gastronomique. Le chef signe une cuisine soignée, délicate et pleine de goût, dans un cadre épuré. Les produits basques dominent logiquement la carte, mais s'agrémentent parfois de mets exo-tiques. L'équipe est jeune et avenante, les prix demeurent raisonnables. On se régale.
♿ 🅿 – Prix : €€

142 rue de l'Église – ☎ 05 59 26 51 34 – www.briketenia.com/fr – Fermé lundi et mardi

GÉTARIA

CUISINE MODERNE • CONVIVIAL Bonne idée que de s'arrêter dans l'un des plus beaux villages de la côte basque. En plus d'une petite salle lambrissée en blanc, cette auberge profite d'une ravissante terrasse ombragée de platanes... cachée à l'arrière. Sacré vice-champion du monde de pâté en croûte (qui change à chaque saison), le chef travaille avec doigté aussi bien les poissons ultra-frais de la criée (voir ce tataki de thon ou cette soupe de crustacés, le ttoro) que les produits ibérico-basques. Menu-carte et déjeuner à prix attractif.

&. 🅰🄲 🍴 – Prix : €€

*360 avenue du Général-de-Gaulle – ☏ 05 59 51 24 11 – www.getaria.fr –
Fermé mardi et mercredi*

🛏 BRIKÉTÉNIA

MODERNE • CALME Sur le site d'une ancienne briqueterie (d'où "Brikéténia"), ce relais de poste du 17ᵉ s., blanc et rouge, offre une vue dégagée sur les environs. Refaites à neuf, les chambres allient confort et esprit contemporain.

&. 🅿 🛇 🚲 🍴 🅰🄲 - 14 chambres

142 rue de l'Église – ☏ 05 59 26 51 34 – www.briketenia.com

☸ **Briketenia** • 🍽 **Briket' Bistrot** - Voir la sélection des restaurants

GUEWENHEIM
✉ 68116 – Haut-Rhin – Carte régionale n° **8**–A3

LA GARE

CUISINE MODERNE • CONTEMPORAIN Une très contemporaine institution locale (depuis 1874) ! Ou comment mixer élégance, peps et convivialité ; mêler brasserie sur le pouce et jolie cuisine actuelle dans la lumineuse salle "véranda"... Ce jour-là, pressé de chèvre frais et légumes, et côte de veau de lait, morilles et gnocchis. Ou comment présenter l'une des plus belles cartes des vins de France – rien que ça – tout en restant simple.

🕸 🍸 🅰🄲 🍴 🅿 – Prix : €€

*2 rue Soppe – ☏ 03 89 82 51 29 – www.restaurantdelagare-guewenheim.fr –
Fermé mardi et mercredi*

GUICHE
✉ 64520 – Pyrénées-Atlantiques – Carte régionale n° **25**–B2

🐌 LE GANTXO

CUISINE MODERNE • CONTEMPORAIN Bienvenue en terre basque. Ce Gantxo – du nom d'une passe de pelote – donne directement sur le "trinquet", l'aire de jeu du célèbre sport local. En cuisine, Isabelle et Laurent Miremont revisitent la cuisine basque de façon très personnelle ; ils composent des plats bien au goût du jour, souvent copieux, toujours goûteux. Un vrai coup de cœur !

&. 🅰🄲 🍴 🅿 – Prix : €€

*Quartier du Port – ☏ 05 59 56 46 63 – www.restaurant-le-gantxo.fr –
Fermé mardi et mercredi, et jeudi et dimanche soir*

GUINGAMP
✉ 22200 – Côtes-d'Armor – Carte régionale n° **1**–C1

LE CLOS DE LA FONTAINE

CUISINE TRADITIONNELLE • RUSTIQUE Un intérieur rustique et accueillant (tables nappées, vaisselle anglaise), un service bienveillant et une cuisine maîtrisée : Stéphane Ollivier et son épouse Corinne savent recevoir. Dans l'assiette (généreuse), de bons produits locaux (noix de Saint-Jacques, huîtres, fromages bretons…) et des plats de terroir savoureux, comme ces aiguillettes de canard rôties servies avec une sauce au cidre et à l'estragon.

🍤 🍽 – Prix : €€

9 rue du Général-de-Gaulle – ☎ 02 96 21 33 63 – Fermé lundi, et mardi et dimanche soir

GUJAN-MESTRAS – Gironde (33) → Voir Bassin d'Arcachon

GUNDERSHOFFEN
✉ 67110 – Bas-Rhin – Carte régionale n° **8**–B1

LE CYGNE
CUISINE MODERNE • CONVIVIAL Cette noble demeure alsacienne a su évoluer avec son temps : on y découvre aujourd'hui une cuisine de bistrot modernisée, réalisée par un chef expérimenté. Fondez pour le magret de canard à la chair tendre et goûteuse et à la peau bien grillée, accompagné d'un bon jus de cuisson délicatement parfumé à l'orange et légèrement épicé. Deux menus au choix.

♿ 🅰🅲 🍽 – Prix : €€

35 Grande-Rue – ☎ 03 88 72 96 43 – www.aucygne.fr – Fermé lundi et mardi, et dimanche soir

LES JARDINS DU MOULIN
CUISINE MODERNE • COSY Ce restaurant s'intègre idéalement dans l'environnement du Moulin : à travers les baies vitrées de l'élégante salle à manger, on admire le jardin et la magnifique terrasse… On se régale de créations actuelles, bien tournées et rythmées par les saisons.

♿ 🅰🅲 🍤 🅿 – Prix : €€€

7 rue du Moulin – ☎ 03 88 07 52 70 – www.jardinsdumoulin.fr – Fermé mercredi, jeudi et dimanche

GYÉ-SUR-SEINE
✉ 10250 – Aube – Carte régionale n° **12**–C2

LE GARDE CHAMPÊTRE
CUISINE MODERNE • TENDANCE Cet ancien entrepôt ferroviaire transformé en restaurant-ferme durable avec serres et potager bio par un collectif de quatre associés judicieusement acoquiné à deux vignerons du cru propose une cuisine fraîche et tonique, imaginée autour des produits locaux et du jardin. Une démarche locavore et écologique très plaisante, une adresse sympathique.

🐝 ♿ 🍤 🅿 – Prix : €€

50 route des Riceys – ☎ 03 52 96 00 06 – www.legardechampetre.fr – Fermé mardi et mercredi, et dimanche soir

🌱**L'engagement du chef :** Transformation des produits bruts de notre potager biologique, fabrication de notre pain, techniques de fermentation, de fumage et cuisine autour du feu, nous mettons tout en oeuvre pour tendre vers le plus d'auto-suffisance possible. Notre restaurant est un lieu de vie et de rencontre pour les habitants et notre cuisine est directement inspirée de la nature que nous nous efforçons de protéger au quotidien.

HAGONDANGE

✉ 57300 – Moselle – Carte régionale n° **7**–B1

QUAI DES SAVEURS

Chef : Frédéric Sandrini

CUISINE MODERNE • ÉLÉGANT Ceux qui l'aiment prendront le train ! Le chef Frédéric Sandrini a posé armes et bagages face à la gare d'Hagondange, toute vêtue de blanc et de grès des Vosges. Vos papilles ne resteront pas insensibles à sa cuisine, imaginative et moderne, en mouvement constant, s'appuyant sur des fournisseurs-partenaires triés sur le volet : ormeaux de plongée de la baie de Saint-Brieuc, poissons de Saint-Quay-Portrieux ou Boulogne-sur-Mer, chariot de fromages de quelques affineurs "références" dans la matière. Le tout dans un joli cadre contemporain plutôt sobre. Deux menus surprise à découvrir, ainsi qu'un menu déjeuner.

ᵇᵇ & ᴬᶜ ↻ 🅿 – Prix : €€€

69 rue de la Gare – ℰ 03 87 71 24 98 – www.quaidessaveurs.com – Fermé lundi et mardi, et dimanche soir

HAGUENAU

✉ 67500 – Bas-Rhin – Carte régionale n° **8**–B1

GRAINS DE SEL

CUISINE MODERNE • COSY Bien installé dans son restaurant près de la halle aux Houblons, Gilles Schnoering régale ses convives avec une courte carte de saison ; ses créations, fraîches et bien réalisées, doivent beaucoup à la qualité des produits utilisés. Judicieux accords mets et vins.

& ᴬᶜ – Prix : €€

113 Grand-Rue – ℰ 03 88 90 83 82 – www.restaurant-grainsdesel.fr – Fermé lundi et dimanche

LE JARDIN

CUISINE MODERNE • ÉLÉGANT Après 38 années de bons et loyaux services, Damien Meyer vient de passer le flambeau à son fils Romain avec lequel il a travaillé en binôme pendant 8 ans. Que les habitués se rassurent, Romain continue à proposer les classiques de la maison (soupe de poisson, carpaccio de thon, chateaubriand et sa béarnaise), tout en distillant une pointe de modernité. À déguster sous le superbe plafond Renaissance.

& ᴬᶜ 🍽 🅿 – Prix : €€

16 rue de la Redoute – ℰ 03 88 93 29 39 – www.lejardinhaguenau.fr – Fermé mardi et mercredi

HAMBYE

✉ 50450 – Manche – Carte régionale n° **2**–A2

AUBERGE DE L'ABBAYE

CUISINE MODERNE • ÉLÉGANT À deux pas des ruines romantiques de l'abbaye de Hambye, cet hôtel-restaurant plutôt classique est tenu par un jeune couple énergique. Le chef y avait commencé son apprentissage (poursuivi dans de bonnes maisons) ; il signe une cuisine savoureuse et sans superflu, aux solides bases traditionnelles. De jolies litanies gourmandes !

& 🍽 – Prix : €€

5 route de l'Abbaye – ℰ 02 33 61 42 19 – www.aubergedelabbayehambye.com – Fermé lundi

HASPARREN

✉ 64240 – Pyrénées-Atlantiques – Carte régionale n° **25**–A2

❀ LA MAISON DE PIERRE

Chef : Nicolas Montceau

CUISINE MODERNE • CONTEMPORAIN Au centre du bourg, c'est dans une maison basque typique à colombages rouges et blancs que ce duo à l'enthousiasme communicatif a pris ses nouveaux quartiers. Le chef Nicolas Montceau et son acolyte Julien Bonnal, en charge de la pâtisserie ne jurent que par la production locale. Autour de menus dégustation en plusieurs séquences, ils nous régalent avec leurs associations de saveurs harmonieuses, leurs jus et sauces délicieux, leur créativité. Un succès mérité !

⇜ & AC – Prix : €€€

Hôtel Berria, 68 rue Francis-Jammes – ☏ *05 59 93 40 49 –*
www.lamaisondepierre.fr – Fermé mardi, mercredi et samedi midi

HATTSTATT

✉ 68420 – Haut-Rhin – Carte régionale n° **8**–A2

L'ALTÉVIC

CUISINE MODERNE • CONTEMPORAIN Dans un écrin contemporain en verre et métal, Jean-Christophe Perrin propose une cuisine dans l'air du temps, inspirée par le marché : pâté en croûte de volaille d'Alsace et morilles ; pavé de maigre et ragoût de cocos de Paimpol ; torche aux marrons comme une pavlova...

& AC ✿ 🅿 – Prix : €€€

4 rue du Wiggensbach – ☏ *03 89 78 83 56 – www.restaurant-laltevic.fr –*
Fermé lundi, mardi et mercredi midi

HAUTELUCE

✉ 73620 – Savoie – Carte régionale n° **21**–D2

❀ MONT BLANC RESTAURANT & GOÛTER

Chef : Benoit Goulard

CUISINE MODERNE • ÉLÉGANT Cette hostellerie centenaire, située à l'entrée du village et rénovée avec goût, accueille l'enthousiasme d'un jeune chef, ancien pâtissier d'une maison étoilée. Face aux massifs du Beaufortain, Benoit Goulard propose des menus surprise élaborés avec les meilleurs produits de la région, de saison et éco-sourcés. Ici, on ne cherche pas à tout prix à "raconter une histoire" à chaque plat mais à faire beau et bon, tout simplement, en travaillant avec un grand souci du détail et en ne comptant que sur soi-même (pas d'employés), dans un style culinaire actuel et élégant. Ceci jusqu'aux desserts, qui valent le détour ! Même dynamique en salle, où les arts de la table, l'accueil et le service de la maîtresse de maison Hélène Fleury s'avèrent irréprochables. On ne peut qu'être admiratif du travail réalisé ici, loin de tout, pour chercher à donner le meilleur, avec rigueur et exigence.

🕸 & – Prix : €€€

16 rue de la Voûte – ☏ *04 79 37 01 61 – www.montblanc-restaurant.com –*
Fermé lundi, mardi, mercredi midi et dimanche soir

LA FERME DU CHOZAL

CUISINE MODERNE • MONTAGNARD Ce restaurant convivial cultive un style montagnard typique ; la cuisine n'en n'est pas moins actuelle et appétissante, réalisée avec de beaux produits du terroir : en témoignent cette féra du Léman aux poireaux grillés et beurre monté aux herbes, ou ce quasi de veau rôti, artichaut poivrade et gnocchis. Sans oublier une riche carte des vins alpins, assortie de bons conseils.

🐾 ⪕ 🍴 🛋 **P** – Prix : €€€

361 route des Combes – ☏ 04 79 38 18 18 – www.lafermeduchozal.com/ fr – Fermé mardi

LE HAVRE

✉ 76600 – Seine-Maritime – Carte régionale n° **3**-A2

⁂ JEAN-LUC TARTARIN

Chef : Jean-Luc Tartarin

CUISINE CRÉATIVE • COSY Normand de naissance et de cœur, Jean-Luc Tartarin élabore une cuisine tournée vers la mer, où le modernisme du Havre rencontre l'âme du terroir normand : raviole de foie gras à l'huître et au gingembre, homard aux asperges blanches, saint-pierre aux coques et stilton... À déguster dans un agréable décor cosy aux tons beige apaisants, au cœur du secteur classé au patrimoine mondial de l'Unesco. Belle carte des vins et jolie sélection de cidres et calvados.

🐾 ♿ 🅰🅲 ⇔ – Prix : €€€€

Plan : A1-1 – *73 avenue Foch – ☏ 02 35 45 46 20 – www.jeanluc-tartarin.com – Fermé lundi, mardi et dimanche*

😊 LE BOUCHE À OREILLE

CUISINE MODERNE • CONTEMPORAIN Derrière une sobre façade vitrée, on découvre une table de grande valeur. Le chef mitonne des plats généreux, francs et goûteux, dans un style volontairement traditionnel, mais pas dénué de personnalité et parfois accompagné d'une touche d'originalité, à l'image de ce tartare de crevettes, gyoza aux crevettes, coriandre et citronnelle, bisque et noix de cajou. En salle, son épouse se montre sympathique et efficace, prodiguant de judicieux conseils pour le choix des vins.

Prix : €€

Plan : A1-3 – *19 rue Paul-Doumer – ☏ 02 35 45 44 60 – Fermé lundi et dimanche*

😊 LE MARGOTE

CUISINE MODERNE • CONTEMPORAIN Dans son restaurant face au bassin du Roi, le chef Gauthier Teissere, épaulé en salle par son épouse Marguerite, propose une partition actuelle, volontiers créative, rehaussée de quelques touches asiatiques. Le cadre, élégant et cosy, est en phase avec une cuisine joliment rythmée par les saisons. Chaque assiette séduit à l'image du tartare de thon rouge, avocat, sauce chimichurri ou du risotto au haddock et croûtons meunières.

🍴 – Prix : €€

Plan : B1-2 – *50 quai Michel-Féré – ☏ 02 35 43 68 10 – www.lemargote.fr – Fermé lundi et dimanche*

🛏 VENT D'OUEST

MODERNE • COSY Tout près de l'église Saint-Joseph, signée Auguste Perret, cet hôtel occupe un immeuble typique du Havre, mais propose des chambres cosy et feutrées à l'esprit british : meubles cirés, tableaux de marine, fauteuils en cuir patiné... Agréable espace bien-être, avec hammam et salles de massages.

P ♨ 🆂🅿 🍴 - 35 chambres

4 rue de Caligny – ☏ 02 35 42 50 69 – www.ventdouest.fr

LE HAVRE

L'HERBAUDIÈRE – Vendée (85) → Voir Île de Noirmoutier

LES HERBIERS

✉ 85500 – Vendée – Carte régionale n° **14**-B2

😊 L'ENVERS DU DÉCOR

CUISINE MODERNE • CONTEMPORAIN Côté décor, une ancienne boulangerie transformée en un restaurant contemporain, élégant et épuré. Côté chef, Aurélien Jousseaume, au parcours étoilé, passé notamment chez Philippe Etchebest, Guy Savoy, ou encore Guy Martin. Multipliant les allers-retours entre sa cuisine ouverte et la salle, le chef, dont l'épanouissement est manifeste, prend lui-même les commandes à table et présente ses créations. Sa goûteuse cuisine de saison reflète une attention particulière portée aux sauces et aux jus, qui se révèlent remarquables : jus crémeux aux œufs de truite, sabayon iodé au sel fumé, sauce au cresson et raifort, jus de veau à la livèche...

&. AC – Prix : €€

*23 rue de la Bienfaisance – ℰ 09 86 19 30 21 – www.envers-du-decor.fr –
Fermé lundi, dimanche, et mardi et mercredi à midi*

AROMA

CUISINE MODERNE • CONTEMPORAIN Ce restaurant du centre-ville, moderne et coloré, est tenu par un jeune couple plein d'allant, auteur d'une carte évolutive, ne dérogeant jamais à la sacro-sainte trilogie : fraîcheur, gourmandise et... produits vendéens !

&. 🅰 – Prix : €

7 rue du Brandon – ☎ 02 51 91 05 48 – www.restaurant-aroma.com – Fermé lundi et dimanche

HÉROUVILLE-SAINT-CLAIR

✉ 14200 – Calvados – Carte régionale n° **2**-C2

L'ESPÉRANCE - STÉPHANE CARBONE

CUISINE MODERNE • CONTEMPORAIN Offrez-vous une escapade bucolique et gourmande à quelques encablures de Caen, dans la maison couleur rouille de Stéphane Carbone, chef bien connu des locaux. Il propose une cuisine traditionnelle avec une touche de modernité, à l'image de cette souris d'agneau, risotto de boulgour au curcuma, mini navet rôti au poivre sweet tonka. Chaque table offre une jolie vue sur le canal.

≼& 🅰 ⌂ 🅿 – Prix : €€

512 rue Abbé-Alix – ☎ 02 31 44 97 10 – www.esperance-stephanecarbone.fr – Fermé lundi et mardi, et dimanche soir

HÉSINGUE

✉ 68220 – Haut-Rhin – Carte régionale n° **8**-A3

AU BŒUF NOIR

CUISINE MODERNE • ÉLÉGANT Les produits frais de qualité rythment la vie de cette maison, de même que la fraîcheur et le goût dans les assiettes : tronçon d'aile de raie à la grenobloise et pommes grenaille, fricassée de ris de veau et grenouilles dans l'esprit d'une carbonara, ou lièvre à la royale pendant la saison de la chasse... Jolie petite terrasse sur l'arrière.

🅰 ⌂ – Prix : €€€

2 rue Folgensbourg – ☎ 03 89 69 76 40 – www.auboeufnoir.fr – Fermé lundi, samedi midi et dimanche soir

HEUGUEVILLE-SUR-SIENNE

✉ 50200 – Manche – Carte régionale n° **2**-A2

😊 THE PRESBYTERE

CUISINE MODERNE • MAISON DE CAMPAGNE Dans un charmant petit coin de Normandie, le chef anglais Edward Delling-Williams (ex Grand Bain parisien) est tombé amoureux de ce presbytère qu'il a transformé en gastro-pub locavore. Entre table en bois brut et massacres de cerfs aux murs, imposante cheminée en pierre et poutres apparentes, le pèlerin affamé s'attable devant une douce assiette de moules à l'aïoli, puis enchaîne avec un confit de canard accompagné d'une inédite salade de concombre à la menthe bien rafraîchissante et conclut avec un cake à la courgette moelleux comme il faut. Le chef déborde également de projets, et notamment la création d'une petite ferme.

⌂ 🅿 – Prix : €€

16 rue de la Sienne – ☎ 02 33 46 53 93 – www.thepresbytere.com – Fermé du lundi au mercredi

HOCHSTATT

✉ 68720 – Haut-Rhin – Carte régionale n° **8**–A3

AU CHEVAL BLANC

CUISINE MODERNE • CONTEMPORAIN Dans ce petit village aux portes du Sundgau, on se délecte de plats soignés et gourmands, réalisés par le chef au fil de son inspiration et du marché - œuf parfait, asperges vertes de Provence et lard de cochon noir, mignon de veau cuit en basse température, etc. Une adresse pour le moins appétissante.

🕸 ૐ 🛋 ⇄ – Prix : €€€

55 Grande-Rue – 𝒫 03 89 06 27 77 – www.au-cheval-blanc-hochstatt.com –
Fermé mercredi, et mardi et dimanche soir

HONFLEUR

✉ 14600 – Calvados –
Carte régionale n° **2**–C2

Tableaux de pêche

Qui n'aime pas Honfleur ? Lieu béni des muses, ce petit port de la Côte fleurie a séduit les écrivains et les peintres, de Baudelaire à Musset, de Boudin à Seurat. Son Vieux-Bassin, ses façades anciennes et cette lumière sont proprement irrésistibles... De quoi mettre en appétit les esthètes ! Ancien port de pêche à la morue comme Le Havre, Honfleur possède toujours une flotte de petits bateaux. Du jeudi au dimanche matin, ils vendent en direct sur la jetée du transit – notamment des coques, des coquilles Saint-Jacques et des crevettes grises réputées. Le samedi matin, la place Sainte-Catherine sert de cadre au déballage chatoyant des produits du terroir, comme des rillettes de lapin, du confit de porc et les dérivés du cidre. Une sélection judicieuse de calvados, mais aussi de cidres et de pommeaux vous attend à la Compagnie des Calvados, à la Cave normande ou chez Gribouille, dont le décor d'ancienne brocante charme l'œil.

😋 LA FLEUR DE SEL

CUISINE MODERNE • **COSY** Dans une rue du quartier historique, Vincent Guyon réalise un travail admirable. Au menu, lotte et artichauts barigoule, tomates séchées, émulsion d'artichauts, bouillon et curry breton, ou bien un grand classique de la maison : le tartare de bœuf aux huîtres, accompagné de mizuna, vinaigrette caviar et riz grillé. Une cuisine inspirée et parfaitement maîtrisée.

Prix : €€

Plan : A1-2 – *17 rue Haute* – ✆ *02 31 89 01 92* – *www.lafleurdesel-honfleur.com* – *Fermé lundi et mardi*

😋 SAQUANA

CUISINE CRÉATIVE • **CONTEMPORAIN** Alexandre Bourdas est-il en train de redéfinir les codes de la gastronomie ? Il a fait de son SaQuaNa un vrai lieu de vie, ouvert du matin au soir, avec l'idée de rendre la bonne cuisine accessible au plus grand nombre. La carte est variée, aux influences d'ici et d'ailleurs, et affiche toujours certains incontournables comme sa lotte bouillon coco et huile de combawa ou l'emblématique pascade : une partition talentueuse, décomplexée, inspirante.

Prix : €€

Plan : A1-3 – *22 place Hamelin* – ✆ *02 31 89 40 80* – *www.alexandre-bourdas.com* – *Fermé lundi et mardi*

L'ÂTRE

CUISINE MODERNE • CONTEMPORAIN Après des passages dans de belles maisons étoilées parisiennes, puis au Château Cordeillan-Bages à Pauillac, le chef Julien Lefebvre, originaire de Normandie, s'est installé il y a quelques années dans cette charmante cité. Sa cuisine, rythmée par les saisons, s'inscrit tranquillement dans l'air du temps. Cuisine ouverte qui donne sur une salle à manger au cadre contemporain ou terrasse ouverte aux beaux jours.

♿ A/C – Prix : €€€

Plan : B2-5 – *25 cours des Fossés – ✆ 02 31 88 30 82 – www.restaurant-atre.com/fr*

LE BRÉARD

CUISINE MODERNE • CONTEMPORAIN Cadre contemporain et cuisine subtile au menu de ce restaurant, situé dans une ruelle pavée proche de l'église Ste-Catherine. Le chef associe de belles saveurs avec créativité et générosité !

– Prix : €€

Plan : A1-1 – *7 rue du Puits – ✆ 02 31 89 53 40 – www.restaurant-lebreard.com – Fermé lundi et jeudi*

L'ENDROIT

CUISINE MODERNE • BRANCHÉ Bistronomique et novateur : tel est cet Endroit, niché en léger retrait de l'agitation touristique d'Honfleur. En amoureux des beaux produits, le chef nous gratifie de beaux poissons frais, de légumes et volailles de fournisseurs locaux, qu'il travaille dans les règles de l'art. Soirées jazz les premiers vendredis du mois.

♿ – Prix : €€€

Plan : A2-7 – *3 rue Charles-et-Paul-Bréard – ✆ 02 31 88 08 43 – www.restaurantlendroithonfleur.com – Fermé lundi et dimanche*

ENTRE TERRE ET MER

CUISINE MODERNE • COSY Sur une charmante petite place touristique près du Vieux-Bassin, ce restaurant au cadre élégant et cosy navigue entre terre et mer dans l'assiette, pour une cuisine rythmée par les saisons et marquée du sceau de l'authenticité normande.

– Prix : €€€

Plan : A1-4 – *12/14 place Hamelin – ✆ 02 31 89 70 60 – www.entreterreetmer-honfleur.com*

HUÎTRE BRÛLÉE

CUISINE MODERNE • CONVIVIAL Ici, pas d'Huître Brûlée... mais une cuisine actuelle aux produits de qualité, privilégiant les achats en circuits courts (légumes bio, poisson de petit bateau), imaginée autour d'une carte de saison resserrée. Une table sympathique et conviviale ouverte par un couple de passionnés, Paul Lacheray, originaire d'Honfleur en cuisine, et sa compagne Chloé Woestelandt en salle, qui réalise ainsi son rêve d'enfance...

Prix : €€

Plan : A1-8 – *8 rue Brûlée – ✆ 09 82 57 90 18 – www.huitre-brulee.business.site*

LES IMPRESSIONNISTES - LA FERME SAINT-SIMÉON

CUISINE MODERNE • ÉLÉGANT L'intérieur de style normand, élégant et luxueux, le parc arboré, la terrasse offrant une superbe vue sur l'estuaire de la Seine : c'est enchanteur, bien sûr, mais pas de quoi nous détourner de l'assiette ! Le chef signe en effet une belle cuisine contemporaine, autour de beaux produits du terroir normand, faisant la part belle aux saisons. Goûteuse cuisine plus traditionnelle au bistrot "La Boucane", et chambres agréables.

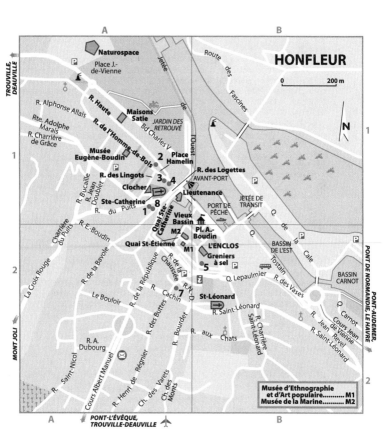

HONFLEUR

0   200 m

N

Naturospace

Place J.-de-Vienne

Route des Fascines

TROUVILLE, DEAUVILLE

R. Alphonse Allais

R. Haute

Rte. Adolphe Marais

R. Charrière de Grâce

R. de l'Homme-de-Bois

Maisons Satie

JARDIN DES RETROUVÉ

Bd Charles V

Musée Eugène-Boudin

R. Bucaille

R. Jean Doublet

R. des Lingots

Clocher

Ste-Catherine

R. du Puits

R. E.-Boudin

Charrière du Puits

La Croix Rouge

R. de la Bavole

Le Bouloir

2 Place Hamelin

3   4

8

1

R. des Logettes

AVANT-PORT

Lieutenance

Vieux Bassin

Quai Ste-Catherine

M2

Pl. A.-Boudin

Quai St-Étienne

M1

L'ENCLOS

Greniers à sel

5

PORT DE PÊCHE

JETÉE DE TRANSIT

BASSIN DE L'EST

Tostain

Cale

R. de la Chaussée

R. de la République

R. des Buttes

R. Cachin

R.N.

R. Bourdet

7

St-Léonard

R. Saint-Léonard

R. aux Chats

Q. Lepaulmier

R. des Vases

R. Charrière Saint-Léonard

R. Saint-Léonard

Carnot

Cours Jean de Vienne

R. Jean Revel

R. Saint-Léonard

BASSIN CARNOT

PONT DE NORMANDIE, LE HAVRE

PONT-AUDEMER, LE HAVRE

MONT JOLI

R. A. Dubourg

Cours Albert Manuel

R. Saint-Nicol

R. Henri de Régnier

Ch. des Varets

Ch. des Monts

PONT-L'ÉVÊQUE, TROUVILLE-DEAUVILLE

| Musée d'Ethnographie et d'Art populaire............ M1 |
| Musée de la Marine............ M2 |

😊 ⬅🛏♿🏡💺🅿 – Prix : €€€€

Hors plan – *20 rue Adolphe-Marais – ☏ 02 31 81 78 00 – www.fermesaintsimeon.fr – Fermé lundi, mardi et mercredi midi*

LE MANOIR DES IMPRESSIONNISTES

CUISINE MODERNE • ÉLÉGANT Installez-vous dans la lumineuse salle à manger ou sur la terrasse aux beaux jours pour profiter d'un joli panorama sur l'estuaire, et d'une cuisine actuelle, centrée autour d'une carte de saison courte et appétissante, privilégiant les produits du terroir normand et de la pêche locale.

😊 ⬅🛏♿🄰🄲🏡💺🅿 – Prix : €€€

Hors plan – *23 route de Trouville – ☏ 02 31 81 63 00 – www.manoirdesimpressionnistes.com – Fermé mardi et mercredi*

🛏 **LA CHAUMIÈRE**

CLASSIQUE • COSY Cette jolie ferme normande se dresse face à l'estuaire de la Seine, sur un parc qui tombe dans la mer. Chambres "campagne-chic" au grand calme, coquettes et cosy, avec pour certaines une jolie vue sur les flots. Location de vélos, de kayaks, ou d'une petite voiture électrique idéale pour sillonner Honfleur.

🅿🚗🛎🛏 🆂🅿🅸 📶 🛌🍽 - 10 chambres

Route du Littoral – ☏ 02 31 81 63 20 – www.hotel-chaumiere.fr

🛏 **LA FERME SAINT-SIMÉON** 🏷 *Plus*

CLASSIQUE • ROMANTIQUE Haut lieu de l'histoire de la peinture, l'auberge que fréquentaient les impressionnistes est devenue un hôtel magnifique. Le parc domine l'estuaire – et ses lumières changeantes –, les chambres, au calme, réinventent le style rustique, version luxe. Intemporel comme un tableau ou une chanson de Jacques Brel.

🛁🅿🛋🍸🛏🚲🔊🎿🍽 - 29 chambres

Rue Adolphe Marais – ℰ 02 31 81 78 00 – www.fermesaintsimeon.fr

Les Impressionnistes - La Ferme Saint-Siméon - Voir la sélection des restaurants

🛏 **HÔTEL SAINT-DELIS**

CONTEMPORAIN • RAFFINÉ Ce monument local, qui fut autrefois la demeure du peintre Henri de Saint-Delis, est aujourd'hui un hôtel de luxe qui ne dépareillerait pas à Paris. Neuf chambres élégantes et contemporaines, toutes équipées de douche-hammam. Le petit-déjeuner est éventuellement servi dans la cour arborée.

🅿 🛋 🆎 - 9 chambres

43 rue du Puits – ℰ 02 31 81 78 10 – www.hotel-saint-delis.fr

🛏 **LES MAISONS DE LÉA**

MODERNE • ÉLÉGANT En plein cœur de la ville, juste devant l'église Ste-Catherine, cette bâtisse est composée de plusieurs maisons élégantes, joliment décorées par thèmes (Campagne, Romance, Baltimore, Capitaine). Le confort est total, l'accueil est charmant : incontournable, tout simplement !

🅿🍸🆎🔊🛋🍽 - 43 chambres

Place Sainte-Catherine – ℰ 02 31 14 49 49 – www.lesmaisonsdelea.com

🛏 **LE MANOIR DE LA PLAGE**

MODERNE • ÉLÉGANT A Honfleur, il suffirait de laisser le cadre s'exprimer pour recevoir une bonne note. Mais plutôt que de jouer la facilité, le propriétaire de ce majestueux manoir a visé la version grand luxe. Six chambres d'une grande élégance, avec vue mer ou jardin, se partageant une combinaison d'inspirations rustique chic, bohème et bourgeois. Chaises en rotin, revêtement en velours, poutres apparentes ou moulures, selon vos préférences. Cours de méditation, piscine en sous-sol, terrain de tennis face à la mer et accès direct à la plage transforment le séjour en villégiature exclusive.

♿🅿🛋🆎🏊🔊🛋 - 6 chambres

Route de Trouville – ℰ 06 58 18 02 81 – www.lemanoirdelaplage.fr

HOSSEGOR
✉ 40150 – Landes – Carte régionale n° **25**–A2

LES HORTENSIAS DU LAC

CUISINE MODERNE • CONVIVIAL Environnement idyllique en bord du lac d'Hossegor pour cette institution locale. Le chef Philippe Moreno y propose une carte mixte, entre "incontournables" régionaux et recettes plus actuelles. Les poissons de la criée de Capbreton ainsi que la belle volaille des Landes sont à l'honneur. On en profite dans un intérieur de bistrot lumineux, ou sur l'agréable terrasse, dans une ambiance décontractée chic.

🍸♿🍽🅿 - Prix : €€€

1578 avenue du Tour-du-Lac – ℰ 05 58 43 99 00 – www.leshortensiasdulac.com – Fermé mercredi, mardi midi et dimanche soir

JEAN DES SABLES

CUISINE CRÉATIVE • DESIGN Cadre épuré pour ce restaurant de plage : béton ciré, murs clairs, vivier, vue sur l'Océan... La cuisine est moderne, déclinée au fil d'une carte courte et bien ficelée, avec un menu spécial dédié au homard. Accueil et service aux petits soins.

⩽ ⟨ ⌂ 🅿 – Prix : €€€

121 boulevard de la Dune, à Soorts – ☏ 05 58 72 29 82 – www.jeandessables.com – Fermé lundi et mardi

LES HORTENSIAS DU LAC

MODERNE • CHAMPÊTRE Trois belles maisons entourées d'une pinède, au bord du lac d'Hossegor : l'ensemble, moderne et épuré, s'efface devant le paysage marin. On profite d'un beau jardin planté de pins des Landes, et du spa de 450 m², bien aménagé. Un lieu plein de charme et de vitalité.

🅿 ⤢ ⌂ ⛷ ⛱ ☼ ♨ 🛁 ♨ ‖〇 🅰🅲 – 25 chambres

1578 avenue du Tour du Lac – ☏ 05 58 43 99 00 – www.leshortensiasdulac.com
Les Hortensias du Lac - Voir la sélection des restaurants

VILLA SEREN

MODERNE • RAFFINÉ Cette belle bâtisse, mélange de bois et de béton, s'intègre bien dans son environnement. L'intérieur, superbement décoré, accueille entre autres du mobilier d'artisans de la région ; les chambres, spacieuses et confortables, offrent une vue imprenable sur le lac d'Hossegor.

⌂ 🅿 ◠ ⤢ ⌂ ⛷ ⛱ ♨ ♨ 🅰🅲 – 27 chambres

1111 avenue du Touring Club de France – ☏ 05 58 58 00 55 – www.villaseren.fr

LES HOUCHES

✉ 74310 – Haute-Savoie

ROCKY POP

MODERNE • FAMILIAL Atypique et convivial, cet hôtel branché sur le thème des mangas et des jeux vidéos vintage propose des chambres récentes et bien conçues. Espace guinguette, terrain de boule, solarium, et un amusant food truck. They will "Rocky Pop" you.

🅿 ⌂ 🛁 ‖〇 🅰🅲 – 148 chambres

1476 avenue des Alpages – ☏ 04 85 30 00 00 – www.rockypop.com

HOULGATE

✉ 14510 – Calvados – Carte régionale n° **2**–C2

L'ÉDEN

CUISINE MODERNE • COSY Cette maison, tenue par un couple de sympathiques normands, Nicolas Tougard en cuisine et son épouse Virginie en salle, propose une cuisine au goût du jour évoluant au gré des saisons, avec des clins d'œil adressés à la Normandie (les producteurs locaux sont privilégiés) et à la tradition réinterprétée (sole meunière au beurre d'Isigny-sur-Mer, homard bleu braisé au pommeau...).

⌂ ⟳ – Prix : €€

7 rue Henri-Fouchard – ☏ 02 31 24 84 37 – www.eden-houlgate.com – Fermé lundi et mardi, et dimanche soir

LES PASSANTES

CUISINE MODERNE • CONTEMPORAIN Si l'on passe dans la rue principale d'Houlgate, on passe aussi devant ces Passantes, une jolie maison de ville au toit d'ardoise et aux murs blancs. Dans un décor contemporain, un chef solide, Maxime Lehoucq travaille exclusivement les produits de saison normands (veau, œufs et crème fermiers) mais aussi les poissons fournis par son frère marin-pêcheur à Trouville. Sa patte bistronomique, mâtinée de quelques touches exotiques (comme ces épices cajun sur le suprême de volaille) fait le reste. Nouvelle carte toutes les semaines.

🏠 – Prix : €€
41 rue des Bains – ☎ 02 61 92 39 69 – www.les-passantes.fr – Fermé lundi et mardi

LES TERRES IODÉES

CUISINE MODERNE • MAISON DE CAMPAGNE Si, comme les peintres impressionnistes, vous chérissez la lumière normande, franchissez le seuil de ce restaurant installé dans une auberge à colombages, entre Deauville et Houlgate. La grande salle à manger épurée bénéficie d'un double éclairage traversant, d'un parquet d'un mobilier en bois clair. Le chef, fils de restaurateurs, propose une généreuse cuisine de saison. Il travaille essentiellement les bons produits locaux (bœuf normand, agneau des prés salés...). Son dos de lieu noir, étuvée de légumes, bouillon fumé, émulsion sésame, en est un bon exemple.

🚗♿🏠🅿 – Prix : €€
64 route de la Corniche – ☎ 02 31 28 00 28 – www.aubergedesaulnettes.fr – Fermé lundi et mardi, et mercredi, jeudi et dimanche soir

HUNINGUE
✉ 68330 – Haut-Rhin – Carte régionale n° **8**–B3

AUTOUR DE LA TABLE

CUISINE CLASSIQUE • TRADITIONNEL L'adresse revendique un côté "école hôtelière" avec sa carte classique (paupiette de sole, filet de bœuf, crêpe soufflée à l'eau-de-vie de quetsche), son service sérieux et appliqué – on y pratique encore l'art oublié de découpe et la préparation en salle. Quand la tradition et le classicisme ont du bon, autour et surtout sur la table...

♿🅰🏠↩ – Prix : €€€
17A rue de Village-Neuf – ☎ 09 81 11 40 17 – www.restaurant-autourdelatable.fr – Fermé lundi, mardi, mercredi, jeudi et samedi midi, et dimanche soir

HYÈRES
✉ 83400 – Var – Carte régionale n° **29**–B3

LA COLOMBE

CUISINE TRADITIONNELLE • ÉLÉGANT Gravlax de saumon aux agrumes, crème aigrelette et poivre de Timut ; agneau confit, jus réduit, crème de maïs et butternut rôtie... C'est avec des assiettes généreuses, résolument provençales, que Pascal et Nadège Bonamy ont hissé leur restaurant, au pied du massif des Maurettes, parmi les bonnes tables de la région.

🅰🏠↩ – Prix : €€€
663 route de Toulon – ☎ 04 94 35 35 16 – www.restaurantlacolombe.com – Fermé lundi et du mardi au dimanche à midi

L'ENOTÉCA

CUISINE MODERNE • CONTEMPORAIN (Fermé provisoirement pour travaux, réouverture prévue au printemps) Cette Énotéca est la première affaire d'un jeune couple de restaurateurs pleins d'envie et de talent. Avec des produits de première qualité, le chef compose une cuisine gourmande et savoureuse à mi-chemin entre Sud-Ouest et Provence, tandis que sa compagne assure en salle un service efficace et convivial.

🅰🏠 – Prix : €€
3 rue des Porches – ☎ 04 94 23 51 56 – www.l-enoteca.fr – Fermé lundi, mardi midi et dimanche soir

LA REINE JANE
🛏

MODERNE • MARITIME Celle qui veille sur les bateaux du port de Hyères depuis les années 50 s'est offert un lifting dans les règles de l'art. Derrière sa façade maritime emblématique, la Reine Jane dévoile aujourd'hui quatorze chambres redécorées sur le thème de la Méditerranée par autant d'artistes récompensés lors du festival annuel du design de la villa Noailles, dans les hauteurs varoises. Selon vos penchants esthétiques, vous aurez ainsi le choix de l'ambiance : un ultra minimalisme enduit de bleu pétrole, des fonds marins chamarrés à l'esprit dessin animé ou une ambiance Cyclades sous des alcôves immaculées. Là-haut, le toit terrasse de 200 m² élargit un peu plus votre horizon.

🅿 ⌂ 🖿 ⍐◎ 🄺 - 14 chambres

Port de l'Ayguade, 1 quai des Cormorans – 𝒞 04 94 66 32 64 – www.lareinejane.fr

IGUERANDE
✉ 71340 – Saône-et-Loire – Carte régionale n° **17**-B3

LA COLLINE DU COLOMBIER
CUISINE MODERNE • CHAMPÊTRE En pleine campagne, dominant la Loire, une ferme restaurée dans un style certes champêtre... mais chic et épuré ! Un lieu nature et design, pour déguster une cuisine du terroir raffinée. Et pour prolonger l'étape, on s'installe dans les fameuses "cadoles" sur pilotis !

< 🖿 & 🕭 🅿 – Prix : €€

Lieu-dit le Colombier – 𝒞 03 85 84 07 24 – www.troisgros.com – Fermé du lundi au mercredi

ÎLE DE NOIRMOUTIER
Vendée – Carte régionale n° **14**

L'Herbaudière
✉ 85330 – Vendée – Carte régionale n° **14**-A1

✿✿✿ LA MARINE
Chef : Alexandre Couillon
CUISINE CRÉATIVE • ÉLÉGANT Tous les matins, Alexandre Couillon se lève à l'aube pour se rendre à la criée de Noirmoutier, point de ralliement des meilleurs poissons de l'Atlantique avant de poursuivre vers son potager, situé à quelques minutes du restaurant. On choisira avec profit le plus grand menu dégustation, constamment renouvelé au gré des arrivages pour profiter de cette cuisine du produit sublimé, d'une noblesse et d'une simplicité qui n'appartiennent qu'aux plus grands cuisiniers – de ceux qui savent épurer et enlever pour révéler les saveurs et libérer l'imaginaire du mangeur. La qualité des produits de la mer et des légumes est exceptionnelle. Autres attributs de son talent, la cuisson au feu, la cueillette maritime, les coulis de fruits et légumes condimentés, les réductions de fumets et jus corsés... sans oublier la cuisson millimétrée des poissons ! Souvenirs éclatants de ce maquereau cuit à la braise accompagné de betterave confite ou encore de cette remarquable laitue grillée à la flamme, myrtilles au vinaigre de sureau et ce dessert sarrasin, mousse de caramel, agrumes confits et sorbet à la laitue de mer. La Marine aujourd'hui, c'est aussi un décor revu avec des matières naturelles et des couleurs douces, et l'épicerie "Le petit couillon" où le chef met en avant ses artisans et producteurs.

🕭 ⇆ & 🄺 🕭 – Prix : €€€€

3 rue Marie-Lemonnier – 𝒞 02 51 39 23 09 – www.alexandrecouillon.com/fr – Fermé lundi, mardi et dimanche

✿**L'engagement du chef** : Nous vivons au rythme de la Nature, qui seule nous dicte, jour après jour, ce qui figurera à la carte de notre restaurant. Nous travaillons avec de petits pêcheurs locaux et essayons au maximum de n'utiliser que des produits de notre jardin. Tous les déchets organiques sont quant à eux valorisés en compost, avant de retourner à la Terre.

🛎️ LA TABLE D'ÉLISE

POISSONS ET FRUITS DE MER • BISTRO Juste en face du port de pêche, cette table iodée – annexe du restaurant gastronomique La Marine – honore les produits de la mer de fraîcheur exceptionnelle. On reconnaît la maîtrise des saveurs et la précision technique d'Alexandre Couillon, le chef, ici en version bistrot et à des prix très séduisants. Un vrai coup de cœur !

&. 🍽️ – Prix : €€

5 rue Marie-Lemonnier – ℰ 02 28 10 68 35 – www.alexandrecouillon.com/fr – Fermé lundi, mardi et dimanche

Noirmoutier-en-l'Île

✉ 85330 – Vendée – Carte régionale n° **14**–A1

🛎️ L'ASSIETTE AU JARDIN

CUISINE TRADITIONNELLE • BISTRO On s'installe à l'intérieur d'une petite salle de bistrot aux étagères garnies de produits d'épicerie fine ou sur la coquette véranda pour déguster une partition pleine de gourmandise, où la tradition s'accommode joliment d'une âme voyageuse. Le menu, qui change toutes les deux semaines, met en avant les produits locaux ou régionaux. Une charmante adresse.

&. 🅰🅒 🍽️ – Prix : €€

9 rue du Robinet – ℰ 02 51 54 93 95 – www.lassietteaujardin.fr – Fermé lundi et mardi midi

L'ÉTIER

POISSONS ET FRUITS DE MER • TRADITIONNEL Entre route et étier – un chenal d'eau de mer sur lequel donne la véranda –, cette maison basse typique de l'île propose de beaux produits de la pêche locale : homard grillé, turbot sauvage cuit sur l'arête, sole meunière, anguille du marais au jus d'herbes fines… sans oublier, les immanquables soufflé au Grand Marnier et paris-brest. Une cuisine de bon artisan, fraîche et savoureuse à souhait.

🅿 – Prix : €€

Route de l'Épine – ℰ 02 51 39 10 28 – www.restaurant-letier.fr – Fermé lundi et mardi

LA MAISON DES TOQUÉS

CUISINE DU MARCHÉ • COSY Aurore et Sébastien Duchenne ont quitté leur petit restaurant de l'Herbaudière pour s'installer à Noirmoutier-en-l'Île. Nouveau challenge, nouveau décor cosy, mais toujours la même passion pour les produits régionaux de qualité, valorisés par de belles recettes dans l'air du temps, imaginées au gré du marché. Réservation fortement conseillée.

Prix : €€€

26 rue de la Prée-aux-Ducs – ℰ 02 28 10 15 12 – www.lamaisondestoques.fr – Fermé mercredi et dimanche

LE PETIT BANC

CUISINE TRADITIONNELLE • BISTRO Originaires de la région lyonnaise, Véronique et Gilles ont investi cette jolie maison de pays située au pied du château. On s'installe dans un décor charmant avec banquettes rouges en skaï, mobilier de bistrot, miroirs, vieux plancher etc. pour déguster charcuteries de Lyon et produits vendéens. Ambiance à la bonne franquette.

&. – Prix : €

7 rue des Douves – ℰ 02 28 10 93 21 – Fermé lundi, dimanche et du mardi au samedi à midi

L'ILE Ô CHÂTEAU

CONTEMPORAIN • MARITIME L'île en question est Noirmoutier, avec son château du 12e s., à côté duquel se trouve ce bâtiment classique. Converti récemment en hôtel contemporain, il mêle le style maritime avec une touche moderne monochrome. Une piscine chauffée, un délicieux petit-déjeuner et des vélos à louer font apprécier cette délectable vie insulaire.

🅿 🕭 🚲 ⅃ - 24 chambres

11 rue des Douves – ☏ *02 51 39 02 72* – *www.ileochateau.com*

L'ÎLE-BOUCHARD

✉ 37220 – Indre-et-Loire – Carte régionale n° **15**–B2

AUBERGE DE L'ÎLE

CUISINE MODERNE • COSY Dans ce restaurant cossu ancré sur une île de la Vienne, le chef Pierre Koniecko régale ses convives avec ses recettes à la fois savoureuses et généreuses, comme ce merlu aux lardons et petits croûtons, embeurrée de chou. Les produits de qualité, joliment mis en valeur, se dégustent dans un cadre contemporain, ou à l'été, sur la terrasse en teck qui surplombe la rivière - un atout de charme indéniable !

♿ 🏠 ✿ 🅿 – Prix : €€

3 place Bouchard – ☏ *02 47 58 51 07* – *www.aubergedelile.fr* – *Fermé mardi et mercredi*

ÎLE D'OLÉRON

Charente-Maritime – Carte régionale n° **18**

Dolus-d'Oléron

✉ 17550 – Charente-Maritime – Carte régionale n° **18**–A1

LE GRAND LARGE ⓝ

CUISINE MODERNE • CONTEMPORAIN Situé à quelques pas de la plage de la Rémigeasse, au milieu des dunes et d'un environnement préservé, l'hôtel Le Grand Large domine l'Océan. Le restaurant regarde d'un côté la piscine intérieure et de l'autre la mer, qui s'embrase au dîner lors du coucher de soleil. En cuisine, le chef Marc Le Reun met en musique une carte conçue par le MOF David Boyer. Le tourteau au riz torréfié et livèche glacée, ou le pigeon de Racan en deux services et son jus court à la framboise, attestent d'un beau travail dans l'assiette.

≼ ♿ Ⓜ ✿ 🅿 – Prix : €€€

2 avenue de l'Océan – ☏ *05 46 75 77 77* – *www.le-grand-large.fr* – *Fermé lundi, du mardi au samedi à midi, et dimanche soir*

Le Grand-Village-Plage

✉ 17370 – Charente-Maritime – Carte régionale n° **18**–A1

LE RELAIS DES SALINES

POISSONS ET FRUITS DE MER • BISTRO Au menu de ce bistrot marin, saveurs iodées et produits top fraîcheur. La carte se partage entre indémodables (huîtres, poulpe confit, lentilles, sabayon à la moutarde, tarte au citron du patron) et inspirations du moment. La petite salle tire parti au mieux de cette ancienne cabane ostréicole. La partie terrasse est ouverte sur les marais. Une belle surprise.

🏠 – Prix : €€

Port-des-Salines – ☏ *05 46 75 82 42* – *www.lerelaisdessalines.fr* – *Fermé le soir sauf vendredi et samedi*

Saint-Denis-d'Oléron
✉ 17650 – Charente-Maritime – Carte régionale n° **18**–A1

LE JOUR DU POISSON

POISSONS ET FRUITS DE MER • BISTRO Emmené par une jeune équipe passionnée, ce petit bistrot convivial du bout de l'île ne désemplit pas. L'ardoise, aussi courte qu'alléchante, tient ses promesses : le poisson, issu des criées locales, est travaillé sous toutes ses formes, les circuits courts et les vins naturels sont privilégiés, le pain est fait maison à la farine oléronaise. Le plat signature : Agnolotti aux langoustines, beurre citronné aux fines herbes.

🅰🅲 – Prix : €€

3 rue de l'Ormeau – ☎ 05 46 75 76 21 – Fermé du mardi au jeudi

AUX EMBRUNS DU NØRD

CUISINE MODERNE • CONTEMPORAIN L'île d'Oléron est ici chez elle à table grâce aux efforts déployés par le jeune chef pour cuisiner avec les produits locaux. Ses assiettes modernes fouettent le palais, à l'image de cette entrée réjouissante au visuel impeccable : langoustines snackées, potiron en texture, bisque vanillée. Son talent fait salle comble dans ce bistrot contemporain (s'installer à l'étage en mezzanine). Petite carte des vins bio.

♿ – Prix : €€

14 bis rue Ernest-Morisset – ☎ 09 66 82 99 77 – Fermé lundi et mardi

Saint-Pierre-d'Oléron
✉ 17310 – Charente-Maritime – Carte régionale n° **18**–A1

SILLAGE

CUISINE MODERNE • CONTEMPORAIN Le chef piémontais Gabriele Ferri et son épouse Marie-Nolwenn tiennent table dans ce bistrot relooké façon marine sur fond de pierres blondes et de mobilier au goût du jour. Dans l'assiette, l'ancien chef du Verdurier - Château de Drudas signe une cuisine iodée, ponctuée d'influences... transalpines, évidemment ! Quant à la viande, elle n'est présente qu'en période de chasse. Un plat ? Lieu poché à l'eau de mer, blettes au curry vert, polenta crémeuse du Piémont au miso, consommé parfumé.

♿🍽 – Prix : €€

Place Camille Mémain – ☎ 05 46 36 87 45 – www.restaurant-sillage.fr –
Fermé lundi et dimanche, et mardi et mercredi soir

ÎLE DE PORQUEROLLES
✉ 83400 – Var – Carte régionale n° **29**–B3

LA PINÈDE

CUISINE MODERNE • CLASSIQUE Dans cet hôtel coupé du monde, où l'on vous conduit avec une navette depuis le village, voici le restaurant décontracté du Mas du Langoustier, ouvert uniquement au déjeuner. La carte met en valeur la Méditerranée et les plats provençaux : soupe au pistou, panier du pêcheur façon bourride, poissons et langouste grillés, etc. À savourer avec pour compagnonnage la flore méditerranéenne et la mer : il n'y a plus qu'à profiter du moment...

≤ 🍴♿🍽 – Prix : €€€

Chemin du Langoustier – ☎ 04 94 58 34 83 – www.langoustier.com/fr/accueil –
Fermé du mardi au dimanche soir

ÎLE DE RÉ

Carte régionale n° **18**

Simplicité et authenticité : l'harmonie en ré

Véritable plat pays, l'île de Ré déroule ses villages chaulés et immaculés avec une discrétion exemplaire, pour la plus grande satisfaction des "people" qui fréquentent assidûment cette villégiature de Charente-Maritime. Mais, entre son littoral, ses bois et ses forêts, ses vignes et ses parcs à huîtres, se cache un véritable art de vivre, fait de peu mais ô combien savoureux. Les marais salants de Loix et d'Ars perpétuent la tradition de l'or blanc, et de son fleuron... la fleur de sel. On y affine également des huîtres mais aussi des palourdes et d'autres fruits de mer, à déguster dans les cabines ostréicoles qui jalonnent le long des pistes cyclables. On les accompagne de l'un des crus élevés sur l'île ou, pour les plus audacieux, de la bière locale, face au soleil couchant sur la côte sauvage. Ré la blanche produit également une délicieuse petite pomme de terre primeur.

LE BOIS-PLAGE-EN-RÉ

✉ 17580 – Charente-Maritime

 LES BOIS FLOTTAIS

CLASSIQUE • MARITIME Un petit hôtel à l'écart de l'agitation du village. Tomettes, lambris, bibelots marins... Ici, les chambres ont un décor très insulaire ; une partie d'entre elles donne sur l'une des piscines. Bons produits "maison" – confitures, gâteaux... – au petit-déjeuner.

🅐🅒17 chambres

Chemin des Mouettes – ☏ *05 46 09 27 00 – www.lesboisflottais.com*

LA FLOTTE

✉ 17630 – Charente-Maritime – Carte régionale n° **18**–A1

CHAI NOUS COMME CHAI VOUS

CUISINE TRADITIONNELLE • BISTRO On se sent un peu comme chez soi dans ce restaurant de poche coquet convivial. La carte, courte et alléchante, met en avant les produits de l'île et une jolie cuisine de la mer, à l'image de cette lotte de superbe qualité à la cuisson maîtrisée, accompagnée de son sabayon au chardonnay et d'asperges blanches. Des vins bien choisis, une touche d'inventivité et de sympathiques petites attentions !

♿ – Prix : €€€

1 rue de la Garde – ☏ *05 46 09 49 85 – www.chainouscommechaivous.fr – Fermé lundi et du mardi au dimanche à midi*

SAINTE-MARIE-DE-RÉ

✉ 17740 – Charente-Maritime – Carte régionale n° **18**–A1

LE CHAI

CUISINE TRADITIONNELLE • BISTRO Sur la place du marché de Sainte-Marie-de-Ré, cette table fait montre d'un bel esprit culinaire dans la tendance bistronomie, mâtiné de quelques influences plus contemporaines, avec une prédilection pour les légumes locaux de petits maraîchers et majoritairement bio. C'est frais, bien fait et d'un bon rapport qualité/prix, comme ce pavé de cabillaud à la chair nacrée et à la cuisson maîtrisée.

🅰🅲 🍽 – Prix : €€

5 place d'Antioche – ℰ 05 46 30 03 55 – www.restaurantlechai.fr – Fermé lundi et mardi, et dimanche soir

SAINT-MARTIN-DE-RÉ

✉ 17410 – Charente-Maritime – Carte régionale n° **18**–A1

GEORGE'S

CUISINE MODERNE • BRASSERIE Idéalement situé sur le port de Saint-Martin-de-Ré, ce restaurant contemporain au décor marin propose des produits de la région préparés avec sobriété et précision (poisson de la criée...) complété de quelques grands classiques de la cuisine traditionnelle (escargots gratinés...). Terrasse lounge et bar à cocktail aussi prisés qu'agréables. Service prévenant.

♿ 🍽 – Prix : €€€

1 quai Job-Foran – ℰ 05 46 35 40 32 – www.hotel-de-toiras.com/fr – Fermé du lundi au jeudi et du vendredi au dimanche à midi

LE SERGHI 🆕

CUISINE TRADITIONNELLE • BISTRO Sur le vieux port, cette table (précédée d'une agréable terrasse) appartient au club restreint des adresses rétaises ouvertes toute l'année. En cuisine, un chouette chef, Philippe Tredgeu (ex-Entredgeu et Les Cocottes à Paris), cisèle une cuisine très marquée bistronomie... parisienne. Gourmandise, beaux produits, saisonnalité répondent présents : asperges vertes, œuf mimosa, sauce parisienne ou encore poitrine de cochon confite, grillée et laquée, légumes du moment. Un régal du début à la fin.

🅰🅲 🍽 ♻ – Prix : €€

15 quai Georges-Clemenceau – ℰ 05 46 66 59 59 – www.leserghi.com – Fermé mardi et mercredi midi

🛏 LA BARONNIE

BOURGEOIS • CALME Au cœur d'un beau jardin, ces deux hôtels particuliers du 18ᵉ s., restaurés avec goût dans un esprit bourgeois, permettent de se reposer au grand calme. Douceur de vivre, service aux petits soins : un véritable havre de paix et de sérénité.

🅿 ☁ 🛁 🍹 💯 🐾 🧖 🅰🅲 - 23 chambres

17-21 rue Baron de Chantal – ℰ 05 46 09 21 29 – www.hotel-labaronnie.com

🛏 HÔTEL DE TOIRAS   🅟 Plus

BOURGEOIS • COSY Une maison d'armateur au charme douillet bourgeois : décoration soignée, à la fois luxueuse et cosy, accueil particulièrement attentionné... Une adresse pleine de charme.

♿ 🛥 🅿 ☁ 🍷 🛁 💯 🚲 🧖 🍴 🅰🅲 - 20 chambres

1 quai Job Foran – ℰ 05 46 35 40 32 – www.hotel-de-toiras.com

George's - Voir la sélection des restaurants

🛏 VILLA CLARISSE · 🏵 *Plus*

MODERNE · RAFFINÉ En limite du centre ville, une escapade parfaitement tranquille, dans un cadre du 18ᵉ s., actualisé par le confort d'aujourd'hui et un service attentif et impeccablement discret. La maison est divisée en seulement quatre chambres et cinq suites, dans un style contemporain-classique lumineux, presque monochrome, avec des accents de bleu marine et une simplicité parfaitement dosée. Entourée par les jardins, la pièce maîtresse de l'hôtel est une belle piscine extérieure et son spa. Somptueux petit déjeuner, pique-nique en saison chaude et plats légers au salon.

♿ 🏖 🅿 ⛱ 🖻 🚲 🏊 💷 🛜 🅰 - 9 chambres

5 rue du Général Lapasset – ☎ 05 46 68 43 00 – www.villa-clarisse.com

ÎLE D'YEU

Vendée – Carte régionale n° **14**

Port-Joinville

✉ 85350 – Vendée – Carte régionale n° **14**–A2

VENT DEBOUT - HÔTEL LES HAUTES MERS

POISSONS ET FRUITS DE MER · ÉLÉGANT Plantons la scène : l'île d'Yeu, un joli petit hôtel face à la mer, avec son restaurant chic et décontracté, sa terrasse et sa salle à manger décorée de maquettes de vieux gréements… Bref, un véritable spot de charme gourmand. En cuisine, la cheffe Nawal Rezagui régale tranquillement avec sa cuisine régionale et délicieusement iodée, émaillée ici et là de quelques touches méditerranéennes bien dosées (huile d'olive, coriandre, jus épicé, pignon de pin, harissa, etc…) : ceviche de dorade au citron vert, herbes fraîches ; lieu jaune à la vapeur d'algues, chou vert, oignon doux étuvé, beurre blanc…

≼ 🖻 ♿ 🖟 🅿 – Prix : €€

27 rue Pierre-Henry – ☎ 02 51 37 01 12 – www.lesdomainesdefontenille.com/fr/ les-hautes-mers.html

ILLHAEUSERN

✉ 68970 – Haut-Rhin – Carte régionale n° **8**–C2

🏵🏵 AUBERGE DE L'ILL

Chef : Marc Haeberlin

CUISINE CLASSIQUE · LUXE L'Auberge de l'Ill est bien davantage qu'un simple restaurant : c'est l'auberge alsacienne dans toute sa splendeur. Un lieu convivial et chaleureux, hors du temps, où chaque client est accueilli comme un membre de la famille. Un symbole dans la région, mais aussi en France et dans le monde ! Dès sa création en 1882, entre Sélestat et Riquewihr, l'adresse se fait un nom avec sa matelote au riesling et ses préparations de gibiers alsaciens. Marc Haeberlin, petit-fils des fondateurs, fait aujourd'hui l'alliance entre ces créations historiques (terrine de foie gras servie à la cuillère, mousseline de grenouilles, saumon soufflé) et des plats plus modernes. Le mythe est toujours vivace.

🍽 ⇆ ≼ 🖟 🅰 🛎 🅿 – Prix : €€€€

2 rue de Collonges-au-Mont-d'Or – ☎ 03 89 71 89 00 – www.auberge-de-l-ill. com/fr – Fermé lundi et mardi

HÔTEL DES BERGES

MODERNE · CHAMPÊTRE Ce délicieux refuge est niché au bord de l'eau, dans le parc de l'Auberge de l'Ill. Dans ces deux bâtiments rappelant les anciens séchoirs à tabac de la région, les chambres ont un cachet fou – meubles chinés, boiseries, tableaux, sculptures… Un magnifique ensemble, désormais doté d'un spa nature (800 m²).

♿ 🏖 🅿 ⛱ 🖟 🖻 💷 🛜 🍴 🅰 - 19 chambres

4 rue de Collonges-au-Mont-d'Or – ☎ 03 89 71 87 87 – www.auberge-de-l-ill.com

🏵🏵 **Auberge de l'Ill** - Voir la sélection des restaurants

ILLIES

✉ 59480 – Nord – Carte régionale n° **4**–B2

L'ÉPICURIEUX

CUISINE MODERNE • CONVIVIAL Un bistrot cosy et moderne à la pimpante façade blanche, tenu par l'ex-Top Chef Christophe Pirotais et sa compagne Julie Dieudonné. Épicuriens et curieux, vous l'aurez compris, vous êtes les bienvenus... Venez déguster des plats gourmands à base de produits locaux comme les amandes de mer aux champignons, olives et radis noir, ou le lieu jaune au potimarron, poire de terre et topinambour.

🏠 🅿 – Prix : €€

5 rue Mermoz – ☏ 03 20 35 36 01 – www.restaurantlepicurieux.com –
Fermé lundi, mercredi et dimanche

INGERSHEIM

✉ 68040 – Haut-Rhin – Carte régionale n° **8**–C2

😋 LA TAVERNE ALSACIENNE

CUISINE MODERNE • AUBERGE Dirigée par la famille Guggenbuhl depuis 1964, cette taverne à la façade saumon mérite amplement sa réputation. Même ceux qui ne connaissent rien à la cuisine alsacienne seront conquis, le tout accompagné de bons vins d'ici et d'ailleurs ! Beau souvenir d'un filet de sandre, choucroute poêlée et sauce au riesling.

🐝 🅰🅲 – Prix : €€

99 rue de la République – ☏ 03 89 27 08 41 – www.tavernealsacienne-
familleguggenbuhl.com – Fermé lundi et jeudi, et dimanche soir

INGRANDES

✉ 36300 – Indre

🛏 SAINT-VICTOR LA GRAND' MAISON

TRADITIONNEL • RAFFINÉ Sous son nom modeste, la Grand' Maison est en réalité l'archétype du château de princesse : créneaux, tourelles, belvédère, coiffe d'ardoise et multiples façades mangées de lierre, on rêverait de tout quitter pour s'autoproclamer seigneur de ce domaine. De sa longue restauration, il a hérité un aménagement contemporain, mais le mobilier seigneurial, héritage familial ou collection de voyages, témoigne de son pedigree. Trois chambres logées dans le château, un studio dans les anciennes écuries, un deuxième dans un ancien atelier et quatre maisons indépendants au style actuel composent un ensemble d'hébergement idéal pour un mariage princier. Un parc et deux piscines complètent le tableau.

🅿 �GE 🛏 🍽 – 3 chambres

Saint-Victor – ☏ 02 54 37 46 55 – www.saintvictorlagrandmaison.com

IRISSARRY

✉ 64780 – Pyrénées-Atlantiques – Carte régionale n° **25**–A2

😋 ART'ZAIN

Chef : Henri Amestoy

CUISINE DU MARCHÉ • CONTEMPORAIN Artzain signifie "berger" en basque – hommage du propriétaire à son père. Située au centre du village, cette ancienne grange, entièrement réhabilitée dans un style rustique et design (le mobilier est l'œuvre de l'artisan basque Alki), propose une cuisine de saison volontiers locavore. Une bonne adresse.

🅰🅲 🏠 – Prix : €€

au bourg – ☏ 05 59 37 23 83 – www.restaurant-art-zain.fr/fr – Fermé lundi et
mardi, et dimanche soir

L'engagement du chef : Nous avons une carte courte qui change toutes les six semaines ou qui évolue en suivant les productions et les cultures de nos producteurs. Nos fournisseurs sont tous installés dans un rayon réduit autour du restaurant afin de limiter notre empreinte carbone. Nous confions nos déchets organiques à nos poules et à nos cochons.

L'ISLE-D'ABEAU
✉ 38080 – Isère – Carte régionale n° **21**–B2

LE RELAIS DU ÇATEY

CUISINE CLASSIQUE • CONTEMPORAIN Décor et éclairage contemporains soulignent le cachet préservé de cette maison dauphinoise de 1774. Omble chevalier et infusion de reine des prés, dos de cerf rôti au genièvre et champignons, poire williams sur son fin millefeuille.. Plats classiques et pointes d'inventivité.

🕸 🛏⤙🍴⇄🅿 – Prix : €€

10 rue du Didier – ☎ 04 74 18 26 50 – www.le-relais-du-catey.com – Fermé lundi et dimanche

L'ISLE-ADAM
✉ 95590 – Val-d'Oise

 ### LE DOMAINE DES VANNEAUX

MODERNE • CHAMPÊTRE Face au golf de L'Isle-Adam, voici l'interprétation – signée Jean-Michel Wilmotte – d'un corps de ferme traditionnel... Soit un luxueux hôtel niché dans un écrin de verdure, avec son golf et son spa. Idéal pour s'offrir une idylle nature aux portes de Paris, le temps d'un week-end.

♿ 🌿🅿🛎 🛏🌲⑩♨🛁🍴🆒 - 67 chambres

1 route du Golf des Vanneaux – ☎ 01 34 08 40 64 – www.ledomainedesvanneaux.fr

L'ISLE-SUR-LA-SORGUE
✉ 84800 – Vaucluse – Carte régionale n° **28**–E1

 ### LE VIVIER

CUISINE MODERNE • ÉLÉGANT Dans cette capitale des antiquaires et des antiquités, cette table est un vivier de talents ! Le chef Romain Gandolphe propose des assiettes soignées, qui mêlent saveurs et textures, non sans délicatesse et subtilité. À déguster dans une salle contemporaine au décor chaleureux, ou sur la terrasse face à la Sorgue et ses rives verdoyantes, un véritable plaisir pour les yeux. Service attentionné et intéressante sélection de vins régionaux.

🕸 🆒🍴 – Prix : €€€

800 cours Fernande-Peyre – ☎ 04 90 38 52 80 – www.levivier-restaurant.com – Fermé lundi, mardi, samedi midi et dimanche soir

 ### SOLELH

CUISINE MODERNE • DESIGN Les patrons du restaurant étoilé le Vivier ont eu la bonne idée d'ouvrir ce bistrot dans un lieu fort sympathique (cuisine ouverte et mobilier design, double terrasse), coincé entre un antiquaire et une galerie d'art, proche de la gare et au cœur du Carré des Arts du Luberon. Le chef envoie une bonne et franche cuisine bistrotière de style moderne, des plats à grignoter, des grillades de côte de bœuf ou encore une queue de lotte au barbecue japonais. La petite sélection de vins régionaux (mais pas seulement) convient parfaitement à notre bon plaisir ensoleillé...

♿ 🆒🍴 – Prix : €€

30 avenue des Compagnons de la Libération – ☎ 04 90 89 01 42 – www.solelh-restaurant.fr – Fermé du lundi au mercredi

LA BALADE DES SAVEURS

CUISINE TRADITIONNELLE • CONTEMPORAIN Un couple sympathique – Benjamin et Sophie Fabre – règne sur ce restaurant plein de fraîcheur, dont la terrasse borde le cours pittoresque de la Sorgue. Les recettes cultivent aussi bien le caractère que la douceur de la Provence. Cette Balade des Saveurs est aussi... une ballade des gens heureux. Agréable terrasse le long du canal de la Sorgue.

&. 🅐🅒 🍽 – Prix : €

3 quai Jean-Jaurès – ☎ 04 90 95 27 85 – www.balade-des-saveurs.com – Fermé lundi et dimanche

LE PETIT HENRI

CUISINE PROVENÇALE • ÉLÉGANT La table du Grand Hôtel Henri est dans le prolongement direct de l'établissement qui l'accueille : décor soigné, avec cheminée centenaire et lustres chatoyants, terrasse ombragée de mûriers-platanes autour d'une fontaine... et jolie cuisine de saison à dominante régionale.

&. 🅐🅒 🍽 – Prix : €€

1 cours René-Char – ☎ 04 90 38 10 52 – www.grandhotelhenri.com – Fermé lundi et mardi

🛏 ### GRAND HÔTEL HENRI

MODERNE • CONVIVIAL Au cœur de la ville des antiquaires, on tombe immédiatement sous le charme de cette vénérable maison rénovée en 2015. Escalier en marbre de Carrare, chambres élégamment décorées de lampes et miroirs anciens, tableaux et fauteuils... Un havre de confort, jusqu'au bar à l'ambiance jazz.

&. 🄿 ⬧ 🍴 🍽 🅐🅒 - 17 chambres

1 cours René Char – ☎ 04 90 38 10 52 – www.grandhotelhenri.com

Le Petit Henri - Voir la sélection des restaurants

ISNEAUVILLE

✉ 76230 – Seine-Maritime – Carte régionale n° **3**–B2

PRÉAMBULE

CUISINE MODERNE • CONTEMPORAIN Goûtons en préambule la bistronomie du menu-carte (avec, par exemple, cet épatant velouté de tomates rôties, foccacia, huile aux herbes) avant de découvrir, le soir et le weekend, les belles assiettes gastronomiques d'un chef, enfant du pays, revenu chez lui après de belles expériences ici et là en France. Côté salle, deux options également : la première traditionnelle et tout en couleur, la seconde, contemporaine et revêtue de couleurs plus douces, donne également accès à la terrasse.

&. 🍽 – Prix : €€

1370 route de Neufchâtel – ☎ 02 32 19 44 86 – www.preambule-isneauville. eatbu.com – Fermé lundi et mardi, et mercredi et dimanche soir

ISSIGEAC

✉ 24560 – Dordogne – Carte régionale n° **18**–C3

L'ATELIER

CUISINE MODERNE • COSY Aux portes de la cité médiévale, ce restaurant cosy aux notes rustiques est le fief du chef Fabrice Rodot. On apprécie sa cuisine dans l'air du temps, qui privilégie les produits du terroir local et de saison. Sans oublier l'excellent pain maison ! A déguster, l'été venu, sur l'agréable terrasse.

&. 🍽 – Prix : €€

62 Tour de Ville – ☎ 05 53 23 49 78 – www.latelierissigeac.com – Fermé du lundi au mercredi, et jeudi et dimanche soir

LA BRUCELIÈRE

CUISINE MODERNE • AUBERGE Cette authentique auberge de campagne ne manque pas de charme. Le nouveau chef Anthony Hardy, au parcours étoilé, élabore des recettes de saison qui privilégient les circuits courts et les produits bio. Jolie terrasse sur le jardin, à l'arrière.

🖇🌣 – Prix : €€

Place de la Capelle – ℰ 05 53 73 89 61 – Fermé lundi et mardi, et dimanche soir

ISSOIRE

✉ 63500 – Puy-de-Dôme – Carte régionale n° **20**–B2

✿ L'ATELIER YSSOIRIEN

Chef : Dorian Van Bronkhorst

CUISINE CRÉATIVE • DESIGN C'est un chef propriétaire, né en Auvergne de parents hollandais, qui est à l'ouvrage dans cet "atelier" lieu design et contemporain, avec ses cuisines ouvertes, son sol en pierre grise, son bardage en bois brut et ses ampoules nues. Mécano inspiré, il s'y épanouit régulièrement en ciselant une cuisine aussi fine que créative avec produits d'ici (agneau de Boudes, bœuf fin gras du Mézenc, ail noir de Billom) et d'ailleurs (barbue des côtes bretonnes, anguille de Vendée). Il est capable, par exemple, d'émouvoir avec un remarquable tartare de bœuf, asperges blanches et sauvages, pickles de fraises, crémeux de jaune d'œuf, beurre blanc et dashi aux herbes. Quant à l'accueil et au service, ils cultivent gentillesse et excellence avec naturel.

🖇 🅰🌣 – Prix : €€€

39 boulevard Triozon-Bayle – ℰ 04 73 89 44 47 – www.atelier-yssoirien.com – Fermé lundi et dimanche

AGASTACHE

CUISINE MODERNE • TENDANCE Une adresse bistrotière, ouverte par le chef de l'Atelier Yssoirien. Le menu avec choix propose une cuisine actuelle et de saison, bien tournée et joliment présentée, dans une déco tendance à la mode scandinave.

🖇 🅰🌣 – Prix : €€

95 rue de Brioude – ℰ 04 73 55 84 59 – www.agastache-restaurant.com – Fermé lundi et dimanche

LE P'TIT ROSEAU

CUISINE MODERNE • CONVIVIAL L'emplacement face à la gare n'est pas le plus glamour qui soit... mais il est largement compensé par la cuisine enthousiasmante de Jérémy Bonhivers. Préparations fines et goûteuses, utilisation judicieuse de fleurs, herbes aromatiques et jeunes pousses : de quoi passer un moment de qualité. A déguster dans une salle épurée ou, aux beaux jours, sur la terrasse et son extension, accolée au joli square René Cassin.

🌣 – Prix : €€

2 avenue de la Gare – ℰ 04 73 89 09 17 – www.lepetitroseau.fr – Fermé lundi et mardi, et dimanche soir

ISSY-LES-MOULINEAUX

✉ 92130 – Hauts-de-Seine – Carte régionale n° **11**–E2

KOJI ⓝ

TEPPANYAKI • ÉPURÉ C'est évidemment au comptoir que l'on profite le mieux de ce restaurant japonais de teppanyaki, cette cuisine théâtrale avec ses flambages spectaculaires. Le chef Koji Hashimoto prépare avec soin de beaux produits devant le client. Sa dextérité élégante, fruit d'une jolie expérience, ne vient jamais les dénaturer par des astuces faciles. Poissons comme viandes (un filet de bœuf de Normandie par exemple) sont cuits avec justesse, et rehaussés par des sauces impeccables (comme cette sauce au miso blanc et vinaigre de xérès sur l'assortiment de poissons grillés). Décor traditionnel où le bois domine.

&. 🅰️🅲 ⇧ – Prix : €€€

34 bis rue Ernest-Renan – ℰ 01 41 08 15 16 – www.koji-restaurant.com –
Fermé lundi et dimanche

LA PASSERELLE

CUISINE MODERNE • CONTEMPORAIN Des produits rigoureusement sélectionnés, une cuisine fine et colorée où la Méditerranée fait de fréquentes incursions, le tout réalisé par Mickaël Meziane, jeune chef talentueux et motivé, et servi par une équipe jeune et dévouée... On emprunte joyeusement cette Passerelle pour se rendre sur les terres de la gourmandise et des saveurs.

&. 🅰️🅲 🍴 ⇧ – Prix : €€€

172 quai de Stalingrad – ℰ 01 46 48 80 81 – www.lapasserelle-issy.com –
Fermé samedi et dimanche

ITTERSWILLER

✉ 67140 – Bas-Rhin – Carte régionale n° **8**–C1

WINSTUB ARNOLD

CUISINE ALSACIENNE • WINSTUB Plongez au cœur de l'Alsace dans cette winstub mettant à l'honneur de nombreuses spécialités régionales : kougelhopf, choucroute, boudin noir, purée de pomme, baeckeoffe servi en cocotte ou bien encore, comme suggestion du moment, cette bouchée à la reine façon Marie Leczinska... Le tout accompagné de vins du domaine familial, dans un cadre tout aussi typique.

&. 🍴 🅿️ – Prix : €€

98 route des Vins – ℰ 03 88 85 50 58 – www.hotel-arnold.com

ITXASSOU

✉ 64250 – Pyrénées-Atlantiques – Carte régionale n° **25**–A2

RESTAURANT BONNET

CUISINE TRADITIONNELLE • RUSTIQUE Avec Benat Bonnet, c'est la 3e génération qui est aux commandes de cette maison familiale dont la réputation n'est plus à faire dans la région. Les produits locaux y sont à la fête et la cuisine au goût du jour, comme avec le gravelax de truite de Baigorry et le grenadin de veau en viennoise de cèpes et chorizo. En dessert, craquez pour le finger sorbet coco, aussi croustillant que rafraîchissant !

⪕ &. 🅰️🅲 🍴 🅿️ – Prix : €€

Place du Fronton – ℰ 05 59 29 75 10 – www.maison-bonnet.com – Fermé mardi
et mercredi

JARNAC

✉ 16200 – Charente – Carte régionale n° **18**–B2

LE VERRE Y TABLE

CUISINE MODERNE • CONTEMPORAIN La cuisine du jeune chef est fraîche, parfumée, dans l'air du temps, à l'image du décor, moderne et coloré, imaginé dans un esprit bistrot. Ce jour-là : gravlax de truite du Bellet, guacamole épicé et salade de légumes croquants ; filet de sébaste de ligne, émulsion de bisque, fregola sarda au pesto et aubergine confite. Le service est souriant et efficace. Menu déjeuner à prix canon, et impressionnante sélection de cognacs.

&. 🍴 🅿️ – Prix : €€

42 avenue Carnot, à Mainxe – ℰ 05 45 35 07 28 – www.leverreytable.fr –
Fermé lundi, samedi et dimanche

LA JARRIE

✉ 17220 – Charente-Maritime – Carte régionale n° **18**–A1

✿ L'HYSOPE

Chef : Nicolas Durif

CUISINE CRÉATIVE • CONTEMPORAIN Créatif, ce Nicolas Durif ! Il a pris pied au fond d'une ruelle, accessible à pied uniquement, dans un charmant petit village à une quinzaine de kilomètres de La Rochelle. Dans un ancien logement transformé en cabinet de curiosités, il s'adonne à sa passion de la collection, notamment de vaisselle. Cet Alsacien a donné un nom de plante à son restaurant : il en utilise jusqu'à 60 en été, de France comme du monde entier. Sa patrie d'origine s'exprime par touches discrètes, de la moutarde par ici, du raifort ou de la cannelle par là. On se délecte de menus surprises proposés en plusieurs séquences où agrumes, épices et touches asiatiques sont très présentes.

&. 🅐🅒 – Prix : €€€

25 rue de l'Aurore – ℰ 05 46 68 52 21 – www.lhysope.fr/fr – Fermé lundi et dimanche, et mercredi soir

JASSANS-RIOTTIER

✉ 01480 – Ain – Carte régionale n° **21**–A1

L'EMBARCADÈRE

CUISINE TRADITIONNELLE • BRASSERIE "Cuisine de campagne au bord de l'eau" : voilà le credo de cette adresse griffée Georges Blanc, au bord de la Saône, entre guinguette chic et brasserie contemporaine. Quand la tradition se fait tendance... Embarquement immédiat !

&. 🅐🅒 🏠 ♻ – Prix : €€

15 avenue de la Plage – ℰ 04 74 07 07 07 – www.lespritblanc.com/fr – Fermé lundi et dimanche

JAUSIERS

✉ 04850 – Alpes-de-Haute-Provence – Carte régionale n° **24**–D2

VILLA MORELIA

CUISINE TRADITIONNELLE • BOURGEOIS Cette Villa Morelia distille un certain charme bourgeois... Un écrin flatteur pour une cuisine du marché, séduisante et fidèle à la tradition. De la fraîcheur, de belles saveurs : un moment gourmet gourmand.

🛏 🏠 ♻ 🅿 – Prix : €€€

Avenue des Mexicains – ℰ 04 92 84 67 78 – www.villa-morelia.com – Fermé lundi et du mardi au dimanche à midi

JOIGNY

✉ 89300 – Yonne – Carte régionale n° **12**–A2

✿✿ LA CÔTE SAINT-JACQUES

Chefs : Jean-Michel Lorain et Alexandre Bondoux

CUISINE CLASSIQUE • ÉLÉGANT Qu'elle est belle, cette bâtisse postée sur les bords de l'Yonne ! Fondée par Marie Lorain en 1945, la maison a gagné ses lettres de noblesse sous l'impulsion de son fils, Michel, puis de son petit-fils, Jean-Michel. Ce chef humble et travailleur laisse désormais à son neveu Alexandre Bondoux le soin de composer la carte. Les habitués retrouveront les plats signatures (huîtres spéciales Gillardeau en terrine océane, boudin noir maison) comme de beaux éclairs d'inspiration (île flottante au caviar, omble de Crisenon aux petits pois et amandes). Harmonie des saveurs, cuissons, assaisonnements : une belle partition gourmande rythmée par un service de qualité, efficace et proche du client.

 – Prix : €€€€

14 faubourg de Paris – ℰ 03 86 62 09 70 – www.cotesaintjacques.com – Fermé lundi

🍃**L'engagement du chef :** Nous avons créé un jardin potager, nous privilégions les producteurs locaux et nous mettons en avant les vins nature et bio. Les déchets alimentaires sont recyclés à plus de 80% et nous limitons l'usage du plastique dans l'établissement.

JONGIEUX

✉ 73170 – Savoie – Carte régionale n° **21**–C2

❀❀ LES MORAINIÈRES

Chef : Michaël Arnoult

CUISINE CRÉATIVE • CONTEMPORAIN Michaël Arnoult, formé chez Emmanuel Renaut, a transformé l'auberge des Morainières en un véritable petit paradis, dominant le coteau planté de vignes et la vallée du Rhône. Son credo : la fraîcheur du produit et le respect de celui ou celle qui l'a fait grandir. Choisir les producteurs locaux, les connaître, travailler de concert avec eux : une priorité. Gibiers, asperges vertes, agneau de lait, truite ou féra... cette exigence se lit dans l'assiette. Un plat représentatif de son art ? Prenons alors ce tartare d'écrevisse du Rhône de superbe fraîcheur, magnifié par son subtil jus de carcasse, ses fleurs de coriandre et de tagète anisata : l'excellence même ! On s'attable dans une salle épurée à l'image de la cuisine du chef, et ouvrant sur la vallée. Pour l'étape, six chambres confortables à quelques kilomètres du restaurant. Plus que jamais, les Morainières valent le détour.

 – Prix : €€€€

1400 route de Marétel – ℰ 04 79 44 09 39 – www.les-morainieres.com/fr – Fermé du lundi au mercredi

JOUCAS

✉ 84220 – Vaucluse – Carte régionale n° **28**–E1

❀ LA TABLE DE XAVIER MATHIEU

Chef : Xavier Mathieu

CUISINE CRÉATIVE • ÉLÉGANT Grandi à Marseille, Xavier Mathieu a la Provence chevillée au corps. Le célèbre Roger Vergé, un ami de la famille, lui a ouvert les portes de la haute gastronomie. Il a complété son apprentissage chez Joël Robuchon, à Paris, avant de revenir dans le beau mas familial niché au cœur de la garrigue du Luberon. Ce chef à l'emblématique crinière blanche donne un second souffle à la tradition provençale : chaque plat est une variation sur les origines. Soupe au pistou, haricots, ail et basilic ; gigot d'agneau cuit dans son sable chaud de Garrigue... Des recettes étonnantes, toujours personnelles, influencées par son terroir comme par ses voyages au long court (jambalaya de queue d'écrevisse, maïs et pomme de terre délicatesse). À découvrir dans le cadre privilégié d'une luxueuse bastide, édifiée sur des vestiges datant des Chevaliers de l'Ordre de Malte.

⟨icons⟩ – Prix : €€€€

Route de Murs – ℰ 04 90 05 78 83 – www.lephebus.com – Fermé lundi et du mardi au jeudi à midi

LE CAFÉ DE LA FONTAINE

CUISINE MÉDITERRANÉENNE • RÉGIONAL La carte de ce Café propose une cuisine de saison aux influences méditerranéennes (asperges de Roussillon, côte de cochon du Ventoux, aïoli de merlan au sel...) combinées à des recettes dans l'esprit vacances (salade niçoise, club sandwich, etc.). Simple et efficace pour manger au bord de la fontaine avec vue sur la piscine.

🦆 🍽️ 🅿️ – Prix : €€

Route de Murs – 𝓟 04 90 05 78 83 – www.lephebus.com – Fermé lundi et du mardi au dimanche à midi

LA TABLE DU MAS

CUISINE MODERNE • ÉLÉGANT L'âme méditerranéenne plane sur les assiettes, comme sur la grande terrasse ouverte sur la campagne. La table propose régulièrement des thèmes autour d'un produit, selon les saisons - tomate, artichaut... Ensoleillé, même par temps gris.

🦆 🍽️ 🅿️ – Prix : €€€

Lieu-dit-Toron (route de Murs) – 𝓟 04 90 05 79 79 – www.herbesblanches.com – Fermé du jeudi au dimanche soir

🛏️ LE PHÉBUS

CLASSIQUE • RAFFINÉ Phébus... l'autre nom d'Apollon – et ce séjour que le dieu de la Beauté n'aurait sans doute pas renié ! Nichée dans la verdure, cette demeure provençale domine le Luberon ; la plupart des chambres jouissent d'un balcon, d'une terrasse voire d'une mini-piscine privée. Si loin du monde des hommes...

🅿️ - 30 chambres

220 route de Murs – 𝓟 04 90 05 78 83 – www.lephebus.com

❀ **La Table de Xavier Mathieu** - Voir la sélection des restaurants

JUAN-LES-PINS

✉️ 06160 – Alpes-Maritimes – Carte régionale n° **29**-E2

🛏️ LA PASSAGÈRE - HÔTEL BELLES RIVES

CUISINE CRÉATIVE • LUXE Dans cet hôtel qui fut le témoin des amours tumultueuses de Scott et Zelda Fitzgerald dans les années 1920, on est d'abord frappé par le cadre majestueux. Il n'est pas aisé pour un chef d'exister dans de telles conditions, mais le chef vendéen Aurélien Véquaud y parvient haut la main. Bien que la partition gastronomique soit naturellement méditerranéenne (avec une superbe thonine de Méditerranée, tomate mi-confite et vinaigrette roquette), les origines vendéennes du chef transparaissent dans chaque assiette. La crème crue vient réveiller le tourteau dans le plat signature du chef (l'esquinado, écume verveine, caviar platine), le préfou et la mouclade sont revisités en amuse-bouches. Du côté sucré, le chef pâtissier Steve Moracchini propose de petites assiettes sophistiquées et délicates, à l'instar de la succulente tartelette aux mirabelles. Depuis la terrasse, on peut profiter d'une vue exceptionnelle sur la mer et l'Esterel.

🍽️ – Prix : €€€€

33 boulevard Édouard-Baudoin – 𝓟 04 93 61 02 79 – www.bellesrives.com – Fermé lundi, mardi et du mercredi au dimanche à midi

🛏️ BELLES RIVES   *Plus*

CLASSIQUE • ÉLÉGANT Un petit joyau Art déco où vécut Francis Scott Fitzgerald. Bar d'époque classé, chambres joliment décorées (mobilier 1930) – préférez celles côté mer –, deux restaurants (dont un gastronomique), ponton et plage privés... Élégance et nostalgie.

🅿️ - 185 chambres

33 boulevard Édouard Baudoin – 𝓟 04 93 61 02 79 – www.bellesrives.com

❀ **La Passagère - Hôtel Belles Rives** - Voir la sélection des restaurants

🛏️ JUANA   *Plus*

CLASSIQUE • RAFFINÉ Luxueux hôtel des années 1930 où l'on sait cultiver l'art de recevoir. Jolies chambres Art déco, équipements haut de gamme, belle piscine et, pour l'anecdote, magnifique ascenseur en bois... Le charme fou de la Côte d'Azur !

🏊 🅿 🛋 🍴 🚲 ⚒ 🌐 🐾 🛁 🔏 🍴 🆔 - 40 chambres

19 avenue Gallice – ℰ 04 93 61 08 70 – www.hotel-juana.com

🛏 **LE 1932 HÔTEL & SPA CAP D'ANTIBES - MGALLERY**   *Plus*

CLASSIQUE • ÉLÉGANT Un établissement dédié au glamour de l'entre-deux-guerres ! Cette institution règne ici depuis 1932 et, après une rénovation très complète, a retrouvé l'élégance de cette époque. Le style est moderne, mais fortement influencé par l'Art déco. Mieux qu'une copie, il se veut être un hommage contemporain et sobre. Les chambres et les suites les plus prisées donnent sur la mer depuis leur balcon privé. Un restaurant dans une salle chaleureuse ; un autre, d'esprit méditérranéen, sur une terrasse ensoleillée ; la plage de Belle Rives à quelques pas : quoi de mieux ?

🏊 🅿 🍴 ⚒ 🍴 🆔 - 64 chambres

5 avenue Saramartel – ℰ 04 92 93 54 54 – www.le1932hotelspa.com

JUMIÈGES

✉ 76480 – Seine-Maritime – Carte régionale n° **3**–A2

AUBERGE DES RUINES

CUISINE MODERNE • COSY Juste en face des ruines de l'abbaye, arrêtez-vous dans cette jolie maison à colombages ! Aussi passionné que sympathique, le chef célèbre le terroir normand dans toute sa richesse, au rythme des saisons. Truite, bœuf et agneau, fruits et légumes, cidres et calvados, fromages de chèvre et de vache : tout vient de Normandie - sans oublier le magnifique chariot de fromages... Il y a du travail et du soin dans ces assiettes. Tout cela dans un décor chic et feutré ou dans la véranda ouverte sur la terrasse.

& 🍴 – Prix : €€

17 place de la Mairie – ℰ 02 35 37 24 05 – www.auberge-des-ruines.fr –
Fermé mercredi et jeudi, et dimanche soir

JURANÇON

✉ 64110 – Pyrénées-Atlantiques – Carte régionale n° **25**–C2

FLAVEURS - DOMAINE MONT-RIANT 🅽

CUISINE MODERNE • CLASSIQUE Sur les hauteurs de Jurançon, cette belle propriété du 19ᵉ s. blanche au toit d'ardoise, avec son grand parc arboré commence une nouvelle vie de restaurant grâce à un couple natif de la région, le chef basque Patxi et son épouse béarnaise Marilyn. Ils ont bien fait les choses : un décor bourgeois et revampé pour une salle dont les fenêtres embrassent une vue plongeante sur Pau. Dans l'assiette, aucun doute : ce chef expérimenté sait faire, entre plats traditionnels et inspiration moderne, le tout sur fond de pêche durable et de producteurs locaux – à l'image des ravioles de cèpes et de leur généreuse escalope de foie gras d'une qualité rare.

⛵ 🍴 & 🅿 – Prix : €€

1 avenue des Frères-Barthélémy – ℰ 05 59 90 60 94 – www.domaine-montriant.
fr/restaurant-flaveurs – Fermé lundi et dimanche, et mardi et mercredi soir

JUVIGNY-SOUS-ANDAINE

✉ 61140 – Orne – Carte régionale n° **2**–B3

😊 **AU BON ACCUEIL**

CUISINE CRÉATIVE • CONTEMPORAIN L'enseigne ne ment pas : dans ce restaurant tenu par un jeune couple, on vous accueille à bras ouverts. Dans un cadre moderne et lumineux, le chef propose de bons produits de saison, locaux pour la plupart, pour une cuisine créative et réalisée avec technique, à l'instar des langoustines rôties, émulsion de carapaces ou des ballotines de poulet fermier farcies de mousseline de persil.

&. AC – Prix : €€

23 place Saint-Michel – 🕿 02 33 38 10 04 – www.aubonaccueil-normand.com – Fermé mardi et mercredi, et dimanche soir

KAYSERSBERG

 68240 – Haut-Rhin – Carte régionale n° **8**-C2

✿✿ LA TABLE D'OLIVIER NASTI

Chef : Olivier Nasti

CUISINE CRÉATIVE • ÉLÉGANT Ah, Kaysersberg ! Sur la route des vins d'Alsace, le petit village se dévoile entre deux vallons... Impossible de rater la façade rouge du mythique hôtel Chambard, qui accueille la Table d'Olivier Nasti, Meilleur Ouvrier de France 2007. Magnifier le terroir, réinjecter la tradition dans des assiettes créatives, visuelles, voire ludiques : tel est l'objectif poursuivi par le chef. Pour cela, tous les ingrédients sont bons ! Gibier, morilles des Vosges, foie gras, anguille du Rhin, truffe ou encore omble chevalier des montagnes... Il signe une carte personnelle, soucieuse des saisons, en portant une attention toute particulière aux sauces et décoctions. Enfin, côté vins, on profite de la présence de Jean-Baptiste Klein, sommelier aussi talentueux que passionné. Décor épuré et chic dans les chambres du Chambard, sans oublier l'agréable spa.

⃝ ⇐⃝ &. AC – Prix : €€€€

9-13 rue du Général-de-Gaulle – 🕿 03 89 47 10 17 – www.lechambard.fr/fr – Fermé lundi, mardi, et mercredi et jeudi à midi

---

✿ ALCHÉMILLE

Chef : Jérôme Jaegle

CUISINE CRÉATIVE • DESIGN C'est l'histoire d'un enfant du village, véritable bête à concours gastronomiques, qui a transformé ce bar PMU en "lieu de vie". Fils et petit-fils de boucher-charcutier, Jérôme Jaegle est tout autant maraîcher et fou de permaculture que chef – formé par des pointures comme Jean-Yves Schillinger et Christian Têtedoie. Quasi scandinave dans l'allure, son restaurant, tout de bois clair et de matières naturelles, porte le nom de la plante favorite des alchimistes. Sa cuisine, créative et personnelle, est évidemment axée sur les herbes et les légumes de son potager, ainsi que sur les produits locaux (poissons d'eau douce, gibier...) Menus déclinés en plusieurs services, avec le végétal en majesté.

⃝ &. AC – Prix : €€€€

53 route de Lapoutroie – 🕿 03 89 27 66 41 – www.alchemille.alsace – Fermé lundi et dimanche

L'engagement du chef : A L' Alchémille, nos cuisiniers sont également jardiniers. Ainsi, chaque journée commence par la cueillette des fruits, légumes et herbes aromatiques dans nos jardins maraîchers. Reconnecter la nature à l'assiette, travailler avec les meilleurs artisans locaux, tout cela nous permet de servir à nos clients l'expression la plus juste et la plus responsable de notre terroir.

☺ LA VIEILLE FORGE

CUISINE MODERNE • CONTEMPORAIN La façade rustique de cette charmante maison du 16ᵉ s. dissimule de bien jolies surprises : les assiettes de la cheffe Laurine Gutleben font la part belle aux produits frais et à la créativité, à l'instar des noix de Saint-Jacques, hollandaise légère, fondue de poireaux et popcorn au gomasio. Belle carte des vins d'Alsace, mais pas seulement.

⃝ &. AC – Prix : €€

1 rue des Écoles – 🕿 03 89 47 17 51 – www.vieilleforge-kb.com – Fermé lundi

WINSTUB DU CHAMBARD

CUISINE ALSACIENNE • WINSTUB La seconde table du Chambard, version winstub. Ici, Olivier Nasti revisite tout ce que le terroir alsacien peut offrir : baeckeoffe et choucroute, tarte à l'oignon, presskopf... Sans oublier cette truite de la vallée d'Orbey, sauce matelote et un kougelhopf glacé référence dans la matière : goûteux et généreux, une ode à la gourmandise ! Ardoise du jour de cuisine du marché également.

🕸 ♿ 🅐🅒 – Prix : €€

9-13 rue du Général-de-Gaulle – ℰ 03 89 47 10 17 – www.lechambard.fr/fr

KEMBS

✉ 68680 – Haut-Rhin – Carte régionale n° **8**–A3

LE PETIT KEMBS

CUISINE MODERNE • COSY Cette jolie maison de village à colombages cache une petite salle à manger de 5 tables seulement, aux murs colorés, avec sa cuisine ouverte. Le chef s'occupe désormais de tout, de la cuisine (moderne, gourmande, bien ficelée) et... du service ! Une démarche authentique qui force le respect. Dans l'assiette, des produits de saison, locaux, souvent bio. Tout est fait maison, à l'exception du pain (néanmoins délicieux !).

♿ 🅐🅒 – Prix : €€

49 rue du Maréchal-Foch – ℰ 03 89 48 17 94 – www.lepetitkembs.fr –
Fermé mardi et mercredi

KERVIGNAC

✉ 56700 – Morbihan – Carte régionale n° **1**–C3

CHAI L'AMÈRE KOLETTE

CUISINE MODERNE • CONTEMPORAIN Entre Hennebont et Port-Louis, dans une petite zone commerciale, cette maison mérite que l'on s'y attarde. Dans sa cuisine visible depuis la salle claire et bien agencée, le chef propose des recettes élaborées au gré du marché, avec quelques touches personnelles.

♿ 🅐🅒 🍴 🅿 – Prix : €€

Parc d'activités de Kernours – ℰ 02 97 36 28 74 – www.chai-lamere-kolette.fr –
Fermé mercredi et dimanche

KIENTZHEIM

✉ 68240 – Haut-Rhin – Carte régionale n° **8**–C2

CÔTÉ VIGNE

CUISINE MODERNE • CONVIVIAL Dans ce village typique, une imposante maison à colombages du 16e s. La cheffe propose une cuisine moderne matinée de saveurs d'ailleurs, comme cette terrine de bœuf avec œuf râpé et crème de wasabi, ou cet encornet grillé, poireaux, gnocchis de potimarron, moules et curry rouge. Côté vigne, vous pourrez déguster des vins bio du domaine familial. Terrasse très agréable aux beaux jours. Menu plus simple au déjeuner.

♿ 🍴 – Prix : €€

30 Grand-Rue – ℰ 03 89 22 14 13 – www.cote-vigne.fr – Fermé lundi, samedi midi et dimanche soir

KILSTETT

✉ 67840 – Bas-Rhin – Carte régionale n° **8**–B1

AU CHEVAL NOIR

CUISINE TRADITIONNELLE • AUBERGE C'est au galop qu'on se rend au Cheval Noir ! Derrière la façade de cette maison à colombages (18ᵉ s.), deux frères travaillent les beaux produits en tandem. Une cuisine traditionnelle à déguster dans de jolies salles... si tant est qu'on descende de sa monture.

⇦🅰️🏠✛🅿️ – Prix : €€

1 rue du Sous-Lieutenant-Maussire – ℰ 03 88 96 22 01 – www.restaurant-cheval-noir.com – Fermé lundi et mardi, et dimanche soir

KLINGENTHAL

✉ 67530 – Bas-Rhin – Carte régionale n° **8**–A2

À L'ÉTOILE

CUISINE TRADITIONNELLE • CONVIVIAL Nichée dans un petit village alsacien, sur la route du Mont Sainte-Odile, cette auberge traditionnelle datant de 1920 est aujourd'hui tenue par la quatrième génération. Chaleureusement accueilli, on y déguste une cuisine traditionnelle du marché, proposée à l'ardoise : en entrée, une gaufre moelleuse, cœur de saumon fumé et agrumes... et pour les amateurs d'abats, fricassée de rognons et ris de veau.

🏠✛ – Prix : €€

7 place de l'Étoile – ℰ 03 88 95 82 90 – www.restaurantaletoile.fr – Fermé mercredi et jeudi, et dimanche soir

LABARDE

✉ 33460 – Gironde – Carte régionale n° **22**–B1

NOMADE

CUISINE MODERNE • CONVIVIAL Jolie surprise que cette adresse ouverte en plein Médoc par un jeune couple originaire de la région. Le chef propose une cuisine française mâtinée de touches exotiques, en utilisant autant que possible les produits locaux : le goût est au rendez-vous. Décor agréable et accueil tout sourire.

♿🏠 – Prix : €€€

3 route des Châteaux – ℰ 05 56 35 92 38 – www.restaurant-nomade.fr – Fermé lundi, dimanche et du mardi au jeudi à midi

LABAROCHE

✉ 68910 – Haut-Rhin – Carte régionale n° **8**–C2

😊 LA ROCHETTE

CUISINE MODERNE • CONTEMPORAIN Une belle découverte que ce restaurant contemporain ! Ici, on régale en famille : aux fourneaux, père et fils réalisent des plats savoureux et fins, tel un suprême de volaille d'Alsace en croûte de courge, avec dampfnudel et petits légumes... Service prévenant, bonne sélection de vins et chambres pour l'étape.

⇦♿🏠✛🅿️ – Prix : €€

500 lieu-dit La Rochette – ℰ 03 89 49 80 40 – www.larochette-hotel.fr – Fermé lundi et mardi

LACAVE

✉ 46200 – Lot – Carte régionale n° **23**–B2

❀ CHÂTEAU DE LA TREYNE

CUISINE CLASSIQUE • HISTORIQUE Quel lieu splendide ! La Dordogne serpente au pied de ce superbe château, tout environné de verdure, avec son allée manucurée et son joli parc à la française. La vue de la terrasse embrasse un panorama qui laisse le voyageur rêveur. La salle à manger est telle qu'on l'attend, sol de marbre, tentures murales, plafond à caissons et cheminée en bois sculptée. La partition culinaire est signée Stéphane Andrieux, qui prit ici son premier poste de chef. On se régale de sa déclinaison autour de l'agneau du Quercy (noisette et carré rôtis, tartare de filet mignon saisi sur un galet de la Dordogne), ou de ce ciselé baba au rhum revisité, fraises et reine des prés...

⇌ ⩽ 🏠 🅰🅲 🍽 ᗠ 🅿 – Prix : €€€€

𝒞 05 65 27 60 60 – www.chateaudelatreyne.com/fr/restaurant-etoile-dordogne – Fermé mercredi, et mardi, jeudi, vendredi et samedi midi

❀ LE PONT DE L'OUYSSE

Chef : Stéphane Chambon

CUISINE MODERNE • MAISON DE CAMPAGNE Au bord de l'Ouysse, un magnifique affluent de la Dordogne, cette maison est située en contrebas d'une falaise. Elle demeure dans la même famille – les Chambon – depuis cinq générations. Elle fut construite à l'origine pour restaurer les travailleurs qui construisaient l'ancien pont emporté par une crue en 1966, et dont subsiste une arche. Deux frères veillent aujourd'hui sur l'établissement, l'un en salle et l'autre en cuisine. Avec de belles bases classiques, l'assiette magnifie de superbes produits, comme ce pigeon ramier en deux cuissons, les filets rôtis et les cuisses en salmis, ou ces truffes récoltées en famille...La terrasse sous les tilleuls apporte une touche de charme irrésistible. Étape possible à l'hôtel.

⏆ ⇌ 🏠 ♿ 🍽 🅿 – Prix : €€€

𝒞 05 65 37 87 04 – www.lepontdelouysse.com – Fermé lundi, et mardi et mercredi à midi

🛏 CHÂTEAU DE LA TREYNE

TRADITIONNEL • CALME Une situation idyllique, en surplomb de la Dordogne qui lui prête ses reflets... Vivre est un art en ce château des 14e-17e s. ! Le parc abrite un jardin à la française et une chapelle romane (expositions, concerts), les chambres sont somptueuses.

🅿 🏠 ⌁ 🏊 🧖 🛎 - 16 chambres

La Treyne – 𝒞 05 65 27 60 60 – www.chateaudelatreyne.com

❀ **Château de la Treyne** - Voir la sélection des restaurants

LACROIX-FALGARDE

✉ 31120 – Haute-Garonne – Carte régionale n° **26**–C2

LE BELLEVUE

CUISINE MODERNE • CONTEMPORAIN Le nouveau chef propriétaire Yann Ghazal veille désormais sur ce restaurant perché en bord d'Ariège, qui conserve une atmosphère décontractée dans une salle rafraîchie. Au programme, des assiettes gourmandes et colorées : œuf crousti-coulant, chantilly de chorizo tiède et poudre d'ail noir ; joue de bœuf braisée au vin rouge, lard de Colonnata, raisins chasselas, carottes fondantes et purée de pommes de terre - le tout à prix doux. La terrasse ombragée au bord de l'onde est un pur régal.

⩽ 🅰🅲 🍽 🅿 – Prix : €€

1 avenue des Pyrénées – 𝒞 05 61 76 94 97 – www.restaurant-lebellevue.com – Fermé mardi et mercredi, et dimanche soir

LAGRASSE

✉ 11220 – Aude – Carte régionale n° **27**–B2

LE BASTION

CUISINE MODERNE • CONVIVIAL On s'installe dans l'une des deux jolies salles rustiques pour déguster une "cuisine avant-garde rurale", inspirée d'Auguste Escoffier mais modernisée, avec de beaux produits de la région – tomates des jardins d'Estarac, vinaigre de Cyril Codina, poissons de la criée de Port-la-Nouvelle... Petite carte de tapas et grande terrasse.

🌤 – Prix : €€

50 boulevard de la Promenade – ☎ 04 68 12 02 51 – www.restaurant-bastion-lagrasse.fr – Fermé lundi et mardi, et dimanche soir

LAGUIOLE

✉ 12210 – Aveyron – Carte régionale n° **23**–C2

✿✿ BRAS

Chef : Sébastien Bras

CUISINE CRÉATIVE • DESIGN "Ma famille, l'amitié, l'Aubrac et la cuisine" : voici, énoncés par lui-même, les quatre éléments essentiels dans la vie de Sébastien Bras. Fidèle à l'héritage de son père, mais armé d'une sensibilité qui lui est propre, le chef puise dans la nature environnante et dans ses jardins les produits (fleurs, herbes, légumes) qu'il révèle ensuite dans l'assiette. Les saveurs se bousculent, l'émotion affleure bien souvent par surprise, et l'on croirait presque entendre la terre chanter au détour de certains plats. Envie de faire une étape ? De belles chambres vous accueillent, avec leurs baies vitrées ouvertes sur la campagne aveyronnaise. D'une génération à l'autre, le Suquet continue de tracer sa route singulière et attachante...

 – Prix : €€€€

Route de l'Aubrac – ☎ 05 65 51 18 20 – www.bras.fr/fr – Fermé lundi, mardi et mercredi midi

HŌRA

CUISINE MODERNE • DESIGN Avec Hōra et sa salle à manger feutrée et élégante, Gilles Moreau réinvente son univers, tout en gardant les qualités d'une savoureuse cuisine appuyée sur le terroir : pièce de bœuf Aubrac, aligot et réduction de vin rouge aux échalotes ; truite bio des Monts d'Aubrac à l'écume de lard, risotto au Vieux Rodez ; pintade fermière aux girolles, blé parfumé au jambon et jus de carcasse... Aux beaux jours, profitez de la terrasse au calme sur l'arrière.

⊛ 🌤 – Prix : €€

2 allée de l'Amicale – ☎ 05 65 44 31 11 – www.gilles-moreau.fr/restaurant – Fermé du lundi au mercredi

LANDÉDA

✉ 29870 – Finistère – Carte régionale n° **1**–A1

LE VIOBEN

POISSONS ET FRUITS DE MER • CONTEMPORAIN Poissons de la pêche artisanale, homards et autres fruits de mer, et plus généralement cuisine gourmande basée sur les bons produits de la région... Cette adresse a la cote localement, notamment grâce à ce chaleureux décor contemporain, ces éclairages tendance et à l'atmosphère conviviale qui y règne...

& 🌤 ✧ – Prix : €€€

30 Ar Palud – ☎ 02 98 04 96 77 – www.vioben.com

LANGEAIS

✉ 37130 – Indre-et-Loire – Carte régionale n° **15**–B1

😊 AU COIN DES HALLES

CUISINE MODERNE • COSY Proche du château de Langeais, arrêtez-vous dans cette jolie maison en tuffeau. Les pièces ont conservé leurs boiseries et leur parquet d'origine, et le mobilier, plus contemporain, apporte une gaieté certaine. Le chef, Pascal Bouvier, réalise une cuisine inventive, boostée par les produits du terroir à l'image de cette pièce de veau, carottes nouvelles, patate douce, tamarin et jus arabica, ou de ces asperges blanches, kakuni de porc et pomelos confit. Les associations sont parfois surprenantes, mais toujours judicieuses : une belle cuisine avec un accueil charmant en prime. Et pour couronner le tout aux beaux jours, on profite de l'agréable terrasse.

🏠🍽 – Prix : €€

9 rue Gambetta – ℰ 02 47 96 37 25 – www.aucoindeshalles.com –
Fermé mercredi et jeudi, et dimanche soir

LANGOËLAN

✉ 56160 – Morbihan – Carte régionale n° **1**–C2

L'ATELIER BISTROT

CUISINE DU MARCHÉ • RUSTIQUE A 5 mn de Guéméné-sur-Scorff, dans un paisible village breton, cette jolie maison en pierre abrite une charmante auberge au plaisant décor rustique. Aux commandes, un jeune couple passionné qui propose une cuisine du marché valorisant les ingrédients des petits producteurs et artisans de la région. Aimable menu du jour au déjeuner ; au diner, plats davantage élaborés.

♿🏠💬 – Prix : €€

24 rue du Chelas – ℰ 02 97 51 37 81 – Fermé du lundi au mercredi

LANGON

✉ 33210 – Gironde – Carte régionale n° **22**–B2

🌿 MAISON CLAUDE DARROZE

CUISINE MODERNE • CONTEMPORAIN Dans cette maison familiale, le chef Mathis Jonquet sait perpétuer les traditions en apportant ce qu'il faut d'épure : on se délecte d'une cuisine classique, ponctuée de clins d'œil au Sud-Ouest, accompagnée de bons bordeaux (600 appellations). La carte fait la part belle aux produits de saison, frais et préparés avec savoir-faire : cannelloni de radis noir au tourteau, mayonnaise de crustacés ; céleri aux algues dulse et salicorne ; sans oublier la lamproie à la bordelaise, le rouget braisé ou le soufflé au Grand Marnier, qui étaient des plats signature du chef Claude Darroze. Tout cela se déguste dans un cadre moderne ou sur l'agréable terrasse, protégée par les platanes. Pour prolonger le séjour, quelques jolies chambres se tiennent à votre disposition.

🛏🐾 🅰🏠🅿 – Prix : €€€€

95 cours du Général-Leclerc – ℰ 05 56 63 00 48 – www.darroze.com –
Fermé lundi, mardi et dimanche

😊 L'ATELIER FLAVIEN VALÈRE

CUISINE MODERNE • COSY Formé à bonne école dans le Sud-Ouest, Flavien Valère vient rythmer l'offre gastronomique de Langon. Il connaît ses gammes, aucun doute là-dessus : cuissons impeccables, assaisonnements au point, bons produits locaux travaillés avec soin... et tout est fait maison. On s'y régale ! Le menu déjeuner offre un remarquable rapport qualité-prix. Pensez à réserver.

🅰🏠 – Prix : €€

62 cours des Fossés – ℰ 05 56 76 25 66 – www.restaurant-latelierfv.fr –
Fermé lundi, et mardi, mercredi et dimanche soir

LANGUIMBERG

✉ 57810 – Moselle – Carte régionale n° **7**–C2

✿ CHEZ MICHÈLE

Chef : Bruno Poiré

CUISINE MODERNE • CONTEMPORAIN Ancien café de village, puis auberge... et enfin table gastronomique reconnue au cœur de la région des étangs de Moselle. Voilà une jolie trajectoire pour ce restaurant dorénavant tenu par Bruno Poiré, le fils de Michèle. S'il a fait ses premières gammes dans le restaurant familial dès l'adolescence, ce chef a beaucoup appris sur la route, et notamment chez Georges Blanc à Vonnas et au Buerehiesel d'Antoine Westermann. Il signe une cuisine d'aujourd'hui généreuse et précise, qui n'hésite pas à lorgner du côté du Sud : on se régale dans un cadre contemporain et lumineux, en profitant du service attentif.

&. 🌿 ♥ – Prix : €€€

57 rue Principale – ☎ 03 87 03 92 25 – www.chezmichele.fr/fr – Fermé mardi et mercredi

LANNEPAX

✉ 32190 – Gers – Carte régionale n° **26**–B2

LA FALÈNE BLEUE

CUISINE MODERNE • CONTEMPORAIN Ils sont jeunes, mais ont déjà de belles années d'expérience : tels sont Fabien et Hélène, qui ont uni leurs deux prénoms pour créer cette Falène Bleue. Tout ici est simple et délicieux, des assiettes (basées sur des produits de circuits courts exclusivement) au décor, avec ses tableaux et objets chinés.

🌿 – Prix : €€

Place de la Mairie – ☎ 05 62 65 76 92 – www.lafalenebleue.fr – Fermé lundi et mardi, et dimanche soir

LANNION

✉ 22300 – Côtes-d'Armor – Carte régionale n° **1**–C1

✿ L'ANTHOCYANE

Chef : Marc Briand

CUISINE MODERNE • COSY Chez le chef Marc Briand, c'est l'expérience qui prime. Au cœur de Lannion, il régale ses convives avec une cuisine contemporaine française ponctuée d'influences nippones qui assume tranquillement sa passion pour le pays du Soleil Levant. Certaines de ses recettes millimétrées, basées sur des produits bretons ultra-frais (langoustine, homard, saint-pierre), sont régulièrement ponctuées d'ingrédients japonais comme le yuzu, les shiitakés, le miso... L'imagination, l'esthétisme, une élégance certaine et la précision technique font le reste ! Sans oublier un décor aussi cosy que coloré.

&. ♥ – Prix : €€€

25 avenue Ernest-Renan – ☎ 02 96 38 30 49 – www.lanthocyane.com – Fermé lundi et mardi, et dimanche soir

LE BRÉLÉVENEZ

CUISINE MODERNE • CONTEMPORAIN Jolie maison en pierre de Brélévenez (un quartier de Lannion) tenue par Priscilla et Christophe Le Marrec. Les affaires marchent très fort, il est donc prudent de réserver. Ce succès ne doit rien au hasard : le chef, autrefois au restaurant La Ville Blanche (Rospez), mitonne une cuisine tendance, bien pensée et savoureuse. Décor moderne et épuré.

&. 🅰🅲 🅿 – Prix : €€

1 rue Stang-Ar-Béo – ℰ 02 56 14 07 91 – www.restaurant-lebrelevenez.fr –
Fermé mardi, mercredi et samedi midi

LA VILLE BLANCHE

CUISINE MODERNE • ÉLÉGANT Dans cette jolie longère, un jeune couple a su fidéliser sa clientèle avec une cuisine moderne et un service rigoureux. Très attentif aux saisons, le chef s'appuie sur un bon réseau de petits producteurs qui lui font confiance. De fait, il sait valoriser habilement cette belle matière première vivante, jouant souvent avec des notes fumées, et une juste dose d'amertume et d'acidité : langoustines pochées, déclinaison de choux au citron vert ; pomme, crêpe farcie d'une compotée pomme vanille, sorbet fromage blanc et diplomate combawa.

🕸 &. 🅰🅲 ⇔ 🅿 – Prix : €€€

Lieu-dit Ville-Blanche – ℰ 02 96 37 04 28 – www.la-ville-blanche.com –
Fermé lundi et mardi, et dimanche soir

LANS-EN-VERCORS
✉ 38250 – Isère – Carte régionale n° **21**–B3

LE BOIS DES MÛRES

CUISINE TRADITIONNELLE • CONTEMPORAIN Lovée au cœur de la verdure, cette adresse séduit grâce à sa cuisine familiale copieuse, à l'instar de ce rôti d'épaule d'agneau, purée de patate douce. Agréable terrasse pour l'été et menu déjeuner à prix imbattable !

🕌 – Prix : €

815 avenue Léopold-Fabre – ℰ 04 76 95 48 99 – Fermé lundi et mardi

LANTON – Gironde (33) → Voir Bassin d'Arcachon

LAON
✉ 02000 – Aisne – Carte régionale n° **5**–C2

ZORN - LA PETITE AUBERGE

CUISINE MODERNE • CONTEMPORAIN Œuf en basse température, crème de panais, duxelles de champignons ; pintade, mijoté de chou, jus au romarin ; fraises en gelée, meringue, sorbet fraise... une cuisine du marché et un menu "carte blanche" : voici la proposition du chef expérimenté Willy-Marc Zorn, dans ce restaurant proche de la gare de Laon. Belle sélection de vins. Une valeur sûre.

🕸 🕌 ⇔ 🅿 – Prix : €€

45 boulevard Pierre-Brossolette – ℰ 03 23 23 02 38 – Fermé dimanche et
samedi midi

LAPOUTROIE
✉ 68650 – Haut-Rhin – Carte régionale n° **8**–A2

LES ALISIERS

CUISINE MODERNE • COSY Une cuisine à quatre mains à base de produits de belle qualité et bio (les viandes exceptées) provenant du potager de la maison ou de petits producteurs locaux. Une adresse familiale attachante qui perdure depuis 1975.

≼ 🕌 &. 🕌 🅿 – Prix : €€

Lieu-dit Faudé – ℰ 03 89 47 52 82 – www.alisiers.com – Fermé lundi et mardi

LE VALTRIVIN

CUISINE TRADITIONNELLE • SIMPLE Une adresse attachante qui fait assaut de gentillesse. En cuisine, une cheffe d'origine russe qui vit en France depuis toujours ou presque ; en salle son compagnon sommelier, bardé de récompenses et ayant travaillé à l'Espérance à Vézelay mais aussi à la Pyramide à Vienne. Son talent est au service d'une carte de... 3500 références – un livre entier est consacré à l'Alsace. Dans l'assiette, la cheffe signe une cuisine plutôt traditionnelle (à l'instar de cette côte de veau au four, sauce à l'ail noir), notamment avec les gibiers provenant de la chasse d'Olivier Nasti.

ˆ 🍽 ⇄ 🅿 – Prix : €€

5 rue de l'Europe – 📞 *06 45 72 70 54 – www.levaltrivin.fr – Fermé lundi, mercredi, samedi midi et dimanche soir*

LARAGNE-MONTÉGLIN

✉ 05300 – Hautes-Alpes – Carte régionale n° **24**–C2

L'ARAIGNÉE GOURMANDE

CUISINE TRADITIONNELLE • FAMILIAL Installez-vous dans cet intérieur moderne et lumineux pour découvrir le talent de Thierry Chouin : si le chef breton affectionne particulièrement les plats à base de poisson, il ne dédaigne pas l'agneau et la pomme (tous deux de la région), qu'il célèbre dans des assiettes bien tournées. De beaux hommages à la tradition.

♿ 🆊 – Prix : €€

8 rue de la Paix – 📞 *04 92 65 13 39 – www.laraignee-gourmande.fr – Fermé mardi et mercredi*

LARMOR-PLAGE

✉ 56260 – Morbihan

LES RIVES DU TER

ÉPURÉ • CALME Cet hôtel récent bordant le Ter abrite des chambres spacieuses, au style épuré, avec terrasse ou balcon donnant sur l'étang, bien au calme. Une bonne option pour profiter des jolies plages des environs.

♿ 🅿 ὔ ⅃ 💻 🎣 🎣 ⅃🅾🆊 - 58 chambres

15 boulevard Jean Monnet – 📞 *02 97 35 33 50 – www.lesrivesduter.com*

LAROQUE-DES-ALBÈRES

✉ 66740 – Pyrénées-Orientales – Carte régionale n° **27**–C3

CÔTÉ SAISONS

CUISINE MODERNE • BISTRO Une bâtisse du 19ᵉ s. noyée sous la verdure, avec de grandes baies vitrées, un jardin fleuri et une jolie terrasse pour être toujours... Côté Saisons, à l'instar des recettes, savoureuses et bien ficelées. Tête de veau tiède à la moutarde de Charroux, cochon de Cerdagne confit au miel-gingembre, paleron de bœuf fondant et foie gras poêlé... le tout servi avec le sourire.

♿ 🍽 ⇄ – Prix : €€

10 avenue de la Côte-Vermeille – 📞 *04 34 12 36 51 – www.cotesaisons.fr – Fermé du lundi au mercredi*

LARRAU

✉ 64560 – Pyrénées-Atlantiques – Carte régionale n° **25**–B3

ETCHEMAÏTÉ

CUISINE TRADITIONNELLE • RUSTIQUE Dans ces contrées montagneuses aux confins du Pays basque, une maison traditionnelle tout simplement charmante... d'autant qu'on s'y régale : par exemple, foie gras grillé, panais au pain d'épices, ou encore épaule d'agneau confite et piquillos... C'est simple, goûteux et généreux, et la vue sur les Pyrénées est superbe.

≼ ⇔ ♿ ⌸ 🅿 – Prix : €€

Le Bourg – ☏ 05 59 28 61 45 – www.hotel-etchemaite.fr – Fermé lundi et mardi midi

LASCABANES

✉ 46800 – Lot – Carte régionale n° **23**–A2

LE DOMAINE DE SAINT-GÉRY

CUISINE TRADITIONNELLE • ROMANTIQUE Autoproclamé "cuisinier-paysan", Patrick Duler ne plaisante pas avec l'origine de ses produits : une grande partie de ce qui est dans l'assiette – jambon de porc noir, truffe, foie gras – vient directement de ses propres champs ! Ses préparations, simples et soignées, révèlent l'âme d'un chef véritablement passionné. Une qualité qui a son prix.

⇔ ⌸ ⌺ 🅿 – Prix : €€€€

Le Domaine de Saint-Géry – ☏ 05 65 31 82 51 – www.saint-gery.com – Fermé lundi et du mardi au dimanche à midi

LASTOURS

✉ 11600 – Aude – Carte régionale n° **27**–B2

✿ LE PUITS DU TRÉSOR

Chef : Jean-Marc Boyer

CUISINE MODERNE • ÉLÉGANT Jean-Marc Boyer est un véritable artisan, et sa passion ne fait aucun doute : lors de balades en solitaire dans les collines environnantes, il déniche l'inspiration pour sa cuisine. Herbes aromatiques, asperges sauvages ou ail des ours viennent agrémenter des plats colorés aux saveurs nettes et bien maîtrisées, comme ce maquereau mariné au concombre ou encore cette lotte aux carottes et ravioles de ricotta. Le tout est proposé dans un menu unique où l'on va de surprise en surprise. Dans une veine japonisante, la décoration signée Régis Dho est à l'unisson de cette cuisine qui vise l'épure. Petite note à l'attention des plus pressés : c'est un restaurant où l'on prend le temps de vivre.

❀ ♿ 🆒 – Prix : €€€

21 route des Quatre-Châteaux – ☏ 04 68 77 50 24 – www.lepuitsdutresor.com – Fermé lundi et mardi

LATTES

✉ 34970 – Hérault – Carte régionale n° **27**–D2

☺ LE TEMPS D'AIME

CUISINE MODERNE • SIMPLE Située au bord de la marina de Port Ariane, cette adresse de famille (père et fils) est assurément un bon plan. Qu'on s'installe en terrasse ou dans la salle moderne, la cuisine est la même : des produits frais de saison, issus pour la plupart des circuits courts, mitonnés avec goût dans un esprit retour du marché, le tout à prix doux. Tandem, on aime.

⌸ – Prix : €

2 rue des Consuls – ☏ 04 99 51 47 39 – www.restaurant-tempsdaime.com – Fermé lundi, samedi midi, et mercredi et dimanche soir

LAUBACH

 67580 – Bas-Rhin – Carte régionale n° **8**–B1

✿✿ LA MERISE

Chef : Cédric Deckert

CUISINE MODERNE • ÉLÉGANT Non loin d'Haguenau, cette maison alsacienne, étonnante construction récente réalisée à partir de matériaux anciens, épouse à merveille son cadre champêtre avec vue sur la campagne, entre collines et vergers. C'est le repaire de Christelle et Cédric Deckert. À partir de produits de belle qualité, le chef concocte des recettes d'un beau classicisme, jamais ennuyeuses, rehaussées par un art subtil des jus et des sauces. En salle, le remarquable sommelier Joël Brendel prodigue d'excellents conseils.

🐾 ⏸ 🅰 ⇱ 🅿 – Prix : €€€€

7 rue d'Eschbach – ℰ 03 88 90 02 61 – www.lamerise.alsace – Fermé du lundi au mercredi

LAURIS

 84360 – Vaucluse – Carte régionale n° **28**–E1

✿ LE CHAMP DES LUNES

CUISINE MODERNE • ÉPURÉ Le Domaine de Fontenille, belle bastide aixoise du 18ᵉ s. débordant de charme, offre un parc aux essences centenaires, un vignoble et un potager mené en permaculture. Rendant hommage aux richesses du Luberon et de la Provence, le chef MOF Guillaume Goupil réalise une cuisine lisible et précise, pour ne pas dire millimétrée, appuyée sur les meilleurs producteurs du Vaucluse. Il ne craint pas de jouer sur les acidités et de rendre ses assiettes vives et tranchantes, toujours sur la ligne de crête qui assure cependant le juste équilibre. À déguster dans la salle à manger épurée et intimiste, ou sur la terrasse apaisante.

⇦ ⏸ ⏸ 🅰 🍽 🅿 – Prix : €€€€

Route de Roquefraîche – ℰ 04 13 98 00 00 – www.lesdomainesdefontenille. com/fr/domainedefontenille.html – Fermé du lundi au mercredi et dimanche soir

LA CUISINE D'AMÉLIE

CUISINE MÉDITERRANÉENNE • BISTRO Confortablement loti dans cette bastide du dix-huitième siècle, cet établissement propose une agréable cuisine méditerranéenne, au gré d'une carte renouvelée au fil des saisons. La formule bistrot décontracté bénéficie d'une superbe terrasse tournée vers le parc. Goûtez les vins du domaine.

⏸ ⏸ 🅰 🍽 🅿 – Prix : €€

Route de Roquefraiche – ℰ 04 13 98 00 00 – www.lesdomainesdefontenille. com/fr/domainedefontenille.html – Fermé du lundi au mercredi et dimanche soir

🛏 DOMAINE DE FONTENILLE

CONTEMPORAIN • CHARME Sur le versant sud du Luberon, dominant la plaine de la Durance, cette belle bastide provençale a su conserver son charme d'antan. L'art contemporain est ici partout. Les chambres lumineuses marient parfaitement couleurs régionales et modernité. Cet hôtel de charme se situe dans un domaine viticole bio de 35 ha (visite possible).

⏸ 🅿 🅿 ⏸ ⏸ 🚲 ⏸ 🏊 ⏸ ⏸ ⏸ 🍽 🅰 - 18 chambres

Route de Roquefraiche – ℰ 04 13 98 00 00 – www.domainedefontenille.com

✿ **Le Champ des Lunes • La Cuisine d'Amélie** - Voir la sélection des restaurants

LAUZUN

✉ 47410 – Lot-et-Garonne – Carte régionale n° **22**-C2

😊 **CLÉMENT ARTISAN CULINAIRE** Ⓝ

CUISINE MODERNE • COSY Dans un joli petit village du haut Lot-et-Garonne, jouxtant la Dordogne et riche en patrimoine, cette bâtisse accueille un jeune chef qui est passé par de belles maisons. Conséquence : la main sûre du cuisinier ne tremble pas, pour travailler notamment la picanha de bœuf du boucher du village, le chou vert et les blettes d'un maraîcher de Monclar-de-Quercy qui accompagnent cette viande tendre et goûteuse. Le chef semble manifester un goût certain pour les notes torréfiées comme celles du café, en plat comme en dessert. On s'attable avec plaisir dans une salle bucolique avec cuisine ouverte, plafond à la française, pierres et poutres apparentes.

🅰🕮 – Prix : €€

6 rue Eugène-Mazélie – ☎ 06 20 81 57 78 – Fermé lundi et mardi, et dimanche soir

LAVAL

✉ 53000 – Mayenne – Carte régionale n° **9**-C2

L'ANTIQUAIRE

CUISINE MODERNE • ÉLÉGANT Amis chineurs, ici, vous ne trouverez ni livres anciens, ni toiles du 19ᵉ s., ni objets des années 1930... mais vous n'y perdrez pas au change ! Cet Antiquaire-là est tout à fait plaisant et accueillant, et dans l'assiette, on apprécie une cuisine généreuse et teintée de créativité.

♿🕮 – Prix : €€

64 rue de Vaufleury – ☎ 02 43 53 66 76 – www.restaurant-lantiquaire.fr – Fermé lundi et dimanche

L'EFFET PAPILLES

CUISINE MODERNE • CONTEMPORAIN Au cœur de la ville, à deux pas du château, le chef Adrien Barrier, un natif du Mans qui connaît sa Mayenne sur le bout de la fourchette, a ouvert ce bistrot moderne, tout en tons noir et blanc, rehaussé de touches de bois clair. Passé entre autres chez Yannick Alléno et Philippe Mille, cet artisan de talent régale avec une cuisine savoureuse et bien sentie, qui va droit au but, à l'instar de cet œuf parfait, nid de kadaïf, crème de petits pois à la menthe et huile pimentée ou cette poitrine de porc accompagnée de son cromesqui de pied de porc. Le tout se déguste dans une ambiance bon enfant.

♿ – Prix : €€

16 rue des Déportés – ☎ 02 43 65 68 03 – www.effetpapilles.fr – Fermé lundi et dimanche

LAVALETTE

✉ 31590 – Haute-Garonne – Carte régionale n° **26**-C2

🕸 **AUBERGE DE LA FORGE** Ⓝ

Chef : Théo Fernandez

CUISINE MODERNE • COSY Cette maison typique aux murs de briques rouges accorde sa cheminée et ses tomettes avec un mobilier contemporain élégant. Deux aubergistes de talent, le jeune chef et sa compagne pâtissière et passionnée de vin, se sont forgés une belle carrière (Christophe Bacquié au Castellet, Le Gabriel, Le Ritz) avant d'ouvrir un lieu bien à eux. Cette cuisine d'auteur, fraîche et spontanée, pleine de goût et d'idées, qui joue avec des nuances subtiles d'amertume et d'acidité, rend... heureux ! En témoigne ce magnifique pigeonneau rôti à la verveine, escorté de ses cuisses confites et abats au jus corsé, garni d'un cœur d'artichaut fondant et de cerises poêlées au vinaigre de fleur de cerise. Excellent pain maison à base de farines anciennes.

&. Ⓐ 🍽 – Prix : €€€

8 rue Jean-Parisot – 𝒞 05 61 84 76 00 – www.laubergedelaforge.com – Fermé du lundi au mercredi, jeudi et vendredi à midi, et dimanche soir

LE LAVANDOU

✉ 83980 – Var – Carte régionale n° **29**–B3

✿ L'ARBRE AU SOLEIL

Chef : Yorann Vandriessche

CUISINE MODERNE • CONTEMPORAIN On l'a connu au carrefour de l'Arbre, devant les pavés de Paris-Roubaix, où il connut le succès pendant cinq ans ; voici désormais Yorann Vandriessche installé au soleil, face aux bateaux de plaisance du port. Il met en valeur des produits de belle qualité, dans une cuisine d'abord dédiée aux poissons et aux crustacés : on se souvient par exemple du lieu jaune de ligne de Bretagne, artichauts barigoule et purée d'artichaut... Fraîcheur, relief, maîtrise : allez-y les yeux fermés.

Ⓐ 🍽 – Prix : €€€

Nouveau Port – 𝒞 04 94 24 06 04 – www.larbreausoleil.com – Fermé lundi, dimanche et du mardi au jeudi à midi

LE MAZET

CUISINE MÉDITERRANÉENNE • CLASSIQUE Mazette que ce mazet m'agrée ! Pardi : c'est Patrice Hardy, l'ancien étoilé de Neuilly, qui a repris du service avec sa mie, la jolie Corinne. En retrait de la belle plage Saint-Clair, il s'adonne à son hobby favori : le beau produit (et notamment cette truffe qu'il chérit). Et dans l'assiette, une jolie mélodie : velouté glacé de haricots de Paimpol, tomates, mini-croûtons et huile parfumée ; cochon fermier croustillant, lissé de purée et pommes fruits ; tarte à l'ananas rôti, sorbet...

🍽 – Prix : €€€

1 chemin de la Cascade – 𝒞 04 94 92 88 61 – www.lemazet.net – Fermé lundi et du mardi au dimanche à midi

LES TAMARIS - CHEZ RAYMOND

POISSONS ET FRUITS DE MER • RUSTIQUE Bourride, chapon farci, langouste de Méditerranée grillée... et surtout la fameuse bouillabaisse cuite au feu de bois, une rareté : sous la houlette de Raymond, son truculent patron, cette véritable institution locale, située sur la plage Saint-Clair, met à l'honneur les poissons de la pêche du jour. Et l'on ne résiste pas à la terrasse face à la mer qu'il faut demander impérativement lors de la réservation (obligatoire).

Ⓐ 🍽 – Prix : €€€

Boulevard de la Baleine – 𝒞 04 94 71 07 22 – Fermé mardi

LAVAUDIEU

✉ 43100 – Haute-Loire – Carte régionale n° **20**–B2

COURT LA VIGNE

CUISINE TRADITIONNELLE • RUSTIQUE Cherchez le cloître médiéval, cette charmante bergerie du 15ᵉ s. est juste à deux pas. Tout y est plaisant, le bar, la cheminée, la cour... Des vins bio locaux accompagnent une cuisine du terroir tout en simplicité.

Prix : €

Le Bourg – 𝒞 04 71 76 45 79 – Fermé mardi et mercredi

LAVAUR

✉ 81500 – Tarn – Carte régionale n° **27**–A1

L'ŒUF DE COQ

CUISINE MODERNE • **CONTEMPORAIN** Ancien étudiant des beaux-arts, le chef
Mathieu Lacaze soigne la présentation de ses assiettes. Sa sensibilité artistique
s'exprime au travers d'une cuisine du marché résolument moderne et attentive aux
saisons. On en profite dans un cadre contemporain avec murs en pierres et tuiles
apparentes, ou, aux beaux jours, sur la petite terrasse patio. Très belle sélection
de vins.

🐾 ⅙ 🛋 – Prix : €€

1 place Pasteur – ☏ 05 63 34 66 58 – www.loeufdecoq.com – Fermé lundi et
mardi, et dimanche soir

LECCI – Corse-du-Sud (20) → Voir Corse

LECTOURE

✉ 32700 – Gers – Carte régionale n° **26**–B1

RACINE

CUISINE MODERNE • **CONVIVIAL** Elle est canadienne, il est belge, ils ont posé
leurs casseroles à Lectoure après un parcours atypique dans une ruelle pentue
jouxtant la cathédrale du village. La salle façon loft a du coffre, une belle hauteur
de plafond et les vieilles pierres et les poutres se marient bien avec un joli mobilier
contemporain. Ils régalent avec une cuisine créative, saine et sans prétention, qui
met en avant les bons produits du terroir local, mais aussi les herbes aromatiques,
les condiments fermentés et les agrumes. Une jolie trouvaille, d'autant que les prix
sont raisonnables. Carte des vins orientée nature.

⅙ 🔠 🛋 – Prix : €

6 rue Fontélie – ☏ 05 62 28 07 41 – www.racinerestaurant.fr – Fermé lundi,
samedi et dimanche

LÈGE-CAP-FERRET – Gironde (33) → Voir Bassin d'Arcachon

LEMBACH

✉ 67510 – Bas-Rhin – Carte régionale n° **8**–B1

✿ AUBERGE DU CHEVAL BLANC

Chef : Pascal Bastian

CUISINE MODERNE • **ÉLÉGANT** Carole et Pascal Bastian vous accueillent dans
cet imposant relais de poste du 18ᵉ s., alliance du charme alsacien et du raffinement
contemporain. Entre classicisme et inventivité, les recettes du chef, qui débuta ici
même sous l'égide de Fernand Mischler, mettent les beaux produits à l'honneur.
Parmi ses spécialités : les grosses morilles farcies et glacées au jus de viande, le
chevreuil de chasse locale ou le paris-lembach. Et pour les amoureux de la région,
sachez que de confortables chambres vous attendent.

🐾 ⇆ ⅙ 🔠 🛋 🅿 – Prix : €€€€

4 rue de Wissembourg – ☏ 03 88 94 41 86 – www.cheval-blanc-lembach.fr/fr –
Fermé lundi, mardi et mercredi midi

🛏 AUBERGE DU CHEVAL BLANC ET SPA

CONTEMPORAIN • ÉLÉGANT Ce relais de 1822 est aussi, depuis 1907, un incontournable de la scène culinaire alsacienne... Aujourd'hui dirigée par Carole et
Pascal Bastian, l'Auberge du Cheval Blanc propose une hôtellerie étonnamment

contemporaine, dont les 21 chambres et suites luxueuses sont assorties, depuis 2015, d'un spa bien équipé et joliment aménagé.

21 chambres

4 rue de Wissembourg – ℰ 03 88 94 41 86 – www.cheval-blanc-lembach.fr

❀ **Auberge du Cheval Blanc** - Voir la sélection des restaurants

LEMPAUT

✉ 81700 – Tarn – Carte régionale n° **27**–B2

L'INTANGIBLE ⓝ

CUISINE MODERNE • CLASSIQUE Ce château de famille du 19e s., solidement planté au milieu de sa chênaie centenaire, regarde la Montagne noire. Une série de petits salons accueille une table tenue par un couple issu de l'univers d'Alain Ducasse. Le chef et sa compagne pâtissière proposent un menu unique qui s'inspire du terroir local, et se métisse de touches voyageuses – avec souvent des cuissons au barbecue japonais. Quelques exemples : l'aubergine grillée façon kebab avec un pain pita, le thon rouge accompagné des légumes du potager, la volaille grillée au barbecue relevée à l'harissa et citron confit. Au dessert, la cheffe pâtissière élabore des desserts fruités, légers et peu sucrés à l'instar de cette balade dans le verger d'Emma. 5 belles chambres d'hôtes châtelaines pour un séjour bucolique.

🛏 ✿ – Prix : €€€

Château de la Bousquétarié – ℰ 06 85 80 69 73 – www.lintangible.com – Fermé du lundi au mercredi, jeudi midi et dimanche soir

LEMPDES

✉ 63370 – Puy-de-Dôme – Carte régionale n° **20**–B1

B2K6

CUISINE MODERNE • CONVIVIAL Ce sympathique bistrot est né de la rencontre de deux jeunes passionnés : Jérôme Bru, ancien second d'Anne-Sophie Pic, et Romain Billard, sommelier, passé également par de fameuses maisons. Au menu : une belle cuisine, rythmée par les saisons et les produits locaux, accompagnée des vins adéquats. Une belle complicité !

⅏ 🅰🅒 – Prix : €€

6 rue du Caire – ℰ 04 73 61 74 71 – www.b2k6.com – Fermé lundi et dimanche, et mardi et mercredi soir

LESCAR

✉ 64230 – Pyrénées-Atlantiques – Carte régionale n° **25**–C2

ARRADITZ

CUISINE MODERNE • CONTEMPORAIN Cette maison du 19ᵉ s., installée dans une petite ville à la périphérie de Pau, est le fief d'un duo bien préparé : elle, pâtissière, a fait ses armes au Plaza Athénée ; lui, aux fourneaux, a aussi travaillé dans plusieurs maisons étoilées. Leur cuisine, fine et bien exécutée, met en valeur les produits de la région. Courez-y !

⅏ ♿ 🅰🅒 ✿ 🅿 – Prix : €€

2 rue Cachau – ℰ 05 59 32 31 40 – www.arraditz.com – Fermé lundi et mardi, et dimanche soir

LEUCATE

✉ 11370 – Aude – Carte régionale n° **27**-C3

✿ LE GRAND CAP

Chef : Erwan Houssin

CUISINE MODERNE • CONTEMPORAIN Erwan Houssin et Pamela, son épouse pâtissière, ont décidé de jeter l'ancre sur le plateau de Leucate : la vue embrasse l'ensemble du littoral de Sète jusqu'au massif des Albères. Breton d'origine mais élevé dans les montagnes de l'Hérault, Erwan Houssin navigue entre viande et poisson, entre Languedoc et Roussillon, et regarde même jusqu'en Galice. Il récolte aussi lui-même sur la falaise le fenouil, le thym, le romarin et la sarriette sauvage dont il tire de remarquables infusions, jus et sauces. Quelques plats ? Le bœuf "fleuron des Pyrénées" bien persillé est rehaussé d'un jus à l'anchois de Collioure ; l'oursin de Galice est servi avec un crémeux de chou-fleur, un jaune d'œuf de poule confit et une mouillette croustillante aux œufs de brochets fumés.

 – Prix : €€€

Chemin du Phare – ℰ *09 67 78 13 73 – www.restaurant-grand-cap.fr –*
Fermé mardi et mercredi

LEUGNY

✉ 89130 – Yonne

🛏 LA BORDE   🏵 *Plus*

TRADITIONNEL • RAFFINÉ Le plus petit hôtel de grand luxe, ou l'un des plus extravagants bed and breakfast ? Résidence privée depuis cinq siècles, agrandie et remise au goût du jour, La Borde offre toujours les mêmes plaisirs intemporels de la campagne française. Certaines suites profitent d'une cheminée, toutes d'un jacuzzi et de poutres. Le délicieux petit-déjeuner est élaboré à partir de produits locaux, et vous pourrez faire la demande d'un dîner raffiné, grâce au grand potager. Ravissante piscine extérieure chauffée, terrains de tennis, de basket de pétanque, mini-spa avec bain turc, sauna et table de massage.

 - 6 chambres

La Borde – ℰ *03 86 47 69 01 – www.lbmh.fr*

LEVERNOIS

✉ 21200 – Côte-d'Or – Carte régionale n° **12**-D1

✿ HOSTELLERIE DE LEVERNOIS

CUISINE MODERNE • ÉLÉGANT La tradition de l'hospitalité se perpétue dans cette maison élégante, située au cœur d'un grand parc traversé par une rivière. Le chef Philippe Augé y cisèle une cuisine de saison bien exécutée, réalisée sur de belles bases classiques – risotto Acquerello au vert, cuisses de grenouilles et escargots de Bourgogne ; soufflé au Grand Marnier et son sorbet à l'orange sanguine. Gardez une petite place en fin de repas pour le plateau de fromages qui compte plus d'une quarantaine de variétés ! Boutique et cave de dégustation.

 – Prix : €€€€

15 rue du Golf – ℰ *03 80 24 73 58 – www.levernois.com/fr – Fermé mardi,*
mercredi et le midi sauf dimanche

LE BISTROT DU BORD DE L'EAU

CUISINE TRADITIONNELLE • CONVIVIAL Une belle âme rustique – des pierres, des poutres, une cheminée – pour une cuisine traditionnelle et des plats du terroir. Œufs façon meurette, poitrine de cochon, blanquette de veau, à déguster au coin du feu ou sur la terrasse, au bord de la rivière... Gourmand et appétissant !

🕯 ⌖ 🅼 🍴 🅿 – Prix : €€

Hostellerie de Levernois, rue du Golf – ℰ *03 80 24 89 58 – www.levernois.com/fr*

LEVIE – Corse-du-Sud (20) → Voir Corse

LIGRÉ

✉ 37500 – Indre-et-Loire – Carte régionale n° **15**–B2

LES JARDINIERS Ⓝ

Chef : Martin Bolaers

CUISINE CRÉATIVE • **MAISON DE CAMPAGNE** Le long de l'ancienne voie de chemin de fer transformée en voie verte, ce charmant bistrot est une ancienne maison vigneronne réhabilitée, avec pierres et poutres apparentes, cuisine ouverte et comptoir en étain à l'entrée. Un grand jardin potager alimente l'établissement en fruits et légumes, sans oublier une truffière. Ancien adjoint de Thibaut Ruggeri à Fontevraud le Restaurant, le chef belge Martin Bolaers met à profit le potager pour signer une cuisine saine et créative où le végétal domine à l'image de cette entrée baptisée « L'Instant T », création improvisée à partir des légumes cueillis le matin même. Les produits locaux – comme cette volaille ou le fromage – apparaissent également au générique.

🛜♿🛋️🅿 – Prix : €€

1 La Gare – ☎ *02 47 93 99 93 – www.restaurantlesjardiniers.fr – Fermé lundi et mardi, et dimanche soir*

🌱L'engagement du chef : Aux Jardiniers, l'objectif est de proposer une alimentation saine et respectueuse de l'environnement, produite selon des méthodes qui favorisent la biodiversité, préservent les sols, réduisent la consommation d'énergie et d'eau, et qui génèrent moins de pollution. Au cœur se trouve le potager, paillé et irrigué au goutte-à-goutte, traité avec des préparations à base de plantes et entouré de haies que l'on replante pour abriter la faune.

LILLE

✉ 59000 – Nord –
Carte régionale n° **4**–C2

Chaleur des cœurs et papilles à la fête

Qu'il s'agisse du patrimoine ou de l'offre artistique et gastronomique, Lille n'a rien à envier aux grandes villes européennes. Tous les ingrédients sont réunis pour faire de la capitale des Flandres une destination incontournable. Cafés, boutiques et restaurants vous tendent les bras. Le sens de la fête et l'hospitalité des Lillois ne sont plus à prouver. Le terroir, les produits et la cuisine du Nord sont d'une grande diversité, trop méconnue. Préparations légumières à base de chou rouge, d'endive (le fameux chicon) ou de pomme de terre ; fromages puissants comme le maroilles ou la boulette d'Avesnes ; plats typiques comme la carbonade (un ragoût de bœuf à la bière) ou le potjevleesch, déclinaison infinie du hareng sur tous les modes. Enfin, il y a les bières qu'on ira choisir parmi les quelque 300 proposées par À les chopes, une institution du quartier de Wazemmes.

✿ PURETÉ

Chef : Gérald Guille

CUISINE MODERNE • CONTEMPORAIN Au cœur du vieux Lille, le chef Gérald Guille travaille dans un bel espace tout en longueur, avec cuisine ouverte, où les matériaux "purs" (terre cuite, béton, bois, cuir...) donnent le ton : sérénité et concentration. Un décor à l'image de ce cuisinier qui signe, comme il le dit, une « cuisine créative et décomplexée », personnelle et goûteuse. Il alterne audace et classicisme au fil de menus dégustation subtilement équilibrés : céleri, tourteau, lavande ; cochon, asperge, bergamote, aster maritime ; turbot, morille, petit pois, savagnin ; homard bleu, fenouil, ratte, safran...

Ⓐ️Ⓒ – Prix : €€€

Plan : C2-8 – *79 rue de la Monnaie* – ℰ *03 59 51 87 91* – *www.restaurant-purete.com* – *Fermé lundi, dimanche et mardi midi*

✿ LE RESTAURANT DU CERISIER

CUISINE CRÉATIVE • CONTEMPORAIN Au premier étage d'un bâtiment ultra-contemporain au cœur de Lille, l'ancien chef du Meurin, Mathieu Boutroy, s'active au sein d'une cuisine ouverte superbe. Son menu unique fait la part belle aux arrivages triés sur le volet. Qu'on en juge : langoustine, choux, sarrasin, cresson ; morille, vin jaune, estragon, comté ; canard du Quercy, oignon rouge, betterave. Le

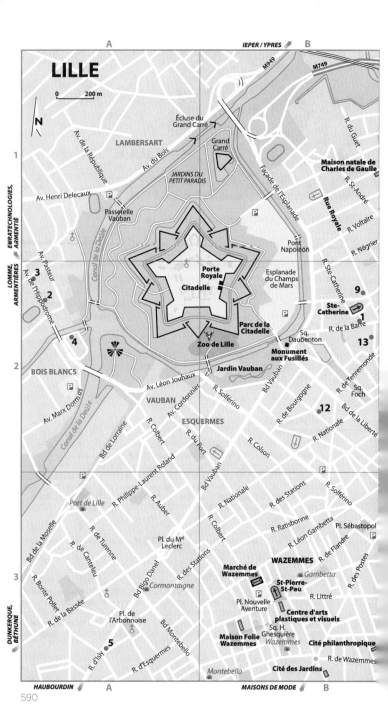

LILLE

0 — 200 m

N

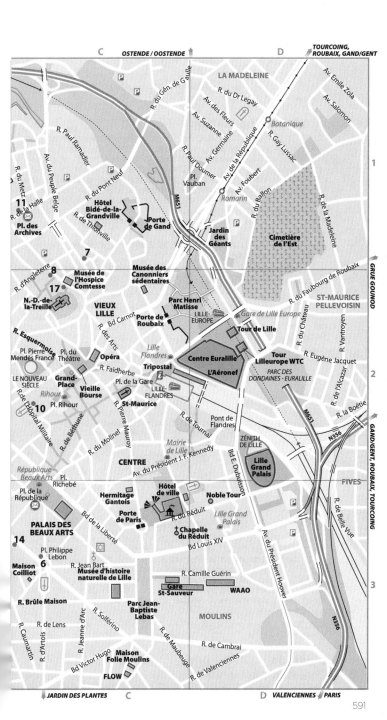

chef délivre des plats parfaitement exécutés, et notamment des sauces et des jus finement travaillés. De la couleur, de la vie et du parfum : les fruits appétissants de ce cerisier méritent une cueillette...

🕸 ⇆ ♿ 🅰🅲 🍽 – Prix : €€€€

Plan : C1-7 – *14 avenue du Peuple-Belge* – ☏ *03 74 49 49 49* – *www.lecerisier.com* – *Fermé lundi et mardi, et dimanche soir*

🕸 LA TABLE - HÔTEL CLARANCE

CUISINE MODERNE • DESIGN Au cœur du vieux Lille, cet ancien hôtel particulier du 18ᵉ s. abrite une table qui mérite notre attention. Les menus font la part belle aux produits du terroir local sourcés avec le plus grand sérieux, tels que les poissons de petit bateau, mais aussi au jardin d'herbes aromatiques de l'hôtel. Le convive s'installe au choix dans l'une des salles revêtues de boiseries d'époque, ou bien dans l'ancienne bibliothèque (qui abrite une table intimiste au pied d'un bel escalier en colimaçon) - l'ensemble du décor mêle habilement le patrimoine à des touches de déco contemporaine. À la belle saison, on choisira la terrasse face au parc arboré. Dans tous les cas, on pratique ici un service pro et proche du client.

⇆ 🍴🌿🍽 – Prix : €€€€

Plan : B2-1 – *32 rue de la Barre* – ☏ *03 59 36 35 59* – *www.clarancehotel.com* – *Fermé lundi et dimanche*

BLOEMPOT

CUISINE MODERNE • CONVIVIAL Florent Ladeyn, grand défenseur de son terroir régional, anime cette "cantine flamande" revendiquée. Décor atypique (un ancien atelier de menuiserie), bons produits nature et recettes originales : rafraîchissant ! Attention, il n'y a pas de téléphone ici, les réservations se font par le site internet ou sur place.

♿ 🅰🅲 – Prix : €€

Plan : B2-13 – *22 rue des Bouchers* – ☏ – *www.bloempot.fr* – *Fermé lundi et dimanche*

LE BRAQUE

CUISINE MODERNE • TENDANCE Adoubé par Florent Ladeyn et la téléréalité, le chef Damien Laforce a ouvert avec Marcel - son braque - cette adresse tout en briques et bois clair avec cuisine ouverte. Il régale avec une cuisine du terroir goûteuse, ponctuée de quelques touches d'audace. Petite carte de vins bio, service tout sourire. L'avant-comptoir propose une vingtaine de couverts pour les clients sans réservation.

♿ 🅰🅲 – Prix : €€

Plan : C2-17 – *45 rue de la Monnaie* – ☏ *03 20 04 25 38* – *www.le-braque.fr* – *Fermé lundi et dimanche*

LA CANTINE URBAINE - ARTCHIVES

CUISINE MODERNE • DESIGN Les murs entièrement rénovés de cette ancienne annexe des archives départementales accueillent désormais un lieu dédié à l'art et à la... gastronomie. Au dernier étage, sous un atrium lumineux, ce cadre design abrite en effet une table recommandable. Les beaux produits, les cuissons justes, les jeux de saveurs sont au rendez-vous, comme sur ce poulpe aux asperges vertes et miel d'épices, ou ce filet de bœuf aux petits pois, sauce au vin jaune. Formule « simple » au déjeuner ; menus imposés plus ambitieux le soir.

♿ 🅰🅲 – Prix : €€€

Plan : B2-12 – *74 rue Jacquemars-Giélée* – ☏ *03 20 04 14 92* – *www.restau.artchives.eu* – *Fermé lundi, mardi et dimanche*

EMPREINTE

CUISINE MODERNE • ÉLÉGANT Près de l'ancien hippodrome, dans un quartier résidentiel, bienvenue dans cette maison des années 1950 au décor épuré. Dans l'assiette, le chef Ismail Guerre-Genton compose une cuisine créative, axée sur le végétal : tartelette végétale et cresson ; truite, endive et kimchi ; chocolat noir, sarrasin et cardamome verte... des menus surprises qui mettent à l'honneur les produits du moment.

🔠 – Prix : €€€

Plan : A2-3 – *170 avenue de l'Hippodrome, à Lambersart* – ℰ *03 20 44 00 21* – *www.empreinterestaurant.com* – *Fermé lundi, dimanche, et mardi et mercredi à midi*

GINKO Ⓝ

CUISINE MODERNE • CONTEMPORAIN Dans ce petit restaurant très discret, sans enseigne visible dans la rue, l'atmosphère est intimiste et le parcours de la cheffe et du pâtissier, brillants ! La cheffe Valentina Giacobbe, repérée chez Solange, et le pâtissier Julien Ingaud-Jaubert ont enchaîné les belles maisons notamment celles de Pierre Gagnaire. Le lieu est à leur image, paisible et détendu. En revanche, la cuisine de la cheffe n'a rien perdu de son (fort) caractère et de son mordant, en jouant souvent la carte des épices, des poivres et de l'acidité, sans pour autant en oublier la gourmandise.

🔠 – Prix : €€€

Plan : C2-10 – *70 rue de l'Hôpital-Militaire* – ℰ *03 20 77 64 03* – *www.ginkorestaurant.fr* – *Fermé lundi, dimanche, et mardi et mercredi à midi*

LA LAITERIE

CUISINE MODERNE • ÉLÉGANT Petit-fils de producteurs laitiers et fils de restaurateurs, le chef Édouard Chouteau, formé notamment aux côtés de Pierre Gagnaire, Alain Passard et Christophe Pelé, a jeté son dévolu sur cette longère historique, une ancienne laiterie (cela ne s'invente pas), voisine du parc de la Citadelle et proche des bords de la Deûle. Élégantes salles contemporaines, entourées d'un grand jardin avec terrasse. Un bel instrument donc pour la partition créative du chef qui puise nombre de ses ingrédients dans le terroir nordiste, et qui se plaît également à associer produits de la terre et de la mer.

ॐ 🗝️ ☼ 🅿️ – Prix : €€€€

Plan : A2-2 – *138 avenue de l'Hippodrome, à Lambersart* – ℰ *03 20 92 79 73* – *www.lalaiterie.fr/fr* – *Fermé lundi et mardi, et dimanche soir*

LE 49R Ⓝ

CUISINE MODERNE • CONTEMPORAIN Derrière un nom strictement administratif se cache un charmant ancien hôtel particulier dont le décor d'origine est agrémenté de touches modernes bienvenues. On apprécie aussi particulièrement la délicieuse terrasse sur cour située à l'arrière de cette maison. Les assiettes illustrent une jolie partition créative et rigoureuse dans son exécution : ceviche de bar, noisettes et algues ; magret de canard, girolles, sauce au curry rouge... Très belle carte des vins et de spiritueux.

ॐ 🗝️ ☼ – Prix : €€€

Plan : B2-9 – *49 rue Royale* – ℰ *03 74 09 07 09* – *www.49r-lille.com* – *Fermé lundi et samedi midi*

ROUGE BARRE

CUISINE MODERNE • CONVIVIAL Au cœur du vieux Lille, Steven Ramon, passé par la Laiterie et Top Chef, fait désormais partie des personnalités gastronomiques de la ville. Dans un intérieur intimiste à la fois moderne et vintage (avec quelques fameux pans de murs en "rouge barre", ce mélange de pierre blanche, de brique rouge et de chaux typique du Nord), ce ch'ti pur et dur fait salle comble, notamment auprès de la jeunesse - il faut dire que la décontraction règne ! En chef inspiré, il esquisse des assiettes pétillantes, qui magnifient de beaux produits. Terrasse à l'étage.

🗝️ – Prix : €€

Plan : C1-11 – *50 rue de la Halle* – ℰ *03 20 67 08 84* – *www.rougebarre.fr* – *Fermé lundi et dimanche*

SÉBASTOPOL

CUISINE MODERNE • CONVIVIAL Dans ce petit restaurant convivial bien connu des Lillois, le chef propose une carte courte, renouvelée régulièrement et parsemée d'associations personnelles, avec une prédilection pour le terre-mer (noix de Saint-Jacques de Boulogne, artichaut poivrade façon barigoule, purée d'artichaut Camus, ventrèche de cochon Noir de Bigorre). Belle sélection de vins et service aux petits soins !

🅰️🅲 – Prix : €€

Plan : C3-14 – *1 place de Sébastopol –* 𝒞 *03 20 13 13 38 –* *www.restaurantsebastopol.com – Fermé dimanche*

SOLANGE

CUISINE MODERNE • BISTRO Un peu à l'écart du centre-ville, une cuisine qui se veut généreuse et créative autour de produits locaux (issus pour la plupart de petits producteurs), avec un changement de menu toutes les semaines. Accords audacieux, plats recherchés et goûteux, à l'instar de la seiche, poivron et boudin noir ou encore du pluma ibérique, pois chiche et chorizo...

♿🅰️🅲 – Prix : €€

Plan : A3-5 – *59 rue d'Isly –* 𝒞 *09 86 37 22 50 – www.solange-restaurant.fr –* *Fermé lundi et dimanche*

SUZANNE

CUISINE MODERNE • CONTEMPORAIN Suzanne a été chantée par Leonard Cohen dans un tube interplanétaire... Dans cette adresse proche du palais des Beaux-Arts, on rend hommage aux talents de cuisinière de la grand-mère d'Elisa Rodriguez, la pâtissière et compagne du chef. Si ce dernier aime beaucoup travailler le végétal et les herbes aromatiques avec une constance certaine, il sait aussi percuter ses préparations bistronomiques et créatives avec de bonnes sauces (comme la grand-mère d'Elisa !), classique comme ce beurre blanc ou plus exotique comme cette sauce soja, anguille fumée et verjus qui accompagne son pain au lait grillé, glace aux cèpes, champignon.

🅰️🅲 🍴 – Prix : €€

Plan : C3-6 – *4 place Philippe-Lebon –* 𝒞 *03 20 00 81 21 – www.suzannelille.fr –* *Fermé lundi, dimanche et mercredi midi*

LES TOQUÉES BY BENOÎT BERNARD

CUISINE MODERNE • COSY Benoît Bernard (revenu au pays après six ans passés à l'étranger) prend ses marques dans cette maison bourgeoise des bords de la Deule et affine sa cuisine, à son image : gourmande et truculente. À la – courte – carte, on trouve une cuisine aux solides bases classiques. Une bonne adresse.

🍴 – Prix : €€€

Plan : A2-4 – *110 quai Géry-Legrand –* 𝒞 *03 20 92 03 21 – www.lestoquees.com* *– Fermé lundi et dimanche*

🛏️ ## L'ARBRE VOYAGEUR

MODERNE • CHALEUREUX Ce bâtiment des années 1960 (qui abritait autrefois le consulat de Pologne) est devenu un hôtel à la gloire du voyage. Ambiance chaleureuse, chambres charmantes et bien insonorisées...

♿ 🅿️ 🛏️ 🛎️ 🍴 🅰️🅲 - 48 chambres

45 boulevard Carnot – 𝒞 *03 20 20 62 62 – www.hotelarbrevoyageur.com*

🛏️ ## BARRIÈRE LILLE

MODERNE • RAFFINÉ Dans ce grand bâtiment de verre, on peut aller au théâtre, au casino et... regagner en un clin d'œil son hôtel – l'un des derniers-nés du groupe

Barrière. Espace, lumière, luxe sans ostentation, brasserie contemporaine : de très séduisantes prestations.

 ♿ 🏄 **P** 🛎️ 🛋️ 🅰️ﾂ - 142 chambres

777 bis Pont de Flandres – ℰ 03 28 14 45 00 – www.hotelsbarriere.com/fr/lille/hotel-barriere.html

---

🛏️ **CLARANCE**

CLASSIQUE • CHARME Installé dans un hôtel particulier du 18ᵉ s., cet établissement est pour le moins atypique ! L'Albatros, le Cygne, le Balcon ou le Flacon : les chambres, claires et lumineuses, ont pour thème des poèmes de Baudelaire ; la décoration a été en partie réalisée par des artistes et artisans locaux.

🏄 **P** 🛎️ 🚪 🍴 - 19 chambres

32 rue de la Barre – ℰ 03 59 36 35 59 – www.clarancehotel.com

❀ **La Table - Hôtel Clarance** - Voir la sélection des restaurants

---

🛏️ **L'HERMITAGE GANTOIS**

CONTEMPORAIN • ÉLÉGANT Fondé vers 1460, cet ancien hospice est aujourd'hui un bel hôtel. Architecture pluri-centenaire, nouveau classicisme contemporain, cours et patios intérieurs... de quoi se convertir en ermite ! Le tout ne manque pas d'élégance, avec un estaminet qui cultive joliment l'esprit du Nord.

 ♿ 🏄 **P** 🍴 🚪 🚲 ⚒️ 🧖 🧘 🍴 🅰️ﾂ - 72 chambres

224 rue Pierre Mauroy – ℰ 03 20 85 30 30 – www.hotelhermitagegantois.com

---

🛏️ **MAMA SHELTER LILLE**

AVANT-GARDE • CHALEUREUX Au départ, une brasserie lilloise, que Mama Shelter a bousculée d'une explosion arty : une avalanche de motifs pour une stimulation visuelle permanente. Dans ces chambres, le poudré se mêle au béton, les motifs ethniques à un mobilier hétéroclite, le tout baigné de lumière, pour un résultat unique et vibrant signé Jalil Amor. Pour couronner le tout, un rooftop.

 ♿ **P** 🛎️ 🍴 🅰️ﾂ - 112 chambres

97 place Saint-Hubert – ℰ 03 59 82 72 72 – www.mamashelter.com/lille

---

LIMOGES

✉️ 87000 – Haute-Vienne – Carte régionale n° **19**–B2

AMPHITRYON

CUISINE MODERNE • COSY Cette jolie maison à pans de bois, au cœur du pittoresque "village" des Bouchers, est le fief du chef Olivier Polla. Il propose à ses clients une cuisine moderne tournée vers le produit, mijotée au gré de ses inspirations. Un plaisir pour les papilles.

🍽️ 🪑 – Prix : €€€

Plan : A2-1 – *26 rue de la Boucherie – ℰ 05 55 33 36 39 – www.amphitryon-limoges.fr – Fermé lundi et dimanche*

L'APARTÉ

CUISINE MODERNE • CHIC Déjà présent en cuisine en tant que second du précédent chef, Arthur Buisson a naturellement opté pour une transition tout en douceur par petites touches. Alors que le décor de la salle reste inchangé, l'assiette arbore désormais une allure plus moderne grâce à l'utilisation abondante d'herbes aromatiques et de condiments variés. Les nombreux voyages du chef se reflètent d'ailleurs logiquement dans sa cuisine de fraîcheur. Il se révèle également être un bon pâtissier !

Prix : €€

Plan : A2-2 – *39 boulevard Carnot – ℰ 05 87 08 25 20 – www.laparte-limoges.fr – Fermé lundi et dimanche*

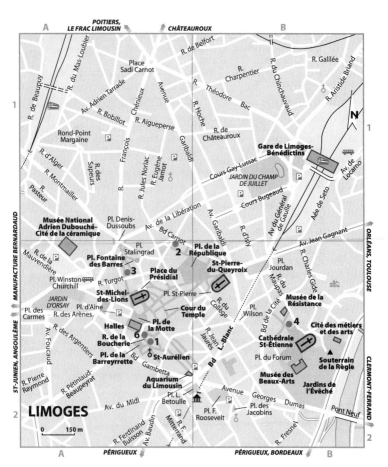

LA CUISINE DU CLOÎTRE

CUISINE MODERNE • CONTEMPORAIN Au pied de la cathédrale, cet ancien cloître du 17e s. a du cachet ! Au gré de son envie (menus surprises) et des saisons, le chef compose une bonne cuisine du marché. Les cuissons sont maîtrisées, les produits de qualité : une expérience sympathique.

&. 🍴 ⇄ – Prix : €€

Plan : B2-4 – 6 rue des Allois – ℰ 05 55 10 28 29 – www.la-cuisine-du-cloitre. fr – Fermé lundi, mardi, mercredi midi et dimanche soir

MARTIN COMPTOIR

CUISINE MODERNE • CONTEMPORAIN Non loin des halles (parfait pour les approvisionnements !), on vient profiter du travail d'un jeune chef, Martin Dumas, originaire de Limoges. Sa cuisine est bien dans l'air du temps, avec une courte carte de saison, de grosses pièces de viande à partager et l'incontournable "foie de veau en pavé épais" qu'il a appris auprès de Jean-Paul Arabian, à Paris. Petite terrasse dans la rue piétonne.

🍴 – Prix : €€

Plan : A2-6 – 13 rue Lansecot – ℰ 05 55 34 25 53 – www.martincomptoir.fr – Fermé lundi, dimanche et mardi midi

PHILIPPE REDON

CUISINE MODERNE • INTIME Vous aimez la cuisine vivante ? Vous allez être servi. Ici, on réalise des recettes qui oscillent entre bistronomie, air du temps et esprit gastronomique à l'ancienne... avec une prédilection pour les produits sur-mesure (volailles, huîtres, etc.), et même un menu végétarien. Et en prime, des conseils avisés sur le vin.

🐌 ᵴ 🄰🄲 🍴 – Prix : €€

Plan : A2-3 – *14 rue Adrien-Dubouché – ℰ 05 55 79 37 50 – www.restaurant-philipperedon.fr – Fermé lundi, mardi et dimanche*

LIMOUX

✉ 11300 – Aude – Carte régionale n° **27**–B2

ME.

CUISINE MODERNE • CONVIVIAL Au sein du Grand Hôtel Moderne et Pigeon, un ancien couvent du début du 16ᵉ s. au cachet certain, avec une superbe fenêtre en verre taché du 17ᵉ s. Prolongé d'un élégant patio, le restaurant revêt des allures de bistrot bohème. Le chef Stéphane Castaing y est toujours aussi créatif : gravelax de saumon sur panacotta de tomates, filet de bœuf à l'ail noir et condiment végétal... Service aussi décontracté que sympathique.

🍴 🍽 – Prix : €€

1 place du Général-Leclerc – ℰ 04 68 31 00 25 – www.grandhotelmodernepigeon.com – Fermé dimanche et du mardi au jeudi soir

LINGOLSHEIM

✉ 67380 – Bas-Rhin – Carte régionale n° **8**–B2

L'ID

CUISINE MODERNE • CONTEMPORAIN Baptisé l'ID en clin d'œil aux initiales de ses chaleureux propriétaires, Isabelle et Denis Vetter, ce restaurant est niché dans une bâtisse cossue du 18ᵉ s., qui a conservé son escalier originel et grandiose. Le décor doux et contemporain voit défiler des assiettes rythmées par les saisons, entre recettes audacieuses (à l'image de ce pot au feu de la mer avec son aïoli à l'ail noir) et classiques rassurants (tournedos de bœuf, aligot à la tome d'Alsace).

ᵴ 🄰🄲 🍴 🍽 – Prix : €€

11 rue du Château – ℰ 03 88 78 40 48 – www.restaurant-id.com – Fermé lundi et dimanche

LIVRON-SUR-DRÔME

✉ 26250 – Drôme – Carte régionale n° **24**–A2

GARENNE 🆕

CUISINE MODERNE • CONTEMPORAIN Au cœur des collines de la Drôme provençale, ce petit domaine viticole bio a restauré son mas pour y abriter un hôtel et un restaurant gastronomique. Lumineuse à souhait, la salle contemporaine autorise à manger aussi le paysage. Variation d'artichaut accompagnée d'une surprenante glace aux huîtres ; sole garnie d'algue dulce, asperge blanche caramélisée, râpée de poutargue et purée d'échalote confite... Produits locaux et bio, dressages, jus et sauces interpellent les papilles ! Accueil et service des plus plaisants.

🍴 ᵴ 🄰🄲 🅿 – Prix : €€€

710 rue Van-Gogh – ℰ 04 75 55 44 54 – www.garenne.net – Fermé lundi, mardi, du mercredi au samedi à midi, et dimanche soir

LOCHES

✉ 37600 – Indre-et-Loire – Carte régionale n° **15**–C2

ARBORE & SENS

Chef : Clément Dumont

CUISINE MODERNE • COSY Aidé en salle par sa compagne sommelière Océane, un jeune chef originaire de la région au solide parcours, Clément Dumont, a fait de cette auberge située non loin de la citadelle royale une nouvelle adresse incontournable. Amoureux du végétal et de la saison, technicien inspiré, il signe une cuisine créative, voire audacieuse (comme cette entrée de topinambour, huître et café), qui puise son inspiration dans le terroir local, de la volaille au poisson de Loire, en passant par l'incontournable fromage de chèvre, les légumes de son propre potager, ou les herbes de sa cueilleuse, Juliette Krier. Agréable terrasse à l'ombre de la glycine.

🏡 🍴 – Prix : €€€

22 rue Balzac – ℰ 09 67 15 00 50 – www.restaurant-arbore-et-sens.fr –
Fermé lundi, dimanche et mardi midi

LOCQUIREC

✉ 29241 – Finistère – Carte régionale n° **1**–B1

RESTAURANT DU PORT

CUISINE TRADITIONNELLE • BISTRO Après une balade sur la pointe où l'on ne compte plus les jolies plages, cap sur le petit port de Locquirec ! On y prend connaissance de la pêche du jour, dos de turbot, huîtres de Sterec ou bien cette belle sole meunière que le chef, un pro passé notamment chez Michel Trama et Stéphane Carrade, a agrémenté d'un bol de pommes grenailles, de fines asperges vertes, de pois gourmands et de poivrons rouges confits. Sympathique atmosphère informelle.

🕭 🏡 🍴 – Prix : €€

5 place du Port – ℰ 02 98 15 32 98 – www.hotelduport-locquirec.fr –
Fermé mardi et mercredi

 ### LE GRAND HÔTEL DES BAINS

CLASSIQUE • ÉLÉGANT Nostalgie, nostalgie... : c'est ici que Michel Lang tourna "L'Hôtel de la Plage". Aucun vestige des années 1970 néanmoins, plutôt un style élégant très Nouvelle-Angleterre : parquets cirés, beaux matériaux, tonalités miel, gris perle, bleu rétro... Face à la baie, spa et restaurant sont tout aussi chic.

🅿 🕭 🚿 🌐 🛎 🍴 - 36 chambres

15 rue de l'Église – ℰ 02 98 67 41 02 – www.grand-hotel-des-bains.com

LOCRONAN

✉ 29180 – Finistère – Carte régionale n° **1**–B2

AR MAEN HIR

CUISINE MODERNE • CONVIVIAL Pour installer sa première affaire, le jeune chef Thibaud Érard a choisi le joli village médiéval de Locronan, près de Quimper. Il semble s'épanouir en ces lieux, où il propose une cuisine traditionnelle sans sophistication inutile. Service sympathique.

🕭 🏡 🍴 – Prix : €€

15 bis rue du Prieuré – ℰ 02 56 10 18 37 – www.ar-maen-hir.business.site –
Fermé lundi et samedi midi

LOIRÉ

✉ 49440 – Maine-et-Loire – Carte régionale n° **9**–C2

AUBERGE DE LA DILIGENCE

CUISINE MODERNE • RUSTIQUE Vieilles pierres et terrasse : un charmant écrin pour la cuisine du chef, féru d'herbes du potager et de condiments ramenés de ses voyages en Asie. Jolie carte des vins.

இ. & 유 💢 – Prix : €€€

4 rue de la Libération – ✆ 02 41 94 10 04 – www.diligence.fr – Fermé lundi et mardi, et dimanche soir

LOIRE-SUR-RHÔNE

✉ 69700 – Rhône – Carte régionale n° **21**–A2

MOUTON-BENOIT

CUISINE MODERNE • CONTEMPORAIN Au bord de la route, cet établissement fondé en 1822 abritait autrefois les fourneaux des "mères" Dumas. En hiver, on y déguste la spécialité du chef : le lièvre à la royale selon la recette immortalisée par le sénateur Couteaux... il y a plus d'un siècle ! Enfin, de délicieux desserts viennent conclure ce repas.

🛏 🍴 – Prix : €€

1167 route de Beaucaire – ✆ 06 98 94 12 12 – www.restaurant-moutonbenoit.co – Fermé lundi, mardi, samedi midi et dimanche soir

LOOS

✉ 59120 – Nord – Carte régionale n° **4**–C2

FÉLICIE

CUISINE MODERNE • CONTEMPORAIN Dans un décor plutôt indus (béton ciré, briques, tables carrées brutes en fer dépoli et bois), une jeune équipe dynamique anime cette adresse de la banlieue lilloise. Les prix sont tout simplement canon pour une cuisine du marché de cette qualité - la félicité est bien au rendez-vous chez Félicie, oh oui !

& 🅰 – Prix : €€

78 rue du Maréchal-Foch – ✆ 03 20 48 23 85 – www.felicie-restaurant.com – Fermé dimanche soir

LORGUES

✉ 83510 – Var – Carte régionale n° **24**–B2

BRUNO

Chef : Benjamin Bruno

CUISINE CLASSIQUE • AUBERGE Une maison doit tant à ses propriétaires... Dans ce mas provençal, l'ancienne maison de l'arrière-grand-mère des années 1920, c'est toute la générosité de la famille Bruno qui s'exhale ! Sous l'égide de Clément Bruno, géant bienveillant et truculente figure paternelle, connue pour son culte de la truffe, les deux frères, Samuel en salle et Benjamin en cuisine, poursuivent la tradition avec juste ce qu'il faut de modernité. Si le menu unique à base de truffe est toujours là (les diamants noirs changeant en fonction des saisons), les légumes sont désormais bien présents. On passe un délicieux moment, notamment grâce à un service aussi joyeux qu'attentionné.

➙ ⟨ 🛏 🍴 💢 🅿 – Prix : €€€€

2350 route des Arcs – ✆ 04 94 85 93 93 – www.restaurantbruno.com – Fermé lundi et dimanche soir

✿ LE JARDIN DE BERNE

Chef : Louis Rameau

CUISINE MODERNE • **ROMANTIQUE** Un vignoble (1000 ha, excusez du peu...), un hôtel cinq étoiles et son spa, un restaurant étoilé et son potager : cette belle demeure à l'atmosphère mi-provençale, mi-toscane héberge le chef Louis Rameau, ancien second ici même. Il célèbre le terroir haut-varois grâce aux légumes, herbes et fleurs du potager, à l'huile d'olive et aux vins du domaine. Les fromages et les autres produits sont bio et locaux : le poireau « tête en l'air » avec son velours de citron et sabayon au safran, l'agneau confit en croûte de pain, kumquat et févettes, l'écorce chocolat du chef pâtissier Éric Raynal, bourré de talent. Table ouverte uniquement le soir.

↩ ⌘ ⭑ 🅰🅲 ⌂ ☺ 🅿 – Prix : €€€€

Chemin des Imberts – ℰ *04 94 60 49 79 – www.chateauberne.com – Fermé lundi, mardi et du mercredi au dimanche à midi*

✿**L'engagement du chef :** Le potager bio du domaine permet de fournir le restaurant en produits frais et de saison. Nous travaillons uniquement avec des producteurs locaux pour les viandes, les poissons et les légumes supplémentaires. Notre devise : du potager à l'assiette.

LE BISTROT DE BERNE

CUISINE TRADITIONNELLE • **CONVIVIAL** La cheffe Aurélie Liautaud assure une partition canaille et ensoleillée, à base de bons produits – en particulier les légumes de leur potager bio. Asperges du pays craquantes, merluchon rôti en croûte d'anchois, travers de porc confits : c'est frais et décomplexé, et ça s'arrose des bons vins du domaine. Le tout à prix doux !

🍴⭑🅿 – Prix : €€

Chemin des Imberts – ℰ *04 94 60 43 51 – www.chateauberne.com – Fermé mercredi, jeudi, vendredi et dimanche soir*

L'ESTELLAN

CUISINE DU MARCHÉ • **FAMILIAL** Au milieu des vignes et des oliviers, cette maisonnette séduit au premier coup d'œil grâce à son cadre bucolique et champêtre qui invite immédiatement à prendre le temps de vivre. Le couple bien dans son métier (qui y régale ses convives) le mérite amplement. Ces deux-là ont déjà une solide expérience et savent où ils vont : avec de beaux produits régionaux, ils composent une cuisine moderne et savoureuse, déclinée à travers une ardoise courte et alléchante, à l'image de carré de cochon fermier et beurre de cèpes.

⭑🅰🅲⌂🅿 – Prix : €€

1000 route de Saint-Antonin – ℰ *06 38 10 04 09 – www.estellanlorgues.com – Fermé mardi, mercredi et dimanche*

LA TABLE DE PÔL 🅝

CUISINE MODERNE • **CONTEMPORAIN** Quelle chance que d'avoir sa terrasse à côté de la fontaine de la Noix : on y profite aussi du spectacle les jours de marché. À l'intérieur, une déco mixte avec plafond aux poutres apparentes, parquet, pierres apparentes et lattes de bois, différents tons chaleureux. Le jeune chef, épaulé en salle par sa compagne d'origine écossaise au charmant accent, mitonne de bons petits plats : velouté d'inspiration forestière, shiitakés, pancetta ; merlu en tournedos, herbes, shiitakés et cébette juste poêlée. Menus et produits de saison.

⭑🅰🅲⌂ – Prix : €€€

18 boulevard Georges-Clemenceau – ℰ *04 94 47 08 41 – Fermé lundi et dimanche soir*

LA TABLE DU MOULIN

CUISINE MODERNE • **TRADITIONNEL** Salade de gambas, ceviche de daurade, carré d'agneau rôti, lotte façon bourride, tarte Tatin... Derrière ses intitulés de plats, tous plus alléchants les uns que les autres, le mangeur devine un homme du métier, déterminé dans ses choix gourmands. Bingo ! Le chef et MOF Jacques Rolancy concocte en effet une réjouissante cuisine de bistrot entre les murs d'un ancien moulin (toujours frais, même en plein été). Menu ouvrier et jolie terrasse au calme.

🍽 – Prix : €€

5 rue de Climène – ☎ 04 89 53 42 20 – www.restaurant-la-table-du-moulin-lorgues.com – Fermé lundi et mercredi, et dimanche soir

🛏 CHÂTEAU DE BERNE

MODERNE • CHAMPÊTRE C'est au terme d'un long chemin, serpentant à travers la garrigue, que se découvre la parenthèse bénie d'un domaine viticole de 500 ha. On partage son temps entre les chambres provençales (avec vue sur les vignes), les belles piscines intérieure et extérieure, le spa, les cours de cuisine, les dégustations de vin, les concerts...

🐂 🅿 🔄 🕸 🍴 🚲 🛁 ⬚ 📶 ♨ 🛗 – 29 chambres

Route de Salernes – ☎ 04 94 60 49 79 – www.chateauberne.com

❀ **Le Jardin de Berne** • ❀ **Le Bistrot de Berne** - Voir la sélection des restaurants

LORIENT

✉ 56100 – Morbihan – Carte régionale n° **1**-C3

🌿🌿 LOUISE

Chef : Julien Corderoch

CUISINE MODERNE • COSY Louise, c'était l'arrière-grand-mère du chef Julien Corderoch, qui lui a donné le goût de la cuisine : la naissance d'une vocation ! Dans un cadre intime et contemporain, il propose des menus surprise composés de savoureuses recettes iodées, mais aussi végétales, notamment à partir de poissons de ligne ou de petit bateau qu'il sait maturer à bon escient : sashimi de daurade royale, pesto aux herbes sauvages et fleurs de carotte ; Saint-Jacques crues, bouillon tiède de crevettes grises à la coriandre et sauce ponzu ; lieu jaune cuit à la vapeur douce, crémeux de chou-fleur et shiitakés rôtis au beurre miso... Le menu du déjeuner est une véritable affaire. Carte des vins à prix sage.

Prix : €€€

Plan : B2-2 – *4 rue Léo-le-Bourgo – ☎ 02 97 84 72 12 – www.restaurantlouise.fr – Fermé lundi, mardi et dimanche*

🌿🌿 SOURCES

Chef : Nicolas Le Tirrand

CUISINE MODERNE • CONTEMPORAIN Originaire de Larmor-Plage, Nicolas Le Tirrand tient la barre de ce restaurant bien situé sur le Quai des Indes et dont les baies vitrées regardent le bassin à flot et les voiliers. La salle aux tons gris rehaussés par du parquet clair vibre à l'unisson de la cuisine ouverte. Dans l'assiette, une excellente cuisine au style épuré et efficace, jouant la sobriété pour mieux valoriser la qualité des ingrédients, souvent iodés - maquereau, langoustine, rouget. Farandole de saveurs, cuissons impeccables et une vraie identité bretonne. Une cuisine qui coule de source.

♿🍽 – Prix : €€€

Plan : B2-3 – *1 cours de la Bôve – ☎ 02 97 78 76 25 – www.restaurant-sources.com – Fermé lundi et dimanche*

😊 GARE AUX GOÛTS

CUISINE ACTUELLE • CONTEMPORAIN Ticket gagnant pour le contrôleur en chef Vincent Seviller. Dans son adresse proche de la gare, il propose un voyage appétissant en terre bistronomique dans une salle sobre et moderne. L'homme connaît bien son métier et chaque assiette - soignée, goûteuse, équilibrée - fait mouche. Ardoise du jour au déjeuner, montée en gamme au dîner.

💬 – Prix : €

Plan : B1-6 – *26 bis rue Louis-Blanqui – ☎ 02 97 21 19 79 – www.gareauxgouts.fr – Fermé samedi et dimanche*

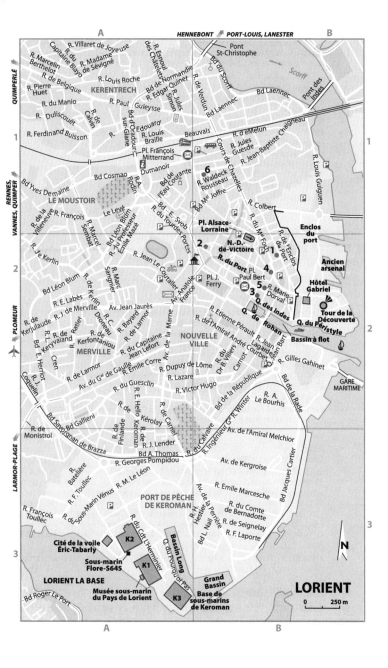

LORIENT

⊛ LE TIRE BOUCHON

CUISINE TRADITIONNELLE • ÉPURÉ Dans ce Tire Bouchon, proche de l'arsenal, on ne fait pas que déboucher des bouteilles ! Les gourmands viennent surtout ici pour se régaler d'une goûteuse cuisine de saison. Un bon moment à savourer dans une salle coquette à souhait : grande cheminée, poutres... Accueil souriant.

Prix : €€

Plan : B2-1 – 45 rue Jules-le-Grand – ℰ 02 97 84 71 92 – www.restaurantalorient.com – Fermé lundi, mardi et samedi midi

L'AMPHITRYON

CUISINE CRÉATIVE • ÉPURÉ Dans un décor design et épuré, contemporain et graphique, blanc et gris, du sol aux murs en passant par les tables, la cuisine du chef se fonde à la fois sur une technicité certaine et sur le respect des saisons. Menus surprises sans choix, composés au gré du marché et des arrivages de la marée.

⅌ Ⓐⓒ ✣ – Prix : €€€€

Hors plan – 127 rue du Colonel-Müller – ℰ 02 97 83 34 04 – www.amphitryon-lorient.com – Fermé lundi, dimanche et mardi midi

LE 26-28

CUISINE MODERNE • CONTEMPORAIN Dans un cadre contemporain avec cuisine ouverte, Arthur Friess (au beau parcours étoilé) propose une belle cuisine actuelle et créative, réalisée à partir de produits irréprochables, telles ces langoustines du Guilvinec servies avec leur bouillon de pinces et une mayonnaise tourbée. Accueil tout sourire par Charlotte, la compagne du chef.

♿ Ⓐⓒ ✣ – Prix : €€€

Plan : B2-4 – 26-28 rue Poissonnière – ℰ 02 97 50 29 13 – www.le2628.com – Fermé lundi, dimanche et mardi midi

LE YACHTMAN

POISSONS ET FRUITS DE MER • CONTEMPORAIN Sans surprise, les produits de la mer – poissons de la criée, notamment – ont la part belle dans cette jolie adresse située non loin du port de plaisance. Simplicité et justesse sont de mise dans l'assiette ; quant à la salle, elle joue la carte de l'épure et de l'intime.

⅌ ♿ ✣ – Prix : €€

Plan : B2-5 – 14 rue Poissonnière – ℰ 02 97 21 31 91 – www.leyachtmanlorient.fr – Fermé lundi et dimanche

LORMONT

✉ 33310 – Gironde – Carte régionale n° 22-B2

✿ LE PRINCE NOIR - VIVIEN DURAND

Chef : Vivien Durand

CUISINE MODERNE • DESIGN Les écuries d'un château, un cube de verre et béton, une vue sur le pont d'Aquitaine et de la musique rock en fond sonore : la table détonne dans le paysage gastronomique bordelais. Mais pas autant que la cuisine de Vivien Durand, un chef qui fourmille d'idées originales et réinterprète la tradition française dans une veine gastronomique. Un pari osé, tant on semble avoir déjà tout déconstruit mais il faut admettre que son pari est réussi ! Huîtres en sauce matelote, foie gras grillé servi avec des betteraves infusées au café ou pigeon et son jus de carcasse : les saveurs sont souvent éclatantes, les produits (locaux pour l'immense majorité) sont superbement mis en valeur. Dans son travail prédomine un côté "brut de décoffrage" attachant, qui parle à l'instinct et au cœur. Ajoutons à cela une démarche écolo sincère, on se retrouve avec une table exemplaire.

⅌ ♿ Ⓐⓒ 🌳 🅿 – Prix : €€€€

1 rue du Prince-Noir – ℰ 05 56 06 12 52 – www.leprincenoir-restaurant.fr – Fermé samedi, dimanche, et mardi et mercredi à midi

🍃 **L'engagement du chef :** Au-delà de l'exigence que nous avons à l'égard des produits que nous sélectionnons, nous supprimons au maximum les emballages à usage unique, les bouteilles en plastique et les détergents polluants, nous mettons en place un tri sélectif rigoureux (y compris les coquilles des fruits de mer) et fabriquons notre compost végétal et substrat pour nos maraîchers.

LORQUIN

✉ 57790 – Moselle – Carte régionale n° **7**–C2

LE BOUT DES CANARDS Ⓝ

CUISINE MODERNE • CONTEMPORAIN Cette auberge à la façade de couleur prune et lavande écrit un nouveau chapitre grâce à ce couple passé par de belles maisons (lui a travaillé comme second à la Villa René Lalique ; elle était l'assistante du maître d'hôtel). Dans ce décor de bois blond, on pioche dans une courte carte de saison autour de produits souvent locaux (truite marinée, roquette, raifort, concombre et huile fumée, ou gaufre croustillante, mirabelles caramélisées et glace au fromage blanc…). Formule déjeuner à prix imbattable et accueil particulièrement sympathique !

& – Prix : €€

104 rue du Général-Leclerc – ℰ 03 87 24 90 09 – www.leboutdescanards.fr – Fermé mercredi et jeudi

LOUÉ

✉ 72540 – Sarthe – Carte régionale n° **10**–A2

RICORDEAU

CUISINE MODERNE • ÉLÉGANT Installez-vous sur l'agréable terrasse dressée dans le parc, au bord de la Vègre, et laissez-vous tenter par la bonne cuisine gastronomique du chef. Des plats au goût du jour, sérieux et appliqués, réalisés avec de très bons produits, dont la célèbre volaille de Loué !

⇱&🌿🌀🅿 – Prix : €€€

13 rue de la Libération – ℰ 02 43 88 40 03 – www.hotel-ricordeau.fr/fr – Fermé lundi et mardi, et dimanche soir

LE LOUROUX

✉ 37240 – Indre-et-Loire – Carte régionale n° **15**–B2

LA TABLE DU PRIEURÉ

CUISINE MODERNE • CONVIVIAL Le jeune chef sarthois Pierre Drouineau tient cette table installée à l'entrée d'un beau prieuré fortifié. Le cadre est charmant et la cuisine aussi, grâce à des plats de saison à tarifs sages, plus ambitieux le soir et le week-end, privilégiant les produits du terroir : lentilles de Touraine, épeautre de Manthelan, fraises de Chouzé-sur-Loire…

&🌿🅿 – Prix : €€

2 rue du Château – ℰ 02 47 19 26 75 – www.latableduprieure.fr – Fermé lundi, mardi et dimanche, et mercredi soir

LUC-SUR-ORBIEU

✉ 11200 – Aude – Carte régionale n° **27**–B2

LA LUCIOLE

CUISINE TRADITIONNELLE • BISTRO Le chef a réalisé un rêve d'enfant en rachetant ce café sur la petite place du village. Autodidacte passionné, il concocte avec sa fille une cuisine simple et goûteuse, faisant la part belle aux produits locaux. Lapin et haddock en maki ; onglet de veau cuit à la plancha, sauce chimichurrri ; baba au rhum et sorbet piña colada. À déguster en terrasse, à l'ombre d'un platane centenaire.

🛐 – Prix : €€
3 place de la République – ℰ 04 68 40 87 74 – www.restaurantlaluciole.fr –
Fermé mercredi, dimanche et samedi midi

LUCINGES
✉ 74380 – Haute-Savoie – Carte régionale n° **21**–C1

🕸 L'AUBERGE DE LUCINGES

Chef : Benjamin Breton
CUISINE MODERNE • CONTEMPORAIN Le chef Benjamin Breton (ex-Fiskebar
à l'hôtel Ritz-Carlton de Genève) a ouvert une table gastronomique mitoyenne
de son Bistrot de Madeleine, au cœur du village de Lucinges. Il y développe une
cuisine moderne, subtilement créative, via un menu unique mensuel. Les produits sont rigoureusement sélectionnés et locaux – à quelques belles exceptions
près : homard bleu, agneau de la ferme de Clavisy... Le végétal règne sur de beaux
contrastes de saveurs, des sauces expressives, et les cuissons parfaites subliment
ici un omble chevalier ikejime, et là ce fameux homard bleu à peine saisi. Le cadre,
contemporain et clair, donne à admirer la cave à vin vitrée, qui privilégie la qualité
et l'originalité des vins nature et bio.
🐾 ♿ – Prix : €€€
67 place de l'Église – ℰ 04 50 39 64 74 – www.laubergedelucinges.fr – Fermé du
lundi au mercredi, le midi sauf dimanche et dimanche soir

LE BISTROT DE MADELEINE

CUISINE MODERNE • BISTRO Cette auberge de village est une madeleine pour
les amateurs de bonnes (et saines) choses. N'hésitons pas à parler de cuisine pro-
grammatique dans ce bistrot un poil rustique : bêtes achetées sur carcasse, maraîchage local, poissons en direct des criées, carte changée chaque semaine... Dans
l'assiette ? C'est savoureux, généreux et gourmand.
🛐 – Prix : €€
67 place de l'Église – ℰ 04 50 39 64 74 – www.laubergedelucinges.fr – Fermé du
lundi au mercredi

LE BONHEUR DANS LE PRÉ

CUISINE DU MARCHÉ • TRADITIONNEL Dans cette ferme du 19ᵉ s. en pleine
nature, on joue à fond la carte de l'authenticité ! En cuisine, le chef compose un
menu unique (possible en version végétarienne) à partir de beaux produits locaux.
Le tout bien accompagné d'un bouteille sélectionnée dans la cave à vin (environ 300 références) attenante à la salle à manger. Dès lors, comment ne pas être
convaincu que... le Bonheur est dans Le Pré !
🍃 🛖♿🛐 **P** – Prix : €€
2011 route de Bellevue – ℰ 04 50 43 37 77 – www.lebonheurdanslepre.
ellohaweb.com – Fermé lundi et dimanche soir

LUÇON
✉ 85400 – Vendée – Carte régionale n° **14**–B2

AU FIL DES SAISONS

CUISINE TRADITIONNELLE • CONTEMPORAIN Dans cette sympathique
auberge de bord de route, on se sustente avec plaisir et simplicité d'une cuisine
fraîche, d'inspiration traditionnelle et régionale (terrine de joue de bœuf, retour de
la pêche du jour, etc). Le petit potager fournit quelques légumes et herbes aromatiques. Installez-vous dans la véranda ou le jardin... selon les saisons.
🛖♿🛐 🌱 **P** – Prix : €€
55 route de la Roche-sur-Yon – ℰ 02 51 56 11 32 – www.aufildessaisons-vendee.
com/fr – Fermé lundi et dimanche, et vendredi soir

LUMIO – Haute-Corse (20) → Voir Corse

LUNEL
✉ 34400 – Hérault – Carte régionale n° **27**–D1

MAISON SOUBEIRAN

CUISINE MODERNE • BISTRO Coup de cœur pour cette maison familiale où la cheffe prépare une cuisine locale spontanée, fraîche et saine, à base de produits de saison issus de maraîchers bio. Des saveurs de garrigue, de Camargue et de Méditerranée, le tout réhaussé de quelques épices et graines, et accompagné d'un pain au levain naturel et au blé ancien fait maison. Accueil chaleureux et ravissante terrasse sous la treille.

& 🅰️🖧 – Prix : €€€

129 cours Gabriel-Péri – 𝒞 04 67 15 14 55 – www.maison-soubeiran.fr – Fermé lundi et mardi, et dimanche soir

LUNÉVILLE
✉ 54300 – Meurthe-et-Moselle – Carte régionale n° **7**–C2

⌘ CHÂTEAU D'ADOMÉNIL

Chef : Cyril Leclerc

CUISINE MODERNE • CLASSIQUE Au cœur de la campagne de Lunéville, ce charmant petit château classique se prélasse dans son parc boisé. On traverse une enfilade solennelle de salles au cachet historique intact, avec boiseries anciennes, parquets et cheminées… La salle à manger s'ouvre, elle, sur le parc. Quelques subtiles touches baroques et contemporaines viennent égayer ce décor de rêve qui est à l'unisson de la cuisine du chef, une cuisine traditionnelle, rehaussée de touches actuelles. Ancien pâtissier, Cyril Leclerc, lorrain talentueux et discret, aime les beaux produits. Il les traite avec respect comme en témoignent la justesse de ses cuissons et de ses saveurs. Célébrée par son épouse experte qui veille en salle, la carte des vins n'est pas en reste…

🕸 🏨 🅰️ 🗘 🅿️ – Prix : €€€€

7 route Mathieu-de-la-Haye - Adoménil-Rehainviller – 𝒞 03 83 74 04 81 – www.adomenil.com – Fermé lundi, mardi, du mercredi au vendredi à midi, et dimanche soir

LUZY
✉ 58170 – Nièvre – Carte régionale n° **16**–D2

LA TABLE DE JÉRÔME

CUISINE MODERNE • CONTEMPORAIN Au sein de l'hôtel du Morvan, le chef Jérôme Raymond propose une cuisine au goût du jour qui fait la part belle au terroir local. Un menu unique, avec des produits plus nobles le week-end – le bœuf charolais y est roi ! Belle carte des vins de plus de 400 références, bien sûr majoritairement bourguignonnes, confortables chambres pour prolonger l'étape… et certains dimanches matin, cours de cuisine !

🕸 & – Prix : €€€

26 rue de la République – 𝒞 03 86 30 00 66 – www.hotelrestaurantdumorvan.fr/fr – Fermé lundi, mardi midi et dimanche soir

LYON

Lyon est-elle, comme le claironna un critique gastronomique en 1935, la "capitale mondiale de la gastronomie" ? Une chose est sûre : ici, l'art de bien manger est une affaire sérieuse. C'est une histoire multi-centenaire, celle des bouchons, avec leurs spécialités passées à la postérité – saucisson truffé ou pistaché, cervelle de canut, quenelles de brochet, bugnes et cardons à la moelle –, celle des Mères Lyonnaises, ces cuisinières d'exception qui ont enchanté les palais rhodaniens jusqu'à l'entre-deux-guerres, c'est aussi celle des vins de la région, beaujolais ou crozes-hermitage... ou ces coteaux-du-lyonnais, longtemps restés dans l'ombre, qui reprennent des couleurs dans une veine bio et nature.

De fait, Lyon ne se repose pas sur ses glorieux lauriers. Dans le 6ᵉ, sur la rive gauche, fleurissent les bistrots sans prise de tête (Osteria Matto, Taggat, Agastache), à la mode parisienne, tandis que la naturalité poursuit sa percée (Rustique, La Mutinerie). Tradition et créativité se partagent la vedette d'un quartier à l'autre ; la cuisine ethnique fait même son apparition çà et là dans la cité, à l'image de l'étonnante partition latino-américaine d'Andres Sandoval, le chef vénézuélien de Canaima, ou des inspirations mexicaines d'Alebrije dans le quartier de la Croix-Rousse.

LA SÉLECTION DU GUIDE MICHELIN

LES TABLES ÉTOILÉES

✿✿

Une cuisine d'exception. Vaut le détour !

✿

Une cuisine d'une grande finesse. Vaut l'étape !

🍴

Nos meilleurs rapports qualité-prix

LES TABLES PAR TYPE DE CUISINE

LYON

TABLES EN TERRASSE

LYON

RESTAURANTS
AVEC SALONS PARTICULIERS

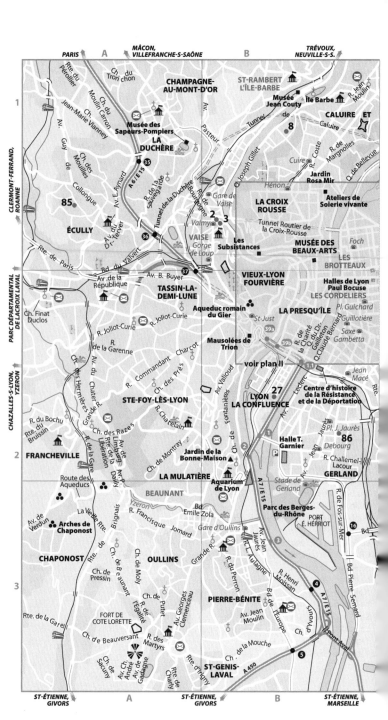

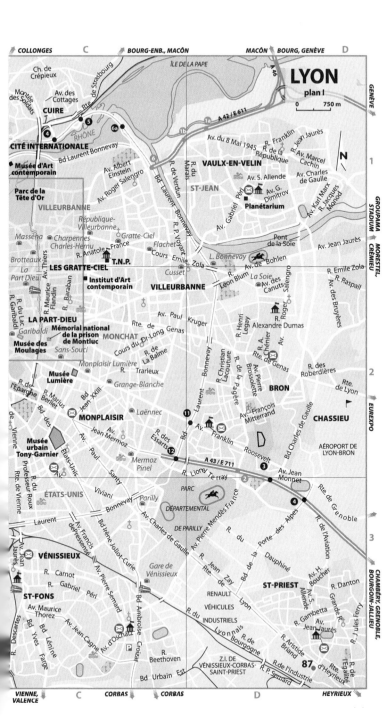

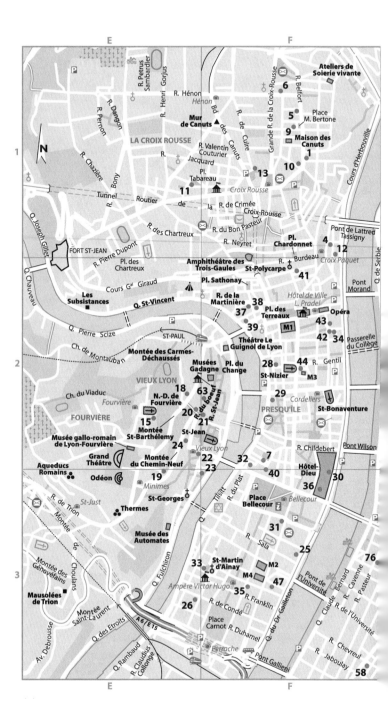

E   F

N

R. Petrus Sambardier
R. Henri Gorjus
R. Hénon
Hénon
R. Dangon
R. Pernon
R. Chazière
Bony
R. Valentin Couturier
Jacquard
Bd des Canuts
Grande R. de la Croix-Rousse
R. de Cuire
R. Belfort

Ateliers de Soierie vivante

6

5

Place M. Bertone

9

Maison des Canuts
1

Mur de Canuts ▲

LA CROIX ROUSSE

Pl. Tabareau
11

13

10

Croix Rousse

Tunnel Routier de la R. de Crimée Croix-Rousse

Cours d'Herbouville

R. des Chartreux
R. du Bon Pasteur
R. Neyret

Pl. Chardonnet
4

Pont de Lattre de Tassigny
12

Croix Paquet

Amphithéâtre des Trois-Gaules
St-Polycarpe
41
R. Burdeau

Pont Morand

FORT ST-JEAN

R. Pierre Dupont
Pl. des Chartreux

Cours Gal Giraud

Les Subsistances

Q. St-Vincent

Pl. Sathonay

R. de la Martinière
38
37

Pl. des Terreaux

Hôtel de Ville L. Pradel

Opéra
43

M1

42 34

Passerelle du Collège

Q. Joseph Gillet
Q. Chauveau
Q. Pierre Scize

ST-PAUL

Ch. de Montauban

Théâtre Le Guignol de Lyon
39

Musées Gadagne

Pl. du Change

28
St-Nizier
44 R. Gentil

M3

Montée des Carmes-Déchaussés

VIEUX LYON

Fourvière

18
63
N.-D. de Fourvière
20
21
R. du Bœuf
R. St-Jean

29
Cordeliers

PRESQU'ÎLE

St-Bonaventure

FOURVIÈRE

Ch. du Viaduc

15
Montée St-Barthélemy
24
St-Jean
22
23
Vieux Lyon
32
7

R. Childebert

Hôtel-Dieu

Pont Wilson

Musée gallo-romain de Lyon-Fourvière

Grand Théâtre

Aqueducs Romains

Odéon
19
Minimes

40
30
36

R. du Palais

R. de Trion
St-Just
Montée de

Thermes

St-Georges

Place Bellecour
Bellecour

31

25

Musée des Automates

Montée des Génovéfains

Montée Saint-Laurent

Mausolées de Trion

33
St-Martin d'Ainay
M2
M4
47

76

3

26

35
R. Franklin
R. de Condé

Pont de l'Université

R. Claude Bernard
R. Cavenne
R. Pasteur

R. Sala

A6/E15

Ampère Victor Hugo

Av. Debrousse
Q. des Étroits
Q. Rambaud
Q. Claudius Collonge

Place Carnot R. Duhamel

Perrache
Pont Gallieni

R. Chevreul
R. Jaboulay

58

E   F

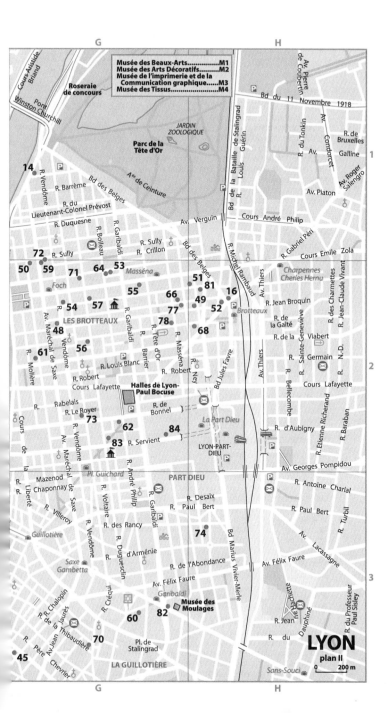

G

Cours Aristide Briand

Pont Winston Churchill

Roseraie de concours

Musée des Beaux-Arts	M1
Musée des Arts Décoratifs	M2
Musée de l'imprimerie et de la Communication graphique	M3
Musée des Tissus	M4

H

Av. Pierre de Coubertin

Bd du 11 Novembre 1918

JARDIN ZOOLOGIQUE

Parc de la Tête d'Or

Av. de Ceinture

Bd des Belges

R. Barrème

R. Vendôme

14

R. du Lieutenant-Colonel Prévost

R. Duquesne

R. Garibaldi

R. Boileau

R. Sully

R. Crillon

Av. Verguin

Bd de la Bataille de Stalingrad

Bd de la Bataille de Stalingrad

R. Louis Guérin

R. de Tonkin

Av. Condorcet

R. de Bruxelles

Galline

Av. Roger Salengro

Av. Piaton

Cours André Philip

R. Gabriel Péri

Cours Emile Zola

72 R. Sully

50 **59** **71** **64** **53**

Masséna

Foch

55

54 **57**

LES BROTTEAUX

48

61 **56**

R. Molière

Av. Maréchal de Saxe

R. Vendôme

Bd des Belges

R. Sully

R. Crillon

51 **81**

66

77

78

49

52

68

16

Brotteaux

Av. Thiers

R. Jean Broquin

R. de la Gaîté

R. de la Viabert

Charpennes Charles Hernu

Av. des Charmettes

R. des Charmettes

R. Jean-Claude Vivant

R. Sainte-Geneviève

R. Germain

N.-D.

Cours Lafayette

R. Garibaldi

R. Père d'Or

R. Masséna

R. Ney

R. Robert

Bd Jules Favre

Av. Thiers

R. Bellecombe

R. d'Aubigny

R. Etienne Richerand

R. Baraban

R. Louis Blanc

R. Barrier

Cours Lafayette

R. Robert

Halles de Lyon-Paul Bocuse

R. Rabelais

R. Le Royer

73

62

83

R. Vendôme

Av. Maréchal de Saxe

Cours de la Liberté

R. de Bonnel

R. Servient

84

R. d'Aubigny

Av. Georges Pompidou

La Part Dieu

LYON-PART-DIEU

Pl. Guichard

PART DIEU

R. André Philip

R. Garibaldi

R. Voltaire

R. des Rancy

R. Duguesclin

d'Arménie

R. Desaix

Paul Bert

74

Bd Marius Vivier-Merle

R. Antoine Charial

R. Paul Bert

R. Turbil

Av. Lacassagne

R. Mazenod

R. Chaponnay

R. Villeroy

R. Vendôme

Guillotière

Saxe Gambetta

R. Chalopin

R. de la Thibaudière

R. Père Chevrier

45

R. de l'Abondance

Av. Félix Faure

Garibaldi

60 **82**

70

Pl. de Stalingrad

LA GUILLOTIÈRE

Av. Félix Faure

Musée des Moulages

R. du Professeur Paul Sisley

R. Dauphiné

R. Jean

R. du

Sans-Souci

LYON

plan II

0   200 m

G

H

PRESQU'ÎLE-CROIX-ROUSSE

1er - 2e - 4e ARRONDISSEMENTS

LYON

✿✿ MÈRE BRAZIER

CUISINE CLASSIQUE • ÉLÉGANT Eugénie Brazier (1895-1977), cheffe d'exception et inspiratrice de tout un pan de la cuisine française, obtint trois étoiles dans deux établissements différents. C'est dans son adresse lyonnaise, rue Royale, que Mathieu Viannay donne sa propre lecture du "mythe" Brazier. Dans un magnifique décor hybride, où les vitraux et moulures 1930 rencontrent des fauteuils Tulipe Saarinen (il fallait oser !), le chef rend un vibrant hommage aux incontournables des lieux (volaille de Bresse demi-deuil aux truffes, pain de brochet croustillant, renversant soufflé au Grand Marnier) en y insufflant son talent et son inspiration. Ne manquez pas le menu déjeuner, le meilleur rapport qualité-prix de la maison. Au dessert, le pâtissier Rodolphe Tronc, passé notamment chez Pierre Gagnaire, séduit par sa technique remarquable et son sens du détail, notamment sur son omelette norvégienne, délicieusement rétro.

🕸 🅰🅒 ⇔ 🍽 – Prix : €€€€

Plan : F1-4 – 12 rue Royale – ⓜ Hôtel de Ville – 𝒞 04 78 23 17 20 – www.lamerebrazier.fr – Fermé samedi et dimanche

✿ L'ATELIER DES AUGUSTINS

CUISINE MODERNE • CONTEMPORAIN Passé par de belles maisons et ancien chef des ambassades de France à Londres et à Bamako, Nicolas Guilloton a rénové son sympathique Atelier de fond en comble pour en faire un lieu élégant et contemporain, avec une spacieuse salle à manger décorée de masques africains, clin d'œil au séjour du chef au Mali. Sa sensibilité de musicien en bandoulière, il régale avec des menus surprise construits avec une préoccupation locavore constante et un sens des équilibres gustatifs affirmé. Il en résulte une cuisine originale, technique et pleine de parfums, où les desserts ne sont pas en reste, à la fois fins, peu sucrés et gourmands. Rapport qualité-prix imbattable au déjeuner, et belle carte des vins qui témoigne d'un vrai travail de recherche de producteurs éco-responsables.

🕸 🅰🅒 – Prix : €€€

Plan : F2-38 – 17 rue Hippolyte-Flandrin – ⓜ Hôtel de Ville – 𝒞 04 72 00 88 01 – www.latelierdesaugustins.com – Fermé lundi, dimanche et samedi midi

✿ BURGUNDY BY MATTHIEU

Chef : Matthieu Girardon

CUISINE MODERNE • CONTEMPORAIN Dans cette maison ancienne des quais de Saône au décor contemporain, Matthieu Girardon signe une cuisine moderne décomplexée, personnelle et très aboutie techniquement. Jus et sauces viennent sublimer nombre de plats, à l'image de cet omble chevalier servi juste nacré, avec son émulsion de fumet beurre blanc aux œufs de poisson. Rythmé par les saisons et les arrivages, ce menu à l'aveugle sans choix s'ajuste en fonction du budget de l'appétit, en fonction aussi des accords mets et vins, de Bourgogne, bien entendu – dont la cave de cette maison est une référence.

🕸 🅰🅒 – Prix : €€€

Plan : F2-29 – 24 quai Saint-Antoine – ⓜ Cordeliers – 𝒞 04 72 04 04 51 – www.burgundybym.fr – Fermé mardi et mercredi

✿ PRAIRIAL

Chef : Gaëtan Gentil

CUISINE CRÉATIVE • ÉPURÉ Prairial : relatif aux prairies, selon le dictionnaire. Dans sa nouvelle adresse du quartier Confluence au décor épuré, Gaëtan Gentil célèbre toutes les dimensions de la prairie : fruits, herbes et légumes, bien sûr, mais aussi bétail et poissons issus des lacs et rivières de la région. En témoigne ce chou-rave confit au beurre de mélisse agrémenté d'œufs de poisson, ou cet omble chevalier et sa déclinaison de courge à la tanaisie... Une cuisine de l'instant, résolument créative, tout en légèreté et en saveurs.

& 🅰🅲 – Prix : €€€

Plan : F2-27 – *1 place Hubert-Mounier* – 🚇 *Perrache* – 𝄞 *04 87 78 32 51 –
www.prairial-restaurant.fr – Fermé lundi, dimanche et du mardi au jeudi à midi*

🌿**L'engagement du chef :** En plus des légumes que nous cultivons en permaculture, nous employons des produits locaux issus de petites exploitations
responsables. Nous ne cuisinons plus que des poissons sauvages, pêchés
durablement, et notre carte des vins est exclusivement composée de vins
naturels. Enfin, nous limitons au maximum l'emploi de plastique.

🌿 **RUSTIQUE**

Chef : Maxime Laurenson

CUISINE CRÉATIVE • CONVIVIAL Un vent d'audace souffle sur le restaurant de
Maxime Laurenson. Les assiettes, précises et lisibles, donnent à voir les produits
dans leur simplicité, avec toujours une importance accordée au végétal et une
démarche locavore poussée. Dans l'assiette, le menu unique sans choix se décline
en une dizaine de séquences, composé avec le meilleur de la grande région, de
l'Auvergne aux Alpes. On déguste le tout dans un décor inspiré de la nature, et une
ambiance conviviale. Une adresse "naturalité" qui fait fureur à Lyon.

& – Prix : €€€

Plan : E3-26 – *14 rue d'Enghien* – 🚇 *Ampère* – 𝄞 *04 72 13 80 81 –
www.rustiquelyon.fr – Fermé samedi et dimanche et du mardi au vendredi à midi*

😋 **LE COCHON QUI BOIT**

CUISINE MODERNE • BISTRO Deux anciens du restaurant étoilé Têtedoie ont
troqué l'ourson contre le cochon ! Ici, on déguste une viande goûteuse (bœuf
Aubrac bio préparé en fonction de la pièce du jour, panais et poireau) et on se laisse
ravir par des associations audacieuses (topinambours braisés, purée d'oignons et
sabayon café). Des produits locaux bien sourcés et cuisinés avec justesse, arrosés
de vins d'auteurs.

🅰🅲 – Prix : €€

Plan : F1-12 – *23 rue Royale* – 🚇 *Opéra* – 𝄞 *04 78 27 23 37 –
www.lecochonquiboit.fr – Fermé lundi et dimanche*

ALEBRIJE

CUISINE MEXICAINE • COLORÉ La jeune cheffe mexicaine Carla Kirsch, originaire de Veracruz, officie dans le quartier de la Croix-Rousse après une formation à
l'Institut Paul Bocuse et de belles expériences ici et là (notamment chez Troisgros).
Du décor à l'assiette, le ton est donné : inspiration mexicaine (présence du maïs
en entrée et au dessert, piments...) et produits locaux de saison se métissent avec
jubilation dans un cadre qui associe vieilles poutres et touches de couleur. Nouveau
menu chaque mois, quelques vins mexicains, ainsi qu'un choix de tequilas et de
mezcals.

Prix : €€€

Plan : F1-1 – *2 rue Belfort* – 🚇 *Croix-Rousse* – 𝄞 *04 72 00 03 02 –
www.alebrijelyon.fr – Fermé lundi, dimanche et du mardi au samedi à midi*

AROMATIC

CUISINE MODERNE • CONTEMPORAIN À la Croix-Rousse, Frédéric Taghavi
propose des recettes modernes et inventives, qui réinterprètent la tradition mais
s'enrichissent également d'influences du monde entier : ris de veau du Limousin,
poireaux et morilles, jus au kalamensi ; poulpe snacké, sauce crevette au lait de coco
et curry jaune ; joue de bœuf confite à la bourguignonne, risotto au lard paysan...

& 🅰🅲 😋 – Prix : €€

Plan : F1-9 – *15 rue du Chariot-d'Or* – 🚇 *Croix-Rousse* – 𝄞 *04 78 23 73 61 –
www.aromaticrestaurant.fr – Fermé lundi et dimanche*

L'ARTICHAUT

CUISINE MODERNE • CHIC Nichée dans un ancien presbytère transformé en
charmant hôtel, cette table au délicieux cadre cosy propose une goûteuse cuisine

LYON

actuelle qui suit les saisons : escargots, crème de potimarron, purée d'ail et persil ; omble chevalier, girolles à l'amaretto, pommes de terre et poudre de café...

&. ⯐ – Prix : €€

Plan : F3-33 – *Hôtel de l'Abbaye, 20 rue de l'Abbaye-d'Ainay* – ⓂAmpère-Victor-Hugo – ☏ 04 78 05 69 02 – www.hotelabbayelyon.com/restaurant-artichaut – Fermé lundi et dimanche

LE BISTROT DES VORACES

CUISINE TRADITIONNELLE • BISTRO Êtes-vous simplement gourmand... ou franchement vorace ? Dans tous les cas, ce bistrot de quartier de la Croix-Rousse saura vous combler : passé par de bonnes maisons comme Les Crayères à Reims, le chef-patron Cédric Blin régale autour d'un menu-carte à prix vraiment doux, une affaire par les temps qui courent.

⯐ – Prix : €

Plan : F1-10 – *13 rue d'Austerlitz* – Ⓜ Croix-Rousse – ☏ 04 72 07 71 86 – www.bistrotdesvoraces.com – Fermé samedi et dimanche

LES BOULISTES

CUISINE TRADITIONNELLE • BISTRO Sur le plateau de la Croix-Rousse, ce restaurant situé sur une grande place (haut lieu de la pétanque... d'où le nom !) propose une cuisine traditionnelle revisitée, depuis peu enrichie de touches méditerranéennes bien senties : harira marocaine, portokalopita (gâteau grec à l'huile d'olive), etc. A déguster dans un cadre de bistrot typique, ou sur la terrasse, installée dès les beaux jours et prise d'assaut en été !

⯐ ⯐ – Prix : €

Plan : E1-11 – *9 place Tabareau* – Ⓜ Croix-Rousse – ☏ 04 78 28 44 13 – www.lesboulistes.fr – Fermé lundi, dimanche et samedi midi

CAFÉ TERROIR

CUISINE DU TERROIR • CONVIVIAL Installée près du théâtre des Célestins, cette maison cultive sous la houlette de Jean-François Têtedoie (fils du fameux chef !), l'art de la bonne chère. La carte est un symbole de la gourmandise lyonnaise : les spécialités de la maison telles que la terrine de famille ou le gâteau lyonnais côtoient les pièces rôties entières, à partager et découpées sous vos yeux (volaille de Bresse, côte de bœuf, homard...), ainsi que de beaux classiques tels que le vol-au-vent de ris de veau, ou les escargots des Monts du Lyonnais, girolles et cressonnette. Carte des vins de plus de 1500 références à très bon rapport prix/plaisir.

⯐ ⯐ ⯐ – Prix : €€

Plan : F2-40 – *14 rue d'Amboise* – Ⓜ Bellecour – ☏ 09 53 36 08 11 – www.cafeterroir.fr – Fermé samedi et dimanche midi

CANAIMA

CUISINE LATINO-AMÉRICAINE • TENDANCE Ce petit restaurant au cadre tendance, ouvert seulement le soir et tenu par un couple charmant, propose une cuisine latino-américaine tournée vers la mer et mâtinée d'influences françaises. Le chef vénézuélien, ancien de l'Institut Paul Bocuse, réalise des assiettes pétillantes, pleines de couleurs et de saveurs. Service tout sourire, vins chilien et argentin.

⯐ – Prix : €€

Plan : F2-41 – *24 rue René-Leynaud* – Ⓜ Croix-Paquet – ☏ 09 87 05 87 25 – www.restaurantcanaima.fr – Fermé lundi, dimanche et du mardi au samedi à midi

LE CANUT ET LES GONES

CUISINE MODERNE • BISTRO Une ambiance unique, entre bistrot et brocante – bar en formica, parquet au sol, tapisserie vintage, collection d'horloges anciennes aux murs –, une cuisine moderne et bien rythmée par les saisons, une carte des vins garnie de plus de 300 références... Dans un coin peu fréquenté de la Croix-Rousse, une adresse à découvrir absolument.

LYON

🕸 – Prix : €€

Plan : F1-5 – *29 rue Belfort* – ⓜ *Croix-Rousse* – ℘ *04 78 29 17 23* – *www.lecanutetlesgones.com – Fermé lundi et dimanche*

CERCLE ROUGE

CUISINE FUSION • BISTRO Cette petite façade vitrée, sise dans une rue animée proche de l'Opéra, dissimule un jeune bistrot, proposant une cuisine fusion aux influences asiatiques, sud-américaines, britanniques... à la belle maîtrise technique. Atmosphère très conviviale.

Prix : €€

Plan : F2-42 – *36 rue de l'Arbre-Sec* – ⓜ *Hôtel de Ville* – ℘ *04 78 28 41 98* – *www.cercle-rouge.fr – Fermé dimanche*

CIRCLE ⓝ

CUISINE MODERNE • CONTEMPORAIN Hommage au rappeur américain Mac Miller et au « cercle » amical des collaborateurs, voilà une adresse qui ne tourne pas en rond ! Le chef Bastian Ruga a bien peaufiné son concept (sauf le décor qui demeure le même que celui du restaurant précédent, le Prairial). Soit, sur fond de rap américain, une gastronomie juvénile et sans tabous qui vogue entre une créativité assumée et bien bordée, des influences maghrébines ou asiatiques, et une bonne dose d'affection pour la cuisine traditionnelle – Lyon oblige. Partie intégrante de la proposition, les accords mets-boissons originaux puisent aussi bien dans la bière, les infusions ou la jolie carte de vins nature ou biodynamiques. Un exemple de plat ? Son cabillaud nacré à souhait, nappé d'une belle hollandaise à l'ail noir, servi avec une réconfortante brandade au gingembre, et un point de purée d'ail noir en condiment. Service pro et... branché !

🆎 – Prix : €€€

Plan : F2-28 – *11 rue Chavanne* – ⓜ *Cordeliers* – ℘ *04 78 27 86 93* – *www.circlelyon.fr – Fermé lundi et dimanche*

CULINA HORTUS

CUISINE VÉGÉTARIENNE • CONTEMPORAIN Ce restaurant végétarien propose une cuisine travaillée, volontiers créative, au gré d'un menu dégustation (sans choix) composé au fil des saisons. On accompagne le tout d'une courte carte de vins bio et biodynamiques, dont on profite dans un décor cosy et contemporain - bois, béton, pisé.

🕸 ♿ 🆎 – Prix : €€€

Plan : F2-34 – *38 rue de l'Arbre-Sec* – ⓜ *Hôtel de Ville* – ℘ *04 69 84 71 08* – *www.culinahortus.com – Fermé lundi et dimanche*

DANIEL ET DENISE CROIX-ROUSSE

CUISINE LYONNAISE • BOUCHON LYONNAIS Ce Daniel et Denise Croix-Rousse – le troisième du genre, après la rue de Créqui et le quartier St-Jean – rencontre le même succès que ses grands frères. Pour se rassasier d'une cuisine lyonnaise roborative, dans un décor de bouchon à l'ancienne.

♿ 🆎 🍴 – Prix : €€

Plan : F1-13 – *8 rue de Cuire* – ⓜ *Croix-Rousse* – ℘ *04 78 28 27 44* – *www.danieletdenise.fr – Fermé lundi et dimanche*

EPONA

CUISINE MODERNE • CHIC Hôpital pendant huit siècles, l'ancien Hôtel-Dieu a conservé tout son caractère historique. Le restaurant Epona y propose des spécialités régionales piquées de modernité, à déguster dans un beau cadre, façon brasserie de luxe. Et aux beaux jours, l'équipe vous accueille dans une superbe cour-jardin...

♿ 🆎 🍴 – Prix : €€€

Plan : F3-30 – *InterContinental Lyon - Hotel Dieu, 20 quai Jules-Courmont* – ⓜ *Bellecour* – ℘ *04 26 99 24 24 – www.lyon.intercontinental.com/ le-restaurant-epona*

L'ÉTABLI

CUISINE MODERNE • CONTEMPORAIN Un vrai coup de cœur que ce restaurant emmené par un ancien de chez Christian Têtedoie. Menu déjeuner au bon rapport qualité-prix, plats dans l'air du temps et de saison (merlu, asperge, fenouil, framboise fumée), on se régale d'un bout à l'autre du repas. Pour ne rien gâcher, le service est attentionné.

🅰🅲 – Prix : €€€

Plan : F3-35 – *22 rue des Remparts-d'Ainay* – Ⓜ *Ampère Victor Hugo* – 𝒞 *04 78 37 49 83* – *www.letabli-restaurant.fr* – *Fermé samedi et dimanche*

LE GARET

CUISINE LYONNAISE • BOUCHON LYONNAIS Une véritable institution bien connue des amateurs de cuisine lyonnaise : tête de veau, tripes, quenelles ou andouillettes se dégustent en toute convivialité dans un cadre exemplaire du genre. Le tout est complété par une ardoise du jour avec des plats du marché, aux prix raisonnables.

🅰🅲 ▭ – Prix : €

Plan : F2-43 – *7 rue du Garet* – Ⓜ *Hôtel de Ville* – 𝒞 *04 78 28 16 94* – *Fermé samedi et dimanche*

LE GRAND RÉFECTOIRE

CUISINE MODERNE • BRASSERIE Au sein de l'Hôtel-Dieu, sous les voûtes séculaires de l'ancien réfectoire des sœurs, cette immense brasserie propose une carte signée Marcel Ravin, le chef doublement étoilé du Blue Bay à Monaco. On déguste une cuisine actuelle aux touches exotiques, avec des influences antillaises. Délicieux bar feutré à l'étage (L'Officine) et plaisante terrasse dans la cour intérieure.

♿ ▭ – Prix : €€

Plan : F2-36 – *3 cour Saint-Henri, Grand Hôtel-Dieu* – Ⓜ *Bellecour* – 𝒞 *04 72 41 84 96* – *www.legrandrefectoire.com* – *Fermé lundi et dimanche soir*

L'INSTITUT RESTAURANT

CUISINE MODERNE • CONTEMPORAIN Place Bellecour, ce restaurant d'application n'a rien d'une école ! Dans un décor très contemporain signé Pierre-Yves Rochon, avec des cuisines ouvertes sur la salle, les élèves délivrent une prestation exigeante. Les assiettes, fort bien maîtrisées, méritent une bonne note. Pourquoi ne pas prolonger votre séjour lyonnais dans l'hôtel d'application lui-même, le Royal ?

♿ 🅰🅲 ▭ – Prix : €€€

Plan : F3-31 – *Le Royal, 20 place Bellecour* – Ⓜ *Bellecour* – 𝒞 *04 78 37 23 02* – *www.linstitut-restaurant.fr* – *Fermé samedi et dimanche, et vendredi soir*

LA MÈRE LÉA

CUISINE LYONNAISE • BOUCHON LYONNAIS Cette véritable institution locale s'est agrandie sur les quais et bénéficie désormais de plus d'espace et d'une jolie vue sur Fourvière et St-Jean. Les spécialités lyonnaises sont toujours en bonne place, avec deux menus au bon rapport qualité-prix et une carte bien ficelée.

🅰🅲 ▭ – Prix : €€

Plan : F2-32 – *11 place Antonin-Gourju* – Ⓜ *Bellecour* – 𝒞 *04 78 42 01 33* – *www.lamerelea.com* – *Fermé lundi et dimanche*

MONSIEUR P

CUISINE MODERNE • COSY Monsieur P a eu l'audace de prendre ses quartiers de gourmandise dans un lieu mythique de la place des Célestins (jadis hôtel de passe, puis le célèbre Francotte). Installé sur deux étages, l'établissement vous accueille dans plusieurs petites salles à manger bourgeoises, cosy et confortables. Côté assiette, une cuisine de produits franche et goûteuse. Le service est impeccable. Coup de cœur assuré !

♿ 🅰🅲 ▭ – Prix : €€€

Plan : F2-7 – *8 place des Célestins* – Ⓜ *Bellecour* – 𝒞 *04 81 18 70 24* – *www.monsieurp.fr* – *Fermé samedi et dimanche*

MORFAL ⓝ

CUISINE CRÉATIVE • BRANCHÉ Attention les décibels ! La sono fait partie des murs dans ce long couloir baigné de lumière rouge avec son comptoir-cuisine et ses tables collées contre le mur. Et contrairement à ce que pourrait laisser penser le nom de ce restaurant lyonnais, le registre gastronomique ne fait pas dans le plat canaille et franchouillard. Le chef se joue avec doigté des traditions culinaires asiatiques, voire d'ailleurs : on se régale d'un siu maï, de nombreuses préparations fermentées et d'assaisonnements japonais... C'est rudement bien fait et l'équipe pro n'est pas avare d'explications. Comptez 2 à 3 plats salés et 1 sucré pour faire un repas complet. Carte des vins nature, sélection de vins au verre intéressante, conseils avisés.

🍴 – Prix : €€

Plan : F2-37 – *16 rue Hippolyte-Flandrin* – Ⓜ *Hôtel de Ville* – ☎ *04 78 08 14 03* – *Fermé lundi, dimanche et mardi midi*

LE MUSÉE

CUISINE LYONNAISE • BOUCHON LYONNAIS Un bouchon sincère et authentique ! Nappes à carreaux, tables au coude-à-coude, et une sacrée ambiance : le décor est planté. Véritable âme de la maison, Luc, le truculent patron, a un mot pour chaque client. Quant à la cuisine, le chef réalise les classiques avec un vrai savoir-faire : saucisson pistaché brioché fait maison, tablier de sapeur... Que du bon.

Prix : €

Plan : F2-44 – *2 rue des Forces* – Ⓜ *Cordeliers* – ☎ *04 78 37 71 54* – *Fermé lundi et dimanche, et samedi soir*

REGAIN

CUISINE MODERNE • CONTEMPORAIN Proche des quais de Saône, une jeune équipe propose une jolie cuisine du marché (thon blanc, aubergine, mûre, tempura ; côte et ris de veau de la ferme de Clavisy, salicorne, pommes de terre et beurre blanc ; figue et lait de chèvre) déclinée sous forme d'un menu avec choix le midi, ou des formules dégustation en plusieurs temps le soir. Grande salle lumineuse qui lorgne vers le style industriel.

♿ 🅰🅲 – Prix : €€

Plan : F2-39 – *3 rue d'Algérie* – Ⓜ *Hôtel de Ville-Louis Pradel* – ☎ *09 81 10 65 08* – *www.regainrestaurant.fr* – *Fermé samedi et dimanche*

SUBSTRAT

CUISINE MODERNE • BISTRO "Produits de la cueillette et vins à boire" : voici la promesse de cette table entre maison de campagne et atelier d'artisan... Le Chef tient sa promesse, en mycologue averti, les champignons ont le beau rôle ici, tout comme les autres produits de la cueillette : fleurs d'acacia, ail des ours, airelles et autres myrtilles accompagnent des assiettes créatives et débordantes de nature. Les vins sont au diapason, sélectionnés par le Chef, sommelier de formation. On se régale !

♿ 🅰🅲 – Prix : €€

Plan : F1-6 – *7 rue Pailleron* – Ⓜ *Hénon* – ☎ *04 78 29 14 93* – *www.substrat-restaurant.com* – *Fermé lundi, dimanche, et mercredi et jeudi à midi*

THOMAS

CUISINE TRADITIONNELLE • BISTRO Le Chef-patron Thomas Ponson n'est pas du genre oisif, il pourrait presque faire rebaptiser la rue Laurencin de son nom, tant ses affaires (bistrot, café, bouchon, restaurant de poissons et fruits de mer) y sont florissantes ! Dans son bistrot mère, il concocte de sympathiques menus le midi, et montre l'étendue de ses capacités techniques le soir, autour de produits plus nobles (noix de Saint-Jacques, pigeonneau, ris d'agneau du Bourbonnais, etc.). Incontournable...

🕸 🅰🅲 ✛ – Prix : €€

Plan : F3-47 – *6 rue Laurencin* – Ⓜ *Bellecour* – ☎ *04 72 56 04 76* – *www.restaurant-thomas.com* – *Fermé samedi et dimanche*

LYON

LYON

LES TROIS DÔMES

CUISINE MODERNE • CONTEMPORAIN Au dernier étage de l'hôtel Sofitel Lyon Bellecour, entre deux coups d'œil sur un panorama unique, on déguste dans un cadre épuré une cuisine d'esprit brasserie contemporaine (tartare de daurade et langoustine, cœur de saumon mi-fumé confit...) avec quelques classiques revisités : lentilles vertes, saucisson lyonnais, voile de porto ; brioche de brochet, petit épeautre, sauce écrevisse.

⪻ & AC – Prix : €€€

Plan : F3-25 – *Sofitel Lyon Bellecour, 20 quai du Docteur-Gailleton* – Ⓜ *Bellecour* – ℰ *04 72 41 20 97* – *www.les-3-domes.com* – *Fermé dimanche*

BOSCOLO LYON   🖼 *Plus*

CLASSIQUE • ÉLÉGANT Situé sur la presqu'île et à deux pas de la place Bellecour, cet hôtel entièrement rénové illustre l'architecture haussmannienne de bien charmante manière. À l'intérieur, c'est un luxe discret italianisant qui s'exprime en douceur dans les chambres et les suites. Au sous-sol, piscine intérieure et espace bien-être.

& 🦮 🄿 🕸 🚲 🏊 💧 🛎 🍽 AC - 133 chambres

11 quai Jules Courmont – ℰ *04 87 25 72 00* – *www.boscolocollection.com/lyon*

HÔTEL DE L'ABBAYE

MODERNE • ÉLÉGANT Situé juste à côté de la Basilique de Saint-Martin d'Ainay, l'Hôtel de l'Abbaye a lui-même une longue histoire. Aujourd'hui hôtel de luxe, il mise sur une décoration parfaitement équilibrée entre héritage et esprit contemporain : ses designers ont réussi l'alliance de pièces vintage, des classiques du design et du luxe moderne.

🄿 🕸 🛎 AC - 21 chambres

20 rue de l'Abbaye d'Ainay – ℰ *04 78 05 60 40* – *www.hotelabbayelyon.com*

L'Artichaut - Voir la sélection des restaurants

INTERCONTINENTAL HÔTEL-DIEU LYON

CONTEMPORAIN • RAFFINÉ Cet imposant édifice, sur les rives du Rhône, est constitué de deux bâtiments des 18e et 19e s. Dans un contraste réussi avec son architecture, ses intérieurs révèlent un pur luxe contemporain. Chambres et suites allient subtilement personnalité et raffinement, tandis que les espaces publics conjuguent de manière plus spectaculaire design contemporain et ornementation classique. Le salon, grandiose et accueillant, reçoit autant les Lyonnais que les visiteurs.

🕸 🄿 🕸 🚗 🚲 🏊 🛎 🍽 AC - 144 chambres

20 quai Jules Courmont – ℰ *04 26 99 23 23* – *www.lyon.intercontinental.com*

Epona - Voir la sélection des restaurants

MOB HÔTEL LYON CONFLUENCE   🖼

AVANT-GARDE • CONVIVIAL Fort de son concept "d'hôtel pour les gens", le Mob Hotel a choisi pour son adresse lyonnaise le nouveau quartier Confluence, jeune et vivant. La silhouette si particulière du bâtiment donne une identité bien marquée. Les chambres, quoique peu spacieuses, ont été pensées avec autant d'attention : un décor épuré, en béton et bois blond, avec quelques judicieuses touches de couleur et de textures. Mais la clientèle apprécie surtout les cours de yoga, concerts et boutiques pop-up.

🄿 🛋 🕸 🐕 ♿ 🛎 AC - 99 chambres

55 quai Rambaud – ℰ *04 58 55 55 88* – *www.mobhotel.com/lyon*

LE ROYAL

CLASSIQUE • RAFFINÉ Difficile d'imaginer un grand hôtel plus élégant. Immeuble haussmannien éclairé par un dôme de style Renaissance, cette référence lyonnaise domine la place Bellecour. Grâce à une rénovation inspirée, l'esprit des lieux est intact :,les étoffes aux motifs classiques et le décor à la palette de rouges et de bleus anoblissent mobilier et accessoires, anciens comme contemporains.

& 🏊 🅿 🛎 ⽨ 🅰🅲 - 74 chambres

20 place Bellecour – ℰ 04 78 37 57 31 – www.lyonhotel-leroyal.com

L'Institut Restaurant - Voir la sélection des restaurants

🛏 **SOFITEL LYON BELLECOUR**

CONTEMPORAIN • RAFFINÉ Un Sofitel luxueux et élégant, de facture contemporaine, où la soie – fierté des célèbres canuts lyonnais – est à l'honneur ! Pour l'anecdote, Bill Clinton a séjourné dans la suite présidentielle.

& 🏊 🅿 ⽨ 🍸 🌐 ♨ 🧖 🏋 🛎 🅰🅲 - 164 chambres

20 quai Gailleton – ℰ 04 72 41 20 20 – www.sofitel.com/gb/hotel-0553-sofitel-lyon-bellecour/index.shtml

Les Trois Dômes - Voir la sélection des restaurants

LES BROTTEAUX-LA PART-DIEU-LA GUILLOTIÈRE-GERLAND

3ᵉ - 6ᵉ - 7ᵉ - 8ᵉ ARRONDISSEMENTS

LYON

🏵🏵 **LE NEUVIÈME ART**

Chef : Christophe Roure

CUISINE CRÉATIVE • CONTEMPORAIN C'est notamment dans les cuisines de Paul Bocuse ou de Régis Marcon que Christophe Roure, titulaire de trois CAP (cuisine, charcuterie, pâtisserie, qui dit mieux !) a fait son apprentissage. Meilleur Ouvrier de France en 2007, installé à Lyon depuis 2014, il fait jour après jour l'étalage de ses qualités : une subtile inventivité, une précision dans les mariages de saveurs, sans oublier un choix de produits irréprochable. À titre d'exemple, son ragoût de coquillages et mousserons est une merveille d'équilibre et de finesse où la sauce hollandaise parfumée à la citronnelle vient révéler l'iode et les notes de sous-bois du champignon. À savourer tous les sens en éveil, comme on écouterait la... 9ᵉ symphonie de Mahler.

🍽 & 🅰🅲 – Prix : €€€€

Plan : H2-49 – *173 rue Cuvier –* Ⓜ *Brotteaux – ℰ 04 72 74 12 74 – www.leneuviemeart.com – Fermé lundi, dimanche et mardi midi*

🏵🏵 **TAKAO TAKANO**

Chef : Takao Takano

CUISINE CRÉATIVE • DESIGN Comment ne pas admirer le parcours de Takao Takano ? Originaire de la préfecture de Yamanashi, au Japon, il a rapidement abandonné des études de droit pour se consacrer à sa véritable passion : la cuisine. Depuis 2013, il est installé dans le 6ᵉ arrondissement de Lyon, dans un intérieur tout en élégance et en sobriété. Si le restaurant, depuis son ouverture, fait presque toujours salle comble, c'est grâce à ses assiettes tout en originalité et en finesse, qui régalent et surprennent dans le même mouvement. Et remplissent à merveille l'objectif que s'est fixé le chef : "Faire simple et bon." Attardons-nous un moment sur ce filet d'omble chevalier, parfaitement cuit, avec queues d'écrevisses, chanterelles et vermouth de Chambéry, ou ce pigeonneau du Poitou, avec topinambours, guanciale et truffe du Vaucluse... Équilibre gustatif, intelligence de la composition : tout Takao Takano est là.

🍽 & 🅰🅲 – Prix : €€€€

Plan : G2-50 – *33 rue Malesherbes –* Ⓜ *Foch – ℰ 04 82 31 43 39 – www.takaotakano.com – Fermé lundi, samedi et dimanche*

🏵 **LE GOURMET DE SÈZE**

Chef : Bernard Mariller

CUISINE CLASSIQUE • ÉLÉGANT Une trentaine d'années déjà que Bernard Mariller, l'un des rénovateurs de la scène culinaire lyonnaise dans les années 1990, officie dans cette rue, à quelques pas seulement de l'adresse d'origine. Et ce fils et petit-fils d'agriculteurs de Saône-et-Loire, passé chez Joël Robuchon, Jacques Lameloise et Michel Troigros, a toujours la pêche ! Il réalise une cuisine moderne et goûteuse autour de produits de saison, souvent nobles (Saint-Jacques d'Erquy, bar de ligne de Bretagne…). Sa rigueur et son sérieux, ainsi que ses redoutables talents de saucier, sont toujours au rendez-vous.

🕸 ᵹ 🅰🄲 ᗕ – Prix : €€€

Plan : H2-51 – *125 rue de Sèze* – ⓂMasséna – ☏ *04 78 24 23 42* – *www.legourmetdeseze.com* – *Fermé lundi, dimanche et du mardi au jeudi à midi*

❀ **MIRAFLORES**

Chef : Carlos Camino

CUISINE PÉRUVIENNE • INTIME Le chef Carlos Camino, natif du Pérou, vous entraîne dans un réjouissant voyage culinaire franco-péruvien au cœur d'un bel espace contemporain, avec sa cuisine ouverte. Le lieu, chic et raffiné, accueille la cuisine sincère et personnelle d'un chef dont la maturité et l'engagement magnifient des produits de grande qualité. Saveurs percutantes et jeux sur les textures : une cuisine intelligente et poétique, à l'image de ce ceviche hierba luisa, leche de tigre au cacao noir, ou cette pota (calmar géant) braisée palo santo, écume de mer et sauce nikkei. Une adresse savoureuse et voyageuse.

ᵹ 🅰🄲 – Prix : €€€€

Plan : H2-52 – *112 boulevard des Belges* – Ⓜ *Brotteaux* – ☏ *04 78 24 49 71* – *www.restaurant-miraflores.com* – *Fermé lundi, dimanche et du mardi au samedi à midi*

❀ **LA MUTINERIE**

Chef : Nicolas Seibold

CUISINE CRÉATIVE • CONTEMPORAIN Un chef passé par de (très) belles maisons (Le Negresco, La Dame de Pic, Ledoyen et Têtedoie) a choisi un cadre épuré au look un brin vintage de briques, de bois et de béton ciré. Il y propose un menu mystère au déjeuner (au bon rapport qualité/prix) comme au dîner. Sa cuisine appliquée, végétale, fine et digeste, allie simplicité, limpidité et efficacité comme cet omble, livèche, pomme Granny Smith et aneth, ou encore ce pigeon, caillette et persil tubéreux. La Mutinerie, une vraie rébellion gourmande et créative.

ᵹ 🅰🄲 ⌂ – Prix : €€€

Plan : G2-78 – *123 rue Bugeaud* – Ⓜ *Masséna* – ☏ *04 72 74 91 51* – *www.la-mutinerie.fr* – *Fermé lundi, dimanche et du mardi au jeudi à midi*

❀ **LE PASSE TEMPS**

Chef : Younghoon Lee

CUISINE CRÉATIVE • ÉPURÉ Le jeune chef coréen Younghoon Lee s'est pris de passion pour notre gastronomie dans un restaurant français de Séoul. Après avoir parfait son métier à l'Institut Paul Bocuse et chez Lasserre, il a ouvert son propre restaurant dans le quartier des Brotteaux avec son épouse. Épuré, l'espace est résolument contemporain avec son parquet en bois clair et sa cave à vin centrale vitrée. Doté d'un sens aigu de l'esthétisme et des saveurs, il réinterprète la cuisine française en l'habillant de subtiles touches coréennes : tartare de thon rouge fondant avec betterave et crème fraîche ; médaillon de lotte cuit à basse température avec une sauce au kimchi blanc. La cuisine de Lee : plus qu'un passe-temps, une passion.

🕸 ᵹ 🅰🄲 – Prix : €€€

Plan : G2-53 – *52 rue Tronchet* – Ⓜ *Masséna* – ☏ *04 72 82 90 14* – *www.lepassetemps-restaurant.com* – *Fermé lundi, dimanche et jeudi midi*

☺ **AGASTACHE**

CUISINE CRÉATIVE • CONTEMPORAIN Dans ce bistrot au décor simple mais actuel, on se régale d'une cuisine "d'instinct" contemporaine et fort travaillée. Produits, saisons, inspiration végétale : le résultat est bluffant d'élégance formelle et de cohérence gustative. Ajoutons à cela une générosité non feinte, une atmosphère conviviale et vous obtenez l'une des valeurs sûres de la rive gauche.

&. AC – Prix : €€

Plan : G2-56 – *134 rue Duguesclin* – **Ⓜ** *Foch* – *𝒞 04 78 52 30 31* –
www.agastache-restaurant-lyon.fr – Fermé samedi et dimanche, et mercredi soir

BERGAMOTE

CUISINE MODERNE • CONVIVIAL Dans un quartier en pleine évolution, sou-
dain... une perle gastronomique ! Dans un cadre simple et nature, un jeune chef
nous régale de savoureuses assiettes de saison, nettes et soignées - le tout pour
un prix très abordable au déjeuner. Cuisine plus ambitieuse le soir.

AC – Prix : €€

Plan : B2-86 – *123 rue de Gerland* – **Ⓜ** *Place Jean-Jaurès* – *𝒞 04 78 72 64 32* –
www.restaurant-bergamote.fr – Fermé samedi et dimanche, et mardi soir

LE JEAN MOULIN

CUISINE MODERNE • CONTEMPORAIN On s'installe ici dans une salle en longueur, divisée en deux parties autour d'une cave vitrée, sous un plafond brut façon
industrielle pour déguster une cuisine au goût du jour préparé par le chef Grégoire
Baratier. Le menu change régulièrement, mais citons deux exemples de cette cuisine du marché pour s'en faire une idée : grosse raviole aux escargots et fondue de
poireaux, émulsion ail et persil, mélange d'herbes folles ; paleron de veau confit,
mousseline de racines de cerfeuil tubéreux, légumes d'hiver glacés, réduction de
jus de cuisson. Une cuisine fraîche et bien réalisée, où affleurent parfois des clins
d'œils à la tradition lyonnaise...

&. AC – Prix : €€

Plan : G2-57 – *45 rue de Sèze* – **Ⓜ** *Masséna* – *𝒞 04 78 37 37 97* –
www.lejeanmoulin-lyon.com – Fermé lundi et dimanche

LE KITCHEN

CUISINE MODERNE • BRANCHÉ Dans le quartier des facultés Louis Lumière et
Jean Moulin, ce Kitchen-là est une affaire qui roule. Le cadre design est délicieusement Art Déco et scandinave (comme la patronne), avec ses huit petites tables
carrées ; la vitrine de pâtisseries/viennoiseries (à emporter ou à consommer sur
place) de son compagnon pâtissier met l'eau à la bouche (le lieu ouvre au petit-
déjeuner et au goûter, mais pas au dîner). On y savoure des assiettes faisant la part
belle aux produits bio – notamment légumes – de la région...

🍴 – Prix : €

Plan : F3-58 – *34 rue Chevreul* – **Ⓜ** *Jean Macé* – *𝒞 06 03 36 42 75* –
www.lekitchenlyon.com – Fermé mardi et mercredi, et du jeudi au dimanche soir

M RESTAURANT

CUISINE DU MARCHÉ • CONTEMPORAIN Survitaminée ! La table de Julien
Gautier met de la bonne humeur dans la chic avenue Foch, bordée de platanes.
Imaginez un décor chic et sobre dans les tons bleutés, des fauteuils design en feutre
gris, des tables nappées, un bar et sa vinothèque entourés d'une verrière... Même
énergie côté service – assuré par une équipe pro et enthousiaste – et côté cuisine.
Le chef, un ancien de Léon de Lyon, propose notamment un appétissant menu
du marché. Il sait mettre la technicité et le savoir-faire acquis dans cette grande
maison au service de fines saveurs tout à fait adaptées à l'esprit de notre époque.
Superbes madeleines au miel avec leur sorbet au fromage blanc en dessert. Il faut
le dire franchement : on M.

AC 🍴 – Prix : €€

Plan : G2-59 – *47 avenue Maréchal-Foch* – **Ⓜ** *Foch* – *𝒞 04 78 89 55 19* –
www.mrestaurant.fr – Fermé samedi et dimanche

PY RESTAURANT

CUISINE MODERNE • CONTEMPORAIN Dans cette petite brasserie des quartiers
chics, Pierre (en cuisine) et Yuko (en salle) font des merveilles. On s'attable dans
un décor contemporain pour déguster des assiettes travaillées et généreuses. Les
papilles sont en émoi : boudin basque à la plancha, poulpe sauté et crémeux de pois
cassés - sans oublier les excellents desserts comme ce crémeux au pamplemousse,

LYON

biscuit à l'huile d'olive et sorbet à la mangue. Le soir, les produits nobles sont plus nombreux (homard, filet de bœuf, ris de veau...).

🅐🅒 🍴 – Prix : €€

Plan : G2-55 – *16 cours Vitton* – 🅜 *Masséna* – 🕿 *04 78 52 71 30 – www.pyrestaurant.fr/fr – Fermé lundi et dimanche*

😊 SAKU RESTAURANT

CUISINE MODERNE • SIMPLE Saku, c'est le surnom du chef de cette adresse abritée derrière une devanture discrète. Lui et son épouse, japonais tous deux, proposent une réjouissante cuisine française bien dans l'air du temps, parsemée de touches nipponnes. Les produits sont frais, les assiettes soignées, les prix doux, l'accueil des plus sympathiques : on passe un bon moment.

🅐🅒 – Prix : €€

Plan : G3-60 – *27 rue Rachais* – 🅜 *Garibaldi* – 🕿 *04 78 69 45 31 – www.sakurestaurant.fr – Fermé dimanche et mercredi midi*

😊 SAUF IMPRÉVU

CUISINE DU MARCHÉ • BISTRO On peut tirer à Félix Gagnaire, pâtissier de formation et fils de Pierre – que l'on ne présente plus, multi-étoilé en France et à l'étranger –, un sacré coup de chapeau pour ce restaurant des Brotteaux. Son équipe y propose (à midi principalement) une cuisine savoureuse, avec un œil rivé sur la tradition : soupe de cresson, œuf poché et bacon ; pâté en croûte chaud ; cheesecake mangue-passion. La clientèle se délecte de plats gourmands et goûteux, comme de rigueur dans ces contrées rhônalpines. Tout est frais et fait maison, tout tombe juste... Une valeur sûre.

🍽️ – Prix : €

Plan : G2-61 – *40 rue Pierre-Corneille* – 🅜 *Foch* – 🕿 *04 78 52 16 35 – Fermé samedi et dimanche, et mardi, mercredi et vendredi soir*

😊 SIPRÈS 🆕

CUISINE MODERNE • CONVIVIAL Deux Alexis, l'un au salé et l'autre au sucré, ont ouvert sur la place du Prado cette table conviviale avec ses murs de pierres apparentes et son carrelage mural. Leur complicité fait mouche dès l'entrée (gourmande) avec ce pâté en croûte fait maison à 4 mains, nimbé d'une pâte bien dorée et croustillante réalisée par le pâtissier, et entourant une goûteuse farce bien assaisonnée exécutée par le chef. Il est suivi d'un kefta de lieu jaune, pois chiche, ail confit et sauce tomate harissa, une réinterprétation intéressante de ce plat, en version parfumée et voyageuse. Adapté à la clientèle pressée du midi, le menu déjeuner change chaque semaine ; au dîner, on découvre un menu-carte plus ambitieux renouvelé au gré des saisons et du marché.

♿ 🅐🅒 – Prix : €€

Plan : G3-45 – *2 place du Prado* – 🅜 *Jean Macé* – 🕿 *04 87 78 43 02 – www.sipresrestaurant.fr – Fermé samedi et dimanche*

😊 VERONATUTI

CUISINE ITALIENNE • Une salade d'inspiration sicilienne au fenouil et à l'orange en entrée, une recette d'Émilie-Romagne en plat (un stracotto de bœuf braisé au vin rouge, carottes et oignons) et enfin un dessert d'inspiration lombarde et piémontaise (une glace maison à la "farina bòna", à base de maïs torréfié, crumble de sbrisolona et fine feuille de chocolat) : c'est à un véritable voyage gastronomique à travers l'Italie qu'invitent les deux compères de cette authentique trattoria. Tout est frais et maison, et le café vient même d'un torréfacteur artisanal lyonnais. Un régal à prix doux.

🅐🅒 – Prix : €€

Plan : G3-70 – *122 rue Montesquieu* – 🅜 *Saxe-Gambetta* – 🕿 *04 37 66 16 22 – www.veronatuti.com – Fermé lundi et dimanche, et mardi et samedi soir*

😊 LE ZESTE GOURMAND

CUISINE MODERNE • CONTEMPORAIN Une déco épurée, bien dans l'air du temps (dalles anthracite, murs blancs et jaunes, ampoules nues...) et une cuisine

LYON

au diapason : maîtrisée et savoureuse, basée sur des produits de qualité et au tarif raisonnable.

&. AC – Prix : €€

Plan : G2-66 – *93 rue Bossuet* – Ⓜ *Masséna* – 𝒞 *04 78 26 07 97* –
www.lezestegourmand.fr – Fermé lundi, samedi et dimanche

L'ALEXANDRIN

CUISINE MODERNE • **CONTEMPORAIN** Voilà plus d'un quart de siècle maintenant que le chef Laurent Rigal régale discrètement à l'abri du Palais de Justice. Insensible aux modes, il trace tranquillement son sillon entre produits nobles (homard breton, volaille de Bresse...) et touches actuelles. Mention spéciale pour le menu "tendance légumes", où végétal et créativité s'entendent à merveille.

AC – Prix : €€€

Plan : G2-83 – *83 rue Moncey* – Ⓜ *Place Guichard* – 𝒞 *04 72 61 15 69* –
www.lalexandrin.fr – Fermé lundi et dimanche

L'ARGOT

SPÉCIALITÉS DE VIANDES • **CONVIVIAL** Dans le quartier des Brotteaux, un restaurant qui fait boucherie, à moins que ce ne soit le contraire... Le client choisit sa pièce de viande dans l'armoire vitrée – bœuf du Limousin, de Galice, d'Aubrac, agneau et veau d'Auvergne... – que le chef accompagne de la garniture du jour. Simple et savoureux.

AC ⇦⇨ – Prix : €€

Plan : H2-68 – *132 rue Bugeaud* – Ⓜ *Brotteaux* – 𝒞 *04 78 24 57 88* –
Fermé lundi et dimanche, et mercredi et samedi soir

BISTRO B

CUISINE MODERNE • **BISTRO** À Lyon, ce néo-bistrot du 6ème propose une cuisine voyageuse, goûteuse et à prix doux. Côté déco : bardage en bois brut, luminaire suspendu avec abat-jours dépareillés, sol terrazzo noir. Ici, on rôtit les carottes pour les associer à la clémentine et au cumin en salade, là, on fait voyager l'épaule d'agneau avec un jus Ras-el-Hanout et du boulgour. Et en dessert, on se régale d'une mousseline de pomme de terre au fromage blanc, biscuit à la fève de tonka et glace vanille.

AC 🌣 – Prix : €€

Plan : G2-71 – *90 rue Duguesclin* – Ⓜ *Masséna* – 𝒞 *04 78 89 12 21* –
www.bistrob-lyon.fr – Fermé lundi et dimanche, et mardi soir

LE BOUCHON SULLY

CUISINE LYONNAISE • **BOUCHON LYONNAIS** Un petit bistrot ouvert par Julien Gautier (propriétaire du M Restaurant voisin) dans un esprit de bouchon modernisé : gâteau de foies de volaille, foie de veau en persillade et tête de veau sauce ravigote sont à l'ardoise, pour notre plus grand plaisir. C'est gourmand et bien exécuté : on en redemande.

AC – Prix : €€

Plan : G1-72 – *20 rue Sully* – Ⓜ *Foch* – 𝒞 *04 78 89 07 09* –
www.lebouchonsully.com – Fermé samedi et dimanche

CAZENOVE

CUISINE TRADITIONNELLE • **CLASSIQUE** Un décor "so British", avec une ronde de sculptures en bronze et fauteuils Chesterfield... Dans cette atmosphère très chaleureuse, sous la houlette du Meilleur Ouvrier de France Pierre Orsi, on propose une cuisine de bistrot chic, classique et maîtrisée. L'adresse fait régulièrement salle comble !

AC – Prix : €€

Plan : G2-64 – *75 rue Boileau* – Ⓜ *Masséna* – 𝒞 *04 78 89 82 92* –
www.le-cazenove.com – Fermé samedi et dimanche

LYON

CELEST

CUISINE MODERNE • CONTEMPORAIN Au 32e étage de la Tour de la Part-Dieu (165m en tout), que les Lyonnais appellent "Le Crayon", on découvre à la fois la ville magnifique et une cuisine actuelle qui fait la part belle au produit. Foie gras de canard, hibiscus et poivre voatsiperifery ; lotte rôtie au beurre demi-sel, risotto au lait d'amande ; damier pistache-framboise...

⇐ ⅄ AC – Prix : €€€

Plan : G2-84 – Radisson Blu Lyon, 129 rue Servient – Ⓜ Part-Dieu – ℰ 04 78 63 55 46 – www.celest-bar-restaurant.com – Fermé lundi, dimanche et du mardi au samedi à midi

DANIEL ET DENISE CRÉQUI

CUISINE LYONNAISE • BOUCHON LYONNAIS Joseph Viola, Meilleur ouvrier de France, règne sur ce petit bouchon pur jus, au décor patiné par le temps. Il propose des recettes traditionnelles parfaitement réalisées (tête de veau, quenelle de brochet...), à base de superbes produits, avec quelques suggestions de saison. Son plat fétiche ? Le pâté en croûte au ris de veau et foie gras... Laissez-vous tenter !

AC 🍴 – Prix : €€

Plan : G2-73 – 156 rue de Créqui – Ⓜ Place Guichard – ℰ 04 78 60 66 53 – www.danieletdenise.fr – Fermé samedi et dimanche

DANTON

CUISINE MODERNE • BISTRO Dans ce néobistrot convivial, pas de tergiversations : les recettes vont à l'essentiel, dans une veine aussi canaille que gourmande (avec une carte des vins faisant honneur à la région, mais pas seulement). Le petit plus qui fait la différence ? Les cuissons à basse température. En cas d'affluence, allez sonner à l'annexe mitoyenne "L'Escapade Danton".

AC – Prix : €€

Plan : H3-74 – 8 rue Danton – Ⓜ Part Dieu – ℰ 04 37 48 00 10 – www.danton-restaurant.fr – Fermé samedi et dimanche

IMOUTO

CUISINE FUSION • DESIGN Imouto ("petite sœur", en japonais) a trouvé sa place dans le quartier de la Guillotière. Originaire du Vietnam, Gaby Didonna imagine de savoureuses recettes fusion, entre tradition française et influences nippones. Goûteux et toujours bluffant !

AC – Prix : €€€

Plan : F3-76 – 21 rue Pasteur – Ⓜ Guillotière – ℰ 04 72 76 99 53 – www.imouto.fr – Fermé lundi et mardi, et dimanche soir

L'INATTENDU

CUISINE MODERNE • CONTEMPORAIN Cet ancien infirmier, reconverti après avoir gagné l'émission Masterchef, concocte une cuisine moderne et généreuse, à l'image de cette entrée "inaTTendue" – devenue signature –, le tataki de bœuf et cervelle de canut. En salle, son épouse, ancienne aide soignante, s'occupe désormais de nos papilles. Une adresse décidément sympathique.

AC – Prix : €€

Plan : G2-77 – 95 rue Bossuet – Ⓜ Masséna – ℰ 04 37 24 13 44 – www.linattendulyon.fr – Fermé samedi et dimanche

OSTERIA MATTO Ⓝ

CUISINE ITALIENNE • BISTRO Bon sang ne saurait mentir : celui qui coule dans les veines du chef Thomas Asti est en partie transalpin. Il a donc décidé d'ouvrir, avec son associée, une trattoria au décor de bistrot qui puise dans les meilleures recettes de la botte pour régaler une clientèle de quartier déjà fidèle. Bienvenus donc les vitello tonnato, bagna cauda, veau aux gnocchis de pomme de terre maison et autre tarte au citron de Sicile comme à la casa... le tout arrosé de vins italiens de qualité. Une adresse sérieuse.

LYON

& AC – Prix : €€

Plan : G2-54 – *23 rue de Sèze* – Ⓜ *Foch* – ℰ *04 72 71 79 66* – *www.osteria-matto.eatbu.com* – *Fermé samedi et dimanche*

LE PRÉSIDENT

CUISINE MODERNE • CONTEMPORAIN Cette institution lyonnaise reprise par Christophe Marguin propose judicieusement une cuisine moderne, sans jamais oublier les grands classiques ; grenouilles à la crème, volaille de Bresse à la crème d'Etrez. Le "Président" Edouard Herriot, alors maire de Lyon, avait l'habitude de venir y prendre son café...

& AC 🍴 ♧ – Prix : €€€

Plan : G1-14 – *11 avenue de Grande-Bretagne* – Ⓜ *Foch* – ℰ *04 78 94 51 17* – *www.restaurantlepresident.com* – *Fermé samedi et dimanche*

SINABRO

CUISINE CORÉENNE • SIMPLE Une envie de bibimbap et d'authentique cuisine coréenne ? Alors bienvenue dans ce bistrot ! On apprécie d'abord un cadre contemporain (tables et chaises en bois clair), puis une carte resserrée, ensuite un service pro et souriant et, enfin, une cuisine saine et savoureuse – jusqu'au dessert.

AC – Prix : €

Plan : H2-81 – *126 rue de Sèze* – Ⓜ *Masséna* – ℰ *04 78 52 74 34* – *www.sinabro.fr* – *Fermé lundi et dimanche midi*

LE SUPRÊME

CUISINE MODERNE • TRADITIONNEL Fruit de l'amour d'un couple de cuisiniers franco-coréen qui s'est rencontré à New-York, ce bistrot vintage de charme met à l'honneur l'iconique gallinacé. Le chef, ancien bras droit de Daniel Boulud, signe un gâteau de foies blonds de haute volée et une poularde demi-deuil, si réussie qu'elle est déjà classique. Il invite aussi avec brio la poire Nashi entre les Saint-Jacques et les choux de Bruxelles en tarte fine. En saison, on travaille le gibier local. Sélection de vins pointue.

& AC 🍴 – Prix : €€

Plan : G3-82 – *106 cours Gambetta* – Ⓜ *Garibaldi* – ℰ *04 78 72 32 68* – *www.lesupremelyon.fr* – *Fermé lundi, dimanche, samedi midi et mardi soir*

LA TABLE 101

CUISINE MODERNE • DE QUARTIER Dans le quartier de la Part-Dieu, non loin des halles Paul-Bocuse, l'adresse d'Olivier et Maryline Delbergues propose une cuisine du marché avec quelques touches créatives : sablé noisette, carbonara de ventrèche et escargots des Monts du Lyonnais, pigeon rôti sur le coffre avec quinoa et légumes façon tajine...Jolie sélection de vins.

AC 🍴 ♧ – Prix : €€

Plan : G2-62 – *101 rue Moncey* – Ⓜ *Place Guichard* – ℰ *04 78 60 90 23* – *www.latable101.fr* – *Fermé samedi et dimanche*

TAGGAT Ⓝ

CUISINE CRÉATIVE • CONTEMPORAIN Dans ce bistrot de style contemporain doté de touches indus', le chef maîtrise bien son sujet, en l'occurrence une cuisine plutôt créative qui n'a pas peur des saveurs franches : burrata et concombre, mojo verde, chips de pain, ail confit et poudre d'olives noires ; saint-pierre, caponata, feuilletage à l'olive et jus de poivron rouge... Menu déjeuner, et le soir une carte dans le même esprit élaborée avec des produits plus nobles.

& AC 🍴 ♧ – Prix : €€

Plan : G2-48 – *110 rue Vendôme* – Ⓜ *Foch* – ℰ *04 78 52 09 31* – *www.taggat.fr* – *Fermé samedi et dimanche*

YKA BAR & CEVICHE

CUISINE PÉRUVIENNE • CONTEMPORAIN Comptoir informel du restaurant gastronomique franco-Péruvien étoilé Miraflores, Yka est un lieu idéal pour un

LYON

after-work aux Brotteaux. Dans un décor chaleureux et contemporain (belle fresque murale colorée représentant des Péruviens de la région de Cusco), on goûte à un cocktail au pisco, on picore quelques empanadas et leur tiède pâte feuilletée fourrée de bœuf et de petits pois, ou l'on choisit un ceviche parmi ceux qui sont proposés.

🅰🅲 🍸 – Prix : €€

Plan : H2-16 – *112 boulevard des Belges* – Ⓜ *Brotteaux* – ℰ *04 78 24 49 71* – *www.restaurant-miraflores.com/yka – Fermé lundi et dimanche*

🛏 ## MAMA SHELTER LYON

AVANT-GARDE • CHALEUREUX Comme ses cousines, cette Mama Shelter met en avant une déco branchée (béton brut, objets design, détails décalés...) et des chambres résolument contemporaines, tendance minimaliste. Quant au brunch du dimanche, il ravira les amateurs !

🅿 🛋 🌀 🔐 🍴 🅰🅲 - 156 chambres

13 rue Domer – ℰ *04 78 02 58 00* – *www.mamashelter.com/en/lyon*

🛏 ## OKKO LYON PONT LAFAYETTE

CONTEMPORAIN • CHARME Situé sur les rives du Rhône, dans l'ancienne préfecture du 6ᵉ arrondissement de Lyon, cet établissement fait partie d'une famille grandissante et française d'hôtels de charme. Et si son architecture est haussmannienne, ses intérieurs, signés Patrick Norguet, sont aussi contemporains que possible, du mobilier design aux couleurs saturées jusqu'aux tons de pierres précieuses. Il n'y a pas de restaurant, mais l'hôtel sert le petit-déjeuner, un apéritif quotidien à l'italienne, ainsi qu'un menu léger toute la journée.

🌀 🅰🅲 - 85 chambres

14 bis quai Général Sarrail – ℰ *04 28 00 02 50* – *www.okkohotels.com/en/page/lyon*

VIEUX-LYON-VAISE

5ᵉ - 9ᵉ ARRONDISSEMENTS

☸ ## AU 14 FÉVRIER

Chef : Tsuyoshi Arai

CUISINE CRÉATIVE • DESIGN Le 14 février est installé rue du Bœuf, au cœur du vieux Lyon, parmi les hôtels particuliers Renaissance, les ruelles pavées et autres galeries à arcades... De quoi se mettre en appétit pour déguster le menu surprise du chef Tsuyoshi Arai dont le talent et l'imagination ne sont plus à prouver. Natif de Kyoto, il appartient à la grande famille des chefs japonais tombés amoureux du patrimoine culinaire gaulois. Il magnifie des produits d'une fraîcheur exceptionnelle (volaille de la maison Miéral, bœuf wagyu) en jouant sur les textures, l'amertume et l'acidité : petits pois, fèves et pois gourmands avec tamarin, tourteau et caviar ; tatin de betterave avec fraises et foie gras ; pigeonneau cuit au feu de bois de cerisier... À chaque repas, il enchante son auditoire avec sa symphonie saisonnière. Quant au service, il est d'une extrême gentillesse.

🍽 🅰🅲 🎀 – Prix : €€€€

Plan : E2-20 – *36 rue du Bœuf* – Ⓜ *Vieux Lyon* – ℰ *04 78 92 91 39* – *www.ly-au14fevrier.com – Fermé lundi, samedi et dimanche et du mardi au jeudi à midi*

☸ ## JÉRÉMY GALVAN

Chef : Jérémy Galvan

CUISINE CRÉATIVE • CONTEMPORAIN Au cœur du Vieux-Lyon, Jérémy Galvan s'est fait une place dans l'une des rues les plus étoilées de France, la rue du Bœuf. Savoyard, il a roulé sa bosse jusqu'au Québec. Petit-fils de maraîchers, ce locavore prend très au sérieux la défense de la planète et de ceux qui en vivent – les producteurs – tout en piochant dans son propre potager. À cette inspiration naturaliste, sa cuisine créative (un menu surprise unique) se pare désormais d'une véritable expérience artistique qui fait appel aux 5 sens – y compris la musique – et aux quatre éléments : audacieux autant que décoiffant ! La décoration de sa salle est à l'unisson, évoquant le feu par la couleur bronze par exemple. Attention, une expérience exige du temps à table !

🅐🅒 – Prix : €€€€

Plan : F2-21 – 29 rue du Bœuf – Ⓜ Vieux-Lyon – ☏ 04 72 40 91 47 – www.jeremygalvanrestaurant.com – Fermé samedi et dimanche, et le midi du lundi au mercredi

LA SOMMELIÈRE

CUISINE MODERNE • INTIME Tous deux originaires du Japon, la propriétaire sommelière Shoko Hasegawa et le chef Takafumi Kikuchi ont fourbi leurs armes au fameux 14 Février de Saint-Valentin (Indre). Dans ce micro-restaurant de huit couverts au cœur du vieux Lyon, Mme Hasegawa assure un service plein d'attentions, tandis que le chef met son implacable rigueur au service d'une cuisine personnelle et bien de saison : consommé de crustacés, tomate et fromage ; foie gras de canard fumé et déclinaison de maïs ; maigre de ligne façon "acqua pazza"... Une expérience rehaussée par des accords mets-vins millimétrés et un bon rapport qualité-prix. Pensez absolument à réserver : les places sont chères !

🕸 🅐🅒 – Prix : €€€

Plan : E2-22 – 6 rue Mourguet – Ⓜ Vieux Lyon – ☏ 04 78 79 86 45 – www.la-sommeliere.net – Fermé samedi et dimanche, et le midi du lundi au mercredi

LES TERRASSES DE LYON

CUISINE MODERNE • ÉLÉGANT Juché sur la colline de Fourvière, ce couvent Renaissance abrite désormais un hôtel et un restaurant charmants, avec une verrière panoramique qui offre aux convives un panorama splendide sur les toits du vieux Lyon, en toute saison : on croirait presque toucher du doigt la cathédrale Saint-Jean. Il fallait ici un chef qui ne manque pas de vue, ni de perspectives ! Ce dernier maîtrise tous les aspects de la cuisine française et donne souvent une tournure régionale à ses plats, fumant son pigeon (ou son homard) sur des sarments de vigne du Beaujolais, cuisinant la féra du Léman, la truite saumonée d'Isère et les escargots du Lyonnais. Desserts classiques de belle facture : charlotte, profiteroles, soufflé chaud...

🕸 ⇔ ⇐ ♿ 🅐🅒 🎍 🅿 – Prix : €€€€

Plan : E2-18 – Villa Florentine, 25 montée Saint-Barthélémy – Ⓜ Fourvière – ☏ 04 72 56 56 56 – www.villaflorentine.com/fr/restaurant.html – Fermé lundi, dimanche et mardi midi

TÊTEDOIE

Chef : Christian Têtedoie

CUISINE CRÉATIVE • DESIGN À l'instar de son mentor Paul Bocuse, Christian Têtedoie a bâti un petit empire gourmand. Juché sur la colline de Fourvière, véritable balcon sur la ville, son restaurant Têtedoie en est la vitrine gastronomique. Défenseur des traditions culinaires françaises, ce fan d'art contemporain ne cesse de les explorer avec talent, voire de les moderniser. Nougats aux escargots, foie gras et pistaches ; rouget en portefeuille, carottes des sables et sauce bécasse ; colvert, marron grillé et courge "little Jack": ces noms de plats ne ressemblent-ils pas à une exposition de peinture abstraite ? Enfin, impossible de ne pas mentionner son plat signature, ce homard en cocotte et cromesquis de tête de veau, désormais rebaptisé HTV. Générosité, sensibilité, jeux intelligents sur les textures et les saveurs : tout y est.

🕸 ⇐ ♿ 🅐🅒 ⇔ 🍃 – Prix : €€€€

Plan : E3-19 – 4 rue Professeur-Pierre-Marion – Ⓜ Minimes – ☏ 04 78 29 40 10 – www.tetedoie.com – Fermé lundi

🌿 **L'engagement du chef :** Nous privilégions des produits de saison, issus de nos deux potagers et de la collaboration avec des producteurs locaux.

LYON

Les recettes utilisent en totalité le produit, dans le plat et à travers les trois cuisines de la maison. Nous retraitons les déchets organiques en compost en limitant la production de méthane et nous trions et recyclons les cartons, plastiques, papier, aluminium, verre. Les cagettes et canadiennes d'œufs sont consignées, les graisses usagées retraitées. Nos lumières sont LED.

RACINE

CUISINE MODERNE • CONVIVIAL Non pas une seule Racine, mais plusieurs. Celles, bourguignonnes, du chef, qui les revendique fièrement ; celles des produits qu'il utilise (dont 90% sont produits dans un rayon de 100 km). Quant à ses assiettes, savoureuses et équilibrées, elles font le reste !

♿ 🅰🅲 🍽 – Prix : €

Plan : B1-2 – *1 rue du Chapeau-Rouge* – Ⓜ *Valmy* – ☎ *04 26 18 57 15 – www. racinerestaurant-lyon.com – Fermé samedi et dimanche, et mardi et mercredi soir*

LE TIROIR

CUISINE MODERNE • CONTEMPORAIN Qu'elle est sympathique, cette adresse du quartier populaire de Vaise ! Emmené par une jeune équipe, on slalome entre un velouté glacé de tomates et mousse au vinaigre balsamique blanc et des préparations plus classiques (tartare de bœuf, terrine de foie gras) - la carte et les menus sont renouvelés en permanence. Le rapport qualité-prix est au rendez-vous, y compris le soir.

🅰🅲 🍽 – Prix : €€

Plan : B1-3 – *20 Grande Rue de Vaise* – Ⓜ *Valmy* – ☎ *04 78 64 75 96 – www. restaurant-letiroir.fr – Fermé samedi et dimanche, et mardi soir*

ARMADA Ⓝ

CUISINE CRÉATIVE • BRANCHÉ En plein dans le mille ! Deux amis bourlingueurs venus de chez Christian Têtedoie ont ouvert une adresse comme on les aime : une déco de bistrot branché et sympathique, avec les incontournables pierres et poutres apparentes, des tables en bois brûlé à la japonaise, hautes ou conventionnelles. Dans l'assiette, nos deux cuistots sont malins et créatifs, associant pommes de terre, champignons et anguille sur cette entrée twistée par une poudre de kimchi, mariant le canard rôti et la betterave grâce à un jus fermenté d'esprit scandinave ou signant un trio gourmand au dessert pomme/pain/levure.

🅰🅲 – Prix : €€

Plan : F2-63 – *16 rue du Bœuf* – Ⓜ *Vieux-Lyon* – ☎ *09 83 22 88 47 – www. armada-lyon.fr*

BULLE

CUISINE MODERNE • CONTEMPORAIN Le chef Guy Lassausaie a ouvert ce restaurant dans un ancien scolasticat jésuite (1853), entièrement réhabilité avec panache. L'heureux élu pénètre par le bar doté d'une terrasse panoramique époustouflante. Pour descendre ensuite au restaurant, on passe même devant les fondations gallo-romaines du bâtiment ! Dans ce cadre chic (lustres en cristal, parquet, cuisines ouvertes) et historique, on déguste une cuisine de saison colorée comme cet omble de fontaine, fenouil et champignons du moment...

⬳ ♿ 🅰🅲 ⟲ – Prix : €€€

Plan : E2-15 – *9 place de Fourvière* – Ⓜ *Fourvière* – ☎ *04 85 92 00 13 – www. bullerestaurantfourviere.fr*

CINQ MAINS

CUISINE MODERNE • BISTRO Dans ce quartier très touristique en bord de Saône, cette maison en pierre apparente est le fief de Grégory Cuilleron, entouré de son frère et d'un ami. La cuisine penche nettement du côté bistronomique et moderne, et s'accompagne d'une sélection de petits vins bien choisis – la passion des trois associés.

🦐 🍴 – Prix : €€

Plan : F2-23 – *12 rue Monseigneur-Lavarenne* – Ⓜ *Vieux Lyon* – ☏ *04 37 57 30 52* – *www.cinqmains.fr* – *Fermé lundi et dimanche*

DANIEL ET DENISE SAINT-JEAN

CUISINE LYONNAISE • BOUCHON LYONNAIS À deux pas de la cathédrale St-Jean, ce bouchon emblématique du Vieux Lyon est tenu par le chef Joseph Viola (Meilleur Ouvrier de France en 2004), déjà connu pour son Daniel et Denise du 3ᵉ arrondissement. Au menu de cet opus, une cuisine lyonnaise traditionnelle, qui ravira les amateurs.

AC ⇦ – Prix : €€

Plan : E2-24 – *32 rue Tramassac* – Ⓜ *Vieux Lyon* – ☏ *04 78 42 24 62* – *www.danieletdenise.fr* – *Fermé lundi et dimanche*

🛏 FOURVIÈRE HÔTEL

CONTEMPORAIN • RAFFINÉ A deux pas des théâtres gallo-romains, ce couvent du 19ᵉ s. à la somptueuse architecture romano-byzantine vous accueille dans l'ancienne chapelle. Le cloître héberge le bar-restaurant donnant sur le jardin. Si l'architecture et de nombreux motifs décoratifs d'origine rappellent le passé, chambres et suites ont adopté un ton contemporain bienvenu. Couloir de nage chauffé, spa tout équipé et autres plaisirs modernes.

♿ 🌳 🅿 🛜 ⤳ 🍴 🛗 📶 📱 ⚿ 🍽 AC - 75 chambres

3 rue Roger Radisson – ☏ *04 74 70 07 00* – *www.fourviere-hotel.com*

🛏 LA TOUR ROSE

MODERNE • CONVIVIAL Cet hôtel de luxe se compose de suites haut de gamme réparties dans six immeubles d'habitation du 18ᵉ s. Toutes ont un caractère spécifique, mais elles jouissent toutes d'aménagements modernes délicatement rehaussés de détails vintage, tant dans leur petite cuisine que dans leur salle de bains spacieuse et joliment carrelée. Le petit-déjeuner est déposé à votre porte chaque matin. L'idée ici est de vivre comme "chez soi" - un très beau "chez soi" !

AC - 12 chambres

22 rue du Bœuf – ☏ *04 28 29 65 94* – *www.mihotel.fr*

🛏 VILLA FLORENTINE

CLASSIQUE • RAFFINÉ Les vues les plus spectaculaires de Lyon s'offrent aux terrasses et aux fenêtres de cet ancien couvent du 17ᵉ s. L'hôtel rappelle bien une villa florentine, avec ses dorés et ses roses de peinture de maître. Mais à l'intérieur, c'est un hommage à une Italie différente : les meubles transalpins modernes et un brin austères côtoient des reproductions Renaissance et des œuvres d'art contemporaines. Certaines chambres ont des mezzanines ou des terrasses, d'autres des plafonds à poutres apparentes, et beaucoup profitent de vues spectaculaires.

🌳 🅿 ⤳ 🍴 🛗 📶 📱 ♨ ⚿ 🍽 AC - 28 chambres

25 montée Saint-Barthélémy – ☏ *04 72 56 56 56* – *www.villaflorentine.com*

✾ **Les Terrasses de Lyon** - Voir la sélection des restaurants

🛏 VILLA MAÏA

MODERNE • ÉLÉGANT Imposant bâtiment de béton aux lignes épurées, perché sur la colline de Fourvière, Villa Maïa, dessiné par Jean-Michel Wilmotte, est l'hôtel de tous les superlatifs : sol en marbre, bar bibliothèque, et somptueuses chambres d'esprit zen, ouvertes sur les toits de Lyon... jusqu'aux Alpes ! Piscine couverte, fitness etc. Le luxe absolu.

🌳 🅿 ⤳ 🍴 📱 ♨ 🍽 AC - 37 chambres

8 rue du Professeur Pierre Marion – ☏ *04 78 16 01 01* – *www.villa-maia.com*

✾ **Têtedoie** - Voir la sélection des restaurants

LYON

LYONS-LA-FORÊT

✉ 27480 – Eure – Carte régionale n° **3**–B2

✿ LA LICORNE ROYALE

CUISINE MODERNE • **ÉLÉGANT** Au sein de cette ancienne maison à colombages d'un petit village normand, le chef se révèle un artisan méritant. Bon technicien (notamment sur les sauces et les émulsions), il est aussi à son aise quand il s'agit de mélanger produits de la mer, ingrédients locaux et saveurs du Sud. On en profite dans un cadre chic et empreint de classicisme, avec de nombreux clins d'œil aux batailles napoléoniennes. La licorne existe, nous y avons mangé !

🛏 🛋 🎍 ⇆ **P** – Prix : €€€€

27 place Isaac-Benserade – 𝒞 02 32 48 24 24 – www.hotel-licorne.com – Fermé mercredi et jeudi

LE BISTRO DU GRAND CERF

CUISINE TRADITIONNELLE • **BISTRO** Ce néobistrot rustique a vraiment du cachet. Des poutres, de la brique et une jolie terrasse dans la cour pavée, pour une cuisine bistrotière – of course – résolument tournée vers le terroir : voici ce que vous attend ici. Cerf, cerf, ouvre-moi !

♿ 🎍 **P** – Prix : €€

31-32 place Isaac-Bensarade – 𝒞 02 32 49 50 50 – www.grandcerf.fr – Fermé lundi et mardi

MACHILLY

✉ 74140 – Haute-Savoie – Carte régionale n° **21**–C1

✿ LE REFUGE DES GOURMETS

Chef : Hubert Chanove

CUISINE MODERNE • **ÉLÉGANT** Dans ce petit village de Haute-Savoie qui fut longtemps un haut-lieu de la culture de la framboise, le gourmet trouvera refuge dans cette auberge familiale. Ce restaurant cossu, d'inspiration Belle Époque, a été entièrement rénové dans un esprit contemporain. À la suite de son père, le chef Hubert Chanove compose une cuisine moderne aux touches créatives, inspirée des produits locaux et de la cueillette des fleurs et des herbes sauvages. Ses préparations s'articulent en général autour d'une saison ou d'un produit (poissons du Léman, chasse, truffe noire...). Le Côté Bistro est ouvert au déjeuner du jeudi au samedi, sur réservation uniquement.

♿ 🆑 🎍 ⇆ **P** – Prix : €€€

90 route des Framboises – 𝒞 04 50 43 53 87 – www.refugedesgourmets.com – Fermé lundi et mardi, et dimanche soir

MÂCON

✉ 71000 – Saône-et-Loire – Carte régionale n° **17**–C2

✿ PIERRE

Chef : Christian Gaulin

CUISINE CLASSIQUE • **ÉLÉGANT** Dans la plus méridionale des villes de Bourgogne, cette maison discrète d'une rue piétonne héberge une valeur sûre de la gastronomie locale. L'architecture traditionnelle – poutres apparentes, vieilles pierres chaleureuses, cheminée – s'y marie avec des touches contemporaines. Depuis 1991, Christian Gaulin y célèbre les noces classiques du terroir et de la modernité. Dès qu'il le peut, ce solide technicien rend un hommage subtil à la Bresse et à la Bourgogne. Dans l'assiette, le gourmet en goguette retrouve avec bonheur un savoureux pigeon Miéral et son millefeuille de choux aux abats confits, des jambonnettes de grenouilles, crème d'ail et coulis de persil, des quenelles de brochet exemplaires, un tournedos charolais tendre à souhait et un soufflé au Grand Marnier réalisé dans les règles. Adepte des bons produits, le chef cuisine ce qu'il aime... et nous le fait aimer aussi.

&. 🅰🅲 ⌂ – Prix : €€€

7 rue Joseph Dufour – ℰ 03 85 38 14 23 – www.restaurant-pierre.com – Fermé lundi et mardi, et dimanche soir

CASSIS

CUISINE MODERNE • CONTEMPORAIN Voilà un chef passé par de belles maisons qui propose une cuisine soignée, goûteuse et sans chichis, à partir de produits de qualité (viande de Haute-Loire, légumes d'un maraîcher de la région). Ne manquez pas le mémorable pâté en croûte, ni le poulet de Bresse à la crème. Très bon rapport qualité-prix pour le menu du déjeuner, et menu mystère le soir.

&. 🅰🅲 – Prix : €€

74 rue Joseph-Dufour – ℰ 03 85 38 24 53 – www.cassisrestaurant-macon.fr – Fermé samedi et dimanche, et mercredi soir

MA TABLE EN VILLE

CUISINE TRADITIONNELLE • CONVIVIAL Voilà peut-être l'archétype du bistrot du 19e s., avec son intérieur contemporain et coloré, ses ampoules et sa tuyauterie apparentes... Le chef, également présent en salle, a le souci du bon produit et réalise une cuisine traditionnelle avec savoir-faire. On aime notamment le velouté au chou-fleur, noix de cajou, œuf poché. Bon choix de vins régionaux, menu déjeuner attractif et accueil tout sourire.

🅰🅲 ⌂ – Prix : €€

50 rue de Strasbourg – ℰ 03 85 30 99 91 – www.matableenville.fr – Fermé du vendredi au dimanche

LA MADELAINE-SOUS-MONTREUIL

✉ 62170 – Pas-de-Calais – Carte régionale n° **4**–A2

✿✿ LA GRENOUILLÈRE

Chef : Alexandre Gauthier

CUISINE CRÉATIVE • DESIGN Rares sont les chefs qui démontrent une personnalité culinaire aussi affirmée que le chef de la Madelaine-sous-Montreuil, dans le Pas-de-Calais. L'histoire se déroule sous deux chapiteaux métalliques aux lignes épurées (signés de l'architecte Patrick Bouchain), qui couronnent une salle ouverte sur la nature et les fourneaux. C'est en ce laboratoire qu'Alexandre Gauthier propose une "cuisine contemporaine de racine française, libérée de ses certitudes et de ses a priori". Véritable alchimiste, il asticote les saveurs au gré d'assiettes tranchantes, autant d'instantanés de créativité, où le produit chante les louanges des saisons. Une cuisine d'art et d'essai ébouriffante, installée dans une ancienne ferme picarde au luxe sauvage.

 �╌🚗&. 🅿 – Prix : €€€€

19 rue de la Grenouillère – ℰ 03 21 06 07 22 – www.lagrenouillere.fr – Fermé mardi, mercredi, lundi midi et jeudi midi

✿**L'engagement du chef :** La cuisine de La Grenouillère est une cuisine de territoire, celui de la Côte d'Opale, que nous explorons sous tous ses aspects géographiques, naturels et humains. C'est une cuisine éminemment personnelle, profondément ancrée dans une temporalité. Toujours en mouvement, elle est une capture de l'éphémère, une photographie d'un instant, d'une humeur, d'une émotion.

MAFFLIERS

✉ 95560 – Val-d'Oise – Carte régionale n° **11**–B1

AUGUSTINE - LA TABLE DU CHÂTEAU ⓝ

CUISINE CLASSIQUE • ÉLÉGANT Au sein d'une demeure 19ᵉ proche de la forêt de Montmorency, cette table défend un certain art de vivre à la française : vaisselle et mobilier d'époque, argenterie et cuivres, hauteur sous plafond – le tout dans un cadre feutré où les boiseries dominent. Dans l'assiette, on s'applique à servir une cuisine bourgeoise sérieuse, généreuse et gourmande : pâté en croûte, lapin à la moutarde servi en cocotte, riz au lait. Quelques chambres pour l'étape.

🏠🅿 – Prix : €€€

Allée des Marronniers – ☎ 01 34 08 35 17 – www.augustinelatableduchateau-maffliers.fr – Fermé lundi et mardi, et dimanche soir

MAGESCQ

✉ 40140 – Landes – Carte régionale n° **25**–B2

✿✿ RELAIS DE LA POSTE

Chefs : Clémentine et Jean Coussau

CUISINE CLASSIQUE • ÉLÉGANT Face à la pinède, la maison Coussau cultive le classicisme ! À quatre mains, le chef et sa nièce Clémentine élaborent une "cuisine de cœur" qui rend hommage au meilleur du terroir landais : foie gras, volaille, bœuf de Chalosse, saumon de l'Adour, pêche de Capbreton. Appuyés sur un maillage de producteurs de proximité, ils délivrent avec ferveur les plats immuables réclamés par les habitués : brouillade à la truffe noire, foie gras de canard chaud aux raisins, sole aux cèpes. En automne, place à la palombe rôtie ou au lièvre à la royale. Ajoutons le superbe soufflé au Grand Marnier, aérien et crémeux, au centre duquel se glisse un petit sorbet à l'orange sanguine qui apporte une irrésistible fraîcheur. Un beau moment de tradition.

🍸 🍷 🏠 🅰️🅲 🌡️🅿 – Prix : €€€€

24 avenue de Maremne – ☎ 05 58 47 70 25 – www.relaisposte.com – Fermé lundi et mardi

CÔTÉ QUILLIER

CUISINE MODERNE • BISTRO Un élégant bistrot (une salle avec cheminée, l'autre avec une véranda lumineuse), entièrement dévolu à une bonne cuisine du marché saisonnière ! Tartare de Gascon à l'huile de sésame et coriandre, filet de merlu en croûte de chorizo, tarte soufflée au chocolat. On se régale sur la terrasse, avant de rejoindre le jardin où vous attend un jeu... de quilles. Ambiance conviviale.

🏠 🅰️🅲 🌡️🅿 – Prix : €€

26 avenue de Maremne – ☎ 05 58 47 79 50 – www.relaisposte.com – Fermé lundi et mardi

🛏 RELAIS DE LA POSTE

CLASSIQUE • CHAMPÊTRE Des tapis de fleurs, un verger, des ceps de vignes, de belles allées de pins, une superbe piscine... On ne se lasse pas de ce parc de 8 ha, ni des chambres d'ailleurs, spacieuses et très confortables. Un castel landais plein de caractère.

♿ 🏊 🅿 🌳 🏠 ♨️ 🐾 🛎 🍽 🅰️🅲 - 16 chambres

24 avenue de Maremne – ☎ 05 58 47 70 25 – www.relaisposte.com

✿✿ **Relais de la Poste • Côté Quillier** - Voir la sélection des restaurants

MAGNÉ

✉ 79460 – Deux-Sèvres – Carte régionale n° **14**–C2

LE BŒUF EN ÉCAILLES

CUISINE TRADITIONNELLE • COSY L'authenticité, valeur souvent galvaudée, a pourtant trouvé ici son expression gastronomique la plus savoureuse – une cuisine qui surfe entre poissons et viandes, à coup de recettes généreuses et gourmandes, comme ce cochon de 16h et ses légumes de saison. Authentique aussi la terrasse charmante, posée au bord de la Sèvre niortaise.

⪦ 🕭 🏠 🖵 – Prix : €€

24 avenue du Marais-Poitevin – 𝒞 05 16 25 77 52 – www.leboeufenecailles.com – Fermé lundi et dimanche

MAILLANE

✉ 13910 – Bouches-du-Rhône – Carte régionale n° **28**–E1

🐙 L'OUSTALET MAÏANEN

CUISINE TRADITIONNELLE • TRADITIONNEL Le chef de cette maison, Christian Garino, est un vrai passionné qui prend lui-même les commandes et fait parfois le service... Ici, on ne triche pas ! Sous la tonnelle de vigne vierge ou dans le patio, les Mireille d'aujourd'hui savourent ses créations gorgées de soleil, qui font la part belle aux produits régionaux.

🅰🅒 🕭 – Prix : €€

16 avenue Lamartine – 𝒞 04 90 95 74 60 – www.restaurant-saint-remy-de-provence.fr – Fermé lundi et mardi, et dimanche soir

MAISONS-LAFFITTE

✉ 78600 – Yvelines – Carte régionale n° **11**–B1

LA PLANCHA

CUISINE MODERNE • COSY Une adresse discrète, certes, mais surtout une carte originale qui vaut bien une petite halte. Des recettes sobres, efficaces et un brin créatives, et des saveurs bien frappées comme sur cette poitrine de porc ibérique aux petits pois, lard et raifort. Mention spéciale pour la sauce bulli dog pleine de pep's et les profiteroles réalisées dans les règles de l'art.

🅰🅒 🕭 – Prix : €€

5 avenue de Saint-Germain – 𝒞 01 39 12 03 75 – laplanchadekiko.eatbu.com – Fermé mardi et mercredi, et dimanche soir

LE TASTEVIN

CUISINE CLASSIQUE • ÉLÉGANT En bordure de parc, cette maison bourgeoise élégamment décorée cultive un certain art de vivre à la française... et chante son amour des beaux produits ! Le chef Denis Rivoire, d'origine italienne, maîtrise bien son sujet ; il revisite les classiques en y apportant quelques touches méditerranéennes. Jolie carte des vins.

🕭 🏠 – Prix : €€€

9 avenue Eglé – 𝒞 01 39 62 11 67 – www.letastevin-restaurant.fr – Fermé lundi et dimanche soir

MALATAVERNE

✉ 26780 – Drôme – Carte régionale n° **24**–A2

🏵 **DOMAINE DU COLOMBIER**

CUISINE CRÉATIVE • **ÉLÉGANT** Sur les ruines d'un ermitage monastique situé au cœur de la Drôme provençale, cette fière bastide séduit d'abord l'œil par ses pierres apparentes, ses plafonds voûtés, son mobilier vintage et son patio-terrasse. Volontiers créative et soignée visuellement, la cuisine célèbre la région et les beaux produits méditerranéens avec à-propos : les cuissons sont précises, les préparations savoureuses et équilibrées, pensées dans une démarche durable.

🕸 ⇔ 🖨 🅰🅲 🎍 ♻ 🅿 – Prix : €€€€

270 chemin de Malombre – 𝒞 04 75 90 86 86 – www.domaine-colombier.com – Fermé du lundi au mercredi et du jeudi au samedi à midi

---

😋 **LE BISTROT 270**

CUISINE TRADITIONNELLE • **BISTRO** Le second restaurant du Domaine du Colombier propose une cuisine de bistrot bien ficelée, inspirée par des produits d'une qualité irréprochable. Les recettes simples et goûteuses, aux saveurs franches, font honneur aux classiques - foie gras de canard mi-cuit ; quasi de veau ; parmentier. Aux beaux jours, on profite de la terrasse, située à proximité de la piscine et du bar du pool house, avec vue sur les champs et la bastide.

⇔ 🅰🅲 🎍 🅿 – Prix : €€

270 chemin de Malombre – 𝒞 04 75 90 86 86 – www.domaine-colombier.com – Fermé dimanche

MALBUISSON

✉ 25160 – Doubs – Carte régionale n° **13**–C3

🏵 **LE BON ACCUEIL**

Chef : Marc Faivre

CUISINE MODERNE • **COSY** Une solide adresse qui ne fait pas mentir son nom : depuis quatre générations, ce chalet régional, chaleureux et confortable, pratique l'art jurassien de l'hospitalité au cœur du Haut-Doubs. Il y a le lac de Saint-Point juste de l'autre côté de la route, le Suchet et la Suisse, juste derrière. Ici, on met du cœur pour assurer un bon accueil... et une bonne chère ! Le chef Marc Faivre a travaillé chez Georges Blanc, Pierre Gagnaire et à la Maison Lameloise avant de revenir sur ses terres pour y faire chanter le terroir franc-comtois. Sa cuisine fine et savoureuse nous transporte : la truite au bleu ou à l'absinthe, le poulet fermier, morilles et sauce au vin jaune du Jura (évidemment !) ou encore le pigeon rôti, foie gras de canard et artichaut...

🕸 ⇔ 🖨 � 🅿 – Prix : €€€

1 chemin de la Grande-Source – 𝒞 03 81 69 30 58 – www.le-bon-accueil.fr – Fermé du lundi au mercredi et dimanche soir

MANCENANS-LIZERNE

✉ 25120 – Doubs – Carte régionale n° **13**–C2

AU COIN DU BOIS

CUISINE TRADITIONNELLE • **ÉLÉGANT** Une maison au calme entourée de sapins : un cadre champêtre dont on peut profiter depuis l'agréable terrasse. Le chef concocte une cuisine traditionnelle soignée, évoluant au plus près des saisons (grenouilles de pays ; friture de truite de Franche-Comté ; feuilleté d'escargot au savagnin ; gibiers...).

⇔ 🎍 🅿 – Prix : €€

Rue Sous-le-Rang – 𝒞 03 81 64 00 55 – www.restaurant-aucoindubois.com – Fermé mardi et mercredi, et dimanche soir

MANDELIEU-LA-NAPOULE

✉ 06210 – Alpes-Maritimes – Carte régionale n° **29**–E2

❀ **BESSEM**

Chef : Bessem Ben Abdallah

CUISINE MODERNE • CONTEMPORAIN Le chef Bessem Ben Abdallah a longtemps travaillé dans l'ombre des grands chefs (Michel Del Burgo, Marc Meneau,
Pierre Gagnaire...). Chez lui, dans sa maison de ville agrémentée d'une terrasse
ombragée de platanes avec fontaine, il donne la pleine mesure de son talent. Il peaufine une cuisine personnelle et sensible d'essence méditerranéenne, à l'image de
ces poissons de petit bateau grillés, servis avec une purée d'artichaut, des légumes
de saison au parmesan, et un bouillon yuzu-combava rehaussé de tagète et de
livèche. Les desserts ne sont pas en reste, grâce à une pâtissière de talent. À noter
que le chef sert sa propre sélection parcellaire d'huile d'olive tunisienne, et élève des
poules pour avoir des œufs frais de qualité ! Table fermée le midi en saison estivale.

🖐♿🅰️☂🅿️ – Prix : €€€

183 avenue de la République – 𝒞 04 93 49 71 23 – www.bessem-restaurant.com –
Fermé lundi et mardi

LE REPÈRE

CUISINE MÉDITERRANÉENNE • CHIC Difficile de résister à cet emplacement...
irrésistible : cette adresse bien connue est dotée d'une terrasse les pieds dans
l'eau qui offre une vue panoramique sur la baie de Cannes et les îles de Lérins. On
retrouve avec plaisir Nicolas Decherchi, talentueux chef formé auprès des meilleurs
(de Bruno Oger à Alain Ducasse). Il a carte blanche pour exprimer le meilleur de la
Méditerranée, notamment à travers des assiettes à partager. Si les poissons extra-
frais sont à l'honneur, les belles viandes ne sont pas en reste. Ouverture en continu,
ambiance hédoniste et décontractée.

🌊🅰️☂ – Prix : €€€

Port de la Rague – 𝒞 04 93 47 07 95 – www.restaurantlerepere.fr – Fermé mardi
et mercredi soir

MANE

✉ 04300 – Alpes-de-Haute-Provence – Carte régionale n° **24**–C3

❀ **LE FEUILLÉE - LE COUVENT DES MINIMES** Ⓝ

CUISINE MODERNE • CONTEMPORAIN Au cœur du pays de Forcalquier, Mane
recèle autant de charme que d'histoire à l'instar de ce couvent des Minimes du 17ᵉ
s. restauré dans un appréciable souci de pureté. Cet éden provençal abrite un hôtel
luxueux, avec piscine et spa et un restaurant gastronomique baptisé en l'honneur
de Louis Feuillée, botaniste de Louis XIV né dans ce village. Les cuisines sont tenues
de main de maître par le chef Louis Gachet, MOF 2023, un Bourguignon qui navigue
suavement entre son terroir natal et la Provence. Des plats audacieux comme son
ris de veau associé à la bagna cauda ou sa langoustine, pêche et amande, sa déclinaison autour du fenouil pleine d'imagination et son art de saucier résument parfaitement sa cuisine créative et audacieuse.

🐎🛏♿🅰️☂🅿️ – Prix : €€€€

Chemin des Jeux-de-Maï – 𝒞 04 92 74 77 77 – www.couventdesminimes-
hotelspa.com – Fermé lundi, mardi et du mercredi au samedi à midi

---

PAMPARIGOUSTE - LE COUVENT DES MINIMES Ⓝ

CUISINE MODERNE • CONTEMPORAIN À côté de sa table gastronomique,
le chef Louis Gachet veille soigneusement sur la cuisine alléchante de ce bistrot chic ouvert 7/7 au cadre apaisant et relaxant, qui possède aussi une salle à

manger-terrasse dont les baies vitrées s'ouvrent entièrement aux beaux jours. L'ancien second de la Chèvre d'Or à Èze offre à ses convives une carte qui mêle habilement les préparations traditionnelles (pâté en croûte de volaille et de porc fermiers ; millefeuille...) aux assiettes contemporaines ponctuées de notes provençales (truite confite, aïoli et condiment citron ; petit épeautre lié au parmesan et légumes de pays ; pêche du jour au curry vert, figue rôtie et fenouil croquant...).

&& 🦽♿🎖🎏🅿 – Prix : €€€

Chemin des Jeux-de-Maï – 𝒞 04 92 74 77 77 – www.couventdesminimes-hotelspa.com

MANIGOD

✉ 74230 – Haute-Savoie – Carte régionale n° **21**-C2

LA TABLE DE MARIE-ANGE

CUISINE TRADITIONNELLE • MONTAGNARD La terrasse face aux Aravis est tout simplement magique, et il est difficile de quitter la Table de Marie-Ange... On se régale d'une jolie cuisine attachée au terroir et pétrie d'authenticité : rissole aux cèpes, filets de perche sauvage du Léman, filet de bœuf en cocotte aux bolets et gratin de Mamie, sans oublier le planureux buffet de desserts. Chaleureux décor mêlant vieux bois et outils de paysans, accueil souriant.

✓🦽🎏🅿 – Prix : €€€

Route du Col – 𝒞 04 50 44 90 16 – www.hotelchaletcroixfry.com – Fermé lundi et du mardi au jeudi à midi

MANOSQUE

✉ 04100 – Alpes-de-Haute-Provence – Carte régionale n° **24**-C3

🕸 RESTAURANT PIERRE GREIN

Chef : Pierre Grein

CUISINE MODERNE • CONTEMPORAIN Aventurez-vous dans cette zone d'affaires pour découvrir cette belle adresse contemporaine : vous ne le regretterez pas ! Sous une véranda/salle à manger lumineuse et confortable, le chef Pierre Grein sert une cuisine provençale de tradition, fine et modernisée, soignée et technique (à l'image des desserts en trompe-l'œil) : velouté de chou-fleur de plein champ, moules de bouchot sauce poulette ; bar rôti sur peau à l'unilatéral, parmentier de girolles et pousses d'épinard ; illusion d'une noisette dorée à l'or fin, caramel au beurre salé, mousse pralinée noisette, crumble chocolat. Tout est fait maison à partir d'excellents produits. Cerise(s) sur le gâteau : les délicieux amuse-bouches et le service, aimable et efficace, rythmé notamment par l'accent chantant du sommelier.

🎖 – Prix : €€€€

180 avenue Régis-Ryckebush – 𝒞 04 92 72 41 86 – www.restaurantpierregrein.fr – Fermé lundi et dimanche, et du mardi au jeudi soir

😋 LA LOGE BERTIN

CUISINE MODERNE • CONVIVIAL Derrière cette pimpante façade, une équipe de passionnés nous emmène pour une jolie balade gourmande. Le chef ne travaille que les produits frais à travers une cuisine du marché, particulièrement gourmande et soignée. On s'attable dans une salle de bistrot contemporain récemment rénovée.

🎖 – Prix : €€

62 avenue Jean-Giono – 𝒞 04 86 74 18 46 – www.lalogebertin.fr – Fermé lundi et dimanche, et mercredi soir

LE MANS

✉ 72000 – Sarthe – Carte régionale n° **10**–A2

✿ L'AUBERGE DE BAGATELLE

Chef : Jean-Sébastien Monné

CUISINE MODERNE • DESIGN Un jeune couple franco-belge chaleureux offre une nouvelle vie gastronomique à cette ancienne auberge au charme bucolique : sachez-le, ici se déguste désormais une cuisine soignée, pleine de saveurs et de gourmandise. Dix personnes en cuisine, des produits d'une qualité irréprochable (la féra d'Eric Jacquier, les volailles de la Cour d'Armoirie, vergers Saint-Eustache etc.). Dans l'assiette, araignée sauvage ; Saint-Pierre grillé... On passe un excellent moment.

&. 🅰🅲 🛗 ⇔ 🅿 – Prix : €€€

489 avenue Bollée – ☏ 02 43 85 25 73 – www.aubergedebagatelle.fr –
Fermé lundi et mardi, et dimanche soir

LE GRENIER À SEL

CUISINE MODERNE • CONTEMPORAIN À l'entrée de la cité Plantagenêt, dans cet ancien grenier à sel, un seul mot d'ordre : se faire plaisir et faire plaisir aux clients ! Dans un cadre contemporain, beaux produits – homard, turbot, foie gras... – et saveurs appuyées... le tout accompagné de jolis vins du Rhône, de Loire et de Bordeaux.

🕸 🅰🅲 – Prix : €€

26 place de l'Éperon – ☏ 02 43 23 26 30 – www.restaurant-le-grenier-a-sel.fr –
Fermé dimanche, samedi midi et mercredi soir

LES MARCHES

✉ 73800 – Savoie – Carte régionale n° **21**–C2

LE K'OZZIE

CUISINE MODERNE • COSY Ce restaurant accueillant – et cosy ! – est le repaire de Maude et Sébastien, qui se sont rencontrés en Australie, pays des "Aussies" ou... "Ozzies". Vous n'aurez d'autre choix que de vous laisser guider par l'inspiration du chef ; seule vous sera présentée une liste (non exhaustive) de produits du moment. Enigmatique et savoureux.

🛗 🅿 – Prix : €€€

20 route de Francin, Porte-de-Savoie – ☏ 04 79 36 91 76 – www.lekozzie.com –
Fermé lundi, dimanche, et mardi et mercredi à midi

MARCOLÈS

✉ 15220 – Cantal – Carte régionale n° **23**–C2

✿ AUBERGE DE LA TOUR

Chef : Renaud Darmanin

CUISINE MODERNE • CONTEMPORAIN Au cœur du village médiéval, cette bâtisse en pierre, avec sa tour d'angle et son escalier à vis, déborde de charme. Renaud Darmanin a modernisé et transformé cet ancien café en halte gastronomique. Après ses études à Chamalières, ce chef a fait ses classes dans de belles maisons, à Lyon chez Paul Bocuse, à Paris chez Frédéric Anton au Pré Catelan, à Genève au Parc des Eaux Vives. Le chef ne travaille que de très beaux produits frais et locaux (et notamment la châtaigne). Il réalise une cuisine fine et goûteuse, mariant avec talent le terroir à des épices d'ici et d'ailleurs.

🕸 ⇔ &. ⇔ 🅿 – Prix : €€€€

Place de la Fontaine – ☏ 04 71 46 99 15 – www.aubergedela-tour.com –
Fermé lundi et dimanche

OXALIS

CUISINE MODERNE • BISTRO Voici le bistrot qui vient compléter l'Auberge de la Tour, la table étoilée du chef Renaud Darmanin - une raison de plus de séjourner dans le village médiéval de Marcolès, au cœur de la châtaigneraie cantalienne. Côté salle, le chef a mis à profit le rez-de-chaussée de l'hôtel, et sa jolie terrasse surplombant la rue. Côté assiette, il décline une cuisine du terroir bien ficelée. Les produits du coin et les légumes du potager sont évidemment mis à contribution : truite des volcans, volaille d'une ferme voisine, fromages d'Auvergne. Des exemples ? Truite, légumes, feuilles du jardin, et un bon jus d'arêtes ou encore ce millefeuille en gaufrette, vanille et abricots, un joli moment de gourmandise.

🌣 🅿 – Prix : €€

Place de la Fontaine – 𝒞 04 71 46 99 15 – www.aubergedela-tour.com – Fermé lundi et dimanche

MARCQ-EN-BARŒUL

✉ 59700 – Nord – Carte régionale n° **4**–C2

ROZÓ

Chef : Diego Delbecq

CUISINE MODERNE • **CONTEMPORAIN** Enfin chez eux ! Le chef Diego Delbecq et sa compagne pâtissière Camille Pailleau ont investi avec toute leur énergie et leur talent cette ancienne imprimerie pour en faire un loft gourmand où l'on s'attable sous une vaste verrière et sa charpente métallique. Joli parquet, murs aux teintes claires, grandes cuisines vitrées donnant sur la salle à manger : mise en scène impeccable et beaucoup d'ambiance. Dans l'assiette, une cuisine moderne et savoureuse qui aime les sauces, les notes acidulées et amères, les condiments et les poivres – sans oublier quelques clins d'œil au Nord (endives, tarte au sucre…). Retenons cette lotte, riz koshihikari, basilic et piment vert. Le fidèle retrouvera les deux plats signature que sont la déclinaison de champignons et le dessert autour du miel de bruyère.

&. 🆔 ⇌ – Prix : €€€

34 rue Raymond-Derain – 𝒞 03 62 27 72 52 – www.restaurant-rozo.fr – Fermé lundi, dimanche et mardi midi

RÊPU

CUISINE MODERNE • BRASSERIE Le chef Abdeldaker Belfatmi veut des convives satisfaits et repus ! Qu'il se rassure, son œuf bio mollet coulant à souhait, petit pois ; son lieu jaune, crème de courgette bien lisse et bien beurrée, noisette citron ou encore son crumble croustillant, crème de pistache et sorbet abricot font le job ! Cette cuisine de brasserie moderne montre, s'il en était besoin, que le chef de l'ancien restaurant étoilé Le Marcq, n'a rien perdu de sa faconde gourmande.

🆔 – Prix : €€

944 avenue de la République – 𝒞 03 20 00 80 48 – www.repu.fr – Fermé samedi et dimanche, et mercredi soir

MARENNES

✉ 17320 – Charente-Maritime – Carte régionale n° **18**–A1

MANGER & DORMIR SUR LA PLAGE

POISSONS ET FRUITS DE MER • CONVIVIAL On dirait le titre d'une chanson des années 1980. Cette table jeune et décontractée située en face de la mer propose une cuisine d'inspiration marine, avec un choix alléchant de crustacés, de poissons, et bien évidemment d'huîtres : l'établissement appartient en effet à la famille Gillardeau, les célèbres ostréiculteurs. La grande terrasse offre une vue adorable, avec l'île d'Oléron à l'horizon. Côté hébergement, "Dormir sur la Plage" dispose de quatre grandes junior suites, très bien aménagées.

⟨≪ 占 🄰🄲 🈷 – Prix : €€
61 avenue William-Bertrand – 𝒞 05 46 38 41 93 – www.dormirsurlaplage.fr –
Fermé lundi et mardi

MAREUIL-SUR-LAY-DISSAIS
✉ 85320 – Vendée – Carte régionale n° **14**–B2

❀ **MAISON DESAMY**

Chef : Simon Bessonnet

CUISINE MODERNE • **ÉLÉGANT** Ancien second d'Alexandre Couillon à La Marine,
Simon Bessonnet s'est installé dans une maison de 1860 au cœur d'un village vigneron des Fiefs Vendéens. Mais foin de passéisme ! À l'image de la déco contemporaine qu'il a voulu chez lui, le chef est un cuisinier bien dans son époque. À partir
d'un garde-manger régional (araignée de mer, lotte, carpe), il ose des associations
originales et choisit les bonnes émulsions, jus et condiments qui boostent intelligemment un plat (l'ail des ours sur la carpe, le kumquat sur la lotte...). Au dessert,
sa carotte confite, mousse au chocolat blanc, coriandre et sorbet aux herbes est
un modèle gourmand du genre.

🕸 占 🄰🄲 🈷 ✿ – Prix : €€€
2 rue Hervé-de-Mareuil – 𝒞 02 51 52 69 43 – www.restaurant-maisondesamy.fr –
Fermé lundi et dimanche, et mercredi soir

MARGAUX
✉ 33460 – Gironde – Carte régionale n° **22**–B1

AU MARQUIS DE TERME 🆕

CUISINE MODERNE • **CONTEMPORAIN** Au cœur du Château Marquis de Terme
à Margaux (grand cru classé en 1855) dans le vignoble du Médoc, ce restaurant
contemporain s'est installé dans une dépendance dont la terrasse s'épanouit dans
une jolie cour jardin du domaine. Sous la houlette de Grégory Coutanceau qui
a signé la carte, le chef Thibaud Guena accueille ses convives avec une cuisine
moderne et fraîche, bien dans son époque et sans fioritures inutiles. La jolie carte
des vins comporte près de 600 références, dont une sélection de bordeaux rouges
et de vins de prestige disponibles au verre.

🕸 ⇦占 🄰🄲 🈷 ✿ 🅿 – Prix : €€€
3 route de Rauzan – 𝒞 05 57 08 25 33 – www.au-marquis-de-terme.com –
Fermé, mardi, mercredi et dimanche soir

MARIGNY-SAINT-MARCEL
✉ 74150 – Haute-Savoie – Carte régionale n° **21**–C2

BLANC

CUISINE TRADITIONNELLE • **CONTEMPORAIN** Cette auberge familiale propose deux options alléchantes : un restaurant contemporain et élégant, bénéficiant
d'une carte travaillée, avec de beaux produits, ou la brasserie boisée au décor de
chalet, où priment les spécialités fromagères savoyardes (tout comme les grenouilles et la perche). Chambres confortables, pour ceux qui souhaitent profiter
de la région.

占 🄰🄲 🈷 ✿ 🅿 – Prix : €€
90 avenue Sindeldorf – 𝒞 04 50 01 09 50 – www.blanc-hotel-restaurant.fr –
Fermé lundi et samedi, et dimanche soir

MARINGUES

✉ 63350 – Puy-de-Dôme – Carte régionale n° **20**–B1

LE CARROUSEL

CUISINE MODERNE • **BOURGEOIS** Le chef-patron, originaire de Béziers, réalise une bonne cuisine moderne, avec de franches inspirations sudistes. Produits de qualité, service professionnel et terrasse sur l'arrière... les raisons ne manquent pas de grimper dans ce Carrousel.

🍴 🅿 – Prix : €€

14 rue du Pont-de-Morge – 🕿 04 73 68 70 24 – www.restaurant-lecarrousel.com – Fermé mardi et mercredi, et dimanche soir

MARLENHEIM

✉ 67520 – Bas-Rhin – Carte régionale n° **8**–A1

❀ LE CERF

Chef : Joël Philipps

CUISINE MODERNE • **COSY** Faon ou daguet, allons bramer de plaisir et frotter nos cornes aux portes de cet ancien relais de poste, devenu une hostellerie gourmande ! Cet ensemble de jolies bâtisses, accessible par une cour intérieure pavée et un pimpant jardinet, nous donne des fourmis dans les sabots... pardon, les pinces ! Cette institution a longtemps brillé grâce au talent du chef Michel Husser qui a passé les rênes à Joël Philipps. Fort d'une belle maîtrise, le chef fait preuve de finesse et d'éclectisme gourmand à travers une carte courte et deux menus : carpaccio de Saint-Jacques, salsifis confits, vinaigrette aux algues et caviar ; pigeonneau du nid rôti, la cuisse en samossa ; baba aux coings, ganache et gel à la bergamote...

🍷 🅰 🍴 ✿ – Prix : €€€€

30 rue du Général-de-Gaulle – 🕿 03 88 87 73 73 – www.lecerf.com – Fermé mardi et mercredi

MARLY-LE-ROI

✉ 78160 – Yvelines – Carte régionale n° **11**–B1

❀ LE VILLAGE TOMOHIRO

Chef : Tomohiro Uido

CUISINE MODERNE • **CONTEMPORAIN** Derrière la façade avenante de cette jolie auberge, sise dans une ruelle pittoresque du vieux Marly, on découvre un restaurant moderne et contemporain, une maison familiale tenue par un couple franco-japonais. Le chef signe des préparations très maîtrisées, riches de jolis accords, de textures et de saveurs à l'image de son plat signature, le goï cuôn de homard bleu et son foie gras en terrine, petits légumes confits à l'huile d'olive, caviar d'Aquitaine.

🅰 🅰 – Prix : €€€

3 Grande-Rue – 🕿 01 39 16 28 14 – www.restaurant-levillage.fr – Fermé lundi et dimanche

LE POINT D'ORIGINE ⓝ

CUISINE MODERNE • **CHIC** Située face à l'abreuvoir encadré de ses célèbres chevaux sculptés, cette ancienne maison de maître associe une épicerie, une cave et un restaurant, emmenés tambour battant par une team de passionnés. La salle occupe une belle véranda au sol de parquet en point de Hongrie avec vue imprenable sur l'abreuvoir. Le chef cisèle des assiettes modernes et bien léchées : de belles langoustines en entrée (escortées de courgettes, safran, pois gourmands et salicorne), une pluma de cochon ibérique (avec pommes de terre, haricots, girolles, pêches et condiment saté). On n'oubliera pas la petite balade digestive dans le parc !

🕸 ₺ – Prix : €€€

5 place de l'Abreuvoir – 𝒞 01 34 51 72 63 – www.lepointdorigine.fr –
Fermé samedi et dimanche

MARMANDE

✉ 47200 – Lot-et-Garonne – Carte régionale n° **22**–C2

BOAT AUX SAVEURS

CUISINE MODERNE • ÉLÉGANT Dans cette villa contemporaine à l'écart du centre ville tenue par une mère et sa fille, les gourmands se régalent d'une cuisine soignée bien dans son époque. La cheffe met un point d'honneur à se fournir chez les producteurs locaux, et presque tous les légumes viennent du potager maison !

₺ 🛋 ♻ 🅿 – Prix : €€

36-38 avenue Jean-Jaurès – 𝒞 05 53 64 20 35 – www.restaurantboatauxsaveurs.fr –
Fermé lundi, mardi, samedi midi, et mercredi, jeudi et dimanche soir

MARSEILLAN

✉ 34340 – Hérault – Carte régionale n° **27**–C2

LA TABLE D'EMILIE

CUISINE MODERNE • ÉLÉGANT La maison natale du poète Achille Maffre de Baugé accueille un restaurant très couru : cuisine gourmande et appliquée, bien adossée à la tradition (excellent pâté en croûte !), produits frais, bon rapport qualité-prix... Le tout à déguster sous les voûtes de la salle à manger, ou dans un agréable patio.

₺ 🄰🄲 🛋 – Prix : €€

8 place Carnot – 𝒞 04 67 77 63 59 – www.la-table-demilie-marseillan.
com – Fermé lundi

🛏 DOMAINE TARBOURIECH

BOURGEOIS • CHARME Cette ancienne maison bourgeoise de vigneron, perdue dans les vignes de Picpoul, à deux pas de l'étang de Thau, pratique l'ostréathérapie, un traitement cosmétique à base de nacre de coquilles d'huîtres. Ici, les chambres se nomment Casanova, Japon, Nacre ou Jefferson. Superbe spa, détente assurée.

🅿 🔄 ♻ 🛁 🄰🄲 - 15 chambres

Chemin des Domaines – 𝒞 04 48 14 00 30 – www.domaine-tarbouriech.fr

MARSEILLE

✉ 13007 – Bouches-du-Rhône –
Carte régionale n° **28**–D3

Lumière sur une cuisine-monde

Tour à tour grecque puis romaine, millefeuille de peuples et d'influences, Marseille est l'une des capitales du bassin méditerranéen. Elle fait preuve d'un vrai dynamisme culturel autour de son MUCEM et de ses nouveaux espaces aménagés sur la façade maritime. C'est aussi un chaudron culinaire en ébullition permanente. Sur le Vieux-Port, on furète tous les matins devant le marché aux poissons du quai de la Fraternité, que tout le monde appelle encore de son ancien nom, le "quai des Belges". C'est le moment de préparer sa bouillabaisse ou sa bourride, la soupe de poissons de roche. Dans le quartier du Panier, les ruelles fleurent bon la Corse et l'Italie : Marseille est d'ailleurs l'un des épicentres de la pizza. Les marchés de Noailles et Belsunce ont des airs de souks à ciel ouvert : tous les ingrédients des cuisines du Maghreb sont là, des dattes aux tomates séchées, en passant par les piments et les épices.

✿✿✿ AM PAR ALEXANDRE MAZZIA

Chef : Alexandre Mazzia

CUISINE CRÉATIVE • BRANCHÉ On manque de superlatifs pour qualifier le travail d'Alexandre Mazzia à AM, sa table installée dans une zone chic et résidentielle non loin du stade Vélodrome. Véritable chef-artiste en mouvement perpétuel, portant la petite portion au rang d'art, il joue avec virtuosité des épices, du torréfié et du fumé, irriguant sa cuisine de ses souvenirs d'enfance au Congo. Entre ses mains, tout déborde du cadre gastronomique tel qu'on le connaît, mais, plus important encore, tout a du sens ! Comme ces œufs de truites et saumon sauvage, lait fumé aux noisettes torréfiées, un plat d'une intensité rare, ou ces langoustines panées aux graines de sésame et bonite, condiment citron-géranium et popcorn d'algues, une pure merveille. Les quelques veinards du jour sont embarqués dans une aventure gustative d'un genre unique, rehaussée par un service parfait.

🅰🅲 – Prix : €€€€

Hors plan – 9 rue François-Rocca – ☎ 04 91 24 83 63 – www.alexandre-mazzia.com – Fermé lundi, mardi et dimanche

✿✿✿ LE PETIT NICE

Chef : Gérald Passedat

POISSONS ET FRUITS DE MER • ÉLÉGANT Impossible de dissocier Le Petit Nice de sa ville, Marseille, et de la personnalité de Gérald Passedat. "Dans la Méditerranée, je plonge dans tous les sens du terme, résume le chef. Elle me porte et m'inspire, ainsi que toutes les terres qui l'entourent". C'est peu dire qu'il s'est inspiré du terroir méditerranéen (fruits, légumes, céréales, poissons, épices...)

pour créer son identité culinaire. Ce sont par exemple plus de soixante-cinq types de poissons qui défilent aux fourneaux, de la dorade au denti, en passant par le pagre, le merlan, le sarran, et même, parfois, de la murène ! Héritier d'une famille d'artistes, ancien élève d'Alain Chapel, des frères Troisgros et de Michel Guérard, Gérald Passedat a conservé intact son plaisir de cuisiner, de surprendre et d'émouvoir. Comme un goût de calanques...

ঙ্গ ⇔ ≼ ৬ 🔠 ↔ 🅿 – Prix : €€€€

Plan : A3-1 – *Anse de Maldormé* – ℰ *04 91 59 25 92* – *www.passedat.fr* – *Fermé lundi, dimanche et mercredi midi*

৫৩ L'ÉPUISETTE

POISSONS ET FRUITS DE MER • **MÉDITERRANÉEN** Une Épuisette parmi les rochers, quoi de plus évident ? Comme posée sur les récifs du vallon des Auffes – un cadre enchanteur –, cette table vit en intimité avec la mer... Le menu Fanny, signature de la maison, éblouit comme un soleil de juillet. Le chef maîtrise son sujet, les produits sont de première fraîcheur, les recettes précises, les saveurs marquées et la générosité naturelle. Au hasard de notre bonheur : la bouillabaisse - chapon, lotte, galinette, vive et saint-pierre, un plat gourmand et canaille en diable. Une délicieuse escale.

ঙ্গ ≼ 🔠 – Prix : €€€€

Plan : A3-3 – *158 rue du Vallon-des-Auffes* – ℰ *04 91 52 17 82* – *www.l-epuisette.fr* – *Fermé lundi, dimanche et jeudi midi*

৫৩ SAISONS

Chef : Julien Diaz

CUISINE MODERNE • **CONVIVIAL** Au cœur de Marseille et à deux pas de la Place Castellane, cet établissement contemporain bénéficie de l'enthousiasme conjugué d'un duo de pros, natifs de la cité phocéenne : le chef Julien Diaz, passé par Londres et la Corse, et son complice le sommelier Guillaume Bonneaud. Trente couverts environ, déco épurée (bois, fer, matériaux bruts), accords mets et vins pointus, et cuisine créative obéissant à un parti pris certain, celui évidemment de la saisonnalité et du local, grâce à des produits variant entre Méditerranée et Corse. Très bon rapport qualité-prix au déjeuner.

🔠 ↔ – Prix : €€€

Plan : D3-12 – *8 rue Sainte-Victoire* – ℰ *09 51 89 18 38* – *www.restaurant-saisons.com* – *Fermé samedi et dimanche*

৫৩ SIGNATURE

Cheffe : Coline Faulquier

CUISINE MODERNE • **CONTEMPORAIN** La pétillante Coline Faulquier célèbre les vertus méditerranéennes du partage autour de quatre menus, dont deux menus dégustation le soir. Les produits sont sélectionnés avec soin – maraîchers bios, cueilleurs d'herbes sauvages, poissons de la Méditerranée - et l'on se régale de son fameux aïoli, mosaïque de légumes croquants, baudroie et merlu, sauce et glace aïoli, tuile à l'encre ; d'une belle pêche du jour au naturel, glaçage léger à l'ail noir, jus d'arrêtes façon blanquette, main de Bouddha, asperges... De la personnalité, de l'envie, du goût : une vraie signature.

৬ 🔠 – Prix : €€€€

Hors plan – *180 rue du Rouet* – ℰ *04 65 85 53 48* – *www.signaturemarseille.com* – *Fermé samedi et dimanche, et mercredi soir*

৫৩ UNE TABLE, AU SUD

Chef : Ludovic Turac

CUISINE MODERNE • **ÉLÉGANT** Aux commandes de cette table résolument ancrée dans le Sud : Ludovic Turac, cuisinier passé notamment par Le Bristol et Guy Savoy. Ses recettes inventives, à la créativité assagie, cultivent avec art l'esprit de la région – légumes provençaux, pêche locale, viandes des Alpes du Sud – à l'unisson du panorama sur le Vieux Port et la "Bonne Mère". On ne manquera pas de

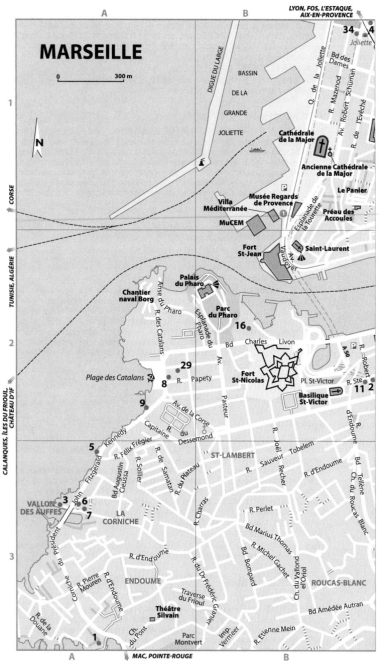

MARSEILLE

0 — 300 m

N

A   **B**

34   4
Joliette

Q. de la Joliette
Bd des Dames
R. Mazenod
Av. Robert Schuman
R. de l'Evêché

BASSIN
DE LA
GRANDE
JOLIETTE

DIGUE DU LARGE

1

CORSE

Cathédrale de la Major ✝

Ancienne Cathédrale de la Major

Le Panier

Villa Méditerranée

Musée Regards de Provence
ⓘ

Esplanade de la Tourette

Préau des Accoules

MuCEM

Fort St-Jean

Saint-Laurent

Av. Vaudoyer

Palais du Pharo

Chantier naval Borg

Anse du pharo

R. des Catalans

R. du Pharo

Esplanade du Pharo

Parc du Pharo

16

Bd Charles Livon

TUNISIE, ALGÉRIE

2

Plage des Catalans

29

8
R. Papety

Av. du Dessemond

Fort St-Nicolas

Pasteur

A 50

R. Robert

R. Ste

11 2

Pl. St-Victor

Basilique St-Victor

R. d'Endoume

9

Av. de la Corse

Capitaine

Kennedy

Fitzgerald

John

5

R. Félix Frégier

Bd Augustin Cieussa

R. de Samatan

R. Soliier

R. du Plateau

ST-LAMBERT

R. Joël Recher

R. Sauveur Tobelem

R. d'Endoume

Bd Tellène

Ch. du Roucas Blanc

3
VALLON DES AUFFES

3
6
7

LA CORNICHE

R. Charras

R. Perlet

Bd Marius Thomas

R. Michel Gachet

Bd Bompard

Ch. du Vallon el'Oriol

ROUCAS-BLANC

Corniche du Président

R. Pierre Mouren

R. d'Endoume

ENDOUME

R. d'Endoume

R. du Dr Frédéric Granier

Traverse du Frioul

Bd Amédée Autran

Théâtre Silvain

Ch. du Pont

Parc Montvert

Imp. Vermeer

R. Etienne Mein

1

R. de la Douane

CALANQUES, ÎLES DU FRIOUL, CHÂTEAU D'IF

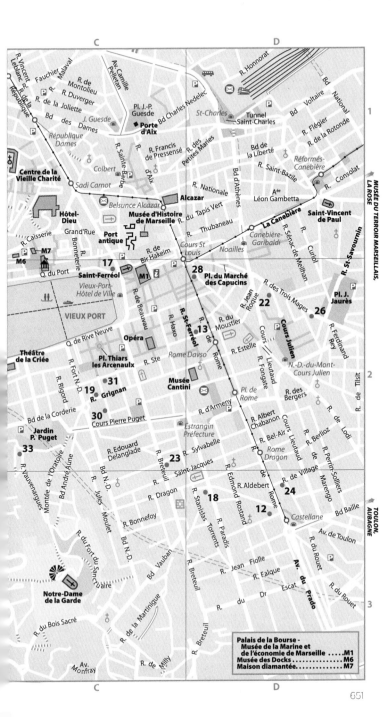

goûter à ses plats signature : "Ma version de l'aïoli", et la "pêche locale comme une bouille-abaisse", même s'il a conçu également un menu passeport, en hommage à la vocation maritime internationale de Marseille.

⟨≼ AC ⟷ – Prix : €€€€

Plan : C2-17 – *2 quai du Port – ℰ 04 91 90 63 53 – www.unetableausud.com – Fermé lundi et dimanche*

ALIVETU Ⓝ

CUISINE MÉDITERRANÉENNE • BISTRO Dans le quartier Saint-Victor, adossé à la colline de la Garde, cette petite "oliveraie" (alivetu en corse) est une oasis de gourmandise répartie entre une salle à manger au sol de béton ciré et une mezzanine. Le chef mitonne une cuisine méditerranéenne à l'image de ce poulpe grillé, purée de patate douce, maïs et sauce vierge au poivron. Menu du marché sur ardoise le midi et menu surprise le soir.

🅰 AC – Prix : €€

Plan : B2-11 – *145 rue Sainte – ℰ 09 83 70 38 94 – www.alivetu-restaurant.fr – Fermé lundi et dimanche*

BELLE DE MARS Ⓝ

CUISINE MODERNE • CONTEMPORAIN Derrière une grille en fer forgé, cette belle adresse dévoile un cadre tout en sobriété (murs blancs, parquet, tables et chaises en bois) où s'active dans une cuisine ouverte le couple formé par Michel Marini et Kim-Mai Bui. En toute complicité, ces deux talents éprouvés (William Ledeuil, Christophe Moret, Gérald Passedat...) concoctent une cuisine savoureuse, non dénuée de finesse, et souvent émaillée d'herbes cueillies par leurs soins. Des assiettes comme les huîtres de Camargue, clémentine et sabayon au beurre noisette et même les amuse-bouches raflent la mise avec leurs saveurs droites et expressives. Service chaleureux et souriant : on passe un moment agréable dans cette maison à recommander !

AC – Prix : €€

Plan : B1-4 – *56 rue de Forbin – ℰ 09 86 57 24 58 – Fermé samedi et dimanche, et mercredi soir*

LES BORDS DE MER

CUISINE MODERNE • CONTEMPORAIN Une cuisine délicate avec vue imprenable sur la mer : qui dit mieux ? La cheffe marseillaise Camille Gandolfo apporte des notes de fraîcheur (parfois venues d'Asie) à des recettes méditerranéennes originales qui se conjuguent au gré des saisons. Jolie carte des vins avec une place de choix consacrée à la production bio du domaine de Fontenille (AOP Luberon) qui possède cet élégant établissement. Une adresse sérieuse et convaincante.

⟨≼ 🅰 AC – Prix : €€

Plan : A2-9 – *52 corniche du Président-John-Fitzgerald-Kennedy – ℰ 04 13 94 34 00 – www.lesdomainesdefontenille.com/fr/lesbordsdemer.html*

LA CANTINETTA

CUISINE ITALIENNE • TRATTORIA Depuis l'enfance, Pierre-Antoine Denis est un fougueux passionné de la cuisine transalpine. Secondé par Luigi, un vieil Italien qui confectionne les pâtes, il se rend régulièrement dans la péninsule pour dénicher les meilleurs producteurs. Chaleureuse et gourmande, sa Cantinetta est une vraie trattoria !

AC 🍴 – Prix : €€

Plan : D2-22 – *24 cours Julien – ℰ 04 91 48 10 48 – www.restaurantlacantinetta.fr – Fermé dimanche*

CÉDRAT

CUISINE MÉDITERRANÉENNE • CONTEMPORAIN Cette table contemporaine, que l'on doit à Eric Maillet, jeune chef passé par chez Gérald Passedat, propose de savoureuses recettes composées avec des produits locaux et mâtinées de plaisantes influences méditerranéennes et de discrètes touches asiatiques, réminiscences de ses voyages en Extrême-Orient. Chaque jour, il compose un menu annoncé sur ardoise au gré du marché et des arrivages ; le soir, menu imposé en 3 ou 5 temps. Une table pleine d'avenir.

🅰🅲 🍴 – Prix : €€

Plan : C2-23 – *81 rue Breteuil* – ☎ *04 91 42 94 41* – *www.cedratxmamakyuna.com – Fermé lundi et dimanche, et mercredi soir*

CHEZ FONFON

POISSONS ET FRUITS DE MER • **TRADITIONNEL** Fraîcheur : le maître mot de cette institution familiale fondée en 1952 par Alphonse, dit "Fonfon". Bourride et bouillabaisse sont les immuables de la carte, réalisées avec le poisson sorti tout droit des "pointus" en bois que l'on aperçoit en face dans le petit port. L'adresse niche en effet dans le beau vallon des Auffes...

⩤ 🅰🅲 ♻ – Prix : €€€

Plan : A3-7 – *140 rue du Vallon-des-Auffes* – ☎ *04 91 52 14 38* – *www.chez-fonfon.com – Fermé lundi et dimanche soir*

EKUME

CUISINE MÉDITERRANÉENNE • **BISTRO** Après un parcours remarquable, le chef panaméen Edgar Bosquez a jeté l'ancre à Marseille, à quelques encablures de l'Abbaye Saint-Victor. Dans un décor actuel et chaleureux, il donne la parole aux produits de la mer et à la Provence : fine tartelette à l'aubergine ; dorade en fines tranches, jus de carotte, huile de roucou, agrumes et poutargue... Menus en plusieurs séquences, dont un consacré à la bouillabaisse.

♿ 🅰🅲 – Prix : €€

Plan : B2-2 – *139 rue Sainte* – ☎ *04 91 73 46 91* – *www.ekume-restaurant.com – Fermé lundi, dimanche et samedi midi*

L'ESCAPADE MARSEILLAISE

CUISINE MODERNE • **CONVIVIAL** Teintes douces entre gris et bois clair, jolis luminaires et mobilier tendance : une déco qui invite à faire une pause dans ce restaurant de quartier fréquenté par une clientèle d'habitués ! Dans l'assiette, le chef Yannick Stein déroule des recettes bien dans l'air du temps. Par beau temps, on monte à l'étage et direction la vaste terrasse située à l'arrière de la maison.

🅰🅲 🍴 ♻ – Prix : €€

Plan : D3-18 – *134 rue Paradis* – ☎ *04 91 31 61 69* – *www.lescapademarseillaise.com – Fermé dimanche, et mardi et mercredi soir*

LA FEMME DU BOUCHER

SPÉCIALITÉS DE VIANDES • **BISTRO** Installée dans une ancienne boucherie, Laëtitia Visse, patronne dynamique formée à l'école Ferrandi de Paris, avant de rejoindre de belles maisons étoilées et des tables bistrotières (Guy Savoy, Alain Dutournier, Cyril Lignac, Olivier Nasti à Kayserberg) mitonne une cuisine viandarde : terrine maison, boudin grillé, saucisse, pieds et paquets, etc. Pour rester dans la tendance, on présente une petite carte de vins nature ou élevés en biodynamie. Service décontracté et atmosphère des plus informelles. Délicieusement canaille.

🅰🅲 – Prix : €€

Plan : D3-24 – *10 rue de Village* – ☎ *04 91 48 79 65* – *www.lafemmeduboucher.fr – Fermé samedi et dimanche, et mardi et mercredi soir*

LES JARDINS DU CLOÎTRE

CUISINE DU MARCHÉ • **HISTORIQUE** Ouvert dans un ancien monastère, ce centre de formation géré par les Apprentis d'Auteuil abrite un restaurant ouvert au public. Encadrée par Jérémie Fenneteaux, un chef professionnel, la brigade de jeunes cuisiniers en formation assure une prestation culinaire de bel aloi dans un esprit bistronomie et cuisine de saison, avec un approvisionnement régional, de préférence bio. Une belle démarche éthique pour construire l'avenir de la génération qui arrive.

&. 🏠 ♿ 🅿 – Prix : €€

Hors plan – *20 boulevard Madeleine-Rémusat – 𝒞 04 91 12 29 42 – www.lesjardinsducloitredemars.fr – Fermé dimanche, et mardi et mercredi soir*

KIN 🆕

CUISINE AFRICAINE • **CONVIVIAL** Chef Hugues Mbenda, une assiette directe pour Kinshasa, en République Démocratique du Congo, s'il vous plaît ! Découvrez cette cuisine du terroir congolais sous forme d'un menu unique en plusieurs séquences, renouvelé tous les 15 jours : chips de manioc au piment doux et crème d'oignon brûlé ; onglet de bœuf Angus croustillant, sauce dibi, asperge blanche et thiéré soufflé... Les produits sont frais, les présentations soignées et les saveurs voyageuses. Au déjeuner, place à l'offre plus simple du Libala, le premier restaurant de street food métissée du chef.

&. 🆔 – Prix : €€€

Plan : D2-13 – *10 rue Francis-Davso – 𝒞 04 91 06 44 02 – www.kin-restaurant.com – Fermé lundi, mardi et dimanche et du mercredi au samedi à midi*

LACAILLE

CUISINE DU MARCHÉ • **BISTRO** Un duo très pro propose une cuisine du sud, à prix sage. Esprit de bistrot de quartier, cuisine simple et pleine de gourmandise renouvelée au gré des saisons et du marché - les beaux produits sont là et on s'en réjouit. Mention spéciale pour le service, qui est à l'image de l'assiette : affriolant.

🆔 – Prix : €€

Plan : D2-26 – *42 rue des Trois-Mages – 𝒞 09 86 33 20 33 – www.lacaille-marseille.fr – Fermé lundi, mardi et du mercredi au vendredi à midi*

LAURACÉE

CUISINE TRADITIONNELLE • **CONTEMPORAIN** Pas de doute, le patron de cette maison en retrait du Vieux-Port ne sert que des produits frais : "Je ne sais pas faire autre chose !" Dans un cadre moderne et confortable, les papilles se laissent charmer par une cuisine à l'accent du Sud, tout aussi soignée que l'accueil. Quelques plats ? Œufs de poules en brouillade aux truffes ; cochon fermier de Bigorre, haricots tarbais au chorizo, crumble noisette, jus sauge ; baba au rhum ambré, chantilly mascarpone, ananas tatin et kiwi.

🆔 – Prix : €€

Plan : C2-19 – *96 rue de Grignan – 𝒞 04 91 33 63 36 – www.lelauracee.com – Fermé lundi, dimanche et samedi midi*

LA MERCERIE

CUISINE MODERNE • **BRANCHÉ** Une avalanche de produits locaux de qualité, un savoir-faire incontestable, de la gourmandise... Comptez sur la jeune équipe pour soigner votre faim de la meilleure des façons. Côté vins, on découvre une carte composée avec amour et résolument « nature », avec un turn-over de bon augure : tous les ingrédients pour passer un super moment.

&. 🆔 🏠 – Prix : €€

Plan : D2-28 – *9 cours Saint-Louis – 𝒞 04 91 06 18 44 – www.lamerceriemarseille.com – Fermé du lundi au mercredi et jeudi midi*

MICHEL - BRASSERIE DES CATALANS

POISSONS ET FRUITS DE MER • **VINTAGE** Ambiance 100 % rétro dans cette institution (1946) de la plage des Catalans. Ici, la bouillabaisse – marseillaise, évidemment – est une religion... autant qu'un délice ! Au menu, donc, la pêche du jour, d'une remarquable fraîcheur : admirez le poisson exposé dans le "pointu" à l'entrée.

AC – Prix : €€€

Plan : A2-8 – *6 rue des Catalans* – ℰ *04 91 52 30 63* – *www.restaurant-michel-13.fr*

NESTOU

CUISINE MODERNE • BISTRO Située à deux encablures de la plage des Catalans, l'enseigne rend hommage à Ernest (Nestou), le jeune fils de Jean-Philippe et Jeanne Garbin, respectivement chef et cheffe de cuisine de ce sympathique restaurant. Lui aux plats chauds, elle aux entrées et aux desserts composent une cuisine originale qui surfe entre influences méditerranéennes et inspirations plus voyageuses. Une bonne table à partager entre copains.

♿ AC 🍽 – Prix : €€

Plan : A2-29 – *43 rue de Suez* – ℰ *09 87 08 17 00* – *www.nestou.fr* – *Fermé lundi, dimanche et samedi midi*

OUREA

CUISINE MODERNE • COSY Descendu de Paris où il travaillait chez Semilla, Matthieu Roche a ouvert avec sa compagne Camille ce bistrot de poche aux couleurs et saveurs de la Provence, situé entre le port et le tribunal. Le chef, attentif aux saisons, se fournit en local (poissons méditerranéens en direct du port, légumes de maraîcher de Mallemort, agrumes du Domaine du Jasson...).

Prix : €€

Plan : C2-30 – *72 rue de la Paix-Marcel-Paul* – ℰ *04 91 73 21 53* – *www.ourea-restaurant.com* – *Fermé lundi et dimanche, et mardi soir*

PÉRON

POISSONS ET FRUITS DE MER • MÉDITERRANÉEN Sur la Corniche, cette bâtisse accrochée à la roche offre une vue à couper le souffle sur la baie de Marseille, ses îles, le château d'If... Un vent chargé d'embruns méditerranéens souffle sur la carte : pêche du jour locale et sauvage, farcis, mais aussi magret de canard et filet de bœuf, sans oublier la traditionnelle bouillabaisse, se dégustent sur la belle terrasse. Une institution depuis 1855.

🌊🍽 – Prix : €€€

Plan : A3-5 – *56 corniche John-Fitzgerald-Kennedy* – ℰ *04 91 52 15 22* – *www.restaurant-peron.com* – *Fermé lundi et dimanche*

LA POULE NOIRE

CUISINE DU MARCHÉ • BISTRO Désormais aux commandes de cette Poule noire, le chef Damien Delgado et sa compagne Fanny Sauvage épatent avec des recettes dans l'esprit "retour du marché", privilégiant toujours les produits frais, cuisinés avec justesse. Une adresse fort recommandable, fréquentée par une clientèle d'habitués.

AC 🍽 💬 – Prix : €€

Plan : C2-31 – *61 rue Sainte* – ℰ *04 91 55 68 86* – *www.restaurant-lapoulenoire.com* – *Fermé lundi, dimanche et du mardi au samedi à midi*

REGAIN

CUISINE MODERNE • BISTRO Dans le quartier du Camas, ce bistrot de copains est emmené allegretto par la cheffe Sarah Chougnet-Strudel aux fourneaux (passée par les belles tables) et Lucien Salomon, sommelier qui veille sur la salle avec panache. Entre le comptoir en bois de châtaignier zingué et la cour arborée ouverte aux beaux jours, on se régale dans une salle comble avec cette cuisine du marché savoureuse à souhait (où l'on retrouve même quelques inspirations asiatiques). On arrose le tout en piochant une bouteille dans une belle sélection d'environ 200 bouteilles de vins vivants.

🍽 – Prix : €€

Hors plan – *53 rue Saint-Pierre* – ℰ *04 86 68 33 20* – *www.regain-marseille.com* – *Fermé lundi, samedi et dimanche et du mardi au jeudi à midi*

SÉPIA

CUISINE MODERNE • TENDANCE Chez Sépia, on passe une soirée haute en couleurs : cette guinguette nichée sur la colline de Puget offre une vue plongeante sur la cité phocéenne et la grande bleue. La carte aussi donne le vertige : ne manquez pas le millefeuille marseillais à la crème de pastis, aussi gourmand que léger. Une seconde adresse depuis peu : le Julis, bar à vin & tapas... On parie que l'ambiance y est aussi bonne !

& 🏠 – Prix : €€

Plan : C2-33 – *2 rue Vauvenargues* – ☏ *09 83 82 67 27 – www.restaurant-sepia.fr – Fermé samedi et dimanche*

TABI - IPPEI UEMURA

CUISINE JAPONAISE CONTEMPORAINE • CONTEMPORAIN Tabi, c'est le voyage en japonais : tout est dit ! Originaire de Kyoto, le chef a choisi Marseille comme ville d'adoption. Il met la pêche locale en valeur dans une cuisine japonaise traditionnelle, préparée directement devant le client. Accords mets-sakés pour les amateurs. Dépaysement garanti.

& 🆊 – Prix : €€€

Plan : A3-6 – *165 corniche du Président-John-Fitzgerald-Kennedy* – ☏ *04 91 22 09 33 – www.restauranttabi.com – Fermé lundi et dimanche*

LES TROIS FORTS

CUISINE MODERNE • ÉLÉGANT Tout Marseille est là : le Vieux Port et sa myriade de mâts, les quais qui fourmillent au loin, le ciel azuré... Au 7e étage du Sofitel, le panorama est sublime. L'assiette rend également un bel hommage à la cité phocéenne, entre inspirations provençales et saveurs d'ailleurs. Beau moment !

< 🆊 🏠 ⟷ – Prix : €€€€

Plan : B2-16 – *36 boulevard Charles-Livon* – ☏ *04 91 15 59 56 – www.sofitel-marseille-vieuxport.com – Fermé lundi et dimanche*

UN PETIT CABANON BOUILLON

CUISINE DU MARCHÉ • BISTRO Dans ce néobistrot au cadre minimaliste, le chef marseillais Anthony Germani privilégie des produits locaux et des saveurs marquées, y ajoutant une pointe de créativité qui fait toujours mouche. Suite aux multiples confinements, l'établissement s'est réinventé en bar à vin et tapas, avec une offre en continu en dehors du service du midi. Un petit bouillon Marseillais comme on les aime, qui rend de grands services à la gourmandise...

& 🆊 🏠 – Prix : €€

Plan : B1-34 – *63 avenue Robert-Schuman* – ☏ *04 91 90 01 53 – www.petit-cabanon-restaurant-marseille.com – Fermé samedi et dimanche*

🛏 LES BORDS DE MER

MODERNE • MARITIME À deux pas de la plage des catalans et en face du Frioul, cet ancien hôtel a quasiment les pieds dans l'eau... et a bénéficié d'une belle remise à flots. Chambres entre tons pastels et bois naturel, avec superbe vue sur la mer, mais aussi spa creusé dans la roche et rooftop : un séjour délicieux.

& 🕊 🍴 🚲 🍹 ⓦ 🛎 🍽 🆊 - 19 chambres

52 corniche J.F. Kennedy – ☏ *04 13 94 34 00 – www.lesbordsdemer.com*

Les Bords de Mer - Voir la sélection des restaurants

🛏 C2

DESIGN • CHALEUREUX Légèrement en retrait du vieux port, cet ancien hôtel particulier (1860) est à la pointe de l'avant-garde phocéenne. Il abrite des chambres design et luxueuses ainsi qu'un salon-bar, sans oublier le petit – mais très joli – spa : bassin couvert, hammam, massages...

& 🧖 🅿 🍹 ⓦ 🛎 🐾 🍽 🆊 - 20 chambres

48 rue Roux de Brignolles – ☏ *04 95 05 13 13 – www.c2-hotel.com*

🛏 LE CORBUSIER

CONTEMPORAIN • FAMILIAL L'emblématique "Cité radieuse" de Le Corbusier n'est pas seulement l'une des premières (et des plus impressionnantes) structures brutalistes au monde, c'est un monument à l'utopie moderniste. Deux de ses étages sont désormais consacrés à un hôtel dont les clients vivent parmi les résidents permanents. Si les chambres ne sont ni particulièrement vastes ni excessivement luxueuses, elles sont chargées de l'atmosphère de l'époque - tout comme le restaurant, meublé de créations de Charlotte Perriand et Jean Prouvé.

🚻 🅿 🗤 ⚶ ⑪Ⓜ - 21 chambres

280 boulevard Michelet – 𝒞 04 91 16 78 00 – www.hotellecorbusier.com

🛏 INTERCONTINENTAL HÔTEL-DIEU MARSEILLE

MODERNE • ÉLÉGANT A deux pas de la mairie et du Vieux-Port, cet ancien hôpital abrite désormais des chambres confortables. Derrière la monumentale façade (18-19ᵉ s.), les lieux rivalisent d'espace, de sobriété et d'élégance – avec tous les services d'un établissement de luxe, à l'instar du vaste spa très bien équipé. Comme dans la chanson, préférez une chambre avec vue.

🕉 🅿 🗤 ⚊ ⑩ 𝅘 ⚶ 𝑓𝑎 ⚶ ⑪Ⓜ - 179 chambres

1 place Daviel – 𝒞 04 13 42 42 42 – www.marseille.intercontinental.com

🛏 MAMA SHELTER MARSEILLE

AVANT-GARDE • CONVIVIAL Cet hôtel ultramoderne, créé dans un quartier populaire de la cité phocéenne, rassemble tout l'esprit de l'enseigne. Sous la signature de Philippe Starck, la déco joue une carte design assumée : murs et plafonds en béton brut, aplats de blanc, mobilier minimaliste...

🅿 ⚇ ⚶ ⑪Ⓜ - 127 chambres

64 rue de la Loubière – 𝒞 04 84 35 20 00 – www.mamashelter.com/en/marseille

🛏 NHOW MARSEILLE

AVANT-GARDE • MARITIME Qu'on se le dise : l'ancien Palm Beach, véritable institution locale, est devenu nhow (sans majuscule) ! L'établissement séduit avec des inspirations street art (reproductions de graffitis) et des chambres lumineuses qui donnent toutes sur la mer. Piscine, bars et spa avec hammam et jacuzzi.

🚻 🅿 ⚏ ⚇ 🗤 ⚊ ⑩ 𝅘 𝑓𝑎 ⚶ ⑪Ⓜ - 160 chambres

200 corniche J.F. Kennedy – 𝒞 04 91 16 19 00 – www.nhow-hotels.com/fr/nhow-marseille

🛏 LE PETIT NICE

MODERNE • MARITIME Sur la Corniche, ces architectures néoclassiques (des années 1910 !) semblent lancer des œillades à la mer et à ses îles immaculées. Toute la lumière du Sud, toute la magie du site de Marseille, que l'on admire à loisir dans le plus grand confort...

🕉 🅿 ⚏ ⚇ ⚊ ⑪Ⓜ - 16 chambres

Anse de Maldorme – 𝒞 04 91 59 25 92 – www.passedat.fr/fr/hotel-5-etoiles-restaurant-etoile-marseille

✿✿✿ **Le Petit Nice** - Voir la sélection des restaurants

🛏 SOFITEL MARSEILLE VIEUX PORT · *Plus*

CLASSIQUE • CONVIVIAL Sur les hauteurs du Pharo, dominant les forts, la passe... et tout le Vieux Port ! Plus d'une vingtaine de chambres jouissent d'une terrasse ouvrant sur le bassin. Le grand confort au cœur du mythe marseillais.

🚻 🕉 🅿 ⚇ 🚲 ⑩ 𝅘 𝑓𝑎 ⚶ ⑪Ⓜ - 134 chambres

36 boulevard Charles Livon – 𝒞 04 91 15 59 55 – www.sofitel-marseille-vieuxport.com

Les Trois Forts - Voir la sélection des restaurants

MARTEL

✉ 46600 – Lot – Carte régionale n° **23**–B2

SAVEURS DES HALLES

CUISINE RÉGIONALE • TRADITIONNEL Queues de gambas à la plancha, risotto crémeux et émulsion de crustacés ; pomme de ris de veau braisée au jus de viande ; gâteau moelleux aux noix, crème glacée vanille... Une cuisine simple et bonne qui va à l'essentiel, voilà ce qu'on trouve dans cette petite adresse pleine de charme, tenue par un couple dynamique originaire d'Agen et du Pays basque.

🏠 – Prix : €€

Rue Sans-Lys – ℰ 05 65 37 35 66 – www.restaurant-saveurs-des-halles-martel.fr – Fermé mercredi et jeudi

MARTIGNARGUES

✉ 30360 – Gard

LA MAISON DU PASSAGE
⊕ *Plus*

CLASSIQUE • RAFFINÉ Au pied de la chaîne des Cévennes, cette ancienne tour de guet du village offre depuis sa terrasse une vue imprenable sur la campagne. Les chambres d'hôtes qu'elle accueille, à l'atmosphère des plus paisibles, mêlent les vieux murs de pierre à un mobilier moderne et à une décoration éclectique, que l'on sent élaborée avec amour. L'établissement dispose d'un petit spa, avec un jacuzzi et un sauna infrarouge. En plus du copieux petit-déjeuner, les repas peuvent être servis sur la terrasse, sur demande.

🛋 ⤳ 🛁 🍴 🅰🅲 - 6 chambres

127 rue de l'Église – ℰ 04 66 25 62 91 – www.lamaisondupassage.fr

MARTIGUES

✉ 13500 – Bouches-du-Rhône – Carte régionale n° **29**–C3

GUSTO CAFFE

CUISINE ITALIENNE • TRATTORIA Devant le port de plaisance du canal Baussengue, une sympathique trattoria où serveurs et clients s'interpellent dans une ambiance joyeuse et très... italienne ! Pâtes maison (spaghettis, gnocchis, etc.), prosciutto di parma découpé à la trancheuse, grands classiques transalpins... La terrasse est prise d'assaut dès les beaux jours, tout comme l'ardoise du midi, véritable bon plan.

🅰🅲 🏠 ⎴ – Prix : €€

4 quai Paul-Doumer – ℰ 04 42 43 97 85 – www.restaurantmartigues.com – Fermé lundi et dimanche

MARTILLAC

✉ 33650 – Gironde – Carte régionale n° **22**–B2

🏵🏵 LA GRAND'VIGNE - LES SOURCES DE CAUDALIE

CUISINE MODERNE • ÉLÉGANT À quelques kilomètres seulement de Bordeaux se trouve un véritable petit paradis niché au cœur du vignoble. Le lieu a subi une restauration complète, en accord avec la nature. Aux fourneaux de la Grand'Vigne, la table gastronomique de l'hôtel, officie le chef Nicolas Masse, dont la partition est tournée vers un but : sublimer le terroir aquitain (et sa manne végétale) et les vins, notamment ceux de Pessac-Léognan. Ainsi, le blanc révèle la tenue nacrée du merlu de ligne cuit avec des fleurs de courgette, nappé d'un fumet de poisson au vin blanc infusé à la fleur de capucine, quand le vin rouge tombe en pâmoison (et nous avec lui !) devant l'agneau de lait des Pyrénées cuit rosé et garni de petites girolles du Médoc et d'une bugne farcie d'épaule d'agneau confite.

88 🥢🛁♿🅰🌿🅿 – Prix : €€€€

Chemin de Smith-Haut-Lafitte – ℰ 05 57 83 83 83 – www.sources-caudalie.com
– Fermé lundi, mardi et du mercredi au vendredi à midi

LA TABLE DU LAVOIR - LES SOURCES DE CAUDALIE

CUISINE DU TERROIR • RUSTIQUE Un cadre original que cette superbe halle tout en bois (18ᵉ s.), sous laquelle on lavait autrefois les vêtements utilisés pour les vendanges ! La cuisine joue la carte de la bonne tradition. Où l'on retrouve l'atmosphère plaisante des auberges d'autrefois.

88 ♿🅰🌿🅿 – Prix : €€

Chemin de Smith-Haut-Lafitte – ℰ 05 57 83 83 83 – www.sources-caudalie.com

🛏 LES SOURCES DE CAUDALIE

TRADITIONNEL • CHAMPÊTRE Dédié au bien-être, ce magnifique domaine se veut le berceau de la vinothérapie. Bois brut, meubles chinés, plaisirs gastronomiques : le luxe sans ostentation, en harmonie avec la nature. Les chambres, réparties dans plusieurs demeures au milieu des vignes, sont autant d'invitation à la détente, sans oublier le spa, superbe.

🐾🅿🛋🍸🥢🚲⛓🌐⚕♨🍽🅰 – 61 chambres

Chemin de Smith Haut-Lafitte – ℰ 05 57 83 83 83 – www.sources-caudalie.com

❀❀ **La Grand'Vigne - Les Sources de Caudalie • La Table du Lavoir - Les Sources de Caudalie** - Voir la sélection des restaurants

MARTRES-TOLOSANE

✉ 31220 – Haute-Garonne – Carte régionale n° **26**–C3

MAISON CASTET

CUISINE CRÉATIVE • CONTEMPORAIN Ce lieu contemporain, situé en retrait du centre-ville, fut jadis le café de la gare. Le chef, dont la cuisine créative nous fait voyager (par exemple au Brésil, avec ce lieu sauvage des sables, comme une moqueca, salade d'herbettes et farofa), mise sur de beaux produits et une technique solide. Mention spéciale pour ses impressionnants desserts, comme la tomate cœur de bœuf en sucre soufflé et crème de sauge. Jolie carte des vins.

88 🌿🎐 – Prix : €€€

44 avenue de la Gare – ℰ 05 61 98 80 20 – www.maisoncastet.com – Fermé lundi et mercredi, et dimanche soir

MASSIGNAC

✉ 16310 – Charente – Carte régionale n° **18**–C2

DYADES AU DOMAINE DES ETANGS

CUISINE MODERNE • HISTORIQUE Cette élégante table propose une cuisine fine et goûteuse, qui met en avant les herbes, fleurs, fruits et légumes du potager ; le tout est servi dans le cadre raffiné et luxueux des anciennes écuries du château.

🥢🥢♿🌿🎐🅿 – Prix : €€€

Domaine des Etangs – ℰ 05 45 61 85 05 – www.domainedesetangs.com – Fermé mardi soir

🛏 DOMAINE DES ÉTANGS   🌐 *Plus*

CLASSIQUE • CHAMPÊTRE Ce château de pierre, flanqué de tours fortifiées, abrite certaines suites et chambres, alors que d'autres occupent la longère ou l'une des six métairies, élégamment rénovées. Le vaste domaine offre des promenades bucoliques mais aussi deux piscines, un court de tennis et un grand lac.

♿🐾🅿🛋🍸🥢🍸♨🍽🅰 – 17 chambres

Domaine des Étangs – ℰ 05 45 61 85 00 – www.domainedesetangs.com

Dyades au Domaine des Etangs - Voir la sélection des restaurants

MAULÉVRIER

✉ 49360 – Maine-et-Loire – Carte régionale n° **9**–C3

LE STOFFLET - CHÂTEAU COLBERT

CUISINE MODERNE • ROMANTIQUE Quelle allure ! Au sein de ce beau château classique, les hauts plafonds et les lustres en cristal Grand Siècle rehaussent encore l'expérience gastronomique. Le chef signe une cuisine actuelle bien maîtrisée, inspirée par le terroir et les légumes du potager...

🛏 🕀 **P** – Prix : €€€

Place du Château – 𝒫 *02 41 55 51 33 – www.chateaucolbert.com – Fermé dimanche soir*

MAUSSANE-LES-ALPILLES

✉ 13520 – Bouches-du-Rhône – Carte régionale n° **28**–E1

☺ LE CLOS SAINT ROCH

CUISINE DU MARCHÉ • ÉPURÉ Voilà une bien jolie adresse comme on les apprécie ! En artisan passionné, le patron mitonne de savoureuses recettes gorgées de soleil et de parfums de Provence. Tout est soigné et fort bien maîtrisé. L'été, essayez la charmante terrasse aux lauriers roses... et toute l'année, profitez de l'accueil aux petits soins et de l'excellent rapport qualité/prix.

🕽 🕀 – Prix : €€

87 avenue de la Vallée-des-Baux – 𝒫 *04 90 98 77 15 – www.leclosaintroch.com – Fermé mercredi et jeudi*

AUX ATELIERS

CUISINE TRADITIONNELLE • BISTRO Ce bistrot détendu et chaleureux à l'atmosphère rétro ne désemplit pas. Le chef, un Normand amoureux des Alpilles, taquine votre gourmandise au gré d'une cuisine généreuse et sans afféterie : œuf mayo ; terrine de campagne ; cuisse de lapin confite à l'huile d'olive ; filet de canette et sa polenta crémeuse... Clientèle d'habitués et terrain de pétanque à l'extérieur.

🛏 🕽 🕀 **P** – Prix : €€

115 avenue de la Vallée-des-Baux – 𝒫 *04 90 49 96 58 – Fermé lundi et mardi, et mercredi, jeudi et dimanche soir*

MAISON DROUOT

CUISINE MODERNE • COSY Le chef et son épouse souhaitaient sortir des codes de la restauration classique et accueillir les gens chez eux, façon table d'hôte. Pari remporté haut la main, avec cette adresse coup de cœur. Dans l'assiette, une belle cuisine contemporaine mêle produits du cru et saveurs plus lointaines. Service aux petits soins, discret convivial. Deux chambres à l'étage joliment décorées, pour ceux qui ne veulent pas reprendre la route immédiatement. On les comprend.

🕽 – Prix : €€€

18 impasse Michel-Durand – 𝒫 *06 61 07 38 54 – www.maisondrouot.com – Fermé lundi, dimanche et du mardi au samedi à midi*

🛏 LES MAISONS DE L'HÔTEL PARTICULIER

CLASSIQUE • CHARME Fort de son succès, l'Hôtel Particulier a enrichi son adresse du centre-ville de deux résidences supplémentaires dans la campagne arlésienne. Dont cet ancien prieuré du 15ᵉ s., splendide construction en pierre ocre, orné de colonnes, d'arches et de toits de tuiles provençaux. Un décor aux accents romains qui invite à la langueur. Sous les voûtes fraîches, au bord de la piscine en pierre, à l'ombre des cyprès et oliviers, on médite sur la douceur des lieux. Deux maisons hôtelières s'y sont logées, abritant chacune cinq chambres et suites sophistiquées mariant la sobriété du blanc, des espaces sans mobilier superflu et des matériaux nobles (baignoires en marbre, cheminées en pierre, parquet Versailles...) pour un rendu sophistiqué. Installé dans l'ancienne orangeraie, un spa.

10 chambres

11 rue de l'Escampadou – ☏ 04 90 52 51 40 – www.les-maisons.hotel-particulier.com

MAXILLY-SUR-LÉMAN

✉ 74500 – Haute-Savoie – Carte régionale n° **21**–D1

CHEZ MATHILDE

CUISINE MODERNE • CONVIVIAL Mathilde est la fille du célèbre pêcheur du Léman, Eric Jacquier. La voilà installée dans ce lumineux petit restaurant de centre du village avec comptoir en béton, luminaires décalés et mobilier bistrot en bois clair. Elle propose une petite ardoise à son image : spontanée, ludique et intuitive. Fort sympathique.

AC 🌡 – Prix : €€

97 route de Lugrin – ☏ 04 50 74 36 31 – www.restaurant-chez-mathilde.com – Fermé lundi et mardi

MAYENNE

✉ 53100 – Mayenne – Carte régionale n° **9**–C1

✿ L'ÉVEIL DES SENS

Chef : Nicolas Nobis

CUISINE MODERNE • CONTEMPORAIN À la sortie de la ville, impossible de manquer ce restaurant dont la façade façon résille en métal oxydé accroche l'œil. C'est le fief du chef Nicolas Nobis et de son épouse Isabelle, qui se sont rencontrés à Alençon et ont appris leur métier chez Bernard Loiseau et Georges Blanc. La décoration sobre et épurée de leur restaurant fait la part belle au bois. Même parti-pris de simplicité et de naturel dans la cuisine du chef qui aime travailler les plantes (hysope, verveine...) et les légumes des producteurs mayennais. Ses cuissons et ses assaisonnements précis achèvent de (r)éveiller les papilles et les sens des convives.

AC – Prix : €€€

429 boulevard Paul-Lintier – ☏ 02 43 30 42 17 – www.restaurant-leveildessens.fr – Fermé lundi et mardi, et dimanche soir

LES MÉES

✉ 04190 – Alpes-de-Haute-Provence – Carte régionale n° **24**–C3

LA MARMITE DU PÊCHEUR

CUISINE MODERNE • CONTEMPORAIN Au pied des Pénitents, ces célèbres rochers pointus, les gourmands n'ont pas à faire profil bas ! Dans cet ancien moulin, on se régale de spécialités de poisson et de produits de la mer (bouillabaisse sur commande). La nouvelle équipe a donné un coup de jeune bienvenu aux plats. Et la roue à aubes trône toujours dans la salle à manger aux tons sable !

AC 🌡 – Prix : €€

Boulevard des Tilleuls – ☏ 04 92 34 35 56 – www.lamarmitedupecheur.com – Fermé mardi et mercredi, et dimanche soir

MEGÈVE

✉ 74120 – Haute-Savoie –
Carte régionale n° **21**–D2

Naturels ou travaillés, des produits qui nourrissent l'âme

Megève l'élégante, ses chalets rustiques chics, ses hôtels de luxe, ses routes chauffées, ses boutiques de créateurs... et sa tartiflette. Il suffit de se promener dans la région au printemps, quand les prairies sont redevenues verdoyantes et que les belles tarines aux longs cils vous adressent de tendres clins d'œil pour prendre conscience de l'insolente richesse de son terroir. Agneau, poulardes, légumes, fruits, fleurs, et herbes ! Le plus beau, c'est que tout cela se mange. Serpolet, genévrier commun, crocus printa-nier, ail des ours, reine-des-prés... Grimpez au Mont-d'Arbois, fermez les yeux, le vent caresse votre visage. Cet air pur, vivifiant, qui pique vos paupières, n'est-ce pas le parfum du bonheur ? Et cette délicieuse odeur qui titille votre estomac crapahuteur, n'est-ce pas le fumet d'un chausson savoyard, cette spécialité préparée à base de pâte feuilletée, composée d'une farce aux lardons, de crème fraîche et de pommes de terre ? Décidément, aux pays des alpages, la gastronomie française est chez elle.

✿✿✿ FLOCONS DE SEL

Chef : Emmanuel Renaut
CUISINE MODERNE • **ÉLÉGANT** Tombé amoureux de la Haute-Savoie dans son enfance, bien avant d'arborer son col bleu-blanc-rouge, Emmanuel Renaut est vis-céralement attaché au terroir alpin (brochet, omble et féra du lac Léman, champi-gnons et herbes sauvages, fromages d'alpage...), sans rien s'interdire : avec malice, il prend parfois le contre-pied d'une cuisine de région attendue – comme avec ces superbes langoustines marinées au cédrat, caviar vivifié de pamplemousse et racines de gentiane. Le végétal prend également de plus en plus de place dans sa cuisine. Un chalet d'altitude enchanteur pour une gastronomie au sommet.
🐾 ⇆ ⬳ 🏠 ♿ 🅿 – Prix : €€€€
Hors plan – *1775 route du Leutaz, Le Leutaz –* 📞 *04 50 21 49 99 –*
www.floconsdesel.com - Fermé mardi, mercredi et le midi du lundi au vendredi

✿ LA DAME DE PIC - LE 1920

CUISINE CRÉATIVE • **ÉLÉGANT** Au sein du Four Seasons, Anne-Sophie Pic revi-site ses classiques des plus grands, dans un esprit alpin, comme ses berlingots savoyards fourrés d'une délicieuse fondue de beaufort et abondance à l'absinthe, ou encore son millefeuille blanc, proposé ici dans une version au miel de Leatherwood, eucalyp-tus en fine gelée et cassis acidulé. Citons aussi l'agneau des alpages mariné à la mélisse et à la Chartreuse, si simple en apparence mais aux arômes complexes.

Une partition subtile et aboutie, tant dans les puissantes associations de saveurs que dans les textures.

🕸 ⇆ ⪦ 🏠 ⛄ 🍽 – Prix : €€€€

Hors plan – *Four Seasons Megève, 373 chemin des Follières* – ☎ 04 50 78 62 65 – *www.fourseasons.com/fr/megeve/dining/restaurants/le-1920* – *Fermé lundi, mardi, du mercredi au vendredi à midi, et dimanche soir*

☆ ## LA TABLE DE L'ALPAGA

CUISINE MODERNE • **CONTEMPORAIN** Qu'il est doux de s'attabler dans ce nid chic et douillet, où des matériaux bruts et nobles tels que marbre et chêne composent un décor authentique et intemporel. À la table gastronomique, le jeune chef Alexandre Baule, originaire de l'Isère, s'attache à sublimer le terroir savoyard, avec une prédilection pour le végétal, tandis que côté desserts, Tess Evans-Mialet apporte sa touche légère et inventive. À noter aussi, les accords mets-cocktails (avec ou sans alcool) d'un barman talentueux. Au bistrot, ouvert tous soirs, un joli répertoire régional est proposé. Et pour prolonger l'expérience, de confortables chambres aménagées dans des chalets vous attendent.

🕸 ⇆ ⪦ 🅿 – Prix : €€€€

Hors plan – *Alpaga, 66 allée des Marmoussets, route du Prariand* – ☎ 04 50 91 48 70 – *www.beaumier.com/fr/proprietes/hotel-alpaga/hiver/restaurants* – *Fermé lundi, mardi et du mercredi au dimanche à midi*

LE CŒUR 🆕

CUISINE MODERNE • **COSY** Au sein de cet hôtel mégevan, cette table joue la carte de l'élégance montagnarde en se parant ici de touches contemporaines. Le chef signe une cuisine moderne concoctée à base de beaux ingrédients de saison triés sur le volet. Les mariages du terroir, soit avec des agrumes (escargots de Magland, pamplemousse, sésame), soit avec des produits nobles (bouillon parmentier et truffe noire) ou bien encore avec des touches asiatiques fonctionnent parfaitement. Le chef se révèle aussi très à l'aise dans un registre plus traditionnel à l'image de ce dos de chevreuil, potiron et groseilles.

⪦ 🎴 🍽 – Prix : €€€

Plan : A1-1 – *44 rue Charles-Feige* – ☎ 04 50 21 25 98 – *www.coeurdemegeve.com*

FLOCONS VILLAGE

CUISINE TRADITIONNELLE • **AUBERGE** La deuxième adresse d'Emmanuel Renaut, le chef bien connu des Flocons de Sel. Ces Flocons-ci jouent la carte de la simplicité et de la franchise, avec une cuisine actuelle soignée et des bons plats du terroir.

🍽 – Prix : €€€

Plan : A1-4 – *75 rue Saint-François* – ☎ 04 50 78 35 01 – *www.floconsvillage.com* – *Fermé lundi*

KAITO

CUISINE JAPONAISE • **ÉPURÉ** Quand Megève rencontre le Japon au sein de l'hôtel Four Season, ça fait des étincelles ! Sashimis, tataki et sushis de belle fraîcheur côtoient, à la carte, des produits montagnards délicatement travaillés. Une cuisine fusion, dont on peut profiter sur la terrasse avec une jolie vue sur les pistes.

⪦ 🏠 ⛄ 🍽 🅿 – Prix : €€€€

Hors plan – *Four Seasons Megève, 373 chemin des Follières* – ☎ 04 50 78 62 64 – *www.fourseasons.com/megeve* – *Fermé lundi et du mardi au dimanche à midi*

LE REFUGE

CUISINE TRADITIONNELLE • **AUBERGE** Après une balade au Leutaz, attablez-vous dans ce charmant refuge boisé prolongé d'une véranda et d'une agréable

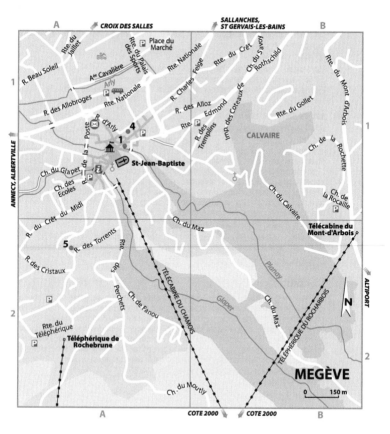

MEGÈVE

0   150 m

terrasse. C'est avec le sourire qu'on vous servira une cuisine gourmande et géné-reuse, proposant quelques grands classiques indétrônables de la maison (l'œuf aux lentilles vertes, morilles et copeaux de foie gras, ou la jatte de glace vanille avec son sablé breton et son chocolat chaud), sans oublier les incontournables savoyards.

🍽 🅿 – Prix : €€€

Hors plan – 2615 route du Leutaz – 𝒞 04 50 21 23 04 – www.refuge-megève.com – Fermé lundi

LE SAINT-NICOLAS - AU COIN DU FEU

CUISINE MODERNE • RUSTIQUE Raviole d'escargots de Magland, pintade de l'Ain, chariot de fromages (100% savoyard), baba au foin : le jeune chef Marvin Lance, ancien second de Julien Gatillon au 1920, fait souffler un vent de renouveau sur ce sympathique chalet mégevan, où il apporte ses qualités techniques et son ambition. L'adresse qui monte à Megève !

🍽 – Prix : €€€

Plan : A2-5 – 252 route de Rochebrune – 𝒞 04 50 21 04 94 – www.coindufeu. com/fr/restaurant.html – Fermé lundi, mardi, mercredi, jeudi et dimanche et vendredi et samedi à midi

🛏 ## LE CHALET ZANNIER   Plus

MONTAGNARD • RAFFINÉ Un ensemble de trois superbes chalets savoyards, possédant un joli centre de détente avec piscine, hammam et sauna. L'esprit de

luxe montagnard règne dans les chambres, sobres et chic, jamais tape-à-l'œil, et dans les nombreux services (navette privée vers la station).
🛏🅿️ ⊄ ⟁ 🌐 ⋒ ⏇ - 12 chambres
367 route du Crêt – ℰ 04 50 21 01 01 – www.lechaletzannier.com

🛏 LES FERMES DE MARIE

MONTAGNARD • CHALEUREUX On se verrait bien vivre dans ce hameau de fermes savoyardes reconstituées. Les chambres sont délicieusement montagnardes, boisées, décorées avec goût dans le style de la famille Sibuet, reconnaissable entre mille... Et le spa est superbe. Un véritable paradis des neiges !
🛏🅿️⟲ ⊄ 🍴 🚲 ⟁ 🌐 ⋒ ⌼ ⏇ - 70 chambres
Chemin de Riante-Colline – ℰ 04 50 93 03 10 – www.fermesdemarie.com

🛏 FLOCONS DE SEL

MONTAGNARD • COSY Les Flocons de Sel sont aussi un hôtel charmant ! Les chambres, réparties dans trois chalets, dévoilent le meilleur du chic montagnard : bois omniprésent, grands lits, salles de bains design... Le spa (avec sauna et hammam), la piscine couverte et le bain suédois achèvent d'en faire un lieu à part.
♿ 🛏🅿️⏇ - 6 chambres
1775 route du Leutaz – ℰ 04 50 21 49 99 – www.floconsdesel.com
🌸🌸🌸 **Flocons de Sel** - Voir la sélection des restaurants

🛏 FOUR SEASONS MEGÈVE

CLASSIQUE • RAFFINÉ Trois ans de travaux, des chambres et suites allant jusqu'à 150 m², où le bois prédomine, dans un esprit chalet. Le superbe spa de 900 m² propose coiffeur, barbier, salles de massage et fitness, piscine extérieure et intérieure. Profitez aussi des activités exclusives : balade en traîneau à chiens, motoneige, et golf en été.
🛏🅿️⊄ 🍴 🚲 ⟁ 🌐 ⋒ ⌼⏇🅰️ - 55 chambres
373 chemin des Follières – ℰ 04 50 21 12 11 – www.fourseasons.com/fr/megeve
🌸 **La Dame de Pic - Le 1920** • **Kaito** - Voir la sélection des restaurants

🛏 LODGE PARK

MONTAGNARD • CHALEUREUX Atypique, chic et hors du temps : ce Lodge Park est tout cela à la fois. L'ambiance ? Celle d'une maison de trappeur dans le Grand Nord. Trophées de chasse, peaux de bêtes aux murs, cornes et bois... depuis les chambres, élégantes et chaleureuses, jusqu'au superbe spa !
🛏🅿️⊄ 🍴 🚲 ⟁ 🌐 ⌼⌼⏇ - 49 chambres
100 rue d'Arly – ℰ 04 50 93 05 03 – www.lodgepark.com

🛏 M DE MEGÈVE   *Plus*

CLASSIQUE • CHALEUREUX L'esprit savoyard et le grand confort se sont donné rendez-vous dans cet imposant chalet du cœur de Megève. Le bois y est omniprésent, notamment dans les chambres, chic et chaleureuses ; on profite également d'un superbe spa, d'un hammam et d'une piscine avec jacuzzi.
♿ 🛏🅿️⟲ ⊄ 🍴 ⟁ 🌐 ⋒ ⌼⌼⏇ - 42 chambres
15 route de Rochebrune – ℰ 04 50 21 41 09 – www.mdemegeve.com

🛏 MONT-BLANC

CLASSIQUE • RAFFINÉ Le mythique doyen des hôtels mégevans, magnifiquement illuminé le soir venu : le "21ᵉ arrondissement de Paris" selon Cocteau, qui y a laissé son empreinte. Du faste, un bar à champagne, le charme des sports d'hiver... la belle vie, très mondaine, en plein cœur de la station !
🛏🅿️⊄ 🍴 🚲 ⟁ 🌐 ⋒ ⏇ - 38 chambres
29 rue Ambroise Martin – ℰ 04 50 21 20 02 – www.hotelmontblanc.com

MELUN

✉ 77000 – Seine-et-Marne – Carte régionale n° **11**–C2

LA BODEGA

CUISINE ESPAGNOLE • **CONVIVIAL** On vient ici pour retrouver l'esprit de l'Espagne, en particulier celle des Asturies, d'où est originaire la famille propriétaire. Au menu, des produits de belle qualité, de succulentes recettes ibériques – pluma de cochon ibérique, paella bodega (poulet, chorizo, encornets, moules et gambas), bacalao avec aïoli de légumes de saison, délicieux turronés au dessert – et quelques suggestions du marché. On est comblé !

& – Prix : €€

18 quai Hippolyte-Rossignol – ℰ 01 64 37 10 57 – www.bodega-melun.fr – Fermé samedi et dimanche

MENDE

✉ 48000 – Lozère – Carte régionale n° **28**–A1

☺ LA SAFRANIÈRE

CUISINE MODERNE • **FAMILIAL** Une étape gourmande sur les premières marches du Gévaudan, sur le site d'une ancienne exploitation de safran. Dans un décor frais et coloré, on apprécie une jolie cuisine de saison ; les vins et fromages de la région sont à l'honneur.

& ✿ – Prix : €€

52 rue du Lavoir, hameau de Chabrits – ℰ 04 66 49 31 54 – www.restaurant-la-safraniere.fr – Fermé du lundi au mercredi, jeudi midi et dimanche soir

MÉNERBES

✉ 84560 – Vaucluse

🛏 LA BASTIDE DE MARIE

CONTEMPORAIN • **CHAMPÊTRE** La Bastide de Marie ressuscite à sa façon le genre oublié des fermes d'hôtes. Moderne et sophistiqué, cet hôtel respecte pourtant la région, ses traditions et la nature environnante. Appréciez ce style éclectique et contemporain, ces meubles d'antiquaires, l'originalité des salles de bain de Philippe Starck.

🅿 ⏶ 🛁 🚲 ⛲ 🌐 🏊 ⚬🍽️ AC - 14 chambres

Route de Bonnieux – ℰ 04 90 72 30 20 – www.labastidedemarie.com

MENTHON-SAINT-BERNARD

✉ 74290 – Haute-Savoie – Carte régionale n° **21**–C2

☺ LE CONFIDENTIEL

CUISINE MODERNE • **COSY** Parmi tous les restaurants (dont de grosses cylindrées !) qui entourent le lac, cette maison fait office de petit poucet... au grand talent. Dans une mini-salle se succèdent des plats d'une efficacité incontestable, où la franchise des saveurs va de pair avec une ambiance conviviale et détendue. Maintenant que vous êtes dans la confidence, courez-y. Un coup de cœur.

Prix : €€

24 route des Moulins – ℰ 04 50 44 00 68 – www.restaurant-leconfidentiel.fr – Fermé lundi et dimanche

LE PALACE DE MENTHON

CUISINE MODERNE • **TENDANCE** De la couleur, une vue imprenable sur le lac... Un restaurant trendy et cosy, au service d'une cuisine bistronomique bien tournée :

opéra de foie gras et magret de canard, filet de Saint-Pierre rôti au beurre d'algues, sablé breton et marmelade exotique.

⋖ ⇔ 🅰🅲 🅿 – Prix : €€€

665 route des Bains – 𝒞 04 50 64 83 01 – www.palacedementhon.com – Fermé lundi et du mardi au dimanche à midi

🛏 PALACE DE MENTHON

TRADITIONNEL • ÉLÉGANT Entre lac et montagne, cet imposant hôtel de 1906 a un vrai cachet cultive avec élégance l'art de recevoir... Le parc verdoyant et délicieux, les chambres confortables (préférez celles situées côté lac, plus récentes), la belle piscine couverte creusée dans la roche, le sauna, le hammam : tout invite à la détente !

🏊 🅿 🛁 🔊 ⇔ 🚲 ⅃ 🆙 ♨ ⅃♨ ⬩⬩ 🍽 🅰🅲 - 72 chambres

665 route des Bains – 𝒞 04 50 64 83 00 – www.palacedementhon.com

Le Palace de Menthon - Voir la sélection des restaurants

MENTON

✉ 06500 – Alpes-Maritimes – Carte régionale n° **29**–E2

✿✿✿ MIRAZUR

Chef : Mauro Colagreco

CUISINE CRÉATIVE • CONTEMPORAIN Destin exceptionnel que celui de l'Argentin Mauro Colagreco, né à La Plata en 1976, et passé par toutes les écoles de l'excellence avant de voler de ses propres ailes... et de trouver, à Menton, sa véritable place. "Dernière maison avant l'Italie", le Mirazur regarde le ciel et le large les yeux dans les yeux : on ne compte plus les visiteurs hypnotisés par la vue exceptionnelle sur la Méditerranée. Porté par une équipe de talent, convaincu des bienfaits des circuits ultra-courts (son potager en permaculture en est la preuve), Mauro Colagreco est au sommet de son art. Réglée sur les cycles lunaires, transcendant les saisons et la région, sa cuisine est un hymne émouvant aux plantes aromatiques, aux fleurs, aux légumes et aux agrumes. Une expérience inoubliable.

❀ ⋖ ⇔ 🅰🅲 ⇔ 🅿 – Prix : €€€€

30 avenue Aristide-Briand – 𝒞 04 92 41 86 86 – www.mirazur.fr – Fermé lundi, mardi et mercredi midi

✿**L'engagement du chef :** Promouvoir une gastronomie pleine de sens au cœur d'un terroir, c'est le défi que nous essayons de relever quotidiennement. Vous pourrez donc savourer l'essence des produits que nous cultivons dans nos deux hectares de jardins potagers en permaculture, mais aussi les fruits de la cueillette sauvage, de la pêche et des élevages locaux. Nous tendons également à une ambition zéro déchet, qui nous permet de retourner à la terre ce que nous lui avons emprunté.

CASA FUEGO

BARBECUE • MAISON DE CAMPAGNE Juste en face du vaisseau amiral du chef italo-argentin Mauro Colgreco, voici son grill argentin façon hacienda, avec sa grande terrasse couverte et ouverte sur la mer, la ville et le port. Le dépaysement est complet avec cette cuisson au feu, typique de l'Argentine, qui est ici maîtrisée et si goûteuse, avec ses effluves fumées : crevettes blanches de San Remo " aguachile " ; poulpe grillé ; flan dulce de leche. Une réussite, tout en convivialité gourmande.

⋖ & 🅰🅲 ⌂ – Prix : €€

80 bis boulevard de Garavan – 𝒞 04 93 17 13 15 – www.casafuego.fr – Fermé lundi, mercredi, et mardi, jeudi et vendredi midi

JR BISTRONOMIE

CUISINE MODERNE • FAMILIAL À deux pas de la mer et du musée Jean Cocteau, on s'attable ici pour déguster une bonne cuisine bistronomique de saison, dans un cadre charmant, un peu comme dans une maisonnette de famille (avec son coin réservé aux enfants). Sous la houlette d'un chef expérimenté (également membre des disciples d'Escoffier), les classiques sont modernisés avec goût et intelligence. Ce soir-là, tarte tatin de tomates caramélisées ; selle d'agneau confite ; comme une pavlova au citron. Beaux produits frais, tour de main assuré : JR, j'adhère !

ᚼ 🅰️ – Prix : €€

11 rue Trenca – 𝒞 06 07 54 89 50 – www.jrbistronomie.fr – Fermé lundi, dimanche et du mardi au samedi à midi

LES MENUIRES

✉ 73440 – Savoie

🛏 CHALET HÔTEL KAYA

ÉPURÉ • CHALEUREUX À 2 000 m d'altitude, cet hôtel donne directement sur les pistes. Les chambres déclinent un style épuré et contemporain, rehaussé par la chaleur du bois. Le spa et la piscine sont bien agréables, tout comme le restaurant, qui joue dans la tendance.

🏖 🅿 ⚑ ⤢ 🌐 🛁 🍴 - 54 chambres

Village de Reberty – 𝒞 04 75 75 21 91 – www.hotel-kaya.com

MERCUÈS

✉ 46090 – Lot – Carte régionale n° **23**–A2

⌘ LE DUÈZE - CHÂTEAU DE MERCUÈS

CUISINE MODERNE • ÉLÉGANT Accroché au sommet d'une colline qui surplombe la vallée du Lot, ce superbe château médiéval, remanié d'innombrables fois, a traversé les siècles avec panache. Il n'abrite plus le siège du pouvoir épiscopal mais des chambres luxueuses et une table gastronomique, objet des soins du chef Julien Poisot, passé notamment chez Bernard Loiseau. Loin de pratiquer une cuisine historique entre ces murs séculaires, ce maître queux talentueux pratique une cuisine bien actuelle. Ses assiettes chantent le terroir lotois à travers des préparations goûteuses qui réactualisent la tradition de fort belle manière. On peut les accompagner par l'un des bons vins de la propriété, et aux beaux jours, s'attabler en terrasse dans la cour d'honneur.

🕸 ⬌ 🚭 🅰️ 🌳 🅿 – Prix : €€€€

Route du Château – 𝒞 05 65 20 00 01 – www.chateaudemercues.com – Fermé lundi, dimanche et du mardi au samedi à midi

🛏 CHÂTEAU DE MERCUÈS

TRADITIONNEL • COSY Le Château de Mercuès a existé sous une forme ou une autre depuis l'an 650 avant J.-C., et fut pendant des siècles la résidence d'été des évêques de Cahors. Depuis, il a vu ses tours transformées en chambres somptueuses, et ses postes de guet dédiés à l'admiration béate du Lot, des vignes et des sentiers de campagne. Certaines chambres présentent des pierres et poutres apparentes, d'autres bénéficient de parquet, tapisseries de choix et penderies à l'ancienne. Celles de la Tour et de l'Évêque ont notre préférence, mais aucune n'est décevante.Le propriétaire Georges Vigouroux est d'abord vigneron, perpétuant avec talent la grande tradition du vin de Cahors.

🏖 🅿 ⚑ 🚭 🚲 ⤢ 🍴 - 30 chambres

Route du Château – 𝒞 05 65 20 00 01 – www.chateaudemercues.com

⌘ **Le Duèze - Château de Mercuès** - Voir la sélection des restaurants

MÉRIBEL

✉ 73550 – Savoie – Carte régionale n° **21**–D2

⌘ L'EKRIN BY LAURENT AZOULAY

CUISINE MODERNE • LUXE Dans ce chalet feutré où le luxe le dispute à l'élégance, cet Ekrin trouve parfaitement sa place : on y prend l'apéritif au coin du feu, avec en fond de jolies notes échappées du piano. Aux fourneaux, on trouve le chef

Laurent Azoulay, fils de restaurateurs passé à l'Oustau de Baumanière et chez Pierre Gagnaire. Jouant habilement avec les terroirs et les climats, le chef propose une promenade entre la Provence (sa terre natale) et la Savoie (sa terre d'adoption) : on trouve aussi bien à sa carte les plus beaux poissons de la Méditerranée que du miel de bourgeon de sapin, du safran ou des escargots savoyards. Une cuisine créative et colorée, fine et délicate, qui ose des associations audacieuses.

🕸 ⇦⧹🏵 – Prix : €€€€

Le Kaïla, 124 rue des Jeux-Olympiques – ☎ 04 79 41 69 35 – Fermé lundi et du mardi au dimanche à midi

LE CÈPE

CUISINE TRADITIONNELLE • COSY Tout commence par de beaux produits du terroir, cèpes de la montagne ou poissons des lacs voisins, que le chef vient présenter fièrement à ses clients... Il en tire ensuite des recettes réjouissantes et d'autant plus savoureuses que les tarifs sont mesurés. Une adresse bien dans sa peau, tout simplement !

🏠 – Prix : €€€

Résidence Les Merisiers – ☎ 04 79 22 46 08

LA COURSIVE DES ALPES

CUISINE MODERNE • CONTEMPORAIN Bienvenue dans l'ancien cinéma de la station - au rez-de-chaussée, le lounge bar pour un apéritif dînatoire et en mezzanine, le restaurant disposé en coursives. Le chef mitonne une cuisine moderne, bien ficelée et goûteuse : croque jambon à la truffe et beaufort ; ris de veau et sarrasin, harissa de carottes ; et pour la note sucrée, baba au rhum confit d'oranges crème vanille... Accueil charmant.

🆔 – Prix : €€

Galerie des Cîmes – ☎ 04 79 06 44 97 – www.meribel-restaurants.com/index.php/la-coursive-des-alpes.html

LE 80

CUISINE TRADITIONNELLE • COSY Au 80, attablé sous quelques montgolfières, on cultive fièrement un esprit classique et traditionnel, autour d'une cuisine gourmande et bien tournée : pâté croûte Richelieu, côte de cochon fermier fumée au foin, île flottante aux pralines roses... Le soir, l'ambiance devient festive. Partez donc sur les traces de Jules Verne !

Prix : €€€

88 rue des Jeux-Olympiques – ☎ 04 79 41 69 79 – www.chaudanne.com/fr/restaurant-bar-meribel-le-80

🛏 LE COUCOU

MODERNE • ÉLÉGANT Dernier né des 5 étoiles de la station, ce superbe chalet traditionnel, parfaitement intégré à l'environnement, bénéficie d'une situation idéale au pied des pistes, à flanc de montagne. Dix étages de lignes épurées, où le bois et la pierre contrastent avec la laine et le métal, le verre et le cuir. Chambres élégantes, spa luxueux, deux piscines chauffées, salle de fitness etc. La vue est époustouflante, le dépaysement total.

🏔🅿️🛗🌐🏊 ⅊🍴🆔 - 55 chambres

464 route du Belvédère – ☎ 04 57 58 37 37 – www.lecoucoumeribel.com

🛏 LE KAÏLA

MONTAGNARD • CHALEUREUX S'il fallait illustrer le "luxe montagnard" , ce grand chalet, situé au cœur de la station, ferait un parfait exemple. On ronronne de plaisir à la découverte de ses chambres chaleureuses, aux matériaux nobles (bois alpin, lauze), et du superbe petit-déjeuner... Un must !

🏵🏔🅿️⇦⧹🛗🌐🏊 ⅊🍴 - 38 chambres

Route de la Montée – ☎ 04 79 41 69 30 – www.lekaila.com

🕸 **L'Ekrin by Laurent Azoulay** - Voir la sélection des restaurants

MÉRIGNAC

✉ 33700 – Gironde – Carte régionale n° **22**–B2

BLISSS

CUISINE CRÉATIVE • CONTEMPORAIN Dans la proche banlieue de Bordeaux, une belle surprise que cette table moderne au cadre intimiste et soigné, avec son mobilier fait sur mesure et une vaisselle en adéquation avec l'esprit de la cuisine. Laissez-vous porter par les menus interactifs d'Anthony Aycaguer, déclinés en plusieurs énigmes autour de produits de saison (les clients doivent deviner les ingrédients). Une expérience atypique ! Réservation impérative.

🅐🅒 – Prix : €€€€

98 avenue de Magudas – 𝒫 05 56 98 66 72 – www.blisss.fr – Fermé lundi et du mardi au dimanche à midi

MERKWILLER-PECHELBRONN

✉ 67250 – Bas-Rhin – Carte régionale n° **8**–B1

AUBERGE BAECHEL-BRUNN

CUISINE MODERNE • COSY Thomas aux fourneaux, Esther en salle : chez les Limmacher, la cuisine est une histoire familiale ! Le chef concocte des préparations plutôt traditionnelles avec une pointe bienvenue de modernité et de créativité ; en recourant à des produits de qualité souvent locaux : il revisite par exemple la tarte flambée tandis que le chevreuil de chasse locale est travaillé dans l'esprit d'un Wellington, avec sa sauce gibier veloutée à souhait. Et une carte qui change souvent, pour satisfaire les (nombreux) clients habitués.

🅐🅒 – Prix : €€€

3 route de Soultz – 𝒫 03 88 80 78 61 – www.baechel-brunn.com – Fermé du lundi au jeudi

MERS-LES-BAINS

✉ 80350 – Somme – Carte régionale n° **4**–A3

😋 L'ITINÉRANCE ⓝ

CUISINE MODERNE • CONTEMPORAIN En bord de plage, avec vue sur les cabines et au-delà sur la mer, ce restaurant, tout en nuances de bleu et de vert, a bénéficié des doigts de fée de la décoratrice Caroline Tissier. Maquereau à la flamme, caviar d'aubergines et anchois au sel ; côte de cochon, sucrine braisée, légumes de saison : une séquence gourmande où les produits sont de belle fraîcheur, soigneusement apprêtés et assaisonnés – l'Itinérance donne envie de rester !

🅰🍸 – Prix : €€

24 esplanade du Général-Leclerc – 𝒫 02 35 86 12 89 – www.litinerance.fr – Fermé lundi et mardi

MÉRY-SUR-OISE

✉ 95540 – Val-d'Oise – Carte régionale n° **11**–B1

LE CHIQUITO

CUISINE CLASSIQUE • ÉLÉGANT Cette maison francilienne du 17e s. poursuit sa tradition d'hospitalité gourmande et d'une certaine élégance bourgeoise. Dans une veine classique, la cheffe Anne-Sophie Godry prépare avec soin les plats emblématiques de la maison, comme le ris de veau au beurre mousseux, la sole meunière ou le paris-brest praliné à l'ancienne avec sa crème anglaise à la chicorée. En salle, l'équipe met en œuvre un service souriant, compétent et efficace. Carte des vins de plus de 400 références.

&⊗ ⌂⅄♿⟺🅿 – Prix : €€€

3 rue de l'Oise – ☎ 01 30 36 40 23 – www.lechiquito.fr – Fermé lundi et dimanche, et mercredi soir

MESNIL-SAINT-PÈRE

✉ 10140 – Aube – Carte régionale n° **12**–B1

AU VIEUX PRESSOIR

CUISINE TRADITIONNELLE • ÉLÉGANT Sur la route du lac d'Orient, cette maison à colombages, typique de la Champagne humide, propose des spécialités maison, qui jonglent avec la tradition : salade de gambas au fenouil et pousses d'épinards, barbue et beurre blanc au champagne, sphère chocolat fruits rouges... On profite aussi de chambres confortables, d'un agréable espace bien-être et d'un bistrot dans une maison annexe. La "Maison Gublin" se porte bien.

&⊗ ♿🄰🍽🅿 – Prix : €€€

5 rue du 28-août-1944 – ☎ 03 25 41 27 16 – www.auberge-du-lac.fr – Fermé lundi et du mardi au vendredi à midi

MÉTHAMIS

✉ 84570 – Vaucluse

MÉTAFORT

CONTEMPORAIN • RAFFINÉ Contrastant avec les spectaculaires reliefs du parc naturel du Luberon et du mont Ventoux, les intérieurs ultra-contemporains d'une villa provençale du 17ᵉ s. Cinq chambres, deux gîtes et une bonne dose de luxe : salles de bain flambant neuves, jacuzzi dans chaque chambre, piscine à débordement à couper le souffle et cuisine à l'esprit industriel ouverte sur le jardin. À vos pieds, les gorges de la Nesque et à 25km de là, le superbe village de Gordes.

🅿 ⅄ ⌂ 🚲 ⛴ 🄰 – 5 chambres

31 montée du Vieil Hôpital – ☎ 04 90 34 46 84 – www.metafort-provence.com

METZ

✉ 57000 – Moselle – Carte régionale n° **7**–B1

DERRIÈRE

CUISINE MODERNE • COSY Quelle belle surprise ! Le chef réalise une cuisine soignée et lisible, sans jamais céder aux effets de mode, avec un respect profond pour le produit, comme avec ce ris de veau rôti au beurre et accompagné de morilles. La petite salle de derrière (d'où le nom du restaurant) a été joliment aménagée ; le service est détendu. Un bonheur.

🍽 – Prix : €€

Plan : B1-1 – *17 rue de la Chèvre – ☎ 03 87 66 23 63 – www.restaurant-derriere.com – Fermé lundi et dimanche, et mercredi soir*

LE JARDIN DE BELLEVUE

CUISINE MODERNE • ÉLÉGANT Dans le même cadre élégant et confortable, du sang neuf pour cette maison centenaire, avec l'arrivée récente d'Élise et Paul Fabuel. Ce jeune chef, passé par Objectif Top Chef, À Table à Metz, À l'Échevin à Colmar, propose une jolie carte de saison, avec déclinaison de potimarrons, châtaignes rôties, jambon ibérique et cèpes, ou turbot à la plancha, radis roses, courgettes à la menthe et sauce vierge.

⌂♿🄰🅿 – Prix : €€€

Hors plan – *58 rue Claude-Bernard – ☎ 03 87 37 10 27 – www.lejardindebellevue.com – Fermé lundi, mardi, samedi midi et dimanche soir*

Map of Metz with labeled locations:

THIONVILLE, LUXEMBOURG

METZ

0 ___ 100 m

METZ NORD

MOSELLE

St-Vincent — Pl. Valladier — Pont St-Georges

PONTIFFROY

Préfecture — Pl. de la Préfecture

Temple de Garnison — Théâtre

SQUARE DU LUXEMBOURG

Pl. Nelson Mandela

Pl. de la Comédie

Quai Félix Maréchal

R. Marchant

Bd Paixhans

Musée de la Cour d'Or

ST-ÉTIENNE

Temple Neuf

Moyen Pont

Hôtel St-Livier-FRAC Lorraine

JARDIN DES TANNEURS DE METZ

UNIVERSITÉ

JARDIN ABBÉ PIERRE

Marché couvert

Pl. d'Armes — Pl. Ste-Croix

Pl. J.-Paul II — En Fournirue

En Jurue — R. d'Enfer

Ancien couvent des Récollets

St-Eucaire

R. des Allemands

Porte des Allemands

Plan d'Eau

Palais de Justice

En Nexirue — R. des Clercs

ANCIENNE VILLE

Pl. des Paraiges

R. Mazelle

Maison natale de Paul Verlaine

N.-D.-de-l'Assomption

Pl. St-Simplice

Jardin des Régates

Lac aux Cygnes

Esplanade

St-Pierre aux Nonnains

Pl. St-Louis

R. Haute Seille

St-Maximin

Pl. de la République

Chapelle des Templiers

Arsenal

Av. Robert Schuman — R. Dupont des Loges — R. St-Gengoulf

R. Maurice Barrès

St-Martin-aux-Champs

R. de la Gendarmerie

Pl. Mazelle

R. d'Asfeld

Citadelle

Palais du Gouverneur

Porte Serpenoise

Tour Camoufle

Remp. St Thiébault

Pl. St Thiébault

Av. Jean XXIII

Av. Joffre

Avenue Foch

Pl. R. Mondon

R. Gambetta

Château d'Eau

L'Amphithéâtre

Seille

Av. de Lattre de Tassigny

R. Wilson

Pl. du Roi-George

R. Pasteur

R. Leclerc de Hauteclocque

R. Vauban

Gare de Metz

CENTRE POMPIDOU-METZ

JARDIN BOTANIQUE — PONT-À-MOUSSON — NOMENY — PARC DE LA SEILLE

SCY-CHAZELLES — LONGEVILLE-LÈS-METZ — JARDINS FRUITIERS DE LAQUENEXY — STRASBOURG — AMPHITHÉÂTRE

LA LANTERNE

CUISINE MODERNE • CONTEMPORAIN Cette "Lanterne" s'inspire de "La Lanterne du Bon Dieu", surnom de la cathédrale de Metz qui domine le restaurant. Outre "le bon Dieu", cet établissement bénéficie de toutes les attentions d'un jeune couple, la cheffe Célia Bertrand, originaire de Metz, et son compagnon Romain Bouchesèche, jurassien, présent en salle et sommellerie. Célia propose une cuisine moderne (lieu jaune de ligne, morilles, vin jaune), assortie de clins d'œil au Jura où ils se sont rencontrés.

🕸 🅰🅺 🍷 – Prix : €€€

Plan : A1-2 – *17 place de la Chambre* – ℰ *03 87 79 42 08* – *www.lalanternemetz.fr* – *Fermé lundi, dimanche et mercredi midi*

83 RESTAURANT

CUISINE ITALIENNE • CONVIVIAL À 10mn à pied du Centre Pompidou-Metz, ce restaurant sympathique met à l'honneur la gastronomie italienne, à travers des produits triés sur le volet (charcuteries, burrata, pâtes, poissons sauvages, viandes de race). Et pour accompagner tout cela, une belle sélection de vins transalpins !
𝕃 🅰🄲 ⇖ – Prix : €€

Plan : B2-6 – *83 rue Mazelle* – ℰ *03 87 75 20 20* – *www.83restaurant.com* – *Fermé lundi, dimanche et samedi midi*

LA RÉSERVE

CUISINE MODERNE • CONTEMPORAIN Au sein de l'hôtel La Citadelle, ancien magasin aux vivres dont les origines remontent au 16e s., la cuisine d'Aurélien Person s'avère tout à la fois gourmande et généreuse : tartare de maigre, pois mange-tout, fenouil et citron confit ; Saint-Jacques snackées, chorizo et riz vénéré, filet de bœuf au lard lorrain et carottes fanes... Une Réserve à apprécier sans réserve.
⅋ 🅰🄲 – Prix : €€

Plan : A2-8 – *5 avenue Ney* – ℰ *03 87 17 17 17* – *www.citadelle-metz.com*

🛏 LA CITADELLE

CONTEMPORAIN • COSY Ce luxueux hôtel du centre-ville a su marier les contrastes : ses spacieuses chambres prennent leurs aises dans... un bâtiment militaire du 16e s. ! L'ensemble, aménagé dans un esprit contemporain feutré, est parfait pour un week-end chic à Metz.
⅋ 🅿 🄾 🍽 🅰🄲 - 68 chambres
5 avenue Ney – ℰ *03 87 17 17 17* – *www.citadelle-metz.com*
La Réserve - Voir la sélection des restaurants

🛏 DOMAINE DE LA RÉSIDENCE

MODERNE • CHAMPÊTRE Dès le premier regard, on comprend que cette architecture résolument moderne n'abrite pas un hôtel comme les autres. À quelques minutes du centre de Metz, c'est une immersion dans la nature, avec quatorze lodges répartis entre lac et forêt. Les couleurs primaires égayent leur décor, complétées par des éléments graphiques et un mobilier actuel. Les lodges Wikkel arborent quant à eux un style plus scandinave, dominé par le bois brut, mais toujours contemporain. Une serre accueille la piscine, un jacuzzi, un sauna, un hammam, et une douche sensorielle. Le bar est avec sa grande cave ouverte !
🅿 🄾 🛌 🍽 🅰🄲 - 13 chambres
1 rue Cambout de Coislin – ℰ *03 39 57 71 28* – *www.domaineresidence.com*

MEUCON

✉ 56890 – Morbihan – Carte régionale n° **1**–C3

AUBERGE DU ROHAN

CUISINE TRADITIONNELLE • RUSTIQUE Dans cette ancienne ferme traditionnelle bretonne située à l'entrée du parc naturel du Golfe du Morbihan, un chef autodidacte accueille ses fidèles avec des recettes traditionnelles, soignées et généreuses : gravlax de thon, condiment au cairn et câpres, huile de capucine et croûtons aux câpres ; suprême de volaille farci aux petits légumes, fumé à l'instant, jus corsé au romarin. Offre bistrot le midi en semaine.
🅿 – Prix : €€
20 route de Vannes – ℰ *02 97 44 50 50* – *www.aubergedurohan.com* – *Fermé lundi et mardi, et dimanche soir*

MEUDON

✉ 92190 – Hauts-de-Seine – Carte régionale n° **11**–E2

 ### L'ESCARBILLE

Chef : Régis Douysset

CUISINE MODERNE • CONTEMPORAIN Autrefois buffet de la gare, cette maison bourgeoise est devenue un restaurant gourmet à l'atmosphère chic et contemporaine, décoré de photos et tableaux. On déguste ici les recettes d'un chef expérimenté, Régis Douysset, secondé par une équipe de confiance. En cuisine, le produit a le beau rôle, préparé et assaisonné avec justesse et générosité, à l'image de ce cabillaud aux morilles fraîches et cresson de fontaine. À arroser de vins de petits producteurs sélectionnés avec minutie. Plaisante terrasse aux beaux jours.

⅋ ☂ ♿ – Prix : €€€

8 rue de Vélizy – ℰ 01 45 34 12 03 – www.lescarbille.fr – Fermé lundi et dimanche

MEURSAULT

✉ 21190 – Côte-d'Or – Carte régionale n° **12**–D1

 ### CHÂTEAU DE CÎTEAUX - BISTROT LA CUEILLETTE 🔵

CUISINE TRADITIONNELLE • CONVIVIAL Alternative généreuse à la table gastronomique du chef Takashi Kinoshita, ce bistrot s'est confortablement installé dans les anciennes cuisines voûtées du château qui a conservé sa cheminée d'époque. Sur de belles tables en bois, on déguste une cuisine traditionnelle soigneusement réalisée à base de produits triés sur le volet : compressé de ratatouille, œuf parfait et vinaigrette au balsamique ; saumon poêlé, sauce moutarde condimentée. Ambiance décontractée.

⌂ ☂ 🅿 – Prix : €€

18 rue de Cîteaux – ℰ 03 80 20 62 80 – www.lacueillette.com – Fermé lundi et mardi, et du mercredi au samedi soir

AU FIL DU CLOS

CUISINE MODERNE • CONTEMPORAIN Un ancien clos au cœur des vignes de Meursault, avec son jardin, sa terrasse et sa pergola : voilà l'adresse, pleine de charme, du chef Jean-Christophe Moutet (que l'on a connu à Pommard). Tartare de dorade, royale aux herbes fraîches ; pigeonneau, rhubarbe, en croute de sésame ; quelques classiques bourguignons : tout le savoureux savoir-faire du chef est intact.

⅋ ⌂ ♿ Ⓜ 🅿 – Prix : €€€

1 rue de Mazeray – ℰ 03 80 20 40 82 – www.aufilduclos.com/index.php/fr – Fermé lundi et dimanche

CHÂTEAU DE CÎTEAUX - LA CUEILLETTE 🔵

CUISINE MODERNE • HISTORIQUE Dans un authentique salon du 19e s. d'un classicisme à toute épreuve (moulures, dorures, fresque représentant une allégorie de l'Amour), le chef japonais Takashi Kinoshita nous convie à sa cueillette gourmande, élégante et raffinée. Son menu unique joue une belle symphonie culinaire de produits de qualité, traités au goût du jour et parsemés ici et là de touches asiatiques : bar de ligne, haricots coco et émulsion de crustacés ; agneau de l'Aube à la truffe de Bourgogne...

⌂ ♿ 🅿 – Prix : €€€€

18 rue de Cîteaux – ℰ 03 80 20 62 80 – www.lacueillette.com – Fermé lundi, dimanche et du mardi au samedi à midi

LE SOUFFLOT

CUISINE MODERNE • CONTEMPORAIN Le chef Jérémy Pèze réalise une cuisine gourmande, fine et délicate dans ce restaurant situé à l'intérieur d'une ancienne maison de vigneron. Sans oublier la remarquable carte de vins.

🐾 AC P – Prix : €€€

*8 route Nationale 74 – ℰ 03 80 22 83 65 – www.restaurant-meursault.fr –
Fermé samedi et dimanche*

LE MEUX
✉ 60880 – Oise – Carte régionale n° **5**–B2

AUBERGE DE LA VIEILLE FERME

CUISINE MODERNE • COSY Dans ce petit village non loin de Compiègne, l'ancienne ferme est aujourd'hui un hôtel-restaurant très couru. En cuisine, le chef signe
une cuisine à la fois fine et gourmande, parsemée de touches personnelles, comme
cette entrée de couteaux et seiche avec une déclinaison de pommes de terre, ou cet
excellent millefeuille vanille caramel cacahouète. Très recommandable.

🌤 P – Prix : €€

*58 rue de la République – ℰ 03 44 41 58 54 – www.hotel-restaurant-oise.com –
Fermé lundi, samedi midi et dimanche soir*

MEYRONNE
✉ 46200 – Lot – Carte régionale n° **23**–B2

☺ ### LA TERRASSE

CUISINE MODERNE • HISTORIQUE Aux beaux jours, on s'installe en terrasse
sous la pergola ombragée de vignes, et l'hiver venu, on se réfugie sous les voûtes
médiévales de cette ancienne place forte du 11ᵉ s., mise en valeur par un mobilier
contemporain. Au menu : une cuisine aux parfums bien marqués, qui met en avant
les producteurs régionaux : agneau du Lot, porc fermier et volaille de Mayrac, etc.
Vue sur les falaises et la Dordogne.

🍃 🛏 🌤 – Prix : €€

*Place de l'Église – ℰ 05 65 32 21 60 – www.hotel-la-terrasse.com – Fermé mardi
midi*

MÉZÉRIAT
✉ 01660 – Ain – Carte régionale n° **21**–B1

LE PETIT MÉZÉRIAT

CUISINE MODERNE • CONTEMPORAIN Dans un petit village proche de Vonnas,
le chef patron propose un menu déjeuner d'un excellent rapport qualité-prix et un
menu surprise (en plusieurs séquences) selon son inspiration, le marché, la saison.
Le tout composé de bons produits issus des circuits courts, et servi avec le sourire
par Amandine, la femme du chef, dans un cadre contemporain arrangé avec goût.

♿ – Prix : €€

*250 Grande-Rue – ℰ 04 74 25 26 08 – www.le-petit-mezeriat-restaurant.eatbu.
com – Fermé lundi et dimanche, et du mardi au jeudi soir*

MÉZY-MOULINS
✉ 02650 – Aisne – Carte régionale n° **5**–C3

LE MOULIN BABET

CUISINE TRADITIONNELLE • CONTEMPORAIN Cet ancien moulin à eau tout
en pierre (19es.) profite du seul voisinage de la verdure et du Surmelin, affluent de
la Marne. L'intérieur donne dans le moderne et l'épure, avec plafond en bois clair

et fauteuils de designers ; la cuisine de tradition prend des accents bucoliques. Et dans les chambres, pas un bruit...

&. 🏠 ♻ 🅿 – Prix : €€€

8 rue du Moulin-Babet – 𝒞 03 23 71 44 72 – www.lemoulinbabet.com – Fermé mardi et mercredi

MILLANÇAY
✉ 41200 – Loir-et-Cher – Carte régionale n° **10**–D3

LE BRUADAN

CUISINE MODERNE • CONTEMPORAIN Aucun doute : Jean-Charles Boulmier et Christelle Cauli (ex-Épicurien) aiment la nature. Baptisé en hommage à la forêt qui borde le village où ils sont installés, leur restaurant agréable et moderne arbore un décor boisé où la couleur verte domine, comme pour mieux évoquer la Sologne. Ce chef au bon parcours (l'Espérance chez Marc Meneau, Le Grand Cœur à Méribel, La Villa à Calvi) suit évidemment les saisons à la trace avec ses assiettes alléchantes : mousse de poisson, moules et pied de cochon ; filet mignon de porc, polenta et maïs. Accueil chaleureux et service souriant.

&. 🆎 – Prix : €€

2 rue du Plessis – 𝒞 02 54 96 22 75 – Fermé mardi et mercredi

MILLY-LA-FORÊT
✉ 91490 – Essonne – Carte régionale n° **11**–B2

LES COQS

CUISINE MODERNE • CONTEMPORAIN Cette maison, installée dans un ancien magasin d'antiquités au cœur du village, a tout pour plaire : un intérieur contemporain et élégant, un patio-terrasse idéal pour les beaux jours... et, à sa tête, un jeune couple qui propose une cuisine du marché bien réalisée, à l'instar de ce poulpe grillé à l'ail noir, fregola sarda et légumes croquants, ou ce quasi de veau rôti, polenta et jardinière à la cardamome.

&. 🏠 ♻ – Prix : €€

24 place du Marché – 𝒞 01 64 98 58 58 – www.lescoqs.fr – Fermé mardi et mercredi

MINERVE
✉ 34210 – Hérault – Carte régionale n° **27**–B2

RELAIS CHANTOVENT

CUISINE TRADITIONNELLE • AUBERGE Une charmante petite auberge en pays cathare où gourmands et pèlerins se rendent à pied pour se régaler de plats de viandes longuement confites, comme ce pavé de cochon cuit 24h en basse température, ou encore le gigot cuit 20h à 70°. Ici, les produits des marchés locaux sont de rigueur. Le must : la terrasse et sa vue plongeante sur la vallée du Briant.

🍃🏠 – Prix : €€

17 Grand-Rue – 𝒞 04 68 91 14 18 – www.relaischantovent-minerve.fr – Fermé mardi et mercredi, et dimanche soir

MIRMANDE
✉ 26270 – Drôme – Carte régionale n° **24**–A2

😊 LA CAPITELLE

CUISINE MODERNE • AUBERGE Cette Capitelle ne manque pas d'atouts : une courte ardoise changée tous les deux ou trois jours, garnie de produits de qualité (locaux, autant que possible) ; des recettes traditionnelles remises au goût du jour ;

des cuissons maîtrisées ; une jolie salle à manger voûtée, où trône une imposante cheminée...

🍴 – Prix : €€

1 rue du Boulanger – 𝒫 04 75 63 02 72 – www.lacapitelle.com – Fermé lundi et dimanche soir

MISSILLAC

✉ 44780 – Loire-Atlantique – Carte régionale n° **9**–A2

LE MONTAIGU - DOMAINE DE LA BRETESCHE

CUISINE MODERNE • CLASSIQUE Les dépendances de l'imposant château médiéval de la Bretesche abritent ce restaurant qui ouvre sur le parc et le plan d'eau. Charmant bar installé dans les anciennes écuries. Le chef propose une cuisine dans l'air du temps : Saint-Jacques de plongée bretonnes, panais, café ; carotte de la presqu'île, miel de Brière, orange cardamome.

⇐ 🛏 & 🅿 – Prix : €€€

Rue du Château – 𝒫 02 51 76 86 96 – www.bretesche.com – Fermé du lundi au mercredi et du jeudi au dimanche à midi

MOIRAX

✉ 47310 – Lot-et-Garonne – Carte régionale n° **22**–D3

❀ **AUBERGE LE PRIEURÉ**

Chef : Benjamin Toursel

CUISINE CRÉATIVE • CONVIVIAL Entre Bordeaux et Toulouse, au cœur d'un petit village pittoresque des environs d'Agen, ce restaurant de campagne occupe une belle maison en pierre de taille, plusieurs fois centenaire. La terrasse ombragée par de robustes platanes fait face à un prieuré clunisien fondé au 11ᵉ s. Ancien compagnon de route de Michel Trama à Puymirol, le chef Benjamin Toursel a su développer son propre style, moderne, créatif et audacieux, qui ne laisse jamais indifférent : cœur de filet de thon rouge, rose, rhubarbe, géranium rosat travaillé comme un wasabi ; carré de veau de Galice, carottes crues et cuites, capucine travaillée en béarnaise. Un prieuré où l'on fait bonne chère...

🕸 & 🅰🅒🍴 – Prix : €€€

4 Grand'Rue – 𝒫 05 53 47 59 55 – www.aubergeleprieure.fr – Fermé lundi et mardi

MOLITG-LES-BAINS

✉ 66500 – Pyrénées-Orientales – Carte régionale n° **27**–B3

ÒLIBA

CUISINE MODERNE • ÉLÉGANT En plein cœur des Pyrénées catalanes, cette table raffinée au sein d'un hôtel romantique offre une cuisine pleine de goût, inspirée de la nature environnante et des produits de cueillette : la sauce chimichurri version locale aux plantes de montagnes exhale des arômes d'aneth sauvage et de fleurs de pimprenelle. On la déguste en terrasse ou devant les baies vitrées, en contemplant la cime enneigée du mont Canigou, au loin...

🛏🍴🅿 – Prix : €€€

Château de Riell – 𝒫 04 68 05 04 40 – www.chateauderiell.com – Fermé du lundi au mercredi et du jeudi au samedi à midi

MOLLKIRCH

✉ 67190 – Bas-Rhin – Carte régionale n° **8**–A2

FISCHHUTTE

CUISINE TRADITIONNELLE • AUBERGE Une auberge au cadre chaleureux, une cuisine traditionnelle bien réalisée et goûteuse, une équipe dynamique : c'est la recette gagnante de cette sympathique adresse, appréciée des habitués.

⇐ 🍴 **P** – Prix : €€

30 route de la Fischhutte – ☎ 03 88 97 42 03 – www.fischhutte.com – Fermé lundi et mardi, et dimanche soir

LES MOLUNES

✉ 39310 – Jura – Carte régionale n° **13**–B3

LE PRÉ FILLET

CUISINE TRADITIONNELLE • VINTAGE Au beau milieu des champs et des bois, un restaurant simple et authentique. Derrière les fourneaux, le chef concocte de bonnes recettes copieuses, dans lesquelles le terroir se taille la part du lion ; on les déguste dans une salle ouverte sur la nature. Et l'accueil est aux petits oignons !

🐾 ⇐ **P** – Prix : €€

Route des Moussières – ☎ 03 84 41 62 89 – www.hotel-leprefillet.com – Fermé lundi et mardi, et dimanche soir

MONACO

✉ 98000 –
Principauté de Monaco–
Carte régionale n° **29**–E2

Entre mer et ciel, un concentré de saveurs méditerranéennes

À mi-chemin entre Nice et la frontière italienne, la principauté de Monaco est l'un des joyaux de la Côte d'Azur. Habité dès la préhistoire, successivement phénicien, phocéen puis romain, ce petit rocher, deuxième plus petit état du monde après le Vatican, se dresse fièrement face à la Méditerranée. D'ailleurs, sa cuisine lui doit tout, délicieux mélange des traditions nissarde, italienne et provençale. Fruits, légumes, poissons et fruits de mer, généreusement arrosés d'huile d'olive, se disputent les cartes : loup de mer, gamberoni, dorade des côtes, agrumes du Mentonnais... Exemple éclatant, le Louis XV d'Alain Ducasse, qui assure depuis des décennies le triomphe de cette cuisine du soleil. Entre les palaces chers à Sacha Guitry et les yachts des milliardaires, Monaco s'adonne à une dolce vita cosmopolite où les beaux et les bons restaurants tiennent une place essentielle.

✿✿✿ LE LOUIS XV - ALAIN DUCASSE À L'HÔTEL DE PARIS

CUISINE MÉDITERRANÉENNE • LUXE Difficile de présenter le Louis XV, sans évoquer Alain Ducasse. Son existence se conjugue au superlatif. L'enfant d'Orthez, aux amours méditerranéennes, chef et homme d'affaires brillant, devenu citoyen monégasque, se trouve à la tête d'un empire de plus de 30 établissements sur tous les continents du monde. Il n'a que 33 ans lorsqu'il décroche trois étoiles au Louis XV pour un niveau qui ne se démentira jamais. Le fameux menu "Jardin de Provence" autour des légumes, lancé ici même à Monaco le 27 mai 1987, a constitué l'une des pierres de touche de la gastronomie française de ces trente dernières années. La signature Alain Ducasse est ici mise en scène par son fidèle lieutenant, Emmanuel Pilon. On y célèbre la vérité du produit et la déesse Méditerranée, avec maestria, toujours.

🕃 ⇆ & ㏂ 🍴 🎩 – Prix : €€€€

Plan : B1-9 – *Place du Casino* – 🕾 98 06 88 64 – www.ducasse-paris.com – *Fermé mardi et mercredi, et du lundi au vendredi à midi*

✿✿ LES AMBASSADEURS BY CHRISTOPHE CUSSAC

CUISINE MODERNE • LUXE Palace mythique de style Belle Époque édifié en 1886, l'Hôtel Métropole Monte-Carlo a été entièrement rénové par Jacques Garcia, y compris ce luxueux restaurant qui arbore la palette chère au célèbre architecte – bronze, ivoire, jaune lumineux, or... Aux commandes, on retrouve un ancien protégé de Joël Robuchon, Christophe Cussac, qui navigue avec brio entre une veine classique et des propositions plus modernes, avec la Méditerranée comme fil d'Ariane. Sa cuisine précise et lisible, millimétrée tant dans les assaisonnements que les cuissons

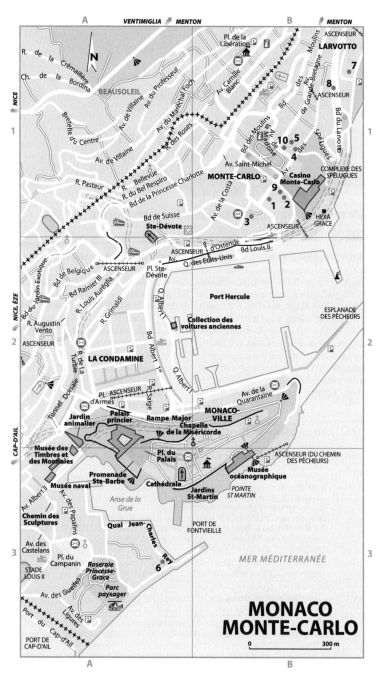

MONACO
MONTE-CARLO

0   300 m

et les dressages, accouche d'assiettes harmonieuses et équilibrées. S'il fallait ne retenir qu'une assiette, ce pourrait être les langoustines aux haricots en tempura et sauce maltaise, d'une harmonie remarquable. Notons aussi les incroyables chariots de pains et de desserts. Quand le repas est une fête !

⚜ ⟵✋🅰️ ⇦🍽️ – Prix : €€€€

Plan : B1-10 – *Hôtel Métropole, 4 avenue de la Madone –* ☏ *93 15 15 10 – www.metropole.com/fr – Fermé du lundi au mercredi et du jeudi au dimanche à midi*

✿✿ LE BLUE BAY

CUISINE CRÉATIVE • CONTEMPORAIN Après avoir bourlingué d'un rocher à l'autre, de la Martinique à Monaco et de l'Alsace à la Belgique, riche d'une personnalité culinaire affirmée, Marcel Ravin signe une cuisine créative qui nous transporte vers les Antilles. Avec une maîtrise technique sans faille (superbes sauces), il nous raconte son histoire et sa jeunesse heureuse passée à la Martinique, avec des clins d'œil aux plats mitonnés par sa grand-mère (le calalou, le blaff, le pain du lendemain...), qu'il réinterprète avec brio en s'appuyant sur les beaux produits du Sud : volaille et veau du Piémont, pêche de Méditerranée, légumes et herbes aromatiques du potager. Une cuisine attachante qui déborde de parfums antillais, parachevée par les créations à la fois fruitées et épicées de la cheffe pâtissière Floriane Grand. Le tout dans le cadre fastueux du Monte Carlo Bay Hotel and Resort, posé au bord de la presqu'île du Larvotto, avec pour superbe horizon une terrasse ouvrant grand sur la mer...

⟵✋🍸⇦🍽️🅿️ – Prix : €€€€

Hors plan – *40 avenue Princesse-Grace –* ☏ *98 06 03 60 – www.montecarlosbm.com/fr/restaurant-monaco/le-blue-bay – Fermé lundi, mardi et dimanche et du mercredi au samedi à midi*

✿ LE GRILL

CUISINE CLASSIQUE • CHIC Au huitième étage de l'Hôtel de Paris, sous un toit ouvrant, le Grill demeure plus que jamais un restaurant mythique avec une vue à couper le souffle ! Ici, on connaît la signification du travail précis sur les beaux produits enfantés par une côte d'Azur, toujours aussi munificente. Dans l'assiette, la cuisson au charbon de bois est de mise, et millimétrée : agnolotti piemontesi al plin, turbot côtier en tronçon, carré d'agneau à la sarriette, poussin fermier au doux parfum de Provence... Ici, la tradition du soufflé est défendue avec panache à l'image de ce soufflé chaud framboise et pistache qui est une pure merveille.

⚜ ⟵✋✋🅰️🍸⇦🍽️ – Prix : €€€€

Plan : B1-1 – *Hôtel de Paris Monte-Carlo, place du Casino –* ☏ *98 06 88 88 – www.montecarlosbm.com/fr/restaurant-monaco/le-grill*

✿ PAVYLLON, UN RESTAURANT DE YANNICK ALLÉNO, MONTE-CARLO

CUISINE MODERNE • ÉLÉGANT La gastronomie de comptoir de Yannick Alléno, déjà goûtée et approuvée à Paris, s'est installée à l'Hôtel Hermitage Monte-Carlo avec les mêmes recettes imparables. Soit une gastronomie décomplexée, un cadre élégant et bleuté, inspiré des infinies variations chromatiques de la mer, une cuisine ouverte face à la terrasse avec son impressionnant comptoir de dégustation en bois métallisé, et, dans l'assiette, une cuisine de saison et de bien-être, ancrée dans le végétal et l'iode, avec des desserts peu sucrés. Aux beaux jours, on prend évidemment place sur la terrasse végétalisée face à la grande bleue pour profiter d'une vue spectaculaire.

⟵✋✋🅰️🍸⇦🍽️ – Prix : €€€€

Plan : B1-3 – *Square Beaumarchais –* ☏ *98 06 98 98 – www.montecarlosbm. com/fr/restaurant-monaco/pavyllon-monte-carlo-un-restaurant-yannick-alleno-hotel-hermitage-monte-carlo*

LA TABLE D'ANTONIO SALVATORE AU RAMPOLDI

Chef : Antonio Salvatore

CUISINE ITALIENNE • INTIME Venu au monde dans le Basilicate, au sud de Matera, l'italien Antonio Salvatore n'a cessé de voyager grâce à son métier de chef, de l'Espagne à l'Angleterre, en passant par la Russie où il rencontre le nouveau propriétaire du Rampoldi. Dans l'ancien salon à cigares, il s'est taillé un écrin sur mesure (5 tables seulement) où il déroule avec une rigueur sans faille une cuisine italienne contemporaine de haute volée, savoureuse et précise. Comme il se doit, le sourcing est irréprochable, associant les petits producteurs autour de Menton et ceux de San Remo, mais aussi certains produits importés du sud de la botte. Quelques exemples : bottoni di vitello tonnato ; cabri dodici ore ; texture di chocolato...Côté brasserie, la carte met en valeur quelques classiques modernisés.

🅰🅲 🍽 – Prix : €€€€

Plan : B1-4 – *3 avenue des Spélugues –* ☎ *93 30 70 44 – www.rampoldi.mc/ la-table-dantonio-salvatore – Fermé lundi, dimanche et du mardi au samedi à midi*

 YOSHI

CUISINE JAPONAISE • ÉLÉGANT Monte-Carlo, son casino, son prince, sa terre battue... et sa gastronomie. La table du Métropole rend hommage à la cuisine nippone, avec des produits de premier choix et une technique solide. Bouillons parfumés, sushis et makis y sont traités par le chef Takeo Yamazaki avec Yoshi ("bonté"). Cette cuisine, plus fusion qu'authentiquement japonaise, a su s'adapter à une clientèle internationale. Elle n'en demeure pas moins précise, raffinée et affirmée, à l'image du ghindara no saiko yaki, un très beau filet de black cod, mariné au saké cuit au pot et enrobé dans une feuille de magnolia japonais, qui donne envie de faire un tour au pays du Soleil-Levant.

🏵 🛋 🅰🅲 🍽 – Prix : €€€€

Plan : B1-5 – *4 avenue de la Madone –* ☎ *93 15 13 13 – www.metropole.com/fr – Fermé lundi et dimanche*

BEEFBAR

SPÉCIALITÉS DE VIANDES • TENDANCE Sur les quais du port de plaisance de Fontvieille, ce "bar à viandes" branché propose de belles viandes de bœuf (wagyu, black angus, certaines issues du terroir français) mais aussi de la street food, des salades gourmandes et quelques poissons. Cadre tendance, très prisé de la clientèle locale, tout comme les belles vitrines de maturation des viandes !

🍴 🅰🅲 🍽 – Prix : €€€

Plan : A3-6 – *42 quai Jean-Charles-Rey, port de Fontvieille –* ☎ *97 77 09 29 – www.beefbar.com/monaco*

ELSA

CUISINE MÉDITERRANÉENNE • LUXE Contraste savoureux : au sein du Monte-Carlo Beach, magnifique palace des années 1930, on déguste une cuisine bien de notre époque, orientée bio et naturelle, tout en restant ancrée dans le terroir local, et zéro déchet. Assiettes saines et parfumées, joli cadre signé India Mahdavi, élégante terrasse devant la mer : un plaisir.

🍴 ⅄ 🅰🅲 🌳 🍽 🅿 – Prix : €€€€

Hors plan – *Monte-Carlo Beach, avenue Princesse-Grace, Roquebrune-Cap-Martin –* ☎ *98 06 50 05 – www.montecarlosbm.com/fr/restaurant-monaco/ elsa – Fermé lundi, mercredi, jeudi, vendredi, samedi et dimanche*

EM SHERIF Ⓝ

CUISINE LIBANAISE • CONTEMPORAIN Une adresse bienvenue où l'on fête les plaisirs de la cuisine libanaise, de la Méditerranée et du... partage, évidemment. Aux fourneaux, la cheffe Yasmina Hayek (passée par l'Institut Paul Bocuse, les tables de Mathieu Pacaud, Jean-François Piège et Rasmus Kofoed du Géranium à Copenhague) jongle habilement entre tradition et modernité à l'image de cette excellente salade de lentilles (addas), ou de ce délicieux fatteh d'aubergines au yaourt. Parfums, couleurs, saveurs : un vrai voyage qui se déroule sur la terrasse panoramique ou dans une salle de bistrot chic au rez-de-chaussée de l'hôtel de Paris.

🔥 Ⓜ️ 🎴 🍽️ – Prix : €€€€

Plan : B1-2 – *Hôtel de Paris, place du Casino* – 𝒞 *98 06 88 75* – *www.montecarlosbm.com/en/restaurant-monaco/em-sherif-monte-carlo* – *Fermé lundi et mardi*

MAYABAY

CUISINE THAÏLANDAISE • **DESIGN** Dans un même lieu, un restaurant japonais et un restaurant thaïlandais et une même ambiance asiatique dans un décor contemporain glamour, nimbé de musique douce. Des produits de qualité, des épices maîtrisées et une même gamme de prix et de qualité ; il ne reste qu'à choisir entre le parfumé et l'épure.

🔥 Ⓜ️ 🎴 💠 – Prix : €€€€

Hors plan – *24 avenue Princesse-Grace* – 𝒞 *97 70 74 67* – *www.mayabayrestaurant.com/monaco* – *Fermé dimanche*

SONG QI

CUISINE ASIATIQUE • **LUXE** Face au Grimaldi Forum, ce restaurant chinois, chic et gastronomique, joue la carte des matériaux nobles et de la sérénité. On s'installe pour y déguster une carte alléchante qui offre un vaste panorama de la cuisine chinoise : soupe pékinoise au poulet fumé, crevettes croustillantes du dragon à la moutarde chinoise, classiques dim sum. Réservez !

🔥 Ⓜ️ 🎴 🍽️ – Prix : €€€

Plan : B1-7 – *7 avenue Princesse-Grace* – 𝒞 *99 99 33 33* – *www.song-qi.mc*

LA TABLE D'ÉLISE

CUISINE PROVENÇALE • **BRASSERIE** Dans cette belle brasserie chic et tendance, située à deux pas du jardin japonais et du Grimaldi forum, on est accueilli dans un cadre aussi moderne que spacieux sur fond de musique pop. La cuisine d'esprit provençal est comme on l'aime, directe, généreuse et savoureuse, préparée à base de bons produits de saison : vitello tonnato ; gnocchi au beurre de crustacés, gambas rôties, jus vert au cerfeuil et anis vert ; baba au rhum. Jetez un coup d'œil au menu du marché et à la formule déjeuner.

🔥 Ⓜ️ 🎴 – Prix : €€

Plan : B1-8 – *2 rue du Portier* – 𝒞 *93 30 20 70* – *www.latabledelise.mc* – *Fermé dimanche*

MONBAZILLAC

✉ 24240 – Dordogne – Carte régionale n° **18**-C3

🏵 ## LA TOUR DES VENTS

CUISINE MODERNE • **ÉLÉGANT** Au sommet du vignoble de Bergerac, à côté d'un moulin à vent ruiné, cette belle maison cossue offre une vue inoubliable. Le chef Damien Fagette cultive le terroir périgourdin en travaillant la blonde d'Aquitaine, le foie gras et le poulet fermier du Périgord. Soignée et maîtrisée, sa cuisine au goût du jour vaut par ses produits de grande qualité, la justesse de ses cuissons et ses saveurs bien marquées : grillade d'encornets, jus d'échalote au vin rouge et churros au chorizo ; dégustation autour de l'agneau (selle rôtie, épaule confite en rissole et gigot mariné comme un kebab) ; soufflé chaud au Grand Marnier. Un vent d'enthousiasme souffle sur cette bonne table.

🍃 🖐 🔥 Ⓜ️ 🎴 💠 🅿️ – Prix : €€€

450 route de Malfourat – 𝒞 *05 53 58 30 10* – *www.domainedelatourdesvents. com* – *Fermé lundi et mardi, et dimanche soir*

MONDRAGON

✉ 84430 – Vaucluse – Carte régionale n° **28**–C2

😊 **LA BEAUGRAVIÈRE**

CUISINE TRADITIONNELLE • **AUBERGE** Le temps semble s'être arrêté dans cette auberge familiale – et c'est un compliment ! À 70 ans passés, le chef Guy Jullien assure une réjouissante partition culinaire, qui fera frémir d'aise les nostalgiques invétérés : flan de foie gras et velouté de truffe, poularde de Bresse demi-deuil, carré d'agneau rôti au thym, vacherin glacé vanille-framboise... sans oublier des menus truffes à vous donner le vertige. C'est aussi goûteux que généreux, dans une veine classique droit dans ses bottes, et ça se déguste paisiblement à l'ombre des arbres, en saison. Côté vins, même tonneau : la cave est impressionnante, et recèle bien des trésors de la région. Une perle !

🕸 🏧 🎍 **P** – Prix : €€

214 avenue du Pont-Neuf (N7) – 𝒞 04 90 40 82 54 – www.beaugraviere.com – Fermé lundi, dimanche midi et du mardi au jeudi soir

MONESTIER

✉ 24240 – Dordogne – Carte régionale n° **18**–C3

❀ **LES FRESQUES - CHÂTEAU DES VIGIERS**

CUISINE MODERNE • **ÉLÉGANT** Situé au carrefour de la Dordogne, de la Gironde et du Lot-et-Garonne, le château des Vigiers est une belle demeure périgourdine du 16ᵉ s. entourée d'un parc, d'un vignoble et même d'un golf très réputé. Entre ces gros murs séculaires s'épanouit un restaurant aux murs décorés de fresques d'époque Renaissance. Didier Casaguana, peintre du goût, y dévoile une palette riche en goûts et en parfums, directement inspirée du terroir. Ce Toulousain confesse une passion dévorante pour la nature et les petits producteurs, travaillant aussi les produits nobles de ce Sud-Ouest opulent, qu'il distille au sein de menus surprise : tartare d'huître au caviar, pigeon à la chicorée et noisette, dessert autour de la fraise et de l'estragon...

🛏 👪 ♿ 🏧 🎍 ❁ **P** – Prix : €€€

644 route Lars-Urban-Petersson, lieu-dit Le Vigier – 𝒞 05 53 61 50 00 – www. vigiers.com – Fermé mercredi et dimanche

LE MONÊTIER-LES-BAINS

✉ 05220 – Hautes-Alpes – Carte régionale n° **24**–D1

LE CHAZAL

CUISINE MODERNE • **MONTAGNARD** Au sommet d'un charmant hameau, cette ancienne écurie a gardé son caractère rustique (les mangeoires et les crochets pour les fumaisons subsistent) et vous accueille dans une salle voûtée pleine de cachet. Le chef Fabien Ferdinand travaille avec finesse les beaux produits régionaux voire très locaux : omble chevalier ou truite rose de Châteauroux-les-Alpes, fromage de brebis et foie gras de canard du village. Une adresse précieuse.

Prix : €€

Les Guibertes – 𝒞 04 92 24 45 54 – www.restaurant-chazal.fr – Fermé lundi, jeudi, et mardi, mercredi, vendredi et samedi midi

16ÂME

CUISINE MODERNE • **CONTEMPORAIN** Derrière une façade discrète, une salle chaleureuse, genre cabane de trappeur : montagne oblige ! Aux fourneaux, on trouve Julien Momon, originaire de Corse et passé par les cuisines de Christophe Bacquié et Gérard Boyer. Dans l'assiette, rien que des produits de saison et locaux issus de ce territoire rural et alpin, comme cet agneau des Hautes-Alpes travaillé à la coriandre et à la menthe, et son jus perlé à l'huile d'olive.

🌂 – Prix : €€

32 rue des Glaciers – 𝒞 04 92 46 84 12 – www.16ame.fr – Fermé lundi, dimanche et du mardi au samedi à midi

MONPAZIER
✉ 24540 – Dordogne – Carte régionale n° **18**-D3

ÉLÉONORE

CUISINE MODERNE • ÉLÉGANT Dans ce joli castel où l'on cultive l'art de la gentillesse, il existe une table élégante château où le chef, grand voyageur formé auprès de Paul Bocuse et de Marc Veyrat, accueille avec une carte courte qui suit les saisons et les bons produits, le tout dans une veine plutôt traditionnelle et hors du temps - comme ce lieu charmant !

🕭 🎖 🌂 🅿 – Prix : €€€

5 rue Saint-Pierre – 𝒞 05 53 22 44 00 – www.hoteledward1er.com – Fermé lundi, mercredi, et mardi, jeudi, vendredi, samedi et dimanche midi

MONSWILLER
✉ 67700 – Bas-Rhin – Carte régionale n° **8**-A1

✿ KASBÜR

Chef : Yves Kieffer

CUISINE MODERNE • ÉLÉGANT Né en 1932, le Kasbür est lié à la famille Kieffer depuis trois générations. Cette adresse des abords de Saverne doit son nom à l'arrière-grand père, un paysan qui faisait ici-même ses fromages. Son arrière-petit-fils, Yves Kieffer, a fait entrer cette belle bâtisse dans la modernité avec sa salle à manger semi-circulaire ouvrant sur l'opulente campagne alsacienne. Après avoir connu les cuisines de la Tour d'Argent et celles de Marc Meneau à Vézelay, le chef est revenu, animé par la force de l'héritage et... une exigence jamais démentie. Il propose des produits de qualité et de saison à l'image de ces Saint-Jacques, déclinaison de chou-fleur et caviar d'Aquitaine.

🍃 🖐 🕭 🎖 🌂 🅿 – Prix : €€€

8 route de Dettwiller – 𝒞 03 88 02 14 20 – www.restaurant-kasbur.fr/fr – Fermé lundi et mardi, et dimanche soir

LE MONT-DORE
✉ 63240 – Puy-de-Dôme – Carte régionale n° **20**-A2

LA GOLMOTTE

CUISINE TRADITIONNELLE • AUBERGE Non loin du Mont-Dore, authenticité garantie dans cette auberge dont la salle à manger est une ancienne étable ! Des produits frais et des assiettes copieuses pour une cuisine traditionnelle goûteuse, avec par exemple ces joues de porc fondantes, purée de pomme de terre maison et sauce au Saint-Pourçain blanc... même si le chef ne s'interdit pas quelques plats plus au goût du jour, comme le saumon en gravelax.

🕭 🌂 🅿 – Prix : €€

Le Barbier – 𝒞 04 73 65 05 77 – www.aubergelagolmotte.com – Fermé mardi et mercredi, et dimanche soir

MONT-DE-MARSAN

✉ 40000 – Landes – Carte régionale n° **25**–B2

❀❀ LES CLEFS D'ARGENT

Chef : Christophe Dupouy

CUISINE CRÉATIVE • FAMILIAL Avec les années, cette table, entièrement rénovée avec goût dans un style contemporain et épuré, est devenue un rendez-vous
incontournable à Mont-de-Marsan. On doit ce succès au travail de Christophe
Dupouy, solide professionnel formé à bonne école (de Ducasse à Michel Sarran).
Orientée nature et locavore, sa cuisine est un exemple de métissage, mariant le
terroir du Sud-Ouest (et plus particulièrement des Landes) à des influences béninoises – le pays d'origine de son épouse Eugénie, véritable maîtresse des lieux, qui
assure un service aussi prévenant que chaleureux. Ajoutez à cela une ambiance
conviviale et bon enfant, vous obtenez une maison hautement recommandable.

🐝 ♿ 🅰🅲 ⇄ – Prix : €€€

*333 avenue des Martyrs-de-la-Résistance – ℰ 05 58 06 16 45 – www.clefs-
dargent.com – Fermé lundi et dimanche, et mercredi soir*

❀❀ LA TABLE MIRASOL

CUISINE MODERNE • ÉLÉGANT Dans cette villa de 1912, véritable bijou de la
Belle Époque, la table gastronomique est pilotée par le chef Philippe Lagraula. Il
métisse habilement son terroir landais de touches voyageuses, notamment péruviennes – pays d'où est originaire son épouse. Le menu dégustation est un vrai
plaisir, percutant, créatif et bien rythmé, mariant l'épure et le caractère : truite
de Geloux à l'orange, volaille des Landes au piment jaune, chocolat Apurimac au
panais et noisette. Sud-ouest oblige, très belle sélection d'armagnacs.

⇦♿ 🅰🅲 🏠 – Prix : €€€

*2 boulevard Ferdinand-de-Candau – ℰ 05 58 44 14 14 – www.villamirasol.fr –
Fermé lundi, mardi, dimanche, mercredi midi et jeudi midi*

😊 VILLA MIRASOL - BISTROT 1912

CUISINE DE SAISON • COSY La Villa Mirasol a confié les destinées de sa table
au chef landais Philippe Lagraula, formé notamment dans les maisons Troisgros et
Bras. On connaît ses points forts : dressage, originalité, harmonie des saveurs, des
qualités illustrées par une cuisine actuelle, moderne et décomplexée, à l'image de
ce boudin noir au piment jaune, œuf coulant et "cosa crocante".

🛏♿ 🅰🅲 🏠 – Prix : €€

*2 boulevard Ferdinand-de-Candau – ℰ 05 58 44 14 14 – www.villamirasol.fr –
Fermé lundi, mardi, mercredi et dimanche et jeudi midi*

MONT-PRÈS-CHAMBORD

✉ 41250 – Loir-et-Cher – Carte régionale n° **10**–C3

DOMUS 🆕

CUISINE MODERNE • TRADITIONNEL Domus (foyer en latin), c'est la maison
d'une fine équipe, deux chefs et une responsable de salle, passés par de belles
tables étoilées et des bistrots de qualité (les chefs se sont rencontrés à la Table du
Connétable à Chantilly). Ils tirent le meilleur profit du terroir solognot et des produits de saison derrière des plats aux intitulés alléchants : tarte fine de maquereau
à la moutarde d'Orléans ; aile de raie à la plancha, potimarron rôti et graines de
courges caramélisées ; figues pochées au vin rouge, crémeux Zéphyr.

🅰🅲 ⇄ 🅿 – Prix : €€

*2 rue des Vignes-d'en-Haut – ℰ 02 54 74 02 53 – www.domusrestaurant.fr –
Fermé mercredi et jeudi*

MONTAGNAC

✉ 34530 – Hérault – Carte régionale n° **27**–C2

CÔTÉ MAS

CUISINE MODERNE • ÉLÉGANT Au milieu des vignes, un restaurant chaleureux et joliment décoré : objets d'art contemporain, mobilier en bois exotique... Une mise en bouche raffinée pour mieux apprécier la bonne cuisine gourmande de bistrot contemporain qui se mitonne ici : ceviche de maigre, vinaigrette aux agrumes, guacamole ; suprême de poulet, espuma de maïs, oignons grelots. Belle carte des vins du domaine et des vignobles alentours, et jolie sélection de vins au verre (coin bistrot dans la boutique).

❀ ✗ 🅰 🏠 ⟷ 🅿 – Prix : €€

Route de Villeveyrac – ✆ 04 67 24 36 10 – www.cote-mas.fr – Fermé lundi et dimanche, et du mardi au vendredi soir

MONTAGNE

✉ 33570 – Gironde – Carte régionale n° **22**–C2

LA RÉSERVE DU PRESBYTÈRE

CUISINE TRADITIONNELLE • CONVIVIAL Au cœur d'un village vigneron, adresse bistronomique face à une église romane. Dans un décor associant tables de bistrot et chaises industrielles sur fond de pierres apparentes, on déguste une cuisine aux saveurs traditionnelles. Mention spéciale pour les desserts gourmands, comme cette tartelette amandine aux figues, confit de framboise et son sorbet. Agréable terrasse sur l'arrière.

🏠 🅿 – Prix : €€

22 Grand-Rue – ✆ 05 57 79 03 43 – www.lareservedupresbytere.fr – Fermé lundi et dimanche soir

MONTAIGU

✉ 85600 – Vendée – Carte régionale n° **14**–B1

✿ LA ROBE

Chef : Xavier Giraudet

CUISINE MODERNE • COSY La Robe, en œnologie, c'est la couleur, l'aspect extérieur d'un vin. Nom tout indiqué pour cette jolie maison ancienne nichée dans le vieux centre de Montaigu, qui met un point d'honneur à proposer aux clients de judicieux accords mets et vins. Côté cuisine, le chef Xavier Giraudet, passé par plusieurs maisons étoilées, ne manque pas de talent : produits locaux et de saison, parfois même en provenance du potager familial, cuissons bien maîtrisées, saveurs gourmandes, le tout dans une veine moderne de bon aloi. Quant au décor cosy, il marie harmonieusement les poutres anciennes de la demeure à du mobilier et des tableaux contemporains.

Prix : €€€

3 place Reveillère-Lepeaux – ✆ 02 51 47 79 27 – www.restaurant-la-robe.com – Fermé lundi et dimanche, et mercredi soir

MONTANGES

✉ 01200 – Ain – Carte régionale n° **21**–C1

🌢 L'AUBERGE DU PONT DES PIERRES

CUISINE MODERNE • CONVIVIAL Sur la route de Monts Jura, cette auberge ne désemplit pas ! Enfant du pays, le chef Romain Blanc ne manque ni de talent ni d'idées pour cuisiner les produits de saison en circuit court : poisson du lac Léman ou de pisciculture voisine, porc et volaille de l'Ain, maraîchage local, potager d'herbes aromatiques. À cela s'ajoutent une belle maîtrise des cuissons et des jus, et un vrai travail maison (glace et pain compris). Le tout à petit prix et servi avec le sourire par Chloé, qui saura vous conseiller dans la jolie carte de vignerons indépendants.

🕸 ⩻ & 🛋 🅿 – Prix : €€

754 rue Lieutenant Paul-de-Vanssay – 𝒞 04 50 56 36 35 – www.pontdespierres. fr – Fermé mardi, mercredi et jeudi midi

MONTARCHER

✉ 42380 – Loire – Carte régionale n° **20**–C2

LE CLOS PERCHÉ

CUISINE CRÉATIVE • **AUBERGE** Il était une fois une auberge qui jouait à chat perché sur les hauts plateaux du Forez, à 1150 mètres d'altitude. C'est ici, à l'entrée de ce minuscule village, que Julien Magne a posé ses valises. Derrière les fourneaux, ce chef réalise une cuisine colorée, inventive et ludique, pour laquelle on se fait volontiers souris !

& 🛋 – Prix : €€

Le Bourg – 𝒞 04 77 50 00 08 – www.leclosperche.fr – Fermé mardi et mercredi, et dimanche soir

MONTARGIS

✉ 45200 – Loiret – Carte régionale n° **11**–C3

LA GLOIRE

CUISINE TRADITIONNELLE • **ÉLÉGANT** Une vénérable institution de Montargis, postée au bord de la N7. Depuis plusieurs générations, on revisite la tradition gastronomique avec une générosité certaine ; ne manquez pas l'imposant chariot de desserts.

🕸 & 🗚 – Prix : €€

74 avenue du Général-de-Gaulle – 𝒞 02 38 85 04 69 – www.lagloire-montargis.com – Fermé mardi et mercredi

MONTAUBAN

✉ 82000 – Tarn-et-Garonne – Carte régionale n° **26**–C1

LES 5 BOUCHONS

CUISINE MODERNE • **CONVIVIAL** Joliment abrité sous les arcades de la place Nationale (le joyau architectural de la ville), face à un miroir d'eau tout juste sorti de terre, ce petit restaurant élégant est emmené par un chef d'expérience. Sa cuisine bistronomique et gourmande se découvre sur une ardoise courte qui évolue chaque semaine en fonction du marché, nourrie de produits de saison bien sourcés : lieu noir, émulsion à la coriandre et haricots verts façon risotto ; paupiette de veau d'Occitanie, pommes de terre grenaille ; pavlova aux fraises. En terrasse, face aux belles façades en brique rouge, on passe un bon moment pour un prix fort raisonnable.

& 🛋 – Prix : €

24 place Nationale – 𝒞 05 63 93 65 64 – Fermé lundi et dimanche, et du mardi au vendredi soir

DU BRUIT EN CUISINE

CUISINE MODERNE • **BRANCHÉ** Voici un vrai repaire gourmand, où oeuvre un chef formé dans plusieurs maisons de la galaxie Ducasse. Mathieu Lévêque signe une cuisine contemporaine axée sur le produit et réalise un joli travail sur les jus, sauces et condiments. Saveurs bien marquées comme sur cet agneau de lait, petits pois et morilles... Un restaurant ambitieux qui devrait continuer de faire grand bruit !

& 🗚 🛋 – Prix : €€

12 allée Mortarieu – 𝒞 05 63 91 19 25 – www.dubruitencuisine.fr – Fermé lundi et dimanche

NOUS

CUISINE ACTUELLE • SIMPLE Dans ce bistrot moderne refait à neuf où l'on se sent bien, le couple Campas régale la clientèle montalbanaise : chez eux, tout est fait maison, du pain jusqu'aux glaces. Ils sélectionnent leurs produits régionaux avec soin (légumes de petits maraîchers et fromages fermiers), au plus près des saisons, et le chef en tire de belles assiettes colorées et goûteuses. Le menu change tous les mois : c'est l'occasion de revenir plus souvent. Service attentionné et chaleureux.

Ⓚ 🍴 – Prix : €€

7 rue Bessières – ℰ 05 63 91 97 03 – www.restaurant-nous.fr – Fermé dimanche et du mardi au samedi soir

MONTAUROUX

✉ 83440 – Var – Carte régionale n° **29**–C2

LE CARRÉ D'ANGE

CUISINE MODERNE • ROMANTIQUE Une jolie auberge provençale, lumineuse et modernisée, où la cuisine du sud est savoureuse et mâtinée de soleil... Il n'y a qu'à voir ce homard bleu servi froid, accompagné de sa crème légère de lingots blancs bio. À déguster aux beaux jours sur la jolie terrasse.

♿ 🍴 🅿 – Prix : €€€

2169 quartier Narbonne – ℰ 04 94 47 71 65 – www.restaurant-carredange.fr – Fermé lundi et mardi midi

MONTBAZON

✉ 37250 – Indre-et-Loire – Carte régionale n° **15**–B1

✿ L'ÉVIDENCE

Chef : Gaëtan Evrard

CUISINE CRÉATIVE • CONTEMPORAIN Quitter la ville de Tours pour s'installer à la "campagne" dans cette maison ancienne en bordure d'une petite place ? Une "évidence" pour Gaëtan Evrard, tellement attaché à son terroir tourangeau. Légumes et viandes de la région, poissons en direct de Bretagne : le produit est ici à la fête, sublimé par la cuisine du marché d'un chef qui ne manque pas d'audace – à l'image de ce beau pavé de cabillaud du Guilvinec nappé d'une succulente sauce au safran de Sainte-Maure-de-Touraine, ou de ce nougat de Tours réinterprété avec brio. En accompagnement, on pioche dans une belle carte de vins de la Loire, et le tout se déguste dans un décor épuré, en parfaite harmonie avec les créations du chef.

🍸 Ⓚ ⌖ – Prix : €€€

1 place des Marronniers – ℰ 02 47 38 67 36 – www.restaurant-levidence.com – Fermé lundi, mercredi et dimanche

DOMAINE DE LA TORTINIÈRE

CUISINE MODERNE • ÉLÉGANT Dans l'ancienne orangerie du château, dont la terrasse donne sur la vallée de l'Indre et le parc aux arbres centenaires, on profite d'une cuisine actuelle et soignée rythmée par les saisons. De la justesse dans l'assiette, un cadre enchanteur : que demander de mieux ?

🛏 Ⓚ 🍴 ⌖ 🅿 – Prix : €€

10 route de Ballan – ℰ 02 47 34 35 00 – www.tortiniere.com/fr

MONTBÉLIARD

✉ 25200 – Doubs – Carte régionale n° **13**–C1

LE SAINT-MARTIN

CUISINE TRADITIONNELLE • INTIME Olivier Prévôt-Carme signe une cuisine riche de parfums, où le produit est roi. Pas de superflu, mais une justesse des recettes, cuissons et assaisonnements qui rehausse la saveur de chaque ingrédient. Rien de prétentieux, rien de compliqué… que du plaisir !

🕸 🍴 – Prix : €€€

1 rue du Général-Leclerc – 📞 03 81 91 18 37 – www.le-saint-martin.fr – Fermé lundi, dimanche et samedi midi

MONTBELLET
✉ 71260 – Saône-et-Loire – Carte régionale n° **17**-C2

LA MARANDE

Chef : Philippe Michel

CUISINE MODERNE • ÉLÉGANT "Marander" en patois local signifie… aller manger. Sur la route de Tournus, cette belle maison bourgeoise en pierre de Bourgogne, entourée d'un beau jardin paysager, mérite assurément une halte gourmande avant un sommeil paisible. Dans ce cadre familial à l'élégance toute contemporaine, on sent la volonté des propriétaires, Élisabeth et Philippe Michel, de transmettre les gestes de l'hospitalité et la culture des produits de premier choix à leur équipe. Derrière ses fourneaux, le chef fait montre de maîtrise et de délicatesse à travers des assiettes particulièrement graphiques et généreuses. Cerise(s) sur le gâteau : le beau choix de bourgognes et la superbe terrasse

🕸 🛏 �cf 占 🏧 🍴 🍴 🅿 – Prix : €€€

1484 route de Lugny, hameau de Mirande – 📞 03 85 33 10 24 – www.hotel-restaurant-la-marande.com/fr – Fermé lundi et mardi

MONTBRISON
✉ 42600 – Loire – Carte régionale n° **20**-C2

APICIUS

CUISINE MODERNE • CONTEMPORAIN Cadre contemporain et épuré pour cette petite adresse du centre-ville tenue par un couple au joli parcours. Cuisine du marché le midi à prix imbattable, menu plus élaboré le vendredi soir. Le chef privilégie les produits du terroir ainsi que les fleurs et plantes sauvages. En un mot : généreux !

占 🍴 – Prix : €€

29 rue Martin-Bernard – 📞 09 82 38 34 65 – www.apicius-restaurant-montbrison.eatbu.com – Fermé samedi et dimanche, et du mardi au jeudi soir

MONTBRON
✉ 16220 – Charente – Carte régionale n° **18**-C2

MOULIN DE LA TARDOIRE

Chef : Matthieu Brudo

CUISINE MODERNE • MAISON DE CAMPAGNE Quelle histoire ! L'ancienne forge du 16e s. a été transformée en moulin à farine en 1854, avant de devenir un moulin à huile… C'est aujourd'hui un restaurant bucolique et charmant, installé entre rivière et verdure. Le chef, Matthieu Brudo, y propose une cuisine de saison faisant la part belle au terroir local : escargots charentais, truite de Magnac, pigeonneau et magrets de canard de Nontron… sans oublier de superbes viandes achetées entières à des petits producteurs des environs. Justesse et finesse, soin dans la présentation : on aime.

�cf 占 🏧 🍴 🍴 🅿 – Prix : €€€

Lieu-dit la Forge – 📞 05 45 66 41 46 – www.moulindelatardoire.fr – Fermé lundi et mardi, et dimanche soir

MONTCEAU-LES-MINES

✉ 71300 – Saône-et-Loire – Carte régionale n° **17**–B2

JÉRÔME BROCHOT

CUISINE MODERNE • **TRADITIONNEL** Jérôme Brochot concote une cuisine du marché renouvelée chaque semaine au travers d'un menu unique proposé en plusieurs séquences. Il travaille de jolis produits : asperge verte, homard, turbot... Pour les passionnés, cours de cuisine dispensés le dimanche matin.

& 🔠 – Prix : €€€

7 place Beaubernard – ℰ 03 85 67 95 30 – www.jeromebrochot.com/fr – Fermé lundi, mardi et dimanche

MONTCENIS

✉ 71710 – Saône-et-Loire – Carte régionale n° **17**–B2

 ### LE MONTCENIS

CUISINE TRADITIONNELLE • **COSY** Du cachet dans le décor (cave voûtée, pierres et poutres) comme dans l'assiette. Laurent Dufour propose une cuisine généreuse et sincère réalisée avec de beaux produits, comme cette poitrine de pintade contisée aux feuilles d'épinard, carottes, cannelloni de chou vert au lard fumé. La carte change régulièrement, et, l'hiver venu, met à l'honneur la truffe, passion du chef ! Accueil prévenant.

🐧 🌿 ✿ – Prix : €€

2 place du Champ-de-Foire – ℰ 03 85 55 44 36 – www.restaurant-lemontcenis.fr – Fermé du lundi au mercredi et dimanche soir

MONTCHENOT

✉ 51500 – Marne – Carte régionale n° **6**–B2

❀ ### LE GRAND CERF

Chefs : Dominique Giraudeau et Pascal Champion

CUISINE CLASSIQUE • **ÉLÉGANT** Au pied de la montagne de Reims et sur la route d'Épernay, cette auberge imposante affiche sans ambages son style cossu... Dans l'élégante salle à manger de bois clair, l'ambiance se fait romantique le soir venu : écrin parfait pour une belle cuisine classique. Elle est signée des chefs Dominique Giraudeau (qui a longtemps brillé dans les cuisines de Gérard Boyer aux Crayères) et son associé Pascal Champion, et met en valeur des produits nobles, du saint-pierre au veau de lait fermier, en passant par le gibier, le homard et la truffe.

🖨 & 🌿 ✿ 🅿 – Prix : €€€€

50 route Nationale – ℰ 03 26 97 60 07 – www.le-grand-cerf.fr – Fermé mardi et mercredi, et dimanche soir

MONTCY-NOTRE-DAME

✉ 08090 – Ardennes – Carte régionale n° **6**–C1

 ### L'AUBERGE DU LAMINAK

CUISINE MODERNE • **AUBERGE** Dans cette charmante auberge en lisière de forêt, le Pays basque – origine du chef – rencontre les beaux produits des Ardennes. Résultat, des recettes savoureuses, maîtrisées, tel cet œuf parfait, piperade et jambon basque.

& 🌿 🅿 – Prix : €€

Route de Nouzonville – ℰ 03 24 33 37 55 – Fermé dimanche et du mardi au jeudi soir

MONTECH

✉ 82700 – Tarn-et-Garonne – Carte régionale n° **26**–C1

BISTROT CONSTANT

CUISINE TRADITIONNELLE • BISTRO La pimpante maison éclusière, installée au bord du canal latéral à la Garonne, abrite aujourd'hui un bistrot de chef de très bonne tenue. Côte de cochon fermier confite, gratin de macaronis ; tête de veau, langue et cervelle pochée : du grand classique effectué dans les règles de l'art, comme on l'aime !

& 🅰🅲🍴 ✿ 🅿 – Prix : €€

25 rue de l'Usine – ℰ 05 63 24 63 02 – www.bistrotconstant.com – Fermé lundi et mardi, et dimanche soir

MONTEILS

✉ 82300 – Tarn-et-Garonne – Carte régionale n° **26**–C1

LE CLOS MONTEILS

CUISINE TRADITIONNELLE • RUSTIQUE Françoise et Bernard Bordaries ont fait de ce presbytère de 1771 un lieu intime, telle une maison de famille. Elle vous accueille avec gentillesse, tandis que lui s'active aux fourneaux. Son credo : cuisiner sur des bases simples et mettre en avant les produits de saison avec des recettes bien ficelées.

& 🍴 🅿 – Prix : €€

7 chemin du Moulin – ℰ 05 63 93 03 51 – www.leclosmonteils.fr – Fermé du lundi au mercredi et dimanche soir

MONTÉLIMAR

✉ 26200 – Drôme – Carte régionale n° **24**–A2

CAFÉ DE L'ARDÈCHE

CUISINE MODERNE • CONTEMPORAIN Cadre contemporain (banquettes en cuir gris, mobilier contemporain), tableaux Pop art et jolie collection de peintures de l'artiste Ricardo Santamaria. Dans l'assiette, une cuisine de saison bien tournée à base de produits locaux, comme cette pintade fermière et son jus corsé aux girolles.

& 🅰🅲🍴 – Prix : €€

19 avenue Charles-de-Gaulle – ℰ 04 75 52 51 39 – www.cafedelardeche.fr – Fermé lundi et dimanche soir

LE MODERNE

CUISINE MODERNE • BISTRO Ce sympathique jeune couple qui vient d'ouvrir une jolie cave à vins-épicerie avec un choix de bocaux à emporter, ne démérite pas pour proposer une cuisine actuelle : en témoignent le croque monsieur au jambon d'Ardèche et cantal mais aussi le filet de maigre de Méditerranée et sa réduction de poissons de roche, à déguster en terrasse dès les beaux jours.

& 🅰🅲🍴 ✿ – Prix : €€

25 boulevard Aristide-Briand – ℰ 04 75 01 31 90 – www.restaurant-lemoderne.fr – Fermé lundi et mardi, et mercredi, jeudi et dimanche soir

LA PETITE FRANCE

CUISINE TRADITIONNELLE • CLASSIQUE À moins d'être initié, ce restaurant ne se trouve pas facilement : il faut aller le dénicher dans une impasse de la vieille ville. Dans la salle voûtée et chaleureuse, on déguste une cuisine traditionnelle... made in Petite France. Ambiance familiale.

🅰🅲 – Prix : €

34 impasse Raymond-Daujat – ℰ 04 75 46 07 94 – Fermé lundi et dimanche

MONTENACH

✉ 57480 – Moselle – Carte régionale n° **7**–C1

 LE K

CUISINE MODERNE • **CONTEMPORAIN** Cette imposante bâtisse en pierre de taille, située aux confins de la France, de l'Allemagne et du Luxembourg, a su garder un esprit familial. Au K, sous une belle charpente et un lustre en cristal de Trévise, le chef Benoit Potdevin propose une fine et délicate cuisine d'aujourd'hui. Entre son menu "collection maraîchère" dédié au végétal, et ses plats signature, on ne sait que choisir ! Quelques exemples : pattes et pinces de tourteau rafraîchies au vinaigre de kalamensi, accompagnées de caviar ; tartelette de girolles et shiitakés à la livèche ; maigre de ligne, artichauts en barigoule et jus de volaille au vin rouge... Au Komptoir, plus décontracté, tapas et cuissons au four à bois.

&⇔&🅰🗘🅿 – Prix : €€€

Domaine de la Klauss, 2 impasse du Klaussberg – 𝒞 03 82 83 19 75 –
www.domainedelaklauss.com – Fermé lundi, dimanche et du mardi au samedi à midi

MONTENDRE

✉ 17130 – Charente-Maritime – Carte régionale n° **18**–B2

LA QUINCAILLERIE

CUISINE TRADITIONNELLE • **BISTRO** Deux quincailliers de talent, Guillaume Weil, un jeune chef originaire de Moselle (flanqué d'un impressionnant parcours international) et Jérôme Douay, qui navigue entre salle et cuisine, proposent une cuisine plutôt traditionnelle (du pâté en croûte au filet mignon de veau à la truffe, en passant par l'île flottante), ponctuée de quelques ouvertures sur le monde. Les saisons sont respectées à la lettre, et les assiettes pleines de goût. Cette ancienne quincaillerie au grand escalier en bois, qui dessert une salle au 1ᵉʳ étage, a conservé son cadre un peu rétro. Cuisine ouverte et espace vins à emporter au rez-de-chaussée.

&🅰 – Prix : €€

30 rue de l'Hôtel-de-Ville – 𝒞 05 46 70 42 41 – www.restocavequincaillerie.fr –
Fermé lundi, samedi midi, et mardi et dimanche soir

MONTFERRAT

✉ 83131 – Var – Carte régionale n° **24**–B2

LE CLOS PIERREPONT

CUISINE MODERNE • **RUSTIQUE** Beaux produits et dressages soignés pour cette jolie table, non loin des gorges de Châteaudouble. Fondez pour le risotto crémeux, courgette et sauce truffes d'été, et laissez-vous surprendre par la "pause fraîcheur" : un sorbet melon fondant coiffé de mousse mentholé. Une cuisine généreuse et ensoleillée, à déguster dans la bâtisse du 18ᵉ s. ou sur la terrasse donnant sur parc.

⇔🍽🅿 – Prix : €€€

56 route de Draguignan – 𝒞 04 94 50 21 30 – www.clospierrepont.fr –
Fermé mardi et mercredi

MONTFURON

✉ 04110 – Alpes-de-Haute-Provence – Carte régionale n° **24**–C3

CHEZ ÉRIC

CUISINE TRADITIONNELLE • **BISTRO** Sur la place d'un charmant village, cette maison en pierre sèche a tout ce qu'il faut là où il faut, de la terrasse ombragée à la déco de bistrot. Pour couronner le tout, les petits plats provençaux se révèlent goûteux. Courgette fleur farcie à la brousse et basilic, Maigre de Méditerranée, bouillon de roche au safran et tarte Tatin à l'abricot de Provence : miam !

🍴 – Prix : €€

Place Daniel-Viguier – 𝒞 04 92 77 75 32 – Fermé lundi et mardi, et dimanche soir

MONTGENÈVRE

✉ 05100 – Hautes-Alpes

 ANOVA

CONTEMPORAIN • CONVIVIAL Tout près de la frontière italienne, d'agréables moments en perspectives dans cet imposant chalet contemporain. On y profite notamment d'une kyrielle de services bien pensés – ski shop et casiers à skis, location de VTT, salle de jeux - et de chambres confortables (préférez les chambres plein sud, face aux pistes).

🛥 🅿 🗣 🍴 🍸 ♿ 🚲 ⌛ 🐾 🏋 🍴 - 40 chambres

Hameau de l'Obélisque – 𝒞 04 92 54 48 04 – www.anova-hotel.com

MONTGIBAUD

✉ 19210 – Corrèze – Carte régionale n° **19** B2

 LE TILLEUL DE SULLY

Chef : Thierry Parat

CUISINE MODERNE • CONVIVIAL C'est là, à l'ombre du vieux tilleul, que se trouve cette auberge de campagne. Fleurs de courgette, choux pommelés, groseilles, pêches de vigne, etc., abondent dans le potager et le chef sait les préparer ! Une savoureuse cuisine du terroir corrézien, revisitée par touches, gourmande et généreuse, à déguster devant la cheminée en hiver ou dehors à la belle saison, face aux arbres fruitiers. Réservation indispensable.

♿🍴 – Prix : €€

Le Bourg – 𝒞 05 55 98 01 96 – Fermé lundi et mardi, et dimanche soir

🌱**L'engagement du chef :** Les produits de notre jardin potager et ceux que nous fournissent les artisans locaux et engagés avec lesquels nous travaillons sont au cœur de notre cuisine saisonnière. Nous récupérons également l'eau de lavage des légumes et nous compostons tous les déchets organiques pour nourrir nos cultures.

LES MONTHAIRONS

✉ 55320 – Meuse – Carte régionale n° **6**–C2

HOSTELLERIE DU CHÂTEAU DES MONTHAIRONS

CUISINE MODERNE • BOURGEOIS Cette table châtelaine et familiale permet d'apprécier une cuisine mêlant joliment bases classiques et touches plus actuelles : foie gras de canard poêlé à la farine de maïs grillé ; émincé de thon rouge, fondu de poivrons et sauce soja-sésame ; gibier en saison... Et, comme on l'imagine, le cadre de ce château du 19ᵉ s. situé dans la vallée de la Meuse est superbe : moulures, vieux parquet, tentures épaisses...

🍃 ♿ 🍴 🌀 🅿 – Prix : €€€

26 route de Verdun – 𝒞 03 29 87 78 55 – www.chateaudesmonthairons.fr – Fermé dimanche soir, mardi midi et lundi

MONTHION
✉ 73200 – Savoie – Carte régionale n° **21**–C2

LES 16 CLOCHERS
CUISINE MODERNE • RUSTIQUE Depuis la terrasse de ce restaurant, on jouit d'un panorama imprenable sur les seize clochers de la vallée. La nouvelle équipe, jeune et dynamique, ne jure que par les producteurs locaux et bio (champignons, œufs, légumes notamment...) au service d'une cuisine du marché rudement bien ficelée. Menu changé très régulièrement, terrasse prisée en été.

 – Prix : €€

91 chemin des 16-Clochers – ℰ 04 79 31 30 39 – www.16clochers.com –
Fermé lundi, mardi, mercredi midi et dimanche soir

MONTICELLO – Haute-Corse (20) → Voir Corse

MONTIGNAC
✉ 24290 – Dordogne

HÔTEL DE BOUILHAC
MODERNE • CHARME Un hôtel particulier du 17ᵉ s., inscrit aux monuments historiques, à quelques pas seulement des célébrissimes grottes de Lascaux... L'architecture est typique de la région (hauts plafonds, moulures, parquets massifs) et les chambres ne manquent pas de charme.

 - 10 chambres

Rue du Docteur Mazel – ℰ 05 53 51 21 46 – www.hoteldebouilhac-montignaclascaux.fr

MONTIGNY-LA-RESLE
✉ 89230 – Yonne

CHÂTEAU DE LA RESLE
DESIGN • CHALEUREUX Un château-hôtel unique, où romantisme campagnard et hôtellerie dernier cri font chambre commune. Vu de l'extérieur, volets blancs, lierre de façade et jardins soigneusement tondus. Mais pousser la porte révèle un écrin de design et d'art contemporain, sous l'égide de deux collectionneurs versés dans le mobilier haut de gamme. Et le plus étonnant est la chaleur qui en résulte. Certaines chambres dégagent un parfum d'antiquaire, d'autres tutoient l'avant-garde, mais on retrouve, dans tous les cas, la lumière en abondance. L'endroit est grand, mais n'héberge que six chambres, une salle de petit-déjeuner ensoleillée, une piscine cristalline, et un spa.

- 6 chambres

Lieu-dit La Resle – ℰ 06 86 11 29 22 – www.chateaudelaresle.com

MONTLIVAULT
✉ 41350 – Loir-et-Cher – Carte régionale n° **10**–C3

EZIA
Chef : Nicolas Aubry
CUISINE MODERNE • CONTEMPORAIN Nicolas Aubry, ex-chef exécutif de Christophe Hay, est désormais seul à bord de l'ancien restaurant de son mentor, dont le décor n'a pas changé : on retrouve avec plaisir cette salle moderne qui ménage une jolie vue sur la cuisine. Autour de menus uniques rythmés par les saisons et les produits du terroir ligérien, l'assiette, ciselée au cordeau, témoigne d'une cuisine fine et subtile qui sait faire preuve de beaucoup de personnalité.

⇔ & 🅰🅲 – Prix : €€€

17 rue de Chambord – 𝒞 02 54 20 62 30 – www.ezia-restaurant.fr – Fermé lundi et dimanche

MONTLOUIS-SUR-LOIRE

✉ 37270 – Indre-et-Loire – Carte régionale n° **15**–B1

LE BERLOT

CUISINE MODERNE • BISTRO Quel plaisir de retrouver ce couple d'épicuriens ! Hervé et Patricia Chardonneau ont quitté leur Casse-Cailloux de Tours pour s'installer sur les hauteurs de ce village vigneron. Hervé propose une cuisine bistronomique qui puise son inspiration dans les saisons et les arrivages. Jolie carte des vins orientée bio et nature. Bar à vins indépendant.

🕸 & 🅰🅲🍴 – Prix : €€

2 place François-Mitterrand – 𝒞 02 47 56 30 21 – Fermé lundi et mardi, et dimanche soir

MONTLUÇON

✉ 03100 – Allier – Carte régionale n° **16**–B3

✿ LA CHAPELLE - CHÂTEAU SAINT-JEAN

CUISINE MODERNE • HISTORIQUE La table du Château Saint-Jean se distingue d'abord par son cadre exceptionnel, une ancienne chapelle dont la nef est habillée d'une résille de cuivre, qui rend le lieu plus intime. Un étonnant (et très heureux) mariage des styles et des époques ! Dans l'assiette, même engouement : le chef Olivier Valade montre que son beau parcours (Loiseau, Darroze) ne doit rien au hasard. Sa cuisine, exécutée avec une grande précision, met en valeur de beaux produits de saison, et se révèle pleine de personnalité : pot-au-feu de foie gras, carabinero ; pomme de ris de veau, oignon doux. Le service est à l'avenant, un sans-faute.

⇔ 🛏& 🅰🅲🍽🅿 – Prix : €€€€

Avenue Henri-de-la-Tourfondue – 𝒞 04 70 03 26 57 – www.chateau-saint-jean.com – Fermé du lundi au mercredi, jeudi et vendredi à midi, et dimanche soir

BISTROT SAINT-JEAN

CUISINE MODERNE • BISTRO Cette table partage avec La Chapelle du Château Saint-Jean son parc et son chef Olivier Valade. Il y décline au fil d'un menu-carte unique une cuisine de bistrot créative : filet de maquereau fumé, vinaigrette aux algues, rouelles d'oignon croustillantes ; tartare de veau, figues rôties, oignon rouges en pickles, dentelle sarrasin, copeaux de fumaison. Les cuisines ouvrent sur la salle à manger tout en longueur et la terrasse.

🛏& 🅰🅲🍴🅿 – Prix : €€

Avenue Henri-de-la-Tourfondue – 𝒞 04 70 03 26 57 – www.chateau-saint-jean.com

MONTMARAULT

✉ 03390 – Allier – Carte régionale n° **16**–B3

😊 RESTAURANT ANNE & MATTHIEU OMONT - HÔTEL DE FRANCE

CUISINE MODERNE • CONTEMPORAIN Cet établissement invite à la pause gourmande ! Le chef, Matthieu Omont, y compose une partition maîtrisée, volontiers créative, à déguster dans un décor moderne et soigné. Attaché au terroir bourbonnais, il travaille aussi des produits de la mer, mais de qualité : filet de merlan en croute de cèpes, crème de langoustine et risotto aux pleurotes de Vernusse ; à faire suivre d'une verrine de pannacotta, raisins au rhum, brunoise de granny smith, sorbet poire, émulsion au Piattelli. Chambres confortables, idéales pour l'étape.

&. 🅐🅒 ⇔ 🅿 – Prix : €€€

1 rue Marx-Dormoy – 𝒞 04 70 07 60 26 – www.hoteldefrance-montmarault.com/fr

MONTMERLE-SUR-SAÔNE

✉ 01090 – Ain – Carte régionale n° **21**–A1

ÉMILE JOB

CUISINE CLASSIQUE • TRADITIONNEL Voici une maison où l'on est chaleureusement invité à déguster des grands classiques qui valorisent le terroir : volaille de Bresse, grenouilles en persillade, poissons de lac, cerises jubilé et glace vanille... Le chef garde le cap de la tradition pour le plus grand bonheur des convives, qui se régalent sur la belle terrasse, à l'ombre des tilleuls centenaires et face au fleuve.

&. 🏠 ⇔ – Prix : €€

12 rue du Pont – 𝒞 04 74 69 33 92 – www.restaurantemilejob.com – Fermé lundi et mardi, et dimanche soir

MONTMORENCY

✉ 95160 – Val-d'Oise – Carte régionale n° **11**–B1

AU CŒUR DE LA FORÊT

CUISINE TRADITIONNELLE • AUBERGE À l'issue d'un chemin cahotant, vous voilà bien au cœur de la forêt... Si le dépaysement est garanti, la cuisine suit sans détour la voie de la tradition : au menu, rien que des valeurs sûres, au gré du marché ! Cadre élégant et champêtre, comme il se doit, avec une jolie terrasse face aux frondaisons.

🦽 🏠 ⇔ 🅿 – Prix : €€

Avenue du Repos-de-Diane – 𝒞 01 39 64 99 19 – www.aucoeurdelaforet.com – Fermé lundi, et jeudi et dimanche soir

MONTMORILLON

✉ 86500 – Vienne – Carte régionale n° **15**–B3

LE LUCULLUS

CUISINE MODERNE • CONTEMPORAIN On s'installe dans un cadre moderne pour profiter d'une cuisine qui mise sur les produits locaux. Et aux beaux jours, c'est au calme dans le patio que l'on songe au général romain Lucullus, passé à la postérité en raison du faste de sa table. Des assiettes goûteuses et joliment dressées, à l'image de ce cromesquis de chèvre et saumon fumé ou du cabillaud, écrasé de vitelottes, endives.

&. 🅐🅒 🏠 – Prix : €€

4 boulevard de Strasbourg – 𝒞 05 49 84 09 09 – www.hoteldefrance-lelucullus.fr

MONTNER

✉ 66720 – Pyrénées-Orientales – Carte régionale n° **27**–B3

AUBERGE DU CELLIER

CUISINE MODERNE • AUBERGE Dans ce charmant village catalan, Pierre-Louis Marin – un enfant du pays revenu aux sources – s'approvisionne surtout chez les petits producteurs locaux et concocte une cuisine sincère attachée aux saisons, avec une prédilection pour la truffe. Menu déjeuner attractif.

🕸 &. 🅐🅒 🏠 – Prix : €€€

1 rue de Sainte-Eugénie – 𝒞 04 68 29 09 78 – www.aubergeducellier.com

MONTPELLIER

✉ 34000 – Hérault –
Carte régionale n° **27**–D1

Là où montagne, plaine et mer s'attablent ensemble

Effervescente, plurielle, audacieuse : ainsi se présente Montpellier à ses visiteurs toujours plus nombreux ! La ville joue à fond la carte de la culture pluridisciplinaire et des festivals à foison. Sa gastronomie lui ressemble, à la fois ancrée dans la tradition languedocienne et ouverte aux influences. Elle bichonne ses marchés, traditionnel, bio ou paysan, et ses quatre halles. Quand vient la saison, c'est par cageots entiers que vous pouvez acheter abricots rouges et pêches, ou des pommes reinettes du Vigan ! Pour l'apéro, privilégiez la Lucques, l'une des meilleures olives de table. On trouve aussi sur les étals des fromages comme le pélardon des Cévennes, le roquefort aveyronnais ou encore la fourme d'Aubrac. Enfin, le niveau des meilleurs vignerons de la région tutoie désormais l'excellence. Plurielle, on vous le disait !

ॐ **JARDIN DES SENS**

Chefs : Jacques et Laurent Pourcel

CUISINE MODERNE • **ÉLÉGANT** Jacques et Laurent Pourcel tiennent la table de l'hôtel Richer de Belleval, superbe maison du 17e s. installée sur les hauteurs de la ville. Sous les imposantes fresques des plafonds, on retrouve avec bonheur la cuisine des jumeaux montpelliérains : pensée dans les moindres détails, millimétrée dans l'exécution, relevant une trame de cuisine classique avec la touche créative qui a fait leur renommée. Richer de Belleval, botaniste et fondateur du Jardin des Plantes de Montpellier, n'aurait pas manqué d'apprécier une telle partition !

ॐ ⇔ & AK – Prix : €€€€

Plan : A2-14 – *Place de la Canourgue* – ℰ *04 99 66 18 18* – *www.hotel-richerdebelleval.com/jardin-des-sens* – *Fermé lundi, dimanche et du mardi au jeudi à midi*

ॐ **LECLÈRE**

Chef : Guillaume Leclere

CUISINE MODERNE • **DESIGN** Nouveau lieu, nouvelle déco pour le restaurant du chef Guillaume Leclère : une grande salle aux accents futuristes, sorte de vaisseau spatial où l'inox se marie à la pierre montpelliéraine, au carrelage et au granit. La « cuisine d'arrivage » du chef, comme il la définit lui-même, est toujours au rendez-vous. Les fondamentaux de sa cuisine reposent sur un menu unique, renouvelé quotidiennement en fonction des produits ultra-frais, issus des circuits courts (poissons méditerranéens, agneau du Cantal...). De la tomate jusqu'à la pêche, chaque produit est souligné avec finesse, aussi bien gustativement que visuellement.

&. 🅰🅲 – Prix : €€€

Plan : A3-6 – *8 rue André-Michel* – ☎ *04 67 68 96 85 – www.restaurantleclere.com* – *Fermé lundi, dimanche, et mardi et mercredi à midi*

✿ PASTIS RESTAURANT

Chef : Daniel Lutrand

CUISINE MODERNE • INTIME On se faufile dans l'étroite rue Terral pour découvrir ce restaurant confortable et joliment décoré. C'est l'une des tables les plus prisées de la ville, et l'on comprend rapidement pourquoi : impossible de résister à la cuisine de Daniel Lutrand, inspirée et inspirante, aussi fine que délicate, et qui met en avant les meilleurs producteurs des environs, mais aussi quelques produits plus rares (comme le barracuda) : on peut citer par exemple cette volaille de Candillargues, artichaut à la noisette, jus réduit.... Outre le menu déjeuner au très bon rapport qualité prix, vous allez être conquis par son menu "surprise", qui évolue au gré de ses inspirations du moment. Service mené avec sourire et entrain par le directeur et associé Jean-Philippe Vivant, belle carte des vins : c'est tout bon.

&. 🅰🅲 🍴 – Prix : €€€

Plan : A2-4 – *3 rue Terral* – ☎ *04 67 66 37 26 – www.pastis-restaurant.com* – *Fermé lundi et dimanche, et samedi soir*

✿ REFLET D'OBIONE

Chef : Laurent Cherchi

CUISINE MODERNE • COSY Est-il possible de concilier gastronomie et cuisine sans gluten, plaisir et santé, notamment en réduisant les graisses et le sucre ? Formé dans les restaurants suisses et français étoilés (mais aussi en Australie), le chef Laurent Cherchi, sensible à l'environnement, le prouve à quelques mètres de la jolie place de la Canourgue ! Il choisit avec soin ses produits, locaux, souvent bio et d'une fraîcheur irréprochable, des Cévennes à la Méditerranée (bœuf de l'Aubrac, agneau de pré-salé de Camargue, tomme du Larzac). Dans ses assiettes mûrement réfléchies, technique et précision sont de rigueur comme sur ce merlu à la chair parfaitement nacrée, carotte, panais, confit de bergamote. Une mise en vedette du légume qui enchante les papilles. Quant au décor, il joue la carte de l'épure à travers trois salles dont la première est face à la cuisine.

Prix : €€€

Plan : A1-5 – *29 rue Jean-Jacques-Rousseau* – ☎ *04 99 61 09 17 – www.reflet-obione.com – Fermé lundi, dimanche et du mardi au jeudi à midi*

✿ L'engagement du chef : Nous nous fournissons principalement chez les producteurs locaux - légumes de Villeneuve-lès-Maguelone, fleurs et plantes sauvages de Lattes, fruits du Gard et de la vallée du Rhône, viande d'élevage en plein air des Pyrénées et de l'Aubrac, poissons de ligne, produits secs et farines bio... Notre carte des vins est exclusivement composée de vins certifiés biologiques et biodynamiques.

✿ LA RÉSERVE RIMBAUD

Chef : Charles Fontès

CUISINE MODERNE • ÉLÉGANT "Montpellier la surdouée", comme elle s'est elle-même baptisée, a caché ce restaurant sur les bords du Lez. Un peu à l'écart certes, mais bénéficiant d'une superbe terrasse ombragée de platanes au-dessus de la rivière... Ô fraîcheur ! Moderne et raffinée, cette réserve-là, une vieille maison de famille, recèle aussi des trésors de gourmandises, puisées dans le répertoire méconnu du Languedoc-Roussillon. Ancien second d'Alain Dutournier au Carré des Feuillants, Charles Fontès signe des compositions judicieuses, centrées sur le produit. De subtils jeux de textures et de saveurs au service d'une authentique simplicité : rare et délectable ! Dorade, poulpe et rouget de roche, anguille de Camargue et olives lucques en amuse-bouche : c'est toute l'Occitanie qui s'invite.

⬉ &. 🍴 🅿 – Prix : €€€

Hors plan – *820 avenue de Saint-Maur* – ☎ *04 67 72 52 53 – www.reserve-rimbaud.com – Fermé samedi et dimanche*

MONTPELLIER

GANGES

LODÈVE, MILLAU, LA PAILLADE, PIERRESVIVES

MILLAU

AGROPOLIS MUSEUM, PARC ZOOLOGIQUE DE MONTPELLIER

Place des Beaux-Arts

Verdanson

Pl. Albert Ier

Bd Pasteur

Bd Louis Blanc

Louis Blanc

du Verdanson

Corum

Le Corum

Albert Ier
Cathédrale

R. du Cardinal de Cabrières

R. Joachim Colbert

R. de l'Arc des Mourgues

R. de l'Université

R. des Écoles Laïques

R. Michel Vernière

Jardin des Plantes

R. Abbé Marcel Montels

Tour des Pins

R. de l'École Mage

Ancien Couvent des Ursulines

Faculté de médecine

Cathédrale St-Pierre

R. du Four Saint-Éloi

R. de Candolle

MO.CO. - Panacée

R. du Pila-St-Gély

13

Charles-de-Gaulle

R. de l'École de Médecine

Pl. Notre Dame

R. de l'Aiguillerie

Bonne Nouvelle

Peyrou Arc de Triomphe

5 10

Pl. de la Canourgue

Hôtel de la Vieille Intendance

Hôtel de Solas et d'Uston

N.-D. des Tables

R. Girard

MUSÉE FABRE

2

15

Hôtel de Cambacérès

14

Hôtel du Sarret

Hôtel Richer de Belleval

Hôtel Baudon de Mauny

Montpelliéret

Hôtel de Cabrières-Sabatier d'Espeyran

Place royale du Peyrou

Mikvé

Pl. Chabaneau

Pl. du Marché aux Fleurs

Hôtel de Varennes

B

Arc de triomphe

Pl. Foch

Pl. des Martyrs de la Résistance

9

Esplanade

R. de la Valfère

1 7

Hôtel de Manse

R. Poitevine

Pl. Ste-Anne

Ste-Anne

Pl. Castellane

Halles Castellane

Hôtel Baschy du Cayla

Pavillon Populaire

4

Rue du Bras-de-Fer

Pl. J. Jaurès

R. de la Loge

R. Terral

12

Rue de l'Ancien-Courrier

Hôtel des Trésoriers de la Bourse

Les Pénitents Blancs

R. Ste-Guilhem

Pl.St-Ravy

Espace St-Ravy

Hôtel des Trésoriers de France

R. des Balances

8

St-Roch

Pl. St-Roch

St-Guilhem Courreau

Bd du Jeu de Paume

R. du Petit St-Jean

R. Roucher

R. Jean Moulin

Pl. de la Comédie

R. Baudin

R. du Vanneau

Bd Ledru Rollin

Bd Marceau

R. Alexandre Cabanel

Hôtel St-Côme

Grand'Rue

R. des Étuves

Opéra

Comédie

Rue de Maguelone

de Verdun

R. Alfred Maréchal

R. Aristide Ollivier

Paul

R. André Michel

Brousse

R. Denis Diderot

R. d'Obilion

Bd Victor Hugo

R. Joffre

R. du Clos René

6

R. Castilhon

R. Estelle

Pl. E. Adam

Tour de la Babote

Pagézy

MO.CO - Hôtel des collections

Observatoire

Pl. A. Laissac

R. Chaptal

Cours Gambetta

St-Denis

Pl. St-Denis

Av. Georges Clemenceau

R. Rondelet

R. A. France

R. H. Guilmer

R. du Grand

R. de la République

Gare St-Roch

R. Saint-Claude

R. Dom Vaissette

R. Partier

R. d'Alger

R. Durand

R. Levat

11

Gare St-Roch

R. des Deux Ponts

R. St-Jean

Pharmacie et chapelle de l'Œuvre de la Miséricorde............B

SÈTE, BÉZIERS

NÎMES, ALÈS, SÈTE, BÉZIERS

NÎMES, ALÈS, CHÂTEAU DE LA MOGÈRE, CHÂTEAU DE FLAUGERGUES, ODYSSEUM

0   100 m

N

A   B

1

2

3

700

L'ARTICHAUT

CUISINE MODERNE • CONVIVIAL Emmené par un chef à la passion communicative, voici le temple de la cuisine de saison. Les recettes du marché s'y déclinent sous forme d'un menu-carte renouvelé régulièrement. Produits frais, préparations maison, vins régionaux : un restaurant qui fera fondre les cœurs... d'Artichaut.

Prix : €€

Plan : A2-7 – *15 bis rue Saint-Firmin – ☏ 04 67 67 91 86 – www.artichaut-restaurant.com – Fermé lundi et dimanche*

ABACUS

CUISINE MODERNE • INTIME Elle est de Rouen, lui de Paris, ils avaient envie de Sud : les voici au cœur de l'Écusson montpelliérain, dans un restaurant de poche à l'atmosphère intimiste et chaleureuse. Préparations soignées, jeux de textures, assiettes en évolution au gré des saisons, service souriant et choix de vins avisés : que demander de plus ?

Prix : €€

Plan : A2-12 – *26 rue Terral – ☏ 04 34 35 32 86 – www.abacus-restaurant.fr – Fermé lundi, dimanche et du mardi au vendredi à midi*

ANGA - BEAULIEU

CUISINE MODERNE • BRANCHÉ Une petite rue du vieux Montpellier, un bel édifice historique en pierres traditionnelles. C'est la nouvelle adresse du chef Cyril Garcia. Il signe toujours une cuisine créative (ganache chocolat blanc parfumée à l'ail noir, etc.) mais qui puise dans le terroir local et s'émaille de touches asiatiques (lait de coco, galanga, curry, agneau sous forme de gyozas...).

[AC] [terrasse] – Prix : €€

Plan : A2-1 – *10 rue Saint-Firmin – ☏ 04 67 02 71 62 – www.anga-restaurant.fr – Fermé lundi et mardi*

L'ARBRE

CUISINE TRADITIONNELLE • BRASSERIE Au rez-de-chaussée d'un immeuble au design foisonnant, signé de l'architecte Sou Fujimoto, cette table joue la carte d'une cuisine gourmande aux accents bourgeois : ce très bon foie de veau, sauce madère et purée de pomme de terre, en témoigne ! Déco moderne où le blanc domine, dans un esprit de brasserie 2.0.

& [AC] [terrasse] – Prix : €€

Hors plan – *10 parvis Oscar-Niemeyer – ☏ 04 34 76 96 96 – www.larbre-restaurant.fr – Fermé lundi et dimanche*

LE BISTRO URBAIN

CUISINE MODERNE • TENDANCE À la barre de ce bistrot du cœur de Montpellier qui vient de déménager dans un lieu glamour et plus spacieux, on trouve Cédric Sangenito, chef au parcours sans accroc. Sa cuisine, moderne et un brin inventive, met en valeur de bons produits frais, et notamment le végétal ; la carte est renouvelée toutes les semaines - à l'exception du plat emblématique de la maison, le baba au rhum (mais dont le parfum change en permanence). Pour le reste, prix d'ami et accueil bienveillant : un sans-faute.

[terrasse] – Prix : €€

Plan : A2-8 – *5 rue Alexandre-Cabanel – ☏ 06 60 94 96 16 – www.bistrourbain.com – Fermé lundi, samedi et dimanche*

LA CANOURGUE

CUISINE MODERNE • CHIC Installé sous une verrière, dans la superbe cour intérieure de l'hôtel Richer de Belleval, le nouveau bistrot des frères Pourcel a de l'allure : corniches, moulures, grands lustres en cristal... La cuisine n'est pas en reste, maîtrisée et pleine de saveurs, revisitant la tradition avec ce qu'il faut de créativité. Un vrai plaisir.

&. 유 – Prix : €€

Plan : A2-15 – *Place de la Canourgue* – ☏ *04 99 66 18 18* – *www.hotel-richerdebelleval.com*

CÉNA ⓝ

CUISINE MODERNE • HISTORIQUE Le chef Clément Briand-Seurat est descendu du Pic Saint-Loup où il cuisinait pour ouvrir sa propre adresse (Cena signifie d'ailleurs dîner en latin) sous les voûtes en ogive d'un édifice médiéval au cœur du Montpellier historique. On aime cette atmosphère intimiste et romantique nimbée de pierres séculaires, chaque table en chêne brut éclairée par une bougie... Le chef signe un menu unique dans une veine créative, où les produits et les producteurs locaux sont mis en valeur à grand renfort de techniques (chutney, huiles, crumbles, tuiles et autres siphons...). Son consommé de champignons et balade en sous-bois est une réussite du genre.

유 – Prix : €€€

Plan : B2-9 – *2 place Pétrarque* – ☏ *04 67 66 12 21* – *www.cena-montpellier.fr* – *Fermé du lundi au mercredi et dimanche soir*

CHEZ DELAGARE

CUISINE MODERNE • TENDANCE Une agréable surprise, juste en face de la gare Saint-Roch, au sein du complexe Belaroïa. Dans sa cuisine ouverte sur la salle, le chef décline une carte courte et efficace, entre bistronomie et street food. C'est soigné, plein de couleurs et de parfums : une belle adresse.

&. 🅰🅲 – Prix : €€

Plan : B3-11 – *21 rue Jules-Ferry* – ☏ *04 11 28 30 57* – *www.belaroia.fr/chezdelagare* – *Fermé lundi et dimanche*

ÉBULLITION

CUISINE MODERNE • CONTEMPORAIN Le chef Boris Caillol (passé par le Petit Nice, la Maison Troisgros...) et sa compagne Coralie Semery (elle aussi formée dans les belles maisons) se sont rencontrés chez Jean Sulpice, à Val Thorens. Leur restaurant à la fois intime et contemporain est un repaire de gourmandise. Le chef signe une cuisine d'inspiration méditerranéenne à base de produits locaux et issus du marché bio de Montpellier (agneau de l'Aveyron, bœuf de l'Aubrac...). On agrémente le tout de vins de la région en biodynamie.

🅰🅲 – Prix : €€€

Plan : B1-13 – *10 rue du Pila-Saint-Gély* – ☏ *09 86 10 84 84* – *www.restaurant-ebullition.eu* – *Fermé lundi, samedi et dimanche*

MAHÉ

CUISINE MODERNE • CONTEMPORAIN Richard Juste et Sabrina Delcros, qui tenaient auparavant "l'Idée Saveurs", sont aux commandes de ce Mahé chaleureux et spacieux, avec une terrasse paisible à l'abri des regards. Le chef réalise des assiettes "franches et sans chichis", selon ses propres termes, avec de la précision dans les cuissons et les assemblages. Des exemples ? Poireaux grillés, œuf mollet, gnocchi de pomme de terre, parmesan et truffe ; queue de lotte, chou-rave façon risotto, carottes à l'huile d'olive, vierge de fenouil... Petite carte de vins locaux.

&. 🅰🅲 유 ⇄ – Prix : €€

Hors plan – *581 avenue de la Pompignane* – ☏ *04 67 20 25 26* – *www.mahe-restaurant.fr* – *Fermé lundi, dimanche, samedi midi, et mardi et mercredi soir*

LE PETIT JARDIN

CUISINE MODERNE • CLASSIQUE Comme son nom l'indique, ce restaurant gastronomique traditionnel recèle l'une des plus jolies terrasses de la ville, nichée dans un jardin luxuriant, au calme. En salle, c'est dans une ambiance tamisée et bucolique, derrière une grande verrière, que défilent les petits plats de saison joliment tournés. Pour les becs sucrés, mention spéciale pour les desserts gourmands, à l'image de ce remarquable citron en trompe l'œil, sablé à la fleur de sel, sorbet citron. L'adresse abrite aussi une table de bistrot à la cuisine voyageuse.

🍽 – Prix : €€€

Plan : A1-10 – *20 rue Jean-Jacques-Rousseau* – ℰ *04 67 60 78 78* – *www.petit-jardin.com* – *Fermé lundi et dimanche*

SOULENQ

CUISINE MODERNE • SIMPLE Un restaurant et une cave, aménagés dans une ancienne pépinière par cinq jeunes associés pleins d'avenir. L'assiette est simple et gourmande, avec de belles réussites (salade d'hiver au poulpe de Galice, vinaigrette kalamansi ; chou farci aux légumes, riz, émulsion curry Thaï) mais aussi des pièces de viande à partager. Les produits sont du marché et de saison : on se régale.

🐌 க 🍽 🅿 – Prix : €€

Hors plan – *469 rue de la Thériaque* – ℰ *04 67 41 38 74* – *www.soulenqrestaurant.fr* – *Fermé lundi et dimanche, et mardi soir*

TERMINAL #1

CUISINE MODERNE • BRANCHÉ Cet ancien chai upcyclé par les frères Pourcel offre un vaste espace mariant joyeusement pierre, acier et bois, dans un style industriel d'atelier chic. Les plats, qui puisent dans les ressources locales au meilleur de leur maturité, sont pimpés d'inspirations lointaines à la manière voyageuse des célèbres jumeaux : ceviche de daurade et gambas, guacamole d'avocat et vinaigrette parfum d'orange ou encore carré d'agneau des Pyrénées rôti, petits artichauts grillés et jus curry coco, illustrent bien l'esprit bistrot gastronomique de la maison.

 க 🅰 🍽 🖤 – Prix : €€€

Hors plan – *1408 avenue de la Mer* – ℰ *04 99 58 38 38* – *www.terminalpourcel.com* – *Fermé lundi et dimanche*

UMAMI - LA CINQUIÈME SAVEUR

CUISINE CORÉENNE • SIMPLE Juste au-dessous de la place de la Canourgue, ce petit bistrot de poche épuré invite à découvrir la cuisine franco-coréenne, mâtinée de touches japonisantes, de la cheffe. Elle met tout son talent à ne travailler que des produits frais, à changer la carte tous les deux mois environ (sauf les classiques comme le bibimbap) et, bien évidemment, à mettre en valeur la saveur umami, comme sur cet œuf parfait, purée de champignons, crumble de sésame noir, sauté de champignons shimeji...

Prix : €€

Plan : A2-2 – *15 rue Jean-Jacques-Rousseau* – ℰ *04 67 92 75 95* – *www.umami-cinquiemesaveur.com* – *Fermé lundi et dimanche*

🛏 ## DOMAINE DE BIAR

CLASSIQUE • RAFFINÉ Restauré avec amour et serti comme une pierre précieuse au milieu de 50 ha de terrain, d'arbres centenaires et de vignes, à quelques kilomètres de Montpellier, ce domaine est une "folie" au sens architectural du terme. Avec quatre chambres seulement, plus une suite et un appartement, les lieux sont d'un calme absolu. Les chambres reflètent différents styles, de l'hédonisme Belle Époque avec ses rouges sensuels au cabinet de curiosités avec lampes-accordéons et croquis d'instruments scientifiques. Les détails déco à la fois luxe et fantaisie abondent : baignoires sur pieds, portes dérobées, terrasses privées, parfois une cheminée. Mais les partis-pris environnementaux sont aussi concrets, dans le choix des matériaux et des sources d'énergie.

🅿 🛋 🍴 ⛵ ♨ 📶 🕱 🍷 - 12 chambres

Chemin de Biar – ℰ *04 67 65 70 06* – *www.domainedebiar.com*

MAS DE LAFEUILLADE

MODERNE • ÉLÉGANT Entouré d'arbres centenaires, le Mas de Lafeuillade, bâti au 19ᵉ s., affiche lui aussi ses belles années. Ses cinq chambres sont contemporaines, mais habillées d'un air rétro avec quelques éléments des années 20. Le parc est le clou du spectacle.

🅿️ 🛏️ ⛱️ 🏋️ ⏱️ 🅰️🅲 - 5 chambres

281 rue Fra Angelico – 𝒞 06 77 18 29 69 – www.mas-de-lafeuillade.com

MONTRABÉ

✉️ 31850 – Haute-Garonne – Carte régionale n° **26**–C2

 L'APARTÉ

Chef : Jérémy Morin

CUISINE MODERNE • CONVIVIAL Cette jolie maison toulousaine, noyée sous la verdure, réussit à faire oublier sa situation dans une zone d'activité proche d'une route passante. Autre atout, sa terrasse sous pergola bioclimatique se révèle fort prisée à la belle saison. Normand d'origine, établi depuis plus de 15 ans dans la ville rose, le chef est aussi réputé pour ses menus thématiques autour de la truffe noire en hiver : sa cocotte de légumes à la truffe est d'ailleurs devenue iconique. Il joue habilement sur les contrastes de saveurs et les textures pour offrir des assiettes généreuses : filet de turbot farci à la mousseline de corail et coriandre, déclinaison autour de la carotte ou encore suprême de pigeon rôti, cuisse confite, betterave fondante et blette en gyoza.

♿ 🅰️🅲 🍽️ ⏱️ 🅿️ – Prix : €€€

21 rue de l'Europe – 𝒞 05 34 26 43 44 – www.restaurant-laparte.fr – Fermé lundi et dimanche

L'INSTANT...

CUISINE MODERNE • CONTEMPORAIN L'Instant... d'une parenthèse gourmande non loin de Toulouse ! On s'installe dans un intérieur simple et moderne. Derrière les fourneaux, le chef régale avec les produits de la région, et s'autorise même quelques touches asiatiques. Ne manquez pas le menu "L'instant gourmet".

🅰️🅲 🍽️ – Prix : €€

13-14 chemin du Logis-Vieux – 𝒞 05 61 48 25 24 – www.restaurant-linstant.fr – Fermé lundi et dimanche, et mardi soir

MONTRÉAL

✉️ 11290 – Aude

 CAMELLAS LLORET

CLASSIQUE • CONVIVIAL Les douces collines de la campagne toulousaine abritent une ravissante petite maison d'hôtes dans laquelle se sont glissées quatre chambres raffinées ainsi qu'un vaste appartement. Celui-ci dispose d'une cuisine, d'un lounge privé et d'un jardin, alors que les chambres partagent une véranda avec une table commune ainsi qu'un salon rempli de livres à feuilleter au coin de la cheminée, un verre à la main. L'architecture traditionnelle abrite un mobilier à la fois contemporain et discret créant un éclectisme charmant aux tons doux et neutres. Ici le maître-mot n'est pas le luxe, mais le confort, comme en témoignent les matelas faits main, les draps de lin, les produits naturels des salles de bain.

🅿️ 🛏️ 🚲 - 5 chambres

4 rue de l'Angle – 𝒞 06 45 73 96 42 – www.camellaslloret.com

MONTREUIL

✉ 93100 – Seine-Saint-Denis – Carte régionale n° **11**–F2

❀ **VILLA9TROIS**

CUISINE MODERNE • **DESIGN** C'est une oasis de verdure au cœur de la banlieue parisienne urbanisée : en traversant le parc arboré de cette villa du 19ᵉ s., on
croise un potager, des ruches et même une serre d'agrumes. Aux beaux jours, une
terrasse couverte de parasols blanc enluminés de guirlandes accueille les clients.
Le chef breton Camille Saint-M'leux met à l'honneur son terroir et ses produits
iodés à l'image de son araignée de mer, bouillon anisé ou de son lieu jaune nacré,
concombre, cresson. Une cuisine moderne pleine de peps.

🍴🛇🊵 ⇱🅿 – Prix : €€€

71 rue Hoche – 📞 *01 48 58 17 37 – www.villa9trois.com – Fermé lundi et mardi*

ISOLÉ ⓝ

CUISINE MODERNE • **CONVIVIAL** À proximité de la mairie, cette maison de
plain-pied, nantie d'une terrasse et même d'un petit potager, se distingue joliment
dans le paysage urbain. Aux commandes, Victor Gaillard et Alice di Cagno (ex-Cha-
tomat à Ménilmontant) partagent dans la joie leur goût de la bonne chère et leurs
engagements sociétaux ! Le duo propose au déjeuner un menu canon à prix doux
qui mise sur des produits sans fioritures : arancini au cresson et noisettes, pecorino
pepato ; effiloché de veau sauce blanquette, polenta crémeuse et champignons de
Paris ; gâteau de semoule au rhum, poire pochée au thé fumé. Au dîner, pendant les
trois derniers jours de la semaine, les assiettes montent en gamme et en créativité.
Petite sélection de vins naturels et bio.

🛇 – Prix : €€

7 rue de Rosny – 📞 *01 48 51 65 04 – Fermé lundi, dimanche, samedi midi, et
mardi et mercredi soir*

MONTREUIL-SUR-MER

✉ 62170 – Pas-de-Calais – Carte régionale n° **4**–A2

ANECDOTE

CUISINE TRADITIONNELLE • **BISTRO** Dans ce bistrot d'Alexandre Gauthier, le
chef Samuel Pesquet réalise une « cuisine de mémoire » qui rend hommage aux
plats que concoctait Roland Gauthier dans les années 1980. Une cuisine généreuse
et savoureuse, réalisée avec de beaux produits : calamars frits sauce gribiche, côte
à l'os à la braise, crêpes Suzette, tarte Tatin…

🛇🎦🛇 – Prix : €€

1 rue des Juifs – 📞 *03 21 86 65 80 – www.anecdote-restaurant.com – Fermé lundi
et dimanche*

LA TABLE DU CHÂTEAU

CUISINE CRÉATIVE • **ÉLÉGANT** Dans le décor feutré et élégant de cette institution de Montreuil-sur-Mer, un jeune chef originaire de Lille propose une cuisine
créative et écoresponsable (fermentations, décoctions), très axée sur le végétal et
mettant en avant les petits producteurs locaux. Laissez-vous surprendre par ce lieu
jaune, courgette de notre maraîcher, œufs de poisson, fleurs de sureaux, un plat
généreux aux belles associations de saveurs.

🏵 🍴🛇 ⇱🅿 – Prix : €€€

4 chaussée des Capucins – 📞 *03 21 81 53 04 – www.chateaudemontreuil.com –
Fermé lundi et mardi*

MONTRÉVERD

 85260 – Vendée – Carte régionale n° **14**-B2

🍀 LA CHABOTTERIE

Chef : Benjamin Patissier

CUISINE MODERNE • ÉLÉGANT Avec notamment la lotte dorée au beurre demi-sel, radis et crème perlée curry-colza, ou la selle d'agneau roulée aux herbes fraiches, aubergine mentholée et jus aux tomates confites, Benjamin Patissier, chef MOF au beau CV (Patrick Henriroux à La Pyramide, Pierre Gagnaire et Anne-Sophie Pic), coche toutes les cases : beaux produits, maîtrise technique, saveurs limpides et dressage impeccable. Directrice et sommelière, son épouse parachève cette belle expérience en accueillant dans un restaurant contemporain installé dans l'une des dépendances du château de la Chabotterie.

🕸 ♿ 🅿 – Prix : €€€

Logis de La Chabotterie – 𝒞 02 55 90 02 85 – www.lachabotterie.com – Fermé mardi et mercredi, et dimanche soir

MONTROUGE

✉ 92120 – Hauts-de-Seine – Carte régionale n° **11**-E2

LA TABLE DE MAÏNA

CUISINE FUSION • CONVIVIAL Au cœur de Montrouge, une bonne adresse se cache derrière cette devanture. Une cheffe formée aux quatre coins du monde, souvent chez les "grands" et notamment auprès de Nobu Matsuhisa, laisse libre cours à une inspiration fusion savoureuse. Les ingrédients, les épices et les produits du monde entier se marient avec justesse et harmonie. Aux beaux jours, on profite de la terrasse côté jardin.

Prix : €€

18 rue Perier – 𝒞 01 57 21 25 82 – www.latabledemaina.com – Fermé lundi, dimanche, samedi midi, et mardi et mercredi soir

MONTSOREAU

✉ 49730 – Maine-et-Loire – Carte régionale n° **9**-D3

VERVERT

CUISINE TRADITIONNELLE • COSY Une maison des bords de Loire en tuffeau. En cuisine : Romain Butet, un chef au séduisant CV. Il cisèle une cuisine plutôt traditionnelle, revisitée juste ce qu'il faut, et qui s'accorde quelques (sages) escapades exotiques : délicieux pigeon d'Anjou, jus réduit, légumes ; chocolat noir, noisettes du Piémont. Intérieur contemporain plaisant, belle carte des vins à prix raisonnables.

🕸 ♿ 🍽 🛋 – Prix : €€

7 place du Mail – 𝒞 02 41 52 34 89 – www.ververt.com – Fermé mardi et mercredi, et dimanche soir

MOOSCH

✉ 68690 – Haut-Rhin – Carte régionale n° **8**-A3

AUX TROIS ROIS

CUISINE TRADITIONNELLE • CLASSIQUE Pâté en croûte, tête de veau... Ici, les éternels bistrotiers sont rois, mais ils partagent volontiers leur couronne avec les produits de la mer. À l'ardoise, des propositions sans cesse renouvelées et des vins qui sont de vraies petites trouvailles : un royaume du goût, de la qualité et de la convivialité !

&. 🎄 ✿ – Prix : €€

35 rue du Général-de-Gaulle – ℰ 03 89 82 34 66 – www.aux-trois-rois.com –
Fermé lundi et mardi, et mercredi et dimanche soir

MORBECQUE
✉ 59190 – Nord – Carte régionale n° **4**–B2

AU CŒUR D'ARTICHAUT

CUISINE MODERNE • ÉLÉGANT Ce restaurant contemporain, tenu avec dynamisme par un jeune couple originaire du village, propose une cuisine dans l'air du
temps, attentive aux produits et aux saisons. Service attentionné, et belle salle à
manger sous véranda.

🖨&🅰 – Prix : €€

8 avenue des Flandres – ℰ 03 28 48 09 21 – www.aucoeurdartichaut.fr –
Fermé mercredi, et mardi et dimanche soir

MORLAIX
✉ 29600 – Finistère – Carte régionale n° **1**–B1

🙂 LE 21ÈME COMMIS

CUISINE DU MARCHÉ • CONTEMPORAIN Au centre de Morlaix, entourée par
de belles bâtisses à colombages, cette table récente est emmenée par un chef au
parcours étoilé qui y propose une cuisine originale, mariant ingrédients bretons
et influences exotiques (notamment asiatiques). Des associations de saveurs qui
ravissent les papilles et des portions généreuses, comme sur ce dessert gourmand
et soigné autour de la poire au vin.

Prix : €€

23 rue du Mur – ℰ 02 98 63 50 27 – www.le21emecommis.fr – Fermé lundi et
dimanche

L'HERMINE

CUISINE BRETONNE • RUSTIQUE Poutres, tables en bois ciré, objets rustiques :
une crêperie bien sympathique dans un pittoresque quartier piétonnier, avec une
petite terrasse... On peut choisir parmi une cinquantaine de crêpes au sarrasin et
au froment, avec une spécialité : la Godaille, une galette au thon, au beurre d'ail
et aux algues.

🎄 – Prix : €

35 rue Ange-de-Guernisac – ℰ 02 98 88 10 91 – Fermé jeudi et dimanche

MORNAY-SUR-ALLIER
✉ 18600 – Cher – Carte régionale n° **16**–C2

LE CLOS D'ÉMILE

CUISINE MODERNE • MAISON DE CAMPAGNE Ce corps de ferme abrite une
table attachante, où madame officie aux fourneaux tandis que monsieur distille en
salle un service attentionné et de qualité. Dans l'assiette, une cuisine résolument
gastronomique, soignée, sincère et saine, faisant la part belle aux produits issus
de fermes situées à moins de 30 km - mais aussi du bœuf et du cochon élevés sur
place. Une adresse accueillante.

🖨🎄✿ – Prix : €€€

1 Bel-Air – ℰ 02 48 74 58 03 – www.closdemile.fr – Fermé lundi, mardi, mercredi
et dimanche et jeudi et vendredi à midi

MORSBRONN-LES-BAINS

✉ 67360 – Bas-Rhin – Carte régionale n° **8**-B1

LA SOURCE DES SENS

CUISINE MODERNE • **CONTEMPORAIN** Le cadre est résolument contemporain – moquette et murs noirs, photophores pour une lumière tamisée – et la cuisine se veut volontiers créative grâce à l'implication du chef Pierre Weller, qui fait quelques clins d'œil au Japon et réalise des dressages des plus soignés, à l'image de ces makis de thon et saumon Bomlo en mosaïque. Spa pour prolonger le plaisir des sens et agréables chambres pour l'étape.

🐎 🍴♿🅰🍴🅿 – Prix : €€€

19 route d'Haguenau – 𝒞 03 88 09 30 53 – www.lasourcedessens.com – Fermé lundi, mardi midi et dimanche soir

🛏 LA SOURCE DES SENS

MODERNE • **CALME** Un hôtel très agréable dans cette station thermale du nord de l'Alsace. Chambres tendance au design sobre – plus calmes sur l'arrière du bâtiment –, espace bien-être complet avec un magnifique spa : tous les sens sont flattés.

♿🅿🌊🍴🚲⛷🈯🛖📶🅰 - 32 chambres

19 route de Haguenau – 𝒞 03 88 09 30 53 – www.lasourcedessens.com
La Source des Sens - Voir la sélection des restaurants

MORZINE

✉ 74110 – Haute-Savoie – Carte régionale n° **21**-D1

LA FERME DE LA FRUITIÈRE

SPÉCIALITÉS DE FROMAGES • **CONVIVIAL** Dans cette salle boisée, une belle cheminée crépite sous vos yeux ; vous attendez l'arrivée de votre Berthoud, entre autres spécialités fromagères. Tournez la tête : à travers la vitre, la cave d'affinage de la fruitière voisine affiche ses meules d'Abondance, tommes et reblochons... Au cœur de la tradition !

🍴♿🍴♻🅿 – Prix : €€

337 route de La Plagne – 𝒞 04 50 79 12 39 – www.alpage-morzine.com

🛏 LA BERGERIE

MONTAGNARD • **FAMILIAL** Un chalet sympathique où règne une ambiance familiale : chambres cosy et presque toutes équipées d'une kitchenette, jeux pour les enfants et piscine chauffée. À l'intérieur ou en terrasse, bon choix de fromages savoyards pour le petit-déjeuner.

🅿🍴🚲⛷🛖📶🛖 - 29 chambres

103 route du Téléphérique – 𝒞 04 50 79 13 69 – www.hotel-bergerie.com

MOUCHARD

✉ 39330 – Jura – Carte régionale n° **13**-B2

LE COMPTOIR KOKAGUÉ 🆕

CUISINE MODERNE • **SIMPLE** Muscadiens, Muscadiennes et habitants des alentours font une fête méritée à cette adresse jurassienne improbable située à Mouchard, un village grand comme un mouchoir : une cuisine franco-japonaise à base de produits du Jura ! Dans une salle passe-partout émaillée seulement de quelques plantes vertes, on fait d'abord connaissance avec ce couple franco-japonais, elle en cuisine, lui en salle. On voyage ensuite entre produits du terroir et préparations nippones : la purée de céleri-rave est boostée au wasabi, la truite est marinée à l'algue kombu (sur le kawamatsu kobujimè), le filet de poulet de Bresse est travaillé en galette à base d'une farce au tofu et shiitaké, le tout parfumé au gingembre (tori daikon). La jolie sélection de vins classée par cépage met essentiellement en avant des vins nature.

&. 🅰 – Prix : €€

8 rue Léopold-Alixant – 𝒞 06 80 61 75 48 – Fermé lundi, dimanche, et mardi, mercredi et vendredi midi

MOUGINS

✉ 06250 – Alpes-Maritimes – Carte régionale n° **29**–E2

BOHÈME

CUISINE MODERNE · TENDANCE Dans cette adresse chic et cool, tout en matériaux nobles et bruts, l'assiette célèbre la viande de haute race, maturée et apprêtée selon les règles de l'art par le célèbre boucher Polmard. Le chef péruvien Manuel Rondan n'a pas son pareil pour les cuissons à la braise ou les ceviche de pêche sauvage, mais aussi pour de jolies recettes méditerranéennes. La vue depuis la terrasse embrasse un panorama superbe.

≪ &. 🅰 🕾 ✿ 🅿 – Prix : €€€

47 avenue du Moulin-de-la-Croix – 𝒞 04 92 92 97 70 – www.boheme-mougins.com – Fermé lundi et dimanche

LA PLACE DE MOUGINS

CUISINE CRÉATIVE · ÉLÉGANT Sur la place du village, évidemment ! Dans ce charmant restaurant règne une atmosphère chic et cosy, tandis qu'en cuisine, c'est l'ébullition autour d'un chef créatif et passionné ; chaque mois, il met en valeur un produit de saison, magnifiant la truffe, l'asperge, etc.

&. 🅰 🕾 ✿ – Prix : €€€

41 place du Commandant-Lamy – 𝒞 04 93 90 15 78 – www.laplacedemougins.fr – Fermé mardi et mercredi

MOULINS

✉ 03000 – Allier – Carte régionale n° **16**–C2

😊 LE BISTROT DE GUILLAUME

CUISINE MODERNE · CONVIVIAL En plein cœur de Moulins, la petite salle claire et intimiste donne déjà le "la", et l'on s'y attable sans se faire prier. Mais le meilleur est encore à venir : dans sa petite cuisine, le chef-patron compose des préparations à la fois fines et bien pensées, qui sont un ravissement pour les papilles à l'image de cet aïoli provençal concocté dans les règles de l'art.

🕾 ✿ – Prix : €€

13 rue de Pont – 𝒞 04 43 51 23 82 – Fermé lundi et dimanche, et mardi et mercredi soir

LA BULLE D'AIR

CUISINE MODERNE · CONTEMPORAIN Depuis sa cuisine ouverte, le chef vous concocte un omble chevalier en cuisson basse température parfaitement maîtrisée, qu'il accompagne d'une onctueuse sauce gribiche et d'une salade de fenouil. Pour le déjeuner, un menu unique à prix doux, dont on pourra profiter sur la charmante terrasse pavée en été... parfait pour buller au grand air.

🅰 🕾 – Prix : €€

22 place d'Allier – 𝒞 04 70 34 24 61 – Fermé lundi et dimanche

MOULON-SUR-DORDOGNE

✉ 33420 – Gironde

 5 LASSERRE

CONTEMPORAIN • RAFFINÉ Au grand calme, cette ferme a été rénovée luxueusement dans un esprit contemporain chic... Les chambres sont grandes et très raffinées ; la piscine à débordement offre une jolie vue sur la campagne, et il y a même une vraie salle de cinéma. Un lieu d'exception !

🅿 ⌨ 🆎 - 5 chambres

5 lieu-dit La Serre – ☏ 05 57 51 46 77 – www.5lasserre.com

MOURIÈS

✉ 13890 – Bouches-du-Rhône – Carte régionale n° **29**-C3

QUALIA

CUISINE MODERNE • MAISON DE CAMPAGNE Un joli village oléicole, une ancienne écurie rénovée en salle pleine de charme, l'accueil pro d'une hôtesse accorte qui connaît sa carte des vins sur le bout des doigts, et un chef expérimenté : what else ? Passionné, le chef Patrick Cuissard (Château de la Messardière, hôtel Sezz) bichonne ses assiettes au millimètre avec le plaisir en ligne de mire : bœuf Herdshire, pommes écrasées et crème de cèpe ; thon rouge, légumes wok et sauce satay.

♿ – Prix : €€

36 cours Paul-Revoil – ☏ 04 90 43 58 31 – www.qualiarestaurant.business.site – Fermé lundi, dimanche, samedi midi, et mardi et mercredi soir

MOUSTIERS-SAINTE-MARIE

✉ 04360 – Alpes-de-Haute-Provence – Carte régionale n° **24**-C3

 LA BASTIDE DE MOUSTIERS

Chef : Adrien De Crignis

CUISINE PROVENÇALE • ROMANTIQUE Dans cette bastide, on déguste une cuisine méditerranéenne qui associe les saveurs du marché à celles du potager, dont deux jardiniers s'occupent à plein temps (ne manquez pas le jardin des simples attenant). Le chef met à l'honneur la cuisine provençale et méditerranéenne chère à Alain Ducasse, à l'image de ce turbot au naturel, blettes du jardin et coquillages - le végétal est traité ici avec les honneurs. On profite aussi d'un cadre agréable où les oliviers sont rois et d'une terrasse ombragée de platanes. Un joli résumé de la Provence.

🔜 ⌂ 🏠 🔄 🅿 – Prix : €€€

Chemin de Quinson – ☏ 04 92 70 47 47 – www.bastide-moustiers.com – Fermé mardi et mercredi midi

🌿**L'engagement du chef :** Notre cuisine est basée sur le produit et la saisonnalité. Nous disposons d'un parc de 4 hectares avec un jardin des simples de 200 m² et un potager de 2000 m² qui fournit la majorité de nos légumes. En conversion bio, nous travaillons la terre en bio-maraîchage intensif sur sol vivant. Nos producteurs et artisans sont situés dans un rayon de 80 km. Notre chef et son équipe travaillent les produits de la racine à la feuille.

LA FERME SAINTE-CÉCILE

CUISINE MODERNE • ROMANTIQUE Poussez la grille et empruntez la belle allée pavée... au bout de laquelle cette ancienne ferme du 18e s. fait le bonheur des gourmands ! Derrière les fourneaux, le chef concocte avec délicatesse et subtilité une savoureuse cuisine du Sud à l'image de cette daurade royale, pistou de légumes et glace à l'ail rôti. L'une des meilleures tables de Moustiers.

🕸 ⌂ & 🏠 🅿 – Prix : €€

Route des Gorges-du-Verdon – 𝒞 04 92 74 64 18 – www.ferme-ste-cecile.com/restaurant-moustiers/accueil.php – Fermé lundi et mardi, et dimanche soir

🛏 LA BASTIDE DE MOUSTIERS

CLASSIQUE • CHAMPÊTRE Un petit chemin, une grille en fer forgé, des arbres fruitiers, des vieilles pierres, des faïences régionales, des draps en lin, un grand potager aromatique, un âne, des chevaux, un poney... Plus qu'un inventaire à la Prévert, le charme irrésistible d'une bastide du 17ᵉ s. !

🅿 ⌂ ⌂ 🚲 🛥 🕸 🍽 🅐🅒 - 13 chambres

Chemin de Quinson – 𝒞 04 92 70 47 47 – www.bastide-moustiers.com

❀ **La Bastide de Moustiers** - Voir la sélection des restaurants

MUHLBACH-SUR-MUNSTER

✉ 68380 – Haut-Rhin – Carte régionale n° **8**–A2

😊 PERLE DES VOSGES

CUISINE MODERNE • TRADITIONNEL Dans cet hôtel-restaurant familial, on savoure d'abord la déco délicieusement rétro (lustres à pampilles et argenterie). Dans l'assiette, un registre qui englobe le classique (suprême de volaille marengo), le régional (rognons de veau à la graine de moutarde, quenelles de moelle et spätzles spaetzle) et quelques touches plus actuelles (tempura de homard). Coup de cœur pour le plateau de fromages de la vallée.

& 🅐🅒 🏠 ✿ 🅿 – Prix : €€

22 route Gaschney – 𝒞 03 89 77 61 34 – www.perledesvosges.net – Fermé lundi

MULHOUSE

✉ 68100 – Haut-Rhin – Carte régionale n° **8**–A3

✿ IL CORTILE

Chef : Jean-Michel Feger

CUISINE MÉDITERRANÉENNE • ÉLÉGANT Dans une rue piétonne du vieux Mulhouse, bienvenue dans cette maison du 16ᵉ s. bien connue des alsaciens. Présent ici depuis 2001, le chef Jean-Michel Feger compose une cuisine inspirée par la Méditerranée. Préparations modernes, techniquement abouties et une gourmandise qui donnerait l'accent italien ; ainsi le croustillant de bar, coques, artichaut poivrade et ventricina pimentée. Aux beaux jours, le temps d'un repas, on vit la dolce vita sur la terrasse installée dans la petite cour intérieure. Service agréable et détendu.

🕸 & 🅐🅒 🏠 – Prix : €€€

11 rue des Franciscains – 𝒞 03 89 66 39 79 – www.ilcortile-mulhouse.fr – Fermé lundi et dimanche

L'ESTÉREL

CUISINE MODERNE • BOURGEOIS Et oui, Mulhouse aussi possède son Estérel... Dans ce restaurant posté sur la route qui monte au zoo, on savoure une agréable cuisine du sud 100 % maison, 100% saisons. L'été, on profite de la terrasse ombragée. Le reste de l'année, l'agréable véranda en rotonde offre une alternative lumineuse.

🏠 ✿ 🅿 – Prix : €€€

83 avenue de la 1ᵉʳᵉ-Division-Blindée – 𝒞 03 89 44 23 24 – www.esterel-weber.fr – Fermé lundi et mardi, et dimanche soir

LE 4

CUISINE MODERNE • CONVIVIAL Le jeune couple à la tête de ce petit restaurant du cœur de Mulhouse propose une ardoise courte aux libellés gourmands. Leurs plats sont colorés et inventifs, et font de réguliers clins d'œil aux produits et épices découverts lors de leurs nombreux voyages à l'autre bout du monde - ainsi le savoureux vitello tonnato ou les gambas de Madagascar, risotto de petits pois, émulsion homardine. Jolie carte des vins.

🍤 – Prix : €€

5 rue Bonbonnière – 𝒞 03 89 44 94 11 – www.restaurantle4.com – Fermé lundi et dimanche

LA TABLE DE MICHÈLE

CUISINE MODERNE • COSY Michèle Brouet est une figure de la gastronomie locale. Sa table est à son image, généreuse et enjouée, tout comme l'atmosphère de la maison, très chaleureuse avec son décor d'objets hétéroclites et de bouquets de fleurs. Gourmandise et plaisir sont au rendez-vous !

🍽 – Prix : €€

16 rue de Metz – 𝒞 03 89 45 37 82 – www.tabledemichele.fr – Fermé lundi, dimanche et samedi midi

MUNSTER

✉ 68140 – Haut-Rhin – Carte régionale n° **8**–A2

😀 ### LES GRANDS ARBRES - VERTE VALLÉE

CUISINE MODERNE • CONTEMPORAIN Dans un décor sobre et chic, on se régale grâce au chef Thony Billon, qui revisite avec élégance la production régionale. Il compose une partition moderne et soignée, accompagnée d'une jolie carte de vins d'Alsace : réjouissant, tout simplement.

🕸 🛏♿🍽🍤🅿 – Prix : €€

10 rue Alfred-Hartmann – 𝒞 03 89 77 15 15 – www.vertevallee.com – Fermé samedi midi

😀 ### L'OLIVIER

CUISINE MODERNE • COSY Première affaire pour le chef Olivier Lamard, ancien second de l'étoilé Julien Binz, qui propose ici une cuisine moderne agrémentée d'une touche de terroir alsacien ; bavarois de bibalakas, salade de pomme de terre et truite fumée maison ; assiette de cochon de la ferme Goettelmann et, en dessert, une déclinaison autour de la poire et du sésame. Des plats bien ficelés à base de jolis produits dont une partie provient du potager du grand-père du chef. Une adresse sympathique.

🍽 – Prix : €€

2 rue Saint-Grégoire – 𝒞 03 89 77 34 08 – www.lolivier-munster.com – Fermé mardi et mercredi

AUBERGE AUX 4 SAISONS 🆕

CUISINE MODERNE • COSY Franchissez le seuil de cette grande bâtisse de style régional avec oriel et vitraux des années 1920 qui cache une belle salle chaleureuse. Pâté en croûte de chevreuil ; filet de sandre rôti, choux de Bruxelles et châtaignes ; la clémentine en fine gelée, biscuit moelleux et crème glacée aux marrons : du début à la fin du repas, le jeune chef nous régale avec ses produits de saison. Petite carte de vins axée bio et biodynamie ; possibilité d'accords gin et tonic (avec des gins évidemment locaux !)

⌂ – Prix : €€

40 Grand'rue – ✆ 03 89 30 37 16 – www.auberge4saisonsmunster.fr –
Fermé jeudi, vendredi midi et mercredi soir

MÛR-DE-BRETAGNE

✉ 22530 – Côtes-d'Armor – Carte régionale n° **1**–C2

AUBERGE GRAND'MAISON

Chef : Christophe Le Fur

CUISINE TRADITIONNELLE • CONTEMPORAIN Ici prime la tradition, à la fois classique, gourmande et toujours soignée. Christophe Le Fur, originaire du Cap Fréhel, ancien chef du recteur de l'académie de Paris, a cuisiné aussi bien pour le Dalaï-Lama que pour Hillary Clinton, avant de revenir sur ses terres natales pour réaliser une partition généreuse : l'œuf de brochet en trompe-l'œil, sauce au vin de voile ; suprême de volaille en cuisson douce, champignons crus et foie gras rôti.

⇔ ⌂ – Prix : €€€

1 rue Léon-le-Cerf – ✆ 02 96 28 51 10 – www.auberge-grand-maison.com –
Fermé lundi et mardi, et dimanche soir

MURAT

✉ 15300 – Cantal – Carte régionale n° **23**–C1

LE JARROUSSET

CUISINE MODERNE • CONVIVIAL Dans un environnement verdoyant, ce restaurant récemment rénové cultive le goût des produits locaux : le chef, adepte du circuit court, s'approvisionne auprès d'un réseau de fermes sélectionnées avec soin. Des assiettes à déguster dans un décor épuré et moderne (avec mobilier et vaisselle réalisés par des artisans locaux), et à accompagner d'un vin savamment conseillé par la sommelière.

🅿 🚗🏠 – Prix : €€

RN 122 – ✆ 04 71 20 10 69 – www.restaurant-le-jarrousset.com – Fermé lundi et mardi, et mercredi et dimanche soir

MURET-LE-CHÂTEAU

✉ 12330 – Aveyron – Carte régionale n° **23**–C2

L'AUBERGE DU CHÂTEAU

CUISINE MODERNE • FAMILIAL Dans ce village de l'Aveyron, face à la mairie, l'adresse est bien connue des gourmands, qui s'y régalent d'une cuisine qui donne la priorité aux herbes, à la fraîcheur et aux produits bio, sur lesquels le chef ne transige pas ! Dans l'assiette, couleurs et saveurs sont au rendez-vous. Terrasse joliment fleurie.

🚗🏠 – Prix : €€€

Le Bourg – ✆ 05 65 47 71 57 – www.laubergeduchateau.com – Fermé du lundi au mercredi et dimanche soir

MÛRS-ERIGNÉ

✉ 49610 – Maine-et-Loire – Carte régionale n° **9**–C3

ROS[O] Ⓝ

CUISINE MODERNE • COLORÉ Les « roseaux » sont bien là, sur les bords du Louet, que surplombe la délicieuse terrasse de ce restaurant. Œufs de caille, comté, courgettes, un plat tout en fraîcheur et bien assaisonné ; tendre côte rosée de cochon Duroc, grenailles de Noirmoutier, légumes : le chef Tony Pasquier (ex-Casa Corneille dans le centre-ville d'Angers) connaît ses produits et ses saisons sur le bout des doigts. Il a l'art de trousser des propositions appétissantes qu'on peut déguster dans une salle moderne et lumineuse.

🍽 – Prix : €€

22 rue Maurice-Berne – ℰ 02 41 57 72 49 – Fermé lundi, dimanche et samedi midi

MURTOLI – Corse-du-Sud (20) ➜ Voir Corse

NANCY

✉ 54000 – Meurthe-et-Moselle –
Carte régionale n° **7**–B2

Un penchant certain pour les délices sucrés

Qu'évoque Nancy pour vous ? La place Stanislas, toute de dorures sur fond de ciel bleu ? Les bergamotes sagement rangées dans leurs belles boîtes de fer ? Les macarons ? La capitale des ducs de Lorraine ? L'Art nouveau, présent dans les rues et dans les musées ? Nancy, c'est tout cela à la fois, comme on le découvre dans son marché couvert central et dans ses belles boutiques de bouche. On admire les douceurs lorraines de la Maison des Sœurs Macarons et celles de Jean-François Adam – Pâtisserie St-Epvre (fondée en 1882). Quant à la confiserie Lefèvre-Lemoine, une institution depuis 1840, c'est aussi un véritable musée de l'art lorrain, avec ses vaisseliers garnis de pièces anciennes fabriquées à la manufacture de faïences de Lunéville. Évidemment, on ne quitte pas Nancy sans un pot de confiture de groseilles de Bar-le-Duc, un munster (qui voyage bien mieux sous vide) ou une bouteille d'eau-de-vie de quetsche, mirabelle, cerise, framboise ou bien gentiane...

ۀ **LA MAISON DANS LE PARC**

Chef : Charles Coulombeau

CUISINE MODERNE • CONTEMPORAIN Dans cette demeure bourgeoise, accolée à l'opéra et située juste derrière l'une des plus belles places de France, Charles Coulombeau (aux fourneaux) et son épouse Roxane (en salle) animent la scène gastronomique de la ville. Passé notamment par les Prés d'Eugénie, Lameloise et Gravetye Manor dans le Sussex, Charles propose une cuisine moderne, aux cuissons maîtrisées, agrémentée d'une pointe de créativité et clins d'œil au Japon (où il a travaillé quelques mois) : les agrumes (comme la main de bouddha ou le calamondin) et saveurs asiatiques côtoient de superbes produits tels que l'omble chevalier des Vosges ikéjime ou la poularde de Bresse. Un coup de cœur (sans oublier la fameuse terrasse face au... parc).

ℬ ⅙ Ⓜ 🛋 ➪ – Prix : €€€

Plan : B1-6 – *3 rue Sainte-Catherine* – ☏ *03 83 19 03 57* – *www.lamaisondansleparc.com* – *Fermé lundi et mardi, et dimanche soir*

CADET

CUISINE MODERNE • ÉPURÉ Entre la Villa Majorelle et le musée de l'Ecole de Nancy, cet ancien salon de coiffure centenaire ne coupe plus les cheveux en quatre : 16 couverts et pas un de plus ! Dans une ambiance scandinave, égayée par des cagettes de légumes, quelques livres de cuisine tendance et un percolateur vintage Faema derrière le comptoir, le chef Théo Mareschal (La Maison dans le Parc à Nancy

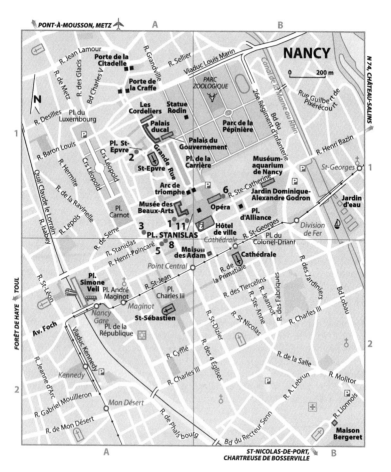

et Kontrast à Oslo) ne va pas chercher midi à quatorze heures : il mitonne une jolie cuisine actuelle, simple et lisible, à l'image de son veau, champignons, pommes de terre grenaille ou encore de ce dessert surprenant, une glace à la vanille et...encre de seiche, noire comme un tableau de Pierre Soulages !

Prix : €€

Hors plan – *3 rue du Sergent-Blandan* – ℰ *03 83 47 95 23* – *www.restaurant-cadet.fr* – *Fermé lundi et dimanche, et mardi et mercredi soir*

LE CAPU

CUISINE MODERNE • INTIME Idéalement situé à 300 mètres de la place Stanislas : ici, on apprécie le décor élégant, au chic contemporain affirmé, rehaussé de notes baroques (couleur et velours) comme la cuisine, généreuse – ainsi le mignon de veau, caviar d'aubergines, courgettes grillées et sauce estragon.

&. AC ⇔ – Prix : €€

Plan : A2-5 – *31 rue Gambetta* – ℰ *03 83 35 26 98* – *www.lecapu.com* – *Fermé lundi et dimanche*

PARCELLE ⓝ

CUISINE MODERNE • CONTEMPORAIN Une table située à 5 minutes à pied de la superbe place Stanislas, cela ne se refuse pas ! Martin Debuiche, le jeune chef-patron, ancien second de Jean-Pierre Vigato à Apicius à Paris, s'est associé avec le boucher-éleveur Alexandre Polmard. Dans ce cadre contemporain et chic, il propose des menus surprise autour de jolis produits sourcés : poissons de Bretagne, pigeon des Vosges, produits laitiers de Meurthe-et-Moselle, safran de Lorraine, etc. Quelques exemples ? Saint-pierre breton, sarriette, fenouil et girolles ou encore ce pigeon, foie gras, lard di Colonnata et épinards.

Prix : €€€

Plan : A1-3 – 60 rue Stanislas – ℰ 03 83 37 05 03 – www.parcelle-nancy.com – Fermé lundi et dimanche

RACINE

CUISINE MODERNE • CONTEMPORAIN Situé à deux pas de la place Stanislas, ce premier restaurant du jeune chef Martin Debuiche (ex-second de Vigato, chez Apicius) et son associé le boucher et restaurateur Alexandre Polmard propose une savoureuse cuisine du marché ancrée dans le terroir. Produits de saison bien sourcés, recettes bien ficelées ; on se régale !

🍽 ⌗ – Prix : €€

Plan : A1-11 – 9 rue Stanislas – ℰ 09 86 33 24 20 – www.racine-nancy.com – Fermé lundi et dimanche

LA TOQ'

CUISINE CLASSIQUE • ÉLÉGANT Avec ou sans toque, le chef de ce restaurant est un professionnel au solide parcours. Escalope de saumon fumée à la minute, chou-fleur et caviar français ; volaille d'Alsace demi-deuil, pommes de terre agria, poireaux confits et sauce Albufera... des assiettes savoureuses à déguster dans un cadre élégant et feutré, sous des voûtes en pierre séculaire. Beau livre de cave.

🕃 🆎🍽 – Prix : €€

Plan : A1-2 – 1 rue Monseigneur-Trouillet – ℰ 03 83 30 17 20 – www.latoq.fr – Fermé lundi et dimanche soir

TRANSPARENCE - LA TABLE DE PATRICK FRÉCHIN

CUISINE MODERNE • CONTEMPORAIN À deux pas de la place Stanislas, dans une rue piétonne animée, le chef Patrick Fréchin a souhaité apparaître en toute Transparence : on peut donc le voir travailler derrière sa verrière d'atelier ! Ses assiettes, aux jolis visuels, mettent en valeur de beaux produits de saison, comme sur ce dos de cabillaud skrei rôti à l'huile de laurier, yaourt à l'hydromel.

🍽 ⌗ – Prix : €€

Plan : A1-1 – 28 rue Stanislas – ℰ 03 83 32 20 22 – www.restaurant-transparence.fr – Fermé lundi et dimanche

LE 27 GAMBETTA

CUISINE MODERNE • CONVIVIAL Cabillaud confit à l'huile d'olive, purée de butternut et poudre de lard, ou pigeonneau, crémeux de patate douce et siphon de pomme de terre : le chef réalise une cuisine de bistrot agrémentée d'une pointe de créativité, à deux pas de la place Stanislas.

🆎🍽 ⌗ – Prix : €

Plan : A2-8 – 27 rue Gambetta – ℰ 06 43 45 91 21 – www.le27gambetta.fr – Fermé dimanche

MAISON DE MYON

CLASSIQUE • CHARME Une charmante résidence aristocratique du 18e s., dans le cœur du vieux Nancy, est devenu un petit hôtel de luxe. Le résultat est fidèle à l'inspiration historique, mais les détails ont été choisis par un fin décorateur contemporain. Ses chambres, lofts et suites mêlent architecture d'époque et design éclectique. Plusieurs salons ainsi qu'une bibliothèque se déploient dans l'ancienne écurie et un espace de réunion occupe la grange. Également une splendide cour pour un petit-déjeuner en plein air en été.

🅿 🜄 - 5 chambres

7 rue Mably – 𝒞 03 83 46 56 56 – www.maisondemyon.com

NANTERRE

✉ 92000 – Hauts-de-Seine – Carte régionale n° **11**–E2

 CABANE

CUISINE MODERNE • TENDANCE Le chef Jean-François Bury, passé par le George V et le Shangri-La, fait souffler sur Nanterre un vent de bistronomie moderne des plus agréables. Des préparations bien ficelées, généreuses et appliquées, mais surtout très gourmandes, comme cet émincé de poitrine de veau confite à l'origan, pomme purée fumée, sucrine, ou encore ce dessert sur le citron et la framboise parfaitement exécuté.

🕭 🍴 🜄 – Prix : €€

8 rue du Docteur-Foucault – 𝒞 01 47 25 22 51 – www.cabanerestaurant.com –
Fermé lundi, mardi et dimanche

NANTES

✉ 44000 – Loire-Atlantique –
Carte régionale n° **9**–B3

Mi-bretonne, mi-ligérienne, totalement gourmande

Élégante, bourgeoise et dynamique, Nantes a le vent en poupe. Équilibre remarquable entre son riche passé et son modernisme, la cité des Ducs de Bretagne remporte régulièrement la palme de la ville française où il fait bon vivre et travailler. Et manger ! Située sur l'estuaire de la Loire, elle bénéficie du meilleur du fleuve, mais aussi de la campagne et de la mer. Une diversité dont on profite à chaque repas. Saveur incomparable du beurre blanc, pureté du sel de Guérande, gourmandise des douceurs nantaises ! La campagne est riche en races bovines locales, tandis que les criées de Pornic et de la Turballe approvisionnent la ville en poissons d'une fraîcheur exceptionnelle. A ses portes, le vignoble de Muscadet, une appellation dont les progrès considérables incitent à redécouvrir ce joli vin adapté à la cuisine régionale.

L'ATLANTIDE 1874 - MAISON GUÉHO

Chef : Jean-Yves Guého

CUISINE MODERNE • **ÉLÉGANT** À deux pas du petit musée Jules Verne, cette belle maison de 1874 surplombe la Loire, face à l'embouchure du fleuve et de l'île de Nantes. Par les grandes baies vitrées panoramiques de la salle du restaurant, on contemple le ballet des bateaux, le hangar à bananes et la grande grue grise, emblème de la cité portuaire de Nantes. Breton de Vannes, formé en Alsace à l'Auberge de l'Ill, cuisinier à la Nouvelle-Orléans et à Hong-Kong, Jean-Yves Guého extrait de beaux trésors de cette Atlantide. Le chef signe une cuisine très exacte et d'une belle finesse, qui fait la part belle au poisson. Intéressante carte de vins de Loire, quelques chambres avec vue pour l'étape.

🐾 ⇆ ⇐ 🅰🅲 ⇪ – Prix : €€€

Hors plan – *5 rue de l'Hermitage* – 📞 *02 40 73 23 23* – *www.atlantide1874.fr* – *Fermé lundi et dimanche*

LES CADETS

Chef : Charles Bernabé

CUISINE MODERNE • **ÉLÉGANT** Ces deux cadets (et frères) reçoivent dans un cadre contemporain inspiré par le design des années 1950. Longtemps aux côtés de Christophe Hay, Charles Bernabé sélectionne avec minutie les meilleurs légumes auprès des maraîchers du coin, ainsi que de très beaux poissons issus des criées environnantes – clef de la réussite par exemple de son entrée de maquereau à la tomate et au poivron. Il jongle avec maestria entre ses bases classiques, l'air du temps, la culture bretonne de sa grand-mère et même les origines pied-noir de

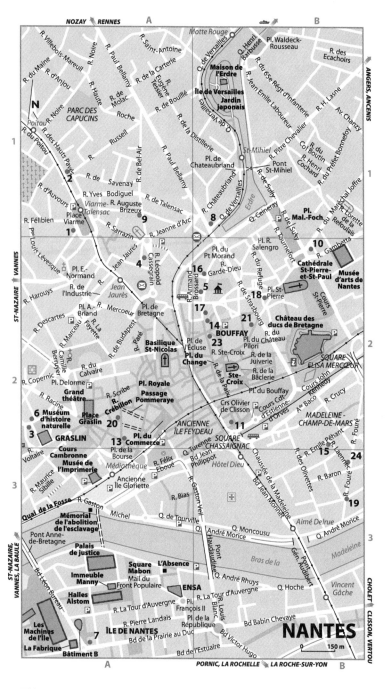

son père. Le tout sans jamais céder sur la lisibilité de ses assiettes et le goût de ses sauces. Service charmant et précis.

🕸 ᄒ – Prix : €€€

Plan : A1-2 – *15 rue des Hauts-Pavés* – ☎ *09 86 57 01 46* – *www. restaurantlescadets.fr* – *Fermé lundi, samedi et dimanche*

⭐ LULUROUGET

Chef : Ludovic Pouzelgues

CUISINE MODERNE • CONTEMPORAIN Formé chez Michel Troisgros, Ludovic Pouzelgues incarne (avec d'autres !) le renouveau gastronomique de la ville. À deux pas des célèbres Machines de l'île, il tient cette table au cadre plaisant, contemporain et très confortable. Ici trônent en majesté les beaux produits (les criées de la Turballe et du Croisic sont proches), travaillés avec inventivité et précision autour de menus surprises composés au gré du marché. Une cuisine moderne, pleine de personnalité : une vraie réussite.

🕸 ᄒ 🅰️ 🛋 – Prix : €€€

Plan : A3-7 – *4 place Albert-Camus* – ☎ *02 40 47 47 98* – *www.lulurouget.fr* – *Fermé lundi, dimanche et mercredi midi*

⭐ LE MANOIR DE LA RÉGATE

Chef : Mathieu Pérou

CUISINE MODERNE • CONTEMPORAIN Aux portes de Nantes, dans une belle demeure voisine de l'Erdre, nous attendent une déco chic et tendance (joli parquet blond, mur végétalisé au fond de la salle, fauteuils épurés) et une brillante partition culinaire synonyme de plaisir. Mathieu Pérou, le chef passé par de grandes maisons étoilées, combine fraîcheur, esthétique et élégance des saveurs, tout en valorisant avec talent les meilleurs produits de la région. Anne-Charlotte, sa sœur, assure un agréable service très pro. Une maison vraiment séduisante !

ᄒ 🛋 💠 🅿️ – Prix : €€€

Hors plan – *155 route de Gachet* – ☎ *02 40 18 02 97* – *www.manoirdelaregate.com* – *Fermé lundi et dimanche*

🕸 **L'engagement du chef :** Nous travaillons avec un maximum de producteurs en circuit court. Notre potager, situé à 500m du restaurant, fournit une partie des légumes, fleurs comestibles et fines herbes, et nous avons fait le choix de ne cuisiner que des poissons de l'Erdre, la rivière qui borde le restaurant. Notre vaisselle et nos accessoires de table ont été réalisés en collaboration avec des artisans locaux.

🙂 LA MANDALE

CUISINE DU MARCHÉ • BISTRO Le lieu : derrière une devanture bleue Klein, un bistrot tendance au mobilier chiné et aux nombreux bibelots, une salle comble, des sourires béats. Il semble bien que Léo Huet, le chef, comme d'autres de sa génération, ait trouvé la recette qui cartonne : une cuisine vive et enjouée autour de plats frais et goûteux - moules fumées, kaffir, basilic thaï et pistache ; faux-filet poivre des gorilles, kimchi, shiso et cerise… tout en contraste de saveurs - qui nous mettent une petite mandale de plaisir. Au dîner, les recettes prennent du galon, les clients prennent davantage de temps pour savourer les bons petits plats conseillés par Maximilien, l'associé du chef, dans une atmosphère très décontractée.

🛋 – Prix : €

Plan : A2-4 – *32 rue Léon-Jamin* – ☎ *02 28 44 21 34* – *Fermé lundi, samedi et dimanche, et mercredi soir*

🙂 MERAKI

CUISINE MODERNE • CONVIVIAL Meraki : une expression grecque qui signifie fait avec amour, passion et créativité ! Le ton est donné dans ce bistrot chaleureux et convivial. Maxime Bocquier en cuisine, et Clément Richard en salle (même s'il est aussi cuistot de formation) ont choisi de mettre l'accent sur le végétal et le marin. Tous les produits sont locaux et bios – y compris la burrata issue d'une laiterie nantaise. Le menu unique change tous les mois. On se régale notamment d'un excellent bouillon de crevette grise versé sur du concombre cuit au barbecue et de l'anguille fumée, venant inévitablement exalter les papilles. Côté cave orientée bio voire nature, les vins de la Loire sont à l'honneur, sans en oublier non plus les autres régions viticoles.

Prix : €€

Plan : A1-1 – *2 rue Menou* – *℘ 02 40 74 57 10* – *www.meraki-nantes.com* – *Fermé samedi et dimanche, et mercredi soir*

L'OCÉANIDE

POISSONS ET FRUITS DE MER • VINTAGE Noix de Saint-Jacques rôties, jus de carottes acidulées, filet de carrelet rôti au beurre de thym, jus de crustacés... Cette Océanide-là est bien nymphe de la mer. C'est en voisin que le chef David Garrec va choisir ses produits au célèbre marché de Talensac, et la fraîcheur du poisson, parfaitement travaillé, ne trompe pas ! Cadre authentiquement vintage des années 1950, au charme désuet.

🕸 🗗 – Prix : €€

Plan : B1-8 – *2 rue Paul-Bellamy* – *℘ 02 40 20 32 28* – *www.restaurant-oceanide.fr* – *Fermé lundi et dimanche*

L'OURSE

CUISINE DU MARCHÉ • BISTRO On ne se fera pas dévorer par le costume d'ours en provenance de l'Opéra de Paris qui égaye le cadre de ce bistrot de poche, décoré de tableaux et de bibelots. En cuisine, la cheffe Céline Mingam (ex-Galoubet à Arles) ne mitonne (savoureusement) le midi que sur ardoise du jour inspirée du marché. Le soir, l'offre à la carte, toujours aussi gourmande, s'étoffe : aubergine rôtie, feta, yaourt épicé, herbes fraîches ; suprême de pintade, grenailles rôties, fenouil braisé, jus de viande à l'estragon... Prix doux.

🗗 – Prix : €€

Plan : A2-3 – *1 rue Montesquieu* – *℘ 02 40 73 06 69* – *Fermé samedi et dimanche, et vendredi soir*

L'ABÉLIA

CUISINE MODERNE • BOURGEOIS Légèrement excentrée du centre-ville, cette demeure bourgeoise du début du 20e s., restaurée avec goût jouit d'une clientèle fidèle. On s'installe sous la jolie verrière ou dans les petites salles bourgeoises pour déguster une carte régionale, entre légumes du marché et poisson de la côte. Le menu change tous les jours. Plaisante terrasse aux beaux jours.

🗗 🗗 🅿 – Prix : €€

Hors plan – *125 boulevard des Poilus* – *℘ 02 40 35 40 00* – *www.restaurantlabelia.com* – *Fermé lundi, mardi et dimanche*

LE BOUCHON

CUISINE MODERNE • BISTRO Sa bonne cuisine dans l'air du temps, réinventée jour après jour ; son intérieur joliment décoré (tomettes au sol, poutres anciennes, miroirs) ; sa terrasse incontournable, véritable havre de verdure en plein cœur de la ville... On comprend mieux pourquoi cette adresse est aussi prisée des Nantais !

🗗 🗗 – Prix : €€

Plan : B2-14 – *7 rue Bossuet* – *℘ 02 40 20 08 44* – *www.le-bouchon-nantes.com* – *Fermé lundi, dimanche et samedi midi*

LES BOUTEILLES

CUISINE TRADITIONNELLE • BISTRO À côté du marché de Talensac, un bistrot à vins épatant : décor sympathique honorant Bacchus, belle cuisine de produits (charcuteries italiennes, plats canailles, poisson de la marée...) sans oublier – enseigne oblige – une mémorable carte des vins (700 références !) faisant notamment honneur à la Bourgogne.

🕸 – Prix : €€
Plan : A1-9 – *11 rue de Bel-Air* – 🕾 *02 40 08 27 65* – *Fermé lundi, dimanche et samedi midi*

LES CHANTS D'AVRIL

CUISINE DU MARCHÉ • **BISTRO** Christophe François, chef passionné et passionnant, mitonne chaque jour une sympathique cuisine du marché à l'esprit bistronomie assumé. Les beaux produits de la région sont déclinés autour de menus surprises et sans choix servis dans un plaisant cadre bistrot. Côté cave, on se laisse aussi surprendre par de gouleyantes trouvailles dégustées à l'aveugle. Convivial !

🕼 – Prix : €€
Plan : B2-15 – *2 rue Laennec* – 🕾 *02 40 89 34 76* – *www.leschantsdavril.fr* – *Fermé samedi et dimanche, et mardi et mercredi soir*

ICI

CUISINE MODERNE • **TENDANCE** À l'image de Nantes, le chef Xavier Rambaud, un vrai globe-trotter, a pas mal navigué avant de jeter l'ancre dans cette salle à manger d'esprit bistrot industriel (parquet, tables en bois, pierres apparentes et tuyaux en fonte). Chaque assiette de cette cuisine moderne et locavore respire l'expérience : plats équilibrés, saveurs et accords justes. Ici, et pas ailleurs !

🕼 – Prix : €€
Plan : B2-16 – *1 rue Léon-Blum* – 🕾 *02 40 48 62 27* – *www.restaurant-ici.fr* – *Fermé lundi, dimanche et samedi midi*

L'INSTINCT GOURMAND

CUISINE TRADITIONNELLE • **SIMPLE** Plutôt de bon goût, ce bistrot "sans étiquette" qui trace son sillon loin de tout formalisme : ici, la simplicité et la fraîcheur sont les seuls mots d'ordre. Le menu, présenté à l'ardoise, est réalisé chaque jour au gré du marché et réserve de savoureuses surprises... Pari gagnant.

🅰🅲 – Prix : €€
Plan : B2-17 – *14 rue Saint-Léonard* – 🕾 *02 40 47 41 64* – *www.linstinctgourmand.com* – *Fermé lundi et dimanche*

LAMACCOTTE

CUISINE MODERNE • **TENDANCE** Non loin du château, un décor original et tendance (couleurs pastel et formes arrondies) pour une cuisine qui ne l'est pas moins : le chef, Maxime Fillaut (passé à la Mare aux Oiseaux et au Clarence à Paris), d'origine britannique, en a sous le pied : il n'a pas son pareil pour mitonner une cuisine faussement simple mais terriblement juste, à partir de très bons produits.

Prix : €€€
Plan : B2-18 – *7 rue Saint-Denis* – 🕾 *02 85 37 42 30* – *www.lamaccotte-restaurant-nantes.com* – *Fermé lundi et dimanche*

LE LION ET L'AGNEAU

CUISINE TRADITIONNELLE • **CONTEMPORAIN** Un lion et un agneau ornent les armoiries de la ville d'Auch - belle bourgade du sud-ouest dont le chef Thierry Lebé (Drouant, Coq Rico aux côtés d'Antoine Westermann...) est originaire - il ne se prive d'ailleurs pas pour multiplier les clins d'œil gourmands à son terroir. Entre recettes bistronomiques et viandes cuites à la rôtissoire ou à la plancha (magret de canard cuit sur l'os, côte de bœuf sauce béarnaise, pigeon entier), les clients (et leur porte-monnaie) en redemandent. L'ardoise du midi offre un rapport qualité-prix absolument imbattable.

🕼 – Prix : €€
Plan : B3-24 – *40 rue Fouré* – 🕾 *02 55 10 58 74* – *www.le-lion-et-lagneau.fr* – *Fermé lundi et dimanche*

MAISON BAGARRE

CUISINE MODERNE • CONTEMPORAIN Point de bagarre dans cette maison du quartier Graslin, bien que la table joue souvent à guichet fermé et que la réservation soit conseillée. Le chef met à profit le riche réseau de producteurs (notamment de maraîchers) nantais pour réaliser une jolie formule bistronomique. On aime aussi ce cadre contemporain assez original (sur deux niveaux), notamment cette salle à manger installée dans une grande mezzanine, face à une cuisine ouverte.

Prix : €€

Plan : A2-13 – 6 rue Jean-Jacques Rousseau – ☎ 02 40 56 79 09 – www.maison-bagarre.fr – Fermé samedi et dimanche

OMIJA

CUISINE CRÉATIVE • CONTEMPORAIN L'omija est une baie coréenne connue pour associer cinq "saveurs" en parfaite harmonie (salé, sucré, acide, amer, piquant). C'est aussi ce que Romain Bonnet, jeune chef audacieux au solide CV a décidé de réaliser... c'est dire l'ambition. Dans l'assiette, une partition dans l'air du temps autour de produits impeccablement sourcés. Une adresse attachante.

& AC ⟷ – Prix : €€€

Plan : B3-19 – 54 rue Fouré – ☎ 02 40 74 81 05 – www.omija.fr – Fermé samedi et dimanche

PICKLES

CUISINE CRÉATIVE • COSY Dans ce néo-bistrot à la déco chaleureuse et colorée, le chef britannique donne libre cours à ses passions gourmandes : les voyages en Asie, les races de viandes anciennes et locales (comme le veau nantais et le porc blanc de l'Ouest), les poissons venus en direct des criées et les légumes des maraîchers bio. Résultat : une cuisine créative et décomplexée, légitiment plébiscitée !

& – Prix : €€

Plan : B2-5 – 2 rue du Marais – ☎ 02 51 84 11 89 – www.pickles-restaurant.com – Fermé lundi, mercredi et dimanche

ROZA

CUISINE MODERNE • ÉLÉGANT En plein centre-ville de Nantes, le chef Jean-François Pantaléon, grand passionné du terroir des Pays de Loire, en magnifie les produits emblématiques. La carte des vins fait la part belle à de petits vignerons triés sur le volet. L'intérieur cosy, ainsi que l'ambiance à la fois chaleureuse et décontractée, ajoutent au plaisir du repas.

🖾 ⟷ – Prix : €€€

Plan : A2-6 – 3 place de la Monnaie – ☎ 02 40 54 01 87 – www.restaurantroza.com – Fermé samedi et dimanche

SAIN

CUISINE MODERNE • BISTRO À la fois café, cantine et épicerie, ce restaurant conjugue décontraction côté ambiance, respect du produit et de la planète côté assiette : éventaire de légumes bio de l'exploitation familiale guérandaise, étagère de vins plutôt nature (à emporter) et service décontracté assuré par Samuel Huitric. Son frère Josselin envoie une cuisine du marché juste et bonne, sans y aller par quatre chemins : œuf parfait, crème de courgettes, menthe, pistache, chips de jambon ; polpettes de porc, tomate, cumin, purée...

Prix : €

Plan : B2-10 – 93 rue du Maréchal-Joffre – ☎ 02 40 72 82 48 – www.sain-nantes.com – Fermé samedi et dimanche, et vendredi soir

SÉPIA

CUISINE CRÉATIVE • CONTEMPORAIN Toute auréolée de son passage à Top Chef, Lucie Berthier Gembara fait salle pleine dans son bistrot design et branché au rez-de-chaussée d'un bel immeuble classique du 18e s. De ses expériences chez Gérald Passedat et Alexandre Mazzia, elle a gardé un sens certain de la créativité et une appétence pour les influences orientales du bassin méditerranéen. On se laisse agréablement surprendre par ses petites assiettes à l'image de ces aubergines, baba ganoush charbon, lait de poule, crumble feta. Des plats indubitablement ludiques qui prennent les codes gastronomiques à rebrousse-poil, non sans une certaine gourmandise. Menu déjeuner plus « light » qui s'allonge au dîner.

🏠 – Prix : €€

Plan : B2-11 – *1 quai Turenne* – ☎ *02 51 82 71 59* – *www.sepia-restaurant.fr* – *Fermé lundi, dimanche et samedi midi*

SONG, SAVEURS & SENS

CUISINE ASIATIQUE CONTEMPORAINE • TENDANCE Nhung Phung a changé de vie pour créer son restaurant. Autodidacte, certes, mais vraie cuisinière ! Originaire du Vietnam, elle grandit au Laos, au Cambodge et en Thaïlande. Et c'est à l'aune de ces terres de parfums qu'elle construit sa personnalité culinaire : une cuisine sensible, intelligente, mesurée, entre Asie du Sud-Est et France, épices subtiles et produits de qualité...

🅰🏠 – Prix : €€

Plan : A2-20 – *5 rue Santeuil* – ☎ *02 40 20 88 07* – *www.restaurant-song.fr* – *Fermé lundi et dimanche*

SOURCES

CUISINE MODERNE • BRANCHÉ Viandes, poissons, légumes : tout est soigneusement sourcé chez Sources. Guillaume et Ingrid, qui se sont rencontrés à l'école Ferrandi (Paris), nous régalent avec une cuisine fraîche et franche, végétale et iodée ; menu du marché au déjeuner, carte blanche au chef servi en 5 temps au dîner. Service pédagogique tout en proximité.

♿🏠 – Prix : €€

Plan : B2-21 – *22 rue de Verdun* – ☎ *02 40 89 42 42* – *www.sources-nantes.fr* – *Fermé lundi, dimanche et mardi midi*

VACARME

CUISINE ACTUELLE • BISTRO La cheffe Sarah Mainguy, auteure d'un parcours remarqué à Top Chef, s'est installée avec son compagnon dans ce bistrot nantais à l'atmosphère cool et décontractée où la bonne humeur flotte sur toutes les lèvres. Renouvelée chaque semaine, l'assiette, en version bistronomie, donne aussi le sourire aux foodistas : raviole de poireaux, crème d'anchois ; saucisse maison, purée de rutabaga, jus aux agrumes ; chou farci au poulpe et au porc. Jolie carte de vins nature, bio et en biodynamie.

🏠 – Prix : €€

Plan : B2-23 – *5 rue des Bons-Français* – ☎ *09 87 34 18 82* – *www.vacarme-nantes.com* – *Fermé lundi et dimanche*

🛏 OKKO NANTES CHÂTEAU

MODERNE • CONVIVIAL En créant cette chaîne hôtelière combinant luxe et dernières technologies, les fondateurs d'Okko s'adressent aux voyageurs ultra-connectés. Pour eux, un Club sur mesure comprenant des espaces de travail séduisants conçus comme des appartements (cuisine, coins détente, presse et snacks à disposition...) et animé le soir par un aperitivo de produits régionaux bio. Mais aussi une salle de sport avec sauna et conciergerie. Pour se reposer les méninges, des chambres zen, aux lignes pures et aux teintes apaisantes baignées de lumière. L'adresse nantaise s'offre également un emplacement royal face au château des ducs de Bretagne, en plein cœur de la ville.

♿ 🅿 ❄ 🛁 🅰 - 80 chambres

15 rue de Strasbourg – ☎ *02 52 20 00 70* – *www.okkohotels.com/fr/page/ nantes/okko-hotels-nantes-chateau-hotel-4-etoiles-centre-nantes*

SOZO

ÉPURÉ • CHARME Proche voisin du Jardin des Plantes, cet hôtel a été créé dans une ancienne chapelle du 19e s. ! Chambres dans les absidioles ou le chœur, vitraux pour fenêtre, clés de voûte en guise de tête de lit et, partout, un aménagement des plus design... Le cachet d'un monument historique associé à l'épure contemporaine : unique !

P 🚗 💿 🛜 ♨ **AC** - 24 chambres

16 rue Frédéric Cailliaud – ℰ *02 51 82 40 00 – www.sozohotel.fr*

 SURPRENANTES DESTINATIONS

MODERNE • CONVIVIAL Implanté à Nantes, le groupe hôtelier Surprenantes célèbre Jules Verne, originaire de la cité, avec passion et inventivité. Une poignée d'appartements consacrés à son œuvre offrent aux visiteurs une redécouverte riche en aventures. Logés dans une majestueuse construction du 18e s. établie au bord de la Loire, ils jouissent d'un cadre sur-mesure. Agencées comme des cavernes d'explorateur à partir d'un mobilier et de trésors d'antiquaires piqués de détails industriels, les chambres nous plongent dans l'univers de l'écrivain. La cuisine fusée, la douche vaisseau spatial et le lit plateforme lunaire nous renvoient en enfance. Le groupe dispose aussi d'une chambre péniche et d'un château.

9 chambres

86 quai de la Fosse – ℰ *09 67 20 97 81 – www.surprenantes.com*

NARBONNE

✉ 11100 – Aude – Carte régionale n° **27**–C2

🏵🏵 **LA TABLE LIONEL GIRAUD**

Chef : Lionel Giraud

CUISINE CRÉATIVE • CONTEMPORAIN Les arcades et les pierres nues de ce restaurant rappellent qu'il fut un asile pour les pèlerins en route vers Saint-Jacques-de-Compostelle. Dans un cadre des plus contemporains, Lionel Giraud puise son inspiration, volontiers poétique, dans les paysages de son enfance (comme le plateau de Leucate), les recettes de sa grand-mère et la richesse du terroir languedocien et de ses petits producteurs passionnés. Il cultive d'ailleurs avec eux une relation authentique. Créative, sa cuisine iodée et végétale (mais pas uniquement), fine et pourtant intense en goût, célèbre aussi bien le produit le plus noble que le plus simple (comme la... carotte, ou le pois chiche du Lauragais). Grâce à sa maîtrise de l'ikejime, il est aussi capable de proposer à sa table un thon rouge maturé 48 jours, dont la chair dense fond littéralement en bouche.

🕸 ♿ **AC** 🔄 **P** – Prix : €€€€

Rond-point de la Liberté - 68 avenue du Général-Leclerc – ℰ *04 68 41 37 37 – www.maison.saintcrescent.com – Fermé lundi et dimanche*

 CAVE À VIN & À MANGER - MAISON SAINT-CRESCENT

CUISINE TRADITIONNELLE • CONVIVIAL "La Cave à Manger" de Lionel Giraud propose une cuisine de bistrot à base d'excellents produits d'Occitanie. Une partition brute, savoureuse et précise – mention spéciale au paleron de bœuf confit cuit à feux doux dans son jus et son onctueuse purée de carotte... À la "Cave à vin", située sous le même toit, 2500 références et droit de bouchon si consommation sur place. Un coup de cœur.

🕸 ♿ **AC** 🍴 🔄 **P** – Prix : €€

Rond-point de la Liberté, 68 avenue du Général-Leclerc – ℰ *04 68 45 67 85 – www.maison.saintcrescent.com – Fermé lundi et dimanche*

L'ART DE VIVRE

Chef : Laurent Chabert

CUISINE MODERNE • CONTEMPORAIN Dans ce domaine viticole niché en plein massif de La Clape, le chef Laurent Chabert tire une partie de ses produits de son propre potager (notamment les herbes aromatiques), et recourt par ailleurs à de beaux produits locaux (bio, majoritairement). Il cisèle des plats colorés et parfumés, comme ce mérou cuit sur les braises d'un barbecue, aubergine braisée et laquée dans les sucs de tomate... Des accords mets et vins sont proposés avec les crus de la propriété.

🏠 ⑁ 🅰 🈂 ⇄ 🅿 – Prix : €€€€

Château de L'Hospitalet, route de Narbonne-Plage – ℰ 04 68 45 28 50 – www.restaurant-art-de-vivre.com – Fermé du lundi au mercredi et jeudi midi

❀ **L'engagement du chef :** À L'Art de Vivre, l'équipe travaille en harmonie avec la nature, au cœur du vignoble du domaine. Issus en grande partie de la ferme du château, les produits sont cultivés selon les principes de la biodynamie. En provenance de Méditerranée, les poissons sont pêchés selon une méthode raisonnée. Le mobilier est fabriqué à partir de matériaux durables, le linge de table est français, et la vaisselle est réalisée par des artisans locaux.

LE PETIT COMPTOIR

CUISINE TRADITIONNELLE • VINTAGE Un bistrot au cachet 1930 où l'on célèbre les bons produits (charcuterie et poissons notamment) et la cuisine... bistrotière. La riche cave – 350 références, essentiellement régionales – et le bar à vins feront le bonheur des amateurs de nectars !

🏮 🅰 ⇄ – Prix : €€

4 boulevard du Maréchal-Joffre – ℰ 04 68 42 30 35 – www.petitcomptoir.com – Fermé lundi et dimanche

🛏 ### CHÂTEAU CAPITOUL

MODERNE • CHAMPÊTRE C'est au sommet d'une colline bordée de vignobles, dans la campagne languedocienne, que trône ce château de conte de fées. Le bâtiment lui-même comprend huit chambres et suites ultra-chic, tandis que 44 villas de luxe modernes, de quatre à huit personnes, sont disséminées dans le domaine de 80 ha, toutes possédant une terrasse et un jardin privés, et la plupart une piscine privative. Les services sont à l'avenant : tennis, spa, deux restaurants dont un grill.

🅿 ⑁ 🏠 ⌲ ⑳ ♨ 🏖 ⑩ 🅰 - 44 chambres

Avenue de Gruissan – ℰ 04 48 22 07 24 – www.chateaucapitoul.com

NATZWILLER
✉ 67130 – Bas-Rhin – Carte régionale n° **8**–C1

😊 ### AUBERGE METZGER

CUISINE TRADITIONNELLE • ÉLÉGANT Cuissons précises, produits de qualité, accompagnements soignés : Yves Metzger mitonne une cuisine régionale tout simplement délicieuse... et bon marché ! Une raison de plus pour faire étape dans cette auberge accueillante de la vallée de la Bruche. Chambres spacieuses et confortables.

🏠 ⑁ 🈂 ⇄ 🅿 – Prix : €€

55 rue Principale – ℰ 03 88 97 02 42 – www.hotel-aubergemetzger.com - Fermé lundi et mardi

NÉRAC
✉ 47600 – Lot-et-Garonne – Carte régionale n° **22**–C3

MR GUSS 🆕

CUISINE MODERNE • CONTEMPORAIN Augustin Guibert dit Guss, chef au parcours solide se lance en solo avec ce restaurant contemporain sis au pied d'une belle bâtisse en pierres de style 19e. Ce cuisinier inventif épate avec son bagage technique substantiel qui lui permet de jouer des goûts et des textures comme avec son aubergine violette rôtie puis glacée au miel et au saté, beignet de pomme de terre, sauce hollandaise aux oignons caramélisés. À tous les coups, l'assiette, tout en couleurs et gourmandise, file le sourire. Félicitations également pour la mise en valeur des plus beaux produits locaux, légumes en tête.

&. AC – Prix : €€

7 avenue Mondenard – ☏ 05 47 36 82 75 – mr-guss.fr - Fermé du lundi au mercredi et du jeudi au dimanche à midi

NÉRIS-LES-BAINS

✉ 03310 – Allier – Carte régionale n° **16**–B3

CÔTÉ TOQUÉS

CUISINE MODERNE • CONVIVIAL La cuisine du chef Julien Chabozy, goûteuse et parfumée, révèle les meilleurs produits locaux et ne manque pas de personnalité. La qualité du service, sous la direction de son épouse Marie, rend la maison attachante et conviviale. Une épicerie fine et "La Cave des Toqués" voisine complètent ce coup de cœur.

இ &. AC 🍸 – Prix : €€

21 rue Hoche – ☏ 04 70 03 06 97 – Fermé lundi et dimanche, et mercredi soir

NERNIER

✉ 74140 – Haute-Savoie – Carte régionale n° **21**–C1

😊 LA TABLE DE NERNIER

CUISINE MODERNE • AUBERGE Sur les rives du lac Léman, entre Yvoire et Messery, le village médiéval de Nernier invite à franchir le seuil de cette charmante auberge. À l'intérieur, le rustique (tomettes, poutres) et le contemporain (suspensions lumineuses, chaises design) s'épousent avec gourmandise. Quant à la cuisine du chef : de saison, simple et bonne, aux cuissons impeccables, à l'image de ces excellents bolets en persillade ou de ce sandre rôti, sauce meurette. Carte mensuelle. Service souriant et attentionné de la compagne du chef. Agréable terrasse sur une charmante placette.

🍸 – Prix : €€

11 place du Musée – ☏ 04 50 17 52 43 – www.la-table-de-nernier-restaurant. eatbu.com – Fermé du lundi au mercredi

NESTIER

✉ 65150 – Hautes-Pyrénées – Carte régionale n° **25**–D3

RELAIS DU CASTÉRA

CUISINE TRADITIONNELLE • FAMILIAL Une auberge de tradition, tenue par le même couple de professionnels depuis de longues années. Les recettes, qui mettent à l'honneur le terroir et les produits de qualité, sont alléchantes : épaule d'agneau de sept heures en pastilla servie avec un jus de braisage aux épices douces, piquillos a la morue avec bisque de crustacé, belle côte de cochon cuite au sautoir.

🍸 – Prix : €€

Place du Calvaire – ☏ 05 62 39 77 37 – www.hotel-castera.com – Fermé lundi et mardi

NEUILLÉ-LE-LIERRE

✉ 37380 – Indre-et-Loire – Carte régionale n° **15**–B1

LIBERTÉ

CUISINE MODERNE • COSY Liberté, j'ai écrit ton nom... gourmand, forcément gourmand ! D'abord au déjeuner, avec une formule (plus) simple où le chef, un ancien de la Table de Marçay, propose une cuisine moderne et savoureuse qui met en avant les produits tourangeaux : velouté d'asperge blanche de Touraine, porc ; bœuf, écrasé de pommes de terre, jus de viande, estragon. Le soir, au dîner, la liberté reprend ses droits de plus belle, avec un menu plus ambitieux.

&. 🏡 🅿 – Prix : €€

19 rue de la République – 𝒞 02 47 52 95 05 – www.liberte-restaurant.fr – Fermé mardi

NEUILLY-SUR-SEINE

✉ 92200 – Hauts-de-Seine – Carte régionale n° **11**–E2

YUSHIN

CUISINE JAPONAISE • ÉPURÉ Entre l'île de la Jatte et l'hôpital Américain de Neuilly, ce restaurant japonais traditionnel sert différents menus : sushis, bento, omakase ainsi qu'un menu dégustation. Préparés avec un soin tout nippon, les poissons d'une belle fraîcheur sont à l'honneur, sans oublier les desserts traditionnels japonais très joliment présentés. Le cadre, on s'en doute, joue l'épure du bois clair et des murs blancs. Le personnel est 100% japonais avec toute la solennité qu'on imagine. Le service du thé se déroule devant vous. Le client est raccompagné et salué dans la rue à son départ.

🅰🅲 – Prix : €€€

77 rue Chauveau – 𝒞 09 88 52 88 24 – www.yushin.fr – Fermé lundi et dimanche

NEVERS

✉ 58000 – Nièvre – Carte régionale n° **16**–C2

JEAN-MICHEL COURON

CUISINE MODERNE • CONTEMPORAIN Ce chef ravit les papilles de ses fidèles clients depuis plus de 30 ans avec une cuisine actuelle aux accents méditerranéens, à l'image de ce jus de bouillabaisse mi-pris et son carpaccio de grosses crevettes sauvages. Il s'autorise également quelques notes plus exotiques comme cette sauce yakitori avec un filet de canard. Côté ambiance, on a le choix entre une salle contemporaine et un ancien cloître du 14ᵉ s.

🎱 – Prix : €€

21 rue Saint-Étienne – 𝒞 03 86 61 19 28 – www.jm-couron.com – Fermé lundi et mardi, et dimanche soir

NÉVEZ

✉ 29920 – Finistère – Carte régionale n° **1**–B3

� AR MEN DU

Chef : Jérôme Gourmelen

CUISINE MODERNE • COSY À vos pieds, la lande sauvage est battue par l'Océan, et à quelques encablures, les rochers de l'îlot de Raguenès brillent au soleil... Ici, la gastronomie durable est une priorité : les produits sont rigoureusement de saison, issus du potager, de la pêche locale ou de petits producteurs. Bien installé face à la mer, on déguste avec bonheur les préparations de Jérôme Gourmelen, aux saveurs franches et aux dressages étudiés : déclinaison de betterave, crème de lait ribot tranchée à l'huile d'aromates du jardin ; lieu jaune de ligne en cuisson douce, chou-fleur en différentes textures et jus d'arêtes ; poire pochée juste caramélisée, crémeux chocolat noir et crème glacée au Kremmig... Service chaleureux.

🎱 ⇌ ⇖ 🏡 &. 🅿 – Prix : €€€

47 rue des Îles, à Raguenès-Plage – 𝒞 02 98 06 84 22 – www.men-du.com – Fermé, mardi et mercredi à midi

❀ **L'engagement du chef :** Nos fournisseurs locaux (une dizaine de maraîchers, éleveurs de cailles et autres volailles…) pratiquent tous l'agriculture ou l'élevage biologique. Les poissons que nous cuisinons sont issus de la pêche de petits bateaux et nous avons mis en place un verger et un jardin aromatique, tous deux gérés en permaculture. Les déchets sont compostés, on vise le zéro plastique et les produits d'entretien sont écologiques.

NEYRAC-LES-BAINS

✉ 07380 – Ardèche – Carte régionale n° **20**–C3

BRIOUDE

CUISINE MODERNE • TRADITIONNEL Cette auberge familiale récemment rénovée offre depuis 1887 une cuisine soignée et locavore : ici, on privilégie les producteurs du coin ! À midi, profitez des prix plus doux la partie bistrot, sous les platanes de la terrasse. Côté gastronomique, en salle, une lotte rôtie de première fraîcheur et sa variation autour du topinambour et de l'artichaut, face à la jolie vue sur la nature.

❖ ⌖ 🅰 🍽 🅿 – Prix : €€

7 rue Mazade – ☎ 04 75 36 41 07 – www.claudebrioude.fr – Fermé lundi, et mardi et dimanche soir

NICE

✉ 06000
Alpes-Maritimes
Carte régionale n° **29**–E2

Où la lumière sublime l'assiette

Bénie par son climat et sa double identité française et italienne, Nice est un festin. La cuisine "nissarde" s'inspire à la fois des traditions culinaires de la Provence et de la Ligurie. Les ruelles du vieux Nice accueillent tout l'éventail des produits méditerranéens. Croquez dans une socca, une galette de farine de pois chiche. Picorez l'olive noire de Nice ou la caillette, laissée six mois en saumure. Goûtez une pissaladière, tarte aux oignons garnie d'anchois et d'olives noires. Dévorez un pan bagnat, ce pain mouillé d'huile d'olive, de forme ronde, garni d'anchois et de tomates. Ne quittez pas la ville sans parcourir le marché du cours Saleya et, plus pittoresque encore, le marché aux poissons de la place Saint-François : vous y trouverez les plus belles espèces méditerranéennes, du loup à la dorade, en passant par le thon...

 FLAVEUR

Chefs : Gaël et Mickaël Tourteaux

CUISINE CRÉATIVE • ÉLÉGANT Les frères Tourteaux, Gaël et Mickaël, sont inséparables. Même lycée hôtelier à Nice (avec passage d'examen dans la même salle !), formation commune au Negresco à l'époque d'Alain Llorca... et même envie de travailler le bon, le vrai, le savoureux, en étant son propre patron. Résultat de cette alliance fraternelle : Flaveur, leur bébé, auquel ils ont consacré toute leur énergie au point de décrocher une étoile Michelin en 2011, et une seconde en 2018. Comment résumer la "patte" Tourteaux ? Elle tient à une certaine forme de confiance, d'audace, de prise de risque bien dosée. Par exemple, entre le produit local et les épices lointaines, ils ne choisissent pas : ce sera les deux, mon capitaine ! Au détour d'une assiette, une rascasse de la pêche niçoise rencontre un bouillon de poisson rehaussé au vadouvan, un mélange d'épices indiennes au parfum puissant... c'était risqué, c'est une réussite. Une cuisine de caractère, fine et maîtrisée de bout en bout : bravo !

🏵 & 🅰🅲 – Prix : €€€€

Plan : C1-1 – *25 rue Gubernatis – ✆ 04 93 62 53 95 – www.restaurant-flaveur.com – Fermé lundi, dimanche et samedi midi*

 LES AGITATEURS

Chefs : Samuel Victori et Juliette Busetto

CUISINE CRÉATIVE • CONVIVIAL Ces agitateurs, situés derrière le port de Nice, ne brassent pas de l'air, bien au contraire : ils sont bourrés de talent ! Le chef Samuel

Victori (auparavant second au Passage 53) et sa compagne proposent des plats travaillés où textures, cuissons et saveurs sont maîtrisées. On travaille ici avec des fournisseurs locaux : boulanger, pêcheur, maraîcher, éleveur, potier, fleuriste... Leur mentor : Michel Troisgros. Leur credo : des recettes originales, toniques, ludiques, qui bousculent la tradition, à déguster dans une ambiance animée et conviviale, avec un service aux petits soins. Une affaire qui roule !

AC 🛋 – Prix : €€€€

Plan : D2-5 – *24 rue Bonaparte* – ☎ *09 87 33 02 03* – *www.lesagitateurs.com* – *Fermé du lundi au mercredi, et jeudi et vendredi à midi*

✿ L'AROMATE

Chef : Mickaël Gracieux

CUISINE MODERNE • CONTEMPORAIN C'est au cœur de Nice, à proximité de la place Masséna, que se niche cette belle adresse. Salle contemporaine aux tons noir, blanc et doré, cuisines vitrées donnant sur la salle, matériaux bruts, bois et granit ; tout est en place pour accueillir la prestation gastronomique d'un chef au beau parcours (Oustau de Baumanière, Plaza Athénée, Le Bristol, Le Louis XV, etc.). Il propose une cuisine moderne et créative, à base d'excellents produits, et aux dressages particulièrement soignés, qui met Nice et le terroir méditerranéen à l'honneur (gamberonis de San Remo, courgette violon, favouilles, poulpe, agrumes...). Le chef a du métier et de la suite dans les idées.

♿ AC – Prix : €€€€

Plan : C2-3 – *2 rue Gustave-Deloye* – ☎ *04 93 62 98 24* – *www.laromate.fr* – *Fermé lundi, dimanche et du mardi au samedi à midi*

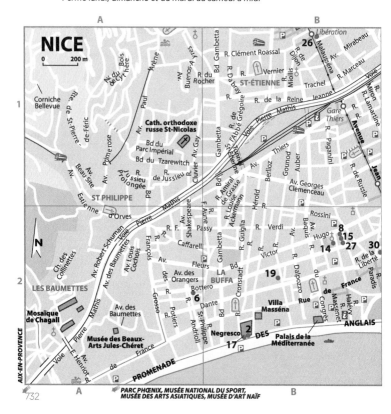

✿ LE CHANTECLER

CUISINE MODERNE • ÉLÉGANT Sur la Promenade des Anglais, le Negresco trône superbe face à la mer ; Virginie Basselot, Meilleur Ouvrier de France 2015, pilote les cuisines du Chantecler, sa table gastronomique, au sein d'un hôtel, le Negresco qui a fêté ses 110 ans en 2023. Dans ce cadre d'exception, la Normande d'origine s'exprime sans arrière-pensée, avec une idée claire : celle d'offrir une cuisine actuelle et créative autour de deux menus sans choix (sauf le dessert) et d'une carte, réalisée à partir de très beaux produits. Ici, comme ailleurs, la simplicité emporte l'adhésion, à l'image de cette volaille, chou blanc, kumquat et pistache ou encore, côté sucré, ce subtil travail autour de l'huile d'olive...

⚇ ♿ 🅐🅚 ⇧ 🍽🅟 – Prix : €€€€

Plan : B2-2 – 37 promenade des Anglais – ☎ 04 93 16 64 10 – www.hotel-negresco-nice.com/fr/les-restaurants/le-chantecler – Fermé lundi, mardi et du mercredi au dimanche à midi

✿ JAN

Chef : Jan Hendrick van der Westhuizen

CUISINE CRÉATIVE • ÉLÉGANT Tour à tour chef sur des yachts privés à Monaco et reporter-photographe pour un grand magazine, le jeune Sud-Africain Jan Hendrik van der Westhuizen a déjà eu plusieurs vies... Dans son petit repaire intime et romantique, près du port, il signe une cuisine créative, personnelle, proposée sous forme de menu unique sans choix (à 5 ou 7 plats), dans lequel il joue des associations sucrée-salée, du fumé, du piquant, et de l'acide, proposant ainsi un aperçu de la cuisine sud-africaine. Un établissement qui fait le bonheur des clients

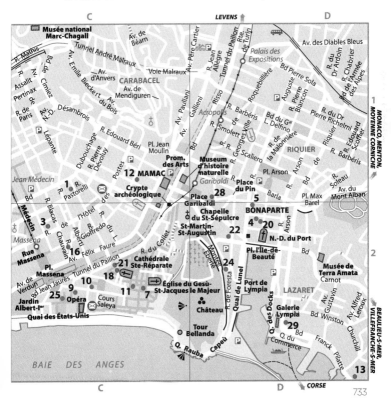

de passage sur la Riviera. Pour fêter ces dix ans d'ouverture, le chef Jan a ouvert en face du restaurant une salle à manger avec un buffet composé de plus d'une ving-taine fromages différents à déguster avec diverses boissons, confitures et fruits secs. On fait donc l'aller-retour au moment du fromage, une expérience originale !

&. ᴀᴄ 🍴 ⇔ – Prix : €€€€

Plan : D2-4 – *12 rue Lascaris* – ℰ *04 97 19 32 23* – *www.janonline.com* – *Fermé lundi, dimanche et du mardi au samedi à midi*

ONICE Ⓝ

Chefs : Florencia Montes et Lorenzo Ragni

CUISINE MODERNE • ÉPURÉ Ô Nice, que tes saveurs nous enchantent ! Derrière cette adresse intimiste du quartier des Antiquaires, on trouve l'attachant et talen-tueux couple italo-argentin formé par Lorenzo Ragni et Florencia Montes. Après un parcours international étoilé, ils se sont rencontrés chez Mauro Colagreco au Mirazur. Ils signent aujourd'hui à quatre mains des assiettes incisives et punchy qui épousent les saisons et la pêche locale, et se permettent quelques audaces bienvenues dans les associations de saveurs : gamberoni de San Remo, cerises, tomates et amandes fraîches ; girolles aux palourdes de Méditerranée et courgettes ; haricots coco de Nice et moules de la baie de Tamaris au vadouvan,,, Une table pleine de promesses.

&. ᴀᴄ ⇔ – Prix : €€€

Plan : D2-22 – *5 rue Antoine-Gautier* – ℰ *04 93 56 18 30* – *www.restaurantonice.com* – *Fermé lundi, mardi et du mercredi au vendredi à midi*

PURE & V

CUISINE MODERNE • CONTEMPORAIN Vanessa Massé, sommelière reconnue et dénicheuse infatigable de vins vivants, travaille main dans la main avec son asso-ciée, la cheffe finlandaise Pinja Paakkonen, au joli parcours étoilé au Danemark. Une partition saine et équilibrée, basée sur des produits soigneusement sourcés, avec une importance particulière accordée au végétal : fenouil rôti, sauce fermentée aux asperges blanches et huile d'aneth fraîche ; caille cuite sur son coffre, beurre blanc fumé ; bavarois à la camomille et mandarine satsuma. À déguster dans une ambiance conviviale.

ᴀᴄ – Prix : €€€€

Plan : A2-6 – *7 rue du Lycée* – ℰ *06 19 88 68 90* – *www.pureandvrestaurant.com* – *Fermé lundi et du mardi au samedi à midi*

RACINES - BRUNO CIRINO

Chef : Bruno Cirino

CUISINE MÉDITERRANÉENNE • BISTRO Bruno Cirino et son fidèle bras droit José Vidal servent dans ce petit restaurant un menu unique d'un très bon rapport qualité-prix, composé uniquement de fruits et légumes bio ou issus de cultures raisonnées de la région. Une cuisine potagère de produits récoltés à leur maturité optimale, cuisinés avec talent, qui magnifie la typicité azuréenne, notamment l'ail, l'huile d'olive et le basilic. On se régale d'une soupette de charbonniers, cébette rouge et basilic, d'un artichaut violet à l'émulsion fromagère et épineux de Ligurie grillé, d'une compression de légumes racines inspiration "César Baldaccini", d'une pomme pouce confite au four et sa glace à l'orge brûlé... Le tout arrosé de bons crus à des tarifs intéressants, et servi avec le sourire. Attention, pensez à réserver !

&. ᴀᴄ – Prix : €€€

Plan : B1-26 – *3 rue Clément-Roassal* – ℰ *04 93 76 86 17* – *www.restaurant-racines-nice.com* – *Fermé lundi, mardi et dimanche et le midi*

L'ALCHIMIE

CUISINE MODERNE • COLORÉ Ambiance conviviale et animée de bistrot de quar-tier, décor coloré et chaleureux d'ancien café rénové, petite carte courte aux intitu-lés alléchants, des tarifs serrés et un chef au CV bodybuildé : voilà les ingrédients contagieux de la réussite à table (on refuse du monde) et, pour nous, du plaisir !

Généreux velouté de butternut, marrons et émulsion de lard ; savoureuse dinde rôtie au tandoori, riz noir sauté aux légumes : une véritable alchimie gourmande !
Prix : €

Plan : B2-14 – *14 rue Maccarani* – ℰ *04 93 54 61 85* – *www.lalchimie-restaurant.com* – *Fermé lundi et dimanche, et du mardi au jeudi soir*

BISTROT D'ANTOINE

CUISINE TRADITIONNELLE • BISTRO C'est l'accent du Sud qui chante dans ce bistrot de copains, où règne une ambiance très conviviale. En cuisine, c'est l'ébullition ! Côté papilles, que du bon, à l'instar de cette cocotte de cochon à l'ancienne ou de ce tartare de bœuf coupé au couteau. Bondé, vous avez dit bondé ? Antoine connaît un franc (et mérité) succès.

🏧 🍽 – Prix : €€

Plan : C2-7 – *27 rue de la Préfecture* – ℰ *04 93 85 29 57* – *Fermé lundi et dimanche*

CHEZ DAVIA

CUISINE RÉGIONALE • BISTRO Voilà une adresse attachante tenue par la même famille depuis 1953, imaginée par Davia, la grand-mère puis reprise en 1985 par Alda la mère, aujourd'hui à la retraite. Depuis 2016, c'est Pierre Altobelli, la troisième génération, qui après un impressionnant parcours dans des maisons étoilées en France et en Asie, mitonne de savoureuses recettes niçoises. Tout ici est soigné et les produits sont choisis avec attention. À déguster dans un sympathique décor de bistrot rétro, dans son jus. Coup de cœur absolu.

🍽 – Prix : €€

Plan : B2-8 – *11 bis rue Grimaldi* – ℰ *04 93 87 91 39* – *www.chezdavia.com* – *Fermé lundi et mardi*

LA MERENDA

CUISINE PROVENÇALE • BISTRO Un petit restaurant "à l'ancienne", d'une charmante simplicité... Dominique Le Stanc confectionne ici de bons petits plats de la région (pissaladière, tripes à la niçoise, stockfish, tourte de blettes, tarte au citron, etc.) à déguster au coude-à-coude. Attention, pas de téléphone : il faut passer pour réserver.

🏧 🍽 – Prix : €€

Plan : C2-10 – *4 rue Raoul-Bosio* – ℰ – *www.lamerenda.net* – *Fermé samedi et dimanche*

OLIVE & ARTICHAUT

CUISINE RÉGIONALE • BISTRO Originaire de Nice, le chef est venu s'installer dans la région avec son épouse, bretonne, après plusieurs expériences à l'étranger. Il met les produits locaux à l'honneur dans une cuisine très gourmande, "entre mer et montagne" : tarte fine façon pissaladière au boudin noir rôti, paleron de veau braisé, crémeux de pois chiche, tarte au chocolat et praliné noisette...

🏧 – Prix : €€

Plan : C2-11 – *6 rue Sainte-Réparate* – ℰ *04 89 14 97 51* – *www.oliveartichaut.com* – *Fermé lundi et dimanche*

L'ATELIER

CUISINE RÉGIONALE • BISTRO Originaire de Vendée, le jeune chef de cette maison doit être un peu "fada" ! Pensez-donc, oser revisiter la socca, cette indétrônable galette réalisée à base de farine de pois chiche... Et pourtant, quel succès ! Saint-pierre, bavette de bœuf Angus et gibier en saison... le tout arrosé d'une carte d'environ 500 références de vins nature : un régal !

🐌 🏧 🍽 – Prix : €€

Plan : C1-12 – *17 rue Gioffredo* – ℰ *04 93 85 50 74* – *www.l-atelier-restaurant-nice.com* – *Fermé lundi, dimanche, et mercredi et samedi à midi*

BAR DES OISEAUX

CUISINE TRADITIONNELLE • BISTRO Dans cette petite maison d'angle, le programme d'Armand Crespo ne manquera pas de réjouir les gourmands. La belle tradition (brandade, bourride) côtoie à la carte de bonnes pâtes artisanales : ravioles et volaille farcie, linguine de la mer, etc. Tout cela est proposé à prix doux, dans un décor inspiré par le pop art : on gazouille de plaisir.

AC 🍽 – Prix : €

Plan : C2-18 – *5 rue Saint-Vincent* – ✆ *04 93 80 27 33* – *Fermé lundi et dimanche*

BISTROT MARIN ⓝ

POISSONS ET FRUITS DE MER • BISTRO La nouvelle annexe marine du Séjour Café offre comme il se doit un décor de bistrot de la mer aux tons bleu canard avec ses étagères, ses banquettes et ses tables carrées. De la cuisine ouverte située au fond de la petite salle à manger surgissent des produits de la mer, des poissons sauvages, des coquillages et des crustacés cuisinés comme il faut (soupe d'étrilles maison, ravioles de gamberoni, calamars en persillade...) et qu'on aura préalablement choisis sur ardoise - sans oublier le soufflé chaud-froid au citron de Menton, un classique de la maison.

AC – Prix : €€

Plan : B2-15 – *11 bis rue Grimaldi* – ✆ *04 97 20 55 36* – *www.bistrotmarin.com* – *Fermé mardi et mercredi*

LE CANON

CUISINE MODERNE • BISTRO Séduisante adresse que ce Canon, proposant une cuisine à la fois simple et exigeante : gaspacho de tomate, pêche blanche et tomme de brebis du pays ; mulet de pêche locale, ratatouille de légumes des collines et riz venere ; fontainebleau au yaourt de brebis, mûres sauvages et prunes reines claudes.. Des fournisseurs locaux triés sur le volet, quelques clins d'œil à la Méditerranée, de jolis vins 100 % nature conseillés par le patron, un séduisant cadre de bistrot vintage : on se régale.

♿ AC – Prix : €€

Plan : B2-19 – *23 rue Meyerbeer* – ✆ *04 93 79 09 24* – *www.lecanon.fr* – *Fermé samedi, dimanche et mercredi midi*

CHABROL

CUISINE MODERNE • BISTRO Faire chabrol (ou chabrot) est une antique coutume du sud de la France qui consiste à ajouter un peu de vin dans un fond de soupe pour allonger le bouillon, avant de l'avaler à grandes goulées. Ici, à deux pas du port et de la vieille ville, deux amis d'enfance mettent en valeur des produits de qualité dans des recettes modernes, piquées d'une pointe d'originalité... et ça fonctionne !

♿ 🍽 – Prix : €€

Plan : D2-20 – *12 rue Bavastro* – ✆ *09 83 04 36 73* – *www.le-chabrol-restaurant-nice.com* – *Fermé lundi, dimanche et du mardi au vendredi à midi*

COMPTOIR DU MARCHÉ

CUISINE TRADITIONNELLE • BISTRO Au cœur de l'animation, dans une ruelle du vieux Nice, décontraction et convivialité sont au programme ! Le nom de ce joli bistrot rétro dit tout du travail du chef, dont les créations sont pleines des couleurs et des parfums du marché. Carte courte, fraîcheur garantie, prix raisonnables : on passe un bon moment.

🍽 – Prix : €€

Plan : C2-21 – *8 rue du Marché* – ✆ *04 93 13 45 01* – *www.comptoirdumarche.fr* – *Fermé lundi et dimanche*

LES DEUX CANAILLES

CUISINE MODERNE • CONTEMPORAIN Ces Deux Canailles niçoises vont tambour battant, sous la houlette d'un chef japonais qui ne manque ni d'expérience ni de passion. La cuisine ? Méridionale et épurée, fraîche et d'une belle finesse, elle se pare de jolies touches nipponnes. Bilan : un bon moment !

AC – Prix : €€

Plan : C2-16 – *6 rue Chauvain* – ℰ *09 53 83 91 99* – *www.lesdeuxcanailles.com* – *Fermé lundi et dimanche*

EPIRO

CUISINE ITALIENNE • BISTRO Après une expérience réussie à Rome, où ils tiennent un bistrot très couru, Alessandra et Marco remettent le couvert à Nice, non loin du port. Dans l'assiette, savoureuses spécialités romaines, réjouissantes pâtes maison, de la générosité et de la gourmandise, sans oublier une jolie carte de vins italiens : carton plein.

AC 🍴 – Prix : €€

Plan : D2-29 – *53 boulevard Stalingrad* – ℰ *04 83 39 51 89* – *Fermé lundi, mardi, et mercredi et jeudi à midi*

FINE GUEULE

CUISINE TRADITIONNELLE • TENDANCE Dans le vieux Nice, face à la mairie, une salle flambante neuve, organisée autour d'une cuisine ouverte et d'un comptoir où les clients peuvent prendre place. Mais le plaisir est aussi – et surtout – gustatif, avec des assiettes de tradition déclinées chaque jour à l'ardoise, et comme ces entrées, pissaladière maison, œufs mimosa ou calamars à la plancha...

AC 🍴 – Prix : €€

Plan : C2-9 – *2 rue de l'Hôtel-de-Ville* – ℰ *04 93 80 21 64* – *www.finegueule.fr* – *Fermé lundi et dimanche*

ONAKA

SUSHI • COLORÉ Caché dans une impasse, ce comptoir à sushis ne désemplit pas (réservation fortement recommandée). Et pour cause : aux baguettes, un champion de France de sushis, formé notamment dans plusieurs restaurants du chef Nobu Matsuhisa. Riz parfaitement cuit, suprême de poulet moelleux, saumon fondant, thon bien rouge, bar à la chair ferme, sauce miso épicée enrichie d'herbes fraîches, wasabi rappé minute, belle carte de sakés (le sommelier et associé connaît son affaire) : tous les ingrédients sont réunis pour passer un excellent moment au fil d'un menu omakase, qui s'adapte à l'appétit et au porte-monnaie de chacun.

♿ – Prix : €€

Plan : B2-30 – *12 passage Masséna* – ℰ *09 52 97 26 83* – *www.onaka-restaurant.com* – *Fermé lundi, dimanche et mardi midi*

PEIXES BONAPARTE Ⓝ

POISSONS ET FRUITS DE MER • MÉDITERRANÉEN Entre la place Garibaldi et le Vieux Nice, le petit frère du Peixes Opéra possède aussi une grande terrasse, très prisée aux beaux jours ! On connaît la formule gagnante : une déclinaison de plats iodés (poissons, tataki, sashimi, acras, huîtres) et des spécialités de ceviche. Le cadre de bistrot contemporain bleu et blanc marin évoque le Portugal et la Grèce. Derrière le comptoir, une mixologue confectionne ses cocktails. Très bon rapport qualité-prix de la formule déjeuner. Une adresse ouverte non-stop qui propose une carte réduite jusqu'à 19 h.

♿ AC 🍴 – Prix : €€

Plan : D1-28 – *5 rue Bonaparte* – ℰ *04 93 56 30 90* – *www.peixes.fr* – *Fermé dimanche*

PEIXES OPÉRA

POISSONS ET FRUITS DE MER • CONVIVIAL Près de la mairie et de l'opéra Peixes – à prononcer "pêche" qui veut dire poisson en portugais. Dans cette petite salle de bistrot au carrelage blanc et bleu, très "Méditerranée", on braconne de jolies préparations iodées d'esprit tapas (ceviche, carpaccio, fritures de poisson, accras de morue). Adresse prisée, terrasse prise d'assaut (pas de réservation !).

& 🅰🅲 🍴 – Prix : €€

Plan : C2-25 – *4 rue Jacques-Médecin* – ℰ *04 93 85 96 15* – *www.peixes.fr* – *Fermé dimanche*

LA RÉSERVE DE NICE

CUISINE MODERNE • CHIC À l'écart de la ville, cette belle demeure jouit d'une situation exceptionnelle, en surplomb de la mer, face à la baie des Anges et au ballet des ferries reliant la Corse. Avec ses accents Art déco, la salle a l'allure d'un paquebot... et l'on embarque pour une croisière gastronomique raffinée, ancrée en Méditerranée.

≶ & 🅰🅲 🍴 ⇔ 🏊 – Prix : €€€

Plan : D2-13 – *60 boulevard Franck-Pilatte* – ℰ *04 97 08 14 80* – *www.lareservedenice.fr/fr* – *Fermé lundi et dimanche*

LA ROTONDE

CUISINE MÉDITERRANÉENNE • CONTEMPORAIN La brasserie – en forme de rotonde – du palace mythique est résolument entrée dans la modernité. Dans cet espace lumineux (qui bénéficie d'une terrasse), on pioche dans une carte (conçue par la cheffe étoilée Virginie Basselot) qui célèbre une cuisine franche et colorée aux accents méditerranéens, avec des clins d'œil à la tradition niçoise...

🅰🅲 🍴 – Prix : €€€

Plan : B2-17 – *Le Negresco, 37 promenade des Anglais* – ℰ *04 93 16 64 11* – *www.hotel-negresco-nice.com/fr*

ROUGE

CUISINE MÉDITERRANÉENNE • BAR À VIN Derrière le port, dans le quartier des antiquaires, un disciple d'Yves Camdeborde est aux commandes de ce sympathique bar à vins. Le chef régale avec de jolies assiettes méditerranéennes à partager, concoctées avec des produits ultra-frais. C'est gourmand et généreux, et le porte-monnaie sourit d'aise. Une centaine de références de vins vivants à prix raisonnable. Ouverture en continu (attention, pas de réservation).

& 🅰🅲 🍴 ⇔ – Prix : €

Plan : D2-24 – *2 rue de Foresta* – ℰ *09 77 94 22 39* – *www.rouge-restaurant.fr*

LE SÉJOUR CAFÉ

CUISINE MODERNE • COSY Des étagères garnies de livres, de bibelots et de plantes vertes, des tableaux et des photos aux murs... On se croirait dans la salle de séjour d'une jolie maison particulière, cosy et feutrée. Et c'est sans mentionner le charme exercé par la cuisine du marché et pleine de gourmandise rythmée par les saisons. Accueil et service des plus attentionnés.

& 🅰🅲 🍴 – Prix : €€

Plan : B2-27 – *11 rue Grimaldi* – ℰ *04 97 20 55 35* – *www.sejourcafe.com* – *Fermé lundi et dimanche*

🛏 L'ABEILLE

MODERNE • CHALEUREUX Rares sont les appartements hôteliers aussi élégants que ces espaces ultra-modernes et colorés. L'Abeille fait fi des clins d'œil au folklore du sud de la France : le vieux quartier portuaire de Nice s'en charge. L'immeuble est récent, mais habillé d'une palette méditerranéenne classique. À l'intérieur, les lignes sont épurées, le bois nu, le béton brut et les teintes primaires saturées, ponctuées de quelques œuvres d'art contemporain judicieusement choisies. Chaque appartement dispose d'une cuisine moderne bien équipée, d'une salle de bains en marbre et d'un système audio.

🛏️🆎 - 9 chambres

4 rue Bonaparte – ℰ 06 48 81 41 80 – www.labeillenice.com

🛏️ BOSCOLO EXEDRA NICE

CLASSIQUE • RAFFINÉ Une façade Belle Époque éclatante pour un vaisseau grandiose et immaculé, tout en luxe et sobriété... Comment résister au spa, à la piscine sur le toit terrasse du 6ᵉ étage ? Le Boscolo Exedra, ou l'art de vivre la Côte d'Azur à l'heure internationale et urbaine !

🎨🅿️🛋️🍸🚲🏊♨️♨️💆💅🍴🆎 - 113 chambres

12 boulevard Victor Hugo – ℰ 04 97 03 89 89 – www.boscolohotels.com

🛏️ HÔTEL AMOUR

BOHÈME • CHARME Après les hôtels Amour et Grand Amour à Paris, Nice bénéficie à son tour d'une adresse au charme rétro. Les chambres s'illustrent ici par un caractère bohème, une palette pastel sucrée et des chambres décorées de trouvailles chinées des années 30 à 50. Le rooftop offre une piscine et un bar avec vue panoramique sur la ville, en plus du patio verdoyant. Enfin, une plage privée court le long de la Promenade des Anglais. Un amour partagé !

♿🍸🏊🍴🆎 - 38 chambres

3 avenue des Fleurs – ℰ 04 65 27 10 10 – www.hotelamournice.fr

🛏️ HYATT REGENCY PALAIS DE LA MÉDITERRANÉE

CLASSIQUE • CHALEUREUX Un véritable palais dédié à la Méditerranée... Derrière sa grandiose façade Art déco, on découvre un ensemble éminemment contemporain. Les grandes suites, la vue imprenable sur les flots (dans certaines chambres), le piano-bar feutré... Toute l'allure d'une villégiature made in promenade des Anglais !

♿🎨🅿️🍸🚲🏊♨️💆💅🍴🆎 - 187 chambres

13 promenade des Anglais – ℰ 04 93 27 12 34 – www.hyatt.com/hyatt-regency/ en-US/ncehr-hyatt-regency-nice-palais-de-la-mediterranee

🛏️ LE NEGRESCO

GRAND STYLE • RAFFINÉ Bâti en 1912 par Henri Negresco, cet établissement mythique regorge d'œuvres d'art exceptionnelles et cultive la démesure dans un choc des styles qui n'appartient qu'à lui. De l'emphase, de la majesté...

♿🎨🅿️🍸💅🍴🆎 - 128 chambres

37 promenade des Anglais – ℰ 04 93 16 64 00 – www.hotel-negresco-nice.com

❀ **Le Chantecler • La Rotonde** - Voir la sélection des restaurants

NIEDERSCHAEFFOLSHEIM

✉️ 67500 – Bas-Rhin – Carte régionale n° **8**–B1

AU BŒUF ROUGE

CUISINE MODERNE • ÉLÉGANT Géré par la même famille depuis 1880, ce restaurant est une véritable institution locale. Le chef François Golla propose une cuisine moderne sans toutefois renier la tradition, comme avec cette langoustine royale en carpaccio mais aussi travaillée en croustillant, tandis que sa femme dirige la salle avec bienveillance. Côté sommellerie, la sœur du chef propose notamment des vins au verre souvent servis en magnum - très appréciable ! Une adresse attachante où il fait bon s'attabler, notamment grâce à ce cadre bourgeois où le bois domine.

🍴♿🆎🪑🅿️ – Prix : €€€

39 rue du Général-de-Gaulle – ℰ 03 88 73 81 00 – www.francois-golla.com – Fermé lundi, mardi midi et dimanche soir

NIEDERSTEINBACH

✉ 67510 – Bas-Rhin – Carte régionale n° **8**–B1

AU CHEVAL BLANC

CUISINE TRADITIONNELLE • RUSTIQUE L'âme d'une winstub... et le goût du pays porté avec amour : truite au bleu, pavé de biche sauce grand-veneur... mousse au kirsch, etc. Même esprit côté décor, tout en boiseries et composé de deux "stuben", ces salles rustiques typiquement régionales. Enfin, mention spéciale pour l'accueil, tout à fait exemplaire !

🕷 ⇦ 🅰🅒 🎄 🅿 – Prix : €€

11 rue Principale – 🕾 03 88 09 55 31 – www.hotel-cheval-blanc.fr –
Fermé mercredi et jeudi

NIEUL

✉ 87510 – Haute-Vienne – Carte régionale n° **19**–B2

✿ LA CHAPELLE SAINT-MARTIN

Chef : Gilles Dudognon

CUISINE MODERNE • BOURGEOIS Aux portes de Limoges, ce petit castel est une ancienne maison de porcelainier, décorée avec de nombreux meubles et tableaux chinés. Le chef Gilles Dudognon et sa brigade sélectionnent avec rigueur de beaux produits régionaux. Ils en tirent une cuisine classique de caractère, qu'ils n'hésitent pas à parsemer de touches inventives. Entre deux coups d'œil admiratifs au joli parc, on se régale de "L'Intemporel" pâté en croûte Saint Martin (ris de veau, volaille, foie gras), ou de plats plus progressifs comme ce ceviche de maigre, tartare fenouil pamplemousse, sorbet citron infusé au thym. Chambres charmantes.

⇦ ⇦ ⚄ 🎄 🅿 – Prix : €€€€

33 route Saint-Martin-du-Fault – 🕾 05 55 75 80 17 – www.chapellesaintmartin.
com/fr – Fermé lundi, et mardi et mercredi à midi

NÎMES

✉ 30000 – Gard –
Carte régionale n° **28**–B2

Marais et montagne... sous le soleil, exactement

Célèbre pour ses arènes, sa Maison Carrée et, désormais, son musée de la Romanité, la ville romaine est née au milieu de la garrigue, des oliveraies, des vignes et des châtaigniers. Tiraillée entre Cévennes et Camargue, elle fleure aussi délicieusement la Provence. Flânez au cœur de son Écusson, ce lacis de ruelles du quartier médiéval. Vous trouverez forcément une boutique où faire le plein de brandade de Nîmes, et une autre pour goûter à la gardiane de taureau. Pour l'apéritif, mettez sur la table des olives de Nîmes (qui bénéficient d'une AOP), une tapenade et une anchoïade. En saison, les Cévennes fournissent leur lot de pélardons, d'oignons doux et de pommes reinette. Enfin, aux portes de la ville s'étend la plus méridionale des appellations de la vallée du Rhône : les Costières de Nîmes. Surtout dédié aux rouges, ce vignoble donne aussi des rosés et des blancs très méritants...

🕸🕸 **DUENDE**

CUISINE MODERNE • ÉLÉGANT Duende ! Ou quand l'art du torero et de la danseuse de flamenco enflamment l'imaginaire de Pierre Gagnaire. L'adresse gastronomique de l'Hôtel Imperator bénéficie d'une entrée indépendante. Et d'indépendance, le maître n'en manque sûrement pas : produits de qualité, maîtrise technique avérée, spontanéité et originalité. Le grand chef a confié les clefs de la maison à son protégé Nicolas Fontaine et Masaki Nagao, qui connaissent sur le bout des doigts l'esprit frondeur de leur mentor. Le menu dégustation met subtilement à l'honneur les plus beaux produits du Gard et de l'axe méditerranéen (porc baron des Cévennes, légumes de petits maraîchers, pêche de Méditerranée...) autour d'assiettes subtiles et délicates. Superbe carte des vins, riche de plus de 1000 références, avec une préférence régionale marquée. Accueil charmant, service d'un grand professionnalisme et d'une grande élégance.

🐾 🚪👤♿🆔🍽 – Prix : €€€€

Plan : A1-8 – *Quai de la Fontaine* – 𝒞 *04 66 21 94 34* – *www.maison-albar-hotels-l-imperator.com* – *Fermé du lundi au mercredi, jeudi midi et dimanche soir*

🕸 **JÉRÔME NUTILE**

Chef : Jérôme Nutile

CUISINE MODERNE • ÉLÉGANT Jérôme Nutile n'est pas le premier venu : Meilleur Ouvrier de France 2011, il a notamment fait les beaux jours de l'Hostellerie Le Castellas, à Collias. Dans son repaire nîmois, une ancienne ferme agricole réaménagée, il célèbre les saisons de très jolie manière : tendres poireaux cuits sur la

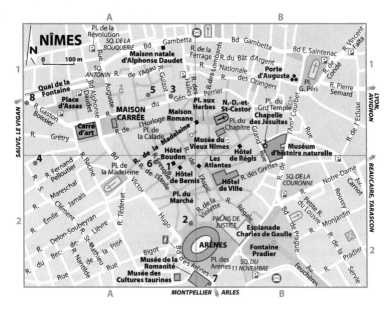

fleur de sel de Camargue, fondant de saumon sauvage confit ; traditionnel lièvre à la royale façon Antonin Carême et à la mode du sénateur Couteaux, un grand classique en deux façons, soigné et savoureux. Ajoutons à cela un service aimable et compétent, une belle carte des vins de la région, et le compte est bon !

⅏ ⇆ 🚾♿🅰🏠⌛🅿 – Prix : €€€€

Hors plan – *351 chemin Bas-du-Mas-de-Boudan* – ☎ *04 66 40 65 65 – www.jerome-nutile.com – Fermé dimanche*

ॐ **ROUGE**

CUISINE CRÉATIVE • INTIME Ce magnifique hôtel particulier du 15ᵉ s. abrite une table menée tambour battant par la cheffe Georgiana Viou. Évoluant constamment au fil des saisons, sa cuisine fusionne les influences méditerranéennes (marseillaise d'adoption, elle y a même ouvert son premier restaurant) et ses racines béninoises ("dja", ketchup béninois...) pour enchanter des assiettes créatives et goûteuses. terrasse dans la cour pour les beaux jours, ou joli intérieur feutré, avec son grand comptoir en prise directe avec la cheffe, qui prend toujours le temps d'échanger avec ses clients.

⇆ ⅏ ♿🅰🏠 – Prix : €€€€

Plan : A2-6 – *Margaret - Hôtel Chouleur, 6 rue Fresque* – ☎ *04 48 27 08 01 – www.margaret-hotelchouleur.com – Fermé lundi, dimanche et du mardi au jeudi à midi*

ॐ **SKAB**

Chef : Damien Sanchez

CUISINE MODERNE • CONTEMPORAIN Aux commandes de ce repaire de gourmandise situé derrière les arènes, juste en face du musée de la Romanité, on trouve le chef Damien Sanchez, un Nîmois qui a travaillé à la Cabro d'Or, à la Réserve de Beaulieu, chez Christopher Coutanceau à la Rochelle et, enfin, dans sa ville natale aux côtés de Jérôme Nutile. Il convainc aisément avec une cuisine pleine de fraîcheur et de vivacité qui met en valeur le terroir gardois : bar en deux façons à la vapeur et en tartare ; tournedos de lotte cuit, artichaut poivrade farci. Dès les premiers rayons de soleil, on s'installe dans le patio à l'ombre des érables.

❀ ♿ 🅰 🍽 ⛲ – Prix : €€€€

Hors plan – *7 rue de la République* – ℰ *04 66 21 94 30* – *www.restaurant-skab. fr* – *Fermé lundi, dimanche et mardi midi*

AUX PLAISIRS DES HALLES

CUISINE TRADITIONNELLE • CONVIVIAL Pour l'hiver, une salle tout habillée de bois ; pour l'été, un joli patio fleuri... toute l'année, une cuisine du marché simple et bien tournée : velouté de chou-fleur travaillé avec les sublimes de pigeon, toast avec les abats ; filets de rouget de roche, courge farcie de lard fumé et jus de cuisson ; crêpe façon Suzette au Grand Marnier... Avec un peu de chance, vous serez de passage un jour où le chef réalise un plat surprise sur un billot au milieu de la salle, devant les clients... un show qui vaut le coup d'œil !

❀ 🅰 🍽 ⛲ – Prix : €€

Plan : A1-5 – *4 rue Littré* – ℰ *04 66 36 01 02* – *www.auxplaisirsdeshalles.com* – *Fermé lundi, mardi midi et dimanche soir*

LE BISTR'AU - LE MAS DE BOUDAN

CUISINE MODERNE • BISTRO Jérôme Nutile propose dans l'annexe de son adresse étoilée une ardoise composée au gré du marché ; ses préparations gourmandes revisitent les classiques et fleurent bon la bistronomie. Des exemples ? Tartine de pieds et oreilles de cochon à l'huile de truffe, poisson du jour en provenance du Grau-du-Roi, île flottante aux pralines roses, cheveux d'ange.

♿ 🅰 🍽 🅿 – Prix : €€

Hors plan – *351 chemin Bas-du-Mas-de-Boudan* – ℰ *04 66 40 60 75* – *www.jerome-nutile.com/fr* – *Fermé dimanche*

LE LISITA

CUISINE MODERNE • CLASSIQUE Manger en terrasse face aux arènes de Nîmes et, la nuit venue, voir le monument s'illuminer... C'est tous les sens en éveil que l'on s'attable ici. Au menu, une cuisine régionale gorgée de soleil, soignée et généreuse, accompagnée d'un joli choix de vins. Plaisir des pupilles et des papilles !

♿ 🅰 🍽 ⛲ – Prix : €€

Plan : A2-2 – *2 boulevard des Arènes* – ℰ *04 66 67 29 15* – *www.lelisita.com* – *Fermé lundi et dimanche*

MENNA ⓝ

CUISINE MÉDITERRANÉENNE • CONVIVIAL Une affaire de famille : le papa en cuisine, sa fille en pâtisserie, au pain et aux amuse-bouches, Jonathan son compagnon à l'accueil et en salle, épaulé de sa belle-mère. Ici, tout est maison dans un registre méditerranéen traditionnel : fleurs de courgettes et bouillon de cigales de mer ; ballotine de lapin aux herbes ; farcis provençaux ; quasi de veau de l'Aveyron et jus au vin jaune ; riz au lait à la rhubarbe. Du pigeon au riz de Camargue, en passant par l'huile d'olive et les viandes du boucher-éleveur des halles, tous les produits n'ont pas beaucoup voyagé pour finir dans notre assiette. Bistrot situé en plein centre-ville à quelques pas des arènes dans une rue piétonne. La terrasse donne sur une placette.

♿ 🅰 🍽 – Prix : €€€

Plan : A2-1 – *7 rue de Bernis* – ℰ *04 66 21 04 45* – *www.restaurant-menna.fr* – *Fermé mardi et mercredi*

LA PIE QUI COUETTE

CUISINE MÉDITERRANÉENNE • BAR À TAPAS Ce bar à tapas, tenu par un chef expérimenté, enchante les papilles en toute simplicité. La cuisine du marché est concoctée à partir des produits des étals voisins. Au nombre des spécialités de la maison : viandes maturées, brandade de morue, tartare de bœuf au couteau et île flottante. Les portions sont généreuses, le choix des vins judicieux. On mange au coude à coude, c'est très convivial. Attention pas de réservation possible, service de 11H30 à 15H00 et... c'est complet tous les jours. Heureusement, il y a en plus une table d'hôtes pour une douzaine de personnes.

🄰🄺 – Prix : €€

Plan : A1-3 – *1 rue Guizot* – ℰ *04 66 23 59 04* – *Fermé dimanche midi et du mardi au samedi soir*

LA TABLE DU 2

CUISINE TRADITIONNELLE • BRASSERIE Entité gourmande du musée de la Romanité, cette brasserie contemporaine est parfaitement accordée, avec l'architecture du bâtiment. Elle offre une vue imprenable sur les arènes de Nîmes ainsi qu'une carte de saison chapeautée par le chef étoilé Franck Putelat. Sans jamais y perdre son latin, on se délecte d'une vraie cuisine traditionnelle : œuf meurette, ris de veau et pomme purée, jus au Maury, truite meunière et même d'indétrônables crêpes Suzette...

✍ ⑃ 🄰🄺 🛋 ⟷ – Prix : €€

Plan : B2-7 – *2 rue de la République* – ℰ *04 48 27 22 22* – *www.latabledu2. com* – *Fermé dimanche soir*

VINCENT CROIZARD

CUISINE CRÉATIVE • ÉLÉGANT Dans une rue étroite près du Carré d'Art, il faut d'abord sonner à la porte de cette discrète maison de ville. Le chef, autodidacte, y compose une jolie cuisine créative, osant des mariages souvent surprenants. Et c'est à son épouse qu'on doit la superbe sélection de vins, qui fait la part belle au Languedoc-Roussillon.

🕸 ⑃ 🄰🄺 🛋 – Prix : €€€

Plan : A2-4 – *17 rue des Chassaintes* – ℰ *04 66 67 04 99* – *www. restaurantcroizard.com* – *Fermé lundi, mardi et mercredi midi*

🛏 ## BIEN LOIN D'ICI

MODERNE • CHAMPÊTRE Trois éco-lodges plantés dans la garrigue provençale : l'objectif est rempli, la sensation d'ailleurs garantie. Dissimulé dans la végétation, cet hôtel offre un repli dans la nature, et dans le respect de celle-ci. Les deux Parisiens à l'origine de cette bulle de luxe écolo ont pensé à tout, de l'ossature en bois de leurs "maisons passives et bioclimatiques" jusqu'aux énergies vertes en passant par des matériaux 100% locaux, un jardin sec et un système de phytoépuration. Si vous redoutez de dormir sur un matelas de paille et de festoyer autour de fanes de carottes, la décoration ultra pointue, iPad, spa privé, guitare acoustique et vélos à disposition devraient vous rassurer.

🄿 ⑃ ⑃ 🛋 ⑃ 🄰🄺 - 3 chambres

386 traverse d'Engance – ℰ *06 86 76 14 30* – *www.bienloindici.com*

🛏 ## JARDINS SECRETS

CLASSIQUE • RAFFINÉ Exquis et confidentiel... Au cœur de la ville, cet hôtel est une parenthèse : au sein d'un jardin semé de mille essences, le décor, imaginé par une propriétaire pleine de talents, puise dans tous les raffinements du 18ᵉ s. Le spa est très beau.

🏊 🄿 ⑃ ⑃ 🛋 🌐 🄰🄺 - 14 chambres

3 rue Gaston Maruejols – ℰ *04 66 84 82 64* – *www.jardinssecrets.net*

🛏 ## MAISON ALBAR HÔTELS L'IMPERATOR

CLASSIQUE • CHARME Superbement restauré, cet hôtel en cœur de ville a retrouvé tout son charme Art déco, depuis les chambres (bois, marbre, rappels minéraux, bleu et vert façon 1930) jusqu'au joli patio-terrasse. Spa, fitness, piscine : un séjour délicieux.

🛋 🏊 🄿 ⑃ ⑃ 🚲 ⑃ 🌐 ⑃ ⟷ 🍽 🄰🄺 - 60 chambres

15 rue Gaston Boissier – ℰ *04 66 21 90 30* – *www.maison-albar-hotels-l-imperator.com*

❀❀ **Duende** - Voir la sélection des restaurants

NIORT

✉ 79000 – Deux-Sèvres – Carte régionale n° **14**–C2

AUBERGE DE LA ROUSSILLE

CUISINE MODERNE • **AUBERGE** On tombe forcément sous le charme de cette belle maison d'éclusier, installée dans le cadre bucolique des bords de Sèvre... un environnement enchanteur qui ne saurait masquer l'essentiel : la cuisine du chef, soignée et bien calibrée, dans laquelle les produits sont au top et agrémentés sans superflu. Un vrai bonheur.

&. 🅰🅒 🍽 – Prix : €€€

30 impasse de la Roussille, St-Liguaire – ℰ 05 49 06 98 38 – www.laroussille.com – Fermé lundi et mardi, et dimanche soir

NŒUX-LES-MINES

✉ 62290 – Pas-de-Calais – Carte régionale n° **4**–B2

LE CERCLE

CUISINE MODERNE • **COSY** Des assiettes maîtrisées, des produits de qualité et un service souriant : qu'il fait bon prendre place dans le Cercle ! Parmi nos plats préférés : escargots à l'ail et émulsion de pomme de terre ; turbot aux carottes des sables et bisque de langoustine. Quant au cadre, à la fois chic et cosy, il se pare d'élégants tableaux contemporains.

&. 🅰🅒 🍽 🛏 🅿 – Prix : €€

374 rue Nationale – ℰ 03 21 61 65 65 – www.hotel-lamaisonrouge.com

NOIRMOUTIER-EN-L'ÎLE – Vendée (85) ➜ Voir Île de Noirmoutier

NOISY-LE-GRAND

✉ 93160 – Seine-Saint-Denis – Carte régionale n° **11**–F2

LES MÉROVINGIENS

CUISINE ACTUELLE • **CONTEMPORAIN** Jacky Ribault (L'Ours à Vincennes, Qui Plume la Lune dans le 11ᵉ à Paris) a ouvert cette brasserie au rez-de-chaussée d'une résidence du centre-ville de Noisy-le-Grand. L'adresse rend hommage à l'histoire de la ville, installée sur une nécropole mérovingienne et carolingienne. La carte déroule de bons petits classiques sagement relookés, réalisés à partir de produits impeccables. Tous les desserts sont signés du pâtissier de l'Ours, Hugo Correia. Cadre contemporain plaisant sur mesure. Brunch le dimanche, ouvert 7 jours sur 7, et service continu.

&. 🅰🅒 🍽 – Prix : €€

32 avenue Émile-Cossonneau – ℰ 01 43 03 67 78 – www.lesmerovingiens.fr

NONZA – Haute-Corse (20) ➜ Voir Corse

NOTRE-DAME-DE-BELLECOMBE

✉ 73590 – Savoie – Carte régionale n° **21**–D2

😊 LA FERME DE VICTORINE

CUISINE TRADITIONNELLE • **CONVIVIAL** Une ferme plus vraie que nature ; l'hiver, depuis la jolie salle rustique, on aperçoit même les vaches dans l'étable... Le chef est un passionné du terroir savoyard, toujours à la recherche des meilleurs fromages et charcuteries. Une table éminemment sympathique et très gourmande !

🍽 🅿 – Prix : €€

141 route du Plan-Dessert – ℰ 04 79 31 63 46 – www.la-ferme-de-victorine.com – Fermé lundi, mercredi et jeudi

NOYAL-SUR-VILAINE

✉ 35530 – Ille-et-Vilaine – Carte régionale n° **9**–B1

✿ AUBERGE DU PONT D'ACIGNÉ

Chef : Sylvain Guillemot

CUISINE MODERNE • ÉLÉGANT Aux portes de Rennes, le long de la Vilaine, cette maison en granit mérite toute notre attention. Les propriétaires, Sylvain Guillemot et son épouse Marie-Pierre, se sont rencontrés chez Alain Passard. Sylvain revendique une "cuisine d'instant et d'instinct", travaille le terroir avec inventivité et une maîtrise de tous les instants. Il bichonne particulièrement ses relations avec ses amis producteurs – d'algues, de piment, de gingembre, de volaille et, bien sûr, de beurre. Le cadre, élégant et lumineux, la terrasse en bord de la Vilaine, comme le service, très agréable, ajoutent au plaisir de cette parenthèse gastronomique. Très beau choix de vins.

❀ 👌🏼 🛋 ✿ **P** – Prix : €€€

8 Le Pont-d'Acigné (lieu-dit) – 𝒞 02 99 62 52 55 – www.lepontdacigne.com – Fermé lundi et mardi, et dimanche soir

NYONS

✉ 26110 – Drôme – Carte régionale n° **24**–B2

LE VERRE À SOIE

CUISINE FUSION • CONVIVIAL Après une carrière chez Christian Têtedoie (Lyon), Fei-Hsiu et Jérome Lamy ont décidé de reprendre ce Verre à Soie. Lui œuvre toujours comme sommelier, proposant de séduisants accords mets et vins, mettant en valeur la jolie cuisine de son épouse, inspirée par ses origines taïwanaises. Un beau mariage franco-asiatique.

❀ 🛋 – Prix : €€

12 place des Arcades – 𝒞 04 75 26 15 18 – Fermé du mardi au jeudi

OBERNAI

✉ 67210 – Bas-Rhin – Carte régionale n° **8**–A2

✿✿ LA FOURCHETTE DES DUCS

Chef : Nicolas Stamm-Corby

CUISINE CRÉATIVE • ÉLÉGANT Le chef Nicolas Stamm-Corby sait maintenir l'équilibre parfait entre la célébration des classiques et la pointe d'inventivité qui fait mouche. En toutes saisons, il nous gratifie d'assiettes de belle tenue, dans lesquelles les bons produits sont à la fête. En hiver, la ballottine de pigeonneau de nid de Théo Kieffer au foie gras, chou farci de choucroute fil d'or, jus de pigeon truffé fait honneur à l'Alsace... Côté sucré, le jeune pâtissier Benjamin Mornay démontre un réel savoir-faire sur cette orange sanguine en coque de chocolat blanc, ganache à la vanille Bourbon et sorbet orange sanguine. Enfin, on termine par un chariot de mignardises absolument mémorable (tartes aux fruits, kougelhopf, financier à la griotte, madeleine au miel de lavande...).

❀ 👌🏼 🅰🅲 🛋 ✿ – Prix : €€€€

6 rue de la Gare – 𝒞 03 88 48 33 38 – www.lafourchettedesducs.com/fr – Fermé lundi, du mardi au samedi à midi, et dimanche soir

✿ THIERRY SCHWARTZ - LE RESTAURANT

Chef : Thierry Schwartz

CUISINE CRÉATIVE • RUSTIQUE Pour Thierry Schwartz, "Alsacien de cœur et d'origine", la nature ne s'envisage qu'en plein cœur de l'assiette : son engagement en faveur des producteurs locaux en est la preuve, et lui a valu les insignes d'officier du Mérite agricole. Posons le décor : naturel et boisé, avec exposition de légumes du moment, tables en bois et cheminée qui crépite... Il concocte trois remarquables menus où le produit (alsacien et en permaculture) se suffit à lui-même : pur épeautre, omble chevalier, oseille sauvage, œufs bio fermiers... Tout cela s'arrose d'un bon cru, nature bien évidemment : vous aurez le choix, la carte comporte plus de 1500 références.

இ 斎 🗘 – Prix : €€€€

35 rue de Sélestat – ☏ 03 88 49 90 41 – www.thierry-schwartz.fr – Fermé lundi et dimanche soir

🌱 **L'engagement du chef :** Depuis l'ouverture du restaurant il y a 20 ans, les circuits courts sont notre priorité. 95% de nos produits viennent de moins de 50 km. Nous contactons nos maraîchers et éleveurs tous les jours et nous prenons leurs produits à maturité. Notre carte change deux fois par semaine. Une grande majorité de nos producteurs travaillent en biodynamie et nous encourageons la réintroduction de variétés anciennes de fruits et de légumes. Nous transformons les déchets dans un objectif « zéro déchet ».

À L'AGNEAU D'OR

CUISINE ALSACIENNE • WINSTUB Presskopf sauce vinaigrette, filet de sandre sur choucroute sauce riesling, tarte maison qui change tous les jours... Voici les douceurs que vous réserve cette maison typiquement alsacienne, tant d'apparence que de philosophie. Le décor est éminemment chaleureux et l'assiette cultive le goût des bonnes recettes régionales.

& – Prix : €€

99 rue Général-Gouraud – ☏ 03 88 95 28 22 – www.alagneaudor.e-monsite.com – Fermé lundi, samedi midi et dimanche soir

LE PARC

CUISINE MODERNE • ÉLÉGANT Voilà, dans les faubourgs de la ville, une imposante maison alsacienne où les générations se succèdent depuis la création de l'établissement en 1954. Dans l'élégante salle à manger – boiseries couleur miel, plafond à caissons, lustre en cristal –, on se régale d'une bonne cuisine actuelle, fine et bien réalisée.

⇐ 🅰️ 斎 🗘 🅿️ – Prix : €€€

169 route d'Ottrott – ☏ 03 88 95 50 08 – www.leparchotel.fr – Fermé lundi et du mardi au samedi à midi

OBERSTEINBACH

✉ 67510 – Bas-Rhin – Carte régionale n° **8**–B1

ANTHON

CUISINE MODERNE • COSY Georges Flaig représente la quatrième génération aux fourneaux de cette ravissante maison à colombages, datant de 1860. Nulle nostalgie chez lui : sa cuisine est moderne et savoureuse, et met volontiers en avant les producteurs des environs : bœuf de Highland du Windstein, truite de Wingen...

இ ⇐ & 斎 🅿️ – Prix : €€

40 rue Principale – ☏ 03 88 09 55 01 – www.restaurant-anthon.fr – Fermé lundi, mardi et mercredi midi

OFFRANVILLE

✉ 76550 – Seine-Maritime – Carte régionale n° **3**–B1

🐛 ### LE COLOMBIER

Chef : Laurent Kleczewski

CUISINE MODERNE • COSY En matière de cuisine, rien ne vaut la simplicité. Depuis 2002, le chef Laurent Kleczewski en fait la preuve dans cette paisible maison normande : à partir de produits de belle fraîcheur, il compose des plats gourmands et parfumés, sans donner dans la démonstration ou l'esbroufe. Quelques notes exotiques, et plus précisément asiatiques, viennent agrémenter les recettes, mais jamais dans l'excès : un savant dosage qui permet de ne jamais dénaturer le produit de base. Le tout proposé à des tarifs sympathiques, à midi surtout, dans une salle à manger cosy qui marie l'esprit de la bâtisse (cheminée ancienne en brique rouge) à des notes plus actuelles.

& – Prix : €€€

Rue Loucheur – ☏ 02 35 85 48 50 – www.lecolombieroffranville.fr – Fermé mardi et mercredi, et dimanche soir

OLARGUES

✉ 34390 – Hérault – Carte régionale n° **27**–C2

FLEURS D'OLARGUES

CUISINE MODERNE • AUBERGE Une véritable affaire de famille que cette adresse où le père Kasper, d'origine danoise, travaille avec son épouse et ses filles. Produits locaux, légumes du potager, foie gras et pain maison (comme ce smørrebrød) et subtiles touches nordiques (saumon mariné au jus de betterave, pommes de terre hasselback) : voici le programme culinaire de cette jolie adresse familiale. La terrasse bucolique donne sur le pont du Diable (12ᵉ s.) et le village, classé parmi les plus beaux de France.

⟨ 🍽 – Prix : €€

au Pont-du-Diable – ☏ 04 67 97 27 04 – www.fleursdeolargues.com – Fermé lundi et mardi, et dimanche soir

OLETTA – Haute-Corse (20) → Voir Corse

OLIVET

✉ 45160 – Loiret – Carte régionale n° **11**–B3

LE PAVILLON BLEU

CUISINE MODERNE • ROMANTIQUE Esprit guinguette pour cette bâtisse de 1903 des bords du Loiret, où il fait bon s'installer sur la terrasse aux beaux jours, à l'ombre de vieux platanes, quasiment "les pieds dans l'eau". Pour l'anecdote, la salle est aménagée dans un ancien hangar à bateaux. Côté assiettes, les techniques sont maîtrisées, les assaisonnements équilibrés : c'est savoureux. Chambres confortables pour l'étape.

🍽 🅿 – Prix : €€

315 rue de la Reine-Blanche – ☏ 02 38 66 14 30 – www.pavillonbleu-restaurant.com – Fermé lundi

OLMETO – Corse-du-Sud (20) →

ONZAIN

✉ 41150 – Loir-et-Cher – Carte régionale n° **10**–C3

❀ LES HAUTS DE LOIRE

CUISINE CLASSIQUE • ÉLÉGANT Le cadre de ce pavillon de chasse du 19ᵉ s. installé entre Amboise et Blois est tout simplement magnifique, notamment la salle à manger classique et la ravissante terrasse au calme. La carte s'appuie sur des produits de grande qualité – truffe de Touraine, caviar de Sologne, poissons de Loire – travaillés avec application. En saison, on retrouve également avec plaisir le gibier régional et les fruits et légumes du potager maison...

🛏 🏠 🅰🅲 🍽 🅿 – Prix : €€€€

79 rue Gilbert-Navard – ☏ 02 54 20 72 57 – www.hautsdeloire.com – Fermé lundi, mardi et du mercredi au vendredi à midi

BISTROT DES HAUTS DE LOIRE

CUISINE TRADITIONNELLE • BISTRO Dans les dépendances du domaine, une jolie bâtisse solognote avec sa charpente apparente et son parquet de chêne... Le décor est planté ! Sur la terrasse face au jardin potager, on se régale de petits plats bistrotiers (viande maturée, cuissons à la broche) et de créations plus imaginatives. Un régal.

🖐 ♿ 🌼 🅿 – Prix : €€

79 rue Gilbert-Navard – ℰ 02 54 20 72 57 – www.hautsdeloire.com –
Fermé mercredi et jeudi

LES HAUTS DE LOIRE

TRADITIONNEL • COSY Dans son parc forestier à mi-chemin entre Chenonceaux, Amboise et Blois, ce castel plus que centenaire (1860) exprime l'âme noble de la région. Objets anciens, imprimés chatoyants, beaux volumes, charpente apparente dans certaines chambres : le savoir-vivre à la ligérienne.

🅿 🛋 🍽 🖐 🎋 🌀 🐾 📶 🛎 🎁 - 31 chambres

79 rue Gilbert Navard – ℰ 02 54 20 72 57 – www.domainehautsloire.com

❀ **Les Hauts de Loire • Bistrot des Hauts de Loire** - Voir la sélection des restaurants

OPIO

✉ 06650 – Alpes-Maritimes – Carte régionale n° **29**–E2

CAFFÉ CÉSAR L'INITIAL

CUISINE MODERNE • BRASSERIE Une grande terrasse, un intérieur moderne et spacieux avec une grande cuisine ouverte : un écrin idéal pour découvrir une cuisine bistronomique aux bons parfums de Provence et de Méditerranée, soignée et gourmande. Délicieux gnocchis aux blettes (spécialité niçoise "Merda de Can"), filet de pagre en matelote comme une caponata, baba au rhum à la rose... Une adresse conviviale où le service du vin au verre se fait au magnum...

♿ 🎋 🌼 – Prix : €€

2 route de Nice – ℰ 04 93 36 09 03 – www.caffecesar.fr – Fermé mardi et mercredi

ORANGE

✉ 84100 – Vaucluse – Carte régionale n° **28**–E1

LE MAS DES AIGRAS - TABLE DU VERGER

CUISINE PROVENÇALE • CONTEMPORAIN Un charmant mas en pierre, installé tranquillement au milieu des vignes et des champs. Le chef y prépare une goûteuse cuisine de saison, simple et bonne, avec des produits bien choisis. S'il fait beau, direction l'agréable terrasse. Pour l'étape, quelques chambres décorées dans un esprit contemporain.

🖐 🌼 🅿 – Prix : €€

Chemin des Aigras – ℰ 04 90 34 81 01 – www.masdesaigras.com – Fermé du lundi au mercredi

ORCINES

✉ 63870 – Puy-de-Dôme – Carte régionale n° **20**–B1

😊 AUBERGE DE LA BARAQUE

CUISINE MODERNE • BOURGEOIS Cette Baraque-là, tout comme les plats qu'on y prépare, n'est pas faite de bric et de broc ! Dans le cadre cosy et feutré à souhait (cheminée, moulures et lustres à pampilles) de ce relais de diligence (1800), on apprécie une cuisine actuelle de qualité, savoureuse et bien présentée. Service agréable, prix raisonnables et jolie carte des vins.

& ♻ 🅿 – Prix : €€

2 route de Bordeaux – ℰ 04 73 62 26 24 – www.laubrieres.com – Fermé du lundi au mercredi

AUBERGE DE LA FONTAINE DU BERGER

CUISINE TRADITIONNELLE • AUBERGE Cette maison de pays aux volets rouges regarde le puy de Dôme et le Pariou. On y apprécie une cuisine où les produits frais ont la part belle, avec par exemple ces poissons en arrivage direct de Bretagne. Ne manquez pas, en dessert, le délicieux paris-brest maison.

& 🕭 🅿 – Prix : €€

167 route de Limoges – ℰ 04 73 62 10 52 – www.auberge.fr – Fermé lundi et mardi, et mercredi et dimanche soir

ORGON

✉ 13660 – Bouches-du-Rhône

 LE MAS DE LA ROSE

TRADITIONNEL • CHARME Dans un site bucolique, ces anciennes bergeries (17ᵉ s.) sont joliment réaménagées en adresse de charme. Les chambres, décorées avec soin, ont l'accent de la Provence... Superbe jardin paysager avec piscine.

🅿 ⇔ ⏛ ⑩ 🆎 - 12 chambres

Route d'Eygalières – ℰ 04 90 73 08 91 – www.mas-rose.com/en/ boutique-hotel-provence

ORLÉANS

✉ 45000 – Loiret – Carte régionale n° **11**–B3

 LE LIÈVRE GOURMAND

Chef : Tristan Robreau

CUISINE CRÉATIVE • ÉLÉGANT Le chef de cette maison des bords de Loire s'est formé chez les Meilleur à la Bouitte et Au Rendez-vous des pêcheurs à Blois. Tristan Robreau choisit ses fournisseurs avec soin, et délivre une cuisine fusion inspirée notamment de ses voyages en Asie, faisant montre d'une réelle identité culinaire. On retrouve, par exemple, truite séchée Soba, ail thaï ; turbot cardamome, endive rouge. Les produits sont de très belle qualité, la technique est assurée et les saveurs sont marquées. Une cuisine d'équilibriste qui maintient sa promesse : le Lièvre gourmand demeure la meilleure table de la ville.

& 🆎 ♻ – Prix : €€€

Plan : B3-1 – *28 quai du Châtelet – ℰ 02 38 53 66 14 – www.lelievregourmand.fr – Fermé lundi, mardi et mercredi midi*

L'HIBISCUS

CUISINE MODERNE • CONTEMPORAIN La rue est piétonne et animée, la façade discrète. Poussez la porte : produits frais, recettes originales, cuisine moderne, le tout emmené par Céline Lefebvre, riche d'un parcours solide. Pas de Carte, mais un court menu changeant régulièrement selon les saisons et les arrivages. Prix raisonnables.

& – Prix : €€

Plan : B2-3 – *175 rue de Bourgogne – ℰ 02 38 72 74 11 – www.hibiscus-orleans.fr – Fermé samedi et dimanche*

LA DARIOLE

CUISINE MODERNE • TRADITIONNEL Au cœur de la vieille ville et non loin de la cathédrale, cette maison à colombages du 15ᵉ s. mélange tranquillement vieilles pierres et touches cosy. Le chef, formé jadis ici même, sait y faire avec sa cuisine gourmande dans l'air du temps : menu carte de saison, renouvelé régulièrement et

ORLÉANS

0 ————— 100 m

A **B**

NEVERS, MONTARGIS, PITHIVIERS

R. Antigna
R. du Fg
R. de Patay
R. de la Paix
Bannier
R. Chappon
R. A. Bailly
R. de Gourville
Bannier
Rue de la Lionne
R. des Fauchets
Colombier
R. des Minimes
R. du Grenier à Sel
Av. de Paris
Saint-Yves
Gare d'Orléans
Pl. d'Arc
Bd de Verdun
R. d'Alsace-Lorraine
la Bretonnerie
R. de la République
Sainte-Anne
République
4
Place du Martroi
Pavillon de la Chancellerie
De Gaulle
Maison de Jeanne-d'Arc
Centre Ch.-Péguy
N.-D. de Recouvrance
R. St-Paul
R. du Cheval Rouge
R. de l'Écu d'Or
R. G. Templier
Q. Cypierre

R. Émile-Zola
MOBE
R. Marcel Proust
R. Eugène Vignat
Eugène Vignat
R. Pierre 1er de Serbie
R. Albert Laville
R. de La Claye
R. Ferdinand Buisson
Saint-Vincent
Parc Louis Pasteur
R. Jules Lemaitre
R. du Fg
Bd
Halmagrand
R. des Huguenots
R. T. Chollet
R. Fernand Rabier
Alexande
Martin
Bd Pierre Segelle
R. des Bons Enfants
R. des Serpente
R. des Bouteilles
Pavillons d'Escures
Rue d'Escures
Cathédrale
Hôtel Groslot
Musée des Beaux-Arts
Campo Santo
Cercil
R. Dupanloup
Ancien évêché
R. Bourdon-Blanc
Jeanne d'Arc
Rue Jeanne-d'Arc
Pl. de la République
Hôtel Cabu
R. Ste-Catherine
Hôtel des Créneaux
R. St-Éloi
R. des Pastoureaux
Place Ste-Croix
R. E.
Cathédrale Ste-Croix
Dolet
Salle des Thèses
R. St-Étienne
R. de la Tour Neuve
2
Bourgogne
R. de la Potenie
R. Parisie
3
Préfecture
R. du Poirier
R. des Africains
Rue
Royale
R. de la Charpenterie
Pl. du Châtelet
5
R. des Halles
R. de la
Pl. de la Loire
R. des Bouchers
1
R. des Tanneurs
St-Pierre-le-Puellier
Quai du Châtelet
Quai de Loire

Pont George-V
LOIRE
Quai Fort-des-Tourelles
Q. de Prague
R. Tudelle
Tourelles-Dauphine
Av. Dauphine
R. de la Bascule
R. du Coq Saint-Marceau
Royale-Châtelet
Place St-Charles
Levée des Augustins

LE MANS, CHÂTEAUDUN
BLOIS, BEAUGENCY
JARGEAU
N

belles assiettes savoureuses à l'image de cette côte de cochon, pommes de terre et jus aux câpres...

⌂ ⌷ – Prix : €€

Plan : B2-2 – *25 rue Étienne-Dolet – ✆ 02 38 77 26 67 – www.ladariole.fr – Fermé lundi et dimanche, et mardi et mercredi soir*

EUGÈNE

CUISINE MODERNE • COSY De passage dans le Loiret, il est recommandé de pousser la porte de cette maison au cadre cosy pour découvrir la subtile cuisine de saison du chef, Alain Gérard : des plats soignés, goûteux et fins, et d'alléchants menus qu'il compose au gré de son inspiration.

AC ⌷ – Prix : €€

Plan : A2-4 – *24 rue Sainte-Anne – ✆ 02 38 53 82 64 – www.restauranteugene.fr – Fermé samedi et dimanche*

GRIC ⓝ

CUISINE MODERNE • CONVIVIAL Gentillesse, naturel, gourmandise : Marie Gricourt, dont le parcours l'a mené jusqu'au restaurant La Table d'à côté de Christophe Hay dont elle était cheffe, a ouvert une adresse conviviale qui lui ressemble. En effet, dans ce restaurant situé non loin des bords de Loire, la cheffe et sa brigade essentiellement féminine (qui participe tout sourire au service) revisitent avec simplicité et justesse une partition bistrotière : entrée terre/mer avec des Saint-Jacques bercées par une purée de patate douce, lardons et pruneaux ; conchiglionis farcis au paleron de bœuf et cèpes ; et un dessert gourmand, une île flottante aux agrumes, miel et pollen...

& – Prix : €€

Plan : A3-5 – *8 rue des Halles – ✆ 02 38 53 16 45 – www.restaurantgric.fr – Fermé lundi et mardi, et dimanche soir*

🛏 EMPREINTE HÔTEL

CONTEMPORAIN • ÉLÉGANT En bord de Loire, l'hôtel occupe une bâtisse du 15ᵉ s. Ses chambres (et l'unique suite) conservent cette "empreinte" historique, mais leur style est incontestablement contemporain. Beaucoup ont vue sur les toits de la ville ou sur le fleuve et le pont Georges V, et l'une possède sa propre terrasse privée. Spa moderne et élégant.

& 🚗 P 🕭 🚲 ⏰ ♨ AC – 32 chambres

80 quai du Châtelet – ✆ 02 38 75 10 52 – www.empreinte-hotel.com

ORSAN

✉ 30200 – Gard – Carte régionale n° **28**–E1

😊 C'LA VIE

CUISINE MODERNE • ÉPURÉ Fils et petit-fils de boulanger, le chef Richard Durand a fait de C'la Vie un vrai rendez-vous gourmand. Ici, il fait bon vivre et il fait bon manger : le menu du jour met en avant de super produits (locaux pour la plupart), les saveurs sont marquées, la gourmandise est à l'honneur. À déguster dans un intérieur épuré ou sur la terrasse, à l'ombre d'un platane centenaire. Jolie sélection de vins, qui célèbre comme il se doit la vallée du Rhône et le Languedoc.

& AC ⌂ – Prix : €€

12 avenue du Jasset – ✆ 04 66 39 29 15 – www.restaurant-clavie.fr – Fermé samedi et dimanche, et mercredi soir

OSTHOUSE

✉ 67150 – Bas-Rhin – Carte régionale n° **8**–B2

À L'AIGLE D'OR

CUISINE CLASSIQUE • **AUBERGE** Accroché à un coin de cette jolie maison de village, l'aigle en fer forgé semble annoncer : "Vous êtes arrivé !" À l'intérieur, on se régale de grands classiques alsaciens (foie gras d'oie maison et gelée au porto, saumon soufflé à la façon de Paul Haeberlin) dans un cadre traditionnel et chaleureux. Ambiance plus familiale côté winstub.

♿ 🅰🅲 🅿 – Prix : €€€

14 rue de Gerstheim – ☎ 03 88 98 06 82 – www.hotelalaferme.com – Fermé lundi et mardi

OSTWALD

✉ 67540 – Bas-Rhin – Carte régionale n° **8**–B2

MIRO

CUISINE FUSION • **CONVIVIAL** Ouvrez les yeux sur ce Miro situé dans un parc bucolique au bord de l'Ill : mi-Ronan et mi-Robin, le premier en salle, l'autre en cuisine, se sont associés pour mieux y voir clair. Familier des gastronomies sud-américaine, japonaise et française, le chef régale avec une cuisine savoureuse et décomplexée, inspirée de ses nombreux voyages, à l'image de ce ceviche de loup à la thaï, ou de cette superbe entrecôte de bœuf argentin terminée sur les braises. Menu déjeuner à prix imbattable.

♿ 🍴 🅿 – Prix : €€

Rue de la Nachtweid – ☎ 03 88 66 58 88 – www.mirostrasbourg.com – Fermé dimanche, lundi et samedi midi

OTTROTT

✉ 67530 – Bas-Rhin – Carte régionale n° **8**–A2

À L'AMI FRITZ

CUISINE ALSACIENNE • **TRADITIONNEL** M. Fritz, c'est le chef-patron, mais l'enseigne fait aussi référence au roman d'Erckmann et Chatrian (1854), dont le héros sacrifie tout à la bonne chère. Un sacré patronage pour une cuisine alsacienne bien exécutée, dans un décor qui porte également haut le charme de la région.

🛏♿🍴✿🅿 – Prix : €€

8 rue des Châteaux – ☎ 03 88 95 80 81 – www.amifritz.com – Fermé mercredi

LE GARDEN

CUISINE MODERNE • **CONTEMPORAIN** Envie de vous mettre au vert ? Ouvrant sur les bois, décoré en harmonie avec la nature, Le Garden propose un buffet pour le déjeuner en semaine et une formule plus ambitieuse le soir et le dimanche midi, sous forme de menu unique. Une cuisine moderne dont certains légumes proviennent directement du potager. On retient le faux-filet de bœuf Herdshire, croustillant de girolles et jus corsé.

🛏🅰🅲🍴🅿 – Prix : €€€

17 route de Klingenthal – ☎ 03 67 68 67 17 – www.6717hotelspa.com – Fermé dimanche soir

HOSTELLERIE DES CHÂTEAUX

CUISINE CLASSIQUE • ÉLÉGANT Un cadre feutré et intime, pour une cuisine classique avec quelques touches plus actuelles : foie gras d'oie maison et confit de renouée du Japon, canette rôtie aux épices douces, orecchiette à l'ail des ours… Chambres confortables qui marient le contemporain au style alsacien.

🛏️ & 🄰🄲 🏠 🅿 – Prix : €€€

11 rue des Châteaux – 𝄐 03 88 48 14 14 – www.hostellerie-chateaux.fr

OUCHES

✉ 42155 – Loire – Carte régionale n° **20**–C1

✿✿✿ TROISGROS - LE BOIS SANS FEUILLES

Chefs : Michel et César Troisgros

CUISINE CRÉATIVE • ÉLÉGANT Au sein d'un décor naturaliste, imaginé par l'architecte Patrick Bouchain, les salles à manger vitrées s'articulent autour d'un grand chêne centenaire : c'est dans ce cadre que Michel et César perpétuent l'héritage familial de superbe manière, avec une cuisine qui porte plus que jamais la "patte" Troisgros - saint-pierre à la truffe noire ; consommé double à la moelle, anguille et écrevisse. Les assiettes, originales, s'autorisent de pertinentes audaces végétales, assorties de subtiles pointes d'acidité et d'amertume. Produits sublimés, préparations fines et aventureuses, potager en permaculture et étang : un restaurant d'exception, dans un cadre à couper le souffle.

🕃 🍷 🛏️ & 🄰🄲 🏠 🅿 – Prix : €€€€

728 route de Villerest – 𝄐 04 77 71 66 97 – www.troisgros.com – Fermé lundi et mardi

✿ **L'engagement du chef :** Attachés à notre terre et aux hommes qui la cultivent, notre devoir est de la promouvoir et de la mettre en avant. Nous cuisinons avec joie les légumes de notre jardin. Inspirée par la permaculture, la biodiversité est merveilleuse : nous n'utilisons aucun intrant, la tonte des espaces verts est réduite au minimum, ruches, nichoirs à oiseaux, prairies, chevaux et animaux sauvages y cohabitent paisiblement.

✿ CHÂTEAU D'ORIGNY

CUISINE MODERNE • ÉLÉGANT Ouvrir un restaurant dans le village rendu célèbre par les Troisgros, il fallait oser ! Pari gagné haut la main grâce à Julien Laval, passé chez Serge Vieira à Chaudes-Aigues, mais aussi finaliste du championnat de France du dessert. Dans ce château du 16ᵉ s. où tomettes d'époque côtoient cheminées en pierre, ce chef s'épanouit en toute gourmandise, comme en témoignent ses plats d'inspiration classique dressés avec soin : cèpes en textures, pain perdu à la châtaigne et flan de courge ; poularde de Bresse en deux façons, gaufrette à la fourme de Montbrison ; gâteau basque aux coings du verger, gelée à la fleur d'hibiscus. La vie de château !

🍷 🏠 🅿 – Prix : €€€

2210 route de Roanne – 𝄐 04 77 72 52 67 – www.restaurant.chateaudorigny. com – Fermé dimanche soir, lundi et mardi

OUCQUES

✉ 41290 – Loir-et-Cher – Carte régionale n° **10**–C2

🐵 Ô EN COULEUR

CUISINE MODERNE • CONTEMPORAIN Elles enchantent, ces couleurs ! Le chef concocte des recettes bien ficelées avec de beaux produits, pour un résultat flatteur au palais et doux pour le porte-monnaie… Jolie salle au décor contemporain. Chambres confortables et colorées pour prolonger l'étape.

& 🄰🄲 🏠 🅿 – Prix : €€

9 rue de Beaugency – 𝄐 02 54 23 20 41 – www.o-en-couleur-oucques.com

OUISTREHAM

✉ 14150 – Calvados – Carte régionale n° **2**–C2

😊 LA TABLE D'HÔTES

CUISINE MODERNE • COSY À deux pas de la station balnéaire, ce restaurant familial est le repaire d'un couple passé par de belles maisons. Joli symbole, Yoann Lavalley a racheté le fourneau sur lequel il a accompli son apprentissage... Il y conçoit une cuisine de saison gourmande et savoureuse. Son épouse vante les vertus d'une jolie carte des vins à l'excellent rapport qualité/prix. Poisson du jour, viande locale, fromages normands... Une sympathique adresse.

♿ – Prix : €€

10 avenue du Général-Leclerc – ☎ 02 31 97 18 44 – www.latabledhotes-caen. com – Fermé mercredi, et mardi et dimanche soir

OUSSON-SUR-LOIRE

✉ 45250 – Loiret – Carte régionale n° **11**–C3

LE CLOS DU VIGNERON

CUISINE TRADITIONNELLE • CLASSIQUE Les vignes des coteaux du Giennois jouxtent le Clos du vigneron. On apprécie ici une cuisine sincère, de saison et de fraîcheur, faisant la part belle au poisson : le chef travaille comme un véritable artisan, amoureux de son métier. Chambres pratiques pour l'étape.

🍴 💱 🅿 – Prix : €€

18 route Nationale 7 – ☎ 02 38 31 43 11 – www.hotel-clos-du-vigneron.com – Fermé lundi

OZENAY

✉ 71700 – Saône-et-Loire – Carte régionale n° **17**–C2

LE RELAIS D'OZENAY

CUISINE MODERNE • CONTEMPORAIN Dans le joli village médiéval d'Ozenay, ne manquez pas cette auberge à la façade colorée. À l'intérieur, un cadre contemporain et une cuisine goûteuse et maîtrisée par un chef au joli parcours, qui dresse des assiettes particulièrement soignées et fleuries. On y savoure par exemple un onctueux crémeux de petits pois, œuf mollet, émulsion au lait fumé. L'une des deux terrasses offre une vue sur le château.

♿🍴🅿 – Prix : €€€

Le Bourg – ☎ 03 85 32 17 93 – www.le-relais-dozenay.com – Fermé du lundi au mercredi

PAILHEROLS

✉ 15800 – Cantal – Carte régionale n° **23**–C1

😊 L'AUBERGE DES MONTAGNES

CUISINE TRADITIONNELLE • AUBERGE Dans cette ferme située au cœur d'un joli village isolé (idéal pour des promenades dans la nature !), le chef propose une cuisine traditionnelle et soignée. Surtout, ne passez pas à côté du plateau de fromage, où trône le Salers produit à quelques mètres de là...

🛏 💱 🅿 – Prix : €€

Le Bourg – ☎ 04 71 47 57 01 – www.auberge-des-montagnes.com

PAIMPOL

✉ 22500 – Côtes-d'Armor – Carte régionale n° **1**–C1

LA SERRE

CUISINE MODERNE • **COSY** Revenu d'Asie, où il a passé plusieurs années, le chef a créé avec deux autres associés ce restaurant chic et cosy, installé dans une rue tranquille de Paimpol. Sa cuisine moderne met en avant les produits de la région, avec de légers clins d'œil à l'Asie, et des dressages soignés.

🍴🕭🖵 **P** – Prix : €€€

4 rue de Poulgoic – 𝒞 09 52 49 36 17 – www.laserrepaimpol.fr – Fermé lundi et mardi, et dimanche soir

PALAVAS-LES-FLOTS

✉ 34250 – Hérault – Carte régionale n° **27**–D2

🏵 LE SAINT-GEORGES

CUISINE MODERNE • **CONVIVIAL** Dans son restaurant, situé à deux pas du casino, Paul Courtaux ne joue pas à la roulette avec nos papilles. Il réalise une cuisine pétillante et savoureuse, dans laquelle les produits de la région sont joliment mis en avant, à l'instar de cette soupe de poisson froide en émulsion, poulpe et moule en aïoli, ou encore ce pavé de veau du Ségala, citron, basilic, aubergine, tomate et parmesan... Mention spéciale à la jolie carte des vins de la région et à l'accueil charmant.

🕭 **AC** 🕭 – Prix : €€

4 boulevard Maréchal-Foch – 𝒞 04 67 68 31 38 – www.restaurant-st-georges.fr – Fermé lundi et mardi, et dimanche soir

🛏 PLAGE PALACE

ÉPURÉ • **ÉLÉGANT** Emplacement idyllique, face à la plage, pour cet hôtel haut de gamme qui porte la signature des frères Costes et dont la couleur discrète se fond dans le paysage. Toutes les chambres, épurées et élégantes, bénéficient d'un balcon ; préférez celles qui donnent sur la mer (à noter, les amusantes salles de bains nichées dans de fausses cabines de plage). Une très belle piscine de nage devance l'immense plage réservée aux clients.

🕭🎎 **P** 🕭🍴🎋 🌐 🕭 🕭🕭 🍴 **AC** - 72 chambres

336 avenue Saint-Maurice – 𝒞 04 34 08 63 00 – www.plagepalace.com

LA PALUD-SUR-VERDON

✉ 04120 – Alpes-de-Haute-Provence

🛏 HOTEL DES GORGES DU VERDON 🌐

MODERNE • **CHARME** C'est toujours un plaisir de faire une halte dans cet hôtel de charme, à l'écart du vacarme... On s'y repose dans de belles chambres colorées et design (dont quelques beaux duplex familiaux). Beau spa avec hammam, fitness, salles de massage, sauna et jacuzzi.

🕭 **P** 🚗 🕭🍴 🌐 🕭 🕭🕭 🍴 **AC** - 30 chambres

Route de La Maline – 𝒞 04 92 77 38 26 – www.hotel-des-gorges-du-verdon.fr

PAMIERS

✉ 09100 – Ariège – Carte régionale n° **26**–C3

BASSAS

CUISINE MODERNE • **CONTEMPORAIN** Le couple Bassas, que l'on a connu auparavant chez Deymier (à Pamiers aussi), a totalement rénové cette ancienne bâtisse du centre-ville. Le résultat en jette, autant dans le décor sobre et chic que dans l'assiette, qui fait la part belle aux producteurs des environs. Jolie carte des vins de la région.

&. 𝐀𝐂 🌳 🅿 – Prix : €€

Place des Trois-Pigeons – ☏ 05 61 67 28 76 – www.restaurant-bassas.fr – Fermé lundi, mardi et dimanche

PARADOU
✉ 13520 – Bouches-du-Rhône – Carte régionale n° **28**–E1

BEC

CUISINE MODERNE • COSY Installé dans un vieux mas provençal, à l'ombre d'une petite église et doté d'une jolie courette, ce restaurant tenu par un jeune couple propose une cuisine moderne pleine de fraîcheur, aux influences internationales. Les becs fins apprécieront la lotte marinée au saté et sa purée de cresson, à déguster dans la jolie salle rustique ou sur la ravissante terrasse égayée de lauriers et de vigne vierge.

&. 🌳 ❁ 🅿 – Prix : €€€

55 avenue de la Vallée-des-Baux – ☏ 04 86 63 57 52 – www.bec-restaurant.com – Fermé mercredi et jeudi

LE BISTROT DU PARADOU

CUISINE PROVENÇALE • BISTRO Comme dit la chanson, c'est une maison bleue, enfin aux volets bleus et surtout une véritable institution locale où la réservation par téléphone est obligatoire et où l'on s'enquiert du plat du jour qui change tous les jours mais revient chaque semaine dans un menu unique - comme le cassoulet du mercredi. Sinon, aïoli, volaille de Bresse à la broche, tête de veau sauce ravigote et tartes maison célèbrent le répertoire provençal avec des plats généreux et goûteux, à dévorer dans une ambiance joyeuse et bon enfant, au rythme turbulent d'un service à la bonne franquette.

&. 𝐀𝐂 ❁ 🅿 – Prix : €€

57 avenue de la Vallée-des-Baux – ☏ 04 90 54 32 70 – Fermé lundi et dimanche

NANCY BOURGUIGNON

CUISINE TRADITIONNELLE • CONTEMPORAIN Qu'il est doux le moment que l'on passe à cette table, où vous serez accueillis avec naturel et sympathie par la famille Bourguignon. Dans ce charmant restaurant, la cheffe passionnée concocte de subtiles recettes parfumées, mâtinées de jolies touches provençales. La terrasse, voisine de la piscine et entourée de végétation méditerranéenne, invite aux rêveries. Une oasis de quiétude et de charme.

🍽& 𝐀𝐂 🌳 ❁ 🅿 – Prix : €€€€

Lieu-dit de Bourgeac, 1 chemin de l'Ancienne-Voie-Ferrée – ☏ 04 90 54 56 78 – www.ducotedesolivades.com – Fermé lundi et mardi

🛏 B DESIGN & SPA

MODERNE • CALME La modernité au service du confort et du bien-être résume l'esprit de cet hôtel, à l'entrée de la propriété. Vastes suites dessinées par un designer, terrasses, espace de remise de forme. Pour un beau séjour au calme...

🅿 🍽 ⌇ 𝕾 ⊪○ 𝐀𝐂 - 14 chambres

1 chemin de l'Ancienne Voie Ferrée – ☏ 04 90 54 56 78 – www.hotelbdesign.fr

Nancy Bourguignon - Voir la sélection des restaurants

PARÇAY-MESLAY

✉ 37210 – Indre-et-Loire – Carte régionale n° **15**–B1

L'ARCHE DE MESLAY

CUISINE MODERNE • CONTEMPORAIN On oublie très vite le quartier (une zone d'activités) pour se concentrer sur la cuisine fine et fraîche, véritablement pleine de saveurs... À l'image de la spécialité du chef breton : la bouillabaisse à la tourangelle – rouget, rascasse, rillons et andouillette !

&⎙⌂🅿 – Prix : €€

14 rue des Ailes – ☏ 02 47 29 00 07 – www.larchedemeslay.fr – Fermé lundi et dimanche

PARCEY

✉ 39100 – Jura – Carte régionale n° **13**–A2

LES JARDINS FLEURIS

CUISINE TRADITIONNELLE • CLASSIQUE Dans cette maison de tradition bien tenue, le chef réalise des assiettes généreuses et savoureuses aux accents du terroir : terrine de chevreuil au foie gras, tournedos de lapin à la duxelle de champignons et jus brun aux morilles, soufflé glacé au marc d'Arbois... Plaisante terrasse sur l'arrière et accueil charmant.

&⌂⌘ – Prix : €€

35 route Nationale 5 – ☏ 03 84 71 04 84 – www.restaurant-jardins-fleuris.com – Fermé lundi et mardi, et dimanche soir

PARENTIS-EN-BORN

✉ 40160 – Landes – Carte régionale n° **25**–B1

CHEZ FLO

CUISINE MODERNE • BISTRO Un restaurant convivial où l'on est accueilli avec le sourire... On retrouve la même générosité derrière les fourneaux, où officie un jeune chef passionné : une cuisine de bistrot moderne réjouissante qui sent bon les produits du cru, avec une carte renouvelée tous les mois et un menu d'un excellent rapport qualité-prix le midi. Une adresse à ne pas manquer dans la région.

&⌂ – Prix : €€

9 rue Saint-Barthélémy – ☏ 05 58 78 40 21 – www.chezfloparentis.fr – Fermé dimanche

PARIS

Disons-le sans ambages : on n'a jamais aussi bien mangé à Paris. Ce n'est pas un hasard si c'est ici même, autour du Palais Royal, qu'a été forgé, à la fin du 18ᵉ s., le concept de restaurant : plus qu'aucune cité au monde, la capitale bat au rythme de sa vie gastronomique. Une preuve parmi d'autres ? Des quartiers populaires de l'Est et du Nord, autrefois délaissés, sont devenus de véritables eldorados pour gourmets.

A ce titre, la rue de Charonne, dans le onzième, (Septime, Clamato) fait figure d'incubatrice de gourmandise. Cette évolution, on la doit, pêlemêle, à une bistronomie qui tutoie les étoiles, à l'inlassable travail de « sourcing » de jeunes chefs passionnés d'agriculture raisonnée et de bio, ou encore à l'excellence de chefs étrangers (japonais, argentins, brésiliens, etc.) qui subliment la cuisine française en apportant leurs histoires particulières. Petite notule, adressée aux puristes du confort « gastronomique » : de nombreux établissements risquent de vous dérouter : absence de nappes, service détendu, dîner à la bonne franquette...

Rien de plus logique : l'assiette et la qualité de la cuisine demeurent pour nous les seuls critères de décision. Avec une motivation essentielle : votre satisfaction.

Westend 61/hemis.fr

LA SÉLECTION DU GUIDE MICHELIN

❀❀❀ 3 Étoiles
❀❀ 2 Étoiles
❀ 1 Étoile
🅐 Bib gourmand
🍃 Engagé pour une gastronomie durable
N Nouvelle distinction cette année !

LES TABLES ÉTOILÉES

❀❀❀

Une cuisine unique. Vaut le voyage !

❀❀

Une cuisine d'exception. Vaut le détour !

Une cuisine d'une grande finesse. Vaut l'étape !

Accents Table Bourse (2ᵉ) ···································· 786
Aida (7ᵉ) ·· 813
Akrame (8ᵉ) ··· 825
Alan Geaam (16ᵉ) ·· 871
Alliance (5ᵉ) ·· 799
Anne (3ᵉ) ·· 792
Anona (17ᵉ) ✿ ··· 878
Apicius (8ᵉ) ··· 825
L'Arcane (18ᵉ) ·· 884
L'Archeste (16ᵉ) ·· 871
Armani Ristorante (6ᵉ) ·· 804
L'Arôme (8ᵉ) ·· 826
Astrance (16ᵉ) ·· 871
AT (5ᵉ) ··· 799
L'Atelier de Joël Robuchon - Étoile (8ᵉ) ······················· 826
Auguste (7ᵉ) ·· 813
Automne (11ᵉ) ·· 851
Baieta (5ᵉ) ·· 799
Le Baudelaire (1ᵉʳ) ·· 777
Bellefeuille - Saint James Paris (16ᵉ) ✿ ························ 872
Benoit (4ᵉ) ·· 796
Blanc (16ᵉ) **N** ··· 872
114, Faubourg (8ᵉ) ·· 826
Chakaiseiki Akiyoshi (15ᵉ) **N** ································· 867
Le Chiberta (8ᵉ) ··· 826
Les Climats (7ᵉ) ··· 813
Comice (16ᵉ) ·· 872
Contraste (8ᵉ) ··· 826
La Dame de Pic (1ᵉʳ) ··· 777
Datil (3ᵉ) **N** ··· 792
Divellec (7ᵉ) ··· 813
Don Juan II (16ᵉ) ·· 872
L'Écrin (8ᵉ) ·· 827
ES (7ᵉ) ··· 814
Espadon (1ᵉʳ) **N** ··· 777
Le Faham by Kelly Rangama (17ᵉ) ······························· 878
FIEF (11ᵉ) ·· 851
Fleur de Pavé (2ᵉ) ··· 786
Frédéric Simonin (17ᵉ) ··· 878
Frenchie (2ᵉ) ·· 786
Galanga (8ᵉ) **N** ·· 827
Gaya par Pierre Gagnaire (7ᵉ) ···································· 814
Le George (8ᵉ) ✿ ··· 827
Géosmine (11ᵉ) **N** ·· 852
La Grande Cascade (16ᵉ) ··· 873
Granite (1ᵉʳ) ··· 778
Helen (8ᵉ) ··· 828
Hémicycle (7ᵉ) **N** ·· 814
Il Carpaccio (8ᵉ) ··· 828
Jacques Faussat (17ᵉ) ·· 878

PARIS

bembodesign/Getty Images Plus

LES TABLES SELON VOS ENVIES

❀❀❀ 3 Étoiles
❀❀ 2 Étoiles
❀ 1 Étoile
🏠 Bib gourmand
❀ Engagé pour une gastronomie durable

LES TABLES PAR TYPE DE CUISINE

PARIS

PARIS

PARIS

PARIS

TABLES EN TERRASSE

RESTAURANTS AVEC SALONS PARTICULIERS

PARIS

772

PARIS

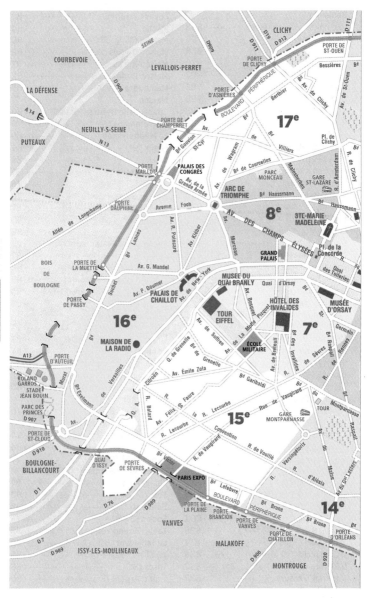

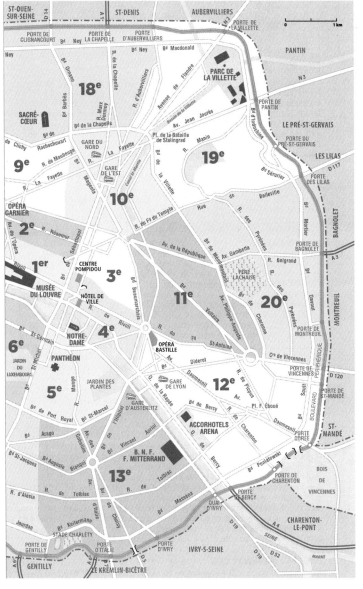

PARIS

PALAIS-ROYAL • LOUVRE • TUILERIES • LES HALLES

1er ARRONDISSEMENT

✿✿✿ KEI

Chef : Kei Kobayashi

CUISINE MODERNE • ÉLÉGANT "Kei", c'est Kei Kobayashi, chef né à Nagano et formé notamment par Gilles Goujon et Alain Ducasse. Son père était cuisinier dans un restaurant traditionnel kaiseki (gastronomie servie en petits plats, comparable à la grande cuisine occidentale), mais sa vocation naît véritablement en regardant un documentaire sur la cuisine française. Aujourd'hui, son travail tutoie la perfection : virtuose des alliances de saveurs, toujours juste dans la conception de ses assiettes, il magnifie de superbes produits avec mesure et sobriété. Quelques exemples ? Cette langoustine royale fumée au binchotan et son condiment de piment doux, ou ce pigeon vendéen laqué au miso rouge : des plats lisibles et d'une construction sans faille. Les créations sucrées atteignent elles aussi des sommets de raffinement.

🅰🅒 – Prix : €€€€

5 rue du Coq-Héron – ⓜ Louvre - Rivoli – ☎ 01 42 33 14 74 – www.restaurant-kei.fr – Fermé lundi, dimanche, et mardi et mercredi à midi

✿✿✿ PLÉNITUDE - CHEVAL BLANC PARIS

CUISINE CRÉATIVE • ÉLÉGANT La Samaritaine réinventée accueille le luxueux hôtel Cheval Blanc, et ce Plénitude où œuvre le discret Arnaud Donckele, triple étoilé également à La Vague d'Or à St-Tropez. Totalement impliqué, le chef navigue en permanence de la cuisine à la salle, afin de toujours mieux partager sa passion avec ses convives. Cette « nouvelle cuisine classique », qu'il revendique, est un voyage entre la Normandie, sa région d'origine, la Méditerranée, sa terre d'adoption et le terroir d'Île-de-France... Impossible de ne pas être impressionné par son travail ici où la finesse le dispute à la générosité et à la qualité exceptionnelle des produits. Ce saucier hors pair, comparable seulement à un parfumeur ou un œnologue, apporte un soin inouï aux jus, vinaigrettes et sauces qui doivent être dégustés en premier pour mieux s'imprégner de l'univers aromatique si complexe de chaque plat, au final parfaitement équilibré. Côté sucré, l'impeccable Maxime Frédéric, ancien du George V, hausse la pâtisserie à un niveau rarement égalé. Une table de haute couture.

🅰🅒 ⬅ ⬌ ♿ 🅰🅒 ↔ 🥢 – Prix : €€€€

8 quai du Louvre – ⓜ Pont-Neuf – ☎ 01 79 35 50 11 – www.chevalblanc.com/fr/maison/paris – Fermé lundi, dimanche et du mardi au samedi à midi

✿✿ PALAIS ROYAL RESTAURANT

CUISINE CRÉATIVE • ÉLÉGANT C'est dans le cadre idyllique des jardins du Palais Royal, à deux pas du ministère de la Culture, que l'on trouve cet élégant restaurant où officie le chef grec Philip Chronopoulos, qui travailla notamment à l'Atelier de Joël Robuchon-Étoile et auprès d'Alain Passard. Avec de superbes produits, il signe une cuisine créative et percutante, et conçoit des recettes d'une vivifiante maturité, ponctuée de clins d'œil à la Méditerranée : fins mezzes en amuse-bouche ; thon rouge de Méditerranée, tomates et pastèque ; carré d'agneau de Lozère rôti, jus à l'origan et artichauts en barigoule ; ou encore ce millefeuille croustillant de fraise, vanille et fleur de sureau – un dessert tout simplement remarquable. L'été, la terrasse sous les arcades offre à vos agapes un décor à la hauteur de l'assiette. Royal, c'est le mot.

♿ 🅰🅒 ☂ ↔ 🥢 – Prix : €€€€

110 Galerie de Valois – ⓜ Palais-Royal - Musée du Louvre – ☎ 01 40 20 00 27 – www.palaisroyalrestaurant.com – Fermé lundi, samedi et dimanche et mardi midi

✿✿ RESTAURANT LE MEURICE ALAIN DUCASSE

CUISINE CRÉATIVE • LUXE Prenez un célèbre palace installé face au jardin des Tuileries, ajoutez-y un chef surdoué, Alain Ducasse, saupoudrez d'un luxe insensé très versaillais (plafond blanc paré de dorures, lustres en cristal), et vous obtenez Le Meurice, dont le décor suscite l'admiration des fortunes étrangères venues chercher ici l'âme parisienne. La griffe Ducasse est mise en œuvre par Amaury Bouhours, un fidèle, au gré de menus dégustation déclinés en mets servis en petites portions, mariant hommage à la tradition française et créativité. Côté desserts, le très médiatique Cédric Grolet crée des compositions qui font le tour des réseaux sociaux.

🏵 ⇦ 🖾 ⬡ 🍷 – Prix : €€€€

Le Meurice, 228 rue de Rivoli – ⓜ Tuileries – ☎ 01 44 58 10 55 – www.alainducasse-meurice.com/fr – Fermé lundi, samedi et dimanche et du mardi au vendredi à midi

✿ LE BAUDELAIRE

CUISINE CRÉATIVE • ÉLÉGANT On se sent bien dans ce restaurant raffiné, niché au cœur d'un jeune palace arty et feutré célébrant le nouveau chic parisien. La salle s'ordonne autour de la cour intérieure de l'établissement, un beau jardin d'hiver où il fait bon lire Les Fleurs du mal devant un thé. Reflets du dehors sur les tables en laque noire, confort douillet des fauteuils, grandes verrières, murs immaculés : un havre de paix. On profite de la cuisine du chef Anthony Denon (venu de la Table du Connétable à Chantilly, autre modèle de classicisme), centrée sur le travail du légume et qui décline avec talent des produits triés sur le volet.

🏵 ⇦ ⴟ 🖾 🍷 – Prix : €€€€

Le Burgundy, 6-8 rue Duphot – ⓜ Madeleine – ☎ 01 71 19 49 11 – www.lebaudelaire.com – Fermé lundi, samedi et dimanche

✿ LA DAME DE PIC

CUISINE CRÉATIVE • CONTEMPORAIN Un bel atout dans la cartographie des bonnes tables parisiennes : Anne-Sophie Pic a créé à deux pas du Louvre, cette table... capitale. À 550 km de Valence, où son nom a tant marqué l'histoire de la cuisine (ses père et grand-père y conquièrent eux aussi trois étoiles Michelin), mais au cœur de sa griffe originale. Un travail en finesse, en précision, doublé d'une inspiration pleine de vivacité : telle est la signature de cette grande dame de la gastronomie. On retrouve son sens de l'harmonie des saveurs, de la fraîcheur et de l'exactitude, avec toujours ces cuissons et assaisonnements au cordeau : berlingots au camembert fermier, maïs fumé et velouté à la flouve odorante ; lotte de petit bateau rôtie au beurre noisette, choux pluriels, jus vert à la coriandre vietnamienne ; la poire williams cuite façon tatin, crème glacée à la bière et sobacha...

ⴟ 🖾 ⬡ – Prix : €€€€

20 rue du Louvre – ⓜ Louvre - Rivoli – ☎ 01 42 60 40 40 – https://anne-sophie-pic.com/paris/

✿ ESPADON ⓝ

CUISINE MODERNE • LUXE Auguste Escoffier, premier chef des cuisines du Ritz et complice de César Ritz – le fondateur en 1898 de ce palace mythique de la place Vendôme – y a érigé la cuisine en symbole de l'art de vivre à la française. Dans une salle à l'opulence subtilement allégée, couronnée d'un herbier en feuilles de cristal, c'est à Eugénie Béziat que revient aujourd'hui l'honneur de mener les agapes. Depuis sa cuisine vitrée, la cheffe mêle habilement réminiscences de son enfance africaine et influences méditerranéennes issues de son parcours culinaire. Le résultat est aussi étonnant que convaincant : des assiettes qui associent avec sensibilité des notes tantôt fumées, acidulées ou torréfiées. Deux réussites éclatantes : le pressé de tomates confites au romarin et pamplemousse, et le homard grillé accompagné d'une ballotine d'épinard au manioc, et condimenté de bissap aux framboises écrasées. Côté sucré, on se délecte des créations de François Perret.

🏵 ⇦ ⴟ 🖾 ⬡ 🍷 – Prix : €€€€

Ritz Paris, 15 place Vendôme – ⓜ Opéra – ☎ 01 43 16 33 74 – www.ritzparis.com/fr/hotel/paris/bars-restaurants/restaurant-espadon – Fermé lundi, dimanche et du mardi au samedi à midi

PARIS

GRANITE

CUISINE MODERNE • CONTEMPORAIN À la tête de cette table tout ce qu'il y a de moderne, on trouve le jeune Tom Meyer (passé par l'Hôtel de Ville à Crissier, La Chèvre d'Or à Èze, Anne-Sophie Pic... et MOF 2023) entouré d'une équipe dynamique et soudée, aux idées claires : engagement zéro déchet, zéro plastique, bien-être au travail... Au gré de menus uniques bien pensés, le chef célèbre des produits rigoureusement sourcés, comme ces asperges vertes des Landes rôties au barbecue japonais, ou ce turbot à la sauce champagne subtilement parfumée au géranium. C'est frais, fin et très soigné : on se régale.

🅰🅲 ⇔ – Prix : €€€€

6 rue Bailleul – 🅜 *Louvre - Rivoli –* ☏ *01 40 13 64 06 – www.granite.paris – Fermé samedi et dimanche*

NHOME

Chef : Maten Zaken

CUISINE CRÉATIVE • TENDANCE Maten Zaken casse les codes ! Longtemps nomade, un temps chef privé de grandes maisons de couture, passé chez Frenchie à Londres, au George V avec Christian Le Squer et chez Saturne avec Sven Chartier, le chef franco-israélien reçoit dans cette étonnante cave voûtée face au Palais Royal. Dans une ambiance chaleureuse autour d'une immense table d'hôtes de 20 couverts, il déroule un menu de format "scandinave" qui dévoile une cuisine créative aux influences multiples (notamment Japon et Moyen-Orient) et aux techniques variées (basse température, binchotan, fermentations, saumure...). Un exemple ? Cet excellent turbot de ligne aux girolles, rehaussé d'un puissant condiment mûre-vinaigre de Xérès-poivre de Kampot et d'une sauce au miso de seigle fermenté. Service prévenant.

🅰🅲 – Prix : €€€€

41 rue de Montpensier – 🅜 *Palais-Royal - Musée du Louvre –* ☏ *01 89 33 48 43 – www.nhomeparis.com – Fermé lundi, samedi et dimanche et du mardi au jeudi à midi*

OMAR DHIAB

Chef : Omar Dhiab

CUISINE MODERNE • CONTEMPORAIN Tout près de la place des Victoires, le jeune chef Omar Dhiab au CV rutilant (Lasserre, l'Abeille, Loiseau Rive Gauche...) s'est choisi comme première adresse un lieu épuré avec cuisine ouverte et magnifique comptoir en marbre blanc. Sa cuisine déploie une savoureuse palette qui ose des associations créatives, à l'image de cette daurade royale marinée au kumquat et condiment livèche, ou ce paleron de bœuf jersiais maturé, rehaussé de poivre vert et de sardine fumée. Les desserts célèbrent quant à eux la saison avec légèreté et gourmandise. Entouré d'une jeune équipe sympathique, le chef évolue aussi bien en cuisine qu'en salle.

⅃ – Prix : €€€€

23 rue Hérold – 🅜 *Louvre - Rivoli –* ☏ *01 42 33 52 47 – www.omardhiab.com – Fermé dimanche et samedi midi*

LE TOUT-PARIS

CUISINE MODERNE • CONTEMPORAIN Cette brasserie à la déco colorée, signée Peter Marino, est nichée au 7e étage de l'hôtel Cheval Blanc. Sous la houlette d'Arnaud Donckele, le chef William Bequin, au parcours impeccable, n'est pas là pour faire de la figuration. Certes, on reprend ici certains des codes traditionnels de la brasserie : on choisit soi-même la garniture et le mode de cuisson des viandes et poissons (grillé, rôti au thym ou en vapeur d'algues). Mais l'assiette, tout en finesse d'exécution, parle vite pour elle, à l'image de la tartelette de champignons et son émulsion au vin jaune, ou de ce homard bleu accompagné d'une sauce béarnaise coraillée et parfumée à la bergamote. Détail de taille : la terrasse, avec sa vue plongeante sur la Seine et la rive gauche.

⇔ ⅃ 🅰🅲 ☂ 🍷 – Prix : €€€€

Cheval Blanc Paris, 8 quai du Louvre – 🅜 *Pont-Neuf –* ☏ *01 79 35 50 22 – www.letoutparis.fr*

YAM'TCHA

Cheffe : Adeline Grattard

CUISINE CRÉATIVE • ÉPURÉ Adeline Grattard a reçu – et cultivé ! – un don rare, celui du sens du produit. Dans son adresse de la rue Saint-Honoré, la cheffe choisit deux ou trois ingrédients, et ils occupent tout l'espace. Ni démonstration technique ni esbroufe, rien que de subtiles associations, rarement vues, et qui paraissent pourtant très naturelles. Formée auprès de Pascal Barbot (L'Astrance) et installée quelques années à Hong Kong, elle marie des produits d'une extrême qualité, principalement de France et d'Asie : on pense notamment à la sauce XO, au riz noir vinaigré ou au jus de crustacé... Le tout se déguste avec une sélection rare de thés asiatiques, autre source d'accords très convaincants (yam'tcha, en chinois, c'est "boire le thé"). Ni carte ni menu : de plat en plat, on se laisse surprendre par le marché et l'inspiration du jour.

Prix : €€€€

121 rue Saint-Honoré – Ⓜ Louvre - Rivoli – ☏ 01 40 26 08 07 – www.yamtcha.com – Fermé lundi, samedi et dimanche

LAI'TCHA

CUISINE ASIATIQUE • ÉPURÉ Dans cette annexe de Yam'tcha, située au pied de l'Eglise Saint-Eustache, on se régale d'une cuisine chinoise, simple mais allant droit au but, bien parfumée, à base de beaux produits. La carte courte propose de nombreux dim sum mais également des nouilles fraîches maison, du bœuf sauté à l'Impériale ou encore une excellente salade de bœuf de Galice, mâche et pleurotes.

Ɠ 🄰🄲 🛋 ⇄ – Prix : €

7 rue du Jour – Ⓜ Étienne Marcel – ☏ 01 40 26 05 05 – www.yamtcha.com – Fermé lundi et dimanche

À L'ÉPI D'OR

CUISINE TRADITIONNELLE • VINTAGE Ce bistrot parigot des anciennes halles de Baltard appartient à Élodie et Jean-François Piège. Dans un décor rétro pur jus (vieux carrelage, miroirs anciens, murs jaunis par les ans), on y sert une cuisine traditionnelle déclinée dans un semainier, complété d'une courte carte d'incontournables : pâté en croûte, croque-madame, terrine de foie gras, steak tartare frites...

Prix : €€

25 rue Jean-Jacques Rousseau – Ⓜ Palais-Royal - Musée du Louvre – ☏ 01 42 36 38 12 – www.jeanfrançoispiege.com/a-lepi-dor – Fermé samedi et dimanche

L'ABSINTHE

CUISINE TRADITIONNELLE • BISTRO En hommage à la fée verte chérie des poètes, ce bistrot fait dans le néo-rétro avec succès : carrelage et plancher anciens, comptoir en zinc, murs en brique, horloge monumentale. Dans l'assiette, une cuisine traditionnelle et généreuse. Les prix sont raisonnables, et quel choix ! Terrine de campagne, grillades au feu de bois, Saint-Jacques rôties, excellent millefeuille à la vanille Bourbon...

🄰🄲 🛋 – Prix : €€

24 place du Marché-Saint-Honoré – Ⓜ Pyramides – ☏ 01 49 26 90 04 – www.restaurantabsinthe.com – Fermé dimanche et samedi midi

L'ARDOISE

CUISINE TRADITIONNELLE • CONVIVIAL Avec ses murs recouverts d'ardoise, ce restaurant porte bien son nom. Voilà un sympathique hommage rendu à l'esprit bistrotier, hommage qui prévaut aussi dans l'assiette - pâté en croûte de volaille, foie gras et cèpe ; filet de bœuf au poivre noir et pommes anna ; tartelette au citron meringuée ; crème brûlée... Tout est généreux, frais et savoureux !

🄰🄲 ⇄ – Prix : €€

28 rue du Mont-Thabor – Ⓜ Concorde – ☏ 01 42 96 28 18 – www.lardoise-paris.com – Fermé lundi et dimanche

PARIS

L'ASSAGGIO

CUISINE ITALIENNE • CLASSIQUE L'assaggio, c'est le goût ! Le chef Ugo Alciati (du Guido Ristorante, dans le Piémont) a conçu la carte de cette élégante table installée dans l'hôtel Castille. Comme prévu, l'Italie du Nord est à l'honneur dans l'assiette – agnolotti préparés maison, risotto minute – et se déguste dans le ravissant patio intérieur, avec fontaine et fresques.

🛗 🆔 🍴 – Prix : €€€

Castille Paris, 37 rue Cambon – Ⓜ Madeleine – 📞 01 44 58 44 58 – www.collezione.starhotels.com/fr/nos-hotels/castille/restaurant-et-bar/ restaurant-lassaggio.html – Fermé lundi, dimanche et samedi midi

L'AUBE Ⓝ

CUISINE CLASSIQUE • CHIC L'aube s'est levée sur la carrière solo du chef Thibault Nizard (ex-Drouant, passé également au Chiberta, chez Taillevent et Guy Savoy) qui ouvre le rideau entre Louvre et Palais-Royal dans une salle cossue avec service en costume au diapason. La cuisine classique de ce chef au bagage technique certain investit des produits de très bonne qualité - twistés dans la forme, ils arrivent sur la table exhalant des influences diverses, de la Bretagne à la Méditerranée – à l'image de ces artichauts poivrade bretons glacés dans un délicieux jus réduit à l'oignon des Cévennes. Trois menus uniques en plusieurs séquences.

🐟 🛗 🆔 – Prix : €€€€

10 rue de Richelieu – Ⓜ Palais-Royal - Musée du Louvre – 📞 01 42 44 00 60 – www.laube-paris.com – Fermé lundi, samedi et dimanche

BRASSERIE DU LOUVRE - BOCUSE

CUISINE TRADITIONNELLE • BRASSERIE On s'installe dans une salle vaste et élégante, entourée de grandes baies vitrées pour admirer une vue follement parisienne - Comédie-Française, Conseil d'État, Louvre - mais pas seulement : la carte, alléchante, navigue avec habileté entre grands classiques lyonnais (saucisson chaud pistaché en brioche, quenelle de brochet sauce nantua, etc.) et indémodables de brasserie (salade au foie gras, sole meunière, etc.). Très belle terrasse sous les arcades de ce bâtiment, typiquement haussmannien.

🛗 🆔 🍴 – Prix : €€€

Place André-Malraux – Ⓜ Palais-Royal - Musée du Louvre – 📞 01 44 58 37 21 – www.hyatt.com/fr-FR/hotel/france/hotel-du-louvre/paraz/dining/ brasserie-du-louvre-bocuse

CAMPELLI Ⓝ

CUISINE CRÉATIVE • CONTEMPORAIN Cette adresse de poche précédée d'une petite devanture bleu nuit et or mise sur la sobriété et le chic discret (banquettes en velours, chaises en bois et du même velours, pierres apparentes...). Est-ce pour mieux mettre en valeur la partition créative du chef Vartivar Jarkezian au joli parcours multiculturel ? Sa cuisine, bien enracinée dans la tradition hexagonale, multiplie néanmoins les ingrédients et les influences orientales (cumin, pistache, curcuma, sauce yahourt...), mais par touches discrètes.

🪑 – Prix : €€

36 rue Croix-des-Petits-Champs – Ⓜ Palais-Royal - Musée du Louvre – 📞 09 53 84 21 19 – www.campelli.paris – Fermé dimanche et samedi midi

CHARBON KUNITORAYA

CUISINE JAPONAISE • VINTAGE Dehors, une jolie façade rétro en bois aux airs japonisants. À l'intérieur, vieux zinc, faïence métro, miroirs, boiseries et moulures, et deux énormes tables hautes en bois massif. C'est dans ce cadre rétro chic que le chef Kunitoraya – pionnier des restaurants de udon en France – propose une offre de yakitoris haut de gamme, plus particulièrement de poulet. Service aimable et bien rythmé.

🆔 🪑 – Prix : €€€€

5 rue Villedo – Ⓜ Pyramides – 📞 01 47 03 07 74 – www.kunitoraya.com – Fermé mardi et mercredi, et dimanche soir

CLOVER GRILL

SPÉCIALITÉS DE GRILLADES • TENDANCE D'appétissantes viandes maturées – noire de la Baltique, bœuf de Bavière, blonde d'Aquitaine, Black Angus – trônent en vitrine comme autant de pierres précieuses, à dévorer d'abord du regard... avant de les engloutir pour de bon ! De l'entrée au dessert, tout est cuit à la braise ou à la broche, ce qui donne à ce moment une saveur particulière. Une réussite.

& AC – Prix : €€€

6 rue Bailleul – ⓜ Louvre - Rivoli – ☏ 01 40 41 59 59 – www.jeanfrançoispiege.com/clover-grill – Fermé lundi et dimanche

HALLE AUX GRAINS

CUISINE MODERNE • CONTEMPORAIN L'ancienne halle aux blés, où trône une partie de la collection Pinault, héberge une table des plus créatives. En hommage à l'histoire du lieu, Michel et Sébastien Bras déclinent une cuisine saine et actuelle autour du thème des graines, céréales et légumineuses, avec notamment de savoureux desserts, comme ce paris-brest revisité, à base de crème légère à la graine de courge, croustillant et praliné. Vue imprenable sur les toits de Paris.

☜& – Prix : €€€

Bourse de Commerce, 2 rue de Viarmes – ⓜ Louvre - Rivoli – ☏ 01 82 71 71 60 – www.halleauxgrains.bras.fr – Fermé mardi midi

KAPARA ⓝ

CUISINE MÉDITERRANÉENNE • CONVIVIAL Pour leur nouvelle adresse, Kapara dont la déco a été à peine modifiée par rapport à l'ex-Balagan, Assaf Granit et son partenaire Tomer Lanzman ont fait appel à la cheffe Zohar Sasson. Elle envoie sans coup férir des assiettes librement inspirées de la tradition culinaire séfarade au rythme de la sono endiablée et des cris de la brigade au taquet. Au menu, des préparations hautes en couleur boostées d'épices, de condiments et de pois chiches, déclinés de diverses manières. Certains plats emblématiques de l'ancien Balagan demeurent en place à l'image du kebab déstructuré. Ambiance festive, conviviale, et (très) animée.

& AC – Prix : €€€

9 rue d'Alger – ⓜ Tuileries – ☏ 07 67 40 56 29 – www.kaparaparis.com – Fermé lundi et dimanche midi

KITCHEN BY STÉPHANIE LE QUELLEC ⓝ

CUISINE MODERNE • GRAND CAFÉ Entièrement rénové, l'emblématique édifice haussmannien de la poste du Louvre abrite aussi un hôtel de luxe dont cette table, supervisée par la cheffe Stéphanie Le Quellec. La carte est divisée par type de cuisine (healthy, veggie, etc...) et non par entrée/plat/dessert. Un seul mot d'ordre : le plaisir sans sophistication ! Les plats parlent d'eux-mêmes : tomates bien mûres, sorbet aux herbes ; épaule d'agneau confite, zaatar, légumes tajine ; riz au lait. Déco classieuse de style grande brasserie de la fin du 19e s. sous une hauteur de plafond impressionnante.

& AC 🍽 – Prix : €€

Madame Rêve, 48 rue du Louvre – ⓜ Les Halles – ☏ 01 80 40 77 47 – www.madamereve.com/restaurants/kitchen

LANGOSTERIA

CUISINE ITALIENNE • TENDANCE Au 7e étage de la Samaritaine, au cœur du Cheval-Blanc, une brasserie de la mer à l'italienne, "succursale" de Langosteria Milano. Ambiance vivante, bar à cocktails, remarquable carte des vins, poissons et crustacés de première fraîcheur, pâtes, délicieux desserts... et l'un des meilleurs espressi de tout Paris.

🦞 & AC 🍽 – Prix : €€€€

8 quai du Louvre – ⓜ Pont-Neuf – ☏ 01 79 35 50 33 – www.langosteria.com/it/langosteria-paris – Fermé lundi et du mardi au jeudi à midi

LIQUIDE ⓝ

CUISINE CRÉATIVE • CONVIVIAL Saluons cette déco foutraque et amusante : lustre en cornes, fauteuils, chaises ou canapés selon les tables, table d'hôte de 12 m de long en marbre signée Starck. Une atmosphère branchée mais conviviale pour (par exemple) s'attabler un soir avec des copains et partager les entrées, mais aussi goûter les cocktails ou la jolie sélection de flacons rouges et blancs de la maison. Le chef de Substance, Matthias Marc, a ouvert cette adresse et confié les fourneaux à Aurélien Royer, jeune chef passé notamment par chez Septime. À l'image de la déco, la variété (notamment grâce à une carte généreuse) et la créativité convergent dans l'assiette.

🛋 – Prix : €€€

39 rue de l'Arbre-Sec – ⓜ Louvre - Rivoli – ℰ 01 42 36 50 05 – www.liquide.paris – Fermé lundi et dimanche

LOULOU

CUISINE ITALIENNE • TENDANCE Le musée des Arts décoratifs vous invite à une parenthèse enchantée face aux jardins du Louvre. En cuisine, Benoît Dargère et Zouhair Bouhlal réinventent les classiques méditerranéens en sélectionnant les produits avec soin. En terrasse ou dans l'élégante salle à manger, le service est tout aussi exquis que les plats (risotto du jour ; piccata de veau de lait al limone, sauge ; poulpe à la braise, aïoli...). C'est cosy, raffiné, et savoureux.

🅰🅲🛋🍽 – Prix : €€€

107 rue Rivoli – ⓜ Palais-Royal - Musée du Louvre – ℰ 01 42 60 41 96 – www.loulou-paris.com

NODAÏWA

CUISINE JAPONAISE • ÉPURÉ Cette petite adresse, dont la maison-mère est située à Tokyo, est spécialisée dans un produit atypique... l'anguille ! Elle est travaillée méticuleusement et assaisonnée avec du soja ou du sancho, un poivre asiatique. La grande majorité de la clientèle est japonaise, ce qui en dit long sur la qualité de la cuisine.

🅰🅲 – Prix : €€

272 rue Saint-Honoré – ⓜ Palais-Royal - Musée du Louvre – ℰ 01 42 86 03 42 – www.nodaiwa.com – Fermé dimanche

NOLINSKI

CUISINE MODERNE • VINTAGE Sur l'avenue de l'Opéra, proche de la Comédie-Française, brasserie chic au cadre retro (entre Art déco et années 1970, avec miroirs, dorures, marbre jaune et velours côtelé). Dans les assiettes, une cuisine ouverte sur le monde (tacos, ceviche, carpaccio, escalope à la milanaise et filet de bœuf flambé au cognac...) signée Philip Chronopoulos, doublement étoilé du Palais Royal Restaurant.

♿🅰🅲🛋🍽 – Prix : €€€

16 avenue de l'Opéra – ⓜ Pyramides – ℰ 01 42 86 10 10 – www.nolinskiparis.com

ODETTE

CUISINE MODERNE • COSY Non loin des Halles, au sein du luxueux hôtel Albar, la famille Rostang montre avec cette "auberge urbaine" qu'elle n'a pas perdu la main. Odette nous régale à grands coups de belles pièces à partager, bar en croûte feuilleté – succès garanti –, côte de veau, pintade rôtie, et d'assiettes efficaces, le tout sous la responsabilité d'un chef au style bien marqué.

🅰🅲🛋 – Prix : €€€

25 rue du Pont-Neuf – ⓜ Châtelet – ℰ 01 44 88 92 78 – www.maison-albar-hotels-le-pont-neuf.com/fr/page/restaurant-odette-paris.2488.html

LA POULE AU POT

CUISINE TRADITIONNELLE • VINTAGE Les grands classiques du répertoire culinaire français sont ici réhabilités par Jean-François Piège. Service sur plateau d'argent, décor suranné de bistrot, comptoir en zinc : il ne manque rien. On se croirait chez Audiard... jusque dans l'assiette : gratinée à l'oignon, quenelle de bar, hachis parmentier de paleron de bœuf, goujonnettes de sole limande et sauce tartare.

🕸 🗚 – Prix : €€€

9 rue Vauvilliers – Ⓜ Châtelet – ℰ 01 42 36 32 96 – www.jeanfrançoispiege.com/ la-poule-au-pot – Fermé lundi et dimanche

LA RÉGALADE SAINT-HONORÉ

CUISINE TRADITIONNELLE • BISTRO Bruno Doucet régale les épicuriens du quartier des Halles avec des recettes à la gloire du terroir et du marché. Après avoir patienté avec la délicieuse terrine du chef, régalez-vous d'une poêlée d'escargots et champignons au chorizo, d'un paleron de bœuf braisé, garniture d'un bourguignon, ou encore du fameux riz au lait et caramel laitier... Belle sélection de vins.

🕸 ዉ 🗚 ⇌ – Prix : €€

106 rue Saint-Honoré – Ⓜ Louvre - Rivoli – ℰ 01 42 21 92 40 – www.laregalade.paris – Fermé lundi et dimanche

RESTAURANT LE DALÍ

CUISINE MODERNE • ÉLÉGANT Le "deuxième" restaurant du Meurice, situé au cœur de la vie du palace, à la fois lieu de rendez-vous et... table soignée, qui propose une agréable cuisine de saison aux doux accents méditerranéens, comme les grands classiques de la cuisine de palace. Le beau décor – pilastres et miroirs – rend hommage à Dalí, qui fut un hôte fidèle des lieux.

🗚 – Prix : €€€€

Le Meurice, 228 rue de Rivoli – Ⓜ Tuileries – ℰ 01 44 58 10 44 – www.dorchestercollection.com/fr/paris/le-meurice

TRACÉ

CUISINE CRÉATIVE • ÉPURÉ Près de la Comédie-Française, dans un décor zen et contemporain, Clément Vergeat trace son chemin avec une inspiration nouvelle, qui se traduit par un menu carte blanche aux accents créatifs maîtrisés : langoustine, crème d'huître et lard de seiche ; maquereau à la flamme et sa déclinaison végétale ; turbot au jus de moules de bouchot... Engagement durable assumé, carte de vins bio et nature, service sympa : une table attachante et sincère.

🗚 – Prix : €€€€

15 rue de Richelieu – Ⓜ Palais-Royal - Musée du Louvre – ℰ 01 71 60 91 30 – www.restaurant-tracé.com – Fermé lundi, dimanche et du mardi au samedi à midi

ZEN

CUISINE JAPONAISE • ÉPURÉ Cette table japonaise séduisante associe un décor traditionnel agréable et une authentique cuisine nippone : la carte, étoffée, est fidèle aux classiques sushis, grillades et autres tempuras, les grandes spécialités de la maison étant les gyozas et le chirashi. Attention : pas de réservation au déjeuner.

🗚 🍴 – Prix : €€

8 rue de l'Échelle – Ⓜ Palais-Royal - Musée du Louvre – ℰ 01 42 61 93 99 – www.zenrestaurantparis.fr – Fermé dimanche

LE BURGUNDY   *Plus*

MODERNE • RAFFINÉ Luxueux, feutré et arty... Dans cet hôtel de standing, le chic parisien se décline de manière artistique : meubles design et œuvres d'art contemporain – spécialement créées – émaillent les lieux. Une réussite...

🛁 🅿 🗚 ⌨ 🌀 🏊 🐾 ♨ 🖧 ⅋ 🍴 🗚 - 59 chambres

6-8 rue Duphot – ℰ 01 42 60 34 12 – www.leburgundy.com

❀ **Le Baudelaire** - Voir la sélection des restaurants

CASTILLE PARIS

MODERNE • COSY Le voisinage des plus grands palaces ne semble pas effrayer le Castille, hôtel particulier établi depuis le 18e s. à deux portes de l'atelier de Coco Chanel. Ses deux ailes réconcilient des références supposées incompatibles : les suites rendent hommage à la célèbre créatrice — lignes pures, palette sobre, souvenirs d'un Paris en noir et blanc —, les chambres sont plus vénitiennes, toutes de tentures de soie, de salles de bain en marbre et de tonalités chatoyantes. Un sauna, un espace fitness et plusieurs salles de conférence complètent les services.

♨ P ♻ ⌘ ఏ ♨ ↑○ Ⓐⓒ - 108 chambres

33-37 rue Cambon – ☏ 01 44 58 44 58 – www.collezione.starhotels.com/en/our-hotels/castille-paris

L'Assaggio - Voir la sélection des restaurants

🛏 **CHÂTEAU VOLTAIRE**   *Plus*

MODERNE • CHALEUREUX Un hôtel pensé comme une maison, telle est la philosophie des lieux ! Ici, tout repose sur une atmosphère cosy, ainsi que sur un sens de l'accueil chic et décontracté. Déco signée Sarah Lavoine, chambres tout confort : impeccable à tout point de vue.

🚹 ♻ ⌘ ⊛ ♨ ↑○ Ⓐⓒ - 32 chambres

55-57 rue Saint-Roch – ☏ 01 53 45 91 00 – www.chateauvoltaire.com

---

🛏 **CHEVAL BLANC PARIS**

MODERNE • RAFFINÉ La réinvention totale de l'emblématique grand magasin Art Déco La Samaritaine, donnant sur le Pont Neuf, tient ses promesses. Avec seulement 72 chambres et suites, Cheval Blanc Paris a choisi de viser - avec succès - le luxe absolu : la suite la plus extravagante s'étend sur deux niveaux et possède sa propre piscine. Les points forts incluent le spa et une vaste piscine intérieure à débordement.

♻ ⌘ ⊛ ♨ ⌔ ↑○ Ⓐⓒ - 72 chambres

8 quai du Louvre – ☏ 01 40 28 00 00 – www.chevalblanc.com/en/maison/paris

✿✿✿ **Plénitude - Cheval Blanc Paris** • ✿ **Le Tout-Paris** • **Langosteria** - Voir la sélection des restaurants

---

🛏 **GRAND HÔTEL DU PALAIS ROYAL**   *Plus*

MODERNE • ÉLÉGANT Voisin du Palais-Royal, du ministère de la Culture et du Conseil d'État, cet immeuble du début du 18e s. est idéalement situé. À l'intérieur, de l'élégance mais point de faste : les chambres jouent la sobriété, et l'on profite, des étages supérieurs, d'une vue splendide sur le Paris historique. Hammam, fitness et salon de coiffure.

🚹 ♨ P ♻ ⊛ ♨ ⌔ ⊞ ↑○ Ⓐⓒ - 68 chambres

4 rue de Valois – ☏ 01 42 96 15 35 – www.grandhoteldupalaisroyal.com

---

🛏 **HÔTEL DU LOUVRE**

CLASSIQUE • RAFFINÉ Cet hôtel d'excellence situé juste en face du plus célèbre musée au monde tient sa double promesse : être unique et extrêmement sophistiqué. La façade haussmannienne ouvre sur un intérieur contemporain. Les chambres et les suites sont exceptionnellement calmes, et nombre d'entre elles s'offrent pour vis-à-vis le Louvre, la Comédie française, l'avenue de l'Opéra ou le Palais-Royal. L'Officine du Louvre, le bar de l'hôtel, profite d'une magnifique verrière.

♨ P ♻ ⊛ ⌔ ⊞ ↑○ Ⓐⓒ - 164 chambres

Place André Malraux – ☏ 01 73 11 12 34 – www.hyatt.com/fr-FR/hotel/france/hotel-du-louvre/paraz

Brasserie du Louvre - Bocuse - Voir la sélection des restaurants

---

🛏 **HÔTEL MADAME RÊVE**

AVANT-GARDE • ÉLÉGANT Le grand édifice haussmannien, encore récemment la Poste du Louvre, renaît après une restauration très approfondie sous la baguette du directeur artistique Laurent Taïeb et de la designer Andrée Putman. Leur travail fait ressortir le hall d'époque postmoderne, ainsi que les chambres et suites

PARIS

contemporaines, parées de tons chauds et décorées d'œuvres d'art sur le thème du courrier. Les plus calmes donnent vers l'intérieur, sur le "sky garden" du restaurant, d'autres admirent les toits et les flèches gothiques de l'église Saint-Eustache.Un petit spa de luxe et deux restaurants, l'un en terrasse côté rue, l'autre en hauteur, sur les toits de la ville.

🛁 🎍 🅿 🛏 📶 🎎 🚲 🌐 🛋 🖥 🏋 ‖○ 🆎 - 82 chambres

48 rue du Louvre – ☎ 01 80 40 77 70 – www.madamereve.com

Kitchen by Stéphanie Le Quellec - Voir la sélection des restaurants

MANDARIN ORIENTAL

CLASSIQUE • RAFFINÉ Le vaisseau amiral du groupe hongkongais à Paris. Fidèle à ses principes, celui-ci a signé un établissement d'un extrême raffinement, à la croisée de l'élégance française et de la délicatesse orientale. Jeux de lignes, d'espace, de quiétude, etc. Au cœur de la capitale, un palace capital !

🛁 🎍 🛏 🌐 🎎 🏋 ‖○ 🆎 - 138 chambres

251 rue Saint-Honoré – ☎ 01 70 98 78 88 – www.mandarinoriental.com/paris

LE MEURICE

GRAND STYLE • RAFFINÉ L'un des premiers hôtels de luxe parisiens, né en 1835. Face aux frondaisons du jardin des Tuileries, les lieux sont fastueux, dans un esprit très classique auquel le designer Philippe Starck a su apporter une touche contemporaine. Un spa superbe, un bar très intime : Le Meurice ou l'art du raffinement.

🛁 🎍 🅿 📶 🌐 🎎 🏋 ‖○ 🆎 - 160 chambres

228 rue de Rivoli – ☎ 01 44 58 10 10 – www.meuricehotel.com

✿✿ **Restaurant Le Meurice Alain Ducasse • Restaurant Le Dalí** - Voir la sélection des restaurants

PARIS

NOLINSKI   Plus

MODERNE • ÉLÉGANT Entre l'Opéra et la Comédie Française, un hôtel très chic, lieu d'art et de vie à la française, dont l'élégance haussmannienne illumine l'avenue. Marbre de Carrare, mobilier chic, chambres lumineuses : rien n'a été laissé au hasard, jusqu'au splendide spa (hammam, massages, etc.) et la grande piscine couverte.

🛁 🎍 🅿 📶 🛏 🌐 🎎 🏊 ‖○ 🆎 - 45 chambres

16 avenue de l'Opéra – ☎ 01 42 86 10 10 – www.nolinskiparis.com

Nolinski - Voir la sélection des restaurants

LE ROCH   Plus

MODERNE • COSY Un hôtel pensé comme une maison, tel est la philosophie des lieux. Ici, tout repose sur une atmosphère chaleureuse, ainsi que sur un sens de l'accueil chic et décontracté. Déco signée Sarah Lavoine, chambres tout confort : impeccable à tout point de vue.

📶 🛏 🌐 🎎 🏋 ‖○ 🆎 - 37 chambres

28 rue Saint-Roch – ☎ 01 70 83 00 00 – www.leroch-hotel.com

THÉRÈSE   Plus

MODERNE • COSY Une adresse charmante située dans une petite rue calme, nichée entre le Palais-Royal et l'avenue de l'Opéra. Son décor se révèle très cosy et chic, avec par exemple des pièces de mobilier inspirées des années 1950 et des références néo-industrielles... Les chambres sont douillettes et bien agencées : une réussite !

🅿 🚲 🏊 🆎 - 40 chambres

5-7 rue Thérèse – ☎ 01 42 96 10 01 – www.hoteltherese.com

ACCENTS TABLE BOURSE

Chefs : Ayumi Sugiyama et Romain Mahi

CUISINE MODERNE • DESIGN "L'accent nous indique l'origine de la personne ; il nous renseigne sur son pays, sa région et son histoire. C'est cette idée d'ouverture et de découverte que je veux défendre, une cuisine faite de rencontres et d'échanges" : ainsi s'exprime Ayumi Sugiyama, patronne japonaise et cheffe pâtissière de ce lieu contemporain d'esprit scandinave. Les assiettes du chef Romain Mahi marient recettes classiques (savoureux lièvre à la royale en saison), créations plus audacieuses et travail subtil autour des arômes torréfiés et des saveurs fumées. De bout en bout, équilibre et précision... jusqu'aux créations sucrées, légères et bien construites. Service tonique et chaleureux.

&. 🅰🄲 – Prix : €€€

24 rue Feydeau – Ⓜ Bourse – ℰ 01 40 39 92 88 – www.accents-restaurant.com – Fermé lundi et dimanche

FLEUR DE PAVÉ

Chef : Sylvain Sendra

CUISINE CRÉATIVE • TENDANCE Vous avez aimé Itinéraires ? Vous adorerez Fleur de Pavé, un resto bien d'aujourd'hui où le chef Sylvain Sendra continue son exploration culinaire, avec la même fougue et le même panache que dans sa précédente adresse. Il trousse des assiettes modernes et voyageuses, faussement brutes dans le dressage, avec des produits de superbe qualité – et en particulier les légumes très exclusifs de chez Asafumi Yamashita. Voici un chef qui n'essaie pas d'étourdir par sa technique, mais plutôt à mettre l'accent sur les saveurs et à se montrer fidèle à l'énoncé de ses plats – qu'il en soit remercié.

🕃 🅰🄲 ⬚ – Prix : €€€

5 rue Paul-Lelong – Ⓜ Sentier – ℰ 01 40 26 38 87 – www.fleurdepave.com – Fermé dimanche et samedi midi

FRENCHIE

Chef : Grégory Marchand

CUISINE MODERNE • CONVIVIAL Drôlement Frenchy, le chef Grégory Marchand, qui a fait ses classes dans plusieurs grandes tables anglo-saxonnes (Gramercy Tavern à New York, Fifteen – par Jamie Oliver – à Londres, Mandarin Oriental à Hong Kong...). Il a aujourd'hui pris ses quartiers rue du Nil, dans ce restaurant de poche, au cœur du Sentier : la petite salle (briques, poutres, pierres apparentes, vue sur les fourneaux) ne désemplit pas, les stars s'y pressent, le murmure des gourmandises ouvre l'appétit. La "faute" à sa cuisine, qui partage tout du goût international contemporain, avec des associations de saveurs originales, centrées sur le produit, et des accords mets et vins judicieux. Très bonne ambiance entre cuisine et salle, personnel jeune, impliqué, preuve que l'on peut faire de la gastronomie "fun" et décontractée et rester très professionnel. Un succès largement mérité.

🅰🄲 – Prix : €€€€

5 rue du Nil – Ⓜ Sentier – ℰ 01 40 39 96 19 – www.frenchie-restaurant.com – Fermé lundi, samedi et dimanche et du mardi au vendredi à midi

PANTAGRUEL

Chef : Jason Gouzy

CUISINE MODERNE • COSY À l'instar du personnage éternel créé par Rabelais, le chef Jason Gouzy, un rémois trentenaire, est généreux – une générosité qu'il teinte d'une belle finesse, celle qu'il a apprise à l'école Ferrandi puis qui s'est exprimée progressivement à l'Assiette Champenoise, au Bristol et au Baudelaire. Il s'est concocté avec l'aide d'une créatrice de mode un sobre cocon gourmand, à la fois bourgeois et romantique, au cœur du Sentier. Derrière la large baie vitrée de sa cuisine, le chef montre tout l'éventail de son savoir-faire au travers de plats déclinés en petites assiettes satellites – du jeu sur les textures aux associations terre-mer, en passant par le fumé et les condiments, à l'image de cette betterave fumée et sardine, ou de ce homard bleu en 3 déclinaisons.

&. AC – Prix : €€€€

24 rue du Sentier – Ⓜ Sentier – ℰ 01 73 74 77 28 – www.restaurant-pantagruel.com – Fermé samedi et dimanche

❀ PUR' - JEAN-FRANÇOIS ROUQUETTE

CUISINE CRÉATIVE • ÉLÉGANT Deux restaurants contemporains au Park Hyatt : le Café Jeanne à l'heure du déjeuner et Pur', plus feutré, pour un bien agréable dîner. Ce dernier est évidemment à l'image de l'hôtel de la rue de la Paix, où luxe signifie raffinement, modernité et discrétion. Confiée à l'imagination d'Ed Tuttle, la décoration crée une atmosphère à la fois confortable et confidentielle, avec seulement 35 couverts. Tout est pensé dans les moindres détails : les harmonies de couleurs, l'éclairage et l'espace lui-même. Jean-François Rouquette (Taillevent, le Crillon, la Cantine des Gourmets, les Muses) trouve ici un lieu à sa mesure pour exprimer la grande maîtrise de son talent. Sa cuisine, créative et inspirée, accorde avec finesse d'excellents produits. Un "pur" plaisir !

&. AC 🍽 – Prix : €€€€

Park Hyatt Paris-Vendôme, 5 rue de la Paix – Ⓜ Opéra – ℰ 01 58 71 10 60 – www.paris-restaurant-pur.fr – Fermé lundi, dimanche et du mardi au samedi à midi

❀ SHABOUR

CUISINE CRÉATIVE • TENDANCE Derrière Shabour, on trouve Assaf Granit, chef israélien médiatique : déjà propriétaire d'une douzaine de restaurants à Jérusalem, Londres et Paris, il anime également la version locale de Cauchemar en cuisine. Il a jeté son dévolu sur un immeuble du 17ᵉ s dans un quartier animé, entre les rues Saint-Denis et Montorgueil. On retrouve ici ses marques de fabrique : ambiance débridée, déco brute émaillée notamment de gaines techniques métalliques au plafond, lumières tamisées... et surtout cette cuisine créative aux influences méditerranéennes, généreuse et surprenante, qui emporte tout par sa fraîcheur à l'image de ces carottes, œuf mollet, écume de tahini, œufs de saumon et tzimmes, de ce rouget snacké dans l'idée d'une bouillabaisse orientale ou encore de ce gâteau de semoule à la fleur d'oranger et crème anglaise à la citrouille.

AC – Prix : €€€€

19 rue Saint-Sauveur – Ⓜ Réaumur - Sébastopol – ℰ 06 95 16 32 87 – www.restaurantshabour.com – Fermé lundi, dimanche et mardi midi

❀ SUSHI B

CUISINE JAPONAISE • ÉPURÉ Aux abords du très agréable square Louvois, ce restaurant de poche (8 places seulement) mérite que l'on s'y attarde. Son cadre, tout d'abord, est zen et dépouillé – fauteuils en tissus, comptoir élégant, verreries fines, serviettes en coton blanc, baguettes d'une belle finesse... Le marbre est omniprésent jusque dans les toilettes – japonaises, évidemment !Mais on vient surtout ici pour constater par soi-même le grand talent du chef : en excellent artisan, il ne travaille que des produits de qualité et de première fraîcheur, avec une précision chirurgicale. Il faut voir, par exemple, la qualité d'exécution de ses sushis et makis, dont les saveurs cavalent en bouche, sans jamais d'excès de soja ou de wasabi : le sens de la mesure personnifié. Les autres plats sont équilibrés, les textures complémentaires. Une adresse fort agréable.

AC – Prix : €€€€

5 rue Rameau – Ⓜ Bourse – ℰ 01 40 26 52 87 – www.sushi-b-fr.com – Fermé du lundi au mercredi

❀ SUSHI YOSHINAGA Ⓝ

CUISINE JAPONAISE • ÉPURÉ Cette adresse d'exception n'a rien laissé au hasard : céramiques conçues par un artiste japonais, baguettes en bois de rose disposées sur un petit plateau de cèdre, poissons des côtes bretonnes présentés en filets entiers en début de repas... et 10 places seulement dans cet écrin d'érable nimbé de douce lumière. Le chef Tomoyuki Yoshinaga (ex-Okuda) travaille des

PARIS

poissons remarquables de fraîcheur, dont certains thons gras parfaitement matu-rés, objets d'une découpe experte et d'assaisonnements qui ne le sont pas moins. Tendreté du calamar assaisonné de citron vert et de fleur de sel, délicates saveurs umami de l'anguille sauvage légèrement infusée au saké, nigiri de thon qui fondent en bouche : un grand moment.

🄰🄲 – Prix : €€€€

27 rue du 4 Septembre – Ⓜ Quatre-Septembre – ℰ 07 57 81 46 46 –
www.sushiyoshinaga.com – Fermé lundi, dimanche et du mardi au samedi à midi

😊 SPOON

CUISINE DU MONDE • DESIGN À l'entresol du Palais Brongniart, on spécule avec gourmandise sur les épices – tamarin, gingembre, coriandre, safran... Les plats du chef tracent leur route aromatique du Maghreb à l'Inde, en passant par le Moyen-Orient : pois chiche Doha au citron caviar ; sériole, feuilles de curry et lait de coco ; pastilla Fès aux fruits sec, cannelle et badiane.

🄰🄲 🍽 ♻ 🍲 – Prix : €€

25 place de la Bourse – Ⓜ Bourse – ℰ 01 83 92 20 30 – www.spoon-restaurant.com –
Fermé dimanche soir

L'APIBO

CUISINE MODERNE • BISTRO Dans son petit bistrot du quartier Montorgueil (esprit feutré, parquet en chêne, pierre apparente), le chef Antony Boucher, au solide CV, signe une belle cuisine de produits, originale et délicate. Il est réputé pour ses deux classiques que sont le filet de bar, riz noir et sauce paprika et le cochon confit huit heures et sa mousseline de patate douce. Le service gentiment impertinent (et très pro) évoque l'esprit canaille qui flottait naguère sur les Halles...

🄰🄲 🍽 – Prix : €€

31 rue Tiquetonne – Ⓜ Étienne Marcel – ℰ 01 55 34 94 50 – www.restaurant-lapibo.fr – Fermé lundi, dimanche et samedi midi

AUX LYONNAIS

CUISINE LYONNAISE • BISTRO Dans ce bistrot fondé en 1890, au cadre délicieuse-ment rétro, on se régale d'une savoureuse cuisine qui explore la gastronomie lyonnaise. Ainsi les terrines, quenelles de sandre aux écrevisses, ou le gâteau de foie blond disputent la part belle aux suggestions à l'ardoise et aux desserts convo-quant la gourmandise.

🄰🄲 ♻ – Prix : €€

32 rue Saint-Marc – Ⓜ Richelieu - Drouot – ℰ 01 42 96 65 04 –
www.auxlyonnais.com – Fermé lundi et mardi, et dimanche soir

LA BOURSE ET LA VIE

CUISINE TRADITIONNELLE • BISTRO Ce bistrot tenu par un chef américain connaît un franc succès. Sa recette ? Des plats biens français, sagement revisités par le maître des lieux, des produits de qualité et des saveurs ô combien plaisantes...

Prix : €€

12 rue Vivienne – Ⓜ Bourse – ℰ 01 42 60 08 83 – www.labourselavie.com –
Fermé samedi et dimanche

CAFÉ COMPAGNON

CUISINE MODERNE • BRANCHÉ Après Richer et 52 Faubourg, le restaurateur, sommelier et torréfacteur Charles Compagnon frappe encore ! Ce restaurant pro-pose une carte variée, allant des grignotages à partager jusqu'aux glaces maison, le tout dans un esprit de cuisine bistrot moderne, originale et bien faite : entrée tout en fraîcheur, échine de cochon canaille. Une vraie comfort food 100% maison, à déguster sans modération.

♿ 🄰🄲 – Prix : €€

22-26 rue Léopold-Bellan – Ⓜ Sentier – ℰ 09 77 09 62 24 –
www.cafecompagnon.com

PARIS

CAFFÈ STERN

CUISINE ITALIENNE • ÉLÉGANT Dans le passage des Panoramas, l'ancien atelier de gravure Stern a été reconverti en trattoria chic, sans rien perdre de son cachet de l'époque. À la carte, on trouve une cuisine italienne bien troussée et volontiers originale : risotto de saison ; pintade rôtie au marsala ; involtini de langoustines ; glace à la pistache "Stern"...

🅰️ ✿ – Prix : €€€

47 passage des Panoramas – Ⓜ *Grands Boulevards –* ☎ *01 75 43 63 10 – www.alajmo.it/fr/pages/homepage-caffe-stern – Fermé lundi et dimanche*

DROUANT

CUISINE TRADITIONNELLE • ÉLÉGANT Un lieu mythique et bien vivant que cette brasserie chic intemporelle où l'on décerne le prix Goncourt depuis 1914 et le Renaudot depuis 1926 ! Plus récemment, nouveau décor, et nouveau chef : Romain Van Thienen, qui, fort de son savoir-faire (passé par les cuisines de Cyril Lignac et celles de l'Allénothèque de Yannick Alléno, s'applique à continuer dans la même lignée en exécutant des grands classiques de la cuisine française tels que le vol-au-vent, la sole meunière, ou encore la fameuse madeleine de Proust...

🐝 🅰️ 🍴 ✿ 🍽️ – Prix : €€€

16-18 place Gaillon – Ⓜ *Quatre-Septembre –* ☎ *01 42 65 15 16 – www.drouant.com*

ERH

CUISINE MODERNE • ÉLÉGANT E, R et H comme Eau, Riz, Hommes : intitulé aussi mystérieux que poétique pour cette table atypique, qui compagnonne avec une boutique de sakés et un bar à whisky. Etonnante salle à manger contemporaine sous une grande verrière, assortie d'un long comptoir devant la cuisine ouverte, où le chef japonais concocte une cuisine française savoureuse et japonisante dans ses effets. Un seul menu au déjeuner comme au dîner, accord mets-sakés possible.

🅰️ – Prix : €€€€

11 rue Tiquetonne – Ⓜ *Étienne Marcel –* ☎ *01 45 08 49 37 – www.restaurant-erh.com – Fermé lundi, dimanche et du mardi au jeudi à midi*

JÒIA PAR HÉLÈNE DARROZE

CUISINE DU SUD-OUEST • CONTEMPORAIN La table d'Hélène Darroze puise dans la mémoire de son Sud-Ouest natal, avec de jolis clins d'œil aux Landes, au Pays Basque et au Béarn. Des saveurs marquées pour des plats incontournables (chipirons de Saint-Jean de Luz poêlés au chorizo, riz Carnaroli à l'encre de seiche, persil et émulsion de parmesan), à dévorer seul ou à partager, et des desserts qui éveillent la gourmandise (chou chocolat au piment d'Espelette, praliné cacahuète).

✿ – Prix : €€€

39 rue des Jeûneurs – Ⓜ *Grands Boulevards –* ☎ *01 40 20 06 06 – www.joiahelenedarroze.com – Fermé dimanche soir*

LIZA

CUISINE LIBANAISE • TENDANCE Originaire de Beyrouth, Liza Asseily met ici la cuisine de son pays à l'honneur. Dans un décor contemporain parsemé de touches orientales, on opte pour un chich taouk, ou pour un kafta méchouiyé (agneau, houmous et tomates confites)... Le soir, les menus dégustation sont servis à la libanaise, c'est à dire avec une générosité proverbiale : un régal !

🅰️ – Prix : €€

14 rue de la Banque – Ⓜ *Bourse –* ☎ *01 55 35 00 66 – www.restaurant-liza.com – Fermé samedi midi et dimanche soir*

MER & COQUILLAGE Ⓝ

POISSONS ET FRUITS DE MER • BRASSERIE Entre les jardins du Palais Royal et l'avenue de l'Opéra, embarquez dans cette belle salle aux boiseries claires et au décor rétro qui évoque, évidemment, un bateau de croisière. Le chef a carte blanche pour travailler des poissons de ligne et de petits bateaux au gré des arrivages en direct de Noirmoutier et de Bretagne. Fumet aux arêtes de poisson rehaussé d'une émulsion au parmesan, ou bouillon de langoustine parfumé aux herbes et gingembre viennent souligner avec délicatesse la fraîcheur de la raviole de homard et gambas, ou la lotte rôtie.

🔠 – Prix : €€€

36 rue des Petits-Champs – Ⓜ Pyramides – ℰ 01 42 33 00 22 – www.restaurantmer-coquillageparis.com – Fermé dimanche et samedi midi

MORI VENICE BAR

CUISINE ITALIENNE • ÉLÉGANT Installez-vous face à la Bourse ou au comptoir pour savourer les grandes spécialités de la cuisine vénitienne, et du nord-est de l'Italie. Le décor, signé Starck, évoque le raffinement vénitien. Massimo Mori, patron du restaurant étoilé Armani, choisit les produits, avec une attention portée au terroir : araignée de mer, délicieux risotto à la cuisson impeccable, foie de veau et jusqu'aux délicieuses glaces à agrémenter de noisettes du Piémont !

🕃 ₺ 🔠 🏠 – Prix : €€€

27 rue Vivienne – Ⓜ Bourse – ℰ 01 44 55 51 55 – www.mori-venicebar.com – Fermé dimanche et samedi midi

RACINES

CUISINE ITALIENNE • BISTRO Simone Tondo, chef d'origine sarde, pilote ce bistrot-cave de charme qu'il a judicieusement transformé en "osteria" à l'ancienne. Cuisine bien ancrée dans le terroir transalpin. Libre cours à la créativité du chef avec un menu carte blanche, ou une ardoise du jour présentant un choix de recettes italiennes sans chichi et aux saveurs franches, confectionnées avec soin à partir de produits bien choisis : vitello tonnato, polpette al sugo, ravioli di ricotta, épinards et encornets...

🗘 – Prix : €€

8 passage des Panoramas – Ⓜ Grands Boulevards – ℰ 01 40 13 06 41 – www.racinesparis.com

RESTAURANT DES GRANDS BOULEVARDS

CUISINE ITALIENNE • CONTEMPORAIN Sous la verrière centrale de l'hôtel, une déco moderne et tendance, un accueil chaleureux... et des saveurs franco-italiennes, sous la direction du chef Giovanni Passerini. La carte courte est une leçon de simplicité et de gourmandise, en témoignent les paccheri à la lotte et poutargue ou le carré d'agneau cuit au Josper, oignons de Roscoff, oeuf mollet, coques et jus d'agneau. Belle carte des vins, étoffée et pointue.

🕃 ₺ 🔠 🗘 – Prix : €€

17 boulevard Poissonnière – Ⓜ Grands Boulevards – ℰ 01 85 73 33 32 – www.grandsboulevardshotel.com

TEKÉS

CUISINE ISRAÉLIENNE • CONVIVIAL L'une des adresses du chef Assaf Granit, Tekés, est tout entière résumée par son nom, qui signifie "cérémonie" en hébreu. Plus qu'un simple restaurant, c'est aussi un véritable spectacle musical. La brigade réalise un show survolté et brûlant, en cuisinant notamment les légumes à la braise, pendant qu'un ballet de serveurs se tient dans les starting-blocks. Poireaux grillés à la flamme avec purée de pomme de terre et feta, salade fatoush au labneh et zaatar, gnocchis frits au curry jaune et yaourt en savent quelque chose ! Ce voyage culinaire entre tradition levantine et Orient s'exprime pleinement à travers des saveurs intenses et des épices soigneusement sélectionnées. Le menu, principalement végétarien (mais non végan), se décline en plats à partager – la convivialité étant obligatoire entre ces murs !

🏠 – Prix : €€

4 bis rue Saint-Sauveur – Ⓜ Réaumur - Sébastopol – ℰ 07 81 42 54 74 – www.tekesrestaurant.com – Fermé dimanche midi

🛏 BACHAUMONT

CONTEMPORAIN • ÉLÉGANT Idéalement situé entre la rue Montmartre et la rue Montorgueil, cet hôtel typiquement parisien du début du 20ᵉ s., un temps

PARIS

transformé en clinique, renaît avec élégance (porche en verre et fer forgé, couloir en marbre etc.). Les chambres, contemporaines, sont confortables. Petit fitness au sous-sol.

&🛗🅿️📶🚲🛎️ ℱ🛎️ 🍴🅰️ - 49 chambres

18 rue Bachaumont - ℰ 01 81 66 47 00 - www.hotelbachaumont.com

EDGAR & ACHILLE   🌐 *Plus*

AVANT-GARDE • CHALEUREUX Dans une ancienne usine textile cet hôtel décalé-chic prend des airs d'installation arty grandeur nature, avec petit-déjeuner de compétition et vélos à disposition pour une balade alentour. Chaque chambre a été confiée à un créateur différent, qui a donné libre cours à son talent.

&📶🚲🍴🅰️ - 45 chambres

1 rue Sainte-Foy - ℰ 01 40 41 05 19 - www.edgarparis.com

HÔTEL DES GRANDS BOULEVARDS   🌐 *Plus*

BOURGEOIS • CHALEUREUX Dans ce quartier animé, l'hôtel est installé dans un immeuble dont l'histoire remonte au 18e s. On retrouve cette identité dans les chambres, coquettes et originales, qui donnent sur la cour intérieure ou le boulevard.

☆🚲🍴🅰️ - 50 chambres

17 boulevard Poissonnière - ℰ 01 85 73 33 33 - www.grandsboulevardshotel.com
Restaurant des Grands Boulevards - Voir la sélection des restaurants

HÔTEL DU SENTIER

MODERNE • CHARME En plein Paris, ce bâtiment au décor égyptien, sur la bien nommée Place du Caire, propose 30 chambres spacieuses et ensoleillées dont le design éclectique balaie toutes les époques, des Pharaons au modernisme du 20e s. Le bistrot de l'hôtel attire autant les locaux que les visiteurs.

🅰️🍴🅰️ - 30 chambres

2 place du Caire - ℰ 01 86 54 12 12 - www.hoteldusentier.com

KIMPTON ST-HONORÉ

MODERNE • ÉLÉGANT L'édifice Art Nouveau qui accueille cet hôtel se distingue par ses détails turquoise, cuivre et or. À l'intérieur, il a été (respectueusement) remis au goût du jour par le designer parisien Charza Zana : à la fois déco et moderne, pour un résultat élégant sans être sévère. Les chambres et les suites représentent une version idéalisée d'un appartement parisien. Un spa et une piscine intérieure tout en mosaïques.

🍴🛎️📶🐾🅰️🍴🅰️ - 149 chambres

25-29 boulevard des Capucines - ℰ 01 80 40 76 10 -
www.kimptonsthonoreparis.com

PARK HYATT PARIS - VENDÔME

MODERNE • CHALEUREUX Le luxe se dissimule discrètement derrière les élégantes façades de la place Vendôme. À l'intérieur, l'architecte américain Ed Tuttle a redonné vie à des matériaux familiers : calcaire beige et acajou foncé, pour une palette noire et claire subtilement zen. Les chambres, toutes somptueuses et paisibles, jouent sur un nuancier neutre et de riches textures. Les équipements comprennent un splendide spa et un hammam, des salles de réunion et de nombreux lounges et salons. Côté cuisine, il est bien sûr question de haute gastronomie et, au bar, les cocktails sont servis face à une cour intérieure s'ouvrant sur le cœur de Paris.

🛗🅿️📶🐾🛎️ ℱ🛎️🅰️🍴🅰️ - 153 chambres

5 rue de la Paix - ℰ 01 58 71 12 34 - www.paris.vendome.hyatt.com
❀ **Pur' - Jean-François Rouquette** - Voir la sélection des restaurants

THE HOXTON

MODERNE • ÉLÉGANT Près des Grands Boulevards, cet ancien hôtel particulier abrite une adresse tendance, fort prisé des bobos, startupers et fashionistas. Les chambres, décorées dans l'esprit des années 50, proposent confort et élégance. A l'étage, un bar cosy ouvert en soirée.

🔽 🍴 🏋 🍴⚪ 🆎 - 172 chambres

30-32 rue du Sentier – ℰ 01 85 65 75 00 – www.thehoxton.com/fr/paris

LE HAUT MARAIS • TEMPLE
3ᵉ ARRONDISSEMENT

😸 **ANNE**

CUISINE MODERNE • LUXE Le Pavillon de la Reine, magnifique demeure de la place des Vosges, rend hommage à Anne d'Autriche, reine de France et épouse de Louis XIII, qui a vécu dans ces murs. Au restaurant, supervisé par Mathieu Pacaud, le chef revisite les classiques avec intelligence et un talent certain. Les saveurs sont au rendez-vous, les produits sont irréprochables... On passe un excellent moment, que ce soit dans le cadre intimiste et romantique du salon bibliothèque ou sur la superbe cour-jardin verdoyante, aux beaux jours.

🔽 ♿ 🆎 🌳 🏛 – Prix : €€€€

28 place des Vosges – ⓂBastille – ℰ 01 40 29 19 19 – www.pavillon-de-la-reine. com/restaurant-bar – Fermé lundi et mardi

---

😸 **DATIL** Ⓝ

Cheffe : Manon Fleury

CUISINE MODERNE • CONTEMPORAIN La cheffe Manon Fleury a multiplié les expériences de haute volée (avec les chefs William Ledeuil, Pascal Barbot, Alexandre Couillon...) et les résidences éphémères avant d'ouvrir sa propre maison, à la sobre déco d'esprit scandinave. Sa philosophie gastronomique, faite de respect de la nature et de la personne, de défense des circuits courts (sourcing millimétré et local) et du zéro déchet, s'exprime avec une passion authentique, bien loin d'un certain green washing. L'assiette met en valeur le végétal avant tout (fruits et légumes à égalité), agrémenté d'un soupçon de protéine animale. Une partition d'un style épuré qui dévoile toutes les subtilités et complexités aromatiques des céréales en particulier (auxquelles elle a consacré un livre), mais également des fruits dont l'équilibre sucré-acide est subtilement canalisé. Ambiance décontractée portée par une équipe de choc.

Prix : €€€€

13 rue des Gravilliers – Ⓜ Arts et Métiers – ℰ 01 80 05 74 98 – www.datil-restaurant.fr – Fermé lundi, samedi et dimanche et mardi midi

---

AUBERGE NICOLAS FLAMEL

CUISINE MODERNE • CONTEMPORAIN La plus ancienne maison de Paris (1407) doit son nom à l'alchimiste Nicolas Flamel. On y déguste aujourd'hui une cuisine parfumée aux accents créatifs : langoustine royale, endive et consommé des pinces à la clémentine ; côte de veau du Limousin fumée au foin, chou-fleur et sarrasin ; coing confit au kalamensi et gingembre...

🔽 – Prix : €€€€

51 rue de Montmorency – Ⓜ Rambuteau – ℰ 01 42 71 77 78 – www.auberge. nicolas-flamel.fr – Fermé samedi et dimanche

---

BISTROT INSTINCT

CUISINE MODERNE • CONTEMPORAIN Un bistrot de poche contemporain tenu par le chef Maximilian Wollek et sa jeune équipe motivée. Au menu, une cuisine du marché et des grands classiques modernisés, dans un esprit bistronomique. Ici, tout est fait maison, jusqu'aux sirops utilisés pour des cocktails originaux.

PARIS

🏠 – Prix : €€
19 rue de Picardie – ⓜ Filles du Calvaire – ☎ 01 42 78 93 06 – www.instinct-paris.com/bistrot – Fermé lundi, dimanche et mardi midi

DESSANCE

CUISINE MODERNE • CONTEMPORAIN Logé dans un hôtel particulier du Marais, cette adresse cultive la nature, autant dans le décor (chêne omniprésent, plantes vertes) que dans les assiettes avec l'arrivée d'un nouveau chef. Au choix, deux menus « carte blanche », l'un résolument végétal, l'autre à l'esprit terre-mer.
🍽 – Prix : €€€
74 rue des Archives – ⓜ Arts et Métiers – ☎ 01 42 77 23 62 – www.dessance.com – Fermé lundi, dimanche et du mardi au samedi à midi

ELMER

CUISINE MODERNE • BRANCHÉ Tout près de République, on aime cette table chic où officie Simon Horwitz, chef au riche parcours (Oustau de Baumanière, Pierre Gagnaire, voyages en Asie et en Amérique latine). Il compose une partition savoureuse et pleine de mordant, avec notamment de belles viandes cuites à la braise ou en rôtissoire.
♿ 🅰🅲 🍽 – Prix : €€€
30 rue Notre-Dame-de-Nazareth – ⓜ Temple – ☎ 01 43 56 22 95 – www.elmer-restaurant.fr – Fermé lundi, dimanche et samedi midi

LES ENFANTS ROUGES

CUISINE DU MARCHÉ • BISTRO À l'origine, un chef d'origine japonaise, ayant fait son apprentissage chez Yves Camdeborde et Stéphane Jégo. À l'arrivée, un beau bistrot parisien proposant une savoureuse cuisine du marché à la française. Terrine du canard en gelée, pickles de pruneaux et concombre ; tempura de maigre de ligne, bouillon dashi aux algues, chou et fèves ; baba au rhum vieux de Martinique, crème chantilly, etc... Et cerise sur le gâteau, c'est ouvert le week-end.
Prix : €€€
9 rue de Beauce – ⓜ Filles du Calvaire – ☎ 01 48 87 80 61 – www.les-enfants-rouges-paris.fr/fr – Fermé du mardi au jeudi

GUEFEN ⓝ

CUISINE MODERNE • TENDANCE À deux pas de la place de la République, on vient découvrir la cuisine du chef israélien Ohad Amzallag en s'installant sur une grande table d'hôtes en marbre pour partager un moment de convivialité. Le chef sert ici une cuisine sous influence proche-orientale qui fait honneur aux produits de la mer, ainsi qu'aux végétaux et légumes fermentés à l'image de cette crème d'huître, granité à la menthe, piment et koshu ; de ce homard et agnolotti à la ricotta, épinards et crème de sauge et de ce délicieux gâteau au fromage et son garum caramélisé...
🅰🅲 – Prix : €€€€
9 rue du Vertbois – ⓜ Temple – ☎ 01 43 70 08 70 – www.guefen.fr – Fermé lundi, dimanche et du mardi au samedi à midi

ISTR

CUISINE MODERNE • CONTEMPORAIN Terrasse jeune et bondée, musique à fond, ambiance et décor branchés (gaines techniques au plafond, tables hautes, comptoir-bar...) pour ce resto bar à cocktails et à huîtres, inspiré des modèles new-yorkais mais... mâtiné d'influences bretonnes ! La carte fait la part belle aux produits de la mer et s'égaille de touches contemporaines - le tout à partir de produits frais.
Prix : €€
41 rue Notre-Dame-de-Nazareth – ⓜ Temple – ☎ 01 43 56 81 25 – www.istr.paris – Fermé samedi et dimanche à midi

LE MAZENAY

CUISINE DU MARCHÉ • BISTRO Ici, l'accent est mis sur la belle cuisson, le bon jus et le beau produit. Pas de tintamarre inutile quand on se régale d'escargots

PARIS

sauvages aux herbes ou d'une poulette fermière pochée. Mais le chef n'a qu'une hâte : que commence la saison du gibier ! Grouse d'Écosse rôtie, lièvre à la royale... Une adresse pour bons vivants.

&. 🅰🅲 – Prix : €€

46 rue de Montmorency – Ⓜ Rambuteau – ℰ 06 42 83 79 52 – www.lemazenay.com – Fermé samedi et dimanche

OGATA

CUISINE JAPONAISE • DESIGN Ogata est un temple dédié à l'art de vivre nippon, installé dans un hôtel particulier du Marais et signé du designer Shinichiro Ogata, véritable esthète contemporain. La cuisine japonaise, plutôt traditionnelle, s'inscrit dans l'esprit omakase, un menu dégustation composé de produits saisonniers de qualité (très bons sashimis). Les meilleures places se trouvent au comptoir. Un voyage à poursuivre à travers la boutique ou la galerie d'art...

🅰🅲 ⇩ – Prix : €€€€

16 rue Debelleyme – Ⓜ Filles du Calvaire – ℰ 01 80 97 76 80 – www.ogata.com/paris/restaurant – Fermé lundi et mardi

L'OYAT

CUISINE MODERNE • CONTEMPORAIN Même à deux pas de la place de la République, un chef ch'ti originaire de Dunkerque comme Jérémy Sergeant continue de penser aux grandes plages de son Nord natal où pousse...l'oyat, petite plante capable de fixer le sable des dunes. En cuisine, il n'a rien oublié de ses expériences précédentes : le produit est frais, la veine moderne et légère, le jus goûteux et le tout est nappé de sincérité. Le soir, la carte s'embourgeoise gentiment avec des produits plus nobles. Ambiance cosy et contemporaine.

Prix : €€

11 rue Notre-Dame-de-Nazareth – Ⓜ République – ℰ 01 42 72 51 77 – www.restaurantloyat.com – Fermé lundi et dimanche

PARCELLES

CUISINE TRADITIONNELLE • BISTRO Atmosphère, atmosphère ! Dans une ruelle entre Arts et Métiers et Beaubourg, voici un bistrot de 1936 sorti tout droit du Minuit à Paris de Woody Allen : mobilier typique, murs en pierres nues ou beige, sol en mosaïque rétro, plafond doré, comptoir bois et cuivre. Mais la cuisine est loin d'être en carton pâte, comme l'attestent le pressé de jarret de cochon, le bar de ligne, son risotto d'épeautre et sa sauce à l'anguille fumée, ou encore la tarte au chocolat noir et noix de pécan caramélisées. Du tout bon pour une adresse qui fait un carton (essayez de réserver...).

🕸 – Prix : €€€

13 rue Chapon – Ⓜ Arts et Métiers – ℰ 01 43 37 91 64 – www.parcelles-paris.fr – Fermé dimanche et samedi soir

TERRA

CUISINE MODERNE • ÉLÉGANT Un long couloir mène à ce restaurant aménagé sous une verrière nichée dans la cour d'un vieil immeuble parisien, entre jardin d'hiver et esprit néo-industriel. Le chef cuisine avec franchise et efficacité des produits sélectionnés avec soin : œuf parfait au comté, pickles d'oignon rouge au vinaigre de framboise ; tarte au chocolat noir et riz soufflé caramélisé. Les plats principaux (gnocchis à la parisienne gratinés ; faux-filet de bœuf normand) sont à partager. Belle sélection de vins aux tarifs assez raisonnables.

🕸 &. 🅰🅲 – Prix : €€

21 rue des Gravilliers – Ⓜ Arts et Métiers – ℰ 01 45 30 02 58 – www.terraparis.fr – Fermé lundi, dimanche et du mardi au samedi à midi

🛏 ## LES BAINS   *Plus*

MODERNE • CHALEUREUX Tel un phénix, les Bains renaissent toujours. Ils prennent aujourd'hui la forme d'un hôtel de caractère, mêlant habilement les styles (contemporain, design, Art déco) jusque dans les chambres, confortables et bien insonorisées. On profite aussi d'un bar à cocktails, de salons privés et... d'un club avec piscine !

🛁 🅿 ❄ 🚲 🔽 💧 🏠 🍴 ⛿ - 39 chambres

7 rue du Bourg-l'Abbé – 𝒞 01 42 77 07 07 – www.lesbains-paris.com

🛏 HÔTEL NATIONAL DES ARTS ET MÉTIERS

CLASSIQUE • CHALEUREUX Haussmannien au-dehors, contemporain à l'intérieur, l'Hôtel National des Arts et Métiers affirme son caractère spécifique, inspiré de la célèbre école d'ingénieurs voisine. Les chambres aux murs en béton texturé, couleurs sombres et œuvres d'art sont équipées de salles de bains en terrazzo, certaines avec balcons, et le penthouse ajoute une kitchenette, une salle à manger et une terrasse privée. Parmi les commodités, un petit spa, un centre de remise en forme et deux bars.

🛋 ❄ 🛌 🍴 ⛿ - 64 chambres

243 rue Saint-Martin – 𝒞 01 81 66 47 10 – www.hotelnational.paris

🛏 LE PAVILLON DE LA REINE   *Plus*

TRADITIONNEL • RAFFINÉ L'élégance du Paris historique, tout en noble discrétion. Passé les voûtes de la place des Vosges, première illumination à la vision de la belle cour verdoyante. Et le ravissement continue avec les chambres, feutrées et raffinées. Le luxe sans ostentation !

🛁 🅿 🛋 🚃 🚲 💧 🏠 🛌 🧖 🍴 ⛿ - 56 chambres

28 place des Vosges – 𝒞 01 40 29 19 19 – www.pavillon-de-la-reine.com

✿ **Anne** - Voir la sélection des restaurants

🛏 LE PETIT MOULIN   *Plus*

CONTEMPORAIN • RAFFINÉ Christian Lacroix a imaginé le décor "couleur du temps" de cet hôtel du Marais. C'est inédit, raffiné et chaleureux, entre tradition et modernité. Baignoires à pieds, tons flashy : chaque chambre est une création originale !

♿ 🅿 🛋 ❄ 🚲 💧 🧖 ⛿ - 17 chambres

29-31 rue de Poitou – 𝒞 01 42 74 10 10 – www.hotelpetitmoulinparis.com

🛏 SINNER   *Plus*

AVANT-GARDE • CONVIVIAL On entre dans cet hôtel de luxe comme en religion : son nom signifie en effet "pécheur". Ambiance gothique, concept-store dans une crypte, business-corner dans un confessional, bénitier dans les chambres : un concept détonnant en plein cœur du Marais.

🛁 🅿 ❄ 🔽 💧 🏠 🧖 🍴 ⛿ - 43 chambres

116 rue du Temple – 𝒞 01 42 72 20 00 – www.sinnerparis.com

ÎLE DE LA CITÉ • ÎLE SAINT-LOUIS • LE MARAIS, BEAUBOURG

4e ARRONDISSEMENT

✿✿✿ L'AMBROISIE

Chef : Bernard Pacaud

CUISINE CLASSIQUE • LUXE Comment raconter les créations de Bernard Pacaud, dont les qualités culinaires n'ont d'égales que la modestie ? Ce chef est un taiseux : ça tombe bien, sa cuisine parle pour lui. Souverain, il occupe une demeure quasi florentine de la place des Vosges, décorée de miroirs anciens, immense tapisserie, sol en marbre blanc et noir, ainsi que d'étonnants panneaux muraux contemporains éclairés par des diodes rouges. Imperméable aux modes, intraitable sur l'excellence des produits, il poursuit son sillon en artisan pointilleux ; dans ses assiettes, simples en apparence, chaque élément est posé avec certitude. Il suffit de se laisser emporter : fricassée de homard sauce civet mousseline Saint-Germain ; Saint-Jacques aux poireaux, pomme de terre et truffe ; tarte fine sablée au cacao amer et glace vanille...

Ⓐ – Prix : €€€€

9 place des Vosges – Ⓜ Saint-Paul – ℰ 01 42 78 51 45 – www.ambroisie-paris.com – Fermé lundi et dimanche

---

✿ BENOIT

CUISINE CLASSIQUE • BISTRO Pour retrouver l'atmosphère d'un vrai bistrot parisien, poussez donc la porte du 20, rue St-Martin. C'est ici, en plein cœur de Paris, que l'enseigne vit le jour dès 1912, du temps des Halles populaires. À l'origine bouchon lyonnais, le bistrot est resté dans la famille Petit pendant trois générations, lesquelles ont façonné et entretenu son charme si désuet. Belle Époque, plus exactement : boiseries, cuivres, miroirs, banquettes en velours, tables serrées les unes contre les autres... Chaque élément, jusqu'aux assiettes siglées d'un "B", participe au cachet de la maison. Rien à voir avec les ersatz de bistrots à la mode ! Et si l'affaire a été cédée au groupe Ducasse (2005), elle a préservé son âme.Traditionnelles à souhait, les recettes allient produits du terroir, justesse des cuissons et générosité. Les habitués le savent bien : "Chez toi, Benoît, on boit, festoie en rois." Surtout si l'on pense aux plats canailles que tout le monde connaît, mais que l'on ne mange quasiment jamais... sauf ici.

❀ Ⓐ ⇔ – Prix : €€€

20 rue Saint-Martin – Ⓜ Châtelet – ℰ 01 42 72 25 76 – www.benoit-paris.com

---

✿ RESTAURANT H

Chef : Hubert Duchenne

CUISINE CRÉATIVE • INTIME "H", comme Hubert Duchenne, chef normand passé chez Akrame Benallal, et Jean-François Piège... Derrière une devanture élégante et discrète, moins de vingt couverts pour cette salle à manger intime, au cadre aussi chic que cosy. Les recettes, bien maîtrisées, vont toujours à l'essentiel. Vous réclamez des preuves ? Les couteaux de mer en persillade (plat signature), le lieu jaune, crémeux de carottes à l'orange et sobacha, le bœuf de Jersey au barbecue, purée d'oignon doux et charbon végétal : chaque plat ou presque envoûte le palais grâce à des notes torréfiées et acidulées remarquablement dosées. C'est inventif et très maîtrisé : on se régale, au fil d'un menu unique composé en fonction de l'arrivage d'excellents produits...

♿ Ⓐ – Prix : €€€

13 rue Jean-Beausire – Ⓜ Bastille – ℰ 01 43 48 80 96 – www.restauranth.com – Fermé lundi, dimanche et du mardi au samedi à midi

---

✿ LE SERGENT RECRUTEUR

Chef : Alain Pégouret

CUISINE MODERNE • CONTEMPORAIN Le chef Alain Pégouret a emprunté à Joël Robuchon l'amour du geste précis et la rigueur du travail. Il suffit, pour s'en assurer, de pousser la porte du Sergent Recruteur, taverne historique de l'île Saint-Louis, reconvertie en table gastronomique. L'ancien chef du Laurent fait montre d'une impressionnante maîtrise. Ses assiettes fines, aux saveurs ciselées – et qui dévoilent, en filigrane, de solides bases classiques –, laissent le souvenir d'une belle cohérence gustative, avec un travail subtil sur les jus et les sauces ainsi qu'une attention aux belles cuissons. La maison distille une ambiance élégante et feutrée, associant habilement design contemporain et murs anciens. Une renaissance réussie.

Ⓐ ⇔ – Prix : €€€€

41 rue Saint-Louis-en-l'Île – Ⓜ Pont Marie – ℰ 01 43 54 75 42 – www.lesergentrecruteur.fr – Fermé lundi, dimanche et mardi midi

---

BAFFO

CUISINE ITALIENNE • TRATTORIA Originaire du sud de la Toscane et passionné de cuisine, Fabien Zannier a décidé de changer de vie pour rendre hommage aux saveurs de son enfance. De là cette petite table italienne forte en goût, où priment les produits frais et bio. Des antipasti originaux, des menus thématiques à partager (saveurs de la mer, truffe...), et une cave remplie de grands crus italien... l'occasion d'un "pranzo con i baffi", un repas à s'en lécher les moustaches !

AC – Prix : €€€

12 rue Pecquay – ◍ *Rambuteau –* ✆ *07 61 88 73 04 – www.baffo.fr –*
Fermé lundi, dimanche et du mardi au jeudi à midi

CAPITAINE

CUISINE MODERNE • **BISTRO** Après avoir fréquenté les cuisines de grands restaurants (L'Ambroisie, L'Arpège, L'Astrance), Baptiste Day a pris le large à bord d'un petit bistrot et nous régale d'une jolie cuisine du marché, inspirée de ses origines bretonnes et teintée de saveurs exotiques. Les incontournables croquettes de cochon servies en entrée (mayonnaise au gingembre, ail et piment) vous donneront envie de poursuivre le voyage ! Sélection de vins bio et naturels.

Prix : €€

4 impasse Guéménée – ◍ *Bastille –* ✆ *01 44 61 11 76 – www.restaurantcapitaine.fr –*
Fermé lundi, dimanche et mardi midi

GRANDCŒUR

CUISINE MODERNE • **VINTAGE** On s'installe dans une ambiance chaleureuse en salle (poutres et pierres apparentes, tables en marbre et banquettes en velours), ou sur l'agréable terrasse dans la jolie cour pavée du Centre de danse du Marais. La cuisine, imaginée par Mauro Colagreco, agrémente la tradition française d'un peu d'international... Coup de cœur pour la cecina de wagyu, qui vous fera fondre, et la côte de veau à la milanaise, pour sa sauce béarnaise à tomber.

♿ 🌿 ⛱ – Prix : €€€

41 rue du Temple – ◍ *Rambuteau –* ✆ *01 58 28 18 90 – www.grandcoeur.paris*

ILÔ

CUISINE MODERNE • **SIMPLE** Derrière un noren (le rideau que l'on accroche à la porte d'entrée des magasins au Japon) se cachent un genre de bistrot gourmand français acquoiné avec une taverne japonaise mais aussi un duo particulièrement inspiré, venu du restaurant étoilé Sola. D'un côté, en salle et à la sommellerie Yuki Onuma propose des accords mets et vins/sakés, futés et pointus ; de l'autre, le chef Seiya Kumabe balance un menu plaisir qui louvoie entre bistronomie française et inspiration japonaise.

Prix : €€

6 rue Castex – ◍ *Bastille –* ✆ *01 44 54 06 61 – www.ilo-restaurant.eatbu.com –*
Fermé lundi, dimanche et du mardi au jeudi à midi

LA TABLE CACHÉE PAR MICHEL ROTH

CUISINE MODERNE • **COSY** Au 5eme étage du BHV, derrière un mystérieux rideau vert, on a trouvé cette Table cachée... au bout d'un rayon lingerie ! Dans un cadre confortable à souhait (où chaque objet de décoration est en vente dans le magasin), le chef Michel Roth a conçu une carte de saison gourmande (foie gras poêlé au banyuls ; suprême de poulet rôti fermier ; tarte au citron). Belle terrasse panoramique avec vue sur l'Hôtel de ville.

AC 🌿 ⛱ – Prix : €€

BHV, 55 rue de la Verrerie – ◍ *Hôtel de Ville –* ✆ *01 42 74 91 86 – www.bhv.*
fr/magasins/vivez-bhv/un-petit-creux/la-table-cachee-par-michel-roth –
Fermé lundi et dimanche

TAVLINE

CUISINE ISRAÉLIENNE • **CONVIVIAL** Un petit bout de Tel-Aviv entre Saint-Paul et Hôtel de Ville, un zeste de Maroc, un soupçon de Liban. Telle est la recette de Tavline, où les épices, provenant du "Shuk Ha'Carmel", le plus grand marché de

Tel-Aviv, agrémentent une cuisine fine, comme le kstsitsot daguim, des boulettes de poisson grillées aux herbes et épices sur lit de lentilles au yaourt et citron confit, ou encore ce mémorable memoulaïm (oignons farcis d'agneau), recette héritée de la mère du chef.

Prix : €€

25 rue du Roi-de-Sicile – Ⓜ Saint-Paul – ℰ 09 86 55 65 65 – www.tavline.fr – Fermé lundi et dimanche

THAÏ SPICES

CUISINE THAÏLANDAISE • COSY Entre le quai des Célestins et le village St-Paul officie un chef, Willy Lieu, qui fut le cuisinier personnel de Jacques Chirac ! Chez lui, la cuisine thaïe est à l'honneur, en version authentique : les grands classiques sont au rendez-vous – pad thaï, tom yam –, généreux et pleins de saveurs, relevés comme il se doit. Tarifs plutôt modérés et service agréable.

🔲 – Prix : €€

5-7 rue de l'Ave-Maria – Ⓜ Sully - Morland – ℰ 01 42 78 65 49 – www.thaispices.fr – Fermé dimanche et samedi midi

🛏 COUR DES VOSGES 🏵 Plus

MODERNE • RAFFINÉ L'élégance du Paris historique, tout en noble discrétion. Passées les voûtes de la place des Vosges, première illumination à la vision de la belle cour verdoyante. Et le ravissement continue avec les chambres, feutrées et raffinées. Le luxe sans ostentation !

♨🅿🛎🌐🔲 - 12 chambres

19 place des Vosges – ℰ 01 42 50 30 30 – www.courdesvosges.com

🛏 DUO

CONTEMPORAIN • CHARME Un passé préservé (escalier classé, cave voûtée du 16ᵉ s.) et une atmosphère résolument contemporaine, douce et design, complétée par un bar à cocktails élégant, un salon confortable, un sauna et une salle de remise en forme : un beau Duo gagnant tenu par la même famille depuis 1918.

♿ 🛎 🛋 🔲 - 58 chambres

11 rue du Temple – ℰ 01 42 72 72 22 – www.duo-paris.com

🛏 SO/ PARIS 🏵 Plus

MODERNE • CONVIVIAL Entre Bastille et le Marais, le SO/Paris est un hôtel à part. Occupant un bâtiment fonctionnel de 1966, il réussit pourtant à s'inscrire dans la tradition des hôtels de luxe parisiens, grâce à des éléments originaux d'architecture contemporaine. Les espaces communs regorgent d'œuvres d'art, les chambres et suites sont spacieuses et lumineuses, avec de larges fenêtres donnant sur la Seine et les toits de zinc, voire sur la Tour Eiffel pour une bonne moitié d'entre elles. Le somptueux spa est complété par un centre de fitness et une impressionnante piscine intérieure. Les deux derniers étages accueillent quant à eux un un club, un bar et un restaurant, dont la salle à manger et la terrasse jouissent d'une vue inégalée sur la ville.

♿♨🅿🛎🚲🏊🛋🦾🍴🔲 - 162 chambres

10 rue Agrippa-d'Aubigné – ℰ 01 78 90 74 00 – www.so-hotels.com/fr/paris

QUARTIER LATIN • JARDIN DES PLANTES • MOUFFETARD

5ᵉ ARRONDISSEMENT

ALLIANCE

Chef : Toshitaka Omiya

CUISINE MODERNE • CONTEMPORAIN Entre les quais de la rive gauche et le boulevard St-Germain, ce restaurant célèbre l'Alliance de Shawn et Toshi, en charge respectivement de la salle et de la cuisine, complices dans cette belle aventure. Le chef Toshitaka Omiya préfère la vérité à l'esbroufe ou l'artificiel : sa cuisine s'appuie sur de beaux produits de saison et va à l'essentiel, tant visuellement que gustativement, pour donner lieu à de vrais éclairs de simplicité ainsi qu'à des harmonies subtiles. Ainsi la volaille de Racan contisée au corail de homard, qui s'affirme comme une spécialité de la maison. Un mot enfin sur la salle épurée, aux subtiles touches nipponnes : on s'y sent bien, d'autant qu'elle offre une jolie vue sur les fourneaux.

⛛ 𝖠𝖢 ⇧ – Prix : €€€€

5 rue de Poissy – ⓂMaubert - Mutualité – ☏ 01 75 51 57 54 – www.restaurant-alliance.fr – Fermé samedi et dimanche

AT

Chef : Atsushi Tanaka

CUISINE CRÉATIVE • ÉPURÉ Dans une rue proche des quais de Seine, cette façade sans enseigne cultive la discrétion. L'intérieur est à l'avenant : décor minimaliste, contemporain, et surtout sans esbroufe ! Le chef, Atsushi Tanaka, formé notamment chez Pierre Gagnaire, aime la fraîcheur et la précision. Armé d'une imagination et d'une créativité sans faille, il compose des assiettes séduisantes et sait nous tenir en haleine tout au long du repas. Enfin, pas d'inquiétude s'il vous prend l'envie – ô combien légitime ! – d'y retourner : le menu unique change très régulièrement.

𝖠𝖢 ⇧ – Prix : €€€€

4bis rue du Cardinal-Lemoine – Ⓜ Cardinal Lemoine – ☏ 01 56 81 94 08 – www.atsushitanaka.com – Fermé lundi, dimanche et mercredi midi

BAIETA

Cheffe : Julia Sedefdjian

CUISINE MÉDITERRANÉENNE • CONTEMPORAIN "Ici, la bouillabaisse tutoie l'aïoli, et la pissaladière jalouse la socca, juste sortie du four à charbon". Julia Sedefdjian (ancienne des Fables de la Fontaine, Paris aussi) est chez elle, heureuse et épanouie. Sa cuisine, colorée et parfumée, s'en ressent. Elle chante la Méditerranée (sa "Bouillabaieta", une superbe bouillabaisse revisitée, est incontournable) et les bons produits, qu'elle sélectionne avec justesse et travaille avec créativité, sans jamais oublier ses racines niçoises. La cheffe propose désormais uniquement des menus surprise en plusieurs séquences. Bienvenue chez Baieta – le bisou en patois niçois !

⛛ – Prix : €€€€

5 rue de Pontoise – ⓂMaubert - Mutualité – ☏ 01 42 02 59 19 – www.restaurant-baieta-paris.fr – Fermé lundi et dimanche

MAVROMMATIS

Chef : Andréas Mavrommatis

CUISINE GRECQUE • ÉLÉGANT Le chef chypriote Andréas Mavrommatis et ses équipes délivrent une cuisine généreuse et maîtrisée, inspirée de bases classiques françaises associées au meilleur des saveurs helléniques : carabinero, olive de Volos, crumble de féta ; bar de ligne rôti, vierge de coques, girolle, jus iodé au yaourt

PARIS

de brebis... Au gré des saisons et des inspirations du chef, ce voyage en Grèce se poursuit dans un écrin feutré et épuré, propice au dépaysement.

&. 🅐🅒 🀐 ♨ – Prix : €€€€

42 rue Daubenton – Ⓜ Censier - Daubenton – ℰ 01 43 31 17 17 – www.mavrommatis.com – Fermé lundi, dimanche et du mardi au samedi à midi

⍟ SOLA

CUISINE MODERNE • ÉPURÉ Tout près des quais donnant sur Notre-Dame et... déjà au Japon ! Voilà Sola et son décor tout en contrastes, entre le bois clair d'esprit zen et le plafond à la française ou les lourdes portes en bois massif. Sans oublier, au sous-sol, la cave voûtée où les tables figurent un tatami (attention, prière de retirer ses chaussures). Le chef japonais Kosuke Nabeta propose une savoureuse passerelle entre exigence et précision de la gastronomie nippone et richesses du terroir français. Il nous donne à découvrir les techniques japonaises traditionnelles, qu'il manie avec art (fumaisons, séchages, marinades, fermentations, modes de cuisson alternatifs...) à base d'ingrédients tels que le soja, le saké, le ponzu et le mizuna. Ne ratez pas son plat signature : ris et noix de veau en saveurs fumées accompagnés de sa galette de riz, nappée d'une émulsion à la truffe ! Une cuisine harmonieuse, raffinée et personnelle.

🅐🅒 ♨ – Prix : €€€€

12 rue de l'Hôtel-Colbert – Ⓜ Maubert   Mutualité – ℰ 01 42 02 39 24 – www.restaurant-sola.com – Fermé lundi, dimanche et du mardi au jeudi à midi

⍟ SOLSTICE

Chef : Eric Trochon

CUISINE MODERNE • CONTEMPORAIN S'il existe des "écrivains pour écrivains", il y a des chefs pour chefs. MOF, pilier de l'école Ferrandi, promoteur du design culinaire, restaurateur à Tokyo, Éric Trochon est de cette trempe – admiré autant que méconnu. En compagnie de son épouse sommelière, il règne sur ce restaurant intime et moderne dont la déco navigue entre mobilier design et murs bruts. La carte aussi joue le minimalisme, avec deux propositions percutantes (dont un menu omakase) qui révèle une cuisine française aux touches japonaises et coréennes, à l'image cette volaille du Gâtinais à la feuille de cannelier sauvage et son succulent jus gras au miso blond. Deux places sont disponibles au comptoir face aux cuisines.

🅐🅒 – Prix : €€€€

45 rue Claude-Bernard – Ⓜ Censier - Daubenton – ℰ 09 88 09 63 52 – www.solsticeparis.com – Fermé lundi, dimanche et du mardi au vendredi à midi

⍟ TOUR D'ARGENT

CUISINE MODERNE • CLASSIQUE Fondée en 1582, l'adresse mythique des quais de Seine a fait peau neuve. Si la vue sur le fleuve et Notre-Dame est toujours aussi magique, l'immense cuisine désormais ouverte sur la salle désacralise le lieu sans lui faire perdre son âme, tandis qu'un plafond en acier à effet cinétique renouvelle le spectacle. Côté cuisine, le chef MOF Yannick Franques a su trouver le juste équilibre entre tradition et modernisme, grâce notamment à un beau travail sur les sauces. Dans une carte présentée sous forme d'un élégant triptyque, on retrouve avec plaisir les grands classiques de la maison, qui ont été modernisés sans être dénaturés, mais également une cuisine plus personnelle qui reflète les quelques années passées par le chef dans le sud de la France. Dans une ambiance agréable éloignée des pesanteurs d'autrefois, le service, toujours au plateau ou au guéridon, est assuré par une brigade fortement rajeunie orchestrée par Stéphane Trapier. Quant à l'extraordinaire cave, elle renferme plus de... 300 000 bouteilles. Dernières nouveautés : le Bar des Maillets d'Argent au rez-de-chaussée, d'esprit british 1930, et le Toit de la Tour, un toit-terrasse végétalisé pour savourer un cocktail en toute décontraction.

🏵 ≼&.🅐🅒 ♨ 🍽 – Prix : €€€€

15 quai de la Tournelle – Ⓜ Maubert - Mutualité – ℰ 01 43 54 23 31 – www.tourdargent.com – Fermé lundi et dimanche

BACA'V

CUISINE TRADITIONNELLE • BISTRO Gourmandise et bonnes quilles : tout l'univers du chef Émile Cotte est là. Après un parcours classique, il a souhaité lâcher la bride à son inspiration. Désormais, il trousse des classiques bistrotiers revus au goût du jour à l'image de cette crème de parmesan, œuf parfait et lard paysan. Renouvelé régulièrement, le menu-carte à l'ardoise est une bonne affaire. Également, un menu carte blanche en 5 plats.

🍴 – Prix : €€

6 rue des Fossés-Saint-Marcel – Ⓜ Saint-Marcel – ☏ 01 47 07 91 25 – www.bacav.paris – Fermé samedi et dimanche

L'AGRUME

CUISINE MODERNE • CONVIVIAL Un bistrot avec cuisine ouverte où le chef exécute avec finesse une cuisine sans esbroufe, comme cette volaille au vin jaune escortée de ses asperges ou ce tronçon de turbot rôti avec sa purée de pomme de terre et son jus de volaille. La fraîcheur des produits est au rendez-vous (le poisson vient de Bretagne et les fruits et légumes des meilleures adresses). Menu dégustation disponible le soir.

🅰🅲 – Prix : €€

15 rue des Fossés-Saint-Marcel – Ⓜ Saint-Marcel – ☏ 01 43 31 86 48 – www.restaurant-lagrume.fr/fr – Fermé lundi et dimanche, et mardi soir

ATELIER MAÎTRE ALBERT

CUISINE TRADITIONNELLE • CONVIVIAL Une cheminée médiévale et des rôtissoires cohabitent avec un bel intérieur tamisé et design signé J.-M. Wilmotte. Guy Savoy a imaginé la carte, avec des produits de belle qualité. T-Bone, volaille fermière, ribs et gigot d'agneau de lait cuisent à la broche et il ne reste plus qu'à choisir l'accompagnement, par exemple le gratin dauphinois ou la purée, tous deux réalisés dans les règles de l'art !

🅰🅲 ⇧ 🖧 – Prix : €€

1 rue Maître-Albert – Ⓜ Maubert - Mutualité – ☏ 01 56 81 30 01 – www.ateliermaitrealbert.com

CHINASKI

CUISINE MODERNE • BISTRO Dans un décor de récup' et de bois brut, depuis la grande cuisine ouverte, les proprios proposent une carte courte et bien pensée. En journée, on se régale de délicieux gâteaux dans un esprit coffe shop ; le soir, le bistrot créatif reprend ses droits, avec un filet de lieu jaune cuit à la perfection, un "tres leches" imbibé de whisky en dessert, et un bon vin nature. Sans oublier les pancakes du brunch dominical...

🍴 – Prix : €€

46 rue Daubenton – Ⓜ Censier - Daubenton – ☏ 01 73 74 74 06 – www.chinaskiparis.com – Fermé lundi, mardi et du mercredi au dimanche à midi

CIASA MIA

CUISINE ITALIENNE • FAMILIAL Originaires du Nord de l'Italie (des Dolomites, pour être précis), Francesca et Samuel Mocci aiment à mettre en valeur ce patrimoine gustatif aussi savoureux que surprenant. Les assiettes respirent l'authenticité, tout comme le cadre, dans un esprit de petit chalet cosy. Une adresse attachante.

🍽 – Prix : €€€

19 rue Laplace – Ⓜ Maubert - Mutualité – ☏ 01 43 29 19 77 – www.ciasamia.com – Fermé lundi, dimanche et samedi midi

CUCINA MUTUALITÉ

CUISINE ITALIENNE • CONVIVIAL Côté atmosphère, déco de bistrot moderne et colorée et service des plus sympathiques. Côté assiette, une belle carte italienne de saison autour de préparations authentiques, savoureuses et fort généreuses : vous ne serez pas déçus par les paccheri à la joue de bœuf fondante à souhait,

PARIS

servies à la casserole... al dente, évidemment ! Vous aurez peut-être même droit d'y goûter une seconde fois...

&. 🅰🅲 – Prix : €€

20 rue Saint-Victor – Ⓜ Maubert - Mutualité – ℰ 01 44 31 54 54 – www.cucina-mutualite.com

LES DÉLICES D'APHRODITE

CUISINE GRECQUE • TAVERNE Dans ce sympathique restaurant aux allures de taverne, on se croirait presque en Grèce ! Poivrons grillés marinés, brochette de gigot d'agneau rôtie à la broche, etc. Cette cuisine fraîche et ensoleillée tire le meilleur parti de produits de qualité.

🅰🅲 🍽 – Prix : €€

4 rue de Candolle – Ⓜ Censier - Daubenton – ℰ 01 43 31 40 39 – www.mavrommatis.com/les-delices-daphrodite

FLOCON

CUISINE DU MARCHÉ • CONTEMPORAIN Les frères Flocon, Alexis et Josselin, l'un dans la gestion de l'établissement, l'autre en cuisine, accueillent dans un intérieur lumineux et minimal. On découvre des assiettes surprenantes, où le végétal est en souvent en bonne place, basées sur des produits sourcés avec soin. Maquereau breton confit, sabayon à la dulce de mer, céleri et estragon, crakers aux fleurs ; épaule d'agneau fermier fumée puis rôtie, ravioles d'aubergine et citron brûlé, champignons, épinards, jus réduit au foin. Cerise sur le gâteau, les prix sont doux, y compris côté vins. Flocon fait chaud au cœur.

🅰🅲 – Prix : €€

75 rue Mouffetard – Ⓜ Place Monge – ℰ 01 47 07 19 29 – www.restaurantflocon.com – Fermé lundi, mardi, et mercredi et jeudi à midi

L'INITIAL

CUISINE MODERNE • CONTEMPORAIN Le chef japonais au palmarès étincelant propose une cuisine française d'une remarquable précision à base de beaux produits (bar de ligne, Saint-Jacques, langoustine, morilles) pour un bon rapport qualité/prix. Coup de cœur pour le carré d'agneau de Lozère rôti, purée de céleri, condiment citron et jus d'agneau réduit. Le service, très attentionné, se fait dans un cadre épuré et lumineux. Zénitude garantie.

🅰🅲 ⌖ – Prix : €€€

9 rue de Bièvre – Ⓜ Maubert - Mutualité – ℰ 01 42 01 84 22 – www.restaurant-linitial.fr – Fermé lundi, dimanche et mardi midi

KITCHEN TER(RE)

CUISINE MODERNE • CONTEMPORAIN William Ledeuil façonne un kaléidoscope de l'épure et du goût, où brillent des pâtes de haut-vol (réalisées par l'artisan Roland Feuillas à base d'épeautre, blé dur, engrain ou barbu du Roussillon), mais aussi un bouillon thaï , anguille, pomme de terre, ou encore un cappuccino, pommes au tamarin et glace au caramel... Absolument moderne, absolument gourmand.

🅰🅲 – Prix : €€

26 boulevard Saint-Germain – Ⓜ Maubert - Mutualité – ℰ 01 42 39 47 48 – www.zekitchengalerie.fr – Fermé lundi et dimanche

MAISON CLUNY

CUISINE TRADITIONNELLE • COSY Pour notre plus grand plaisir, le duo gourmand du quartier Daguerre (ex-Cornichon) s'est reformé dans un joli bistrot face au jardin du musée de Cluny, en plein Quartier Latin. À l'ardoise, des plats bistrotiers bien ficelés et goûteux : terrine de foie de volaille, rognons de veau, chasse en saison, riz au lait... Décor chaleureux et accueil jovial.

⌖ – Prix : €€

3 rue de Cluny – Ⓜ Cluny - La Sorbonne – ℰ 01 56 81 82 53 – www.maison-cluny.fr – Fermé lundi et dimanche

OTTO

CUISINE MODERNE • CONVIVIAL Une adresse bienvenue dans la rue Mouffetard : un bistrot au cadre minimaliste, béton au sol et plafond, calqué sur le modèle des izakayas japonais. Sous la houlette du chef Eric Trochon, Otto offre une cuisine de partage à travers une courte carte axée sur le produit, simplement accompagnés d'un condiment ou d'une sauce pour apporter du peps. C'est ainsi que chimichurri, sauce vierge ou diable, sauce ponzu ou condiment citron escortent viandes et poissons, souvent cuits au binchotan. Attention, pas de réservation possible.

🅰🄲 🗘 – Prix : €€

5 rue Mouffetard – ⓜ *Cardinal Lemoine –* 𝒫 *– www.otto-paris.com – Fermé du mardi au dimanche soir*

LA TABLE DE COLETTE

CUISINE MODERNE • CONTEMPORAIN Électricité verte, équipements basse consommation, semences paysannes et bilan carbone des plats affiché à la carte, tout est pensé ici dans le respect de la planète. Les végétaux sont à l'honneur, travaillés sous toutes leurs formes, à l'image de cette déclinaison de lentilles (en ragoût, en émulsion et frites). Sans oublier quelques clins d'œil à la Bretagne natale du chef comme ce terre-mer autour du chou-fleur, de l'andouille de Guéméné et des ormeaux.

🚪🏠 – Prix : €€€

17 rue Laplace – ⓜ *Cardinal Lemoine –* 𝒫 *01 46 33 18 59 – www.latabledecolette.fr – Fermé samedi et dimanche*

🛏 LES DAMES DU PANTHÉON

MODERNE • ROMANTIQUE Le Panthéon, la Sorbonne, le jardin du Luxembourg : pas de doute, nous sommes en plein cœur du Quartier Latin ! Face aux "temple des grands hommes", le décor des chambres s'inspire... de femmes françaises ayant marqué l'histoire : Duras, Gréco, Sand ou encore Piaf. Un hôtel romanesque et raffiné.

🅿🛋🚭 🆒 🛁🅰🄲 - 35 chambres

19 place du Panthéon – 𝒫 *01 43 54 32 95 – www.hoteldupantheon.com*

🛏 MONGE   *Plus*

BOURGEOIS • ÉLÉGANT Cet hôtel de charme, situé dans le Quartier Latin, devant les arènes de Lutèce, a conservé le caractère des maisons bourgeoises du 19ᵉ s. (salons en enfilade, moulures, parquet...). La décoration des chambres, entre faune et flore, louche du côté du Jardin des Plantes. Toute l'élégance à la parisienne.

🛋🚭 🆒 🛀🅰🄲 - 30 chambres

55 rue Monge – 𝒫 *01 43 54 55 55 – www.hotelmonge.com*

🛏 SEVEN   🌐

AVANT-GARDE • CONVIVIAL L'hôtel a pris le parti du rétro-futurisme, amenant la fibre optique jusque dans les salles de bain pour des effets renversants. L'une d'elles, toute en fluorescences violettes, évoque plutôt un vaisseau spatial ! Les suites sont un monde parallèle à elles seules, et dans son ensemble, le Seven réussit le grand écart entre boîte de nuit éclairée au laser et néo-boudoir au luxe extrême. Ajoutez à cela une grande cave à vins, un bar à champagne, un lounge tout en miroirs, entre délire et voyage intersidéral.

🆒🅰🄲 - 32 chambres

20 rue Berthollet – 𝒫 *01 43 31 47 52 – www.sevenhotelparis.com*

PARIS

SAINT-GERMAIN-DES-PRÈS • ODÉON • JARDIN DU LUXEMBOURG

6e ARRONDISSEMENT

PARIS

✿✿ GUY SAVOY

Chef : Guy Savoy

CUISINE MODERNE • LUXE Dans le cadre exceptionnel de l'hôtel de la Monnaie, Guy Savoy poursuit l'histoire entamée quelques décennies plus tôt : lorsque, jeune garçon, il passait la tête au-dessus des casseroles familiales dans la cuisine de la Buvette de l'Esplanade, à Bourgoin-Jallieu... Ici, il a vu les choses en grand : six salles parées de toiles contemporaines et de sculptures – dont un grand nombre prêté par François Pinault –, avec des fenêtres à huisseries anciennes donnant sur la Seine. Ce faste ne détourne pas le chef de son travail : rendre chaque jour hommage à la cuisine française. On retrouve notamment la soupe d'artichaut et truffe, plat emblématique de la maison, à déguster avec sa brioche tartinée de beurre de truffes...

🕸 🖕 🅰🅒 ⟷ 🍽 – Prix : €€€€

11 quai de Conti – 🅜 *Saint-Michel –* 🕾 *01 43 80 40 61 – www.guysavoy.com – Fermé dimanche, lundi et mardi*

✿✿ MARSAN PAR HÉLÈNE DARROZE

CUISINE MODERNE • CONTEMPORAIN Dans un décor cosy et élégant, on retrouve dans l'assiette ce qui fait la particularité de cette héritière d'une famille de cuisiniers du Sud-Ouest : la capacité à dénicher dans les terroirs de ces contrées (Aquitaine, Landes, Pays basque...) de quoi nourrir ses intentions culinaires, et la capacité à les mettre en valeur dans l'assiette : foie gras de canard des Landes servi en terrine, homard bleu aux épices tandoori (un incontournable), baba imbibé à l'armagnac. On y retrouve aussi la rigueur, une insatiable curiosité, et ce mélange de talent et d'intuition qui fait toute la différence. Une réussite incontestable.

🕸 🅰🅒 ⟷ – Prix : €€€€

4 rue d'Assas – 🅜 *Sèvres - Babylone –* 🕾 *01 42 22 00 11 – www.helenedarroze.com – Fermé lundi et dimanche*

✿ ARMANI RISTORANTE

CUISINE ITALIENNE • CONTEMPORAIN Emplacement original pour ce restaurant, situé au 1er étage de la boutique Armani de St-Germain-des-Prés (non loin de l'église). La salle est épurée et élégante, dans le style du créateur bien sûr : camaïeu de beiges, banquettes, murs laqués, lumière tamisée... N'aurait-on affaire là qu'à un autre type de vitrine ? Au contraire, ce ristorante compte parmi les meilleures tables italiennes de la capitale. Le chef Massimo Tringali accommode des produits de grande qualité dans l'esprit de la cuisine transalpine contemporaine. C'est frais, goûteux et bien maîtrisé : de la belle ouvrage.

🖕 🅰🅒 – Prix : €€€€

7 place du Québec – 🅜 *Saint-Germain-des-Prés –* 🕾 *01 45 48 62 15 – www.armani.com/en-us/experience/armani-restaurant/emporio-armani-caffe-ristorante-paris – Fermé lundi, mardi, et mercredi et jeudi à midi*

✿ QUINSOU

Chef : Antonin Bonnet

CUISINE CRÉATIVE • TENDANCE En face de la fameuse école Ferrandi chante un pinson (Quinsou en occitan), dont les suaves vocalises gastronomiques risquent fort d'influencer les grandes toques de demain. Dans un cadre moderne et brut (carreaux de ciment, ampoules nues), le chef Antonin Bonnet propose une cuisine d'artisan épurée, délicate, sensible et sans futilité. Dans l'assiette gazouille le produit, d'excellente qualité. Veau Axuria, Saint-Jacques de plongée d'Erquy, truite maturée des Asturies... Menu unique pour cette belle table, animée par un chef passionné.

ஐ & – Prix : €€€€
33 rue de l'Abbé-Grégoire – Ⓜ *Saint-Placide –* ☎ *01 42 22 66 09 –*
www.quinsourestaurant.fr – Fermé lundi, dimanche et du mardi au jeudi à midi

❀ RELAIS LOUIS XIII

Chef : Manuel Martinez
CUISINE CLASSIQUE • ÉLÉGANT Une table chargée d'histoire, bâtie sur les caves de l'ancien couvent des Grands-Augustins : c'est ici que, le 14 mai 1610, une heure après l'assassinat de son père Henri IV, Louis XIII apprit qu'il devrait désormais régner sur la France... La salle à manger semble se souvenir de ces grandes heures du passé : colombages, pierres apparentes, boiseries, vitraux et tentures, tout distille un charme d'autrefois, avec çà et là quelques éléments contemporains (cave vitrée, sculptures modernes). Une atmosphère particulièrement propice à la découverte de la cuisine du chef, Manuel Martinez, tenant d'un noble classicisme culinaire. Après un joli parcours chez Ledoyen, au Crillon, à la Tour d'Argent, ce Meilleur Ouvrier de France a décidé de s'installer en ce Relais pour y perpétuer la tradition. Quoi de plus logique ? L'histoire continue donc et les habitués sont nombreux, plébiscitant notamment la formule déjeuner, d'un très bon rapport qualité-prix !
ஐ ⒶⒸ ✿ 🍽 – Prix : €€€€
8 rue des Grands-Augustins – Ⓜ *Odéon –* ☎ *01 43 26 75 96 – www.relaislouis13.fr – Fermé lundi et dimanche*

❀ YOSHINORI

Chef : Yoshinori Morié
CUISINE MODERNE • INTIME Le chef Yoshinori Morié (ex-Petit Verdot, Encore, L'Auberge du 15) nous régale d'une cuisine raffinée et esthétique, déclinée sous forme de menus uniques. Ainsi, le tartare de veau de Corrèze, coques, chou-fleur ; la lotte, lotus et champignons ; ou encore la ballotine de pigeon, cèpes, datte, carotte et combava... sont autant d'hymnes, non dissimulés, à l'élégance et à la gourmandise. Dans ce secteur animé du Quartier Latin, c'est une aubaine que cette table d'auteur logée dans un écrin assez intimiste avec pierres apparentes, poutres blanchies, boiseries japonisantes, éclairage design, lin blanc et porcelaine. Une formule agréable est proposée le midi. Service proche du client et tout sourire.
✿ – Prix : €€€€
18 rue Grégoire-de-Tours – Ⓜ *Odéon –* ☎ *09 84 19 76 05 – www.yoshinori-paris.com – Fermé samedi et dimanche*

❀ ZE KITCHEN GALERIE

Chef : William Ledeuil
CUISINE CRÉATIVE • CONTEMPORAIN Plus de 20 ans déjà, et pas une ride : sous son nom hybride, Ze Kitchen Galerie de William Ledeuil joue sur les frontières entre art et cuisine, avec une envie et une fraîcheur intactes. Dans des volumes épurés cohabitent mobilier et vaisselle design, tableaux colorés (un décor imaginé avec le jazzman Daniel Humair), autour d'une cuisine vitrée pour suivre en direct le spectacle de la brigade. Aux fourneaux, William Ledeuil, devenu le mentor d'une génération de chefs et de cheffes (Adeline Grattard, Adrien Ferrand...), donne libre cours à sa passion pour les saveurs de l'Asie du Sud-Est (Thaïlande, Vietnam) où il puise son inspiration. Galanga, ka-chaï, curcuma, wasabi, gingembre... Autant d'herbes, de racines, d'épices et de condiments du bout du monde qui relèvent avec brio les recettes classiques françaises. Sa carte – à base de poissons, bouillons, pâtes, plats à la plancha – décline ainsi une palette d'assiettes inventives, modernes et ciselées, pour un voyage entre saveurs et couleurs. Le menu déjeuner est un coup de cœur à prix imbattable. Sans oublier un accueil et un service souriants.
ⒶⒸ 🍽 – Prix : €€€€
4 rue des Grands-Augustins – Ⓜ *Saint-Michel –* ☎ *01 44 32 00 32 – www.zekitchengalerie.fr – Fermé samedi et dimanche*

😊 LA MÉDITERRANÉE

POISSONS ET FRUITS DE MER • MÉDITERRANÉEN Dans ce restaurant face au théâtre de l'Odéon, des fresques évoquent la Méditerranée et la cuisine de la mer chante avec l'accent du Sud. Un soin tout particulier est apporté au choix des produits, comme dans ces spécialités maison : bouillabaisse, carpaccio de bar, dorade laquée au miel... Prix attractif du menu, mais tarifs à la carte plus conséquents.

🅰🄲 🕭 ⇦⇨ 🍽 – Prix : €€

2 place de l'Odéon – Ⓜ Odéon – 𝒞 01 43 26 02 30 – www.la-mediterranee.com

😊 LA TABLE DE MEE

CUISINE CORÉENNE • ÉPURÉ Dans un décor boisé et épuré (où l'on peut prendre place au comptoir pour regarder le chef travailler sur sa grande plancha), voilà une table coréenne qui met à l'honneur les spécialités du pays. Saveurs et sauces relevées sont au rendez-vous, grâce aux incontournables kimchi, "KFC" et autres délicieux ssams. Mention spéciale aux filets de maquereau mijotés dans un bouillon au soja, piment et radis blanc. Conseils avisés d'un sommelier expérimenté (ex-Gaya et Pilgrim) pour choisir entre vins ou bières artisanales.

Prix : €€

6 rue des Ciseaux – Ⓜ Saint-Germain-des-Prés – 𝒞 01 43 54 42 56 – Fermé lundi et dimanche

ALLARD

CUISINE TRADITIONNELLE • BISTRO On pénètre par la cuisine dans cette véritable institution, qui fait désormais partie du groupe Ducasse. Servis dans un décor 1900 pur jus, les plats hésitent entre registre bistrotier et plats canaille : escargots au beurre aux fines herbes, pâté en croûte, sole meunière, profiteroles...

🅰🄲 🍽 – Prix : €€€

41 rue Saint-André-des-Arts – Ⓜ Saint-Michel – 𝒞 01 43 26 48 23 – www.restaurant-allard.fr

AMBOS Ⓝ

CUISINE MODERNE • BISTRO Face au Sénat et au Jardin du Luxembourg, un bistrot contemporain et convivial tout en matières brutes (pierres apparentes et briques, poutres) avec sa cuisine ouverte et son petit comptoir. Les deux (ambos en espagnol), ce sont Pierre Chomet sa femme vénézuélienne Cristina. Ils ont usé leurs fourchettes de Bangkok à Londres, en passant par Paris et... Top-Chef pour Pierre. Avec leurs quatre petites mains amoureuses toujours proches du client, ils concoctent une cuisine personnelle enjouée et pleine de peps qui mélange diverses influences, aussi bien européennes que thaïlandaises (tartare de crevette façon pad-thaï) ou sud-américaines (agneau de lait fermier et chimichurri iodé ; pain de maïs « arepa » farci).

Prix : €€€

38 rue de Vaugirard – Ⓜ Odéon – 𝒞 01 43 54 91 39 – www.ambos-restaurant.fr – Fermé samedi et dimanche, et du mardi au vendredi soir

ANICIA, TABLE NATURE

CUISINE MODERNE • CONTEMPORAIN Natif de Haute-Loire, François Gagnaire sélectionne soigneusement les petits producteurs de là-bas, et s'offre une excellente matière première pour sa cuisine : lentille verte du Puy, limousine des Monts-du-Velay, fin gras du Mézenc, fromage de vache aux artisous, bière Vellavia... Ses assiettes sont gourmandes et joliment présentées : on se régale, sans compter que le menu déjeuner est une affaire dans le quartier. Salon de thé l'après-midi et offre plus gastronomique au dîner.

🅰🄲 – Prix : €€€

97 rue du Cherche-Midi – Ⓜ Vaneau – 𝒞 01 43 35 41 50 – www.anicia-paris.com – Fermé lundi et dimanche, et mercredi soir

AUX PRÉS

CUISINE MODERNE • BISTRO Un bistrot germanopratin ouvertement vintage (banquettes en cuir, miroirs fumés, papier peint floral) et une cuisine voyageuse signée Cyril Lignac, dont la créativité garde toujours un pied dans le(s) terroir(s) français, avec notamment de belles pièces de bœuf grillées.

PARIS

AC – Prix : €€€

27 rue du Dragon – Ⓜ Saint-Germain-des-Prés – ☏ 01 45 48 29 68 – www.restaurantauxpres.com

BAILLOTTE Ⓝ

CUISINE MODERNE • TENDANCE Humilité toute japonaise oblige ? Toujours est-il que le chef Satoshi Amitsu (ex-Georges Blanc) parle curieusement de cuisine « semi-gastronomique » sur son site. Pourtant, ce bistrot, précédé d'une devanture rouge appétissante, ne le cède en rien à d'autres tables. Fort d'une précision toute japonaise, le chef régale avec des assiettes d'obédience française, riches en couleurs, contrastes, ainsi qu'en jus et sauces millimétrés : maquereau à la flamme, fregola sarda, betterave, vinaigrette framboise, noix et shiso ; veau, champignons, cerfeuil tubéreux, condiment coing, jus corsé. Bonne sélection de vins au verre sortant des classiques références, bien conseillés par un service pro.

AC – Prix : €€€

16 rue du Dragon – Ⓜ Saint-Germain-des-Prés – ☏ 09 84 29 93 48 – www.restaurantbaillotte.fr – Fermé lundi et dimanche

LE BON SAINT-POURÇAIN

CUISINE MODERNE • BISTRO Planqué derrière l'église St-Sulpice, en plein cœur de St-Germain-des-Prés, cet ancien restaurant bougnat montre du soin et la passion. La cuisine du chef lorgne vers la tradition bistrotière revisitée : c'est tout simplement délicieux, sans doute grâce à l'utilisation exclusive de bons produits du marché. Réservez !

🍴 – Prix : €€€

10 bis rue Servandoni – Ⓜ Mabillon – ☏ 01 42 01 78 24 – www.bonsaintpourcain.com – Fermé lundi et dimanche

BOUTARY

CUISINE CRÉATIVE • CHIC Voilà le lieu idéal pour s'initier ou parfaire sa connaissance sur le caviar (osciètre, sterlet, baeri) : les propriétaires élèvent depuis plusieurs générations leurs propres esturgeons en Bulgarie du sud. On y apprécie, dans un esprit chic, les menus "carte blanche" du chef... avec dégustation de caviar à la royale, sur le dos de la main.

♿ AC 🍴 – Prix : €€€€

25 rue Mazarine – Ⓜ Odéon – ☏ 01 43 43 69 10 – www.boutary-restaurant.com – Fermé lundi, dimanche, et mardi et samedi à midi

BRASSERIE LUTETIA

POISSONS ET FRUITS DE MER • CHIC Tartare de bar sauvage, sole meunière, escargots de Bourgogne au beurre persillé : la célèbre brasserie du Lutetia affiche fièrement les classiques qui ont fait sa réputation. Les esthètes et les habitués ne se lassent pas de cette atmosphère chic et décontractée. Véranda, mezzanine ou patio : choisissez votre table !

♿ AC 🍴 – Prix : €€€

45 boulevard Raspail – Ⓜ Sèvres - Babylone – ☏ 01 49 54 46 92 – www.hotellutetia.com/fr/brasserie

LE CHRISTINE

CUISINE MODERNE • CONTEMPORAIN C'est dans une ruelle plutôt calme que l'on découvre l'avenante façade de ce restaurant, où convivialité et générosité se donnent d'abord à lire, sur la carte (courte et appétissante), puis à déguster, dans les assiettes, joliment travaillées, avec toujours une option végétarienne. Merci Christine, et à bientôt.

AC – Prix : €€€

1 rue Christine – Ⓜ Saint-Michel – ☏ 01 40 51 71 64 – www.lechristine. becsparisiens.fr

PARIS

PARIS

COLVERT 🆕

CUISINE MODERNE • BISTRO Faut-il encore présenter le chef Arnaud Baptiste révélé par Top Chef, sa moustache en goguette et ses nombreux tatouages ? Il a eu la bonne idée de choisir un bistrot d'angle pur jus (banquettes, chaises bistrot et tables au coude à coude, murs de pierres apparentes, sol en carreaux de ciment, comptoir transformé en mange-debout) dans un quartier où la bonne chère n'est pas toujours chez elle. Il mitonne une bonne bistronomie du marché. Comme il se doit, la carte de saison est courte et alléchante à l'image de ce cabillaud confit, hollandaise, courgettes et gel d'absinthe ou de ces figues rôties au naturel, crues et en pickles et granité figue et crème glacée.

🕸 🆔 ⇔ – Prix : €€€

30 rue des Grands-Augustins – Ⓜ Odéon – ✆ 01 42 03 73 67 – www.colvert.paris

LE COMPTOIR DU RELAIS

CUISINE TRADITIONNELLE • BISTRO Yves Camdeborde a confié les clefs de son célèbre bistrot de poche à... Bruno Doucet, chef auquel il avait déjà confié sa Régalade. Autant dire que la philosophie bistronomique du lieu est scrupuleusement respectée. Dans la minuscule salle où les tables sont à touche-touche ou encore sur la terrasse chauffée face au carrefour de l'Odéon, on se régale avec une carte (disponible non-stop de 12h à 23h, chose rare), qui navigue entre terroir et cuisine du marché, dans un respect absolu du bon produit. Pas de réservation possible.

🕸 🆔 🛋 – Prix : €€

5 carrefour de l'Odéon – Ⓜ Odéon – ✆ 01 44 27 07 50 – www.hotel-paris-relais-saint-germain.com/restaurant-le-comptoir

DUPIN

CUISINE MODERNE • CONVIVIAL Non loin du Bon marché, l'Épi Dupin est devenu Dupin sous la houlette du chef Nathan Helo (venu de chez Rostang) qui y défend une certaine idée de la bistronomie savoureuse. Il y affirme aussi une démarche écologique et locavore rigoureuse : achat de fruits et légumes en Île-de-France, traitement des déchets organiques, eau filtrée sur place, etc. Respect de la nature et passion du produit du "bien-vivre" se marient dans l'assiette.

🛋 – Prix : €€

11 rue Dupin – Ⓜ Sèvres - Babylone – ✆ 01 42 22 64 56 – www.restaurantdupin.com – Fermé lundi et dimanche

EMPORIO ARMANI CAFFÈ 🆕

CUISINE ITALIENNE • CONTEMPORAIN Juste en face des célèbres Deux Magots, au rez-de-chaussée de l'Armani Ristorante étoilé, voici la brasserie chic et contemporaine cornaquée allegretto par la même équipe à l'accent chantant. Verdure alla griglia arrosés d'une huile d'olive des Pouilles, linguine alle vongole veraci al dente accompagnées d'une bonne boutargue, classique tiramisu et sa crème au mascarpone légère et savoureuse, mais aussi spaghetti al pomodoro, ravioli del plin, risotto, tortellini : tous les classiques de la cuisine transalpine répondent présents, exécutés dans les règles de l'art.

🆔 – Prix : €€€

149 boulevard Saint-Germain – Ⓜ Saint-Germain-des-Prés – ✆ 01 45 48 62 15 – www.armani.com/en-gb/experience/armani-restaurant/emporio-armani-caffe-ristorante-paris

KODAWARI RAMEN - YOKOCHŌ

CUISINE JAPONAISE • SIMPLE On se croirait dans une ruelle du vieux Tokyo tant l'ambiance est animée et le restaurant étroit. Les ramen, fabriqués sur place et servis dans de délicieux bouillons de volaille du Loiret, attirent les gourmets de tous bords. Spécialité du lieu : le "kurugoma ramen", à base de sauce secrète au sésame noir et de poitrine de porc ibérique pata negra. Évitez les heures de pointe, tant l'adresse est courue. Un succès mérité.

Prix : €€

29 rue Mazarine – Ⓜ Mabillon – ✆ 01 43 29 37 67 – www.kodawari-ramen.com

OKTOBRE ⓝ

CUISINE MODERNE • CONTEMPORAIN Dans l'une des rues les plus littéraires du quartier Saint-André-des-Arts, le décor d'Oktobre ne manque pas de chaleur, à l'image de l'été indien. Dans le garde-manger du chef, uniquement des produits sélectionnés avec soin, dont certaines pièces entières. Il les traite avec naturel, douceur et fraîcheur, les ponctuant d'épices variées ou de touches asiatiques. À la carte : pâtes "Dentelles de Cucugnan" à la seiche et bisque de crustacés ; caille de la Dombes, risotto d'épeautre aux champignons et condiment figue-gochujang ; figues, crème diplomate et shiso...

🅰🅒 🍽 – Prix : €€€

25 rue des Grands-Augustins – ⓜ *Odéon –* ☏ *01 46 33 00 85 – www.oktobre.fr – Fermé lundi et dimanche*

SAGAN

CUISINE JAPONAISE • ÉPURÉ Proche de l'Odéon, ce restaurant de poche avec son comptoir propose une cuisine japonaise inventive et précise : sashimi de saumon mi-cuit au caviar, sômén (nouilles froides japonaises) et soupe miso aux palourdes marinière au saké... Belle carte des vins, avec belle sélection de bourgogne et de bordeaux. À déguster dans un décor intimiste et avec un service tout sourire.

🕃 – Prix : €€

8 rue Casimir-Delavigne – ⓜ *Odéon –* ☏ *06 69 37 82 19 – Fermé lundi, dimanche, et mardi et mercredi à midi*

SEMILLA

CUISINE MODERNE • BRANCHÉ Dans une rue qui fourmille de restaurants et de galeries d'art, voici une bonne "graine" (semilla en espagnol) que ce bistrot à l'ambiance (hype')conviviale et à la déco branchée d'esprit industriel. Dans la cuisine ouverte sur la salle, une équipe jeune et passionnée travaille avec des produits frais triés sur le volet : ceviche de dorade, leche de tigre, coing confit à l'hibiscus et chou-rave ; cabillaud rôti, coques de Granville, oignon de Roscoff, sauce au poiré. Gourmand et efficace !

🅰🅒 – Prix : €€€

54 rue de Seine – ⓜ *Odéon –* ☏ *01 43 54 34 50 – www.semillaparis.com – Fermé lundi, mardi et du mercredi au vendredi à midi*

SHU

CUISINE JAPONAISE • ÉPURÉ Il faut se baisser pour passer par la porte qui mène à cette cave du 17e s. Dans un décor minimaliste, on découvre une cuisine japonaise authentique et bien maîtrisée, où la fraîcheur des produits met en valeur kushiage, sushis et sashimis.

Prix : €€

8 rue Suger – ⓜ *Saint-Michel –* ☏ *01 46 34 25 88 – www.restaurant-shu.com – Fermé lundi, dimanche et du mardi au samedi à midi*

SOURCE ⓝ

CUISINE CRÉATIVE • CONTEMPORAIN Ambiance intimiste (rideaux, feutrine) et décor tout en courbes et arrondis (lampes, tables, sièges) pour ce restaurant de petite capacité. Fort de cette proximité avec ses convives, le chef se concentre sur l'essentiel, à savoir une cuisine créative d'instinct proposée au travers d'un menu unique en plusieurs séquences. L'inspiration et la justesse d'exécution sont bien au rendez-vous, à l'image de cette canette laquée au barbecue japonais, betteraves rôties, condiment mûres et abats. Service agréable.

Prix : €€€

17 rue Grégoire-de-Tours – ⓜ *Odéon –* ☏ *01 70 69 42 57 – www.sourcerestaurant.fr – Fermé lundi, dimanche, et mardi, mercredi et samedi midi*

PARIS

PARIS

TAOKAN - ST-GERMAIN

CUISINE CHINOISE • CONTEMPORAIN Au cœur de St-Germain-des-Prés, on pousse la porte de ce joli restaurant pour célébrer une cuisine cantonaise légère et parfumée, avec quelques détours par l'Asie du Sud-Est : incontournables dim-sum, bœuf spicy ou loc lac, calamars sautés au poivre et piment frais... De belles présentations, de bons produits : une vraie ambassade.

& 🆔 – Prix : €€

8 rue du Sabot – Ⓜ *Saint-Germain-des-Prés –* ☎ *01 42 84 18 36 – www.taokan. fr – Fermé dimanche midi*

TOYO

CUISINE CRÉATIVE • ÉPURÉ Dans une autre vie, Toyomitsu Nakayama était le chef privé du couturier Kenzo ; aujourd'hui, il excelle dans l'art d'assembler les saveurs et les textures. Lotte panée, main de bouddha, algues et mimolette ; bœuf, gingembre mioga et sauce au shiso rouge... Une cuisine fraîche et parfumée, à accompagner d'un verre de Bourgogne et servie par une équipe attentive et discrète. Impeccable.

🆔 🕽 – Prix : €€€€

17 rue Jules-Chaplain – Ⓜ *Vavin –* ☎ *01 43 54 28 03 – www.restaurant-toyo. com – Fermé lundi, dimanche et du mardi au samedi à midi*

YEN

CUISINE JAPONAISE • ÉPURÉ Un restaurant au décor très épuré pour amateurs de minimalisme zen. On s'y régale d'une cuisine japonaise soignée : sushi, tempura, soba, oursins et tofu à la gelée de soja, poulpe cuit aux haricots rouges... Mets authentiques et service rigoureux.

🆔 – Prix : €€€

22 rue Saint-Benoît – Ⓜ *Saint-Germain-des-Prés –* ☎ *01 45 44 11 18 – www.yen-paris.fr – Fermé dimanche*

BEL AMI

🕮 *Plus*

DESIGN • CONVIVIAL Une ancienne imprimerie, d'où sortit le premier exemplaire de Bel Ami, le célèbre roman de Maupassant. Une adresse pour urbains chic, avec un bar tendance et des chambres à la mode 1970 revisitées. Espace fitness et soins, brunch le week-end.

& 🛁 🅿 🍷 🏊 🐾 ♨ 🛎 🍽 🆔 - 108 chambres

7-11 rue Saint-Benoît – ☎ *01 42 61 53 53 – www.hotel-bel-ami.com*

LA BELLE JULIETTE

MODERNE • CHALEUREUX Chaque étage de l'hôtel est décoré selon un thème différent : Madame Récamier au 1ᵉʳ (la fameuse Juliette, de style Empire), l'Italie au 2e, Chateaubriand au 3e, etc. Un cadre de caractère(s) qui marie avec justesse l'ancien et le moderne, en restant toujours chaleureux.

& 🅿 🍷 🚙 🚲 🛋 🏊 ♨ 🆔 - 45 chambres

92 rue du Cherche-Midi – ☎ *01 42 22 97 40 – www.labellejuliette.com*

HÔTEL BAUME

MODERNE • ROMANTIQUE A deux minutes du boulevard Saint-Germain, dans une ruelle au charme parisien, cet hôtel puise son inspiration dans les années 30 – soie à motifs, bois exotiques, chromes et miroirs. Jetez donc quelques vers dans votre carnet, le Quartier Latin n'est pas loin. Pour des nuits Art déco et inspirées.

& 🏊 🛋 🆔 - 35 chambres

7 rue Casimir Delavigne – ☎ *01 53 10 28 50 – www.hotelbaume.com*

HÔTEL LOUISON

CLASSIQUE • COSY Dans un immeuble 19ᵉ s., un lobby soigné, plusieurs étages de chambres coquettes et ensoleillées qui misent sur l'essentiel : lumière, parquet, lits douillets, meubles à l'ancienne, douches à l'italienne, balcon sur les toits pour la Suite Vaugirard. La rénovation récente a harmonieusement respecté son histoire tout en lui donnant un air plus contemporain.

🅿 ⌇ 🄰🄲 - 42 chambres

105 rue de Vaugirard – 𝒞 01 53 63 25 50 – www.aviatichotel.com

HÔTEL PAS DE CALAIS

MODERNE • CHALEUREUX Dans l'emblématique quartier de Saint-Germain-des-Prés, cet hôtel familial conjugue un caractère affirmé et un confort très respectable. Les intérieurs sont élégants mais aussi variés, certaines chambres pleines de couleurs saturées, d'autres plus sobres, mariant toutes une architecture classique avec un design contemporain.

⌇ 🚲 🄰🄲 - 38 chambres

59 rue des Saints-Pères – 𝒞 01 45 48 78 74 – www.hotelpasdecalais.com

HÔTEL RÉCAMIER   🌐 *Plus*

CLASSIQUE • ROMANTIQUE Tout près de l'église Saint-Sulpice, l'élégance et le confort ont rendez-vous : tableaux orientalistes et moquette léopard dans le salon-bibliothèque, style feutré jusque dans les chambres, où une réelle attention est portée à votre bien-être.

🅿 🌐 🄰🄲 - 24 chambres

3 bis place Saint-Sulpice – 𝒞 01 43 26 04 89 – www.hotelrecamier.com

LUTETIA   🌐 *Plus*

CLASSIQUE • RAFFINÉ Unique palace de la rive gauche, bâti en 1910, le Lutetia et redevenu emblématique de l'élégance et du raffinement parisiens. Confort et mobilier contemporain haut de gamme fusionnent à la perfection avec son âme Art déco, du grand salon sous verrière aux fresques de la brasserie, jusque dans les chambres lumineuses. Du patio central au spa de 700 m² avec piscine : le luxe « rive gauche ».

🍖 🅿 ⌇ 🛎 🌐 🕸 🍴 🄰🄲 - 137 chambres

45 boulevard Raspail – 𝒞 01 49 54 46 00 – www.hotellutetia.com

Brasserie Lutetia - Voir la sélection des restaurants

L'HÔTEL

DESIGN • CHALEUREUX C'est à "L'Hôtel" que mourut en 1900 le grand Oscar Wilde. Le décor, signé Jacques Garcia, n'est pas sans rappeler les fastes de l'art pour l'art, avec des allusions aux styles baroque, Empire, oriental... Esthétique et atypique.

♿ ⌇ 🛎 🌐 🕸 🄰🄲 - 20 chambres

13 rue des Beaux Arts – 𝒞 01 44 41 99 00 – www.l-hotel.com

RELAIS CHRISTINE   🌐 *Plus*

MODERNE • CHALEUREUX Cet hôtel particulier conserve ce raffinement propre au 17ᵉ s. avec son salon, ses beaux parquets, ses tapisseries d'Aubusson... Les chambres sont modernes et chaleureuses. Vous apprécierez la grande piscine et le spa de 400 m² - rares, Rive gauche ! Et selon les jours, on organise des soirées jazz au Café Laurent, où résonnent encore les solos de trompette de Boris Vian.

♿ 🍖 🅿 🚗 ⌇ 🚪 🚲 🌐 🕸 🍴 🄰🄲 - 48 chambres

3 rue Christine – 𝒞 01 40 51 60 80 – www.relais-christine.com

PARIS

TOUR EIFFEL • ÉCOLE MILITAIRE • INVALIDES

7e ARRONDISSEMENT

✿✿✿ ARPÈGE

Chef : Alain Passard

CUISINE CRÉATIVE • ÉLÉGANT "Le plus beau livre de cuisine a été écrit par la nature." Ainsi parle Alain Passard. Son nom est associé aux légumes – et, pour les connaisseurs, à une certaine betterave en croûte de sel. Il a su avant tout le monde. Un menu 100% légumes, pensez-vous ! Aujourd'hui, sa philosophie verte s'invite à toutes les tables. Malgré le succès, l'homme qui célèbre le fruit et la fleur ne se sent jamais aussi bien que dans l'un de ses trois potagers de l'Ouest de la France, où se conjuguent les mains du cuisinier et du jardinier. Il va y cueillir ses inspirations et explorer les possibilités culinaires du légume, apportant toute sa noblesse à ce produit d'ordinaire servi en accompagnement. Une fresque bucolique évoque cet environnement directement dans la salle de son restaurant.

🐝 🅰🅒 ✢ – Prix : €€€€

84 rue de Varenne – Ⓦ *Varenne –* ✆ *01 47 05 09 06 – www.alain-passard.com – Fermé samedi et dimanche*

✿L'engagement du chef : Depuis 2001, la cuisine légumière règne au sein de l'Arpège et les saisons donnent le tempo à notre cuisine. Le plus beau livre de cuisine a été écrit par la Nature. Nous sublimons les légumes, fruits et aromates 100 % naturels de nos trois potagers de Fillé-sur-Sarthe, du Bois-Giroult et de la Baie du Mont-Saint-Michel.

✿✿ DAVID TOUTAIN

Chef : David Toutain

CUISINE CRÉATIVE • CONTEMPORAIN David Toutain, dont le nom est associé à de bien belles tables (Arpège, Agapé Substance...) a métamorphosé une rue discrète du quartier des ministères en carrefour de tendances. Dans un cadre moderne, façon loft, il propose une cartographie saisissante des goûts contemporains à travers une cuisine d'auteur aux ambitions assumées : inclinaisons végétales, légèreté et graphisme épuré. On sent le chef plein de fougue et de sagesse, parvenu à cet âge où l'équilibre intérieur permet d'assumer (et de canaliser !) sa créativité.

🐝 🅰🅒 ✢ – Prix : €€€€

29 rue Surcouf – Ⓜ *Invalides –* ✆ *01 45 50 11 10 – www.davidtoutain.com – Fermé samedi, dimanche et mercredi midi*

✿L'engagement du chef : La nature est notre principale source d'inspiration. Nous concevons notre cuisine au rythme des saisons. Nous avons créé un potager en permaculture en Normandie et nous collaborons avec des petits producteurs ou artisans ayant une démarche respectueuse de l'environnement. Nos commandes sont réalisées en fonction des réservations afin de minimiser tout gaspillage et nous avons à cœur de partager avec tous les membres de l'équipe les bonnes pratiques à mettre en place. Nos déchets sont compostés.

✿✿ LE JULES VERNE

CUISINE MODERNE • ÉLÉGANT Frédéric Anton préside aux destinées de ce restaurant emblématique situé au second étage de la Tour Eiffel. Accessible par ascenseur privé, la salle culmine à 125 m du sol. La magie opère instantanément et l'assiette se révèle, elle aussi... à la hauteur. Les équipes de Kévin Garcia réalisent chaque jour une prouesse pour sublimer d'excellents produits et délivrer une cuisine fine et précise, dont les harmonies de saveurs tombent toujours juste. On se régale par exemple d'une sublime galette soufflée de Saint-Jacques avec sa sauce dieppoise au caviar osciètre, ou d'un ris de veau caramélisé à la grenobloise, d'une exécution parfaite et sans artifice inutile. Les desserts de Germain Decreton ne sont pas en reste. Pensez à réserver très à l'avance votre table près des baies vitrées : la vue sur Paris à travers les poutrelles métalliques de la tour est tout simplement spectaculaire. Accueil irréprochable et service très impliqué.

🕃 ⇆ 🕭 🅰🅲 🍽 – Prix : €€€€

Tour Eiffel - Avenue Gustave-Eiffel – Ⓜ *Bir-Hakeim –* 𝒞 *01 72 76 16 61 – www.restaurants-toureiffel.com/fr/restaurant-jules-verne.html*

✿ AIDA

Chef : Koji Aida

CUISINE JAPONAISE • ÉPURÉ La façade blanche de ce petit restaurant niché dans une ruelle se fond si bien dans le paysage qu'on risque de passer devant sans la remarquer. Grave erreur ! Derrière se cache un secret jalousement gardé, celui d'une délicieuse table nippone. L'intérieur se révèle élégant et sans superflu, à l'image des établissements que l'on trouve au Japon. Au choix, attablez-vous au comptoir (seulement neuf places) pour être aux premières loges face aux grandes plaques de cuisson (teppanyaki), ou dans le petit salon privé sobrement aménagé avec son tatami.Au gré d'un menu dégustation unique, vous découvrirez une cuisine fine et pointue, tissant de beaux liens entre le Japon et la France ; les assaisonnements, les cuissons et les découpes ne font que souligner l'ingrédient principal, servi dans sa plus simple expression. Sashimis, homard de Bretagne, chateaubriand ou ris de veau, cuits au teppanyaki, s'accompagnent de bons vins de Bourgogne, sélectionnés avec passion par le chef. Service très attentif et prévenant.

🕃 🅰🅲 💠 – Prix : €€€€

1 rue Pierre-Leroux – Ⓜ *Vaneau –* 𝒞 *01 43 06 14 18 – Fermé lundi et du mardi au dimanche à midi*

✿ AUGUSTE

Chef : Gaël Orieux

CUISINE MODERNE • CONTEMPORAIN La petite maison de Gaël Orieux – à peine une trentaine de couverts – offre un calme inattendu dans son élégant cadre contemporain, aux lignes faussement simplistes. Un espace chic et "classe" où l'on déguste une cuisine d'une sage modernité : selle de veau et carottes couleurs en saveurs aigres-douces ; turbot parfumé aux herbes sauvages et artichauts poivrade... La carte séduit par sa variété et la qualité des produits. Gaël Orieux s'approvisionne au marché et a fait notamment le choix de ne servir que des poissons dont l'espèce n'est pas menacée (mulet noir, maigre, tacaud). Quant au choix de vins, il invite à d'agréables découvertes à prix étudiés.

🅰🅲 – Prix : €€€€

54 rue de Bourgogne – Ⓜ *Varenne –* 𝒞 *01 45 51 61 09 – www.restaurantauguste. fr – Fermé samedi et dimanche*

✿ LES CLIMATS

CUISINE MODERNE • CHIC Le restaurant est installé dans le cadre atypique de l'ancienne Maison des Dames des Postes, Télégraphes et Téléphones, qui hébergea à partir de 1905 les opératrices des PTT. L'intérieur, d'un style Art nouveau assumé, est somptueux. Mosaïque ancienne au sol, plafond dont les arches sont égayées de motifs fleuris, luminaires originaux en laiton, vitraux etc. Côté cuisine, une alliance raffinée et créative de recettes d'inspiration française. Et n'oublions pas les deux grandes caves vitrées, offrant l'une des plus riches sélections de vins de Bourgogne de France.

🕃 🅰🅲 🍽 – Prix : €€€€

41 rue de Lille – Ⓜ *Rue du Bac –* 𝒞 *01 58 62 10 08 – www.lesclimats.fr – Fermé lundi et dimanche*

✿ DIVELLEC

POISSONS ET FRUITS DE MER • CHIC Le célèbre restaurant de Jacques Le Divellec (de 1983 à 2013) est désormais tenu par Mathieu Pacaud. La thématique culinaire est toujours orientée vers le grand large, carte et menus, composés au gré

PARIS

de la marée, sacralisent de beaux produits iodés, comme avec cette sole meunière de petit bateau, beurre noisette ou le turbotin sauvage de Bretagne. Bien installé sur le pont, on profite de la jolie vue sur l'esplanade des Invalides. On a même récupéré une ancienne librairie pour agrandir le lieu et créer une salle d'inspiration jardin d'hiver : une respiration bienvenue.

🕸 ⅃ 𝐀𝐂 ⬡ 🍽 – Prix : €€€€

18 rue Fabert – Ⓜ *Invalides – 𝒞 01 45 51 91 96 – www.divellec-paris.fr*

❀ **ES**

Chef : Takayuki Honjo

CUISINE MODERNE • ÉPURÉ L'adresse de Takayuki Honjo, chef japonais adepte de cuisine et de culture françaises. Formé dans des maisons prestigieuses (Astrance à Paris, Quintessence à Tokyo, Mugaritz au Pays basque), il a pensé son restaurant dans les moindres détails : une salle blanche et très épurée, presque monacale, où le mobilier moderne ne cherche pas à attirer l'attention. Dans ce contexte, le repas s'apparente à une forme de cérémonie. Foie gras et oursins, ou pigeon et cacao : les associations détonnent, les saveurs se mêlent intimement. L'harmonie des compositions, toujours subtiles, rappellent avec talent les racines nippones du jeune homme.

𝐀𝐂 – Prix : €€€€

91 rue de Grenelle – Ⓜ *Solférino – 𝒞 01 45 51 25 74 – www.es-restaurant.fr – Fermé lundi, dimanche et du mardi au samedi à midi*

❀ **GAYA PAR PIERRE GAGNAIRE**

CUISINE MODERNE • CHIC En lieu et place de la Ferme Saint-Simon (une institution datant de 1933), Gaya par Pierre Gagnaire affiche tous les signes distinctifs d'un temple de la gourmandise : sa façade bleu vif et ses beaux auvents attirent l'œil comme les bonnes adresses savent le faire. Une clientèle triée sur le volet vient y faire relâche dans un cadre de brasserie chic épuré et confortable. Seule compte ici la liberté de se faire plaisir grâce à une cuisine actuelle qui met l'accent sur la mer (carpaccio de daurade royale, radis rose et gel de pamplemousse ; grosse langoustine, velouté de cocos de Paimpol et cébette), les légumes et aussi la viande (avec un foie de veau à la vénitienne par exemple).

🕸 ⅃ 𝐀𝐂 ⬡ 🍽 – Prix : €€€

6 rue de Saint-Simon – Ⓜ *Rue du Bac – 𝒞 01 45 44 73 73 – www.restaurantgaya.com – Fermé lundi et dimanche*

❀ **HÉMICYCLE** Ⓝ

CUISINE MODERNE • CONTEMPORAIN Clin d'œil à l'Assemblée nationale toute proche, ce restaurant présente un décor épuré mêlant marbre, mobilier seventies et luminaires Lalique. On y retrouve le chef italien Flavio Lucarini (venu du Bistrot Flaubert et passé au Gabriel de Jérôme Banctel) et, côté sucré, sa compagne Aurora Storari (ex-cheffe pâtissière au Clarence). Le chef signe une cuisine personnelle et subtilement teintée de références transalpines, avec notamment des notes d'acidité et d'amertume dosées avec justesse : cresson en risotto et encornets "alla Luciana" au citron noir ; homard en trois façons ; pigeon en écorce de yuzu, cerises confites et raviole croustillante d'aubergine... Les desserts ne sont pas en reste, peu portés sur le sucre, osant des associations étonnantes et détonantes comme mariage de saveur entre la laitue de mer, les agrumes et le chocolat gianduja. Un duo gagnant !

🕸 ⅃ 𝐀𝐂 ⬡ – Prix : €€€€

5 rue de Bourgogne – Ⓜ *Assemblée Nationale – 𝒞 01 40 62 98 04 – www.hemicycle.paris – Fermé lundi et dimanche*

❀ **NAKATANI**

Chef : Shinsuke Nakatani

CUISINE MODERNE • INTIME Après dix années passées auprès d'Hélène Darroze, Shinsuke Nakatani préside aux destinées de cette table feutrée et reposante, habillée de douces couleurs et de matières naturelles. Avec un sens aigu de l'assaisonnement, des cuissons et de l'esthétique des plats, ce chef japonais pétri de talent compose une belle cuisine française au gré des saisons ; les saveurs et les textures s'entremêlent avec harmonie et de l'ensemble émane une cohérence certaine. On se régale d'un menu unique (4 plats le midi, 6 le soir), servi par un personnel discret efficace. Étant donné le nombre de places (16 couverts), il faudra penser à réserver à l'avance. Le menu unique change tous les deux mois.

AC – Prix : €€€€

27 rue Pierre-Leroux – M Vaneau – ℰ 01 47 34 94 14 – www.restaurant-nakatani.com – Fermé lundi et dimanche

❀ PERTINENCE

Chefs : Ryunosuke Naito et Kwen Liew

CUISINE MODERNE • DESIGN C'est au restaurant Antoine, en 2011, que Ryunosuke Naito et Kwen Liew se sont rencontrés : lui, le Japonais formé dans quelques-unes des maisons les plus prestigieuses de la place parisienne (Taillevent, Meurice), elle la Malaisienne. C'est tout près du Champ-de-Mars qu'ils tiennent cette maison au cadre épuré – lattes de bois clair et chaises Knoll –, tout en pudeur, intimiste et chaleureuse, bref : à leur image. Aux fourneaux, ils composent à quatre mains une cuisine du marché aux saveurs intenses, offrant au passage un délicieux lifting à la tradition française. Leur talent ne fait décidément aucun doute.

Prix : €€€€

29 rue de l'Exposition – M École Militaire – ℰ 01 45 55 20 96 – www.restaurantpertinence.com – Fermé lundi, dimanche et mardi midi

❀ TOMY & CO

PARIS

Chef : Tomy Gousset

CUISINE MODERNE • CONVIVIAL À deux pas de la rue Saint-Dominique, cette adresse porte l'empreinte de Tomy Gousset, chef d'origine cambodgienne, qui trace sa route sans complexes, et avec le sourire. Le garçon, venu sur le tard à la cuisine (à 23 ans), se perfectionne au Meurice, chez Taillevent et Boulud à New York. Il invente aujourd'hui une partition gastro-bistrot ancrée dans son temps, et place son "karma" (selon ses mots) au service du goût et du produit, avec une vraie démarche locavore. Son crédo ? "Simplicité et sophistication", ce qui se traduit dans notre jargon par : "On se régale".

AC – Prix : €€€

22 rue Surcouf – M Invalides – ℰ 01 45 51 46 93 – www.tomygousset.com – Fermé samedi et dimanche

❀ LE VIOLON D'INGRES

CUISINE TRADITIONNELLE • CHIC Au sein de cette néobrasserie de luxe, le duo formé par Alain Solivérès (l'ancien chef ô combien expérimenté du Taillevent) et Jimmy Tsaramanana célèbrent le Sud-Ouest avec une belle maîtrise technique, et des produits de grande qualité. La noix de ris de veau dorée au sautoir servie avec une sauce au vin au jaune et le millefeuille et sa crème légère à la vanille restent des grands classiques de la maison. Authenticité et convivialité règnent aimablement dans cette maison animée par une brigade très professionnelle. Un restaurant fréquenté par les bons vivants où il faut absolument réserver (c'est souvent complet).

❀ ♿ AC – Prix : €€€€

135 rue Saint-Dominique – M École Militaire – ℰ 01 45 55 15 05 – www.leviolondingres.paris

❀ AU BON ACCUEIL

CUISINE MODERNE • BISTRO À l'ombre de la tour Eiffel, dans une rue calme, on déguste une appétissante cuisine du marché, sensible au rythme des saisons, et à un prix très raisonnable : cœur de saumon fumé et crème citronnée ; suprême de volaille rôti, pleurotes et pommes grenaille ; pavlova aux fruits exotiques... Le tout accompagné de crus bien choisis. Une valeur sûre, qui affiche toujours complet.

AC – Prix : €€€

14 rue de Monttessuy – M Alma - Marceau – ℰ 01 47 05 46 11 – www.aubonaccueilparis.com – Fermé samedi et dimanche

PARIS

CHEZ LES ANGES

CUISINE CLASSIQUE • ÉLÉGANT Cette brasserie chic au look contemporain propose un menu attractif avec un choix varié, ainsi que des produits nobles à la carte (sole de Saint-Gilles-Croix-de-Vie meunière, côte de bœuf de Galice, gigot d'agneau de lait...). Pour les repas en solo, rien de tel qu'un plateau de fruits de mer au comptoir central. Une cuisine goûteuse et maîtrisée, et une belle carte de vins et whiskys... de quoi être aux anges !

🍽 🅰🅲 ⇔ 🅿 – Prix : €€

54 boulevard de la Tour-Maubourg – 🅜 *La Tour-Maubourg –* 📞 *01 47 05 89 86 – www.chezlesanges.com – Fermé samedi et dimanche*

ROSEMARIE 🅝

CUISINE TRADITIONNELLE • BISTRO Crème, beurre, zinc, moleskine et œuf mayo : voilà la véritable recette du bonheur distillé dans ce bistrot ouvert par deux experts en la matière, Nina et Philippe Cadeau (ex-Beurre-Noisette et ex-Cocottes de Christian Constant) – leur enseigne rend aux hommages à leurs deux mamans. Leur savoir-faire n'a rien perdu de sa superbe : Nina pétille en salle tandis que Philippe fait assaut de tradition et de gourmandise saisonnière : poireaux vinaigrette, terrine de campagne, tartare de saumon, lieu jaune, coquilles Saint-Jacques, entrecôte et épaule d'agneau pour deux, flan aux œufs ou mousse au chocolat. Ardoise qui change chaque jour (autour de 30€ le midi et de 40€ le soir) et carte.

🕭 – Prix : €€

149 rue de l'Université – 🅜 *Invalides –* 📞 *01 45 51 03 71 – www.rosemariebistrotparis.com – Fermé samedi et dimanche*

20 EIFFEL

CUISINE TRADITIONNELLE • CLASSIQUE Dans une rue résidentielle à deux pas de la Tour Eiffel, ce restaurant vous accueille dans un cadre sobre et lumineux. Dans l'assiette, on trouve une cuisine traditionnelle, teintée de quelques recettes plus actuelles. Aujourd'hui, généreuse terrine de cerf, un bon tendron de veau braisé et ses topinambours, et un classique Mont-Blanc réalisé dans les règles. Même si le soufflé sucré tient toujours ici son rang de dessert signature ou... presque.

Prix : €€

20 rue de Monttessuy – 🅜 *Alma - Marceau –* 📞 *01 47 05 14 20 – www.restaurant20eiffel.fr – Fermé lundi, mardi et dimanche*

À TABLE 🅝

CUISINE MODERNE • CONVIVIAL La jeune cheffe Camille Guérin a relooké tout en sobriété cet ancien bistrot, avec une lumineuse véranda et un chaleureux mobilier en bois clair. Ardoise concise au déjeuner et un seul menu le soir qui démarre avec un assortiment de 3 entrées à partager. Une seule philosophie gourmande : revisiter les classiques de manière bistronomique et offrir quelques plats végétariens tout en donnant la priorité aux circuits courts ! Pari réussi : les assiettes sont bien ficelées et les tarifs sympathiques. Œuf parfait aux champignons en persillade ; potimarron rôti et galette de courge façon falafel ; faux-filet de bœuf et jus de viande à la sauge ; poire en texture et croustillant miel-amande.

🅰🅲 – Prix : €€

28 rue du Général-Bertrand – 🅜 *Duroc –* 📞 *01 47 34 30 26 – www.atable-restaurant.fr – Fermé samedi et dimanche, et mardi soir*

AKABEKO 🅝

FUSION • ÉLÉGANT Un écrin ravissant (salle avec comptoir au rez-de-chaussée, petite bonbonnière raffinée à l'étage) que ce restaurant où officie le chef japonais Yasuo Nanaumi. Midi et soir, il exécute un menu omakase surprise, reflet de sa culture japonaise et sa passion pour la gastronomie française à l'image de ce foie gras, sauce teriyaki ou de ces goujonnettes de sole au dashi. L'équipe attentionnée est tout entière au service du bien-être du client.

🅰🅲 – Prix : €€€€

40 rue de l'Université – 🅜 *Rue du Bac –* 📞 *01 42 61 26 64 – www.akabekorestaurant.com – Fermé lundi et dimanche*

L'AMI JEAN

CUISINE TRADITIONNELLE • CONVIVIAL Passionné du beau produit de saison, Stéphane Jégo sert une cuisine pleine de générosité et de saveurs. Sans oublier le riz au lait de Maman Philomène ! Vu le succès, c'est toujours bondé, animé et sympathique. Des plats au caractère bien trempé. Réservation indispensable.

Prix : €€€

27 rue Malar – 🚇 *La Tour-Maubourg –* 📞 *01 47 05 86 89 – www.lamijean.fr – Fermé lundi et dimanche, et samedi soir*

ARNAUD NICOLAS

CUISINE MODERNE • CONVIVIAL Un charcutier sachant cuisiner ne court pas les rues, et surtout pas celles de ce secteur résidentiel du 7ème arrondissement (à deux pas de la Tour Eiffel, tout de même) ! Le chef patron s'approprie pâté en croûte et terrine, pour imaginer une haute couture charcutière. À déguster dans un cadre sobre et élégant. À l'entrée du restaurant, un coin boutique permet de prolonger l'expérience culinaire.

♿ 🅰🅲🍴 – Prix : €€

46 avenue de la Bourdonnais – 🚇 *École Militaire –* 📞 *01 45 55 59 59 – www.arnaudnicolas.paris – Fermé lundi et dimanche*

L'ATELIER DE JOËL ROBUCHON - ST-GERMAIN

CUISINE MODERNE • DESIGN Plongés dans une semi-pénombre étudiée, deux bars se répondent autour de la cuisine centrale où les plats sont élaborés sous le regard des hôtes, assis au comptoir sur de hauts tabourets. Une idée de "cantine chic", version occidentale du teppanyaki et des bars à sushis nippons, avec au menu une cuisine "personnalisable" sous forme de petites portions dégustation ou d'assiettes plus consistantes : caviar sur un œuf de poule mollet friand au saumon fumé ; merlan Colbert et beurre aux herbes ; côtelettes d'agneau de lait et purée de pommes de terre Joël Robuchon...

🕸 🅰🅲 💬 🥢 – Prix : €€€€

5 rue de Montalembert – 🚇 *Rue du Bac –* 📞 *01 42 22 56 56 – www.atelier-robuchon-saint-germain.com*

LES BOTANISTES

CUISINE TRADITIONNELLE • BISTRO Non loin du Bon Marché, dans une petite rue tranquille, un bistrot aux mains d'un chef qui ne triche ni avec les produits, ni avec le goût ! Prenez place sur les banquettes pour déguster un onglet de bœuf tendre à souhait et un généreux baba au rhum et sa crème fouettée, frais et moelleux. Une carte des vins bien achalandée viendra compléter votre repas. Sympathique, gourmand et convivial !

Prix : €€

11 bis rue Chomel – 🚇 *Sèvres - Babylone –* 📞 *01 45 49 04 54 – www.lesbotanistes.com – Fermé dimanche*

CAFÉ DES MINISTÈRES

CUISINE TRADITIONNELLE • BISTRO Les amateurs d'authentique cuisine française (notamment du Sud-Ouest) et de belles sauces gourmandes s'échangent volontiers l'adresse de ce bistrot aux allures de café de quartier. Le vol-au-vent au ris de veau, volaille et jus truffé, ainsi que le chou de Pontoise farci (champion de France 2022) ont fait la réputation de la maison, laquelle a un agenda de ministre : réservez à l'avance !

🅰🅲 – Prix : €€

83 rue de l'Université – 🚇 *Assemblée Nationale –* 📞 *01 45 33 73 34 – www.cafedesministeres.fr – Fermé lundi, samedi et dimanche*

ECLIPSES

CUISINE MODERNE • ÉLÉGANT Cette adresse, créée par un chef à l'excellent parcours étoilé (Ledoyen, Apicius, Grand Véfour) propose une cuisine dans l'air du temps, attentive aux saisons et aux produits. À déguster dans un écrin néo-classique de qualité au décor soigné. Joli caveau voûté.

&. 🅰🄲 ⌂ – Prix : €€€

27-29 rue de Beaune – 🅜 *Rue du Bac – ℰ 01 40 13 96 42 – www.eclipses.fr – Fermé dimanche et samedi soir*

L'ESCUDELLA Ⓝ

CUISINE MODERNE • CONVIVIAL Dans ce petit bistrot guilleret coloré proche de l'École Militaire et des ministères, Rémi Poulain, passé notamment par la Tour d'Argent et le Laurent, réalise une cuisine bistronomique fort bien tournée. Parmi les spécialités de la maison : un pâté croûte de volaille, foie gras et pistache, ou des viandes de Galice maturées. Menu déjeuner à prix doux et service affable.

🅰🄲 🛋 – Prix : €€

41 avenue de Ségur – 🅜 *Ségur – ℰ 09 82 28 70 70 – www.escudella.fr – Fermé dimanche*

LE FLORIMOND

CUISINE TRADITIONNELLE • BISTRO Florimond – du nom du jardinier de Monet à Giverny – a l'esprit bistrotier et convivial... Pour faire honneur à ce prénom chantant, le chef agrémente sa cuisine du terroir (nombreux produits de Corrèze, sa région d'origine) de beaux légumes. Et ce fils de charcutier fait lui-même ses saucisses, boudins et conserves !

🅰🄲 – Prix : €€

19 avenue de La Motte-Picquet – 🅜 *École Militaire – ℰ 01 45 55 40 38 – www.leflorimond.com – Fermé samedi et dimanche*

GARANCE

CUISINE CRÉATIVE • DESIGN Cette table discrète travaillant avec des producteurs triés sur le volet (certains produits sont issus de la ferme familiale du Limousin) est une valeur sûre. Passez devant les cuisines ouvertes pour accéder à la salle intimiste de l'étage, où l'on déguste une cuisine cohérente et saine, comme ce saint-pierre rôti aux oignons de Roscoff, andouille et sarrasin. La carte propose toujours une option végétarienne et, côté vins, on fait la part belle aux petits vignerons.

🐝 🅰🄲 ⌂ – Prix : €€€

34 rue Saint-Dominique – 🅜 *Invalides – ℰ 01 45 55 27 56 – www.garance-saintdominique.fr – Fermé samedi et dimanche*

GEMELLUS

CUISINE MODERNE • CHIC Une petite adresse chic et moderne, où quatre murs couleur ficelle forment une salle carrée avec moulures peintes, joli plafond à caissons et lustre à pampilles, tables dorées et fauteuils en velours. Maxime Le Meur a été formé à bonne école auprès de grands chefs. Technicien solide, il ne laisse rien au hasard et exécute une cuisine inspirée aussi bien par la saison que par ses doubles racines bretonnes (accords terre et mer comme ce bœuf Angus associé à l'huître et à un bouillon végétal) et grenobloises (à l'image de son dessert à la Chartreuse) : une cuisine qui fourmille de bonnes idées. Menu déjeuner à prix intéressant.

🅰🄲 – Prix : €€€

37 avenue Duquesne – 🅜 *Saint-François-Xavier – ℰ 01 45 55 87 57 – www.gemellus-restaurant.fr – Fermé samedi et dimanche*

LE GENTIL

CUISINE MODERNE • SIMPLE Cette table de la gourmande rue Surcouf, ouverte par le chef japonais Fumitoshi Kumagai, épaulé de son épouse japonaise en salle, propose une cuisine française actuelle agrémentée de quelques touches asiatiques : pieds de porc farcis avec chou pak choi, faux-filet de bœuf à la sauce japonaise...

Prix : €€

26 rue Surcouf – 🅜 *Invalides – ℰ 09 52 27 01 36 – Fermé samedi et dimanche, et mercredi soir*

PARIS

L'INCONNU

CUISINE ITALIENNE • CLASSIQUE Le chef, longtemps second au Passage 53, compose une cuisine d'inspiration italienne aux touches hexagonales, avec des clins d'œil au Japon, sa terre natale. Il ne travaille que de beaux produits et en tire une cuisine inédite et créative, ainsi ces queues de langoustines bretonnes surmontées d'une émulsion au cidre et citron confit...

Prix : €€€

4 rue Pierre-Leroux – Ⓜ Vaneau – ☏ 07 45 28 53 30 – www.restaurant-linconnu.fr – Fermé mardi et mercredi

MILAGRO

CUISINE MODERNE • BRANCHÉ Chef américain originaire du Nouveau-Mexique, Justin Kent a du métier (il a notamment travaillé avec Alain Passard et David Toutain) et du goût : la déco de son petit bistrot néo-rétro tape dans le mille (comptoir en marbre blanc et chêne, parquet, tables en chêne blond, fauteuils rétro en bois et velours vert). Influences internationales et bistronomie parisienne se marient chez lui sans problème avec gourmandise et maîtrise : croquettes de chorizo et patate douce, yahourt grec ; côtelettes d'agneau, émulsion maïs, risotto de petit épeautre ; crémeux de céleri rave au chocolat blanc, glace et meringue.

Prix : €€

85 avenue Bosquet – Ⓜ École Militaire – ☏ 09 54 50 83 31 – www.milagroparis.com – Fermé lundi, dimanche et samedi midi

LES OMBRES

CUISINE MODERNE • DESIGN Perché sur le toit terrasse du musée du quai Branly - Jacques Chirac, ce restaurant entièrement vitré, dont Jean Nouvel a signé l'architecture intérieure et extérieure, fait un clin d'œil à la tour Eiffel toute proche. Supervisée par Alain Ducasse, la carte est mise en scène avec talent par un proche, le chef Alexandre Sempere. Pas d'ombre(s) sur cette cuisine moderne de saison et de beaux produits, qui se ressent des influences méditerranéennes de son mentor. Mention spéciale aux desserts du chef pâtissier Jérémy Schotte, comme cette mousse de skyr fermier à la main de bouddha et granité de feuilles de citronnier.

🍃 ⅙ 🆎 🍴 – Prix : €€€€

27 quai Jacques Chirac – Ⓜ Pont de l'Alma – ☏ 01 47 53 68 00 – www.lesombres-restaurant.com

LES PARISIENS

CUISINE TRADITIONNELLE • ÉLÉGANT Au sein d'un somptueux nouvel hôtel du Faubourg-Saint-Germain, cette table reprend tous les codes de la brasserie de luxe. Boiseries, grands miroirs, sol en mosaïque, banquettes ourlées en velours, dorures, tables en marbre noir : c'est élégant, légèrement rétro et très cosy – une réussite. Chaperonnée par Thibault Sombardier, la carte joue la tradition, rafraîchie et actualisée. Belle carte des vins éclectique, ponctuée de jolies références.

⅙ 🆎 – Prix : €€€

1 rue du Pré-aux-Clercs – Ⓜ Rue du Bac – ☏ 01 42 96 65 43 – www.pavillon-faubourg-saint-germain.com

PENATI AL BARETTO Ⓝ

CUISINE ITALIENNE • ÉLÉGANT Les Italiens, on le sait, ont du goût. Le chef milanais Alberico Penati s'est installé dans ce lieu chic tout en boiseries claires dont les baies vitrées ouvrent face au jardin des Invalides – une situation ô combien désirable. La marotte du chef, c'est la tradition. Sans concession aux modes, sa carte égrène en effet les classiques transalpins, avec des produits triés sur le volet. La pasta maison reste le point fort de cette adresse, à l'image de ces ravioli del plin piemontesi nappés d'un très bon jus de rôti. La carte des vins 100% italienne met en valeurs les crus piémontais, notamment le barolo et le barbaresco.

🐌 ⅙ 🆎 🍴 – Prix : €€€

94 boulevard de la Tour-Maubourg – Ⓜ École Militaire – ☏ 01 42 99 80 00 – www.penatialbaretto.eu – Fermé lundi et dimanche

PARIS

PARIS

PETROSSIAN

POISSONS ET FRUITS DE MER • CHIC Un nom mythique pour les amateurs de caviar depuis 1920, quand les frères Petrossian, d'origine arménienne, se lancèrent dans son importation. Le restaurant honore l'histoire de la maison avec de la dégustation "classique" de caviar, mais aussi des plats bien pensés où il apparaît sous d'autres formes (pressé, séché, maturé, liquide).

AC 🍽 – Prix : €€€

13 boulevard de la Tour-Maubourg – ⓂÉ *Invalides –* ✆ *01 44 11 32 32 – www.restaurant.petrossian.fr – Fermé lundi et dimanche*

PIERO TT

CUISINE ITALIENNE • CHIC Bienvenue dans ce restaurant italien de l'univers Pierre Gagnaire, où le grand chef propose sa version personnelle et créative de la cuisine italienne, joliment exécutée à partir de produits rigoureusement sélectionnés. Dans un registre de plaisir et de gourmandise, les assiettes sont ponctuées de subtiles dissonances : végétaux aux plaisantes notes amères, épices, condiments... Atmosphère chic et cossue mais décontractée, accueil chaleureux, et conseils avisés du sommelier qui propose les meilleurs crus de la péninsule. Réservation très conseillée.

AC – Prix : €€€€

44 rue du Bac – Ⓜ *Rue du Bac –* ✆ *01 43 20 00 40 – www.restaurantplero.com – Fermé lundi et dimanche*

PLUME

CUISINE MODERNE • CONVIVIAL Né à Tunis, le chef ajoute un peu de diversité et beaucoup de talent à cette petite rue voisine du Bon Marché. On s'installe dans ce bistrot de poche, au coude-à-coude, pour apprécier une cuisine bien troussée, pile dans les saisons, à l'image de ce velouté soyeux de céleri rave au goût intense et légèrement épicé ! Formule déjeuner à prix doux et menu dégustation plus ambitieux le soir.

Prix : €€€

24 rue Pierre-Leroux – Ⓜ *Vaneau –* ✆ *01 43 06 79 85 – www.restaurantplume.com – Fermé lundi, dimanche et samedi midi*

RACINES DES PRÉS

CUISINE MODERNE • BRANCHÉ Cette adresse du cœur de Saint-Germain-des-Prés ne désemplit pas ! Cuisine-comptoir, ambiance vintage décontractée mais chic, cuisine délicate et assiettes dressées avec soin. Au menu, des plats raffinés comme ce cabillaud cendré aux grenailles fumées et poireau brûlé, ainsi que des desserts gourmands comme la tarte soufflée au chocolat Manjari et crème glacée cacao... On est tenté de prendre racine !

Prix : €€€

1 rue de Gribeauval – Ⓜ *Rue du Bac –* ✆ *01 45 48 14 16 – www.racinesdespres.com – Fermé samedi, dimanche et mardi midi*

SANCERRE RIVE GAUCHE

CUISINE MODERNE • CONVIVIAL Sancerre, une colline, un vin et même un bon petit resto parisien dans ce quartier huppé – une adresse qui fut jadis le fief du grand vigneron sancerrois Alphonse Mellot. Dans une ambiance de bistrot moderne, Anne-Cécile Faye, rompue à l'art de l'hospitalité, accueille avec une verve réconfortante. Quant au chef Éric Lecerf, il réalise au cordeau une cuisine canaille aussi épatante que réjouissante : des pâtés, des abats et autres victuailles roboratives, sans oublier le plat phare de la maison, le chou farci, une vraie réussite. Tous présentés sur le comptoir, tartes et gâteaux entiers sont découpés par le serveur à la réclame.

Prix : €€

22 avenue Rapp – Ⓜ *Alma - Marceau –* ✆ *01 43 06 87 98 – www.sancerrerivegauche.com – Fermé samedi et dimanche*

VIA DEL CAMPO Ⓝ

CUISINE ITALIENNE • ÉLÉGANT Le plaisir de savourer une authentique cuisine italienne en France n'est pas si courant... C'est le cas de cette trattoria contemporaine qui, aux beaux jours, dispose sur le trottoir de quelques tables sur une terrasse végétalisée. Les plats du chef sarde Enrico Masia transportent les convives à travers toutes les régions d'Italie, avec une attention particulière pour la Sardaigne, le berceau du chef, qui reçoit ici les hommages les plus nombreux. Les habitués consultent sans hésiter la carte du jour, élaborée en fonction des arrivages et de l'inspiration du chef. Aujourd'hui, au menu : puntarella croquante et sauce aux anchois, foie de veau à la vénitienne, paccheri aux palourdes avec artichauts frais et poutargue râpée. En salle, Tatiana, la compagne du chef, assure un service discret compétent tout en prodiguant de judicieux conseils sur les vins de la Botte.

&. 🅰🅒 🍴 – Prix : €€€

22 rue du Champ de Mars – Ⓜ La Tour-Maubourg – 𝒞 01 45 51 64 59 – www.via-del-campo.paris – Fermé dimanche

🛏 LE CINQ CODET   *Plus*

MODERNE • RAFFINÉ A deux pas des Invalides, cet hôtel design a tout pour plaire : un emplacement rêvé, un mobilier chic et confortable, des équipements dernier cri, plus de 400 œuvres d'art contemporain... sans oublier l'espace bien-être et la belle terrasse patio. Concierge et voiturier.

&. 🏊 🅿 🌀 🄵🄶 🍽🅰🅒 - 67 chambres

5 rue Louis Codet – 𝒞 01 53 85 15 60 – www.le5codet.com

🛏 LA COMTESSE

BOURGEOIS • ROMANTIQUE Ici, les chambres donnent le choix entre "vue latérale tour Eiffel" ou "vue face tour Eiffel". En contrepoint, les chambres ne sont pas immenses, mais leur décoration relève d'un équilibre subtil entre esthétique moderne et romantisme hérité des salons littéraires du 18ᵉ s. Les espaces publics se parent de fresques ou de moulures rouge sang au-dessus rayonnages de livres d'art ou de design. L'hôtel propose également un petit-déjeuner continental chic, une petite salle de fitness et un hammam.

&. 🌀 🄵🄶 🍽🅰🅒 - 40 chambres

29 avenue de Tourville – 𝒞 01 45 51 29 29 – www.comtesse-hotel.com

🛏 J.K. PLACE   *Plus*

CONTEMPORAIN • RAFFINÉ À quelques pas de l'Assemblée Nationale et non loin de Saint-Germain-des-Prés, cet hôtel du groupe italien J.K. réchauffe l'ancienne ambassade de Norvège de son charme transalpin. Cet écrin discret tout en raffinement offre des chambres et suites luxueuses dans un style résolument contemporain. Spa et piscine.

&. 🏊 🅿 🐟 ⌁ 🌀 🄵🄶 🍽🅰🅒 - 29 chambres

82 rue de Lille – 𝒞 01 40 60 40 20 – www.jkplace.paris

🛏 MONTALEMBERT   *Plus*

CLASSIQUE • ÉLÉGANT Un noble bâtiment Belle Époque (1926) idéalement situé entre la Seine, le musée d'Orsay et St-Germain-des-Prés – la terrasse du restaurant, côté rue, voisine les éditions Gallimard... Décoration chic et chambres confortables, réinventées par le décorateur Pascal Allaman.

🏊 🅿 🐟 🛋 🍽🅰🅒 - 50 chambres

3 rue de Montalembert – 𝒞 01 45 49 68 68 – www.montalembert.com

🛏 PAVILLON FAUBOURG SAINT-GERMAIN   *Plus*

CLASSIQUE • ÉLÉGANT Au cœur du Carré Rive gauche, quartier célèbre pour ses antiquaires et ses galeries d'art, cet hôtel particulier respire l'élégance et le bien-être : parquet, meubles anciens et tons doux dans les chambres, salle de fitness avec hammam et soins...

🚲 🌀 🌀 🍽🅰🅒 - 47 chambres

3 rue du Pré-aux-Clercs – 𝒞 01 42 61 01 51 – www.pavillon-faubourg-saint-germain.com

PARIS

THOUMIEUX

MODERNE · CHALEUREUX Élégance, tons bruns ou vert amande : la décoratrice, India Mahdavi, a imaginé des chambres décalées, tout en imprimés chatoyants, et des salles de bains en marbre aux formes courbes. Un style unique, à voir et à vivre...

🔊 ⑪◯ 🆔 - 15 chambres

79 rue Saint-Dominique – ☏ 01 47 05 49 75 – www.thoumieux.com

CHAMPS-ÉLYSÉES · CONCORDE · MADELEINE
8e ARRONDISSEMENT

✿✿✿ ALLÉNO PARIS AU PAVILLON LEDOYEN

Chef : Yannick Alléno

CUISINE CRÉATIVE · LUXE Cette prestigieuse institution parisienne, installée dans un élégant pavillon des jardins des Champs-Élysées, incarne l'image même du grand restaurant à la française : le luxe du décor, la culture des arts de la table, le service orchestré avec élégance, tout dessine un écrin unique à la gloire de la gastronomie. De vastes baies vitrées ouvrent sur les Champs-Élysées. La cuisine de Yannick Alléno est éblouissante et technique, avec une mention spéciale pour les jus et les sauces (ce que le chef appelle "le verbe de la cuisine française"), magnifiés à travers de savantes extractions : ou comment l'avant-garde se met au service de la grande tradition culinaire française.

🖔 🆔 ⇄ 🅿 – Prix : €€€€

8 avenue Dutuit – Ⓜ Champs-Élysées - Clemenceau – ☏ 01 53 05 10 00 – www.yannick-alleno.com – Fermé samedi, dimanche et le midi

✿✿✿ LE CINQ

CUISINE MODERNE · LUXE Quel style, quel luxe opulent, entre colonnes altières, moulures, ou hautes gerbes de fleurs, sans oublier la douce lumière provenant du jardin intérieur... C'est ici, dans le plus grand des palaces parisiens, que le chef Christian Le Squer fait des merveilles année après année et force le respect. Sa cuisine intemporelle, toujours au service des meilleurs produits, déploie une technique virtuose et une finesse mémorable, à l'image de ce splendide beurre mousseux au vin jaune qui accompagne le homard, ou de cette délicate crème de chou-fleur servie avec les langues d'oursins... Cet enfant du Morbihan ne cesse d'évoquer sa Bretagne natale au cœur de Paris, signant de superbes hommages à ce terroir (le lait ribot associé au caviar et au bar, le beurre salé qui accompagne le homard) et aux produits de la mer. Côté sucré, le chef pâtissier Michael Bartocetti compose une partition de haute volée, proche de la nature, délaissant le sucre au profit des fruits et du miel. Le service sous l'égide d'Éric Beaumard (lui-même sommelier d'exception) – empathique et tout en prestance – est proche de la perfection.

🖔 ⇆ ₺ 🆔 ⇄ 🝙 – Prix : €€€€

Four Seasons Hotel George V, 31 avenue George-V – Ⓜ George V – ☏ 01 49 52 71 54 – www.fourseasons.com – Fermé lundi, dimanche et du mardi au samedi à midi

✿✿✿ ÉPICURE

CUISINE MODERNE · LUXE Le Bristol est un monde de luxe absolu, de suites en spa, du superbe jardin français à la piscine sur les toits, jusqu'à cette salle à manger avec mobilier Louis XVI, miroirs, grandes portes-fenêtres ouvertes sur la verdure... Le palace a choisi le nom d'Épicure pour enseigne : un philosophe grec, chantre du plaisir dans la tempérance. Une devise qui convient parfaitement à Éric Frechon, le chef : "Mon grand-père cultivait des légumes, mon père les vendait, moi, je les cuisine." Produits superbes, technique irréprochable : il fait des merveilles dans un style traditionnel assumé, sans rien laisser au hasard.

PARIS

⌗ ⇔ ♿ 🅰🅲 🏠 ⇧ 🍴 – Prix : €€€€

Le Bristol, 112 rue du Faubourg-Saint-Honoré – Ⓜ Miromesnil – ℰ 01 53 43 43 40 – www.oetkercollection.com/fr/hotels/le-bristol-paris/restaurants-et-bar/ epicure – Fermé lundi et dimanche

❀❀❀ LE GABRIEL - LA RÉSERVE PARIS

CUISINE CRÉATIVE • ÉLÉGANT À deux pas des Champs-Élysées, ce restaurant est installé dans le décor élégant et luxueux de la Réserve, un ancien hôtel particulier 19e de style Napoléon III, revu et corrigé par Jacques Garcia. La salle à manger rivalise de raffinement, décorée de matériaux magnifiques : cuir de Cordoue patiné à l'or, parquet Versailles... Habitué des grandes maisons parisiennes (Bernard Pacaud, Alain Senderens), Jérôme Banctel affirme sa personnalité culinaire singulière à travers deux menus : Virée, qui rend hommage à sa Bretagne natale, et Périple, qui invite à voyager autour de la planète, au Japon mais aussi en Turquie où le chef a découvert la cuisson à l'eau de chaux et les textures incomparables qu'elle permet ; sans oublier un menu consacré à la chasse en saison. Ces partitions gourmandes de haute volée lui permettent de convoquer une vaste gamme de sensations et de saveurs – acidulé, sucré-salé, épices et iode – qui s'harmonisent grâce à son talent d'alchimiste cosmopolite. Les sauces profondes et concentrées permettent d'appréhender au mieux cette cuisine hautement technique mais qui n'en laisse rien paraître. Mention toute particulière pour la carotte des sables au gingembre acidulé et le cœur d'artichaut et vinaigre à la fleur de cerisier. Un moment d'exception.

⌗ ♿ 🅰🅲 🍴 – Prix : €€€€

La Réserve Paris, 42 avenue Gabriel – Ⓜ Champs-Élysées - Clemenceau – ℰ 01 58 36 60 50 – www.lareserve-paris.com – Fermé samedi et dimanche

❀❀❀ PIERRE GAGNAIRE

Chef : Pierre Gagnaire

CUISINE CRÉATIVE • ÉLÉGANT Dans un écrin dominé par une œuvre magistrale et animale – un "Lascaux urbain" réalisé au fusain par l'artiste Adel Abdessemed –, Pierre Gagnaire continue d'asticoter la scène culinaire française avec sa cuisine d'auteur exploratrice, entière, excessive. Ce grand amateur de jazz et d'art contemporain cherche sans relâche. Son restaurant, trois étoiles depuis 1996, est à l'image de son hôte : moderne et sobre, jouant la note du raffinement discret, ton sur ton avec le service, attentionné et délicat. Les assiettes aussi, poétiques et en réinvention permanente, petites portions "satellites" mises en orbite par le chef, si bien qu'il est impossible de citer un plat emblématique, ou même une qualité principale. Si ce n'est l'excellence.

⌗ ♿ 🅰🅲 ⇧ 🍴 – Prix : €€€€

6 rue Balzac – Ⓜ George V – ℰ 01 58 36 12 50 – www.pierregagnaire.com/ restaurants/pierre_gagnaire – Fermé lundi, samedi et dimanche

❀❀ L'ABYSSE AU PAVILLON LEDOYEN

CUISINE JAPONAISE • DESIGN Un maître sushi, des produits d'une remarquable qualité (poissons ikejime de l'Atlantique) et la patte créative de Yannick Alléno... Le programme est alléchant. La salle, épurée, fait la part belle aux artistes contemporains – de l'installation de milliers de baguettes en bois par Tadashi Kawamata, street artist japonais, aux pans de murs de céramiques, imaginés par l'Américain William Coggin. Ajoutons à cela le service tiré à quatre épingles d'une grande maison, un sompteux livre de cave riche de sakés recherchés et douze places au comptoir en bois blond, pour se trouver au cœur de l'action. Détonant !

⌗ 🅰🅲 🍴 – Prix : €€€€

8 avenue Dutuit – Ⓜ Champs-Élysées - Clemenceau – ℰ 01 53 05 10 30 – www.yannick-alleno.com/fr – Fermé samedi et dimanche

❀❀ LE CLARENCE

CUISINE CRÉATIVE • LUXE Avec la fougue et le talent qu'on lui connaît, Christophe Pelé a investi ce somptueux hôtel particulier de 1884 situé à proximité des Champs-Élysées, un arrondissement que connaît bien le chef pour avoir

PARIS

officié chez Ledoyen, Lasserre, Pierre Gagnaire, ou au Bristol. Aux fourneaux, ça swingue. Cet artiste de l'association terre et mer propose une cuisine personnelle, aux saveurs franches et marquées, qui répond toujours à la promesse de l'annonce du plat. Le menu surprise avec son concept d'assiettes "satellites" qui s'ajoutent à la préparation principale s'avère judicieux. Quant à la carte des vins, elle donne le vertige (demandez à visiter la belle cave voûtée qui abrite les grands crus). Une expérience mémorable.

🕸 ⅊ 🅰🅺 ⇆ – Prix : €€€€

31 avenue Franklin-D.-Roosevelt – Ⓜ Franklin D. Roosevelt – 𝒞 01 82 82 10 10 – www.le-clarence.paris/la-table – Fermé lundi, dimanche et mardi midi

✿✿ LE GRAND RESTAURANT - JEAN-FRANÇOIS PIÈGE

Chef : Jean-François Piège

CUISINE CRÉATIVE • ÉLÉGANT Bienvenue dans le "laboratoire de grande cuisine" de Jean-François Piège : une salle intimiste surplombée d'une verrière en angles et en reflets, où le chef exprime toute l'étendue de son expérience et de son savoir-faire : soit une cuisine d'auteur intemporelle qui puise aux sources livresques de l'histoire de la gastronomie française (le chef possède probablement l'une des plus belles bibliothèques culinaires de la place de Paris). Plus de carte ici mais un menu dégustation à travers les terroirs de la France, autour notamment de ses "mijotés modernes". Jean-François Piège montre sa capacité à créer, d'un geste, l'émotion culinaire et le goût sans jamais céder à la démonstration purement visuelle. Et il reste à chaque instant capable de surprendre avec un plat aussi simple que délicieux comme cette succulente langoustine cuite minute sur son pavé parisien accompagnée de sa laitue de mer, sabayon de sarrasin.

🕸 ⅊ 🅰🅺 – Prix : €€€€

7 rue d'Aguesseau – Ⓜ Madeleine – 𝒞 01 53 05 00 00 – www.jeanfrancoispiege.com/le-grand-restaurant – Fermé lundi, samedi et dimanche et mardi et mercredi à midi

✿✿ MAISON RUGGIERI

Chef : Martino Ruggieri

CUISINE MODERNE • ÉLÉGANT Au fronton de cet écrin élégant et intime, Martino Ruggieri, l'ancien et brillant bras droit de Yannick Alléno au Pavillon Ledoyen, également lement Bocuse d'or Italie 2019, a apposé le beau nom réconfortant de « maison », sa maison : comme pour mieux nous accueillir. Pour preuve, ces deux menus et surtout cette carte, chose devenue si rare. Fuyant les effets de manche démonstratifs, sa cuisine fine et délicate file droit à l'essentiel : des produits d'exception au service du goût, des accords harmonieux même quand ils sont hardis (comme ces épinards associés à l'huître et au caviar) et des sauces remarquables (tel ce jus de lièvre "façon royale" au foie gras et à l'oursin). Service très prévenant et aimable.

⇆ – Prix : €€€€

11 rue Treilhard – Ⓜ Miromesnil – 𝒞 01 45 61 09 46 – www.maisonruggieri.fr – Fermé samedi et dimanche

✿✿ L'ORANGERIE

CUISINE MODERNE • ÉLÉGANT Dans cette charmante verrière aménagée dans la cour de l'hôtel George V, la carte est imaginée par le chef Alan Taudon, qui s'affirme comme un talentueux disciple de Christian Le Squer. Sa cuisine s'inscrit dans une veine "healthy", qui privilégie les légumes, les produits laitiers et marins, en faisant volontairement l'impasse sur les viandes. Produits superbes, très grande précision dans les cuissons et surtout dans les équilibres de saveurs, et gourmandise bien présente (addictive tourte à la pomme de terre, au comté et à la truffe !). Les sauces sont quant à elles remarquables de légèreté, mariant avec subtilité l'iode et le végétal (parfois avec des notes fumées, épicées ou poivrées), et parviennent à surprendre à chaque plat, tout en gardant un fil conducteur structurant. On ne s'ennuie pas un instant, porté par un service élégant et discret.

🕸 ⇆ ⅊ 🅰🅺 🍽 – Prix : €€€€

Four Seasons George V, 31 avenue George-V – Ⓜ George V – 𝒞 01 49 52 72 24 – www.fourseasons.com/fr/paris/dining/restaurants/l-orangerie

PARIS

LA SCÈNE

Cheffe : Stéphanie Le Quellec

CUISINE MODERNE • ÉLÉGANT Stéphanie Le Quellec s'attelle à "désacraliser la grande cuisine" à travers ses menus déclinables en plusieurs actes, scène oblige : des assiettes simples en apparence mais pensées dans les moindres détails, où éclatent des saveurs nettes et franches. On retrouve avec plaisir certains de ses plats signature comme le "caviar, pain perdu et pomme Pompadour". On profite aussi des desserts de haute volée du pâtissier Pierre Chirac, qui prépare de véritables entremets "cuisinés" aux goûts marqués, à l'image de cette vanille aux deux origines : Tahiti en crème brûlée et Madagascar en crème glacée. Côté vins, profitez d'un beau choix de verres servis en magnum et même jéroboam... Le tout est mis en œuvre par une équipe au diapason, des cuisines à la salle, qui assure un service attentif et convivial. Au déjeuner, vous pourrez opter pour la partie bistrot, où vous attend une carte de saison alléchante et gourmande.

– Prix : €€€€

32 avenue Matignon – Ⓜ Miromesnil – 01 42 65 05 61 – www.la-scene.paris – Fermé samedi et dimanche

LE TAILLEVENT

CUISINE CLASSIQUE • LUXE Voici un établissement mythique, summum de classicisme à la française, propriété de la famille Gardinier (Les Crayères à Reims). Véritable institution, cette maison vénérable, l'ancien hôtel particulier du duc de Morny (19e s.), est un lieu feutré à l'écart du monde. Dans l'assiette, Saint-Jacques, butternut, pamplemousse et amandes, boudin de langoustines "tradition Taillevent" ou encore sole melba aux herbes, chou-fleur et caviar. Les desserts ne déméritent pas et notamment les crêpes Suzette, flambées d'abord au Grand Marnier puis au cognac, un classique. Louons enfin la superbe carte des vins qui est une véritable encyclopédie...

– Prix : €€€€

15 rue Lamennais – Ⓜ Charles de Gaulle - Étoile – 01 44 95 15 01 – www.letaillevent.com – Fermé lundi, samedi et dimanche

AKRAME

Chef : Akrame Benallal

CUISINE CRÉATIVE • DESIGN À deux pas de la Madeleine, Akrame Benallal, chef vibrionnant s'il en est, travaille pourtant dans un lieu bien protégé des regards, derrière une immense porte cochère. En bon amateur du travail de Pierre Soulages, il a voulu son intérieur dominé par le noir et résolument contemporain – on y trouve plusieurs photographies, et, au plafond, une étonnante sculpture d'un homme qui tombe... Dans l'assiette, on retrouve une bonne partie de ce qui avait fait le succès de sa précédente adresse, rue Lauriston : l'inventivité, les produits de qualité, le soin apporté aux présentations. Comme on l'imagine, le succès est au rendez-vous.

– Prix : €€€€

7 rue Tronchet – Ⓜ Madeleine – 01 40 67 11 16 – www.akrame.com – Fermé samedi et dimanche

APICIUS

Chef : Mathieu Pacaud

CUISINE MODERNE • ÉLÉGANT Installé dans un somptueux hôtel particulier du 18e s. aux airs de petit palais, Apicius tient son nom de cet épicurien de l'Antiquité romaine qui aurait écrit le premier livre culinaire. Le chef Mathieu Pacaud continue d'écrire l'histoire de ce lieu mythique qui possède une terrasse magnifique, véritable jardin bucolique au cœur de Paris. Les assiettes perpétuent la belle tradition bourgeoise et réalisent la synthèse entre classicisme et créativité. Le temps passe, Apicius change... mais demeure !

– Prix : €€€€

20 rue d'Artois – Ⓜ Saint-Philippe du Roule – 01 43 80 19 66 – www.restaurant-apicius.com – Fermé dimanche

PARIS

L'ARÔME

Chef : Thomas Boullault

CUISINE MODERNE • CHIC Humer un arôme, un parfum, un bouquet : un alléchant programme proposé par cette élégante adresse, proche des Champs-Élysées, décorée par Emma Roux. Fidèle à son nom, le restaurant possède une belle cave, riche de 400 références, judicieusement sélectionnées. Grand amoureux des produits de saison, le chef Thomas Boullault élabore une cuisine raffinée et contemporaine. Les menus changent chaque jour au gré du marché. Vous tomberez sous le charme de la délicatesse et de l'équilibre des saveurs : thon rouge mi-cuit fumé au foin, côte de veau aux morilles... Arômes, senteurs et saveurs : à la bonne heure !

⊞ Ⓐ〇 – Prix : €€€€

3 rue Saint-Philippe-du-Roule – Ⓜ Saint-Philippe du Roule – ☏ 01 42 25 55 98 – www.larome-paris.com – Fermé samedi et dimanche

L'ATELIER DE JOËL ROBUCHON - ÉTOILE

CUISINE CRÉATIVE • DESIGN Avec deux pieds dans la capitale française, les célèbres Ateliers de Joël Robuchon font, au sens propre, le tour du monde. Beau symbole, cet opus est né à deux pas de l'Arc de Triomphe, au niveau - 1 du Publicis Drugstore des Champs-Élysées. Un décor tout en rouge et noir ; un grand comptoir autour duquel on prend place sur de hauts tabourets, face à la brigade à l'œuvre ; une ambiance feutrée et recueillie. L'enseigne incarne une approche contemporaine de la gastronomie. La carte laisse au client le choix entre petites portions dégustation ou portions normales. Enfin, le petit plus qui plaira aux œnophiles : tous les vins au verre sont servis au magnum.

Ⓐ〇 – Prix : €€€€

133 avenue des Champs-Élysées – Ⓜ Charles de Gaulle - Étoile – ☏ 01 47 23 75 75 – www.atelier-robuchon-etoile.com/fr

114, FAUBOURG

CUISINE MODERNE • ÉLÉGANT Au sein du Bristol, une brasserie unique, assurément ! La salle interpelle au premier coup d'œil : traversée d'imposantes colonnes dorées, elle arbore sur ses murs orangés de grands motifs de dahlias luminescents... En son cœur s'ouvre un grand escalier, qui dessert le niveau inférieur où les tables côtoient les cuisines ouvertes. Chic, chatoyant, à la fois animé et confidentiel, ce lieu est une réussite. Aux fourneaux, on revisite les grands classiques hexagonaux avec ce qu'il faut d'originalité. Les assiettes sont soigneusement dressées et les saveurs s'y marient joliment. Une prestation dans les règles de l'art.

⇔ & Ⓐ – Prix : €€€€

Le Bristol, 114 rue du Faubourg-Saint-Honoré – Ⓜ Miromesnil – ☏ 01 53 43 44 44 – www.oetkercollection.com/fr/hotels/le-bristol-paris/restaurants-et-bar/114-faubourg – Fermé samedi et dimanche à midi

LE CHIBERTA

CUISINE MODERNE • CHIC Le Chiberta version Guy Savoy s'est choisi le noir comme couleur, le vin comme symbole et l'inventivité comme fil conducteur. Cet univers, tamisé, calme et feutré, conçu par Jean-Michel Wilmotte, surprend par son minimalisme, tout en chic discret design. La grande originalité du lieu reste indéniablement la "cave à vins verticale" : de grands crus - bourgogne et bordeaux en majesté - habillant les murs à la manière d'une bibliothèque. La cuisine du chef Irwin Durand (Joël Robuchon, Bernard Loiseau), supervisée par le "patron", revisite joliment la tradition (quenelle de brochet, cochon de lait, tête de veau, foie gras...), tout en restant au cœur de la saison. Menus dégustation (y compris autour de la truffe et du caviar), accords mets et vins.

Ⓐ〇 – Prix : €€€€

3 rue Arsène-Houssaye – Ⓜ Charles de Gaulle - Étoile – ☏ 01 53 53 42 00 – www.lechiberta.com – Fermé dimanche et samedi midi

CONTRASTE

CUISINE MODERNE • ÉLÉGANT Pourquoi Contraste ? Un chef breton Erwan Ledru et un chef perpignanais Kevin de Porre, amis d'enfance réunis dans une même cuisine ; un décor qui mêle le cachet ancien des lieux à des touches plus contemporaines ; et enfin, un clin d'œil à l'une des grandes cuvées de champagne de la famille Selosse. Une table où l'on déguste une cuisine d'orfèvre actuelle et savoureuse, travaillée autour de très beaux produits de saison et déclinée au gré de menus à l'aveugle en plusieurs séquences. Les accords terre/mer sont particulièrement convaincants (homard breton et sarrasin ; lotte, coquillages et chorizo ; cochon ibérique et huîtres de Cancale).

🕸 🛗 – Prix : €€€€

18 rue d'Anjou – ⓜ Madeleine – ☏ 01 42 65 08 36 – www.contraste.paris – Fermé samedi et dimanche

⸎ L'ÉCRIN

CUISINE CRÉATIVE • ÉLÉGANT "À la recherche de l'accord parfait" : telle pourrait être la devise du luxueux Écrin de l'Hôtel de Crillon. Dans une démarche inédite et passionnante, le sommelier Xavier Thuizat et le chef Boris Campanella inversent les rôles : le choix des vins précède et détermine celui des plats ! Chaque convive vit ainsi une expérience personnalisée en fonction des nectars et du nombre de séquences qu'il a choisis. Une palette de combinaisons vertigineuse si l'on songe aux 2300 références en cave... et une prouesse qui démontre une ouverture d'esprit, une agilité technique et une entente parfaite entre les équipes. Avec des produits d'exception, le chef réalise des assiettes élégantes et pleines de caractère, qui s'approchent au plus près des arômes du vin. Un moment unique qui perpétue la grande tradition de l'art de vivre à la française.

🕸 ⇦ ♿ 🛗 ⭐ – Prix : €€€€

Hôtel de Crillon, 10 place de la Concorde – ⓜ Concorde – ☏ 01 44 71 15 17 – www.rosewoodhotels.com/fr/hotel-de-crillon/dining/l-ecrin – Fermé lundi, mercredi, samedi et dimanche et mardi, jeudi et vendredi midi

PARIS

⸎ GALANGA

CUISINE MODERNE • CHIC Dans ce petit restaurant d'hôtel chic et intimiste d'esprit Art Déco, à l'atmosphère feutrée sans être guindée, le jeune chef Thomas Danigo élabore une cuisine délicate et pleine de parfums. Ses préparations, élégantes et précises techniquement, n'en oublient pas pour autant le goût, grâce à des saveurs expressives et harmonieuses. De très belle qualité, les produits sont astucieusement mis en œuvre de manière actuelle, à l'exemple de cet agneau de Lozère qui fait un clin d'œil appuyé à l'Orient (taboulé de quinoa, bouillon d'agneau et harissa maison évoquant l'idée d'un couscous). La partie sucrée, conçue par le chef lui-même, est également très aboutie. On se régale de bout en bout. Service agréable.

⇦ ♿ 🛗 ⭐ – Prix : €€€€

Hôtel Monsieur George, 17 rue Washington – ⓜ George V – ☏ 01 87 89 48 49 – www.monsieurgeorge.com/Restaurant-Gastronomique-Galanga-par-Monsieur-George-Champs-Elysees – Fermé lundi, dimanche et du mardi au samedi à midi

⸎ LE GEORGE

Chef : Simone Zanoni

CUISINE ITALIENNE • ÉLÉGANT Magistral lustre Baccarat, blancheur immaculée du décor et délicates compositions florales... Le décor chic et décontracté, signé Pierre-Yves Rochon, ne laisse aucun doute : on est bien au sein du prestigieux hôtel Four Seasons George V ! Aux fourneaux du George depuis septembre 2016, Simone Zanoni y imprime sa patte culinaire – dont l'empreinte a évidemment la forme de la botte transalpine. La cuisine garde de jolis accents maritimes, mais c'est plus précisément l'Italie qui remporte la mise ; on est sous le charme de cette cuisine aérienne, qui mise toujours sur la légèreté et les petites portions, avec un respect particulier des saveurs et des méthodes de cuisson propres à la Méditerranée. À déguster à l'intérieur ou sous la haute véranda, pour profiter de la cour par tous les temps.

🕸 ⇦ ♿ 🛗 ⭐ – Prix : €€€€

Four Seasons George V, 31 avenue George-V – ⓜ George V – ☏ 01 49 52 72 09 – www.fourseasons.com/fr/paris/dining/restaurants/le_george

⸎ **L'engagement du chef :** Notre cuisine est le fruit d'une démarche locale et responsable grâce à un biosystème vertueux de la table à la table. Les déchets organiques du restaurant sont transformés en compost qui nourrit le sol de notre potager versaillais, qui est entretenu par des personnes en réinsertion professionnelle.

⸙ HELEN

POISSONS ET FRUITS DE MER • ÉLÉGANT Créé en 2012, Helen est aujourd'hui une valeur sûre parmi les restaurants de poisson des beaux quartiers. Au menu : uniquement des pièces sauvages issues de la pêche quotidienne de petits bateaux, travaillées avec grand soin et simplicité. Dans l'assiette, en effet, pas de fioritures, une seule règle compte : mettre en valeur les saveurs naturelles – et iodées – du poisson (cru, grillé, à la plancha, à la vapeur, etc.). Les amateurs sont aux anges ! De plus, la carte varie au gré des arrivages, proposant par exemple un carpaccio de daurade royale au citron caviar, des sardines à l'escabèche, un turbotin rôti à la sauge et pancetta, des rougets barbets meunière... Tout cela est servi avec précision et savoir-faire : certains poissons sont même découpés directement en salle.Salle qui épouse également ce parti pris de sobriété, en faisant montre d'une épure toute contemporaine et d'une belle élégance... Helen, ou le raffinement dans la simplicité.

🅰🅲 ⇆ 🍽 – Prix : €€€€

3 rue Berryer – Ⓜ George V – ☎ 01 40 76 01 40 – www.helenrestaurant.com – Fermé lundi, dimanche et samedi midi

⸙ IL CARPACCIO

CUISINE ITALIENNE • ÉLÉGANT Au cœur du Royal Monceau, un couloir nacré, orné de milliers de coquillages, mène à votre table. Une belle évocation des nymphées du baroque italien qui transporte en Italie, version artiste et raffinée. La salle ressemble à un véritable jardin d'hiver, entièrement ceint de verrières aux couleurs printanières. Aux fourneaux, Oliver Piras et Alessandra Del Favero jouent avec subtilité la carte d'une gastronomie transalpine, sans sophistication inutile ni fioritures. Une cuisine pourtant hautement maîtrisée, aux saveurs séduisantes : les assiettes cultivent le goût des bons produits et des saveurs naturelles, autour d'ingrédients phares sélectionnés avec soin. Même esprit du côté des vins, principalement en provenance du Piémont et de la Toscane. Les desserts sont signés par Quentin Lechat, qui revisite avec talent les classiques de la péninsule.

🐌 ⇆ ♿ 🅰🅲 🎋 ⇆ 🍽 – Prix : €€€€

Le Royal Monceau, 37 avenue Hoche – Ⓜ Charles de Gaulle - Étoile – ☎ 01 42 99 88 12 – Fermé lundi, dimanche et samedi midi

⸙ JEAN IMBERT AU PLAZA ATHÉNÉE

CUISINE CLASSIQUE • LUXE Le médiatique Jean Imbert a fait sa place au sein mythique palace de l'avenue Montaigne. Entouré d'une équipe de haut vol, le "chef des stars" au sourire malicieux s'attelle à revisiter avec générosité et gourmandise les trésors classiques du répertoire national (langouste en Bellevue, chartreuse de colvert et foie gras, poularde demi-deuil, "grand dessert" présenté avec entrain par un duo de pâtissiers...). Attablé à la majestueuse table d'hôte centrale en marbre, parmi les ors du salon Régence, comment ne pas être séduit ?

🐌 ⇆ ♿ 🅰🅲 🍽 – Prix : €€€€

25 avenue Montaigne – Ⓜ Alma - Marceau – ☎ 01 53 67 65 00 – www.dorchestercollection.com/fr/paris/hotel-plaza-athenee – Fermé lundi, dimanche et du mardi au vendredi à midi

⸙ LASSERRE

CUISINE CLASSIQUE • LUXE Tout près des Champs-Élysées, cet hôtel particulier de style Directoire marque immanquablement les esprits. René Lasserre (disparu en 2006), monté à Paris pour apprendre le métier alors qu'il était adolescent, a élevé son restaurant au rang de symbole. Depuis plus de 80 ans, la salle à manger arbore un luxueux décor : colonnes, jardinières d'orchidées et de plantes vertes, vaisselle et bibelots en argent, lustres en cristal, porcelaines de Chine... Autre élément propre à la magie de l'endroit, le célèbre toit ouvrant qui illumine les tables au gré des saisons. Le chef Jean-Louis Nomicos peaufine la tradition avec un zeste de personnalité : macaronis farcis, truffe noire, céleri et foie gras de canard en léger gratin ; pigeonneau André Malraux, petits pois à la française ; tarte soufflée au chocolat grand cru...

🏵 🆔 💱 🍴 – Prix : €€€€

17 avenue Franklin-D.-Roosevelt – Ⓜ Franklin D. Roosevelt – ☎ 01 43 59 02 13 –
www.restaurant-lasserre.com/fr – Fermé lundi, dimanche et du mardi au samedi
à midi

🏵 LUCAS CARTON

CUISINE MODERNE • HISTORIQUE Ce nom évoque une longue histoire : Robert
Lucas et sa "Taverne Anglaise" en 1732 ; Francis Carton en 1925 qui accole les deux
patronymes et crée cette identité très sonore, "Lucas Carton", où il fera briller
trois étoiles dans les années 1930 ; Alain Senderens, enfin, qui choisit en 2005
de lui donner son propre nom pour la repenser librement. Aujourd'hui, l'adresse
endosse avec tact les nouveaux codes de la gastronomie contemporaine. Le chef
Hugo Bourny (passé notamment chez Marsan, Pic ou La Vague d'Or) sait donner
à goûter l'essence des beaux produits au gré d'une cuisine d'intuition, qui sélectionne le meilleur de notre terroir – mention spéciale pour les légumes de petits
producteurs. L'histoire continue pour cette institution.

🏵 🆔 💱 – Prix : €€€€

9 place de la Madeleine – Ⓜ Madeleine – ☎ 01 42 65 22 90 –
www.lucascarton.com – Fermé lundi et dimanche

🏵 MAISON DUBOIS Ⓝ

Chef : Arthur Dubois

CUISINE MODERNE • INTIME L'esprit « maison » est bien au rendez-vous dans ce
salon gastronomique feutré et intimiste de 6 tables. Autant dire que le chef Arthur
Dubois – passé chez Jacques Maximin, Éric Frechon et Pierre Gagnaire dont il fut le
second plusieurs années durant, excusez du peu – ne propose que du sur-mesure.
Produits soigneusement choisis, savoir-faire éprouvé, technique irréprochable : le
chef maîtrise son sujet, qui s'inscrit dans un classicisme revisité par l'influence
de son mentor de la rue Balzac. En effet, le chef affectionne les déclinaisons « satellite
» comme sur les langoustines en trois saveurs à la nage de lait ribot, ou sur le rouget
aux algues fraîches et son jus de roche lié au foie gras.

🆔 💱 – Prix : €€€€

2 rue de Vienne – Ⓜ Saint-Augustin – ☎ 01 87 02 60 83 –
www.maisonduboisparis.fr – Fermé samedi et dimanche

🏵 ONOR Ⓝ

Chef : Thierry Marx

CUISINE MODERNE • CONTEMPORAIN Dans son nouveau restaurant (l'ancienne Marée où il a fait ses débuts), Thierry Marx rend honneur à tout ce qui lui
tient à cœur : la transmission des savoirs, le respect de la nature et de la personne,
des produits et des producteurs, mais aussi l'innovation culinaire, en compagnie
du physico-chimiste Raphaël Haumont. Dans ce décor marin aux airs de petite
brasserie de luxe, où de nombreux matériaux sont issus du recyclage, on déguste
une fine cuisine moderne... et évidemment marxienne : précision formelle, clins
d'œil à l'Asie, saveurs délicates émaillent un repas ponctué de classiques comme
le risotto de soja ou la raviole de homard en bras croisés.

🆔 🍴 – Prix : €€€€

258 rue du Faubourg-Saint-Honoré – Ⓜ Ternes – ☎ 01 85 61 60 60 – www.onor-
thierrymarx.com – Fermé samedi et dimanche

🏵 PAVYLLON

CUISINE MODERNE • CONTEMPORAIN On n'arrête plus Yannick Alléno ! Cette
adresse du chef francilien fait salle comble, et ce n'est que justice. Trente couverts au comptoir (dans l'esprit d'un Atelier de Joël Robuchon, en plus feutré), une
cuisine sans fausses notes, élaborée autour de belles bases classiques, mêlée de
saveurs et de touches étrangères. C'est fin, délicat, servi dans une ambiance chic
et décontractée : on passe un excellent moment.

🏵 ♿ 🆔 🏡 🍴 🅿 – Prix : €€€€

8 avenue Dutuit – Ⓜ Champs-Élysées - Clemenceau – ☎ 01 53 05 10 10 –
www.yannick-alleno.com/fr

✿ TRENTE-TROIS

CUISINE MODERNE • BOURGEOIS Dites "33" pour accéder à ce magnifique salon de style Belle Époque aux murs recouverts de boiserie, caché dans un immeuble discret en bordure du triangle d'or à deux pas des Champs-Élysées. Dans cette ambiance chic et intimiste, le chef étoilé Sébastien Sanjou (Le Relais des Moines dans le Var) sait choisir ses produits, tous excellents, composer une carte, délibérément courte et signer une fine cuisine actuelle de saison où tout tombe juste : les cuissons, les jus et les sauces, l'équilibre des goûts. Un exemple de plat ? Petit épeautre en risotto, artichauts violets glacés, d'autres en chips croustillantes et une touche de coriandre dans un délicieux jus, bien corsé et aromatique.

⌒ 🖑 🄰🄲 🍽 – Prix : €€€

33 rue Jean-Goujon – Ⓜ Alma - Marceau – ☏ 01 45 05 68 00 – www.restaurant-trente-trois.com – Fermé lundi et dimanche

😊 KISIN

CUISINE JAPONAISE • SIMPLE Quand un chef de Tokyo arrive à Paris, il ouvre un restaurant, sitôt ses valises posées, et nos papilles frémissent d'aise. Ici, on déguste produits japonais, et vrais udon, fabriquées devant le client. Une cuisine naturelle, sans additif, qui nous vient tout droit du pays du Soleil-Levant. Sain et goûteux.

🄰🄲 – Prix : €€

7-9 rue de Ponthieu – Ⓜ Franklin D. Roosevelt – ☏ 01 71 26 77 28 – www.udon-kisin.fr – Fermé dimanche

😊 MANDOOBAR

CUISINE CORÉENNE • SIMPLE Les vraies bonnes tables coréennes ne courent pas les rues à Paris, et cette petite salle d'esprit comptoir en est une. Aussi agile que précis, le chef Kim Kwang-Loc réalise sous nos yeux les fameux mandu (les ravioles coréennes) et les tartares de thon et de bœuf qui composent l'essentiel de sa carte minimaliste. Passionné d'herbes coréennes, il relève chacune de ses assiettes fines et goûteuses de parfums addictifs, à la recherche probablement de ses premiers émois culinaires en Corée...

Prix : €

7 rue d'Édimbourg – Ⓜ Europe – ☏ 01 55 06 08 53 – www.mandoobar.fr – Fermé lundi et dimanche

AKIRA BACK PARIS

CUISINE JAPONAISE • CONTEMPORAIN Au sein de l'hôtel Prince de Galles, voici la première adresse européenne du chef américano-coréen Akira Back. Après une carrière de snowboarder pro (il a grandi dans une station de ski ultra-chic, Aspen), il s'est tourné vers la cuisine avant de devenir le disciple du grand chef Nobuyuki Matsuhisa et, plus tard, le chef exécutif de son restaurant. L'occasion nous est donnée de goûter cette cuisine japonaise revue et corrigée, véritable melting-pot de cultures et de saveurs, à l'image de sa spécialité, la AB Tuna pizza. On goûte aussi le décor fastueux de cette grande salle moderne à la lumière tamisée, dominée par les lustres Art Déco, tandis que la brigade s'affaire sur le comptoir en marbre.

🖑 🄰🄲 🗘 🍽 – Prix : €€€€

Prince de Galles, 33 avenue George-V – Ⓜ George V – ☏ 01 53 23 78 50 – www.akirabackparis.com/fr – Fermé lundi et dimanche

BISTROT MARLOE

CUISINE MODERNE • BISTRO Dans ce quartier huppé, à l'angle de deux jolies rues, Marloe, aux allures de bistrot chic et cosy, séduit au-delà de la clientèle du quartier. De fait, la cuisine, élaborée à partir de produits d'excellente qualité, se révèle maîtrisée et sans esbroufe. On aime cette gourmandise, et notamment le menu "truffe noire" en saison.

🄰🄲 🍽 – Prix : €€

12 rue du Commandant-Rivière – Ⓜ Saint-Philippe du Roule – ☏ 01 53 76 44 44 – www.marloe.fr – Fermé samedi et dimanche

BRAISE

CUISINE MODERNE • CONTEMPORAIN L'ancien second de Substance, Sylvain Courivaud, a décidé de nous réchauffer le sang avec cette table contemporaine entièrement dédiée à la cuisson au feu de bois. Barbecue japonais binchotan, big green egg, mais aussi fumoir : il fait feu de tout bois. Une belle maîtrise qui ne dénature jamais des produits de qualité, servis dans une ambiance (sans mauvais jeu de mot) chaleureuse.

🖾 – Prix : €€€

19 rue d'Anjou – 🚇 *Madeleine –* 📞 *01 44 70 00 99 – www.braise.paris – Fermé samedi et dimanche*

CÈNA

CUISINE MODERNE • BISTRO Cèna, c'est dîner en latin. Et on y dîne sacrément bien, d'une cuisine sincère et de produits allant à l'essentiel, à deux pas du Parc Monceau, à l'abri de la foule et du tumulte du huitième arrondissement. Un coup de cœur.

🕸 – Prix : €€€

23 rue Treilhard – 🚇 *Miromesnil –* 📞 *01 40 74 20 80 – www.cena.restaurant – Fermé samedi et dimanche*

LES 110 DE TAILLEVENT

CUISINE TRADITIONNELLE • CHIC Sous l'égide de la prestigieuse maison Taillevent, une brasserie très chic, qui joue la carte des associations mets et vins. Une réussite, aussi bien le choix remarquable de 110 vins au verre, que la cuisine, traditionnelle et bien tournée (pâté en croûte, bavette sauce au poivre, etc.). Cadre élégant et chaleureux.

🕸 ♿ 🖾 – Prix : €€€

195 rue du Faubourg-Saint-Honoré – 🚇 *Charles de Gaulle - Étoile –* 📞 *01 40 74 20 20 – www.les-110-taillevent-paris.com*

LA CHAMBRE BLEUE 🇳

CUISINE ANDALOUSE • CHIC Dans la vaste cour intérieure d'un ancien hôtel particulier du 18ᵉ s., le chef andalou Dani Garcia, célèbre en Espagne où il avait obtenu trois étoiles, adresse un clin d'œil à Picasso et à Malaga. La Chambre Bleue met à l'honneur la Méditerranée et l'Andalousie : carpaccio de ventrèche de thon ; choix de paellas cuisinées minute (rouget, coquelet, poulpe, anguille…) ; très belles pièces de poissons à partager (thon, turbot…). Ambiance trendy et estivale.

♿ 🖾 🍴 – Prix : €€€

Maison Delano, 4 rue d'Anjou – 🚇 *Madeleine –* 📞 *01 83 96 88 88 – www.maisondelanoparis.com/fr*

CHEZ MONSIEUR

CUISINE TRADITIONNELLE • BISTRO Voilà le bistrot parisien dans toute sa splendeur (comptoir en zinc, banquettes en velours, carrelage à motifs), avec l'immuable – et très bonne ! – cuisine qui l'accompagne : escargots de Bourgogne au beurre blanc, blanquette de veau servie en cocotte… sans oublier un large panel de vins de toutes les régions de France.

🕸 🖾 – Prix : €€€

11 rue du Chevalier-de-Saint-George – 🚇 *Madeleine –* 📞 *01 42 60 14 36 – www.chezmonsieur.fr – Fermé samedi et dimanche*

19.20 BY NORBERT TARAYRE 🇳

CUISINE TRADITIONNELLE • CHIC Le Prince de Galles, fleuron légendaire de l'Art déco parisien bâti en 1928, a choisi de démocratiser la cuisine de palace en confiant ses fourneaux à Norbert Tarayre, le chef et trublion découvert à Top Chef en 2012. Dans un écrin cosy qui rend hommage à la vie artistique parisienne, il met en scène une cuisine traditionnelle dans l'esprit d'une savoureuse popote de terroir de grand-mère : carottes râpées, poireaux vinaigrette, céleri rémoulade, échine

PARIS

de cochon et pommes anna, tournedos de saumon – sans oublier un chariot de desserts. Tout est ici exécuté avec soin et pour un tarif bluffant.

&. AC ♨ – Prix : €€

Prince de Galles, 33 avenue George-V – Ⓜ George V – ☏ 01 53 23 78 50 – www.19-20paris.fr

L'ENVOLÉE - LA DEMEURE MONTAIGNE

CUISINE MODERNE • CONTEMPORAIN À quelques pas des Champs-Elysées, non loin de l'avenue Montaigne, un chef au beau parcours, Grégory Réjou, a fait son nid dans le charmant restaurant de ce palace haussmannien. Située dans une cour intérieure sous verrière, la salle a des airs de jardin d'hiver, avec ses fauteuils cannés. À l'abri des importuns, on déguste en toute discrétion une cuisine moderne de saison : volaille jaune des Landes fumée au foin, légumes racines ; asperges blanches rôties, crème de pissenlit au beurre noisette...

&. AC ♨ – Prix : €€€€

18 rue Clément-Marot – Ⓜ Alma - Marceau – ☏ 01 53 57 49 50 – www.lademeuremontaigne.com – Fermé dimanche et samedi midi

IL RISTORANTE - NIKO ROMITO

CUISINE ITALIENNE • CONTEMPORAIN Après Milan, Dubaï, Pékin et Shangaï, l'occasion est enfin donnée aux Parisiens de découvrir le concept gastronomique des hôtels Bulgari ! Le chef Niko Romito, triplement étoilé dans les Abruzzes, actualise les classiques de la cuisine italienne dans une carte qui se concentre essentiellement sur le produit et ose la légèreté (peu de matière grasse, peu de sauces, cuissons à la vapeur, panures à l'amidon de riz...). En témoignent ce risotto safrané au parmesan subtil et digeste, ou cette magnifique côte de veau à la milanaise, à découvrir dans une salle d'une élégante sobriété ouverte sur le jardin intérieur.

⊗ &. AC 🏠 ⇔ ♨ – Prix : €€€€

Hôtel Bulgari, 30 avenue George-V – Ⓜ George V – ☏ 01 81 72 10 80 – www.bulgarihotels.com/fr_FR/paris/dining/il-ristorante-niko-romito

IMPERIAL TREASURE

CUISINE CHINOISE • ÉLÉGANT Une envie de cuisine chinoise authentique, servie dans un cadre luxueux et élégant tout proche des Champs-Elysées ? C'est l'adresse qu'il vous faut. À vous la crevette impériale carabinero au riz gluant, le canard laqué à la pékinoise, ou encore l'anguille fumée au thé vert : des mets réalisés dans les règles de l'art par un chef émérite de Shangaï. Beaux produits, saveurs subtiles et service sans faute. Ne ratez pas les dim sum au déjeuner.

⊗ &. AC ⇔ – Prix : €€€€

44 rue de Bassano – Ⓜ George V – ☏ 01 58 56 29 13 – www.imperialtreasure. com/france – Fermé lundi

LAZARE

CUISINE TRADITIONNELLE • BRASSERIE Au cœur de la fameuse gare St-Lazare, on doit à Éric Frechon l'idée de cette élégante brasserie "ferroviaire" qui respecte les canons du genre : œufs mimosa, quenelles de brochet ou maquereaux au vin blanc, la belle tradition française est sur les rails ! Sympathique et très animé.

&. AC 🏠 ♨ – Prix : €€

Parvis de la gare Saint-Lazare, rue Intérieure – Ⓜ Saint-Lazare – ☏ 01 44 90 80 80 – www.lazare-paris.fr

MARIUS ET JANETTE

POISSONS ET FRUITS DE MER • MÉDITERRANÉEN Dans cet élégant décor façon yacht, la clientèle sélecte s'attable au milieu des cannes à pêche, filets et autres hublots en cuivre. Le chef met les produits de la mer à l'honneur, au gré d'une carte renouvelée chaque jour en fonction de la marée. Carpaccio de saumon au basilic, loup grillé à partager ou linguine au homard (une spécialité de la maison) : on se régale.

AC 🍴 🍷 – Prix : €€€€

4 avenue George-V – Ⓜ Alma - Marceau – 𝒞 01 47 23 41 88 – www.richard-paris.com/etablissements/marius-et-janette

LE MERMOZ

CUISINE MODERNE • BISTRO Ce néo-bistrot du quartier des Champs-Elysées ne désemplit pas, et pour cause ! Dans une ambiance conviviale, on y sert une jolie cuisine bistronomique à cheval entre tradition et modernité : produits irréprochables, assiettes percutantes et gourmandes, saveurs bien marquées. Carte des vins abordable et intéressante, notamment en références bio et nature.

🍷 – Prix : €€€

16 rue Jean-Mermoz – Ⓜ Franklin D. Roosevelt – 𝒞 01 45 63 65 26 – www.lemermozparis.fr – Fermé samedi et dimanche

NÉVA CUISINE

CUISINE MODERNE • ÉLÉGANT La Néva n'est pas seulement un fleuve russe, c'est aussi ce restaurant où officie la cheffe mexicaine Beatriz González, passée dans les grandes maisons, notamment Lucas Carton et la Grande Cascade. Dans le cadre convivial d'un bistrot parisien moderne, elle y signe une cuisine au goût du jour et métissée, à l'image de ces petits pois glacés, anguille fumée, pamplemousse ou encore lieu jaune de ligne, hollandaise, asperges blanches, pomme de terre et poutargue. Gourmandise et saveur(s) sont au rendez-vous.

AC – Prix : €€

2 rue de Berne – Ⓜ Europe – 𝒞 01 45 22 18 91 – www.nevacuisineparis.com – Fermé samedi et dimanche

NONOS PAR PAUL PAIRET Ⓝ

CUISINE MODERNE • BRASSERIE Outre son Écrin, le palace de la place de la Concorde s'est doté d'une « brasserie » chic avec un décor d'esprit Art Déco et une carte confiée au chef Paul Pairet que les Français connaissent bien désormais. Le chef a souhaité rendre hommage aux grills de son enfance (on trouve ici une très belle sélection de viandes maturées) et aux classiques de brasserie (huîtres, tartare, salade Caesar, sole meunière...) – le tout, il faut le préciser, à des prix abordables pour un tel lieu. Un seul objectif : faire bon avec de bons produits.

♿ 🍷 – Prix : €€€

Le Crillon, 10 place de la Concorde – Ⓜ Concorde – 𝒞 01 44 71 15 17 – www.rosewoodhotels.com/fr/hotel-de-crillon

OKUDA

CUISINE JAPONAISE • ÉLÉGANT Vingt-trois couverts, un décor sobre et élégant, des hôtesses en kimono traditionnel et un silence d'or : c'est dans cet écrin que l'on déguste depuis 2013 les créations "kaiseki" du célèbre chef japonais Toru Okuda.

♿ AC 🍴 🍷 – Prix : €€€€

7 rue de la Trémoille – Ⓜ Alma - Marceau – 𝒞 01 40 70 19 19 – www.okuda.fr – Fermé mercredi et jeudi

ORIGINES RESTAURANT

CUISINE MODERNE • CONTEMPORAIN Enfin chez lui ! Le chef aveyronnais Julien Boscus réalise ici une cuisine dans l'air du temps, à base de bons produits. Ainsi le ris de veau doré au sautoir crousti-fondant et relevé d'un jus de veau condimenté citron et câpres. Saveurs, technique sobre et maîtrisée, cadre contemporain : l'adresse a tout pour plaire.

♿ AC – Prix : €€€

6 rue de Ponthieu – Ⓜ Franklin D. Roosevelt – 𝒞 09 86 41 63 04 – www.origines-restaurant.com – Fermé samedi et dimanche

LE PETIT LUCAS

CUISINE TRADITIONNELLE • CLASSIQUE À l'étage du restaurant Lucas Carton, dans un plaisant décor Art Nouveau, la cuisine du nouveau chef Hugo Bourny joue la simplicité et la gourmandise en plein dans la tradition, le tout avec une jovialité certaine : pâté en croûte de canard Apicius ; Saint-Jacques snackées, céleri, sauce pomme-agrume ; flan au chocolat. Un repas d'une belle tenue, et un moment de plaisir.

[AC] – Prix : €€

9 place de la Madeleine – Ⓜ Madeleine – ✆ 01 42 65 22 90 – www.lucascarton.com – Fermé lundi et dimanche

LE RELAIS PLAZA

CUISINE CLASSIQUE • ÉLÉGANT Au sein du Plaza Athénée, comment résister au charme de cette brasserie au beau décor 1930 inspiré du paquebot Normandie ? Une ambiance unique pour une cuisine qui joue la carte de la belle tradition, entre "la cuisine de mamie" chère à Jean Imbert (gratin de daurade, tomate farcie et son riz pilaf) et les classiques qui ont fait la réputation de la célèbre adresse art déco.

[AC] – Prix : €€€

25 avenue Montaigne – Ⓜ Alma - Marceau – ✆ 01 53 67 64 00 – www.dorchestercollection.com/fr/paris/hotel-plaza-athenee

SHIRVAN CAFÉ MÉTISSE

CUISINE MODERNE • CONTEMPORAIN Ce restaurant proche du pont de l'Alma porte la signature d'Akrame Benallal. Pas de nappage ici, mais des couverts désign et, surtout, une cuisine nourrie aux influences de « la route de la soie », du Maroc à l'Inde en passant par l'Azerbaïdjan. Une gastronomie métissée riche en épices, à l'instar du tikki végétarien ou des côtelettes d'agneau confites à la harissa maison... Service efficace et quasi continu.

ዸ [AC] ꡢ – Prix : €€€

5 place de l'Alma – Ⓜ Alma - Marceau – ✆ 01 47 23 09 48 – www.shirvancafemetisse.fr

THIOU Ⓝ

CUISINE THAÏLANDAISE • CHIC La cheffe Apiradee Thirakomen, dite Thiou, a pris ses quartiers rive droite, au sein d'un petit hôtel tout proche des Champs-Élysées. Dans une ambiance chic et feutrée, on déguste les spécialités thaïlandaises, parfois teintées de touches françaises, qui ont fait sa réputation : ravioles de crevettes et crème de coco parfumée à la citronnelle, phad thaï, "Tigre qui pleure"...

[AC] – Prix : €€€

Hôtel Norman, 9 rue Balzac – Ⓜ George V – ✆ 01 42 99 80 80 – www.hotelnorman.com/fr/restaurant-thiou.html

TOSCA

CUISINE ITALIENNE • INTIME L'Italie semble s'être donnée rendez-vous dans ce restaurant de petite capacité, au mobilier chic. L'assiette chante les louanges de la gastronomie transalpine : viandes, huile d'olive, fromage... L'hôtel, le Splendide Royal (ancienne demeure de Pierre Cardin), offre des suites raffinées et élégantes.

ዸ [AC] ꡢ – Prix : €€€€

18 rue du Cirque – Ⓜ Miromesnil – ✆ 01 42 68 10 00 – www.robertonaldicollection.com/splendide-royal-paris/fr/la-tosca-restaurant – Fermé lundi, dimanche, et mercredi et jeudi à midi

LA TRABOULE

CUISINE MODERNE • BISTRO À quelques centaines de mètres de... l'Élysée, cette table n'a plus rien d'un bouchon lyonnais mais tout d'une cuisine du marché, réalisée par un jeune chef napolitain formé dans de belles maisons. Dans le court menu-carte émaillé de quelques suggestions (et de quelques notes italiennes, évidemment), on a pioché ces coquilles Saint-Jacques, sauce aux oignons de Roscoff, ou encore ce filet de bœuf, polenta grillée et pleurotes. Des préparations simples axées sur le goût, un bon rapport qualité-prix pour le quartier, dans un décor de bistro contemporain.

PARIS

Prix : €€
27 rue de Penthièvre – Ⓜ Miromesnil – ℘ 01 42 56 27 32 –
www.restaurantlatraboule.fr – Fermé dimanche

LE 39V

CUISINE MODERNE • DESIGN La clientèle internationale se presse au sixième étage du 39 de l'avenue George-V... et pour cause ! Sur les toits de Paris, on profite d'une cuisine de bonne facture, avec de solides bases classiques. Chaque détail du décor a fait l'objet d'un soin particulier, du parquet en bois debout aux banquettes sur mesure, en passant par les assiettes haute couture.
🅰🅲 – Prix : €€€

39 avenue George-V – Ⓜ George V – ℘ 01 56 62 39 05 – www.le39v.com –
Fermé samedi et dimanche

24 - LE RESTAURANT

CUISINE MODERNE • TENDANCE Dans une petite rue calme à deux pas des Champs Elysées, cet établissement propose des assiettes bien travaillées sur des bases classiques avec quelques touches plus personnelles comme ce suprême de canette des Dombes, chutney de pêche jaune, pignons de pin et jus de canette relevé au vin chaud. Le tout agréablement servi avec le sourire, dans un cadre élégant.
🅰🅲 – Prix : €€

24 rue Jean-Mermoz – Ⓜ Franklin D. Roosevelt – ℘ 01 42 25 24 24 –
www.24lerestaurant.fr – Fermé samedi et dimanche

PARIS

🛏 AMASTAN   *Plus*

MODERNE • CHALEUREUX Situation pratique et centrale pour cet hôtel à deux rues des Champs-Élysées. Matériaux naturels (bois, cuivre, laiton et tapisseries tissées main sur les murs) et lignes sobres et design en font une halte choisie. Cour intérieure végétalisée très agréable.
🛏 🍴 🅰🅲 - 24 chambres

34 rue Jean Mermoz – ℘ 01 49 52 99 70 – www.amastanparis.com

🛏 BULGARI HÔTEL PARIS

MODERNE • RAFFINÉ Il en faut beaucoup pour percer dans le haut de gamme des hôtels parisiens, mais l'incroyablement ultra-luxe Bulgari s'est immédiatement imposé. L'avant-gardiste milanais Antonio Citterio a su marier le plus grand luxe avec un goût d'une originalité peu commune. Le Bulgari Bar est un lieu de rencontre pour les dénicheurs de tendances, et le vaste spa est aussi somptueux que les autres équipements.
♿ 🚲 🅿 🔌 🧖 ♨ 💆 🍴 🅰🅲 - 76 chambres

30 avenue George V – ℘ 01 81 72 10 00 – www.bulgarihotels.com/paris
Il Ristorante - Niko Romito - Voir la sélection des restaurants

🛏 LA CLEF CHAMPS-ÉLYSÉES PARIS   *Plus*

CLASSIQUE • ÉLÉGANT Dans un immeuble haussmannien de 1907, ancienne résidence Belle Époque de la famille Hennessy, un hôtel de luxe est né, à la fois traditionnel et actuel. Les marbres et l'architecture d'époque contrastent de manière vivante avec un mobilier moderne épuré et des couleurs neutres, illuminées d'une touche d'or. Même les plus petites chambres sont généreuses, tandis que les duplex s'étendent sur plus de 50 m², sans compter leurs terrasses sur le toit. Un restaurant et un bar, résolument chinois, parachèvent le voyage.
♿ 🅿 🔌 🛏 💆 🅰🅲 - 70 chambres

46 rue de Bassano – ℘ 01 53 75 01 60 – www.discoverasr.com/fr/
the-crest-collection/france/la-clef-champs-elysees-paris

🛏 CRILLON   *Plus*

GRAND STYLE • RAFFINÉ Saluons la renaissance d'un chef-d'œuvre de l'architecture du 18ᵉ s., dont la façade, magnifiant la place de la Concorde, a conservé sa fastueuse ornementation. Chambres luxueuses, appartements à thème (dont l'un interprété par Karl Lagerfeld). L'art de vivre à la française, dans sa pure et intemporelle splendeur. Un palace mythique.

🏖️ 🅿 📶 🛏️ 🚲 ✣ 🍸 ⚙️ 𝄢♨️ ⏏️⃝ 🆎 - 124 chambres

10 place de la Concorde – ☏ 01 44 71 15 00 – www.rosewoodhotels.com/en/hotel-de-crillon

❀ **L'Écrin • Nonos par Paul Pairet** - Voir la sélection des restaurants

---

🛏️ **LE DAMANTIN**　　　　　　　　　　　　　　　　　　　*Plus*

BOURGEOIS • RAFFINÉ Mêlant brique rouge et pierre de taille, cet hôtel a pris ses quartiers en bord de Seine. L'intérieur joue la carte du luxe sans ostentation : mobilier classique, velours tressés, tissus des maisons Pierre Frey, etc. Piscine, sauna et fitness, massage sur demande.

🦽 🏖️ 🅿 📶 🍸 ⚙️ ♨️ ⏏️⃝ 🆎 - 44 chambres

1 rue Bayard – ☏ 01 53 75 62 62 – www.ledamantin.com

🛏️ **LA DEMEURE MONTAIGNE**　　　　　　　　　　　　　　　*Plus*

CLASSIQUE • CHARME Les murs de cet hôtel particulier haussmannien, bâti en 1883, ont l'étoffe des lieux historiques. Palace réputé dès les années 1920, l'adresse devient le refuge de nombreux jazzmen américains à partir des années 1960. Sa clientèle fidèle aime aujourd'hui ses chambres sobres d'esprit néo rétro avec moulures, jolis tissus tendus, marbre noir et blanc dans les salles de bains...

🦽 🏖️ 🅿 🍸 ⚙️ ♨️ 𝄢 ⏏️⃝ 🆎 - 93 chambres

18 rue Clément Marot – ☏ 01 53 57 49 50 – www.lademeuremontaigne.com

L'Envolée - La Demeure Montaigne - Voir la sélection des restaurants

---

🛏️ **FOUQUET'S BARRIÈRE**　　　　　　　　　　　　　　　　*Plus*

CLASSIQUE • CHALEUREUX Né dans le sillage de la mythique brasserie, ce luxueux hôtel a été décoré par Jacques Garcia : styles Empire et Art déco, foisonnement d'acajou, de soie, de velours, associés à des équipements high-tech et un spa superbe. Brasserie de qualité. Une authentique expérience parisienne.

🏖️ 🅿 🛋️ 📶 🛏️ 🐾 🚲 🍸 ⚙️ ♨️ 𝄢 ⏏️⃝ 🆎 - 101 chambres

46 avenue George V – ☏ 01 40 69 60 00 – www.hotelsbarriere.com/fr/collection-fouquets/paris

---

🛏️ **FOUR SEASONS GEORGE V**

GRAND STYLE • RAFFINÉ Ce palace mythique, né en 1928, s'est paré des splendeurs et raffinements du 18ᵉ s. Ses chambres, luxueuses et spacieuses, ses collections d'œuvres d'art, son spa superbe et sa belle cour intérieure : voilà bien un ensemble d'exception !

🦽 🏖️ 🅿 📶 ♨️ 𝄢 ⏏️⃝ 🆎 - 244 chambres

31 avenue George V – ☏ 01 49 52 70 00 – www.fourseasons.com/paris

❀❀❀ **Le Cinq** • ❀❀ **L'Orangerie** • ❀ **Le George** - Voir la sélection des restaurants

---

🛏️ **GRAND POWERS**　　　　　　　　　　　　　　　　　　　*Plus*

CLASSIQUE • ÉLÉGANT L'ex-Hôtel Powers a été entièrement rénové en 2018. La décoration classique de cet immeuble haussmannien (cheminées et moulures ouvragées) s'associe au contemporain chic et discret. Une nouvelle adresse très élégante à deux pas des Champs-Élysées. Petit espace fitness au sous-sol.

🏖️ 🅿 📶 🚲 ⚙️ ♨️ 𝄢 ⏏️⃝ 🆎 - 50 chambres

52 rue François 1ᵉʳ – ☏ 01 47 23 91 05 – www.hotelgrandpowersparis.com

---

🛏️ **HÔTEL BOWMANN**　　　　　　　　　　　　　　　　　　*Plus*

CLASSIQUE • ÉLÉGANT Au cœur du triangle d'or, dans un immeuble du 19ᵉ s., l'hôtel ouvre à nouveau ses portes après deux ans de travaux. Chambres spacieuses, entre confort moderne et élégance haussmannienne (dont une grande suite au dernier étage, avec vue sur les toits !), espace bien-être : rien ne manque.

⛓ 🏛 🅿 🚲 ⏀ ⓦ 🛜 ⳾ ♨ ⫶ 🄰🄲 - 53 chambres
99 boulevard Haussmann – ☎ 01 40 08 00 10 – www.hotelbowmannparis.com

🛏 HÔTEL DE SERS   🌐 *Plus*

MODERNE • ROMANTIQUE Le marquis de Sers ne reconnaîtrait pas son hôtel particulier de la fin du 19ᵉ s. Il faut dire qu'il mélange les styles avec succès : si le hall a conservé son caractère d'origine, les chambres sont résolument contemporaines et tendance. Les suites avec terrasse donnent sur toute la ville, Tour Eiffel comprise ! Le service est irréprochable, un spa et une salle de gym sont situés dans les étages, et le bar est de grande qualité.

⛓ 🏛 🅿 ⳾ 🍽 🚲 ⓦ 🛜 ⳾ ♨ ⫶ 🄰🄲 - 52 chambres
41 avenue Pierre 1ᵉʳ de Serbie – ☎ 01 53 23 75 75 – www.hotel-de-sers.com

🛏 HÔTEL LANCASTER PARIS

MODERNE • CALME À quelques pas des Champs-Elysées, le Lancaster est un havre de paix. L'un des lieux les plus sophistiqués de Paris fut créé par Émile Wolf dans les années 1930, et reçut les stars les plus glamour — Marlene Dietrich, Gene Kelly, Noel Coward, etc. Les chambres sont remplies d'antiquités, dont beaucoup acquises par le propriétaire d'origine, et les salles de bains en marbre ont été redécorées en préservant le style Art déco. Quelques œuvres de Boris Pastoukoff, peintre des années 1930 qui payait sa chambre avec ses toiles, sont toujours accrochées aux murs. Le service est impeccablement discret. Un salon complète cette offre de grand standing. Le plus magique, cependant, reste le petit jardin du Lancaster, si calme au cœur de l'effervescence parisienne.

54 chambres
7 rue de Berri – ☎ 01 40 76 40 76 – www.hotel-lancaster.com

🛏 HÔTEL ROYAL MADELEINE   *Plus*

MODERNE • ROMANTIQUE Idéalement situé à proximité du Palais Garnier et de la gare Saint-Lazare, le Royal Madeleine est sans doute l'un des hôtels les plus romantiques du quartier. Dans ce bel immeuble haussmanien aux lignes simples, sa propriétaire et la designer Marie-Paule Clout ont créé une atmosphère toute de douceur : les chambres, réchauffées de tonalités gris-bleu ou bordeaux, ont chacune leur personnalité avec des objets de déco raffinés. Des plus petites aux plus luxueuses, toutes disposent du meilleur confort. Certaines suites jouissent d'une terrasse privée, et la suite Coco Lili, aux murs colorés d'un superbe rouge profond, est la plus spacieuse avec pas moins de 52 m². Un petit spa plein de charme, de style toscan, ajoute au plaisir.

⛓ ⳾ ⏀ ⓦ 🛜 ⳾ ⫶ 🄰🄲 - 59 chambres
29 rue de l'Arcade – ☎ 01 84 25 70 00 – www.hotelroyalmadeleine.com

🛏 HÔTEL VERNET   🌐 *Plus*

CLASSIQUE • RAFFINÉ L'Hôtel Vernet réunit le meilleur de la splendeur du Paris d'hier et du style impeccablement contemporain du Paris d'aujourd'hui. François Champsaur, architecte d'intérieur, a mis les deux tendances à égalité parfaite, de sorte qu'un séjour dans l'une des cinquante chambres ne dépayserait pas la clientèle de la Belle Époque. Le bar est remarquable ainsi que la salle du restaurant : mobilier moderne et art contemporain sous une monumentale verrière du maître verrier Charles Champigneulle, sur une armature signée Gustave Eiffel.

⛓ 🏛 🅿 ⳾ ⓦ ⳾ ⫶ 🄰🄲 - 50 chambres
25 rue Vernet – ☎ 01 44 31 98 00 – www.hotelvernet-paris.com

🛏 HYATT PARIS MADELEINE

CLASSIQUE • CHALEUREUX Une belle verrière réalisée par Eiffel, d'agréables chambres contemporaines : un hôtel sobre et chaleureux tout à la fois. Sauna, hammam, mais aussi centre d'affaires… Le soir, bar à champagne.

🏛 🅿 🚗 ⳾ 🚲 ⓦ 🛜 ⳾ ⫶ 🄰🄲 - 85 chambres
24 boulevard Malesherbes – ☎ 01 55 27 12 34 – www.parismadeleine.hyatthotels.hyatt.com

PARIS

INTERCONTINENTAL CHAMPS-ÉLYSÉES ÉTOILE

CLASSIQUE • COSY Un immeuble des Années folles dans une petite rue près des Champs-Élysées... qui abrite un hôtel entièrement rénové ! Il se dégage de ces lieux un je-ne-sais-quoi de très parisien, du hall d'entrée lumineux aux chambres, dont on appréciera le décor soigné et feutré.

🏂 🅿 ⌁ 🛗 ⬆ 🍽 🅰🅲 - 55 chambres

64 avenue Marceau – ℰ *01 44 43 36 36 – www.ihg.com/intercontinental/hotels/gb/en/paris/parat/hoteldetail*

LES JARDINS DU FAUBOURG

MODERNE • RAFFINÉ À un jet de pierre de l'ambassade de Grande-Bretagne, un petit bijou associant modernité et classicisme très "parisien", avec une petite cour-terrasse aux jasmins envoûtants... Espace bien-être au sous-sol.

♿ 🏂 🅿 ⌁ ⌁ ⬆ 🛗 ♨ 🆓 🍽 🅰🅲 - 16 chambres

9 rue d'Aguesseau – ℰ *01 86 54 15 15 – www.jardinsdufaubourg.com*

L'HÔTEL FAUCHON   🌐 *Plus*

BOURGEOIS • ÉLÉGANT Un bel établissement, idéalement situé. Les chambres, spacieuses, ont du style (dans une veine "hôtel gourmand" chère à la marque), et donnent sur l'église de la Madeleine ou le boulevard. Espace bien-être avec hammam, fitness et cabines de soins.

🏂 🅿 ⌁ 🛗 ♨ 🆓 🍽 🅰🅲 - 54 chambres

4 boulevard Malesherbes – ℰ *01 87 86 28 00 – www.hotel-fauchon-paris.fr*

MAISON DELANO PARIS

MODERNE • CHALEUREUX Nouveau vaisseau parisien du label né en Floride, cet hôtel du 18ᵉ s. a été adapté par le designer Lázaro Rosa Violán à l'élégance urbaine du Faubourg Saint-Honoré. Les chambres et suites sont d'un confort parfait, l'histoire des murs ajoutant à leur charme. Les suites Héritage et Présidentielle sont particulièrement somptueuses. Les soins de spa sont dispensés en chambre, un restaurant franco-andalou et un bar élégant complètent une prestation de qualité.

🏂 🅿 ⌁ 🍽 🅰🅲 - 56 chambres

4 rue d'Anjou – ℰ *01 83 96 88 88 – www.maisondelanoparis.com*

MARIGNAN CHAMPS-ELYSÉES   🌐

CLASSIQUE • RAFFINÉ Le luxe discret : voilà le parti pris de cet ancien hôtel particulier, voisin des Champs-Élysées. Toutes les chambres révèlent une décoration élégante et épurée, avec parquet en chêne, mobilier chic des années 1950 et 1960, grandes literies... Du style et de la subtilité !

🏂 🅿 ⌁ ⌁ 🛗 🍽 🅰🅲 - 50 chambres

12 rue de Marignan – ℰ *01 40 76 34 56 – www.hotelmarignanelyseesparis.com*

MARQUIS FAUBOURG ST-HONORÉ   🌐 *Plus*

CLASSIQUE • CHARME Cet hôtel doit son nom au marquis de La Fayette, le "héros des deux mondes", qui vécut dans cet hôtel particulier du 18ᵉ s. De vastes chambres, une décoration chic et sobre, de luxueuses salles de bains : l'adresse ne manque ni de charme ni de panache !

♿ 🏂 🅿 ⌁ 🚲 ♨ 🆓 🅰🅲 - 15 chambres

8 rue d'Anjou – ℰ *01 44 80 00 00 – www.marquisfaubourgsainthonore.com*

MONSIEUR GEORGE   *Plus*

CLASSIQUE • ÉLÉGANT Marlène Dietrich appréciait le charme discret de cet hôtel particulier, construit en 1889 à deux pas des Champs-Élysées : parquets d'époque et cheminées, mobilier des 18ᵉ et 19ᵉ s., œuvres d'art, etc.

🏂 🅿 ⌁ ⌁ ⬆ 🛗 ♨ 🆓 🍽 🅰🅲 - 46 chambres

17 rue Washington – ℰ *01 87 89 48 48 – www.monsieurgeorge.com*

❀ **Galanga** - Voir la sélection des restaurants

LE PAVILLON DES LETTRES   *Plus*

MODERNE • ROMANTIQUE Un hôtel littéraire en plein cœur de Paris ? Vingt-six chambres pour les vingt-six lettres de l'alphabet, chacune portant le nom d'un écrivain et déclinant son œuvre dans leur décoration. Élégant et subtil : parfait pour réviser ses classiques et découvrir la ville autrement.

🚪 🅿 🚲 ♨ 🅐🅒 - 26 chambres

12 rue des Saussaies – ℰ 01 49 24 26 26 – www.pavillondeslettres.com

PLAZA ATHÉNÉE

GRAND STYLE • RAFFINÉ Palace parisien par excellence, inauguré en 1911, le Plaza Athénée vit merveilleusement le passage des années. Rien n'altère la primauté de l'établissement, véritable sommet de luxe et d'élégance à la française. Des services d'exception, dont le somptueux spa, une cour-jardin pour prendre un repas léger aux beaux jours : le mythe continue...

🚪 ♨ 🅿 ♨ 🌐 🕸 ♨ ♨ 🍽 🅐🅒 - 208 chambres

25 avenue Montaigne – ℰ 01 53 67 66 65 – www.plaza-athenee-paris.com

❀ **Jean Imbert au Plaza Athénée • Le Relais Plaza** - Voir la sélection des restaurants

LA RÉSERVE PARIS   *Plus*

CLASSIQUE • RAFFINÉ Parquet Versailles, larges canapés, corniches dorées à l'or fin : c'est vers le chic parisien de la Belle Époque que lorgne ce superbe hôtel particulier du 19e s., décoré par Jacques Garcia. Suites avec vue sur les jardins de l'Élysée, le Grand Palais ou la Tour Eiffel.

🚪 ♨ 🅿 ♨ 🚲 ♨ 🌐 🕸 ♨ 🍽 🅐🅒 - 40 chambres

42 avenue Gabriel – ℰ 01 58 36 60 60 – www.lareserve-paris.com

❀❀❀ **Le Gabriel - La Réserve Paris** - Voir la sélection des restaurants

LE ROYAL MONCEAU

AVANT-GARDE • CHALEUREUX Ce palace du 21e s., décoré par un Philippe Starck débridé, se joue des codes en vigueur : galerie d'art, librairie, salle de cinéma high-tech, spa superbe, club pour enfants, salles de conférence... Luxueux et impeccable, mais aussi assurément arty ! En un mot : Royal.

🚪 ♨ 🅿 ♨ 🛎 ♨ 🌐 🕸 ♨ ♨ 🍽 🅐🅒 - 149 chambres

37 avenue Hoche – ℰ 01 42 99 88 00 – www.leroyalmonceau.com

❀ **Il Carpaccio** - Voir la sélection des restaurants

SOFITEL LE FAUBOURG   🌐 *Plus*

MODERNE • FAMILIAL Élégant hôtel dans deux demeures des 18e et 19e s. Les chambres, décorées dans un style moderne et épuré, ne manquent pas d'élégance : on profite d'un salon sous verrière, ainsi que d'un joli fitness avec hammam et salles de massage.

♨ 🅿 ♨ ♨ 🛎 🚲 🌐 🕸 ♨ ♨ 🍽 🅐🅒 - 147 chambres

15 rue Boissy d'Anglas – ℰ 01 44 94 14 14 – www.sofitel-paris-lefaubourg.com

VILLEROY   *Plus*

CLASSIQUE • ROMANTIQUE Dans l'un des quartiers les plus huppés de la capitale, une rue discrète accueille cet hôtel - ou plutôt cette luxueuse maison privée, avec majordome pour chaque chambre ! Onze chambres et suites, avec toutes de superbes baignoires en marbre, des meubles sur mesure et matelas faits main. Malgré sa petite taille, le Villeroy dispose d'un spa et d'un fitness haut de gamme. Le bar n'est pas en reste avec ses moulures dorées et sa sélection inégalée de whiskies japonais.

🚪 ♨ 🅿 ♨ 🌐 🕸 ♨ 🍽 🅐🅒 - 11 chambres

33 rue Jean Goujon – ℰ 01 45 05 68 00 – www.hotelvilleroy.com

❀ **Trente-Trois** - Voir la sélection des restaurants

PARIS

OPÉRA • GRANDS BOULEVARDS

9ᵉ ARRONDISSEMENT

PARIS

✿ LOUIS

Chef : Stéphane Pitré

CUISINE MODERNE • INTIME Situé dans une rue tranquille, ce petit restaurant accueille dans un intérieur intimiste. Aux fourneaux, le chef breton Stéphane Pitré, passé chez Senderens, rend hommage à son père, grand-père et arrière-grand-père, tous prénommés "Louis". Il cisèle des menus originaux en petites portions, déclinés en plusieurs séquences (et en 3 temps pour un déjeuner rapide) : trompe-l'œil de l'œuf, jaune mariné au mirin, dashi de bonite, infusion crémée d'anguille fumée émulsionnée ; filet de turbot "petit bateau", fondue de choux pointu. C'est inventif, spontané, et la cuisine est attentive au marché et aux saisons. Pour une expérience bistrotière, direction Le Cellier et sa cuisine simple et franche, à deux numéros de là.

&. – Prix : €€€€

23 rue de la Victoire – ◍ Le Peletier – ☏ 01 55 07 86 52 – www.stephanepitre.fr – Fermé samedi et dimanche

✿ NESO

Chef : Guillaume Sanchez

CUISINE CRÉATIVE • CONTEMPORAIN L'attachant – et très tatoué – Guillaume Sanchez propose une cuisine tout feu tout flamme dans un lieu sobre et élégant (plafond de 5m30, façade en métal). Sa cuisine, qui témoigne d'une identité forte et assumée, se déguste désormais uniquement à la carte afin de mieux découvrir son univers. Les plats sont à choisir parmi 4 grandes familles. Quant au style, il demeure le même. Extractions de vapeur à froid, fermentation des légumes : le chef, qui ne travaille que des produits d'une grande qualité et exclusivement français, a toujours de l'imagination et de la technique à revendre. Variations de saveurs et de textures, dressages originaux et très soignés, on enchaîne les réussites. Prendre place au comptoir assure une expérience optimale !

&. 🅰🅲 – Prix : €€€€

3 rue Papillon – ◍ Poissonnière – ☏ 01 48 24 04 13 – www.neso.paris – Fermé lundi, samedi et dimanche et du mardi au vendredi à midi

😊 ABRI SOBA

CUISINE JAPONAISE • BISTRO Connaissez vous les soba, des pâtes japonaises au sarrasin ? Ce restaurant en a fait sa spécialité et les propose, pour ainsi dire, à toutes les sauces : à midi et le soir, froides ou chaudes, avec bouillon et émincé de canard par exemple. C'est simple et savoureux : à vos baguettes.

Prix : €€

10 rue Saulnier – ◍ Cadet – ☏ 01 45 23 51 68 – Fermé lundi et dimanche

😊 AUX 2 K 🆕

CUISINE MODERNE • SIMPLE Ces deux K là – comme Kagy (Samantha, au salé) et Kinoshita (Kimiko, au sucré) – font désormais la paire, après de riches expériences dans les belles maisons (Violon d'Ingres, l'Ours, Atelier Joël Robuchon, Taillevent...). Ces quatre mains font preuve d'une belle maîtrise technique au service d'une cuisine alléchante comme ses intitulés, et notamment cette « spécialité » de pigeon rôti, anguille fumée, échalote et sauce salmis. Quelques clins d'œil au Sud-Ouest rappellent l'influence de Christian Constant. Une prestation réalisée avec beaucoup de soin et de finesse, et un menu déjeuner à prix imbattable.

Prix : €€

5 rue Louise-Émilie-de-la-Tour-d'Auvergne – ◍ Cadet – ☏ 01 40 34 27 40 – www.aux2k.fr – Fermé lundi, mardi midi et dimanche soir

⟨☺⟩ CAILLEBOTTE

CUISINE MODERNE • CONVIVIAL Franck Baranger, le chef, compose ces assiettes fraîches et résolument modernes dont il a le secret : poulpe snacké, groseille, courgette et gremolata ; pêche côtière, concombre mariné, polenta, sauce béarnaise et condiment figue... Une cuisine aux saveurs bien marquées, gourmande et colorée, qui va parfaitement de pair avec l'ambiance conviviale des lieux.
Prix : €€

8 rue Hippolyte-Lebas – Ⓜ *Notre-Dame-de-Lorette –* ℰ *01 53 20 88 70 – www.lapantruchoise.com – Fermé dimanche*

⟨☺⟩ LES CANAILLES PIGALLE

CUISINE TRADITIONNELLE • BISTRO Parfaite pour s'encanailler, cette sympathique adresse a été créée par deux Bretons formés à bonne école. Ici, ils jouent la carte de la bistronomie et des recettes de saison. Spécialités : le carpaccio de langue de bœuf et sauce ravigote, et le baba au rhum avec sa chantilly à la vanille... On se régale ! Astuce : si la salle est pleine, adressez-vous au Comptoir Canaille situé à quelques pas, qui propose une cuisine plus actuelle.
🅐🅚 – Prix : €€

25 rue La Bruyère – Ⓜ *Saint-Georges –* ℰ *01 48 74 10 48 – www.restaurantlescanailles.fr – Fermé samedi et dimanche*

⟨☺⟩ LE PANTRUCHE

CUISINE MODERNE • BISTRO Pantruche, c'est Paris en argot... Un nom tout trouvé pour ce bistrot au décor rétro-chic, qui cultive volontiers l'atmosphère gouailleuse et canaille des années 1940-1950. Côté papilles, le chef et sa petite équipe concoctent de jolis plats de saison, pile dans la tendance bistronomique.
Prix : €€

3 rue Victor-Massé – Ⓜ *Pigalle –* ℰ *01 48 78 55 60 – www.lapantruchoise.com – Fermé samedi et dimanche*

LES AFFRANCHIS

CUISINE MODERNE • BISTRO "Affranchi" des maisons où il était salarié, le chef se joue avec bonheur des classiques pour élaborer une cuisine goûteuse, à l'image de cet œuf parfait, façon carbonara ou du lieu jaune en arlequin de chou-fleur, orange et poutargue. Une adresse qui va comme un gant à ce 9ᵉ arrondissement, aussi bourgeois que bohème.
Prix : €€€

5 rue Henri-Monnier – Ⓜ *Saint-Georges –* ℰ *01 45 26 26 30 – www.lesaffranchisrestaurant.com/fr – Fermé du mardi au jeudi*

ALLEUDIUM

CUISINE MODERNE • CONTEMPORAIN Keiichi Shinohara, chef japonais aux références solides (notamment passé par le Violon d'Ingres époque Christian Constant) tient cette table au sobre décor contemporain. On sent l'envie de bien faire à tous les niveaux et en particulier dans l'assiette, moderne et inspirée, avec quelques touches rappelant les origines du chef.
🅐🅚 – Prix : €€€

24 rue Rodier – Ⓜ *Anvers –* ℰ *01 45 26 86 26 – www.alleudium.com – Fermé lundi, dimanche et du mardi au jeudi à midi*

ASPIC

CUISINE MODERNE • BISTRO Après avoir plaqué le monde de la finance pour entrer à l'école Ferrandi, le chef a multiplié les expériences (ministère des Affaires étrangères, L'Épi Dupin entre autres) avant d'ouvrir ici sa propre table. Dans un cadre d'esprit rétro avec cuisine ouverte sur la salle, on découvre un menu surprise volontiers créatif, qui met en valeur des produits sélectionnés avec soin : viandes

PARIS

et volailles fermières, poissons de ligne et de petit bateau, herbes et épices, le tout issu des circuits courts, autant que possible.

🅰🅲 – Prix : €€€€

24 rue Louise-Émilie-de-la-Tour-d'Auvergne – ⓜ *Cadet –* ☎ *09 82 49 30 98 – www.aspic-restaurant.fr – Fermé samedi, dimanche et le midi*

BELLE MAISON

CUISINE MODERNE • BISTRO Les trois associés de Pantruche et Caillebotte rythment cette Belle Maison, baptisée ainsi d'après la plage de l'île d'Yeu où ils passaient leurs vacances. Le chef manie l'iode avec une facilité déconcertante – cannelloni de crabe, sauce tom kha khaï, ail noir et œufs d'harengs fumés... Appel du large reçu cinq sur cinq.

Prix : €€

4 rue de Navarin – ⓜ *Saint-Georges –* ☎ *01 42 81 11 00 – www.lapantruchoise.com – Fermé dimanche*

BENJAMIN SCHMITT RESTAURANT ⓝ

CUISINE TRADITIONNELLE • CONTEMPORAIN Au cœur de Pigalle, ce restaurant rend hommage à la terre et à ceux qui la cultivent. Le jeune chef pratique un éclectisme gourmand, en passant habilement d'un style de cuisine à l'autre, de la tradition à la cuisine moderne. Les intitulés accrocheurs tiennent leur promesse : pâté en croûte de canard, foie gras et cochon ; poitrine de veau confite aux olives, aubergine et anchois ; pavlova de fraise et rhubarbe... Menu déjeuner à prix doux, menu dégustation et carte le soir.

♿ 🅰🅲 ⇱ – Prix : €€€

41 rue Catherine-de-La-Rochefoucauld – ⓜ *Saint-Georges –* ☎ *01 42 81 00 17 – www.schmittrestaurant.fr – Fermé lundi et dimanche*

CHENAPAN ⓝ

CUISINE MODERNE • CONTEMPORAIN Dans leur restaurant de poche de Pigalle, ces deux chenapans-là – le chef Bruno Laporte et le directeur de salle et sommelier Florentin Fraillon, notamment passés par Ze Kitchen Galerie, la « pouponnière » de William Ledeuil – affichent plutôt des allures de premiers de la classe. Et, ici, les assiettes récoltent des bons points comme cette entrée végétale (haricots beurre, févettes, petits pois, feuilles et d'herbes fraîches) dopée par sa sauce au jus de rhubarbe relevée de piment dans l'esprit d'un beurre blanc ou encore ce délicieux dessert autour du blé, régressif à souhait. Cadre de bistro intimiste et contemporain avec cuisine ouverte, service souriant et aimable.

🅰🅲 – Prix : €€€

28 rue Louise-Émilie-de-la-Tour-d'Auvergne – ⓜ *Cadet –* ☎ *01 45 23 99 13 – www.chenapan-restaurant.fr – Fermé lundi, dimanche et du mardi au jeudi à midi*

CODA

CUISINE MODERNE • À l'écart de la tonitruante rue Blanche, c'est un troquet de poche parigot comme on les aime. Un maximum de plaisir pour un minimum de place(s) : une quinzaine de couverts où les tables sont à touche-touche. Chaleureux en diable et bichonnant leurs clients, Pauline et Vincent Da Costa (ancien second à la Régalade avec Bruno Doucet) vont droit au but : une cuisine du marché de saison, directement sourcée auprès des producteurs. On se régale sans prise de tête. Formule déjeuner à prix doux.

Prix : €€

15 rue de la Tour-des-Dames – ⓜ *Trinité - d'Estienne d'Orves –* ☎ *01 48 74 50 33 – Fermé lundi, samedi et dimanche*

LE COMPTOIR BOUTARY ⓝ

CUISINE MODERNE • BISTRO La fameuse famille de producteurs de caviar ouvre sa... troisième adresse, qui joue la carte de la simplicité et de la convivialité dans une atmosphère de bistrot chic avec cuisine ouverte. La cuisine convainc avec des plats bien ficelés, dont certains, évidemment, mettent en avant le produit phare de la maison : pomme de terre fumée à la bergamote, beurre d'algues Bordier, crème d'Isigny et caviar ; tarte caviar et cacao – la quenelle d'œufs d'esturgeon apportant une agréable note saline aux saveurs chocolatées. Le menu déjeuner est une affaire.

& – Prix : €€€

32 rue Catherine-de-la-Rochefoucauld – Ⓜ Saint-Georges – ☎ 01 53 16 44 56 – www.comptoir-boutary.com – Fermé lundi, dimanche et mardi midi

LA CONDESA

CUISINE CRÉATIVE • COSY La Condesa est un quartier de Mexico, et c'est aussi le restaurant d'Indra Carrillo, venu du Mexique pour intégrer l'institut Paul Bocuse, avant de rejoindre de grandes maisons comme le Bristol ou l'Astrance. Formé chez des MOF, notamment en poissonnerie et boulangerie, il a également travaillé au Japon. Ses techniques sont françaises, mais ses inspirations font la part belle à différentes cultures culinaires, et pas seulement mexicaine. À déguster dans une salle chic et épurée.

AC – Prix : €€€€

13 rue Rodier – Ⓜ Notre-Dame-de-Lorette – ☎ 01 53 20 94 90 – www.lacondesa-paris.com – Fermé lundi, dimanche, et mardi, mercredi, jeudi et samedi midi

FRENCHIE PIGALLE

CUISINE MODERNE • TENDANCE Dans la famille Frenchie, donnez-moi Pigalle ! Le chef Grégory Marchand met désormais l'ambiance au rez-de-chaussée de cet hôtel où il propose des plats à partager dans une joyeuse ambiance de cantine. Les papilles batifolent entre comfort food de terroir, classiques impeccables et world food. En outre, jolie sélection de fromages et vins d'obédience naturelle.

& AC – Prix : €€€

29 rue Victor-Massé – Ⓜ Pigalle – ☎ 01 85 73 10 46 – www.frenchie-pigalle.com

GOLDEN POPPY Ⓝ

CUISINE MODERNE • BRANCHÉ Au sein d'un tout nouvel hôtel, la cheffe Dominique Crenn (trois étoiles dans son Atelier Crenn à San Francisco) a nommé son premier restaurant parisien en hommage au pavot jaune de Californie, cet état américain qui a révélé son talent. Au milieu d'une déco très végétale et d'une grande cuisine ouverte, on savoure les vibes californiennes de cette cuisine fraîche et colorée, qui joue de diverses influences culinaires (asiatiques, latines ou mexicaines). La viande y est volontairement absente. À partager ou non, les plats de cette carte qui file le sourire ne manquent pas de punch ni de relief, comme sur ce tartare de thon en ikejimé, twisté au kimchi lové dans sa feuille de shiso. Délicieuse terrasse donnant sur un jardin de verdure, petite rareté sur Paris...

⇔ & AC ⌂ – Prix : €€€

24 rue Cadet – Ⓜ Cadet – ☎ 01 55 07 85 10 – www.goldenpoppy.com

JEANNE-AIMÉE

CUISINE MODERNE • CONTEMPORAIN Carton plein pour ce bistrot mi-indus, mi-cosy, qui longe l'église Notre-Dame-de-Lorette. Deux compères mettent les bouchées doubles pour nous régaler : d'un côté, Dan Humphris, qui tient à proximité une épicerie-boulangerie où il vend les produits bios de la ferme yvelinoise de son père (que l'on retrouve aussi sur table) ; de l'autre, Sylvain Parisot, jeune chef passé par de belles maisons étoilées (notamment l'Astrance et la Marine d'Alexandre Couillon). Conclusion ? Du bon produit (côte de porc gascon, volaille des Landes), de l'audace (l'accord huître et glace au camembert), de la générosité, un bon rapport qualité/prix et un service péchu et sympa.

AC – Prix : €€€

3 rue Bourdaloue – Ⓜ Notre-Dame-de-Lorette – ☎ 09 73 88 48 44 – www.restaurantjeanneaimee.com – Fermé lundi, samedi et dimanche

LAZU

CUISINE MODERNE • CONVIVIAL Le chef, qui fut à bonne école (second de Bruno Doucet à La Régalade St-Honoré pendant trois ans) compose ici une cuisine bistronomique bien ficelée, avec de judicieuses associations de beaux produits de saison... Si la carte change chaque semaine, des spécialités comme le ris de veau

PARIS

caramélisé et le pâté en croûte de pomme de terre se dégustent depuis l'ouverture. Ambiance chaleureuse.

&. 🅰🅲 – Prix : €€

47 rue Marguerite-de-Rochechouart – 🅼 Poissonnière – ☎ 09 51 18 66 59 – Fermé lundi et dimanche

MIEUX

CUISINE MODERNE • CONVIVIAL Trois associés de longue date ont ouvert cette adresse sympathique, archétype de la bistronomie décomplexée qui comble les papilles sans ruiner le gourmet. La cuisine célèbre le marché et les bons produits, toujours au plus près de la saison, l'ambiance décontractée est conviviale et sans prétention. Très bon rapport qualité-prix à midi.

🍽 – Prix : €€

21 rue Saint-Lazare – 🅼 Notre-Dame-de-Lorette – ☎ 01 71 32 46 73 – www.mieux-restaurant.com – Fermé dimanche

PASSIONNÉ

CUISINE MODERNE • ÉLÉGANT Derrière les grands boulevards, cette adresse joue la carte de l'épure avec son bar aux mosaïques bleu nuit, ses murs et son sol sombre, ses luminaires épurés. On parlera d'élégance toute japonaise pour cette adresse où officie le chef Satoshi Horiuchi, natif de l'île d'Hokkaïdo, à quelques kilomètres de Sapporo, une préfecture très riche en petits producteurs, notamment maraîchers. Toujours passionné, il signe une cuisine française moderne où la recherche du bon produit et de la cuisson juste donne le ton.

🅰🅲 – Prix : €€€

17 rue Bergère – 🅼 Bonne-nouvelle – ☎ 01 42 28 58 14 – www.restaurantpassionne.com – Fermé lundi

PERCEPTION

CUISINE MODERNE • CONTEMPORAIN Une table contemporaine à l'atmosphère douce et feutrée, avec ses murs en pierres apparentes, ses miroirs, ses banquettes de velours couleur rouille... Sukwon Yong, chef coréen fou de gastronomie française, cisèle une cuisine moderne, émaillée çà et là de clins d'œil à son pays d'origine (tartare de bœuf à la coréenne rehaussé d'un condiment de sésame noir). Le soir, on sort le grand jeu, avec des produits plus nobles et un menu dégustation en plusieurs séquences.

Prix : €€€

53 rue Blanche – 🅼 Blanche – ☎ 01 40 35 78 32 – www.restaurant-perception. com – Fermé lundi, dimanche et samedi midi

PÉTRELLE

CUISINE MODERNE • INTIME Deux anciens des Caves Legrand, le sommelier Luca Danti et la cheffe Lucie Boursier-Mougenot, ont remis au (bon) goût du jour cet ancien resto people. Dans ce boudoir romantique et intimiste mâtiné d'esprit brocante, la cheffe signe une belle cuisine du marché délicate et saine, aux influences méditerranéennes revendiquées à l'image de ce succulent rouget, panisse, petits pois et son jus corsé dans l'esprit d'une bouillabaisse. Belle cave de plus de 150 références, à tous les prix et un accueil des plus sympathiques.

Prix : €€€

34 rue Pétrelle – 🅼 Anvers – ☎ 01 42 82 11 02 – www.petrelle.fr – Fermé lundi, mardi et du mercredi au vendredi à midi

QUELQUE PART

CUISINE CRÉATIVE • INTIME C'est ici l'antre sous-marin de l'ancien Top Chef Florian Barbarot. Tel un capitaine Nemo, il invite ses plongeurs à explorer par paliers sa cuisine finement créative où les produits de la mer, les légumes de saison et les ingrédients soigneusement sourcés nagent de concert. Il propose des menus en plusieurs paliers (avec un menu déjeuner en 3 temps). Le menu en 8 séquences ouvre le sas de la "capsule", où le chef cuisine un produit d'exception devant ses convives.

PARIS

&. 🆓 – Prix : €€€

1 rue Ambroise-Thomas – Ⓜ Poissonnière – ℰ 01 83 97 22 65 –
www.quelquepart-restaurant.com – Fermé lundi et du mardi au dimanche à midi

RICHER

CUISINE MODERNE • BRANCHÉ Cette maison séduit autant par son esprit de cantine arty que par ses assiettes, qui dévoilent une cuisine du marché fraîche et goûteuse, à l'image de ce paleron de bœuf longuement braisé déposé sur une fine purée de brocolis. Attention cependant, le seul moyen de réserver est de... se présenter sur place.

&. 🆓 – Prix : €€

2 rue Richer – Ⓜ Poissonnière – ℰ 09 67 29 18 43 – www.lericher.com

ADÈLE & JULES   🏨 *Plus*

CLASSIQUE • CHALEUREUX Joyau poli au cœur des Grands Boulevards, Adèle & Jules est le petit frère des hôtels Thérèse et Récamier. Les lignes classiques d'un mobilier élégant sont réchauffées par des couleurs douces qui invitent à la détente, éventuellement sur le balcon. Pour pousser le dépaysement à son degré le plus chic, les suites junior recréent l'atmosphère d'un appartement parisien. Au pied de l'hôtel, les mythiques Folies Bergères, la salle des ventes de l'hôtel Drouot, le majestueux Opéra Garnier... ainsi que des boutiques de créateurs et une myriade de tables inventives.

&. 🅿 🚲 🎧 🛎 🆓 - 60 chambres

2 et 4bis cité Rougemont – ℰ 01 48 24 60 70 – www.hoteladelejules.com

CHOUCHOU

MODERNE • CONVIVIAL À deux pas de l'Opéra, un hôtel abordable et élégant ! Ses chambres bénéficient de détails bien pensés et d'une déco chic et colorée. Et l'hôtel dispose d'espaces publics assez vastes, notamment une salle de restauration de style "marché" avec un service au comptoir et des tables communes, ainsi qu'une salle de spectacles et le Bar Guinguette, avec comptoir en zinc et animation. Parfaitement parisien.

🛎 🍽 🆓 - 63 chambres

11 rue du Helder – ℰ 01 87 44 54 79 – www.chouchouhotel.com

LA FANTAISIE

MODERNE • COSY Le Faubourg Montmartre est l'emplacement idéal pour une telle fantaisie, inspirée par les jardins classiques du quartier. Le designer Martin Brudnizki, bien connu de Londres à New York, ne s'y est pas trompé, signant ici son premier hôtel parisien. Les chambres sont délicieusement cosy avec leur papier peint intissé, leur mobilier mêlant vintage et design, et leurs tissus aux teintes douces. Mais le must reste lerooftop et le jardin, véritable éden romantique au cœur de Paris.

🅿 🔊 ♿ 🌐 🎧 🍽 🆓 - 73 chambres

24 rue Cadet – ℰ 01 55 07 85 07 – www.lafantaisie.com
Golden Poppy - Voir la sélection des restaurants

GRAND PIGALLE   🏨 *Plus*

MODERNE • CONVIVIAL Au cœur du Pigalle branché, l'art de vivre parisien et la convivialité typiquement frenchie sont au programme de cet hôtel rétro-chic dont le lobby s'orne d'un long bar. Chambres design et confortables habillées de couleurs dans l'air du temps.

&. 🅿 🚲 🌐 🍽 🆓 - 37 chambres

29 rue Victor Massé – ℰ 01 85 73 12 00 – www.grandpigalle.com
Frenchie Pigalle - Voir la sélection des restaurants

HÔTEL LE BALLU   *Plus*

MODERNE • CONVIVIAL Cet hôtel pas comme les autres s'inspire de la Syldavie, un pays imaginaire des Balkans tiré des Aventures de Tintin : décor fantaisiste,

PARIS

design des années 50 et accents d'Europe de l'est, pour un résultat coloré, plein d'inventivité. Les chambres sont pourvues de kitchenettes et, pour certaines, de baignoires îlots et/ou de terrasses privatives. Sans oublier la piscine à l'ambiance de bains russes.

  ♿ 🅿 🛎 🍸 🏊 📶 🍽 AC - 37 chambres

30 rue Ballu – ☎ 01 86 54 21 21 – www.leballu-paris.com

🛏 HÔTEL DE NELL   Plus

CONTEMPORAIN • CHALEUREUX Un fort bel établissement voisin du Conservatoire national supérieur d'Art dramatique. Serait bien comédien celui qui se plaindrait de ses aménagements, au style affirmé, signés Jean-Michel Wilmotte. Bois brut, tons clairs, lignes épurées… ou tout l'esprit du luxe contemporain.

  ♿ 🧖 🅿 ⬆ 📶 🍽 AC - 33 chambres

7/9 rue du Conservatoire – ☎ 01 44 83 83 60 – www.hoteldenell.com

🛏 HÔTEL DU TEMPS

CLASSIQUE • CHARME On se sent ici comme à la maison – ou plutôt comme dans appartement luxueux du 9e arrondissement, installé dans une demeure du 18e s. adaptée à la vie d'aujourd'hui, divisée en 22 chambres confortables et une suite. L'intérieur est un brin kitsch mais absolument charmant – comme chez un ami qui aurait hérité quelques tres beaux meubles anciens intégrés à une décoration moderne. Le bar de l'établissement n'a pas moins de charme avec ses canapés en cuir.

  🅿 AC - 23 chambres

11 rue de Montholon – ☎ 01 47 70 37 16 – www.hotel-du-temps.fr

🛏 HOY PARIS

MODERNE • COSY HOY Paris (entendez House of Yoga) est la fusion des deux passions de Charlotte Gomez de Orozco, hôtelière et professeure de yoga. Des cours de yoga donc, en salle chauffée avec lumière infrarouge. Mais aussi une table végétalienne au menu latino-américain, célébrant les racines mexicaines de la propriétaire. Également sur place, une fleuriste japonaise et un espace de soins basés sur l'énergie, l'ostéopathie et la gynécologie. Et bien sûr des chambres, où tout a été pensé pour le bien-être, de l'eau purifiée au charbon japonais binchotan jusqu'aux produits de beauté bio français en passant par la barre d'étirement.

  ♿ 🍽 AC - 21 chambres

68 rue des Martyrs – ☎ 01 77 37 87 20 – www.hoyparis.com/hotel

🛏 MAISON SOUQUET

AVANT-GARDE • ROMANTIQUE Une authentique "maison de plaisir" de Pigalle transformée en hôtel cinq étoiles par Jacques Garcia : le décorateur parisien a créé une fantaisie à la fois opulente, mystérieuse et un brin surréaliste. Les chambres et les suites sont tamisées et romantiques, luxueuses et raffinées, comme les espaces publics, et le bar ressemble à une bibliothèque avec cheminée. Ici, le spa est à usage privé : pas de vestiaire ou de salle d'attente, juste une clef qui ouvre l'endroit le plus fantastique de la Maison. Un luxe flirtant avec la décadence, jamais avec l'ennui !

  🛎 🍸 📶 📶 🍽 AC - 20 chambres

10 rue de Bruxelles – ☎ 01 48 78 55 55 – www.maisonsouquet.com

🛏 LE PIGALLE PARIS   Plus

MODERNE • CHALEUREUX Dans une rue discrète du 9e arrondissement, en plein cœur de la Nouvelle-Athènes, cet "hôtel de quartier", comme il se présente, tient ses promesses : c'est un vrai lieu vie, dont le rez-de-chaussée accueille parfois les voisins de passage, pour un verre ou plus. Chambres sobres, aux murs blancs et parquets massifs, décorés de bibelots uniques, de disques et d'affiches.

  ♿ 🅿 🚲 🍽 AC - 40 chambres

9 rue Frochot – ☎ 01 48 78 37 14 – www.lepigalle.paris

🛏 PULITZER   🌐 *Plus*

MODERNE • COSY Un mariage séduisant de chic façon 20ᵉ s. et de design contemporain, à la fois animé et intime. Les chambres au style 100% parisien sont un véritable modèle d'agencement : les Petites Mansardes, nichées sous les toits, extrêmement douillettes et parfaitement fonctionnelles, disposent d'un mobilier sur-mesure. Le décor est chic, classique et surprenant, jusque dans la salle des petits-déjeuners. Un bar accueillant propose cocktails et tapas dans un élégant espace aux allures de jardin.

🍽 AC - 44 chambres

23 rue du Faubourg Montmartre – 📞 01 53 34 98 10 – www.hotelpulitzer.com

🛏 RÉSIDENCE NELL   🌐 *Plus*

MODERNE • CONVIVIAL Cette adresse revendique un esprit "contemporain mais parisien", en plein Faubourg Montmartre, à deux pas des Grands Boulevards. Davantage que sur le charme, le lieu mise sur sa grande fonctionnalité et une attention soutenue portée aux détails. Parquet en chêne massif, mobilier conçu sur mesure, salle de bain décorée de mosaïques en pâte de verre, kitchenette séparée par une cloison gainée de cuir... autant d'éléments qualitatifs qui contribuent à valoriser l'espace. Une carte de petit déjeuner ainsi qu'une formule de livraison depuis 13 restaurants permettent de vivre ici comme à l'hôtel, même si de nombreux clients de longue durée — voyageurs d'affaires ou touristes — préfèrent y cuisiner comme à la maison...

♿ 🅿 🐾 🛗 AC - 17 chambres

60 rue Richer – 📞 01 53 24 98 98 – www.residencenell.com

🛏 SOHO HOUSE PARIS

BOURGEOIS • CHALEUREUX Jadis habité par la famille de Jean Cocteau, cet immeuble de Pigalle est aujourd'hui un hôtel qui s'inspire de la villa de l'artiste au Cap Ferrat. Les chambres, coquettes, toutes de grand confort, fourmillent de petites touches Art déco d'un luxe discret. Une collection d'œuvres d'art orne les espaces communs tels que le jardin d'hiver, le salon et la terrasse de la piscine, où l'on se retrouve pour dîner ou boire un verre. Espace fitness (remarquable), hammam et sauna complètent les services haut-de-gamme de l'établissement. Au sous-sol, salle de spectacles et d'événements.

🏋 🏊 AC - 36 chambres

45 rue La Bruyère – 📞 01 88 24 05 00 – www.sohohouse.com/houses/ soho-house-paris

PARIS

GARE DE L'EST • GARE DU NORD • CANAL SAINT-MARTIN

10ᵉ ARRONDISSEMENT

😊 BRIGADE DU TIGRE

CUISINE ASIATIQUE • CONVIVIAL Tous les deux passés chez William Ledeuil, tous les deux grands amoureux de l'Asie qu'ils ont arpenté, les compères de Eels ont uni leurs baguettes pour célébrer la joyeuse diversité de la cuisine asiatique dans un duplex d'esprit bistrot. Résultat : des petites pépites parfumées concoctées à partir de produits de qualité à l'image de ce pressé aux trois viandes, gelée de vin rouge et citronnelle ou bien encore de ce pithiviers au boudin, txistora accompagné d'un condiment tamarin/abricot.

♿ – Prix : €€

38 rue du Faubourg-Poissonnière – Ⓜ Bonne-Nouvelle – 📞 01 45 81 51 56 – www.brigadedutigre.fr – Fermé samedi et dimanche

PARIS

52 FAUBOURG ST-DENIS

CUISINE MODERNE • CONVIVIAL Vous aimez les néobistrots ? Vous allez être ravis : béton brut et pierres apparentes, carte courte et efficace, accompagnée de jolis vins et de bière artisanale. Tout est là, tout est bon, jusqu'au café sélectionné et torréfié par le patron. Attention : pas de réservation. La rançon (et les raisons ?) du succès.

&. – Prix : €€

52 rue du Faubourg-Saint-Denis – Ⓜ Strasbourg - Saint-Denis – ☏ 01 48 00 95 88 – www.faubourgstdenis.com

BLOOM GARDEN Ⓝ

CUISINE MODERNE • MÉDITERRANÉEN Au sein d'un hôtel flambant neuf, la déco de ce restaurant regarde vers le Sud, dans un esprit méditerranéen. Le végétal est omniprésent, entre le parquet recouvert de tapis berbères et les suspensions en osier sur fond de murs émaillés de zelliges. Aux beaux jours, on s'attable à l'une des tables disposées autour du bassin de l'agréable patio. Le chef Olivier Streiff, découvert dans Top Chef en 2015, a signé une carte colorée et audacieuse qui lorgne aussi vers le Sud. Tournedos de veau, polenta poêlée et réglisse; coulant au chocolat et poivron confit; tartelette citron et chutney d'endive : le chef n'a rien perdu de sa verve, ni de son désir de bousculer sagement les codes gourmands.

&. 🆎 ⌂ – Prix : €€

Bloom House, 23 rue du Château-Landon – Ⓜ Louis Blanc – ☏ 01 83 64 38 30 – www.bloomhouse-hotel.com/restaurant – Fermé lundi, dimanche et du mardi au samedi à midi

BONHOMME

CUISINE MODERNE • CONVIVIAL De la bonhomie, ils n'en manquent pas, les trois bonhommes qui ont créé ce bistrot animé du faubourg Poissonnière ! Dans cette déco brut et tendance (murs grattés, guéridons de marbre, cave vitrée), le chef a l'intelligence de trousser une bistronomie gourmande sans effets de mode : chou farci vegan aux pleurotes, carottes et oignons confits ; joue de bœuf braisée ; tarte Tatin pomme et coing... Bonne ambiance assurée.

&. 🆎 ⌂ – Prix : €€

58 rue du Faubourg-Poissonnière – Ⓜ Poissonnière – ☏ 09 87 71 69 17 – www.bonhomme-resto.fr – Fermé lundi et dimanche

CHEZ MICHEL

CUISINE TRADITIONNELLE • BISTRO Masahiro Kawai, le chef japonais de Chez Michel, joue une partition traditionnelle joyeuse et goûteuse, sans rien s'interdire : du kig ha farz (la fameuse potée bretonne) au gibier en saison, en passant par le foie gras rôti, il célèbre les régions – au premier rang desquelles, la Bretagne – avec un soin et une générosité de tous les instants.

Prix : €€

10 rue de Belzunce – Ⓜ Gare du Nord – ☏ 01 44 53 06 20 – www.restaurantchezmichel.fr – Fermé samedi et dimanche

CHOCHO

CUISINE CRÉATIVE • TENDANCE Chaud, chaud devant : passé par Top Chef, le chef Thomas Chisholm est désormais chez lui. Dans cette salle tendance, la cuisine célèbre le partage et la gastronomie durable ! Poissons ikejime, bocaux et fermentations, produits de l'agroforesterie... Dans un style créatif et parfois ludique, aux influences diverses, la petite musique du chef séduit : carottes rôties, émulsion d'ail et poudre de jaune d'œuf ; thon rouge, citron corse et dashi de betterave fumée...

&. – Prix : €€

54 rue de Paradis – Ⓜ Gare de l'Est – ☏ 01 42 28 26 03 – www.chocho. becsparisiens.fr

DANTE

CUISINE MODERNE • TENDANCE Après une période de purgatoire, cette adresse tendance de la rue de Paradis a retrouvé des couleurs sous la houlette d'une jeune cheffe passionnée, Rébecca Beaufour, convertie à la gastronomie à la suite d'un stage chez Alain Passard. Elle envoie de petites assiettes bistronomiques efficaces et bien tournées, à l'image de ces ravioles de homard et gambas, ou de ce ris de veau croustillant à la courge et caramel de pomme. Quelques belles pièces à partager (pigeon, dorade en croûte de sel).

&. – Prix : €€

14 rue de Paradis – Ⓜ Gare de l'Est – ☎ 06 60 39 09 01 – www.danterestaurant. info – Fermé lundi, dimanche et du mardi au vendredi à midi

EELS

CUISINE MODERNE • TENDANCE Entre Bonne Nouvelle et l'église Saint-Vincent-de-Paul, cette adresse est une bonne nouvelle. On n'y sert pas que de l'anguille (eel en anglais) ! Certes, l'anguille fumée, réglisse, vierge de pomme golden saupoudrée de chapelure frite est bien ancrée à la carte. Mais le chef a plus d'un tour dans sa bourriche. Disciple de William Ledeuil, c'est un grand voyageur qui a parcouru l'Amérique du Sud et du Nord, et l'Asie. Épaulé par des complices solides, le chef fait preuve d'une précision, d'un souci du détail et du visuel qui épate dans chaque assiette. Cette cuisine d'auteur est servie dans une salle bistrot avec comptoir ouvrant sur la cuisine ouverte, des murs en pierre ou brique mises à nue, des lampes « suspension » design.

🍴 – Prix : €€€

27 rue d'Hauteville – Ⓜ Bonne-Nouvelle – ☎ 01 42 28 80 20 – www.restaurant-eels.com – Fermé lundi et dimanche

LE GALOPIN

CUISINE MODERNE • BISTRO Passé par quelques jolies maisons parisiennes (Ze Kitchen Galerie, Itinéraires, Porte 12) et bretonnes, Julien Simmonet régale avec une cuisine savoureuse, renouvelée au fil du marché. On y trouve son compte à tout heure, formule bistrotière à midi, plats plus élaborés le soir. Vins bien choisis, accueil charmant : on passe un super moment.

Prix : €€

34 rue Sainte-Marthe – Ⓜ Belleville – ☎ 01 42 06 05 03 – www.le-galopin.paris/ fr – Fermé lundi, samedi et dimanche et du mardi au vendredi à midi

JJII Ⓝ

CUISINE CRÉATIVE • SIMPLE Murs en pierre, câbles électriques apparents et musique en streaming dans cette salle à manger tout en longueur, tout comme cette cuisine ouverte où l'on reconnait le chef coréen Jay Wook Hur (ex-Boutary et Petit Boutary). Seul en cuisine, le chef déroule une cuisine française moderne et créative saupoudrée de quelques touches asiatiques (tempura, sésame, kimchi ce soir) au fil d'un menu mystère : entrée surprenante et tout en fraîcheur que ce bar, kimchi et avocat, accompagnés de deux framboises et d'une quenelle d'œufs de hareng fumé ; ou encore ce fondant faux-filet Simmenthal maturé, fenouil, bette-rave et son jus de caractère.

Prix : €€€

92 rue du Faubourg-Poissonnière – Ⓜ Poissonnière – ☎ 01 48 74 53 22 – Fermé lundi, dimanche et du mardi au samedi à midi

MÂCHE

CUISINE CRÉATIVE • TENDANCE Asperges vertes et sabayon mûre-lavande, lotte marinée à l'hibiscus et réduction de vinaigre de canneberge, kéfir et prunes au piment d'Espelette : il n'y a pas que de la mâche dans la cuisine inventive du chef Michaël Gamet (passé par l'Astrance), il y a aussi des couleurs et des saveurs qui

PARIS

percutent. Dans cette belle salle qui mêle éléments anciens et déco géométrique contemporaine, convivialité et service chaleureux vont aussi de pair.

🆎 ⇩ – Prix : €€

61 rue de Chabrol – 🅜 *Poissonnière –* 𝒫 *09 83 40 60 04 – www.mache. restaurant – Fermé lundi, dimanche et du mardi au samedi à midi*

MAMAGOTO

CUISINE MODERNE • CONVIVIAL Mamagoto, c'est dinette en japonais. Koji Tsuchiya, chef nippon aguerri, propose une savoureuse sélection d'assiettes à partager (ou pas !...) mêlant influences japonaises et basques – ainsi l'oursin au sayon de persil ou les encornets grillés au pesto, à accompagner de vins nature parfois pointus. Menu plus simple le midi.

🆎 ⇩ – Prix : €€

5 rue des Petits-Hôtels – 🅜 *Gare du Nord –* 𝒫 *01 44 79 03 98 – www.mamagoto.paris – Fermé dimanche et samedi midi*

POULICHE

CUISINE MODERNE • CONTEMPORAIN Amandine Chaignot tient cette jeune table vivante et conviviale : elle y célèbre le marché, la spontanéité et la créativité, sans jamais trahir le goût des ingrédients, sélectionnés avec soin. Le mercredi, menu exclusivement végétarien. Le dimanche, esprit cuisine bourgeoise familiale. Une Pouliche dont on s'entiche.

Prix : €€

11 rue d'Enghien – 🅜 *Strasbourg - Saint-Denis –* 𝒫 *01 45 89 07 56 – www.poulicheparis.com – Fermé dimanche soir*

LES RÉSISTANTS

CUISINE MODERNE • CONVIVIAL Les Résistants ? Ceux qui luttent encore (fournisseurs, producteurs, cuisiniers etc.) contre les sirènes de l'agroalimentaire, et qui placent toujours, au centre de leurs préoccupations, goût et traçabilité. Tel le credo des associés de la maison : oui, il est possible de bien se nourrir, tout en respectant le bien-être animal et les cycles naturels. Ils le prouvent avec talent dans cette sympathique adresse où l'on déguste une cuisine du marché, qui change tous les jours. Carte des vins exclusivement nature, cela va de soi... Brunch le week-end.

♿ 🆎 – Prix : €€

16 rue du Château-d'Eau – 🅜 *République –* 𝒫 *01 77 32 77 61 – www.lesresistants.fr – Fermé lundi*

TO

CUISINE MODERNE • CONTEMPORAIN À deux pas du canal Saint-Martin, franchissez cette TO – porte en japonais – pour découvrir la cuisine fusion franco-japonaise du chef Ryo Miyazaki (passé chez Saturne) à travers une succession de 3 salles modernes aux ambiances bien distinctes. Assiettes inspirées aux dressages soignés, dans différents formats "omakase".

🆎 🍴 ⇩ – Prix : €€€

34 rue Beaurepaire – 🅜 *Jacques Bonsergent –* 𝒫 *01 40 37 39 12 – www.to-restaurant.com*

🛏 HÔTEL LES DEUX GARES

MODERNE • COSY Les deux gares en question sont celles de l'Est et du Nord, entre lesquelles se dresse l'incroyable hôtel designé par l'Anglais Luke Edward Hall. La précision de ses recherches et l'audace de sa palette donnent une vision d'un Paris de rêve, plus parisien que nature. Les chambres, dont quelques-unes avec balcon, sont toutes douillettes et offrent un régal pour les yeux. L'hôtel ne dispose pas de restaurant, mais le café Les Deux Gares, juste en face, est également une réalisation de L. E. Hall.

33 chambres

2 rue des Deux-Gares – 𝒫 *01 85 73 11 83 – www.hoteldeuxgares.com*

🛏 HÔTEL PARADIS

MODERNE • CONVIVIAL En phase avec son époque, l'Hôtel Paradis ressemble à son quartier : artiste, abordable, dynamique et au cœur du cool. Il brasse allègrement les styles — loft sous verrière, atelier récup', rétro scandinave — sans tomber dans le patchwork. Les chambres se révèlent chaleureuses, claires et agrémentées de touches de déco originales. À noter également la Suite Paradis du 6ᵉ étage, avec salon mansardé, salle de bain immaculée et vue parfaite sur le Sacré-Cœur. Les parties communes reflètent le même esprit voyage et mixité : comptoir en malles récupérées, châssis d'usine pour la verrière du lobby, Peter Tosh sur la platine vinyle du salon lecture, lui-même très axé mode du monde et design vintage.

🔥 🅿 🛗 🅰🅲 - 38 chambres

41 rue des Petites Écuries – 📞 01 45 23 08 22 – www.hotelparadisparis.com

🛏 PROVIDENCE   *Plus*

CLASSIQUE • COSY Dans une rue tranquille derrière les grands boulevards, un immeuble haussmannien joliment restauré accueille cet hôtel cosy et plutôt cossu. La déco sur mesure, le mobilier chiné, les chambres avec petit bar à cocktails : l'ensemble est soigné et très avenant !

🅿 🔇 💯 🍴 🅰🅲 - 18 chambres

90 rue René Boulanger – 📞 01 46 34 34 04 – www.hotelprovidenceparis.com

🛏 25 HOURS TERMINUS NORD   *Plus*

AVANT-GARDE • CONVIVIAL Face à la gare du Nord, cet hôtel de 1865 (premier établissement parisien du groupe hôtelier allemand 25 hours) joue désormais la carte cosmopolite d'une culture urbaine, pop et décomplexée, mélangeant graffiti et motifs africains – à l'image de ce quartier multicolore.

🔥 🅿 🔇 🚲 🍴 🅰🅲 - 237 chambres

12 boulevard de Denain – 📞 01 42 80 20 00 – www.25hours-hotels.com/fr/hotels/paris/terminus-nord

NATION • VOLTAIRE • RÉPUBLIQUE

11ᵉ ARRONDISSEMENT

✿ AUTOMNE

Chef : Nobuyuki Akishige

CUISINE MODERNE • BISTRO Le chef japonais Nobuyuki Akishige, qui peut s'enorgueillir d'un parcours impeccable (l'Atelier du peintre à Colmar, la Vague d'Or à St-Tropez, avec Arnaud Donckele, le K2 à Courchevel, la Pyramide à Vienne) signe une cuisine de saison, subtile et maîtrisée, autour de produits de très belle qualité. En guise d'écrin, le cadre simple d'un bistrot pour une partition lisible, aux saveurs harmonieuses nées de cuissons précises, à l'instar de ce magret de canard rôti, purée de racine de persil, olives kalamata. Le rapport prix/gourmandise est imbattable ! Une adresse comme on aimerait en découvrir plus souvent.

🅰🅲 – Prix : €€€€

11 rue Richard-Lenoir – Ⓜ Charonne – 📞 01 40 09 03 70 – www.automne-akishige.com – Fermé lundi, mardi et mercredi midi

✿ FIEF

Chef : Victor Mercier

CUISINE MODERNE • CONTEMPORAIN FIEF comme Fait Ici En France : le chef Victor Mercier, découvert à la télé en 2018, met un point d'honneur à ne cuisiner QUE des produits français. Poivre du Sichuan du gersois, cacahouètes de Soustons, pigeon du Poitou, poissons bretons, yuzu montpelliérain, satay français, miso bourguignon... et même une crème glacée au mélilot qui remplace la vanille. À partir de ce lexique exigeant, le chef écrit un roman savoureux et plein de brio, parfaitement maîtrisé, des cuissons aux saveurs, en passant par les sauces profondes - une vraie personnalité. Installez-vous sans hésiter au comptoir d'hôtes pour y vivre l'expérience au plus près et échanger avec le chef et son équipe qui prodiguent en temps réel le pourquoi du comment sur chaque plat : passionnant !

AC – Prix : €€€€

44 rue de la Folie-Méricourt – ⓂOberkampf – ☎ 01 47 00 03 22 – www.fiefrestaurant.fr – Fermé lundi, samedi et dimanche et du mardi au vendredi à midi

❀ GÉOSMINE Ⓝ

Chef : Maxime Bouttier

CUISINE MODERNE • CONTEMPORAIN La géosmine, c'est le délicieux parfum qui monte de la terre fraîchement labourée ou mouillée. Tout un programme « nature » pour la table du chef Maxime Bouttier, qui nous accueille du côté d'Oberkampf dans une maison de ville sur deux étages dans un esprit et un décor qui fleurent bon l'Est parisien. Ce jeune chef, originaire de la Sarthe, a fait ses classes au sein de brigades connues (celles de Christophe Hay à La Maison d'à Côté à Montlivault, de Gordon Ramsay au Pressoir d'Argent à Bordeaux, de Jean-Luc Rabanel à Arles, sans oublier celle de Mensae à Paris). Ses assiettes percutantes, déclinées en plusieurs séquences autour d'un menu dégustation rythmé par les saisons, se révèlent épurées et appliquées, et ne tombent jamais dans l'excès de complexité. Carte des vins très intéressante mettant en avant vins naturels ou en biodynamie, mais aussi de jolis flacons italiens, espagnols ou autrichiens...

❀ ⅊ AC ⇔ – Prix : €€€€

71 rue de la Folie-Méricourt – ⓂOberkampf – ☎ 09 78 80 48 59 – www.geosmine.com – Fermé mardi et mercredi

❀ QUI PLUME LA LUNE

CUISINE MODERNE • COSY Qui plume la Lune, c'est d'abord un joli endroit, chaleureux et romantique qui s'est refait une beauté pour ses 10 ans... Sur l'un des murs de la salle trône une citation de William Faulkner : "Nous sommes entrés en courant dans le clair de lune et sommes allés vers la cuisine." Pierres apparentes et matériaux naturels (bois brut, branchages, etc.) complètent ce tableau non dénué de poésie... C'est aussi un havre de délices, porté par une équipe déterminée à ne sélectionner que de superbes produits – selon une éthique écologique, ainsi de beaux légumes bio – et à régaler ses clients d'assiettes tout en maîtrise et en précision : une véritable démonstration de vitalité, de fraîcheur et de senteurs. Très agréable moment, donc, sous la clarté de cette table aussi lunaire que terrestre...

Prix : €€€€

50 rue Amelot – ⓂChemin Vert – ☎ 01 48 07 45 48 – www.quiplumelalune.fr – Fermé lundi et dimanche

❀ SEPTIME

Chef : Bertrand Grébaut

CUISINE MODERNE • BISTRO Des bonnes idées en pagaille, beaucoup de fraîcheur et d'aisance, de la passion et même un peu de malice, mais toujours de la précision et de la justesse : mené par Bertrand Grébaut, Septime symbolise le meilleur de cette nouvelle génération de tables parisiennes à la fois très branchées et... très épicuriennes. Au milieu de la rue de Charonne, le lieu exploite à fond les codes de la modernité : grande verrière d'atelier, tables en bois brut, poutres en métal... Une vraie inspiration industrielle, plutôt chic dans son aboutissement, d'autant que le service contribue à faire passer un bon moment. Comme on peut l'imaginer, tout cela se mérite : il faudra réserver précisément trois semaines à l'avance pour avoir une chance d'en profiter.

Prix : €€€€

80 rue de Charonne – ⓂCharonne – ☎ 01 43 67 38 29 – www.septime-charonne.fr – Fermé samedi et dimanche

❀**L'engagement du chef :** Développement humain et respect de l'environnement sont au cœur de notre engagement. Les denrées maraîchères que nous cuisinons proviennent en majorité d'Île-de-France, les viandes et les poissons sont issus de l'élevage ou de la pêche responsables et durables, nous travaillons les produits entiers pour lutter contre le gaspillage et nos bio-déchets partent en plateforme de lombricompostage pour être recyclés.

⊛ AUBERGE PYRÉNÉES CÉVENNES

CUISINE TRADITIONNELLE • AUBERGE Le chef Pierre Négrevergne s'épanouit à merveille dans cette maison qui a plus de 100 ans. Il régale avec une savoureuse cuisine "de grand-mère" qui met en valeur le patrimoine gastronomique français (terrine maison, blanquette de veau à l'ancienne et riz grillé, mille-feuille), servie en portions généreuses. Cette auberge régale toujours autant.

🅐🅒 – Prix : €€

106 rue de la Folie-Méricourt – Ⓜ République – ☏ 01 43 57 33 78 – www.auberge-pyrenees-cevennes.fr – Fermé lundi, dimanche et samedi midi

⊛ CLAMATO

POISSONS ET FRUITS DE MER • TENDANCE Inspiré des bars à huîtres de la côte Est des États-Unis, cette annexe de Septime doit son nom à un cocktail très populaire au Québec, sorte de Bloody Mary agrémenté d'un jus de palourdes... à découvrir ici, évidemment ! L'endroit a tout du "hit" bistronomique, avec ce décor tendance et cette carte courte qui met en avant la mer et les légumes, avec de jolies influences internationales. Les produits sont choisis avec grand soin et travaillés le plus simplement du monde, puis déclinés dans des assiettes à partager. Attention, la réservation est impossible : premier arrivé, premier servi !

🅐🅒 – Prix : €€

80 rue de Charonne – Ⓜ Charonne – ☏ 01 43 72 74 53 – www.clamato-charonne.fr

⊛ DOUBLE DRAGON

CUISINE ASIATIQUE • DÉCONTRACTÉ Dans cette sympathique « cantine asiatique », les sœurs Katia et Tatania Levha proposent des petits plats d'inspiration diverses (Chine, Philippines, Thaïlande, etc.) dans un esprit "streetfood" amélioré. Une cuisine pleine de caractère, aux saveurs marquées, parfois délicieusement épicées. Une table ludique et savoureuse.

Prix : €€

52 rue Saint-Maur – Ⓜ Rue Saint-Maur – ☏ 01 71 32 41 95 – www.doubledragonparis.com – Fermé lundi, dimanche et mardi midi

ALLUMA

CUISINE MÉDITERRANÉENNE • CONTEMPORAIN Un ancien du Balagan, le chef Liran Tal, a relooké avec goût cette adresse tout de blanc vêtue. Il y propose une savoureuse cuisine méditerranéenne mâtinée d'influences israéliennes, au travers de menus dégustation au très bon rapport qualité-prix : délicieux houmous massaba, crudo de sériole aux figues et épices, faux-filet d'agneau et condiment abricot-miso... Choix de vins en bio et biodynamie, notamment d'Italie, Espagne et Arménie.

🅐🅒 – Prix : €€€

151 rue Saint-Maur – Ⓜ Goncourt – ☏ 09 85 11 88 33 – www.alluma-paris.com – Fermé lundi, dimanche, et mardi, mercredi et samedi midi

BIEN FICELÉ

CUISINE TRADITIONNELLE • CONTEMPORAIN Tenu par le même propriétaire que le Bien Élevé dans le neuvième arrondissement, ce bistrot contemporain propose à l'ardoise viandes rôties ou cuites à la braise, ainsi que des plats oscillant entre tradition et modernité : pâté en croûte ; épaule de porcelet rôtie ; poire pochée au vin épicé, glace pain d'épices et biscuit au gingembre. Le tout dans une ambiance décontracté en deux mots : "bien ficelé" !

🅐🅒 🍴 – Prix : €€

51 boulevard Voltaire – Ⓜ Saint-Ambroise – ☏ 01 58 30 84 88 – www.bienficele.fr

BIONDI

CUISINE ARGENTINE • BISTRO Le talentueux chef a baptisé ce restaurant en souvenir de Pepe Biondi, célèbre clown argentin. L'Argentine est au menu : viandes et

PARIS

poissons cuits a la parrilla,empanadas et ceviche du jour... Des préparations soignées, servies par une équipe efficace. Bons vins et bonne humeur parachèvent le tableau.

🍴 – Prix : €€€

118 rue Amelot – Ⓜ *Oberkampf –* 𝒞 *01 47 00 90 18 – www.biondi-restaurant.fr – Fermé dimanche*

BISTROT PAUL BERT

CUISINE TRADITIONNELLE • BISTRO Sur la façade de ce sympathique bistrot s'affiche "Cuisine familiale". Traduisez : feuilleté de ris de veau aux champignons, cerf rôti aux airelles et purée de céleri... Des assiettes copieuses et goûteuses, préparées sans tralala. Vous en redemanderez, mais attention à bien garder de la place pour le baba au rhum !

🏵 – Prix : €€

18 rue Paul-Bert – Ⓜ *Faidherbe - Chaligny –* 𝒞 *01 43 72 24 01 – Fermé lundi et dimanche*

BON KUSHIKATSU

CUISINE JAPONAISE • ÉLÉGANT Pour un voyage express à Osaka, à la découverte de la spécialité culinaire de la ville : les kushikatsu (des minibrochettes panées et frites à la minute). Bœuf au sansho, foie gras poivré, champignon shiitaké : les préparations se succèdent et révèlent de belles saveurs. Et l'accueil délicat finit de transporter au Japon...

🅰🅲 – Prix : €€€

24 rue Jean-Pierre-Timbaud – Ⓜ *Oberkampf –* 𝒞 *01 43 38 82 27 – www.kushikatsubon.fr – Fermé lundi, mercredi et dimanche et mardi, jeudi, vendredi et samedi midi*

LE CHARDENOUX

CUISINE MODERNE • BISTRO Cyril Lignac a réinventé ce bistrot parisien historique, tout en conservant le cachet Art nouveau qui le caractérise. La carte est surtout tournée vers les produits de la mer, avec les incontournables signés Lignac (lobster roll, bar en croûte de sel, tartare de thon, avocat, ponzu, wasabi, sans oublier l'excellent millefeuille !). Gourmand et bien exécuté : un plaisir.

Prix : €€€

1 rue Jules-Vallès – Ⓜ *Charonne –* 𝒞 *01 43 71 49 52 – www.restaurantlechardenoux.com*

LE CHATEAUBRIAND

CUISINE MODERNE • BISTRO Le Basque Inaki Aizpitarte attire une clientèle gastronome internationale avec son bistrot "pur jus", véritable temple de la mouvance bistronomique, dont il fut l'un des initiateurs. D'hier, le lieu a conservé le décor – tel qu'on pouvait encore en trouver dans les années 1930 – jouant sur le mélange néo-rétro (zinc, ardoises, haut plafond et tables étroites). Cette institution cultive une formule inoxydable : celle d'un menu unique aux associations de saveurs originales. Produits et vins sont choisis avec soin chez des producteurs indépendants. Réservation indispensable.

🏵 – Prix : €€€

129 avenue Parmentier – Ⓜ *Goncourt –* 𝒞 *01 43 57 45 95 – www.lechateaubriand.net – Fermé lundi, mardi et dimanche et du mercredi au vendredi à midi*

DEUX RESTAURANT

CUISINE MODERNE • BISTRO Tiphanie Mollard et Romain Casas, l'une savoyarde, l'autre béarnais, unissent leur joie de vivre contagieuse et leurs terroirs dans un lieu chaleureux et lumineux qui leur ressemble : cuisine ouverte, étagères remplies de bouteilles, des bibelots, des photos et des plantes. Tomates, crème de burrata, gelée de vinaigre ; sardines grillées, vierge, salade de haricots verts, pistou, pêche : c'est joyeux et gourmand, franc du collier, sans superflu. Tarifs doux et brunch le dimanche.

Prix : €€

58 rue de la Fontaine-au-Roi – Ⓜ *Goncourt –* 𝒞 *09 74 97 47 52 – www.deux-restaurant.fr – Fermé lundi et dimanche*

EUNOÉ ⓝ

CUISINE MODERNE • CONTEMPORAIN Deux amis, le chef japonais Ryuji Sato et Félix Perotte (salle), passionnés de cuisine et de vin, offrent l'hospitalité dans cette adresse proche du square Maurice Gardette. Dans un cadre moderne et brut, aux couleurs sable et ocre, le chef propose sa version fine et décomplexée de l'air gourmand du temps, en insistant sur le goût dans chaque assiette : échine de cochon bien mouillée dans son jus corsé au vieux vinaigre de Xérès à la saveur de thym, purée de pomme de terre fumée, et petite salade d'herbes fraîches assaisonnée à l'envoi. Au dîner, la partition se fait plus élégante.

Prix : €€

6 rue Rochebrune – ⓜ Saint-Ambroise – ℰ 07 67 96 86 36 – www.eunoe-restaurant.com – Fermé lundi

KORUS

CUISINE MODERNE • BISTRO Dans ce petit bistrot contemporain situé entre Bastille et République, un duo de passionnés travaille en chœur avec un chef talentueux, qui concocte une cuisine créative avec des produits de qualité. Tempura, maïs, mozzarella, poutargue ; dorade, artichaut, pourpier : franchise des goûts, mariage des saveurs, tout y est ! Offre déjeuner uniquement les vendredis et les week-ends.

Prix : €€€

73 rue Amelot – ⓜ Chemin Vert – ℰ 01 55 28 53 31 – www.restaurantkorus.com – Fermé lundi, mardi, et mercredi et jeudi à midi

MAGMA

CUISINE MODERNE • CONTEMPORAIN Comme le magma, le chef japonais Ryuya Ono (ancien second chez Table) fusionne la gastronomie française, son inspiration sans cesse renouvelée et ses instincts gourmands, au fil d'une carte qu'il est capable de changer (parfois) tous les jours – au dessert, son vacherin tomates cerises, sorbet pêche de vigne est une petite pépite d'audace maîtrisée. Le décor est charmant avec son carrelage à motif, sa banquette olive, son mobilier en bois moderne, son miroir, son bar vintage...

Prix : €€€

9 rue Jean-Pierre-Timbaud – ⓜ Oberkampf – ℰ 01 48 05 56 90 – www.restaurantmagma.com – Fermé lundi, mardi et mercredi midi

MAISON

CUISINE MODERNE • DESIGN Sota Atsumi, talent brut et beau CV (le Clown, Saturne, Toyo, Michel Troisgros à Roanne, etc), nous émeut avec sa cuisine française piquée de modernité, autour d'un menu fixe composé des meilleurs produits du marché. La salle à manger prend des allures de loft post-industriel avec son toit en v inversé, son immense table d'hôte centrale, sa cuisine ouverte, prolongée d'un comptoir. Des exemples ? Saint-Jacques à cru, courge spaghetti et jus de butternut ; cèpes confits, sparassis crépu et girolles, sauce savagnin...

🅰🅲 – Prix : €€€€

3 rue Saint-Hubert – ⓜ Rue Saint-Maur – ℰ 01 43 38 61 95 – www.maison-sota.com – Fermé lundi, mardi, mercredi midi et dimanche soir

MANSOURIA ⓝ

CUISINE MAROCAINE • ORIENTAL L'adresse, située à deux pas de la Bastille, est connue des amateurs de cuisine marocaine depuis plus de 40 ans. C'est désormais la fille de la fondatrice qui dirige cette vénérable institution, dont les parfums transportent dès l'entrée. Dans un cadre qui évite la surenchère orientalisante, on sert les traditionnels tagines et couscous (mais aussi une noria de délices moins connus) ou encore la pastilla de pigeon et la mourouzia, un plat d'agneau "al-andalus" sucré-salé, emblématique de la maison. La qualité des produits et le service attentionné font de cette table une savoureuse évasion.

🅰🅲 – Prix : €€

11 rue Faidherbe – ⓜ Faidherbe-Chaligny – ℰ 01 43 71 00 16 – www.mansouria.fr – Fermé lundi et dimanche

PARIS

MARCHON

CUISINE MODERNE • CONTEMPORAIN Conversion réussie pour Alexandre Marchon, jeune chef patron autodidacte passionné de cuisine qui a quitté le monde de la publicité et de la communication pour enfiler la veste blanche de chef. Les recettes (plutôt légumières) décoiffent et étonnent par leur réelle personnalité, leur apparente simplicité au service du goût et de l'efficacité. Le midi, séduisant menu à prix doux, le soir, menu surprise unique sans choix en 5 ou 7 temps, dans l'esprit « retour du marché ».

🅰️ – Prix : €€

161 rue Saint-Maur – Ⓜ Goncourt – ℰ 01 47 00 63 97 – www.marchon-restaurant. fr – Fermé lundi et dimanche

OSTERIA FERRARA

CUISINE ITALIENNE • OSTERIA Attention, refuge de gourmets ! L'intérieur est élégant mais c'est dans l'assiette qu'a lieu la magie. Le chef sicilien travaille une carte aux recettes italiennes bien ficelées, goûteuses et centrées sur le produit, ainsi cette longe de veau français à la Milanaise, et sa poêlée d'épinards. Un bistrot qui a une âme et une jolie carte des vins, ce qui ne gâche rien.

🕭 ♿🎴 – Prix : €€

7 rue du Dahomey – Ⓜ Faidherbe - Chaligny – ℰ 01 43 71 67 69 – www.osteriaferrara.com – Fermé dimanche

PIANOVINS

CUISINE MODERNE • ÉPURÉ Deux anciens de chez Guy Savoy, Michel Roncière et Éric Mancio, unissent ici leurs forces : le premier au "Piano", le second aux "Vins". Les assiettes, sérieuses et appliquées, évoluent chaque jour au fil du marché ; elles se dégustent dans une salle intimiste de 20 couverts environ, avec cuisine ouverte et tables au coude à coude. Jolie carte des vins et patron-sommelier intarissable sur ses flacons.

🕭 🅰️ – Prix : €€

46 rue Trousseau – Ⓜ Ledru-Rollin – ℰ 01 48 06 95 85 – www.pianovins.com – Fermé lundi et dimanche

PIERRE SANG IN OBERKAMPF

CUISINE CRÉATIVE • BRANCHÉ Qui est adepte de l'émission Top Chef connaît forcément Pierre Sang, finaliste de l'édition 2011. On retrouve toute la gentillesse du jeune homme, qui délivre, ici chez lui, une cuisine sensible et partageuse – particulièrement bon marché le midi ! Installez-vous au comptoir, face à la cuisine ouverte, et laissez-vous emporter.

🅰️ 🗘 – Prix : €€

55 rue Oberkampf – Ⓜ Parmentier – ℰ 09 67 31 96 80 – www.pierresang.com/ in-oberkampf – Fermé lundi, et mardi et mercredi à midi

PIERRE SANG ON GAMBEY

CUISINE CRÉATIVE • TENDANCE La seconde adresse de Pierre Sang, déjà installé non loin « in Oberkampf ». On y retrouve le même esprit et le même concept, et toujours l'attachement du célèbre chef aux beaux produits. Des produits travaillés avec soin et créativité, pour des assiettes créatives et voyageuses, teintées ici et là de quelques notes coréennes. L'originalité n'est pas que dans l'assiette, puisque le client est invité à deviner la composition des plats dégustés ! Un beau moment de partage dans un lieu chaleureux.

🗘 – Prix : €€

6 rue Gambey – Ⓜ Parmentier – ℰ 09 67 31 96 80 – www.pierresang.com – Fermé lundi et du mardi au jeudi à midi

LE SAINT-SÉBASTIEN

CUISINE MODERNE • BISTRO Programme alléchant dans ce bar de quartier transformé en repaire bistronomique : petite carte respectueuse des saisons, très axée sur le végétal, choix judicieux dans les assaisonnements, jolie maîtrise des herbes et des épices qui apportent du caractère aux assiettes... sans oublier de bons vins nature. C'est tout bon.

🐜 ఈ – Prix : €€

42 rue Saint-Sébastien – Ⓜ Saint-Ambroise – 𝒫 06 49 75 27 90 – www.
lesaintsebastien.paris – Fermé lundi, dimanche et du mardi au samedi à midi

LE SERVAN

CUISINE MODERNE • BISTRO À l'angle de la rue St-Maur, le fief de Katia et Tatiana Levha est l'un des bistrots gourmands les plus courus de la place parisienne. L'endroit a fière allure, avec ses fresques d'époque ; Tatiana compose une cuisine fraîche et spontanée, et ne rechigne pas à tenter des associations inattendues. Avec succès !

Prix : €€

32 rue Saint-Maur – Ⓜ Rue Saint-Maur – 𝒫 01 55 28 51 82 – www.leservan.
fr – Fermé dimanche

SIAMSA

CUISINE MODERNE • BISTRO Siamsa... A l'oreille, ce nom étrange évoque le royaume de Siam et la cuisine thaïlandaise, mais dans l'assiette, on goûte une cuisine contemporaine bien française, fraîche et équilibrée (ceviche de daurade à la framboise, légumes croquants ; poitrine de porc fumé, abricots, piment, etc.). L'origine de Siamsa, nom gaélique signifiant "divertir" est un clin d'œil aux origines d'un des associés (Simon Cuddy). Un bistrot de quartier et de qualité.

Prix : €

13 rue de la Pierre-Levée – Ⓜ République – 𝒫 01 43 38 34 72 – www.siamsa.fr –
Fermé lundi, dimanche et du mardi au samedi à midi

LE 6 Ⓝ

CUISINE MODERNE • BISTRO Le 6 (ex-6 Paul Bert) a subi un petit lifting pour sa réouverture avec la cheffe Pauline Séné (Top Chef) aux fourneaux. Le mobilier de style bistrot, le bar en zinc où les clients peuvent manger, les tables de café rétro collés serrés et les chaises bistrot : l'adresse est bien vivante et affiche complet. La carte attrayante mise sur la gourmandise et la légèreté, mettant en avant le produit sans jamais le dénaturer : tarama fumé, œufs de truite, focaccia et wakamé ; lotte, céleri, beurre blanc, mûre-nori et katsuobushi...

Prix : €€

6 rue Paul-Bert – Ⓜ Faidherbe - Chaligny – 𝒫 01 43 79 14 32 – www.le6paulbert.
com – Fermé lundi, samedi et dimanche

VAISSEAU Ⓝ

CUISINE CRÉATIVE • ÉPURÉ Chef médiatisé lors de son passage à Top Chef en 2020, Adrien Cachot, qui a beaucoup bourlingué depuis, dépose ses casseroles dans une salle à l'atmosphère intimiste. Dans son menu carte blanche, le chef fait assaut de créativité et élabore des assiettes souvent audacieuses en terme d'accords, à l'instar de ces mochis "Cachot e pepe" préparés à la façon d'un risotto au poivre et aux agrumes : décoiffant ! Il affectionne aussi les ingrédients moins conventionnels, comme les abats, qui offrent souvent des textures rares, ainsi que les mariages terre et mer, comme cette fraise de veau associée à la Saint-Jacques et rehaussée d'une puissante sauce XO. Une expérience culinaire singulière, qui bouscule les habitudes gustatives et ne laisse personne indifférent.

🕸 ♿ 🅰🅲 – Prix : €€€€

35 rue Faidherbe – ⓂCharonne – ☏ 01 88 61 70 41 – Fermé lundi, samedi et dimanche

VANTRE

CUISINE MODERNE • BISTRO Le "vantre" au moyen-âge signifiait "lieu de réjouissance". C'est bel et bien aujourd'hui un lieu de réjouissance pour notre ventre, dans un cadre néo-bistrot. Un ancien sommelier (Le Bristol, Le Taillevent) et son chef proposent une cuisine gourmande à base de produits sélectionnés avec soin. Goût et dressage répondent présents à chaque assiette à l'image de ce bar rôti, sauce marinière, salicorne au dressage vertical. Plus de trois milles références de vins, et succès mérité.

🕸 🅰🅲 – Prix : €€€

19 rue de la Fontaine-au-Roi – Ⓜ Goncourt – ☏ 01 48 06 16 96 – www.vantre.fr – Fermé samedi et dimanche

LE VILLARET

CUISINE TRADITIONNELLE • CONVIVIAL À deux pas d'Oberkampf, ce bistrot propose une cuisine traditionnelle gourmande et de saison réalisée par le chef passionné Olivier Gaslain. Avec sa compotée rhubarbe-verveine, gel de rhum, mousse mascarpone, l'original baba au rhum vous laissera bouche bée ! Superbe carte des vins avec plus de 1000 références, dont un échantillon vous est présenté dans une belle armoire à vins vitrée.

🕸 🅰🅲 – Prix : €€€

13 rue Ternaux – Ⓜ Parmentier – ☏ 01 43 57 89 76 – www.levillaret-restaurant. fr – Fermé lundi et dimanche

🛏 FABRIC   🌐 *Plus*

DESIGN • CONVIVIAL Dans une ancienne fabrique de textiles, à mi-chemin de République et de Bastille, un bel hôtel qui a gardé un peu de son héritage industriel : poutres et luminaires en métal, mobilier ancien, nuances de gris, belle hauteur sous plafond... Et des chambres design et élégantes, pour les amateurs !

♿ 🕹 📶 ⻳ 🅰🅲 - 33 chambres

31 rue de la Folie-Méricourt – ☏ 01 43 57 27 00 – www.hotelfabric.com

🛏 MAISON BRÉGUET

MODERNE • COSY A deux pas de la place de la Bastille, cet hôtel de charme propose des chambres confortables et cosy, certaines avec petite terrasse. Espace bien-être avec bassin de nage à contre-courant.

♨🅿 ⺁ 🚲 ⛱ 📶 📶 ⻳ 🧖 🍴 🅰🅲 - 50 chambres

8 rue Bréguet – ☏ 01 58 30 32 31 – www.maisonbreguet.com

🛏 LA NOUVELLE RÉPUBLIQUE   🌐

CLASSIQUE • CHARME Avec son charme rétro et ses intérieurs contemporains à la palette naturelle, cet hôtel invite à un séjour agréable, à la fois accessible et confortable, dans un quartier plus tendance que jamais. En plus de ses textures douillettes, on apprécie toutes les petites attentions qui améliorent le confort, comme le triple vitrage et les lampes de lecture. Petit-déjeuner servi au café de l'hôtel.

🅿 📶 🚲 📶 📶 🧖 🍴 🅰🅲 - 30 chambres

9 rue Moret – ☏ 01 47 00 15 09 – www.hotel-la-nouvelle-republique.paris

TABLE - BRUNO VERJUS

Chef : Bruno Verjus

CUISINE MODERNE • CONTEMPORAIN Choisir les plus beaux produits, les cuisiner avec humilité et un respect absolu : tel est le credo de Bruno Verjus, étonnant personnage qui dans une autre vie fut entrepreneur, blogueur et critique gastronomique. Derrière son comptoir-cuisine (où l'on prend place sur des chaises hautes), il parle de ses fournisseurs avec passion, et l'envie de s'effacer devant l'artisan qui a produit la matière de son travail – d'ailleurs, qu'il s'agisse de recettes ou de produits, ce chef se considère avant tout comme un passeur. Tout est cuisiné à la minute avec des garnitures et des sauces qui n'ont qu'un but : magnifier le produit sans le dénaturer ! Laissez-vous porter par le grand menu, répondant au nom poétique de "Couleur du jour" et élaboré au quotidien selon l'arrivage : homard de casier de l'Île d'Yeu mi-cuit, asperge blanche d'Alsace "prestement cuite", saumon sauvage de l'Adour et sabayon d'huile d'olive, pomme de ris de veau de lait et jus corsé de homard... Des produits d'exception qui ont un prix.

🕸 🗘 – Prix : €€€€

3 rue de Prague – **Ⓜ** *Ledru-Rollin – 𝒞 01 43 43 12 26 – www.table.paris –*
Fermé lundi, samedi et dimanche

🕸 **L'engagement du chef :** Notre engagement au service d'une cuisine de l'instant nous engage dans un rapport direct avec nos producteurs locaux. Ils nous fournissent au quotidien ce que la nature est en mesure de leur offrir. Nous ne passons aucune commande de quantité, seule la qualité oblige. L'exemplarité de leur travail, sans pesticide et respectant la nature sauvage des sols, respecte la santé de nos clients et celle de notre terre.

VIRTUS

CUISINE MODERNE • COSY À quelques pas du marché d'Aligre, cette belle façade bleu sombre abrite un intérieur vintage émaillé de touches Art Déco. C'est le fief d'un couple talentueux formé par Frédéric Lorimier aux fourneaux et Camille Gouyer en salle. Fort de son parcours parmi les grands (notamment chez Arnaud Donckele à Saint-Tropez), le chef cuisine au millimètre des produits de saison, délivre des cuissons au cordeau et de belles sauces parfumées, à l'image de ces langoustines rôties, broccolettis presque brûlés et jus des têtes, ou de ce ris de veau aux échalotes confites et jus de rôti citronné.

🆎 – Prix : €€€€

29 rue de Cotte – **Ⓜ** *Ledru-Rollin – 𝒞 09 80 68 08 08 – www.virtus-paris.com –*
Fermé lundi, dimanche et du mardi au samedi à midi

JOUVENCE

CUISINE MODERNE • VINTAGE Située non loin de la rue de Cîteaux, cette ancienne pharmacie 1900 ne se repose pas sur ses lauriers décoratifs ; on y sert une cuisine actuelle et riche de produits de qualité, comme ces noix de Saint-Jacques en ceviche ou cette belle entrecôte Angus. Le chef n'oublie ni le goût ni la générosité, et le service est attentionné.

🆎 – Prix : €€

172 bis rue du Faubourg-Saint-Antoine – **Ⓜ** *Faidherbe - Chaligny – 𝒞 01 56 58 04 73 – www.jouvence.paris – Fermé lundi et dimanche*

À LA BICHE AU BOIS

CUISINE TRADITIONNELLE • RUSTIQUE De nombreux habitués se pressent dans ce discret restaurant, qui n'est pas sans rappeler les bons bistrots d'antan. Dans une ambiance animée, au coude-à-coude, on profite d'un condensé de

tradition (terrine maison, coq au vin) et de gibier en saison : sanglier, civet de
lièvre et... biche, bien entendu !

Prix : €

45 avenue Ledru-Rollin – Ⓜ Gare de Lyon – ✆ 01 43 43 34 38 –
www.alabicheaubois.fr – Fermé samedi et dimanche

AMARANTE

CUISINE TRADITIONNELLE • BISTRO La façade vitrée annonce : "Cuisine de
France". Tout est dit ! On décline ici une partition sans fioritures, au doux parfum
d'antan, qui donne toute leur place à des produits bien choisis. Le décor est aussi
simple et vintage que la cuisine : carrelage au sol, banquettes en skaï rouge, tables
en bois. Pourquoi faire compliqué ?

Ⓐ – Prix : €€

4 rue Biscornet – Ⓜ Bastille – ✆ 07 67 33 21 25 – www.amarante.
paris – Fermé mercredi

BISTRO S

CUISINE MODERNE • BISTRO S comme secret, savoureux, sapide ou Spinoza,
non pas le philosophe, mais le propriétaire, numismate spécialiste des monnaies
grecques antiques et passionné de vin, qui couve des yeux son bistrot discret du
quartier Ledru-Rollin. Un chef japonais talentueux y cuisine sain, juste et frais, fort
d'une technique impeccable. S comme super !

Prix : €€

7 rue Saint-Nicolas – Ⓜ Ledru-Rollin – ✆ 01 43 43 49 40 – www.bistros.fr –
Fermé lundi, dimanche et samedi midi

LE COTTE RÔTI

CUISINE MODERNE • CONTEMPORAIN Un restaurant à l'image de son chef,
convivial et bon vivant, qui revisite avec finesse la tradition bistrotière : au gré du
marché et de l'humeur du jour, il compose des plats simples et fins, qui vont droit
au cœur ! Et pour accompagner le tout, rien de tel que quelques bons crus de la
vallée du Rhône...

🕱 – Prix : €€

1 rue de Cotte – Ⓜ Ledru-Rollin – ✆ 01 43 45 06 37 – www.lecotteroti.fr –
Fermé lundi, samedi et dimanche

DERSOU

CUISINE CRÉATIVE • ÉPURÉ Dans une agréable ruelle toute proche de la Bastille,
Dersou propose une expérience inédite : associer mets et cocktails, dans une
ambiance musicale branchée. Ainsi, les poireaux vinaigrette à la crème de moutarde à l'ancienne et oseille sont accompagnés d'un cocktail à l'aneth, yuzu, gin et
granny smith, tandis qu'un cocktail whisky, porto et orange escorte judicieusement
la pintade et sa purée de betterave acidulée. Les produits sont de première qualité
et la mixologie tient ses promesses.

Ⓐ – Prix : €€€

21 rue Saint-Nicolas – Ⓜ Ledru Rollin – ✆ 09 81 01 12 73 – www.dersouparis.
com – Fermé lundi, dimanche et du mardi au samedi à midi

GODAILLE Ⓝ

CUISINE MODERNE • BISTRO Godaille, en argot, signifie ripailler et faire bom-
bance entre bons poteaux. Allons-y gaiement donc pour déguster cette cuisine
vivifiante et parfumée ! Cette popote de potes fait la part belle aux épices et aux
herbes fraîches, à l'image de ce morceau de volaille frit, à la chair hyper moelleuse,
bousculé par une panure bien dorée et croustillante et une sauce gingembre-citron.
Quant aux moules de Bouchot, elles cabotent sur une sauce coco-curry vert et
herbes thaï. Sympathique cadre à l'ambiance un poil rétro et charmants petits
bouquets de fleurs fraîches sur chaque table. Sélection pointue de vin nature et
bio (dont certains vins orange).

🦪 🍴 – Prix : €€
9 rue Antoine-Vollon – Ⓜ Ledru-Rollin – ☎ 01 45 85 30 65 –
www.restaurantgodaille.fr – Fermé lundi et dimanche

IL GOTO

CUISINE ITALIENNE • TRATTORIA Sympathique, ce restaurant tenu par Marzia et Simone, un couple d'Italiens passionnés. Mozzarella di bufala et légumes aigre-doux ; tagliatelles au confit de veau et olives taggiasche ; "torta" à la crème de mascarpone et citron... Des créations goûteuses et soignées, que l'on accompagne d'un bon rouge transalpin !

♿ – Prix : €€
212 bis rue de Charenton – Ⓜ Dugommier – ☎ 01 43 46 30 02 – www.ilgoto.
wixsite.com/my-site/menu – Fermé lundi et dimanche

NOUS 4

CUISINE TRADITIONNELLE • BISTRO Cochon en crousti-fondant, lentilles, sauce moutarde ; œuf poché, chou, crème au lard : vous l'aurez peut-être compris, ici, on se régale sans chichis, et à un rapport plaisir/prix aussi aimable que le chef, avec qui vous pouvez échanger, grâce à la cuisine ouverte. Une adresse décidément bien sympathique comme on aimerait en voir plus souvent à Paris.

♿ – Prix : €€
3 rue Beccaria – Ⓜ Gare de Lyon – ☎ 06 06 70 64 92 –
www.nous4restaurant.com – Fermé lundi, dimanche et samedi midi

PASSERINI

CUISINE ITALIENNE • CONTEMPORAIN Dans son restaurant convivial, Giovanni Passerini nous régale de plats italiens soignés et goûteux, comme ces trippa alla romana qui sont un modèle du genre. Ici, primauté aux produits et à l'authenticité : les plats à partager sont une spécialité de la maison, comme l'agneau de lait Manech tête noire ou le pigeon entier en deux services. L'adresse est très courue, pensez à réserver !

♿ 🆑 – Prix : €€
65 rue Traversière – Ⓜ Ledru-Rollin – ☎ 01 43 42 27 56 – www.passerini.paris –
Fermé lundi, dimanche, et mardi et samedi à midi

LE QUINCY

CUISINE TRADITIONNELLE • BISTRO Une ambiance chaleureuse règne dans ce bistrot indémodable, dominé par "Bobosse", son patron truculent et haut en couleurs. Depuis 50 ans (à la louche !), les amateurs de bonne chère s'y régalent des généreuses et savoureuses spécialités du Berry et de l'Ardèche. Une table comme on n'en fait plus.

🆑🍴 – Prix : €€€
28 avenue Ledru-Rollin – Ⓜ Gare de Lyon – ☎ 01 46 28 46 76 – Fermé lundi,
samedi et dimanche

TOWA

CUISINE MODERNE • CONTEMPORAIN Le chef japonais Shin Okusa est aux commandes de Towa, tout près du trépidant marché d'Aligre. Passionné par la tradition française, véritable disciple d'Escoffier, il reprend les grands classiques (navarin d'agneau, pithiviers de magret de canard) mais aussi les sauces, pâtés chauds et autres tourtes avec un aplomb imparable.

Prix : €€
75 rue Crozatier – Ⓜ Ledru-Rollin – ☎ 01 53 17 02 44 – www.towarestaurantparis.
fr – Fermé lundi, mardi et mercredi midi

🛏 ## HÔTEL PARADISO

MODERNE • CHALEUREUX MK2, acteur majeur du cinéma, dédie cet hôtel au 7ᵉ art. Chaque chambre est une salle privée : projecteur, écran, sonorisation de qualité et accès à quelque 10 000 films. Certaines sont moins spacieuses que d'autres, mais

PARIS

toutes sont élégantes et personnalisées de couleurs vives, de meubles modernes et d'œuvres d'art liées au cinéma. Et pour partager l'amour du grand écran, un cinéma "public", une salle de karaoké, un café et un bar sur le toit avec vue sur la ville (et son propre écran extérieur). La véritable capitale du cinéma est un hôtel.

☆ ⅋○ 🆔 - 26 chambres

135 boulevard Diderot – ℰ 01 88 59 20 01 – www.mk2hotelparadiso.com

PLACE D'ITALIE • GARE D'AUSTERLITZ • BIBLIOTHÈQUE NATIONALE DE FRANCE
13e ARRONDISSEMENT

😊 IMPÉRIAL CHOISY

CUISINE CHINOISE • SIMPLE Au cœur du Chinatown parisien, un restaurant chinois apprécié par de nombreux Asiatiques qui en ont fait leur cantine. Dans une salle qui ne désemplit pas (service non-stop, voire un peu expéditif !), on se régale au coude à coude de belles spécialités cantonaises. Un vrai goût d'authenticité, sans se ruiner !

🆔 – Prix : €€

32 avenue de Choisy – Ⓜ Porte de Choisy – ℰ 01 45 86 42 40

😊 PHO TAI

CUISINE VIETNAMIENNE • SIMPLE Dans une rue isolée du quartier asiatique, ce petit restaurant vietnamien sort du lot : tout le mérite en revient à son chef, Monsieur Te, arrivé en France en 1968 et fort bel ambassadeur de la cuisine du Vietnam. Raviolis, poulet croustillant au gingembre frais, bo bun et soupes phô : tout est parfumé et plein de saveurs !

🆔 – Prix : €

13 rue Philibert-Lucot – Ⓜ Maison Blanche – ℰ 01 45 85 97 36 – Fermé lundi, jeudi, vendredi, samedi et dimanche

DAME AUGUSTINE Ⓝ

CUISINE MODERNE • BRASSERIE Voici l'autre restaurant du chef bordelais Lilian Douchet : une salle à manger véranda dans l'esprit d'une petite brasserie à l'ambiance décontractée. Il y sert plusieurs menus, dont l'un au déjeuner qui offre un bon rapport qualité-prix. On se régale par exemple d'un florilège de tomates anciennes, pesto d'herbes fraîches, sablé au parmesan et son sorbet mizuna, ou d'un filet de merlan mijoté de cocos de Paimpol et émulsion de thym citron. Une adresse bienvenue dans ce quartier résidentiel.

Prix : €€

32 avenue des Gobelins – Ⓜ Les Gobelins – ℰ 01 83 92 85 98 – www.dameaugustine.com – Fermé lundi et mardi

L'HOMMAGE

CUISINE MODERNE • CONTEMPORAIN Dans ce quartier où fleurissent les cantines chinoises, cet établissement se démarque par sa partition bistronomique à la française, mais aussi par sa décoration épurée, façon loft nordique. Dans l'assiette c'est un sans-faute : produits de qualité, cuissons et assaisonnements maîtrisés, comme avec cette tartelette croustillante tomate et pastèque, ou la volaille moelleuse parfumée d'une savoureuse sauce au lait de coco et curry.

♿ 🆔 – Prix : €€

36 avenue de Choisy – Ⓜ Maison Blanche – ℰ 01 44 24 38 70 – www.lhommageparis.com – Fermé lundi et dimanche

LAO LANE XANG 2

CUISINE SUD-EST ASIATIQUE • SIMPLE L'histoire parisienne des Siackhasone, originaires du Laos, commence dans les années 1990 avec l'ouverture de deux adresses sur l'avenue d'Ivry. En 2007, Do et Ken – dignes héritiers du savoir-faire familial – ouvrent cette table qui marie spécialités laotiennes, thaïes et vietnamiennes : simplicité et parfums au menu !

& 🅰🅲 – Prix : €

102 avenue d'Ivry – 🚇 Tolbiac – ☎ 01 58 89 00 00 – Fermé mercredi et jeudi midi

MARSO & CO

CUISINE MÉDITERRANÉENNE • BRANCHÉ Tomy Gousset (Tomy & Co, près des Invalides) tient ici une table avant tout voyageuse : l'assiette pioche dans tout le bassin méditerranéen, de la Grèce au Portugal en passant par l'Italie et le Liban. Le résultat est réjouissant, les saveurs font mouche, la fraîcheur est au rendez-vous : on passe un bon moment.

Prix : €€

16 rue Vulpian – 🚇 Glacière – ☎ 01 45 87 37 00 – www.tomygousset.com/marso-and-co – Fermé samedi et dimanche

NOSSO

CUISINE MODERNE • CONTEMPORAIN La cheffe brésilienne Alessandra Montagne est tout sourire dans son nouveau restaurant contemporain et chaleureux de béton et de bois, entièrement ouvert sur l'extérieur avec ses grandes baies vitrées. Dans l'assiette, la recette du succès (et du plaisir) est au rendez-vous : dressages soignés, cuisine de saison locavore, pleine de saveurs et panachée d'influences multiples (du Brésil à l'Asie). 100% nature et zéro déchet. Menus dégustation le soir.

& 🅰🅲 – Prix : €€€

22 promenade Claude-Lévi-Strauss – 🚇 Bibliothèque François-Mitterrand – ☎ 01 40 01 95 17 – www.nosso-restaurant.fr – Fermé samedi et dimanche, et mardi soir

SELLAE

CUISINE MODERNE • BISTRO Avec Mensae dans le dix-neuvième arrondissement (table en latin), Sellae (chaise), est une autre adresse de Thibault Sombardier. Le chef y propose une cuisine moderne de saison, qui louche vers le Sud et surtout la gourmandise ! Dans cette salle à manger d'esprit bistrot, on se régale de beaux produits traités avec un savoir-faire certain : ravioles d'escargots au beurre d'herbe, speck croustillant, bouillon d'ail doux ; quasi de veau rôti, casarecce aux champignons, émulsion au vin jaune...

Prix : €€

18 rue des Wallons – 🚇 Saint-Marcel – ☎ 01 43 31 36 04 – www.sellae-restaurant.com – Fermé lundi et dimanche

SIMONE, LE RESTO...

CUISINE DU MARCHÉ • BISTRO Une double adresse pour deux fois plus de plaisir, avec une cave à vins orientée majoritairement en biodynamie située à quelques mètres de cette bonne petite table de copains au coude à coude dans un décor de bistrot à la bonne franquette. L'assiette se concentre sur une cuisine actuelle et locavore, saine et savoureuse (carte de saison aux intitulés séduisants et menu-déjeuner sans choix à tarif doux). Une version originale du bœuf/carottes, traité ici en effiloché au chou de Pontoise, nappé d'une percutante sauce végétale à base de carottes fermentées et gingembre. Possibilité de privatiser une salle pouvant accueillir 8 personnes.

🐿 🍴 – Prix : €€

33 boulevard Arago – 🚇 Les Gobelins – ☎ 01 43 37 82 70 – www.simonelerestolacave.com – Fermé lundi, dimanche et samedi midi

PARIS

LE SIROCCO

CUISINE MAROCAINE • ORIENTAL Le souffle chaud du Sirocco est monté jusqu'aux Gobelins apporter ses effluves de tajines, couscous et hariras dans les anciennes écuries du château de la Reine Blanche, où est installé ce restaurant marocain au décor typique. Le propriétaire importe lui-même l'huile d'argan qui parfume ses préparations traditionnelles. Bien entendu la semoule est maison, très fine comme il se doit.

Prix : €€

8 bis rue des Gobelins – **Ⓜ** *Gobelins –* 📞 *01 43 31 13 13 – www.restaurantlesirocco.fr – Fermé lundi*

SOURIRE LE RESTAURANT

CUISINE MODERNE • COSY Banquettes en velours bleu, tables bistrot rétro, producteurs triés sur le volet (veau rouge de Galice, agneau de Clavisy) : la recette est efficace et éprouvée, à l'image des coquilles Saint-Jacques de la Baie de Morlaix, variation de choux, citron confit. Menu à double choix le midi, et une seconde adresse dans le 5ᵉ arrondissement pour une offre de tapas le soir et brunch le week-end... de quoi donner le sourire !

🅐🅒 – Prix : €€€

15 rue de la Santé – **Ⓜ** *Gobelins –* 📞 *01 47 07 07 45 – www.sourire-restaurant. com – Fermé lundi, dimanche et du mardi au jeudi à midi*

TADAM

CUISINE MODERNE • CONVIVIAL Cette petite adresse sympathique propose une courte carte de saison aux intitulés attractifs. Les assiettes vont à l'essentiel, avec de jolis produits travaillés sans chichis ni complication, à l'image de cette savoureuse tarte chaude aux champignons. Ambiance conviviale, brunch le dimanche. Un peu de fraîcheur dans le quartier des Gobelins !

Prix : €€

14 rue du Jura – **Ⓜ** *Campo-Formio –* 📞 *01 43 31 29 19 – www.tadam-paris.fr – Fermé dimanche soir*

C.O.Q HÔTEL PARIS

MODERNE • CONVIVIAL Community of Quality : voilà ce que cache le sigle de cet hôtel chic et décontracté, proche de la place d'Italie. Les chambres sont confortables et bien décorées, et l'on profitera aussi d'un agréable jardin d'hiver avec verrière et canapés...

♿ 🚲 🅐🅒 - 50 chambres

15 rue Édouard Manet – 📞 *01 45 86 35 99 – www.coq-hotel-paris.com*

MONTPARNASSE • DENFERT ROCHEREAU • PARC MONTSOURIS

14ᵉ ARRONDISSEMENT

✿ MOSUKE

Chef : Mory Sacko

CUISINE MODERNE • TENDANCE Le nom du restaurant fusionne le prénom du chef, Mory, et Yasuke, qui est le premier et seul samouraï africain ayant existé au Japon. Tout est dit : la référence à ses racines malienne et sénégalaise, sa fascination pour le pays du Soleil Levant et, bien sûr, sa passion pour la gastronomie française et ses techniques, nourrie auprès de Christophe Moret Thierry Marx. Et c'est une vraie réussite dans l'assiette, toujours inspirée et originale. Le résultat est singulier, métissé, abouti : oshizushi à l'omble chevalier, concombre, aneth et beurre blanc au vin jaune ; Pépé soup, maquereau, rouget, gombo, moules et huile de palme ; tarte aux chocolats de Tanzanie et Madagascar, glace au wasabi...

🅐🅒 – Prix : €€€€
11 rue Raymond-Losserand – ⓜ Gaîté – ☏ 01 43 20 21 39 – www.mosuke-restaurant.com – Fermé samedi et dimanche

AUX PLUMES

CUISINE MODERNE • CONVIVIAL Un jeune chef japonais au joli parcours réalise ici une cuisine inspirée et généreuse, avec les meilleurs produits du quartier. Velouté de patate douce, émulsion cacao ; blanc-manger au litchi et lait de coco et son minestrone de fruits exotiques... Des préparations originales et soignées qui changent chaque semaine et régalent à tous les coups. Le midi, une trilogie d'entrées au tarif imbattable.
🅐🅒 – Prix : €€
45 rue Boulard – ⓜ Mouton-Duvernet – ☏ 01 53 90 76 22 – www.auxplumes.com – Fermé lundi et dimanche

KWON

CUISINE CORÉENNE • TENDANCE Cinéma, série et... cuisine ! La Corée n'en finit plus de s'inviter chez nous, pour notre plus grand plaisir. Décor épuré tendance industrielle et, dans l'assiette, les classiques coréens tels que barbecue et bibimbap, et surtout un sens du détail gourmand qui fait mouche. On apprécie notamment le soin apporté aux garnitures : incontournable kimchi, haricots croquants au goût fumé, fleur de lotus caramélisée, concombre au piment... Générosité et fraîcheur sont au rendez-vous, pour un très bon rapport qualité-prix-plaisir !
🅐🅒 – Prix : €
7 rue Ernest-Cresson – ⓜ Denfert-Rochereau – ☏ 01 45 41 71 55 – Fermé lundi et dimanche

LES PETITS PARISIENS

CUISINE TRADITIONNELLE • BISTRO Le chef Clément Gélard, passé par quelques très belles maisons, signe ici une cuisine bistrotière modernisée qui revisite avec brio les grands classiques comme le chou farci. Les gourmands se laisseront tenter par la mousse au chocolat, huile d'olive et fleur de sel ou un incontournable comme le riz au lait à la vanille, fruits secs, caramel au beurre salé.
🅐🅒 – Prix : €€
49 avenue Jean-Moulin – ⓜ Porte d'Orléans – ☏ 01 45 43 72 97 – www.petits-parisiens.fr – Fermé samedi et dimanche

L'ASSIETTE

CUISINE CLASSIQUE • BISTRO Une adresse franche et généreuse où l'on peut voir ce qui se trame en cuisine. Cassoulet maison (aussi disponible à l'épicerie attenante), pâté en croûte, pickles de légumes ; paleron de bœuf braisé au vin rouge et carottes fondantes ; baba au rhum... La cuisine de tradition prend l'accent bistrot chic.
Prix : €€
181 rue du Château – ⓜ Mouton-Duvernet – ☏ 01 43 22 64 86 – www.restaurant-lassiette.paris – Fermé lundi et mardi

AUX ENFANTS GÂTÉS

CUISINE MODERNE • BISTRO Aux murs, des citations de grands chefs et quelques recettes montrent que le patron est allé à bonne école... Il revisite la tradition de belle manière, avec l'appui des bons produits de la saison à l'image de ce délicieux navarin d'agneau printanier, poêlée de légumes primeurs du moment, petits pois et févettes. Une jolie petite maison.
🅐🅒 – Prix : €€
4 rue Danville – ⓜ Denfert-Rochereau – ☏ 01 40 47 56 81 – www.auxenfantsgates.fr – Fermé lundi, samedi et dimanche

BISTROT AUGUSTIN

CUISINE TRADITIONNELLE • BISTRO Repris en main par Guy Martin en 2020, ce bistrot a toujours les mêmes valeurs : cadre feutré, petite terrasse sur la rue

PARIS

Daguerre, et la belle cuisine du marché à la gloire du produit : terrine de lapin et compotée d'oignons rouges ; quasi de veau fermier cuit au sautoir, légumes de saison au lard paysan...Table d'hôte au fond de la salle et appétissant menu-carte.

&. 🄰🄲 🖼 – Prix : €€

79 rue Daguerre – 🄼 *Gaîté –* 𝒫 *01 43 21 92 29 – www.augustin-bistrot. fr – Fermé dimanche*

BISTROTTERS

CUISINE MODERNE • BISTRO Une bien jolie maison que ce Bistrotters installé dans le sud du 14e, près du métro Plaisance. Le chef soigne son choix de produits – avec une préférence pour les petits producteurs d'Île-de-France – et y instille des influences variées (Asie, Méditerranée...). Service décontracté.

🄰🄲 – Prix : €€

9 rue Decrès – 🄼 *Plaisance –* 𝒫 *01 45 45 58 59 – www.bistrotters.com*

LA CONTRE ALLÉE

CUISINE MODERNE • TRADITIONNEL Le chef Matthieu Chabroux régale dans cette discrète contre-allée de l'avenue Denfert-Rochereau : cuisine du marché simple et bien troussée, produits de qualité à l'image de cette salade de chou chinois aux gambas, ravioles croustillantes et saté sans oublier la spécialité de la maison, le baba au rhum... le tout dans un cadre de bistrot chic, sobre et chaleureux... Une bonne adresse.

🄰🄲 🖼 – Prix : €€

83 avenue Denfert-Rochereau – 🄼 *Denfert-Rochereau –* 𝒫 *01 43 54 99 86 – www.contreallee.net – Fermé samedi et dimanche*

LE CORNICHON

CUISINE MODERNE • BISTRO Armé d'un CV très costaud (Atelier Guy Martin, Lucas Carton, Grand Véfour), Sébastien Dagoneau fait des merveilles depuis sa reprise du Cornichon en janvier 2020. Comme promis, il décline une pure cuisine de produit, fraîche et gourmande, néo-bistrot en diable, avec du gibier en saison et une chouette carte de vins bio et nature. On se régale d'une lasagne de paleron de bœuf sauce diable et d'un chou croustillant fourré de crème à la vanille Bourbon.

Prix : €€

34 rue Gassendi – 🄼 *Denfert-Rochereau –* 𝒫 *01 43 20 40 19 – www.lecornichon. fr – Fermé samedi et dimanche*

LE DUC

POISSONS ET FRUITS DE MER • VINTAGE On a beau être au cœur de la rive gauche, on se croirait dans une cabine de yacht, où des fidèles de longue date viennent prendre leur ration d'air marin... Le chef travaille des poissons et fruits de mer de premier choix, et connaît parfaitement ses standards : tartare de langoustine au citron noir, sole meunière, homard sauté à l'orange, saint-pierre grillé... Embarquement immédiat.

🄰🄲 🖤 – Prix : €€€€

243 boulevard Raspail – 🄼 *Raspail –* 𝒫 *01 43 20 96 30 – www.restaurantleduc.com – Fermé dimanche*

LA GRANDE OURSE

CUISINE MODERNE • BISTRO Perdu dans un coin du 14e, aussi loin des codes des bistrots branchés d'aujourd'hui, que de la hype rétro qui sévit, Denis Croset, un chef pro et carré, mène sa barque contre modes et marrées. La carte, gourmande, met en valeur sa main expérimentée : cuissons bien maîtrisées, saveurs franches et produits de bonne qualité. Croustillant de boudin aux pommes, risotto de gambas à l'encre cuit au moment, ou encore sablé croustillant, pomme fondante et glace vanille... Suivez votre bonne étoile.

🖫 – Prix : €€

9 rue Georges-Saché – 🄼 *Mouton-Duvernet –* 𝒫 *01 40 44 67 85 – www.restaurantlagrandeourse.fr – Fermé lundi, dimanche et samedi midi*

KIGAWA

CUISINE TRADITIONNELLE • ÉLÉGANT Kigawa comme Michihiro Kigawa, le chef de cet établissement tout simple. Fort de son expérience dans un restaurant français à Osaka, le voilà à Paris pour vous régaler de pâté en croûte, pigeon rôti et autres beaux classiques de l'Hexagone... On se régale d'autant plus que le service assuré par Junko, sa femme, est tout simplement parfait.

[AC] – Prix : €€€

186 rue du Château – Ⓜ Mouton-Duvernet – ☏ 01 43 35 31 61 – www.kigawa.fr – Fermé lundi et dimanche

MONTÉE

CUISINE MODERNE • ÉPURÉ Quand un chef japonais talentueux décide de partager son amour de la gastronomie française, le résultat est là : assiettes graphiques, technique solide... Le tout dans un décor design et minimaliste.

Prix : €€€

9 rue Léopold-Robert – Ⓜ Notre-Dame-des-Champs – ☏ 01 43 25 57 63 – www.restaurant-montee.fr – Fermé lundi et dimanche

PORTE DE VERSAILLES • VAUGIRARD • BEAUGRENELLE

15e ARRONDISSEMENT

❀ CHAKAISEIKI AKIYOSHI Ⓝ

Chef : Yuichiro Akiyoshi

CUISINE JAPONAISE • ÉPURÉ Attention, unique en France ! Chakaiseki Akiyoshi est le premier restaurant de l'Hexagone dédié à la cérémonie traditionnelle du thé – le cha-kaiseki étant plus précisément le repas qui l'accompagne, et Yuichiro Akiyoshi le nom du chef. Le restaurant se cache derrière une discrète façade en bois et accueille seulement 10 couverts. Sériole et gelée de ponzu ; tempura de crevettes grises et son bouillon ; daurade royale marinée au saké, mirin et sauce soja puis grillée au charbon de bois ; sushi de maquereau ; riz au saumon grillé ; bouillon miso à l'artichaut : une cuisine de produits et de fraîcheur où tout est préparé devant le client par le chef, aidé de son épouse vêtue d'un kimono. Harmonie des couleurs et des saveurs, recherche esthétique et zen : vivez une expérience exclusive hors du temps dans un décor qui s'inspire des authentiques maisons de thés japonaises.

& [AC] – Prix : €€€€

59 rue Letellier – Ⓜ La Motte-Picquet - Grenelle – ☏ – www.chakaiseki-akiyoshi.fr – Fermé lundi

❀ NEIGE D'ÉTÉ

Chef : Hideki Nishi

CUISINE CRÉATIVE • CONTEMPORAIN Neige d'Été... Un nom d'une poésie toute japonaise, et pour cause : l'adresse est l'œuvre d'un chef nippon, Hideki Nishi, formé chez Taillevent et au George V, à Paris. Un nom en figure d'oxymore, surtout, qui annonce des jeux de contraste et une forme d'épure : telle est en effet la marque du cuisinier. Précision toute japonaise et répertoire technique hautement français s'allient donc à travers des recettes finement ciselées et subtiles, privilégiant les arrivages directs de Bretagne pour les légumes et les poissons, et les cuissons au charbon de bois. Un travail en justesse et en contrepoint, qui brille comme la neige en été...

[AC] – Prix : €€€€

12 rue de l'Amiral-Roussin – Ⓜ Avenue Émile-Zola – ☏ 01 42 73 66 66 – www.neigedete.fr – Fermé lundi, samedi et dimanche et du mardi au vendredi à midi

PARIS

L'ANTRE AMIS

CUISINE MODERNE • CONTEMPORAIN Entrez dans cet Antre, dont le chef-patron assure la cuisine avec passion. Avec des produits de saison, il compose une courte carte actuelle (asperges des Landes, viande des Grisons et œuf mimosa ; dos de cabillaud et risotto crémeux aux premiers petits pois) ainsi que des plats à partager façon tapas, le tout accompagné de quelques 200 références de vins. Agréable cadre contemporain et terrasse sur rue calme.

🅰🅺 🍴 – Prix : €€

9 rue Bouchut – Ⓜ *Ségur –* 📞 *01 45 67 15 65 – www.lantreamis.com – Fermé samedi et dimanche*

LE CASSENOIX

CUISINE TRADITIONNELLE • BISTRO Vieilles affiches, pendules et meubles vintage : le décor est planté. Côté petits plats, l'authenticité prime aussi : délicieuse cuisine canaille, dont boudins blancs et pâtés en croûte, inspirés au chef par son papa, Meilleur Ouvrier de France à Orléans... Amusante collection de casse noix chinés par la maman du patron. Ce "CasseNoix" casse des briques !

Prix : €€

56 rue de la Fédération – Ⓜ *Bir-Hakeim –* 📞 *01 45 66 09 01 – www.le-cassenoix. fr – Fermé samedi et dimanche*

LE RADIS BEURRE

CUISINE TRADITIONNELLE • BISTRO C'est boulevard Garibaldi, à Paris, que le chef Jérôme Bonnet a trouvé l'endroit dont il rêvait pour monter son propre restaurant. Il propose une cuisine goûteuse et bien ficelée, qui porte la marque de ses origines sudistes. Un exemple ? Cette échine de cochon avec endives braisées, vieille mimolette et jus perlé, qui mérite toute votre attention...

Prix : €€

51 boulevard Garibaldi – Ⓜ *Sèvres - Lecourbe –* 📞 *01 40 33 99 26 – www. restaurantleradisbeurre.com – Fermé samedi et dimanche*

L'ACCOLADE

CUISINE MODERNE • BISTRO Dans une ambiance franchement conviviale, le chef, un ancien prof de sport qui a bifurqué, propose une cuisine goûteuse, renouvelée chaque jour, dans laquelle on croise de nombreux produits du Sud-Ouest (poitrine de cochon, chou pointu et lentilles vertes), mais aussi quelques saveurs venues d'Asie (carpaccio de navet Tokyo, chair de crabe, coriandre et ail noir). Une adresse attachante.

Prix : €€

208 rue de la Croix-Nivert – Ⓜ *Boucicaut –* 📞 *01 45 57 73 20 – www. laccoladeparis.com – Fermé samedi et dimanche*

BEURRE NOISETTE

CUISINE DU MARCHÉ • BISTRO Un bistrot savoureux, bien connu des habitués ! Thierry Blanqui puise son inspiration au marché : pâté en croûte de canard et pistache ; cabillaud au four, légumes crus et cuits, vinaigrette olive noire ; baba au rhum ambré, crème légère vanillée ! Un pied dans la tradition, l'autre dans la nouveauté : on se délecte... Une valeur sûre.

🍴 – Prix : €€

68 rue Vasco-de-Gama – Ⓜ *Lourmel –* 📞 *01 48 56 82 49 – www. restaurantbeurrenoisette.com – Fermé lundi, dimanche et samedi midi*

BISCOTTE

CUISINE MODERNE • CONTEMPORAIN Maximilien (au salé) et Pauline (au sucré), deux habitués de prestigieuses maisons parisiennes (Bristol, Lasserre, Arpège, George V) proposent une cuisine du marché, goûteuse et appliquée, qui évolue au gré des saisons et des approvisionnements. Ils ont toujours à cœur de favoriser les produits locaux ou les producteurs artisanaux. Une adresse comme on les aime.

Prix : €€
22 rue Desnouettes – Ⓜ Convention – ℰ 01 45 33 22 22 – www.restaurant-biscotte.com – Fermé lundi, dimanche et du mardi au samedi à midi

LE CLOS Y

CUISINE CRÉATIVE · DESIGN Élégamment disposés les uns à côté des autres, couverts à la française et baguettes à la japonaise symbolisent l'esprit du Clos. Produits de qualité, soin d'exécution, recherche de la subtilité : dans ses menus uniques, Yoshitaka Ikeda révèle, s'il le fallait encore, toutes les affinités des gastronomies française et japonaise.

Ġ ⒶⒸ ⇔ – Prix : €€€
27 avenue du Maine – Ⓜ Montparnasse - Bienvenüe – ℰ 01 45 49 07 35 – Fermé lundi et dimanche

ISCHIA - CYRIL LIGNAC

CUISINE ITALIENNE · CHIC Table italienne au cadre glamour, très inspiré des années 1970, créé par le cuisinier-star Cyril Lignac. À la carte, on retrouve toutes les cuisines de la Botte – pâtes anolini de Parme, carpaccio de Venise, escalope de veau milanaise, pizzette et baba au limoncello...). L'assiette réjouit et les prix restent raisonnables.

ⒶⒸ ⇔ ⫘ – Prix : €€
14 rue Cauchy – Ⓜ Javel – ℰ 01 45 54 43 43 – www.restaurantischia.com

L'OS À MOELLE

CUISINE TRADITIONNELLE · BISTRO Thierry Faucher est toujours aux manettes de cet Os à Moelle, où il s'affirma au début des années 2000 comme l'un des précurseurs de la bistronomie. Caviar d'aubergine, œuf mollet jambon de pays ; gigot d'agneau et fricassée de légumes ; os à moelle ; soupe du jour... C'est simple, bon et généreux.

Prix : €€
3 rue Vasco-de-Gama – Ⓜ Lourmel – ℰ 01 45 57 27 27 – Fermé lundi, dimanche et samedi midi

PILGRIM

CUISINE MODERNE · CONTEMPORAIN Hideki Nishi (propriétaire de Neige d'Été, à Paris) a confié à la cheffe Yurika Kitano les fourneaux de cette table près de Montparnasse. Dans une cuisine centrale et légèrement surélevée, elle met en oeuvre ses convictions culinaires et écologiques, sourçant avec soin ses produits pour présenter des assiettes raffinées et graphiquement séduisantes.

ⒶⒸ – Prix : €€€
8 rue Nicolas-Charlet – Ⓜ Pasteur – ℰ 01 40 29 09 71 – www.pilgrimparis.com – Fermé samedi et dimanche

SHARMAJI Ⓝ

CUISINE INDIENNE · CONTEMPORAIN Manoj Sharma est LE chef indien qui, à travers plusieurs adresses, a entrepris de sortir la cuisine indienne de ses clichés (les tandooris et autre poulet korma...). Dans ce lieu pimpant, moderne et coloré, la cuisine, véritable bistronomie, puise dans un répertoire traditionnel indien décapé esthétiquement et techniquement : poulet sauté masala du chef, coco et feuilles de curry ; piment corne de bœuf garni de masala cheese, sauce yaourt ; caramelized ginger cake. Mitonnées à grand renfort d'épices et d'aromates, les assiettes goûteuses de Manoj ménagent néanmoins les délicats palais occidentaux en dosant parfaitement le piment. Le menu déjeuner est un bon plan. Carte renouvelée régulièrement.

Ġ ⌂ – Prix : €€
16 rue Frémicourt – Ⓜ Avenue Émile-Zola – ℰ 09 78 80 52 78 – www.sharmaji.fr – Fermé lundi et dimanche soir

PARIS

PARIS

🛏 HÔTEL CLARISSE

MODERNE • ÉLÉGANT Style industriel, matériaux de récupération et espaces communs plus "british" que parisiens : l'établissement renouvelle le vocabulaire hôtelier local. Ses chambres compactes affichent une tenue moderne et élégante, renforcée par une palette bleu marine et blanc. Quelques chambres triples et quadruples.

 ♿ 🅿 ⌦ 🅰🄲 - 27 chambres

159 boulevard Lefèbvre – ☎ 01 48 28 18 35 – www.hotelclarisse.com

🛏 MAMA SHELTER PARIS WEST

AVANT-GARDE • CONVIVIAL Pour transformer l'ouest de Paris façon west-coast, un rooftop esprit bord de mer avec vue panoramique sur la ville, un restaurant bariolé au parfum californien et une brochette de DJs. Dessinées par l'architecte Jean-Michel Wilmotte et le cabinet de design Dion & Arles, les chambres du groupe donnent toujours la pêche avec leurs motifs ethniques et leurs palettes gorgées de soleil.

 ♿ 🚗 ⌦ 🍴 🅰🄲 - 207 chambres

20 avenue de la Porte de la Plaine – ☎ 01 75 77 52 52 – www.mamashelter.com/paris-west

🛏 VILLA M

MODERNE • CHALEUREUX Une végétation vivante et saisissante habille cette structure moderne, alors qu'à l'intérieur, atmosphère chaleureuse et nature font bon ménage. Les chambres exubérantes - et apaisantes - conçues par Ph. Starck répondent à des espaces publics très accueillants : un restaurant qui s'ouvre sur une terrasse extérieure , un bar "inversé" et un programme de musique live, plus un deuxième bar sur le toit-terrasse, avec vue sur la Tour Eiffel et les toits de la ville.

 🛋 🅿 🛏 🛗 🍴 🅰🄲 - 73 chambres

24 boulevard Pasteur – ☎ 01 70 61 70 40 – www.hotelvillam-paris15.com

TROCADÉRO • ÉTOILE • PASSY • BOIS DE BOULOGNE

16ᵉ ARRONDISSEMENT

✿✿✿ LE PRÉ CATELAN

CUISINE MODERNE • LUXE On doit à Pierre-Yves Rochon d'avoir révolutionné ce pavillon Napoléon III niché en plein cœur du bois de Boulogne, à grand renfort de mobilier design et de tons vert, blanc et argent. Aux commandes de cette illustre maison, on trouve un Meilleur Ouvrier de France à la passion intacte : Frédéric Anton. De ses mentors (dont Joël Robuchon), le chef a hérité la précision et la rigueur, auxquelles s'ajoute un goût certain pour les associations de saveurs inédites. Souvent centrées sur un produit de choix (le rouget, la morille, le pigeonneau, la langoustine), les assiettes allient équilibre, harmonie, générosité : chacune d'entre elles est un petit bijou de travail, jusqu'au dans sa conception graphique. N'oublions pas, bien sûr, la cave irréprochable et l'accueil au diapason.

 🎠 🛋 ♿ 🅰🄲 ⟷ 🛋 🅿 – Prix : €€€€

Route de Suresnes - bois de Boulogne – ☎ 01 44 14 41 14 – www.leprecatelan. com – Fermé lundi, mardi et dimanche

✿✿ L'OISEAU BLANC

CUISINE CRÉATIVE • CHIC Le restaurant de "gastronomie française contemporaine" du Peninsula, ce luxueux hôtel installé à deux pas de l'Arc de Triomphe. Son nom fait référence à l'avion avec lequel Nungesser et Coli tentèrent la première traversée de l'Atlantique nord en 1927 : une reproduction grandeur nature de l'appareil est suspendue au sommet de l'hôtel, comme si elle allait partir à l'assaut

des cieux. Un bel hommage rendu aux deux pionniers autant qu'au ciel de Paris !
Sous sa verrière posée sur les toits, le restaurant semble en effet voler au-dessus de
la capitale, et la terrasse offre une vue magistrale de la tour Eiffel au Sacré-Cœur.
Un cadre parfait pour déguster la fine cuisine du chef David Bizet où tout tombe
juste : cuissons, jus et sauces, visuels. En dessert, ce sont nos papilles qui prennent
de la hauteur, grâce aux talents sucrés de la pâtissière Anne Coruble. Une réussite.

↩ ⇆ & 🅰🅒 🍽 – Prix : €€€€

*19 avenue Kléber – Ⓜ Kléber – ℰ 01 58 12 67 30 – www.peninsula.com/fr/paris/
hotel-fine-dining/french-rooftop-loiseau-blanc*

❀ **ALAN GEAAM**

Chef : Alan Geaam

CUISINE CRÉATIVE • ÉLÉGANT On parle toujours du rêve américain... Alan
Geaam, lui, préfère parler du rêve français ! Après une enfance marquée par la
guerre civile au Liban, il a débarqué à Paris à 24 ans avec une idée en tête : intégrer
le monde de la gastronomie, sa véritable passion. Successivement plongeur, puis
commis, il se forme à travers les livres et gravit un à un les échelons du métier.
Désormais chez lui, il éclate au grand jour et réalise la synthèse de ce qu'il a appris
tout au long de son parcours. Ses recettes originales marient le patrimoine français
et des influences libanaises avec une grande justesse – le terme de "métissage"
n'a jamais été aussi approprié –, et chaque assiette respire la passion et le travail.
Une bien belle table.

🅰🅒 – Prix : €€€€

*19 rue Lauriston – Ⓜ Charles de Gaulle - Étoile – ℰ 01 45 01 72 97 –
www.restaurant.alangeaam.fr – Fermé samedi et dimanche*

❀ **L'ARCHESTE**

Chef : Yoshiaki Ito

CUISINE MODERNE • ÉPURÉ Devanture engageante et cadre épuré (peinture
sombre effet brossé, structure en bois, grande vitre apportant de la luminosité)
pour ce restaurant imaginé par un passionné de produit qui a officié dix-huit ans
chez Hiramatsu, dont dix en tant que chef. Il émerveille son monde avec une cuisine
française éclatante de modernité, précise et cohérente, qui fait la part belle à des
produits d'excellente qualité tout en épousant les saisons de fort belle manière. Pas
de carte ici : les menus évoluent chaque jour au gré des humeurs du chef. Au fait,
pourquoi l'Archeste ? Dans ce nom, il faut voir un hommage à Alain Senderens et
à son restaurant l'Archestrate, mais aussi un savant mélange d'artiste, d'artisanal,
d'orchestre et d'art. Au final, l'important, c'est qu'on s'y régale... et figurez-vous
que c'est le cas.

🎵 & 🅰🅒 – Prix : €€€€

*79 rue de la Tour – Ⓜ Rue de la Pompe – ℰ 01 40 71 69 68 – www.archeste.fr –
Fermé lundi, dimanche, et mardi et mercredi à midi*

❀ **ASTRANCE**

Chef : Pascal Barbot

CUISINE CRÉATIVE • ÉLÉGANT Pascal Barbot et son complice Christophe Rohat
ont choisi de s'installer dans une adresse mythique qui fit les beaux jours de Joël
Robuchon, au temps du Jamin : un pari audacieux ! Ils en ont fait un lieu empreint
de sobriété et de modernisme, qui n'oublie pas de rendre hommage au grand
chef avec le "salon Joël". Avec une passion intacte pour le produit, le chef élabore
une cuisine innovante qui ne se refuse aucun détour, avec une prédilection particulière pour l'Asie et le végétal. En salle, on peut compter sur le talent du maître de
maison pour mettre ses hôtes à l'aise... et leur trouver la perle rare parmi les crus
qui garnissent la superbe cave vitrée.

🎵 & 🅰🅒 ⟷ 🍽 – Prix : €€€€

*32 rue de Longchamp – Ⓜ Iéna – ℰ 01 40 50 84 40 – www.astranceparis.fr –
Fermé samedi et dimanche*

PARIS

❀ BELLEFEUILLE - SAINT JAMES PARIS

Chef : Julien Dumas

CUISINE CRÉATIVE • LUXE Érigé en 1892, cet hôtel particulier a des airs de véritable petit château environné de verdure, en plein cœur de Paris. C'est au début des années 1990 qu'il devient hôtel, et en 2013 seulement que son restaurant s'ouvre à la clientèle extérieure... Un établissement parmi les plus exclusifs de la capitale ! Le chef Julien Dumas (ex Lucas Carton) propose une cuisine végétale et marine de grande qualité à l'image de ce homard de Chausey, rhubarbe et fleur de fenouil. Mais que les amateurs de viandes se réjouissent, son colvert, déclinaison de sarrasin et andouille de Guémené, est absolument sublime. On se délecte d'une partition lisible et maîtrisée dans une salle à manger rénovée dans une ambiance de naturalité qui colle parfaitement à la cuisine du chef.

❀ ⇦ 🗦 🅰🅺 ❖ 🅿 – Prix : €€€€

5 place du Chancelier-Adenauer – Ⓜ Porte Dauphine – ✆ 01 44 05 81 88 – www.saint-james-paris.com – Fermé samedi et dimanche et du lundi au vendredi à midi

❀ **L'engagement du chef** : Un potager et un verger d'Île-de-France (Nonville, en Seine-et-Marne), cultivés en agriculture biologique, fournissent la majorité des légumes, herbes et fruits du restaurant ; leur acheminement est assuré par un véhicule électrique. Les producteurs-artisans (maraîchers, pêcheurs, éleveurs) sont choisis pour leurs méthodes respectueuses de l'environnement. Le menu unique suit les saisons et utilise tout le produit, avec très peu de viande. Les déchets organiques sont transformés en compost.

❀ BLANC Ⓝ

Chef : Shinichi Sato

CUISINE CRÉATIVE • DESIGN Formé en France chez Pascal Barbot, le chef Shinichi Sato avait couronné son Passage 53 de deux étoiles. Dans sa nouvelle adresse, sous une voûte de lattes de bois enchevêtrées comme une corolle, la salle circulaire où l'on s'attable forme une scène épurée et capitonnée. Un décor qui permet d'apprécier à sa juste valeur la finesse créative de la cuisine du chef. Tout commence avec des produits de première qualité qui sont ensuite sublimés avec une technique rigoureuse : ravioles d'oignon de Roscoff, champignons et parmesan ; artichaut frit, coques et yuzu, accompagné d'une délicieuse foccacia ; bœuf danois maturé 3 mois, cecina de León et balsamique... Carte des vins remarquable, notamment de Bourgogne, et collection de whiskys à déguster dans un bar à l'ambiance feutrée.

❀ 🅰🅺 ❖ – Prix : €€€€

52 rue de Longchamp – Ⓜ Trocadéro – ✆ 01 70 60 12 00 – www.blanc-paris. com – Fermé lundi, dimanche et du mardi au jeudi à midi

❀ COMICE

Chef : Noam Gedalof

CUISINE MODERNE • ÉLÉGANT Un couple de Canadiens, Noam Gedalof de Montréal et Etheliya Hananova de Winnipeg, a eu l'excellente idée d'ouvrir leur premier restaurant à Paris, après de belles expériences internationales : le chef – ancien du French Laundry, en Californie – s'inspire des bases de la cuisine française, qu'il saupoudre de modernité. Son obsession : mettre en valeur des produits de la saison avec le plus grand soin, à travers un menu unique concocté au gré des ses trouvailles. Cette séduisante partition se déguste dans une jolie salle moderne aux murs bleu profond, agrémentés de tableaux d'artistes contemporains (avec une cuisine ouverte au fond de la salle). Quant à l'accueil et au chaleureux service orchestrés par l'épouse du chef : ils font honneur à la réputation de ses compatriotes...

🅰🅺 – Prix : €€€€

31 avenue de Versailles – Ⓜ Mirabeau – ✆ 01 42 15 55 70 – www.comice.paris – Fermé samedi, dimanche et le midi

❀ DON JUAN II

CUISINE CRÉATIVE • ÉLÉGANT Amarré au pied de la passerelle Debilly, rive droite et face à la Tour Eiffel, un magnifique yacht Art déco, le Don Juan II, décoré de boiseries somptueuses et revêtu d'une moquette épaisse n'attend plus que vous. Embarquez pour une croisière touristique et gourmande de 2h30 sous la houlette d'un capitaine hors norme, Frédéric Anton ! Le chef du Pré Catelan a sélectionné quelques-unes de ses créations emblématiques (crabe au parfum de curry, langoustine en ravioli, soufflé chaud au chocolat) pour régaler ses passagers. Au fil de la Seine défilent les plus beaux monuments de la Ville Lumière, dûment commentés par l'équipage, pendant ce voyage de luxe...

⇜ 🅰🅿 – Prix : €€€€

Port Debilly – Ⓜ Trocadéro – ☏ 01 83 77 44 40 – www.donjuan2.yachtsdeparis.fr – Fermé lundi, dimanche et du mardi au samedi à midi

❀ LA GRANDE CASCADE

CUISINE MODERNE • CLASSIQUE Transformé en restaurant pour l'Exposition universelle de 1900, ce pavillon mêle les styles Empire, Belle Époque et Art nouveau : un charme incomparable se dégage de la rotonde, aménagée sous une grande verrière, et de la magnifique terrasse. La clientèle d'affaires vient y respirer le chic du Paris d'autrefois et l'air de la campagne en plein bois de Boulogne. Georges Menut veille amoureusement sur cette Grande Cascade, prenant soin de cultiver son image de grande dame. Mais l'établissement vit aussi avec son temps grâce à la cuisine du chef Frédéric Robert, passé par L'Ambroisie, le Vivarois et Lucas-Carton et les desserts du jeune pâtissier Joris Vée.

❀ 🍴 ⇔ ♨🅿 – Prix : €€€€

Allée de Longchamp, Bois de Boulogne – ☏ 01 45 27 33 51 – www.restaurantsparisiens.com/la-grande-cascade

❀ NOMICOS

Chef : Jean-Louis Nomicos

CUISINE MODERNE • ÉLÉGANT Après avoir dirigé de nombreuses années durant les cuisines du restaurant Lasserre – l'un des temples de la cuisine classique –, Jean-Louis Nomicos est bien installé dans ce restaurant qui porte son nom. Pour ce chantre de la belle tradition, qui est né près de Marseille et a grandi dans le culte de la bouillabaisse, l'art et la technique doivent avant tout rester au service des sens et du plaisir. Telle est la condition pour révéler toutes les potentialités des grandes recettes et des produits de choix – méditerranéens, si possible ! On y retrouve notamment le plat signature : les macaronis aux truffes noires et foie gras de canard. Quant au décor contemporain, il se révèle parfaitement en phase avec le travail du chef.

❀ ♿ 🅰 – Prix : €€€€

16 avenue Bugeaud – Ⓜ Victor Hugo – ☏ 01 56 28 16 16 – www.nomicos.fr – Fermé lundi et dimanche

❀ ÖRTENSIA

Chef : Terumitsu Saito

CUISINE MODERNE • ÉLÉGANT On ne le dira jamais assez : le chef japonais est souvent l'un des meilleurs interprètes de la grande cuisine française, mâtinée ici de discrètes touches nippones, toujours distillées à bon escient (feuilles de kombu et marinade au saké sur le carpaccio de daurade, infusion de feuilles de nori avec le turbot, granité au shiso rouge). Comme l'hortensia, une cuisine qui change de couleur(s), au diapason de la saison et du temps. Côté décor, on ne reconnaît plus l'ex-Astrance : le cadre intimiste contemporain joue l'épure et les tons clairs grâce à l'omniprésence du bois, tandis que les murs en miroir ouvrent l'espace. Réservation en ligne uniquement.

🅰 – Prix : €€€€

4 rue Beethoven – Ⓜ Passy – www.restaurantortensia.com – Fermé lundi, dimanche et mardi midi

❀ PAGES

CUISINE CRÉATIVE • ÉPURÉ La passion des chefs japonais pour la gastronomie française s'illustre une nouvelle fois à travers ce restaurant surprenant dont le décore épuré de briques fait une page blanche... Passé par de belles maisons, Ryuji Teshima, dit Teshi, propose une version contemporaine et très personnelle de la cuisine de l'Hexagone basée sur les plus beaux crustacés et poissons de Normandie et de Bretagne - il y a même une petite armoire à maturation pour le bœuf Wagyu. Autour d'un menu "surprise", il imagine des mélanges colorés de saveurs qui peuvent paraître improbables sur le papier, mais qui fonctionnent dans l'assiette. Les cuissons sont au cordeau, et certaines préparations passent aussi sur le petit barbecue qui fait entendre sa note singulière. Les cuisines visibles depuis la salle permettront aux curieux de le voir s'affairer aux fourneaux...

Prix : €€€€

4 rue Auguste-Vacquerie – Ⓜ Charles de Gaulle - Étoile – 𝒫 01 47 20 74 94 – www.restaurantpages.fr – Fermé samedi et dimanche

ꙮ **SHANG PALACE**

CUISINE CHINOISE • ÉLÉGANT Le Shangri-La, superbe palace parisien, évoque un voyage aux confins de l'Asie, vers un paradis luxueux et imaginaire. Situé au niveau inférieur de l'établissement, ce restaurant transporte ses hôtes dans un Hong Kong merveilleux, entre colonnes en pierre de taille, paravents sculptés et lustres en cristal. La cuisine cantonaise est à l'honneur ; on peut partager en toute convivialité un assortiment de plats servis au centre de la table. Les cuissons se révèlent précises, les parfums subtils. Les dim sum sont moelleux à souhait et un plat comme les aubergines braisées en cocotte, poulet et poisson séché est un modèle de gourmandise ! Le menu découverte est une aubaine : ravioli wonton frits aux langoustines, sauce aigre douce yuzu, ha kao, siu mai, bouchée rubis, bouchée légumes & champignons ; bao Shang Palace au porc braisé, pickles de légumes...

🍽 🖑 🏧 💬 🍽 – Prix : €€€€

10 avenue d'Iéna – Ⓜ Iéna – 𝒫 01 53 67 19 92 – www.shangpalaceparis.com – Fermé mardi et mercredi

ꙮ **SUBSTANCE**

CUISINE CRÉATIVE • CONTEMPORAIN Matthias Marc, chef au CV ciselé dans de grandes maisons (Le Saint-James à Bouliac, Le Meurice et Lasserre à Paris), demi-finaliste de Top Chef 2021, propose un menu surprise qui privilégie les circuits courts et évolue au gré des saisons, avec de jolies incursions jurassiennes, sa région d'origine. Asperge verte, canard fumé, ail des ours et mélisse, ou omble chevalier, petit pois, passion, poivres illustrent bien sa patte créative et volontiers végétale. Desserts "modernes" et faible en sucres, comme cette fraise / rhubarbe / sapin et son fin ruban de meringue. Très belle carte des vins, en majorité en bio ou nature. Une cuisine décomplexée, vivante : en substance, une excellente adresse.

🍷 – Prix : €€€€

18 rue de Chaillot – Ⓜ Alma - Marceau – 𝒫 01 47 20 08 90 – www.substance.paris – Fermé samedi et dimanche

BRACH

CUISINE MÉDITERRANÉENNE • CONTEMPORAIN Dans ce cadre luxueux qui s'est affranchi des codes, on se régale d'une cuisine sans chichis, qui offre une immersion au cœur des différentes traditions gastronomiques du bassin méditerranéen. C'est sain, équilibré, et c'est le MOF Yann Brys, qui signe les desserts. Partage, échange et convivialité, avec une affection particulière pour les entrées. Bien joué.

🖑 🏧 🍽 – Prix : €€€€

1-7 rue Jean Richepin – Ⓜ La Muette – 𝒫 01 44 30 10 00 – www.brachparis.com

LA CAUSERIE

CUISINE MODERNE • VINTAGE Le chef revisite ici la tradition avec grande fraîcheur à travers une carte aussi carrée que gourmande : au choix, pâté en croûte, gnocchis à la parisienne, goujonnettes de cabillaud et sauce tartare ou les suggestions de saison (lièvre à la royale, Saint-Jacques etc.). Quant à la déco, elle possède un agréable côté rétro : grand miroir, fresque en céramique, faïence de Sarreguemines, etc. Service attentionné.

Prix : €€

31 rue Vital – Ⓜ La Muette – 𝒫 01 45 20 33 00 – www.lacauserie.fr – Fermé samedi et dimanche

CAVALIERI

CUISINE MÉDITERRANÉENNE • COLORÉ Entre la place du Trocadéro et la Muette, un lieu chic et contemporain qui célèbre les grands classiques transalpins, revisités par le nouveau chef Daniele Frontino : aubergine parmigiana, fritto misto, vitello tonnato version fumé, linguine alle vongole... Côté décor, des menuiseries en noyer sicilien, des marbres italiens bicolores, de la vaisselle peinte à la main dans le style amalfitain.

🍽 – Prix : €€

71 avenue Paul-Doumer – ⓜ La Muette – ☏ 01 40 50 91 17 – www.cavalieri.paris.fr

DISCIPLES

CUISINE MODERNE • CONTEMPORAIN Le chef Jean-Pierre Vigato n'a rien perdu de sa passion de la transmission. La preuve, il adoube ici son "disciple" Romain Dubuisson, dans une salle à manger lumineuse et contemporaine à l'unisson de ce quartier chic. Au menu, une carte courte pour une cuisine gourmande et généreuse, des suggestions et de belles pièces de viande à partager (côte de veau, échine de cochon fermier...).

🏠 🍽 – Prix : €€€

136 boulevard Murat – ⓜ Porte de Saint-Cloud – ☏ 01 45 27 39 60 – Fermé samedi et dimanche

DUCASSE SUR SEINE

CUISINE MODERNE • CONTEMPORAIN Décidément, Alain Ducasse ne manque pas d'idées. La preuve une fois de plus avec Ducasse sur Seine : ce bateau électrique, amarré au quai du port Debilly, dans le très chic 16e, propose une promenade gastronomique écolo et silencieuse. En même temps que les monuments de Paris, on découvre une cuisine au goût du jour rondement menée par une brigade digne des grandes maisons.

◁ 🅰🅒 ⇕ 🍽 – Prix : €€€€

Port Debilly – ⓜ Trocadéro – ☏ 01 58 00 22 08 – www.ducasse-seine.com/fr – Fermé lundi et du mardi au jeudi à midi

ÉTUDE

CUISINE CRÉATIVE • ÉPURÉ Nourri par ses rencontres avec des petits producteurs, Keisuke Yamagishi, originaire de la province rurale japonaise de Nagano, propose des menus surprise autour des produits de saison. Dans un cadre épuré, sous les plafonniers signés Serge Mouille, le chef partage sa créativité, sa sensibilité esthétique et sa passion pour les vins de Bourgogne notamment.

🕸 🅰🅒 – Prix : €€€€

14 rue du Bouquet-de-Longchamp – ⓜ Boissière – ☏ 01 45 05 11 41 – www.restaurant-etude.fr – Fermé lundi, samedi et dimanche et mardi midi

LILI

CUISINE CHINOISE • EXOTIQUE Créé par le groupe hôtelier de luxe hongkongais du même nom, le déjà célèbre hôtel Peninsula abrite comme il se doit une table asiatique. Dans un décor très théâtral, la longue carte, mise en musique par le chef révèle un large éventail de spécialités chinoises (certaines mises au goût européen). Une ambassade gastronomique pour l'Empire du Milieu.

♿ 🅰🅒 ⇕ 🍽 – Prix : €€€€

19 avenue Kleber – ⓜ Kléber – ☏ 01 58 12 28 88 – www.liliparis.fr – Fermé lundi et dimanche

MAVROMMATIS - LE BISTRO PASSY

CUISINE GRECQUE • CONTEMPORAIN L'une des adresses d'Andreas Mavrommatis, pape de la gastronomie méditerranéenne à Paris. On s'installe dans une salle, façon bistrot contemporain, décorée de photos de la collection de Nikos Aliagas, pour déguster mézédés chauds et froids, poulpe poêlé et fava de Santorin,

PARIS

ou soudjoukakia (boulettes de bœuf, concassé de tomate et cumin). C'est frais et savoureux. Boutique traiteur et cave à vins.

🅰🄲 – Prix : €€

70 avenue Paul-Doumer – Ⓜ La Muette – ☏ 01 40 50 70 40 – www.mavrommatis.com – Fermé dimanche

MONSIEUR BLEU

CUISINE MODERNE • BRANCHÉ Comme emplacement dans Paris, on fait difficilement mieux que cette adresse... Nichée dans le palais de Tokyo, elle est superbe avec sa salle Art déco tout en gris, vert et or, et sa terrasse regardant la Seine et la tour Eiffel. L'assiette n'est pas en reste, sophistiquée et savoureuse. Un endroit très en vue !

♿ 🅰🄲 🛋 ⇧ – Prix : €€€

20 avenue de New-York – Ⓜ Iéna – ☏ 01 47 20 90 47 – www.monsieurbleu-restaurant.com

LE PERGOLÈSE

CUISINE TRADITIONNELLE • ÉLÉGANT Si le décor du Pergolèse a été entièrement repensé (tableaux contemporains, street art, assiettes de Aurélie Pergay), la cuisine continue de célébrer le classicisme, dans l'esprit d'une "belle maison bourgeoise où l'on reçoit les clients comme chez soi".

🏵 🅰🄲 🛋 ⇧ 🍷 – Prix : €€€€

40 rue Pergolèse – Ⓜ Porte Maillot – ☏ 01 45 00 21 40 – www.lepergolese.com – Fermé samedi et dimanche

PLEINE TERRE

CUISINE MODERNE • CLASSIQUE Derrière une devanture discrète, passé quelques marches vers le sous-sol, on découvre un chef passionné d'agrumes, d'épices et de poivre : il développe une cuisine au plus près des saisons, et met en valeur le travail de petits producteurs triés sur le volet. Une partition inventive, mise en musique par une équipe souriante et enthousiaste : bonne pioche.

🅰🄲 ⇧ – Prix : €€€€

15 rue de Bassano – Ⓜ Kléber – ☏ 09 81 76 76 10 – www.restaurant-pleineterre.com – Fermé lundi, dimanche et samedi midi

PRUNIER PAR YANNICK ALLÉNO

POISSONS ET FRUITS DE MER • HISTORIQUE Imaginé par les plus grands mosaïstes, graveurs et sculpteurs de l'époque Art déco, le décor de Prunier vaut à lui seul le détour : c'est un régal pour les yeux. Une nouvelle époque s'ouvre ici avec l'arrivée de Yannick Alléno qui a signé la carte et placé en cuisine un homme de confiance, le chef Fabien François. La carte met évidemment le poisson, les crustacés et le caviar maison à l'honneur mais pas uniquement (il y a quelques viandes). Les grands classiques sont également revisités comme l'œuf Christian Dior ou les huîtres au lait d'amande à l'aneth.

🏵 🅰🄲 ⇧ 🍷 – Prix : €€€€

16 avenue Victor-Hugo – Ⓜ Charles de Gaulle - Étoile – ☏ 01 44 17 35 85 – www.prunier.com – Fermé lundi et dimanche soir

🛏 ## BRACH   📶 *Plus*

AVANT-GARDE • CHALEUREUX Un hôtel surprenant et séduisant : des chambres signées Starck, habillées d'un mélange de matières naturelles et industrielles – bois, cuir, béton, verre, marbre et métal –, mais aux couleurs chaudes, par l'apport d'influences africaines et asiatiques... sans oublier le jardin urbain sur le toit, avec vue sur Paris !

🛝 🅿 ❄ 🏊 🌐 ♨ 💆 ♨ 🍴○ 🅰🄲 - 59 chambres

1-7 rue Jean Richepin – ☏ 01 44 30 10 00 – www.brachparis.com

Brach - Voir la sélection des restaurants

🛏 HÔTEL BOTANISTE

MODERNE • RAFFINÉ L'Hôtel Botaniste offre un degré de tranquillité difficile à trouver dans les quartiers parisiens plus centraux. C'est aussi un endroit étonnamment verdoyant, en accord avec le nom : un joli jardin privé relie les deux bâtiments de l'hôtel. Les chambres sont chic d'une manière discrète, un peu bohème, sans jamais sacrifier le confort. Un petit-déjeuner impressionnant est servi dans la salle à manger ou dans le jardin, et des plats légers sont disponibles au salon toute la journée.

🐾 🛜 AC - 42 chambres

11 rue Molitor – 🕿 *01 78 95 77 77 – www.hotelbotaniste.com*

🛏 KEPPLER   🏛 *Plus*

MODERNE • COSY Le décor, tout en luxe et raffinement, est signé Pierre-Yves Rochon. Que ce soit dans les salons, la bibliothèque ou les petites chambres, la magie opère... Hammam, sauna et fitness complètent cet ensemble pour le moins cosy.

🅿 🐾 🚲 🛜 ⅃⅁ ♨ AC - 39 chambres

10 rue Kepler – 🕿 *01 47 20 65 05 – www.keppler.fr*

🛏 MOLITOR   🌐

MODERNE • CHARME Véritable emblème de l'Ouest parisien depuis les années 1920, la piscine Molitor est réapparue sous la forme de cet hôtel de luxe au charme ravageur. Clins d'œil à l'histoire (façade bleue et jaune autour de la piscine, en particulier), épure ultramoderne dans les chambres : le mythe renaît sous nos yeux.

⛳ 🏋 🅿 🐾 🏊 🌐 🛜 ⅃⅁ ♨ ⅃〇 AC - 124 chambres

13 rue Nungesser et Coli – 🕿 *01 56 07 08 50 – www.molitorparis.com*

🛏 SAINT JAMES PARIS   🌐

ELEGANT • CHALEUREUX La patte de Laura Gonzalez a réveillé le décor de cet hôtel particulier de la fin du 19e s. De superbes matières, des imprimés chatoyants, des touches Art déco et des objets chinés aident à valoriser l'architecture néoclassique et réinventer les codes du luxe parisien. La délicieuse bibliothèque, le majestueux escalier, les volumes harmonieux : l'empreinte d'un lieu unique...

🅿 🐾 🛜 🏊 🌐 🛜 ⅃⅁ ♨ ⅃〇 AC - 50 chambres

5 place du Chancelier Adenauer – 🕿 *01 44 05 81 81 – www.saint-james-paris.com*

❀ **Bellefeuille - Saint James Paris -** Voir la sélection des restaurants

PALAIS DES CONGRÈS • WAGRAM • TERNES • BATIGNOLLES

17ᵉ ARRONDISSEMENT

❀❀ MAISON ROSTANG

CUISINE CLASSIQUE • ÉLÉGANT Le chef Nicolas Beaumann perpétue avec enthousiasme la tradition du goût pratiquée depuis toujours dans cette maison emblématique. Sa carte mêle les "classiques Rostang" à des assiettes plus personnelles. On se régale ainsi toujours de la quenelle de brochet soufflée au four, mais aussi d'un homard bleu laqué au barbecue ou d'une canette au sang, préparée en salle au pressoir d'argent dans les règles de l'art. Quant au décor, luxueux et insolite, il séduit nouveaux venus comme habitués de la maison : salon Art nouveau, salon Lalique, salon ouvert sur le spectacle des fourneaux, collection d'œuvres d'art...

🎔 AC ⇄ 🍷 – Prix : €€€€

20 rue Rennequin – 🚇 *Ternes –* 🕿 *01 47 63 40 77 – www.maisonrostang.com – Fermé lundi et dimanche*

ANONA

Chef : Thibaut Spiwack

CUISINE MODERNE • CONTEMPORAIN Une jolie cuisine actuelle pour cette adresse d'un secteur animé et populaire. Le chef Thibaut Spiwack, au beau parcours étoilé, flatte avec talent et originalité le terroir d'Île-de-France, dans une démarche de développement durable et une volonté de bousculer les codes académiques. Menu attractif et courte carte au déjeuner ; en soirée, menu unique réalisé au plus près du marché. Un beau moment de gastronomie.

🔥 AC – Prix : €€€

80 boulevard des Batignolles – Ⓜ *Rome –* 📞 *01 84 79 01 15 – www.anona.fr – Fermé lundi, samedi et dimanche*

🌱**L'engagement du chef :** Proposer une cuisine responsable est notre raison d'être : sourcing de produits locaux et saisonniers, réduction des déchets et de la consommation en eau, alimentation en énergie renouvelable, attention portée au bien-être de nos équipes, notre engagement est total. Notre mobilier est également le fruit du travail d'artisans franciliens et notre vaisselle est faite en matériaux naturels.

LE FAHAM BY KELLY RANGAMA

Chefs : Kelly Rangama et Jérôme Devreese

CUISINE MODERNE • CHIC Le faham est une orchidée endémique de l'île de la Réunion, connue pour son subtil arôme d'amande. C'est la fleur choisie par Kelly Rangama (ex-Top Chef 2017) pour symboliser son union civile et culinaire avec le pâtissier Jérôme Devreese, et leur création commune : cette table élégante et épurée, nichée au cœur des Batignolles, où la cheffe peut laisser libre cours à la cuisine qui lui ressemble : pleine de peps et de tonus, épicée mais toujours maîtrisée, avec la pointe d'exotisme qui fait la différence. Un exemple : ce zourite (un poulpe de la Réunion) riz koshihikari et sauce hollandaise au civet ... Un vrai bonheur.

AC – Prix : €€€

108 rue Cardinet – Ⓜ *Malesherbes –* 📞 *01 53 81 48 18 – www.lefaham.com – Fermé lundi, samedi et dimanche et mardi midi*

FRÉDÉRIC SIMONIN

Chef : Frédéric Simonin

CUISINE MODERNE • COSY Frédéric Simonin a grandi au contact des belles tables et des grands chefs, de Ledoyen au Meurice, en passant par Joël Robuchon, avant de devenir Meilleur Ouvrier de France en 2019. Exit le noir et blanc et les lignes géométriques, il s'est créé un nouveau lieu bien à lui, tout en parquet, murs blancs et miroirs biseautés. Cet « appartement parisien » (selon son expression) sied parfaitement à sa cuisine, précise, fine et pleine de justesse – mention spéciale pour les jus et les sauces. Ne dédaignant pas les touches inventives et parfois japonisantes, il ose les associations originales qu'on découvre notamment à travers le menu dégustation vespéral. La formule déjeuner est une bonne affaire, tout comme les propositions de vins au verre.

🍸 AC P – Prix : €€€€

25 rue Bayen – Ⓜ *Ternes –* 📞 *01 45 74 74 74 – www.fredericsimonin.com – Fermé samedi et dimanche*

JACQUES FAUSSAT

Chef : Jacques Faussat

CUISINE TRADITIONNELLE • CONTEMPORAIN Jacques Faussat, Gersois et fier de l'être, n'aime rien tant que la simplicité inspirée de ses racines et de son enfance. Une simplicité également apprise auprès de Michel Guérard et surtout d'Alain Dutournier – sa rencontre avec cet homme de passion, qui partage les mêmes origines que lui, sera déterminante dans sa carrière, à commencer par dix années passées aux fourneaux du Trou Gascon. Il propose une cuisine pleine de saveurs, misant tout sur de bons produits travaillés pour en faire ressortir le meilleur. Bon rapport qualité-prix.

🦜 🆔 ⇌ 🍽 – Prix : €€€
54 rue Cardinet – Ⓜ *Malesherbes –* 𝒞 *01 47 63 40 37 – www.jacquesfaussat.com – Fermé samedi et dimanche*

❀ **MALLORY GABSI**

Chef : Mallory Gabsi
CUISINE MODERNE • ÉLÉGANT Demi-finaliste de Top Chef en 2020, le jeune chef bruxellois Mallory Gabsi fait ses premiers pas parisiens près de l'Étoile, dans une ambiance feutrée qui évoque un peu les luxueux paquebots d'antan (marqueteries claires vernissées, fauteuils en laine, appliques Art Déco). "Malou", l'idole d'une nouvelle génération de gourmets, signe "un menu turquoise" (sa couleur préférée) émaillé de savoureux clins d'œil au plat pays (sa version de l'anguille au vert, laquée à la bière) et ose des associations de saveurs détonantes comme cette poulette jaune aux huîtres pochées. Service souriant et détendu.
🦽 🆔 – Prix : €€€
28 rue des Acacias – Ⓜ *Argentine –* 𝒞 *09 52 96 09 99 – www.mallory-gabsi. com – Fermé samedi et dimanche*

❀ **OKA**

Chef : Raphaël Régo
CUISINE CRÉATIVE • CONTEMPORAIN Le chef propriétaire brésilien Raphaël Régo au parcours alléchant (école Ferrandi, Atelier de Joël Robuchon, Taillevent) signe chez Oka une partition créative, distillant une incontestable identité culinaire, naviguant entre France (pêche des côtes vendéennes) et Brésil, privilégiant toujours de très beaux produits. Les préparations, aux visuels sophistiqués et épurés, jouent avec talent sur le mariage des saveurs (sucrées, pimentées, acides...) et les textures, sans jamais tomber dans l'excès de la démonstration. Faites confiance à la subtilité du sommelier pour marier mets et vins. Infiniment personnel, soigné, parfumé – en un mot : stylé. Un coup de cœur.
🦽 🆔 ⇌ – Prix : €€€€
8 rue Meissonier – Ⓜ *Wagram –* 𝒞 *01 56 79 81 88 – www.raphaelrego.com – Fermé samedi, dimanche et lundi*

❀ **OXTE**

Chef : Enrique Casarrubias
CUISINE MEXICAINE • TENDANCE Ce petit restaurant cosy et sympathique du quartier de l'Étoile propose une savoureuse cuisine au goût du jour, aux influences mexicaines. Les produits français sont travaillés avec des condiments, herbes et épices par un chef mexicain, talentueux et passionné, qui participe d'ailleurs au service. À l'image de la dorade royale marinée, déclinaison de navets, sauce tatemado ou du poisson du marché, al pastor, mole carotte, ananas ou pigeon, mole Oxte, poireau, raisins pickles, le maître des fourneaux signe des plats réfléchis, maîtrisés, aux justes cuissons et aux assaisonnements toniques. C'est coloré, punchy et bien condimenté. On se régale, on y retourne !
Prix : €€€€
5 rue Troyon – Ⓜ *Ternes –* 𝒞 *01 45 75 15 15 – www.restaurant-oxte.com – Fermé samedi et dimanche*

❀ **LA SCÈNE THÉLÈME**

CUISINE MODERNE • CONTEMPORAIN Au 18 de la rue Troyon, l'art rejoint la gastronomie. D'ailleurs, le nom du restaurant est un hommage à l'Abbaye de Thélème, une création utopique que l'on doit à Rabelais. Le chef japonais Yoshitaka Takayanagi signe avec son équipe une cuisine fine et subtile, pleine de personnalité, avec des produits de premier ordre : asperge blanche, sériole fumée et velouté d'asperge ; filet de bar, riz Koshihikari et beurre blanc au yuzu ; carré d'agneau rôti à l'ail des ours, morilles et ail noir... Un travail au cordeau ! Bons conseils du sommelier.
🦽 🆔 ⇌ – Prix : €€€
18 rue Troyon – Ⓜ *Charles de Gaulle-Étoile –* 𝒞 *01 77 37 60 99 – www.lasceneteheleme.fr – Fermé lundi, dimanche, et mardi et samedi à midi*

PARIS

MOVA

CUISINE TRADITIONNELLE • CONTEMPORAIN À partir de beaux produits sélectionnés en fonction des saisons (aussi bien les légumes que les poissons), François Merle propose une cuisine moderne et gourmande, à l'image de ces rillettes de daurade, pickles de céleri, sorbet coriandre et œufs de poisson : une entrée fraîche et légère dont les saveurs franches se mêlent avec harmonie. Menu unique au déjeuner et menu dégustation le soir.

🔠 – Prix : €€

39 rue des Dames – 🚇 *Place de Clichy –* 📞 *01 45 22 46 07 – www.mova-paris.fr – Fermé lundi, samedi et dimanche*

AGAPÉ

CUISINE MODERNE • ÉLÉGANT Dans cette salle en teintes douces, cosy et intimiste, parée d'œuvres d'artistes contemporains, la carte mêle habilement différentes influences – notamment du Japon – au gré de l'inspiration du chef : homard bleu de Roscoff, voile d'asperges blanches et algues wakamé ; selle d'agneau Manech tête noire, gnocchi aux algues, olives de Kalamata et citron confit ; pavlova de fraises gariguette au yuzu et shiso... Sélection pointue de vins bio et nature.

🕸 🔠 🍽 – Prix : €€€€

51 rue Jouffroy-d'Abbans – 🚇 *Wagram –* 📞 *01 42 27 20 18 – www.agape-paris.fr – Fermé samedi et dimanche*

LE BISTROT FLAUBERT

CUISINE MODERNE • BISTRO Une salle chaleureuse, véritable petite bonbonnière, avec ses étagères en bois où trônent de jolies quilles et quelques vieux Guides Michelin : pas de doute, on est bien dans un vrai bistrot parisien - qui séduit parlementaires et hommes d'affaires ! Jouxtant la maison mère Rostang, cette adresse authentique rythme la vie du quartier depuis plusieurs décennies. Côté cuisine, le chef Louis de Vicari, ancien chef de partie du Pré Catelan, fait plaisir avec des assiettes bien tournées et riches en goût comme cette crème d'échalote à la poutargue ou cette crème de pécorino sur les radis. Il se paye même le luxe de jouer sur le sucre et l'acidité avec son aile de raie. Un bon moment, jusqu'au dessert tout en légèreté.

🔠 🍽 – Prix : €€€

10 rue Gustave-Flaubert – 🚇 *Ternes –* 📞 *01 42 67 05 81 – www.bistrotflaubert.com – Fermé lundi, dimanche et samedi midi*

BLOOM 🟢

CUISINE VÉGÉTALIENNE • TENDANCE Bloom (« fleurir ») : un nom judicieux quand on confectionne, comme le chef mexicain Christian Ventura, des sushis végétaux ! Riz croustillant pané délicatement vinaigré, brunoise de shiitaké, pleurote et avocat, futo makis et sauce pesto, gyozas aux légumes accompagnés d'une sauce kimchi : le pari du chef, grand défenseur des ressources naturelles, est gagné grâce à ses préparations goûteuses et pleine de pep's. Produits sélectionnés auprès de petits producteurs, y compris pour les cocktails, carte des vins naturels, belle gamme de sakés. Cadre zen qui joue sur différentes textures de bois.

Prix : €€

99 rue Jouffroy-d'Abbans – 🚇 *Wagram –* 📞 *01 42 27 26 16 – www.bloomsushi.fr*

CAÏUS

CUISINE CRÉATIVE • CONVIVIAL Esprit arty et art déco modernisé pour cette adresse du chef Jean-Marc Notelet, qui exhume épices et produits oubliés, avec cet art de réinventer des recettes ordinaires. Impossible de se lasser, d'autant que l'atmosphère est agréable. Bon rapport qualité-prix.

🔠 ⟳ – Prix : €€

6 rue d'Armaillé – 🚇 *Charles de Gaulle - Étoile -* 📞 *01 42 27 19 20 – www.caius-restaurant.paris – Fermé samedi et dimanche*

PARIS

CAVES PÉTRISSANS

CUISINE TRADITIONNELLE • VINTAGE La famille Allemoz (dont le fils, Jean-Jacques, représente la 5ᵉ génération dans cette maison) perpétue la tradition avec entrain : terrine maison, tête de veau sauce ravigote, rognon de veau flambé à l'armagnac, baba au rhum ou île flottante comptent parmi les nombreux classiques bistrotiers présents à la carte. Une maison éminemment sympathique.

🕸 🍴 🖵 🍽 – Prix : €€

30 bis avenue Niel – Ⓜ Pereire – ☎ 01 42 27 52 03 – www.cavespetrissans.fr/fr,1,13689.html – Fermé samedi et dimanche

COMME CHEZ MAMAN

CUISINE MODERNE • CONVIVIAL Au cœur des Batignolles, près d'un square, un bistrot contemporain où l'on se sent... comme chez maman ! Le chef belge, Wim Van Gorp, joue la carte de jolies recettes contemporaines assaisonnées de touches créatives, dont certaines rendent de délicieux hommages à ses origines flamandes...

🖵 – Prix : €€€

5 rue des Moines – Ⓜ Brochant – ☎ 01 42 28 89 53 – www.comme-chez-maman.com

CORETTA

CUISINE MODERNE • DESIGN Dans le nouveau quartier Clichy-Batignolles, face au parc Martin-Luther-King (dont l'épouse s'appelait Coretta), cette table se veut éco-responsable. Décor design où domine le chêne, vue sur les cimes à l'étage et belle cuisine de produits signée par une équipe jeune et motivée. Le goût de la nature, oui !

♿ 🅰 🍴 – Prix : €€

151 bis rue Cardinet – Ⓜ Brochant – ☎ 01 42 26 55 55 – www.restaurantcoretta.com – Fermé lundi et dimanche

DESSIRIER PAR ROSTANG PÈRE ET FILLES

POISSONS ET FRUITS DE MER • CHIC Contemporain, arty et chic : tel est le Dessirier, navire amiral de la famille Rostang. Le restaurant attache une importance capitale à la sélection de poissons : bouillabaisse et sole meunière font partie des incontournables du lieu...

🕸 ♿ 🅰 🍴 🖵 🍽 – Prix : €€€€

9 place du Maréchal-Juin – Ⓜ Pereire – ☎ 01 42 27 82 14 – www.restaurantdessirier.com

FANFAN

CUISINE MODERNE • CONTEMPORAIN Une cuisine fusion aux influences asiatiques autour d'un menu qui suit le marché et les saisons. Le tout servi dans un cadre contemporain avec une salle sous verrière. Le menu déjeuner est une aubaine, tandis que l'offre devient plus gastronomique au dîner.

🅰 🖵 – Prix : €€€

18 rue Bayen – Ⓜ Ternes – ☎ 01 53 81 79 77 – www.fanfanlarome.com – Fermé lundi et dimanche

LA FOURCHETTE DU PRINTEMPS

CUISINE MODERNE • BISTRO Dans cet élégant petit bistrot de quartier, on trouve un chef passé par de belles maisons. Il cultive le goût du produit de qualité (le menu évolue selon le marché), et prend plaisir à revisiter les classiques. Son lièvre à la royale est une réussite. Une bonne table.

🅰 – Prix : €€€

30 rue du Printemps – Ⓜ Wagram – ☎ 01 42 27 26 97 – www.lafourchetteduprintemps.com – Fermé lundi et dimanche

PARIS

GARE AU GORILLE

CUISINE MODERNE • BISTRO Marc Cordonnier a maintenant fait sa place aux Batignolles. Il sait travailler les produits sans jamais les dénaturer et décline une cuisine franche et originale, sans chichi, qui préfère la personnalité à la posture. Quant à son acolyte, Louis Langevin, il conseille avec bienveillance un beau panel de vins nature.

Prix : €€

68 rue des Dames – ⓜ Rome – ☏ 01 42 94 24 02 – www.gareaugorille.fr/fr – Fermé samedi et dimanche

JUPI ⓝ

CUISINE MODERNE • CONTEMPORAIN Aux manettes de ce bistrot moderne (sol en béton ciré, luminaires branchés, tables en bois), ambiancé avec un fond d'électro, la jeune cheffe Alice Roger montre qu'elle a du bagage (trois ans à Londres) et du goût (elle a travaillé avec le chef étoilé Ryuji Teshima au restaurant Pages). Sa cuisine pleine de pep's (grâce à ce sabayon au Noilly Prat, à cette sauce gribiche à la moutarde violette, ou à cette sauce raifort) est assurément excitante (avec notamment une formule à prix canon au déjeuneʳ). Au dîner, la proposition se mue en assiettes à partager.

Prix : €€

25 rue des Dames – ⓜ Place de Clichy – ☏ 06 68 57 93 28 – www.jupi-paris.fr – Fermé lundi, mardi midi et dimanche soir

MI KWABO ⓝ

CUISINE CRÉATIVE • CONTEMPORAIN Le chef Elis Bond (que l'on a découvert à Top Chef en 2022) a déménagé son restaurant dans cette salle de poche (une douzaine de places) cosy aux murs couleur terre cuite et au parquet de bois clair. Sa cuisine créative multiplie les clins d'œil à ses origines caribéennes et à celles, afri-caines, de sa compagne sommelière Vanessa qui officie en salle : épices "kankan" sur l'amuse-bouche, huile d'ail, de gingembre et de piment sur l'entrée, produits de bonne qualité (tendre viande de bœuf de Galice, légumes de la maraîchère Hélène Reglain...). Jolie sélection de vins notamment sud-africains.

Prix : €€€

44 rue Guy-Môquet – ⓜ Guy-Môquet – ☏ 06 50 12 16 52 – Fermé lundi, samedi et dimanche et du mardi au jeudi à midi

PETIT BOUTARY

CUISINE MODERNE • BRASSERIE Ce Petit Boutary-là, frère cadet de celui de la rive gauche, ne démérite pas ! Dans ce bistrot raffiné, avec son sol en damier, son comptoir en zinc, ses banquettes en cuir et ses ampoules suspendues, un chef talentueux, Kazunari Hara, laisse libre cours à son imaginaire culinaire moderne et créatif avec de belles assiettes bien assaisonnées (comme ce délicieux cabillaud, écume de satay, brocoli et artichauts poivrade).

ċ – Prix : €€

16 rue Jacquemont – ⓜ La Fourche – ☏ 01 46 27 76 23 – www.petitboutary. com – Fermé lundi et dimanche

PETIT GRIS

CUISINE MODERNE • CONVIVIAL Jean-Baptiste Ascione, ex-Top Chef, rêvait d'ouvrir sa propre adresse ! C'est chose faite avec cette salle chaleureuse (parquet en chêne, tables en bois sablées, chaises bistrot...) qui célèbre les joies de la cuisine de partage en puisant dans les beaux produits du terroir et le répertoire culinaire traditionnel.

🄰🄲 – Prix : €€

67 rue Rennequin – ⓜ Pereire – ☏ 06 11 34 69 91 – Fermé dimanche et samedi midi

ROOSTER

CUISINE MODERNE • BISTRO Formé chez les grands (de Passedat à Darroze), le marseillais Frédéric Duca a trouvé son port d'attache dans une partie animée et populaire du 17e arrondissement. En guise d'écrin, un ancien café en angle de rue : le chef marseillais signe une cuisine de produits qui multiplie les clins d'œil à ses racines méditerranéennes et provençales. Très bon rapport qualité-prix du menu du jour au déjeuner. Carte plus ambitieuse le soir.

Prix : €€€

137 rue Cardinet – ⓜ Villiers – ℰ 01 45 79 91 48 – www.rooster-restaurant.com – Fermé samedi et dimanche

LE 703

CUISINE TRADITIONNELLE • BISTRO Naviguant entre la France et le Japon, le chef Naomi Ogaki a été formé en Alsace chez Antoine Westermann et en Provence chez Christian Étienne. Dans son sympathique bistrot avec long comptoir, il sert une excellente cuisine française traditionnelle, aux fortes influences alsaciennes en automne-hiver et... méridionales aux beaux jours. Ici, on célèbre pâté en croûte, gibier, spaetzle, boudin noir maison, aïoli de poisson – sans oublier de vrais bons desserts classiques.

Prix : €€

9 rue Fourcroy – ⓜ Ternes – ℰ 01 71 20 47 63 – www.le703.fr – Fermé lundi, mardi midi et dimanche soir

SORMANI

CUISINE ITALIENNE • ROMANTIQUE Ambiance feutrée pour cette table italienne courue des célébrités parisiennes, avec ses lustres en verre de Murano, moulures et miroirs. Ici, on rend hommage aux spécialités transalpines, avec par exemple les spaghetti alle vongole et piment de Calabre, ou des desserts phares comme le gigantesco : une glace vanille à l'italienne turbinée minute, agrémentée de meringue, nougatine et caramel liquide.

🕸 🅰🅒 ⇆ 🍽 – Prix : €€€

4 rue du Général-Lanrezac – ⓜ Charles de Gaulle - Étoile – ℰ 01 43 80 13 91 – www.sormanirestaurant.com – Fermé samedi et dimanche

LA TABLE DU CAVISTE BIO

CUISINE MODERNE • ÉLÉGANT À quelques encablures du Parc Monceau, ce restaurant offre l'agrément d'une salle d'esprit moderne, et d'une cuisine en phase avec son époque, fraîche et raffinée, concoctée par la cheffe japonaise Junko Kawasaki. Le tout au diapason avec les vins, exclusivement bio, eux aussi.

🕸 🅰🅒 🍴 – Prix : €€

55 rue de Prony – ⓜ Monceau – ℰ 01 82 10 37 02 – www.latable.bio – Fermé lundi et dimanche

VIVE, MAISON MER

POISSONS ET FRUITS DE MER • ÉLÉGANT Le restaurateur alsacien Adrien Rech ouvre cette institution dédiée aux produits de la mer en 1925. Après Ducasse, c'est au tour des époux David et Stéphanie Le Quellec, dont le patronyme breton sent déjà l'iode, de célébrer la cuisine des poissons et des crustacés. Le décor est fastueux, avec son immense bar, sa salle à manger à l'étage et ses longues banquettes. David Le Quellec sert une cuisine de partage composée d'excellents produits ultra-frais en provenance des criées françaises, de l'Atlantique à la Méditerranée. Le ceviche de daurade au lait de coco citron vert et coriandre tient déjà son rang de classique de la maison – sans oublier les plats préparés à base de poissons maturés sur place dans sa cave de maturation.

🅰🅒 – Prix : €€€

62 avenue des Ternes – ⓜ Ternes – ℰ 01 42 94 07 90 – www.vive-restaurant.com – Fermé dimanche soir

PARIS

TRIBE PARIS BATIGNOLLES

AVANT-GARDE • COSY Hors des sentiers battus, cette adresse est à l'image du quartier, décontractée et vivante. Esthétique et clair, l'intérieur a choisi l'option moderne, industrielle et chic, avec de beaux espaces lounge. Les chambres sont douillettes et colorées, certaines ont des petits balcons, et le confort est au rendez-vous. Le soir, l'ambiance studieuse du café devient plus festive.

 🏷 🅿 🛎 AC - 79 chambres

176 rue Cardinet – ☏ 01 42 63 50 00 – www.tribehotels.com/fr/france/paris-batignolles

ZOKU PARIS

MODERNE • CONVIVIAL Dans le quartier Clichy-Batignolles, en pleine réhabilitation, l'appartement hôtelier moderne et polyvalent a trouvé son adresse parisienne : les designers de Zoku ont réussi à aménager, dans un volume assez compact, des espaces nuit, travail, cuisine et repas bien distincts et de tout confort. Les locataires peuvent également profiter d'un bar et d'une terrasse dotée d'un potager. Le Stream Building abrite aussi des commerces, une brasserie et un café, bref tout ce qu'il faut pour s'adapter aux travailleurs nomades d'aujourd'hui.

 🅿 🚲 🎾 🖥 🛎 AC - 109 chambres

48 avenue de la Porte de Clichy – ☏ 01 86 26 10 67 – www.livezoku.com/paris

MONTMARTRE • PIGALLE

18ᵉ ARRONDISSEMENT

L'ARCANE

Chef : Laurent Magnin

CUISINE MODERNE • ÉLÉGANT Emmenée par Laurent Magnin, la jeune équipe de l'Arcane a quitté le 39 rue Lamarck pour prendre ses quartiers un peu plus haut, en lieu et place de l'ancien Chamarré Montmartre. Dans l'assiette, le chef montre toutes les qualités qu'on lui connaissait déjà. Technicité et saveurs sont au rendez-vous – exemple parfait, cette belle mousse légère aux petits pois agrémentée de zestes de citron jaune et de poudre de citron noir – et on passe un excellent moment, que ce soit sous la forme d'un menu surprise ou à la carte. Enfin, n'oublions pas la jolie carte des vins, qui n'hésite pas à sortir des sentiers battus.

 🕸 AC 🍽 – Prix : €€€€

52 rue Lamarck – Ⓜ Lamarck - Caulaincourt – ☏ 01 46 06 86 00 – www.restaurantlarcane.com – Fermé lundi, dimanche et du mardi au jeudi à midi

OSE

CUISINE MODERNE • BISTRO Deux chefs, deux pros passés par les grandes tables de New-York à Paris, alternent chacun leur place tous les quinze jours, un coup aux fourneaux, un coup en salle. Les plats sont donc présentés avec beaucoup de pertinence, et pour cause ! Dans ce bistrot du quartier des Abbesses avec cuisine ouverte, l'esprit de la bistronomie souffle sur l'ardoise du jour où tous les fondamentaux de la gourmandise répondent présents derrière l'apparente simplicité des recettes. On ose !

 🍽 – Prix : €€

3 rue Durantin – Ⓜ Abbesses – ☏ 01 42 59 98 35 – www.oseabbesses.fr – Fermé lundi, dimanche, et mardi et mercredi à midi

A.LEA

CUISINE MODERNE • VINTAGE Pas d'aléas chez a.lea, mais une séduisante bistronomie signée Léa Lestage, une jeune cheffe au parcours atypique qui a tâté de la sociologie en fac avant de mettre la main à la pâte dans les cuisines de Polisson et d'Épicure au Bristol. Œuf mollet crémeux à souhait, gourmande poêlée de champignons, pesto ail des ours ; impeccable maquereau rôti, polenta snackée, onctueuse sauce béarnaise ; bonne crème brûlée infusée au thé : les recettes de Léa tombent juste, dans un esprit retour du marché plus que séduisant (et au très bon rapport qualité-prix). En salle dans ce bistrot contempoorain, William Atlan, également chef, connaît la musique sur le bout de la fourchette. Au dîner, l'assiette devient un peu plus travaillée, et onéreuse.

Prix : €€

39 rue Lamarck – Ⓜ Lamarck - Caulaincourt – ℰ 01 81 69 96 93 – www.alearestaurant.com – Fermé lundi et mardi, et dimanche soir

LE BISTROT DU MAQUIS

CUISINE TRADITIONNELLE • BISTRO Dans la fameuse rue Caulaincourt, André Le Letty – ancien chef de l'Anacréon – célèbre les classiques du genre bistrotier : brandade de cabillaud à l'oseille, parfait glacé au Calvados… et, bien sûr, sa spécialité : le canard au sang en deux services (sur réservation).

Prix : €€

69 rue Caulaincourt – Ⓜ Lamarck - Caulaincourt – ℰ 01 46 06 06 64 – www.bistrotdumaquis.com – Fermé lundi et mardi

CHANTOISEAU

CUISINE MODERNE • ÉPURÉ En 1765, Mathurin Roze de Chantoiseau ouvre le premier restaurant moderne (des tables individuelles et des plats à choisir sur un menu) dans le quartier du Louvre. En son hommage, les frères Nicolas et Julien Durand travaillent à 4 mains au bénéfice d'une jolie cuisine actuelle, qui s'inspire aussi des classiques et recourt parfois aux produits nobles à l'image de cette délicieuse tourte de palombe feuilletée.

Ġ. ⒶⒸ 🛋 – Prix : €€€

63 rue Lepic – Ⓜ Lamarck - Caulaincourt – ℰ 01 42 51 39 95 – www.chantoiseau-paris.fr – Fermé lundi, dimanche et mardi midi

L'ESQUISSE

CUISINE MODERNE • BISTRO Deux jeunes passionnés se sont associés pour créer ici ce bistrot vintage et accueillant : parquet massif, banquettes en bois… On y passe un bon moment autour de recettes volontiers voyageuses et originales. Au déjeuner, menu du jour sans choix et mini carte ; au dîner, choix plus étoffé.

Prix : €€

151 bis rue Marcadet – Ⓜ Lamarck - Caulaincourt – ℰ 01 53 41 63 04 – www.esquisse-paris18.fr – Fermé lundi et dimanche

ETSI

CUISINE GRECQUE • CONVIVIAL Mikaela, jeune cheffe d'origine grecque, est revenue à la cuisine de son enfance après un apprentissage dans des maisons reconnues. Ici, elle propose des mezzes percutants de fraîcheur et ponctués d'audaces. Feta, olives, câpres, charcuteries, fromages, huile d'olive proviennent tout droit de Grèce, et se dégustent dans une ambiance hyper-conviviale.

🛋 – Prix : €

23 rue Eugène-Carrière – Ⓜ Place de Clichy – ℰ 01 71 50 00 80 – www.etsi-paris. fr – Fermé lundi, du mardi au vendredi à midi, et dimanche soir

JUJUBE

CUISINE CRÉATIVE • COSY Cette table – une petite salle chaleureuse revêtue de pierres blanches et de briques – va vous surprendre. Senda David Waguena, originaire d'Afrique de l'Ouest, y signe une étonnante et appétissante cuisine métissée. Il puise son inspiration dans ses racines togolaises, sa longue expérience professionnelle italienne et sa passion pour l'Asie. Ses recettes originales marient produits africains – bissap, manioc, banane plantin, moringa, etc. – avec des ingrédients plus familiers de nos contrées (coquillages, boeuf de Salers, agneau, poulet fermie'). À découvrir.

Prix : €€€

4 rue Dancourt – Ⓜ Anvers – ℰ 09 74 97 40 02 – www.jujubemontmartre.fr – Fermé lundi, mardi et dimanche et du mercredi au samedi à midi

PARIS

LE MAQUIS

CUISINE MODERNE • BISTRO Paul Boudier et Albert Touton, deux anciens du Chateaubriand, proposent une cuisine goûteuse et sans chichis, au rapport qualité-prix imbattable! Une carte de bistrot pur jus : velouté, saucisse purée, crumble gourmand, à déguster dans un cadre rétro (comptoir en zinc et banquettes en simili cuir de rigueur) et une ambiance des plus conviviales... On ne résiste pas à l'appel du maquis !

Prix : €€

53 rue des Cloÿs – Ⓜ *Jules Joffrin –* ☏ *01 42 58 87 82 – Fermé lundi, samedi et dimanche*

MOKKO

CUISINE DU MARCHÉ • CONTEMPORAIN Formé sur le tard (il a d'abord travaillé dans la musique), Arthur Hantz ne nourrit pas le moindre complexe et tient au pied de la butte Montmartre un bistrot moderne qui va droit au cœur. Dans l'assiette (carte et ardoise uniquement), il applique une méthode diablement efficace : une cuisine du marché, créative et pleine de pep's avec quelques influences asiatiques. Quelques exemples : poêlée de coques et Saint-Jacques snackées, émulsion pho, condiment pimangue ; poulet fermier, crème vitelotte, chou-fleur violet, racine de persil rôtie, jus de veau au lait de sarrasin toasté

❣ – Prix : €€

3 rue Francœur – Ⓜ *Lamarck - Caulaincourt –* ☏ *07 60 38 57 53 – www.mokko-restaurant.com – Fermé lundi, dimanche et du mardi au vendredi à midi*

MONTCALM

CUISINE MODERNE • BISTRO Voilà un sympathique bistrot de quartier, où le chef travaille de jolis produits sélectionnés, dans un esprit retour de marché. C'est bien troussé, avec des saveurs franches et travaillées. Menu déjeuner au choix limité, le soir, on choisit à la carte. Frais et bon.

Prix : €€

21 rue Montcalm – Ⓜ *Lamarck - Caulaincourt –* ☏ *01 42 58 71 35 – www.restaurant-montcalm.fr – Fermé lundi et dimanche*

L'OUZERI

CUISINE GRECQUE • BISTRO Fromage saganaki, merida giro, mizythropita, spanakopita : aucun doute, voici la nouvelle taverne hellénique de la cheffe franco-grecque Mikaela Liaroutsos, à deux pas du restaurant qui l'a fait connaître. En fond sonore, des chants traditionnels invitent presque à esquisser un pas de sirtaki après un verre d'ouzo... Dans l'assiette, une succession de petits plats grecs à déguster les yeux dans le bleu, avant les vacances au pays d'Homère.

Prix : €€

41 rue du Ruisseau – Ⓜ *Jules Joffrin –* ☏ *09 73 88 24 17 – www.etsi-paris.fr/l-ouzeri – Fermé lundi, du mardi au vendredi à midi, et dimanche soir*

POLISSONS

CUISINE MODERNE • BISTRO Un peu à l'écart du Montmartre touristique, une table moderne qui célèbre les saveurs franches sous la houlette d'un couple de pros. La carte est renouvelée tous les mois, avec quelques incontournables, une dégustation en 5 temps le soir, des pièces à partager selon l'arrivage (côte de bœuf ou homard). Polissons ? L'adresse idéale pour encanailler votre palais !

Prix : €€

35 rue Ramey – Ⓜ *Château Rouge –* ☏ *06 46 63 57 50 – www.polissonsrestaurant.com – Fermé lundi et dimanche*

LE RÉCIPROQUE

CUISINE TRADITIONNELLE • CONTEMPORAIN Niché à deux pas de la mairie du 18e, ce restaurant est l'œuvre de deux jeunes associés au beau parcours professionnel. L'un, en cuisine, se fend de recettes plutôt traditionnelles, savoureuses et maîtrisées ; l'autre assure un service vivant et courtois. A déguster dans un cadre de bistrot contemporain ou en terrasse côté rue piétonne. Prix plutôt sages.

🍽 – Prix : €€

14 rue Ferdinand-Flocon – **Ⓜ** *Jules Joffrin –* ℰ *09 86 37 80 77 – www.lereciproque.com – Fermé lundi et dimanche*

SIGNATURE MONTMARTRE

CUISINE FUSION • SIMPLE Dans ce coin très touristique, un restaurant de poche au cadre ultra-sobre. Passée à New-York mais aussi à Singapour (Atelier Robuchon), la cheffe Sungmi Lee, aidée de la pâtissière Kim Young Rim, concocte une cuisine franco-coréenne subtile et contrastée, où la gourmandise est la règle – à l'image de ce ''haemultang'', une délectable soupe coréenne au cabillaud et fruits de mer, rehaussée notamment d'huile de gambas et de coriandre.

Prix : €€€

12 rue des Trois-Frères – **Ⓜ** *Abbesses –* ℰ *01 84 25 30 00 – www.signature-montmartre.fr – Fermé lundi, mardi et du mercredi au dimanche à midi*

SUSHI SHUNEI

CUISINE JAPONAISE • ÉPURÉ Une table entièrement dédiée aux sushis, dont le cadre élégant et épuré reprend les codes esthétiques des tables nippones : boiseries claires et long comptoir face au chef. Deux menus à choisir lors de la réservation, soit celui composé d'une succession de nigiri sushi et sashimi, soit le omakase, agrémenté de tsumami, sashimi et poisson grillé.

🅰🅲 – Prix : €€€€

3 rue Audran – **Ⓜ** *Abbesses –* ℰ *06 44 66 11 31 – www.sushishunei.com – Fermé lundi, dimanche et du mardi au samedi à midi*

PARIS

LA VILLETTE • BUTTES CHAUMONT • GAMBETTA & PÈRE LACHAISE

19ᵉ & 20ᵉ ARRONDISSEMENTS

😊 LES CANAILLES MÉNILMONTANT

CUISINE TRADITIONNELLE • BISTRO En plein cœur de Ménilmuche, juste au-dessus du boulevard, deux associés ont pris place derrière cette façade colorée. Ils proposent de la belle tradition à tous les étages, une cuisine... canaille, bien sûr, travaillée et savoureuse, à l'instar de ce carpaccio de langue de bœuf tiède et sauce gribiche. Bon choix de vin au verre. On se régale.

🍽 – Prix : €€

15 rue des Panoyaux – **Ⓜ** *Ménilmontant –* ℰ *01 43 58 45 45 – www.restaurantlescanailles.fr – Fermé samedi et dimanche*

LE BARATIN

CUISINE TRADITIONNELLE • BISTRO La bistronomie doit beaucoup à la chef argentine Raquel Carena et nombre de jeunes chefs reconnaissent son héritage. L'occasion de revenir aux sources de la gourmandise, avec ce bistrot dans son jus. L'ardoise est plaisante à lire, les prix sont sages et les vins séduisants. Réservation fort conseillée.

Prix : €€

3 rue Jouye-Rouve – **Ⓜ** *Pyrénées –* ℰ *01 43 49 39 70 – Fermé lundi, dimanche et mardi midi*

LE CADORET

CUISINE TRADITIONNELLE • BISTRO Cador de Cadoret ou crème de bistrot des hauts de Belleville avec vieux zinc, banquette moleskine et carrelage mosaïque : c'est bonnet blanc et blanc bonnet ! Une sœur et un frère, Léa Fleuriot (aux fourneaux) et Louis-Marie séduisent un public d'intermittents du spectacle et de hipsters gourmands. Léa envoie des plats bistrotiers twistés de belles trouvailles, réjouissants abats comme ces tripes fermières bien condimentées ou poulet rôti alangui sur son lit de kimchi et servi avec d'impeccables pommes dauphines bien dodues. Le pressé de pot au feu avec sa sauce tartare est aussi incontournable. Options végétariennes sur demande. Petite carte de vins 100% bio. Ambiance décontractée et animée sur fond de rap bien dosé.

Prix : €€

1 rue Pradier – Ⓜ Belleville – ℰ 01 53 21 92 13 – Fermé lundi et dimanche

LE CHEVAL D'OR

CUISINE ASIATIQUE • TENDANCE Dans le tranquille quartier de Jourdain sur les hauteurs de Paris, une toute nouvelle équipe remet en selle ce cheval dans un décor inchangé (façade rouge Chine, béton ciré, murs bruts, cuisine ouverte). On y propose une cuisine asiatique éclectique, revisitée à travers la tradition française ou... l'inverse ! La carte propose ainsi un consommé à la royale tofu et caviar, des raviolis « barbujuan » sauce piment doux, des tortellini tofu et shiitakés, un canard farci à l'orange ou un cassoulet de légumes, un plat 100% végétarien.

ⒶⒸ – Prix : €€

21 rue de la Villette – Ⓜ Pyrénées – ℰ 09 54 12 21 77 – www.chevaldorparis.com – Fermé lundi, mardi, du mercredi au samedi à midi, et dimanche soir

DES TERRES Ⓝ

CUISINE MODERNE • BISTRO Ambiance joyeuse et bon enfant dans ce bistrot de quartier du 20ᵉ où officie un chef qui a longtemps travaillé, excusez du peu, dans les maisons de Pierre Gagnaire. Entouré de vins nature exposés sur une étagère, on attaque dans la bonne humeur les assiettes bien léchées du chef : pleurotes frites et croustillantes, jaune d'œuf confit au soja, salade d'herbes et citron noir d'Iran ; lieu jaune ikejime et son excellente sauce poulette, moules marinières, poireau brûlé et navets nouveaux. Une jolie balade gourmande de saison à prix doux.

Prix : €€

82 rue Alexandre-Dumas – Ⓜ Alexandre Dumas – ℰ 01 43 48 42 49 – Fermé lundi et du mardi au dimanche soir

DILIA

CUISINE CRÉATIVE • SIMPLE À l'ombre de l'église Notre-Dame-de-la-Croix, œuvre un jeune chef italien aux solides références. Ses assiettes modernes, inspirées du marché, sont parsemées de touches transalpines. Menu imposé à choisir en 5, 7 ou 8 temps, pour une jolie valse gourmande.

Prix : €€

1 rue d'Eupatoria – Ⓜ Ménilmontant – ℰ 09 53 56 24 14 – www.dilia.fr – Fermé du lundi au mercredi

LE GRAND BAIN

CUISINE MODERNE • BISTRO Dans le cœur fourmillant de Belleville, on aime ce bistrot tendance aux airs d'ancien atelier industriel, avec son comptoir en îlot central, ses verrières, ses matériaux bruts (briques et béton) et ses tables numérotées. On y picore de savoureux plats en petites portions, présentés à l'ardoise. Ambiance musicale pointue pour mieux plaire au noctambule hipster et à la foodista exigeante...

Prix : €€

14 rue Dénoyez – Ⓜ Belleville – ℰ 09 83 02 72 02 – www.legrandbainparis.com/fr – Fermé lundi, mardi et du mercredi au dimanche à midi

LAO SIAM

CUISINE ASIATIQUE • SIMPLE Lao Siam, une cantine asiatique de Belleville comme une autre ? Que nenni ! Créé par les parents de l'actuel patron, originaires de Thaïlande et du Laos, il met à l'honneur les cuisines de ces deux pays. Tout est fait maison, fin et parfumé. Nous voilà transporté en Asie – enfin presque ! En cas d'affluence, vous pouvez opter pour Ama Siam, la cantine contiguë qui propose une petite carte de suggestions.

Prix : €

49 rue de Belleville – ⓜ Pyrénées – ℰ 01 40 40 09 68 – www.sioupla.it/ laosiamrestaurant – Fermé mardi et mercredi midi

MENSAE

CUISINE MODERNE • **BISTRO** Une cuisine de l'instant, pleine de fraîcheur, dans laquelle les saveurs tombent juste. Parmi les incontournables, proposés toute l'année, les cuisses de grenouilles, ail et persil ou la mousse au chocolat praliné provoqueraient des émeutes. Le décor a le bon goût de se faire discret. Petite terrasse trottoir bienvenue en été. Le menu déjeuner est une aubaine.

AC – Prix : €€

23 rue Melingue – ⓜ Pyrénées – ℰ 01 53 19 80 98 – www.mensae-restaurant.com – Fermé lundi et dimanche

QUEDUBON

CUISINE TRADITIONNELLE • **BISTRO** Grâce à ce genre de bistrot/bar à vins, Paris demeure Paris ! Pensez donc : le taulier lui-même en personne, casquette vissée sur la tête et barbe en goguette, sympathique en diable, vous accueille et vous place à table avant de vous conseiller une bonne quille dont il connaît personnellement le producteur. Aux fourneaux, le chef Ollie Clark (ancien second de Bruno Doucet) dévoile une ardoise canaille (chouette : il y a souvent des abats) où il mitonne les bons produits triés sur le volet par le proprio : cèpes cuits à la plancha, crème de cèpe ; colvert sauvage, betterave en croûte de sel et chips de sauge...

🕸 – Prix : €€

22 rue du Plateau – ⓜ Buttes Chaumont – ℰ 01 42 38 18 65 – www.restaurantquedubon.fr – Fermé lundi, samedi et dimanche

SADARNAC

CUISINE MODERNE • **CONTEMPORAIN** Ce restaurant de poche se situe dans une rue semi-piétonne à l'atmosphère de village, en plein cœur du vingtième arrondissement. On s'installe dans une petite salle coquette pour apprécier les menus à l'aveugle composés au gré du marché par la toute jeune Lise Deveix. Une bien jolie adresse.

🕭 – Prix : €€

17 rue Saint-Blaise – ⓜ Maraichers – ℰ 01 72 60 72 06 – www.restaurantsadarnac.fr – Fermé lundi, dimanche et du mardi au jeudi à midi

SOCES

CUISINE MODERNE • **BISTRO** Un petit bijou de brasserie parisienne barrée par l'ancien chef du Clamato, Marius de Ponfilly, acoquiné avec Kevin Deulio, un ancien du bar Vendôme au Ritz, qui navigue en salle comme un poisson dans l'eau. Ces deux-là ont trouvé la formule, aussi irrévérencieuse que percutante : de belles pièces de viandes (cuites au binchotan, comme les poissons) et des assiettes à partager entre potes ("soces" en argot parigot), des attelages de saveurs originaux et malins (Saint-Jacques légèrement panées dans leur sauce pil-pil sur un flatbread chaud et moelleux ; seiches justes saisies servies dans un aromatique consommé à l'huile de poireau, avec une grenobloise de légumes).

Prix : €€

32 rue de la Villette – ⓜ Jourdain – ℰ 01 40 34 14 30 – www.soces.fr – Fermé lundi, mardi et du mercredi au vendredi à midi

LA VIERGE

CUISINE MODERNE • **BISTRO** On s'attable avec plaisir dans ce décor rétro avec tables anciennes, chaises en bois, vieux carrelage et cuisine ouverte. Côté

PARIS

fourneaux, le chef envoie des assiettes fraîches, efficaces et pétries de gourmandise : on se régale de bout en bout. Le menu déjeuner est une véritable aubaine.

Prix : €

58 rue de la Réunion – Ⓜ Buzenval – ℰ 01 43 67 51 15 – www.alavierge.com – Fermé samedi, dimanche et du mardi au vendredi à midi

MAMA SHELTER PARIS EAST

ÉPURÉ • CONVIVIAL Philippe Starck a signé le décor, à la fois épuré, design et fantaisiste, de ce vaste hôtel moderne. Une ambiance jeune et urbaine, à l'image de ce quartier en plein renouveau.

🅿 🛋 🛎 🚲 ♿ ⅼ◯ 🆎 - 172 chambres

109 rue de Bagnolet – ℰ 01 43 48 48 48 – www.mamashelter.com

SCARLETT

MODERNE • COSY Entre le parc de Belleville et les Buttes-Chaumont, cette ancienne pension de famille a été reprise en main et rénovée avec goût. Les chambres, modernes et cosy, sont tout à fait dans l'esprit parisien, et l'accueil est charmant.

🛎 🚲 🆎 - 30 chambres

1 rue Jouye-Rouve – ℰ 01 77 38 91 91 – www.hotelscarlett.com

PARNAC

✉ 46140 – Lot – Carte régionale n° 23–A2

😊 LES JARDINS

CUISINE CRÉATIVE • MAISON DE CAMPAGNE Ce restaurant de campagne fait les délices d'un paisible village vigneron situé dans une boucle du Lot. Dans les chais d'un ancien domaine viticole, le jeune chef Marius Halter réalise une jolie cuisine actuelle avec les bons produits des environs, non sans omettre des touches créatives bien maîtrisées et équilibrées (épices, sucré-salé). C'est juste et bon. Service plein de gentillesse par Astrid, qui s'occupe également de la jolie sélection de vins bios. Agréable terrasse donnant sur le beau jardin taillé à la française.

🍴&🛖 – Prix : €€

1533 route du Port-de-l'Angle – ☏ 05 65 23 58 24 – www.restaurant-lesjardins.fr – Fermé mercredi et jeudi, et mardi et dimanche soir

PAU

✉ 64000 – Pyrénées-Atlantiques – Carte régionale n° 25–C2

✿ MAISON RUFFET - VILLA NAVARRE

CUISINE MODERNE • ÉLÉGANT Une grande villa dix-neuvième dans un parc à la française abrite cette adresse intimiste : six tables seulement, dans une salle au design épuré qui conserve son parquet à chevrons et ses moulures. Stéphane Carrade (Le Skiff Club au Pyla) y a conçu une carte qui met à l'honneur le Béarn et ses produits – le nom de cet établissement rend d'ailleurs hommage au restaurant de Jurançon où il obtint pour la première fois deux étoiles. Menu unique d'inspiration gasconne, ponctué de touches marines et de notes d'agrumes. Une cuisine de terroir revisitée qui joue autant sur la gourmandise que sur la précision : palombe rôtie au gras, sauce salmis ; sole aux cèpes et beurre de jurançon moelleux ; canon d'agneau et pieds-paquets... Que de délices !

⇐🍴&🅿 – Prix : €€€€

Hors plan - *59 avenue Trespoey – ☏ 05 59 14 65 65 – www.maisonruffet.fr – Fermé lundi, dimanche et du mardi au vendredi à midi*

😊 JUMO & CO 🆕

CUISINE MODERNE • CONTEMPORAIN Au cœur de la cité paloise, deux frères jumeaux, l'un cuisinier et l'autre pâtissier, ont brillamment lancé cette affaire de famille, dans un cadre de style bistrot moderne sur deux étages, avec comptoir à pâtisserie et salon de thé. L'ardoise fait saliver, tout comme le rapport qualité-prix. Derrière des mets apparemment simples, ces deux-là ont de l'or au bout des doigts. Jus aigre-doux et divers condiments viennent relever à point nommé cette cuisine astucieuse et généreuse mais toujours légère, à l'image de la poitrine de cochon confite, jus barbecue, légumes en pickles, radis, croquette de polenta.

&🆎 – Prix : €

Plan : A2-2 - *6 rue Henri-IV – ☏ 05 24 36 04 18 – www.jumoandco.com – Fermé le soir du dimanche au jeudi*

L'INTERPRÈTE

CUISINE CRÉATIVE • TENDANCE Deux interprètes de talent chantent les louanges d'une bistronomie créative et séduisent par leur répertoire gourmand exécuté dans un cadre bohème chic. Le jeune maestro Quentin Maysou s'en donne à cœur joie : noix de Saint-Jacques poêlées, miso banane et quinoa lié aux épinards ; filet de veau, salsifis au jus, clémentine rôtie, noix de Cajou et poivre fumé... En salle, Pauline Thubert accueille avec charme et courtoisie.

&🆎 – Prix : €€

Plan : B2-1 - *8 rue des Orphelines – ☏ 05 59 04 52 29 – www.linterprete-pau.fr – Fermé lundi et dimanche*

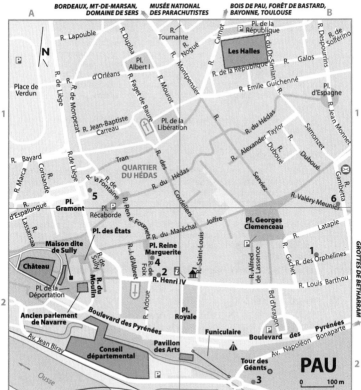

BORDEAUX, MT-DE-MARSAN,
DOMAINE DE SERS

MUSÉE NATIONAL
DES PARACHUTISTES

BOIS DE PAU, FORÊT DE BASTARD,
BAYONNE, TOULOUSE

MAYNATS

CUISINE CRÉATIVE • TRADITIONNEL Dans leur nouvelle adresse, les Maynats ("gamins" en béarnais) continuent à nous faire aimer leur cuisine à la fois instinctive et ludique, notamment avec ces associations terre et mer qui font mouche. Dans cette verrière octogonale, on la joue cool et sympa ! Ce mélange d'ambition dans l'assiette et de décontraction dans le service s'est taillé une place de choix dans le cœur des Palois. Menu surprise en plusieurs temps le soir. Carte des vins plutôt pointue en références bio.

AK 🛋 – Prix : €€€

Plan : A1-3 – *24 avenue Gaston-Lacoste* – ℰ *05 59 27 68 65* – *www.maynats.fr* – *Fermé lundi et dimanche*

OMNIVORE

CUISINE TRADITIONNELLE • BISTRO Un bistrot gourmand et chaleureux avec zinc, boiseries et banquettes capitonnées. Les épicuriens palois aiment à s'y retrouver dans la bonne humeur pour déguster le poisson de la criée ou la pièce de bœuf confite au vin rouge. L'ardoise fait la part belle aux plats de tradition rehaussés parfois de touches d'agrumes ou de notes fumées bien balancées. Service plein de gaieté en prime.

& 🛋 P – Prix : €€

Plan : A1-5 – *1 place Gramont* – ℰ *05 59 27 98 08* – *www.omnivorepau.fr* – *Fermé lundi, dimanche et samedi midi*

LES PIPELETTES

CUISINE MODERNE • BISTRO Ici, les plats, gourmands, sont établis en fonction des produits du marché, et des récoltes d'une trentaine de producteurs proches de Pau. Le chef fait bien son métier, et c'est tout ce qui compte : Saint-Jacques et purée de céleri ; pavé de bar sauvage de Saint-Jean-de-Luz ; grenadin de porc, endives et pleurotes. Menus imposés, midi et soir, mais le rapport plaisir/prix est excellent. Les pipelettes n'ont pas usurpé leur nom, ça tchatche ferme...

Prix : €€

Plan : B1-6 – *3 rue Valéry-Meunier – ℰ 05 59 98 88 06 – Fermé lundi, mardi et dimanche*

RESTO DIT VIN

CUISINE TRADITIONNELLE • CONVIVIAL Dans une ruelle piétonne face à l'église Saint-Martin, au cœur de Pau, ce bistrot affiche complet à l'intérieur comme sur sa terrasse ensoleillée. La formule chimique est simple : accueil sympathique de la patronne (dont les parents maraîchers fournissent une partie des légumes) et savoureuse cuisine de son mari chef qui travaille les bons produits régionaux. La petite ardoise (œuf fermier poché, effiloché d'aile de raie, pintade grillée, beaux fromages, desserts maison gourmands) change régulièrement, sauf les incontournables pieds de cochon, sauce gribiche.

AC 🍽 – Prix : €

Plan : A2-4 – *8 rue de Foix – ℰ 05 59 60 00 14 – Fermé mercredi et dimanche, et mardi, jeudi et samedi soir*

🛏 PARC BEAUMONT

MODERNE • ÉLÉGANT Ce bâtiment de style contemporain est proche du parc et du Palais des Congrès ; ses chambres sont confortables, élégantes et design. Un bel hôtel polyvalent où rien n'a été oublié pour la détente (piscine, jacuzzi, spa) et les affaires.

♿ 🅿 🛎 🍸 🍽 AC - 80 chambres

1 avenue Édouard VII – ℰ 05 59 11 84 00 – www.hotel-parc-beaumont.com

PAUILLAC
✉ 33250 – Gironde

🛏 CHÂTEAU CORDEILLAN-BAGES   *Plus*

CLASSIQUE • ÉLÉGANT Cette chartreuse du 17ᵉ s., alanguie au cœur du vignoble, est prolongée par une construction abritant des chambres agréables. Préférez celles qui ont été rénovées, plus élégantes et tout en sobriété. Nombreuses options loisir : piscine extérieure, salle de sport et sauna.

♿ 🅿 🛎 🚲 🍸 🍽 AC - 28 chambres

Route des Châteaux – ℰ 05 56 59 24 24 – www.cordeillanbages.com

PAYRIN-AUGMONTEL
✉ 81660 – Tarn – Carte régionale n° **27**–B2

VILLA PINEWOOD

Chef : Thomas Cabrol

CUISINE CRÉATIVE • CONTEMPORAIN Couple de sommeliers passionnés, Thomas et Anne Cabrol, créateurs à Toulouse de l'un des bars à vins les plus célèbres du monde, accueillent dans un esprit table d'hôtes. Locavores, ils donnent une priorité absolue aux produits locaux et font tout pour limiter l'empreinte écologique de l'établissement. Les assiettes profitent au mieux d'un environnement situé entre le terroir sec du Causse, avec ses truffes et plantes aromatiques, et la Montagne Noire humide, riche en espèces des sous-bois (baies, champignons, plantes sauvages). Au cours du dîner, le chef explique son univers culinaire créatif, très végétal, à l'aide d'un écran sur lequel défilent ses producteurs et ses cueilleurs. Multimédia et dégustation s'enrichissent mutuellement, soutenus tout du long par des accords mets et vins remarquables. Réservation uniquement par internet.

భ్ర ఈ AC P – Prix : €€€€

590 chemin du Nègre – www.villapinewood.com – Fermé lundi, mardi, mercredi et dimanche et du jeudi au samedi à midi

🍃**L'engagement du chef :** La démarche est avant tout locavore. Dans le menu unique, le meilleur des petits producteurs dans un rayon de quelques dizaines de kilomètres est allié à la cueillette (le terroir sec du versant méditerranéen des Causses apporte les herbes aromatiques et les truffes ; la Montagne Noire, au terroir humide, les champignons, racines et autres plantes sauvages). Les déchets alimentaires sont collectés pour le poulailler, les contenants des fournisseurs sont limités à des cagettes réutilisables.

PEILLON
✉ 06440 – Alpes-Maritimes – Carte régionale n° **29**–E2

😊 LES PLAISIRS

CUISINE RÉGIONALE • RUSTIQUE Voilà tout ce qu'on aime : une bien sympathique petite auberge familiale perdue dans un village perché de l'arrière-pays niçois. Le sympathique chef-patron, issu d'une famille de restaurateurs, cuisine des recettes provençales avec passion grâce à des produits régionaux qu'il sélectionne avec amour. Saveurs franches, sans chichi, assiettes goûteuses, à prix sages. Qui dit mieux ?

Prix : €€

2 rue Puada-dau-Gourguet – ☎ 04 93 87 06 01 – www.lesplaisirs-peillon.com – Fermé mercredi, et mardi, jeudi, vendredi, samedi et dimanche soir

PENMARC'H
✉ 29760 – Finistère – Carte régionale n° **1**–A3

HAUT-LINAGE

CUISINE MODERNE • CONTEMPORAIN Ancré non loin du phare d'Eckmühl, ce restaurant dévoile une déco contemporaine dans les tons blanc, gris et or. Et le charme opère de suite grâce à ce couple de bretons pur sucre aux manettes : Corentin Ogor le chef et sa compagne Klervi Tanniou en salle, pétillante et souriante en diable. Dans l'assiette, maquereau confit, carotte, pois mange-tout ; églefin, petit épeautre, sauce lait de coco et curry rouge ; filet mignon de cochon, oignons rosés, jus corsé : pour chaque plat, un produit frais cuit à point, et une sauce ou un jus tip-top, le tout emballé par une cuisine moderne. Le prix du déjeuner est une aubaine.

占 – Prix : €€

Place du Maréchal-Davout – ☎ 02 98 90 77 38 – www.hautlinage-restaurant.fr – Fermé lundi et mardi, et dimanche soir

STERENN

POISSONS ET FRUITS DE MER • TRADITIONNEL Ce sympathique restaurant de la pointe de Penmarch propose une cuisine ancrée dans son terroir avec des produits de bonne qualité. Le chef s'applique à dresser des assiettes travaillées, notamment sur les plats de poisson. En dessert, place à la tradition et au savoir-faire avec ce kouign-amann servi tiède, bien beurré, caramélisé, moelleux et croustillant à la fois... Jolie vue sur la baie et le phare d'Eckmühl.

≼ 占 AC 🌿 P – Prix : €€

432 rue de la Joie – ☎ 02 98 58 60 36 – www.hotel-sterenn.com – Fermé lundi, samedi midi et dimanche soir

PERI – Corse-du-Sud (20) ➡ Voir Corse

PÉRIGUEUX

✉ 24000 – Dordogne –
Carte régionale n° **18**–D2

Une place-forte de la gastronomie régionale

Quelle ville délicieuse ! Dans la préfecture du Périgord, le marché et la gourmandise sont élevés au rang de beaux-arts. Pas étonnant : la région compte une vingtaine d'appellations, ainsi qu'une kyrielle de labels rouges et autres IGP. Des marchés, il y en a donc un sur chaque place ou presque ! Le marché aux gras consacre le palmipède dans tous ses états : magrets, canards entiers, foie gras de canard ou d'oie, confits, carcasses, graisse, magrets fourrés au foie gras. En saison, il se double d'un marché aux truffes, aussi odorant que pittoresque. Ne négligez pas pour autant les délicieux petits fromages de chèvre comme le cabécou et le rocamadour, ainsi que la noix et la fraise du Périgord, la prune reine-claude ou le melon du Quercy.

  L'ESSENTIEL

Chef : Éric Vidal

CUISINE MODERNE • COSY Inutile de se perdre en conjectures, mieux vaut aller à L'Essentiel. Dans ce restaurant familial voisin de la cathédrale, le produit est roi... et Éric Vidal, le chef, son brillant (et humble) serviteur. Pour une trentaine de convives, il organise une véritable explosion de saveurs, en se concentrant sur la justesse des préparations. Turbot sauvage rôti à l'huile d'olive, pressé de céleri à la truffe noire ; tartare de mangue et ananas en fine gelée de passion et financier cuit minute... Une émoustillante partition, rehaussée par une sélection de vins qui l'est tout autant. Et un service attentionné, par-dessus le marché !

🕸 🅰🅺 🍴 – Prix : €€€

Plan : B1-1 – 8 rue de la Clarté – ☎ 05 53 35 15 15 – www.restaurant-perigueux.com – Fermé lundi, dimanche et samedi midi

L'ATELIER

CUISINE MODERNE • CONVIVIAL Cuisinier au parcours éloquent (il a notamment travaillé au côté de Thierry Marx, période Cordeillan-Bages), Cyril Haberland a ouvert avec son épouse cet Atelier dans le centre de Périgueux. Déco moderne et ambiance conviviale : on s'y sent tout de suite à l'aise. Dans l'assiette, le chef met à l'honneur les produits et les producteurs du Sud-Ouest qu'il affectionne comme les champignons des bois de ses ramasseurs locaux, la truffe noire mélanosporum du Périgord, les escargots du pays. Il travaille ces produits dans une veine moderne et bien tournée : pain perdu de volaille de cent jours à l'ail rose, ris de veau laqué au citron, butternut confit, ananas , cédrat confit et biscuit noix de coco...

⌀ ⅖ 🅰🄲 ⌂ – Prix : €€€

Plan : A1-2 – *2 rue Voltaire* – ℘ *05 53 04 56 71* – *www.restaurant-perigueux-atelier.com* – *Fermé lundi et dimanche*

CAFÉ LOUISE

CUISINE ITALIENNE • COSY Sur une jolie place pavée où se tient la terrasse aux beaux jours, ce restaurant à l'allure de troquet chic offre tous les plaisirs d'une généreuse cuisine italienne : antipasti, mozzarella di buffala, charcuterie transalpine et pâtes sèches de choix, tagliatelles fraîches faites maison, tiramisu y sont associés au meilleur du terroir périgourdin comme la truffe, le magret ou le foie gras de canard.

⅖ 🅰🄲 ⌂ – Prix : €€

Plan : A1-3 – *10 place de l'Ancien-Hôtel-de-Ville* – ℘ *05 53 08 93 85* – *Fermé lundi, mardi et dimanche*

L'ÉPICURIEN

CUISINE MODERNE • HISTORIQUE Tout le charme d'une vieille maison croquignolette, au cœur de Périgueux, pour une cuisine épicurienne signée Gilles Labbé. Des assiettes délicatement travaillées, une jolie inspiration légumière assortie de cuissons précises. Sur l'ardoise, de belles viandes d'Aubrac et de Salers maturées sur place pendant 6 semaines... ou comment allier finesse et gourmandise.

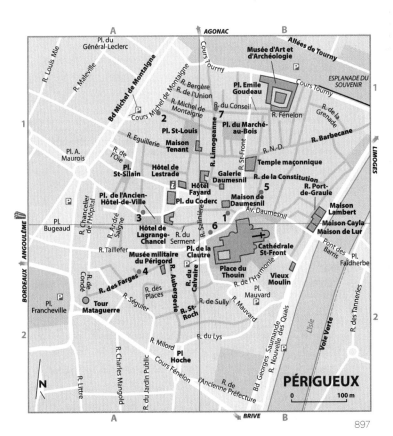

 ⎈ 🅰🄲 🍴 ⛶ – Prix : €€

Plan : B1-7 – *1 rue du Conseil* – ✆ *05 53 09 88 04* – *www.lepicurien-restaurant.fr*
– Fermé mercredi et dimanche

HERCULE POIREAU

CUISINE MODERNE • TRADITIONNEL Au pied de la cathédrale Saint-Front et sous les voûtes de pierres blondes d'une salle périgourdine du 16ᵉ s., le célèbre détective mène l'enquête. Papilles en alerte, il a apprécié la cuisine sincère et dépoussiérée d'un terroir d'exception. Dans l'assiette, nul besoin de porter plainte à propos de la terrine de foie gras mi-cuit et gelée aux fruits de la passion ou du magret de canard poêlés et poires pochées au vin rouge qui sont redoutablement gourmands !

🅰🄲 – Prix : €€

Plan : B1-5 – *2 rue de la Nation* – ✆ *05 53 08 90 76* – *www.restaurant-perigueux-hercule-poireau.fr* – *Fermé mardi et mercredi*

OXALIS ⓝ

CUISINE MODERNE • CONVIVIAL Cette maison ancienne, dont les plus vieilles pierres remontent au 13ᵉ s., ne manque pas de cachet historique (poutres et pierres apparentes, caveau voûté privatisable) – la cuisine ouverte derrière sa verrière et les belles tables en bois brut ajoutant une petite touche contemporaine bienvenue. Le chef et patron, passé notamment par de belles maisons parisiennes, propose au déjeuner de bonnes petites assiettes dans une veine bistronomique (burrata à la truffe condiment betterave ; daurade royale, caviar d'aubergines...), et une partition plus noble le soir.

🅰🄲 ⛶ – Prix : €€

Plan : A2-4 – *11 rue des Farges* – ✆ *05 47 14 37 64* – *www.restaurant-oxalis.fr* – *Fermé lundi et dimanche, et mardi soir*

LA TAULA

CUISINE RÉGIONALE • TRADITIONNEL À la Taula (prononcez taola qui signifie "table" en occitan), Christine Maurence nous concocte une cuisine familiale et sans chichi. Parmi les spécialités, le rognon de veau cuit entier a la graine de moutarde , le cou de canard farci maison et le foie gras mi-cuit sont incontournables. Voilà une adresse authentique, située juste à côté de la cathédrale, où l'on ne badine pas avec les traditions !

🅰🄲 – Prix : €€

Plan : B2-6 – *3 rue Denfert-Rochereau* – ✆ *05 53 35 40 02* –
www.restaurantlataula-perigueux.com – *Fermé lundi, mercredi et jeudi midi*

PERNAND-VERGELESSES

✉ 21420 – Côte-d'Or – Carte régionale n° **12**–D1

 ✿   **LE CHARLEMAGNE**

CUISINE CRÉATIVE • CONTEMPORAIN Au cœur de ce vignoble dédié au corton-charlemagne, dans un intérieur zen et contemporain propice à la gourmandise, on se régale d'une cuisine parcourue d'associations surprenantes mais qui fonctionnent toujours, entre France et Japon. Des créations atypiques et personnelles, basées sur le potager du restaurant (mais aussi ses ruches) et sur des produits issus des circuits courts, sélectionnés avec soin. Le tout s'accompagne d'une carte des vins magnifique.

🐾 ⌖ ⎈ 🅰🄲 ⛶ 🅿 – Prix : €€€€

1 route des Vergelesses – ✆ *03 80 21 51 45* – *www.lecharlemagne.fr* – *Fermé du lundi au mercredi, et jeudi et vendredi à midi*

LA PERNELLE

✉ 50630 – Manche – Carte régionale n° **2**–A1

LE PANORAMIQUE

CUISINE TRADITIONNELLE • CONTEMPORAIN À côté de l'église du village, sur une colline surplombant la mer et l'île de Tatihou, un restaurant tenu par la même famille depuis... 1966. À l'origine bar, puis crêperie, c'est désormais un agréable restaurant gastronomique, où la cuisine met joliment en avant le terroir normand, au rythme des saisons !

⤳ & 斎 ♥ 🅿 – Prix : €€

1 village de l'Église – ☏ 02 33 54 13 79 – www.le-panoramique.fr – Fermé lundi et mardi, et mercredi, jeudi et dimanche soir

PERNES-LES-FONTAINES

✉ 84210 – Vaucluse – Carte régionale n° **28**–E1

AU FIL DU TEMPS

CUISINE DU MARCHÉ • BISTRO Dans un quartier piétonnier, juste en face de la vieille église – transformée en centre culturel –, cette ancienne épicerie est devenue un charmant petit restaurant. On y privilégie l'agriculture raisonnée, au gré de plats bien troussés, inspirés du marché. Charmante terrasse, située au bord d'une vieille fontaine.

🆔 斎 – Prix : €€

51 place Louis-Giraud – ☏ 04 90 30 09 48 – Fermé lundi, dimanche et du mardi au jeudi à midi

PERPIGNAN

✉ 66000 – Pyrénées-Orientales – Carte régionale n° **27**–C3

❀ LA GALINETTE

Chef : Christophe Comes

CUISINE CRÉATIVE • DESIGN Christophe Comes ou la passion du végétal ! Voilà un chef authentiquement investi dans ses potagers et ses collections d'agrumes et d'oliviers. Dans l'assiette, la note végétale s'impose du début à la fin. L'amertume de la salade romaine est twistée d'un trait d'huile de capucine légèrement poivrée, et accompagnée de truite d'Irouléguy ; le saint-pierre, sa bouillabaisse réduite, fenouil confit et rouille, est sublimé par des saveurs végétales éminemment présentes. Enfin, le dessert, tout en fraîcheur et en légèreté, est réalisé à partir des agrumes du chef (yuzu, orange, kumquat...). Une réussite.

🗗 & 🆔 – Prix : €€€

Plan : A1-1 – *23 rue Jean-Payra – ☏ 04 68 35 00 90 – www.restaurant-galinette.com – Fermé lundi, mardi et dimanche*

❀**L'engagement du chef :** La Galinette, c'est un restaurant mais aussi un potager, un verger et une oliveraie, soit deux hectares cultivés en agriculture biologique depuis plus de 20 ans. Le chef sélectionne les graines pour assurer un maximum de diversité dans les textures, les saveurs et les couleurs dans l'assiette, ce qui favorise aussi la préservation du patrimoine génétique des plantes. Les déchets organiques de la cuisine sont transformés en compost.

☺ LE GARRIANE

CUISINE MODERNE • SIMPLE "Garriane" pour Garry et Ariane... L'originalité est ici de mise ! Aux fourneaux, Garry, venu d'Australie, concocte une cuisine de saison ouverte sur le monde, dans laquelle le produit est roi. Attention, l'adresse n'ouvre désormais qu'au déjeuner avec une carte proposant des options végétariennes

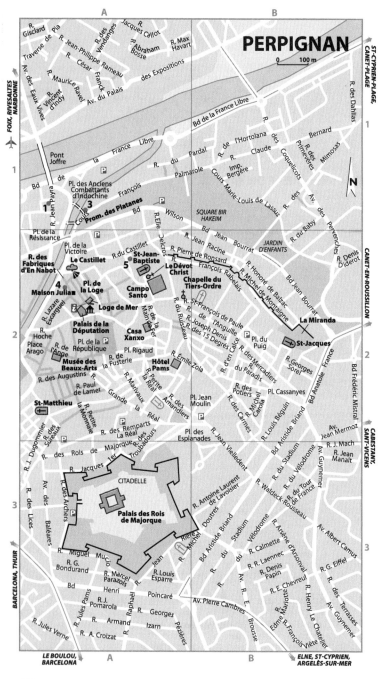

et véganes, et fonctionne comme un café le matin et l'après-midi (fermé le soir et les week-ends).

🆔 – Prix : €€

Hors plan – *15 rue Valette* – ℰ *04 68 67 07 44* – *www.le-garriane-restaurant. eatbu.com/?lang=fr* – *Fermé samedi et dimanche, et du mardi au vendredi soir*

😊 MANAT 🆖

CUISINE MODERNE • CONVIVIAL À deux pas de la cathédrale Saint-Jean-Baptiste, cette maison ancienne aux murs de pierre épais dévoile un cadre épuré avec sa cuisine ouverte, son grand comptoir d'angle, ses tables en bois clair et une salle... archi-complète (réservation indispensable). Il y a une bonne raison à cela : le couple franco-japonais formé par Yuka et Marc Meya rivalise d'inventivité avec leur cuisine de partage et de saison, mêlant produits catalan et japonais, et réalisée avec les techniques culinaires des deux pays. Des exemples ? Toujours à la carte, l'iconique karaage est une cuisse de poulet désossée et frite au shio koji, servie avec des feuilles de shiso fraîches et des cébettes ; ou encore ce savoureux tataki de bonite de pêche locale, poireaux et ail des ours. Chaque jour, proposition d'une dizaine de généreuses assiettes à partager (3 pour faire un repas solo, 5 ou 6 à deux).

🔥 🆔 – Prix : €€

Plan : A2-5 – *3 rue Cité-Bartissol* – ℰ *04 68 08 77 26* – *www.restaurant-manat.com* – *Fermé du lundi au mercredi et du jeudi au dimanche à midi*

LE DIVIL

SPÉCIALITÉS DE VIANDES • CONVIVIAL Entre le Castillet et la préfecture, un spécialiste des belles viandes maturées : le client choisit sa pièce au détail (côte de bœuf, entrecôte, faux-filet), qui est en ensuite pesée, grillée et accompagnée de bonnes frites maison. 300 références de vins pour arroser le tout.

🐾 🔥 🆔 – Prix : €€

Plan : A2-4 – *9 rue Fabriques-d'en-Nabot* – ℰ *04 68 34 57 73* – *www.restaurant-le-divil-66.com* – *Fermé dimanche*

LA PASSERELLE

CUISINE MODERNE • ÉLÉGANT La cheffe a repris les cuisines de ce restaurant aux accents marins où elle s'était formée avec son père, modernisant à sa sauce la tradition familiale. Elle aime associer des beaux jus concentrés à ses plats (poulpe au jus de cochon) ainsi que des saveurs sucrées-salées (langoustine, navet, amandes). Également sommelière, elle met tout son cœur à conseiller des accords mets et vins très pertinents !

🐾 🆔 🌿 🛏 – Prix : €€€

Plan : A1-3 – *1 cours François-Palmarole* – ℰ *04 68 51 30 65* – *www.restaurant-lapasserelle.com* – *Fermé lundi et dimanche*

LE PERREUX-SUR-MARNE

✉ 94170 – Val-de-Marne – Carte régionale n° **11**–F2

LES MAGNOLIAS

CUISINE CRÉATIVE • ÉLÉGANT Ces Magnolias se sont imposés en douceur auprès des gourmets du Perreux-sur-Marne. Le chef met un soin particulier dans la présentation de ses plats, goûteux et volontiers créatifs, à l'image de ce cabillaud mi fumé à la sure de hêtre et artichauts en texture. Autour de lui, en cuisine et dans l'élégante salle, s'affaire une jeune équipe soucieuse de bien faire.

🆔 – Prix : €€€

48 avenue de Bry – ℰ *01 48 72 47 43* – *www.lesmagnolias.com* – *Fermé lundi, dimanche et samedi midi*

PERROS-GUIREC

⊠ 22700 – Côtes-d'Armor – Carte régionale n° **1**–C1

LE BÉLOUGA

CUISINE MODERNE • CONTEMPORAIN Cette table offre un panorama saisissant sur la côte et les sept îles. La cuisine est subtile et soignée, construite autour de produits de qualité ; les recettes se teintent parfois d'une pointe d'exotisme – le chef est originaire de la Réunion –, comme sur ce lieu jaune de petit bateau cuit juste nacré, patate douce texturée et émulsion aux saveurs de mon dernier voyage.

⇜ 🍽 & 🅰🅲 🅿 – Prix : €€€

12 rue des Bons-Enfants – ✆ 02 96 49 19 00 – www.lagapa.com

🛏 L'AGAPA HÔTEL - SPA CODAGE

AVANT-GARDE • MARITIME Pour en profiter pleinement de l'air vivifiant de la Bretagne, rien ne vaut la Côte de granit rose. Et son joyau est l'Agapa, mélange parfait de l'esprit villégiature des années trente et d'un cinq étoiles de bord de mer. Ce petit complexe futuriste abrite 48 chambres confortables, équipées chacune d'un "totem" domotique : écran, mini-bar, coffre-fort, commande de l'éclairage, du chauffage, des rideaux. Notre coup de cœur : la suite l'Altitude, ouverte sur la splendide baie de Trestraou. En plus du patrimoine des côtes bretonnes — plages magnifiques, phares, villages pittoresques et tables renommées —, l'Agapa propose un spa creusé dans le granit du sous-sol, qui donne directement sur la Manche et l'archipel des Sept-îles, la plus grande réserve ornithologique de France.

🅿 🚲 ⚒ 🔟 🏊 🦶 🍽 🅰🅲 - 48 chambres

12 rue des Bons Enfants – ✆ 02 96 49 01 10 – www.lagapa.com

Le Bélouga - Voir la sélection des restaurants

LE PETIT-PRESSIGNY

⊠ 37350 – Indre-et-Loire – Carte régionale n° **15**–B2

✿ LA PROMENADE

Chef : Fabrice Dallais

CUISINE MODERNE • ÉLÉGANT C'est une "promenade", certes, mais aussi une véritable aubaine que cette auberge de famille en pleine campagne ! Fabrice et Clément Dallais, troisième et quatrième génération, jouent une partition aux notes actuelles, à la fois savoureuse et festive, fortement enracinée dans le terroir local : poulette et pigeon de Racan, géline de Touraine, abats et gibier, légumes bio de maraîchers, brochet... Des menus surprise à déguster dans un cadre contemporain de belle facture. Remarquable carte des vins, assortie des conseils judicieux du sommelier.

❀ & 🅰🅲 – Prix : €€€

11 rue du Savoureulx – ✆ 02 47 94 93 52 – www.restaurantdallaislapromenade.com – Fermé lundi et mardi

LE PETIT-QUEVILLY

⊠ 76140 – Seine-Maritime – Carte régionale n° **3**–B2

LES CAPUCINES

CUISINE TRADITIONNELLE • CONTEMPORAIN Une maison rouennaise dans laquelle la famille Demoget cultive l'art de recevoir depuis trois générations ! Ici, on sert une cuisine traditionnelle et généreuse (épais filet de bœuf bien tendre et pommes Anna), parsemée de quelques touches de modernité comme l'émulsion de betterave bien onctueuse et le tataki de bœuf. Accueil très agréable.

& 🅰🅲 🍽 ♿ 🅿 – Prix : €€

16 rue Jean-Macé – ✆ 02 35 72 62 34 – www.les-capucines.fr – Fermé lundi et dimanche

LA PETITE-PIERRE

67290 – Bas-Rhin – Carte régionale n° **8**–A1

AU GRÈS DU MARCHÉ

CUISINE TRADITIONNELLE • CONVIVIAL Dans la partie ancienne du village, ce restaurant cosy vous réserve un accueil des plus sympathiques ! Le chef propose une cuisine traditionnelle à base de produits de saison et de viandes d'une fraîcheur remarquable, à l'image de cette biche de chasse locale travaillée en civet en basse température accompagnée de cèpes et spaetzle. Il s'autorise aussi des plats plus dans l'air du temps, comme ce tataki de canard et sa salade de choucroute.

🍽 – Prix : €€

19 rue du Château – ☏ 03 88 70 78 95 – www.augresdumarche.fr – Fermé du lundi au mercredi, samedi midi et dimanche soir

PÉZENAS

34120 – Hérault – Carte régionale n° **27**–C2

❀ RESTAURANT DE LAUZUN

Chef : Matthieu De Lauzun

CUISINE MODERNE • CONTEMPORAIN Pézenas n'est pas seulement la ville de Boby Lapointe : c'est désormais aussi celle de Matthieu De Lauzun. Installée au sein du domaine viticole, cette adresse permet au chef de déployer tout son talent. Le beau cadre contemporain, fait de pierre, de bois et de cuivre, se révèle l'écrin idéal pour accueillir sa cuisine du sud, fine et savoureuse, faite de souvenirs d'enfance et d'impressions de voyage. Carte des vins étoffée. On se régale, avant de traverser le joli village vers le musée dédié au "chanteur sous-titré" et enfant du pays.

🚲 🛋 🍴 🛗 🅰🅲 🍽 ♿ 🅿 – Prix : €€€

Route de Nizas – ☏ 04 99 47 63 91 – www.restaurant-delauzun.com – Fermé lundi et dimanche

😊 LE PRÉ SAINT JEAN

CUISINE MODERNE • BISTRO La devanture en Corten – un acier à l'aspect de rouille – s'inscrit dans une belle façade en pierre, sur le boulevard circulaire de la ville. En cuisine, le chef réalise une cuisine inspirée, goûteuse et gourmande. Une réussite !

🚲 🅰🅲 🍽 – Prix : €€

18 avenue Maréchal-Leclerc – ☏ 04 67 98 15 31 – www.restaurant-leprestjean.fr – Fermé lundi, et jeudi et dimanche soir

L'ENTRE POTS

CUISINE MODERNE • TENDANCE Voilà un jeu de mots justifié pour cet ancien entrepôt de vins dédié aux plaisirs du palais ! En cuisine, le chef mêle saveurs du terroir et touches créatives. En salle, les gourmands s'installent dans un cadre chaleureux à la lumière tamisée ou sur la terrasse aux beaux jours. Belle sélection de crus régionaux (mais pas uniquement). Le tout à prix doux.

🚲 🅰🅲 🍽 – Prix : €€

8 avenue Louis-Montagne – ☏ 04 67 90 00 00 – www.restaurantentrepots.com – Fermé lundi et dimanche

PEZENS

11170 – Aude – Carte régionale n° **27**–B2

L'AMBROSIA

CUISINE MODERNE • ÉLÉGANT Sur la route de Toulouse, faites une étape dans cette maison moderne : la cuisine du chef se révèle soignée, cohérente et bien

PEZENS

dans l'air du temps, d'autant qu'il s'appuie sur des produits de qualité. Ses pêchers mignons ? Foie gras, thon et soufflé au Grand Marnier. Original : réservez une table pour quatre personnes dans la cave réfrigérée située dans la salle à manger.
&🏠🀫🎙️🅿️ – Prix : €€

Carrefour la Madeleine, sur D 6113 – ☎ 04 68 24 92 53 – www.ambrosia-pezens.com – Fermé lundi et mardi, et dimanche soir

PFAFFENHOFFEN
✉ 67350 – Bas-Rhin – Carte régionale n° **8**–B1

À L'AGNEAU

CUISINE TRADITIONNELLE • AUBERGE Dans cette auberge alsacienne datant de 1769, la restauration est une affaire de famille depuis sept générations. Les deux sœurs à la tête de l'établissement servent une cuisine traditionnelle attentive aux saisons, parsemée de touches de modernité (on recommande la souris d'agneau confite pendant trois nuits, accompagnée d'un boulgour aux raisins secs et parfumé à la coriandre).
🛏️🀫🎙️ – Prix : €€

3 rue de Saverne – ☎ 03 88 07 72 38 – www.hotel-restaurant-delagneau.com – Fermé lundi et mardi, et dimanche soir

PFULGRIESHEIM
✉ 67370 – Bas-Rhin – Carte régionale n° **8**–B1

BÜRESTUBEL

CUISINE ALSACIENNE • AUBERGE Cette ferme à colombages respire l'Alsace ! Joli décor régional et spécialités (très) locales : flammekueche, lewerknepfle, sirops et sorbets réalisés avec les fruits du verger... Ici, on aime la simplicité et le travail bien fait. Une adresse sûre.
&🎙️♻️🅿️ – Prix : €€

8 rue de Lampertheim – ☎ 03 88 20 01 92 – www.burestubel.fr – Fermé lundi et dimanche, et jeudi soir

PHALSBOURG
✉ 57370 – Moselle – Carte régionale n° **7**–D2

LA TABLE DE L'AN 2

CUISINE MODERNE • ÉLÉGANT Véritable institution locale, ce restaurant accueille ses hôtes sous la houlette de Philippe Jégo, MOF et ancien étoilé. Un chef qui a du métier, comme le prouvent son dos de cabillaud aux cèpes aillés, lasagne roulée à la ricotta et aux épinards, ou son filet de canette en "crispy" de pralin citronné et arachides grillées, tarte fine à la figue. Jolis desserts à l'instar de cette pomme confite au caramel, muesli au grué de cacao et cannelle, parfait mascarpone et glace noisette. Le menu gastronomique et un menu bistronomique sont proposés dans l'élégante salle avec lustres et argenterie.
&🀫🎙️🅿️ – Prix : €€€

1 rue de Saverne – ☎ 03 72 60 02 66 – www.lan2-delices.fr – Fermé mardi et mercredi

PIGNA – Haute-Corse (20) → Voir Corse

LE PIN-AU-HARAS

✉ 61310 – Orne – Carte régionale n° **2**–C3

LA TÊTE AU LOUP

CUISINE TRADITIONNELLE • AUBERGE Stéphane et Agnès Mabille vous réservent un accueil chaleureux dans cette petite auberge traditionnelle à l'intérieur rustique bien entretenu. En vieux loup de mer, le chef concocte des terrines maison et autres spécialités normandes. Aux beaux jours, on profite du jardin champêtre avec vue sur les chevaux de l'école du célèbre haras du Pin ! Une adresse vivante et conviviale.

🍴🌿🅿 – Prix : €€

Lieu-dit la Tête-au-Loup – ☎ 02 33 35 57 69 – www.lateteauloup.fr – Fermé lundi et mardi

LE PIN-LA-GARENNE

✉ 61400 – Orne – Carte régionale n° **2**–D3

LA CROIX D'OR

CUISINE TRADITIONNELLE • AUBERGE Une auberge accueillante comme une maison de famille... La demeure appartenait déjà aux arrière-grands-parents du chef ! Après avoir fait ses classes dans de grands établissements, il est revenu au pays avec son épouse – originaire du Sud-Ouest comme l'indique son accent chantant – ensemble, ils ont créé un véritable repaire gourmand. La tradition a du bon !

🌿✂️🅿 – Prix : €€

6 rue de la Herse – ☎ 02 33 83 80 33 – www.lacroixdor.free.fr – Fermé mardi et mercredi

PINSAGUEL

✉ 31120 – Haute-Garonne – Carte régionale n° **26**–C2

LE GENTIANE

CUISINE TRADITIONNELLE • SIMPLE Entre autres vertus, la gentiane est connue pour stimuler l'appétit... tout comme ce restaurant familial ! Aux fourneaux, Nicolas Bachon et son père composent à quatre mains, déclinant des plats de tradition modernisés dans la forme (à l'image de ce mignon de bœuf rôti au sautoir) servis avec le sourire par leurs épouses respectives. En semaine, le menu déjeuner est une aubaine !

♿ 🅰🅲 🌿 ✂️ 🅿 – Prix : €€

7 rue du Cagire – ☎ 05 62 20 55 00 – www.legentiane.fr – Fermé lundi et mardi, et dimanche soir

PIRÉ-CHANCÉ

✉ 35150 – Ille-et-Vilaine – Carte régionale n° **9**–B2

🏵 LA TABLE DES PÈRES - DOMAINE DU CHÂTEAU DES PÈRES

CUISINE CRÉATIVE • DESIGN Au sein de ce vaste domaine, l'étonnement est à son comble : un château classique du 18ᵉ s., un château d'eau du 19ᵉ s., des œuvres d'art, un hôtel composé de bulles futuristes accrochées à une structure métallique et, enfin, ce restaurant circulaire en forme d'ovni au toit végétalisé posé au cœur d'un potager. Le chef Jérôme Jouadé y exerce son art avec une vraie sensibilité à la nature et au végétal. Il profite aussi d'une serre, d'un enclos à escargots, d'un verger et pratique lui-même la cueillette sauvage. Saint-pierre en gravlax et légumes ; cochon fermier et son délicieux jus aux noix ; thon de Saint-Brieuc en tataki et cocos de Paimpol : ses recettes inspirées du marché visent dans le mille. Belle carte des vins majoritairement bio ou en biodynamie.

🐌 🍴 🍸 🛏 ♿ 🅿 – Prix : €€€

Route de Boistrudan – ℰ 02 23 08 00 08 – www.chateaudesperes.fr –
Fermé lundi, mardi, mercredi et jeudi à midi, et dimanche soir

LA PLAGNE-TARENTAISE

✉ 73210 – Savoie

🛏 ARAUCARIA

MODERNE · CONVIVIAL Au pied des pistes, cet établissement se révèle moderne
et cosy, adapté à une clientèle jeune et connectée. Agréable spa, espace bien-être
et piscine, complétée d'un bassin pour les enfants en bas âge. Sans oublier la table
de jeux, le baby-foot, une scène pour les concerts… Un hôtel qui ne manque pas
d'arguments !

🅿 🛁 ⛷ 🕸 ⛄ 🍴 - 84 chambres

D221 – ℰ 04 58 24 11 11 – www.araucaria-hotel.com

LA PLAINE-SUR-MER

✉ 44770 – Loire-Atlantique – Carte régionale n° **9**–A3

🌸🌸 ANNE DE BRETAGNE

Chef : Mathieu Guibert

CUISINE CRÉATIVE · ÉLÉGANT Sur la rive sud de l'estuaire de la Loire, cette
grande maison contemporaine fait face au petit port de Gravette. Aux fourneaux,
Mathieu Guibert, un chef talentueux natif du pays de Retz et fils d'agriculteur, a
su tisser des liens solides et respectueux des valeurs humaines avec des producteurs de la région aussi passionnés que lui. Sans surprise, les produits de la mer
tiennent ici les premiers rôles. Au gré de la pêche du jour, merlan de petit bateau
accompagné de coques gorgées d'iode ; lieu jaune délicatement confit et sa sauce
cresson ; langoustines bretonnes en épais carpaccio et émulsion au parmesan (le
plat signature !). Service impeccable et souriant orchestré par Claire Bâcle. Un très
beau moment !

🐌 🍴 🍸 🛏 ♿ 🌀 🅿 – Prix : €€€€

Port de Gravette – ℰ 02 40 21 54 72 – www.annedebretagne.com – Fermé lundi,
mardi et dimanche

🛏 ANNE DE BRETAGNE

ÉPURÉ · MARITIME Une grande bâtisse contemporaine, toute blanche, posée sur
une dune. À l'horizon : le petit port de la Gravette et… rien que la mer ! Idéal pour
une escale marine rassérénante, d'autant que le décor – au design épuré – repose
les sens…

🅿 🛁 🚲 🛁 🍴 🆎 - 20 chambres

163 boulevard de la Tara – ℰ 02 40 21 54 72 – www.annedebretagne.com

🌸🌸 **Anne de Bretagne** - Voir la sélection des restaurants

PLAISIR

✉ 78370 – Yvelines – Carte régionale n° **11**–B1

LA MAISON DES BOIS

CUISINE TRADITIONNELLE · AUBERGE Dans la même famille depuis 1926, cette
auberge typique, couverte de vigne vierge, arbore toujours son toit de chaume, au
terme d'une jolie rénovation. Même esprit à la carte, avec des recettes traditionnelles et des suggestions du marché. Terrasse ombragée sous un vieux platane.

🛏 ♿ 🍴 🅿 – Prix : €€€

1467 avenue d'Armorique, Sainte-Apolline – ℰ 01 30 54 23 17 – www.
lamaisondesbois.fr – Fermé mardi et mercredi, et dimanche soir

PLAPPEVILLE

✉ 57050 – Moselle – Carte régionale n° **7**–B1

EMOTIONS

CUISINE MODERNE • CONTEMPORAIN Au cœur de ce village paisible, l'ancien "La vigne d'Adam" a été repris par le second, Mikaël Emo, avec son frère Morgan en salle. Dans une vieille maison de vigneron à l'intérieur remis au goût du jour, ce jeune chef nous régale avec des assiettes actuelles, soignées et appétissantes, comme ce tartare de thon rouge avec agrumes japonais, ou ce pavé de bar de ligne, raisins blonds, amandes et sauce hollandaise. Belle sélection de vins avec crus "d'exception" au verre.

❀ ☆ ♧ – Prix : €€€

50 rue du Général-de-Gaulle – ℰ 03 87 30 36 68 – www.restaurant-emotions.fr – Fermé lundi, dimanche et mardi midi

PLÉHÉDEL

✉ 22290 – Côtes-d'Armor – Carte régionale n° **1**–C1

MATHIEU KERGOURLAY - CHÂTEAU DE BOISGELIN

CUISINE MODERNE • ÉLÉGANT Le chef Mathieu Kergourlay vous accueille au sein d'un domaine de 450 hectares dans ce château rénové et décoré avec élégance par sa compagne et lui-même. Dans l'assiette, une cuisine goûteuse, généreuse et maîtrisée qui offre de jolies surprises, comme cette mini pissaladière revisitée à la sauce du chef accompagnant un filet de maquereau mariné puis parfaitement grillé à la flamme.

♨ ⚐ ☆ ♧ **P** – Prix : €€

Domaine de Boisgelin – ℰ 02 96 22 37 67 – www.mathieu-kergourlay.com – Fermé mardi et mercredi

🛏 ## HÔTEL DE BOISGELIN

CLASSIQUE • ROMANTIQUE Entrez dans le tableau : un château du 15ᵉ s. doté d'une tour d'angle, entouré d'un domaine de 400 ha (avec un golf), des touches anciennes dans la décoration des chambres (robinetterie rétro, meubles de style Directoire, scènes de chasse au mur)... Bref, du cachet !

P ⌖ ♨ ⌸ - 14 chambres

Domaine de Boisgelin – ℰ 02 96 22 37 67 – www.mathieu-kergourlay.com
Mathieu Kergourlay - Château de Boisgelin - Voir la sélection des restaurants

PLÉNEUF-VAL-ANDRÉ

✉ 22370 – Côtes-d'Armor – Carte régionale n° **1**–D1

😊 ## LE BINIOU

CUISINE TRADITIONNELLE • CONTEMPORAIN Le chef puise son inspiration dans la Bretagne à l'image de son farz noir brujuné et lipig. Mais il n'est pas fermé à d'autres influences, comme en témoigne son filet de merlan, mélisse et coulis de cresson. Une cuisine soignée, un service souriant, une addition digeste et une adresse située à quelques encâblures de la plage. Chantez biniou !

Prix : €€

121 rue Clemenceau – ℰ 02 96 72 24 35 – www.restaurant-lebiniou.fr – Fermé du lundi au mercredi

PLÉRIN

 22190 – Côtes-d'Armor – Carte régionale n° **1**–C1

✿ LA VIEILLE TOUR

Chef : Nicolas Adam

CUISINE MODERNE • CONTEMPORAIN Le décor contemporain de ce restaurant, jouant sur la lumière et les matières, avec aussi des touches végétales, est en adéquation avec les saveurs fines et iodées de cette maison de pays située face au chenal. Le cadre intime se prête à la dégustation de produits de qualité traités avec justesse. Le chef Nicolas Adam ne se contente pas de tiller les saveurs : il est aussi le créateur épanoui d'une boulangerie, et du festival Rock'n Toques, qui propose, une fois l'an et en musique, de la street food de qualité. Jolie cave vitrée, riche de 350 références.

🐾 🅰🄲 ⇳ – Prix : €€€

75 rue de la Tour – ℰ 02 96 33 10 30 – www.la-vieille-tour.com – Fermé lundi, dimanche et samedi midi

PLESCOP

 56890 – Morbihan – Carte régionale nᵛ **1**–C3

LÀ DN

CUISINE DU MARCHÉ • CONVIVIAL Que cette zone commerciale ne vous empêche pas de réserver chez ce couple au patrimoine génétique professionnel irréprochable ! Vous goûterez à des préparations gourmandes et soignées, dans l'esprit cuisine du marché plutôt bien tournée (y compris un pain au levain maison très bon). Le menu travaillé autour de produits locaux et de saison change toutes les semaines.

& 🅰🄲 🍴 ⇳ 🅿 – Prix : €

11 rue Blaise-Pascal – ℰ 02 97 13 74 73 – www.restaurant-ladn.bzh – Fermé samedi et dimanche, et du mardi au vendredi soir

PLEUDIHEN-SUR-RANCE

 22690 – Côtes-d'Armor – Carte régionale n° **1**–D1

L'OSMOSE

CUISINE MODERNE • CONVIVIAL Tacaud mariné au curry du Kerala ; radis blanc glacé au soja, salicornes ; kouign amann à la pistache, glace halva... Le chef Ludovic Dirscher, au parcours étoilé, célèbre l'osmose de la Bretagne et des saveurs venues d'ailleurs, notamment avec son menu découverte. À déguster dans une petite salle chaleureuse habillée de lattes de bois brut, de pierres du pays et d'une cheminée.

Prix : €€

7 place de l'Église – ℰ 02 96 83 38 75 – www.restaurant-losmose.com – Fermé mercredi et jeudi

PLOEMEUR

 56270 – Morbihan – Carte régionale n° **1**–C3

LE VIVIER

POISSONS ET FRUITS DE MER • ÉPURÉ Dans cet établissement posé face au large, la cuisine est évidemment vouée à Neptune : les pieds presque dans l'eau, avec en toile de fond l'île de Groix, on fait le plein d'iode avec de beaux produits de la mer, servis par une cuisine ponctuée de quelques touches de modernité.

≼ & ⇳ 🅿 – Prix : €€€

9 rue de Beg-Er-Vir, Lomener – ℰ 02 97 82 99 60 – www.levivier-lomener.com – Fermé lundi et dimanche soir

PLOMODIERN

✉ 29550 – Finistère – Carte régionale n° **1**–B2

L'AUBERGE DES GLAZICKS

Chef : Olivier Bellin

CUISINE CRÉATIVE • ÉLÉGANT Cette ancienne maréchalerie, transformée en
ferme-auberge par la grand-mère du chef, attirait autrefois ouvriers et habitants
du coin, autour de menus simples et revigorants – soupe, bouchée à la reine, gigot
d'agneau... C'est sous l'impulsion d'Olivier Bellin, de retour au pays en 1998, que
l'Auberge familiale accomplit sa mue : inventif et touche-à-tout, le chef y est devenu
lui-même, affirmant une personnalité culinaire de plus en plus forte. Il travaille
avec un extraordinaire réseau de petits producteurs du Finistère, sélectionnés
avec soin - sur chaque table, une carte recense l'origine de tous les ingrédients et
l'identité de chaque producteur. Dans l'assiette, il marie la mer et la terre avec un
naturel confondant : pomme de terre soufflée farcie au jus d'huître ; langoustine et
pied de cochon ; tortellini de fromage et œufs de truite.

&°8 ⇔ 🖨 & 🗘 – Prix : €€€€

*7 rue de la Plage – ℰ 02 98 81 52 32 – www.aubergedesglazick.com –
Fermé lundi et mardi, et dimanche soir*

PLONÉVEZ-PORZAY

✉ 29550 – Finistère – Carte régionale n° **1**–B2

LA PLAGE

POISSONS ET FRUITS DE MER • ÉLÉGANT Depuis 1924, cette table domine
la plage et le va-et-vient des marées. Le cadre est idyllique et la cuisine met à
l'honneur de beaux produits, en particulier de la mer : exemple, ce lieu jaune de
ligne, échalote, pomme de terre, champignons des sous-bois et émulsion Iodée...

⇐ 🖨 & 🅰️ 🅿️ – Prix : €€€

*Lieu-dit Sainte-Anne-la-Palud – ℰ 02 98 92 50 12 – www.plage.com/fr –
Fermé lundi, et mardi et mercredi à midi*

HÔTEL DE LA PLAGE

MODERNE • MARITIME Un emplacement superbe, directement sur la plage, au
pied de la chapelle ! Les chambres, cossues comme toute la demeure, donnent sur
la baie ou sur le jardin fleuri. Mobilier de famille, antiquités, esprit contemporain...
Comment mieux profiter de la plage ?

🅿️ ⌂ ⧗ 🖨 ⚒ 🕏 ⏺️○ - 19 chambres

Lieu-dit Sainte-Anne la Palud – ℰ 02 98 92 50 12 – www.plage.com

La Plage - Voir la sélection des restaurants

PLOUBALAY

✉ 22650 – Côtes-d'Armor – Carte régionale n° **1**–D1

LA GARE

CUISINE TRADITIONNELLE • TRADITIONNEL Si vous parcourez les stations
de la Côte d'Émeraude, faites donc un arrêt dans cette Gare gourmande ! À travers
une cuisine personnelle et savoureuse, Thomas Mureau joue sans excès avec la
tradition régionale, la mer et la terre bretonnes. Évidemment, les menus s'adaptent
aux opportunités du marché... qualité oblige.

& 🍴 🗘 – Prix : €€

*4 rue des Ormelets, à Beaussais-sur-Mer – ℰ 02 96 27 25 16 – www.restaurant-
la-gare-ploubalay.com – Fermé mercredi, et mardi et dimanche soir*

PLOUFRAGAN

✉ 22440 – Côtes-d'Armor – Carte régionale n° **1**–C2

LE BRÉZOUNE

CUISINE MODERNE • CONTEMPORAIN Un jeune couple formé à bonne école a repris cette adresse où l'on cuisine de manière plutôt traditionnelle : si les pierres et poutres demeurent, la déco a pris un virage contemporain. Au déjeuner, la clientèle d'affaire se jette sur le menu du jour sans choix. Le week-end, l'offre du dîner s'étoffe.

& 🏠 **P** – Prix : €€

15 rue de la Poste – 𝒞 02 96 01 59 37 – www.lebrezoune.fr/restaurant.html – Fermé lundi, samedi midi, et mardi, mercredi, jeudi et dimanche soir

PLOUGASNOU

✉ 29630 – Finistère – Carte régionale n° **1**–A2

🕸 LA MAISON DE KERDIÈS

CUISINE TRADITIONNELLE • CONTEMPORAIN Cette maison de la pointe du Trégor fut à l'origine un sémaphore, avant d'être transformée en colonie de vacances, puis en restaurant. De la salle, on profite d'une vue panoramique sur la baie de Morlaix... Mais on se recentre vite sur l'assiette qui balance entre plats régionaux (pêche du jour accompagnée d'une sauce aux oignons de Roscoff) et cuisine plus traditionnelle (suprêmes de volaille aux morilles, pommes de terre sautées à l'ail).

⪡ 🍴 & 🐕 **P** – Prix : €€

5 route de Perherel, à Saint-Samson – 𝒞 02 98 72 40 66 – www.maisonkerdies.com – Fermé du lundi au jeudi et dimanche soir

PLOUGONVELIN

✉ 29217 – Finistère – Carte régionale n° **1**–A2

🏵 HOSTELLERIE DE LA POINTE SAINT-MATHIEU

Cheffe : Nolwenn Corre

CUISINE MODERNE • ÉLÉGANT Attention, belle surprise à l'Ouest ! À Plougonvelin, Nolwenn Corre a repris les fourneaux de cette Hostellerie ouverte en 1954 par ses grands-parents, et reprise en 1988 par ses parents. Une affaire de famille, donc, qui a évolué tout en gardant son esprit originel : vieilles pierres, cheminée monumentale d'une part, mobilier franchement contemporain de l'autre. La jeune cheffe se montre tout à fait à son aise en cuisine, et surtout très déterminée. Ses assiettes doivent autant à son tour de main qu'aux bons produits 100% locaux qu'elle utilise : langoustines du Guilvinec, Saint-Jacques de la rade de Brest, poissons du Conquet, légumes d'un agriculteur voisin...

🛏 ⪡ & – Prix : €€€

7 place Saint-Tanguy – 𝒞 02 98 89 00 19 – www.pointe-saint-mathieu.com – Fermé lundi et mardi

BISTROT 1954

CUISINE MODERNE • CONTEMPORAIN Face au décor grandiose de la Pointe Saint-Mathieu, ce bistrot met l'eau à la bouche : terrasse au grand air marin, décor contemporain qui marie le bois brut et le mobilier en rotin, et assiettes de la cheffe qui mitonne essentiellement de la Bretagne des produits frais avec un vrai soin : coquillages, poissons, farz noir, algues...

⪡ & 🏠 – Prix : €€

7 place Saint-Tanguy – 𝒞 02 29 00 03 28 – www.pointe-saint-mathieu.com

PLOUGUERNEAU

✉ 29880 – Finistère – Carte régionale n° **1**–A1

À LA MAISON

CUISINE MODERNE • SIMPLE Ici, on réalise une cuisine bistrotière de bel aloi, mettant en avant les produits de la région. Le chef affectionne travailler les plats en déclinaison, comme le cochon ou l'agneau. Parmi les spécialités maison : le boudin noir, l'œuf parfait, et l'andouille de Guéméné. Une adresse attachante.

⅃ – Prix : €€€

21 place de l'Europe – ☏ *02 98 01 76 21* – *Fermé lundi, mardi et mercredi et dimanche soir*

CASTEL AC'H

POISSONS ET FRUITS DE MER • ÉPURÉ Il y a des lieux bretons magiques et la région des Abers en est un ! À quelques encablures des phares de l'île Vierge et de celui de l'île de Wrac'h, cette grande maison au style néo-breton profite donc d'un emplacement remarquable, face à la charmante plage de Lilia. Dans l'assiette, une cuisine d'inspiration régionale avec de bons produits "terre et mer" ; le midi, menu du jour à prix sage. Au dîner, les deux menus à la carte jouent le registre bistronomie bretonnisante (huîtres, ormeaux, pêche du jour, légumes du potager, algues, sarrasin...). Grande salle à manger épurée aux murs blancs et terrasse...

⪡ ⅃ ⌂ ☼ **P** – Prix : €€

Plage de Lilia – ☏ *02 98 37 16 16* – *www.castelach.fr*

PLOUHARNEL

✉ 56340 – Morbihan – Carte régionale n° **1**–C3

🙂 GRANIT ⓝ

CUISINE MODERNE • SIMPLE Entre Carnac et Quiberon, cette bâtisse moderne perdue en pleine campagne bretonne est une aubaine gourmande ! Le chef Charles Moreau a roulé sa bosse, de la Chine aux cuisines belges de Sang Hoon Degeimbre (deux étoiles à l'Air du Temps). Whisky breton, sarrasin, artichaut, huître, gwell, andouille de Guéméné : les marqueurs bretons répondent présents dans cette cuisine précise et bien tournée, où l'équilibre prévaut, sans oublier quelques notes créatives toujours réussies (comme cette association olive noire, fraise et burrata au dessert). Salle à la déco noire et blanche épurée. Carte courte avec de jolies références, principalement en bio et biodynamie.

⅃ – Prix : €€

5 Kerhuéno – ☏ *02 97 29 10 17* – *www.granit-restaurant.fr* – *Fermé lundi et mardi*

PLOUIDER

✉ 29260 – Finistère – Carte régionale n° **1**–B1

⌘ LA TABLE DE LA BUTTE

Chef : Nicolas Conraux

CUISINE MODERNE • ÉLÉGANT Nicolas et Solenne Conraux sont la troisième génération de cet hôtel-restaurant. En cuisine, Nicolas garde un œil sur la mer et la baie de Goulven, qu'on aperçoit en contrebas, et l'autre sur la campagne bretonne. Huîtres, homard, cochon, ormeaux mais aussi algues, légumes et même le patrimoine fromager armoricain dessinent la carte de son Finistère gourmand. Chaque plat, ou presque, navigue entre mer et campagne à l'image de de ce pigeon des Monts d'Arrée, échalotes blondies, sauge et jus de volaille. Le pain (fabriqué dans la propre boulangerie du chef) est un délice, comme les différents beurres made in Bretagne (aux algues, cristaux de sel…). La Butte, un sommet de gourmandise !

🎱 ⇦ ⇜ 🍴 🅿 – Prix : €€€€

12 rue de la Mer – ☏ 02 98 25 40 54 – www.labutte.fr – Fermé lundi, mardi et du mercredi au vendredi à midi

❀**L'engagement du chef :** Travailler avec la conscience de la nature, c'est être en vérité avec moi-même. A la Butte, nous avons un potager en permaculture, une serre bioclimatique et des ruches. Nous mettons en valeur nos producteurs (pêcheurs, maraîchers, éleveurs) et nos artisans locaux (assiettes en bois de récupération, verres fabriqués à base de coquilles d'ormeaux, uniformes en lin et coton bio) et nous sensibilisons nos équipes à l'éco-responsabilité.

😊 LE COMPTOIR DE LA BUTTE

CUISINE TRADITIONNELLE • CONTEMPORAIN L'annexe de la table gastronomique vaut aussi son pesant de gourmandise. Le cadre moderne, avec cuisine ouverte et boutique, met en appétit ; confirmation ensuite dans l'assiette avec une cuisine de tradition généreuse bien ancrée dans le Finistère, déclinée dans une formule efficace.

⇜ 🍴 ♿ 🅿 – Prix : €

12 rue de la Mer – ☏ 02 98 25 40 54 – www.labutte.fr – Fermé lundi, mardi et du mercredi au vendredi à midi

PLOUMANACH

✉ 22700 – Côtes-d'Armor – Carte régionale n° **1**–C1

LA TABLE DE MON PÈRE - CASTEL BEAU SITE

CUISINE MODERNE • CONTEMPORAIN Bien au chaud dans une salle élégante et épurée, venez profiter des dernières lueurs du couchant sur la plage de St-Guirec. Face à cette vue magnifique, vous dégusterez une cuisine au goût du jour, présentée avec soin, et qui met en valeur des produits d'une qualité incontestable tels que le pigeon du Ménez Bré, la lotte, l'araignée ou encore les asperges blanches.

⇜ ♿ 💱 🅿 – Prix : €€€

Plage de Saint-Guirec – ☏ 02 96 91 40 87 – www.castelbeausite.com – Fermé lundi et du mardi au dimanche à midi

PLOURHAN

✉ 22410 – Côtes-d'Armor – Carte régionale n° **1**–C1

😊 ROLLAND 🆕

CUISINE MODERNE • CONTEMPORAIN Niché au creux d'un vallon où coule une rivière, cet ancien moulin et sa longère ont été rénovés de fond en comble pour devenir ce restaurant à la déco d'esprit industriel. Deux frères, l'un en cuisine, l'autre au maraîchage, s'attèlent à concocter une cuisine saine et naturelle basée sur les produits de la mer (poissons, coquillages, crustacés) et les légumes, en partie cultivés sur place – les viandes sont exclues. Entrée 100% végétale comme cette variation autour du topinambour accompagnée de purée de citron et d'ail noir, ou plat marin à l'image cette aile de raie au céleri-rave et sauce ail des ours : la gastronomie à la Rolland, ça roule !

🍴 ♿ 🍽 🅿 – Prix : €€

12 chemin du Moulin-Rolland – ☏ 02 96 33 11 10 – www.restaurant-rolland.fr – Fermé du lundi au mercredi, jeudi midi et dimanche soir

LE POËT-LAVAL

✉ 26160 – Drôme – Carte régionale n° **24**–B2

LES HOSPITALIERS

CUISINE MODERNE • CLASSIQUE Envie de déguster des ravioles du Dauphiné au beurre blanc ou un carré d'agneau laqué à la confiture d'olives de Nyons, le tout au pied de la Commanderie de l'ordre de Malte ? Direction les Hospitaliers ! L'immense terrasse, sur les toits, offre une vue à 360 degrés. L'assiette a du goût et de l'allure : une adresse charmante.

❄ ⇔ 🛏 🖵 – Prix : €€

Vieux village – ℰ 04 75 46 22 32 – www.hotel-les-hospitaliers.com/fr

POISSON

✉ 71600 – Saône-et-Loire – Carte régionale n° **17**–B2

LA POSTE ET HÔTEL LA RECONCE

CUISINE MODERNE • CONTEMPORAIN Le Restaurant de la Poste est emmené par un chef originaire du village, avec l'aide de son épouse. Son ambition est claire : régaler ses convives avec une cuisine dans l'air du temps, et célébrer les bons produits locaux – cette entrecôte charolaise, avec ses légumes de saison, en témoigne ! Chambres coquettes et bien tenues pour l'étape.

⇔ 🆎 🖵 – Prix : €€

Le Bourg – ℰ 03 85 81 10 72 – www.hotelreconce.com – Fermé lundi et mardi

POITIERS

✉ 86000 – Vienne – Carte régionale n° **15**–B2

LES ARCHIVES

CUISINE TRADITIONNELLE • ÉLÉGANT Au cœur du vieux Poitiers, cette chapelle du 19e s., tout en colonnes et arcs, a été transfigurée par un aménagement contemporain... une réussite. On pourra même être témoin de la préparation des assiettes, car les cuisines sont ouvertes sur la salle.

♿ – Prix : €€

14 rue Édouard-Grimaux – ℰ 05 49 30 53 00 – www.lesarchives.fr

POLLIAT

✉ 01310 – Ain – Carte régionale n° **21**–B1

😊 TÉJÉRINA - HÔTEL DE LA PLACE

CUISINE TRADITIONNELLE • CONTEMPORAIN L'auberge familiale par excellence, où l'on vous sert avec le sourire une goûteuse et généreuse cuisine du terroir dans une salle à manger moderne. Tête de veau, poulet à la crème, soufflé aux foies de volaille et grenouilles sont à l'honneur ! Chambres bien tenues pour prolonger l'étape.

♿ 🆎 🖵 – Prix : €€

51 place de la Mairie – ℰ 04 74 30 40 19 – www.restaurant-tejerina-logis.fr – Fermé lundi, mardi midi et dimanche soir

POMEROL

✉ 33500 – Gironde – Carte régionale n° **22**–C2

LA TABLE DE CATUSSEAU

CUISINE MODERNE • CONVIVIAL A la tête de ce restaurant, Kendji Wongsodikromo, chef-patron né en Nouvelle Calédonie, tombé amoureux du Sud-Ouest... et de Nadège, son épouse, en salle. Le couple, motivé, a du métier et cela se sent : en témoigne la belle cuisine du marché, mitonnée avec soin, goûteuse et régionale. Un jolie adresse.

🅰🅲 🍴 ⇔ – Prix : €€

86 rue de Catusseau – ☎ 05 57 84 40 40 – www.latabledecatusseau.fr – Fermé lundi, dimanche et mercredi soir

POMMARD

✉ 21630 – Côte-d'Or – Carte régionale n° **12**–D1

AUPRÈS DU CLOCHER

CUISINE MODERNE • COSY Au cœur du célèbre village vigneron, le jeune chef Rémi Genot, de retour aux sources après un parcours régional éloquent, rend hommage aux producteurs locaux et aux belles pièces parées par son père dans la boucherie voisine. Aussi à l'aise avec le végétal qu'avec le poisson et la viande, il réalise des assiettes colorées, minutieuses et pleines de tempérament, et sait jouer habilement sur les textures : tartelette d'asperges blanches à la mandarine et olives taggiasche ; agneau du Quercy en trois façons, jus à l'ail noir et déclinaison de carottes... Superbe carte des vins, qui réserve bien entendu une place de choix à la Bourgogne.

🕸 🅰🅲 – Prix : €€€

1 rue de Nackenheim – ☎ 03 80 22 21 79 – www.aupresduclocher.com – Fermé mardi, mercredi, et jeudi et vendredi à midi

🛏 ## LE CLOS DU COLOMBIER

CLASSIQUE • RAFFINÉ Une belle demeure de maître (1835) raffinée – beaux parquets et moulures, trumeaux, mobilier ancien – et pleine de personnalité. L'espace bien-être (jacuzzi, sauna) donne directement sur les vignes qui entourent la maison...

♿ 🅿 🛎 🚲 🌊 �pb 📶 🍽 🅰🅲 - 11 chambres

1 rue du Colombier – ☎ 03 80 22 00 27 – www.closducolombier.com

PONCIN

✉ 01450 – Ain – Carte régionale n° **21**–B1

🌿 ## AINTIMISTE

Chef : Jérôme Busset

CUISINE MODERNE • CONTEMPORAIN Tout près des vignes de Cerdon, ce joli village médiéval aux confins du Bugey et du Revermont abrite une adresse de valeur ! Dans une agréable salle dotée d'un puits de lumière, avec cuisine ouverte, Jérôme Busset se dépense sans compter (des deux côtés du fourneau) pour envoyer un menu surprise bien pensé, déclinable en plusieurs formules. On déguste une cuisine moderne, personnelle et intuitive, élaborée avec des produits locaux sourcés avec soin : asperges et carottes de maraîcher, escargots aux herbes sauvages, miel de Poncin... Bons conseils sur les vins et, aux beaux jours, jolie terrasse sous les voûtes.

♿ 🅰🅲 ⇔ – Prix : €€€

4 rue de la Pompe – ☎ 04 74 38 06 66 – www.aintimiste.fr – Fermé lundi et dimanche

PONT-AVEN

✉ 29930 – Finistère – Carte régionale n° **1**–B2

✿ ROSMADEC LE MOULIN

CUISINE MODERNE • ÉLÉGANT Premier restaurant à décrocher une étoile dans le Finistère (en… 1933 !), étape emblématique de la gastronomie bretonne, le Moulin de Rosmadec jouit d'un cadre enchanteur, avec sa terrasse fleurie au bord de l'Aven. Supervisée par le chef Christian Le Squer, la cuisine est tout à la gloire du terroir breton (sarrasin, lait ribot, fraises de Plougastel) et de la pêche locale (araignée de mer, langoustines, homard)… Assiettes fines et soignées, avec de jolies sauces et réductions, saveurs délicates : une partition de haute volée. Belle carte des vins, pour couronner le tout.

👯 ⇆ ⇜ ♿ ⌂ ⎔ – Prix : €€€€

Venelle de Rosmadec – ℰ 02 98 06 00 22 – www.rosmadec.com – Fermé lundi et mardi

LE PONT-DE-CLAIX

✉ 38800 – Isère – Carte régionale n° **21**–C3

🐸 LE ROUSSEAU

CUISINE MODERNE • CONTEMPORAIN Dans son nouveau cadre sobre et contemporain, le Rousseau bénéficie désormais de plus d'espace et d'une terrasse au calme sur l'arrière. Le chef Élie Michel-Villaz, qui a fait de la simplicité son mantra et sa principale qualité, déroule une partition fraîche et travaillée avec beaucoup de soin, mariée à des flacons choisis avec amour (plusieurs centaines de références, beaucoup de nature et biodynamie)… et servie en toute convivialité. Une affaire (locavore) qui roule. Menu plus simple au déjeuner.

👯 ♿⌂ – Prix : €€

16 bis cours Saint-André – ℰ 04 76 14 86 75 – www.lerousseaugrenoble.fr – Fermé samedi et dimanche

PONT-DE-L'ISÈRE

✉ 26600 – Drôme – Carte régionale n° **24**–A1

MAISON CHABRAN - LA GRANDE TABLE

CUISINE CLASSIQUE • ÉLÉGANT Installée au bord de la mythique N7, cette maison familiale en a fait du chemin ! Le petit bistrot des années 1930 est devenu une étape entre Dauphiné et Provence, défendant une certaine idée de la tradition. Le classicisme y règne donc en maître, ponctué de quelques préparations aux notes plus actuelles.

👯 🆎 ⎔ 🅿 – Prix : €€€€

26 avenue du 45ème-Parallèle – ℰ 04 75 84 60 09 – www.chabran.com/fr – Fermé du lundi au mercredi, jeudi midi et dimanche soir

MAISON CHABRAN - LE 45ÈME

CUISINE MODERNE • CONVIVIAL Sur la route des vacances, offrez-vous une halte dans un cadre verdoyant. Cette table est une sympathique alternative à la maison mère, véritable institution de la gastronomie régionale. On s'y régale avec des formules légères et décontractées : tarte aux petits pois, menthe et picodon ; truite du Vercors, beurre blanc à l'ail des ours, asperges ; flan à la vanille.

🆎⌂ – Prix : €€

26 avenue du 45ème-Parallèle – ℰ 04 75 84 60 09 – www.chabran.com/fr

PONT-DE-VAUX

✉ 01190 – Ain – Carte régionale n° **21**–B1

❀ LE RAISIN

Chef : Frédéric Michel

CUISINE MODERNE • CLASSIQUE Dans cette maison cossue et élégante, en plein cœur de Pont-de-Vaux, la tradition est entre de bonnes mains. Noix de Saint-Jacques au chou-fleur ; cuisses de grenouilles en persillade ; poulet de Bresse en deux façons... Les classiques sont revisités subtilement par un chef au métier solide, qui cultive autant la finesse que l'originalité, et qui renouvelle chaque mois son menu au fil de son inspiration et du marché. À noter que la carte des vins aussi vaut le coup d'œil, avec notamment un bon choix de bourgognes. Service attentif et souriant.

🐜 ⇦ � ᴷᴷ **P** – Prix : €€€

2 place Michel-Poisat – ℰ 03 85 30 30 97 – www.leraisin.com – Fermé lundi, dimanche et mardi midi

PONT-DU-CHÂTEAU

✉ 63430 – Puy-de-Dôme – Carte régionale n° **20**–B1

❀ AUBERGE DU PONT

Chef : Rodolphe Regnauld

CUISINE MODERNE • CONTEMPORAIN Au bord de l'Allier, l'un des derniers fleuves sauvages, Rodolphe Regnauld possède la fougue du vent breton (il a grandi dans la péninsule) et la passion des produits de sa région d'adoption - l'Auvergne. Il marie ces deux terroirs à grands renforts de petits légumes de producteurs du coin, de fruits rouges locaux, de poissons arrivés en direct de Bretagne, mais aussi de pieds de cochon ou de truite délicieusement auvergnats. On aime aussi ce décor joyeux et contemporain d'esprit loft.

🐜 ⇦ ᴷ ᴷᴷ ⇔ – Prix : €€€

70 avenue du Docteur-Besserve – ℰ 04 73 83 00 36 – www.auberge-du-pont.com – Fermé lundi et mercredi, et dimanche soir

PONT-SAINTE-MARIE

✉ 10150 – Aube – Carte régionale n° **12**–B1

☺ BISTROT DUPONT

CUISINE TRADITIONNELLE • BISTRO Au bord de la Seine, ce sympathique bistrot traditionnel au service des plus plaisants joue la carte des bonnes recettes à l'ancienne : pavé de foie de veau, coq au vin, filet de bœuf au cognac, que l'on dévore dans une ambiance animée... Et ne ratez pas la spécialité de la maison : l'andouillette.

ᴷ ᴷᴷ ⇔ ⇔ – Prix : €€

5 place Charles-de-Gaulle – ℰ 03 25 80 90 99 – www.bistrotdupont.com – Fermé lundi, et jeudi et dimanche soir

PONTARLIER

✉ 25300 – Doubs

🛏 LA MAISON D'À CÔTÉ

CLASSIQUE • ROMANTIQUE Miroirs dorés, commodes vernies, lustres, draps brodés et baignoires à pied confèrent une allure romantique chic à cette maison d'hôtes jurassienne nichée dans une demeure historique du centre-ville de Pontarlier. L'escalier 17ᵉ s. fut régulièrement emprunté par Rouget de Lisle qui logea au premier étage. Au dernier niveau, une chambre a conservé ses boiseries et son plafond sculpté. Elle s'ouvre comme un passage dans le temps, tapissée d'objets chinés qui évoquent des souvenirs de maison de famille. La deuxième se veut plus contemporaine, aux lignes franches et sombres réveillées par des notes orange. Une cuisine conviviale permet de louer l'ensemble.

P 🍽 ⅰ◯ - 2 chambres

11 rue Jules-Mathez – ℰ 03 81 38 47 18 – www.lamaison-da-cote.fr

PONTCHÂTEAU
✉ 44160 – Loire-Atlantique – Carte régionale n° **9**–A2

LE 11 BISTROT GOURMAND
CUISINE TRADITIONNELLE • CONTEMPORAIN Au cœur de Pontchâteau, ce bistrot urbain est mené par Gilles Charpy, un chef qui a du métier. Dans un cadre contemporain, il sert d'appétissantes recettes composées au gré du marché ; par exemple : velouté de panais à l'aiglefin ; cabillaud vapeur, patate douce, curry noir ; magret de canard rôti, riz basmati. Service tout sourire.

& 🅐🅒 🗘 – Prix : €€

11 rue de Verdun – ℰ 02 40 42 23 28 – www.restaurant-le11.fr – Fermé lundi et dimanche, et mercredi soir

LE PONTET
✉ 84130 – Vaucluse – Carte régionale n° **28**–E1

AUBERGE DE CASSAGNE & SPA
CUISINE CLASSIQUE • CLASSIQUE Une ancienne bastide provençale aux abords d'Avignon, qui perpétue la tradition de ces demeures bourgeoises dédiées aux plaisirs de la table. Produits nobles et classicisme sont de mise, même si l'on s'autorise ici et là quelques préparations plus actuelles, tel ce tataki de saumon fumé maison sur sa pannacotta de légumes verts. Beau livre de cave privilégiant la vallée du Rhône méridionale, plaisante terrasse aux beaux jours et accueil charmant.

🕾 🦽& 🅐🅒 🎄 🗘 **P** – Prix : €€€€

450 allée de Cassagne – ℰ 04 90 31 04 18 – www.aubergedecassagne.com/fr

PONTIVY
✉ 56300 – Morbihan – Carte régionale n° **1**–C2

😊 HYACINTHE & ROBERT
CUISINE MODERNE • CONTEMPORAIN Damien Le Quillec, le chef, a baptisé sa table en hommage à ses deux grands-pères, Hyacinthe et Robert. Dans un cadre atypique - un ancien garage à pneus réinventé en loft contemporain ; une réussite - il cisèle avec talent des assiettes ambitieuses et bien dans l'air du temps... Au "Numéro 100" attenant, il a ouvert un petit "bistrot de copains", pour une cuisine version bistronomique.

& 🗘 – Prix : €€

100 rue Nationale – ℰ 06 43 68 26 45 – www.hyacinthe-et-robert.fr – Fermé lundi et mardi, et dimanche soir

PONTOISE
✉ 95000 – Val-d'Oise – Carte régionale n° **11**–B1

🌼 L'OR Q'IDÉE
Cheffe : Naoëlle d'Hainaut
CUISINE MODERNE • COSY La cheffe Naoëlle d'Hainaut a choisi cette petite rue du centre-ville de Pontoise, en contrebas de la jolie église, pour ouvrir son premier restaurant. Résultat : une vraie réussite, de l'élégant décor (style scandinave, couleurs claires, cave sous écrin de verre, cuisine visible) aux assiettes bien dans l'air

du temps. Souvenirs savoureux d'une aubergine Berinda cuite en croûte de pain au romarin, condiment basilic et crème d'ail rose et râpé de feta. Partout, une même maîtrise technique, de belles harmonies gustatives, une cuisine franche. Service bien rythmé, décontracté et professionnel par une équipe jeune et efficace. Une adresse très recommandable.

※ & 류 – Prix : €€€€

14 rue Marcel-Rousier – ℰ 01 34 35 47 10 – www.lorqidee.fr – Fermé lundi, samedi et dimanche, et mercredi soir

❀ **L'engagement du chef :** Notre défi est de sublimer les produits de qualité que nos maraîchers, pêcheurs et vignerons passionnés nous fournissent au quotidien. Nous travaillons de plus en plus de produits de la région. Donner des lettres de noblesse à un produit commun par une cuisine subtile et complexe mais surtout goûteuse, afin que notre empreinte soit accessible à tous.

LES PONTS-DE-CÉ

✉ 49130 – Maine-et-Loire – Carte régionale n° **9**–C3

LES 3 LIEUX - LA TABLE

CUISINE CRÉATIVE • TENDANCE Sur les bords de Loire, on goûte volontiers cette cuisine créative pleine de fougue, réalisée par un chef qui propose une offre culinaire créative, où l'on appréciera par exemple une superbe blanquette de ris de veau revisitée, mais aussi un foie gras, cacao et orange, et un dessert chocolat, noisette et mousse au thym. Soigné et maîtrisé.

🅰🄒 류 – Prix : €€

10 rue du Port-des-Noues – ℰ 02 14 03 03 53 – www.les3lieux.com – Fermé lundi, du mardi au vendredi à midi, et dimanche soir

PORNIC

✉ 44210 – Loire-Atlantique – Carte régionale n° **9**–A3

L'ORANGERIE

CUISINE MODERNE • CONTEMPORAIN Formé à bonne école (Alain Dutournier, Jean-Michel Lorrain, Alain Ducasse), le chef Julien Lainé réalise chez lui une agréable cuisine qui surfe entre tradition (poireau vinaigrette ; vol au vent au veau ; riz au lait) et modernité (aile de raie et son sablé aux agrumes garni de mousse aux oursins ; noix de Saint-Jacques agrémentées d'un coulis clémentine et d'un confit de citron brûlé). Dans une ville touristique comme Pornic, c'est une aubaine que ces deux petites salles au cadre coloré avec cuisine ouverte.

류 – Prix : €€

9 rue de la Prépoise – ℰ 02 40 82 88 52 – www.restaurant-orangerie.com – Fermé lundi et mardi, et dimanche soir

PORNICHET

✉ 44380 – Loire-Atlantique – Carte régionale n° **9**–A3

POPS 🄽

CUISINE MODERNE • CONTEMPORAIN « Pops » ont dû faire nos deux oisillons en quittant le nid douillet de la Mare aux Oiseaux d'Éric Guérin, véritable couveuse à talents. Dans leur resto légèrement à l'écart du front de mer, Corentin Leverger et Océane Maisonneuve mettent les petits plats dans les grands pour régaler avec des girolles ou du rouget de première fraîcheur. Leur bistronomie un brin créative multiplie les jeux de textures et les saveurs franches à l'instar de cette jolie tartelette aux champignons travaillés en diverses façons (crus, cuits, en gelées, en crème, en pickles...).

AC – Prix : €€
96 avenue du Général-de-Gaulle – ℰ 02 51 76 87 51 – www.pops-restaurant.com
– Fermé dimanche et samedi soir

PORSPODER
✉ 29840 – Finistère – Carte régionale n° **1**–A1

LA DUNE DU CHÂTEAU DE SABLE

CUISINE MODERNE • ÉLÉGANT Depuis sa cuisine ouverte, le chef Philippe Brun
délivre des menus inspirés par le meilleur du terroir breton et par le potager de
la maison : artichauts violets en barigoule, poutargue artisanale ; saint-pierre de
petit bateau rôti au beurre noisette, couteaux persillés et oignons de Roscoff au
barbecue... Ces beaux produits sont travaillés selon la philosophie responsable qui
caractérise la maison. Profitez de la salle à manger lumineuse installée sous une
belle charpente, avec vue sur la côte. Option plus bistronomique au Rivage, sous
le même toit.
⇐ 🍴 🛋 P – Prix : €€€€
38 rue de l'Europe – ℰ 02 29 00 31 32 – www.lechateaudesablehotel.fr –
Fermé dimanche, lundi, et du mardi au jeudi à midi

LE CHÂTEAU DE SABLE

CLASSIQUE • MARITIME Face à la presqu'île St-Laurent – un lieu hors du temps
–, un établissement à la pointe des préoccupations environnementale (bois, verre,
etc.). Les chambres sont lumineuses, aux teintes douces et tournées en grande
partie vers la côte sauvage et l'océan... Idéal pour se reposer entre deux châteaux
de sable !
P 🔧 🍴 🐕 🛋 🍽 - 27 chambres
38 rue de l'Europe – ℰ 02 29 00 31 32 – www.lechateaudesablehotel.fr
La Dune du Château de Sable - Voir la sélection des restaurants

PORT-EN-BESSIN
✉ 14520 – Calvados – Carte régionale n° **2**–B2

LE BOTANISTE - LA CHENEVIÈRE

CUISINE MODERNE • ÉLÉGANT Boiseries, parquet, mobilier du 18ᵉ s. : élégance
et noblesse du cadre ! Menée par un chef sérieux qui puise son inspiration dans le
potager du château et dans le panier des petits producteurs, la cuisine délicate
multiplie les jolies variations autour du terroir normand et d'agréables mariages
de saveurs. Des exemples ? Ris de veau sautés au beurre et citron vert, fèves et
radis au bouillon de citronnelle, pesto de fanes de radis ; saint-pierre en vapeur,
betterave glacée, blettes et coquillages, sauce safranée. Service de haute qualité,
tout en prévenance.
🏵 🍴 ♿ 🍽 🛋 P – Prix : €€€
à Commes – ℰ 02 31 51 25 25 – www.le-botaniste.com – Fermé lundi, dimanche
et du mardi au samedi à midi

LE PETIT JARDIN - LA CHENEVIÈRE

CUISINE MODERNE • MAISON DE CAMPAGNE Entre jardin et piscine, le bistrot
du Château de la Chenevière est aménagé dans l'ancienne orangerie, décorée dans
un style cottage anglais plein de charme. Sous une grande verrière, on déguste une
bonne cuisine de saison bistronomique : œuf basse température, crème de céleri,
coques, salicorne et moutarde à l'ancienne ; risotto au chèvre, pois gourmands,
champignons et crème d'ail...
🍴 AC 🍽 P – Prix : €€
à Commes – ℰ 02 31 51 25 22 – www.restaurantlepetitjardin.com – Fermé du
lundi au mercredi, et jeudi et vendredi à midi

PORT-GOULPHAR – Morbihan (56) ➜ Voir Belle-Île

PORT-JOINVILLE – Vendée (85) ➜ Voir Île d'Yeu

PORT-LESNEY

✉ 39330 – Jura – Carte régionale n° **13**–B2

❀ **MAISON ROSELLA PAR FRANCESCO DI MARZIO** Ⓝ

CUISINE MODERNE • ÉLÉGANT Pas de séjour bucolique dans un château sans table gastronomique digne de ce nom ! Le chef italien Francesco Di Marzio, qui a travaillé dans des maisons multi-étoilées partout dans le monde (et surtout auprès d'Anne-Sophie Pic), préside désormais aux agapes dans cette salle au décor plutôt sobre. En bon Italien, il a baptisé le restaurant au nom de sa… maman, évidemment. Dans l'assiette, toujours impeccablement dressée, l'expérience internationale et le bagage technique du chef affleurent à chaque plat : coquilles Saint-Jacques, kiwi, bergamote, rogue de sandre ; spaghetti, pistaches, caviar osciètre, vin jaune. Très belle carte des vins, avec évidemment une sélection pointue de vins du Jura.

❀ ⇆ 🛏 ♿ 🌿 🅿 – Prix : €€€€

Château de Germigney, 31 rue Edgar-Faure – 𝒞 *03 84 73 85 85* – *www.chateaudegermigney.com/fr/restaurant/maison-rosella.html* – *Fermé lundi et mardi*

BISTROT DE PORT-LESNEY

CUISINE TRADITIONNELLE • BISTRO À quelques mètres de la Loue, un bistrot aux volets rouges avec sa terrasse donnant sur la place du village. Le chef propose une cuisine traditionnelle et généreuse, véritable ode au terroir : truite fumée et poireau confit ; escargots du Petit Mercey ; suprême de volaille et crème au vin jaune… à déguster sur des nappes à carreaux, au milieu de bibelots chinés.

🌿 🅿 – Prix : €€

Place du 8-Mai-1945 – 𝒞 *03 84 37 83 27* – *www.chateaudegermigney.com/fr/restaurant/le-bistrot-de-port-lesney.html* – *Fermé mercredi et jeudi*

🛏 **CHÂTEAU DE GERMIGNEY**

CLASSIQUE • CHARME Dans la campagne jurassienne, les designers Roland et Véréna Schön ont transformé un pavillon de chasse du 18ᵉ s., entouré d'un beau terrain boisé, en un idyllique hôtel de luxe. Spa-vinothérapie, restaurant gastronomique… et chaque chambre garde avec soin la trace de l'histoire de la maison, mariée judicieusement à un style contemporain.

🛁 🅿 ❄ ⇆ 🏊 🏊 🐾 🍴 🅰🅲 - 28 chambres

31 rue Edgar-Faure – 𝒞 *03 84 73 85 85* – *www.chateaudegermigney.com*

❀ **Maison Rosella par Francesco Di Marzio** • **Bistrot de Port-Lesney**- Voir la sélection des restaurants

PORT-LOUIS

✉ 56290 – Morbihan – Carte régionale n° **1**–C3

❀ **AVEL VOR**

Chefs : Camille Lacome et Agathe Richou

CUISINE MODERNE • CONTEMPORAIN Nà deux pas de la mer, portés par l'Avel Vor ("vent de mer" en breton), Camille Lacome et Agathe Richou élaborent de savoureuses recettes à l'ancrage régional affirmé (produits de la mer à la fraîcheur irréprochable, sarrasin, andouille de Guémené, gwell, lait ribot…) ponctuées de discrètes touches méditerranéennes (huile d'olive, thym, eau de tomate). Une cuisine précise et parfumée à déguster dans un plaisant cadre contemporain.

⇔ ⇐ ঌ 🄰 ⇩ – Prix : €€€

25 rue de Locmalo – ☎ 02 97 82 47 59 – www.avelvor.com – Fermé lundi et mardi, et dimanche soir

PORT-NAVALO
✉ 56640 – Morbihan – Carte régionale n° **1**–C3

GRAND LARGUE

POISSONS ET FRUITS DE MER • **CLASSIQUE** À l'étage de cette villa, on savoure aussi bien la vue panoramique sur le golfe du Morbihan qu'une cuisine basée sur les beaux produits de la mer (homard, bar de ligne, coquillages). Au rez-de-chaussée, un vent marin souffle sur le bistrot Le P'tit Zeph.

⇐ ঌ 🄯 – Prix : €€€

1 rue du Phare – ☎ 02 97 53 71 58 – www.grandlargue.fr – Fermé lundi et dimanche soir

PORT-VENDRES
✉ 66660 – Pyrénées-Orientales – Carte régionale n° **27**–C3

LE CÈDRE

CUISINE MODERNE • **COSY** Ici, la cuisine met en valeur l'incontestable richesse du terroir catalan, et varie librement au fil des saisons : impossible de se lasser ! Quant au cadre, il appelle à la rêverie : la baie vitrée donne sur la belle terrasse et, au-delà, le port et la mer... Ce Cèdre ne manque décidément pas d'attraits.

⇐ 🄰 🄯 🄿 – Prix : €€€

29 route de Banyuls – ☎ 04 68 82 62 20 – www.lesjardinsducedre.com – Fermé lundi, mardi et samedi midi

LES CLOS DE PAULILLES

CUISINE RÉGIONALE • **CONVIVIAL** Entre vignes et mer, à deux pas de la plage, le site laisse rêveur ; la maison Cazes – de grands vignerons de la région – a pris les rênes de ce domaine de 90 ha, pour le ravissement de nos sens. Les recettes, régionales, n'utilisent que des produits locaux, comme le chapon à la bisque de crabe vert et tagliatelles à l'encre de seiche. Superbe terrasse face aux vignes... et bar à tapas convivial !

⇐ 🄯 🄿 – Prix : €€

Baie de Paulilles – ☎ 04 68 81 49 79 – www.lesclosdepaulilles.com – Fermé lundi, et mardi, mercredi, jeudi, vendredi et dimanche soir

LA CÔTE VERMEILLE

POISSONS ET FRUITS DE MER • **CONVIVIAL** Nouveau souffle sur La Côte Vermeille, une institution locale reprise au printemps 2022. Elle offre toujours une vue imprenable sur le port, notamment depuis la très belle terrasse située à l'étage. Le chef offre une cuisine de la mer aux accents méditerranéens, fraîche, légère et colorée, jouant habilement des épices et des agrumes pour révéler les poissons issus de la pêche locale.

⇐ ঌ 🄰 🄯 ⇩ – Prix : €€

Quai du Fanal – ☎ 04 68 88 85 05 – www.restaurantlacotevermeille.com – Fermé lundi et dimanche soir

PORTICCIO – Corse-du-Sud (20) → Voir Corse

PORTO-VECCHIO – Corse-du-Sud (20) → Voir Corse

POUILLON

⊠ 40350 – Landes – Carte régionale n° **25**–B2

 L'AUBERGE DU PAS DE VENT

CUISINE TRADITIONNELLE • RUSTIQUE L'Auberge du Pas de Vent : un nom splendide, digne de Tolkien. Cette authentique auberge des Landes propose une cuisine franche, habitée, loin des modes, où la carte rend hommage au terroir – bœuf des fermes de Chalosse, canard gras élevé en liberté, veau de lait sous la mère, fromage pur brebis d'un berger du village et pain au levain maison (sans additif). Ici la tradition n'est pas un mot désuet, échappé d'un vieux dictionnaire. Velouté de butternut et lomo séché, bouillon de seiche à la badiane, étuvée de poireau et dés de chorizo : les assiettes, généreuses, chantent la France de nos grands-mères. On se régale, pendant que dans la pièce voisine se dispute une partie de quilles de neuf... Accueil chaleureux, service à la fois attentif, pro et efficace. On ne demande rien de plus.

🍽 ⇔ 🅿 – Prix : €€

281 avenue Pas-de-Vent – ℰ 05 58 98 34 65 – www.auberge-dupasdevent.com – Fermé mercredi, et mardi, jeudi et dimanche soir

POUILLY-SOUS-CHARLIEU

⊠ 42720 – Loire – Carte régionale n° **20**–C1

❀ **RESTAURANT DE LA LOIRE**

Chef : Fabien Raux

CUISINE MODERNE • CONTEMPORAIN Cette auberge des bords de Loire, entièrement rénovée dans un goût contemporain, est le repaire de Marie et Fabien Raux (ancien chef du 1741 à Strasbourg). Le chef élabore une cuisine au goût du jour, autour d'un menu fixe sans choix qui fait la part belle aux produits locaux de saison, travaillés avec une certaine patte : tomates d'été, sandre de Loire, agneau, lapin... Goût dans les assiettes, énergie en salle : un plaisir ! L'été, très jolie terrasse sous les tilleuls côté jardin.

🛏 ♿ 🍽 ⇔ 🅿 – Prix : €€€

30 rue de la Berge – ℰ 04 77 60 81 36 – www.restaurantdelaloire.fr – Fermé mardi et mercredi, et dimanche soir

PRADELLES-EN-VAL

⊠ 11220 – Aude – Carte régionale n° **27**–B2

LA BOURDASSO

CUISINE ITALIENNE • VINTAGE Cette belle bâtisse traditionnelle, perdue dans les Corbières, a été investie de la fougue d'une famille italienne, tombée amoureuse de la région. Au programme, mozzarella artisanale divine faite maison (avec du lait de bufflonnes ramenées d'Italie !), et pâtes et pains travaillés à partir de blés anciens cultivés par leurs soins. La large terrasse laisse apprécier la nature environnante.

♿ 🍽 🅿 – Prix : €€

La Bourdasse – ℰ 04 68 78 08 31 – www.bourdasso.com – Fermé lundi et du mardi au vendredi à midi

PRADES

⊠ 66500 – Pyrénées-Orientales – Carte régionale n° **27**–B3

LE GALIE

CUISINE MODERNE • CONTEMPORAIN Ici, inutile de s'attarder au rez-de-chaussée : direction l'étage pour découvrir une salle moderne et confortable, où un jeune couple sympathique nous régale d'une cuisine du marché bien dans l'air du temps. La spécialité du chef ? La fricassée de homard en homardine et son vermicelle de riz...

&. AC – Prix : €€

3 avenue du Général-de-Gaulle – ☏ 04 68 05 53 76 – www.restaurantlegalie.net – Fermé lundi et dimanche, et mardi et mercredi soir

PRATS-DE-MOLLO-LA-PRESTE

✉ 66230 – Pyrénées-Orientales – Carte régionale n° **27**-B3

🙂 BELLAVISTA

CUISINE MODERNE • ÉLÉGANT Au pied des remparts, un plaisir sans cesse renouvelé... La carte fleure bon le terroir régional, et pour cause : le chef met en valeur les petits producteurs locaux, qui viennent dans la cité uniquement pour le livrer. L'épaule d'agneau catalan en cuisson lente, croûte d'herbes fraiches et légumes de saison saura vous faire fondre... sans oublier les fromages des Pyrénées ! Chambres pour l'étape.

AC 🍴 **P** – Prix : €€

Place du Foiral – ☏ 04 68 39 72 48 – www.hotel-le-bellevue.fr – Fermé du lundi au mercredi

PRAZ-SUR-ARLY

✉ 74120 – Haute-Savoie – Carte régionale n° **21**-D2

LES RONINS

CUISINE MODERNE • MONTAGNARD Les ronins, dans la culture japonaise, sont des "samouraïs sans maître" - façon de dire pour Anthony et Émilie à la fois leur liberté et, bien évidemment, leur cuisine franco-asiatique joliment troussée, à l'image de cet onglet de bœuf Angus, sauce tigre qui pleure et son gratin dauphinois. Déco montagnarde à la page et service tout sourire !

🍴 – Prix : €€

9 route de Megève – ☏ 04 50 21 90 31 – www.les-ronins.fr – Fermé lundi et mardi, et dimanche soir

PRÉAUX-DU-PERCHE

✉ 61340 – Orne – Carte régionale n° **2**-D3

OISEAU - OISEAU

CUISINE TRADITIONNELLE • MAISON DE CAMPAGNE Sven Chartier (ex-Saturne, table étoilée parisienne) et son épouse Marianne ont bâti leur nouveau nid dans ce petit village du Perche, face à une église pluriséculaire. Désormais loin de l'agitation urbaine, le chef s'épanouit dans ce décor style campagne chic où il régale avec simplicité dans le droit fil de la tradition. Pâté en croûte, poulette fermière et ses légumes, tarte fine courge et coing : la précision et le goût du temps retrouvé...

&. – Prix : €€

5 place Saint-Germain – ☏ 02 33 73 51 24 – www.oiseau-oiseau.fr – Fermé lundi, mardi, mercredi et dimanche et jeudi midi

PREMEAUX-PRISSEY

✉ 21700 – Côte-d'Or – Carte régionale n° **12**-C3

PREMNORD 🅝

CUISINE MODERNE • CONTEMPORAIN Le restaurant du domaine Prieuré-Roch apparaît comme un édifice résolument contemporain tout de bois et d'acier en forme de U avec, en son centre, une grande terrasse tournée vers les vignes. À l'intérieur, coin lounge avec parquet, bar en bois clair et grande salle à manger contemporaine aux immenses baies vitrées. En cuisine, la cheffe Céline Dedinger (qui a travaillé avec Thomas Collomb à la Rôtisserie du Chambertin ainsi qu'à la Maison des Cariatides) propose une cuisine moderne à base de produits souvent locaux (mis en avant sur la carte) : soupe de concombre, menthe et mozzarella ; poitrine de cochon confite, aubergine grillée et pomme de terre suédoise.

⅗ ⇐⌖🅰🄿 – Prix : €€

6 RD 974 – ☏ 03 80 42 23 35 – www.premnord.com – Fermé samedi et dimanche

PRENOIS

✉ 21370 – Côte-d'Or – Carte régionale n° **12**–C3

❀ AUBERGE DE LA CHARME

Chefs : Nicolas Isnard et David Lecomte

CUISINE CRÉATIVE • AUBERGE Dans un petit village bourguignon, proche du circuit automobile, une auberge à la fois rustique et épurée : murs aux pierres apparentes, plafond à la française, sol en dalles de pierre et vieux four à pain inséré dans un mur. Elle est emmenée par deux cuisiniers complices, Nicolas Isnard et David Le Comte, qui se sont rencontrés dans le restaurant de Gilles Goujon, à Fontjoncouse. Ils partagent la même passion pour la gastronomie et l'Asie, qu'ils sillonnent régulièrement. Ils proposent un concept de menu à l'aveugle susceptible de déconcerter, mais qui fonctionne à merveille : on se laisse emporter par une cuisine créative, généreuse et aux influences multiples, nourrie par les voyages de ces deux globe-trotters.

⅗ ⌖⌖ – Prix : €€€

12 rue de la Charme – ☏ 03 80 35 32 84 – www.aubergedelacharme.com/fr – Fermé du lundi au jeudi et dimanche soir

PRINGY

✉ 74370 – Haute-Savoie – Carte régionale n° **11**–B2

LE CLOS DU CHÂTEAU

CUISINE MODERNE • TENDANCE Comme son nom l'indique, le Clos du Château jouxte le château local, au cœur du village de Pringy. Côté papilles, une carte courte et alléchante, concoctée par un chef doué, un menu du marché à prix très doux... A déguster sur l'agréable terrasse, à l'ombre des platanes.

⌖⌖⌖🄿 – Prix : €€

70 route de Cuvat – ☏ 04 50 66 82 23 – www.le-clos-du-chateau.com – Fermé lundi et dimanche

PROPRIANO – Corse-du-Sud (20) ➜ Voir Corse

PUJAUDRAN

✉ 32600 – Gers – Carte régionale n° **26**–C2

❀❀ LE PUITS SAINT JACQUES

Chef : William Candelon

CUISINE CRÉATIVE • ÉLÉGANT Nul doute que Cyrano, croqué avec génie par Edmond Rostand, aurait apprécié cette maison gersoise, jadis relais sur la route de Compostelle, où résonnent les accents chantants du Sud-Ouest éternel ! Le chef William Candelon maintient vivante l'identité de cette institution et continue de creuser le sillon du terroir du Sud-Ouest avec une faconde gourmande et généreuse. Le lièvre jaune en croûte de truffe d'automne, fricassée de fregola à l'encre, pieds de mouton, pleurotes et girolles ou encore ce carré de porc cuit à basse température, joue confite, poêlée de trompettes et shiitakés, jus d'entrecôte ponzu lui permettent de nous entraîner sans difficulté dans son univers.

& 🅰🄲 ⌁ ↻ – Prix : €€€€

57 avenue Victor-Capoul – ☏ 05 62 07 41 11 – www.lepuitssaintjacques.fr –
Fermé lundi et mardi, et mercredi et dimanche soir

PUJAUT

✉ 30131 – Gard – Carte régionale n° **28**–E1

✿ MAISON CHENET - ENTRE VIGNE ET GARRIGUE

Chefs : Serge et Maxime Chenet

CUISINE MODERNE • **CLASSIQUE** Tout près d'Avignon, cette ferme provençale isolée, entre falaise et vignoble, ne transige pas sur l'authenticité. La garrigue est là, avec ses effluves qui embaument une salle habilement rénovée, mélange harmonieux de l'ancien et du contemporain. En cuisine, Serge Chenet, Meilleur Ouvrier de France et Breton exilé, est aidé par Maxime, son fils. Tous deux partagent le même amour du naturel et du beau produit de saison que la région leur sert sur un plateau gorgé de soleil. Ils concoctent à quatre mains une savoureuse cuisine du marché d'inspiration provençale : filet de rouget de Méditerranée en rouille de fenouil, jus de bouillabaisse ; duo de fraises et olives noires confites, glace à l'huile d'olive, madeleine tapenade...

& ⇔ 🖨 & 🅰🄲 ⌂ 🅿 – Prix : €€€€

600 route de Saint-Bruno – ☏ 04 90 95 20 29 – www.maison-chenet.com –
Fermé lundi et mardi

PULIGNY-MONTRACHET

✉ 21190 – Côte-d'Or – Carte régionale n° **12**–D1

LE MONTRACHET

CUISINE MODERNE • **ÉLÉGANT** Murs en pierre et en saule tressé, charpente apparente avec d'imposantes sphères lumineuses et tables en pierre de lave, sans oublier la terrasse ombragée face au jardin parfaitement entretenu : ce restaurant récemment rénové allie charme et élégance ! L'assiette est tout aussi soignée que le cadre, à l'image du tartare de saumon, fruit de la passion, crème de cresson, parfaitement assaisonné. Menu végétarien proposé, et très belle cave avec plus de 1200 références dont plus de 200 grands crus.

& 🖨 & 🅰🄲 ⌂ ↻ 🅿 – Prix : €€€

10 place du Pasquier-de-la-Fontaine – ☏ 03 80 21 30 06 – www.comohotels.
com/burgundy/como-le-montrachet

OLIVIER LEFLAIVE

CUISINE MODERNE • **CHIC** Une maison cossue au centre du village, une magnifique cave vitrée, une salle chic et chaleureuse : bienvenue chez Olivier Leflaive ! Le célèbre vigneron de la Côte de Beaune a créé deux enseignes de restauration, le Bistro d'Olivier qui offre un joli menu de saison et Klima, le soir, aux ambitions plus gastronomiques. Belle carte des vins évidemment, grâce aux 80 climats du domaine.

& & 🅰🄲 – Prix : €€

10 place du Monument – ☏ 03 80 21 95 27 – www.olivier-leflaive.com –
Fermé lundi, dimanche et du mardi au samedi à midi

LE MONTRACHET   *Plus*

CONTEMPORAIN • **ÉLÉGANT** Cet exceptionnel petit hôtel du 19ᵉ s. a su s'adapter aux normes de luxe du 21ᵉ s. La plupart des chambres se trouvent dans l'auberge, et l'hôtel n'a pas hésité à moderniser ses intérieurs dans un style contemporain discret. Autre option, la Villa Christine, une résidence indépendante contenant deux suites et une chambre.

🅿 ⇔ 🛇 🖨 🍴 🅰🄲 - 30 chambres

10 place du Pasquier de la Fontaine – ☏ 03 80 21 98 57 – www.le-montrachet.com
Le Montrachet - Voir la sélection des restaurants

OLIVIER LEFLAIVE

MODERNE • COSY Dans une grande maison en pierre du 17ᵉ s. qui abrite les deux restaurants du domaine, en surplomb de la place du village de Puligny-Montrachet, vous accueillent les chambres de style contemporain aux influences Art Déco et agréablement cossues.

⫣◯ⓐ - 17 chambres

10 place du Monument – ⌖ 03 80 21 95 27 – hotel.olivier-leflaive.com

Olivier Leflaive - Voir la sélection des restaurants

PUTEAUX

✉ 92800 – Hauts-de-Seine – Carte régionale n° **11**–E2

L'ESCARGOT 1903 PAR YANNICK TRANCHANT

CUISINE MODERNE • COSY Le chef Yannick Tranchant travaille de bons produits et propose une cuisine franche, goûteuse et gourmande ; pour ne rien gâcher, le rapport qualité-prix se révèle attractif, et le service est rapide et efficace.

⫣ – Prix : €€

18 rue Charles-Lorilleux – ⌖ 01 47 75 03 66 – www.lescargot1903.com – Fermé lundi, samedi et dimanche

SAPERLIPOPETTE !

CUISINE MODERNE • BRANCHÉ Cette ancienne brasserie a subi un sacré lifting, devenant un restaurant chaleureux et branché, sous la houlette d'une équipe experte en la matière. La cuisine, façon bistrot chic, est généreuse et bien tournée.

♿ⓐ⫣♧⫣ – Prix : €€

9 place du Théâtre – ⌖ 01 41 37 00 00 – www.saperlipopette1.fr

LE PUY-EN-VELAY

✉ 43000 – Haute-Loire – Carte régionale n° **20**–C2

 LE CHAMARLENC ⓝ

Chef : Yoan Delorme

CUISINE CRÉATIVE • COSY Cette institution continue sa vie sous la houlette d'un jeune couple venu de La Mirande (une étoile à Avignon), le chef Yoan Delorme et sa compagne Cellia Baudelier en salle. Tartelette façon pissaladière aux anchois, mousse au lard et oignon ; salade de blette et haricots verts à l'estragon et à la coriandre ; noix de cochon au maïs grillé, graines de moutarde fermentées, pâte de citron confit et polenta crémeuse : c'est goûteux, précis et imaginatif.. Cette réussite va évidemment de pair avec le respect du cycle des saisons et une complicité évidente avec les meilleurs producteurs du coin et d'ailleurs (les poissons viennent de Méditerranée).

⫣ – Prix : €€

19 rue Raphaël – ⌖ 04 71 02 17 72 – Fermé du lundi au mercredi

 L'ÉMOTION

CUISINE MODERNE • DESIGN Deux chefs, Michaël Ruat et Mickaël Méjean, amis d'enfance originaires du Puy-en-Velay, ont uni leurs talents dans ce resto où la déco fait la part belle aux matériaux naturels dans un esprit design (belle cave vitrée). Quant à la cuisine, elle trace sa voie entre produits du terroir de Haute-Loire (lentilles vertes, bœuf Fin Gras du Mézenc) et un répertoire très actuel (tartare de thon rouge aux agrumes, sorbet fenouil et croustillant pesto).

♿ⓐ⫣ – Prix : €€

13 place Cadelade – ⌖ 04 71 09 74 23 – www.restaurant-lemotion.fr – Fermé lundi, dimanche et mercredi midi

PUY-L'ÉVÊQUE

✉ 46700 – Lot – Carte régionale n° **23**–A2

LE MÉDIÉVAL

CUISINE MODERNE • **COSY** Dans une ruelle pavée, au sein d'un joli village typique du coin, le chef Pierre Creuzet (ancien second de Jacques Lameloise) navigue entre recettes traditionnelles et préparations plus actuelles : rillettes de saumon fumé au citron vert ; rôti de porc, purée de pomme de terre, sauce aigre-douce ; panacotta, coulis de fraise. En salle, son épouse Loren, sommelière, l'épaule avec complicité.

🏠 – Prix : €

24 Grand'Rue – ☎ 09 86 31 80 88 – www.lemedieval-puyleveque.fr –
Fermé lundi, mercredi et dimanche

LE PUY-SAINTE-RÉPARADE

✉ 13610 – Bouches-du-Rhône – Carte régionale n° **28**–D3

❀ HÉLÈNE DARROZE À VILLA LA COSTE

CUISINE MODERNE • **LUXE** Aux portes du Lubéron, le Château La Coste, véritable œuvre d'art totale qui associe l'art contemporain et le vin, a séduit Hélène Darroze qui est venue y apposer son nom. Au cœur de la Provence, la cheffe a choisi de donner la parole au végétal. Les carottes ou les aubergines de Bruno Cayron, la cerise de Florent Lazare : chaque intitulé de plat rend hommage à son producteur. Le résultat ? Des assiettes empreintes de finesse, des produits d'exception joliment mis en scène sans sophistication inutile, et quelques clins d'œil aux recettes qui ont fait le succès de la célèbre cheffe du Sud-Ouest, comme les gamberoni aux épices tandoori ou le baba à l'armagnac Darroze.

🛏 ⇆ 🀫 ⚹ 🀄 🏠 ᗡ🅿 – Prix : €€€€

2750 route de la Cride – ☎ 04 42 28 35 59 – www.villalacoste.com – Fermé lundi et mardi, et dimanche soir

❀ LA TABLE DE L'ORANGERIE - CHÂTEAU DE FONSCOLOMBE

CUISINE MODERNE • **ÉLÉGANT** Entouré d'un parc classé aux nombreuses essences (dont un cèdre de l'Atlas planté par la reine d'Angleterre), ce château du 18e s. dresse ses tables au cœur de salons bourgeois et cossus (au premier étage) ou sur le perron monumental aux beaux jours. Fils d'agriculteurs de la Loire qui taillait déjà le cochon avec son frère boucher-charcutier dès sa tendre enfance, le chef Marc Fontanne (ex-Prieuré de Villeneuve-lès-Avignon) sert ici trois menus dégustation dont l'un entièrement végétarien. Laitue pressée avec olives déshydratées, cébettes, asperges vertes, crème de laitue, croûtons à l'ail ; carotte glacée dans son jus de carotène, purée à la cardamome, sabayon acidulé ; pain de Gênes aux agrumes, marmelade d'oranges, mousse et glace végétale de calisson. Ses assiettes combinent fraîcheur des produits locaux, visuels ludiques et graphiques, jeu subtil entre l'amertume, le sucré et l'anisé (du fenouil, par exemple).

🛏 🀫 ⚹ 🀄 🏠 🅿 – Prix : €€€€

Route de Saint-Canadet – ☎ 04 42 21 13 13 – www.fonscolombe.fr - Fermé dimanche, lundi et le midi

😋 LA PETITE VERRIÈRE 🆕

CUISINE MODERNE • **CONTEMPORAIN** Cette jolie verrière en métal vert n'est pas si petite que ça puisqu'elle abrite une trentaine de couverts. Risotto arborio à la courge, canette rôtie aux épices, figues et champignons du moment, tarte tatin pomme banane : mitonnée par un couple de pros, cette cuisine généreuse et gourmande revient directement du marché où elle trouve ses produits (y compris le pain du boulanger du village) et son inspiration – la carte change toutes les semaines. Formule déjeuner au bon rapport qualité/prix.

&. ⓜ 🍴 – Prix : €€

16 avenue de la Bourgade – ℰ 04 88 41 74 98 – www.restaurantlapetiteverriere.com – Fermé mercredi et jeudi, et dimanche soir

FRANCIS MALLMANN AU CHÂTEAU LA COSTE

SPÉCIALITÉS DE VIANDES • RUSTIQUE La philosophie du célèbre chef argentin est ici respectée à la lettre : entrecôte fumée lentement au bout de son fil, pomme de terre écrasée et chimichurri ; agneau à la flamme dans notre dôme, aubergine, poivrons au feu... à déguster dans un cadre étonnant, évoquant les haciendas argentines.

🛏&. ⓜ 🍴 🅿 – Prix : €€€

2750 route de la Cride – ℰ 04 42 91 37 37 – www.chateau-la-coste.com/fr – Fermé du mardi au vendredi soir

L'ORANGERIE DU CHÂTEAU DE FONSCOLOMBE

CUISINE MODERNE • ÉLÉGANT Dans une extension moderne du château, l'Orangerie dévoile un décor sobre et chic, avec une belle charpente apparente et des baies vitrées donnant sur la terrasse et le parc. La cuisine, élégante et bien tournée, fait de jolis clins d'œil à la Méditerranée.

&. ⓜ 🍴 🅿 – Prix : €€€

Route de Saint-Canadet – ℰ 04 42 21 13 13 – www.fonscolombe.fr

🛏 ### CHÂTEAU DE FONSCOLOMBE   Plus

CLASSIQUE • CHAMPÊTRE Ce château du 18e s., ancienne propriété des marquis de Saporta et Fonscolombe, offre désormais tout le confort et le luxe qu'on attend d'une telle ascendance. Les chambres provençales (de très bon confort) sont plus classiques et authentiques dans la partie ancienne, mais climatisées dans la récente. Belle piscine de plein air, balades en vélo, pétanque, fitness et beau hammam. Le parc classé, les arbres séculaires et la jolie chapelle inspirent la sérénité.

🅿 – 50 chambres

Route de Saint-Canadet – ℰ 04 42 21 13 13 – www.fonscolombe.fr

❀ **La Table de l'Orangerie - Château de Fonscolombe • L'Orangerie du Château de Fonscolombe** - Voir la sélection des restaurants

🛏 ### VILLA LA COSTE   Plus

MODERNE • RAFFINÉ Frank Gehry, Oscar Niemeyer et Tadao Ando, pour l'architecture, Tracey Emin, Hiroshi Sugimoto, Louise Bourgeois, Richard Serra et Ai Weiwei pour les œuvres... Cet hôtel atypique, situé au cœur des vignes de Château La Coste, a des allures de musée d'art contemporain : les suites (certaines avec piscine privative) offrent une vue exceptionnelle sur le Luberon. La terrasse accueille une belle piscine entourée de pins. Spa de 750 m² avec parcours thermal. Vous ne trouverez aucun établissement comparable, ni en Provence ni ailleurs.

🅿 – 28 chambres

2750 route de la Cride – ℰ 04 42 50 50 00 – www.villalacoste.com

❀ **Hélène Darroze à Villa La Coste • Francis Mallmann au Château La Coste** - Voir la sélection des restaurants

PUYLAROQUE

✉ 82240 – Tarn-et-Garonne – Carte régionale n° **26**–C1

LES SENS

CUISINE CRÉATIVE • AUBERGE Cette maison de village abrite un restaurant dont la cuisine créative et les beaux produits ne sauraient laisser indifférent. Le chef se plaît à travailler légumes, fleurs et herbes du potager situé en contre-bas de la terrasse ; sa source d'inspiration ! Carte des vins privilégiant le bio et le raisonné, et menus « carte blanche » aux mélanges ébouriffants qui mettront vos sens en éveil !

&. 📻 🍽 – Prix : €€€

2 place de la Libération – 𝒞 05 63 02 82 25 – www.restaurantlessens.com – Fermé du lundi au mercredi et dimanche soir

PUYLAURENS

✉ 81700 – Tarn – Carte régionale n° **27**-A2

CAP DE CASTEL

CUISINE MODERNE • COSY Sur l'agréable terrasse, toisant les Pyrénées lointaines et la Montagne noire toute proche, on déguste une cuisine moderne mâtinée de tradition, qui met joliment en valeur le terroir : de quoi passer un agréable moment.

🛏 &. 🍽 – Prix : €€

36 rue Cap-de-Castel – 𝒞 05 63 70 21 76 – www.capdecastel.com – Fermé lundi et du mardi au dimanche à midi

🛏 CAP DE CASTEL

ÉPURÉ • ÉLÉGANT Ici, tout est beau dans sa simplicité : l'accueil souriant, le charme d'une maison du pays, les chambres pleines de caractère réparties dans deux demeures historiques (16ᵉ et 18ᵉ s.)... Sans oublier la petite piscine et sa vue sur la campagne !

🅿 🛎 - 11 chambres

36 rue Cap de Castel – 𝒞 05 63 70 21 76 – www.capdecastel.com

Cap de Castel - Voir la sélection des restaurants

PUYLAUSIC

✉ 32220 – Gers – Carte régionale n° **26**-C2

LA MAISON DESPOUÈS

CUISINE MODERNE • ÉLÉGANT L'ancienne maison du chanteur Pierre Vassiliu ("Qui c'est celui-là ?", n°1 au hit-parade en 1973) chante désormais les louanges du pâté en croûte à la crème d'ail noir, du merlu de ligne, crème de piquillos et compotée de poireaux ou du vacherin, rhubarbe et noisette. Derrière le micro, le chef Julien Razemon, Landais qui a notamment fait ses classes chez la famille Coussau à Magescq, susurre une délicieuse mélodie gastronomique et raffinée, avec, comme panorama (pour certaines tables), les collines du Gers et la chaîne des Pyrénées (par temps clair).

&. 📻 – Prix : €€

911 route de Montadet – 𝒞 05 42 54 15 76 – www.lamaisondespoues.fr – Fermé du lundi au mercredi

PUYMIROL

✉ 47270 – Lot-et-Garonne – Carte régionale n° **22**-D3

☸ MICHEL TRAMA

Chef : Michel Trama

CUISINE CRÉATIVE • ÉLÉGANT Michel Trama et Puymirol, c'est une longue histoire. Cet ex-champion de plongée et étudiant en Arts décoratifs à Montparnasse doit sa vocation à l'amour... de sa femme Maryse. C'est elle qui l'initie à la gastronomie. Celui qui multipliait les petits boulots se fixe et ouvre un bistrot rue Mouffetard, à Paris, avec la "Cuisine gourmande" de Michel Guérard en guise de référence. Puis en 1979 c'est l'installation dans cette maison du 13ᵉ s. à Puymirol, dans le Lot-et-Garonne, un lieu splendide : on s'y installe sous les voûtes médiévales ou sur la plaisante terrasse, dans l'ancien cloître... Place aux agapes, entre tradition et invention, au gré d'une carte immuable qui multiplie les clins d'œil aux grandes heures de la maison.

❀ ⇔ 🄰🄲 ⎕ – Prix : €€€€

52 rue Royale – ☎ 05 53 95 31 46 – www.aubergade.com – Fermé lundi, mardi midi et dimanche soir

LA POULE D'OR

CUISINE TRADITIONNELLE • BISTRO Au sein de sa maison mère – le fameux restaurant gastronomique de Michel Trama –, cette Poule d'Or a tout d'une auberge chic : vieux murs en pierre, longue table centrale en bois avec ses pieds à têtes de lion, lustres et tableaux de natures mortes... Le fils Trama est à la manœuvre en salle, assurant un service impeccable. Dans l'assiette, du grand classique de bistrot, dans le droit fil de la (belle) tradition française : parmentier de queue de bœuf, tête de veau sauce poulette, gros chou à la crème au caramel... Tout est parfaitement maîtrisé, savoureux et gourmand. Une adresse en or !

Prix : €€

52 rue Royale – ☎ 05 53 95 31 46 – www.aubergade.com – Fermé lundi, mardi midi et dimanche soir

PUYMOYEN

✉ 16400 – Charente – Carte régionale n° **18**–C2

❀ **AUMÌ**

Chef : Mickael Clautour

CUISINE MODERNE • ÉLÉGANT Haricots verts croquants, crème de citron et maquereaux marinés, un plat condimenté tout en fraîcheur ; savoureuse poêlée de cèpes du Périgord, noisette et jus de volaille ; tendre pièce de bœuf avec ses quelques lamelles de poire ; figue rôtie et charnue, vanille et glace au cognac : uniquement des beaux produits locaux mis en valeur sans effets de style superflus, avec des mariages de saveurs qui en mettent plein les papilles ! Derrière ce petit prodige, il y a le chef Mickael Clautour et sa compagne Laura Legeay, un couple au parcours international qui a restauré le lieu avec un subtil alliage d'ancien et de moderne.

♿ 🌿 – Prix : €€

6 chemin des Rochers – ☎ 05 45 70 76 19 – www.aumirestaurant.com – Fermé lundi et mardi, et dimanche soir

PYLA-SUR-MER – Gironde (33) ➜ Voir Bassin d'Arcachon

QUARRÉ-LES-TOMBES

✉ 89630 – Yonne – Carte régionale n° **12**–B3

LE MORVAN

CUISINE MODERNE • TRADITIONNEL Une vraie ambiance de dimanche à la campagne... et une cuisine traditionnelle soignée, au plus près des saisons. L'été, attablez-vous dans le jardin fleuri et musardez au soleil ! Une bonne étape à l'entrée du Parc naturel régional du Morvan.

⇔ 🄰🄲 🌿 🅿 – Prix : €€

6 rue des Écoles – ☎ 03 86 32 29 29 – www.le-morvan.fr – Fermé lundi et mardi

QUIMPER

✉ 29000 – Finistère – Carte régionale n° **1**–B2

❀ **ALLIUM**

Chef : Lionel Hénaff

CUISINE CRÉATIVE • CONTEMPORAIN Avec l'aide des internautes (sous la forme d'un financement participatif), Frédérique et Lionel Hénaff ont créé ici le restaurant de leurs rêves. La cuisine inventive du chef, joue une partition privilégiant les produits de première fraîcheur, multiplie à l'envi les ingrédients (herbes, fleurs) et avoue un faible pour les sauces au siphon. On s'attable dans une atmosphère sobre et élégante, ou même au comptoir avec quelques places face à la cuisine ouverte.

& 🍽 ✿ 🅿 – Prix : €€€

88 boulevard de Créac'h-Gwen – ☎ 02 98 10 11 48 – www.restaurant-allium.fr/ fr – Fermé lundi et dimanche

---

☺ **ÉCLOSION** Ⓝ

CUISINE MODERNE • CONTEMPORAIN Au cœur de Quimper, une cuisine bistronomique moderne et inventive a éclos dans un cadre coloré et musical sous la houlette de deux jeunes pro qui ont roulé leur bosse. Qu'on en juge : le canard rôti et rosé est escorté de maïs en purée, en grains et en tuile, de quelques groseilles à maquereau, et de feuilles de roquette ; la lotte confite navigue avec courgette, blette et figue, tandis que le dessert marie framboises fraîches, sorbet à la framboise et sponge cake roquette. Des assiettes généreuses et équilibrées et un service souriant.

& – Prix : €€

3 rue Laennec – ☎ 02 98 10 52 28 – www.eclosion-restaurant.fr – Fermé lundi, dimanche et jeudi midi

---

☺ **TI-COZ**

CUISINE TRADITIONNELLE • COSY Une charmante auberge en pierre, à la fois rustique, élégante et moderne avec cet intérieur digne d'un club anglais. Le chef y prépare une savoureuse cuisine plutôt traditionnelle, qui fait la part belle aux meilleurs produits du terroir breton. Ancien sommelier , il accompagne ses recettes d'une belle carte des vins (500 références).

🐾 & 🅰🄲 🍽 ✿ 🅿 – Prix : €€

4 Hent-Koz – ☎ 02 98 94 50 02 – www.restaurantticoz.com – Fermé lundi et mardi, et dimanche soir

---

LA FERME DE L'ODET

CUISINE MODERNE • COSY Maison de campagne aux pierres apparentes avec sa terrasse ouvrant sur les berges de l'Odet les bois voisins. On y déguste une cuisine généreuse à base de produits locaux de qualité. Les cuissons sont maîtrisées comme pour cette lotte rôtie, au contour doré et à la chair ferme et fondante ; les associations de saveurs sont bien équilibrées et les goûts francs et bien relevés, à l'instar du ketchup maison ou de la crème vanillée... Miam !

🚗& 🅰🄲 🍽 🅿 – Prix : €€

74 chemin de la Baie-de-Kerogan – ☎ 02 98 95 63 13 – www.lafermedelodet.fr – Fermé mercredi, et mardi et dimanche soir

---

NOUS RESTAURANT Ⓝ

CUISINE MODERNE • CONTEMPORAIN Façade discrète et petite porte d'entrée vitrée pour ce restaurant situé dans une rue pavée et piétonne du centre-ville, mais aussi une salle lumineuse dont les baies donnent d'un côté sur la rue, de l'autre sur une jolie cour intérieure décorée de grandes jardinières. Le chef insuffle beaucoup de travail dans ses assiettes composées à partir de produits locaux. Un plat comme sa fleur de courgette, soufflée à la farce fine de lieu jaune, vierge de coquillages, crémeux de roquette et beignet aux deux citrons illustre bien sa manière de multiplier, avec goût et maîtrise, les préparations.

Prix : €€€

17 rue Saint-Mathieu – ✆ 07 63 79 60 00 – www.nousrestaurantquimper.fr – Fermé lundi et dimanche, et jeudi soir

SAO

CUISINE CRÉATIVE • CONTEMPORAIN Au bord des quais de l'Odet au centre-ville de Quimper, restaurant créé par Kevin Gourret, un chef précédemment au restaurant Le Goyen à Audierne. Dans un chaleureux cadre contemporain, il propose des recettes originales inspirées par les produits de la région (langoustine, pêche locale, algues, sarrasin, lait ribot) et sous influences asiatiques (yuzu, ponzu, gomasio, sésame, gingembre...).

&. – Prix : €€€

1 quai Neuf – ✆ 02 98 55 04 71 – Fermé lundi, mardi et dimanche

GINKGO

TRADITIONNEL • CHARME Un établissement plein de charme, installé dans les pierres de l'ancien prieuré de Locmarla, au bord de l'Odet. Cadre historique préservé, vastes chambres décorées avec goût, espace détente et parking... Une étape de choix.

&. 🅿 🛏 🌐 ♨ 🏧 - 20 chambres

1 rue du Chanoine Moreau – ✆ 02 30 99 75 35 – www.hotel-ginkgo.com

QUIMPERLÉ

✉ 29300 – Finistère – Carte régionale n° **1**–B2

LA CIGALE ÉGARÉE

CUISINE DU MARCHÉ • RUSTIQUE Une cigale en Bretagne plutôt cachée qu'égarée, dans son décor atypique d'esprit brocante et doté une jolie terrasse verdoyante. Séduisant menu du jour composé au gré du marché, de la pêche du jour et du potager, cultivé par un chef inspiré. Savoureuses recettes sans fard ni tralala (merlu rôti, petits légumes, jus de cuisson), mais rudement bien mitonnées.

🛏 🍴 🅿 – Prix : €€

8 rue d'Athenry - ZA Villeneuve-Braouic – ✆ 02 98 39 15 53 – www.cigaleegaree.com – Fermé lundi et dimanche

QUINT-FONSEGRIVES

✉ 31130 – Haute-Garonne – Carte régionale n° **26**–C2

EN PLEINE NATURE

Chef : Sylvain Joffre

CUISINE MODERNE • CONTEMPORAIN Le chef Sylvain Joffre tient promesse : sa cuisine fraîche, subtile et parfumée naît comme « en pleine nature ». Cet authentique cuisinier-jardinier-cueilleur tire en effet le meilleur des légumes et herbes de son potager, ainsi que de produits régionaux scrupuleusement élus. Sincère, son style exclut tout effet de manche : le beau produit est travaillé dans sa vérité, magnifié de jus, de coulis, blasonné de plantes et de fleurs du jardin... tout cela avec le souci constant de contenir les prix. Côté décor, un intérieur sobre, ou une agréable terrasse à l'ombre des parasols. Très engagé dans le respect de la nature, le chef propose une boutique annexe avec viennoiseries, brioches et pains à la farine bio.

🕸 &. 🏧 🍴 – Prix : €€€

6 place de la Mairie – ✆ 05 61 45 42 12 – www.en-pleine-nature.com – Fermé lundi, samedi et dimanche

🕸**L'engagement du chef** : La cuisine trouve son inspiration dans la nature (le potager du chef, la cueillette...) et dans le travail des producteurs locaux, mis en avant dans le menu surprise. Dans un souci d'exemplarité, et afin de sensibiliser les clients et les collaborateurs aux enjeux environnementaux, on réduit au maximum les produits importés et on instaure progressivement des actions en faveur du développement durable.

QUISSAC
✉ 30260 – Gard – Carte régionale n° **28**–B2

L'ARTYSAN
CUISINE MODERNE • CONTEMPORAIN Yohann Boucard a transformé la gare de Quissac en un restaurant très agréable : lignes épurées, ferronneries d'artisans locaux… Dans l'assiette, la prestation se révèle tout aussi emballante, grâce à des produits bien choisis et des associations de saveurs toniques et originales. Service pro et efficace.
🅰🍴P – Prix : €€
35 plan de la Gare – 𝒞 04 66 77 02 45 – www.lartysan.com – Fermé mercredi et jeudi, et dimanche soir

RAMATUELLE
✉ 83350 – Var – Carte régionale n° **24**–C3

✿✿ LA VOILE - LA RÉSERVE RAMATUELLE
CUISINE MODERNE • ÉLÉGANT Au sein de cet hôtel exclusif parfaitement intégré à son environnement naturel, ce restaurant couve le talent d'Éric Canino, un chef marqué par sa collaboration fructueuse avec Michel Guérard. Il s'inspire du maître de la cuisine du bien-être pour composer sa propre partition provençale, avec fruits et légumes, poissons et fruits de mer (plus quelques volailles), relevés d'herbes aromatiques et d'huile d'olive. Sa palette de cuisinier est impressionnante puisqu'elle inclut aussi bien un usage moderne des agrumes qu'un travail "classique" sur les sauces et les réductions qui donnent une vraie personnalité à ses assiettes. Son plat de rouget poché à l'eau de mer (cuisson de prédilection du chef) accompagné de sa concassée de tomates aux agrumes et escortée par une remarquable réduction des têtes, en est une démonstration éclatante.
🍷🥂🛏♿🅰🍴♨P – Prix : €€€€
Chemin de la Quessine – 𝒞 04 94 44 94 44 – www.lareserve-ramatuelle.com

BYBLOS BEACH
CUISINE MÉDITERRANÉENNE • TENDANCE Sur la plage de Pampelonne, aujourd'hui entièrement réhabilitée dans une perspective durable, ce bibelot brillant tout de bois sablé et de coton n'est pas réservé aux seules bimbos ! Au programme : de délicieux poissons, des viandes grillées au feu de bois et des pâtes très prisées – à déguster les pieds dans le sable, face à la mer… sous le soleil exactement.
🥂♿🍴P – Prix : €€
Boulevard Patch – 𝒞 04 94 43 15 00 – www.byblos-beach.com

JARDIN TROPEZINA
CUISINE MÉDITERRANÉENNE • ÉLÉGANT Intégré en douceur sur la mythique plage de Pampelonne, ce jardin-terrasse méditerranéen, où domine le bois et les plantes, tient ses promesses. Un cadre irrésistible face à la mer où l'on se régale grâce à une carte gourmande et généreuse qui fait la part belle aux viandes et aux poissons d'exception, ainsi qu'aux produits du soleil…
🥂♿🍴P – Prix : €€€
Route de Tahiti – 𝒞 04 94 97 36 78 – www.jardin-tropezina.fr

LA RÉSERVE À LA PLAGE

CUISINE MÉDITERRANÉENNE • DÉCONTRACTÉ Voici la Réserve Ramatuelle, version plage de Pampelonne, sous les atours charmeurs de ce restaurant de plage, chic et décontracté, et signé... Philippe Starck. Aux fourneaux, le chef normand Nicolas Cantrel séduit une clientèle aux anges avec une cuisine d'esprit riviera, de belles viandes, la pêche du jour et toujours des produits de qualité.

≤ 🍽 🍷 – Prix : €€€€

Chemin de l'Épi – 𝒞 07 85 14 72 90 – www.lareserve-plage.com

 VILLA MARIE

BOURGEOIS • RAFFINÉ Raffinement, luxe et charme réunis sous le même toit en cette villa enchanteresse nichée dans une pinède dominant la baie de Pampelonne. Les chambres, soigneusement décorées dans un esprit de demeure bourgeoise provençale, ont un charme fou ! Ajoutez à cela un spa, véritable centre de soins, une superbe piscine aux reflets céladon creusée dans la roche, et une atmosphère décontractée.

🐕 🅿 ⤢ 🛏 ♨ 🛁 🍽 🅰🅲 - 45 chambres

1100 chemin de Val-de-Rian – 𝒞 04 94 97 40 22 – www.villamarie.fr

RAMBOUILLET

✉ 78120 – Yvelines – Carte régionale n° **11**–B2

L'ORANGERIE DES TROIS ROYS

POISSONS ET FRUITS DE MER • ÉLÉGANT Sculptures et plantes vertes sous la verrière, fauteuils club dans la salle à l'ambiance british, charmante terrasse ombragée... un ravissant cadre pour cette Orangerie où vous serez reçu comme un roi. Ici, poissons et fruits de mer sont à l'honneur : nage de lotte au curry vert et lait de coco, sole meunière à la cuisson parfaite. Pâtisseries signées Chez Francis (artisan rambolitain bien connu).

♿ 🍽 ♻ – Prix : €€€

4 rue Raymond-Poincaré – 𝒞 01 30 88 69 95 – www.lorangeriedestroisroys.fr – Fermé samedi et dimanche

RAMONVILLE-SAINT-AGNE

✉ 31520 – Haute-Garonne – Carte régionale n° **26**–C2

LA TABLE DE LAURENT

CUISINE MODERNE • CONVIVIAL Laurent Prat travaille de jolis produits (langoustine, lotte, etc.), entre recettes classiques et plus modernes, toujours bien ficelées et aux influences voyageuses : poêlée de gnocchi aux épinards ; gambas marinées à la mexicaine puis snackées ; mérou grillé, roulé d'aubergine au houmous de betterave. Salon de thé l'après-midi avec pâtisseries maison, dans un intérieur boisé et chaleureux.

♿ 🅰🅲 🍽 – Prix : €€

28 rue Jacques-Prévert – 𝒞 05 61 73 61 62 – www.latabledelaurent.com – Fermé dimanche et samedi soir

RAYOL-CANADEL-SUR-MER

✉ 83820 – Var – Carte régionale n° **29**–B3

LE RELAIS DES MAURES

CUISINE TRADITIONNELLE • RUSTIQUE Cette grande auberge cultive le goût du Sud. Le chef y réalise une cuisine pétrie de tradition, calée sur le marché et bien ficelée, pour un excellent rapport plaisir/prix. Quelques chambres pour prolonger le séjour, avec vue sur la mer au 2ᵉ étage. Une adresse sympathique.

🛐♿🍴🅿 – Prix : €€
*1 avenue Charles-Koecklin – ☏ 04 94 05 61 27 – www.lerelaisdesmaures.fr –
Fermé lundi et dimanche soir*

🛏 LE BAILLI DE SUFFREN

CONTEMPORAIN • MARITIME Superbe vue sur les îles d'Hyères depuis ce bel
hôtel les pieds dans l'eau, entièrement rénové dans une veine contemporaine
méditerranéenne jaune (sable, soleil) et bleu (mer, ciel). Plage privée, balcons et
terrasses face aux flots... Ou comment vivre en intimité avec la mer ! Petit espace
bien-être, avec salles de soins.

🐾🅿🌳🍴♨️🎿⭐🍴🆎 - 55 chambres
Avenue des Américains – ☏ 04 98 04 47 00 – www.lebaillidesuffren.com

🛏 LA VILLA DOUCE   🌱 *Plus*

ÉPURÉ • ÉLÉGANT L'enseigne tient sa promesse de vie douce, mais d'un style
plutôt moderne : presque nordique dans son minimalisme, décoré de bleus et de
gris faisant écho aux paysages méditerranéens. Chambres et suites offrent des
vues sur la mer, et leurs intérieurs contemporains sont animés d'œuvres d'art et des
textiles aux motifs de faune et de flore. Les chambres standard sont douillettes mais
confortables, avec des douches à l'italienne, tandis que les suites s'agrandissent
aux dimensions généreuses, et la "Flat Suite" familiale à deux chambres ajoute une
baignoire. Sous le bleu du ciel, piscine, solarium et une salle de soins pour le spa.
Petit-déjeuner en terrasse face à la mer, bar à cocktails.

🅿🌳🍴♨️🎿⭐🍴🆎 - 31 chambres
8 corniche de Paris – ☏ 04 94 15 30 30 – www.lavilladouce.com

REIGNIER

✉ 74930 – Haute-Savoie – Carte régionale n° **21**-C1

LA TABLE D'ANGÈLE

CUISINE TRADITIONNELLE • BISTRO Ce restaurant avec véranda propose une
appétissante cuisine de bistrot dans un cadre contemporain. Au hasard de la carte :
ris de veau rôti, poêlée de girolles et lardons, sauce meurette ; entrecôte Angus et
frites fraîches des pays de Savoie... Terrasse calme sur l'arrière.

♿🍴 – Prix : €€
*273 Grande-Rue – ☏ 04 50 31 16 16 – www.tabledangele.com – Fermé lundi et
dimanche*

REIMS

✉ 51100 – Marne –
Carte régionale n° **6**–B2

À la cour du Roi champagne, un aréopage de produits nobles et bons

Des pierres et des bulles ! Parmi les trésors de Reims, il y a cette cathédrale, l'une des plus vastes de France, un joyau à contempler en fin d'après-midi, quand le soleil effleure sa grande rosace et ses milliers de sculptures... Il y a aussi les somptueuses caves des maisons de champagne, qui conservent jalousement leurs flacons au cœur des crayères de la colline Saint-Nicaise. Profondes et labyrinthiques, les caves de Reims jouissent d'une réputation mondiale.

Mumm, Taittinger, Veuve Clicquot-Ponsardin, Ruinart : la visite de l'une d'entre elles, au moins, s'impose. Autre visite incontournable : les halles du Boulingrin et leur voûte en béton armé des années 1920 – véritable prouesse architecturale. Au sol des étals fixes en faïence se couvrent de produits frais trois jours par semaine. À vous jambon de Reims, charcuteries des Ardennes et fromages comme le chaource ou le langres !

✿✿✿ ASSIETTE CHAMPENOISE

Chef : Arnaud Lallement

CUISINE CRÉATIVE • **LUXE** Arnaud Lallement a pour ainsi dire grandi à L'Assiette Champenoise, créée à l'origine par ses parents. Aujourd'hui aux manettes, il montre qu'il a été à bonne école (Vergé, Guérard, Chapel) et mitonne une cuisine de haute volée, classique et généreuse, surtout très gourmande, où pointent aussi ses origines bretonnes (du côté de sa mère). Omniprésent en salle, pédagogue et truculent, l'"aubergiste" Lallement régale en toute simplicité. Assiettes lisibles et rehaussées de sauces mémorables, beaux produits traités avec amour comme ce homard bleu "hommage à mon papa" ou ce pigeonneau fermier d'Onjon. Une partition synonyme de plaisir.

🐟 ⇦ 🍽 🕭 🎌 🗓 **P** – Prix : €€€€

Hors plan – *40 avenue Paul-Vaillant-Couturier, à Tinqueux* – ☎ *03 26 84 64 64* – *www.assiettechampenoise.com* – *Fermé mardi et mercredi*

✿✿ LE PARC LES CRAYÈRES

CUISINE MODERNE • **LUXE** Qu'attendre d'autre, dans l'ancien hôtel particulier de Louise Pommery, entouré de son superbe parc, qu'un repas mémorable ? En artisan admirable, le chef Meilleur Ouvrier de France Philippe Mille ne cesse d'affiner son style, qui repose sur un classicisme revisité avec élégance. Les produits nobles sont en bonne place sur la carte (homard, langoustine, foie gras, turbot), travaillés tout en délicatesse, avec une intégration astucieuse de la matière viticole champenoise :

argile, sarments, feuilles de vigne... Enfin, comme prévu, la carte de champagnes est à tomber de sa chaise : près de 900 références sélectionnées avec soin, dans une recherche permanente de cohérence avec la cuisine.

🕸 ⇔ 🛏 🖭 💠 🍴🅿 – Prix : €€€€

Hors plan – *64 boulevard Henry-Vasnier* – *℘ 03 26 24 90 00* – *www.lescrayeres.com* – *Fermé lundi et mardi*

✿✿ RACINE

Chef : Kazuyuki Tanaka

CUISINE CRÉATIVE • ÉPURÉ Au cœur de Reims, il se passe assurément quelque chose dans ce petit restaurant au ravissant cadre contemporain épuré dont les baies vitrées donnent sur un charmant jardin japonais. Un cadre en parfaite harmonie avec la cuisine de Kazuyuki Tanaka, chef japonais, ancien second de Régis Marcon. Il cisèle d'élégantes recettes créatives aux saveurs et influences multiples, et utilise avec malice herbes aromatiques, légumes, plantes, condiments... On se laisse surprendre par chaque assiette, tant par la qualité des ingrédients que par leur maîtrise technique et leur esthétique. Très belle carte des vins, avec notamment 250 références de champagnes.

🕸 ♿ 🖭 – Prix : €€€€

Plan : B2-3 – *6 place Godinot* – *℘ 03 26 35 16 95* – *www.racine.re* – *Fermé du lundi au mercredi et jeudi midi*

😊 LE JARDIN LES CRAYÈRES

CUISINE TRADITIONNELLE • CONTEMPORAIN La "petite adresse" du Domaine Les Crayères est située dans une dépendance du parc : une brasserie chic, très contemporaine, avec sa jolie véranda et sa terrasse. On y apprécie une savoureuse cuisine de saison réalisée avec de beaux produits.

🕸 🛏♿ 🖭🍴🅿 – Prix : €€

Hors plan – *7 avenue du Général-Giraud* – *℘ 03 26 24 90 90* – *www.lescrayeres.com*

LE CRYPTO

CUISINE MODERNE • BISTRO En face du célèbre cryptoportique de Reims (une galerie souterraine datant de l'époque romaine), ce bistrot est tenu par Frédéric Dupont, un chef au parcours éloquent. Cuisine de saison goûteuse et généreuse, solide carte des vins notamment en champagnes, service attentionné : une belle adresse qui fait souvent salle comble.

🕸 ♿ 🖭 – Prix : €€

Plan : B2-8 – *14 place du Forum* – *℘ 03 26 25 27 81* – *www.restaurantlecrypto. eatbu.com* – *Fermé lundi et dimanche*

L'EXTRA

CUISINE MODERNE • CONTEMPORAIN En face des halles du Boulingrin (classées monument historique), ce restaurant est abrité au sein d'un bâtiment des années 1920 aux influences Art nouveau. Joli projet : la majeure partie de l'équipe, en salle comme en cuisine, est constituée de personnes présentant un handicap mental. En cuisine, l'encadrement est assuré par un binôme expérimenté constitué du chef Philippe Joly (ex-second du Foch) et du pâtissier Francois-Xavier Cormarie. Dans un cadre épuré et contemporain, on pioche dans une carte actuelle bien tournée : espuma d'asperge sur tartelette de jambon de Reims ; aile de raie, risotto d'épeautre et jus d'orties au beurre noisette ; pavlova et tartare de fraise, sorbet fruits rouges. Belle sélection de vins de Champagne.

♿ 🖭 – Prix : €€

Plan : B1-2 – *23 ter rue du Temple* – *℘ 07 66 08 24 92* – *www.lextra-reims.fr* – *Fermé lundi et dimanche, et mardi et mercredi soir*

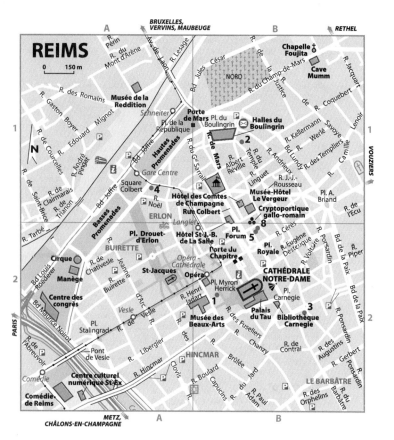

LE FOCH

CUISINE MODERNE • CLASSIQUE Dans cette maison installée au bord des fameuses Promenades, le chef Jacky Louazé attire à lui une clientèle fidèle, qui vient retrouver avec plaisir une carte où les produits de qualité sont rois, notamment les poissons et crustacés : homard bleu, céréales aux épices, agrumes ; bar entier cuit en croûte d'argile de Vallauris ; turbot au beurre demi-sel, pommes de terre de Noirmoutier...

⅏ AK – Prix : €€€

Plan : A1-4 – *37 boulevard Foch* – ℰ *03 26 47 48 22* – *www.lefoch.com* – *Fermé lundi, dimanche et samedi midi*

LA GRANDE GEORGETTE

CUISINE MODERNE • CONTEMPORAIN La Grande Georgette ? L'échelle des pompiers, baptisée du prénom de la femme du capitaine ! Dans ce bâtiment de style industriel 1900, l'ancienne caserne Chanzy, le jeune chef Julien Raphanel déroule une carte actuelle de bon aloi : moules et feuille de shiso en tempura, soupe iodée au curry rouge ; pigeon de Racan en cocotte, céleri parfumé à la vanille ; clémentine corse et gâteau de crêpe, sauce Suzette... Depuis la terrasse avec vue imprenable, on ne se lasse pas d'admirer la façade de la cathédrale Notre-Dame.

🕄 ♿ 🈁 🈂 – Prix : €€€

Plan : B2-1 – *18 rue Tronsson-Ducoudray –* 📞 *03 26 83 18 18 –*
www.lacasernechanzy.com

LE MILLÉNAIRE

CUISINE MODERNE • ÉLÉGANT Non loin de la place Royale et de la cathédrale, cette table bien connue des Rémois ouvre une nouvelle page avec l'arrivée du chef Benjamin Andreux. Dans des menus "carte blanche", il nous fait découvrir sa vision de la gastronomie à l'ambition certaine - asperges vertes, ail des ours et sabayon à la pistache, ou saint-pierre, pomme granny, concombre et beurre noisette... Agréable décor contemporain.

♿ 🈁 🏠 – Prix : €€€

Plan : B2-5 – *4 rue Bertin –* 📞 *03 26 08 26 62 – www.lemillenaire.com –*
Fermé lundi et dimanche

 ### LA CASERNE CHANZY

MODERNE • ÉLÉGANT Une caserne, cet édifice Art déco au teint blond ? Oui, mais occupée désormais par le seul hôtel de luxe de la ville. La plupart de ses chambres et suites donnent sur la majestueuse cathédrale Notre-Dame (14ᵉ s.). À l'intérieur, en revanche, elles sont parfaitement contemporaines, avec leur nuancier champagne, leurs matières nobles et leurs équipements ultramodernes. Dans les étages supérieurs, les suites sont remarquables pour leur vue, mais aussi pour leur taille généreuse. L'hôtel dispose d'un spa et d'un centre de fitness tout équipé.

♿ 🛁 🅿 🚗 🛎 🚲 🛗 🍽 🌀 🈁 🈂 🍴 🈁 - 89 chambres

18 rue Tronsson-Ducoudray – 📞 *03 26 83 18 18 – www.lacasernechanzy.com*

Le Millénaire - Voir la sélection des restaurants

 ### DOMAINE LES CRAYÈRES

BOURGEOIS • RAFFINÉ Dans un grand parc, un décor pétillant comme... du champagne. Faut-il préciser que cette superbe demeure est entourée des caves les plus renommées ? Un vrai symbole du luxe à la française que cet établissement, tout en raffinement : tentures épaisses, mobilier bourgeois, pour un séjour sous le signe de l'élégance.

♿ 🛁 🅿 🚗 🛎 🍴 🚲 🍽 🈁 - 20 chambres

64 boulevard Henry Vasnier – 📞 *03 26 24 90 00 – www.lescrayeres.com*

❀❀ **Le Parc Les Crayères** • 🌿 **Le Jardin Les Crayères** - Voir la sélection des restaurants

RÉMALARD-EN-PERCHE

✉ 61110 – Orne – Carte régionale n° **2**-D3

D'UNE ÎLE

CUISINE DU TERROIR • MAISON DE CAMPAGNE L'annexe campagnarde de Septime. On y réalise une cuisine durable, saisonnière et rustique ancrée dans son environnement, ne se nourrissant que des produits de qualité des marchés environnants (Sarthe ou Normandie) - et dans une moindre mesure, de la récolte du potager de la ferme. Côté salle, un lieu rustique chic, décoré avec goût. Dans le même esprit, quelques chambres invitent à s'attarder sur cette colline boisée du Perche, avec arbres fruitiers, ruches ainsi qu'un sauna donnant sur la nature. Une démarche culinaire et humaine très louable.

🈂 🈂 – Prix : €€

Domaine de l'Aunay, lieu-dit l'Aunay – 📞 *02 33 83 01 47 – www.duneile.com –*
Fermé lundi et du mardi au dimanche à midi

REMIREMONT

✉ 88200 – Vosges – Carte régionale n° **7**–C3

LE CLOS HEURTEBISE

CUISINE MODERNE • ÉLÉGANT À l'écart de l'agitation, cette maison bourgeoise tenue par un couple sympathique propose une cuisine dans l'air du temps – ainsi cet omble chevalier mariné aux agrumes et sa mousse de petits pois, ou cette pavlova aux fraises gariguette. La terrasse d'été offre une jolie vue sur les ballons des Vosges.

🖑 🛱 ⇆ 🅿 – Prix : €€

*13 chemin des Capucins – ☏ 03 29 62 08 04 – www.leclosheurtebise.com –
Fermé lundi et mercredi, et dimanche soir*

RENAISON

✉ 42370 – Loire – Carte régionale n° **20**–C1

LE RESTAURANT 1451 ⓝ

CUISINE MODERNE • CONTEMPORAIN Une belle bâtisse de pays en pierres, une devanture bleu nuit engageante et une atmosphère moderne et élégante (sans oublier une agréable terrasse dans la cour) : un joli moment de dégustation en perspective. Le chef réalise une cuisine moderne et fraîche où les légumes ont le beau rôle et les assiettes sont dressées au cordeau : escargots, tomates et herbes du jardin ; rouget, fenouil et orange ; fraise, crème crue et tagète.

♿ 🆎 🛱 – Prix : €€€

*15 rue Robert-Barathon – ☏ 04 77 64 25 34 – www.restaurant1451.fr –
Fermé mardi et mercredi*

RENESCURE

✉ 59173 – Nord – Carte régionale n° **4**–B2

LA TABLE DE ROMAIN

CUISINE TRADITIONNELLE • CONVIVIAL Située au cœur du bourg, cette maison de village, typique de l'architecture locale est le quartier-général d'un chef qui propose un menu à tarif imbattable en semaine, et plus élaboré en fin de semaine - quelques produits nobles y pointent le bout de leur nez. Recettes et produits changent régulièrement... Le tout dans un intérieur chic et convivial.

🛱 ⇆ – Prix : €

*1 rue Gaston-Robbe – ☏ 09 67 35 23 60 – www.tablederomain.kazeo.com –
Fermé lundi, samedi midi, et mardi, mercredi, jeudi et dimanche soir*

RENNES

✉ 35200 – Ille-et-Vilaine –
Carte régionale n° **9**–B1

Une métropole du goût en pleine ascension

La capitale de la région Bretagne n'a pas encore l'image gastronomique d'une ville comme Bordeaux ou Toulouse. Pourtant, entre mer et campagne, la ville des Transmusicales est en train de devenir un rendez-vous de "foodies" ! Elle le doit beaucoup à l'emblématique marché des Lices dont les premières traces remontent à 1622. Chaque samedi, quelque 300 producteurs et marchands accueillent 10 000 visiteurs dans deux halles historiques. La proximité de la mer est une bénédiction pour les amateurs d'huîtres, qui trouveront de nombreux ostréiculteurs de Cancale et du Morbihan, ainsi que des coquilles Saint-Jacques en direct de la baie de St-Brieuc. Volailles, légumes, fruits ou encore cidres méritent aussi le détour. Évidemment, on ne quitte pas le marché sans avoir croqué dans une galette-saucisse, une tradition du pays.

 HOLEN

Chef : Tugdual Debéthune

CUISINE DU MARCHÉ • COSY "La saisonnalité dans l'assiette" : tel est le credo de ce chef talentueux, au parcours étincelant (Auberge de l'Ill, Michel Bras, Emile Jung). Ses recettes, aux influences bretonnes, confirment son attachement aux meilleurs produits : légumes de petits producteurs locaux cultivés en permaculture, poissons issus de petits chaluts côtiers et non de pêche intensive (ce qui lui vaut d'être labélisé Greenfood). Holen possède également son potager et réalise son compost. Dans l'assiette, une cuisine éthique et goûteuse, finement réalisée, autour de menus surprises. À déguster dans un cadre de bistrot relooké aux matières naturelles. Un petit bonheur.

&. ⇆ – Prix : €€€

Plan : B2-2 – *2 rue des Carmes* – ☏ *02 99 79 28 95* – *www.restaurant-holen.fr* – Fermé lundi et dimanche

🏵L'engagement du chef : Notre cuisine créative est inspirée par les produits de saison. Nous n'avons pas de stock pour éviter la péremption des denrées, nous faisons le marché trois fois par semaine. Maraîcher bio, pêche de petits bateaux, herbes aromatiques de mon jardin, compostage des déchets.

 IMA

Chef : Julien Lemarié

CUISINE CRÉATIVE • CONTEMPORAIN "La cuisine a toujours été pour moi un moyen de voyager", explique le chef Julien Lemarié, qui a promené ses couteaux de Londres à Tokyo en passant par Singapour. Le nom de son restaurant, IMA,

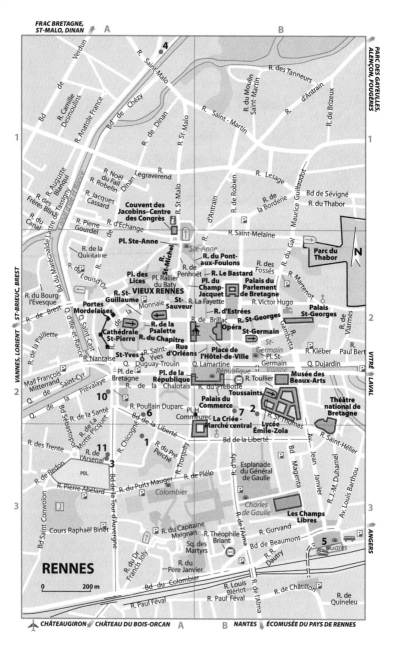

FRAC BRETAGNE,
ST-MALO, DINAN

PARC DES GAYEULLES,
ALENÇON, FOUGÈRES

A   B

4

R. Saint-Malo

R. des Tanneurs

Verdun

Bd Camille Desmoulins

R. Auguste Blanqui

R. Anatole France

Bd de Chézy

Bd de Dinan

R. de Dinan

R. du Moulin Saint-Martin

R. d'Antrain

R. de Brizeux

R. Saint-Martin

R. Saint-Malo

R. St-Malo

Bd du Maréchal de Lattre de Tassigny

Contour de la Motte

R. Noël du Fail
R. Robelin

R. Legraverend

R. de Robien

R. Lesage

Bd de Sévigné

R. du Thabor

R. des Frères Blin
R. Jacques Cassard

Maurice Guillaudot

R. de la Borderie

R. du Canal

R. Pierre Gourdel

R. d'Echange

Couvent des Jacobins–Centre des Congrès

R. d'Antrain

R. Saint-Melaine

R. du Gal

Parc du Thabor

N

Pl. Ste-Anne

Ste-Anne

R. du Pont-aux-Foulons

R. des Fossés

R. de la Quintaine

R. St-Michel

R. de Penhoët

R. Le Bastard

R. Martenot

R. de Louis d'Or

Pl. des Lices

Pl. Rallier du Baty

Pl. du Champ-Jacquet

Palais du Parlement de Bretagne

R. St Guillaume

VIEUX RENNES

R. La Fayette

R. Victor Hugo

Palais St-Georges

R. du Bourg-l'Evesque

Portes Mordelaises

Q. Saint-Cast

la Monnaie

St-Sauveur

R. de Brillac

R. St-Georges

R. de Viarmes

R. de Brest

Cathédrale St-Pierre

R. de la Psalette

R. du Chapitre

Opéra

St-Germain

R. d'Estrées

R. Kléber

R. Paul Bert

Q. de la Paillette

R. Nantaise

St-Yves

R. St-Yves
R. Duguay-Trouin

Rue d'Orléans

Place de l'Hôtel-de-Ville

Q. Lamartine

St-Germain

Pl. St-Germain

R. Gambetta

Q. Dujardin

Mail François Mitterrand

Q. de Saint-Cyr

Pl. de Bretagne

Pl. de la République

R. de la Chalotais

Vilaine

République

R. Toullier

Musée des Beaux-Arts

VITRÉ
LAVAL

VANNES, LORIENT
ST-BRIEUC, BREST

Bd de la Prévalaye

10

R. Poullain Duparc

R. du Pré Botté

Toussaints

Théâtre national de Bretagne

6

Bd de la Liberté

Palais du Commerce

R. St-Thomas

Q. de la Prévalaye

R. de la Santé

1

R. Chicogné

R. du Pré Perché

Pl. H. Commeurec

La Criée - Marché central

2

Lycée Émile-Zola

R. Saint-Hélier

R. des Trente

R. de la Motte-Picquet

11

R. de l'Arsenal

3

R. du Puits Mauger

R. de Plélo

Bd de la Liberté

Esplanade du Général de Gaulle

R. d'Isly

Bd Magenta

Jean Janvier

R. J.-M. Duhamel

Av. Louis Barthou

POL.

R. Pierre Abélard

Bd de la Tour-d'Auvergne

Colombier

Charles de Gaulle

Les Champs Libres

Bd Saint-Conwoïon

J

Cours Raphaël Binet

R. du Capitaine Maignan

Sq. des Martyrs

R. Théophile Briant

R. Gurvand

Bd de Beaumont

5

Gares

ANGERS

RENNES

0   200 m

R. du Dr Francis Joly

R. du Père Janvier

Bd du Colombier

R. de l'Alma

R. R. Dautry

R. Louis Blériot

R. Paul Féval

R. de l'Alma

R. de Châtillon

R. de Quineleu

R. Paul Féval

CHÂTEAUGIRON   CHÂTEAU DU BOIS-ORCAN   A   B   NANTES   ÉCOMUSÉE DU PAYS DE RENNES

1   2   3

signifie "maintenant" en japonais. Une cuisine d'instinct et de technicien talentueux autour de menus dégustation surfant avec subtilité entre influences régionales et asiatiques. Le chef transcende chacun des plats à coup de bouillons, d'infusions, d'épices, de plantes aromatiques et d'algues. Ceux qui veulent vivre l'expérience à la japonaise s'installeront au comptoir. C'est désormais à vous de voyager !

⇔ – Prix : €€€€

Plan : A3-3 – *20 boulevard de la Tour-d'Auvergne* – ℰ *02 23 47 82 74* – *www.ima.restaurant – Fermé lundi, mardi et dimanche*

⚘**L'engagement du chef :** Nos produits - œufs, beurre, crème, poissons, viande, légumes, herbes sauvages, algues pêchées à pied, tofu, miso - sont issus des circuits courts. Nous faisons également des commandes groupées avec plusieurs restaurants rennais, notamment pour les agrumes, certains poissons et bêtes sur pied. Nous réduisons le volume des déchets d'origine animale et végétale avec un déshydrateur-compacteur. Le substrat qui en est issu est donné à un producteur de légumes.

⊰⊱ RACINES

Cheffe : Virginie Giboire

CUISINE MODERNE • **ÉLÉGANT** Quand une cheffe rennaise pleine de talent, Virginie Giboire, flatte ses "Racines", cela donne une plaisante cuisine dans l'air du temps aux assiettes élégantes. Forte d'un CV en or massif (dont on retiendra seulement ses postes aux côtés de Guy Martin et de Thierry Marx qui, dit-elle "lui a tout appris"), elle compose une cuisine intelligente et limpide, qui tombe toujours juste, organisée autour d'une carte courte. Jeux de textures intéressants, subtilité des associations de saveurs, et toujours ces beaux produits, venus des nombreux petits producteurs bretons. Le tout dans un joli cadre moderne et lumineux.

& 🅰🅲 ⇔ – Prix : €€€

Plan : A3-1 – *4 passage Antoinette-Caillot* – ℰ *02 99 65 64 21* – *www.racines-restaurant.fr – Fermé lundi, dimanche et samedi midi*

😊 IMAYOKO

CUISINE JAPONAISE • **BISTRO** Voici l'annexe de la table étoilée et japonisante du chef Julien Lemarié (IMA). Dans une ambiance décontractée, on profite le midi d'une variété de donburi, plat à base de riz dont la garniture varie au gré de la saison ou de l'inspiration. Le soir, des recettes françaises savamment revisitées à la sauce japonaise, comme ces poireaux vinaigrette au miso et katsuobushi. Le tout servi avec le sourire !

Prix : €

Plan : A3-11 – *20 boulevard de la Tour-d'Auvergne* – ℰ *02 99 52 03 46* – *www.imayoko.restaurant – Fermé lundi, mardi et dimanche*

😊 LA PETITE OURSE

CUISINE DU MARCHÉ • **CONTEMPORAIN** De retour sur les lieux de leur rencontre, Charlotte et Germain ont ouvert ce restaurant à leur image : convivial et respirant la joie de vivre ! Le succès fut immédiat, et pour cause : produits choisis avec soin (maraîcher et volailles bio du coin, idem pour le pain paysan), assiettes pleines de goût et de bonnes idées, cuisine simple et efficace à des tarifs plus que raisonnables...

Prix : €

Plan : A2-6 – *48 boulevard de la Liberté* – ℰ *09 52 84 33 61* – *www.restaurantlapetiteourse.com – Fermé samedi et dimanche, et du mardi au vendredi soir*

ESSENTIEL

CUISINE MODERNE • **CONTEMPORAIN** Sur le pittoresque canal d'Ille-et-Rance, un bâtiment original, tout de verre vêtu. Bois, briques, structure métallique : le lieu évoque un loft urbain et se révèle charmant. Bien installée aux commandes, la cheffe Blandine Lucas revisite les classiques bistrotiers, et s'appuie sur des bons produits – on pense notamment aux nombreux légumes issus du potager maison. Quelques exemples de plats ? Raviole lard et champignons, émulsion parmesan ; dos de lieu noir, risotto de blé, crème de poireau.

⇐ & 🎄 🅿 – Prix : €€

Plan : A1-4 – *11 rue Armand-Rébillon* – ☏ *02 99 14 25 14* – *www.restaurantessentiel.com – Fermé lundi et dimanche, et mardi soir*

FEZI

CUISINE MODERNE • BISTRO Oh le gentil bistrot de quartier à prix doux, comme il en faudrait à chaque coin de rue, avec autant d'animation que de décontraction ! Fezi signifie "fait maison" en "gallo". Cédric Bruneau, le jeune chef patron, prépare en effet une bonne cuisine du marché sans fioriture, privilégiant les produits de la région ; le jour de notre repas : beignets de légumes et houmous au citron ; cabillaud, poireau, courge, beurre blanc au cidre ; riz au lait, sureau, kiwi, orange sanguine. Vin nature ou en biodynamie.

Prix : €

Hors plan – *42 avenue du Sergent-Maginot* – ☏ *02 99 36 69 51* – *www.fezi-restaurant.fr – Fermé lundi, dimanche, samedi midi et mardi soir*

LES FRANGINS

CUISINE ACTUELLE • CONTEMPORAIN Place de Bretagne, à deux pas du canal d'Ille et Rance, les deux frangins accueillent dans cette adresse moderne où le bleu domine. Gnocchettis, comté, huile de truffe, paleron de veau confit à la carotte : on vient ici pour déguster de bons petits plats mitonnés façon bistronomie, repérés sur une ardoise constamment renouvelée au gré du temps qu'il fait. Déjeuner à prix canon ; propositions plus ambitieuses le soir.

& 🆎 ⛲ – Prix : €€

Plan : A2-10 – *4 place de Bretagne* – ☏ *02 99 30 42 01* – *www.lesfranginsrennes.com* – *Fermé dimanche, samedi midi et mardi soir*

LE PARIS-BREST

CUISINE MODERNE • CONTEMPORAIN La nouvelle gare de Rennes s'est choisie un cuisinier breton emblématique pour réinventer son "buffet de gare" : Christian Le Squer, chef du restaurant 3 étoiles du Cinq au Four Seasons Paris. Il revisite avec malice la cuisine traditionnelle de ses origines grâce à des touches contemporaines. Alliance du design (agence Jouin-Manku), de la bistronomie et d'une carte des vins élaborée par Eric Beaumard (sommelier breton). Une sympathique escale.

& 🆎 ⛲ – Prix : €€

Plan : B3-5 – *Gare de Rennes* – ☏ *02 99 53 59 89* – *www.parisbrest.bzh*

POF

CUISINE CRÉATIVE • CONTEMPORAIN Le midi, menu du jour annoncé à l'ardoise ; au dîner, petite carte de « ty plats » à partager aux noms évocateurs et ludiques ("c'est de la boulette" ; "l'œuf de la mort qui tue" ; "ton tataki" ; "galette du coin-coin") : les associés, qui ont bourlingué sur la planète, aiment la convivialité, le métissage (sauce au satay ; fondue de poireaux au combava et lait de coco ; banana bread) et la cuisine du marché au goût du jour.

Prix : €

Hors plan – *35 boulevard Georges-Clemenceau* – ☏ *02 99 77 88 88* – *www.pof-resto.fr – Fermé samedi et dimanche, et mardi et mercredi soir*

LA TABLE DU BALTHAZAR

CUISINE MODERNE • CONTEMPORAIN Au sein du meilleur hôtel de la ville, un restaurant au cadre chic et contemporain. La cuisine, bien dans son époque, est déclinée sous forme de carte au fil des saisons. Fraîcheur de tomates cerise et melon, gelée de citron ; médaillons de lotte basse température, écume curry, courgettes et oignons nouveaux… Jolie cour-jardin.

&. 🅰🖁 ☂ – Prix : €€
Plan : B2-7 – *28 rue Vasselot* – ☏ *02 99 32 76 14* – *www.hotel-balthazar.com* –
Fermé lundi, dimanche et du mardi au samedi à midi

🛏 BALTHAZAR

MODERNE • CHALEUREUX Depuis 2014, l'établissement s'est imposé comme
le meilleur de la ville : derrière une belle façade classique, peinte de gris perle, les
aménagements allient lignes élégantes et larges volumes, matières naturelles et
ambiance feutrée, services de qualité et agréable spa... Un ensemble contemporain
qui fait référence.
🏊🅿↺🕯🛎🏋️🌐✿♨️⭕🅰 - 56 chambres
19 rue du Marechal Joffre – ☏ *02 99 32 32 32* – *www.hotel-balthazar.com*
La Table du Balthazar – Voir la sélection des restaurants

🛏 MARNIE & MISTER H

CLASSIQUE • CHARME Le centre historique de Rennes cache un îlot à l'accent
british dans une jolie maison de ville du 16ᵉ s. ornée de colombages. Au-delà de
son nom choisi en référence à Alfred Hitchcock, l'esprit britannique des lieux est
bien lisible : canapé Chesterfield, tapisseries fleuries, tissus écossais, tea time...
mais dosé avec justesse, se glissant avec élégance dans un décor contemporain
agrémenté d'objets vintage. Les cinq chambres pastel sont baignées de lumière,
et la plus grande dispose d'une cuisine équipée et d'un coin salon. La terrasse
ombragée est un délice.
🅿↺ - 5 chambres
3 rue du Chapître – ☏ *06 50 37 47 69* – *www.marnieetmisterh.fr*

🛏 LE SAINT-ANTOINE

MODERNE • ÉLÉGANT Une grande façade de verre sur une avenue passante
entre gare et centre-ville, pour cet hôtel récent. Le décor des chambres joue la
sobriété et la modernité. Au sous-sol, le joli spa propose hammam et bassin de
nage à contre-courant.
🅿↺🕯🛎🏋️🌐✿♨️🅰 - 61 chambres
27 avenue Jean Janvier – ☏ *02 23 44 33 33* – *www.saint-antoine-hotel.fr*

REPLONGES

✉ 01750 – Ain – Carte régionale n° **21**–B1

✿ LA HUCHETTE

Chef : Didier Goiffon
CUISINE MODERNE • CONTEMPORAIN Après un long passage à La Marelle,
dans les environs de Bourg-en-Bresse, Sandra et Didier Goiffon ont pris leurs quartiers aux portes de Mâcon. L'auberge, datant des années 1950, a été joliment restaurée tout en conservant son cachet historique, et notamment ces fresques de chasse
de la maison alsacienne Zuber. Là, le chef propose la cuisine qui lui ressemble :
récréative et spontanée, basée sur des produits de choix (maraîchers du val de
Saône, par exemple), avec juste ce qu'il faut de créativité. Bref, c'est un plaisir, que
l'on peut même prolonger en réservant l'une des confortables chambres.
🕯&.☂⭘🅿 – Prix : €€€
1089 route de Bourg – ☏ *03 85 31 03 55* – *www.la-huchette.com/fr* –
Fermé lundi, mardi, mercredi et jeudi à midi, et dimanche soir

LE REPOSOIR

⊠ 74950 – Haute-Savoie – Carte régionale n° **21**–D1

😊 LA CHARTREUSE Ⓝ

CUISINE MODERNE • TRADITIONNEL Ce bourg situé sur la route des grandes
Alpes a longtemps bénéficié de la générosité des moines de l'ordre des Chartreux.
Au menu de ce restaurant qui leur rend hommage, une cuisine moderne bien exécutée, qui accommode avec gourmandise les produits de saison (et souvent locaux).
En effet, l'incontournable œuf parfait matche bien avec une jolie déclinaison de
champignons ; le classique paleron de bœuf est mitonné à la Mondeuse et à la
gentiane ainsi qu'à la cervelle de canut ; le choux craquelin s'acoquine à un praliné
à la noix de Grenoble, une glace à la noisette et un chocolat fondu – efficacité
régressive garantie ! Décor plutôt traditionnel, grande terrasse au cœur du village.
&.🏠 – Prix : €€

622 route de Béol – 𝒞 04 50 98 17 11 – www.lachartreuse74.fr – Fermé lundi et
mardi, et dimanche soir

RETHONDES

⊠ 60153 – Oise – Carte régionale n° **5**–C2

AUBERGE DU PONT DE RETHONDES

CUISINE MODERNE • ÉLÉGANT Sa jolie façade traditionnelle exprime le charme
de ce village des bords de l'Aisne. Elle cache une salle moderne et épurée, parfaite
pour profiter d'un repas porté par l'imagination du chef et les bons produits de la
saison. Terrasse côté jardin.
🛏️&.🏠🍽️ – Prix : €€€

21 rue du Maréchal-Foch – 𝒞 03 44 85 60 24 – www.aubergedupont-rethondes.fr
– Fermé du lundi au mercredi et dimanche soir

REUGNY

⊠ 03190 – Allier – Carte régionale n° **16**–B3

LA TABLE DE REUGNY

CUISINE MODERNE • TRADITIONNEL Sur la route de Montluçon, Arnaud Paulus,
ancien ingénieur reconverti qui a fait ses classes dans la région propose une cuisine moderne avec une touche de créativité relevée parfois d'épices. La carte est
courte et de saison, le gravlax de truite accompagne un guacamole de brocoli et
la ballotine de pintade aux langoustines s'associe à un maki au butternut, feta et
noix. Terrasse au calme sur l'arrière.
&.🅰🏠🍽️ – Prix : €€

25 route de Paris – 𝒞 09 52 15 30 07 – www.latabledereugny.fr – Fermé lundi et
mardi, et mercredi et dimanche soir

REUILLY

⊠ 36260 – Indre – Carte régionale n° **15**–D2

LES 3 CÉPAGES

CUISINE MODERNE • CONTEMPORAIN En plein cœur du Berry, au centre du
célèbre village viticole de Reuilly, cet ancien hôtel à la façade blanche a trouvé un
second souffle sous la houlette d'un couple japonais passionné de cuisine française.
On réalise ici une cuisine fine, savoureuse et bien maîtrisée, à partir de produits de
belle qualité.
🕸️ &.🏠🅿️ – Prix : €€

17 rue de la Gare – 𝒞 02 54 03 23 13 – www.les-3-cepages.com – Fermé lundi et
mardi, et dimanche soir

REXINGEN

✉ 67320 – Bas-Rhin – Carte régionale n° **8**–A1

LA CHARRUE

CUISINE TRADITIONNELLE • AUBERGE Cet établissement familial (père et fille en cuisine, la mère en salle) propose une cuisine traditionnelle inspirée de jolis produits (foie gras de canard "origine Alsace" au gewurztraminer, abricot et jus de clair de fraise ; homard de petite pêche aux girolles fraîches, mousseline de pomme de terre). Menu unique et plus simple le midi. Réservation fortement conseillée.

Prix : €€

13 rue Principale – 📞 *03 88 01 77 36 – Fermé lundi et mardi, et dimanche soir*

LE RHEU

✉ 35650 – Ille-et-Vilaine – Carte régionale n° **9**–B2

LES TOURELLES - CHÂTEAU D'APIGNÉ

CUISINE MODERNE • ROMANTIQUE Restaurant à l'atmosphère romantique niché dans un élégant château néo-Renaissance bâti en 1833 au cœur d'un vaste parc. Dans ses charmants salons on sert une appétissante cuisine d'aujourd'hui valorisant les produits locaux. En été, belle terrasse. Chambres pour prolonger l'expérience.

🚗♿🌡🖨🅿 – Prix : €€

Route de Chavagne – 📞 *02 99 14 80 66 – www.chateau-apigne.fr – Fermé lundi, du mardi au samedi à midi, et dimanche soir*

RHINAU

✉ 67860 – Bas-Rhin – Carte régionale n° **8**–B2

❀ **AU VIEUX COUVENT**

Chef : Alexis Albrecht

CUISINE CRÉATIVE • CONTEMPORAIN On repère de loin cette engageante maison couleur terre, ornée de quelques colombages emblématiques du Bas-Rhin, et située près des berges fleuries du Brunnwasser. Dans l'assiette, on profite du travail d'Alexis Albrecht, passé par de grandes tables (au Crocodile, chez les frères Pourcel et chez Jacques Maximin). Sa cuisine généreuse et respectueuse des saisons ne badine pas avec le terroir et les produits locaux. Ainsi, les poissons du Rhin et le gibier du Ried sont ici chez eux… sans oublier les nombreux légumes et autres herbes aromatiques du potager familial qu'il cultive avec son père.

♿🖾🌡 – Prix : €€€€

6 rue des Chanoines – 📞 *03 88 74 61 15 – www.auvieuxcouvent.fr/fr – Fermé mardi et mercredi*

❀**L'engagement du chef :** Nous avons 60 ares de potager depuis la création du restaurant. Notre production nous rend autonome à 80%. Nous travaillons avec des pêcheurs professionnels sur le Rhin, des chasseurs locaux pour le gibier et des fermes locales pour le veau, les volailles, le cochon, les escargots, le lait…

RIBEAUVILLÉ

✉ 68150 – Haut-Rhin – Carte régionale n° **8**–C2

🐵 **AU RELAIS DES MÉNÉTRIERS**

CUISINE MODERNE • COSY Le temps est loin où les ménétriers, ces violonistes itinérants, allaient d'auberge en auberge… mais l'hospitalité est toujours la règle

en ce relais, comme les bons plats ! Le chef concocte une jolie cuisine dans l'air du temps, qui met en valeur le terroir alsacien. Le résultat est là : générosité et goût.
Prix : €€

10 avenue du Général-de-Gaulle – ☏ 03 89 73 64 52 – www.restaurant-menetriers.com – Fermé lundi et jeudi, et dimanche soir

AUBERGE DU PARC CAROLA

CUISINE MODERNE • MAISON DE CAMPAGNE Dans ce joli pavillon à quelques pas de la source Carola, la cheffe Michaela Peters continue de régaler les gourmands. Avec son compagnon pâtissier, elle signe une cuisine sincère et inspirée, à l'instar de son œuf bio d'Alsace à 64° aux truffes d'été, mousseline de pomme de terre nouvelle, ou ses côtelettes de sanglier grillées au poivre de Kampot, chou kale braisé au lard de Colonnata... Agréable terrasse sous les arbres.
🍴 ⅙ 🌣 – Prix : €€€

48 route de Bergheim – ☏ 03 89 86 05 75 – www.auberge-parc-carola.com – Fermé mardi et mercredi

LE CAMMISSAR

CUISINE MODERNE • CONTEMPORAIN En voilà un jeune chef qui n'a pas froid aux yeux. Dans cette bâtisse rouge à colombages du 15ᵉ s. restaurée à grand frais, il signe une cuisine moderne en choisissant avec soin de beaux produits - turbot sauvage, parfaitement nacré, avec artichauts barigoule, ou queue de homard breton, avec asperges blanches et morilles.
🌣 ⅙ – Prix : €€€

81 Grand'Rue – ☏ 03 89 86 60 87 – www.cammissar.fr – Fermé mardi et mercredi

RICHARDMÉNIL

✉ 54630 – Meurthe-et-Moselle – Carte régionale n° **7**–B2

😊 AU BON ACCUEIL

CUISINE MODERNE • SIMPLE Il y a d'abord le charme suranné de cette maison typique des années 1960... il y a ensuite l'association d'un frère (aux fourneaux) et d'une sœur (en salle), qui l'un et l'autre ne cessent de gagner en assurance. Cuisine dans l'air du temps, carte des vins avec quelques pépites, agréable terrasse pour les beaux jours : bingo.
🌣 ⅙ 🅿 – Prix : €€

1 rue de Laval – ☏ 03 83 25 62 10 – www.aubonaccueil-restaurant.com – Fermé lundi, et mercredi et dimanche soir

RICHERENCHES

✉ 84600 – Vaucluse – Carte régionale n° **28**–C2

O'RABASSE

CUISINE MODERNE • FAMILIAL Repris par un jeune couple de la région, O'Rabasse continue de célébrer la gourmandise au cœur de la "capitale de la truffe". Tout est fait maison par le chef, avec l'appui de fournisseurs locaux, et dans le respect scrupuleux des saisons. On passe un agréable moment, d'autant que l'accueil est souriant et le service efficace.
🍷 🌣 – Prix : €€€

5 place de la Pompe – ☏ 09 52 97 34 93 – www.orabasse.com – Fermé du lundi au mercredi et jeudi midi

RIEC-SUR-BELON

✉ 29340 – Finistère – Carte régionale n° **1**–B2

L'ATELIER MÉLANIE 🔘

CUISINE MODERNE • CONTEMPORAIN Ce restaurant rend hommage à Mélanie Rouat, amie de Curnonsky et cheffe auréolée de deux étoiles en son temps. Son arrière-arrière petit-fils, le chef Jean-Baptiste Caillarec et sa compagne pâtissière Laura Martinon, tous les deux passés par des maisons sérieuses, ont ouvert cette adresse contemporaine et lumineuse. Œuf mollet marbré au porto, crémeux de champignons ; mulet rôti, carottes et sésame ; pomme déstructurée : caramélisée, en brunoise à l'estragon et émulsion de cidre. Le duo travaille les bons produits avec soin pour réaliser des assiettes savoureuses.

&. 🏡 ⇧ – Prix : €€

20 place de l'Église – 𝒞 02 98 09 63 64 – www.lateliermelanie.com – Fermé lundi et dimanche

RIEDISHEIM

✉ 68400 – Haut-Rhin – Carte régionale n° **8**–A3

MAISON KIENY

CUISINE MODERNE • ÉLÉGANT Non loin de Mulhouse, ce chaleureux relais de poste (1850) occupe une imposante maison alsacienne au cœur du village. Dans cette grande salle cossue émaillée de plusieurs éléments d'époque (pierres et poutres apparentes, boiseries et porte en vitrail), on propose une belle cuisine actuelle, à l'instar de cette courge spaghetti, œuf à 64°, noisettes et sauce au bleu d'Auvergne, ou cette noisette de biche, céleri, champignons de bois et jus de gibier à la vanille.

🖇 🆎 ⇧ – Prix : €€€

7 rue du Général-de-Gaulle – 𝒞 03 89 44 07 71 – www.restaurant-kieny.fr – Fermé lundi, mardi, mercredi midi et dimanche soir

RIEZ

✉ 04500 – Alpes-de-Haute-Provence

🛏 HÔTEL DES COLONNES

CLASSIQUE • CALME Pour le nez, la profusion de lavande des gorges du Verdon. Pour les yeux, un village typique de la région, enrichi d'un château des Templiers et bâti sur monticule piqué de cyprès. Pour profiter de la source thermale, un ancien hôtel particulier du 17e s. entièrement rénové. On y trouve désormais trois chambres modestes, imprégnées des couleurs de la région, une piscine extérieure et un petit spa, thématique thermale oblige.

🚲 - 3 chambres

Rue René Cassin – 𝒞 04 92 72 29 24 – www.hoteldescolonnes-riez.fr

RIMBACH-PRÈS-GUEBWILLER

✉ 68500 – Haut-Rhin – Carte régionale n° **8**–A3

😊 L'AO - L'AIGLE D'OR

CUISINE MODERNE • CONVIVIAL Cette maison célèbre toujours le terroir et la tradition (presskopf, cuisses de grenouilles, la chasse...), mais la jeune génération entend la faire entrer dans la modernité avec plats et dressages plus contemporains (poulpe et bouillon miso, ou poitrine de cochon confite avec jus façon barbecue et chimichurri). Chambres sobres pour prolonger l'étape.

🛏 &. 🏡 ⇧ 🅿 – Prix : €€

5 rue Principale – 𝒞 03 89 76 89 90 – www.hotelaigledor.com – Fermé lundi

RIOM

✉ 63200 – Puy-de-Dôme – Carte régionale n° **20**–B1

LE MOULIN DE VILLEROZE

CUISINE MODERNE • ÉLÉGANT Dans la salle élégante de ce moulin bâti à la fin du 19e s, près de la cheminée ou sur la terrasse, les gourmands apprécient des recettes dans l'air du temps. La carte est saisonnière. Une maison sérieuse dont la régularité ne se dément pas.

🛋 ⇔ 🅿 – Prix : €€€

144 route de Marsat – ℰ 04 73 38 62 23 – www.le-moulin-de-villeroze.fr –
Fermé lundi et du mardi au dimanche soir

RION-DES-LANDES

✉ 40370 – Landes – Carte régionale n° **25**–B1

😊 ## MAISON DEVAUX Ⓝ

CUISINE MODERNE • MAISON DE CAMPAGNE Cette maison Devaux, une bâtisse landaise traditionnelle à colombages, est celle de... Mathis Devaux, un enfant de la balle, fils, petit-fils et neveu de cuisiniers. Dans un décor entre tomettes et poutres apparentes, il mitonne une cuisine de bistrot moderne avec des produits locaux (comme ce cochon noir de Gascogne) dans une vaisselle et sur des tables dessinées et fabriquées par des artisans locaux. Des exemples ? Noix de côte de cochon rôtie, bon jus réduit, mousseline de céleri rave et pâte de pruneau ou encore tarte sablée, chocolat blanc, figues noires et glace à la pistache.

♿ 🛋 – Prix : €€

70 rue du Commerce – ℰ 05 58 72 46 79 – www.maisondevaux.com –
Fermé lundi et mardi, et dimanche soir

RIQUEWIHR

✉ 68340 – Haut-Rhin – Carte régionale n° **8**–C2

❄ ## LA TABLE DU GOURMET

Chef : Jean-Luc Brendel

CUISINE CRÉATIVE • CONTEMPORAIN À Riquewihr, Jean-Luc Brendel a construit tout un écosystème : en plus de son restaurant gastronomique, il possède une winstub moderne, ainsi que des chambres d'hôtes haut de gamme pour faire étape. À la Table du Gourmet, en plein cœur de la cité, le chef cuisine de super produits de saison, avec du soin et ce qu'il faut de créativité pour sortir des sentiers battus. Son menu surprise met en valeur l'abondance de son jardin en permaculture, comme ce délicieux navet Petrowski venu accompagner du veau fermier cuit sur la braise. Deux cartes des vins, dont une entière dédiée aux beaux flacons d'Alsace, et le tout se déguste dans un décor entre cachet ancien (la maison date du 16e s.) et notes plus contemporaines. Une valeur sûre.

🏵 🅐🅒 – Prix : €€€€

5 rue de la 1ère-Armée – ℰ 03 89 49 09 09 – www.jlbrendel.com/fr –
Fermé mardi, mercredi et jeudi midi

❄**L'engagement du chef :** A 500 m du restaurant, nous avons créé un jardin en permaculture avec plus de 350 variétés d'herbes, plantes, légumes et fruits, dont de véritables raretés. Une serre garantit une production de mi-février à fin décembre. Compostage et tri sélectif font partie de notre quotidien, un poulailler assure une partie de nos œufs et nos ruches produisent notre miel.

AOR LA TABLE, LE GOÛT ET NOUS

CUISINE CRÉATIVE • CONTEMPORAIN Un ovni dans le monde de la gastronomie alsacienne... Cuisinier voyageur, Serge Burckel est aussi un chef poète et rocker – il y a des vinyles en guise de sous-assiette ! Il travaille en famille dans un cadre bohème, avec un menu surprise et une ambiance cool.

&. 🅿 – Prix : €€€

2 rue de la Piscine – ☏ 03 69 34 14 59 – www.table-aor.fr – Fermé lundi, du mardi au samedi à midi, et dimanche soir

LA GRAPPE D'OR

CUISINE TRADITIONNELLE • RUSTIQUE Cette maison de 1554, joliment fleurie, vous invite à pousser sa porte. À l'intérieur, la décoration typique a tout le charme d'autrefois. Viennent ensuite les délices du terroir : choucroute, baeckeoffe, jambonneau, paupiettes de truite… auxquelles viennent s'ajouter quelques préparations plus actuelles.

AC – Prix : €€

1 rue des Écuries-Seigneuriales – ☏ 03 89 47 89 52 – www.restaurant-grappedor.com – Fermé mercredi, et jeudi et vendredi à midi

RIVESALTES

✉ 66600 – Pyrénées-Orientales – Carte régionale n° **27**–C3

LA TABLE D'AIMÉ

CUISINE MODERNE • CONVIVIAL Dans cette adresse bucolique, installée dans les locaux d'une maison viticole, on se régale d'une cuisine du marché inspirée, privilégiant les produits bio, à arroser d'un des beaux vins du domaine – idéal pour une petite dégustation avant achat à la cave ! Aux beaux jours, la terrasse ouverte sur les chais invite à prolonger l'instant de gourmandise.

AC 🏡 ♻ 🅿 – Prix : €€

4 rue Francisco-Ferrer – ☏ 04 68 34 35 77 – www.latabledaime.com – Fermé lundi et dimanche

RIXHEIM

✉ 68170 – Haut-Rhin – Carte régionale n° **8**–A3

✿ LE 7ÈME CONTINENT

Chef : Laurent Haller

CUISINE MODERNE • CONTEMPORAIN Un véritable continent gastronomique, à l'image de la décoration du restaurant (extérieure et intérieure) signée du peintre et décorateur François Zenner, naturaliste amateur passionné par le végétal. Autre passionné, marqué par son passage chez Bernard Loiseau, le chef Laurent Haller ne manque jamais d'idées pour partager son amour de la bonne chère. Il aime revisiter les grands classiques de la cuisine française et pratique les mariages terre-mer… Sa carte, une véritable ode au marché et aux produits en bonne partie locaux (agneau de Rixheim, pois cassés de Petit-Landau…), est renouvelée tous les mois.

&. AC 🏡 🅿 – Prix : €€€€

35 avenue du Général-de-Gaulle – ☏ 03 89 64 24 85 – www.le7emecontinent.com – Fermé lundi et dimanche

ROANNE

✉ 42300 – Loire – Carte régionale n° **20**–C1

LE CENTRAL

CUISINE MODERNE • BRASSERIE L'adresse bis gourmande de la famille Troisgros. Michel et Marie-Pierre ont imaginé ce "bistrot-épicerie" dans un hôtel des années 1920. Original et chaleureux : tel est son décor, inspiré d'une échoppe d'autrefois. On se délecte d'un court menu assorti de quelques suggestions à la carte, aux influences qui varient selon les jours (traditionnelles, indiennes, asiatiques etc). L'affaire ne désemplit pas : un succès amplement mérité

&. AC ⇪ – Prix : €€

20 cours de la République – ℰ 04 77 67 72 72 – www.troisgros.com –
Fermé lundi et dimanche, et jeudi soir

MAISON BOUQUET

CUISINE MODERNE • CONTEMPORAIN Le rez-de-chaussée de cet hôtel particulier 1900 entièrement restauré par les propriétaires d'Oma, fait office de salon d'accueil et de bar, avec ses fauteuils et banquettes en velours, ses murs bleu canard tendance et ses tables en zebrano. On gagne le premier étage pour découvrir ensuite la cuisine dans l'air du temps du jeune chef (huître, chou-fleur et caviar croustillant).

&. AC – Prix : €€

17 place du Marché – ℰ 04 77 69 07 26 – www.maisonbouquet.fr – Fermé lundi
et dimanche

OMA

CUISINE MODERNE • DESIGN Un décor minimaliste (sol en béton ciré, mobilier scandinave, suspensions design), comme pour mieux se concentrer sur l'assiette... Celle-ci varie au gré des saisons et de l'inspiration : pulpe d'avocat, saumon gravelax et vinaigrette d'orange ; dos de veau rôti, fricassée de pommes de terre et artichaut ; compotée de framboises, crumble, sorbet menthe citron. Menu-carte à prix très raisonnable.

Prix : €

6 place Georges-Clemenceau – ℰ 04 77 71 24 54 – www.omarestaurant.fr –
Fermé lundi et dimanche

LA ROCHE-L'ABEILLE

✉ 87800 – Haute-Vienne – Carte régionale n° **19**–B2

⁂ LE MOULIN DE LA GORCE

Chef : Pierre Bertranet

CUISINE CLASSIQUE • ÉLÉGANT Dans les années 1970, Jean Bertranet, pâtissier limougeaud de renom, transforme en hôtel-restaurant un superbe moulin Renaissance, avec son étang et son parc romantique. Ce chef, qui avait travaillé pour Vincent Auriol (toute une époque !), a fait de ce lieu une véritable institution dans le département. Aujourd'hui, son fils Pierre, avec un amour sincère des belles traditions gastronomiques, réalise une cuisine classique revisitée, d'une belle finesse et respectueuse des produits. Et dans cette belle bâtisse qui ne manque pas de cachet, il y a même des chambres cosy à souhait...

శ్రి ⇦ ⟨ ⟨△⟩ 🛋 ⇪ **P** – Prix : €€€€

1 route des Aurières – ℰ 05 55 00 70 66 – www.moulindelagorce.com –
Fermé lundi, mardi et mercredi midi

LA TABLE DU MOULIN

CUISINE TRADITIONNELLE • BISTRO Au bistrot de l'hôtel-restaurant le Moulin de la Gorce, le chef régale ses commensaux de petits plats traditionnels et canailles qui fleurent bon le terroir. Pas de doute, la gourmandise est au rendez-vous !

&. AC ⇪ – Prix : €€

La Gorce – ℰ 05 55 00 70 66 – www.moulindelagorce.com – Fermé du lundi au
mercredi

LA ROCHE-BERNARD

✉ 56130 – Morbihan – Carte régionale n° **1**–D3

😊 AUBERGE DES DEUX MAGOTS

CUISINE MODERNE • CONTEMPORAIN Tout le charme d'une vieille demeure bretonne située dans une jolie petite cité de caractère. Raffinée et créative, la cuisine valorise les produits régionaux de saison. Le midi, appétissant menu du marché au rapport qualité-prix remarquable. Le lieu jaune de ligne et son risotto de sarrasin à l'encre de seiche sont à vous faire fondre ! Cerise sur le gâteau, le chef fait le pain lui-même.

&.🏠🗖 – Prix : €€

1 place du Bouffay – 𝒞 02 99 90 60 75 – www.aubergedesdeuxmagots.fr – Fermé lundi et dimanche soir

L'AUBERGE BRETONNE

CUISINE MODERNE • CLASSIQUE Ne vous fiez pas aux apparences... Cette maison de granit n'a pas un cœur de pierre ! À l'image de la cuisine du chef, dans l'air du temps et respectant les saisons, qui console bien des gourmands. À cela s'ajoute le joli décor de la salle, donnant sur un petit jardin où poussent des herbes aromatiques. Attrayant !

Prix : €€

2 place Duguesclin – 𝒞 02 99 90 60 28 – www.auberge-bretonne.com – Fermé lundi, dimanche, et mardi et mercredi à midi

LA ROCHE-SUR-YON

✉ 85000 – Vendée – Carte régionale n° **14**–B2

❀ LES REFLETS

Chef : Nathan Cretney

CUISINE MODERNE • COSY À deux pas de l'église Saint-André d'Ornay, cette jolie maison est le fief d'un chef natif du Pays de Galles, Nathan Cretney, et de sa compagne Solen Pineau. Teintes douces et pierre apparente forment un décor agréable, pile dans l'air du temps, pour cette salle intimiste (une douzaine de couverts, sans compter la table du chef face aux fourneaux) : c'est dire si l'on est choyé. La cuisine, elle, se veut le... reflet des beaux produits de la région et des producteurs dont on célèbre en salle les mérites. Le menu sans choix composé au gré du marché illustre un registre plutôt créatif et savoureux d'une belle finesse.

&. – Prix : €€€€

227 rue Roger-Salengro – 𝒞 09 83 25 83 71 – www.restaurantlesreflets.fr – Fermé lundi, mardi, du mercredi au samedi à midi, et dimanche soir

ROCHEFORT

✉ 17300 – Charente-Maritime

LA CORDERIE ROYALE

MODERNE • COSY Sur les berges de la Charente, la fameuse Corderie Royale de Rochefort accueille cet hôtel superbe, rénové avec soin : vaste réception décorée de fresques coloniales, chambres cosy et élégantes, au grand calme, sans oublier le restaurant et sa verrière Eiffel... Une délicieuse plongée dans l'histoire.

&.🅿🍴🛏🛗🍴🆔 - 52 chambres

Rue Audebert – 𝒞 05 46 99 35 35 – www.corderie-royale.com

ROCHEFORT-EN-TERRE

✉ 56220 – Morbihan – Carte régionale n° **1**–D3

🙂 MAISON CACHÉE ⓝ

CUISINE MODERNE • COSY Après être passés dans plusieurs belles maisons étoilées (Alain Ducasse, Maison Pic, Crillon), Alban Chartron (au salé) et sa compagne Sarah Alba (au sucré) ont jeté leur dévolu sur Rochefort-en-Terre, superbe village historique tout en ruelles pavées et maisons de granit à colombages. Ce couple de chefs connaît son métier : en témoignent les cuissons précises (comme sur le cabillaud du jour), les saveurs relevées (à l'instar de la queue de bœuf au kimchi ou du bouillon curry/cacahuète sur le poisson) et le jeu de textures (à l'image du carrot cake et mousse légère de yaourt). Une bistronomie bonhomme à prix doux à déguster dans une déco originale et panachée.

Prix : €€

9 rue Haute-Candre – 𝒞 02 97 61 04 71 – Fermé mardi et mercredi

L'ANCOLIE

CUISINE MODERNE • COSY Vieilles pierres, maisons historiques à pans de bois, situation pittoresque sur une crête rocheuse : le village de Rochefort-sur-Terre ne manque pas de charme, tout comme cette belle fleur qui fleurit dans une bâtisse du 16 e s. à la déco chic et romantique. Dans l'assiette, le chef Kevin Hardy (Hélène Darroze, Taillevent) cultive une jolie cuisine gourmande, avec ses recettes carrées (comme ce dos d'aiglefin, beurre blanc, endive braisée), twistées parfois d'un trait créatif (comme l'huile de sapin sur les champignons).

&. – Prix : €€

12 rue Saint-Michel – 𝒞 02 97 43 33 09 – www.lancolie.restaurant – Fermé lundi et mardi, et dimanche soir

LA ROCHEFOUCAULD

✉ 16110 – Charente – Carte régionale n° **18**–C2

L'INTEMPOREL ⓝ

CUISINE MODERNE • CONTEMPORAIN Au pied du château et de son parc, en bordure de la Tardoire, ce restaurant est installé sous une lumineuse verrière, avec une jolie cheminée en brique. Aux beaux jours, on s'attable sur la vaste terrasse ombragée avec vue sur la rivière et le pont du 15e s. Dans l'assiette, des couleurs et de la fraîcheur grâce au chef Baptiste Laurent, qui propose des recettes efficaces et goûteuses. Le service sympathique est rythmé par le dynamisme de Julie Dubois qui prend plaisir à conseiller les vins.

🍴&.🌣🅿 – Prix : €€

2 rue des Gaillaudes – 𝒞 05 45 91 72 60 – www.restaurant-lintemporel.fr – Fermé lundi et mardi, et dimanche soir

ROCHEGUDE

✉ 26790 – Drôme – Carte régionale n° **24**–A2

CHÂTEAU DE ROCHEGUDE

CUISINE CLASSIQUE • ÉLÉGANT Châtelain, classique, élégant... Un cadre plaisant, au service d'une cuisine gastronomique de bon aloi, tenante d'un certain classicisme : pavé de bar aux asperges vertes, jus de coquillages ; filet de bœuf sauce Périgueux ; délice chocolat, figue de Piolenc et sorbet farigoulette citronnée...

🍴🆎🌣🅿 – Prix : €€€

Place du Colombier – 𝒞 04 75 97 21 10 – www.chateauderochegude.com – Fermé lundi et mardi midi

ACCORDS METS ET VINS : ET SI L'ON OSAIT TOUT OUBLIER ?

Sortir des sentiers battus, casser les habitudes des accords entre les plats et les vins pour oser trouver de nouvelles combinaisons harmonieuses est un défi. La raison ? La part de subjectivité de celui qui propose des mariages inédits, et celle de ses convives.

Tout sommelier le reconnaît, il est des accords mets et vins particulièrement compliqués. Parmi les aliments rebelles, l'artichaut, l'asperge, l'œuf ou les crudités. Mais comme ils sont rarement présentés à l'état brut, rien n'est perdu : l'accord s'appuiera sur une sauce, une autre saveur présente, une texture différente. Associer un plat à un vin répond à des principes, mais la part de subjectivité propre à chaque sommelier et à chaque dégustateur fait parfois voler en éclats l'idée préconçue d'un accord, surtout si la façon de cuisiner s'invite dans le débat. Ainsi, des huîtres sont traditionnellement proposées avec un muscadet, un reuilly blanc, un sancerre mais qu'en sera-t-il si elles sont servies au sabayon de champagne ? Sont-ce les huîtres qui donnent le ton ou le sabayon ? La réponse tient de l'intuition et de l'expérience.

Huîtres et whisky

Une huître dans sa coquille, quelques dés de betterave rouge, une réduction de vinaigre balsamique et une noisette de mascarpone peuvent accueillir un whisky écossais tourbé. L'intensité de l'alcool sera apaisée par la douceur du mascarpone. Au final, tout n'est que rondeur.

Foie gras de canard et saké

Simplement saisi et caramélisé à la poêle, le foie gras appelle plusieurs vins comme un pinot gris d'Alsace ou un champagne brut. Cependant, il n'est pas interdit de penser à un rouge du Bordelais aux tannins fondus. Mais le plus étonnant reste l'association avec un saké junmai (pur riz, sans ajout d'alcool distillé) servi à température ambiante pour une bouche toute en suavité.

■ À gauche, poulet fermier escorté d'un blanc doux. Page de droite, saumon au gingembre et vin rouge

Saumon fumé et champagne

Une belle acidité et une certaine fraîcheur sont recherchées pour escorter du saumon fumé et c'est tout naturellement que l'on se porte vers un bergerac sec, un pouilly-fumé ou un montlouis. Cependant, l'association avec un champagne est intéressante car un blanc de blancs apportera une minéralité soutenue. Quant à un champagne non dosé, vif et tendu, il tranchera avec le gras du saumon.

Poisson et vin rouge

Traditionnellement, chacun aura tendance à vouloir un servir un vin blanc, quel que soit le poisson. Mais certains rouges ont leur place pour côtoyer des poissons, comme les vins issus du pinot noir, pour leur finesse, leur élégance et la discrétion de leurs tannins. Une autre école consiste à privilégier le gamay des crus du Beaujolais, à apprécier notamment avec des filets de rougets.

Volaille et vin blanc doux

Spontanément, c'est un vin rouge tendre et fruité que l'on destine à une volaille rôtie et il n'y a là aucune de faute de goût. Pourtant, une volaille cuisinée à la crème peut être mariée à un vin blanc, par exemple un meursault ou un riesling. Plus surprenant encore, le croustillant de la peau fonctionne aussi admirablement avec un blanc moelleux comme un jurançon, une rosette ou un pinot gris d'Alsace.

Fromage et poiré

Depuis plusieurs années, les sommeliers militent pour que le blanc soit le principal compagnon de voyage d'un plateau de

fromages. Mais au fil du temps, d'autres boissons s'invitent au moment du fromage, comme la bière, le cidre ou le poiré, à condition qu'il n'y ait qu'une variété de fromage. Le poiré est vivement conseillé sur un ossau-iraty ou un brie de Meaux et, régionalisme oblige, avec un camembert.

Chocolat et rhum

L'accord chocolat et vin est l'un des plus compliqués qui soient car plusieurs critères entrent en ligne de compte, comme le type de chocolat (noir, au lait ou blanc), son amertume, sa sucrosité et la façon dont il a été travaillé, en mousse, en crème, en fondue, avec un agrume ou un fruit rouge. Les combinaisons sont multiples et complexes, mais on évite désormais le mariage avec un liquoreux. Outre les classiques porto, banyuls, maury, trois accords osés sont à tenter : une bière, un cognac (notamment si le dessert contient des agrumes) et enfin un rhum aux saveurs vanillées et aux arômes torréfiés de cacao. L'audace de ces exemples ne doit pas faire oublier le principe majeur, qui est le plaisir. Celui du sommelier d'occasion, mais aussi celui de ses convives, chez qui l'ouverture d'esprit et la curiosité seront un ingrédient indispensable à une découverte culinaire mémorable. ■

LE PALMARÈS DES LABELS 2023

Chaque année, des produits de nos terroirs se distinguent en obtenant un signe officiel de qualité comme l'appellation d'origine contrôlée, le Label Rouge ou l'indication géographique protégée.

La tome fraîche de l'Aubrac

Les amateurs d'aligot se réjouissent. La tome fraîche de l'Aubrac, qu'ils utilisent pour confectionner cet emblématique plat de terroir, est désormais reconnue, depuis le 23 octobre 2023, par une indication géographique protégée délivrée par la Commission européenne. Cette distinction récompense une filière composée de 77 exploitations productrices de lait, 5 producteurs fermiers et 2 transformateurs laitiers pour un sur lesquels les vaches pâturent 170 jours par an au minimum. Particularité de cette spécialité, elle est pressée dans des "presse-tomes" puis mise à maturer, mais sans être affinée ni salée.

L'huître de Normandie

25 000 tonnes d'huîtres élevées de Granville (Manche) à Saint-Marguerite-sur-Mer (Seine-Maritime) peuvent depuis octobre 2023 arborer fièrement le logo de l'indication géographique protégée (IGP) soit environ 1 200 parcs

■ La tome fraîche de l'Aubrac, un fromage qui se déguste en plat principal

total de 840 tonnes produites chaque année. Élaborée à partir de lait cru et entier issu de vaches de races simmental française et aubrac, cette tome fraîche est produite sur 3 départements - l'Aveyron, le Cantal et la Lozère -, à huîtres qui ont la particularité de pratiquer le "trompage". Le principe pour l'ostréiculteur est d'élever ses huîtres dans des parcs en bas d'estran ce qui sous-entend qu'elles sont la plupart du temps en immersion. Au cours de l'élevage, les huîtres sont repositionnées progressivement vers le haut de l'estran. Ainsi, deux fois par

■ Or liquide des vergers, l'huile d'olive du Langedoc

jour et selon le coefficient des marées, les huîtres ne sont plus immergées. Stressées par l'absence d'eau, elles développent leur muscle et leur coquille pour rester hermétiques, ce qui permet au fil du temps d'assurer une meilleure conservation.

L'huile d'olive du Languedoc

Jusqu'au mois d'octobre 2023, la France comptait huit huiles d'olive d'appellation d'origine protégée : Nyons, la vallée des Baux-de-Provence, Aix-en-Provence, Haute-Provence, Nice, Nîmes, Corse et Provence. Elles sont désormais neuf avec la reconnaissance au niveau européen de l'huile d'olive du Languedoc, produite par l'assemblage de plusieurs variétés, notamment la Lucques et l'Olivière, qui représentent au moins 60 % des arbres des vergers. Cent oléiculteurs installés sur 2 départements, l'Aude (180 communes) et l'Hérault (250 communes), représentent au total 192 ha, pourront étiqueter leurs bouteilles en apposant le logo européen de l'AOP. Un gage de

qualité pour les consommateurs.

Le haricot de Soissons

Seuls 19 producteurs tentaient inlassablement de sauver le haricot de Soissons produit dans le département de l'Aisne au moins depuis le 18e siècle. Avec seulement 11 ha cultivés et un rendement moyen situé entre 2 et 2,5 tonnes par hectare, le haricot de Soissons était devenu un lilliputien des légumineuses.

Grâce à l'indication géographique enregistrée à la Commission européenne en juin 2023, ce haricot à gros grain de couleur blanche ou ivoire est désormais protégé. Une magnifique reconnaissance pour les producteurs qui font vivre un savoir-faire ancestral et même si la culture de ce haricot est très rarement une activité principale, ces hommes et ces femmes auront à cœur de poursuivre une tradition et de la développer.

Un panier tricolore bien garni

En 2023, d'autres produits de nos terroirs ont décroché des labels de qualité. Le boudin blanc supérieur nature et le melon de type charentais jaune ont obtenu un Label rouge, la châtaigne des Cévennes une appellation d'origine protégée et quatre produits de charcuterie corse (la bulagna, le figatelli, la pancetta et le saucisson sec) l'indication géographique protégée "Charcuterie de l'île de Beauté".

Ces nouvelles distinctions permettent à la France de rester sur le podium des pays européens qui possèdent le plus grand nombre de produits protégés. ■

LE DÉRÈGLEMENT CLIMATIQUE BOULEVERSE LES VIGNES

Canicules répétées, printemps très secs ou trop pluvieux, périodes de gel, épisodes de grêle localisés... Depuis quelques années, les vignerons font face à des événements météorologiques extrêmes et se posent la question d'adapter leur choix de cépages à ce changement climatique.

45°C relevés en juin 2019 dans certaines vignes de l'Hérault ! Un phénomène jamais observé dans ce département et des conséquences immédiates et catastrophiques pour des vignerons impuissants, qui ne peuvent que constater les dégâts : des raisins brûlés, un feuillage séché et une future récolte réduite à néant. Partout en France, les vignes souffrent du changement climatique. Et le marqueur qui le souligne le mieux est la date des vendanges, avancée dans tous les vignobles. En moyenne, le décalage serait de trois semaines en 40 ans, comme en Alsace où l'on vendangeait autour du 16 octobre en 1990. Vingt ans plus tard, en 2010, les vendanges débutaient autour du 21 septembre. Le même phénomène est observé en Saint-Émilion ou à Châteauneuf-du-Pape.

Bien plus qu'un simple changement de date

Parallèlement à ces bouleversements, les professionnels notent une augmentation du degré alcoolique, une baisse de l'acidité du raisin à la récolte, pour certains des rendements moindres et une modification des profils aromatiques de leurs vins. Un constat alarmant qui pousse les vignerons à envisager de changer de cépages pour opter pour des variétés plus résistantes ou plus tardives.

Expérimenter pour préparer l'avenir

Si toutes les régions viticoles ne sont pas encore concernées par ces potentiels changements de cépages, le Languedoc-Roussillon, une partie sud de la Vallée du Rhône et la Provence ont d'ores et déjà lancé des pistes de réflexion ou pris de l'avance en menant des expérimentations. Ainsi, des cépages portugais ou espagnols, habitués aux hautes températures, ont été plantés dans l'Aude. Dans ce même département, on pousse les vignerons à remettre le carignan au goût du jour. Massivement planté au 20ᵉ s. mais donnant des vins sans relief, il a été arraché dans les années 1970 pour être remplacé par la syrah. Parce qu'il mûrit plus tard et qu'il permet d'équilibrer les vins d'assemblage, le carignan fait son grand retour. En Provence, on constate que le calabrese, cépage sicilien (appelé communément nero d'avola), s'adapte à merveille, quand le tempranillo, cépage espagnol, ne souffre pas des fortes températures, alors son voisin de parcelles, le grenache, s'assèche. Dans le sud-ouest, depuis bientôt une dizaine d'années, on assiste à la résurrection du manseng noir abandonné il y a plusieurs décennies au profit du tannat. Parce qu'il s'adapte au réchauffement climatique et qu'il fait moins d'alcool, il est depuis peu commercialisé en monocépage. À Fronton, réputé pour ses rouges et ses rosés à base de négrette, un cépage blanc endémique, le bouysselet, - disparu après la rédaction du cahier des charges de l'AOC en 1975 - renaît pour permettre aux vignerons de Fronton de produire des blancs.

Appelations : des cahiers des charges à repenser

Planter des cépages venus d'ailleurs, faire ressurgir des cépages oubliés ou quasiment disparus convainc de plus en plus de vignerons. Ils sont cependant contraints, pour celles et ceux qui sont engagés dans une appellation, de les commercialiser en vin de France puisqu'ils n'entrent pas dans les cahiers des charges des AOC.

Si demain, les responsables d'une appellation prennent conscience qu'il est vital d'intégrer dans le cahier des charges tel ou tel cépage plus résistant aux dérèglements climatiques, de changer des pratiques agronomiques ou de réviser l'aire délimitée pour intégrer des zones plus fraîches, il faudra alors le modifier et le faire entériner. En 2022, le Ministre de l'Agriculture a fait un premier pas en déclarant : « les appellations ont construit leurs cahiers des charges bien avant le changement climatique et [...] allaient devoir probablement les repenser. »

Les vins d'appellation vont-ils disparaître ? La question est posée depuis plusieurs années et la réponse est globalement négative mais de profonds changements sont à prévoir pour les vignerons. L'incidence sera également sensible pour les sommeliers et les amateurs de vin habitués à des profils de vins, identifiés et codifiés, mais désormais en constante évolution et offrant des profils aromatiques nouveaux. ■

EN DIRECT DES TERROIRS

LES CHEFS DE CUISINE, CHAMPIONS DES CONCOURS

Championnat du monde de l'œuf en meurette, ou du chipiron farci, ou encore du lièvre à la royale... Les intitulés de certains concours de cuisine pourraient faire sourire les profanes, mais au fil des années, le sérieux des épreuves incite les chefs à y participer pour espérer inscrire leur nom au palmarès.

Dans le monde des concours et des trophées, certains font rêver les professionnels qui consacrent des mois et des mois à leur préparation quand ils ont la chance d'être sélectionnés. Tout en haut de la pyramide, le **Bocuse d'or** qui se tient tous les 2 ans et dont la 20e édition se déroulera en 2025. Depuis 1987, huit chefs français ont décroché l'or, dont Davy Tissot, le dernier à l'avoir brandi en 2021. Autres concours prestigieux, le **Prix Culinaire Taittinger** qui existe depuis 1967, le **concours Création et Saveurs** lancé en 2010 ou les épreuves réservées aux professionnels de moins de 25 ans comme le **Championnat de France Jeunes Talents Escoffier** ou le **Trophée Jean Rougié**. Pas un mois ne s'écoule sans que ne se déroule l'un de ces concours sans oublier ceux réservés aux métiers de bouche, écaillers, bouchers, pâtissiers, chocolatiers ou poissonniers...

De nouveaux concours s'imposent

Parallèlement à ces épreuves de renommée mondiale, d'autres concours ont vu le jour, parfois partis d'une boutade ou d'un pari comme le **Championnat du monde de pâté-croûte** créé en 2009 par les entrepreneurs Audrey Merle, Gilles Demange et Arnaud Bernollin avec Christophe Marguin (chef de cuisine au restaurant Le Président à Lyon). Ce concours, qui prêtait à sourire

Au château du Clos de Vougeot, l'œuf en meurette a son championnat du monde

Thibault Nizard, lauréat 2023 du Championnat de lièvre à la royale

la première année, s'est imposé au fil des années et si les chefs français ont trusté les premiers podiums, les Japonais n'ont plus à rougir puisqu'en 2019, 2021 et 2022, ce sont trois chefs de cuisine du pays du soleil levant qui ont soulevé le trophée.

Plus récent mais déjà incontournable, le **Championnat du monde du lièvre à la royale** dont la 6e édition s'est déroulée en octobre 2023 dans le cadre des **Journées Gastronomiques de Sologne**. Initié par Thomas Boullault (Restaurant l'Arôme à Paris – 1 étoile Michelin) entouré d'un jury composé de chefs de renom, il a été remporté par Thibault Nizard (Restaurant l'Aube à Paris). Quelques semaines auparavant, en Bourgogne, au cœur du Château du Clos de Vougeot, s'est tenu le 5e **Championnat du monde de l'œuf en meurette®**. Présidé par le chef Éric Pras (Restaurant Lameloise à Chagny – 3 étoiles Michelin), le jury devait départager 14 candidats dont un Américain et un Canadien. Au final c'est un Bourguignon, Meilleur ouvrier de France charcutier, Fabien Pairon, installé en Suisse, qui a inscrit son nom au palmarès.

À ces concours qui s'imposent avec le temps, viennent se greffer de nouvelles épreuves comme le premier **Championnat du monde de la frite** qui s'est tenu à Arras en 2023, le **Championnat du monde de l'œuf mayo** qui avait été un temps mis en sommeil, pour reprendre de plus belle en 2018 et enfin, dans le cadre des **Journées du patrimoine culinaire au Pays Basque**, la tenue pour la première fois du **Championnat du monde du chipiron farci**. ∎

MOINS DE SEL DANS LE PAIN, MOINS DE RISQUES POUR LA SANTÉ

Le constat de l'Organisation mondiale de la santé (OMS) est clair, nous consommons trop de sel. En moyenne, un adulte devrait consommer autour de 5 grammes de sel par jour contre 2 pour un enfant. Or en France, nous sommes plutôt autour de 7 à 8 g. Cette baisse espérée a débuté dans l'Hexagone en octobre 2023 chez les boulangers.

Pendant le Salon international de l'Agriculture 2022, les professionnels de la filière pain se sont engagés auprès des ministères de la santé, de l'agriculture et de l'alimentation à baisser le taux de sel dans le pain qui à lui seul, contribue à environ 20 % de l'apport journalier. Alors que certaines décisions de ce type tardent à se mettre en place ou nécessitent des années avant leur application officielle, force est de constater que les boulangers n'ont pas traîné. Dès juillet 2022, les premières baisses se faisaient sentir mais c'est au 1ᵉʳ octobre 2023 que les engagements ont été tenus. Ainsi, le taux de sel dans le produit fini doit désormais être de 1,4 g pour 100 g pour les pains courants ou de tradition (baguette), 1,3 g pour les pains complets ou aux céréales et 1,2 g pour les pains de mie.

Quelle incidence sur le goût ?

En réalité cette baisse du taux de sel n'est pas nouvelle et se fait par paliers depuis au moins 20 ans. En

■ Le pain et le sel, aliments symboles, en première ligne de la lutte contre nos déséquilibres alimentaires

témoigne le grammage observé en 2010 qui était autour de 1,8 g pour 100 grammes.

Pour une large majorité de boulangers, il n'y a pas réellement d'incidence sur le goût bien que le sel soit un exhausteur et tous de confirmer que les clients ne se sont pas réellement rendus compte de la différence pas plus qu'ils n'ont noté une croûte plus pâle (le sel intervient dans la coloration). Et pour cause : les boulangers avaient anticipé ces potentiels changements en modifiant leurs façons de travailler, à commencer par le choix de farines plus riches

conscience est aussi en marche et ils mettent en pratique mille et une astuces pour ne pas avoir la main trop lourde. Parmi celles-ci, ne pas goûter une préparation juste après l'avoir salée. Si elle est jugée trop fade dans les secondes qui suivent, le cuisinier aura le réflexe légitime d'en remettre ! Alors qu'il est tout simplement préférable de laisser infuser le sel pendant une dizaine de minutes et de goûter passé ce laps de temps, avant de rectifier si nécessaire. Le choix du sel est aussi important. Certains sels, plus chers mais aussi plus riches en oligo-éléments et minéraux, incitent les brigades à

en fibres et en minéraux, qui permettent de mieux retenir l'eau et d'apporter du goût, mais aussi en passant au levain naturel et à un pétrissage plus modéré, ou encore en incorporant le sel dès le début de la préparation.

D'ici et d'ailleurs

Certains boulangers sont conscients qu'ils doivent contribuer à la baisse quotidienne de sel, coupable de favoriser l'hypertension artérielle et de contribuer à développer des maladies cardio-vasculaires. Mais ils n'ont guère apprécié d'être dans le viseur quand d'autres métiers ou produits mériteraient d'être sanctionnés ou encadrés pour leurs pratiques, à commencer par les plats industriels. Chez les chefs de cuisine, la prise de

surveiller le goût et le coût. Enfin, de nombreux produits – outre les épices - permettent de réduire drastiquement l'apport en sel comme l'anchois ou la poutargue qui peuvent se retrouver au cœur de certaines créations sans que le chef n'ait besoin d'ajouter du sel. Réduire l'apport en sel est l'affaire de tous et si les professionnels de l'alimentation et de la restauration sont les premiers à l'appliquer, n'oublions pas que chacun peut aussi y contribuer à la maison à commencer par arrêter de mettre une pincée de sel lorsque l'on bat les blancs d'œuf en neige. C'est totalement inutile et cela a été prouvé scientifiquement. Ce sont déjà quelques milligrammes de sel de gagnés car n'oublions pas que les 5 grammes préconisés par jour par l'OMS équivalent à une cuillerée à café. ∎

LES LÉGUMINEUSES NE DEMANDENT QU'À SE FAIRE CUISINER

Dans une période où la cuisine se végétalise de plus en plus, il est une famille qui aimerait davantage être présente dans les assiettes des restaurants, celle des légumineuses. Parés de toutes les vertus, ces légumes mériteraient une place plus importante.

Les Français boudent les légumineuses. À tel point qu'ils sont très loin de la consommation annuelle mondiale. On estime qu'une personne en mange environ 7 kg par an et par habitant à travers la planète alors que les Français atteignent péniblement les 1,5 kg. Les raisons de ce désamour sont connues : les consommateurs ne savent pas véritablement les cuisiner ou estiment qu'ils nécessitent trop de temps, de cuisson notamment. Or quand les légumineuses sont déjà préparées, dans tous les types de restauration, les Français les apprécient ! À l'instar des lentilles avec le petit salé ou la saucisse de Montbéliard, les haricots dans le cassoulet ou avec le confit de canard et les pois chiches dans l'houmous. Un registre de cuisine, certes traditionnelle, mais qui ne demande qu'à investir les restaurants gastronomiques.

Une grande famille

Il existe environ 18 000 variétés de légumes secs, cultivées et consommées dans le monde entier pour une production globale d'environ 70 millions de tonnes. Dans l'Hexagone, la production avoisine les 110 000 t. C'est peu, mais le marché est en progression constante et la France produit environ 70 % de ses besoins. Parmi les stars incontestées, notamment en restauration, les lentilles avec la verte du Puy-en-Velay en Haute-Loire qui bénéficie d'une appellation d'origine contrôlée et la verte du Berry qui a obtenu un Label rouge et une indication géographique protégée. À ces deux incontournables porte-drapeau, il faut ajouter la lentille blonde de Saint-Flour dans le Cantal et la lentille rosée de Champagne plus connue sous le nom de lentillon. Viennent ensuite les haricots blancs comme le tarbais, les mojettes de Vendée, le coco de Pamiers en Ariège, le lingot du Nord, le haricot de Soissons, le michelet de Provence et celui que les chefs de cuisine attendent chaque année, le coco de Paimpol, seul haricot vendu frais à écosser et dont la saison s'étale de la mi-août au début du mois d'octobre. Si ces deux productions sont conséquentes en tonnage, elles ne doivent pas masquer la culture du flageolet en Essonne et en Eure-et-Loir, des pois ronds et cassés dans la vallée du Rhin, des pois chiches dans le Lauragais mais aussi dans le Var, la Drôme ou le Gard et des fèves en Aquitaine. Malheureusement, toutes productions confondues, ces 110 000 t de légumineuses sont préemptées pour moitié par l'industrie puis par la grande distribution et enfin, par la restauration hors foyer.

Des recettes gastronomiques

Si les consommateurs les boudent à la maison souvent pour des méconnaissances pratiques, les chefs de cuisine savent valoriser les légumineuses et les faire apprécier à leurs clients. En témoigne, le chef Régis Marcon de Saint-Bonnet-le-Froid (Les Maisons Marcon) qui leur a consacré un livre en 2018 *Céréales et légumineuses*. Une source d'inspiration, comme le gâteau de pois blonds et orange, ou le ragoût de lentilles vertes du Puy aux truffes et œuf poché. William Ledeuil (Ze Kitchen Galerie) à Paris lui a emboîté le pas en 2000 dans son livre *Le végétal*, qui propose des recettes de pieds de mouton aux cocos de Paimpol, jus citronnelle cresson ; de bouillon de pois chiches, fèves et citron confit ou de curry jaune de lentilles, kimchi et papaye. Des associations inédites et osées qui soulignent que les légumineuses ont leur place dans un registre gastronomique.

Globalement, les cocos de Paimpol et les lentilles ont les faveurs des chefs de cuisine, mais les autres légumineuses ne demandent qu'à connaître le même succès, à commencer par le flageolet - trop souvent associé à des souvenirs de cantine ou de gigot d'agneau - ou le haricot de Soissons, récemment auréolé d'une indication géographique protégée. Ces trésors de notre agriculture méritent de tutoyer les sommets. ■

RECONNAISSANCE ET ENGOUEMENT POUR LES VINS DE SAVOIE

Partout en France, les vins des coteaux alpins commencent à se faire une jolie place sur les cartes des restaurants. Une reconnaissance tardive mais amplement méritée au vu des productions proposées par une nouvelle génération de vignerons.

EN DIRECT DES TERROIRS

Pendant longtemps, les vins de Savoie n'étaient bons, pour une partie du public, qu'à accompagner une soirée raclette ou fondue aux sports d'hiver. Fort heureusement, ce temps-là semble révolu même s'il reste encore beaucoup de pédagogie à distiller pour bien expliquer ce qu'est le vignoble savoyard avec ses 22 cépages, ses 21 dénominations géographiques et ses 4 appellations d'origine (Vin de Savoie, Roussette de Savoie, Crémant et Seyssel).

Une mosaïque de terroirs

Petit par la taille (autour de 2 100 ha) mais grand par sa diversité, le vignoble de Savoie est morcelé en trois grandes zones. La première se situe au sud-est de Chambéry (Arbin, Chignin Bergeron, Apremont...), la deuxième autour du lac du Bourget (Jongieux, Marestel, Chautagne...) et la troisième au bord du lac Léman (Ripaille, Crépy, Marignan...). À ces trois secteurs, il faut ajouter le vignoble de Frangy, celui d'Ayze et celui de l'appellation Seyssel qui occupe les deux rives du Rhône entre Haute-Savoie et Ain. Sur les 16 millions de bouteilles produites en moyenne chaque année, 70 % des vins sont des blancs, 20 % des rouges, 5 % des rosés et enfin 5 % des vins effervescents.

Les cépages

Parmi les cépages cultivés sur des terroirs originaux aux pentes parfois extrêmes, certains sont bien connus des amateurs de vins, à l'instar du gamay, du pinot noir, du chardonnay ou de la roussane, appelée localement bergeron. À leurs côtés, d'autres cépages uniques au monde, comme l'altesse, le gringet, la jacquère, la molette, la mondeuse blanche, la mondeuse persan et la mondeuse noire. Notons que sept variétés autochtones oubliées vont être inscrites au cahier des charges à

La riche palette du vin savoyard

Les principaux blancs :
- l'altesse (340 hectares),
- le chardonnay (90 ha),
- le chasselas (80 ha),
- le gringet (23 ha),
- la jacquère (800 ha),
- la roussane (100 ha environ, uniquement sur les communes de Chignin, Francin et Montmélian).

Les rouges dominants :
- la mondeuse (270 ha),
- le gamay (240 ha) et
- le pinot (100 ha environ).

titre expérimental, notamment pour leurs capacités d'adaptation au changement climatique.

Les dénominations géographiques

En 2023, l'appellation d'origine contrôlée Vin de Savoie a fêté son 50ᵉ anniversaire. Elle englobe géographiquement un certain nombre de communes de Savoie et de Haute-Savoie et les vignerons peuvent y proposer des vins rouges, rosés, blancs ou effervescents sous cette simple appellation. Mais ils peuvent aussi y accoler, selon un décret de 2003, un nom de cru, appelé également dénomination géographique, si et seulement si leurs parcelles sont situées dans les aires définies par le décret. Elles sont au nombre de 21 et permettent potentiellement au public de situer géographiquement les vignobles. À titre d'exemples, la

La production du domaine Les Aricoques à Desingy (74)

dénomination Ayze comprend les vignes plantées sur les communes de Ayze, Bonneville et Marignier dans la vallée de l'Arve en Haute-Savoie où le gringet est roi. Marin correspond aux communes de Marin et Publier dans le Chablais dominé par le chasselas, quand Apremont concerne les communes d'Apremont, Les Marches et Saint-Baldoph en Savoie.

Un petit vignoble, une diversité de terroirs, un nombre conséquent de cépages et l'installation de jeunes vignerons désireux de sortir des sentiers battus font que les vins de Savoie connaissent un engouement amplement mérité qui ne se traduit pas seulement par une consommation hivernale mais bel et bien pendant les quatre saisons. ■

MOELLEUX OU LIQUOREUX, DES VINS NATURELLEMENT RICHES

Souvent cantonnés à l'apéritif ou proposés avec certains desserts, les vins moelleux ou liquoreux, si difficiles à produire, s'accordent avec bien plus de mets qu'on ne l'imagine. Tout est une question d'équilibre entre sucre et acidité.

Une scène inoubliable du cinéma français met en avant les vins doux et demi-doux. Louis de Funès, qui incarne le client dans *Le Grand Restaurant,* demande au sommelier, joué par Paul Préboist, quel vin servir avec un radis. Il est alors question de petit muscadet "plutôt sec" mais comme Louis de Funès attend quelque chose de "plutôt doux", Paul Préboist lui suggère un sauternes. Sceptique, Louis de Funès annonce préférer un demi-doux qui laisse notre sommelier sans voix. Si le terme demi-doux est rarement usité, bien que très officiel, il catégorise en réalité les vins moelleux, à ne pas confondre avec les liquoreux (*voir encadré*).

Les modes de production

Fruit d'un savoir-faire particulier, les vins moelleux ou liquoreux sont issus de raisins riches en sucre, récoltés tardivement selon le processus du passerillage ou de la pourriture noble. Dans le premier cas, la technique consiste, selon les régions, à laisser les raisins sur cep afin qu'ils sèchent au soleil et au vent. Cela contribue à déshydrater les baies et à concentrer les sucres. Parmi les régions productrices, le Jura procède différemment au regard des températures moins clémentes en automne pour le vin de paille. Ainsi, les baies sont mises à sécher après la récolte sur de la paille ou des clayes pendant plusieurs semaines avant de sélectionner les plus beaux grains et de les presser. Dans le second cas, la pourriture noble résulte du rôle d'un champignon microscopique, le botrytis cinerea, qui attaque les raisins sur cep à la faveur de brumes matinales et d'après-midi ensoleillées. Il endommage la peau des raisins, ce qui contribue à l'évaporation de l'eau et donc à l'augmentation de la concentration en sucre.

Une classification à quatre étages

Les vins secs : moins de 4g de sucre par litre.

Les vins demi-secs : entre 4 et 12g/l, comme certains savennières ou vouvray.

Les vins demi-doux ou moelleux : entre 12 et 45g/l, par exemple l'AOC rosette dans le bergeracois et le coteau-du-layon en Anjou.

Les vins liquoreux ou vins doux : plus de 45g/l, avec le sauternes comme porte-étendard, le monbazillac, le cadillac et un grand nombre de cuvées en Alsace.

Une production marginale... mais mondiale

Si la France produit en moyenne 45 millions d'hectolitres de vin chaque année, la part des vins moelleux et liquoreux d'appellation est infime puisque l'on estime qu'elle serait de 330 000 hl. Cependant, elle émane de toutes les régions viticoles. Lorsque l'on évoque ces vins, chaque amateur pense spontanément aux appellations du Bordelais (sauternes, cadillac, loupiac...), du Bergeracois (rosette, monbazillac, saussignac...), du Val-de-Loire (coteaux-du-layon, quarts-de-chaume, vouvray...) et d'Alsace (vendanges tardives et sélection de grains nobles) mais il ne faut pas oublier certains vins de Jurançon, de Gaillac, de Gascogne, le pacherenc du vic-bilh à Madiran, le vin de paille dans le Jura et quelques pépites souvent hors appellation dans le Beaujolais ou en Corse. Pour autant, la France n'a pas le monopole des vins moelleux ou liquoreux. Partout dans le monde, les vignerons se sont bâtis de belles réputations, notamment en Espagne, en Italie, en Allemagne, en Autriche, en Hongrie, en Suisse, au Canada et en Afrique du Sud.

Souvent boudés parce que jugés trop sucrés, ces vins sont pourtant des modèles de fraîcheur, d'explosivité aromatique et même de légèreté. Ils ont traversé les époques depuis l'Antiquité, et méritent d'être appréciés avec des mets plus adaptés à leurs qualités que le foie gras. ∎

LES MALADIES DE LA VIGNE

Avec le changement climatique, les nerfs des vignerons et des viticulteurs sont mis à rude épreuve. Mais ce n'est pas leur souci principal : chaque année, ils doivent aussi faire face aux traditionnelles maladies de la vigne, dont certaines entraînent d'importantes pertes de récoltes.

EN DIRECT DES TERROIRS

Qu'il semble loin le temps où la vigne française était dévastée par le phylloxera. En 1863, cet insecte piqueur apparenté aux pucerons, originaire des États-Unis, arrive sur le continent européen par des pieds de vignes américaines plantées dans un vignoble du Gard. En 30 ans, tout le vignoble français est touché par ce puceron qui attaque les racines et les feuilles. De nombreuses méthodes, traitements ou remèdes sont mis en place mais ils s'avèrent onéreux et souvent inefficaces. Les vignerons sont alors contraints d'arracher et de remplacer par des plants américains résistants au puceron sur lesquels furent greffés les cépages locaux. Pour autant, ce n'était pas la première fois que les vignerons se retrouvaient face à des maladies et des attaques.

En 1830, la pyrale (chenilles qui s'attaquent aux bourgeons) se répand dans le vignoble puis l'oïdium (champignon parasite) une vingtaine d'années plus tard et enfin le mildiou, alors même que le vignoble est en pleine crise du phylloxera. Aujourd'hui encore, il n'est pas rare que les médias consacrent des sujets à ces maladies de la vigne - excepté le phylloxera qui a été éradiqué.

Le mildiou

Cette maladie fongique, dont les dégâts peuvent être considérables au niveau de la production, est favorisée par certaines conditions climatiques, comme un temps humide ou de fortes pluies, conjuguées à des températures douces ou élevées. C'est pour

■ Le mildiou de la vigne, francisation phonétique de l'anglais mildew

■ L'oïdium remonte vers le nord avec l'augmentation des températures

cette raison qu'il se développe majoritairement au printemps et en été. Ce champignon microscopique - qui ne s'attaque pas qu'aux vignes, les arbres fruitiers sont aussi concernés ainsi que les potagers -, est en dormance en hiver sous forme de spores présents dans les feuilles mortes tombées au sol. Au printemps et selon la météo, il cible les organes verts et jeunes de la vigne comme les feuilles, les rameaux ou les inflorescences. En quelques jours, des tâches jaunâtres apparaissent sur les feuilles. Quant aux grappes, elles subissent un brunissement des grains puis un dessèchement. Outre les traitements, le ramassage des feuilles à l'automne est conseillé pour stopper la propagation ainsi qu'une taille de la vigne précise pour éviter une trop forte proximité entre les futures feuilles.

L'oïdium

Contrairement au mildiou, l'oïdium est un parasite externe à la vigne, un champignon, qui s'attaque aux jeunes pousses, dont il ralentit la croissance, aux feuilles sur la face intérieure et/ou extérieure, avec des tâches huileuses et un noircissement des nervures, mais aussi aux sarments et aux grains. Ceux-ci se couvrent d'une poussière grise d'aspect cendré, pouvant aller jusqu'à l'éclatement des baies. Comme pour le mildiou, la pluie, l'humidité liée à de fortes rosées, des températures élevées mais aussi du vent qui disperse la maladie sont les facteurs de développement. Historiquement centré sur le pourtour méditerranéen, il est aujourd'hui présent dans une grande partie des vignobles de l'Hexagone

mais tous les cépages ne sont pas touchés. Ainsi, le carignan, le chenin, le chardonnay, le cinsault, le sylvaner ou la roussane sont plus sensibles à sa présence, ce qui génère une perte de rendement. La conséquence la plus gênante est la modification de la composition du raisin et donc le moût, puis les jus qui peuvent développer des arômes désagréables, notamment de champignon.

La flavescence dorée

Maladie grave, classée parmi les jaunisses, elle est causée par un phytoplasme et se développe par le greffage ou par un petit animal, la cicadelle, ressemblant à s'y méprendre à une sauterelle (mais sans le chant !). Cette maladie, qui se propage très rapidement, peut entraîner un dépérissement des plantes et une perte de rendement. S'il existe un plan de surveillance du vignoble et des méthodes de lutte, une zone contaminée doit immédiatement être déclarée auprès des Services de la protection des Végétaux. Les ceps atteints devront alors être arrachés, et si la proportion de pieds malades dépasse 20 %, la totalité de la parcelle sera déracinée.

Si le mildiou et l'oïdium sont deux maladies courantes, la flavescence dorée est celle qui inquiète le plus les autorités. Apparue seulement dans les années 1950 dans le sud-ouest de la France, cette affection semble gagner du terrain un peu partout et met en péril les pépinières comme les vignobles, dont les moyens de lutte sont très limités. ■

CRÉMANT OU CHAMPAGNE, QUELLES RÉELLES DIFFÉRENCES ?

Partenaires d'un apéritif, d'un repas, d'un petit ou un grand bonheur de la vie, le champagne et le crémant prennent place dans nos verres depuis des siècles. Outre leur prix, en quoi ces vins qui pétillent sont-ils réellement différents ?

Si l'on compare la façon dont sont produits les crémants et les champagnes, on constate rapidement qu'il n'y a pas de différence. Les raisins vendangés subissent un pressurage qui permet d'obtenir un jus appelé moût stocké en cuves. Débarrassé de ses impuretés, le moût est transféré dans une cuve de fermentation dite alcoolique ce qui signifie que les levures naturelles vont transformer les sucres en un mélange de gaz carbonique et d'alcool. Clarifié, le vin dit "tranquille" est alors embouteillé avec une liqueur de tirage (sucre et levures) afin de provoquer une seconde fermentation, appelée prise de mousse. Les bouteilles sont ensuite couchées et c'est ici qu'une différence apparaît entre le crémant et le champagne. Pour le premier, les bouteilles doivent rester en cave au minimum 9 mois. Pour le second, le temps de vieillissement sur lattes est au minimum de 15 mois pour un champagne non millésimé.

Une histoire de géographie...

La différence entre un crémant et un champagne est en réalité géographique et il est une citation qui résume parfaitement la situation : « *Il n'est de champagne que de la Champagne.* » Façon de souligner qu'en France comme dans le reste du monde, il est interdit d'appeler champagne un vin effervescent, sauf s'il est produit en Champagne dans une zone géographique strictement délimitée par le cahier des charges de l'appellation d'origine contrôlée. Celle-ci englobe 319 communes réparties les départements de la Marne, de l'Aube, de l'Aisne, de la Haute-Marne et une petite partie de la Seine-et-Marne soit 34 300 ha. Quant aux crémants, ils sont produits dans 8 régions : Alsace, Bordeaux, Bourgogne, Die, Jura, Limoux, Savoie et Loire soit une superficie de 11 722 ha pour une production annuelle de 875 000 hectolitres quand la Champagne frôle les 3 millions d'hectolitres.

... et de cépages

La différence majeure entre champagne et crémant se joue au niveau de l'encépagement. À chaque région ses raisins, et les caractéritiques qui en découlent. En Champagne, le chardonnay (31 % du vignoble), le pinot noir (38 %), le pinot meunier (31 %) et quatre autres cépages mais qui ne représentent que 0,3 % des surfaces, l'arbane, le petit meslier, le pinot gris et le pinot blanc. En Alsace, les crémants sont produits en cépage unique ou en assemblage à partir du pinot blanc, du riesling, du pinot gris, du chardonnay, de l'auxerrois et du pinot noir. À Bordeaux, les deux cépages retenus sont le sémillon et

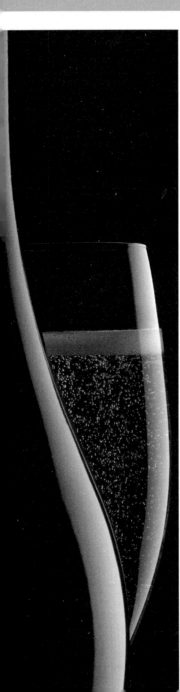

le sauvignon ou cabernet et merlot pour les producteurs qui souhaitent proposer des crémants rosés.

En Bourgogne, pinot noir, chardonnay, pinot blanc et pinot gris dominent mais sont également autorisés le gamay noir à jus blanc, l'aligoté, le melon et le sacy.

Le crémant de Die dans la Drôme fut longtemps produit à partir de la clairette mais sont désormais autorisés l'aligoté et le muscat.

Dans le Jura, le poulsard, le pinot noir, le trousseau et le chardonnay donnent naissance à des crémants blancs ou rosés.

À Limoux, le chardonnay et le chenin sont les deux cépages principaux auxquels viennent s'ajouter deux variétés, dites accessoires, le mauzac et le pinot noir.

Dans la Loire, connue pour sa mosaïque de terroirs et donc de cépages, le chenin et le cabernet franc règnent en maîtres, mais le crémant autorise le chardonnay, le pinot noir, le grolleau noir ou gris.

Enfin, en Savoie, ce sont essentiellement les cépages jacquère et altesse qui entrent en jeu mais sont également autorisés, selon des pourcentages bien précis, le chasselas, le chardonnay, le pinot noir et le gamay.

La combinaison des grandes variétés de cépages, d'assemblages et de vieillissements donne naissance à une multitude de vins très différents que chacun appréciera en fonction de son budget, des ses goûts, et de la nature de l'événement à fêter, en sachant que le crémant se sabre tout aussi bien que le champagne. ▪

LA ROCHELLE

✉ 17000 – Charente-Maritime –
Carte régionale n° **18**-A1

Le goût du large jusque dans l'assiette

Dans ce port qui a vu partir tant d'explorateurs, l'iode emplit toute l'atmosphère. Mais si la cité phare du nautisme continue de se tourner vers la mer, sa vieille ville déborde de charme et... de goût(s). Ses rues piétonnes, bordées d'arcades et d'hôtels aristocratiques, concentrent de nombreux commerces de bouche. L'animation bat également son plein sous la magnifique charpente du Marché central, qui vaut à elle seule le déplacement. On y trouve pommes de terre de l'île de Ré, beurre fermier et produits laitiers de la région ; mer oblige, les mareyeurs rivalisent de propositions, huîtres Marennes-Oléron, moules (dont on fait l'éclade et la mouclade) et bien sûr poissons d'une fraîcheur exceptionnelle – dont le chef étoilé Christopher Coutanceau est l'ambassadeur incontesté. Pour le dessert, tentez le tourteau fromager, reconnaissable à son dôme noir. La Rochelle est aussi le lieu idéal pour s'initier aux splendeurs du cognac.

❀❀ **CHRISTOPHER COUTANCEAU**

Chef : Christopher Coutanceau
POISSONS ET FRUITS DE MER • **ÉLÉGANT** Sur la plage de la Concurrence, la devanture du restaurant annonce la couleur : "Christopher Coutanceau, cuisinier et pêcheur". Tout est dit ! La pêche, voici une passion qui court dans la famille depuis longtemps – le grand-père, puis Richard, le père, étaient déjà passionnés par les produits de la mer. Christopher va plus loin : en plus d'être un pêcheur émérite, il milite en faveur de la pêche durable et contre le gaspillage. Sa cuisine est le prolongement de cet engagement : un bouquet de senteurs marines, une ode à l'océan. Les plus beaux produits de la mer comme le turbot, la sole, les oursins sont travaillés avec tendresse et imagination, au même titre que la lisette ou la sardine, que le chef parvient à sublimer avec la même dévotion.
🍴 ⇆ ♿ 🅰🅲 ⇱ 🅿 – Prix : €€€€

Plan : A2-1 – *Plage de la Concurrence* – ✆ 05 46 41 48 19 – *www.christophercoutanceau.com/fr* – *Fermé lundi, dimanche, et mardi et mercredi à midi*

❀ **L'engagement du chef :** Avec la conviction que le cuisinier est avant tout citoyen, notre démarche s'inscrit au-delà du restaurant, auprès de différentes associations de préservation des ressources marines. Seuls les poissons issus d'une pêche artisanale, durable et locale figurent sur notre carte. Nous travaillons main dans la main avec notre producteur de légumes à La Rochelle et pour éviter le gaspillage, nous utilisons les produits dans leur intégralité et nous valorisons les déchets.

ANNETTE

CUISINE MODERNE • BISTRO Elle est rhétaise, il est anglais de Bristol ; ils se sont rencontrés dans un restaurant d'Amsterdam avant d'ouvrir ce bistrot rochelais moderne - tables et mobilier en bois blond, cuisine vitrée au fond, pan de mur en zellige, et petite terrasse donnant sur une rue piétonne. Voilà pour le cadre. Dans l'assiette, une cuisine française tout en fraîcheur et en goût ! Le chef a de la technique et du talent comme l'atteste ce bar sauvage, sauce vin blanc, coques, purée de brocoli et chou vert légèrement grillé. Côté dessert, c'est la compagne du chef qui régale avec son gâteau au chocolat d'Annette (sa grand-mère), glace à la crème de marron - puissant et gourmand.

&. 斎 – Prix : €€

Plan : B2-7 – *14 rue Bletterie –* 𝒞 *06 82 24 86 77 – www.bistrot-annette.fr – Fermé lundi et dimanche*

L'ASTROLABE

CUISINE FUSION • TENDANCE En forme d'assiette, l'astrolabe sert à déterminer les longitudes et les latitudes : voici donc une table qui invite à voyager d'un pays à l'autre (de la Finlande au Guatemala), d'une cuisine voyageuse à une autre, où chaque plat est inspiré d'une tradition culinaire différente – le poulet de Bresse tandoori est un bel exemple de cette fusion réussie. Un voyage immobile à savourer dans un lieu plaisant et très lumineux, dans une ambiance conviviale de bistrot chic.

&. 🅐🅒 – Prix : €€€

Plan : B2-8 – *35 rue Gambetta –* 𝒞 *05 46 41 52 55 – www.restaurant-lastrolabe.com – Fermé lundi et dimanche*

LE BISTROT DES BONNES FEMMES

CUISINE MODERNE • BISTRO Bistronomie pour tout le monde dans cette adresse branchée et conviviale ! Les produits sont au top (poissons de la criée, légumes des Halles voisines) et les préparations nettes et précises, sans superflu ni artifice. Une ambiance animée, une table de copains et une jolie sélection de vins biologiques et natures. Enfin, aux beaux jours, on profite d'un repas dans l'agréable patio.

&. 斎 – Prix : €€

Plan : B1-5 – *5 rue des Bonnes-Femmes –* 𝒞 *05 46 52 19 91 – www.lebistrotdesbonnesfemmes.com – Fermé lundi et dimanche*

LE BOUILLON

CUISINE MODERNE • ÉLÉGANT Jemmy Brouet, passé par Le Jules Verne, a ouvert ce bistrot chic aux briques rouges et couleurs ensoleillées, écrin d'un menu du marché goûteux, avec options végétariennes. Le soir, le chef propose des menus surprise dont le nombre de plats varie en selon l'appétit et le budget des convives. Un peu excentré, mais facile d'accès. Terrasse au calme.

&. 斎 – Prix : €€

Hors plan – *15 rue du Docteur-Bigois –* 𝒞 *05 46 42 05 29 – www.le-bouillon-larochelle.fr – Fermé dimanche, samedi midi, et mardi et mercredi soir*

LES FLOTS

POISSONS ET FRUITS DE MER • COSY Cet ancien estaminet du 18ᵉ s. offre un emplacement idéal sur le port de La Rochelle, avec sa délicieuse terrasse au pied de la Tour de la Chaîne. On y sert une cuisine raffinée où les saveurs de l'océan sont à l'honneur, en témoigne le « civet gourmand de homard aux légumes de saison juste glacés, champignons en ravioli aux œufs de homard, jus des sucs de homard et effluves de gingembre », plat signature du chef Grégory Coutanceau.

88 ⩽🅐🅒 斎 – Prix : €€€

Plan : A2-2 – *1 rue de la Chaîne –* 𝒞 *05 46 41 32 51 – www.les-flots.com*

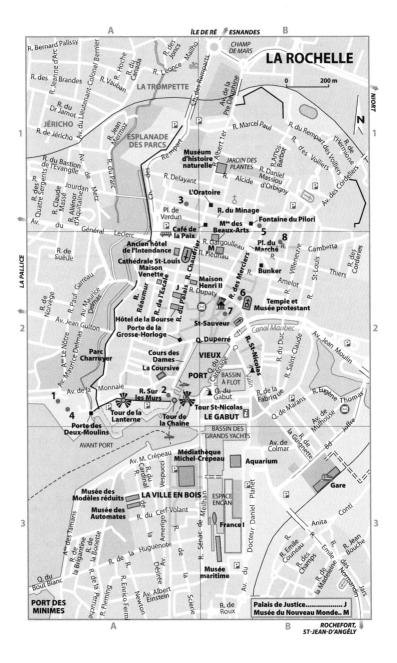

LA ROCHELLE

CHAMP DE MARS

NIORT

0   200 m

N

LA PALLICE

R. Bernard Palissy

R. des

R. Jeanne d'Arc

R. du Lieutenant-Colonel Bernier

R. des Joncs

R. Hoche

R. du Canada

R. Léonce

Mailho

R. Vauban

Ch. des Remparts

LA TROMPETTE

R. du Dr Jamot

JÉRICHO

R. Jean Mermoz

Av. de la Pte Dauphine

R. Marcel Paul

R. du Rempart des Voiliers

R. de l'Hermine

R. de Jéricho

ESPLANADE DES PARCS

Ch. des Remparts

Albert 1er

R. des Voiliers

R. du Bastion de l'Évangile

R. du Parc

Rempart

Muséum d'histoire naturelle **3**

JARDIN DES PLANTES

R. Amos-Barbot

Av. des Cordeliers

R. des Quatre Sergents

Jourdan

Metz

R. Delayant

R. Alcide

R. Daniel Massiou d'Orbigny

R. Claude Massé

R. Aliénor d'Aquitaine

L'Oratoire

R. du Minage

R. de Suède

Av. du Général

Leclerc

Pl. de Verdun

Café de la Paix

M⁽ᵉ⁾ des Beaux-Arts

Fontaine du Pilori **5**

Pl. du Marché **8**

R. de

Ancien hôtel de l'Intendance

R. Gargoulleau

M

Villeneuve

Gambetta

R. des Cordeliers

R. Réaumur

R. Chaudrier

R. Fleuriau

Bunker

St-Louis

Thiers

Cathédrale St-Louis

Maison Venette

R. de l'Escale

du Palais **J**

Maison Henri II

R. Dupaty

R. des Merciers **6**

Amelot

R. du Duc

R. Saint-Claude

Av. Jean Moulin

Hôtel de la Bourse

Porte de la Grosse-Horloge

St-Sauveur

Temple et Musée protestant **7**

Canal Maubec

Q. Duperré

VIEUX

R. St-Nicolas

Av. Jean Guiton

Av. Maurice Delmas

R. de Norvège

Carreau

Parc Charruyer

Cours des Dames

La Coursive

PORT

BASSIN À FLOT

Valin

R. de la Fabrique

R. Eugène Thomas

Q. du Carénage

Q. du Gabut

R. Sur les Murs **2**

Av. de la Monnaie

1

Aᵉ Le Notre

4

Porte des Deux-Moulins

Tour de la Lanterne

Tour de la Chaîne

Tour St-Nicolas

LE GABUT

Q. de Marans

Av. de Mulhouse

AVANT PORT

BASSIN DES GRANDS YACHTS

Av. de Colmar

la Guignette

Bd

Joffre

R. de

Médiathèque Michel-Crépeau

Aquarium

Gare

Av. M. Crépeau

R. du Cardinal

Vespucci

Conti

Musée des Modèles réduits

LA VILLE EN BOIS

ESPACE ENCAN

Daniel Planet

Docteur Daniel

Anita

Musée des Automates

R. du Cerf-Volant

France I

R. Émile Couneau

R. des Champs

R. Jean Bouche

Aᵉ des Tamaris

R. de la Brigantine

R. de la Bonette

la Huguenote

Amerigo

Av. Désirée

Sénac de Meilhan

Musée maritime

Av. Albert Einstein

R. de la Madeleine

PORT DES MINIMES

Q. du Bout Blanc

R. de la Pérouse

R. Fleming

R. Enrico Fermi

Newton

R. de Roux

Normandin

Jars

| Palais de Justice....................J |
| Musée du Nouveau Monde.. M |

IMPRESSIONS

CUISINE MODERNE • CONTEMPORAIN Au centre de La Rochelle, ce petit restaurant conçu comme un atelier moderne par le chef David Etcheverry propose des assiettes épurées, et d'une gourmandise implacable : araignée de casier au raifort et bouillon de tomate, barbue au soja et chou pak-choï... On se régale.

⏢ 🍽 – Prix : €€€

Plan : B2-6 – *7 rue Saint-Michel* – 𝒞 *05 46 09 03 98* – *www.restaurant-impressions.fr* – *Fermé lundi et dimanche*

OPALINE 🆕

CUISINE CRÉATIVE • CONTEMPORAIN Dans ce petit restaurant moderne et pimpant situé du côté du théâtre la Comédie, la cuisine est tricotée à quatre mains par un jeune couple passionné qui s'est rencontré chez Alexandre Mazzia. La marque de fabrique du duo ? Une cuisine créative et colorée qui propose pour chaque plat trois variations dans un esprit satellite comme sur ce merlu, petits pois et chou, accompagné, sur le côté, de lentilles nappées d'une émulsion de haddock et aussi d'un blini aux algues et tarama maison. Formule de style bistronomique le midi, menus uniques gastronomiques en plusieurs séquences le soir, qui changent tous les quatre mois environ.

Prix : €€€

Plan : A1-3 – *20 rue Rambaud* – 𝒞 *06 21 12 39 44* – *www.restaurantopaline.com* – *Fermé lundi et dimanche*

LA YOLE DE CHRIS

POISSONS ET FRUITS DE MER • ÉLÉGANT Cette pétillante adresse de Christopher Coutanceau offre deux plaisirs incomparables, celui des yeux et celui des papilles. Un long comptoir en forme de yole (embarcation légère, longue et étroite), abrite la cuisine ouverte où s'active la brigade. Ici, la carte fait la part belle aux produits de la mer (huîtres, coquillages et crustacés) et à la pêche du jour... à déguster sur la terrasse face à la mer, aux beaux jours. Réservation recommandée pour embarquer !

⏢ & 🅿 – Prix : €€€

Plan : A2-4 – *Plage de la Concurrence* – 𝒞 *05 46 41 41 88* – *www.christophercoutanceau.com/fr/la-yole-de-chris.html*

🛏 LA MONNAIE

CLASSIQUE • ROMANTIQUE Près de la tour de la Lanterne, un hôtel particulier du 17ᵉ s., où l'on frappait jadis la monnaie, d'où son nom. Il arbore aujourd'hui un décor contemporain : beaucoup de noir et blanc, des douches à l'italienne, un espace bien-être, une cour intérieure où l'on prend le petit-déjeuner l'été...

& 🅿 🛋 🍷 🛎 🐾 ♨ 🅰🅲 - 36 chambres

3 rue de la Monnaie – 𝒞 *05 46 50 65 65* – *www.hotelmonnaie.com*

🛏 VILLA GRAND VOILE CHRISTOPHER COUTANCEAU

MODERNE • CHALEUREUX C'est un armateur du 18ᵉ s. qui fit bâtir cet hôtel particulier sur le vieux port de La Rochelle. Aujourd'hui, ses chambres et suites combinent des influences Art déco et maritimes avec un regard contemporain aiguisé et un luxe subtil. L'attention aux détails, le service personnalisé et professionnel, l'atmosphère chaleureuse : tout concourt à un séjour parfait... sans compter la plage, à quelques rues de là !

& 🏊 🅿 🛋 🍷 🚲 🎿 🍴 🅰🅲 - 14 chambres

12 rue de la Cloche – 𝒞 *05 46 44 81 14* – *www.christophercoutanceau.com/fr/villa-grand-voile-hotel.html*

RODEZ

✉ 12000 – Aveyron – Carte régionale n° **23**–C2

✵ RESTAURANT HERVÉ BUSSET ⓝ

Chef : Hervé Busset

CUISINE MODERNE • CONTEMPORAIN De Conques à Rodez où il est devenu citadin en reprenant le restaurant d'Émilie et Thomas Roussey, le chef Hervé Busset continue de se présenter comme un cuisinier cueilleur. Cette provende qu'il glane dans les champs et les forêts alentour est complétée par des achats sur le marché en face de sa nouvelle adresse. La cuisine créative d'Hervé est rythmée par la nature : consoude, tagète, épiaire des bois, reine-des-prés et fleurs de capucines assaisonnent les assiettes avec harmonie et finesse tout au long d'un menu surprise. Entièrement rénové, le cadre feutré et chaleureux veille sur l'intimité des convives. Le sommelier est d'excellent conseil.

🍸 ♿ 🅰️🅲 – Prix : €€€

24 place du Bourg – ☏ 05 65 68 95 00 – www.restaurant-herve-busset.fr – Fermé lundi, mardi et mercredi midi

CAFÉ BRAS

CUISINE AVEYRONNAISE • DESIGN Le café Bras, installé au cœur du musée Soulages, rend un bel hommage aux produits aveyronnais. Deux expériences à vivre ici (côté Comptoir pique-nique à emporter ou au restaurant), sans broyer du noir... L'équipe de cuisine offre une prestation ciselée, aromatique, légère mais généreuse, colorée et parfumée. Souvenirs émus des cucurbitacées à la grecque, coques, couteaux et jus iodé (un régal !) et d'un beau tronçon de filet de thon blanc de Saint-Jean-de-Luz. On apprécie l'attention portée aux saveurs, comme à l'accueil et à l'espace ; ce lieu épuré, chic et sobre en harmonie avec l'âme du grand peintre, qui partout, plane autour de nous. Une indéniable réussite, culinaire et artistique.

♿ 🅰️🅲 – Prix : €€

Jardin du Foirail – ☏ 05 65 68 06 70 – www.cafebras.fr/fr – Fermé lundi et mardi, et mercredi, jeudi, vendredi et dimanche soir

OPÉRA ⓝ

CUISINE MODERNE • CONTEMPORAIN Ce chef italien a pris ses quartiers légèrement à l'écart dans ce restaurant chic et sobre. Vasco Baldisserotto a notamment fréquenté les restaurants trois étoiles en Italie mais aussi la famille Bras au musée Soulages et la maison mère à Laguiole. Chez lui, il signe une cuisine d'obédience française où pointent néanmoins des influences transalpines et plus précisément vénitiennes, sa région d'origine. Familier des grands produits, il choisit ici les meilleurs qu'il agrémente de jolies sauces : maigre sauvage, bonne vinaigrette acidulée aux baies roses qui réveille à merveille le poisson ; ravioli à la farce fine de lapin et girolles émoustillées par une sauce cardinal revisitée...

♿ 🅰️🅲 – Prix : €€€

3 rue d'Athènes – ☏ 05 65 68 40 07 – www.opera-rodez.fr – Fermé lundi et mardi, et dimanche soir

ROHAN

✉ 56580 – Morbihan – Carte régionale n° **1**–C2

L'EAU D'OUST

CUISINE TRADITIONNELLE • RÉGIONAL Dans cette ancienne ferme située près de la rivière de l'Oust, la salle à manger sagement contemporaine, égayée de poutres apparentes, est une belle invite à s'attabler. Le chef propose une cuisine d'inspiration traditionnelle, mâtinée de quelques touches plus actuelles, réalisée à partir de produits frais de saison. Plaisante terrasse et service souriant.

&. 🏠 ⬆ – Prix : €€

6 rue du Lac – ℰ 02 97 38 91 86 – www.leaudoust.fr – Fermé mercredi, et mardi et dimanche soir

ROLLEBOISE

✉ 78270 – Yvelines – Carte régionale n° **11**–A1

❁ LE PANORAMIQUE - DOMAINE DE LA CORNICHE

CUISINE MODERNE • ÉLÉGANT Cet hôtel de charme perché sur une falaise de craie a été construit en 1908 par le roi belge Léopold II dans le but d'y accueillir son amour Blanche de Vaughan. Désormais, il accueille les amoureux de la bonne chère. Ici, place aux produits de proximité, dans une démarche locavore aboutie : Saint-Jacques de la baie de Seine, agneau fermier des fermes des environs, petits fruits et légumes de producteurs locaux. Il en résulte une cuisine pleine de fraîcheur, où les recettes débordent de goût et de saveurs marquées. Et aux beaux jours, on dîne en terrasse, face aux méandres de la Seine.

⅋ ⇦ ≼ 🍴 & 🏠 🅿 – Prix : €€€

5 route de la Corniche – ℰ 01 30 93 20 00 – www.domainedelacorniche.com – Fermé lundi, mardi et dimanche

ROMANS-SUR-ISÈRE

✉ 26100 – Drôme – Carte régionale n° **24**–B1

L'INSTANT

CUISINE MODERNE • ÉLÉGANT Excentrée dans un quartier résidentiel proche de la gare, cette belle maison bourgeoise – datant des années 1930 – vous accueille dans un joli décor contemporain ; on vous sert une délicieuse cuisine du marché, réalisée à partir de bons produits frais. Des assiettes qui s'avalent… en un Instant !

&. 🅰 🏠 ⬆ – Prix : €€

10 rue de Delay – ℰ 04 75 45 40 72 – www.restaurant-instant.com – Fermé lundi, mardi et dimanche, et mercredi et jeudi soir

ROMORANTIN-LANTHENAY

✉ 41200 – Loir-et-Cher – Carte régionale n° **10**–D3

❁ GRAND HÔTEL DU LION D'OR

Chef : Didier Clément

CUISINE MODERNE • ÉLÉGANT Maison emblématique de la gastronomie en Sologne, le Grand Hôtel du Lion d'Or doit sa réputation à un couple de profession-nels passionnés, Marie-Christine et Didier Clément. Véritable théoricien de son terroir, le chef a passé sa carrière à en révéler les épices et herbes oubliées : graine de paradis, rocambole, angélique et thym de bergère, mais aussi légumes comme le panais ou la pomme de terre vitelotte. Chez lui, expérience et curiosité vont de pair ; il régale dans une veine classique, sans afféterie, avec en particulier de succulents jus et sauces. C'est le cas par exemple de ce pigeon farci entre chair et peau, façon babylonienne, devenu un plat signature de la maison. Sans oublier une superbe carte des vins, où les plus belles maisons vigneronnes de la Loire sont représentées.

⅋ ⇦ 🏠 🅿 – Prix : €€€€

69 rue Georges-Clemenceau – ℰ 02 54 94 15 15 – www.hotel-liondor-romorantin. fr/fr – Fermé mardi, mercredi et jeudi midi

LE BOIS BLANC

CUISINE MODERNE • CONVIVIAL Asperges de Chambord et fraises de Sologne, poissons d'eau douce comme le brochet, le silure et la carpe, gibiers en saison : le chef Maxime Valleye, qui a travaillé chez Georges Blanc et dans l'établissement de ses parents, rend hommage à sa région dans ses assiettes. Et même avec le nom de son restaurant – qui évoque le bouleau, caractéristiques des forêts solognotes. Il réalise avec sérieux des plats de saison empreints de classicisme : cochon, jaune œuf confit, coulis d'épinards et crumble de chèvre. Cadre sobre d'esprit bistrot contemporain avec tables en bois vernis et luminaires avec ampoules à filament. Carte des vins essentiellement constituée de référence du Val-de-Loire.

& – Prix : €€

11 rue de la Sirène – ℰ 06 32 12 35 00 – www.le-bois-blanc-romorantin-restaurant.eatbu.com – Fermé lundi, mardi et dimanche

ROPPENHEIM

✉ 67480 – Bas-Rhin – Carte régionale n° **8**–B1

AUBERGE À L'AGNEAU

CUISINE TRADITIONNELLE • TAVERNE Généreuse table que celle de cette institution familiale datant de 1902, située dans une belle bâtisse à colombages du 17ᵉ s. En cuisine, les petits plats mijotent sous l'œil attentif du chef, amoureux de sa région. Dans l'assiette, on apprécie les spécialités du pays et de viandes. Une cuisine sans esbroufe, généreuse et authentique, servie dans un cadre chaleureux... et un accueil aux petits oignons !

& AC ☂ P – Prix : €€

11 rue Principale – ℰ 03 88 86 40 08 – www.auberge-agneau.com – Fermé lundi, mardi et dimanche

ROQUEBRUNE-CAP-MARTIN

✉ 06190 – Alpes-Maritimes – Carte régionale n° **29**–E2

✿ CETO

POISSONS ET FRUITS DE MER • LUXE Il s'agit de l'un des projets hôteliers les plus attendus sur la Côte d'Azur ces dernières années : la réinvention complète de l'ancien Vista Palace, sur les hauteurs de Roquebrune, devenu Maybourne Riviera après un chantier titanesque de plus de quatre ans. Confiée au virtuose Mauro Colagreco (chef du Mirazur, à Menton), sa table gastronomique propose un voyage enivrant parmi les trésors de la Méditerranée. Assiettes précises, saveurs nettes, franches et sans artifices : on passe un moment délicieux dans un cadre épuré d'inspiration marine, en harmonie avec l'assiette, ou sur la terrasse qui offre une vue à couper le souffle sur la mer, Monaco et le cap Martin. Une expérience à part.

88 ⇔ ⇐ & AC ☂ 🍽 P – Prix : €€€€

1551 route de la Turbie – ℰ 04 93 37 22 44 – www.maybourneriviera.com/fr/restaurants-et-bars/ceto – Fermé lundi et mardi, et mercredi, jeudi et dimanche soir

THE MAYBOURNE RIVIERA

MODERNE • MARITIME Cette curiosité ultra-moderne se dresse sur une falaise de Roquebrune-Cap-Martin comme une proue de paquebot. Mais un paquebot du luxe le plus extravagant ! Les vues sont spectaculaires, que ce soit depuis les chambres ou depuis la piscine à débordement, creusée dans le roc. Chambres et suites - souvent avec terrasses - sont d'un minimalisme blanc rehaussé de bleu azur.

🍽 P ◁ ⇐ 🏊 🚄 ⊕ 🏋 🏊 🍽 AC - 69 chambres

1551 route de la Turbie – ℰ 04 93 37 50 00 – www.maybourneriviera.com

✿ **Ceto** - Voir la sélection des restaurants

LA ROQUE-D'ANTHÉRON

✉ 13640 – Bouches-du-Rhône – Carte régionale n° **28**–E1

LE JAS Ⓝ

CUISINE MODERNE • RUSTIQUE La Roque-d'Anthéron abrite dans son église l'un des plus célèbres festivals de piano du monde. Enfant du village passé chez Michel Kayser et Édouard Loubet, le chef Émeric Corbon a eu la très bonne idée d'ouvrir ce restaurant à quelques mètres de l'église, dans une ancienne bergerie en pierres sèches (un jas en provençal). Sous les voûtes séculaires ou en terrasse, on se régale d'une cuisine soignée et élaborée, à l'influence provençale évidente : délicieux papeton d'aubergine et concassé de tomate aux herbes fraîches, coulis au basilic ; goûteux pigeonneau rôti sur coffre, les cuisses, gésiers et cœur en samossa, crémeux de petits pois...

ⒶⒸ 🍴 – Prix : €€€

10 bis rue de l'Église – ℰ 04 42 50 50 58 – www.lejas-restaurant.fr – Fermé mercredi et jeudi

LA ROQUE-GAGEAC

✉ 24250 – Dordogne – Carte régionale n° **18**–D3

🙂 LA BELLE ÉTOILE

CUISINE TRADITIONNELLE • CLASSIQUE Manger à La Belle Étoile en plein jour, c'est possible ! Rendez-vous donc dans cette demeure tournée vers la Dordogne... La cuisine réserve de belles surprises : savoureuse et gourmande, elle sait mettre le terroir en valeur et régale ! Et de petites chambres permettent de prolonger son séjour dans ce joli village.

≼ ⒶⒸ 🍴 – Prix : €€

Le Bourg – ℰ 05 53 29 51 44 – www.belleetoile.fr – Fermé lundi, et mardi et mercredi à midi

O'PLAISIR DES SENS

CUISINE MODERNE • COSY Cette jolie maison en pierre a su se faire un nom dans le Périgord noir. Bruno Marien, chef passionné, imagine une cuisine actuelle avec le meilleur du terroir local : oie fermière, perdreau, viande achetée sur carcasse, fruits et légumes de maraîchers locaux... Que ce soit en choisissant la formule bistro au déjeuner, ou gastronomique le soir, on y passe toujours un excellent moment. L'été, on prolonge le plaisir sur la terrasse ombragée autour de la fontaine.

🚼 ⒶⒸ 🍴 ♿ 🅿 – Prix : €€€

sous la Grande-Vigne – ℰ 05 53 29 58 53 – www.restaurant-o-plaisirdessens.com – Fermé lundi et dimanche

ROSCOFF

✉ 29680 – Finistère – Carte régionale n° **1**–B1

✿ LE BRITTANY

CUISINE MODERNE • RUSTIQUE Ce Brittany est bien élégant avec sa grande cheminée en pierre et ses fenêtres voûtées s'ouvrant sur le spectacle splendide de la baie. Au menu : une belle gastronomie marine, portée par l'extrême qualité et la fraîcheur océane des produits de la région. Les assiettes de Loïc Le Bail louchent aussi vers le pays de Mishima et Miyazaki, et ça ne doit rien au hasard : sa femme et son sous-chef sont Japonais tous les deux. Le cadre magnifique, en bord de mer, invite à la méditation.

🛏 🔄 ≼ ♿ 🅿 – Prix : €€€€

22 boulevard Sainte-Barbe – ℰ 02 98 69 70 78 – www.hotel-brittany.com – Fermé lundi et du mardi au dimanche à midi

🛏 **LE BRITTANY & SPA**

CLASSIQUE • **CHARME** Ce beau manoir du 17ᵉ s. fut démonté puis reconstruit à l'identique sur le port de la petite cité corsaire ! Chambres au charme discret, salons cossus, spa avec piscine, sens de l'accueil : tout est mis en œuvre pour que l'on se sente bien.

🅿️ 🛋 ⌛ 🔞 ⅃◯ - 34 chambres

Boulevard Sainte-Barbe – ℰ 02 98 69 70 78 – www.hotel-brittany.com

❀ **Le Brittany** - Voir la sélection des restaurants

ROSENAU

✉ 68128 – Haut-Rhin – Carte régionale n° **8**–B3

 AU LION D'OR - CHEZ THÉO

CUISINE MODERNE • **AUBERGE** Une auberge sympathique et élégante, tenue par la même famille depuis 1928 et c'est la cinquième génération qui prend la main ! Un monument historique ? Nullement, car le chef mêle avec brio saveurs d'aujourd'hui et richesses du terroir. La jolie salle, sobre et cosy, a tout pour séduire ; toutefois, aux beaux jours, on lui préfère la terrasse qui donne sur le jardin fleuri...

🕸 ⍾ ⌖ 🅰️ �ële ⊹ 🅿️ – Prix : €€

5 rue Village-Neuf – ℰ 03 89 68 21 97 – www.auliondor-rosenau.com – Fermé lundi et mardi

LA ROSIÈRE

✉ 73700 – Savoie – Carte régionale n° **21**–D2

LE TERROIR DES VIGNOBLES Ⓝ

CUISINE MODERNE • **MONTAGNARD** Terroir et vignoble(s) : tout est dit de la passion de ce jeune couple pour la bonne chère, les bons produits (locaux mais pas uniquement : il y a du thon et de la dorade) et les bonnes quilles dont la carte présente une sélection de références en bio, aussi bien en Savoie qu'ailleurs. Après ou avant le ski, le VTT ou la randonnée, les recettes du chef ouvrent l'appétit : râble de lapin, compotée de chou rouge ; dos de cabillaud, purée de panais et petits légumes ; sablé vanille, crémeux et sorbet myrtille, crème pistache. Ce bistrot de montagne sympathique au cadre rustique est juché au dernier étage d'un immeuble de la station.

🚍 – Prix : €€

CC Le Valaisan 2, Montvalezan – ℰ 09 81 50 38 02 – Fermé lundi et du mardi au jeudi à midi

🛏 **ILY HÔTELS LA ROSIÈRE**

CONTEMPORAIN • **ÉLÉGANT** Cet hôtel haut de gamme, mariant harmonieusement contemporain et montagne chic, propose chambres confortables et suites d'exception, bénéficiant d'une superbe vue sur la vallée de la Tarentaise, digne d'une carte postale ! Agréable spa de 420 m², piscine, jacuzzi (intérieur et extérieur), hammam et sauna.

🛋 - 69 chambres

Les Eucherts – ℰ 04 79 04 12 34 – www.ily-hotels.com

ROUBION

✉ 06420 – Alpes-Maritimes – Carte régionale n° **29**–C1

AUBERGE QUINTESSENCE

CUISINE MODERNE • **MONTAGNARD** Au col de la Couillole, en plein Mercantour, on trouve cet ancien refuge, aujourd'hui tenu par un jeune couple. Ces deux-là vous réservent une cuisine actuelle aux inspirations montagnardes (herbes, en particulier) à l'image de ce gamberro rosso de Méditerranée au petit épeautre et reine-des-des-près ; de l'agneau des Alpilles rôti, jus au carvi de nos montagnes ou de ce coing au safran de Beuil et glace cynorhodon. Quelques jolies chambres pour l'étape.

⇐ & 🏡 🅿 – Prix : €€€

Route du Col-de-la-Couillole – ✆ 04 93 02 02 60 – www.auberge-quintessence.com – Fermé du lundi au mercredi et du jeudi au dimanche à midi

ROUEN

✉ 76000 – Seine-Maritime – Carte régionale n° **3**–B2

❀ L'ODAS

Chef : Olivier Da Silva

CUISINE CRÉATIVE • CONTEMPORAIN Idéalement situé en plein cœur de la vieille ville, à deux pas de la cathédrale, ce restaurant est la création d'Olivier Da Silva. Il régale en toute décontraction : sa cuisine, bien de saison, est tout en justesse et en équilibre, avec des notes d'agrumes ici et là pour apporter du peps et de la vivacité. À travers un menu mystère, le végétal et les poissons sont à l'honneur. On pourra même observer le travail en cuisine depuis la salle, un spectacle toujours réjouissant. N'oublions pas enfin la terrasse agréable, à l'abri des regards, et le service aussi détendu que professionnel. De bout en bout, une expérience très plaisante.

& 🆎 🏡 ⇄ – Prix : €€€

Plan : B2-2 – *4 passage Maurice-Lenfant – ✆ 02 35 73 83 24 – www.lodas.fr – Fermé lundi et dimanche*

☺ PAUL-ARTHUR Ⓝ

CUISINE MODERNE • CONTEMPORAIN Un ancien Top-Chef, natif du Sud, a posé ses valises dans cette maison à colombages de la place de la Pucelle. Dans ce bistrot contemporain qui arbore toujours ses fières poutres d'époque, le chef balance un pressé de jarret de veau et foie gras, pistou à la pistache ; un merlu confit au beurre demi-sel, patate douce et hollandaise fumée ; un banofee, dulce de leche, noix de pécan caramélisées. On l'a compris, la patte est moderne juste ce qu'il faut, les produits de saison et la partition du dîner plus ambitieuse que celle du déjeuner.

🏡 ⇄ – Prix : €€

Hors plan – *23-25 place de la Pucelle – ✆ 02 35 71 19 54 – www.paul-arthurrestaurant.fr – Fermé lundi et dimanche*

L'EPICURIUS

CUISINE MODERNE • CONTEMPORAIN Dans une charmante rue piétonne du vieux Rouen, ce bistrot dans l'air du temps propose une cuisine fine et savoureuse, à l'image du thon rouge et sa mousseline de petits pois, coques et émulsion haddock, ou de ce vacherin aux fruits rouges et sorbet aux herbes... Des produits sélectionnés avec soin, à déguster dans un intérieur contemporain. Accueil charmant.

& 🏡 – Prix : €€

Plan : B2-5 – *31 rue Damiette – ✆ 09 75 30 04 67 – www.lepicurius.fr – Fermé lundi et dimanche*

POTTIER FRÈRES Ⓝ

CUISINE TRADITIONNELLE • CHIC D'emblée, le chef nous a bluffé dans le genre canaille avec son carpaccio de langue de veau servi tiède, hareng fumé, sauce gribiche et petits croûtons. Dans son restaurant aux allures de bouillon parisien des années 50, le chef réalise une cuisine qui sent bon la tradition et les classiques de la cuisine française. Quelle joie de retrouver des plats fameux tels que le navarin, le tartare de bœuf (accompagné de sa montagne de pommes allumettes) et au dessert, l'île flottante ou le baba au rhum. Terrasse prise d'assaut aux beaux jours.

🏶 AC ☂ – Prix : €€€

Hors plan – *6 place de la Pucelle* – ✆ *02 32 08 66 53* – *Fermé lundi et dimanche*

TEMPO Ⓝ

CUISINE MODERNE • CONTEMPORAIN Entre la Seine et la cathédrale, cette table arbore une déco géométrique noire et rouge. Le chef, fils de maraîcher passionné de légumes, insuffle dans sa cuisine des parfums et des saveurs bien d'aujourd'hui. Il laisse libre court à son imagination et à la créativité dans son menu carte blanche : Saint-Jacques, fenouil et cassis ; Black Angus, champignons, céleri et vin jaune.

AC – Prix : €€

Hors plan – *5 place de la République* – ✆ *02 32 08 07 06* – *www.temporestaurant.fr* – *Fermé lundi et dimanche*

🛏 HÔTEL DE BOURGTHEROULDE

TRADITIONNEL • RAFFINÉ Tourelle gothique, meneaux, galerie Renaissance : ce monument historique (16ᵉ s.) est un joyau... Ses chambres et son spa superbes, son bar, son brunch du dimanche : tout contribue à un séjour d'exception.

♿ 🐾 🅿 🛋 🍸 🚲 🛎 ⑳ 🛁 🕴 AC – 78 chambres

15 place de la Pucelle – ✆ *02 35 14 50 50* – *www.hotelsparouen.com*

ROUFFACH

✉ 68250 – Haut-Rhin – Carte régionale n° **8**–A2

RESTAURANT BOHRER

CUISINE MODERNE • ÉLÉGANT Une belle demeure régionale à l'élégance bourgeoise et champêtre, pour une cuisine gastronomique associée à un judicieux choix de vins, notamment régionaux. Le chef prend plaisir (et nous avec lui !) à nous faire sortir des sentiers battus, avec un tataki de filet d'oie, condiment pistache-teriyaki, ou un bao de homard, sucs de carapace à la passion et écume de parmesan. Ambiance conviviale à la Brasserie Chez Julien, aménagée dans un ancien cinéma.

🏶 AC ☂ ↔ 🅿 – Prix : €€€

Rue Raymond-Poincaré – ✆ *03 89 49 62 49* – *www.domainederouffach.com/fr* – *Fermé lundi, dimanche et mercredi midi*

ROUFFIAC-TOLOSAN

✉ 31180 – Haute-Garonne – Carte régionale n° **26**–C2

❀ Ô SAVEURS

Chef : David Biasibetti

CUISINE MODERNE • COSY Dans un hameau pittoresque proche de Toulouse, David Biasibetti met joliment en valeur la production locale, mais il sait aussi s'affranchir de ses frontières et regarder au-delà : filet de canette, betterave et cerises acidulées, ou encore lieu jaune, jus coco-vanille et caviar d'aubergine au curry noir... On sent dans l'assiette tout le savoir-faire d'un artisan solide, jusqu'à des desserts chocolatés de très belle facture, et pour cause : le chef est pâtissier de formation, et confesse une véritable passion pour le chocolat. Une chose est sûre : on passe un excellent moment en sa compagnie.

🏶 AC ☂ ↔ – Prix : €€€

8 place des Ormeaux – ✆ *05 34 27 10 11* – *www.o-saveurs.com* – *Fermé lundi, dimanche et samedi midi*

LE ROURET

✉ 06650 – Alpes-Maritimes – Carte régionale n° **29**–E2

LE BISTRO DU CLOS ⓝ

CUISINE TRADITIONNELLE • BISTRO À l'ombre des micocouliers ou en salle, d'esprit bistrot et décorée de vieux bibelots, avec sa cuisine ouverte ? Toutes les places sont bonnes à prendre dans cette adresse très prisée d'une clientèle locale fidèle. Et pour cause : le chef a tout compris ! Gratifié d'un vrai savoir-faire, il arrange des assiettes de saison généreuses en sélectionnant de bons produits frais dans un registre provençal qui nous va : paleron de bœuf, légumes de pot au feu, vinaigrette à la tomate fraîche ou panacotta aux fruits rouges. L'adresse est installée dans l'aile gauche de la Maison des Terroirs, vitrine des produits de la région.

& 🅰🅲 🛋 – Prix : €

9 route d'Opio – ☎ 04 97 05 08 34 – www.bistro-du-clos.com – Fermé lundi et dimanche

LE CLOS SAINT-PIERRE

CUISINE PROVENÇALE • MÉDITERRANÉEN Face à l'église de ce village dédié aux parfums, une charmante auberge où l'on propose des menus imposés (sans choix), développés avec les beaux produits du marché. Agréable terrasse, service rapide et efficace.

& 🛋 – Prix : €€€

Place de la Mairie – ☎ 04 93 77 39 18 – www.le-clos-saint-pierre.com – Fermé du lundi au mercredi

🛏 ### HÔTEL DU CLOS

CLASSIQUE • CHARME Dans le haut du village, voilà bien un hôtel de charme... Un grand jardin planté d'oliviers centenaires et d'arbres fruitiers, des murs en pierre, des toits de tuiles, de jolies chambres toutes différentes, etc. : l'ensemble est résolument orienté côté Provence.

& 🅿 🕾 🖟 🏊 🍴🅰🅲 - 12 chambres

3 chemin des Écoles – ☎ 04 93 40 78 85 – www.hotel-du-clos.com

ROUSSILLON

✉ 84220 – Vaucluse – Carte régionale n° **28**–E1

OMMA ⓝ

CUISINE MODERNE • COSY Spectaculaire : telle est la vue sur le Luberon et les célèbres falaises ocres de Roussillon, dont on profite depuis les baies panoramiques ! Côté cuisine, on découvre une courte carte de saison, à tendance bistronomique et aux influences provençales : poulpe de Méditerranée grillé au feu de bois, poivrons farcis et harissa maison ; cochon du Ventoux, girolles et mûres de Provence ; biscuit moelleux aux pistaches, citron et framboises. Un moment gourmand à l'écart de l'animation touristique.

⇐ 🅰🅲 🛋 ⇨ – Prix : €€€

38 rue de la Poste – ☎ 04 90 05 60 13 – www.ommaluberon.com – Fermé lundi et mardi

LE PIQUEBAURE

CUISINE PROVENÇALE • CONTEMPORAIN Située au pied du village de Roussillon, cette jolie maison en pierres sèches propose une bonne cuisine d'inspiration provençale autour d'un menu séduisant, à base de produits frais. L'atout majeur du restaurant est sa seconde terrasse tournée vers la campagne du Luberon.

⇐ 🛋 – Prix : €€

167 avenue Dame-Sirmonde – ☎ 04 32 52 94 48 – Fermé lundi, jeudi et dimanche et mardi, mercredi, vendredi et samedi midi

ROYAT

✉ 63130 – Puy-de-Dôme – Carte régionale n° **20**–B1

LA FLÈCHE D'ARGENT

CUISINE MODERNE • **COSY** La Flèche d'argent, surnom des Mercedes-Benz en Formule 1, évoque le circuit automobile de Charade. C'est dans un décor feutré que le chef Clément Lorente signe une cuisine actuelle avec des touches créatives, déclinée sous forme de menus en 4 à 7 temps. Menu du marché le midi et brunch le dimanche.

🕸 ⅏ 🅰🅲 🏠 ➪ – Prix : €€€

Hôtel Princesse Flore, 5 place Allard – ☏ 04 73 35 63 63 – www.princesse-flore-hotel.com – Fermé dimanche soir

ROYE

✉ 70200 – Haute-Saône – Carte régionale n° **13**–C1

😊 LE SAISONNIER

CUISINE MODERNE • **MAISON DE CAMPAGNE** Un chef qui est capable d'associer un saumon gravelax, avec de la crème de magret de canard fumé mérite toute notre attention ! Dans la traversée du village, le chef au beau parcours et son épouse font vivre cette ancienne ferme avec panache. Dans l'assiette, des recettes bien ficelées, travaillées, aux présentations soignées, avec des associations de saveurs qui peuvent surprendre (voir le saumon). Une cuisine qui revisite parfois certains classiques mais propose également des plats bien ancrés dans la région, à base de produits de saison à l'image de la morille, émulsion au vieux comté et vin jaune. On prend son repas dans une salle moderne, ou sur l'agréable terrasse à l'arrière...

🍽 ⅏ 🅰🅲 🏠 🅿 – Prix : €€€

56 rue de la Verrerie – ☏ 03 84 30 46 00 – www.restaurant-lesaisonnier.com – Fermé lundi et mardi

ROYE

✉ 80700 – Somme – Carte régionale n° **4**–B3

LA FLAMICHE

CUISINE CLASSIQUE • **TRADITIONNEL** Derrière les grandes vitres de La Flamiche, un intérieur classique où déguster une cuisine aux sérieuses bases traditionnelles agrémentées d'un brin de modernité, comme ce foie gras de canard et truite fumée en gelée de granny smith, pickles de concombre et chutney de pommes – une entrée joliment travaillée. On poursuit avec de beaux médaillons de lotte citron vert, carotte et roquette, dont la cuisson au beurre à l'ancienne est parfaitement réalisée.

🅰🅲 ➪ – Prix : €€

20 place de l'Hôtel-de-Ville – ☏ 03 22 87 00 56 – www.laflamiche.fr – Fermé lundi et mardi, et dimanche soir

LE ROZIER

✉ 48150 – Lozère – Carte régionale n° **23**–D3

😊 L'ALICANTA

CUISINE MODERNE • **FAMILIAL** On connaît depuis longtemps cette Alicanta, nichée au bord de la rivière Jonte, dans le cadre exceptionnel des gorges du Tarn... Son chef y exécute une partition solide, sa cuisine fait la part belle aux saveurs franches et ses assiettes se révèlent diablement bien ficelées. Tout ici est fait maison et la carte est renouvelée à chaque saison. Miam, miam et re-miam !

P – Prix : €€
Route de Meyrueis – ℰ 05 65 62 60 25 –
www.hotel-restaurant-gorgesdutarn.com – Fermé lundi

RUEIL-MALMAISON

✉ 92500 – Hauts-de-Seine – Carte régionale n° **11**–E2

❀ **OCHRE**

Chef : Baptiste Renouard

CUISINE MODERNE • ÉLÉGANT Bienvenue dans l'univers de Baptiste Renouard, encore jeune et déjà un parcours de vieux briscard : en cuisine depuis ses 14 ans, passé en formation chez Lasserre, Robuchon, Alléno puis au Laurent et à L'Escargot 1903... voilà qui vous pose un cuistot ! Une cuisine enlevée, joyeuse, carrée techniquement, que le chef déroule au gré d'un menu carte blanche. Le végétal joue un grand rôle : 70% des herbes et fleurs utilisées proviennent de la cueillette du chef sur l'île des Impressionnistes. Le restaurant est situé dans une petite rue semi-piétonne du centre ville. Intérieur contemporain, murs en pierre, poutres apparentes, matières naturelles brutes.

🍽 ⛲ – Prix : €€€€

56 rue du Gué – ℰ 09 81 20 81 69 – www.ochre.fr – Fermé lundi, dimanche et jeudi midi

RUNGIS

✉ 94150 – Val-de-Marne – Carte régionale n° **11**–E3

LA GRANGE DES HALLES

CUISINE MODERNE • CONTEMPORAIN Rungis, ce n'est pas seulement le célèbre marché connu de tous les chefs, mais aussi un vieux bourg, où se trouve cette Grange au look atypique. Elle abrite un bistrot joliment décoré, où le chef propose des recettes du marché (forcément !) au gré de Rungis et du potager maison. Très sympathique terrasse ombragée sur l'arrière.

🍽 **P** – Prix : €€

28 rue Notre-Dame – ℰ 01 46 87 08 91 – www.la-grange-des-halles.webnode.fr – Fermé lundi et dimanche

LES SABLES-D'OLONNE

✉ 85100 – Vendée – Carte régionale n° **14**–A2

 L'ABISSIOU

Chef : Boris Harispe

CUISINE MODERNE • CONTEMPORAIN Dans une ruelle discrète entre les halles et la belle église Notre-Dame-de-Bon-Port, le nom de cette table gastronomique évoque en patois sablais les petits poissons pêchés par les enfants dans le port. A la barre, l'équipage composé de Mélanie Roussy et de Boris Harispe, passé par plusieurs restaurants étoilés notamment à La Villa Madie (Cassis), s'est bâti un vaisseau contemporain à la hauteur de son talent. Au sein d'une carte iodée (mais pas seulement) renouvelée en permanence, le chef suit scrupuleusement les saisons, travaille de beaux produits frais, nobles ou pas, de la sardine à la poitrine de cochon, avec un sens affûté des cuissons et des sauces. Une réussite !

Prix : €€€€

81 rue des Halles – ℰ 09 86 36 42 29 – www.labissiou.fr – Fermé lundi et mardi, et dimanche soir

CABESTAN

CUISINE TRADITIONNELLE • COSY Sur le quai animé du port, ce restaurant au look contemporain et cosy propose une cuisine de la mer, élaborée selon le retour de la criée des Sables, mais aussi des spécialités du terroir vendéen, comme la célèbre volaille de Challans.

Prix : €€

17 quai René-Guiné – ℰ 02 51 95 07 50 – www.cabestan85.com – Fermé lundi, et mardi et dimanche soir

LA COTRIADE

POISSONS ET FRUITS DE MER • BISTRO Sur les quais, face au port de pêche, le banc de poissonnier trône en majesté devant ce restaurant, avec ses poissons et ses crustacés. Dans la salle, à l'ambiance évidemment marine, le chef s'active dans sa cuisine ouverte. Au menu, plateaux de fruits de mer, poissons frais annoncés sur l'ardoise du jour, quelques plats plutôt traditionnels et des spécialités comme la daurade royale cuite dans sa feuille de bananier, citron vert et lait de coco, le bar entier rôti au fenouil et flambé à l'anis ou la... fameuse cotriade, cette manière de « bouillabaisse » bretonne. Quelques viandes sont également présentes.

🍽 – Prix : €€

18 quai Emmanuel-Garnier – ℰ 02 51 32 58 92 – www.restaurant-la-cotriade. com – Fermé lundi

LA CUISINE DE BERTRAND

CUISINE TRADITIONNELLE • COSY Face au port de pêche, cette discrète affaire entourée par de nombreux restaurants mérite que l'on s'y attarde. Le chef y réalise une cuisine traditionnelle assumée valorisant des produits frais de qualité autour de recettes allant à l'essentiel. Service attentionné.

♿ – Prix : €€

22 quai de Franqueville – ℰ 02 51 95 37 07 – Fermé mardi et mercredi

L'ESTRAN

CUISINE MODERNE • SIMPLE Asperges vertes rôties, lard de Colonnata, écume à l'ail des ours ; œuf parfait, crémeux de champignons à la truffe, croustillants au foie gras, pleurotes ; lieu jaune de ligne, fregola sarda, cébette... Dans cette petite salle en bordure des quais, le chef Xavier Audren suit son inspiration bistronomique au gré de la saison et de la criée située à quelques encablures. Que demander de plus (sans compter que le premier menu offre un tarif des plus doux) ?

🍽 – Prix : €€

8 quai Emmanuel-Garnier – ℰ 02 51 95 44 67 – www.lestran-restaurant-les-sables-dolonne.eatbu.com – Fermé mardi et mercredi, et dimanche soir

LACERTUS ⓝ

CUISINE MODERNE • CONTEMPORAIN Bonne humeur et convivialité, produits de qualité locaux essentiellement, cueillette sauvage, cuisine moderne un brin inventive : voilà la recette gourmande et gagnante de ce petit restaurant logé à deux pas du Remblai, dont le nom, Lacertus, signifie maquereau en latin. Régalez-vous d'une saucisse de poisson au poivron et kalamensi, d'un maquereau grillé associé à la fraise, à l'algue et à la moutarde, ou encore d'une "harmonie cacao" aux petits pois et citron vert.

Prix : €€

4 boulevard Franklin-Roosevelt – ℰ 09 86 49 00 42 – www.lacertus-restaurant.fr – Fermé mardi et mercredi

LE QUAI DES SAVEURS

CUISINE CRÉATIVE • COSY Face à la mer Estelle et Maxime Dourdin vous accueillent chaleureusement. Passé par de grandes tables, parmi lesquelles le Four

Seasons George V à Paris, le chef signe un menu unique évoluant fréquemment, au gré du marché. Des recettes au goût du jour, originales et soignées, à l'image de ce maigre de ligne façon grenobloise, risotto de petit épeautre et coulis d'herbes fraîches.

AC – Prix : €€

8 place de Strasbourg – ℰ 02 51 23 84 91 – www.lequaidessaveurs.net –
Fermé mercredi, jeudi, vendredi midi et dimanche soir

LA SUITE S'IL VOUS PLAÎT

CUISINE MODERNE • CONTEMPORAIN Située derrière le casino et les plages, cette table fait souffler un vent frais sur la restauration sablaise. Dans un décor de bistrot moderne, la jeune cheffe (ex-Robuchon) fait assaut de créativité : ses recettes, renouvelées au gré du marché, jouent habilement sur les textures et les saveurs.

& AC – Prix : €€

20 boulevard Franklin-Roosevelt – ℰ 02 51 32 00 92 – www.lasuitesvp.com –
Fermé lundi, mardi midi et dimanche soir

LA TABLE DE VILLENEUVE

CUISINE MODERNE • COLORÉ Dans un quartier résidentiel à l'écart de l'agitation de la station, cette table sympathique propose un menu-carte bien conçu, à base de produits soigneusement sélectionnés : poulpe et avocat grillé, vinaigrette kalamensi et yuzu ; magret de canard cuit à basse température, patate douce et jus de viande au miel... Le menu déjeuner offre en outre un très bon rapport qualité-prix.

& AC 斉 – Prix : €€

28 rue du Pré-Étienne – ℰ 02 51 33 41 83 – www.latabledevilleneuve.com –
Fermé lundi et mardi, et dimanche soir

SABRAN

✉ 30200 – Gard – Carte régionale n° **28**–C2

✾ LE CÈDRE DE MONTCAUD

CUISINE MODERNE • ÉLÉGANT La table gastronomique du Château de Montcaud est placée sous l'égide du talentueux Matthieu Hervé, chef au parcours international. Au fil d'un menu surprise en constante évolution, les belles assiettes minutieuses se succèdent : tourteau bleu, consommé de langoustine gélifié ; saint-pierre, sauce romanesco, soupe de poisson de roche (un plat baigné de soleil) ; filet de veau en croûte d'herbes fraîches, crème de girolles et espuma de foin (plat ponctué de magnifiques sauces). Enfin, il n'y a que six ou sept tables, afin d'assurer une prestation de haute qualité, dans l'intimité d'une ravissante cour intérieure tapissée de vigne vierge.

 & AC 斉 🅿 – Prix : €€€€

Hameau de Combes – ℰ 04 66 89 18 00 – www.chateaudemontcaud.com/
restaurant/restaurant-de-montcaud – Fermé lundi, mardi et dimanche et du
mercredi au samedi à midi

BISTRO DE MONTCAUD

CUISINE TRADITIONNELLE • BISTRO Le bistrot chic du château de Montcaud propose une cuisine traditionnelle méridionale, où la priorité est donnée aux produits. La terrasse face au parc est agréable, l'accueil comme le service sont sympathiques.

& AC 斉 ✿ 🅿 – Prix : €€

Hameau de Combes – ℰ 04 66 89 18 00 – www.chateaudemontcaud.com/
restaurant/bistro-de-montcaud – Fermé lundi et mardi, et dimanche soir

CHÂTEAU DE MONTCAUD

Plus

CLASSIQUE • CHALEUREUX Cette noble demeure du 19ᵉ s., au cœur d'un parc arboré, est un havre de paix. Meubles de style et tons chauds rehaussent l'élégance des chambres. Avis aux amateurs de la note bleue : le brunch dominical s'accompagne de concerts de jazz en été.

🛁 🅿 🛋 🍽 🖥 🛎 🚲 🗜 🏋 🍴 🆑 - 29 chambres

Hameau de Combes – 📞 *04 66 33 20 15 – www.chateaudemontcaud.com*

❀ **Le Cèdre de Montcaud • Bistro de Montcaud** - Voir la sélection des restaurants

SACHÉ

✉ 37190 – Indre-et-Loire – Carte régionale n° **15**–B1

AUBERGE DU 12ᵉᵐᵉ SIÈCLE

Chef : Kevin Gardien

CUISINE MODERNE • AUBERGE Balzac séjournait régulièrement au château de Saché, situé juste à côté de cette auberge à colombages qui a conservé tout son charme authentique, derrière sa façade recouverte de lierre. Poutres apparentes, sol dallé, cheminée et arts de la table plus contemporains : le chef Kevin Gardien et sa compagne Stéphanie Marques savent recevoir. Les produits du terroir ligérien sont à l'honneur : volaille d'Ingrandes-de-Touraine, truite d'une pisciculture de Langeais, safran de Cheillé, fromage de Sainte-Maure-de-Touraine... La cuisine du chef, moderne, mais sans effets de mode inutiles, offre des assiettes lisibles et gourmandes, avec notamment de très jolies sauces comme sur le pigeon de Racan accompagné de betterave en croûte de sel, cassis et géranium rosat.

🏡 🍽 – Prix : €€€

1 rue du Château – 📞 *02 47 26 88 77 – www.auberge12emesiecle.fr – Fermé lundi et mardi, et dimanche soir*

SAIGNEVILLE

✉ 80230 – Somme

AU PRESBYTÈRE DE SAIGNEVILLE

CLASSIQUE • CHARME Cette petite maison d'hôtes de la baie de Somme ne fait pas mystère de son passé. Les bancs d'église, la façade au portique religieux et l'ancienne chambre du prêtre témoignent de son histoire. Les trois chambres et la suite, équipées chacune d'un coin salon, s'accompagnent de deux roulottes aux couleurs ensoleillées campées au fond du jardin. L'une d'elles dispose de sa propre cuisine. La propriété s'entoure d'une cour fleurie d'un cerisier du japon, d'un jardin et d'un terrain de pétanque. La baie de Somme, la campagne, le charmant village de Saigneville et la mer à 10km coloreront vos balades.

🅿 🖥 🍽 - 4 chambres

3 rue de la Falise – 📞 *03 22 60 98 34 – www.aupresbytere.eu*

SAILLY-SUR-LA-LYS

✉ 62840 – Pas-de-Calais – Carte régionale n° **4**–B2

LA CONCIERGERIE 🆕

CUISINE MODERNE • CONTEMPORAIN Dans le parc du château de Bac-Saint-Maur, l'ancienne conciergerie abrite désormais une salle moderne et lumineuse, grâce à ses grandes baies vitrées, et dont quelques touches de déco évoquent la saison. Langoustine et betterave en entrée ; veau, moules et salicornes en plat ;

tomate, zéphyr à la vanille et glace à l'origan au dessert : le chef souhaite surprendre avec sa cuisine gentiment créative, réalisée avec de bons produits, principalement locaux et de saison.

🖐️ 👤 AC 🍴 **P** – Prix : €€

4405 rue de la Lys – ℰ 06 42 85 24 38 – www.restaurantlaconciergerie.fr – Fermé lundi, mardi, samedi midi, et mercredi et dimanche soir

SAINT-AFFRIQUE

✉ 12400 – Aveyron – Carte régionale n° **23**–C3

LA TABLE DE JEAN

CUISINE MODERNE • **TENDANCE** Il n'y a pas de secret : quand on fait bon, c'est le carton ! La gourmandise est au rendez-vous avec cette cuisine qui oscille entre plats de brasserie traditionnelle (filet de bœuf, tartare au couteau, carré de veau rôti, etc.) et touches méditerranéennes à l'image de risotto de pâtes aux chipirones, chorizo et jus de crustacés. Réservation vivement conseillée.

AC 🍴 – Prix : €€

7 boulevard Émile-Trémoulet – ℰ 05 65 49 50 05 – Fermé lundi, et mercredi et dimanche soir

SAINT-AIGNAN-SUR-CHER

✉ 41110 – Loir-et-Cher – Carte régionale n° **10**–C3

😋 LA SALAMANDRE ⓝ

CUISINE MODERNE • **CONVIVIAL** La vie de château ou presque ! Aménagé comme un bistrot contemporain sous une belle charpente, ce restaurant occupe une dépendance du château de Saint-Aignan, jolie bourgade médiévale en balcon au-dessus du Cher. Un chef hollandais expérimenté se fend en entrée d'un beau maquereau cuit sur la peau, salicorne, caviar, œuf séché, yuzu et, en plat, d'un joli merlu agrémenté de morceaux de poulpe fondants, d'une tombée d'épinard et twisté d'une touche de gingembre. Terrasse au pied du château.

👤 🍴 – Prix : €€

7 place de l'Église – ℰ 02 54 93 20 66 – www.restaurantlasalamandre.fr – Fermé mercredi

LE MANGE-GRENOUILLE

CUISINE TRADITIONNELLE • **AUBERGE** Un ancien relais de poste installé dans une ruelle à quelques encablures des rives du Cher, une agréable petite terrasse dans la cour, des salles à manger délicieusement rustiques avec pierres apparentes et tomettes... mais surtout une cuisine ambitieuse appuyée sur de solides bases traditionnelles. Le midi, un menu plus simple au très bon rapport qualité-prix. Sautez sur les cuisses de grenouilles en persillade !

👤 🍴 – Prix : €€

10 rue Paul-Boncour – ℰ 02 54 71 74 91 – www.lemangegrenouille.fr – Fermé lundi et dimanche, et mercredi soir

SAINT-ALBAN-DE-ROCHE

✉ 38080 – Isère – Carte régionale n° **21**–B2

🐣 L'ÉMULSION

Chef : Romain Hubert

CUISINE MODERNE • **COSY** Dans cette ferme du Bas-Dauphiné rénovée avec goût, le chef Romain Hubert propose des menus carte blanche entre tradition et créativité. Sa cuisine, qui doit également beaucoup à des produits triés sur le volet – à 99% locaux et en direct –, marie judicieusement ingrédients et textures :

asperges vertes et blanches, truite et livèche ; lapin de ferme en trois façons, variation de blettes... Ne manquez pas son dessert signature, le cube à l'Antésite.
🕸 🅿 – Prix : €€€

*57 route de Lyon, lieu-dit La Grive – ☏ 04 74 28 19 12 – www.lemulsion-
restaurant.com – Fermé lundi, dimanche et mercredi midi*

SAINT-ALBAN-LES-EAUX
✉ 42370 – Loire – Carte régionale n° **20**–C1

LE PETIT PRINCE

CUISINE MODERNE • COSY Ce charmant restaurant n'est pas tombé d'un asté-
roïde : il a été fondé en 1805 par les arrière-grand-tantes de l'actuel patron ! En
cuisine, un chef au parcours sérieux concocte des menus en 4 à 8 temps et une
formule plus courte le midi en semaine. Cuisine orientée bistronomie dans le nouvel
espace fraîchement créé dans un ancien salon, le 1534. Jolie cave qui se visite mais
accueille également des ateliers dégustation.
🕸 ⅏ 🅰️ 🍽 ⌕ 🅿 – Prix : €€€

*Le Bourg – ☏ 04 77 65 87 13 – www.restaurant-lepetitprince.fr – Fermé lundi,
mardi et dimanche*

SAINT-ALBAN-LEYSSE
✉ 73230 – Savoie – Carte régionale n° **21**–C2

L'ESCOUBILLE

CUISINE MODERNE • CONTEMPORAIN Le nom de ce restaurant d'allure
contemporaine avec terrasse et rooftop rend hommage à un ragoût traditionnel, spécialité de Gignac dans l'Hérault, que l'on concoctait dans la famille du chef.
Ce dernier réalise une bonne cuisine de saison à prix raisonnable : rouget barbet
snacké, fenouil, câpres et olives ; râble de lapin, crème d'ail et tarte fine aux champignons ; cheesecake aux fraises...
⅏ 🅰️ 🍽 🅿 – Prix : €€

*56 rue des Barillettes – ☏ 04 79 75 74 37 – www.escoubille.fr – Fermé lundi,
dimanche et samedi midi*

SAINT-AMOUR-BELLEVUE
✉ 71570 – Saône-et-Loire – Carte régionale n° **17**–C3

AUBERGE DU PARADIS

CUISINE DU MARCHÉ • AUBERGE Deux restaurants en un ! Plateaux à partager
et petite carte de suggestions chez Lucienne fait des siennes (crevettes cuites
sur galet, tataki de bœuf au tandoori, tempura de mini carottes...) ; bar à vin avec
entrées traditionnelles et plat du jour chez Joséphine à Table (jambon persillé, pâté
croûte, brochette de poulet, riz au lait). Brunch le samedi. Dans les deux cas, terrasse plaisante, convivialité assurée et jolis flacons du mâconnais et du beaujolais.
⅏ 🍽 – Prix : €€

*Le Plâtre-Durand – ☏ 03 85 37 10 26 – www.aubergeduparadis.fr – Fermé lundi,
mardi et dimanche et du mercredi au samedi à midi*

🛏 AUBERGE DU PARADIS

CONTEMPORAIN • CONVIVIAL Un petit "paradis", en effet, avec ses chambres
originales et contemporaines, décorées avec goût comme l'ensemble de l'établissement. Autres atouts : le couloir de nage, le salon de lecture, l'exceptionnel
petit-déjeuner, et le choix entre une restauration créative chez Lucienne ou, plus
traditionnelle, au bistrot Joséphine à Table (pâté en croûte, etc.).
🅿 ⌫ 🛋 ⌿ 🍽 🅰️ - 13 chambres

Le Platre Durand – ☏ 03 85 37 10 26 – www.aubergeduparadis.fr
Auberge du Paradis - Voir la sélection des restaurants

SAINT-ANDRÉ-DE-CUBZAC

✉ 33240 – Gironde – Carte régionale n° **22**–B1

😊 LA TABLE D'INOMOTO

CUISINE MODERNE • BISTRO Ce bistrot très attachant est bien connu des habitués, ravis du renouvellement hebdomadaire du menu. La cuisine franco-japonaise bien maîtrisée du chef Seiji Inomoto sublime la "modestie" des produits par des cuissons parfaites et des assaisonnements bien sentis (chapelure panko, miso, légumes marinés au soja). C'est bon, souvent original, et le rapport qualité-prix laisse bouche bée. Courez-y.

♿ 🅰🅲 – Prix : €

85 rue Nationale – ☏ 06 50 72 69 01 – www.latabledinomoto.fr – Fermé lundi et dimanche, et mardi et mercredi soir

SAINT-ANTONIN-DU-VAR

✉ 83510 – Var – Carte régionale n° **24**–B2

LA TABLE DE MENTONE

CUISINE PROVENÇALE • MAISON DE CAMPAGNE Le chef Sébastien Sanjou est venu en voisin (depuis son Relais des Moines aux Arcs-sur-Argens) superviser les fourneaux de cette table somptueusement installée dans le caveau de ce domaine viticole, l'un des plus beaux du Haut Var. Tandis que l'on profite d'un cadre séduisant (panorama naturel, vignes et oliviers à l'extérieur, grande salle design à l'intérieur), on déguste une bonne cuisine provençale de saison qui tire profit au maximum des nombreux produits du domaine (poulailler, verger, potager, oliveraies). Des exemples ? Tartare de concombre et fenouil aux herbes fraîches ; bonite de Méditerranée, salade gourmande au quinoa et spaghettis de courgettes. On arrose le tout avec l'un des vins bio du domaine. Quelques chambres d'hôtes pour prolonger le séjour en beauté.

≺ ○ ♿ 🅰🅲 🏠 ✿ 🅿 – Prix : €€

401 chemin de Mentone – ☏ 04 94 04 42 00 – www.chateaumentone.com – Fermé lundi et mardi

SAINT-ASTIER

✉ 24110 – Dordogne – Carte régionale n° **18**–C2

LES SINGULIERS

CUISINE MODERNE • CONTEMPORAIN Au cœur du Périgord blanc, une maison traditionnelle en pierre dissimule un lieu contemporain séduisant, avec sa rutilante cuisine ouverte, ses murs terre de Sienne, son sol en béton ciré et...son magnifique tronc de chêne en majesté au milieu de la salle. Louis Festa, jeune chef au bon parcours, réalise un menu unique surprise (mais modulable en fonction de l'appétit) en envoyant des assiettes ambitieuses et spontanées inspirées par la saison : lentilles vertes du Puy préparées en trois façons, faux-filet de blonde d'Aquitaine au barbecue japonais...

♿ 🅰🅲 🏠 – Prix : €€

6 rue Montaigne – ☏ 05 53 45 72 07 – www.restaurantlessinguliers.fr – Fermé lundi et dimanche, et mardi et mercredi soir

SAINT-AUBIN

✉ 21190 – Côte-d'Or – Carte régionale n° **12**–D1

PROSPER

CUISINE MODERNE • CONTEMPORAIN Quand un vigneron de la côte de Beaune rencontre un chef étoilé, cela donne Prosper ! Un joli bistrot contemporain au sein du château de Saint-Aubin, fruit de la collaboration entre le domaine Prosper Maufoux et le restaurateur Édouard Mignot (Ed.Em à Chassagne-Montrachet). Le chef propose une carte inspirée par le terroir bourguignon. Plaisante terrasse avec vue sur les vignes.

& 🅰🅲 ☂ 🅿 – Prix : €€

3 rue des Lavières – ☏ 03 80 20 23 82 – www.chateau-st-aubin.com/fr/ restaurant – Fermé lundi et dimanche

SAINT-AVÉ

✉ 56890 – Morbihan – Carte régionale n° **1**–C3

 LE PRESSOIR

Chef : Vincent David

CUISINE CRÉATIVE • COSY Le chef Vincent David, natif de Saint-Brieuc, a fréquenté cette institution vannetaise en culotte courte avec ses grands-parents. C'est d'ailleurs là qu'il a pris goût à la cuisine des restaurants étoilés. Quelques décennies plus tard, après avoir convaincu de son talent des chefs comme Dominique Bouchet ou Marc Meneau, il a repris cette maison emblématique au décor désormais épuré. Passionné par les mariages terre-mer, il signe une cuisine d'auteur soignée, où des produits de belle qualité sont conjugués avec équilibre.

🕸 & 🅰🅲 ⇄ 🅿 – Prix : €€€

7 rue de l'Hôpital – ☏ 02 97 60 87 63 – www.le-pressoir.fr – Fermé lundi et mardi, et dimanche soir

SAINT-AVIT-SÉNIEUR

✉ 24440 – Dordogne – Carte régionale n° **18**–D3

 LA TABLE DE LÉO

CUISINE MODERNE • BISTRO Une maison en pierre au cœur du village, avec une belle terrasse au-dessus de la place de l'église... L'ensemble cache une vraie bonne petite adresse, où le chef ose sortir des sentiers battus des recettes régionales et démontre une vraie attention aux produits, aux dressages et aux cuissons. De la légèreté, du goût...

& ☂ ⇄ – Prix : €€

13 rue de l'Abbaye (Le Bourg) – ☏ 05 53 57 89 15 – www.latabledeleo.fr – Fermé lundi et mercredi, et dimanche soir

SAINT-BENOÎT-SUR-LOIRE

✉ 45730 – Loiret – Carte régionale n° **11**–B3

 LE GRAND SAINT-BENOÎT

CUISINE TRADITIONNELLE • CLASSIQUE Une maison de tradition chaleureuse, avec une jolie terrasse et un intérieur pimpant, au cœur de ce village où repose le poète Max Jacob. Au menu, de délicieux petits plats joliment cuisinés, avec de subtils mariages de saveurs, comme le marbré de caille et foie gras, compotée d'oignons rouges - des assiettes envoyées par un chef présent de longue date et qui connaît son métier.

& 🅰🅲 ☂ ⇄ – Prix : €€

7 place Saint-André – ☏ 02 38 35 11 92 – www.restaurant-grand-saint-benoit.com – Fermé lundi et dimanche soir

SAINT-BÉRON

✉ 73520 – Savoie – Carte régionale n° **21**–C2

LE PÉROU

CUISINE PÉRUVIENNE • COLORÉ Pulpo anticuchero, lomo saltado, tiradito, arroz cremoso et, bien sûr, les incontournables ceviches : tous les classiques de la cuisine péruvienne sont ici réunis dans les Alpes par une cheffe et son équipe, tous natifs du Pérou. Les produits sont aussi directement importés des Andes, via l'Espagne. Ceux qui ont goûté cette cuisine en Amérique du Sud retrouveront avec plaisir l'incroyable palette de saveurs et de goûts de cette gastronomie riche en aromates et en ingrédients originaux.

Prix : €€

341 rue Jules-Ferry – 𝒞 04 76 66 35 05 – www.restaurant-leperou.fr – Fermé du lundi au mercredi

SAINT-BON-TARENTAISE

✉ 73120 – Savoie

 FAHRENHEIT SEVEN COURCHEVEL

DESIGN • CONVIVIAL Déjà implanté à Val Thorens, le Fahrenheit 7 prend d'assaut Courchevel, du haut de son grand chalet, avec une recette éprouvée : des teintes tranchées, des matières voluptueuses et quelques objets rétro, pour une identité bien marquée. Un design net, vibrant, cocooning et discrètement seventies, décliné en chambres et appartements. Le bar propose une carte d'alcools et des DJs qui font grimper le thermomètre.

🅿 ⇄ 🆂🅿 🅹 🍽○ - 66 chambres

Rue du Marquis – 𝒞 04 86 15 44 44 – www.fahrenheitseven.com/les-destinations/hotel-courchevel

SAINT-BONNET-LE-CHÂTEAU

✉ 42380 – Loire – Carte régionale n° **20**–C2

LA CALÈCHE

CUISINE MODERNE • HISTORIQUE Cet hôtel particulier du 17e s., au décor coloré, abrite une table généreuse et habile à secouer les saveurs (escargots et grenouilles, crème au raifort ; carré de veau du Haut Forez), avec juste ce qu'il faut de sophistication et d'audace. Cette Calèche augure d'une jolie promenade en gourmandise !

& ⇄ – Prix : €€

2 place du Commandant-Marey – 𝒞 04 77 50 15 58 – www.restaurantlacaleche.fr – Fermé lundi et mardi, et mercredi, jeudi et dimanche soir

SAINT-BONNET-LE-FROID

✉ 43290 – Haute-Loire – Carte régionale n° **20**–C2

❀❀❀ RESTAURANT MARCON

Chefs : Régis et Jacques Marcon

CUISINE CRÉATIVE • DESIGN Chez les Marcon, je demande le père, Régis, auvergnat-transalpin autoproclamé, cuisinier d'exception, entrepreneur et sommité gastronomique... et les fils : Jacques et Paul. Le premier assure la relève avec aplomb, tandis que le second vient de les rejoindre. Ici, les choses sont claires : c'est le marché et la cueillette qui dictent la carte. Il y en a pour tous les goûts : viandes du plateau, lentilles vertes du Puy, asperges, agrumes... et surtout champignons, la grande spécialité de la famille, qu'ils vont cueillir en automne dans l'intimité des sous-bois rougissants. Une cuisine enracinée, à l'image de cette farinade aux herbes potagères et bouillon à l'aspérule, ou ce feuilleton de veau aux senteurs de noyer, embeurrée de chou rouge et sparassis. Sans oublier le beau plateau de fromages où salers, fourme et saint-nectaire nous font les yeux doux !

&⚭ ⇆⚔ᴬᶜ 🅿 – Prix : €€€€

Larsiallas – 𝒞 04 71 59 93 72 – www.lesmaisonsmarcon.fr – Fermé mardi et mercredi

🌿**L'engagement du chef :** Entre Haute-Loire et Ardèche, notre cuisine reflète les liens forts que nous avons noués avec cette terre et cette culture. Mise en avant des meilleurs produits locaux, réécriture hebdomadaire de notre carte, réduction maximale des déchets, économies en électricité et en eau : le respect et la promotion de notre terroir passent par la mise en place de tout un système vertueux.

😋 L'ACTE 2 Ⓝ

CUISINE MODERNE • CONTEMPORAIN Avant de remettre au goût du jour cette adresse, Julie (salle et sommellerie) et Lucas (cuisine) se sont rencontrés chez Régis et Jacques Marcon, une table de référence s'il en est. Avec cet Acte 2, ils sont chez eux dans cette petite salle à manger moderne. Mousse de truite, lentilles vertes du Puy et sauce aux herbes fraîches ; cochon en deux façons, risotto d'orge perlé, jeunes pousses d'épinards et pleurotes, jus parfumé à la sauge : le chef ne ménage pas ses efforts gourmands pour signer des assiettes bien travalllées.

⚔ᴬᶜ – Prix : €€

7 place aux Champignons – 𝒞 04 71 75 85 93 – www.lacte2-restaurant.fr – Fermé du lundi au mercredi et dimanche soir

😋 BISTROT LA COULEMELLE

CUISINE TRADITIONNELLE • RUSTIQUE Au cœur du village, voici la délicieuse "annexe bistrotière" du grand restaurant de Régis et Jacques Marcon. Le traditionnel pâté croûte "Richelieu", marbré d'aile de raie, chou-fleur rôti et champignons, fromages d'Ardèche et d'Auvergne : rien à dire, tout est généreux et diablement bon. Et les cuisines ouvertes ajoutent un côté chaleureux à l'ensemble...

⇆⚔ᴬᶜ🅿 – Prix : €€

2 rue du Fanget – 𝒞 04 71 65 63 62 – www.lesmaisonsmarcon.fr – Fermé mardi et mercredi

SAINT-BRIEUC

✉ 22000 – Côtes-d'Armor – Carte régionale n° **1**–C1

😊 AUX PESKED

Chef : Mathieu Aumont

POISSONS ET FRUITS DE MER • DESIGN En ville... et déjà à la campagne : décorée dans un style résolument contemporain, cette maison offre une vue plongeante sur les rives verdoyantes du Gouët. Logiquement, les pesked ("poissons" en breton) sont à l'honneur, très frais et cuisinés avec soin et tendresse par le chef Mathieu Aumont : ainsi les ormeaux sauvages sont-ils massés trois jours durant pour les rendre onctueux et d'une texture irréprochable. On profite aussi des conseils judicieux de madame pour les accords mets et vins. Une cuisine iodée, d'une justesse parfaite.

&⚭ ⚔ᴬᶜ🍴 ⇄🅿 – Prix : €€€

59 rue du Légué – 𝒞 02 96 33 34 65 – www.auxpesked.com – Fermé lundi et dimanche

L'AIR DU TEMPS

CUISINE MODERNE • DESIGN Une jolie maison ancienne à la façade en granit gris au cœur de la ville, le mariage réussi du décor d'origine et d'éléments dans l'air du temps, un patio pour manger au calme : l'adresse a réussi son déménagement ! Côté fourneaux, la cheffe mitonne toujours des recettes traditionnelles proposées à des prix plutôt doux, pour la plupart servies en cocotte, comme l'échine de porc en longue cuisson.

🏡 🍽 – Prix : €

6 rue Sainte-Barbe – 𝒞 02 96 68 58 40 – www.airdutemps.fr – Fermé lundi et dimanche

LA CROIX BLANCHE

CUISINE MODERNE • ÉLÉGANT Deux frères : l'un en cuisine, l'autre en salle... On travaille en famille dans ce plaisant restaurant ouvert sur un joli jardin. La cuisine est gourmande, à l'image de ce filet de bœuf, mousseline de carotte et rillettes de bœuf confites au vin rouge. Un rapport plaisir-prix à marquer d'une croix blanche.

🛏&🍽 – Prix : €€

61 rue de Genève, Cesson – 𝒞 02 96 33 16 97 – www.restaurant-lacroixblanche.fr – Fermé lundi, et mardi et dimanche soir

Ô SAVEURS

CUISINE MODERNE • CONTEMPORAIN Ce n'est probablement pas le charme du quartier, à proximité de la gare, qui vous attirera ici ; mais cela n'a pas d'importance, car cette adresse se suffit à elle-même. Qu'on en juge : noix de Saint-Jacques de la baie de Saint-Brieuc, crème de safran de Quessoy et conchiglioni aux algues ; filet de canette rôti au miel, jus réduit à la sauge, poire pochée aux myrtilles et shiitakés ; la rencontre entre la poire et la griotte, ganache montée au chocolat blanc...

& – Prix : €€

10 rue Jules-Ferry – 𝒞 02 96 94 05 34 – www.osaveurs-restaurant.com – Fermé lundi et dimanche, et mardi et mercredi soir

LA TABLE D'EDGAR 🅝

CUISINE MODERNE • CONTEMPORAIN Le chef Sébastien David, au joli parcours, concocte une cuisine comme on les aime, basée sur des produits de qualité : excellente volaille de la ferme de la Paumerais, beurre fermier à la couleur intense, poissons frais du Guilvinec, huîtres charnues de Paimpol... La partition est bichonnée avec soin, les saveurs matchent bien, et les cuissons sont aussi pointues pour les plats que pour les desserts : suprême de volaille glacé au lard de colonnata, cuisse rôtie dans un bouillon de livèche ; poire, biscuit fondant au chocolat blanc et pistache. Le cadre n'est pas en reste, clair et harmonieux, les tables entourant un salon sous verrière très agréable.

Prix : €€

15 rue Jouallan – 𝒞 02 96 60 27 27 – www.saint-brieuc-hotel.fr – Fermé lundi, dimanche et samedi midi

SAINT-CANNAT

✉ 13760 – Bouches-du-Rhône – Carte régionale n° **28**–D3

✿ LE MAS BOTTERO

Chef : Nicolas Bottero

CUISINE MODERNE • ÉLÉGANT Installé près d'Aix en Provence, le chef patron Nicolas Bottero (autrefois à Grenoble) propose une cuisine enthousiasmante, savoureuse et parfumée. Enfant, il venait dans la région chez sa grand-mère : il en a conservé la nostalgie des couleurs du sud, et un attachement au terroir. En témoignent le joli maigre de Méditerranée, minestrone aux coquillages, jus de rouille ou le dos d'agneau de Provence farci, asperges et morilles. Les producteurs des environs sont mis à contribution, un petit potager fournit les herbes aromatiques. La terrasse située sur l'arrière de la maison donne sur un petit jardin. Nicolas Bottero ? Discrétion, humilité, passion. Un coup de cœur.

✿ 🛏&Ⓜ🏡🅿 – Prix : €€€

2340 route d'Aix-en-Provence – 𝒞 04 42 67 19 18 – www.lemasbottero.com – Fermé lundi et mardi, et dimanche soir

SAINT-CÉRÉ

 46400 – Lot – Carte régionale n° **23**–B2

✿ LES TROIS SOLEILS DE MONTAL

Chef : Frédérik Bizat

CUISINE MODERNE • CLASSIQUE Le soleil brille sur ce domaine situé sur le causse de Gramat, tout près de Saint-Céré : un hôtel avec ses restaurants, un parc au calme, une piscine, un golf pas très loin… La salle à manger élégante et bourgeoise, ouverte sur la terrasse d'été et le parc, fait la part belle aux tapisseries et aux céramiques de Jean Lurçat, artiste apprécié du chef, antiquaire dans une vie antérieure. Aujourd'hui, ce dernier ne se consacre qu'à la cuisine en régalant ses hôtes avec des produits de qualité et beaucoup de finesse d'exécution. Le tout pour un excellent rapport qualité-plaisir, sans oublier l'accueil attentionné de Madame Bizat.

🛏👙🔥🅰️🚗🅿️ – Prix : €€€

Les Prés-de-Montal, Saint-Jean-Lespinasse – ℰ 05 65 10 16 16 – www.3soleils.fr –
Fermé lundi, mardi midi et dimanche soir

L'INFORMEL

CUISINE TRADITIONNELLE • CONVIVIAL L'annexe gourmande du restaurant étoilé "Les Trois Soleils de Montal". Le chef propose une cuisine traditionnelle généreuse et goûteuse, concoctée à base de produits frais et de saison. On pense notamment au carré de veau de l'Aveyron, légumes et champignons sauvages, d'une belle qualité. Convivial et informel.

👙🔥🅰️🚗🅿️ – Prix : €

Les Prés-de-Montal, Saint-Jean-Lespinasse – ℰ 05 36 48 00 30 – www.3soleils.fr
– Fermé lundi, vendredi et samedi midi

SAINT-CHAFFREY

 05330 – Hautes-Alpes

🛏 GRAND HÔTEL

MODERNE • CHALEUREUX Entièrement rénové, le Grand Hôtel mise sur une gamme imposante de services (spa avec jacuzzi, hammam, sauna et douche sensorielle, ski-shop, casiers à ski) et des chambres sobres et épurées, entre modernité et esprit montagnard.

🅿️🔥🛁🐾🍽️ - 71 chambres

Place du Téléphérique – ℰ 04 92 24 15 16 – www.grandhotel.fr

SAINT-CHAMAS

 13250 – Bouches-du-Rhône – Carte régionale n° **29**–C3

😊 LE RABELAIS

CUISINE DU MARCHÉ • AUBERGE Installé dans la jolie salle voûtée du 17ᵉ s. d'un vieux moulin à blé, un restaurant que n'aurait pas renié le héros de Rabelais, l'insatiable Gargantua ! On y sert une goûteuse cuisine, ancrée dans les saisons et préparée avec grand soin (le menu change plusieurs fois par semaine). Une adresse située à proximité immédiate de la poudrerie de Saint-Chamas fondée en 1690. Histoire, littérature, gourmandise: qui dit mieux ?

🅰️🚗🔄 – Prix : €€

8 rue Auguste-Fabre – ℰ 04 90 50 84 40 – www.restaurant-le-rabelais.com –
Fermé lundi et mardi, et dimanche soir

SAINT-CIRQ-LAPOPIE

✉ 46330 – Lot – Carte régionale n° **23**–B2

AUBERGE DU SOMBRAL - LES BONNES CHOSES

CUISINE DU TERROIR • AUBERGE Dans cette maison, au pied du château des Lapopie, on sait ce que sont Les Bonnes Choses ! La preuve : on y savoure une sympathique cuisine du terroir où les produits locaux ont la part belle (agneau, foie gras, fromages...). Quelques jolies chambres pour prolonger la visite de ce village dominant le Lot.

🏗 – Prix : €

Place du Sombral – ℰ 05 65 31 26 08 – www.aubergelesombral.wordpress.com – Fermé lundi, mercredi et le soir

SAINT-CRÉPIN

✉ 05600 – Hautes-Alpes – Carte régionale n° **24**–D2

❀ LES TABLES DE GASPARD

Chef : Sébastien Corniau

CUISINE MODERNE • ROMANTIQUE On passe un excellent moment dans ce restaurant plein de cachet, installé dans une ancienne étable voûtée datant du 16ᵉ s., où le fer et la pierre se marient harmonieusement. Après de nombreuses années passées à Bora Bora, Virginie Blampoix et Sébastien Corniau sont rentrés en métropole pour continuer leur aventure culinaire. Lui, en cuisine, célèbre de beaux produits (Saint-Jacques de plongée, par exemple) avec la manière : cuissons parfaites, saveurs bien équilibrées... C'est généreux, et les tarifs se révèlent plutôt raisonnables. Sans surprise, la formule séduit et le restaurant est souvent complet : pensez à réserver ! Trois chambres bien tenues pour l'étape.

⤏& – Prix : €€€

731 rue de la Charrière (Le Village) – ℰ 04 92 24 85 28 – www.lestablesdegaspard.com – Fermé mardi, mercredi et jeudi midi

SAINT-CRICQ-CHALOSSE

✉ 40700 – Landes – Carte régionale n° **25**–B2

L'AUBERGE DU LAURIER

CUISINE TRADITIONNELLE • AUBERGE Une jolie cuisine de tradition et de région : voici ce que l'on déguste dans cette auberge chaleureuse et lumineuse, dont la terrasse borde le jardin potager.

&🏗▣ – Prix : €€

1459 route d'Amou – ℰ 05 58 75 08 05 – www.aubergedulaurier.fr – Fermé lundi et du mardi au jeudi à midi

🛏 LA PETITE COURONNE

MODERNE • CHAMPÊTRE Défenseurs de la planète, cette adresse est faite pour vous ! En pleine campagne, l'établissement, tout en bois, joue la carte écolo, et les chambres, confortables et bien tenues, respectent les normes environnementales. Petit-déjeuner copieux, servi face à la piscine.

▣⤏ 🛁 🗣 🕭 ⅱ◯ ⒶⒸ - 11 chambres

Route d'Amou – ℰ 05 58 79 38 37 – www.hotel-lapetitecouronne.com

SAINT-CYPRIEN

⊠ 66750 – Pyrénées-Orientales – Carte régionale n° **27**–C3

❀ **L'ALMANDIN**

CUISINE MODERNE • ÉLÉGANT Un site pour le moins étonnant que cette île artificielle séparée de la Méditerranée par un cordon littoral, et qui abrite un complexe hôtelier avec piscine et spa. La terrasse au bord de l'eau séduit, tout comme la cuisine généreuse du chef Frédéric Bacquié, qui privilégie les beaux produits du terroir catalan et de la pêche locale. Justesse des assaisonnements et maîtrise des cuissons sont bien au rendez-vous, dans des assiettes précises et élégantes : loup sauvage du Cap Leucate et sauce crustacés, volaille aux girolles et émulsion champignons, dessert au muscat et safran... Le menu déjeuner offre un très bon rapport qualité-prix et, en complément, l'Aquarama offre une cuisine gourmande dans une version bistrot chic.

🐾 ⇔ ⇜ ♿ 🅰🅲 🏡 🅿 – Prix : €€€

Boulevard de l'Almandin, St-Cyprien Sud – ☏ 04 68 21 01 02 – www.almandin.fr – Fermé lundi et mardi, et dimanche soir

SAINT-CYR-AU-MONT-D'OR

⊠ 69450 – Rhône

🛏 **L'ERMITAGE**

ÉPURÉ • ÉLÉGANT Cet hôtel ne manque pas d'atouts : vue extraordinaire sur Lyon et les Monts-d'Or, cadre design et épuré pour une sérénité à son zénith. Et la terrasse suspendue est superbe.

♿ 🅿 ⌛ 🛎 ⊒ ⓦ ⛵ 🍽 🅰🅲 - 26 chambres

Chemin de l'Ermitage - Mont Cindre – ☏ 04 72 19 69 69 – www.ermitage-college-hotel.com

SAINT-CYR-SUR-LOIRE

⊠ 37540 – Indre-et-Loire – Carte régionale n° **15**–B1

L'ATELIER D'OLIVIER ARLOT

CUISINE MODERNE • CONVIVIAL Installé par Olivier Arlot sur les quais de la Loire, L'Atelier joue la modernité sur les deux tableaux : dans le décor et dans l'assiette. Des créations savoureuses et bien pensées, comme le compressé de queues de bœuf et foie gras, un mariage heureux et fondant en bouche ! L'exemple même d'une bistronomie futée, vivante, avec un renouvellement très régulier de la carte.

♿ 🅰🅲 🏡 ⇔ – Prix : €€

55 quai des Maisons-Blanches – ☏ 02 47 73 18 63 – Fermé lundi et dimanche

SAINT-CYR-SUR-MER

⊠ 83270 – Var – Carte régionale n° **29**–A3

ES/PACÌO

CUISINE MODERNE • CONVIVIAL Des légumes et des fruits de saison locaux, des poissons sauvages tout frétillants, une fringante équipe (dont l'ancien second de la Chassagnette), une petite carte des vins naturels du coin judicieusement pensée - la formule ouvre l'appétit. Dans l'assiette, tout a du goût et il n'y a que ça qui compte : crudo de denti, radis multicolores, vinaigrette agrumes, condiment rouillé ; maigre de ligne, patate douce, clémentine, fenouil ; crème citron, sésame noir, meringue. Dans ce bistrot sobre, les grandes baies vitrées donnent sur la terrasse et au-delà sur le port de plaisance.

🅰🅲 🏡 🅿 – Prix : €€

201 nouveau port des Lecques – ☏ 04 94 88 43 89 – Fermé mardi et mercredi, et dimanche soir

SAINT-DENIS-LE-VÊTU

✉ 50210 – Manche – Carte régionale n° **2**–A2

LA BARATTE

CUISINE TRADITIONNELLE • AUBERGE Au cœur de la petite bourgade, cette maison en pierre du pays – ancien bar-épicerie – est devenue une coquette auberge familiale... totalement rénovée. Le cadre est contemporain et lumineux, avec une agréable terrasse pour les beaux jours, et désormais une rôtissoire dans l'entrée d'où sortent des plats du jour appétissants. La cuisine, dans l'air du temps, s'ancre sur de solides bases traditionnelles et les producteurs locaux. Aujourd'hui, au déjeuner (à prix doux) : terrine de volaille, andouille ; dos cabillaud au curry ; crème brûlée vanille.

&. 🍽 ✿ – Prix : €

Le Bourg – ☎ 02 33 45 45 49 – www.restaurant-labaratte.fr – Fermé mardi et mercredi, et jeudi et dimanche soir

SAINT-DIDIER-DE-LA-TOUR

✉ 38110 – Isère – Carte régionale n° **21**–B2

🏵 AMBROISIE

Chef : André Taormina

CUISINE MODERNE • CONTEMPORAIN D'abord, il y a ce lac, juste devant nous, qui nous saute aux yeux avec ses rives arborées : rien que l'emplacement vaut déjà le coup d'œil. Mais il y a surtout le remarquable travail du chef, puisqu'on est tout de même venu pour ça... Et il excelle à transformer les beaux produits (noix de Saint-Jacques façon petit pâté chaud ; homard breton avec framboises, caviar séché et mizuna ; poitrine de pigeon rôtie et fumée sur le barbecue). Ses desserts en trompe-l'œil amusent et régalent (abricot, citron, marron selon la saison). À noter, pour les amateurs, que le chef propose un menu truffe toute l'année : on aurait tort de se priver.

🍴 ⟨ 🅰🅲 🅿 – Prix : €€€€

64 route du Lac – ☎ 04 74 97 25 53 – www.restaurant-ambroisie.fr – Fermé lundi, mardi, mercredi midi et dimanche soir

SAINT-DIÉ-DES-VOSGES

✉ 88100 – Vosges – Carte régionale n° **7**–C3

LOGAN LAUG

CUISINE MODERNE • CONTEMPORAIN Cadre contemporain, murs de briques blanches ou papier peint vert à motifs, parquet flottant, verrières, caves à vins vitrées face au comptoir de service. Une chose est sûre : le chef et entrepreneur Logan Laug ne néglige aucun détail, passion oblige ! Avec sa brigade, il soigne chaque assiette de cette cuisine moderne et fusion qui porte l'empreinte des nombreux voyages du chef en Asie. Quelques exemples ? Pastilla au chou blanc ; pluma de cochon Ibérique façon teriyaki, betterave et mûre.

&. 🅰🅲 – Prix : €€€

7 rue du 11-Novembre-1918 – ☎ 03 29 63 40 30 – www.loganlaug.fr – Fermé lundi et mardi, et dimanche soir

SAINT-DONAT-SUR-L'HERBASSE

✉ 26260 – Drôme – Carte régionale n° **24**–B1

CHARTRON

CUISINE MODERNE • ÉLÉGANT Une institution locale au sein de ce village célèbre pour son festival Jean-Sébastien-Bach (en juillet). Les préparations, basées sur de bons produits, révèlent un savoir-faire certain ; on profite notamment de préparations de truffes en saison.

⊗ ⏚ ⟐ 🅰️ – Prix : €€€

1 avenue Gambetta – ☎ 04 75 45 11 82 – www.restaurant-chartron.com –
Fermé du lundi au mercredi

SAINT-ÉMILION

✉ 33330 – Gironde – Carte régionale n° **22**–C2

⚜⚜ LA TABLE DE PAVIE

CUISINE CRÉATIVE • LUXE Yannick Alléno supervise avec exigence cette institution locale, ancien couvent où des nonnes offraient protection aux pèlerins et aux voyageurs. Le chef francilien a mis en place aux fourneaux une équipe de confiance qui peaufine une partition culinaire tournée vers le terroir du Sud-Ouest, avec toujours ces sauces et réductions qui sont sa marque de fabrique et sa signature. Ne manquez pas le spectaculaire (et délicieux) pigeon soufflé et rôti au feu de l'enfer. Bien évidemment, les plats s'accompagnent de superbes vins de Saint-Émilion, pour une expérience mémorable.

⊗ ⟐ 🅰️ 🅿️ – Prix : €€€€

5 place du Clocher – ☎ 05 57 55 07 55 – www.hoteldepavie.com – Fermé lundi,
dimanche, et mercredi et jeudi à midi

⚜ LES BELLES PERDRIX DE TROPLONG MONDOT

Chef : David Charrier

CUISINE MODERNE • CONTEMPORAIN Situé en haut d'une petite butte, point culminant de Saint-Émilion, ce château prestigieux est à la hauteur des espérances. Dans ce lieu à part, la salle épurée s'ouvre sur le magnifique vignoble. Ici, la préservation de la biodiversité est une priorité et tout est mis en œuvre pour respecter le milieu naturel. Le chef, David Charrier, propose une cuisine dans la même philosophie, saine et précise dans les préparations, s'appuyant sur des techniques parfaitement maîtrisées, privilégiant les produits du domaine et de petits producteurs rigoureusement sélectionnés. Le chef est capable de transcender une simple moule de bouchot par la grâce d'une fine gelée iodée au safran, de girolles, d'une chiffonnade d'estragon du Mexique, et d'une sauce mouclade dont le brillant fait de l'œil : du grand art ! Le service cultive une certaine joie de vivre et la carte des vins permet de se faire plaisir sans se ruiner.

⊗ ⟐ ⟜ ⏚ 🅰️ 🅿️ – Prix : €€€€

Château Troplong Mondot – ☎ 05 57 55 38 28 – www.troplong-mondot.com/
hospitality/les-belles-perdrix – Fermé lundi, dimanche et mardi midi

⚜**L'engagement du chef :** Nous nous sommes engagés depuis plusieurs années à agir pour assurer la durabilité de notre écosystème. Nos potagers et notre verger sont cultivés selon les principes de la permaculture ; la gestion des énergies et de l'eau est une préoccupation constante ; nos fournisseurs s'engagent à privilégier les contenants réutilisables ; et le poulailler et l'enclos à cochons permettent une élimination des biodéchets.

⚜ LOGIS DE LA CADÈNE

CUISINE MODERNE • ÉLÉGANT L'un des plus anciens restaurants de St-Émilion, dans un logis datant de 1848, en plein cœur de la cité. Salles à manger cosy et feutrées, dans l'esprit des chambres élégantes et douillettes qui prolongent l'étape. Le nouveau chef Thibaut Gamba propose des assiettes subtiles et délicates, privilégiant au maximum les produits du terroir aquitain. Une partie des fruits et légumes proviennent de la ferme du domaine, tout comme le miel. Belle carte des vins, notamment en bordeaux rouges, à marier avec les nombreux trésors de la cave à fromages.

🦶 🔚 🆎 🍴 🛎 – Prix : €€€€

3 place du Marché-au-Bois – ℰ 05 57 24 71 40 – www.logisdelacadene.fr –
Fermé lundi, samedi et dimanche

CHÂTEAU GRAND BARRAIL

CUISINE MODERNE • ÉLÉGANT Au cœur du vignoble de Saint-Émilion, ce château édifié en 1902, d'allure si néo-romantique, mêle l'ancien avec le design contemporain. Les convives s'attablent soit dans les salons d'inspiration Art Nouveau, soit sur la belle terrasse tournée vers le parc et une mer de vignes. Au déjeuner, recettes bistronomiques comme cette aubergine rôtie et en caviar fumé, condiment tomate et balsamique à la figue. Et plus ambitieuses au dîner (filet de bœuf charolais, « pain-jus » au vin rouge, espuma de pommes de terre à l'huile de truffe).

🦶 ⟨ ♿ 🆎 🍴 🛎 🅿 – Prix : €€€

Route de Libourne D243 – ℰ 05 57 55 37 00 – www.grand-barrail.com

L'ENVERS DU DÉCOR

CUISINE TRADITIONNELLE • BISTRO En plein cœur du village mythique, à quelques pas du clocher, cette jolie façade rouge de bistrot attire l'œil. À l'intérieur, un décor rétro raffiné (du comptoir en zinc aux banquettes en cuir). Et à la carte, on retrouve avec plaisir tous les classiques, du foie de veau au baba. Belle carte des vins à des tarifs raisonnables.

🦶 ♿ 🆎 🍴 – Prix : €€€

9 rue du Clocher – ℰ 05 57 74 48 31 – www.envers-dudecor.com

L'HUITRIER PIE

CUISINE MODERNE • COSY Dans ce célèbre village de vignerons, l'enthousiasme et le talent des jeunes propriétaires Camille et Soufiane nous emportent au gré de jolies assiettes composées de produits sélectionnés avec rigueur (tomates anciennes du Sud-Ouest, framboises, verveine du jardin et burrata ; saint-pierre juste nacré, cocos de Paimpol en textures...). Aux beaux jours, on s'attable dans l'aimable courette.

♿ 🍴 – Prix : €€€

11 rue de la Porte-Bouqueyre – ℰ 05 57 24 69 71 – www.lhuitrier-pie.com –
Fermé du mardi au jeudi

LE TERTRE

CUISINE MODERNE • TRADITIONNEL Dans une petite ruelle pavée du village, ce restaurant est tenu par un couple de professionnels accomplis : Catherine en salle, souriante et chaleureuse, et Julien en cuisine, qui réalise des assiettes créatives inspirées et harmonieuses. Les produits de la région sont à l'honneur : canard des Landes, truite du Pays basque, retour de pêche des ports aquitains. Dans le prolongement de la salle, la cave à vin creusée dans la pierre monolithe abrite une table de 4 personnes fort prisée le soir.

🆎 🍴 – Prix : €€

5 rue du Tertre-de-la-Tente – ℰ 05 57 74 46 33 – www.restaurantletertre.com –
Fermé mercredi et jeudi

🛏 HOTEL DE PAVIE

TRADITIONNEL • CONVIVIAL Cet hôtel de luxe est réparti sur trois sites : la maison principale, autrefois couvent, une annexe au bout du jardin et, à quelques km, le domaine viticole du Château Pavie. Les intérieurs sont frais et modernes, avec des meubles aux couleurs vives. Certaines chambres disposent d'un balcon et la plupart offrent une vue sur la vallée de la Dordogne ou sur les toits du village médiéval. Bar à vin avec cheminée, petit déjeuner copieux.

🐾 🅿 🅰🅲 - 21 chambres

Place du Clocher – ☏ 05 57 55 07 55 – www.hoteldepavie.com

❀❀ **La Table de Pavie** - Voir la sélection des restaurants

🛏 **LOGIS DE LA CADÈNE**

TRADITIONNEL • CHARME Sur une place du centre du village, impossible de ne pas succomber au charme de ces deux bâtisses anciennes (le logis et la maison), typiques de Saint-Émilion. Les chambres y ont du caractère (mobilier chiné, vieux plancher) et l'on profite d'un restaurant (partie logis) et d'un espace "remise en forme" avec sauna et hammam (partie maison).

🅿 🛋 �th 🚪 🕯 🍽 🅰🅲 - 9 chambres

3 place du Marché au Bois – ☏ 05 57 24 71 40 – www.logisdelacadene.fr

❀ **Logis de la Cadène** - Voir la sélection des restaurants

🛏 **LE RELAIS DE FRANC MAYNE**

MODERNE • CHALEUREUX Installé dans un château du 16e s., ce domaine viticole est fier de ses caves où le cabernet franc vieillit en fûts de chêne. Si l'extérieur est très simple, l'intérieur multiplie les ambiances : murs jaune canari dans la chambre Pop Art, imprimés zébrés dans l'African Lodge, bois sculpté dans l'Indian Fusion, éclairage sophistiqué, soieries aux teintes audacieuses, billard luxueux, salle à manger ancienne...

🅰🅲 9 chambres

14 La Gomerie – ☏ 05 57 24 62 61 – www.relaisfrancmayne.com

SAINT-ESTÈPHE

✉ 33180 – Gironde

🛏 **LA MAISON D'ESTOURNEL**　　　　　　　　　　*Plus*

CLASSIQUE • ÉLÉGANT Au sein d'un joli parc entouré par les vignes, l'ex-Château Pomys (qui fut aussi l'habitation de Louis Gaspard d'Estournel) est devenu un hôtel charmant. L'élégance et le classicisme dominent dans les chambres : la garantie d'un séjour délicieux.

🅿 ♿ 🅿 ⇥ 🚪 🍽 🅰🅲 - 14 chambres

Route de Poumeys – ☏ 05 56 59 30 25 – www.lamaison-estournel.com

SAINT-ÉTIENNE

✉ 42000 – Loire – Carte régionale n° **20**–C2

À LA TABLE DES LYS

CUISINE MODERNE • ÉLÉGANT Dans une bâtisse ultra contemporaine et lumineuse avec vue sur le green, le chef Marc Lecroisey garde son attachement à une cuisine éprise de fraîcheur, de légèreté et de finesse, attentive aux saisons et au choix des producteurs. Des Lys en délices.

❀❀ ♿ 🅰🅲 ⇄ 🅿 – Prix : €€€

58 rue Saint-Simon – ☏ 04 77 25 48 55 – www.latabledeslys.fr – Fermé samedi et dimanche

SAINT-ÉTIENNE-DE-BAÏGORRY

✉ 64430 – Pyrénées-Atlantiques – Carte régionale n° **25**–A3

RESTAURANT ARCÉ

CUISINE TRADITIONNELLE • ÉLÉGANT Le Restaurant Arcé : une halte verdoyante et gourmande au pied du col d'Ispéguy. Cette authentique maison basque abrite une jolie salle tout en longueur, dont la blancheur éclatante rappelle la tenue des joueurs de trinquet – la pelote basque – qui paradent sur les murs. La cuisine de marché varie au gré des saisons et fait la part belle aux produits du terroir. Ne manquez pas la truite au bleu, à la fraîcheur ultime, pêchée dans le… vivier du restaurant. L'été, on s'installe sur la terrasse bordée de platanes, puis on flâne sur la passerelle métallique parée de lierre, suspendue au-dessus de la Nive.

⌒ 😊 🍴 **P** – Prix : €€

630 route du Col-d'Ispéguy – 𝒞 05 59 37 40 14 – www.hotel-arce.com/fr – Fermé lundi, mercredi et mardi midi

SAINT-ÉTIENNE-DU-VAUVRAY

✉ 27430 – Eure – Carte régionale n° **3**–B2

😊 LA FERME DE LA HAUTE CRÉMONVILLE

CUISINE TRADITIONNELLE • RÉGIONAL Revoir la verte Normandie, admirer les chevaux du haras voisin, rêver d'une vie à la campagne : cette authentique ferme à colombages est si jolie qu'elle donne des envies de retraite provinciale au Parisien le plus irréductible. Bonjour veaux, vaches, cochons et… gourmandises traditionnelles : ravioles de cèpes à la crème de girolles, mille-feuille croquant à la vanille ; sans oublier les pièces de bœuf cuites au feu de bois. À peine parti, on a déjà hâte de retrouver tous ces beaux plats mijotés à la sauce bucolique.

& 🗚 🍴 **P** – Prix : €€

Route de Crémonville – 𝒞 02 32 59 14 22 – www.lafermedelahautecremonville.com – Fermé dimanche, samedi midi et mercredi soir

SAINT-FÉLIX-LAURAGAIS

✉ 31540 – Haute-Garonne – Carte régionale n° **26**–D2

AUBERGE DU POIDS PUBLIC

CUISINE TRADITIONNELLE • ÉLÉGANT À la suite de ses parents, Céline Taffarello continue de mettre en avant les bons produits du terroir, comme avec ce magret de canard à la montagne noire au poivre sarawak et pêche rôtie à la verveine, sapide et parfaitement assaisonnée. Sans oublier le cassoulet, plusieurs fois récompensé et particulièrement prisé. On profite de la terrasse panoramique, avec sa jolie vue sur la plaine du Lauragais. Chambres confortables.

⌒ 🗚 🍴 – Prix : €€€

Route de Toulouse – 𝒞 05 62 18 85 00 – www.auberge-du-poids-public.fr – Fermé lundi et dimanche soir

SAINT-FLORENT – Haute-Corse (20) ➜ Voir Corse

SAINT-FORGEUX-LESPINASSE

✉ 42640 – Loire – Carte régionale n° **20**–C1

L'ASSIETTE ROANNAISE

CUISINE MODERNE • CONTEMPORAIN Voilà une table qui joue la carte de l'originalité ! À l'unisson de la déco, contemporaine, le chef est à l'affût des nouvelles tendances et techniques : ses assiettes se révèlent très esthétiques, privilégiant créativité et fraîcheur.

🗚 🍴 – Prix : €€

97 place de Verdun – 𝒞 04 77 65 65 99 – www.restaurant-assiette-roannaise. fr – Fermé lundi et mardi

SAINT-FRONT-DE-PRADOUX

 24400 – Dordogne

CHÂTEAU LA THUILIÈRE

CLASSIQUE • ÉLÉGANT Dans son parc arboré, cet élégant châtelet dévoile de belles ambiances : très 19ᵉ s. (boiseries, stucs) ou résolument contemporaines (lignes épurées, grand confort), tout en grâce et équilibre.

P ⌀ ⇔ ⊒ ⏧○ - 5 chambres

La Thuilière – 𝒞 *06 45 35 36 82 –* www.chateaulathuiliere.com

SAINT-GALMIER

 42330 – Loire – Carte régionale n° **20**–C2

✿ LA SOURCE

CUISINE MODERNE • CONTEMPORAIN Originaire de Cuzieu, à... deux kilomètres de là, Antoine Bergeron est la définition même d'un enfant du pays. Ambitieux et passionné par son métier, il compose une balade gourmande sur prise, délicate et créative en compagnie joyeuse, celle de ses producteurs. Bien installé dans une salle lumineuse et contemporaine, on profite de cette balade dans le terroir et les marchés locaux. Ce jour-là, tête de cochon et sauce gribiche, pickles à l'oignon ; pigeon d'Urfé et butternut ; noisette et citron dans l'esprit d'un paris-brest. Une Source de plaisir, rien de moins, avec une mention spéciale aux jus. De la belle ouvrage...

⇔ & 🄰🄲 ⇔ **P** – Prix : €€€

8 allée de La Charpinière – 𝒞 *04 77 52 75 00 –* www.lacharpiniere.com/fr *– Fermé lundi, mardi, mercredi midi et dimanche soir*

SAINT-GÉLY-DU-FESC

 34980 – Hérault – Carte régionale n° **27**–D1

LE CLOS DES OLIVIERS

CUISINE MODERNE • CLASSIQUE Du goût, de la simplicité, des produits de qualité bien travaillés : on apprécie ici une bonne cuisine, sans complications inutiles, et on se fait plaisir ! À noter : la carte des vins est réalisée avec le caviste voisin. L'été, on profite de la terrasse à l'ombre des canisses.

⛾ ⇔ & 🄰🄲 🗊 ⇔ **P** – Prix : €€

53 rue de l'Aven – 𝒞 *04 67 84 36 36 –* www.clos-des-oliviers.com *– Fermé lundi et dimanche soir*

SAINT-GEORGES-SUR-CHER

⊠ 41400 – Loir-et-Cher – Carte régionale n° **10**–C3

😊 FLEUR DE SEL

CUISINE MODERNE • CONVIVIAL Au cœur d'un joli village de la vallée du Cher, tout près du château de Chenonceau, un bistrot contemporain et convivial régale ses convives. Dans l'assiette ? Une cuisine de saison et de fraîcheur, ciselée par un chef de talent, Mickaël Renard, formé notamment à l'Hostellerie de Levernois (du temps de Jean Crotet), à la Côte d'Or à Saulieu (aux côtés de Bernard Loiseau) et à l'Auberge des Templiers. Aujourd'hui : œuf parfait au hareng et poireau ; dos de merlu de Bretagne à la crème de cumin, grenailles et champignons à l'huile d'herbes... Deux menus-cartes qui changent régulièrement, un menu du jour le midi en semaine, et des tarifs très doux !

& 🗊 – Prix : €

15 place Pierre-Fidèle-Bretonneau – 𝒞 *02 54 93 32 26 –* www.fleurdesel41.com *– Fermé lundi et mardi, et jeudi et dimanche soir*

SAINT-GEORGES-SUR-MOULON

 18110 – Cher

🛏 **CHÂTEAU DE SAINT-GEORGES**

CLASSIQUE • CHARME A quelques minutes de Bourges, ce château du 18ᵉ s. a conservé tout son caractère, protégé par ses jardins. Les meubles de style s'harmonisent aux boiseries d'origine. La longue piscine complète les atouts de cette belle étape nature.

🅿 🛐 ⛱ ⅰ○ - 3 chambres

Le Château – ℰ 02 48 64 16 36 – www.chambres-hotes-stgeorges.fr

SAINT-GERMAIN

 07170 – Ardèche – Carte régionale n° **20**–C3

⭐ **AUBERGE DE MONTFLEURY**

Chef : Richard Rocle

CUISINE MODERNE • ÉLÉGANT Cette discrète auberge est la maison d'un couple de professionnels passionnés, Angèle et Richard Rocle. Madame assure un service à la fois efficace et chaleureux dans l'élégant cadre contemporain de la salle, tandis que le chef mitonne une cuisine actuelle entre terroir et modernité, qui fait la part belle aux petits producteurs. Porc fermier élevé en plein air, escargots, safran, fromage de chèvre, herbes sauvages ramassées par un cueilleur : tout est produit aux alentours.

🕸 ♿ ⌨ 🅿 – Prix : €€€

200 route des Cépages – ℰ 04 75 94 74 13 – www.auberge-de-montfleury.fr – Fermé mardi et mercredi, et dimanche soir

SAINT-GERMAIN-DES-VAUX

✉ 50440 – Manche – Carte régionale n° **2**–A1

LE MOULIN À VENT

CUISINE MODERNE • TENDANCE Sur la route des Caps, on se réfugie avec plaisir dans cette ancienne auberge de pays : au menu, une carte courte, des produits locaux (pigeon, agneau, poisson, ormeaux) pour une cuisine inventive avec une attirance à peine dissimulée pour le Japon. A déguster dans une salle épurée, avec vue sur la mer face à l'Anse Saint-Martin.

◁ 🛐 🅿 – Prix : €€

10 route de Port-Racine – ℰ 02 33 52 75 20 – www.le-moulin-a-vent.fr – Fermé vendredi et samedi midi

SAINT-GERMAIN-EN-LAYE

✉ 78112 – Yvelines – Carte régionale n° **11**–B1

AU FULCOSA

CUISINE MODERNE • CONVIVIAL Fulcosa signifie "fougère" en latin : la plante, en effet, tapissait les forêts alentour... Les propriétaires ont le sens de l'histoire et du... goût ! Dans le décor chaleureux de leur "bistrot culinaire", ils nous régalent d'une bonne cuisine de saison, entre tradition et innovation – à l'image de ces ravioles de champignons dans un bouillon de poule, lardons et noisettes...

♿ ⌨ – Prix : €€

2 rue du Maréchal-Foch, à Fourqueux – ℰ 01 39 21 17 13 – www.aufulcosa.fr – Fermé lundi et dimanche

LE WAUTHIER BY CAGNA

CUISINE MODERNE • BISTRO Risotto du Piémont au homard et beurre blanc, escalopes de ris de veau braisées, mousseline de céleri et sauce Albufera... Une cuisine bien dans l'air du temps, réalisée avec de bons produits du marché : voilà la promesse de cette sympathique maison saint-germanoise au joli intérieur de bistrot chic. Service attentionné.

⌖ – Prix : €€

31 rue Wauthier – ☏ 01 39 73 10 84 – www.restaurant-wauthier-by-cagna.fr – Fermé lundi, dimanche et mercredi midi

SAINT-GERMAIN-LÈS-ARLAY

✉ 39210 – Jura – Carte régionale n° **13**–B3

HOSTELLERIE SAINT-GERMAIN

CUISINE MODERNE • ÉLÉGANT Face à l'église, ce sympathique relais de poste du 17e s. a été entièrement rénové avec élégance dans un style sobre et lumineux. Le chef travaille des produits du terroir – souvent bio – et concocte une cuisine gourmande, accompagnée de bons vins du Jura. Pour l'étape, des chambres confortables, plus calmes côté terrasse.

& 🅰 ⌂ ⌖ 🅿 – Prix : €€

635 Grande-Rue – ☏ 03 84 44 60 91 – www.hostelleriesaintgermain.com

SAINT-GERVAIS-LES-BAINS

✉ 74170 – Haute-Savoie – Carte régionale n° **21**–D2

LA FERME DE CUPELIN

CUISINE RÉGIONALE • MONTAGNARD Tout juste repris par Florian et Loriane Langellier, un jeune couple au CV alléchant (Four Seasons de Megève avec Julien Gatillon, puis Flocons de Sel à Megève avec Emmanuel Renaut, L'Armancette et enfin au Père Bise avec Jean Sulpice, en pâtisserie pour lui et en salle pour elle), ce hameau hôtelier sur les hauteurs de la station est un petit havre de paix. Le menu unique met en avant le terroir local entre lacs (omble chevalier), rivières (écrevisse) et forêts (gibier actuellement), sans s'interdire de passer la frontière italienne (gnocchis à la noisette de Piémont et au lard de Colonnata). Un très agréable moment, alliant une vue idéale sur le mont Blanc à la cuisine moderne et goûteuse.

⇐ & ⌂ ⌖ 🅿 – Prix : €€€

198 route du Château – ☏ 04 50 93 47 30 – www.lafermedecupelin.com – Fermé mardi, mercredi et jeudi midi

ROND DE CAROTTE

CUISINE MODERNE • ÉPURÉ Elle, sommelière, vient de Nantes, tandis que lui, cuisinier, est originaire des Alpes. Ils emmènent en duo ce restaurant à la façade façon chalet, et à l'intérieur chaleureux. Carte courte réglée sur les saisons, assiettes savoureuses, fines et bien maîtrisées : une table qui ne manque pas d'atouts.

⌂ – Prix : €€

50 rue de la Vignette – ☏ 04 50 47 76 39 – www.ronddecarotte.com – Fermé mercredi et dimanche soir

LE SÉRAC

CUISINE MODERNE • CONTEMPORAIN Au centre de la station thermale, ce restaurant à l'entrée discrète dispose d'une grande salle lumineuse et épurée avec vue sur la montagne. Revendiquant une inspiration saisonnière, le chef réalise une partition fraîche et colorée. Pêche de lac du moment marinée au gin du Mont-Blanc ; tête de veau et foie gras poêlé, ravigote truffée et pommes macaire ; chaud-froid chocolaté aux noisettes du Piémont... Une sympathique adresse.

⪋ – Prix : €€€

22 rue de la Comtesse – ☏ 04 50 93 80 50 – www.3serac.fr – Fermé lundi, dimanche, et mardi et mercredi à midi

SOURCE

CUISINE MODERNE • COSY Filet de bœuf sauce Larmes du Tigre, chou pak-choï ; cœur de ris de veau doré à la sariette (la spécialité du chef) : voilà un restaurant traditionnel comme on les aime, qui cuisine bon et simple. Derrière ce bon plan du cœur de la station, on trouve deux pros venus d'Annecy, qui n'oublient pas de rendre hommage aux produits locaux.

⅋ 🅰🅺 – Prix : €€

43 avenue du Mont-d'Arbois – ☏ 04 57 44 41 35 – www.source-restaurant-saint-gervais.com – Fermé lundi, dimanche et du mardi au vendredi à midi

LA TABLE D'ARMANTE

CUISINE MODERNE • CHIC Au sein d'un hôtel au luxe discret, ce restaurant de montagne chic et contemporain (bois, pierre, velours, cuisines ouvertes) est emmené par le chef Fabien Laprée, formé dans les belles maisons et finaliste MOF en 2018. Il propose une carte actuelle qui évolue au fil des saisons, où se succèdent de beaux produits, essentiellement régionaux. L'été, la terrasse offre une jolie vue sur les Dômes de Miage.

🕸 ⅋ 🍽 – Prix : €€€

L'Armancette, 4088 route de Saint-Nicolas – ☏ 04 50 78 66 00 – www.armancette.com/fr – Fermé mercredi, jeudi et du vendredi au dimanche à midi

🛏 L'ARMANCETTE   🌐 Plus

MODERNE • FAMILIAL Un village charmant, une église baroque, un hôtel de montagne intimiste et luxueux aux matériaux choisis (pierre, bois, tissus précieux). Voilà pour la carte postale. On apprécie les chambres confortables, dont beaucoup sont adaptées à des familles (de 3 à 6 personnes), mais aussi le spa avec piscine intérieure et extérieure, le fitness dernier cri, ainsi que le bar à cocktails et le salon de thé.

⅋ 🐎 🅿 🔄 ⛎ 💆 🏊 🛁 🍽 – 19 chambres

4088 route de Saint-Nicolas – ☏ 04 50 78 66 00 – www.armancette.com

La Table d'Armante - Voir la sélection des restaurants

🛏 LA FERME DE CUPELIN

MONTAGNARD • CHARME Sur les hauteurs de Saint-Gervais, avec vue sur le massif du Mont-Blanc, cette ferme datant de 1870 porte haut le flambeau de l'esprit montagnard : le feu crépite dans la cheminée, les tableaux de gibier et autres peaux de bêtes habillent l'espace… et l'accueil est charmant.

🅿 🔄 🛎 🚲 🍽 - 7 chambres

198 route du Château – ☏ 04 50 93 47 30 – www.lafermedecupelin.com

La Ferme de Cupelin - Voir la sélection des restaurants

🛏 LE SAINT GERVAIS HÔTEL & SPA

CLASSIQUE • ÉLÉGANT Si Saint-Gervais-les-Bains est une station de ski, elle doit son nom aux thermes qui firent sa réputation bien avant l'invention des sports d'hiver. C'est dans cette tradition que s'inscrit le Saint Gervais Hôtel & Spa, installé dans une ravissante bâtisse Art nouveau (classée) du début du 20ᵉ s. Tout en élégance contemporaine, il dispose de chambres et de suites réparties entre le bâtiment d'origine et l'annexe récente. Toutes allient une atmosphère rétro à un cadre et un confort modernes. Le spa est doté d'une piscine intérieure, d'un jacuzzi, d'un sauna et de quatre salles de soin, tandis que la petite piscine extérieure offre une belle vue sur le village et les montagnes.

🅿 🔄 🌡 ⛎ 🏊 💆 🍽 🅰🅺 - 75 chambres

680 rue du Mont Lachat – ☏ 04 86 80 74 74 – www.lesaintgervais.com

SAINT-GERVAIS-SUR-MARE

✉ 34610 – Hérault – Carte régionale n° **27**–C1

L'ORTENSIA

CUISINE MODERNE • ÉLÉGANT Lui manque-t-il un "h" ? Non : c'est ainsi que l'on orthographie cette plante en occitan. Le restaurant renaît une nouvelle fois grâce à un duo sœur-frère, Lise et Mathieu, dont la démarche est limpide : respect du client, vérité du produit (local), petite carte des vins bien composée, partage d'un plaisir simple. Le tour est joué.

⇐ 点 ⅏ 斎 ⇄ **P** – Prix : €€

Domaine de la Pièce – ℰ 04 99 42 00 91 – www.lortensia.fr – Fermé lundi, mardi midi et dimanche soir

SAINT-GILLES-CROIX-DE-VIE

✉ 85800 – Vendée – Carte régionale n° **14**–A2

L'INATTENDU

CUISINE MODERNE • CONTEMPORAIN Perdu au milieu des pavillons et des résidences secondaires, cette table surgit effectivement de manière inattendue. La surprise n'en est que meilleure : depuis les amuse-bouches jusqu'au dessert, on y déguste une cuisine de produits frais et locaux (dont quelques herbes issues du potager du propriétaire), savamment travaillée (y compris les gels d'hibiscus, de safran ou de citron, les glaces et les mousses). Esturgeon, endives et kombucha ; savoureuse poitrine de cochon cuit 48h, patate douce et hibiscus ; chocolat, caramel et safran. Enfin, l'accueil est chaleureux, l'enthousiasme de l'équipe palpable. Une adresse qui fait le bonheur des locaux et des touristes.

点 斎 – Prix : €€

18 avenue de la Plage – ℰ 02 51 26 98 49 – www.restaurant-l-inattendu.fr – Fermé lundi et mardi

SAINT-GIRONS

✉ 09200 – Ariège – Carte régionale n° **26**–C3

L'AUBERGE D'ANTAN

CUISINE TRADITIONNELLE • RUSTIQUE Dans l'ancienne grange du château, cette salle en impose par sa hauteur sous charpente ; jambons suspendus, pierres et poutres dégagent une belle atmosphère campagnarde. On retrousse ses manches au moment de s'attabler face à l'immense cheminée, où sont préparés grillades, plats traditionnels et cochons de lait...

⇔ 点 ⅏ 斎 **P** – Prix : €€

Avenue de la Résistance – ℰ 05 61 64 11 02 – www.chateaubeauregard.net – Fermé lundi, mardi et samedi à midi, et dimanche soir

SAINT-GRÉGOIRE

✉ 35760 – Ille-et-Vilaine – Carte régionale n° **9**–B1

✿✿ MAISON RONAN KERVARREC

Chef : Ronan Kervarrec

CUISINE MODERNE • ÉLÉGANT Un hommage vivant et gourmand à "sa" Bretagne ! Loin des modes, Ronan Kervarrec s'épanouit dans sa région natale pour raconter en cuisine son histoire, personnelle et professionnelle. Et elle vaut la peine d'être écoutée, pardon goûtée, cette histoire gourmande, ponctuée de sarrasin, lait ribot, poissons, coquillages, crustacés, beurre, algues, gavotte, chouchen et autre sablé breton... Rendant un bel hommage à son père qui fut saucier au George V, le chef réalise des jus et sauces d'une grande maîtrise, tantôt sur la puissance, tantôt sur la délicatesse. À savourer derrière les larges baies vitrées ouvertes sur la terrasse, face au charmant jardin. Accueil et service très professionnels par l'épouse du chef et son équipe. Chambres pour l'étape et petite boutique d'épicerie fine pour emporter un souvenir gourmand.

🦋 🛵 🏖 ᇰ 🎢 🏗 ⇔ 🅿 – Prix : €€€€

1 impasse du Vieux-Bourg – 𝒸 02 99 68 79 35 – www.le-saison.com/fr – Fermé lundi et dimanche

SAINT-HILAIRE-DE-BRETHMAS
✉ 30560 – Gard – Carte régionale n° **28**–B2

🥐 LE SAINT HILAIRE Ⓝ

Chef : Sébastien Rath

CUISINE MODERNE • CONTEMPORAIN Le chef Sébastien Rath (ex-restaurant Le Riche à Alès) et son épouse Gwladys se sont encore rapprochés des Cévennes (dont le chef utilise les herbes sauvages) en s'installant dans cette ancienne auberge avec sa terrasse jardin et sa belle salle lumineuse aux tons doux. La démarche locale et locavore du cuisinier s'exprime toujours à plein, qu'il s'agisse de ses produits (lotte de petite pêche du Grau-du-Roi, veau de l'Aveyron, fruits des vergers alentours), de ses couteaux de table et même des jeans de son équipe fabriqués en Lozère. Ses deux menus à l'aveugle dévoilent une cuisine d'inspiration saisonnière où la sincérité et l'engagement du chef s'expriment à chaque plat, à l'image de la lotte, aubergine, condiment miso et sauce citron.

♿ 🏗 🅿 – Prix : €€€

5 rue André-Schenk – 𝒸 04 66 52 30 87 – www.lesainthilairebysebastienrath.com – Fermé du lundi au mercredi

🥐 L'engagement du chef : Au Saint Hilaire, pas de menu fixe, simplement un choix entre deux propositions surprise, qui mettent en valeur les meilleurs produits locaux, au rythme des saisons. Poissons du Grau-du-Roi, truite des Fumades, porc fermier des Cévennes, veau et agneau de Lozère, pigeon des Costières, herbes sauvages... En salle, vous trouverez des couteaux artisanaux et la vaisselle d'un potier d'Alès ; les jeans du personnel sont fabriqués à Florac.

SAINT-HIPPOLYTE
✉ 68590 – Haut-Rhin

🛏 LE PARC

CLASSIQUE • RAFFINÉ Un hôtel cosy où les chambres sont à la fois tendance et raffinées. Pour décompresser, on profite de l'espace détente et de la piscine. Un programme des plus plaisants !

🅿 🐾 ᇰ 🏊 ☯ 🐟 🎢 🧖 🍸 - 32 chambres

6 rue du Parc – 𝒸 03 89 73 00 06 – www.le-parc.com

SAINT-JEAN-AUX-BOIS
✉ 60350 – Oise – Carte régionale n° **5**–C2

🥐 AUBERGE À LA BONNE IDÉE

Chef : Sébastien Tantot

CUISINE MODERNE • TRADITIONNEL Le chef Sébastien Tantot (ancien chef exécutif de Gérald Passedat au Petit Nice à Marseille) s'épanouit dans cette jolie auberge (pierres, poutres, cheminée...) située sur la route de Pierrefonds, en pleine forêt de Compiègne, dans un village médiéval. Comme en attestent ces menus uniques très axés sur le végétal, le chef met particulièrement en valeur les légumes, les fruits, les herbes et plantes aromatiques de ses potagers au travers d'une cuisine esthétique, raffinée et équilibrée, à l'image de cet audacieux montage de lamelles de champignons de Paris crus et de foie gras, et cubes d'anguille.

🗫 🍴 🍷 **P** – Prix : €€€€

3 rue des Meuniers – ☏ 03 44 42 84 09 – www.sebastien-tantot.com/fr – Fermé lundi et mardi, et dimanche soir

SAINT-JEAN-CAP-FERRAT

 06230 – Alpes-Maritimes – Carte régionale n° **29**–E2

🌼 LE CAP

CUISINE CRÉATIVE • **LUXE** Mettez le cap sur ce palace mythique du début du 20e s. ! Situé tout au bout d'une péninsule magique face à la grande bleue, le Grand-Hôtel du Cap-Ferrat est caché au milieu de jardins luxuriants où les people du monde entier aiment à flâner. Pour vous attabler, vous aurez le choix entre la superbe salle à manger ou la terrasse rafraîchie par les immenses pins d'Alep... Aux fourneaux, on trouve le chef Yoric Tièche, natif d'Aix-en-Provence. Il puise son inspiration dans l'histoire de la Provence gourmande et met superbement en valeur les produits méditerranéens, à l'image de ce filet de rouget laqué d'une harissa douce, socca de pois chiches croustillante fleurie d'herbes fraîches. Quant au dessert du pâtissier, Pierre-Jean Quinonero, il est loin de démériter à l'image de sa tartelette mandarine citron.

🐝 🗫 🍴 ♿ 🅐🅒 🍷 ⇧ 🅿 **P** – Prix : €€€€

Grand Hôtel du Cap-Ferrat, 71 boulevard du Général-de-Gaulle – ☏ 04 93 76 50 50 – www.fourseasons.com/fr/capferrat/dining/restaurants/le_cap – Fermé lundi, dimanche et du mardi au samedi à midi

LA TABLE DU ROYAL

CUISINE MÉDITERRANÉENNE • **ÉLÉGANT** Geoffroy Szamburski exécute avec talent une partition moderne, respectueuse des saisons et de l'environnement, qui met en valeur les produits de la Riviera et de l'arrière-pays (gamberoni de San Remo oxalis, citron de Menton). Côté desserts, le chef pâtissier Lucas Simoncini n'est pas en reste avec son soufflé noisette du Piémont, crème glacée. À déguster en terrasse, avec la mer à perte de vue...

≼ ♿ 🅐🅒 🍷 🅿 **P** – Prix : €€€€

Royal Riviera, 3 avenue Jean-Monnet – ☏ 04 93 76 31 00 – www.royal-riviera. com/restaurants-et-bars/la-table-du-royal – Fermé du lundi au mercredi et du jeudi au dimanche à midi

🛏 GRAND HÔTEL DU CAP-FERRAT

CLASSIQUE • **RAFFINÉ** Le parc avec ses majestueux pins parasols, la vue sublime sur la côte, la somptueuse piscine à débordement, les chambres luxueuses avec leur moblier ivoire ou les suites dotées d'une piscine privée... Ce grand hôtel mythique, né en 1908, est l'incarnation même du chic et du glamour de la Côte d'Azur. Tout ici invite à prendre le temps, comme le firent autrefois Winston Churchill, Elizabeth Taylor et d'autres illustres figures...

🅿 **P** 🛋 🍴 🚲 ⌇ ❀ 🛜 🧖 🍴 🅐🅒 - 73 chambres

71 boulevard Général de Gaulle – ☏ 04 93 76 50 50 – www.grand-hotel-cap-ferrat.com

🌼 **Le Cap** - Voir la sélection des restaurants

🛏 ROYAL RIVIERA

CONTEMPORAIN • **MARITIME** Une bâtisse construite en 1904, avec son beau jardin. La plupart des chambres donnent sur la Grande Bleue et, dans l'Orangerie, elles adoptent un style entre contemporain et provençal chic. Plage privée, belle piscine.

♿ 🅿 🗫 🍴 ⌇ ❀ 🛜 🧖 🍴 🅐🅒 - 94 chambres

3 avenue Jean Monnet – ☏ 04 93 76 31 00 – www.royal-riviera.com

La Table du Royal - Voir la sélection des restaurants

SAINT-JEAN-D'ARVEY

✉ 73230 – Savoie – Carte régionale n° **21**–C2

LE SAINT JEAN

CUISINE MODERNE • MONTAGNARD Comment ne pas autant se délecter ici du paysage comme de l'assiette ? Sur une route sinueuse du massif des Bauges, une ancienne auberge de village regarde en contrebas le bassin chambérien. Lui connaît bien la musique, apprise dans les belles maisons, elle, aime le vin et trouve les bons mots pour aiguiser l'appétit. Dans l'assiette, un véritable catalogue de produits locaux (poissons de lac, agneau du coin...) dont le chef révèle le goût et le caractère à travers une belle cuisine moderne de saison. Menus surprises qui invitent à "lâcher prise"...

⇐ 🏠 **P** – Prix : €€

2496 route des Bauges – ☎ 04 79 75 04 41 – www.lesaintjeanrestaurant.fr –
Fermé lundi, dimanche, et mardi et mercredi à midi

SAINT-JEAN-DE-BLAIGNAC

✉ 33420 – Gironde – Carte régionale n° **22**–C2

L'AUBERGE SAINT JEAN

CUISINE CRÉATIVE • ÉLÉGANT Un couple de professionnels préside aux destinées de cette auberge nichée au bord de la Dordogne, visible par les baies vitrées.
Au programme : un menu qui marie les ingrédients d'ici (foie gras, colvert) aux
influences d'ailleurs, jusqu'au dessert, créatif comme il se doit dans cette maison, à
l'image de cette pastilla de pomme au vinaigre de gingembre, crème au shiso vert,
vinaigrette sésame noir et sorbet pomme compote.

♿ 🅰🅲 – Prix : €€€

8 rue du Pont – ☎ 05 57 74 95 50 – www.aubergesaintjean.com – Fermé mardi et
mercredi, et dimanche soir

SAINT-JEAN-DE-LUZ

✉ 64500 – Pyrénées-Atlantiques
– Carte régionale n° **25**–A2

Un panier bien garni, rempli des deux côtés des Pyrénées

Face à l'océan, dotée d'une baie superbe, cette petite cité dégage une exquise douceur de vivre. On la savoure en farniente sur la Grande Plage ou en balades dans le petit port de pêche. Autour de la place Louis-XIV s'étalent de nombreuses terrasses. Lieu de rendez-vous des Luziens, cette place vit en été au rythme des manifestations et concerts. On y trouve la Maison Adam, dont les macarons, gâteaux basques, tourons et chocolats, mettent l'eau à la bouche ! On continue avec la Maison Thurin, qui déniche de part et d'autre de la frontière franco-espagnole des produits d'exception : jambon de Bayonne, fromages de brebis, piments d'Espelette, foie gras, et tant d'autres. Enfin, les superbes Halles, inaugurées en 1884, valent le coup d'œil ; elles accueillent des producteurs "indépendants" de la région, et notamment les poissons de la petite flotte luzienne.

 LE KAÏKU

Chef : Nicolas Borombo

CUISINE MODERNE • COSY Au cœur de la station qui vit les épousailles de Louis XIV et de l'infante d'Espagne Marie-Thérèse d'Autriche, on se réfugie avec plaisir dans la maison qui serait la plus ancienne de la cité corsaire (16ᵉ s.). Derrière ces hauts murs et ces fenêtres à meneaux se cache un restaurant élégant emmené par Nicolas Borombo, un basque de Bayonne, fils et petit-fils de rugbymen. qui s'y est installé après une solide expérience parisienne, au Crillon avec Dominique Bouchet Jean-François Piège, ainsi qu'au George V avec Philippe Legendre. Amoureux de son terroir, il signe une cuisine originale et raffinée, qui valorise le terroir tout en s'autorisant quelques touches créatives.

Prix : €€€

Plan : B1-2 – *17 rue de la République* – ☏ *05 59 26 13 20* – *www.kaiku.fr* – *Fermé lundi et dimanche*

AHO FINA

CUISINE MODERNE • ÉLÉGANT Sur la plage, face aux flots, ce Grand Hôtel de style Empire en impose ! Le restaurant Aho Fina régale ses hôtes avec une cuisine inspirée par l'Océan et le Pays basque, le tout sous influence locavore : risotto aux chipirons, encre de seiche et citron confit ; duo de pièces de veau en basse température et mousseline de haricots rouges ; petits babas bouchons au patxaran... Menu bistronomique au déjeuner, plus ambitieux le soir.

꙰ ⪻♿🅿️⛱️🍴 – Prix : €€€

Plan : B1-3 – *43 boulevard Thiers* – ☏ *05 59 26 35 36* – *www.luzgrandhotel.fr*

L'ESSENTIEL

CUISINE MODERNE • CONTEMPORAIN En retrait de l'agitation touristique, le chef Morgan Ortéga est allé à… l'essentiel : esprit loft industriel, avec cuisine ouverte, verrière, cave en transparence et banquettes en cuir. Et dans l'assiette : des produits du terroir métamorphosés grâce à une cuisine du marché où tous les fondamentaux répondent présents pour notre plus grand plaisir.

&⠿⌂ – Prix : €€

Plan : B1-5 – *3 rue Vincent-Barjonnet* – ℰ *05 47 02 41 47* – *www.lessentiel-saint-jean-de-luz.fr* – *Fermé lundi et dimanche*

ILURA

CUISINE MODERNE • CONTEMPORAIN Au sein de l'hôtel La Réserve situé sur les hauteurs de St-Jean-de-Luz, avec une superbe terrasse en surplomb de l'Océan, cette élégante table promet un joli moment de gastronomie. On se délecte de beaux produits de la mer, d'une fraîcheur irréprochable, en provenance du port de Saint-Jean-de-Luz.

⪕⌂&⌂⌂⌂⌂ – Prix : €€€

Hors plan – *Rond-Point Sainte-Barbe* – ℰ *05 59 51 32 00* – *www.hotel-lareserve.com* – *Fermé lundi et dimanche soir*

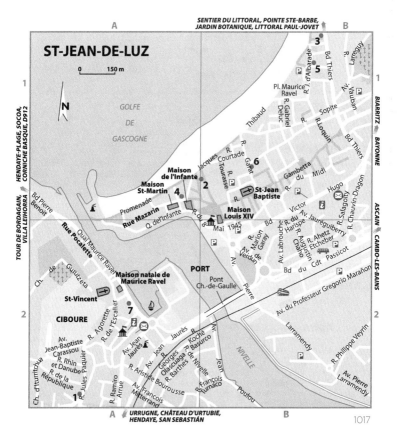

INSTINCTS

CUISINE MODERNE • TENDANCE Belle surprise que cette jeune adresse, tenue par un couple dynamique qui s'en va revisiter la bonne gastronomie de bistrot, dans un lieu contemporain -briquette, bois, et cuisine ouverte. Tartare de thon, groseilles, fenouil ; bœuf maturé, courgette, olive noire : on se régale ! Un coup de cœur.
Prix : €€
Plan : B1-6 – *20 rue Joseph-Garat* – ℰ *05 59 24 66 98* – *www.restaurant-instincts.com* – *Fermé lundi et mardi, et dimanche soir*

ZOKO MOKO

CUISINE MODERNE • CONVIVIAL Dans l'ancien quartier de pêcheurs de la ville, cette table, une véritable institution locale, est bien connue des Luziens. On y propose une jolie cuisine actuelle dans un décor historique plein de charme (vieilles pierres et grande cheminée), ou sur la petite terrasse. Le soir, l'offre gastronomique prend du galon avec les menus dégustation proposés et leur florilège de produits nobles. Réservation obligatoire.
🛋 – Prix : €€
Plan : A1-4 – *6 rue Mazarin* – ℰ *05 59 08 01 23* – *www.zoko-moko.com* – *Fermé lundi et dimanche*

🛏 ### GRAND HÔTEL THALASSO & SPA

MODERNE • COSY Élevé en 1909 face à l'océan, cet hôtel balnéaire de la Belle Époque séduit par ses chambres très confortables, dans un esprit contemporain élégant, les plus prisées offrant un superbe panorama sur la baie de St-Jean-de-Luz. Au sous-sol, bel espace de thalassothérapie et spa de 1000 m², zen et cosy.
♨🅿🍽🛁🌀♨🛋🍴◎🅰🅺 - 52 chambres
43 boulevard Thiers – ℰ *05 59 26 35 36* – *www.luzgrandhotel.fr*
Aho Fina - Voir la sélection des restaurants

SAINT-JEAN-DE-SIXT
✉ 74450 – Haute-Savoie – Carte régionale n° **21**–C1

LE CAIRN

CUISINE MODERNE • MONTAGNARD Sur la route des stations de la chaîne des Aravis, entre la Clusaz et le Grand Bornand, ce petit chalet d'alpage est à marquer d'une pierre blanche...tel un cairn ! Dans une petite salle chaleureuse d'esprit montagnard, Adrien aux fourneaux et Charline (tout sourire) savent indéniablement y faire pour réjouir leurs fidèles. Dans l'assiette, le chef crée des assiettes bluffantes, pleines de saveurs et de fraîcheur : soupe froide de laitue à la crème de lard paysan, goûteuse à souhait ; médaillons d'agneau de lait fermier aussi rosés que tendres...
♿🅺🛋 – Prix : €€
41 route de Thônes – ℰ *04 50 10 82 45* – *www.lecairn-stjean.fr* – *Fermé lundi, dimanche et du mardi au vendredi à midi*

SAINT-JEAN-DE-TRÉZY
✉ 71490 – Saône-et-Loire – Carte régionale n° **17**–C2

DOMAINE DE RYMSKA

CUISINE MODERNE • COSY Au cœur de la campagne entre Beaune et Chalon-sur-Saône, cette table et son hôtel de charme trônent au milieu d'un vaste domaine comprenant des étangs, un haras et une ferme qui fournit un certain nombre de produits de belle qualité : bœuf charolais et Wagyu, œufs, volailles, fruits et légumes... Puisant aussi dans les produits nobles, la cuisine du chef trouve parfois des inspirations plus lointaines : ceviche de dorade au citron vert et lait de coco ; Saint-Jacques, gyozas de champignons et sauce Noilly Prat ; mandarine, orange et poivre de Timut. La belle salle à manger arbore murs en pierre, plafond avec poutres et une imposante cheminée où le feu crépite. Carte des vins extraordinaire.

&& ⇦⇥❖🅿 – Prix : €€€

1 rue du Château-de-la-Fosse – ℰ 03 85 90 01 01 – www.domaine-rymska.com

🛏 DOMAINE DE RYMSKA

CLASSIQUE • CHAMPÊTRE Sur la route des vins, au cœur d'un domaine agricole de 80 ha, ce bel établissement a trouvé l'équilibre du luxe (vastes chambres décorées avec goût, chacune portant le nom d'un cheval né sur l'exploitation) et du naturel. Service attentionné, piscine extérieure chauffée.

&🅿⇦🍴🅰 - 14 chambres

1 rue du Château de la Fosse – ℰ 03 85 90 01 01 – www.domaine-rymska.com

Domaine de Rymska - Voir la sélection des restaurants

SAINT-JEAN-EN-VAL

✉ 63490 – Puy-de-Dôme – Carte régionale n° **20**–B2

LA BERGERIE DE SARPOIL

CUISINE MODERNE • CLASSIQUE Marie et Marc-Antoine Ichambe vous invitent à déguster une cuisine gourmande et moderne, à base notamment de produits locaux (cèpe, cantal, carotte ou pomme de terre travaillés en différentes textures), dans une agréable salle à manger ou sur la terrasse avec fontaine. Le chef réalise des assiettes soignées et propose un menu unique déclinable selon vos envies, tout en s'adaptant à ses fournisseurs au quotidien. Une référence dans la région.

&🚗🅿 – Prix : €€€

Lieu-dit Sarpoil – ℰ 04 73 71 02 54 – www.labergeriedesarpoil.com – Fermé du lundi au mercredi et dimanche soir

SAINT-JEAN-PIED-DE-PORT

✉ 64220 – Pyrénées-Atlantiques – Carte régionale n° **25**–A3

LES PYRÉNÉES

CUISINE CLASSIQUE • FAMILIAL Une institution à St-Jean-Pied-de-Port. Dans le décor comme dans l'assiette, ces Pyrénées cultivent le goût du Pays basque avec délicatesse et finesse. Renouvelées sur le fondement de produits de grande qualité, les assiettes sont pleines d'allure.

🅰 – Prix : €€€

19 place Charles-de-Gaulle – ℰ 05 59 37 01 01 – www.hotel-les-pyrenees.com/fr – Fermé lundi et mardi

SAINT-JOACHIM

✉ 44720 – Loire-Atlantique – Carte régionale n° **9**–A3

❀ LA MARE AUX OISEAUX

Chef : Eric Guérin

CUISINE CRÉATIVE • ÉLÉGANT Grand voyageur, amoureux des oiseaux (qui s'ébattent en liberté dans son jardin), Éric Guérin s'est créé un univers qui n'appartient qu'à lui. Sur une île ceinturée de canaux circulaires, au cœur du parc naturel régional de Brière, il s'est immergé dans son terroir pour le réinterpréter de superbe façon. Avec des ingrédients de premier choix, il compose une cuisine "nature" qui a de la personnalité, de l'allure, de la délicatesse, de la fraîcheur... et confine même à la poésie par instants. Le charme des lieux, et notamment les chambres "exotiques" pour prolonger le séjour, la gentillesse et l'efficacité de l'accueil d'une jeune équipe enthousiaste font le reste !

&& ⇦⇥🚗🅿 – Prix : €€€€

223 rue du Chef-de-l'Île-Fedrun – ℰ 02 40 88 53 01 – www.mareauxoiseaux.fr/fr – Fermé lundi et mardi

SAINT-JOSSE

✉ 62170 – Pas-de-Calais – Carte régionale n° **4**–A2

AUBERGE DU MOULINEL

CUISINE TRADITIONNELLE • AUBERGE Un petit air de campagne chic pour cette paisible auberge entre Le Touquet Montreuil-sur-Mer. Le chef sélectionne ses produits avec soin pour réaliser une cuisine traditionnelle savoureuse et appliquée. Les spécialités de la maison : salade de homard, pigeon en deux cuissons, millefeuille pâtissier crème mousseline... Tout est fait maison, y compris le pain et les glaces !

🛬 🆎 🅿 – Prix : €€€

116 chaussée de l'Avant-Pays, Le Moulinel – 𝓒 03 21 94 79 03 – www.aubergedumoulinel.com – Fermé lundi et mardi, et dimanche soir

SAINT-JOUIN-BRUNEVAL

✉ 76280 – Seine-Maritime

🛏 ### LES PINS DE CÉSAR

CLASSIQUE • FAMILIAL Proche d'Étretat et de ses célèbres falaises dont Arsène Lupin fit son refuge, au cœur d'un parc forestier de 20 ha, cette maison de famille et ses dépendances ont été transformées en un hôtel de charme. Au choix, les chambres, cosy et feutrées, ou le chalet, idéal pour les familles ; et pour tous, le très beau spa, assorti d'un insolite sauna nordique en pleine nature... Une adresse élégante, idéale pour se reposer, loin du bruit et de la pollution.

🅿 ⌕ 🛬 🚲 ⌿ 💯 🏊 ♨ - 14 chambres

1 chemin des Échos – 𝓒 02 32 73 69 10 – www.lespinsdecesar.com

SAINT-JULIEN-CHAPTEUIL

✉ 43260 – Haute-Loire – Carte régionale n° **20**–C2

😊 ### VIDAL

CUISINE TRADITIONNELLE • ÉLÉGANT Au sein de ce restaurant familial ouvert en 1984, les Vidal (père, fils et belle-fille en cuisine, madame en salle) proposent un répertoire gourmand qui joue la tradition intelligente : des plats goûteux qui mettent en valeur l'univers des petits producteurs locaux (agneau noir du Velay, bœuf fin gras du Mézenc, maraîchers...). Mention spéciale pour le pâté en croûte d'Aurélien, une belle prouesse technique.

Prix : €€

Place du Marché – 𝓒 04 71 08 70 50 – www.restaurant-vidal.com/fr – Fermé lundi, et mardi, mercredi et dimanche soir

SAINT-JULIEN-EN-VERCORS

✉ 26420 – Drôme – Carte régionale n° **24**–B1

😊 ### CAFÉ BROCHIER

CUISINE MODERNE • VINTAGE Une institution dans ce village du Vercors que cette belle bâtisse de 1867 (reprise récemment par un jeune couple enthousiaste), qui abrite un café historique, orné de fresques de 1912. On y propose un menu de produits essentiellement sourcés sur le plateau du Vercors, qui change régulièrement. Le respect des saisons va de pair avec celui des produits, des cuissons et des goûts, bref, c'est du tout bon, y compris les 3 chambres à l'étage.

🍴 – Prix : €

4 place de la Fontaine – 𝓒 04 75 48 20 84 – www.cafebrochier.com – Fermé mardi et mercredi

SAINT-JUNIEN

✉ 87200 – Haute-Vienne – Carte régionale n° **19**–B2

LAURYVAN

CUISINE MODERNE • COSY Dans le cadre verdoyant d'un petit bois tout proche de la Vienne, attablé sur la jolie terrasse avec vue sur l'étang, on profite d'une cuisine soignée, réglée sur les saisons : œuf confit bio, crémeux de panais, copeaux de cantal et chips de jambon ; croustillant d'agneau confit aux épices douces, patate douce et asperges blanches... À noter : on peut choisir le "côté restaurant" ou le "côté bistrot".

🕸 ⇱🖳🕭🖒🅿 – Prix : €€

200 allée du Bois-au-Bœuf – ℰ 05 55 02 26 04 – www.lauryvan.fr – Fermé lundi, et jeudi et dimanche soir

SAINT-JUSTIN

✉ 40240 – Landes – Carte régionale n° **25**–C1

LES ALLÉES ⓝ

CUISINE MODERNE • CONTEMPORAIN Antoine et Coralie se sont rencontrés dans le restaurant doublement étoilé de Jean Cousseau (le Relais de la Poste à Magescq) après des postes sérieux en France et en Espagne. Cet ancien café-restaurant a été rénové dans un subtil mélange de vintage et de moderne (béton ciré au sol mais poutres apparentes). Côté cuisine, cette paire de pros a parié sur le goût en revisitant des recettes traditionnelles, souvent piquetées de banderilles ibériques : tête de veau en croquette ; poireaux vinaigrette ; ris de veau au sautoir ; poulpe grillé, etc. Deux terrasses, l'une sur le devant et l'autre dans la cour à l'abri de la rue.

🕭🅰🕭 – Prix : €€

17 allée Gaston-Phoebus – ℰ 06 65 18 49 69 – Fermé lundi, mardi et dimanche

SAINT-LANGIS-LÈS-MORTAGNE

✉ 61400 – Orne – Carte régionale n° **2**–D3

LES PIEDS DANS L'EAU

CUISINE MODERNE • CONTEMPORAIN Construit au fond du bourg et au milieu des champs, cet ancien moulin se tient aussi près d'un étang : difficile de faire plus bucolique ! Un chef appliqué y envoie une cuisine de bistrot moderne à grand renfort de petits plats généreux à l'instar de ce filet mignon de porc, sauce foie gras ou de son dessert riz, fraise, pistache. Ambiance chaleureuse et décontractée, le regard perdu dans les prairies...

🕭🕭 – Prix : €

26 chemin de la Folle-Entreprise – ℰ 02 33 25 31 44 – www.restaurant-lespiedsdansleau.com – Fermé lundi et dimanche, et mercredi soir

SAINT-LARY-SOULAN

✉ 65170 – Hautes-Pyrénées – Carte régionale n° **25**–D3

LA GRANGE

CUISINE TRADITIONNELLE • RUSTIQUE Sur la route d'Autun, cette ancienne grange est aujourd'hui un restaurant chic et chaleureux, où règne une ambiance montagnarde. Dans l'assiette, une cuisine goûteuse et soignée, réalisée avec de beaux produits régionaux : tapas du terroir, côte de porc noir de Bigorre aux morilles... Une belle adresse.

🕭🕭🅿 – Prix : €€

13 route d'Autun – ℰ 05 62 40 07 14 – www.restaurant-saint-lary.com – Fermé mardi et mercredi

SAINT-LAURENT-DES-ARBRES

✉ 30126 – Gard

 APRÈS LA SIESTE

CLASSIQUE • CONVIVIAL Imaginez les charmes d'une maison d'hôtes de 1850, logée dans un petit village médiéval classé, avec tout ce que cela implique d'oliviers, de vignes et de jolis murs en pierre, mariés à un design épuré et une philosophie du bien-être. Ici se rencontrent la Méditerranée et l'Asie, deux atmosphères, deux arts de vivre. Piscine, massages ayurvédiques et crêpes de coco à l'appui, avant, pendant ou après la sieste. Une bulle zen au cœur de la Provence.

P 🛏 🌙 🅰🅲 - 6 chambres

358 rue Alexis Martin – 📞 *04 66 50 33 94 – www.apreslasieste.fr*

SAINT-LÉON-SUR-VÉZÈRE

✉ 24290 – Dordogne – Carte régionale n° **18**–D3

 LE PETIT LÉON

Chef : Nick Honeyman

CUISINE MODERNE • COSY Sud-africain, élevé en Nouvelle-Zélande et en Australie où il apprend la cuisine, Nick Honeyman prend goût à la France et à ses produits grâce à l'Arpège et surtout l'Astrance. Pascal Barbot l'a d'ailleurs orienté vers ce bistrot que notre globe-trotter a transformé en restaurant gastronomique. Portée par de jolis dressages, sa cuisine d'auteur joue des émulsions et des contrastes de saveurs réussis, avec beaucoup d'intelligence. Ouverte dans un village pittoresque, cette table saisonnière s'apprécie en terrasse face à un jardin à la pelouse manucurée. En salle et en sommellerie, l'épouse allemande du chef propose crus locaux, grands noms et quelques découvertes néo-zélandaises.

🦪 🍷 – Prix : €€€

Le Bourg – 📞 *05 53 51 18 04 – www.restaurantlepetitleon.fr – Fermé dimanche, lundi et mardi*

SAINT-LIEUX-LÈS-LAVAUR

✉ 81500 – Tarn – Carte régionale n° **27**–A1

 LE COLVERT

CUISINE MODERNE • RUSTIQUE Longtemps, cette charmante maison de 1860, baignée de verdure, a été une boulangerie-épicerie ; aujourd'hui, c'est un repaire gourmand ! Le chef concocte une cuisine du marché au gré des saisons – canard colvert, suprême de pintade farci de brousse et trompettes de la mort –, et réserve de beaux crus pour accompagner ses plats.

🍷 ♿ 🍷 ♻ P – Prix : €€

8 rue d'en Boyer – 📞 *05 63 41 32 47 – www.restaurantlecolvert.com – Fermé lundi, samedi midi et dimanche soir*

SAINT-LIZIER

✉ 09190 – Ariège – Carte régionale n° **26**–C3

 LE CARRÉ DE L'ANGE

CUISINE MODERNE • ÉLÉGANT Le chef Paul Fontvieille officie avec une passion intacte et une bonne humeur communicative. Tout feu tout flamme, il concocte des assiettes goûteuses et bien pensées : des plats créatifs comme ces nouilles soba artisanales au sarrasin ariégeois dans un bouillon aux herbes fraîches, ou plus traditionnels, à l'image de ce réconfortant axoa de veau. Installez-vous en terrasse, avec une vue époustouflante sur la vallée verdoyante... vous serez aux anges !

⇗⇖⇘⇙**P** – Prix : €€

chemin du Parc (Palais des Évêques) – ℰ 05 61 65 65 65 – www.lecarredelange.com
– Fermé lundi et dimanche soir

SAINT-LÔ

✉ 50000 – Manche – Carte régionale n° **2**–B2

⁂ INTUITION

Chef : Mickaël Marion

CUISINE MODERNE • CONTEMPORAIN À l'étage de la Brasserie Les Capucines (où la cuisine est évidemment plus simple), il faut gravir quelques marches pour mériter cette table intime et feutrée, qui fait face au château. Transfuge de Coutances où il régalait déjà ses fidèles, Mickaël Marion retrouve sa ville natale pour mieux laisser aller sa créativité. Défenseur depuis toujours des produits locaux, il aime herboriser dans la campagne et les marais pour cueillir des plantes et des herbes. De retour aux fourneaux, il en fait son miel à l'image de cette glace à la reine des prés, de ce pesto d'herbes sauvages et de livèche. Puis, dans ses assiettes, il parvient à marier avec subtilité d'excellents produits du terroir normand – Saint-Jacques, poissons de petits bateaux – et saveurs exotiques. Une table qui ne laisse pas indifférent.

Prix : €€€

1 rue Alsace-Lorraine – ℰ 02 33 05 14 91 – www.restaurant-intuition.fr –
Fermé lundi, mardi, mercredi et dimanche

SAINT-LOUIS

✉ 68300 – Haut-Rhin – Carte régionale n° **8**–B3

YAM

CUISINE THAÏLANDAISE • CONVIVIAL Le chef Chatchai Klanklong (chef patron de L'Orchidée, 1 étoile à Altkirch) et son frère Kriankai proposent ici une cuisine thaï pleine de saveurs à l'image de cette soupe de gambas au lait de coco (Tom Yam) ou ce carré de cochon ibérique maturé 30 jours avec chou-fleur, jus aux épices et au tamarin... On utilise de beaux produits, les saveurs sont franches et équilibrées, les cuissons maitrisées et les dressages soignés.

⅃ ⒶⒸ ⌂ **P** – Prix : €€

4 rue d'Altkirch – ℰ 03 89 91 27 28 – www.restaurant-yam.com – Fermé lundi et
dimanche

SAINT-LUNAIRE

✉ 35800 – Ille-et-Vilaine – Carte régionale n° **9**–A1

COMÈTE

CUISINE MODERNE • BISTRO Au cœur de la station balnéaire et de la plage, le chef patron Victor Nicolas montre dans chaque assiette qu'il n'a rien oublié de son parcours étoilé parisien, et notamment de son passage chez Christophe Pelé : recettes plutôt créatives, qualité des ingrédients, préparations assez brutes jouant l'efficacité, sauces élégantes, condiments punchy comme cette purée d'agrumes sur la barbue rôtie. La déco de cette petite salle bistrot rétro (vieux parquet en pin, mobilier chiné et dépareillé, luminaires au look vintage) fait le reste.

⌂ – Prix : €€

35 rue de la Grève – ℰ 02 23 18 15 99 – www.cometesaintlunaire.com – Fermé du
lundi au mercredi, du jeudi au samedi à midi, et dimanche soir

SAINT-MALO

✉ 35400 – Ille-et-Vilaine –
Carte régionale n° **9**–A1

Cap sur les saveurs du large

Ses toits d'ardoises jaillissent par-delà les remparts granitiques sur lesquels trône son chemin de ronde. Ouvrez grand vos sens : dans la Cité corsaire, tout se hume, se vit et se goûte. Visitez le comptoir des épices Roellinger, reflet de l'esprit voyageur du cuisinier cancalais. Goûtez les beurres d'un artisan réputé, Jean-Yves Bordier, familier de bien des tables étoilées. Un peu plus loin, découvrez le sarrasin, une petite graine bretonne qui a la cote, dans une boutique imaginée par le créateur des Breizh Café, Bertrand Larcher. Miels, biscuits, tuiles, bonbons... la diversité des produits est surprenante. Enfin, pour déguster les délices de la mer, poissons et surtout crustacés et coquillages (huîtres, coquilles Saint-Jacques, araignée de mer, praires, tourteaux et homards), rendez-vous sur les nombreux marchés !

❀ **LE SAINT PLACIDE**

Chef : Luc Mobihan

CUISINE CRÉATIVE • CONTEMPORAIN En retrait de l'agitation touristique, dans ce quartier apprécié des Malouins, un bel écrin contemporain (courbes organiques, un peu de Fornasetti, suspensions Tom Dixon...). Il abrite le chef Luc Mobihan, grand spécialiste des produits iodés et des légumes du terroir, passé au Château de la Chenevière à Port-en-Bessin et à l'Amphitryon de Lorient, où il fut le second de Jean-Paul Abadie. Il concocte une jolie cuisine en prise avec son époque, à l'image de ce petit rouget avec chair d'araignée, choux de Bruxelles et safran de Bretagne. Quant à son épouse, Isabelle, elle donne libre cours à son goût pour les arts – ceux de la table – et à sa passion pour les bons vins (Champagne, Loire, Bourgogne...). Accueil prévenant.

 &.♿ 🅿 – Prix : €€€

Plan : B3-1 – *6 place du Poncel, Saint-Servan-sur-Mer* – ☎ *02 99 81 70 73* – *www.st-placide.com – Fermé lundi et mardi, et dimanche soir*

😊 **COMPTOIR BREIZH CAFÉ**

CUISINE BRETONNE • CONTEMPORAIN Le Breizh Café est né d'une belle intuition : associer la tradition bretonne avec une mise en scène nippone. Chaleureux décor moderne dont un comptoir face à la cuisine ouverte comme au Japon. Produits locaux (blé noir 100% bio, huîtres de Cancale, beurre de chez Bordier) et quelques touches contemporaines, comme par exemple des galettes de sarrasin en "rolls" roulées façon maki. Bon choix de cidres.

 🏮 – Prix : €

Plan : D3-6 – *6 rue de l'Orme* – ☎ *02 99 56 96 08* – *www.breizhcafe.com*

aetb/Getty Images Plus

DOMA ⓝ

CUISINE MODERNE • CONTEMPORAIN À l'intérieur de la cité malouine, quelques tables sur le trottoir, une petite salle contemporaine avec un pan de mur en tôle ondulée et du carrelage émaillé en guise d'ardoise : cette maison (doma en slave) accroche l'attention et ouvre l'appétit ! Sardine marinée, crispy rice et salsa verde, suivie d'une raviole ouverte crevette, bisque et émulsion curry d'algues, avant de finir avec un gâteau madeleine, compotée de nectarines et crème montée verveine : des assiettes colorées qui chantent la saison (au bon rapport qualité-prix en plus !).

Prix : €

Plan : D3-4 – *4 Grand Rue* – ℰ *02 99 40 97 52* – *www.doma.bzh* – *Fermé dimanche et lundi*

FIDELIS

CUISINE MODERNE • CONTEMPORAIN Face aux remparts, un couple de pro fait un carton plein avec une délicieuse cuisine de tradition exécutée avec élégance : soupe de petits pois frais, onctueuse et pleine de saveurs ; excellente volaille rôtie à la peau, croustillante et fondante, délicieuse purée de carottes avec une petite pointe de gingembre...

🍽 – Prix : €

Plan : D2-7 – *10 rue Jacques-Cartier* – ℰ *02 99 40 97 27* – *www.fidelis.metro. rest* – *Fermé mardi et mercredi, et dimanche soir*

LA FOURCHETTE À DROITE

CUISINE ACTUELLE • COSY Caroline et Etienne Corson ont peut-être placé votre fourchette à droite, mais ils sont loin d'avoir deux mains gauches ! En témoignent l'accueil sympathique de la maîtresse de maison comme la cuisine du chef. Dans l'assiette, on apprécie une jolie leçon de choses qui met la Bretagne à l'honneur avec de beaux produits de saison : gravlax de lotte aux algues ; Saint-Jacques de plongée et déclinaison de courge ; pomme fondante, croustillant d'amande et caramel au cidre... N'oubliez pas de réserver, la petite salle à manger (chaleureuse) a un nombre de places limité.

Prix : €€

Plan : C3-13 – *2 rue de la Pie-qui-Boit* – ℰ *02 99 40 97 25* – *www.restaurant-lafourchetteadroite.fr* – *Fermé mercredi et jeudi, et mardi soir*

AR INIZ

CUISINE MODERNE • CONTEMPORAIN Attention terrasse en vue ! Dans cette adresse un brin modeuse et décontractée, on ne voit qu'elle, face à la superbe grande plage de Saint-Malo et la mer turquoise. Les jours de pluie (il y en a !), on se réfugie dans une salle moderne pour choisir un plat dans une carte qui godille entre recettes traditionnelles, ingrédients bretons et touches actuelles.

& 🍽 – Prix : €€

Plan : C1-2 – *8 boulevard Hébert* – ℰ *02 99 56 01 19* – *www.ariniz.com* – *Fermé lundi et mardi, et dimanche soir*

LE BISTROT DU ROCHER

CUISINE DU MARCHÉ • BISTRO Un peu en retrait de l'animation malouine, une adresse simple et conviviale, emmenée par un jeune chef passionné. Sa cuisine fait la part belle au marché (rillettes de sardines ; daurade sauvage, poireaux et chou-fleur) avec pain maison et vins nature. Menu imbattable à midi en semaine, ardoise plus étoffée le soir et le week-end.

Prix : €€

Plan : D3-9 – *19 rue de Toulouse* – ℰ *02 99 40 82 05* – *Fermé mercredi, et mardi et dimanche soir*

SAINT-MALO

plan I

0 250 m

N

MANCHE

Fort national

Château

Tour Bidouane

Cathédrale St-Vincent

voir plan II

MÔLE DES NOIRES

Condor Ferry Terminal

ANSE DES SABLONS

Corniche d'Aleth

Fort de la Cité

Pl. St-Pierre

Ch. de la Corderie

R. de la Cité

Pl. Monseigneur Duchesne

Anse St-Père

Tour Solidor

PARC DE CORBIÈRES

BASSIN DE LA RANCE

LA RANCE

PORTSMOUTH, SARK, GUERNSEY, JERSEY
CORK, PLYMOUTH, POOLE
WEYMOUTH

Grande Plage

Sillon

Digue

Chaussée du

R. Hippolyte de la Morvonnais

Chaussée

Q. Duguay-Trouin

Bd de la République

Bassin Duguay-Trouin

Q. Surcouf

Av. Louis Martin

R. de Toulouse

Q. St-Louis

Bassin Vauban

Cale de Dinan

Chée

des Corsaires

Bassin Jacques-Cartier

Q. de Trichet

Q. R. G. Clémenceau

Bassin Bouvet

Q. du Val

R. du Le coufle

Le comelle

R. du Val

R. Ville

R. Godardie

R. de la Pie

R. de Dreux

Bd Gouazon

Bd Henri Dunant

R. Pépin

Jean XXIII

R. Jeanne Jugan

R. P. Certain

R. du Génie

R. du Chapitre

R. de R. de la Pie

Bd Tréhouart

Bd de l'Aurore

R. de la Motte

R. de la Tréherais

de Riancourt

Bd Léonce

R. de la Clarisse

Bd de l'Espadon

R. Jean Hus

R. du Revenant

R. de Batalue

R. C. Tévet

R. de la Gentillerie

R. de la Chesnaie

PHARE DE LA BALUE

Belvédère du Rozais

Rochebonne Bd

Av. Pasteur

Av. Ch. Guernier

Av. de Villiers

Av. de Moka

Av. Waldeck-

Musée des Terre-neuvas

Av. de la Fne au

Av. Ernest Renan

Av. Jean Jaurès

Av. Aristide

R. A. Thébault

Av. Anita Conti

R. d'Alsace

R. d'Alger

HIPPODROME DE MARVILLE

Bd des Talards

R. Hochelaga

R. Pierre de Coubertin

R. de l'Étrier

R. de Marville

R. Beauséjour

1

PARC DE LA BRIANTAIS

A

B

1

2

3

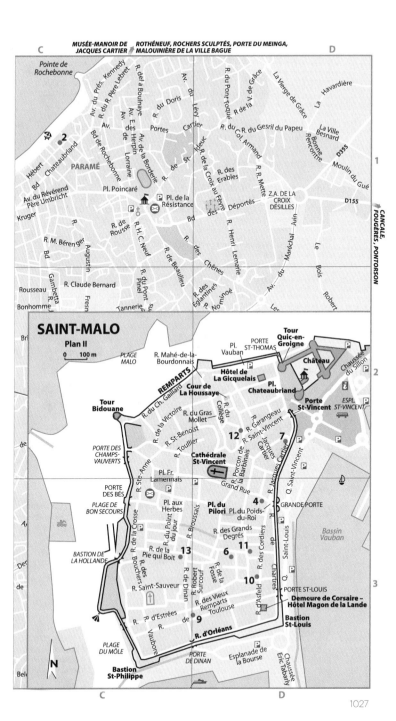

C D

Pointe de Rochebonne

PARAMÉ

Av. du Prés. Kennedy
R. du R. Père Lebret
Av. à Boulnaye
Bd a Chateaubriand
Av. E. des Herpin
Av. des Herpin
Bd de Rochebonne
Av. de Lorraine
R. du Doris
Av. de la Borderie
R. du Doris
R. du Pont-toqué
R. de la V. de Grâce
R. du Col. Armand
R. du R. du Gesril du Papeu
La Vierge de Grâce
La Havardière
La Ville Besnard
Bonne Rencontre
Moulin du Gué

Portes
Cartier
R. de St-Ideuc
R. de la Croix au Fèvre
R. des Érables
R. R. Mette
Z.A. DE LA CROIX DÉSILLES

D355
D155

Hébert Bd
Chateaubriand
Pl. Poincaré
Pl. de la Résistance
Av. du Révérend Père Umbricht
Kruger
R. de Rousse
R. H. C. Neuf
R. M. Béranger
Augustin
R. du Pont Pinel
R. de Beaulieu
R. des Chênes
R. des Déportés
Av. Henri Lemarie
Av. du Maréchal Juin
Le Bois
Robert

Rousseau
Gambetta
Bonhomme
Fresn
R. Claude Bernard
Tannerie
R. des Églantines
R. No minoé
Les

SAINT-MALO

Plan II

0   100 m

PLAGE MALO

R. Mahé-de-la-Bourdonnais

PORTE ST-THOMAS
Pl. Vauban
Tour Quic-en-Groigne
Château
Chaussée du Sillon

REMPARTS
R. du Ch. Gaillard
Hôtel de La Gicquelais
Cour de La Houssaye
Pl. Chateaubriand
Porte St-Vincent
ESPL. ST-VINCENT

Tour Bidouane
R. de la Victoire
R. du Gras Mollet
R. du Collège
R. Garangeau
R. Saint-Vincent
12
R. Porcon de la Barbinais
R. Jacques Cartier
7
Q. Saint-Vincent

PORTE DES CHAMPS-VAUVERTS
R. St-Benoist
R. Toullier
R. Ste-Anne
Cathédrale St-Vincent
Grand Rue

PORTE DES BÉS
PLAGE DE BON SECOURS
Pl. Fr. Lamennais
Pl. aux Herbes
Pl. du Pilori
Pl. du Poids-du-Roi
4
GRANDE PORTE
Bassin Vauban

BASTION DE LA HOLLANDE
R. de la Crosse
R. du Point du Jour
R. Broussais
R. des Grands Degrés
11
R. des Cordiers
Saint-Louis

R. de la Pie qui Boit
13
R. des Bouchers
R. Saint-Sauveur
R. de Dinan
R. Surcouf
R. de la Fosse
6
R. d'Asfeld
10
Q. Saint-Louis
PORTE ST-LOUIS
Demeure de Corsaire – Hôtel Magon de la Lande
Bastion St-Louis

PLAGE DU MÔLE
R. d'Estrées
R. des Vieux Remparts Toulouse
9
R. d'Orléans
Vauborel
PORTE DE DINAN
Esplanade de la Bourse
Chaussée Éric Tabarly

N
Bastion St-Philippe

C D

LE CAMBUSIER

CUISINE MODERNE • CONTEMPORAIN Au cœur de la cité historique, bienvenue dans ce bar à vins lumineux. La patronne, sommelière, se dit "Bretonne 100% pur beurre", mais déniche de bons petits vins des quatre coins de la France ! En cuisine, son mari célèbre les produits de la côte : maquereaux marinés aux poireaux et gingembre, dos de cabillaud et jus d'huîtres...

Prix : €€

Plan : D3-10 – *6 rue des Cordiers* – *☏ 02 99 20 18 42* – *www.cambusier.fr* – *Fermé mardi et mercredi*

CRÊPERIE GRAIN NOIR

CUISINE BRETONNE • BISTRO Après une première expérience à Paris, Marie et Romain se sont lancés dans cette aventure en Bretagne Nord. La façade annonce clairement la couleur ("farine bio bretonne, charcuterie fermière bio, légumes du marché, cidres et vins nature") et les crêpes, gourmandes à souhait, tiennent toutes leurs promesses. Un super plan.

Prix : €

Plan : D3-11 – *16 rue de la Herse* – *☏ 02 23 17 56 79* – *Fermé dimanche et du mardi au jeudi soir*

MÉSON CHALUT

POISSONS ET FRUITS DE MER • ÉLÉGANT Dans sa "méson" (qui signifie bien "maison" en langue gallo de Haute-Bretagne), le chef propriétaire joue la carte bretonne en valorisant produits de la mer et autres ingrédients régionaux (sarrasin, lait ribot, coco de Paimpol, beurre salé...) avec fraîcheur, goût et respect de la nature, tout en s'approvisionnant localement.

[AC] – Prix : €€€

Plan : D2-12 – *8 rue de la Corne-de-Cerf* – *☏ 02 99 56 71 58* – *www.meson-chalut.bzh* – *Fermé lundi, et mardi, jeudi et vendredi midi*

🛏 LES CHARMETTES

MODERNE • CHALEUREUX Cette ancienne pension pour jeunes filles a plutôt bien tourné. Métamorphosée en hôtel de charme ou "maison de famille" chaleureuse, elle propose des chambres à la décoration simple et colorée. Toutes différentes, elles puisent leurs motifs dans les thématiques marine ou végétale, selon que vous aurez choisi la villa côté jardin ou la villa côté mer.

🅿 🚲 🍴 - 16 chambres

64 boulevard Hébert – *☏ 02 99 56 07 31* – *www.hotel-les-charmettes.com*

🛏 GRAND HÔTEL DES THERMES

CLASSIQUE • COSY Sur le front de mer, le palace de Saint-Malo a le charme rétro des villégiatures bourgeoises du 19ᵉ s. Ses chambres et suites sont très douillettes (classiques ou contemporaines). Quant à son centre de thalasso (six piscines à l'eau de mer, soins de qualité), il est superbe !

🅿 🛎 🐕 ♿ 🛗 🚲 🏊 🌀 🧖 💆 💅 🍴 [AC] - 174 chambres

100 boulevard Hébert – *☏ 02 99 40 75 00* – *www.le-grand-hotel-des-thermes.com*

SAINT-MARTIAL-DE-NABIRAT

✉ 24250 – Dordogne – Carte régionale n° **18**-D3

LE SAINT-MARTIAL

CUISINE MODERNE • COSY Cette belle maison périgourdine fait la démonstration qu'un zeste de modernité peut magnifier l'authenticité des vieilles pierres ! Derrière les fourneaux, le chef réalise une cuisine en prise avec son époque : foie gras mi-cuit à la poutargue, salade de chou croquant aux noisettes ; cœur de ris de veau, barigoule d'artichauts poivrade et gnocchis aux épinards...

🦞 🆔⛺ – Prix : €€€

Le Bourg – 𝒞 05 53 29 18 34 – www.lesaintmartial.com/fr – Fermé lundi et mardi, et dimanche soir

SAINT-MARTIN-DE-BELLEVILLE

✉ 73440 – Savoie – Carte régionale n° **21**–D2

❀❀ **RENÉ ET MAXIME MEILLEUR**

Chefs : René et Maxime Meilleur

CUISINE CRÉATIVE • MONTAGNARD René, le père, et Maxime, le fils : un duo qui exprime l'âme d'un terroir, en mêlant une attention scrupuleuse au produit et une inspiration de chaque instant pour revisiter les spécialités régionales. Le fromage, les poissons de lac, ainsi que les herbes et baies que René va cueillir au quotidien, sont la base d'une cuisine "intelligente mais compréhensible". Ici, tout est imaginé en famille, puisque mère, fille, belle-fille et gendre travaillent ensemble en salle et à l'intendance. Sachez enfin que l'on vous accueille aussi pour la nuit : dans un chalet mitoyen, chambres et suites du dernier chic montagnard vous tendent les bras.

🦞 ⇆ ⛄ 🏠 ℙ – Prix : €€€€

Hameau de Saint-Marcel – 𝒞 04 79 08 96 77 – www.la-bouitte.com – Fermé dimanche et lundi midi en hiver, lundi et mardi midi en été

😊 **SIMPLE ET MEILLEUR**

CUISINE SAVOYARDE • RÉGIONAL Dans cette jolie salle habillée de bois clair, dont les grandes baies vitrées ouvrent sur les massifs, les produits savoyards sont mis à l'honneur avec gourmandise : truite au four, fondue de reblochon, charcuteries et fromages de la région, tarte aux myrtilles... ou encore ce sauté de lapin à la moutarde, estragon et polenta crémeuse. Une adresse chaleureuse imaginée par René et Maxime Meilleur, à laquelle on accède skis aux pieds.

♿ ⛄ – Prix : €€

Place Notre-Dame, quartier de Caseblanche – 𝒞 04 86 80 02 91 – www.simple-meilleur.com – Fermé mardi en hiver et dimanche en été

🛏 **LA BOUITTE**

MONTAGNARD • COSY Si vous avez fait la route pour profiter de l'expérience culinaire de la Bouitte, sachez que l'on vous y accueille aussi pour la nuit. Plusieurs chalets, huit chambres et sept suites du dernier chic montagnard vous attendent. Un véritable cocon !

🐟 ℙ ⇆ ⇆ ⛄ ⚒ 🧖 🧖 🍽 - 15 chambres

Hameau de Saint-Marcel – 𝒞 04 79 08 96 77 – www.la-bouitte.com

❀❀ **René et Maxime Meilleur** • 😊 **Simple et Meilleur** - Voir la sélection des restaurants

SAINT-MARTIN-DE-LONDRES

✉ 34380 – Hérault – Carte régionale n° **27**–D1

L'ACCENT DU SOLEIL

CUISINE CLASSIQUE • ÉLÉGANT Ancien chef du Château de Mercuès, dans le Lot, Philippe Combet sert ici une bonne cuisine de saison, qui met en valeur les produits de la région. Menu truffe ou asperges, agneau du Quercy... le tout servi en salle par son épouse avec gentillesse et professionnalisme.

&. 🅰 – Prix : €€€

19 route des Cévennes – ℰ 04 67 55 23 10 – www.laccentdusoleil.fr – Fermé lundi et mardi, et dimanche soir

SAINT-MARTIN-DE-RÉ – Charente-Maritime (17) ➜ Voir Île de Ré

SAINT-MARTIN-DU-TERTRE

✉ 89100 – Yonne – Carte régionale n° **12**-A1

😋 **LE MARTIN BEL AIR**

CUISINE MODERNE • CONVIVIAL Face à la mairie du village, ce bistrot de campagne entièrement rénové vous accueille dans un cadre contemporain et végétal (bois clair, décorations murales en liège, plafond noir). Le chef, passé par de bonnes maisons de la région, compose une cuisine du marché moderne et enlevée, au rapport qualité-prix imbattable... à l'image du tartare de bœuf au wasabi, pickles d'oignon, carotte épicée, une entrée pleine de peps aux saveurs harmonieuses.

🕸 &. 🅰 �ętą 🅿 – Prix : €€

3 place du 19-Mars-1962 – ℰ 03 86 66 47 95 – www.lemartinbelair.com – Fermé lundi et mardi, et dimanche soir

SAINT-MARTIN-SUR-LA-CHAMBRE

✉ 73130 – Savoie – Carte régionale n° **21**-C2

🌼 **LE CLOCHER DES PÈRES**

Chef : Pierre Troccaz

CUISINE CRÉATIVE • CONVIVIAL Perchée à 600 m d'altitude, cette maison logée dans une ancienne tour de guet toise la chaîne de Belledonne, dont le Clocher des Pères. Au cœur du village, c'est un lieu plein de cachet pour une cuisine séduisante, œuvre d'un couple discret passionné, Éloïse et Pierre Troccaz. Ce chef, qui s'est construit patiemment à l'écart des voies toutes tracées, signe une cuisine fine et créative, ennemie de la routine et en partie improvisée grâce au retour du marché. Il multiplie aussi les clins d'œil à la tradition et aux produits savoyards – millefeuille de truite, homard et diot (saucisse), omble et crème de beaufort, biscuit de Savoie et myrtilles. Accueil charmant proche du client, jolies chambres pour la nuit.

🛏 🍴 🅰 �ęrą 🅿 – Prix : €€€

Le Mollard, 80 impasse du Four – ℰ 04 79 59 98 06 – www.chambres-d-hote-maurienne-le-clocher-des-peres.fr/fr/m_1_accueil.php – Fermé lundi, mardi, mercredi et dimanche

SAINT-MAURICE

✉ 94410 – Val-de-Marne – Carte régionale n° **11**-F2

TANDEM SAVEURS NOMADES Ⓝ

FUSION • CONTEMPORAIN Tout est dans le titre : un duo de chefs formé chez Thierry Marx et une cuisine fusion innovante où les influences sud-américaines et asiatiques embrassent des produits français. Aubergines boostées par une sauce miso ; lieu jaune et crémeux de petits pois, risotto de quinoa aux herbes thaï et quelques grains de sarrasin grillés pour la note torréfiée ; gyoza de bœuf sauce teriyaki : notre paire gourmande travaille ses associations avec justesse et intelligence. Ce bistrot coloré, chaleureux, très contemporain, est une aubaine pour le centre-ville de Saint-Mandé !

&. – Prix : €€

50 avenue du Maréchal-de-Lattre-de-Tassigny – ℰ 01 43 76 38 38 – www.tandemsaveursnomades.com – Fermé lundi et dimanche soir

SAINT-MAURICE-DE-SATONNAY

✉ 71260 – Saône-et-Loire – Carte régionale n° **17**–C2

AUBERGE DES GRENOUILLATS

CUISINE TRADITIONNELLE • BISTRO Face à l'église, une jolie bâtisse en pierre apparente, avec sa terrasse à l'ombre des platanes… voici comment se présente ce bistrot centenaire, tenu aujourd'hui par un couple sympathique et travailleur. Au menu : une cuisine généreuse et sans fioritures.

⅍🍴 – Prix : €

Le Bourg – ☎ 03 85 33 40 50 – Fermé mardi et mercredi

SAINT-MÉDARD

✉ 46150 – Lot – Carte régionale n° **23**–A2

 LE GINDREAU

Chef : Pascal Bardet

CUISINE CRÉATIVE • ÉLÉGANT Dans un petit village surplombant les coteaux, l'ancienne école s'est réinventée en restaurant. Bienvenue au Gindreau, à Saint-Médard. Le chef Pascal Bardet, natif du Lot et ancien d'Alain Ducasse pendant 18 ans – notamment au Louis XV –, s'épanouit derrière les pianos. "En cuisine, rien n'est figé", glisse ce timide plein d'assurance. De fait, il met bien en valeur les produits du terroir – comme la truffe, en saison, dont il est un spécialiste. Installez-vous en terrasse sous les marronniers, et profitez du coucher de soleil sur le Quercy.

🏵 ⏚🅰🍴 – Prix : €€€€

146 rue du Gindreau, le Bourg – ☎ 05 65 36 22 27 – www.legindreau.com – Fermé lundi et mardi, et mercredi et dimanche soir

SAINT-MÉLOIR-DES-ONDES

✉ 35350 – Ille-et-Vilaine – Carte régionale n° **9**–B1

 LE COQUILLAGE

Chef : Hugo Roellinger

POISSONS ET FRUITS DE MER • ÉLÉGANT Hugo Roellinger avait commencé une carrière d'officier dans la marine marchande… avant de revenir au pays et à la cuisine, dont la passion le poursuit depuis l'enfance. Il s'est formé auprès de la crème des chefs et a peaufiné son art patiemment, affirmant une vraie personnalité culinaire comme l'attestent ses recettes. Il tient aujourd'hui la barre du vaisseau familial (une demeure bourgeoise qui domine magnifiquement la baie du Mont Saint-Michel) avec une conviction épatante et une humilité chevillée au corps. Dans l'assiette, les herbes aromatiques et les légumes de la maison, les poissons et coquillages d'ici, rencontrent de nombreuses épices ramenées d'ailleurs, dans la plus grande tradition malouine. L'émotion monte crescendo tout au long du repas, grâce à des jeux de saveurs envoûtants et une créativité maîtrisée…

🏵 ⇔⏚🅿 – Prix : €€€€

Lieu-dit Le Buot – ☎ 02 99 89 64 76 – www.roellinger-bricourt.com – Fermé lundi et dimanche

🏵 **L'engagement du chef :** Notre cuisine est une ode durable et responsable aux ressources marines : nous ne préparons que des poissons et des crustacés de petites pêches dont les stocks ne sont pas menacés et nous employons de nombreuses algues que nous ramassons nous-mêmes. Nous fabriquons notre propre pain et cultivons nos herbes aromatiques.

LA GOUESNIÈRE - DOMAINE DU LIMONAY

CUISINE MODERNE • ÉLÉGANT Un vent de fraîcheur souffle sur la table gastronomique de cette hostellerie fondée en 1936, grâce au chef Thomas Vonderscher. Venu de Toulouse, il s'est approprié avec aisance les plus beaux produits du terroir breton (pêche de la baie de Saint-Malo, agneau de pré salé, sarrasin...), qu'il valorise avec une vraie personnalité culinaire autour de fines recettes créatives. La gourmandise n'est pas en reste, comme le montre notamment le soin apporté aux jus et sauces (mention spéciale à la subtile crème de curry vert breton). Cuisine plus simple (mais attachante) au Bistrot 1936.

🛋 🍴 ♿ 🅰🅲 🏧 🅿 – Prix : €€€

Lieu-dit Le Limonay – 𝒞 02 99 89 10 46 – www.domaine-du-limonay.com/fr – Fermé lundi, mardi, et mercredi et jeudi à midi

SAINT-MEXANT

✉ 19330 – Corrèze

🛏 CYPRÈS SI HAUT

MODERNE • CHAMPÊTRE On peut difficilement de faire plus privé que cette maison d'hôtes à chambre unique. D'autant plus que celle-ci est conçue comme une cabane de luxe pour citadins en manque de chlorophylle. C'est dans une petite forêt de Corrèze que ce nid joue à cache-cache, perché à 4 m de haut, dans son manteau de pin et de mélèze. Il cache également bien son jeu : pas de meubles de fortune ici, mais une déco design, une cuisine équipée, une douche à l'italienne, avec terrasse, spa privé avec jacuzzi et sauna tropical en communion avec la végétation. L'exotisme est à son comble avec le choix de séjour sur-mesure : gourmand, romantique, culturel, cocooning, arrosé... Il faudra simplement prendre garde à ne pas tomber de votre perchoir.

🅿 🌐 🌀 🅰🅲 - 1 chambres

15 rue du Fond Bourg – 𝒞 05 55 29 41 21 – www.cypres-sihaut.com

SAINT-MONT

✉ 32400 – Gers – Carte régionale n° **26**–A2

LA TABLE DU MONASTÈRE DE SAINT-MONT

CUISINE MODERNE • HISTORIQUE Dire que c'est un lieu chargé d'histoire est un euphémisme : ce monastère, plusieurs fois reconstruit depuis le Moyen-Age, se trouverait sur l'emplacement d'un ancien oppidum romain. Protégé par le vignoble de Saint-Mont, il sert aujourd'hui d'écrin à la table gastronomique de Jean-Paul Tossens. Le chef y revisite la cuisine française à travers une cuisine de saison, émaillée de produits nobles, que l'on déguste dans un cadre élégant. Il est possible de prolonger le séjour grâce aux chambres, à la piscine et au spa. Restauration plus simple au bistrot "Les Bérets Noirs".

♿ 🍽 🅿 – Prix : €€€

627 rue Bernard-de-Tumapaler – 𝒞 06 32 86 46 11 – www. lemonasteredesaintmont.com/la-table-jeanpaultossens – Fermé lundi et mardi, et dimanche soir

SAINT-NAZAIRE

✉ 44600 – Loire-Atlantique – Carte régionale n° **9**–A3

😀 TOPAZE

CUISINE MODERNE • COSY Dans le centre-ville, un couple de professionnels (qui s'est rencontré à Ze Kitchen Gallery de William Ledeuil à Paris), lui en cuisine, elle au service, a taillé ce bijou gourmand chaleureux et intime ! Dans l'assiette, le chef se révèle un orfèvre qui ne laisse rien au hasard : produits frais et locaux choisis selon l'arrivage, cuissons douces et précises, parfums et couleurs. On s'est régalé d'un tartare de bœuf et de son crémeux glacé aux huîtres, ponctué de quelques salicornes ; d'un pavé de cabillaud nacré en croûte de sésame et de sarrasin torréfiés et nappé d'un succulent jus de coques safrané.

&. ⌂ – Prix : €€

103 rue Aristide-Briand – 𝒞 02 51 75 69 36 – www.topaze.restaurant –
Fermé lundi, mardi et dimanche

GAMIN ⓝ

CUISINE MODERNE • CONTEMPORAIN Après avoir beaucoup jonglé avec les
fuseaux horaires (Alain Passard, la Corse, le restaurant Blue Hill de Dan Barber
aux États-Unis), il était presque normal que Bastien et Charlotte Guillochon s'installent face à un... port. Leur « maison culinaire », comme ils l'ont baptisée, ouvre
du petit-déjeuner au dîner, et multiplie les coins cosy. Sur la carte, chaque intitulé
de plat commence par un nom de légume ou de fruit : concombre, ceviche de
coquillage, huile de cameline ; courgette ronde, purée de carottes nouvelles, chimichurri, dorade sébaste. Une cuisine moderne, respectueuse de l'environnement et
rudement bien troussée.

&. – Prix : €€

1 boulevard René-Coty – 𝒞 02 40 22 20 03 – www.gamin.fr – Fermé samedi et
dimanche

SAINT-NEXANS

✉ 24520 – Dordogne

🛏 LA CHARTREUSE DU BIGNAC

CLASSIQUE • CHARME Ce magnifique manoir du 18ᵉ s., ancienne chartreuse, a
été restauré avec beaucoup de soin, mariant le charme de l'authentique au confort
le plus haut de gamme. Les chambres et suites, aux lits douillets et aux salles de
bains à l'élégance moderne, se répartissent entre la maison principale et deux
dépendances, sur 12 ha de terrain : impossible ici de se sentir à l'étroit ! Le must :
la suite aménagée dans l'ancien moulin, dont le plancher vitré donne directement
sur le ruisseau.

🅿 🛋 🛁 🚲 ☂ ⑩ 🅰 - 12 chambres

Lieu-dit Le Bignac – 𝒞 05 53 22 12 80 – www.abignac.com/fr/
chambres-et-suites-hotel-de-charme-perigord

SAINT-OMER

✉ 62500 – Pas-de-Calais – Carte régionale n° **4**–B2

✿ BACÔVE

Chef : Camille Delcroix

CUISINE MODERNE • CONTEMPORAIN Le bacôve est une grande barque à fond
plat qui était utilisée par les maraîchers du marais audomarois pour transporter
leurs légumes. Voilà qui dit tout de l'inspiration de Camille Delcroix (vainqueur en
2018 de Top Chef) dans son restaurant à la déco nature et apaisante, où il signe
des menus d'une belle précision technique, inspirés par les produits du terroir local
et un fil conducteur associant terre et mer. Le souci esthétique du chef affleure à
chaque instant, tant dans le choix de la vaisselle que dans les couleurs ou le graphisme de ses assiettes. Mention spéciale à son rouget grillé au barbecue binchotan, variation de chou-fleur et sauce Noilly, un plat très abouti. Enfin, Carla et son
équipe vous réservent un accueil et un service des plus souriants.

✂ – Prix : €€€

8 rue Caventou – 𝒞 03 21 95 21 33 – www.restaurant-bacove.com/fr –
Fermé lundi et mardi, et dimanche soir

SAINT-OMER-EN-CHAUSSÉE

✉ 60860 – Oise – Carte régionale n° **5**–A2

AUBERGE DE MONCEAUX

CUISINE MODERNE • **AUBERGE** Une belle table de campagne qui pousse au milieu des fleurs des champs, gardée dans son jus (tomettes, poutres, etc.) et dépoussiérée juste ce qu'il faut. Deux sœurs en salle et leurs compagnons en cuisine mettent toute leur passion dans cette affaire familiale qui donne le sourire. Tartelette au homard bleu et petits pois, bisque en sabayon ; pigeonneau maturé, courgettes au barbecue et vinaigrette pollen ; pannacotta et glace reine des prés, coulis de fraises acidulé : des assiettes léchées et colorées, où liberté et tradition vont de pair. Menu renouvelé régulièrement.

&. 🄿 – Prix : €€€

1 rue du Maréchal-Leclerc – ℰ 03 44 84 50 32 – www.aubergedemonceaux.fr – Fermé lundi et mardi, et mercredi et dimanche soir

SAINT-OUEN

✉ 93400 – Seine-Saint-Denis

🛏 ### MOB HÔTEL PARIS LES PUCES

MODERNE • **CONVIVIAL** Les bureaux de General Electric ont laissé place à cet établissement, en forme de U avec terrasse végétalisée et potager sur le toit. Chambres confortables et standardisées.

🄿 🛋 🕸 🚭 🛜 🆑 🍽 🅰🅲 - 92 chambres

4-6 rue Gambetta – ℰ 01 47 00 70 70 – www.mobhotel.com/paris

🛏 ### MOB HOUSE 🌐 *Plus*

MODERNE • **CONVIVIAL** L'objectif de MOB House est de créer un nouveau type d'hôtel résidentiel. Les espaces sont donc un peu plus grands qu'au MOB Hotel voisin : la plus grande suite est un palace de trois chambres et trois salles de bains avec une terrasse généreuse. Même les plus petites (environ 20 m²) bénéficient d'un plan ouvert, fonctionnel et confortable. On profite aussi d'un grand jardin avec une vraie piscine.

&. 🄿 🛋 🕸 🚭 🚲 🏊 🆑 🍽 🅰🅲 - 100 chambres

70 rue des Rosiers – ℰ 01 55 28 80 80 – www.mobhouse.com

SAINT-OUEN-LES-VIGNES

✉ 37530 – Indre-et-Loire – Carte régionale n° **15**–C1

L'AUBINIÈRE

CUISINE MODERNE • **CONTEMPORAIN** Une jolie salle à manger contemporaine et lumineuse s'ouvrant sur le parc arboré, une cuisine de saison qui ne triche pas sur la qualité des produits et une cave riche en vins régionaux : le restaurant de L'Aubinière a tout pour plaire. Et pour profiter pleinement des lieux, quelques chambres élégantes complétées d'un espace bien-être.

🛁 🚭&. 🅰🅲 ✢ 🄿 – Prix : €€

29 rue Jules-Gautier – ℰ 02 47 30 15 29 – www.aubiniere.com – Fermé lundi, et mardi et mercredi à midi

SAINT-PAIR-SUR-MER

✉ 50380 – Manche – Carte régionale n° **2**–A2

😋 ### SÈME ⓝ

CUISINE TRADITIONNELLE • **BISTRO** Au cœur du village, sur la place du marché, la cheffe Charlotte Gondor et son compagnon Maxime Zesir passionné de sommellerie ont ouvert ce petit bistrot attachant et vivant à la déco plutôt éclectique (affiches sur le vin, moulin à poivre, ouvrages sur la Normandie). Originaire du nord Cotentin, la cheffe, qu'on a connu parisienne (à l'Envie du Jour), distille une cuisine savoureuse bien ancrée dans une tradition qu'elle remet au goût du jour, voire même qu'elle bouscule (comme avec le dessert à la betterave). Produits de saison mais aussi locaux et normands sont sollicités. Formule déjeuner qui change tous les jours ; des assiettes à partager le weekend et, entre autres, un iconique carré d'agneau des prés salés...

&⅊ – Prix : €€

33 place Charles-de-Gaulle – ☏ 02 33 90 85 15 – www.semerestaurant.fr – Fermé lundi et mardi, et dimanche soir

SAINT-PALAIS-SUR-MER

✉ 17420 – Charente-Maritime

HÔTEL HEMEN

MODERNE • CONVIVIAL Dans cette charmante petite ville balnéaire de Charente-Maritime, l'Hôtel Hemen occupe l'une de ces villas de style basque qui font le charme de la station depuis les années 1920. L'intérieur, au confort haut de gamme et à la décoration raffinée, révèle un luxe insoupçonnable. En particulier un espace bien-être équipé d'un hammam et d'une cabine de soins. L'hôtel propose également la location de paddles et de vélos électriques.

🅿 🦮 ⏚ ⓢ ⿒ 🍴 🆔 - 28 chambres

3 rue des Bains – ☏ 05 86 58 04 05 – www.hotelhemen.com

SAINT-PATRICE

✉ 37130 – Indre-et-Loire – Carte régionale n° **15**–B1

CHÂTEAU DE ROCHECOTTE

CUISINE MODERNE • HISTORIQUE Un élégant château datant des Lumières et son parc somptueux, non loin des vignobles de Bourgueil. Ici, la cuisine se décline dans un esprit gastronomique. Dans la verrière au décor contemporain et tournée vers la nature ou dans la salle à l'allure plus classique, on déguste par exemple une fricassée d'anguille fumée dans son jus thaï à la citronnelle et coriandre.

🦮⏚&⅊🅿 – Prix : €€€

43 rue Dorothée-de-Dino, Saint-Patrice – ☏ 02 47 96 16 16 – www.chateau-de-rochecotte.com

SAINT-PAUL-DE-VENCE

✉ 06570 – Alpes-Maritimes – Carte régionale n° **29**–E2

LA TABLE DE PIERRE

CUISINE MÉDITERRANÉENNE • ÉLÉGANT Le Mas de Pierre s'est mué en un resort intime et luxueux, et sa Table n'est pas en reste ! Maxime Leconte propose une cuisine méditerranéenne locavore et actuelle, traversée de subtiles influences internationales (le jeune chef est passé par l'Asie et l'Amérique du Sud). Une très belle cuisine ouverte sur une salle en véranda qui se découvre complètement aux beaux jours pour profiter du jardin.

≼🦮⏚🆔⅊🅿 – Prix : €€€€

2320 route des Serres – ☏ 04 93 59 00 10 – www.lemasdepierre.com – Fermé lundi, dimanche et du mardi au samedi à midi

LES CABANES PERCHÉES D'ORION

ÉPURÉ • CHAMPÊTRE Difficile de faire son choix parmi les cabanes au charme épuré d'Orion. Niché dans un paisible bois, cet hôtel original compte quatre cabanes bâties dans les arbres, au-dessus d'un luxuriant jardin de roses et d'une piscine naturelle. Inondées de lumière et faites de bois naturel, elles disposent toutes d'une salle de bains privative et d'une grande terrasse. L'une abrite une magnifique baignoire en teck, une autre un romantique lit à baldaquin. Un somptueux petit-déjeuner est servi au bord de la piscine, ou bien dans votre cabane en cas de pluie. Il peut être tentant de rester profiter toute la journée de ce havre de tranquillité, à écouter le chant des oiseaux ou à se détendre dans le sauna "tonneau"...

🅿 ⌁ 📶 ⌛ ♨ - 4 chambres

Impasse des Peupliers 2436 chemin du Malvan – ℰ 06 75 45 18 64 – www.orionbb.com

🛏 LE DOMAINE DU MAS DE PIERRE   *Plus*

CLASSIQUE • CHAMPÊTRE Dans un parc de trois hectares, l'hôtel est un ensemble de fermes entourées de jardins et d'oliviers. Les chambres sont d'une beauté classique, alliant douces tonalités méridionales et mobilier d'époque, minutieusement collecté par les propriétaires de l'hôtel. Nombreuses possibilités de farniente : massages, traitements spa, sieste au bord de la piscine, bronzette sur balcon ou terrasse privée.

♿ 🐾 🅿 🚐 ⌁ 📶 🚲 ⌛ 🕙 ♨ 💆 🧖 ⅰ◯ 🄰🄲 - 76 chambres

2320 route des Serres – ℰ 04 93 59 00 10 – www.lemasdepierre.com

La Table de Pierre - Voir la sélection des restaurants

🛏 LE SAINT-PAUL

CLASSIQUE • RAFFINÉ Belles pierres, fresques champêtres, fontaine, chambres au charme classique décorées de meubles de style, tissus précieux, boiseries... Voilà le décor élégant de cette demeure provençale du 16ᵉ s. perchée dans le village médiéval.

🐾 🅿 ⌁ 🚲 🕙 ⅰ◯ 🄰🄲 - 18 chambres

86 rue Grande – ℰ 04 93 32 65 25 – www.lesaintpaul.com

🛏 LA VAGUE DE SAINT-PAUL

DESIGN • CHARME Cette construction en forme de vague, conçue par André Minangoy dans les années 1970, laisse d'abord perplexe, puis séduit. À l'intérieur, grand hall lumineux très "seventies" ; belles chambres épurées et rehaussées de couleurs vives. Plaisant !

♿ 🅿 ⌁ 📶 🚲 ⌛ 🕙 ♨ 💆 🧖 ⅰ◯ 🄰🄲 - 50 chambres

Chemin des Salettes – ℰ 04 92 11 20 00 – www.vaguesaintpaul.com

SAINT-PAUL-EN-JAREZ

✉ 42740 – Loire – Carte régionale n° **20**–C2

ÉCLOSION

CUISINE CRÉATIVE • CONTEMPORAIN Ayant fait son nid dans ce beau château 1905, le jeune chef Pierre Carducci propose une cuisine, aussi créative qu'audacieuse, où les produits bio, notamment les légumes de son père maraîcher, rayonnent particulièrement. On apprécie également cette carte des vins éclectique, à dominante bio. Chambres épurées portant des noms de plantes poussant dans le parc.

🕸 📶 ♿ 🄰🄲 🍴 ♻ 🅿 – Prix : €€€

40 avenue du Château – ℰ 04 77 61 99 09 – www.hotelrestauranteclosion.fr – Fermé lundi et mardi, et dimanche soir

SAINT-PAUL-LÈS-DAX

✉ 40990 – Landes – Carte régionale n° **25**–B2

LE MOULIN DE POUSTAGNACQ

CUISINE MODERNE • CONVIVIAL Envie de manger au bord de l'eau ? Cet ancien moulin est l'endroit de vos rêves ! Le chef travaille les produits frais et livre une cuisine traditionnelle teintée d'un joli accent régional : sole meunière, cœur de ris

de veau braisé et sa sauce aux morilles, filet de bœuf et frites à la graisse d'oie... Aux beaux jours, installez-vous sur la terrasse face au lac. Ambiance bucolique garantie.
ﺃ ﻙ ﻞ – Prix : €€€

Chemin de Poustagnacq – ℰ 05 58 91 31 03 – www.poustagnacq.fr – Fermé lundi et mardi, et dimanche soir

SAINT-PÉE-SUR-NIVELLE
✉ 64310 – Pyrénées-Atlantiques – Carte régionale n° **25**–A2

✿ LA TABLE DE CÉDRIC BÉCHADE - L'AUBERGE BASQUE

Chef : Cédric Béchade

CUISINE CRÉATIVE • ÉLÉGANT Tout près de Saint-Jean-de-Luz et de la côte, cette ancienne ferme basque abrite une aile contemporaine, ouverte sur la Rhune et la campagne. C'est ici, en plein cœur du Pays basque, que Cédric Béchade et son épouse Marion ont posé leurs valises. Lui est loin d'être un inconnu dans le monde des gastronomes : ancien second de Jean-François Piège au Plaza Athénée, formé à Biarritz à l'Hôtel du Palais sous la férule de Jean-Marie Gauthier, il a fréquenté les cuisines de l'Hostellerie de Plaisance après le départ d'un certain... Philippe Etchebest. En cuisine, ce créatif met en avant des produits basques de belle qualité, travaillés avec tout le soin qu'ils méritent !
ﺏ ﻙ ﻞ – Prix : €€€€

745 vieille route de Saint-Pée - quartier Helbarron – ℰ 05 59 51 70 00 – www.aubergebasque.com – Fermé lundi et dimanche

L'AUBERGE BASQUE

CLASSIQUE • COSY Non contente de réjouir nos papilles, L'Auberge Basque nous assure aussi des nuits douillettes : ses chambres se révèlent élégantes et décorées avec soin – lignées épurées, parquet ancien, etc. Petit-déjeuner locavore : brioche de St-Pée, gâteau basque maison...
ﻙ ﻞ - 12 chambres

745 vieille route de Saint-Pée D307 – ℰ 05 59 51 70 00 – www.aubergebasque.com
✿ **La Table de Cédric Béchade - L'Auberge Basque** - Voir la sélection des restaurants

SAINT-PÉRAY
✉ 07130 – Ardèche – Carte régionale n° **20**-D2

AUBERGE DE CRUSSOL

SPÉCIALITÉS DE GRILLADES • AUBERGE Située sur les hauteurs de Saint-Péray, à deux minutes des ruines du château de Crussol, cette ancienne bergerie propose désormais une cuisine de terroir ardéchoise. Viandes, poissons et légumes sont cuits au feu de bois, ou dans une grande rôtissoire. Le chef met en avant les produits locaux, veau et cochon fermier d'Ardèche, œufs et légumes bio... Une adresse chaleureuse.
ﻙ ﻞ – Prix : €€

Chemin de Beauregard – ℰ 04 75 40 47 65 – www.aubergedecrussol.com

LA RUCHE

CUISINE MODERNE • TENDANCE Au pays de la Marsanne et de la Roussanne (les deux cépages du Saint-Péray blanc), un bistrot contemporain comme on les aime ! Au menu, on découvre une cuisine bistronomique goûteuse et soignée, rythmée par les saisons, avec une belle carte des vins de côtes-du-Rhône septentrionaux. Réservation indispensable.
ﻙ ﻞ – Prix : €€

13 quai du Docteur-Jules-Bouvat – ℰ 09 82 40 44 38 – www.laruche-saintperay.com – Fermé lundi et dimanche

SAINT-PIERRE-DE-JARDS

✉ 36260 – Indre – Carte régionale n° **15**–D2

LES SAISONS GOURMANDES

CUISINE TRADITIONNELLE • RUSTIQUE Avec ses poutres peintes en "bleu berrichon", l'endroit est éminemment sympathique et la gourmandise y est au rendez-vous, sous l'égide du chef qui puise son inspiration dans la tradition et les beaux produits... ainsi ce foie gras poché au Reuilly ou ce pigeon cuit au foin. Aux beaux jours, réservez une table en terrasse.

& 🅰 🍴 – Prix : €€

Place des Tilleuls – ℰ 02 54 49 37 67 – www.lessaisonsgourmandes.fr –
Fermé lundi, et mardi, mercredi, jeudi et dimanche soir

SAINT-POL-DE-LÉON

✉ 29250 – Finistère – Carte régionale n° **1**–B1

✸ LA POMME D'API

Chef : Jérémie Le Calvez

CUISINE CRÉATIVE • RUSTIQUE Le restaurant de Jérémie Le Calvez a pris ses quartiers d'excellence au Clos Saint Yves, jolie maison en pierre datant du 17e s. qui abritait un important atelier d'ébénisterie religieuse jusqu'à la fin du 19e s. La cuisine du chef joue résolument la carte des recettes d'aujourd'hui et de la fraîcheur. Les assiettes, fines et inventives, mettent en valeur les meilleurs produits du terroir breton, le tout au rythme des saisons. La belle salle à manger aux pierres apparentes donne sur un petit jardin. En salle, Jessica donne le tempo. Les charmantes chambres d'hôtes invitent à prolonger le séjour et partir à la découverte de la région. Un jeune couple enthousiaste, pour une partition de haute volée.

🛏 🍴 – Prix : €€€€

5 rue Saint-Yves – ℰ 02 98 69 04 36 – www.lapommedapi.com – Fermé lundi et
dimanche

SAINT-POMPONT

✉ 24170 – Dordogne – Carte régionale n° **18**–D3

L'ENVIE DES METS

CUISINE MODERNE • AUBERGE Un village pittoresque du Périgord, une bâtisse en pierre et sa terrasse ombragée au bord d'un ruisseau. Le menu unique, sans fioritures, change tous les jours au gré de l'inspiration : aujourd'hui, c'était gnocchi de pomme de terre, copeaux de brebis et coulis de cresson sauvage ; suprême de volaille fermière arrosée au beurre noisette, jus de carcasse et crème de volaille aromatisée au laurier. Une auberge moderne qui a tout pour faire envie!

& 🍴 – Prix : €€

Le Bourg – ℰ 05 53 28 26 53 – Fermé lundi et dimanche soir

SAINT-PRIEST

✉ 69800 – Rhône – Carte régionale n° **21**–B2

LE RESTAURANT

CUISINE TRADITIONNELLE • DE QUARTIER À dix minutes du parc technologique de Lyon Saint-Priest, on s'attable au Restaurant sous les œuvres de jeunes artistes pour apprécier une cuisine traditionnelle bien ficelée, twistée de quelques inspirations exotiques. Le menu s'ancre dans le terroir avec ses lentilles et œuf poché encore coulant et parfumé au lard ou ce saucisson chaud artisanal, poché au vin, et taillé en belles tranches généreuses !

🅰🅒 – Prix : €

9bis avenue de la Gare – ℰ 04 78 21 14 43 – www.le-restaurant-saintpriest.fr – Fermé samedi et dimanche, et mardi et mercredi soir

SAINT-QUENTIN-SUR-LE-HOMME

✉ 50220 – Manche – Carte régionale n° **2**–A3

LE GUÉ DU HOLME

CUISINE TRADITIONNELLE • ÉLÉGANT Juste en face de l'église, au centre du bourg, cette maison en pierre du pays est pour le moins engageante. En bon professionnel, le chef met à profit le terroir et la saison : salade de langoustines aux tomates confites, filet de bœuf sauce périgourdine, fraisier et son coulis...

🍽♿🌿 – Prix : €€

14 rue des Estuaires – ℰ 02 33 60 63 76 – www.le-gue-du-holme.com – Fermé lundi, samedi midi et dimanche soir

SAINT-QUIRIN

✉ 57560 – Moselle – Carte régionale n° **7**–C2

HOSTELLERIE DU PRIEURÉ

CUISINE TRADITIONNELLE • FAMILIAL Dans cet ancien couvent du 18e s. en grès des Vosges, on propose une cuisine traditionnelle à base de produits régionaux (carré d'agneau des prairies de Moselle, filet de bœuf de Lorraine) et de produits de la mer (barbu, merlan de ligne, Saint-Jacques). Les portions sont généreuses et les desserts de Maeva, la fille des patrons, sont savoureux, comme cette soupe de fraises au Grand Marnier. Accueil sympathique.

♿🌿✿🅿 – Prix : €€

163 rue du Général-de-Gaulle – ℰ 03 87 08 66 52 – www.prieuresaintquirin.fr/ le-restaurant – Fermé mercredi, samedi midi et mardi soir

SAINT-RAPHAËL

✉ 83530 – Var – Carte régionale n° **29**–C2

✿ RÉCIF

CUISINE PROVENÇALE • MÉDITERRANÉEN Un lieu magique au sein d'un hôtel typique de l'architecture moderniste des années 1950 : le restaurant est installé sur un roof-top au-dessus de la grande bleue avec en ligne de mire l'île d'Or. Le chef, José Bailly, est un breton amoureux de la Provence, deux inspirations qu'il décline à travers deux menus distincts. "Cuisine provençale de tradition populaire" d'un côté, racines bretonnes et souvenirs d'enfance de l'autre (un maquereau ici, du caramel au beurre salé par là) - à noter qu'il n'y a plus de viandes à cette table. Dans tous les cas, le chef élabore des recettes modernes, parfois inventives, goûteuses et aux dressages précis.

🛏⬅♿🌿🖼🅿 – Prix : €€€€

Les Roches Rouges, 90 boulevard de la 36ème-Division-du-Texas – ℰ 04 89 81 40 60 – www.beaumier.com/fr/proprietes/hotel-les-roches-rouges/restaurants – Fermé lundi, mardi et du mercredi au dimanche à midi

LE BOUGAINVILLIER

CUISINE MODERNE • ÉLÉGANT Quel cadre enchanteur que celui de La Villa Mauresque dont la terrasse, ouverte sur un jardin exotique, regarde la mer dans les yeux... Le lieu rêvé pour déguster une cuisine d'inspiration méditerranéenne franche en saveurs, aux cuissons précises, axée sur les produits locaux.

 – Prix : €€€

1792 route de la Corniche – 𝒞 04 94 83 02 42 – www.villa-mauresque.com – Fermé lundi et mardi

---

🛏 ### HÔTEL LE TOURING

MODERNE • CHALEUREUX Une belle renaissance pour cet hôtel à la situation idéale, au centre-ville, et décoré avec goût, dans le style Art déco. Des tableaux d'art contemporain décorent couloirs et chambres, qui donnent toutes (exceptée la plus petite) sur le port de plaisance. Salle de fitness, hammam, et salle de massage. Une réussite.

 - 12 chambres

1 quai Albert 1er – 𝒞 04 94 55 01 50 – www.letouring.fr

SAINT-RÉMY

✉ 71100 – Saône-et-Loire – Carte régionale n° **17**–C2

✿✿ ### L'AMARYLLIS

Chef : Cédric Burtin

CUISINE CRÉATIVE • ÉLÉGANT Bienvenue dans ce paisible moulin bordé par son bief et par un joli potager. Né dans les pâturages du Charolais, formé dans les plus grandes tables lyonnaises (Paul Bocuse, Pierre Orsi), le chef Cédric Burtin atteint aujourd'hui une maturité dans son exploration du terroir bourguignon. Empreinte d'une créativité parfaitement maîtrisée, sincère et délicate, sa cuisine sublime produits et recettes de la région avec finesse et malice. Faisons en particulier l'éloge de ses sauces superbes, qui donnent à elles seules envie de revenir (du classique beurre blanc à une admirable sauce au cumin et poivre voatsiperifery, aux subtils dosages). Service impeccable et agréable terrasse.

&⅍ Ⓚ☂⇔🅿 – Prix : €€€€

Chemin de Martorez – 𝒞 03 85 48 12 98 – www.lamaryllis.com – Fermé lundi, mardi et dimanche

SAINT-RÉMY-DE-PROVENCE

✉ 13210 – Bouches-du-Rhône –
Carte régionale n° **28**–E1

Plus provençal ne serait pas raisonnable

Au cœur des Alpilles, boulevards ombragés et ruelles de charme, terrasses caressées par le soleil, places ornées de fontaines, senteurs de thym et de romarin... Tout, dans ce village, invite à profiter du moment présent. Très touristique, le lieu a quand même conservé d'authentiques artisans de bouche. À la confiserie le Petit Duc, on célèbre les recettes anciennes (nougats, calissons, croquants aux amandes). Confiseur familial depuis 1886, Lilamand a conservé ses procédés artisanaux de fabrication de fruits confits. Quant au chocolatier Joël Durand, il demeure l'un des meilleurs de la région, célébré pour son alphabet tout chocolat et ses ganaches mémorables. Le marché reflète à merveille le terroir local : vous y trouverez les fromages de chèvre des Alpilles, fabriqués aux portes de la ville, mais aussi les légumes et les fruits de producteurs locaux, de l'huile d'olive et des miels. La Provence comme on l'aime.

☼ **L'AUBERGE DE SAINT-RÉMY - FANNY REY & JONATHAN WAHID**

Chefs : Fanny Rey et Jonathan Wahid
CUISINE MODERNE • ÉLÉGANT La cheffe Fanny Rey est aux fourneaux de cette vénérable Auberge située sur le boulevard circulaire et les anciens remparts de cette jolie cité. Elle y décline une savoureuse cuisine du marché, mettant joliment en valeur les produits des Alpilles. À ses côtés, Jonathan Wahid, son compagnon (et frère de Sylvestre), pâtissier émérite et ancien champion de France du dessert, sait mettre en valeur les bons produits du Sud gorgés de soleil comme la figue. On s'en délecte dans un décor très design (plafond blanc en forme ondulée, murs en pierre nue).
🕸 ⇔ ⅙ 🄰🄲 ⇄ – Prix : €€€€
Plan : B1-1 – *12 boulevard Mirabeau* – ℰ *04 90 92 15 33* – *www.aubergesaintremy. com/fr* – *Fermé lundi, mardi et mercredi à midi, et dimanche soir*

☼ **RESTAURANT DE TOURREL**

CUISINE MODERNE • ÉLÉGANT C'est entre les murs de ce magnifique hôtel particulier que Charles Gounod fit entendre les premières mesures de son opéra Mireille à l'écrivain provençal Frédéric Mistral, auteur du livret... Aujourd'hui, dans une ambiance joliment rétro, avec quelques touches Art déco, on vient goûter une partition inspirée par les très beaux produits de la région : tomates de Provence de pleine terre, encornet langoustine de Méditerranée, agneau de la Crau...

⮌ ♿ 🅰️🄲 🎍 – Prix : €€€€

Plan : A1-2 – *5 rue Carnot* – ℰ *04 84 35 07 20 – www.detourrel.com –*
Fermé lundi, dimanche et du mardi au samedi à midi

CHAPEAU DE PAILLE - BISTROT PROVENÇAL

CUISINE PROVENÇALE • **BISTRO** Du Bourvil et du Piaf en fond sonore, des
chapeaux de paille sur les murs, une ambiance brocante, c'est gai ! Dans ce bistrot
rustique et provençal situé sur le boulevard circulaire, les produits du marché et
de saison donnent le ton de l'assiette : terrine de cochon, escabèche, aïoli, côte de
taureau de Camargue, caille flambée au pastis...

🎍 🍽️ – Prix : €€

Plan : B1-4 – *29 boulevard Mirabeau* – ℰ *04 90 92 85 78 – www.bistrot-*
chapeaudepaille.com – Fermé mercredi et dimanche, et mardi soir

LE VALLON DE VALRUGUES

CUISINE MODERNE • **ÉLÉGANT** Une table d'une certaine élégance (cheminée
monumentale, tables rondes) dont le chef, entouré d'une équipe motivée, propose
une cuisine d'inspiration provençale, mâtinée de modernité. Esprit bistrot autour
d'une carte saisonnière au déjeuner, le soir, menu du jour un peu plus élaboré. On
savoure surtout la très belle terrasse sous les mûriers-platanes dès les premiers
beaux jours.

🛁 ⮌ 🅰️🄲 🎍 🍽️ 🅿️ – Prix : €€€

Hors plan – *9 chemin Canto-Cigalo* – ℰ *04 90 92 04 40 –*
www.vallondevalrugues.com/fr

🛏️ ## HÔTEL DE L'IMAGE

ÉPURÉ • FAMILIAL Joli destin que celui de cet ancien cinéma et music-hall métamorphosé en hôtel design ! Les chambres, aux lignes épurées, disposent pour la
moitié d'une terrasse. À noter : une originale suite-cabane dans un arbre et un
amusant labyrinthe dans le parc.

♿ 🐕 🅿️ 🅰️🄲 – 32 chambres

36 boulevard Victor Hugo – ℰ *04 90 92 51 50 – www.hotel-image.fr/fr/*
hotel-de-charme-saint-remy-de-provence

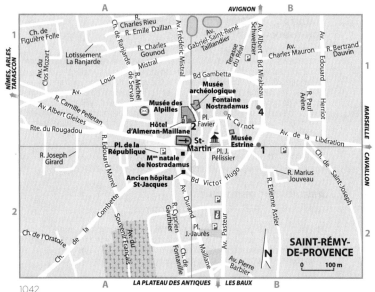

HÔTEL DE TOURREL

MODERNE • ÉLÉGANT Ce superbe hôtel particulier du 17e s., au confort raffiné, possède l'élégance d'un palace. Le luxe discret des chambres dissimule toujours un atout – ici, une charpente apparente, là, une vue sur les toits... Exceptionnel, tout simplement.

&♨️🅿️🕤🌳🚲🏊🍽️🆑🆔 - 7 chambres

5 rue Carnot – ℰ 04 84 35 07 20 – www.detourrel.com

❀ **Restaurant de Tourrel** - Voir la sélection des restaurants

SAINT-RENAN

✉ 29290 – Finistère – Carte régionale n° **1**–A2

PARTAGE

CUISINE MODERNE • CONTEMPORAIN C'est autour de la belle idée de plats à « partager » (de 2 à 4 pers.) que Julien Marseault a construit sa cuisine rudement bien ficelée ! Ce Breton au solide CV se révèle à l'aise dans tous les registres, du traditionnel (frites de pieds de cochon ou épaule de veau confite) au contemporain (tartare de bœuf et huître). Une régalade conviviale !

&🏕️🗨️ – Prix : €€€

*16 rue Saint-Yves – ℰ 02 98 84 21 14 – www.restaurantpartage.com –
Fermé lundi, samedi midi et dimanche soir*

SAINT-ROGATIEN

✉ 17220 – Charente-Maritime – Carte régionale n° **18**–A1

LA PIERREVUE

CUISINE MODERNE • MAISON DE CAMPAGNE "Il y a six saisons dans l'année" : forte de cet adage, la cheffe Cécile Richard adapte ses recettes au gré des temps, avec une volonté créative qui se lit dans sa cuisine fraîche, nette et précise. Poisson de la pêche locale, fruits et légumes des maraîchers bio, herbes aromatiques et fleurs du jardin se dégustent dans cette ancienne ferme rénovée dans un style rustique plaisant. Jolie cave vitrée de 120 références. La carte change tous les deux mois.

&🆔🏕️🗨️ – Prix : €€

*2 place de la Mairie – ℰ 05 46 31 67 08 – www.lapierrevue.com – Fermé lundi et
dimanche, et mardi et mercredi soir*

SAINT-ROMAIN

✉ 21190 – Côte-d'Or – Carte régionale n° **12**–D1

BISTROT DES FALAISES 🆕

CUISINE MODERNE • RUSTIQUE Un charmant village viticole de la côte de Beaune entouré de falaises, un restaurant au décor de bistrot de campagne avec ses bouquets de fleurs séchées et ses suspensions en osier et un chef de talent : comment résister à ce cocktail capiteux ? D'autant que l'assiette, qui puise dans les produits locaux, défend une partition moderne enlevée avec brio, avec autant de peps que de gourmandise comme cet œuf crémeux, truffes, crème de céleri, parmesan et lard paysan, voire d'audace avec cette émulsion de pois cassé aux algues qui escorte le cochon, chorizo, haricot coco. Ajoutez l'accueil et le service dynamique et souriant de la jeune équipe et une jolie sélection de vins (notamment l'ensemble des domaines de Saint-Romain).

🏕️ – Prix : €€

Place de la Mairie – ℰ 06 72 67 99 11 – Fermé mardi, mercredi et jeudi midi

SAINT-ROMAIN-DE-COLBOSC

✉ 76430 – Seine-Maritime – Carte régionale n° **3**–A2

JUSTE À CÔTÉ

CUISINE TRADITIONNELLE • BISTRO N'hésitez pas à franchir la porte de cet ancien « routier » transformé en bistrot convivial par le chef Olivier Foulon, épaulé en salle par son épouse Amandine. Sa cuisine bistronomique, rythmée par les saisons et les produits des maraîchers des environs, fait aussi la part belle aux poissons de la criée du Havre. Une adresse sérieuse.

🅿 – Prix : €€

18 avenue du Maréchal-de-Lattre-de-Tassigny – ✆ 02 35 20 15 09 – www.restaurantjusteacote.fr – Fermé samedi et dimanche

SAINT-SATURNIN

✉ 15190 – Cantal – Carte régionale n° **23**–C1

😊 LE MOULIN DE LA SANTOIRE ⓝ

CUISINE MODERNE • AUBERGE À l'écart d'un petit village, ce restaurant occupe un ancien moulin en pierres noires volcaniques surmonté d'un toit d'ardoises. Il fait face à un joli étang où la terrasse est dressée à la belle saison. L'intérieur joue la carte du réconfort (les hivers sont rudes dans le Cantal !) avec cheminée en pierre, comptoir, cuisine vitrée et un mobilier en bois traditionnel dépareillé. Dans l'assiette, des classiques modernisés, comme cette joue de bœuf façon royale ou cet Opéra à la crème de marron et coing, le tout twisté de touches épicées ou de condiments japonisants. C'est joliment dressé et bien bon ! On sent que le chef a fait ses classes dans de belles maisons. Produits issus majoritairement de circuits courts (y compris le café et le cacao torréfiés dans une brûlerie et une chocolaterie cantalous). Plateau de fromages locaux.

🆎 🪑 🅿 – Prix : €€

La Plaine – ✆ 04 71 73 47 25 – www.lemoulindelasantoire.fr – Fermé lundi et mardi, et mercredi et jeudi soir

SAINT-SAVIN

✉ 38300 – Isère – Carte régionale n° **21**–B2

LES 3 FAISANS

CUISINE MODERNE • COSY Madame en cuisine, Monsieur en pâtisserie : ce couple passionné prépare une cuisine de saison savoureuse et mijotée. À déguster dans l'une des deux plaisantes salles ou sur la terrasse ombragée. Après le repas, une promenade digestive sur les coteaux aura fière allure, en chantonnant peut-être la chanson de Brel : "Et quand vers minuit passaient les notaires, qui sortaient de l'hôtel des Trois Faisans..."

🆎 🪑 🅿 – Prix : €€

100 rue des Auberges – ✆ 04 74 28 92 57 – www.les3faisans.fr – Fermé mardi et mercredi, et dimanche soir

SAINT-SAVIN

✉ 65400 – Hautes-Pyrénées – Carte régionale n° **25**–C3

LE VISCOS

CUISINE TRADITIONNELLE • CLASSIQUE Aux fourneaux, Alexis (la septième génération de la maison !) régale avec des plats à la gloire du terroir, parsemés de touches plus modernes. C'est fin, juste et toujours travaillé dans le respect du produit ; les desserts, en particulier, se révèlent très bons.

 🚷🅰️🀄🅿️ – Prix : €€

1 rue Lamarque – ℰ 05 62 97 02 28 – www.hotel-leviscos.com – Fermé lundi, jeudi midi et dimanche soir

SAINT-SERNIN-DU-BOIS
✉ 71200 – Saône-et-Loire – Carte régionale n° **17**–B2

LE RESTAURANT DU CHÂTEAU

CUISINE MODERNE • **TRADITIONNEL** Au pied du château (11ᵉ s.) et face au lac, ce restaurant accueille dans un intérieur joliment réinventé, avec deux ambiances : voûtes historiques d'un côté ; style industriel et vue sur le plan d'eau de l'autre. Même contraste dans l'assiette, qui oscille entre tradition et modernité. Un vrai plaisir.

 🚷🅰️ – Prix : €€€

2120 route de Saint-Sernin – ℰ 03 85 78 28 42 – www.lerestaurantduchateau71.com – Fermé mardi et mercredi

SAINT-SYLVESTRE-SUR-LOT
✉ 47140 – Lot-et-Garonne – Carte régionale n° **22**–D2

LE BISTROT DU STELSIA 🆕

CUISINE MODERNE • **DESIGN** Ce joli bistrot contemporain au cadre détonant (murs noirs, tables en bois clair, petits fauteuils colorés) propose une goûteuse cuisine aux accents du Sud-Ouest : filet de dorade sébaste, patate douce, salade d'encornets et salicorne ; pluma de cochon "Duroc de Bataillé", haricots lingots, chorizo et estragon... Très agréable terrasse ombragée, tournée vers le parc de l'hôtel du Stelsia.

 🚷🅰️🀄🅿️ – Prix : €€

Lieu-dit Lalande – ℰ 05 53 01 14 86 – www.lestelsia.com

SAINT-TROPEZ
✉ 83990 – Var – Carte régionale n° **29**–C2

✿✿✿ LA VAGUE D'OR - CHEVAL BLANC ST-TROPEZ

CUISINE CRÉATIVE • **LUXE** Originaire de Normandie, Arnaud Donckele a trouvé à St-Tropez un cadre enchanteur – un hôtel sous les pins, face à la mer. Sa Vague d'Or promet chaque jour à ses clients une expérience exceptionnelle ! L'assiette, en premier lieu, vaut bien des superlatifs. Avec les meilleurs produits (légumes de maraîchers locaux, poissons et crustacés), Donckele rend un magnifique hommage à ces contrées ensoleillées. Accords de saveurs enivrants, jus et sauces parfaits, travail méticuleux sur les textures... Comment rester insensible devant tant d'inspiration et d'exigence ? On peut citer ce désormais classique tourton de légumes de Provence et sa langouste de Méditerranée, l'un des plats favoris du chef, où toute sa philosophie de cuisinier s'exprime librement. Si, avec cela, cette Vague d'Or n'emporte pas tout sur son passage...

 🏖️🍷🚷🅰️🀄🅿️ – Prix : €€€€

Hors plan – *Plage de la Bouillabaisse – ℰ 04 94 55 91 00 – www.chevalblanc.com/fr/maison/st-tropez – Fermé mercredi et le midi*

✿ COLETTE

CUISINE MODERNE • **CONTEMPORAIN** Tombée amoureuse de Saint-Tropez, Colette avait acheté une petite maison qui jouxte l'hôtel de Sezz et son restaurant, baptisé en son honneur. Auteur à la technique sûre, Philippe Colinet y signe une cuisine épurée et végétale qui honore les légumes et les saveurs méditerranéennes : pigeon rôti, jus corsé, pois chiche et huile de sésame ; huître grillée, crème

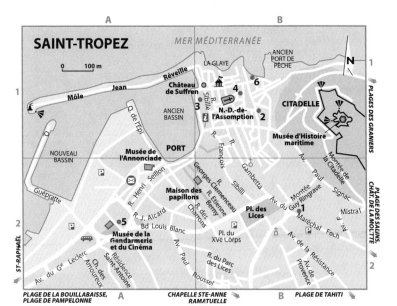

d'échalotes, pulpe de cresson et charbon de pain. Attention, menu gastronomique uniquement le soir. Salle lumineuse au décor minimaliste à l'unisson de l'hôtel.

&. 🅰🅲 🍽 🛎 – Prix : €€€€

Hors plan – *Hôtel Sezz, 151 route des Salins –* ☎ *04 94 44 53 11 –
www.colettesainttropez.com – Fermé lundi, mardi et du mercredi au dimanche
à midi*

🏵 ## LA TERRASSE - CHEVAL BLANC ST-TROPEZ Ⓝ

CUISINE MÉDITERRANÉENNE • LUXE La Terrasse est le restaurant du midi et
du mercredi soir (jour de fermeture de La Vague d'Or, la table triplement étoilée)
de l'hôtel Cheval Blanc. À l'ombre des pins parasols tournés vers la baie du golfe
de Saint-Tropez, Arnaud Donckele et son équipe élaborent une cuisine méditerranéenne à forte influence provençale qui ne lésine pas sur la qualité des produits,
traités avec finesse et rigueur : tarte fine aux cèpes ; queue de homard grillée en
carapace, sabayon au corail de têtes ; tourte de lapin, ris de veau et foie gras. La
sélection de vins, très complète, est remarquable. Une très belle expérience d'art
de vivre à la française.

🕸 ⇆ ≼ 🍽 &. 🍴 🍽 🅿 – Prix : €€€€

Hors plan – *Plage de la Bouillabaisse –* ☎ *04 94 55 91 00 – www.chevalblanc.
com/fr/maison/st-tropez – Fermé le soir sauf mercredi*

LE BANH HOÏ

CUISINE ASIATIQUE • ROMANTIQUE Quel joli décor ! Lumière tamisée, atmosphère romantique, murs et plafonds laqués de noir, bouddhas stylisés servent
d'écrin à une sympathique cuisine parfumée, vietnamienne et thaïlandaise.
L'adresse a beau multiplier les terrasses tout au long de cette ruelle sinueuse et
jusque sur la ravissante place pavée, il est impératif de réserver : les terrasses qui
essaiment le long de la ruelle sinueuse et sur la place pavée sont prises d'assaut...

🅰🅲 🍴 🍽 – Prix : €€€

Plan : B1-4 – *12 rue Petit-Saint-Jean –* ☎ *04 94 97 36 29 – www.banh-hoi.com –
Fermé lundi et du mardi au dimanche à midi*

BEEFBAR

SPÉCIALITÉS DE VIANDES • TENDANCE Voici la version tropézienne, pleine de charme, du concept "beef bar" qui fait florès partout dans le monde. Sur cette terrasse enchanteresse qui domine la piscine de l'hôtel, le carnivore et l'amateur de cuisines exotiques s'attablent face à des viandes d'exception (bœuf wagyu ou black angus) et des plats sous influence sud-américaine et asiatique.

&. 🍴 🍽 – Prix : €€€

Hors plan – *Chemin du Pinet* – ☏ *04 94 97 99 50* – *www.loupinet.com*

CUCINA BYBLOS

CUISINE ITALIENNE • TENDANCE En lieu et place de Rivea, le restaurant du Byblos se réinvente toujours sous la houlette d'Alain Ducasse. Fort de son succès parisien, il adapte Cucina à la mode Saint-Tropez. Un endroit chic et convivial avec grande cuisine vitrée, murs végétaux et terrasse sous les platanes. Dans l'assiette, une cuisine italienne de partage généreuse, à base de produits transalpins de belle qualité.

&. 🄰🄲 🍴 – Prix : €€€€

Plan : B2-1 – *27 avenue du Maréchal-Foch* – ☏ *04 94 56 68 20* – *www.byblos.com* – *Fermé lundi, mardi et du mercredi au dimanche à midi*

LE PATIO

CUISINE ITALIENNE • ÉLÉGANT Au sein de l'hôtel Yaca, refuge de charme des artistes et des célébrités (de Colette à BB) qui aiment ses tomettes et ses meubles anciens, le restaurant le Patio propose une cuisine italienne goûteuse et raffinée, qui doit beaucoup à d'excellents produits importés directement de la Botte. Un moment encore plus agréable lorsqu'on s'installe sur la terrasse ombragée, autour de la piscine...

🄰🄲 🍴 🍽 🅿 – Prix : €€€

Plan : B1-2 – *1-3 boulevard d'Aumale* – ☏ *04 94 55 81 00* – *www.hotel-le-yaca.fr* – *Fermé lundi et du mardi au dimanche à midi*

LA PETITE PLAGE

CUISINE MÉDITERRANÉENNE • TENDANCE Dans ce restaurant du port du village, Eric Frechon signe la carte et la mer fait le reste. On se délecte d'une goûteuse cuisine méditerranéenne revisitée, les pieds dans le sable face aux yachts, objets de tous les commentaires. Le soir, en été, un DJ anime les lieux, Saint-Tropez oblige ! Et au milieu de tant d'agitation, le service attentionné tient le cap.

Prix : €€€€

Plan : B1-3 – *9 quai Jean-Jaurès* – ☏ *04 94 17 01 23* – *www.restaurant-lapetiteplage-sainttropez.com*

LA PONCHE

CUISINE MODERNE • MÉDITERRANÉEN Thomas Danigo (chef de Galanga à Paris) signe la carte du restaurant de cette maison emblématique de Saint-Tropez qu'est La Ponche, située dans le quartier éponyme face à la mer. Il signe ici une cuisine méditerranéenne en mettant à l'honneur la pêche du jour et les légumes de la région sans oublier quelques viandes de qualité. Ce jour-là, ceviche de daurade, agrumes et sorbet coriandre basilic et en dessert figues rôties au balsamique de pomme et myrte, crumble amande et crème glacée à la pistache.

◁ 🄰🄲 🍴 ♿ – Prix : €€€

Plan : B1-6 – *5 rue des Remparts* – ☏ *04 94 97 02 53* – *www.laponche.com* – *Fermé lundi, dimanche et du mardi au samedi à midi*

LES TOITS - HÔTEL DE PARIS SAINT-TROPEZ Ⓝ

CUISINE MÉDITERRANÉENNE • BRANCHÉ Saint-Tropez demeure un mythe inoxydable et ce restaurant d'extérieur, juché sur le toit-terrasse de cet hôtel de légende, le confirme un peu plus. En contemplant la baie et les toits de tuiles du village, on déguste une cuisine d'inspiration méditerranéenne et provençale, émaillée de quelques touches italiennes (gambas de Sicile, tiramisu…) : le nouveau chef (passé notamment par Il Carpaccio, le Grand Véfour et Piero TT à Paris) est… italien. Formule plus simple le midi.

⟵🍴🛁🅿 – Prix : €€€€

Plan : A2-5 – *1 traverse de la Gendarmerie – ☎ 04 83 09 61 39 – www.hoteldeparis-sainttropez.com*

🛏 ## AIRELLES SAINT-TROPEZ CHÂTEAU DE LA MESSARDIÈRE

CONTEMPORAIN • ROMANTIQUE Sur sa colline au-dessus de Saint-Tropez, le Château semble sorti d'un conte de fées, avec ses tours fortifiées dominant les toits italiens en tuile rouge. Entouré de parcs et de forêts de pins, il livre une vue spectaculaire sur le golfe et la campagne. Les chambres, dans le château même ou dans les villas environnantes, montrent des décors pastels aérés, et de très confortables lits sous de jolies verrières. Les terrasses privées et les balcons dominent les jardins ou les vignes, avec vue sur la mer pour les meilleures.

♿🛁🅿🛜🖥🚲🏊♨🏋🍴🆎 - 70 chambres

Route de Tahiti – ☎ 04 94 56 76 00 – www.messardiere.com

🛏 ## BYBLOS

TRADITIONNEL • CONVIVIAL Le palace mythique de St-Tropez, véritable village dans le village – un ensemble de maisons colorées entrelacées de jardins et de patios. Les chambres regorgent d'œuvres d'art, le spa est superbe, la boîte de nuit incontournable… L'alliance du luxe et de la convivialité.

🛁🅿🏊🛜🖥🚲♨🏋🍴🆎 - 87 chambres

20 avenue Paul Signac – ☎ 04 94 56 68 00 – www.byblos.com

🛏 ## HÔTEL DE PARIS SAINT-TROPEZ

DESIGN • RAFFINÉ Le dernier-né des grands hôtels tropéziens n'a rien à envier à ses aînés. Ici triomphe la "design attitude", avec, par exemple, le patio, surmonté d'une piscine, avec vue sur le port. Les chambres, spacieuses, dévoilent des thématiques différentes : Paris, les arts, St-Tropez… Culte !

♿🛁🅿🏊🛜🖥🚲🍴♨🏋🆎 - 90 chambres

1 traverse de la Gendarmerie – ☎ 04 83 09 60 00 – www.hoteldeparis-sainttropez.com

Les Toits - Hôtel de Paris Saint-Tropez - Voir la sélection des restaurants

🛏 ## HÔTEL LOU PINET

MODERNE • CHALEUREUX Réinventant un classique de Saint-Tropez, l'hôtel Lou Pinet rassemble une belle palette de talents : la famille d'hôteliers Pariente, les architectes Charles Zana et François Vieillecroze, le paysagiste Jean Mus et le restaurateur Riccardo Giraudi. Les chambres et suites jouent parfaitement d'une partition méditerranéenne, dans un style éclectique mi-bohème mi-moderne. Piscine, spa, terrasse et deux bars garantissent un séjour vraiment haut de gamme.

🛁🅿🏊🛜🖥🚲♨🏋🍴🆎 - 40 chambres

70 chemin du Pinet – ☎ 04 94 97 04 37 – www.hotel-benkirai.com

🛏 ## HÔTEL PASTIS

CONTEMPORAIN • MARITIME Fruit du talent d'un couple d'architectes transfuges de Londres, cette jolie maison face à la mer abrite une impressionnante collection de photos, gravures et œuvres d'art authentiques, avec accents pop. L'extérieur - une maison provençale classique - ouvre sur décoration intérieure associant des meubles d'antiquaire à des pièces ultra design, et la plupart des dix chambres jouissent à la fois d'un patio, d'un balcon ou d'une terrasse et d'une grande salle de bain. Un style classique et éclectique, qui leur confère le charme d'une résidence privée.

🅿🏊🍴🆎 - 10 chambres

75 avenue Général Leclerc – ☎ 04 98 12 56 50 – www.pastis-st-tropez.com

🛏 PAN DEI PALAIS

CLASSIQUE • COSY Une demeure construite en 1835, présent d'un général napoléonien à son épouse indienne. Ici règne un élégant parfum d'exotisme : tissus chamarrés, bois précieux, hammam, nombreux tableaux et autres bibelots… Un lieu pétri de charme, que l'on quitte à regret !

🛁📶🚗🛏🚲🛗🌐🛜🍽🅰️ - 12 chambres

52 rue Gambetta – 📞 *04 94 17 71 71 – www.pandei.com*

🛏 SEZZ

MODERNE • MARITIME Le Sezz à St-Tropez ? Un hôtel ultramoderne, design et ouvert au maximum sur l'extérieur pour profiter du climat… Dans chaque chambre, des matériaux naturels, une terrasse et une douche extérieure, voire une piscine privative. Un art de vivre très tendance !

♿🛁📶🌊🚗🛏🚲🛗🌐🛜🍽🅰️ - 37 chambres

151 route des Salins – 📞 *04 94 55 31 55 – www.hotelsezz.com*

❀ **Colette** - Voir la sélection des restaurants

🛏 VILLA COSY

CONTEMPORAIN • CALME Ne vous fiez pas à la modestie de son nom : il ne s'agit pas d'un bed and breakfast, mais d'un véritable hôtel de luxe, doté d'un spa et de trois villas, en plus de ses chambres et suites. Chacune dispose d'une terrasse privée et toutes combinent des textures naturelles, des tons neutres apaisants et un design contemporain haut-de-gamme. On y trouve également une piscine extérieure, ainsi qu'un "espace zen" réservé aux adultes dans le jardin, où des lits de jour entourent un jacuzzi de dix places.

♿🛁📶🌊🚗🛏🛗🌐🛜💆🍽🅰️ - 14 chambres

Chemin de La Belle Isnarde – 📞 *04 94 97 57 18 – www.villacosy.com*

SAINT-VALENTIN

✉ 36100 – Indre – Carte régionale n° **15**–D2

✿ AU 14 FÉVRIER

CUISINE MODERNE • ÉLÉGANT Au Japon, deux musées célèbrent le talent de l'illustrateur Raymond Peynet, le créateur du fameux couple d'amoureux, immortalisé par un timbre. Certains de ses admirateurs japonais ont donc choisi le petit village de Saint-Valentin pour célébrer en cuisine la fête des amoureux. Dans un nouveau décor contemporain épuré, et décoré de quelques affiches et lithographies de Peynet, une brigade 100% japonaise livre une réinterprétation tout en finesse de la cuisine française contemporaine, en l'agrémentant de subtiles touches nippones. Jolie carte des vins et conseils pertinents.

🅰️ – Prix : €€€€

2 rue du Portail – 📞 *02 54 03 04 96 – www.sv-au14fevrier.com – Fermé lundi, mardi, du mercredi au vendredi à midi, et dimanche soir*

SAINT-VALERY-SUR-SOMME

✉ 80230 – Somme – Carte régionale n° **4**–A2

BAIE

CUISINE MODERNE • CONVIVIAL Ce restaurant de poche, qui n'accueille que deux tables d'hôtes, mise sur une carte courte ainsi qu'une sélection rigoureuse des fournisseurs dans un rayon de cent kilomètres. Le produit brut est travaillé sans artifice, à l'image de cette lotte rôtie sur l'os. Ajoutez à cela l'accueil souriant et vous obtenez l'une des meilleures adresses de la ville. Succès oblige, pensez à réserver !

Prix : €€€

30 rue de la Ferté – 📞 *03 22 26 65 12 – www.restaurantbaie.fr – Fermé du lundi au mercredi et du jeudi au dimanche à midi*

SCHORRE

CUISINE MODERNE • ÉPURÉ Cet ancien grenier à sel du 18ᵉ s., entièrement réhabilité, héberge au dernier étage ce restaurant au cadre brut qui bénéficie d'une vue panoramique sur la baie de Somme. Quant au schorre, il s'agit de « la partie supérieure d'un marais littoral, constituée de vase solide, couverte d'herbe et submergée aux grandes marées » explique le dictionnaire. Notre turbot poché était d'ailleurs accompagné d'une salade saline et craquante de ces plantes du marais (salicorne, aster maritime, obione). Le chef François-Xavier Sailly change son menu créatif et gourmand (à l'image de son dessert betterave, noisette, mascarpone) très régulièrement.

≼ & 🅐🅒 🕀 – Prix : €€

2 quai Lejoille – 𝒞 09 77 75 42 03 – www.restaurant-saint-valery-sur-somme.fr – Fermé lundi et mardi, et dimanche soir

SAINT-VINCENT-DE-COSSE

✉ 24220 – Dordogne – Carte régionale n° **18**–D3

LA TABLE DE MONRECOUR

CUISINE MODERNE • CONTEMPORAIN Au sein de ce domaine dominant la campagne périgourdine, avec une véranda qui donne sur le château, une table cultivant l'air du temps à travers des recettes de bonne facture et savoureuses. Une formule plus simple est proposée à midi, les jours de semaine. A l'été, on s'installe sur l'une des plaisantes terrasses. Belles chambres dans le château.

🕸 ⌂& 🅐🅒 🕀 🅿 – Prix : €€

Lieu-dit Monrecour – 𝒞 05 53 28 33 59 – Fermé lundi et du mardi au samedi à midi

SAINT-VINCENT-DE-TYROSSE

✉ 40230 – Landes – Carte régionale n° **25**–A2

🕸 LE HITTAU

Chef : Yannick Duc

CUISINE MODERNE • RUSTIQUE Sur la route des plages, on remarque à peine cette ancienne bergerie lovée dans son écrin de verdure, avec sa charpente apparente. Elle cache pourtant bien son jeu... Le chef Yannick Duc y régale ses convives d'une cuisine spontanée, pleine de vie, résolument moderne, qui privilégie les bons produits de saison et notamment la pêche du jour. Ce chef aime aussi manier les aromates, les épices et surtout le moulin à poivre, fouettant son pigeon aux betteraves et potimarron d'un trait de poivre long rouge Kampot ou son ris de veau aux gambas d'un nuage de poivre vert de Malabar. À déguster en terrasse, aux beaux jours.

🕸 ⌂& 🕀 ✿ 🅿 – Prix : €€€

1 rue du Nouaou – 𝒞 05 58 77 11 85 – www.lehittau.fr – Fermé lundi, mardi et dimanche

SAINT-VIT

✉ 25410 – Doubs – Carte régionale n° **13**–B2

PRÉLUDE

CUISINE MODERNE • CONTEMPORAIN Plus qu'un prélude, un véritable morceau de choix ! Dans cette belle demeure traditionnelle, Élodie Ouchelli et Thibault Étienne connaissent déjà bien la musique, qu'ils ont apprises dans les meilleures tables étoilées, et notamment celle de Romuald Fassenet. Ce chef au bon bagage technique sait faire chanter une assiette grâce à la note juste, entre produits locaux de première fraîcheur et respects des fondamentaux. Petite musique agréable, plusieurs tables donnent sur le... piano dans cette salle contemporaine.

 ♿ 🅰🅲 ☂ – Prix : €€

5 place Simone-Veil – ☏ 03 81 40 53 50 – www.restaurantprelude.com –
Fermé lundi et mardi, et mercredi et dimanche soir

SAINT-VRAIN
✉ 91770 – Essonne – Carte régionale n° **11**–B2

LE DOYENNÉ

Chefs : Shaun Kelly et James Henry

CUISINE MODERNE • CONTEMPORAIN Mais que font deux chefs australiens (passés par Yard, Spring, Bones et Au Passage) au cœur du parc du château de Saint-Vrain, plus précisément dans les anciennes écuries rénovées avec goût ? Eh bien, ils nous offrent une cuisine pimpante directement tirée des fruits et des légumes du grand jardin du domaine, cueillis au top de leur maturité – le potager a même été créé avant le restaurant. On ne boude pas son plaisir à table, un plaisir bucolique et gourmand, face à la campagne qui s'invite à travers les grandes baies vitrées. Réservation obligatoire.

⇥♿**P** – Prix : €€€

5 rue Saint-Antoine – ☏ 06 58 80 25 18 – www.ledoyennerestaurant.com –
Fermé du lundi au mercredi, jeudi et vendredi à midi, et dimanche soir

✿**L'engagement du chef :** Le projet lie profondément la gastronomie à l'agriculture : le potager, nourri avec du compost organique, est l'inspiration de la cuisine. Plus d'une centaine de variétés de plantes, fruits et légumes sont cultivés en utilisant des techniques qui visent à améliorer l'écosystème : une méthode appelée agriculture régénératrice. Les autres produits sont choisis avec la même rigueur, et la philosophie zéro déchet encourage leur utilisation dans la globalité (le peu de restes va aux animaux).

SAINT-YRIEIX-LA-PERCHE
✉ 87500 – Haute-Vienne – Carte régionale n° **19**–B2

L'ATTANUM Ⓝ

CUISINE MODERNE • CONTEMPORAIN Une ancienne sous-préfecture dix-neuvième accueille désormais au rez-de-chaussée un restaurant à la déco contemporaine où l'accueil est tout sourire. Derrière les fourneaux officie un chef expérimenté passé par de bonnes maisons. Convoquant des produits locaux de saison, ses assiettes montrent à la fois une technique assurée (comme sur cette terrine de cerf), une précision des cuissons et des jus (comme sur le filet de canard, petit épeautre et betterave) et des accords de saveurs équilibrés – la jolie sélection de vins et le service attentionné viennent compléter ce tableau gourmand.

♿ 🅰🅲 ⇳ – Prix : €€

64 place de la Nation – ☏ 05 55 09 52 27 – www.attanum.fr – Fermé lundi et
dimanche, et du mardi au jeudi soir

SAINTE-ANNE-D'AURAY
✉ 56400 – Morbihan – Carte régionale n° **1**–C3

L'AUBERGE - MAISONS GLENN ANNA

CUISINE MODERNE • TRADITIONNEL Ste-Anne-d'Auray est une ville pieuse et Jean-Paul II se serait arrêté au restaurant de l'Auberge en 1996. On aurait tort de croire la maison tournée vers le passé : la jeune génération propose des assiettes savoureuses, avec une priorité aux produits de la mer de qualité, comme ce thon en mi-cuit, déclinaison de tomates, saveurs d'une béarnaise.

∭ ⇥♿ 🅰🅲 **P** – Prix : €€€

56 rue de Vannes – ☏ 02 97 57 61 55 – www.hotel-maison-glenn-anna-auray.
com – Fermé lundi, et mardi et mercredi à midi

SAINTE-CÉCILE

✉ 71250 – Saône-et-Loire – Carte régionale n° **17**–C2

😊 L'EMBELLIE

CUISINE MODERNE • AUBERGE Une ancienne étable au cachet rustique – poutres, cheminée, murs de briques. En cuisine, le chef s'inspire souvent de ses voyages mais n'oublie pas certains classiques tels qu'une terrine de foie gras de canard ou un ris de veau doré au sautoir. Souvenir de ce lapin de Bourgogne farci façon porchetta également travaillé en cromesquis. Glaces maison à déguster sur l'agréable terrasse d'été qui ne fait qu'embellir ce lieu déjà charmant...

&. 🍽 **P** – Prix : €€

245 route de Pont-sur-Grosne (Le Bourg) – ℰ 03 85 50 81 81 – www.restaurant-lembellie.net – Fermé mardi et mercredi, et dimanche soir

SAINTE-CÉCILE-LES-VIGNES

✉ 84290 – Vaucluse – Carte régionale n° **28**–C2

CAMPAGNE, VIGNES ET GOURMANDISES

CUISINE PROVENÇALE • COSY Avec son ambiance entre charme rustique (pierres apparentes, mobilier en bois peint) et modernité (tableaux contemporains), ce restaurant ne manque pas de cachet. Côté cuisine, le chef, Sylvain Fernandes, travaille des produits frais et célèbre avec délicatesse les parfums du Sud. Et le service assuré par Sylvia, l'épouse du chef, est d'une grande gentillesse !

🆑 🍽 **P** – Prix : €€

629 chemin des Terres – ℰ 04 90 63 40 11 – www.restaurant-cvg.com – Fermé du lundi au mercredi et dimanche soir

SAINTE-COLOMBE

✉ 33350 – Gironde

🛏 CHÂTEAU DU PALANQUEY

CLASSIQUE • RAFFINÉ Majestueuse demeure entourée de vignes de Saint-Émilion, cet hôtel a su conserver le caractère architectural de toutes ses chambres et suites. L'audace vient du mobilier résolument moderne, mais les délices du séjour sont dus au spa, à la salle de sport, à la piscine intérieure...

🛁 **P** 🚗 🍸 🛎 🚴 ⛳ 💆 🧖 💈 🏊 🍽 🆑 - 5 chambres

2 lieu-dit Palanquey – ℰ 05 47 84 99 83 – www.chateaudupalanquey.com

SAINTE-FOY-LA-GRANDE

✉ 33220 – Gironde – Carte régionale n° **22**–C2

😊 CÔTÉ BASTIDE

CUISINE MODERNE • CONVIVIAL Légèrement en retrait du centre-ville, voici le fief de Laurence et Cédric : elle, en cuisine, réalise des plats gourmands réglés sur les saisons ; lui, sommelier de formation, choisit les meilleurs vins – notamment de Bordeaux – pour accompagner les plats concoctés par sa compagne. Un duo qui fonctionne à merveille !

🖐 🆑 ⇄ – Prix : €

4 rue de l'Abattoir – ℰ 05 57 46 14 02 – www.cote-bastide.org – Fermé lundi et dimanche, et mardi soir

SAINTE-LUCIE-DE-PORTO-VECCHIO – Corse-du-Sud (20) ➜ Voir Corse

SAINTE-MAURE

✉ 10150 – Aube – Carte régionale n° **12**–B1

AUBERGE DE SAINTE-MAURE

CUISINE MODERNE • ÉLÉGANT Le jeune patron Victor Martin et son chef Julien Drapier forment un duo désormais bien rodé. Les assiettes tendent à une finesse indéniable, à l'image de cette langoustine rôtie, fenouil confit et jus de carapaces. Ajoutons-y le service souriant, le bon rapport qualité-prix, et l'agréable terrasse au bord de l'eau...

&⌂✿🅿 – Prix : €€€

99 route de Méry – ℰ 03 25 76 90 41 – www.auberge-saintemaure.fr – Fermé lundi et mardi, et dimanche soir

SAINTE-MAXIME

✉ 83120 – Var – Carte régionale n° **29**–C2

LA BADIANE

CUISINE MODERNE • ÉLÉGANT À deux pas du marché couvert, que de charme dans cette salle épurée où le bois et la pierre convolent en justes noces au-dessus de tables en bois brut, joliment apprêtées ! Le chef Geoffrey Poësson (formé chez Vergé au Moulin de Mougins) s'épanouit tranquillement en signant une cuisine moderne et fine, où légumes et poissons dominent la partition (même si pigeon, son plat signature, côtoie l'agneau et le bœuf) : langouste /melon/miel ; rouget/ poulpe ; homard bleu en deux services. Formule plus simple au déjeuner.

🅰 – Prix : €€€

6 rue Fernand-Bessy – ℰ 04 94 96 53 93 – www.restaurant-la-badiane.fr – Fermé lundi, dimanche et mercredi midi

SAINTE-PREUVE

✉ 02350 – Aisne – Carte régionale n° **5**–D2

LES ÉPICURIENS

CUISINE MODERNE • ÉLÉGANT Restaurant au cœur d'un château d'époque, proposant une cuisine raffinée et moderne avec des assiettes qui raviront l'œil comme le palais des plus épicuriens... à l'image de ce carpaccio de langoustines aux agrumes, fenouil et caviar. Belle carte des vins, naturellement portée sur le champagne, et terrasse élégante donnant sur les jardins du domaine. Agréables chambres pour l'étape.

🐌 ⇦&🅰⌂🅿 – Prix : €€€

Domaine de Barive – ℰ 03 23 22 15 15 – www.domainedebarive.com – Fermé lundi et mardi

🛏 DOMAINE DE BARIVE

CLASSIQUE • CHAMPÊTRE Une superbe bâtisse du 19e s. dans un immense parc : calme champêtre... Les chambres sont cosy (mansardées au 2e étage) et décorées avec soin. De nombreux services (sauna, jacuzzi, tennis, salle de remise en forme) et un accueil prévenant font du domaine une étape extrêmement agréable.

&♨🅿⌂⇔♒🏊⛳🤸🎾🏋🍴🅰 - 22 chambres

Domaine du Château de Barive – ℰ 03 23 22 15 15 – www.domainedebarive.com
Les Épicuriens - Voir la sélection des restaurants

SAINTE-SABINE

✉ 24440 – Dordogne – Carte régionale n° **18**–D3

ÉTINCELLES - LA GENTILHOMMIÈRE

CUISINE CRÉATIVE • **RUSTIQUE** Une chaleureuse maison périgourdine, dans un jardin aux arbres majestueux. Le concept : on réserve au plus tard la veille, car le chef ne travaille que des produits frais. Avec cette délicieuse impression de se sentir immédiatement chez soi.

🖢🏠 – Prix : €€€

Le Bourg – ℰ 05 53 74 08 79 – www.gentilhommiere-etincelles.com/fr –
Fermé du lundi au mercredi, du jeudi au samedi à midi, et dimanche soir

SAINTE-SABINE

✉ 21320 – Côte-d'Or – Carte régionale n° **12**–C3

LE LASSEY - CHÂTEAU SAINTE-SABINE

CUISINE MODERNE • **ÉLÉGANT** Dans le cadre historique du château Sainte-Sabine, né à la Renaissance, cette table élégante se distingue par le raffinement de sa cuisine. Omble chevalier des Cévennes accompagné de ses bonbons d'écrevisse nappés de sauce crustacés ; volaille de Bresse et ses asperges vertes : voici quelques-unes des belles spécialités du chef Benjamin Linard, passé par des tables renommées. Formule plus simple au déjeuner. Les chambres invitent à un repos bucolique face au parc, ses biches et son plan d'eau...

⬳🖢♿🅰🏠✿🅿 – Prix : €€€

8 route de Semur – ℰ 03 80 49 22 01 – www.saintesabine.com/fr –
Fermé mercredi midi

SAINTES

✉ 17100 – Charente-Maritime – Carte régionale n° **18**–B2

😊 L'IØDE

CUISINE MODERNE • **CONTEMPORAIN** Fils de boucher né sur l'île d'Oléron, le chef Benjamin Girard a choisi de privilégier les produits de la mer ! Dans cette longue salle moderne aux tons blanc et bleu, les recettes aux touches créatives s'enchaînent savoureusement : maquereau mi-cuit au chalumeau, pastèque grillée et eau de tomate ; flétan à l'écume de langoustine et aux mûres ; "cerise explosive" façon forêt-noire. Les prix restent sages, et l'on aime aussi la carte des vins d'obédience bio.

🅰✿ – Prix : €€

89 avenue Gambetta – ℰ 05 46 90 72 94 – www.restaurantliode.fr –
Fermé mardi et mercredi

😊 SAVEURS DE L'ABBAYE

CUISINE MODERNE • **TENDANCE** À deux pas de l'abbaye aux Dames, devenue "cité musicale", ce restaurant au décor épuré propose une cuisine légère, fraîche et spontanée, privilégiant les beaux produits locaux du marché, arpenté tous les jours, panier en main, par le chef Vincent Coiquaud. Pour la nuit, des chambres sobres et agréables.

♿🏠 – Prix : €€

1 place Saint-Pallais – ℰ 05 46 94 17 91 – www.saveurs-abbaye.com –
Fermé lundi et dimanche

LE DALLAISON

CUISINE MODERNE • **ÉLÉGANT** Cette belle demeure du 18ᵉ s. lovée dans son parc cache bien son jeu : à l'intérieur, le 21ᵉ s. triomphe à travers les différentes petites salles à manger : mobilier design, luminaires originaux, murs blancs, armoires à vins. Un tel lieu ne peut qu'inspirer Jérôme Dallet, chef passé chez Emmanuel Renaut (Megève) et Anne-Sophie Pic (Valence). Les produits du terroir sont ici à l'honneur (mogettes, cagouilles, agneau de Confolens...) et le chef en tire de belles compositions gourmandes. Aux beaux jours, on profite de la terrasse baignée de verdure.

&⚓&🅰️🍴♿🅿️ – Prix : €€

30 rue du Bois-Taillis – ☏ 05 46 92 08 18 – www.ledallaison.com – Fermé lundi, mardi, mercredi midi et dimanche soir

LE PARVIS

CUISINE MODERNE • CONTEMPORAIN Dans cette jolie maison en bord de Charente, tout près du centre-ville, Pascal Yenk concocte une cuisine attentive à l'air du temps, comme ce maki de langoustines aux oursins, bouillon gingembre et citronnelle ou le pigeon cuit au foin, Aux beaux jours, on profite de la terrasse jardin fort plaisante, au calme.

&🍴♿ – Prix : €€

12 quai de l'Yser – ☏ 05 46 97 78 12 – www.restaurant-le-parvis.fr – Fermé lundi et dimanche

LA TABLE DU RELAIS DU BOIS SAINT-GEORGES

CUISINE MODERNE • COSY Coup de cœur pour ce restaurant installé dans une ancienne ferme, où le chef aime travailler les beaux produits de saison, qu'ils soient issus de producteurs locaux ou du jardin de plantes aromatiques situé dans le parc. Face aux baies vitrées ouvertes sur la terrasse, la fontaine et le petit étang, on se délecte par exemple d'un ris de veau en crapaudine laqué au vinaigre de sureau, à la chair moelleuse et juteuse à souhait... plaisir garanti !

←⚓&🍴🅿️ – Prix : €€

132 cours Genet – ☏ 05 46 93 50 99 – www.relaisdubois.com – Fermé lundi et dimanche

29

CUISINE MODERNE • BRASSERIE Il est anglais, tatoué, fan de rugby et... chef ! Passé par des belles maisons ici et là-bas, Michael Durkin trousse une cuisine de bistrot moderne et créative, à l'exemple de ce cabillaud à la chair nacrée au céleri et aux câpres, un plat bien présenté et harmonieux. Profitez du menu déjeuner au prix imbattable, et de la petite terrasse aux beaux jours... Let's go !

🍴 – Prix : €€

9 place Blair – ☏ 05 46 96 71 72 – www.restaurant29.fr – Fermé mardi et mercredi, et dimanche soir

SAINTES-MARIES-DE-LA-MER

✉ 13460 – Bouches-du-Rhône

🛏 **MAS DE LA FOUQUE**

MODERNE • CHAMPÊTRE À l'orée d'une réserve naturelle, le Mas de la Fouque est entouré de marais, de terres sauvages et d'une des nombreuses plages désertes de la Méditerranée. Ce petit hôtel de luxe — une "demeure d'exception" plus précisément — jouit pleinement de son cadre tranquille et idyllique. Les chambres donnent sur le parc ou sur le lac alors que les "caravanes" de luxe vous immergent dans la nature tout en confort. Aussi exceptionnelle que soit la demeure, c'est sa piscine, cernée par les pins, les tamaris et un mobilier design, qui s'impose comme la pièce maîtresse. Les autres espaces communs comptent une bibliothèque et un salon décorés de touches antiques, ainsi qu'un spa.

🅿️🛎🚲🏊♨🌀🧖♿🍽🅰️ - 26 chambres

D38 Route du Petit – ☏ 04 90 97 81 02 – www.masdelafouque.com

SALEILLES

✉ 66280 – Pyrénées-Orientales – Carte régionale n° **27**–C3

L'ABSIX

CUISINE MODERNE • **CONTEMPORAIN** Dans cette grande bâtisse aux allures coloniales, un chef passé par de belles maisons et qui saura vous surprendre. Sur un menu unique changé chaque semaine, il réalise une cuisine moderne et créative, rythmée par les saisons : croustillant au parmesan, girolles marinées et crémeux d'ail doux ; filet de turbot en tempura, émulsion coco, citronnelle et gingembre...

 &⚙📶🅿 – Prix : €€

2 rue de la Cerdagne – ☎ 04 68 54 79 02 – www.restaurant-labsix.fr – Fermé lundi et dimanche

SALIES-DE-BÉARN

✉ 64270 – Pyrénées-Atlantiques – Carte régionale n° **25**–B2

RESTAURANT DES VOISINS

CUISINE MODERNE • **TENDANCE** Le cachet de l'ancien sublimé par un esprit design (art contemporain, cuisine ouverte). Ici, on sert une cuisine bien ficelée et originale (thon blanc de ligne du Pays Basque mi-cuit, crème de courge au lait de coco ; raviole de cabillaud confit, bouillon aux aromates, œufs de truite et tuile aux épices douces), accompagnée d'une belle carte des vins. Ou comment mêler avec goût tradition et modernité, dans le décor comme dans l'assiette.

 &⚙📶 – Prix : €€

12 rue des Voisins – ☎ 05 59 38 01 79 – www.restaurant-des-voisins.fr/fr – Fermé du lundi au mercredi, jeudi midi et dimanche soir

SALLANCHES

✉ 74700 – Haute-Savoie

🛏 LE CERF AMOUREUX

MONTAGNARD • **CHALEUREUX** Un beau chalet – tout de pierre et de bois vêtu – raffiné et très cosy. Les chambres, délicieuses, avec balcon, donnent sur les Aravis ou le mont Blanc... On peut aussi profiter de l'espace bien-être. Est-ce l'amour qui rend ce Cerf si charmant ?

 &🅿◁📶🛎🏊♨🧖🍽⚙ - 12 chambres

118 route de Barthoud – ☎ 04 94 97 04 37 – www.lecerfamoureux.com

LA SALLE-LES-ALPES

✉ 05240 – Hautes-Alpes

🛏 ROCK NOIR

ÉPURÉ • **CHALEUREUX** Cet hôtel situé au pied des pistes de "Serre-Che" devrait séduire les skieurs – et les autres ! – avec sa décoration épurée mêlant bois brut, velours et fourrures, influences montagnardes et touches design... Confortable et original !

 🅿◁🏊♨🍽 - 32 chambres

Place de l'Aravet – ☎ 04 92 25 54 90 – www.rocknoir.fr

SALLES-LA-SOURCE

✉ 12330 – Aveyron – Carte régionale n° **23**–C2

CASCADE ⓝ

CUISINE MODERNE • CONVIVIAL Quel joli village accroché à sa falaise et fameux (évidemment) pour sa cascade rafraîchissante ! Quelle adresse sympathique et conviviale, à la déco chaleureuse de bistrot coloré, avec son vieux parquet, son comptoir et ses affiches arty aux murs (sans oublier la terrasse donnant sur la cour face à la mairie). En cuisine, la cheffe Marine Guichou régale avec des produits locaux soigneusement castés et travaillés habilement dans une veine bistronomique fraîche et authentique. Et, avec sa panacotta aux amandes et sa mousse chocolat sur un crumble cacao, elle a réalisé la quintessence du dessert épicurien !
& 🕃 – Prix : €€

26 cour de la Filature – 𝄡 *05 65 67 29 08 – Fermé lundi et mardi, et dimanche soir*

SALON-DE-PROVENCE

✉ 13300 – Bouches-du-Rhône – Carte régionale n° **29**–C3

✿ VILLA SALONE

Chef : Alexandre Lechêne
CUISINE MODERNE • ÉLÉGANT Redescendu des hauteurs alpestres (il a passé sept ans aux commandes du Roc Alto, à Saint-Véran), Alexandre Lechêne a investi cette jolie maison de maître en plein cœur de Salon-de-Provence. Il y régale avec une cuisine créative, pleine de bonnes surprises, déclinée dans des menus surprise, sans choix : un seul mot d'ordre, se laisser porter ! Les associations d'ingrédients sont parfois osées mais l'ensemble fonctionne très bien : on peut citer comme exemple cette crevette carabinero, jus des têtes, riz venere et cresson, un plat tout en équilibre. Côté décor, l'élégance est de mise : moulures, fresques au plafond, joli sol carrelé rétro...
& 🄰🄲 🕃 ⇄ – Prix : €€€

6 rue du Maréchal-Joffre – 𝄡 *04 90 56 28 01 – www.villa-salone.com –*
Fermé lundi, et mardi et dimanche soir

😊 ATELIER SALONE

CUISINE MODERNE • CHIC Versant bistronomique de la Villa Salone, l'Atelier Salone bénéficie de toutes les attentions du chef Alexandre Lechêne, au parcours solide (Aux Lyonnais, Louis XV à Monaco) et ancien étoilé à Saint Véran, dans les Hautes Alpes. A la carte, ce jour-là, on trouve un civet de sanglier, gnocchi à la courge, coing confit et poire au vin rouge, un filet de daurade, courgettes crues et sautées ou encore un suprême de pintade rôti, haricots verts et figues. Le style original de la maison du début du vingtième siècle s'agrémente d'une touche contemporaine.
& 🄰🄲 🕃 – Prix : €€

6 rue du Maréchal-Joffre – 𝄡 *04 90 56 28 01 – www.villa-salone.com –*
Fermé lundi, et mardi et dimanche soir

LE SAMBUC

✉ 13200 – Bouches-du-Rhône – Carte régionale n° **29**–C3

✿ LA CHASSAGNETTE

Chef : Armand Arnal
CUISINE CRÉATIVE • ÉLÉGANT Des taureaux paisibles, des flamants roses ensommeillés, des canaux, des rizières et le delta du Rhône : bienvenue en Camargue, et plus précisément à la Chassagnette, une ancienne bergerie réhabilitée en mas contemporain. Le chef jardinier Armand Arnal y a planté sa fourche(tte)

au milieu d'un potager bio et du verger qui l'entoure. Outre les végétaux, le chef ne s'interdit rien, ni la viande de taureau des manades, ni les agneaux du voisin berger, ni les poissons de la criée du Grau-du-Roi... Le chef mitonne des recettes créatives souvent étonnantes, parfois déroutantes, jouant de notes acides en utilisant des vinaigres maison. Trois hectares de jardins, de potagers, de serres, de ruches, de vergers... et une somptueuse terrasse verdoyante. Quelle charme !

🛏️ 🖐️ ⅏ 🪑 ⛟ 🅿️ – Prix : €€€€

Route du Sambuc – 𝒞 04 90 97 26 96 – www.chassagnette.fr – Fermé mardi et mercredi, et jeudi et dimanche soir

🌱 **L'engagement du chef :** Notre cuisine essentiellement végétale met les fruits et légumes de notre jardin-potager bio au cœur de nos assiettes. Pour les produits que nous ne cultivons pas, ils proviennent de petites exploitations camarguaises situées aux alentours du restaurant et expriment avec caractère l'identité de notre terroir métissé.

LE MAS DE PEINT

CUISINE DU TERROIR • RÉGIONAL Avec de bons produits – légumes du potager, riz de la propriété et taureau de l'élevage –, le chef concocte une belle cuisine du marché. La terrasse sous la glycine est ravissante et ce Mas charmant... Cuisine à la plancha autour de la piscine en été. Une bonne adresse.

🛏️ 🖐️ 🪑 🅿️ – Prix : €€€

Le Mas de Peint , route de Salin de Giraud (D36) – 𝒞 04 90 97 20 62 – www.masdepeint.com/fr/hotel-luxe-camargue-arles – Fermé lundi, mardi midi et dimanche soir

---

🛏️ ### LE MAS DE PEINT   🌐

MODERNE • CALME Dans un vaste domaine, ce superbe mas du 17ᵉ s. cultive la tradition camarguaise (promenades à cheval, élevage taurin, arènes privées). La décoration est inventive et réussie, les chambres raffinées... Beaucoup d'élégance !

🖐️ 🛋️ 🅿️ 🌳 🍽️ 🛏️ 🚲 ⛵ 🚣 🍸 🖐️ 🖐️ 🖐️ – 15 chambres

route de Salin de Giraud (D36) – 𝒞 04 90 97 20 62 – www.masdepeint.com

Le Mas de Peint - Voir la sélection des restaurants

SAMPANS

✉️ 39100 – Jura – Carte régionale n° **13**-A2

🌸 ### CHÂTEAU DU MONT JOLY

Chef : Romuald Fassenet

CUISINE MODERNE • ÉLÉGANT Qu'elle est bien nommée, cette maison de maître du 18ᵉ s. qui domine la vallée de la Saône, avec sa façade rose et ses colonnes à l'italienne ! Avec son épouse, sommelière et fille de vignerons, Romuald Fassenet a transformé cette bâtisse classique en écrin design et épuré où quelques chambres permettent de faire une étape de charme à proximité de Dole. Sa cuisine, franche et gourmande, révèle une passion authentique pour le terroir jurassien (il fut d'ailleurs le second du chef Jean-Paul Jeunet), et repose sur une grande maîtrise technique. Il réalise de superbes sauces au vin jaune du Jura ; la tourte de canard "MOF" fait partie de ses classiques.

🌸 🛋️ 🛏️ 🖐️ 🪑 🅿️ – Prix : €€€€

6 rue du Mont-Joly – 𝒞 03 84 82 43 43 – www.chateaumontjoly.com/fr – Fermé lundi, mardi, et mercredi et jeudi à midi

SANARY-SUR-MER

✉️ 83110 – Var

🛏️ ### HOSTELLERIE LA FARANDOLE

MODERNE • RAFFINÉ Face aux rondeurs de la baie, sur la plage de la Gorguette (entre Sanary et Bandol), un bâtiment géométrique, tout en pierre, bois et verre.

Inaugurée en 2011, cette luxueuse hostellerie associe esprit Côte d'Azur et art de vivre contemporain, entre plage et spa.

🛁 🅿 🛏 🛎 🦺 ⚒ 🌐 🎿 🍴 🅰️ - 27 chambres

140 chemin de la Plage – ℰ 04 94 90 30 20 – www.hostellerielafarandole.com

SANCERRE

✉ 18300 – Cher – Carte régionale n° **16**–B1

LA POMME D'OR

CUISINE MODERNE • COSY Elle est toujours bonne à croquer, cette pomme ! Un jeune couple originaire de Bretagne a repris en main ce restaurant, un ancien relais de poste, dont la salle a été légèrement reliftée. On y goûte une cuisine aux notes créatives, mettant résolument la Bretagne et les saveurs iodées à l'honneur : "anémone" de betterave au caviar de Neuvic et anguille fumée ; merlu de casier, sauce au corail de homard, etc. On voit tout de suite que le chef connaît son métier (cf. les dressages) et n'oublie jamais l'essentiel : le goût ! La carte des vins, évidemment, donne la parole aux crus de Sancerre et ce n'est pas pour nous déplaire.

⅝ – Prix : €€€

1 rue de la Panneterie – ℰ 02 48 54 13 30 – www.lapommedorsancerre.fr – Fermé lundi et mardi, et dimanche soir

LA TOUR

CUISINE MODERNE • COSY Au pied d'une tour du 14ᵉ s. érigée au cœur de ce célèbre village vigneron, cette maison de ville traditionnelle arbore une salle élégante et contemporaine, où subsistent quelques touches d'époque (poutres, plafond et moulures). Simplicité, authenticité et caractère : autant de traits qui distinguent cette cuisine de bons produits, à l'image des ravioles de cèpes et d'oignons accompagnées de chou kale, ainsi que du paleron de veau avec chou-fleur. Du goût, des saveurs bien dosées et des condiments pertinents : une cuisine sans fioritures qui offre un agréable moment.

🍸 🅰️ ⇄ – Prix : €€€

31 Nouvelle-Place – ℰ 02 48 54 00 81 – www.latoursancerre.fr – Fermé lundi, dimanche et mardi midi

SAND

✉ 67230 – Bas-Rhin – Carte régionale n° **8**–B2

LA CHARRUE

CUISINE MODERNE • CONTEMPORAIN Au sein d'une vénérable bâtisse de deux siècles d'âge, Nicolas Laurent (formé à bonne école du Chambard à l'Auberge de l'Ill en passant par le Vieux Couvent) fait ses débuts de chef seul aux fourneaux. Dans cette institution, il a privilégié sagement le changement dans la continuité. Si les classiques (filets de carpes et frites, salade, tarte flambée au lard paysan, presskopf) demeurent pour le plus grand plaisir des fidèles, il s'illustre aussi dans une vie plus moderne en choyant les produits nobles (homard, langoustine, etc.). Chambres pour l'étape.

⅝ 🅰️ 🍽 🅿 – Prix : €€

4 rue du 1ᵉʳ-Décembre – ℰ 03 88 74 42 66 – www.lacharrue.com – Fermé lundi, samedi midi et dimanche soir

SAN-MARTINO-DI-LOTA – Haute-Corse (20) ➜ Voir Corse

SANTA-REPARATA-DI-BALAGNA – Haute-Corse (20) ➜ Voir Corse

SANTENAY

✉ 21590 – Côte-d'Or – Carte régionale n° **12**–D1

L'OUILLETTE

CUISINE MODERNE • COSY Un jeune couple motivé est aux commandes de cette auberge familiale, installée sur la place centrale du village. En cuisine, Simon navigue entre bonne tradition (œufs en meurette, jambon persillé, coq au vin) et recettes plus actuelles ; Maude, en salle, assure un service attentif et efficace. On passe un excellent moment : longue vie à cette Ouillette !

& 🅼 🛋 ⇧ – Prix : €€

Place du Jet-d'Eau – ☏ *03 80 20 62 34 – www.ouillette.fr – Fermé mardi et mercredi*

LE TERROIR

CUISINE TRADITIONNELLE • INTIME Au cœur du village, une maison pimpante et chaleureuse au service d'une cuisine régionale appétissante : escargots de Bourgogne, beurre, ail, persil et amandes ; coq au vin rouge ; ou encore crème brûlée au pain d'épices... Joli choix de vins au verre.

🕸 🅼 🛋 ⇧ – Prix : €€

19 place du Jet-d'Eau – ☏ *03 80 20 63 47 – www.restaurantleterroir.com – Fermé jeudi, et mercredi et dimanche soir*

SARE

✉ 64310 – Pyrénées-Atlantiques – Carte régionale n° **25**–A2

ARRAYA

CUISINE MODERNE • RÉGIONAL Un délice de terrasse sous les platanes dans l'un des plus beaux villages de l'arrière-pays basque ; un décor traditionnel dans un ancien relais sur le chemin de Saint-Jacques de Compostelle tenu par la même famille depuis des décennies ; un chef fou de champignons (qu'il cueille lui-même) mitonnant les produits locaux avec soin et même créativité à l'image de ce chou farci revisité : vous l'aurez compris, voilà une adresse qui a tout bon. Formule bistro plus simple à midi.

🛋 – Prix : €€€

30 place du Village – ☏ *05 59 54 20 46 – www.arraya.com – Fermé lundi, et mardi et jeudi à midi*

OLHABIDEA

CUISINE TRADITIONNELLE • FAMILIAL Une ferme basque du 16e s. où l'on propose une cuisine goûteuse, élaborée avec finesse et passion, qui s'appuie largement sur les fruits et légumes du potager du chef. Autour, on flâne dans un parc de quatre hectares planté d'érables, de conifères et de camélias... Quel charme !

🛋 & 🛋 🅿 – Prix : €€

Quartier Sainte-Catherine – ☏ *05 59 54 21 85 – www.olhabidea.fr – Fermé lundi, mardi, du mercredi au vendredi à midi, et dimanche soir*

🛏 ## HÔTEL ARRAYA

CLASSIQUE • CHALEUREUX Cet hôtel familial a bénéficié de toutes les améliorations nécessaires (ascenseur et salles de bains modernes) sans pour autant perdre son charme régional si chaleureux. Les chambres les plus anciennes se signalent par leurs poutres d'origine, et même les plus récentes restent fidèles à l'esprit du lieu. Petit déjeuner copieux.

🅿 ◔ ⇧ 🛋 🚲 ⊿ 🌐 🍴 - 15 chambres

30 place du Village – ☏ *05 59 54 20 46 – www.arraya.com*

Arraya - Voir la sélection des restaurants

SARGÉ-SUR-BRAYE

✉ 41170 – Loir-et-Cher – Carte régionale n° **10**–C2

OSMA

CUISINE CRÉATIVE • BRANCHÉ « Osmazôme est un terme diffusé par le gastronome Brillat-Savarin pour définir le principe de sapidité des gibiers dans les bouillons » explique Valentin Barbera. Passé par le Lièvre Gourmand à Orléans et Christian Têtedoie à Lyon, ce jeune chef a pourtant choisi un village perdu au cœur du bocage percheron pour installer sa « table de copains » branchée. On pose les coudes sur d'anciens planchers de wagons de chemin de fer sous une kyrielle de jolies appliques design. Efficace, l'assiette fait uniquement son miel de produits locaux ou presque : lentilles, potimarron, oxalys ; œuf, pommes de terre, œufs de brochet ; navet, anguille. Carte de vins nature uniquement.

🕸 – Prix : €€

25 rue Roger-Reboussin – ℰ 02 54 23 86 07 – www.osma.restaurant – Fermé du lundi au mercredi

SARREGUEMINES

✉ 57200 – Moselle – Carte régionale n° **7**–C1

⚜ AUBERGE SAINT-WALFRID

Chef : Stephan Schneider

CUISINE CLASSIQUE • ÉLÉGANT Sur la route qui mène de Metz à Strasbourg, il était une fois une bien jolie auberge, ancienne dépendance agricole rattachée à l'église de Welferding. Stephan Schneider incarne aujourd'hui la cinquième génération d'une famille qui exerce ici depuis la fin du 19e s. Il a repris les rênes de cette maison que son père avait inscrite sur la carte régionale de la gastronomie. On s'attable dans une grande salle bourgeoise et chaleureuse au parquet ancien, parmi les vitrines où brille la faïence de Sarreguemines. Le chef est un défenseur de la belle tradition ! Il aime travailler avec les maraîchers de la région (il possède lui-même un potager), acheter des bêtes entières, pour les préparer lui-même – y compris les charcuteries. À la force du goût. Chambres spacieuses pour l'étape.

🕸 ⇆ 🅰 ♿ Ⓜ 🍽 🅿 – Prix : €€€€

58 rue de Grosbliederstroff – ℰ 03 87 98 43 75 – www.stwalfrid.fr/fr – Fermé lundi, mardi midi et dimanche soir

SARZEAU

✉ 56370 – Morbihan – Carte régionale n° **1**–C3

😊 LE MANOIR DE KERBOT

CUISINE TRADITIONNELLE • CONTEMPORAIN Ce manoir du 16e s. (et ancien orphelinat) s'est réinventé en repaire de gastronomes : on y déguste une cuisine plutôt traditionnelle – huîtres chaudes, foie gras mi-cuit, pêche du jour, effiloché de porcelet en croûte d'épices et réduction aromatique : autant de recettes goûteuses et bien envoyées ! Le service est fort attentionné, et la terrasse donnant sur un étang très agréable, tout comme les belles chambres.

⇆ ♿ 🍽 ♻ 🅿 – Prix : €€

Lieu-dit Kerbot – ℰ 02 97 26 40 38 – www.hotelrestaurantkerbot.com – Fermé lundi, et mardi et mercredi à midi

LES JARDINS DE KERSTÉPHANIE

CUISINE MODERNE • MAISON DE CAMPAGNE Cette ancienne ferme en pierre, recouverte de vigne vierge et entourée d'un parc arboré, est le nouveau fief d'Emmanuel Kouri, que l'on connut aux Climats (Paris 7e). Attentif à la provenance des produits (pêche de ligne, maraîcher bio, crèmerie de la presqu'île…), il réalise une cuisine tournée vers la mer, à l'image de ces coquillages aux brocolis et beurre de citron, ou de ces Saint-Jacques au sabayon de pistache et citron vert. À déguster, aux beaux jours, sur la terrasse ombragée.

🖥 ♿ 🆑 🍽 **P** – Prix : €€

Route de Roaliguen – ℰ 02 97 41 72 41 – www.lesjardinsdekerstephanie.com – Fermé mardi et mercredi

SAUBION

✉ 40230 – Landes

  LES ÉCHASSES

MODERNE • CHAMPÊTRE Ces Échasses consistent en plusieurs "lodges" installée autour d'un étang : des maisonnettes en bois, confortables et design, avec poêle à bois et grandes baies vitrées donnant sur une terrasse au-dessus de l'eau... Une expérience insolite et tout à fait délicieuse.

P 🖥 ⛵ 🛁 🐾 🍽 🆑 - 8 chambres

701 route de la Bruyère – ℰ 06 51 96 55 54 – www.ecolodge-lesechasses.com

SAUGUES

✉ 43170 – Haute-Loire   Carte régionale n° **20**–B2

LA TERRASSE

CUISINE MODERNE • CLASSIQUE Le chef Benoît Fromager est bien installé aux fourneaux de cette Terrasse du centre du village, et ses intentions sont très claires : proposer une cuisine bien dans son temps, célébrant le terroir sans chercher à coller aux modes. Quant à l'intérieur, il est rustique et confortable...

🆑 – Prix : €

11 cours du Docteur-Gervais – ℰ 04 71 77 83 10 – www.hotellaterrasse-saugues. com – Fermé lundi et dimanche soir

SAULIEU

✉ 21210 – Côte-d'Or – Carte régionale n° **12**–B3

  LA CÔTE D'OR

CUISINE MODERNE • CLASSIQUE Une page se tourne dans la célèbre institution du Morvan, qui aura vu passer tant de générations de cuisiniers et de gastronomes depuis les époques bénies d'Alexandre Dumaine, puis de Bernard Loiseau. Fidèle à l'institution pendant plus de 40 ans, Patrick Bertron confie les fourneaux à son bras droit Louis-Philippe Vigilant. Nul doute que la maison saura garder la signature culinaire qui a fait sa réputation : "l'authenticité du goût". À côté des nouvelles créations du chef, les nostalgiques pourront se régaler de quelques grands classiques de l'époque de Bernard Loiseau, tels que les jambonnettes de grenouille à la purée d'ail et au jus de persil, ou le sandre poêlé sauce au vin rouge.

😴 🍷 🖥 ♿ 🆑 – Prix : €€€€

Le Relais Bernard Loiseau, 2 avenue Bernard-Loiseau – ℰ 03 80 90 53 53 – www.bernard-loiseau.com – Fermé mardi et mercredi

BISTROT LOISEAU DES SENS

CUISINE MODERNE • COSY Dans un cadre zen et épuré, on déguste une "cuisine santé" fine et goûteuse, avec de nombreuses préparations bio ou sans gluten. Les cuissons sont maîtrisées, l'ensemble ne manque pas de subtilité ; on passe un bon moment.

🖥 ♿ 🆑 – Prix : €€

4 avenue de la Gare – ℰ 03 80 90 53 53 – www.bernard-loiseau.com – Fermé lundi et dimanche

LE RELAIS BERNARD LOISEAU

CLASSIQUE • CALME Un Relais dans la grande tradition française, qui fait honneur à l'hospitalité bourguignonne : murs du 18ᵉ s., poutres et colombages patinés par les ans, sols en terre cuite, mobilier ancien... auquel s'associe le luxe moderne d'un spa imposant et d'une piscine idyllique. Intemporel et furieusement chic !

🏊 🅿 🗘 🛎 ⅋○ 🆔 - 33 chambres

2 avenue Bernard-Loiseau – 𝒞 *03 80 90 53 53 – www.bernard-loiseau.com*

❀❀ **La Côte d'Or • Bistrot Loiseau des Sens** - Voir la sélection des restaurants

SAUMUR

✉ 49400 – Maine-et-Loire – Carte régionale n° **9**–D3

L'ALCHIMISTE

CUISINE MODERNE • DE QUARTIER Dans ce petit restaurant contemporain, pas de cuisine moléculaire ou alchimiste, mais de bons petits plats cuisinés avec savoir-faire. Le rapport saveurs-prix est bon ! Mieux vaut réserver car l'établissement, bien que discret, est souvent complet...

🍽 – Prix : €

Plan : A1-3 *– 6 rue de Lorraine –* 𝒞 *02 41 67 65 18 – www.lalchimiste-saumur.fr – Fermé lundi et dimanche*

LE BOEUF NOISETTE

CUISINE TRADITIONNELLE • BISTRO On s'installe dans une salle de style bistro vintage, avec banquettes, tables en marbre et miroirs pour déguster une carte courte et soignée, centrée autour de produits régionaux (notamment le bœuf rouge des prés). Placement idéal au centre-ville, derrière le théâtre, et parallèle aux quais de la Loire, proche d'un grand parking public. Produits de qualité et circuits courts. Goûteux.

🗘 – Prix : €

Plan : B1-5 *– 29 rue Molière –* 𝒞 *09 81 73 73 10 – www.leboeufnoisette.fr – Fermé lundi et dimanche*

L'ESCARGOT

CUISINE TRADITIONNELLE • CONTEMPORAIN Agréable cadre contemporain pour une cuisine traditionnelle autour de plats phares comme les escargots farcis en coquilles à l'ail et au persil. Le chef-patron Dominique Dubert ponctue ses recettes traditionnelles de touches plus actuelles (combava, gingembre, curry...). Un joli petit Escargot où prendre le temps de se restaurer sur la jolie terrasse, en été.

♿ 🍽 🗘 – Prix : €€

Plan : A2-6 *– 30 rue du Maréchal-Leclerc –* 𝒞 *02 41 51 20 88 – www.lescargot49.fr – Fermé lundi et dimanche*

L'ESSENTIEL

CUISINE MODERNE • ÉLÉGANT Blottie au pied du château, belle maison en tuffeau abritant de charmantes salles à manger et de paisibles petites terrasses. Le chef y propose une élégante cuisine dans l'air du temps et joliment présentée. Service aux petits oignons. Carte des vins faisant la part belle aux vins de la région. Un agréable moment !

🍽 🗘 – Prix : €€

Plan : B2-2 *– 11 rue Raspail –* 𝒞 *02 41 67 71 10 – www.restaurant-lessentiel-saumur.fr – Fermé lundi et dimanche*

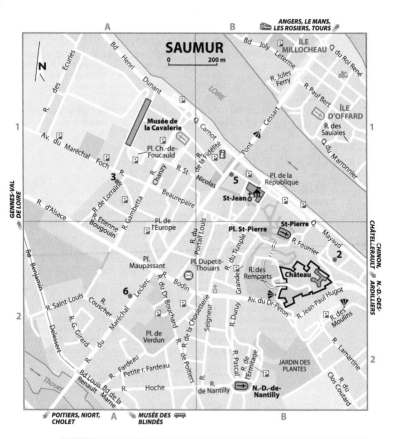

LA TABLE DU CHÂTEAU GRATIEN

CUISINE MODERNE • CHIC Dans le parc paysager des caves Gratien et Meyer, ce joli petit château de la fin du 19e s. séduit par son cachet - parquet en point de Hongrie, lustres à pampilles et mobilier contemporain. La cuisine met en valeur les beaux produits de la région - champignons, bœuf de race Parthenaise, anguille de Loire - avec soin et sans superflu. Herbes du potager, excellent pain maison, madeleines tièdes servies avec le café... Une bonne adresse.

🦽 ⅃ ⌓ 🅿 – Prix : €€€

Hors plan – *94 route de Montsoreau* – ℘ *07 87 08 29 05* – *www.restaurant-saumur-gratien.fr* – *Fermé mercredi et mardi midi*

SAUTERNES

✉ 33210 – Gironde – Carte régionale n° **22**-B2

LE CERCLE GUIRAUD

CUISINE MODERNE • CHAMPÊTRE Située dans le centre du village, cette maison traditionnelle propose au choix une salle à manger à la décoration champêtre émaillée d'une touche contemporaine ou, en saison, une terrasse ombragée sous les mûriers platanes qui embrasse une vue irrésistible jusqu'au château Guiraud, propriétaire de l'adresse. Yoann Amado, l'ancien chef de la Maison Darroze à Langon, et sa compagne pâtissière Juliette Bonnart jouent ici une jolie partition gourmande qui file droit au but : tomates cœur de bœuf savoureuses à souhait, burrata de chèvre, infusion d'eau de tomate à la verveine ; truite marinée au miso à la chair confite, pousses d'épinards, beurre blanc au caviar de brochet ; crème brûlée à la vanille, abricot, et délicieux sorbet thym citron turbiné minute.

≼🛏️&🍴 – Prix : €€

30 rue Principale – ☏ 05 56 76 60 87 – www.chateauguiraud.com – Fermé lundi et mardi, et dimanche soir

SAUVETERRE-DE-COMMINGES

✉ 31510 – Haute-Garonne – Carte régionale n° **26**–B3

L'HIBISCUS BY JÉRÉMY LASSERRE

CUISINE MODERNE • ÉLÉGANT Au pied des Pyrénées, au sein de l'hôtel du Barry, voici un chef qui maîtrise son sujet : bien pensée, solide techniquement (cuissons basse température, espumas, bouillon dashi...), sa cuisine porte aussi la marque de ses quatorze ans passés en Asie. L'œuf parfait façon Onzen avec sa trilogie de haricots tarbais et champignons est une de ses grandes spécialités. Service attentionné et chambres confortables pour prolonger l'expérience.

🛏️🆚♻️🅿️ – Prix : €€€

Hameau de Gesset – ☏ 05 62 00 46 93 – www.hoteldubarry.fr/fr

SAUXILLANGES

✉ 63490 – Puy-de-Dôme – Carte régionale n° **20**–B2

LA TABLE SAINT-MARTIN

CUISINE MODERNE • COSY Cette Table Saint-Martin propose une goûteuse cuisine au goût du jour, rythmée par les saisons. Produits de qualité, préparations maîtrisées, et saveurs marquées : on passe ici un fort agréable moment. Espace terrasse dans la cour intérieure.

🆚🍴♻️ – Prix : €€

17 place Saint-Martin – ☏ 04 73 96 80 32 – www.latable-stmartin.com – Fermé du lundi au mercredi et dimanche soir

SAUZON – Morbihan (56) ➡️ Voir Belle-Île

SAVIGNY-LÈS-BEAUNE

✉ 21420 – Côte-d'Or – Carte régionale n° **12**–D1

LE 428

CUISINE MODERNE • CONTEMPORAIN L'Ouvrée est la surface de vigne - 428 m² - qui pouvait être bêchée par un vigneron en une journée. Aux fourneaux, le chef Christophe Ledru accueille dans une salle contemporaine et épurée. Il propose une cuisine actuelle et soignée (uniquement des menus "surprise"), accompagnée d'une jolie sélection de vins du village (entre autres).

&🆚🍴♻️🅿️ – Prix : €€€

54 rue de Bourgogne – ☏ 03 80 21 51 52 – www.louvree.fr – Fermé mardi et mercredi

SAVONNIÈRES

✉ 37510 – Indre-et-Loire – Carte régionale n° **15**–B1

LA MAISON TOURANGELLE

CUISINE MODERNE • CONTEMPORAIN Le rustique marié au moderne, une délicieuse terrasse sur le Cher et une belle cuisine de produits, gourmande et précise :

voilà les atouts – et non des moindres – qui font de cette maison tourangelle l'une des tables les plus courues du département.

&. 🅰️🍴🍴 – Prix : €€€€

9 route des Grottes-Pétrifiantes – ☎ 02 47 50 30 05 – www.lamaisontourangelle.com – Fermé lundi et mardi, et dimanche soir

SCHERWILLER

✉ 67750 – Bas-Rhin – Carte régionale n° **8**–C1

AUBERGE RAMSTEIN

CUISINE TRADITIONNELLE • AUBERGE Priorité à la tradition dans cette maison où l'on travaille en famille, au cœur du vignoble ! En cuisine, père et fils (Lucas, passé par de belles maisons) œuvrent de concert, avec toujours l'ambition de réinterpréter le terroir alsacien. On se régale avec le filet mignon de veau aux morilles, et autour de menus thématiques (principalement en hiver). Accueil et service prévenants, et chambres pour prolonger l'étape.

&.🍴🅿️ – Prix : €€

1 rue du Riesling – ☎ 03 88 82 17 00 – www.hotelramstein.fr – Fermé lundi, du mardi au samedi à midi, et dimanche soir

SCHILTIGHEIM

✉ 67300 – Bas-Rhin – Carte régionale n° **8**–B1

✿ GUILLAUME SCHEER - LES PLAISIRS GOURMANDS

Chef : Guillaume Scheer

CUISINE MODERNE • CONTEMPORAIN Faites comme les locaux qui lui font fête, poussez la porte de ce restaurant discret, au cadre simple mais fraîchement rénové. Vous ferez connaissance avec un couple remarquable, Guillaume Scheer et sa compagne Charlotte Gate, lui en cuisine, elle en salle, l'efficacité souriante en personne. Ce cuisinier, qui a travaillé au Pavillon Ledoyen à Paris et au 1741 à Strasbourg, s'y connaît effectivement en plaisir de bouche. Sauces et jus, maîtrise de la cuisson des poissons, fraîcheur des produits : tout est réuni !

🅰️🍴 – Prix : €€€€

35 route du Général-de-Gaulle – ☎ 03 88 83 55 55 – www.les-plaisirs-gourmands.com – Fermé lundi, mardi et dimanche

CÔTÉ LAC

CUISINE MODERNE • CONTEMPORAIN Dans une zone d'activité du nord de la ville, on est surpris de découvrir ce parallélépipède de béton brut et de verre, posé au bord d'un petit lac. L'intérieur a tout du loft moderne, avec ses éclairages modernes et ses tableaux contemporains ; on y déguste une cuisine actuelle, soignée, qui évolue régulièrement.

&.🅰️🍴🍴🅿️ – Prix : €€

2 place de Paris – ☎ 03 88 83 82 81 – Fermé dimanche et samedi midi

SECLIN

✉ 59113 – Nord – Carte régionale n° **4**–C2

AUBERGE DU FORGERON

CUISINE MODERNE • ÉLÉGANT Une auberge familiale pleine de charme. Côté restaurant gastronomique, la carte épouse l'air du temps et les saisons, et les spécialités et la créativité du chef font mouche (un joli visuel pour cette mosaïque de truite d'Artois). À l'heure du repos, on profite de chambres confortables et bien tenues. Pour une cuisine plus traditionnelle laissez-vous guider au Bistrot du Forgeron, où l'on trouve notamment des spécialités ch'ti.

🕸 ᵹ – Prix : €€€

17 rue Roger-Bouvry – 𝒞 03 20 90 09 52 – www.aubergeduforgeron.com/fr/ hotel-charme-lille – Fermé lundi, dimanche et mercredi midi

SEIGNOSSE

✉ 40510 – Landes – Carte régionale n° **25**–A2

⁂ VILLA DE L'ÉTANG BLANC

Chef : David Sulpice

CUISINE MODERNE • INTIME L'étang Blanc est un délicieux petit plan d'eau protégé, peuplé d'oiseaux que l'on a tout loisir d'observer depuis la terrasse ou la salle grande ouverte : c'est simple, toute la salle ou presque s'absorbe dans la contemplation ravie de ce spectacle. La cuisine inspirée et précise du chef David Sulpice ressemble à une balade en barque à travers le meilleur du terroir landais, mis en scène avec raffinement : la ferme Darrigade pour les asperges et le canard, la pêche des petits bateaux en direct de Capbreton, le véritable fromage de brebis des Pyrénées, les agrumes de Thierry Dupouy à Eugénie-les-Bains. Cuissons au cordeau, jus et sabayons savoureux achèvent d'emporter la mise. Tous les produits sont valorisés des pieds à la tête pour éviter le gaspillage. Enfin, on apprécie une carte des vins maline, qui louvoie entre étiquettes prestigieuses et petits vignerons du Sud-Ouest.

🕸 ⇦ ⇠ ⇩ ᵹ 🅰🄲 🏡 🅿 – Prix : €€€

2265 route de l'Étang-Blanc (D432) – 𝒞 05 58 72 80 15 – www.villaetangblanc.fr/ fr – Fermé du lundi au mercredi

SEILLANS

✉ 83440 – Var – Carte régionale n° **29**–C2

HÔTEL DES DEUX ROCS

CUISINE DU MARCHÉ • ROMANTIQUE Dans cette belle bastide du 12ᵉ s. dominant un charmant village médiéval, Julien Beaudoire, fort d'un beau parcours et secondé par son frère pâtissier, propose une cuisine provençale faisant le grand écart entre le plat classique tel que les escargots et des préparations plus au goût du jour comme ce poulpe au curry tandoori. Un moment agréable dans un cadre authentique et champêtre, que l'on pourra poursuivre en prenant une chambre.

🏡 – Prix : €€

1 place Font-d'Amont – 𝒞 04 94 76 87 32 – www.maisonsmalzac.com – Fermé, mardi et dimanche soir

SÉLESTAT

✉ 67600 – Bas-Rhin – Carte régionale n° **8**–C1

AU BON PICHET

CUISINE TRADITIONNELLE • CONVIVIAL Il fait bon se restaurer dans cette maison tenue par la même famille depuis quatre générations ! Comme hier, le chef concocte de bonnes recettes traditionnelles : jarret de porc fumé en choucroute de pommes de terre, quenelles de sandre et sauce matelote... L'accueil convivial et le décor de winstub confirment que les règles du bien vivre sont indémodables !

🏡 – Prix : €€

10 place du Marché-aux-Choux – 𝒞 03 88 82 96 65 – www.aubonpichet.fr – Fermé lundi et dimanche, et jeudi soir

SELLES-SAINT-DENIS

✉ 41300 – Loir-et-Cher

 AUBERGE DU CHEVAL BLANC

CLASSIQUE • CONVIVIAL Le calme vous attend dans cet ancien relais, une étape au décor classique qui affiche sa quête de développement durable sans sacrifier le confort et le plaisir du séjour. Livres, jeux, jardin, sont à disposition, et le parking est équipé de bornes de recharge pour tous véhicules électriques.

&♿ 🅿 🗣 🍴 🚲 ♨ ⚙ 🛁 🍴 ㏐ - 21 chambres

5 place du Mail – ☎ *03 88 94 41 86 – www.chevalblanc-sologne.com*

SEMBLANÇAY

✉ 37360 – Indre-et-Loire – Carte régionale n° **15**–B1

LA MÈRE HAMARD

CUISINE MODERNE • COSY Une véritable institution que cette belle bâtisse en pierre née en 1903 ! Chaleureuse, elle se pare d'une coquette salle à manger, et d'une charmante terrasse sous les glycines. On y déguste des plats gourmands et délicats, teintés par endroits de notes exotiques. Accueil attentionné, quelques chambres pour prolonger l'expérience.

&♿ 🏡 🕄 🅿 – Prix : €€€

2 rue du Petit-Bercy – ☎ *02 47 56 62 04 – www.lamerehamard.com/fr –*
Fermé lundi, mercredi, et mardi et jeudi à midi

SEMUR-EN-AUXOIS

✉ 21140 – Côte-d'Or – Carte régionale n° **12**–B2

LA CUISINE DE LA FONTAIGNOTTE

CUISINE MODERNE • AUBERGE Dans cette petite cité médiévale, il est un emplacement peut-être encore plus beau que les autres : c'est celui de cet hôtel particulier du 17ᵉ s., dont la véranda et la grande terrasse offrent une vue imprenable sur les remparts et la rivière Armançon. Si la ville est historique, la cuisine fraîche et tonique du chef Martin, elle, n'a rien de poussiéreux, à l'image de cet omble de fontaine fumé aux sarments de vigne, betterave en croûte de sel. Le chef suit la saison à la lettre et travaille avec les producteurs fermiers de l'Auxois et de la Bourgogne.

🍴&♿ 🏡 🕄 – Prix : €€

4 rue de la Fontaignotte – ☎ *03 80 96 91 69 – www.lacuisinedelafontaignotte.com*
– Fermé lundi, mardi et dimanche

SÉNAS

✉ 13560 – Bouches-du-Rhône – Carte régionale n° **28**–E1

 LE BON TEMPS

CUISINE DU MARCHÉ • SIMPLE Au bord de l'ancienne nationale 7, cette petite adresse peut sembler anonyme, et pourtant ! On y mitonne en couple une cuisine du marché, gourmande et généreuse, à l'écoute des producteurs locaux. Blinis de pomme de terre aux pleurotes ; pluma de cochon grillée, sauce madère, gratin forézien... Fraîcheur des produits (légumes, en particulier), amour du travail bien fait, prix imbattables : il n'y a pas de mal à prendre un peu de bon temps...

&♿ ㏐ 🏡 🅿 – Prix : €€

2600 RD7N Est – ☎ *04 90 73 24 47 – Fermé samedi et dimanche*

SENLIS

⊠ 60300 – Oise – Carte régionale n° **5**–B3

LE JULIANON

CUISINE CRÉATIVE • BISTRO Dans cette charmante maison du 17e s. au décor contemporain lumineux, le chef propose une cuisine inventive, jouant avec tact sur les textures et les harmonies de saveurs, comme avec ces couteaux de la Manche, chou-rave, laitue romaine et coppa, ou les framboises, polenta bio du Piémont et café de Colombie. Le menu change quotidiennement, avec le marché.

Prix : €€

5 place Gérard-de-Nerval – ℰ 03 44 32 12 05 – www.le-julianon.com – Fermé lundi, dimanche et samedi midi

SENS

⊠ 89100 – Yonne – Carte régionale n° **12**–A1

LA MADELEINE

Chef : Patrick Gauthier

CUISINE MODERNE • CONTEMPORAIN Telle la proue d'un paquebot, la maison de Patrick Gauthier domine l'Yonne, posée sur la rivière à la pointe d'une petite île où l'on oublie la ville. Le design intérieur s'inspire de ses innombrables voyages en Scandinavie et en Asie. "Cuisinier avant tout", comme il se définit, ce chef passionné continue de présenter lui-même l'arrivage du jour et ses suggestions minute. Amoureux des marchés et des produits de la mer, il signe une cuisine authentique, enlevée et pleine de saveurs : carpaccio de sériole et légumes de saison ; Saint-Pierre à la cuisson millimétrée, beurre blanc aux agrumes ; cochon noir de Bigorre, jus corsé et ail confit. Et il y a non pas un mais bien quatre chariots de fromages, ainsi qu'une belle cave pour sublimer ce bon moment.

🐌 ♿ Ⓜ 🌳 🅿 – Prix : €€€€

35 quai Boffrand – ℰ 03 86 65 09 31 – www.restaurant-lamadeleine.fr – Fermé lundi, mardi et dimanche

SÉRIGNAN-DU-COMTAT

⊠ 84830 – Vaucluse – Carte régionale n° **28**–C2

LE PRÉ DU MOULIN

CUISINE TRADITIONNELLE • ÉLÉGANT D'abord moulin, puis école communale, cette maison de village en pierre séduit par son atmosphère bucolique... et par sa cuisine déclinée en deux parties : une carte gastronomique d'une part, des plats de bistrot d'autre part. La terrasse ombragée par de vieux platanes fleure bon, elle aussi, la Provence.

🛏 ♿ Ⓜ 🌳 ⌷ 🅿 – Prix : €€€

29 cours Joël-Estève – ℰ 04 90 70 05 58 – www.predumoulin.com – Fermé lundi et du mardi au jeudi à midi

SERVIERS-ET-LABAUME

⊠ 30700 – Gard – Carte régionale n° **28**–B2

VOLVER.

CUISINE MODERNE • CONTEMPORAIN Ancien sapeur-pompier arrivé à la cuisine sur le tard, le chef Krishna Léger régale avec une cuisine bistronomique et locavore, dans une démarche soucieuse de l'environnement – il est notamment signataire de la charte Ethic Oceans. Produits ultra-frais, carte courte, assiettes gourmandes : une jolie découverte.

🌳 🅿 – Prix : €€

1 bis chemin de la Carcarie – ℰ 04 66 20 48 99 – www.volver-restaurant.fr – Fermé lundi, mardi, et mercredi et jeudi à midi

SERVON

✉ 50170 – Manche – Carte régionale n° **2**–A3

AUBERGE SAUVAGE

Chef : Thomas Benady

CUISINE CRÉATIVE • ÉPURÉ Cet ancien presbytère du 16ᵉ s. abrite un restaurant au charme rustique… et un riche potager, où le chef puise de nombreux produits et une partie de son inspiration. Ses menus surprise reflètent une cuisine très moderne et épurée, dont le visuel précis et minimaliste évoque parfois la manière japonaise. Sa tartelette au yaourt et jaune d'œuf confit devient une signature, qu'il décline en fonction des saisons. Attention, le nombre de places est limité.

🍴🦽🅿️ – Prix : €€€

3 place Saint-Martin – 𝄃 *02 33 60 17 92 – www.aubergesauvage.fr – Fermé du lundi au mercredi et du jeudi au dimanche à midi*

🌿**L'engagement du chef :** Nous privilégions les produits de la Baie du Mont-Saint-Michel. Nos menus sont imaginés à partir de la pêche du jour, de la récolte des maraîchers locaux et de notre potager, ainsi que de la cueillette sauvage. Tout est de saison et fait maison (vinaigres, fermentations, salaisons, confitures au petit déjeuner…) et les vins sont natures.

SERVOZ

✉ 74310 – Haute-Savoie – Carte régionale n° **21**–D1

AUBERGE DES GORGES

CUISINE MODERNE • MONTAGNARD Cet ancien relais de poste du 18ᵉ s. sur la route des gorges de la Diosaz au cadre montagnard cosy cache une table créative qui a piqué notre curiosité. Au fil d'un menu unique en plusieurs services, un jeune chef signe des assiettes qui se promènent entre lac et montagne, à l'image de cet omble chevalier au beurre blanc et flatté par une cuisson au cordeau ou bien de cette raviole d'écrevisse rehaussée par une bisque parfaitement émulsionnée. Sans oublier un accueil et un service des plus charmants. 6 chambres pour prolonger l'étape et vue sur le sommet du Mont-Blanc.

Prix : €€€

81 route du Mont – 𝄃 *04 50 47 20 97 – www.auberge-des-gorges.com/fr – Fermé lundi et du mardi au vendredi à midi*

SESSENHEIM

✉ 67770 – Bas-Rhin – Carte régionale n° **8**–B1

🌸 ## AUBERGE AU BŒUF

Chef : Yannick Germain

CUISINE MODERNE • COSY On est forcément séduit par cette auberge alsacienne, avec ses bancs d'église, ses murs revêtus de boiseries, son mobilier régional et son petit musée dédié à Goethe… Ce village offrit l'hospitalité aux amours de l'écrivain et de la fille du pasteur local. Quant au chef, incarnant la quatrième génération de la famille, il propose une délicate cuisine de saison, tout en finesse et en maîtrise, en se basant sur des produits choisis avec soin. Il a notamment mis sur pied une petite filière en direct qui lui permet d'avoir de magnifiques poissons de Plouguerneau, à l'image de cette barbue top fraîcheur accompagnée d'une variation sur l'asperge blanche. Présence d'une Stammtisch, table d'hôtes où l'on sert des plats du terroir, et de 4 chambres-suites haut de gamme.

🐴🛏️🦽🅼🦽🔧🅿️ – Prix : €€€

1 rue de l'Église – 𝄃 *03 88 86 97 14 – www.auberge-au-boeuf.fr – Fermé lundi, mardi et mercredi midi*

SÈTE

✉ 34200 – Hérault – Carte régionale n° **27**–D2

✿ L'ARRIVAGE

Chef : Jordan Yuste

CUISINE MODERNE • CONTEMPORAIN "Créer du plaisir en se faisant plaisir" : tel est le credo de Jordan Yuste, chef autodidacte passé par la case Top Chef en 2020 qui possède déjà son petit univers culinaire personnel, attachant et savoureux. Il régale avec un menu à l'aveugle plein de bonnes idées, créatif sans excès, basé sur de bons produits méditerranéens bio et locaux escortés de sauces d'une belle intensité – à l'image de ce jus de cochon travaillé comme une solera, qui vient arroser la poitrine de porc roulée. Très bon rapport qualité-prix au déjeuner ; jolie carte des vins. Réservation en ligne uniquement.

❀ ᵹ 🆎 – Prix : €€€

13-15 rue André-Portes – ☏ – www.restaurant-larrivage.com – Fermé lundi, dimanche et du mardi au vendredi à midi

✿ THE MARCEL

CUISINE MÉDITERRANÉENNE • TENDANCE Cette institution proustienne, ancien bistrot populaire, connaît une seconde vie sous la houlette de ses propriétaires. D'un côté, le Rio, lieu culturel qui régale de tapas et de concerts ; de l'autre, un restaurant gastronomique doté d'une grande salle à manger aux beaux volumes avec cuisine ouverte, comptoir et banquettes en skaï rétro, poutres et pierres apparentes, œuvres d'art aux murs. Aux manettes, le chef Denis Martin, qui se plaît à magnifier les trésors méditerranéens avec délicatesse, comme ces rougets de roche et leur pain moelleux à l'encre de seiche, légumes croquants, coquillages et jus d'arête, ou encore ce poulpe aux tomates confites et olives, d'une finesse toute canaille...

❀ ᵹ 🆎 🍽 – Prix : €€€€

5 rue Lazare-Carnot – ☏ 04 67 74 20 89 – www.the-marcel.fr – Fermé lundi et dimanche

🙂 PARIS MÉDITERRANÉE

CUISINE MODERNE • BISTRO L'enseigne rend hommage à Brassens, né à Sète, mais aussi au chef, originaire de Paris, ainsi qu'à son épouse sétoise. Ici, on réinvente les recettes locales selon l'humeur du chef et la pêche du jour. À deux pas, le bar à tapas Le Barbu, tenu par le même propriétaire, est très recommandable.

🆎 🍽 – Prix : €€

47 rue Pierre-Semard – ☏ 04 67 74 97 73 – Fermé lundi, dimanche et samedi midi

🙂 QUAI 17

CUISINE MODERNE • CLASSIQUE N'hésitez pas à pousser la porte de cet établissement, niché à l'intérieur d'un hôtel de charme, idéalement situé sur le canal. On s'installe dans une salle bourgeoise, sous des lustres à pampilles, pour déguster une cuisine actuelle aux accents méditerranéens, où le poisson, venu de la halle de Sète, est roi. On peut citer par exemple cet effiloché de raie en compression, cette bourride comme à Sète ou encore ce rôti de lotte, poutargue et artichauts... Quand la magie de Sète s'invite dans l'assiette.

🆎 ⇄ – Prix : €€

17 quai Maréchal-de-Lattre-de-Tassigny – ☏ 04 67 74 71 91 – www.legrandhotelsete.com/quai-17-restaurant-gastronomique-sete – Fermé dimanche et samedi midi

LA COQUERIE

CUISINE MODERNE • CONTEMPORAIN À côté du célèbre cimetière marin, une petite maison chic et contemporaine, avec la Méditerranée pour horizon. Cette table propose une cuisine de première fraîcheur, composée au gré du marché, à travers un menu unique en 6 temps, au déjeuner comme au dîner. Les recettes du chef Guilhem Blanc-Brude jonglent entre inspirations méditerranéennes et préparations plus inventives.

⟨ & AC 😓 – Prix : €€€

1 chemin du Cimetière-Marin – 𝒞 06 47 06 71 38 – www.restaurantlacoquerie.com – Fermé du lundi au mercredi, jeudi midi et dimanche soir

SEYCHALLES
✉ 63190 – Puy-de-Dôme – Carte régionale n° **20**–B1

CHANTE BISE

CUISINE TRADITIONNELLE • RUSTIQUE "La cigale, ayant chanté tout l'été, se trouva fort dépourvue quand la bise fut venue…" Contrairement à la fable de La Fontaine, ici, point de pénurie ! Toute l'année, les gourmands apprécient une agréable cuisine traditionnelle. Accueil chaleureux et menu déjeuner au tarif imbattable.

& 😓 P – Prix : €€

Lieu-dit Courcourt – 𝒞 04 73 62 91 41 – www.restaurant-chantebise63.com – Fermé lundi et mardi, et mercredi, jeudi et dimanche soir

LA SEYNE-SUR-MER
✉ 83500 – Var – Carte régionale n° **29**–B3

CHEZ DANIEL ET JULIA - RESTAURANT DU RIVAGE

POISSONS ET FRUITS DE MER • VINTAGE Julia est l'âme de cette institution centenaire, nichée dans une charmante crique. En terrasse, à l'ombre des tamaris, on déguste bouillabaisse, bourride – sur commande – ou poissons grillés. Le midi, on propose des plats plus simples, sardines grillées, soupe de roche, etc. En haute saison, on se régale avec d'authentiques barbecues de poissons tous les dimanches.

⟨ 😓 P – Prix : €€€

Route de Fabrégas, plage de Fabrégas – 𝒞 04 94 94 85 13 – www.chezdanieletjulia.com – Fermé lundi, et mardi, mercredi, jeudi et dimanche soir

🛏 ### GRAND HÔTEL DES SABLETTES PLAGE

MODERNE • ÉLÉGANT Une bien jolie renaissance pour cet hôtel du début du 19e s., tout de blanc immaculé, face à la grande bleue. Les chambres, de grand confort, offrent (pour la plupart) une vue sur la mer. Agréable suite avec jacuzzi particulier en terrasse. Une invitation au voyage de grande élégance.

P ⛲ 👝 🛥 🆓 🛜 f3 sà ⫽◯ AC – 74 chambres

575 avenue Charles de Gaulle – 𝒞 04 94 17 00 00 – www.ghsplage.fr

SIERENTZ
✉ 68510 – Haut-Rhin – Carte régionale n° **8**–A3

❀ ### AUBERGE ST-LAURENT

Chef : Laurent Arbeit

CUISINE MODERNE • ÉLÉGANT Ce relais de poste du 18e s., à la longue façade fleurie et avenante, est une institution familiale locale, authentique et élégante, plébiscitée aussi bien par les fidèles que par les nombreux voyageurs étrangers qui traversent l'Europe. Tous célèbrent à l'envi le sens de l'accueil et du service, les chambres mignonnes et douillettes, et bien sûr la bonne chère qu'on y sert.

Aux fourneaux, on trouve le chef Laurent Arbeit, qui a étrenné ses couteaux chez Haeberlin et Ducasse. En véritable aubergiste des temps modernes, il compose une cuisine harmonieuse et fine, aux saveurs bien équilibrées. Une franche réussite.

🕸 ⇦ 🖨 🎦 🛆 ⇆ – Prix : €€€

1 rue de la Fontaine – ℰ 03 89 81 52 81 – www.auberge-saintlaurent.fr – Fermé lundi et mardi

🕲 WINSTUB À CÔTÉ

CUISINE RÉGIONALE • CONVIVIAL Dans le prolongement de l'Auberge St-Laurent, cette winstub joue la carte alsacienne – tarte flambée au saumon d'Écosse mariné, spaetzle maison façon "grand-mère" – dans un décor contemporain (mobilier et luminaires design, comptoir en cuivre). Rapport qualité-prix imbattable et service aux petits oignons font le succès de l'établissement : attendez-vous à voir du monde à la table d'à côté !

よ 🖾 ⇆ 🄿 – Prix : €€

2 rue Rogg-Haas – ℰ 09 83 37 16 80 – www.auberge-saintlaurent.fr – Fermé mardi et mercredi

SILLERY
✉ 51500 – Marne – Carte régionale n° **6**–B2

LE RELAIS DE SILLERY

CUISINE TRADITIONNELLE • CLASSIQUE Une auberge élégante - un ancien relais de poste - dont la terrasse domine la Vesle. Le cadre est bucolique, la gastronomie classique : filet de bar meunière, artichauts poivrade et tomate confites et soufflé Grand Marnier... La cave – aux prix étudiés – impressionne !

🕸 ⇦ よ 🎦 ⇆ – Prix : €€

3 rue de la Gare – ℰ 03 26 49 10 11 – www.relaisdesillery.fr – Fermé lundi et mardi, et dimanche soir

SOLESMES
✉ 72300 – Sarthe – Carte régionale n° **10**–A2

GRAND HÔTEL DE SOLESMES

CUISINE CLASSIQUE • ÉLÉGANT Ravioles d'escargots, jus en persillade, filet de volaille de Loué, polenta crémeuse aux champignons ou encore le soufflé chaud au Cointreau... Une solide adresse de famille qui défie les ans et propose une carte, une délicate cuisine classique qui séduit d'emblée ; on ne triche pas sur la qualité des produits. De plus, l'accueil et le service sont charmants !

⇦ よ 🎦 🄿 – Prix : €€

16 place Dom-Guéranger – ℰ 02 43 95 45 10 – www.grandhotelsolesmes.com/fr – Fermé samedi midi et dimanche soir

SOLIGNAC-SOUS-ROCHE
✉ 43130 – Haute-Loire – Carte régionale n° **20**–C2

🕲 LOU PINATOU

CUISINE MODERNE • RUSTIQUE Lui est né au Puy, elle est de Marseille. Il aime les beaux produits et les saveurs franches, elle a un penchant pour la pâtisserie. Ils tiennent ici un double repaire gourmand : dans les anciennes pierres de l'auberge, un bistrot attaché à la tradition ; dans une structure contemporaine, le restaurant gastronomique avec vue sur la vallée.

🎦 – Prix : €€

Le Bourg – ℰ 04 71 65 21 54 – www.auberge-loupinatou.fr – Fermé lundi et dimanche, et mercredi soir

SOLUTRÉ-POUILLY

✉ 71960 – Saône-et-Loire – Carte régionale n° **17**–C2

LA COURTILLE DE SOLUTRÉ

CUISINE MODERNE • BISTRO Une jolie maison de pays, sa charmante terrasse à l'ombre d'un vieux marronnier... et ce chef basque dynamique, qui travaille avec passion de fort bons produits, à accompagner d'une belle sélection de pouilly-fuissé ! Quelques chambres pour l'étape.

🏠 ⚘🍽 – Prix : €€

Route de la Roche – ☎ *03 85 35 80 73* – *www.lacourtilledesolutre.fr* –
Fermé lundi et mardi, et dimanche soir

SOMMIÈRES

✉ 30250 – Gard – Carte régionale n° **28**–B2

😊 LE PATIO BY LOU CALÉOU

CUISINE MODERNE • CONTEMPORAIN Cet ancien chai viticole, transformé en restaurant autour d'un charmant patio, est le fief de Guillaume Dorcourt et Amandine Sabot, respectivement chef et cheffe pâtissière. Leur cuisine, résolument actuelle dans sa forme, puise avec malice dans le répertoire traditionnel : ravioles façon tielle sétoise, épaule de veau confite en basse température et sa garniture façon blanquette, ou encore ce délicieux paris-brest... Coup de cœur assuré !

⚘ 🅰🍽 – Prix : €€

23 place de la Libération – ☎ *04 66 77 50 98* – *www.le-patio-by-lou-caleou.com* – *Fermé lundi et dimanche*

LES SORINIÈRES

✉ 44840 – Loire-Atlantique – Carte régionale n° **9**–B3

🍃 L'ÉPICURIEN - ABBAYE DE VILLENEUVE

CUISINE MODERNE • ÉLÉGANT La table gastronomique de cet hôtel de charme est menée avec adresse par un chef au beau parcours, Aymeric Depogny. Non sans avoir adopté les influences et les produits de la région (fruits de mer et poissons, algues, criste marine, gwell, fleur de sel, sarrasin...), il signe avec naturel une élégante et savoureuse cuisine d'aujourd'hui. En attestant ses recettes aussi équilibrées que dépouillées, où chaque ingrédient trouve sa place – mention spéciale pour le superbe turbot et le dessert au sarrasin et miel. Les deux salles à manger offrent un cadre chic et feutré en bonne harmonie avec la cuisine. La carte des vins affiche quant à elle des premiers prix très raisonnables et un joli choix d'appellations régionales.

🏠 🛏🍽 ⚘🅰🅿 – Prix : €€€

Lieu-dit Villeneuve – ☎ *02 55 59 05 91* – *www.abbayedevilleneuve.com* –
Fermé lundi et mardi, et dimanche soir

LA BRASSERIE - ABBAYE DE VILLENEUVE

CUISINE TRADITIONNELLE • COSY Au sein de cet hôtel rénové de fond en comble avec goût, la brasserie est installée sous une belle verrière lumineuse ouverte sur la piscine et le parc. Le chef y présente une carte qui allie plats de tradition (pâté en croûte, œuf mayonnaise, raie au beurre blanc, quenelle de poisson de Loire à la bisque d'écrevisses...) et recettes plus modernes. Décor agréable et vins régionaux abordables.

🛏⚘🅰↔🅿 – Prix : €€

Lieu-dit Villeneuve – ☎ *02 55 59 05 91* – *www.abbayedevilleneuve.com* –
Fermé lundi et mardi, et dimanche soir

SORRUS

✉ 62170 – Pas-de-Calais

🛏 LE PRÉ RAINETTE

CLASSIQUE • ROMANTIQUE Tel un joli trompe-l'œil, le Pré Rainette est une anti-quité montée de toutes pièces. Pour donner à cette bâtisse contemporaine l'allure d'une maison de campagne au long vécu, ses propriétaires sont allés fouiller les brocantes et fabriques de la région à la recherche d'objets anciens et de matériaux de récupération. Escalier et parquets grinçants, tapisseries, cadres et cuisine de grand-mère agencés avec raffinement distillent un parfum doux et familier. Au milieu des pâturages, un joli plan d'eau, un potager et une roseraie avoisinent une piscine chauffée et un terrain de pétanque. Le Touquet ne se trouve pourtant qu'à dix minutes de là, où vous attend votre propre cabine de plage.

🅿 🛏 🏊 - 3 chambres

1515 grande Rue – 📞 06 48 18 90 83 – www.prerainette.com

SOULTZ-SOUS-FORÊTS

✉ 67250 – Bas-Rhin – Carte régionale n° **8**–B1

AU SOLEIL

CUISINE MODERNE • CONTEMPORAIN Le chef Anthony Schauer, formé dans les belles maisons du nord de l'Alsace, accueille en compagnie de son épouse dans une maison au sobre cadre contemporain qui met bien en valeur sa cuisine bistronomique de saison, fraîche et goûteuse – à l'exemple de ce jambon persillé nappé d'une excellente sauce ravigote, ou de ce lieu jaune confit aux tomates, fenouil et basilic. Réjouissant !

🆑 – Prix : €€

34 rue des Barons-de-Fleckenstein – 📞 03 88 86 41 80 – www.restaurantausoleil-soultz.eatbu.com – Fermé mercredi et dimanche, et mardi soir

SOUSCEYRAC-EN-QUERCY

✉ 46190 – Lot – Carte régionale n° **23**–B2

AU DÉJEUNER DE SOUSCEYRAC

CUISINE CLASSIQUE • TRADITIONNEL En artisan sérieux, Patrick Lagnès réalise une cuisine appliquée, appuyée sur de solides bases classiques et des produits de belle qualité. Il ose même, au fil de son inspiration, quelques recettes plus actuelles ; quant aux desserts, ils sont assurés en cuisine par sa fille. Le tout se déguste dans le décor intimiste d'une petite salle à manger bourgeoise avec boiseries murales et mobilier classique.

Prix : €€

2 allée Gaston-Monnerville – 📞 05 65 33 00 56 – Fermé lundi et dimanche midi

SOYAUX

✉ 16800 – Charente – Carte régionale n° **18**–C2

LA CIGOGNE

CUISINE TRADITIONNELLE • CONTEMPORAIN Non loin d'Angoulême, cette Cigogne est installée au pied d'anciennes carrières de pierre... un emplacement plutôt insolite ! Cadre contemporain élégant, terrasse verdoyante, et une cuisine fraîche concoctée avec de bons produits locaux.

🌿 🌳 ♻ 🅿 – Prix : €€

5 impasse Cabane-Bambou – 📞 05 45 95 89 23 – www.la-cigogne-angouleme.com – Fermé lundi et mardi, et dimanche soir

STEIGE

✉ 67220 – Bas-Rhin – Carte régionale n° **8**–C1

AUBERGE CHEZ GUTH

CUISINE CRÉATIVE • COSY Dans la vallée de Villé, sur les hauteurs du village de Steige, cette ancienne ferme auberge est la toile sur laquelle le chef Yannick Guth déroule ses créations gastronomiques, à base de produits du terroir sans s'interdire d'y ajouter des touches plus exotiques. Des exemples ? Truite marbrée, chou-fleur, pois chiche, pastèque ou encore bœuf, petits pois, framboise, sarriette. Sa créativité est parfois surprenante, mais toujours audacieuse et colorée. Profitez aussi de la belle terrasse qui embrasse les massifs alentours : le tableau est alors complet.

⪡ & **P** – Prix : €€€

5A rue des Bas-des-Monts – 🕿 *03 88 58 12 05 – www.auberge-chez-guth.fr – Fermé lundi et mardi, et dimanche soir*

STIRING-WENDEL

✉ 57350 – Moselle – Carte régionale n° **7**–C1

LA BONNE AUBERGE

CUISINE CRÉATIVE • ÉLÉGANT À la sortie de Forbach, aux confins de la Lorraine, de l'Allemagne et du Luxembourg, une adresse incontournable du bassin houiller. C'est l'antre des sœurs Egloff : Lydia œuvre en cuisine tandis qu'Isabelle supervise le service - bref, une adresse profondément féminine qui cultive une proximité attachante avec le client. Sans oublier une serre en guise de jardin d'hiver, une salle lumineuse et originale, ainsi qu'une belle carte des vins.

🕸 Ⓜ 🏠 **P** – Prix : €€€€

15 rue Nationale – 🕿 *03 87 87 52 78 – Fermé lundi, mardi, samedi midi et dimanche soir*

STRASBOURG

✉ 67000 – Bas-Rhin –
Carte régionale n° **8**–B2

Au cœur de l'Europe... et de la gastronomie

Du salé au sucré, en passant par les grands vins, l'Alsace sait tout faire, et Strasbourg en est la preuve. Partez à la découverte de ses incontournables charcuteries comme la saucisse de Strasbourg, les jambons et bien sûr le délicieux presskopf, un fromage de tête de porc. La variété des plats donne le vertige : coq au riesling, truite des Vosges au bleu, carpe frite du Sundgau, matelote d'anguille, civet de marcassin ou de cerf à la confi-ture d'airelles – et, bien sûr, le foie gras, grand seigneur de la gastronomie alsacienne. Mais n'oublions pas non plus la choucroute, le baeckeofe et la tarte flambée ! Côté sucré, les becs fins ne seront pas déçus : le fameux kougelhopf (une brioche aux raisins secs et aux amandes) côtoie les pains d'épices et autres douceurs. Enfin, les vins d'Alsace comptent de nombreux grands crus répartis sur des terroirs d'exception.

🕸 **AU CROCODILE**

CUISINE CLASSIQUE • ÉLÉGANT Trônant dans une vitrine, le Crocodile, rapporté par un grognard de retour d'Égypte, rappelle la dimension historique de cette fameuse maison strasbourgeoise, que le chef Émile Jung avait jadis couronnée de trois étoiles. Il brille aujourd'hui de mille feux, au terme d'une modernisation complète qui a su préserver l'état d'esprit des lieux. En cuisine, le chef Romain Brillat, ancien second de Gilles Goujon et lointain cousin du gastronome Brillat-Savarin, tient le juste milieu entre classicisme et sophistication. En témoignent un travail original et gourmand autour de la Saint-Jacques (noix, bardes et corail) et de la truffe noire, et un plat plus classique comme cet épais tronçon de turbot à la grenobloise. Le service au guéridon est ici remis à l'honneur.

🐌 & 🅐🅚 🖵 – Prix : €€€€

Plan : D2-12 – *10 rue de l'Outre* – ✆ *03 88 32 13 02* – *www.au-crocodile.com/fr/*
Restaurant – Fermé lundi et mardi midi

🕸 **DE:JA**

Chefs : Jeanne Satori et David Degoursy

CUISINE MODERNE • ÉPURÉ Si jeunes, et déjà très talentueux ! Ce jeune couple, venu des lettres et de l'écologie, passé par les tables étoilées alsaciennes, cuisine autant avec la tête qu'avec le cœur. Le décor, très scandinave d'inspiration, laisse deviner la cuisine : créativité, extractions, fermentations, prédominance du végétal, souci du bien-être animal, carte des vins nature. Dans l'assiette, déjà une solide technique : jus et sauces au point, associations audacieuses qui fonctionnent bien

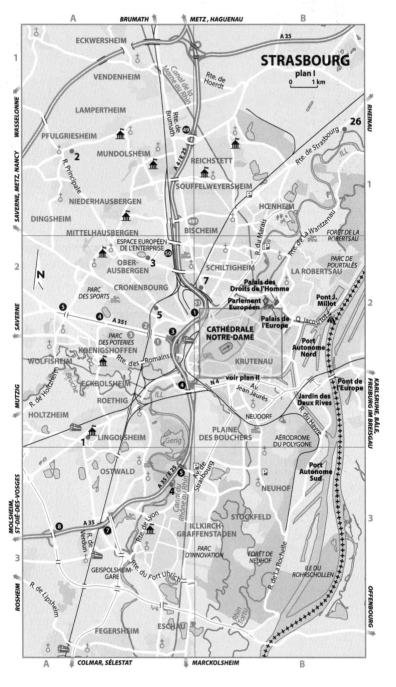

(céleri/aspérule/vinaigre de miel ou encore échalote/noisette/miso). Réservation en ligne uniquement.

🔠 – Prix : €€€€

Plan : F2-24 – *1 rue Schimper – www.deja-restaurant.com – Fermé lundi, dimanche et du mardi au samedi à midi*

🌱 **L'engagement du chef :** Les producteurs, majoritairement locaux, pratiquent l'agriculture bio ou raisonnée. Le végétal est omniprésent dans les menus ; pour les viandes, volailles et poissons, on s'assure des bonnes conditions d'élevage et d'abattage. Les produits sont valorisés dans leur intégralité grâce à des techniques telles que salage et fermentation et une politique de zéro déchet.

⭐ LES FUNAMBULES

Chef : Guillaume Besson

CUISINE MODERNE • CONTEMPORAIN Le chef Guillaume Besson n'a pas son pareil pour jongler avec les assiettes ! En guise de piste aux étoiles, une salle sobre de style contemporain aux murs blancs décorés de tableaux et de photos, parquet au sol et objets en bois. Le "menu sur le fil" est une démonstration de dressages simples et nets, appuyé sur des produits impeccablement cuits. Un numéro bien dans l'air du temps, qui vaut pour sa limpidité et ses quelques audaces. Ces Funambules ont le sens de l'équilibre...

🔠 – Prix : €€€

Plan : F2-9 – *17 rue Geiler –* ☎ *03 88 61 65 41 – www.restaurantlesfunambules.com – Fermé samedi et dimanche, et mercredi soir*

⭐ 1741

CUISINE MODERNE • COSY Face au palais Rohan, chef-d'œuvre du classicisme achevé en 1741, cette table a fait peau neuve. On salue la création d'un comptoir ouvert sur la cuisine pour mieux interagir avec le chef Jérémy Page et sa brigade. Cet ancien de Robuchon signe une cuisine fine et précise, riche de clins d'œil à l'Alsace. Son inspiration trouve pleinement sa mesure dans les sauces et jus, à l'image de cette bisque de roche avec ses rougets juste raidis ou encore ce suprême de pigeonneau avec son jus corsé déglacé au Nusswasser. Le tout accompagné d'une belle sélection de vins d'Alsace (grands crus, bio, etc.).

🐌 ♿ 🔠 ✂ – Prix : €€€€

Plan : D3-11 – *22 quai des Bateliers –* ☎ *03 88 35 50 50 – www.1741.fr/fr/ Restaurant – Fermé lundi et dimanche*

⭐ UMAMI

Chef : René Fieger

CUISINE CRÉATIVE • COSY Au cœur de la Petite France avec ses belles maisons à pans de bois, voici une adresse qui mêle l'ici et l'ailleurs comme son nom le suggère : l'umami est la cinquième saveur dans la gastronomie japonaise, aux côtés du sucré, du salé, de l'acide et de l'amer. Le chef René Fieger a beaucoup bourlingué avant de signer cette cuisine sous influences, solidement adossée à des bases classiques. Cette expérience gustative est d'autant plus remarquable que le chef est seul en cuisine pour régaler ses 16 convives. Un exemple ? Ses tranches de bœuf Black Angus, accompagnées d'une galette de pommes de terre, d'un shiitaké relevé d'ail, de magnifiques carottes des sables glacées et d'une sauce miso, onctueuse et puissante, dont l'arôme évoque presque le café. Unanime pour l'Umami !

🔠 – Prix : €€€

Plan : C2-13 – *8 rue des Dentelles –* ☎ *03 88 32 80 53 – www.restaurant-umami.com – Fermé lundi, samedi et dimanche et du mardi au vendredi à midi*

😋 AU PONT DU CORBEAU

CUISINE ALSACIENNE • WINSTUB À côté du Musée alsacien dédié à l'art populaire, une savoureuse manière de passer à la pratique ! Tout séduit dans cette authentique winstub tenue en famille : le décor traditionnel (éléments Renaissance,

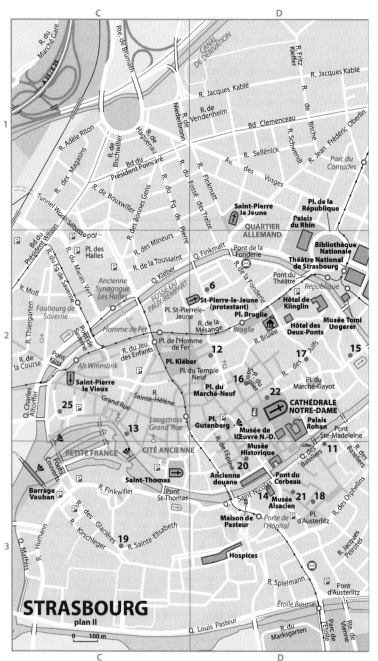

STRASBOURG

plan II

0   100 m

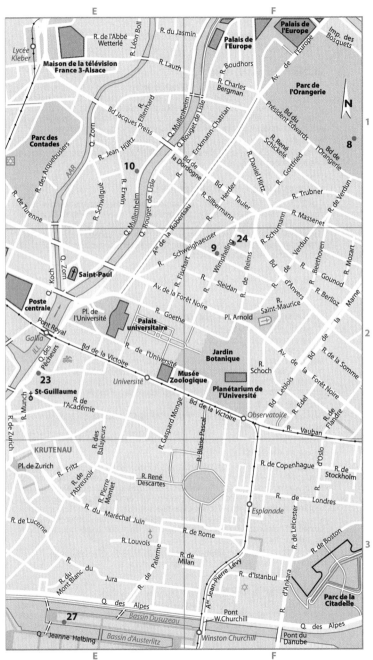

affiches), le choix de vins et, bien sûr, la cuisine alsacienne, appuyée sur un réseau de producteurs locaux... Coup de cœur !

🕸 🅰🄲 ㎡ – Prix : €€

Plan : D3-14 – *21 quai Saint-Nicolas – ☎ 03 88 35 60 68 – www.aupontcorbeau.fr – Fermé samedi et dimanche midi*

😊 LE BISTROT D'ANTOINE

CUISINE TRADITIONNELLE • BISTRO Près de la place Saint-Étienne et de la rue des Frères, un super bistrot qui réunit tous les ingrédients de la réussite : goûteux produits de saison et locaux de préférence, assiettes généreuses puisées dans la cuisine traditionnelle (kâseknepfle, schniederspaetle...), ambiance conviviale, carte de vins nature et en biodynamie... sans oublier le bon rapport qualité-prix.

Prix : €€

Plan : D2-15 – *3 rue de la Courtine – ☎ 03 90 24 93 25 – www.lebistrotdantoine.com Fermé lundi et dimanche*

😊 CHEZ YVONNE - S'BURJERSTUEWEL

CUISINE ALSACIENNE • WINSTUB Atmosphère animée dans cette winstub où l'on mange au coude à coude. La carte respecte la plus pure tradition alsacienne (coq au riesling, choucroute, jarret braisé) avec quelques suggestions créatives, comme ces makis alsaciens aux saveurs harmonieuses. Laissez-vous tenter également par les joues de porc confites fondantes à souhait avec une sauce au pinot noir des plus soyeuses. Une institution.

🍽 – Prix : €€

Plan : D2-16 – *10 rue du Sanglier – ☎ 03 88 32 84 15 – www.chez-yvonne.net – Fermé lundi*

LE BANQUET DES SOPHISTES

CUISINE MODERNE • TENDANCE Difficile d'obtenir une table dans cette adresse qui ne désemplit pas, située dans le quartier de la Krutenau. Succès mérité pour ce bistrot de bel aloi, qui propose un menu imbattable au déjeuner et une carte plus élaborée le soir à l'image de ces girolles, pancetta fumée et noisette ou bien encore ce travail autour de l'agneau, polenta snackée et condiment olive-harissa. Préparations travaillées, fraîches et parfumées, dans un esprit éclectique discrètement inventif, aux frontières de la cuisine fusion. Stimulant pour les papilles, et convivial. Qui dit mieux ?

🅰🄲 ㎡ – Prix : €€

Plan : D3-21 – *5 rue d'Austerlitz – ☎ 03 88 68 59 67 – www.le-banquet.com – Fermé samedi et dimanche*

BLUE FLAMINGO

CUISINE MODERNE • CONTEMPORAIN A l'abordage ! Tout de bois, de verre, d'acier et d'aluminium, ce restaurant flottant au look de péniche moderne est amarré au bord de la presqu'île André-Malraux. Très lumineuse, la salle à manger à fleur d'eau regarde les cuisines ouvertes sur l'arrière. Quant au toit-terrasse, il y règne un esprit guinguette séduisant. Dans l'assiette, le chef Benoit Migeon, ancien sous-chef Au Crocodile, distille une cuisine teintée de saveurs du monde, toute en couleur et fraîcheur, à l'image de ce thon mi-cuit, pastèque, chimichurri et féta.

🅰🄲 – Prix : €€

Plan : E3-27 – *Presqu'île André-Malraux – ☎ 06 15 38 62 45 – www.blue-flamingo.fr – Fermé samedi et dimanche, et mardi soir*

LA BRASSERIE DES HARAS

CUISINE MODERNE • DESIGN Sous la tutelle du grand chef Marc Haeberlin, une table élégante et raffinée, au sein des anciens haras nationaux construits sous Louis XV. On y apprécie de belles recettes traditionnelles, sans oublier quelques plats du terroir local. Et le superbe décor contemporain, avec cuisines ouvertes, vaut le coup d'œil !

 ⁏ 🅰️🚸 ⟳ 🍴 – Prix : €€

Plan : C3-19 – *23 rue des Glacières* – ☎ *03 88 24 00 00* – *www.les-haras-brasserie.com*

BUEREHIESEL

CUISINE MODERNE • **ÉLÉGANT** Cette belle ferme à colombages du 17ᵉ s. a été remontée pierre à pierre dans le parc de l'Orangerie, à côté du Conseil de l'Europe. La salle en verrière et la terrasse offrent une vue toute bucolique sur ce havre de verdure. À la carte, les classiques de la maison comme les cuisses de grenouille poêlées au cerfeuil ou la poulette fermière cuite entière comme un backeoffe, mais aussi des plats de saison plus actuels.

🕸 ⋲ ⁏ 🅰️🚸 ⟳ 🅿️ – Prix : €€€€

Plan : F1-8 – *4 parc de l'Orangerie* – ☎ *03 88 45 56 65* – *www.buerehiesel.fr* – *Fermé lundi et dimanche*

LA CASSEROLE

CUISINE MODERNE • **COSY** Ancien responsable de salle au Crocodile, le propriétaire des lieux officie ici dans un cadre contemporain et élégant mettant en valeur une cuisine raffinée, réalisée à l'aide de beaux produits. Si le tartare de bœuf "choco-beef" au caviar Kristal et œuf de caille, d'inspiration terre-mer, est l'un de ses plats le plus originaux, on ne négligera pas pour autant les crêpes Suzette préparées au guéridon dans les règles de l'art, accompagnée d'une glace vanille turbinée minute - un régal.

🕸 🅰️ – Prix : €€€

Plan : D2-17 – *24 rue des Juifs* – ☎ *03 88 36 49 68* – *www.la-casserole.fr*

COLBERT

CUISINE MODERNE • **COSY** Dans un décor de bistrot moderne, le jeune chef-patron concocte une cuisine bien dans l'air du temps, soignée et parfumée, avec des présentations originales et élégantes : citons ce pâté de chevreuil et foie gras en croûte, ce ris de veau sauce meunière ou encore ce savarin, crème montée, sirop aux agrumes… C'est tout simplement bon : rien d'étonnant à ce que le restaurant affiche souvent complet !

🚸 ⟳ 🅿️ – Prix : €€

Plan : A2-5 – *127 route de Mittelhausbergen* – ☎ *03 88 22 52 16* – *www.restaurant-colbert.com* – *Fermé lundi et dimanche, et mardi soir*

GAVROCHE

CUISINE MODERNE • **INTIME** Dans une discrète ruelle du centre historique, une petite salle au cadre intimiste. Le chef Alexy Fuchs y propose une cuisine française (tartare de boeuf Aberdeen plein de fraîcheur et ses frites de polenta aux saveurs niçoises) parfois mâtinée de touches asiatiques, comme avec ces grenouilles poêlées et pickles de daïkon ou encore cette tartelette fine au parmesan, tofu snacké et girolles.

🅰️ – Prix : €€€

Plan : D3-18 – *4 rue Klein* – ☎ *03 88 36 82 89* – *www.restaurantgavroche.com* – *Fermé mercredi, dimanche et samedi midi*

IN VINO VERITAS

CUISINE ITALIENNE • **BISTRO** Situation superbe pour ce restaurant italien, situé au pied de la majestueuse cathédrale. Carte courte pour préparations gourmandes et généreuses, au service de sa majesté le produit : vitello tonnato, antipasti, gnocchi, tiramisu se bousculent sur l'ardoise… La terrasse est très prisée aux beaux jours. Très belle carte des vins.

🕸 🅰️🚸 ⟳ – Prix : €€

Plan : D2-22 – *25 place de la Cathédrale* – ☎ *03 88 32 75 85* – *www.invinoveritascollection.com* – *Fermé lundi et dimanche*

LÉONOR ⓝ

CUISINE MODERNE • CONTEMPORAIN Derrière une façade du 19ᵉ s. et entre des murs du 18ᵉ s., cet hôtel contemporain signé Jean-Philippe Nuel possède son restaurant d'esprit lounge situé dans la continuité du bar. La carte s'inscrit dans l'air du temps gourmand : sashimi de thon, mangue, avocat et sauce au soja et sésame, ou selle d'agneau aux herbes, croustillant de pommes de terre et coulis de courgette. Pour les tables d'amis, il y a de grosses pièces à partager (poisson entier, côte de bœuf...). Côté sucré, quelques desserts à l'assiette et de jolies pâtisseries à choisir dans la vitrine.

&. 🄰🄲 – Prix : €€€

Plan : D2-6 – *11 rue de la Nuée-Bleue* – ℰ *03 67 29 29 29* – *www.leonor-hotel.com* – *Fermé lundi et dimanche*

MADEMOISELLE 10

CUISINE MODERNE • CONVIVIAL Père et fille travaillent de concert dans ce sympathique bistrot, qui célèbre la tradition et régale ses convives à prix très raisonnables (surtout à midi). Terrine de volaille ; filet de merlu rôti, riz noir, cèpes et girolles ; millefeuille aux pommes et noix de pécan... aussi simple que gourmand.

🄰🄲 – Prix : €€

Plan : E2-23 – *10 quai des Pêcheurs* – ℰ *03 88 35 10 60* – *www.mlle10.fr* – *Fermé lundi, et mercredi et dimanche à midi*

LA VIEILLE ENSEIGNE

CUISINE ALSACIENNE • WINSTUB Vieille Enseigne mais... winstub récente ! Superbes boiseries traditionnelles réalisées par un ébéniste, lithographies de Tomi Ungerer aux murs, cuisine soignée et copieuse à base de produits locaux, plats traditionnels du terroir (presskopf, choucroute, gibier...) : l'Alsace est à la fête, y compris à travers une magnifique carte des vins essentiellement bio.

🕸 🄰🄲🏠🖤 – Prix : €€

Plan : D3-20 – *9 rue des Tonneliers* – ℰ *03 88 75 95 11* – *www.lavieilleenseigne.com* – *Fermé lundi et mardi*

LA VIEILLE TOUR

CUISINE TRADITIONNELLE • DE QUARTIER Une vraie auberge comme on les aime, tenue avec sérieux par un couple de professionnels. Cette table souvent généreuse, toute proche de la Petite France, cultive le goût de la tradition (délicieuse poitrine de volaille au jus), au gré du marché (ardoise). Décor simple, relevé d'affiches humoristiques sur l'Alsace signées par l'illustre Tomi Ungerer.

🄰🄲 – Prix : €€€

Plan : C2-25 – *1 rue Adolphe-Seyboth* – ℰ *03 88 32 54 30* – *Fermé lundi et dimanche*

ZUEM YSEHUET

CUISINE MODERNE • CONTEMPORAIN Dans un quartier au bord de l'Ill, cette auberge recouverte de vigne vierge jouit d'une charmante terrasse au calme. Les recettes, goûteuses, font la part belle aux produits de saison : légumes cultivés par le père du chef, et intelligemment cuisinés par le fils. Comme en témoigne le filet d'agneau, légumes façon osso buco et condiment aux dattes. Belle carte des vins, notamment au verre.

🕸 &.🏠🖤 – Prix : €€

Plan : E1-10 – *21 quai Mullenheim* – ℰ *03 88 35 68 62* – *www.zuem-ysehuet. com/fr/accueil* – *Fermé lundi, dimanche et samedi midi*

🛏 COUR DU CORBEAU

CLASSIQUE • ROMANTIQUE Près du pont du Corbeau, cet hôtel s'épanouit dans plusieurs superbes maisons anciennes. Mais ce qui le distingue surtout, c'est sa cour intérieure Renaissance, avec ses coursives en bois héritées du temps jadis...

🛁 🅿 ⏰ 🔟 ♨ 🆒 - 57 chambres

6-8 rue des Couples – ℰ 03 90 00 26 26 – www.cour-corbeau.com

🛏 ## LE GRAFFALGAR

AVANT-GARDE • CONVIVIAL Certains hôtels se déclarent "arty" après avoir accroché quelques œuvres ici et là. Radical, le Graffalgar a fait appel à des experts en la matière, une trentaine d'artistes de Strasbourg, pour s'attaquer à la décoration de ses chambres. Le mot d'ordre ? Il n'y en a pas. En résulte des chambres uniques : impression photo, fresque animalière, graphisme seventies, street art et ambiance dessin animé se partagent les lieux. Pour creuser encore plus le sujet, l'espace "Rencontres, Détente et Vautrage !" accueille des expositions, événements et ateliers.

♿ 🅿 🍴 - 38 chambres

17 rue Déserte – ℰ 03 88 24 98 40 – www.graffalgar-hotel-strasbourg.fr

🛏 ## LES HARAS

ÉPURÉ • ÉLÉGANT Au cœur de Strasbourg, l'établissement, imaginé dans les anciens haras nationaux du 18e s., bénéficie d'un cadre exceptionnel, où le moindre détail est réfléchi. Les chambres, au décor épuré, sont spacieuses (17 à 35 m²). Un lieu rare.

♿ 🛁 🅿 ⏰ 🔟 🍴 🆒 - 55 chambres

23 rue des Glacières – ℰ 03 90 20 50 00 – www.les-haras-hotel.com

La Brasserie des Haras - Voir la sélection des restaurants

🛏 ## HÔTEL ROHAN

TRADITIONNEL • ÉLÉGANT L'hôtel Rohan pourrait difficilement être mieux placé, jouxtant la magnifique cathédrale de Strasbourg. La façade alsacienne classique et les intérieurs contemporains répondent à l'architecture gothique rayonnante de la ville. Les chambres et les suites sont lumineuses, dotées d'élégants parquets, de pavages et d'accessoires modernes qui jouent avec des meubles anciens. Petit-déjeuner sur l'une des deux terrasses, salon de thé : le choix est princier.

♿ ⏰ 🆒 - 37 chambres

17-19 rue du Maroquin – ℰ 03 88 32 85 11 – www.hotel-rohan.com

🛏 ## LÉONOR

MODERNE • ÉLÉGANT Logé dans un bâtiment du 18e s., l'hôtel Léonor est aussi néoclassique à l'extérieur que moderne à l'intérieur : mobilier design ultra-chic, couleurs soigneusement pondérées et œuvres d'art contemporaines vibrantes. Les chambres et suites sont plus douces mais non moins inspirées et disposent de baies ouvertes sur la ville. La salle à manger sert à la fois de bar, de pâtisserie et de restaurant, sous un toit impeccablement chic.

⏰ 🆒 - 116 chambres

11 rue de la Nuée-Bleue – ℰ 03 67 29 29 29 – www.leonor-hotel.com

Léonor - Voir la sélection des restaurants

LE SUBDRAY

✉ 18570 – Cher – Carte régionale n° **16**–B2

LA FORGE

CUISINE MODERNE • CONVIVIAL Dans ce petit village à une quinzaine de kilomètres de Bourges, un jeune couple tient cette table très recommandable : tout est fait maison, la plupart des légumes proviennent du potager familial, la fraîcheur est au rendez-vous dans l'assiette. Menu simple à midi en semaine, propositions plus élaborées le soir et le week-end.

♿ 🆒 ☂ 🅿 – Prix : €€

1 rue de la Brosse – ℰ 02 48 59 64 31 – www.laforge.business.site – Fermé lundi, mardi, samedi midi, et mercredi et dimanche soir

SURESNES

✉ 92150 – Hauts-de-Seine – Carte régionale n° **11**–E2

LES PETITS PRINCES

CUISINE MODERNE • CONVIVIAL C'est une jolie petite maison d'angle, non loin du tramway. Une vitre, façon atelier, offre un aperçu sur les cuisines. Ici, on concocte une cuisine actuelle et gourmande, jamais ennuyeuse – magret de canard rôti, jus vinaigré, betteraves et noisettes ou encore ce riz au lait, caramel et riz soufflé, gourmand en diable grâce à cette crème montée vanillée et cette généreuse couette de caramel déglacé au beurre demi-sel... À l'arrière, cour-terrasse avec verdure.

AC 🏠 ♻ 🍽 – Prix : €€

26 rue du Val-d'Or – 𝒸 01 41 47 87 61 – www.petits-princes.fr – Fermé lundi, dimanche et mardi midi

BISTRO LÀ-HAUT

CUISINE MODERNE • CHIC Situé sur le mont Valérien, ce "bistrot d'altitude" offre une superbe vue sur Paris depuis sa salle aux airs de loft. À la carte, une partition alléchante aux recettes actuelles, comme cette poitrine de cochon fermier confite, grillée au barbecue, mousseline de patate douce, chou pointu rôti, raisins au verjus... Réservation fortement conseillée le soir.

⇐ ♿ AC 🏠 🍽 – Prix : €€

70 avenue Franklin-Roosevelt – 𝒸 01 45 06 22 66 – www.bistrolahaut.fr

ET TOQUE !

CUISINE MODERNE • CONTEMPORAIN Au cœur de Suresnes, le chef Maxime Salvi réalise une cuisine bistronomique, bien ficelée et au très bon rapport qualité-prix le midi. Les préparations soignées mettent en avant des produits de saison et de bonne qualité - pâté en croûte de cochon et volaille à l'estragon, pistaches et pickles ; poitrine de cochon du Bourbonnais, topinambours, carottes et jus au vin rouge. Le soir, carte plus ambitieuse et menus carte blanche selon les envies du chef.

♿ AC 🏠 – Prix : €€

7 rue Émile-Duclaux – 𝒸 01 45 06 36 93 – www.restaurantettoque.com – Fermé lundi et dimanche

TAILLADES

✉ 84300 – Vaucluse – Carte régionale n° **28**–E1

L'ATELIER L'ART DES METS

CUISINE TRADITIONNELLE • CONTEMPORAIN Le chef propose une cuisine actuelle et personnelle, dont l'acteur principal est l'herbe sauvage, qu'il a appris à connaître auprès d'une cueilleuse de la région. Chénopode, mélisse sauvage, pourpier, armoise... il y a de la poésie dans ses préparations et du goût, à l'instar de ce cochon du Ventoux et poichichade à l'immortelle. On en redemande !

♿ AC 🏠 🅿 – Prix : €€

500 route de Robion – 𝒸 04 90 72 37 55 – www.latelierlartdesmets.fr – Fermé mercredi et dimanche, et mardi soir

TAIN-L'HERMITAGE

✉ 26600 – Drôme – Carte régionale n° **24**–A1

LA CAGE AUX FLEURS

CUISINE MODERNE • BISTRO Des fleurs et des couleurs, il y en a partout dans ce pimpant bistrot ! Dans la déco (papier peint à motifs floraux, bibelots en porcelaine vernie), comme dans l'assiette : velouté de courge, œuf mariné et légumes croquants ; lentilles corail mijotées, curry au lait de coco et fruits secs ; cake au curcuma et gingembre, crémeux citron-yuzu... Cette cuisine épouse savoureusement l'air du temps grâce à un couple de pros, enfants de restaurateurs, qui travaille à quatre mains et n'oublie pas les classiques appréciés des vignerons (côte de bœuf charolaise grillée). Bonne sélection de vins au verre.

& – Prix : €€

13 avenue Jean-Jaurès – ℰ 09 73 88 29 35 – www.restaurant-lacageauxfleurs.com – Fermé lundi et dimanche

LE MANGEVINS

CUISINE MODERNE • BISTRO Ici, la déco mêle habilement esprit de bistrot et modernité. Quant à la cuisine, réalisée par un jeune couple d'autodidactes, elle célèbre le marché et se révèle soignée. Le menu unique change tous les jours et ce midi, on a testé l'échine de porc noir de Bigorre, jus à la graine de moutarde et un sablé breton au sarrasin, crémeux au chocolat, émulsion praliné. On nous explique les plats dans une ambiance conviviale ; comme il se doit dans un tel lieu, la carte s'accompagne d'une belle sélection de crus de la région.

& – Prix : €€

7 rue des Herbes – ℰ 04 75 08 00 76 – www.lemangevins.fr – Fermé samedi et dimanche

LE QUAI

CUISINE TRADITIONNELLE • BRASSERIE On pourrait rester à quai pendant des heures, à admirer le Rhône et les vignobles... En terrasse ou dans la salle, très lumineuse, on se croirait presque sur un paquebot ! Et dans ce bistrot des temps modernes, les assiettes sont généreuses.

 – Prix : €€

17 rue Joseph-Peala – ℰ 04 75 07 05 90 – www.chabran.com/pages/le-quai

TALLOIRES-MONTMIN

✉ 74290 – Haute-Savoie – Carte régionale n° **21**-C2

✿✿ L'AUBERGE DE MONTMIN

Chef : Florian Favario

CUISINE CRÉATIVE • COSY Le col de la Forclaz (1147 m) n'est pas seulement le paradis des parapentistes, il est aussi celui des gourmets. Dans un cadre repensé et agrandi, qui garde toutefois son atmosphère montagnarde intimiste, le chef Florian Favario donne un tour de plus en plus créatif à sa cuisine, qui repose sur le meilleur des produits locaux (agneaux et porcelets, légumes potagers, fruits de saison). Fleurs, plantes et herbes sauvages sont associées avec mesure et talent : c'est un festival de thym serpolet, sauge, origan, agastache, hysope, fleur de menthe... qui apportent des parfums extraordinaires à des assiettes déjà très élaborées et techniquement redoutables. Ce travail d'orfèvre, présenté dans des récipients en noyer imaginés par le chef lui-même, est porté en salle par une équipe de choc emmenée par une maîtresse de maison prévenante : Sandrine, l'épouse du chef. Pour l'apéritif, profitez de la terrasse avec vue sur les alpages.

& – Prix : €€€€

1983 route de Talloires, Col de la Forclaz – ℰ 04 50 63 85 40 – www.aubergedemontmin.com – Fermé du lundi au mercredi

✿**L'engagement du chef :** Tous nos produits sont achetés chez nos producteurs locaux et sur les marchés des villages environnants, à moins de 30 km, ou encore issus de notre propre cueillette. Nous n'avons aucune livraison, nous nous déplaçons - zéro emballage. Nous faisons une cuisine « zéro déchet » : tout est produit en fonction du nombre de réservations et surtout en fonction des produits disponibles avec nos producteurs. C'est pourquoi nous proposons un menu unique. Nos déchets sont triés, réutilisés ou compostés.

✿✿ JEAN SULPICE

Chef : Jean Sulpice

CUISINE CRÉATIVE • LUXE L'Auberge du Père Bise est plus que jamais vivante, sous l'impulsion de Jean Sulpice et de son épouse Magali ! En sportif affûté, le chef propose une cuisine fine, saine et légère. Les herbes, fleurs et plantes sauvages apportent contrastes et couleurs à des assiettes créatives et incisives, qui dessinent une promenade pleine de gourmandise autour des poissons du lac. Ainsi l'omble chevalier et son étonnant beurre maître d'hôtel à l'épicéa, ou le travail autour de la féra fumée, tout en fraîcheur et en précision. La carte des vins comprend un livret indépendant entièrement consacré aux crus situés dans les limites de l'ancien duché de Savoie. Cette mise en scène poétique se déploie dans une élégante salle contemporaine ouverte sur la terrasse et les rives argentées du lac d'Annecy, le plus pur d'Europe. Un écrin d'exception pour une gastronomie épurée et audacieuse.

⊗ ⇔ ⇐ 🖼 ⟳ 📻 🅿 – Prix : €€€€

303 route du Port – ☏ 04 50 60 72 01 – www.perebise.com – Fermé mardi, mercredi et jeudi midi

✿ **L'engagement du chef** : Faire déguster la Savoie, celle des lacs et de la montagne, est au cœur de notre ambition culinaire. Nous mettons ainsi en saveurs les produits issus de la pêche sur le lac d'Annecy, de notre jardin, de la cueillette sauvage ou du maraîchage et de l'élevage locaux. C'est ce lien intime à la nature savoyarde qui nous entoure que nous souhaitons exprimer.

LE COTTAGE

CUISINE MODERNE • ÉLÉGANT Un restaurant cossu et bourgeois, une belle terrasse sous les marronniers avec le lac pour horizon, une cuisine actuelle aux assaisonnements justes : on passe ici un agréable moment gastronomique. Le chef prépare ainsi un gravelax de truite aux asperges, une lotte laquée au jus de carottes et curcuma ou encore une picanha de bœuf Black Angus aux légumes croustillants.

⇐ 🖼 📻 ⟳ 🅿 – Prix : €€€

390 route du Port – ☏ 04 50 60 71 10 – www.cottagebise.com

1903

CUISINE MODERNE • CONTEMPORAIN Au 1903 (année de création de l'Auberge du Père Bise), Jean Sulpice nous fait redécouvrir les plats emblématiques de la maison et les classiques régionaux revisités : gratin de queues d'écrevisses sauvages "autrement" ; féra du lac d'Annecy, carottes fanes, pesto et sabayon d'oseille ; chocolat flambé à la Chartreuse et sorbet mûre... Le service, particulièrement attentionné, ne manquera pas de vous dévoiler les trésors de la cave à fromages. Superbe verrière en rotonde ouverte sur la mythique baie de Talloires.

⇐ 🖼 🅿 – Prix : €€€

Auberge du Père Bise, 303 route du Port – ☏ 04 50 60 72 01 – www.perebise.com/restaurant-le-1903 – Fermé lundi et mardi

🛏 L'ABBAYE DE TALLOIRES

TRADITIONNEL • RAFFINÉ Cette abbaye a traversé l'histoire, au point fêter ses mille ans d'existence en 2018 ! Le calme et la vue sur le lac en sont les principaux atouts, sans oublier les chambres d'un classicisme raffiné, le jardin face aux flots avec ponton privé... Un dépaysement total.

⟳ 🅿 🚗 🛁 ⇐ 🚲 ♨ 🐾 ⛺ ⚓ 🍴 🖼 - 33 chambres

Chemin des Moines – ☏ 04 50 60 77 33 – www.abbaye-talloires.com

🛏 AUBERGE DU PÈRE BISE

CLASSIQUE • COSY Un environnement féerique, au pied du lac. L'âme de l'auberge est toujours présente, dans un cadre réaménagé avec goût. Tout y est feutré, et les chambres sont d'un luxe sobre, équipées pour la plupart de terrasses et balcons. Le tout bénéficiant de l'énergie d'un jeune couple à l'enthousiasme communicatif.

- 23 chambres

303 route du Port – 𝒞 04 50 60 72 01 – www.perebise.com

✿✿ **Jean Sulpice • 1903** - Voir la sélection des restaurants

🛏 BEAU SITE

TRADITIONNEL • CHALEUREUX En plus d'une situation idéale – au bord de l'eau, avec plage privée et parc –, cet hôtel a bénéficié d'une rénovation d'ampleur : on y loge dans des chambres chaleureuses et naturelles, décorées avec goût, dont certaines donnent sur le lac.

♿ 🅿 💺 🚐 🚲 🍽 🅐🅒 - 32 chambres

118 rue André Theuriet – 𝒞 04 50 27 00 65 – www.beausite-talloires.com

TARBES

✉ 65000 – Hautes-Pyrénées – Carte régionale n° **25**–C3

L'ARPÈGE

CUISINE CRÉATIVE • CONTEMPORAIN Ce couple de chefs japonais signe une jolie cuisine créative aux touches nippones, dans laquelle bouillons, algues et assaisonnements mettent en valeur des produits de bonne qualité. Le cadre est à l'image de l'assiette : élégant et contemporain.

♿ 🅐🅒 🍴 – Prix : €€

22 place de Verdun – 𝒞 05 62 51 15 76 – www.larpege-tarbes-65.eatbu. com/?lang=fr – Fermé lundi, mardi midi et dimanche soir

L'EMPREINTE

CUISINE MODERNE • CONTEMPORAIN Ce petit restaurant cosy, avec sa cuisine ouverte sur la salle, est désormais le repaire d'un chef-patron à la technique irréprochable, et dont la cuisine actuelle et de saison est bien plaisante – en témoigne ces joues de bœuf braisées, conchiglionis farcis, betteraves crémeuses, légumes verts, crème légère à l'estragon. Formule plus simple au déjeuner, plus ambitieuse au dîner.

♿ 🅐🅒 🗨 – Prix : €€

2 rue Gaston-Manent – 𝒞 05 62 44 97 48 – www.restaurant-empreinte.com – Fermé lundi et mardi, et dimanche soir

LE PETIT GOURMAND

CUISINE MODERNE • BISTRO Sur une avenue proche du centre-ville de Tarbes, ce restaurant porte bien son nom. Derrière les fourneaux, le chef réalise une savoureuse cuisine du marché avec de beaux produits du terroir. On se régale du début à la fin !

🕸 🅐🅒 🍴 – Prix : €€

62 avenue B.-Barère – 𝒞 05 62 34 26 86 – www.lepetitgourmand.eatbu. com/?lang=fr – Fermé lundi, dimanche et samedi midi

TAVEL

✉ 30126 – Gard – Carte régionale n° **28**–E1

LA COURTILLE

CUISINE TRADITIONNELLE • SIMPLE Cette ancienne magnanerie en pierre blanche propose une bonne cuisine canaille et régionale. Langue de veau sauce gribiche, rillettes de maquereau citron et aneth, rognons de veau... se dégustent avec bon appétit. En été, on prend place sur la jolie terrasse abritée sous un cèdre ancien. Prix imbattables à midi.

🅐🅒 🍴 🅿 – Prix : €€

208 chemin de Cravailleux – 𝒞 06 59 40 47 11 – Fermé lundi et dimanche, et du mardi au jeudi soir

TENCIN

✉ 38570 – Isère – Carte régionale n° **21**–C2

LA TOUR DES SENS

CUISINE CRÉATIVE • CONTEMPORAIN Sur les hauteurs de Tencin, cette Tour saura combler vos cinq sens ! Jérémie Izarn (vainqueur Top Chef 2017) se fend d'une cuisine créative et inspirée, proche de la nature, qui s'épanouit sous forme de menus (Evasion, Tour d'Horizon, Diapason, Sensation). Et s'il fait beau, direction la terrasse avec sa vue superbe sur le massif de la Chartreuse…

⇐ 🏠 ㅎ 🅰🅲 ☂ 🅿 – Prix : €€€

Route de Theys – 𝒞 *04 76 04 79 67* – *www.latourdessens.fr* – *Fermé du lundi au mercredi, jeudi midi et dimanche soir*

TERRASSON-LAVILLEDIEU

✉ 24120 – Dordogne – Carte régionale n° **18**–D2

LE MOULIN DE L'IMAGINAIRE

CUISINE TRADITIONNELLE • CONVIVIAL Authentique briviste, la cheffe défend avec gourmandise une cuisine de tradition généreuse où les produits du terroir local sont légion : œuf au plat, lard croustillant et galette de pomme de terre nouvelle ; tête de veau, sauce ravigote ; pintade fermière aux carottes ; gâteau moelleux aux noix, crème anglaise. Cet ancien moulin rénové des bords de la Vézère (on peut encore observer sous le sol vitré de l'entrée les anciens rouages) s'est mué en bistrot contemporain dont la terrasse suspendue au-dessus de la rivière est tournée vers le Pont Vieux du 12e.

⇐ ㅎ 🅰🅲 ☂ 🍽 – Prix : €€

1 avenue Charles-de-Gaulle – 𝒞 *05 53 07 70 84* – *www.moulin-limaginaire. com* – *Fermé mercredi*

LA TESTE-DE-BUCH – Gironde (33) → Voir Bassin d'Arcachon

THÉOULE-SUR-MER

✉ 06590 – Alpes-Maritimes – Carte régionale n° **29**–E2

❀ ### L'OR BLEU

CUISINE MODERNE • ROMANTIQUE Le chef Alain Montigny (MOF 2004), passé par de solides maisons étoilées en Suisse et à Chantilly, cuisine désormais dans l'hôtel Tiara Yaktsa, posé au-dessus de la mer face au massif de l'Estérel - la terrasse dévoile une vue époustouflante. Ses savoureuses recettes, influencées par la Méditerranée dévoilent des plats équilibrés et parfumés avec subtilité grâce à des ingrédients irréprochables. Une grande maîtrise technique est l'oeuvre dans cette brouillade crémeuse d'œufs, truffe et toast de focaccia ou encore dans cette araignée de mer de Bretagne, anguille fumée en gelée de pomme verte, crème froide de lentilles et caviar shrenkii.

⇔ ⇐ 🏠 ㅎ 🅰🅲 ☂ 🧽 🅿 – Prix : €€€€

6 boulevard de l'Esquillon – 𝒞 *04 22 10 61 48* – *www.yaktsa.tiara-hotels.com* – *Fermé lundi, mardi et dimanche et du mercredi au samedi à midi*

LA MARÉA

POISSONS ET FRUITS DE MER • ÉLÉGANT Situé face à la mer et aux rochers ocres de l'Esterel, au-dessus de la plage et du port de la Figueirette, ce restaurant fondé dans les années 1950 par un pêcheur du coin a été repris avec bonheur par Jérôme Cervera, ancien poissonnier, associé à Jérôme Coustillas, un chef de cuisine au beau parcours étoilé, revenu en France après vingt ans passés à Moscou. A la carte, des produits de la mer de grande fraîcheur et des assiettes soignées, à l'instar de ce crudo de loup, huile de basilic. Au déjeuner et au dîner, l'attractif menu reprend les plats de la carte, à déguster en terrasse ou dans la salle coquette, avec vue sur la grande bleue.

&⃞ 🔲 🕍 🅿 – Prix : €€€

16 avenue du Trayas – ☏ 04 93 75 19 03 – www.lamarea.fr – Fermé du lundi au mercredi

THIERS
✉ 63300 – Puy-de-Dôme – Carte régionale n° **20**–B1

LA TABLE DU CLOS

CUISINE MODERNE • CONTEMPORAIN Jolie surprise que cette Table du Clos, qui propose une cuisine fine et soignée, réalisée à base de bons produits, toujours en phase avec les saisons : filet d'omble chevalier rôti, côtes de blettes et champignons des bois ; pintade fermière au beurre demi-sel, écrasé de patates douces aux épices… Agréable terrasse.

🚘&⃞ 🔲 🕍 ↩ 🅿 – Prix : €€

49 avenue du Général-de-Gaulle – ☏ 04 73 53 80 80 – www.clos-st-eloi.fr

THIONVILLE
✉ 57100 – Moselle – Carte régionale n° **7**–B1

AUX POULBOTS GOURMETS

CUISINE CLASSIQUE • ÉLÉGANT On connaissait les poulbots de Montmartre, il faut désormais compter avec ceux de Thionville ! De grandes baies vitrées, des chaises Lloyd Loom et des lustres modernes participent à l'élégance intemporelle du lieu, où l'on dîne d'une salade de homard et légumes de saison, ou d'une poêlée de grenouilles…

🦞 🕍 – Prix : €€€

9 place aux Fleurs – ☏ 03 82 88 10 91 – www.poulbotsgourmets.com – Fermé lundi, mardi, samedi midi et dimanche soir

THIRON-GARDAIS
✉ 28480 – Eure-et-Loir – Carte régionale n° **10**–C2

AUBERGE DE L'ABBAYE

CUISINE MODERNE • AUBERGE Un doux moment à la campagne… Deux frères sont installés dans cette jolie maison en pierre, qui jouxte l'abbaye et le collège royal de Thiron-Gardais. Dans l'assiette, plats de saison et recettes revisitées sans esbroufe, avec une bonne maîtrise des cuissons. Sympathiques chambres pour une étape.

🚘&⃞ 🅿 – Prix : €

15 rue du Commerce – ☏ 02 37 37 04 04 – www.aubergedelabbaye.fr – Fermé dimanche soir

THOIRY
✉ 78770 – Yvelines – Carte régionale n° **11**–B1

À TABLE ! CHEZ ÉRIC LÉAUTEY

CUISINE MODERNE • CONTEMPORAIN On se sent bien chez Eric Léautey : le petit porche prépare à la dégustation, on s'aiguise les papilles devant la carte. Les suggestions, volontiers canailles, s'en vont taquiner les saisons et chatouiller le terroir, comme cette côte de veau, tendre et juteuse à souhait. Qu'attendez-vous donc ? À table !

&⃞ 🕍 ↩ – Prix : €€€

28 rue Porte-Saint-Martin – ☏ 01 34 83 88 73 – www.ericleautey.com – Fermé mardi et mercredi

LE THOLONET

✉ 13100 – Bouches-du-Rhône – Carte régionale n° **28**–D3

╛ LE SAINT-ESTÈVE

CUISINE MODERNE • ÉLÉGANT Entre vignes et oliviers, ce domaine luxueux tutoie la montagne Sainte-Victoire. Le chef Julien Le Goff déploie une partition dans l'air du temps, aux influences méditerranéennes. Une place particulière est accordée aux produits de la mer : langoustine, bar de ligne, homard. La terre n'est pas en reste, qui offre pigeon, filet bœuf et chevreuil. On apprécie beaucoup la terrasse avec une jolie vue sur la campagne.

🕸 ⇔ ≤ ᴄ. 🄰🄺 ⌘ ⊡ – Prix : €€€€

2250 route Cézanne – ☏ 04 42 27 10 14 – www.leslodgessaintevictoire.com/fr

LE THOU

✉ 17290 – Charente-Maritime – Carte régionale n° **18**–A1

L'INSTANT Z

CUISINE MODERNE • CONVIVIAL L'Instant Z, comme… Zanchetta, le patronyme du chef. Avec le meilleur du marché et des petits producteurs bio du coin, il mitonne des assiettes aux influences métissées, auxquelles il incorpore volontiers du gibier en saison. Le tout accompagné de pain fait maison. Le décor, récemment relooké, est chaleureux et convivial, et le service des plus sympathiques : un vrai plaisir.

ᴄ. 🄰🄺 ⊡ – Prix : €€

1 bis rue du Château-de-Cigogne – ☏ 05 46 68 58 87 – www.restaurant-linstantz.com – Fermé mardi et mercredi, et dimanche soir

TIGNES

✉ 73320 – Savoie – Carte régionale n° **21**–D2

╛ URSUS

Chef : Clément Bouvier

CUISINE CRÉATIVE • CHIC Niché dans un bel hôtel de la station, ce restaurant aime la nature ! Déjà, son nom rend hommage à la dernière race d'ours de Savoie. Ensuite, la salle s'est muée en forêt avec ses troncs d'arbres séparant chaque table dans un bosquet, son plafond tendu d'une toile qui simule des feuillages, ses magnifiques tables en noyer… Enfin, son chef adore herboriser sur les chemins de montagne. Cet ancien second de Jean-François Piège signe ici une belle cuisine alpestre dans l'air du temps, à la fois généreuse, goûteuse et techniquement maîtrisée. Le tout dans le respect scrupuleux des saisons et la recherche permanente des meilleurs produits du terroir. Chariot de fromages tout Savoie, assorti d'une belle carte des vins.

🕸 ⇔ ᴄ. 🍽 – Prix : €€€€

Maison Bouvier, rue du Val-Claret, au Val-Claret – ☏ 04 79 01 11 43 – www.les-suites-du-nevada.com/restaurant-ursus – Fermé lundi et dimanche

╛L'engagement du chef : Se connecter complètement avec la riche nature de la Haute-Tarentaise, c'est l'ambition que nous nous fixons. Cela passe par le choix des produits que nous cuisinons dont 80% proviennent de notre département, par le respect de la saisonnalité mais aussi par l'architecture de notre restaurant qui reproduit, grâce à 380 arbres, les sensations d'une promenade forestière.

LE PANORAMIC

CUISINE TRADITIONNELLE • MONTAGNARD On accède en funiculaire à ce restaurant d'altitude qui tutoie le ciel (3032 m !), pour un bol d'air et de gourmandise. Dans un intérieur chaleureux en bois, une équipe en costume traditionnel nous sert une authentique et goûteuse cuisine au feu de bois, dont de belles pièces à partager (côte de bœuf, épaule de cochon, turbot entier…). Dépaysement garanti.

⌘ ≼🍴🛱 – Prix : €€€€

Glacier de la Grande-Motte – ☎ 04 79 06 47 21 – www.les-suites-du-nevada. com/le-panoramic-restaurant-tignes – Fermé du mardi au dimanche soir

LA TABLE DE JEANNE

CUISINE SAVOYARDE • MONTAGNARD Cette agréable table montagnarde imaginée par la famille Bouvier (Les Suites, Ursus, Le Panoramic) propose une cuisine généreuse, mettant en valeur les produits du terroir, le tout dans une ambiance chaleureuse. Jolis vins et prix raisonnables.

Prix : €€€€

14 avenue de la Grande-Motte, au Val-Claret – ☎ 04 79 06 99 90 – www.les-suites-du-nevada.com/table-de-jeanne – Fermé lundi et du mardi au dimanche à midi

🛏 MAISON BOUVIER - LES SUITES

CLASSIQUE • ÉLÉGANT Original, cet hôtel donne à voir l'univers montagnard dans le plus pur style contemporain : tronçons de bois massif, blocs de pierre, béton, tons sombres, etc. Le luxe à l'état brut, pour amateurs avertis : chambres et suites de 25 à 75 m², bar élégant, spa… et même un salon de coiffure !

🏊 🅿 🛋 ⚘ ⚒ 🎱 🐾 🛁🍽 - 24 chambres

Val Claret – ☎ 04 79 41 68 30 – www.les-suites-du-nevada.com

❄ **Ursus** - Voir la sélection des restaurants

TOULON

✉ 83000 – Var – Carte régionale n° **29**–B3

AU SOURD

POISSONS ET FRUITS DE MER • TENDANCE Une véritable institution toulonnaise, créée par un artilleur de Napoléon III, rendu sourd au combat ! Mais pas question de rester sourd aux arguments du chef : sa cuisine attire des bancs entiers d'amateurs de poisson (bouillabaisse et bourride sur commande, fritures de rougets, de girelles ou de cigalons suivant la pêche) dans une atmosphère chic et contemporaine…

🍴🛱 – Prix : €€€

Plan : A1-6 – *10 rue Molière – ☎ 04 94 92 28 52 – www.restaurantausourd.fr – Fermé lundi, mardi et dimanche*

BEAM !

CUISINE MODERNE • TENDANCE Beam bam boum ! Ça déménage dans les cuisines du Télégraphe, haut-lieu de la vie culturelle toulonnaise… L'énergique Arnaud Tabarec, bourguignon passé par de prestigieuses maisons et ex-étoilé éphémère au Roof du Five hôtel à Cannes, enthousiasme ses hôtes grâce à sa cuisine légère, à dominante végétale et bien sûr locale, et aux associations bien senties.

♿🍴 – Prix : €€

Plan : A1-4 – *2 rue Hippolyte-Duprat – ☎ 06 27 54 27 06 – www.restaurant. letelegraphe.org/fr/beam – Fermé lundi, dimanche, samedi midi, et mardi et mercredi soir*

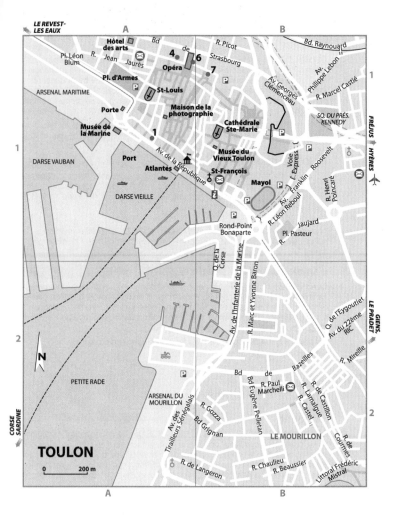

LE PASTEL

CUISINE MODERNE • FAMILIAL À deux pas du port, ce restaurant connaît son petit succès. Normal, le chef signe une cuisine dans l'air du temps à l'image de ce pavé de skrei demi-sel aux moules, épinards, jus de coquillages au curry, feuille de citronnier. Accueil tout sourire et service pro par la patronne.

&. AC – Prix : €€

Plan : A1-1 – *20 rue Victor-Micholet* – ℰ *04 94 64 73 95* – *www.restaurant-lepastel.eatbu.com* – *Fermé mercredi et jeudi, et mardi soir*

RACINES

CUISINE TRADITIONNELLE • SIMPLE Dans une rue pavée du vieux Toulon, où la terrasse est sans tabac de mai à octobre, on prend volontiers racine dans cette goûteuse cuisine de producteurs comme la désigne son chef. Défenseur du local et du terroir, il mitonne une bonne cuisine de saison, volontiers légumière, arrosée de crus nature et bio : raviolis, burratina et jus de volaille aux girolles ; émincé de cochon de l'Aveyron, pommes de terre boulangère au safran du Beausset légumes bio de Provence ; figues de Solliès rôties et son arlette...

 – Prix : €€

Plan : B1-7 – *9 rue Corneille – ✆ 04 22 80 27 39 – www.racines-restaurant-toulon.com – Fermé mercredi, samedi et dimanche*

L'EAUTEL   *Plus*

AVANT-GARDE • MARITIME Comme son nom l'indique, l'Eautel mise sur le thème aquatique. La palette marine et les motifs nautiques sont utilisés avec subtilité, conférant au lieu une atmosphère à la fois ludique et magique. Les chambres de l'hôtel sont claires et lumineuses, et la plupart sont des doubles. Les dortoirs "Équipage" peuvent accueillir jusqu'à huit personnes, avec tout le confort moderne indispensable. Belle verrière du 19e s. qui proviendrait des ateliers de Gustave Eiffel.

🚻 🅿 🛇 ⛵ 🛎 ⛄ 🍴 🅰 - 62 chambres

15 rue Victor Micholet – ✆ 04 89 51 90 90 – www.leautel-toulon.com/fr/hotel-4-etoiles-toulon

TOULOUSE

✉ 31000 – Haute-Garonne – Carte régionale n° **26**–C2

Où talents et produits de qualité viennent se défier

Marché des Carmes ou marché Saint-Cyprien ? Marché bio de la place du Capitole ou marché Victor-Hugo ? Ô Toulouse ! Ta générosité, comme ta cuisine, est sans limites.. La place Victor-Hugo est en quelque sorte le ventre de Toulouse : tout autour de la halle et de sa centaine de commerces, vous ne trouverez que des artisans de bouche ou presque. Ici, à côté du roi cassoulet, la saucisse fraîche s'impose par son excellence. On trouve aussi un succulent jambon noir de Bigorre, fabriqué sur les terres pyrénéennes. L'oie et le canard se savourent en foie gras et en confit, le pigeon du Lauragais est très recherché, tout comme les asperges du Tarn. Enfin, dans cette ville festive, on ne compte plus les cavistes de bon conseil qui sauront vous guider vers les meilleurs crus locaux.

🏵🏵 PY-R

Chef : Pierre Lambinon

CUISINE MODERNE • CONTEMPORAIN Quelle fougue, ce Pierre Lambinon ! À deux pas du Pont-Neuf, sa cuisine est aussi bouillonnante que les eaux de la Garonne par gros temps. Le repas démarre par une salve d'amuse-bouche, véritable laboratoire des saveurs qui marqueront le repas. Le chef est au meilleur de son inspiration avec des plats habiles conçus autour des herbes du jardin, des produits de la mer et les beaux légumes de saison, des assiettes qui marient avec bonheur les notes grillées, iodées et l'amertume végétale. C'est le cas, par exemple, du merlu de ligne de Saint-Jean-de-Luz ou de la truite des Pyrénées en gravlax, fève et ail des ours en pesto tonique et jus d'agrume au miel concentré. C'est original, et ça fonctionne ! Côté décor, une superbe salle où le blanc domine, avec quelques tableaux d'artistes contemporains pour accrocher l'œil. Décidément, une table qui a de l'allure.

🕸 🅰🅲 ✿ – Prix : €€€€

Plan : E2-15 – *19 descente de la Halle-aux-Poissons* – ☎ *05 61 25 51 52* – *www.py-r.com – Fermé lundi, samedi et dimanche et jeudi midi*

🏵 HEDONE

Chef : Balthazar Gonzalez

CUISINE CRÉATIVE • ÉPURÉ Ne vous fiez pas au jeune âge de Balthazar Gonzalez : il sait où il va. Avec seulement six tables, un menu surprise pour le déjeuner et le dîner, ainsi que quelques plats à la carte, il développe un concept efficace qui lui permet de laisser libre cours à sa créativité : homard bleu rôti au beurre, carottes confites au bouillon de homard, feuilles et huile de capucine. Il faut avoir le temps (on peut passer jusqu'à 3 ou 4 heures à table), mais l'expérience en

rudisill/Getty Images Plus

vaut la peine ! Fraîcheur des produits excellente, voire exceptionnelle, avec une prédominance du végétal et de la mer, saveurs explosives avec quelques vraies fulgurances. On ne peut que saluer l'audace et la pertinence.

🕸 ♿ 🅰🅲 – Prix : €€€€

Plan : C2-3 – *2 impasse Saint-Félix* – ☎ *05 82 74 60 55* – *www.hedone-restaurant.fr* – *Fermé lundi, dimanche et mardi midi*

🌢 MICHEL SARRAN

Chef : Michel Sarran

CUISINE CRÉATIVE • ÉLÉGANT Comme le dit Michel Sarran lui-même, "ici, c'est une maison plus qu'un restaurant" ! Avec ses deux salles, un rez-de-chaussée moderne et un étage plus feutré et bourgeois, c'est une maison où l'on aime recevoir pour manger et prendre le temps de vivre. D'origine gersoise, le chef a évolué entre Sud-Ouest et Méditerranée avant de s'installer à Toulouse, dont il est aujourd'hui l'un des ambassadeurs culinaires. Au gré de menus uniques qui valorisent les beaux produits de la région, il façonne une chaleureuse cuisine sudiste où les épices, marinades et confits se mêlent parfois à des influences plus lointaines (Maghreb, Asie, Caraïbes).

🕸 🅰🅲 🍽 🛋 – Prix : €€€€

Plan : C2-11 – *21 boulevard Armand-Duportal* – ☎ *05 61 12 32 32* – *www.michel-sarran.com/fr* – *Fermé lundi, samedi et dimanche et mercredi midi*

🌢 SEPT 🅝

Chef : Guillaume Momboisse

CUISINE MODERNE • ÉLÉGANT Entre le marché des Carmes et le quartier des Antiquaires, le chef Guillaume Momboisse s'est aménagé un nouveau repaire gourmand aux tons crème apaisants. Le lieu bénéficie d'une cuisine flambant neuve ouverte sur la salle, idéale pour ce cuisinier talentueux qui aime le contact direct avec ses clients. Ses assiettes sont relevées d'assaisonnements toniques et rafraîchissants, à l'image de ce bar cuit sur la peau avec son sorbet à l'olive verte et sa râpée de poutargue, qui vient exhaler sa salinité. Le service, pro et décontracté, est à l'unisson de cette philosophie et met tout de suite à l'aise.

♿ 🅰🅲 – Prix : €€€€

Plan : F3-8 – *11 rue Théodore-Ozenne* – ☎ *07 56 92 18 06* – *www.restaurant-sept.fr* – *Fermé lundi et mardi, et dimanche soir*

🌢 STÉPHANE TOURNIÉ - LES JARDINS DE L'OPÉRA

Chef : Stéphane Tournié

CUISINE MODERNE • ÉLÉGANT Salle élégante et lumineuse (parquet, tables en bois clair, cave à vins), cour intérieure fleurie sommée d'une verrière : ce cadre enchanteur, si calme, si serein, surprend en pleine place du Capitole. Cette scène est occupée par un ténor de talent, Stéphane Tournié, passé chez Lucien Vanel à Toulouse, André Daguin à Auch, au Taillevent période Philippe Legendre et au Crillon époque Christian Constant. Cet artisan appliqué a sa façon bien à lui d'aller à l'essentiel à l'image de son lieu jaune sauvage et bouillon de langoustine épicé ou de son canard fumé aux herbes de la garrigue. Les plats sont souvent terminés au guéridon, ce qui anime agréablement la salle par une brigade bien organisée.

🍽 🅰🅲 🛋 – Prix : €€€

Plan : E2-17 – *1 place du Capitole* – ☎ *05 61 23 07 76* – *www.lesjardinsdelopera.fr* – *Fermé lundi, dimanche et mardi midi*

😊 L'AIR DE FAMILLE

CUISINE TRADITIONNELLE • BISTRO L'Air de Famille est un lieu délicieux, avec sa déco d'époque (affiches publicitaires, vieux comptoir) et son atmosphère sans prétention. La tradition et les saisons y font la loi, avec une attention particulière portée aux mariages de saveurs et aux sauces. À l'ardoise ce jour-là : œufs en meurette ; tête de veau sauce ravigote ; quasi de veau et polenta crémeuse ; tarte Tatin... Sans oublier une carte des vins bien achalandée.

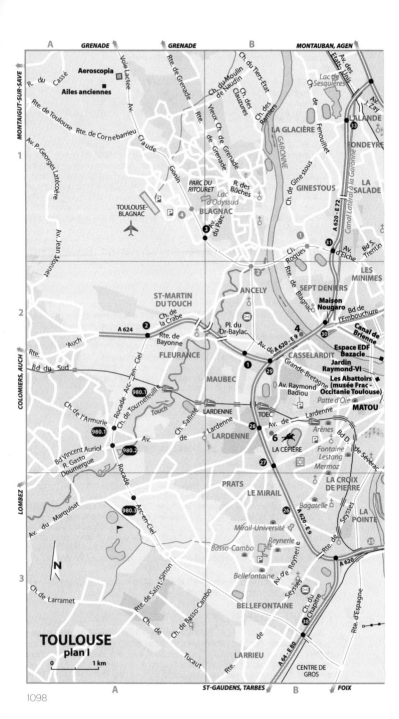

TOULOUSE
plan I

0 ___ 1 km

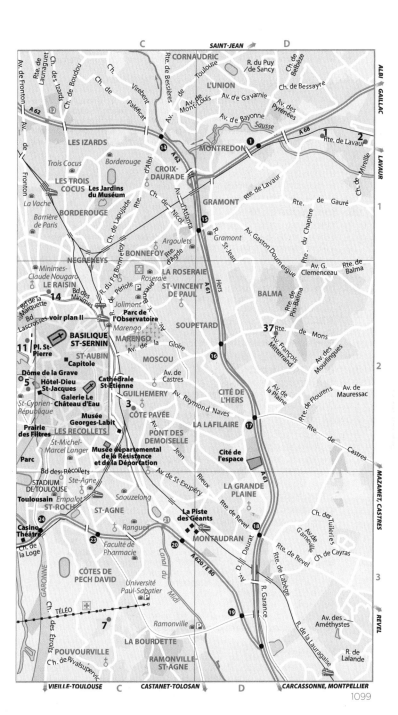

&. 🅰 🍴 – Prix : €€

Plan : E2-19 – *6 rue Jules-Chalande* – ☎ *05 67 06 54 08* –
www.airdefamilletoulouse.fr – *Fermé lundi et dimanche, et mardi et mercredi soir*

😊 CARTOUCHES

CUISINE DU MARCHÉ • TENDANCE Dans le pittoresque et vivant quartier Saint-Aubin, ce bistrot de poche ne désemplit pas ! Ici, les assiettes sont soignées et goûteuses, et servies dans la plus grande jovialité par Nicolas Brousse et son épouse. Et pour faire honneur à cet esprit de convivialité, pourquoi ne pas partager une belle pièce du boucher ? Vous pourrez l'accompagner d'un vin nature à choisir parmi une sélection étoffée. Menu renouvelé chaque semaine.

🅰 🔄 – Prix : €€

Plan : F2-20 – *38 rue Pierre-Paul-Riquet* – ☎ *05 61 25 07 07* – *www.cartouches-restaurant.fr* – *Fermé samedi, dimanche et mercredi midi*

😊 CHEZ LOUSTIC ⓝ

CUISINE MODERNE • CONTEMPORAIN Dans l'un des coins les plus animés du quartier Saint-Cyprien, le feeling industriel de ce bistrot moderne (tuyauterie en aluminium, murs en briques blanches, luminaires minimalistes) rime pourtant avec convivialité et ambiance ! Une petite terrasse sympathique donnant sur la place vient compléter le tableau. Formé à bonne école chez Christian Constant, le chef nous a convaincu avec son généreux filet de daurade sur une étuvée de poireaux, crème d'épinard et chips de panais et sa pêche pochée et rhubarbe, crème à la cardamome. Une cuisine du marché finement préparée, sensible même et très saine dans ses compositions.

&. 🅰 🍴 – Prix : €€

Plan : C2-5 – *19 rue Reclusane* – ☎ *05 62 76 35 68* – *www.chez-loustic.fr* – *Fermé lundi et dimanche, et samedi soir*

😊 UNE TABLE À DEUX

CUISINE MODERNE • SIMPLE Formés à Toulouse, Morgane et Nicolas ont fait leurs valises, direction la Corée et la Malaisie, à la recherche de nouvelles saveurs. De retour au bercail, c'est aux Carmes qu'ils régalent avec une cuisine ludique, qui emprunte autant à la Méditerranée qu'à des contrées plus tropicales, avec une maîtrise et un équilibre remarquables. Rapport qualité-prix excellentissime, à midi surtout.

🅰 🍴 – Prix : €€

Plan : F3-23 – *10 rue de la Pleau* – ☎ *05 61 25 03 51* – *www.unetableadeux.fr/fr* – *Fermé samedi, dimanche et mercredi midi*

AGAPES ⓝ

CUISINE MODERNE • BISTRO C'est un petit bistrot de quartier qui n'a pas été relifté pour être instagrammé. Deux jeunes pointures au parcours interstellaire impressionnant y lâchent la bride à leur inspiration (très gourmande) : vitello tonnato, roquette, câpres et parmesan, assaisonné avec minutie ; excellent magret de canard, riz koshihikari, prunes japonaise Ume et quetsches crues et cuites, et ses saveurs douces-amères ; et au dessert, une tarte Bourdaloue déstructurée qui montre que le chef Arnaud Darbas est aussi un bon pâtissier. En salle, sa compagne Virginie Béziaud, tout sourire et compétence, propose des vins au verre de petits vignerons bien sélectionnés.

Prix : €€

Plan : F2-9 – *7 rue de l'Industrie* – ☎ *05 61 99 30 31* – *www.agapes-toulouse. eatbu.com/?lang=fr* – *Fermé lundi, dimanche et mardi midi*

L'ALOUETTE

CUISINE DU MARCHÉ • BISTRO Nicolas Servant, ancien chef du Bon Servant, est aux fourneaux de cette vraie table de copains et de bons vivants. À vous belles

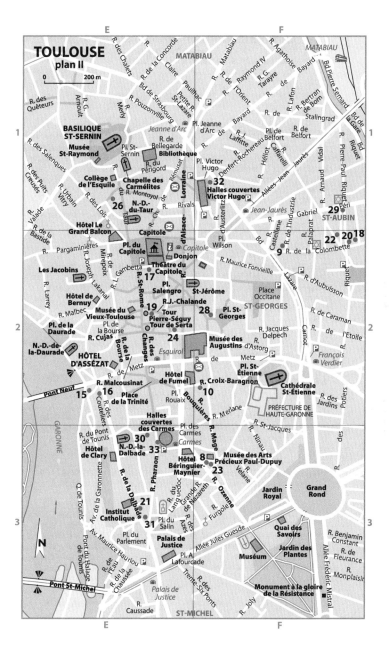

TOULOUSE
plan II

0   200 m

R. des Quêteurs
R. G. Arnoult
R. des Salenques
R. des Puits Creusés
R. Urbain Vitry
R. Valade
R. de la Bastide
R. Joseph Lakanal
R. Malbec
R. Larrey
R. de Mirepoix

Merly
R. des Chalets
R. de Concorde
Fèbre R. St-Lazare
Bd de Strasbourg
R. Pouzonville
Jeanne d'Arc
MATABIAU
R. de Concorde
Paulhac
R. de l'Orient
Raymond IV
R. Agathoise
Bayard
R. G. Tarayre
de
R. Lafon
R. Bertran de Born
MATABIAU
Bd Pierre-Sémard
Bd de la Gare

BASILIQUE ST-SERNIN
Musée St-Raymond
Pl. St-Sernin
R. de Bellegarde
R. du Périgord
Bibliothèque
R. Rémusat
Pl. Jeanne d'Arc
Pl. Victor Hugo
de
R. Laffitte
Denfert-Rochereau
Pl. de Belfort
R. de Belfort
Héliot Cafarelli
Stalingrad
de
Jean-Jaurès
Allées Jean-
Jaurès
R. Pierre-Paul Riquet
1

Collège de l'Esquile
Chapelle des Carmélites
R. Montoyol
26
N.-D.-du-Taur
Hôtel Le Grand Balcon
Pargaminières
R. de Lois
R. Lorraine
Rivals
R. d'Austerlitz
R. d'Alsace
32
Halles couvertes Victor Hugo
Jean-Jaurès
Pl. Wilson
Gabriel
Castellane
R. de l'Industrie
Péri
ST-AUBIN
29
22 **2018**
R. de la Colombette
9
Palaprat

Capitole
Pl. du Capitole
Capitole
Donjon
Théâtre du Capitole
Les Jacobins
R. L. Gambetta
R. Ste-Rome
17
Pl. Salengro
St-Jérôme
R.J.-Chalande
R. Maurice Fonvieille
Place Occitane
ST-GEORGES
R. d'Aubuisson
1

Hôtel de Bernuy
Musée du Vieux-Toulouse
19
Pl. de la Bourse
Tour Pierre-Séguy
Tour de Serta
28
Pl. St-Georges
R. Jacques Delpech
R. de Caraman
R. de l'Étoile
2

Pl. de la Daurade
N.-D.-de-la-Daurade
HÔTEL D'ASSÉZAT
R. Cujas
R. des Changes
R. de Metz
Esquirol
24
Musée des Augustins
d'Astorg
Metz
François Verdier
R.
des

Pont Neuf
R. Malcousinat
15 **16**
Place de la Trinité
R. des Couteliers
Hôtel de Fumel
R. Croix-Baragnon
10
R. Rouaix
R. Boulbonne
R. Merlane
Pl. St-Étienne
Cathédrale St-Étienne
PRÉFECTURE DE HAUTE-GARONNE
R. St-Jacques
R. des Jardins
R. des Potiers

GARONNE
R. du Pont de Tounis
Hôtel de Clary
30
N.-D.-la-Dalbade
33
Halles couvertes des Carmes
Pl. des Carmes
Carmes
8
Hôtel Béringuier Maynier
23
Musée des Arts Précieux Paul-Dupuy
R. Ozenne
R. Velane
R. Ninart

Q. de Tounis
Av. de la Garonnette
R. de la Dalbade
R. Pharaon
R. du Languedoc
21
Pl. du Salin
31
Institut Catholique
Grande R. de Nazareth
R. des Arts
R. de Furgole
Pl. A. Lafourcade
Allée Jules Guesde
Jardin Royal
Grand Rond
R. Benjamin Constant
R. de Fleurance
R. Monplaisir
Allée Frédéric Mistral

Pont du Halage de Tounis
Pont St-Michel
R. de l'Eau
R. de la Chaussée
Pl. du Parlement
Palais de Justice
Palais de Justice
R. des Trente-Six Ponts
Museum
3

N
R. Caussade
ST-MICHEL
R. Joly
Quai des Savoirs
Jardin des Plantes
Monument à la gloire de la Résistance

E   F

viandes maturées et abats (oreilles de cochon, foie ou ris de veau), légumes des primeurs des halles voisines (asperges blanches au chorizo), desserts gourmands et bien maîtrisés (clafouti aux fruits de saison). Une adresse canaille, où l'on prolonge l'apéro avec bonheur...

🛋 – Prix : €€

Plan : F1-32 – *24 place Victor-Hugo –* 𝒸 *05 62 89 13 96 – Fermé lundi et mardi, et dimanche soir*

AU POIS GOURMAND

CUISINE MODERNE • ÉLÉGANT Agrandie et réaménagée, offrant une vue imprenable sur la Garonne, la terrasse du Pois Gourmand est un vrai coin de campagne en pleine ville. Et dans l'assiette, c'est aussi réjouissant : d'un foie gras de canard mi-cuit à l'abricot à un pavé de maigre de Méditerranée grillé et fenouil confit à l'orange, on passe un bon moment.

🕭 🏧 🛋 ✿ 🅿 – Prix : €€€

Plan : B2-4 – *3 rue Émile-Heybrard –* 𝒸 *05 34 36 42 00 – www.pois-gourmand.fr – Fermé dimanche et samedi midi*

CÉCILE

CUISINE MODERNE • BRANCHÉ Dans le quartier festif et bon vivant des Carmes, une équipe jeune et soudée vous accueille dans ce bistro moderne sous véranda boisée, avec sa grande cuisine ouverte et sa déco contemporaine. La carte est courte avec des inspirations métissées : tartare de canard façon thaï, échine de porc fermier condimentée à la mangue et à la grenade... Sélection variée de petits vignerons.

🕭 🏧 🛋 – Prix : €€

Plan : E3-33 – *43 place des Carmes –* 𝒸 *05 34 25 75 65 – www.cecile-toulouse.fr – Fermé samedi et dimanche*

LE CÉNACLE

CUISINE MODERNE • ÉLÉGANT Dans cet élégant Cénacle à l'atmosphère feutrée (superbe cheminée sculptée du 16e s., reproduction d'une toile du Caravage, poutres apparentes), on met un point d'honneur à nouer des partenariats solides avec de bons producteurs régionaux : légumes bio du Gers, agneau du Béarn, pêche de ligne... Cuisine volontiers inventive aux accents méditerranéens, et bon rapport qualité-prix au déjeuner.

🕭 🏧 🅿 – Prix : €€€€

Plan : E2-16 – *La Cour des Consuls, 46 rue des Couteliers –* 𝒸 *05 67 16 19 99 – www.cite-hotels.com/fr/etablissements/restaurant-la-cenacle.html – Fermé lundi, dimanche et samedi midi*

ÉMILE

CUISINE DU TERROIR • BISTRO Belle carte des vins, solide cuisine traditionnelle 100 % maison – produits frais et producteurs locaux sont à l'honneur – et, cerise sur le gâteau, jolie terrasse sur une agréable place. La vedette des lieux est le cassoulet, évidemment, mais le menu offre de belles alternatives, pour une addition raisonnable.

🕃 🏧 🛋 – Prix : €€

Plan : F2-28 – *13 place Saint-Georges –* 𝒸 *05 61 21 05 56 – www.restaurant-emile.com – Fermé lundi et dimanche*

GENTY MAGRE

CUISINE CLASSIQUE • COSY Dans la rue du même nom, on revisite joyeusement le terroir, non sans finesse, avec une mention particulière pour l'incontournable cassoulet avec confit et saucisses, à déguster dans des assiettes en céramique. Cuissons et assaisonnements au top, bon rapport qualité-prix.

⛢ – Prix : €€

Plan : E2-24 – *3 rue Genty-Magre –* 𝒞 *05 61 21 38 60 – www.legentymagre.com – Fermé lundi, mardi et dimanche*

GRAM'S

CUISINE MODERNE • BISTRO Au cœur du quartier Saint-Aubin, la cheffe Laura Pelou revisite les recettes traditionnelles de l'Aveyron et les plats de ses grand-mères – auxquelles le nom du restaurant rend hommage ! Dans cette salle pimpante au joli parquet de chêne flammé, on se régale avec simplicité d'un poireau vinaigrette, râpée d'œuf dur et croûtons ou encore d'un houmous de lentilles, risotto d'épeautre et champignons. À noter : la carte, qui comporte souvent des propositions végétariennes, est renouvelée régulièrement.

Prix : €€

Plan : F2-18 – *64 rue de la Colombette –* 𝒞 *05 61 63 61 21 – Fermé lundi, dimanche et mardi midi*

L'HIPPI'CURIEN

CUISINE TRADITIONNELLE • SIMPLE Dans une ancienne maison en galets et briques, ce petit restaurant décline une offre en deux temps : excellent rapport qualité-prix à midi, cuisine plus élaborée le soir autour d'un menu unique. Le nouveau chef axe ses menus sur les meilleurs produits de saison et flatte le terroir du Sud-Ouest, pour le plus grand plaisir des épicuriens : asperges vertes grillées, filet de canette rôtie, thon rouge de Saint-Jean-de-Luz... Service attentionné.

&. 🍽 ⛢ 🅿 – Prix : €€

Plan : B2-6 – *62 chemin des Courses –* 𝒞 *05 61 31 88 43 – www.lhippicurien.com – Fermé samedi et dimanche et lundi soir*

HITO

CUISINE MODERNE • SIMPLE Le restaurant d'Hitoshi Araki est proche de la place des Salins. Seul aux fourneaux, le chef propose une cuisine française créative, bercée de clins d'œil au Japon. Précision d'exécution incontestable, cuissons remarquables et saveurs marquées, comme pour cette poitrine de porc fondante, confite dans son jus et légèrement caramélisée à l'extérieur... Un délice ! Le menu déjeuner est une aubaine.

🆑 – Prix : €€

Plan : E3-21 – *26 rue de la Fonderie –* 𝒞 *05 61 22 42 92 – Fermé samedi, dimanche et mercredi midi*

HORTÙS ⓝ

CUISINE MODERNE • COSY Hortùs, c'est le jardin en latin. Le végétal est donc au cœur de la cuisine du chef Clément Lessoud (ancien second de Ludovic Turac, restaurant Une Table au Sud à Marseille). Cette cuisine créative, saine et responsable (produits bio et réduction des protéines animales), embrasse avec gourmandise le Sud, de la Méditerranée à l'Atlantique. Sa signature : une prédilection pour les notes herbacées et l'amertume, à l'image de l'asperge verte à la poutargue, oignons rouges en pickles acidulés et crémeux de carotte lié à l'orange amère, ou encore du turbot rôti et sa déclinaison autour de l'artichaut. Prix attractifs ; un menu unique renouvelé régulièrement.

&. 🆑 – Prix : €€

Plan : F2-10 – *17 rue Croix-Baragnon –* 𝒞 *05 62 87 56 97 – www.hortus-toulouse.fr – Fermé samedi et dimanche*

MANTESINO

CUISINE ITALIENNE • BISTRO Un ancien ingénieur, d'origine napolitaine, s'est reconverti avec passion dans la cuisine en ouvrant ce petit bistrot (baptisé "tablier") dans une rue proche de l'église Saint-Aubin. Il fait la part belle à ses racines en puisant dans la tradition gastronomique du Sud de l'Italie, de la Campanie aux Pouilles.

Loin des adresses italiennes stéréotypées, sa cuisine bistrotière sans chichis file le sourire en travaillant uniquement des produits de saison goûteux et bien sélectionnés : mortadelle de Bologne, noisettes du Piémont, porc Ibaïama, mais aussi viandes de l'Aveyron et légumes de maraîchers locaux. Enthousiasmant.

&. 🅐🅒 – Prix : €

Plan : F2-22 – *8 rue Maury* – ☏ *05 31 54 13 29* – *www.mantesino.fr* – *Fermé lundi, samedi et dimanche, et mardi soir*

MAS DE DARDAGNA

CUISINE TRADITIONNELLE • RUSTIQUE Voilà une cuisine respectueuse des produits (le chef se fournit au maximum en circuits courts), simple et bien faite, à l'image de cette charlotte de pintade et cochon noir gascon, crème d'artichauts, jus de viande corsé et champignons frais... Aucun doute, cette ferme typiquement toulousaine est un joli repaire gourmand ! Et aux beaux jours, on profite de la terrasse sous la glycine.

🅐🅒 🍽 🅿 – Prix : €€

Plan : C3-7 – *1 chemin de Dardagna, Rangueil* – ☏ *05 61 14 09 80* – *www.masdedardagna.com* – *Fermé samedi et dimanche*

LES P'TITS FAYOTS

CUISINE MODERNE • BRANCHÉ Ce restaurant cosy et élégant, disposé sur deux niveaux, propose une cuisine moderne et créative, au centre de laquelle trônent les bons produits du Gers. Le chef-patron anime cette adresse de sa fougue, affairé dans sa cuisine bien en vue des clients : vous n'en manquerez pas une miette...

🅐🅒 – Prix : €€

Plan : E1-26 – *8 rue de l'Esquile* – ☏ *05 61 23 20 71* – *www.lesptitsfayots.com* – *Fermé lundi, samedi et dimanche*

LES PLANEURS

CUISINE DU MARCHÉ • BISTRO Un chef japonais et son associé ont ouvert ce lieu atypique dans un décor volontiers bohème et décalé. On y déguste une cuisine française précise, originale, équilibrée et parfumée, à l'instar de ce risotto de volaille et coquillages au puissant goût iodé, ou de la fraîcheur d'une nage d'abricots rôtis au romarin et glace au yaourt faite maison. Bon rapport qualité-prix.

🍽 – Prix : €€

Plan : C2-14 – *56 boulevard des Minimes* – ☏ *09 86 51 56 95* – *Fermé samedi, dimanche et mercredi midi*

LES SALES GOSSES

CUISINE MODERNE • BISTRO Ces Sales Gosses déclinent sur de grandes ardoises des plats qui revisitent le bistrot avec une créativité réjouissante. On les doit au chef Bruno, qui a troqué le bonnet d'âne pour une toque de premier de la classe ! Bref, un vrai bon plan, en particulier à midi. Et si c'est complet, place au plan B : le Bistrot, rue de l'Industrie.

🅐🅒 – Prix : €€

Plan : F1-29 – *81 rue Riquet* – ☏ *09 67 15 31 64* – *www.lessalesgosses.fr* – *Fermé lundi, samedi et dimanche*

SOLIDES

CUISINE MODERNE • BISTRO Face au marché, cette adresse se distingue d'abord par la bonne cuisine de bistrot de son chef, lequel privilégie les circuits courts, mais aussi par son excellente (et pertinente) carte de vins "nature". Dans une ambiance bohème, on déguste la spécialité de la maison, le vol-au-vent au ris de veau, crêtes de coq et sauce poulette, et d'excellents fromages régionaux.

AC – Prix : €€

Plan : E3-30 – *38 rue des Polinaires* – 05 61 53 34 88 – *www.solides.fr* – *Fermé lundi, dimanche et mardi midi*

LES TÊTES D'AIL

CUISINE MODERNE • BRANCHÉ La bistronomie tendance Sud-Ouest, c'est ici que ça se passe ! Cuisine du marché soignée et goûteuse, réglée sur les saisons, produits locaux bien choisis, super rapport qualité-prix... le tout dans une rue commerçante et animée, près de la place des Carmes. L'adresse ne désemplit pas, et ce n'est pas un hasard.

& AC – Prix : €€

Plan : E3-31 – *6 rue de la Fonderie* – 05 61 13 40 41 – *Fermé lundi, dimanche et samedi midi*

LE GRAND BALCON

MODERNE • CONVIVIAL Ici firent escale les plus grandes légendes de l'Aéropostale. La déco – design et créative – leur rend hommage, et la chambre n° 32 reproduit fidèlement celle qu'occupait Saint-Exupéry dans les années 30. Une adresse mythique !

P ⌕ AC - 47 chambres

8 -10 rue Romiguières – 05 34 25 44 09 – *www.grandbalconhotel.com*

MAISON SOCLO

MODERNE • COSY Dans le quartier du Capitole, la Maison Soclo combine le charme du 18e s. et le style du 21e s. Les chambres donnent une interprétation française du "cosiness" britannique : une impression d'ordre, combinée à des textures rustiques et brutes - et des ours en peluche. Il y a beaucoup d'espace pour se détendre dans le jardin au bord de la piscine, et le bar sert des cocktails et des plats légers jusqu'à tard dans la soirée, ainsi que le petit-déjeuner.

& ⌕ 🛏 ⛱ AC - 16 chambres

34 bis rue Valade – 05 36 09 99 99 – *www.soclo.fr*

MAMA SHELTER

AVANT-GARDE • CONVIVIAL La version toulousaine du Mama Shelter regorge de références à l'architecture de la ville, mais aussi au street art et à la culture "jeune", et enfin au rugby. L'ancien cinéma dissimule 120 chambres dont le confort se concentre là où sa clientèle l'attend : les lits, les films gratuits et les produits de bain bio. Cinéma de 20 places, bar, scène de musique live et... l'incontournable rooftop !

& ⌕ ⍩ AC - 120 chambres

54 boulevard Lazare Carnot – 05 31 50 50 05 – *www.mamashelter.com/ toulouse*

TOUQUES

✉ 14800 – Calvados – Carte régionale n° **2**–C2

CARPE DIEM

CUISINE MODERNE • INTIME Cette auberge à colombages est le repaire d'un jeune couple enthousiaste et talentueux. Natif de la côte normande, le chef travaille au maximum en circuit court (pêcheurs de Trouville, volailles fermières, légumes bio...) et pratique lui-même la cueillette des plantes et herbes aromatiques. Une cuisine goûteuse et travaillée, aux accents créatifs pleins de vivacité.

AC – Prix : €€

90 rue Louvel-et-Brière – 02 31 87 41 08 – *www.deauville-restaurants.com* – *Fermé lundi et dimanche*

LE TOUQUET-PARIS-PLAGE

✉ 62520 – Pas-de-Calais – Carte régionale n° **4**–A2

✿ LE PAVILLON - HÔTEL WESTMINSTER

CUISINE CRÉATIVE • ÉLÉGANT Le Pavillon du Westminster, ce beau palace des années 1930, fleuron de la Côte d'Opale, offre une ambiance tamisée aux tons noir et ocre : on s'installe dans la salle à manger tendue de grandes tapisseries animalières pour déguster la cuisine créative de William Elliott. On apprécie les associations terre/mer, les plats équilibrés qui vont à l'essentiel, à l'instar du turbot sauvage, girolles, mûres, cébette, huile fumée. Depuis la terrasse, vue sur le célèbre phare de La Canche. L'autre restaurant de l'hôtel, La Table du West, propose une cuisine plus simple.

❀ ⇌ ⭑ 🅰️ 🍽 ⇆ 🍷 🅿 – Prix : €€€€

Avenue du Verger – 𝒞 *03 21 05 48 48 – www.hotelsbarriere.com/fr/le-touquet/ le-westminster/restaurants-et-bars/le-pavillon.html – Fermé du lundi au mercredi et du jeudi au dimanche à midi*

LE MEZQUITÉ 🆕

CUISINE FUSION • CONVIVIAL Courgette, salicorne et salsa macha ; parfait d'avocat et chocolat... Dans ce petit bistrot convivial du Touquet, on déguste une cuisine fusion réussie travaillant les produits du Nord avec des méthodes, des sauces et des épices mexicaines, à l'instar du pibil sur le cochon (marinade et cuisson à la braise) ou du mole poblano qui accompagne le canard. Une cuisine à l'image de ce couple, lui étant originaire de Valenciennes, et elle du pays des Aztèques.

🍽 – Prix : €€

70 rue de Paris – 𝒞 *03 21 05 89 27 – www.lemezquite.fr – Fermé mardi et mercredi*

LE PARIS

CUISINE MODERNE • CONVIVIAL À quelques rues du bord de mer, une table en prise sur le marché et les saisons, très appréciée des gourmets de la station ! Les associations y sont heureuses et goûteuses. Une cuisine qui évolue entre recettes traditionnelles et d'autres plus modernes à l'image de ce carpaccio de Saint-Jacques au citron vert et radis noir. Accueil charmant.

🍽 – Prix : €€

88 rue de Metz – 𝒞 *03 21 05 79 33 – www.restaurant-leparis.com – Fermé mardi et mercredi, et dimanche soir*

TOURCOING

✉ 59200 – Nord – Carte régionale n° **4**–C2

LA BARATTE

CUISINE TRADITIONNELLE • CONTEMPORAIN Une petite maison en briques d'un quartier résidentiel abrite cette table familiale depuis quatre générations. A l'intérieur, une salle contemporaine et élégante, avec une agréable vue sur le jardin et sa terrasse en teck. On y déguste des préparations réalisées avec sérieux, comme cette poêlée d'escargots, son émulsion ail et persil et son cake au lard. Joli chariot de guimauves en guise de mignardises.

⭑ 🅰️ 🍽 ⇆ – Prix : €€

395 rue du Clinquet – 𝒞 *03 20 94 45 63 – www.la-baratte.com – Fermé lundi et mardi, et dimanche soir*

TOURNEMIRE

✉ 15310 – Cantal – Carte régionale n° **23**–C1

😊 LA PETITE GRANGE

CUISINE RÉGIONALE • CONTEMPORAIN Dans ce beau village cantalien veillé par son château, le voyageur est plus qu'heureux de s'attabler dans cette grange traditionnelle (bois, pierre et lauzes) rénovée avec goût. Sous une magnifique charpente apparente, on contemple la vallée de la Doire à travers les baies vitrées. En cuisine, le chef Olivier Cloteau propose une cuisine de saison soignée qui fait la part belle au terroir (et aux producteurs) cantalous – sans oublier quelques clins d'œil à ses racines charentaises (une mouclade en amuse-bouche). Une adresse 100% plaisir.

≤ & – Prix : €€

17 rue Edouard-Marty – ℰ 04 71 43 39 26 – www.lapetitegrange.fr – Fermé lundi et mardi

TOURNON-SUR-RHÔNE

✉ 07300 – Ardèche – Carte régionale n° **20**–D2

😊 LE CERISIER

CUISINE MODERNE • CONVIVIAL La carte de ce petit restaurant à la déco contemporaine est alléchante en diable, à l'image de ses plats canailles et de la spécialité maison, le pâté en croûte, dont la recette varie au fil des saisons. Derrière les fourneaux, un couple bichonne une partition gourmande à quatre mains et met en valeurs les produits locaux comme la truite de l'Ardèche. Les desserts sont particulièrement soignés à l'image de la poire pochée au vin chaud, diplomate vanille et spéculoos, sorbet poire. Très belle carte des vins (600 références) avec un choix judicieux de vins au verre.

֎ & ⌂ – Prix : €€

1 rue Saint-Joseph – ℰ 04 75 08 91 02 – www.lecerisier-restaurant.fr – Fermé lundi, dimanche et mercredi midi

🛏 HÔTEL DE LA VILLEON

CLASSIQUE • ÉLÉGANT Au cœur du village, ce palais du 18e s. abrite un luxe sobre et discret, d'une élégance rare. On est particulièrement séduit par le jardin suspendu, sa glycine centenaire et ses terrasses avec vue sur le clocher de l'église de St-Julien et les collines de l'Hermitage... Superbe !

P 🛎 ⌂ 🚲 🅐 - 16 chambres

2 rue Davity – ℰ 04 75 06 97 50 – www.hoteldelavilleon.com

TOURNUS

✉ 71700 – Saône-et-Loire – Carte régionale n° **17**–C2

🌼 AUX TERRASSES

Chef : Jean-Michel Carrette

CUISINE MODERNE • CONTEMPORAIN Après la visite de l'abbaye Saint-Philibert, une étape s'impose sur ces terrasses de charme ! De grandes baies vitrées inondent de lumière ce décor de matériaux bruts (pierre et bois), ces grandes tables en chêne massif sans nappage. Sans oublier le jardin paisible et l'accueil attentionné de l'épouse du chef... Son mari, Jean-Michel, est un passionné capable de changer ses propositions gourmandes d'une table à l'autre au cours d'un même service. Seul lui importe le moment présent et l'émotion. Et d'émotion, sa cuisine n'en manque pas, entretenant une délicieuse complicité avec le terroir, notamment végétal, ne cédant rien sur la qualité des produits et la précision des cuissons. À noter : le menu "retour du marché", proposé le midi en semaine, est une aubaine !

🐾 ⇦ & 🆀 🅿 – Prix : €€€

18 avenue du 23-Janvier – 🕻 03 85 51 01 74 – www.aux-terrasses.com/fr – Fermé lundi, dimanche et jeudi midi

❁ **L'engagement du chef :** Nous travaillons avec un réseau de maraîchers bio et de pêcheurs locaux, ainsi que notre potager. Les vins sur notre carte sont en majorité confectionnés selon les règles de la biodynamie. Nous adhérons à la réservation responsable, et nous soutenons l'association l'Ecole Comestible. Nos déchets organiques sont déshydratés et transformés en engrais et nous récupérons les eaux de la cuisine pour arroser les fleurs.

❀ **L'ÉCRIN DE YOHANN CHAPUIS**

Chef : Yohann Chapuis

CUISINE CRÉATIVE • CONTEMPORAIN Cet ancien orphelinat offre un écrin de choix pour la cuisine du chef Yohann Chapuis, formé notamment chez Lameloise. Il y façonne une cuisine "de goûts et d'émotions", avec une vraie identité et pas mal de personnalité, à partir de beaux produits de saison : écrevisses de Saône, turbot de petite pêche, bœuf charolais, servis par des dressages de haute volée. Citons ainsi les morilles, asperges vertes, langoustines en tempura ; ou les côtes et selle d'agneau de Charolles, anchoïade, gnocchis de chèvre et épinard, jus au serpolet. Très belle carte des vins et sommelier de bon conseil.

🐾 & 🆀 ⇦ – Prix : €€€€

1 rue Albert-Thibaudet – 🕻 03 85 51 13 52 – www.restaurant-greuze.fr/fr – Fermé mardi, mercredi et jeudi midi

---

😊 **LE BOUCHON BOURGUIGNON**

CUISINE RÉGIONALE • CONTEMPORAIN L'annexe du restaurant gastronomique de Yohann Chapuis propose une cuisine d'inspiration bourguignonne généreuse et soignée, dans un cadre contemporain. On y retrouve les classiques régionaux : pâté croûte "Maison Greuze", œufs façon meurette, grenouilles fraîches en persillade, volaille de Bresse aux morilles et vin jaune… mais aussi des créations recherchées comme le carpaccio de charolais à l'huile de verveine, tomates cerises, copeaux de comté. Le service des vins au verre, tous proposés en magnum, est aussi appréciable que rare.

& 🆀 – Prix : €€

1 rue Albert-Thibaudet – 🕻 03 85 51 13 52 – www.restaurant-greuze.fr/fr – Fermé lundi, dimanche et mardi midi

---

LE QUAI ⓝ

CUISINE TRADITIONNELLE • CONTEMPORAIN Située sur les quais en bord de Saône, profitant d'une terrasse fort sympathique directement en bord de rivière, cette brasserie est emmenée staccato par le chef Valéry Meulien (étoilé dans son restaurant éponyme dans cette même ville jusqu'en 2018). Dans cette salle à manger tout en longueur (murs en pierre, plafond avec poutres), les assiettes font la part belle aux classiques de la région (pâté croûte ; jambon persillé ; œufs en meurette ; tête de veau ; ris de veau, crème aux morilles…). La goûteuse sauce au vin rouge saupoudrée de persil ciselé qui vient couver les œufs en meurette montrent un chef (formé chez Greuze à l'époque de Jean Ducloux, et par Paul Bocuse) qui n'a pas perdu son coup de main.

& 🆀 ⛱ – Prix : €€

20 quai de Verdun – 🕻 03 85 30 39 72 – www.lequaitournus.eatbu.com – Fermé lundi et dimanche

LE TERMINUS

CUISINE MODERNE • CONTEMPORAIN À la carte de cet ancien buffet de gare 1900, une cuisine au goût du jour qui place la fraîcheur au-dessus de toutes les vertus ! On déjeune ou on dîne côté brasserie, dans une salle intime et cosy, pour se régaler de classiques régionaux qui font le succès de la maison (pâté en croûte, quenelle de brochet, grenouilles...). À l'étage, quelques chambres.

🅰️🛎️♿🅿️ – Prix : €€

21 avenue Gambetta – ☎ 03 85 51 05 54 – www.hotel-terminus-tournus.com – Fermé mercredi, dimanche et jeudi midi

AUX TERRASSES

CLASSIQUE • FAMILIAL Un hôtel familial aux chambres spacieuses, confortables, fort bien tenues, et aux tarifs raisonnables. Pour un confort supérieur, on peut dormir "sous les toits", dans de magnifiques chambres contemporaines.

♿🅿️🌊♨️🛎️🚲🍴🅰️ - 20 chambres

18 avenue du 23 Janvier – ☎ 03 85 51 01 74 – www.aux-terrasses.com

❀ **Aux Terrasses** - Voir la sélection des restaurants

TOURRETTES

✉ 83440 – Var – Carte régionale n° **29**-C2

🏵️ FAVENTIA

CUISINE MODERNE • LUXE Le luxueux domaine de Terre Blanche vous accueille dans un cadre privilégié qui semble protégé du monde extérieur - cette terrasse face à la nature et au soleil couchant est un enchantement ! Le chef Christophe Schmitt (L'Almandin à Saint-Cyprien, Au Crocodile à Strasbourg, Maison Lameloise à Chagny) signe une belle cuisine d'inspiration méditerranéenne qui met à l'honneur de superbes produits locaux. Chaque assiette bénéficie d'un soin remarquable, comme ce rouget de roche de Méditerranée mariné aux coques, fenouil et ail noir. Menus uniques en plusieurs séquences (déclinables en version végétarienne).

🐾🌊♿🅰️🛎️♿🍽️🅿️ – Prix : €€€€

3100 route de Bagnols-en-Forêt – ☎ 04 94 39 90 00 – www.terre-blanche.com – Fermé lundi, dimanche et du mardi au samedi à midi

TERRE BLANCHE

CLASSIQUE • RAFFINÉ Sentiment d'exclusivité sur les hauteurs de l'arrière-pays, entre St-Raphaël et Cannes... Tout semble idyllique dans ce domaine de 300 ha, dédié au repos des sens : luxe sans ostentation (beaux matériaux naturels), espace (vastes suites disséminées dans 45 villas), piscines, deux golfs 18 trous... Mention spéciale au spa, sommet du genre !

♿🍽️🅿️🌊♨️🛎️🎿💆🎾🏊🍴🅰️ - 115 chambres

3100 route de Bagnols-en-Forêt – ☎ 04 94 39 90 00 – www.terre-blanche.com

❀ **Faventia** - Voir la sélection des restaurants

TOURRETTES-SUR-LOUP

✉ 06140 – Alpes-Maritimes – Carte régionale n° **29**-E2

CLOVIS

CUISINE MODERNE • BISTRO Dans ce bistrot au cœur du village médiéval, le chef propose un concept original : il décline plusieurs formules (entrée + plat) autour d'un produit dominant, végétal, viande ou poisson. On peut commencer les festivités par un apéritif accompagné de charcuterie et autres grignotages Accueil chaleureux et petit salon privatif.

🍽 AC ⬦ – Prix : €€€

21 Grande-Rue – ℰ 04 93 58 87 04 – www.clovisgourmand.fr – Fermé mardi, mercredi et du jeudi au samedi à midi

SPELT

CUISINE MODERNE • **BISTRO** Dans le cœur historique de la cité, Raphaël (côté salé) et Marion (côté sucré) régalent avec des créations bistronomiques franches et savoureuses : cabillaud en tempura, brocoli et sauce tartare ; citron, sablé, meringue et sorbet téquila. Au dîner, un menu dégustation reprend le risotto d'épeautre au homard, plat signature de la maison, "spelt" signifiant épeautre en anglais.

⬱ AC 🍽 – Prix : €€€

6 Grand'Rue – ℰ 09 86 26 63 79 – www.spelt-restaurant.com – Fermé lundi, mardi et dimanche

TOURS

✉ 37000 – Indre-et-Loire –
Carte régionale n° **15**–B1

Douceur légendaire, mais cruel dilemme pour les papilles

La rue du Grand-Marché, avec ses nombreuses façades à colombages garnies de brique ou d'ardoise, est l'une des plus intéressantes du vieux Tours. Elle mène aux halles qui s'animent les mercredis, samedis et dimanches matin. Dans la capitale tourangelle, patrimoine et gastronomie sont étroitement liés ! La patrie de Rabelais est d'ailleurs à l'origine de l'inscription, par l'Unesco, du repas gastronomique à la française. Les halles, superbes, en témoignent à leur manière : on y trouve le meilleur de tout. Des préparations charcutières comme les rillettes de porc ou d'oie (Vouvray et Tours s'en disputent la paternité), les rillons (des cubes de viande entrelardés). La Touraine est aussi une terre de fromages de chèvre dont le crottin de Chavignol et le sainte-maure-de-touraine, cette bûche cendrée traversée par une paille. Enfin, la ville de Balzac est entourée de très beaux vignobles dont vous trouverez les crus chez les cavistes de la ville.

LES BARTAVELLES

CUISINE MODERNE • COSY Les Bartavelles : un hommage rendu à Marcel Pagnol par une fratrie de jeunes passionnés – Ghislain en cuisine, Véronique en salle. Dans l'assiette, on trouve une cuisine fraîche et colorée, des produits locaux à foison, de belles inspirations, le tout servi avec le sourire... que demander de plus ?
AC – Prix : €€
Plan : B1-5 – *33 rue Colbert* – ℰ *02 47 61 14 07* – *www.bartavelles.fr* –
Fermé lundi, mercredi et dimanche

CASSE-CAILLOUX

CUISINE MODERNE • BISTRO Bistrot gourmand prisé (et souvent pris d'assaut ; réservation fortement conseillée !) dans ce quartier résidentiel proche du jardin des Prébendes, complété d'une petite terrasse d'été. Cuisine de saison sincère et gourmande proposée à l'ardoise, que l'on accompagne d'un joli vin de Loire.
AC 🌿 – Prix : €€
Plan : A3-6 – *26 rue Jehan-Fouquet* – ℰ *02 47 61 60 64* –
www.restaurantcassecailloux.eatbu.com – Fermé samedi, dimanche et mercredi midi

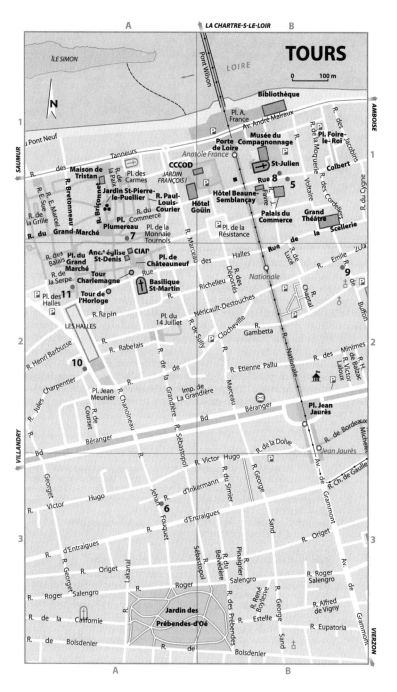

TOURS

LA CHARTRE-S-LE-LOIR

ÎLE SIMON

LOIRE

0   100 m

Pont Wilson

N

AMBOISE

SAUMUR

Bibliothèque

Pl. A.
France

Av. André Malraux

R. des Jacobins

Pl. Foire-
le-Roi

Musée du
Compagnonnage

R. de la Moquerie

du Pont Neuf

P

Porte
de Loire

St-Julien

Colbert

Tanneurs

Anatole France

Maison de
Tristan

Pl. des
Carmes

CCCOD

Rue 8

5

Voltaire

R. des Cordeliers

R. du Cygne

R. de la Paix

JARDIN
FRANÇOIS I

R. Bretonneau

P

Jardin St-Pierre-
le-Puellier

R. Paul-
Louis-
Courier

Hôtel
Goüin

Hôtel Beaune-
Semblançay

Favre

R. E. Marcel

R. E. Sue

R. Briçonnet

Pl.
Plumereau

du
Commerce

Palais du
Commerce

Grand
Théâtre

R. de
la Grille

Pl. de
la Monnaie
Tournois

la Scellerie

R. du Grand-Marché

7

P

Pl. de la
Résistance

Marceau

Rue   de   Lucé

R. des
Balais

Pl. du
Grand
Marché

Anc. église
St-Denis

CIAP

Pl. de
Châteauneuf

des   Halles

R. de
Lucé

Émile

R. de
la Serpe

Tour
Charlemagne

Rue

Nationale

9

R. de Buffon

Basilique
St-Martin

R. des
Déportés

P

R.

Richelieu

Pl. des
Halles

11

Tour de
l'Horloge

P

R. Rapin

Pl. du
14 Juillet

Néricault-Destouches

Chaptal

P

LES HALLES

R. de Sully

Clocheville

Gambetta

R. Henri Barbusse

10

R.

R. Rabelais

R. Étienne Pallu

R. des
Minimes

R. H.
de Balzac

R. Victor
Laloux

R. Jules Charpentier

Pl. Jean
Meunier

R. de
Courset

R. Chanoineau

R.

R. de la Grandière

de

Imp. de
La Grandière

Marceau

Béranger

Pl. Jean
Jaurès

VILLANDRY

Bd

Béranger

Bd

R. Sébastopol

Bd

R. de la Dolve

R. de Bordeaux

Michelet

Jean Jaurès

Av. de

R. Ch. de Gaulle

Georget

Hugo

R. Victor Hugo

R. du Simier

d'Inkermann

R. George

P

Grammont

R. Victor

6

Jehan
Fouquet

R.

d'Entraigues

Sand

R. Origet

d'Entraigues

R.

R. Georget

Lakanal

R. Sébastopol

R. du
Belvédère

Pinalgrier

R. René
Boylesve

Salengro

R. George

R. Roger
Salengro

R. Alfred
de Vigny

Av.

de

R. Roger   Salengro

Roger

R. des Prébendes

Estelle

Jardin des
Prébendes-d'Oé

R. Eupatoria

R. de la
Californie

R. de Boisdenier

R.

R. de

Boisdenier

Sand

Grammont

VIERZON

LA DEUVALIÈRE

CUISINE MODERNE • CONVIVIAL Julien et Alexandra mettent toute l'énergie de leur jeunesse pour séduire les gourmands de passage... et ils y parviennent sans problème ! Leur cuisine, réglée sur les saisons, réserve de jolies surprises. Le cadre, qui mêle le cachet rustique d'une maison ancienne (poutres, tomettes et cheminée) à des notes plus actuelles, ne fait qu'ajouter à notre plaisir.

AC – Prix : €€

Plan : A1-7 – 18 rue de la Monnaie – ✆ 02 47 64 01 57 – www.restaurant-ladeuvaliere.com/fr – Fermé samedi et dimanche

MAISON COLBERT

CUISINE MODERNE • BISTRO Bienvenue dans ce bistrot convivial en plein cœur de ville, où l'on affiche complet où l'on se régale d'une cuisine du marché goûteuse et parfumée : lors de notre passage, paleron de bœuf confit au vin de chinon, écrasé de pomme de terre ; vol au vent sauce poulette... la patte d'un chef qui connaît ses gammes gourmandes.

🍴 – Prix : €€

Plan : B1-8 – 26 rue Colbert – ✆ 02 47 05 99 81 – www.maisoncolbert.fr – Fermé lundi et dimanche

NOBUKI

CUISINE JAPONAISE • ÉPURÉ Un cadre zen et épuré, tout de bois clair, et une cuisine japonaise traditionnelle de saison, qui marque par sa fraîcheur et son originalité : assortiment d'entrées froides et de tempuras du moment, chirashi (plat traditionnel de poissons crus), plat chaud du jour et soupe miso. Réservation impérative.

AC – Prix : €€

Plan : B2-9 – 3 rue Buffon – ✆ 02 47 05 79 79 – www.nobuki.fr – Fermé samedi et dimanche, et du mardi au jeudi soir

O&A

CUISINE MODERNE • BISTRO Sympathique bistrot gourmand du vingt-et-unième siècle face aux Halles, où Olivier Arlot et ses équipes vous régalent dans une atmosphère conviviale d'une belle partition bistronomique, avec un menu-carte renouvelé au fil des saisons.

AC – Prix : €€

Plan : A2-10 – 29 place Gaston-Paillhou – ✆ 02 47 55 87 73 – Fermé samedi et dimanche

LA RISSOLE

CUISINE MODERNE • CONTEMPORAIN Le nom de ce bistrot rend hommage à un grand cuisinier du siècle passé, et célèbre les joies de la cuisson ! La courte carte met en valeur la saisonnalité et les produits de la région (asperges, escargots, poisson de rivière). Des assaisonnements maîtrisés pour une cuisine simple et goûteuse, à l'image de ces asperges blanches mimosa, brocoli, vadouvan. Il y a peu de tables, pensez à réserver !

♿ AC – Prix : €€

Plan : A2-11 – 51 place du Grand-Marché – ✆ 02 47 49 20 04 – www.larissole.fr – Fermé lundi et dimanche

LA ROCHE LE ROY

CUISINE MODERNE • ÉLÉGANT Un joli petit manoir à la sortie de la ville, au cadre élégant et raffiné, complété d'une plaisante terrasse aux beaux jours. Maximilien Bridier, le jeune chef, travaille avec passion des produits de belle qualité (comme les Saint-Jacques de plongée de la criée de Granville) et présente des assiettes soignées, précises et sans superflu. Belle sélection de vins au verre et service attentionné.

இ 🐟 ✧ 🅿 – Prix : €€€

Hors plan – *55 route de Saint-Avertin* – ℰ *02 47 27 22 00* – *www.larocheleroy.com* – *Fermé lundi et dimanche*

TOURTOUR
✉ 83690 – Var – Carte régionale n° **24**–B2

LA TABLE

CUISINE MODERNE • INTIME Charmant petit restaurant contemporain situé à l'étage d'une maison en pierre. La cuisine, savoureuse, valorise les produits du marché, notamment les légumes (excellent menu végétarien, à prix doux). À déguster sur la terrasse ombragée. L'accueil est aussi chaleureux que le service, dynamique.

🐟 – Prix : €€

1 traverse de Jas, Les Ribas – ℰ *04 94 70 55 95* – *www.latable.fr* – *Fermé, mardi et jeudi à midi*

TRAENHEIM
✉ 67310 – Bas-Rhin – Carte régionale n° **8**–A2

ZUM LOEJELGUCKER

CUISINE TRADITIONNELLE • RUSTIQUE Dans un village viticole au pied des Vosges, cette ferme alsacienne du 18ᵉ s. ne manque pas de charme : bons plats régionaux avec quelques suggestions plus actuelles, boiseries sombres, fresques et cour fleurie l'été. Un style familial aussi chaleureux et convivial.

ᒼ 🅰🄲 🐟 ✧ – Prix : €€

17 rue Principale – ℰ *03 88 50 38 19* – *www.aubergedetraenheim.com* – *Fermé mercredi et mardi soir*

TRÈBES
✉ 11800 – Aude – Carte régionale n° **27**–B2

LE MOULIN DE TRÈBES

CUISINE MODERNE • MAISON DE CAMPAGNE Quel charme, cet ancien moulin ! Sa terrasse donne directement sur le canal du Midi. Quant à la cuisine, elle se révèle simple et moderne, avec comme spécialité le ris de veau caramélisé au sésame et compote d'endives... Un vrai plaisir, qui s'arrose d'une jolie sélection de vins de la région.

✎ 🐟 🅿 – Prix : €€

1 rue du Moulin-de-Trèbes – ℰ *04 68 78 97 57* – *www.lemoulindetrebes.com* – *Fermé lundi, samedi midi et dimanche soir*

TRÉBEURDEN
✉ 22560 – Côtes-d'Armor – Carte régionale n° **1**–B1

MANOIR DE LAN-KERELLEC

POISSONS ET FRUITS DE MER • ÉLÉGANT Un cadre magique : la salle est couverte d'une splendide charpente en forme de carène de bateau renversée, et la vue porte sur la Manche et les îles. C'est désormais le jeune chef d'origine normande Anthony Avoine, ex-second ici même, qui est à la barre de la table gastronomique de ce beau manoir. Les produits bretons sont joliment mis en valeur au sein d'une partition volontiers créative, jouant des associations terre et mer, à l'image de ce homard, galette au sarrasin et pied de porc, ou encore de cette araignée de mer sur une écume au beurre noisette et os à moelle cuit à la braise. Produits locaux, fraîcheur garantie.

⟿ ⤙ ⇜ ⇕ 🄿 – Prix : €€€€

Allée centrale de Lan-Kerellec – 𝒞 02 96 15 00 00 – www.lankerellec.com – Fermé lundi et mardi midi

😊 VIVACE ⓝ

CUISINE MODERNE • CONTEMPORAIN Dans ce restaurant lumineux (parquet, tables et chaises en bois clair) qui connaît un vif succès, Baptiste et Laura promeuvent une cuisine engagée où le vivant se taille la part du lion : épeautre crémeux, butternut, cacahuète épicée, citronnelle ; lieu jaune, légumes rôtis, jus d'arrête tomaté, beurre noisette, herbes anisées. Dans les assiettes, légumes, herbes et épices s'harmonisent avec précision, parfois relevés de quelques touches épicées ou pimentées qui viennent réveiller les papilles à point nommé. Tous les produits sont locaux et entièrement utilisés.

Prix : €€

Place de Crec'h-Héry – 𝒞 02 96 47 15 52 – www.vivace.restaurant – Fermé lundi, mardi et dimanche et du mercredi au vendredi à midi

🛏 MANOIR DE LAN-KERELLEC

CLASSIQUE • ROMANTIQUE Dominant les îles de la Côte de Granit rose, ce noble manoir breton du début du 20e s. est plein de charme : vastes chambres avec balcon ou terrasse, jardin luxuriant et atmosphère familiale. Un lieu de plénitude, propice à l'écriture et aux rêveries des promeneurs solitaires.

🄿 ⇘ ⇜ 🍽 - 18 chambres

Allée centrale de Lan Kérellec – 𝒞 02 96 15 00 00 – www.ankerellec.com

❀ **Manoir de Lan-Kerellec** - Voir la sélection des restaurants

TRÉBOUL

✉ 29100 – Finistère – Carte régionale n° **1**–A2

TY MAD

POISSONS ET FRUITS DE MER • CONVIVIAL Sur les hauteurs de Tréboul, au calme dans un quartier paisible de villas, on se délecte d'une cuisine fraîche, où la loi du marché n'est pas un vain mot, ni l'amour du bio ! Dégustez une tartelette de blé noir, aubergine et fromage de brebis ou un cochon noir de Guengat aux saveurs de l'Arpente avant de profiter de la petite plage, en léger contrebas, accessible par le chemin côtier. Menu végan.

⤙ ⇜ 🄿 – Prix : €€

3 rue Saint-Jean – 𝒞 02 98 74 00 53 – www.hoteltymad.com – Fermé mardi

TRÉGUIER

✉ 22220 – Côtes-d'Armor – Carte régionale n° **1**–C1

AIGUE MARINE

CUISINE CRÉATIVE • CONTEMPORAIN Laissez-vous surprendre par la cuisine créative de Stanislas Laisney, jeune chef originaire de la Manche : sa signature culinaire s'exprime d'emblée au gré d'assiettes colorées et herbacées. Ses associations terre/mer, accompagnées d'audaces (comme ses desserts à base de légumes) témoignent d'une créativité certaine.

⛇ 🄰🄲 🏮 ⇕ 🄿 – Prix : €€€

5 rue Marcelin-Berthelot – 𝒞 02 96 92 97 00 – www.aiguemarine-hotel.com – Fermé lundi et dimanche

LA TABLE DU MARCHÉ

CUISINE TRADITIONNELLE • BISTRO Entre la rivière le Jaudy et la cathédrale Saint-Tugdual, une façade à la devanture bleu pétrole fait de l'œil au passant. À l'intérieur, une petite salle rustique avec poutres, vieilles pierres, murs de crépi blanc, et surtout une appétissante ardoise... du marché, bien sûr : foie gras marbré de vin rouge ; cabillaud rôti aux cocos de Paimpol ; financier aux abricots poêlés. Entre tradition et bistronomie, le chef au beau parcours mitonne des recettes inspirées par les produits régionaux. Grand choix de vins au verre. Prix doux.

🍽 – Prix : €

30 rue Saint-André – ☎ 02 96 92 93 22 – www.latabledumarche.fr –
Fermé dimanche et du mardi au jeudi soir

TREMBLAY-EN-FRANCE

✉ 93290 – Seine-Saint-Denis

🛏 CITIZENM

MODERNE • CONVIVIAL Bonne surprise pour un hôtel d'aéroport : un design moderne et joyeux, des chambres ultra-fonctionnelles pour compenser leur taille, et un accès libre 24 heures sur 24 au salon. Une adresse à retenir, quitte à choisir un vol particulièrement tardif pour justifier une escale de nuit.

♿ 🅿 🛗 🍴 🅰️ - 230 chambres

7 rue de Rome – ☎ 01 78 90 26 53 – www.citizenm.com/hotels/europe/paris/
paris-charles-de-gaulle-hotel

LE TREMBLAY-SUR-MAULDRE

✉ 78490 – Yvelines – Carte régionale n° **11**–B1

✿ NUMÉRO 3

Chef : Laurent Trochain

CUISINE MODERNE • DESIGN Voici un village jadis fréquenté par le célèbre marchand de tableaux Ambroise Vollard, mais aussi par Picabia, Picasso et surtout Cendrars qui y est enterré ! Julie et Laurent Trochain y tiennent une bonne table, un ancien relais de chasse qu'ils ont entièrement rénové. Quelle métamorphose ! Oubliées les poutres, la cheminée et même la façade traditionnelle ; place à un cadre éminemment contemporain, géométrique et design. Natif de Maubeuge, formé dans les belles maisons, et notamment chez Pierre Gagnaire, Laurent défend son terroir d'Île-de-France à travers les produits de son propre jardin potager (légumes et herbes aromatiques) et ceux des petits producteurs qu'il affectionne. Son menu veggie séduit d'ailleurs de plus en plus...

♿ 🅰️ 🍽 ✿ – Prix : €€€

3 rue du Général-de-Gaulle – ☎ 01 34 87 80 96 – www.restaurant-numero3.fr –
Fermé lundi, mardi, du mercredi au vendredi à midi, et dimanche soir

TRÉMOLAT

✉ 24510 – Dordogne – Carte régionale n° **18**–D3

✿ LE VIEUX LOGIS

Chef : Vincent Arnould

CUISINE MODERNE • ÉLÉGANT Une valeur sûre que cette table de tradition, dont le cadre – un ancien séchoir à tabac, tout en pierre et bois peint – est tout à fait charmant. Comme le reste de ces bâtisses en pierre de pays, une ancienne propriété agricole, où l'on devine les vestiges d'un ancien prieuré. En gardien éclairé de la tradition, voici le chef Vincent Arnould, Meilleur Ouvrier de France. Vosgien tombé amoureux du Périgord, il sait choisir ses produits afin de proposer une belle carte actuelle, assise sur de solides bases classiques. À midi, la maison propose un menu dans un esprit tapas périgourdin, à un prix intéressant. De la gastronomie en mouvement.

🛏🎐♻🅿 – Prix : €€€€

Le Bourg – ℰ 05 53 22 80 06 – www.vieux-logis.com – Fermé mercredi et jeudi

BISTROT DE LA PLACE

CUISINE RÉGIONALE • BISTRO Une adresse pour se restaurer dans le village où Claude Chabrol tourna le film Le Boucher (1970). Vieilles pierres, poutres et réjouissante cuisine régionale, avec notamment un menu-carte bien tourné où le canard a toute sa place (foie gras, confit grillé), ce qui ravira les amateurs du célèbre palmipède... Un moment très sympathique.

🎐 – Prix : €

Le Bourg – ℰ 05 53 22 80 69 – www.vieux-logis.com – Fermé lundi et mardi

 ### LE VIEUX LOGIS

TRADITIONNEL • CHALEUREUX Cet ancien prieuré est le vivant récit de l'histoire de la famille des propriétaires, remontant à presque cinq siècles ! Les chambres sont meublées avec goût et le jardin est superbe. Un logis extrêmement chaleureux.

🐕🅿🍷👒🛏🏊🍴❄ - 25 chambres

Le Bourg – ℰ 05 53 22 80 06 – www.vieux-logis.com

❀ **Le Vieux Logis** - Voir la sélection des restaurants

LE TRÉPORT

✉ 76470 – Seine-Maritime – Carte régionale n° **3**–B1

LE GOÛT DU LARGE

CUISINE MODERNE • BISTRO En léger retrait de l'agitation du port, on goûte à la cuisine généreuse et actuelle du jeune chef Jonathan Selliez (aidé par sa mère en pâtisserie), qui joue sur les textures et les saveurs. Les poissons sont issus de la pêche durable, comme ce superbe filet de bar de ligne de la côte d'albâtre à la cuisson impeccable avec sa déclinaison de carottes. On n'est pas près de prendre le large !

Prix : €€

4 place Notre-Dame – ℰ 02 35 84 39 87 – www.legoutdularge.octotable.com/index.html – Fermé du lundi au mercredi

TRESSERVE

✉ 73100 – Savoie – Carte régionale n° **21**–C2

 ### LA TABLE DE L'INCOMPARABLE

CUISINE MODERNE • CONTEMPORAIN Dans cette demeure de caractère dominant le lac du Bourget, le chef Antoine Cevoz-Mamy délivre une cuisine élégante et techniquement précise, pleine de punch et de saveurs, avec l'envie de privilégier les produits locaux : légumes du potager, truite, féra, veau fermier... Des assiettes qui ont du caractère, avec notamment un penchant affirmé pour les agrumes, et toujours un jeu de textures bien pensé. Depuis la terrasse, on profite d'une vue panoramique sur le lac et le mont du Chat.

🛏♿🍷🎐🅿 – Prix : €€€€

68 chemin de Belledonne – ℰ 04 58 01 74 23 – www.hotel-lincomparable.com/fr – Fermé du lundi au mercredi

LA TRINITÉ-SUR-MER

✉ 56470 – Morbihan – Carte régionale n° **1**-C3

L'AZIMUT

CUISINE MODERNE • COSY Ambiance maritime tous azimuts dans cette maison chaleureuse, institution de la Trinité-sur-Mer depuis 1965. Ardoise de fruits de mer, poissons, mais aussi viandes cuites à la braise... Des assiettes pleines de relief et de peps, comme ce gravlax de lieu jaune dans l'esprit d'un ceviche, crème d'agrumes, huile de persil, perles de calamansi et tuile dentelle. Joli choix de vins et grande terrasse offrant une échappée sur le port. Une valeur sûre !

🐜 🛏 ♻ – Prix : €€

1 rue du Men-Du – 𝒸 02 97 55 71 88 – www.lazimut-latrinite.com – Fermé mardi et mercredi, et dimanche soir

LA TRONCHE

✉ 38700 – Isère – Carte régionale n° **21**-C3

LA MAISON BADINE

CUISINE MODERNE • CONTEMPORAIN Dans cette table moderne et accueillante, dont le nom fait référence à un aïeul du chef, l'ambiance décontractée et sympathique est assurée. Depuis sa reprise ouverte, Florian Poyet compose une cuisine bistronomique lisible et axée sur les saisons : encornets en persillade et asperges blanches, agneau du Trièves à l'ail des ours et citron noir, fraises et rhubarbe confite au poivre blanc de Kampot...

♿ 🆔 🛏 – Prix : €€

2 rue du Pont-Prouiller – 𝒸 04 76 01 03 33 – www.maison-badine.com – Fermé lundi, dimanche, et mercredi et samedi à midi

LE TRONCHET

✉ 35540 – Ille-et-Vilaine – Carte régionale n° **9**-B1

LE JARDIN DE L'ABBAYE

CUISINE MODERNE • ÉPURÉ Au cœur de la campagne bucolique de l'arrière-pays malouin, entre le Mont Saint-Michel, Saint-Malo et Dinan, cette ancienne abbaye du 12ᵉ s., transformée en hôtel et restaurant, abrite aussi une bonne table. Technicien doué, notamment sur les desserts, le chef Romain Verzi s'inspire du marché et de la saison comme sur ce mulet et sa belle déclinaison de petits pois. À déguster dans une salle à manger sobre ouverte sur la campagne et un étang, avant de retrouver une belle chambre confortable - silence garanti !

🛏 🆔 ♻ 🅿 – Prix : €€€

L'Abbatiale – 𝒸 02 99 16 94 41 – www.hotel-de-labbaye.fr/le-restaurant – Fermé lundi, mardi et du mercredi au dimanche à midi

🛏 L'ABBAYE

MODERNE • CHARME En pleine campagne, au bord d'un étang, cette ravissante abbaye du 12ᵉ s. a été rénovée avec beaucoup de goût. Belle cour encadrée de bâtisses en pierre, chambres confortables et résolument modernes, qui ne manquent pas d'élégance, et dont certaines disposent d'une terrasse privative... Tout simplement charmant !

♿ 🅿 ᐩ 🛏 ⚓ 🛁 🍽 🆔 - 45 chambres

7 rue de L'Abbatiale – 𝒸 02 99 16 94 41 – www.hotel-de-labbaye.com

Le Jardin de l'Abbaye - Voir la sélection des restaurants

TROSLY-LOIRE

✉ 02300 – Aisne – Carte régionale n° **5**–C2

✿ AUBERGE DE LA GRIVE

Chef : Nicolas Gautier

CUISINE MODERNE • CONTEMPORAIN Cette grive-là semble bien être musicienne tant ses plats enchantent le palais : délicieux homard et sa laitue cuits au barbecue, piquantes feuilles de capucine, myrtilles et puissant jus de carapace ; volaille de Licques, champignons délicatement liés dans une vinaigrette à l'anchois, et jus de volaille twisté à l'ail noir ; baba aux framboises... Ne travaillant que des produits les plus « nature » possible, le chef Nicolas Gautier multiplie les prises de risque avec ses accords hors des sentiers battus et remporte la mise. Un peu dans l'esprit d'une table d'hôtes, le repas est préparé devant les convives, au sein d'une belle bâtisse en pierres de taille nichée au cœur d'un parc et d'une forêt.

🛏️🅿️ – Prix : €€€

5 rue du Logis – ☏ 07 71 61 20 02 – www.aubergedelagrive.com/fr – Fermé lundi, mardi et dimanche

TROUVILLE-SUR-MER

✉ 14360 – Calvados

🛏️ CURES MARINES

CLASSIQUE • RAFFINÉ Cet hôtel, installé dans un imposant bâtiment de 1912, entre port et plage, en plein cœur de Trouville, signe le retour du balnéaire chic ! Tout y respire l'élégance et le confort, avec ce vaste hall superbement décoré, ces chambres lumineuses, et ce spa marin unique en son genre... Exceptionnel.

 - 103 chambres

Boulevard de la Cahotte – ☏ 02 31 14 26 00 – www.lescuresmarines.com

🛏️ LE FLAUBERT

TRADITIONNEL • ROMANTIQUE Il suffit de poser un pied dehors pour fouler les célèbres "planches" : cette villa à colombages très romantique (1936) est quasiment posée sur la plage ! Les chambres, plutôt classiques, sont coquettes et disposent pour la moitié d'une jolie vue sur la mer.

 - 31 chambres

Rue Gustave Flaubert – ☏ 02 31 88 37 23 – www.flaubert.fr

TROYES

✉ 10000 – Aube – Carte régionale n° **12**–B1

AUX CRIEURS DE VIN

CUISINE TRADITIONNELLE • BAR À VIN Briques nues, mobilier bistrot, concept branché : on choisit sa bouteille dans la cave, avant de l'accompagner d'un bon petit plat centré sur le produit (charcuterie artisanale, viande fermière, fromages de chez Bordier, etc.). Le patron s'adresse à chacun de ses clients, avec la jubilation non feinte du passionné de vin ! Un plaisir.

🍴 🌿 – Prix : €

4 place Jean-Jaurès – ☏ 03 25 40 01 01 – www.auxcrieursdevin.fr – Fermé lundi et dimanche

CAFFÈ COSI - LA TRATTORIA DE BRUNO CAIRONI

CUISINE ITALIENNE • COLORÉ Une trattoria d'inspiration italienne et méditerranéenne installée dans une ancienne galerie d'art, ouverte sur une cour pavée. On aime le risotto de petits pois à la française avec guanciale en différentes textures, très gourmand, à déguster dans un cadre contemporain coloré. Avant de partir, faites donc une halte à l'épicerie fine qui propose une sélection de jolis produits italiens.

&. 🍽 🛜 – Prix : €€

5 rue Marie-Pascale-Ragueneau – 𝒞 03 25 76 61 34 – www.caffecosi-caironi.com – Fermé lundi et dimanche, et mardi et mercredi soir

CLAIRE ET HUGO

CUISINE DU MARCHÉ • TENDANCE Un jeune couple autodidacte et passionné est à la tête de ce restaurant doté d'un décor sobre en matériaux bruts, le lieu est également une boulangerie-épicerie ouverte sur une plaisante terrasse et un jardin intérieur (dont une serre à agrumes). Les produits, à 95% bios, inspirent des préparations saines, savoureuses et équilibrées proposées au travers d'un menu unique.

🍽 &. 🛜 – Prix : €€

77 avenue du Général-Galliéni, à Sainte-Savine – 𝒞 09 73 14 18 69 – www.claireethugo.fr – Fermé du lundi au mercredi et le soir.

LE PETIT BASSON ⓝ

CUISINE MODERNE • CONVIVIAL Le chef Yann Caputo, qui ouvre ici sa première adresse, aime les légumes : non seulement il les cultive lui-même dans un potager, mais il en porte également tatoués sur le bras... Pas étonnant qu'il parle de sa jeune pousse de maison comme d'un « bistrot de jardin », même s'il cuisine aussi les viandes (et uniquement les poissons sauvages). Le menu déjeuner à prix doux est une aubaine : lentillons de Champagne, chantilly au lard fumé, cresson du jardin ; daurade sauvage, navets du jardin, lait de coco, gingembre, citronnelle. Le soir, carte avec produits plus nobles (langoustines, bar sauvage...) toujours accompagnés des légumes du jardin du chef. Charmante déco boisée et nature (tresses d'ail, blé et fleurs séchés aux murs...).

🅰🅲 🛜 – Prix : €€

4 rue de la Madeleine – 𝒞 03 25 41 92 44 – Fermé lundi, mardi et dimanche

LE QUAI DE CHAMPAGNE

CUISINE MODERNE • CONTEMPORAIN Au bord du Ru de Cordé, une maison bourgeoise du 19ᵉ s rénovée dans un esprit contemporain avec ses 2 salles à manger aux larges baies vitrées entourée d'un charmant jardin arboré : le chef Jean-Paul Braga y cisèle une cuisine actuelle et de saison, non sans oublier quelques classiques (ris de veau braisé aux morilles, tournedos Rossini) et spécialités portugaises comme cette caldeirada de thon et cabillaud, d'où le chef est originaire.

🍽 &. 🅰🅲 🛜 🛜 – Prix : €€€

1 bis quai des Comtes-de-Champagne – 𝒞 03 25 42 08 98 – www.le-quai-de-champagne.fr – Fermé lundi, mardi midi et dimanche soir

TULLE

✉ 19000 – Corrèze – Carte régionale n° **19**–C3

😊 LE BOUCHE À OREILLE

CUISINE TRADITIONNELLE • CONVIVIAL On découvre ici le travail d'un chef aimable et discret, aussi modeste que bon cuisinier. Ses préparations font la part belle aux saisons ainsi qu'aux beaux produits, à l'image de ce magret de canard cuit légèrement rosé aux pruneaux et à l'orange, risotto de petit épeautre. C'est goûteux et bien ficelé : on se régale. Aux beaux jours, on s'installe sur la jolie terrasse dans le jardin à l'arrière.

&. 🛜 – Prix : €€

39 avenue Charles-de-Gaulle – 𝒞 05 44 40 40 30 – www.leboucheaoreille-tulle.com – Fermé lundi et dimanche

LES 7

CUISINE MODERNE • SIMPLE Cette adresse de poche (25 couverts au maximum) est le fief d'un jeune couple plein d'allant. Les assiettes sont dressées avec beaucoup de soin, les saveurs et textures sont complémentaires. N'oublions pas de dire aussi un mot sur le service, absolument charmant.

&. 🛋 – Prix : €€

32 quai Baluze – ℰ 05 44 40 94 89 – www.restaurant-les7.fr – Fermé lundi et dimanche

LA TURBALLE

✉ 44420 – Loire-Atlantique – Carte régionale n° **9**–A3

MAJU

CUISINE MODERNE • CONTEMPORAIN Terminé le Terminus, MArine et JUlien ont métamorphosé cette adresse donnant sur le port en un restaurant contemporain élégant et chaleureux. De sa cuisine ouverte, le chef envoie une cuisine moderne et ambitieuse, au détour d'un menu unique qui se décline en plusieurs temps. Des assiettes qui séduisent au premier coup de fourchette, privilégiant au maximum les produits du terroir local (poisson de la criée, algue et salicorne, pigeon de Mesquer...).

&. – Prix : €€€

18 quai Saint-Paul – ℰ 02 40 23 30 29 – www.maju-restaurant.fr – Fermé du lundi au mercredi

LA TURBIE

✉ 06320 – Alpes-Maritimes – Carte régionale n° **29**–E2

CAFÉ DE LA FONTAINE

CUISINE TRADITIONNELLE • BISTRO Repas au coude-à-coude entre des habitués gouailleurs et des gourmands ravis, atmosphère très conviviale : pas de doute, on est dans un authentique café de village. Ode aux terroirs ensoleillés, la cuisine – bistrotière et généreuse à souhait – est réalisée avec les meilleurs produits du marché et cela se sent ! Réservation conseillée.

🄰🄲 🛋 – Prix : €€

4 avenue du Général-de-Gaulle – ℰ 04 93 28 52 79 – www.hostellerie-jerome.com

UCHAUX

✉ 84100 – Vaucluse – Carte régionale n° **28**–C2

CÔTÉ SUD

CUISINE MODERNE • COSY Un jeune couple au beau parcours concocte une cuisine simple, et des recettes bien ficelées, aux inspirations régionales. Vous passerez un moment plaisant dans cette maison en pierre, son jardin et son agréable terrasse. On se régale d'un œuf parfait, artichauts et olives noires ou d'un râble de lapin farci aux champignons noirs, écrasé de pomme de terre et coulis de poivron rouge. La carte des vins fait la part belle au bio et à la biodynamie. Service charmant.

🖴 &. 🛋 🅿 – Prix : €€

3395 route d'Orange – ℰ 04 90 40 66 08 – www.restaurantcotesud.com – Fermé mardi et mercredi

LE M - CHÂTEAU DE MASSILLAN

CUISINE MODERNE • ÉLÉGANT Ce beau château du 16e s. est niché dans un vaste parc entouré de vignes. La cuisine met en valeur les produits du potager et du verger bio du domaine, déclinés en deux menus. À déguster avec un cru en biodynamie du Domaine de la Guicharde, qui produit aussi l'huile d'olive servie au restaurant. Service souriant et appliqué. En été, on s'installe dans la magnifique cour face au jardin, autour de la fontaine.

🍴 ♿ 🅰️ 🌿 ♻️ 🅿️ – Prix : €€€

730 chemin de Massillan – 𝒞 04 90 40 64 51 – www.chateaudemassillan.fr – Fermé lundi, mardi, dimanche et du mercredi au samedi à midi

LE TEMPS DE VIVRE

CUISINE PROVENÇALE • TRADITIONNEL Cette maison en pierre du 18ᵉ s. – mais au décor contemporain – invite à prendre le temps de vivre, en particulier sur sa terrasse ombragée. Le chef et son épouse connaissent par cœur les lois de l'hospitalité. Au menu : la générosité de la Provence, avec les légumes du beau-père en saison, aïoli le vendredi midi en été, mais aussi un menu dédié à la truffe en hiver.

♿ 🅰️ 🌿 🅿️ – Prix : €€

322 route de Bollène – 𝒞 04 90 40 66 00 – www.letempsdevivre-uchaux.com – Fermé mercredi et jeudi

🛏️ CHÂTEAU DE MASSILLAN

CONTEMPORAIN • CALME Ici, pas de surprise sur l'architecture (16ᵉ s.) et le paysage. L'étonnement survient à l'intérieur, avec ce décor chic et contemporain, imaginé par les propriétaires, décorateurs londoniens, qui ont exercé leur art libre et graphique sur la plupart des douze chambres du château.

🏊 💆 🅰️ - 13 chambres

Chemin Hauteville – 𝒞 04 90 40 64 51 – www.chateau-de-massillan.com

URIAGE-LES-BAINS

✉️ 38410 – Isère – Carte régionale n° **21**-C3

🏵️🏵️ MAISON ARIBERT

Chef : Christophe Aribert

CUISINE CRÉATIVE • CONTEMPORAIN Christophe Aribert s'épanouit dans une belle maison du 19ᵉ s. adossée à la colline, au cœur du parc d'Uriage. Cet amoureux de la nature a fait de l'éco-responsabilité l'alpha et l'omega de son établissement : traitement des déchets, chauffage à granulés, tissus en coton bio... Tout ici est pensé en fonction du respect de l'environnement. Le chef affirme plus que jamais son attachement aux herbes et racines des montagnes environnantes, qui accompagnent dans l'assiette les fruits, légumes et fleurs du potager maison. Sa cuisine compose également une véritable ode aux poissons de rivière. Enfin, n'oublions pas les confortables chambres, idéales pour prolonger le séjour.

🏵️ 🏊 ♿ 🍷 🅿️ – Prix : €€€€

280 allée du Jeune-Bayard – 𝒞 04 58 17 48 30 – www.maisonaribert.com - Fermé lundi, mardi, mercredi et jeudi à midi et dimanche soir

🏵️ **L'engagement du chef** : La Maison Aribert s'inscrit dans une volonté de soutenir un territoire en tissant des liens forts avec ses artisans, ses ressources et ses acteurs locaux. Nous voulons être une vitrine des savoir-faire iséroix qui répondent à des engagements responsables. Notre cuisine est le reflet de la richesse de la nature qui nous entoure et fait notamment la part belle au végétal et herbes de montagne.

😊 CAFÉ A

CUISINE MODERNE • BISTRO Le café A, véritable lieu de vie de la maison Aribert, ouvert toute la semaine du petit-déjeuner au dîner, ne dort jamais. Fidèle à sa thématique "café de village", qui revisite les recettes inspirées des mères et grand-mères, le chef propose une belle cuisine bistronomique à prix doux, simple et réalisée à partir de produits sélectionnés avec soin. Souvenir gourmand d'une brioche perdue, glace et sauce caramel, simplement addictive. Une valeur sûre. Brunch le dimanche.

🛏️ ⚙️ 🅰️ ⛱️ 🅿️ – Prix : €€

280 allée du Jeune-Bayard – ☎ 04 58 17 48 30 – www.maisonaribert.com

🛏️ **MAISON ARIBERT**

MODERNE • RAFFINÉ Véritable institution d'Uriage, ce bel hôtel Napoléon III, relié au cente thermal, invite à renouer avec la nature. Les chambres d'hôtes ont toutes été conçues de façon à se fondre dans leur environnement, celui des pins et des reliefs enneigés du parc naturel d'Uriage, dont on s'imprègne depuis leurs terrasses. Meubles chinés, pièces design et œuvres contemporaines se mêlent harmonieusement, pour un rendu doux et enveloppant, à l'image du cadre extérieur. Et l'on peut aussi se détendre à la bibliothèque ou à la tisanerie...

♿ 🅿️ 🛏️ 🍽️ - 5 chambres

280 allée du Jeune Bayard – ☎ 04 58 17 48 30 – www.maisonaribert.com

✿✿ **Maison Aribert** - Voir la sélection des restaurants

URMATT

✉ 67280 – Bas-Rhin – Carte régionale n° **8**–A2

LA POSTE

CUISINE TRADITIONNELLE • AUBERGE Les amateurs de tradition seront heureux de découvrir cette auberge familiale installée en face de l'ancienne mairie. Gibier en saison, truite au bleu, tournedos de bœuf Rossini, foie gras d'oie et autres terrines de campagne... La cuisine est généreuse et l'ambiance sympathique.

🛏️ 🅰️ 🅿️ – Prix : €€

74 rue du Général-de-Gaulle – ☎ 03 88 97 40 55 – www.hotel-rest-laposte.fr – Fermé lundi, mardi et dimanche soir

URRUGNE

✉ 64700 – Pyrénées-Atlantiques – Carte régionale n° **25**–A2

FERME LIZARRAGA

CUISINE MODERNE • CONTEMPORAIN Dans un bel environnement naturel – lizarraga signifie "forêt de frênes" en basque –, une auberge du 17ᵉ s. au caractère préservé, à la fois chic et champêtre. Le chef offre une version revisitée de la cuisine du marché : on en profite en terrasse, à l'ombre d'un noyer centenaire... Délicieux, tout simplement.

🛏️ ♿ ⛱️ 🅿️ – Prix : €€

Chemin de Lizarraga – ☎ 05 59 47 03 76 – www.saint-jean-de-luz-restaurant.com – Fermé lundi et mardi

GAUA 🆕

CUISINE MODERNE • TENDANCE Le chef Benoit Sarthou (ex-étoilé du Moulin d'Alotz) a choisi de célébrer la « nuit » (gaua en basque), le partage et la convivialité dans un ancien garage transformé en lounge branché dans un style industriel avec bar-comptoir central et grande cuisine ouverte. On y vient goûter des tapas à partager dans une ambiance musicale savamment concertée. Dans l'assiette, une cuisine d'esprit comfort food et fusion où de nombreux produits sont maturés ou cuits à la flamme.

♿ 🅰️ – Prix : €€

210 D810 – ☎ 05 59 43 37 41 – www.restaurantgaua.com – Fermé lundi, dimanche et du mardi au samedi à midi

URVILLE-NACQUEVILLE

✉ 50460 – Manche – Carte régionale n° **2**–A1

LE LANDEMER

CUISINE MODERNE • COSY Dans cette belle maison en pierre, au toit en schiste et au charme indéniable, un jeune et sympathique chef hollandais concocte une cuisine moderne, un brin créative, attentive aux produits locaux, notamment poissons, légumes, herbes sauvage et fleurs. Précis et maîtrisé. Ne pas oublier de profiter des belles chambres face à la mer...

⇐ ♿ 🅿 – Prix : €€€

2 rue des Douanes – ☏ 02 33 04 05 10 – www.le-landemer.com – Fermé lundi, mardi et mercredi midi

USCLADES-ET-RIEUTORD

✉ 07510 – Ardèche – Carte régionale n° **20**–C3

FERME DE LA BESSE

CUISINE TRADITIONNELLE • RUSTIQUE Les volailles, veaux et brebis de la ferme familiale sont la matière première d'un jeune chef sympathique et bosseur, qui ne ménage pas ses efforts. Des recettes pleines de fraîcheur et de peps, une ambiance naturelle et conviviale : un vrai plaisir.

🅿 – Prix : €€

La Besse – ☏ 04 75 38 80 64 – www.fermedelabesse.com – Fermé lundi et dimanche soir

UZA

✉ 40170 – Landes – Carte régionale n° **25**–B1

LA TABLE DU MARENSIN 🅝

CUISINE CRÉATIVE • CONTEMPORAIN Dans un hameau bucolique au bord de l'étang d'Uza, cette ancienne fonderie, restée dans son jus, comporte une partie qui a été entièrement restaurée pour devenir une table agréable. La salle à manger arbore des fenêtres façon atelier, un carrelage couleur rouille, de petits fauteuils noir et corail, prolongée d'une terrasse tournée vers l'étang. Dans l'assiette, le chef, fort d'une technique solide acquise à l'Auberge du Prieuré à Moirax, déploie une cuisine créative autour d'un menu carte appétissant : aubergine confite et laquée, cacao, anguille fumée, algues et dashi ; merlan meunière confit au beurre noisette, garniture grenobloise, persil et champignons.

🍸 ♿ 🄰🄲 🍽 🅿 – Prix : €€

115 rue de Castets – ☏ 09 70 22 90 21 – www.latabledumarensin.com – Fermé lundi et dimanche soir

UZERCHE

✉ 19140 – Corrèze

🛏 JOYET DE MAUBEC

MODERNE • CHARME Cet ancien hôtel particulier, redécoré avec beaucoup de goût et de très beaux matériaux, n'a rien perdu de son caractère d'antan. Le charme y est niché dans tous les coins, depuis le sol pavé de l'accueil jusqu'aux chambres spacieuses et délicieusement rétro.

♿ 🅿 🛍 🛎 🍸 🕉 🍽 - 11 chambres

Place des Vignerons – ☏ 05 55 97 20 60 – www.hotel-joyet-maubec.com

UZÈS

✉ 30700 – Gard – Carte régionale n° **28**-B2

✿ LA TABLE D'UZÈS

Chef : Christophe Ducros

CUISINE MODERNE • COSY C'est LA table gastronomique des environs, aucun doute là-dessus : deux salles à manger cossues et élégantes, avec deux patios qui le sont tout autant, des tables dressées avec soin, mais surtout un chef épanoui et plein d'allant, Christophe Ducros. Sa cuisine est résolument méridionale, assemblage de saveurs franches et équilibrées. Des exemples ? Le fameux pigeon des Costières, rôti sur coffre ; biscuit de loup de Méditerranée, bourride ; poire/noisette en différentes textures, bergamote en dénominateur commun... La cohérence de l'ensemble est indéniable. On pourra même profiter de ces douceurs sur la terrasse, autour du tilleul : décidément, un vrai plaisir de gastronome.

🌤 – Prix : €€€

18 rue du Docteur-Blanchard – 📞 04 66 20 07 00 – www.lamaisonduzes.fr – Fermé lundi et mardi

LE COMPTOIR DU 7

CUISINE MODERNE • CONTEMPORAIN À l'entrée de la ville, dans un ancien tunnel où circulaient les fiacres, ce bistrot contemporain sert une cuisine décomplexée, à base de produits frais : cannellonis farcis de ratatouille, herbes fraîches ; joues de bœuf confites, purée de carotte au cumin, aubergines moelleuses et suprêmes d'orange... Une bonne adresse.

& 🅰️🌤 – Prix : €€

7 boulevard Charles-Gide – 📞 04 66 22 11 54 – www.maisonsaintgeorges.com – Fermé lundi et dimanche

🛏 BOUTIQUE HÔTEL ENTRAIGUES

CONTEMPORAIN • CHARME Fondé par un couple de restaurateurs d'édifices historiques, l'Hôtel Entraigues est évidemment un bâtiment de plus de 500 ans, jouxtant la majestueuse cathédrale néo-romane. L'extérieur, méticuleusement préservé, abrite un intérieur contemporain, avec un mobilier minimaliste et de somptueuses salles de bains en mosaïque. La terrasse panoramique et la piscine ajoutent au charme de l'endroit.

🅿️🔄⏦♨️🅰️ - 19 chambres

Place de l'Evêché – 📞 04 66 72 05 25 – www.hotel-entraigues.com

🛏 LA MAISON D'UZÈS

CLASSIQUE • COSY Dans la vieille ville, cet hôtel particulier du 17ᵉ s. accueille les voyageurs dans une atmosphère cosy et feutrée. Les chambres, aux noms poétiques – L'Écrin, Les Trois Lucarnes, La Dérobée, etc. –, sont confortables. Une charmante étape !

🛁🅿️🔄🌐🍴🅰️ - 12 chambres

18 rue du Docteur Blanchard – 📞 04 66 20 07 00 – www.lamaisonduzes.fr

✿ **La Table d'Uzès** - Voir la sélection des restaurants

VAGNAS

✉ 07150 – Ardèche – Carte régionale n° **28**-B2

L'UNISENS ⓝ

CUISINE MODERNE • CONTEMPORAIN À la sortie du bourg de Vagnas, cette demeure moderne d'allure provençale abrite désormais la nouvelle adresse du chef de l'ancienne Auberge des Granges à Bessas. Dans cette grande salle contemporaine avec cuisine ouverte, Tarik Mezri-Charmasson n'a rien perdu de son sérieux. Sa cuisine coche toutes les bonnes cases en suivant la saison et le bon goût des produits. Vive les saveurs sans faux-col de ces deux morceaux de basse-côte accompagnés d'une goûteuse sauce forestière et de palets de pommes de terre et de courge, fondants et bien assaisonnés ou de ce dessert autour de la myrtille et du chocolat.

&. 𝕄 ⛴ ♻ 🅿 – Prix : €€

250 route de Barjac – ☎ 04 75 94 01 04 – www.lunisens.fr – Fermé du lundi au mercredi et jeudi midi

VAGNEY
✉ 88120 – Vosges – Carte régionale n° **7**–C3

LES LILAS

CUISINE MODERNE • COSY Dans cette localité au pied des Vosges, impossible de manquer la grande bâtisse rose saumon sur le bord de la route ! Vous serez chaleureusement accueillis par Armelle, dans la salle aux belles verrières Art déco tandis que Lionel, en cuisine, réalise de bons plats actuels, augmentés parfois de quelques touches créatives. Agréable terrasse.

&. ⛴ ♻ 🅿 – Prix : €€

12 rue du Général-de-Gaulle – ☎ 03 29 23 69 47 – www.restaurantleslilas.fr – Fermé lundi soir, mardi et mercredi

VAILHAN
✉ 34320 – Hérault – Carte régionale n° **27**–C2

ÄPONEM - AUBERGE DU PRESBYTÈRE
Cheffe : Amélie Darvas

CUISINE MODERNE • ÉLÉGANT Äponem signifie "bonheur" en langue Pataxo. Amélie Darvas et Gaby Benicio, les deux associées, ont trouvé le leur dans cette auberge d'un ancien presbytère du 17e s., repérée presque par hasard pendant des vacances dans la région. "Se rapprocher de l'essentiel, revenir à nous-mêmes et aux produits sans intermédiaires", voici la volonté de la cheffe Darvas, originaire de Paris, qui travaille les produits du marché et du potager (sept potagers en permaculture !) avec une flamme sans pareil. Ses assiettes limpides et audacieuses sont complétées à merveille par le travail de Gaby, sommelière de formation, qui assure avec talent le service de beaux vins de la région. À déguster dans un cadre pimpant avec vue sur la campagne environnante ou sur la charmante terrasse, à l'ombre d'une glycine. Äponem : plus qu'un restaurant, un projet de vie.

🕸 ⋚ &. 𝕄 ⛴ – Prix : €€€€

4 rue de l'Église – ☎ 04 67 24 76 49 – www.aponem-aubergedupresbytere.fr – Fermé du mardi au jeudi et vendredi midi et dimanche soir

🌿L'engagement du chef : Cultiver la terre, cuisiner les légumes de nos potagers en permaculture, proposer des vins biodynamiques et mettre l'humain au cœur de notre projet, c'est le défi que nous relevons au quotidien pour tendre vers une gastronomie durable et responsable, en adéquation avec la nature qui nous entoure.

VAILLY
✉ 74470 – Haute-Savoie – Carte régionale n° **21**–D1

FRÉDÉRIC MOLINA AU MOULIN DE LÉRÉ
Chef : Frédéric Molina

CUISINE MODERNE • RUSTIQUE Au cœur de la vallée du Brevon, cet ancien moulin du 17e s. tourne grâce à deux passionnés : le chef Frédéric Molina, fils de viticulteur ayant promené ses couteaux dans toute l'Europe, et sa compagne Irene Gordejuela, originaire d'un petit village entre Pays basque et Rioja. Cette dernière accueille avec un délicieux accent et veille sur la carte des vins qui met en valeur les crus locaux et... espagnols. Leur philosophie commune, c'est l'éco-responsabilité :

ils mettent en avant l'agriculture raisonnée locale, avec des producteurs triés sur le volet, et vont jusqu'à utiliser des contenants biodégradables. Le menu surprise en 4 ou 8 plats est un vrai régal ; on profite aussi d'un excellent pain local, au levain naturel bio.

⟵🍴♿🏕️🔄🅿️ – Prix : €€€€

270 route de Léré, Sous la Côte – ℰ 04 50 73 61 83 – www.moulindelere.com – Fermé lundi, dimanche et du mardi au jeudi à midi

🍀 **L'engagement du chef :** Soucieux de l'impact environnemental de notre cuisine, 90% des produits que nous utilisons sont issus d'exploitations artisanales et biologiques qui se situent dans un rayon de 30 km. En cuisine, nous nous efforçons également de réduire au maximum le gaspillage alimentaire en utilisant les produits dans leur intégralité.

VAISON-LA-ROMAINE
✉ 84110 – Vaucluse – Carte régionale n° **29**–A2

😊 LES MAISONS DU'O - LE BISTRO PANORAMIQUE

CUISINE DU MARCHÉ • CONTEMPORAIN Tomate et fruits du pays, épeautre et cochon du Ventoux : le chef emporte la mise avec une cuisine dans le vent, d'esprit provençal, à l'image de ce merlu de ligne, cocos de pays au pistou et chorizo des Barronnies. Menu à l'excellent rapport qualité/prix et vue superbe sur l'Ouvèze depuis la grande salle contemporaine.

⟵♿🏕️ – Prix : €€

16 rue Gaston-Gevaudan – ℰ 04 90 28 84 08 – www.maisonsduo.com – Fermé lundi et dimanche

LE BATELEUR

CUISINE MODERNE • CONVIVIAL À un jet de lances du pont romain, aux pieds de la ville médiévale, le jeune chef propose une cuisine du marché, attentive aux saisons, souvent provençale, parfois matinées d'influences italiennes et mexicaines. À déguster en terrasse, sous des cieux cléments. Une belle étape pour découvrir une cuisine riche en saveurs !

🅰🏕️ – Prix : €€

1 place Théodore Aubanel – ℰ 04 90 36 28 04 – www.restaurant-lebateleur.com – Fermé lundi et dimanche

VAL-D'ISÈRE
✉ 73150 – Savoie – Carte régionale n° **21**–D2

🍀 LA TABLE DE L'OURS

CUISINE MODERNE • ÉLÉGANT Ce luxueux hôtel aux airs de chalet cossu héberge une table gastronomique parée d'un écrin chic et élégant, entre bois, pierres et miroirs. Passionné et consciencieux, le chef Antoine Gras travaille dans le strict respect du produit, mis en avant dans des recettes savoureuses et sans chichis, où les accords de saveurs tombent juste : escargots de Savoie, épinard, cresson et velours de vin jaune herbacé ; omble chevalier du Léman et sauce vierge à la livèche ; dos de chevreuil et étouffée de carotte au sapin... En salle, une jeune équipe déploie un enthousiasme contagieux, notamment la sommelière, porte-parole des vins de Savoie.

🎖️⟵♿ – Prix : €€€€

Les Barmes de l'Ours, 100 montée de Bellevarde – ℰ 04 79 41 37 00 – www.hotellesbarmes.com – Fermé lundi, dimanche et du mardi au samedi à midi

L'ALTIPLANO

CUISINE PÉRUVIENNE • ÉLÉGANT La montagne ne se résume pas aux... Alpes ! À cette table, on célèbre les Andes avec des plats inspirés par l'histoire et la cuisine péruviennes. Cuisine de braise, cuisine de condiments, cuisine à partager... un véritable voyage immobile à déguster dans un cadre chic, intimiste et convivial.

ᗒ ⚒ – Prix : €€€€

Le K2 Chogori, 143 avenue du Prariond – ☎ 04 79 04 08 20 – www.lek2chogori. com/fr – Fermé lundi et le midi

LES AIRELLES

CLASSIQUE • RAFFINÉ Un véritable hôtel de station "skis aux pieds", mais étonnamment raffiné, son architecture et son décor combinant la chaleur classique des lodges alpins avec des touches de style Renaissance. Chambres, suites et appartements bénéficient d'espace et d'une vue spectaculaire. Spa, piscine de 20 m.

⚒ 🅿 🛏 ⚒ ⚒ ⚒ ⚒ ⚒ 🍴 Ⓜ - 41 chambres

Rue des Téléphériques – ☎ 04 79 22 22 22 – www.airelles.com/fr/destination/val-d-isere-hotel

AVANCHER

MODERNE • FAMILIAL En course depuis 1949, l'hôtel Avancher connaît une nouvelle jeunesse : de grandes chambres et appartements fonctionnels à l'allure discrète, légère et dans l'air du temps. Ses équipements modernes bien pensés - TV connectées, wifi très haut débit ou encore système d'insonorisation - ancrent l'hôtellerie alpine dans la modernité. Que les puristes se rassurent, l'esprit alpin est respecté : bois blond, matières douces et spa tout équipé avec vue sur les reliefs. Services de location de matériel et de forfaits. Un luxe à prix raisonnable.

🅿 🛏 ⚒ ⚒ 🍴 - 37 chambres

Avenue du Prariond – ☎ 04 79 06 02 00 – www.avancher.com

LES BARMES DE L'OURS

TRADITIONNEL • CONVIVIAL Différentes ambiances dans cet hôtel idéalement situé au pied des pistes... une véritable invitation au voyage. Les aménagements sont luxueux et le confort à son apogée, depuis le bar au coin du feu jusqu'à la la table gastronomique. Hibernation en vue !

⚒ 🅿 ⚒ ⚒ ⚒ ⚒ 🍴 - 76 chambres

Chemin des Carats – ☎ 04 79 41 37 00 – www.hotellesbarmes.com

❀ **La Table de l'Ours** - Voir la sélection des restaurants

HÔTEL ORMELUNE

MODERNE • CHALEUREUX Voici un bel exemple d'hôtel-ski "fun et funky", qui prouve qu'un séjour à la montagne donne de vraies belles couleurs. Spacieuses et ludiques avec leur design vitaminé, mais parsemées de touches rustiques, les chambres respirent la simplicité et la joie de vivre. Salles de bain en béton vernis, exposition pistes ou village, le rapport entre le pratique et la fantaisie atteint son équilibre. Côté services : bar au coin du feu, espace sauna et hammam, massage en chambre, tarif préférentiel sur le matériel de ski.

🅿 ⚒ ⚒ ⚒ 🍴 - 46 chambres

Rue Noël Machet – ☎ 04 79 06 12 93 – www.ormelune.com

LE K2 CHOGORI

MODERNE • CONVIVIAL Les intérieurs du K2 Chogori sont élégants, mais aussi chaleureux et accueillants. Malgré toute son extravagance d'hôtel de luxe alpin (salles de bains habillées de pierre, tissus de créateurs), il garde une atmosphère familiale rare. Le spa offre une pause entre deux journées en montagne, tout comme le restaurant péruvien. Le thé de l'après-midi, les plats légers, apéritifs, cocktails et la musique live ont leur antre particulier.

⚒ 🅿 🛏 ⚒ ⚒ ⚒ ⚒ 🍴 - 21 chambres

143 avenue du Prariond – ☎ 04 79 04 20 20 – www.lek2chogori.com

L'Altiplano - Voir la sélection des restaurants

🛏 **LE REFUGE DE SOLAISE**

MODERNE • INSOLITE L'hôtel le plus haut de France, perché à 2551 m d'altitude et accessible uniquement en télécabine l'hiver, a été construit en partie dans l'ancienne gare du téléphérique datant de 1941. Matériaux nobles (pierre, bois et chaux), piscine de 25 m avec baies vitrées et vue superbe sur la vallée et le lac de Tignes. Pour une nuit ou un séjour un peu plus près des étoiles.

🟲 🐵 🕭 ⓕ⅍ ⅃🔘 🔳 - 16 chambres

Sommet de Solaise – 𝒞 04 58 83 00 90 – www.lerefuge-valdisere.com

🛏 **LE TSANTELEINA**

CLASSIQUE • CHALEUREUX Du nom du plus haut sommet au-dessus de Val-d'Isère, un agréable hôtel, au cœur de l'animation de la mythique station. Les chambres sont spacieuses et chaleureuses, avec, côté sud, vue sur la piste olympique de Bellevarde ! Superbe espace bien-être.

🛀 🅿 🐦 🟲 🐵 🕭 ⓕ⅍ 🛁 ⅃🔘 - 54 chambres

Avenue Olympique – 𝒞 04 79 06 12 13 – www.tsanteleina.com

VAL-REVERMONT

✉ 01370 – Ain – Carte régionale n° **21**–B1

😋 **VOYAGES DES SENS**

CUISINE MODERNE • AUBERGE Après avoir côtoyé plusieurs chefs renommés, Nicolas Morelle s'est installé dans ce charmant village. Au plus près des petits producteurs locaux, il propose une cuisine habile et subtile, et surtout rudement efficace, comme avec cette truite, émulsion raifort, légumes bio de saison. Dans une ambiance familiale et chaleureuse, voyagez directement en cuisine en jetant un œil derrière la belle baie vitrée qui permet de voir le chef à l'œuvre !

🏠 – Prix : €€

33 rue Principale – 𝒞 04 74 51 39 94 – www.voyagesdessens.com – Fermé lundi, mardi, mercredi midi et dimanche soir

VAL THORENS

✉ 73440 – Savoie – Carte régionale n° **21**–D2

🏵 **LES EXPLORATEURS - HÔTEL PASHMINA**

CUISINE MODERNE • COSY Au cœur d'un sublime hôtel posé à 2 345 m d'altitude, cette table de haute volée vaut l'ascension. Le jurassien Josselin Jeanblanc a troqué ses montagnes natales pour jouer ici le sherpa inspiré. Il sait faire monter un repas crescendo au fil de créations simples et inspirées, basées évidemment sur des produits de haute qualité "sourcés" dans toute la France. La volaille de Bresse en deux cuissons, la cuisse confite et grillée, et le suprême rôti en viennoise de noisette, sauce aux morilles et vin jaune, ou au dessert, la pomme de Savoie en tarte fine, sorbet granny et verveine du Dauphiné (signé Sébastien Deléglise, Passion Dessert 2023) attestent d'une évidente maîtrise technique et la volonté forte de n'être pas qu'un "énième" restaurant d'hôtel de luxe.

🍤 – Prix : €€€€

Place du Slalom – 𝒞 04 79 00 09 99 – www.hotelpashmina.com – Fermé lundi et du mardi au samedi à midi

LE DIAMANT NOIR

CUISINE MODERNE • ÉLÉGANT Dans cet hôtel perché au sommet de la station (2 400m), ce restaurant chic, avec sa charpente en bois et ses hauts plafonds, propose une cuisine actuelle émaillée de produits nobles, dont le fameux diamant noir (la truffe) : brouillade d'œuf bio à la truffe noire et coulis de cresson truffé ; pomme de ris de veau rôtie, petits pois à la française, anchois fumés et jus au curry...

Prix : €€€
Koh-I-Nor, rue Gébroulaz – ☎ 04 79 31 00 00 – www.hotel-kohinor.com/fr – Fermé lundi, dimanche et du mardi au samedi à midi

ALTAPURA

MODERNE • FAMILIAL Voici un hôtel moderne, confortable sans basculer dans le kitsch, et qui n'exclut pas l'accueil des familles au profit du style. D'inspiration nordique, il dépasse le bois blond pour une recréation post-moderne du chalet, avec des meubles dessinés par Nicolas et Jean-Louis Sibuet, des étoffes italiennes et même les traditionnels trophées de cervidés, en version contreplaqué. Toutes modernes qu'elles soient, les chambres associent la sobriété, la douceur et le confort : couettes boule de neige, literies douillettes, douches spacieuses... Le spa, avec ses sept salles, sa piscine chauffée et son espace igloo, devient une alternative tentante au forfait pistes.

🕭 🛁 🅿 🚗 🛂 🛎 🐕 🛗 🗕 🍽 - 88 chambres
Rue du Bouchet – ☎ 04 80 36 80 36 – www.en.altapura.fr

LE FITZ ROY

MONTAGNARD • CHALEUREUX Cette paisible institution, installée à 2 300 m d'altitude, a bénéficié d'un lifting complet ! Décoration en pierre et chêne dans les parties communes, style montagnard contemporain dans les chambres ; certaines d'entre elles donnent directement sur les pistes.

🛁 🅿 🛂 🛎 🐕 🍽 - 58 chambres
Place de l'Église – ☎ 04 79 00 04 78 – www.hotelfitzroy.com

VALDEBLORE

✉ 06420 – Alpes-Maritimes – Carte régionale n° **29**–C1

AUBERGE DE LA ROCHE

CUISINE CRÉATIVE • AUBERGE En plein cœur du parc national du Mercantour, entre la vallée de la Tinée et celle de la Vésubie, un trio qui cherchait à se mettre au vert a jeté son dévolu sur cette auberge traditionnelle en pierre. Ils ont été séduits, comme vous le serez, par le calme et la beauté de la nature environnante. Dans l'assiette, une cuisine brute, créative et végétale, un menu unique, des produits locaux (y compris ceux du potager maison). Belle offre de bières et de vins nature.

🕸 ⩤ 🚗 🕭 🍴 🅿 – Prix : €€€
La Roche – ☎ 04 93 05 19 07 – www.laubergedelaroche.com – Fermé mardi, mercredi, jeudi. ouvert uniquement au dîner les vendredi, samedi, dimanche et lundi

VALENCE

✉ 26000 – Drôme
Carte régionale n° **24**–B1

Et la ville-étape devint le but du voyage...

Le jeudi et le samedi matin, les terrasses de la place des Clercs se replient pour permettre au marché de prendre ses aises. Les producteurs de la région viennent vendre le meilleur de leur ouvrage dans une ambiance conviviale. Les becs sucrés se régaleront de nougat de Montélimar, de pogne (une brioche aromatisée à la fleur d'oranger) et, en saison, de noix de Grenoble, de myrtilles et de marrons d'Ardèche.

Côté salé, faites le plein de ravioles, ces petites pâtes fraîches farcies de comté, de fromage blanc frais et de persil. Ajoutez une caillette, un petit pâté de porc aromatisé aux herbes et quelques fromages de chèvre comme le picodon et le saint-félicien. Á l'automne,, la truffe noire, dont la Drôme est le premier producteur, s'accorde à merveille avec les crus de la vallée du Rhône, saint-joseph ou crozes-hermitage...

❁❁❁ **PIC**

Cheffe : Anne-Sophie Pic

CUISINE CRÉATIVE • LUXE La Maison Pic, dans la Drôme, c'est d'abord une atmosphère particulière. Salle tamisée, où la lumière n'éclaire que l'assiette ; créations florales ; moquette épaisse qui suspend le pas de la brigade, mixte, en tenue classique. Ici, on sert à l'ancienne, à l'assiette clochée en porcelaine... On retrouve dans l'assiette les sublimes obsessions – culte du Japon, souci de l'assemblage inédit – de celle que l'on a surnommé "la funambule des saveurs". Anne-Sophie Pic propose désormais une invitation au voyage autour d'un menu unique en 10 haltes. Membre du club très fermé des femmes trois étoiles, très engagée, la célèbre cheffe dirige aujourd'hui la fondation "Donnons du goût à l'enfance". Au-delà de son talent débordant, un indispensable symbole.

🐾 ⇆ 🏛 ♿ 🆎 ❄ 🅿 – Prix : €€€€

285 avenue Victor-Hugo – ✆ 04 75 44 15 32 – www.anne-sophie-pic.com –
Fermé dimanche, lundi et mardi midi

❁ **LA CACHETTE**

Chef : Masashi Ijichi

CUISINE CRÉATIVE • CONTEMPORAIN Dans la partie basse de Valence, cette Cachette très discrète est désormais encore mieux cachée depuis son déménagement dans l'impasse située derrière l'adresse d'origine. Le restaurant gagne toujours à être découvert ! Vous y ferez la connaissance d'un chef précis et inspiré, Masashi Ijichi, d'origine japonaise. Ses préparations fines et délicates organisent la rencontre irrésistible entre le terroir drômois et les fulgurances asiatiques dans un cadre moderne flambant neuf. Déclinaison de tomates et son mesclun de jeunes pousses ; thon rouge cuit sur le charbon, sauce piquillos, padron et aubergine. On passe un excellent moment, notamment grâce à un service efficace et une belle carte des vins (superbe sélection de côtes-du-rhône septentrionaux).

🕸 ⑂ 🆔 – Prix : €€€

20 rue Notre-Dame-de-Soyons – ☏ 04 75 55 24 13 – www.lacachette-valence.fr – Fermé lundi, dimanche, et mardi et mercredi à midi

⸉ FLAVEURS

Chef : Baptiste Poinot

CUISINE MODERNE • INTIME C'est au cœur de la vieille ville de Valence qu'on découvre cette belle table, lovée dans un décor coloré, avec sa moquette et ses tables en châtaignier... Un grand-père traiteur a peut-être décidé de la carrière du jeune chef Baptiste Poinot, qui a étudié à l'école hôtelière de Vienne, a reçu les leçons de Michel Chabran, d'Anne-Sophie Pic ou encore de Joël Robuchon. Ce cuisinier sensible, qui cherche avant tout à transmettre une émotion, délivre des assiettes qui attestent d'une réflexion mûrie, avec des produits excellents et une technique soignée. Ces flaveurs – sensation provoquée conjointement par le goût et l'odeur d'un aliment – sont flatteuses.

🆔 – Prix : €€€

32 Grande-Rue – ☏ 04 75 56 08 40 – www.baptistepoinot.com – Fermé lundi midi, samedi et dimanche

⊙ LE BAC À TRAILLE

CUISINE MODERNE • DÉCONTRACTÉ Le chef japonais étoilé de la Cachette a réalisé son rêve : ouvrir un bistrot (le nom rend hommage à l'ancien bac qui franchissait le Rhône sur la "traille" juste à côté). Cette cuisine du marché, fraîche et très soignée, ne manque jamais de punch et de relief. Menu à partager aux saveurs française et japonaise, sélection de vins régionaux. Excellent rapport qualité/prix.

🛖 – Prix : €€

16 rue des Cévennes – ☏ 04 75 55 24 13 – www.lacachette-valence.fr/fr – Fermé lundi, dimanche et mardi midi

ANDRÉ

CUISINE TRADITIONNELLE • CONVIVIAL Ce bistrot chargé d'histoire célèbre dans l'assiette les recettes phares de chaque génération de la famille Pic. On retiendra la mosaïque de rouget foie gras de Jacques, une alliance entre terre et mer aussi audacieuse qu'esthétique à laquelle sa fille Anne-Sophie ajouta la gelée de bouillabaisse, ou encore la bouchée aux écrevisses, ris de veau et sauce Nantua.

🕸 ⑂ 🆔 🛖 🅿 – Prix : €€€

Pic, 285 avenue Victor-Hugo – ☏ 04 75 44 15 32 – www.anne-sophie-pic.com

🛏 PIC

CONTEMPORAIN • RAFFINÉ L'une des grandes maisons nées avec la N7 et qui accueille aujourd'hui... une clientèle internationale, entre New York et Tokyo ! C'est le pouvoir d'attraction d'une cuisine d'exception et d'un art de l'accueil sans cesse renouvelé : les lieux sont d'un chic extrême, bréviaire complet des styles contemporains, tel le jardin, véritable îlot zen en ville...

🛁 🅿 🍽 🛋 🈂 🍴 🆔 - 16 chambres

285 avenue Victor Hugo – ☏ 04 75 44 15 32 – www.anne-sophie-pic.com

✿✿✿ **Pic • André** - Voir la sélection des restaurants

VALENCIENNES

✉ 59300 – Nord – Carte régionale n° **4**-C2

LE MUSIGNY

CUISINE MODERNE • ÉLÉGANT Si le chef, passé par de grandes maisons, a choisi ce discret point de chute valenciennois, sa cuisine délicate a rapidement conquis la ville. Produits choisis et recettes joliment inspirées des saisons, le tout à déguster dans un décor entièrement rénové, ou sur la terrasse : la garantie d'un moment délicieux.

⚐⛩ – Prix : €€€

90 avenue de Liège – ℰ 03 27 41 49 30 – www.lemusigny.fr – Fermé lundi, samedi midi et dimanche soir

LE GRAND DUC

BOURGEOIS • CONVIVIAL Cette maison bourgeoise a une âme d'artiste, comme son propriétaire. Non seulement elle mêle les styles avec goût (seventies, baroque...), mais elle accueille des soirées jazz et théâtre, sans oublier les cours de cuisine. Et le joli parc à l'anglaise se prête lui aussi à la fantaisie !

🅿🛏🚪🍽️ - 5 chambres

104 avenue de Condé – ℰ 03 27 46 40 30 – www.legrandduc.fr

ROYAL HAINAUT

TRADITIONNEL • RAFFINÉ Le Hainaut a son palace ! Édifié sous Louis XV, cet ancien hôpital ébahit par son architecture monumentale. Admirez cette cour d'honneur couverte d'une verrière, cette chapelle superbement restaurée, ce sous-sol majestueux qui abrite piscine et spa. Avec leur belle hauteur sous plafond et leur standing impeccable, les chambres sont au diapason du reste de l'établissement.

🅿🛏🏊♨🛁🍽️⚐ - 79 chambres

6 place de l'Hôpital Général – ℰ 03 27 35 15 15 – www.royalhainaut.com

VALLAURIS

✉ 06220 – Alpes-Maritimes – Carte régionale n° **29**-E2

😊 LES DILETTANTS

CUISINE MODERNE • CONVIVIAL Ancien commercial pour une grande marque de boules de pétanque, Thomas Filiaggi a changé de trajectoire à 30 ans pour assouvir sa passion de la cuisine. Il propose une cuisine personnelle pleine de fraîcheur, largement basée sur les légumes et produits aromatiques de son potager personnel. Une vraie pépite.

♿⛩🅿 – Prix : €€

1193 chemin de Saint-Bernard – ℰ 04 93 33 99 59 – Fermé lundi, mardi et dimanche

VALLIÈRES-LES-GRANDES

✉ 41400 – Loir-et-Cher – Carte régionale n° **10**-C3

LES CLOSEAUX

CUISINE MODERNE • TRADITIONNEL Sous l'Ancien Régime, ces Closeaux – avec leur domaine de 10 hectares entouré de forêt – faisaient office de relais de chasse pour les rois de France. Aujourd'hui, cette auberge adopte un cadre chaleureux et contemporain, et une plaisante terrasse pour l'été. Le chef Christophe Lunais privilégie les producteurs locaux et les circuits courts, et réalise une goûteuse cuisine du marché, de saison, et à prix abordable. Accueil et service charmants.

🚪♿⛩🌀🅿 – Prix : €€

Lieu-dit les Closeaux – ℰ 02 47 57 32 73 – www.lescloseaux.com – Fermé mardi et mercredi

VALLON-EN-SULLY

✉ 03190 – Allier – Carte régionale n° **16**–B2

AUBERGE DES RIS

CUISINE MODERNE • AUBERGE Ici, tonneaux et pressoir font partie du décor. Derrière les fourneaux, le chef concocte une bonne cuisine, mêlant tradition et recettes dans l'air du temps, à base de produits choisis.

🅰️ 🍴 🅿️ – Prix : €€

Lieu-dit Les Ris – ☎ 04 70 06 51 12 – www.aubergedesris.com – Fermé lundi et mardi

VALLON-PONT-D'ARC

✉ 07150 – Ardèche – Carte régionale n° **20**–C3

😋 ARKADIA

CUISINE CRÉATIVE • CONTEMPORAIN Le long des gorges de l'Ardèche, divine surprise : Marvin, chef d'origine bretonne, régale sans complexe avec les produits glanés dans les parages (légumes et fromages, notamment). Les assiettes sont limpides, ultra-gourmandes, le menu est renouvelé tous les mois ; on profite aussi de la joie de vivre de Philippine, qui assure le service en salle. Irrésistible.

🍴 – Prix : €€

9 rue du Barry – ☎ 06 20 77 01 59 – www.arkadia-restaurant.business.site

VALLOUX

✉ 89200 – Yonne – Carte régionale n° **12**–B2

😋 AUBERGE DES CHENETS

CUISINE TRADITIONNELLE • AUBERGE On oublie vite la route toute proche, lorsque l'on s'attable près de la cheminée de cette agréable auberge ! Au menu, de bons petits plats d'inspiration bourguignonne, joliment tournés et parfumés : œuf parfait et escargots en meurette, pièce de bœuf fermier au pinot noir, tarte fine aux pommes...

🅰️ – Prix : €€

10 route Nationale 6 – ☎ 03 86 34 23 34 – Fermé lundi et mardi, et dimanche soir

VALMONT

✉ 76540 – Seine-Maritime – Carte régionale n° **3**–A2

🏵️ MAISON CAILLET

Chef : Pierre Caillet

CUISINE CRÉATIVE • CONTEMPORAIN Meilleur Ouvrier de France 2011, Pierre Caillet n'est pas seulement un technicien talentueux : il dévoile aussi une vraie sensibilité, et une énergie communicative. Créations originales (ces fougueuses noix de Saint-Jacques en croûte de passion en sont l'exemple parfait), jeux sur les textures et les saveurs, beaux produits du terroir normand... sans oublier l'utilisation judicieuse des herbes et légumes de l'imposant potager : le compte est bon. Dernier atout, cette auberge du 19ᵉ s. propose aussi des chambres chaleureuses et cosy, avec terrasses privatives tournées vers l'étang.

🛏️ 🍷 ♿ 🍴 🅿️ – Prix : €€€

22 rue André-Fiquet – ☎ 02 35 29 77 56 – www.maisoncaillet.com – Fermé mardi et mercredi, et dimanche soir

🌱 **L'engagement du chef :** 80% des aliments végétaux que nous utilisons proviennent de notre potager. Nous compostons les déchets organiques et travaillons main dans la main avec nos fournisseurs pour limiter et recycler les emballages. Les poissons que nous servons sont issus de la pêche durable et suivent les recommandations d'Ethic Ocean et de l'association Bon pour le climat.

VALRAS-PLAGE

⊠ 34350 – Hérault – Carte régionale n° **27**–C2

🕲 SÉPIA

CUISINE MODERNE • CONTEMPORAIN A deux pas de la plage, cette petite adresse vaut le coup. Un couple de pros, madame en salle et son mari de chef passé par les belles maisons, accueille dans une salle à la déco marine ou sur la belle terrasse en bois. 100% maison (y compris les glaces et les pains buns), l'assiette va droit au but : une cuisine réjouissante et franche du collier, à l'exemple de ce bun, copeaux de Cantal, crème de galère.

&. 🄰🄲 🛋 – Prix : €€

28 rue Frédéric-Mistral – 𝒞 06 12 57 34 01 – www.restaurant-sepia-valras.fr – Fermé lundi et mercredi, et dimanche soir

VALS-LES-BAINS

⊠ 07600 – Ardèche – Carte régionale n° **20**–C3

LE VIVARAIS

CUISINE MODERNE • ÉLÉGANT Situé en plein cœur de ville juste à côté du casino, ce grand hôtel de style Belle Époque en impose. Sa table, à l'élégance toute classique, propose une cuisine française de saison, fondée sur de bons produits frais, souvent locaux. Service impeccable et sympathique. Spacieuse terrasse ombragée de platanes sur le côté de l'hôtel.

🕃 🄰🄲 🛋 🄿 – Prix : €€€

Hôtel Helvie, 5 avenue Claude-Expilly – 𝒞 04 75 94 65 85 – www.le-vivarais.com/fr – Fermé lundi et mardi

LA VANCELLE

⊠ 67730 – Bas-Rhin – Carte régionale n° **8**–C1

🕸 AUBERGE FRANKENBOURG

Chef : Sébastien Buecher

CUISINE MODERNE • AUBERGE Dans ce petit village perché sur les contreforts des Vosges, cet hôtel-restaurant retient les voyageurs depuis le début du siècle dernier. Les frères Buecher, qui ont repris les rênes de cette maison familiale des mains de leurs parents, y officient avec un allant réjouissant. La cuisine de produits goûteuse et élégante de l'aîné, Sébastien, parvient à exprimer le meilleur de son terroir à travers une carte toujours en mouvement, et à dépasser la tradition grâce à sa créativité, à l'instar du dos de cerf rôti et sa déclinaison de maïs ou des langoustines saisies à la flamme et leur parmentier de pommes de terre et poireau... La plupart des fruits et légumes sont issus du jardin. En salle, le cadet, Guillaume, mène le jeu dans un décor mêlant boiseries et esprit zen. Quelques chambres pour prolonger l'étape.

🛏 🗣 &. 🄰🄲 🛋 – Prix : €€€

13 rue du Général-de-Gaulle – 𝒞 03 88 57 93 90 – www.frankenbourg.com/fr – Fermé mercredi et jeudi, et mardi soir

🕸 **L'engagement du chef :** Cela fait maintenant plus de 20 ans que nous avons une démarche éco-responsable. Mais, auparavant, il n'y avait pas de nom pour le nommer ! Nous travaillons avec des producteurs locaux ou du moins français, en fonction du produit. Si l'agneau vient du Quercy, le cochon vient de la vallée voisine, les cailles des Vosges, les pigeons d'Alsace, tout comme nos fruits et légumes qui sont exclusivement alsaciens, provenant soit de notre jardin, soit de notre maraîcher.

VANDENESSE-EN-AUXOIS

✉ 21320 – Côte-d'Or – Carte régionale n° **12**–C3

L'AUBERGE DE GUILLAUME

CUISINE MODERNE • AUBERGE Après avoir été le lieutenant de Christophe Bacquié au Castellet, Meilleur Ouvrier de France en 2015 puis étoilé à la Bussière, Guillaume Royer est enfin chez lui ! Un retour aux sources pour cet enfant du pays. Dans cette auberge située à moins de 500 mètres d'une écluse du paisible canal de Bourgogne, il décline avec savoir-faire les produits de la région dans une veine bistronomique actuelle. Terrasse et jardin au calme sur l'arrière.

🍽 🅿 – Prix : €€

4 place de la Mairie – 𝒞 03 80 49 22 36 – www.laubergedeguillaume.com/fr – Fermé lundi et mardi midi

VANNES

✉ 56000 – Morbihan –
Carte régionale n° **1-C3**

Toute entière dédiée aux plaisirs de la table

Vannes est la quintessence de la ville bretonne où il fait bon vivre, ou tout simplement flâner pour nous autres gourmets de passage. Des ruelles médiévales bordées de superbes maisons à colombages, jusqu'aux remparts fleuris en passant par la place des Lices et la cathédrale Saint-Pierre, l'appétit s'aiguise au fil de la promenade. Située en plein cœur de la ville, la halle aux poissons, datant de 1880, est un must dont l'animation culmine les mercredis, vendredis et samedis. Les femmes des pêcheurs viennent y vendre le meilleur de la marée : étrilles, crevettes, maquereaux, merlans, seiches, rougets resplendissants. Complément indispensable, la halle des Lices accueille une trentaine de commerçants ainsi qu'une quinzaine de producteurs. Enfin, deux fois par semaine (mercredi et samedi), les places des Lices et du Poids-Public accueillent l'un des plus beaux marchés de France.

❁ **LA TÊTE EN L'AIR**

Chef : Clément Raby

CUISINE CRÉATIVE • DESIGN Un jeune couple dynamique et accueillant, qui a bel et bien la tête... sur les épaules. Dans une ambiance décontractée, Clément Raby le parisien et Estelle Mercier la gardoise pratiquent, comme ils l'indiquent sur leur carte de visite, "une cuisine libre". C'est-à-dire une cuisine créative maîtrisée et originale, avec des associations pertinentes, des recettes qui tombent juste ! Dans leurs menus à l'aveugle, les plats ne sont annoncés qu'après leur dégustation - pour mieux mettre en éveil les sens des convives...

AC – Prix : €€€

Plan : B1-3 – *43 rue de la Fontaine* – ☎ *02 97 67 31 13 – www.lateteenlair-vannes.com – Fermé lundi, mardi et dimanche*

😋 **LE SOUS-SOL**

CUISINE MODERNE • CONTEMPORAIN Une bien jolie mélodie (gourmande) en sous-sol, jouée par le jeune chef Thibaud Schouten ! Jaune d'œuf confit, poireaux rôtis, houmous et coques ou encore filet mignon de porc, asperges vertes rôties, lard de colonnata et jus court : une super cuisine du marché, avec des ingrédients tip-top (et plutôt régionaux), servis à travers des recettes dans l'air du temps.

Prix : €€

Plan : A2-5 – *15 place Maurice-Marchais* – ☎ *02 97 47 69 82* – *www.restaurantlesous-sol.com* – *Fermé samedi, dimanche et lundi midi*

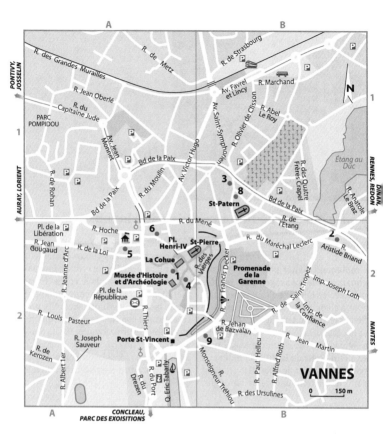

L'ANNEXE

CUISINE MODERNE • CONTEMPORAIN Élise et David, deux jeunes professionnels pleins d'allant, tiennent les rênes de cette maison conviviale. La cuisine met l'accent sur la fraîcheur des produits, majoritairement issus de producteurs locaux, dont les noms sont même affichés fièrement à la carte. Beaux accords mets et vins.

🔲 – Prix : €€

Plan : A2-6 – *18 rue Émile-Burgault* – ℰ *02 97 42 58 85* –
www.restaurantlannexe.eatbu.com/?lang=fr – *Fermé lundi et dimanche*

BVAÑ

CUISINE MODERNE • CONTEMPORAIN Le chef Romain Le Cordroch a beaucoup bourlingué, de continents (Chine, Australie, Brésil) en belles maisons (Atelier de Rabanel, Atelier Robuchon, Violon d'Ingres…). Pour ce retour aux sources, il signe une cuisine nature végétale et iodée. Dans son travail, rien n'est jeté mais tout est transformé : il réalise par exemple son gomasio à partir d'écailles de poissons passées au four ! L'assiette fait toujours preuve d'un bon savoir-faire à l'image de cette marinière de moules, concombre arménien à la verveine et écume de gwell.

Prix : €€€

Plan : B2-9 – *6 rue Alexandre-le-Pontois* – ℰ *02 97 67 98 30* –
www.restaurantbvan.fr – *Fermé mardi et mercredi, et dimanche soir*

EMPREINTE

Chef : Baptiste Fournier

CUISINE DU MARCHÉ • COSY Arrêtez-vous dans cette maison d'une petite place du centre-ville. À l'intérieur, une déco chaleureuse avec son parquet brut, ses tissus, sa porcelaine vintage... Baptiste et Marine Fournier travaillent avec le cœur pour servir une cuisine particulièrement léchée, réalisée grâce aux poissons des halles et aux légumes de producteurs. Menu-carte au déjeuner, menus surprise le soir. Vins naturels.

Prix : €€

Plan : A2-4 – *15 place Valencia –* ☏ *02 97 46 06 42 – www.empreinte-restaurant.fr – Fermé lundi, dimanche, samedi midi et du mardi au jeudi soir*

✿**L'engagement du chef :** Nous mettons en œuvre tout ce qui est utile, raisonnable et responsable pour valoriser notre territoire, ses producteurs et notre travail. Approvisionnements hyper locaux auprès de maraîchers engagés, avec une saisonnalité absolue sur les légumes et les fruits, majoritairement bio ; cueillette sauvage ; petite pêche côtière et responsable en direct ; tri sélectif ; valorisation des déchets organiques en compost ; épicerie achetée en vrac, sans emballage ; eau micro-filtrée.

IODÉ

CUISINE CRÉATIVE • CONTEMPORAIN Sophie Reigner, cheffe bretonne autodidacte, a retrouvé sa région d'origine après un passage remarqué par les cuisines d'Alan Geaam, à Paris. Elle séduit avec des assiettes d'une grande finesse, dressées avec soin : ormeau cuit au beurre d'algue, pommes de terre fumées aux aiguilles de pin, jus de volaille au Xérès ; lotte piquée à l'andouille de Guéméné, poireaux nori, nuage d'une hollandaise à la bergamote... Service attentionné.

&. – Prix : €€€

Plan : B2-2 – *9 rue Aristide-Briand –* ☏ *02 97 47 76 14 – www.restaurant-iode-vannes.com – Fermé lundi et dimanche*

ROSCANVEC

CUISINE MODERNE • CONTEMPORAIN Un écrin historique pour ce restaurant situé au cœur d'un hôtel particulier édifié au 17ᵉ s. par le seigneur de Roscanvec, conseiller du roi. À l'intérieur, un cadre épuré pour un mobilier contemporain. Le chef propose une cuisine au goût du jour et les deux sœurs Kaczorowski assurent un service professionnel, souriant et attentionné. D'agréables chambres sont disponibles pour prolonger l'expérience.

&. ⌂ – Prix : €€€

Plan : A2-1 – *19 rue des Halles –* ☏ *02 97 47 15 96 – www.restaurant-roscanvec.com – Fermé lundi et dimanche*

RYOKO - COMPTOIR À RAMEN

SPÉCIALITÉ RAMEN • TRADITIONNEL Les codes savoureux de la cuisine japonaise sont désormais tellement bien ancrés dans l'hexagone que l'on s'attable ici dans ce bistrot de poche à la façade noire, rouge et blanche, pour y déguster l'un des meilleurs ramens qui soit - à base de bouillon de porc (tonkotsu) ou de poulet (Tori chintan), au choix ! Concoctés à base de produits locaux (comme ce porc élevé au lin), les préparations s'inscrivent avec brio dans la plus pure tradition japonaise. Attention, on joue ici à guichet complet, et la réservation n'est pas possible.

Prix : €

Plan : B1-8 – *14 rue de la Fontaine –* ☏ *02 97 47 54 80 – www.ryoko.fr – Fermé lundi, mardi et dimanche*

LES VANS

✉ 07140 – Ardèche – Carte régionale n° **20**–C3

 LIKOKÉ

CUISINE CRÉATIVE • DESIGN Likoké, c'est la plus internationale des tables ardé-choises ! Le Belge Cyriel Huysentruyt, en charge de la salle et des vins, travaille main dans la main avec le chef colombien Guido Niño Torres, qui respecte l'ADN globe-trot-teur de la maison : au fil d'un menu unique, il décline des assiettes ludiques et colorées, comme des invitations au voyage, parfois inspirées d'un souvenir, d'une rencontre, d'un événement passé... On a même droit à quelques fulgurances, comme ce "cevi chicha", un fabuleux ceviche de truite maturée et alcool de maïs, plein de parfums. Tout est basé sur la production du coin - fromages et légumes de producteurs locaux, bœuf du Mézenc, etc. Une table bien dans sa peau, qui n'en finit pas de surprendre.

🦋 ♿ 🅐🅒 – Prix : €€€€

33 route de Païolive – ☏ 04 75 88 09 74 – www.likoke.fr – Fermé lundi, mardi et dimanche et mercredi midi

VARADES

✉ 44370 – Loire-Atlantique – Carte régionale n° **9**–C3

 LA CLOSERIE DES ROSES

CUISINE TRADITIONNELLE • CONTEMPORAIN Entouré de rosiers, ce restau-rant ancré depuis 1938 en bord de Loire offre une jolie vue sur le fleuve et l'église abbatiale St-Florent-le-Vieil. Dans une agréable salle contemporaine, le chef sert une plaisante cuisine traditionnelle aux influences régionales (sandre, brochet, anguille, pigeonneau fermier, ris de veau) accompagnée de sauces au registre classique (beurre blanc, jus aux crustacés, sauce vineuse).

≼ 🅐🅒 – Prix : €€

455 La Haute-Meilleraie – ☏ 02 40 98 33 30 – www.lacloseriedesroses.com – Fermé mercredi et le soir du dimanche au mardi

VARENNES-VAUZELLES

✉ 58640 – Nièvre – Carte régionale n° **17**–A1

LE BENGY

CUISINE TRADITIONNELLE • CONVIVIAL Au nord de Nevers, cet ancien relais routier est entre les mains d'un jeune couple sympathique. Le chef propose une plaisante cuisine traditionnelle (lotte rôtie, fumet au curry et citronnelle, tatin de courgette et tomate ; suprême de volaille, farce aux foies de volaille et Porto) ainsi qu'un menu végétarien. Aux beaux jours, optez pour la terrasse au calme, à l'arrière.

♿ 🅐🅒 🍴 ♻ 🅿 – Prix : €€

25 route de Paris – ☏ 03 86 38 02 84 – www.le-bengy-restaurant.com – Fermé lundi et dimanche

VAUDEVANT

✉ 07410 – Ardèche – Carte régionale n° **20**–D2

 LA RÉCRÉ

CUISINE MODERNE • CONVIVIAL Installé dans l'ancienne école de garçons du village, dont il a conservé les vestiges – tableau noir, cartes de géographie –, ce res-taurant ne pouvait mieux porter son nom. On y découvre des créations pétillantes, qui piochent allègrement dans les produits du terroir ; et c'est encore meilleur lorsqu'on est attablé dans la cour ombragée...

🍴 🅿 – Prix : €€

70 route de Satillieu – ☏ 04 75 06 08 99 – www.restaurant-la-recre.com – Fermé lundi et mardi, et dimanche soir

VAUGINES

✉ 84160 – Vaucluse – Carte régionale n° **28**–E1

INSITIO

CUISINE MODERNE • SIMPLE Insitio signifie greffe... Une bouture qui est aussi une réussite pour ce chef italien originaire de la région milanaise ! Au sein d'un menu qui change chaque semaine, on se régale d'un œuf parfait, courgette et verveine ; d'un râble de lapin aux artichauts et menthe fraîche et d'un abricot rôti au miel de lavande et glace vanille. Avec sa petite terrasse ombragée qui ouvre sur la place d'un charmant village face à une fontaine, le lieu achève de nous retenir, et, qui sait, de nous ramener aux origines du goût...

🖼 – Prix : €€

33 place de la Mairie – ☎ 04 90 77 11 08 – www.insitiorestaurant.com –
Fermé lundi, jeudi et dimanche

VAULT-DE-LUGNY

✉ 89200 – Yonne – Carte régionale n° **12**–B2

✿ LE VALUCIEN - CHÂTEAU DE VAULT-DE-LUGNY

CUISINE MODERNE • HISTORIQUE Dans l'un de ses romans, Michel Houellebecq met en scène la terrasse de ce château qui s'ouvre face à un vaste parc et un platane du 17ᵉ s. Le chef mauricien Franco Bowanee cisèle une fine cuisine actuelle qu'il émaille de petites touches d'exotisme. Ses assiettes franches et pleines de saveur mettent en valeur non seulement les produits nobles, mais aussi les légumes du magnifique potager du domaine. On s'attable dans un cadre majestueux propice à l'évasion culinaire.

🍸 🏚 🖼 **P** – Prix : €€€€

11 rue du Château – ☎ 03 86 34 07 86 – www.lugny.fr – le mercredi et jeudi toute la journée ainsi que le vendredi au déjeuner

🛏 CHÂTEAU DE VAULT-DE-LUGNY

TRADITIONNEL • RAFFINÉ En lisière de la réserve naturelle du Morvan, un parc d'une centaine d'hectares abrite le Château de Vault de Lugny, une résidence aristocratique du 17ᵉ s. qui a conservé son opulence en devenant un hôtel de luxe. Treize chambres - belles et parfaitement confortables, même mansardées - et trois suites, dont l'une était autrefois réservée au Roi. Parmi les activités : tennis, équitation, dégustations de vins et pêche au brochet dans les douves. Et bien sûr, un restaurant gastronomique, qui sert une cuisine française raffinée, aussi charmante que son cadre.

P 🏚 🚲 🛋 🍴 🖼 - 16 chambres

11 rue du Château – ☎ 03 86 34 07 86 – www.lugny.fr

✿ **Le Valucien - Château de Vault-de-Lugny** - Voir la sélection des restaurants

VAUVENARGUES

✉ 13126 – Bouches-du-Rhône – Carte régionale n° **28**–D3

LA TABLE DE L'HÔTEL SAINTE-VICTOIRE

CUISINE CRÉATIVE • CONTEMPORAIN Le chef brésilien Mateus Marangoni propose une étonnante cuisine aux notes exotiques, fruit de sa culture sud-américaine et de ses expériences en Espagne. Les assiettes se révèlent équilibrées, pleines de fraîcheur ; aux beaux jours, elles se dégustent sur la terrasse, face à la Sainte-Victoire et au château de Vauvenargues.

🍃 ♿ 🖼 🏚 – Prix : €€€

33 avenue des Maquisards – ☎ 04 42 54 01 01 – www.hotelsaintevictoire.com/fr

🛏 **SAINTE-VICTOIRE** *Plus*

MODERNE • CHALEUREUX Le nom de l'hôtel ne ment pas : les chambres, dont certaines ont une terrasse ou un balcon, offrent une vue imprenable sur la fameuse montagne Sainte-Victoire. On apprécie la déco design et chaleureuse, mais aussi une gamme de services assez complète : piscine exposée plein sud, espace de séminaire, parking privé fermé...

 🖐 **P** 🔊 🕸 🦢 🚲 🦵 🛄 🍴 🅰🅲 - 15 chambres

33 avenue des Maquisards – 𝒞 04 42 54 01 01 – www.hotelsaintevictoire.com

La Table de l'Hôtel Sainte-Victoire - Voir la sélection des restaurants

VAUX-EN-BEAUJOLAIS

✉ 69460 – Rhône – Carte régionale n° **21**–A1

AUBERGE DE CLOCHEMERLE

CUISINE MODERNE • CONTEMPORAIN On se sent bien, dans la salle à manger tout en sobriété de l'auberge de Clochemerle. Le menu surprise fait la part belle aux produits de saison, avec des assiettes élaborées avec soin. De quoi régaler les (nombreux) habitués, mais aussi les clients de passage. Quelques chambres confortables pour l'étape.

 🐌 🖐 🍴 – Prix : €€€

173 rue Gabriel-Chevallier – 𝒞 04 74 03 20 16 – www.aubergedeclochemerle.fr – Fermé du lundi au mercredi et jeudi midi

VAUX-SUR-MER

✉ 17640 – Charente-Maritime – Carte régionale n° **18**–A2

LE SENS 7367 ⓝ

CUISINE MODERNE • COSY Dans ce petit village de Vaux-sur-Mer à proximité de Royan, on retrouve un chef que l'on a connu à Annecy, Frédéric Loivel, qui a ouvert sous le même nom ou presque : le chiffre 7367 signifie toujours "sens" sur un clavier de téléphone à touches. C'est un artisan du genre créatif : sa cuisine moderne met en valeur des produits de saison, à travers des associations qui matchent bien et multiplient les clins d'œil au Japon (panko, yuzu, matcha, bœuf Kagoshima...). La salle à manger contemporaine et cosy mélange avec goût des éléments de décor chinés ici et là, tous différents. Quelques chambres pour l'étape.

 🖐 🅰🅲 – Prix : €€€

141 boulevard de la Côte-de-Beauté – 𝒞 05 46 85 83 49 – www.le-7367-le-sens.com – Fermé du lundi au mercredi

VAYRES

✉ 33870 – Gironde – Carte régionale n° **22**–B2

LUNE

CUISINE MODERNE • COSY Ce restaurant situé dans la petite cité vigneronne de Vayres est une création de Pierre Rigothier, chef au bon parcours parisien. L'alléchante ardoise et le menu surprise révèlent des produits rigoureusement sélectionnés : cochon Kintoa, magret de canard fermier, sole meunière, thon en tartare ou grillé. Cadre convivial, façon campagne chic.

 🖐 🅰🅲 🍴 – Prix : €€€

56 avenue de Libourne – 𝒞 05 47 84 90 98 – www.restaurantlune.com – Fermé lundi, dimanche, samedi midi et mardi soir

VELLUIRE

✉ 85770 – Vendée – Carte régionale n° **14**-C2

AUBERGE DE LA RIVIÈRE

CUISINE MODERNE • AUBERGE Le frémissement du cours d'eau tout proche, le lierre qui escalade la façade : dans cette auberge vendéenne, tout est charmant et bucolique, tout invite à la rêverie... et à la gourmandise ! De beaux produits, des herbes aromatiques, des assaisonnements subtils : on sent la patte d'un vrai passionné de gastronomie, et on ne résiste pas moins à la douceur des desserts, que l'on déguste dans la jolie salle à manger. Le menu change toutes les deux semaines. Quelques chambres pour des nuits au calme face à la rivière Vendée, et pour les esprits baladeurs, barques et VTT à la location. Le bonheur, quoi.

🕸 ⅗🏠 ⇔ – Prix : €€€

Rue du Port-de-la-Fouarne – ☎ 02 51 52 32 15 – www.hotel-riviere-vendee.com – Fermé lundi, mardi et jeudi à midi, et dimanche soir

VENCE

✉ 06140 – Alpes-Maritimes – Carte régionale n° **29**-E2

⭐ LE SAINT-MARTIN

CUISINE MODERNE • LUXE Tout, ici, est un ravissement. Le cadre chic et raffiné de l'hôtel Saint-Martin, dont les chambres offrent une vue à couper le souffle sur les collines de Vence et la Méditerranée... et dont la table est une vraie fête pour les papilles ! Grand sportif, compétiteur-né, le chef peut se vanter d'un parcours varié, allant des grands palaces à des maisons plus confidentielles. Fort de son expérience, il compose des assiettes fines et délicates, avec de jolies trouvailles dans les associations de produits. Quant aux desserts, ils se révèlent un point fort du repas.

🕸 ⇐ ⇔ ⅗ 🄰 🏠 ⇔ 🍽 – Prix : €€€€

2490 avenue des Templiers – ☎ 04 93 58 02 02 – www.oetkercollection.com/hotels/chateau-saint-martin

LA CASSOLETTE

CUISINE PROVENÇALE • TRADITIONNEL Au cœur de la ravissante cité historique, en face de l'hôtel de ville, cette institution ne montre aucun signe de faiblesse. On s'installe dans une jolie salle intérieure ou sur la terrasse, pour se régaler d'une cuisine gourmande aux accents méditerranéens.

🏠 – Prix : €€

10b place Georges-Clemenceau – ☎ 04 93 58 84 15 – www.lacassolettevence.com – Fermé mardi et mercredi

🛏 CHÂTEAU SAINT-MARTIN

CLASSIQUE • CHAMPÊTRE Cadre d'exception pour ce luxueux hôtel provençal dominant Vence et la mer depuis son vaste parc planté d'oliviers. Les villas, nichées dans la verdure, sont d'un parfait confort. Les chambres et suites mêlent le contemporain au provençal. La superbe piscine et le spa délicieux parachèvent ce luxe sans ostentation : l'élégance, en somme.

🐾 🅿 ⇦ ⇐ 🌀 🕸 🐟 🛁 🛌 🍽 🄰 – 46 chambres

2490 avenue des Templiers – ☎ 04 93 58 02 02 – www.chateau-st-martin.com
⭐ **Le Saint-Martin** - Voir la sélection des restaurants

VENDÔME

✉ 41100 – Loir-et-Cher – Carte régionale n° **10**-C2

😊 LE MALU

CUISINE MODERNE • CONTEMPORAIN Cette ancienne caserne militaire sous Napoléon III a été reconvertie en lieu de bouche, et désormais, c'est le chef Ludovic

Brethenoux qui fait parler la poudre. Originaire du Périgord, formé notamment à La Villa Madie à Cassis, il se plaît dans le Vendômois et sa cuisine actuelle, précise et soignée, en témoigne. On se régale.

🍽 🅿 – Prix : €€

1 route de Tours – 🕿 02 54 80 40 12 – www.lemalu2.wixsite.com/ restaurantlemalu – Fermé lundi et mardi, et dimanche soir

MORIS

CUISINE MODERNE • CONTEMPORAIN Au bord du Loir, ce bistrot jouxte le pont qui mène à la vieille ville. Le chef ne jure que par les circuits courts et met les saisons à l'honneur dans sa cuisine, qu'on accompagnera de vins nature judicieusement choisis. À déguster, aux beaux jours, sur deux terrasses, dont une au premier étage, en surplomb de la rivière… Délicieux.

&. 🍽 – Prix : €€

77 rue du Change – 🕿 09 83 48 30 13 – www.morislerestaurant.com – Fermé lundi, mardi et dimanche

VENTABREN

✉ 13122 – Bouches-du-Rhône – Carte régionale n° **28**–D3

🏵 DAN B.

Chef : Dan Bessoudo

CUISINE MODERNE • DESIGN Assurément l'un des restaurants les plus élégants de la région, au cœur de la charmante bourgade de Ventabren, pittoresque village perché. Le cadre frappe par sa modernité : mobilier scandinave, jeux de miroirs au plafond, sans oublier la superbe vue panoramique sur l'étang de Berre et la vallée de l'Arc. Dans l'assiette, le créativité est aussi au rendez-vous, sous la houlette du chef toulonnais Dan Bessoudo : cuisine colorée et fraîche, tout en contrastes, réalisée à base de produits locaux bien choisis.

🐓 ⇜🖤 – Prix : €€€€

1 rue Frédéric-Mistral – 🕿 04 42 28 79 33 – www.danb.fr – Fermé lundi et mardi, et dimanche soir

VERGONGHEON

✉ 43360 – Haute-Loire – Carte régionale n° **20**–B2

LA PETITE ÉCOLE

CUISINE MODERNE • CONVIVIAL Ce restaurant a remplacé l'ancienne école du village voilà quelques années. La cuisine, fine et savoureuse, mérite un A sans hésitation. Copie parfaite pour ces créations précises et savoureuses, que l'on doit à un chef amoureux du bon produit. Une cantine de choix, sans fausse note, doublée d'un excellent rapport qualité-prix.

&. 🍽 – Prix : €€

Rilhac – 🕿 04 71 76 97 43 – www.restaurant-lapetiteecole.com – Fermé du lundi au mercredi, du jeudi au samedi à midi, et dimanche soir

VERNEUIL-D'AVRE-ET-D'ITON

✉ 27130 – Eure – Carte régionale n° **3**–A3

LE MADELEINE PAR CYRIL COUTIN

CUISINE MODERNE • CONTEMPORAIN Charmant petit restaurant entièrement restauré sous la houlette de ses nouveaux propriétaires, le chef Cyril Coutin et son épouse. Derrière la devanture, on découvre une salle charmante où l'ancien - pierres, poutres apparentes – côtoie le contemporain (le camaïeu de vert sur les murs). Dans l'assiette, le chef met tout son métier au service des produits du moment (courgette, fenouil, pêche, verveine...) pour servir une cuisine qui fait envie à l'instar de ce beau tronçon de turbot, fenouil confit relevé d'un pesto de câpres, citron et échalotes. Service souriant et aimable.

&. – Prix : €€€

206 rue de la Madeleine – 𝒸 09 73 37 51 86 – www.lemadeleineparcyrilcoutin.fr – Fermé mardi et mercredi, et dimanche soir

VERRIÈRES-DE-JOUX

✉ 25300 – Doubs – Carte régionale n° **13**–C2

LA TABLE DU TILLAU

CUISINE MODERNE • **MONTAGNARD** À quelques mètres de la frontière suisse, cette ferme franc-comtoise en pierre et bois ancien respire la sérénité, tout comme ses chambres élégantes décorées à la manière d'un chalet de montagne. Une cuisine moderne fait honneur aux produits souvent régionaux, à l'instar de cette crème prise au citron, gravlax de truite marinée au jus de betterave, ou ce filet de bœuf, sauce vigneronne et purée de céleri.

🛏&.🎍🅿 – Prix : €€

Le Mont des Verrières – 𝒸 03 81 69 46 72 – www.letillau.com – Fermé lundi, du mardi au vendredi à midi, et dimanche soir

VERSAILLES

✉ 78000 – Yvelines – Carte régionale n° **11**–B1

🍃 GORDON RAMSAY AU TRIANON

CUISINE CRÉATIVE • **ÉLÉGANT** Inauguré en 1910 à la lisière du parc du château, l'hôtel Trianon Palace impose sa silhouette altière aux promeneurs qui s'en approchent. Un lieu tout indiqué pour accueillir le travail – et le caractère bien trempé ! – de Gordon Ramsay, déjà triplement étoilé à Londres. En poste sur place, le chef Gabriele Ravasio met en musique une partition qui célèbre le beau produit et joue principalement sur la simplicité et la pertinence des recettes. Une créativité bien maîtrisée, de jolies saveurs... on passe un très agréable moment en ces lieux, d'autant que le cadre n'est pas en reste : une élégante et lumineuse salle à manger baroque, dont les baies vitrées donnent directement sur le parc...

🅱 ⇦ ⇐ 🛏&.🅰🎍🅿 – Prix : €€€€

Plan : A1-1 – *1 boulevard de la Reine – 𝒸 01 30 84 50 18 – www.waldorfastoriaversailles.fr – Fermé lundi, dimanche et du mardi au samedi à midi*

🍃 LE GRAND CONTRÔLE

CUISINE CLASSIQUE • **HISTORIQUE** Au sein de l'hôtel des Airelles, cet établissement luxueux, chargé d'histoire et intimement lié au château de Versailles, mélange mise en scène théâtrale (accueil par un valet personnel en costume d'époque) et cuisine sur mesure. La carte, signée Alain Ducasse, est composée de préparations réalisées avec des produits de belle qualité, où l'ADN "naturalité" du maître des lieux n'est jamais loin. Sur place, le chef Stéphane Duchiron fait preuve d'une belle maîtrise technique, avec des cuissons et des assaisonnements maîtrisés, des sauces et des jus d'une belle qualité aux saveurs franches et marquées.

🅱 ⇦ 🅰🛏&.🎍🔄🍽 – Prix : €€€€

Plan : A3-6 – *12 rue de l'Indépendance-Américaine – 𝒸 01 85 36 05 50 – www.airelles.com/fr/destination/chateau-de-versailles-hotel*

🍃 LA TABLE DU 11

Chef : Jean-Baptiste Lavergne-Morazzani

CUISINE MODERNE • **CONTEMPORAIN** Après l'obtention de l'étoile en 2016, le Chef Jean-Baptiste Lavergne-Morazzani a redoublé d'efforts, avec le soutien d'une équipe soudée et efficace, pour convertir toujours plus de gourmands dans la ville

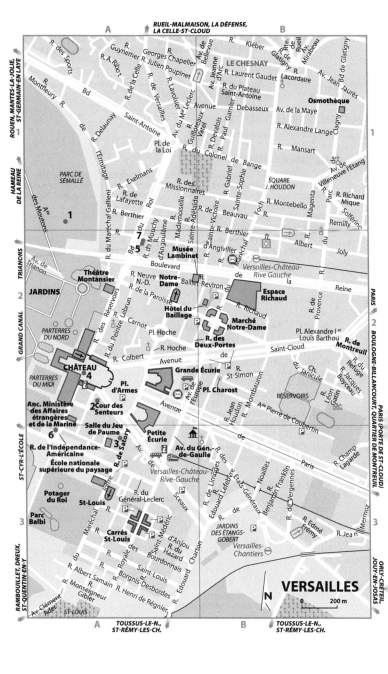

royale. Son credo : le naturel, à tous points de vue. Une carte courte et sans fiori-tures, une attention particulière aux saisons... et, dans l'assiette, une sélection de produits vraiment nature : bio en général, issus de la pêche et de l'élevage durables, mais aussi de son propre potager... La belle carte des vins comporte près de 700 références (avec beaucoup de vignerons propriétaires travaillant en biodynamie). Et, pour ne rien gâcher, le restaurant a pris ses quartiers dans la Cour des Senteurs, tout près du Château : voilà qui ajoute à l'exclusivité du moment...

🕸 ᗺ 🄰🄲 – Prix : €€€€

Plan : A2-2 – *8 rue de la Chancellerie* – 𝒞 *09 83 34 76 00* – *www.latabledu11. com* – *Fermé lundi et dimanche*

😋 LE BISTROT DU 11

CUISINE MODERNE • CONTEMPORAIN Vous l'avez deviné : l'équipe de la Table du 11 se cache derrière ce Bistrot du 11, installé dans une rue touristique piétonne non loin du château. De beaux produits sont déclinés sous la forme d'un menu-carte : œuf cocotte, salade et cocos ; bœuf, pomme de terre et ail ; paris-brest et noix de pécan...

ᗺ 🍴 – Prix : €€

Plan : A3-3 – *10 rue de Satory* – 𝒞 *01 75 45 63 70* – *www.lebistrotdu11.com* – *Fermé lundi et dimanche*

LAFAYETTE

CUISINE MODERNE • TENDANCE Contiguë à son premier restaurant, Lafayette est la table branchée de Xavier Pincemin, avec salles en enfilade et cadre Art déco. Le chef s'amuse et nous régale avec une carte qui mixe des influences diverses (tacos, ceviche, bœuf tigre) et propose aussi une sélection de viandes d'exceptions maturées dans une cave, comme cette belle entrecôte de bœuf noir de Baltique. Ambiance décontractée.

ᗺ 🄰🄲 – Prix : €€

Plan : A2-7 – *10 boulevard du Roi* – 𝒞 *09 83 74 20 05* – *www.xavier-pincemin. com/lafayette* – *Fermé lundi et dimanche*

ORE

CUISINE MODERNE • CONTEMPORAIN Ore, c'est la bouche, en latin. Un nom d'une simplicité désarmante pour cet endroit tout simplement exceptionnel : un pavillon du 17e s. aménagé au cœur du château de Versailles. Alain Ducasse est le Roi-Soleil de ces lieux, y faisant appliquer la loi culinaire qu'on lui connaît : celle de la naturalité, et d'un hommage sans cesse renouvelé au beau produit.

🍃 ᗺ 🛗 – Prix : €€

Plan : A2-4 – *Place d'Armes* – 𝒞 *01 30 84 12 96* – *www.ducasse-chateauversailles.com* – *Fermé lundi, et mardi, mercredi, jeudi, vendredi et dimanche soir*

LE PINCEMIN

CUISINE MODERNE • CONTEMPORAIN Ami des rappeurs et des people, véritable star des réseaux sociaux (et lointain gagnant de l'édition 2016 de Top-Chef), Xavier Pincemin fait presque de l'ombre au Roi-Soleil dans son restaurant versaillais. Il réconcilie toutes les générations et les nationalités – pour autant qu'on ait la chance de trouver une table libre. Sa cuisine de l'instant qui met en valeur le beau produit sans fioriture témoigne de ses ambitions et d'une passion intacte pour la gastrono-mie, comme en témoigne, par exemple, son merlu, verveine, pêche et courgettes.

Prix : €€€

Plan : A2-5 – *10 boulevard du Roi* – 𝒞 *09 83 50 29 64* – *www.xavier-pincemin.com* – *Fermé lundi et dimanche*

🛏 **LE LOUIS VERSAILLES CHÂTEAU**

CLASSIQUE • ÉLÉGANT Protégé par son portail d'époque classé, à deux pas du château, cet hôtel élégant aux beaux volumes permet de découvrir en toute quiétude le domaine du Roi Soleil. Bon petit-déjeuner bio et sans gluten.

♿ 🛋 **P** 🔔 🚲 🐾 ♨ 🛁 ♨ ⅰ○ 🅰🅲 - 157 chambres

2 bis avenue de Paris – ☎ *01 39 07 46 46 – www.lelouis-versailles-chateau.com*

🛏 **TRIANON PALACE**

CLASSIQUE • RAFFINÉ Depuis la signature du traité de Versailles dans sa chambre Clémenceau, cet hôtel luxueux, à la lisière du parc du château, a connu une rénovation en profondeur, et le résultat est, derrière la façade minutieusement restaurée, tout à fait moderne : piscine intérieure chauffée, tennis, salle de sport et de spa, bar, salles de réunion. Avec ses très belles chambres, mariant l'élégance du design contemporain et le classicisme du lieu, il n'usurpe pas sa réputation !

🛋 **P** 🔔 ♨ 🔥 🐾 ♨ 🛁 ♨ 🅰🅲 - 199 chambres

1 boulevard de la Reine – ☎ *01 30 84 50 00 – www.waldorfastoriaversailles.fr/ trianon-palace*

✿ **Gordon Ramsay au Trianon** - Voir la sélection des restaurants

VERTOU

✉ 44120 – Loire-Atlantique – Carte régionale n° **9**–B3

😊 **LE LAURIER FLEURI**

CUISINE MODERNE • TRADITIONNEL Soyons franc l'environnement de cet ancien relais de diligence n'est pas des plus séduisant, mais une fois attablé on comprend mieux le succès de ce restaurant mené par un couple de professionnels. Après un solide parcours dans des maisons de renom, le chef mitonne une plaisante cuisine soignée et parfumée autour de recettes dans l'esprit bistronomie à prix sages.

♿ 💬 **P** – Prix : €€

460 route de Clisson – ☎ *02 51 79 01 01 – www.laurierfleuri.fr – Fermé samedi et dimanche*

VESC

✉ 26220 – Drôme – Carte régionale n° **24**–B2

CHEZ MON JULES

CUISINE DU TERROIR • BISTRO Dans une salle où objets chinés, tables et chaises en bois font bon ménage, on se régale d'une savoureuse cuisine du terroir, tels la caillette maison au foie gras, ou cette poitrine de cochon de Dieulefit, laquée, légumes du coin. Aux beaux jours, profitez de la terrasse à l'ombre des canisses : le panorama vaut le coup d'œil...

♿ 🍴 – Prix : €€€

5 rue Étienne-de-Vesc – ☎ *04 75 04 20 74 – www.chezmonjules.fr – Fermé lundi, mardi, du mercredi au vendredi à midi, et dimanche soir*

VEUIL

✉ 36600 – Indre – Carte régionale n° **15**–C2

😊 **AUBERGE SAINT FIACRE**

CUISINE MODERNE • RUSTIQUE Le couple à la tête de cette auberge d'un petit village proche de Valençay réalise un travail admirable : en vrai "artisan" passionné, le chef privilégie les produits régionaux pour concocter des préparations fines et goûteuses, que l'on déguste dans un cadre rustique charmant ou sur la délicieuse terrasse fleurie, aux beaux jours. En raison du succès (et de l'excellent rapport qualité/prix), les réservations sont indispensables.

🔥 🍽 – Prix : €€
5 rue de la Fontaine – 📞 02 54 40 32 78 – www.aubergesaintfiacre.com –
Fermé lundi et mardi, et dimanche soir

VEUVES
✉ 41150 – Loir-et-Cher – Carte régionale n° **10**-C3

LA CROIX BLANCHE

CUISINE MODERNE • AUBERGE On ne porte pas sa croix dans cet ancien relais de poste ! On y profite de la cuisine actuelle du chef Jean-François Beauduin, formé dans les tables étoilées. Sa carte alléchante multiplie les belles choses, avec une vrai gourmandise, qui n'exclut pas la finesse à l'image de ce pâté chaud de canard au foie-gras, émincé de choux de Bruxelles, sauce langoustine. La saison et les produits locaux sont de rigueur. À noter, quelques préparations plus traditionnelles comme la beuchelle tourangelle. Service charmant assuré par l'épouse du chef dans un cadre rustique et coquet à souhait, avec mention spéciale à l'agréable terrasse à l'ombre des mûriers.
🦽 🚗 🍽 🅿 – Prix : €€
2 avenue de la Loire – 📞 02 54 70 23 80 – www.lacroixblanche41.com –
Fermé lundi et mercredi, et dimanche soir

VEYNES
✉ 05400 – Hautes-Alpes – Carte régionale n° **24**-C2

LA SÉRAFINE

CUISINE MODERNE • CONVIVIAL La cheffe, d'origine vietnamienne, réalise une cuisine moderne et instinctive, avec quelques plats de tradition. L'intérieur est élégant et raffiné, la carte des vins joliment construite (la cave est d'ailleurs visible en entrant), et la véranda se prolonge d'une agréable terrasse.
🐝 🦽 🍽 – Prix : €€
8 hameau Les Parois – 📞 04 92 58 06 00 – www.restaurantserafine.com –
Fermé du lundi au mercredi, jeudi et vendredi à midi, et dimanche soir

VEYRAS
✉ 07000 – Ardèche – Carte régionale n° **20**-C3

LA BÒRIA

Chef : Florian Descours
CUISINE MODERNE • TENDANCE La vue sur la vallée et les collines ardéchoises environnantes, une bâtisse tout en lattes de bois, les tables en châtaignier, le potager intérieur d'herbes aromatiques, l'étymologie du nom bòria (petite ferme cévenole en patois ardéchois) : le ton est donné ! Le chef Florian Descours rend hommage à ses racines terriennes en mitonnant uniquement du local (bœuf de Privas, cochon de Beaulieu, escargots de la vallée de l'Eyrieux, truite de Labatied'Andaure...) et du frais. On se régale du début à la fin, de la raviole de langue de bœuf et escargots à l'oseille jusqu'au citron de l'Ardèche, kiwis de Baix et faisselle de l'Areilladou. Qui dit mieux ?
🍃 🦽 🆔 🍽 – Prix : €€
105 avenue du Ruissol – 📞 04 75 66 84 04 – www.la-boria.com – Fermé lundi,
dimanche et mardi midi
🌿 **L'engagement du chef** : Le produit d'ici, de saison, bien travaillé de la terre à l'assiette et à un prix raisonné : telle est la philosophie de La Bòria. La quasi-totalité des ingrédients est issue de cultures et d'élevages ardéchois, le pain au levain est fait sur place, tout comme les charcuteries. Le bâtiment produit sa propre électricité par panneaux solaires, on récupère l'eau de pluie, on privilégie les matériaux locaux pour la construction (charpente en châtaignier d'Ardèche), le mobilier et l'art de la table.

VEYRIER-DU-LAC

✉ 74290 – Haute-Savoie – Carte régionale n° **21**–C2

❀❀❀ LA TABLE DE YOANN CONTE

Chef : Yoann Conte

CUISINE CRÉATIVE • ÉLÉGANT C'est en mer que le Breton Yoann Conte a découvert le sens de la fraternité et l'importance du "manger". Il porte comme un étendard la volonté de mettre la gastronomie au service de recettes "brutes" et sincères. Adepte de randonnées extrêmes, il cultive son jardin au bord du lac en herboriste avisé. Sa cuisine lui ressemble : physique, terrienne, avec un soupçon d'aventure et un sourire en coin. Entouré de disciples passionnés et désormais très présent en salle, il réalise des menus naviguant entre ses racines paysannes, son parcours de vie et ses origines bretonnes, jusqu'à "l'ultime synthèse"... Les accords mets et vins, judicieusement choisis par le chef et son sommelier complice, attestent de la dynamique vertueuse de cette table. Pour prolonger l'expérience, 11 belles chambres tournées vers le lac.

❀ ⇦ ≤ ⇞ & ⒶⒸ ⇕ ⇲ 🅿 – Prix : €€€€

13 vieille route des Pensières – ☎ 04 50 09 97 49 – www.yoann-conte.com – Fermé lundi et mardi

❀ **L'engagement du chef :** Bon sens paysan, curiosité et simplicité sont les maîtres mots de ma cuisine : à la montagne, assis sur un rocher, face à la nature, c'est cette simplicité que j'essaie d'insuffler à mes compositions, imaginées en fonction de ce que m'offre la nature au jour le jour et que je transmets ensuite à mon équipage.

LE ROC

CUISINE MODERNE • CHIC Menu dégustation Roc'n Roll et carte de saison (féra fumée et cresson de fontaine, volaille de la Dombes au vin jaune, millefeuille à la vanille...), plats du terroir réconfortants d'ici mais aussi d'ailleurs, belle carte des vins, salle contemporaine d'esprit chic montagnard et jeune équipe au taquet : le chef Yoann Conte n'a rien laissé au hasard dans son deuxième restaurant, situé au sein même de la célèbre maison bleue. Et, toujours la vue superbe sur le lac d'Annecy...

❀ ≤ ⇞ & ⒶⒸ 🍴 ⇕ – Prix : €€€€

13 vieille route des Pensières – ☎ 04 50 09 97 49 – www.restaurant-leroc.com – Fermé dimanche soir

VÉZELAY

✉ 89450 – Yonne – Carte régionale n° **12**–B2

L'ÉTERNEL

CUISINE MODERNE • CLASSIQUE Au pied de la colline qui mène à la basilique de Vézelay, haut lieu de pèlerinage spirituel, on sait aussi cultiver des nourritures bien terrestres. La modernité est de mise dans l'assiette (foie gras de canard à la fève tonka, gelée de fraise), le cadre est lumineux : parfait prélude avant de visiter, dans la foulée, l'étonnant musée Zervos.

⇞ ⒶⒸ 🍴 🅿 – Prix : €€€

Place du Champ-de-Foire – ☎ 03 73 53 03 20 – www.hplv-vezelay.com – Fermé lundi, mardi et du mercredi au vendredi à midi

VÉZERONCE-CURTIN

✉ 38510 – Isère – Carte régionale n° **21**–B2

L'ESPRIT BISTROT

CUISINE TRADITIONNELLE • SIMPLE Un village perdu dans le Nord de l'Isère, un petit bistrot anonyme : on se demande bien ce qu'on va trouver dans son assiette en franchissant le seuil. Réponse : une excellente cuisine troussée par un chef passionné, au solide talent qui a baroudé dans les tables étoilées (Gilles Goujon et Michel Kayser, notamment). La longue liste des producteurs locaux avec lesquels il travaille met l'eau à la bouche : que du bon ! En entrée, un foie gras frais au vin de noix, compotée de poires et brioche toastée, ou un pâté en croûte de cerf et veau, pickles de légumes ; en plat, un quasi de veau rôti aux salsifis en espuma, rôtis et en chips, arrosés au jus de veau. Excellent rapport qualité-prix au déjeuner en semaine.

🍽 – Prix : €€

1 place Clodomir – ☎ 04 74 96 57 81 – Fermé mardi, mercredi et jeudi midi

VIC-EN-BIGORRE

✉ 65500 – Hautes-Pyrénées – Carte régionale n° **25**-C2

LE RÉVERBÈRE

CUISINE TRADITIONNELLE • CONVIVIAL Venez vous régaler à la lumière de ce plaisant Réverbère, dont l'intérieur –entièrement relooké – se révèle moderne et lumineux. On vient y profiter des créations du chef, au plus près du terroir : il travaille avec de nombreux producteurs locaux pour un résultat généreux et goûteux, plein de saveurs.

♿ 🅰🅲 🍽 – Prix : €

29 boulevard d'Alsace – ☎ 05 62 96 78 16 – www.hotellereverbere.fr/restaurant – Fermé samedi et dimanche

VICHY

✉ 03200 – Allier – Carte régionale n° **17**-A3

✿ MAISON DECORET

Chef : Jacques Decoret

CUISINE MODERNE • ÉLÉGANT Une bâtisse du 19ᵉ s., une grande véranda cubique jouant sur la transparence : tel est le cadre voulu par Jacques Decoret. Recherche esthétique et finesse sont au rendez-vous dans l'assiette, autour de très beaux produits : le chef, désormais assisté de ses deux fils, maîtrise son sujet, sans faire montre d'ostentation, comme avec cet omble chevalier de M. Murgot, émulsion capucine, romaine. On apprécie aussi la personnalité qui se dégage des amuse-bouches. Pour prolonger le séjour, quelques chambres style maison d'hôtes rappellent agréablement l'esprit contemporain du lieu.

🐦 🛏 ♿ 🅰🅲 ❄ – Prix : €€€€

15 rue du Parc – ☎ 04 70 97 65 06 – www.maisondecoret.com/fr – Fermé lundi, mardi et mercredi

LES CAUDALIES

CUISINE TRADITIONNELLE • CONTEMPORAIN Ces Caudalies vichyssoises ont tout pour plaire : une salle d'esprit Napoléon III rehaussée de notes plus contemporaines, une jolie carte des vins de plus de 900 références sélectionnées par Lucie, l'épouse du chef Emmanuel Basset… et dans l'assiette une cuisine goûteuse et généreuse, naviguant entre tradition et modernité. À noter, la présence d'une salle située entre cave et cuisine dans l'esprit d'une cabane de vigneron.

🐦 🅰🅲 – Prix : €€

7 rue Besse – ☎ 04 70 32 13 22 – www.les-caudalies-vichy.fr – Fermé lundi et mercredi, et dimanche soir

L'HIPPOCAMPE

POISSONS ET FRUITS DE MER • CONTEMPORAIN Près du parc des Sources, le chef Gilles Ruyet, travaille les produits de la mer dans une veine traditionnelle : sole meunière, flétan snacké accompagné de son beurre nantais, sans oublier le soufflé à la pâte d'orange au Grand Marnier préparé par sa fille Marianne, présente également en salle. Joli décor contemporain avec vue directe sur les cuisines… et sur le vivier de homards !

AC – Prix : €€

3 boulevard de Russie – ☏ 04 70 97 68 37 – www.hippocampe-vichy.fr – Fermé lundi, mardi midi et dimanche soir

VIC-SUR-CÈRE
✉ 15800 – Cantal – Carte régionale n° **23**–C1

HOSTELLERIE SAINT-CLÉMENT

CUISINE TRADITIONNELLE • CHAMPÊTRE Dans ce petit restaurant familial où l'on est accueilli avec le sourire, père et fils concoctent une cuisine traditionnelle et gourmande et dressent des assiettes soignées : suprême de pintade fermière et sa sauce aux morilles ; cassolette de lotte bretonne… En entrée, on recommande la terrine de caille faite maison.

⇇ ⇇ & 🛏 P – Prix : €€

Col de Curebourse – ☏ 04 71 47 51 71 – www.hostelleriesaintclement.com – Fermé dimanche soir, lundi et mardi midi

VIENNE
✉ 38200 – Isère – Carte régionale n° **21**–A2

✿✿ LA PYRAMIDE - MAISON HENRIROUX

Chef : Patrick Henriroux

CUISINE MODERNE • ÉLÉGANT Modeste auberge créée en 1822, puis rendue célèbre par les mythiques Mado et Fernand Point au début du 20ᵉ s., cette institution viennoise est depuis 1989 aux mains de Patrick Henriroux, qui n'a eu de cesse de la faire évoluer : salle à manger au décor design, création d'un second restaurant (PH3), hôtel de charme, bar à cocktails… Quant à la cuisine, elle marie recettes classiques et touches contemporaines avec précision et sobriété : croquant et fondant d'asperges vertes et blanches, poutargue et sauce maltaise ; cœur de filet de bœuf Aubrac, millefeuille de pomme de terre et joue confite, jus de côte-rôtie ; piano au chocolat, crème anglaise au café grillé. À noter : un menu déjeuner à prix attractif, et un service aux petits oignons, qui perpétue la tradition des grandes maisons françaises.

⊞ ⇇ ⇇ AC 🛏 ⇄ P – Prix : €€€€

14 boulevard Fernand-Point – ☏ 04 74 53 01 96 – www.lapyramide.com/fr – Fermé du lundi au mercredi

ALQUIMIA 🅝

CUISINE CRÉATIVE • CONVIVIAL Cette maison ancienne (en partie du 18ᵉ s.), élevée non loin des quais du Rhône, a tout pour plaire : de beaux volumes, des murs en pierre et en brique… et un jeune couple franco-paraguayen qui a de la personnalité à revendre. Le chef Horacio Zàrate Franco compose, avec un sens certain de la mise en scène, une cuisine créative aux influences sud-américaines : déclinaison autour de l'œuf, topinambours et truffes ; coquilles Saint-Jacques, crème de coco, cardons et fricassée d'encornet à la tomate. Une salle vivante grâce à l'entregent de madame.

🛏 – Prix : €€€

6 rue de la Table-Ronde – ☏ 04 74 85 19 77 – https://alquimiavienne.com/ – Fermé lundi, dimanche et mardi midi

L'ESPACE PH3

CUISINE MODERNE • COSY Au sein de la Pyramide, voici la seconde table de la famille Henriroux. Dans un décor sobre et chic pensé dans un esprit végétal, on déguste une cuisine axée santé et bien-être, ainsi que des classiques comme la tête de veau ou la praline rose... Et tout est mené tambour battant par une équipe dont la motivation est communicative. Que d'énergie, que de saveurs !

📸 🎬 🏠 **P** – Prix : €€

14 boulevard Fernand-Point – ☎ 04 74 53 01 96 – www.lapyramide.com/fr – Fermé dimanche

VIGNIEU
✉ 38890 – Isère – Carte régionale n° **21**-B2

LE CAPELLA

CUISINE MODERNE • CLASSIQUE Présentations soignées, jeux sur les textures, utilisation de bons produits : voici les savoureux arguments de ce Capella. Le cadre n'est pas en reste : deux salles voûtées en pierre, et une terrasse face à la piscine et au jardin. Carte des vins pointue, avec 450 références (surtout de la vallée du Rhône). Le château de Chapeau Cornu et ses dépendances offrent également des chambres délicieusement romantiques et espace détente.

📸 🛏 🏠 ✨ **P** – Prix : €€€

312 rue de la Garenne – ☎ 04 74 27 79 00 – www.lecapella.com/fr – Fermé lundi, mercredi et samedi et mardi, jeudi et vendredi midi

LA GRANGE DE PÉPÉ

CUISINE MODERNE • MAISON DE CAMPAGNE Dans la paisible campagne nord-iséroise, une famille a fait revivre le domaine agricole de ses aïeux en le transformant en domaine hôtelier. C'est là, dans une charmante grange en pierre relookée, que l'on déguste aujourd'hui une cuisine pleine d'allant, inspirée par les saisons et le terroir (canette de la Dombes, truite de pisciculture locale). Agréable terrasse aux beaux jours.

🛏 ♿ 🏠 ✨ **P** – Prix : €€

Domaine de Suzel, 267 route de Suzel – ☎ 04 37 06 39 66 – www.lagrangedepepe.fr – Fermé lundi, mardi midi et dimanche soir

VILLARD-DE-LANS
✉ 38250 – Isère – Carte régionale n° **21**-B3

LES TRENTE PAS

CUISINE MODERNE • COLORÉ À une trentaine de pas de l'église de Villard, un restaurant de poche tenu par un couple sympathique. Dans une jolie salle à manger, l'œil s'attarde sur les tableaux d'un artiste local... Derrière ses fourneaux, le chef honore les produits (notamment du Vercors) au gré du marché et de son inspiration. Un travail soigné.

Prix : €€

16 avenue des Francs-Tireurs – ☎ 04 76 94 06 75 – www.lestrentepas.com – Fermé lundi et mardi, et mercredi soir

VILLAROGER
✉ 73640 – Savoie

🛏 MINERAL LODGE

CONTEMPORAIN • CONVIVIAL À partir d'une ferme savoyarde, le Mineral Lodge a fait œuvre contemporaine, minimaliste, ouverte sur l'extérieur, aux plafonds hauts, au toit béton, aux baies immenses et aux perspectives étonnantes. Les espaces communs consistent en deux salles à manger et deux salons au design épuré — dont un panoramique avec cheminée —, et un sauna. Les chambres et la suite, toutes parfaitement silencieuses, mêlent l'élégance des lignes et des meubles anciens au confort moderne. Certaines disposent de terrasses privées. Pour les autres, la terrasse du lodge sera un excellent point de vue sur la vallée du Crôt, le glacier du Ruitor et la frontière italienne.

 - 5 chambres

Le Pré-derrière – ☏ 06 72 24 57 79 – www.minerallodge.fr

VILLARS

✉ 84400 – Vaucluse – Carte régionale n° **28**–E1

😋 **LA TABLE DE PABLO**

CUISINE DU MARCHÉ • CONTEMPORAIN Pour goûter une cuisine délicate et volontiers créative, à base de beaux produits régionaux, ce restaurant entre vignes et cerisiers est tout trouvé : en témoigne ce menu surprise composé au gré du marché et de ses petits producteurs locaux.... Le chef patron, qui travaille seul, assume toutes les fonctions, en salle et cuisine. Mention spéciale pour la paisible terrasse bercée par le chant des cigales.

�& 🏠 **P** – Prix : €€

1713 route de Rustrel, Hameau Les Petits-Cléments – ☏ 04 90 75 45 18 – www.latabledepablo.com/fr/index.php – Fermé mercredi, et jeudi et samedi à midi

LE VILLARS

✉ 71700 – Saône-et-Loire – Carte régionale n° **17**–C2

😋 **L'AUBERGE DES GOURMETS**

CUISINE MODERNE • AUBERGE Dans un charmant village sur les hauteurs de la Saône, une auberge au cadre traditionnel (pierres et poutres apparentes, grandes fresques colorées). Aux fourneaux, Guillaume Lublanc, enfant du pays, concocte une cuisine bistronomique et locavore, avec un enthousiasme contagieux. Cuite à basse température, la poulette de Bresse farcie aux morilles et sa crème au vin jaune vous fera fondre !

🅰🅲 🏠 – Prix : €€

9 place de l'Église – ☏ 03 85 32 58 80 – www.laubergedesgourmets.com – Fermé mardi et mercredi, et dimanche soir

VILLE-D'AVRAY

✉ 92410 – Hauts-de-Seine – Carte régionale n° **11**–E2

🍀 **LE COROT**

CUISINE CRÉATIVE • ÉLÉGANT À la manière du peintre Corot – qui immortalisa les étangs voisins –, Rémi Chambard s'inspire surtout de la nature et du terroir d'Ile-de-France pour élaborer sa cuisine : il ne propose d'ailleurs plus qu'un unique menu francilien qui met en exergue les différents villages d'où viennent ses produits, de Meaux à Choisy-le-Roi. Il va également lui-même faire sa "cueillette urbaine" au potager du Roi à Versailles... Cet excellent technicien, passé par des maisons de renom, prend toujours autant de plaisir à travailler le végétal, mais sans exclusive. Ses assiettes frappent par leur fraîcheur, leur légèreté et leur esthétisme : truite, oseille, citron caviar ; champignons, agastache, oignons confits ; canard, cerise, courgette. Le nouveau décor épuré et intimiste, à l'unisson de cette cuisine raffinée, sied à sa cuisine.

🐝 🍷 & 🅰🅲 **P** – Prix : €€€€

55 rue de Versailles – ☏ 01 41 15 37 00 – www.etangs-corot.com – Fermé lundi, mardi et dimanche et le midi

LE CAFÉ DES ARTISTES

CUISINE MODERNE • BISTRO Dans ce bistrot qui vient compléter idéalement la table étoilée de ce lieu ô combien bucolique aux portes de Paris, on sert une cuisine contemporaine, goûteuse et inspirée, réalisée avec de beaux produits – à l'instar du délicieux cabillaud, coco de Paimpol, chorizo, crème de homard. A déguster en terrasse, en contemplant le charmant jardin. Idyllique.

  🏢 ⏇ ▣ – Prix : €€

53 rue de Versailles – ☎ 01 41 15 37 00 – www.etangs-corot.com – Fermé lundi

---

🛏 LES ÉTANGS DE COROT

CLASSIQUE • CHARME Ce ravissant hameau bâti au bord des étangs de Ville-d'Avray inspira le peintre Camille Corot. Il abrite aujourd'hui un hôtel de charme (élégantes chambres au décor soigné) doté de plusieurs restaurants. Le spa est divin... vinothérapie oblige. Un charme bucolique unique aux portes de la capitale !

  🏊 ▣ ⟲ ✠ 🛗 🚲 🛎 🐾 ⛵ 🍴 🏢 - 42 chambres

55 rue de Versailles – ☎ 01 41 15 37 00 – www.etangsdecorot.com

  ❀ **Le Corot • Le Café des Artistes** - Voir la sélection des restaurants

VILLE-DU-PONT

✉ 25650 – Doubs – Carte régionale n° **13**–C2

L'ENTRE-ROCHES

CUISINE MODERNE • ÉLÉGANT Au cœur du Saugeais (cette amusante "République" autoproclamée à la frontière suisse), une maison que ses propriétaires soignent autant côté décor – contemporain – qu'en cuisine, où le chef propose une cuisine gourmande et savoureuse, à l'image de cette déclinaison de truite du Haut-Jura et sa polenta au Mont d'Or, ou encore de cette ballotine de volaille au comté et jambon ibérique. À noter, accueil et service des plus charmants.

  ♿ ⏇ ♻ ▣ – Prix : €€€

1 rue Principale – ☎ 03 81 38 10 92 – www.restaurant-entreroches.fr – Fermé du lundi au mercredi et dimanche soir

VILLEBLEVIN

✉ 89340 – Yonne – Carte régionale n° **12**–A1

AUBERGE L'ESCALE 87

CUISINE TRADITIONNELLE • COSY Une bien chaleureuse auberge au bord de l'ancienne N6, dont l'intérieur coquet se pare de divers objets agrestes et de mobilier rustique. La tradition est de mise dans les assiettes, goûteuses, colorées, et servies avec le sourire par-dessus le marché : on passe un moment très agréable. Plaisante terrasse sur l'arrière.

  🏢 ⏇ – Prix : €€

Lieu-dit Le Petit-Villeblevin – ☎ 03 86 66 42 56 – www.lescale87.fr – Fermé du lundi au mercredi, et jeudi et dimanche soir

VILLEDIEU

✉ 84110 – Vaucluse – Carte régionale n° **28**–C2

😋 LE BISTROT DE VILLEDIEU

CUISINE PROVENÇALE • BISTRO Nouvelle aventure culinaire pour Laurent Azoulay installé dans ce village du Nord du Vaucluse depuis juin 2020. Ce chef patron au joli parcours, actuellement étoilé à L'EKrin à Méribel, mitonne une cuisine provençale dans un esprit de bistrot locavore. Les recettes, parfumées et soignées, ne manquent pas de caractère et certains plats sont cuits au feu de bois dans le four de la cuisine ouverte. Le tout est servi dans une salle façon bistrot contemporain ou aux beaux jours, sur la terrasse ombragée de la place du village.

  ⏇ – Prix : €€

21 place de la Libération – ☎ 04 90 28 97 02 – www.azoulay-gastronomie.com/le-bistrot-de-villedieu – Fermé mardi

VILLEFRANCHE-DE-ROUERGUE

✉ 12200 – Aveyron – Carte régionale n° **23**–B2

L'ATELIER ⓝ

CUISINE MODERNE • CONTEMPORAIN À dix minutes à peine du centre-ville historique, ce restaurant offre un cadre contemporain tout aussi séduisant que la cuisine d'un jeune chef au bon parcours (Alain Ducasse à Paris et le restaurant Py-R à Toulouse). Les trois menus proposés jouent une bonne partition conforme aux standards du moment : oignons rôtis et maquereau grillé ; poitrine de porc laquée, jus de viande, pomme de terre, poireaux et poivrons. Service aimable.

&. 🅰🅲 🛋 – Prix : €€

5 place Louis-Fontanges – 𝒞 05 65 45 36 42 – Fermé lundi, dimanche et du mardi au samedi à midi

VILLEFRANCHE-SUR-MER

✉ 06230 – Alpes-Maritimes – Carte régionale n° **29**–E2

LA MÈRE GERMAINE

POISSONS ET FRUITS DE MER • RUSTIQUE Poisson frais et fruits de mer depuis 1938 : la Mère Germaine est une institution locale, où Cocteau avait ses habitudes. En été, la jet-set presse ses yachts à l'abordage du restaurant ; attablé en terrasse face au port, on passe effectivement un agréable moment... si l'on n'est pas trop regardant sur le prix.

⇐ &. 🛋 🍽 – Prix : €€€

9 quai Amiral-Courbet – 𝒞 04 93 01 71 39 – www.meregermaine.com – Fermé lundi

VILLEFRANCHE-SUR-SAÔNE

✉ 69400 – Rhône – Carte régionale n° **21**–A1

ⓒ ### LA FERME DU POULET

CUISINE TRADITIONNELLE • CONVIVIAL Joli endroit que cet ancien monastère, avec sa jolie terrasse sous la glycine. L'établissement est le repaire d'un couple de bons professionnels (le chef est champion du monde 2016 de pâté en croûte !), qui servent une cuisine réjouissante, axée sur les produits de la région.

&. 🛋 🛠 🅿 – Prix : €€

180 rue Georges-Mangin – 𝒞 04 74 62 19 07 – www.lafermedupoulet.com – Fermé lundi et dimanche

VILLEGENON

✉ 18260 – Cher – Carte régionale n° **16**–B1

LA RÉCRÉATION GOURMANDE

CUISINE TRADITIONNELLE • CONVIVIAL Dans cette ancienne école du début du 20 e s., où trône un vieux poêle surmonté d'un bonnet d'âne, les mauvais élèves ne sont pas mis au pain sec et à l'eau ! Quel que soit le niveau de la classe, tout le monde se régale d'une cuisine de produits généreuse et goûteuse. Une agréable Récréation Gourmande...

&. 🅰🅲 🛋 🅿 – Prix : €

3 rue de l'Ancienne-École – 𝒞 02 48 73 45 36 – www.la-recreation-gourmande.com – Fermé mercredi, et lundi mardi, jeudi et dimanche soir

VILLELAURE

✉ 84530 – Vaucluse

LA FERME HI BRIDE

MODERNE • FAMILIAL Cette création de la designer Matali Crasset, dans le Luberon, renouvelle le thème des hôtels de campagne. Les intérieurs combinent librement les murs rustiques et les couleurs vives des années 70. Deux studios et deux maisons indépendantes, équipés chacun d'une cuisine, ainsi que huit chambres, composent l'hébergement. Petit-déjeuner raffiné à partir d'ingrédients locaux ultra-frais.

🅿 🕭 �̶ ⍑ 🅐🅒 - 10 chambres

Route d'Ansouis – 𝄃 09 75 68 59 40 – www.hi-life.net

VILLEMAGNE-L'ARGENTIÈRE

✉ 34600 – Hérault – Carte régionale n° **27**–C1

AUBERGE DE L'ABBAYE

CUISINE MODERNE • RUSTIQUE Un petit village médiéval. Dans un recoin, une tour du 12ᵉ s. qui jette son ombre sur un mur en pierres. Et derrière ce mur, cette délicieuse auberge qui gagne à être connue. On y sert une bonne cuisine au goût du jour, qui privilégie les circuits courts. À déguster dans une atmosphère monastique.

🕭 – Prix : €€

4 place de l'Abbaye – 𝄃 04 67 95 34 84 – www.aubergeabbaye.com – Fermé lundi, mercredi, samedi midi, et mardi et dimanche soir

VILLEMUR-SUR-TARN

✉ 31340 – Haute-Garonne – Carte régionale n° **26**–C2

L'ALTO 🄽

CUISINE MODERNE • ÉLÉGANT Dans ce joli château de brique rose niché en pleine campagne, on travaille avec rigueur de bons produits, au service d'une vision renouvelée du terroir. Des contrastes de saveurs bien marqués, comme avec ce filet de bar sauvage aux coquillages et émulsion de rhubarbe... Une belle partition pour L'Alto, et un décor tout aussi musical, avec cette sculpture de saxophone et la piscine en forme de violon !

�̶🕭🅐🅒🏠🅿 – Prix : €€€

980 chemin de Pellausy – 𝄃 05 62 22 35 50 – www.restaurantalto.com – Fermé lundi et dimanche, et mardi et mercredi soir

VILLENEUVE-DE-BERG

✉ 07170 – Ardèche – Carte régionale n° **20**–C3

LA TABLE DE LÉA

CUISINE DU MARCHÉ • CLASSIQUE Dans cette ancienne grange, la cheffe élabore une cuisine du marché assez personnelle. Pendant ce temps-là, on profite de la belle terrasse sous les marronniers...

�̶🏠🅿 – Prix : €€

823 plaine de Tournon – 𝄃 04 75 94 70 36 – www.restaurant-table-lea.fr – Fermé mercredi et jeudi midi

VILLENEUVE-LE-COMTE

✉ 77174 – Seine-et-Marne – Carte régionale n° **11**–C1

❀ LA VIEILLE AUBERGE

Chef : Nicolas Tissier

CUISINE MODERNE • CONTEMPORAIN Fondé au 13ᵉ s. par les comtes de Champagne, ce joli village, avec son église médiévale et son obélisque, a été restauré au 19ᵉ s. par Viollet-le-Duc, excusez du peu. Lieu idéal pour que le chef Nicolas Tissier (passé notamment chez Jean-François Piège et Christian Le Squer), aussi expérimenté que talentueux, reprenne les rênes de la maison familiale. Il lâche la bride à son inspiration avec des menus surprise truffés de beaux produits : homard, pigeon, ris de veau, tomate de pleine terre, dont il sait tirer le meilleur grâce à des préparations équilibrées et harmonieuses. Mention spéciale pour le plateau de fromages d'une cinquantaine de variétés.

&. 🍽 ⌂ – Prix : €€€

11 rue du Général-de-Gaulle – ☎ 01 60 43 00 35 – www.la-vieille-auberge-77.com – Fermé lundi et mardi, et dimanche soir

VILLENEUVE-LÈS-AVIGNON

✉ 30400 – Gard – Carte régionale n° **28**–E1

❀ LE PRIEURÉ

CUISINE CRÉATIVE • ÉLÉGANT De l'autre côté du Rhône, face à Avignon et son Palais des Papes, la petite cité de Villeneuve-lès-Avignon collectionne elle aussi les monuments… et le Prieuré est l'un d'entre eux. Dans cet ancien cloître qui a du charme à revendre, on sert une cuisine créative, basée sur de beaux produits. Les associations terre-mer, parfois audacieuses, tombent juste (pigeon avec huître de Camargue, par exemple, ou thon rouge et bœuf "ferré"), tandis que les saveurs restent d'une grande intensité (queue de homard en tempura à l'encre de seiche et sauce framboise, satay et bisque).

⅋ ⟵ 🛏 &. 🅰🅺 🍽 🅿 – Prix : €€€€

7 place du Chapitre – ☎ 04 90 15 90 15 – www.leprieure.com – Fermé mardi et mercredi

🛏 LE PRIEURÉ

CONTEMPORAIN • CALME Le palais des Papes n'est pas si loin… Au cœur de la cité médiévale de Villeneuve, ce prieuré du 14ᵉ s. distille un je-ne-sais-quoi d'exclusivité. Vieilles pierres, dernier chic contemporain, superbe jardin… à l'écart du monde.

🅿 ⟳ ◁ 🛏 ⛷ 🏊 ‖⟟ 🅰🅺 - 36 chambres

7 place du Chapître – ☎ 04 90 15 90 15 – www.leprieure.com

❀ **Le Prieuré** - Voir la sélection des restaurants

🛏 LA SUITE

MODERNE • CONVIVIAL Au cœur de la ville, ce petit hôtel de charme se niche dans une ancienne biscuiterie du 17ᵉ s. Les chambres et les suites ont chacune leur univers : ethnique, années pop, urbain… Bel espace détente et joli jardin. Une adresse à croquer !

🅿 🛏 🏊 🅰🅺 - 9 chambres

65-67 rue de la République – ☎ 04 90 21 51 07 – www.hotellasuite.fr

VILLENEUVE-LOUBET

✉ 06270 – Alpes-Maritimes – Carte régionale n° **29**–E2

❀ LA FLIBUSTE

CUISINE MODERNE • ÉLÉGANT Dans ce restaurant entièrement vitré qui trône en plein cœur de la Marina Baie des Anges, les cheffes Clio Modaffari et Anne

Legrand, qui avaient obtenu une étoile à Paris, s'en donnent à cœur joie, dans un registre ensoleillé et méditerranéen. Les beaux produits issus de la pêche locale et les légumes des maraîchers voisins font honneur à leur cuisine provençale : asperges et févettes, vinaigrette au miel et sauce au pecorino ; spaghetti à la poutargue et condiment orange ; chapon de Méditerranée à l'huile tandoori et jus de roche… À déguster dans un élégant cadre moderne, ou sur l'agréable terrasse qui permet de profiter de la vue sur le port.

♿ 🅰🅲 🍴 🛥 – Prix : €€€

Avenue Jean-Marchand, Marina Baie des Anges – & 04 93 20 59 02 – www.restaurantlaflibuste.fr/laflibuste – Fermé lundi et mardi, et dimanche soir

VILLERÉAL

✉ 47210 – Lot-et-Garonne – Carte régionale n° **22**-D2

LA TABLE DE L'EUROPE �

CUISINE MODERNE • COSY En face des halles classées de cette bastide, cette jolie maison de pays et son restaurant permettent de s'attabler confortablement, y compris sur la terrasse située à l'arrière. On y goûte la cuisine d'une cheffe expérimentée qui cisèle des assiettes bien tournées (à l'image de cette poitrine de cochon en cuisson longue, mousseline de pomme de terre…) et notamment des desserts qui témoignent de sa première formation de pâtissière (comme cette noisette de Castillonès, praliné, mousse noisette, caramel beurre salé).

♿ 🅰🅲 🍴 – Prix : €€

1 place Jean-Moulin – & 05 53 36 00 35 – www.europe-villereal.com – Fermé lundi, mardi, mercredi midi et dimanche soir

VILLEREST

✉ 42300 – Loire – Carte régionale n° **20**-C1

L'ESSENTIEL - DOMAINE DE CHAMPLONG

CUISINE MODERNE • ÉLÉGANT Moments aussi gourmands que charmants dans cette demeure du 18es. nichée dans la verdure ; on dîne d'une cuisine actuelle dans la "salle des peintures", sous les tableaux d'époque. Appétissante formule "servie en une heure" et belle carte des vins.

🐾 🛏 ♿ 🅰🅲 🍴 💠 🅿 – Prix : €€€

100 chemin de la Chapelle – & 04 77 69 69 69 – www.domaine-de-champlong.com – Fermé lundi, du mardi au vendredi à midi, et dimanche soir

VILLERS-LE-LAC

✉ 25130 – Doubs – Carte régionale n° **13**-C2

LE FRANCE

CUISINE MODERNE • ÉLÉGANT Entre Morteau et la Chaux-de-Fonds, à quelques encablures de la frontière franco-suisse, ce restaurant accueille les voyageurs au cœur des montagnes du Haut-Doubs. Dans cette maison familiale, le chef Hugues Droz y pratique l'hospitalité franc-comtoise héritée de son père, qui lui-même la tenait de ses parents. Adepte des saisons, il célèbre les épousailles du terroir et de l'invention. Il aime aussi les repas thématiques, à l'image de ce menu dédié à la morille : ce champignon accompagne le mangeur jusqu'au dessert.

🐾 ♿ 🍴 💠 – Prix : €€€

8 place Maxime-Cupillard – & 03 81 68 00 06 – www.hotel-restaurant-lefrance.com – Fermé lundi, mardi midi et dimanche soir

VILLEVIEILLE

⊠ 30250 – Gard – Carte régionale n° **28**–B2

LA CANOPÉE

CUISINE MODERNE • HISTORIQUE Dans cette ancienne salle d'armes voûtée de style Renaissance (5m de haut, tout de même !), on découvre une cuisine à la gloire des terroirs cévenol et camarguais. Elle s'accompagne d'une jolie sélection de petits vins de la région.

😄 🛋 ✿ 🅿 – Prix : €€

2 allée du Pigeonnier – 𝒫 *04 66 35 97 20 – www.chateaudepondres.fr/ le-restaurant – Fermé lundi et mardi*

🛏 CHÂTEAU DE PONDRES

MODERNE • CHARME Tout proche du village médiéval de Sommières, un château d'aspect Renaissance entouré d'un joli parc de 15 ha et d'une rivière. Chambres dans l'esprit du lieu, avec vue sur le hameau ou les vignes et le pic Saint-Loup... un cachet indéniable.

🖙 🅿 🍽 😄 ⌁ 🏊 👘 🅾 👗 🍽◯ – 11 chambres

2 allée du Pigeonnier – 𝒫 *04 66 35 97 20 – www.chateaudepondres.fr*

La Canopée - Voir la sélection des restaurants

VINAY

⊠ 51530 – Marne – Carte régionale n° **6**–A2

HOSTELLERIE LA BRIQUETERIE

CUISINE MODERNE • CLASSIQUE Au milieu des vignes, cet hôtel-restaurant luxueux a fêté ses 50 ans en 2023. Il porte toujours beau grâce à ses chambres cossues, son jardin à la française, sa roseraie et son restaurant emmené par le chef Piotr Glodkowski dont le parcours ouvre l'appétit (Laurent, le Crillon, le Ritz, le George V et le Bristol). Il a un talent certain pour signer cette jolie partition autour de beaux produits de saison : tomates anciennes et pastèque au vinaigre umeboshi, burrata et eau de tomate aux herbes du jardin ; poitrine de veau confite, petits pois à la française ; fraises et crémeux à l'huile d'olive. Le décor rouge et blanc, à l'épaisse moquette et aux lourds rideaux, est classique à souhait.

🎴 😄 🖙 🅰🅲 🛋 🅿 – Prix : €€€€

4 route de Sézanne – 𝒫 *03 26 59 99 99 – www.labriqueterie.fr – Fermé lundi, mardi et samedi midi*

VINCENNES

⊠ 94300 – Val-de-Marne – Carte régionale n° **11**–F2

🍀 L'OURS

Chef : Jacky Ribault

CUISINE MODERNE • CONTEMPORAIN Jacky Ribault (Qui Plume La Lune, dans le 11e) n'en fait pas mystère : cet Ours, installé près du château de Vincennes, représente l'aboutissement de sa carrière. Il l'a conçu à son image, jouant sur les espaces et les formes, dans un mariage réussi de bois, métal, pierre et cuir : un écrin formidable, en cohérence avec les créations culinaires dont il a le secret. Car dans l'assiette, on retrouve tout ce qu'on aime chez ce cuisinier d'expérience, volubile et passionné : le coup de patte instinctif, le visuel soigné, les inspirations brutes qui subliment des produits de premier choix. On trouvera par exemple à la carte de subtiles touches japonaises, mais aussi la plus traditionnelle pintade, ou encore cette barbue avec son risotto de riz vénéré à la betterave... Jacky Ribault est en pleine forme, et plus que jamais fidèle à lui-même.

⊛ ⅃ 🄰🄲 – Prix : €€€€
12 rue de l'Église – ☎ 01 46 81 50 34 – www.loursrestaurant.com – Fermé lundi et dimanche

VIRE
✉ 14500 – Calvados – Carte régionale n° **2**–B2

🍽 MANOIR DE LA POMMERAIE
CUISINE MODERNE • CONTEMPORAIN Non loin de Vire, une maison du 18ᵉ s. rustique en apparence, délicate en réalité, avec sa belle véranda qui ouvre sur le parc... Aux fourneaux œuvre un couple à la scène comme à la ville : Masako, japonaise et pâtissière, et Julien, qui affine d'année en année des créations tout en harmonie et en belles trouvailles. Une bonne table !

🍴 ⅃ � 🄿 – Prix : €€
L'Auvère – ☎ 02 31 68 07 71 – www.manoirdelapommeraie.com – Fermé du lundi au mercredi, jeudi et vendredi à midi, et dimanche soir

VIRÉ
✉ 71260 – Saône-et-Loire – Carte régionale n° **17**–C2

FRÉDÉRIC CARRION CUISINE HÔTEL
CUISINE MODERNE • COSY L'élégante salle à manger associe le cachet de cet ancien relais de poste (parquet, cheminée) à des notes plus cosy et feutrées. Le chef travaille les beaux produits régionaux dans des préparations volontiers créatives. On accompagne le tout d'une jolie sélection de vins, en particulier de Viré-Clessé bien sûr. Jolies chambres et espace bien-être pour agrémenter un séjour d'œnotourisme.

⊛ ⅃ 🄰🄲 – Prix : €€€
Place André-Lagrange – ☎ 03 85 33 10 72 – www.hotel-restaurant-carrion.fr – Fermé lundi, mardi et du mercredi au dimanche à midi

VITRÉ
✉ 35500 – Ille-et-Vilaine – Carte régionale n° **9**–B1

🍽 ENTRE NOUS ⓝ
CUISINE MODERNE • CONTEMPORAIN Restaurant aménagé dans un bâtiment du 16ᵉ s. dans une rue pavée du centre-ville. Le décor déborde de charme, avec sa grande cheminée, ses encadrements de fenêtres en pierre, ses poutres apparentes et de colossales branches de bois d'où tombent les luminaires. La maîtresse de maison (également pâtissière), tout en discrétion, et le chef, tout en concentration dans sa cuisine ouverte, accueillent leurs clients avec le sourire. L'assiette, véritable sans faute, déborde aussi d'enthousiasme : velouté de courgette, poivron et chorizo ; pressé de raie, poireau confit, fumet de poisson crémé au citron ; tartelette, cassis et figue (fraîche, en mousse, en sorbet en coulis !). Excellent rapport qualité-prix du menu déjeuner.

Prix : €€
20 rue d'en Bas – ☎ 02 23 55 27 81 – www.restaurant-entre-nous.fr – Fermé lundi et mardi, et dimanche soir

VIUZ-EN-SALLAZ
✉ 74250 – Haute-Savoie – Carte régionale n° **21**–C1

LA TABLE D'ÉMILIE
CUISINE MODERNE • SIMPLE À la barre de ce sympathique restaurant, Émilie et Yoann mettent en valeur de beaux produits, à travers un menu du marché au

bon rapport qualité-prix au déjeuner, plus ambitieux le soir. Le chef a un bon tour de main, notamment sur les desserts. Par beau temps, profitez de l'agréable jardin-terrasse.

AC 🛋 – Prix : €€

1069 avenue de Savoie – ☏ 04 50 36 67 84 – www.latabledemilie.fr – Fermé mardi et mercredi, et dimanche soir

VOIRON
✉ 38500 – Isère – Carte régionale n° **21**–B2

BRASSERIE CHAVANT

CUISINE TRADITIONNELLE • HISTORIQUE Sise dans une belle maison de maître voisine des caves de Chartreuse et redécorée avec goût autour d'un bel escalier en bois, cette brasserie propose une bonne cuisine traditionnelle où les spécialités font honneur aux produits du Voironnais – ainsi le chou farci au cerf et parfum d'Antésite, la volaille fermière et son jus à la Chartreuse, ou le parfait glacé... à la Chartreuse. Accueil et service sympathiques.

🖑 ⑂ AC 🛋 ⇆ – Prix : €€

72 avenue Leon-et-Joanny-Tardy – ☏ 04 76 93 19 11 – www.brasserie-chavant-voiron.fr

VOISINS-LE-BRETONNEUX
✉ 78960 – Yvelines – Carte régionale n° **11**–B1

LA FERME DE VOISINS

CUISINE MODERNE • AUBERGE On accède à ce joli corps de ferme du 19e s. par une cour fleurie, qui fait office de terrasse l'été venu. La carte, plutôt courte, met en valeur les incontournables de la maison – sucettes de gambas, tête de veau "irremplaçable", ou un dessert signature comme le baba bouchon maison et rhum arrangé à l'orange – et recèle des plats goûteux et créatifs. Une belle adresse à découvrir au plus vite.

🛋 ⇆ – Prix : €€€

4 rue de Port-Royal – ☏ 01 30 44 18 18 – www.lafermedevoisins.fr – Fermé dimanche soir

VOLMUNSTER
✉ 57720 – Moselle – Carte régionale n° **7**–D1

L'ARGOUSIER

CUISINE MODERNE • CONTEMPORAIN Dans ce restaurant à la jolie décoration contemporaine, la cuisine du jeune chef valorise les produits de saison. Les cuissons et assaisonnements sont justes, les présentations soignées, à l'instar de ce filet de canette, légumes confit et jus au vin rouge. Quant au service, il est aux petits oignons ! Très beau choix de vieux rhums.

🕸 🛋 – Prix : €€€

1 rue de Sarreguemines – ☏ 03 87 96 28 99 – www.largousier.fr – Fermé lundi soir, mardi et mercredi

VOLNAY
✉ 21190 – Côte-d'Or – Carte régionale n° **12**–D1

L'AGASTACHE

CUISINE DU MARCHÉ • COLORÉ Le bouche-à-oreille a peu à peu imposé cette table dans la région, et c'est mérité ! Le chef est attentif à la qualité de ses produits, venus tout droit des producteurs locaux, et propose à travers ses menus uniques une cuisine créative et équilibrée où le végétal tient une place de choix. En témoignent le houmous de légumes d'hiver au curcuma et son œuf parfait, le maquereau de Saint-Jean-de-Luz à basse température, ou la purée de céleri et sa brunoise de granny smith. Prix doux le midi.

&. 🅐🅚 🍴 – Prix : €€

1 rue de la Cave – ☎ 03 80 21 12 30 – www.lagastache-restaurant.com –
Fermé lundi et dimanche

VONNAS

✉ 01540 – Ain – Carte régionale n° **21**–B1

✿✿✿ GEORGES BLANC

Chef : Georges Blanc

CUISINE CLASSIQUE • **ÉLÉGANT** Quel destin pour l'enfant de Bourg-en-Bresse, dont les ancêtres étaient limonadiers et marchands de charbon ! Il est vrai que sa propre grand-mère avait été sacrée meilleure cuisinière du monde par Curnonsky. Georges Blanc est aujourd'hui à la tête d'un petit empire à Vonnas. D'une demeure de 100 mètres carrés, il a bâti un domaine de plusieurs hectares : la mise en scène lumineuse des jardins et maisons du village le soir est magique. Mais le spectacle se trouve aussi dans l'assiette : on y retrouve la Bresse et son emblématique poularde AOP, les sauces aux goûts profonds et les cuissons savantes. La maison Georges Blanc est l'établissement le plus anciennement étoilé au monde, avec la première étoile acquise en 1929. Elle ravira aussi les amateurs de jolis crus, avec une carte des vins à damner Dionysos.

🕸 🍷 🖙 🅐🅚 🅿 – Prix : €€€€

Place du Marché – ☎ 04 74 50 90 90 – www.georgesblanc.com/fr – Fermé du lundi au mercredi et jeudi midi

L'ANCIENNE AUBERGE

CUISINE TRADITIONNELLE • **AUBERGE** Un décor rétro à la mémoire de l'auberge – ex-fabrique de limonade – ouverte par la famille Blanc à la fin du 19e s. Photos d'époque, affiches anciennes, etc. Ici, on cultive une certaine nostalgie... qui sied à merveille aux spécialités bressannes proposées par le chef.

🍴 🍷 – Prix : €€

Place du Marché – ☎ 04 74 50 90 50 – www.georgesblanc.com/fr – Fermé lundi et dimanche soir

🛏 GEORGES BLANC

TRADITIONNEL • **CALME** D'une génération à l'autre, Vonnas est devenu... Blanc. Cette hôtellerie de grande tradition cultive l'art de recevoir à la bressane ! Luxe sans ostentation, bois, pierre, superbe parc : une image du terroir qui sait vivre avec son temps.

🏊 🅿 🍷 🕊 🖙 ⛳ 🌀 🐕 🛁 🦶 🍽 🅐🅚 – 30 chambres

Place du Marché – ☎ 04 74 50 90 90 – www.georgesblanc.com

✿✿✿ **Georges Blanc** - Voir la sélection des restaurants

VOUVRAY

✉ 37210 – Indre-et-Loire – Carte régionale n° **15**–B1

LES GUEULES NOIRES

CUISINE TRADITIONNELLE • **RUSTIQUE** La salle à manger troglodytique, la cheminée crépitante en hiver, la terrasse sous la glycine aux beaux jours : on succombe tout de suite au charme discret de cette adresse. Au menu : une cuisine franche et goûteuse, basée sur les produits du terroir tourangeau et accompagnée de bons vins de Loire. Réservation conseillée.

◩ ♿🏠 **P** – Prix : €€

66 rue de la Vallée-Coquette – ☎ 02 47 52 62 18 – Fermé du lundi au mercredi et dimanche soir

WAMBRECHIES
✉ 59118 – Nord – Carte régionale n° **4**–C2

😀 **BALSAMIQUE**

CUISINE MODERNE • CONTEMPORAIN Le jeune chef a plus d'un tour dans son sac : sa cuisine, à mi-chemin entre terroir et modernité, ne manque pas de gourmandise, à l'image de ce boudin noir et ses pommes au cidre façon Tatin. Des plats audacieux valorisés par d'excellents produits (comme le poisson de Boulogne-sur-Mer) et un service efficace. Agréable petite terrasse au calme, parfaite pour les soirs d'été.

♿🏠 – Prix : €€

13 place du Général-de-Gaulle – ☎ 03 20 93 68 55 – www.balsamique-restaurant.com/fr – Fermé lundi et dimanche, et mercredi soir

LA WANTZENAU
✉ 67610 – Bas-Rhin – Carte régionale n° **8**–B1

☘ **LE JARDIN SECRET**

Chef : Gilles Leininger

CUISINE MODERNE • COSY Face à la petite gare, un secret à partager ! Dans cet accueillant restaurant où s'active une jeune équipe, le chef Gilles Leininger témoigne de beaucoup d'ambition, d'expérience et de savoir-faire. Outre son "artichaut entre tradition et modernité", une assiette primée au Bocuse d'Or 2019, il réalise une délicate cuisine au gré du marché et de son inspiration : Saint-Jacques rôties, topinambour et truffe ; turbot sauce Tom Yam ; tourte de pigeonneau et foie gras de canard... L'autre secret de cette maison au cadre contemporain ? Son jardin-terrasse sur l'arrière de la maison !

🏠😀 – Prix : €€€

32 rue de la Gare – ☎ 03 88 96 63 44 – www.restaurant-jardinsecret.fr – Fermé lundi, mardi, samedi midi et dimanche soir

☘ **LE RELAIS DE LA POSTE**

CUISINE MODERNE • ÉLÉGANT Cette vénérable institution (depuis 1789) connaît une nouvelle jeunesse, à l'image de la salle à manger rénovée, aux touches contemporaines, tout en élégance avec sa véranda ouverte sur la terrasse. Loin d'être compassée, la cuisine qu'on y déguste est moderne en diable, gourmande, jouant la séduction : noix de Saint-Jacques à la truffe et topinambour ; poitrine de cochon fermier confite 12 h, jus corsé et déclinaison de choux... Service très professionnel et superbe carte des vins.

◩ ↩♿🅔🏠😀**P** – Prix : €€€

21 rue du Général-de-Gaulle – ☎ 03 88 59 24 80 – www.relais-poste.com – Fermé dimanche et lundi, mardi midi

AU MOULIN

CUISINE CLASSIQUE • COSY Aux fourneaux et au moulin, Philippe Clauss, sérieux et appliqué, propose une carte gourmande s'inscrivant dans une tradition classique. Les amateurs de viande ne seront pas déçus par le jarret de veau confit pendant 48 h ou le chateaubriand de bœuf Aberdeen Angus, saisi à la perfection. Un cadre élégant et lumineux, dans les dépendances d'un ancien moulin posté au bord de l'Ill.

🐾 🍴♿🅼☂♻🅿 – Prix : €€€

2 impasse du Moulin – 𝄞 03 88 96 20 01 – www.restaurant-moulin-wantzenau.
fr – Fermé lundi et mardi, et dimanche soir

LES SEMAILLES

CUISINE MODERNE • COSY Jolie petite graine que cette maison alsacienne chatoyante, dressée dans une petite rue calme. Au menu : des produits de qualité,
de justes cuissons, une association pertinente de saveurs et un art de la table qui
maintient avec brio le service au guéridon (avec la découpe de la côte de veau ou
la cuisson de la langoustine sur galet). Un plat qui nous a séduit ? Ces langoustines,
justement, asperges, caviar, tout en finesse et gourmandise. L'été venu, profitez de
la terrasse ombragée sous une glycine centenaire...

♿🅼☂🅿 – Prix : €€€

10 rue du Petit-Magmod – 𝄞 03 88 96 38 38 – www.restaurant-semailles.fr –
Fermé mardi et mercredi, et dimanche soir

WESTHALTEN
✉ 68250 – Haut-Rhin – Carte régionale n° **8**–A2

AUBERGE DU CHEVAL BLANC

CUISINE MODERNE • ÉLÉGANT Une maison cossue, tenue par la même famille
depuis 1785. Dans la jolie salle contemporaine, le repas s'accompagne de charmants
vins d'Alsace, dont une intéressante sélection au verre. Le style culinaire s'affine, les
produits sont beaux, souvent de petits producteurs locaux, les dressages élégants.
La volonté de bien faire est communicative : on en sort ragaillardi. Chambres pour
l'étape.

🐾 ♿🅼🅿 – Prix : €€€

20 rue de Rouffach – 𝄞 03 89 47 01 16 – www.restaurant-koehler.com – Fermé le
lundi, mardi et mercredi midi

WEYERSHEIM
✉ 67720 – Bas-Rhin – Carte régionale n° **8**–B1

😀 ### AUBERGE DU PONT DE LA ZORN

CUISINE ALSACIENNE • AUBERGE Marqueteries d'art de l'Atelier Spindler,
objets anciens, poutres éclaircies et tables en bois brut : la salle s'éclaire de couleurs alsaciennes ! Dans l'assiette, de savoureuses spécialités régionales (à l'image
de ce bœuf gros sel) et tartes flambées servies le soir. Bucolique terrasse en bord
de Zorn. Une adresse au succès mérité où la qualité de l'accueil et du service est
irréprochable.

🍴☂🅿 – Prix : €€

2 rue de la République – 𝄞 03 88 51 36 87 – Fermé lundi, mardi et du mercredi
au samedi à midi

WIERRE-EFFROY
✉ 62720 – Pas-de-Calais – Carte régionale n° **4**–A2

LA FERME DU VERT

CUISINE MODERNE • AUBERGE Dans le cadre de cette ancienne ferme du 19ᵉ s.,
sous l'égide de trois frères, une fromagerie artisanale en activité (vente à emporter)
et cet agréable restaurant où l'on déguste des petits plats traditionnels soignés,
rehaussés d'une pointe de modernité. Le tout à prix savoureux.

🍴♻🅿 – Prix : €€

Rue du Vert – 𝄞 03 21 87 67 00 – www.fermeduvert.com – Fermé lundi et
dimanche

WIHR-AU-VAL

✉ 68230 – Haut-Rhin – Carte régionale n° **8**–C2

❀ **LA NOUVELLE AUBERGE**

Chef : Bernard Leray

CUISINE MODERNE • AUBERGE À l'entrée de la vallée de Munster, cette "nouvelle auberge" est un ancien relais de poste retapé à neuf. Au rez-de-chaussée, un bistrot alsacien régale le midi en semaine. À l'étage, on trouve un restaurant gastronomique dans une belle salle à manger coiffée de poutres. Un Breton de Rennes, Bernard Leray, y officie avec brio. Son exil en Alsace ressemble à une idylle. Formé tout jeune chez Bernard Loiseau, le chef revisite avec finesse le terroir local. Chacune de ses assiettes montre beaucoup de travail et de technique, comme ce médaillon de sandre avec son fleischnaka de chou rouge, potimarron et bouillon d'une sauce genevoise.

🐌 & 💬 🅿 – Prix : €€€

9 route Nationale – ☎ *03 89 71 07 70 – www.nauberge.com – Fermé lundi et mardi, et dimanche soir*

WIMEREUX

✉ 62930 – Pas-de-Calais – Carte régionale n° **4**–A2

❀ **LA LIÉGEOISE**

Chef : Benjamin Delpierre

CUISINE MODERNE • TENDANCE En étage, sur la digue : impossible d'échapper au panorama sur la mer ! Au sein de cet hôtel familial de la plus ancienne station balnéaire de la Côte d'Opale, on est d'emblée séduit par ce décor refait de frais dans un style vintage. Avant de s'ancrer face à la Manche, Benjamin Delpierre a posé ses filets chez Jean-Michel Lorain à la Côte Saint-Jacques puis au Ritz de Michel Roth, avant un cabotage du côté des Caraïbes avec son épouse, aujourd'hui en salle. Ici, les poissons et les fruits règnent sans partage dès l'entrée – rouget, escargots, huîtres, couteaux et moules – mis en valeur par une belle cuisine de la mer. L'Aloze, au rez-de-chaussée de l'hôtel, propose une cuisine plus simple.

🐌 ⇔ ≶ & 🅰🅲 🅿 – Prix : €€€

6 rue Notre-Dame – ☎ *03 21 32 41 01 – www.atlantic-delpierre.com – Fermé lundi, mardi, du mercredi au vendredi à midi, et dimanche soir*

WINGEN-SUR-MODER

✉ 67290 – Bas-Rhin – Carte régionale n° **8**–A1

❀❀ **VILLA RENÉ LALIQUE**

CUISINE CRÉATIVE • LUXE René Lalique fut le joaillier le plus en vue du tournant du siècle et du mouvement Art nouveau. Son héritage perdure à Wingen-sur-Moder avec un musée, un hôtel de grand standing... et cette Villa centenaire qui abrite la table emmenée par Paul Stradner, influencé par ses passages en Autriche et en Allemagne. Émulsion de pommes de terre à la truffe (un grand classique de la maison) ; terrine de foie gras d'oie, crème citron et champignons de Paris ; bar, sauce cabernet, céleri et coquillages : finesse, intelligence, créativité... jusqu'aux desserts signés Nicolas Multon. Ce pâtissier, qui voulait faire les beaux-arts, réalise aujourd'hui d'élégantes compositions sucrées. Ne passez pas à côté de la somptueuse cave à vin vitrée.

🐌 ⇔ 🏠 & 💬 🅿 – Prix : €€€€

18 rue Bellevue – ☎ *03 88 71 98 98 – www.villarenelalique.com – Fermé mardi et mercredi et samedi midi*

CHÂTEAU HOCHBERG

CUISINE MODERNE • CHIC Au sein de cette majestueuse demeure du 19e s., le chef Arnaud Barberis interprète une goûteuse cuisine de saison avec quelques suggestions classiques : bouchée à la reine royale, coeur de ris de veau aux girolles. Une déco contemporaine parsemée de créations du maître verrier René Lalique dont le musée est situé juste en face. Agréable terrasse sur l'arrière du château, face au parc.

🛏️ 🅰️ 🍽️ 🅿️ – Prix : €€

2 rue de Château-Teutsch – 𝒞 03 88 00 67 67 – www.chateauhochberg.com – Fermé lundi et mardi, et dimanche soir

WISSEMBOURG

✉️ 67160 – Bas-Rhin – Carte régionale n° **8**–B1

AU PONT M

CUISINE MODERNE • CONTEMPORAIN Au cœur de la Petite Venise, l'ancienne boucherie du coin est devenue un point de rendez-vous pour profiter des trouvailles du chef, un véritable amoureux du produit, qui rend hommage à ses fournisseurs en affichant leurs noms. Le nec plus ultra ? Prendre son repas sur la terrasse au bord de la Lauter, ou dans la salle avec vue sur l'église St-Pierre-et-St-Paul...

♿ 🅰️ 🍽️ – Prix : €€

3 rue de la République – 𝒞 03 88 63 56 68 – www.aupontm.com – Fermé lundi et dimanche

HOSTELLERIE DU CYGNE

CUISINE TRADITIONNELLE • CLASSIQUE Une salle classique largement boisée d'un côté, une salle de style alsacien Renaissance de l'autre, et dans les deux cas, une savoureuse cuisine traditionnelle à l'image de ce presskopf de joue de porc aux petits légumes ou ces côtelettes d'agneau et sa ratatouille au chorizo. Une chose est sûre, le chant du cygne n'est pas près de se faire entendre... et ce ne sont pas les gourmands qui s'en plaindront ! Quelques chambres confortables pour l'étape.

🅰️ – Prix : €€

3 rue du Sel – 𝒞 03 88 94 00 16 – www.hostellerie-cygne.com – Fermé mardi et mercredi, et dimanche soir

WŒLFLING-LÈS-SARREGUEMINES

✉️ 57200 – Moselle – Carte régionale n° **7**-D1

😊 RESTAURANT DIMOFSKI

CUISINE MODERNE • VINTAGE Julien Dimofski est un chef motivé, et son enthousiasme se découvre au gré d'assiettes soignées et savoureuses (langoustines raidies, beurre au yuzu, ou pigeonneau fermier rôti au jus de persil simple) humant l'air du temps. Décor rustique et lumineux, à une dizaine de kilomètres de Sarreguemines.

🕸️ 🛏️ 🍽️ 🅿️ – Prix : €€

2 quartier de la Gare – 𝒞 03 87 02 38 21 – Fermé lundi, mardi, samedi midi et dimanche soir

YERRES

✉️ 91330 – Essonne – Carte régionale n° **11**–B1

😊 BIRD

CUISINE DU MARCHÉ • CONTEMPORAIN Au centre de cette charmante petite ville, sur une place piétonne proche de la mairie, restaurant de poche où un jeune chef, passé par de belles maisons, propose une cuisine du marché bien ficelée - pâtes fraîches aux moules, encornets et langoustines, ou quenelles de volaille et freekeh... Salle épurée façon scandinave, terrasse face à la fontaine. Prix doux.

🏠 – Prix : €€

38 rue Charles-de-Gaulle – ☎ 01 79 93 28 81 – www.bird-restaurant.com – Fermé samedi et dimanche, et lundi, mardi et mercredi soir

YGRANDE

✉ 03160 – Allier – Carte régionale n° **16**–B2

L & LUY - CHÂTEAU D'YGRANDE

CUISINE CRÉATIVE • CLASSIQUE L'élégant château Directoire (1835) et sa terrasse dominent le bocage bourbonnais... et le chef, Cédric Denaux, domine son sujet ! Sa cuisine, éminemment végétale, se révèle créative et bien en phase avec les saisons ; il y met en valeur les herbes aromatiques, plantes et légumes du jardin du château associés à des produits de qualité. Souvenir de cet éminé de lotte de Roscoff, bouillon dashi, pétales de soucis et basilic pourpre.

🛏🖕🏠♿🅿 – Prix : €€€

Le Mont – ☎ 04 70 66 33 11 – www.chateauygrande.tr/tr/restaurant-saveurs-gastronomie-auvergne – Fermé lundi et mardi

YVOIRE

✉ 74140 – Haute-Savoie – Carte régionale n° **21**–C1

LES JARDINS DU LÉMAN

CUISINE MODERNE • ÉLÉGANT Au cœur de la cité médiévale piétonne, cette belle maison sur plusieurs niveaux, agencée de manière contemporaine, propose une cuisine au goût du jour travaillée avec soin et gourmandise, arrosée des meilleurs vins de Savoie. Service et accueil prévenants. Pour profiter de la somptueuse terrasse panoramique sur le château et le lac Léman, pensez à réserver.

🦞 🏠♿ – Prix : €€€

30 Grande-Rue – ☎ 04 50 72 80 32 – www.lesjardinsduleman. com – Fermé mercredi

LE PRÉ DE LA CURE

CUISINE TRADITIONNELLE • CONVIVIAL Une plongée dans le Léman ! Évidemment, il y a la vue, superbe, mais pas seulement... Le chef réalise une cuisine axée sur les produits de la pêche : selon l'arrivage, brochets, truites ou encore perches peuvent être de la fête. Pour l'étape, chambres spacieuses et grande piscine couverte.

🡠🛏🖕🏠🅿 – Prix : €€

1 place de la Mairie – ☎ 04 50 72 83 58 – www.hotel-restaurant-piscine-haute-savoie.com – Fermé jeudi

ZIMMERBACH

✉ 68230 – Haut-Rhin – Carte régionale n° **8**–C2

AU RAISIN D'OR

CUISINE ALSACIENNE • AUBERGE Cette auberge à la bonne franquette propose une savoureuse cuisine alsacienne à base de produits locaux. Les habitués sont toujours là et se régalent des propositions du jour et des classiques du chef (tête de veau, quenelles de foie, bœuf gros sel, etc.). Service aimable.

🖕🏠🅿 – Prix : €€

1 rue de l'Église – ☎ 03 89 71 05 69 – www.raisindor.fr – Fermé mardi et mercredi

ZUYTPEENE

✉ 59670 – Nord – Carte régionale n° **4**–B2

AU KONING VAN PEENE

CUISINE TRADITIONNELLE • CONVIVIAL Au cœur d'un petit village perdu des Flandres, une aubaine gourmande : le chef Kevin Barata et sa compagne Lucile Prevost accueillent le voyageur dans leur salle à manger conviviale de briques et de bois. En cuisinier sérieux qui connaît son affaire, le chef mitonne de bons petits plats, comme ce kefta de poisson qui nage dans une sauce soyeuse au yaourt à la menthe, twisté de quelques gouttes de sauce barbecue ou encore ce paleron crousti-fondant dans son jus au vin rouge, qu'on pourrait déguster à la cuillère, entouré d'une purée de chou-fleur, de carottes et de chips de pommes de terre.

🏠 – Prix : €€

8 contour de l'Église – ℰ 03 28 44 83 92 – www.aukoningvanpeene.fr –
Fermé lundi et dimanche, et mardi et mercredi soir

CARNET GOURMAND

Index
généraux

INDEX DES LOCALITÉS PAR DÉPARTEMENT

INDEX OF TOWNS BY DISTRICT

LOCALITÉS

Laragne-Montéglin	L'Araignée Gourmande 🕸	580
Le Monêtier-les-Bains	Le Chazal	684
Le Monêtier-les-Bains	16âme	684
Saint-Crépin	Les Tables de Gaspard ❁	1001
Veynes	La Sérafine	1149

ALPES-MARITIMES (06)
PROVENCE-ALPES-CÔTE D'AZUR

Localité	Restaurant	Page
Antibes	L'Arazur	189
Antibes	Chez Jules Le Don Juan	189
Antibes	Le Figuier de Saint-Esprit ❁	188
Antibes	Louroc - Hôtel du Cap-Eden-Roc ❁	188
Antibes	Maison de Bâcon	189
Antibes	Nananère 🅝	189
Antibes	Les Pêcheurs ❁	189
Antibes	Le Vauban	190
Beaulieu-sur-Mer	Le Restaurant des Rois - La Réserve de Beaulieu ❁	236
Beaulieu-sur-Mer	So'Mets	236
Beaulieu-sur-Mer	La Table de la Réserve	236
Biot	Les Terraillers ❁	263
Cagnes-sur-Mer	Château Le Cagnard	309
Cagnes-sur-Mer	Fleur de Sel	309
Cagnes-sur-Mer	La Table de Kamiya	309
Cannes	L'Affable	317
Cannes	Aux Bons Enfants 🕸	317
Cannes	Riviera 🅝	319
Cannes	La Table du Chef	319
Cannes	Table 22 par Noël Mantel	319
Le Cannet	Bistrot des Anges 🕸	320
Le Cannet	Kashiwa	321
Le Cannet	La Villa Archange ❁❁	320
La Colle-sur-Loup	Alain Llorca ❁	407
La Colle-sur-Loup	L'Atelier des Saveurs by Stéphane Garcia	407
Èze	Château Eza ❁	503
Èze	La Chèvre d'Or ❁❁	503
Èze	Les Remparts	503
Èze-Bord-de-Mer	La Table de Patrick Raingeard ❁	504
Golfe-Juan	Le Bistrot du Port	528
Grasse	La Bastide Saint-Antoine	533
Juan-les-Pins	La Passagère - Hôtel Belles Rives ❁	570
Mandelieu-la-Napoule	Bessem ❁	641
Mandelieu-la-Napoule	Le Repère	641
Menton	Casa Fuego	667
Menton	JR Bistronomie	667
Menton	Mirazur ❁❁❁ ❁	667

LOCALITÉS

Troyes	Le Petit Basson ⓝ	1120
Troyes	Le Quai de Champagne	1120

AUDE (11)   OCCITANIE

Localité	Restaurant	Page
Carcassonne	La Barbacane	323
Carcassonne	Brasserie à 4 Temps	324
Carcassonne	Comte Roger	325
Carcassonne	Domaine d'Auriac	325
Carcassonne	La Table d'Alaïs	325
Carcassonne	La Table de Franck Putelat ❀❀	323
Fleury	La Tulipe Noire	510
Fontjoncouse	Auberge du Vieux Puits ❀❀❀	513
Lagrasse	Le Bastion	576
Lastours	Le Puits du Trésor ❀	581
Leucate	Le Grand Cap ❀	587
Limoux	ME.	597
Luc-sur-Orbieu	La Luciole	604
Narbonne	L'Art de Vivre ❀	726
Narbonne	Cave à Vin & à Manger - Maison Saint-Crescent 🍃	726
Narbonne	Le Petit Comptoir	727
Narbonne	La Table Lionel Giraud ❀❀	726
Pezens	L'Ambrosia	903
Pradelles-en-Val	La Bourdasso	922
Trèbes	Le Moulin de Trèbes	1114

AVEYRON (12)   OCCITANIE

Localité	Restaurant	Page
Belcastel	Vieux Pont ❀	245
Bozouls	Le Belvédère ❀	291
Bozouls	La Route d'Argent	291
Conques-en-Rouergue	Émilie & Thomas - Moulin de Cambelong ❀ ⓝ	418
Entraygues-sur-Truyère	Le Chou Rouge - Le Petit Chou	494
Espalion	Maison Burgarella	495
Espalion	Le Méjane	495
Laguiole	Bras ❀❀	576
Laguiole	Hōra	576
Muret-le-Château	L'Auberge du Château	713
Rodez	Café Bras	980
Rodez	Opéra ⓝ	980
Rodez	Restaurant Hervé Busset ❀ ⓝ	980
Saint-Affrique	La Table de Jean	993
Salles-la-Source	Cascade ⓝ	1057
Villefranche-de-Rouergue	L'Atelier ⓝ	1156

LOCALITÉS

BOUCHES-DU-RHÔNE (13)
PROVENCE-ALPES-CÔTE D'AZUR

Marseille	Ekume	653
Marseille	L'Épuisette ✿	649
Marseille	L'Escapade Marseillaise	653
Marseille	La Femme du Boucher	653
Marseille	Les Jardins du Cloître	653
Marseille	Kin ⓝ	654
Marseille	Lacaille	654
Marseille	Lauracée	654
Marseille	La Mercerie	654
Marseille	Michel - Brasserie des Catalans	654
Marseille	Nestou	655
Marseille	Ourea	655
Marseille	Péron	655
Marseille	Le Petit Nice ✿✿✿	648
Marseille	La Poule Noire	655
Marseille	Regain	655
Marseille	Saisons ✿	649
Marseille	Sépia	656
Marseille	Signature ✿	649
Marseille	Tabi - Ippei Uemura	656
Marseille	Les Trois Forts	656
Marseille	Une Table, au Sud ✿	649
Marseille	Un Petit Cabanon Bouillon	656
Martigues	Gusto Caffe	658
Maussane-les-Alpilles	Aux Ateliers	660
Maussane-les-Alpilles	Le Clos Saint Roch ⓐ	660
Maussane-les-Alpilles	Maison Drouot	660
Mouriès	Qualia	710
Paradou	Bec	757
Paradou	Le Bistrot du Paradou	757
Paradou	Nancy Bourguignon	757
Le Puy-Sainte-Réparade	Francis Mallmann au Château La Coste	928
Le Puy-Sainte-Réparade	Hélène Darroze à Villa La Coste ✿	927
Le Puy-Sainte-Réparade	L'Orangerie du Château de Fonscolombe	928
Le Puy-Sainte-Réparade	La Petite Verrière ⓐ ⓝ	927
Le Puy-Sainte-Réparade	La Table de l'Orangerie - Château de Fonscolombe ✿	927
La Roque-d'Anthéron	Le Jas ⓝ	983
Saint-Cannat	Le Mas Bottero ✿	999
Saint-Chamas	Le Rabelais ⓐ	1000
Saint-Rémy-de-Provence	L'Auberge de Saint-Rémy - Fanny Rey & Jonathan Wahid ✿	1041
Saint-Rémy-de-Provence	Chapeau de Paille - Bistrot Provençal	1042
Saint-Rémy-de-Provence	Restaurant de Tourrel ✿	1041
Saint-Rémy-de-Provence	Le Vallon de Valrugues	1042
Salon-de-Provence	Atelier Salone ⓐ	1057
Salon-de-Provence	Villa Salone ✿	1057
Le Sambuc	La Chassagnette ✿ ✤	1057
Le Sambuc	Le Mas de Peint	1058
Sénas	Le Bon Temps ⓐ	1068

LOCALITÉS

Port-en-Bessin	Le Petit Jardin - La Chenevière	919
Touques	Carpe Diem	1105
Vire	Manoir de la Pommeraie 🏠	1161

CANTAL (15)   AUVERGNE-RHÔNE-ALPES

Localité	Restaurant	Page
Aurillac	Le Cromesquis	208
Aurillac	Les Quatre Saisons 🏠	208
Chaudes-Aigues	Serge Vieira 🌸🌸 🌸	387
Chaudes-Aigues	Sodade 🏠	387
Marcolès	Auberge de la Tour 🌸	643
Marcolès	Oxalis 🏠 ❶	644
Murat	Le Jarrousset	713
Pailherols	L'Auberge des Montagnes 🏠	755
Saint-Saturnin	Le Moulin de la Santoire 🏠 ❶	1044
Tournemire	La Petite Grange 🏠	1107
Vic-sur-Cère	Hostellerie Saint-Clément	1152

CHARENTE (16)   NOUVELLE-AQUITAINE

Localité	Restaurant	Page
Angoulême	Les Sources de Fontbelle 🌸	178
Bourg-Charente	La Ribaudière 🌸	286
Bourg-Charente	La Table du Fleuve 🏠	287
Chabanais	Le Vieux Moulin	338
Cognac	Les Foudres 🌸	405
Cognac	La Maison	405
Cognac	Notes ❶	405
Cognac	Poulpette	406
Dirac	Domaine du Châtelard 🌸	487
Jarnac	Le Verre y Table	567
Massignac	Dyades au Domaine des Etangs	659
Montbron	Moulin de la Tardoire 🌸	690
Puymoyen	Aumi 🌸	930
La Rochefoucauld	L'Intemporel ❶	954
Soyaux	La Cigogne	1075

CHARENTE-MARITIME (17)   NOUVELLE-AQUITAINE

Localité	Restaurant	Page
Breuillet	L'Aquarelle 🌸	296
Châtelaillon-Plage	Les Flots	386
Châtelaillon-Plage	Gaya - Cuisine de Bords de Mer	387
Châtelaillon-Plage	Marla 🏠 ❶	386
Dolus-d'Oléron	Le Grand Large ❶	558
La Flotte	Chai nous comme Chai vous	560
Le Grand-Village-Plage	Le Relais des Salines 🏠	558
La Jarrie	L'Hysope 🌸	568
Marennes	Manger & Dormir sur la Plage	644

LOCALITÉS

CHER (18) CENTRE VAL-DE-LOIRE

CORRÈZE (19) NOUVELLE-AQUITAINE

LOCALITÉS

CÔTE-D'OR (21)   BOURGOGNE-FRANCHE-COMTÉ

LOCALITÉS

CÔTES-D'ARMOR (22)   BRETAGNE

LOCALITÉS

CREUSE (23) — NOUVELLE-AQUITAINE

DORDOGNE (24) — NOUVELLE-AQUITAINE

Périgueux	Oxalis Ⓝ	898
Périgueux	La Taula	898
La Roque-Gageac	La Belle Étoile ⌂	983
La Roque-Gageac	O'Plaisir des Sens	983
Saint-Astier	Les Singuliers	995
Saint-Avit-Sénieur	La Table de Léo ⌂	996
Saint-Léon-sur-Vézère	Le Petit Léon ✿	1022
Saint-Martial-de-Nabirat	Le Saint-Martial	1028
Saint-Pompont	L'Envie des Mets	1038
Saint-Vincent-de-Cosse	La Table de Monrecour	1050
Sainte-Sabine	Étincelles - La Gentilhommière	1054
Terrasson-Lavilledieu	Le Moulin de L'Imaginaire Ⓝ	1090
Trémolat	Bistrot de la Place	1117
Trémolat	Le Vieux Logis ✿	1116

DOUBS (25)   BOURGOGNE-FRANCHE-COMTÉ

Localité	Restaurant	Page
Besançon	Épicéa Ⓝ	250
Besançon	Loiseau du Temps Ⓝ	250
Besançon	Le Manège	251
Besançon	Le Parc	251
Besançon	Le Saint Cerf ✿	251
Besançon	Le Saint-Pierre	251
Besançon	Le Sauvage Ⓝ	251
Bonnétage	Le Bistrot	269
Bonnétage	L'Étang du Moulin ✿ ✿	268
Bonnevaux	Auberge de la Haute-Joux	269
Chamesol	Mon Plaisir	344
Champlive	Auberge du Château de Vaite	377
Étupes	Au Fil des Saisons	499
Les Fins	Croque Saison	508
Goumois	Taillard	530
Malbuisson	Le Bon Accueil ✿	640
Mancenans-Lizerne	Au Coin du Bois	640
Montbéliard	Le Saint-Martin	689
Saint-Vit	Prélude	1050
Verrières-de-Joux	La Table du Tillau	1145
Ville-du-Pont	L'Entre-Roches	1155
Villers-le-Lac	Le France	1159

DRÔME (26)   AUVERGNE-RHÔNE-ALPES

Localité	Restaurant	Page
Charols	Château Les Oliviers de Salettes	380
Cliousclat	La Fontaine	403
Condorcet	La Charrette Bleue	417
Grane	Le Kléber - La Maison Bonnet ✿	532

LOCALITÉS

EURE (27)   NORMANDIE

EURE-ET-LOIR (28)   CENTRE VAL-DE-LOIRE

Localité	Restaurant	Page
Chartres	Bistrot Racines 🅝	381
Chartres	Le Georges ✿	380
Chartres	Le Moulin de Ponceau	381
Chartres	Terra	381
Châteaudun	Aux Trois Pastoureaux	384
Cherisy	Le Vallon de Chérisy	390
Guainville	Les Chemins - Domaine de Primard ✿✿	539
Guainville	Octave - Domaine de Primard	540
Thiron-Gardais	Auberge de l'Abbaye	1091

FINISTÈRE (29)   BRETAGNE

Localité	Restaurant	Page
Audierne	Orizhon 🏠	203
Brélès	Auberge de Bel Air	293
Brest	L'Embrun ✿	294
Brest	Hinoki 🅝	295
Brest	Le M	295
Brest	Peck & Co 🏠	294
Carantec	Nicolas Carro - Hôtel de Carantec ✿	322
Carhaix-Plouguer	Erasmo 🏠	326
Combrit	Bistrot du Bac	416
Combrit	Les Trois Rochers ✿	416
Concarneau	L'Atelier du Nord 🅝	417
Concarneau	Le Flaveur 🏠	417
Le Conquet	La Corniche - Sainte-Barbe	418
Crozon	Hostellerie de la Mer	448
Douarnenez	L'Insolite	489
Fouesnant	La Pointe du Cap Coz	514
Landéda	Le Vioben	576
Locquirec	Restaurant du Port	598
Locronan	Ar Maen Hir	598
Morlaix	L'Hermine	707
Morlaix	Le 21ème Commis 🏠	707
Névez	Ar Men Du ✿✿	729
Penmarc'h	Haut-Linage	895
Penmarc'h	Sterenn	895
Plomodiern	L'Auberge des Glazicks ✿✿	909
Plonévez-Porzay	La Plage	909
Plougasnou	La Maison de Kerdiès 🏠	910
Plougonvelin	Bistrot 1954	910
Plougonvelin	Hostellerie de la Pointe Saint-Mathieu ✿	910
Plouguerneau	À la Maison	911
Plouguerneau	Castel Ac'h	911

LOCALITÉS

GARD (30)   OCCITANIE

Serviers-et-Labaume	Volver.	1069
Sommières	Le Patio by Lou Caléou 🏠	1074
Tavel	La Courtille	1089
Uzès	Le Comptoir du 7	1125
Uzès	La Table d'Uzès ❀	1125
Villeneuve-lès-Avignon	Le Prieuré ❀	1158
Villevieille	La Canopée	1160

HAUTE-GARONNE (31)   OCCITANIE

Localité	Restaurant	Page
Aureville	En Marge ❀	207
Auzeville-Tolosane	La Table d'Auzeville	209
Balma	L'Équilibre 🏠	220
Castanet-Tolosan	La Table des Merville	330
Lacroix-Falgarde	Le Bellevue	575
Lavalette	Auberge de la Forge ❀ 🆕	583
Martres-Tolosane	Maison Castet	659
Montrabé	L'Aparté ❀	704
Montrabé	L'Instant…	704
Pinsaguel	Le Gentiane	905
Quint-Fonsegrives	En Pleine Nature ❀ ❀	932
Ramonville-Saint-Agne	La Table de Laurent	934
Rouffiac-Tolosan	Ô Saveurs ❀	986
Saint-Félix-Lauragais	Auberge du Poids Public	1007
Sauveterre-de-Comminges	L'Hibiscus by Jérémy Lasserre	1065
Toulouse	Agapes 🆕	1100
Toulouse	L'Air de Famille 🏠	1097
Toulouse	L'alouette	1100
Toulouse	Au Pois Gourmand	1102
Toulouse	Cartouches 🏠	1100
Toulouse	Cécile	1102
Toulouse	Le Cénacle	1102
Toulouse	Chez Loustic 🏠 🆕	1100
Toulouse	Émile	1102
Toulouse	Genty Magre	1102
Toulouse	Gram's	1103
Toulouse	Hedone ❀	1096
Toulouse	L'Hippi'curien	1103
Toulouse	Hito	1103
Toulouse	Hortùs 🆕	1103
Toulouse	Mantesino	1103
Toulouse	Mas de Dardagna	1104
Toulouse	Michel Sarran ❀	1097
Toulouse	Les P'tits Fayots	1104
Toulouse	Les Planeurs	1104
Toulouse	Py-r ❀ ❀	1096
Toulouse	Les Sales Gosses	1104
Toulouse	SEPT ❀ 🆕	1097

LOCALITÉS

LOCALITÉS

HÉRAULT (34)

Localité	Restaurant	Page
Agde	Le Bistro d'Hervé	157
Aniane	SouKa	179
Assignan	La Table de Castigno ✿	200
Béziers	L'Alter-Native ✿	253
Béziers	L'Ambassade	254
Béziers	Calice ✿ ◍	253
Béziers	La Maison de Petit Pierre	254
Béziers	Pica Pica ⊕	253
Bouzigues	La Côte Bleue	291
Castelnau-le-Lez	Marcelle - Domaine de Verchant	332
Castries	Disini	334
Colombières-sur-Orb	Granit -	
	La Mécanique des Frères Bonano ✿	414
Colombiers	Au Lavoir	414
Combes	Auberge de Combes ⊕	415
Frontignan	In-Fine ⊕	516
Lattes	Le Temps d'Aime ⊕	581
Lunel	Maison Soubeiran	606
Marseillan	La Table d'Emilie	647
Minerve	Relais Chantovent	676
Montagnac	Côté Mas	687
Montpellier	Abacus	701
Montpellier	Anga - Beaulieu	701
Montpellier	L'Arbre	701
Montpellier	L'Artichaut ⊕	701
Montpellier	Le Bistro Urbain	701
Montpellier	La Canourgue	701
Montpellier	Céna ◍	702
Montpellier	Chez Delagare	702
Montpellier	Ébullition	702
Montpellier	Jardin des Sens ✿	698
Montpellier	Leclère ✿	698
Montpellier	Mahé	702
Montpellier	Pastis Restaurant ✿	699
Montpellier	Le Petit Jardin	702
Montpellier	Reflet d'Obione ✿ ✿	699
Montpellier	La Réserve Rimbaud ✿	699
Montpellier	Soulenq	703
Montpellier	Terminal #1	703
Montpellier	Umami - La Cinquième Saveur	703
Olargues	Fleurs d'Olargues	748
Palavas-les-Flots	Le Saint-Georges ⊕	756
Pézenas	L'Entre Pots	903
Pézenas	Le Pré Saint Jean ⊕	903
Pézenas	Restaurant De Lauzun ✿	903
Saint-Gély-du-Fesc	Le Clos des Oliviers	1008

Saint-Gervais-sur-Mare	L'Ortensia	1012
Saint-Martin-de-Londres	L'Accent du Soleil	1029
Sète	L'Arrivage ✿	1071
Sète	La Coquerie	1072
Sète	Paris Méditerranée 🏵	1071
Sète	Quai 17 🏵	1071
Sète	The Marcel ✿	1071
Vailhan	Āponem - Auberge du Presbytère ✿✿	1126
Valras-Plage	Sépia 🏵	1135
Villemagne-l'Argentière	Auberge de l'Abbaye	1157

ILLE-ET-VILAINE (35)　　　BRETAGNE

Localité	Restaurant	Page
Cancale	Le Bistrot de Cancale	314
Cancale	Le Bout du Quai	314
Cancale	Breizh Café	314
Cancale	Côté Mer	315
Cancale	L'Ormeau	315
Cancale	La Table Breizh Café ✿	314
Cesson-Sévigné	Cueillette	338
Cesson-Sévigné	Zest	338
Dinard	Didier Méril	486
Dinard	Ombelle	486
Dinard	Le Pourquoi Pas ✿	486
Dinard	La Vallée	486
Fougères	L'EssenCiel Ⓝ	515
Noyal-sur-Vilaine	Auberge du Pont d'Acigné ✿	746
Piré-Chancé	La Table des Pères - Domaine du Château des Pères ✿	905
Rennes	Essentiel	943
Rennes	Fezi	944
Rennes	Les Frangins	944
Rennes	Holen ✿✿	941
Rennes	Ima ✿✿	941
Rennes	Imayoko 🏵	943
Rennes	Le Paris-Brest	944
Rennes	La Petite Ourse 🏵	943
Rennes	Pof	944
Rennes	Racines ✿	943
Rennes	La Table du Balthazar	944
Le Rheu	Les Tourelles - Château d'Apigné	947
Saint-Grégoire	Maison Ronan Kervarrec ✿✿	1012
Saint-Lunaire	Comète	1023
Saint-Malo	Ar Iniz	1025
Saint-Malo	Le Bistrot du Rocher	1025
Saint-Malo	Le Cambusier	1028
Saint-Malo	Comptoir Breizh Café 🏵	1024
Saint-Malo	Crêperie Grain Noir	1028

LOCALITÉS

INDRE (36)   CENTRE VAL-DE-LOIRE

INDRE-ET-LOIRE (37)   CENTRE VAL-DE-LOIRE

ISÈRE (38) AUVERGNE-RHÔNE-ALPES

LOCALITÉS

JURA (39)   BOURGOGNE-FRANCHE-COMTÉ

LANDES (40)   NOUVELLE-AQUITAINE

LOCALITÉS

Mont-de-Marsan	Villa Mirasol - Bistrot 1912 🍴	686
Parentis-en-Born	Chez Flo	758
Pouillon	L'Auberge du Pas de Vent 🍴	922
Rion-des-Landes	Maison Devaux 🍴 Ⓝ	950
Saint-Cricq-Chalosse	L'Auberge du Laurier	1001
Saint-Justin	Les Allées Ⓝ	1021
Saint-Paul-lès-Dax	Le Moulin de Poustagnacq	1036
Saint-Vincent-de-Tyrosse	Le Hittau ✿	1050
Seignosse	Villa de l'Étang Blanc ✿	1067
Uza	La Table du Marensin Ⓝ	1124

LOIR-ET-CHER (41)   CENTRE VAL-DE-LOIRE

Localité	Restaurant	Page
Blois	Amour Blanc	265
Blois	Assa ✿✿	265
Blois	Bro's	265
Blois	Brut maison de cuisine	266
Blois	Christophe Hay - Fleur de Loire ✿✿✿	264
Blois	Le Médicis	266
Bracieux	Le Rendez-vous des Gourmets 🍴	292
Candé-sur-Beuvron	Le Bistrot de la Caillère Ⓝ	315
Candé-sur-Beuvron	La Table de la Caillère	315
Cellettes	La Vieille Tour ✿	336
Chambord	Le Grand Saint-Michel	343
Chaumont-sur-Loire	Le Grand Chaume	388
Cheverny	L'Auberge - Les Sources de Cheverny	391
Cheverny	Le Favori - Les Sources de Cheverny ✿	391
Contres	La Botte d'Asperges	418
La Ferté-Saint-Cyr	La Diligence	507
Fougères-sur-Bièvre	Avarum	515
Millançay	Le Bruadan Ⓝ	676
Montlivault	Ezia ✿	695
Mont-près-Chambord	Domus Ⓝ	686
Onzain	Bistrot des Hauts de Loire	749
Onzain	Les Hauts de Loire ✿	748
Oucques	Ô en Couleur 🍴	754
Romorantin-Lanthenay	Le Bois Blanc Ⓝ	981
Romorantin-Lanthenay	Grand Hôtel du Lion d'Or ✿	981
Saint-Aignan -sur-Cher	Le Mange-Grenouille	993
Saint-Aignan-sur-Cher	La Salamandre 🍴 Ⓝ	993
Saint-Georges-sur-Cher	Fleur de Sel 🍴	1008
Sargé-sur-Braye	Osma	1061
Vallières-les-Grandes	Les Closeaux	1133
Vendôme	Le Malu 🍴	1143
Vendôme	Moris	1144
Veuves	La Croix Blanche 🍴	1149

LOCALITÉS

LOIRE (42)

HAUTE-LOIRE (43)

LOIRE-ATLANTIQUE (44)

LOCALITÉS

LOCALITÉS

LOIRET (45)
CENTRE VAL-DE-LOIRE

LOT (46)
OCCITANIE

Parnac	Les Jardins 🏵	892
Puy-l'Évêque	Le Médiéval	927
Saint-Céré	L'Informel	1000
Saint-Céré	Les Trois Soleils de Montal ❀	1000
Saint-Cirq-Lapopie	Auberge du Sombral - Les Bonnes Choses	1001
Saint-Médard	Le Gindreau ❀	1031
Sousceyrac-en-Quercy	Au Déjeuner de Sousceyrac	1075

LOT-ET-GARONNE (47) NOUVELLE-AQUITAINE

Localité	Restaurant	Page
Agen	L'Affranchi	157
Agen	La Table de Michel Dussau 🏵	157
Casteculier	Le Rouergat	331
Casteljaloux	La Vieille Auberge	331
Lauzun	Clément Artisan Culinaire 🏵 Ⓝ	583
Marmande	Boat aux Saveurs	647
Moirax	Auberge Le Prieuré ❀	677
Nérac	Mr Guss Ⓝ	727
Puymirol	Michel Trama ❀	929
Puymirol	La Poule d'Or	930
Saint-Sylvestre-sur-Lot	Le Bistrot du Stelsia Ⓝ	1045
Villeréal	La Table de l'Europe Ⓝ	1159

LOZÈRE (48) OCCITANIE

Localité	Restaurant	Page
Albaret-Sainte-Marie	Le Théophile - Château d'Orfeuillette	165
Aumont-Aubrac	Cyril Attrazic ❀❀ ✿	205
Aumont-Aubrac	La Gabale 🏵	206
Cocurès	La Lozerette	405
La Garde	Le Rocher Blanc	519
Mende	La Safranière 🏵	666
Le Rozier	L'Alicanta 🏵	988

MAINE-ET-LOIRE (49) PAYS-DE-LA-LOIRE

Localité	Restaurant	Page
Angers	L'Ardoise 🏵	175
Angers	Autour d'un Cep	176
Angers	Envol	176
Angers	Gribiche 🏵	176
Angers	Kazumi	176
Angers	Lait Thym Sel ❀ ✿	175
Angers	Odorico Ⓝ	177
Angers	Sens	178
Avrillé	Patachée	216
Briollay	L'Attilio Château de Noirieux	298

LOCALITÉS

Le Champ-sur-Layon	La Table de la Bergerie ✿	376
Chênehutte-Trèves-Cunault	Le Castellane - Château Le Prieuré	389
Cholet	La Grange	393
Cholet	L'Ourdissoir 🌱	393
Cholet	Le Patte Noire	393
Cholet	La P'tite Patte	393
Doué-la-Fontaine	Auberge Bienvenue	490
Fontevraud-l'Abbaye	Fontevraud Le Restaurant ✿🌱	513
Gesté	Le 1825 - La Table	524
Loiré	Auberge de la Diligence	599
Maulévrier	Le Stofflet - Château Colbert	660
Montsoreau	Ververt	706
Mûrs-Erigné	ROS[O] ⓝ	714
Les Ponts-de-Cé	Les 3 Lieux - La Table	918
Saumur	L'Alchimiste	1063
Saumur	Le Boeuf Noisette	1063
Saumur	L'Escargot	1063
Saumur	L'Essentiel	1063
Saumur	La Table du Château Gratien	1064

MANCHE (50)   NORMANDIE

Localité	Restaurant	Page
Agon-Coutainville	Salicorne	157
Barneville-Carteret	La Marine	223
Blainville-sur-Mer	L'Athome	264
Blainville-sur-Mer	Le Mascaret ✿	264
Bricqueville-sur-Mer	La Passerelle	297
Cherbourg-en-Cotentin	Le Patio	390
Cherbourg-en-Cotentin	Le Pily ✿	390
Coutances	Kalamansi 🌱	443
Granville	L'Edulis - Jonathan Datin	532
Hambye	Auberge de l'Abbaye 🌱	544
Heugueville-sur-Sienne	The Presbytere 🌱	548
La Pernelle	Le Panoramique	899
Saint-Denis-le-Vêtu	La Baratte	1003
Saint-Germain-des-Vaux	Le Moulin à Vent	1009
Saint-Lô	Intuition ✿	1023
Saint-Pair-sur-Mer	Sème 🌱 ⓝ	1034
Saint-Quentin-sur-le-Homme	Le Gué du Holme	1039
Servon	Auberge Sauvage ✿	1070
Urville-Nacqueville	Le Landemer	1124

MARNE (51)   GRAND EST

Localité	Restaurant	Page
Avize	Les Avisés	216
Bezannes	Bouche B	253
Châlons-en-Champagne	Au Carillon Gourmand	340
Châlons-en-Champagne	Jérôme Feck ✿	340

Champillon	Le Royal ❀	376
Chigny-les-Roses	Couvert de Vignes	392
Épernay	Cook'in	494
Épernay	La Grillade Gourmande	494
Épernay	Symbiose	495
Montchenot	Le Grand Cerf ❀	691
Reims	Assiette Champenoise ❀❀❀	936
Reims	Le Crypto	937
Reims	L'ExtrA 🅽	937
Reims	Le Foch	938
Reims	La Grande Georgette	938
Reims	Le Jardin Les Crayères 🏵	937
Reims	Le Millénaire	939
Reims	Le Parc Les Crayères ❀❀	936
Reims	Racine ❀❀	937
Sillery	Le Relais de Sillery	1073
Vinay	Hostellerie La Briqueterie	1160

HAUTE-MARNE (52)   GRAND EST

Localité	Restaurant	Page
Colombey-les-Deux-Églises	Hostellerie la Montagne ❀	414

MAYENNE (53)   PAYS-DE-LA-LOIRE

Localité	Restaurant	Page
Fontaine-Daniel	La Forge	512
Laval	L'Antiquaire	583
Laval	L'effet Papilles	583
Mayenne	L'Éveil des Sens ❀	661

MEURTHE-ET-MOSELLE (54)   GRAND EST

Localité	Restaurant	Page
Ceintrey	La Cour des Sens 🅽	335
Fontenoy-la-Joûte	L'Imprimerie	512
Lunéville	Château d'Adoménil ❀	606
Nancy	Cadet 🅽	715
Nancy	Le Capu	716
Nancy	La Maison dans le Parc ❀	715
Nancy	Parcelle 🅽	717
Nancy	Racine	717
Nancy	La Toq'	717
Nancy	Transparence - La Table de Patrick Fréchin	717
Nancy	Le 27 Gambetta	717
Richardménil	Au Bon Accueil 🏵	948

MEUSE (55)

MORBIHAN (56)   BRETAGNE

La Trinité-sur-Mer	L'Azimut	1118
Vannes	L'Annexe	1138
Vannes	Bvañ	1138
Vannes	Empreinte ❀	1139
Vannes	Iodé	1139
Vannes	Roscanvec	1139
Vannes	Ryoko - Comptoir à ramen	1139
Vannes	Le Sous-sol ⊛	1137
Vannes	La Tête en l'air ❀	1137

MOSELLE (57)   GRAND EST

Localité	Restaurant	Page
Abreschviller	Auberge de la Forêt	156
Ay-sur-Moselle	Le Martin Pêcheur	217
Baerenthal	L'Arnsbourg ❀	218
Bitche	Le Strasbourg	263
Delme	À la 12	454
Faulquemont	Toya ❀❀	505
Hagondange	Quai des Saveurs ❀	544
Languimberg	Chez Michèle ❀	578
Lorquin	Le Bout des Canards 🅝	604
Metz	Derrière	671
Metz	Le Jardin de Bellevue	671
Metz	La Lanterne	672
Metz	83 Restaurant	673
Metz	La Réserve	673
Montenach	Le K ❀	693
Phalsbourg	La Table de l'An 2	904
Plappeville	Emotions	907
Saint-Quirin	Hostellerie du Prieuré	1039
Sarreguemines	Auberge Saint-Walfrid ❀	1061
Stiring-Wendel	La Bonne Auberge	1076
Thionville	Aux Poulbots Gourmets	1091
Volmunster	L'Argousier	1162
Wœlfling-lès-Sarreguemines	Restaurant Dimofski ⊛	1167

NIÈVRE (58)   BOURGOGNE-FRANCHE-COMTÉ

Localité	Restaurant	Page
Alluy	La Grangée	169
Luzy	La Table de Jérôme	606
Nevers	Jean-Michel Couron	729
Varennes-Vauzelles	Le Bengy	1140

NORD (59)   HAUTS-DE-FRANCE

Localité	Restaurant	Page
Armentières	Bistrot RG ⊛	198
Armentières	Nature	198

LOCALITÉS

OISE (60)   HAUTS-DE-FRANCE

Compiègne	Rhizome	416
Étouy	L'Orée de la Forêt ❀	497
Le Meux	Auberge de la Vieille Ferme	675
Rethondes	Auberge du Pont de Rethondes	946
Saint-Jean-aux-Bois	Auberge À la Bonne Idée ❀	1013
Saint-Omer-en-Chaussée	Auberge de Monceaux	1034
Senlis	Le Julianon	1069

ORNE (61)   NORMANDIE

Localité	Restaurant	Page
Alençon	Au Petit Vatel ⊛	167
Alençon	La Suite	168
Argentan	La Renaissance ❀	195
Bagnoles-de-l'Orne	Le Manoir du Lys ❀	219
Bagnoles-de-l'Orne	Ô Gayot	219
La Ferrière-aux-Étangs	Auberge de la Mine ❀	506
Flers	Auberge des Vieilles Pierres	509
Juvigny-sous-Andaine	Au Bon Accueil ⊛	571
Le Pin-au-Haras	La Tête au Loup	905
Le Pin-la-Garenne	La Croix d'Or ⊛	905
Préaux-du-Perche	Oiseau - Oiseau	923
Rémalard-en-Perche	D'une Île	939
Saint-Langis-lès-Mortagne	Les Pieds Dans l'Eau	1021

PAS-DE-CALAIS (62)   HAUTS-DE-FRANCE

Localité	Restaurant	Page
Attin	Au Bon Accueil	201
Audresselles	La Plage ⊛ ⓝ	203
Bermicourt	La Cour de Rémi ⊛❀	249
Béthune	Maison Renard ⓝ	252
Boulogne-sur-Mer	L'Îlot Vert	286
Boulogne-sur-Mer	La Matelote	286
Boulogne-sur-Mer	Restaurant de la Plage	286
Brebières	Air Accueil ⊛	293
Busnes	Château de Beaulieu - Christophe Dufossé ❀❀❀	301
Busnes	Côté Jardin	301
Calais	Aquar'aile	311
Calais	Le Channel	311
Calais	Le Grand Bleu	312
Calais	Histoire Ancienne ⊛	311
Étaples	Racines ⊛	497
Gouy-en-Artois	Origine ⓝ	530
Gouy-Saint-André	Le Clos de la Prairie	530
La Madelaine-sous-Montreuil	La Grenouillère ❀❀❀	637
Montreuil-sur-Mer	Anecdote	705
Montreuil-sur-Mer	La Table du Château	705

LOCALITÉS

PUY-DE-DÔME (63)   AUVERGNE-RHÔNE-ALPES

PYRÉNÉES-ATLANTIQUES (64)
NOUVELLE-AQUITAINE

Localité	Restaurant	Page
Ainhoa	Argi Eder	159
Ainhoa	Ithurria ❀	159
Arbonne	Lurrak ⓝ	192
Arcangues	Gaztelur	193
Arcangues	Moulin d'Alotz ❀	193
Bayonne	Auberge du Cheval Blanc	234
Bayonne	Goxoki	234
Bayonne	La Grange	235
Bayonne	Relief	235
Bayonne	La Table - Sébastien Gravé	235
Biarritz	AHPÉ ⊛	257
Biarritz	Le Café Basque	258
Biarritz	Carøe	258
Biarritz	Cheri Bibi	258
Biarritz	L'Entre Deux	258
Biarritz	Frenchie Biarritz ⓝ	258
Biarritz	L'Impertinent ❀	255
Biarritz	Léonie	259
Biarritz	Le Pim'Pi Bistrot	259
Biarritz	Les Rosiers ❀	255
Biarritz	Sillon	259
Biarritz	Le Sin	259
Bidarray	Lore Ttipia - Auberge Ostape	260
Bidart	Ahizpak Le Restaurant des Sœurs ⊛	261
Bidart	Etika ⓝ	261
Bidart	Ezkia	261
Bidart	La Table des Frères Ibarboure ❀	260
Bizanos	L'Esberit	263
Briscous	Maison Joanto ⊛	298
Cambo-les-Bains	Le Bellevue	313
Cambo-les-Bains	Terrae ⓝ	313
Ciboure	Chez Mattin	395
Ciboure	Ekaitza ❀	394
Espelette	Brenti ⓝ	496
Espelette	Choko Ona ❀❀	496
Guéthary	Briket' Bistrot ⊛	541
Guéthary	Briketenia ❀	541
Guéthary	Gétaria	542
Guiche	Le Gantxo ⊛	542
Hasparren	La Maison de Pierre ❀	545
Irissarry	Art'zain ⊛❀	563
Itxassou	Restaurant Bonnet	567
Jurançon	Flaveurs - Domaine Mont-Riant ⓝ	571
Larrau	Etchemaïté	581
Lescar	Arraditz	586

LOCALITÉS

HAUTES-PYRÉNÉES (65)   OCCITANIE

PYRÉNÉES-ORIENTALES (66)   OCCITANIE

Collioure	La Balette ✿	408
Collioure	Le 5ème Péché	408
Collioure	Mamma - Les Roches Brunes	408
Font-Romeu	La Chaumière ⌂	511
Laroque-des-Albères	Côté Saisons ⌂	580
Molitg-les-Bains	Òliba	677
Montner	Auberge du Cellier	697
Perpignan	Le Divil	901
Perpignan	La Galinette ✿ ✿	899
Perpignan	Le Garriane ⌂	899
Perpignan	Manat ⌂ ⓝ	901
Perpignan	La Passerelle	901
Port-Vendres	Le Cèdre	921
Port-Vendres	Les Clos de Paulilles	921
Port-Vendres	La Côte Vermeille	921
Prades	Le Galie	922
Prats-de-Mollo-la-Preste	Bellavista ⌂	923
Rivesaltes	La Table d'Aimé	951
Saint-Cyprien	L'Almandin ✿	1002
Saleilles	L'AbSix	1056

BAS-RHIN (67)   GRAND EST

Localité	Restaurant	Page
Altwiller	Restaurant de l'Écluse 16	170
Andlau	Partage ⓝ	174
Barr	Enfin ✿	224
Barr	La Table du 5 ⓝ	225
Blienschwiller	Le Pressoir de Bacchus ⌂	264
Colroy-la-Roche	Hostellerie La Cheneaudière	415
Drusenheim	Au Gourmet ✿	491
Fouday	Julien ⌂	514
Gambsheim	Fleur de Sureau	518
Graufthal	Au Vieux Moulin	533
Griesheim-près-Molsheim	Auberge de la Chèvrerie	536
Gundershoffen	Le Cygne ⌂	543
Gundershoffen	Les Jardins du Moulin	543
Haguenau	Grains de Sel	544
Haguenau	Le Jardin	544
Itterswiller	Winstub Arnold	567
Kilstett	Au Cheval Noir	574
Klingenthal	À l'Étoile	574
Laubach	La Merise ✿ ✿	582
Lembach	Auberge du Cheval Blanc ✿	585
Lingolsheim	L'ID	597
Marlenheim	Le Cerf ✿	646
Merkwiller-Pechelbronn	Auberge Baechel-Brunn	670
Mollkirch	Fischhutte	678
Monswiller	Kasbür ✿	685

LOCALITÉS

LOCALITÉS

HAUT-RHIN (68) GRAND EST

LOCALITÉS

RHÔNE (69)   AUVERGNE-RHÔNE-ALPES

LOCALITÉS

Lyon (6e)	PY Restaurant 🏵	629
Lyon (9e)	Racine 🏵	636
Lyon (1er)	Regain	625
Lyon (2e)	Rustique ✿	621
Lyon (7e)	Saku Restaurant 🏵	630
Lyon (6e)	Sauf Imprévu 🏵	630
Lyon (6e)	Sinabro	633
Lyon (7e)	Siprès 🏵 🆕	630
Lyon (5e)	La Sommelière ✿	635
Lyon (4e)	Substrat	625
Lyon (7e)	Le Suprême	633
Lyon (3e)	La Table 101	633
Lyon (6e)	Taggat 🆕	633
Lyon (6e)	Takao Takano ✿✿	627
Lyon (5e)	Les Terrasses de Lyon ✿	635
Lyon (5e)	Têtedoie ✿ ✿	635
Lyon (2e)	Thomas	625
Lyon (9e)	Le Tiroir 🏵	636
Lyon (2e)	Les Trois Dômes	626
Lyon (7e)	Veronatuti 🏵	630
Lyon (6e)	Yka bar & ceviche	634
Lyon (6e)	Le Zeste Gourmand 🏵	631
Saint-Priest	Le Restaurant	1038
Vaux-en-Beaujolais	Auberge de Clochemerle	1142
Villefranche-sur-Saône	La Ferme du Poulet 🏵	1156

HAUTE-SAÔNE (70)   BOURGOGNE-FRANCHE-COMTÉ

Localité	Restaurant	Page
Combeaufontaine	Le Balcon 🏵	415
Roye	Le Saisonnier 🏵	988

SAÔNE-ET-LOIRE (71) BOURGOGNE-FRANCHE-COMTÉ

Localité	Restaurant	Page
Bourgvilain	Auberge Larochette	290
Briant	Auberge de Briant	297
Buxy	L'Empreinte ✿	302
Chagny	Maison Lameloise ✿✿✿	339
Chaintré	La Table de Chaintré ✿	339
Chalon-sur-Saône	Aromatique	341
Chalon-sur-Saône	Le Bistrot	341
Chalon-sur-Saône	Les Gourmands Disent	341
Charolles	Le Bistrot du Quai	379
Charolles	Frédéric Doucet ✿	379
Chassy	JK Restaurant 🏵 🆕	382
Cluny	Hostellerie d'Héloïse 🏵	404
Le Creusot	La Fleur de Sel 🆕	444

Cuiseaux	Le Bistrot Gourmand	449
Demigny	Cave et Cuisine Ⓝ	454
Digoin	Auberge de Vigny	455
Dracy-le-Fort	La Garenne	490
Fuissé	L'O des Vignes ❀	516
Iguerande	La Colline du Colombier	556
Mâcon	Cassis	637
Mâcon	Ma Table en Ville	637
Mâcon	Pierre ❀	636
Montbellet	La Marande ❀	690
Montceau-les-Mines	Jérôme Brochot	691
Montcenis	Le Montcenis ⊛	691
Ozenay	Le Relais d'Ozenay	755
Poisson	La Poste et Hôtel La Reconce	913
Saint-Amour-Bellevue	Auberge du Paradis	994
Saint-Jean-de-Trézy	Domaine de Rymska	1018
Saint-Maurice-de-Satonnay	Auberge des Grenouillats	1031
Saint-Rémy	L'Amaryllis ❀❀	1040
Saint-Sernin-du-Bois	Le Restaurant du Château	1045
Sainte-Cécile	L'Embellie ⊛	1052
Solutré-Pouilly	La Courtille de Solutré	1074
Tournus	Aux Terrasses ❀	1107
Tournus	Le Bouchon Bourguignon ⊛	1108
Tournus	L'Écrin de Yohann Chapuis ❀	1108
Tournus	Le Quai Ⓝ	1108
Tournus	Le Terminus	1109
Le Villars	L'Auberge des Gourmets ⊛	1154
Viré	Frédéric Carrion Cuisine Hôtel	1161

SARTHE (72)   PAYS-DE-LA-LOIRE

Localité	Restaurant	Page
Arnage	Auberge des Matfeux	199
La Ferté-Bernard	Au Bistronome	507
La Ferté-Bernard	Restaurant du Dauphin ⊛	506
Fillé	Maison Nipa	508
La Flèche	Le Moulin des Quatre Saisons	509
Le Grand-Lucé	Le Lucé	531
Loué	Ricordeau	604
Le Mans	L'Auberge de Bagatelle ❀	643
Le Mans	Le Grenier à Sel	643
Solesmes	Grand Hôtel de Solesmes	1073

SAVOIE (73)   AUVERGNE-RHÔNE-ALPES

Localité	Restaurant	Page
Aillon-le-Jeune	Auberge d'Aillon et d'Ailleurs	158
Aime	Union	158
Aix-les-Bains	Le 59 Restaurant	164

LOCALITÉS

LOCALITÉS

Tresserve	La Table de L'Incomparable ❀	1117
Val-d'Isère	L'Altiplano	1127
Val-d'Isère	La Table de l'Ours ❀	1127
Val Thorens	Le Diamant Noir	1129
Val Thorens	Les Explorateurs - Hôtel Pashmina ❀	1129

HAUTE-SAVOIE (74)   AUVERGNE-RHÔNE-ALPES

Localité	Restaurant	Page
Alby-sur-Chéran	Le Bourgeon ⊛ Ⓝ	167
Annecy	Le Binôme	183
Annecy	Black Bass	183
Annecy	Le Bouillon	184
Annecy	Brasserie Brunet	184
Annecy	Café Brunet	184
Annecy	Choral Ⓝ	184
Annecy	Le Clos des Sens ❀❀❀ ⊛	180
Annecy	Cozna ⊛	182
Annecy	Le Denti ⊛	182
Annecy	L'Esquisse ❀	181
Annecy	La Guinguette du 1er Mets ⊛	182
Annecy	Maison Benoît Vidal ❀❀ Ⓝ	181
Annecy	Mazette !	184
Annecy	Minami ⊛	182
Annecy	Racines ⊛	182
Annecy	La Rotonde des Trésoms ❀	181
Annecy	Saba	185
Annecy	Vincent Favre Félix ❀	181
Annecy	La Voile	185
Anthy-sur-Léman	L'Auberge d'Anthy	187
Bonne	Baud Ⓝ	268
Bossey	La Ferme de l'Hospital	283
Les Carroz-d'Arâches	Les Servages	328
Cercier	L'Arborescence Ⓝ	337
Chamonix-Mont-Blanc	Akashon ⊛	372
Chamonix-Mont-Blanc	Albert 1er ❀	372
Chamonix-Mont-Blanc	Atmosphère	373
Chamonix-Mont-Blanc	Auberge du Bois Prin	373
Chamonix-Mont-Blanc	Le Comptoir des Alpes	373
Chamonix-Mont-Blanc	La Maison Carrier	373
Chamonix-Mont-Blanc	Le Matafan	373
La Chapelle-d'Abondance	Les Cornettes	378
La Chapelle-d'Abondance	Les Gentianettes	378
Châtel	Fleur de Neige	385
Châtel	La Poya	385
Châtel	Le Vieux Four	386
La Clusaz	Le Cin5 - Au Cœur du Village ❀	404
Combloux	Signature Ⓝ	415
Les Contamines-Montjoie	L'Ô à la Bouche	418

LOCALITÉS

LOCALITÉS

Localité	Restaurant	Page
Yvoire	Les Jardins du Léman	1168
Yvoire	Le Pré de la Cure	1168

PARIS (75)   ÎLE-DE-FRANCE

Localité	Restaurant	Page
Paris (12ᵉ)	À La Biche au Bois	859
Paris (1ᵉʳ)	À l'Épi d'Or	779
Paris (7ᵉ)	À Table 🅽	816
Paris (18ᵉ)	a.lea	884
Paris (9ᵉ)	Abri Soba 🏠	840
Paris (1ᵉʳ)	L'Absinthe	779
Paris (8ᵉ)	L'Abysse au Pavillon Ledoyen ✿✿	823
Paris (2ᵉ)	Accents Table Bourse ✿	786
Paris (15ᵉ)	L'Accolade	868
Paris (9ᵉ)	Les Affranchis	841
Paris (17ᵉ)	Agapé	880
Paris (5ᵉ)	L'Agrume	801
Paris (7ᵉ)	Aida ✿	813
Paris (7ᵉ)	Akabeko 🅽	816
Paris (8ᵉ)	Akira Back Paris	830
Paris (8ᵉ)	Akrame ✿	825
Paris (16ᵉ)	Alan Geaam ✿	871
Paris (6ᵉ)	Allard	806
Paris (8ᵉ)	Alléno Paris au Pavillon Ledoyen ✿✿✿	822
Paris (9ᵉ)	Alleudium	841
Paris (5ᵉ)	Alliance ✿	799
Paris (11ᵉʳ)	Alluma	853
Paris (12ᵉ)	Amarante	860
Paris (6ᵉ)	Ambos 🅽	806
Paris (4ᵉ)	L'Ambroisie ✿✿✿	795
Paris (7ᵉ)	L'Ami Jean	817
Paris (6ᵉ)	Anicia, table nature	806
Paris (3ᵉ)	Anne ✿	792
Paris (17ᵉ)	Anona ✿✿	878
Paris (15ᵉ)	L'Antre Amis 🏠	868
Paris (2ᵉ)	L'Apibo	788
Paris (8ᵉ)	Apicius ✿	825
Paris (18ᵉ)	L'Arcane ✿	884
Paris (16ᵉ)	L'Archeste ✿	871
Paris (1ᵉʳ)	L'Ardoise	779
Paris (6ᵉ)	Armani Ristorante ✿	804
Paris (7ᵉ)	Arnaud Nicolas	817
Paris (8ᵉ)	L'Arôme ✿	826
Paris (7ᵉ)	Arpège ✿✿✿ ✿	812
Paris (9ᵉ)	ASPIC	841
Paris (1ᵉʳ)	L'Assaggio	780
Paris (14ᵉ)	L'Assiette	865
Paris (16ᵉ)	Astrance ✿	871

LOCALITÉS

LOCALITÉS

Paris (1er)	Brasserie du Louvre - Bocuse	780
Paris (6e)	Brasserie Lutetia	807
Paris (10e)	Brigade du Tigre🍴	847
Paris (19e)	Le Cadoret	887
Paris (2e)	Café Compagnon	788
Paris (7e)	Café des Ministères	817
Paris (2e)	Caffè Stern	789
Paris (9e)	Caillebotte🍴	841
Paris (17e)	Caïus	880
Paris (1er)	Campelli 🅽	780
Paris (20e)	Les Canailles Ménilmontant🍴	887
Paris (9e)	Les Canailles Pigalle🍴	841
Paris (4e)	Capitaine	797
Paris (15e)	Le CasseNoix🍴	868
Paris (16e)	La Causerie	874
Paris (16e)	Cavalieri	875
Paris (17e)	Caves Pétrissans	881
Paris (8e)	Cèna	831
Paris (8e)	Les 110 de Taillevent	831
Paris (8e)	114, Faubourg✿	826
Paris (15e)	Chakaiseiki Akiyoshi✿ 🅽	867
Paris (8e)	La Chambre Bleue 🅽	831
Paris (18e)	Chantoiseau	885
Paris (1er)	Charbon Kunitoraya	780
Paris (11e)	Le Chardenoux	854
Paris (11e)	Le Chateaubriand	854
Paris (9e)	Chenapan 🅽	842
Paris (19e)	Le Cheval d'Or	888
Paris (7e)	Chez les Anges🍴	816
Paris (10e)	Chez Michel	848
Paris (8e)	Chez Monsieur	831
Paris (8e)	Le Chiberta✿	826
Paris (5e)	Chinaski	801
Paris (10e)	Chocho	848
Paris (6e)	Le Christine	807
Paris (5e)	Ciasa Mia	801
Paris (8e)	Le Cinq✿✿✿	822
Paris (10e)	52 Faubourg St-Denis🍴	848
Paris (11e)	Clamato🍴	853
Paris (8e)	Le Clarence✿✿	823
Paris (7e)	Les Climats✿	813
Paris (15e)	Le Clos Y	869
Paris (1er)	Clover Grill	781
Paris (9e)	CoDa	842
Paris (6e)	Colvert 🅽	808
Paris (16e)	Comice✿	872
Paris (17e)	Comme Chez Maman	881
Paris (9e)	Le Comptoir Boutary 🅽	842
Paris (6e)	Le Comptoir du Relais	808

Paris (7ᵉ)	Le Florimond	818
Paris (17ᵉ)	La Fourchette du Printemps	881
Paris (17ᵉ)	Frédéric Simonin ❀	878
Paris (2ᵉ)	Frenchie ❀	786
Paris (9ᵉ)	Frenchie Pigalle	843
Paris (8ᵉ)	Le Gabriel - La Réserve Paris ❀❀❀	823
Paris (8ᵉ)	Galanga ❀	827
Paris (10ᵉ)	Le Galopin	849
Paris (7ᵉ)	Garance	818
Paris (17ᵉ)	Gare au Gorille	882
Paris (7ᵉ)	Gaya par Pierre Gagnaire ❀	814
Paris (7ᵉ)	Gemellus	818
Paris (7ᵉ)	Le Gentil	818
Paris (8ᵉ)	Le George ❀❀	827
Paris (11ᵉ)	Géosmine ❀ 🆕	852
Paris (12ᵉ)	Godaille 🆕	860
Paris (9ᵉ)	Golden Poppy 🆕	843
Paris (20ᵉ)	Le Grand Bain	888
Paris (8ᵉ)	Le Grand Restaurant - Jean-François Piège ❀❀	824
Paris (4ᵉ)	GrandCœur	797
Paris (16ᵉ)	La Grande Cascade ❀	873
Paris (14ᵉ)	La Grande Ourse	866
Paris (1ᵉʳ)	Granite ❀	778
Paris (3ᵉ)	Guefen 🆕	793
Paris (6ᵉ)	Guy Savoy ❀❀	804
Paris (1ᵉʳ)	Halle aux Grains	781
Paris (8ᵉ)	Helen ❀	828
Paris (7ᵉ)	Hémicycle ❀ 🆕	814
Paris (13ᵉ)	L'Hommage	862
Paris (8ᵉ)	Il Carpaccio ❀	828
Paris (12ᵉ)	Il Goto	861
Paris (4ᵉ)	Ilô	797
Paris (8ᵉ)	Il Ristorante - Niko Romito	832
Paris (13ᵉ)	Impérial Choisy 🍃	862
Paris (8ᵉ)	Imperial Treasure	832
Paris (7ᵉ)	L'Inconnu	819
Paris (5ᵉ)	L'Initial	802
Paris (15ᵉ)	Ischia - Cyril Lignac	869
Paris (3ᵉ)	Istr	793
Paris (17ᵉ)	Jacques Faussat ❀	878
Paris (8ᵉ)	Jean Imbert au Plaza Athénée ❀	828
Paris (9ᵉ)	Jeanne-Aimée	843
Paris (10ᵉ)	jjii 🆕	849
Paris (2ᵉ)	Jòia par Hélène Darroze	789
Paris (12ᵉ)	Jouvence 🍃	859
Paris (18ᵉ)	Jujube	885
Paris (17ᵉ)	Jupi 🆕	882
Paris (7ᵉ)	Le Jules Verne ❀❀	812

Paris (16ᵉ)	Monsieur Bleu	876
Paris (18ᵉ)	Montcalm	886
Paris (14ᵉ)	Montée	867
Paris (2ᵉ)	Mori Venice Bar	790
Paris (14ᵉ)	MoSuke ✿	864
Paris (17ᵉ)	Mova 🍴	880
Paris (7ᵉ)	Nakatani ✿	814
Paris (15ᵉ)	Neige d'Été ✿	867
Paris (9ᵉ)	NESO ✿	840
Paris (8ᵉ)	Néva Cuisine	833
Paris (1er)	Nhome ✿	778
Paris (1er)	Nodaïwa	782
Paris (1er)	Nolinski	782
Paris (16ᵉ)	Nomicos ✿	873
Paris (8ᵉ)	Nonos par Paul Pairet Ⓝ	833
Paris (13ᵉ)	Nosso	863
Paris (12ᵉ)	Nous 4	861
Paris (1er)	Odette	782
Paris (3ᵉ)	Ogata	794
Paris (16ᵉ)	L'Oiseau Blanc ✿✿	870
Paris (17ᵉ)	OKA ✿	879
Paris (6ᵉ)	Oktobre Ⓝ	809
Paris (8ᵉ)	Okuda	833
Paris (1er)	Omar Dhiab ✿	778
Paris (7ᵉ)	Les Ombres	819
Paris (8ᵉ)	Onor ✿ Ⓝ	829
Paris (8ᵉ)	L'Orangerie ✿✿	824
Paris (8ᵉ)	Origines Restaurant	833
Paris (16ᵉ)	Ōrtensia ✿	873
Paris (15ᵉ)	L'Os à Moelle	869
Paris (18ᵉ)	Ose 🍴	884
Paris (11ᵉ)	Osteria Ferrara	856
Paris (5ᵉ)	Otto	802
Paris (18ᵉ)	L'Ouzeri	886
Paris (3ᵉ)	L'Oyat	794
Paris (17ᵉ)	Oxte ✿	879
Paris (16ᵉ)	Pages ✿	873
Paris (1er)	Palais Royal Restaurant ✿✿	776
Paris (2ᵉ)	Pantagruel ✿	786
Paris (9ᵉ)	Le Pantruche 🍴	841
Paris (3ᵉ)	Parcelles	794
Paris (7ᵉ)	Les Parisiens	819
Paris (12ᵉ)	Passerini	861
Paris (9ᵉ)	Passionné	844
Paris (8ᵉ)	Pavyllon ✿	829
Paris (7ᵉ)	Penati al Baretto Ⓝ	819
Paris (9ᵉ)	Perception	844
Paris (16ᵉ)	Le Pergolèse	876
Paris (7ᵉ)	Pertinence ✿	815

LOCALITÉS

LOCALITÉS

Paris (17e)	La Scène Thélème ❀	879
Paris (13e)	Sellae	863
Paris (6e)	Semilla	809
Paris (17e)	Le 703	883
Paris (11e)	Septime ❀❀	852
Paris (4e)	Le Sergent Recruteur ❀	796
Paris (11e)	Le Servan	857
Paris (2e)	Shabour ❀	787
Paris (16e)	Shang Palace ❀	874
Paris (15e)	Sharmaji Ⓝ	869
Paris (8e)	Shirvan Café Métisse	834
Paris (6e)	Shu	809
Paris (11e)	Siamsa	857
Paris (18e)	Signature Montmartre	887
Paris (13e)	Simone, Le Resto…	863
Paris (13e)	Le Sirocco	864
Paris (11e)	Le 6 Ⓝ	857
Paris (19e)	Soces	889
Paris (5e)	Sola ❀	800
Paris (5e)	Solstice ❀	800
Paris (17e)	Sormani	883
Paris (6e)	Source Ⓝ	809
Paris (13e)	Sourire Le Restaurant	864
Paris (2e)	Spoon ⓐ	788
Paris (16e)	Substance ❀	874
Paris (2e)	Sushi B ❀	787
Paris (18e)	Sushi Shunei	887
Paris (2e)	Sushi Yoshinaga ❀ Ⓝ	787
Paris (12e)	Table - Bruno Verjus ❀❀❀	859
Paris (4e)	La Table Cachée par Michel Roth	797
Paris (5e)	La Table de Colette	803
Paris (6e)	La Table de Mee ⓐ	806
Paris (17e)	La Table du Caviste Bio	883
Paris (13e)	Tadam	864
Paris (8e)	Le Taillevent ❀❀	825
Paris (6e)	Taokan - St-Germain	810
Paris (4e)	Tavline	797
Paris (2e)	Tekés	790
Paris (3e)	Terra	794
Paris (4e)	Thaï Spices	798
Paris (8e)	Thiou Ⓝ	834
Paris (10e)	TO	850
Paris (7e)	Tomy & Co ❀	815
Paris (8e)	Tosca	834
Paris (5e)	Tour d'Argent ❀	800
Paris (1er)	Le Tout-Paris ❀	778
Paris (12e)	Towa	861
Paris (6e)	Toyo	810

LOCALITÉS

Paris (8e)	La Traboule	834
Paris (1er)	Tracé	783
Paris (8e)	Le 39V	835
Paris (8e)	Trente-Trois ✿	830
Paris (11e)	Vaisseau Ⓝ	857
Paris (11e)	Vantre	858
Paris (7e)	Via del Campo Ⓝ	820
Paris (20e)	La Vierge	889
Paris (11e)	Le Villaret	858
Paris (7e)	20 Eiffel ⊕	816
Paris (8e)	24 - Le Restaurant	835
Paris (7e)	Le Violon d'Ingres ✿	815
Paris (12e)	Virtus ✿	859
Paris (17e)	VIVE, Maison Mer	883
Paris (1er)	Yam'Tcha ✿	779
Paris (6e)	Yen	810
Paris (6e)	Yoshinori ✿	805
Paris (6e)	Ze Kitchen Galerie ✿	805
Paris (1er)	Zen	783

SEINE-MARITIME (76) NORMANDIE

Localité	Restaurant	Page
Aumale	Villa des Houx	205
Auzouville-sur-Saâne	Auberge de La Mère Duval ⊕	210
Caudebec-en-Caux	G.a. au Manoir de Rétival ✿ ✿	334
Dieppe	Bistrot du Pollet ⊕	455
Dieppe	Comptoir à Huîtres	455
Dieppe	Les Voiles d'Or ✿	455
Étretat	Le Bel Ami	498
Étretat	Le Donjon - Domaine Saint-Clair ✿	498
Le Havre	Le Bouche à Oreille ⊕	546
Le Havre	Jean-Luc Tartarin ✿	546
Le Havre	Le Margote ⊕	546
Isneauville	Préambule	565
Jumièges	Auberge des Ruines	571
Offranville	Le Colombier ✿	747
Le Petit-Quevilly	Les Capucines	902
Rouen	L'epicurius	985
Rouen	L'Odas ✿	985
Rouen	Paul-Arthur ⊕ Ⓝ	985
Rouen	Pottier Frères Ⓝ	985
Rouen	Tempo Ⓝ	986
Saint-Romain-de-Colbosc	Juste à Côté	1044
Le Tréport	Le Goût du Large	1117
Valmont	Maison Caillet ✿ ✿	1134

SEINE-ET-MARNE (77)　　　　ÎLE-DE-FRANCE

Localité	Restaurant	Page
Brie-Comte-Robert	La Fabrique	297
Couilly-Pont-aux-Dames	Auberge de la Brie ❀	434
Dampmart	Le Quincangrogne ❀	450
Donnemarie-Dontilly	La Croix Blanche	489
Ferrières-en-Brie	Le Baron	506
Fontainebleau	L'Axel ❀	511
Fontainebleau	Fuumi	511
Melun	La Bodega	666
Villeneuve-le-Comte	La Vieille Auberge ❀ Ⓝ	1158

YVELINES (78)　　　　ÎLE-DE-FRANCE

Localité	Restaurant	Page
Chevreuse	Le Clos de Chevreuse	392
Clairefontaine-en-Yvelines	Les Terrasses de Clairefontaine	396
Dampierre-en-Yvelines	La Table du Château Ⓝ	450
Gambais	Ruche ❀	518
Gazeran	Villa Marinette	522
Maisons-Laffitte	La Plancha	639
Maisons-Laffitte	Le Tastevin	639
Marly-le-Roi	Le Point d'Origine Ⓝ	646
Marly-le-Roi	Le Village Tomohiro ❀	646
Plaisir	La Maison des Bois	906
Rambouillet	L'Orangerie des Trois Roys	934
Rolleboise	Le Panoramique - Domaine de la Corniche ❀	981
Saint-Germain-en-Laye	Au Fulcosa	1009
Saint-Germain-en-Laye	Le Wauthier by Cagna	1010
Thoiry	À Table ! Chez Éric Léautey	1091
Le Tremblay-sur-Mauldre	Numéro 3 ❀	1116
Versailles	Le Bistrot du 11 ⓐ	1147
Versailles	Gordon Ramsay au Trianon ❀	1145
Versailles	Le Grand Contrôle ❀	1145
Versailles	Lafayette	1147
Versailles	Ore	1147
Versailles	Le Pincemin	1147
Versailles	La Table du 11 ❀	1145
Voisins-le-Bretonneux	La Ferme de Voisins	1162

DEUX-SÈVRES (79)　　　　NOUVELLE-AQUITAINE

Localité	Restaurant	Page
Bessines	L'Adress...	252
Magné	Le Bœuf en Écailles	639
Niort	Auberge de la Roussille	745

LOCALITÉS

SOMME (80)

TARN (81)

TARN-ET-GARONNE (82)

LOCALITÉS

VAR (83)

PROVENCE-ALPES-CÔTE D'AZUR

LOCALITÉS

VAULUSE (84)   PROVENCE-ALPES-CÔTE D'AZUR

LOCALITÉS

LOCALITÉS

HAUTE-VIENNE (87) NOUVELLE-AQUITAINE

Localité	Restaurant	Page
Limoges	Amphitryon	595
Limoges	L'Aparté	595
Limoges	La Cuisine du Cloître	596
Limoges	Martin Comptoir	596
Limoges	Philippe Redon	597
Nieul	La Chapelle Saint-Martin ❀	740
La Roche-l'Abeille	Le Moulin de la Gorce ❀	952
La Roche-l'Abeille	La Table du Moulin	952
Saint-Junien	Lauryvan	1021
Saint-Yrieix-la-Perche	L'Attanum Ⓝ	1051

VOSGES (88) GRAND EST

Localité	Restaurant	Page
Ban-de-Laveline	Maison de Laveline	220
Chamagne	Le Chamagnon	341
Chaumousey	Maison Grandclaude	388
Col de la Schlucht	Le Collet	406
Dommartin-lès-Remiremont	Le Karelian	488
Épinal	Les Ducs de Lorraine ❀	495
Gérardmer	Les Bas-Rupts	524
Gérardmer	La P'tite Sophie	524
Gérardmer	La Table du Rouan	524
Remiremont	Le Clos Heurtebise	940
Saint-Dié-des-Vosges	Logan Laug	1003
Vagney	Les Lilas	1126

YONNE (89) BOURGOGNE-FRANCHE-COMTÉ

Localité	Restaurant	Page
Auxerre	L'Aspérule	209
Auxerre	Le Jardin Gourmand	209
Auxerre	Le Noyo	209
Avallon	Les Cordois Autrement	210
Chablis	Au Fil du Zinc	339
Chablis	Les Trois Bourgeons ⊕	339
Chevannes	La Table - Maison Lobies Ⓝ	391
Coulanges-la-Vineuse	J'MCA	435
Joigny	La Côte Saint-Jacques ❀❀❀	568
Quarré-les-Tombes	Le Morvan	930
Saint-Martin-du-Tertre	Le Martin Bel Air ⊕	1030
Sens	La Madeleine ❀	1069
Valloux	Auberge des Chenets ⊕	1134
Vault-de-Lugny	Le Valucien - Château de Vault-de-Lugny ❀	1141
Vézelay	L'Éternel	1150
Villeblevin	Auberge L'Escale 87	1155

LOCALITÉS

LOCALITÉS

Montreuil	Villa9Trois ✿	705
Noisy-le-Grand	Les Mérovingiens	745

VAL-DE-MARNE (94) — ÎLE-DE-FRANCE

Localité	Restaurant	Page
Le Perreux-sur-Marne	Les Magnolias	901
Rungis	La Grange des Halles	989
Saint-Maurice	Tandem Saveurs Nomades Ⓝ	1030
Vincennes	L'Ours ✿	1160

VAL-D'OISE (95) — ÎLE-DE-FRANCE

Localité	Restaurant	Page
Maffliers	Augustine - La Table du Château Ⓝ	638
Méry-sur-Oise	Le Chiquito	670
Montmorency	Au Cœur de la Forêt	697
Pontoise	L'Or Q'idée ✿ ✿	917

PRINCIPAUTÉ DE MONACO (98)

Localité	Restaurant	Page
Monaco	Les Ambassadeurs by Christophe Cussac ✿✿ Ⓝ	679
Monaco	Beefbar	682
Monaco	Le Blue Bay ✿✿	681
Monaco	Elsa	682
Monaco	Em Sherif Ⓝ	682
Monaco	Le Grill ✿	681
Monaco	Le Louis XV - Alain Ducasse à l'Hôtel de Paris ✿✿✿	679
Monaco	MayaBay	683
Monaco	Pavyllon, un restaurant de Yannick Alléno, Monte-Carlo ✿	681
Monaco	Song Qi	683
Monaco	La Table d'Antonio Salvatore au Rampoldi ✿	682
Monaco	La Table d'Élise	683
Monaco	Yoshi ✿	682

LOCALITÉS

origine
#**Locale**

METRO S'ENGAGE

À VALORISER DES PRODUITS FRANÇAIS
COMME LES HUITRES DE LA CALVADOSIENNE
DE STÉPHANE TYPHAIGNE,
OSTRÉICULTEUR À ASNELLES (CALVADOS)

METRO-local.fr

les
hâlles
METRO

origine
#Locale

METRO S'ENGAGE

À VALORISER DES PRODUITS FRANÇAIS
COMME LE MIEL DE FLORENT VACHER,
APICULTEUR À LA-FERTÉ-SAINT-AUBIN
(LOIRET)

METRO-local.fr

les
halles
METRO

INDEX DES HÉBERGEMENTS PAR LOCALITÉ

INDEX OF ACCOMMODATION BY TOWN

A

HÉBERGEMENTS

B

HÉBERGEMENTS

C

HÉBERGEMENTS

HÉBERGEMENTS

H

I

J

L

M

HÉBERGEMENTS

HÉBERGEMENTS

P

HÉBERGEMENTS

HÉBERGEMENTS

Paris (20ᵉ)	Scarlett	890
Paris (5ᵉ)	Seven	803
Paris (3ᵉ)	Sinner	795
Paris (4ᵉ)	SO/ Paris	798
Paris (8ᵉ)	Sofitel Le Faubourg	839
Paris (9ᵉ)	Soho House Paris	847
Paris (2ᵉ)	The Hoxton	791
Paris (1ᵉʳ)	Thérèse	785
Paris (7ᵉ)	Thoumieux	822
Paris (17ᵉ)	Tribe Paris Batignolles	884
Paris (8ᵉ)	Villeroy	839
Paris (15ᵉ)	Villa M	870
Paris (10ᵉ)	25 Hours Terminus Nord	851
Paris (17ᵉ)	Zoku Paris	884
Pau (64)	Parc Beaumont	894
Pau (64)	Parc Beaumont	894
Pauillac (33)	Château Cordeillan-Bages	894
Perros-Guirec (22)	L'Agapa Hôtel - Spa Codage	902
La Plagne-Tarentaise (73)	Araucaria	906
La Plaine-sur-Mer (44)	Anne de Bretagne	906
Pléhédel (22)	Hôtel de Boisgelin	907
Plonévez-Porzay (29)	Hôtel de la Plage	909
Pommard (21)	Le Clos du Colombier	914
Pontarlier (25)	La Maison d'à Côté	916
Porspoder (29)	Le Château de Sable	919
Porticcio (2A)	Sofitel Ajaccio	429
Port-Lesney (39)	Château de Germigney	920
Porto-Vecchio (2A)	Les Bergeries de Palombaggia	430
Porto-Vecchio (2A)	Casadelmar	430
Porto-Vecchio (2A)	Grand Hotel de Cala Rossa	431
Puligny-Montrachet (21)	Le Montrachet	925
Puligny-Montrachet (21)	Olivier Leflaive Hôtel Restaurant	926
Puylaurens (81)	Cap de Castel	929
Le Puy-Sainte-Réparade (13)	Château de Fonscolombe	928
Le Puy-Sainte-Réparade (13)	Villa La Coste	928
Pyla-sur-Mer (33)	La Co (o)rniche	230
Pyla-sur-Mer (33)	Ha (a)ïtza	230

Q - R

Localité (Dépt)	Établissement	Page
Quimper (29)	Ginkgo	932
Ramatuelle (83)	Villa Marie	934
Rayol-Canadel-sur-Mer (83)	Le Bailli de Suffren	935
Rayol-Canadel-sur-Mer (83)	La Villa Douce	935
Reims (51)	La Caserne Chanzy	939
Reims (51)	Domaine Les Crayères	939
Rennes (35)	Balthazar	945
Rennes (35)	Marnie & Mister H	945
Rennes (35)	Le Saint-Antoine	945

S

HÉBERGEMENTS

HÉBERGEMENTS

GUIDE
MICHELIN

Réservez des séjours dans
les meilleurs hôtels du monde entier

guide.michelin.com/fr/fr

Depuis plus de 120 ans, le Guide MICHELIN
met tout en œuvre pour trouver les expériences
gastronomiques les plus exceptionnelles. Désormais,
cette passion et cette expertise, nous les consacrons
également aux hôtels. Nos experts ont parcouru
la planète à la recherche d'établissements qui se
distinguent par leur style, leur qualité de service
et leur personnalité, et ce pour tous les budgets.

Grâce au site internet et à l'appli du Guide
MICHELIN, réservez vos séjours dans les
meilleurs hôtels du monde entier.

Hôtel des Grands Boulevards | Paris, France

Ont contribué à ce guide :

Rédaction en chef : les équipes du Guide MICHELIN (inspection et rédaction) sous la direction de Gwendal Poulennec

Édition : Marie-Pierre Renier

Magazine : Philippe Toinard (rédaction) ; Daniel Renier (secrétariat d'édition et mise en page)

Iconographie : Marion Capera, Marie Simonet

Cartographie : Costina-Ionela Lungu, Ecaterina-Paula Cepraga

Composition : Bogdan Gheorghiu, Mihaita Constantin

Conception graphique : Benjamin Heuzé (couverture) ; Laurent Muller, Marie-Pierre Renier (maquette intérieure)

Fabrication : Sandrine Combeau ; Renaud Leblanc

Pilotage : Dominique Auclair, Pascal Grougon

Remerciements : Philippe Sablayrolles ; Philippe Orain

Régie publicitaire et partenariats

contact.clients@editions.michelin.com
Le contenu des pages de publicité insérées dans ce guide n'engage que la responsabilité des annonceurs.

MICHELIN Éditions

Société par actions simplifiée au capital de 487 500 €
57 rue Gaston Tessier - 75019 Paris (France)
R.C.S. Paris 882 639 354

© 2024 **Michelin Éditions** – Tous droits réservés
Dépôt légal : janvier 2024
Imprimé en Italie - 01-2024 sur du papier issu de forêts bien gérées

Plans et cartes : © MICHELIN 2023

Compograveur : MICHELIN éditions, Voluntari (Roumanie)
Imprimeur-relieur : LEGO, Lavis (Italie)

L'équipe éditoriale a apporté le plus grand soin à la rédaction de ce guide et à sa vérification. Toutefois, les informations pratiques (formalités administratives, prix, adresses, numéros de téléphone, adresses Internet...) doivent être considérées comme des indications du fait de l'évolution constante de ces données : il n'est pas totalement exclu que certaines d'entre elles ne soient plus, à la date de parution du guide, tout à fait exactes ou exhaustives. Avant d'entamer toutes démarches (formalités administratives et douanières notamment), vous êtes invités à vous renseigner auprès des organismes officiels. Ces informations ne sauraient de ce fait engager notre responsabilité.

Au sein de ce guide, MICHELIN EDITIONS peut être amené à mentionner des données personnelles. MICHELIN EDITIONS vous informe que vous disposez de droits sur les données personnelles vous concernant, conformément aux articles 15 et suivants du RGPD. Vous pouvez les exercer en vous adressant à contact@editions.michelin.com.
Pour plus d'informations, merci de consulter notre Charte pour la protection des données personnelles à l'adresse suivante : https://editions.michelin.com/politique-de-confidentialite/